SÖREN KIERKEGAARD

PHILOSOPHISCHE SCHRIFTEN

SÖREN KIERKEGAARD

Philosophische Schriften

Entweder – Oder

Philosophische Brocken

Abschließende unwissenschaftliche Nachschrift zu den philosophischen Brocken

In der Übersetzung von Christoph Schrempf, Wolfgang Pfleiderer und H. Gottsched

Zweitausendeins

Lizenzausgabe mit freundlicher Genehmigung
der Wunderkammer Verlag GmbH, Neu-Isenburg 2007
für Zweitausendeins, Postfach, D-60381 Frankfurt am Main

Titelillustration: AkG

Dieses Buch gibt es nur bei Zweitausendeins im Versand,
Postfach, D-60381, Frankfurt am Main, Telefon 069-4208000, Fax 069-415003.
Internet www.Zweitausendeins.de, E-Mail Service@Zweitausendeins.de.
Oder in den Zweitausendeins-Läden in Berlin, Darmstadt, Düsseldorf, Essen,
Frankfurt am Main, Freiburg, Gütersloh, 2x in Hamburg, in Hannover, Karlsruhe,
Köln, Leipzig,
Mannheim, München, Nürnberg, Stuttgart.

In der Schweiz über buch 2000, Postfach 89, CH-8910 Affoltern a. A.

ISBN 978-3-86150- 853-3

Inhaltsverzeichnis

Entweder – Oder

ERSTER TEIL – Die Papiere von A

ZWEITER TEIL – Die Papiere von B

Philosophische Brocken – Auch ein Bißchen Philosophie

Abschließende unwissenschaftliche Nachschrift zu den philosophischen Brocken

ENTWEDER – ODER

Ein Lebensfragment

herausgegeben von Victor Eremita

ERSTER TEIL

Die Papiere von A

Kopenhagen 1843
Übersetzt von Wolfgang Pfleiderer und Christoph Schrempf

Ist die Vernunft allein getauft?
Sind die Leidenschaften Heiden?

(YOUNG)

Vorwort

Es sind dir, lieber Leser, vielleicht schon hin und wieder Zweifel aufgestiegen an der Wahrheit des bekannten philosophischen Satzes, daß das Äußere das Innere, das Innere das Äußere sei. Vielleicht verbirgst du selbst in dir ein Geheimnis, das in seiner Lust oder in seinem Schmerz deiner Seele zu teuer ist, als daß du andere darein einweihen möchtest. Vielleicht bist du mit Menschen in Berührung gekommen, denen du anfühltest, daß sie ein solches Geheimnis mit sich herumtrugen, ohne daß es dir mit Gewalt oder List gelungen wäre, das Verborgene ans Licht zu bringen. Vielleicht trifft auch nichts von alledem für dich und dein Leben zu, und doch ist dir jener Zweifel nicht ganz fremd: er ist schon je und je wie ein Schatten an dir vorübergehuscht. Ein solcher Zweifel kommt und geht, und niemand weiß, woher er kommt und wohin er fährt. Ich meinesteils war, was jenen Glaubenssatz der Philosophie anlangt, immer ein wenig ketzerisch gesinnt, und ich habe es mir schon früh zur Gewohnheit gemacht, selbst Beobachtungen und Nachforschungen anzustellen, so gut es geht; auch habe ich bei Schriftstellern, deren Anschauung ich in dieser Hinsicht teilte, Anleitung gesucht, kurz ich habe alles getan, um mir über eine Sache klar zu werden, die in vielen philosophischen Schriften offenbar ungenügend behandelt wird. Schließlich kam ich dazu, daß mir das Gehör der wertvollste Sinn wurde; denn wie die Stimme die Offenbarung einer zum Äußeren in keinem meßbaren Verhältnis stehenden Innerlichkeit ist, so ist das Ohr das Werkzeug, mit welchem diese Innerlichkeit erfaßt, das Gehör der Sinn, mit welchem sie zugeeignet wird. So oft ich einen Widerspruch entdeckte zwischen dem was ich sah, und dem was ich hörte, fand ich mich in meinem Zweifel bestärkt, und die Lust zum Beobachten wuchs. Der Beichtiger ist durch ein Gitter von dem Beichtenden getrennt: er sieht nicht, er hört bloß. Und nach dem, was er hört, macht er sich ein Bild vom Äußeren des Sprechenden; er kommt also nicht in Widersprüche. Aber anders liegt die Sache, wenn man zugleich sieht und hört, und doch ein Gitter zwischen sich und dem Sprechenden bemerkt. Mein Bestreben, in dieser Richtung Beobachtungen anzustellen, hat sehr verschiedenartige Resultate gezeitigt. Bald habe ich das Glück auf meiner Seite gehabt, bald nicht, und Glück gehört dazu, um auf diesem Weg überhaupt etwas zu finden. Dabei habe ich doch nie die Lust verloren, meine Nachforschungen fortzusetzen. War ich auch das eine oder andere Mal nahe daran, meine Beharrlichkeit zu bereuen, so kam es doch auch wieder vor, daß ein unerwarteter Glücksfall meine Bestrebungen mit Erfolg krönte. Ein solcher unerwarteter Glücksfall war es auch, der mich auf eine höchst sonderbare Weise in den Besitz der Papiere setzte, die ich die Ehre habe, hiermit dem lesenden Publikum vorzulegen. Diese Papiere verstatteten mir einen Einblick in das Leben zweier Menschen, der meine Zweifel an der Kongruenz des Äußeren und des Inneren verstärkte. Das gilt insonderheit von dem einen von ihnen. Denn bei ihm stand das Äußere in vollkommenem Widerspruch zum Inneren. Auch von dem zweiten gilt es bis zu einem gewissen Grad, insofern sich bei ihm hinter einem wenig bedeutenden Äußeren ein gar nicht unbedeutendes Inneres verbarg.

Doch es wird wohl das beste sein, daß ich zunächst ordentlich erzähle, wie ich in den Besitz dieser Papiere gekommen bin. Es mag vor etwa sieben Jahren gewesen sein, als ich bei einem Trödler hier in der Stadt einen Schreibtisch sah, der sofort meine Aufmerksamkeit erregte. Er war nicht von moderner Arbeit, ziemlich abgenützt, und doch interessierte er mich. Diesen Eindruck zu erklären ist mir unmöglich; doch haben wohl die meisten Menschen Ähnliches erfahren. Mein Weg führte mich täglich an dem Trödler und seinem Schreibtisch vorüber, und ich unterließ es nie, ihn im Vorbeigehen liebevoll zu betrachten. Mit der Zeit wurde das Interesse für diesen Schreibtisch in mir zu einem Erlebnis; es wurde mir ein Bedürfnis, ihn zu sehen, und es kam mir nicht darauf an, seinetwegen auch einmal einen Umweg zu machen. Je öfter ich ihn sah, um so stärker regte sich der Wunsch, ihn zu besitzen. Ich war mir wohl bewußt, daß das ein sonderbarer Wunsch war, denn ich hatte keinerlei Verwendung für das Möbel und mußte mir gestehen, daß es Verschwendung wäre, es anzuschaffen. Doch ist die Begierde bekanntlich sehr sophistisch. Ich trat eines Tages bei dem Trödler ein, fragte nach allerlei anderen Dingen und machte, indem ich mich zum Gehen wandte, beiläufig ein sehr niedriges Angebot auf den Schreibtisch. Ich hielt es für möglich, daß der Trödler einschlagen würde, und es wäre dann ein Zufall gewesen, der mir das Stück in die Hände gespielt hätte. Daß ich die Sache so angriff, geschah gewiß nicht des Geldes wegen, sondern um mein Gewissen zu beruhigen. Aber der Versuch gelang nicht; der Trödler war ungewöhnlich bestimmt. Nun ging ich wieder eine Zeitlang jeden Tag vorbei und warf dem Schreibtisch verliebte Blicke zu. Du mußt dich entschließen, dachte ich; denn gesetzt den Fall, er wird verkauft, so ist es zu spät. Und selbst wenn es dir gelänge, ihn wieder aufzutreiben, so hättest du damit doch nicht mehr denselben Eindruck von ihm. Das Herz klopfte mir, als ich wiederum bei dem Trödler eintrat. Der Schreibtisch wurde gekauft und bezahlt. Das soll das letztemal sein, dachte ich, daß du so verschwenderisch bist; es ist geradezu ein Glück, daß du ihn gekauft hast; denn so oft du ihn ansiehst wirst du daran denken, wie verschwenderisch du warst; mit dem Schreibtisch soll ein neuer Abschnitt in deinem Leben beginnen. Ach! Die böse Lust ist so beredt, und der Weg zur Hölle ist mit guten Vorsätzen gepflastert.

Der Schreibtisch wurde in mein Zimmer hinaufgebracht, und wie ich in der Zeit der ersten Verliebtheit meine Freude daran hatte, ihn von der Straße aus zu betrachten, so spazierte ich nun zu Hause vor ihm auf und ab. Nach und nach lernte ich auch sein Inneres kennen, seine zahlreichen Schubladen, Nischen und Fächer, und ich war in jeder Hinsicht glücklich mit meinem Schreibtisch. Aber so sollte es nicht bleiben. Im Sommer 1836 erlaubten es mir meine Geschäfte, einen kleinen Ausflug von acht Tagen aufs Land zu unternehmen. Der Postillion war auf 5 Uhr bestellt. Was ich mitzunehmen hatte, war am Abend eingepackt worden; alles war in Ordnung. Schon um 4 Uhr wachte ich auf; aber die Bilder der schönen Gegenden, die ich besuchen wollte, wirkten so berauschend auf mich, daß ich wieder einschlief, und mein Diener, offenbar in der menschenfreundlichen Absicht mich möglichst lange schlafen zu lassen, weckte mich erst um ½ 6 Uhr, als drunten schon der Postillion sein Horn blies. Obwohl ich sonst nicht sehr geneigt bin auf andere zu hören, so habe ich doch mit dem Postillion und seinen poetischen Motiven immer eine Ausnahme gemacht. Rasch war ich angekleidet; schon stand ich in der Tür, da fiel mir ein: Hast du auch genug Geld in deiner Brieftasche? Es war nicht viel! Ich schloß also den Schreibtisch auf, um aus der Geldschublade herauszunehmen, was das Haus vermochte. Aber siehe da! Die Schublade geht nicht heraus. Alle Anstrengungen sind vergebens. Wie fatal! Gerade in dem Augenblick, da mir die lockenden Töne des Postillions im Ohr klangen, auf eine solche Schwierigkeit zu stoßen! Das Blut stieg mir in den Kopf, ich wurde wütend. Wie Xerxes das Meer peitschen ließ, so wollte ich eine fürchterliche Rache nehmen. Ich ließ ein Beil holen und führte einen furchtbaren Schlag auf den Schreibtisch. Ob ich nun im Zorn fehlschlug, oder ob die Schublade ebenso eigensinnig war wie ich, die Wirkung des Schlags war nicht die erwartete: die Schublade war und blieb verschlossen. Dagegen geschah etwas anderes. Ich hatte vielleicht zufällig einen bestimmten Punkt getroffen, oder die Erschütterung des Schreibtischs in allen seinen Fugen war der Anlaß, kurz ich weiß nicht wie es kam, aber plötzlich sprang eine verborgene Tür auf, die ich nie vorher bemerkt hatte. Diese Tür verschloß ein Versteck, von dem ich natürlich auch nichts gewußt hatte. Hier fand ich zu meiner größten Überraschung eine Menge beschriebener Blätter, eben die Manuskripte, die den Inhalt der vorliegenden Schrift ausmachen. Meinen Reiseplan gab ich nun aber nicht auf. Ich beschloß auf einer Bank der nächsten Station Geld zu erheben. In höchster Eile leerte ich eine Mahagonikassette, in der sonst ein Paar Pistolen lagen, und brachte die Papiere darin unter. Die Freude hatte über den Ärger gesiegt und hatte noch eine unerwartete Steigerung erfahren. In meinem Herzen bat ich den Schreibtisch wegen der unfreundlichen Behandlung um Verzeihung, während ich mich zugleich in meinem Zweifel bestärkt fühlte, daß das Äußere und das Innere nicht dasselbe ist, und meinen Erfahrungssatz bewahrheitet fand, daß Glück dazu gehört, solche Entdeckungen zu machen.

Noch am Vormittag kam ich in Hilleröd an, brachte meine Finanzen in Ordnung und genoß die herrliche Gegend in einem ersten Überblick. Gleich am folgenden Morgen begann ich mit meinen Ausflügen, die nun aber einen ganz anderen Charakter bekamen, als ihnen ursprünglich zugedacht war. Während mein Diener mir mit der Mahagonikassette folgte, suchte ich im Walde eine romantische Stelle, wo ich mich vor einer Überraschung sicher glaubte, und nahm die Dokumente heraus. Mein Wirt wunderte sich ein wenig über die häufigen Wanderungen in Gesellschaft der Mahagonikassette und äußerte gelegentlich die Vermutung, der Herr übe sich wohl im Pistolenschießen. Für diese Äußerung war ich ihm sehr verbunden und ließ ihn in seinem Glauben.

Die gefundenen Papiere zerfielen, wie sofort Format und Handschrift zeigten, in zwei Gruppen. Teils war es eine Art Velin in Quartformat mit ziemlich breitem Rand; die Schrift leserlich, mitunter fast zierlich, ausnahmsweise auch hastig hingeworfen. Andernteils war es Kanzleipapier, in zwei Spalten beschrieben, wie Gerichtsakten und dergleichen Dokumente. Die Handschrift war hier deutlich, ein wenig langgezogen, regelmäßig und schlicht, die Schrift eines Geschäftsmannes, wie es schien. Auch inhaltlich erwiesen sich die beiden Teile als verschieden. Der eine setzte sich aus einer Anzahl größerer und kleinerer ästhetischer Abhandlungen zusammen, der andere enthielt Untersuchungen anscheinend ethischen Inhalts, und zwar zwei große und eine kleinere, sämtliche in Briefform. Eine spätere genaue Prüfung der Papiere bestätigte diese Wahrnehmungen, und es stellte sich heraus, daß das zweite Manuskript aus Briefen bestand, die an den Urheber des ersten gerichtet sind.

Doch es wird notwendig, daß ich für meine beiden Autoren eine bequemere Bezeichnung einführe. Ich habe, um eine solche zu finden, die Papiere mit der größten Sorgfalt durchgesehen, aber nichts, oder doch so gut wie nichts gefunden. Was den Verfasser jener Aufsätze angeht, den Ästhetiker, so geben die Papiere über seine Person keinerlei Aufschluß. Dagegen erfährt man von dem zweiten, dem Briefschreiber, daß er Wilhelm hieß und Gerichtsassessor war, bei welchem Gericht, ist nicht gesagt. Wollte ich streng historisch verfahren und ihn Wilhelm nennen, so fehlte mir eine entsprechende Bezeichnung für den Ästhetiker. Ich hätte ihm allerdings einen willkürlichen Namen geben können; allein ich zog es vor, den einen A, den zweiten B zu nennen.

Außer den größeren Abhandlungen fand ich unter den Papieren auch Aphorismen, allerlei lyrische Ergüsse und Reflexionen, die auf zahlreichen einzelnen kleinen Blättchen standen. Der Handschrift wie dem Inhalte nach waren sie A zuzuweisen.

Ich suchte nun die Papiere zu ordnen, so gut es ging. Mit Bs Manuskript hatte das keine Schwierigkeit. Der eine Brief setzt den anderen voraus. Im zweiten findet sich ein Zitat aus dem ersten, und der dritte ist ohne die zwei vorhergehenden kaum verständlich. Nicht so leicht war es dagegen, As Aufsätze zu ordnen. Ich habe daher ihre Anordnung dem Zufall überlassen, das heißt, ich habe sie in der Ordnung gelassen, in der ich sie vorfand, kann aber natürlich nicht sagen, ob dieser Ordnung eine chronologische oder sachliche Bedeutung zukommt. Den Aphorismen, die wie gesagt eine Handvoll loser Blatter bildeten, mußte ich selbst einen Platz anweisen. Ich schickte sie voran, weil sie, wie mir schien, sich am besten als eine Art rhapsodischen Vorspiels zu den großen, zusammenhängenden Aufsätzen betrachten ließen. Ich nannte sie *Διαψαλματα* und fügte ihnen, gleichsam als Motto, die Worte *ad se ipsum* bei. Titel und Motto stammen also von mir und doch nicht von mir. Von mir stammen sie, insofern ich sie auf die ganze Sammlung anwandte; doch sind sie auch As Eigentum, denn auf einem einzelnen Blatt fand ich das Wort *Διαψαλμα* und auf zwei anderen die Worte: *ad se ipsum.* Einen kleinen französischen Vers, der über einem der Aphorismen stand, setzte ich auf die Rückseite des Titelblatts, wie das A selbst des öfteren getan hat. Da die Aphorismen in der Mehrzahl lyrischen Charakter hatten, so hielt ich es für passend, ihnen das Wort *Διαψαλματα* als Haupttitel zu geben. Sollte das dem Leser nicht gefallen, so mag er bedenken, daß es meine Idee ist, das Wort so zu verwenden, und daß es sehr gut zu dem Aphorismus paßte, über den A selbst es gesetzt hatte. In der Anordnung der einzelnen Aphorismen habe ich den Zufall walten lassen. Daß die Gedanken sich im einzelnen häufig widersprechen, fand ich ganz in Ordnung: das gehört zum Wesen der angeschlagenen Stimmung. Und darum hielt ich es auch für eine überflüssige Arbeit, sie so zusammenzustellen, daß die Widersprüche weniger deutlich zutage traten. Ich folgte dem Zufall; und es ist auch ein Zufall, auf den ich erst hinterher aufmerksam geworden bin, daß der erste und der letzte Aphorismus in gewissem Sinne einander entsprechen, insofern der erste das Schmerzliche durchfühlen läßt, das in der Existenz des Dichters liegt, während der andere die Befriedigung ausdrückt, die Lacher auf seiner Seite zu haben.

Zu den ästhetischen Abhandlungen As habe ich nicht viel zu bemerken. Sie waren, so wie ich sie vorfand, druckfertig, und sofern sie Schwierigkeiten enthalten, müssen sie für sich selbst sprechen. Die griechischen Zitate, die sich hier und dort fanden, habe ich in Übersetzung wiedergegeben, die Übersetzung von einem der besseren deutschen Übersetzer entlehnt.

Das letzte von As Manuskripten enthält eine Erzählung mit dem Titel: *Tagebuch des Verführers.* Hier erhob sich eine neue Schwierigkeit, indem A nicht Verfasser, sondern nur Herausgeber sein will. Das ist ein alter Novellistenkniff, gegen den ich nichts einzuwenden hätte, wenn er mich nicht in eine sonderbare Stellung brächte: da stecken ja die Verfasser ineinander, wie die Schachteln eines chinesischen Schachtelspiels! Die Gründe für meine Ansicht, daß A selbst der Verfasser jener Erzählung ist, will ich nicht ausführlich auseinandersetzen. Ich will nur bemerken, daß die Stimmung in As Vorwort doch den Dichter verrät. Es ist wirklich, als ob seine Dichtung ihm selbst unheimlich geworden wäre, als ob sie ihn, wie ein unruhiger Traum, beständig geängstet hätte, sogar während er sie niederschrieb. War es eine wirkliche Begebenheit, in der er bloß die Rolle eines Mitwissers spielte, so müßte sich doch in der Vorrede auch die Freude finden über die Verwirklichung einer Idee, die ihm so oft vorgeschwebt hatte. Die Idee zum „Verführer“ ist sowohl in dem Aufsatz über das Unmittelbar-Erotische, wie in den Schattenrissen angedeutet. Es taucht da der Gedanke auf, daß das notwendige Analogon zu Don Juan ein reflektierter Verführer wäre, der in der Kategorie des Interessanten läge, bei dem es sich also nicht darum handelte, wie viele er verführt, sondern wie er verführt. Von einer solchen Freude finde ich, wie gesagt, in der Vorrede keine Spur; wohl aber eine heimliche Angst wie vor etwas Entsetzlichem, die wohl in dem Verhältnis des Dichters zu dieser Idee begründet ist. Es wundert mich übrigens nicht, daß es ihm so ergangen ist; denn auch ich, der ich doch absolut nichts mit dieser Geschichte zu tun habe, der ich mit dem ursprünglichen Verfasser gleichsam nur im dritten Grad verwandt bin, auch ich stand manches Mal unter der Herrschaft eines sonderbaren Gefühls, wenn ich in der Stille der Nacht über diesen Papieren saß. Es war mir, als ob der Verführer wie ein Schatten durch mein Zimmer schwebte, als ob er, die Papiere wahrnehmend, seinen dämonischen Blick auf mich heftete und sagte: „So, ihr wollt meine Papiere herausgeben? Das ist eigentlich unverantwortlich von euch. Ihr werdet den lieben Mädelchen einen schönen Schrecken einjagen. Freilich, das versteht sich, dafür gedenkt ihr mich und meinesgleichen unschädlich zu machen. Wenn ihr euch nur nicht verrechnet! Ich verändere bloß die Methode, und meine Chancen sind besser als zuvor. Wie drängen sich die süßen Dinger herzu! Sie laufen einem ja geradewegs in die Arme, wenn sie das verführerische Wort ‚ein Verführer' hören. Gebt mir ein halbes Jahr und ich werde eine Geschichte zustande bringen, die interessanter sein soll, als alles was ich bisher erlebt habe. Denkt euch, ein junges, kraftvolles, geistreiches Mädchen bekomme den ungewöhnlichen Gedanken das Weib an mir zu rächen. Sie meint, sie könne mich die Schmerzen unglücklicher Liebe verschmecken lassen. Seht, das wäre etwas für mich! Verbeißt sie sich nicht tief genug in diesen Gedanken, so werde ich ihr zu Hilfe kommen. Ich werde zappeln in Todesangst wie der Aal, den die Schildbürger ins Wasser warfen, um ihn zu ersäufen. Und wenn ich sie so weit habe, so ist sie mein."

Doch ich habe meine Stellung als Herausgeber vielleicht schon mißbraucht, indem ich dem Leser meine Betrachtungen aufhalse. Der Anlaß mag mich entschuldigen: daß A sich nur als Herausgeber, nicht als Verfasser jener Erzählung bezeichnet, hat mich, der ich doch auch Herausgeber bin, zu dieser Abschweifung verführt.

Was ich sonst noch zu dieser Erzählung zu bemerken habe, kann ich vorbringen, ohne meine Kompetenz als Herausgeber zu überschreiten. Ich glaube nämlich in ihr eine Zeitbestimmung entdeckt zu haben. In dem Tagebuch findet sich hin und wieder ein Datum; dagegen fehlt die Jahreszahl. Insofern scheint uns das Datum nichts zu helfen. Als ich aber die einzelnen Data genauer ansah, ging mir ein Licht auf. Freilich hat jedes Jahr einen 7. April, einen 3. Juli, einen 2. August usf.; aber nicht jeder 7. April ist ein Montag. Ich habe nachgerechnet und herausgebracht, daß diese Bestimmung auf das Jahr 1834 paßt. Ob A daran gedacht hat, kann ich nicht sagen, halte es aber nicht für wahrscheinlich; denn sonst hütet er sich wohl, etwas zu verraten. Im Tagebuch heißt es auch nicht „Montag, den 7. April usf.", es heißt „den 7. April"; ja das Stück beginnt: „Also am Montag ... ", womit die Aufmerksamkeit geradezu abgelenkt wird. Aber wenn man das Stück, das dieses Datum trägt, durchliest, so sieht man, daß jener 7. April ein Montag gewesen sein muß. Für die Erzählung also habe ich eine Zeitbestimmung. Dagegen ist jeder Versuch, mit Hilfe derselben die übrigen Abhandlungen zu datieren, erfolglos geblieben. Ich hatte ihr wohl die dritte Stelle anweisen können; doch zog ich es, wie oben bemerkt, vor, den Zufall walten zu lassen und die Ordnung beizubehalten, in der ich die Papiere vorfand.

Was Bs Papiere anbetrifft, so ordnen diese sich leicht und natürlich. Doch habe ich mit ihnen eine kleine Änderung vorgenommen: da die Briefform den Verfasser daran verhinderte, seine Untersuchungen zu betiteln, so habe ich mir erlaubt, dies nachzuholen. Sollte der Leser finden, daß meine Titel nicht glücklich gewählt sind, so muß ich mich eben mit der schmerzlichen Tatsache abfinden, daß ich etwas Verkehrtes gemacht habe, während ich etwas Gutes machen wollte.

An einzelnen Stellen fand ich auf dem Rande Bemerkungen, die ich alle in Anmerkungen verwandelt habe, um den Text nicht umredigieren zu müssen.

Im übrigen habe ich mir mit Bs Manuskript keinerlei Veränderungen gestattet, sondern dasselbe streng als Aktenstück betrachtet. Ich hätte wohl da und dort kleine Versehen korrigieren können, die man einem Briefschreiber zugute halten muß. Ich unterließ es jedoch, weil ich fürchtete, zu weit zu gehen. Wenn B z. B. meint, daß von 100 jungen Menschen, die auf Irrwege kommen, 99 von Frauen gerettet werden, und 1 durch göttliche Gnade, so sieht man leicht, daß er es mit der Rechnung nicht genau genommen hat, da er die ganz vergißt, die wirklich verlorengehen. Ich hätte da leicht eine kleine Änderung in den Zahlen vornehmen können; allein mich deucht, es liegt gerade etwas Schönes in Bs Rechenfehler. An einer anderen Stelle erwähnt B einen griechischen Weisen namens Myson und erzählt von ihm, daß ihm das seltene Glück geworden sei, unter die 7 Weisen gerechnet zu werden, wenn man deren Zahl auf 14 festsetze. Ich war einen Augenblick in Verlegenheit: Woher hat B diese Weisheit, welcher griechische Schriftsteller ist es, den er zitiert? Mein Verdacht fiel sofort auf Diogenes von Laerte, und auf ihn wiesen mich auch Jöcher und Morèri hin. Bs Bemerkung hätte nun wohl einer Berichtigung bedurft; denn ganz so wie er sagt, verhält sich die Sache nicht, wenn auch in der Tat bei den Alten einige Unsicherheit darüber herrscht, welches die sieben Weisen waren. Ich fand es nun aber doch nicht der Mühe wert, jene Berichtigung anzubringen, und es kam mir vor, daß Bs Bemerkung, wenn sie auch nicht ganz historisch ist, doch einen guten Sinn hat.

Bis zu dem Punkt, an dem ich nun mit meiner Darlegung stehe, war ich schon vor fünf Jahren gekommen; ich hatte die Papiere so geordnet, wie sie heute geordnet sind, und beschloß sie in Druck zu geben, hielt es dann aber doch für besser noch eine Weile zu warten. Fünf Jahre schienen mir eine angemessene Frist. Diese fünf Jahre sind nun vorüber und ich nehme jetzt die Sache wieder auf. Ich brauche dem Leser wohl nicht zu versichern, daß ich in der Zwischenzeit kein Mittel unversucht ließ, um den beiden Schriftstellern auf die

Spur zu kommen. Der Trödler führte kein Buch, wie das ja bekanntlich bei solchen meistens der Fall ist; er wußte nicht, wo er das Möbel gekauft hatte, glaubte sich indes zu erinnern, daß er es von einem Auktionator habe. Ich will dem Leser nicht von den vielen fruchtlosen Versuchen berichten, die mich viel Zeit gekostet haben, schon weil die Erinnerung daran mir selbst unbehaglich ist. Was dabei herauskam, kann ich dagegen in aller Kürze mitteilen: Nichts.

Als ich daran war, die Papiere, wie ich beschlossen hatte, in Druck zu geben, erwachte in mir ein Bedenken. Der Leser wird mir erlauben, ganz offen zu sein. Es kam mir der Gedanke, ob ich mich nicht einer Indiskretion gegen die unbekannten Schriftsteller schuldig machte. Doch, je mehr ich mit dem Inhalt der Papiere vertraut wurde, desto mehr verlor dieses Bedenken an Gewicht. Die Papiere hatten, allen meinen sorgfältigen Untersuchungen zum Trotz, keinerlei Aufschluß über die Personen der Verfasser gegeben; wie sollte da ein Leser etwas diesbezügliches herausfinden, mit dem ich mich, wer er auch sei, wenn nicht in Geschmack, Feingefühl und Einsicht, so doch in Fleiß und Ausdauer wohl messen darf. Vorausgesetzt also, daß die unbekannten Verfasser noch am Leben sind, daß sie hier in der Stadt wohnen und eines Tages die unerwartete Bekanntschaft mit ihren eigenen Papieren machen, so wird, wofern sie selbst schweigen, diese Ausgabe sie nicht verraten; denn von diesen Papieren gilt im strengsten Sinne, was man von Druckschriften überhaupt zu sagen pflegt: sie schweigen.

Ich hatte noch ein anderes Bedenken, das aber an und für sich von geringerer Bedeutung war und sich ziemlich leicht heben ließ, leichter sogar als ich gedacht hatte. Es fiel mir nämlich ein, daß diese Papiere einen Geldwert darstellten. Nun wird man es ganz in der Ordnung finden, daß ich mir für meine Tätigkeit als Herausgeber ein kleines Honorar bezahlen ließ; aber ein Verfasser-Honorar konnte ich natürlich nicht annehmen. Wie die braven schottischen Bauern in der Weißen Dame beschließen, ein Stück Land zu kaufen und zu bestellen und es den Grafen von Evenel zu verehren, wenn sie einmal zurückkämen, so beschloß ich, das ganze Honorar auf Zins anzulegen, um es den unbekannten Verfassern, wenn sie sich einmal melden sollten, mit Zins und Zinseszinsen überreichen zu können. Falls nicht meine Schwerfälligkeit den Leser schon davon überzeugt hat, daß ich kein Schriftsteller bin und auch kein Herausgeber von Profession, so wird die Naivität meines Gedankengangs diese Tatsache für ihn außer Zweifel setzen. Jenes Bedenken wurde denn auch auf eine sehr viel einfachere Weise gehoben; denn selbst um ein Schriftsteller-Honorar kauft man sich in Dänemark kein Rittergut; und die Unbekannten können lange fortbleiben, bis ihr Honorar mit Zins und Zinseszinsen zu einem Wertgegenstand angewachsen ist.

Es blieb mir nur noch übrig, diesen Papieren einen Titel zu geben. Ich konnte sie schlechtweg „Papiere“ nennen, oder „hinterlassene Papiere“, oder „gefundene Papiere“ oder „verlorene Papiere“ usf. Aber keiner von diesen Titeln befriedigte mich. Daß ich schließlich doch zu einem, wie mir scheint, passenden Titel kam, verdanke ich einer allerdings kühnen Supposition, die ich dem Leser gegenüber zu verantworten mich verpflichtet fühle. Bei der andauernden Beschäftigung mit den Papieren kam plötzlich wie eine Erleuchtung über mich der Gedanke, daß man ihnen eine neue Seite abgewinnen könnte, wenn man sie als das Produkt eines und desselben Menschen betrachtete. Ich weiß, was sich alles dagegen einwenden läßt, daß ein Mensch beide Teile verfaßt haben sollte: daß es unhistorisch, daß es unwahrscheinlich, daß es ungereimt sei, obschon ja dem Leser das Wortspiel „Wer A sagt, muß auch B sagen" naheliegen möchte. Indessen konnte ich meine Idee doch nicht wieder aufgeben. Mir stellte sich ein Mensch vor Augen, der in seinem Leben beide Bewegungen durchlaufen oder durchdacht hat. As Papiere enthalten nämlich mannigfaltige Anläufe zu einer ästhetischen Lebensanschauung – durchführen läßt sich eine solche wohl überhaupt nicht. Bs Papiere enthalten eine ethische Lebensanschauung. Indem ich diesen Gedanken auf mich wirken ließ, wurde es mir klar, daß ich nur dem eingeschlagenen Weg zu folgen brauchte, um einen Titel zu finden. Was der Leser mit dem Titel, zu dem ich auf diese Weise gekommen bin, verliert, ist nichts von Bedeutung; denn während er das Buch durchliest, kann er den Titel ja ganz gut vergessen; aber wenn er es gelesen hat, denkt er vielleicht wieder an den Titel, und dann wird ihn dieser frei machen von allen historischen Fragen: ob A wirklich von B überzeugt wurde und bereute; ob B siegte; oder ob die Sache vielleicht damit endete, daß B zu As Ansicht überging. In dieser Hinsicht haben diese Papiere nämlich kein Ende. Findet man das nicht in der Ordnung, so ist man doch jedenfalls nicht berechtigt, von einem Fehler zu sprechen; eher von einem Unglück. Ich für meinen Teil betrachte es übrigens als ein Glück. Es gibt ja bekanntermaßen Novellen, in denen einander entgegengesetzte Lebensanschauungen von bestimmten Personen vorgetragen werden. Das Ende vom Lied ist dann meistens, daß der eine den anderen überzeugt. Statt daß also die Anschauung für sich selbst spräche, wird der Leser mit dem historischen Resultat bereichert, daß der andere überzeugt wurde. Ich sehe es als ein Glück an, daß das bei diesen Papieren nicht der Fall ist. Ob A seine ästhetischen Abhandlungen verfaßt hat, nachdem er Bs Briefe empfing, ob er sich nach wie vor diesem wilden Sturm von Stimmungen überließ, oder ob er ruhiger wurde: darüber irgendeine Auskunft zu geben, bin ich außer Stand, da eben die Papiere selbst nichts davon verraten. Auch davon, wie es B ergangen ist, enthalten sie keine Andeutung: ob er die Kraft gehabt hat, seine Anschauung festzuhalten, oder nicht. Wenn man das Buch gelesen hat, so sind A und B vergessen; nur die Anschauungen stehen einander gegenüber, und warten nicht darauf, daß ihr Schicksal sich in der Entwicklung bestimmter Personen entscheide.

Sonst habe ich nichts zu bemerken; nur ist mir eingefallen, daß die geschätzten Autoren, falls sie von meinem Vorhaben wüßten, vielleicht den Wunsch hätten, den Papieren ein Wort an den Leser mitzugeben. Ich will mir daher zu ein paar Worten die Hand führen lassen. A würde wohl nichts gegen die Herausgabe seiner Papiere einzuwenden haben. Vermutlich würde er dem Leser zurufen: „Lies sie oder lies sie nicht, du wirst beides bereuen!" Was B sagen würde, ist nicht so leicht zu erraten. Er würde mir wohl allerlei Vorwürfe machen, besonders im Hinblick auf die Herausgabe der Papiere As. Er würde mir zu verstehen geben, daß er nichts damit zu tun habe und seine Hände in Unschuld wasche. Dann würde er sich vielleicht mit diesen Worten an das Buch wenden: „So gehe denn hinaus in die Welt, sieh' zu, daß du der Aufmerksamkeit der Kritik entgehst und besuche einen einzelnen Leser in seiner guten Stunde. Triffst du eine Leserin, so richte ihr aus: sie werde in diesem Buch manches finden, was sie vielleicht nicht zu wissen brauche, und auch wiederum manches, was ihr Gewinn bringen könne. Darum lies nun, liebenswürdige Leserin, das Buch so, daß du es gelesen hast, und nicht gelesen hast, wenn du damit zu Ende bist." Ich als Herausgeber will nur noch den Wunsch hinzufügen, daß das Buch den Leser in freundlicher Stimmung treffen möge, und daß es der liebenswürdigen Leserin gelingen möge, Bs wohlgemeinten Rat genau zu befolgen.

November 1842
Der Herausgeber

ΔΙΑΨΑΛΜΑΤΑ
ad se ipsum

Grandeur, savoir, renommé,
Amitié, plaisir et bien,
Tout n'est que vent, que fumée:
Pour mieux dire, tout n'est rien.

(P. Pelisson)

Was ist ein Dichter? Ein unglücklicher Mensch, dessen Lippen so geformt sind, daß sein Seufzen und Schreien sich in schöne Musik verwandelt, während seine Seele sich in geheimen Qualen windet. Und die Menschen drängen sich um den Dichter und rufen ihm zu: „Sing doch bald wieder!" Mit anderen Worten: Neue Leiden sollen seine Seele martern, neue Schmerzen soll er singen. Schreien soll er nicht, das würde die Menschen ängsten. Aber der Gesang ist schön, den hören sie gerne. Und die Rezensenten urteilen: „So ist's recht! So soll es sein nach den Gesetzen der Ästhetik." Natürlich! Der Rezensent gleicht ja dem Dichter aufs Haar, nur daß er keine Qualen im Herzen hat und keine Musik auf den Lippen. Sieh, darum lieber Schweinehirt sein und verstanden von den Schweinen, als Dichter und mißverstanden von den Menschen.

Die erste summarische Unterweisung, die man einem Kind angedeihen läßt, beginnt bekanntlich mit der Frage: „Was bekommt das Kind?" Antwort: „Schläge." Mit solchen Betrachtungen beginnt das Leben und dabei leugnet man die Erbsünde! Wem anders hat denn das Kind die ersten Prügel zu verdanken als seinen Eltern?

Ich rede am liebsten mit Kindern; denn von ihnen kann man doch hoffen, daß sie einmal vernünftige Geschöpfe werden. Aber die es geworden sind – o jemineh!

Ein sonderbares Wesen, der Mensch! Die Freiheit die er hat, gebraucht er nie, sondern wünscht sich immer eine, die er nicht hat: Er hat Denkfreiheit, und er verlangt Redefreiheit.

Ich mag nicht! Ich mag nicht reiten, die Bewegung ist zu heftig; ich mag nicht gehen, das ist mir zu anstrengend. Liegen mag ich auch nicht, denn entweder muß ich liegenbleiben und das mag ich nicht, oder ich muß wieder aufstehen und das mag ich auch nicht, kurz – ich mag nicht!

Es gibt bekanntlich Insekten, die im Augenblick der Befruchtung sterben. Ihnen gleicht die Freude: Der Augenblick des höchsten, überschwenglichsten Lebensgenusses trägt den Tod in sich.

Probater Rat für Schriftsteller: Man bringe seine Betrachtungen nachlässig zu Papier und lasse sie drucken, so wird man bei dem mehrfachen Korrekturenlesen auf eine Menge guter, neuer Einfälle kommen. Fasse also Mut, du, der du bis heute nicht gewagt hast etwas drucken zu lassen! Schließlich kommt der Geist mit den Druckfehlern! Und mit Hilfe von Druckfehlern witzig zu sein, ist eine ganz einwandfreie Methode.

Es gehört zu den Unvollkommenheiten unseres Wesens, daß wir erst durch den Gegensatz hindurch müssen, um zu erreichen, was wir erstreben. Dem kundigen

Psychologen tritt das in den mannigfaltigsten Formen vor Augen: Der Melancholiker hat meist eine starke Neigung zum Komischen, der Genießer zum Idyllischen, der Wüstling zum Moralischen, der Zweifler zum Religiösen. Ich erinnere nur daran, daß wir erst durch die Sünde hindurch die Seligkeit schauen.

Außerhalb des Kreises, in dem ich täglich verkehre, habe ich noch eine vertraute Freundin – meine Schwermut; mitten in der Freude, mitten in der Arbeit winkt sie mir und nimmt mich beiseite; und ich folge ihr, auch wenn ich körperlich dazubleiben scheine. Meine Schwermut ist die treueste Geliebte, die ich je gehabt habe; was Wunder, daß ich sie wieder liebe.

Es gibt eine Art geschwätzigen Räsonierens, das in seinen endlosen Entwicklungen sich zum Resultat verhält, wie die unübersehbaren Reihen der ägyptischen Königsgeschlechter zu der historischen Erkenntnis, die sie darstellen.

Das Alter verwirklicht die Träume der Jugend, das sieht man an Swift: In seiner Jugend hat er ein Narrenhaus gebaut und in seinem Alter ist er selbst hineingekommen.

Wenn man sieht, mit welch hypochondrischem Tiefsinn die älteren Engländer der dem Lachen zugrundeliegenden Zweideutigkeit nachgespürt haben, so graut es einem. Dr. Hartley z. B. bemerkt: „Wenn sich das Lachen zuerst bei Kindern zeigt, so ist es ein entstehendes Weinen, welches durch Schmerz erregt wird, oder ein plötzlich gehemmtes und in sehr kurzen Zwischenräumen wiederholtes Gefühl des Schmerzes". Wie, wenn das ganze Leben ein Mißverständnis wäre, wie, wenn das Lachen eigentlich ein Weinen wäre!

Es gibt Gelegenheiten, wo es einen unendlich schmerzlich berühren kann, einen Menschen zu sehen, der ganz allein steht in der Welt. So sah ich neulich ein armes Mädchen, das ganz allein zur Kirche ging um konfirmiert zu werden.

Cornelius Nepos erzählt von einem Feldherrn, der mit einer größeren Abteilung Reiterei in einer Festung eingeschlossen war, er habe die Pferde jeden Tag peitschen lassen, damit ihnen das lange Stillstehen nicht schaden möchte. So lebe ich gegenwärtig wie ein Gefangener, aber damit mir das Stillsitzen nicht schade, weine ich mich müde.

Ich kann von meinem Kummer sagen, was der Engländer von seinem Haus sagt: Mein Kummer *is my castle*

Es ist mir zumute wie einer Schachfigur, von der der Gegenspieler sagt: Mit der Figur kannst du nicht ziehen.

Aladdin hat deshalb etwas so Erfrischendes, weil in diesem Stück eine geniale, kindliche Dreistigkeit sich in den ausschweifendsten Wünschen ergeht. Wie viele Menschen gibt es noch in unserer Zeit, die wirklich noch zu wünschen, zu begehren wagen, ohne artiges „bitte, bitte", ohne verzweifeltes Toben. Man schwatzt heute so viel davon, daß der Mensch nach Gottes Ebenbild geschaffen sei: wie viele getrauen sich im Gefühl ihrer Gottähnlichkeit, frisch und kräftig drauflos zu kommandieren? Stehen wir nicht alle da wie Nureddin und verlangen mit ängstlichen Bücklingen und Kratzfüßen bald zu viel, bald zu wenig? Verflüchtigt sich nicht alles großzügige Fordern nach und nach zu einem schwächlichen Reflektieren über unser Ich? Wir treten als Gläubiger auf, um uns schließlich als Schuldner davon zu schleichen; dazu sind wir ja durch unsere Erziehung abgerichtet.

Kleinlaut bin ich wie ein Scheva, eine schwache und nichtige Existenz wie ein Dagesch lene; es ist mir zumute wie einem Buchstaben, der verkehrt in der Druckzeile steht; dabei bin ich anspruchsvoll wie ein Pascha von drei Roßschweifen, eifersüchtig auf mich und meine Gedanken wie eine Bank auf ihre Noten, überhaupt so reflektiert auf mich selbst wie ein *pronomen reflexivum.* Ja, wäre es mit Unglück und Sorge wie mit dem Lohn der guten Tat, den man bekanntlich verliert, wenn man ihn im Bewußtsein vorwegnimmt, ich wäre der glücklichste Mensch! Aber ach! Ich nehme alle Sorgen vorweg und doch bleiben sie mir alle, alle.

Die gewaltige Kraft der Volkspoesie äußert sich unter anderem darin, daß ihre Helden heftig zu begehren vermögen. Neben ihnen sind die heutigen Menschen in ihrem Begehren ebenso sündhaft wie langweilig, denn sie begehren immer was des Nächsten ist. Jene dagegen wissen recht wohl, daß der Nebenmensch das, was sie suchen, ebensowenig besitzt wie sie selbst. Wo aber doch ihr Begehren einmal sündhaft wird, da läßt es sich von den kühlen Wahrscheinlichkeitsberechnungen des nüchternen Verstandes nichts abmarkten. Es schwillt über alle Dämme und gewährt in seiner ungeheuerlichen Maßlosigkeit ein wahrhaft erschütterndes Schauspiel. Noch immer schreitet Don Juan über die Bühne mit seinen 1001 Geliebten, und niemand findet das lächerlich aus Ehrfurcht vor der Tradition. Laßt heutzutage einen Dichter so etwas wagen, er wird unfehlbar ausgelacht.

Eine seltsam wehmütige Stimmung ergriff mich, als ich einen armen Teufel in schäbigem, lichtgrünem, ins Gelbe spielendem Rock sich durch die Gassen drücken sah. Ich hatte Mitleid mit ihm; aber mehr noch bewegte mich eine Erinnerung an die Kinderzeit, die die Farbe seines Rockes in mir wachrief: das war einst meine Leibfarbe, als ich in der edlen Kunst der Malerei meine ersten Versuche machte. Ist es nicht traurig: Farben wie diese, an die ich noch immer mit so großer Freude denke, gibt es nirgends mehr. Alle Welt findet sie grell und aufdringlich, kaum gut genug für Nürnberger Spielsachen. Trifft man sie je einmal, so ist es immer eine traurige Begegnung. Immer ist es ein Schwachsinniger, eine verunglückte Existenz, kurz ein Mensch der sich fremd fühlt im Leben, der von der Welt nicht anerkannt wird. Und ich, der ich die Röcke meiner Helden immer mit jenem ewig unvergeßlichen, gelbgrünen Anstrich versah! Geht's nicht so mit allen Farben der Kindheit? Der Glanz, den das Leben damals hatte, wird nach und nach zu stark, zu grell für unsere müden Augen.

Ach, die Tür des Glücks öffnet sich nicht nach innen, man kann sie nicht aufdrücken, indem man wider sie stürmt; sie geht nach außen auf, daher ist nichts zu machen.

Mut habe ich zu zweifeln, ich glaube an allem; Mut zu kämpfen, ich glaube mit allem. Aber den Mut etwas zu erkennen, den Mut etwas zu besitzen, mir zuzueignen, den hab' ich nicht. Die meisten Menschen klagen darüber, daß die Welt so prosaisch sei, daß es im Leben nicht zugehe wie im Roman, wo alles sich so leicht macht; ich klage darüber, daß es im Leben nicht ist wie im Roman, wo es hartherzige Väter, Hexen und Kobolde zu bekämpfen und verzauberte Prinzessinnen zu befreien gibt. Was sind alle diese bösen Mächte verglichen mit den bleichen, blutlosen, zählebigen, nächtlichen Gestalten, mit denen ich kämpfe, und denen ich selbst Leben und Dasein gebe.

Wie unfruchtbar bin ich, wie unfruchtbar sind Kopf und Herz; und dabei doch diese ewigen Wehen gehaltloser, wollüstiger und schmerzlicher Gefühle! Soll sich bei mir das Zungenband des Geistes nie lösen? Bin ich dazu verurteilt, immer zu lallen? Eine Stimme müßte ich haben, durchdringend wie des Lynkeus Blick, entsetzenerregend wie das Seufzen der Giganten, eine Stimme mit dem langen tiefen Atem eines Naturlauts, spottend wie der frostige Märzwind, der alles mit Reif bedeckt, voller Bosheit wie das herzlose Höhnen des Echos, eine Stimme, die alle Töne umfaßt, vom tiefsten, dröhnenden Baß bis zu den höchsten, schmelzenden Kopftönen, die jeder Modulation fähig ist, vom Flüstern der heiligsten Empfindung bis zum Schrei rasender Leidenschaft. Eine solche Stimme brauchte ich, um mir Luft zu machen, um auszusprechen, was mir auf der Seele liegt, um zum Frieden mit mir selbst zu kommen, um wieder Anteil nehmen zu können an der Welt außer mir. Aber meine Stimme ist heiser wie der Schrei einer Möwe, sie erstirbt mir auf den Lippen, wie dem stummen Bettler ein Segenswunsch.

Was steht mir bevor? Was wird die Zukunft bringen? Ich weiß es nicht, ahne nichts. Wenn eine Spinne sich von einem festen Punkt aus hinabstürzt, so sieht sie beständig einen leeren Raum vor sich, in dem sie nirgends Fuß fassen kann, so sehr sie auch zappelt. So geht es mir; vor mir beständig ein leerer Raum; was mich vorwärts treibt ist eine Konsequenz, die hinter mir liegt. Dieses Leben ist so gründlich, so entsetzlich verdreht, daß es nicht zum Aushalten ist.

Nichts Schöneres gibt es als die erste Periode der Verliebtheit, wo jedes Zusammensein, jeder Blick dir eine neue Freude nach Hause mitgibt.

Soviel ich das Leben betrachte, ich kann keinen Sinn hineinbringen. Ich glaube, mir hat ein böser Geist eine Brille auf die Nase gesetzt, von deren Gläsern das eine in ungeheurem Maßstab vergrößert, während das andere im selben Maßstab verkleinert.

Der Zweifler ist ein *Μεμαστιγωμένος*: er hält sich auf der Spitze wie ein Kreisel, kürzere oder längere Zeit, je nachdem die Schläge der Peitsche fallen. Stehen kann er so wenig wie der Kreisel.

Das Lächerlichste vom Lächerlichen in dieser Welt sind mir die Leute, die es eilig haben, die nicht schnell genug essen und arbeiten können. Sehe ich, wie einem solchen Geschäftigen sich im entscheidenden Augenblick eine Fliege auf die Nase setzt, oder wie ihn ein Wagen, der noch mehr pressiert als er, mit Kot bespritzt, oder wie die Schranke am Eisenbahnübergang ihm vor der Nase zugeht, oder wie ihm ein Dachziegel auf den Kopf fällt und ihn totschlägt, so lache ich von Herzen. Und wer möchte da nicht lachen? Was richten sie aus, diese ewig Hastenden? Ergeht es ihnen nicht wie jener Frau, die aus ihrem brennenden Haus in der Verwirrung die Feuerzange rettete? Retten sie etwa mehr aus dem großen Brande des Lebens?

Mir fehlt es überhaupt an Geduld zum Leben. Ich kann das Gras nicht wachsen sehen und so will ich es lieber gar nicht sehen. Meine Anschauungen sind flüchtige Betrachtungen eines „fahrenden Scholasten", der in größter Hast durchs Leben rennt. Es heißt, der liebe Gott mache den Magen eher satt als die Augen; davon merke ich nichts. Meine Augen sind satt bis zum Überdruß, und doch leide ich Hunger.

Man frage mich nach allem, nur nicht nach Gründen! Einem jungen Mädchen verzeiht man es, wenn sie keine Gründe anzugeben weiß: sie habe keine, sagt man, sie lebe in Gefühlen. Anders ich. Ich habe meist so viele sich oft widersprechende Gründe, daß ich aus diesem Grund keine Gründe angeben kann. Übrigens will es mir vorkommen, als ob es mit dem Verhältnis zwischen Ursache und Wirkung nicht ganz in Ordnung sei. Das eine Mal geht aus einer ungeheuren, gewaltigen Ursache eine winzige, unansehnliche Wirkung hervor; das andere Mal gebiert eine elende, magere Ursache ein Riesenkind von Wirkung.

Und nun des Lebens unschuldige Freuden! Man muß es ihnen lassen, sie haben nur einen Fehler: sie sind gar so unschuldig. Dazu soll man sie noch mit Maß genießen! Wenn mir der Arzt eine Diät vorschreibt, so lasse ich mir das gefallen: ich enthalte mich für absehbare Zeit gewisser Speisen. Aber Diät halten in der Diät – das ist zu viel verlangt!

Das Leben ist mir ein bitterer Trank geworden; und ich muß ihn langsam einnehmen, in abgezählten Tropfen.

Keiner kehrt wieder vom Tode, keiner kommt in die Welt herein, ohne zu weinen. Niemand fragt dich, wann du herein willst, niemand, wann du hinaus willst.

Die Zeit vergeht, das Leben ist ein Traum usf., so sagen die Menschen. Ich merke nichts davon. Die Zeit steht still und ich mit ihr. Was ich projektiere, stürzt sofort wieder auf mich zurück; ich will ausspeien, und ich speie mir selbst ins Gesicht.

Wenn ich morgens aufstehe, gehe ich sogleich wieder ins Bett. Am wohlsten ist es mir abends, in dem Augenblick, wenn ich das Licht ausblase und mir die Decke über die Ohren ziehe. Noch einmal richte ich mich auf und sehe mich mit unbeschreiblicher Zufriedenheit im Zimmer um. Und dann gute Nacht! Hinunter unter die Decke!

Zu was ich zu brauchen bin? Zu nichts oder zu allem. Das läßt auf seltene Fähigkeiten schließen! Ob sie wohl im Leben gewürdigt werden? Gott weiß, ob ein Mädchen eine Stellung findet, die als Mädchen für alles dienen will, oder auch, wenn es nötig ist, als irgend sonst etwas.

Ein Rätsel sollte man sein, für andere wie für sich. Ich studiere mich selbst; bin ich dessen müde, so rauche ich zum Zeitvertreib eine Zigarre und denke: Gott mag wissen, zu was er mich eigentlich erschaffen hat, was er aus mir herausbringen will.

Keine schwangere Frau kann seltsamere und heftigere Gelüste haben, als ich. Diese Gelüste betreffen bald die kleinsten, bald die größten Dinge, und alle treten sie mit derselben hochgradigen momentanen Leidenschaft auf. Jetzt gerade gelüstet es mich nach einem Teller Buchweizengrütze. In meiner Schulbubenzeit bekamen wir Mittwochs immer Buchweizengrütze. Ich erinnere mich, wie glatt und weiß die Grütze angerührt war, wie die Butter mir entgegenduftete, wie das warme Gericht mich anlachte, wie hungrig ich war, wie ungeduldig ich nach dem Löffel griff um anzufangen. Solch ein Teller Buchweizengrütze! Mehr als mein Erstgeburtsrecht gäbe ich dafür!

Der Zauberer Virgilius ließ sich in Stücke schneiden und in einen Kessel stecken. Darin wollte er sich acht Tage kochen lassen, um durch diesen Prozeß verjüngt zu werden. Er stellte einen Mann an, der aufpassen sollte, daß niemand in den Kessel schaue. Der konnte aber bald selbst der Versuchung nicht widerstehen. Er lüftete den Deckel und guckte hinein. Es war zu früh: er sah Virgilius in Gestalt eines kleinen Kindes, das sofort mit einem Schrei verschwand. Auch ich habe zu früh in den Kessel geguckt, in den Kessel des Lebens und seiner geschichtlichen Entwicklung, und so bin auch ich im Stadium der Kindheit stekkengeblieben und werde nie weiterkommen.

„Nie sollst du den Mut verlieren; wenn die Leiden sich auftürmen über dir, so siehst du am Himmel eine hilfreiche Hand." So sagte Ehrwürden Jesper Morten im letzten Abendgottesdienst. Nun war ich immer viel unter freiem Himmel, aber nie hatte ich so etwas gesehen. Einige Tage später beobachtete ich jedoch auf einer Fußtour eine derartige Erscheinung. Es war allerdings nicht eigentlich eine Hand, sondern mehr ein Arm, der da am Himmel ausgereckt war. Ich versank in Betrachtungen. Wenn nur Jesper Morten da wäre, dachte ich, damit er dir sagen könnte, ob das die Erscheinung ist, von der er sprach. Wie ich so in Gedanken dastehe, ruft mich ein Wandersmann an und sagt, indem er zum Himmel emporzeigt: „Siehst du die Wasserhose? Man sieht selten eine in dieser Gegend; sie kann ganze Häuser mit fortreißen." Was, eine Wasserhose ist das? Gott bewahre mich! Und ich rannte davon, so rasch ich konnte. Was wohl Ehrwürden Jesper Morten an meiner Stelle getan hätte!?

Andere mögen darüber klagen, daß unsere Zeit böse sei; ich klage darüber, daß sie armselig ist. Es gibt keine Leidenschaft mehr. Die Gedanken der Menschen sind dünn und schwach wie ein Spitzengewebe, sie selbst erbärmliche Geschöpfe wie Spitzenklöpplerinnen. Ihre Gedanken sind zu elend, um sündhaft zu sein. Einem Wurm vielleicht könnte man solche Gedanken als Sünde anrechnen, aber nicht einem Menschen, der nach Gottes Ebenbild geschaffen ist. Ihr Gelüste ist träge und ehrbar, ihre Leidenschaft schläfrig; sie erfüllen ihre Pflichten, diese Krämerseelen, erlauben sich aber, wie die Juden, die Münzen ein ganz klein wenig zu beschneiden; sie meinen, wenn auch der Herrgott noch so gut Buch führe, so könne man ihm doch entschlüpfen und ihn ein bißchen für den Narren halten. Pfui über sie! Darum wandert meine Seele immer wieder zum Alten Testament zurück und zu Shakespeare. Da fühlt man doch, daß es Menschen sind, die da reden! Da haßt man, da liebt man, da mordet man seine Feinde, da verflucht man die Nachkommen durch alle Geschlechter hindurch, da sündigt man.

Meine Zeit teile ich so ein: die eine Hälfte verschlafe ich, die andere verträume ich. Wenn ich schlafe, so träume ich nie. Das wäre Sünde. Schlafen ist die höchste Genialität.

Ein vollkommener Mensch zu sein, das ist doch das Höchste. Nun habe ich Hühneraugen bekommen, das bringt mich dem Ziel schon ein wenig näher.

Es kommt nichts heraus bei meinem Leben; eine Stimmung, eine einzelne Farbe. Das Resultat meines Lebens gleicht dem Gemälde jenes Künstlers, der den Durchgang der Juden durch das Rote Meer malen sollte: er strich die ganze Wand rot an und erklärte, daß die Juden schon hinüber und die Ägypter ertrunken seien.

Die Würde des Menschen wird in der Natur doch noch anerkannt. Wenn man die Vögel von den Obstbäumen fernhalten will, setzt man etwas darauf, was einem Menschen ähnlich sieht, und schon die entfernte Menschenähnlichkeit der Vogelscheuche genügt, um Respekt einzuflößen.

Die Liebe, die etwas zu bedeuten hat, blüht im Mondschein auf, wie der Apis, wenn er ein echter Apis sein sollte, nur im Mondschein entstehen konnte. Die Kuh, die ihn gebar, mußte im Augenblick der Empfängnis vom Mond beschienen werden.

Der beste Beweis für die Jämmerlichkeit des Daseins läßt sich aus der Betrachtung seiner Herrlichkeit führen.

Die meisten Menschen rennen in blindem Eifer an den Genüssen vorbei, denen sie nachjagen. Es ergeht ihnen wie jenem Zwerg, der eine entführte Prinzessin in seinem Schloß bewachte. Er gestattete sich eines Tages ein Mittagsschläfchen; als er nach einer Stunde wieder aufwachte, war die Prinzessin fort. Hurtig zog er seine Siebenmeilenstiefel an; mit einem Schritt war er an ihr vorbei.

Meine Seele ist so schwer, daß kein Gedanke sie mehr tragen, kein Flügelschlag sie in den Äther emporheben kann. Wird sie aufgescheucht, so fliegt sie nur nahe am Erdboden hin, wie ein Vogel vor dem Ausbruch eines Gewitters. Über meiner Seele brütet eine Beklemmung, eine Angst, wie die Ahnung eines Erdbebens.

Wie leer und bedeutungslos ist das Leben! – Man begräbt einen Menschen, man folgt ihm auf den Kirchhof, man wirft drei Schaufeln Erde auf ihn hinab, man geht hinaus zu seinem Wagen, steigt ein, fährt nach Hause und tröstet sich damit, daß man ein langes Leben vor sich habe. Wie lange sind denn wohl 7 x 10 Jahre? Warum macht man die Geschichte nicht auf einmal ab? Warum bleibt man nicht draußen und steigt mit hinunter ins Grab? Warum zieht man nicht das Los und bestimmt, wer der Unglückliche sein soll, der als der letzte Lebende die letzten drei Schaufeln Erde auf den letzten Toten hinabwirft?

Es ist nichts mit den Weibern! Ihre Schönheit schwindet hin wie ein Traum, wie das Gestern, das vom Heute verschlungen wird. Ihre Treue – ach Gott ja, ihre Treue! Entweder sind sie treulos: darüber rege ich mich nicht mehr auf, oder sie sind treu. Eine solche treue Seele zu finden wäre ganz hübsch in Anbetracht der Seltenheit der Erscheinung, aber bedenklich in Anbetracht der Länge der Zeit; denn entweder bleibt sie unerschütterlich treu: so werde ich ein Opfer meiner Experimentierlust, da ich ja mit ihr aushalten muß, oder es kommt der Zeitpunkt, wo sie wankend wird: so habe ich die alte Geschichte.

Elendes Schicksal! Vergebens schminkst du wie eine alte Metze deine durchfurchten Wangen, vergebens lärmst du mit deiner Narrenschelle! Ich bin deiner überdrüssig; es ist doch immer dasselbe, ein *idem per idem.* Keine Abwechslung, nur Aufgewärmtes! Komm Schlaf, komm Tod, du versprichst nichts, du hältst alles.

Diese zwei bekannten Violinstriche! Diese zwei bekannten Violinstriche, hier in diesem Augenblick, von der Straße her!? Habe ich den Verstand verloren? Ist es mein Ohr, das, verliebt in Mozarts Musik, nur immer seine Töne hört? Ist es ein Geschenk von euch, ihr Götter; habt ihr dem Unglücklichen, der wie ein Bettler vor der Türe des Tempels sitzt, ein Ohr gegeben, das selbst die Töne hervorbringt, die es hört? Nur diese zwei Violinstriche; denn nun höre ich nichts mehr. Wie sie in jener unsterblichen Ouvertüre aus den tiefen Choralakkorden hervordringen, so winden sie sich hier aus dem Geräusch und Lärm der Straße heraus überraschend, überwältigend, eine Offenbarung. – Es muß doch in der Nähe sein, denn jetzt höre ich die leichte Tanzweise. – Oh, ihr seid es, unglückliches Künstlerpaar, euch verdanke ich diese Freude?! – Der eine von ihnen war wohl siebzehn Jahre alt und stak in einem grünen Rock mit großen Beinknöpfen. Der Rock war viel zu groß für ihn. Er hielt die Violine dicht unter dem Kinn; seine Mütze war in die Stirn gedrückt; die Hand war geschützt durch einen Handschuh ohne Finger, die Finger rot und blau vor Kälte. Der andere war älter, hatte einen Mantelkragen an. Beide waren blind. Ein kleines Mädchen, das sie geleitete, stand vor ihnen und steckte die Hände unter das Halstuch. Wir sammelten uns nach und nach um sie, Bewunderer dieser Musik, ein Postbote mit seiner Tasche, ein kleiner Junge, ein Dienstmädchen, ein paar Eckensteher. Die herrschaftlichen Wagen rollten lärmend vorbei, die Lastfuhrwerke erstickten die Töne, die nur je und je aufleuchteten. Unglückliche Künstler! Wißt ihr, daß diese Töne alle Herrlichkeit der Welt in sich bergen? – War das nicht wie ein Rendezvous?

Im Theater brach Feuer aus, hinter den Kulissen. Pierrot tritt an die Rampe und teilt es dem Publikum mit. Man glaubt, er wolle einen Witz machen, und applaudiert. Er wiederholt seine Mitteilung, man jubelt noch mehr. So denke ich mir, wird die Welt untergehen unter dem allgemeinen Jubel der witzigen Köpfe, die der Meinung sind, es handle sich um einen schlechten Witz.

Was ist denn überhaupt die Bedeutung dieses Lebens? Die Menschen zerfallen in zwei große Klassen: die einen müssen arbeiten, um zu leben, die anderen haben das nicht nötig. Aber die Bedeutung des Lebens kann nicht darin liegen, daß man arbeitet, um zu leben. Das wäre ja ein Widerspruch, denn das hieße, daß die Produktion der Bedingungen die Antwort sein soll auf die Frage nach der Bedeutung des Bedingten. Das Leben der übrigen hat keine andere Bedeutung als die: die Bedingungen zu verzehren. Sagt man, daß im Sterben die Bedeutung des Lebens liege, so scheint das abermals ein Widerspruch zu sein.

Der Genuß liegt nicht eigentlich im Genuß, sondern in der Vorstellung, die man dabei hat. Nimm an, mir stünde ein dienstbarer Geist zur Verfügung; ich bäte ihn, mir ein Glas Wasser zu bringen, er aber kredenzte mir in einem Pokal eine köstliche Mischung der herrlichsten Weine der Erde: dem würde ich den Abschied geben. „Lerne erst", würde ich ihm sagen, „nicht der Genuß verschafft Genuß, sondern daß ich meinen Willen bekomme."

Ich bin also nicht Herr meines Lebens! Ich bin nur einer der vielen Fäden, aus denen das Leben gewoben wird! Nun, wenn ich auch nicht weben kann, so kann ich den Faden doch abreißen.

Was immer du erwirbst, erwirbst du nur in der Stille, und göttlich ist nur, was im Schweigen geworden ist. Es gilt nicht nur von Psychens Kind, daß seine Zukunft von ihrer Verschwiegenheit abhängt.

Mit einem Kind, das göttlich, wenn du schweigst
Doch menschlich, wenn du das Geheimnis zeigst.

Ich bin, wie mir scheint, dazu bestimmt, alle möglichen Stimmungen zu durchleiden und Erfahrungen nach allen Richtungen zu machen. Ehe ich mich's versehe, bin ich wieder in der Lage des Kindes, das man ins Wasser geworfen hat, damit es schwimmen lerne. Ich schreie, das habe ich von den Griechen gelernt, von denen man das rein Menschliche lernen kann; denn wohl habe ich ein Seil um den Leib, aber die Stange, die mich oben halten soll, sehe ich nicht. Eine schreckliche Art, Erfahrungen zu machen!

Das ist merkwürdig: Die zwei furchtbarsten Widersprüche geben eine Vorstellung von der Ewigkeit. Denke ich mir jenen unglücklichen Buchhalter, der durch einen Rechenfehler den Bankrott eines Handelshauses verschuldet und aus Verzweiflung darüber den Verstand verloren hat; denke ich ihn mir, wie er tagaus, tagein, unberührt von allem anderen, sich vorsagt: 7 und 6 ist 14, so habe ich ein

Bild von der Ewigkeit. Denke ich mir ein üppiges Weib, eine Haremsschönheit, die in lässiger Anmut auf dem Diwan ruht und sich um nichts in der Welt kümmert, so habe ich wieder ein Bild von der Ewigkeit.

Wenn man die Philosophen von der Wirklichkeit reden hört, so ist das oft ebenso irreführend, wie wenn man im Schaufenster eines Trödlers auf einem Schild die Worte liest: Hier wird gerollt. Wollte man mit seiner Wäsche kommen um sie rollen zu lassen, so wäre man angeführt. Der Schild hängt nur zum Verkauf da.

Für mich gibt es nichts Gefährlicheres, als die Erinnerung. Habe ich ein Verhältnis des Lebens erst einmal in die Erinnerung aufgenommen, so ist es auch zerstört. Man sagt, daß Trennung die Liebe auffrische. Das ist ganz richtig, aber es geschieht nur auf rein poetische Weise. In der Erinnerung zu leben ist das vollkommenste Leben, das sich denken läßt; denn die Erinnerung sättigt reichlicher als alle Wirklichkeit, und sie hat eine Sicherheit, die keiner Wirklichkeit eignet. Sie führt das Wirkliche in die Ewigkeit ein, und damit verliert es das zeitliche Interesse.

Wenn irgendein Mensch, so sollte ich ein Tagebuch führen, um meinem Gedächtnis ein wenig zu Hilfe zu kommen. Es passiert mir oft, daß ich völlig vergesse, aus welchem Grunde ich dies oder das getan habe, und zwar nach kurzer Zeit und nicht nur, wenn es sich um Kleinigkeiten handelt, sondern bei den entscheidendsten Schritten. Fällt mir der Grund doch noch ein, so ist er bisweilen so sonderbar, daß ich in ihm den Grund nicht mehr erkennen kann. Dieser Zweifel würde wegfallen, wenn ich mich an etwas Geschriebenes halten könnte. So ein Grund ist überhaupt ein sonderbares Ding: sehe ich ihn in der Leidenschaft an, so wächst er zu einer ungeheuren Notwendigkeit empor, die Himmel und Erde in Bewegung setzen kann; bin ich aus der Leidenschaft, so sehe ich höhnisch auf ihn herab. – Längere Zeit habe ich darüber spekuliert, was eigentlich der Grund war, der mich veranlaßte, meine Adjunktur niederzulegen. So wie ich die Sache jetzt ansehe, scheint es mir, als ob eine solche Stellung wie gemacht wäre für mich. Heute ist mir ein Licht aufgegangen: der Grund war gerade der, daß ich für diesen Posten ganz vorzüglich paßte. Wäre ich in meinem Amte verblieben, so wäre für mich alles zu verlieren gewesen, nichts zu gewinnen. Derowegen hielt ich es für richtig, meinen Posten aufzugeben und ein Engagement bei einer reisenden Schauspielergesellschaft zu suchen, aus dem Grund, weil ich dafür keinerlei Talent habe, also alles zu gewinnen war.

Es gehört doch eine große Naivität dazu, zu glauben, daß man mit Rufen und Schreien irgend etwas ausrichte in dieser Welt. Als ob das Schicksal sich dadurch im geringsten beeinflussen ließe! Man nehme doch hin, was es bringt, und enthalte sich aller Umstände! Wenn ich in meiner Jugend in ein Restaurant kam, so sagte auch ich zum Kellner: „Ein gutes Stück, ein recht gutes Stück, vom Rücken, und nicht zu fett!" Kaum daß der Kellner überhaupt meinen Ruf hörte, geschweige denn, daß er auf das achtete, was ich sagte, oder gar, daß meine Stimme bis hinaus in die Küche drang und auf die Tranchiermamsell einen Eindruck machte; und selbst wenn alles das geschah, so war vielleicht am ganzen Braten kein gutes Stück. Nun rufe ich nicht mehr.

Das soziale Streben und die damit verbundene schöne Sympathie breitet sich immer weiter aus. In Leipzig hat sich ein Komitee gebildet, das aus Mitgefühl mit den armen alten Pferden beschlossen hat, dieselben zu essen.

Ich habe nur einen Freund: das Echo; und warum ist es mein Freund? Weil ich meinen Kummer liebe, und weil es ihn mir wiedergibt. Ich habe nur eine Vertraute: die Stille der Nacht; und warum ist sie meine Vertraute? Weil sie schweigt.

Mir ging es wie dem Parmeniskus der Sage, der in der trophonischen Höhle die Fähigkeit zu lachen verlor, sie aber wiedererlangte, als er auf Delos einen unförmlichen Klotz sah, der eine Statue der Göttin Leto vorstellen sollte. Als ich jung war, verging mir in der trophonischen Höhle das Lachen; als ich älter wurde und mit offenen Augen die Wirklichkeit betrachtete, da kam es mir wieder, und seither habe ich immer lachen können. Ich sah, daß es des Lebens Bedeutung ist, eine Besoldung zu bekommen, und des Lebens Ziel, Justizrat zu werden; ich sah, daß es die Seligkeit der Liebe ist, eine gute Partie zu machen, das Glück der Freundschaft, einander in Geldverlegenheit auszuhelfen; daß Weisheit ist, was die Menge dafür hält, Begeisterung, eine Rede zu halten, Mut, eine Polizeistrafe von ein paar Mark zu riskieren, Herzlichkeit, sich „Mahlzeit" zu sagen, Gottesfurcht, einmal im Jahr zum Altar zu gehen. Das alles sah ich, und ich lachte.

Was ist es, das mich fesselt? Aus was war die Kette geschmiedet, die den Fenriswolf festhielt? Sie war geschmiedet aus dem Getrappel der Katze, aus den Barthaaren junger Mädchen, aus den Wurzeln von Felsklippen, aus dem Hauch von Fischen und dem Speichel von Vögeln. So bin auch ich gefesselt mit einer Kette aus düsteren Phantasiebildern, aus schrecklichen Träumen, quälenden Gedanken, bangen Ahnungen, unerklärlichen Ängsten. „Geschmeidig ist diese Kette, weich wie Seide, hält die stärkste Anspannung aus und läßt sich nicht durchreiben."

Es ist wirklich sonderbar, daß man sich das ganze Leben lang auf allen Altersstufen im Grund immer mit demselben beschäftigt; und dabei macht man keine Fortschritte, man kommt eher zurück. So schrieb ich als Fünfzehnjähriger mit vieler Salbung über die Beweise für das Dasein Gottes, über die Unsterblichkeit der Seele, über den Begriff des Glaubens und die Bedeutung der Wunder. So schrieb ich zum *examen artium* eine Abhandlung über die Unsterblichkeit der Seele, der das Prädikat *prae ceteris* zuerkannt wurde, und später gewann ich mit einem Aufsatz über diesen Gegenstand den Preis. Wer möchte glauben, daß ich nach einem so soliden und vielversprechenden Anfang heute, da ich 25 Jahre alt bin, keinen einzigen Beweis für die Unsterblichkeit der Seele mehr zusammenbringe? Dann erinnere ich mich besonders eines Aufsatzes meiner Schulbubenzeit über die Unsterblichkeit der Seele, der vom Lehrer sehr gelobt und vorgelesen wurde, als eine formell und inhaltlich gleich vorzügliche Arbeit. Ach, ach, ach! Diesen Aufsatz habe ich längst weggeworfen. Oh Unglück! Vielleicht hätte dieses formell und inhaltlich gleich vorzügliche Opus meiner im Zweifel schwankenden Seele einen festen Halt gegeben! Daher rate ich allen Eltern, Erziehern und Lehrern, daß sie die ihnen anvertrauten Kinder dazu anhalten, die dänischen Aufsätze, die sie mit 15 Jahren schrieben, gut aufzubewahren. Diesen Rat zu geben ist das einzige, was ich zum Besten der Menschheit tun kann.

Zur Erkenntnis der Wahrheit bin ich vielleicht gekommen, zum Glück sicherlich nicht. Was soll ich tun? In der Welt wirken, sagen die Menschen. Soll ich etwa der Welt meinen Kummer mitteilen; neues Material liefern zum Beweis für die Jämmerlichkeit und Elendigkeit des Daseins; soll ich einen neuen Flecken im Menschenleben entdecken, der bisher unbemerkt geblieben ist? Da könnte ich seltenen Lohn ernten, könnte berühmt werden, wie der Mann, der die Flecken im Jupiter entdeckt hat. Ich schweige lieber.

Wie die Natur des Menschen sich gleich bleibt! Mit welch angeborener Genialität gibt uns ein kleines Kind oft ein lebendiges Bild größerer Verhältnisse. Ich amüsierte mich heute über den kleinen Ludwig. Er saß in seinem kleinen Stuhl und schaute mit sichtlichem Behagen um sich. Da ging Maren, das Zimmermädchen, durch die Stube. „Maren!“ rief er. „Ja, kleiner Ludwig“, antwortete sie mit gewohnter Freundlichkeit und trat zu ihm. Er legte seinen dicken Kopf ein wenig auf die Seite, sah sie mit den großen Kinderaugen schelmisch an, und sagte dann ganz phlegmatisch: „Nicht die Maren, eine andere Maren!“ Was tun wir älteren? Wir rufen die ganze Welt herbei, und wenn sie uns freundlich entgegenkommt, so sagen wir: Nicht die Maren.

Mein Leben ist eine einzige Nacht; wenn ich einmal sterbe, so kann ich mit Achilles sagen:

Du bist vollbracht, Nachtwache meines Daseins.

Es ist kein Sinn in meinem Leben. Wenn ich seine verschiedenen Epochen betrachte, so geht es mir damit wie mit dem Wort „Schnur“ im Lexikon, das zunächst eben „Schnur“ bedeutet und dann „Schwiegertochter“. Es fehlte nur noch, daß die dritte Bedeutung „Kamel“ wäre und die vierte „Besenstiel“.

Mir geht es wie dem Lüneburger Schwein. Mein Denken ist eine Leidenschaft. Ich kann sehr wohl Trüffeln aufwühlen; andere genießen sie, ich habe nichts davon. Ich nehme die Probleme auf die Nase; aber ich kann dann nichts weiter damit machen, als sie über meinen Kopf zurückwerfen.

Vergebens stemme ich mich dagegen: mein Fuß gleitet; mein Leben wird doch eine Dichterexistenz. Oh unglückselige Bestimmung, oh Hohn des Schicksals! Ich bin ausersehen, ja: Alles, was ich dagegen tue, wird ja nur Moment in einem solchen Dasein. Ich entwerfe ein Bild der Hoffnung, so lebendig, daß jeder Hoffende sich darin wiederfindet; und doch, es ist ein Trug: während ich die Hoffnung zeichne, steht mir die Erinnerung vor Augen.

Es gibt doch noch einen Beweis für das Dasein Gottes, den man bisher übersehen hat. Er wird von dem Diener in des Aristophanes Rittern vorgebracht:

Demosthenes: *Glaubst du in allem Ernst an Götter noch?*
Nikias: *Ei freilich!*
Demosthenes: *Was für Beweise hast du denn dafür?*
Nikias: *Die Götter hassen mich! Ist das nicht g'nug?*
Demosthenes: *'hast wahrlich recht!*

Wie ist die Langweile entsetzlich – entsetzlich langweilig! Ich weiß keinen stärkeren Ausdruck, keinen, der wahrer wäre; nur Gleiches erkennt Gleiches. In einem besseren, stärkeren Ausdruck – wenn es einen gäbe – wäre doch noch Bewegung! In Untätigkeit erstarrt liege ich da; ich sehe nichts vor mir als eine gähnende Leere, nur von ihr lebe ich, nur in ihr bewege ich mich. Dabei leide ich nicht einmal Schmerz. Dem Prometheus wurde von dem Adler beständig die Leber ausgehackt, auf Loge träufelte beständig Gift herunter; das war doch eine Abwechslung, wenn auch eine einförmige. Für mich hat sogar der Schmerz seine Erquickung verloren. Böte man mir alle Herrlichkeit oder alle Qual der Welt, ich rührte mich nicht, ich wendete mich nicht um, weder um zuzugreifen noch um abzuwehren. Mein Leben ist ein Tod. Und was könnte mich vom Fluch der Langweile erlösen? Ja, wenn ich eine Treue zu sehen bekäme, die jede Prüfung bestände, eine Begeisterung, die alles trüge, einen Glauben, der Berge versetzte; wenn ich einen Gedanken vernähme, der das Endliche mit dem Unendlichen verbände! Ach das Gift des Zweifels in meiner Seele zerfrißt alles. Meine Seele ist wie das Tote Meer, das kein Vogel überfliegen kann; mitten im Flug zieht es ihn nieder in Untergang und Verderben.

Wie doch der Mensch am Leben hängt, mit welch zweideutiger Angst, es zu verlieren, es zu behalten! Schon manches Mal habe ich daran gedacht, einen entscheidenden Schritt zu tun, gegen den alle früheren nur Kinderspiel wären, die große Entdeckungsreise anzutreten. Wie man einem Schiff, das vom Stapel läuft, mit einem Kanonenschuß salutiert, so wollte ich mir selbst salutieren. Und doch! Fehlt es mir an Mut? ... Wenn ein Ziegel vom Dach fiele und mich totschlüge, das wäre ein Ausweg!

Die Tautologie ist und bleibt doch das höchste Prinzip des Denkens. Was Wunder, daß die meisten Menschen sie brauchen! Sie kann, wenn sie auch noch so mager ist, ein ganzes Leben ausfüllen; bald hat sie die spaßige, witzige, unterhaltende Form der berühmten „unendlichen Urteile“: sie könnte man die paradoxe oder transzendente Form nennen; bald ist sie ernsthaft, hochwissenschaftlich und erbaulich. Sie wird gebildet nach der Formel: Sind zwei Größen einer dritten gleich, so sind sie auch unter sich gleich; welcher Satz einen quantitativen Schluß darstellt. Diese Art von Tautologie ist besonders auf dem Katheder und auf der Kanzel zu brauchen, überall da, wo es sich darum handelt, „viel“ zu sagen.

Ich bin etwas unproportioniert gebaut. Wie das Känguruh, habe ich ganz kurze Vorderbeine, aber unendlich lange Hinterbeine. Für gewöhnlich sitze ich ganz still; komme ich aber einmal in Bewegung, so mache ich einen ungeheuren Sprung zum Entsetzen aller derjenigen, mit welchen ich durch das zarte Band der Verwandtschaft und Freundschaft verbunden bin.

Entweder – Oder
Ein ekstatischer Vortrag

Heirate, du wirst es bereuen; heirate nicht, du wirst es auch bereuen; heirate oder heirate nicht, du wirst beides bereuen; entweder heiratest du, oder du heiratest nicht, bereuen wirst du beides. Lache über die Torheit der Welt, du wirst es bereuen; weine darüber, du wirst es auch bereuen; lache oder weine über die Torheit der Welt, du wirst beides bereuen; entweder du lachst über die Torheit der Welt, oder du weinst darüber, bereuen wirst du beides. Traue einem Mädchen, du wirst es bereuen; trau ihr nicht, du wirst es auch bereuen; trau ihr oder trau ihr nicht, du wirst beides bereuen; entweder du traust einem Mädchen, oder du traust ihr nicht, bereuen wirst du beides. Hänge dich, du wirst es bereuen; hänge dich nicht, du wirst es auch bereuen; häng’ dich oder häng’ dich nicht, du wirst beides bereuen; entweder du hängst dich oder du hängst dich nicht, bereuen wirst du beides. Dies, meine Herren, ist der Inbegriff aller Lebensweisheit. Ich betrachte alles, wie Spinoza sagt, *sub specie aeternitatis*, und zwar nicht nur in einzelnen Augenblicken, nein, ich bin *sub specie aeternitatis*. Das glauben manche auch von sich sagen zu können, wenn sie nach getroffener Wahl das Entweder-Oder zu vereinen, zu mediieren suchen. Allein das ist ein Mißverständnis. Denn die wahre Ewigkeit folgt dem Entweder-Oder nicht nach, sondern geht ihm voran. Was jene Ewigkeit nennen, ist daher nichts anderes als ein stückweises, mühseliges Abwickeln der Zeitlichkeit, mühselig, weil sie das doppelte Pensum Reue aufzuarbeiten haben. Da ist meine Weisheit bequemer. Ich habe nur einen Grundsatz, und von dem gehe ich nicht einmal aus. Um das zu verstehen, muß man unterscheiden zwischen der Dialektik, die hinter dem Entweder-Oder drein kommt, und der hier angedeuteten ewigen Dialektik. Wenn ich sage: ich gehe von meinem Grundsatz nicht aus, so ist das nicht aufzufassen als eine Verneinung des Satzes: ich gehe aus von meinem Grundsatz; sondern als der negative Ausdruck meines Grundsatzes, der Ausdruck, durch den er sich selbst faßt, im Gegensatz zu einem Ausgehen oder Nicht-Ausgehen. Ich gehe nicht aus von meinem Grundsatz; denn täte ich das, so müßte ich's ja bereuen, täte ich's nicht, so müßte ich das auch bereuen. Sollte es einem meiner verehrten Zuhörer so vorkommen, als ob damit irgend etwas gesagt sei, als ob ich damit eine Bewegung mache, so beweist er nur, daß er keinen Kopf für Philosophie hat. Denjenigen meiner Zuhörer jedoch, die imstande sind, mir zu folgen, ob ich gleich keine Bewegung mache, will ich nun die ewige Wahrheit entwickeln, kraft deren diese Philosophie in sich selbst verbleibt und keine höhere Entwicklung mehr zuläßt. Nämlich: würde ich von meinem Grundsatz ausgehen, so könnte ich nie mehr haltmachen; denn würde ich haltmachen, so würde ich es bereuen, würde ich nicht haltmachen, so würde ich es auch bereuen usw. Da ich nun aber meinen Ausgangspunkt nie verlasse, so kann ich jederzeit haltmachen, d. h. ich fange ewig an, ich höre ewig auf. Damit befinde ich mich in einer vorzüglichen Stellung. Bekanntlich lehrt die Erfahrung, daß in der Philosophie der Anfang mitnichten schwer ist. Sie fängt ja mit nichts an, kann also immer anfangen. Was dagegen der Philosophie und den Philosophen schwer fällt, das ist das Aufhören. Diese Schwierigkeit habe ich umgangen; denn wer etwa meint, daß ich, indem ich aufhöre, wirklich aufhöre, der beweist, daß er keinen spekulativen Verstand hat. Ich höre nämlich nicht jetzt auf, ich hörte auf in dem Augenblick, da ich anfing. So hat meine Philosophie die vortreffliche Eigenschaft, daß sie kurz ist und keinen Widerspruch zuläßt; denn wenn mir jemand widerspricht, so dürfte ich ihn wohl mit Fug und Recht für wahnsinnig erklären. Wer meine Philosophie annimmt, der ist *sub specie aeternitatis*; er hat nicht nur, wie der selige Sintenis, einzelne Stunden, die er für die Ewigkeit lebt.

Warum bin ich nicht in einer armen Hütte geboren? Warum bin ich nicht als kleines Kind gestorben? Da hätte mein Vater mich in einen kleinen Sarg gelegt, hätte selbst mich unter den Arm genommen, hätte mich eines Sonntags vormittags hinausgetragen auf den Gottesacker, hätte Erde auf mich hinabgeworfen und halblaut ein paar ihm allein verständliche Worte gesprochen. Nur das glückliche Altertum konnte auf den Gedanken kommen, die kleinen Kinder im Elysium über ihren frühen Tod weinen zu lassen.

Nie bin ich froh gewesen; und doch schien es immer, als sei mir die Freude eine treue Gefährtin, als umschwebten mich in munterem Tanz ihre leichten Genien, unsichtbar für andere, aber nicht für mich, dessen Auge in Entzücken strahlte. Wenn ich mich da unter den Menschen bewege, glücklich und froh wie ein Gott, und sie mißgönnen mir mein Glück: da lache ich, denn ich verachte die Menschen, und ich räche mich. Nie habe ich einem Menschen Unrecht zufügen wollen; aber immer schien ich jeden, der in meine Nähe kam, zu beleidigen und zu verletzen. Wenn ich da andere wegen ihrer Treue und Rechtschaffenheit rühmen höre: da lache ich, denn ich verachte die Menschen, und ich räche mich. Nie habe ich gegen irgendeinen Menschen mein Herz verhärtet, aber immer, gerade wenn ich am tiefsten bewegt war, schien es, als ob mein Herz verschlossen und jedem Gefühl entfremdet sei. Wenn ich da sehe, wie andere wegen ihres guten Herzens gerühmt, wegen ihres tiefen reichen Gemüts geliebt werden: da lache ich, denn ich verachte die Menschen, und ich räche mich. Wenn ich mich selbst verwünscht sehe, verabscheut und gehaßt, wegen meiner Kälte und Herzlosigkeit: da lache ich, da sättigt sich mein Zorn. Könnten mich die guten Menschen dazu bringen, wirklich unrecht zu haben, wirklich unrecht zu tun, ja dann hätte ich verloren.

Das ist mein Unglück: Mir zur Seite geht allezeit ein Würgeengel; und gerade da, wo ich eine Tür mit Blut besprenge zum Zeichen, daß er vorbeigehen soll, gerade da tritt er ein, denn erst die Liebe der Erinnerung ist glücklich.

Der Wein erfreut mein Herz nicht mehr; ein wenig stimmt mich wehmütig, viel schwermütig. Meine Seele ist matt und kraftlos, vergebens drücke ich ihr die Sporen der Lust in die Seite, sie kann nicht mehr, sie erhebt sich nimmer in ihrem stolzen Sprung. Ich habe alle Illusion verloren. Vergebens suche ich mich der Unendlichkeit der Freude hinzugeben; sie kann mich nicht erheben; oder vielmehr: ich kann mich nicht erheben. In früheren Tagen, wenn sie nur winkte, wie leicht, wie gesund und frisch fuhr ich empor! Wenn ich langsam durch den Wald ritt, so war mir, als flöge ich; jetzt, wenn ich mein Roß antreibe bis es in die Zügel schäumt und zu stürzen droht, ist es, als käme ich nicht vom Fleck. Einsam bin ich, das war ich immer; verlassen, nicht von den Menschen, das würde mich nicht schmerzen, verlassen von den glücklichen Genien der Freude, die mich sonst umschwebten, die überall Bekannte trafen, mir überall eine Quelle der Freude zeigten. Wie sich um einen Berauschten die mutwillige Jugend in buntem Gewimmel sammelt, so drängten sich um mich die Elfen der Freude, und ihnen galt mein Lächeln. Meine Seele hat die Möglichkeit verloren. Wenn ich mir etwas wünschen dürfte, so wünschte ich mir weder Reichtum noch

Macht, sondern die Leidenschaft der Möglichkeit; ich wünschte mir ein Auge, das, ewig jung, ewig von dem Verlangen brennt, die Möglichkeit zu sehen. Der Genuß enttäuscht, die Möglichkeit nicht. Und welcher Wein schäumt und duftet so herrlich, welcher Wein ist so berauschend!

Wo die Strahlen der Sonne nicht hingelangen, dahin dringen doch die Töne. Mein Zimmer ist düster und unfreundlich, eine hohe Mauer hält das Tageslicht ab ... Das muß im Nachbargarten sein, vermutlich ein fahrender Musikant. Was ist es für ein Instrument? Eine Rohrflöte? ... Höre ich recht? – Das Menuett aus Don Juan? Oh, traget mich fort ihr reichen starken Töne, traget mich in den Kreis fröhlicher Mädchen, zu Tanz und Lust... Der Apotheker hantiert mit seinem Mörser, das Dienstmädchen scheuert einen Topf, der Stallknecht striegelt sein Pferd und klopft seinen Kamm an einem Pflasterstein aus; nur mir gelten diese Töne, nur mir winken sie. Hab Dank, wer du auch seist, habe Dank! Meine Seele ist so reich, so jung, so freudetrunken.

Lachs ist an und für sich etwas ganz Delikates; aber wenn man zuviel davon ißt, so verdirbt man sich den Magen, denn es ist eine schwer verdauliche Speise. Als in Hamburg einmal eine große Menge Lachs gefangen wurde, verfügte die Polizei, daß ein Dienstherr seinen Leuten nur einmal in der Woche Lachs geben durfte. Es wäre zu wünschen, daß eine ähnliche Vorschrift erlassen würde die Sentimentalität betreffend.

Mein Kummer ist meine Ritterburg, sie liegt wie ein Adlerhorst auf der Spitze eines Berges und ragt hoch in die Wolken. Niemand kann sie stürmen. Von diesem Wohnsitz fliege ich hinunter in die Wirklichkeit und ergreife meine Beute. Aber ich halte mich unten nicht auf, ich trage sie heim auf mein Schloß. Was ich erbeute, sind Bilder, die wirke ich in eine Tapete und bekleide damit die Wände meiner Zimmer. So lebe ich wie ein Abgeschiedener. An jedem Erlebnis vollziehe ich die Taufe der Vergessenheit und weihe es der Ewigkeit der Erinnerung. Alles Endliche und Zufällige wird abgestreift und vergessen. Da sitze ich, gedankenvoll, ein alter grauhaariger Mann, und erkläre mit leiser, fast flüsternder Stimme Bild um Bild, und neben mir sitzt ein Kind und lauscht meinen Worten, obwohl es längst alles weiß, was ich zu erzählen habe.

Die Sonne scheint so schön und hell zu mir herein; im Nebenzimmer steht das Fenster offen; auf der Straße ist es stille, es ist Sonntag Nachmittag; ich höre deutlich eine Lerche, die draußen vor dem Fenster in einem der Nachbargärten ihre Triller schmettert, draußen vor dem Fenster, wo das hübsche Mädchen wohnt; in weiter Ferne höre ich einen Mann auf der Straße frische Krabben ausrufen. Die Luft ist so warm, und doch ist die ganze Stadt wie ausgestorben. – Da überschleicht mich die Erinnerung an meine Jugend und an meine erste

Liebe, an die Zeit, da ich der Sehnsucht noch fähig war. Jetzt sehne ich mich nur noch nach meiner ersten Sehnsucht. Was ist Jugend? Ein Traum. Was ist Liebe? Des Traumes Inhalt.

Etwas Seltsames ist mir passiert. Ich wurde in den siebenten Himmel entrückt. Da saßen alle Götter versammelt. Aus besonderer Gnade wurde mir die Gunst zugestanden, einen Wunsch auszusprechen. „Willst du", sagte Merkur, „willst du Jugend oder Schönheit oder Macht oder ein langes Leben oder das schönste Mädchen oder irgendeine andere von den vielen Herrlichkeiten, die wir in der Kiste da haben, so wähle, aber nur eines." Ich war einen Augenblick unschlüssig, dann aber wandte ich mich an die Götter und sagte: „Hochzuverehrende Zeitgenossen, was ich mir wähle, ist, daß ich immer die Lacher auf meiner Seite haben möge." Keiner der Götter sagte ein Wort, aber sie fingen alle an zu lachen. Daraus schloß ich, daß mein Wunsch erfüllt sei, und fand, daß die Götter sich mit Geschmack auszudrücken wüßten; es wäre doch zu dumm gewesen, ernsthaft zu antworten: „Deine Bitte ist dir gewährt."

Die Stadien des unmittelbar Erotischen oder das Musikalisch-Erotische

Nichtssagende Einleitung

Von dem Augenblick an, da ich zum erstenmal von Mozarts Musik im Innersten ergriffen wurde und mich in Bewunderung demütig vor ihr beugte, ist es mir oft eine liebe und erfrischende Beschäftigung gewesen, darüber nachzudenken, wie jene freudige, griechische Betrachtung, die die Welt darum κόσμος nennt, weil sie sich als ein wohlgeordnetes Ganzes darstellt, als ein geschmackvolles Schmuckstück und durchsichtiges Werk des Geistes, wie jene freudige Betrachtung in einer höheren Ordnung der Dinge, in der Welt der Ideale sich wiederholen läßt, insofern auch hier eine höchste, leitende Weisheit ist, die sich wundervoll offenbart im Verknüpfen dessen, was zusammengehört: Axel mit *Valborg*, Homer mit dem *Trojanischen Krieg*, Raphael mit dem Katholizismus, Mozart mit *Don Juan*. Es gibt einen ärmlichen, aber wie es scheint heilsamen Wahn, der der Meinung ist, daß eine solche Verbindung zufällig sei und nichts weiter bedeute als ein glückliches Zusammentreffen der verschiedenen Kräfte im Spiel des Lebens. Da meint man, es sei zufällig, daß Liebende sich finden, zufällig, daß sie einander lieben; es gäbe Hunderte von Mädchen, von denen du die eine so tief lieben könntest wie die andere, von denen du mit der einen so glücklich werden könntest wie mit der anderen. Da meint man, es habe mancher Dichter gelebt, der so unsterblich wie Homer hätte werden können, wenn dieser ihm nicht jenen herrlichen Stoff weggenommen hätte, mancher Komponist, der so unsterblich wie Mozart geworden wäre, wenn die Gelegenheit sich ihm günstig gezeigt hätte. Diese Weisheit ist tröstlich und beruhigend für die Mittelmäßigkeit, welche sich einbilden kann, daß es eine Verwechslung des Schicksals sei oder ein Fehlgriff der Welt, wenn sie nicht so ausgezeichnet wird wie die Ausgezeichneten; und sie bringt es auf diese Weise zu einem billigen Optimismus. Jeder hochgestimmten Seele jedoch, jedem Optimaten, jedem, dem weniger daran liegt, sich auf diese ärmliche Weise zu salvieren, als sich zu verlieren in der Betrachtung des Großen, ist diese Weisheit ein Greuel; wogegen es seiner Seele eine Wonne und heilige Freude ist, das vereint zu sehen, was zusammengehört. Glücklich sind solche Verbindungen, aber nicht zufällig, denn sie setzen zwei Faktoren voraus, wogegen das Zufällige in den unartikulierten Interjektionen des Schicksals liegt. Glücklich ist in der Geschichte das göttliche Zusammenwirken der Kräfte; das gibt die Festzeit in dem Kreislauf der Jahre. Das Zufällige hat nur *einen* Faktor: es ist ein Zufall, daß Homer in der Geschichte des Trojanischen Kriegs den ausgeprägtesten epischen Stoff fand, den man sich denken kann. Das Glückliche hat zwei Faktoren: es ist ein Glück, daß der ausgeprägteste epische Stoff Homer zuteil wurde. Der Akzent liegt hier sowohl auf Homer wie auf dem Stoff. Hier finde ich jene tiefe Harmonie, die uns aus all den Produktionen entgegentönt, die wir klassisch nennen. So ist es nun auch mit Mozart: Es ist ein Glück, daß der im tieferen Sinn einzig musikalische Stoff keinem anderen gegeben wurde als – Mozart.

Mit seinem *Don Juan* rückt Mozart in die kleine unsterbliche Schar der Männer ein, deren Name, deren Werke die Zeit nie vergessen wird, da die Ewigkeit sie in sich aufgenommen hat. Ob einer in dieser Schar höher oder niedriger steht, ist eigentlich gleichgültig, wenn er einmal dazu gehört; denn die unendlich hochstehen, stehen in gewissem Sinne gleich hoch, und hier um den Platz zu streiten ist ebenso kindisch, wie um den Platz in der Kirche zu streiten bei der Konfirmation. Aber ich bin nun einmal so kindisch, bin so backfischmäßig verliebt in Mozart, daß ich ihn zuoberst muß stehen sehen, koste es was es wolle. Und ich werde die ganze Geistlichkeit vom Küster bis zum Konsistorium in Bewegung setzen und sie bitten und beschwören, mir meinen Willen zu lassen; ich werde meine Sache vor die ganze Gemeinde bringen, und wenn man meine Bitte nicht erhört, wenn man mir meinen kindischen Wunsch nicht erfüllt, so trete ich aus und scheide mich von ihrem Glauben, so gründe ich eine Sekte, die nicht bloß Mozart am höchsten verehrt, sondern überhaupt nur ihn verehrt; und Mozart will ich bitten mir zu vergeben, daß seine Musik mich nicht zu großen Taten begeistert, sondern mich zu einem Narren gemacht hat, der über ihr sein bißchen Verstand verloren hat, der sich gewöhnlich die Zeit damit vertreibt, in stiller Wehmut vor sich hin zu summen, was er nicht versteht, der wie ein Gespenst bei Tag und Nacht das Geheimnis umschleicht, in das er nicht eindringen kann. Unsterblicher du, dem ich alles verdanke, dem ich verdanke, daß ich meinen Verstand verloren habe, daß meine Seele aufgewühlt wurde, daß ich in meinem innersten Wesen erbebte, daß ich nicht durchs Leben gehen muß als einer, den nichts erschüttern kann; du, dem ich dafür danke, daß ich nicht sterbe ohne geliebt zu haben, wenn auch meine Liebe unglücklich war! Was Wunder, daß ich auf seine Verherrlichung eifersüchtiger bin als auf meines eigenen Lebens glücklichsten Augenblick, eifersüchtiger auf seine Unsterblichkeit als auf mein eigenes Dasein! Ja, wenn er weg wäre, wenn sein Name ausgelöscht würde, so müßte zusammenbrechen, was er als einzige Stütze trug, so müßte alles für mich zusammenstürzen in ein grenzenloses Chaos, in ein fürchterliches Nichts.

Doch, daß irgendeine Zeit ihm seinen Platz in jenem Königreich der Götter streitig machen wird, das brauche ich ja wohl kaum zu befürchten; dagegen muß ich mich darauf gefaßt machen, daß man mich für kindisch erklärt, weil ich ihm den ersten Platz verschaffen will. Obwohl ich mich nun meiner Kindlichkeit keineswegs zu schämen gedenke, denn sie wird für mich immer eine größere Bedeutung haben als jede erschöpfende Betrachtung, gerade weil sie unerschöpflich ist; obwohl ich es also keineswegs für nötig halte, mich zu rechtfertigen, so will ich doch den Versuch machen, auf dem Wege des Räsonnements seinen gesetzlichen Anspruch zu erweisen.

Das Glückliche bei den klassischen Produktionen, das was ihre Klassizität und Unsterblichkeit ausmacht, ist der absolute Zusammenhalt der beiden Komponenten. Dieser Zusammenhalt ist so absolut, daß eine spätere reflektierende Zeit nicht einmal in Gedanken diese innige Verbindung aufschließen kann, ohne daß sie Gefahr läuft, ein Mißverständnis zu wecken oder zu nähren. Wenn man nämlich sagt, Homer habe das Glück gehabt den ausgeprägtesten epischen Stoff vorzufinden, so vergißt man dabei leicht, daß wir diesen epischen Stoff immer nur durch Homers Auffassung hindurch sehen, daß wir die Erkenntnis von der wunderbaren Vollendung dieses Stoffs aus der Transsubstantiation schöpfen, die Homer zugehört. Hebt man andererseits die dichterische Kraft hervor mit der Homer seinen Stoff verarbeitete, so läuft man Gefahr zu vergessen, daß die Dichtung nie geworden wäre, was sie ist, wenn nicht der Gedanke mit dem Homer den Stoff durchdrang, schon im Stoff gelegen, wenn nicht die Form des Stoffes eigenste Form gewesen wäre. Der Dichter wünscht sich seinen Stoff. Nun sagt man allerdings, daß Wünschen keine Kunst sei, und das ist auch wahr und gilt sicherlich für viele ohnmächtige Dichterwünsche. Aber richtig wünschen, das ist eine große Kunst oder vielmehr ist eine Gabe. Und gerade das ist das Unerklärliche und Geheimnisvolle der genialen Veranlagung, daß sie, der Wünschelrute gleich, nur da etwas wünscht, wo das, was sie wünscht, auch vorhanden ist. Das Wünschen hat also einen weit tieferen Sinn, als man ihm gemeinhin zugesteht, so lächerlich das dem abstrakten Verstand auch vorkommt, der in dem Wunsch nur ein Symptom des äußeren Mangels sieht, nicht ein Symptom inneren Reichtums.

Es gab eine Schule von Ästhetikern, die durch einseitige Betonung der Form das entgegengesetzte Mißverständnis verschuldet haben. Es ist mir oft aufgefallen, daß diese Ästhetiker sich ohne weiteres an Hegels Philosophie anschlossen, während doch eine Kenntnis seiner Philosophie im allgemeinen wie seiner Ästhetik im besonderen keinen Zweifel darüber läßt, daß er in ästhetischer Hinsicht die Bedeutung des Stoffes kräftig unterstreicht. Natürlich gehört beides, Stoff und Form, wesentlich zusammen; das zu zeigen genügt eine einzige Betrachtung, ohne die das Phänomen überhaupt unerklärt bliebe. Im allgemeinen ist es nur *ein* Werk oder *eine* Serie von Werken, die den einzelnen zum klassischen Dichter, zum Künstler usf. stempelt. Dieselbe Individualität kann noch viele verschiedenartige Dinge hervorgebracht haben, die jedoch in keinem Verhältnis dazu stehen. So hat Homer auch eine *Batrachomyomachia* geschrieben, durch die er doch nicht klassisch oder unsterblich wurde. Zu sagen, daß daran der unbedeutende Gegenstand schuld sei, ist töricht, denn ein sogenannter Klassiker müßte doch eigentlich aus jedem Gegenstand etwas Bedeutendes machen. Wenn aber das, was die klassische Produktion klassisch macht, einzig und allein in der produzierenden Individualität liegen würde, so müßte wiederum alles, was sie hervorbringt, klassisch sein, in ähnlichem, doch höherem Sinne, wie die Biene immer eine und dieselbe Art von Zellen hervorbringt. Und wollte man schließlich geltend machen, daß Homer in der Behandlung des einen Stoffes glücklicher gewesen sei, als in der des anderen, so wäre damit überhaupt nichts gesagt. Denn einmal haben wir da nur eine jener vornehmen Tautologien, die allzeit im Leben die Ehre genießen, als Antwort genommen zu werden; andrerseits haben wir eine Antwort, die die Frage anders nimmt, als sie gemeint war. Sie erklärt nämlich nichts hinsichtlich des Verhältnisses von Stoff und Form und könnte höchstens da in Betracht kommen, wo es sich lediglich um die Frage der Gestaltungskraft handelte.

Auch für Mozart trifft es zu, daß nur *eines* seiner Werke ihn zum klassischen Komponisten und absolut unsterblich macht. Dieses Werk ist *Don Juan.* Was er im übrigen hervorgebracht hat, kann erfreuen, kann Bewunderung wecken, kann die Seele bereichern, das Ohr entzücken, das Herz erheben; aber man erweist seiner Unsterblichkeit einen schlechten Dienst, wenn man alles in einen Topf wirft und alles gleich hoch bewertet. *Don Juan* ist sein Meisterstück. Mit *Don Juan* tritt er in jene Ewigkeit ein, die nicht außerhalb der Zeit liegt, sondern mitten in der Zeit, durch keinen Vorhang vor den Blicken der Menschen verborgen; jene Ewigkeit, in welche die Unsterblichen nicht ein für allemal aufgenommen sind, sondern beständig aufgenommen werden: die Mitwelt zieht an ihnen vorbei, den Blick auf sie gerichtet, und steigt ins Grab, glücklich im Anschauen ihrer Herrlichkeit; und die Nachwelt zieht an ihnen vorbei und ihr Antlitz verklärt sich im Blick auf sie. Mit seinem *Don Juan* tritt Mozart in die Reihe jener Unsterblichen, jener sichtbar Verklärten, die keine Wolke dem Blick der Menschen entzieht; mit dem *Don Juan* steht er – das will ich ja eben beweisen – zuoberst unter ihnen.

Die klassischen Produktionen stehen alle gleich hoch, denn jede steht unendlich hoch. Will man dessenungeachtet den Versuch machen, in ihrer Prozession eine gewisse Ordnung einzuführen, so kann man das natürlich nicht auf Grund von etwas Wesentlichem tun; damit würde man ja eine wesentliche Verschiedenheit anerkennen, woraus sich ergeben würde, daß man das Prädikat klassisch mit Unrecht allen jenen Produktionen beigelegt hätte. Würde man eine Klassifikation auf die verschiedene Beschaffenheit des Stoffes gründen, so würde man sich sofort in ein Mißverständnis verwickeln, das, wenn es sich weiter ausbreitete, schließlich zur Aufhebung des Begriffs des Klassischen führen müßte. Der Stoff ist nämlich ein wesentliches Moment, insofern er der eine Faktor ist; er ist nicht das absolute, denn er ist nur das eine Moment. Nun könnte man freilich die Bemerkung machen, daß für gewisse klassische Produktionen der Stoff im Grund nichts bedeutet, während er für andere eine sehr große Bedeutung hat. Jenes ist der Fall bei den klassischen Werken der Architektur, Skulptur, Musik und Malerei: bei ihnen ist der Stoff – das gilt sogar von der Malerei – nicht viel mehr als die Veranlassung. Dieses gilt von der Poesie (das Wort im weitesten Sinne genommen), d. h. von allen denjenigen künstlerischen Produktionen, die auf der Sprache und auf der geschichtlichen Bewußtheit beruhen. Diese Bemerkung ist an und für sich ganz richtig. Aber wer eine Klassifikation darauf gründen wollte, daß man das Fehlen oder Vorhandensein eines Stoffes als einen Vorteil oder Nachteil für das produzierende Subjekt ansehen kann, der würde fehlgehen. Denn streng genommen kommt man schließlich darauf hinaus, daß man das Gegenteil von dem aufstellt was man eigentlich wollte, wie das ja immer zu gehen pflegt, wenn man sich abstrakt in dialektischen Bestimmungen bewegt; da ist es ja nicht wie sonst im Leben, daß man das eine sagt und das andere meint, sondern da sagt man auch das andere; was man zu sagen glaubt, sagt man nicht, sondern sagt das Gegenteil. So, wenn man den Stoff zum Einteilungsprinzip macht: indem man vom Stoff redet, redet man eigentlich von etwas ganz anderem, nämlich von der Gestaltung. Und genau so geht es einem, wenn man von der Gestaltung ausgeht und sie allein betont. Sagt man, um eine Einteilung zu gewinnen, daß in einigen Fällen die Gestaltungskraft den Stoff geradezu schaffe, während sie in anderen Fällen den Stoff empfange, so spricht man, obwohl man von der Gestaltungskraft zu sprechen vermeint, wiederum eigentlich vom Stoff und gründet die Klassifikation auf die Einteilung nach dem Stoff. Von der Gestaltungskraft als Ausgangspunkt für eine Klassifikation, wie wir sie suchen, gilt also durchaus dasselbe wie vom Stoff. Man sieht, es gelingt nicht mit Hilfe eines einzigen Faktors, eine Rangordnung zu begründen: ein solcher ist immer zu wesentlich, um zufällig genug zu sein, zu zufällig, um eine wesentliche Anordnung zu begründen. Indessen, jene absolute gegenseitige Durchdringung, vermöge derer man, um sich deutlich auszudrücken, sowohl sagen kann, daß der Stoff die Form durchdringt, wie daß die Form den Stoff durchdringe, jene absolute gegenseitige Durchdringung, dieses „Ich für dich und du für mich" in der unsterblichen Freundschaft des Klassischen, kann dazu dienen, den Begriff des Klassischen von einer neuen Seite zu beleuchten und so abzugrenzen, daß er nicht zu weit wird. Die Ästhetiker nämlich, die den Akzent einseitig auf die künstlerische Gestaltung legten, haben diesen Begriff so ausgeweitet, daß das Pantheon der Klassizität dasteht als eine Rumpelkammer voller klassischer Schnurrpfeifereien und Bagatellen, daß die natürliche Vorstellung einer ernsten kühlen Halle mit wenigen, ausdrucksvollen großen Gestalten völlig verschwunden ist. Jede künstlerisch vollendete kleine Nichtigkeit ist nach jener Ästhetik ein klassisches Werk, dem absolute Unsterblichkeit sicher ist. Ja gerade solche Kleinigkeiten reihte man in diesen Hokuspokus ein, und obgleich man sonst die Paradoxe haßte, fürchtete man doch das Paradox nicht, daß das Kleinste in der Kunst das Größte sei. Der Fehler liegt daran, daß man die Gestaltung einseitig hervorhob. Eine solche Ästhetik konnte sich nur eine ganz bestimmte Zeit halten, solange man nämlich nicht merkte, daß die Zeit ihrer und ihrer klassischen Werke spottete. Diese Anschauung war auf dem Gebiet der Ästhetik eine Form des Radikalismus, der sich in entsprechender Weise auf so vielen anderen Gebieten geäußert hat: die Äußerung des zügellosen Subjekts in seiner ebenso zügellosen Inhaltslosigkeit. Dieses Streben fand jedoch wie so manches andere seinen Meister in Hegel. Freilich hat die Hegelsche Philosophie – das ist traurig aber wahr – weder für die vorhergehende noch für die gegenwärtige Zeit die Bedeutung gehabt, die sie hätte bekommen können, wenn die vorhergehende Zeit nicht so geschäftig gewesen wäre, die Leute in die neue Philosophie hineinzutreiben, sondern mit ein wenig mehr präsentischer Ruhe sich dieselbe zugeeignet hätte, und wenn die gegenwärtige Zeit nicht so unermüdlich tätig gewesen wäre, die Leute wieder darüber hinauszujagen. Hegel setzte den Stoff, die Idee wieder in ihre Rechte ein und vertrieb jene flüchtigen, klassischen Werke, jene leichten Wesen, jene Nachtschmetterlinge aus dem Tempel der Klassizität. Es ist keineswegs unsere Absicht, diesen Werken den ihnen zukommenden Wert abzuerkennen, aber wir wollen darüber wachen, daß nicht wie in so vielen anderen Dingen die Sprache verwirrt und der Begriff entnervt werde. Eine gewisse Ewigkeit kann man ihnen wohl zugestehen, denn sie haben Verdienst. Aber diese Ewigkeit ist doch nur der ewige Augenblick, den jede echte künstlerische Produktion hat, nicht die volle Ewigkeit mitten im Wechsel der Zeit. Was jenen Produktionen fehlte waren Ideen, und je vollendeter sie in formeller Hinsicht waren, um so rascher verbrannten sie in sich selbst, und je mehr die technische Fähigkeit sich zur höchsten Virtuosität entwickelte, desto flüchtiger wurde sie und hatte weder Mut, noch Kraft, noch Haltung, der Zeit zu widerstehen, indem sie immer vornehmer wurde und immer nachdrücklicher den Anspruch erhob, höchstgradiger Spiritus zu sein. Nur wo die Idee in einer bestimmten Form zur Reife gebracht und durchleuchtet ist, nur da kann von einem klassischen Werk die Rede sein; ein solches aber wird auch imstande sein, der Zeit zu widerstehen. Diese Einheit, dieses Ineinanderaufgehen hat jedes klassische Werk; es ist also leicht zu sehen, daß jeder Versuch einer Klassifikation der verschiedenen klassischen Werke, der seinen Ausgangspunkt in einer Trennung von Stoff und Form, oder Idee und Form hat, *eo ipso* verfehlt ist.

Es ist aber noch ein anderer Weg denkbar. Führen wir den Begriff des Mediums ein, durch welches die Idee als Gegenstand der Betrachtung sichtbar wird, so bemerken wir, daß das eine Medium reicher, das andere ärmer ist; dies können wir sodann als Vorteil oder Nachteil auffassen und darauf eine Einteilung gründen. Allein, das Medium steht in einem so notwendigen Verhältnis zu der Produktion als Ganzem, daß eine Einteilung, die sich darauf gründet, mit ein paar Gedankenbewegungen in eben jene Schwierigkeiten sich verwickeln muß, die wir im Vorstehenden aufgezeigt haben.

Dagegen, glaube ich, eröffnen die folgenden Betrachtungen die Aussicht auf eine Einteilung, welche brauchbar ist, gerade weil sie durchaus zufällig ist. Je abstrakter, je ärmer die Idee, je abstrakter, je ärmer das Medium: desto größer die Wahrscheinlichkeit, daß eine Wiederholung nicht auftritt, desto größer die Wahrscheinlichkeit, daß die Idee, die ihren Ausdruck gefunden, ihn nun auch ein- für allemal gefunden hat. Je konkreter und je reicher die Idee und das Medium: um so größer die Wahrscheinlichkeit einer Wiederholung. Wenn ich nun die verschiedenen klassischen Werke zusammenstelle, ohne jede Rangordnung, da sie alle gleich hoch stehen, so wird es sich doch zeigen, daß die eine Sektion mehr Arbeiten zählt oder doch möglicherweise zählen könnte als die andere.

Ich will das noch etwas weiter ausführen. Je abstrakter die Idee, desto geringer die Wahrscheinlichkeit einer Wiederholung. Wie wird aber die Idee konkret? Dadurch, daß sie vom Historischen imprägniert wird. Darum: je konkreter die Idee, desto größer die Wahrscheinlichkeit. Ebenso: je abstrakter das Medium, desto geringer, je konkreter, desto größer die Wahrscheinlichkeit der Wiederholung. Was aber heißt das: das Medium ist mehr oder weniger konkret? Das heißt nichts anderes, als daß es sich mehr oder weniger der Sprache nähert oder zu nähern scheint. Denn das allerkonkreteste Medium ist die Sprache. Die Idee, die in der Skulptur zur Offenbarung kommt, ist durchaus abstrakt, steht in keinem Verhältnis zum Historischen; das Medium, durch welches sie sichtbar wird, ist ebenso abstrakt: also die Wahrscheinlichkeit groß, daß die Sektion der klassischen Arbeiten in der Skulptur nur klein ist, was die Geschichte vollauf bestätigt. Nehme ich dagegen eine konkrete Idee und ein konkretes Medium, so sieht die Sache anders aus. Homer ist wohl ein klassischer Epiker; aber gerade weil die Idee, die in der epischen Dichtung zur Offenbarung kommt, eine konkrete Idee ist, und weil die Sprache das Medium ist, so lassen sich in der Sektion der klassischen Epen viele Werke denken, die alle gleich klassisch sind; denn die Geschichte setzt immerfort neuen epischen Stoff ab. Auch dies wird durch die Erfahrung bestätigt.

Wenn ich nun auf dies durchaus Zufällige eine Einteilung gründe, so kann man mir eigentlich nicht abstreiten, daß diese Einteilung eine zufällige ist; und wenn man mir das zum Vorwurf macht, so erwidere ich, daß sie zufällig ja sein soll. Zufällig ist es, daß die eine Sektion mehr Werke zählt oder zählen kann als die andere. Aber weil das zufällig ist, kann man dann nicht ebensowohl der Klasse, die die meisten Werke enthält, den ersten Platz anweisen? Ganz richtig; und deshalb meine ich, man sollte die Konsequenz bewundern, die darin liegt, daß ich rein zufällig dieser den ersten Platz gegeben habe. Indessen will ich nicht dabei bleiben, sondern auf einen Umstand aufmerksam machen, der zu meinen Gunsten spricht, auf den Umstand nämlich, daß die Sektionen, welche die konkreten Ideen enthalten, nicht abgeschlossen sind und sich nicht abschließen lassen. Darum ist es natürlicher, der anderen Sektion den Vortritt zu lassen, der zweiten aber die Tür offen zu halten. Würde mir jemand einwenden, daß jenes Abgeschlossensein der ersten Klasse eine Unvollkommenheit, einen Mangel bedeute, so müßte ich ihm erwidern, daß er außerhalb der Furchen meiner Betrachtung pflügt, und daß ich auf ihn nicht hören kann, so gründlich er auch seine Sache durchdacht hat; denn das ist ja der feste Punkt, um den wir uns bewegen, daß im wesentlichen alles gleich vollkommen ist.

Aber welche Idee ist nun die abstrakteste? Natürlich handelt es sich hier nur um eine Idee, welche Gegenstand künstlerischer Behandlung werden kann, nicht um eine Idee, die sich zu wissenschaftlicher Darstellung eignet. Und welches Medium ist das abstrakteste? Ich will die zweite Frage zuerst beantworten: Das abstrakteste Medium ist dasjenige, welches von der Sprache am weitesten entfernt ist. Indem ich es unternehme, auch die andere Frage zu beantworten, muß ich daran erinnern, daß sich einer endlichen Lösung meiner Aufgabe eine Schwierigkeit entgegenstellt: das abstrakteste Medium hat als Gegenstand nicht immer die abstrakteste Idee. So ist das Medium, das die Architektur braucht, wohl das abstrakteste das man sich denken kann, und doch sind die Ideen, die in der Architektur zur Offenbarung kommen, keineswegs die abstraktesten. Die Architektur hat ein viel näheres Verhältnis zur Geschichte als zum Beispiel die Skulptur. Wir stehen also vor einer neuen Wahl. Wir können für die erste Klasse unserer Rangordnung entweder die Werke wählen, die das abstrakteste Medium, oder die die abstrakteste Idee haben. Ich wäre geneigt, es mit der Idee zu halten, nicht mit dem Medium, will aber diesen Punkt auf sich beruhen lassen, da hier nicht der Ort ist, weiter darauf einzugehen.

Welche Idee ist die abstrakteste? Die abstrakteste Idee, die sich denken läßt, ist die sinnliche Genialität. Und durch welches Medium läßt sie sich darstellen? Einzig und allein durch die Musik. Sie läßt sich nicht in der Skulptur darstellen, denn sie ist eine Bestimmung der Innerlichkeit in sich selbst; sie läßt sich nicht malen, denn sie kann nicht in einen bestimmten Umriß gefaßt werden; sie ist eine Kraft, ein Sturm, ist Ungeduld, Leidenschaft usw., etwas durchaus Lyrisches; doch ist sie nicht in einem Moment, sondern in einer Sukzession von Momenten; denn wäre sie in *einem* Moment, so ließe sie sich abbilden oder malen. Daß sie in einer Sukzession von Momenten ist, darin drückt sich ihr epischer Charakter aus; und doch ist sie nicht episch im strengen Sinn: sie ist zu weit, als daß sie zum Wort kommen könnte; sie bewegt sich beständig in der Unmittelbarkeit. In Poesie läßt sie sich also nicht darstellen. Das einzige Medium, das sie darstellen kann, ist die Musik. Die Musik trägt nämlich ein zeitliches Moment in sich, verläuft aber doch im eigentlichen Sinn nicht in der Zeit. Das Geschichtliche in der Zeit kann sie nicht ausdrücken.

Die vollendete Einheit dieser Idee und der dazu gehörenden Form haben wir nun in Mozarts *Don Juan*. Und gerade weil die Idee so ungeheuer abstrakt, weil auch das Medium abstrakt ist, so besteht keine Wahrscheinlichkeit, daß Mozart je einen Konkurrenten bekommen wird. Das Glückliche für Mozart ist, daß er einen Stoff empfangen hat, der in sich selbst absolut musikalisch ist; darum, wenn ein anderer Komponist mit Mozart rivalisieren wollte, so bliebe ihm nichts anderes übrig, als *Don Juan* umzukomponieren. Auch Homer hat einen vollendeten Stoff empfangen; aber weil die Geschichte viel epischen Stoff darbietet, so kann man sich viele klassische epische Dichtungen denken. Was ich meine, wird man vielleicht am besten verstehen, wenn ich der Idee des *Don Juan* eine verwandte Idee gegenüberstelle: Goethes *Faust* ist recht eigentlich ein klassisches Werk; aber die Idee des *Faust* ist eine historische, und darum wird jede bedeutende Zeit in der Geschichte ihren *Faust* haben. *Faust* hat als Medium die Sprache, und weil diese ein viel konkreteres Medium ist als die Musik, so sind eben auch viele Werke von der Art des *Faust* denkbar. *Don Juan* dagegen ist und bleibt einzig in seiner Art, im selben Sinne wie die klassischen Werke der griechischen

Skulptur. Aber die Idee des *Don Juan* ist noch viel abstrakter als die Idee die der Skulptur zugrunde liegt; daher kommt es, daß wir in der Skulptur viele Werke haben, in der Musik dagegen nur ein einziges. Freilich kann man sich auch in der Musik viele klassische Werke denken; aber es ist doch nur *eines* da, von welchem man sagen kann, daß seine Idee absolut musikalisch ist, nur eines, in dem die Musik nicht als Begleitung auftritt, sondern als Offenbarung der Idee, als Offenbarung ihres eigenen innersten Wesens. Darum steht Mozart durch seinen *Don Juan* zuoberst unter allen jenen Unsterblichen.

Doch ich gebe diese ganze Untersuchung auf. Sie ist nur für Verliebte geschrieben. Und wie Kinder sich an Kleinigkeiten freuen, so freuen sich Verliebte oft an höchst sonderbaren Dingen. Meine Untersuchung ist ein heftiger Streit der Liebe, ein Streit um nichts, der aber doch auch seinen Wert hat – für die Liebenden.

Ich habe im Vorstehenden auf jede mögliche, denkbare und undenkbare Weise versucht, die These zu verfechten, daß *Don Juan* unter allen klassischen Werken den ersten Platz einnimmt; dagegen habe ich so gut wie keinen Versuch gemacht, zu beweisen, daß dieses Werk wirklich ein klassisches ist; denn die einzelnen Winke, die man hier und dort findet, beweisen ja, eben weil sie nur Winke sind, daß die Absicht nicht war, zu beweisen, sondern gelegentlich zu beleuchten. Dies mein Verfahren könnte manchem mehr als sonderbar vorkommen. Denn zu beweisen, daß *Don Juan* ein klassisches Werk ist, wäre recht eigentlich eine Aufgabe für den Gedanken, wogegen der andere Versuch eigentlich gar nicht ins Gebiet des Denkens fällt. Der Gedanke beruhigt sich mit der Erkenntnis, daß er ein klassisches Werk vor sich hat und daß alle klassischen Produktionen gleich vollkommen sind; was darüber hinausgeht, ist nichts für ihn. Insofern ist meine ganze Betrachtung widerspruchsvoll in sich selbst, wird sich also leicht in ein Nichts auflösen. Das ist aber ganz in Ordnung: ein solcher Widerspruch ist tief begründet in der menschlichen Natur. Die Bewunderung in mir, die Sympathie, die Pietät, das Kind in mir, das Weib in mir, sie forderten mehr, als was der Gedanke geben konnte. Der Gedanke war befriedigt und ruhte froh in seiner Erkenntnis; da ging ich zu ihm und bat ihn, sich noch einmal aufzumachen und das Äußerste zu wagen. Er wußte wohl, daß es vergebens sein würde; aber da ich für gewöhnlich gut mit ihm stehe, so gab er mir keinen Korb. Aber er richtete nichts aus; von mir aufgestachelt, ging er immer wieder über sich selbst hinaus, um immer wieder in sich selbst zurückzufallen. Er suchte nach einem festen Punkt um Fuß zu fassen, aber er konnte keinen finden; er suchte Grund, konnte aber weder schwimmen noch waten. Es war zum Lachen und zum Weinen, und so tat ich beides und war ihm dankbar in meinem Herzen, daß er mir den Dienst nicht geweigert hatte. Und obwohl ich nun genau weiß, daß es nichts nützt, so könnte es mir doch wohl einfallen, ihn noch einmal zu bitten, das Spiel von vorne anzufangen, weil es mir eine unerschöpfliche Quelle der Freude ist. Manchem Leser mag das Spiel langweilig vorkommen; nun für ihn hat es auch keine Bedeutung, er ist nicht meinesgleichen, und hier wie allerwegen gilt das Wort, daß gleichartige Kinder die besten Spielkameraden sind. Für ihn ist das alles höchst überflüssig; für mich aber hat es eine so große Bedeutung, daß ich mit Horaz sagen möchte:

exilis domus est, ubi non et multa supersunt;

für ihn ist das töricht, für mich weise, für ihn langweilig, für mich ergötzlich.

Ein solcher Leser könnte nicht mit meiner Gedankenlyrik sympathisieren, die so obenhinaus ist, daß sie über den Gedanken hinausgeht. Vielleicht wäre er gutmütig genug zu sagen: Laßt uns darüber nicht streiten! Ich überspringe den Abschnitt und du sieh zu, daß du nun an das Wichtigere kommst, zu beweisen, daß *Don Juan* ein klassisches Werk ist; denn das, muß ich sagen, wäre doch eine recht passende Einleitung zu deiner eigentlichen Untersuchung. Ob das wirklich eine passende Einleitung werden würde, lasse ich dahingestellt; leider kann ich aber auch hierin nicht mit ihm sympathisieren. Denn so leicht es mir fallen würde, das zu beweisen, so würde es mir doch nie einfallen, es zu tun. Ich setze indessen voraus, daß die Sache abgemacht ist, und so wird das Folgende hin und wieder auf diese oder jene Weise dazu dienen, *Don Juan* in dieser Hinsicht zu beleuchten, wie ja auch das Vorhergehende schon einzelne Winke enthielt.

Diese Untersuchung hat sich zunächst zur Aufgabe gemacht, die Bedeutung des Musikalisch-Erotischen darzutun und zu diesem Zweck die verschiedenen Stadien zu markieren, die, soweit sie unmittelbar erotisch sind, das gemeinsam haben, daß sie alle wesentlich musikalisch sind. Was ich hierüber zu sagen habe, verdanke ich einzig und allein Mozart. Sollte daher der eine oder andere meiner Leser so höflich sein, mein Vorhaben zu billigen, ohne sich des Zweifels erwehren zu können, ob ich wirklich alles in Mozart finde und nicht vielmehr in ihn hineinlege, so kann ich ihm versichern, daß nicht bloß das Wenige was ich herauszuarbeiten vermag, sondern unendlich viel mehr in Mozarts Musik liegt. Ja, ich versichere ihm, daß gerade die Erkenntnis dieses unendlichen Reichtums mir den Mut gibt, Einzelheiten in Mozarts Musik zu erklären. Denn was man geliebt hat in jugendlicher Schwärmerei, was man bewundert hat in jugendlichem Enthusiasmus, was die Seele wie einen geheimnisvollen, rätselhaften Gast zu vertraulichem Umgang bei sich eingelassen, bei sich verborgen hat – man nähert sich diesen Dingen immer mit einer gewissen Scheu, mit gemischten Gefühlen, wenn man weiß, daß es gilt, zu *verstehen*. Was man Stück um Stück kennengelernt, zusammengetragen hat, wie ein Vogel jedes kleinste Strohhälmchen, mit einer Freude über der man die ganze übrige Welt vergaß; was man eingesogen hat mit liebendem Ohr, einsam im Gewühl der Menschen, unbemerkt in seinem Schlupfwinkel; was das Ohr in ewig ungesättigter Gier aufgefangen, in ewig ruheloser Habsucht gesammelt hat, den leisesten Widerhall erhaschend in schlafloser Aufmerksamkeit; was man bei Tag erlebt, bei Nacht durchlebt hat, was den Schlaf verjagt und unruhig gemacht hat; was im Wachen und Schlafen deine Träume beschäftigte; was dich mitten in der Nacht aus dem Bette trieb, weil die Furcht dich plagte, es zu vergessen; was dir zum Ausdruck der höchsten Begeisterung wie des alltäglichsten Gefühls wurde; was dich begleitet hat in die lichte, mondhelle Nacht hinaus, in einsame Wälder am Meeresstrand, in dunkle Gassen, mitten in der Nacht und im Morgengrauen; was zu Pferde saß mit dir, was dir im Wagen Gesellschaft leistete, was dein Heim erfüllte bis in den letzten Winkel, was dir im Ohre klang, was deine Seele durchtönte, was in ihr feinstes Gespinst sich verwoben hat – das erscheint nun vor dem Auge des Geistes, wird objektiv, Gegenstand des Denkens. Wie jene rätselhaften Wesen der Sage aus der Tiefe des Meeres auftauchen, vom Tang umschlungen, so erhebt es sich, eingeflochten in mancherlei Erlebnisse, aus dem Meere der Erinnerung. Und die Seele wird wehmütig gestimmt und weich das Herz. Es ist, als nähme man Abschied, als trennte man sich von einem Freund, um ihm nie wieder in Zeit und Ewigkeit zu begegnen. Man kommt sich vor wie einer, der untreu geworden ist, der sein Gelübde gebrochen hat; man fühlt, daß man nicht mehr derselbe ist, nicht mehr so jung, nicht mehr so kindlich; man fürchtet für sich: daß man verliere, was einen so froh, so glücklich, so reich gemacht hat; man fürchtet für das, was man liebt: es möchte Schaden nehmen bei jener Verwandlung, es möchte sich vielleicht als weniger vollkommen herausstellen, es möchte vielleicht eine Antwort schuldig bleiben auf die vielen Fragen, die der Verstand stellen wird, und ach ... da ist alles verloren; der Zauber verschwindet und läßt sich nicht mehr zurückrufen. Aber frei von aller Sorge ist meine Liebe, grenzenlos mein Vertrauen zu Mozart. Was ich bisher von seiner Musik verstanden habe, ist ja nur wenig, und es bleibt genug übrig, was sich in den schattenhaften Gestalten der Ahnung verbirgt, und ich bin überzeugt, daß, wenn Mozart mir jemals ganz begreiflich werden würde, so wäre er mir erst recht unbegreiflich.

Daß das Christentum die Sinnlichkeit in die Welt hereingebracht habe, scheint eine gewagte These zu sein. Doch auch hier gilt das Sprichwort: Frisch gewagt ist halb gewonnen; das wird man einsehen, sobald man sich klar macht, daß jede Position indirekt das poniert, was sie ausschließt. Da das Sinnliche das ist, was negiert werden soll, so kommt es als positive Wirklichkeit erst recht zum Vorschein durch die Position des Gegensatzes, der es eben ausschließt. Als Prinzip, als Kraft, als System in sich ist die Sinnlichkeit erst vom Christentum gesetzt worden; insofern hat das Christentum die Sinnlichkeit in die Welt hereingebracht. Will man indessen diesen Satz richtig verstehen, so muß man ihn identisch auffassen mit seinem Gegensatz: dasselbe Christentum hat die Sinnlichkeit aus der Welt hinausgejagt und ausgeschlossen. Als Prinzip, als Kraft, als System in sich, ist die Sinnlichkeit erst durch das Christentum gesetzt worden; ich könnte noch eine Bestimmung hinzufügen, die vielleicht geeignet ist zu verdeutlichen, was ich meine: Korrelat des Geistes ist die Sinnlichkeit erst durch das Christentum geworden. Das ist ganz natürlich, denn das Christentum ist Geist, und der Geist ist das positive Prinzip, das es in die Welt hereingebracht hat. Aber indem die Sinnlichkeit unter der Bestimmung des Geistes betrachtet wird, so liegt ihre Bedeutung offenbar darin, daß sie ausgeschlossen wird; und eben dadurch, daß sie ausgeschlossen werden soll, ist sie als Prinzip, als Macht bestimmt, denn was der Geist, der selbst ein Prinzip ist, ausschließen soll, muß etwas sein was sich seinerseits als Prinzip erweist, wenn auch erst in dem Augenblick da es ausgeschlossen wird. Daß es schon vor dem Erscheinen des Christentums Sinnlichkeit in der Welt gegeben habe, wäre natürlich ein törichter Einwand, da es sich doch von selbst versteht, daß das, was ausgeschlossen werden soll, vor dem existiert haben muß, das ausschließt, wenn es auch in anderem Sinn erst entsteht, indem es ausgeschlossen wird. Das kommt wiederum daher, daß es in einem anderen Sinn entsteht, und darum sagte ich ja auch gleich, daß frisch gewagt nur *halb* gewonnen sei.

Die Sinnlichkeit also hat es schon früher in der Welt gegeben, aber nicht geistig bestimmt. Wie denn? Seelisch bestimmt. So gab es Sinnlichkeit im Heidentum, so, um den Punkt zu bezeichnen, wo sie ihren vollkommensten Ausdruck gefunden hat, bei den Griechen. Aber die Sinnlichkeit, seelisch bestimmt, ist kein Gegensatz, kein Ausschluß, sondern Einheit und Zusammenklang; und eben weil sie harmonisch bestimmt ist, erscheint sie nicht als Prinzip, sondern als ein mitlautendes *Enklitikon*.

Diese Betrachtung kann die verschiedenen Gestalten, die das Erotische auf verschiedenen Entwicklungsstufen des Weltbewußtseins annimmt, beleuchten; sie wird uns auf diese Weise lehren, das Unmittelbar-Erotische als identisch mit dem Musikalisch-Erotischen zu erkennen. Im Griechentum war die Sinnlichkeit in der schönen Individualität beherrscht, oder richtiger gesagt, sie war nicht beherrscht, denn sie war ja nicht ein Feind, den man niederringen, nicht ein gefährlicher Aufrührer, den man in Zucht halten mußte; sie war frei geboren, lebte und freute sich in der schönen Individualität. Die Sinnlichkeit war also nicht als Prinzip gesetzt; das die schöne Individualität konstituierende Seelische war undenkbar ohne das Sinnliche, und eben deshalb war auch das Erotische, begründet auf das Sinnliche, nicht als Prinzip gesetzt. Die Liebe trat allenthalben als Moment und momentweise in der schönen Individualität auf. Die Götter so gut wie die Menschen erlebten ihre Macht, die Götter so gut wie die Menschen erlebten glückliche und unglückliche Liebesabenteuer. Aber nirgends tritt die Liebe als Prinzip auf. Sie erscheint im einzelnen als ein Moment der allgemeinen Macht der Liebe, aber diese selbst tritt nirgends in die Erscheinung, nicht einmal in der griechischen Vorstellungswelt, im griechischen Bewußtsein. Man könnte mir einwenden, daß ja Eros der Gott der Liebe war, daß man also in ihm die Liebe als Prinzip sehen müsse. Aber abgesehen davon, daß die Liebe doch auch hier wieder nicht in demselben Sinn ausschließlich auf dem Erotischen beruht wie dieses auf dem Sinnlichen, sondern auf dem Seelischen, kommt noch ein anderer Umstand in Betracht, auf den ich ein wenig näher eingehen will. Eros war der Gott der Liebe, aber er war selbst nicht verliebt. Soweit die übrigen Götter und die Menschen die Macht der Liebe an sich erfuhren, schrieben sie das Eros zu und führten es auf ihn zurück.

Aber Eros selbst verliebte sich nicht; wenn es ihm einmal passierte war es eine Ausnahme, und obwohl er der Gott der Liebe war, stand er, was die Anzahl der Liebesabenteuer betrifft, weit zurück hinter den übrigen Göttern, ja hinter den Menschen. Damit, daß auch er verliebt war, ist zunächst wohl ausgedrückt, daß auch er sich beugte vor der allgemeinen Macht der Liebe, die im übrigen gewissermaßen eine Macht außerhalb seines Selbstes war, und die, von ihm abgewiesen, nirgend mehr untergebracht werden konnte. Seine Liebe ist auch nicht auf das Sinnliche gegründet, sondern auf das Seelische. Daß der Gott der Liebe selbst nicht verliebt ist, während alle andern es ihm verdanken, daß sie verliebt sind, das ist ein echt griechischer Gedanke. Hätten die Griechen einen Gott oder eine Göttin der Sehnsucht gehabt, so wäre es echt griechisch, daß alle, die der Sehnsucht süße und quälende Unruhe kennengelernt haben, sie auf jenes göttliche Wesen zurückführten, während dieses Wesen selbst von der Sehnsucht nichts wüßte. Ich kann das Merkwürdige bei diesem Verhältnis nicht besser bezeichnen, als dadurch daß ich sage, es sei die Umkehrung eines repräsentativen Verhältnisses. Bei dem repräsentativen Verhältnis ist die ganze Kraft in einem einzigen Individuum konzentriert, und die einzelnen Individuen partizipieren an dieser Kraft, insofern sie an den einzelnen Bewegungen des repräsentativen Individuums teilnehmen. Ich könnte dieses Verhältnis auch als die Umkehrung des Verhältnisses bezeichnen, das der Inkarnation zugrunde liegt. Bei der Inkarnation hat das einzelne Individuum die ganze Lebensfülle in sich, während die anderen Individuen nur insofern etwas haben, als sie dieselbe in dem inkarnierten Individuum anschauen. Bei den Griechen ist das also umgekehrt: die Kraft, die der Gott darstellt, besitzt er selbst nicht; aber alle übrigen Individuen besitzen sie und führen sie auf ihn zurück; er selbst ist gleichsam kraftlos, ohnmächtig, weil er seine Kraft der ganzen übrigen Welt mitteilt. Das inkarnierte Individuum fängt die Kraft aller übrigen ein und hat nun so die ganze Lebensfülle; die anderen haben nur insofern etwas davon, als sie dieselbe in jenem Individuum anschauen. Das ist von Wichtigkeit für das Folgende und hat auch an und für sich Bedeutung für die Kategorien, derer sich das Weltbewußtsein zu verschiedenen Zeiten bedient. Die Sinnlichkeit als Prinzip also finden wir nicht im Griechentum; das Erotische als Prinzip, basiert auf das Prinzip der Sinnlichkeit, ebensowenig; und wenn wir es finden würden, so würden wir sehen, was für diese Untersuchung von höchster Wichtigkeit ist, daß das griechische Bewußtsein nicht die Kraft hat, das Ganze in einem Individuum zu konzentrieren, es vielmehr von einem Punkt, der es selbst nicht hat, auf alle anderen ausstrahlen läßt; dabei es auch beinahe als ein Kennzeichen dieses konstituierenden Punktes gelten kann, daß er allein das nicht hat, was er allen anderen gibt.

Die Sinnlichkeit als Prinzip wie auch das Sinnlich-Erotische als Prinzip ist durch das Christentum gesetzt worden. Die Idee der Repräsentation ist durch das Christentum in die Welt gekommen. Denke ich mir nun das Sinnlich-Erotische als Prinzip, als Kraft, als Reich, geistig bestimmt, das heißt, so bestimmt, daß der Geist es ausschließt, denke ich es mir konzentriert in einem einzigen Individuum, so habe ich den Begriff der sinnlich erotischen Genialität. Das ist eine Idee, die das Griechentum nicht hatte, die, wenn auch nur in indirektem Sinne, erst das Christentum in die Welt hereingebracht hat.

Verlangt nun diese sinnlich-erotische Genialität in all ihrer Unmittelbarkeit nach einem Ausdruck, so fragt es sich, welches Medium sich dazu eignet, sie darzustellen. Was hier hauptsächlich festgehalten werden muß, ist, daß sie in ihrer Unmittelbarkeit ausgedrückt und dargestellt werden will. Mittelbar und reflektiert ausgedrückt, fällt sie ins Gebiet der Sprache und ordnet sich ethischen Bestimmungen unter. In ihrer Unmittelbarkeit dagegen kann sie nur in der Musik ausgedrückt werden. Wenn der Leser sich dabei an das erinnern will, was über diesen Punkt in der nichtssagenden Einleitung ausgeführt worden ist, so wird er einsehen, daß erst in der Darstellung der sinnlich-erotischen Genialität die Musik ihre vollgültige Bedeutung hat. Damit erweist sich die Musik im strengsten Sinn als eine christliche Kunst, oder richtiger als die Kunst, die das Christentum setzt, indem es sie ausschließt, als Medium für das, was das Christentum aus sich ausschließt und dadurch setzt. Mit anderen Worten, die Musik ist das Dämonische. In der erotisch-sinnlichen Genialität hat die Musik ihren absoluten Gegenstand. Damit soll natürlich keineswegs gesagt sein, daß die Musik nicht auch etwas anderes darstellen könne, nur ist eben dies ihr eigentlicher Gegenstand. Die Plastik kann ja auch anderes darstellen als die menschliche Schönheit, und doch ist dies ihr absoluter Gegenstand; die Malerei kann anderes darstellen als die himmlisch verklärte Schönheit, und doch ist diese ihr absoluter Gegenstand. Es handelt sich hier darum, in jeder Kunst den Begriff zu sehen und sich nicht irre machen zu lassen durch das, was sie sonst noch kann. Der Begriff des Menschen ist Geist, und man soll sich nicht durch die Tatsache beirren lassen, daß er auch auf zwei Beinen gehen kann; der Begriff der Sprache ist der Gedanke, und man soll sich nicht beirren lassen durch die Tatsache, daß manche gefühlvolle Menschen meinen, die höchste Bedeutung der Sprache liege darin, unartikulierte Laute hervorzubringen.

Hier gestatte man mir ein kleines, nichtssagendes Zwischenspiel. *Ceterum censeo*, daß Mozart der größte unter allen Klassikern ist, daß sein *Don Juan* den ersten Platz verdient unter allen klassischen Produktionen.

Daß die Musik als Medium betrachtet unter allen Umständen ein sehr interessantes Problem darstellt, ist keine Frage. Dagegen ist es eine Frage, ob ich imstande bin, etwas Befriedigendes darüber zu sagen. Ich weiß recht wohl, daß ich nichts von Musik verstehe, ich gebe gerne zu, daß ich Laie bin, ich will keineswegs verheimlichen, daß ich nicht zu dem auserwählten Volk der Musikverständigen gehöre. Ich bin bestenfalls einer der Proselyten des Tores, den ein unwiderstehlicher Drang aus weiter Ferne bis zum Tor des Heiligtums gebracht, aber auch nicht weiter. Trotzdem wäre es möglich, daß das Wenige, was ich zu sagen habe, eine einzelne Beobachtung enthielte, die sich einer wohlwollenden und nachsichtigen Kritik als etwas Richtiges erweisen möchte, als etwas Wertvolles, das freilich unter einer schlechten Hülle steckt. Ich stehe außerhalb des Reichs der Musik, und von diesem Standpunkte aus betrachte ich sie. Daß dieser Standpunkt ein sehr ungünstiger ist, gebe ich gerne zu; daß ich im Vergleich zu den Glücklichen, die innerhalb stehen, gar nicht viel zu sehen bekomme, leugne ich nicht. Und doch, dabei bleibe ich, ich hoffe auch von meinem Standpunkt aus einzelnes erklären zu können, wenn auch nicht so gut wie die Eingeweihten, die bis zu einem gewissen Grade sogar besser verstehen mögen, was ich vorbringe, als ich selbst. Ich denke mir zwei aneinandergrenzende Reiche, deren eines ich ziemlich genau, das andere so gut wie gar nicht kenne; der Zutritt in das unbekannte Reich sei mir verwehrt, so gerne ich hinein möchte. Trotzdem wäre ich imstande, mir eine Vorstellung davon zu machen: ich würde beständig an der Grenze des mir bekannten Reiches entlanggehen und bei dieser Bewegung den Umriß des unbekannten Landes beschreiben und so eine allgemeine Vorstellung davon gewinnen, ohne meinen Fuß hineingesetzt zu haben. Und wenn ich nun mit unermüdlicher Aufmerksamkeit bei meiner Arbeit ausharrte, so würde es wohl auch manchmal vorkommen, daß mir, während ich wehmütig an meines Reiches Grenze stünde und sehnsüchtig in das unbekannte Land hinausschaute, das mir so nah und doch so fern ist, eine kleine Offenbarung zuteil würde. Und ob ich gleich fühle, daß die Musik eine Kunst ist, über die man ohne einen hohen Grad von Erfahrung keine rechte Meinung haben kann, so tröste ich mich wieder wie so oft mit dem Paradox, daß man auch in der Ahnung und in der Unwissenheit eine Art Erfahrung machen kann; ich tröste mich mit dem Gedanken, daß Diana, die selbst nicht geboren hatte, doch den Gebärenden zu Hilfe kam, ja daß sie von Kind auf die Gabe hatte, jenen zu helfen, so daß sie bei ihrer eigenen Geburt der Mutter in ihren Wehen zu Hilfe kommen konnte.

Das mir bekannte Reich, zu dessen äußerster Grenze ich gehen will um die Musik zu entdecken, ist die Sprache. Wollte man die verschiedenen Medien so ordnen, daß sie einen Entwicklungsprozeß darstellten, so müßte man die Sprache unmittelbar neben die Musik stellen; deshalb hat man ja auch gesagt die Musik sei eine Sprache, und das ist mehr als eine geistreiche Bemerkung. Wollte man sich nämlich in Geistreichigkeit gefallen, so könnte man auch von der Skulptur und der Malerei sagen, daß sie eine Art Sprache seien, insofern jede Ausdrucksform einer Idee immer eine Sprache sein muß, weil eben die Sprache das Wesen der Idee ist. Geistreiche Leute reden daher von der Sprache der Natur, und weichgesottene Priester schlagen hin und wieder das Buch der Natur für uns auf und lesen etwas daraus vor, was weder sie selbst noch ihre Zuhörer verstehen. Wäre es um jene Bemerkung, daß die Musik eine Sprache sei, ebenso schlecht bestellt, so würde ich mich nicht weiter mit ihr abgeben, sondern sie still ihres Weges ziehen, sie für das gelten lassen, was sie ist. So steht die Sache jedoch nicht. Erst indem der Geist konstituiert wird, wird alles, was nicht Geist ist, ausgeschlossen. Und gerade die Ausschließung ist die Bestimmung des Geistes; soweit also das Ausgeschlossene sich geltend machen soll, fordert es ein Medium, das geistig bestimmt ist, und dies ist die Musik. Das geistig bestimmte Medium aber ist wesentlich Sprache, und da nun die Musik geistig bestimmt ist, so wird sie mit Recht eine Sprache genannt.

Die Sprache als Medium betrachtet, ist das absolut geistig bestimmte Medium und ist deshalb das eigentliche Medium der Idee. Diesen Gedanken weiter zu entwickeln, liegt weder in meiner Kompetenz noch im Interesse dieser kleinen Untersuchung. Doch möge eine Bemerkung, die mich wieder zur Musik hinführen wird, hier Platz finden. In dem Medium der Sprache wird das Sinnliche zum bloßen Hilfsmittel herabgedrückt, wird beständig negiert. Mit den anderen Medien ist das nicht ebenso. Weder in der Skulptur noch in der Malerei ist das Sinnliche ein bloßes Hilfsmittel; es ist vielmehr ein wesentlicher Bestandteil, soll auch nicht beständig negiert, sondern beständig mit gesehen werden. Einem Werk der Bildhauerkunst oder der Malerei gegenüber wäre es eine sehr sonderbare und verkehrte Betrachtungsweise, wenn ich mir die Mühe machen würde, das Sinnliche zu übersehen: damit würde ich die Schönheit eines solchen Werkes aufheben. In der Skulptur, Architektur, Malerei ist die Idee im Medium gebunden, und darin, daß die Idee das Medium nicht zum Hilfsmittel herabdrückt, nicht beständig negiert, drückt sich gleichsam aus, daß dieses Medium nicht reden kann. So ist es auch mit der Natur. Darum sagt man mit Recht die Natur sei stumm, und ebenso die Architektur, Skulptur und Malerei; das sagt man mit Recht, den feinfühligen Ohren zum Trotz, die sie reden hören. Darum ist es töricht zu sagen, die Natur sei eine Sprache, so sicher wie es töricht ist zu sagen, das Stumme könne reden: nicht einmal im Sinn einer Fingersprache ist sie eine Sprache. So ist es aber nicht mit der Sprache. Hier wird das Sinnliche zum Hilfsmittel herabgedrückt und damit aufgehoben. Wenn ein Mensch so redete, daß man den Schlag der Zunge usf. hörte, so redete er schlecht; wenn er so hörte, daß er die Luftschwingungen statt der Wörter hörte, so hörte er schlecht; wenn er ein Buch so läse, daß er beständig jeden einzelnen Buchstaben sähe, so läse er schlecht. Gerade dann ist die Sprache das vollkommenste Medium, wenn alles Sinnliche darin negiert ist. So ist es auch mit der Musik: das, was eigentlich gehört werden soll, befreit sich beständig vom Sinnlichen. Daß die Musik als Medium freilich nicht so hoch steht wie die Sprache, darauf ist schon oben hingewiesen worden; darum sagte ich ja auch nur, daß in gewissem Sinne die Musik eine Sprache sei.

Die Sprache wendet sich ans Ohr, was kein anderes Medium tut, und das Ohr ist der im höchsten Grad geistig bestimmte Sinn. Das werden mir wohl die meisten zugeben; wer darüber Genaueres zu erfahren wünscht, der sei auf die

Vorrede zu den *Karikaturen des Heiligsten* von Steffens hingewiesen. Außer der Sprache ist die Musik das einzige Medium, das sich ans Ohr wendet. Darin liegt wiederum eine Analogie und ein Zeugnis dafür, daß die Musik eine Sprache ist. In der Natur ist noch vieles, was sich ans Ohr wendet, aber was hier das Ohr berührt, ist das rein Sinnliche, und deshalb ist die Natur stumm, und es ist eine lächerliche Einbildung, zu glauben, man höre etwas, weil man eine Kuh brüllen oder, was mehr prätendiert, eine Nachtigall schlagen hört; es ist Einbildung, zu glauben, man höre etwas, zu glauben, daß das eine mehr wert sei als das andere: das alles ist so lang wie breit.

Das Element der Sprache ist die Zeit, das aller übrigen Medien der Raum. Nur die Musik verläuft auch in der Zeit. Aber daß sie in der Zeit verläuft, bedeutet abermals eine Negation des Sinnlichen. Was die übrigen Künste hervorbringen, charakterisiert sich gerade dadurch als sinnlich, daß es im Raum seine Existenz hat. Nun ist in der Natur noch vieles, was in der Zeit verläuft. Wenn ein Bach rauscht und immerfort rauscht, so scheint darin eine zeitliche Bestimmung zu liegen. Dem ist aber nicht so, und sollte jemand darauf bestehen, daß hier wirklich eine zeitliche Bestimmung stattfinde, so müßte man ihm sagen, daß eine zeitliche Bestimmung zwar vorhanden, aber räumlich bestimmt vorhanden ist. Die Musik hat keine Existenz außerhalb des Augenblicks, in dem sie vorgetragen wird; wenn man auch noch so gut Noten lesen kann, wenn man eine noch so lebendige Einbildungskraft hat, man kann doch nicht leugnen, daß die Musik, solange sie gelesen wird, nur im uneigentlichen Sinne existiert. Eigentlich existiert sie nur, indem sie vorgetragen wird. Das könnte als eine Unvollkommenheit dieser Kunst im Vergleich zu den anderen Künsten erscheinen, deren Werke eine fortdauernde Existenz haben, weil sie im Sinnlichen existieren. Doch dem ist nicht so. Sondern gerade das ist ein Beweis dafür, daß die Musik eine höhere und geistigere Kunst ist.

Durchwandere ich nun das Reich der Sprache, um aus ihr die Musik gleichsam herauszulauschen, so stellt sich die Sache etwa folgendermaßen dar: Nehme ich an, daß die Prosa diejenige Form der Sprache ist, die der Musik am fernsten steht, so bemerke ich schon im rednerischen Vortrag, in dem Bau klangvoller Perioden einen Anklang des Musikalischen, der auf den verschiedenen Stufen des poetischen Vortrags im Bau der Verse, im Reim immer stärker und stärker hervortritt, bis schließlich das Musikalische sich so kräftig entwickelt, daß die Sprache aufhört. Dann wird alles zur Musik, wie die Dichter so gerne sagen, um damit auszudrücken, daß sie der Idee gleichsam aufkündigen, daß die Idee für sie verschwindet. Daraus könnte man nun den Schluß ziehen, daß die Musik ein noch vollkommeneres Medium sei als die Sprache. Dies ist aber eins von jenen schmachtenden Mißverständnissen, die nur in leeren Köpfen aufkommen. Daß dem so ist, soll später gezeigt werden; hier will ich nur auf den merkwürdigen Umstand aufmerksam machen, daß ich bei einer Bewegung in entgegengesetzter Richtung wiederum auf die Musik stoße; wenn ich nämlich von der vom Begriff durchtränkten Prosa abwärts steige, so komme ich bei den Interjektionen an, die wieder musikalisch sind, wie ja des Kindes erstes Lallen musikalisch ist. Hier kann doch nicht wohl die Rede davon sein, daß die Musik ein vollkommeneres oder reicheres Medium sei als die Sprache, es sei denn, daß man annehme, ein unartikuliertes „uh“ sei mehr wert als ein ganzer Gedanke. Was folgt daraus? Wo die Sprache aufhört, da fängt das Musikalische an – wohl der vollkommenste Ausdruck dafür, daß die Musik überall die Sprache begrenzt. Jetzt sieht man auch, wie das Mißverständnis entstehen konnte, daß die Musik ein reicheres Medium sei als die Sprache. Wenn nämlich die Sprache aufhört und die Musik anfängt, wenn, wie man sagt, alles zu Musik wird, so zeigt das, daß man nicht vorwärts, sondern rückwärts geschritten ist. Daher kommt es, daß ich – worin mir vielleicht auch die Musikverständigen recht geben – nie viel für die sublimere Musik übrig gehabt habe, die das Wort entbehren zu können glaubt. Sie meint nämlich gewöhnlich, sie stehe höher als das Wort, während sie doch niedriger steht. Hier liegt nun freilich ein Einwand nahe: Wenn es richtig ist, daß die Sprache ein reicheres Medium ist als die Musik, wie kommt es, daß es so außerordentlich schwierig ist, der Musik ästhetisch gerecht zu werden, daß sich in dieser Hinsicht die Sprache im Vergleich mit der Musik als das ärmere Medium erweist? Dies ist jedoch keineswegs unbegreiflich oder unerklärlich. Die Musik drückt nämlich beständig das Unmittelbare in seiner Unmittelbarkeit aus; darum stellt die Musik im Verhältnis zur Sprache ein früheres oder späteres Stadium dar; und darum ist es, wie leicht einzusehen, ein Mißverständnis, zu sagen, die Musik sei das vollkommenere Medium. Die Sprache hat die Reflexion in sich aufgenommen, deshalb kann sie das Unmittelbare nicht ausdrücken. Die Reflexion tötet das Unmittelbare, deshalb ist es unmöglich, in der Sprache das Musikalische auszudrücken; aber diese scheinbare Armut der Sprache ist gerade ihr Reichtum. Das Unmittelbare ist nämlich das Unbestimmbare, und deshalb kann die Sprache es nicht auffassen; aber daß es das Unbestimmbare ist, bedeutet nicht eine Vollkommenheit, sondern einen Mangel. Das pflegen wir indirekt auf mancherlei Art anzuerkennen. So, um nur ein Beispiel anzuführen, sagt man: „Ich kann eigentlich nicht angeben, warum ich dies oder jenes so oder so gemacht habe; ich habe es ‚nach dem Gehör‘ gemacht.“ Da gebraucht man von Dingen, die in keinem Verhältnis zum Musikalischen stehen, ein Wort, das der Musik entlehnt ist, um damit das Dunkle, Unerklärliche, Unmittelbare zu bezeichnen.

Ist nun das Unmittelbare, das, was eigentlich im Musikalischen zum Ausdruck kommt, geistig bestimmt, so kann man zunächst fragen, was für ein Unmittelbares es ist, das wesentlich Gegenstand der Musik ist. Wird das Unmittelbare in dem Sinne geistig bestimmt, daß es dem Bereich des Geistes zugewiesen wird, so kann es wohl in der Musik seinen Ausdruck finden, aber doch nicht der absolute Gegenstand der Musik sein; denn in dieser Beziehung auf den Geist liegt zugleich, daß die Musik sich auf fremdem Gebiet befindet, daß sie nur ein Vorspiel darstellt, das beständig aufgehoben wird. Wird dagegen das Unmittelbare in dem Sinne bestimmt, daß es aus dem Bereich des Geistes ausgewiesen wird, so bildet es den absoluten Gegenstand der Musik. Für das Unmittelbare der ersten Art ist es unwesentlich, daß es in Musik ausgedrückt, aber wesentlich, daß es Geist wird und also in der Sprache ausgedrückt werde; für das Unmittelbare der zweiten Art dagegen ist es wesentlich, daß es in Musik ausgedrückt wird; es kann überhaupt einzig und allein in Musik ausgedrückt werden, nicht aber in der Sprache, weil es geistig so bestimmt ist, daß es jenseits des Geistes und damit auch jenseits der Sprache liegt. Das Unmittelbare aber, das so vom Geist ausgeschlossen wird, ist die sinnliche Unmittelbarkeit. Diese gehört dem Christentum an. Sie hat in der Musik ihr absolutes Medium, und daraus erklärt es sich auch, daß die Musik in der Welt der Antike eigentlich unentwickelt blieb, also eine christliche Kunst ist. Die Musik ist also das Medium für das Unmittelbare, das, wenn es geistig bestimmt wird, aus dem Gebiete des Geistes ausgeschlossen wird. Natürlich kann die Musik noch vieles andere ausdrücken, aber dies ist ihr absoluter Gegenstand. Man erkennt auch leicht, daß die Musik ein sinnlicheres Medium ist als die Sprache, da ja in ihr der sinnliche Laut eine viel größere Bedeutung hat als in der Sprache.

Die sinnliche Genialität also ist der absolute Gegenstand der Musik. Sinnliche Genialität ist absolut lyrisch und kommt in der Musik in ihrer ganzen lyrischen Ungeduld zum Ausbruch; sie ist ja geistig bestimmt und darum Kraft, Leben, Bewegung, beständige Unruhe, beständige Sukzession; aber diese Unruhe, diese Sukzession bereichert sie nicht; sie bleibt beständig dieselbe, sie entfaltet sich nicht, sondern stürmt unaufhaltsam vorwärts wie in einem Atemzug. Um ihren lyrischen Charakter mit einem Prädikat zu bezeichnen, müßte ich sagen: sie tönt; und da bin ich nun wieder zu dem Punkt gekommen, von welchem aus ich die sinnliche Genialität als unmittelbar musikalisch erkenne.

Daß sogar meine Wenigkeit über diesen Gegenstand noch Verschiedentliches beibringen könnte, das weiß ich; und daß es den Musikverständigen ein Leichtes sein würde, die Sache noch ganz anders als ich ins reine zu bringen, davon bin ich überzeugt. Da aber, soviel ich weiß, bis heute niemand Miene gemacht hat, das Problem in Angriff zu nehmen, da man sich daran genügen läßt, beständig zu wiederholen, daß Mozarts *Don Juan* die Krone aller Opern sei, und sich nicht die Mühe gibt zu entwickeln, was man damit eigentlich sagen will – man will übrigens offenbar nicht bloß sagen, daß Don Juan als Oper *primus inter pares* sei, sondern ihm einen qualitativen Vorzug zusprechen, den man doch wohl nirgend anderswo suchen kann als in dem absoluten Verhältnis zwischen Idee, Form, Stoff, Medium –, da, sage ich, dies sich so verhält, so habe ich das Schweigen gebrochen. Vielleicht war das etwas vorschnell von mir, vielleicht wäre mir mein Vorhaben besser geglückt, wenn ich noch eine Zeitlang gewartet hätte; vielleicht! ich weiß das nicht; aber das weiß ich: was mich drängte, war nicht die Freude, zu Worte zu kommen, war nicht die Furcht, von einem Kundigeren überholt zu werden; ich beeilte mich, weil ich fürchtete, wenn ich schwiege, so möchten die

Steine reden, zur Schande eines jeden Menschen, der die Gabe hat sich mitzuteilen.

Was ich bisher gesagt habe, erschöpft, wie ich wohl weiß, den Gegenstand dieser kleinen Untersuchung nicht; es soll wesentlich auch nur dazu dienen, der Charakterisierung der unmittelbar-erotischen Stadien, wie wir sie bei Mozart kennenlernen, den Weg zu bahnen. Bevor ich nun aber dieser Aufgabe nähertrete, will ich eine Tatsache anführen, die von einer anderen Seite aus den Gedanken auf das absolute Verhältnis zwischen der sinnlichen Genialität und dem Musikalischen hinleitet. Bekanntlich hat von jeher der religiöse Eifer die Musik mit argwöhnischer Aufmerksamkeit betrachtet. Ob er damit recht hat oder nicht, beschäftigt uns hier nicht: das hätte ja nur ein religiöses Interesse. Aber es ist nicht ohne Bedeutung, sich klarzumachen, was ihn dazu veranlaßt hat. Verfolge ich den religiösen Eifer in dieser Absicht, so kann ich ganz im allgemeinen die Bewegung so bestimmen: je strenger die Religiosität ist, desto mehr ist man geneigt, der Musik den Abschied zu geben und das Wort zu premieren. Für die verschiedenen Stadien dieser Entwicklung gibt die Weltgeschichte Repräsentanten. Das letzte Stadium schließt die Musik ganz aus und hält sich allein an das Wort. Ich könnte das mit zahlreichen einzelnen Bemerkungen weiter ausführen, will das aber nicht tun, sondern nur ein paar Worte aus dem Munde eines Presbyterianers anführen, die in einer Erzählung von Achim v. Arnim vorkommen: „Wir Presbyterianer halten die Orgel für des Teufels Dudelsack, womit er den Ernst der Betrachtung in Schlummer wiegt, so wie der Tanz die guten Vorsätze betäubt." Das mag man als eine Replik *instar omnium* betrachten. Welchen Grund kann man nun haben, die Musik auszuschließen und damit dem Wort die Alleinherrschaft zu geben? Daß das Wort, wenn es mißbraucht wird, die Gemüter so gut wie die Musik verwirren kann, das werden gewiß die Erweckten jeder Sekte zugeben. Demnach müssen Sprache und Musik sich qualitativ unterscheiden. Was der religiöse Eifer will, ist der Ausdruck des Geistigen; darum fordert er die Sprache, die das eigentliche Medium des Geistes ist, darum verwirft er die Musik, die ein sinnliches Medium ist und insofern immer nur unvollkommen den Geist ausdrücken kann. Ob nun der religiöse Eifer die Musik mit Recht ausschließt, das ist, wie gesagt, eine andere Frage; dagegen kann seine Anschauung vom Verhältnis der Musik zur Sprache vollkommen richtig sein. Er hätte deshalb nicht gerade nötig, die Musik auszuschließen, aber er hat richtig gesehen, daß sie auf dem Gebiet des Geistes doch ein unvollkommenes Medium ist, daß sie also in dem unmittelbar Geistigen, das als Geist bestimmt ist, ihren absoluten Gegenstand nicht haben kann. Daraus folgt keineswegs, daß man in der Musik des Teufels Werk sehen müßte, selbst wenn unsere Zeit in Fülle die schrecklichsten Beweise ans Licht bringen würde von der dämonischen Macht, mit der sie ein Individuum ergreifen kann, mit der dieses Individuum wieder die Masse bannt, die (besonders die Frauenzimmer) erschauernd vor Angst und Wollust widerstandslos sich fangen läßt. Daraus folgt keineswegs, daß man des Teufels

Werk in ihr sehen müßte, selbst wenn man mit einem heimlichen Grauen sieht, daß diese Kunst, wie keine andere, ihre Anbeter oft auf fürchterliche Weise aufreibt; ein Phänomen übrigens, das – seltsam genug – der Aufmerksamkeit der Psychologen und der Menge entgangen zu sein scheint, es sei denn, daß sie einmal durch den Angstschrei eines Verzweifelten aufgeschreckt würden. Inzwischen ist es merkwürdig, daß in der Volkssage, also im Volksbewußtsein, dessen Ausdruck die Sage ist, das Musikalische als das Dämonische auftritt. Als Beispiel seien die *Irischen Elfenmärchen* von Gebr. Grimm angeführt (1826, S. 25, 28, 29, 30).

Was die unmittelbar-erotischen Stadien anlangt, so verdanke ich alles, was ich darüber zu sagen weiß, einzig und allein Mozart, dem ich überhaupt alles verdanke. Da aber ihre Unterscheidung und Verbindung, wie ich sie nun vortrage, nur indirekt, nämlich durch meine Kombination, auf ihn zurückgeführt werden kann, so habe ich, ehe ich an die Ausführung ging, die Probe darauf gemacht, ob ich nicht irgendwie mir selbst oder dem Leser die Freude an Mozarts unsterblichen Werken verderben könnte. Wer Mozart in seiner unsterblichen Größe sehen will, der muß seinen *Don Juan* betrachten; daneben ist alles andere zufällig, unwesentlich. Aber wenn man nun *Don Juan* so betrachtet, daß man zugleich einzelnes aus Mozarts anderen Opern ins Auge faßt, so wird man, davon bin ich überzeugt, weder ihm, noch sich selbst, noch sonst jemand schaden. Man wird vielmehr Gelegenheit haben sich darüber zu freuen, daß die eigentliche Potenz der Musik in Mozarts Musik erschöpft ist.

Wenn ich mich im folgenden wie bisher des Ausdrucks „Stadium" bediene, so darf man diesen Ausdruck nicht zu prägnant nehmen. Ich würde vielleicht besser Metamorphosen sagen, denn es steht nicht so, daß die einzelnen Stadien selbständig scharf gegeneinander abgegrenzt existierten. Sie bilden zusammengenommen das unmittelbare Stadium, sind also vielmehr die Offenbarungen von Prädikaten, die alle in dem Reichtum des letzten Stadiums zusammenfallen, das dann das eigentliche Stadium ist. Die anderen Stadien haben eine selbständige Existenz nur für die Vorstellung, woraus eben ihre Zufälligkeit gegenüber dem letzten Stadium hervorgeht. Weil sie aber in Mozarts Musik in einzelnen Erscheinungen zum Ausdruck kommen, so werde ich sie auch einzeln besprechen. Ferner darf man in den Stadien nicht etwa verschiedene Stufen des Bewußtseins sehen, da selbst das letzte Stadium noch nicht zum Bewußtsein gekommen ist; ich habe immer nur mit dem Unmittelbaren zu tun, mit dem Unmittelbaren in seiner vollkommenen Unmittelbarkeit.

Die Schwierigkeiten, die sich überall auftun wo man die Musik zum Gegenstand ästhetischer Betrachtung macht, bleiben natürlich auch hier nicht aus. Bei der vorhergehenden Untersuchung lag die Schwierigkeit besonders darin: ich suchte auf dem Wege des Räsonnements zu beweisen, daß die sinnliche Genialität der wesentliche Gegenstand der Musik ist, während dies doch eigentlich nur durch Musik bewiesen werden kann, wie ich ja auch erst durch die Musik hindurch zur Erkenntnis davon gekommen bin. Im folgenden haben wir dagegen mit dieser Schwierigkeit zu kämpfen: den eigentlichen, wesentlichen Gegenstand der Musik (den Gegenstand jener Musik, die uns hier allein beschäftigt) drückt die Musik viel vollkommener aus als die Sprache dies vermag, so daß diese sich neben jener recht ärmlich ausnimmt. Ja, hätte ich verschiedene Bewußtseinsstufen darzustellen, da wäre der Vorteil naturgemäß auf meiner Seite, auf seiten der Sprache; aber das ist hier eben nicht der Fall. Darum hat auch das, was ich unter solchen Umständen zu geben vermag, nur für den eine Bedeutung, der gehört hat und immer wieder hört. Ihm kann ich vielleicht auch für erneutes Hören den oder jenen nützlichen Wink geben.

Erstes Stadium

Das erste Stadium ist in der Figur des Pagen im *Figaro* angedeutet. Natürlich muß man sich hüten, in ihm ein einzelnes Individuum zu sehen, wozu man versucht ist, wenn man ihn in der Phantasie oder in Wirklichkeit von einer Person dargestellt sieht; auch muß man darauf achten, daß man seinem Bilde nicht zufällige, heterogene Züge leiht, was gar zu nahe liegt und auch im Stück selbst nicht ganz vermieden ist. Denn sobald er zum Individuum wird, wird er sofort in gewissem Sinne mehr als was er sein soll. Indem er aber mehr wird, wird er weniger: er hört auf Idee zu sein. Darum hat auch das, was er spricht, keine Bedeutung, sondern der adäquate Ausdruck seines Wesens ist einzig die Musik; insofern ist es bemerkenswert, daß *Figaro* wie *Don Juan*, so wie sie aus Mozarts Hand hervorgegangen sind, zur Gattung der *opera seria* gehören. Man muß also den Pagen als mythische Figur betrachten, dann wird man auch in ihrer musikalischen Existenz das Charakteristische des ersten Stadiums ausgedrückt finden.

Das Sinnliche ist erwacht, doch nicht zur Bewegung, sondern zu stiller Quieszenz, nicht zu Freude und Wonne, sondern zu tiefer Melancholie. Die Begierde schlummert noch, ist nur ahnungsvolle Schwermut, aus der in ungewissem Dämmerschein der Gegenstand des Verlangens aufsteigt. Dieser Zustand geht dem Sinnlichen voran, das in Wolken und Nebeln bald sich auflöst und entfernt, bald sich verdichtet und nähert. Die Begierde besitzt schon, was Gegenstand des Begehrens werden soll, aber ohne ihn begehrt zu haben, besitzt ihn also eigentlich nicht. In diesem Widerspruch liegt die betörende, bezaubernde, süße Qual und Schwermut dieses Stadiums. Seine Schmerzen entspringen nämlich nicht einem „zu wenig“, sondern einem „zu viel“. Die Begierde ist stille Begierde, die Sehnsucht stille Sehnsucht, die Schwärmerei stille Schwärmerei; in diesen Empfindungen dämmert der Gegenstand der Begierde auf, ist ihnen so nah, daß er in ihnen ist. Das Begehrte schwebt über der Begierde, versinkt in ihr, ohne daß es doch von dieser niedergezogen würde. Das Begehrte entflieht nicht, entwindet sich nicht der Umarmung der Begierde, denn da würde die Begierde erwachen. Und doch wird es nicht von ihr festgehalten, und die Begierde wird eben deshalb schwermütig, weil sie es nicht zum Begehren bringt. Sobald die Begierde erwacht, vielmehr in und mit ihrem Erwachen, scheidet sie sich von ihrem Gegenstand, und nun atmet sie frisch und gesund, während sie vorher unter dem Druck des Begehrten zu ersticken drohte; denn solange sie nicht erwacht ist, ängstet sie sich, verstrickt in den Zauber des Begehrten. Die Begierde muß sich Luft machen, muß zum Ausbruch kommen. Das geschieht, indem sie von ihrem Gegenstand geschieden wird, der nun verschämt und schüchtern wie ein Mädchen sich flüchtet. Bei dieser Scheidung bleibt es: das Begehrte verschwindet und erscheint über oder jedenfalls außerhalb der Begierde. Wenn eine Zimmerdecke über und über mit Figuren bemalt wird, so „drückt sie", wie der Maler sagt; bringt man eine Figur an in leichter Zeichnung, so erscheint das Zimmer höher als vorher. Ähnlich ist es mit dem Verhältnis der Begierde zum Begehrten im ersten und in einem späteren Stadium.

Die Begierde ist also im ersten Stadium nur Ahnung ihrer selbst, sie weiß nichts von Bewegung, von Unruhe; sie schlummert sanft gewiegt von einer unerklärlichen inneren Rührung. An den Boden gefesselt, auf dem sie steht, wie die Pflanze, ist sie hingesunken in stiller, präsentischer Sehnsucht; vertieft in Kontemplation kann sie ihren Gegenstand nicht erschöpfen, weil es in tieferem Sinn kein Gegenstand ist; doch ist auch dieser Mangel an einem Gegenstand nicht ihr Gegenstand, denn da käme sie ja sofort in Bewegung, da wäre sie determiniert, wenn nicht als sonst etwas, so doch als Kummer und Schmerz; aber Kummer und Schmerz tragen nicht wie Melancholie und Schwermut einen Widerspruch in sich, haben nicht jene Zweideutigkeit, welche die Melancholie so süß macht. Obgleich die Begierde in diesem Stadium nicht als Begierde bestimmt, obgleich sie, die ja bloße Ahnung von Begierde ist, hinsichtlich ihres Gegenstandes durchaus unbestimmt ist – *eine* Bestimmung hat sie doch: sie ist unendlich tief. Thor saugt durch ein Horn das Weltenmeer ein. So saugt sie aus unendlicher Ferne nach ihrem Gegenstand, zieht ihn aber nicht näher, nicht weil er unendlich ist, sondern weil er in seiner Unendlichkeit ihr nicht zum Gegenstand werden kann. Sie bringt es noch nicht zu einem Verhältnis zum Gegenstand; es bleibt bei der unendlichen, unbestimmten Sehnsucht. Es stimmt gut zu der hier gegebenen Beschreibung des ersten Stadiums und ist von großer Bedeutung, daß die Rolle des Pagen für eine Frauenstimme geschrieben ist. In diesem Widerspruch ist das Widersprechende in jenem Stadium angedeutet: die Begierde ist so unbestimmt, der Gegenstand so wenig ausgeschieden, daß das Begehrte androgyn in der Begierde bleibt, wie im Pflanzenorganismus beide Geschlechter in einer Blüte vereinigt sind. Die Begierde und das Begehrte bilden eine Einheit, in der beide Teile *neutrius generis* sind.

Der Page im Stück, die poetische Figur des Cherubin, hat mit dem mythischen Pagen nichts zu tun. Teils gehört er nicht Mozart an, teils drückt er etwas ganz anderes aus als das, wovon hier die Rede ist. So kann auf ihn in diesem Zusammenhang nicht reflektiert werden. Trotzdem will ich auf einen Zug seines Wesens hinweisen, weil er mir die Veranlassung dazu gibt, dieses Stadium in seiner Analogie zu einem späteren zu bezeichnen. Susanne macht sich lustig über Cherubin, weil er auch in Marseline einigermaßen verliebt ist, und der Page weiß darauf nichts zu sagen als: „Sie ist ein Weib." Nun ist es wesentlich, daß der Page im Stück in die Gräfin verliebt ist, aber unwesentlich, und nur der indirekte und paradoxe Ausdruck der Heftigkeit seiner Leidenschaft für die Gräfin, daß er sich auch in Marseline verlieben kann. Was dagegen den mythischen Pagen anbetrifft, so ist es ebenso wesentlich, daß er in die Gräfin wie daß er in Marseline verliebt ist; die Weiblichkeit ist sein Gegenstand, und die haben sie beide gemeinsam. Wenn wir daher später von Don Juan hören:

Frauenzimmer jung und alt,
Schön und häßlich von Gestalt,
Alle sind ihm einerlei,

so ist das die vollkommene Analogie dazu, nur daß hier die Intensität und Bestimmtheit der Begierde viel stärker entwickelt ist.

Wollte ich versuchen, das Eigentümliche der musikalischen Charakteristik des Pagen in einem einzigen Prädikat zu fassen, so würde ich sagen: er ist liebestrunken; aber wie alle Trunkenheit, so kann auch die Liebestrunkenheit in doppelter Gestalt erscheinen, entweder als erhöhte durchsichtige Lebensfreude, oder als verdichtete unklare Schwermut. Diese letztere drückt die Musik hier aus, und das muß auch so sein. Den Grund dafür kann die Musik nicht geben, das geht über ihre Kraft; die Stimmung andererseits kann das Wort nicht ausdrücken; sie ist zu schwer, zu gewichtig, als daß das Wort sie tragen könnte; nur die Musik kann sie wiedergeben. Der Grund für ihre Melancholie liegt in dem tiefen inneren Widerspruch, den wir im vorstehenden aufzudecken versucht haben.

Wir verlassen nun das erste Stadium, das durch den mythischen Pagen bezeichnet wird; wir überlassen ihn seiner Schwermut, mag er weiter träumen von dem, was er hat, mag er weiter begehren, was er besitzt! Weiter kommt er nie; seine Bewegungen sind illusorisch, daher kommt er nicht von der Stelle. Anders steht es mit dem Pagen im Stück; wir interessieren uns für seine Zukunft mit aufrichtiger Freundschaft, wir gratulieren ihm zu seiner Ernennung zum Kapitän, wir erlauben ihm, Susanne zum Abschied noch einmal zu küssen, wir versprechen ihm, nicht auszuplaudern, was es für eine Bewandtnis hat mit jenem Mal auf seiner Stirne, das niemand sieht, der nichts davon weiß; aber auch nicht mehr, mein guter Cherubin, sonst rufen wir den Grafen und dann heißt es: „Fort, hinaus, zum Regiment! Er ist ja kein Kind mehr, das weiß niemand besser als ich."

Zweites Stadium

Dieses Stadium ist durch Papageno in der *Zauberflöte* bezeichnet. Natürlich gilt es auch hier wieder, das Wesentliche vom Zufälligen zu trennen, den mythischen Papageno zu beschwören und den wirklichen Papageno zu vergessen, um so mehr, als dieser im Stück in allerlei bedenklichen Gallimathias verwickelt ist. Es wäre in dieser Hinsicht nicht uninteressant, die ganze Oper durchzugehen um zu beweisen, daß ihr Sujet, als Opern-Sujet betrachtet, von Grund aus verfehlt ist. Dabei könnte man dann auch das Erotische von einer neuen Seite aus beleuchten: es würde sich nämlich zeigen, daß der Versuch das Erotische mit einer tieferen, ethischen Lebensanschauung zu versetzen, die sich in allerlei bedeutungsvollen dialektischen Prüfungen versucht, ein Wagestück ist, das sich weit über die Grenzen der Musik hinauswagt, so weit, daß es selbst einem Mozart nicht gelingen konnte, der Musik ein tieferes Interesse zu leihen. Die definitive Tendenz in dieser Oper ist geradezu das Unmusikalische darin; darum ist sie trotz einiger vollendeter Konzertnummern und einzelnen tief ergreifenden pathetischen Stellen keinesfalls eine klassische Oper. Doch alles das kann uns in der vorliegenden kleinen Untersuchung nicht beschäftigen. Wir haben nur mit Papageno zu tun. Und das ist ein Glück, wenn aus keinem anderen Grund so deshalb, weil wir nicht nötig haben die Bedeutung des Verhältnisses von Papageno zu Tamino zu erklären, ein Verhältnis, in das so viel hineingeheimnißt zu sein scheint, daß man gar nicht mehr klug daraus werden kann.

Eine solche Behandlung der *Zauberflöte* mag vielleicht dem einen oder anderen Leser willkürlich erscheinen; er ist der Meinung, daß wir in Papageno zu viel, in der ganzen übrigen Oper zu wenig sehen. Das kommt daher, daß er einen anderen Ausgangspunkt hat als wir. Unseres Erachtens hat nämlich jede Betrachtung der Musik Mozarts vom *Don Juan* auszugehen, und wir sind überzeugt, daß man am meisten Pietät für Mozart beweist, wenn man gewisse Einzelheiten aus den übrigen Opern in den *Don Juan* hineinprojiziert – womit übrigens nicht geleugnet werden soll, daß es auch einen Sinn haben kann, jede der Opern einzeln für sich zu betrachten.

Die Begierde erwacht, und wie immer, so kommt es auch hier dem Träumenden erst im Augenblick des Erwachens zum Bewußtsein, daß er geträumt hat, daß der Traum vorüber ist. Der Ruck des Erwachens trennt die Begierde von ihrem Gegenstand, gibt der Begierde einen Gegenstand. Dem entspricht eine dialektische Bestimmung, die festgehalten werden muß: erst indem der Gegenstand ist, ist die Begierde, erst indem die Begierde ist, ist der Gegenstand; Begierde und Gegenstand sind Zwillinge, von denen der eine keine Sekunde vor dem anderen zur Welt kommt. Aber obwohl sie absolut gleichzeitig zur Welt kommen, so bedeutet ihr Entstehen nicht eine Vereinigung, sondern im Gegenteil eine Trennung. Jene Bewegung, in der das Sinnliche aufbebend erwacht, zerspellt die Verbindung von Begierde und Gegenstand und reißt die Teile unendlich weit auseinander; aber wie das bewegende Prinzip sich einen Augenblick als hemmende Kraft erweist, so offenbart es sich wieder als eine Kraft, die das Getrennte zu vereinen strebt. Die Folge der Trennung ist, daß die Begierde aus ihrem substantiellen Verweilen in sich selbst herausgerissen wird, und daß infolge davon der Gegenstand nicht mehr unter die Bestimmung der Substantialität fällt, sondern sich in eine Mannigfaltigkeit zerteilt.

Wie das Leben der Pflanze ans Erdreich gebunden ist, so ist das erste Stadium in substantieller Sehnsucht gefesselt. Nun aber erwacht die Begierde, der Gegenstand flieht, mannigfaltig sich offenbarend, die Sehnsucht reißt sich vom Erdreich los und begibt sich auf die Wanderschaft, die Blume bekommt Flügel und flattert unstet und unermüdlich hierhin und dorthin. Die Begierde bewegt sich in der Richtung auf den Gegenstand, bewegt sich zugleich in sich; das Herz schlägt gesund und froh, rasch tauchen die Gegenstände auf und verschwinden wieder; ein Augenblick des Genusses, kurz aber selig, aufglimmend wie das Licht eines Leuchtkäferchens, ein Augenblick der Berührung, unstet und flüchtig, wie von einem Schmetterling und ebenso harmlos; unzählige Küsse schnell genossen, hier empfangen und dort weitergegeben. Nur für Augenblicke steigt die Ahnung einer tieferen Begierde auf und sinkt rasch wieder in Vergessenheit. In Papageno geht die Begierde auf Entdeckungen aus. Die Freude am Entdecken, das ist das Pulsierende in ihm, das ist seine Munterkeit. Den eigentlichen Gegenstand dieser Entdeckung findet er nicht, aber er entdeckt das Mannigfaltige, indem er darin den Gegenstand sucht, den er entdecken will. Die Begierde ist also erwacht, aber nicht als Begierde bestimmt; das ist sie erst im dritten Stadium, wo sie *begehrende* Begierde ist, während sie im ersten Stadium als *träumende*, im zweiten als *suchende* Begierde bestimmt ist. Diese, die suchende Begierde, begehrt nämlich noch nicht; sie sucht nur das, was sie begehren kann, begehrt es aber nicht. Das bezeichnendste Prädikat für sie ist vielleicht: sie entdeckt. Don Juans Reise durch die Welt ist etwas mehr als Papagenos Entdeckungsreise; er genießt nicht nur die Abenteuer der Entdeckungsreise, er ist ein Ritter, der auf Sieg ausgeht (*veni – vidi – vici*). Hier ist Entdeckung und Sieg dasselbe; ja, in gewissem Sinne könnte man sagen, er vergesse die Entdeckung über dem Sieg, oder er lasse die Entdeckung hinter sich liegen für seinen Diener und Sekretär Leporello, der in einem ganz anderen Sinne eine Liste führt als Papageno es tun würde. Papageno späht aus, Don Juan genießt, Leporello rechnet nach.

Ich kann die Eigentümlichkeiten dieses oder jedes anderen Stadiums wohl zum Gegenstand des Denkens machen, aber immer nur in dem Augenblick, da es aufhört zu sein. Aber wenn ich es auch noch so vollständig charakterisiere und begründe, so bleibt doch immer ein Etwas übrig, das sich nicht aussprechen, wohl aber hören läßt. Es ist zu unmittelbar, um in Worte gefaßt zu werden. Das gilt auch für Mozarts musikalische Charakteristik Papagenos. Es ist immer dieselbe Weise, dieselbe Melodie; er fängt immer wieder frischweg von vorne an, wenn er fertig ist. Da könnte man mir nun einwenden, daß es überhaupt unmöglich ist, etwas Unmittelbares auszusprechen. In gewissem Sinne ist das richtig; aber die Unmittelbarkeit des Geistes hat fürs erste ihren unmittelbaren Ausdruck in der Sprache, dann aber, auch wenn mit dem Hinzutreten des Gedankens eine Veränderung mit ihr vorgeht, bleibt sie doch wesentlich dasselbe, eben weil sie die Bestimmung des Geistes ist. Hier dagegen handelt es sich um eine Unmittelbarkeit des Sinnlichen, die als solche ein ganz anderes Medium hat; hier macht es also das Mißverhältnis der Medien absolut unmöglich das Unmittelbare auszusprechen.

Wollte ich versuchen, mit einem einzigen Prädikat die Musik Mozarts in dem Teil des Stückes, der uns interessiert, zu charakterisieren, so würde ich sagen: sie ist ein munteres Zwitschern, sie ist lebensfreudig, liebesprudelnd. Das, worauf ich hauptsächlich Wert lege, ist die erste Arie und das Glockenspiel; das Duett mit Tamino und später mit Papagena fällt ganz außerhalb der Bestimmung des Unmittelbar-Musikalischen. Betrachtet man dagegen die erste Arie, so wird man die Prädikate billigen, die ich gebraucht habe, und man wird finden, daß sie uns dazu helfen, zu erkennen, welche Bedeutung das Musikalische hat, wo es sich als der absolute Ausdruck für die Idee erweist, wo diese also unmittelbar musikalisch ist. Bekanntlich akkompagniert Papageno seine lebensfrohe Munterkeit auf einer Rohrflöte, deren Töne gewiß auf jeden Hörer einen wundersamen Eindruck machen. Und je mehr man darüber nachdenkt, je mehr man in Papageno den mythischen Papageno sieht, um so ausdrucksvoller und bezeichnender wird man sie finden. Man wird nicht müde, sie wieder und wieder zu hören, weil sie der adäquate Ausdruck für Papagenos ganze Lebenserscheinung sind: sein Leben ist ein solch unaufhörliches Zwitschern, ein solch unaufhörliches, sorgloses In-den-Tag-hineinzwitschern, vor lauter Freude und Frohsinn; denn das ist der Inhalt seines Lebens: Frohsinn in allem, was er tut und singt. Nun ist es, wie jedermann weiß, ein sehr tiefsinniger Gedanke unserer Oper, daß Taminos und Papagenos Flöte miteinander korrespondieren. Und doch, welcher Unterschied! Taminos Flöte, von der doch das Stück seinen Namen hat, verfehlt ihre Wirkung vollständig. Warum? Weil Tamino schlechterdings keine musikalische Figur ist. Das liegt in der ganzen verfehlten Anlage der Oper. Tamino mit seiner Flöte bleibt höchst langweilig und sentimental, und wenn man über seine weitere Entwicklung, über seinen Bewußtseinszustand nachdenkt, so fällt einem jedesmal, wenn er seine Flöte vornimmt und ein Stück darauf bläst, jener Bauer bei Horaz ein (*rusticus exspectat, dum defluat amnis*), nur daß Horaz seinem Bauern keine Flöte zu unnützem Zeitvertreib gegeben hat. Tamino als dramatische Figur steht außerhalb des Gebiets des Musikalischen, wie überhaupt die geistige Entwicklung, die das Stück geben will, eine durchaus unmusikalische Idee ist. Tamino ist gerade dahin gekommen, wo das Musikalische aufhört; darum dient sein Flötenspiel nur dazu, die Zeit, oder vielmehr die Gedanken zu vertreiben. Gedanken vertreiben, das kann die Musik nämlich vorzüglich, sogar böse Gedanken; soll ja doch David durch sein Harfenspiel Saul von seiner bösen Laune befreit haben. Hierin liegt jedoch eine schwere Täuschung, denn die Musik vermag so etwas nur, insofern sie das Bewußtsein in die Unmittelbarkeit zurückführt und es darin einschläfert. Der Mensch kann sich daher wohl im Augenblick der Berauschung glücklich fühlen, aber er wird nur um so unglücklicher. Man hat die Musik dazu benützt Geisteskranke zu heilen, und in gewissem Verstande mit Erfolg; und doch handelt es sich hier um eine Illusion. Wenn nämlich die Geisteskrankheit einen mentalen Grund hat, so ist sie immer eine Verhärtung des Bewußtseins an dieser oder jener Stelle. Diese Verhärtung kann behoben werden, aber damit das in Wahrheit geschieht, muß man einen Weg gehen, der dem Weg zur Musik gerade entgegengesetzt ist. Wenn man die Musik anwendet, so geht man den falschen Weg und verschlimmert den Zustand des Patienten, wenn es auch scheint, als ob er geheilt sei.

Was ich über Taminos Flötenspiel gesagt habe, kann ich, wie ich glaube, stehen lassen, ohne befürchten zu müssen, daß man mich mißverstehe. Ich will durchaus nicht leugnen, daß die Musik – was ja schon des öfteren zugestanden wurde – als Begleitung ihre Bedeutung hat, indem sie da in ein fremdes Gebiet, in das der Sprache, übertritt. Der Fehler in der Zauberflöte aber ist der, daß das ganze Stück zum Bewußtsein hin gravitiert, also eigentlich die Tendenz hat, die Musik aufzuheben, daß es aber doch eine Oper sein soll (ganz klar tritt übrigens auch das nicht zutage). Als Ziel der Entwicklung ist die ethisch bestimmte, die eheliche Liebe aufgestellt, und darin liegt der Grundfehler des Stückes; denn mag die eheliche Liebe, geistlich oder weltlich gesprochen, sein, was sie will, eines ist sie nicht, sie ist nicht musikalisch, ja, sie ist absolut unmusikalisch.

Die Bedeutung der ersten Arie in musikalischer Hinsicht liegt also darin, daß sie den unmittelbar musikalischen Ausdruck für Papagenos Leben gibt, oder für seine Geschichte, die freilich nur in uneigentlichem Sinne Geschichte sein kann, da sie sich ja adäquat in Musik ausdrücken läßt. Das Glockenspiel dagegen ist der musikalische Ausdruck für das Wesen, das er treibt, von dem man wiederum nur durch die Musik eine Vorstellung bekommen kann; es bezaubert, verführt, verlockt, wie das Spiel jenes Mannes, der die Fische dazu brachte, still zu stehen und zu lauschen.

Die Repliken, die wir entweder Schikaneder oder seinen Bearbeitern verdanken, sind so wahnwitzig und dumm, daß es fast unbegreiflich ist, wie Mozart aus ihnen herausbringen konnte was er gegeben hat. Daß Papageno von sich selbst sagt: „Ich bin ein Naturmensch", womit er sich im Augenblick Lügen straft, mag als Exempel *instar omnium* gelten. Eine Ausnahme machen die Worte des Textes zur ersten Arie, wo es heißt, er stecke die Mädchen, die er fängt, in seinen Bauer. Legt man nämlich ein bißchen mehr hinein, als was der Verfasser vermutlich hineinlegen wollte, so bezeichnen sie gerade die Harmlosigkeit Papagenos, die wir oben angedeutet haben.

Wir verlassen nun den mythischen Papageno. Das Schicksal des wirklichen

Papageno kann uns nicht beschäftigen; wir wünschen ihm viel Glück zu seiner kleinen Papagena und erlauben ihm gerne, daß er sich darauf freut, einen Urwald oder einen ganzen Erdteil mit lauter kleinen Papagenos zu bevölkern.

Drittes Stadium

Dieses Stadium ist mit *Don Juan* bezeichnet. Hier bin ich nun nicht in der Lage, einen Teil der Oper ausscheiden zu müssen; hier gilt es nicht zu trennen, sondern zusammenzufassen, denn die ganze Oper ist wesentlich Ausdruck für die Idee, ruht, mit Ausnahme einiger weniger Nummern, wesentlich in der Idee, gravitiert auf sie hin wie auf ein Zentrum mit dramatischer Notwendigkeit. Daraus erhellt wiederum, in welchem Sinne ich die vorausgehenden Stadien allein Stadien nennen konnte. Ich habe schon früher erwähnt, daß sie keine selbständige Existenz haben; und vom dritten Stadium aus, das eigentlich das ganze Stadium ist, sind es nicht sowohl einseitige Abstraktionen oder vorläufige Antizipationen, als vielmehr bloße Ahnungen Don Juans; aber sie bleiben doch einseitige Ahnungen, Ahnungen *einer* Seite, und das berechtigt mich einigermaßen den Ausdruck Stadium zu gebrauchen.

Im ersten Stadium liegt der Widerspruch darin, daß die Begierde keinen Gegenstand bekommt, daß sie aber doch, ohne begehrt zu haben, ihren Gegenstand besitzt, weshalb sie es nicht zum Begehren bringt. Im zweiten Stadium erscheint der Gegenstand als ein Mannigfaltiges; aber indem die Begierde ihren Gegenstand im Mannigfaltigen sucht, hat sie doch im tieferen Sinn keinen Gegenstand; sie ist noch nicht als Begierde bestimmt. In Don Juan dagegen ist die Begierde absolut bestimmt als Begierde, ist, intensiv und extensiv verstanden, die unmittelbare Einheit der zwei vorausgehenden Stadien. Das erste Stadium begehrt ideal das Eine; das zweite begehrt das Einzelne unter der Bestimmung des Mannigfaltigen, das dritte Stadium vereinigt beides. Die Begierde hat nun im Einzelnen ihren absoluten Gegenstand, sie begehrt das Einzelne absolut. Hierin liegt das Verführerische von dem wir später reden werden. Die Begierde ist deshalb in diesem Stadium absolut wahr, siegreich, triumphierend, unwiderstehlich und dämonisch. Dabei darf man aber nicht übersehen, daß hier nicht die Rede ist von der Begierde in einem Einzelwesen, sondern von der Begierde als Prinzip, die geistig bestimmt ist als das, was der Geist ausschließt. Dies ist, wie wir schon oben angedeutet haben, die Idee der sinnlichen Genialität. Der Ausdruck für diese Idee ist *Don Juan*, und der Ausdruck für *Don Juan* ist wieder einzig und allein die Musik. Im folgenden wird gerade auf diese zwei Gedanken immer wieder von verschiedenen Seiten hingewiesen und damit der Beweis für die klassische Bedeutung dieser Oper geführt werden. Um indessen dem Leser die Übersicht zu erleichtern, will ich versuchen, die zerstreuten Betrachtungen unter verschiedenen Gesichtspunkten zu sammeln.

Im einzelnen auf die Musik des *Don Juan* einzugehen, liegt nicht in meiner Absicht, mögen mich alle guten Geister davor bewahren, daß ich einen Schwarm nichtssagender, lärmender Prädikate auffliegen lasse und in oratorischer Geilheit die Impotenz der Sprache verrate; eine Impotenz übrigens, die für mich kein Mangel ist, sondern eine gewaltige Potenz, weshalb ich der Musik innerhalb ihrer Grenze gern ihre Bedeutung lasse. Dagegen ist es meine Absicht, die Idee und ihr Verhältnis zur Sprache von möglichst vielen Seiten aus zu beleuchten und damit das Gebiet, in dem die Musik haust, so zu umstellen, daß sie schließlich wie ein geängstetes Wild hervorbricht. Aber freilich, wenn es nun so weit ist, so kann ich nicht mehr sagen als: „Hört!" und glaube doch, damit das Höchste gewollt zu haben, was die Ästhetik leisten kann – ob es mir freilich gelingt, ist eine andere Frage.

Nur je und je werde ich beiläufig in einem Prädikat ein steckbriefliches Signalement dieser Musik geben, werde dabei aber nicht vergessen, noch den Leser vergessen lassen, daß einer, der einen Steckbrief in der Hand hat, den noch nicht gefaßt hat, auf den der Steckbrief lautet. Auch die ganze Anlage der Oper, ihr innerer Aufbau wird eigens besprochen werden, aber nicht so, daß ich beständig schreie: „Oh! Bravo, Schwerenot, potz Blitz, bravissimo!", sondern ich werde nur immer darauf bedacht sein, das Musikalische hervorzulocken und glaube damit das Höchste geleistet zu haben, was man in ästhetischer Absicht auf dem Gebiet des Musikalischen erreichen kann. Ich will also nicht einen fortlaufenden Kommentar zu der Musik geben, weil ein solcher ja doch wesentlich nichts anderes als Zufälligkeiten und Idiosynkrasien enthalten könnte und sich an etwas Dementsprechendes beim Leser wenden müßte. Hat doch selbst ein so geschmackvoller und geistreicher Kommentator wie Dr. Hotho es nicht vermeiden können, daß einerseits seine Interpretation in ein Wortgeklingel ausartet, das uns für Mozarts Tönereichtum entschädigen soll, aber doch nur wie ein matter Nachklang, ein verschwommener Abdruck seiner volltönenden, schwellenden Üppigkeit wirkt; andererseits wird bei ihm Don Juan bald mehr, als was er in der Oper ist, ein reflektierendes Individuum, bald weniger. Diese Unsicherheit kommt natürlich daher, daß Dr. Hotho die tiefe, absolute Pointe der Oper nicht erkannt hat: für ihn ist *Don Juan* doch nur die beste Oper, aber nicht qualitativ verschieden von allen anderen Opern. Solange man aber das nicht mit der allgegenwärtigen Sicherheit des spekulativen Blicks erfaßt hat, kann man von *Don Juan* nicht würdig und treffend reden, ob man auch, wenn man es einmal erfaßt hätte, viel herrlicher, reicher und vor allem wahrer davon reden könnte als der, der sich hier das Wort angemaßt hat.

Ich habe es mir zur Aufgabe gemacht, das Musikalische in der Idee, der Situation usf. aufzuspüren, zu belauschen; und wenn es mir gelingt, die musikalische Rezeptivität des Lesers so zu steigern, daß er Musik zu hören glaubt, obgleich nichts zu hören ist, so habe ich das Meinige getan; ich verstumme dann und sage zum Leser wie zu mir selbst: Höre! Ihr freundlichen Genien, die ihr alle unschuldige Liebe beschützet, euch befehle ich meine ganze Seele; behütet ihr die schaffenden Gedanken, damit sie ihres Gegenstandes würdig befunden werden; macht meine Seele zu einem wohlklingenden Instrument, lasset die milden Lüfte der Beredsamkeit darüber hingleiten, segnet und erquicket mich mit fruchtbaren Stimmungen! Ihr guten Geister, die ihr die Grenzen des Reiches der Schönheit bewachet, behütet mich, daß ich, der ich *Don Juan* zu allem machen möchte, ihm nicht in blindem Eifer, in wirrer Begeisterung unrecht tue, ihn verkleinere, ihn zu etwas anderem mache, als was er wirklich ist – das Höchste! Ihr starken Geister, die ihr der Menschen Herzen zu ergreifen wißt, helfet mir, den Leser gefangen zu nehmen, nicht in den Netzen der Leidenschaft, nicht in den Ränken der Beredsamkeit, sondern in der ewigen Wahrheit der Überzeugung!

1. Sinnliche Genialität, bestimmt als Verführung

Wann die Idee zum *Don Juan* entstanden ist, weiß man nicht; nur soviel ist sicher, daß sie dem Christentum und durchs Christentum dem Mittelalter zugehört. Könnte man nicht mit einiger Sicherheit die Idee bis zu diesem welthistorischen Abschnitt in der Entwicklung des menschlichen Bewußtseins zurückverfolgen, so genügte es, die Idee in ihrer inneren Beschaffenheit zu betrachten, um sofort jeden Zweifel zu beseitigen. Das Mittelalter ist überhaupt die Idee der Repräsentation, teils bewußt, teils unbewußt: das Totale wird in einem einzelnen Individuum repräsentiert, doch so, daß nur eine Seite als Totalität bestimmt und dann in einem einzelnen Individuum zur Erscheinung gebracht wird, das deshalb zugleich mehr und zugleich weniger ist als ein Individuum; diesem Individuum steht dann ein zweites zur Seite, das ebenso total eine zweite Seite des Lebensinhalts repräsentiert usf. So entsprechen sich der Ritter und der Scholastiker, der Geistliche und der Laie. Die großartige Dialektik des Lebens wird in repräsentierenden Individuen veranschaulicht, die des öfteren paarweise einander gegenüberstehen; das Leben ist immer nur *sub una specie* vorhanden und die Möglichkeit eines einheitlichen Lebens *sub utraque specie* wird nicht geahnt. Daher stehen die Gegensätze zumeist indifferent nebeneinander. Weil das Mittelalter ihre Zusammengehörigkeit nicht erkennt, realisiert es die Idee der Repräsentation nur unbewußt, und erst eine spätere Betrachtung sieht die Idee darin. Setzt es für sein eigenes Bewußtsein ein Individuum als Repräsentanten einer Idee, so stellt es ihm gerne ein zweites Individuum zur Seite, woraus im allgemeinen ein komisches Verhältnis entsteht, indem das eine Individuum für die Überlebensgröße des andern herhalten muß. So stehen König und Narr nebeneinander, so Faust und Wagner, Don Quixote und Sancho Pansa, so Don Juan und Leporello. Auch diese Dualität ist für das Mittelalter wesentlich. Die Idee also gehört dem Mittelalter an; innerhalb des Mittelalters aber gehört sie nicht einem einzelnen Dichter an, sondern ist eine jener urkräftigen Ideen, die mit autochthoner Ursprünglichkeit aus der Bewußtseinswelt des Volkslebens hervorbrechen. Den Riß zwischen Fleisch und Geist, den das Christentum in die Welt hereingebracht hat, mußte das Mittelalter zum Gegenstand seiner Betrachtung, und zu diesem Zweck die streitenden Kräfte, je für sich, zum Gegenstand der Anschauung machen. Don Juan ist nun, wenn ich so sagen darf, die Inkarnation des Fleisches, ist des Fleisches Begeistung mit des Fleisches eigenem Geist. Doch darauf ist schon im vorhergehenden genugsam hingewiesen worden.

Hier will ich die Frage aufwerfen, ob Don Juan auf das frühere oder spätere Mittelalter zurückzuführen ist. Daß er in einem wesentlichen Verhältnis zum Mittelalter steht, kann jeder leichtlich sehen. Entweder ist nun Don Juan als die Sinnlichkeit, der der Geist auf Leben und Tod feind ist, die grelle, verzerrte Antizipation des relativen Gegensatzes zwischen Fleisch und Geist, der in der Erotik des Rittertums liegt, oder ist er dessen letzte, konsequenteste Entfaltung. Die Erotik der Ritterzeit hat eine gewisse Ähnlichkeit mit der des Griechentums, insofern sie wie diese seelisch bestimmt ist; nur ist dort die seelische Bestimmtheit aufgenommen in eine allgemeine Bestimmung des Lebens, die den Menschen als Totalität, als Geist faßt. Die Idee der Weiblichkeit ist in der Ritterzeit auf mancherlei Weise in beständiger Bewegung, was im Griechentum nicht der Fall war: da war jeder nur eine schöne Individualität; die Weiblichkeit wurde nicht geahnt. Die Erotik des Ritters stand daher auch im Bewußtsein des Mittelalters in einem einigermaßen versöhnlichen Verhältnis zum Geist, wenn auch dieser in seiner eifersüchtigen Strenge sie argwöhnisch betrachtete. Ist nun einmal das Prinzip des Geistes in die Welt eingetreten, so kann man entweder annehmen, daß zuerst die himmelschreiendste Spaltung, der grellste Gegensatz kam, der dann nachher gemildert wurde. In diesem Fall gehört Don Juan dem früheren Mittelalter an. Nimmt man dagegen an, daß das Verhältnis sich sukzessiv zu jenem absoluten Gegensatz entwickelte, was ja auch natürlicher wäre – der Geist zieht mehr und mehr seine Aktien aus der vereinigten Firma heraus um allein zu wirken, wodurch das eigentliche σκάνδαλον hervortritt –, so gehört Don Juan dem späteren Mittelalter, und zwar der Zeit, wo das Mittelalter im Begriff ist sich selbst aufzuheben; da finden wir ja auch eine dem Don Juan verwandte Idee, nämlich Faust, nur daß jener etwas früher angesetzt werden müßte. Indem der Geist einzig und allein als Geist bestimmt ist, gibt er dieser Welt den Abschied, fühlt er, daß sie nicht nur nicht seine Heimat ist, sondern nicht einmal sein Schauplatz, und nun zieht er sich in die höheren Regionen hinauf und überläßt das Weltliche jener Macht als Tummelplatz, mit der er immer im Streit gelebt hat und der er jetzt Platz macht. Indem der Geist sich von der Erde löst, erscheint die Sinnlichkeit in ihrer ganzen Macht; sie hat nichts einzuwenden gegen die Veränderung, sie sieht ein, wie nützlich es ist, geschieden zu bleiben, sie freut sich, daß die Kirche sie beide nicht zusammenzuhalten vermag, sondern das Band durchschneidet. Stärker als je zuvor erwacht nun die Sinnlichkeit in ihres ganzen Reichtums jubelnder Freude, und wie das Echo in seinem Versteck, als ein Einsiedler, der nie jemand anredet, der nie spricht, ohne gefragt zu werden, mit so großer Freude das Jagdhorn des Ritters hört und seine Minnelieder und der Hunde Gebell und der Pferde Gewieher, daß es nie müde wird, es immer und immer zu wiederholen, schließlich ganz leise vor sich hin, wie um es nicht zu vergessen, so hallt jetzt die Welt von allen Seiten wider von dem weltlichen Geist der Sinnlichkeit, während der Geist die Welt verlassen hatte. Das Mittelalter weiß viel von einem Berg zu erzählen, den man auf keiner Karte findet – es ist der Venusberg; da haust die Sinnlichkeit, da feiert sie ihre wilden Feste, da ist ihr Reich, ihr Staat. In diesem Reich hat die Sprache, hat die Besinnung des Denkens, das mühevolle Erwerben der Reflexion keine Stätte. Da tönt nur die elementarische Stimme der Leidenschaft, das Spiel der Lüste, der wilde Lärm der Berauschung, da genießt man nur in ewigem Taumel. Der Erstgeborene dieses Reiches ist Don Juan. Daß es das Reich der Sünde ist, soll damit noch nicht gesagt sein; denn man muß es in dem Augenblick festhalten, da es sich einem in ästhetischer Indifferenz zeigt. Erst damit, daß die Reflexion hinzutritt, erscheint es als das Reich der Sünde; aber nun ist Don Juan getötet, nun verstummt die Musik; man sieht nur noch den Trotz der Verzweiflung, der sich ohnmächtig anstemmt, aber keine Konsistenz finden kann, nicht einmal in Tönen. Indem die Sinnlichkeit sich als das erweist, was ausgeschlossen wird, als das, womit der Geist nichts zu schaffen haben will, ohne daß er doch ein Urteil über sie gefällt, sie verurteilt hätte, nimmt die Sinnlichkeit diese Gestalt an, ist sie das Dämonische in ästhetischer Indifferenz. Das ist aber nur die Sache eines Augenblicks; bald ist alles verändert, und da ist auch die Musik verhallt. Faust und Don Juan sind die Titanen und Giganten des Mittelalters, die sich in der Großartigkeit ihres Wollens nicht von denen des Altertums unterscheiden, wohl aber darin, daß sie isoliert stehen, daß sie nicht eine Vereinigung von Kräften bilden, die erst durch ihre Vereinigung himmelstürmend werden; sondern die ganze Kraft ist je in diesem einen Individuum gesammelt.

Don Juan ist also der Ausdruck für das Dämonische, bestimmt als das Sinnliche, Faust ist der Ausdruck für das Dämonische, bestimmt als das Geistige, das der Geist des Christentums ausschließt. Beide Ideen stehen in einem wesentlichen Verhältnis zueinander und gleichen sich in mancher Hinsicht, so daß man voraussetzen möchte, daß sie auch das gemeinsam haben, daß sie beide in einer Sage aufbewahrt sind. Bekanntlich trifft das für Faust zu. Es gibt ein Volksbuch, dessen Titel genugsam bekannt ist, das im übrigen aber weniger beachtet wird als man es erwarten sollte in einer Zeit, die sich mit der Idee des Faust so viel zu schaffen macht. Jeder angehende Privatdozent oder Professor meint, er müsse sich bei einem hochzuverehrenden lesenden Publikum dadurch als wissenschaftliche Größe akkreditieren, daß er ein Buch über Faust herausgibt;

da wiederholt er dann getreulich, was so und so viele Lizentiaten und wissenschaftliche Konfirmanden vor ihm gesagt haben; aber über jenes unbedeutende, kleine Volksbuch zu reden, ist ihm nicht der Mühe wert. Das geht ihm nicht auf, wie schön es ist, daß das wahre Große allen gehört, daß jeder Bauernknecht zu Triblers Witwe geht oder zu einem fliegenden Volksbücherhändler auf dem Strohmarkt, und das halblaut vor sich hin liest, was zur gleichen Zeit ein Goethe dichterisch gestaltet. Wirklich, dieses Volksbuch verdient beachtet zu werden; es hat vor allem, was man an einem guten Wein preist, es hat Bouquet; es ist ein vorzügliches, uraltes Gewächs, und wenn du die Flasche öffnest, so strömt dir ein so würziger, köstlicher, eigentümlicher Duft entgegen, daß es dir ganz sonderbar zumute wird. Doch genug davon! Ich wollte nur darauf aufmerksam machen, daß es eine derartige Sage von Don Juan nicht gibt. Kein Volksbuch, kein Volkslied erinnert sich seiner. Es könnte sein, daß eine solche Sage einmal existiert hat; aber aller Wahrscheinlichkeit nach hat sie sich auf ganz vereinzelte Züge beschränkt, hat vielleicht nicht einmal so viel enthalten, wie die paar Strophen, die Bürgers *Lenore* zugrundeliegen, vielleicht nur eine Zahlangabe: ich müßte mich sehr täuschen, wenn die Zahl 1003 nicht der Sage angehörte. Das ist freilich nicht viel, und deshalb ist sie wohl auch nicht aufgeschrieben worden. Übrigens ist diese Zahl ganz vortrefflich; sie hat eine lyrische Dummdreistigkeit, die vielen entgeht, vielleicht, weil sie nun einmal so in der Oper steht. Wenn aber diese Idee sich nicht in einer Volkssage niedergeschlagen hat, so ist sie dafür in einer anderen Weise aufbewahrt worden: bekanntlich hat *Don Juan* vor alters als Jahrmarktsstück existiert; als solches ist er wohl ins Dasein getreten. Hier aber wurde die Idee komisch aufgefaßt, wie es überhaupt merkwürdig ist, daß das Mittelalter, das seine Ideale so trefflich auszustaffieren wußte, mit ebenso großer Sicherheit das Komische erfaßte, das in der übernatürlichen Größe des Ideals liegt. Don Juan, der zum Prahlhans geworden ist und sich einbildet, alle Mädchen verführt zu haben, und Leporello, der seine Lügen gläubig hinnimmt: das ist als komisches Motiv nicht übel. Und wenn jenes Stück auch nicht existiert hätte, und wenn es das Thema *Don Juan* auch nicht so aufgefaßt hätte: die komische Wendung konnte doch nicht ausbleiben, denn sie liegt in dem Widerspruch zwischen dem Helden und dem Theater, auf dem er sich bewegt. So kann man das Mittelalter auch von einem Helden erzählen lassen, der so riesig gebaut war, daß seine Augen eine halbe Elle auseinander standen; aber wenn ein gewöhnlicher Mensch auf die Bühne tritt und sich anstellt, als sei er ein solcher Riese, so ist das Komische im vollen Zug.

Die vorstehenden Ausführungen zur Sage von Don Juan hätte ich nicht gegeben, wenn sie nicht in einem näheren Verhältnis zum Gegenstand dieser Untersuchung stünden, wenn sie nicht dazu dienten, die Gedanken auf das einmal gestellte Ziel hinzuführen. Daß Don Juan im Vergleich zu Faust eine so dürftige Vergangenheit hat, kommt höchstwahrscheinlich daher, daß die Idee etwas Rätselhaftes an sich hatte, solange man nicht sah, daß ihr eigentliches Medium die

Musik sei. Faust ist Idee, aber eine Idee, die zugleich wesentlich Individuum ist. Nun liegt im Zug der Idee, sich das Geistig-Dämonische in einem Individuum konzentriert zu denken; das Sinnliche sich in einem Individuum zu denken, geht nicht an. Don Juan ist wesentlich weder Idee (d. h. Kraft, Leben) noch Individuum; er schwebt zwischen beidem; dieses Schweben aber ist das Leben der Musik. Wenn das Meer in aufgeregter Bewegung ist, so bilden die schäumenden Wellen allerlei Gestalten wie lebende Wesen; und es ist dann, als ob diese Wesen die Wogen aufwühlten, während doch umgekehrt der Wogengang sie hervorbringt. So ist Don Juan ein Gebilde, das wohl zur Erscheinung kommt, aber nie sich zur festen Gestalt verdichtet, ein Individuum, das beständig entsteht, aber nie fertig wird, von dessen Geschichte wir nicht mehr vernehmen als was uns das Rauschen der Wogen erzählt. Faßt man Don Juan so auf, so wird alles sinnvoll und bedeutend. Denke ich ihn mir als einzelnes Individuum, sehe ich, höre ich ihn sprechen, so ist es komisch, daß er 1003 Mädchen verführt hat; denn indem er zum einzelnen Individuum wird, fällt der Akzent auf die falsche Stelle: es kommt darauf an, wen er, wie er verführt hat. So etwas kann die Naivität der Sage, des Volksglaubens aussprechen, ohne das Komische zu ahnen, aber nicht die Reflexion. Fasse ich ihn dagegen musikalisch auf, so habe ich die Naturmacht, das Dämonische, das nie müde wird zu verführen, das nie fertig wird, so wenig wie der Wind zu stürmen, das Meer sich zu wiegen, so wenig wie der Wasserfall es müde wird, sich von seiner Höhe herabzustürzen. Insofern kann die Anzahl der Verführten ebensogut irgendeine andere, eine viel größere sein. Wenn man den Text einer Oper übersetzen soll, so ist es oft schwer zu erreichen, daß die Übersetzung nicht bloß sangbar wird, sondern auch im Sinn mit dem ursprünglichen Text, also mit der Musik übereinstimmt. Daß es aber auch Fälle gibt, wo es auf Genauigkeit in diesem Sinne nicht ankommt, zeigt eben jene Zahlengröße in der Liste Don Juans. Nicht, als ob ich mit der Sage so leichtfertig umgehen wollte wie die Leute das gewöhnlich tun, in der Meinung, derartiges habe kein Gewicht; nein, ich nehme die Sage ästhetisch so ernst wie nur möglich, und gerade darum glaube ich, daß es hier nicht auf Genauigkeit ankommt. Die Zahl 1003 ist nämlich ungerade und zufällig; und das ist keineswegs unwichtig, denn es erweckt den Eindruck, daß die Liste nicht abgeschlossen ist, daß Don Juan noch immer im Zug ist, und man möchte fast Leporello beklagen, der nicht nur, wie er selbst sagt, vor der Türe Wache stehen muß, sondern dazu noch eine so weitläufige Buchführung zu besorgen hat, daß ein routinierter Expeditionssekretär damit genug zu tun hätte.

So wie im Don Juan die Sinnlichkeit aufgefaßt ist, als Prinzip, so ist sie nie vorher in der Welt aufgefaßt worden; das Erotische ist deshalb auch hier durch ein neues Prädikat bestimmt: die Erotik ist hier Verführung. Dem Griechentum fehlt, merkwürdigerweise, die Idee des Verführers. Es fällt mir nicht ein, es darum zu loben, denn Götter wie Menschen waren in Liebessachen bekanntlich sehr skrupellos; ebensowenig will ich das Christentum tadeln, denn es scheidet ja diese Idee nur aus sich aus. Daß jene Idee dem Griechentum fehlt, hat den Grund, daß in ihm das ganze Leben als Individualität bestimmt ist. Das Seelische ist also das Vorherrschende und ist stets im Einklang mit dem Sinnlichen. Die Liebe war seelisch, nicht sinnlich; daher die Keuschheit, die über alle griechische Liebe ausgegossen ist. Der Grieche verliebt sich in ein Mädchen, er setzt Himmel und Erde in Bewegung, um sie zu besitzen; wenn er sie hat, so wird er vielleicht ihrer müde und sucht neue Liebe. In der Unbeständigkeit also gleicht er Don Juan; so, um nur ein Beispiel zu nennen, könnte Herkules eine ansehnliche Liste aufstellen; er hat sich ja gelegentlich ganzer Familien angenommen, die bis zu 50 Töchter zählten, und ist, wie einer berechnet hat, als Kollektiv-Schwiegersohn in einer Nacht mit allen fertig geworden. Aber doch unterscheidet er sich wesentlich von Don Juan: er ist kein Verführer. Denn die griechische Liebe ist ihrem Begriff nach wesentlich treu, gerade weil sie seelisch ist; und wenn einer eine Mehrzahl liebt, so ist das im einzelnen Individuum nur zufällig, und Zufall ist es auch, sooft er von einer zur andern weitergeht; indem er die eine liebt, denkt er nicht an die nächste. Dagegen ist Don Juan von Grund aus ein Verführer. Seine Liebe ist nicht seelisch, sondern sinnlich, und die sinnliche Liebe ist ihrem Begriff nach nicht treu, sondern absolut treulos; er liebt nicht eine, sondern alle, d. h. er verführt alle. Er ist nämlich nur im Moment, der Moment aber ist begrifflich gedacht eine Summe von Momenten, und damit haben wir den Verführer. Die ritterliche Liebe ist auch seelisch und darum ihrem Begriff nach wesentlich treu; nur die sinnliche Liebe ist ihrem Begriff nach wesentlich untreu. Diese ihre Treulosigkeit hat noch eine andere Seite: sie ist immer nur Wiederholung. Die seelische Liebe hat in doppeltem Sinne das Dialektische in sich. Teils hat sie nämlich den Zweifel und die Unruhe in sich; sie fragt sich, ob sie auch glücklich bleiben, ob sie ihre Wünsche erfüllt sehen wird. Von dieser Sorge weiß die sinnliche Liebe nichts. Selbst ein Jupiter ist seines Sieges nicht gewiß, und das kann auch nicht anders sein, ja er könnte es selbst nicht anders wünschen. Bei Don Juan ist das nicht so; er macht kurzen Prozeß, er ist absolut siegreich und darf nicht anders vorgestellt werden. Das sieht aus wie Reichtum, ist aber doch eigentlich Armut. Die seelische Liebe hat aber noch in einem anderen Sinne das Dialektische in sich: sie ist immer wieder eine andere, auch im Verhältnis zu jedem einzelnen Individuum, das Gegenstand der Liebe wird. Darin liegt ihr Reichtum, die Fülle ihres Inhalts. Anders bei Don Juan. Er hat dazu keine Zeit; für ihn ist alles nur Sache des Augenblicks. Auch für die seelische Liebe ist in gewissem Sinne Sehen und Lieben eins; aber darin drückt sich auch nur ein Anfang aus. Für Don Juan gilt das in anderem Sinne. Für ihn ist Sehen und Lieben eins, ein Moment, und im selben Moment ist alles vorbei, und dasselbe wiederholt sich ins Unendliche. Denkt man sich das Seelische in Don Juan hinein, so wird es lächerlich und ein Widerspruch in sich selbst (der nicht einmal in der Tendenz der Idee liegt), daß es 1003 in Spanien sind. Es wird eine Übertreibung, die störend wirkt, auch wenn man sich Mühe gibt, darin einen nur der Idealgestalt angehörigen Zug zu sehen. Hat man, um Don Juans Liebe darzustellen, kein anderes Medium als die Sprache, so kommt man in Verlegenheit; denn sowie man nicht mehr die Naivität hat, treuherzig anzunehmen, daß es wirklich 1003 in Spanien sind, so verlangt man mehr, verlangt seelische Individualisierung. Das Ästhetische ist nicht damit zufrieden, daß die Sache so summarisch behandelt wird, daß man sich durch eine Zahl verblüffen lassen soll. Die seelische Liebe bewegt sich geradezu in der reichen Mannigfaltigkeit des individuellen Lebens, wo die Nuance das eigentlich Bedeutungsvolle ist. Die sinnliche Liebe dagegen kann alles über einen Kamm scheren. Das Wesentliche für sie ist das Weibliche, ganz abstrakt genommen, im höchsten Fall die mehr sinnliche Differenz. Die seelische Liebe ist Bestehen in der Zeit, die sinnliche Vergehen in der Zeit, und eben dies letztere auszudrücken ist kein Medium geeigneter als die Musik: da sie viel abstrakter ist als die Sprache, so spricht sie nicht das Einzelne aus, sondern das Allgemeine in seiner ganzen Allgemeinheit, spricht diese Allgemeinheit nicht in der Abstraktion der Reflexion aus, sondern in der Konkretion der Unmittelbarkeit. Ich will an einem Beispiel zeigen, was ich meine. Die zweite Diener-Arie, das Register der Verführten, kann als das eigentliche Epos Don Juan betrachtet werden. Wer an der Richtigkeit meiner Behauptungen zweifelt, der mache die Probe darauf! Denke dir einen Dichter, den die Natur reicher begabt hat als irgendeinen vor ihm; gib ihm die blühendste Üppigkeit des Ausdrucks, gib ihm die unumschränkte Herrschaft über alle Mächte der Sprache; was Lebensodem hat, sei ihm dienstbar, sei gewärtig seines Winkes, harre schlagfertig auf sein Kommandowort; eine Schar schnellfüßiger Eilboten begleiten ihn, die den flüchtigen Gedanken im raschesten Lauf einholen; da ist nichts, was ihm entginge, nichts auf der ganzen Welt, was er nicht sagen könnte. Ihm stelle die Aufgabe, Don Juan episch zu besingen, das Register der Verführten aufzurollen. Was wird dabei herauskommen? Er wird niemals fertig. Das Epische hat den Fehler, wenn man so will, daß es sich unbeschränkt ausbreiten, daß der Improvisator die Abenteuer seines Helden ins Unendliche ausspinnen kann. Der Dichter wird ins Mannigfaltige hineingreifen, und da wird er genug herausbringen, was ergötzt; aber er wird Mozart in der Wirkung nie erreichen, und selbst wenn er schließlich fertig würde, so hätte er noch nicht die Hälfte von dem gesagt, was Mozart in dieser einzigen Nummer zum Ausdruck gebracht hat. Mozart hat sich auf das Mannigfaltige nicht eingelassen; wir sehen nur gewisse große Formationen sich an uns vorbeibewegen, und dies weil die Musik als Medium zu abstrakt ist, um Differenzen auszudrücken. So fällt das musikalische Epos verhältnismäßig kurz aus, hat aber doch im höchsten Grad die epische Eigenschaft, daß es sich unbegrenzt ausdehnen läßt: man kann es nämlich immer wieder von vorne anfangen lassen, immer wieder und wieder hören, eben weil das Allgemeine ausgedrückt, in der Konkretion der Unmittelbarkeit ausgedrückt ist. Man hört da nicht Don Juan als einzelnes Individuum, man hört nicht seine Rede, sondern nur seine Stimme, die Stimme der Sinnlichkeit, und diese nur in den Sehnsuchtslauten des Weibes. Episch wird Don Juan nur, insofern er immer fertig ist, immer bereit, das Spiel von vorne anzufangen; sein Leben ist nur eine Summe repellierender, unter sich in keinem Zusammenhang stehender Momente, ist als der Moment die Summe von Momenten, als die Summe von Momenten der Moment. Diese Allgemeinheit, dieses Schweben zwischen Individuum und Naturkraft ist eben Don Juan. Wird er zum Individuum, so treten sofort andere Kategorien des Ästhetischen ein. Darum ist es auch ganz in Ordnung und hat tiefe innere Bedeutung, daß die im Stück spielende Verführungsgeschichte es mit einem gewöhnlichen Bauernmädchen zu tun hat. Heuchlerische Ästhetiker, die unter dem Schein der Gründlichkeit nach Kräften das Mißverständnis der Dichter und Komponisten fördern, werden uns vielleicht belehren, daß Zerline ein ungewöhnliches Mädchen sei. Wer das wirklich glaubt, beweist, daß er Mozart total mißverstanden hat, daß er sich falscher Kategorien bedient. Nein, Mozart hat mit Absicht Zerline so unbedeutend wie möglich gehalten; darauf macht auch Hotho aufmerksam, ohne jedoch der Sache auf den Grund zu gehen. Wäre nämlich Don Juans Liebe anders als sinnlich bestimmt, wäre er in geistigem Sinne ein Verführer – ein Fall, der später betrachtet werden soll –, so müßten wir einen Grundfehler des Stückes darin sehen, daß die Heldin der Verführungsgeschichte ein kleines Bauernmädchen ist. Da verlangte die Ästhetik, daß ihm eine schwierigere Aufgabe gestellt würde. Für Don Juan dagegen sind diese Unterschiede nicht vorhanden. Er würde, wenn ich mir denken könnte, daß er überhaupt so von sich reden könnte, er würde vielleicht sagen: „Ihr müßt wissen, ich bin kein Ehemann, der ein ungewöhnliches Mädchen braucht, um glücklich zu werden; was mich glücklich macht, hat jedes Mädchen, und darum nehme ich jede.“ In diesem Sinne muß man das oben zitierte Wort verstehen: Frauenzimmer jung und alt usf. oder das andere: *pur chè porti la gonella, voi sapete quel chè fà.* Für Don Juan ist jedes Mädchen ein gewöhnliches Mädchen, jedes Liebesabenteuer eine Werkeltagsgeschichte. Zerline ist jung und hübsch, das ist das Ungewöhnliche, das sie mit hundert anderen Weibern gemein hat; aber nicht einmal das ist es, was Don Juans Begierde erregt, sondern das ganz Gewöhnliche ist es, was sie mit jedem Weib gemein hat. Wäre es anders, so hörte Don Juan auf, absolut musikalisch zu sein, so ist das Wort, die Replik eine ästhetische Forderung; so aber wie die Sache liegt, ist Don Juan absolut musikalisch. Ich will diese Eigentümlichkeit im Bau der Oper noch von einer anderen Seite beleuchten. Elvira ist Don Juan eine gefährliche Feindin, er fürchtet sie. Nun ist es freilich ein Fehler, daß Don Juan hier die Replik zugestanden ist; aber daraus folgt noch nicht, daß die Replik nicht gelegentlich etwas Gutes enthalten könnte. Also Don Juan fürchtet Elvira. Da wird nun der eine oder andere Ästhetiker zu radotieren anfangen und uns auseinandersetzen wie das damit zusammenhänge, daß Elvira ein ungewöhnliches Mädchen sei usf. Aber das ist alles nichts! Sie ist ihm gefährlich, weil sie verführt ist. Im selben Sinne, genau im selben Sinne wird Zerline ihm gefährlich, sobald sie verführt ist. Damit, daß sie verführt wird, erhebt sie sich in eine höhere Sphäre, erhält sie ein Bewußtsein, das Don Juan nicht hat. Darum ist sie ihm gefährlich. Und sie ist es wiederum nicht durch das Gemeinsame, sondern durch das Allgemeine.

Don Juan ist ein Verführer, seine Erotik ist Verführung. Damit ist viel gesagt für den, der das richtig versteht, wenig für den, der es mit einer gewissen verallgemeinernden Unklarheit auffaßt. Wir haben schon gesehen, daß der Begriff des Verführers, auf Don Juan angewandt, wesentlich modifiziert werden muß, insofern das Sinnliche und nur das Sinnliche Gegenstand seines Begehrens ist. Das war uns wichtig, weil es dazu diente, das Musikalische in Don Juan aufzuzeigen. Im Altertum fand das Sinnliche seinen Ausdruck in der stillen Verschwiegenheit der Plastik; in der christlichen Welt mußte es in seiner ganzen ungeduldigen Leidenschaft hervorbrechen. Don Juan ist also ein Verführer; das ist richtig. Allein dieser Begriff ist dazu geeignet, in den schwachen Köpfen der Ästhetiker eine arge Verwirrung anzurichten, und hat deshalb häufig Mißverständnisse veranlaßt; man wirft da gerne alles in einen Topf, und überträgt, was man von einem Verführer zu sagen weiß, unbesehen auf Don Juan. Da enthüllte man dann seine eigene Hinterlist, indem man andere Don Juans aufspürte; oder man redete sich heiser, um seine Ränke und seine Verschlagenheit zu erklären; kurz, das Wort Verführer war daran schuldig, daß alle Welt ihn nach Möglichkeit verlästerte und jeder sein Scherflein zu einem totalen Mißverständnis beitrug. Wem mehr daran liegt, etwas Richtiges zu sagen, als überhaupt etwas zu sagen, der wird den Ausdruck Verführer nur mit Vorsicht von Don Juan brauchen; nicht, weil er fürchten müßte ihm unrecht zu tun, sondern weil Don Juan schlechterdings nicht unter ethische Bestimmungen fällt. Bei einem Verführer setzt man stets Reflexion und Bewußtsein voraus, und soweit man das tut, darf man wohl von Ränken, Listen und schlauer Berechnung reden. Aber dieses Bewußtsein fehlt Don Juan; so verführt er also nicht. Er begehrt, und seine Begierde wirkt verführerisch, insofern verführt er. Er genießt die Befriedigung der Begierde; sobald er genossen hat, sucht er einen neuen Gegenstand und so weiter *in infinitum.* Wohl betrügt er also, aber doch nicht so, daß er auf Täuschung ausgeht; es ist vielmehr die eigene Sinnlichkeit, von der die Verführten betrogen werden, es ist, fast möchte ich sagen, eine Art Nemesis. Er begehrt und begehrt ohne zu ermüden, er genießt die Befriedigung der Begierde ohne satt zu werden. Die Rolle des Verführers zu spielen, dazu hat er nicht die Zeit; weder vorher die Zeit einen Plan auszuhecken, noch nachher die Zeit sich seiner Handlung bewußt zu werden. Ein Verführer müßte daher im Besitz einer Macht sein, die Don Juan nicht hat, so gut er im übrigen ausgestattet ist: der Macht des *Wortes.* Geben wir ihm die Macht des Wortes, so hört er auf musikalisch zu sein, und das ästhetische Interesse wird ein ganz anderes. Achim von Arnim erzählt irgendwo von einem Verführer ganz anderer Art, einem Verführer, der unter das Urteil der Ethik fällt. Von ihm braucht er einen Ausdruck, der an Wahrheit, Kühnheit und Prägnanz sich beinahe mit einem Bogenstrich Mozarts messen kann: er sagt von seinem Verführer, er verstehe sich so trefflich darauf, mit Weibern zu reden, daß er sich aus der Hölle losschwatzen würde, wenn er nur an des Teufels Großmutter ein Wort bringen könnte. Da haben wir den eigentlichen Verführer, und da ist nun auch das ästhetische Interesse ein anderes: man fragt nach dem Wie, nach der Methode. Ein tiefsinniger Zug ist es daher, der den meisten entgangen sein dürfte, daß Faust, in welchem Don Juan reproduziert wird, nur ein Mädchen verführt, Don Juan dagegen ihrer hunderte; aber jenes eine Mädchen ist auch ganz anders, intensiv verführt und zugrunde gerichtet, als alle die Don Juan betrogen hat; eben weil Faust als Reproduktion Don Juans das bestimmende Moment des Geistes in sich trägt. Die Kraft eines solchen Verführers ist die Sprache, will sagen die Lüge. Vor ein paar Tagen hörte ich, wie ein Soldat sich mit einem Kameraden über einen dritten unterhielt, der ein Mädchen betrogen hatte; er gab keine weitläufige Beschreibung, und doch war sein Ausdruck ganz vortrefflich: dem läuft's nur so mit Lügen. Ein solcher Verführer ist etwas ganz anderes als Don Juan, unterscheidet sich wesentlich von ihm, was auch darin zum Ausdruck kommt, daß er und sein Treiben im höchsten Grad unmusikalisch ist und ästhetisch betrachtet innerhalb der Bestimmung des Interessanten liegt. Für ihn ist auch, wenn man ihn nur ästhetisch richtig vorstellt, nicht nur das rein Sinnliche Gegenstand der Begierde, sondern etwas, das wesentlich mehr ist.

Welches aber ist die Kraft, durch die Don Juan verführt? Es ist die Kraft der Begierde, der sinnlichen Begierde. Er begehrt in jedem Weib die ganze Weiblichkeit, und darin liegt die sinnlich idealisierende Kraft, durch die er seine Beute zugleich verschönt, entwickelt und besiegt. Im Widerschein dieser gigantischen Leidenschaft erglüht der Gegenstand der Begierde in erhöhter vollkommener Schönheit. Wie der Begeisterte mit dem Feuer seiner Leidenschaft auch in den Augen der Fernstehenden, wenn sie nur ein Verhältnis zu ihm haben, ein verführerisches Licht entzündet, so verklärt Don Juan jedes Mädchen, aber in viel tieferem Sinne, weil sein Verhältnis zu ihr ein wesentliches ist. Darum gehen für ihn alle Verschiedenheiten unter in der einen Forderung: sie muß ein Weib sein. Die älteren verjüngt er zu sommerlicher Frauenschönheit, die noch halbe Kinder sind, reift er in einem Augenblick; alles was Weib heißt, ist seine Beute (*pur chè porti la gonella, voi sapete quel chè fà*). Man darf das jedoch nicht so verstehen, als ob seine Sinnlichkeit völlig blind sei; er weiß instinktmäßig sehr wohl zu unterscheiden, und vor allem: er idealisiert. Der Leser erinnert sich vielleicht noch, daß ich bei der Besprechung des ersten Stadiums einmal eine Replik des Pagen mit einer Replik Don Juans zusammenstellte. Wir überließen damals den mythischen Pagen seiner schwermütigen Liebestrunkenheit, seiner eigentümlichen Bewegungslosigkeit; den wirklichen sandten wir zur Armee. Nun wollen wir uns vorstellen, der mythische Page habe sich losgerissen und komme in Bewegung: da finden wir, daß eine seiner Repliken sehr gut auf Don Juan paßt. Cherubin ist keck und leicht wie ein Vogel aus dem Fenster gesprungen, und das macht auf Susanne einen solchen Eindruck, daß sie nahe daran ist, in Ohnmacht zu fallen;

sobald sie sich erholt hat, bricht sie in die Worte aus: „Wie er springt! Wenn der nicht sein Glück bei den Mädchen macht!“ Nun, Susanne, was du da sagst, ist ganz richtig, und du fielst auch nicht bloß in Ohnmacht, weil dich die Vorstellung des kühnen Sprungs erschreckte, sondern weil er bei dir schon sein Glück gemacht hat. Im Pagen steckt nämlich der zukünftige Don Juan, wenn auch nicht in dem Sinn, daß der Page, wenn er älter wird, sich zum Don Juan ausbildet. Don Juan nun macht nicht nur bei den Mädchen sein Glück, er macht die Mädchen glücklich und unglücklich; aber sonderbar! Sie wollen es nicht anders, und das wäre ein schlechtes Mädchen, das nicht unglücklich werden wollte, um mit Don Juan einmal glücklich gewesen zu sein. Wenn ich Don Juan auch fernerhin als Verführer bezeichne, so will ich damit nicht sagen, daß er arglistige Anschläge entwirft und die Wirkung seiner Ränke schlau vorausberechnet; er betrügt durch die Genialität der Sinnlichkeit, deren Inkarnation er gewissermaßen ist. Klugheit und Besonnenheit fehlen ihm; sein Leben schäumt und perlt wie der Wein, an dem er sich erfrischt, sein Leben bewegt sich in dem Rhythmus der Musik, die sein fröhliches Mahl begleitet. Jeder Augenblick findet ihn in der Stimmung des Triumphators. Er bedarf keiner Vorbereitung, keiner Pläne, er braucht keine Zeit; er ist immer bereit. Nie erlahmt die Kraft des Begehrens, und nur wenn er begehrt, ist er recht in seinem Element. Da sitzt er beim Mahle, freudestrahlend wie ein Gott, und schwingt den Pokal, er springt auf, die Serviette in der Hand, fertig zum Angriff. Wenn Leporello ihn mitten in der Nacht weckte, er schlüge die Augen auf, siegessicher wie immer. Aber diese Kraft, diese Macht kann das Wort nicht ausdrücken, nur die Musik kann eine Vorstellung davon geben. Die List eines ethisch bestimmten Verführers darzustellen, dazu wäre das Wort zu brauchen und die Musik würde sich vergebens anstrengen, eine solche Aufgabe zu lösen. Die Macht der Verführung in *Don Juan* ist nur musikalisch darstellbar; für die Reflexion, für den Gedanken ist sie unaussprechlich. Niemand kann deshalb sagen, was für eine Macht das ist. Wenn ich Zerline bevor sie auf den Ball geht fragte: „Was ist das für eine Macht, womit er dich fesselt?“ So würde sie antworten: „Das weiß man nicht“; und ich würde sagen: „Ganz recht, mein Kind! Du sprichst weiser als die Weisen Indiens; ja, das weiß man nicht, und leider kann auch ich dir's nicht sagen.“

Diese Kraft in Don Juan, diese Allmacht, dies Leben kann nur die Musik ausdrücken; wollte ich trotzdem versuchen, sein Wesen durch ein Prädikat zu charakterisieren, so würde ich sagen: es ist lebensfrohe Munterkeit. Wenn daher einer der Bearbeiter des Textbuchs *Don Juan* bei Zerlines Hochzeit sagen läßt: „Munter ihr Kinder! Ihr seid ja alle gekleidet, als ob ihr Hochzeit halten wolltet“, so ist das recht gut und er sagt damit vielleicht mehr, als er selbst sich bei seinen Worten denkt. Die Munterkeit bringt nämlich Don Juan mit, und da ist es nicht ohne Bedeutung, daß alle wie zur Hochzeit gekleidet sind; denn Don Juan ist nicht nur der Mann für Zerline, er feiert unter Spiel und Gesang Hochzeit mit allen den jungen Mädchen des ganzen Kirchspiels zugleich. Was Wunder da, daß sie sich um ihn drängen, die fröhlichen Kinder! Und keine kommt zu kurz; er hat genug für sie alle: Schmeicheleien, Seufzer, kühne Blicke, zartes Händedrücken, heimliches Flüstern, gefährliche Nähe und lockende Ferne. Und das alles sind ja nur die kleinen Mysterien, die Gaben vor der Hochzeit. Welche Wonne für Don Juan auf eine so reiche Ernte zu blicken; sie gehören ihm alle, das ganze Kirchspiel; und doch braucht er für sie vielleicht nicht so viel Zeit wie Leporello für die Buchführung.

So sind wir nun im Laufe unserer Gedankenentwicklung wieder bei dem eigentlichen Gegenstand unserer Untersuchung angekommen, bei der These, daß Don Juan absolut musikalisch ist. Don Juan begehrt sinnlich, er verführt durch der Sinnlichkeit dämonische Macht, er verführt alle. Das Wort, die Replik kommt ihm nicht zu; laß ihn reden, gib ihm die Replik, und er wird sofort ein reflektierendes Individuum. Er hat also überhaupt kein zuständliches Sein; wir sehen ihn nur immer an uns vorüberjagen und verschwinden, gerade wie die Musik, die ja auch „vorbei" ist, sobald der Klang erstirbt, die nur mit dem Klang wieder ersteht. Wenn mich daher der Leser fragt, wie Don Juan aussieht, ob hübsch, ob jugendlich oder männlichreif, wie alt er ungefähr ist, so kann ich darauf wohl antworten und sagen: Er ist schön, nicht mehr ganz jung; man muß ihn sich 33 Jahre alt denken, weil dies das Generationsalter ist usf. Aber diese Antwort bedeutet eine bloße Akkomodation von meiner Seite und nimmt sich in dieser Untersuchung aus wie eine tolerierte Sekte in der Staatskirche: sie gehört eigentlich nicht herein. Denn über solchen Einzelheiten verliert man nur zu leicht das Ganze aus dem Auge; man bekommt den Eindruck, als ob die Kraft der Verführung in Don Juans Schönheit liege oder in sonst einer einzelnen Eigenschaft; man sieht ihn, aber man hört ihn nicht mehr, man hat überhaupt nicht mehr Don Juan. Und wenn ich, um alles zu tun, was dem Leser zu einer lebendigen Anschauung verhelfen könnte, wenn ich zu ihm spräche: Sieh, wie er dasteht, so sicher im Gefühl seiner unwiderstehlichen Macht, wie sein Auge leuchtet, wie der Mund sich zu einem leisen Lächeln öffnet; sieh den königlichen Blick, er ist nicht gewohnt zu bitten, er fordert kurzerhand was ihm gebührt, sieh, mit welcher Anmut er zum Tanze schreitet, wie stolz er der Glücklichen die Hand reicht, die er seiner Gnade würdigt; oder: Sieh, da steht er an einen Baumstamm gelehnt im Schatten des Waldes und begleitet auf der Gitarre seinen zaubervollen Gesang, und dort verschwindet ein junges Mädchen zwischen den Bäumen, voller Angst wie ein aufgescheuchtes Wild; doch er hat es nicht eilig: er weiß, sie wird ihn suchen. Oder würde ich sagen: Dort, am Ufer des Sees, siehst du ihn ruhen in der stillen lichten Nacht? Selene, da sie ihn erblickt, bleibt sinnend stehen und durchlebt noch einmal die Liebe ihrer Jugend, so schön ist er. Und die Mädchen aus der Stadt, was würden sie dafür geben, könnten sie sich verstohlen ihm nähern und den Augenblick der Dunkelheit benützend ihn küssen, bevor Selene aus ihrer Träumerei erwacht und wieder auf die Erde herabsieht. Wie würde ein aufmerksamer Leser solche Reden aufnehmen? Er würde sagen: Da seht! Jetzt hat er sich alles verdorben, hat selbst vergessen, daß man Don Juan nicht sehen, sondern hören soll. Ganz recht! Und darum will ich ihn nun auch nicht schildern, sondern nur sagen: Höret Don Juan! Und könnt ihr durchs Hören keine Vorstellung von ihm bekommen, so könnt ihr's überhaupt nie. Höret die Musik sein Leben erzählen: Wie der Blitz aus dunkler Wetterwolke, so bricht er hervor aus dem unergründlichen Ernst des Lebens, schneller als der Blitz, in wilderem Zick-Zack und doch ebenso treffsicher; höret, wie er sich hineinstürzt in die ewig wechselnde Flut der Erscheinung, wie er anstürmt gegen die festen Dämme des Lebens, höret die leichten, schwebenden Violintöne, das perlende Lachen der Freude, den Jubel der Lust, die seligen Feste des Genusses; höret, wie er dahinjagt, an sich selbst vorbei, immer wilder, immer flüchtiger, höret die Leidenschaft in der Wut des zügellosen Begehrens, höret das Rauschen der Liebe, das Flüstern der Versuchung, den Wirbelsturm der Verführung, höret die Stille des Augenblicks, höret, höret, höret Mozarts *Don Juan*!

2. Andere Bearbeitungen des Don Juan: wie sie sich zur musikalischen Auffassung verhalten

Es ist auffallend, daß die Idee des *Don Juan* nicht wie die des *Faust* durch eine Reihe verschiedenartiger Auffassungen hindurchgegangen ist, obwohl sie doch in der Entwicklung des individuellen Lebens einen Abschnitt von einer viel universelleren Bedeutung bezeichnet als jene. Das erklärt sich daraus, daß das Faustische eine geistige Reife voraussetzt, welche die natürliche Tendenz hat, neue, eigenartige Auffassungen hervorzutreiben. Bei *Don Juan* dagegen fühlte man dunkel die Schwierigkeit, das rechte Medium zu finden, weshalb es auch, worauf ich oben hingewiesen habe, keine *Don Juan*-Sage gibt, wenigstens nicht in dem Sinn wie es eine *Faust*-Sage gibt. Erst in dem Augenblick, da Mozart das Medium und die Idee entdeckte, wurde diese in die ihr zukommende Würde eingesetzt und hat von da an mehr als jemals eine Periode individuellen Lebens ausgefüllt, dann aber so vollständig, daß das in der Phantasie Erlebte zu gestalten nicht mehr zur dichterischen Notwendigkeit wurde. Das ist wieder ein indirekter Beweis für den absolut klassischen Wert dieser Oper Mozarts. Hier hatte eine Idee so vollendeten künstlerischen Ausdruck gefunden, daß sie zwar eine starke Anziehungskraft ausübte, dabei aber die dichterische Produktivität nicht hervorlockte. Anziehend, betörend hat Mozarts Musik gewirkt, das ist sicher; welcher junge Mensch hat nicht Augenblicke gehabt, da er sein halbes, ja sein ganzes Leben darum gegeben hätte, auch nur ein Jahr Don Juan zu sein? Aber dabei blieb es auch; tiefere Naturen, die von der Idee berührt waren, fanden ihren ganzen Gehalt bis zum leisesten Hauch in Mozarts Musik wieder, sie fanden in ihrer großartigen Leidenschaft einen volltönenden Ausdruck für das, was sich in ihrem Innern regte, sie fühlten, wie jede Stimmung zu jener Musik hinstrebte, dem Bache gleich, der sich in der Unendlichkeit des Meeres zu verlieren eilt. Solchen Naturen war Mozarts *Don Juan* zugleich Text und Kommentar; sie ließen sich treiben in den Wellen dieser Musik, genossen die Wonne, sich selbst zu verlieren, und fühlten sich reich in der Bewunderung. In Mozart fanden sie ihre eigenen Stimmungen wieder, aber reicher und tiefer und zu übernatürlicher Größe emporgewachsen. Die gemeinere Natur, die nichts Unendliches ahnt, nichts Unendliches faßt, der Pfuscher, der sich einbildet, ein Don Juan zu sein, weil er gelegentlich ein Bauernmädel in die Wange kneift oder eine Kellnerin umarmt oder ein Jüngferlein zum Erröten bringt, so einer versteht natürlich weder die Idee noch Mozart, und der Don Juan, den er allenfalls hervorbringt, ist eine lächerliche Mißgeburt, ein Familienabgott, der in den verdrehten Schmachtaugen einiger sentimentaler Kusinen ein Don Juan und Inbegriff aller Liebenswürdigkeit ist. In dem eminenten Sinn wie Don Juan hat Faust nie einen Ausdruck gefunden und wird ihn, wie gesagt, nie finden, weil die Idee so viel konkreter ist. Irgendeine Auffassung des Faust kann das Prädikat eines vollendeten Kunstwerks verdienen, und doch wird ein späteres Geschlecht einen neuen Faust hervorbringen, während Don Juan, dank dem abstrakten Charakter der Idee, in alle Ewigkeit und für alle Zeiten derselbe sein wird; ein Don Juan nach Mozart wird immer *Ilias post Homerum* sein und in noch viel tieferem Sinne, als dies von Homer gilt.

Aus dem allem folgt nun aber keineswegs, daß nicht der eine oder der andere begabte Kopf den Versuch gemacht haben sollte, *Don Juan* in anderer Weise aufzufassen. Wie jeder weiß, hat z. B. Molière lang vor Mozart einen *Don Juan* geschrieben, der, komisch aufgefaßt, sich zu diesem verhält wie das Märchen des Musäus zu dem Märchen Tiecks. Dieser *Don Juan* Molières ist, wie mir scheint, seinem Wesen nach der Typus für alle anderen Auffassungen. Ich kann mich daher darauf beschränken, den Molièreschen *Don Juan* zu besprechen, und in ihm indirekt die anderen Auffassungen würdigen. Nur mit Heibergs *Don Juan* will ich eine Ausnahme machen. Er sagt selbst auf dem Titel: „teilweise nach Molière". Das trifft nun auch zu; aber Heibergs Stück hat einen großen Vorzug vor dem Molières, einen Vorzug, den es ohne Zweifel dem sicheren ästhetischen Blick verdankt, mit dem Heiberg seine Aufgabe erfaßt, und dem Geschmack, mit dem er zu differenzieren weiß, wenn es auch im gegenwärtigen Fall nicht unmöglich wäre, daß Prof. Heiberg sich indirekt durch Mozarts Auffassung hätte beeinflussen lassen. Er hat nämlich erkannt, wie man Don Juan auffassen muß, wofern man nicht die Musik als eigentliches Ausdrucksmittel wählt oder ganz andere ästhetische Kategorien herbeizieht. Auch Prof. Hauch hat einen *Don Juan* geschrieben, der die Kategorie des Interessanten streift. Wenn ich nun dazu übergehe, die zweite Formation von Bearbeitungen des Don Juan zu besprechen, so brauche ich den Leser wohl kaum darauf aufmerksam zu machen, daß dies in der vorliegenden kleinen Untersuchung nicht um ihrer selbst willen geschieht, sondern weil es mir die Möglichkeit gibt, die Bedeutung der musikalischen Auffassung vollständiger zu beleuchten, als ich es im vorhergehenden zu tun vermochte.

Der Wendepunkt in der Auffassung Don Juans ist oben so bezeichnet worden: sobald er Replik bekommt, entsteht etwas ganz Andersartiges. Die Reflexion nämlich, die die Replik motiviert, wirft ein so helles Licht auf ihn, daß er aus der Dunkelheit, in der er nur musikalisch hörbar war, heraustritt. Das sieht nun aus, wie wenn *Don Juan* sich vielleicht am allerbesten als Ballett auffassen ließe. Bekanntlich gibt es wirklich eine solche Auffassung, der man jedenfalls das Gute nachsagen kann, daß sie ihre Kräfte richtig eingeschätzt hat, insofern sie sich auf die Darstellung der letzten Szene beschränkt, wo die Leidenschaft Don Juans verhältnismäßig leicht pantomimisch ausgedrückt werden kann. Aber freilich wird dabei nicht das Wesentliche, sondern das Zufällige an Don Juan dargestellt, und das Plakat zu einer solchen Vorstellung sagt mehr als das Stück selbst; es sagt uns nämlich, daß wir es mit Don Juan, mit Don Juan dem Verführer zu tun haben, während das Ballett nur eben die Qualen einer Verzweiflung wiedergeben kann, die – soweit sie pantomimisch ausgedrückt wird – nicht gerade Don Juans Verzweiflung zu sein braucht. Das Wesentliche, Don Juans erotische Leidenschaft, kann das Ballett nicht herausbringen, und jeder fühlt, wie lächerlich es wäre, sich einen Don Juan vorzustellen, der mit Tanzschritten und sinnreichen Gestikulationen ein Mädchen betörte. Don Juan ist eine bestimmte Form der Innerlichkeit, kann also nicht sichtbar werden, sich nicht offenbaren in den Formen des Körpers und in dessen Bewegungen, oder in plastischer Harmonie.

Wenn wir nun auch Don Juan die Replik nicht zugestehen: eine Auffassung, die sich dessenungeachtet des Worts als Medium bedient, können wir uns doch wohl vorstellen. Eine solche haben wir von Byron. Daß er in vieler Hinsicht geradezu dazu prädestiniert war einen *Don Juan* hervorzubringen, liegt auf der Hand. Wenn daher sein Werk mißlungen ist, so kann man mit einiger Sicherheit schließen, daß der Grund nicht in ihm lag, sondern viel tiefer. Byron hat es gewagt, Don Juan vor unsern Augen entstehen zu lassen: er erzählt uns seine Kindheit, seine Jugend, konstruiert ihn aus den Daten eines endlichen Lebensverhältnisses heraus. Damit aber wird Don Juan zu einer reflektierenden Persönlichkeit, er verliert die Idealität, die er in der traditionellen Vorstellung hat. Ich will gleich zeigen, welche Veränderung dabei mit der Idee vor sich geht. Wird Don Juan musikalisch aufgefaßt, so höre ich in ihm die ganze Unendlichkeit der Leidenschaft, aber zugleich ihre unendliche Macht, der niemand widerstehen kann; ich höre der Begierde wildes Verlangen, ich höre, daß sie siegen muß, daß ihr nichts standhalten kann. Das Hindernis, vor dem der Gedanke etwa einmal stutzt, hält in Wahrheit die Leidenschaft nicht auf, sondern erregt sie erst recht und steigert den Genuß des Sieges. Ein solches von elementaren Kräften bewegtes Leben, eine solche unwiderstehliche dämonische Macht habe ich in Don Juan. Dies ist seine Idealität, und ihrer kann ich mich ungestört freuen, weil mir die Musik ihn nicht als Person oder Individuum darstellt, sondern als Macht. Sobald Don Juan als Individuum aufgefaßt wird, so kommt er *eo ipso* mit der ihn umgebenden Welt in Konflikt; als Individuum fühlt er den Druck, die Enge dieser Umgebung, als großes Individuum befreit er sich vielleicht; aber man fühlt doch, daß hier die Hindernisse eine andere Rolle spielen: sie sind es, mit denen sich das Interesse hauptsächlich beschäftigen wird. Damit aber hat man Don Juan der Kategorie des Interessanten zugeführt. Wollte man diesen Don Juan mit allerlei rednerischem Flitterwerk zum absoluten Sieger herausputzen, so würde das, wie jedermann sofort fühlt, keineswegs befriedigen: ein derartiges Individuum wird seinem Wesen nach nicht überall siegen, sondern es wird kritische Konflikte durchmachen müssen.

Der Widerstand, den das Individuum zu überwinden hat, liegt entweder außerhalb, d. h. nicht sowohl im Gegenstand als in der umgebenden Welt, oder im Gegenstand selbst. Fast alle Bearbeitungen Don Juans haben den ersten Fall behandelt: man hatte das eine Moment der Idee erkannt, daß Don Juan als Erotiker siegreich sein mußte. Doch scheint mir, daß eine wahrhaft bedeutungsvolle Auffassung, ein wirkliches Gegenstück zum musikalischen Don Juan, erst möglich wird, wenn man den Widerstand in das Objekt verlegt. Wir hatten dann im musikalischen Don Juan den extensiven Verführer, im anderen den intensiven. Dieser wird nicht dargestellt als der Verführer, der mit einem Schlag seine Eroberung macht; die Verführung ist in ihm nicht unmittelbar bestimmt, sondern reflektiert. Was uns an diesem Don Juan interessiert, ist der Weg, auf dem er sich in das Herz eines jungen Mädchens einschleicht, die Herrschaft, der er sie zu unterwerfen versteht, ist die planmäßige sukzessive Betörung. Wie viele er verführt, bleibt gleichgültig; von Interesse ist nur die Kunst, die Gründlichkeit, die tiefsinnige Arglist, mit der er verführt. Da bei ihm der Genuß reflektiert wird, so genießt er schließlich in ganz anderem Sinne als der musikalische Don Juan. Dieser genießt die Befriedigung seiner Begierde, der reflektierte Don Juan genießt den Betrug, genießt die List. Mit dem unmittelbaren Genuß ist es also vorbei; was genossen wird, ist eigentlich die Reflexion des Genusses. Der reflektierte Don Juan könnte von sich sagen, was Molière seinen Don Juan sagen läßt (in seine Auffassung paßt dieser Zug übrigens nicht hinein): „*Mon amour commence par la jalousie*". Auch die Begierde des musikalischen Don Juans wird von der Eifersucht aufgeweckt: er sieht ein Mädchen glücklich mit dem, den sie liebt, und wird *jaloux*. Aber dieses Motiv hat in der Oper keinen Platz, kann uns da nicht interessieren, gerade weil Don Juan kein reflektiertes Individuum ist. Faßt man Don Juan einmal als reflektiertes Individuum auf, so kann man eine der musikalischen entsprechende Idealität nur erreichen, wenn man die Sache aufs psychologische Gebiet überführt, und man erreicht dann ein Ideal der Intensität. Byrons *Don Juan* muß deshalb als verfehlt betrachtet werden, weil er sich episch ausbreitet. Der unmittelbare Don Juan kann 1003 verführen, der reflektierende braucht nur *eine* zu verführen, und was uns dabei interessiert, ist, *wie* er es macht. Des reflektierten Don Juan Verführung ist ein Kunststück, worin jeder kleine Zug seine Bedeutung hat; die Verführung des musikalischen Don Juan ist ein Handstreich, die Sache eines Augenblicks, rascher getan als gesagt. Ich erinnere mich eines Bildes, das ich einmal gesehen habe. Ein hübscher junger Mensch, so recht nach dem Geschmack des Backfischs ... Er spielte mit einer Schar junger Mädchen, die alle in jenem gefährlichen Alter waren: nicht mehr Kinder, noch nicht erwachsen. Sie unterhielten sich unter anderem damit, über einen Graben zu springen. Er stand am Rande und half ihnen hinüber, indem er sie um den Leib faßte, leicht in die Höhe hob und auf der anderen Seite niederließ. Ein reizendes Bild! Ich freute mich über ihn so sehr wie über die jungen Mädchen. Da fiel mir Don Juan ein. Sie laufen ihm selbst in die Arme, die jungen Mädchen, er faßt sie rasch und ebenso prompt schwingt er sie hinüber auf die andere Seite des Grabens, der ihr Leben durchschneidet. Der musikalische Don Juan ist absolut siegreich und darum natürlich im absoluten Besitz jedes Mittels, das zum Siege führen kann; ja er ist in so absolutem Besitz des Mittels, daß er es gar nicht zu brauchen scheint, mit anderen Worten, er braucht es nicht als Mittel. Wird er ein reflektiertes Individuum, so kommt uns sofort zum Bewußtsein, daß nun das Mittel als solches eine Rolle spielt. Das Korrelat des Mittels sind die Hindernisse und Widerstände, die es zu überwinden hat. Macht der Dichter diese so bedenklich, daß der Sieg zweifelhaft wird, so fällt sein Held in die Kategorie des Interessanten. Auffassungen dieser Art lassen sich mehrere denken; sie bilden eine Reihe, deren Endpunkt durch den Typus des intensiven Verführers bezeichnet wird. Eine, die den Anspruch auf Vollkommenheit erheben könnte, ist mir nicht zu Gesicht gekommen. Versagt der Dichter dem Helden das Mittel, so fällt seine Auffassung unter die Bestimmung des Komischen. Hierher gehören die meisten Auffassungen Don Juans, vielleicht weil sie sich alle mehr oder weniger an Molière anlehnen, in dessen Auffassung in der Tat das Komische schlummert. Unter allen diesen Bearbeitungen ist die Heibergs die einzige, welche mit Bewußtsein die Richtung zum Komischen einschlägt: nicht nur nennt er sein Stück Marionettenspiel, sondern er geht sichtlich und mit Glück auf komische Wirkung aus. Wird einer Leidenschaft das Mittel zu ihrer Befriedigung versagt, so kann die Sache eine tragische oder komische Wendung nehmen. Eine tragische Wendung kann nicht wohl eintreten, wo die Idee sich als durchaus unberechtigt erweist; da liegt dann das Komische näher. Will ein Dichter z. B. in einem Individuum die Spielwut darstellen, und gibt er ihm nur fünf Mark zu verspielen, so ist die komische Wendung da. Ungefähr so steht es nun auch mit Molières Don Juan. Don Juan in Geldverlegenheit, von Gläubigern bedrängt, verliert sofort die Idealität, die er in der Oper hat, und wirkt komisch. Die berühmte komische Szene bei Molière ist als solche wirklich wertvoll und paßt vortrefflich in sein Lustspiel, könnte aber eben darum nie in die Oper aufgenommen werden, wo sie nur stören würde.

Daß Molières Auffassung zum Komischen gravitiert, geht nicht nur aus der eben erwähnten Szene hervor, die, wenn sie isoliert stünde, so gut wie nichts bewiese; das Stück ist vielmehr seiner ganzen Anlage nach komisch gedacht. Das sieht man besonders deutlich in Sganarels erster und letzter Replik. Das Stück beginnt damit, daß Sganarel das Lob des Schnupftabaks singt, woraus unter anderem zu entnehmen ist, daß er bei weitem keinen so schweren Dienst hat wie Leporello. Das Stück endet mit der Klage Sganarels, daß er allein nicht zu seinem Rechte gekommen sei. Bekanntlich läßt auch Molière Don Juan durch den steinernen Gast holen. Daß nun Sganarel, der Zeuge dieses schrecklichen Ereignisses ist, sich darüber ausläßt, wie der steinerne Gast, da er sich nun einmal damit abgebe, Gerechtigkeit zu schaffen auf dieser Welt und das Laster zu strafen, auch daran hätte denken können, ihm, Sganarel, den ihm zukommenden Lohn für lange und treue Dienste bei Don Juan zu bezahlen, was sein Herr infolge seines plötzlichen Abgangs versäumt habe, daß, meine ich, Molière seinem Sganarel diese Auslassungen in den Mund gelegt hat, zeigt unverkennbar die komische Absicht des Dichters. (Heiberg, dessen Bearbeitung vor der Molières den großen Vorzug hat, daß die Idee folgerichtiger durchgeführt ist, bringt dadurch komische Wirkungen zustande, daß er dem Sganarel allerlei weise Lehren in den Mund legt, die in ihm einen halbstudierten Bummler erkennen lassen, der nach mancherlei mißglückten Versuchen sich eine Existenz zu schaffen, schließlich als Kammerdiener Don Juans endet.)

Der Held des Stückes, Don Juan, ist nichts weniger als ein Held; er ist eine verunglückte Existenz, hat keine Examina gemacht und versucht es nun auf einem andern Lebensweg. Zwar erfahren wir, daß er der Sohn eines vornehmen Mannes ist, der ihn durch die Vorstellung von seiner Vorväter großem Namen zur Tugend und zu unsterblichen Taten zu begeistern sucht. Aber das paßt so wenig zu seinem sonstigen Auftreten, daß man glauben möchte, es sei eitel Lüge und Renommage. Sein Benehmen ist wenig ritterlich; man sieht nicht einen Mann, der mit dem Degen in der Hand sich den Weg bahnt durch des Lebens Schwierigkeiten; er teilt Ohrfeigen aus, bald da, bald dort, und prügelt sich mit dem Verlobten eines der Mädchen, auf die er's abgesehen hat. Soll also Molières Don Juan wirklich ein Ritter sein, so hat der Dichter jedenfalls alles getan, um uns das vergessen zu lassen; er zeigt uns einen ordinären Raufbold und Wüstling, der sich aus einer Tracht Prügel dann und wann nicht viel macht. Seine Abenteuer sind gemein wie er selbst. Da hat er einmal sein Auge auf ein paar Unterröcke geworfen; er verfolgt sie und fährt ihnen schließlich in einem Boot auf dem Kallebostrand nach; dabei kentert das Boot, und Don Juan und Sganarel wären beinahe ums Leben gekommen, wenn nicht Pedro und der lange Lukas – welch letzterer zuerst darauf gewettet hat, daß es Steine seien, nicht Menschen – die beiden Helden herausgezogen hätten. Den Lukas kostet seine Wette 1 Mark 80, was für ihn wie für Don Juan fast zuviel ist. Das alles paßt nun vorzüglich zu diesem Don Juan. Erfährt man nun aber, daß dieser selbe Don Juan ein Kerl ist, der Elvira verführt, den Komtur ermordet hat usf., so erscheint das wenig glaubhaft und droht die Einheitlichkeit des Eindrucks zu zerstören; und man muß, um die Harmonie wieder herzustellen, sich damit helfen, daß man diese Taten auf das Konto seiner Lügenhaftigkeit und Prahlerei schreibt.

Soll Sganarel uns eine Vorstellung von der Leidenschaft geben, die in Don Juan rast, so drückt er sich so travestierend aus, daß man sich des Lachens nicht enthalten kann. So sagt er zu Gußmann, Don Juan würde, um die zu bekommen, die er begehrt, gerne ihren Hund oder ihre Katze heiraten, ja, was schlimmer wäre, ihn (Gußmann) dazu. Oder er bemerkt gelegentlich, sein Herr sei in der Liebe so abergläubisch wie in der Medizin.

Wenn Molières komische Auffassung des Don Juan als solche korrekt, in sich geschlossen wäre, so würde ich sie nicht weiter besprechen, da ich es ja in dieser Untersuchung mit der idealen Auffassung zu tun habe und mit der Bedeutung, welche die Musik für dieselbe hat. Ich könnte mich damit begnügen, auf den merkwürdigen Umstand aufmerksam zu machen, daß Don Juan nur in der Musik ideal aufgefaßt worden ist, in der Idealität, die er in der traditionellen Vorstellung des Mittelalters hat; die Tatsache, daß es eine ideale Auffassung im Medium des Worts nicht gibt, kann als indirekter Beweis für die Richtigkeit meiner Behauptung gelten. Ich kann aber doch mehr tun, und zwar eben deshalb, weil Molière nicht korrekt ist. Er ist nicht korrekt, weil er etwas von dem Idealen in Don Juan, wie wir es der traditionellen Vorstellung schulden, beibehalten hat. Indem ich versuche, dies nachzuweisen, werde ich wieder zeigen, daß diese idealen Züge sich nur musikalisch ausdrücken lassen.

Gleich im ersten Akt von Molières *Don Juan* hat Sganarel eine sehr lange Replik, in der er uns einen Begriff von der grenzenlosen Leidenschaft seines Herrn und der Mannigfaltigkeit seiner Abenteuer geben will. Diese Replik, die genau der zweiten Diener-Arie in der Oper entspricht, wirkt schlechterdings nur komisch (bei Heiberg noch mehr als bei Molière, was als Vorzug seiner Auffassung anzusehen ist). Hier versucht also der Dichter, uns eine Ahnung von Don Juans Macht zu geben und zugleich sein Treiben zu schildern; allein die Wirkung bleibt aus, denn hier hat das Wort eine Aufgabe übernommen, die es nicht zu lösen vermag. Nur die Musik kann beides vereinen: sie rollt das Register auf und schildert zugleich in Tönen die dämonische Macht der Verführung.

Bei Molière kommt im letzten Akt der steinerne Gast und holt Don Juan. Wenn nun der Dichter auch versucht hat, das zu motivieren, indem er eine Warnung an Don Juan voranschickt, so ist doch dieser steinerne Gast dramatisch ein Stein des Anstoßes. Faßt man Don Juan ideal auf, als Kraft, als Leidenschaft, so darf man auch wohl den Himmel in Bewegung setzen; tut man das nicht, so werden solche starken Mittel bedenklich. Der Komtur braucht sich wahrlich nicht zu bemühen; es läge doch viel näher, daß Herr Paaske Don Juan ins Loch stecken ließe, was auch dem Geist der modernen Komödie angemessen wäre, wo man nicht so großer Mächte bedarf, um den Übeltäter zu stürzen, weil die bewegenden Kräfte des Lebens selbst nicht so grandios sind. Da genügt es also vollkommen, daß Don Juan die trivialen Schranken der Wirklichkeit kennenlerne. Ganz anders ist es, wenn in der Oper der Komtur wiederkommt. Sein Auftreten hat hier eine ideale Wahrheit. Die Musik hebt ihn sofort aus der individuellen Beschränktheit heraus und gibt ihm die mächtige Stimme eines Geistes. Der Komtur ist also in der Oper, wie Don Juan, selbst mit ästhetischem Ernst aufgefaßt. Bei Molière erscheint er mit einer ethischen Gravität und Würde, die ans Lächerliche streift; in der Oper erscheint er mit ästhetischer Selbstverständlichkeit, mit metaphysischer Wahrheit. Keine Macht, keine Macht der Welt kann Don Juan bezwingen; nur ein Geist kann es, eine Erscheinung aus der anderen Welt. Wenn man das richtig versteht, so bestätigt es wieder unsere Auffassung Don Juans. Ein Geist, ein *Revenant* ist Reproduktion, darin liegt das Geheimnisvolle seiner Erscheinung; Don Juan kann alles, widersteht allem, nur nicht der Reproduktion des Lebens, eben weil er unmittelbar sinnliches Leben ist, weil dieses vom Geist negiert wird.

Sganarel, so wie Molière ihn aufgefaßt hat, ist ein im höchsten Grad unklarer, unverständlicher Charakter; das kommt daher, daß Molière auch hier gewisse traditionelle Züge festgehalten hat. Don Juan ist eine Macht; das geht auch aus seinem Verhältnis zu Leporello hervor. Dieser fühlt sich mit so überwältigender Kraft von ihm angezogen, daß er in ihm untergeht, zum bloßen Werkzeug des Willens seines Herrn wird. Gerade diese dunkle, undurchsichtige Sympathie macht ihn zur musikalischen Person, und wir finden es ganz in Ordnung, daß er sich von Don Juan nicht loszureißen vermag. Anders ist das mit Sganarel. Bei Molière ist Don Juan nur einzelnes Individuum und Sganarel steht zu ihm im Verhältnis eines Individuums zum andern. Fühlt nun auch Sganarel sich unauflöslich an Don Juan gekettet, so ist es ästhetisch betrachtet nicht mehr als billig, daß man erkläre, wie das kommt. Was hilft es, daß Molière ihn sagen läßt, er könne sich nicht losreißen von Don Juan, da doch der Leser keinen vernünftigen Grund sieht, warum nicht; und um einen vernünftigen Grund handelt es sich hier. Leporellos Wankelmut ist in der Oper motiviert: sein Verhältnis zu Don Juan nähert sich dem individuellen Bewußtsein, und das Leben Don Juans reflektiert sich ihm in Bildern von wechselnder Gestalt, ohne daß er übrigens imstande wäre, es zu durchdringen. Auch bei Molière ist Sganarel bald besser, bald schlechter als Don Juan; aber unbegreiflich bleibt es, daß er ihn nicht verläßt, da er ja nicht einmal seinen Lohn ausbezahlt bekommt. Will man ihn sich einheitlich denken, will man seine Anhänglichkeit jener musikalisch dunklen Sympathie Leporellos entsprechend erklären, so bleibt nichts anderes übrig als sie auf partiellen Schwachsinn zurückzuführen. Auch dies ist wieder ein Beispiel dafür, daß man nur durch das Medium der Musik Don Juan in seiner wahren Idealität auffassen kann. Molières Fehler ist nicht, daß er ihn komisch aufgefaßt hat, sondern daß er diese Auffassung nicht korrekt durchgeführt hat. Auch Molières Don Juan ist ein Verführer; allein das Stück gibt uns davon eine schwache Vorstellung. Daß Elvire bei Molière als Don Juans Gattin figuriert, das ist im Hinblick auf die komische Wirkung ein besonders glücklicher Zug. Man sieht da gleich, was für ein ordinärer Mensch dieser Don Juan ist, der, um ein Mädchen zu verführen, ihr die Ehe verspricht. Damit verliert aber Elvire die ideale Haltung, die sie in der Oper hat: hier ist die verletzte Weiblichkeit ihre einzige Waffe; bei Molière dagegen denkt man sie sich mit den Heiratsdokumenten in der Hand. Und Don Juan verliert damit die verführerische Zweideutigkeit, die darin liegt, daß er zugleich ein junger Mann und ein erfahrener Ehemann ist, das heißt erfahren im Nebenhinausgehen. Wie er Elvire betrogen hat, mit welchen Mitteln er sie aus dem Kloster gelockt hat, darüber erfahren wir von Sganarel Näheres. Aber da die im Stück angebrachte Verführungsszene uns keine Gelegenheit gibt, Don Juans Kunst zu bewundern, so macht uns auch Sganarels Bericht keinen großen Eindruck. Das ist nun ja auch nicht notwendig, insofern Molières Don Juan komisch sein soll. Aber wir sollen in diesem Don Juan zugleich den Helden Don Juan sehen, der Elvire verführt und den Komtur getötet hat, und das geht nicht an. Hier hat Molière fehlgegriffen; er wollte Don Juan als Verführer darstellen, was eben nur der musikalischen Auffassung möglich ist, es sei denn, daß man sich aufs Psychologische einlassen will, dem sich aber wieder nicht leicht ein dramatisches Interesse abgewinnen läßt. Bei Molière bekommen wir nicht einmal zu hören, wie er die beiden jungen Mädchen Mathurine und Charlotte beschwatzt; und wenn Molière uns vermuten läßt, daß er ihnen die Ehe verspricht, so veranlaßt uns das nicht eben hoch von seinem Talent zu denken. Ein Mädchen durch ein Eheversprechen zu betrügen, ist ein armseliges Kunststück, und wenn einer niedrig genug steht, um sich mit so etwas abzugeben, so folgt daraus keineswegs, daß er hoch genug stünde, um sich den Namen eines Don Juan zu verdienen. Die einzige Szene, die in Don Juan den Verführer – freilich wenig verführerisch – darstellt, ist die Szene mit Charlotte. Doch einem jungen Bauernmädchen sagen, sie sei hübsch und habe feurige Augen, sie bitten, daß sie sich umwende, um ihren guten Wuchs zu zeigen, das verrät nichts als einen liederlichen Kerl, der ein Mädchen ansieht wie ein Pferdehändler ein Pferd. Komische Wirkung kann man dieser Szene immerhin zugestehen, und soweit sie komisch wirkt, will ich auch keine Einwände machen. Aber da dieser Versuch, den wir sehen, in keinem Verhältnis steht zu den vielen Geschichten, von denen wir hören, so zeigt auch diese Szene, direkt oder indirekt, wie unvollkommen das Lustspiel ist. Es scheint, daß Molière Don Juan doch auf einer gewissen Höhe halten, daß er das Ideale in ihm nicht durchaus preisgeben wollte; aber dazu fehlte ihm das Medium, und so wird alles eigentlich Dramatische ziemlich nichtssagend. Überhaupt erfährt man in Molières Don Juan nur historisch, daß er ein Verführer ist; dramatisch ist das nicht dargestellt. Die Szene, in der er am meisten Aktivität zeigt, ist die mit Charlotte und Mathurine, wo er beide mit allerlei Redensarten hinhält und jede in der Einbildung bestärkt, daß sie diejenige sei, die er heiraten will. Aber was hier unsere Aufmerksamkeit beschäftigt, ist nicht die Kunst seiner Verführung, sondern eine ganz gewöhnliche Theaterintrige.

Ich kann das, was ich hier ausgeführt habe, zum Schluß vielleicht noch schärfer beleuchten mit Hilfe einer Bemerkung, die man hin und wieder hören kann.

Es heißt, Mozarts Don Juan sei nicht so moralisch wie der Molières. Nun, richtig verstanden bedeutet das ein Lob, nicht einen Tadel. In der Oper ist nicht nur die *Rede* von einem Verführer, da *ist* ein Verführer; und unleugbar wirkt die Musik im einzelnen oft verführerisch genug. So soll es aber auch sein; gerade darin liegt ihre Größe. Darum die Oper für unmoralisch erklären, ist töricht; das können nur Leute tun, die nicht imstande sind, ein Ganzes zu erfassen, die an den Einzelheiten hängen bleiben. Die Oper ist in ihrer definitiven Tendenz eminent moralisch, der Eindruck, den sie hervorbringt, höchst wohltuend, weil in allem Größe ist, weil alle Leidenschaft, Lust und Ernst, Genuß und Entrüstung, sich in echtem, ungekünsteltem Pathos ergießt.

3. Der innere musikalische Bau der Oper

Obwohl die Überschrift, die ich diesem Kapitel gebe, deutlich genug spricht, so will ich doch, um sicher zu gehen, darauf aufmerksam machen, daß ich es natürlich nicht darauf abgeseben habe, das Libretto der Oper *Don Juan* ästhetisch zu würdigen oder seine dramatische Struktur aufzuzeigen. Derartige abgesonderte Betrachtungen sind gerade bei klassischen Werken sehr gefährlich. Ich muß hier wiederholen, auf was ich schon früher des öfteren hingewiesen habe: daß Don Juan sich nur musikalisch ausdrücken läßt, habe ich wesentlich durch die Musik erfahren, und darum vermeide ich alles, was den Anschein erwecken könnte, als ob die Musik ein äußerliches Akzidens sei. Wer die Sache so behandelt, der kann die Musik bewundern, so sehr er will, die absolute Bedeutung der Oper hat er nicht erfaßt. Von einer solch unrichtigen Abstraktion hat auch Hotho sich nicht freigehalten; darum ist seine Darstellung, so viel Talent sie im übrigen verrät, doch im ganzen ungenügend. Sein Stil, seine Reproduktion ist lebhaft und bewegt; aber seine Kategorien sind unbestimmt und schwebend, seine Auffassung des Don Juan ist nicht durchtränkt von einem Gedanken, sie löst sich auf in mehrere. Auch ihm ist Don Juan ein Verführer; nur erfahren wir nicht, in welchem Sinn er es ist, während es doch, wie ich gezeigt habe, darauf gerade ankommt. Von diesem Verführer sagt er allerlei, was an und für sich ganz richtig ist; weil er aber dabei zu viel mit allgemeinen Vorstellungen operiert, so wird sein Verführer so reflektiert, daß er aufhört, absolut musikalisch zu sein. Er bespricht das Stück, Szene für Szene, in frischem Zug, und was er sagt, hat individuelle Farbe, da und dort eher zu viel als zu wenig. So spricht er oft im Ton der Bewunderung davon, wie schön, wie reich, wie mannigfaltig Mozart alles ausgedrückt habe. Aber diese lyrische Freude an Mozarts Musik ist zu wenig; so gut sie dem Mann ansteht, so schön er sich auszudrücken weiß: diese Auffassung erkennt eben Mozarts Don Juan nicht in seiner absoluten Bedeutung. Dieser Erkenntnis den Weg zu bahnen, ist aber mein vornehmstes Bestreben, ist der Zweck dieser Untersuchung. Darum will ich nicht die ganze Oper, sondern vielmehr die Oper als Ganzes zum Gegenstand meiner Betrachtung machen; darum will ich nicht ihre einzelnen Teile getrennt besprechen, sondern diese so weit als möglich der Betrachtung einverleiben, sie nicht aus der Verbindung mit dem Ganzen heraus, sondern in dieselbe hinein sehen.

Im Drama konzentriert sich das Hauptinteresse naturgemäß auf das, was man den Helden des Stückes nennt; im Verhältnis zu ihm haben die übrigen Personen nur eine untergeordnete und relative Bedeutung. Je mehr jedoch im Drama die innere Reflexion mit ihrem Vermögen zu differenzieren sich durchsetzt, um so mehr bekommen auch die Nebenpersonen eine, wenn ich so sagen darf, relative Absolutheit. Und das ist kein Fehler, sondern ein Vorzug, wie ja auch eine Betrachtung der Welt, die nur die einzelnen hervorragenden Individuen und ihre Bedeutung für die Entwicklung ins Auge faßt, die subalternen dagegen übersieht, zwar in gewissem Sinne eine höhere ist, doch aber unter der Betrachtungsweise steht, die das Geringere als ebenso bedeutend erkennt und berücksichtigt. Den Nebenfiguren eine gewisse Absolutheit zu verleihen, wird aber dem Dramatiker nur so weit gelingen, als er keine inkommensurabeln Rückstände übrigläßt, nichts von der Stimmung, aus der das Drama erwachsen ist, das heißt nichts von der Stimmung als Stimmung; wird ihm nur gelingen, soweit er alles in vollwertige dramatische Münze umsetzt: in Handlung und Situation. In dem Grad als ihm das gelingt, wird der Totaleindruck, den sein Werk hinterläßt, weniger eine Stimmung sein als ein Gedanke, eine Idee. Je mehr der Totaleindruck eines Dramas eine Stimmung ist, um so gewisser ist es, daß der Dichter sein Werk in der Stimmung geahnt und aus der Stimmung allmählich hat entstehen lassen, daß er es nicht in der Idee gefaßt und diese dramatisch entwickelt hat. Ein solches Drama krankt dann an einem abnormen Übergewicht des Lyrischen. Das ist beim Drama ein Fehler, aber nicht bei der Oper. Ihre Einheit beruht eben darauf, daß ein Grundton das Ganze trägt.

Was hier von der dramatischen Totalwirkung gesagt wurde, gilt ebenso von den einzelnen Teilen des Dramas. Die Wirkung des Dramas, insofern sie sich wesentlich von der Wirkung anderer Dichtungsgattungen unterscheidet, ließe sich wohl durch den Satz bezeichnen: das Drama wirkt durch das Gleichzeitige. Im Drama sieht man nebeneinander stehende Momente in der Situation, in der Einheit der Handlung ineinander. Je deutlicher nun die einzelnen Momente hervortreten, je tiefer die dramatische Situation durchreflektiert ist, desto weniger wird die dramatische Einheit eine Stimmung, desto mehr wird sie ein bestimmter Gedanke sein. Aber wie die Oper in ihrer Totalität nicht so durchreflektiert sein kann wie das eigentliche Drama, so auch die musikalische Situation, die zwar dramatisch ist, aber doch in der Stimmung ihre Einheit hat. Die musikalische Situation wirkt, wie jede dramatische Situation, durch das Gleichzeitige, aber die Wirksamkeit der Kräfte ist ein Zusammenklang, ein Zusammenstimmen, ist Harmonie, und der Eindruck der musikalischen Situation beruht auf einer Einheit, die dadurch entsteht, daß man zusammenhört, was zusammenklingt. Je gründlicher das Drama durchreflektiert ist, um so mehr klärt sich die Stimmung zur Handlung. Je weniger Handlung, desto mehr überwiegt das Lyrische. Das ist in der Oper ganz in Ordnung; denn ihre immanente Aufgabe liegt nicht so sehr in der Charakterschilderung und in der Handlung, dazu ist sie nicht reflektiert genug. Dagegen findet in der Oper die unreflektierte, substantielle Leidenschaft ihren Ausdruck. Die musikalische Situation liegt in der Einheit der Stimmung und in der Mehrheit gesonderter Stimmen. Das ist gerade das Eigentümliche in der Musik, daß sie die Mehrzahl der Stimmen in der Einheit der Stimmung festhält. Wenn man in der Sprache des täglichen Lebens das Wort Stimmenmehrheit gebraucht, so bezeichnet man damit gerne eine Einheit, die das endliche Resultat ist; aber das gilt für die Musik nicht.

Das dramatische Interesse verlangt einen raschen Fortschritt, einen lebhaften Takt, verlangt, was man eine immanente Beschleunigung des Falls nennen könnte. Je mehr das Drama von Reflexion durchtränkt ist, um so unaufhaltsamer eilt es vorwärts. Überwiegt dagegen einseitig das lyrische oder epische Moment, so äußert sich das in einer gewissen Betäubung, in welcher die Situation einschlummert und der dramatische Prozeß träg und schwerfällig wird. Im Wesen der Oper liegt jenes Vorwärtsdrängen nicht; ihr ist ein gewisses behagliches Verweilen eigentümlich, ein Sichausbreiten in Zeit und Raum. Die Handlung hat nicht die Beschleunigung des Falls, noch dessen Richtung, sondern bewegt sich mehr in horizontaler Ebene. Die Stimmung ist nicht in Charakter und in Handlung sublimiert. Daraus folgt, daß die Handlung in der Oper nur eine unmittelbare Handlung sein kann. Diese Betrachtung auf die Oper *Don Juan* angewandt, erweist wieder die Klassizität des Werkes. Don Juan ist der Held der Oper, er zieht das Hauptinteresse auf sich; aber nicht nur das: er gibt allen anderen Figuren Interesse. Freilich darf man das nicht in irgendeinem äußerlichen Sinne verstehen: es liegt geradezu etwas Geheimnisvolles darin, daß in dieser Oper der Held den Nebenfiguren seine Kraft mitteilt, daß sein Leben zugleich das in ihnen wirksame Lebensprinzip ist. Seine Leidenschaft setzt die der anderen in Bewegung, sie hallt wider von allen Seiten und klingt überall durch; sie trägt den Ernst des Kommandanten, den Zorn Elvirens, sie trägt Annas Haß, Ottavios Gravität, Zerlinens Angst, Masettos Groll, Leporellos Verwirrung. Als Held der Oper ist Don Juan des Stückes „Nenner"; er gibt ihm, wie das allgemein üblich ist, den Namen. Aber er ist mehr, er ist, wenn ich so sagen darf, Hauptnenner. Jede andere Existenz ist im Verhältnis zur seinigen nur abgeleitet. Da nun die Einheit einer Oper wegen des Überwiegens des lyrischen Moments in einem Grundton liegen muß, nicht wie die des echten Dramas in einer Idee, so ist leicht einzusehen, daß kein Thema dem Wesen der Oper vollkommener entsprechen könnte als Don Juan. Der Grundton kann nämlich im Verhältnis zu den Kräften des Stückes ein drittes sein, das diese trägt. Als Beispiel für eine Oper dieser Art könnte ich die *Weiße Dame* anführen; allein eine solche Einheit ist im Verhältnis zu der Oper eine mehr äußerliche Bestimmung des Lyrischen. In Don

Juan ist der Grundton identisch mit der Grundkraft der Oper; die Grundkraft aber ist Don Juan. Don Juan wiederum, gerade weil er wesentlich Leben ist und nicht Charakter, ist absolut musikalisch. Auch die übrigen Personen der Oper sind nicht Charaktere, sondern Leidenschaften, die durch Don Juan gesetzt und somit auch musikalisch sind. Wie nämlich Don Juan alle umschlingt, so schlingen sie sich wieder um Don Juan, als die leibhaftigen Konsequenzen seines Lebens. Diese absolute Zentralität, welche Don Juans musikalisches Leben in der Oper hat, bringt es mit sich, daß das Werk mit einer unvergleichlichen Kraft der Illusion wirkt, daß wir in die Flut des Lebens, die darin braust, mit unwiderstehlicher Gewalt hineingezogen werden. Und weil das musikalische Leben das Werk bis in die feinsten Poren durchdringt, so kann man jeden einzelnen kleinen Teil davon genießen und fühlt sich sofort hingerissen; man kann, wenn Don Juan aufgeführt wird, ins Theater treten, wann man will: sofort ist man mittendrin im Stück, weil eben das Zentrale, Don Juans Leben, überall ist. Es ist eine alte Erfahrung, daß es unangenehm ist, zwei Sinne auf einmal anstrengen zu müssen, und es wirkt oft sehr störend, wenn man im selben Augenblick, da das Ohr beschäftigt ist, sich des Auges bedienen soll. Man schließt daher, wenn man Musik hören soll, gerne die Augen. Das gilt mehr oder weniger für alle Musik, für Don Juan aber im eminenten Sinne. Sobald das Auge zu tun bekommt, leidet der Eindruck; denn die dramatische Einheit, die dem Auge sich darbietet, ist untergeordnet und mangelhaft im Vergleich mit der musikalischen Einheit, die durchs Ohr wahrgenommen wird. Davon habe ich mich durch eigene Erfahrung überzeugt: Ich saß nahe bei der Bühne, ich entfernte mich mehr und mehr, ich suchte einen Winkel, um mich ganz verkriechen zu können in dieser Musik. Je besser ich sie verstand oder zu verstehen glaubte, um so weiter rückte ich weg von ihr, nicht weil meine Liebe sich abkühlte, sondern weil sie wuchs. Diese Musik will auf Abstand verstanden werden. Die praktische Konsequenz, die sich daraus für mich ergab, ist seltsam genug. Es gab Zeiten, da wäre mir für ein Billett kein Preis zu hoch gewesen; jetzt gebe ich kaum mehr einen Taler aus. Ich stehe draußen auf dem Korridor, lehne mich an die Wand, die mich vom Zuschauerraum trennt; da ist die Wirkung am stärksten. Es ist eine Welt für sich, abgesondert von mir; ich sehe nichts, aber ich bin nahe genug, um zu hören, und bin doch so unendlich fern.

Die Personen einer Oper brauchen also nicht so durchreflektiert zu sein, daß sie als Charaktere durchsichtig werden. Daraus folgt, was ich schon oben betont habe, daß die Situation in der Oper nicht vollkommen entwickelt oder herausgebracht werden kann. Dasselbe gilt von der Handlung. Was man im strengen Sinn Handlung nennt, das mit Bewußtsein verbundene und auf einen Zweck gerichtete Tun, liegt jenseits des Ausdrucksvermögens der Musik, und darum gibt es in der Oper sozusagen nur eine unmittelbare Handlung. Beides trifft für *Don Juan* zu. Die Handlung ist unmittelbare Handlung – ich erinnere daran, in welchem Sinn Don Juan ein Verführer ist – und daß sie unmittelbare Handlung ist, spiegelt sich darin, daß in dem Stück die Ironie eine so große Rolle spielt; denn die Ironie ist und bleibt die Zuchtrute des unmittelbaren Lebens. So ist, um nur ein Beispiel anzuführen, die Erscheinung des Komturs eine ungeheure Ironie: Don Juan besiegt jedes Hindernis, aber ein Gespenst kann man bekanntlich nicht totschlagen. Die Situation ist durchweg von der Stimmung getragen, hier erinnere ich an Don Juans Bedeutung für das Ganze und an die im Verhältnis zu ihm relative Existenz der übrigen Personen. Ich will, um deutlich zu machen was ich meine, eine einzelne Situation herausgreifen und besprechen, etwa Elvirens erste Arie. Das Orchester präludiert, Elvire tritt auf. Die Leidenschaft, die in ihrer Brust rast, muß sich Luft machen, und ihr Gesang verhilft ihr dazu. Dies allein wäre nun aber viel zu lyrisch für eine eigentliche Situation; die Arie hätte da etwa die Bedeutung eines Monologs im Drama, nur daß der Monolog zunächst das Allgemeine individualisiert, wogegen die Arie das Individuelle verallgemeinert. Aber wie gesagt, es wäre zu wenig für eine Situation. Darum kommt noch etwas dazu. Im Hintergrund sieht man Don Juan und Leporello, die gespannt darauf warten, daß die Dame, die sie eben am Fenster gesehen haben, sich noch einmal zeige. Hatten wir's nun mit einem Drama zu tun, so würde die Situation nicht darin liegen, daß Elvira im Vordergrund, Don Juan im Hintergrund steht, die Situation läge in dem unerwarteten Zusammentreffen der beiden. Wir würden uns dafür interessieren, wie Don Juan sich aus der Affäre zieht. In der Oper hat das Zusammentreffen auch seine Bedeutung, aber eine sehr untergeordnete. Das Zusammentreffen wendet sich an das Auge, die musikalische Situation an das Ohr. Die Einheit der Situation ist die Harmonie, zu der sich Elvirens und Don Juans Stimme vereinigt. Darum ist es auch ganz richtig, daß Don Juan sich so lange als möglich zurückhält; er soll zunächst unsichtbar sein, nicht nur für Elvira, sondern auch für den Zuschauer. Elvirens Arie beginnt. Ihre Leidenschaft ist, ich weiß kein besseres Wort, Liebeshaß, eine gemischte, aber doch volltönende Leidenschaft. Ihr Inneres ist in heftiger Bewegung, sie hat sich Luft gemacht; jetzt ermattet sie einen Augenblick, es ist die Ermattung, die auf jeden Ausbruch der Leidenschaft folgt, und die Musik pausiert. Allein die Erregung, in der sie sich befindet, läßt uns ahnen, daß ihre Leidenschaft sich noch nicht vollständig entladen hat. Ihr Blut muß in noch stärkere Wallung gebracht werden. Aber welches Reizmittel kann diese Wirkung hervorrufen? Es gibt nur eines: Don Juans Spott. Mozart hat daher – wäre ich ein Grieche, so würde ich sagen: wahrhaft göttlich – die Pause dazu benützt, um Don Juans Spott einzuflechten. Nun lodert die Leidenschaft heftiger empor, noch gewaltiger bricht sich die Woge in ihrer Brust und rauscht in Tönen hervor. Noch einmal derselbe Sturm; nun erbebt sie, und nun ergießt sich Wut und Schmerz einem Lavastrom gleich in jenem bekannten Lauf mit dem die Arie schließt. Da sieht man nun, was ich damit meine, wenn ich sage, daß man Don Juan aus Elvira herausklingen höre; das ist keine Phrase. Der Zuschauer soll Don Juan nicht sehen, soll ihn nicht mit Elvira zusammen in der Einheit der Situation sehen, er soll ihn in Elviren hinein, aus Elviren heraus hören; denn freilich ist es Don Juan der singt, aber er singt so, daß der Zuschauer, je entwickelter sein Ohr ist, um so deutlicher in seinen Tönen Elviren selbst hört. Wie die Liebe sich ihren Gegenstand selbst erschafft, so auch der Haß. Elvira ist besessen von Don Juan. Jene Pause und Don Juans Stimme machen die Situation dramatisch; aber die Einheit in Elvirens Leidenschaft, aus der man Don Juan herausklingen hört, während doch ihre Leidenschaft erst durch Don Juan gesetzt ist, macht die Situation musikalisch.[1] Als solche ist sie schlechthin vollendet. Sind dagegen Don Juan und Elvira Charaktere, so ist die Situation verfehlt, so ist es unpassend, Elviren sich im Vordergrund expektorieren und Don Juan im Hintergrund spotten zu lassen; denn damit wird verlangt, daß ich sie zusammen höre, ohne daß mir ein Mittel dazu gegeben wird, und obwohl sie beide Charaktere sind, also unmöglich in dieser Weise zusammenklingen können. Sind sie Charaktere, so liegt die Situation im Zusammenstoß.

Ich habe gesagt, daß die Oper nicht das dramatische Vorwärts, die beschleunigte Geschwindigkeit der Entwicklung fordert wie das Drama, daß in der Oper die Situation sich wohl auch ein klein wenig ausbreiten darf. Doch soll das nicht ausarten und zu häufigeren Stockungen führen. Als Beispiel für die rechte Mitte mag die eben besprochene Situation gelten, nicht als ob das die einzige wäre, welche in Betracht kommen könnte, oder die vollendetste, denn sie könnten alle als Beispiele dienen, sind alle vollendet, sondern weil sie dem Leser zunächst gegenwärtig ist. Und doch, hier komme ich zu einem mißlichen Punkt: ich muß nämlich zugeben, daß zwei Arien da sind, die besser weggeblieben wären, weil sie, so vollendet sie an sich sind, störend und retardierend wirken. Ich hätte die Sache gerne geheim gehalten, aber es hilft nichts, die Wahrheit muß an den Tag. Nimmt man sie weg, so ist alles übrige gleich vollendet. Ich meine die Arien Ottavios und Annas. Sie sind beide mehr Konzertnummern als dramatische Musik, und im übrigen sind Ottavio und Anna zu unbedeutende Personen, als

---

[1] So muß meiner Meinung nach Elvirens Arie und Situation aufgefaßt werden. Don Juans unvergleichliche Ironie darf nicht neben Elvirens substantielle Leidenschaft treten, sie muß in diese aufgenommen werden. Man muß beide ineinander hören. Wie das spekulative Auge zusammensieht, so hört das spekulative Ohr zusammen. Ich will aus dem Gebiete des rein Physischen ein Beispiel nehmen. Wenn einer von einem hohen Standpunkte aus über eine flache Gegend hinschaut mit mehreren, parallel laufenden Landstraßen, so wird er, wenn es ihm an Intuition fehlt, bloß die Landstraßen sehen, während die dazwischenliegenden Felder gleichsam verschwinden, oder er wird bloß die Felder sehen, während die Landstraßen verschwinden; hat er dagegen den intuitiven Blick, so wird er beide zusammen sehen als gestreifte Gegend. So ist es auch mit dem Ohr. Was ich hier gesagt habe, gilt natürlich von der musikalischen Situation; bei der dramatischen Situation kommt noch das dazu, daß der Zuschauer weiß, daß Don Juan im Hintergrund, Elvira im Vordergrund steht. Weiß der Zuschauer um ihr früheres Verhältnis (was, wenn er die Szene zum erstenmal sieht, im allgemeinen nicht der Fall sein wird), so gewinnt die Situation; man sieht aber auch, daß es, sobald man darauf den Akzent legt, unpassend ist, die beiden so lange voneinander ferne zu halten.

daß sie den Gang der Handlung aufhalten dürften. Nimmt man sie weg, so hat die Oper die gehörige musikalisch-dramatische Geschwindigkeit, und ist darin vollkommener als jede andere.

Es wäre wohl der Mühe wert jede einzelne Situation für sich durchzunehmen, nicht um sie mit Ausrufezeichen zu versehen, sondern um ihre Bedeutung, ihre Gültigkeit als musikalische Situation nachzuweisen. Doch das liegt außerhalb des Rahmens dieser kleinen Untersuchung. Ich kehre deshalb zu dem Hauptgedanken dieses Kapitels zurück, zu Don Juans Zentralität in der ganzen Oper, und um diesen Punkt noch heller zu beleuchten, will ich nun die übrigen Personen des Stückes in ihrem Verhältnis zu Don Juan betrachten.

Wie in einem Sonnensystem die dunklen Körper, die von der zentralen Sonne ihr Licht empfangen, immer nur auf einer Seite beleuchtet sind, auf der Seite, die sie der Sonne zukehren, so die Personen in diesem Stück: nur die Don Juan zugekehrte Seite ihres Wesens, nur ein Lebensmoment ist beleuchtet, das übrige ist dunkel und undurchsichtig. Das muß man aber nicht so auffassen, als ob jede von diesen Personen die eine oder andere abstrakte Leidenschaft darstellte, Anna z. B. den Haß, Zerline den Leichtsinn, derartige Geschmacklosigkeiten sind hier weniger am Platz als irgendwo, nein, die Leidenschaft ist im Einzelnen konkret, aber konkret in sich selbst, nicht konkret in der Persönlichkeit, oder, noch deutlicher zu reden, die Leidenschaft verschlingt in der Persönlichkeit alles andere. Das ist nun durchaus korrekt, denn wir haben es mit einer Oper zu tun. Diese Dunkelheit, dieser teils sympathetische, teils antipathetische, geheimnisvolle Zusammenhang zwischen Don Juan und den übrigen Personen macht diese alle musikalisch und bewirkt, daß die ganze Oper in Don Juan zusammenklingt. Die einzige Figur, die eine Ausnahme zu machen scheint, ist natürlich der Komtur; aber darum ist es auch weislich so eingerichtet, daß er bis zu einem gewissen Grad außerhalb des Stücks sieht und die Grenze des Stücks bezeichnet; träte er weiter hinein, so wäre die Oper nicht mehr absolut musikalisch. Er muß also im Hintergrund gehalten werden, muß in seiner ganzen Erscheinung so unbestimmt wie möglich bleiben. Der Komtur ist der kraftvolle Vordersatz und der schroffe Nachsatz; aber der reiche Mittelsatz, nämlich Don Juan, ist der Gehalt der Oper. Nur zweimal tritt der Komtur auf. Das erstemal ist es Nacht; man sieht ihn nicht, man hört nur wie er von Don Juans Degen fällt. Schon hier erleben wir seinen Ernst, der neben Don Juans parodierendem Spott nur um so stärker hervortritt, Mozart hat das vortrefflich herausgebracht, und schon hier ist sein Ernst so tief, daß er über das Menschliche hinausgeht: er ist Geist, bevor er stirbt. Das zweitemal erscheint er als Geist, und der Donner des Himmels dröhnt in dem feierlichen Ernst seiner Stimme; wie er selbst, so ist auch seine Stimme verklärt, sie scheint nicht mehr einem Menschen anzugehören: er redet nicht, er richtet.

Die wichtigste Person im Stück nächst Don Juan ist offenbar Leporello. Das Verhältnis zu seinem Herrn ist nur durch die Musik hindurch zu verstehen, ohne diese ist es unbegreiflich. Ist Don Juan eine reflektierte Persönlichkeit, so wird Leporello zu einem fast noch größeren Schurken als er selbst einer ist, und die Macht, die Don Juan über ihn hat, bleibt unerklärlich; daß Don Juan ihn besser bezahle als jeder andere, wäre eine Motivierung von der, wie es scheint, nicht einmal Molière hat Gebrauch machen wollen, da er ja Don Juan in Geldverlegenheit kommen läßt. Fassen wir Don Juan dagegen als unmittelbares Leben, so ist leicht zu verstehen, daß er einen entschiedenen Einfluß auf Leporello ausüben kann, daß er ihn völlig sich assimiliert, ihn fast zu seinem Organ macht. Leporello steht in gewissem Sinne der bewußten Persönlichkeit näher als Don Juan; aber um diese Stufe zu erreichen, müßte er sich über sein Verhältnis zu ihm klar sein, und so weit bringt er es nicht; er kann den Zauber nicht lösen. Auch in Leporellos Verhältnis zu Don Juan ist etwas Erotisches, eine Macht, durch die er ihn sogar wider seinen Willen an sich fesselt; aber in dieser Zweideutigkeit eben ist er musikalisch, und wir hören immer Don Juan aus ihm herausklingen. Hierzu später ein Beispiel, zum Beweis daß das mehr als eine Redensart ist.

Außer dem Komtur stehen alle Personen in einer Art erotischen Verhältnisses zu Don Juan. Über den Komtur hat er keine Macht, denn der ist Bewußtsein; aber alle anderen sind in seiner Macht. Elvira liebt ihn, dadurch ist sie in seiner Macht, Anna haßt ihn, dadurch ist sie in seiner Macht, Zerline fürchtet ihn, dadurch ist sie in seiner Macht, Ottavio und Mazetto sind durch die Schwagerschaft an ihn gebunden; auch das ist ja eine Art Blutsverwandtschaft.

Ein Blick über das was ich hier ausgeführt habe wird dem Leser vielleicht zeigen, daß auch hier wieder von mehreren Seiten aus entwickelt wurde, in welchem Verhältnis die Idee des Don Juan zum Musikalischen steht, wie dieses Verhältnis das konstituierende Moment in der Oper ist, und wie dieses sich in ihren einzelnen Teilen wiederholt. Hier könnte ich nun wohl abschließen; aber der äußerlichen Vollständigkeit zuliebe will ich eben diesen Punkt noch kräftiger dadurch beleuchten, daß ich einige Einzelheiten herausgreife und bespreche. Dabei will ich aber nicht willkürlich verfahren. Sondern ich will zunächst die Ouvertüre besprechen, weil sie den Grundton der Oper in konzentrierter Form gibt; dann werde ich versuchen, das am meisten epische und das am meisten lyrische Moment im Stück herauszuheben, um darzutun, wie die Oper bis in die entferntesten Grenzbezirke vollendet ist, wie das Prinzip des Musikalisch-Dramatischen durchgeführt ist, wie Don Juan die Oper musikalisch trägt.

Welche Bedeutung überhaupt die Ouvertüre für eine Oper hat, das zu entwickeln ist hier nicht der Ort; ich muß mich damit begnügen darauf hinzuweisen, daß die Notwendigkeit einer Ouvertüre ein Beweis für das in der Oper herrschende Übergewicht des Lyrischen ist, und daß die Ouvertüre den Zweck hat, eine Stimmung hervorzubringen, etwas, worauf das Drama sich nicht einlassen kann, weil da alles durchsichtig sein muß. Man hat gesagt, die Ouvertüre müsse zuletzt komponiert werden; das ist ganz richtig, weil der Künstler von seiner Musik ganz durchtränkt sein muß. Deshalb ist sie auch ein Prüfstein für den Komponisten und läßt uns erkennen, in welchem seelischen Verhältnis er zu seiner Musik steht. Glückt es ihm nämlich nicht, das Zentrale darin zu fassen, steht er nicht in einem tieferen Rapport zu der Grundstimmung in seiner Oper, so wird die Ouvertüre das auf unzweideutige Weise verraten. Da wird sie ein durch lose Ideenassoziation zusammengehaltenes Potpourri der Hauptmotive, aber keine Totalität, die, wie sie eigentlich sollte, uns die tiefsten Einblicke in den Inhalt der Musik gewährte. Eine solche Ouvertüre macht daher im allgemeinen durchaus den Eindruck des Willkürlichen; sie kann so lang oder so kurz werden als sie will, und das Bindemittel, das Kontinuierliche, kann, weil es nur Ideenassoziation ist, nach Belieben gestreckt werden. Darum ist die Ouvertüre oft eine gefährliche Versuchung für Komponisten kleineren Kalibers; sie lassen sich dazu verleiten, sich selbst zu plagiieren, aus der eigenen Tasche zu stehlen, und das wirkt allemal unangenehm und störend. Natürlich soll aber die Ouvertüre, da sie nicht dasselbe enthalten soll wie die Oper, darum nicht etwas absolut Andersartiges bringen. Sie soll dasselbe sagen wie das Stück, aber sie soll es anders sagen, sie soll das Zentrale entfalten und den Zuhörer mit der ganzen Macht des Zentralen ergreifen.

In dieser Hinsicht ist die allzeit bewunderte Don Juan-Ouvertüre ein vollendetes Meisterwerk. Gäbe es keinen anderen Beweis für die Klassizität des *Don Juan*, so brauchte man nur auf diese Ouvertüre hinzuweisen. Es müßte sonderbar zugehen, wenn ein Künstler, der mit solcher Sicherheit und Kraft das Zentrale erfaßt, nicht auch mit dem Peripherischen fertig geworden sein sollte. Diese Ouvertüre ist kein Ragout von Themen, sie ist nicht durch das labyrinthisch verschlungene Band der Ideenassoziation zusammengehalten; sie ist konzis, bestimmt, festgebaut, und vor allem, sie ist imprägniert vom Wesen der ganzen Oper. Da ist eine Kraft wie von göttlichen Gedanken, da ist eine Welt von pulsierendem Leben, tiefer, erschütternder Ernst, zitternde Sinnenlust, zermalmender Zorn, hinreißende Lebensfreude; da dröhnt die dumpfe Stimme des Gerichts, da kreischt die Lust, da schreitet der Ernst gemessen, feierlich, da tanzt in flackernden, wilden Bewegungen die Freude. Und um dies alles auszudrücken, hat der Künstler nicht der Oper das Blut ausgesaugt. Ouvertüre und Oper verhalten sich wie Weissagung und Erfüllung: die Musik umschreibt in der Ouvertüre schon ihr ganzes Gebiet; mit ein paar mächtigen Flügelschlägen schwingt sie sich über sich selbst hinauf und schwebt über der Stelle, wo sie sich niederlassen will. Es ist ein Kampf, aber ein Kampf in den höheren Regionen der Luft. Wer die Oper genauer kennt, dem wird es, wenn er die Ouvertüre hört, vielleicht vorkommen, als ob er in die geheime Werkstatt eingedrungen sei, wo die Kräfte des Stückes sich im Urzustande regen und mit elementarer Gewalt aufeinanderprallen. Doch der Kampf ist zu ungleich; die eine Kraft hat schon vor der Schlacht gesiegt. Zwar flüchtet sie und entweicht; aber diese Flucht ist ihre Leidenschaft, ist die brennende Unruhe ihrer kurzen Lebensfreude, ist der jagende Puls ihrer fieberhaften Erregung. Und damit setzt sie die andere Kraft in Bewegung, reißt sie mit sich fort. Diese, die zu Anfang so unerschütterlich fest stand, daß es schien, als könne nichts sie bewegen, sie muß nun vorwärts, und bald wird die Bewegung so rasch, daß es zu einem förmlichen Kampf zu kommen scheint. Weiter läßt sich das nicht ausführen; hier gilt es, die Musik zu hören, denn es handelt sich nicht um einen Kampf mit Worten, sondern um ein elementarisches Rasen. Nur will ich noch auf etwas aufmerksam machen, was schon früher entwickelt wurde, und was sich nun aus der Ouvertüre wieder ergibt, daß nämlich Don Juan das Interesse der Oper ist, nicht Don Juan und der Komtur. Mit Absicht, so scheint es, hat Mozart die Ouvertüre so angelegt, daß jene tiefe Stimme, die am Anfang erklingt, immer schwächer und schwächer wird, daß sie ihre majestätische Haltung beinahe verliert, indem sie sich sputen muß, jener dämonischen Macht in ihrem wilden Lauf zu folgen, indem sie in der Kürze des Augenblicks sich hinreißen läßt zu einem entwürdigenden Wettlauf. Damit wird der Übergang zum Stück selbst eingeleitet und erst das Finale tritt wieder in ein näheres Verhältnis zum Anfang der Ouvertüre. Erst im Finale kommt der Ernst wieder zu sich selbst; in der Entwicklung der Ouvertüre scheint er sich fast verloren zu haben. Nun aber, da der Ernst wieder da ist, kann es sich um keinen Wettlauf mehr handeln; nun ist der Lust jeder Ausweg versperrt.

Die Ouvertüre ist einerseits selbständig, andrerseits gleichsam ein Anlauf zu der Oper. Das habe ich dem Leser dadurch deutlich zu machen versucht, daß ich ihn auf das *diminuendo* hinwies, mit dem die eine Stimme dem Beginn der Oper sich nähert. Dasselbe zeigt sich, wenn man beobachtet, wie die andere Stimme in einem stetigen *crescendo* begriffen ist, das, von der Ouvertüre ausgehend, zu immer größerer Kraft anschwillt. Bewundernswürdig ist, wie Mozart sie auftauchen läßt. Man hört sie, so schwach, so geheimnisvoll angedeutet, man hört sie; aber das geht so schnell vorbei, daß man fast glaubt, etwas gehört zu haben, was man nicht gehört hatte. Nur ein feines, ein erotisches Ohr wird sie erlauschen, wenn sie zum erstenmal in der Ouvertüre anklingt, als eine flüchtige Andeutung des leichten Spiels der Sinnenlust, das später mit solchem Reichtum, mit solch verschwenderischem Überfluß ausgedrückt wird. Genau den Punkt anzugeben, wo das geschieht, das vermag ich nicht; bin ich doch kein Musikkenner; aber ich schreibe ja auch nur für Verliebte, und die werden mich verstehen, manche vielleicht besser als ich mich selbst. Ich gebe mich indessen zufrieden mit dem mir zugefallenen Teil, mit dieser rätselhaften Verliebtheit; und obwohl ich sonst den Göttern dafür danke, daß ich ein Mann bin und nicht ein Weib, so hat Mozarts Musik mich doch gelehrt, daß es schön, daß es erquickend ist, daß es reich macht, zu lieben wie ein Weib.

Ich bin kein Freund von Bildern; die neuere Literatur hat sie mir verleidet, und sooft ich irgendwo auf ein Bild stoße, kommt mir unwillkürlich die Furcht, der wahre Zweck desselben möchte sein, eine Dunkelheit im Gedanken zu verstecken. Ich werde also nicht den törichten und fruchtlosen Versuch machen, die energische, kraftvolle Knappheit der Ouvertüre in eine weitläufige und nichtssagende Bildersprache zu übersetzen; aber einen Punkt kann ich nun doch nicht anders herausheben und in das Sehfeld des Lesers rücken, als indem ich ein Bild gebrauche; ich habe eben kein anderes Mittel, um mich mit ihm zu verständigen. Was ich im Auge habe, ist natürlich das erste Auftauchen Don Juans, jenes ahnungsvolle Aufleuchten seines Wesens, dessen dämonische Macht später so gewaltig durchbricht. Die Ouvertüre beginnt mit einigen tiefen, ernsten, eintönigen Akkorden. Da erklingt es aus unendlich weiter Ferne ... einen Augenblick ... jetzt nicht mehr, wie eine flüchtige Andeutung, die, kaum gemacht, wieder zurückgenommen wird, als wäre sie zu früh gekommen. Und horch, da ist es wieder! Unterm Husch, kokett und doch mit geheimer Angst schlüpft es herein, und wieder und wieder, kecker und kecker, lauter und lauter drängt sich's hervor. So sieht man oft in der Natur den Himmel düster und voller Wolken; zu schwer sich selbst zu tragen, ruht er auf der Erde und verbirgt alles in dunkler Nacht; man hört einzelne dumpfe Laute, doch verraten sie keine Bewegung, es ist nur wie ein murrendes Selbstgespräch. Da sieht man, am äußersten Rand des Himmels, fern am Horizont, ein Leuchten; hurtig eilt es die Erde entlang und erlischt im selben Augenblick. Aber bald erscheint es wieder, diesmal stärker, und erhellt mit seiner Flamme für einen Moment den ganzen Himmel; im nächsten Augenblick scheint der Horizont noch dunkler, aber schneller, glühender lodert es auf; es ist, als ob das Dunkel selbst aus seiner Ruhe aufgescheucht würde und in Bewegung käme; wie hier das Auge im ersten Aufleuchten die Feuersbrunst ahnt, so ahnt das Ohr in jenem hinsterbenden Violinstrich die ganze Leidenschaft. Es ist etwas wie Angst in diesem Aufleuchten, es ist, als ob es in der tiefen Finsternis in Angst geboren würde, so ist Don Juans Leben. Es ist Angst in ihm, aber diese Angst ist seine Energie. Es ist keine in ihm subjektiv reflektierte Angst, es ist substantielle Angst. Keineswegs ist, was die Ouvertüre ausdrückt, wie man gewöhnlich sagt, ohne zu wissen was man sagt: Verzweiflung; Don Juans Leben ist nicht Verzweiflung, sondern es ist die ganze Macht der Sinnlichkeit, die in Angst geboren wird, und Don Juan selbst ist diese Angst, aber gerade diese Angst ist seine dämonische Lebenslust. Nachdem Mozart so Don Juan entstehen läßt, entwickelt er uns nun sein Leben in den tanzenden Violinklängen, in denen er leicht und flüchtig über den Abgrund hinjagt. Wie ein Stein, den man so übers Wasser hinschleudert, daß er die Oberfläche nur schneidet, wohl eine Weile in leichten Sätzen darüber hin hüpft, aber sofort in die Tiefe sinkt, sobald er zu hüpfen aufhört: so tanzt er über dem Abgrund und jubelt in der ihm vergönnten kurzen Frist.

Wenn nun aber, wie oben bemerkt, die Ouvertüre als ein Anlauf zur Oper betrachtet werden kann, wenn man in der Ouvertüre aus höheren Regionen herniedersteigt, so fragt es sich, wo man landen, wo man die Oper beginnen lassen soll. Mozart tut, was das einzig Richtige ist und beweist damit wieder seine bewundernswerte Meisterschaft: er beginnt mit Leporello. Es könnte scheinen, als ob das kein besonderes Verdienst sei, da ja nahezu alle Bearbeitungen des Don Juan mit einem Monolog Sganarels beginnen. Allein das ist etwas ganz anderes. Betrachten wir nur die Sache etwas genauer! Mozart hat die erste Diener-Arie unmittelbar mit der Ouvertüre verbunden, und man rechnet sie deshalb mit Recht zur Ouvertüre. Diese Arie Leporellos entspricht dem nicht unberühmten Monolog Sganarels bei Molière. Er ist durchaus nicht unbedeutend, und wenn man ihn in Prof. Heibergs leicht fließenden Versen liest, recht unterhaltend. Jedoch ist die Situation mangelhaft. Das sage ich zunächst im Hinblick auf Molière, denn bei Heiberg liegt die Sache anders, und ich sage es nicht um Molière etwas am Zeuge zu flicken, sondern um Mozarts Verdienst zu beweisen. Ein Monolog ist immer mehr oder weniger ein Bruch mit dem Dramatischen, und wenn der Dichter es wie hier darauf anlegt, durch die Witze des Monologs zu wirken und nicht durch dessen Charakter, so hat er selbst den Stab über sich gebrochen, so hat er das dramatische Interesse preisgegeben. Anders in der Oper. Hier ist die Situation absolut musikalisch und es ist, wie ich früher ausgeführt habe, ein wesentlicher Unterschied zwischen einer rein dramatischen und einer musikalisch-dramatischen Situation. Das Drama läßt sich nicht an Gerede genügen; es verlangt Handlung und Situation. Die Oper dagegen gestattet ein gewisses Verweilen. Was aber macht die Situation zu einer musikalischen Situation? Nicht Leporello, obwohl er wie wir gesehen haben eine musikalische Figur ist. Trüge er die Situation, so wäre diese allerdings als Analogie zu Sganarels Monolog aufzufassen, nur daß eine solche Quasi-Situation in der Oper immer noch eher anginge als im Drama. Der die Situation musikalisch macht, ist Don Juan, Don Juan der drinnen ist. Die Pointe liegt nicht in Leporello, der sich nähert, sondern in Don Juan, den man nicht sieht, wohl aber hört; hört, nämlich aus Leporello heraus, in welchem er widerhallt. Ich erinnere da nur an die Übergänge (*vuol star dentro colla bella*), wo Leporello offenbar Don Juan reproduziert. Aber selbst wenn das nicht der Fall wäre, so ist doch die Situation so angelegt, daß man Don Juan mitbekommt, daß man Leporello, der auf der Szene steht, über Don Juan vergißt, der hinter der Szene ist. Im übrigen ist es von Mozart genial gedacht, daß er Leporello den Don Juan reproduzieren läßt. Er erreicht dadurch zweierlei: eine musikalische Wirkung, die darin besteht, daß man überall, wo Leporello allein auftritt, Don Juan hört, und eine parodische, insofern Don Juan wo er geht und steht von Leporello repetiert wird, der ihn so unbewußt parodiert. Als Beispiel sei der Schluß des Balls angeführt.

Fragt man, welches Moment das am meisten epische in der Oper ist, so kann die Antwort nicht zweifelhaft sein: es ist Leporellos zweite Arie, die Registerarie. Im vorhergehenden wurde diese Arie mit dem entsprechenden Monolog bei Molière verglichen und gezeigt, welche absolute Bedeutung die Musik hat, wie die Musik gerade dadurch, daß sie uns Don Juan und in immer neuen Variationen Don Juan hören läßt, eine Wirkung hervorbringt, die das Wort oder die Replik nicht erreicht. Hier nun kommt es darauf an, die Situation und ihren musikalischen Inhalt genauer zu betrachten. Wir sehen auf dem Schauplatz Elvira und den treuen Diener. Der untreue Liebhaber ist nicht dabei, er ist nämlich, wie Leporello sich treffend ausdrückt, „er ist fort". Don Juan hat eine wahre Virtuosität darin, „fort" zu sein: wie ein Jeronimus immer gelegen kommt, so ist er, für sich selbst nämlich, immer gelegen fort. Da er nun also ohne Zweifel fort ist, so könnte es seltsam erscheinen, daß ich in diesem Zusammenhang von ihm rede und ihn gewissermaßen in die Situation mit einführe. Bei näherer Betrachtung wird man das aber vielleicht doch ganz in Ordnung finden und sehen, wie wörtlich es zu nehmen ist, wenn ich sage, daß Don Juan in der Oper allgegenwärtig ist; denn dafür kann es kaum einen stärkeren Ausdruck geben als: daß er da ist, selbst wenn er nicht da ist. Doch lassen wir ihn zunächst fort; wir werden später sehen, in welchem Sinne er da ist. Was die drei Personen der Szene betrifft, so ist klar, daß Elvirens Anwesenheit wesentlich dazu beiträgt, die Situation zu einer Situation zu machen, es ginge ja nicht wohl an, Leporello seine Liste zum eigenen Zeitvertreib aufrollen zu lassen, und daß ihre eigentümliche Stellung die Situation zu einer peinlichen macht, wie ja überhaupt nicht zu leugnen ist, daß der Spott, der mit Elvirens Liebe getrieben wird, oft an Grausamkeit grenzt; so im zweiten Akt, wo im entscheidenden Augenblick, da Ottavio endlich den Mut findet, mit gezücktem Degen auf Don Juan einzudringen, Elvira sich dazwischen stürzt und nun entdecken muß, daß es nicht Don Juan ist, sondern Leporello, was Mozart so stark durch einen ächzenden Laut ausgedrückt hat. Auch in unserer Situation ist es schmerzlich für Elvira dazustehen und hören zu müssen, daß es in Spanien allein 1003 sind; auf deutsch wird ihr sogar noch gesagt, daß sie auch dabei sei. Das ist eine deutsche Verbesserung, die ebenso dumm unanständig ist, wie die deutsche Übersetzung im übrigen dumm anständig und durchaus verfehlt ist. Für Elvira ist die epische Übersicht bestimmt, die Leporello über das Leben seines Herrn gibt; sie hört zu, er trägt vor; so muß es sein, das läßt sich nicht leugnen, denn beide sind im höchsten Grad dabei interessiert. Wie man deshalb in der ganzen Arie beständig Don Juan hört, so hört man an einzelnen Stellen Elvira, die in der Szene sichtbar zugegen ist, als ein Zeuge *instar omnium* nicht auf Grund eines zufälligen Vorzugs, den sie genösse, sondern weil die Methode im wesentlichen dieselbe bleibt und so eine für alle gilt. Wäre Leporello ein Charakter oder eine durchreflektierte Persönlichkeit, so wäre ein solcher Monolog kaum denkbar; aber gerade weil er eine musikalische Figur ist, weil er in Don Juan untergeht, hat diese Arie eine so große Bedeutung. Sie ist eine Reproduktion von Don Juans ganzem Leben. Leporello ist der epische Erzähler. Ein solcher braucht nicht gerade kalt oder gleichgültig seinem Stoff gegenüberzustehen, aber er muß eine gewisse objektive Haltung bewahren. Das tut Leporello nicht. Er wird hingerissen von dem Leben, das er beschreibt, er vergißt sich in Don Juan; wieder ein Beispiel dafür, was das heißen will, wenn ich sage, daß Don Juan überall widerhallt. Also nicht in Leporellos und Elvirens Unterhaltung über Don Juan liegt die Situation, sondern in der Stimmung, die das Ganze trägt, in Don Juans unsichtbarer geistiger Gegenwart. Die Übergänge in dieser Arie zu verfolgen, im einzelnen zu zeigen, wie sie ruhig mäßig bewegt anhebt, wie stärker und stärker das Feuer hervorbricht, wenn Don Juans Leben mehr und mehr darin widertönt, wie Leporello mehr und mehr hingerissen wird, wie er sich wiegt in den Strömungen dieser erotischen Atmosphäre, wie diese verschiedenartig nuanciert wird, je nachdem die Verschiedenheiten des Weiblichen, soweit es innerhalb Don Juans Bereich liegt, in der Arie zum Ausdruck kommen, dafür ist hier nicht die Stelle.

Fragt man, welches das am meisten lyrische Moment in der Oper ist, so könnten hier bezüglich der Antwort wohl Zweifel entstehen; so viel steht indessen fest: das am meisten lyrische Moment kann nur Don Juan zugestanden werden, und eine Nebenperson, die unsere Aufmerksamkeit so stark beschäftigen würde, können wir nicht brauchen, weil sie einen Verstoß gegen die dramatische Subordination bedeuten würde. Das hat auch Mozart gesehen. So ist die Wahl beträchtlich eingeschränkt, und es können eigentlich nur zwei Szenen in Betracht kommen: entweder die Tafelszene, die den ersten Teil des großen Finales bildet, oder die bekannte Champagnerarie. Was die Tafelszene angeht, so kann man sie bis zu einem gewissen Grad wohl als lyrisches Moment gelten lassen. Des Mahles berauschende Erquickung, der schäumende Wein, die fernen festlichen Klänge der Musik, alles wirkt zusammen, um Don Juans Stimmung zu potenzieren, und seine Festfreude strahlt ein Licht aus, so stark, daß sogar Leporello verklärt wird in diesem reichen Augenblick, wo die Freude zum letztenmal lächelt und der Genuß seinen Abschiedsgruß winkt. Jedoch ist diese Szene doch mehr eine Situation als ein lyrisches Moment. Nicht weil gegessen und getrunken wird, denn das macht noch keine Situation. Nein, die Situation liegt darin, daß Don Juan hier auf die äußerste Klippe des Lebens hinausgedrängt ist. Verfolgt von der ganzen Welt, hat dieser siegreiche Don Juan keinen anderen Zufluchtsort mehr als ein abgelegenes kleines Zimmer. Und so auf der äußersten Kante der Wippe des Lebens sitzend, peitscht er nun noch einmal in Ermangelung lustiger Gesellschaft alle Lebenslust in seiner eigenen Brust auf. Wäre *Don Juan* ein Drama, so forderte die innere unruhige Bewegung der Situation, daß diese so kurz wie möglich würde. In der Oper dagegen wird die Situation mit Recht festgehalten und mit aller möglichen Üppigkeit ausgeschmückt. Und die Musik rauscht um so wilder dahin, als sie in dem Abgrund widerhallt, über dem Don Juan schwebt.

Anders verhält es sich mit der Champagnerarie. Eine dramatische Situation wird man, denke ich, hier vergebens suchen; aber um so höher wird man diese Szene als lyrischen Erguß einschätzen. Don Juan ist der vielen sich kreuzenden Intrigen müde; aber er ist deshalb nicht matt; seine Seele ist noch so lebenskräftig wie je vorher. Er bedarf nicht fröhlicher Gesellschaft, bedarf es nicht, das Schäumen des Weins zu sehen und zu hören, um im Weine sich neue Lebenskraft zu holen: die innere Vitalität bricht vielmehr reicher und stärker als je aus seinem

Innern hervor. Ideal ist er von Mozart überall aufgefaßt worden, als Leben, als Machthaber ideal einer Wirklichkeit gegenüber; hier ist er gleichsam ideal in sich selbst berauscht. Wenn alle Mädchen der Welt ihn in diesem Augenblick umringten, er wäre ihnen nicht gefährlich, denn er ist gleichsam zu stark, um sie betören zu wollen; selbst die mannigfaltigsten Genüsse der Wirklichkeit sind klein im Vergleich zu dem, was er in sich selbst genießt. Hier erweist es sich deutlich, was es heißen soll, wenn ich sage, Don Juans Wesen sei Musik. Er löst sich vor uns gleichsam in Musik auf, er entfaltet sich in einer Welt von Tönen. Man hat diese Arie Champagnerarie genannt, und das ist unleugbar sehr bezeichnend. Es muß aber beachtet werden, daß sie nicht in einem zufälligen Verhältnis zu Don Juan steht. So ist sein Leben: schäumend wie der Champagner, und wie die Perlen in diesem Weine, der in innerer Hitze siedet und singt, unaufhörlich emporsteigen, so tönt die Lust des Genusses in dem elementaren, kochenden Wirbel seines Lebens wider. Der Grundton der Oper erklingt in sich selbst: das, und nicht die Situation gibt der Arie dramatische Bedeutung.

Nichtssagendes Nachspiel

Ist nun, was ich hier entwickelt habe, richtig, so kann ich zu meinem Lieblingsthema zurückkehren, daß unter allen klassischen Werken Mozarts *Don Juan* zuoberst steht; und noch einmal rede ich von meiner Freude über Mozarts Glück, ein Glück, das wahrhaft beneidenswert ist, sowohl an und für sich, als auch deshalb, weil es alle beglückt, die nur einigermaßen fähig sind, sein Glück zu fassen. Ich wenigstens fühle mich unaussprechlich glücklich darüber, Mozart, wenn auch nur von ferne, verstanden und sein Glück geahnt zu haben; wie viel mehr mögen, die ihn vollkommen verstanden haben, wie viel mehr mögen sie sich glücklich fühlen mit dem Glücklichen.

Der Reflex des Antik-Tragischen in dem Modern-Tragischen

Ein Versuch im fragmentarischen Streben
Vorlesung für die *Συμπαρανεκρώμενοι*

Es könnte einer kommen und sagen: das Tragische sei doch immer das Tragische. Dagegen hätte ich nicht viel einzuwenden, sofern ja eine historische Entwicklung stets innerhalb des Umfangs ihres Begriffes liegt; und wenn er mit dem, was er sagt, überhaupt etwas sagen will, wenn er mit dem wiederholten Ausdruck „das Tragische" nicht nur zwei Gedankenstriche setzt, die eine inhaltslose Parenthese einschließen, so kann er eigentlich nichts anderes sagen wollen, als daß der Inhalt des Begriffes den Begriff nicht sprengte, sondern erweiterte und bereicherte. Andrerseits dürfte es doch wohl keinem aufmerksamen Beobachter entgangen sein, was das lesende und theaterbesuchende Publikum längst als sichere Erkenntnis, als Dividende aus dem ästhetischen Betrieb unserer Tage zu besitzen glaubt: daß zwischen der antiken und der modernen Tragödie ein wesentlicher Unterschied ist. Wollte nun ein anderer einen absoluten Unterschied geltend machen und sich zunächst mit List, schließlich vielleicht auch mit Gewalt zwischen das Antik- und das Modern-Tragische hineindrängen, so wäre das ebenso ungereimt: er würde damit den Ast absägen auf dem er sitzt, würde nur eben beweisen, daß, was er trennen wollte, zusammengehört.

Gegen ein solch einseitiges Bestreben, das Antik-Tragische und das Modern-Tragische zu trennen, spricht auch die Tatsache, daß die Ästhetiker sich immer noch unentwegt auf das berufen, was Aristoteles über das Tragische gesagt hat, auf seine Bestimmungen und Forderungen, die, wie sie glauben, den Begriff erschöpfen; ergreift doch jeden eine gewisse Wehmut, wenn er sieht, daß, so sehr sich die Welt verändert hat, die Vorstellung des Tragischen im wesentlichen unverändert geblieben ist, wie das Weinen dem Menschen immer gleich natürlich ist. Demjenigen, der keine Scheidung, jedenfalls keinen Bruch will, mag das sehr beruhigend vorkommen; aber die Schwierigkeit, auf die ich hingewiesen habe, ist damit nicht aus der Welt geschafft, sondern erscheint in einer anderen, fast noch gefährlicheren Gestalt. Daß man nicht bloß aus pflichtschuldiger Rücksicht oder aus alter Gewohnheit auf die aristotelische Ästhetik zurückgreift, wird jeder zugeben der die neuere Ästhetik einigermaßen kennt, der gesehen hat, wie genau man sich noch heute an die von Aristoteles aufgestellten Richtlinien hält. Sobald man diese jedoch genauer ins Auge faßt, tritt die Schwierigkeit sofort deutlich zutage. Jene Bestimmungen sind nämlich so allgemeiner Art, daß man wohl mit Aristoteles zugleich einig und nicht einig sein kann. Um der folgenden Entwicklung nicht vorzugreifen, will ich hier nicht auf Dinge exemplifizieren, die ihren Inhalt ausmachen werden, sondern zur Verdeutlichung die entsprechende Betrachtung in Hinsicht auf die Komödie anstellen. Wenn ein alter Ästhetiker gesagt hätte, daß die Komödie Charaktere und Situation voraussetzt, und daß sie uns zum Lachen bringen soll, so könnte man sich darauf freilich wieder und wieder berufen; aber sobald man einmal gesehen hat, auf wie verschiedene Weise man einen Menschen zum Lachen bringen kann, so wird klar, daß diese Forderung einen ungeheuren Spielraum läßt. Wer einmal das Lachen bei sich und anderen zum Gegenstand der Beobachtung gemacht hat, wer dabei nicht sowohl das Zufällige als das Allgemeine vor Augen hatte, wer mit psychologischem Interesse darauf geachtet hat, wie verschieden in jedem Lebensalter die Dinge sind, die zum Lachen reizen, der wird sich leicht überzeugen, daß die unveränderliche Forderung, die Komödie müsse zum Lachen bringen, sehr veränderlich ist, im Verhältnis zu den verschiedenen Vorstellungen des Lächerlichen, die in der Entwicklung des Geistes aufgetreten sind; wenn diese Verschiedenheit auch nicht so groß ist, daß der physiologische Ausdruck des Lächerlichen sich ändert, daß Lachen in Weinen übergehen würde. So steht es nun auch mit dem Tragischen.

Die Aufgabe, welche diese kleine Untersuchung sich stellt, ist nicht so sehr, das Verhältnis zwischen dem Antik- und dem Modern-Tragischen festzustellen; sie will vielmehr zu zeigen versuchen, wie das Antik-Tragische im wesentlichen sich in das Modern-Tragische aufnehmen läßt, so daß das wahre Tragische darin zum Vorschein kommt. Damit wird sie sich aber auch begnügen. Eine Forderung der Zeit will ich daraus um so weniger konstruieren, als die Gegenwart sichtlich mehr auf das Komische, als auf das Tragische hindrängt. Unsere ganze Existenz ist vom Zweifel des Individuums unterminiert, und die Isolation nimmt immer mehr überhand. Ein deutliches Zeichen dafür sind unsere sozialen Bestrebungen, die in der Art wie sie dem isolierten Streben entgegenarbeiten selbst Ausdruck des isolierten Strebens sind. Denn Isolation tritt überall da auf, wo man sich als Zahl geltend macht; wo einer sich als „einer“ geltend macht, da sieht jeder die Isolation; daß es aber genau dieselbe Isolation ist, wenn Hundert sich einzig und allein als Hundert geltend machen wollen, das können und wollen die Freunde der Assoziation nicht sehen. Wird nur die Menge abgezählt, so ist es gleichgültig, welche Zahl dabei herauskommt; ob es einer ist oder ein Tausend, oder die fünfzehnhundert Millionen, die die Erde bewohnen, ist einerlei. Der Geist der Assoziation ist deshalb im Prinzip ebenso revolutionär, wie der Geist, dem sie entgegenarbeitet. David ließ, um sich in seiner Macht und Herrlichkeit zu fühlen, sein Volk zählen; in unserer Zeit zählen die Völker sich selbst, um zu einem Gefühl ihrer Bedeutung gegenüber einer höheren Macht zu kommen. Die Assoziationen haben im übrigen den Charakter des Willkürlichen; sie bilden sich häufig zu irgendeinem zufälligen Zweck, den natürlich eben wieder die Assoziation bestimmt. Die zahlreichen Assoziationen beweisen, daß die Bande der Zeit sich lösen, tragen selbst dazu bei, diese Lösung zu beschleunigen; sie sind die Infusionstierchen im Organismus des Staates, die davon zeugen, daß er in der Auflösung begriffen ist. Wann fingen die Hetärien in Griechenland an, allgemein zu werden? War es nicht zu einer Zeit, als der Staat sich aufzulösen drohte? Und hat unsere Zeit nicht eine auffallende Ähnlichkeit mit jener, die auch Aristophanes nicht lächerlicher dargestellt hat, als sie wirklich war? Ist nicht in politischer Hinsicht das Band, das die Staaten innerlich unsichtbar zusammenhielt, gelöst? Ist nicht in der Religion die Macht, die das Unsichtbare festhielt, geschwächt und zunichte gemacht worden? Haben nicht Staatsmänner und Priester das gemeinsam, daß sie wie weiland die Auguren sich nicht ansehen können, ohne zu lachen? *Eine* Eigentümlichkeit übrigens hat unsere Zeit vor jener Periode der griechischen Geschichte voraus: sie trägt schwerer an sich selbst, ist tiefer verzweifelt. So nimmt unsere Zeit das Leben schwer genug, um zu wissen, daß es so etwas wie Verantwortung gibt, und daß das eine Sache von einiger Bedeutung ist. Aber während alle herrschen wollen, will keiner verantwortlich sein. Es ist noch in frischer Erinnerung, daß ein französischer Staatsmann, als ihm das Portefeuille wieder angeboten wurde, es unter der Bedingung annahm, daß der Staatssekretär verantwortlich gemacht würde. Der König ist nicht verantwortlich, wohl aber der Minister; nun lehnt auch der Minister die Verantwortlichkeit ab: Minister will er sein, aber nicht verantwortlich; die Verantwortung soll der Staatssekretär haben. Auf diesem Wege kommt man natürlich schließlich dahin, daß die Verantwortung an Nachtwächtern und Polizeidienern hängen bleibt. Wäre diese auf den Kopf gestellte Verantwortungsgeschichte nicht ein passender Vorwurf für einen Aristophanes? Vor nichts haben die Regierenden eine größere Scheu als vor der Verantwortlichkeit. Und warum? Weil man eine Oppositionspartei fürchtet, die durch eine ähnliche Stufenleiter hindurch die Verantwortung von einem zum andern schiebt. Nun denke man sich: Diese beiden Mächte stehen einander gegenüber, können aber nicht ins Handgemenge kommen, weil immer eine vor der andern verschwindet, weil eine nur vor der anderen figuriert; das entbehrt wahrhaftig nicht der Komik. Die ganze Geschichte zeigt deutlich genug, daß das Band, das den Staat zusammenhält, sich gelöst hat; die Isolation, die dabei entsteht, ist naturgemäß komisch, und zwar liegt das Komische darin, daß die Subjektivität sich als bloße Form geltend machen will. Eine isolierte Persönlichkeit wird immer dann komisch, wenn sie ihre Zufälligkeit der Notwendigkeit der Entwicklung gegenüber geltend machen will. Darum läge die denkbar tiefste Komik darin, wenn ein zufälliges Individuum die universelle Idee faßte, die Welt erlösen zu wollen. Und darum ist andrerseits das Auftreten Christi in gewissem Sinne (in anderem Sinne ist es nämlich unendlich viel mehr) die tiefste Tragödie, weil Christus in der Fülle der Zeit erschien und, was im Hinblick auf das Folgende besonders hervorgehoben sei, der Welt Sünde trug.

Zwei Dinge bezeichnet Aristoteles bekanntlich als Quelle der Handlung in der Tragödie: διάνοια καὶ ἦθος er bemerkt aber zugleich, das τέλος sei die Hauptsache, und die Individuen handeln nicht, um Charaktere darzustellen, sondern die Charaktere seien um der Handlung willen da. Hierin weicht nun, wie leicht zu sehen, die moderne Tragödie von der antiken ab. Dieser ist es eigentümlich, daß die Handlung nicht nur aus den Charakteren hervorgeht, dazu ist sie subjektiv nicht genug reflektiert, sondern daß sie einen relativen Zusatz von Leiden hat. Die antike Tragödie hat darum auch den Dialog nicht bis zu dem Grad von erschöpfender Reflexion entwickelt, daß alles darin aufginge; sie hat im Monolog und Chor eigentlich die diskreten Momente des Dialogs. Der Chor nähert sich entweder der Substantialität der Epik oder dem Schwung der Lyrik;

in beiden drückt sich das Plus aus, das in der Individualität nicht aufgehen will; der Monolog ist mehr lyrische Konzentration und ist mit dem Plus belastet, das in der Handlung und Situation nicht aufgeht. Die Handlung selbst trägt in der antiken Tragödie ein episches Moment in sich und ist ebensosehr Begebenheit wie Handlung. Das kommt nun natürlich daher, daß die antike Welt die Subjektivität nicht in sich reflektiert hat. Das Individuum bewegt sich wohl mit einer gewissen Freiheit, ruht aber doch in substantiellen Bestimmungen, in Staat, Familie, im Schicksal. Diese substantiellen Bestimmungen sind das eigentlich Schicksalsschwangere in der griechischen Tragödie; sie machen die griechische Tragödie zu dem, was sie ist. Der Untergang des Helden ist daher hier nicht bloß eine Folge seines Handelns, er ist zugleich ein Leiden, wogegen in der neueren Tragödie des Helden Untergang nicht eigentlich Leiden ist, sondern Tat. Daher basiert auch die moderne Tragödie durchaus auf Situation und Charakter. Der tragische Held ist subjektiv in sich reflektiert, und diese Reflexion reflektiert ihn nicht nur aus jedem unmittelbaren Verhältnis zum Staat, zur Sippe, zum Schicksal, sondern oft sogar aus seinem eigenen vorhergehenden Leben hinaus. Was uns beschäftigt, ist der ganz bestimmte Moment, wo sein Leben seine Tat wird. Eben darum läßt sich das Tragische in Situation und Replik erschöpfen: die Rechnung geht auf, es bleibt kein Rest von Unmittelbarkeit. Die moderne Tragödie hat deshalb auch keinen epischen Vordergrund und keine epische Ferne. Der Held steht und fällt durch seine eigenen Taten. Was ich hier kurz, aber wie ich glaube deutlich genug auseinandergesetzt habe, wird dazu dienen, eine Differenz zwischen der älteren und neueren Tragödie aufzulösen, die mir von großer Bedeutung zu sein scheint: ich meine die verschiedene Art der tragischen Schuld. Aristoteles verlangt bekanntlich, daß der tragische Held ἁμαρτία habe. Aber wie die Handlung, so ist auch die Schuld in der griechischen Tragödie ein Mittelding zwischen Handeln und Leiden, und darin liegt die tragische Kollision. Je mehr dagegen die Subjektivität reflektiert wird, je mehr man das Individuum pelagianisch einzig sich selbst überlassen sieht, desto mehr bekommt die Schuld einen ethischen Charakter. Zwischen diesen zwei Extremen liegt das Tragische. Hat das Individuum überhaupt keine Schuld, so kommt kein tragisches Interesse auf, weil dann der tragischen Kollision der Nerv fehlt; hat es dagegen absolute Schuld, so interessiert es uns nicht mehr tragisch. Wenn daher unsere Zeit darauf ausgeht, in der Tragödie alles Schicksalsschwangere in Individualität und Subjektivität zu transsubstantiieren, so hat sie das Wesen des Tragischen sicherlich mißverstanden. Da sagt man uns nichts vom Vorleben des Helden, da packt man ihm sein ganzes Leben auf als seine eigene Tat, macht ihn verantwortlich für alles und verwandelt so eben die ästhetische Schuld in eine ethische. Der tragische Held wird also schlecht, und das Böse wird nun eigentlich der tragische Gegenstand; aber das Böse hat kein ästhetisches Interesse, die Sünde ist kein ästhetisches Element. Dieses Mißverständnis hängt nun sicherlich damit zusammen, daß unsere Zeit so stark zum Komischen hindrängt. Das Komische liegt in der Isolation; will man innerhalb derselben das Tragische, so bekommt man das Böse als Böses, nicht die eigentliche tragische Schuld in ihrer zweideutigen Unschuld. Beispiele dafür sind in der neueren Literatur leicht zu finden. So beruht Grabbes in mancher Hinsicht geniales Drama *Faust und Don Juan* auf dem Prinzip des Bösen. Doch ich will nicht aus einem einzelnen Dichtwerk argumentieren, sondern mich auf das Allgemeinbewußtsein der Gegenwart berufen. Gesetzt, es führe einer den Untergang seines Helden auf die zerstörende Wirkung der Eindrücke einer unglücklichen Jugend zurück: so etwas wird unserer Zeit nicht zusagen, wenn die dichterische Darstellung auch noch so vortrefflich wäre; sie will von solchen Altweibergeschichten nichts wissen, weil sie einen anderen Maßstab anlegt, weil sie dem Individuum ohne weiteres die Verantwortung für sein Leben aufbürdet. Damit aber macht sie das untergehende Individuum nicht tragisch, sondern schlecht. Man sollte wahrhaftig denken, es sei ein Königreich von Göttern, dieses Geschlecht, dem anzugehören auch ich die Ehre habe. Aber ach, die Kraft, die man da zur Schau trägt, der Mut, mit dem man das eigene Geschick, ja das eigene Selbst zu formen unternimmt, das alles ist Illusion; und so geht das Tragische verloren und an seine Stelle tritt die Verzweiflung. Das Tragische bringt ein von Wehmut begleitetes Gefühl der Erleichterung hervor; diese Wirkung soll man nicht verschmähen. Tut man das, versucht man, auf so unnatürliche Weise (wie unsere Zeit) sich selbst zu finden, so verliert man sich, und man wird komisch. Jeder Mensch, so originell er sein mag, ist doch ein Kind Gottes, ein Kind seiner Zeit, seines Volkes, seiner Familie, seiner Freunde, und hat erst hierin seine Wahrheit; will er, relativ wie er überall ist, das Absolute sein, so wird er lächerlich. Es finden sich in vielen Sprachen Wörter, die, weil sie um irgendeiner Konstruktion willen häufig in einem bestimmten Kasus gebraucht werden, schließlich in eben jenem Kasus als Adverbium selbständig werden; ein solches Wort hat für den Sachverständigen einen „Knacks“, einen Schaden, den es nie mehr loswird; würde es nun dessenungeachtet Anspruch darauf machen, wie ein Substantiv durch alle fünf Kasus durchdekliniert zu werden, das wäre unzweifelhaft komisch. Und gerade so komisch ist das Individuum, das eben, unter großen Schwierigkeiten vielleicht, aus dem Mutterleib der Zeit herausgeholt, nun in dieser ungeheuren Relativität absolut sein will. Im Tragischen ist eine unendliche Milde, die ästhetisch betrachtet im Verhältnis zum Menschenleben etwas von der göttlichen Gnade und Barmherzigkeit hat; nur ist sie weicher als diese, tröstet den Bekümmerten mit mütterlicher Liebe. Das Ethische dagegen ist streng und hart. Wenn ein Verbrecher sich vor Gericht damit entschuldigt, daß seine Mutter einen Hang zum Stehlen gehabt habe, besonders in der Zeit, da sie mit ihm schwanger ging, so wird das Gericht ein ärztliches Gutachten über seinen geistigen Gesundheitszustand einholen, im übrigen aber dem Dieb zu verstehen geben, daß man es mit ihm und nicht mit seiner Mutter zu tun habe. Insofern es sich nun hier um ein Verbrechen handelt, kann nicht die Rede davon sein, daß der Sünder in den Tempel der Ästhetik fliehe; aber doch hat diese einen mildernden Ausdruck für ihn. Der Sünder selbst freilich darf diese Art von Entlastung nicht suchen; sein Weg führt ihn nicht zum Ästhetischen, sondern zum Religiösen. Das Ästhetische liegt hinter ihm, und es wäre nur eine neue Sünde, wenn er sich nun am Ästhetischen zu halten suchte. Das Religiöse ist der Ausdruck für die väterliche Liebe, denn es hat das Ethische in sich, freilich gemildert, und zwar gemildert durch dieselbe Kontinuierlichkeit, die dem Tragischen seine Milde gibt. Aber die Ästhetik gewährt Beruhigung, noch ehe der Widerspruch der Sünde eingetreten ist, das Religiöse erst, nachdem dieser Widerspruch in seinem ganzen Schrecken erlebt ist. In eben dem Augenblick, da der Sünder zu erliegen droht unter der Last der allgemeinen Sünde, die er in dem Gefühl, daß er um so eher auf Erlösung hoffen darf, je mehr er schuldig ist, sich selbst aufgeladen hat, in dem Augenblick des tiefsten Entsetzens naht sich ihm der tröstende Gedanke, daß es die allgemeine Sündhaftigkeit ist, die sich auch in ihm ausgewirkt hat. Dieser Trost ist aber ein religiöser Trost; wer etwa glaubte, ihn auf irgendeinem anderen Weg, z. B. durch ästhetische Verflüchtigung zu erreichen, der hat ihn eitel genommen und hat ihn eigentlich nicht. In gewissem Sinn entspricht es einem richtigen Gefühl, daß die Zeit das Individuum für alles verantwortlich machen möchte. Aber leider tut sie es nicht tief und innerlich genug; daher ihre Halbheit. Sie hat genug Selbstgefühl, um die Tränen der Tragödie zu verschmähen; sie hat auch genug Selbstgefühl, um ohne die Barmherzigkeit auskommen zu wollen. Und doch, was ist das Menschenleben, was das Menschengeschlecht, wenn man die Träne aus ihm wegnimmt und die Gnade! Entweder die Wehmut des Tragischen, oder die tiefe Bekümmernis und die tiefe Freude der Religion! Sogar jenes glückliche Volk, was spricht uns in allem, was von ihm herrührt, so tief und innig an, als eben die Schwermut, die Wehmut in ihrer Kunst, in ihrer Poesie, in ihrer Freude?

Im bisherigen habe ich den Unterschied zwischen dem Antik- und Modern-Tragischen vornehmlich zurückgeführt auf die Verschiedenheit der tragischen Schuld. Dies ist aber auch der Brennpunkt, von dem aus alle einzelnen Differenzen beleuchtet werden. Ist nämlich der Held unzweideutig schuldig, so verschwindet der Monolog, so verschwindet das Schicksal, so wird der Gedanke im Dialog, die Handlung in der Situation durchsichtig. Die verschiedene Art der tragischen Schuld reflektiert sich auch in der Stimmung, die die Tragödie hervorruft. Bekanntlich verlangt Aristoteles, daß die Tragödie im Zuschauer Furcht und Mitleid wecke. Hegel knüpft in seiner Ästhetik an diese Bemerkung an und stellt über jeden der beiden Punkte eine doppelte Betrachtung an, die aber nicht eben als erschöpfend bezeichnet werden kann. Wenn Aristoteles Furcht und Mitleid unterscheidet, so könnte man die Furcht zunächst auf die Stimmung beziehen, von der das Einzelne begleitet ist, das Mitleid dagegen auf die Stimmung, die den definitiven Eindruck ausmacht. Ich habe vornehmlich diese letztere Stimmung im Auge, denn sie entspricht der tragischen Schuld und hat darum auch dieselbe Dialektik in sich. Dazu bemerkt nun Hegel, es gebe zwei Arten von Mitleid, das gewöhnliche, das sich der endlichen Seite des Leidens zuwendet, und das wahre tragische Mitleid. Das ist richtig, hat aber für mich nicht viel zu bedeuten, weil ich jene allgemeine Rührung für ein Mißverständnis halte, das die antike Tragödie so gut wie die moderne treffen kann. Wahr und kräftig jedoch ist, was er im Hinblick auf das wahre Mitleid hinzufügt: Das wahrhafte Mitleiden ist im Gegenteil die Sympathie mit der zugleich sittlichen Berechtigung des Leidenden. Während nun Hegel das Mitleid mehr im allgemeinen betrachtet und auf die verschiedenen Formen hinweist, die es im Individuum annimmt, will ich die Verschiedenheit des Mitleids im Verhältnis zur Verschiedenheit der tragischen Schuld hervorheben. Um sie sofort zu kennzeichnen, spalte ich das „Leiden" im Mitleid und füge je das sympathetische Element des „mit" hinzu; berücksichtige aber an der Stimmung des Zuschauers nicht die subjektiv zufälligen Differenzen, sondern nur den verschiedenen Reflex der verschiedenen Arten tragischer Schuld. In der antiken Tragödie ist das Leid tiefer, der Schmerz geringer; in der modernen ist der Schmerz größer, das Leid kleiner. Leid enthält immer etwas mehr Substantialität als Schmerz. Dem Schmerz liegt stets eine Reflexion über das Leiden zugrunde, von der das Leid nichts weiß. Es ist psychologisch sehr interessant ein Kind zu beobachten, wenn es einen älteren leiden sieht. Das Kind ist nicht reflektiert genug, um Schmerz zu fühlen, und doch ist sein Leid unendlich tief. Es ist nicht reflektiert genug, um eine Vorstellung von Sünde oder Schuld zu haben; an so etwas zu denken, wenn es einen älteren leiden sieht, fällt ihm nicht ein; ist ihm aber auch der Grund des Leidens verborgen, so mischt sich doch eine dunkle Ahnung davon in sein Leid. Dieser Art, aber in tiefer, vollkommener Harmonie, ist das Leid der Griechen, das daher zugleich so mild und so tief ist. Sieht dagegen der ältere den jüngeren, das Kind leiden, so ist der Schmerz größer, das Leid kleiner. Der Schmerz steht im geraden, das Leid im ungeraden Verhältnis zum Gedanken der Schuld. In der antiken Tragödie ist das Leid tiefer, in der antiken Tragödie, das heißt in dem Bewußtseinszustand, der ihr entspricht; denn, wohlgemerkt, hier gibt es keine subjektive Willkür; sondern das eine liegt im andern: wer das tiefe Leid in der griechischen Tragödie verstehen will, muß sich in das griechische Bewußtsein einleben. Die landläufige Bewunderung der griechischen Tragödie ist ja nur zu oft bloße Nachrede. Denn das ist klar: für das eigentliche griechische Leid hat unsere Zeit so wenig Sympathie wie nur möglich. Schrecklich ist es, in die Hand des lebendigen Gottes zu fallen: das ist der kurze Inhalt der griechischen Tragödie. Darum ist das Leid in ihr fürchterlich, aber der Schmerz geringer als in der modernen Tragödie. Denn in dieser leidet der Held seine Schuld mit klarem Bewußtsein durch, während die Schuld des griechischen Helden ästhetisch zweideutig bleibt. Es entsteht nun, ähnlich wie bei der tragischen Schuld, die Frage, welches das wahre ästhetische Leid, welches der wahre ästhetische Schmerz ist. Der bitterste Schmerz ist offenbar die Reue; aber die Reue hat ethische, nicht ästhetische Realität. Sie ist der bitterste Schmerz, weil ihr die Schuld vollkommen durchsichtig geworden ist, und eben deshalb vermag sie ästhetisch nicht zu interessieren. Das helle Licht, das die Reue umgibt, verdunkelt das Ästhetische; sie will nicht gesehen werden, am allerwenigsten von einem Zuschauer, und will auf eine ganz andere Art in Tat umgesetzt werden. Die neuere Komödie hat allerdings bisweilen die Reue auf die Bühne gebracht, aber das beweist nur den Unverstand des betreffenden Dichters; denn das psychologische Interesse, das man für eine Schilderung der Reue in Anspruch genommen hat, ist eben wieder nicht das ästhetische. Derartige Mißgriffe gehören zu der allgemeinen Begriffsverwirrung an der unsere Zeit krankt: da sucht man Dinge, wo man sie nicht suchen sollte, und, was schlimmer ist, findet sie, wo man sie nicht finden sollte; im Theater will man Erbauung, in der Kirche ästhetische Eindrücke; durch Romane will man bekehrt werden, von Erbauungsschriften Genuß haben; auf der Kanzel will man Philosophen, auf dem Katheder Priester. Die Reue, sage ich, ist kein ästhetischer Schmerz, und doch kommt unsere Zeit immer auf die Reue hinaus, wo sie das höchste tragische Interesse erreichen will. Und dasselbe gilt für die der Reue entsprechende tragische Schuld. Unsere Zeit hat alle substantiellen Bestimmungen verloren; sie sieht das einzelne Individuum nicht mehr in dem organischen Zusammenhang der Familie, des Staats, des Menschengeschlechts, sondern überläßt es ganz sich selbst: es wird sein eigener Schöpfer, seine Schuld also Sünde, sein Schmerz Reue; damit aber ist das Tragische aufgehoben. Auch die Tragödie des im strengeren Sinne leidenden Helden hat das tragische Interesse verloren, weil die Macht von der die Leiden kommen depotenziert ist. Der Zuschauer ruft: „Hilf dir selbst, so wird der Himmel dir helfen!“ Mit anderen Worten: der Zuschauer hat das Mitleid verloren, das doch objektiv wie subjektiv genommen der eigentliche Ausdruck für das Tragische ist.

Der Deutlichkeit zuliebe will ich nun, bevor ich die eben vorgetragenen Gedanken weiter entwickle, das wahre ästhetische Leid etwas genauer bestimmen. Leid und Schmerz bewegen sich in entgegengesetzter Richtung, und so könnte ich sagen: Je vollkommener die Unschuld, desto tiefer das Leid. Freilich darf man diesen Gedanken nicht in den Schraubstock der Konsequenz einspannen: sonst hebt man das Tragische auf. Denn dieses verlangt stets ein Moment von Schuld, das aber nicht eigentlich subjektiv reflektiert ist; darum eben ist das Leid in der griechischen Tragödie so tief. Wer die Sache auf die Spitze treiben wollte, dem müßte ich sagen, daß er aus dem Bereich der Ästhetik in ein anderes Gebiet einträte: die Einheit der absoluten Unschuld und der absoluten Schuld ist keine ästhetische, sondern eine metaphysische Bestimmung. Das ist auch der Grund, warum man sich immer gescheut hat, Christi Leben eine Tragödie zu nennen: man fühlte, daß hier ästhetische Bestimmungen nicht zureichen. Die wahre Ursache liegt freilich noch tiefer: in diesem Phänomen neutralisieren sich überhaupt alle ästhetischen Bestimmungen. Die Ästhetik hat es mit dem Relativen zu tun. Das tragische Handeln ist immer zugleich ein Leiden, das tragische Leiden immer zugleich ein Handeln; das Ästhetische liegt in der Relativität. Die

Identität eines absoluten Handelns und eines absoluten Leidens geht über die Kraft des Ästhetischen und fällt in das Gebiet des Metaphysischen. In Christi Leben ist diese Identität. Sein Leiden ist absolut, weil es absolut seine Tat ist, sein Handeln ist absolutes Leiden, weil es absoluter Gehorsam ist. Also: das Tragische verlangt ein Moment von Schuld; diese ist aber nicht subjektiv reflektiert, und das macht das Leid so tief. Die tragische Schuld ist nämlich mehr als subjektive Schuld, sie ist Erbschuld; Erbschuld aber wie Erbsünde sind substantielle Bestimmungen, und eben dieses Substantielle vertieft das Leid. Die allzeit bewunderte tragische Trilogie des Sophokles: *Oedipus Coloneus*, *Oedipus Rex* und *Antigone*, dreht sich wesentlich um dieses echt tragische Interesse. Die Erbschuld enthält nun aber den Selbstwiderspruch, daß sie Schuld ist und nicht ist. Schuldig wird das Individuum durch Pietät, aber diese durch Pietät vermittelte Schuld hat doch alle mögliche ästhetische Amphibolie. Es läge hier der Gedanke nahe, daß die Juden das Volk sein müßten, das die tiefste Tragik hervorgebracht hat. Von Jehova heißt es ja, er sei ein eifersüchtiger Gott, der die Sünden der Väter heimsuche an den Kindern bis ins dritte und vierte Glied; und wenn man die schrecklichen Worte des Fluchs im Alten Testament liest, so könnte man sich wohl versucht fühlen, hier tragischen Stoff finden zu wollen. Aber das Judentum ist dazu viel zu ethisch entwickelt. Jehovas Flüche sind zwar schrecklich, aber doch zugleich gerechte Strafe. Das war in Griechenland nicht so; der Zorn der Götter hat nicht den Charakter des Ethischen, sondern ist ästhetisch zweideutig.

Es findet sich in der griechischen Tragödie ein Übergang vom Leid zum Schmerz; so z. B. im Philoktet, der im strengeren Sinne eine Tragödie des Leidens ist. Doch auch hier herrscht noch ein hoher Grad von Objektivität. Der griechische Held ruht in seinem Schicksal, sein Schicksal ist unveränderlich und so ist darüber nicht weiter zu reden. Darum bleibt auch sein Schmerz noch immer Leid. Der erste Zweifel, mit dem der Schmerz anhebt, ist der: warum muß das mir widerfahren? Könnte es nicht anders sein? Wohl haben wir nun im Philoktet – das ist mir immer aufgefallen und dadurch unterscheidet sich diese Tragödie von jener unsterblichen Trilogie – eine ziemlich weit getriebene Reflexion in dem meisterhaft geschilderten, menschlich so wahren Selbstwiderspruch seines Schmerzes. Aber Philoktets Reflexion ist doch eingeschlossen in eine Objektivität die das Ganze trägt. Sie vertieft sich nicht in sich selbst; und wenn er sich darüber beklagt, daß niemand um seinen Schmerz wisse, so ist das echt griechisch. Darin liegt eine außerordentliche Wahrheit; zugleich aber zeigt es sich, wie weit dieser Schmerz vom reflektierten Schmerz entfernt ist, der immer mit sich selbst allein zu sein wünscht, der in der Einsamkeit des Schmerzes einen neuen Schmerz sucht.

Das wahre tragische Leid fordert ein Moment von Schuld, der wahre tragische Schmerz ein Moment von Unschuld; das wahre tragische Leid fordert eine gewisse Durchsichtigkeit, der wahre tragische Schmerz eine gewisse Dunkelheit.

So drücke ich wohl am besten das Dialektische in Leid und Schmerz aus, worin sie sich zugleich scheiden und verbinden, wie auch das Dialektische in der tragischen Schuld.

Da zusammenhängende Arbeiten und größere abgeschlossene Betrachtungen zu liefern im Widerspruch steht mit den Bestrebungen unserer Gesellschaft; da es nicht unsere Tendenz ist, an einem babylonischen Turm zu bauen, den der lebendige Gott in seiner Gerechtigkeit jederzeit zerstören kann; da wir in dem Bewußtsein, daß jene Verwirrung mit Fug und Recht angerichtet worden ist, es als das Eigentümliche alles wahren, menschlichen Strebens anerkennen, daß es fragmentarisch ist (wodurch es sich ja eben von der Stetigkeit der Natur unterscheidet), daß der Reichtum einer Individualität gerade in ihrer Fähigkeit zu fragmentarisch üppiger Produktivität besteht, daß sie sich den Genuß des Produzierens, wie anderen die Freude des Rezipierens nicht dadurch verdirbt, daß sie die Gedanken mit Mühe und Sorgfalt ausführt, sondern sie in flüchtigen Funken hinsprühen läßt, welche Darstellung für den Schaffenden wie für den Nachschaffenden mehr enthält als alle Ausführlichkeit, für jenen, weil sie die Erscheinungsform der Idee ist, für diesen, weil sie seine eigene Produktion entzündet, da, sage ich, alles dieses im Widerspruch steht mit den Tendenzen unserer Vereinigung, da ja die Periode, die ich eben vorlese, schon als ein bedenkliches Attentat auf den in unserer Gemeinschaft offiziellen Interjektionsstil betrachtet werden muß, in welchem die Idee hervorbricht, ohne doch zum Durchbruch zu kommen: so will ich darauf aufmerksam machen, daß mein Verfahren doch nicht als ungesetzlich gelten kann, weil das Band, das diese Periode zusammenhält, so lose ist, daß die darin eingeschlossenen Widersprüche ziemlich ungebärdig nach aphoristischer Selbständigkeit streben, daß also mein Stil nur den Versuch gemacht hat, sich den Anschein zu geben, als sei er, was er nicht ist, revolutionär.

Unsere Gesellschaft erstrebt bei jeder Zusammenkunft eine Verjüngung und Wiedergeburt und verlangt zu diesem Zweck, daß der Sinn ihrer Wirksamkeit durch immer neue Symbole zur Anschauung gebracht werde. Bezeichnen wir also heute unsere Tendenz als einen Versuch, im fragmentarischen Streben, in der Kunst nachgelassene Werke zu schreiben. Eine vollständig ausgeführte Arbeit bringt uns in kein Verhältnis zu der produzierenden Persönlichkeit; nachgelassene Schriften dagegen wecken wegen des Abrupten, Desultorischen, das ihnen eigen ist, in uns den Trieb, die Persönlichkeit mitzudichten. Nachgelassene Schriften sind Ruinen; und Ruinen sind für Abgeschiedene der rechte Aufenthaltsort. Was wir Abgeschiedenen schaffen, soll durch Kunst die Wirkung nachgelassener Schriften haben. Die Kunst ist, den sorglosen, zufälligen, in anakoluthischen Gedankengängen sich bewegenden Stil solcher Produkte nachzuahmen; die Kunst ist, einen Genuß hervorzubringen, der nie präsentisch wird, sondern stets ein Moment der Vergangenheit enthält, der also eigentlich nur als vergangen ins Bewußtsein tritt, was ja schon in dem Wort nachgelassen liegt. In gewissem Sinn ist alles, was ein Dichter hervorgebracht hat, nachgelassen; aber es wird niemand beifallen, eine vollendet ausgeführte Arbeit nachgelassen zu nennen, selbst wenn sie zufälligerweise nicht zu Lebzeiten des Autors herausgegeben wäre. Ist es doch eine Eigentümlichkeit aller nach unserer Auffassung typisch menschlichen Produktion, daß sie Nachlaß ist, weil es dem Menschen nicht vergönnt ist, wie die Götter in zeitlosem Schauen zu leben. Nachlaß nenne ich also, was in unserem Kreis hervorgebracht wird, künstlerischen Nachlaß; Nachlässigkeit und Indolenz nenne ich die Genialität, der wir den höchsten Rang zuerkennen, *vis inertiae* das Naturgesetz, das wir verehren. Hiermit bin ich unseren heiligen Sitten und Gebräuchen nachgekommen.

Und nun tretet näher, meine lieben Συμπαρανεκρώμενοι, schließet einen Kreis um mich, der ich meine tragische Heldin in die Welt hinausschicke und ihr, der Tochter des Leids, die Mitgift des Schmerzes als Aussteuer gebe. Sie ist mein Werk; doch ist ihr Umriß so unbestimmt, ihre Gestalt so nebelhaft, daß jeder von euch sich in sie verlieben und sie auf seine Weise lieben kann. Sie ist mein Geschöpf, ihre Gedanken sind meine Gedanken, und doch ist es, als hätte sie in einer Liebesnacht, als ich bei ihr ruhte, mir ihre verschwiegensten Gedanken anvertraut, ihre ganze Seele in meiner Umarmung ausgehaucht, um im selben Augenblick sich für mich zu verwandeln und zu verschwinden, so daß ich ihre Wirklichkeit nur noch in der Stimmung fühle, die zurückblieb, während sie doch umgekehrt aus meiner Stimmung zu immer festerer Wirklichkeit herauswachsen sollte. Ich lege ihr das Wort in den Mund, und doch ist es mir, als hatte ich ihr Vertrauen mißbraucht; es ist mir, als stünde sie hinter mir und betrachte mich vorwurfsvoll, und doch ist es ja umgekehrt: sie tritt immer deutlicher hervor als Geheimnis. Sie ist mein Eigentum, mein rechtmäßiges Eigentum, und doch ist es mir manchmal, als hätte ich mir hinterlistig ihr Vertrauen erschlichen, als müßte ich beständig nach ihr zurückblicken, während sie doch umgekehrt beständig vor mir steht und nur existiert, indem ich sie vorführe. Antigone heißt sie. Diesen Namen will ich beibehalten, wie ich mich auch im ganzen an die alte Tragödie halten werde, obwohl andrerseits alles modern wird. Daß ich gerade eine weibliche Figur wähle, hat seinen guten Grund. Ich möchte glauben, daß in der weiblichen Natur am besten der Unterschied deutlich wird den ich aufzeigen will. Antigone hat als Weib die nötige Substantialität, als Mensch einer reflektierenden Welt die nötige Reflexion, um Leid und Schmerz zu erleben. Damit das Leid in ihr lebendig werde, muß die tragische Schuld zwischen Schuld und Unschuld schwanken, muß das Bewußtsein der Schuld stets durch eine substantielle Bestimmung vermittelt sein. Damit aber die tragische Schuld diese Unbestimmtheit bekomme, darf die Reflexion nicht in ihrer Unendlichkeit auftreten; sie würde sonst ihr Subjekt aus der Schuld hinausreflektieren, weil sie in ihrer unendlichen Subjektivität das Moment von Erbschuld nicht stehen lassen würde, durch welches das Leid bedingt ist. Da jedoch die Reflexion nun einmal erwacht ist, so wird sie ihr Subjekt nicht aus dem Leid heraus, sondern ins Leid hineinreflektieren, sie wird in jedem Augenblick das Leid in Schmerz verwandeln.

Also: Des Labdakos Geschlecht verfolgen die Götter mit ihrem Zorn; Oedipus hat die Sphinx getötet, Theben befreit; Oedipus hat seinen Vater erschlagen und seine Mutter geheiratet; und Antigone ist die Frucht dieser Ehe. So die griechische Tragödie. Hier gestatte ich mir eine Abweichung. Ich lasse alles wie es ist und verändere doch alles. Oedipus hat die Sphinx getötet, hat Theben befreit, das ist allen bekannt; und er lebt nun geehrt und bewundert in glücklicher Ehe mit Iokaste. Was sich Entsetzliches dahinter verbirgt, ahnt niemand. Nur Antigone weiß es. Wie sie es erfahren hat, liegt außerhalb des tragischen Interesses; das mag sich jeder kombinieren wie er will. Schon frühe, ehe sie herangereift war, ergriffen dunkle Hinweise auf jenes fürchterliche Geheimnis mit plötzlichem Schrecken ihr Herz, bis die Gewißheit sie mit einem Schlag der Angst in die Arme warf. Hier habe ich nun sofort eine Bestimmung des Modern-Tragischen. Angst ist nämlich eine Reflexion und unterscheidet sich damit wesentlich vom Leid. Angst ist das Organ, mit welchem das Subjekt sich das Leid zueignet und assimiliert. Angst ist die Energie der Bewegung, mit der das Leid sich in das Herz einbohrt; diese Bewegung ist aber nicht rasch, wie die des Pfeils, sondern sukzessiv, sie vollzieht sich nicht in einem Ruck, sondern hält stetig an. Wie die erotische Leidenschaft ihren Gegenstand durch den begehrlichen Blick an sich zieht, so sieht die Angst auf das Leid, um es anzuziehen. Wie eine stille, treue Liebe den geliebten Gegenstand umspinnt, so beschäftigt sich die Angst unablässig mit dem Leid. Aber sie liebt und fürchtet ihren Gegenstand zugleich und hält ihn darum noch fester als die Liebe. Die Angst wirkt auf zweierlei Weise. Sie schleicht um ihren Gegenstand herum, betastet ihn von allen Seiten und entdeckt so das Leid, oder sie erschafft plötzlich in einem Augenblick ihren Gegenstand, das Leid; jedoch so, daß dieser Augenblick sich sofort in Sukzession auflöst. So verstanden ist die Angst eine echt tragische Bestimmung und das alte Wort: *quem deus vult perdere, primum dementat*, ist hier nur zu wahr. Die Angst ist eine Reflexionsbestimmung, denn wir haben Angst „vor etwas“, scheiden also die Angst von ihrem Gegenstand und beziehen diesen in der Angst auf uns selbst. Dazu kommt, daß Angst eine Reflexion auf die Zeit einschließt: ich kann nicht vor etwas Gegenwärtigem Angst haben, sondern nur vor etwas Vergangenem oder Zukünftigem. Das Gegenwärtige aber allein kann das Individuum unmittelbar bestimmen; das Vergangene und Zukünftige nur durch Reflexion. Das griechische Leid jedoch, wie das ganze griechische Leben ist präsentisch; darum ist das Leid tiefer, der Schmerz kleiner. Die Angst ist also ein wesentliches Moment des Tragischen. Darum ist Hamlet so tragisch, weil er der Mutter Verbrechen ahnt. Robert der Teufel fragt, woher es komme, daß er so viel Böses tue. Högni, den seine Mutter von einem Troll empfangen hat, sieht zufällig sein Spiegelbild im Wasser und fragt sie nun, wie er zu einer solchen Gestalt komme.

Der Unterschied springt nun in die Augen. In der griechischen Tragödie beschäftigt sich Antigone durchaus nicht mit dem unglücklichen Schicksal ihres Vaters. Dieses lastet wie ein undurchdringliches Leid über dem ganzen Geschlecht; Antigone lebt sorglos dahin wie jedes andere junge griechische Mädchen, ja der Chor beklagt sie, trotz dem gemeinsamen Kummer der ganzen Familie, daß sie so jung sterben muß, daß sie sterben muß, ohne des Lebens schönste Freude verschmeckt zu haben. Das ist nun aber keineswegs Leichtsinn, auch darf man nicht etwa den Schluß daraus ziehen, daß das Individuum allein für sich stehe, ohne sich um sein Verhältnis zum Geschlecht zu bekümmern. Sondern die Lebensverhältnisse sind für den Griechen ein für allemal gegeben, wie der Himmel unter dem er lebt. Er mag dunkel und wolkig sein, er ist zugleich unveränderlich. Er gibt der Seele den Grundton, und der ist das Leid, nicht der Schmerz. In Antigone konzentriert sich die tragische Schuld in einem bestimmten Punkt: sie hat den Bruder begraben trotz dem Verbot des Königs. Betrachtet man das als ein isoliertes Faktum, als eine Kollision zwischen pietätvoller schwesterlicher Liebe und einem willkürlichen menschlichen Verbot, so ist *Antigone* keine griechische Tragödie mehr, so haben wir ein ganz modernes tragisches Thema. Das tragische Interesse im griechischen Sinne liegt darin, daß in dem unglücklichen Tod des Bruders und in der Kollision der Schwester das traurige Schicksal des Oedipus nachklingt: sein tragisches Schicksal verzweigt sich in den einzelnen Sprößlingen der Familie.

Dieses Totale macht das Leid des Zuschauers so tief. Nicht ein Individuum geht unter, sondern eine kleine Welt; das Leid selbst als Naturmacht ist losgelassen; es wälzt sich nun in seiner eigenen schrecklichen Konsequenz fort, und Antigones trauriges Schicksal ist als Nachklang von ihres Vaters Schicksal ein potenziertes Leid. Wenn Antigone, trotz dem Verbot des Königs, den Bruder zu begraben beschließt, so sehen wir darin nicht so sehr die freie Handlung, als die schicksalsschwangere Notwendigkeit, die der Väter Schuld an den Kindern heimsucht. Soviel Freiheit ist wohl darin, daß wir sie um ihrer schwesterlichen Pietät willen lieben können; aber in jedem neuen Schlag, der nicht bloß Oedipus, sondern auch sein Geschlecht trifft, kehrt die Notwendigkeit des Fatums wie ein Kehrreim wieder.

Die griechische Antigone lebt sorglos dahin; wäre sie nicht mit dem Willen des Königs kollidiert, so hätte sich ihr Leben sogar glücklich entwickeln können. Unsere Antigone dagegen ist mit dem Leben fertig. Ich habe sie nicht kärglich ausgestattet; man sagt, ein rechtes Wort zur rechten Zeit sei ein goldener Apfel in silberner Schale: so habe ich ihr die Frucht des Leids in die Schale des Schmerzes gelegt. Ihre Aussteuer ist keine vergängliche Pracht, nichts, was die Motten und der Rost fressen; es ist ein ewiger Schatz, der nie in Gefahr ist, von Dieben gestohlen zu werden: dazu ist sie auch selbst viel zu wachsam. Ihr Leben entfaltet sich nicht wie das der griechischen Antigone; die Bewegung der Entwicklung ist nach innen, nicht nach außen gerichtet, die Szene ist innen, nicht außen, ist eine Geisterszene. Ich weiß nicht, meine lieben Συμπαρανεκρώμενοι ob es mir gelungen ist, euch Interesse für dieses Mädchen abzugewinnen! Vielleicht ist eine kleine *captatio* nicht ganz überflüssig. Seht, auch sie gehört nicht der Welt an, in der sie lebt; ihr eigentliches Leben, so blühend und gesund es ist, spielt sich im Verborgenen ab; auch sie, obwohl sie unter den Lebenden weilt, ist in gewissem Sinne eine Abgeschiedene; still und heimlich lebt sie, die Welt hört nicht einen Seufzer von ihr: sie seufzt in die verborgene Tiefe ihrer Seele hinein. Ich brauche nicht daran zu erinnern, daß sie keineswegs schwach und kränklich ist, sondern ein stolzes, kraftvolles Weib. Der Mensch, der ein Geheimnis in seiner Brust bewahrt, ist gleichsam geadelt, und es gibt vielleicht nichts, was mehr adelt als ein Geheimnis. Sein Leben bekommt eine Bedeutung, die es doch nur für ihn selbst hat, und dies befreit ihn von jeglicher eitlen Rücksicht auf die Umwelt; sich selbst genug ruht er selig in seinem Geheimnis, selig, dürfte man fast sagen, auch dann, wenn sein Geheimnis das unseligste wäre. So unsere Antigone. Sie ist stolz auf ihr Geheimnis, stolz darauf, daß sie ausersehen ist auf seltsame Weise den Ruhm und die Ehre von Oedipus' Geschlecht zu retten; und wenn das dankbare Volk Oedipus zujubelt, so fühlt sie ihre eigene Bedeutung, und tiefer und tiefer sinkt ihr Geheimnis nieder in ihre Seele, so tief, daß kein Lebender es mehr erreichen könnte. Sie fühlt, wie viel in ihre Hand gelegt ist, und das gibt ihr die Überlebensgröße, die nötig ist, damit sie uns tragisch beschäftigen kann. Als einzelne Figur muß sie interessieren können. Sie ist mehr als ein gewöhnliches junges Mädchen und doch ist sie ein junges Mädchen; sie ist Braut, aber in aller Jungfräulichkeit und Reinheit. Als Braut hat das Weib seine Bestimmung erreicht, und darum kann uns ein Weib im allgemeinen nur insoweit interessieren, als sie zu dieser ihrer Bestimmung in ein Verhältnis gebracht wird. Dazu gibt es jedoch Analogien. So spricht man wohl von einer Gottesbraut: sie hat im Glauben und im Geist den Inhalt, in dem sie ruht. Unsere Antigone könnte ich vielleicht in noch schönerem Sinne Braut nennen; ja sie ist fast noch mehr, sie ist Mutter, sie ist rein ästhetisch *virgo mater*, sie trägt ihr Geheimnis unter dem Herzen, ohne daß jemand es ahnt. Sie ist Verschwiegenheit, ihr Geheimnis treibt sie immer wieder in sich selbst zurück; das gibt ihrer Haltung etwas Übernatürliches. Sie ist stolz auf ihr Leid, eifersüchtig auf ihr Leid, denn ihr Leid das ist ihre Liebe. Und doch ist ihr Leid nicht ein totes, unbewegliches Eigentum; es ist in beständiger Bewegung, es gebiert den Schmerz und wird mit Schmerz geboren. Wenn ein Mädchen beschließt, ihr Leben für eine Idee zu opfern, wenn sie mit dem Opferkranz um die Stirn dasteht, so steht sie da wie eine Braut; denn die große begeisternde Idee verwandelt sie, und der Opferkranz wird zum Brautkranz. Sie kennt keinen Mann und doch ist sie Braut; sie kennt nicht einmal die Idee, die sie begeistert, das wäre unweiblich, und doch ist sie Braut. So ist unsere Antigone die Braut des Leids. Sie heiligt ihr Leben dazu, zu leiden um ihres Vaters, um ihr eigenes Schicksal. Ein Unglück wie das ihres Vaters schreit nach Leid; und doch kann niemand um ihn leiden, da niemand davon weiß. Und wie die griechische Antigone es nicht ertragen kann, daß ihres Bruders Leichnam die letzte Ehre versagt wird, so wäre es unserer Antigone unerträglich, daß ungewußt und unbeklagt geblieben wäre, was sie ängstet, und sie ist nahe daran den Göttern dafür zu danken, daß wenigstens sie dadurch bedrückt wird. So ist Antigone groß in ihrem Schmerz. Hier kann ich auch einen Unterschied zwischen dem Griechischen und dem Modernen aufzeigen. Philoktet beklagt sich darüber, daß niemand wisse was er leidet; das ist echt griechisch und entspricht einem tief empfundenen menschlichen Bedürfnis: die anderen sollen erfahren was er durchmacht. Aber diesen Wunsch kennt der reflektierende Schmerz nicht. Antigone kann nicht wünschen, daß jemand von ihrem Schmerz erfahre; dagegen findet sie es gerecht, daß die Untaten des Vaters jemand zu wissen bekomme, der darunter leidet; wie es ja eine Forderung der ästhetischen Gerechtigkeit ist, daß Strafe eintritt, wo Unrecht geschehen ist. In der griechischen Tragödie bricht Antigones Leid erst aus, da sie erfährt, daß sie lebendig begraben werden soll, in den bekannten Worten:

Ach ich Unselige!
Nicht unter Menschen, nicht unter Toten,
Im Leben nicht heimisch noch im Tode!

Unsere Antigone dagegen könnte das mit Beziehung auf ihr ganzes Leben von sich sagen. Der Unterschied springt in die Augen. Für die griechische Antigone liegt in diesem Wort eine faktische Wahrheit, die den Schmerz lindert. Wollte unsere Antigone dasselbe sagen, so wäre es im uneigentlichen Sinne aufzufassen; und gerade daß sie's nur uneigentlich sagen kann, ist ihr eigentlicher Schmerz. Die Griechen drücken sich nicht uneigentlich aus, weil eben die Reflexion, die dazu gehört, nicht in ihrem Leben liegt. Wenn daher Philoktet darüber klagt, daß er einsam und verlassen auf der öden Insel lebt, so spricht er damit zugleich etwas äußerlich Wahres aus. Wenn dagegen unsere Antigone den Schmerz in ihrer Einsamkeit fühlt, so ist sie ja nur im uneigentlichen Sinne allein, aber gerade deshalb ist der Schmerz nun erst recht wirklich.

Was die tragische Schuld anbetrifft, so liegt sie einerseits in dem Faktum, daß sie ihren Bruder begräbt, andrerseits in dem Zusammenhang ihres Schicksals mit dem leidvollen Schicksal ihres Vaters, das aus den zwei vorausgehenden Tragödien bekannt ist. Hier komme ich nun wieder zu der eigentümlichen Dialektik, welche die Schuld des Geschlechts in ein Verhältnis zum Individuum bringt. Sie liegt in der Tatsache der Vererbung. Die Dialektik denkt man sich im allgemeinen ziemlich abstrakt, als logische Bewegung. Das Leben lehrt jedoch, daß es viele Arten von Dialektik gibt, daß fast jede Leidenschaft ihre eigene Dialektik hat. Die Dialektik, welche die Schuld des Geschlechts oder der Familie mit dem einzelnen Subjekt in Verbindung bringt, so daß dieses nicht bloß mitleidet unter den Folgen der Schuld, denn das ist eine Konsequenz der Natur, gegen die nichts zu machen ist, sondern daß es mitträgt an der Schuld, daran partizipiert, diese Dialektik ist uns fremd und hat für uns nichts Zwingendes. Eine Wiedergeburt des Antik-Tragischen wäre also nur möglich als eine Wiedergeburt jedes einzelnen Individuums, nicht nur im geistigen, sondern im endlichen Sinn, wäre nur möglich als eine Wiedergeburt aus dem Mutterleib der Familie, des Geschlechts. Die Dialektik, die das Individuum mit der Familie und dem Geschlecht in Verbindung setzt, ist keine subjektive Dialektik: eine solche löst ja eben die Verbindung, hebt das Individuum aus dem Zusammenhang heraus; sie ist eine objektive Dialektik, ist wesentlich Pietät. Es kann dem Individuum nicht schaden, wenn es diese bewahrt. In unserer Zeit läßt man etwas als Naturverhältnis gelten, was man als Geistesverhältnis nicht annehmen will. So isoliert will man doch nicht sein, so unnatürlich, daß man nicht die Familie als ein Ganzes betrachten wollte, an dem kein Glied leiden kann, ohne daß alle anderen mitleiden. So geht es uns ja ganz unwillkürlich. Warum denn fürchtet jeder einzelne so sehr, daß ein Glied der Familie Schande über sie bringen könnte, als weil er fühlt, daß er mit darunter leiden müßte? Dieses Leiden muß nun das Individuum offenbar in Kauf nehmen, ob es will oder nicht. Weil man aber vom Individuum ausgeht, nicht vom Geschlecht, so steigert dieser Zwang das Leiden: man fühlt, daß der Mensch nicht ganz Herr werden kann über die naturgegebenen Verhältnisse, in denen er steht, wünscht aber doch, daß er es so weit wie möglich bringen möchte. Erkennt dagegen das Individuum diese seine Naturbedingtheit als ein Moment in der Wahrheit seines Wesens, so verwandelt sich das Naturverhältnis in ein Geistesverhältnis. Das Individuum fühlt sich in der Schuld des Geschlechts mitschuldig. Diese Konsequenz können manche vielleicht nicht fassen; nun, so können sie auch das Tragische nicht fassen. Entweder ist das Individuum isoliert, also absolut genommen der Schöpfer seines Schicksals; dann aber verschwindet das Tragische und an seine Stelle tritt das Böse, denn daß das Individuum verblendet wird und sich in sich selbst verrennt, ist auch nicht tragisch, weil es eben sein eigenes Werk ist, oder die einzelnen Individuen sind bloße Modifikationen der ewigen Substanz des Daseins; und dann gibt es wieder keine Tragik mehr.

Hat nun das Moderne das Antike in sich aufgenommen, so ändern sich damit auch die Verhältnisse, in denen die tragische Schuld sich manifestiert. Die griechische Antigone partizipiert mit ihrer kindlichen Pietät an der Schuld des Vaters, so auch die moderne. Aber für jene ist des Vaters Schuld und Leiden ein äußeres Faktum, ein unerschütterliches Faktum, das ihr Leid nicht bewegt (*quod non volvit in pectore*), und sofern sie selbst persönlich in der natürlichen Konsequenz der Dinge unter des Vaters Schuld leidet, hat sie es immer nur mit der objektiven Tatsache zu tun. Das ist bei unserer Antigone anders. Ich nehme an, daß Oedipus tot ist. Schon zu seinen Lebzeiten wußte sie um das Geheimnis, hatte aber nie den Mut sich dem Vater anzuvertrauen. Mit des Vaters Tod verschwindet die einzige Möglichkeit ihr Geheimnis loszuwerden. Denn sich nun irgendeinem

Lebenden anzuvertrauen, hieße ja Schande bringen auf das Haupt ihres Vaters, und so erhält ihr Leben nun darin eine geheiligte Bedeutung, daß sie täglich, ja fast in jedem Augenblick, durch ihre unverbrüchliche Verschwiegenheit ihm die letzte Ehre erweist. Über eines ist sie sich übrigens im unklaren: ob der Vater selbst es gewußt hat oder nicht. Da haben wir wieder das Moderne. Diese Ungewißheit gibt ihrem Leid die Unruhe, ihrem Schmerz das Amphibolische. Sie liebt ihren Vater von ganzer Seele, und diese Liebe lockt sie aus sich selbst heraus in des Vaters Schuld hinein; die Folge ist, daß sie sich unter den Menschen fremd fühlt; je mehr sie den Vater liebt, um so stärker fühlt sie seine Schuld, nur bei ihm kann sie Ruhe finden, als Schuldgenossen wollen sie miteinander Leid tragen. Aber solange der Vater lebte, hat sie ihm ihr Leid nicht anvertrauen können: sie wußte ja nicht, ob er darum wußte, ob sie ihn nicht erst in die Tiefe eines dem ihren ähnlichen Schmerzes hinabstürzen würde. Und doch, wenn er nichts wußte, so war seine Schuld geringer. Man beachte, wie hier alles relativ ist. Weiß Antigone den faktischen Zusammenhang nicht mit aller Bestimmtheit, so verliert sie an Bedeutung; sie hätte dann nur mit einer Ahnung zu kämpfen, und das wäre zu wenig tragisch um uns zu beschäftigen. Aber sie weiß alles; nur daß in ihrem Wissen sich eine Ungewißheit verbirgt, die das Leid in Bewegung hält und kontinuierlich in Schmerz verwandelt. Dazu kommt, daß sie sich in einer fortwährenden Spannung mit ihrer äußeren Umgebung befindet. Oedipus lebt in der Erinnerung des Volkes als ein glücklicher König, ist geehrt und gepriesen. Antigone selbst hat ihren Vater ebensosehr bewundert wie geliebt. Sie nimmt teil an jeder Äußerung der Freude und des Lobes die ihm gilt, sie ist begeistert für den Vater, wie kein anderes Mädchen im ganzen Reich, zu ihm kehrt immer wieder ihr Gedanke zurück und sie wird im Lande als das Musterbild einer zärtlichen Tochter gepriesen; und doch: diese Begeisterung ist für sie die einzige Möglichkeit ihren Schmerz ausbrechen zu lassen. Ihr Vater beschäftigt unausgesetzt ihre Gedanken; aber wie, das ist ihr schmerzliches Geheimnis. Sich dem Leid hinzugeben, sich zu grämen, das wagt sie nicht; sie fühlt wie viel auf ihr ruht, sie fürchtet, man könnte ihrem Geheimnis auf die Spur kommen, wenn man sie leiden sähe; auch das ist ein Grund, daß sich ihr Leid fortdauernd in Schmerz verwandeln muß.

Auf solche Weise herausgearbeitet und durchgearbeitet, kann uns, denke ich, Antigone recht wohl interessieren, und ich brauche mir nicht Leichtsinn oder väterliche Verliebtheit vorzuwerfen, wenn ich der Meinung bin, daß sie sich wohl im tragischen Fach versuchen und in einer Tragödie auftreten dürfte. Einstweilen freilich ist sie nur eine epische Figur und das Tragische in ihr hat nur episches Interesse.

Einen Zusammenhang ausfindig zu machen, in den man sie hineinstellen könnte, wäre wohl auch nicht allzu schwierig; man könnte sich da an den Motiven, welche die griechische Tragödie gibt, genügen lassen. Sie habe also noch eine Schwester; die sei etwas älter als sie und verheiratet; die Mutter könnte auch noch am Leben sein: beide müßten natürlich stets Nebenpersonen bleiben. Es versteht sich von selbst, daß unsere Tragödie, so gut wie die griechische, ein episches Moment enthalten wird; wenn dasselbe auch nicht zu stark hervorzutreten braucht, so wird doch der Monolog, allerdings unterstützt durch die Situation, einen beträchtlichen Raum einnehmen. Alles muß man sich auf das eine Hauptinteresse konzentriert denken das Antigones Leben ausfüllt; und nun entsteht die Frage: wie soll in dieser Anlage das dramatische Interesse zustande kommen?

Unsere Heldin, so wie sie sich im vorhergehenden darstellt, ist im Begriff, ein Moment ihres Lebens zu überspringen: sie will in einem ganz geistigen Leben aufgehen; dem widerstrebt aber die Natur. Ein Weib mit der Tiefe ihrer Seele wird, wenn sie sich verliebt, notwendig mit ungewöhnlicher Leidenschaft lieben. Hier setzt nun das dramatische Interesse ein, hier entsteht die tragische Kollision: Antigone ist verliebt und, es schmerzt mich, daß ich es sagen muß, sie ist sterblich verliebt. Mit der Anwendung des Begriffs der tragischen Kollision dürfte man im allgemeinen zurückhaltender sein. Die Kollision wird um so bedeutungsvoller, je stärker zwischen den kollidierenden Mächten die Sympathie wirksam ist, je tiefer und zugleich je gleichartiger sie sind. Meine Antigone ist also verliebt, und der Mann, den sie liebt, weiß darum. Nun ist sie ein ungewöhnliches Mädchen, und darum hat sie eine ungewöhnliche Mitgift: ihren Schmerz. Ohne diese Mitgift kann sie einem Manne nicht angehören, das wäre ihr zu gewagt. Sie kann sich ihm nicht verbergen, denn ein Liebender hat scharfe Augen; sie kann sich ihm nicht verbergen wollen, denn das wäre eine Versündigung an seiner Liebe. Aber ihm angehören mit der Mitgift? Darf sie ihr Geheimnis überhaupt einem Lebenden anvertrauen, selbst wenn er ihr Geliebter wäre? Antigone ist stark genug, um ihren Schmerz allein zu tragen. Die Frage ist für sie nicht, ob sie ihren Schmerz jemand mitteilen soll um ihrer selbst willen, um ihr Herz zu erleichtern. Wenn sie es tut, so tut sie es um des Geliebten willen; und auch dann hört sie ja nicht auf zu leiden: zu tief ist ihr Leben in jenes Geheimnis verflochten. Aber ob sie es dem Toten gegenüber verantworten kann, das ist für sie die Frage. Von dieser Seite ist die Kollision also sympathetischer Natur. Ihr Leben, das bisher so ruhig und still dahinfloß, wird nun, natürlich immer nur innerlich, heftig bewegt und leidenschaftlich, ihre Replik bekommt mehr und mehr Pathos. Sie kämpft mit sich selbst; sie hat ihr Leben ihrem Geheimnis opfern wollen, nun soll sie ihre Liebe opfern. Sie siegt, das heißt, das Geheimnis siegt, sie unterliegt. Nun kommt die andere Kollision: damit die tragische Kollision recht tief werde, müssen die kollidierenden Mächte gleichartig sein. Bei der bisher beschriebenen Kollision war das nicht der Fall; in ihr steht ja eigentlich die Liebe zum Vater gegen die Liebe zu ihr selbst; die Frage ist, ob ihr das Opfer der eigenen Liebe nicht zu groß sei. Die andere kollidierende Macht ist die sympathetische Liebe zu ihrem Geliebten. Er weiß, daß er geliebt ist, und wirbt kühn um sie. Ihre Zurückhaltung ist ihm freilich verwunderlich; er merkt, daß ganz besondere Schwierigkeiten vorliegen, die er aber doch hofft überwinden zu können. Worauf es ihm vor allem ankommt, ist, sie davon zu überzeugen, daß er sie über alles liebt, daß er nicht leben könnte, wenn er auf ihre Liebe verzichten müßte. Seine Leidenschaft schäumt an dem Hindernis nur um so heftiger empor und wird so erfinderisch, daß sie fast anfängt unwahr zu sein. Mit jeder Liebesbeteuerung vermehrt er ihren Schmerz, mit jedem Seufzer bohrt er ihr den Pfeil des Leids tiefer und tiefer ins Herz. Kein Mittel läßt er unversucht, sie zu bewegen. Wie alle anderen weiß er, wie tief sie ihren Vater liebt. Er trifft sie an Oedipus' Grab. Dort hat sie Zuflucht gesucht um ihrem Herzen Luft zu machen; dort will sie sich ihrer Sehnsucht nach dem Vater überlassen, einer Sehnsucht, die freilich mit Schmerz gemischt ist, weil sie nicht weiß, wie sie ihm entgegentreten soll, weil sie nicht weiß, ob er um seine Schuld wußte oder nicht. Dort also überrascht sie der Geliebte. Er beschwört sie bei der Liebe mit der sie den Vater umfaßt, er merkt, daß er damit einen ungewöhnlichen Eindruck auf sie macht, er nützt dieses Mittel aus, auf das er jetzt alle Hoffnung setzt und ahnt nicht, daß er sich selbst entgegenarbeitet.

Das Interesse dreht sich also um die Frage, wie das Geheimnis ihr schließlich entlockt wird. Sie in temporären Wahnsinn verfallen und in diesem Zustand sich verraten zu lassen, würde nichts helfen. Andrerseits paralysieren sich die kollidierenden Mächte so vollständig, daß dem tragischen Individuum das Handeln zur Unmöglichkeit wird. Ihr Schmerz ist gesteigert durch ihre Liebe, durch ihr sympathetisches Leiden mit dem Geliebten. Nur im Tode kann sie Frieden finden; ihr Leben ist so ausschließlich dem Leid geweiht, daß sie dem Unglück, das sich schicksalsschwanger vielleicht auf das folgende Geschlecht fortgepflanzt hätte, eine Grenze, einen Damm setzt. Nur im Augenblick des Todes kann sie zugeben, wie innig sie geliebt hat, kann sie dem gehören, dem sie im selben Augenblick nicht mehr gehört. Als Epaminondas in der Schlacht bei Mantinea verwundet wurde, ließ er den Pfeil in der Wunde stecken, bis er erfuhr, daß die Schlacht gewonnen sei, weil er wußte, daß er sterben würde sobald er ihn herauszog. So trägt unsere Antigone ihr Geheimnis im Herzen wie einen Pfeil, den das Leben immer tiefer und tiefer hineingebohrt hat, ohne ihr das Leben zu nehmen: solange er im Herzen sitzt, kann sie leben; in dem Augenblick dagegen, da er herausgezogen wird, muß sie sterben. Ihr Geheimnis ihr zu entreißen, darum muß der Geliebte kämpfen, und indem er siegt, tötet er sie. Von wessen Hand fällt sie nun eigentlich? Von der Hand des Lebenden oder des Toten? In gewissem Sinne von der Hand des Toten. Was dem Herakles prophezeit war, daß nicht ein Lebender, sondern ein Toter ihn töten werde, das paßt auf Antigone, insofern es im Grund die Erinnerung an den Vater ist, die sie tötet. In anderem Sinne ist es der Lebende: insofern ist ihre unglückliche Liebe der Anlaß dazu, daß die Erinnerung sie tötet.

Schattenrisse – Psychologischer Zeitvertreib

Eine Vorlesung für die *Συμπαρανεκρώμενοι*

Abgeschworen mag die Liebe immer sein:
Liebes-Zauber wiegt in dieser Höhle
Die berauschte, überraschte Seele
In Vergessenheit des Schwures ein.

Gestern liebt' ich,
Heute leid' ich,
Morgen sterb' ich;
Dennoch denk' ich
Heut' und morgen
Gern an gestern.

Improvisierte Ansprache

Der längste Tag ist vorbei, die Nacht beginnt zu siegen; freudig begrüßen wir die Stunde die uns veranlaßt, das Stiftungsfest unserer Gesellschaft zu feiern. Wir haben geharrt und geharrt auf das Ende des langen Tages, wir haben noch vor wenigen Augenblicken geseufzt über seine Länge; nun aber hat sich unsere Verzweiflung in Freude verwandelt. Wohl ist der Sieg noch nicht vollständig, wohl wird des Tages Übermacht noch eine Zeitlang währen, aber seine Herrschaft ist gebrochen. Laßt uns darum unsern Jubel nicht zurückhalten, bis der Sieg der Nacht allen offenbar wird, bis das schläfrige bürgerliche Leben uns daran erinnert, daß der Tag abnimmt. Nein, wie eine junge Braut ungeduldig auf den Anbruch der Nacht harrt, so warten wir sehnsüchtig auf ihre ersten Schatten, auf die ersten Vorboten ihres nahen Sieges; und je näher wir der Verzweiflung waren, da wir nicht wußten, wie wir es aushalten sollten, wenn die Tage nicht verkürzt würden, desto größer wird unsere Freude und Überraschung.

Ein Jahr ist vergangen und noch immer besteht unsere Gesellschaft – sollen wir uns darüber freuen, liebe *Συμπαρανεκρώμενοι*, daß ihr Bestehen unserer Lehre von der Hinfälligkeit aller Dinge spottet, oder sollen wir trauern darüber, daß sie noch besteht, und uns freuen, daß sie ja in jedem Fall nur noch ein Jahr bestehen kann; denn, das haben wir ja bestimmt, sollte sie innerhalb dieser Zeit nicht eingehen, so wollen wir sie selbst auflösen. Wir haben ja bei ihrer Stiftung keine weitausgreifenden Pläne gehegt; zu deutlich steht uns die Jämmerlichkeit des Lebens, die Unzuverlässigkeit dieser Existenz vor Augen, und so haben wir beschlossen, der normalen Entwicklung der Dinge etwas nachzuhelfen und uns selbst zu vernichten, falls dies noch nötig sein sollte. Ein Jahr ist hingegangen und noch ist unsere Gesellschaft vollzählig; noch ist keiner von uns abgelöst, noch hat sich keiner selbst abgelöst: dazu ist jeder von uns zu stolz, weil wir den Tod für das höchste Glück halten. Sollen wir uns freuen darüber, sollen wir trauern? Oder sollen wir uns in der Hoffnung beruhigen, daß der Wirbelsturm des Lebens uns bald auseinanderjagen und zerstreuen wird? Ja, das ist der Gedanke, der sich für uns ziemt, der zur Festlichkeit des Augenblicks, zu unserer Umgebung paßt. Denn seht! Der Boden dieses kleinen Zimmers ist mit Grün bestreut, wie bei einem Begräbnis, und draußen hört ihr des Sturmes Toben: es ist, als ob die Natur uns ihren Beifall ausdrückte. Laßt uns einen Augenblick stillschweigen! Hört ihr die Musik des Sturmes? seine kühne aufreizende Melodie? Hört ihr das trotzige Brausen des Meeres, das angstvolle Seufzen des Waldes, das verzweifelte Ächzen der Bäume, das ängstliche Flüstern des Grases? Wohl sagt man, Gottes Stimme sei nicht im Brausen des Sturmes, sondern im sanften Säuseln der Lüfte; doch unser Ohr ist nicht für jenes sanfte Säuseln geschaffen, sondern für das Toben der Elemente. Und warum, ihr wilden Kräfte, warum stürmt ihr nicht gewaltiger einher? Warum machet ihr nicht dem Leben und der Welt ein Ende? Und zugleich dieser kleinen Rede, die vor anderen Dingen wenigstens darin einen Vorzug hat, daß sie bald zu Ende sein wird! Ja möchte jener Wirbel, der das innerste Prinzip der Welt bildet, aus den Tiefen der Schöpfung hervorbrechen, und, während die nichtsahnenden Menschen essen und trinken, heiraten und sich vermehren in sorgloser Geschäftigkeit, möchte er hervorbrechen, um in seinem Grimme die Berge umzustürzen, die Staaten, die Errungenschaften der Kultur, all die klugen Anschläge des Menschen zu zerschmettern; möchte er sein entsetzliches Heulen hören lassen, das sicherer als die Trompete des Gerichts den Untergang des Alls verkündigt, und die kahle Klippe, auf der wir stehen, wegfegen durch die Gewalt seines Atems wie eine leichte Feder ... Doch die Nacht siegt, der Tag wird kürzer, die Hoffnung wächst. So füllet nun noch einmal eure Gläser, liebe Trinkbrüder! Mit diesem Becher begrüße ich dich, ewige Mutter des Alls, verschwiegene Nacht! Von dir kommt alles, zu dir kehrt alles zurück. Erbarme dich wieder der Welt; tu dich auf, nimm alles wieder zurück in deinen dunklen Schoß, auch uns, die wir dort unsere wahre Heimat haben! Ich grüße dich, düstere Nacht, ich grüße dich als Siegerin. Du bist unser Trost: Du verkürzest alles, die Tage, die Stunden, das Leben, die Mühsal der Erinnerung; du hüllest alles in ewige Vergessenheit.

Seit Lessing in dem Grenzstreit zwischen der Poesie und der bildenden Kunst sein Urteil gesprochen hat, sind die Ästhetiker darüber einig, daß die bildende Kunst in der Bestimmung des Raumes, die Poesie in der Bestimmung der Zeit liegt, daß jene das ruhende, diese das Bewegliche darstellt. Was daher Gegenstand bildlicher Darstellung werden soll, muß jene stille Durchsichtigkeit haben, die dadurch zustande kommt, daß das Innere in einem entsprechenden Äußeren ruht. Je weniger dies der Fall ist, je weiter das Äußere und das Innere auseinandertritt, um so schwieriger wird der Künstler seine Aufgabe finden; und oft genug wird er an einen Punkt kommen, wo er einsehen muß, daß die Aufgabe nicht mehr eine Aufgabe für ihn ist. Wendet man diese Gedanken auf das Verhältnis von Leid und Freude an, so sieht man, daß der bildenden Kunst die Darstellung der Freude viel leichter werden wird als die des Leides. Nicht, als ob das Leid sich überhaupt nicht künstlerisch darstellen ließe! Das will ich nicht sagen. Aber das Leid hat vermöge seines eigentümlichen Wesens die Tendenz, das Äußere mit dem Inneren in einen Widerspruch zu bringen, der, wo er einmal eingetreten ist, der bildenden Kunst die Darstellung unmöglich macht. Während es nämlich der Freude wesentlich ist, daß sie sich offenbaren will, hat das Leid die Neigung sich zu verbergen, ja sich zu verstellen. Die Freude ist mitteilsam, gesellig, offenherzig, will sich äußern; das Leid ist verschlossen, schweigsam, sucht sich in sich selbst zurückzuziehen. Daß dem so ist, wird jeder zugeben, der das Leben einigermaßen beobachtet hat. Es gibt Menschen, die so organisiert sind, daß ihr Blut im Affekt von innen nach außen strömt und ins Gesicht steigt, so daß also die innere Bewegung äußerlich sichtbar wird. Bei anderen strömt das

Blut zurück, der Herzkammer und den inneren Organen zu. So ungefähr verhält es sich mit der Äußerung von Freude und Leid. Die Menschen der ersten Art sind viel leichter zu beobachten als die der zweiten. Bei jenen kann ich die innere Bewegung im Äußeren unmittelbar sehen, bei diesen bin ich auf mein Ahnungsvermögen angewiesen. Das äußere Erbleichen ist gleichsam ein Abschiedsgruß des Inneren; und dem Flüchtling eilt der Gedanke und die Phantasie nach, um ihn in seinem Versteck aufzuspüren. Dies gilt vornehmlich von derjenigen Art des Leids, die mich besonders interessiert, vom reflektierten Leid. Hier gibt das Äußere bestenfalls einen Wink, der den Beobachter auf die Spur leiten kann; oft nicht einmal so viel. Dieses Leid kann die bildende Kunst nicht darstellen: da das Gleichgewicht zwischen dem Äußeren und Inneren aufgehoben ist, fällt es nicht mehr unter räumliche Bestimmungen. Auch hat es die innere Stille nicht, welche einen Gegenstand für die bildende Kunst darstellbar macht; es ist in beständiger Bewegung; und wenn diese Bewegung es auch nicht mit neuen Resultaten bereichert, so ist es ihm doch wesentlich, daß es in Bewegung ist. Wie das Eichhörnchen in seinem Käfig, so dreht sich das reflektierte Leid beständig um sich selbst, nur nicht so einförmig, sondern in den wechselnden Kombinationen seiner inneren Momente.

Es fehlt ihm an Ruhe, es wird nicht einig mit sich selbst, ruht nicht in einem bestimmten Ausdruck: darum kann es für den bildenden Künstler nicht Gegenstand der Darstellung werden. Wie der Kranke sich in seinem Schmerz bald auf die eine, bald auf die andere Seite wirft, so wendet und dreht sich das reflektierte Leid, um seinen Gegenstand und seinen Ausdruck zu finden. Kommt das Leid zur Ruhe, so wird es sich nach und nach aus sich selbst herausarbeiten, wird äußerlich sichtbar und damit Gegenstand künstlerischer Darstellung werden. Hier setzt also die Bewegung von innen nach außen ein; dagegen bewegt sich das reflektierte Leid von außen nach innen, wie das Blut, das dem Herzen zudrängt, und wie sich dieser Vorgang nur in einem flüchtigen Erblassen verrät, so bringt das reflektierte Leid keine wesentliche Veränderung des Äußeren hervor. Schon im Augenblick des Entstehens flieht es so rasch nach innen, daß nur ein sehr scharfer Beobachter etwas ahnt; und später wacht es sorgsam darüber, daß das Äußere so wenig wie möglich auffalle.

Indem es sich so nach innen zurückzieht, findet es endlich in der innersten Tiefe eine sichere Zufluchtsstätte, wo es glaubt bleiben zu können, und nun beginnt es seine einförmige Bewegung. Wie die Unruhe in der Uhr, so schwingt es unermüdlich hin und her. Immer wieder wird der Fall verhandelt, von Anfang bis zu Ende; immer wieder werden die Zeugen verhört, ihre verschiedenen Aussagen verglichen und geprüft, was doch schon hundertmal geschehen ist, und das geht so weiter und weiter: es ist kein Fertigwerden. Diese einförmige Tätigkeit wirkt mit der Zeit betäubend. Wie das eintönige Rieseln des Regens, das Schnurren der Spindel, das monotone Auf und Ab eines ruhelosen Schrittes über uns die Nerven betäubt und beruhigt, so findet das reflektierte Leid schließlich eine gewisse Linderung des Schmerzes in dieser Bewegung, in dieser illusorischen Motion, die ihr zur Notwendigkeit geworden ist. Endlich entsteht ein gewisses Gleichgewicht; der Drang, das Leid einmal ausbrechen, sich einmal äußern zu lassen, läßt nach, das Äußere wird stille und ruhig, und tief drinnen in seinem Winkel lebt das Leid wie ein Gefangener, wohlverwahrt in seinem unterirdischen Gefängnis; da lebt es hin Jahr um Jahr in seiner einförmigen Bewegung, geht auf und ab in seinem Verließ und wird nimmer müde, den langen oder kurzen Weg des Leides zurückzulegen.

Was das reflektierte Leid veranlaßt, kann sowohl in der subjektiven Eigenheit des Individuums liegen wie in dem Objektiven, in der Veranlassung des Leids. Ein reflexionssüchtiges Individuum wird jedes Leid in ein reflektiertes Leid verwandeln; seine individuelle Struktur und Organisation macht es ihm unmöglich, sich das Leid ohne weiteres zu assimilieren. Doch handelt es sich dabei um einen krankhaften Zustand, der uns nicht sonderlich interessieren kann, da ja auf diese Weise jede Bagatelle zu einem reflektierten Leid werden kann. Anders liegt der Fall, wenn das objektive Leid selbst oder dessen Ursache im Individuum die Reflexion erst hervorbringt, die das Leid zum reflektierten Leid macht. Dies wird überall da geschehen, wo das objektive Leid nicht in sich fertig ist, nicht über sich selbst ins klare kommen kann. Dies kann auf die verschiedenste Weise geschehen. Wer einiges erlebt und erfahren hat, oder wer Neigung hat seinen Scharfsinn an solchen Experimenten zu üben, wird sich leicht eine bunte Menge solcher Fälle erdenken. Es liegt natürlich nicht in meiner Absicht, alle verschiedenen Möglichkeiten durchzugehen; doch will ich eine hervorheben, die sich gerade meiner Beobachtung dargeboten hat. Der Fall, daß das Leid im Individuum die Reflexion erst hervorbringt, tritt z. B. dann ein, wenn es durch einen Betrug verursacht worden ist. Daß ein Betrug wirklich ein Betrug ist, läßt sich oft nur schwer ins reine bringen; und doch kommt darauf alles an: solange die Sache zweifelhaft ist, solange findet das Leid keine Ruhe, sondern muß in der Reflexion unaufhörlich hin und wieder gehen. Wenn fernerhin dieser Betrug nicht etwas Äußeres betrifft, sondern das ganze innere Leben eines Menschen, den Kern seines inneren Wesens, so wird höchstwahrscheinlich das reflektierte Leid auch anhalten. Was aber kann mit mehr Wahrheit eines Weibes Leben genannt werden als seine Liebe? Wenn also das Leid unglücklicher Liebe seine Ursache in einem Betrug hat, so bekommen wir unbedingt das reflektierte Leid, ob es nun das ganze Leben währt oder vom Individuum überwunden wird. Unglückliche Liebe ist wohl an und für sich das tiefste Leid des weiblichen Herzens, aber daraus folgt nicht, daß jede unglückliche Liebe auch das reflektierte Leid hervorbringt. Wenn etwa der Geliebte stirbt, oder wenn sie keine Gegenliebe findet, oder wenn die Verhältnisse des Lebens eine Verbindung unmöglich machen: so ist da wohl Anlaß zum Leid vorhanden, aber nicht zum reflektierten Leid, es sei denn, daß das betreffende Individuum von vornherein krank wäre, ein Fall, der uns wie gesagt nicht interessiert. Ist sie nicht krank, so wird ihr Leid ein unmittelbares Leid, das als solches recht wohl Gegenstand einer bildlichen Darstellung werden kann, wogegen das reflektierte Leid, das heißt die Pointe desselben wiederzugeben dem bildenden Künstler versagt ist. Das unmittelbare Leid ist nämlich der unmittelbare Abdruck und Ausdruck des Leides: Eindruck und Abbild kongruieren wie auf dem Schweißtuch der Veronika; die heilige Schrift des Leides prägt sich schön und rein und leserlich für alle im Äußeren aus.

Das reflektierte Leid kann nicht Gegenstand der bildenden Kunst werden; teils weil es überhaupt nicht eigentlich existiert, sondern immer im Werden ist, teils weil das Äußere, das Sichtbare, indifferent und gleichgültig ist. Will sich also die bildende Kunst nicht etwa auf jene naiven Darstellungen beschränken, die wir in alten Schriften finden, wo man eine Figur sieht, unter der man sich alles mögliche vorstellen könnte, wenn man nicht zum Glück auf ihrer Brust eine Platte, ein Herz oder etwas dergleichen entdeckte, worauf man alles Nötige lesen kann – oft lenkt auch die Figur unsere Aufmerksamkeit durch eine entsprechende Geste selbst darauf; eine Wirkung, die auch durch eine Inschrift: „Man bittet zu beachten ..." sich erreichen ließe –, will die Kunst sich mit derartigen kindlichen Mitteln nicht behelfen, so bleibt ihr nichts übrig als auf die Darstellung des reflektierten Schmerzes überhaupt zu verzichten und sie der poetischen oder psychologischen Behandlung zu überlassen.

Dieses reflektierte Leid möchte ich beleuchten und soweit als möglich in einigen Bildern zur Anschauung bringen. Schattenrisse nenne ich sie, teils um mit dieser Bezeichnung gleich daran zu erinnern, daß ich sie den düsteren Bezirken des Lebens entnehme, teils weil sie wie Schattenrisse nicht unmittelbar sichtbar sind. Nehme ich eine Silhouette zur Hand, so macht sie keinen Eindruck, erweckt in mir keine Vorstellung; erst wenn ich sie gegen die Wand halte und nun nicht das unmittelbare, sondern das an der Wand entstehende Bild betrachte, erst dann sehe ich wirklich etwas. So ist auch das Bild, das ich hier zeigen will, ein inneres Bild, das erst vollständig wird, wenn ich über das Äußere weg, durch das Äußere hindurchsehe. Das Äußere hat vielleicht gar nichts Auffallendes an sich; erst wenn ich durch dasselbe hindurchschaue, entdecke ich das innere Bild, das ich zeigen will, ein Bild, das zu fein ist um äußerlich sichtbar zu sein, weil es aus den zartesten Stimmungen der Seele gewoben ist. Betrachte ich einen Bogen Papier, so hat er für die unmittelbare Beobachtung vielleicht nichts Merkwürdiges; wenn ich ihn aber gegen das Licht halte und durchsehe, so erscheint ein zartes inneres Bild, das gleichsam zu seelisch ist, um unmittelbar gesehen zu werden. So richtet nun eure Blicke, liebe *Συμπαρανεκρώμενοι*, auf dieses innere Bild, lasset euch durch das Äußere nicht verwirren, oder richtiger, ziehet es nicht selbst hervor, denn ich schiebe es beständig beiseite um besser ins Innere schauen zu können. Doch dazu brauche ich die Gesellschaft, deren Mitglied zu sein ich die Ehre habe, nicht zu ermahnen; denn obwohl jüngere Leute, sind wir doch alt genug um uns nicht durch das Äußere verführen zu lassen, oder beim Äußeren stehenzubleiben. Sollte ich mich mit einer eitlen

Hoffnung schmeicheln, wenn ich annehme, daß ihr diese Bilder eurer Aufmerksamkeit würdigen werdet? Oder sollte mein Bestreben euch fremd und gleichgültig sein? Sollte es nicht harmonieren mit dem Interesse unserer Gesellschaft, einer Gesellschaft, die nur eine Leidenschaft kennt: die Sympathie mit der Heimlichkeit des Leids? Auch wir bilden ja einen Orden, auch wir ziehen ja als fahrende Ritter in die Welt hinaus, jeder auf seinem Weg, nicht um Ungeheuer zu bekämpfen, nicht um der bedrängten Unschuld zu Hilfe zu kommen oder um Liebesabenteuer zu suchen. Das alles interessiert uns nicht. Der Pfeil im Auge eines schönen Weibes verletzt nicht unser gehärtetes Herz, das muntere Lächeln fröhlicher Mädchen läßt uns kalt; nur wenn das Leid uns heimlich zuwinkt, da fühlt sich unser Herz berührt. Andere mögen stolz darauf sein, daß kein Mädchen weit und breit der Macht ihrer Liebe widerstehen kann, wir beneiden sie nicht; wir wollen stolz darauf sein, daß kein heimliches Leid unserer Aufmerksamkeit entgeht, daß kein heimliches Leid sich vor unserm durchdringenden Blick in seine Sprödigkeit und seinen Stolz verstecken könnte. Welcher Streit der gefährlichere ist, welcher mehr Kunst verlangt und größeren Genuß mit sich bringt, das bleibe dahingestellt; wir haben gewählt: nur das Leid lieben wir, nur das Leid suchen wir, und wo immer wir seine Spur entdecken, da folgen wir ihm unerschrocken, unentwegt, bis es sich uns offenbart. Zu diesem Kampf rüsten wir uns, in diesem Kampf üben wir uns täglich. Und in der Tat, gar geheimnisvoll schleicht das Leid in der Welt umher; nur wer es sympathetisch fühlt, wird ahnen, wo es sich verbirgt. Man geht die Straße hinunter; ein Haus sieht aus wie das andere; nur der erfahrene Beobachter ahnt, daß in jenem Haus um Mitternacht etwas Besonderes vorgeht: da wandert ein Unglücklicher umher, der keine Ruhe findet; er steigt die Treppe hinauf, seine Fußtritte hallen durch die Stille der Nacht. Man geht aneinander vorbei auf der Straße; einer sieht aus wie der andere, und der andere wie „man" eben aussieht; nur der erfahrene Beobachter ahnt, daß in jenem Kopf dort ein geheimer Insasse haust, der nichts mit der Welt zu tun hat, der in stiller Geschäftigkeit einsam dahinlebt. Das Äußere ist da wohl Gegenstand der Beobachtung, aber nicht des Interesses; so sitzt der Fischer am Ufer und blickt unverwandt auf die Wasserflut; aber nicht diese interessiert ihn, sondern die Bewegungen in der Tiefe. Das Äußere hat also wohl eine Bedeutung für uns, aber nicht als Ausdruck des Innern, sondern die einer telegraphischen Nachricht, die uns verrät, daß sich in der Tiefe etwas verbirgt. Wenn man ein Gesicht lange und aufmerksam betrachtet, so entdeckt man bisweilen gleichsam in den Zügen, die man sieht, ein zweites Gesicht. Dies ist im allgemeinen ein untrügliches Zeichen, daß die Seele einen Emigranten beherbergt, der sich vom Äußeren zurückgezogen hat um über einen verborgenen Schatz zu wachen; und die Richtung, die die Beobachtung einschlagen muß, ist dadurch angedeutet, daß das eine Gesicht in dem andern liegt: man muß trachten ins Innere einzudringen, wenn man etwas entdecken will. Das Gesicht, das sonst der Spiegel der Seele ist, bekommt hier, im allgemeinen freilich nur für einen kurzen Augenblick, etwas Zweideutiges, das sich künstlerisch nicht fassen läßt. Es gehört ein besonderes Auge dazu es zu sehen, ein besonderer Blick dieses untrügliche Indizium des heimlichen Leides zu erspähen. Dieser Blick ist begehrlich und doch schamhaft, er ängstet und überwältigt und tut doch so wohl; er hypnotisiert das Individuum, so daß es in einen Zustand wohliger Mattigkeit verfällt und mit Wollust aus geöffneter Ader das Blut seines Geheimnisses hinströmen läßt. Vergessen ist die Gegenwart, und die Vergangenheit steht wieder auf; das Leid hat einen Weg nach außen gefunden und erleichtert atmet der Leidende. Der sympathetische Ritter des Leids freut sich, daß er gefunden, was er gesucht hat; denn wir suchen ja nicht das Gegenwärtige, sondern das Vergangene, nicht die Freude, die ja immer gegenwärtig ist, sondern das Leid, das seinem Wesen nach beständig in die Vergangenheit eingeht, das man in der Gegenwart immer nur für einen kurzen Augenblick sieht, wie einen Menschen, den man eben mit dem Blick erhascht, da er in einen anderen Weg einbiegt und verschwindet. Doch manchmal verbirgt das Leid sich so gut, daß das Äußere uns nichts, nicht das mindeste ahnen läßt. Lange kann es da unserer Aufmerksamkeit entgehen, bis einmal zufälligerweise eine Miene, ein Wort, ein Seufzer, ein Vibrieren der Stimme, ein Blinken im Auge, ein Zittern der Lippe, ein Fehlgriff beim Händedruck treulos verrät, was so sorgfältig verborgen wurde. Nun erwacht die Leidenschaft, nun beginnt der Kampf; nun heißt es wachsam sein und ausdauernd und klug. Denn wer ist so erfinderisch wie das heimliche Leid? Ein lebenslänglich Gefangener in seiner Einsamkeit hat ja auch Zeit, sich mancherlei auszudenken! Und wer versteht es sich so geschwind zu verbergen wie das heimliche Leid? Kein junges Mädchen bedeckt in größerer Angst und Hast den entblößten Busen als das verborgene Leid, wenn es überrascht wird. Es gehört unerschütterlicher Mut zu diesem Kampf, denn man kämpft mit einem Proteus; aber wenn man nur aushält, so muß er sich geben. Mag er wie jener Neck um zu entschlüpfen alle möglichen Gestalten annehmen, mag er als Schlange sich in unserer Hand winden, mag er uns als Löwe mit seinem Gebrüll erschrecken, mag er sich in einen Baum verwandeln und mit seinen Blättern säuseln, oder in einen brausenden Wasserfall oder in ein knisterndes Feuer: zuletzt muß er doch weissagen, zuletzt muß das Leid sich offenbaren. Seht, diese Abenteuer sind unsere Lust, unser Zeitvertreib, in solchen Gefahren erproben wir unsere Ritterschaft; mitten in der Nacht jagt sie uns auf, treibt sie uns in die Gefahr, die ungezähmte Leidenschaft der Sympathie. Daß es uns je an Abenteuern fehlen sollte, brauchen wir nicht zu fürchten; wohl aber, daß wir hin und wieder eine Feste belagern, in die wir trotz aller Bemühungen nicht einzudringen vermögen. Die Naturforscher erzählen, daß man beim Sprengen von Felsblöcken, die den Jahrhunderten getrotzt haben, im Innern des Steines ein lebendes Tier gefunden habe, das hier, ohne daß jemand etwas davon ahnte, sein Leben gefristet hatte. So könnte es ja auch Menschen geben, deren felsenhartes Äußeres das Leben eines ewig verborgenen Leides umschlösse. Doch das soll unsere Leidenschaft nicht dämpfen, unsern Eifer nicht kühlen, sondern erst recht entflammen. Denn unsere Leidenschaft ist ja nicht Neugier, sie sättigt sich nicht am Äußeren, Oberflächlichen; sie ist sympathetische Angst, sie prüft Herzen und Nieren und spürt die geheimsten Gedanken auf; mit Zauberkraft und Beschwörung lockt sie das Verborgene hervor, selbst wenn es der Tod schon unseren Blicken entzogen hat. Vor der Schlacht, heißt es, kam Saul verkleidet zu der Hexe und verlangte, sie solle den Geist Samuels erscheinen lassen. Sicherlich trieb ihn nicht nur die Neugier, nicht nur die Lust Samuel leibhaftig vor sich zusehen, sondern er wollte seine Gedanken erfahren; und gewiß wartete er voll Unruhe, bis er des strengen Richters Urteil vernahm. So wird es gewiß auch nicht bloß Neugier sein, was euch, liebe *Συμπαρανεκρώμενοι*, veranlaßt die Bilder zu betrachten, die ich euch zeige. Obwohl ich sie nämlich mit bestimmten dichterischen Namen bezeichne, so will ich damit nicht andeuten, daß es nur diese dichterischen Figuren sind, die da vor euch treten, sondern ihre Namen sollen als *Nomina appellativa* gelten; wenn also der eine oder der andere von euch sich versucht fühlen sollte, dem einzelnen Bild einen anderen, einen teureren Namen zu geben, einen Namen, der ihm vielleicht natürlicher vorkommt, so steht dem von meiner Seite nichts im Wege.

1. Marie Beaumarchais

Wir kennen sie aus Goethes *Clavigo*, an den wir uns hier auch halten wollen, nur daß wir sie eine längere Strecke Wegs begleiten als Goethe, auch dann noch, wenn sie das dramatische Interesse verloren hat, wenn in ihrer traurigen Geschichte nichts mehr geschieht. Wir folgen ihr doch; denn wir, die Ritter der Sympathie, haben ebensosehr die angeborene Gabe wie die erworbene Fähigkeit, in der Prozession des Lebens mit dem Leid Schritt halten zu können. Ihre Geschichte ist kurz: Clavigo verlobte sich mit ihr, Clavigo verließ sie. Diese Angabe genügt für den, der gewohnt ist, die Phänomene des Lebens wie die Raritäten in einer Kunstsammlung zu betrachten: je kürzer, desto besser, desto mehr bekommt man zu sehen. Auf dieselbe Weise kann man in aller Kürze erzählen, daß Tantalus dürstet und Sisyphos einen Stein den Berg hinaufwälzt. Weiter auf die Sache einzugehen wäre Zeitverschwendung für einen der's eilig hat; man weiß ja, worauf es hinausläuft, und mehr erfährt man ja doch nicht. Was auf tieferes Interesse Anspruch machen darf, muß von anderem Schlag sein. In vertrautem Kreis sitzt man um den Teetisch, der Samowar singt seinen letzten Vers, die Frau des Hauses bittet den geheimnisvollen Fremden, sein Herz auszuschütten, und läßt noch Limonade und Backwerk auftragen, und nun beginnt er: es ist eine lange Geschichte ... So geht's in Romanen zu. Nun, eine lange Geschichte und ein solches kurzes Avertissement, das ist auch zweierlei. Ob es für Marie Beaumarchais eine kurze Geschichte ist, steht auf einem anderen Blatt. Lang ist sie gewiß nicht, denn eine lange Geschichte hat doch ihre abgemessene Länge, wogegen eine kurze Geschichte manchmal die rätselhafte Eigenschaft hat, daß sie länger ist als die längste.

Ich habe schon im vorhergehenden bemerkt, daß das reflektierte Leid äußerlich nicht sichtbar wird, das heißt, daß es im Äußeren keinen verweilenden, schönen Ausdruck finden kann, weil die innere Unruhe jenes nicht zu der nötigen Durchsichtigkeit kommen läßt. (Vielmehr wird das Äußere von dieser Unruhe gleichsam verzehrt, und so zeigt sich als Symptom des inneren Zustandes wohl ein eigentümliches Kränkeln, das nur eben nicht Gegenstand künstlerischer Darstellung werden kann, weil es nicht das Interesse des Schönen hat. Eine Andeutung davon findet sich bei Goethe an einzelnen Stellen.) Mancher, der diese Beobachtung bestätigen kann, wird sich versucht fühlen in ihr etwas Zufälliges zu sehen. Wenn er sich aber durch rein dichterische Erwägungen vergewissert, daß die beobachtete Tatsache eine ästhetische Wahrheit in sich birgt, so wird ihm ein tieferes Verständnis aufgehen. Denke dir irgendein reflektiertes Leid und frage dich, ob die bildende Kunst es darstellen könnte. Da wirst du sofort sehen, daß hier das Äußere in einem durchaus zufälligen Verhältnis zum Inneren steht, womit eben, wenn es sich so verhält, das Plastisch-Schöne aufgegeben ist. Überlege dir, wie du sie (ich denke mir ein Mädchen) darstellen würdest! Soll sie groß oder klein sein, bedeutend oder unbedeutend, mehr oder weniger schön? Soll sie das Haupt auf diese oder jene Seite neigen? Soll sie schwermütig ins Weite starren, oder den Blick in stiller Wehmut zu Boden schlagen? Das alles ist natürlich gänzlich indifferent. Das eine ist so wenig ein adäquater Ausdruck für das reflektierte Leid wie das andere. Im Vergleich zum Inneren ist das Äußere unbedeutend, indifferent geworden. Das Wesen des reflektierten Leides besteht darin, daß das Leid beständig seinen Gegenstand sucht, und dieses Suchen ist die Unruhe des Leides, ist sein Leben. Aber dieses Suchen ist ein fortwährendes Fluktuieren, und wenn das Äußere in jedem Augenblick der vollkommene Ausdruck des Inneren wäre, so hätte man, um das reflektierte Leid darzustellen, eine ganze Sukzession von Bildern nötig; das einzelne Bild dagegen könnte das reflektierte Leid nie ausdrücken (und hätte auch keinen eigentlich künstlerischen Wert, weil es nicht schön würde, sondern nur wahr). Man müßte diese Bilder betrachten wie den Sekundenzeiger auf der Uhr: man sieht das Werk nicht, aber die innere Bewegung verrät sich darin, daß das Äußere sich fortwährend verändert. Diese Veränderlichkeit aber kann die bildende Kunst nicht darstellen, und doch ist eben diese Veränderlichkeit die Pointe der Sache. Wenn also unglückliche Liebe die Folge eines Betruges ist, so liegt der Schmerz und das Leiden eben darin, daß das Leid seinen Gegenstand nicht finden kann. Die dialektische Schwierigkeit liegt klar zutage: Worüber soll sie sich denn grämen? War er ein Betrüger, so war es ja ein Glück, daß er sie verließ, je eher desto besser; sie sollte sich darüber freuen, sollte nur bedauern, daß sie ihn geliebt hat; und doch, daß er ein Betrüger ist, das schmerzt tief. Aber eben das, ob es sich um einen Betrug handelt, das ist die Unruhe in dem *perpetuum mobile* des Leides. Sich die Gewißheit des äußeren Faktums, daß ein Betrug ein Betrug ist, zu verschaffen ist schon recht schwierig, und doch ist der Fall damit keineswegs erledigt, die Bewegung nicht zum Stillstand gebracht. Denn ein Betrug ist für die Liebe ein absolutes Paradox, und darin liegt die Notwendigkeit des Reflektierens im Leiden. Die verschiedenen Faktoren der Liebe können in dem Einzelnen auf höchst verschiedene Weise zusammenwirken, und darum ist die Liebe beim einen und beim anderen nicht dasselbe; es kann das Egoistische oder das Sympathetische überwiegen. Doch mag die Liebe sein wie sie will, ein Betrug ist für die einzelnen Momente, wie für das Totale ein Paradox, das sie nicht denken kann und doch schließlich denken will. Sobald freilich das Egoistische oder das Sympathetische absolut auftritt, so ist das Paradox gehoben, das heißt, der Mensch ist kraft des Absoluten über die Reflexion hinausgeschritten; nicht, als ob er durch Reflexion irgendwie mit dem Paradox fertig würde, sondern er saldiert sich dadurch, daß er das Paradox nicht denkt. Er gibt sich gar nicht ab mit Reflexion, läßt sich von ihr weder aufklären noch verwirren, sondern ruht in sich selbst. Die egoistisch stolze Liebe hält in ihrem Stolz einen Betrug gar nicht für möglich, sie will nicht wissen was für oder wider den Betrug spricht, die Frage, inwiefern der Betreffende zu beschuldigen oder freizusprechen ist, kümmert sie nicht; sie ist absolut sicher, weil sie zu stolz ist, um zu glauben, daß jemand es wagen sollte sie zu betrügen. Die sympathetische Liebe hat den Glauben, der Berge versetzt; in ihrem unerschütterlichen Vertrauen braucht sie keine Verteidigung, fürchtet sie keine Anklage; daß sie nicht betrogen ist, weiß sie nicht aus dem oder jenem Grund, sondern unbedingt. Freilich sieht man eine derartige Liebe in diesem Leben selten oder vielleicht nie. Für gewöhnlich hat die Liebe beide Momente in sich; eben darum hat sie ein Verhältnis zum Paradox. In den beiden zuerst beschriebenen Fällen ist das Paradox wohl auch für die Liebe vorhanden, doch ohne sie zu beschäftigen, also nur objektiv; im letzten Fall eignet sie sich's zu, subjektiv, als Aufgabe. Das Paradox läßt sich nicht denken, und doch will die Liebe es denken, und je nachdem die verschiedenen Faktoren gerade hervortreten, versucht sie das Paradox auf die eine oder andere Weise denkend zu bewältigen, wobei sich oft die größten Widersprüche ergeben, ohne doch je fertig zu werden. Diese Wanderungen des Denkens sind unendlich und hören erst auf, wenn das Individuum sie willkürlich abbricht, wenn es von der Reflexion zu etwas anderem übergeht: zur Willensbestimmung. Durch einen Beschluß erreicht es dann, was es auf dem Wege der Reflexion nicht erreichen konnte: Ruhe und Frieden. Doch damit tritt das Individuum auf das Gebiet des Ethischen über und interessiert uns nicht mehr ästhetisch.

Dies gilt von jeder unglücklichen Liebe, die Folge eines Betruges ist. Bei Marie Beaumarchais ist die Entstehung des reflektierten Leides noch dadurch begünstigt, daß es sich nur um den Bruch eines Verlöbnisses handelt. Ein Verlöbnis ist eine Möglichkeit, keine Wirklichkeit; und eben weil es nur eine Möglichkeit ist, sollte man denken, müßte das Individuum den Stoß, den es durch den Bruch erleidet, leichter ertragen können. Das mag auch bisweilen so sein; andrerseits aber liegt gerade in dem Umstand, daß nur eine Möglichkeit vernichtet worden ist, ein stärkerer Reiz für die Reflexion. Wird eine Wirklichkeit gebrochen, so bedeutet das im allgemeinen eine tiefeingreifende Operation, bei der jeder Nerv durchschnitten wird; der Bruch wird als solcher eine in sich abgeschlossene vollendete Tatsache. Bricht eine Möglichkeit, so ist der augenblickliche Schmerz vielleicht nicht so groß; aber der Schnitt trennt nicht so reinlich ab, und so bleibt eine empfindliche Stelle, die immer wieder schmerzt. Die vernichtete Möglichkeit verklärt sich dann in eine höhere Möglichkeit; ist dagegen eine Wirklichkeit zerstört, so ist die Versuchung sich eine neue Möglichkeit vorzuzaubern nicht so groß, weil die Wirklichkeit höher steht als die Möglichkeit.

Clavigo hat sie also verlassen, hat treulos das Verlöbnis zerrissen. Sie, die gewohnt ist in ihm zu ruhen, hat, da er sie von sich stößt, nicht die Kraft zu stehen; sie sinkt ohnmächtig in die Arme ihrer Umgebung. So ist es ihr, wie es scheint, bei Goethe ergangen. Im übrigen konnte die Wirkung des Schlags auch eine andere sein: man kann sich vorstellen, daß sie stark genug war, das Leid gleich im ersten Augenblick in reflektiertes Leid zu verwandeln, daß sie dann jegliche Verbindung mit anderen sofort abbrach, um allein ihr Leid zu verzehren und sich in ihrem Leid zu verzehren, entweder um der Demütigung zu entgehen, andere darüber reden zu hören, daß sie betrogen worden ist, oder weil sie, die sie doch so viel von ihm hielt, es nicht mit anhören kann, wie er als Betrüger gebrandmarkt wird. Wir folgen Goethe. In ihrer Umgebung nimmt man teil an ihrem Unglück, man fühlt ihr ihren Schmerz nach und sagt in diesem Gefühl: sie wird darüber sterben. Das ist nun auch ästhetisch betrachtet ganz in der Ordnung. Kann ja doch eine unglückliche Liebe derart sein, daß sogar ein Selbstmord ästhetisch berechtigt erscheint; freilich darf sie dann nicht Folge eines Betruges sein; denn da verlöre der Selbstmord alle Größe, bedeutete eine Konzession, die der Stolz verbietet. Stirbt sie dagegen an gebrochenem Herzen, so heißt das, daß er sie gemordet hat; und dieser Ausdruck harmoniert so vollständig mit der heftigen Bewegung in ihrem Innern, daß sie in ihm geradezu eine Linderung ihres Schmerzes empfindet. Aber das Leben folgt nicht immer so genau den ästhetischen Kategorien und gehorcht nicht immer einem ästhetischen Normativ: sie stirbt nicht. Das bringt nun ihre Umgebung in Verlegenheit. Immer wieder versichern, daß sie sterben werde, da sie zunächst weiterlebt, das geht doch nicht an; dazu kommt, daß sie es nicht mehr mit derselben pathetischen Energie vortragen kann wie im Anfang, da doch gerade dieses Pathos ihr das Herz erleichterte. So ändert man die Methode. Er war ein Schurke, heißt es nun, ein Betrüger, ein abscheulicher Mensch, der nicht wert ist, daß man seinetwegen stirbt. Vergiß ihn, denk nicht mehr an die Geschichte; es war ja nur eine Verlobung! Lösche das Erlebnis aus deiner Erinnerung aus, und du bist wieder jung und kannst wieder hoffen! Sie fängt Feuer, denn das Pathos des Zorns harmoniert mit anderen Stimmungen in ihr, und ihr Stolz tut sich gütlich an dem rachsüchtigen Gedanken, das Ganze in ein Nichts zu verwandeln. Nicht, weil er ein außerordentlicher Mensch war, liebte sie ihn, weit entfernt! Sie sah wohl seine Fehler; aber sie hielt ihn für einen guten Menschen, für einen treuen Menschen, und darum liebte sie ihn, aus Mitleid sozusagen; leicht wird sie ihn vergessen können, seine Liebe ist ihr nie Bedürfnis gewesen. So harmoniert nun Marie wieder mit ihrer Umgebung und das Duett geht vortrefflich. Den anderen fällt es natürlich nicht schwer, in ihm einen Betrüger zu sehen; sie haben ihn nie geliebt, sie sehen nirgends ein Paradox. Das Interesse, das sie etwa für ihn hegten (nach Goethe scheint er der Schwester nicht gleichgültig zu sein), wird geradezu zur Waffe gegen ihn, und das Wohlwollen, das vielleicht etwas mehr war als Wohlwollen, nährt als trefflicher Brennstoff des Hasses Flamme. Den anderen fällt es auch nicht schwer, die Erinnerung an ihn auszulöschen; daher fordern sie von Marie, daß sie dasselbe tue. Ihr Stolz flammt nun als Haß auf, die Umgebung bläst das Feuer an, Marie macht sich Luft in starken Worten, in energischen Entschlüssen und berauscht sich daran. In ihrer Umgebung freut man sich; man merkt nicht, was sie sich selbst nicht zu gestehen wagt, daß sie im nächsten Augenblick schwach und matt zusammensinkt, man merkt nicht, daß sie in der geheimen Angst schwebt, die Kraft, die sie in einzelnen Augenblicken fühlt, möchte eine Täuschung sein. Indessen setzt man die theoretischen Bemühungen mit Glück fort, will nun aber doch allmählich auch praktische Wirkungen sehen. Diese bleiben aus. Man fährt fort, sie mit ihren eigenen Kraftworten aufzupeitschen, und fängt doch an daran zu zweifeln, ob die Sache in Ordnung sei. Endlich wird man ungeduldig und wagt das Äußerste: man bohrt ihr die Sporen des Spottes in die Seite, damit sie sich aufraffe. Vergebens! Es ist zu spät. Das Mißverständnis ist eingetreten. Daß Clavigo wirklich ein Betrüger war, hat für die Umgebung nichts Demütigendes, wohl aber für Marie. Sie will sich rächen, indem sie ihn verachtet; aber diese Rache hat im Grund nicht viel zu bedeuten: er liebt sie ja nicht, und so bleibt ihre Verachtung ein Wechsel, den niemand einlöst. Andrerseits hat es für die Umgebung nichts Schmerzliches, daß Clavigo ein Betrüger ist, wohl aber für Marie, weil in ihrem Innern immer noch etwas für ihn spricht. Sie fühlt nun, daß sie zu weit gegangen ist, daß sie eine Kraft zur Schau getragen hat, die sie nicht besitzt, und will das doch nicht gestehen. Und dann, was für ein Trost liegt darin, ihn zu verachten? Ist es nicht besser, das Leid still zu tragen? Dazu kommt, daß sie vielleicht noch ein kleines *Notabene* des Textes *in petto* hat, mit dessen Hilfe sich die Sache je nach Umständen in günstigeres oder ungünstigeres Licht rücken läßt. Darin hat sie aber niemand eingeweiht und will auch niemand einweihen; denn war er kein Betrüger, so war es ja doch denkbar, daß er seinen Schritt bereute und zu ihr zurückkehrte, oder, was noch herrlicher wäre, daß er gar nicht nötig hätte zu bereuen, daß er sich absolut rechtfertigen und alles erklären könnte. Da könnte es denn vielleicht ein Anstoß werden, daß sie Gebrauch davon gemacht hatte; das alte Verhältnis würde sich nicht mehr einstellen, und sie selbst wäre schuld daran, weil sie andere in das Allerheiligste seiner Liebe hatte blicken lassen. Und mußte sie sich überzeugen, daß er sie wirklich betrogen hatte, so war ihr ja doch alles gleichgültig, und, so oder so, es war hübsch von ihr, wenn sie keinen Gebrauch davon machte.

So hat nun ihre Umgebung, ohne es zu wollen, der Entwicklung einer neuen Leidenschaft in ihr Vorschub geleistet: sie wird eifersüchtig auf ihr eigenes Leid. Nun ist sie entschlossen; ihrer Umgebung fehlt in jeder Hinsicht die Energie mit ihrer Leidenschaft zu harmonieren, sie nimmt den Schleier; nicht den Schleier der Nonne, aber den Schleier des Leides, der sie vor jedem fremden Blicke verbirgt. Äußerlich ist sie ruhig; es ist alles vergessen, ihre Rede läßt nichts ahnen: sich selbst legt sie das Gelübde des Leides ab und beginnt nun ihr einsames, verborgenes Leben. Im selben Augenblick ist alles verändert. Früher war es ihr doch, als könnte sie reden mit anderen, jetzt aber fühlt sie sich nicht nur durch das Gelübde der Verschwiegenheit gebunden, das der Stolz mit Billigung der Liebe, oder die Liebe mit Billigung des Stolzes ihr abzwang: sie weiß schlechterdings nicht, wo und wie sie zu reden anfangen soll; und das nicht, weil neue Momente hinzugetreten wären, sondern weil die Reflexion gesiegt hat. Wenn einer sie fragen würde, worüber sie sich gräme, sie wüßte nicht was antworten, oder sie würde es machen wie jener Weise, den man fragte, was Religion sei, und der sich Bedenkzeit und wieder Bedenkzeit ausbat und so die Antwort für immer schuldig blieb. Nun ist sie verloren für die Welt, verloren für die Ihrigen, lebendig eingemauert; wehmütig verschließt sie die letzte Öffnung. Sie fühlt, noch in diesem Augenblick wäre es vielleicht möglich, sich ihnen zu offenbaren, im nächsten Augenblick wird sie auf ewig von ihnen getrennt sein. Doch das ist nun beschlossene Sache, unabänderlich. Jetzt ist sie allein. Nicht wie sonst ein lebendig Eingemauerter muß sie fürchten, daß sie umkommen wird, wenn der kleine Vorrat von Brot und Wasser aufgezehrt ist; sie hat Nahrung für lange Zeit. Auch die Langweile braucht sie nicht zu fürchten; sie hat Beschäftigung. Ihr Äußeres ist still und ruhig, nichts fällt an ihr auf; aber in ihrem Innern lebt nicht der verborgene Wunsch des Herzens unverrückt mit sanftem und stillem Geist, sondern in unfruchtbarer Unruhe wälzt sie ihre Gedanken hin und her. Sie sucht die Einsamkeit oder was die Einsamkeit ausschließt. In der Einsamkeit ruht sie aus; das hat sie nötig, denn es kostet viel Anstrengung, sein Äußeres in eine bestimmte Form zu zwängen. Wie einer, der lange in gezwungener Stellung stand oder saß, sich mit Wollust reckt und dehnt, wie der Zweig, der lange mit Gewalt herabgebogen wurde, wenn das Band zerreißt fröhlich in seine natürliche Lage zurückkehrt, so erholt sie sich in der Einsamkeit. Aber auch Lärm und Zerstreuung sucht sie auf, denn während aller Aufmerksamkeit auf andere Dinge sich richtet, kann sie sich ungestört mit sich selbst beschäftigen; was um sie herum vorgeht, die Töne der Musik, die geräuschvolle Unterhaltung, schlägt wie aus weiter Ferne an ihr Ohr, und ihr ist, als säße sie, fern von aller Welt, allein in einem abgelegenen Kämmerchen. Und kann sie auch vielleicht die Tränen nicht zurückhalten, so hat das nichts zu sagen: sie ist sicher, mißverstanden zu werden. Wo alles gerührt ist, weint sie sich sogar recht aus; denn wer in einer *ecclesia pressa* ist, freut sich immer, wenn er in den Formen des öffentlichen Gottesdienstes seinem Gott dienen kann. Nur den stilleren Umgang fürchtet sie. Da wird man schärfer beobachtet, da macht man so leicht einen *fauxpas* und verhindert so schwer, daß er bemerkt wird.

Äußerlich also fällt nichts an ihr auf, aber in ihr herrscht ein emsiges Treiben. Es wird ein Verhör angestellt, das man mit vollem Recht und besonderem Nachdruck ein peinliches Verhör nennen kann; alles wird vorgenommen und aufs genauste geprüft, seine Gestalt, seine Miene, seine Stimme, sein Wort. Es soll schon vorgekommen sein, daß ein Richter von der Schönheit des Angeklagten ergriffen, das peinliche Verhör abgebrochen und sich außerstande gefühlt habe, es fortzusetzen. Das Gericht wartet indessen gespannt auf das Resultat des Verhörs; aber man erfährt nichts, obwohl der Richter seine Pflicht nicht versäumt, der Gefängniswärter bezeugt, daß er jede Nacht erscheint, daß der Gefangene vorgeführt wird, daß das Verhör mehrere Stunden lang dauert, daß er Zeit seines Lebens nie einen Richter gesehen habe, der so etwas ausgehalten. Das Gericht schließt daraus, daß es sich um einen sehr verwickelten Fall handle. So geht es ihr, und nicht einmal, sondern wieder und wieder. Alles wird dargestellt wie es war, mit peinlicher Genauigkeit, das verlangt Gerechtigkeit und Liebe. Der Angeklagte wird zitiert. „Da kommt er um die Ecke und öffnet das Gartenpförtchen; wie er eilt! Er sehnt sich nach mir; ungeduldig wirft er alles beiseite, um so bald als möglich bei mir zu sein; ich höre seinen raschen Fußtritt, rascher als meines Herzens Schlag; er kommt, er ist da“, und das Verhör ist aus.

„Großer Gott, dies kleine Wort! Ich habe es so oft vor mich hingesagt, habe es mit anderen gemeineren Dingen im Gedächtnis aufbewahrt und habe nie gemerkt, was sich eigentlich darin verbirgt. Ja, das erklärt alles; es ist nicht sein Ernst mich zu verlassen, er wird wiederkommen. Was ist die ganze Welt gegen dies kleine Wort! Die Menschen wurden meiner müde, ich hatte keinen Freund; nun aber habe ich einen Freund, einen Vertrauten, ein kleines Wort, das alles erklärt, er kommt wieder, er senkt den Blick nicht, halb vorwurfsvoll sieht er mich an und sagt: Du Kleingläubige! Und das kleine Wort schwebt auf seiner Lippe wie ein Ölblatt, er ist da“, und das Verhör ist aus.

Daß es unter solchen Umständen mit Schwierigkeiten verbunden ist, ein Urteil zu sprechen, liegt auf der Hand. Ein junges Mädchen ist kein Jurist, das versteht sich von selbst; doch folgt daraus nicht, daß sie außerstande sein sollte, ein Urteil abzugeben; nur wird das Urteil eines jungen Mädchens immer die Eigentümlichkeit haben, daß es auf den ersten Blick zwar wie ein Urteil aussieht, tatsächlich aber keines ist, weil es etwas mehr enthält, als was ein Urteil enthalten sollte, weshalb es auch im nächsten Augenblick umfallen und in sein Gegenteil sich verwandeln kann. „Er war kein Betrüger; sonst hätte er es ja von Anfang an sein müssen; das aber ist unmöglich; mein Herz sagt mir, daß er mich geliebt hat." Wenn man den Begriff des Betrügers auf diese Weise preßt, so hat vielleicht alles in allem nie ein Betrüger gelebt. Ihn aus diesem Grund freizusprechen zeigt beim Richter ein Interesse für den Angeklagten, das sich mit der Forderung strenger Gerechtigkeit schlecht verträgt und sich auch nicht gegen einen einzigen Einwand halten läßt. „Er war ein Betrüger, ein abscheulicher Mensch, der mich kalt und herzlos in grenzenloses Unglück gestürzt hat. Bevor ich ihn kannte war ich zufrieden, und, ja, das ist wahr, ich hatte keine Vorstellung davon, daß ich so glücklich werden könnte, daß das Leben diesen Reichtum an Freude habe, den er mich kennen lehrte; aber ich hatte auch keinen Begriff von der Tiefe des Unglücks, das er mich kennen lehrte. Deshalb will ich ihn hassen, ihn verabscheuen, ihn verfluchen. Ja, Fluch dir Clavigo! Aus meiner Seele tiefster Tiefe fluche ich dir! Niemand soll davon erfahren, denn ich will nicht, daß sonst wer tue, wozu nur ich das Recht habe. Ich habe dich geliebt wie niemand sonst, aber ich hasse dich auch, denn ich kenne wie niemand sonst deine Treulosigkeit. Ihr guten Götter, ihr, denen die Rache gehört, gebt ihn mir für eine kleine Weile, gebt ihn in meine Hand! Ich werde meine Macht nicht mißbrauchen, ich werde nicht grausam sein. In seine Seele will ich mich einschleichen, gerade dann, wenn er einer anderen seine Liebe schenken will, nicht um diese Liebe zu töten, das wäre keine Strafe; weiß ich doch, daß er sie so wenig liebt wie mich, daß er überhaupt keinen Menschen liebt, daß er nur Ideen und Gedanken liebt, seinen mächtigen Einfluß bei Hofe, seine geistige Überlegenheit, alles das, wovon ich so gar nicht verstehe, wie er es lieben kann. Das alles will ich ihm rauben; er soll meinen Schmerz kennenlernen. Und wenn er der Verzweiflung nahe ist, will ich ihm alles wieder geben und mir soll er dafür danken, das soll meine Rache sein."

„Nein er war kein Betrüger; er liebte mich nicht mehr, darum verließ er mich; aber das war ja kein Betrug; wäre er bei mir geblieben, ohne mich zu lieben: das wäre Betrug gewesen; da hätte ich von der Liebe, die er einst für mich hatte, herunterleben müssen, wie von einer Rente, hätte von seinem Mitleid zehren müssen, von den Scherflein, die er mir, vielleicht ja reichlich genug, zugeworfen hätte; hätte gelebt ihm zur Last und mir zur Qual. Feiges, elendes Herz, verachte dich, lerne groß sein, lerne es von ihm! Seine Liebe war die höhere; ich habe nur mich selbst geliebt. Und ich sollte ihm zürnen? Nein ich will ihn weiter lieben, weil seine Liebe stark, sein Gedanke stolz, weil ich feige und schwach war. Und vielleicht liebt er mich noch; hat er mich doch aus Liebe verlassen."

„Ja nun ist mir alles klar, nun zweifle ich nicht mehr: er war ein Betrüger. Ich habe ihn gesehen, auf seinem Gesicht lag Stolz und Triumph und mit spöttischem Blick sah er über mich hinweg. Ihm zur Seite ging eine Spanierin, eine üppige, blühende Schönheit. Warum ist sie so schön, ich könnte sie morden, warum bin ich nicht so schön? Und war ich's nicht auch? Ich wußte es ja nicht, er hat mir's gesagt; und warum bin ich's nun nicht mehr? An wem liegt die Schuld? Fluch über dich, Clavigo! Wärest du bei mir geblieben, so wäre ich noch schöner geworden; mit deinen Worten, mit deinen Beteuerungen wuchs meine

Liebe und mit ihr meine Schönheit. Nun bin ich verblüht, der Baum treibt nicht mehr; die sorgsamste Pflege der ganzen Welt vermag nicht, was ein Wort von dir vermochte. Oh wäre ich wieder schön, oh könnte ich ihm wieder gefallen, nur deshalb wünschte ich ja schön zu sein! Oh möchte es ihm ewig versagt werden, Tugend und Schönheit zu lieben! Dann würde ich mich grämen mehr als vorher, und wer kann sich grämen wie ich?"

„Ja er war ein Betrüger. Wie hätte er sonst aufhören können mich zu lieben? Habe ich aufgehört ihn zu lieben? Gilt nicht dasselbe Gesetz für die Liebe des Mannes wie für die Liebe der Frau? Oder soll der Mann schwächer sein als das schwache Weib? Oder hat er sich vielleicht selbst mißverstanden? Wähnte er vielleicht nur mich zu lieben; und ist dieser Wahn zerronnen wie ein Traum? Steht das einem Mann an? Oder wenn es Wankelmut war, ziemt es sich für einen Mann wankelmütig zu sein? Und warum versicherte er dann im Anfang, daß er mich so tief liebe? Was soll Dauer haben, wenn die Liebe keine Dauer hat? Ja Clavigo, du hast mir alles geraubt, meinen Glauben, meinen Glauben an Liebe, nicht nur meinen Glauben an deine Liebe."

„Er war kein Betrüger. Was es war, das ihn fortriß von mir, ich weiß es nicht; eine dunkle, unbekannte Macht; aber er hat selbst darunter gelitten, tief gelitten; er wollte mich nicht in seinen Schmerz einweihen, darum verließ er mich wie ein Betrüger. Ja, wenn er sich an ein anderes Mädchen gebunden hätte? Da wollte ich sagen: er war ein Betrüger, da sollte keine Macht der Welt mich dazu bringen etwas anderes zu glauben; aber das hat er ja nicht getan. Vielleicht dachte er, indem er die Maske des Betrügers anlegte, meinen Schmerz zu mildern, mir eine Waffe gegen ihn zu geben. Darum zeigt er sich hin und wieder mit jungen Mädchen, darum sah er mich neulich so spöttisch an: er will mich gegen sich aufbringen, mich dadurch freimachen. Nein, er ist gewiß kein Betrüger; wie sollte auch diese Stimme betrügen können? Sie klang so ruhig und ließ doch die innere Bewegung ahnen. Es war als bräche sie zwischen Klippen hindurch, so schwoll sie hervor aus Tiefen seines Innern, die ich kaum zu ahnen vermochte. Kann diese Stimme betrügen? Was wäre da die Stimme? Eine Bewegung der Zunge, ein Geräusch, das man willkürlich hervorbringen kann? Irgendwo in der Seele muß sie doch zu Hause, muß sie geboren sein. Und das hatte sie, in der Tiefe seines Herzens hatte sie ihr Heim, des Herzens, das mich liebte, das mich liebt. Wahr ist's, er hatte auch eine andere Stimme; die war kalt, eiskalt; unter ihrem Hauch welkte jede Freude in meiner Seele, erstarrte jeder frohe Gedanke; selbst mein Kuß wurde kalt und mir selbst widerwärtig. Welches war die wahre? Auf jede Weise kann er mich betrogen haben; aber das weiß ich, jene ergreifende Stimme, in der seine ganze Leidenschaft bebte, sie war echt, wie könnte es anders sein. Die andere, die war falsch. Oder es war gar nicht seine Stimme: böse Mächte haben die Herrschaft über ihn bekommen. Nein, er war kein Betrüger, jene Stimme, durch deren Zauber er mich auf ewig an sich gefesselt hat, sie kann nicht trügen. Ob ich ihn auch nie verstand: ein Betrüger war er nicht."

Sie wird nie fertig mit dem Verhör und mit dem Urteil ebensowenig; mit dem Verhör nicht, weil es immer wieder abgebrochen wird, mit dem Urteil nicht, weil es bloß eine Stimmung ist. Wir haben hier also eine Bewegung, die, wenn sie einmal eingetreten ist, *in infinitum* weitergehen kann. Zum Stillstand kommt sie nur, wenn ein Bruch erfolgt, wenn sie die ganze Gedankenbewegung abbricht; aber das kann nicht geschehen, denn der Wille erschöpft sich immer im Dienste der Reflexion, die dem Feuer der Leidenschaft Öl zugießt.

Kommt es bisweilen so weit, daß sie sich vornimmt, ein Ende zu machen, sich loszureißen, so ist auch dies wieder nur eine Stimmung, eine momentane Leidenschaft, und die Reflexion behauptet nach wie vor das Feld. Eine „Mediation" ist unmöglich. Versucht sie irgendein Resultat der Reflexion als Ansatz zu benützen, um ein Neues zu beginnen, so ist sie im selben Augenblick wieder dahingerissen. Der Wille müßte sich ganz indifferent verhalten, müßte in kraft seines eigenen Wollens beginnen; nur so kann er überhaupt beginnen. Geschieht das, so kann sie wohl ein Neues beginnen und büßt damit unser Interesse vollständig ein; wir überlassen sie dann mit Vergnügen den Moralisten oder wer sich sonst ihrer annehmen will; wir wünschen ihr einen rechtschaffenen Ehemann und verpflichten uns an ihrer Hochzeit zu tanzen; ihr veränderter Name wird uns dann zum Glück vergessen lassen, daß das die Marie Beaumarchais ist, von der wir geredet haben.

Doch kehren wir zu Marie Beaumarchais zurück. Ihrem Leid ist, wie oben bemerkt wurde, die Unruhe eigentümlich, die sie keinen Gegenstand des Leids finden läßt. Ihr Schmerz kommt nicht zur Ruhe. Ihr fehlt der Frieden, den alles Lebendige notwendig braucht, wenn es sich von seiner Nahrung nähren soll; keine Illusion spendet ihr kühlenden Schatten, während sie ihren Schmerz in sich verzehrt. Sie hat die Illusion der Kindheit verloren, als sie die Illusion der Liebe gewann; sie hat die Illusion der Liebe verloren, als Clavigo sie betrog; könnte sie die Illusion des Leides gewinnen, so wäre ihr geholfen. Dann würde ihr Leid zur Mannesreife gedeihen, und sie hätte einen Ersatz für den Verlorenen. So aber muß ihr Leid wie ein zartes Kind aus Mangel an Nahrung verkümmern. Wäre Clavigo ihr geraubt worden, so könnte sie es mit ihrer eigenen Schwärmerei und der Erinnerung an seine treue Liebe nähren. Nun er sie betrogen hat, ist das unmöglich. Sie hat zwar Schönes erlebt; aber das hat keine Bedeutung an und für sich, weil es nur Vorgeschmack zukünftiger Freuden war. Und die Hoffnung, daß dies Schmerzenskind ihr noch einmal Freude machen, daß Clavigo wiederkommen wird, sie hat diese Hoffnung nicht: sie hat nicht mehr die Kraft, eine Zukunft zu tragen; das frohe Vertrauen, mit dem sie ihm furchtlos in Abgründe gefolgt wäre, hat sie verloren, und dafür hundert Bedenken eingetauscht; höchstens wäre sie imstande, die Vergangenheit noch einmal mit ihm zu durchleben. Damals, als Clavigo sie verließ, lag eine Zukunft vor ihr, schön, bezaubernd, gedankenverwirrend. Geheimnisvoll regte sich's in ihrer Seele: ihre Metamorphose hatte begonnen. Da riß die Entwicklung ab, die Metamorphose blieb stehen. Sie hatte ein neues Leben geahnt, hatte das Weben neuer Kräfte in sich verspürt; da kam der Bruch; sie wird zurückgestoßen, alles ist aus; und kein Ersatz, weder in dieser noch in einer zukünftigen Welt! Was ihr bevorstand, lächelte ihr so beglückend entgegen, spiegelte sich so herrlich in der Illusion ihrer Liebe; und dabei war alles so natürlich, so einfach; nun aber erquält sie sich in unfruchtbaren Reflexionen eine ohnmächtige Illusion, die für sie selbst nichts Lockendes hat und nur für den Augenblick betäubt. So vergeht ihr die Zeit, bis sie den Gegenstand ihres Leides verzehrt hat, der nicht sowohl die Ursache ihres Leides ist, sondern die Veranlassung dazu, daß sie sich grämt, sie weiß selbst nicht um was. Denke dir, ein Mensch besitze einen Brief, der, wie er weiß oder zu wissen glaubt, ihm einen Aufschluß geben könnte, von dem sein ganzes Lebensglück (oder was er dafür hält) abhängt; die Schriftzüge seien aber schwach und blaß und die Handschrift kaum leserlich: der wird wohl mit Angst und Unruhe, mit aller Leidenschaft lesen und wieder lesen, bald diesen bald einen anderen Sinn herausbringen und, wenn er ein Wort richtig entziffert zu haben glaubt, dieses als Schlüssel für die Deutung des Ganzen benützen; aber das Ende ist immer nur wieder der Anfang, die Ungewißheit. Mit steigender Angst starrt er in das Schriftstück hinein: je mehr er sein Auge anstrengt, desto weniger sieht er; hin und wieder füllen sich seine Augen mit Tränen: je öfter das geschieht, desto weniger sieht er; im Laufe der Zeit werden die Schriftzüge immer blasser und undeutlicher, zuletzt modert das Papier und ihm bleibt nur sein tränenblindes Auge.

2. Donna Elvira

Die Oper *Don Juan*, aus der wir Donna Elvira kennen, gibt über ihr Vorleben einige Andeutungen, die für unsere Untersuchung nicht ohne Bedeutung sind. Wir erfahren, daß sie Nonne war, daß Don Juan sie dem Frieden des Klosters entrissen hat. Dies weist auf die gewaltige Intensität ihrer Leidenschaft hin. Sie war keines der geschwätzigen Püppchen, wie sie aus der Pension kommen, die in der Schule lieben und auf Bällen kokettieren gelernt haben; wenn so eine verführt wird, so hat das nicht viel zu bedeuten. Sie ist in des Klosters strenger Zucht erzogen worden; aber ihre Leidenschaft ist nicht ausgerottet, nur unterdrückt und dadurch gesteigert worden, und wird um so heftiger dahinstürmen, sobald ihr freie Bahn gegeben wird. Elvira ist für einen Don Juan eine sichere Beute; er wird es verstehen, eine Leidenschaft aus ihr hervorzulocken, die wild, unbezähmbar, unersättlich, nur in seiner Liebe Befriedigung finden kann. Gewinnt sie ihn, so hat sie alles, die Vergangenheit ist für sie ein Nichts; verläßt er sie, so verliert sie alles, auch die Vergangenheit. Sie hat die Welt gelassen, da erscheint er, von dem sie nicht lassen kann; nun läßt sie alles, um mit ihm zu leben. Je mehr das, was sie verließ, für sie zu bedeuten hatte, desto fester muß sie sich an ihn klammern; je fester sie ihn umschließt, desto furchtbarer wird ihre Verzweiflung, wenn er sie verläßt. Ihre Liebe ist von Anfang an Verzweiflung; nichts hat Bedeutung für sie, nichts im Himmel und auf Erden, außer Don Juan.

In der Oper interessiert uns Elvira nur, sofern ihr Verhältnis zu Don Juan für diesen etwas zu bedeuten hat. Um diese ihre Bedeutung in kurze Worte zu fassen, könnte ich sagen: sie ist Don Juans episches Schicksal, während der Komtur sein dramatisches Schicksal ist. In ihr brennt ein Haß, der Don Juan in jedem Schlupfwinkel aufspüren, der mit seinem Flammenschein das dunkelste Versteck erhellen wird; und wenn der Haß ihn nicht findet, so lebt in ihr eine Liebe, die ihn finden wird. Wäre er nun in ihrer Gewalt, so würde zwar der Haß ihr die Hand zum Morde führen, die Liebe aber den entscheidenden Stoß verhindern (die Liebe, nicht das Mitleid, denn zum Mitleid ist er ihr zu groß); sie wird ihn also leben lassen, denn tötet sie ihn, so tötet sie sich selbst. Das Stück könnte also kein Ende nehmen, wenn gegen Don Juan keine andere Kraft in Bewegung wäre als Elvira. Sie würde, wenn es möglich wäre, den Blitz aufhalten, der Don Juan zerschmettern soll, um selbst die Rache zu vollenden, und wäre doch nie imstande sich zu rächen. Doch wir bekümmern uns hier um ihr Verhältnis zu Don Juan nur, sofern es von Bedeutung ist für sie. Viele interessieren sich für sie, aber auf sehr verschiedene Weise. Don Juan interessiert sich für sie, bevor das Stück beginnt, der Zuschauer schenkt ihr sein dramatisches Interesse; wir aber, die Freunde des Leids, wir folgen ihr nicht nur bis zur nächsten Quergasse, nicht bloß in dem Augenblick, da sie über die Szene geht; nein, wir folgen ihr auf ihren einsamen Wegen.

Don Juan verführt Elvira und verläßt sie; so etwas macht er im Handumdrehen, so schnell „wie ein Tiger eine Lilie knickt", sind es ja schon in Spanien 1003; da sieht man, daß er es eilig hat, und man kann die Geschwindigkeit der Bewegung ungefähr berechnen. Don Juan hat sie verlassen. Nun ist aber keine Umgebung da, der sie ohnmächtig in die Arme sinken könnte; sie braucht nicht zu befürchten, daß die andern sich zu dicht um sie schließen werden: sie öffnen ohne Umstände ihre Reihen und lassen sie ziehen; sie braucht nicht zu befürchten, daß ihr jemand ihr Unglück wegdisputieren wird; eher möchte sich der eine oder der andere damit befassen, es ihr vorzuhalten. Einsam steht sie da und verlassen. Kein Zweifel umschmeichelt sie; er war ein Betrüger, das ist klar, er hat ihr alles genommen, hat sie der Schande preisgegeben. Doch ist das, ästhetisch gesprochen, nicht das Schlimmste für sie, weil es sie für kurze Zeit dem reflektierten Leid entzieht, das sicherlich schmerzhafter ist als das unmittelbare. Hier steht das Faktum unzweifelhaft fest, hier hat die Reflexion mit ihren Verwandlungskünsten nichts zu suchen. Marie Beaumarchais konnte Clavigo ebenso heftig, ebenso wild und leidenschaftlich lieben; daß das Schlimmste nicht geschehen ist, hat für sie in ihrer Leidenschaft keine entscheidende Bedeutung; ja sie könnte wünschen, es wäre geschehen; da hätte die Geschichte doch ein Ende, da hätte sie eine viel schärfere Waffe gegen ihn. Nun ist es aber nicht geschehen; und damit ist und bleibt das Faktum, dem sie sich gegenübersieht, zweifelhaft, wird stets als ein Geheimnis zwischen ihr und ihm stehen. Darum kann sie sich nun auch empören über die kalte Hinterlist, die gemeine Berechnung, die dazu gehörte, sie so zu betrügen, daß der Fall in den Augen der Welt verhältnismäßig harmlos aussah, sie so zu betrügen, daß sie den teilnahmsvollen Seelen in die Hände fallen mußte, bei denen es heißt: Du lieber Gott, die Sache ist doch nicht so schlimm! Sie kann rasend werden bei dem Gedanken an die stolze Überlegenheit, die sie als *quantité négligeable* behandelte und ihr eine Grenze setzte: bis hierher und nicht weiter. Und doch! Es gibt ja für alles das auch eine andere, schönere Deutung. Aber je nachdem die Deutung sich ändert, ändert sich auch das Faktum. Daher hat die Reflexion hier genug zu tun und das reflektierte Leid ist unvermeidlich. Don Juan hat Elvira verlassen, und im selben Augenblick wird ihr alles klar: kein Zweifel lockt das Leid in das Sprechzimmer der Reflexion. Sie verstummt; mit einem einzigen Pulsschlag durchströmt sie die Verzweiflung, durchströmt sie und bricht durch nach außen; die Leidenschaft glüht aus ihr heraus und wird in ihrem Äußern sichtbar. Haß, Verzweiflung, Rache, Liebe brechen sichtbar hervor und finden den entsprechenden Ausdruck. In diesem Augenblick ist sie malerisch; wir sehen sie sofort in der Phantasie. Daher ist nun ihr Äußeres keineswegs gleichgültig, und wenn der bildende Künstler darüber wie sie darzustellen wäre seine Erwägungen anstellt, so hat das einen guten Sinn.

Ob sie wirklich in diesem Augenblick eine Aufgabe für ihn wäre, ist eine andere Frage; soviel steht fest: sie ist in diesem Augenblick sichtbar, sie kann gesehen werden; natürlich nicht in dem Sinne, daß diese oder jene wirkliche Elvira wirklich zu sehen wäre, was oft nur eben heißt, daß sie nicht zu sehen ist; sondern die Elvira, die wir uns denken, ist sichtbar in ihrer Wesenheit. Ob die bildende Kunst imstande ist den Ausdruck ihrer Miene in dem Grad zu nuancieren, daß das Wesen ihrer Verzweiflung anschaulich wird, will ich nicht entscheiden; jedenfalls läßt sie sich beschreiben, und das Bild, das dabei herauskommt, ist nicht bloß eine unnütze Last für das Gedächtnis, sondern sagt etwas. Und wer hat Elvira nicht gesehen! Es war früh am Morgen, als ich einmal eine der romantischen Gegenden Spaniens durchwanderte. Die Natur erwachte, die Bäume des Waldes schüttelten ihre Häupter, und die Blätter rieben sich den Schlaf aus den Augen; ein Baum neigte sich zum andern nieder, zu sehen, ob er schon wach sei, und der ganze Wald wogte in der kühlen frischen Luft. Ein leichter Nebel stieg von der Erde auf, aber die Sonne zog ihn beiseite wie eine Decke unter der sie die Nacht geschlafen, und schaute wie eine liebende Mutter nach den Blumen und nach allem was da lebte, und sagte: Steht auf, liebe Kinder, die Sonne scheint schon. Als ich eben in einen Hohlweg einbog, fiel mein Blick auf ein Kloster, das hoch auf der Spitze eines Berges lag, und zu dem in vielen Krümmungen ein schmaler Fußweg hinaufführte. Wie ein ernstes Gotteshaus, dachte ich, liegt es da, festgegründet auf den Fels. Ich wurde nachdenklich. Es sei ein Nonnenkloster, sagte mein Führer, und bekannt wegen seiner strengen

Zucht. Mein Gang verlangsamte sich und meine Gedanken stockten; was soll man auch eilen, wenn man dem Kloster so nahe ist! Vermutlich wäre ich schließlich stehengeblieben, wenn ich nicht von einer raschen Bewegung in meiner Nähe aufgeschreckt worden wäre. Unwillkürlich drehte ich mich um: es war ein Ritter, der an mir vorbeieilte. Wie war er schön! Sein Gang so leicht und doch so kraftvoll, so königlich und doch so flüchtig; er wandte das Haupt, um zurückzusehen; sein Angesicht war einnehmend und doch wie unruhig der Blick! Es war Don Juan. Eilt er zu einem Rendezvous oder kommt er von einem? Doch rasch hat ihn mein Auge verloren und mein Gedanke vergessen; mein Blick ruht auf dem Kloster. Ich versank in Betrachtungen über die Lust des Lebens und den stillen Frieden des Klosters; da sah ich oben auf dem Berg eine weibliche Gestalt. In höchster Eile kam sie den Fußweg herunter, so schnell, daß es bei der Steilheit des Weges immer aussah, als stürze sie von dem Berg herunter. Sie kommt näher. Ihr Gesicht ist bleich, nur in ihrem Auge lodert ein wildes Feuer; ihr Körper hat keine Spannkraft mehr, ihr Busen bewegt sich heftig, und doch läuft sie schneller und schneller; ihre Locken haben sich gelöst und flattern im Winde, aber selbst die frische Morgenluft und der rasche Gang können ihr die blassen Wangen nicht röten; ihr Nonnenschleier ist zerrissen und fliegt zurück; ihr leichtes, weißes Gewand würde einem profanen Blick viel verraten, wenn nicht die Leidenschaft in ihrem Antlitz des verdorbensten Menschen Aufmerksamkeit fesseln müßte. Sie eilte an mir vorbei und ich wagte nicht sie anzureden; dazu war ihre Stirne zu majestätisch, ihr Blick zu königlich, ihre Leidenschaft zu edel. Wohin gehört dies Mädchen? Ins Kloster? Sind dort solche Leidenschaften zu Hause? ... In die Welt? Aber diese Tracht ... Warum diese Eile? Will sie ihre Scham und ihre Schande verbergen, oder will sie Don Juan einholen? Da eilt sie dem Walde zu, er nimmt sie auf und schließt sich hinter ihr; ich sehe sie nicht mehr, höre nur des Waldes Seufzen. Arme Elvira! Sollten die Bäume etwas erfahren? Ach, die Bäume sind besser als die Menschen; sie seufzen und schweigen, die Menschen zischeln.

In diesem ersten Moment ist Elvira darstellbar, und wenn auch die bildende Kunst wohl kaum die Aufgabe lösen könnte, weil es zu schwierig wäre, für die Mannigfaltigkeit ihrer Leidenschaften einen einheitlichen Ausdruck zu finden, so ist es uns doch ein ideelles Bedürfnis sie zu sehen. Das wollte ich mit dem Bildchen, das ich eben hingeworfen habe, andeuten; ich bilde mir nämlich nicht ein sie damit dargestellt zu haben; aber ich habe, wie ich glaube, gezeigt, daß eine Beschreibung in diesem Zusammenhang notwendig ist, nicht Ausfluß einer Laune, sondern eine Forderung der Idee. Doch ist damit nur ein Moment entwickelt, und wir müssen nun Elvira weiter folgen.

In dem Stadium der malerischen Leidenschaft kann sie sich ohne Veränderung ihrer inneren Verfassung eine gewisse Zeit halten. Damit bekommt sie dramatisches Interesse. So rasch wie sie an mir vorbeieilte holt sie Don Juan ein, und muß ihn einholen. Denn wohl hat er sie verlassen; aber zugleich reißt er sie mit sich in den Wirbel seines Lebens hinein. Erreicht sie ihn, so wendet sich ihre ganze Aufmerksamkeit wieder nach außen: wir bekommen zunächst noch kein reflektiertes Leid. Sie hat alles verloren, den Himmel, als sie sich der Welt in die Arme warf, die Welt, als sie Don Juan verlor. Nirgends hat sie eine Zuflucht als bei ihm; nur in seiner Nähe kann sie sich der Verzweiflung erwehren. Da übertäubt sie durch das Toben des Hasses und der Verbitterung, die sich ja nur in seiner persönlichen Gegenwart mit der rechten Kraft entladen, sie übertäubt die innere Stimme, oder sie läßt sich wieder verführen zu hoffen. Letzteres weist schon darauf hin, daß die Momente des reflektierten Leides gegeben sind, aber sie haben vorerst keine Zeit, sich in der Tiefe der Seele zu sammeln. „Mein Herz muß erst grausam überzeugt werden", heißt es in Kruses Bearbeitung der Oper, und diese Forderung verrät zur Genüge ihre innere Verfassung. Hat sie durch das was geschehen ist nicht überzeugt werden können, daß Don Juan ein Betrüger ist, so wird sie nie davon überzeugt werden. Aber solange sie einen weiteren Beweis will, kann sie in der unablässigen Verfolgung Don Juans, in dem ruhelosen Leben, das sie führt, der inneren Unruhe einer stillen Verzweiflung entgehen. Das Paradox steht schon auf der Schwelle ihrer Seele; aber solange sie äußere Beweise sucht, die nicht über das Vergangene, sondern über Don Juans gegenwärtige Gesinnung Aufschluß geben sollen, solange sie dadurch ihr Inneres in beständiger Aufregung erhält, so lange bekommt sie nicht mit dem reflektierten Leid zu tun. Haß, Groll und Liebe treiben ihr Wesen in ihrem Herzen, Verwünschungen, Bitten, Beschwörungen strömen abwechselnd über ihre Lippen, und in diesem Wirbelsturm der Empfindungen kommt sie nicht zu sich selbst, findet nicht die Ruhe zu stiller Betrachtung ihres Schicksals. Von außen her erwartet sie eine Erklärung. Wenn daher Don Juan zu ihr sagt: Oh, Elvira, wenn Sie wüßten welche grausame Notwendigkeit mich von Ihnen trennte ... so muß man ja nicht denken, daß, was der Zuschauer ohne weiteres als Spott auffaßt, auch auf Elvira wie Spott wirkt. Was Don Juan da sagt tut ihr wohl, so unwahrscheinlich es ist; denn nach dem Unwahrscheinlichen verlangt sie; sie will es glauben, gerade weil es unwahrscheinlich ist.

Don Juan und Elvira prallen nun zusammen. Wer ist der stärkere? Wir haben die Wahl. Ist er stärker, so hat ihr ganzes Auftreten nichts zu bedeuten. Sie will „einen Beweis, um grausam überzeugt zu werden"; er ist galant genug, ihr ihn nicht vorzuenthalten. Aber natürlich wird sie nicht überzeugt, sondern verlangt einen neuen Beweis: es ist ja ein Trost, wenn man noch Beweise verlangen kann; die Ungewißheit tut wohl. Und so wird sie eben nur eine Nummer mehr in Leporellos Register. Aber wenn Elvira stärker wäre? Wahrscheinlich ist es ja nicht, aber galant wie wir gegen Frauen sind, wollen wir annehmen es sei so. Sie hat also noch ihre volle Schönheit; denn wohl hat sie geweint, aber die Tränen konnten den Glanz ihrer Augen nicht auslöschen; wohl hat sie gelitten, aber noch haben die Leiden nicht an ihrer schwellenden Jugendkraft gezehrt; wohl hat sie sich gegrämt, aber noch hat der Gram die Blüte ihrer Schönheit nicht zerfressen; ihre Wangen sind bleich, aber ihre Züge tiefer beseelt als früher; ihr Gang hat nicht mehr die schwebende Leichtigkeit der kindlichen Unschuld, aber dafür die energievolle Festigkeit weiblicher Leidenschaft. So tritt sie Don Juan entgegen. Sie hat ihn geliebt über alles in der Welt, über ihrer Seele Seligkeit, sie hat ihm alles hingegeben, selbst ihre Ehre, und er wurde untreu. Nun kennt sie nur noch eine Leidenschaft: den Haß, nun hat sie nur noch einen Gedanken: die Rache. Nun steht sie ebensogroß vor uns wie Don Juan; ist es das Männliche, alle Mädchen verführen zu wollen, so ist es das Weibliche, einmal von ganzer Seele verführt zu werden, um dann den Verführer zu hassen, oder wenn man will, zu lieben mit einer Energie, von der eine Ehefrau nichts weiß. So tritt sie ihm entgegen; es fehlt ihr nicht an Mut es mit ihm aufzunehmen; sie kämpft nicht für moralische Prinzipien, sie kämpft für ihre Liebe, eine Liebe, die sie nicht auf Achtung begründet; sie kämpft nicht darum seine Gattin zu werden, sie kämpft um ihre Liebe, und diese Liebe gibt sich nicht mit einem reumütigen Treugelöbnis zufrieden; Rache will sie; wie sie um Liebe ihre Seligkeit gegeben hat, so würde sie es jetzt um Rache tun. Eine solche Gestalt nun kann ihre Wirkung auf Don Juan nicht verfehlen. Er weiß, welch ein Genuß es ist, aus zarter Jugendblüte den süßesten Duft einzusaugen, er weiß, daß der Genuß nur einen Augenblick währt, er weiß, was darauf folgt; hat er doch oft genug mit angesehen, wie rasch jene bleichen Gestalten verfielen. Hier aber war ein Wunder geschehen, das Gesetz des normalen Verlaufs der Dinge war durchbrochen: er hatte ein junges Mädchen verführt, aber ihre Lebenskraft ist nicht gebrochen, ihre Schönheit nicht verwelkt, sie ist verwandelt, ist schöner denn je. Sie fesselt ihn, er kann es nicht leugnen, fesselt ihn mehr, als ihn irgendein Mädchen, mehr als Elvira selbst ihn gefesselt hat. Denn die unschuldige Nonne war bei aller Schönheit doch nur eben ein Mädchen gewesen wie manches andere, seine Verliebtheit ein Abenteuer wie manches andere; aber dieses Mädchen war einzig in seiner Art. Dieses Mädchen ist bewaffnet; sie verbirgt keinen Dolch an der Brust, aber sie trägt eine Rüstung, nicht sichtbar, denn sie gibt sich nicht mit Redensarten und Deklamationen ab, sondern unsichtbar, und das ist ihr Haß. Don Juans Leidenschaft erwacht, er muß sie noch einmal besitzen, aber das geschieht nicht. Sie könnte seine Niederträchtigkeit kennen und ihn darum hassen: wenn sie nicht selbst von ihm betrogen wäre, so würde er siegen; so aber kann er sie nicht gewinnen, all seine „Verführungskünste" sind umsonst. Und wäre er noch mehr Don Juan als er ist, er vermöchte sie nicht zu bewegen; wenn die Engel vom Himmel für ihn bäten, wenn die Mutter Gottes selbst bei der Hochzeit Brautführerin sein wollte, es wäre vergebens. Wie Dido noch in der Unterwelt sich von Aeneas, der ihr untreu geworden, abwendet, so würde sie, kälter als Dido, nicht sich abwenden, sondern gegen ihn wenden.

Doch dieses Zusammentreffen Elviras mit Don Juan ist nur ein Durchgangsmoment; sie geht über die Szene, der Vorhang fällt; wir aber, liebe Συμπαρανεκρώμενοι, wir schleichen ihr nach, denn erst jetzt wird sie recht eigentlich Elvira. In Don Juans Nähe ist sie außer sich; jetzt kommt sie zu sich, und jetzt müßte sie das Paradox denken. Einen Widerspruch zu denken soll trotz den Versicherungen der neueren Philosophen und trotz der dummdreisten Keckheiten des jüngsten Nachwuchses immer mit einiger Schwierigkeit verbunden sein. Einem jungen Mädchen jedenfalls wird man es verzeihen, wenn sie es schwierig findet; und doch, gerade diese Aufgabe soll sie lösen: sie soll denken, daß der, den sie liebt ein Betrüger war. Es ergeht ihr also in diesem Punkt wie Marie Beaumarchais; nur kommt sie auf andere Weise zum Paradox. Das Faktum, an das Marie sich halten mußte, war in sich selbst so dialektisch, daß die Reflexion sich mit ihrer ganzen Gier sofort darauf stürzen mußte. In Elvirens Fall dagegen scheint das Faktum, daß Don Juan ein Betrüger war, so evident zu sein, daß schwer zu begreifen ist wie die Reflexion sich darin einhaken soll. Elvira hat alles verloren, doch liegt ein ganzes Leben vor ihr und ihre Seele verlangt einen Zehrpfennig, von dem sie leben kann. Hier sind nun zwei Möglichkeiten gegeben: entweder sie tritt auf das Gebiet des Ethischen oder Religiösen hinüber, oder sie hält ihre Liebe zu Don Juan fest. Tut sie das erstere, so tritt sie zugleich aus dem Bereich unseres Interesses hinaus; wir lassen sie mit Vergnügen in ein Magdalenenstift eintreten oder wohin sie sonst will. Im übrigen dürfte ihr das nicht so gar leicht werden; denn damit sie das kann muß sie erst verzweifeln; sie hat das Religiöse einmal kennengelernt, aber zum zweitenmal wird es größere Anforderungen stellen, wie es überhaupt gefährlich ist sich mit dieser Macht einzulassen, denn sie ist eifersüchtig auf sich selbst und läßt ihrer nicht spotten. Als sie das Kloster wählte, da fand ihre Seele vielleicht stolze Befriedigung in dem neuen Leben; denn, man sage was man will, ein Mädchen, das sich mit dem Himmel vermählt, macht immer noch die brillanteste Partie. Nun aber soll sie bußfertig und reumütig zurückwandern, das ist etwas anderes. Und dann ist es ja auch sehr fraglich, ob sie einen Priester finden wird, der ihr das Evangelium der Buße und Reue mit derselben Kraft der Überzeugung verkündet wie Don Juan die frohe Botschaft der Lust. Um sich also vor der Verzweiflung zu retten, wird sie sich an Don Juans Liebe halten, was ihr um so leichter werden wird, als sie ihn ja noch immer liebt. Ein Drittes gibt es nicht; denn zu denken, daß sie sich mit der Liebe eines anderen Mannes trösten könnte, wäre entsetzlicher als entsetzlich. Um ihrer selbst willen also muß sie Don Juan lieben; das ist einfach ein Akt der Notwehr. Und nun setzt die Reflexion die Sporen ein und treibt sie geradeswegs auf das Paradox zu: kann sie ihn lieben obgleich er sie betrog? Sooft die Verzweiflung sie fassen will, flüchtet sie zu der Erinnerung an Don Juans Liebe, und damit sie es in diesem Zufluchtsort aushält, muß sie sich einreden, daß er kein Betrüger war. Sie wechselt dabei die Methode, denn eines Weibes Dialektik ist merkwürdig. Nur wer Gelegenheit zur Beobachtung gehabt hat, kann sie reproduzieren; jeder andere, und wäre er der größte Dialektiker, wird spekulieren bis er den Verstand verliert und nichts fertigbringen. Was mich betrifft, so hatte ich das Glück ein paar ganz ausgezeichnete Exemplare kennenzulernen und mit ihnen einen vollständigen dialektischen Kursus durchzumachen. Man sollte denken, daß man sie am ehesten in den großen Städten finden müßte, denn in dem geräuschvollen Treiben, in der Menge der Menschen verbirgt sich vieles; aber merkwürdigerweise ist dem nicht so, wenigstens was die edle Spezies betrifft. In der Provinz, in Kleinstädten, auf Herrensitzen findet man die schönsten. Diejenige, an welche ich zunächst denke, war eine Schwedin, ein adeliges Fräulein. Ihr erster Liebhaber kann sie unmöglich mit größerer Leidenschaft verfolgt haben, als ich, ihr zweiter, dem es freilich nicht um ihre Person nur um ihre Psychologie zu tun war. Indessen bin ich der Wahrheit das Geständnis schuldig, daß nicht Scharfsinn und Klugheit mich auf ihre Spur brachten, sondern ein Zufall, den ich hier nicht zu erzählen brauche. Sie hatte in Stockholm einen französischen Grafen kennengelernt, dessen treuloser Liebenswürdigkeit sie zum Opfer fiel. Noch steht sie lebendig vor mir. Das erstemal als ich sie sah machte sie eigentlich keinerlei Eindruck auf mich. Sie war noch hübsch, in ihrem Wesen stolz und vornehm und sprach nicht viel; vermutlich wäre ich ebenso klug wieder fortgereist, wie ich gekommen war, hätte nicht jener Zufall mich zum Mitwisser ihres Geheimnisses gemacht. Von diesem Augenblick an bekam sie Bedeutung für mich; ich sah in ihr ein so lebendiges Bild einer Elvira, daß ich nicht müde wurde sie zu betrachten. Als solche offenbarte sie sich mir, als ich einmal mit ihr in größere Gesellschaft eingeladen war. Ich war vor ihr gekommen und wartete auf sie; als ich in eine Fensternische trat, um zu sehen, ob sie noch nicht komme, fuhr eben ihr Wagen vor. Sie stieg aus; in diesem Augenblick machte ihre Erscheinung einen eigentümlichen Eindruck auf mich. Sie war in einen seidenen Mantel gehüllt, der mich an den Domino erinnerte, in dem die Elvira der Oper auf dem Ball erscheint. Dann trat sie in den Saal mit einer vornehmen Würde, die etwas wirklich Imponierendes hatte. Sie war in Seide gekleidet, höchst geschmackvoll, aber ganz einfach, und trug keinerlei Schmuck; die Schultern hatte sie entblößt, und die schneeweiße Haut ihres Halses und Busens hob sich prächtig von dem Schwarz des Kleides ab. Nebenbei gesagt: einen hübschen Hals sieht man oft bei einem Mädchen, aber selten einen wirklich schönen Busen. Sie verneigte sich vor der Gesellschaft und dann noch einmal tiefer vor dem Hausherrn, der eben auf sie zutrat, um sie zu begrüßen; ihre Lippen öffneten sich zu einem Lächeln, aber kein Wort ging aus ihrem Munde. Auf mich, den Mitwisser ihres Geheimnisses, machte ihr Auftreten den Eindruck der höchsten Wahrheit und ich wandte im stillen jenes Wort vom Orakel auf sie an: *οὔτε λέγει οὔτε κρύπτει, ἀλλὰ σημαίνει.*[1] Ich habe viel von ihr gelernt und fand in ihr eine Beobachtung bewahrheitet, die ich oft gemacht habe, nämlich daß Menschen, die ein Leid in sich verbergen, im Laufe der Zeit ein Wort sich erfinden, das für sie und für den Eingeweihten alles bezeichnet. Ein solches Wort ist gleichsam ein Diminutiv für das unendliche Leid, das es andeutet, ein Kosenamen für den

---

[1] Es spricht nicht, es verbirgt nicht; es gibt nur Zeichen.

täglichen Gebrauch. Es steht oft in einem ganz zufälligen Verhältnis zu seinem geheimen Sinn, verdankt seine Entstehung fast immer einem Zufall. Nachdem es mir gelungen war, ihr Mißtrauen gegen mich, dem sie durch einen Zufall ausgeliefert war, zu besiegen, erzählte sie mir alles, und oft ging ich mit ihr die ganze Skala der Stimmungen durch. War sie dazu nicht aufgelegt, und wollte sie mir doch andeuten, was ihren Sinn bewegte, so faßte sie mich bei der Hand, sah mich an und sagte: Ich war schlanker als ein Schilfrohr, er herrlicher als die Zeder auf dem Libanon. Woher sie das Wort hatte, weiß ich nicht; aber ich bin überzeugt, wenn einmal Charon mit seinem Boot kommt, um sie ans Gestade der Unterwelt überzusetzen, so wird er nicht den festgesetzten Obolus in ihrem Mund finden, sondern auf ihren Lippen diese Worte: Ich war schlanker als ein Schilfrohr, er herrlicher als die Zeder auf dem Libanon!

Elvira bleibt also von Don Juan abgeschnitten und nun muß sie zusehen wie sie allein sich aus dem Wirrsal ihres Lebens herausfindet; sie muß zu sich selbst kommen. Sie lebt jetzt in einer neuen Umgebung, wo niemand sie kennt, niemand etwas von ihrem früheren Leben weiß, niemand irgendetwas ahnt; von dieser Seite wird ihr also keine Hilfe: niemand wird versuchen das Leid aus ihr herauszulocken; ihr Äußeres hat ja auch nichts Auffallendes, nichts Merkwürdiges; sie trägt nicht das Zeichen des Leides, hängt keinen Schild aus mit einem *avis aux passants*. Sie beherrscht jeden Ausdruck, seit sie ihre Ehre verloren, hat sie das gelernt, und wenn sie auch auf das Urteil der Leute nicht viel gibt, so entgeht sie doch wenigstens ihren Kondolationen. Alles ist also in Ordnung; sie kann ziemlich sicher sein, daß sie durchs Leben gehen wird, ohne den Verdacht des neugierigen Haufens zu wecken, der im allgemeinen ebenso dumm wie neugierig ist. Sie ist im rechtlichen, unbestrittenen Besitz ihres Leides, und nur, wenn sie das Unglück haben sollte mit einem professionellen Schmuggler zusammenzustoßen, müßte sie eine gründliche Visitation befürchten.

Was geht in ihrem Innern vor? Leidet sie? Und ob! Aber was für ein Leiden ist es? Ich möchte sagen, sie hat Nahrungssorgen. Der Mensch lebt ja nicht bloß vom Essen und Trinken; auch seine Seele will Nahrung. Sie ist jung, und doch sind ihre Lebensmittel schon aufgezehrt. Deshalb braucht sie nicht zu sterben; aber sie muß sorgen, muß sorgen, einen Tag für den anderen. Sie kann nicht lassen ihn zu lieben, und doch betrog er sie; wenn er sie aber betrog, was frommt ihr's dann noch zu lieben? Ja, hätte er sie nicht betrogen, wäre er ihr von einer höheren Macht entrissen worden, da wäre sie so gut versorgt als es ein Mädchen nur wünschen kann. Denn die Erinnerung an Don Juans Liebe wäre mehr als die Liebe manches lebendigen Ehemanns. Wenn sie aber ihre Liebe aufgibt, so kommt sie an den Bettelstab, so muß sie wieder ins Kloster zurück, mit Schimpf und Schande. Ja wenn sie sich dadurch Don Juans Liebe wieder erkaufen könnte! So lebt sie hin. Heute denkt sie noch aushalten zu können, sie hat noch ein paar Bissen, von denen sie lebt. Aber morgen! Was soll morgen werden? Sie überlegt und überlegt, sie versucht jeden Ausweg und findet doch keinen, und so gewinnt ihr Sorgen keine Stetigkeit und Kraft: sie wird immer nur von der Sorge umgetrieben, wie sie sorgen soll.

„Vergessen will ich ihn, sein Bild mir aus der Seele reißen; im Feuer will ich mich reinigen, jeder Gedanke der ihm gehört soll ausgebrannt werden; erst dann bin ich gerettet. Es ist Notwehr; jäte ich nicht jeden, auch den fernsten Gedanken aus, so bin ich verloren; nur so kann ich mein Selbst bewahren. Mein Selbst! Was ist mein Selbst? Jämmerlichkeit, Elend! Meiner ersten Liebe wurde ich untreu; sollte ich das wiedergutmachen, indem ich der zweiten untreu werde?"

„Nein ich will ihn hassen! Nur im Haß kann meine Seele Befriedigung, nur im Haß kann ich Ruhe und Tätigkeit finden. Einen Kranz von Verwünschungen will ich flechten aus allem was mich an ihn erinnert. Verflucht seist du für jeden Kuß, zehnmal verflucht für jede Umarmung! Und für jeden Liebesschwur schwöre ich dir Haß. Das soll die Beschäftigung, die Arbeit sein, der ich mein Leben widme; vom Kloster her bin ich gewohnt meinen Rosenkranz zu beten; nun bete ich, wieder eine Nonne, meinen Rosenkranz weiter, früh und spät. Oder sollte ich mir etwa daran genügen lassen, daß er mich einmal geliebt hat? Ich sollte vielleicht klüger sein, ihn nicht mit stolzer Verachtung von mir stoßen, nun, da ich weiß, daß er mich betrog; sollte mich nach der Decke strecken und wie eine gute Hausfrau aus wenigem viel machen? Nein, hassen will ich ihn! Nur so kann ich mich von ihm losreißen und mir selbst beweisen, daß ich nichts mehr von ihm will. Aber schulde ich ihm nichts, wenn ich ihn hasse? Lebe ich nicht doch von ihm? Ist's nicht meine Liebe zu ihm, die den Haß nährt?"

„Er war kein Betrüger; er wußte ja nicht, was ein Weib leiden kann. Hätte er es gewußt, er hätte mich nicht verlassen. Er war ein Mann, war sich selbst genug. Ist das ein Trost für mich? Gewiß, denn meine Leiden, meine Qualen beweisen mir wie glücklich ich geworden wäre, oh er weiß nicht, wie glücklich. Was klage ich, daß ein Mann kein Weib ist, nicht so glücklich wie sie, wenn sie glücklich, nicht so unglücklich wie sie, wenn sie grenzenlos unglücklich ist, weil ihr Glück über jede Grenze ging. "

„Hat er mich betrogen? Nein. Hat er mir etwas gelobt? Nein. Mein Don Juan war kein Freier, kein armseliger Heiratsschwindler; eine Nonne wirft sich nicht weg an so einen. Er hielt nicht um meine Hand an; er reichte sie mir und ich ergriff sie, er sah mich an und ich war sein; er öffnete seine Arme und ich gehörte ihm. Ich umschlang ihn, wie eine Schlingpflanze schlang ich mich um ihn; ich legte mein Haupt an seine Brust und schaute ihm in das kühne Auge, das die Welt beherrscht, und das doch auf mir ruhte, als ob ich die ganze Welt für ihn sei. Wie ein Kind an der Mutterbrust trank ich Reichtum, Fülle, Glückseligkeit. Kann ich mehr verlangen? War ich nicht sein? War er nicht mein? Und wenn er es nicht war, war ich darum weniger sein? Als die Götter noch auf Erden wandelten und sich in sterbliche Frauen verliebten, blieben sie den Geliebten treu? Und doch fiel es keiner ein zu sagen, sie sei betrogen worden. Warum auch! Muß ein Mädchen nicht stolz sein eines Gottes Liebe genossen zu haben? Und was sind alle Götter des Olymps gegen meinen Don Juan! Und ich sollte nicht stolz auf ihn sein, sollte ihn herunterziehen, ihn beleidigen in meinen Gedanken, wünschen, daß er sich hineinzwänge in das enge, armselige Gesetz, das für gewöhnliche Menschen gilt? Nein, stolz will ich sein, daß er mich geliebt hat; er war größer als ein Gott, und so will ich ihn ehren, indem ich mich selbst vernichte. Lieben will ich ihn, weil er mein war, lieben, weil er mich verließ. Immer noch gehöre ich ihm, und ich will für ihn aufbewahren was er weggeworfen hat."

„Nein, ich will nicht mehr an ihn denken; jedesmal, wenn ich es tue, wenn mein Gedanke sich dem Versteck nähert, in dem die Erinnerung an ihn haust, ist es mir als beginge ich eine neue Sünde. Angst ergreift mich, unsagbare Angst, eine Angst wie ich sie im Kloster fühlte, wenn ich in meiner einsamen Zelle saß und seiner wartete, wenn die Gedanken an die strenge Verachtung der Priorin, an die furchtbare Strafe des Klosters, an meine Schuld vor Gott mich schreckten. Und doch, diese Angst, gehört sie nicht auch zu meiner Liebe? Er war mir ja nicht angetraut, wir hatten den Segen der Kirche nicht empfangen; keine Glocke hatte für uns geläutet, keine Hymne geklungen. Und doch, mögen andere Bräute durch die Musik und das festliche Gepränge der Kirche sich stimmen lassen, ich tauschte meine Angst nicht dagegen aus! Aber da kommt er; und die Disharmonie der Angst löste sich in der Harmonie seligster Gewißheit, nur leichte Schauer bewegten wollüstig meine Seele. Sollte ich diese Angst fürchten? Erinnert sie mich nicht an ihn, ist sie nicht die Verheißung seines Kommens? Erinnerte ich mich seiner ohne diese Angst, so erinnerte ich mich seiner nicht. Er kommt, er gebietet Ruhe, er beherrscht die Geister, die mich von ihm fortreißen wollen; ich bin sein, selig in ihm."

Denke dir einen Menschen in einem Schiffbruch. Unbekümmert um sein Leben bleibt er an Bord des sinkenden Schiffes. Er will etwas retten und kann es doch nicht, weil ihm schlechterdings nicht einfällt, was er retten soll. Da hast du Elviras Bild. Ihr Schiff ist gescheitert und droht unterzugehen; aber das bekümmert sie nicht; sie bemerkt es nicht; ratlos steht sie da und weiß nicht was sie retten soll.

3. Gretchen

Sie war ein kleines Bürgermädchen; nicht wie Elvira fürs Kloster bestimmt, aber in der Furcht des Herrn erzogen, wenn auch eine zu kindliche Seele, um Ernst zu fühlen:

Halb Kinderspiel,
Halb Gott im Herzen,

wie Goethe, aus dessen *Faust* wir sie kennen, so unvergleichlich sagt.

Was uns an diesem Mädchen besonders anzieht, ist die liebliche Einfalt und Demut ihrer reinen Seele. Das erstemal, da sie Faust sieht, fühlt sie sich viel zu gering, um von ihm geliebt zu werden; und wenn sie, um zu erfahren ob Faust sie liebt, die Blätter einer Sternblume abpflückt, so tut sie das nicht aus Neugier, sondern aus Demut: sie wagt sich nicht selbst die Antwort zu geben, und deshalb beugt sie sich unter den Orakelspruch einer geheimnisvollen Macht. Ja, liebes Gretchen! Goethe hat uns verraten, daß du die Blätter abpflücktest und was du dabei vor dich hin sagtest: Er liebt mich, er liebt mich nicht ... Armes Kind! Du kannst die Beschäftigung fortsetzen, brauchst nur die Worte zu verändern: Er betrog mich, er betrog mich nicht ... Du kannst ja ein kleines Stück Erde mit diesen Blumen anpflanzen; da haben deine Hände für dein ganzes Leben zu tun.

Man hat es auffallend gefunden, daß die Sage von Don Juan 1003 verführte Mädchen allein in Spanien kennt, die *Faustsage* dagegen nur eine einzige Verführte. Man wird gut daran tun diese Bemerkung nicht zu vergessen, weil sie für das Folgende von Bedeutung ist und dazu verhelfen wird, das eigentümliche Wesen von Gretchens reflektiertem Leid zu bestimmen. Auf den ersten Blick könnte es nämlich scheinen, als ob zwischen Elvira und Gretchen kein anderer Unterschied vorhanden wäre als die Verschiedenheit zweier Individualitäten, die dasselbe erlebt haben. Der Unterschied ist aber viel wesentlicher, gründet sich jedoch nicht so sehr auf die Verschiedenheit der beiden weiblichen Naturen, sondern auf die wesentliche Verschiedenheit, die zwischen einem Don Juan und einem Faust besteht. Daß Elvira und Margarete Wesen verschiedener Art sein müssen, ist von Anfang an klar; denn das Mädchen, das auf einen Faust Eindruck macht, muß wesentlich verschieden sein von dem Mädchen, das einen Don Juan fesselt; ja selbst wenn man sich vorstellte, daß beide sich für ein und dasselbe Mädchen interessierten, so würde doch den einen etwas anderes anziehen als den andern. Faust ist ja freilich eine Reproduktion Don Juans; aber gerade als Reproduktion ist er sogar in dem Lebensstadium, in dem man ihn einen Don Juan nennen könnte, wesentlich verschieden von diesem; denn ein Stadium reproduzieren heißt ja nicht bloß in dasselbe eintreten, sondern eintreten mit allen Momenten des zuvor durchlaufenen Stadiums. Wenn er also auch dasselbe begehrt wie Don Juan, so begehrt er doch auf andere Weise. Aber damit er es auf andere Weise begehren kann, muß es auch in anderer Weise da sein. In ihm sind Momente, denen eine andere Methode entspricht; wie auch in Margarete Momente sind, die eine andere Methode verlangen. Seine Methode aber ist bedingt durch die Art seiner Lust, und diese unterscheidet sich bei wesentlicher Gleichheit doch von der Don Juans. Man glaubt allgemein es sei eine sehr geistreiche Bemerkung, daß Faust schließlich zum Don Juan werde; doch ist damit gar wenig gesagt, weil es eben darauf ankommt, in welchem Sinne er es wird. Faust ist ein Dämon wie Don Juan, aber ein Dämon höherer Ordnung. Das Sinnliche bekommt für ihn erst Bedeutung, nachdem er vorher eine Welt verloren hat. Das Bewußtsein dieses Verlustes bleibt ihm immer lebendig, und so sucht er im Sinnlichen nicht so sehr Genuß als Zerstreuung. Seine zweifelnde Seele findet keinen Ruhepunkt, und nun greift er nach der Liebe, nicht weil er den Glauben an die Liebe hätte, sondern weil in ihr ein präsentisches Moment ist, das ihm einen Augenblick zu verweilen gestattet, und weil ihre Unruhe ihn zerstreut und seine Aufmerksamkeit von der Nichtigkeit des Zweifels abzieht. Seine Lust hat daher nicht die für Don Juan so charakteristische Heiterkeit. Sein Gesicht lächelt nicht, seine Stirn ist nicht wolkenfrei und die Freude ist nicht in seinem Gefolge; die jungen Mädchen tanzen ihm nicht in die Arme, durch die Angst zieht er sie an sich. Was er sucht ist daher nicht nur die Lust der Sinnlichkeit; er begehrt die Unmittelbarkeit des Geistes. Wie die Schatten in der Unterwelt, wenn sie eines Lebendigen habhaft werden, ihm das Blut aussaugen und nun solange leben als dieses Blut sie wärmt und nährt, so sucht Faust ein unmittelbares Leben, um sich damit zu verjüngen und zu stärken. Und wo fände er das besser als bei einem jungen Mädchen, und wo wäre der Genuß höher als in den Armen der Liebe. Das Mittelalter erzählt von einem Zauberer, der einen Verjüngungstrank herzustellen verstand und dazu das Herz eines unschuldigen Kindes brauchte: einer solchen Herzstärkung bedarf er, ein solcher Trank könnte auf einen Augenblick seinen Durst stillen. Seine kranke Seele braucht eines jungen Herzens erstes Grün, so will ich es nennen, denn ich wüßte kein besseres Bild für die erste Jugend einer unschuldigen Mädchenseele. Blume, würde zu wenig sagen; es ist mehr, es ist ein Blühen. Der Hoffnung, des Glaubens, des Vertrauens gesunde Kraft sprießt und blüht in reicher Mannigfaltigkeit; leises Sehnen regt sich in der zarten Knospe und Träume ziehen wie Schatten darüber hin. So wirkt sie auf Faust; sie winkt seiner ruhelosen Seele wie eine friedliche Insel in der stillen See. Daß auch dies vergänglich ist, weiß niemand besser als Faust; er glaubt nicht daran, so wenig wie an irgendetwas anderes; aber daß es da ist, davon vergewissert er sich in den Armen der Liebe. Nur die Fülle der Unschuld und Kindlichkeit kann ihm einen Augenblick der Erfrischung schenken.

Mephistopheles zeigt dem Faust Margarete in einem Spiegel. Er ergötzt sich im Anschauen ihrer Schönheit; und doch ist es nicht ihre Schönheit, die ihn anzieht, wenn er sie auch gerne mitnimmt. Was ihn anzieht ist die reine, klare, reiche, unmittelbare Freude einer weiblichen Seele; die aber zieht ihn geistig an, nicht sinnlich. In gewissem Sinn also begehrt er wie Don Juan und doch wieder ganz anders. Hier würde uns ein Privatdozent, der sich für einen Faust hält, da es ihn ja sonst nicht dazu getrieben hätte Privatdozent zu werden, er würde uns darauf aufmerksam machen, daß Faust auf geistige Entwicklung und Bildung sieht bei dem Mädchen, das ihn anziehen soll. Vielleicht würden seine Kollegen finden, daß das eine vorzügliche Bemerkung sei, und ihre respektiven Frauen und Bräute würden Beifall nicken. Das wäre indessen ein böser Fehlschuß; nichts würde Faust weniger anziehen. Ein sogenanntes gebildetes Mädchen würde zwar innerhalb derselben Relativität liegen wie er selbst, hätte aber dessen ungeachtet schlechterdings keine Bedeutung für ihn, wäre eine reine Null. Sie würde mit ihrem bißchen Bildung den alten Magister des Zweifels vielleicht in die Versuchung bringen sie mit hinaus ins Freie des Stromes zu nehmen, wo sie bald verzweifeln würde. Ein junges, unschuldiges Mädchen dagegen liegt innerhalb einer anderen Relativität, und ist deshalb in gewissem Verstand Faust gegenüber nichts, aber in anderem Verstand ungeheuer viel, weil sie Unmittelbarkeit ist. Nur in dieser Unmittelbarkeit ist sie Gegenstand seines Begehrens; deshalb sagte ich, daß er die Unmittelbarkeit nicht geistig, sondern sinnlich begehrt.

Das alles hat Goethe gesehen; darum ist Margarete ein kleines Bürgermädchen, ein Mädchen, das man fast unbedeutend nennen könnte. Wir wollen uns nun etwas genauere Rechenschaft davon geben, wie Faust auf sie gewirkt haben muß, weil dies für das Verständnis ihres Leides von Wichtigkeit ist. Die einzelnen Züge, die Goethe herausgearbeitet hat, sind natürlich sehr wertvoll. Doch glaube ich, müssen wir der Vollständigkeit halber eine kleine Modifikation anbringen. In ihrer Einfalt und Unschuld merkt Margarete bald, daß es mit Fausts Glauben nicht zum besten bestellt ist. Bei Goethe kommt das in der Katechismusszene zutage, die unstreitig eine vortreffliche Erfindung des Dichters ist. Doch entsteht nun hier die Frage, welche Folge die Examination für das Verhältnis der beiden hat. Faust ist ein Zweifler; aber bleibt er ein Zweifler auch Margarete gegenüber? Faust gibt sich alle Mühe ihre Aufmerksamkeit von den Glaubensfragen abzulenken und auf die Realität der Liebe hinzudrängen. Aber gelingt ihm das, da das Problem nun einmal ins Rollen gekommen ist? Goethe gibt uns darauf keine ganz deutliche Antwort. Und doch kommt für das Verständnis Margaretes so viel darauf an, ob sie in Faust den Zweifler sieht oder nicht. Faust ist ein Zweifler, aber er ist kein eitler Narr, der sich damit wichtig macht, daß er an den Dingen zweifelt, an die andere glauben; sein Zweifel hat einen objektiven Grund in ihm, das muß man zu seiner Ehre sagen. Sobald er nun aber seinen Zweifel gegen andere geltend macht, mischt sich leicht eine unreine Leidenschaft ein; denn wenn man den Zweifel anderen gegenüber geltend macht, so steckt da stets der Neid dahinter, der sich freut anderen das zu entreißen, was sie für ihren sicheren Besitz hielten. Natürlich kann aber dieser Neid nur da entstehen, wo man auf Widerstand stößt. Wo von einem Widerstand nicht die Rede sein kann oder wo es unschön wäre ihn sich zu denken, da hat die Sache keinen Reiz. Letzteres trifft bei einem jungen Mädchen zu. Ihr gegenüber befindet sich der Zweifler stets in einer gewissen Verlegenheit: sie in ihrem Glauben erschüttern, das ist, keine Aufgabe für ihn; dagegen fühlt er, daß sie nur durch ihren Glauben das ist, was sie ist. Er hat das demütigende Gefühl, daß er, der Zweifler, ihr natürlicher Halt sein sollte, wenn sie strauchelt. Nur einem stümperhaften Zweifler, einem halbstudierten Bummler kann es Befriedigung und Freude gewähren einem jungen Mädchen ihren Glauben zu entreißen und Weiber und Kinder zu schrecken, weil es ihm bei Männern nicht gelingt. Aber das gilt von Faust nicht; dazu ist er zu groß. Nach alledem könnte man sich mit Goethe wohl darin einig erklären, daß Faust das erstemal seinen Zweifel verrät; dagegen muß man annehmen, daß ihm das ein zweitesmal nicht passiert. Für die Auffassung Margaretes ist das sehr wichtig. Faust sieht leicht, daß Margaretes ganze Bedeutung auf ihrer unschuldvollen Einfalt beruht; ohne diese ist sie nichts in sich, nichts für ihn; diese muß also bewahrt werden. Er ist ein Zweifler, aber als solcher hat er alle Momente des Positiven in sich, sonst wäre er ein armseliger Zweifler. Ihm fehlt der Schlußpunkt und damit werden alle Momente zu negativen Momenten. Sie dagegen hat den Schlußpunkt, hat Kindlichkeit und Unschuld. Nichts ist also leichter für ihn, als sie auszusteuern. Seine Lebenserfahrung hat ihn oft belehrt, daß was er als Zweifel vortrug auf andere als positive Wahrheit wirkte. Nun freut es ihn, ihr den ganzen Reichtum ihrer Lebensanschauung zu entfalten, er zieht alle die Kleinodien des unmittelbaren Glaubens hervor und freut sich sie damit zu schmücken, weil es ihr gut steht, und weil sie damit schöner wird in seinen Augen. Das bringt zugleich den Vorteil mit sich, daß ihre Seele sich immer fester und fester an die seine schließt. Sie versteht ihn eigentlich nicht; wie ein Kind hält sie sich fest an ihm, und was für ihn Problem ist, ist für sie unverbrüchliche Wahrheit. Während er nun aber ihren Glauben so aufbaut, untergräbt er ihn zugleich, denn er wird schließlich selbst ein Gegenstand des Glaubens für sie, ein Gott, nicht ein Mensch. Hier muß ich einem Mißverständnis vorbeugen. Es könnte den Anschein gewinnen, als machte ich Faust zu einem gemeinen Heuchler. Das ist keineswegs der Fall. Gretchen selbst hat ja den Stein ins Rollen gebracht; mit einem Blick übersieht er die Herrlichkeit, die sie zu besitzen glaubt, und sieht, daß sie vor seinem Zweifel nicht bestehen kann; aber er bringt es nicht übers Herz, ihr das alles zu zerstören und so spielt er eben gutmütig mit ihr. Ihre Liebe macht sie für ihn bedeutend und doch bleibt sie fast ein Kind; er läßt sich zu ihr herab und hat seine Freude daran zu sehen wie sie sich alles zueignet. Dies hat nun aber die traurigsten Folgen für Margaretes Zukunft. Hätte sie in Faust den Zweifler gesehen, so hätte sie ihren Glauben später vielleicht retten können; sie hätte in aller Demut erkannt, daß seine hochfliegenden, kühnen Gedanken nichts für sie seien, und hätte festgehalten was sie hatte. Jetzt dagegen verdankt sie ihm den Inhalt ihres Glaubens, muß aber sehen, da er sie verläßt, daß er selbst nicht daran glaubte. Solange er bei ihr war, kennt sie keinen Zweifel, nun er fort ist, verändert sich alles für sie, wird ihr alles zweifelhaft, und sie kann mit dem Zweifel nicht fertig werden, weil ihre Gedanken nicht von der Tatsache loskommen, daß Faust selbst seiner nicht Herr geworden ist.

Die Kraft, durch welche Faust Margarete anzieht, ist nach Goethes Auffassung nicht Don Juans Kunst der Verführung, sondern seine ungeheure Überlegenheit. Sie kann, wie sie in ihrer liebenswürdigen Art sagt, nicht begreifen was Faust an ihr findet. Der erste Eindruck, den er auf sie macht, ist überwältigend; sie schrumpft zu einem Nichts zusammen. Wenn Elvira Don Juan gehört, so steht sie doch immer neben ihm; Margarete gehört Faust in anderem Sinne: sie geht völlig in ihm auf; sie bricht nicht mit dem Himmel, um ihm anzugehören, damit bekäme sie sofort etwas Selbständiges ihm gegenüber, unmerklich, ohne die mindeste Reflexion verliert sie sich an ihn: er wird ihr alles. Und wie sie von Anfang an nichts ist, so wird sie, wenn man so sagen darf, immer weniger und weniger, je deutlicher ihr seine fast göttliche Überlegenheit wird; sie ist nichts und ist überhaupt nur durch ihn und mit ihm. Was Goethe an anderer Stelle vom Schicksal *Hamlets* sagt, daß hier in einen Blumentopf ein Eichbaum gepflanzt werde, der das Gefäß schließlich sprenge, das gilt auch von Margaretes Liebe. Faust ist ihr viel zu groß, und ihre Liebe muß schließlich ihre Seele sprengen. Und der Augenblick, wo das geschieht, kann nicht lange ausbleiben; Faust fühlt wohl, daß sie in ihrer Unmittelbarkeit nicht verbleiben kann; er führt sie nun aber nicht in die höheren Regionen des Geistes (aus denen ist er ja entflohen); er begehrt sie sinnlich und verläßt sie.

Faust hat also Margarete verlassen. Der Verlust ist für sie so fürchterlich, daß man in ihrer Umgebung darüber einen Augenblick vergißt, was man doch sonst kaum vergißt: daß sie entehrt ist. Sie verfällt in einen Zustand völliger Ohnmacht, sie ist nicht einmal imstande ihren Verlust zu denken, hat nicht die Kraft sich ihr Unglück überhaupt vorzustellen. Bliebe sie in diesem Zustand, so könnte das reflektierte Leid nicht eintreten. Doch die Trostgründe der anderen bringen sie allmählich wieder zu sich, geben ihrem Denken einen Stoß, setzen es in Bewegung; aber da zeigt es sich nun sofort, daß sie außerstande ist irgendeine der ihr vorgetragenen Betrachtungen festzuhalten. Ihr ist, als ob all das gar nicht ihr gälte; da ist kein Wort, das auf sie wirkte, weder beruhigend noch aufreizend. Das Problem ist für sie dasselbe wie für Elvira: daß er ein Betrüger ist; aber für sie ist das noch schwerer zu denken, weil sich Faust in das Allerheiligste ihrer Seele eingeschlichen hat. Sie soll ihn nicht bloß als einen Betrüger, sondern als einen Heuchler erkennen; sie hat ihm nichts gegeben, sie verdankt ihm alles, und dieses alles besitzt sie noch bis zu einem gewissen Grad, nur hat es sich als unecht erwiesen. Aber ist denn das was er sagte weniger wahr, weil er selbst nicht daran glaubte? Keineswegs, und doch für sie, weil sie nur durch ihn daran glaubte.

Es sieht nun aus, als ob bei Margarete die Reflexion nicht leicht in Bewegung kommen könnte, weil das Gefühl ihrer Nichtigkeit ihr den Weg versperrt. Doch liegt darin wieder eine ungeheure dialektische Elastizität. Könnte es dabei verbleiben, daß sie für sich schlechterdings nichts ist, so käme die Reflexion nicht auf, so wäre sie auch nicht betrogen worden. Denn wenn man nichts ist, so entsteht kein Verhältnis, und wo kein Verhältnis ist, da kann auch von einem Betrug nicht die Rede sein. In dieser psychischen Verfassung könnte sie also ruhen. Dabei kann es jedoch nicht verbleiben; denn wer ist in der Liebe mehr als wer für sich nichts ist? Daß sie für sich nichts ist, ist nur der Ausdruck dafür, daß es in ihrer Liebe kein Mehr oder Weniger mehr gibt, und ist deshalb geradezu der Ausdruck für die Absolutheit ihrer Liebe, also auch für ihr absolutes Recht. Sein Benehmen ist dann nicht bloß ein Betrug, sondern ein absoluter Betrug, weil ihre Liebe absolut ist. Und hierin wird sie nun wieder nicht ruhen; denn da er ihr alles war, kann sie diesen Gedanken nicht ohne ihn festhalten; aber durch ihn kann sie ihn auch nicht denken, weil er ein Betrüger war.

Indem die Menschen ihrer Umgebung ihr immer fremder werden, beginnt die innere Bewegung. Sie hat Faust nicht bloß von ganzer Seele geliebt: er war ihre Lebenskraft, durch ihn existierte sie. Daher kommt es, daß ihre Seele zwar nicht weniger stark in Stimmung bewegt wird als die Elviras, aber daß die einzelne Stimmung keine so heftige Bewegung hat. Eine Grundstimmung ist bei ihr im Entstehen; die einzelne Stimmung steigt aus der Tiefe empor einer Wasserblase gleich, die nicht die Kraft hat sich zu halten, auch nicht von einer neuen Blase verdrängt werden kann, sondern sich auflöst in der allgemeinen Stimmung: daß sie nichts ist. Diese Grundstimmung ist wieder ein Zustand, der zwar gefühlt wird, sich aber in keinem einzelnen Ausbruch ausdrücken kann. Sie ist unaussprechlich; und der Versuch der einzelnen Stimmung, sich über sie und gegen sie zu erheben, ist vergebens. Die totale Stimmung klingt deshalb beständig in der einzelnen Stimmung mit; sie bildet als Ohnmacht und Apathie die Resonanz für diese. Die einzelne Stimmung gibt sich Ausdruck, bringt aber keine Linderung noch Erleichterung; es ist, um einen sehr bezeichnenden Ausdruck meiner schwedischen Elvira zu gebrauchen, den allerdings ein Mann nicht leicht erfaßt, es ist ein falscher Seufzer, der nicht wie der echte Seufzer eine stärkende und gesunde Motion ist, sondern eine Erleichterung nur vortäuscht. Die einzelne Stimmung ist auch nicht volltönend und energisch; sie trägt zu viel.

„Kann ich ihn vergessen? Kann der Bach, so weit er auch fließt, seine Quelle vergessen, sich losreißen von seinem Ursprung? Er müßte ja innehalten in seinem Lauf! Kann der Pfeil, so rasch er fliegt, die Bogensehne vergessen? Er müßte ja innehalten in seinem Flug! Kann der Regentropfen, so lange er auch fällt, den Himmel vergessen, von dem er herkam? Er müßte sich ja auflösen. Kann ich eine andere werden, kann ich noch einmal von einer Mutter geboren werden, die nicht meine Mutter ist? Kann ich ihn vergessen? Ich müßte ja aufhören zu sein!“

„Kann ich sein Gedächtnis bewahren? Kann meine Erinnerung sein Bild hervorrufen, nun, da er verschwunden ist? Was kann ich, die ich selbst nur meine Erinnerung an ihn bin? Dieses bleiche, nebelhafte Bild, ist das Faust, der Faust, den ich anbetete? Ich erinnere mich seiner Worte; aber wo ist der Harfenklang seiner Stimme? Ich gedenke seiner Reden, aber mein Herz ist zu schwach ihnen Leben einzuhauchen! Ein sinnloses Geräusch in taubem Ohr.“

„Faust, oh Faust! Warum kommst du nicht wieder? Oh, speise die Hungernde, kleide die Nackte, erquicke die Verschmachtende, besuche die Einsame! Ich weiß wohl, meine Liebe hatte dir nichts zu bedeuten, aber sie verlangte ja auch nichts. Meine Liebe legte sich demütig dir zu Füßen, mein Seufzen war

Gebet, mein Kuß Dankopfer, meine Umarmung Anbetung. Willst du mich darum verlassen? Wußtest du das nicht schon vorher? Es zieht mich zu dir, meine Seele siecht hin, wenn du nicht bei mir bist, ist das kein Grund für dich mich zu lieben?“

„Gott im Himmel vergib mir, daß ich einen Menschen mehr geliebt habe als dich! Und doch, ich tu es ja noch immer und ich begehe eine neue Sünde, indem ich so zu dir spreche. Ewige Liebe, oh laß deine Barmherzigkeit mich halten, stoße mich nicht von dir, gib mir ihn zurück, neige sein Herz mir wieder zu, erbarme dich meiner und vergib, daß ich wieder so bitte!“

„Kann ich ihm fluchen? Was bin ich, daß ich mich dessen unterfangen dürfte. Was vermag der Topf gegen den Töpfer? Was war ich? Nichts, Ton in seiner Hand, eine Rippe aus der er mich bildete. Was war ich? Ein geringes Pflänzchen, und er beugte sich nieder zu mir, er zog mich auf mit seiner Liebe, er war mein Alles, mein Gott, meines Denkens Urquell, meiner Seele Nahrung.“

„Ach, daß ich mich in Klagen ergießen könnte! Dumpf lastet mein Leid auf meiner Seele wie nächtliches Dunkel. Oh kehre zurück, ich will ja nichts von dir, ich verlange nicht dir anzugehören; setze dich nur zu mir, sieh mich an, damit ich Kraft finde zu seufzen; sprich zu mir, sprich von dir selbst, als ob du ein Fremder wärest; ich will vergessen, daß du es bist; sprich, damit ich mir in Tränen Luft machen kann. Bin ich denn so gar nichts? Vermag ich auch nicht zu weinen ohne ihn?“

„Wo finde ich Frieden und Ruhe? Die Gedanken stehen auf in meiner Seele, einer erhebt sich wider den andern, einer verwirrt den andern. Da du bei mir weiltest, gehorchten sie deinem Wink; ich spielte mit ihnen wie ein Kind, ich flocht Kränze aus ihnen und wand sie mir um die Stirne, ich ließ sie im Winde flattern wie meine gelösten Flechten. Nun schlingen sie sich schrecklich um mich wie Schlangen und pressen mir mein armes Herz zusammen.“

„Und ich bin Mutter! Ein lebendes Wesen verlangt Nahrung von mir. Kann denn die Hungrige den Hungrigen speisen, kann die Verschmachtende den Durstigen laben? Soll ich zur Mörderin werden? O Faust, komm zurück, rette das Kind im Leib der Mutter, wenn du die Mutter nicht retten willst!“

So wird sie bewegt nicht von der Stimmung, sondern in der Stimmung; aber die einzelne Stimmung gewährt keine Erleichterung, weil sie sich in der totalen Stimmung, die sie nicht heben kann, auflöst. Wäre Faust ihr geraubt worden, so würde Margarete nicht Beruhigung suchen; ihr Los schiene ihr selbst immer noch beneidenswert, aber sie ist betrogen. Ihr fehlt, was man die Situation des Leides nennen könnte: allein kann sie nicht Leid tragen. Ja könnte sie wie die arme Florine im Märchen jene Echogrotte finden, die jeden Seufzer, jede Klage, die von ihren Wänden widerhallte, zum Ohre des Geliebten trug, sie würde nicht nur wie Florine drei Nächte dort zubringen, sondern Tag und Nacht darin bleiben; aber in Fausts Palast gibt es keine Echogrotte, er hat kein Ohr für das was in ihrem Herzen vorgeht.

Vielleicht zu lange habe ich, liebe Συμπαρανεκρώμενοι, eure Aufmerksamkeit für diese Bilder in Anspruch genommen, um so mehr als ihr eigentlich nichts zu sehen bekamt, so viele Worte ich machte. Doch das ist nicht eine Folge mangelhafter Darstellung, das liegt im Wesen der Sache. Das Leid in seiner eigentümlichen Hinterlist weiß sich auf mannigfaltige Weise zu verstecken. Aber wenn die Gelegenheit sich bietet, so muß es sich offenbaren, und die Gelegenheit haben wir in unserer Macht. Lassen wir nun zum Abschied jene drei Verlobten des Leides sich vereinen, sich in der Harmonie des Leides umarmen: Priesterinnen des Leids, die in dessen düsteren Heiligtum mit Sorgen und Seufzen gewissenhafter als Vestalinnen ihrer Gottheit dienen. Sollten wir sie unterbrechen? Sollten wir ihnen das Verlorene zurückwünschen? Wäre das Gewinn für sie? Haben sie nicht schon eine höhere Weihe empfangen? Und diese Weihe vereint sie und verschönt sie in ihrer Vereinigung und tröstet sie in ihrer Vereinigung; denn nur der selbst von einer Schlange gebissen ist, weiß was es heißt von einer Schlange gebissen zu sein.

Der Unglücklichste – Eine begeisterte Ansprache an die *Συμπαρανεκρώμενοι*

Vortrag in der Freitagsversammlung

In England soll irgendwo ein Grab zu sehen sein, das nicht durch ein prachtvolles Monument oder durch eine stimmungsvolle Umgebung sich hervortut, sondern durch eine kleine Inschrift: „Dem Unglücklichsten". Man soll das Grab geöffnet, aber keine Spur von einem Leichnam gefunden haben. Soll man sich mehr darüber wundern, daß man keinen Leichnam fand, oder daß man das Grab öffnete? Wirklich sonderbar, daß man sich die Zeit genommen hat nachzusehen, ob etwas darin sei! Liest man in einer Grabschrift einen Namen, so fragt man sich wohl, was für ein Leben der da drunten geführt haben mag, man könnte wünschen zu ihm hinunterzusteigen ins Grab, um mit ihm zu reden. Aber diese Inschrift, diese bedeutungsvolle Inschrift! Manches Buch hat einen Titel, der einem Lust macht, das Buch zu lesen; aber ein Titel kann auch an und für sich so gedankenschwer sein, kann einem persönlich so viel sagen, daß man das Buch nie lesen wird. Wahrlich! Bedeutungsvoll ist diese Inschrift, niederschlagend oder erhebend, je nach der Stimmung, die sie trifft, für jeden, der in der Stille seines Herzens sich vielleicht schon mit dem Gedanken vertrautgemacht hat, daß er der Unglücklichste sei. Wer aber hat das Grab geöffnet? Ein Mensch, dessen Seele nichts von solchen Dingen weiß; für seine Neugierde war es eine würdige Aufgabe zu untersuchen, ob das Grab auch einen Inhalt habe. Und siehe! Das Grab war leer! Ist er vielleicht wieder aufgestanden, hat er des Dichters Wort spotten wollen:

Und freundlich beherbergt das stille Haus
Den stillen Gast; nun ruht er aus
Von allem Leid ...

Hat er keine Ruhe gefunden? Auch im Grabe nicht? Wandert er vielleicht unstet in der Welt umher? Ist er fortgezogen aus seinem Haus, seinem Heim, in dem er nur seine Adresse zurückließ? Oder hat er sich noch gar nicht gefunden, der Unglücklichste, den nicht die Eumeniden verfolgen, bis er des Tempels Tor erreicht und die Bank der demütigen Beter, sondern den das Leid durchs Leben jagt, im Leben hält. Sollte er sich noch nicht gefunden haben, so laßt uns, liebe Συμπαρανεκρώμενοι, eine Kreuzfahrt antreten, nicht nach jenem heiligen Grab im glücklichen Osten, sondern nach jenem leidvollen Grab im unglücklichen Westen. Bei jenem leeren Grab wollen wir ihn suchen, den Unglücklichsten und wir sind sicher ihn zu finden; denn wie die Sehnsucht der Heiligen nach dem heiligen Grabe steht, so zieht es die Unglücklichen nach Westen hin zu jenem leeren Grab, und jeder ist erfüllt von dem Gedanken, daß es für ihn bestimmt sei.

Wer ist der Unglücklichste? Fürwahr eine Frage unserer Erwägung würdig! Ist nicht nach den heiligen Vorschriften unserer Gesellschaft unser Tun ein Versuch in aphoristischer, zufälliger Andacht? Wir denken und sprechen nicht aphoristisch, wir leben aphoristisch, wir leben αφωρισμενοι und *segregati*, wir leben als lebendige Aphorismen, losgelöst von dem Verein der Menschen, unberührt von ihren Freuden und Leiden. Wir sind ja nicht Mitlauter in des Lebens Lärm; einsamen Nachtvögeln gleich versammeln wir uns das eine oder das andere Mal in einer stillen Stunde und erbauen uns an Betrachtungen über des Lebens Jämmerlichkeit, über die Länge des Tages, die unendlich sich hinschleppende Länge der Zeit; an der Freude Spiel, an der Toren Glück glauben wir nicht; nur an eines glauben wir: an das Unglück.

Sieh, wie sie sich herzudrängen in zahlloser Menge, alle die Unglücklichen! Doch, viele sind berufen, wenige auserwählt. Lasset uns Weizen und Spreu scheiden, ein Wort, und der Haufen verschwindet; ausgeschlossen sind, ungebetene Gäste, alle die wähnen, daß der Tod das größte Unglück sei, die unglücklich sind, weil sie den Tod fürchten; denn wir, liebe Συμπαρανεκρώμενοι, wir fürchten wie die römischen Soldaten nicht den Tod; wir kennen schlimmeres Unglück, wir kennen vor allem das Unglück zu leben. Ja, gäbe es einen Menschen, der nicht sterben kann, wie es die Sage von jenem ewigen Juden erzählt, würden wir uns bedenken ihn für den Unglücklichsten zu erklären? Da wäre es offenbar, warum das Grab leer ist: der Unglücklichste ist, der nicht sterben kann, der sich nicht im Grab zur Ruhe betten kann. Da wäre die Frage entschieden, die Antwort leicht: denn am unglücklichsten wäre, der nicht sterben könnte, glücklich, wer sterben könnte; glücklich, wer auch nur als alter Mann starb, glücklicher, wer als Jüngling starb, am glücklichsten, wer bei der Geburt starb, am allerglücklichsten, wer nie geboren wurde. Aber der Tod ist das gemeinsame Glück aller Menschen, und so müssen wir den Unglücklichsten, der ja noch nicht gefunden ist, unter den Sterblichen suchen.

Siehe, der Haufen verschwindet, die Menge wird kleiner. Und nun sage ich nicht: schenket mir eure Aufmerksamkeit, denn ich weiß, ich habe sie; nicht: leiht mir euer Ohr, denn ich weiß, ihr tut es. Eure Augen glänzen, ihr erhebt euch von euren Sitzen. Es ist ein Wettstreit, an dem teilzunehmen sich wohl verlohnt, ein Kampf, schrecklicher als wenn es auf Leben und Tod ginge; denn den Tod fürchten wir nicht. Aber der Preis ist auch herrlicher als irgendeiner in der Welt und sicherer; denn wer sich überzeugt hält, daß er der Unglücklichste ist, der braucht ja das Glück nicht zu fürchten, er wird nicht die Demütigung erleben, daß er in seiner letzten Stunde rufen muß: Solon, Solon, Solon!

Wir eröffnen also eine freie Konkurrenz; keiner, wes Standes oder Alters er sei, ist ausgeschlossen. Ausgeschlossen ist nur der Glückliche oder der den Tod fürchtet. Willkommen ist jedes würdige Mitglied der Gemeinde der Unglücklichen; jedem wirklich Unglücklichen ist ein Ehrenplatz bestimmt, dem Unglücklichsten das Grab. Meine Stimme schallt hinaus in die Welt; höret mich alle, ihr, die ihr euch die Unglücklichen dieser Welt nennt, ihr, die ihr den Tod nicht fürchtet. Meine Stimme schallt weit hinaus bis ins Reich der Vergangenheit; denn wir wollen nicht so sophistisch sein, die Abgeschiedenen auszuschließen, weil sie tot sind: sie haben ja gelebt. So beschwöre ich euch, laßt euch einen Augenblick in eurer Ruhe stören; kommt auch ihr zu jenem leeren Grab! Dreimal rufe ich es laut hinaus in alle Welt: höret mich, ihr Unglücklichen! Wir wollen diese Sache nicht in irgendeinem Erdenwinkel unter uns abmachen; offen, vor aller Welt soll das Urteil gesprochen werden.

Doch bevor wir dazu übergehen die einzelnen zu vernehmen, wollen wir uns bereiten als würdige Richter und Kämpfer aufzutreten. Wir wollen unsere Gedanken stärken und unser Ohr waffnen, daß es sich nicht betrügen lasse; denn wessen Stimme tönt so einschmeichelnd, so verführerisch wie die des Unglücklichen, wenn er sein Unglück erzählt? Wir wollen uns rüsten, damit uns die Übersicht nicht verloren gehe, damit der einzelne uns nicht verwirre; denn unendlich ist die Beredsamkeit des Leides, unendlich seine Erfindungsgabe. Laßt uns die Unglücklichen einteilen; nur einer mag für eine bestimmte Klasse zum Worte kommen; denn wir wollen ja nicht leugnen, daß nicht ein einzelner der Unglücklichste ist, sondern eine ganze Klasse. Doch tragen wir darum nicht Bedenken, dem Repräsentanten jener Klasse den Namen „der Unglücklichste" zuzuerkennen und ihm das Grab zuzusprechen.

In allen systematischen Schriften Hegels findet sich ein einziger Abschnitt, der vom unglücklichen Bewußtsein handelt. In banger Unruhe, mit klopfendem Herzen geht man daran, eine derartige Untersuchung zu lesen: man fürchtet zu viel oder zu wenig zu erfahren. Das unglückliche Bewußtsein! Wenn das Wort nur im Lauf der Unterhaltung fällt, überläuft uns ein kalter Schauer; und wenn es mit Emphase ausgesprochen wird, wie jenes geheimnisvolle *tertia nux mors est* bei Brentano, so kann es dich so packen, daß du im Innersten erzitterst wie ein Sünder vor Gottes Zorn. Ach, glücklich, wer mit der Sache nicht mehr zu tun hat, als einen Paragraphen darüber zu schreiben; noch glücklicher, wer den folgenden schreiben kann! Wer ist nun unglücklich? Wer sein Ideal, den Inhalt seines Lebens, die Fülle seines Bewußtseins, sein eigentliches Wesen irgendwie außerhalb seiner selbst hat; wer nie „bei sich" ist, wer „außer sich" ist, in der Vergangenheit oder in der Zukunft. Hiermit ist das Gebiet des unglücklichen Bewußtseins zur Genüge umschrieben; und für diese feste Umgrenzung des Begriffs wissen wir Hegel Dank. Da wir nun aber nicht nur Philosophen sind und als solche jenes Reich aus der Ferne sehen, sondern selbst darinnen leben, als Eingeborene, so wollen wir die geographische Gliederung des Landes etwas genauer ins Auge fassen. Unglücklich ist, wer „außer sich" ist, in der Vergangenheit oder in der Zukunft, wer keine Gegenwart hat, in der er lebt. Der Ausdruck muß hier gepreßt werden. Es gibt ja, wie auch die Sprachwissenschaft lehrt, ein *tempus*, das in der Vergangenheit gegenwärtig, sowie ein *tempus*, das in der Zukunft gegenwärtig ist; zugleich aber lehrt uns dieselbe Wissenschaft, daß es eine Zeit gibt, die *plus quam perfectum* ist und nichts Präsentisches mehr enthält, und ebenso ein *futurum exactum*, von dem dasselbe gilt. Demgemäß gibt es Menschen der Hoffnung und Menschen der Erinnerung. Diese sind, sofern sie nur in der Hoffnung oder nur in der Erinnerung leben, unglücklich, wenn anders nur der glücklich ist, der eine Gegenwart zu genießen hat. Indessen kann man eine Individualität, die in Hoffnung oder Erinnerung präsentisch ist, daß sie präsentisch darin sei, darauf kommt es an, man kann sie im strengen Sinn nicht unglücklich nennen. Darum kann einer, nebenbei bemerkt, durch einen einzigen ob auch noch so schweren Schicksalsschlag nie der Unglücklichste werden; denn durch *einen* Schlag wird er entweder der Hoffnung beraubt, und dann flüchtet er sich in die Gegenwart der Erinnerung, oder der Erinnerung, und dann bleibt ihm die Gegenwart der Hoffnung. Wie läßt sich nun aber die unglückliche Individualität genauer bestimmen? Wenn der Mensch als hoffende (und insofern unglückliche) Individualität sich selbst nicht präsentisch ist, so wird er im strengeren Sinne unglücklich. Wer z. B. ein ewiges Leben hofft, ist in gewissem Sinne wohl eine unglückliche Individualität, weil er dem Gegenwärtigen abgesagt hat; und doch ist er im strengen Sinne nicht unglücklich, weil er in dieser Hoffnung sich selbst präsentisch ist und mit den einzelnen Momenten der Endlichkeit nicht in Streit gerät. Denke dir dagegen einen Menschen, der sich in der Hoffnung nicht präsentisch werden kann, sondern die Hoffnung verliert, der dann wieder hofft und so weiter, der also „außer sich" ist, nicht bloß in der Gegenwart, sondern auch in der Zukunft: so hast du eine Formation des Unglücklichen. Für den Menschen der Erinnerung gilt dasselbe; kann er in der Vergangenheit „bei sich" sein, so ist er strenggenommen nicht unglücklich; kann er das nicht, ist er auch in der Vergangenheit immer „außer sich", so stellt er eine Formation des Unglücklichen dar.

Die Erinnerung ist vorzugsweise das eigentliche Element des Unglücklichen; das ist natürlich, denn die Vergangenheit hat die merkwürdige Eigenschaft, daß sie vorbei ist, die Zukunft, daß sie kommen wird, weshalb man in gewissem Sinne sagen könnte, die Zukunft liege der Gegenwart näher als die Vergangenheit. Die zukünftige Zeit aber, in der einer präsentisch werden soll, muß Realität haben, oder richtiger, muß Realität für ihn bekommen; ebenso muß die vergangene Zeit, in der einer präsentisch werden soll, für ihn Realität haben, oder richtiger, Realität für ihn bekommen. Wenn nun aber der Mensch der Hoffnung in der Hoffnung eine Zukunft, der Mensch der Erinnerung in der Erinnerung eine Vergangenheit sucht, die keine Realität für ihn bekommen wird oder gehabt hat, so haben wir es mit eigentlich unglücklichen Individualitäten zu tun. Nun möchte man das erstere fast für unmöglich, fast für Wahnsinn halten – mit Unrecht! Denn freilich hofft der Hoffende nie etwas, was keine Realität für ihn hat, aber vielleicht hofft er etwas, von dem er weiß, daß es nicht realisiert werden kann. Eine solche Formation liegt vor, wenn eine Individualität, indem sie die Hoffnung verliert, statt nun zur Erinnerung zu flüchten, bei der Hoffnung bleibt. Andrerseits, wenn einer Individualität fehlt oder entschwindet woran sie sich erinnern könnte, und sie doch nicht zur Hoffnung übergehen, sondern der Erinnerung leben will, so haben wir wieder eine Formation von Unglücklichen. Wenn einer sich ganz verlöre im Altertum oder im Mittelalter oder in irgend sonst einer Zeit, aber so, daß diese eine definitive Realität für ihn hätte, oder er verlöre sich in seine eigene Jugendzeit, so daß diese eine definitive Realität für ihn hätte: er wäre eigentlich keine im strengen Verstand unglückliche Individualität. Denke ich mir dagegen einen Menschen, der selbst keine Kindheit gehabt hat, weil dieses Alter ohne eigentliche Bedeutung an ihm vorbeigegangen ist, der nun aber, etwa als Lehrer der Jugend, all das Schöne entdeckt, das in der Kindheit liegt und nun in der Erinnerung seine eigene Kinderzeit sucht und beständig in jene Leere der Vergangenheit hineinstarrt: der ist ein recht passendes Exempel des wahrhaft Unglücklichen. Rückwärtsgehend würde er allmählich die Bedeutung dessen entdecken, was für ihn verloren ist und was er doch als Erinnerung sich zueignen möchte. Denke ich mir einen Menschen, dem der Sinn für des Lebens Freuden und Genüsse fehlt, dem erst da er dem Tode nahe ist die Augen dafür aufgehen, er stirbt nun aber nicht, was das beste für ihn wäre, sondern lebt wieder auf, ohne doch umleben zu können: der kommt ohne Zweifel in Betracht, wenn es sich darum handelt den Unglücklichsten festzustellen.

Die Unglücklichen der Hoffnung leiden übrigens weniger als die der Erinnerung; sie machen sich doch immer noch Hoffnung. Deshalb wird der Unglücklichste stets unter den Unglücklichen der Erinnerung zu suchen sein.

Doch wir wollen weitergehen, wir wollen uns eine Kombination der beiden besprochenen Formationen richtig unglücklicher Individualitäten denken, des Menschen der Hoffnung, der in seiner Hoffnung, des Menschen der Erinnerung, der in seiner Erinnerung nicht präsentisch werden kann. Diese Kombination ergibt sich, wenn wir annehmen, daß die Erinnerung es sei, die den einen in seiner Hoffnung nicht präsentisch werden läßt, die Hoffnung, die den anderen hindert in seiner Erinnerung präsentisch zu werden. Der eine also sucht beständig in der Hoffnung was er in der Erinnerung suchen sollte; seine Hoffnung wird beständig getäuscht, und zwar, das muß er selbst erkennen, nicht deshalb, weil er sich ein zu fernes Ziel gesteckt hätte, sondern weil er an dem Ziel schon vorbei ist, weil dieses schon erlebt und also in die Erinnerung eingegangen sein sollte. Der andere sucht beständig in der Erinnerung was er in der Hoffnung suchen sollte; die Zukunft hat er in Gedanken schon vorweggenommen, in der Phantasie erlebt, und so ist sie für ihn Erinnerung, während er sie doch erst hoffen sollte. Seine Hoffnung also liegt hinter ihm, seine Erinnerung vor ihm. Er lebt nicht nur rückwärts, sondern ist, sogar doppelt, verdreht. Daß er unglücklich ist, wird ihm bald zum Bewußtsein kommen, wenn er auch nicht versteht, warum er es ist; und damit es ihm nachdrücklich zum Bewußtsein komme, tritt auch noch das Mißverständnis hinzu, das auf die seltsamste Weise seiner spottet. Im täglichen Leben genießt er die Ehre für einen Menschen gehalten zu werden, der seine fünf Sinne noch hübsch beieinander hat; und doch weiß er: wollte er einem einzigen Menschen andeuten wie es mit ihm steht, so würde ihn der für verrückt erklären. Das ist zum Verrücktwerden; aber leider wird er es nicht. Sein Unglück ist, daß er zu früh zur Welt gekommen ist und deshalb immer zu spät kommt.

Er ist immer ganz nahe am Ziel und im selben Augenblick weit weg davon; er entdeckt, daß gerade das was ihn unglücklich macht, weil er es hat, ihn einige Jahre vorher glücklich gemacht hätte, wenn er es gehabt hätte, aber ihn unglücklich machte, weil er es nicht hatte. Sein Leben hat keine Bedeutung wie das jenes Ankäus, von dem es heißt, man wisse nichts von ihm, als daß er zu dem Wort:

Zwischen Lipp' und Kelchesrand
Schwebt der dunklen Mächte Hand,

Anlaß gegeben habe – als ob das nicht mehr als genug wäre! Sein Leben kennt keine Ruhe, hat keinen Inhalt; er ist sich nicht präsentisch im Augenblick, nicht präsentisch in der Zukunft, denn diese ist schon erlebt, nicht präsentisch in der Vergangenheit, denn diese ist noch nicht erlebt. So wird er im Kreise herumgetrieben wie Leto, bald zum dunklen Land der Hyperboreer, bald zu den leuchtenden Inseln des Äquators, und kann nicht zum Gebären kommen, ob er gleich fortwährende Geburtswehen hat. Einsam, ganz sich selbst überlassen steht er in der weiten Welt: keine Gegenwart, an der er sich halten könnte; keine Vergangenheit, nach der er sich sehnen könnte, denn seine Vergangenheit ist noch nicht gekommen; keine Zukunft, auf die er hoffen könnte, denn seine Zukunft ist schon vorbei. Einsam steht er da, und die ganze Welt steht ihm gegenüber als das „Du", mit dem er fortwährend im Streite liegt; denn die ganze übrige Welt ist für ihn nur eine Person, und diese eine Person, dieser zudringliche Freund, den er nicht loswerden kann, ist das Mißverständnis. Er kann nicht alt werden, denn er ist nie jung gewesen; er kann nicht jung werden, denn er ist schon alt geworden; er kann nicht streben, denn er hat ja nie gelebt; er kann nicht leben, denn er ist schon tot; er kann nicht lieben, denn die Liebe ist stets präsentisch, er aber hat ja keine Gegenwart, keine Zukunft, keine Vergangenheit; und doch ist er eine sympathetische Natur: er haßt die Welt nur, weil er sie liebt; er hat keine Leidenschaft, nicht weil es ihm an Leidenschaft fehlt, sondern weil er immer mit der einen zugleich die entgegengesetzte hat; er hat keine Zeit zu irgendetwas, nicht weil seine Zeit durch andere Dinge in Anspruch genommen ist, sondern weil er überhaupt keine Zeit hat; er ist ohnmächtig, nicht weil es ihm an Kraft fehlt, sondern weil seine eigene Kraft ihn ohnmächtig macht.

Doch nun ist unser Herz gepanzert, unser Ohr verschanzt, wenn auch nicht verschlossen. Wir haben nun die Stimme besonnener Erwägung gehört; laßt uns nun der Leidenschaft lauschen, ihrer Beredsamkeit, die kurz und bündig ist wie alle Leidenschaft.

Da steht ein junges Mädchen. Sie klagt: ihr Geliebter ist ihr untreu geworden. Darauf kann nicht reflektiert werden. Aber sie liebte in der ganzen Welt nur ihn allein, sie liebte ihn, mit ganzer Seele, mit ganzem Herzen, mit allen Gedanken, sie hat ja die Erinnerung, das Leid.

Aber hier, ist das ein lebendes Wesen oder ein Bild, ist das ein Lebender, der stirbt, oder ein Toter, der lebt? Es ist Niobe. Sie verlor alles auf einen Schlag; sie verlor die, denen sie das Leben gab, sie verlor, die ihr das Leben gaben. Seht auf zu ihr, liebe *Συμπαρανεκρώμενοι*, sie steht ein weniges über der Welt, wie ein Denkstein auf einem Grabhügel. Ihr winkt keine Hoffnung, von keiner Zukunft wird sie bewegt, von keinem Ausblick gelockt; von keiner Hoffnung beunruhigt. Hoffnungslos steht sie da, versteinert in Erinnerung. Sie war unglücklich, aber nur einen Augenblick; denselben Augenblick wurde sie glücklich, und nichts kann sie ihres Glückes berauben; die Welt ändert sich, aber sie kennt keinen Wechsel, die Zeit geht ihren Weg, aber für sie gibt es keine Zukunft.

Seht dort, welch schöne Gruppe! Ein Geschlecht reicht dem andern die Hand zum Segen, zum Zeichen treuen Zusammenhaltens, zu fröhlichem Reigen! Es ist des Ödipus verfluchtes Geschlecht; der Fluch pflanzt sich fort wie ein Stoß und zermalmt die letzte, Antigone. Doch für sie ist gesorgt; eines Geschlechtes Leid ist genug für ein Menschenleben. Sie hat der Hoffnung den Rücken gewandt, sie hat die Unstetigkeit der Hoffnung gegen die Treue der Erinnerung vertauscht. So bleibe denn glücklich, liebe Antigone! Wir wünschen dir ein langes Leben, ein Leben bedeutungsvoll wie ein tiefer Seufzer. Möge das Vergessen dir nichts rauben! Möge dir des Leides Bitterkeit täglich und reichlich gereicht werden!

Da erscheint eine kraftvolle Gestalt; aber er ist ja nicht allein, er hat also Freunde; was will er denn hier? Er ist es, der Patriarch des Leides, Hiob und seine Freunde. Er verlor alles, aber nicht durch einen Schlag, der Herr nahm, der Herr nahm, der Herr nahm. Freunde lehrten ihn des Verlustes Bitterkeit verschmecken: der Herr gab, der Herr gab, der Herr gab, und ein unverständiges Weib als Dreingabe. Er verlor alles; was ihm blieb, interessiert uns nicht. Ihm gebührt Ehrfurcht, liebe *Συμπαρανεκρώμενοι*, Ehrfurcht vor seinen grauen Haaren, vor seinem Unglück. Er verlor alles; aber er hatte es besessen.

Sein Haar ist ergraut, sein Haupt gebeugt, seine Gestalt zusammengefallen, seine Seele bekümmert. Es ist der Vater des verlorenen Sohnes. Wie Hiob verlor er, was ihm das Liebste war auf Erden; doch nicht der Herr nahm es, sondern der Feind; er verlor es nicht, er verliert es; es ist ihm nicht genommen worden, es verschwindet. Er sitzt nicht daheim am Herd in Sack und Asche; er hat sich aufgemacht, hat sein Heim und alles verlassen, um den Verlorenen zu suchen. Er greift nach ihm, aber sein Arm erreicht ihn nicht, er ruft ihn, aber seine Stimme holt ihn nicht ein. Doch er hofft, wenn auch unter Tränen; er sieht ihn, wenn auch in nebelhafter Ferne, er holt ihn ein, wenn auch erst im Tod. Seine Hoffnung läßt ihn alt werden, nichts bindet ihn an die Welt als die Hoffnung, für die er lebt. Sein Fuß ist müde, sein Auge dunkel, sein Leib sehnt sich nach Ruhe, seine Hoffnung lebt. Sein Haar ist weiß, hinfällig sein Körper, sein Fuß strauchelt, sein Herz bricht, seine Hoffnung lebt. Richtet ihn auf, liebe *Συμπαρανεκρώμενοι*, er war unglücklich.

Wer ist jene blasse Gestalt, kraftlos wie ein Schatten der Unterwelt? Sein Name ist vergessen, Jahrhunderte sind verflossen seit jenen Tagen. Er war ein

Jüngling, er war voll Begeisterung; er suchte die Krone des Märtyrers. In Gedanken sah er sich ans Kreuz geschlagen und über ihm den Himmel offen. Aber die Wirklichkeit war ihm zu schwer, die Schwärmerei erlosch, er verleugnete seinen Herrn und sich selbst. Eine Welt wollte er tragen, aber er verhob sich daran; seine Seele wurde nicht erdrückt, nicht vernichtet; sie bekam einen Riß, sein Geist wurde gichtbrüchig, seine Seele lahm. Wünschet ihm Glück, liebe Συμπαρανεκρώμενοι, er war unglücklich. Und doch, er wurde ja glücklich! Er wurde, was er werden wollte, ein Märtyrer, wenn auch anders, als er's sich gedacht hatte. Er dachte an das Kreuz, an die wilden Tiere der Arena; nun wird er lebendig verbrannt, langsam von einem schwachen Feuer verzehrt.

Ein junges Mädchen sitzt da, in Gedanken versunken. Ihr Geliebter ist ihr untreu geworden, darauf kann nicht reflektiert werden. Betrachte, junges Mädchen, die ernsten Mienen unserer Versammlung; wir haben von größerem Unglück gehört. Wir dürsten nach noch größerem. – Ja, aber ich liebte auf der ganzen Welt nur ihn allein, ich liebte ihn mit meiner ganzen Seele, mit meinem ganzen Herzen, mit allen meinen Gedanken. – Derartiges haben wir schon vorhin gehört; ermüde nicht die Ungeduld unserer Sehnsucht; du hast ja die Erinnerung und kannst dich grämen. – Nein, ich kann mich nicht grämen, denn vielleicht war er mir nicht untreu, vielleicht war er kein Betrüger. – Wie, du kannst dich nicht grämen? Tritt näher, du Auserwählte unter den Mädchen, vergib dem strengen Richter, daß er dich einen Augenblick zurückweisen wollte. Du kannst dich nicht grämen? So kannst du doch hoffen! – Nein, ich kann nicht hoffen, denn er war ein Rätsel. – Wohl, Mädchen, ich verstehe dich, du stehst hoch auf der Leiter des Unglücks. Betrachtet sie, liebe Συμπαρανεκρώμενοι, sie hat fast die oberste Sprosse erreicht. Doch du mußt dich eben teilen: Du mußt am Tag hoffen und in der Nacht dich grämen, oder am Tag dich grämen und bei Nacht hoffen. Sei stolz! Aufs Glück soll man nie stolz sein, aber aufs Unglück. Die Unglücklichste bist du nicht, aber, meint ihr nicht, liebe Συμπαρανεκρώμενοι, daß wir ihr ein ehrenvolles *accessit* zugestehen sollten? Das Grab können wir dir nicht gewähren, aber den Platz daneben.

Denn da steht er, aufgestiegen aus dem Reich des Seufzens, der auserkorene Liebling der Leiden, der Apostel des Leides, der verschwiegene Freund des Schmerzes, der unglückliche Liebhaber der Erinnerung, in seiner Erinnerung verwirrt durch das Licht der Hoffnung, in seiner Hoffnung getäuscht durch die Schattenbilder der Erinnerung. Mit Mühe trägt er sein Haupt, und seine Knie versagen den Dienst; und doch stützt er sich nur auf sich selbst. Er ist matt und doch voller Kraft; seine Augen sehen aus, als hätten sie viele Tränen nicht vergossen, nein getrunken; und doch flammt ein Feuer darin, das die ganze Welt verzehren könnte, nur nicht einen Splitter des Leids in seiner eigenen Brust; er ist gebeugt, und doch verheißt seine Jugend ihm ein langes Leben; seine Lippen lächeln der Welt zu, die ihn mißversteht. Erhebet euch, liebe Συμπαρανεκρώμενοι, neiget euch, Zeugen des Leides in dieser feierlichen

Stunde. Ich begrüße dich, großer Unbekannter, dessen Namen ich nicht weiß, ich begrüße dich mit deinem Ehrentitel: Du Unglücklichster. Sei gegrüßt hier in deinem Heim von der Gemeinde der Unglücklichen; sei gegrüßt bei deinem Eingang in die demütige niedere Wohnung, die doch stolzer ist als alle Paläste der Welt. Sieh, der Stein ist weggewälzt, der Schatten des Grabes wartet dein mit seiner erfrischenden Kühle. Doch vielleicht ist die Zeit noch nicht gekommen, vielleicht hast du noch einen weiten Weg vor dir; aber wir geloben dir, uns noch oft hier zu versammeln und dich um dein Glück zu beneiden. So nimm nun unsern Wunsch entgegen, einen guten Wunsch: Möge niemand dich verstehen, mögen alle dich beneiden; möge kein Freund sich dir anschließen, kein Mädchen dich lieben; möge keine heimliche Sympathie deinen einsamen Schmerz ahnen; möge kein Auge dein tief verborgenes Leid ergründen, kein Ohr deinen geheimen Seufzer erhaschen. Oder verschmäht dein stolzes Herz solche teilnehmenden Wünsche, verschmäht es jedes Linderungsmittel? Wohlan! Mögen dich die Mädchen lieben, mögen die Schwangeren in ihrer Angst zu dir fliehen, und die Mütter auf dich hoffen; mögen die Sterbenden bei dir Trost suchen, die Jünglinge um deine Freundschaft werben, die Männer auf dich bauen, die Greise sich auf dich stützen, möge die ganze Welt glauben, daß du sie glücklich zu machen vermögest! Und nun leb' wohl, du Unglücklichster! Doch was sage ich: Unglücklichster? Glücklichster müßte ich sagen; denn dein Unglück ist eine Gabe des Glücks, die niemand sich selbst geben kann. Ach, die Sprache versagt, die Gedanken verwirren sich! Wer wäre denn der Glücklichste, wenn nicht der Unglücklichste? Und wer der Unglücklichste, wenn nicht der Glücklichste? Und das Leben, ist es nicht Wahnwitz, der Glaube Torheit, die Hoffnung Galgenfrist, die Liebe Essig in der Wunde?

Er ist verschwunden; und wir stehen wieder an dem leeren Grab. Laßt uns ihm Frieden und Ruhe und Gesundheit wünschen, und alles mögliche Glück und einen raschen Tod, und ein ewiges Vergessen und kein Gedächtnis unter den Menschen, damit nicht die Erinnerung an ihn einen anderen unglücklich mache!

Erhebt euch, liebe *Συμπαρανεκρώμενοι*! Die Nacht ist vorbei, der Tag, der unermüdliche, geht wieder an die Arbeit; nie, so scheint es, wird er es müde, sich ewig und ewig zu wiederholen.

Die erste Liebe

Lustspiel in einem Akt von Scribe
Übersetzt von J. L. Heiberg

Dieser Aufsatz sollte bestimmt in einer Zeitschrift erscheinen, die Frederik Unsmann zu bestimmter Zeit herausgeben wollte. Ach, was sind alle menschlichen Bestimmungen!

Wer einige Neigung zu produktiver Tätigkeit hat, der hat gewiß auch bemerkt, daß meist nur ein kleiner, zufälliger, äußerer Umstand zur eigentlichen Produktion den notwendigen Anlaß gibt. Das werden nur solche Schriftsteller leugnen, die ihre Begeisterung irgendwie aus einer endlichen Absicht schöpfen, zu ihrem eigenen Schaden; denn es kommen dadurch bei ihnen zwei Dinge in Wegfall, welche die extremen Pole aller wahren und gesunden Produktivität bilden: die Anrufung der Muse, wie man es traditionell nennt, und eben der Anlaß. Anrufung der Muse, der Ausdruck kann zu einem Mißverständnis Anlaß geben; er kann nämlich sowohl bedeuten, daß ich die Muse rufe, wie daß die Muse mich ruft. Der Schriftsteller nun, der entweder naiv genug ist zu glauben, daß sich mit redlichem Wollen, mit Fleiß und Strebsamkeit alles machen lasse, oder der schamlos genug ist Produktionen des Geistes zu verschachern, wird es an aufrichtiger Anrufung oder an frecher Zudringlichkeit nicht fehlen lassen. Nur kommt dabei nicht viel heraus; denn noch immer gilt, was Wessel vom Gott des Geschmacks sagt, daß viele ihn anrufen und daß er wenigen erscheint. Denkt man jedoch bei jenem Ausdruck auch daran, daß die Muse, ich will nicht sagen uns, ich will sagen: den Betreffenden ruft, so bekommt die Sache eine andere Bedeutung. Während nämlich der die Muse Rufende sich sofort auf den Weg macht, auch wenn sie nicht erscheint, kommt der von der Muse Gerufene zunächst nicht in Bewegung: damit das, was für ihn eine innere Bestimmung geworden ist, auch eine äußere werde, bedarf es eines weiteren Momentes, des Anlasses. Der Ruf, der Wink der Muse entreißt ihn dem Getriebe der Welt; er lauscht nur noch auf ihre Stimme, und der Reichtum des Gedankens offenbart sich ihm; nun steht jedes Wort deutlich und lebendig vor ihm; aber diese Offenbarung ist so übermächtig, daß es ihm ist, als sei das alles nicht sein Eigentum. Erst wenn das Bewußtsein wieder so weit zu sich gekommen ist, daß es den ganzen Inhalt sich zueignen kann, so ist der Augenblick da, der die Möglichkeit der eigentlichen Entstehung in sich schließt. Und doch fehlt noch etwas: es fehlt der Anlaß, der in gewissem Sinne ebenso notwendig wie in anderem Sinne unbedeutend ist. Den Göttern hat es gefallen, so die größten Gegensätze zu verknüpfen. Es ist ein Geheimnis der Wirklichkeit, den Juden ein Ärgernis und den Griechen eine Torheit. Der Anlaß ist immer das Zufällige; aber das Zufällige ist absolut ganz ebenso notwendig wie das Notwendige, und darin eben liegt das ungeheure Paradox. Der Anlaß ist nicht im ideellen Verstand das Zufällige, so wie ich im Sinn der Logik das Zufällige denke; sondern der Anlaß ist im Sinne des Fetischismus das Zufällige und doch in dieser Zufälligkeit das Notwendige.

Hinsichtlich dessen, was man im täglichen Leben den Anlaß nennt, herrscht nun eine große Verwirrung. Teils sieht man nämlich zu viel darin, teils zu wenig. Jede Produktivität, die ins Gebiet der Trivialität gehört, und Gott bessere es, diese Produktivität ist immer an der Tagesordnung, übersieht Anlaß wie Begeisterung. Daher meint eine solche Produktivität auch, mit Recht, daß sie gleich gut in jede Zeit hineinpasse. Sie übersieht also ganz und gar die Bedeutung des Anlasses, das heißt, sie sieht in allem einen Anlaß. Sie gleicht einem Schwätzer, der in den gegensätzlichsten Dingen einen Anlaß sieht: ob man die Sache schon kennt, oder ob man sie nicht kennt, beides ist für ihn ein Anlaß, sich selbst oder seine Geschichte anzubringen. Aber damit ist das *punctum saliens* aufgelöst. Andrerseits gibt es eine Produktivität, die sich am Anlaß versieht. Von jener kann man sagen, sie sehe in allem einen Anlaß, von dieser, sie sehe alles im Anlaß. Damit ist nun die große Gemeinde der Gelegenheitsschriftsteller bestimmt, zu der ja, neben den wenigen wahren, echten Gelegenheitsdichtern, die große Mehrzahl derer gehört, die in dem strengen Sinn im Anlaß alles sehen, daß sie bei demselben Anlaß denselben Vers, dasselbe Formular brauchen, hoffend, daß der Anlaß für den Beteiligten auch ein hinlänglicher Anlaß zu einem Honorar werde.

Der Anlaß, der als solcher ein Unwesentliches und Zufälliges ist, versucht sich in unserer Zeit manchmal im Revolutionären. Er spielt den Herren; er gibt den Ausschlag, macht das Produkt und den Produzenten zu etwas oder zu nichts, wie er gerade will. Der Dichter erwartet, daß der Anlaß ihn begeistere, und sieht zu seiner Verwunderung, daß das nicht geschieht, oder er bringt etwas hervor, das er selbst in seinem Innersten für unbedeutend halten muß, und sieht nun, daß der Anlaß etwas daraus macht; er heimst Ehren und Auszeichnungen aller Art ein und muß sich doch sagen, daß er alles dies nur dem Anlaß zu verdanken hat. Dichter dieser Art versehen sich am Anlaß, oder sie übersehen ihn, wie oben dargetan wurde, und kommen deshalb immer ungerufen. Eigentlich zerfallen sie in zwei Klassen: die einen deuten an, daß ein Anlaß notwendig sei, die andern lassen sich nicht einmal das anmerken. Schuld ist bei beiden eine unendliche Selbstüberschätzung. Wenn ein Mensch beständig Redewendungen im Munde führt wie: bei diesem Anlaß fällt mir ein, bei diesem Anlaß kommt mir der Gedanke usf., so kann man sicher sein, daß ein solcher Mensch kein reelles Verhältnis zu sich selbst hat; selbst in den bedeutsamsten Ereignissen sieht er oft nur einen Anlaß, um sein bißchen Bemerkung anzubringen; dagegen verraten diejenigen, welche die Notwendigkeit eines Anlasses nicht einmal andeuten, weniger Eitelkeit als Torheit. Unermüdlich, ohne nach rechts oder links zu sehen, spinnen sie den dünnen Faden ihres Geschwätzes weiter und bringen mit ihrem Gerede und Geschreibe im Leben dieselbe Wirkung hervor wie die Mühle im Märchen, von der es heißt: während all dies geschah, machte die Mühle klipp klapp, klipp klapp.

Und doch hat auch die vollendetste, die tiefste und bedeutendste Produktion einen Anlaß. Der Anlaß ist das zarte, fast unsichtbare Spinnengewebe, in dem die Frucht hängt. Wenn es manchmal den Anschein hat, als ob das Wesentliche zum Anlaß werde, so handelt es sich im allgemeinen um ein Mißverständnis: da sich beide in diesem Fall doch nur berühren. Wer das nicht zugibt, verwechselt wohl Anlaß mit Grund und Ursache. Gesetzt, es frage mich einer, welches der Anlaß für diese Betrachtungen sei, und er gäbe sich zufrieden, wenn ich antwortete: das Folgende, so machte er sich einer solchen Verwechslung schuldig und läßt es geschehen, daß ich desselben Fehlers mich schuldig mache. Nimmt er dagegen das Wort Anlaß in seiner Frage im strengen Sinne, so müßte ich ganz richtig antworten: sie haben keinen Anlaß. Von den einzelnen Teilen des Ganzen das zu fordern, was man vom Ganzen mit Recht fordern kann, wäre ja ungereimt. Wollten nämlich diese Betrachtungen Anspruch auf einen Anlaß machen, so müßten sie ein in sich abgerundetes Ganzes bilden, was von ihnen gar zu egoistisch wäre.

Also, der Anlaß ist für jede Produktion ein Faktor von größter Bedeutung, ja er ist es eigentlich, der über ihren wahren ästhetischen Wert entscheidet. Wenn eine Produktion keinen Anlaß hat, so ist das ein Mangel; nicht daß an ihr etwas fehlen würde, denn obwohl der Anlaß dazu gehört, gehört er doch in anderem Sinn nicht dazu, sondern es ist das ein Mangel in ihr. Wenn in einer Produktion der Anlaß alles ist, so ist das wieder ein Mangel. Der Anlaß ist nämlich nicht positiv, sondern negativ ein Faktor des Produzierens. Wer schafft, der schafft aus Nichts; der Anlaß dagegen ist das Nichts, das alles hervortreten läßt. Des Gedankens ganzer Reichtum, die Fülle der Idee kann vorhanden sein, und doch fehlt der Anlaß. Mit dem Anlaß kommt also nichts Neues hinzu, sondern durch den Anlaß kommt alles heraus. Diese bescheidene Bedeutung des Anlasses ist auch im Wort selbst ausgedrückt.

Dies können viele Menschen nicht begreifen; das kommt aber daher, daß sie keine Ahnung davon haben, was es mit einer ästhetischen Produktion für eine Bewandtnis hat. Ein Prokurator kann seine Eingaben, ein Kaufmann seine Briefe schreiben, ohne das Geheimnis zu ahnen, das in dem Wort Anlaß steckt; und doch beginnt er: Anläßlich ihres Geehrten vom usf.

Vielleicht würde mir mancher in dem, was ich hier entwickelt habe, recht geben und die Bedeutung der Sache für die dichterische Produktion zugestehen, sich aber höchlich verwundern, wenn ich etwas Ähnliches für Rezensionen und Kritiken geltend machen wollte. Und doch glaube ich, daß es gerade hier von größter Wichtigkeit ist; daß die Besprechungen im allgemeinen so pfuscherhaft und handwerksmäßig sind, hängt wohl eben damit zusammen, daß man die Bedeutung des Anlasses übersehen hat. In der Welt der Kritik bekommt der Anlaß sogar eine potenzierte Bedeutung. Obwohl in kritischen Besprechungen oft genug vom Anlaß die Rede ist, so sieht man doch mit halbem Blick, daß der Kritiker im allgemeinen keine Ahnung hat, von was er da redet. Der Kritiker scheint der Anrufung nicht zu bedürfen; was er hervorbringt, ist ja kein Dichterwerk; und bedarf er der Anrufung nicht, so bedarf er auch nicht des Anlasses. Man sollte aber doch die Bedeutung des alten Satzes nicht vergessen, daß Gleiches nur von Gleichem erkannt wird.

Für den Ästhetiker ist allerdings das schon Fertige Gegenstand der Betrachtung: er soll nicht, wie der Dichter selbst, produzieren. Gleichwohl hat für den einen der Anlaß durchaus dieselbe Bedeutung wie für den andern. Der Ästhetiker, der in der Ästhetik seine Profession und in seiner Profession wiederum den eigentlichen Anlaß sieht, ist *eo ipso* verloren. Damit soll keineswegs gesagt sein, daß er nicht allerlei Tüchtiges leisten könnte; aber das Geheimnis der Produktion hat er nicht gefaßt. Er ist viel zu sehr ein pelagianischer Selbstherrscher, als daß er sich in kindlicher Verwunderung darüber zu freuen vermöchte, daß es – merkwürdig genug! – gleichsam fremde Mächte sind, die das hervorbringen, was der Mensch für sein eigenes Werk hält: die Begeisterung nämlich und der Anlaß. Diese beiden, Begeisterung und Anlaß, gehören unzertrennlich zusammen; wir haben da eine Formation, die in der Welt ziemlich häufig ist: das Große, das Erhabene tritt immer in Gesellschaft einer besonders kleinen Person auf. Eine solche ist der Anlaß, eine Person, vor der man sonst nicht den Hut abnehmen würde, die nicht wagt den Mund aufzutun, wenn sie in vornehmer Gesellschaft sich befindet, sondern still, mit einem schelmischen Lächeln, in sich selbst vergnügt dasitzt und sich nicht anmerken läßt, worüber sie lächelt, sich nicht anmerken läßt, daß sie weiß, wie wichtig, wie unentbehrlich sie ist; und ebensowenig läßt sie sich in einen Disput ein über ihre Bedeutung, da sie recht wohl weiß, daß das zu nichts hilft, daß man bloß jeden Anlaß wahrnimmt sie zu demütigen. Solch zweideutiger Natur ist der Anlaß überall, und es hilft ebensowenig, daß man das leugnet und sich von diesem Pfahl im Fleisch zu befreien sucht, als daß man den Anlaß auf den Thron setzt; denn im Purpur, mit dem Zepter in der Hand, nimmt er sich recht närrisch aus, und man sieht gleich, daß er nicht zum Herrschen geboren ist. Indessen liegt eben dieser Abweg sehr nahe, und gerade die besten Köpfe geraten darauf. Wenn nämlich ein Mensch Blick genug für das Leben hat, um zu sehen, wie der Ewige mit den Menschen beständig seinen Spott treibt, indem er es so einrichtet, daß gerade etwas Unbedeutendes, Untergeordnetes, etwas, von dem man sich in guter Gesellschaft zu sprechen scheut, absolut hergehört, so kommt er leicht in Versuchung ihm ins Handwerk pfuschen, ja ihm den Spott heimgeben zu wollen: wie Gott der Größe des Menschen spottet, indem er ihn an das Gesetz des Anlasses schmiedet, so spottet er wieder, indem er den Anlaß zu allem macht und das andere Moment zu einer Bagatelle. Damit wird Gott überflüssig und die Vorstellung von einer göttlichen Leitung zum Unsinn und der Anlaß zum Schalk, der mit Gott so gut wie mit den Menschen seinen Spott treibt, und die ganze Existenz läuft auf einen Spaß hinaus, auf einen Scherz, eine Scharade.

Der Anlaß ist zugleich das Bedeutendste und das Unbedeutendste, das Wichtigste und das Unwichtigste, das Höchste und das Geringste. Ohne Anlaß geschieht eigentlich überhaupt nichts, und doch hat der Anlaß keinerlei Anteil an dem, was geschieht. Der Anlaß ist die letzte Kategorie, so recht eigentlich die Kategorie für den Übergang von der Sphäre der Idee zur Wirklichkeit. Das sollte die Logik sich merken. Mag sie sich noch so sehr in das immanente Denken vertiefen, sich aus dem Nichts in die konkreteste Form hinabstürzen, den Anlaß und damit auch die Wirklichkeit erreicht sie nie. In der Idee kann die ganze Wirklichkeit fertig dastehen, aber ohne Anlaß wird sie nie wirklich; der

Anlaß ist eine Kategorie der Endlichkeit, darum ist es dem immanenten Denken unmöglich ihn zu fassen; dazu ist er zu paradox. Das zeigt sich auch daran daß, was aus dem Anlaß hervorgeht, etwas ganz anderes ist als der Anlaß selbst, eine Absurdität für jedes immanente Denken. Darum ist der Anlaß auch die interessanteste, die unterhaltendste, witzigste aller Kategorien. Wie der Zaunschlüpfer ist er überall und nirgends. Wie ein Kobold treibt er sich in der Welt herum, unsichtbar für alle Schulmeister, deren Gebaren daher auch eine unerschöpfliche Quelle des Gelächters ist für den, der an den Anlaß glaubt. Der Anlaß ist an und für sich nichts, ist nur etwas im Verhältnis zu dem Veranlaßten; und im Verhältnis zu diesem ist er eigentlich nichts. Sobald nämlich der Anlaß etwas anderes wäre als nichts, so stünde er in einem relativ immanenten Verhältnis zum Veranlaßten und wäre also entweder Grund oder Ursache. Das muß man festhalten, sonst verwirrt sich alles.

Ich habe anläßlich des Anlasses zu dieser kleinen Kritik ganz im allgemeinen einiges über den Anlaß, oder über den Anlaß im allgemeinen sagen wollen. Ein Glück, daß ich schon gesagt habe was ich sagen wollte; denn je mehr ich mir die Sache überlege, desto mehr überzeuge ich mich davon, daß sich im allgemeinen überhaupt nichts darüber sagen läßt, weil es keinen Anlaß im allgemeinen gibt. Insofern bin ich also jetzt ebensoweit wie in dem Augenblick, als ich anfing. Möge mir der Leser nicht zürnen! Nicht ich bin schuldig, sondern der Anlaß. Er könnte vielleicht denken, ich hätte das Ganze durchdenken sollen, bevor ich zu schreiben begann, hätte nicht mit etwas anfangen sollen, was sich später als nichts herausstellte, von dem sich später herausstellte, daß es nichts ist. Indessen, um meinem Verfahren Gerechtigkeit widerfahren zu lassen, muß man sagen, daß es das Verdienst hat auf überzeugende Weise darzutun, daß der Anlaß im allgemeinen etwas ist, was nichts ist. Man wird sich später daran erinnern, wenn man die Überzeugung gewonnen hat, daß es noch anderes in dieser Welt gibt, worüber sich in dem Gedanken, daß es etwas sei, viel sagen läßt, das aber doch die Eigentümlichkeit hat, sich als ein Nichts herauszustellen, wenn man es gesagt hat. Was ich hier ausgeführt habe, muß man als etwas Überflüssiges betrachten, als eine Art unnötigen Titelblatts, das nicht mit eingebunden wird, wenn man das Werk binden läßt. Ich weiß deshalb keinen besseren Schluß für diese Einleitung als die unvergleichliche lakonische Wendung, mit der Prof. Paul Möller die Einleitung zu seiner vortrefflichen Besprechung der „Extreme" beschließt: hiermit ist die Einleitung aus.

Was den speziellen Anlaß zu der vorliegenden kleinen Kritik betrifft, so steht er in einem Verhältnis zu meiner unbedeutenden Persönlichkeit, empfiehlt sich also dem Leser durch die normale Eigenschaft unbedeutend zu sein. Scribes Stück *Die erste Liebe* hat auf mannigfache Weise mein persönliches Leben berührt und durch diese Berührung die vorliegende Besprechung veranlaßt, die also im strengsten Sinn das Kind des Anlasses ist. Auch ich war einmal jung, war ein Schwärmer, war verliebt. Der Gegenstand meiner Sehnsucht war ein Mädchen, das ich seit langem kannte; aber unsere beiderseitigen Lebensverhältnisse brachten es mit sich, daß wir uns nur selten zu sehen bekamen. Um so öfter dachten wir aneinander. Diese Art uns miteinander zu beschäftigen brachte uns zugleich näher und ferner. Sahen wir uns nämlich, so waren wir so schüchtern und blöde, daß wir uns viel ferner standen, als wenn wir uns nicht sahen. Waren wir dann wieder getrennt, war das Unbehagliche dieser gegenseitigen Ängstlichkeit wieder vergessen, so bekam das Wiedersehen seine volle Bedeutung, und wir fingen in unseren Träumen gerade da wieder an, wo wir aufgehört hatten. So erging es wenigstens mir, und später erfuhr ich, daß es bei der Geliebten ebenso gewesen war. Mit dem Heiraten hatte es bei mir gute Wege, und da unser Einverständnis andrerseits auf keine Hindernisse stieß, die uns hätten reizen können, so waren wir auf die unschuldigste Weise von der Welt verliebt. Bevor ich daran denken konnte mich in aller Form zu erklären, mußte ein reicher Onkel, dessen einziger Erbe ich war, erst sterben. Das deuchte mich schön; denn in allen Romanen und Komödien, die ich kannte, fand ich den Helden in ähnlicher Situation, und ich freute mich in dem Gedanken eine poetische Figur zu sein. So verlief also mein schönes poetisches Leben; da sah ich eines Tages in der Zeitung, daß ein Stück aufgeführt werden sollte mit dem Titel: *Die erste Liebe.* Ich wußte nicht, daß ein solches Stück überhaupt existierte; aber der Titel tat mir's an, und ich beschloß, ins Theater zu gehen. *Die erste Liebe*, dachte ich, das ist gerade der Ausdruck für deine Gefühle. Habe ich je eine andere geliebt als sie? Geht nicht meine Liebe zurück bis in die frühesten Erinnerungen? Kann ich mir vorstellen, daß ich eine andere liebte, daß sie mit einem anderen verbunden wäre? Nein, sie bleibt meine Braut, oder ich heirate überhaupt nicht. Darum ist das Wort: die erste, so schön. Damit ist das Ursprüngliche der Liebe angedeutet; denn nicht im numerischen Sinne spricht man von der ersten Liebe. Der Dichter hätte ebensogut den Titel wählen können: *die wahre Liebe*, oder: *erste Liebe, wahre Liebe.* Dieses Stück wird mir dazu helfen mich zu verstehen, wird mich veranlassen einen tiefen Blick in mein Inneres zu tun; darum nennt man den Dichter auch den Seher, weil er das Leben erklärt; das versteht der Haufen freilich nicht, das ist nur für Naturen, die das Herz haben es mitzufühlen. Für sie ist der Dichter ein begeisterter Sänger, der überall Schönheit zeigt und vor allem die Schönheit der Liebe. Dieses Stück wird durch seine poetische Kraft die Liebe in meiner Brust zum Ausbruch bringen; ihre Blüte wird sich mit einem Knall öffnen wie eine Passionsblume. Ach, damals war ich noch gar jung! Ich verstand kaum was ich sagte und fand es doch recht gut gesagt. Mit einem Knall muß die Blüte der Liebe sich öffnen, mit Macht das Gefühl hervorbrechen wie Champagner. Das war ein kecker Ausdruck, voll Leidenschaft, ich hatte meine Freude daran. Nun, das Bild von der Passionsblume war jedenfalls nicht schlecht. Denn die Liebe öffnet ihre Blüte gerne mit der Ehe; insofern kann man sie treffend eine Passionsblume nennen. Doch zurück zu meiner Jugend! Der Tag war gekommen, das Stück sollte aufgeführt werden; ich hatte ein Billett bekommen, meine Seele war festlich gestimmt, und mit klopfendem Herzen, voll froher Erwartung eilte ich ins Theater. Wie ich zur Türe hineintrete, werfe ich meinen Blick in den ersten Rang hinauf, und was sehe ich? Meine Geliebte, meines Herzens Gebieterin, mein Ideal, dort sitzt sie. Unwillkürlich trat ich einen Schritt zurück in die Dunkelheit des Parketts, um sie zu betrachten, ohne gesehen zu werden. Wie kam sie hierher? Sie mußte erst heute in die Stadt gekommen sein. Und nun war sie hier im Theater und sollte dasselbe Stück sehen. Das war kein Zufall, das war eine Vorsehung, das war eine freundliche Fügung des blinden Gottes der Liebe. Ich trat wieder vor, unsere Blicke begegneten sich, sie bemerkte mich. Ich brauchte mich nicht zu verneigen, ich brauchte nicht zu konversieren, kurz, ich hatte keinen Grund in Verlegenheit zu kommen. So ließ ich mich gehen in meiner Schwärmerei. Wir kamen uns halbwegs entgegen, wir reichten einander die Hände wie verklärte Wesen, wir schwebten wie Geister, wie Genien in der Welt der Phantasie. Ihr Auge ruhte schmachtend auf mir, ein Seufzer hob ihre Brust, er war für mich, er gehörte mir, das verstand ich. Und doch wünschte ich nicht zu ihr hinaufzustürzen, mich ihr zu Füßen zu werfen; das hätte mich in Verlegenheit gebracht; aber so, auf Abstand, fühlte ich, wie schön es war sie zu lieben, wie schön es war Gegenliebe von ihr hoffen zu dürfen. Die Ouvertüre war vorüber. Der Kronleuchter hob sich, mein Auge folgte ihm, wie er emporstieg und zum letzten Male über den ersten Rang und über sie sein Licht warf. Ein Halbdunkel breitete sich aus, das mir noch schöner vorkam und meine Schwärmerei noch mehr anregte. Der Vorhang ging auf. Noch einmal heftete ich meinen Blick auf sie und sah sie wie in einem Traumgesicht. Ich wandte mich um. Das Stück begann. Nur an sie wollte ich denken und an meine Liebe; was zum Lobe der ersten Liebe gesagt werden würde, das wollte ich auf sie anwenden und auf mein Verhältnis zu ihr. Vielleicht war im ganzen Theater niemand, der des Dichters göttliche Worte so verstehen würde wie ich, und vielleicht sie. Der Gedanke an den mächtigen Eindruck des Stückes machte mich schon stärker; ich fühlte den Mut in mir, am folgenden Tag meinen geheimgehaltenen Gefühlen freien Lauf zu lassen; ihre Wirkung auf sie konnten sie nicht verfehlen; mit einer einzigen Andeutung würde ich sie daran erinnern, was wir an jenem Abend gehört und gesehen hatten; so sollte der Dichter mir zu Hilfe kommen, sollte ihr es erleichtern mir entgegenzukommen, sollte meine Kraft und Beredsamkeit zum höchsten Grade steigern. Ich sah und hörte, und hörte, und der Vorhang fiel. Der Kronleuchter verließ wieder sein himmlisches Versteck, die Dunkelheit schwand, ich schaute hinauf, die jungen Mädchen sahen alle gar vergnügt aus, auch meine Geliebte; Tränen standen in ihren Augen, so stark hatte sie gelacht, ihr Busen bewegte sich noch unruhig, die Heiterkeit hatte gesiegt. Zum Glück auch bei mir. Tags darauf sahen wir uns bei meiner Tante. Die scheue Verlegenheit, die sonst auf uns lag, wenn wir in einem Zimmer beisammen waren, war verschwunden; eine gewisse joviale Freude war an ihre Stelle getreten. Wir lächelten einander zu; wir hatten einander verstanden, und das dankten wir dem Dichter. Darum nennt man den

Dichter einen Seher, weil er die Zukunft vorhersagt. Es kam zu einer Erklärung. Das Vergangene ganz auszustreichen, konnten wir uns doch nicht entschließen. Da verbanden wir uns durch ein heiliges Gelübde: Wie Emmeline und Charles einander geloben den Mond zu betrachten, so gelobten wir uns dieses Stück zu sehen, so oft es gegeben würde. Ich habe mein Gelübde treulich gehalten. Ich habe es auf dänisch, auf deutsch, auf französisch gesehen, im Ausland und zu Hause, und nie bin ich des unerschöpflichen Witzes müde geworden, dessen Wahrheit niemand besser versteht als ich. Dies wurde der erste Anlaß zu der vorliegenden kleinen Kritik. Indem ich das Stück so oft hörte, wurde ich schließlich im Verhältnis zu ihm produktiv. Indessen blieb diese Produktivität doch zum Teil in meinem Kopfe stecken; ich notierte mir je und je eine Bemerkung. Dieser Anlaß war also der Anlaß zur ideellen Möglichkeit dieser Kritik.

Weiter wäre ich vermutlich nicht gekommen, wenn nicht ein neuer Anlaß aufgetreten wäre. Seit einigen Jahren schon drängte mich der Redakteur einer unserer Zeitschriften ihm einen kleinen Aufsatz zu liefern. Da er ungewöhnlich beredt, also ein geschickter Seelenfänger war, so gelang es ihm schließlich mich im Netz eines Versprechens zu fangen. Dies Versprechen war nun auch ein Anlaß; aber es war ein Anlaß im allgemeinen und brachte mich darum nicht vorwärts. Ich befand mich in der Verlegenheit des Kandidaten, dem man die ganze Bibel vorlegt, damit er sich selbst einen Text wähle. Indessen war ich durch mein Versprechen gebunden. Da unternahm ich einmal, mit mancherlei anderen Gedanken, aber auch mit dem Gedanken an mein Versprechen, einen Ausflug nach Seeland. In der Station, wo ich zu übernachten gedachte, ließ ich, was ich nie zu versäumen pflege, meinen Diener alle Bücher herbeischleppen, die der Wirt in seinem Hause auftreiben konnte. Ich tue das grundsätzlich und habe dadurch schon manches profitiert, indem ich auf Dinge stieß, die sonst meiner Aufmerksamkeit vielleicht entgangen wären. Hier nun traf dies nicht zu, denn das erste Buch, das man mir brachte, war – *Die erste Liebe*. Das überraschte mich, denn auf dem Lande findet man das Theaterrepertoire selten. Doch ich hatte ja den Glauben an die erste Liebe verloren und glaube nie an das erste. In der nächsten Stadt besuchte ich einen von meinen Freunden. Er war ausgegangen; man bat mich zu warten und führte mich in sein Arbeitszimmer. Wie ich an seinen Schreibtisch trete, sehe ich ein aufgeschlagenes Buch daliegen, es ist Scribes Theater, aufgeschlagen bei *Les premières amours*. Nun war der Würfel gefallen. Ich beschloß mein Versprechen einzulösen und eine Besprechung des Stückes zu schreiben. Dieser Beschluß mußte unerschütterlich werden, als es sich seltsamerweise traf, daß meine ehemalige Liebe, meine erste Liebe, die in jener Gegend wohnte, in die Stadt kam, nicht in die Hauptstadt, sondern eben in jene kleine Stadt, in der ich mich aufhielt. Ich hatte sie längere Zeit nicht gesehen und fand sie nun verlobt, glücklich und froh, so daß es eine Freude anzusehen war. Sie klärte mich darüber auf, daß sie mich doch nie geliebt habe, daß vielmehr ihr Bräutigam ihre erste Liebe sei, und erzählte dann dieselbe Geschichte wie Emmeline, daß nur die erste Liebe die wahre sei. Wäre mein Beschluß nicht schon vorher fest gewesen, jetzt wäre er es geworden. Ich wollte doch sehen, was die erste Liebe bedeute. Meine Theorie wurde allgemach erschüttert, denn „meine erste Liebe" ließ sich nicht davon abbringen, daß ihre gegenwärtige Liebe die erste sei.

An Motiven fehlte es nicht; die Abhandlung wurde fast bis zum Schlußpunkt fertig; da und dort sollte noch ein Abschnitt eingeschoben werden. Mein Freund, der Redakteur, drängte und hielt mir mein Versprechen mit einer Hartnäckigkeit vor, die selbst einer Emmeline Ehre gemacht hätte. Ich erklärte ihm, daß die Abhandlung bis auf einige Kleinigkeiten fertig sei, und er drückte mir seine Zufriedenheit aus. Aber mit der Zeit verwandelten sich diese Mücken in Elefanten, in unübersteigliche Schwierigkeiten. Dazu kam, daß ich im Schreiben vergessen hatte, daß ich für den Druck schrieb. Das war mir schon öfter passiert, und daher kommt es, daß ich schon manche kleine Abhandlung geschrieben, aber nie eine in Druck gegeben habe. Er fing an es müde zu werden von der fertigen Arbeit zu hören, da er doch kein Manuskript bekam. Und ich wurde seiner unaufhörlichen Mahnungen müde und wünschte alle Versprechen zum Teufel. Da ging seine Zeitschrift ein aus Mangel an Abonnenten, und ich dankte den Göttern, fühlte mich wieder leicht und durch kein Versprechen geniert.

Dies also war der Anlaß dazu, daß diese kleine Kritik zur Welt kam als eine Wirklichkeit für mich selbst, als eine Möglichkeit für meinen Freund, die sich doch später in eine Unmöglichkeit verwandelte. Indessen verging wieder ein Jahr, und in dieser Zeit wurde ich akkurat ein Jahr älter. Daran ist nun weiter nichts Merkwürdiges; denn so wie mir ging es wohl den meisten anderen. Jedoch kann ein Jahr mehr zu bedeuten haben als ein anderes, kann mehr zu bedeuten haben als daß man ein Jahr älter wird. Das war hier der Fall. Gegen das Ende jenes Jahres nämlich begann ein neuer Abschnitt in meinem Leben, ich trat in eine neue Welt der Illusionen ein, die nur jungen Mannsbildern offensteht. Wenn man nämlich zur Sekte der Lesenden gehört, wenn man sich auf die eine oder andere Weise als ein fleißiger und aufmerksamer Leser hervortut, so wird es den anderen wahrscheinlicher und wahrscheinlicher, daß da ein bißchen Schriftsteller ausschlüpfen wird, denn es ist, wie Hamann sagt: „Aus Kindern werden Leute, aus Jungfern werden Bräute, aus Lesern werden Schriftsteller." Nun beginnt ein rosenfarbenes Leben, das nur der ersten Jugend eines jungen Mädchens vergleichbar ist. Redakteure und Verleger fangen an dir den Hof zu machen. Es ist eine gefährliche Periode, denn gar verführerisch ist die Rede der Redakteure, und bald bist du in ihrer Macht; aber sie betrügen uns nur, uns arme Kinder, und dann, ja dann ist es zu spät. Darum hüte dich, junger Mann, geh' nicht zu viel ins Café und ins Restaurant; dort spannen die Redakteure ihre Netze aus. Und wenn sie da einen jungen, unschuldigen Menschen sehen, der frisch von der Leber weg redet was ihm gerade durch den Sinn geht, der gar nicht daran denkt, ob das, was er sagt oder nicht sagt, etwas zu bedeuten hat, sondern sich nur freut, wenn er seine Rede frei hinströmen läßt, wenn sein Herz klopft, indem er spricht, klopft in dem, was er spricht, da tritt eine düstere Gestalt an ihn heran, ein dunkler Schatten, ein Redakteur. Er hat ein feines Ohr; er hört sofort, ob das Gesprochene sich im Druck gut ausnehmen wird oder nicht. Nun versucht er das junge Blut; er beweist ihm, wie unverantwortlich es sei so seine Perlen wegzuwerfen; er verspricht ihm Geld, Macht, Einfluß, sogar beim schönen Geschlecht. Das Herz ist schwach; herrlich klingt die Rede des Redakteurs, und bald ist er gefangen. Nun sucht er nimmer die Einsamkeit, um zu seufzen, nimmer eilt er frohen Muts zu dem Tummelplatz der Jugend, um sich im Reden zu berauschen; schweigsam wird er, denn wer schreibt der redet nicht. Bleich und kalt sitzt er in seinem Studierzimmer; er wechselt die Farbe nicht unter dem Kuß der Idee, er errötet nicht, wie die junge Rose, wenn der Tau in ihren Blütenbecher sinkt, kein Lächeln hat er, keine Träne; ruhig folgt das Auge der Feder, wie sie über das Papier hineilt: er ist Schriftsteller, er ist nicht mehr jung.

Auch meine Jugend war Anfechtungen dieser Art ausgesetzt. Doch ich glaube, ich darf mir das Zeugnis ausstellen, daß ich tapferen Widerstand geleistet habe; unterstützt wurde ich dabei durch jene Erfahrung, die ich in so jungen Jahren gemacht hatte. Der Redakteur, der mir mein erstes Versprechen abnahm, war sehr freundlich gegen mich; aber doch hatte ich immer das Gefühl, als müsse ich es als eine Gunst und Ehre betrachten, daß man einen Artikel von meiner Hand annehme; es war mir, als deute man auf mich als auf denjenigen unter den Jungen, aus dem mit der Zeit noch etwas werden könnte: Laßt ihn sich versuchen; es wird ihm zur Aufmunterung dienen, wenn man ihm die Ehre erweist! Die Versuchung war also nicht so groß, und doch lernte ich alle die schrecklichen Folgen eines Versprechens kennen. Für einen jungen Menschen meines Alters war ich also ungewöhnlich gut gerüstet gegen die Versuchung und konnte mir deshalb ziemlich häufige Besuche im Café und im Restaurant gestatten. Die Gefahr mußte von einer anderen Seite kommen. Es trifft sich, daß einer meiner Cafébekannten – seinen Namen findet man auf dem Titelblatt – beschließt, Redakteur zu werden. Kaum hat er diesen Plan gefaßt und mit dem Verleger das Notwendige besprochen, so sitzt er auch schon an seinem Schreibtisch und schreibt die ganze Nacht hindurch Briefe an alle möglichen Leute, mit der Bitte um Beiträge. Einen solchen in den verbindlichsten Ausdrücken abgefaßten Brief, der die glänzendsten Aussichten eröffnete, bekam auch ich. Indessen, ich widerstand tapfer, versprach jedoch ihm in jeder Weise zu Diensten zu sein, wenn es sich darum handle die eingesandten Artikel etwas auszupolstern oder zu beschneiden. Er selbst arbeitete unverdrossen an dem Artikel, der die Zeitschrift eröffnen sollte. Er war so gut wie fertig damit, hatte die Liebenswürdigkeit mir ihn zu zeigen. Wir brachten einen sehr gemütlichen Vormittag zu; er schien mit meinen Bemerkungen zufrieden zu sein und brachte da und dort eine Änderung an. Wir waren in vorzüglicher Stimmung, aßen Früchte und Konfekt und tranken Champagner; ich freute mich über seinen Artikel, er freute sich über meine Bemerkungen; da will es ein unglücklicher Zufall, daß ich bei einer raschen Bewegung – ich wollte mir eine Aprikose holen – das Schreibzeug umstoße, so daß das Manuskript in Tinte schwamm. Mein Freund gebärdete sich wie ein Rasender. „Es ist alles verloren; das erste Heft meiner Zeitschrift kommt nicht zur bestimmten Zeit heraus, mein Kredit ist dahin, die Subskribenten fallen ab, du weißt nicht, wie schwer man Subskribenten bekommt, und wenn man sie hat, sind sie treulos wie geworbene Truppen und benützen jede Gelegenheit, um einem zu entschlüpfen. Es ist alles verloren; nur ein Ausweg: du lieferst einen Artikel. Ich weiß, du hast Manuskripte im Pult; warum willst du sie nicht drukken lassen? Du hast ja deine Kritik über die erste Liebe! Heraus damit, ich will sie fertigmachen! Ich bitte dich, ich beschwöre dich bei unserer Freundschaft, bei meiner Ehre, bei der Zukunft meiner Zeitschrift, gib sie mir!"

Er bekam den Artikel. So wurde ein umgestürztes Tintenfaß der Anlaß, daß meine kleine Kritik eine Wirklichkeit wurde, die nun, ich sage es mit Grauen, *publici iuris* ist.

Um mit wenigen Worten das Verdienst der modernen, insbesondere der Scribeschen Komödie gegenüber der älteren zu bezeichnen, könnte man etwa folgendes sagen: Der persönliche Gehalt der poetischen Figur wird kommensurabel für den Dialog, die Ergüsse des Monologs sind entbehrlich geworden; der Gehalt der dramatischen Handlung wird kommensurabel für die Situation, novellistische Berichte sind überflüssig geworden; der Dialog endlich wird aus der Situation verständlich, weil diese vollkommen durchsichtig geworden ist. Es sind also keine Erklärungen mehr nötig zur Orientierung des Zuschauers, der Gang der Handlung braucht nicht mehr aufgehalten zu werden, damit Winke und Berichte angebracht werden können. Im Leben bedarf man in jedem Augenblick erläuternder Noten; in der Poesie braucht es nicht ebenso zu sein. Der Zuschauer kann da sorglos genießen, kann ungestört das dramatische Leben in sich aufnehmen. Aber indem so das neuere Drama dem Zuschauer einen geringeren Grad von Selbständigkeit zumutet, fordert es andrerseits vielleicht mehr, insofern der Zuschauer nun viel leichter in Versuchung gerät überhaupt untätig zuzusehen. Je unvollkommener die dramatische Form, der Bau des Dramas ist, um so häufiger wird der Zuschauer aus seinem Schlummer aufgescheucht, sofern er schlummert. Wenn man auf einer schlechten Landstraße durchgerüttelt wird, wo der Wagen jeden Augenblick gegen einen Stein stößt oder das Pferd an einem Strauch hängenbleibt, so wird man nicht leicht dazu kommen einzuschlafen. Fährt man dagegen auf einer wohlgepflegten Landstraße, so hat man Zeit und Gelegenheit sich nach allen Seiten umzusehen, aber ebensogut kann man ein Schläfchen machen. So ist es im neueren Drama; da geschieht alles so zwanglos, so hurtig, daß der Zuschauer, wenn er nicht ein wenig Aufmerksamkeit mitbringt, viel verliert. Allerdings ist es richtig, daß ein Fünfakter der älteren

Komödie ebensolang ist wie ein Fünfakter der neueren; aber die Frage ist, ob ebensoviel geschieht.

Diese Gedanken weiter auszuführen, wäre an sich wohl interessant; man könnte was ich gesagt habe im einzelnen in Scribes Theater nachweisen; aber das würde uns hier zu weit führen, und ich glaube auch, daß eine eingehende Besprechung des kleinen Meisterwerks, das den Gegenstand der vorliegenden Betrachtung bildet, genügen wird. Ich halte mich auch um so lieber an dieses Stück, als die anderen Dramen Scribes die vollkommene Korrektheit unleugbar des öfteren vermissen lassen, insofern die Situation keine Spannung hat und der Dialog zu geschwätzig ist. *Die erste Liebe* dagegen ist ein schlechthin fehlerloses Werk, ein Werk von solcher Vollendung, daß es allein schon Scribe die Unsterblichkeit sichern müßte.

Betrachten wir zunächst die Personen des Stücks als Individualitäten etwas genauer, um später zu sehen, wie der Dichter sie sich in Replik und Dialog vollständig offenbaren läßt, und das, obwohl das Stück nur eine Skizze ist.

Derviere, ein reicher Hüttenbesitzer und Witwer, hat eine einzige Tochter, „ein kleines Jungfräulein von 16 Iahren". Er darf darauf Anspruch machen für einen braven und honetten Mann gehalten zu werden, der viel Geld hat; dagegen wird ihn niemand für einen Mann gelten lassen, für einen Vater, der „keinen Spaß versteht". Dafür sorgt auch seine Tochter, ohne deren Billigung und Beifall er sich kaum für ein vernunftbegabtes Wesen halten darf. Sie macht keine Umstände mit ihm, und er beweist ein ungewöhnliches Talent Spaß zu verstehen, da ihre Laune immerfort Blindekuh spielt mit seiner väterlichen Würde.

Seine einzige Tochter Emmeline ist nun 16 Jahre alt. Ein reizendes, sympathisches kleines Mädchen, aber eine Tochter Dervieres, erzogen von Tante Judith. Die hat sie mit Romanen erzogen und gebildet, und da der Vater reich ist, so bleibt diese Bildung unberührt durch alle Einflüsse der Wirklichkeit. Im Hause gehorchen alle ihrer Laune, deren Unbeständigkeit z. B. aus dem Monolog des Dieners Lapierre im dritten Aufzug hervorgeht. Mit Tante Judiths Bildung hat sie im Vaterhaus gelebt, ohne die Welt kennenzulernen, und hat es nicht versäumt sich in ein Gewebe von Sentimentalität einzuspinnen. Sie war erzogen worden mit ihrem Vetter Charles; er war ihr Spielkamerad, ihr alles, das nötige Supplement zu den Romanen der Tante. Mit ihm hat sie das Gelesene durchgegangen, auf ihn hat sie alles bezogen, da er sie noch ganz jung verließ. Ihre Wege trennten sich, sie lebten ferne voneinander, nur vereint durch „ein heiliges Gelöbnis".

Die Romanbildung hat Charles mit seiner Kusine gemeinsam, nicht aber die Lebensverhältnisse. In frühem Alter wird er in die Welt hinausgeschickt, hat nur 3000 Franken im Jahr und sieht sich so genötigt seine Bildung in der Welt zu verwerten. Seine Bestrebungen in dieser Richtung scheinen nicht vom Glück gekrönt worden zu sein, die Wirklichkeit hat ihn und seine Theorien rasch *ad absurdum* geführt: der hoffnungsvolle Charles ist ein liederlicher Kerl geworden, ein verunglücktes Subjekt, ein verkommenes Genie. Eine solche Figur ist an und für sich von großer dramatischer Wirkung, und man muß sich nur wundern, daß man sie nicht öfters benutzt sieht. Für einen Pfuscher von Theaterdichter liegt die Versuchung nahe sie abstrakt aufzufassen: als ein verunglücktes Subjekt überhaupt; Scribe hat das nicht getan, er ist aber auch kein Pfuscher, sondern ein Virtuose. Damit eine solche Figur Interesse habe, muß der Dichter uns ahnen lassen, wie der Mensch geworden ist, was er ist; er hat nämlich in strengerem Sinn als andere Menschen eine Präexistenz. Diese muß man noch in seiner Verkommenheit sehen und so die Möglichkeit seiner Depravation verstehen. Das ist jedoch nicht so leicht getan wie gesagt, und man kann nicht genug die Virtuosität bewundern, mit der Scribe sie hervortreten läßt, nicht in ewigem Monolog, sondern in Situation. Überhaupt ist Charles wohl eine der genialsten Figuren, die Scribe auf die Bühne gebracht hat; jede seiner Repliken ist Goldes wert, und doch hat der Dichter ihn wie eine flüchtige Skizze hingeworfen. Charles ist keine Abstraktion, nicht ein beliebiges verkommenes Subjekt; man versteht sofort, wie es zugegangen ist; man sieht in ihm die Konsequenz der Prämissen seines Lebens.

Die Frucht der Romanbildung kann eine zweifache sein. Entweder das Individuum vertieft sich mehr und mehr in die Illusion, oder es arbeitet sich heraus, verliert den Glauben an die Illusion und gewinnt den Glauben an die Mystifikation. In der Illusion spielt das Individuum eine Rolle vor sich selbst, in der Mystifikation vor den andern; aber beides ist eine Folge der Romanbildung. Einem Mädchen liegt es näher sich in die Illusion zu vertiefen; das tut auch Emmeline, und ihr Leben begünstigt diese Entwicklung. Anders Charles. Er hat die Illusion verloren; aber obwohl er auf mannigfache Weise in die Klemme der Wirklichkeit gerät, so hat er doch seine Romanbildung nicht ganz hinausgeschwitzt. Er glaubt, er könne mystifizieren. Wenn Emmeline von Sympathien spricht, die über den Verstand des Vaters gehen, so hört man gleich die Romanleserin; aber man findet in Charles' Repliken ebenso konkrete Reminiszenzen seiner Bildung. Er hält sich für außergewöhnlich begabt in der Kunst des Mystifizieren und dieser Glaube an die Mystifikation ist ebenso romantisch wie Emmelines Schwärmerei. Nach achtjährigem Herumschweifen kommt er inkognito zurück; er hat natürlichen Verstand und ist belesen und weiß, daß es fünf oder sechs verschiedene probate Methoden gibt, um das Herz eines Onkels zu erweichen; aber die Hauptsache, die *conditio sine qua non* ist das Inkognito. Das ist der Romanheld! Wenn er sich die Geschicklichkeit zutraut seine Schlafmütze von Onkel an der Nase herumzuführen, so ist das ganz in der Ordnung; aber nicht darauf reflektiert Charles; er spricht von Onkeln im allgemeinen, von fünf oder sechs Methoden im allgemeinen, von der Bedingung des Inkognito im allgemeinen. Sein Glaube an die Mystifikation ist ebenso phantastisch wie Emmelinens Illusion, und man erkennt in beiden Tante Judiths Schule. Von Charles' Überspanntheit in diesem Punkt bekommt man einen guten Begriff, wenn man sieht, daß er trotz all diesen ausgezeichneten Theorien nicht imstande ist die einfachste Kombination zu machen, sondern sich von dem nichts weniger als schwärmerischen Rinville raten lassen muß. Sein Glaube an die Mystifikation erweist sich als ebenso unfruchtbar, wie Emmelines Glaube an die Illusion; darum hat auch der Dichter beide zu demselben Resultat kommen lassen: sie erreichen beide das Gegenteil von dem, was sie erreichen wollten; Emmelines Sympathie und Charles' Mystifikation bewirken, wie ich später zeigen werde, gerade das Gegenteil von dem, was sie bewirken sollen.

Obwohl nun Charles den Glauben an die Mystifikation auf Kosten der Illusion gewonnen hat, so hat er sich doch von dieser einige kleine Überbleibsel in seine verunglückte Existenz hinübergerettet; auch dies läßt uns in Charles Tante Judiths Schüler und Emmelines Spielkamerad erkennen. So jämmerlich und unbedeutend sein Leben ist, er weiß es in romantischer Verklärung aufzufassen. Er sieht auf seine Jugend zurück, auf die Zeit, da er in die Welt hinauszog, und sieht sich als einen höchst „liebenswürdigen Kavalier, einen jungen Mann von feinsten Manieren, voll Feuer, Leben und Grazie, beständig durch die Nachstellungen der Weiblichkeit gefährdet". Sogar die Geschichte mit Pamela hat in seinen Augen einen Schimmer von Romantik, obwohl der Zuschauer ahnt, daß er für den Narren gehalten worden ist. Es ist leicht zu sehen, warum ich die Mystifikation als das Vorherrschende in Charles' Wesen behandle: die Illusion, in der er sich befindet, besteht darin, daß er an sein Talent zur Mystifikation glaubt. Eine unvergleichliche Wahrheit steckt in dieser Figur. Neben den Durchschnittsmenschen hat solch ein verunglücktes Subjekt etwas Vornehmes: er ist von der Idee berührt, in seinem Hirn gehen phantastische Vorstellungen aus und ein. Ein solcher Mensch ist daher recht eigentlich eine komische Figur, weil sein Leben in der Enge der elendesten Alltäglichkeit verläuft, während er zugleich immer das Außerordentliche zu tun glaubt. Die Geschichte mit Pamela ist für ihn ein „Abenteuer"; für uns besteht aber der dringende Verdacht, daß er düpiert worden ist, ja der Gedanke liegt nahe, daß er unschuldiger ist als er selbst weiß, daß Pamela aus anderen Gründen als aus verschmähter Liebe ihn mit der Schneiderschere erschreckt hat, aus Gründen, die wohl gar außerhalb ihres Verhältnisses zu ihm liegen.

Schließlich erkennt man in dem verunglückten Subjekt den Charles von ehemals auch an einer niedrig-komischen, breiweichen Rührseligkeit, die an große Gefühle glaubt und von ihnen bewegt wird. Wie er hört, daß sein Onkel die Wechsel bezahlt hat, bricht er in die Worte aus: „Ja, die Bande der Natur und des Blutes sind heilig."[1] Er ist wirklich bewegt, sein romantisches Herz ist gerührt,

[1] Der Leser, der das Stück genau kennt, wird sich des poetischen Zufalls freuen, der es so fügt, daß Rinville in der ersten Szene, wo er sich für Charles ausgibt, ihn mit einer poetischen Wahrheit reproduziert, die in ihrer unendlich komischen Wirkung an die Produktion eines Bauchredners erinnert. Man glaubt Charles in seinem Sentimentalitätsdusel deklamieren zu hören:

sein Gefühl macht sich Luft, er wird schwärmerisch! „Ich wußte es ja, entweder hat man einen Onkel oder nicht." Und das ist keine Ironie, das ist reines Zukkerwasser der Sentimentalität; daher die unendlich komische Wirkung. Wenn die Kusine den Vater um Vergebung bittet für den vermeintlichen Charles, ruft er mit Tränen in den Augen: „Oh, die gute Kusine!" Noch hat er den Glauben nicht ganz verloren, daß es wie in den Romanen edle weibliche Seelen gibt, deren hochgemute Resignation nur Tränen entlocken kann. Dieser Glaube wacht nun auf mit seiner früheren Schwärmerei.

Ich habe mich mit Absicht bei Charles etwas länger aufgehalten, weil er als eine so vollendete Figur aus des Dichters Hand hervorgegangen ist, daß ich glaube, ich könnte, auch wenn ich mich nur an seine Repliken hielte, ein ganzes Buch über ihn schreiben. Man könnte denken, nur Emmeline sei sentimental, Charles dagegen weltklug geworden. So ist es aber nicht. Darin gerade bewährt sich Scribes feiner Witz, daß Charles in seiner Weise ebenso sentimental ist wie Emmeline, daß beide sich gleichermaßen als Tante Judiths Jünger erweisen.

Der alte Derviere, seine Tochter und Charles bilden im Verein eine ganz phantastische Welt, so gewiß sie in anderem Sinne mitten aus dem Leben herausgegriffen sind. Diese Welt nun muß in ein Verhältnis zur Wirklichkeit gebracht werden, und dies geschieht durch Rinville. Er ist ein gebildeter junger Mann, der schon weit herumgekommen ist, und steht in dem Alter, da man sich normalerweise mit Heiratsgedanken trägt und einen für das Leben entscheidenden Schritt vorbereitet. Er hat sich die Sache überlegt und auf Emmeline ein Auge geworfen. Er ist zu weltklug, um schwärmerisch zu sein; das Heiraten ist für ihn ein wohlüberlegter Schritt, zu dem er sich aus mehreren Gründen entschließt. Erstens ist das Mädchen reich und gibt begründete Aussicht auf eine Jahresrente von 50.000 Franken; zweitens bestehen zwischen seinem und des Mädchens Vater freundschaftliche Beziehungen; drittens hat er sich im Scherz verschworen diese schnippische Schöne zu besiegen; viertens ist sie wirklich ein liebenswürdiges Mädchen. Dieser Grund kommt zuletzt: er ist erst nachträglich notiert worden.

Dies also sind die einzelnen Kräfte im Stück; es fragt sich nun, wie sie aufeinander wirken, damit das Ganze dramatisches Interesse gewinne. Die Figur, die das Stück trägt, ist Emmeline; daran ist nicht zu zweifeln. Sie ist ja gewohnt zu herrschen, es ist also ganz in der Ordnung, wenn sie auch im Stück das Dominierende ist. Sie hat alle möglichen Eigenschaften, die sie zur Heldin machen, aber freilich nicht substantiell, sondern in negativem Sinne. Sie ist also komisch, und durch sie wird das Stück zum Lustspiel. Sie ist gewohnt zu herrschen, wie sich das für eine Heldin gehört, aber wen beherrscht sie? Einen Narren von Vater, ihre Dienstboten usw. Sie hat Pathos, aber weil der Inhalt ihres Pathos Unsinn ist, so ist es wesentlich Geschwätz. Sie hat Leidenschaft, aber weil der

„Ist die Stimme des Bluts nur Einbildung? Spricht Sie nicht zu Ihrem Herzen? Sagt sie Ihnen, mein teurer Onkel nicht ...?" (Vgl. 6. Szene)

Gegenstand ihrer Leidenschaft ein Phantom ist, so ist sie wesentlich Geschwätz. Sie ist schwärmerisch; aber da sie für nichts schwärmt, so ist ihre Schwärmerei Geschwätz; sie will ihrer Leidenschaft alles opfern, das heißt, sie will alles opfern für nichts. So ist sie eine unvergleichliche komische Heldin. Alles dreht sich bei ihr um eine Einbildung, und ihre ganze Umgebung dreht sich um sie, und damit wieder um ihre Einbildung. Fürwahr, eine vollendete Anlage für eine Komödie! Man wirft einen Blick hinein und schaut in einen Abgrund von Lächerlichkeit.

Emmeline glaubt ihren Vetter Charles zu lieben, den sie seit ihrem achten Lebensjahr nicht mehr gesehen: das ist ihre Einbildung. Das Hauptargument, mit welchem sie ihre Illusion verteidigt, lautet: die erste Liebe ist die wahre Liebe, und man liebt nur einmal.

Indem Emmeline den unbedingten Wert der ersten Liebe verficht, kann sie als Repräsentant einer zahlreichen Klasse von Menschen gelten. Man gibt wohl zu, daß man mehr als einmal lieben kann; aber die erste Liebe ist doch wesentlich verschieden von jeder anderen. Erklären läßt sich das durch die Existenz eines mitleidigen Dämons, der den Menschen behilflich ist das Leben mit einer glänzenden Vergoldung zu versehen. Der Satz nämlich, daß die erste Liebe die wahre Liebe ist, ist sehr dehnbar und läßt sich nach Bedürfnis drehen und wenden. Ist man nicht so glücklich den Gegenstand seiner Wünsche zu erringen, so hat man doch die Süßigkeiten der ersten Liebe gekostet. Ist man so unglücklich mehrere Male zu lieben, so ist es doch jedesmal die erste Liebe. Liebt man das drittemal, so sagt man: diese meine jetzige Liebe ist doch erst meine wahre Liebe, die wahre Liebe aber ist die erste, *ergo* ist die dritte Liebe meine erste. Das ist Sophistik wie sie im Buch steht: man nimmt die Erstheit der Liebe das eine Mal qualitativ, das andere Mal numerisch. Wenn ein Witwer und eine Witwe sich zusammentun und jedes fünf Kinder mitbringt, so versichern sie sich doch am Hochzeitstag, daß diese Liebe ihre erste Liebe ist. Emmeline in ihrer romantischen Orthodoxie würde freilich mit Abscheu auf eine derartige Verbindung herabsehen; das wäre ihr eine Lüge und ein Greuel, etwas so Widerwärtiges, wie dem Mittelalter eine Ehe zwischen Mönch und Nonne. Sie versteht den Satz numerisch und mit solcher Gewissenhaftigkeit, daß sie fest glaubt, ein Eindruck in ihrem achten Lebensjahr sei entscheidend für ihr ganzes Leben. Ebenso faßt sie die andere These: man liebt nur einmal, die ebenso sophistisch und elastisch ist wie die erste. Man liebt mehrere Male, läßt aber den vorhergehenden Fall nicht gelten; so stimmt es natürlich, daß man nur einmal liebt. Emmeline hält ihre These fest: die Liebe Nummer eins ist die erste Liebe. Niemand kann sie widerlegen; dem, der es wagt, spricht sie die Sympathie ab. Nun kommt die Erfahrung, und die Erfahrung widerlegt sie: es zeigt sich, daß sie Rinville liebt, nicht Charles. Da fragt es sich nun, wie der Dichter in diesem Punkt verstanden sein will. Hat das Stück die unendliche Perspektive des Komischen, oder den endlichen Horizont des Moralischen? Bekanntlich endet das Stück damit, daß Emmeline sich von Charles zu Rinville wendet, diesem die Hand reicht und sagt: „Ich war im Irrtum; ich verwechselte die Vergangenheit mit der Zukunft." Läuft das Stück auf eine Moral hinaus, das ist wohl die gewöhnliche Meinung, so hat der Dichter in Emmeline ein kindisches, verdrehtes Geschöpf zeichnen wollen, das sich in den Kopf gesetzt hat nur ihren Charles zu lieben, nun aber zu Verstand kommt, von ihrer Krankheit geheilt wird, eine vernünftige Partie macht, indem sie Rinville ihre Hand reicht, und den Zuschauer das beste von ihrer Zukunft hoffen läßt: daß sie eine gute Hausfrau werden wird usf. usf. Damit aber verwandelt sich *Die erste Liebe*, vorausgesetzt, daß der Dichter Emmelines Heilung gut motiviert hat, aus einem Meisterwerk in ein gutes, wenn auch unbedeutendes Stück. Und da es mit dieser Motivierung schlecht steht, so bleibt als Ganzes ein mittelmäßiger szenischer Scherz, an den einige vortreffliche Einzelzüge verschwendet worden sind.

Scribe hat Emmelines Wandlung überhaupt nicht motiviert. Das will ich beweisen. Rinville gibt sich für Charles aus, und es gelingt ihm, Emmeline zu täuschen. Er spielt mit Geschick den sentimentalen Charles, und Emmeline ist außer sich vor Freude. Also nicht durch seine Persönlichkeit nimmt er sie für sich ein, sondern durch Charles' Sonntagskleider. Und wenn statt des fingierten Charles der wirkliche in diesen Kleidern steckte, so würde das an der ganzen Sache nichts ändern. Denn sie liebt ihn mit einer sozusagen objektiven, mathematischen Liebe: er muß nur mit dem Bild kongruieren, das sie sich selbst von ihm entworfen hat. Rinville hat also eigentlich überhaupt keinen Eindruck auf Emmeline gemacht. Die Geschichte mit dem Ring zeigt, daß er keinerlei Macht über sie hat: er besitzt den Ring nicht, den sie Charles einst verehrt hat, und sie liebt ihn nicht; er bekommt den Ring und sie liebt ihn. Es ist für Emmeline ein magischer Ring: wahrscheinlich würde sie jeden lieben, der ihn vorweisen könnte. Erst da sie erfährt, daß Charles verheiratet ist, entschließt sie sich Rinville zu nehmen. Sofern nun dieser Schritt auf eine Wandlung und zwar eine Wandlung zum Besseren hindeuten soll, muß Rinville es fertig gebracht haben, ihr durch seine eigene Liebenswürdigkeit zu gefallen (er ist ja zweifellos mehr wert als Charles) und sie von der zur fixen Idee gewordenen Theorie vom unbedingten Wert der ersten Liebe zu befreien. Keines von beiden ist aber der Fall. Rinville tritt als Charles auf und gefällt ihr, soweit er Charles gleicht. Und ihr Charles, so wie sie ihn im Herzen trägt, ist kein großartiges Phantasiebild, dem nur eine poetische Figur entsprechen könnte; nein, ihr idealer Charles ist an allerlei Zufälligkeiten zu erkennen, besonders an einem Ring, den er am Finger trägt. Nur vermöge seiner Ähnlichkeit mit Charles gefällt ihr Rinville; seine liebenswürdigen Eigenschaften hervorzukehren und damit auf Emmeline Eindruck zu machen: er kommt nicht dazu. Sie sieht ihn überhaupt nicht, sieht nur ihren Charles. Sie liebt Charles, sie haßt Rinville. Um zu entscheiden, welcher von beiden der liebenswürdigere ist, braucht sie weder den einen noch den anderen zu sehen: das steht im voraus fest. Charles tritt als Rinville auf: sie findet ihn widerwärtig. Der Zuschauer ist mit ihr einverstanden; aber ihr Urteil ist subjektiv wertlos;

sie weiß, daß er widerwärtig ist, bevor sie ihn gesehen hat; sie sieht ihn kaum an und findet ihre Meinung bestätigt. Daß ihr Urteil über den vermeintlichen Rinville willkürlich ist, deutet auch der Dichter an, indem er es beständig durch das Urteil des Vaters parodiert. Auch dieser findet den vermeintlichen Charles wenig anziehend, den vermeintlichen Rinville dagegen sehr liebenswürdig; die Tochter umgekehrt. Er findet es so, weil er es so will; sie ebenso. Der Zuschauer sieht, daß sie recht hat; aber ihr Urteil ist rein willkürlich, und das eben gibt der Situation die komische Kraft.

Es gelingt Rinville auch nicht, ihre Theorie zu besiegen. Charles ist verheiratet; ihn kann sie also nicht mehr kriegen[1], wenn sie nicht mit dem Strafgesetzbuch in Konflikt kommen will. Sie nimmt Rinville, einmal, um sich an Charles zu rächen, und dann ihrem Vater zu Gefallen. Das sind Gründe, die nicht eben auf eine Wandlung zum Bessern hindeuten. Tut sie es, um sich an Charles zu rächen, so beweist das ja, daß sie an der Liebe zu ihm festhält; das entspricht durchaus der Romanlogik und ist nichts weniger als eine Gewähr für ihre Heilung. Tut sie es ihrem Vater zu Gefallen, so muß man entweder annehmen, daß der Ernst in ihre Seele eingekehrt ist, daß sie bereut einen Vater zum besten gehalten zu haben, der doch nur die eine Schwachheit hat zu gut zu sein gegen seine Tochter: das wäre aber im Widerspruch mit dem ganzen Stücke; – oder ihr Gehorsam kommt daher, daß sein Wille mit ihrer Laune übereinstimmt, was uns wieder zeigt, daß sie sich nicht verändert hat.

Soviel ich sehe, ist im ganzen Stück auf keinerlei Weise darauf hingewiesen, daß Emmeline, indem sie Rinville wählt, etwas tut, was vernünftiger wäre als was sie sonst tut. Emmelines Wesen ist das unendliche Geschwätz; sie schwätzt zu Beginn des Stückes, sie schwätzt am Schluß; darum kommt man auch aus der Lustspielstimmung nicht heraus, die dadurch hervorgebracht wird, daß die Situation ihr beständig widerspricht. Von einer schließlichen Wandlung ist bei ihr keine Rede. Ein weiblicher Erasmus Montanus ist sie, zu stark in der Theorie, zu stark in der Dialektik (jeder der eine fixe Idee hat, ist ein Virtuose auf einer Saite), um sich empirisch überzeugen zu lassen. Charles ist ihr untreu geworden, sie heiratet Rinville; aber ihr romantisches Bewußtsein macht ihr keine Vorwürfe. Ruhig dürfte sie vor Tante Judith treten, wenn sie noch lebte, dürfte ihr sagen: „Ich liebe Rinville nicht, ich habe ihn nie geliebt, ich liebe nur Charles, und ich bleibe dabei, man liebt nur einmal und die erste Liebe ist die wahre Liebe; aber ich achte Rinville; darum habe ich ihn geheiratet und meines Vaters Wunsch

[1] Ein anderer Ausweg würde sich öffnen, wenn Emmeline auf die Idee käme sich an Charles halbem Herzen genügen zu lassen. Derartiges kommt in Romanen ja vor, und es wäre nicht undenkbar, daß diese Idee sich Emmeline in ihrer ganzen Glorie offenbaren würde. Überhaupt ist es merkwürdig, daß es in der ganzen europäischen Literatur kein weibliches Seitenstück zum Don Quixote gibt. Sollte die Zeit dazu noch nicht gekommen sein, sollte der Kontinent der Sentimentalität noch nicht entdeckt sein?

erfüllt." Und Tante Judith würde antworten: „Recht so, mein Kind, der gute Ton für Liebende gestattet in einer Anmerkung diese Wendung. Da heißt es: Wenn die Liebenden sich nicht bekommen, so geziemt es sich für sie ein stilles, ruhiges Leben zu führen; und obwohl sie sich nicht bekommen, soll ihr Verhältnis doch dieselbe Bedeutung haben, wie wenn sie sich bekommen hätten, und ihr Leben soll ebenso schön sein wie ein Zusammenleben und soll in jeder Hinsicht als solches betrachtet werden. Aus eigener Erfahrung weiß ich das. Meine erste Liebe war ein Seminarist, aber er konnte keine Stelle bekommen. Er war meine erste Liebe und blieb meine letzte; ich sterbe unbemannt und er ohne Anstellung. Wird dagegen der eine Teil dem andern untreu, so hat dieser das Recht sich zu verheiraten, wenn auch nur auf Grund gegenseitiger Achtung."

Scribes Stück hat nicht den endlichen Horizont der Moral, sondern die unendliche Perspektive des Witzes; es hat keine endliche Absicht; es will sich nur lustigmachen über Emmeline, lustigmachen ins Unendliche. Darum hat es auch keinen Schluß. Da die neue Liebe zu Rinville nur durch eine Verwechslung motiviert ist, so ist es bloße Willkür des Dichters, wenn er das Stück damit aufhören läßt. Ist das nun ein Fehler oder ein Verdienst? Die Wahl ist nicht schwer. Der Zuschauer, der der Meinung ist, das Stück sei aus, der nun festen Grund unter den Füßen zu haben glaubt, muß plötzlich entdecken, daß das eine Täuschung ist. Er sieht statt einer Lösung unendlich viele Möglichkeiten neuer Verwicklungen, weil Emmeline dank ihrer Romanbildung durch alle Maschen der Wirklichkeit immer wieder durchschlüpft. Daß der wirkliche Charles nicht ihr Charles war, hat sie eingesehen; aber wenn Rinville Rinville bleibt, so wird sie sich bald überzeugen, daß auch er nicht ihr Charles ist. Vielleicht erscheint dann eine neue Figur auf der Bildfläche, die Charles gleicht, und so weiter. Denn die Kleider machen den Mann! Das romantische Habit ist es, auf was es ihr ankommt. Faßt man das Stück so auf, so ist ihre Schlußreplik, die sonst, für mich wenigstens, unverständlich ist, sogar tiefsinnig. Sie bezeichnet hier eine Bewegungsänderung. Ihre Illusionen, die vorher hinter ihr lagen, in der Vergangenheit, will sie nun in der Welt, die vor ihr liegt, in der Zukunft suchen. Denn sie hat den romantischen Charles ja nicht aufgegeben. Aber ob sie sich nun nach vorwärts oder rückwärts bewegt: mit ihrer Entdeckungsreise nach der ersten Liebe geht es wie mit der Reise nach dem Glück, das, wie man sagt, immer eine Station voraus ist. Zu dieser Auffassung stimmt es auch, daß Emmeline, was man doch von Rechts wegen verlangen könnte, keinerlei theoretische Erklärungen gibt. Wenn ein Mensch seinen Glauben wechselt, fordert man eine Erklärung, und zwar, falls er Theoretiker ist, mit Fug und Recht. Nun ist Emmeline kein Dilettant mehr in ihrem Fach, sie ist „durch", hat Theorie, hat Charles geliebt, kraft ihrer Theorie, hat den Satz aufgestellt, daß die erste Liebe die wahre ist. Wie will sie sich nun hinausreden? Will sie behaupten, sie habe Charles überhaupt nicht geliebt und Rinville sei ihre erste Liebe, so widerspricht sie sich selbst, weil sie ja eigentlich glaubt, daß Rinville Charles ist. Will sie behaupten, die erste Liebe sei

Kinderei gewesen, und erst die zweite die wahre, so ist leicht zu sehen, daß sie uns nur mit einem Sophisma entschlüpfen will. Behauptet sie, es komme auf die Zahl überhaupt nicht an, ob Nummer eins oder zwei, die wahre Liebe sei ganz etwas anderes, so müßte man fragen, was sie denn nun an Rinville Liebenswertes gefunden habe: er war ja nur so höflich sich, um ihr zu gefallen, für Charles auszugeben. Soll das Stück einen Schluß haben, so darf man billigerweise für all das eine Erklärung verlangen. Soll es, nach des Dichters Absicht, unendlich sein, so ist es unbillig, von Emmeline eine Erklärung zu fordern, weil sie in der Sache mit sich selbst noch nicht ins reine gekommen ist.

Emmeline und ihre Illusion, das ist das Grundmotiv des Lustspiels. Aus diesem Motiv eine Kollision herauszuentwickeln ist keine Kunst, man könnte sogar das wirkliche Auftreten von Charles entbehren und also mit drei handelnden Personen auskommen. Das will ich im einzelnen nachweisen, um eben dadurch zu beleuchten, wie vortrefflich die wirkliche Anklage des Stückes ist. Der Vater wünscht Emmeline verheiratet und versorgt zu sehen, macht diesbezügliche Vorschläge und weist sie, die sich durchweg ablehnend verhält, schließlich auf den jungen Rinville hin, empfiehlt ihn wärmer als jeden anderen und macht Miene bestimmt aufzutreten. Emmeline gesteht, daß sie einen anderen liebt, Charles. Rinville kommt, erhält den Brief und faßt den Gedanken, sich für Charles auszugeben. Die Stimme der Sympathie sagt Emmeline, daß Rinville Charles ist, und nun geht sie mit ihm alle alten Erinnerungen durch. Rinville ist ein Mann von Welt; aus ein paar kleinen Beobachtungen schließt er auf Emmelines Geisteszustand und sieht bald, daß der Vetter Charles eine sehr nebelhafte, mythische Figur ist. Sie hat sich in ihrer Phantasie ein Bild von ihm entworfen, das auf jeden jungen Mann passen kann, wie die Porträts, die der eine der „mehreren Wehemüller“ malte, auf jeden Ungarn paßten. Charles' Bild ist gerade so abstrakt wie die Nationalgesichter jenes Malers. Dieses Bild, einige allgemeine Formeln, und nicht zu vergessen ein kleines Versechen, das ist der Ertrag ihrer Romanbildung. So ist es Rinville ziemlich leicht gemacht sie zu täuschen und es gelingt ihm auch aufs beste. Natürlich sieht Rinville ein, daß er, obwohl beim Vater gut angeschrieben, vor allem danach trachten muß der Tochter zu gefallen, nach deren Pfeife das ganze Haus tanzt. Er wird also zunächst seine Rolle weiter spielen, wird in der Familie festen Fuß fassen und das Mädchen mehr und mehr für sich einnehmen. Daß Emmeline mit ihrem Vater fertig wird, darauf kann er mit Sicherheit rechnen; und wenn sie einmal dem Vater die Einwilligung abgezwungen hat, so wird er sie so weit haben, daß sie keine Umstände mehr macht, wenn sie endlich merkt, daß er nicht der rechte ist.

Man sieht, daß sich aus diesen drei Personen und ihrem Verhältnis zueinander ein Lustspiel machen ließe; aber man sieht auch leicht die Mängel einer derartigen Anlage. Damit Derviere seine Tochter dazu bringe ihr Geheimnis einzugestehen, muß er heftig in sie dringen; sonst könnte sie ja ebensogut das erstemal, da er überhaupt vom Heiraten spricht, mit ihrem Geständnis herausrücken. Der Vater muß also viele gute Gründe haben Rinville zum Schwiegersohn zu wünschen. Je eifriger er aber wird, um so mehr wird das Verhältnis gespannt, um so unwahrscheinlicher wird es, daß er sie schließlich doch Charles nehmen läßt. Ferner: Es muß dramatisch wahrscheinlich gemacht werden, daß Emmeline sich täuscht. Das hat der Dichter dadurch erreicht, daß Charles erwartet wird, daß Emmeline selbst die Nachricht von seinem Kommen bringt und im selben Augenblick den vor sich sieht, den sie für Charles hält. Die Verlegenheit des Vaters, sein Eifer, Charles' Ankunft zu verbergen, bestärkt sie in dem Glauben, daß er wirklich Charles ist. Ohne die Nachricht von Charles Ankunft ist Emmelines Selbsttäuschung sehr unwahrscheinlich; kündigt er sich aber an, so muß er auch kommen.

Führen wir nun die vierte Person, Charles, ein, so zeigt es sich sofort, wie viel das Stück dadurch gewinnt, wie nun eine Situation witziger wird als die andere.

Charles eilt heim wie der verlorene Sohn, um sich seinem Onkel in die Arme zu werfen und um die Kusine und seine Schulden loszuwerden. Er hofft das zu erreichen, indem er inkognito auftritt. Wie nun fast jede Situation mit unendlichem Witz über Emmelines Sentimentalität spottet, so auch über Charles' Mystifikation. Er kommt heim, im Innersten überzeugt von seinem Talent für Mystifikation. Er lebt in dem Glauben, daß er es ist, der die Intrige spinnt, der mystifiziert, und doch sieht der Zuschauer, daß die Mystifikation im Gang ist, ehe Charles auftritt; denn Rinville hat sich ja schon für Charles ausgegeben. Und Charles wird nun ohne sein Zutun in die Intrige verwickelt, wird durch Rinvilles Mystifikation seinerseits zur Mystifikation genötigt und glaubt doch, daß alles von ihm ausgehe. Jetzt erst lebt das Stück, und die Situationen durchkreuzen sich in einer fast tollen Lustigkeit. Alle die vier Personen werden nämlich gegenseitig voneinander mystifiziert. Emmeline will Charles bekommen, Charles will sie loswerden. Charles der Mystifikator weiß, daß Rinville sich für ihn ausgibt und sich alle Mühe gibt das Mädchen unter seinem Namen zu gewinnen; Rinville wiederum denkt nicht daran, daß Charles als Rinville ihn auf jede Weise in Mißkredit bringt. Derviere steht auf Rinvilles Seite und hält es mit Charles; Emmeline steht auf Charles' Seite und hält es mit Rinville. Sie und Charles arbeiten einander entgegen, erreichen aber beide das Gegenteil von dem, was sie erreichen wollten: sie bekommt Rinville und er, der mystifizieren wollte, verrät alles. So löst sich alles in Unsinn auf. Um nichts dreht sich das Stück im Grund, und nichts kommt dabei heraus.

In jedem Theater, in dem man die *erste Liebe* aufführt, lacht man sicherlich über dieses Stück, aber sicherlich niemals genug. Wenn Philipp III. von Spanien, als er einen Menschen in einem Buche lesen und dabei heftig lachen sah, sagte: Entweder ist der Mensch verrückt oder er liest den *Don Quixote*: so möchte ich im selben Fall sagen: Entweder ist er verrückt oder er liest (richtiger: sieht) die *erste Liebe*; und ich glaube damit nicht zu viel gesagt zu haben. Man lacht zuweilen über etwas, um sich fast im selben Augenblick darüber zu ärgern; von den Situationen in der *ersten Liebe* gilt das nicht; vielmehr kommen sie dir um so lächerlicher, um so toller vor, je mehr du dich darein vertiefst. Und dieser Eindruck wird noch verstärkt durch die vortrefflichen Repliken, die der Dichter seinen Personen leiht. Daß Scribe sich auf Repliken versteht, ist zu bekannt, als daß ich nötig hätte besonders darauf hinzuweisen. Man bewundere seine Repliken, aber mehr noch bewundere man die Virtuosität, mit der er es versteht sie in die Situation einzufügen, sie aus der Situation herauszuholen, sie ins rechte Licht zu setzen. Ist eine seiner Repliken in einem einzelnen Fall nicht so ganz korrekt, was aber gerade in der *ersten Liebe* kaum vorkommt, so werden wir durch ihren schlagenden Witz entschädigt.

Durch die Einführung der vierten Person wird der Stoff des Stückes fast restlos in dramatische Handlung umgesetzt; und während man sonst wohl fürchtet, ein dramatischer Stoff möchte sich nicht lebendig genug gestalten lassen, so liegt hier eher die Befürchtung nahe, der Stoff sei zu munter und unbändig, um sich zügeln zu lassen. Jede Situation braucht Zeit, um sich zu entwickeln, darf aber nie den Pulsschlag der inneren Unruhe des Stückes vermissen lassen. Um zu beweisen, daß Scribe beiden Forderungen gerecht wird, will ich zum Schluß die einzelnen Situationen durchgehen. Mag der Leser mir verzeihen, wenn ich etwas weitläufig werde! Meine Eifersucht auf Scribe, mein Mißtrauen dem Leser gegenüber sind daran schuld. Die Eifersucht auf Scribe flüstert mir zu, daß man ihn nie gut genug verstehen könne; das Mißtrauen dem Leser gegenüber läßt mich befürchten, daß ihm da und dort etwas Wichtiges entgehen möchte.

Es ist eine verbreitete Meinung, daß das Komische mehr Sache des Augenblicks sei als das Tragische; man lacht und vergißt, über was man gelacht hat; zum Tragischen dagegen kehrt man zurück und vertieft sich darein. Das Komische wie das Tragische liegt einerseits in der Replik, andrerseits in der Situation; dementsprechend gibt es Menschen, die lieber bei der Replik verweilen, sie im Gedächtnis bewahren und immer wieder reproduzieren, und andere, die lieber bei der Situation verweilen und sie für die innere Anschauung rekonstruieren. Die letzteren sind die kontemplativen Naturen. Diese werden auch nicht leugnen, daß die komische Situation die Intuition ebenso zu erfüllen vermag wie die tragische, ja daß sie, wenn sie anders korrekt ist, den Betrachter noch stärker reizt sich in sie zu vertiefen als jene. Ich habe schon viele Tragödien gehört und gelesen, aber nur ganz vereinzelte Repliken behalten, und auch diese beschäftigen mich kaum. Dagegen versenke ich mich gerne in aller Stille in eine Situation. Ein Beispiel! Da Klärchen in Goethes *Egmont* erfährt, daß ihr Geliebter gefangen ist, tritt sie vor ihre holländischen Mitbürger und sucht sie zum Aufruhr anzustacheln. Sie ist überzeugt, daß ihre Beredsamkeit sie ergreifen wird; aber die Holländer stehen da wie rechte Holländer, ungerührt und nur darauf bedacht sich zu drücken. Von ihrer Replik erinnere ich mich keines Wortes mehr, aber die Situation blieb mir unvergeßlich, seit dem Augenblick, da ich sie zum erstenmal sah. Als tragische Situation ist sie vollendet. Das schöne junge Mädchen, das poetisch verklärt ist durch seine Liebe zu Egmont, das begeistert ist von Egmonts ganzem Wesen, müßte, so denkt man, eine Welt in Bewegung setzen können; aber kein Holländer versteht sie. Voller Wehmut versenkt sich die Seele in eine solche Situation; aber sie ruht darin kontemplativ. Ein solches kontemplatives Verweilen gestattet auch die komische Situation; nur ist hier im Innern zugleich die Reflexion in Bewegung, und je mehr sie entdeckt, desto mehr wird die komische Situation gleichsam in sich unendlich, desto mehr verschwimmt einem alles vor den Augen, während man es zugleich nicht lassen kann, hinzustarren. Gerade dies gilt nun von den Situationen in der *ersten Liebe*. Ihre komische Wirkung verspürt man sofort, aber wenn man sie für die Intuition reproduziert, so wird aus dem lauten Lachen ein leises verklärtes Lächeln; man kann in Gedanken fast nicht mehr loskommen, weil es einem ist, als müßte etwas noch viel Lächerlicheres kommen. Dieses stille Genießen des Komischen, wobei man in die Situation hineinsieht etwa wie der Raucher in die Rauchwolken, die vor ihm schweben, kennt vielleicht nicht jeder Leser; daran ist jedenfalls nicht Scribe schuld, sondern der Leser selbst, der Scribe etwas schuldig geblieben ist. Derviere dringt in Emmeline, Rinville zu heiraten; sie gesteht ihre Liebe zu Charles und beichtet das höchst unschuldige Einverständnis, in dem sie mit ihm gelebt hat; mit guten Worten bringt sie den Vater dazu, daß er an Rinville einen Brief mit abschlägigem Bescheid schreibt; Lapierre soll den Brief besorgen und soll den Dienstboten unten ausrichten, daß „die Herrschaften nicht zu Hause sind". Er muß aber zunächst seine Reitstiefel anziehen, und indessen kommt Rinville und wird vorgelassen. Da haben wir schon eine nicht unwitzige Situation, die uns auf Kosten Emmelines und Dervieres zu lachen gibt: der Besuch, den sie fernhalten wollen, den Emmeline mit Widerstreben, Derviere doch nicht ungern begrüßen wird, steht schon im Salon. Aber noch komischer wird die Sache, wenn Rinville von Lapierre den erwähnten Brief bekommt und sofort liest. Das ist keiner der berüchtigten Bühnenbriefe, aus denen der Zuschauer etwas Wichtiges erfahren soll. Dieser Brief hat nur den Zweck, die komische Situation zu vermitteln: der zukünftige Schwiegersohn Dervieres liest in dessen Haus den ihm zugedachten Absagebrief!

Nun faßt Rinville seinen Plan, Derviere tritt auf, Rinville gibt sich für Charles aus. Wieder eine Situation von vollendeter Komik! Natürlich kann Derviere kein Gast unwillkommener sein als Charles. Rinvilles Intrige erweist sich also zunächst als eine recht unglückliche Idee. Das Komische dabei aber ist, daß er, der den wahren Sachverhalt nicht ahnt, seine Intrige für eine besonders glückliche Idee halten muß, und weiterhin, daß Derviere den jungen vortrefflichen Rinville in seinem Haus hat, ohne es zu ahnen. Nimmt man dazu die an und für sich poetisch korrekten Repliken, so kann man die Situation immer wieder in immer höherer Potenz genießen, weil das Lächerliche darin immer klarer und klarer heraustritt. Rinville beginnt im sentimentalen und pathetischen Stil. Ob das dramatisch korrekt ist, könnte zweifelhaft erscheinen. Er kennt ja

Charles nicht näher, kann also nicht wissen, welche Rolle für die Mystifikation am wirksamsten ist. Und dann klingt sein Pathos, als fürchtete er dem Onkel nicht willkommen zu sein, was er nach den bisherigen Vorgängen nicht annehmen kann. So sieht er Charles nun ein bißchen gar zu ähnlich, und das ist unfraglich nicht in der Ordnung. Andrerseits ist es ein feiner Zug, daß wir so auf Charles vorbereitet werden und eine Ahnung von seinem Wesen bekommen; und da die Replik im übrigen sehr witzig ist, so können wir es Scribe wohl verzeihen, wenn er hier nicht ganz korrekt verfuhr. Der Onkel, so dumm er ist, scheint den Neffen richtig zu beurteilen; er will ihn mit Geld loswerden, will ihm 6000 Francs jährlich geben statt 3000 wie bisher. Hier denkt man unwillkürlich an den wirklichen Charles. Der hätte sich glücklich gepriesen und das Angebot mit Freuden angenommen. Die Szene hätte so pathetisch geendet wie sie begann; er wäre dem Onkel um den Hals gefallen und hätte gerufen: „Ja, die Bande der Natur und des Blutes sind heilig!" Rinville jedoch ist mit Geld nicht gedient; er fährt in dem angeschlagenen Ton fort, ganz wie Charles es gemacht hätte, wenn er die 6000 nicht gebraucht hätte. Nun beschließt der Onkel gute Miene zum bösen Spiel zu machen; er erzählt ihm ohne Rückhalt den ganzen Sachverhalt im Zusammenhang und hält eine Lobrede auf Rinville, die in der gegebenen Situation zur Parodie wird. Dann vertraut er Rinville an, daß er im Sinne habe durch irgendeine List Emmeline mit Rinville bekanntzumachen, ohne daß diese Argwohn schöpfe.[1] Hier nähert sich die Situation dem Höhepunkt der komischen Wirkung. Derviere denkt sich eine List aus und diese List hat Rinville selbst schon ausgeführt. Rinvilles List bildet die Situation, und in dieser hört man Dervieres Replik. Derviere gesteht selbst, daß er nicht sehr erfinderisch ist; und in der Tat, wenn Charles ihm nicht den Gefallen tut, zu gehen, so ist mit dieser List nicht viel zu machen. Und schließlich, wenn die List glückt, so hat Derviere ungefähr den dümmsten Streich gemacht, den er machen kann.

Indessen, Rinville geht nicht; dagegen tritt Emmeline auf, um ihrem Vater zu sagen, daß ein Herr Zacharias ihn zu sprechen wünsche und zwar in einer Angelegenheit, die Charles betrifft, dessen Ankunft jeden Augenblick zu erwarten ist. Der Vater gerät in Verlegenheit und verrät alles: Emmeline erkennt Charles. Dies ist eine Anlage, durch die der Dichter viel gewinnt. Daß es Rinville gelingt Derviere zu täuschen, ist durchaus wahrscheinlich. Denn Derviere ist dumm, und er fürchtet die Ankunft Charles' so sehr, daß er in seiner Unruhe nur zu geneigt ist den Eintritt dieses betrüblichen Ereignisses verwirklicht zu sehen.

[1] Der aufmerksame Leser denkt wohl, daß das Stück an diesem Punkt enden könnte. Denn was wäre einfacher, als daß Rinville sich zu erkennen gäbe, um so zwei Fliegen auf einen Schlag zu treffen: als Charles ist er Emmelines, als Rinville Dervieres Gunst sicher. Indessen kann man es Rinville doch nicht verdenken, wenn er Derviere gegenüber sein Inkognito bewahrt; er braucht Derviere nur ein paar Worte sprechen zu hören, um einzusehen, daß das kein Mitwisser für eine Intrige ist.

Mit ihm hat Rinville leichtes Spiel. Emmeline dagegen wird er nicht so leicht täuschen, weil sie doch immer ein wenig pfiffiger ist als ihr Vater. Dann aber bekommt Rinvilles Mystifikation, wenn sie sich in deutlicher Absicht und aus freier Initiative gegen Emmeline richtet, etwas Unschönes, Undelikates. Nun hat sie aber in des Vaters Verlegenheit den untrüglichen Beweis, daß Charles vor ihr steht. Die Erkennungsszene spielt sich unter den Augen des Vaters ab, Rinville braucht überhaupt nichts zu tun; er braucht sich nicht zu überlegen, wie er seine Rolle am besten spielen wird, er kann sich ganz gehen lassen, da Emmeline ihn nun einmal für Charles hält. Er ist Charles, weil sie ihn gleichsam dazu zwingt es zu sein; und sie hält ihn für Charles, weil ihr Vater sie zu der Annahme zwingt, daß er es sei, und so haben beide, Rinville und Emmeline, sich nichts vorzuwerfen. Durch diese Anlage hat der Dichter eine gewisse Zartheit über die Situation ausgebreitet, die nichts Anstößiges übrigläßt und das Ganze zu einem unschuldigen Spaß macht.

Die Situation ist nicht minder witzig als die vorhergehende. Derviere ist ganz verdutzt; und doch ist er ja an allem schuld, hat sogar Rinville über die Schwierigkeit hinweggeholfen, sich nun auch Emmeline gegenüber für Charles auszugeben. Zugleich ist die Situation eine Parodie der vorhergehenden: Derviere konnte Charles nicht sofort erkennen; wohl aber Emmeline. Sie erklärt das aus einem eigentümlichen Gefühl, das sich ihrer bemächtigte, das sie freilich nicht näher zu bezeichnen weiß; aber es war wie eine Stimme, die ihr zuflüsterte: er ist's. (Natürlich des Vaters Stimme, der alles verraten hat.) Sie erklärt das aus Sympathien, die sie nicht ihrem Vater, nur Tante Judith erklären kann. Wer ist nun der Klügere? Derviere, der ihn nicht sofort erkannte, der keine Ahnung hatte, der ihn aber jetzt kennt, oder Emmeline, die ihn sofort erkannte? Je mehr man die Geschichte betrachtet, um so lächerlicher wird sie. Auch hier erleichtern es die Repliken dem Zuschauer sich in die Komik der Situation zu vertiefen. Wo Emmeline von jenem „besonderen Gefühl" spricht, repliziert Derviere: „Ich für meinen Teil hatte nicht die geringste Ahnung, und wenn er mir nicht geradezu seinen Namen genannt hätte ..." Solch eine Replik ist Goldes wert. So natürlich und einfach! Und doch hätte unter zehn Dramatikern sicher nicht einer die Besinnung und den scharfen Blick für die Situation gehabt, um sie herauszubringen. Der Durchschnitts-Dramatiker hätte, sobald Emmeline auftritt, seine ganze Aufmerksamkeit ihr gewidmet, um so mehr, als er ja mit Derviere und Charles fertig war. Damit hätte er aber gerade dieses Zusammenspiel, das die Situation so witzig macht, preisgegeben. Daß Emmeline in Rinville sofort Charles erkennt, ist komisch, aber daß das in Gegenwart Dervieres geschieht, macht die Situation ironisch. Er steht da als der vollendete Einfaltspinsel. Und was ist leichter zu erklären: daß Emmeline es ahnte, oder daß Derviere es nicht ahnte?

Es folgt nun die Erkennungsszene, eine der glücklichsten Situationen, die man sich denken kann. Man muß sich aber hüten den Witz nur in der Verwechslung zu suchen, die da stattfindet. An derartigem hat man sich ja auf der Bühne nachgerade satt gesehen. Hier handelt es sich nicht eigentlich um eine Verwechslung. Emmeline verwechselt nicht Rinville mit Charles; sie erkennt in Rinville einen, den sie nicht kennt. Das ist das Komische! Wie Rinville, so würde es unter denselben Umständen jedem anderen Manne ergangen sein: sie hätte auch ihn für Charles genommen. Diese unleugbar sehr geistreiche Art der Verwechslung sichert der Situation zugleich eine Wahrscheinlichkeit, die sich sonst schwerlich hätte erreichen lassen, weil der Dichter nun ohne die (unbewußt oder absichtlich produzierte) äußere Ähnlichkeit auskommen kann, auf der jede normale Verwechslung beruht. Sie verwechselt Rinville mit einem, den sie nicht kennt. Wenn daher Rinville etwa glaubt damit, daß er nun für Charles gehalten wird, einen Schritt vorwärts gekommen zu sein, so täuscht er sich. Emmelines Charles ist ein bloßes x; sie liebt ihn ja seit ihrem achten Jahr und wird nie einen anderen lieben! Da tritt einmal ans grelle Tageslicht, was sonst unbemerkt sich abspielt: wie solch ein kleines Fräulein es anstellt sich ein Ideal zu bilden. Emmeline erkennt also Charles, oder richtiger sie entdeckt ihn. Während nämlich Rinville nicht, wie man zunächst vermuten könnte, weiß, wie Charles aussieht: sie erfährt es nun, und das ist weislich eingerichtet, weil sie es vorher nicht wußte. Die Situation ist so toll, daß man sich fragt, ob nun Rinville von Emmeline oder Emmeline von Rinville hinters Licht geführt wird; denn in gewissem Sinn ist er ja auch betrogen: weil er glaubt, daß ein Charles wirklich existiere. Aber die Pointe, die unendliche Komik der Situation liegt doch darin, daß es eine Erkennungsszene ist. Denke dir einen Menschen, der nie sein eigenes Bild gesehen hat; er sieht sich unvermutet im Spiegel und ruft: „Ja, ich erkenne mich!" Da hast du eine Situation, die ungefähr ebenso toll ist wie unsere Erkennungsszene.

Emmeline und Pseudo-Charles haben sich eben bis zu dem Moment wieder erkannt, wo sie durch Charles Abreise unterbrochen wurden, da werden sie wieder unterbrochen durch das Erscheinen des Onkels. Er hat inzwischen von Herrn Zacharias über Charles allerlei Unerfreuliches gehört, und nun muß Rinville die Suppe ausessen. Die Situation ist im wesentlichen dieselbe wie vorhin, und doch hat der Dichter wieder viel gewonnen. Charles' Taten sind von der Art, daß sie, schlecht und recht erzählt, den Totaleindruck des Stücks stören müßten. Der Dichter muß also dafür sorgen, daß sie nicht zu ernsthaft aussehen, daß sie nur als leichtsinnige Streiche erscheinen. Das erreicht er auf doppelte Weise. Er lenkt die Aufmerksamkeit des Zuschauers, der hier zum erstenmal etwas Näheres über Charles' Leben erfährt, auf Rinville ab und auf die komische Rolle, die er spielt. Wir amüsieren uns über seine Verlegenheit, da er die Sache erklären und sich verantworten soll; und so haben wir gar nicht Zeit auf Einzelheiten zu achten, sondern denken nur an dumme Streiche im allgemeinen. Das Genauere erfahren wir später aus Charles' eigenem Munde (Szene 16); aber hier, das ist wohl zu beachten, gibt sich Charles für Rinville aus. Was, von Charles in eigener Person erzählt, frech klänge und über den Spaß hinausginge, das wird nun komisch, ja lustig, da Charles in Rinvilles Person redet und sein Inkognito dazu benützt die Sache so phantastisch wie möglich darzustellen. Erzählte er sein Leben in eigener Person, so müßte man von ihm fordern, daß er sich bewußt sei, was das für ein Leben ist, so müßte man den Mangel alles Gewissens sehr unmoralisch finden. So aber, da er in der Person eines anderen spricht, sogar mit der Absicht Emmeline Angst zu machen, findet man den phantastischen Aufputz seiner Erzählung in doppelter Hinsicht poetisch richtig.

Pseudo-Charles ist nicht imstande das, was Derviere über ihn in Erfahrung gebracht hat, zu berichtigen oder zu ergänzen. Nun entdeckt Emmeline, „daß er nicht mehr derselbe ist“. Das kommt ein wenig rasch, nachdem sie sich soeben überzeugt hat, daß er ganz der alte ist. Aber das ist Emmeline, wie sie leibt und lebt; Geschwätz und wieder Geschwätz ist alles, was sie vorbringt. Die Replik verdient übrigens genauer angesehen zu werden, weil sie die Komik der Situation von einer neuen Seite beleuchtet. Der bloße Klang des Wortes „derselbe“ reizt unwiderstehlich zum Lachen; derselbe wie ...? fragt man sich unwillkürlich. Derselbe wie der in der Prüfungsszene identifizierte. Das muß eine etwas mangelhafte Prüfung gewesen sein! Derselbe wie ...? Wie Charles, den sie nicht kennt. Dazu kommt, daß wir dieses „derselbe“ nicht nur auf das Äußere, sondern auch auf das Innere beziehen. Nun sollte das Innere für Liebende doch von besonderer Wichtigkeit sein! Da kommt uns nun aber zum Bewußtsein, daß die Prüfung sich mit dem Innern überhaupt nicht beschäftigt und doch festgestellt hat, daß er derselbe ist. Es ist ein bloßer Zufall, daß Emmeline sich nun auch Gedanken darüber macht, ob Charles als Charles derselbe geblieben sei; und das muß sie nun leider verneinen. Sie hat sich also offenbar vergewissert, daß er sonst derselbe geblieben ist. Doch sehen wir genauer zu, wie sich's mit dieser moralischen Veränderung verhält. Sie besteht für Emmeline nicht darin, daß Charles ein Verschwender, wenn nicht etwas Schlimmeres geworden ist; er ist nicht mehr derselbe, weil er ihr nicht, wie sie es von ihm gewohnt war, alles anvertraut hat. Das ist eine von ihren Romanideen und dürfte wohl eher so zu verstehen sein, daß sie gewohnt war, wie in der Erkennungsszene immer zu schwätzen und von sich zu schwätzen. Daß Charles ihr alles anzuvertrauen pflegte, weiß sie nicht aus Erfahrung, sondern aus den Romanen, die sie darüber belehrt haben, daß Liebende keine Heimlichkeiten voreinander haben dürfen. Wäre Charles ein entsprungener Zuchthäusler, so würde sie das nicht genieren, wenn er es ihr nur anvertraute und so ihre erotische Neugier befriedigte. Soweit Emmeline, um sich von Charles' Identität zu überzeugen, seinen Charakter in Betracht zieht, ergeht sie sich natürlich in eitlem Geschwätz. Daher gibt sie im selben Augenblick diesen Gedankengang auf und bekommt nun einen sicheren Beweis dafür, daß er nicht derselbe ist, indem sie entdeckt, daß er den Ring nicht hat. Nun braucht sie kein weiteres Zeugnis gegen ihn. Was er auch angestellt hatte, und wäre es das Tollste gewesen, mit anderen Worten, wie sehr er sich auch verändert hatte, er wäre, so meint sie, doch derselbe geblieben, wenn er den Ring noch hätte; aber daß er den Ring nicht hat, das zeugt wider ihn. Emmeline ist, wie wir wissen, eine Virtuosin des abstrakten Denkens; was ihr aber übrigbleibt, wenn sie von allem Nebensächlichen abstrahiert, ist nicht Charles' reines Wesen, sondern der Ring. Emmeline ist der Geist des Rings, der dem gehorcht, „der den Ring an der Hand hat".

Lapierre meldet einen neuen Besuch. Man ist sich darüber einig, daß es nur Rinville sein könne. Emmeline bekommt Order sich zu putzen und bricht nun in die Worte aus: „Wie langweilig! Da soll ich mich nun für einen fremden Menschen putzen, den ich, das weiß ich im voraus, nicht ausstehen kann", womit sie ja auch recht bekommt, ironisch. Überhaupt kann sich Emmeline schmeicheln von der Ironie als Schoßkind behandelt zu werden. Die Ironie ist ihr immer zu Willen, um sie hinterdrein zum besten zu haben. Charles soll ein schöner junger Mann sein; die Ironie ist willfährig: Pseudo-Charles ist, wie Charles sein soll. Derviere kann nichts an ihm finden, wie lächerlich! Emmeline triumphiert, noch lächerlicher. Rinville soll ein Mensch sein, den sie nicht ausstehen kann, obwohl der Vater ihn ihr als einen vorzüglichen jungen Mann empfiehlt. Die Ironie ist willfährig: Pseudo-Rinville erscheint und Emmeline behält recht, zum Lachen recht.

Die elfte Szene bildet ein Monolog Rinvilles. Dieser Monolog wäre vielleicht besser weggeblieben; er wirkt in jeder Hinsicht störend. Soll Rinville, was ja wohl in Ordnung ist, das Schlachtfeld behaupten und Charles als erster entgegentreten, so hätte sein Monolog doch kürzer gehalten werden können. Er könnte mit des Dichters Worten etwa so lauten: „Bravo! Das geht ja vortrefflich! Händel mit dem Vater, Händel mit der Tochter; die Geschichte läßt sich gut an, das muß ich sagen." So würde der Monolog auch nicht übel wirken und enthielte eine Art objektiver Reflexion über den Gang des Stückes. Braucht der Dichter einen längeren Monolog, um Charles Zeit zum Kommen zu geben, so konnte er Rinville in dem angeschlagenen spaßhaften Ton fortfahren lassen: wie er doch am Ende klüger daran getan hätte in seiner eigenen Gestalt aufzutreten, wie komisch es sei, daß er mit jeder neuen Nachricht über Charles moralisch um einen Grad sinke. In diesen Erwägungen wird er dann am besten durch Charles' Replik hinter den Kulissen unterbrochen. So wie der Monolog bei Scribe abschließt, merkt man zu deutlich, daß der Monolog jetzt aus ist und eine neue Person kommen muß. Würde dagegen Rinvilles Monolog auf die bewußte Weise abgebrochen, so möchte das den Eindruck, den man von Charles' Wesen bekommt, verstärken: die abenteuerliche Eile und Geschäftigkeit, das Importune seines Auftretens – seine besondere Stärke! – das blöde Gehäcksel seiner Repliken, das alles würde noch deutlicher hervortreten.

Doch ist das nicht so wichtig. Der Hauptfehler an diesem Monolog ist, daß er Rinville zu einem Schwätzer macht, der nicht weiß, was er will. Rinville erklärt, daß er nun nicht mehr zum Spaß die Rolle Charles' spielen wolle. Ja hat er es denn bisher zum Spaß getan? Nein; vielmehr hat er drei sehr solide Gründe dafür angegeben, warum er Emmeline gerne heiraten würde. Ferner erklärt er, er wolle der Verwechslung nun ein Ende machen, er wolle sich überzeugen, daß sie ihn liebt und nicht die Erinnerung an Charles. Wenn er diesen Vorsatz wirklich ausführt, so muß er versuchen, in Charles' Person seine eigene Liebenswürdigkeit geltend zu machen. Das tut er aber nicht, und so wird der bewußte Passus des Monologs zwecklos. Überdies durfte der Dichter Rinvilles Liebenswürdigkeit auch aus inneren Gründen nicht betonen. Einmal ist Rinville für Emmeline nicht eigentlich liebenswert. Er ist keine poetische Figur, sondern ein praktischer Mann, der seine soliden Gründe hat für das, was er tut. Und mit soliden Gründen und Verstand fängt man solch eine kleine romantische Gazelle nicht. Aber auch wenn er ein durch und durch liebenswürdiger, für ein Mädchenherz gefährlicher Mensch wäre, über Emmeline hätte er keine Macht: solange er nicht ihre fixe Idee berührt, ist sie unverletzlich. Ihre Liebe geht und kommt mit dem Fingerring. Sobald er den Ring vorweist (Szene 15), nimmt sie ihn wieder zu Gnaden an und findet, daß er „derselbe" ist. Das Stück würde also, so wie es gedacht ist, Rinvilles Liebenswürdigkeit neutralisieren; darum ist es unkorrekt, wenn seine Liebenswürdigkeit hervorgehoben wird, und darum hat der Dichter das außer in diesem einen Monolog auch nicht getan. Daß Rinville in der Szene, in der er am meisten mit Emmeline zu tun hat, auf die Avancen, die sie ihm macht, eingeht, will nichts heißen; er müßte ja ein vollkommener Tölpel sein, wenn er das nicht täte. Im übrigen ist diese Szene sicher nicht darauf angelegt Rinvilles Liebenswürdigkeit darzutun; das geht auch daraus hervor, daß er hier eine etwas komische Figur macht. Rinville ist offenbar ein Verstandesmensch; in dem vorhergehenden Monolog macht er sich ein wenig wichtig, gibt dem Zuschauer und seinen Freunden in Paris zu verstehen, daß er Manns genug ist, um ein solch kleines Fräulein kirrezumachen. Es gelingt ihm ja auch wirklich; aber wenn seine Freunde in Paris sehen könnten, wie es dabei zugeht, so hätten sie keine Veranlassung seine Talente zu bewundern. Sein Verstand sagt ihm, daß er unter den obwaltenden Umständen es wagen kann, sich für Charles auszugeben. Gut! Aber nun, da das geschehen ist, soll er seine Liebenswürdigkeit zeigen, und nun, sollte man denken, hat er alle Hände voll zu tun. Aber es stellt sich heraus, daß er überhaupt nichts zu tun hat; er läßt sich von Emmeline, die schnellfüßig ins Land der Jugenderinnerungen zurückeilt, mitnehmen, ein Meisterstück, das ihm jeder Mann, der nicht ein kompletter Tölpel wäre, nachgemacht hätte.

Was hier Rinville betreffend entwickelt wurde, ist, meiner Meinung nach, von entscheidender Bedeutung für das ganze Stück. Es darf keine einzige Figur, kein einziges dramatisches Motiv darin sein, das Anspruch darauf erheben könnte, den Schluß des Stückes zu überleben; von Anfang an muß alles auf Ironie gestellt sein. Wenn der Vorhang fällt, so ist alles vergessen; ein bloßes Nichts bleibt zurück; das ist der Ertrag des Stückes, das ist alles, was man zu sehen bekommt; und alles, was man hört, ist ein Lachen, das nicht das Lachen eines einzelnen Menschen ist, sondern die Sprache einer Naturkraft, der Ironie.

Charles tritt auf und trifft mit Rinville zusammen. Der Witz der Situation liegt darin, daß Charles, der Intrigant, in jeder Hinsicht zu spät kommt: zu spät, insofern Herr Zacharias ihm zuvorgekommen, zu spät vor allem, insofern die Intrige schon im Gang ist. Seine Repliken sind hier wie überall meisterlich erfunden und ebenso trefflich seinem Charakter wie der Situation angepaßt. Rinville rät Charles sich für Rinville auszugeben. Er deutet ihm an, wie die Sache zu machen sei, da unterbricht ihn Charles, der sich in Sachen der Mystifikation unmöglich von einem anderen belehren lassen kann, und tut nun, als sei diese Idee ihm gekommen. Aber kurz darauf zeigt es sich sofort, daß er nicht der Mann ist, dem etwas kommt; er hatte übersehen, daß er den Ring nun Rinville geben muß; darauf muß ihn dieser erst aufmerksam machen.

Charles stellt sich nun der Familie als Herr Rinville vor. Derviere findet ihn jünger und hübscher als Charles; Emmeline findet ihn widerlich; beider Urteile sind nicht eben zuverlässig, und man darf ruhig annehmen, daß Emmeline ihn nicht einmal angesehen hat, sondern in Kraft einer Inspiration urteilt, was man übrigens vom Vater ebensogut sagen könnte. Charles, dem mehr daran liegt vom Onkel gut aufgenommen zu werden als von der Kusine, freut sich vermutlich seiner Geschicklichkeit und hofft, daß alles gut gehen wird, wenn er nur sein Inkognito bewahrt.

Und nun kommen wir an die glänzendste Situation im ganzen Stück. Sie ist wie von einem Nimbus umgeben, wie festlich verklärt, so daß man fast erwartet im Hintergrund Tante Judiths Geist zu sehen, der auf seine zwei Jünger niedersieht. Emmeline beschließt sich dem Pseudo-Rinville anzuvertrauen und alles zu offenbaren. Diese Situation wirft auf Charles und Emmeline das hellste Licht. Emmelines Treue wird zur reinen Parodie. Um keinen Preis will sie ihn aufgeben, weder Feuer noch Wasser schrecken sie. Indessen wird Charles' Verlegenheit immer größer und größer, da er sie ja loszuwerden wünscht. Eine solche Treue ist ganz in der Ordnung; denn ein kleines Fräulein vom Schlage Emmelines pflegt dann stets am treuesten zu sein, wenn der Geliebte sie loszuwerden wünscht. Charles, nachdem er erfahren hat, daß Herr Zacharias mit dem Schlimmsten, mit seiner Verheiratung, noch nicht herausgerückt ist, hat das feste Vertrauen, daß es seiner Geschicklichkeit gelingen wird sich aus der Klemme zu ziehen. Und derselbe Charles muß nun alles verraten. Die Versuchung ist zu stark: er hat Gelegenheit, gleichsam als Troubadour, die Abenteuer seines Lebens zu singen und darf zugleich hoffen auf diese Weise von der Kusine loszukommen. Ich habe schon früher daran erinnert, wie damit, daß Charles' Verfehlungen einen Stich ins Komische bekommen, die Situation spezifisch leichter wird. Man bekommt eine lebendige Vorstellung von dem Leichtsinn des Burschen und von dem Wirrwarr, der in seinem Kopfe herrscht; aber man entrüstet sich nicht, was sicher der Fall wäre, wenn er in eigener Person dies alles so erzählte, man entrüstet sich nicht, aber man ahnt doch, daß er sich nicht scheuen würde das zu tun. Charles richtet indessen nichts weiter aus, als daß er in seiner eigenen Achtung steigt.

Emmelines Treue kennt keine Grenzen. Endlich gesteht er, daß er verheiratet ist. Und nun, es ist unglaublich, mit welcher Sicherheit der Dichter Emmeline zu ironisieren weiß, nun rast sie. Der eine oder andere Zuschauer denkt vielleicht, sie sei deshalb so aufgebracht gegen Charles, weil sie nun sehen muß, was für ein schlechter Kerl er ist. Keineswegs, lieber Freund! Du mißverstehst sie. Sie nimmt Charles, mag er sein wie er will, wenn sie ihn nur bekommen kann. Freilich fände sie es ganz in der Ordnung, wenn er in den acht Jahren kein anderes Mädchen angesehen, sondern gewissenhaft den Mond betrachtet hätte. Aber sie weiß sich damit abzufinden, daß dem nicht so ist; und wenn er zehn Mädchen verführt hätte, sie würde ihn doch nehmen. Sie wird ihn nehmen *à tout prix*; aber, er ist verheiratet; und wenn er verheiratet ist, so kann sie ihn nicht nehmen. *Hinc illas lacrimae*! So will der Dichter verstanden sein; darum läßt er sie den Pseudo-Rinville auch erst unterbrechen, wie er auf Charles' Heirat zu sprechen kommt. Vorher erzählt Pseudo-Rinville, daß Charles vom schönen Geschlecht vielfach begehrt worden sei, daß er allerlei galante Abenteuer erlebt habe und wohl auch hin und wieder in der Liebenswürdigkeit zu weit gegangen sei. Sie unterbricht nicht. Sie gelobt alles zu tun, um ihn mit dem Vater auszusöhnen und ihn zum Mann zu bekommen. Auch die Geschichte mit Pamela hört sie ruhig an. Dann aber kommt das Fürchterliche: Er ist verheiratet; und jetzt erst bricht sie los.

Emmeline schlägt Lärm, der Vater kommt und verschwört sich Charles nie zu verzeihen. Nun tritt Pseudo-Charles hervor. Emmeline hat den Vater gebeten nicht zu heftig zu werden; sie wolle ihn selbst ins Gebet nehmen. Hier muß man wie überall den Takt des Dichters bewundern. Wir sehen, wie die dem Pseudo-Charles gehaltene Standrede nicht auf diesen, sondern auf Pseudo-Rinville wirkt und wie die Wirkung nicht ganz die gewünschte ist, weil der wirkliche Charles gleichsam nur *in effigie* hingerichtet wird, und so wird die Situation lächerlich und ironisch. Dies wäre nicht der Fall, wenn Derviere diese Rede hielte, denn das ginge wieder über den Spaß. Der Onkel ist Charles' Wohltäter und hat begründeten Anspruch darauf von ihm nicht zum Narren gehalten zu werden. Durch seine Dummheit hätte er es freilich verdient, so gut wie seine Tochter; aber die Wohltaten, die er seit Jahren dem Neffen erwiesen, haben eben doch mehr Gewicht als das fahrlässige Heiratsversprechen, das sie ihm abgenommen. Und da alles, was Emmeline spricht, das Eheversprechen eingerechnet, sich als Geschwätz erweist, so ist es ganz in Ordnung, daß auch ihre Philippika zum Geschwätz wird. Geschwätz ist alles bei ihr: ihre alte Liebe zu Charles, ihre neue zu Rinville; ihre Schwärmerei, ihr Zorn, ihr Trotz, ihre guten Vorsätze.

Jetzt erreicht die Situation ihren Höhepunkt: Emmeline gesteht, daß sie Charles wirklich geliebt habe. Die Konfusion ist nun vollkommen. Der nämlich, den sie volle acht Jahre lang geliebt hat, ist Rinville, derselbe, in dem sie kraft der Sympathie sofort Charles wiedererkennt, von dem sie sich kurz darauf überzeugt, daß er nicht mehr „derselbe" ist, den sie aber doch am Ring bald wieder als den alten erkennt.

Endlich löst sich die Verwirrung. Es stellt sich heraus, daß sie Rinville statt Charles bekommen hat. Und damit ist das Stück aus, oder richtiger nicht aus. Denn die Absicht des Dichters war keineswegs zu zeigen, daß Emmeline nun zur Vernunft gekommen ist, daß sie nun, indem sie Rinville nimmt, vernünftig wählt. Hätte er das gewollt, so hätte er es sich ersparen können uns deutlich zu machen, inwiefern Charles eine verunglückte Existenz ist; dagegen hätte er uns zeigen müssen, inwiefern Rinville liebenswert ist. Wenn nämlich Charles auch ein liederlicher Fisch geworden ist, so folgt daraus noch nicht, daß sie nun Rinville wählen wird, es sei denn, man mache Scribe zu einem dramatischen Pfuscher, der die theatralische Konvention respektiert, wonach jedes Mädchen einen Mann bekommen muß, und wenn sie den einen nicht kriegt den anderen nimmt. So wie ich die Sache verstehe, ist der Spaß völlig absichtslos, der Witz unendlich, das Lustspiel ein Meisterwerk.

Der Vorhang fällt, das Stück ist vorbei; nur die großen Umrisse des von der Ironie dirigierten Schattenspiels bleiben übrig zu beschaulichem Genießen. Sonst nichts. Die unmittelbar wirkliche Situation ist die unwirkliche Situation; hinter dieser zeigt sich eine neue Situation, die nicht weniger verkehrt ist, und so weiter. In der Situation hört man die Replik; wo sie am vernünftigsten ist, erweist sie sich als der größte Unsinn, und wie die Situation sich entfernt, folgt ihr die Replik, immer sinnloser, trotz aller Vernünftigkeit ...

Die Wechsel-Wirtschaft

Ein Versuch in der sozialen Klugheitslehre

Chremylos: *... An allem bekommt man endlich Überdruß.*
An Liebe,
Karion: *Semmel,*
Chremylos: *Musenkunst*
Karion: *und Zuckerwerk.*
Chremylos: *An Ehre,*
Karion: *Kuchen,*
Chremylos: *Tapferkeit*
Karion: *und Feigenschnitt.*
Chremylos: *An Ruhm,*
Karion: *an Rührei,*
Chremylos: *an Kommando,*
Karion: *an Gemüse.*

Aristophanes' *Plutos* (nach Droysens Übersetzung.)

Man soll immer von einem Grundsatz ausgehen, sagt der verständige Mensch. Gut. So gehe ich von dem Grundsatz aus, daß alle Menschen langweilig sind. Es wird niemand so langweilig sein, mir das bestreiten zu wollen. Dieser Grundsatz hat nun in höchstem Maße die Abstoßungskraft des Negativen, das, eben weil es abstößt, eigentlich das Prinzip der Bewegung ist; ja, nicht nur abstoßend wirkt dieser Grundsatz, sondern geradezu abschreckend, so daß wer ihn im Rücken hat mit einer Geschwindigkeit vorwärtsgetrieben wird, die eine lange Entdekkungsreise verbürgt. Und da man nun durch eine mehr oder weniger temperierte Erwägung den *impetus* des Satzes beliebig steigern oder dämpfen kann, so läßt sich ein Maximum von Geschwindigkeit, eine wahre Eilzugsgeschwindigkeit erreichen, wenn man sich ganz einfach sagt: Die Langweile ist die Wurzel alles Bösen. Merkwürdig, daß die Langweile, die doch selbst ein so ruhiges gesetztes Wesen ist, diese gewaltige Kraft besitzt, diese geradezu zauberhafte Kraft nicht der Anziehung, sondern der Abstoßung!

Wie verderblich die Langweile ist, erkennen die Menschen alle an, wenn es sich um kleine Kinder handelt. Solange das Kind sich unterhält, ist es artig. Das kann man mit der größten Bestimmtheit aussprechen. Denn wenn es im Spiel anfängt ungebärdig zu werden, so kommt das eben daher, weil es anfängt sich zu langweilen: die Langweile ist schon im Anmarsch, nur maskiert. Wenn man daher ein Kindermädchen dingt, so sieht man nicht nur darauf, daß sie nüchtern, zuverlässig und anständig ist, sondern man berücksichtigt auch einen ästhetischen Gesichtspunkt: ob sie die Kinder zu unterhalten versteht; das ist so wesentlich, daß man einem Kindermädchen, das diese Eigenschaft nicht besäße, unbedenklich den Abschied geben würde, und wenn sie im übrigen noch so vortrefflich wäre. Man sieht, hier wird das Prinzip anerkannt. Aber so ist es in dieser langweiligen Welt: die Frage des Kindermädchens ist der einzige Fall, wo der Ästhetik ihr Recht wird. Wollte sich einer von seiner Frau scheiden lassen, weil sie langweilig ist; wollte einer einen König absetzen, einen Pfarrer verbannen, einen Minister stürzen, einen Journalisten hinrichten, weil er langweilig ist, rasend langweilig, er setzte es nicht durch. Was Wunder, daß es rückwärtsgeht mit dieser Welt, daß das Böse immer mehr um sich greift: die Langweile nimmt überhand und die Langweile ist die Wurzel alles Bösen. Im Anfang war die Langweile. Die Götter langweilten sich, darum schufen sie den Menschen. Adam langweilte sich, weil er allein war, darum wurde Eva erschaffen. Und von diesem Augenblick an war die Langweile in der Welt und nahm zu im geraden Verhältnis zur Zahl der Menschen. Adam langweilte sich allein, dann langweilten sich Adam und Eva zu zweien, dann langweilten sich Adam und Eva und Kain und Abel *en famille*, dann wuchs die Menge der Menschen auf Erden und sie langweilten sich *en masse*. Um sich zu unterhalten kamen sie auf den Gedanken einen Turm zu bauen, so hoch, daß er bis in den Himmel rage. Dieser Gedanke war ebenso langweilig wie der Turm hoch und beweist mit erschreckender Deutlichkeit, daß die Langweile schon gesiegt hatte. Dann wurden sie über die Erde zerstreut

– eine kleine Zerstreuung wie heute eine Reise ins Ausland – und langweilten sich weiter. Und die Folgen dieser Langweile? Der Mensch stand hoch und fiel tief; zuerst durch Eva, dann vom babylonischen Turm! Was hat andererseits den Untergang Roms aufgehalten? *Panis et circensis*! Was aber tut man heute? Sorgt man für Zerstreuung wie es sich gehört? Keine Rede! Man tut alles, um den Ruin zu befördern! Man beruft eine Ständeversammlung! Kann man sich etwas Langweiligeres denken, sowohl für die Herren Abgeordneten wie für uns, die wir ihre Reden hören und lesen sollen? Man will die Finanzen des Staates verbessern, und was tut man? Man nimmt sich vor zu sparen! Kann man sich etwas Langweiligeres denken? Statt Schulden zu machen, will man Schulden abzahlen. So wie ich die politischen Zustände kenne, wäre es Dänemark ein leichtes eine Anleihe von 15 Millionen zu machen. Warum denkt daran niemand? Hört man doch hin und wieder, daß ein Genie seine Schulden nicht bezahlt! Warum sollte der Staat es nicht auch so machen können, wenn nur alle zusammenhalten? Man nehme 15 Millionen auf und verwende sie nicht zu Abzahlungen, sondern zu öffentlichen Vergnügungen. Laßt uns das tausendjährige Reich feiern und herrlich und in Freuden leben! Wie heute überall Büchsen herumstehen, in die man Geld werfen kann, so soll man Schalen aufstellen, aus denen man Geld herausnimmt, soviel man braucht. Alles soll gratis sein. Man geht gratis ins Theater, gratis ins Bordell; man fährt gratis in den Tiergarten, man wird gratis begraben und bekommt gratis die schönste Leichenrede – gratis! Denn wenn man immer Geld in der Hand hat, so ist in gewissem Sinne alles gratis. Keiner soll festen Besitz haben. Nur mit mir muß eine Ausnahme gemacht werden. Ich bedinge mir 100 Taler aus pro Tag, zahlbar in der Londoner Bank; einmal, weil ich mit weniger nicht auskommen kann, dann, weil ich der Urheber der Idee bin, und schließlich weil man nicht wissen kann, ob ich nicht auf eine neue Idee kommen würde, wenn die 15 Millionen aufgebraucht sind. Was wäre die Folge dieses allgemeinen Wohlstandes? Alles Große strömte nach Kopenhagen: die größten Künstler, die größten Schauspieler, die größten Tänzerinnen. Kopenhagen würde ein zweites Athen werden. Alle reichen Leute würden sich in Kopenhagen niederlassen, unter anderen der Schah von Persien und der König von England. Und seht, da habe ich schon eine neue Idee! Man bemächtigt sich der Person des Schahs, du meinst, das gäbe einen Aufstand in Persien? Nun, so setzt man einen neuen Schah auf den Thron, das wäre ja nicht das erstemal, und der alte fällt im Preise. Und dann verkauft man ihn an die Türken; die werden ihn schon irgendwie zu Geld machen. Dabei kommt uns ein Umstand zugute, den unsere Politiker wie es scheint übersehen haben: Dänemark gibt den Ausschlag im europäischen Gleichgewicht. Die denkbar glücklichste Existenz! Das weiß ich aus Erfahrung. In unserer Familie nahm ich diese Stellung ein und fuhr sehr gut dabei; ich konnte tun, was ich wollte: die Folgen trugen stets die anderen, ich blieb ungerupft. Oh, möchten meine Worte euch finden, ihr, die ihr die höchsten Stellen im Staate einnehmt, die ihr beratet und beratet, Männer des Königs und des Volkes, weise und einsichtige Staatsbürger aller Klassen! Seht euch vor! Unser gutes altes Dänemark geht zugrunde, geht zugrunde, traurig aber wahr, an Langweile. Vor alters wurde *der* König, der den verstorbenen König am schönsten besang; heute sollte König werden, wer den besten Witz macht, und Kronprinz, wer den Anlaß dazu gibt.

Doch wo reißest du mich hin, schöne Schwärmerei! Sollte ich wirklich die geehrten Zeitgenossen in meine Weisheit einweihen? Nein. Meine Weisheit ist nicht zum Gebrauch für jedermann; Klugheitslehren verschweigt man klugerweise. Darum wünsche ich auch keine Jünger; aber wenn einer an meinem Sterbebette stünde, und ich sicher wüßte, daß es aus sei mit mir, so würde ich ihm vielleicht in einem Anfall von philanthropischem Delirium meine Lehre ins Ohr flüstern, unbekümmert darum, ob ich ihm damit einen Dienst erwiese oder nicht. Man sagt so gerne und oft, der Mensch sei ein geselliges Tier: im Grund ist er ein Raubtier, wie nicht nur sein Gebiß beweist; und das Geschwätz von Geselligkeit und Gemeinschaft ist teils vererbte Heuchelei, teils wohlberechnete Hinterlist.

Alle Menschen sind langweilig. Doch sind sie es auf verschiedene Weise: Die einen langweilen sich, die anderen ihre Nebenmenschen.

Diese bilden die Plebs, den Haufen, die große Masse der Durchschnittsmenschen; jene, die sich langweilen, sind die Auserwählten, die Adligen. Und merkwürdig: Die sich nicht langweilen, langweilen die anderen; die sich langweilen, unterhalten die anderen. Wer sich nicht langweilt, ist fast immer ein Mensch, der sich einbildet, er habe etwas Wichtiges zu tun, und er ist um so langweiliger und unerträglicher, je mehr er sich zu tun macht. Er gehört zu einer Klasse von Tieren, die sicherlich nicht die Frucht der Begierde des Mannes und der Lust des Weibes sind, die wie alle niederen Tierklassen sich durch große Fruchtbarkeit auszeichnet und sich ins Unglaubliche vermehrt. Man muß sich nur wundern, daß die Natur neun Monate braucht, um solche Fabrikware hervorzubringen. Wer sich langweilt, gehört zu einer höheren Klasse. Er wird, wie gesagt, im allgemeinen die anderen unterhalten, in äußerlicher Weise zuweilen auch den Pöbel, in tieferem Sinne die Eingeweihten. Und je gründlicher er sich langweilt, um so wirksamere Zerstreuungsmittel bietet er diesen, selbst dann noch, wenn die Langweile den höchsten Grad erreicht hat, indem er (die passive Bestimmung) vor Langweile stirbt, oder (die aktive Bestimmung) sich aus Neugier erschießt.

Müßiggang, heißt es, sei aller Laster Anfang. Um also das Böse fernzuhalten empfiehlt man die Arbeit. Doch zeigt schon der Anlaß, dem diese Betrachtung ihr Dasein verdankt, sowie das Mittel, das sie empfiehlt, daß wir es hier mit Plebejerweisheit zu tun haben. Müßiggang an sich ist keineswegs die Wurzel alles Bösen, sondern das wahre göttliche Leben, nämlich wenn man sich nicht langweilt. Freilich kann Müßiggang schuld daran sein, daß man sein Vermögen und dergleichen verliert; aber das ist etwas was die adlige Natur nicht fürchtet; sie fürchtet nur sich zu langweilen. Glücklich die olympischen Götter, die selig im seligen Müßiggang lebten: sie langweilten sich nicht! Glücklich eine Schönheit, die weder näht noch spinnt, weder pinselt, noch liest, noch musiziert: sie langweilt sich nicht! Nein, Müßiggang ist nicht die Wurzel alles Bösen; Müßiggang ist das wahre Gute. Die Langweile ist die Wurzel des Bösen; sie muß man bekämpfen. Wer keinen Sinn für Müßiggang hat, der hat sich noch nicht zu echter Humanität erhoben. Es gibt Menschen, die ihre unermüdliche Geschäftigkeit für immer aus der Welt des Geistes ausschließt und auf eine Stufe mit dem Tier stellt, das von seinem Instinkt zu fortwährender Bewegung angetrieben wird. Solche Menschen haben ein merkwürdiges Talent alles in ein Geschäft zu verwandeln; ihr ganzes Leben ist Geschäft; sie lieben und heiraten, sie amüsieren sich mit demselben gewichtigen Ernst, mit dem sie im Kontor arbeiten. Das lateinische Sprichwort *otium est pulvinar diaboli* ist richtig; aber wenn man sich nicht langweilt, hat der Teufel gar keine Zeit, seinen Kopf auf dies Kissen zu legen. Doch da die Menschen nun einmal glauben, daß sie zum Arbeiten auf der Welt seien, so ist es richtig dem Müßiggang die Arbeit entgegenzusetzen. Ich nehme indessen an, daß der Mensch dazu bestimmt ist sich zu amüsieren; darum habe ich nicht minder recht.

Die Langweile ist der dämonische Pantheismus. An sich ist sie das Böse, aufgehoben ist sie das Wahre; aufgehoben wird sie nur durch Unterhaltung; *ergo*: man muß sich unterhalten. Zu sagen, man könne die Langweile durch Arbeit aufheben, verrät unklares Denken. Der Müßiggang kann durch Arbeit aufgehoben werden, weil er das Gegenteil der Arbeit ist; nicht aber die Langweile. Daher sind auch die allerfleißigsten Arbeiter, die ewig brummenden und schnurrenden Insekten, die allerlangweiligsten Wesen; und wenn sie sich nicht langweilen, so kommt das daher, weil sie nicht wissen, was Langweile ist; aber damit ist die Langweile nicht aus der Welt geschafft, daß man sich ihrer nicht bewußt wird.

Die Langweile ist entweder unmittelbare Genialität oder erworbene Unmittelbarkeit. Die wahre geniale Indolenz ist selten; sie findet sich nicht in der Natur, sondern in der Welt des Geistes. Doch trifft man hin und wieder einen reisenden Engländer, der gleichsam eine Inkarnation jener Genialität ist, ein schweres, unbewegliches Murmeltier, dessen ganzer Sprachreichtum in einem einzigen, monosyllabischen Wort aufgeht, in einer Interjektion, durch die er die höchste Bewunderung und die tiefste Gleichgültigkeit ausdrückt: weil Bewunderung und Gleichgültigkeit sich in der Einheit der Langweile indifferentiert hat. Nur die englische Nation bringt solche Naturmerkwürdigkeiten hervor; sie ist geradezu paradigmatisch für die Langweile; ein Mensch, der einer anderen Nation angehört, wird immer ein bißchen lebhafter sein, nicht so absolut totgeboren. Die einzige Analogie, die ich kenne, ist der Apostel der leeren Begeisterung, der gleichsam auf einer Interjektion durchs Leben reitet; ein Mensch, der überall aus der Begeisterung ein Geschäft macht, der überall „dabei" ist, der, mag etwas Bedeutendes oder Unbedeutendes geschehen, sein Ah und Oh hören läßt: Bedeutendes und Unbedeutendes hat sich für ihn in dem blinden

Lärm inhaltsloser Begeisterung indifferentiert. Gleicht die Langweile als unmittelbare Genialität jener Pferdekrankheit, die man den „toten Koller" nennt, so entspricht die Langweile als erworbene Unmittelbarkeit dem „fliegenden Koller". Sie ist meist nichts anderes als eine Folge mißverstandener, exzentrischer Zerstreuung. Da hatte also das Mittel gegen die Langweile die Langweile hervorgebracht? Gewiß! Weil das Mittel unrichtig angewandt wurde. In dieser verkehrten Art der Zerstreuung ist die Langweile schon als Keim enthalten; hat sie sich herausgearbeitet, so ist sie doch nur eine erworbene Unmittelbarkeit. Mit dem Pantheismus verbindet sich im allgemeinen der Begriff der Fülle, mit der Langweile der Begriff der Leere; und doch, und gerade deshalb ist diese eine pantheistische Bestimmung. Sie ist das subjektive Korrelat zu dem Nichts, das den Einschlag des Daseins bildet; ihre Unendlichkeit ist die des Schwindels, den der Blick in die unendliche Tiefe eines Abgrunds hervorruft. Daß die exzentrische Zerstreuung im Grunde Langweile ist, zeigt sich eben darin, daß sie mit all ihrem Lärm keinen Widerhall weckt: in dem Nichts ist nicht soviel, daß ein Widerhall entstehen könnte.

Die Langweile ist die Wurzel alles Bösen. Man muß also trachten sie zu überwinden, natürlich! Doch gilt es hier wie allerwegen sich die Sache in Ruhe zu überlegen, damit man nicht, vom Dämon der Langweile besessen, sich in das Übel, dem man entfliehen will, erst recht hineinarbeitet.

Alle die sich langweilen, schreien nach Abwechslung. Sie haben recht, und ich bin ganz einverstanden mit ihnen; nur fasse ich die Sache prinzipiell an. Die Abweichung von der allgemeinen Anschauung, die ich mir gestatte, will ich kurz durch das Wort „Wechselwirtschaft" bezeichnen. Diesen Begriff könnte ich, wenn das Wort mir für eine Bezeichnung der allgemeinen Methode Raum ließe, definieren als das Verfahren, beständig den Boden zu wechseln. Der Landmann versteht das Wort freilich in anderem Sinne; doch halte ich mich zunächst an diese Definition und werfe einen Blick auf diejenige Art der Wechselwirtschaft, deren Prinzip die grenzenlose Unendlichkeit der Veränderung ist, ihre extensive Dimension sozusagen.

Diese Wechselwirtschaft ist die vulgäre, unkünstlerische; sie beruht auf einer Illusion. Man langweilt sich auf dem Lande, man reist in die Residenz; man langweilt sich in seinem Vaterland, man reist ins Ausland; man ist europamüde, man reist nach Amerika usf., man lebt in der schwärmerischen Hoffnung auf eine unendliche Reise von Stern zu Stern. Oder, indem man eine andere aber doch extensive Bewegung macht: Man findet es langweilig auf Porzellan zu speisen: so speist man auf Silber, und wenn einem das langweilig ist, auf Gold; oder man zündet Rom an, um den Brand von Troja sich vorstellen zu können. Diese Methode hebt sich selbst auf: ihr eignet nur die schlechte Unendlichkeit. Was hat Nero auch erreicht? Da war Kaiser Antoninus klüger. Er sagte: Es steht in deiner Macht dich zu verjüngen: Sieh die Dinge wieder so an wie du sie früher ansahst! So verjüngst du dich.

Die Methode, die ich vorschlagen möchte, wechselt nicht den Boden; sie wechselt die Saat, die Art der Bebauung. Hier tritt nun sofort das Prinzip der Beschränkung hervor, von dem einzig und allein die Rettung kommt. Je mehr man sich beschränkt, um so erfinderischer wird man. Wie erfinderisch ist der Gefangene in seiner einsamen Zelle: eine Spinne kann der schönste Zeitvertreib für ihn werden! Wie erfinderisch ist der Schuljunge, wenn er sich langweilt – was oft genug vorkommt, weil der Lehrer ohne Berücksichtigung des ästhetischen Gesichtspunkts gewählt wird –: er fängt eine Fliege, steckt sie unter eine Nußschale und sieht zu wie diese herumspaziert. Welch herrliche Unterhaltung! Oder er bohrt ein Loch in den Tisch, steckt die Fliege hinein, verschließt es durch ein Stück Papier und beobachtet durch ein Guckloch die Gefangene; auch das einförmige Lied der Dachtraufe oder irgendein Lärm, eine Bewegung gewährt Unterhaltung; und er wird bald ein ausgezeichneter Beobachter, dem nichts Derartiges entgeht. Das Prinzip, durch intensive Steigerung, nicht durch extensive Ausdehnung des Lebens zur Befriedigung zu gelangen, ist hier auf die Spitze getrieben.

Je erfinderischer ein Mensch im Variieren der Betriebsmethode ist, desto besser. Immer aber handelt es sich um das Verhältnis der Erinnerung zum Vergessen. Das sind die beiden Strömungen, in denen das ganze Leben sich bewegt, und diese Strömungen muß man vor allem beherrschen. Erst wenn man die Hoffnung über Bord geworfen, beginnt man künstlerisch zu leben; denn solange man hofft, kann man sich nicht beschränken, und ohne sich zu beschränken kann man keine Wechselwirtschaft durchführen. Es ist recht hübsch zu sehen, wie ein Mensch mit der Hoffnung auf günstigen Wind in die See sticht, und man kann wohl die Gelegenheit benützen und sich ins Schlepptau nehmen lassen; aber nie soll man sie selbst mit an Bord nehmen, am allerwenigsten als Lotse, denn sie ist ein unzuverlässiger Steuermann. Darum war auch die Hoffnung eine der bedenklichsten Gaben des Prometheus, ein fataler Ersatz für das Vorausschauen der Zukunft, das die Unsterblichen sich vorbehalten haben.

Vergessen, das wollen alle Menschen; wenn ihnen etwas Unangenehmes passiert ist, so heißt es immer: wenn ich's nur vergessen könnte! Nun ist aber das Vergessen eine Kunst, die gelernt sein will. Ob man etwas vergessen kann oder nicht, ist stets davon abhängig wie man sich der Sache erinnert, und wie man sich erinnert, ist wiederum davon abhängig, wie man die Wirklichkeit erlebt. Wer, die Segel von Hoffnung geschwellt, mit seinem Schiff aufläuft, der wird sich dessen so erinnern, daß er es nie vergessen kann. *Nil admirari* ist darum die eigentliche Lebensweisheit. Was du erlebst, soll nie so viel Bedeutung für dich bekommen, daß du es nicht in jedem Augenblick vergessen könntest, soll aber doch immer so viel Bedeutung behalten, daß du dich in jedem Augenblick daran zu erinnern vermagst. Nimm dir ein Beispiel an den Kindern: sie haben das allerbeste Gedächtnis und sind doch zugleich sehr vergeßlich. Je poetischer die Erinnerung, desto leichter das Vergessen; vielmehr: beides ist eigentlich dasselbe, nur in verschiedener Auffassung. Wenn ich mich poetisch an etwas erinnere, so ist schon eine Veränderung mit dem Erlebten vorgegangen, durch die es alles Schmerzliche verloren hat. Diese Form der Erinnerung verlangt nun aber eine besondere Methode des Lebens und Genießens. Genießt man frisch drauflos, indem man jeden Genuß auf die Spitze treibt und bis zur Neige auskostet, so kann man sich seiner Erlebnisse weder erinnern, noch sie vergessen. Man hat da nichts, dessen man sich erinnern könnte, als ein Gefühl der Übersättigung, das man gerne vergäße, aber zu seiner Qual nicht vergessen kann. Merkt man daher, daß ein Genuß oder sonst ein Erlebnis einen zu heftig mit sich fortreißt, so halte man einen Augenblick inne und durchlebe das Ganze in der Erinnerung noch einmal; so bewahrt man sich auf lange hinaus einen süßen Nachgeschmack. Man zügle von Anfang an den Genuß; man fahre nicht mit allen Segeln darauf los; man gebe sich mit einem gewissen Mißtrauen hin: so wird man das Sprichwort Lügen strafen, welches sagt, daß man nicht zugleich den Sack und den Beutel füllen kann.

Die Polizei verbietet das Waffentragen; aber keine geheime Waffe ist so gefährlich wie die Kunst, sich zu erinnern, um zu vergessen. Wer sich in dieser Kunst perfektioniert hat, kann mit dem ganzen Leben Fangball spielen.

Ich weiß nicht, ob irgendwo ein Lethequell sprudelt, aber ich weiß, daß die Kunst des Vergessens entwickelt werden kann. Freilich haben wenige Talent zu dieser Kunst. Die einen besitzen nicht genug Elastizität zum Vergessen, andere verwechseln die Kunst des Vergessens mit der Vergeßlichkeit: sie meinen fälschlicherweise, es komme darauf an jede Spur eines Eindrucks zu tilgen. Die meisten aber wollen nur das Unangenehme vergessen, das Angenehme dagegen nicht. Das ist ganz verkehrt! Vergessen als Kunst ist nämlich nichts anderes als das wahre Assimilieren, worin sich das Erlebte zu gesteigerter Resonanzfähigkeit niederschlägt. Darum ist die Natur so groß: sie hat vergessen, daß sie Chaos war; und doch kann ihr das auch wieder einfallen, wenn es sein muß. Unangenehme Erinnerungen durch wilden Lärm übertäuben: das heißt den meisten vergessen. Aber das Vergessen ist vielmehr ein stilles, ruhiges Umarbeiten der angenehmen wie der unangenehmen Eindrücke. Denn auch das Angenehme hat, vergangen wie es ist, stets auch etwas Unangenehmes in sich, eben weil es vergangen ist; diesen Stachel nimmt man ihm durch das Vergessen. So muß also auch das Angenehme vergessen werden. Wer, wie so viele Pfuscher in der Kunst des Vergessens, nur darauf bedacht ist sich das Unangenehme aus dem Sinn zu schlagen, der wird bald merken, daß er damit nicht weit kommt: in einem unbewachten Moment wird ihn die Erinnerung plötzlich überfallen. So etwas aber läßt ein verständiger Mensch, der Ordnung hält in seinem Kopf, nicht zu. Ist doch kein Unglück, kein Ärger so unliebenswürdig, so dickfellig, daß man ihm nicht mit Schmeicheln beikommen könnte. Sogar Cerberus nahm Honigkuchen, und nicht nur kleine Mädchen lassen sich betören. Man beschwatzt es und nimmt ihm so seinen Stachel; man wünscht durchaus nicht es zu vergessen, aber man vergißt es, um es in der Erinnerung aufzubewahren. Ja selbst gegen Erlebnisse, die man, so scheint es, unter ewiger Vergessenheit begraben müßte, kann man mit Hinterlist und geschickten Fälscherkünsten etwas ausrichten. Vergessen heißt wegschneiden was man nicht brauchen kann, aber wohlgemerkt, unter allerhöchster Aufsicht der Erinnerung. Vergessenheit und Erinnerung ist also dasselbe; nur muß die Identität künstlerisch zuwege gebracht werden. Gelingt das, so hat man den archimedischen Punkt und kann die Welt aus den Angeln heben, so hält man das ganze Leben in der Schwebe und sichert sich dagegen (worauf alles ankommt) sich in einem einzelnen Erlebnis festzufahren. Man hüte sich also vor der Freundschaft. Wie wird der Freund definiert? Der Freund ist nicht was die Philosophen das notwendige Zweite nennen, sondern das überflüssige Dritte. Welches sind die Zeremonien der Freundschaft? Man trinkt Brüderschaft, man öffnet eine Ader, man mischt sein Blut mit dem des Freundes. Wann der Augenblick dazu gekommen ist, läßt sich schwer sagen; aber er kündigt sich selbst auf rätselhafte Weise an: man fühlt, daß man nicht mehr „Sie" zu einander sagen kann. Hat man dieses Gefühl, so kann man nie fehlgreifen, wie es Gert Vestphaler passierte, als er mit dem Scharfrichter Brüderschaft trank. Was ist das sichere Kennzeichen der Freundschaft? Das Altertum antwortet: „Dasselbe lieben, dasselbe hassen: das erst ist wahre Freundschaft" und – die Langeweile in der Potenz. Was bedeutet die Freundschaft? Einander helfen mit Rat und Tat. Darum schließen zwei Freunde sich eng zusammen. Sie wollen einander alles sein, obwohl doch ein Mensch nichts anderes für den anderen sein kann, als daß er ihm im Wege steht. Freilich kann man einander helfen: man borgt einander, man hilft sich den Rock an- und ausziehen, man ist einer des anderen gehorsamster Diener, man stellt sich gewissenhaft zur Neujahrsgratulation ein, *item* zur Hochzeit, zur Taufe, zum Begräbnis.

Man soll sich nicht auf Freundschaft einlassen; darum braucht man aber nicht auf jede Berührung mit den Menschen zu verzichten. Ja es darf das Verhältnis zu einem anderen wohl auch einmal einen stärkeren Schwung bekommen; nur sorge du dann dafür, daß du bei solch gemeinsamer Bewegung immer genug Eigengeschwindigkeit, hast um den Kameraden auch wieder loszuwerden. Du fürchtest vielleicht, daß eine solche Trennung unangenehme Erinnerungen hinterlasse, weil ein Verhältnis, das Bedeutung für dich zu haben schien, sich in Nichts auflöste. Das ist ein Mißverständnis. Denn einmal ist das Unangenehme eine pikante Würze in des Lebens derber Kost; dann kann dasselbe Verhältnis auf andere Weise wieder Bedeutung für dich bekommen. Die Hauptsache ist, daß du dich nie festrennst und immer den Stift zur Hand hast, um einen Abschnitt durchzustreichen. Der erfahrene Landmann läßt ein Feld hin und wieder auch brachliegen; die soziale Klugheitslehre empfiehlt dasselbe. Es kommt ja alles wieder, wenn auch auf andere Weise; was einmal in dein Leben eingetreten ist, bleibt darinnen und wechselt nur die Rolle. Darum hoffe du ganz konsequent, daß du deine alten Freunde und Bekannten in einer besseren Welt wiederfinden wirst; fürchte nicht mit dem Haufen, daß sie sich bis zur Unkenntlichkeit verändert haben möchten; eher hättest du zu fürchten, daß sie ganz die alten geblieben sind. Du wirst dich wundern, was du auch im Kleinen und Kleinsten bei einem solchen Betrieb gewinnst.

Man hüte sich vor der Ehe! Eheleute geloben einander Liebe auf ewig.

Das ist nun zwar ziemlich leicht, hat aber auch nicht viel zu bedeuten. Denn würden wir mit der Zeit fertig: die Ewigkeit sollte uns nicht viel zu schaffen machen. Wenn daher die Betreffenden statt „auf ewig" etwa sagen würden „bis Ostern" oder „bis zum Mai nächsten Jahres", so hätte das doch einen Sinn: damit wäre wirklich etwas gesagt, etwas, worüber sich reden ließe. Aber nein, sie geloben sich ewige Treue. Und was dann? Wenn sie eine Zeitlang verheiratet sind, so merkt der eine Partner, daß er hereingefallen ist; welch himmelschreiende Treulosigkeit! klagt der andere – und kommt bald zum selben Resultat. Und nun wird eine Neutralität arrangiert, worin die beiderseitige Untreue zu gemeinsamer Zufriedenheit verrechnet wird. Was soll man anderes machen? Eine Scheidung ist mit zu großen Schwierigkeiten verbunden!

Steht es so um die Ehe, so ist es kein Wunder, daß man ihr auf alle mögliche Weise mit moralischen Stützen zu Hilfe kommen muß. Will einer sich von seiner Frau scheiden lassen, so erhebt sich ein allgemeines Geschrei: Der gemeine Mensch, der Schuft usf.! Wie dumm! Da greift man ja die Ehe indirekt an! Entweder hat sie ihren Wert in sich, so ist der ja genugsam gestraft, der sie wegwirft; oder sie hat keinen Wert, so ist es ungereimt ihn zu tadeln, weil er gescheiter ist als andere. Wenn einer seines Geldes überdrüssig würde und es zum Fenster hinauswürfe, da würde niemand sagen, er sei ein gemeiner Mensch; denn entweder hat das Geld seinen Wert, und dann straft er sich ja selbst, oder es hat keinen Wert, und dann hat er als ein kluger Mann gehandelt.

Man muß sich hüten in ein Lebensverhältnis einzutreten, darin man sich vervielfacht. Darum ist die Freundschaft schon gefährlich, aber noch viel mehr die Ehe. Man sagt freilich, daß Mann und Weib eins werden, aber das ist eine gar dunkle und mystische Rede. Sobald man sich vervielfacht, hat man seine Freiheit eingebüßt, und man kann sich nicht mehr Reisestiefel bestellen, wenn man will, kann nicht mehr nach Laune herumschweifen. Hat man eine Frau, so ist das schwer, hat man eine Frau und vielleicht Kinder, so ist es noch schwerer, hat man Frau und Kinder, so ist es unmöglich. Wohl erzählt man, daß eine Zigeunerin ihren Mann auf dem Rücken durchs Leben getragen habe; aber so etwas kommt selten vor, und dann ist es auf die Dauer ermüdend – für den Mann. Die Ehe hat überdies das Fatale, daß sie einen in eine mißliche Kontinuität mit Sitte und Brauch hineinzieht, und Sitte und Brauch ist wie Wind und Wetter: man kann sich nie darauf verlassen. In Japan ist es, soviel ich weiß, Sitte und Brauch, daß auch der Mann im Wochenbett liegt. Es könnte ja die Zeit kommen, da man auch in Europa solche Sitten einführen wollte.

Schon die Freundschaft ist gefährlich; aber gefährlicher ist die Ehe. Denn das Weib ist und bleibt der Ruin des Mannes, sobald er in ein dauerndes Verhältnis mit ihr eintritt. Sieh diesen jungen Mann; er ist feurig wie ein arabischer Renner; laß ihn heiraten, und er ist verloren. Zuerst ist das Weib stolz, dann wird sie schwach, dann wird sie ohnmächtig, dann wird er ohnmächtig, dann wird die ganze Familie ohnmächtig. Des Weibes Liebe ist nur Verstellung und Schwachheit.

Man soll sich nicht auf Ehe einlassen; darum braucht man aber nicht die Erotik ganz auszuschalten. Das Erotische darf sogar Unendlichkeit haben, aber wohlgemerkt, poetische Unendlichkeit, die in einem Monat, in einer Stunde Raum genug hat. Wenn zwei Menschen sich ineinander verlieben und ahnen, daß sie füreinander bestimmt sind, da gilt es seinen Mut zusammennehmen und abbrechen; wer das nicht fertigbringt, verliert alles und gewinnt nichts. Das klingt paradox und ist es auch, nämlich für das Gefühl, aber nicht für den Verstand. Gerade auf dem erotischen Gebiet muß man mit Stimmungen arbeiten können; wenn man sich darauf versteht, so kann man eine unerschöpfliche Mannigfaltigkeit von Kombinationen zuwege bringen.

Man hüte sich vor jedem Beruf. Wer sich damit abgibt, wird ein Plebejer. Er wird ein kleines Rädchen in der Maschine des Staates; er hört auf selbst Betriebsleiter zu sein; ihm kann keine Theorie mehr helfen. Er bekommt einen Titel, und darin liegt die ganze Konsequenz der Sünde und des Bösen. Auf vorgezeichneter Bahn Karriere zu machen ist gleich langweilig, ob man rasch oder langsam avanciert. Einen Titel wird man nie wieder los, es sei denn man beginge ein Verbrechen, das der Achtung unwürdig macht; aber selbst dann hat man keine Garantie, ob man nicht durch königlichen Beschluß begnadigt wird und seinen Titel wieder bekommt.

Wenn man sich nun auf keinen Beruf einlassen soll, so braucht man doch auf Tätigkeit nicht zu verzichten. Nur wähle man eine Beschäftigung, die mit Müßiggang identisch ist: man treibe allerlei brotlose Künste und suche sich dabei mehr intensiv als extensiv zu entwickeln. Ein Kleines ist's, was Kinder freut! Daran halte man sich, so alt man wird.

Tunlichst den Boden variieren, das ist der eine, beständig sich selbst variieren, das ist der andere und wichtigere Kunstgriff, ja das eigentliche Geheimnis der Wechselwirtschaft. Dazu gehört aber vor allem, daß man seine Stimmungen beherrscht; nicht als ob man sie nach Wunsch hervorrufen könnte, das ist ja nicht möglich; aber man muß den Augenblick benützen, wenn sie einmal da sind. Wie ein erfahrener Seemann den kommenden Sturm, so mußt du stets deine Stimmungen voraussehen. Du mußt wissen, wie eine Stimmung auf dich selbst, wie sie, mit einiger Wahrscheinlichkeit, auf andere wirkt, bevor du dich ihr überlässest. Versuche das Instrument erst und stimme es, damit du reine Töne bekommst; sieh, was hinter einem Menschen steckt, dann kannst du drauflos spielen. Die Erfahrung wird dir beweisen, daß in einem Menschen oft viel ist, wovon du keine Ahnung hattest. Ein gefühlvoller, also langweiliger Mensch z. B., den man durch Sticheln (nebenbei gesagt ein vortreffliches Explorationsmittel) in Harnisch bringt, wird oftmals recht amüsant.

Willkürlich sein, das ist's! Du meinst, das sei keine Kunst! Oh doch! Willkürlich sein, so, daß man sich selbst nicht verirrt, so, daß die Sache Spaß macht, das will gelernt sein. Wenn man sich auf Willkür versteht, genießt man nicht mehr unmittelbar; man genießt nicht die Wirklichkeit, sondern was man in die Wirklichkeit hineinlegt. Man sieht im Theater nur ein paar Szenen mitten aus dem Stück heraus; man liest von einem Buch nur das zweite Drittel. So verschafft man sich einen ganz anderen Genuß, als ihn der betreffende Dichter oder Schriftsteller uns gütigst zugedacht hat. Man genießt etwas rein Zufälliges, betrachtet das ganze Dasein als zufällig und läßt seine Realität daran scheitern. Ein Beispiel! Ich kannte einen Menschen, dessen Gerede ich, wie das die Lebensumstände mit sich bringen können, wohl oder übel anhören mußte. Er hielt mir bei jeder Gelegenheit einen kleinen philosophischen Vortrag, der mich schrecklich langweilte. Ich war der Verzweiflung nahe; da entdeckte ich, daß er ungewöhnlich stark schwitzte, wenn er sprach. Diese Erscheinung erregte meine Aufmerksamkeit. Ich sah, wie sich kleine Schweißperlen auf seiner Stirne bildeten, wie diese sich zu einem kleinen Bächlein vereinigten, das über die Nase herunterlief und sich an der äußersten Nasenspitze in einem Tropfen sammelte. Nun war alles anders; nun machte ich mir sogar eine Freude daraus ihn zu einer philosophischen Vorlesung anzuspornen, nur um die Schweißtropfen auf seiner Stirne und an seiner Nase zu beobachten. Baggesen sagt einmal irgendwo von irgendjemand, er sei ein ganz netter Mensch, gegen den er nur das eine einzuwenden habe, daß es auf seinen Namen keinen Reim gebe. Es ist äußerst wohltuend die Realitäten des Lebens solchergestalt in einem willkürlichen Interesse indifferent werden zu lassen. Man erhebe etwas ganz Zufälliges zum Absoluten und damit zum Gegenstand absoluten Interesses: das wirkt besonders auf erregte Gemüter vortrefflich. Man betrachte etwa das ganze Leben unter dem Gesichtspunkt der Wette usf. In dieser Methode haben wir ein vorzügliches Reizmittel, das unser Verhältnis zu vielen Menschen erst erträglich macht. Je konsequenter die Methode durchgeführt wird, desto unterhaltender werden die Kombinationen. Und der Grad der Konsequenz beweist, ob einer ein Künstler ist oder ein Pfuscher; denn „bis zu einem gewissen Grad" versteht sich jeder Mensch auf Willkür. Das Auge, mit welchem man die Wirklichkeit betrachtet, muß sich fortwährend verändern. Die Neu-Platoniker nahmen an, daß die unvollkommenen Menschen nach dem Tod in allerlei Tiere verwandelt würden, jeder nach seinem Verdienst; diejenigen z. B., die es in den bürgerlichen Tugenden zu keinem höheren Grad gebracht haben (die Detaillisten), werden bürgerliche Tiere, etwa Bienen. Auf solche Weise das Leben zu betrachten, sich alle Menschen in Tiere oder Pflanzen verwandelt zu denken (Plotin meinte, daß manche sich auch in Pflanzen verwandeln), bietet reichhaltige Abwechslung. Der Maler Tischbein hat versucht, jeden Menschen zu einem Tier zu idealisieren. Aber seine Methode hat den Fehler, daß sie zu ernsthaft ist, und daß sie eine wirkliche Ähnlichkeit herauszufinden sucht.

Dem subjektiven Moment der Willkür entspricht das objektive des Zufalls. Darum muß man für das Zufällige allzeit ein offenes Auge haben; man muß immer auf dem *qui vive* sein, damit man die Gelegenheit beim Schopfe fasse. Die sogenannten gesellschaftlichen Vergnügungen, auf die man sich acht oder vierzehn Tage vorbereitet, sind immer langweilig; dagegen kann irgendeine Kleinigkeit durch den Zufall zu einer reichen Quelle der Unterhaltung werden. Hier ins Detail zu gehen ist unmöglich; keine Theorie kann es erschöpfen. Aber auch die ausführlichste Theorie ersetzt nicht den sicheren Griff des allgegenwärtigen Genies.

Tagebuch des Verführers

Sua passion predominante
è la giovin principiante.

DON GIOVANNI NR. 4 ARIA

Gedrängt von einem rein persönlichen Interesse, habe ich mich entschlossen die Abschrift, die ich einst in fliegender Hast, mit klopfendem Herzen vom Original genommen, ins reine zu schreiben. Aber ich leugne nicht, daß ich kaum die Angst zu beherrschen vermag, die mich in diesem Augenblick ergreift. Noch einmal durchlebe ich die Situation, fühle die Angst jener Stunden, die quälenden Vorwürfe, die nicht schweigen wollen, wenn ich mir auch sage, daß ich die Schublade nicht geöffnet habe. Er hatte, wider seine Gewohnheit, seinen Schreibtisch nicht abgeschlossen. Eine Schublade war herausgezogen. Sie enthielt eine Menge loser Blätter und auf diesen liegend ein geschmackvoll eingebundenes Buch in Großquartformat. Der obere Deckel desselben trug ein Schild, auf das er eigenhändig die Worte: *Comentarius perpetuus Nr. 4* geschrieben hatte. Vielleicht wäre ich nicht in Versuchung gekommen, vielleicht hätte ich der Versuchung widerstanden, wenn das Buch auf der anderen Seite gelegen und nicht durch diesen auffallenden Titel meine Neugier erregt hätte. Doch nein! Ich will mir das nicht einreden. Der Titel war merkwürdig, gewiß; aber er wurde es erst recht, als mir ein flüchtiger Blick verriet was die losen Blätter enthielten. Es waren Darstellungen erotischer Situationen, vereinzelte Andeutungen über dies und jenes Liebesverhältnis und Entwürfe zu Briefen, zu ganz merkwürdigen Briefen, die scheinbar nachlässig hingeworfen, sich mir später als wahre Kunstwerke seiner Berechnung enthüllten. Wenn ich heute, da ich das ränkevolle Herz dieses verdorbenen Menschen durchschaue, mir jene Situation vergegenwärtige, wenn ich, mit einem Blick, der für alle Künste der Verstellung geschärft ist, gleichsam wieder an jene Schublade herantrete, so ist es mir zumute wie etwa einem Polizeibeamten, der in das Zimmer eines Fälschers eingedrungen ist, seine Schubladen erbrochen hat und darin auf zahlreichen losen Blättern allerlei Schriftproben entdeckt: da ein Ornament, dort einen Namenszug oder ein paar Wörter in Spiegelschrift usf. Er sieht mit Befriedigung, daß er auf der rechten Spur ist; kann aber zugleich dem Fleiß, der da am Werke war, eine gewisse Bewunderung nicht versagen. Damals freilich empfand ich nichts dergleichen; denn zum Polizeibeamten fehlte es mir nicht nur an der Übung im Aufspüren von Verbrechen, sondern vor allem an der Legitimation. In Wahrheit ging ich auf ungesetzlichem Wege, und das lag mir schwer auf der Seele. Im übrigen dachte ich überhaupt nicht viel, wie das in solchen Fällen das gewöhnliche ist. Wenn wir von einem Eindruck überwältigt werden, so dauert es einige Zeit bis die Reflexion dem Druck entschlüpft und gewandt und hurtig sich dem unbekannten Eindringling nähert, um ihn zu beschwatzen und sich bei ihm einzuschmeicheln. Je stärker die Reflexion entwickelt ist, desto rascher weiß sie sich zu fassen, und wie ein Schreiber im Paßbüro für ausländische Reisende ist sie so daran gewöhnt, die abenteuerlichsten Gestalten zu sehen, daß sie sich nicht leicht imponieren läßt. Obwohl nun aber die Reflexion bei mir ziemlich stark entwickelt ist, so war ich doch im ersten Augenblick äußerst verblüfft; ich erinnere mich genau wie ich erbleichte, wie ich beinahe ohnmächtig wurde, und wie ich mich davor fürchtete ohnmächtig zu werden. Wenn er heimgekommen wäre und mich besinnungslos mit der Schublade in der Hand gefunden hätte! Ein schlechtes Gewissen vermag eben doch das Leben interessant zu machen.

Der Titel des Buches an und für sich frappierte mich nicht so sehr; ich dachte, es sei eine Sammlung von Exzerpten; das war um so wahrscheinlicher, als er stets sehr fleißig studierte. Es war aber etwas ganz anderes. Es war ein Tagebuch, ein sehr sorgfältig geführtes Tagebuch; und wenn ich, soweit ich ihn bis dahin kannte, nicht gerade den Eindruck hatte, daß sein Leben dringend eines Kommentars bedürfe, so konnte ich doch, nach dem Einblick, den ich nun bekam, nicht leugnen, daß der Titel mit Geschmack und Verstand, mit wahrer ästhetischer Überlegenheit, sich selbst und der Situation gegenüber gewählt war. Der Titel steht vollkommen im Einklang mit dem Inhalt des Buches. Er hatte sich die Aufgabe gestellt, poetisch zu leben. Begabt mit einem scharf entwickelten Organ für das Interessante im Leben, wußte er das Interessante aufzufinden; und wenn er es gefunden hatte, suchte er das Erlebte dichterisch zu reproduzieren. Darum ist sein Tagebuch nicht historisch genau, gibt keine einfache Erzählung, ist nicht indikativisch, sondern konjunktivisch; und obwohl das Erlebte natürlich erst aufgezeichnet wurde, nachdem es erlebt war, manchmal auch beträchtlich später, so hat seine Darstellung doch ein solch dramatisches Leben, daß es oft ist, als spiele sich alles in unmittelbarer Gegenwart vor unseren Augen ab. Daraus darf man aber nicht den Schluß ziehen, daß diese Darstellung irgendeinem äußeren Zweck entsprechen sollte. Vielmehr liegt es auf der Hand, daß das Buch für ihn nur persönliche, im strengsten Sinne persönliche Bedeutung hatte. Keinesfalls also haben wir ein Dichtwerk vor uns, das wohl gar für den Druck bestimmt war: einer solchen Annahme widerspricht der Inhalt des Buches im ganzen wie im einzelnen.

Woraus erklärt sich nun aber der dichterische Charakter des Tagebuchs? Die Antwort ist nicht schwer: Der es geschrieben hat, war eine dichterische Natur, und war als solche nicht reich und, wenn man so will, nicht arm genug, um Poesie und Wirklichkeit auseinanderzuhalten. Das Poetische war das Plus, das er von sich aus der Wirklichkeit hinzufügte. Dieses Plus genoß er in der poetischen Situation der Wirklichkeit, um es dann wieder in der Form von dichterischer Reflexion herauszuziehen. So wußte er den Genuß zu genießen, denn auf Genuß war sein ganzes Leben angelegt. Zuerst genoß er das Ästhetische persönlich, dann seine Persönlichkeit ästhetisch. Zuerst genoß er egoistisch persönlich was die Wirklichkeit ihm gab und wiedergab, denn er hatte sie beschenkt und bereichert; dann verflüchtigte sich seine Persönlichkeit, und nun genoß er die Situation und sich selbst in der Situation. Zuerst benutzte er die Wirklichkeit als Anlaß, als Moment; dann ließ er sie von der Poesie aufsaugen. Die Frucht des ersten Stadiums ist die Stimmung, aus der das Tagebuch als Frucht des zweiten Stadiums erwuchs (wobei das Wort jedoch im zweiten Fall in einer etwas anderen Bedeutung genommen ist, als im ersten). Er hatte das Poetische also immer mit der Zweideutigkeit, in der sein ganzes Leben verlief.

Hinter der Welt, in der wir leben, fern im Hintergrund liegt eine zweite Welt (wie manchmal im Theater hinter der eigentlichen Szene eine zweite, die man durch einen Schleier sieht), eine Welt, die aus leichterem, zarterem Stoff gebaut ist und von anderer Bonität ist als die wirkliche. Viele Menschen, die körperlich in der wirklichen Welt weilen, sind nicht in ihr zu Hause, sondern in jener anderen; sie lassen sich nicht fassen von der Wirklichkeit, sondern entgleiten ihr immer wieder, und das kann ebensogut ein Zeichen von Gesundheit wie von Krankheit sein. Letzteres traf für den Menschen zu, den ich einmal gekannt habe, ohne ihn zu kennen. Er gehörte nicht der Wirklichkeit an und hatte doch viel mit ihr zu tun; er folgte ihr beständig und hatte sie doch immer schon überholt, gerade wenn er sich am eingehendsten mit ihr abgab. Was ihn vorwärtstrieb war nicht das Gute, aber eigentlich auch nicht das Böse, das möchte ich nicht einmal in diesem Augenblick von ihm sagen. Er litt an einer *exacerbatio cerebri*, für welche die Wirklichkeit nicht oder doch nur für Augenblicke Inzitament genug enthielt. Er verhob sich nicht an der Wirklichkeit, er war nicht zu schwach sie zu tragen, nein, er war zu stark; aber eben diese Stärke war seine Krankheit. Sobald die Wirklichkeit ihre Bedeutung als Inzitament verloren hatte, war er entwaffnet, das war der Grund des Bösen in ihm. Denn er war sich dieser Tatsache selbst im Augenblick des Inzitaments bewußt, und in diesem Bewußtsein lag das Böse.

Das Mädchen, dessen Geschichte in der Hauptsache den Inhalt des Tagebuchs ausmacht, habe ich gekannt. Sie hieß wirklich Cordelia, wenn auch nicht Cordelia Wahl, was mir die Annahme wahrscheinlich macht, daß er seinen Personen ihre wirklichen Vornamen gelassen, aber aus begreiflichen Gründen erfundene Nachnamen gegeben hat. Ob er noch andere Mädchen verführt hat, weiß ich nicht; doch scheint das aus seinen Papieren hervorzugehen. Charakteristisch für ihn ist dabei, daß er durchaus nicht immer dieselbe Praxis befolgte: er war eben zu sehr Geist für einen Verführer im gewöhnlichen Sinne. Man sieht auch aus dem Tagebuch, daß es seiner Begierde manchmal um etwas ganz Willkürliches zu tun war, um einen Gruß z. B., und daß er in solchem Fall sich durch nichts hätte bewegen lassen mehr zu nehmen, weil das eben das Schönste an der Betreffenden war. Er reizte ein Mädchen durch seine Geistesgaben und zog sie an sich, tat dann aber nichts weiter, um sie wirklich zu besitzen. Ich kann mir gut denken, wie er ein Mädchen bis zu dem Punkt brachte, wo er sicher sein konnte, daß sie ihm alles opfern würde; und wenn die Sache so weit gediehen war, brach er ab, ohne daß von seiner Seite die kleinste Annäherung geschehen wäre, ohne daß er ein Wort von Liebe gesprochen, oder eine Erklärung, ein Versprechen gegeben hätte. Und doch ist etwas geschehen; und das Bewußtsein davon ist für die Unglückliche, die es erleben mußte, doppelt bitter, weil sie nicht das geringste hat, auf das sie sich berufen kann; sie wird von den verschiedensten Stimmungen in einem rätselhaften Hexentanz umhergetrieben; bald macht sie sich Vorwürfe und verzeiht ihm, bald macht sie ihm Vorwürfe; und da das Verhältnis eigentlich keine Wirklichkeit hatte, so muß sie beständig mit dem Zweifel kämpfen, der das Ganze für eine Einbildung erklärt. Keinem Menschen kann sie sich anvertrauen; denn sie hat eigentlich nichts anzuvertrauen. Einen Traum kann man anderen erzählen; aber was sie zu erzählen hat ist ja kein Traum, war Wirklichkeit; und doch, sobald sie reden, ihr bekümmertes Herz erleichtern will, wird es, das fühlt sie selbst, zu einem Nichts. Kein Mensch kann es fassen, kaum sie selbst, und doch liegt es auf ihr wie ein Alp. Wir haben da eine ganz besondere Spielart des betrogenen Mädchens. Nicht die Unglückliche, die aus der Gesellschaft ausgestoßen ist oder sich ausgestoßen glaubt, die einen gesunden starken Schmerz leidet und auch wohl einmal, wenn das Herz zu voll wird, in Haß oder Liebe sich Luft macht. Nein, mit ihr ist keinerlei äußere Veränderung vorgegangen; sie lebt in denselben Verhältnissen weiter, geachtet wie immer; und doch, kaum kann sie sich selbst es erklären, geschweige denn anderen begreiflich machen, sie ist verändert. Ihr Leben ist nicht wie sonst bei einem verführten Mädchen geknickt oder zerbrochen; in sich selbst zurückgescheucht, ist sie für andere verloren und kann sich selbst nicht finden. Und er, der Verführer? Wie man von ihm sagen könnte, daß sein Weg durchs Leben keine Spuren hinterlassen habe (denn seine Füße waren so eingerichtet, daß sie die Spur mitnahmen, so stelle ich mir am besten seine unendliche Reflektiertheit in sich selbst vor), in demselben Sinn könnte man sagen, daß seine Verführungskunst keine Opfer gefordert habe. Er war für einen Verführer im gewöhnlichen Sinne des Worts viel zu sehr Geist. Zuweilen freilich nahm er auch einen parastatischen Leib an und wurde zur reinen Sinnlichkeit. Aber sogar seine Geschichte mit Cordelia ist so verwickelt, daß er fast sagen könnte, er sei verführt worden, und selbst ihr, der Unglücklichen, will es zuweilen so vorkommen; auch hier ist seine Fußspur so undeutlich, daß jeder Beweis zur Unmöglichkeit wird. Das Individuum war ihm nur Inzitament; er warf es ab wie der Baum seine Blätter und verjüngte sich; das Laub verwelkte.

Wie aber sieht es aus in seinem Kopfe? Ich denke mir, daß er, der andere in die Irre führte, schließlich sich in sich selbst verirrt. Er hat andere irregeführt, das heißt, er hat sie dahin gebracht, daß sie an sich selbst irre wurden. Einen Wanderer, der seinen Weg verloren hat, falsche Pfade zu führen und ihn schließlich sich selbst zu überlassen, ist empörend. Aber viel, viel schlimmer ist es einen Menschen dahin zu bringen, daß er sich in sich selbst verirrt. Der Wanderer auf seinem Irrweg sieht doch zu seinem Trost immer wieder eine neue Gegend vor sich, und damit erwacht immer wieder in ihm die Hoffnung sich zurechtzufinden; dagegen einer, der sich in sich selbst verirrt hat, bewegt sich auf einem so kleinen Gebiet, daß er immer dieselbe nur zu wohl bekannte Gegend durchwandern muß; und obwohl er sich dessen bewußt ist, findet er doch keinen Ausweg. So hat er andere irregeführt, so wird er, denke ich, schließlich selbst irregehen, und schrecklicher als jene, weil er gleichsam sich selbst irregeführt hat. Ein intriganter Kopf, der den Faden verliert, der nun, da sein Gewissen erwacht, seinen ganzen Scharfsinn gegen sich selbst richtet, um sich aus dem Labyrinth herauszufinden – ich kann mir keine qualvollere Situation denken. Was helfen ihm die vielen Schlupflöcher seines Fuchsbaus? Er sieht eine Öffnung, seine geängstete Seele eilt dem Lichtschimmer zu, da zeigt es sich, daß er nur einen neuen Eingang gefunden hat; von der Verzweiflung gehetzt sucht er wie ein verängstetes Tier nach einem Ausgang und findet immer nur wieder einen Eingang, der ihn in sich selbst zurückführt. Ein solcher Mensch ist nicht gerade ein Verbrecher, er wird ja oft genug von seiner Intrige betrogen, und doch trifft ihn eine schrecklichere Strafe als den Verbrecher. Denn was ist selbst der Schmerz der Reue gegen diesen bewußten Wahnsinn. Freilich hat diese Strafe rein ästhetischen Charakter. Wenn ich sage, sein Gewissen erwache, so ist das viel zu ethisch ausgedrückt. Das Gewissen ist für ihn nur ein höheres Bewußtsein, das sich als Unruhe äußert; es klagt ihn auch nicht eigentlich an; es hält ihn nur wach, gönnt ihm in seiner unfruchtbaren rastlosen Tätigkeit keine Ruhe. Er ist auch nicht wahnsinnig; denn die endlichen Gedanken in ihrer Mannigfaltigkeit sind nicht versteinert in der Ewigkeit des Wahnsinns. Auch der armen Cordelia wird es schwerfallen Frieden zu finden. Sie verzeiht ihm von ganzem Herzen; aber sie kann keine Ruhe finden. Der Zweifel erwacht: Hatte nicht sie die Verlobung aufgehoben, war nicht sie schuld an dem Unglück, sie, deren Stolz das Ungewöhnliche begehrte? Sie bereut, aber sie kann keine Ruhe finden. Die Gedanken sprechen sie frei, klagen ihn an: Hatte nicht er hinterlistig jenen Plan in ihre Seele gelegt? Sie haßt, sie erleichtert ihr Herz durch Verwünschungen, aber sie kann keine Ruhe finden. Sie macht sich wieder Vorwürfe: Vorwürfe weil sie ihn gehaßt hat, sie, die selbst eine Sünderin ist, sie, die doch immer schuldig bleibt, wenn er sie auch hintergangen. Sie vergißt Sünde und Schuld: Die Erinnerung steigt empor, sie denkt der schönen Augenblicke, die sie erlebt, sie betäubt sich in unnatürlicher Exaltation. In solchen Augenblicken sieht sie weder den Verbrecher in ihm noch den edlen Menschen: sie fühlt ihn bloß ästhetisch; sie erinnert sich seiner nicht bloß, sie faßt ihn auf mit einer *clairvoyance*, die nur beweist, wie weit sie schon ästhetisch entwickelt ist. Denn das ist ja das Schlimmste, was er ihr angetan: er hat die Reflexion, die vielzüngige, in ihr aufgeweckt, hat sie ästhetisch so weit entwickelt, daß sie nicht mehr demütig nur *einer* Stimme lauscht, sondern die vielen zu gleicher Zeit hört. Sie hat mir einmal ein Billett geschrieben, in dem sie sich über ihn aussprach: „Manchmal war er so ganz Geist, daß ich mich als Weib vernichtet fühlte, und dann wieder so wild und leidenschaftlich, so begehrlich, daß ich fast vor ihm zitterte. Manchmal war er gegen mich wie gegen eine Fremde, manchmal gab er sich ganz hin; wenn ich dann die Arme um ihn schlang, so war oft plötzlich alles wie verwandelt und ich ‚umfing eine Wolke'. Ich kannte diesen Ausdruck, bevor ich ihn kannte; aber er hat mich erst gelehrt ihn ganz zu verstehen; wenn ich ihn anwende, denke ich immer an ihn, wie ich jeden Gedanken nur durch ihn denke. Ich habe immer die Musik geliebt; er war ein wunderbares Instrument, immer resonierend, mit einem Umfang wie ihn kein Instrument hat; er war der Inbegriff aller Gefühle und Stimmungen; seine Gedanken erstürmten die höchsten Höhen und tauchten hinunter in die tiefsten Tiefen; wie der Wind ging er dahin, bald in wildem Sturm, bald flüsternd in sanftem Wehen. Keines meiner Worte blieb ohne Wirkung; und doch könnte ich ebensogut sagen: sie verfehlten ihre Wirkung; denn es ließ sich nie berechnen, wie sie wirkten. Mit unbeschreiblicher, geheimnisvoller, seliger, unnennbarer Angst lauschte ich dieser Musik, die ich selbst hervorrief und doch nicht hervorrief, die durch immer neue Harmonien mich immer aufs neue hinriß."

Furchtbar ist ihr Los, furchtbarer das seine. Erfaßt doch mich, so oft mir die Sache wieder in den Sinn kommt, eine Angst, der ich kaum Herr zu werden vermag. Ich fühle mich mit hineingerissen in dies Nebelreich, in diese Traumwelt, in der man jeden Augenblick vor seinem eigenen Schatten scheut. Wie gerne kehrte ich um: ich kann nicht; ich muß ihm folgen, ein drohendes, rächendes Gespenst. Seltsam! Er hat alles ins tiefste Geheimnis gehüllt; und doch gibt es ein Geheimnis, tiefer als das seine: ich bin Mitwisser, bin Mitwisser, ohne irgendein Recht darauf zu haben. Könnte ich doch alles vergessen! Manchmal dachte ich schon daran mit ihm zu reden. Doch das hätte keinen Zweck. Entweder würde er alles leugnen und behaupten, daß das Tagebuch ein dichterischer Versuch sei, oder er würde mir Schweigen gebieten; bei der Art wie ich Mitwisser des Geheimnisses wurde, könnte ich mich dagegen nicht wehren. Welch verführerischen Reiz hat doch ein Geheimnis! Aber es liegt ein Fluch darauf.

Seine Briefe an Cordelia, die ich, wie man sieht, in das Tagebuch eingeflochten habe, bekam ich von ihr selbst, kann aber nicht sagen, ob es alle sind; ich glaube, sie deutete mir einmal an, daß sie einige konfisziert habe. Es erhob sich nun die schwierige Frage, wie ich diese Briefe unterbringen sollte; denn einmal waren sie selbst undatiert, und dann ist ja auch im Tagebuch die Datierung nicht durchgeführt; sondern je weiter wir in der Entwicklung der Geschichte vorwärtsschreiten, um so sparsamer sind die Daten gegeben, ja gegen den Schluß bekommen wir, von ein paar Ausnahmen abgesehen, überhaupt keine mehr. Man möchte sagen, die Geschichte erhebe sich nach und nach zu solcher Höhe der qualitativen Bedeutung, daß sie, wiewohl historische Wirklichkeit, mehr und mehr Idee wird und damit die Zeitbestimmung als etwas Gleichgültiges beiseite läßt. Wo nun also die Briefe einfügen? Hier rein nach meinem Gutdünken verfahren zu müssen, wurde mir durch eine glückliche Entdeckung erspart. Ich fand nämlich an verschiedenen Stellen des Tagebuchs ein paar vereinzelte Worte, in denen ich, nach mancherlei vergeblichen Deutungsversuchen, die Motive zu diesen Briefen erkannte. Nun hatte ich leichtes Spiel: Ich brauchte nur da, wo ein solches Motiv sich fand, den entsprechenden Brief einzuschieben. So ist nun jeder Brief an seinem historisch richtigen Platz; das wäre gewiß nicht der Fall, wenn ich nach meinem Gutdünken hätte vorgehen müssen. Die Briefe, das sieht man jetzt deutlich, folgten zu Zeiten so rasch aufeinander, daß sie oft mehrere an einem Tag empfangen haben muß. Das hätte ich nie gemerkt; ich hätte die

Briefe ungefähr gleichmäßig verteilt; dann aber wäre die leidenschaftliche Energie, mit welcher er zu Werke ging, um Cordelias Leidenschaft auf dem Höhepunkt zu halten, nicht zum Ausdruck gekommen.

Neben der Darstellung seines Verhältnisses zu Cordelia enthält das Tagebuch, da und dort eingeschoben, einige kleine Schilderungen. Wo eine solche sich fand, stand allemal auf dem Rand ein NB. Diese Schilderungen stehen in keinerlei Verhältnis zu Cordelias Geschichte. Sie erklärten mir jedoch die Bedeutung einer Redensart, die er oft brauchte, die ich erst jetzt richtig verstehe: Man muß immer eine kleine Angelschnur apart auswerfen. Wäre mir ein früherer Band des Tagebuchs in die Hände gefallen, so hätte ich vermutlich mehrere dieser *actiones in distans* gefunden, wie er diese kleinen Nebenbelustigungen irgendwo mit einer Randnote bezeichnet. Aber Cordelia beschäftigte ihn, wie er selbst einmal sagt, so sehr, daß er nicht die Zeit fand Allotria zu treiben.

Kurze Zeit nachdem er Cordelia verlassen hatte, bekam er von ihr etliche Briefe, die er uneröffnet zurücksandte. Unter den Briefen, die Cordelia mir überließ, befanden sich auch diese. Da sie selbst die Siegel erbrochen hatte, so durfte ich mir wohl erlauben eine Abschrift von ihnen zu nehmen, über ihren Inhalt hat sie nie mit mir gesprochen; doch pflegte sie, wenn sie ihr Verhältnis zu Johannes berührte, ein Verschen von *Goethe*, wenn ich nicht irre, herzusagen, dem sie je nach ihrer Stimmung verschiedenen Sinn zu geben schien.

Gehe,
Verschmähe
Die Treue,
Die Reue
Kommt nach.

Dies sind die Briefe:

Johannes!

Ich nenne Dich nicht: „Mein“. Denn das, ich sehe es wohl, bist Du nie gewesen, und schwer büße ich dafür, daß dieser Gedanke einmal meiner Seele Freude und Wonne war. Und doch nenne ich Dich: „Mein“; mein Verführer, mein Feind, mein Mörder, meines Unglücks Ursprung, meiner Freude Grab, meines Elends Abgrund. „Mein“ nenne ich Dich und „Dein“ nenne ich mich; und wie dies Wörtchen Deinem Ohre einst süß klang, wenn Du Dich stolz zu mir neigtest, die ich in Anbetung vor Dir lag, so soll es Dir nun wie ein Fluch klingen, ein Fluch in alle Ewigkeit. Freue Dich nicht! Denke nicht, ich wolle Dich verfolgen, meine Hand mit einem Dolche waffnen, um Deinen Spott herauszufordern! Fliehe wohin Du willst, ich bin doch Dein; fliehe bis ans Ende der Welt, ich bin doch Dein; liebe hundert andere, ich bin doch Dein, bin Dein noch in Deiner Todesstunde! Sieh, wie ich rede mit Dir! Beweist nicht meine Sprache, daß ich

Dein bin? Du hast Dich vermessen einen Menschen so zu betrügen, daß Du alles geworden bist für mich; daß ich alle meine Freude darein setzen wollte Deine Sklavin zu sein. Dein bin ich, Dein, Dein, Dein Fluch.

Deine Cordelia

Johannes!

Es war ein reicher Mann, der hatte Schafe und Rinder die Menge, es war ein armes, kleines Mädchen, die hatte nur ein einziges Lamm, das aß aus ihrer Hand und trank aus ihrem Becher. Du warst der reiche Mann, reich an allem, was die Welt Herrliches hat, ich war die Arme, die nur ihre Liebe hatte. Du nahmst sie, Du hattest Deine Freude daran; da winkte Dir die Lust, und Du opfertest das wenige, was ich besaß, aber von dem Deinen konntest Du nichts opfern. Es war ein reicher Mann, der hatte Schafe und Rinder die Menge, es war ein armes, kleines Mädchen, die hatte nur ihre Liebe.

Deine Cordelia

Johannes!

Ist keine Hoffnung mehr? Sollte Deine Liebe nie wieder erwachen? Denn Du hast mich geliebt, das weiß ich gewiß, wenn ich auch nicht weiß, woher ich diese Gewißheit habe. Ich will warten, wenn mir die Zeit auch lange wird, ich will warten, warten, bis Du der Liebe zu einer anderen müde bist; dann soll Deine Liebe zu mir auferstehen aus ihrem Grab, dann will ich Dich lieben wie immer, Dir danken wie immer, wie einst, Johannes, wie einst! Johannes! Ist diese Herzlosigkeit, diese Kälte Dein wahres Wesen, war Deine Liebe, der Reichtum Deines Herzens Lüge und Betrug? Bist Du jetzt wieder Du selbst? Habe Geduld mit meiner Liebe, vergib, daß ich Dich noch immer liebe, ich weiß es ja, meine Liebe ist Dir zur Last; aber es wird doch die Zeit kommen, da Du zurückkehrst zu Deiner Cordelia ... zu Deiner Cordelia! Höre: *Deine* Cordelia!

Deine Cordelia

Cordelias Stimme hatte nicht den Umfang, den sie an ihrem Johannes bewunderte; aber man sieht doch, daß es ihr an Modulation nicht fehlte. Über ihre Stimmung lassen die Briefe keinen Zweifel, wenn sie sich auch nicht klar auszudrücken weiß. Das gilt besonders für den zweiten Brief, wo man mehr ahnt, als versteht, was sie meint; aber eben das hat für mich etwas Rührendes.

d. 4. April

Vorsicht, schöne Unbekannte! Vorsicht! Aus einer Kutsche aussteigen ist keine so einfache Sache, ist manchmal ein folgenschwerer Schritt! Ich könnte Ihnen eine Novelle von Tieck leihen, mein gnädiges Fräulein, die Ihnen zeigen würde, wie eine Dame, indem sie vom Pferde steigt, sich so gründlich in eine Verwicklung verwickelt, daß dieser Schritt entscheidend wird für ihr ganzes Leben. Die

Wagentritte sind auch gewöhnlich so ungeschickt eingerichtet, daß man seine ganze Grazie preisgeben muß und schließlich einen verzweifelten Sprung in die Arme des Kutschers oder Dieners riskiert. Ja die Kutscher und Diener! Ich denke ernstlich daran mir eine Anstellung als Diener zu suchen in einem Hause, wo junge Mädchen sind; ein Diener wird so leicht Mitwisser der Geheimnisse solch eines kleinen Fräuleins. – Aber nein, so springen Sie doch um Himmelswillen nicht; es ist ja dunkel! Ich werde Sie nicht in Verlegenheit bringen; ich stelle mich unter die Laterne da, und nun können Sie mich gar nicht mehr sehen; man ist ja doch nur verlegen, sofern man gesehen wird, und man wird nur gesehen, sofern man sieht, also nicht springen! Denken Sie an den Diener; wenn er nicht feststünde! Denken Sie an Ihren schönen seidenen Mantel, an die Spitzenvolants! Lassen Sie diesen entzückenden kleinen Fuß sich nur mutig in die Welt hinauswagen! Wie tief das hinuntergeht, ehe man auf festen Grund kommt! Unheimlich, nicht wahr? Aber nun schnell den anderen Fuß nachgezogen! Wer wäre so grausam Sie in dieser Stellung noch länger schweben zu lassen? Das wäre Undank und verriete ein für solche Schönheitsoffenbarungen ungeübtes Auge. Oder fürchten Sie den Blick eines Unberufenen? Doch nicht des Dieners oder meiner Wenigkeit? Zu spät! Ich habe den kleinen Fuß schon gesehen, und als Naturkundiger weiß ich daraus sichere Schlüsse zu ziehen. Vorwärts also! Wie die Angst verschönt! Das heißt: an und für sich ist die Angst nicht schön; sie ist es nur, wenn man in ihr die Energie sieht, die sie überwindet. So! Wie fest steht nun der kleine Fuß! Ich habe beobachtet, daß Mädchen mit kleinen Füßen meist besser stehen, als die pedestrischen Großfüßler. – Nein, so etwas! Das ist ja wider alle Erfahrung; wenn man so manierlich aussteigt, sollte man doch nicht mit dem Kleid hängenbleiben! Aber Kutschen sind eben gefährlich für junge Mädchen! Manche fährt so lange in der Kutsche, bis sie schließlich darin bleibt, bis aus dem Vergnügen ein Geschäft wird. Die Spitzen und Bänder gehen verloren und die Geschichte ist aus ... Niemand hat's gesehen. Doch da erscheint eine dunkle Gestalt, den Kopf bis an die Augen im Mantelkragen; Sie sehen nicht, woher er kommt, denn das Licht blendet Sie; er geht an Ihnen vorüber, gerade wie Sie in das Haus hinein wollen. Da, im entscheidenden Augenblick stürzt sich ein Seitenblick auf das schöne Wild. Sie erröten, Ihr Busen ist zu voll, um sich in einem Atemzug Luft machen zu können; Sie sehen mich zornig und mit stolzer Verachtung an; in Ihrem Auge glänzt eine Träne, eine stumme Bitte; beides ist gleich schön, mit beiden kommen Sie bei mir an den Rechten, je nachdem. – Welche Nummer hat das Haus? Ah, es ist ein Galanteriewarengeschäft! Nun, meine unbekannte Schöne, Sie werden sich vermutlich über meine Unverschämtheit erbosen, aber ich muß Ihnen folgen ... Sie hat alles schon vergessen; ach ja, in diesem glücklichen Alter vergißt man leicht; da ist man mit ganzer Seele dabei, wenn es gilt Einkäufe zu machen, und man freut sich jeder Kleinigkeit, die man in die Hand nimmt. Sie hat mich noch nicht gesehen; ich stehe am andern Ende des Ladentisches, weit weg, ganz für mich. An der Wand gegenüber hängt ein

Spiegel; sie denkt nicht daran, aber der Spiegel denkt daran. Wie treu hat er ihr Bild aufgefaßt, wie ein Sklave, der in aller Demut seine Ergebenheit und Treue zeigen will, ein Sklave, für den sie etwas bedeutet, der für sie nichts bedeutet, der sie wohl aufzufassen, aber nicht zu umfassen wagt. Unglücklicher Spiegel! Du kannst nur ihr Bild fassen, aber nimmermehr sie selbst! Du kannst ihr Bild nicht als ein teures Geheimnis bewahren und vor der Welt verbergen, du mußt es immer anderen zeigen. Unglücklicher Spiegel! Und doch, gibt es nicht viele Menschen, die dir gleichen? Die nur fühlen was sie haben, wenn sie es anderen zeigen? Die nur die Oberfläche fassen, nicht das Wesentliche? Die alles verlieren, wenn die Tiefe sich auftut? Wie dieser Spiegel ihr Bild verlieren würde, wenn sie ihm nur mit einem Atemzug ihre Seele verraten wollte. Wer recht genießen will, muß im Augenblick des Genießens ein Erinnerungsbild vor der Seele haben. Denn manchmal ist die Schönheit zu nahe, um mit dem äußeren Auge umfaßt zu werden, und wer da kein Erinnerungsbild hätte, müßte immer wünschen sie ferner zu rücken, um deutlich sehen zu können. Mit dem inneren Auge mußt du sehen! Wie wolltest du sonst genießen, wenn du dein Mädchen umfängst? Wie ist sie schön! Armer Spiegel! Gut daß du keine Eifersucht kennst! Ihr Köpfchen ist ein vollkommenes Oval, sie beugt sich etwas nach vorne, daher scheint wohl die Stirne so besonders hoch; rein und stolz hebt sie sich empor, nicht entstellt von der Arbeit des Gedankens. Einfach und schlicht umzieht das dunkle Haar die Stirn. Ihr Gesicht ist wie eine reife Frucht, voll und sanft gerundet. Ihre Haut ist durchsichtig und zart wie Sammet, das fühle ich mit den Augen. Ihre Augen, nein, ihre Augen habe ich noch nicht gesehen; sie sind beschattet von schwarzen seidigen Wimpern, von Wimpern, die so lang sind, daß sie sich vorn umbiegen zu kleinen Häkchen, gefährlich für den, der ihrem Blick begegnet. Reinheit und Unschuld liegt in diesen Zügen, ein Madonnengesicht! Und wie eine Madonna senkt sie das Haupt. Aber sie ist nicht verloren im Anschauen des einen. Der Ausdruck des Gesichts wechselt; was sie reizt, ist das Mannigfaltige, die bunte Herrlichkeit dieser Welt. Sie zieht den Handschuh aus und zeigt mir und dem Spiegel eine weiße Hand, kräftig und ebenmäßig, wie die einer antiken Statue; kein Armband, kein Ring, auch am vierten Finger kein schmaler Goldreif. Bravo! Sie schlägt das Auge auf: sie scheint plötzlich verändert; ein anderes Gesicht, und doch dasselbe; die Stirn weniger hoch, das Gesicht nicht mehr so vollkommen oval, aber dafür lebensvoller. Sie spricht mit dem Verkäufer; sie ist munter, froh, gesprächig. Sie hat schon zwei, drei Gegenstände ausgewählt; jetzt nimmt sie noch einen, hält ihn in der Hand und betrachtet ihn mit gesenktem Blick; sie fragt was er kostet, legt ihn beiseite unter ihren Handschuh; gewiß ein kleines Geheimnis, eine Überraschung für ... für den Liebsten? Sie ist ja nicht verlobt! Aber ach, es gibt so viele, die nicht verlobt sind und doch einen Liebsten haben, viele die verlobt sind und doch keinen Liebsten haben. ... Soll ich sie aufgeben? Soll ich sie im Frieden lassen? ... Sie will bezahlen, aber sie hat ihren Geldbeutel vergessen ... Vermutlich gibt sie jetzt ihre Adresse an; ich will nichts hören, ich will mich keiner Überraschung berauben; ich werde sie gewiß noch einmal treffen in diesem Leben; ich werde sie nicht vergessen, und sie vielleicht auch mich nicht; meinen Seitenblick vergißt man nicht so leicht. Wenn ich sie dann einmal in einer Umgebung treffe, in der ich sie nicht vermutete, so kommt die Reihe an sie. Kennt sie mich nicht, das verrät mir ihr Blick sofort, so werde ich wohl Gelegenheit finden sie noch einmal von der Seite anzusehen; dann soll sie sich, das prophezeie ich, an die Situation erinnern. Nur keine Ungeduld, keine Übereilung! Man muß alles in langsamen Zügen genießen; sie ist gezeichnet, sie wird mir nicht entgehen.

d. 5.

So ist's recht! Abends allein in der Österstraße! Jawohl, ich sehe den Diener, der hinter Ihnen drein geht; ich werde doch nicht annehmen, daß ein Mädchen wie Sie abends ganz allein ausgeht, und dann – ich habe ein sicheres Auge für solche Situationen. Aber warum so eilig? Man hat doch ein bißchen Angst, ein bißchen Herzklopfen; nicht weil man sich ungeduldig nach Hause sehnt, sondern weil eine eigentümlich süße, angstvolle Unruhe den Leib durchschauert; daher der rasche Takt der Füße! Aber herrlich ist es doch, unbezahlbar schön, so ganz allein zu gehen, den Diener hinter sich ... Man ist sechzehn Jahre alt, man hat etwas gelesen, Romane wenigstens, man hat aus der Unterhaltung des Bruders mit seinen Freunden ein Wort über die Österstraße aufgefangen; man war zufällig in das Zimmer gekommen und sorgt nun dafür, daß dieser Zufall sich wiederholt, um näheres zu erfahren. Vergebens! Und doch sollte ein großes erwachsenes Mädchen in der Welt ein wenig Bescheid wissen. Man könnte ja in Begleitung des Dieners ausgehen! Ja, danke schön; da würden Vater und Mutter schöne Gesichter machen; und was für einen Grund sollte man angeben? Nun, man geht ja hin und wieder in eine Gesellschaft; da wäre Gelegenheit ... Aber das ist zu früh; ich hörte Herrn August etwas von 9 oder 10 Uhr sagen; und wenn man von der Gesellschaft heimgeht, ist es zu spät; auch muß man sich da meistens von einem Kavalier ins Schlepptau nehmen lassen. Aber am Dienstag abend, wenn wir ins Theater gehen! Ach nein, da muß man im Wagen fahren und wird zwischen Frau Thomsen und ihre liebenswürdigen Kusinen eingepackt; ja wenn man allein wäre, so könnte man das Fenster herunterlassen und ein wenig Umschau halten! Doch unverhofft kommt oft. Gestern sagte Mutter zu mir: Du wirst mit deiner Handarbeit für Vaters Geburtstag nicht fertig; geh deshalb zu Tante Jette und bleibe dort zum Tee; da kannst du ungestört arbeiten; Jens soll dich dann abholen. Das war nun eigentlich keine erfreuliche Aussicht, denn bei Tante Jette ist es greulich langweilig. Aber so muß ich ja um 9 Uhr mit dem Diener allein nach Hause. Famos! Er muß warten bis viertel vor 10, und dann ... Vielleicht begegne ich meinem Herrn Bruder oder seinem Freund – nein, lieber nicht; sie könnten sich einfallen lassen mich nach Hause zu begleiten ... Danke schön, das steht nicht im Programm; frei will ich sein, aber wenn ich sie sehen könnte, ohne selbst gesehen zu werden ... Ei, mein kleines Fräulein, was sehen Sie nun? Und was glauben Sie, daß ich sehe? Zunächst die kleine Mütze, die Sie aufhaben. Steht Ihnen vortrefflich und ist gerade die richtige Kopfbedeckung, wenn man es so eilig hat. Es ist kein Hut und eigentlich auch keine Mütze, eher eine Art Haube. Aber die können Sie doch unmöglich aufgehabt haben, als Sie heute nachmittag ausgingen. Hat der Diener sie etwa mitgebracht, oder ist sie von Tante Jette entlehnt? Will man inkognito sein? Freilich den Schleier kann man nicht ganz herunterlassen, wenn man Beobachtungen machen will. Oder ist das gar kein Schleier, sondern nur eine breite Seidenspitze? Im Dunkeln läßt sich das nicht ausmachen. Was es auch sein mag: die obere Hälfte des Gesichts bleibt verborgen. Das Kinn ist recht hübsch, ein bißchen zu spitz vielleicht; der kleine Mund öffnet sich ein wenig: das kommt davon, wenn man so schnell geht. Die Zähne – weiß wie Schnee. So soll es sein. Schöne Zähne! Das ist äußerst wichtig; sie sind die Leibwache, die hinter den verführerisch weichen Lippen verborgen steht. Die Wangen glühen von Gesundheit. Wenn man den Kopf etwas zur Seite neigte, so könnte man unter diesem Schleier, oder was es ist, wohl ein Stück weit eindringen. Nehmen Sie sich in acht! Ein solcher Blick ist gefährlicher als einer, der geradeaus geht. Es ist wie beim Fechten; und welche Waffe ist so scharf, so durchdringend, so blitzend in ihrer Bewegung und darum so trügerisch wie das Auge? Man markiert eine Hoch-Quart und schlägt eine Sekunde; je rascher beide Bewegungen aufeinander folgen, desto besser. Man markiert, man fällt aus. Dazwischen liegt ein Augenblick von unbeschreiblichem Reiz. Der Gegner fühlt gleichsam den markierten Hieb und ist getroffen, nur an einer andern Stelle, als er dachte ... Unverdrossen geht sie ihres Weges, ohne Furcht und Tadel. Nehmen Sie sich in acht! Da kommt einer, der ... Ziehen Sie den Schleier vor, lassen Sie sich nicht beflecken durch seinen profanen Blick! Es möchte Sie ein Gefühl des Abscheus und der Angst fassen, das Sie, fürchte ich, lange nicht mehr loswerden. – Sie ahnt nichts. Zuerst muß der Diener daran ... Da liegt er. Eigentlich eine komische Situation, nicht wahr? Aber was nun tun? Umkehren und ihm wieder auf die Beine helfen? Geht nicht. Mit einem kotbedeckten Diener weiterziehen? Unangenehm. Allein nach Hause gehen? Bedenklich. Nehmen Sie sich in acht. Das Untier naht ... Sie geben mir gar keine Antwort, starren mich bloß an? Ist mein Äußeres verdächtig? Ich mache überhaupt keinen Eindruck auf Sie, sehe aus wie der harmloseste Mensch der Welt. Es ist nichts in meiner Redeweise, was Sie aus dem Konzept bringen, nichts, was Sie an jene Situation erinnern könnte, nichts, was Ihnen im geringsten zu nahetreten wollte. Der Schreck liegt Ihnen noch ein wenig in den Gliedern; Sie haben die unheimliche Gestalt doch noch nicht vergessen. Sie fangen an mich gütig anzusehen. Daß ich vor lauter Verlegenheit die Augen nicht aufzuschlagen wage, gibt Ihnen Ihre Sicherheit wieder. Die Sache macht Ihnen Spaß; Sie fühlen sich beinahe versucht, mich ein wenig zum besten zu halten. Ich wette, in diesem Augenblick hätten Sie den Mut, mich unter den Arm zu nehmen, wenn Ihnen der Gedanke käme ... Also in der Stormstraße wohnen Sie? Sie grüßen kühl und flüchtig. Habe ich das verdient, der ich Ihnen aus der Verlegenheit geholfen habe? Sie bereuen, Sie kehren um, danken mir für meine Artigkeit, reichen mir Ihre Hand. Warum erbleichen Sie? Ist meine Stimme nicht unverändert, meine Haltung dieselbe, mein Auge klar und ruhig? Der Händedruck? Was hat denn ein Händedruck zu bedeuten? Viel, sehr viel, mein kleines Fräulein; die nächsten vierzehn Tage werden Ihnen alles erklären; einstweilen sehen Sie zu, wie Sie sich mit dem Widerspruch abfinden, daß ein so harmloser Mensch, der einem jungen Mädchen ritterlich zu Hilfe kommt, ihr in einer nichts weniger als harmlosen Weise die Hand drücken kann.

d. 7. April

„Also am Montag um 1 Uhr in der Ausstellung." Sehr wohl; ich werde mir die Ehre geben, mich ein Viertel vor ein Uhr einzufinden. Ein kleines Rendezvous. – Am Samstag abend wollte ich meinem Freund Adolf Brunne einen Besuch machen. Ich begab mich also in die Westendstraße, wo er, wie man mir sagte, wohnen sollte. Er war jedoch nicht zu finden, auch im dritten Stock nicht, den ich eben pustend und stöhnend erklommen hatte. Ich wollte schon die Treppe wieder hinuntersteigen, als eine melodische weibliche Stimme an mein Ohr drang, eine Stimme, die halblaut sagte: „Also am Montag um 1 Uhr in der Ausstellung; um die Zeit sind die andern fort, und zu Hause, weißt du, darf ich dich nicht sehen." Die Einladung galt nicht mir, sondern einem jungen Mann, der eins, zwei, drei zur Türe hinaus war, zu schnell für meine Augen und für meine Beine. Warum hat man auch keine Gasbeleuchtung im Treppenhaus! Ich hätte mich vielleicht doch überzeugen können, ob es der Mühe wert ist pünktlich zu sein. Aber freilich, wenn es hell gewesen wäre, so hätte ich wahrscheinlich nicht die Gelegenheit gehabt etwas zu hören. Was ist, ist vernünftig! Ich bin und bleibe Optimist! ... Welche ist es nun? Da wimmelt es ja von Mädchen, wie Donna Anna sagt. Es ist genau ein Viertel vor eins. Möchte Ihr Zukünftiger, meine schöne Unbekannte, in allen Wechselfällen des Lebens so pünktlich sein wie ich. Oder sollten Sie vielleicht eher wünschen, daß er nie eine Viertelstunde zu früh komme? Wie Sie wollen, ich stehe Ihnen zu Diensten, so oder so ... „Reizende Zauberin, Fee oder Hexe, tritt hervor aus der Wolke, die dich umhüllt!" Offenbare dich, gib dich zu erkennen! Gewiß bist du, mir unsichtbar, schon nahe, wie käme ich sonst dazu auf eine Offenbarung zu hoffen? Sollten noch andere hier oben sein, die ähnliche Absichten hergeführt haben? Wohl möglich. Wer kennt des Menschen Wege, selbst wenn er in die Ausstellung geht ... Kommt da nicht ein junges Mädchen? Sie eilt, sie fliegt, schneller als das böse Gewissen, das den Sünder verfolgt. Sie vergißt das Billett abzugeben; der Portier hält sie an. Behüte Gott, was ist das für eine Eile! Das muß sie sein. Wozu diese unnötige Aufregung? Es hat ja noch nicht eins geschlagen! Denken Sie doch daran, daß Sie dem Geliebten entgegengehen! Ist es bei einer solchen Gelegenheit so ganz gleichgültig, wie man aussieht? Wenn solch unschuldiges junges Blut zu einem Stelldichein kommt, so ist sie ganz unzurechnungsfähig. Ich dagegen sitze in aller Behaglichkeit da und betrachte eine hübsche Landschaft. Ein Teufelsmädchen! Da stürmt sie durch alle Säle. Sie sollten doch Ihre Begehrlichkeit ein wenig verstecken, gnädiges Fräulein! Denken Sie daran, was Holberg der Jungfer Liesbeth sagt: Es ziemt sich nicht für ein junges Mädchen, so heftig ein Beisammensein zu begehren. Nun, versteht sich, es handelt sich ja hier um eine unschuldige Art des Beisammenseins ... Ein Rendezvous halten Liebende für etwas besonders Herrliches. Ich selbst erinnere mich noch so deutlich, als wäre es gestern gewesen, wie ich zum erstenmal nach dem verabredeten Platz eilte, wie das Herz mir schwoll im Vorgefühl der unbekannten Freude, die meiner wartete, wie ich zum erstenmal das verabredete Zeichen gab, wie zum erstenmal das Fenster aufging, wie zum erstenmal die kleine Gartenpforte wie von unsichtbarer Hand sich öffnete, wie ich zum erstenmal ein Mädchen unter meinem Mantel barg in der lichten Sommernacht. Es ist etwas Schönes um ein Rendezvous – ja, je nachdem man's angreift. Ich habe schon manches Rendezvous belauscht, als ruhiger Zuschauer, und bekam oft einen beinahe widerwärtigen Eindruck, obwohl sie reizend und er schön war und obwohl es beiden sicherlich schön vorkam. Da führt sich so ein Neuling auf, als hätte er das *delirium tremens* vor lauter Liebe; er macht eine unschöne Konfusion aus der Sache und geht vergnügt nach Hause und denkt, es sei herrlich gewesen. Was versteht der Bauer vom Gurkensalat? Wer Praxis hat, verliert freilich die süße Unruhe und Ungeduld der Sehnsucht, aber er gewinnt Haltung, Besinnung, weiß den Augenblick wirklich schön zu machen. Er genießt die Unruhe der Geliebten; er nährt das Feuer ihrer Erregung, damit es ihre Schönheit von innen heraus durchleuchte ... Aber wo zum Teufel bleibt der Mensch? Es geht schon auf zwei Uhr. Ja, das ist eine Gesellschaft, diese Liebhaber! Läßt solch ein Schlingel ein junges Mädchen auf sich warten! Was bin ich da ein zuverlässiger Mensch! Wenn sie jetzt zum fünftenmal an mir vorbeikommt, so rede ich sie an ... „Verzeihen Sie, gnädiges Fräulein, sie suchen wohl Ihre Familie da oben; Sie sind mehrere Male rasch an mir vorbeigegangen, und ich habe bemerkt, daß Sie immer im nächsten Saal Halt gemacht haben. Vielleicht wissen Sie nicht, daß weiter hinten noch ein Saal ist; es wäre möglich, daß Sie dort die Ihrigen finden." Sie dankt mit leichter Verneigung, allerliebst! Der Kerl kommt nicht; das freut mich, das trifft sich gut. Man fischt am besten im unruhigen Wasser. Wenn ein junges Mädchen erregt ist, kann man sich manches herausnehmen, was unter normalen Verhältnissen nicht anginge. Ich habe mich äußerst höflich verbeugt und möglichst fremd getan. Jetzt sitze ich wieder auf meinem Stuhl, versenke mich in meine Landschaft und lasse sie nicht aus den Augen. Ihr sogleich zu folgen wäre riskant gewesen; sie hätte das als Zudringlichkeit empfunden, hätte Verdacht geschöpft. So meint sie, ich habe sie aus eitel Mitgefühl angeredet, und ich habe einen Stein im Brett. Im letzten Saal ist keine Seele. Die Einsamkeit wird ihr guttun. Solange sie viele Menschen um sich sah, war sie unruhig, nun sie allein ist, wird sie still. Stimmt! Sie bleibt drinnen. In einem Weilchen werde ich *en passant* in den hintersten Saal kommen; ich habe ein gutes Anrecht auf eine Frage, und sie schuldet mir eigentlich einen Gruß. Sie hat sich gesetzt. Armes Mädel! Sie sieht so wehmütig drein. Ich glaube, sie hat geweint; jedenfalls glänzt eine Träne in ihrem Auge. Empörend! Ein solches Mädchen zum Weinen zu bringen! Aber sei ruhig, du sollst gerächt werden; ich werde dich rächen; er soll etwas erleben! Wie ist sie nun schön! Die Winde haben sich gelegt, sie ruht in einer Stimmung. Ihr Wesen ist Wehmut und Harmonie des Schmerzes. Sie ist wirklich ein reizendes Persönchen. Sie sieht aus, als habe sie eben für immer von ihrem Geliebten Abschied genommen. Laß ihn laufen! Die Situation ist günstig, der Augenblick winkt. Nun muß ich tun, als glaubte ich immer noch, daß sie ihre Familie oder ihre Freunde gesucht habe; aber zugleich muß ich so warm reden, daß jedes Wort zum Ausdruck ihrer Gefühle wird; das ist ein vortreffliches Mittel, um mich in ihre Gedanken einzuschleichen ... Hol der Teufel den Schlingel! Kommt da nicht ein Mensch angestiegen? Das ist er ohne Zweifel! Der Lümmel! Gerade jetzt, da ich eine Situation habe wie ich sie mir wünschte. Nun, es läßt sich immerhin noch etwas herausschlagen. Ich muß ihr Verhältnis tangieren, mich in die Situation hineinziehen lassen. Wenn sie mich dann sieht, wird sie unwillkürlich lächeln müssen über mich, der ich der Meinung war, sie suche ihre Familie, während sie doch ganz etwas anderes suchte. Dieses Lächeln macht mich zum Mitwisser ihres Geheimnisses: Das ist immer etwas. Tausend Dank, mein liebes Kind! Dieses Lächeln ist mir viel mehr wert, als du glaubst; es ist der Anfang, und aller Anfang ist schwer. Nun sind wir Bekannte, und unsere Bekanntschaft beruht auf einer pikanten Situation; das genügt mir vorerst. Also: Auf Wiedersehen!

d. 9.

Bin ich blind geworden? Hat das innere Auge der Seele seine Kraft verloren? Ich habe sie gesehen und sah sie doch nicht; denn ach, ihr Bild ist mir entschwunden wie eine himmlische Offenbarung, und vergebens mühe ich mich ab es mir wieder vor die Seele zu zaubern. Sollte sie mir irgendwo nahe kommen, ich würde sie augenblicklich unter Hunderten erkennen. Aber sie ist mir verschwunden, und Sehnsucht holt sie nicht ein. Ich ging auf der Langelinie spazieren, scheinbar zwecklos herumbummelnd und nur mit mir selber beschäftigt, in Wahrheit aufmerksam auf alles was um mich her vorging: da erhaschte sie mein spähender Blick. Mein Auge war wie gebannt, es gehorchte nicht mehr dem Willen seines Herrn. Ich sah nicht, ich stierte: wie im Starrkrampf blieb mein Auge stehen. Ich konnte nicht übersehen, was ich sehen wollte, konnte den Blick nicht senken, konnte ihn nicht nach innen richten; ich sah nichts, weil ich zu viel sah. Das einzige, was mir blieb, ist der grüne Mantel, den sie trug. Das heißt eine Wolke fassen, statt einer Juno. Sie ging mit einer ältlichen Dame; diese, es war wohl ihre Mutter, könnte ich beschreiben von Kopf bis zu Fuß, obwohl ich sie eigentlich nicht ansah, sondern nur *en passant* mitnahm. So geht's! Die eine macht den tiefsten Eindruck auf mich: die vergesse ich; die andere, die mir gleichgültig ist, bleibt mir im Gedächtnis.

d. 11.

Noch immer ist meine Seele im selben Widerspruch eingeklemmt. Ich habe sie gesehen und habe sie nicht gesehen; nur ein Rest von Erinnerung ist geblieben, aber nicht soviel, daß ich mich daran erquicken könnte. Mit einer Unruhe, mit einer Heftigkeit als stünde, ich weiß nicht was, auf dem Spiele, fordert meine Seele jenes Bild; aber es will nicht erscheinen; ich könnte mir das Auge ausreißen, um es für seine Vergeßlichkeit zu strafen. Wenn meine Ungeduld sich ausgerast hat, wenn es wieder stille in mir wird, so machen sich Ahnung und Erinnerung an die Arbeit, um ein Bild zu weben; aber es will keine Gestalt bekommen, es will mir nicht gelingen es in einem festen Umriß zu fassen; es ist wie das Muster eines sehr feinen Spitzengewebes, das nur vor einem Hintergrund sichtbar wird. Ein sonderbarer Zustand! Gar nicht unbehaglich an und für sich, erfreulich sogar als Zeichen, daß ich noch jung bin. Das sehe ich übrigens auch daran, daß ich meine Beute unter den jungen Mädchen suche, nicht unter den jungen Frauen. Die Frau hat weniger Natur, mehr Koketterie; ein Verhältnis mit ihr ist nicht schön, nicht interessant; es ist pikant, und das Pikante ist immer das Letzte. Ich hätte nicht gedacht, daß ich den Erstlingen einer Verliebtheit noch einmal so viel Geschmack abgewinnen könnte! Ich bin wirklich bis über die Ohren verliebt; es ist mir zumute wie einem Schwimmer, dem, da er unversehens unters Wasser gerät, einen Augenblick Hören und Sehen vergeht. Desto besser! Desto mehr verspreche ich mir.

d. 14.

Fast kenne ich mich selbst nicht wieder! Meine Sinne brausen im Sturme der Leidenschaft wie ein empörtes Meer. Könnte ein anderer meine Seele in diesem Zustand sehen, es müßte ihm vorkommen als schösse sie, wie ein winziges Boot, in rasender Fahrt von einer riesigen Welle herab, um im nächsten Augenblick in der Tiefe zu verschwinden. Er sieht nicht den Steuermann, der fest und ruhig auf seinem Posten steht. Brauset zu, ihr wilden Kräfte der Leidenschaft! Spritzet den Gischt zum Himmel, ihr wilden Wellen! Ihr werdet mich nicht verschlingen; ich behalte den Kopf oben!

Es ist mir als könnte ich nirgends festen Fuß fassen; wie ein Wasservogel suche ich vergebens mich auf dem sturmdurchwühlten Meere meines Innern niederzulassen. Und doch ist ein solcher Aufruhr aller Kräfte mein Element; wie der Eisvogel baue ich mein Nest auf dem Meer.

Den Truthahn regt es auf, wenn er Rot sieht; mir geht es so mit Grün; besonders wenn es ein grüner Mantel ist. Oft täuschen mich meine Augen und zeigen mir statt der Erwarteten einen Krankenträger vom Frederiks-Hospital.

d. 20.

Man muß sich beschränken; ohne Beschränkung kein wahrer Genuß! Es sieht nicht aus, als ob ich sobald Näheres von dem Mädchen erfahren sollte, das meine Seele und meine Gedanken ganz erfüllt, freilich nur negativ in der Form des Vermissens. Doch will ich nichts unternehmen; denn auch dieser Zustand einer dunkeln, unbestimmten und doch starken Erregung hat seine eigene Süßigkeit. Es war mir von jeher ein Genuß in einer mondhellen Nacht auf einem unserer hübschen Binnenseen im Boot zu liegen. Ich ziehe die Segel ein, hebe das Steuerruder aus dem Wasser, lege mich hin so lang ich bin und schaue hinauf zum Himmelsgewölbe. Wenn die Wellen das Boot in ihrem Schöße wiegen, wenn die Wolken rasch vorüberziehen und der Mond bald verschwindet, bald wieder erscheint: das gibt mir ein herrliches Ruhegefühl in aller Unruhe. Die Bewegung der Wellen schläfert mich ein; ihr Plätschern ist ein eintöniges Wiegenlied; der Wolken eiliges Fliehen, der Wechsel von Licht und Finsternis betäubt mich und ich träume mit offenen Augen. So lege ich mich nun auch hin, ziehe die Segel ein und das Steuerruder und überlasse mich dem Wellengang der Sehnsucht und Ungeduld. Und stiller und stiller wird es in mir, und eine beseligende Ruhe umfängt mich. Ich fühle mich wie ein Kind in der Mutter Arm. Über mir wölbt sich der Hoffnung Himmel, und ihr Bild schwebt an mir vorbei wie das Bild des Mondes, bald in Licht, bald in Schatten getaucht, unbestimmt und unfaßbar für das geblendete Auge. Welcher Genuß so auf bewegtem Wasser zu schaukeln! Welcher Genuß so in sich selbst bewegt zu sein!

d. 21.

Die Tage gehen hin; ich bin noch immer auf demselben Punkt. Ich freue mich der jungen Mädchen mehr als je; aber ich habe keine Lust zu genießen. Sie suche ich überall. Das macht mich oft ungerecht, umnebelt meinen Blick, entnervt mein Verlangen. Nun kommt sie, die schöne Zeit, da man auf Straßen und Plätzen allenthalben kleine Forderungen aufkauft, die man sich im Winter im gesellschaftlichen Leben teuer genug bezahlen läßt; denn ein junges Mädchen kann viel vergessen, nur nicht eine Situation. Das Gesellschaftsleben bringt einen ja freilich mit dem schönen Geschlecht in Berührung; aber dort die Geschichte beginnen zu lassen ist stillos. Im Gesellschaftsleben ist jedes junge Mädchen bewaffnet, die Situation ist armselig und immer „schon dagewesen"; da fühlt sie nicht. Auf der Straße ist sie wie auf offener See: da wirkt alles stärker, da ist alles geheimnisvoller. Ich gebe hundert Mark für ein Lächeln auf der Straße, aber keine zehn für einen Händedruck im Ballsaal. Wenn die Geschichte einmal im Gang ist, so sucht man die Betreffende in der Gesellschaft. Nun hat man ein heimliches Einverständnis mit ihr; so was lockt und reizt: das wirksamste Stimulans, das ich kenne. Sie wagt nicht im Gespräch daran zu rühren, aber sie denkt daran. Sie weiß nicht, ob man es vergessen hat oder nicht, und das gibt Gelegenheit zu einem amüsanten „Verstecken" spielen. Heuer werde ich wohl nicht viel eintreiben; dieses Mädchen beschäftigt mich zu sehr. Meine Ausbeute wird mager werden in gewissem Sinne; *non multa sed multum*!

d. 5.

Verwünschter Zufall! Ich habe dir nie geflucht, wenn du kamst; jetzt fluche ich dir, weil du ausbleibst. Oder ist das etwa eine neue Erfindung von dir, du unbegreifliches Wesen, unfruchtbare Mutter des Alls, die du bald als Notwendigkeit, bald als Freiheit dein Wesen treibst? Verwünschter Zufall! Du bist mein einziger Vertrauter, das einzige Wesen, das ich meiner Freundschaft und Feindschaft würdige; du, der du dir selbst ewig gleich bleibst in aller Ungleichheit, ewig unbegreiflich, ewig rätselvoll; du, den ich liebe mit aller Sympathie meines Herzens, in dessen Bild ich mich schaffe, verwünschter Zufall, warum erscheinst du nicht? Ich bettle nicht, ich bitte dich nicht in Demut, daß du dich in dieser oder jener Gestalt zeigest, denn solcher Gottesdienst wäre Abgötterei und dir kein Wohlgefallen. Ich fordere dich zum Kampf heraus! Warum erscheinst du nicht? Oder ist die Unruhe der Weltenuhr stehengeblieben, ist dein Rätsel gelöst, hast auch du dich ins Meer der Ewigkeit gestürzt? Fürchterlicher Gedanke! Da würde ja die Welt vor Langweile erstarren. Verwünschter Zufall! Ich warte auf dich! Ich will dich nicht mit Prinzipien schlagen, nicht mit Charakter oder was die Dummköpfe so nennen; ich will dich dichten! Ich bin ein Dichter, wenn auch nicht für andere; ich esse meine Dichtungen selber; davon lebe ich. Erscheine! Ich will dich dichten! Oder bin ich nicht würdig in deinen Augen? Ich habe mich ganz deinem Dienste geweiht. Wie eine Bajadere zur Ehre Gottes, so tanze ich vor dir; leicht, in dünnem Gewand, geschmeidig, unbewaffnet, verschmähe ich alles. Ich habe nichts zu eigen, ich will nichts zu eigen, ich liebe nichts, ich habe nichts zu verlieren: bin ich deiner nicht würdig? Du, der du es längst müde geworden bist, den Menschen zu nehmen was sie lieben, müde ihr Gestöhn, ihr feiges Gebettel anzuhören: überrasche mich, ich bin bereit! Laß uns kämpfen nicht um etwas, nur um die Ehre! ... Zeige mir sie! Zeige mir eine Möglichkeit, die eine Unmöglichkeit zu sein scheint; zeige mir sie im Schattenreich der Unterwelt: ich hole sie herauf. Laß sie mich hassen, mich verachten, laß sie gleichgültig gegen mich sein, laß sie einen anderen lieben: ich fürchte nichts. Aber gib dem Wasser Bewegung, unterbrich die Stille! Mich so auszuhungern ist schändlich von dir, der du dir doch einbildest stärker zu sein als ich!

d. 6. Mai

Es will Frühling werden; die Blüten schlüpfen aus der Knospe hervor und die jungen Mädchen aus den Wintermänteln; vermutlich ist auch mein grüner in den Schrank gehängt worden. Das kommt davon, wenn man Damenbekanntschaften auf der Straße anknüpft, statt in der Gesellschaft, wo man sofort darüber aufgeklärt wird, wie sie heißt, ob sie aus guter Familie ist, wo sie wohnt, und ob sie verlobt ist. Für einen vernünftigen und soliden Freiersmann, dem es nie einfallen wird sich in ein verlobtes Mädchen zu verlieben, ist letzteres von besonderer Wichtigkeit. Ein solcher Paßgänger wäre an meiner Stelle in Verzweiflung; ein Mädchen lieben und entdecken, daß sie schon verlobt ist: furchtbares Schicksal! Mich würde das wenig kümmern. Ein Verlöbnis ist nur eine komische Schwierigkeit, und ich fürchte weder komische noch tragische Schwierigkeiten; ich fürchte überhaupt nur eines: die Langweile. Noch habe ich nicht das mindeste über sie in Erfahrung bringen können, obwohl ich gewiß nichts unversucht gelassen und oft die Wahrheit des Dichterworts empfunden habe:

nox et hiems longaeque viae, saevique dolores
mollibus his castris, et labor omnis inest.

Vielleicht ist sie gar nicht in der Stadt zu Hause; vielleicht wohnt sie auf dem Land; vielleicht, vielleicht, oh, ich könnte rasend werden über diese „Vielleicht"; und je mehr ich tobe, um so zahlreicher werden sie. Das Geld für eine Reise liegt schon lange bereit; wüßte ich nur wohin! Vergebens suche ich sie im Theater, im Konzert, auf Bällen und Promenaden. In gewissem Sinn freue ich mich wieder darüber: ein junges Mädchen, das viele solche Vergnügungen mitmacht, ist im allgemeinen nicht wert, erobert zu werden; ihr fehlt zumeist die Ursprünglichkeit, und Ursprünglichkeit ist und bleibt für mich *conditio sine qua non.* Eine Preziosa findet man eher unter Zigeunern als im Ballsaal, wo die jungen Mädchen feilgeboten werden, in aller Unschuld natürlich. Behüte Gott, daß ich es anders meinte!

d. 12.

Ja, mein Mädelchen, warum bliebst du nicht ganz ruhig stehen unter dem Torbogen? Es wird sich ja kein Mensch darüber aufhalten, daß ein junges Mädchen bei einem Platzregen untersteht. Ich mache es auch so, wenn ich keinen Schirm bei mir habe, und manchmal sogar, wenn ich einen habe, wie zum Exempel eben jetzt. Außerdem könnte ich dir eine Reihe hochachtbarer Damen nennen, die es ohne Bedenken tun würden und getan haben. Man bleibt ganz ruhig stehen, mit dem Rücken gegen die Straße; so können die Vorübergehenden nicht einmal wissen, ob man steht, oder ob man in Begriff ist in das Haus zu gehen. Unvorsichtig ist es dagegen, sich hinter dem halb offenstehenden Tor zu verstecken, denn wer sich versteckt, kann überrascht werden, und das ist immer unangenehm. Hat man sich aber schon einmal versteckt, so halte man sich ruhig, empfehle sich der Obhut seines guten Genius oder Schutzengel und hüte sich besonders hervorzulugen, um zu sehen, ob der Regen nachgelassen hat. Will man sich vergewissern, wie es mit dem Wetter steht, so trete man mit entschiedenem Schritt hervor und sehe ernsthaft an den Himmel hinauf. Streckt man aber ein wenig neugierig, verlegen, ängstlich, unsicher den Kopf hervor und zieht ihn rasch wieder zurück, so weiß jedes Kind was das zu bedeuten hat: man nennt das

„Verstecken spielen". Und ich, der ich immer dabei bin, wenn es ein Spiel gibt, ich sollte nicht mittun? ... Du mußt nicht glauben, daß ich was Schlechtes von dir denke; es war die unschuldigste Sache von der Welt den Kopf hervorzustrecken. Zum Entgelt muß ich verlangen, daß auch du nichts Schlechtes von mir denkst; mein guter Name und Ruf erträgt das nicht. Überdies hast du angefangen. Ich rate dir keinem Menschen von der Sache zu erzählen; denn das Unrecht ist auf deiner Seite. Und was habe ich anderes tun wollen, als was jeder Kavalier getan hätte, dir meinen Regenschirm anbieten? ... Wo steckt sie? Köstlich! Sie hat sich hinter der Türe des Portiers versteckt – ein allerliebstes kleines Mädel, munter und fröhlich. „Vielleicht können Sie mir sagen, wo die junge Dame ist, die vor einem Augenblick den Kopf aus dem Tor herausgestreckt hat, offenbar weil sie einen Regenschirm braucht" ... Da ist sie ja, die ich suchte, ich und mein Parapluie ... „Sie lachen – erlauben Sie vielleicht, daß ich ihn morgen durch meinen Diener holen lasse; oder befehlen Sie eine Droschke? Nichts zu danken; ich erfülle ja nur eine Pflicht der Höflichkeit." – Das ist eines der frischesten Mädchen, das ich seit langem gesehen; ihr Blick hat etwas so Kindliches; ihr Wesen ist Anmut und Sittsamkeit, und doch ist sie keck und neugierig. Gehe hin in Frieden, mein Kind; wenn der grüne Mantel nicht wäre, so könnte ich wünschen mit dir näher bekanntzuwerden. Sie geht die Köbmagerstraße hinunter. Wie frei und leicht und sicher sie ausschreitet! Wie stolz sie den Kopf in den Nacken wirft! Keine Spur von Geziertheit! Der grüne Mantel fordert Selbstverleugnung.

d. 15.

Ich danke dir, Zufall, ich danke dir! Gerade war sie und stolz, geheimnisvoll und gedankenreich wie eine Tanne; ein schlankes Reis, ein Gedanke, der tief aus dem Innern der Erde zum Himmel emporschießt, unerklärt, sich selbst unerklärlich ein Ganzes, das keine Teile hat. Die Buche breitet ihre Krone aus, ihre Blätter erzählen sich was sie gehört und gesehen haben; die Tanne hat keine Krone, keine Geschichte, sie ist sich selbst rätselhaft. So war sie. Sie war sich selbst verborgen in sich selbst; selbst stieg sie empor aus sich selbst, ruhig und stolz, wie die Tanne kühn emporstrebt, ob sie gleich an den Erdboden gefesselt ist. Wie stille Wehmut lag es über ihr, eine tiefe, ziellose Sehnsucht. Ein Rätsel war sie, das – oh Rätsel – seine Lösung in sich selber hat; ein Rätsel – und was gibt es Schöneres in aller Welt als das Wort, das es löst? Wie ist doch die Sprache so bezeichnend, so prägnant: ein Rätsel „lösen!" Darin liegt ein Doppelsinn, der alle Kombinationen verschönt, worin das Wort vorkommt. Wie der Seele Reichtum ein Rätsel ist, das durch das Wort gelöst wird, so ist auch ein junges Mädchen ein Rätsel ... Ich danke dir, Zufall, ich danke dir! Wäre es noch Winter gewesen, da ich sie wieder sah, so hätte sie den grünen Mantel getragen und sich vielleicht frierend darein gehüllt, und ihre Schönheit hätte sich nicht so frei hervorgewagt. Doch nun, welches Glück! Ich sah sie in der schönsten Zeit des Jahres, im Vorsommer, im Lichte der Nachmittagssonne. Der Winter hat ja auch seine Vorzüge. Ein glänzend erleuchteter Ballsaal voll junger Mädchen in großer Toilette ist gewiß etwas Reizendes. Aber einmal kommt die Einzelne hier selten zu ihrem Recht, eben weil alles darauf angelegt ist, daß sie zu ihrem Recht komme (man merkt die Absicht ...), und dann erinnert doch alles zu sehr an Vergänglichkeit und Eitelkeit, und so kommt leicht eine gewisse Ungeduld über einen, die dem Genuß das Erfrischende nimmt. Dennoch möchte ich den Ballsaal nicht ganz missen. Diese Pracht, dieser Luxus, dieser Überfluß an Jugend und Schönheit, das mannigfaltige Spiel der Kräfte: ich habe meine Freude daran; doch genieße ich nicht eigentlich, ich schwelge in Möglichkeit. Es ist nicht eine einzelne Schönheit, die dich fesselt, sondern eine Totalität; ein Traumbild schwebt an dir vorüber: die Weiblichkeit in ihren mannigfaltigen Inkarnationen und in ihrer wesentlichen Einheit.

Es war auf dem Fußweg zwischen dem Nörre- und dem Östertor, ungefähr um halb sieben Uhr. Die Kraft des Sonnenlichts war gebrochen, nur der Himmel, der sich leuchtend über der Welt ausbreitete, hatte eine Erinnerung daran bewahrt. Die Natur atmete auf. Das Meer lag still und blank. Die gemütlichen Häuser des Blegdammes spiegelten sich im Wasser, das weit hinaus dunkel war wie Metall. Auf dem Fußweg und auf den Häusern gegenüber lag mildes Sonnenlicht. Der Himmel war klar und rein; nur hin und wieder glitt eine leichte Wolke unmerklich vorüber und verdunkelte auf einen Augenblick die heitere Stirne des Meeres. Kein Blatt rührte sich. – Das war sie! Mein Auge hat mich nicht betrogen, der grüne Mantel nur tat es. Obwohl ich mich seit langem auf diesen Augenblick vorbereitet hatte, konnte ich einer gewissen Unruhe nicht Meister werden; in meinem Herzen stieg und fiel es, wie das Lied der Lerche, die über den nahen Feldern sang. Sie war allein. Wie sie gekleidet war, habe ich wieder vergessen, und doch habe ich nun ein Bild von ihr. Sie war allein, beschäftigt, nicht mit sich selbst, aber mit ihren Gedanken. Sie dachte nicht; aber es dachte in ihr. Die Gedanken woben an einem Sehnsuchtsbilde, das wie eine dunkle Ahnung vor ihrer Seele stand. Sie war in ihrer schönsten Blüte. Ein Mädchen entwickelt sich nicht in dem Sinne wie ein Knabe; sie wächst nicht, sie wird geboren. Der Knabe beginnt sofort sich zu entwickeln und braucht zu seiner Entwicklung lange Zeit. Diese Zeit braucht das Mädchen zum Geborenwerden. Geboren wird sie in dem Augenblick, da sie sich verheiratet, oder richtiger: in diesem Augenblick hört sie auf, geboren zu werden; erst in diesem Augenblick ist sie geboren. Wie Minerva fertig der Stirne Jupiters entspringt, wie Venus in reifer Schönheit dem Meere entsteigt, so ist jedes Mädchen, dessen Weiblichkeit nicht zerstört wurde durch das was man Entwicklung nennt, fertig in dem Augenblick, da sie geboren wird. Sie wacht nicht allmählich auf, sondern mit einem Schlag; dafür träumt sie um so länger, wenn die Leute nicht so unvernünftig sind sie vorzeitig aufzuwecken. Und in diesem Träumen liegt ein unendlicher Reichtum. Sie war beschäftigt, nicht mit sich selbst, sondern in sich selbst, und diese Beschäftigung war ein unendlicher Friede, ein Ruhen in sich selbst. Das ist der Reichtum eines jungen Mädchens, und diesen Reichtum zu umfassen macht reich. Sie ist reich, obwohl sie nicht weiß, daß sie etwas besitzt; sie ist reich, sie ist ein Schatz. Stiller Friede ruht auf ihr und ein Hauch von Wehmut. Wie leicht sie aussah, als sei es eine Kleinigkeit sie zu heben! Leicht wie Psyche, die von den Genien getragen wird; leichter als Psyche, weil sie sich selbst trug. Laßt die Kirchenlehrer sich streiten über Mariens Himmelfahrt! Ich finde nichts Unbegreifliches daran, denn sie gehörte nicht mehr der Welt an; aber unbegreiflich ist die aller Schwerkraft spottende Leichtigkeit eines jungen Mädchens. Sie beobachtet nichts und glaubt sich deshalb auch nicht beobachtet. Ich halte mich in ziemlichem Abstand von ihr und sauge ihr Bild in mich ein. Sie geht langsam, keine Eile stört den Frieden in ihr und die Ruhe um sie. Am Meer sitzt ein Junge und fischt; sie bleibt stehen und betrachtet den Wasserspiegel und den Kork an der Angel. Sie war nicht rasch gegangen, doch bedurfte sie der Kühlung. Sie streifte den dünnen Schal zurück, den sie über den Schultern trug; ein leichter Hauch vom Meere umfächelte einen Busen, weiß wie Schnee und doch warm und voll. Der Junge schien sich über den Zuschauer nicht zu freuen; er wandte sich um und betrachtete sie mit verdrießlichem Gesicht. Das sah so komisch aus, daß sie lachen mußte. Ein herzliches, kindliches Lachen! Wenn sie allein gewesen wäre, hätte sie sich, glaube ich, ganz gerne ein wenig gebalgt mit dem Jungen. Ihr Auge war groß und strahlend. Wenn man hineinschaute, sah man in eine schwarze unergründliche Tiefe, zu der es keinen Zugang gibt; rein war ihr Blick und unschuldig, mild und ruhig, voll Schelmerei als sie lachte. Ihre Nase war fein gebogen; von der Seite gesehen schien sie sich ein wenig in die Stirne zurückzuziehen; das machte sie kürzer und gab ihr etwas Keckes. Sie ging weiter; ich folgte. Zum Glück gab es noch mehr Spaziergänger auf dem Fußweg. Ich wechselte mit dem einen oder anderen ein paar Worte und ließ sie einen kleinen Vorsprung gewinnen, um sie dann rasch wieder einzuholen; so war ich nicht gezwungen ihr im gleichen Tempo und Abstand zu folgen. Sie ging dem Östertor zu. Ich hätte sie gerne in der Nähe gesehen, ohne selbst gesehen zu werden. Dort vorne an der Ecke liegt ein Haus, von welchem aus die Sache sich ermöglichen lassen mußte. Ich kannte die Familie, brauchte also nur einen Besuch zu machen. Ich ging raschen Schrittes an ihr vorbei und tat, als beachte ich sie gar nicht. Ich bekam einen ziemlichen Vorsprung, ging in das Haus, begrüßte die Familie so schnell es sich machen ließ, und bemächtigte mich des Fensters, das auf den Fußweg hinausging. Sie kam, ich sah und sah und konversierte dazu mit der Teegesellschaft im Wohnzimmer. Ihr Gang war stolz und adlig, aber durchaus natürlich und verriet in nichts die Schule des Tanzmeisters: sie hatte es nicht nötig, auf sich achtzugeben. Nun war sie vorüber. Aber ich sollte sie noch einmal sehen. Von meinem Fenster aus überblickte ich ein kleines Stück des Fußwegs und einen Landungssteg, der nicht weit davon ins Meer hinauslief. Auf diesem Steg entdeckte ich sie kurz darauf zu meiner Verwunderung. Es fiel mir ein, sie könnte wohl hier außen auf dem Land wohnen, wenigstens im Sommer.

Wenn ich herausbringen wollte, wo sie wohnte, so durfte ich keine Zeit verlieren. Denn sie konnte jeden Augenblick umkehren, und dann war sie möglicherweise verschwunden, ehe ich ihr nahe kam. So griff ich rasch nach Hut und Stock und machte Miene mich zu verabschieden. Da stoße ich in der Eile eine Dame an, die eben daran war den Tee herumzureichen. Ein Aufschrei – ich stehe da mit Hut und Stock bewaffnet, nur darauf bedacht so schnell als möglich loszukommen; ich versuche der Sache eine Wendung zu geben und meine Retirade zu motivieren und deklamiere mit Pathos: Wie Kain will ich die Stätte fliehen, wo Teewasser vergossen wurde. Aber wie wenn sich alles gegen mich verschworen hätte, kam der Wirt auf die unglückselige Idee den Scherz aufzunehmen und in meinem Ton fortzufahren: er verschwor sich hoch und heilig, daß ich nicht sollte gehen dürfen, bevor ich nicht zur Buße den Damen selbst das Teewasser präsentiert und eine Tasse Tee getrunken hätte. Da ich sah, daß er vor lauter Höflichkeit gegebenenfalls Gewalt anwenden würde, um mich zurückzuhalten, so mußte ich wohl oder übel bleiben. Sie war verschwunden.

d. 16.

Verliebt sein: wie schön! Wissen, daß man es ist: wie interessant! Das ist der Unterschied.

Ich könnte mich ärgern, wenn ich denke, daß ich sie nun wieder aus dem Gesichtskreis verloren habe; und doch freue ich mich auch wieder darüber. Ihr Bild schwebt in unbestimmten Umrissen vor meiner Seele, ein Mittelding zwischen Wirklichkeit und Ideal: darin liegt ein eigener Zauber. Aber ich kenne keine Ungeduld; sie muß doch hier in der Stadt zu Hause sein: das genügt mir fürs erste. Nun ich das weiß, kann sich ihr Bild in mir konsolidieren. Alles will in langsamen Zügen genossen sein. Und sollte ich nicht ruhig sein? Muß ich mich nicht für einen Liebling der Götter halten, da mir das seltene Glück zuteil wurde mich wieder zu verlieben? Das ist doch etwas, das durch keine Kunst, durch kein Studium erworben werden kann; das ist eine Gabe. Nun will ich aber sehen, wie lange ich diese Liebe soutenieren kann; ich pflege sie denn auch mehr als meine erste. Die Gelegenheit kommt so selten; darum muß man sie benutzen, wenn sie kommt. Denn das ist ja das Verzweifelte: Ein Mädchen zu verführen ist nichts; aber eine zu finden, die es wert ist verführt zu werden ...! Die Liebe hat viele Mysterien, und die erste Liebe ist eines davon, wenn auch eines von den niederen. Die meisten Menschen schießen los, verloben sich, oder machen sonst einen dummen Streich, und im Handumdrehen ist alles vorbei; sie wissen weder was sie gewonnen, noch was sie verloren haben. Zweimal ist sie mir nun erschienen und ist wieder verschwunden; das bedeutet, daß sie nun öfters erscheinen wird. Da Joseph dem Pharao seinen Traum erklärte, fügte er hinzu: daß aber dem Pharao zum andernmal geträumet hat, bedeutet, daß solches Gott gewißlich und eilend tun wird.

Es wäre doch interessant, wenn man einen Blick tun könnte in die geheimnisvolle Werkstätte der Kräfte, die unser Leben gestalten. Da lebt sie nun hin in stillem Frieden; sie hat keine Ahnung von meiner Existenz, noch weniger von dem, was in mir vorgeht, noch weniger von der Sicherheit, mit der ich ihre Zukunft vorhersehe ... Mehr und mehr fordert meine Seele die Wirklichkeit; sie wird stärker und stärker. Wenn ein Mädchen nicht auf den ersten Blick einen so tiefen Eindruck auf einen macht, daß sie das Ideale weckt, so ist die Wirklichkeit meist nicht sonderlich begehrenswert. Macht sie diesen Eindruck aber, so wird auch ein erprobtes Herz in der Regel überwältigt. Wer nun seiner Hand und seines Auges und seines Sieges nicht ganz sicher ist, dem rate ich sofort den Angriff zu wagen. Denn in diesem Zustand der Überspannung, einer eigentümlichen Mischung von Sympathie und Egoismus, hat er übernatürliche Kräfte. Freilich wird er um einen Genuß kommen: er vermag die Situation nicht zu genießen, weil er selbst in ihr untergeht. Was andere in der Liebe genießen, weiß ich wahrhaftig nicht. Der Besitz an sich ist nicht viel, und die Mittel, welche manche Liebhaber brauchen, um die Mädchen zu bekommen, sind oft elend genug: nicht einmal Geld, Macht, fremden Einfluß usf. verschmähen sie. Was für einen Genuß aber kann eine Liebe gewähren, die nicht absolute Hingabe – von einer Seite natürlich – einschließt; erst mit dieser wird die Geliebte schön, die Liebe interessant. Aber es dahin zu bringen erfordert Geist, und der fehlt Liebhabern gewöhnlichen Schlags.

d. 19.

Cordelia heißt sie also, Cordelia! Ein schöner Name! Auch das ist von Wichtigkeit; wie verdrießlich es ist, wenn man die zärtlichsten Prädikate mit einem unschönen Namen verbinden muß. Ich erkannte sie schon von weitem; sie ging mit zwei anderen jungen Mädchen auf dem linken Trottoir. Ihre zögernden Schritte deuteten darauf hin, daß sie bald stehenbleiben würden. So postierte ich mich an der Straßenecke und studierte die Plakate, während ich sie zugleich nicht aus den Augen ließ. Die zwei verabschiedeten sich. Sie hatten sie offenbar ein Stück weit begleitet, denn sie gingen in der entgegengesetzten Richtung fort. Sie nahm die Richtung nach meiner Ecke. Kaum war sie ein paar Schritte gegangen, da kam eines der Mädchen im Lauf hinter ihr drein und rief, so laut, daß ich es hören konnte: Cordelia! Cordelia! Bald kam auch die dritte, und nun steckte man die Köpfe zusammen und tuschelte; leider konnte ich, so sehr ich die Ohren spitzte, nichts von den Geheimnissen, die da verhandelt wurden, erhaschen. Jetzt lachten sie, alle drei gingen dann in raschem Tempo den Weg zurück, den sie gekommen waren. Ich folgte. Sie traten in ein Haus am Strand. Ich wartete eine Zeitlang, da es mir wahrscheinlich schien, daß Cordelia bald allein zurückkommen würde. Doch das geschah nicht.

Cordelia! Wirklich ein vortrefflicher Name! So hieß ja Lears dritte Tochter, jenes prächtige Mädchen, die das Herz nicht auf den Lippen trug, deren Lippen verstummten, wenn ihr Herz voll war. So ist meine Cordelia auch. Sie gleicht ihr, dessen bin ich gewiß. In anderem Sinne freilich hat sie doch das Herz auf den Lippen: muß man denn immer reden, kann man nicht auch küssen? Wie waren diese Lippen geschwellt von Gesundheit! Nie sah ich schönere!

Ich bin wirklich verliebt, das merke ich unter anderem auch daran, daß ich anfange die Sache mit einer Heimlichkeit zu betreiben, die sich sogar gegen mich selbst richtet. Jede Liebe, auch die treulose, bedarf der Heimlichkeit, wenn sie das nötige ästhetische Moment in sich trägt. Nie habe ich mir es einfallen lassen mir einen Mitwisser zu wünschen, dessen Bewunderung mir, wie üblich, mein Glück bezeugte. Mich freut es fast, daß ich nicht ihre Wohnung weiß, sondern nur einen Ort, dahin sie häufig kommt. Das ist vielleicht auch günstiger für meine Absichten. So kann ich, ohne ihre Aufmerksamkeit zu erregen, meine Beobachtungen anstellen. Ich kann zuerst dort festen Fuß fassen, und dann wird es mir auch nicht schwerfallen, in ihrer Familie Zutritt zu bekommen. Sollte das nicht so glatt gehen, *eh bien*! Das nehme ich in Kauf. Was ich tue, tue ich *con amore*; so liebe ich auch *con amore*.

d. 20.

Heute habe ich Erkundigungen eingezogen über das Haus, in dem sie verschwand. Es wohnt eine Witwe darin, mit drei Töchtern gesegnet. Von ihnen erfahre ich alles, was ich wissen will, soweit sie selbst es wissen. Man bekommt allerdings jede Auskunft in der dritten Potenz, weil alle drei zugleich reden. Sie heißt Cordelia Wahl und ist die Tochter eines Kapitäns der Marine. Er ist seit einigen Jahren tot, und ihre Mutter auch. Er war ein harter, strenger Mann. Sie lebt bei ihrer Tante, einer Schwester ihres Vaters, die dem Bruder nachschlagen, im übrigen aber eine sehr achtbare Frau sein soll. Das wäre nun alles schön und gut, wenn ich auch über das Haus etwas erfahren hätte. Aber sie wissen nichts darüber: Cordelia kommt wohl öfters zu ihnen, aber sie nicht zu ihr. Sie und zwei von den Mädchen gehen miteinander in die Kochschule. Daher kommt sie häufig früh am Nachmittag, gelegentlich auch einmal vormittags, aber nie abends. Sie leben sehr eingezogen. Hier also schließt die Geschichte, und ich sehe keinen Weg in Cordelias Haus zu kommen.

Sie hat schon Schmerzliches erlebt, kennt einigermaßen des Lebens Schattenseite. Wer hätte das gedacht? Doch, die Erinnerung daran geht wohl in ihre frühe Jugend zurück: sie lebte unter einem düsteren Himmel, ohne sich dessen recht bewußt zu werden. Das ist gut, das ist sehr gut! Das hat ihr ihre Weiblichkeit erhalten; sie ist noch nicht durch Bildung verpfuscht. Und wir haben da ein Element in ihrem Wesen, das uns ihre künftige Erziehung bedeutend erleichtern wird, wenn wir die Sache richtig angreifen. Derartige Erlebnisse machen einen Menschen meistens stolz, sofern sie ihn nicht knicken; nun, geknickt ist sie gewiß nicht.

d. 21.

Sie wohnt am Stadtgraben. Die Örtlichkeit ist nicht eben günstig. Vor allem kein *vis a vis*, dessen Bekanntschaft man machen könnte. Und dann eine stille Gegend, wo man nicht leicht unbemerkt Beobachtungen anstellen kann. Geht man den Wall entlang, wo keine Häuser stehen, so fällt man zu sehr auf, weil dort sonst kein Mensch zu sehen ist; geht man auf der anderen Seite an den Häusern hin, so sieht man nichts. Es ist ein Eckhaus. Die Fenster, die auf den Hof hinausgehen, sind auch von der Straße aus sichtbar, weil das Haus frei steht. Dort wird wohl ihr Schlafzimmer sein.

d. 22.

Heute sah ich sie zum erstenmal bei Frau Jansen. Ich wurde ihr vorgestellt. Sie schien sich nicht viel daraus zu machen, ja mich kaum zu beachten. Ich hielt mich in der Unterhaltung zurück und machte möglichst wenig aus mir, um desto besser beobachten zu können. Sie blieb nur einen Augenblick; sie war nur gekommen, um die anderen zur Kochschule abzuholen. Während sich die beiden Fräulein Jansen anzogen, blieben wir zwei allein im Zimmer. Ich warf ein paar Worte hin, so kühl und gleichgültig wie nur möglich, bekam aber eine unverdient höfliche Antwort. Nun gingen sie. Ich hätte mich ihnen als Begleiter anbieten können; aber das hätte zu sehr nach „Kavalier" geschmeckt, und ich bin überzeugt, daß sie auf diesem Wege nicht zu gewinnen ist. Kurz nach ihnen ging ich auch. Und zwar begab ich mich in rascher Gangart auf Umwegen zur Kochschule, und als sie in die große Kongenstraße einbogen, lief ich in höchster Eile an ihnen vorüber, ohne sie zu grüßen oder irgendwie zu beachten, worüber sie sich höchlich verwunderten.

d. 21.

Ich muß sehen, daß ich in der Familie Zutritt bekomme. Das ist mein nächstes Ziel. Doch fürchte ich, es wird nicht leicht zu erreichen sein. Noch nie habe ich eine Familie kennengelernt, die so zurückgezogen lebte. Es ist eben eigentlich keine „Familie": nur sie und ihre Tante. Kein Bruder, kein Vetter, kein wenn auch noch so entfernter Verwandter, an den man sich anbiedern könnte, kein Zipfel, an dem die Sache zu fassen wäre. Ich laufe in der Welt herum, geladen mit den freundschaftlichsten Gefühlen für irgendeinen in der Ferne auftauchenden Verwandten oder Bekannten und brauche nur loszudrücken. Man sollte übrigens nicht so isoliert leben; man nimmt dem armen Mädchen jede Möglichkeit, die Welt ein wenig kennenzulernen, nicht zu reden von anderen gefährlichen Folgen, die daraus entstehen können. Eine derartige Isolation rächt sich immer. Freilich, in einem geselligen Haus macht die Gelegenheit Diebe. Aber das sind kleine Diebe, Pfuscher in ihrem Handwerk. Und dann ist ja bei solch einem Gesellschaftsdämchen auch nicht viel zu stehlen. Mit sechzehn Jahren hat sie schon ein umfangreiches Namensverzeichnis in ihrem Herzen, auf dem unter anderen mit meinem Namen zu figurieren nicht nach meinem Geschmack wäre; so wenig, wie ich es mir etwa einfallen ließe, in eine Bank oder in einen Baum der öffentlichen Anlagen meinen Namen einzuschneiden.

d. 27.

Es wird mir immer deutlicher, daß sie eine isolierte Figur ist. Das darf ein Mann nicht sein, auch ein Jüngling nicht: da seine Entwicklung wesentlich auf Reflexion beruht, so muß er in ein Verhältnis zum anderen treten. Ein junges Mädchen darf darum nicht interessant sein, denn das Interessante enthält stets eine Reflexion auf sich selbst, weshalb auch in der Kunst das Interessante immer zugleich den Künstler gibt. Ein junges Mädchen, das interessant sein und dadurch gefallen will, wird zunächst sich selbst gefallen. Das ist vom ästhetischen Gesichtspunkt aus gegen alle Art von Koketterie einzuwenden. Doch gibt es auch eine uneigentliche Koketterie, die eine eigentümliche Bewegung der Natur selbst ist: diese – man denke z. B. an die weibliche Schüchternheit – ist immer schön. Ein interessantes Mädchen wird ja wohl auch Männer finden, denen sie gefällt, wird sie doch erst interessant durch das Verhältnis zum Mann; aber wie sie eigentlich kein Weib mehr ist, so sind die, denen sie gefällt, keine rechten Männer mehr. Das Weib ist das schwächere Geschlecht; gleichwohl ist es für sie wesentlich, daß sie in ihrer Jugend allein stehe; sie muß sich selbst genug sein, wenn auch diese Selbstgenügsamkeit auf einer Illusion beruht; das ist ihre Mitgift, die Natur hat sie wie eine Königstochter ausgestattet. Aber eben dieses Ruhen in der Illusion isoliert sie. Ich habe oft darüber nachgedacht, woher es wohl kommen mag, daß es für ein junges Mädchen nichts Verderblicheres gibt als viel Umgang mit anderen jungen Mädchen. Offenbar kommt dies daher, daß das weder Fisch noch Fleisch ist: die Illusion wird gestört, ohne doch gehoben zu werden. Die eigentliche und höchste Bestimmung der Frau ist des Mannes Gefährtin zu sein. Verkehrt sie viel mit ihrem eigenen Geschlecht, so wird sie zur Reflexion über ihr Verhältnis zum Manne verleitet und wird dadurch geschickter zur Gesellschaftsdame als zur Gefährtin. Das Ideal eines Mädchens wäre für mich diejenige, die immer allein stand auf der Welt und also auf sich selber angewiesen war, und die vor allem keine Freundinnen hat. Es ist wahr: der Grazien sind drei; aber sicher ist es noch niemand eingefallen, sich vorzustellen, daß sie sich miteinander unterhalten; sie bilden in ihrem Schweigen eine schöne weibliche Dreieinigkeit. Erwägungen dieser Art könnten mich dazu bringen die Einführung von Jungfernkäfigen zu befürworten, wenn ich nicht fürchten würde, daß der Zwang schädlich wirken könnte. Man muß einem jungen Mädchen seine Freiheit lassen; nur soll man ihr keine Gelegenheit geben sie zu benützen. So bleibt sie schön und kommt nicht in Gefahr interessant zu werden. Ein junges Mädchen, das viel mit anderen jungen Mädchen verkehrt, braucht keinen Brautschleier. Dagegen wird jeder mit ästhetischem Sinn Begabte ein im tieferen und eminenten Sinne unschuldiges Mädchen bei der Hochzeit im Brautschleier sehen, auch wenn es nicht Sitte wäre einen zu tragen.

Sie ist streng erzogen: ich ehre ihre Eltern darob noch in ihrem Grabe; sie lebt sehr eingezogen: ich könnte ihrer Tante dafür um den Hals fallen. Sie hat die Freude der Welt nicht kennengelernt, ist frei von alberner Blasiertheit. Sie ist stolz, sie verschmäht, woran andere junge Mädchen Freude haben; so soll es sein. Das ist eine Unwahrheit, aus der ich Vorteil zu ziehen denke. Pracht und Prunk schätzt sie nicht, wenigstens nicht in dem Sinn wie andere Mädchen; sie ist ein wenig polemisch, aber das ist notwendig für ein junges Mädchen, das so schwärmerisch ist wie sie. Sie lebt in der Welt der Phantasie. Fiele sie in unrechte Hände, so könnte etwas sehr Unweibliches aus ihr werden, gerade weil sie so weiblich ist.

d. 10.

Überall kreuzen sich unsere Wege. Heute bin ich ihr dreimal begegnet. Ich weiß von jedem Ausgang, den sie macht; ich weiß, wann und wo ich sie treffen kann. Aber ich benutze diese Wissenschaft durchaus nicht immer, um ein Zusammentreffen zu arrangieren. Vielmehr verschwende ich im größten Maßstab. Eine Begegnung, die mich manche geduldig durchwartete Stunde gekostet hat, wird als eine Bagatelle verschleudert. Übrigens treffe ich sie nicht; ich tangiere bloß ihre Existenz. Weiß ich, daß sie zu Jansens kommt, so richte ich es so ein, daß ich sie im Kommen oder Gehen treffe, womöglich unter der Türe oder auf der Treppe, und gehe dann achtlos an ihr vorbei. So wird sie nach und nach in ein dünnes Netz eingesponnen. Auf der Straße stelle ich sie nicht, tausche keinen Gruß mit ihr, nähere mich ihr nie, sondern beobachte sie auf Abstand. Unser häufiges Zusammentreffen fällt ihr auf; sie merkt, daß in ihr Sonnensystem ein neuer Körper eingedrungen ist, der durch seine Bewegung auf seltsame Weise ihren Gang nicht stört und doch stört. Aber von dem Gesetz dieser Bewegung hat sie keine Ahnung. Sie fühlt sich versucht nach rechts und links sich umzusehen, um das Gravitationszentrum zu entdecken; daß sie es ist, weiß sie so wenig wie ihr Antipode. Es geht ihr wie es wohl den meisten meiner Bekannten geht: sie glauben, ich habe alles mögliche zu tun, weil ich viel unterwegs bin. Nun ja, ich sage wie Figaro: ein, zwei, drei, vier Intrigen auf einmal, das ist meine Lust. Ich muß sie und ihren ganzen geistigen Zustand genau kennen, bevor ich zum Angriff schreite. Die meisten genießen ein junges Mädchen wie man ein Glas Sekt genießt, in einem Augenblick aufschäumender Sinnenlust; das ist ja schön, und aus vielen jungen Mädchen ist nichts Besseres herauszubringen; hier aber ist mehr. Ist ein Individuum zu schwächlich, um Klarheit und Durchsichtigkeit zu ertragen, nun, so genießt man das Unklare; aber sie kann es offenbar ertragen. Je höher man in einem Liebesverhältnis die Hingabe steigert, um so interessanter. Jener Augenblicksgenuß ist nicht im äußerlichen, aber im geistigen Sinne eine Vergewaltigung; und daß eine Vergewaltigung Genuß bieten könne, ist Einbildung; sie ist wie ein geraubter Kuß etwas Stilloses. Nein, erst wenn man ein Mädchen soweit bringt, daß sie ihren freien Willen nur noch dazu hat sich hinzugeben, erst wenn ihr die Hingabe als eine solche Seligkeit erscheint, daß sie darum betteln würde sich hingeben zu dürfen, und wenn sie dabei frei ist: das ist Genuß. Aber so weit bringt man es nur durch geistige Beeinflussung.

Cordelia! Das ist doch ein herrlicher Name. Ich sitze zu Hause und übe mich wie ein Papagei: Cordelia, Cordelia, meine Cordelia, du meine Cordelia. Ich muß doch fast lachen, wenn ich daran denke, mit welcher Routine ich im entscheidenden Augenblick einmal diese Worte aussprechen werde. Man muß immer Vorstudien machen und alles mit System betreiben. Es ist kein Wunder, daß die Dichter gerne den Augenblick schildern, da die Liebenden im Du sich einander hingeben, im Wir sich zusammenschließen. Diesen Augenblick, da sie hinuntersteigend in das Meer der Liebe den alten Menschen ausziehen und, als neue Menschen wieder auftauchend aus dieser Taufe, sich nun erst recht als alte Bekannte erkennen, obwohl sie erst einen Augenblick alt sind. Für ein junges Mädchen ist dieser Augenblick der schönste. Doch muß man, um ihn recht zu genießen, ein wenig über der Sache stehen; man muß nicht nur Täufling sein, sondern zugleich Priester. Ein wenig Ironie ist immer nötig, um das Interessante dieser geistigen Entkleidungsszene ganz zu genießen. Man muß Ästhetiker sein, um die Weihe des Aktes nicht zu stören, und doch muß immer der Schelm auf der Lauer stehen.

d. 2. Juni

Sie ist stolz, das hab ich schon lange gemerkt. Wenn sie mit den drei Jansens zusammen ist, spricht sie sehr wenig; offenbar langweilt ihr Geschwätz sie; ein ganz leises Lächeln, das um ihre Lippen spielt, deutet darauf hin. Dieses Lächeln sagt mir viel und ist ein wichtiger Faktor in meiner Rechnung. Zu Zeiten kann sie fast knabenhaft wild und ausgelassen sein, zur großen Verwunderung der Jansens. Mir ist das wohl verständlich, wenn ich bedenke, was für eine Kindheit sie erlebt hat. Sie hatte außer einem Bruder, der ein Jahr älter war als sie, keine Geschwister. Sie kannte nur Vater und Bruder, war Zeuge ernsthafter Auftritte und hat so den Geschmack an dem gewöhnlichen Gänsegeschnatter verloren. Ihr Vater und ihre Mutter haben nicht glücklich zusammengelebt; was sonst einem Mädchen als reizende Aussicht mehr oder weniger deutlich vorschwebt, das lockt sie nicht. Ich kann mir vorstellen, daß sie sich fragt, was ein junges Mädchen in dieser Welt soll, daß es Augenblicke gibt, wo sie lieber ein Mann wäre.

Sie hat Phantasie, Seele, Leidenschaft, kurz alle Substantialitäten, aber nicht subjektiv reflektiert. Davon hat mich heute ein Zufall überzeugt. Ich weiß von der Firma Jansen, daß sie nicht musiziert, weil das den Grundsätzen der alten Tante zuwiderliefe. Mir ist das leid; denn die Musik ist ein gutes Kommunikationsmittel, wenn man sich einem jungen Mädchen nähern will, vorausgesetzt, daß man so vorsichtig ist nicht als Kenner aufzutreten. Als ich heute zu Frau Jansen kam, öffnete ich die Tür zur Hälfte ohne anzuklopfen – eine Unverschämtheit, die mir schon manchen guten Dienst geleistet hat (komme ich in Verlegenheit, so klopfe ich hinterher noch an die offene Tür). Sie war allein, saß am Klavier und spielte wie jemand, der in einem Augenblick des Alleinseins etwas tut, worüber er sich ungern ertappen ließe. Es war ein kleines schwedisches Volkslied. Sie spielte ungewandt, ärgerte sich über die Fehler, die sie machte, beruhigte sich wieder. Ich schloß die Tür leise und lauschte draußen auf den Wechsel ihrer Stimmungen. Es war manchmal eine Leidenschaft in diesem Spiel, die an die Jungfrau Mettelil erinnerte, aus deren Brüsten die Milch hervorsprang, als sie die goldene Harfe schlug, eine Leidenschaft, die etwas Dithyrambisches hatte und die doch fühlen ließ, daß auf dem Grund dieser Seele eine tiefe Wehmut lag. Ich hätte hervorstürzen, den Augenblick benutzen können, es wäre eine Torheit gewesen. Die Erinnerung konserviert nicht nur, sie bereichert; was von Erinnerung durchtränkt ist, hat doppelten Gehalt. Die vertrocknete Blume der Erinnerung ist, zum Wunder, schöner als die frische des Genusses. Sie spielt also insgeheim doch; oder kann sie nur diese eine Melodie? Hat sie vielleicht ein besonderes Interesse dafür? Ich weiß es nicht; jedenfalls ist diese Begebenheit von größtem Interesse für mich. Wenn ich einmal vertraulich mit ihr rede, so bringe ich sie sachte auf diesen Punkt und lasse sie in die Falle gehen.

d. 3. Juni

Ich bin mir noch immer nicht darüber klar, wie sie aufzufassen ist; darum habe ich noch kein Experiment gewagt, darum gehe ich so leise meines Weges, suche so wenig als möglich aufzufallen: wie ein Soldat im Hinterhalt, der sich auf die Erde wirft und am Boden horcht damit ihm das leiseste Geräusch nicht entgehe. Ich existiere eigentlich nicht für sie: nicht als ob sie mich ignorierte; es ist nicht ein negatives, es ist überhaupt kein Verhältnis. Sie sehen und lieben war eins, so heißt es im Roman. Ja wenn die Liebe keine Dialektik hätte! Was wissen die Romane von der Liebe! Lügen, nichts als Lügen, die dazu dienen müssen die Aufgabe zu erleichtern.

Wenn ich, nach allem was ich bisher über sie in Erfahrung bringen konnte, mir den Eindruck vergegenwärtige, den unsere erste Begegnung auf mich machte, so sehe ich, daß meine Vorstellung von ihrem Wesen wohl etwas modifiziert ist, aber zu ihrem wie zu meinem Vorteil. Daß sie so ganz auf sich allein steht, so ganz in sich selbst versinkt, das hatte ich nicht erwartet. Sie war mir durch ihre Anmut aufgefallen, eine Anmut, die auch meiner strengen Kritik standhielt. Aber Anmut ist etwas gar flüchtiges; sie verschwindet wie das Gestern vor dem Heute. Nötigt das Leben zur Reflexion über das Leben, so kann sie sich nicht halten. Cordelia ist mit den Stürmen des Lebens unreflektiert vertraut: eine höchst erfreuliche Entdeckung!

Ich möchte gerne wissen, wie es in ihrer Gefühlswelt aussieht. Verliebt ist sie gewiß noch nie gewesen, dazu ist der Flug ihrer Seele zu leicht und frei; noch weniger ist sie eine von jenen theoretisch erfahrenen Jungfrauen, denen es seit ihrer Backfischzeit geläufig ist sich in eines geliebten Mannes Armen zu denken. Ihre Seele nährt sich noch von der göttlichen Ambrosia der Ideale; die Gestalten der Wirklichkeit, die ihr bisher entgegengetreten sind, haben sie in ihrem Traumleben nicht stören können. Das Ideal, das ihr vorschwebt, ist aber wohl nicht die Heldin einer Liebesgeschichte, eher eine Jeanne d'Arc oder so etwas.

Die Frage ist, ob ihre Weiblichkeit stark genug ist, um sich reflektieren zu lassen, oder ob man sie rein als Schönheit und Anmut genießen muß; die Frage ist, ob man den Bogen stärker spannen darf. Eine reine, unmittelbare Weiblichkeit zu finden ist gewiß schon etwas Großes; aber man sollte das Changement riskieren können, damit die Sache interessant wird. Zu dem Zweck ist es das beste, ihr einen Verehrer auf den Hals zu schaffen, der ihr schlecht und recht den Hof macht; daß das einem jungen Mädchen schade, ist ein Aberglaube. Freilich, wenn sie eine jener zarten Pflanzen ist, deren Kraft mit *einer* Blüte erschöpft ist, so wäre es besser, sie hätte nie etwas von Liebe gehört; ist sie aber das nicht, so kann sie dadurch, daß sie ein kleines Liebesgeplänkel mitmacht, nur gewinnen, und ich werde keinen Anstand nehmen ihr einen Verehrer zu verschaffen, falls sie noch keinen hat. Freilich darf er keine Karikatur sein, sonst kommt nichts dabei heraus; sondern ein recht respektabler junger Mann, womöglich sogar liebenswert, nur zu klein für ihre Leidenschaft. Sie wird über ihn hinwegsehen, sie wird keinen Geschmack an der Liebe finden; sie wird fast an ihrer eigenen Realität zweifeln, wenn sie sieht, wozu sie bestimmt ist, und was die Wirklichkeit bietet: wenn das die Liebe ist, wird sie sich sagen, so ist nicht viel daran. Und nun wird sie stolz in Liebessachen, und das macht sie interessant und ihr Wesen strahlt in einem leuchtenderen Inkarnat; aber zugleich ist sie ihrem Fall näher, und auch das macht sie immer interessanter.

Das gescheiteste was ich zunächst tun kann ist, mich ihrer Bekannten zu versichern, zu sehen ob der Liebhaber nicht schon da ist. Einen herbeizuschaffen ehe das entschieden ist, wäre bedenklich. Zwei Freier, wenn auch jeder für sich unbedeutend wäre, könnten durch ihre Relativität schädlich wirken. Laßt uns also feststellen, ob nicht schon einer im Hinterhalt liegt. In ihrem klösterlichen Heim wird sie ja keiner suchen; aber sie kommt doch auch hinaus, und da könnte sie schon eine Eroberung gemacht haben.

Das strategische Prinzip, nach welchem alle Bewegungen in diesem Feldzug ausgeführt werden müssen, heißt also: sie muß immer in einer interessanten Situation berührt werden. Das Interessante ist das Gebiet, auf dem der Streit geführt wird; die Potenz des Interessanten muß ausgeschöpft werden. Ihr ganzes Wesen ist darauf angelegt, oder ich müßte mich sehr irren, daß das was ich verlange, eben das ist, was sie gibt, ja was sie verlangt. Darauf kommt es eben an: auszulauern was die Einzelne geben kann, was sie deshalb auch erwartet. Meine Liebesgeschichten haben daher immer eine Realität für mich, sie bilden ein Moment meines Lebens, eine Periode meiner Entwicklung, die sich deutlich gegen die vorhergehende abgrenzt; oft knüpft sich sogar irgendeine Fertigkeit daran, die ich mir bei der Gelegenheit erworben. So lernte ich tanzen um des ersten Mädchen willen, das ich liebte; so lernte ich französische Konversation einer kleinen Tänzerin zuliebe. Damals ging ich noch wie all die anderen Toren auf den Markt und wurde oft genug angeführt; heute kaufe ich unter der Hand. Vielleicht hat sie auch das Interessante nach einer Seite hin erschöpft; ihr eingezogenes Leben macht das nicht unwahrscheinlich. Ich muß es ihr also von einer anderen Seite zeigen, und zu diesem Zweck wähle ich nicht das Poetische, sondern das Prosaische. Sie soll sich abgestoßen fühlen, und eben das soll ihr interessant werden. Zuerst wird ihre Weiblichkeit neutralisiert durch prosaisches Räsonnieren und Spötteln, nicht direkt, sondern indirekt, durch das absolut Neutrale: den Geist. Sie wird dann vor sich selbst fast ihre Weiblichkeit einbüßen, kann sich in diesem Zustand allein nicht halten und wirft sich mir in die Arme, nicht als einem Liebhaber, sondern vorerst ganz neutral. Nun erwacht die Weiblichkeit; man lockt sie hervor, spannt sie bis zum höchsten Grad ihrer Elastizität und läßt sie gegen diese oder jene sittliche Norm anstoßen. Sie geht darüber hinweg, ihre Weiblichkeit erreicht eine fast übernatürliche Höhe und mein ist sie mit Leib und Seele.

d. 5.

Ich brauchte nicht weit zu gehen. Sie verkehrt im Haus des Kommerzienrats Barter. Dort traf ich nicht nur sie, sondern auch einen Menschen, der mir wie gerufen kam. Eduard, der Sohn des Hauses, ist sterblich verliebt in sie; es gehört nicht viel dazu das zu sehen. Er ist Kaufmann, arbeitet in des Vaters Kontor; ein netter Mensch, recht angenehm, ein wenig schüchtern, was ihm aber in ihren Augen nicht schaden dürfte.

Armer Kerl! Er weiß nicht wo anfangen mit seiner Liebe. Wenn er weiß, daß sie am Abend kommen wird, so macht er ihretwegen große Toilette und wird so beinahe eine komische Figur unter den übrigen, alltaglichen Gästen. Seine Schüchternheit grenzt ans Unglaubliche. Wäre das Maske, so wäre er ein gefährlicher Nebenbuhler. Es gehört viel Kunst dazu die Schüchternheit zu benutzen, aber man erreicht auch viel damit. Wie oft habe ich ein kleines Fräulein an der Nase herumgeführt, indem ich den Schüchternen spielte. Die jungen Mädchen urteilen im allgemeinen sehr streng über schüchterne Männer, haben sie aber doch gern im geheimen. Ein wenig Schüchternheit schmeichelt der Eitelkeit der Mädchen, weil sie sich überlegen fühlen. Dies Gefühl gibt man ihnen als Handgeld. Sobald man sie aber in Sicherheit eingewiegt hat, zeigt man ihnen, und zwar gerade in einem Fall, da sie erwarten einen vor Verlegenheit sterben zu sehen, man zeigt ihnen, daß man weit davon entfernt ist und sich ganz gut zu helfen weiß. Der schüchterne Mann ist kein rechter Mann; die Schüchternheit ist daher ein gutes Mittel, wenn es sich darum handelt das Geschlechtsverhältnis zu neutralisieren. Merken sie nun, daß man nur eine Maske getragen hat, so fühlen sie sich beschämt und erröten innerlich, weil sie sich bewußt werden, daß sie in gewissem Sinne über die Grenze hinausgegangen sind. Es ist, als hätten sie einen Knaben zu lange als Kind behandelt.

d. 7.

So sind wir also Freunde, Eduard und ich; eine echte Freundschaft, ein schönes Verhältnis ist zwischen uns, wie es die Welt seit Griechenlands schönsten Tagen nicht mehr gesehen. Wir wurden rasch vertraut miteinander; ich brauchte ihn nur in allerlei Betrachtungen über Cordelia einzuspinnen, und er gestand mir sein Geheimnis; natürlich, da wir uns ja alle Geheimnisse mitteilen, so ging dieses darein. Er schmachtet schon lange, der Arme. Er macht sich schön sooft sie kommt, begleitet sie abends nach Hause; sein Herz klopft bei dem Gedanken, daß ihr Arm auf dem seinen ruht; sie reden nicht viel, schauen nach den Sternen, er läutet an ihrer Haustüre, sie verschwindet, er verzweifelt und hofft aufs nächstemal. Er hat noch nicht gewagt den Fuß über ihre Schwelle zu setzen, er, der die beste Gelegenheit dazu hat. Ich muß lachen über ihn; und doch, es ist etwas Hübsches in dieser Kindlichkeit. Obwohl ich mich im Gebiet des Erotischen, wie ich glaube, ziemlich auskenne: diese zitternde Angst der Verliebtheit habe ich bei mir nie beobachtet, wenigstens faßte sie mich nie in dem Grad, daß ich die Fassung verlor; sonst kenne ich diesen Zustand wohl, aber ich fühle mich darin eher stärker. Vielleicht möchte da jemand einwerfen, ich sei eben noch nie richtig verliebt gewesen, mag sein! ... Ich habe Eduard den Standpunkt klargemacht. Morgen soll er etwas tun; er soll zu ihr gehen und sie persönlich zum nächsten Gesellschaftsabend einladen. Er bat mich mitzugehen; natürlich habe ich ihm diese verzweifelte Idee eingegeben, ich versprach es. Er sieht darin einen Beweis für die Wärme meiner Freundschaft. Die Gelegenheit ist ganz wie ich sie mir wünschte: ich falle mit der Tür ins Haus. Und wenn sie auch nur den leisesten Argwohn schöpft, so werde ich mich so benehmen, daß sie wie bisher nicht weiß, was sie aus mir machen soll.

Ich war früher nicht gewohnt mich auf Konversation vorzubereiten; jetzt wird das notwendig, denn es gilt die Tante zu unterhalten. Ich habe den ehrenvollen Auftrag erhalten mich ihrer anzunehmen und ihre Aufmerksamkeit von dem verliebten Eduard abzulenken. Die Tante hat früher auf dem Lande gelebt und interessiert sich vor allem für Ökonomie. Dank meinen sorgfältigen Studien auf diesem Gebiete und ihren auf Erfahrung gegründeten Mitteilungen mache ich in der Landwirtschaft erfreuliche Fortschritte.

Bei der Tante habe ich Glück. Ich bin für sie ein gesetzter, ernsthafter Mann, mit dem man sich vernünftig unterhalten kann; keiner von den windigen Modeherrchen. Weniger gut bin ich, wie es scheint, bei Cordelia angeschrieben. Sie ist zwar viel zu rein und unschuldig, um zu erwarten, daß jeder Mann ihr huldige; aber doch empfindet sie mein Dasein als etwas, was sie empört.

Wenn ich in der gemütlichen Wohnstube sitze, wenn ich sie sehe, von deren Anmut ein Strahl der Verklärung fällt auf alle, die mit ihr in Berührung kommen. Gute und Böse, da werde ich wohl bisweilen ungeduldig in meinem Herzen, da packt mich die Lust hervorzustürzen aus meinem Versteck, denn obwohl ich vor aller Augen in der Wohnstube sitze, liege ich doch in einer Höhle auf der Lauer, da packt mich die Lust ihre Hand zu ergreifen, sie in meine Arme zu schließen, sie in mir zu verbergen, daß niemand sie mir raube. Oder wenn Eduard und ich sie abends verlassen, wenn sie mir die Hand zum Abschied reicht, wenn ich sie in der meinen halte, fällt es mir manchmal schwer, den Vogel wieder entschlüpfen zu lassen. Geduld! *Quod antea fuit impetus, nunc ratio est.* Sie muß noch ganz anders in mein Herz eingesponnen werden; aber dann lasse ich die Liebe plötzlich in ihrer ganzen Kraft brausend hervorströmen. Wir werden uns diesen Augenblick nicht durch Näschereien, durch unzeitige Antizipationen verderben; dafür kannst du dich bei mir bedanken, Cordelia. Ich arbeite daran den Widerspruch zu entwickeln, ich spanne den Bogen der Liebe, um nur desto tiefer zu verwunden. Wie ein Bogenschütze reiß ich die Sehne, lasse sie los und reiße sie wieder und lausche dem Klang; aber noch ziele ich nicht, noch lege ich den Pfeil nicht auf.

Wenn ein kleiner Kreis von Menschen sich öfters in demselben Zimmer trifft, so bildet sich in der Gruppierung leicht eine Tradition heraus: jeder hat seinen Platz und die ganze Gesellschaft gewährt ein im wesentlichen feststehendes Bild, das man jederzeit vor das innere Auge zitieren kann. So ist es auch im Hause Wahl. Abends nach dem Tee setzt sich die Tante, die bisher auf dem Sofa saß, an das Nähtischchen, Cordelia bleibt am Teetisch vor dem Sofa und bei ihr Eduard; ich folge der Tante. Eduard tut geheimnisvoll; er möchte sich flüsternd mit ihr unterhalten, öffnet aber kaum den Mund. Das kann man von mir nicht sagen. Ich rede über Marktpreise, stelle eine Berechnung darüber an, wieviel Liter Milch man zu einem Pfund Butter braucht, verbreite mich über die Dialektik des Abrahmens und Butterns. Das sind Dinge, von denen man mit Fug behaupten darf, nicht nur, daß ein junges Mädchen sie hören kann, ohne Schaden zu nehmen, sondern auch, was mehr heißen will, daß sie einen soliden Grund bilden für eine erbauliche, Kopf und Herz veredelnde Unterhaltung. Gewöhnlich wende ich dem Teetisch und Eduards und Cordelias Schwärmerei den Rücken und schwärme mit der Tante. Wie groß ist doch die Natur in ihrem Wirken! Welch köstliche Gabe ist die Butter, welch wunderbares Produkt aus Natur und

Kunst! Ich sorge dafür, daß es der Tante nicht möglich ist auch nur ein Wort zu hören, das zwischen Eduard und Cordelia gewechselt wird, vorausgesetzt, daß überhaupt ein Wort fällt; das habe ich Eduard versprochen, und was ich verspreche halte ich. Dagegen höre ich jedes Wort, und keine Bewegung entgeht mir. Das ist von Wichtigkeit; man kann nicht wissen was für Streiche ein Mensch in seiner Verzweiflung macht. Die vorsichtigsten, schüchternsten Männer wagen manchmal das Unglaublichste. Obwohl ich also mit den beiden Leutchen nicht das geringste zu tun habe, so merke ich es doch Cordelia an, daß sie fühlt, wie ich immerfort zwischen ihr und Eduard stehe.

Ein eigentümliches Bild, wir viere zusammen! Man könnte an Mephisto, Faust, Gretchen und Frau Marthe denken. Nur ist Eduard kein Faust, und wenn ich den Faust übernehme, noch viel weniger ein Mephisto. Ich bin übrigens auch kein Mephistopheles, wenigstens nicht in Eduards Augen. Er sieht in mir den guten Genius seiner Liebe und er tut wohl daran; denn er kann sicher sein, daß niemand besser über seiner Liebe wacht als ich. Und weiß ich ihm nicht die Tante trefflich vom Leibe zu halten? Sie versinkt nächstens vor unseren Augen in lauter Landwirtschaft; wir gehen in die Küche, in den Keller, auf den Boden, sehen nach den Hühnern, Enten, Gänsen usf. Cordelia ärgert sich über all das. Sie versteht nicht, was ich eigentlich will. Ich bin und bleibe ihr ein Rätsel, ein Rätsel das sie nicht reizt, sondern nur ärgert, ja indigniert. Sie fühlt recht gut, daß die Tante sich lächerlich macht, und doch verdient die ehrwürdige Dame nicht, daß man über sie lacht. Andererseits spiele ich meine Rolle so gut, daß keine Aussicht ist, mich bei der Tante in Mißkredit zu bringen. Manchmal treibe ich den Spaß so weit, daß Cordelia wirklich im geheimen lächelt. Ich suche dabei aber kein Einverständnis mit Cordelia; ich weiß zu gut, daß ich sie auf diese Weise nie dazu bringen würde über die Tante sich lustigzumachen. Ich bewahre einen unerschütterlichen tiefen Ernst; nur sie lächelt. Durch solche Etüden lernt sie die erste Ketzerei, die ihr beigebracht werden muß: das Lächeln der Ironie. Allerdings trifft ihr Lächeln fast ebensosehr mich wie die Tante, denn sie weiß schlechterdings nicht was sie aus mir machen soll. Es wäre ja doch möglich, daß ich einer von den jungen Leuten wäre, die zu früh alt geworden sind; das wäre möglich; ein zweites wäre auch möglich, ein drittes auch usf. Sie lächelt also manchmal über die Tante und ärgert sich über sich selbst, weil sie lächelt; ich aber drehe mich um und sehe ihr, während ich mit der Tante weiterrede, ganz ernsthaft ins Gesicht: nun lächelt sie über mich, über die Situation.

Unser Verhältnis beruht nicht auf der Attraktion des Sichverstehens, sondern auf der Repulsion des Sichmißverstehens. Mein Verhältnis zu ihr ist eigentlich ein Nichts; es ist ein rein geistiges Verhältnis, und eben darum als Verhältnis zu einem jungen Mädchen ein Nichts.

Die Methode, die ich befolge, hat außerordentliche Vorteile. Ein Mensch, der als Kavalier auftritt, erweckt Verdacht und legt sich selbst Hindernisse in den Weg. Bei mir ist davon nicht die Rede. Ich bin so ein braver Mensch, daß man mir jedes junge Mädchen anvertrauen würde. Nur einen Fehler hat die Methode: sie ist langsam. Sie wird darum mit Vorteil auch nur gegen Individualitäten angewandt, bei denen das Interessante zu gewinnen ist.

Welch verjüngende Kraft hat doch ein junges Mädchen! Nicht die Frische der Morgenluft, nicht das Sausen des Windes, nicht die Kühle des Meeres, nicht der Duft des Weins noch sein Geist, nichts in der Welt hat diese verjüngende Kraft.

Ich werde sie nun bald soweit gebracht haben, daß sie mich haßt. Ich spiele die Rolle des Hagestolzen; rede von nichts anderem als vom bequemen Leben und vom guten Essen; wie nötig es sei, daß man einen geschickten Diener habe und einen Freund, der gut zu Fuß ist, damit man sich auf ihn stützen kann, wenn man Arm in Arm mit ihm geht. Gelingt es mir, die Tante von der Landwirtschaft loszueisen, so werde ich sie sachte auf dieses Thema bringen, das der Entwicklung der Ironie günstiger ist. Über einen richtigen alten Junggesellen kann man lachen, ja man kann ihn sogar ein wenig bemitleiden; aber ein junger, doch nicht ganz geistloser Mann, der den Hagestolz spielt, empört ein junges Mädchen: Die ganze Bedeutung, die Schönheit und Poesie des Ewigweiblichen wird durch ihn negiert.

So gehen die Tage hin; ich sehe sie, aber ich spreche sie nicht; ich spreche mit der Tante in ihrer Gegenwart. Nur manchmal, in der Stille der Nacht macht meine Liebe sich Luft. Dann gehe ich in meinen Mantel gehüllt, den Hut tief ins Gesicht gezogen nach ihrem Haus. Ihre Schlafkammer geht auf den Hof hinaus, aber da das Haus ein Eckhaus ist, sieht man das Fenster von der Straße aus. Da erscheint sie einen Augenblick am Fenster, öffnet es auch wohl, sieht hinauf zu den Sternen; sie denkt nicht daran, daß jemand sie sehen könnte, und es sieht sie auch nur einer, und einer, an den sie am wenigsten denkt. Ich aber wandle umher wie ein Geist und kann mich nicht losreißen von dem Platz, wo sie wohnt. Ich vergesse alles, meine Pläne, meine Berechnungen; meinen Verstand werfe ich über Bord, weite und stärke meine Brust durch tiefe Seufzer. Dieser Motion bedarf ich, um nicht unter dem Systematischen meines Tuns zu leiden. Andere sind tugendhaft bei Tage und sündigen des Nachts; ich verstelle mich am Tage und bei Nacht bin ich reine Begierde. ... Wenn sie mich sehen würde, wenn sie mir ins Herz sehen könnte, wenn!

Verstünde dieses Mädchen sich selbst, so müßte sie zugeben, daß ich der rechte Mann für sie wäre. Sie ist zu heftig, zu tief, um in der Ehe glücklich zu werden. Sie durch einen gewöhnlichen Verführer zu Fall zu bringen wäre zu wenig für sie; fällt sie durch mich, so rettet sie das Interessante aus diesem Schiffbruch. Sie muß in dem Verhältnis zu mir, wie die Philosophen mit einem Wortspiel sagen, zugrunde gehen.

Eduard fängt an ihr langweilig zu werden. Je enger die Grenzen, die man dem Interessanten setzt, um so zahlreicher die Entdeckungen; das war immer so. Sie horcht manchmal auf meine Unterhaltung mit der Tante. Wenn ich das merke, so blitzt fern am Horizont eine Andeutung auf aus einer anderen Welt, zum Erstaunen der Tante wie der Nichte. Jene sieht den Blitz, aber hört nichts; diese hört den Donner, aber sieht nichts. Im nächsten Augenblick ist alles wieder in Ordnung; die Teemaschine singt ihr wehmütiges Lied; die Unterhaltung mit der Tante fällt wieder in die alte, ruhige Gangart, wie wenn Postpferde, die einen Augenblick gescheut haben, ihren gleichmäßigen Trab wieder aufnehmen. In solchen Augenblicken kann es in der Wohnstube ungemütlich werden, besonders für Cordelia. Sie weiß nicht wohin mit sich selbst. Wendet sie sich Eduard zu, so muß sie fürchten, daß er vor lauter Verlegenheit einen dummen Streich macht; wendet sie sich nach der anderen Seite, sieht sie, wie wir taktfest mit gleichmäßigen Hammerschlägen unser Thema bearbeiten, so wirkt unsere sichere Ruhe im Gegensatz zu Eduards Unsicherheit recht unerquicklich. Ich kann nur denken, daß es ihr vorkommt, als sei die Tante behext, wenn sie sich so unerschütterlich in dem Takt bewegt, den ich angebe. Vielleicht hätte sie manchmal nicht übel Lust sich an unserer Unterhaltung zu beteiligen; aber ich habe sie mit Bedacht immer als Kind behandelt, das nicht mitreden kann, auch eines der Mittel, durch die ich sie gegen mich aufbringen will, und so schweigt sie lieber. Dabei nehme ich mir jedoch keinerlei Freiheiten gegen sie heraus; ich weiß zu gut, wie derartiges störend wirken kann, und es liegt mir daran, daß ihre Weiblichkeit sich rein und stolz wieder erhebe, wenn die Zeit dazu gekommen ist. Dadurch, daß ich sie als Kind behandle, wird ihre Weiblichkeit nicht verletzt, sondern nur neutralisiert; denn daß sie über Marktpreise nicht mitreden kann, braucht ihr an sich nicht weh zu tun, aber es muß sie empören, daß ein junger Mensch mit solchem Ernst und solcher Ausdauer von diesen Dingen redet und das Weib in ihr völlig ignoriert. Mit meinem kräftigen Beistand überbietet sich die Tante bald selbst in dieser Richtung. Es fehlt nicht mehr viel und sie wird fanatisch, das hat sie mir zu verdanken. Das einzige, was ihr an mir mißfällt, ist, daß ich keinen Beruf habe. Ich verfehle deshalb nie, sobald von einer vakanten Stelle die Rede ist, zu bemerken, daß das etwas für mich wäre, und diskutiere dann den Fall sehr ernsthaft mit ihr. Cordelia merkt die Ironie, und das will ich eben.

Der gute Eduard! Wenn ich ehrlich sein soll: er ist ein bißchen langweilig. Er greift die Sache nicht richtig an. Immer stramm und sauber herausgeputzt. Aus Freundschaft, unter uns gesagt, trete ich möglichst nachlässig auf, in Kleidung und Benehmen. Der gute Eduard! Eines wird mir nachgerade fast unerträglich: er fühlt sich mir so unendlich verpflichtet, daß er nicht weiß, wie er mir danken soll. Danken? ... *Il n'y a pas de quoi.*

Ob ihr nun Ruhe halten wollt!? Was habt ihr den ganzen Morgen lang getrieben? An meiner Markise gezerrt, an meinem Reflexionsspiegel gerüttelt, mit dem Glockenzug vom dritten Stock gespielt, an die Fensterscheiben geklopft, kurz durch allerlei Allotria euch bemerklich gemacht! Soll das eine Aufforderung sein für mich hinauszukommen? Gewiß, das Wetter ist schön, aber ich habe keine Lust; laßt mich in Ruhe ... Ihr könnt ja allein gehen, ihr mutwilligen, ausgelassenen Winde! Vertreibt euch die Zeit mit den jungen Mädchen, wie ihr's gewohnt seid, ihr munteren Bengel! Niemand versteht es ein junges Mädchen so verführerisch zu umfangen wie ihr! Vergebens dreht und wendet sie sich, um loszukommen; ihr umschlinget sie zu fest, und sie will auch nicht; denn eure Umarmung kühlt und erfrischt das heiße Blut ... Packt euch! Laßt mich in Frieden! ... Dann macht es euch keinen Spaß, meint ihr? Ihr tut es nicht um euer selbst willen? ... Nun gut, so will ich mitgehen; aber unter zwei Bedingungen: Erstens: Es wohnt auf Kongens Nytorv ein junges Mädchen, das sehr hübsch ist, aber die Unverschämtheit besitzt mich nicht lieben zu wollen, ja, was schlimmer ist, sie liebt einen anderen und das geht so weit, daß sie miteinander Arm in Arm spazierengehen. Um ein Uhr will er sie abholen. Nun müßt ihr mir versprechen, daß die besten Bläser unter euch sich in der Nähe des Hauses verstecken und warten, bis er mit ihr auf die Straße hinaustritt. In dem Augenblick, da er in die große Kongensstraße einbiegt, stürzt das Detachement aus dem Hinterhalt hervor, nimmt ihm mit aller Höflichkeit den Hut vom Kopfe und rollt ihn mit mäßiger Geschwindigkeit davon, so daß er ohne große Mühe folgen kann. Er soll immer glauben, er könne ihn im nächsten Augenblick fassen, und läßt nicht einmal ihren Arm los. So führt ihr mir das Paar durch die große Kongensstraße, den Wall entlang zum Höibroplatz ... Wie lange braucht ihr dazu? Eine halbe Stunde etwa; gut! Punkt halb zwei Uhr komme ich die Österstraße herauf. Da steht unser Pärlein mitten auf dem Platz, und nun macht ihr einen zweiten kühneren Angriff. Ihr reißet auch ihr den Hut vom Kopf, zerzaust ihre Locken, entführt ihren Shawl, und währenddessen fliegt sein Hut triumphierend höher und höher. Kurz: ihr stellt eine solche Konfusion an, daß ein verehrliches Publikum, darunter auch ich, in schallendes Gelächter ausbricht, daß die Hunde bellen und der Wächter auf dem Turm die Feuerglocke zieht. Ihr sorgt dann dafür, daß ihr Hut mir entgegenfliegt; ich bin dann der Glückliche, der ihr ihn überreicht ... Zum anderen, aber das sage ich euch, daß ihr mir die Grenzen des Anstands nicht überschreitet und keinem hübschen Mädchen etwas zuleide tut. Ihr dürft euch einen Spaß erlauben, aber ihr bürgt mir dafür, daß sie darüber lächelt, ihre Ruhe nicht verliert und sich nicht ängstigt! Wehe dem, der sich untersteht meinen Vorschriften zuwiderzuhandeln. Und nun vorwärts, folget mir und seid gewärtig meines Winkes. Es gilt der Jugend, der Schönheit! Zeiget mir was ich sooft schon gesehen, was ich nie müde werde zu sehen, zeigt mir ein junges schönes Mädchen; enthüllt mir ihre Schönheit, so daß sie sich dabei schön fühlt; examiniert sie, so daß ihr die Examination Freude macht! ... Ich gehe die Bredstraße hinunter; bis halb drei Uhr habe ich Zeit mir von euch die Zeit vertreiben zu lassen. Da kommt ein junges Mädchen stolz in ihrem besten Putz, 's ist Sonntag heute! ... Umschmeichelt sie kühlend! Gleitet in sanftem Wehen über sie hin, umarmt sie in der Unschuld eurer Berührung. Wie die Wangen sich röten, wie die Lippen stärker glühen, wie der Busen sich hebt! Nicht wahr, mein Kind, das ist ein unbeschreiblicher Genuß diese frische Luft einzuatmen!? Die kleine Halskrause wiegt sich im Winde gleich einem Blatt. Wie gesund sie atmet, in vollen Zügen! Sie tritt nicht mehr so fest auf; fast wird sie getragen von dem leichten Luftstrom, wie eine Wolke, wie ein Traum ... Blaset ein wenig stärker, holt tiefer Atem! ... Sie nimmt sich zusammen, sie drückt die Arme an den Körper, bedeckt ihren Busen, damit nicht ein zudringlicher Windstoß kühl und geschmeidig sich hineinstehle unter die leichte Bedeckung ... Ihr Gesicht leuchtet in höherem Rot, ihre Wange wird voller, ihr Auge durchsichtiger, der Rhythmus ihres Gangs fester. Alle Anfechtung verschönt. Müßte sich nicht jedes junge Mädchen in den Zephir verlieben? Versteht doch kein Mann an ihrer Seite sie so zu verschönen wie er. ... Sie beugt sich ein wenig vornüber, sieht auf ihre Fußspitzen ... Halt! Das ist zu viel! Ihre Kleider bauschen sich, ihre Figur verliert die schöne Geschlossenheit des Umrisses ... So, so ist's recht! ... Ist das nicht wundervoll, wenn man etwas erhitzt ist, diese erfrischenden Schauer sich über den Leib rinnen zu lassen? Möchte man nicht die ganze Welt umarmen vor Dankbarkeit, vor Freude am Leben? ... Sie dreht sich, geht mit der Seite gegen den Wind ... Rasch jetzt, kräftig geblasen, damit die Schönheit ihrer Formen sich verrate! ... Noch ein bißchen stärker, damit die Kleider sich noch enger dem Körper anschmiegen! ... Zu viel, zu viel! Die Stellung wird unschön; der Schritt wird gehemmt, das wirkt störend! ... Sie dreht sich wieder ... Blast zu; laßt sie ihre Kraft versuchen! ... Genug! Zu viel! Die eine ihrer Stirnlocken flattert im Wind ... Ob ihr euch zurückhalten wollt!? ... Was kommt denn da? In einer Reihe; in gleichem Schritt und Tritt!

Die eine ist verliebt gar sehr;
Die andre wär es gerne.

Ja, ja, an des zukünftigen Schwagers linkem Arm spazierenzugehen bedeutet nicht eben eine glänzende Lebensstellung. Das ist für ein junges Mädchen ungefähr dasselbe wie für einen Mann Aushilfsschreiber zu sein. ... Das heißt, der Aushilfsschreiber kann avancieren, er hat seinen Platz im Kontor und darf in außerordentlichen Fällen auch mittun. So gut hat's die Schwägerin nicht. Dafür ist ihr Avancement nicht so langsam, sie muß sich nur in ein anderes Kontor versetzen lassen. ... Nun blast einmal kräftig drauflos! Wenn man einen festen Punkt hat, der einen Halt bietet, kann man schon etwas aushalten. ... Das Zentrum dringt kräftig vor, die Flügel können nicht folgen. ... Er steht fest; ihn kann der Wind nicht erschüttern; dazu ist er zu schwer, aber auch zu schwer, um sich von den Flügeln ein wenig über die Erde heben zu lassen. Er schiebt darauflos um zu zeigen, daß er ein schwerer Körper ist; seine Standhaftigkeit verdrießt die Mädelchen. ... Meine schönen Damen, darf ich Ihnen mit einem guten Rat dienen? Lassen Sie den zukünftigen Ehemann und Schwager los, versuchen Sie allein zu gehen und sie werden sehen, daß die Sache Ihnen viel mehr Spaß macht. ... Blaset nun nicht mehr so stark! ... Wie sie sich tummeln in des Windes Wellen; wie sie in Tanzfiguren die Straße hinuntertreiben! Welche Tanzmusik könnte solche Lust, solche Munterkeit erregen? Und doch erschlafft der Wind nicht, er kräftigt. Wie sie mit vollen Segeln dahinfegen! Welcher Walzer könnte ein junges Mädchen mit solch verführerischer Kraft hinreißen? Und doch ermüdet der Wind nicht, er trägt. ... Nun wenden sie sich um, zum Mann und Schwager. ... Nicht wahr, ein wenig Widerstand ist gar nicht übel; man kämpft gerne ein wenig, um zu besitzen, was man liebt. ... Hab ich's nicht gut eingerichtet? Wenn man den Wind im Rücken hat, so kann es leicht passieren, daß man an dem Geliebten vorbeisteuert; hat man ihn aber gegen sich, so kommt man in eine angenehme Erregung, man fliegt dem Geliebten entgegen; man sieht noch gesünder, noch verführerischer aus als sonst. Und der Wind kühlt die Frucht der Lippe, die am besten kalt genossen wird, eben weil sie so heiß ist, wie der Sekt am meisten das Blut erhitzt, wenn er kalt ist wie Eis ... Wie sie lachen und plaudern! Und der Wind trägt die Worte fort, und sie lachen wieder, beugen sich vor gegen den Wind, halten ihre Hüte und sehen auf ihre Füße ... Nun setzet ein wenig aus, damit die jungen Mädchen nicht ungeduldig werden und sich über uns ärgern, oder Angst bekommen vor uns! – Recht so! Resolut und fest, das rechte Bein vor das linke! ... Wie sie sich keck und herausfordernd in der Welt umsieht! ... Wen hat sie denn da am Arm? Ihren Bräutigam? Laß sehen, mein Kind, was für ein Geschenk für dich am Weihnachtsbaum des Lebens hing ... Oh ja, er sieht wirklich recht solid aus! Sie ist im ersten Stadium des Verlobtseins; sie liebt ihn, wohl möglich; sie liebt eben, und liebt jetzt ihn und könnte auch einen andern lieben ... Nun, blaset zu! ... Ja, wenn man so rasch geht, müssen die Hutbänder im Winde flattern; es sieht aus als trügen sie, wie Flügel, das leichte Wesen, und ihre Liebe, auch sie flattert hinterdrein wie ein Elfenschleier und der Wind treibt sein Spiel damit. Ach diese junge Liebe! Wie viel verspricht sie! Aber wenn man nun aus dem Schleier ein Alltagskleid machen soll, will der Stoff zu nichts reichen und es wird ein gar simples Gewand daraus ... Aber natürlich! Wer den Mut gehabt hat einen Schritt zu tun, der über das ganze Leben entscheidet, der hat auch das Zeug dazu forsch gegen den Wind anzugehen. Wer möchte daran zweifeln? Aber wozu die Eile, mein kleines Fräulein, wozu die Eile? Die Zeit ist ein strenger Schulmeister und der Wind versteht's auch ... Neckt sie mir ein wenig! ... Wo kam das Taschentuch hin? Schnell, schnell, damit wir den Flüchtling wieder einfangen! ... So! ... Oh weh! Jetzt geht das Hutband los! Der Zukünftige findet das etwas *gênant* ... Da kommt eine Freundin, die wir grüßen sollten. Sie sieht uns zum erstenmal, seit wir verlobt sind. Um uns als Brautpaar zu zeigen, sind wir ja in der Bredstraße und wollen auch noch auf die Langelinie.

Soviel ich weiß ist es Sitte, daß Eheleute am ersten Sonntag nach der Hochzeit in die Kirche gehen, Verlobte dagegen auf die Langelinie. Ja, eine Verlobung hat auch wirklich manches mit der Langelinie gemeinsam ... Aufgepaßt! Der Wind fängt sich im Hut; halten Sie ihn fest, beugen Sie den Kopf vor! ... Wie fatal! Sie konnten die Freundin gar nicht grüßen, konnten die überlegene Miene nicht anbringen, die ein verlobtes Mädchen der Unverlobten gegenüber annehmen muß ... Blast nun ein wenig schwächer! ... Nun kommen die schönen Tage ... Wie fest sie sich an dem Geliebten hält! Sie ist um eine Nasenlänge voraus, dreht den Kopf und schaut zurück nach ihm und freut sich über ihn, über ihren Schatz, ihr Glück, ihre Hoffnung, ihre Zukunft ... O Mädchen, Mädchen, du machst zu viel aus ihm! Hat er es nicht mir und dem Winde zu danken, daß er so kräftig und gesund aussieht? Und du, hast nicht auch du mir und den linden Lüften zu danken? Haben wir nicht die leichte Wolke des Kummers von deiner Stirne verscheucht? Haben wir dir nicht Lebensfrische angehaucht und den Reiz ahnungsvoller Sehnsucht?

Und ich will keinen Kandidaten,
Der in die Nacht hinein studiert,
Will einen schmucken Leutnant haben,
Der mit der Feder paradiert.

Ja, ja, das sieht man dir gleich an, liebe Kleine; in deinem Blick ist so etwas ... Dir ist nicht mit einem Bücherwurm gedient ... Aber warum soll es gerade ein Leutnant sein? Sollte ein Kandidat, der das Examen hinter sich hat, es nicht auch tun? ... Momentan kann ich übrigens weder mit einem Offizier noch mit einem Kandidaten aufwarten, aber vielleicht ist eine temperierte Erfrischung gefällig? ... Nun blast ein bißchen! ... Recht so! Lassen Sie nur den seidenen Shawl auf die Schultern hinabgleiten und gehen Sie hübsch langsam! Das kühlt, nicht wahr? Schon verlieren die Wangen etwas von ihrem Rot und die Augen glänzen nicht mehr so stark. Ja, ein wenig Motion, besonders bei solch herrlichem Wetter wie heute! Und ein wenig Geduld, so kriegen wir den Offizier vielleicht noch! ... Das ist ein Paar! Die sind füreinander bestimmt. Welch taktfester Gang, welche Sicherheit des Auftretens, welche prästabilierte Harmonie in allen Bewegungen, welch süffisante Solidität, alles durchdrungen von gegenseitigem Vertrauen! Nichts von Leichtigkeit und Grazie! Eine biedere Dauerhaftigkeit, die zuverlässige Hoffnungen weckt und gegenseitige Achtung einflößt. Ich wette, ihr Wahlspruch ist: das Leben eine Wanderung. Arm in Arm durch des Lebens Freuden und Leiden hinzuwandern: welch schöner Gedanke! Sie harmonieren so vollkommen, daß die Dame sogar den Anspruch, auf dem Trottoir zu gehen, aufgegeben hat ... Aber, was seid ihr denn so eifrig hinter dem Paar her!? Sie sind eurer Beachtung nicht wert! Oder findet ihr etwas an ihnen? ... Doch es ist halb zwei Uhr ... Auf zum Höibroplatz!

Daß man die seelische Entwicklungsgeschichte eines Menschen mit solcher Genauigkeit vorausberechnen kann! Freilich, der Fall liegt ungewöhnlich günstig: Das Mädchen ist gesund, durch und durch; wäre sie das nicht, so möchte die Rechnung nicht so genau stimmen. Sie ist wirklich etwas Ungewöhnliches! So still und bescheiden sie sich gibt: es liegt in ihr, ohne daß sie es weiß, ein ungeheurer Anspruch. Das fiel mir heute auf, als ich sie von draußen hereinkommen sah. Die Türe wollte sich gegen den Zugwind nicht öffnen lassen. Der Widerstand weckte nur Kraft in ihr, ohne sie aufzuregen. Sie ist keines von den armseligen Geschöpfen, die so zerbrechlich sind, daß man sie kaum anzusehen wagt. Sie ist gesund und kräftig, doch ohne Prätension. So kann ich, wie ein Arzt, mit Befriedigung die Symptome dieser Gesundheitsgeschichte beobachten.

Ich fange nun allmählich an, ihr näherzurücken und zum direkten Angriff überzugehen. Zu diesem Zweck habe ich eine neue strategische Operation eingeleitet: ich habe meinen Stuhl um 90° gedreht und wende ihr nicht mehr den Rücken zu, sondern die Seite. Ich suche sie ins Gespräch zu ziehen, rede sie an, entlocke ihr eine Antwort. Sie ist heftig, leidenschaftlich; sie will das Außerordentliche, ohne doch durch törichte und eitle Reflexion auf das Aparte gespitzt zu sein. Wenn ich mich ironisch über die Torheit der Menschen auslasse, wenn ich über ihre Feigheit, über ihre laue Schlaffheit spotte, das macht sichtlich Eindruck auf sie. Sie würde ganz gerne einmal den Sonnenwagen kutschieren, der Erde zu nahe kommen und die Menschen ein wenig braten lassen. Indessen sorge ich dafür, daß wir uns vorerst noch nicht näherkommen, auch in geistiger Hinsicht nicht; die Zeit dazu ist noch nicht da. Sie muß erst in sich selbst erstarken, ehe sie sich an mich anlehnen darf. Auf Augenblicke mag es wohl aussehen, als ob ich sie in meine Freimaurerei einweihen wollte, aber auch nur auf Augenblicke. Sie muß sich in sich selbst entwickeln; ihre Seele muß Spannkraft bekommen, sie muß sich so stark fühlen, daß es ihr ist, als könnte sie die Welt aus den Angeln heben. Ihre Replik und ihr Auge verrät mir, was für Fortschritte sie macht. Bei Gelegenheit sah ich eine Energie in ihrem Blick aufblitzen, die wohl Angst einjagen könnte. Sie soll mir nichts schulden. Frei soll sie sein! Nur in Freiheit ist Liebe, nur in Freiheit ist Zeitvertreib und Lust ohne Ende. Gewiß! Ich lege alles darauf an, daß sie mir einmal gleichsam mit Naturnotwendigkeit in die Arme sinkt; aber sie soll nicht fallen wie ein schwerer Körper, sie soll als Geist zum Geist gravitieren. Ich will sie haben, aber nicht als Last: wie unschön! Sie soll sich nicht an mich hängen, mir nichts zuschieben können. Zwischen uns soll nur der Freiheit eigenes Spiel herrschen. Sie soll mich nicht schwerer drücken als die leichteste Tänzerin den Arm des Tänzers.

Fast beschäftigt Cordelia mich zu stark. Ich verliere wieder mein Gleichgewicht, nicht wenn sie mir gegenübersteht, aber wenn ich im strengsten Sinne mit ihr allein bin. Es kommt vor, daß ich mich nach ihr sehne, nicht um mit ihr zu reden, sondern nur um ihr Bild an mir vorbeischweben zu lassen; daß ich ihr nachschleiche, wenn sie ausgeht, nicht um gesehen zu werden, sondern um zu sehen. Vorgestern abend gingen wir miteinander von Varters weg; Eduard begleitete sie. Ich verabschiedete mich, ging so rasch ich konnte in eine Seitengasse, wo mein Diener mit einem weiten Mantel und einem Schlapphut auf mich wartete. Im Nu hatte ich Hut und Mantel gewechselt und folgte ihr auf Umwegen. Ich begegnete ihr und sah sie so noch einmal, ohne daß sie eine Ahnung davon hatte. Eduard war stumm wie immer.

Ich bin verliebt, das steht fest, wenn auch nicht im gewöhnlichen Sinne, zum Glück! In der Falle möchte ich mich doch lieber nicht fangen. Gut, daß der Gott der Liebe blind ist; ein kluger Kopf schlägt ihm schon ein Schnippchen. Man muß sich empfänglich erhalten; man muß wissen, welchen Eindruck man macht, man muß insbesondere wissen, welchen Eindruck man von jeder hat. Auf diese Weise kann man in mehrere zugleich verliebt sein, weil man in jede anders verliebt ist. *Eine* zu lieben ist zu wenig; alle zu lieben ist oberflächlich; sich selbst kennen, so viele wie möglich lieben, alle Mächte der Liebe in sich behausen, jeder ihre bekömmliche Nahrung geben, sie alle in einem Bewußtsein umfassen – das heißt genießen, das heißt leben.

d. 3. Juli

Eduard hat wirklich keinen Grund, über mich zu klagen. Zwar soll er nur dazu dienen, daß Cordelia sich den Geschmack an einer solid bürgerlichen Liebe verdirbt und befähigt wird, über die Grenze zu gehen. Aber eben deshalb muß er Eindruck auf sie machen, und dazu helfe ich ihm. Er ist ja eine gute Partie, aber das hat für ein siebzehnjähriges Mädchen nicht viel, für eine Cordelia nichts zu bedeuten. Auch hat er als Persönlichkeit verschiedene liebenswürdige Eigenschaften, nur weiß er sie nicht in das richtige Licht zu setzen. Das ist nun meine Sache. Wie eine Kammerjungfer, die ihre Herrin zum Ball ankleidet, so staffiere ich ihn aus mit dem Besten, was das Haus vermag, und schmücke ihn wohl auch mit geborgtem Staat. Wenn wir dann zusammen zu Cordelia gehen, so ist mir sonderbar zumut. Es kommt mir vor, als sei er mein Bruder oder mein Sohn; und er ist doch mein Freund, mein Altersgenosse, mein Nebenbuhler. Freilich ein Nebenbuhler, der mir nicht gefährlich werden kann. Er soll, er wird fallen; und darum ist kein Risiko dabei; wenn ich ihm in die Höhe helfe. Im Gegenteil; so wird Cordelia um so deutlicher sehen, was sie verschmäht, und um so stärker fühlen, was sie begehrt. Ich leiste seinem Liebeswerben Vorschub wie und wo ich kann, ich empfehle ihn ihr, kurz ich tue, was ein Freund für den anderen tun kann. Um meiner Kälte das rechte Relief zu geben, vereifere ich mich fast für ihn: ich schildere ihn als Schwärmer. *Que voulez-vous?* Er kann ja nichts aus sich machen, da muß ich wohl etwas aus ihm machen.

Cordelia haßt mich und fürchtet mich. Was fürchtet ein junges Mädchen? Geist. Warum? Weil Geist ihre weibliche Existenz negiert. Männliche Schönheit, einnehmendes Wesen usf., gewiß, man kann auch damit Eroberungen machen; aber zu einem vollständigen Sieg reichen diese Mittel nicht aus. Warum? Weil man da das Mädchen auf dem Gebiet ihrer eigenen Potenz bekriegt, und auf diesem ihrem eigenen Gebiet ist sie stets die stärkere. Mit solchen Mitteln wird man ein Mädchen dazu bringen, daß sie errötend die Augen niederschlägt; aber man wird ihr nie die unbeschreibliche, faszinierende Angst einflößen, die ihre Schönheit interessant macht.

Non formosus erat, sed erat facundus Ulixes,
Et tamen aequoreas torsit amore Deas.

Es braucht nur jeder seine Kräfte zu kennen. Aber das ist's ja gerade, und ich habe mich schon oft darüber entrüstet, daß selbst die, welche Talente haben, nichts damit anzufangen wissen. Eigentlich müßte man einem jungen Mädchen, das der Liebe eines anderen oder vielmehr ihrer eigenen Liebe zum Opfer gefallen ist, man müßte ihr sofort ansehen, nach welchem Prinzip sie betrogen wurde. Der geübte Mörder hat seinen bestimmten, sicheren Stoß und der erfahrene Detektiv kennt den Täter, sobald er die Wunde sieht. Aber wo trifft man solche systematische Verführer, wo solche Psychologen? Ein Mädchen verführen, das heißt für die meisten, ein Mädchen verführen, Punktum; und doch, welcher Reichtum von Möglichkeiten liegt für den Kenner in diesem Wort!

Sie haßt mich, weil sie Weib ist; sie fürchtet mich, weil sie Rasse hat; sie liebt mich, weil sie ein guter Kopf ist. Soweit habe ich's fürs erste nun mit ihr gebracht. Mein Stolz, mein Trotz, mein kalter Spott, meine herzlose Ironie haben etwas Verführerisches für sie. Nicht, daß sie mich liebte! Von solchen Gefühlen ist sie noch chemisch rein, jedenfalls mir gegenüber. Nein, wetteifern will sie mit mir. Es reizt sie, mir es gleichzutun in der stolzen Unabhängigkeit den Menschen gegenüber, sie möchte frei sein wie ich, frei wie der Araber in der Wüste. Aber mein Lachen, mein exzentrisches Wesen neutralisieren jede erotische Entladung. Sie ist ziemlich frei im Verkehr mit mir, und die Zurückhaltung, die sie etwa noch beobachtet, ist mehr intellektuell als weiblich. Sie nimmt mich bei der Hand, drückt mir die Hand, zeigt mir eine gewisse Aufmerksamkeit. Aber nichts liegt ihr ferner als einen Liebhaber in mir zu sehen; ich bin ein Mensch, mit dem man sich geistreich unterhalten kann, das ist alles. Habe ich genug gespottet und ironisiert, so geht es wie im Märchen:

Er breitet aus seinen Mantel so blau
Und heißt drauf sitzen die schöne Frau.

Und dann fliegen wir hinauf in die Luft mit des Gedankens Schnelle bis die Erde tief unter uns liegt. Manchmal auch fliege ich allein und lasse sie unten. Vor ihren Augen entschwinde ich, und sie hört mich nur noch im Sausen des beflügelten Wortes. Und je mehr ich rede, desto höher steige ich, desto weniger hört sie mich in meiner Stimme. Da faßt sie die Sehnsucht, zu mir emporzuschweben auf den Flügeln kühner Gedanken. Doch im nächsten Augenblicke ist alles vorüber; ich bin kalt und trocken.

Es gibt verschiedene Arten weiblichen Errötens. Das gemeine Rotwerden, das der Romanschriftsteller auf Lager hat, der seine Heldin so gerne über und über rot werden läßt. Dann das zarte Erröten, jenes Morgenrot des Geistes, das einem jungen Mädchen so wunderbar steht. Endlich das flüchtige Erröten, das einen glücklichen Gedanken begleitet; ein Wetterleuchten des Geistes, ist es schön beim Manne, schöner beim Jüngling, anmutig beim Mädchen, denn da bedeutet es ein verschämtes Sichenthüllen der Jungfräulichkeit. Je älter man wird, um so mehr verschwindet dieses Erröten.

Zuweilen lese ich Cordelia vor; allerlei interessante und uninteressante Sachen. Eduard muß mich wie gewöhnlich decken; ich habe ihm geraten, ihr Bücher zu leihen, weil das eine gute Methode sei, die Beziehungen zu einem Mädchen fester zu knüpfen. Er tut es und hat dadurch entschieden bei ihr gewonnen: sie ist ihm sehr dankbar. Wer jedoch am meisten gewinnt, bin ich; denn ich bestimme die Wahl der Bücher, habe so immer die Hand im Spiele und stehe doch immer außerhalb. Da Eduard von Literatur nichts versteht, so verläßt er sich ganz auf mich, und ich habe auf diese Weise Gelegenheit, die gewagtesten Experimente zu machen und die interessantesten Beobachtungen anzustellen. Wenn wir abends zusammen bei ihr sind, so nehme ich, scheinbar absichtslos, ein Buch in die Hand, blättere darin, lese halblaut und lobe Eduard, daß er für gute Lektüre sorge. Neulich wollte ich mich einmal experimentell von der Spannkraft ihrer Seele vergewissern. Ich war im Zweifel, ob Eduard ihr Schillers Gedichte leihen sollte, aus denen ich dann Theklas Lied vorlesen würde oder Bürgers Gedichte. Ich entschied mich für Bürger und wählte seine *Lenore*, eben weil das Gedicht bei aller Schönheit ein wenig überspannt ist. Ich las es mit soviel Pathos als ich aufbringen konnte. Cordelia war ergriffen; sie nähte so hastig als ob sie es sei, die von Wilhelm geholt werden sollte. Ich schwieg. Die Tante hatte ohne sonderliche Teilnahme zugehört; sie fürchtet sich vor keinem Wilhelm, weder vor einem lebenden noch vor einem toten; außerdem ist sie auch des Deutschen nicht so ganz mächtig. Sie wurde aber sogleich munter, als ich ihr den schönen Einband des Buches vorwies und eine Unterhaltung über Buchbinderarbeit anspann. Meine Absicht war, den Eindruck des Pathetischen, den ich bei Cordelia hervorgerufen, im selben Augenblick wieder zu zerstören. Ich sah Angst in ihrem Blick; aber ich sah auch, daß ich sie weniger gereizt, als abgestoßen hatte: ich war ihr unheimlich.

Heute ruhte mein Auge zum erstenmal auf ihr. Man sagt, der Schlaf könne die Augenlider so schwermachen, daß sie sich schließen. Vielleicht kann ein Blick ähnlich wirken. Ihr Auge schließt sich, und doch regen sich dunkle Mächte in ihr. Sie sieht nicht, daß ich sie ansehe; sie fühlt es, fühlt es im ganzen Körper. Ihr Auge schließt sich, das Licht erlischt. Aber drinnen in ihr ist heller Tag.

Eduard muß fort. Seine Verliebtheit ist auf dem Höhepunkt. Er kann ihr jeden Tag eine Liebeserklärung machen. Niemand ist darüber genauer informiert als ich, sein Vertrauter, der ich ihn geflissentlich in dieser Exaltation halte, damit er um so stärker auf Cordelia wirke. Aber es dazu kommen lassen, daß er ihr seine Liebe gesteht, wäre zu gewagt. Ich weiß, daß er einen Korb bekommen wird; aber ich weiß auch, daß der Fall damit nicht erledigt ist. Er wird sich die Sache sehr zu Herzen nehmen, und das könnte auf Cordelia wirken, und sie rühren. Obwohl ich auch dann nicht zu befürchten brauche, daß sie sich anders besinnt, so könnte doch dies reine Mitleid dem Stolz ihrer Seele schaden. Und wenn das wäre, so hätte die Einführung Eduards ihren Zweck verfehlt.

Mein Verhältnis zu Cordelia fängt an, dramatisch zu werden. Es muß etwas geschehen, was es auch sei; der Augenblick verlangt es; die Rolle des bloßen Beobachters weiterzuspielen, geht nicht mehr an. Überrascht muß sie werden, das ist jetzt notwendig. Aber wie das? Was die Nächstbeste überrascht, würde auf sie vielleicht nicht ebenso wirken. Darum muß sie so überrascht werden, daß überraschenderweise etwas ganz Gewöhnliches geschieht. Erst allmählich soll es sich herausstellen, daß doch etwas Überraschendes implizit darin lag. So wird die Sache interessant, und das Interessante ist ja das Prinzip, das mir meine Operationen im Kampf mit Cordelia diktiert. Man braucht sich nur auf das Überraschen zu verstehen, so hat man stets gewonnenes Spiel; man suspendiert auf einen Augenblick die Energie der Betreffenden und macht es ihr unmöglich zu handeln, gleichviel ob man sich des Ungewöhnlichen oder des Gewöhnlichen als Mittel bedient. Ich erinnere mich mit Befriedigung an ein freches Attentat auf eine Dame aus sehr vornehmer Familie. Ich hatte mich lange vergebens um sie herumgeschlängelt, um in eine interessante Berührung mit ihr zu kommen.

Da begegne ich ihr eines Nachmittags allein auf der Straße. Ich war sicher, daß sie mich nicht kannte, drückte mich an ihr vorbei und ging ihr dann entgegen. Als ich noch ein paar Schritte von ihr entfernt war, machte ich ihr mit einer Beflissenheit auf dem Trottoir Platz, die ihr auffallen mußte. In diesem Augenblicke warf ich ihr einen unendlich wehmütigen Blick zu – ich glaube fast, ich hatte eine Träne im Auge – und nahm den Hut ab. Sie blieb stehen. Mit bewegter Stimme und träumerischem Blick sagte ich: „Vergeben Sie mir, gnädiges Fräulein! In Ihren Zügen ist eine so auffallende Ähnlichkeit mit einem Wesen, das ich von ganzer Seele liebe, das aber ferne von mir weilt, daß Sie mein seltsames Benehmen entschuldigen werden.“ Sie nahm mich für einen Schwärmer, nun, ein wenig Schwärmerei gefällt einem jungen Mädchen nicht übel, besonders wenn sie sich überlegen fühlt und über dich lächeln kann. Richtig, sie lächelte und sah unbeschreiblich hübsch dabei aus. Mit vornehmer Herablassung grüßte sie mich und lächelte. Dann ging sie weiter. Einige Tage darauf traf ich sie wieder und grüßte sie. Sie lächelte, als sie mich sah ... Geduld, Geduld! Wer zuletzt lacht, lacht am besten.

Wie fange ich es an, Cordelia zu überraschen? Einen erotischen Sturm erregen, der Bäume entwurzeln könnte, sie von ihrem Ankergrund losreißen, heraus aus allem geschichtlichen Zusammenhang ihrer Existenz; dann ihre Erregung benützen und in heimlicher Zusammenkunft ihre Leidenschaft hervorlocken, nicht unmöglich, daß sich das machen ließe! Ein Mädchen mit ihrer Leidenschaft bringt man zu allem. Allein ich fürchte, es wäre ästhetisch unrichtig. Eine solche Exaltation hervorzurufen, ist bei den Mädchen angebracht, die nur in diesem Zustand einen Abglanz des Poetischen bekommen. Meine Sache ist das eigentlich nicht, weil man dabei leicht um den Genuß kommt. Jedenfalls wäre es verfehlt, mit Cordelia so zu verfahren. Wohl wäre sie im ersten Augenblicke überrascht; aber sie wäre auch bald satt, eben weil diese Art von Überraschung ihrer kühnen Seele zu nahe liegt. Und ich hätte mit ein paar Zügen einen Genuß ausgekostet, der viel länger währen könnte, der mich – das fällt noch mehr ins Gewicht – herrlicher und tiefer laben müßte, wenn ich bei Besinnung wäre.

Von allen Mitteln das beste und zweckmäßigste ist die banale Verlobung. Eine ganz prosaische Liebeserklärung, ein Heiratsantrag in dürren Worten, das wäre für sie noch eine ganz andere Überraschung, als wenn ich ihr von einer Entführung redete und durch meine heiße Beredsamkeit ihr Gefühl im tiefsten aufwühlte und ihren Sinn betäubte. Das Verwünschte in einer Verlobung ist das Ethische. Dieses ist in der Wissenschaft so langweilig wie im Leben. Unter dem Himmel der Ästhetik ist alles so leicht, so schön, so flüchtig; kommt die Ethik angeschritten, so wird alles hart, kalt und unendlich langweilig. Indessen hat eine Verlobung strenggenommen nicht die ethische Idealität der Ehe; sie ist nur *ex consensu gentium* gültig, und eben diese Zweideutigkeit kann mir nützlich werden. Die Verlobung hat gerade so viel ethisches Moment in sich, daß Cordelia den Schritt über die Schranke der Konvention nicht zu leicht nehmen wird; und andrerseits ist die Sache doch nicht so ernst, daß sie allzu stark auf sie wirken könnte. Ich habe vor dem Ethischen stets einen gewissen Respekt gehabt. Nie habe ich einem Mädchen ein Eheversprechen gemacht, auch nicht *en passant*. Und wenn es aussieht, als tue ich es in diesem Fall, so sieht es auch nur so aus! Es ist eine fingierte Bewegung, denn ich werde es so einrichten, daß sie selbst jegliche Verpflichtung aufhebt. Wer ein Eheversprechen gibt, verzichtet auf seine Kraft, auf sein Talent, ist ein Pfuscher und ordinärer Kerl. Mein ritterlicher Stolz verschmäht derartige Mittel! Ich will von einem Mädchen nichts, was nicht im strengsten Sinn ihre freie Gabe wäre. Ein Verführer nach meinem Geschmack muß ein Mädchen so bezaubern können, daß sie alles aus dem Auge verliert, was sie nach seinem

Willen nicht sehen soll; er muß sich so in sie hineindichten können, daß alles, was nach seinem Willen geschehen soll, von ihr ausgeht. Wer das nicht kann, ist ein Stümper, den ich um seinen Genuß nicht beneide, ist ein Verführer. Das bin ich eigentlich nicht. Ich bin ein Ästhetiker, ein Erotiker, der das Wesen und die Pointe der Liebe erfaßt hat, der an die Liebe glaubt und sie von Grund aus kennt, der sich nur die private Meinung vorbehält, daß eine Liebesgeschichte höchstens ein halbes Jahr dauert, und daß ein Liebesverhältnis hin ist, sobald man das Letzte genossen hat. Dabei weiß ich genau, daß geliebt zu werden, über alles in der Welt geliebt zu werden, der höchste Genuß ist, der sich denken läßt, ein Genuß freilich, der dem Künstler vorbehalten ist. Man muß sich in ein Mädchen hineindichten können – die höchste Kunst, wenn das nächste nicht noch schwerer wäre: sich wieder aus ihr herauszudichten. Doch lernt diese zweite Kunst nie, wer die erste nicht verstand ... Eine Verlobung also! Gerade die unendliche Prosa der Sache muß den Resonanzboden für das Interessante abgeben.

Im Hause Wahl wird alles bedeutungsvoller; man merkt, daß sich unter den Formen des täglichen Lebens etwas Verborgenes regt, das bald offenbar werden wird. Das Haus Wahl bereitet sich auf eine Verlobung vor. Der oberflächliche Beobachter denkt vielleicht an die Tante und mich. Das wäre eine Ehe! Was könnte da für die Verbreitung landwirtschaftlicher Kenntnisse beim kommenden Geschlecht getan werden! Und ich würde Cordelias Onkel. Nun ja: Ich bin ein Freund von Gedankenfreiheit, und kein Gedanke ist so absurd, daß ich nicht den Mut hätte, ihm ins Gesicht zu sehen.

Cordelia fürchtet eine Liebeserklärung von Eduard; Eduard hofft, durch eine Liebeserklärung alles abzumachen. Darauf kann er allerdings mit Sicherheit hoffen. Um ihm jedoch die unangenehmen Folgen eines solchen Schrittes zu ersparen, werde ich ihm zuvorkommen. Es ist an der Zeit ihn auszuschalten; er steht mir wirklich im Wege. Er sieht so traumverloren und liebestrunken in die Welt hinein, daß man fürchten muß, er werde wie ein Schlafwandler sich plötzlich erheben und vor versammelter Gemeinde seine Liebe gestehen. Ich warf ihm heute einen Blick zu. Wie ein Elefant mit seinem Rüssel, so hob ich ihn mit meinen Augen in die Höhe und warf ihn, so lang er war, hinter mich. Obwohl er ruhig sitzenblieb, hat er es, glaube ich, doch in allen Gliedern gespürt. Cordelia ist im Verkehr mit mir nicht mehr so frei wie früher. Sie fängt an, ein wenig unsicher zu werden. Das hat jedoch nichts zu sagen, und es wäre mir ein Leichtes, das alte Verhältnis wiederherzustellen. Allein, ich will das nicht. Noch eine Exploration und dann die Verlobung! Mit irgendwelchen Schwierigkeiten rechne ich nicht. Cordelia wird in ihrer Überraschung „Ja" sagen und die Tante ein Amen, das vom Herzen kommt. Sie wird außer sich sein vor Freude über einen solchen Schwiegersohn. Schwiegersohn! Das hängt alles wie Klette an Klette auf diesem Gebiet: Eigentlich nicht Schwiegersohn, sondern Schwiegerneffe oder vielmehr, so Gott will, keins von beiden.

d. 23.

Heute erntete ich die Frucht eines Gerüchtes, das ich habe aussprengen lassen, das zu melden weiß, ich sei verliebt in irgendein Mädchen. Eduard mußte die Neuigkeit auch Cordelia zutragen. Sie ist neugierig, sie beobachtet mich, wagt aber nicht zu fragen. Und doch möchte sie so gerne Gewißheit haben, teils weil sie es nicht glauben kann, teils weil sie's doch auch nicht ungern glauben würde, weil es ein Präzedenzfall für sie selbst wäre. Denn wenn solch ein kalter Spötter sich verliebt, so darf sie's am Ende auch, ohne sich zu schämen. Heute brachte ich die Sache zur Sprache. Eine Geschichte gut zu erzählen, so daß die Pointe weder verloren geht, noch zu früh kommt, das ist meine Stärke; meine Zuhörer *in suspenso* halten, durch kleine episodische Umwege ihnen eine Äußerung ablisten, aus der ich ersehe, wie sie sich die Lösung denken, und sie dann erst recht auf den Holzweg führen; mit Amphibolien spielen, die meinen Worten zunächst nur *einen* Sinn zu geben scheinen und dann plötzlich alles in eine neue Beleuchtung rücken, derartiges bereitet mir ein künstlerisches Vergnügen. Will man nach irgendeiner bestimmten Richtung Beobachtungen anstellen, so halte man eine Rede. In der Konversation entschlüpft einem der, mit dem man es zu tun hat, gar leicht; er kann durch Fragen und Antworten verbergen, welchen Eindruck man auf ihn gemacht hat. Mit feierlichem Ernst begann ich die Tante folgendermaßen zu apostrophieren: „Soll ich es dem Wohlwollen meiner Freunde zuschreiben, oder der Bosheit meiner Feinde, und wer hätte nicht von beidem zu viel?" ... Hier unterbrach sie mich durch eine Frage. Ich antwortete und strengte mich an, mit möglichst vielen Worten möglichst wenig zu sagen, um Cordelia, die aufmerksam zuhörte, in Spannung zu halten. Ich richtete meine Worte jedoch geflissentlich nur an die Tante, um es Cordelia unmöglich zu machen, mit einer Bemerkung einzugreifen und so die Spannung zu lösen. Dann fuhr ich in demselben feierlichen Ton fort: „oder soll ich es dem Zufall zuschreiben, einer *generatio aequivoca* des Gerüchtes (der Ausdruck war Cordelia offenbar unbekannt und verwirrte sie), daß ich, der ich so ferne von der Welt lebe, Gegenstand des Geredes geworden bin, da man behauptet, ich habe mich verlobt ..." Cordelia wartete auf weitere Enthüllungen; ich fuhr fort: „Wen soll ich verantwortlich dafür machen? Meine Freunde, weil man es doch als ein großes Glück betrachten muß, wenn einer sich verliebt; (wie war das??) meine Feinde, weil es doch komisch ist, daß gerade mir das passiert (ach so!!); oder den Zufall, weil das Gerede absolut grundlos ist; oder die *generatio aequivoca* des Gerüchtes, weil das Ganze wohl in eines Hohlkopfes Umgang mit sich selbst gezeugt ist." Die Tante in ihrer weiblichen Neugier hätte gar zu gerne gewußt, wer denn wohl die Dame sei, mit der man mich habe verloben wollen. Ich gab eine ausweichende Antwort. Was für einen Eindruck die ganze Geschichte auf Cordelia gemacht hat? Ich glaube fast, Eduards Aktien sind etwas gestiegen.

Die Entscheidung steht unmittelbar bevor. Soll ich mich an die Tante wenden und schriftlich um Cordelias Hand anhalten? Das ist ja das übliche Verfahren; als wäre es dem Herzen natürlicher zu schreiben als zu reden. Wenn ich es so machte, so täte ich's gerade, weil diese Methode so unsäglich philisterhaft ist. Allein es geht nicht. Ich käme da um die eigentliche Überraschung, und das darf nicht sein.

Wenn ich einen Freund hätte, so würde er wohl zu mir sagen: „Hast du dir's auch reiflich überlegt? Bist du dir klar darüber, was für einen folgenschweren Schritt du vorhast? Weißt du, daß du über dein ganzes Leben entscheidest und über das Glück eines anderen Wesens?" Das hat man davon, wenn man einen Freund hat. Ich habe keinen. Ob das ein Vorteil ist oder nicht, lasse ich unentschieden; aber daß es ein absoluter Vorteil ist, auf solch beherzigenswerten Zuspruch verzichten zu dürfen, das steht mir fest. Übrigens habe ich die Sache wirklich durchgedacht, durchgedacht im strengsten Sinne des Wortes.

Von meiner Seite steht der Verlobung nichts mehr im Wege. Ich gehe also auf Freiersfüßen, wer würde mir das zutrauen! Bald wird meine Wenigkeit in eine höhere Kategorie vorrücken: Ich höre auf, Person zu sein, ich werde Partie; ja und eine gute Partie, wird die Tante sagen. Sie tut mir fast leid, die gute Alte: Sie liebt mich mit so reiner aufrichtiger landwirtschaftlicher Liebe; sie betet mich nächstens als Ideal an.

Ich habe schon manche Liebeserklärung gemacht in meinem Leben; und doch läßt mich die Erfahrung in diesem Fall völlig im Stich. Es ist eben ein exzeptioneller Fall, der eine ganz eigene Behandlung fordert. Das eine ist klar und muß als Basis der Operation festgehalten werden: es soll eine fingierte Bewegung sein. Aber weiter? Welche Richtung soll ich einschlagen? Wo trägt der Grund? Ich könnte die Sache ins Erotische hinüberspielen; aber das hieße ein späteres Stadium antezipieren, das sich erst allmählich entwickeln soll. Ich könnte mit tiefem Ernst auftreten; aber das wäre gefährlich, denn der Moment ist für ein junges Mädchen so bedeutungsvoll, daß sie sich leicht darin festlegt, wie ein Sterbender in seinem letzten Willen. Ich könnte den Biedermann markieren mit einem Stich ins Komische; aber das würde weder zu der Maske stimmen, die ich bisher getragen, noch auch zu der, die ich später zu tragen gedenke; und mit Witz und Ironie zu kommen, wäre am Ende doch zu gewagt. Wenn es mir wie dem normalen Liebhaber vor allem darauf ankäme, jenes kleine „Ja" hervorzulocken, das wäre im Handumdrehen gemacht. Aber so steht die Sache nicht. Ich will dieses „Ja", aber ich will es nicht unbedingt. Obwohl ich es nun einmal auf dieses Mädchen abgesehen habe, obwohl ich viel Aufmerksamkeit, ja mein ganzes Interesse auf sie konzentriert habe: unter Umständen würde ich auf ihr Ja doch verzichten. Mir ist es nicht darum zu tun, das Mädchen zu besitzen, sondern künstlerisch zu genießen. Darum muß der Anfang so künstlerisch sein wie möglich. Er muß das Schwebende der Allmöglichkeit haben. Sieht sie in mir gleich den Betrüger, so mißversteht sie mich; denn ich bin kein Betrüger, wenigstens nicht im gewöhnlichen Sinne. Sieht sie in mir den treuen Liebhaber, so mißversteht sie mich wieder. Der Auftritt muß so angelegt werden, daß ihre Seele möglichst wenig determiniert wird. Eines Mädchens Seele ist in einem solchen Augenblick prophetisch wie die eines Sterbenden. Das kann ich dir nicht gestatten, meine liebenswürdige Cordelia! Ich weiß wohl, ich betrüge dich um etwas Schönes; aber es geht nicht anders. Und es soll ja auch nicht dein Schaden sein; dafür sorge ich. Der ganze Auftritt muß so unbedeutend wie möglich angelegt werden; sie soll, nachdem sie ihr Jawort gegeben, schlechterdings nicht wissen noch ahnen, was unser Verhältnis zu bedeuten hat, was sich darin verbergen könnte. Diese unendliche Möglichkeit gerade ist das Interessante. Sollte sie irgend etwas voraussehen, so hätte ich einen Fehler gemacht, so würde das ganze Verhältnis seine Bedeutung verlieren. Daß sie Ja sagen würde, weil sie mich liebte, ist ganz ausgeschlossen; sie liebt mich nicht. Die Verlobung soll nicht eine Handlung werden, sondern ein Ereignis, nicht etwas was sie tut, sondern etwas was ihr passiert. Sie soll sich hinterdrein sagen: Gott weiß wie das eigentlich zuging!

d. 11.

Heute habe ich einen Liebesbrief für einen anderen geschrieben. Das macht mir immer große Freude. Es ist so interessant, sich lebendig in die Situation hineinzuversetzen, ohne daß man seine Gemütlichkeit preisgeben müßte. Ich stopfe meine Pfeife, lasse mir Bericht erstatten, sehe ihre Briefe durch und studiere dabei wie so ein junges Mädchen schreibt. Er sitzt neben mir, verliebt wie ein Kater, und liest mir ihre Briefe vor; ich mache meine Bemerkungen dazwischen: „Sie schreibt nicht übel ... sie hat Gefühl, Geschmack ... sie ist vorsichtig ... gewiß hat sie schon einmal geliebt“ usf. Im übrigen tue ich ja ein gutes Werk. Ich bringe zwei junge Leutchen zusammen; das schreibe ich mir gut. Auf jedes glückliche Paar genehmige ich mir ein Opfer; zwei mache ich glücklich, höchstens eine unglücklich, das ist doch bescheiden. Ich bin ein ehrlicher und zuverlässiger Mensch und habe nie jemand betrogen, der sich mir anvertraut hat. Daß ich mich durch eine kleine Eulenspiegelei schadlos halte, nun, das sind gesetzliche Sporteln. Und was verschafft mir dieses allgemeine Vertrauen? Ich kann Latein, gehe meinen Studien nach und behalte meine kleinen geschäftlichen Angelegenheiten für mich. Und verdiene ich dieses Vertrauen etwa nicht? Habe ich es je mißbraucht?

d. 2. Aug.

Und der Augenblick kam. Ich hatte die Tante von weitem auf der Straße gesehen; Eduard war auf dem Zollamt. Wahrscheinlich traf ich also Cordelia allein zu Hause. Sie saß, mit einer Handarbeit beschäftigt, an ihrem Nähtisch. Da ich vormittags nur sehr selten zu Besuch kam, war sie ein wenig betroffen. Fast hätte die Szene eine Wärme bekommen, die ich nicht wünschte; nicht durch sie.

Sie faßte sich ziemlich leicht, aber auf mich machte sie trotz des Panzers, mit dem ich mein Herz umgeben hatte, einen ungewöhnlich starken Eindruck. Sie sah so unbeschreiblich anmutig aus in ihrem einfachen, blaugestreiften Waschkleid und der frisch gepflückten Rose an ihrer Brust. Ach, sie war selbst eine frisch gepflückte Rose, so blühend, so morgenschön, so neugeboren! Wer weiß, wo solch junges Mädchen die Nacht zubringt? Im Lande der Illusionen; und von dort kehrt sie jeden Morgen zurück; daher ihre Jugendfrische. So jung und doch zugleich so reif sah sie aus, als hätte die zärtliche, reiche Mutter Natur sie eben erst aus den Händen gegeben. Mir war, als sehe ich die liebreiche Mutter ihr Kind zum Abschied umarmen und ich hörte sie sagen: „So magst du nun hinausgehen in die Welt, ich habe alles für dich getan. Und nimm noch diesen Kuß! Ich drücke ihn dir auf die Lippen, als ein heiliges Siegel; niemand kann es lösen, ohne daß du selbst es willst; aber wenn der Rechte kommt, so wirst du ihn verstehen." Und sie küßte sie; und es war nicht ein menschlicher Kuß, der etwas nimmt, sondern ein göttlicher, der etwas gibt, der dem Mädchen die Macht des Kusses gibt. Wunderbare Natur! Wie bist du tiefsinnig und rätselvoll! Du gibst des Wortes Beredsamkeit dem Manne, und dem Mädchen die süße Sprache des Kusses! ... Noch schwebte jener Kuß auf ihrer Lippe, noch lag auf der Miene die leise Wehmut des Abschieds, und in ihrem Auge glänzte die Freude jenes geheimnisvollen Grußes, darum sah sie so geborgen aus, wie das Kind, das den Blick der liebenden Mutter auf sich ruhen fühlt, und schaute doch so fremd in die Welt hinein. Sie war wirklich anmutig; ein Kind und doch die Jungfrau in ihrer Ehrfurcht einflößenden Würde ... Doch ich war bald wieder leidenschaftslos und machte ein festlich-dummes Gesicht, wie es sich gehört, wenn man eine bedeutungsvolle Aktion so durchführen will, daß sie als etwas Unbedeutendes erscheint. Nach einigen allgemeinen Bemerkungen steuerte ich meinem Ziel zu und rückte schließlich mit meinem Antrag heraus. Nichts Langweiligeres als ein Mensch, der wie ein Buch spricht! Und doch ist es manchmal recht zweckmäßig, so zu sprechen. Ein Buch hat nämlich die bemerkenswerte Eigenschaft, daß es sich so oder auch anders auffassen läßt, und das gilt auch von der Rede eines Menschen, der wie ein Buch spricht. Ich hielt mich ganz nüchtern an das allgemeine Formular. Sie war überrascht, das läßt sich nicht leugnen; aber das hatte ich auch nicht anders erwartet. Sie sah aus ... ja, davon kann ich mir selber kaum Rechenschaft geben ... ihr Gesichtsausdruck war vieldeutig ... sie sah aus, etwa wie der noch nicht herausgegebene, aber angekündigte Kommentar zu meinem Buch, ein Kommentar der die Möglichkeit jeder beliebigen Auffassung enthält. Ein Wort, und sie hätte über mich gelacht; ein Wort, und ihr Inneres wäre in Bewegung gekommen; ein Wort, und ich hätte sie verloren. Aber kein Wort kam über meine Lippen; ich blieb feierlich-dumm und hielt mich streng an das Ritual. „Sie kenne mich ja erst seit kurzem ..." Heiliger Gott! Sind das Schwierigkeiten! So geht's, wenn man den Dornenweg der Verlobung geht, statt des Blumenpfads der Liebe.

Sonderbar! Noch vor einigen Tagen war ich ganz sicher und betrachtete es als etwas Selbstverständliches, daß sie im Augenblick der Überraschung Ja sagen würde. Da sieht man, was Vorbereitungen helfen: sie sagte weder Ja noch Nein; sie verwies mich an die Tante. Ich hätte das voraussehen können. Das heißt doch Glück haben: die Sache fiel noch besser aus, als ich berechnet hatte.

Die Tante gibt ihre Einwilligung; daran habe ich nie auch nur einen Augenblick gezweifelt. Cordelia folgt ihrem Rat. Eine Verlobung, auf die ich mir nicht eben viel einbilden kann; über alle Maßen philiströs und spießbürgerlich: das Mädchen weiß nicht, ob sie Ja sagen soll oder Nein; die Tante sagt Ja; das Mädchen sagt auch Ja; ich nehme das Mädchen und sie mich und jetzt beginnt die Geschichte.

d. 3.

So bin ich also verlobt und Cordelia auch, viel mehr wird sie nicht über die Geschichte zu sagen wissen. Hätte sie eine Freundin, mit der sie offen reden könnte, so würde sie wohl sagen: „Ich verstehe wirklich nicht, was das Ganze bedeuten soll. Er hat etwas an sich, durch was er mich anzieht, aber was das ist, ich werde nicht klug daraus; er hat eine merkwürdige Macht über mich, aber daß ich ihn lieben würde, davon ist keine Rede, und vielleicht wird es auch nie so weit kommen; dagegen werde ich ganz gut mit ihm leben können und auch recht glücklich mit ihm sein; er verlangt gewiß nicht so viel, wenn man nur mit ihm aushält." Liebe Cordelia! Vielleicht verlangt er doch mehr und legt dafür auf dein Aushalten weniger Wert. Es gibt doch nichts Lächerlicheres als eine Verlobung. Die Ehe hat doch noch einen Sinn, wenn auch einen recht unbequemen. Die Verlobung dagegen ist eine bloße menschliche Erfindung und eine, die ihrem Erfinder keine Ehre macht. Da ist man gebunden und doch nicht verbunden, eine Halbheit ohne Sinn und Geschmack! Und ich bin nun Mitglied in der ehrenwerten Gesellschaft der Verlobten. Nun, schließlich hat das auch etwas für sich. Erst durch eigene Übung der Kunst, das sagt dir jeder Künstler, erwirbst du dir das Recht, andere Künstler zu beurteilen. Und ist das nicht auch Kunst, den Verlobten zu agieren?

Eduard ist außer sich vor Empörung. Er rasiert sich nicht mehr und hat, was etwas heißen will, seinen schwarzen Rock in den Schrank gehängt. Er will mit Cordelia sprechen, will ihr meine Hinterlist schildern. Das wird eine erschütternde Szene: Eduard mit seinem Stoppelbart, nachlässig gekleidet, sprechend, laut sprechend mit Cordelia! Ich suche vergebens, ihn zur Räson zu bringen; erkläre ihm, daß die Tante die Partie zustande gebracht hat, daß Cordelia vielleicht doch noch etwas für ihn fühle und daß ich gerne zurücktreten wolle, wenn er sie gewinnen könne. Einen Augenblick überlegt er, ob er eine neue Barttracht annehmen und einen moderneren Gehrock kaufen soll; dann fährt er wieder schimpfend auf mich los. Ich tue alles, um den Frieden wiederherzustellen. So wütend er über mich ist, ich weiß doch, daß er keinen Schritt tun wird, ohne sich mit mir zu beraten. Er vergißt meine treuen Mentordienste nicht. Und warum sollte ich ihm die letzte Hoffnung rauben? Warum brechen mit ihm? Er ist ein lieber Mensch, und wer weiß, was mit der Zeit noch geschehen kann!

Meine Aufgabe ist nun eine doppelte: Alles darauf anzulegen, daß die Verlobung zurückgeht, übergeht in ein schöneres, bedeutungsvolleres Verhältnis ... und in der Zwischenzeit mich der Anmut und Liebenswürdigkeit zu erfreuen, mit der die Natur sie so reichlich ausgestattet hat; freilich gilt es dabei sich klug beschränken: wir wollen keine unzeitgemäßen Antizipationen. Hat sie in meiner Schule gelernt was es heißt zu lieben, was es heißt, mich zu lieben, so zerbricht die Verlobung als eine ungenügende Form von selbst, und sie ist mein. Andere verloben sich, wenn sie so weit sind, und haben gute Aussichten auf eine langweilige Ehe in alle Ewigkeit. Jeder nach seinem Geschmack!

Noch ist alles in *statu quo*; und doch, kein Bräutigam kann glücklicher sein, kein Geizhals, der ein Goldstück gefunden, seliger als ich. Der Gedanke, daß sie in meiner Macht ist, berauscht mich. Ein reines, unschuldiges Weib, durchsichtig in ihrer Weiblichkeit wie das Meer und doch ebenso tiefgründig, und ohne Ahnung von Liebe! Nun soll sie die Macht der Liebe an sich selbst kennenlernen. Wie die Königstochter im Märchen, die aus dem Staube auf den Thron ihrer Väter gehoben wird, so soll sie nun in das Königreich eingesetzt werden, in dem sie erbberechtigt ist. Und durch mich soll das geschehen, und indem sie lieben lernt, lernt sie mich lieben. Indem sie sich die Regel entwickelt, zu eigen macht, entfaltet sich zugleich sukzessiv das Paradigma: Ich. Indem sie sich in der Liebe ihrer ganzen Bedeutung bewußt wird, legt sie diesen Gewinn in der Liebe zu mir an, und wenn sie ahnt, daß sie das mir verdankt, liebt sie mich doppelt. Ich kann mir das nicht ausdenken, ohne vor überwältigender Freude fast von Besinnung zu kommen.

Ihre Seele hat noch die volle Spannkraft; sie ist noch nicht erschlafft und verflüchtigt durch jene charakterlosen Liebesregungen, die so viele Mädchen überhaupt nicht dazu kommen lassen zu lieben, das heißt, bestimmt, energisch, total zu lieben. Da tragen sie in ihrem Bewußtsein ein verwaschenes, nebelhaftes „Ideal" mit sich herum, das als Maßstab der Wirklichkeit dienen soll. Freilich, mit solchen Halbheiten kommt man christlich durchs Leben, und das ist auch etwas. Wenn nun die Liebe in ihrer Seele erwacht, so spähe, lausche, locke ich sie aus ihr heraus, mit allen Stimmen der Liebe. Ich stelle fest, wie sie sich in ihr gestaltet hat, und forme mich entsprechend um; wie ich, ohne daß sie sich dessen bewußt wäre, unmittelbar schon aufgenommen bin in die Entwicklung ihrer Liebe, so komme ich ihr wieder von außen her entgegen als die Erfüllung alles dessen, was sie ahnt und hofft. Ein Mädchen liebt doch nur einmal.

Nun besitze ich also Cordelia von Rechts wegen, habe der Tante Einwilligung und Segen, und erfreue mich der Glückwünsche von Freunden und Verwandten. *A la bonne heure*: Die Not des Kriegs hat ein Ende, die glücklichen Tage des Friedens brechen an ... Dummes Zeug! Als ob der Segen der Tante, die Gratulation der Freunde mir zum Besitz Cordelias, zum Besitz im tieferen Sinne verhelfen könnte! Als ob es in der Liebe einen Gegensatz von Kriegs- und Friedenszeiten gäbe! Die Liebe ist Kampf, solange sie ist, ein Kampf freilich, der mit sehr verschiedenen Waffen geführt werden kann: je nachdem man *cominus* kämpft oder *eminus*. Zu ersterem, zum Handgemenge, gehört der Händedruck, die Berührung mit dem Fuß (was Ovid bekanntlich ebenso angelegentlich empfiehlt, wie eifersüchtig bekämpft), weiterhin der Kuß und die Umarmung. Wer *eminus* kämpft, hat als einzige Waffe das Auge; eine Waffe, die freilich mit Virtuosität gebraucht sein will. Er muß sein Auge mit einer solch desultorischen Zärtlichkeit auf einem Mädchen ruhen lassen können, daß sie sich wie zufällig berührt fühlt; er muß imstande sein, sie mit einem Blick so fest zu fassen, daß es ihr ist, als hielte er sie in seinen Armen. Jedoch ist es stets ein Fehler oder ein Unglück, wenn man zu lange *eminus* kämpfen muß; denn ein solcher Kampf ist immer nur symbolisch und gewährt darum keinen Genuß. Erst wenn man *cominus* kämpft, bekommt alles seine wahre Bedeutung. Was mich betrifft, so habe ich bisher eigentlich überhaupt nicht gekämpft, weder *cominus* noch *eminus*; ich habe gleichsam einen diplomatischen Feldzug geführt, um einen Krieg zu bekommen; jetzt kann es losgehen. Freilich, juridisch und spießbürgerlich betrachtet besitze ich sie schon; aber das heißt für mich nicht besitzen; ich habe da reinere Begriffe. Von Liebe ihrerseits ist ja noch gar nicht die Rede. Ich kann sie rechtmäßig besitzen, ohne sie zu besitzen, wie ich ein Mädchen ganz wohl besitzen kann, ohne sie rechtmäßig zu besitzen.

Auf heimlich errötender Wange
Leuchtet des Herzens Glühn.

Sie sitzt auf dem Sofa vor dem Teetisch; ich auf einem Stuhl ihr zur Seite. Diese Stellung hat etwas Vertrauliches und doch die Vornehmheit der Distanz. Es kommt ungeheuer viel auf die Stellung an, heißt das für den, der das Auge dafür hat. Die Liebe hat viele Stellungen, dies ist die erste. Wie hat die Natur dies Mädchen königlich ausgesteuert! Diese reinen, weichen Formen, diese tiefe weibliche Unschuld, dieses klare Auge! ... Das alles berauscht mich. Als ich sie begrüßte, kam sie mir freundlich entgegen wie gewöhnlich, doch ein wenig verlegen, ein wenig unsicher. (Die Verlobung macht unser Verhältnis doch etwas anders, aber wie?) Sie gab mir die Hand, aber nicht wie sonst mit einem Lächeln. Ich antwortete mit einem leichten, fast unmerklichen Händedruck, gab mich milde und freundlich ohne jede Erotik. Sie sitzt auf dem Sofa vor dem Teetisch; ich auf einem Stuhl ihr zur Seite. Eine milde Feierlichkeit verklärt die Situation; eine sanfte Morgenbeleuchtung. Sie schweigt; nichts unterbricht die Stille. Mein

Auge berührt sie sachte, nicht begehrend (wie häßlich, so was auch nur zu denken!). Eine zarte, flüchtige Röte schwebt über ihr Gesicht hin wie eine Wolke über den Morgenhimmel. Was bedeutet dies Erröten? Ist das Liebe, ist das Sehnsucht, Hoffnung, Furcht. Denn Rot ist die Farbe des Herzens! Nichts von alledem. Sie wundert sich, sie verwundert sich, nicht über mich (das dürfte sie jetzt nicht); sie verwundert sich, nicht *über* sich, sondern *in* sich; sie verwandelt sich in sich selbst. Das ist ein Augenblick, der Stille verlangt; keine Reflexion soll stören, keine Leidenschaft mit ihrem Lärm dareinfahren. Es ist, als wäre ich nicht da, und doch ist mein Da-sein Bedingung für diese ihre kontemplative Verwunderung. Mein Wesen ist in Harmonie mit dem ihren. In einem solchen Moment muß ein junges Mädchen wie manche Gottheit durch Schweigen verehrt werden.

Ein Glück, daß ich das Haus meines Onkels habe. Wollte ich einem jungen Menschen das Tabakrauchen verbieten, so würde ich ihn in einen unserer Rauchsalons führen; will ich einem jungen Mädchen das Verlobtsein verleiden, so brauche ich sie nur in das Haus meines Onkels zu bringen. Dort treffen sich die Brautpaare der ganzen Stadt. Eine schreckliche Gesellschaft! Ich kann es Cordelia nicht übelnehmen, daß sie ungeduldig wird. Wenn wir *en masse* versammelt sind, so stellen wir, glaube ich, zehn Paare, abgesehen von der Reserve, die an besonderen Festtagen aus der Umgegend einberufen wird. Da genießt man so recht die Freuden der Verlobung mit diesen verliebten Handgreiflichkeiten, diesen tölpelhaften Liebkosungen, worin der Handwerker der Liebe eben die Liebe genießt. Den ganzen Abend lang hört man jeden Augenblick einen und denselben Laut ... als ob jemand mit einer Fliegenklappe herumginge. Dabei sucht man keine verschwiegenen Plätzchen auf, nein! Man setzt sich um einen großen runden Tisch herum. Ich wollte mit Cordelia die Geschichte mitmachen. Aber es ging nicht; ich hätte mir Gewalt antun müssen. Es wäre ja auch empörend, ihre tiefe Weiblichkeit so zu verletzen. Ich würde mir selbst die schwersten Vorwürfe machen, wenn ich so etwas täte. Ich betrüge ein Mädchen, wohl! Aber behandle sie tadellos ästhetisch; darauf darf sich jede verlassen, die sich mir anvertraut. Und daß ich sie betrüge, ist eben auch eine Forderung meiner Ästhetik; denn entweder betrügt das Weib den Mann oder der Mann das Weib. Man sollte einmal statistisch feststellen, ob in Märchen, Sagen, Volksliedern, Mythologien das Weib öfter treulos ist oder der Mann; das wäre sehr interessant.

Die Zeit, die Cordelia mich kostet, reut mich nicht, obwohl sie mich ziemlich viel kostet, da jede Begegnung sorgfältig vorbereitet sein will. Ich durchlebe mit ihr das Werden ihrer Liebe. Doch bin ich selbst eigentlich unsichtbar, auch wenn ich neben ihr sitze. Es ist, als ob ein Tanz der eigentlich von zweien getanzt werden sollte, nur von einem getanzt wird. Und doch ist unsichtbar der zweite Tänzer da. Sie bewegt sich wie im Traum, und doch tanzt sie mit einem andern; und dieser andere bin ich: unsichtbar wenn ich sichtbar, sichtbar wenn ich unsichtbar bin. Ihre Bewegungen suchen einen andern; sie beugt sich ihm entgegen, sie streckt die Hand nach ihm aus, sie flieht, sie nähert sich wieder. Ich ergreife ihre Hand, ich gebe ihren Gedanken einen Gehalt, den er doch schon in sich selbst hat. Sie bewegt sich in ihrer Seele eigener Melodie; ich bin nur der Anlaß dazu, daß sie sich bewegt. Ich bin nicht erotisch, damit würde ich sie nur wecken; ich bin nachgiebig, geschmeidig, unpersönlich; ich löse mich fast in eine bloße Stimmung auf.

Von was reden Verlobte? Soviel ich weiß, haben sie viel damit zu tun, sich gegenseitig in ihre respektiven Familienverhältnisse einzuweihen. Daß bei solch systematischer Pflege des Langweiligen das Erotische flieht, ist kein Wunder. Wer nicht die Liebe zum Absoluten zu machen weiß, neben dem alles andere verschwindet, der sollte sich nicht auf Liebe einlassen, und wenn er zehnmal heiraten sollte. Ob ich eine Tante namens Marianne habe, einen Onkel namens Christoph, einen Paten, der Major ist usf. usf. Was haben solche profane Dinge mit dem Mysterium der Liebe zu tun? Selbst das eigene vergangene Leben bedeutet nichts. Ein junges Mädchen hat ja auch in dieser Hinsicht meist nichts Besonderes zu erzählen, und wenn, so mag es wohl der Mühe wert sein, sie anzuhören, aber nicht, sie zu lieben. Ich für meinen Teil bin nicht auf Historien erpicht; davon habe ich schon selbst genug. Ich suche Unmittelbarkeit. Dadurch erhebt sich die Liebe über die Zeit, daß erst durch ihre Geburt die Individuen füreinander zu existieren beginnen.

Ich muß ein wenig mehr Zutrauen in ihr erwecken, oder vielmehr, ich muß sie von einem Zweifel befreien. Ich gehöre nicht gerade zu der Sorte von Liebenden, die aus Achtung einander lieben, aus Achtung einander heiraten, aus Achtung Kinder miteinander zeugen; aber das weiß ich wohl, daß man als Liebender, wenigstens solange die Leidenschaft nicht im Schwung ist, nicht ästhetisch gegen das Moralische anstoßen darf. Daher mußte ich mein Verhältnis zu Eduard und mein Benehmen gegen die Tante vor ihr zu rechtfertigen suchen. Obwohl sie nie etwas darüber geäußert hat, hielt ich es doch für das beste, ihr ganz offen zu erklären, warum es für mich notwendig war, so zu verfahren. (*En passant*: Die Liebe hat doch ihre besondere Dialektik! Eduard habe ich doch viel unmoralischer behandelt als die Tante; aber meine Sünde gegen Eduard wurde mir leichter verziehen als der Spaß mit der Tante; und wie harmlos ist dieser gegen jene!) Die Vorsicht, die ich gebraucht habe, schmeichelt ihrem Stolz, die Heimlichkeit, mit der ich alles behandelt habe, erregt ihr Interesse. Ich verriet dabei freilich mehr erotische Praxis als zunächst dienlich scheinen könnte; besonders da ich ihr später einmal zu insinuieren gedenke, daß ich noch nie geliebt habe. Doch, das hat nichts zu sagen. Ich fürchte mich nicht, mir selbst zu widersprechen: bin ich doch sicher, daß sie es nicht merken wird. Lasset Gelehrte eine Ehre darein setzen, daß sie sich keines Widerspruchs schuldig machen! Eines jungen Mädchens Leben ist zu reich, um nicht Widersprüche zu enthalten: wie könnte man sie dann richtig behandeln, ohne mit sich selbst in Widerspruch zu kommen.

Sie ist stolz, und hat zugleich noch keine Vorstellung von dem Erotischen. Sie beugt sich vor meinem Geist, wenn auch nicht eben willig. Erwacht das Erotische in ihr, so könnte es ihr wohl einfallen, ihren Stolz gegen mich zu wenden. Einstweilen, da sie ja nicht weiß was es heißt, Weib zu sein, ist ihr Stolz durchaus exzentrisch, und aus diesem Stolz heraus hat sie Eduard verschmäht. Lernt sie die Liebe kennen, so bekommt sie ihren wahren Stolz, und dann soll sie nur mich ihrer wert finden. Doch könnte es sein, daß ein Rest von jenem exzentrischen Stolz zurückbliebe, und dann wäre es denkbar, daß sie sich gegen mich wenden würde. Sie wird zwar nicht bereuen, in die Verlobung eingewilligt zu haben, aber sie wird doch finden, daß mein Sieg zu leicht war; sie wird einsehen, daß sie eine schlechte Eröffnung gespielt hat. Und so wird sie wagen, mir die Spitze zu bieten. Recht so: Da werde ich mich davon überzeugen, wie tief sie ergriffen ist.

Natürlich! Wer anders sollte das sein als mein kleiner, niedlicher Krauskopf? Schon von ferne erkannte ich sie. Wie sie sich weit herauslehnt aus dem Fenster! Zum drittenmal in drei Tagen sehe ich sie in dieser Stellung ... So was tut man nicht für nichts und wieder nichts. Man hat seine Gründe, vermute ich ... Aber ich bitte Sie, um Himmels willen, strecken Sie das Köpfchen nicht so weit heraus! Ich wette. Sie knieen auf einem Stuhl, ist's nicht so? Denken Sie, wie entsetzlich, wenn Sie hinunterfielen, nicht mir auf den Kopf, denn ich will mich einstweilen noch nicht in Ihre Angelegenheiten mischen, aber ihm! ... Na ja, ihm! Er muß doch irgendwo stecken ... Nein, was sehe ich? Da kommt ja mein lieber Freund, der Lizentiat Hansen, mitten auf der Straße! Es ist etwas Ungewöhnliches in seinem Auftreten, er scheint sich eines ungewöhnlichen Beförderungsmittels zu bedienen: er kommt auf den Flügeln der Sehnsucht. Verkehrt er etwa in dem Haus da? Und davon weiß ich nichts? ... Sie verschwinden, mein hübsches Fraulein? Am Ende gehen Sie ihm die Türe aufzuschließen, ihn zu empfangen? ... Kommen Sie nur wieder! Er geht gar nicht ins Haus hinein ... Wie? Das wissen Sie besser? Ich versichere Ihnen; er sagt es ja selbst. Sie hätten es hören können, wenn nicht eben ein Wagen vorbeigefahren wäre. Ich fragte ihn, ganz *en passant*: Gehst du da hinein? Und er antwortete mit einem runden, klaren Nein! ... Winken Sie ihm nur ein Lebewohl zu: Der Herr Lizentiat geht nämlich jetzt mit mir spazieren. Er ist verlegen, und verlegene Leute sind gesprächig. Ich werde mit ihm über die Pfarrei sprechen, um die er sich beworben hat ... Adieu, gnädiges Fräulein! Wir gehen zum Zollamt hinaus! Wenn wir draußen sind, sage ich zu ihm: Hol's der Teufel! Du hast mich schön von meinem Weg abgeführt; ich wollte in die Westergade. Sehen Sie, da sind wir wieder! Das nenn ich Treue! Sie steht noch immer im Fenster! Solch ein Mädchen muß einen Mann glücklich machen ... Wozu ich solchen Unfug anstelle, fragen Sie? Weil ich ein böser Mensch bin, der seine Freude daran hat, andere zu ärgern? Keine Rede! Das alles tue ich Ihnen zulieb, mein liebenswürdiges Fräulein. Erstens: Sie mußten warten auf ihn, Sie sehnten sich nach ihm: so sind Sie noch einmal so schön, wenn er kommt. Zweitens: Wenn der Herr Lizentiat zur Türe hereinkommt, so wird er sich also vernehmen lassen: „Da wären wir ums Haar verraten worden! Muß dieser Unglücksmensch gerade unter dem Haustor stehen, da ich Dich besuchen will. Aber ich war klug; ich verwickelte ihn in ein langes Gespräch über die Stelle, um die ich mich beworben, und schleppte ihn bis zum Zollamt hinaus; ich stehe dafür, er hat nichts gemerkt." Sehen Sie wohl? Nun halten Sie noch mehr von ihm als vorher; daß er ein großer Gelehrter ist, haben Sie immer gewußt, aber daß er klug ist ...! Und das haben Sie nur mir zu verdanken ... Doch, mir fällt ein, sie können noch nicht öffentlich verlobt sein, sonst wüßte ich etwas davon. Das Mädchen ist fein und lustig anzusehen; aber sie ist jung. Wie, wenn sie hinginge und einen so ernsten Schritt im Leichtsinn unternähme! Das darf nicht sein; ich muß mit ihr reden. Das bin ich ihr schuldig, denn sie ist zweifellos ein sehr liebenswertes Geschöpf. Das bin ich dem Lizentiaten schuldig, denn er ist mein Freund; und insofern bin ich's auch ihr wieder schuldig, denn sie ist meines Freundes Zukünftige. Das bin ich der Familie schuldig, denn es ist gewiß eine hochachtbare Familie. Das bin ich dem ganzen Menschengeschlecht schuldig, denn ich tue ein gutes Werk. Dem ganzen Menschengeschlecht! Großer erhebender Gedanke! Im Namen des ganzen Menschengeschlechts zu handeln, eine solche Generalvollmacht zu besitzen! Doch zu Cordelia! Ich kann immer Stimmung brauchen, und die schöne Sehnsucht des Mädchens hat es mir wirklich angetan.

Nun beginnt also der erste Waffengang in meinem Kampf mit Cordelia; ich werde ihr nicht stehen; ich werde zurückweichen, und sie wird mich verfolgen: so soll sie zu siegen lernen. Schritt um Schritt weiche ich zurück, und in dieser Rückwärtsbewegung lehre ich sie an mir alle Mächte der Liebe kennen, die unruhigen Gedanken, die Leidenschaft, die Sehnsucht, die Hoffnung, die Ungeduld der Erwartung. Wie ich ihr all dies vorspiele, entwickelt es sich in ihr. Es ist ein Triumphzug; ich führe sie zum Triumph, ich singe dithyrambisch ihre Taten, ich zeige ihr den Weg. Sie wird den Mut bekommen, an die Liebe zu glauben als an eine ewige Macht, wenn sie sieht wie sie mich beherrscht. Sie wird mir glauben, das weiß ich, einmal weil ich mich auf meine Kunst verlassen kann, und dann weil ich nicht bloß eine Rolle spiele, sondern die Macht der Liebe wirklich lebendig fühle. Wäre dies nicht der Fall: sie würde mir nicht glauben. So aber, da es doch nicht bloß ein Scheinkampf ist, wird sie, indem sie siegt, stärker und stärker; die Liebe erwacht in ihrer Seele; sie fühlt sich als Weib. Ich, ihr Freier mache sie frei: nur so will ich sie lieben. Daß sie das mir verdankt, darf sie nicht ahnen;

sie möchte sonst ihr Selbstvertrauen verlieren. Wenn ich sie so weit habe, daß sie sich frei fühlt, so frei, daß sie fast versucht ist, mit mir zu brechen: dann beginnt der zweite Teil des Kampfes. Jetzt hat sie Kraft und Leidenschaft; jetzt bekommt der Kampf für mich Bedeutung. Was zunächst daraus entsteht, ist gleichgültig. Mag sein, der Schwindel ergreift sie in ihrem Stolz, mag sein, sie bricht mit mir, es sei! Sie hat ihre Freiheit. Aber gehören soll sie mir, so oder so. Die Verlobung wird sie nicht binden und soll sie nicht binden; frei soll sie sich mir geben, sonst will ich sie nicht. Mag sie mich verlassen! Es kommt doch zu einem zweiten Kampf, und in diesem werde ich siegen, so gewiß sie sich einbildet, im ersten gesiegt zu haben. Je größer ihre Kraft, um so interessanter für mich. Zuerst ein Befreiungskrieg, ein Spaß; dann ein Eroberungskrieg, auf Tod und Leben.

Liebe ich Cordelia? Ja. Aufrichtig? Ja. Treu? Ja, in ästhetischem Sinn, und das ist doch wohl auch etwas. Was hülfe es diesem Mädchen, wenn sie irgendeinem Tolpatsch von treuem Ehemann in die Hände gefallen wäre? Was wäre aus ihr geworden? Nichts. Man sagt, es gehöre etwas mehr als Ehrlichkeit dazu, durch die Welt zu kommen; ich würde sagen: es gehört etwas mehr als Ehrlichkeit dazu, ein solches Mädchen zu lieben. Dieses „Mehr" habe ich, es ist Falschheit. Und doch liebe ich sie treu. Ich wache streng über mich und sorge, daß alles, was in ihr liegt, daß ihre ganze göttlich reiche Natur sich entfalte. Ich bin einer von den wenigen, die so etwas fertigbringen; sie ist eine von den wenigen, bei denen sich die Mühe verlohnt. Passen wir nicht vortrefflich zueinander?

Ist es Sünde, daß ich, statt den Pfarrer anzusehen, meinen Blick auf das gestickte Taschentuch hefte, das Sie da in der Hand halten? Ist es Sünde von Ihnen, daß Sie es so halten? ... Es steht ein Name in der Ecke ... Charlotte Hahn heißen Sie? Den Namen einer Dame auf solch zufällige Weise kennenzulernen, hat einen verführerischen Reiz. Es ist, als habe mir ein dienstfertiger Geist heimlich dazu verholfen ... Oder ist es nicht so ganz zufällig, daß das Taschentuch sich gerade so faltet, daß ich den Namen lesen kann? ... Sie sind bewegt, Sie wischen eine Träne aus dem Auge ... Es fällt Ihnen auf, daß ich Sie ansehe und nicht den Pfarrer. Sie werfen einen Blick auf Ihr Taschentuch, Sie merken, daß es Ihren Namen verraten hat ... Ach, das ist doch etwas gar Unschuldiges! Den Namen eines jungen Mädchens erfährt man ja so leicht ... Wie, soll das Taschentuch es entgelten? Warum knüllen Sie es zusammen? Warum ärgern Sie sich über mich? Hören Sie, was der Pfarrer sagt: „Führt nie einen Menschen in Versuchung! Auch wer es unwissentlich tut, lädt sich eine Verantwortung auf; auch er hat eine Schuld gegen den anderen, die er nur durch verdoppeltes Wohlwollen wieder gutmachen kann ..." Jetzt sagt er Amen. Vor der Kirchtüre draußen dürfen Sie das Taschentuch frei im Wind flattern lassen ... Oder fürchten Sie sich vor mir? Was hab ich denn Böses getan? ... Hab ich etwas getan, was Sie nicht vergeben können, etwas, an das Sie sich nicht erinnern dürfen, um es zu vergeben?

Ich muß Cordelia gegenüber eine doppelte Bewegung ausführen. Würde ich nur immer zurückweichen vor ihrer Übermacht, so könnte es sein, daß das Erotische in ihr zu dissolut, zu lose bliebe, als daß die tiefere Weiblichkeit sich hypostasieren könnte. In diesem Fall würde sie, wenn wir in das zweite Stadium des Kampfes eintreten, mir nicht genug Widerstand entgegensetzen können. Sie kommt zu ihrem Sieg wie im Traum, und das soll sie; aber andererseits muß sie doch immer wieder geweckt werden. Wenn sie hin und wieder fürchten muß, daß ihr der Sieg entrissen werde, so lernt sie eben ihn mit aller Kraft festzuhalten, so reift ihre Weiblichkeit. Also eine doppelte Bewegung: ich will sie durch das lebendige Wort der Unterhaltung entflammen, ins Feuer bringen, und durch Briefe wieder abkühlen. Nein, besser umgekehrt! Sonst komme ich um die schönsten Augenblicke. Wenn sie einen Brief bekommen hat, wenn das süße Gift meiner Rede ihr ins Blut gedrungen ist, so genügt ein Wort, um die Liebe zum Ausbruch zu bringen. Aber im nächsten Augenblick wird sie durch meine kühle Ironie zurückgescheucht. Sie zweifelt, wenn sie auch immer noch ihren Sieg fühlt und wieder stärker fühlt, durch den Gegensatz des nächsten Briefes. Überdies läßt sich die Ironie brieflich nicht gut verwenden: da riskierte ich, daß sie mich mißversteht. Und die Unterhaltung zur Schwärmerei zu steigern, wird nur auf Augenblicke gelingen, weil meine persönliche Gegenwart stets einen Dämpfer aufsetzt. Bin ich nur brieflich gegenwärtig, so erträgt sie mich leicht; sie verwechselt mich bis zu einem gewissen Grad mit einem universelleren Wesen, das in ihrer Liebe wohnt. In einem Brief hat man mehr Spielraum. Da kann ich mich z. B. ihr mit Aplomb zu Füßen werfen; täte ich das persönlich, so wüßte sie wohl nicht recht, was sie daraus machen sollte, und die Illusion wäre dahin. Der Widerspruch in diesen Bewegungen wird die Liebe in ihr hervorrufen, entwickeln, stärken, konsolidieren, wird mit einem Wort sie reizen.

Meine Briefe dürfen zunächst noch kein stark erotisches Kolorit bekommen. Sie müssen ein universelleres Gepräge haben, da und dort einen Wink geben, einen Zweifel nehmen. Gelegentlich soll auch auf den Vorteil hingewiesen werden, den eine Verlobung hat, sofern man die Leute durch Mystifikationen sich vom Leibe halten kann. Andrerseits wird es auch nicht an Anlässen fehlen, sie darauf hinzuweisen, wie unvollkommen ein solches Verhältnis ist. Der Betrieb in meines Onkels Haus bietet eine Karikatur, die ich ihr immer wieder vorhalten werde. Indem ich zugleich das innerliche Erotische in ihr entwickle und jenes Zerrbild auf sie wirken lasse, werde ich es bald dahin bringen, daß sie das Verlobtsein satt bekommt, ohne daß es ihr zum Bewußtsein käme, daß ich es eigentlich bin, der ihr den Geschmack daran verdorben hat.

Ich will heute in einem Briefchen meinen Seelenzustand schildern und sie, in dieser Schilderung, einen flüchtigen Blick in ihr eigenes Herz tun lassen. Das ist die richtige Methode, und Methode habe ich. Das danke ich euch, ihr lieben

Mädelchen, euch, die ich früher geliebt habe. Indem ich euch liebte, habe ich meine Seele durchgespielt, so daß sie jetzt in meinem Spiel mit Cordelia jede Nuance hergibt. Ich danke euch, euer ist die Ehre! Ein junges Mädchen ist, das werde ich nie leugnen, die geborene Erzieherin, von der man mindestens lernen kann, sie selbst zu betrügen. Ja, das lernt man wirklich am besten von den Mädchen selbst. So alt ich werde, ich will mich erst für alt halten, wenn ich von einem jungen Mädchen nichts mehr zu lernen habe.

Meine Cordelia!

Du habest mich Dir nicht so vorgestellt, sagst Du; aber ich habe mir ja auch nie vorgestellt, daß ich so werden könnte. Liegt nicht die Veränderung in Dir? Darin, daß das Auge verändert ist, mit dem Du mich siehst? Oder liegt die Veränderung in mir? Sie liegt in mir, denn ich liebe Dich; sie liegt in Dir, denn Du bist es, die ich liebe. Mit des Verstandes ruhigem, hellem Licht beleuchtete ich alles, kühl und stolz. Nichts erschreckte, nichts überraschte mich; hätte ein Geist an meine Tür gepocht, ich hätte ruhig den Leuchter ergriffen und ihm geöffnet. Aber sieh, nicht sind es Gespenster, denen ich öffne, nicht bleiche, kraftlose Schattengestalten. Du bist es, meine Cordelia, die mir entgegentritt, und mit Dir Leben und Jugend und Gesundheit und Schönheit. Mein Arm zittert, ich kann das Licht nicht mehr ruhig halten; ich weiche zurück vor Dir und kann doch mein Auge nicht von Dir wenden, kann dem Wunsch nicht widerstehen, Dein Bild in ruhigem Genuß in mich zu saugen. Verändert bin ich; aber wie? Worin? Wozu? Ich weiß es nicht; kann mich Dir nicht deutlich machen; kann nur das unendlich rätselhafte Wort wiederholen: Ich bin verändert.

Dein Johannes

Meine Cordelia!

Liebe liebt Heimlichkeit; eine Verlobung ist eine Offenbarung. Liebe liebt Verschwiegenheit; eine Verlobung ist eine Bekanntmachung. Liebe liebt Flüstern; eine Verlobung ist eine laute Verkündigung. Und doch wird eine Verlobung durch meiner Cordelia Kunst zu einer vortrefflichen Maske, die Feinde zu täuschen. In einer dunklen Nacht eine Laterne aushängen, das verbirgt mehr als die Finsternis.

Dein Johannes

Sie sitzt auf dem Sofa am Teetisch; ich an ihrer Seite. Sie hält mich am Arm, ihr Haupt, schwer von allerlei Gedanken, ruht auf meiner Schulter. Sie ist mir so nahe und doch so fern; sie gibt sich mir hin und gehört mir doch nicht. Noch ist ein Widerstand da; aber er ist nicht subjektiv reflektiert: es ist der allgemeine Widerstand der Weiblichkeit; denn des Weibes Wesen ist Hingabe; Hingabe in der Form des Widerstands. Sie sitzt auf dem Sofa, ich an ihrer Seite. Ihr Herz klopft, doch ohne Leidenschaft; ihr Busen hebt und senkt sich, doch nicht in

Unruhe; zuweilen wechselt sie die Farbe, doch in leichtem, allmählichem Übergang. Ist das Liebe? O nein! Sie lauscht, sie versteht. Sie lauscht auf das beflügelte Wort, sie versteht es; sie lauscht auf eines anderen Rede, sie versteht sie wie ihre eigene. Eines anderen Rede hallt in ihr wider, und sie hört diesen Widerhall als ihre eigene Stimme, eine Offenbarung für sie und für einen anderen.

Was tue ich? Betöre ich sie? Nein; was würde das mir auch helfen? Stehle ich ihr Herz? Nein; es ist mir schon am liebsten, wenn das Mädchen, das ich liebe, ihr Herz behält. Was tu ich denn? Ich forme mir ein Herz nach dem Bilde des ihrigen. Ein Künstler malt seine Geliebte, das ist nun seine Freude, ein Bildhauer formt sie. Das tue ich auch, aber im geistigen Sinne. Daß ich ihr Bild habe, das weiß sie nicht, und darin liegt eigentlich meine Falschheit. Heimlich hab ich mir's verschafft, und in diesem Sinn habe ich ihr Herz gestohlen, wie es von Rebekka heißt, sie habe Labans Herz gestohlen, als sie auf hinterlistige Weise ihm seine Hausgötter entwendete.

Die Umgebung, der Rahmen des Bildes, hat doch große Bedeutung. Das ist etwas, was sich am festesten und tiefsten in das Gedächtnis, oder richtiger, in die ganze Seele einprägt und darum nie vergessen wird. So alt ich werde, nie werde ich mir Cordelia anders vorstellen können als in jenem kleinen Zimmer. Wenn ich sie zu besuchen komme, öffnet mir das Dienstmädchen und führt mich in die Diele. In dem Augenblick, da ich die Türe zum Wohnzimmer öffne, tritt auch sie aus ihrem Zimmer in das Wohnzimmer, und unsere Blicke begegnen sich, während wir noch unter der Tür stehen. Das Wohnzimmer ist klein, sehr gemütlich, eigentlich nur ein Kabinett. Am liebsten sehe ich diesen Raum vom Sofa aus, wo ich so oft neben ihr sitze. Vor dem Sofa steht ein runder Teetisch, über den eine schöne Decke in reichen Falten herabfällt. Auf dem Tisch steht eine Lampe in Form einer Blume, die voll und kräftig emporwächst; über der Krone hängt ein fein ausgeschnittener Schleier aus Papier, so leicht, daß er immer in Bewegung ist. Mich erinnert diese Lampe durch ihre seltsame Form an den Orient, und die unaufhörliche Bewegung des Schleiers an die milden Lüfte, die dort wehen. Der Boden ist mit einem Teppich belegt, der aus einer ganz besonderen Art von Schilfrohr geflochten ist und einen so fremdartigen Eindruck macht wie die Lampe. Da sitze ich nun, in meiner Phantasie, mit ihr auf der Erde unter dieser Wunderblume; oder ich bin auf einem Schiff, in der Offizierskajüte, und wir segeln weit draußen auf dem großen Ozean. Da die Fensterbrüstung ziemlich hoch ist, so sehen wir direkt in die unendliche Weite des Himmels hinein. Das steigert die Illusion. Solche Bilder lasse ich vor meiner Seele aufsteigen, wenn sie neben mir sitzt; sie eilen flüchtig hin über die Wirklichkeit wie der Tod über ein Grab. Das Milieu ist immer von höchster Bedeutung, besonders der Erinnerung wegen. Jedes erotische Verhältnis muß so durchlebt werden, daß man sich leicht ein Bild produzieren kann, das die ganze Schönheit des Verhältnisses faßt. Das ist möglich, wenn man auf das Milieu achtet und wenn man das Milieu, sofern es stilwidrig wäre, umformt. Für Cordelia paßt alles aufs beste wie es ist. Aber eben nur für Cordelia. Meine kleine Emilie kann ich mir nicht anders denken ..., vielmehr, sie lebt in meiner Erinnerung nur in dem kleinen Gartensalon. Die Tür steht offen, ein kleiner Garten vor dem Haus begrenzt die Aussicht, hält den Blick fest, der eben frischweg der Landstraße folgen will, die in der Ferne verschwindet. Emilie war anmutig, aber nicht so bedeutend wie Cordelia. Dem entsprach das Milieu. Der Blick stürmte nicht kühn und ungeduldig ins Weite, er ruhte auf dem kleinen Vordergrund aus; und die Landstraße, die sich romantisch in der Ferne verlor, führte den Blick, der ihr eine Weile folgte, immer wieder nach dem Gärtchen zurück und dem Gartensalon. Für Cordelia wäre das nichts. Für sie paßt kein Vordergrund, für sie paßt nur die unendliche Kühnheit des Horizonts. Sie darf nicht zu ebener Erde sein; sie muß schweben, nicht gehen; sie muß fliegen, nicht hin und zurück, sondern ewig ins Weite.

Wenn man selbst verlobt ist, so hat man Gelegenheit, die Narrheiten der Verlobten aus der Nähe kennenzulernen. Da ist der Lizentiat Hansen. Der tritt seit einigen Tagen mit dem liebenswürdigen Mädchen auf, das ich neulich kennenlernte. Er vertraute mir merkwürdige Dinge an: sie sei anmutig und noch sehr jung. Als ob ich das nicht vorher gewußt hätte. Er habe sie aber gerade deshalb gewählt; denn er wolle sie zu dem Ideal umbilden, das ihm längst vorschwebte. Lieber Gott, so ein Waschlappen! Und ein gesundes, vollblütiges lebensfrohes Mädchen! Ich bin doch ein alter Praktikus; und wenn ich mir anmaße, einen bildenden Einfluß auf ein Mädchen auszuüben, so geschieht das nur insofern als ich sie wieder und wieder lehre, was ich von ihr gelernt habe.

Ihre Seele muß alle möglichen Bewegungen und Agitationen durchmachen, und zwar ihre ganze Seele. Sie muß das Unendliche entdecken, sie muß erfahren, daß es das ist, was dem Menschen am nächsten liegt. Und nicht auf des Gedankens Weg muß sie diese Entdeckung machen, denn das wäre für sie ein Abweg, sondern in der Phantasie, die zwischen ihr und mir das eigentliche Kommunikationsmittel ist; denn was beim Mann ein Teil ist, das ist beim Weib das Ganze. Nicht mit dem schweren Gang des Gedankens soll sie sich zum Unendlichen hinarbeiten (das Weib ist nicht zur Arbeit geboren); leicht schwingt sie sich auf den Flügeln der Phantasie und des Herzens dahin. Das Unendliche ist einem jungen Mädchen so natürlich! So natürlich wie der Gedanke, daß jede Liebe glücklich sein muß. Ein junges Mädchen sieht überall, wo sie ist, ins Unendliche. Und sie erreicht es durch einen Sprung, aber wohlgemerkt, einen weiblichen Sprung, nicht einen männlichen. Der Mann ist so schwerfällig! Wenn er springen soll, macht er lange Vorbereitungen, mißt den Abstand mit dem Auge, nimmt einen Anlauf, scheut vor dem Hindernis, kehrt um, nimmt einen neuen Anlauf und so mehrere Male. Endlich springt er – und fällt hin. Ein junges Mädchen springt anders. Im Gebirge sieht man manchmal zwei hochragende Felszacken. Dazwischen ein bodenloser Schlund, in den man mit Grauen hinabsieht. Kein Mann wagt den Sprung von einer Klippe zur andern. Aber ein junges Mädchen, so erzählen die Leute aus der Gegend, hat den Sprung gewagt, und darum heißt die Stelle: der Jungfernsprung. Das glaube ich, wie ich überhaupt von einem jungen Mädchen alles Außergewöhnliche glaube, und ich berausche mich förmlich an der Erzählung dieser einfältigen Leute. Und doch ist ein solcher Sprung für ein junges Mädchen Kinderspiel. Dagegen wirkt eines Mannes Sprung immer lächerlich. Denn ein Mann springt nicht ohne Anlauf, und aus der Anstrengung des Anlaufs schließen wir auf die Weite des Sprungs; und soll der Sprung ins Unendliche gehen, so hilft doch keine Anstrengung etwas. Wer aber hat je ein junges Mädchen einen Anlauf nehmen sehen? Ist es nicht eine Dummheit, sich so etwas nur vorzustellen? Wenn sie je läuft, so ist ihr Laufen ein Scherz, ein Genuß, eine Gelegenheit, ihre Anmut zu entfalten. Sich vorzustellen, daß ein Mädchen einen Anlauf nimmt, heißt: trennen, was beim Weib zusammengehört. Denn der Anlauf hat das Dialektische in sich, das der Natur des Weibes zuwider ist. Und nun ihr Sprung! Wie unschön hier zu trennen was zusammengehört! Ihr Springen ist ein Schweben. Und wenn sie auf der andern Seite ankommt, so merkt man ihr keine Spur von Anstrengung an; sie steht da, schöner als sonst und seelenvoller, und wirft uns, die wir drüben stehen, eine Kußhand zu. Jung, neugeboren, wie die Blume am Bergeshang, schaukelt sie über der Tiefe, daß es uns schwarz vor den Augen wird. ... Sie muß alle Bewegungen der Unendlichkeit kennenlernen; sie soll sich schaukeln, sich wiegen in Stimmungen, sie soll Poesie und Wirklichkeit, Wahrheit und Dichtung verwechseln, sie soll sich tummeln in Unendlichkeit. Und wenn sie dieses Schwingen und Schweben gewohnt ist, so wecke ich das Erotische und sie ist, was sie nach meinem Willen und Wunsch sein soll. Dann ist mein Dienst getan und meine Arbeit, dann ziehe ich meine Ruder ein, setze mich neben sie, und vorwärts geht's mit ihrem Segel! Und wenn ich irgend etwas zu tun bekomme, so ist es das, daß ich die Fahrt mäßigen muß, damit nichts zu früh kommt oder auf unschöne Weise. Ein leichter Ruck gelegentlich am Segeltau ... Im nächsten Augenblick sausen wir weiter.

Cordelia gefällt es im Haus meines Onkels immer weniger. Am liebsten ginge sie gar nicht mehr hin. *Quod non!* Ich weiß immer wieder Gründe, warum wir hin „müssen". Als wir gestern abend weggingen, drückte sie mir ungewöhnlich leidenschaftlich die Hand. Ja, ja, sie hatte wieder viel ausstehen müssen. Fürwahr, wenn ich mich nicht damit amüsierte, die Unnatur zu beobachten, die aus der Verlobung, diesem traurigen Kunstprodukt, hervorgeht, so hielte ich es nicht aus. Heute morgen bekam ich einen Brief von ihr, in dem sie mit mehr Witz, als ich ihr zugetraut hätte, über Verlobungen spottet. Ich habe ihn geküßt, den Brief. Er ist das teuerste, was ich von ihr empfing. Recht so, Cordelia! So will ich's.

Es ist doch recht merkwürdig, daß in der Osterstraße zwei Konditoreien einander gegenüberliegen. Im ersten Stock zur Linken wohnt ein kleines Fräulein. Sie verbirgt sich gewöhnlich hinter einem Scheibenvorhang aus ganz dünnem Stoff, so daß, wer sie kennt und scharfe Augen hat, recht wohl durch den Vorhang hindurch jeden Zug ihres Gesichtes sehen kann, wogegen einer, der sie nicht kennt und schlechte Augen hat, nur eine dunkle Gestalt wahrnimmt. Letzteres trifft für mich zu, ersteres für einen jungen Offizier, der jeden Tag Schlag 12 Uhr auftaucht und seine Blicke nach jenem Vorhang richtet. Eigentlich wurde ich erst durch den Vorhang auf dieses telegraphische Verhältnis aufmerksam. Die übrigen Fenster haben nämlich keine Scheibenvorhänge, und ein solch einsamer Vorhang ist fast immer ein Zeichen, daß da jemand einen ständigen Fensterplatz hat. Eines Vormittags saß ich in dem Café gegenüber am Fenster. Es war eben 12 Uhr. Ich konzentrierte meine ganze Aufmerksamkeit auf das Fenster mit dem Vorhang. Da plötzlich regte sich die dunkle Gestalt, und in der nächsten, freien Scheibe erschien ein weibliches Profil. Die Eigentümerin desselben nickte freundlich ein paarmal und verschwand wieder hinter dem Vorhang. Wem galt der Gruß? Jedenfalls einem Mann, denn für eine Freundin war die Bewegung zu leidenschaftlich. Und dieser Mann mußte jetzt eben die Straße heraufkommen; sie hatte ihn in der Ferne entdeckt ... Richtig! Schlag 12 Uhr naht der Held der kleinen Liebesszene, unser Leutnant. Ich bin einstweilen in das gegenüberliegende Café umgezogen, über dem das Fräulein wohnt. Der Herr Leutnant hat sie schon ins Auge gefaßt. Nun passen Sie wohl auf, mein Lieber! Es ist nicht so leicht mit Grazie in den ersten Stock hinauf zu grüßen. Er ist übrigens nicht übel, schlank, gut gewachsen, Adlernase, schwarze Haare; der Dreispitz steht ihm gut. Jetzt kommt der Augenblick! Was ist das? Ist das Beinwerk in Unordnung geraten? Ja, wenn man seine ganze Kraft ins Auge verlegt und nach dem ersten Stock hinaufsieht, kommen die Beine zu kurz. Und nun sitzt da noch ein Kerl im Fenster, der Ihren Blick in seiner Himmelfahrt aufhält ... Frechheit! Vielsagend ist der Blick nicht gerade, aber doch vielversprechend ... Aber was machen Sie denn, Herr Leutnant? Er strauchelt, er ... nein wahrhaftig, da liegt er! Das ist Pech, das hätte nicht passieren sollen. Wenn man als Kavalier Eindruck auf Damen machen will, so darf man nicht fallen; ein Kavalier muß auf derartiges achtgeben. Ja, wenn man sich nur als intelligente Größe darstellt! Das ist was anderes. Da versinkt man gleichsam in sich selbst, fällt in sich zusammen. Da fällt es nicht auf, wenn man einmal fällt. Welchen Eindruck die Szene wohl auf mein kleines Fräulein gemacht hat!? Schade, daß ich nicht zugleich auf beiden Seiten dieser Dardanellenstraße sein kann. Ich könnte ja einen guten Freund auf der anderen Seite postieren. Aber einmal mache ich meine Beobachtungen doch am liebsten selber, und dann – man kann nicht wissen, was bei einer solchen Geschichte für mich herauskommt, und es ist nie gut, wenn man einen Mitwisser hat, zum mindesten weil es Zeit kostet, aus ihm herauszulocken, was er weiß, und ihn dann auf die falsche Fährte zu setzen. ... Mein guter Leutnant fängt an, mir langweilig zu werden. Tagaus, tagein zieht er vorbei in voller Uniform. Das ist ja eine schreckliche Standhaftigkeit! Ziemt sich das für einen Soldaten? Wozu hat man ein Schwert an der Seite? So nehmen Sie doch das Haus im Sturm und das Mädchen dazu! Ja wären Sie ein Kandidat, ein Lizentiat, ein Kaplan, einer, der von der Hoffnung leben kann, das wäre was anderes. Doch ich verzeihe Ihnen; denn das Mädchen gefällt mir um so mehr, je länger ich sie ansehe. Sie ist hübsch und ihr braunes Auge voller Schalkhaftigkeit. Wenn sie auf Ihre Ankunft wartet, so verklärt sich ihr Gesicht, und sie sieht unbeschreiblich schön aus. Daraus schließe ich, daß sie Phantasie hat, und Phantasie ist die natürliche Schminke des schönen Geschlechts.

Meine Cordelia!
Was ist Sehnsucht? Die Dichter denken immer an eine Trennung, wenn sie von Sehnsucht reden. Ich verstehe das nicht. Ich sehne mich, wenn ich zu Dir gehe, ich sehne mich, wenn ich Dich verlasse, und selbst wenn ich neben Dir sitze, sehne ich mich nach Dir. Kann man sich denn sehnen nach etwas, was man hat? ... Meine Sehnsucht ist eine ewige Ungeduld. Erst wenn ich alle Ewigkeiten durchlebt und mich überzeugt hätte, daß Du in jedem Augenblick mein bist, erst dann wollte ich mich zurückwenden zu Dir und mit Dir alle Ewigkeiten durchleben, jetzt ohne die Unruhe der Sehnsucht, im tiefen Gefühl der Sicherheit.

Dein Johannes

Meine Cordelia!
Draußen vor der Haustür wartet ein kleiner Wagen, größer für mich als die ganze Welt, da er groß genug ist für zwei. Ein Paar Rosse sind vorgespannt, wild und unbändig wie Naturkräfte, ungeduldig wie meine Leidenschaften, kühn wie Deine Gedanken. Willst Du, so führe ich Dich fort meine Cordelia! Ein Wort von Dir löst den Rossen die Zügel, und sie stürmen dahin. Ich entführe Dich nicht von diesen Menschen zu anderen, ich entführe Dich aus der Welt. Die Pferde steigen, der Wagen hebt sich. Die Pferde stehen fast senkrecht über unseren Köpfen. Wir fahren dem Himmel zu, in die Wolken hinein. Ein Sausen und Brausen um uns her. Sitzen wir still? Jagt die Welt draußen an uns vorüber, oder ist das unsere wilde, kühne Flucht? Schwindelt Dir, Cordelia? So halte Dich fest an mir; mir schwindelt nicht. Denn in dem Wirbel des Seins habe ich meinen festen Punkt. Mein Geist hält sich an *einem* Gedanken: ich denke an Dich; mein Auge heftet sich auf *einen* Gegenstand: ich schaue auf Dich. Halte Dich fest! Wenn die Welt verginge, wenn unser leichter Wagen unter uns versänke: wir hielten uns umschlungen, schwebend in sphärischer Harmonie.

Dein Johannes

Das geht nun doch fast zu weit! Mein Diener hat sechs Stunden gewartet und ich zwei, in Regen und Wind, alles wegen dieses süßen Kindes! Jeden Mittwoch zwischen zwei und fünf Uhr besucht Charlotte Hahn eine alte Tante. Und gerade heute soll sie nicht kommen, gerade heute, da ich so sehr wünschte sie zu treffen? Und warum? Weil sie mich in eine ganz bestimmte Stimmung bringt. Ich grüße sie; sie dankt unbeschreiblich irdisch und zugleich himmlisch! Sie bleibt fast stehen, als wollte sie in die Erde sinken, und doch hat sie etwas in ihrem Blick – man erwartet jeden Augenblick sie in den Himmel versetzt zu sehen. Mir wird so feierlich zumute, wenn ich sie sehe, und doch wacht die Begierde, übrigens beschäftigt sie mich so gut wie gar nicht. Ich will ihren Gruß und nichts weiter, selbst wenn sie mehr geben wollte. Ihr Gruß bringt mich in Stimmung, und die Stimmung verschenke ich an Cordelia. Ich wette, sie ist irgendwie an uns vorbeigeschlüpft. Es ist nicht nur in der Komödie, sondern auch in der Wirklichkeit schwer einem jungen Mädchen aufzulauern; man sollte da an jedem Finger ein Auge haben. Es war eine Nymphe, Cardea, die gab sich damit ab Männer zum Narren zu halten. Sie hielt sich in Wäldern auf und führte ihre Liebhaber ins tiefste Dickicht und verschwand. Sie wollte auch den Janus daran kriegen; aber diesmal war sie die gefoppte, denn er hatte Augen im Nacken.

Meine Briefe wirken. Sie entwickeln sie seelisch, wenn auch nicht erotisch. Dazu brauche ich nicht Briefe, sondern nur Billette. Je mehr das Erotische hervortritt, desto kürzer werden sie, aber desto sicherer fassen sie die erotische Pointe. Damit sie nicht sentimental und weich werde, müssen ihre Gefühle durch Ironie wieder abgekühlt werden; dadurch wird aber ihr Appetit für meine Briefe nur geschärft. Die Billette lassen von ferne unbestimmt das Höchste ahnen. In dem Augenblick, da diese Ahnung in ihrer Seele aufzudämmern beginnt, wird das Verhältnis abgebrochen. Ich leiste soviel Widerstand, daß diese Ahnung in ihrer Seele die Gestalt ihres eigenen Gedankens annehme, ihres tiefsten Herzenswunsches, und dann habe ich sie, wo ich sie haben will.

Meine Cordelia!

In der Stadt hier wohnt irgendwo eine kleine Familie, eine Witwe mit drei Töchtern. Zwei von ihnen gehen in die Kochschule. Es war im Vorsommer, eines Nachmittags ungefähr um fünf Uhr, da öffnet sich sachte die Türe der guten Stube, und ein spähender Blick huscht durch das Zimmer. Niemand da als ein Mädchen, das am Klavier sitzt. Die Türe geht wieder zu bis auf einen schmalen Spalt; so kann man unbemerkt lauschen. Es ist keine Künstlerin, die da spielt, sonst hätte sich die Türe wohl ganz geschlossen. Sie spielt eine schwedische Melodie; der Text handelt von der Vergänglichkeit der Jugend und Schönheit. Die Worte spotten der Jugend und Schönheit des Mädchens: Wer hat recht? Die Töne klingen so still, so melancholisch! Will die Wehmut die Frage entscheiden? Aber nein! Unrecht hat die Wehmut. Was hat die Jugend mit solchen Betrachtungen zu tun? Was der Morgen mit dem Abend? Die Tasten zittern und beben, die Geister des Resonanzbodens erheben sich in Verwirrung und verstehen einander nicht. Warum so heftig, meine Cordelia, wozu diese Leidenschaft?

Wie weit soll ein Erlebnis hinter uns liegen, damit es zur Erinnerung wird? Wie weit muß es zurückliegen, bis die Sehnsucht der Erinnerung es nicht mehr erreichen kann? Bei den meisten Menschen ist da eine Grenze: was ihnen zeitlich zu naheliegt, kann für sie nicht zur Erinnerung werden, was ihnen zu ferne liegt, auch nicht. Ich kenne keine Grenze. Was ich gestern erlebt habe, liegt schon tausend Jahre hinter mir, und ich erinnere mich daran, als ob ich es gestern erlebt hätte.

Dein Johannes

Meine Cordelia!

Ein Geheimnis habe ich Dir anzuvertrauen, Du meine Vertraute. Wem sollte ich es anvertrauen? Dem Echo? Es würde mich verraten. Den Sternen? Die sind kalt. Den Menschen? Die verstehen es nicht. Nur Dir darf ich es anvertrauen, denn Du weißt es zu bewahren. Es ist ein Mädchen, schöner als der Traum meiner Seele, reiner als das Licht der Sonne, tiefer als die Quellen des Meeres, stolzer als der Flug des Adlers. Ein Mädchen. Oh, neige Dein Haupt, laß mich mein Geheimnis Dir ins Ohr flüstern. Dieses Mädchen, ich liebe sie mehr als mein Leben, denn sie ist mein Leben; mehr als alle meine Wünsche, denn sie ist mein einziger Wunsch; ich liebe sie wärmer als die Sonne ihre Blumen; tiefer als das Leid die bekümmerte Seele in ihrer Einsamkeit; sehnsuchtsvoller als der brennende Sand der Wüste den Regen. An ihr hängt mein Herz mit zärtlicherer Liebe als der Mutter Auge an ihrem Kinde; mit innigerem Vertrauen als der Betenden Seele an Gott; mit zäherer Kraft als die Pflanze an ihrer Wurzel. Dein Haupt wird schwer und gedankenvoll, es sinkt nieder auf die Brust, der Busen hebt sich, um ihm zu Hilfe zu kommen. Meine Cordelia! Du hast mich verstanden? Genau, buchstäblich verstanden? Hast kein Wörtchen überhört? Tut es not, daß ich aus Deiner Stimme mir Gewißheit erhöre? Willst Du es bewahren, mein Geheimnis; kann ich mich verlassen auf Dich? Man erzählt von Menschen, die sich durch entsetzliche Verbrechen gegenseitig zu ewigem Schweigen gezwungen haben. So habe ich Dir ein Geheimnis anvertraut, das mein Leben ist und meines Lebens Inhalt; hast Du mir nichts anzuvertrauen, was so bedeutungsvoll, so schön, so keusch wäre, daß übernatürliche Kräfte sich rühren müßten, wenn es verraten würde?

Dein Johannes

Meine Cordelia!

Wolken am Himmel, dunkle Regenwolken gleich schwarzen Brauen über einem leidenschaftdurchwühlten Gesicht; des Waldes Bäume biegen sich, winden sich in unruhigen Träumen. Ich habe Dich verloren im Walde. Hinter jedem Baum sehe ich ein weibliches Wesen, das Dir ähnlich sieht; trete ich näher, so versteckt es sich hinter dem nächsten Stamm. Willst Du Dich mir nicht zeigen? Willst Du keine feste Gestalt gewinnen? Mir wird ganz wirr. Die Gegenstände ringsum verlieren ihre Umrisse, zerfließen in ein Nebelmeer, aus dem immer wieder weibliche Gestalten auftauchen und verschwinden, die Dir ähnlich sind. Dich sehe ich nicht. Unruhig schwebt Dein Bild auf der Welle meiner Leidenschaft. Und doch bin ich schon glücklich, wenn ich einmal einen Zug von Dir erhasche. Woher kommt das? Ist es Deines Wesens reiche Einheit, oder meines Wesens arme Mannigfaltigkeit? Dich lieben! Heißt das nicht eine Welt lieben?

Dein Johannes

Könnte ich doch meine Unterhaltungen mit Cordelia genau reproduzieren! Das wäre wirklich interessant. Aber leider ist es nicht möglich, das sehe ich wohl ein. Denn gesetzt, ich könnte mich auf jedes einzelne Wort besinnen, das zwischen uns gewechselt wurde, das Gleichzeitige, das eigentlich der Nerv der Unterhaltung ist, das überraschende, das Lyrische, das der Konversation erst Leben gibt ... Das alles ließe sich ja natürlich nie wiedergeben. Für gewöhnlich bin ich nicht vorbereitet, was ja auch dem Wesen der Konversation, besonders der erotischen Konversation widerspräche. Nur den Inhalt meiner Briefe, und damit die durch meine Briefe bei ihr hervorgerufene Stimmung habe ich stets *in mente*. Natürlich lasse ich mir nie einfallen, sie zu fragen, ob sie meinen Brief gelesen. Davon kann ich mich leicht auf andere Weise vergewissern. Ich spreche überhaupt nie über meine Briefe, wenigstens nicht direkt, sorge aber, daß zwischen Unterhaltung und Brief immer eine geheime Kommunikation besteht, teils um einen gewissen Eindruck, den sie erhalten, zu vertiefen, teils um ihn wieder abzuschwächen und sie so unsicher zu machen. Sie kann ja dann den Brief noch einmal lesen und einen neuen Eindruck bekommen und so weiter.

Eine Veränderung ist mit ihr vor sich gegangen und geht noch vor sich. Ich könnte ihre jetzige seelische Verfassung mit dem Ausdruck: pantheistische Keckheit bezeichnen. Ihr Blick gibt mir das Recht dazu. Denn es liegt darin eine dreiste, ja fast dummdreiste Erwartung. Es ist, als begehre sie das Außerordentliche, als sei sie darauf gefaßt, es im nächsten Augenblick zu schauen. Wie mit verlorenem Blick übersieht sie das Nächste und sieht das Wunderbare. Dreist, ja dummdreist ist dieser Blick. Aber in der Erwartung, die er ausdrückt, ist kein gesteigertes Selbstgefühl, kein stolzes Heischen, eher ein träumendes Bitten. Gestern sagte sie zu mir, ich habe etwas Königliches in meinem Wesen. Will sie sich etwa schon beugen? Das geht durchaus nicht an. So schnell will ich das Übergewicht über sie nicht bekommen.

Apropos meine liebe Cordelia, darin hast Du ja eigentlich recht: es ist etwas Königliches in meinem Wesen. Aber Du ahnst nicht, welches das Reich ist, über das ich herrsche. Ich herrsche über die Stürme der Stimmungen. Wie Äolus halte ich sie verschlossen im Berg meiner Persönlichkeit und lasse bald den einen, bald den anderen herausstürzen.

Ich muß ihr schmeicheln; so entwickle ich ihr Selbstgefühl. Ich muß den Unterschied zwischen Mein und Dein geltend machen und alles auf ihre Seite legen. Doch mit Vorsicht und Überlegung! Ich werde mich manchmal recht hoch stellen, doch so daß noch ein höherer Platz übrigbleibt; manchmal mich herabsetzen. Das erste ist das Richtige, wenn man sich gegen das Geistige, das zweite, wenn man sich gegen das Erotische hin bewegt.

Schuldet sie mir etwas? Gewiß nicht. Könnte ich das wünschen? Gewiß nicht. Ich bin zu sehr Kenner, verstehe mich zu gut auf das Erotische, um solch törichte Gedanken zu hegen. Und wäre es so, ich würde mir alle Mühe geben sie das vergessen zu lassen, würde meine eigenen Gedanken daran in Schlummer wiegen. Jedes junge Mädchen ist eine Ariadne. Sie hat den Faden, mit dessen Hilfe man den Weg durch das Labyrinth ihres Herzens finden kann, nur weiß sie selbst ihn nicht zu gebrauchen.

Meine Cordelia!
Sprich, ich gehorche. Dein Wunsch ist mir Befehl. Deine Bitte ist eine unwiderstehliche Beschwörung. Dein flüchtigster Wunsch ist eine Wohltat für mich; denn ich diene Dir nicht wie ein dienstbarer Geist, der Deinen Willen als einen fremden ausführt. Indem Du gebietest, da wird Dein Wille, da wird mein Wille. Ich bin das Chaos einer Seele, das Deines Schöpferworts wartet.

Dein Johannes

Meine Cordelia!
Du weißt, daß ich gerne mit mir selbst spreche. Ich habe in mir selbst die interessanteste Persönlichkeit meiner Bekanntschaft gefunden. Manchmal fürchtete ich, der Stoff möchte mir ausgehen für diese Unterhaltungen; das fürchte ich nicht mehr, nun ich Dich habe. In alle Ewigkeit unterhalte ich mich mit mir über Dich, mit dem interessantesten Menschen über den interessantesten Gegenstand, denn ach, ich bin nur ein interessanter Mensch, Du der interessanteste Gegenstand.

Dein Johannes

Meine Cordelia!
Du denkst, ich liebe Dich erst seit kurzem; Du fürchtest gar, ich könnte früher schon geliebt haben. Auf dem Pergament ist manchmal eine ältere Schrift verdeckt worden durch allerlei unbedeutendes Geschreibsel. Ein glückliches Auge merkt das. Durch gewisse Mittel kam man die spätere Schrift wegätzen, und nun tritt die ältere deutlich und klar hervor. So hat Dein Auge mich gelehrt mich selbst in mir zu finden. Ich lasse die Vergessenheit alles verzehren, was nicht von Dir handelt, und nun erscheint eine uralte, göttlich junge Schrift, und ich entdecke, daß meine Liebe zu Dir so alt ist wie ich selbst.

Dein Johannes

Meine Cordelia!
Wie kann ein Reich bestehen, das im Streit liegt mit sich selbst? Wie soll ich bestehen, da ich mit mir selbst streite? Streite um Dich, streite um Ruhe zu finden (wenn es möglich wäre) in dem Gedanken, daß ich Dich liebe! Aber wie soll ich Ruhe finden? Da will immer eine der streitenden Mächte die andern überzeugen, daß sie es ist, die am tiefsten und innerlichsten liebt. Nicht würde mich das bekümmern, wenn ich einen Streit nach außen zu führen hätte, wenn jemand da wäre, der es wagte in Dich verliebt zu sein oder nicht verliebt zu sein (das eine wäre ein so großes Verbrechen wie das andere). Aber dieser Streit in meinem Innern, diese Leidenschaft in ihrer Selbstentzweiung verzehrt mich.

Dein Johannes

Willst du fliehen, mein kleines Mädchen? Willst du dich verbergen im Walde? So nimm deine Bürde auf! ... Sieh wie hübsch das aussieht, wenn du dich niederbeugst; mit welch natürlicher Anmut du das machst! Es ist ein Reisigbündel, im Wald gesammelt. Daß solch ein Geschöpf solche Lasten tragen muß! ... Wie eine Tänzerin verrätst du in deinen Bewegungen die Schönheit deiner Formen: schmale Taille, kräftige Büste, schwellender Wuchs – jeder Ballettmeister hätte seine Freude an dir. Du meinst, das sei alles nichts; du denkst dir, vornehme Damen seien viel schöner? Ach mein Kind! Du weißt nicht, wie falsch die Welt ist! Mach dich nur auf den Weg mit deiner Bürde, in den Wald hinein, in den tiefen Wald, der sich wohl viele, viele Meilen weit hinzieht, bis zu jenen blauen Bergen! Vielleicht bist du gar kein Bauernmädchen, sondern eine verzauberte Prinzessin. Du dienst einem Zauberer, der grausam genug ist, dich im Wald Holz sammeln zu lassen. So ist das immer im Märchen ... Warum gehst du nicht tiefer hinein in den Wald? Bist du wirklich ein Bauernmädchen, so mußt du da herüber, an mir vorbei, zum Dorf hinunter. Folge nur dem Fußpfad, der sich spielend zwischen den Bäumen durchschlingt, ich verliere dich nicht aus dem Auge! Sieh dich nur um nach mir, ich folge dir mit dem Blick; aber auch nur mit dem Blick! Die Sehnsucht reißt mich nicht hin, ich sitze ruhig am Wegrand und rauche meine Zigarre ... Ein andermal ... Will nicht ... Ja, dein Blick ist schelmisch, wenn du so den Kopf halb zurückdrehst ... Dein leichter Gang ist verführerisch... Ich weiß schon, wohin der Weg führt ... In die Einsamkeit des Waldes, wo man die Stille im Flüstern der Bäume und Gräser hört. Sieh, der Himmel hält's mit dir! Er verbirgt sein Gesicht in Wolken, er wirft dunkle Schatten in den Wald hinein, er zieht die Gardine zu für uns. Lebe wohl, du hübsches Kind! Lebe wohl! Dank für deine Gunst! Es war ein schöner Augenblick, eine Stimmung, nicht stark genug, um mich von meinem Platz am Wegrand wegzulocken, aber doch reich an innerer Bewegung.

Als Jakob mit Laban über die Bezahlung seiner Dienste verhandelte, da kamen sie überein, daß Jakob die weißen Schafe hüten, und zum Lohn für seine Arbeit alle gefleckten Lämmer bekommen sollte, die in seiner Herde geboren würden; und er legte schwarze und weiße Stäbe in die Wassertröge, damit die

Schafe sie sähen. So bringe ich mich selbst überall für Cordelia an; ihr Auge soll mich beständig sehen. Ihr scheint das eitel Aufmerksamkeit von meiner Seite. Ich aber weiß, daß ihre Seele dadurch das Interesse an allem anderen verliert, daß sich in ihr eine geistige Konkupiszenz entwickelt, die mich überall sieht.

Meine Cordelia!
Ich Dich vergessen! Da wäre ja meine Liebe ein Geschöpf des Gedächtnisses. Wenn die Zeit alles auslöschte was auf ihren Tafeln steht, wenn sie das Gedächtnis selbst auslöschte, mein Verhältnis zu Dir bliebe immer gleich lebendig, Du wärest nicht vergessen. Ich Dich vergessen! Was bliebe da der Erinnerung? Mich selbst habe ich ja vergessen, um mich Deiner zu erinnern; wenn ich Dich vergäße, müßte ich mich ja wieder meiner selbst erinnern, und in dem Augenblick, da das geschähe, müßte die Erinnerung an Dich zurückkehren. Ich Dich vergessen! Was würde da geschehen? Es gibt ein altes Bild. Es stellt Ariadne dar. Sie springt vom Lager auf und sieht voll Angst nach einem Schiff, das mit geschwellten Segeln davonfährt. Neben ihr steht Amor mit einem Bogen ohne Sehne und wischt sich die Augen. Hinter ihr sieht man eine geflügelte weibliche Figur, die einen Helm auf dem Haupte trägt. Man nimmt allgemein an, daß das Nemesis ist. Denke Dir dieses Bild, denk es Dir ein wenig verändert. Amor weint nicht und seinem Bogen fehlt nicht die Sehne. Oder wärest Du weniger schön, wärest Du weniger unwiderstehlich, weil ich wahnsinnig geworden? Amor lächelt und spannt den Bogen. Und Nemesis, auch sie steht nicht untätig neben Dir, auch sie spannt den Bogen. Auf jenem alten Bilde sieht man im Schiff eine männliche Gestalt am Steuer, Theseus, wie man gewöhnlich annimmt. Nicht so auf meinem Bild. Da strebt er nicht fort, sondern schaut sehnsuchtsvoll zurück; er breitet die Arme aus, er bereut, vielmehr der Wahnsinn ist von ihm gewichen, aber das Schiff trägt ihn fort. Amor und Nemesis zielen. Zwei Pfeile fliegen zugleich; sie treffen, das sieht man, sie treffen ihn beide mitten ins Herz, zum Zeichen, daß seine Liebe die Nemesis ist.

Dein Johannes

Meine Cordelia!
Verliebt sei ich in mich selbst, sagen die Leute. Das wundert mich nicht: ich liebe nur Dich; wie sollten da die anderen ahnen, daß ich lieben kann? Verliebt bin ich in mich selbst. Warum? Weil ich verliebt bin in Dich. Denn Dich liebe ich, Dich allein und alles was Dir in Wahrheit gehört; und so liebe ich mich selbst, weil dies mein Ich Dir gehört; ich würde mich nicht mehr lieben, wenn ich Dich nicht liebte. Was in den profanen Augen der Welt Ausdruck des höchsten Egoismus ist, das ist für Dich, die Eingeweihte, Ausdruck der reinsten Sympathie; was für die Welt ein Ausdruck der ganz prosaischen Selbstbehauptung ist, das wird in Deinem geheiligten Sinn zu einem Ausdruck der begeistertsten Selbstvernichtung.

Dein Johannes

Ich habe immer gefürchtet, die Entwicklung möchte zu viel Zeit in Anspruch nehmen. Doch sehe ich, daß Cordelia so große Fortschritte macht, daß es nötig wird alles in Bewegung zu setzen, um sie in Atem zu halten. Daß sie mir um alles in der Welt nicht vor der Zeit matt wird! Das heißt: vor der Zeit, da es für sie zu spät ist.

Die Liebe geht nicht ausgetretene Wege. Die sind gut genug für die Ehe. Wenn man verliebt ist und von Nöddebo nach Hause spaziert, geht man nicht den Esrom-See entlang, ob das gleich eigentlich nur ein Jagdweg ist. Es ist ein gebahnter Weg, und die Liebe bahnt sich am liebsten selbst ihren Weg. Man schlägt sich tiefer in den Wald hinein. Und wenn man so Arm in Arm miteinander hinwandert, so versteht man einander, und was vorher dunkel entzückt und quält, wird klar wie der Tag. Dagegen ahnt man nicht, daß jemand in der Nähe ist. So, so! Diese schöne Buche war Zeuge! Unter ihrem Wipfel gestandet ihr euch zum erstenmal eure Liebe. Ihr erinnert euch so deutlich an alles: wie ihr euch das erstemal sahet; wie ihr euch im Tanz die Hände reichtet, wie ihr euch in der Morgenstunde trenntet, und keines weder sich selbst noch dem anderen etwas gestehen wollte. Es ist doch wirklich ganz hübsch, solch einem Repetitionskursus zuzuhören. Sie fielen auf die Knie unter dem Baum, schworen sich unverbrüchliche Liebe und besiegelten den Pakt mit dem ersten Kuß. Das sind fruchtbare Stimmungen; alles für Cordelia! Diese Buche also war Zeuge. O ja, dazu paßt ein Baum sehr gut, aber eigentlich genügt er doch nicht ganz. Ihr meint, der Himmel sei ja auch Zeuge gewesen? Der Himmel so ohne weiteres ist ein sehr abstrakter Begriff. Darum, seht ihr wohl, darum ist noch ein anderer Zeuge da. Soll ich aufstehen und merken lassen, daß ich da bin? Nein, sie kennen mich am Ende, und dann ist für mich nichts mehr zu wollen. Soll ich aufstehen, wenn sie gehen, und ihnen zu verstehen geben, daß jemand da war? Nein, das wäre unzweckmäßig. Sie sollen an ihr Geheimnis glauben solange es mir paßt. Sie sind in meiner Macht; wenn ich will, so kann ich sie auseinanderbringen. Ich weiß von ihrem Geheimnis und kann es nur von ihm oder von ihr erfahren haben. Von ihr, das ist nicht wohl möglich, also von ihm, pfui, bravo! Das grenzt wirklich an Bosheit. Nun, nun! Wir wollen sehen. Kann ich einen ästhetischen Eindruck, auf den ich sonst verzichten müßte, von ihr in der Reinheit bekommen, die mir Bedürfnis ist, so müssen sie dran glauben. Da ist nichts zu machen.

Meine Cordelia!

Arm bin ich. Du bist mein Reichtum; dunkel ist meine Seele. Du bist mein Licht. Nichts nenne ich mein eigen und brauche nichts. Wie sollte ich auch etwas besitzen können! Das ist ja ein Widerspruch, daß der etwas besitzen kann, der sich selbst nicht besitzt. Glücklich bin ich wie ein Kind, das nichts kann und nichts braucht. Nichts besitze ich, denn ich gehöre nur Dir. Ich bin nichts, ich habe aufgehört zu sein um Dein zu sein.

Dein Johannes

Meine Cordelia!
Mein, was bezeichnet dies Wort? Nicht was ich besitze, sondern von was ich besessen bin; was mein ganzes Wesen enthält und umfängt. Das ist mein, weil ich sein bin. Mein Gott ist ja nicht der Gott der mir gehört, sondern der Gott dem ich gehöre; und so ist es auch, wenn ich sage: mein Vaterland, mein Heim, mein Beruf, meine Sehnsucht, meine Hoffnung. Wenn es keine Unsterblichkeit gäbe, so würde der Gedanke, daß ich Dein bin, den Lauf der Natur durchbrechen.

Dein Johannes

Meine Cordelia!
Was bin ich? Der bescheidene Chronist, der Deinem Triumphzug folgt; der Tänzer, der sich seiner Schwerfälligkeit schämt, wenn Du in leichter Anmut dahinschwebst; der Zweig, auf dem Du einen Augenblick ausruhst, wenn Du müde bist vom Fliegen; die Baßstimme, die sich unter der Schwärmerei der Sopranstimme versteckt um sie noch höher zu heben. Was bin ich? Ich bin die irdische Schwere, die Dich an die Erde fesselt. Was bin ich? Leib, Masse, Erde, Staub und Asche. Du, meine Cordelia, Du bist Seele und Geist.

Dein Johannes

Meine Cordelia!
Liebe ist alles. Darum hat für den, der liebt, nichts mehr eine Bedeutung an und für sich. Was bedeutend wird für ihn, wird es nur durch die Deutung, welche die Liebe gibt. Wenn einer seinem Mädchen gestehen müßte, daß ihn eine andere beschäftige, würde er wohl wie ein Verbrecher vor ihr stehen und sie wäre empört. Du dagegen, das weiß ich, würdest in einem solchen Geständnis eine Huldigung sehen. Daß ich eine andere lieben könnte, das, Du weißt es, ist unmöglich; aber meine Liebe wirft einen verklärenden Schimmer auf das ganze Leben. Wenn ich einer anderen huldige, so geschieht es nicht um mich zu überzeugen, daß ich nicht sie liebe, sondern nur Dich; das wäre ja Vermessenheit. Nein, da meine Seele erfüllt ist von Dir, bekommt das Leben eine andere Bedeutung: es wird zu einem Mythos über Dich.

Dein Johannes

Meine Cordelia!
Meine Liebe verzehrt mich. Nur meine Stimme bleibt übrig, eine Stimme, die sich in Dich verliebt hat und Dir überall zuflüstert, daß ich Dich liebe. Oh, bist Du es müde diese Stimme zu hören? Überall umgibt sie Dich; wie mit einem faltenreichen, flatternden Gewand umhülle ich mit meiner durchreflektierten Seele Dein reines tiefes Wesen.

Dein Johannes

Meine Cordelia!
In alten Geschichten liest man, wie ein Fluß sich in ein Mädchen verliebte. Meine Seele ist ein Fluß, der Dich liebt. Bald fließt er stille dahin und spiegelt rein und klar Dein Bild; bald brausen seine Wogen empor und er verschlingt Dein Bild und will es nimmer wiedergeben; bald kräuselt sich der Wasserspiegel und die kleineren Wellen spielen mit Deinem Bild; manchmal hat er Dein Bild verloren; dann sind seine Wasser schwarz und wühlen verzweifelt in wildem Wirbel. Meine Seele ist ein Fluß, der sich in Dich verliebt hat.

Dein Johannes

Wenn ich aufrichtig sein soll, ich könnte mir allerdings eine bequemere, und vor allem etwas mehr standesgemäße Beförderung vorstellen; dazu gehört nicht eben viel Phantasie. Auf einem Pritschenwagen fahren, mit so einem Bauernlümmel, das macht Aufsehen im unangenehmen Sinn. Auf einen Augenblick kann man sich's ja gefallen lassen. Man wagt sich ein Stück weit auf die Landstraße hinaus; ein Fuhrwerk kommt; man sitzt auf; man fährt eine Meile, begegnet niemandem, zwei Meilen, alles geht glatt; man wird ruhig und fühlt sich sicher; die Gegend ist wirklich von diesem Standpunkt aus viel hübscher als sonst; man hat fast schon die dritte Meile hinter sich, herrje, ein Kopenhagner! Wer hätte das gedacht, so weit hier außen auf der Landstraße. Freilich ein Kopenhagner, das merken Sie an seinem ganzen Habitus. Was er für eine eigene Art hat, einen anzusehen, so bestimmt, so forschend, taxierend und ein wenig spöttisch! Ja, mein liebes Kind, Deine Stellung ist nicht gerade bequem; der Wagen ist ganz flach; da sitzt man ja wie auf einem Präsentierteller. Aber, geschieht Ihnen schon recht; mein Wagen stünde zu Ihrer Verfügung; ich gestatte mir Ihnen einen angenehmeren Platz anzubieten, sofern es Ihnen nicht unangenehm ist, an meiner Seite zu sitzen. Sonst überlasse ich Ihnen gerne den ganzen Wagen, setze mich selbst auf den Bock und bin stolz, Sie Ihrem Bestimmungsort zuführen zu dürfen. Der Strohhut gewährt keine genügende Deckung gegen einen Seitenangriff ... auch wenn Sie den Kopf so neigen, ich kann doch Ihr schönes Profil bewundern. Wie ärgerlich! Der Fuhrmann grüßt mich! Ja, das ist ganz in der Ordnung, daß der Bauer den vornehmen Herrn grüßt. Er fährt rascher. Oh, Sie entschlüpfen mir nicht: Da ist ja eine Schenke, eine Station! Der Bauer ist auf seine Weise zu gottesfürchtig um da nicht eine kleine Andacht zu verrichten. Ich werde mich seiner annehmen; ich verstehe es vortrefflich mit solchen Leuten. Er wird meiner Einladung und, wenn er sie angenommen hat, ihrer Wirkung nicht widerstehen können. Er geht in die Wirtsstube und Sie bleiben allein auf dem Wagen. Gott weiß, was für ein Mädel das ist. Vielleicht eine Pfarrerstochter vom Lande? Dafür ist sie fast zu elegant und geschmackvoll gekleidet; der Herr Pfarrer müßte eine fette Pfründe haben. Oder am Ende ... sollte das ein Halbweltdämchen sein? Sie hat das Kutschenfahren satt, macht einen Ausflug aufs Land und nimmt gerne ein kleines Abenteuer mit. Wohl möglich! Der Bauer ist ein Schaf; er kann gar keine Auskunft geben; aber trinken, das kann er. Ja, trink nur zu, Alter, laß dir's schmecken! Aber nein! Was sehe ich! Das ist ja niemand anders als das Fräulein Jespersen, Hansi Jespersen, eine Tochter des Kommerzienrats. Wir zwei kennen uns ja. Ich sah sie einmal in der Bredstraße; sie fuhr in einer Equipage rückwärts und konnte das Fenster nicht aufkriegen; ich setzte meine Brille auf und hatte das Vergnügen ihr mit dem Blick zu folgen. Das war damals eine unbequeme Stellung. Zu viele Leute im Wagen, so daß man sich nicht rühren konnte. Die jetzige Stellung läßt übrigens an Unbequemlichkeit auch nichts zu wünschen übrig. Wir zwei sind bestimmt füreinander, das ist klar. Sie soll ein romantisches kleines Mädchen sein; gewiß wollte sie auf eigene Faust einen Ausflug machen. Da kommt unser Fuhrmann; schwer betrunken. Abscheulich! Ein Gesindel, diese Bauern! Ach ja, und doch gibt's noch schlechtere Menschen. So, mein gnädiges Fräulein, jetzt müssen Sie wohl oder übel selbst kutschieren; das wird romantisch. Wie? Sie weisen mein Anerbieten zurück? Sie behaupten, es gehe ganz gut so ...? Oho, ich lasse mich nicht so leicht hinters Licht führen. Ich weiß schon, was Sie machen wollen. Sie fahren noch ein kleines Stück bis ich Sie nicht mehr sehe; dann springen Sie ab und schlüpfen in den Wald hinein. Ich hole Büchse und Jagdtasche aus meinem Wagen. So ... Nun wird sie schon gestatten müssen, daß ich sie begleite; es könnte ihr ja so leicht etwas passieren. Aber so machen Sie doch kein so entsetztes Gesicht! Ich geh ja gleich wieder. Ich habe Sie nur ein wenig erschrecken wollen, das macht ein junges Mädchen so schön. Seien Sie ganz ruhig! Die Sache wird noch ganz nett und Sie werden noch einmal darüber lachen. Ich hatte es nur auf eine interessante Situation abgesehen. Glauben Sie, ich überrumple kein Mädchen! Ich bin ein Freund der Freiheit, und was ich nicht frei bekomme, das will ich gar nicht. „Sie werden einsehen, daß Sie die Reise so nicht fortsetzen können. Ich selbst gehe auf die Jagd. Aber dort im Hof des Wirtshauses steht mein Wagen. Er ist schon eingespannt. Sie können sofort einsteigen und mein Kutscher führt Sie hin wo Sie befehlen. Ich selbst muß mir leider das Vergnügen versagen Sie zu begleiten; ich bin durch ein Jagdversprechen gebunden und ein Jagdversprechen ist heilig." Sie dankt und nimmt an. Sehen Sie, nun brauchen Sie nicht in Verlegenheit zu kommen, wenn Sie mich wieder sehen, jedenfalls nicht mehr, als Ihnen gut steht. Sie können sich amüsieren über die kleine Geschichte, ein wenig lachen darüber und ein wenig an mich denken. Mehr verlange ich nicht. Das scheint wenig; mir genügt es. Es ist ein Anfang und das Anfangen ist meine besondere Stärke.

Gestern abend war bei der Tante eine kleine Gesellschaft: Ich wußte, daß Cordelia ihr Strickzeug vornehmen würde, und hatte darin ein Billett verborgen. Es fiel heraus, sie hob es auf und war sehnsuchtsvoll bewegt. So muß man stets die Situation zu Hilfe nehmen. Es ist unglaublich, welche Situation man auf diese Weise gewinnen kann. Ein an und für sich unbedeutendes Billett wird, unter solchen Umständen gelesen, unendlich bedeutungsvoll. Sie fand keine Gelegenheit mich zu sprechen; ich hatte es so eingerichtet, daß ich eine Dame nach Hause begleiten mußte. So muß sie bis heute warten. Das ist gut; da hat der Eindruck Zeit sich tiefer einzubohren in ihre Seele. Es sieht immer aus, als erwiese ich ihr alle mögliche Aufmerksamkeit. Das ist nun aber nicht eigentlich meine Absicht. Sondern ich will dafür sorgen, daß ihre Gedanken überall mich treffen, überall von mir überrascht werden.

Die Liebe hat doch ihre eigene Dialektik. Ich war einmal in ein junges Mädchen verliebt. Da sah ich letzten Sommer in Dresden im Theater eine Schauspielerin, die ihr auffallend ähnlich war. Ich wünschte daher ihre Bekanntschaft zu machen. Das glückte, aber ich mußte mich überzeugen, daß die Ähnlichkeit im Grund doch sehr gering war. Heute begegne ich auf der Straße einer Dame, die mich an jene Schauspielerin erinnert. Diese Geschichte kann so ins Unendliche weiter gehen.

Überall umgeben meine Gedanken Cordelia. Ich sende sie aus wie Engel, die sie rings umschweben. Wie Venus in ihrem Wagen von weißen Tauben gezogen wird, so spanne ich vor ihren Triumphwagen meine Gedanken gleich beflügelten Wesen. Froh und reich sitzt sie da wie ein Kind, allmächtig wie eine Göttin, und ich gehe an ihrer Seite. Wirklich, ein junges Mädchen ist und bleibt doch das *Venerabile* der Natur und des Lebens. Das weiß niemand besser als ich. Nur schade, daß die Herrlichkeit so kurz währt! Sie lächelt mir zu, sie grüßt mich, sie winkt mir, als wäre sie meine Schwester. Ein Blick erinnert sie daran, daß sie meine Geliebte ist.

Die Liebe hat viele Stellungen. Cordelia macht Fortschritte. Sie sitzt auf meinem Schoß; ihre Arme schlingen sich weich und warm um meinen Hals; sie lehnt sich sogar an meine Brust, leicht, ohne körperliche Schwere; die weichen Formen berühren mich kaum; wie eine Blume lose und leicht umschlingt mich das anmutige Gebilde. Ihr Auge verbirgt sich hinter den Wimpern; ihr Busen ist blendend weiß wie Schnee, so glatt, daß meine Augen vergebens darauf zu ruhen suchen: sie gleiten ab, sobald der Busen sich bewegt. Was bedeutet die Bewegung? Ist es Liebe? Vielleicht. Es ist ein träumendes Ahnen der Liebe. Aber noch fehlt die Energie. Sie umfaßt mich lose wie die Wolke den Verklärten, weich wie ein Windhauch; sie küßt mich unbestimmt wie der Himmel das Meer, mild und ruhig wie der Tau die Blume, feierlich wie das Meer des Mondes Bild.

Ich würde ihre Leidenschaft in diesem Augenblick als naive Leidenschaft bezeichnen. Doch werden wir bald in ein neues Stadium eintreten. Sobald die Wendung erfolgt ist, beginne ich im Ernst mich zurückzuziehen und sie wird alles aufbieten, mich wirklich zu fesseln. Sie hat dazu kein anderes Mittel als eben das Erotische, das nun freilich eine ganz andere Bedeutung bekommt als bisher. Es wird zu einem Schwert in ihrer Hand, das sie gegen mich schwingt. Ich habe die reflektierte Leidenschaft. Sie kämpft um sich selbst, weil sie weiß, daß ich das Erotische besitze; sie kämpft um sich selbst, um mich zu überwinden. Sie begehrt eine höhere Form des Erotischen. Was ich sie ahnen lehrte, indem ich die ersten Funken aus ihr herausschlug, das lehrt meine Kälte sie nun fassen, und zwar so, daß sie es selbst zu entdecken glaubt. Damit wird sie mich überrumpeln, wird glauben, sie habe mich an Kühnheit übertroffen und mich dadurch gefangen. Jetzt wird ihre Leidenschaft bestimmt, energisch, konsequent, dialektisch; ihr Kuß total, ihre Umarmung nicht mehr hiatisch. Bei mir sucht sie ihre Freiheit und findet sie um so mehr, je fester ich sie umschließe. Die Verlobung bricht. Ist das geschehen, so soll sie ein wenig zu Atem kommen, damit in dem wilden Taumel nicht etwas Unschönes geschehe. Dann konzentriert sich ihre Leidenschaft noch einmal, und sie ist mein.

Wie ich zur Zeit des seligen Eduard indirekt für ihre Lektüre sorgte, so tu ich das nun direkt. Ich reiche ihr was ich für die beste Nahrung halte: Mythologie und Märchen. Doch hat sie hier wie in allem ihre Freiheit; ich lausche alles aus ihr heraus und nötigenfalls insinuiere ich es ihr vorher.

Dienstmädchen im Tiergarten! Das ist nichts. Sie kommen nur einmal hin im Jahr und wollen nun auch etwas davon haben. Im Hut und Shawl kommen sie, herausgeputzt auf jede mögliche Weise, so daß es greulich anzusehen ist. Und dann ist man lustig, eine wilde, unschöne, laszive Lustigkeit. Da lobe ich mir den Frederiksberger Park. Dorthin kommen sie am Sonntag nachmittag, und ich auch. Da geht es anständig und sittsam zu, die Lustigkeit ist stiller und feiner. Ihr dürft mir's glauben, ihr die ihr euch für Dienstmädchen nicht interessiert, ihr verliert dabei mehr als sie verlieren. Der Dienstmädchen bunte Scharen bilden wirklich die schönste Wehrkraft Dänemarks. Wäre ich König, ich wüßte was ich täte; ich hielte nicht Revue über die Linientruppen ab ... Wäre ich im Gemeinderat, so würde ich beantragen, daß ein Wohlfahrtskomitee sich bildete, das durch einsichtsvolle Ratschläge, durch Ermahnung und angemessene Belohnungen auf jede Weise die Dienstmädchen dazu veranlaßte, sich geschmackvoll und sorgfältig zu kleiden. Warum soll soviel Schönheit unbemerkt durchs Leben gehen? Warum soll sie sich nicht wenigstens einmal in der Woche so zeigen, daß sie zu ihrem Recht kommt? Natürlich mit Geschmack und Zurückhaltung. Ein Dienstmädchen soll nicht aussehen wie eine Dame. Und wenn man solchergestalt einem Aufblühen der Klasse der Dienstmädchen entgegensehen dürfte, würde das nicht auch von heilsamem Einfluß auf unsere Haustöchter sein? Was für ein herrliches Zukunftsbild tut sich da vor unseren Augen auf! Möchte es mir doch vergönnt sein, dies goldene Zeitalter zu erleben! Da könnte man mit gutem Gewissen den lieben langen Tag auf Straßen und Plätzen herumbummeln und die Augen an Schönheit weiden. Ach, wie schweben meine Gedanken so kühn ins Weite, so kühn und so patriotisch! Aber ich bin ja auch hier draußen in Frederiksberg, wohin die Dienstmädchen kommen am Sonntag nachmittag, und ich auch ... Zuerst kommen die Bauerndirnen, Hand in Hand mit ihren Liebhabern; oder in anderer Aufstellung: alle Mädchen Hand in Hand voran, alle Burschen hinterdrein; oder: je zwei Mädchen und ein Bursche. Ihre Scharen bilden den Rahmen des Bildes, das sich da entfaltet; sie stehen gerne herum oder sitzen in einer Reihe unter den Bäumen vor dem Pavillon. Sie sind gesund und frisch; nur ist das Kolorit des Teints wie der Kleider etwas zu grell. Dann kommen die jütischen und fünischen Mädchen. Hoch gewachsen, schlank, aber ein bißchen grobknochig, und in der Kleidung stillos. Das Komitee hätte da viel zu tun. Auch die Abteilung Bornholm ist da: dralle Köchinnen, denen man aber besser weder in der Küche noch in Frederiksberg zu nahe kommt, denn sie haben etwas stolz Abweisendes. Immerhin würde ich sie nicht gerne vermissen: sie gehören der Kontrastwirkung wegen auch in das Bild, aber ich ziehe im allgemeinen vor, mich nicht mit ihnen einzulassen. Endlich kommen die Kerntruppen: die Mädchen von Nyboder. Nicht so groß, aber voll und schwellend, mit feinem Teint, munter, vergnügt, lebhaft, gesprächig, ein wenig kokett und vor allem barhäuptig. In ihrer Kleidung nähern sie sich der Dame, nur haben sie, wohlgemerkt, keinen Shawl, sondern ein Brusttuch, und keinen Hut, sondern höchstens eine kleines schmuckes Häubchen ... Ei sieh da! Guten Tag Marie; treffe ich Sie hier? Lange her, daß ich Sie nicht gesehen. Sie sind doch noch bei Hofrats? – Ja. – Das ist gewiß ein guter Platz? – Ja. – Aber sind Sie denn ganz allein da? Ist niemand mit Ihnen gegangen ... kein Schatz? Oder hat er heute keine Zeit gehabt, oder erwarten Sie ihn noch? – Wie, Sie haben gar keinen? Das ist doch nicht möglich. Das hübscheste Mädchen in Kopenhagen, ein Mädchen, das bei einem Hofrat im Dienst ist, ein Mädchen, das sich so nett herauszuputzen weiß und ... so schöne Sachen hat! Was Sie da für ein feines Taschentüchlein in der Hand halten! Aus Batist, nicht? Und ... sieh da ... mit gesticktem Saum ... Ich wette, das hat 10 Mark gekostet ... Manche vornehme Dame hat kein so schönes ... und Glacéhandschuhe ... und ein seidener Schirm ... Und solch ein Mädchen soll keinen Schatz haben? ... Sagen Sie, oder irre ich mich, ist nicht Jens eine Zeitlang mit Ihnen gegangen, wissen Sie, der Jens vom zweiten Stock, beim Oberamtmann? ... Nicht wahr! ... Und warum gehen Sie nicht mehr miteinander? Er war doch ein hübscher Kerl und hatte eine gute Stellung. Vielleicht hätte ihm der Amtmann einmal eine Polizeidienerstelle verschafft oder so etwas. Er wäre keine üble Partie gewesen ... Sie sind gewiß selbst schuld, Sie waren zu hart gegen ihn ... Er war schon einmal verlobt? Aber das macht doch nichts ... So, so! Schlecht behandelt hat er das Mädchen; ja das ist was anderes. Hätte nicht gedacht, daß der Jens so ein schlechter Kerl wäre. Sie haben recht getan, ihm den Laufpaß zu geben ... Ein Mädchen wie Sie wirft sich nicht an den nächsten Besten weg ... und Sie werden schon noch eine bessere Partie machen, dafür stehe ich ... Wie geht's auch Fräulein Juliane? Ich habe sie lange nicht gesehen ... So, so ... so ... hm ... die Arme! Sehen Sie, das gefällt mir, daß Sie so nett über sie sprechen. Ja, wenn man selbst Unglück in der Liebe gehabt hat, fühlt man erst die rechte Teilnahme für andere ... Ach, die vielen Leute! Man kann nicht ungestört plaudern. Kommen Sie, meine hübsche Marie ... hier herein, in diesen schattigen Weg. Wie die Bäume ihre Zweige verschlingen, um uns vor den Blicken der anderen zu verbergen! Da ist kein Mensch ... man sieht und hört niemand ... nur von ferne tönt leise die Musik herüber ... Gelt, wenn Jens nicht so ein schlechter Kerl wäre, so würdest du jetzt mit ihm gehen, Arm in Arm; würdest der Musik lauschen und dich von ihm herzen lassen ... Was hast du? Bist du traurig? ... Vergiß den Jens ... Sei mir nicht böse ... ich kam ja heraus um dich zu treffen ... Und weißt du, warum ich so oft zu Hofrats kam? Hast du's nicht gemerkt, wie ich immer an die Küchentür kam, wenn sich's irgend machen ließ ... Du sollst mein sein ... wir lassen uns von der Kanzel aufbieten ... Morgen abend wollen wir alles besprechen ... Die Küchentreppe hinauf, die erste Tür zur Linken ... gut ... Lebewohl, meine hübsche Marie! ... Sag es niemand, daß du mich hier getroffen und gesprochen hast ... gelt!? ... Wirklich ein reizendes Ding! Aus der ließe sich was machen. Wenn ich erst in ihrer Kammer Fuß gefaßt habe, werde ich das Aufgebot schon selbst besorgen. Ich habe immer getrachtet die schöne, griechische αὐτάρκεια zu entwickeln und besonders den Pfarrer überflüssig zu machen.

Gar zu gerne würde ich einmal hinter Cordelia stehen, wenn sie einen meiner Briefe empfängt. Ich würde dann leicht feststellen können, wie sie ihn im eigentlichsten Sinne sich erotisch zueignet. Der Brief ist und bleibt ein unvergleichliches Mittel um auf ein junges Mädchen Eindruck zu machen; der tote Buchstabe wirkt oft stärker als das lebendige Wort. Ein Brief bildet eine geheimnisvolle Kommunikation. Man ist Herr der Situation, fühlt nicht den Druck persönlicher Anwesenheit; und mit ihrem Ideal will ein junges Mädchen, glaube ich, am liebsten ganz allein sein, wenigstens in einzelnen Augenblicken, und zwar gerade dann, wenn es am stärksten auf ihr Gemüt wirkt. Wenn auch ihr Ideal einen noch so vollkommenen Ausdruck in einem Geliebten gefunden hat, so gibt es doch Augenblicke da sie fühlt, daß im Ideal ein unendlicher Reichtum liegt, den die Wirklichkeit nicht hat. Solche Augenblicke sind Versöhnungsfeste, die man ihr nicht vorenthalten soll; wohl aber muß man sie richtig zu benutzen wissen, damit sie sich nicht ermattet zur Wirklichkeit zurückwendet, sondern gestärkt. Dazu helfen Briefe. Im Brief ist man unsichtbar und geistig in dieser Weihestunde zugegen und der Gedanke, daß der wirkliche Geliebte den Brief geschrieben hat, erleichtert den Übergang zur Wirklichkeit.

Könnte ich eifersüchtig werden auf Cordelia? Tod und Teufel! Ja! Und doch in anderem Sinne ... Nein! Wenn ich um sie kämpfen müßte mit einem andern und wenn ich sähe, daß die Entwicklung ihres Wesens dadurch gestört würde, daß sie nicht das würde, was ich aus ihr machen will, so würde ich sie aufgeben, auch wenn ich Sieger bliebe in dem Kampf.

Ein alter Philosoph hat gesagt, man brauche nur alles genau niederzuschreiben, was man erlebe, so sei man schon, ohne daß man es wisse, ein Philosoph. Nun habe ich längere Zeit in der Gemeinde der Verlobten gelebt: Sollte das nicht auch ein Erlebnis sein, das einen eh' man sich's versieht zum Philosophen machen könnte? Eine Zeitlang dachte ich daran, Material zu sammeln zu einer Schrift mit dem Titel: „Beitrag zur Theorie des Kusses, allen zärtlich Liebenden gewidmet von ..." usf. Das wäre wirklich ein gemeinnütziges Unternehmen, um so mehr als – sei es, daß die Philosophen über derartiges nicht nachdenken oder sich auf derartiges nicht verstehen – eine Schrift über den Gegenstand meines Wissens nicht existiert. Ich habe leider gegenwärtig nicht die Zeit das Buch auszuarbeiten, will mir aber für später einige Notizen machen:

Zu einem korrekten Kuß gehört vor allem, daß ein Mann und ein Mädchen die handelnden Personen seien. Ein Kuß unter Männern ist geschmacklos oder, was schlimmer ist, schmeckt schlecht.

Der Kuß kommt der Idee näher, wenn der Mann das Mädchen küßt und nicht umgekehrt das Mädchen den Mann.

Wo im Lauf der Zeit das Verhältnis zwischen Mann und Weib indifferent geworden ist, da hat der Kuß keine Bedeutung mehr. Hierher gehört der Hauskuß, mit dem Eheleute sich in Ermangelung einer Serviette den Mund abwischen und sich „Mahlzeit" wünschen.

Ist der Altersunterschied beträchtlich, so liegt der Kuß außerhalb der Idee. (In der Mädchenschule einer Provinzstadt hatten die Mädchen der obersten Klasse einen eigenen Terminus für eine unangenehme Pflicht: „den Justizrat küssen". Die Lehrerin hatte einen Schwager der im Hause wohnte, es war ein pensionierter Justizrat, der kraft seines Alters sich für berechtigt hielt die jungen Mädchen zu küssen.)

Der Kuß muß Ausdruck einer bestimmten Leidenschaft sein. Ein brüderlicher bzw. schwesterlicher Kuß ist daher kein richtiger Kuß. Dasselbe gilt von dem Kuß der einem beim Pfänderspiel zufällt; item vom gestohlenen Kuß.

Der Kuß ist eine symbolische Handlung, die nichts zu bedeuten hat, wenn das Gefühl, das sie bezeichnen soll, nicht vorhanden ist; und dieses Gefühl kann nur in bestimmten Verhältnissen vorhanden sein.

Klassifikation der Küsse nach verschiedenen Prinzipien:

1. Nach dem Geräusch.

Es gibt schmatzende, zischende, klatschende, knallende, dröhnende Küsse. Manche klingen hohl, manche sonor, andere erinnern an das Geräusch, das beim Zerreißen von Kattun entsteht... (Leider finde ich es unmöglich alle meine Beobachtungen zu fixieren. Die Sprache ist zu arm. Ich glaube, man fände auf der ganzen Welt nicht genug Onomatopoetika um allein die Verschiedenheiten zu bezeichnen, die ich in meines Onkels Haus festgestellt habe.)

2. Nach der Berührung.

Tangierende oder Küsse *en passant* und kohärierende.

3. Nach der Zeit.
Kurze und lange.

Was die Klassifikation nach der Zeit betrifft, so gibt es da noch eine zweite Möglichkeit, und zwar ist das die einzige Einteilung die mich befriedigt: Man kann den ersten Kuß unterscheiden von allen übrigen. Es wird da auf etwas reflektiert, was zu den übrigen Kategorien in keinem Verhältnis steht; Geräusch, Berührung, Zeit sind da irrelevant. Der erste Kuß ist qualitativ verschieden von allen andern, das ist's! Daran denken wohl nur wenige Menschen; es wäre eine Sünde, wenn nicht wenigstens einer darüber nachdächte.

Meine Cordelia!
Eine gute Antwort ist wie ein süßer Kuß, sagte Salomo. Du weißt, ich bin ein böser Frager; ich habe darüber schon viel hören müssen. Denn die Leute verstehen nicht, warum ich frage. Aber Du, nur Du allein verstehst, warum ich frage. Du und Du allein verstehst zu antworten, Du und Du allein verstehst eine gute Antwort zu geben; denn eine gute Antwort ist wie ein süßer Kuß, sagt Salomo.

Dein Johannes

Es ist ein Unterschied zwischen geistiger und irdischer Erotik. Bisher habe ich vor allem getrachtet, die geistige Erotik in Cordelia zu entwickeln. Meine persönliche Gegenwart muß nun eine andere Bedeutung bekommen; bis jetzt habe ich als Akkompagnement die Stimmung unbemerkt beeinflußt; jetzt werde ich sie reizen. Ich habe mich in den letzten Tagen darauf vorbereitet durch die Lektüre des Phaedrus. Das elektrisiert mein ganzes Wesen und ist ein prachtvolles Präludium. Plato verstand sich wirklich auf Erotik.

Meine Cordelia!
Der Lateiner sagt von einem aufmerksamen Schüler, er hänge am Munde des Lehrers. Der Liebe wird alles zum Bild, dafür aber auch das Bild wieder zur Wirklichkeit. Bin ich nicht ein fleißiger, aufmerksamer Schüler? Und doch – Du sprichst ja kein Wort.

Dein Johannes

Wenn ein anderer als ich diese Entwicklung leitete, so wäre er vermutlich zu klug sich von der Entwicklung leiten zu lassen. Würde ich einen in die Mysterien der Verlobung Eingeweihten konsultieren, so würde er mit kühnem, erotischem Schwung sagen: Ich vermisse in den Positionen dieser Liebe die schönste Klangfigur: die Unterhaltung der Liebenden über ihre Liebe. Und ich würde antworten: Das ist mir lieb, daß du das vermissest; denn diese Figur gehört gar nicht in das Gebiet des eigentlichen Erotischen, selbst dann nicht, wenn man das Interessante hereinzieht. Die Liebe ist zu substantiell um sich am Geschwätz zu erbauen; die erotischen Situationen sind zu bedeutungsvoll um mit Geschwätz ausgefüllt zu werden. Sie sind verschwiegen, still, fest umrissen und doch beredt; aber ihre Rede ist die Musik der Memnonsäule. Eros hat die Geste, aber nicht die Sprache; und sofern er spricht, gibt er rätselhafte Andeutungen, eine bildliche Musik. Erotische Situationen sind immer entweder plastisch oder malerisch; wenn aber zwei über ihre Liebe reden, so ist das weder das eine noch das andere. Solide Verlobte freilich beginnen stets mit solchem Gewäsch, das dann auch das Bindemittel des Ehestands wird und ihnen als eine Gewähr dafür gelten mag, daß es ihrer Ehe nicht an der Mitgift fehlt von der Ovid spricht, wenn er sagt: *dos est uxoria lites*. Wenn schon geredet werden soll, so genügt es, daß einer redet. Und zwar soll der Mann reden und soll darum im Besitz einiger der Kräfte sein, die im Gürtel der Venus steckten: der süßen Schmeichelei, des insinuierenden Wortes. Eros braucht nicht gerade stumm zu sein; es ist nicht gesagt, daß man sich gar nicht unterhalten solle; aber die Unterhaltung muß selbst erotisch sein und darf sich nicht in erbauliche Betrachtungen über Lebensaussichten und dergleichen verlieren. Die Unterhaltung soll ein Ausruhen sein von der erotischen Tat, ein Zeitvertreib und nicht mehr. Eine Unterhaltung dieser Art, eine solche *confabulatio* ist ihrem Wesen nach etwas Göttliches, und ich werde es nie müde, mich mit einem jungen Mädchen zu unterhalten ... Das heißt, ich werde wohl des einzelnen Mädchens müde, aber mich mit einem jungen Mädchen zu unterhalten, dessen werde ich nie müde, so wenig ich des Atmens müde werden könnte. Das Eigentümliche einer solchen Unterhaltung ist das vegetative Blühen. Die Unterhaltung hält sich am Erdboden, hat eigentlich keinen Gegenstand, der Zufall ist das Gesetz für ihre Bewegung, aber Tausendschön ist ihr und ihrer Kinder Name.

Meine Cordelia!
„Mein – Dein" diese Worte umschließen wie eine Parenthese das wenige, was meine Briefe enthalten. Hast Du gemerkt, wie der Abstand zwischen dem Mein und Dein immer kleiner wird? Oh, meine Cordelia! Ist das nicht schön: Je inhaltsloser die Parenthese um so bedeutungsvoller.

Dein Johannes

Meine Cordelia!
Ist eine Umarmung ein Kampf?

Dein Johannes

Für gewöhnlich ist Cordelia schweigsam. So lieb ich's. Sie ist eine zu tief weibliche Natur um an den leeren Gefühlsergüssen Geschmack zu finden, die bei Frauenzimmern in Unterrock und Hosen so beliebt sind.

Manchmal verrät eine vereinzelte kleine Äußerung, wie viel in ihr vorgeht. Ich helfe ihr in solchen Fällen. Es ist dann, als ob hinter einem Menschen, der mit unsicherer Hand an einer Zeichnung arbeitet, ein anderer stünde, der mit ein paar Strichen der Sache Zug und Abrundung gibt. Sie wird selbst überrascht durch das, was da herauskommt, und hat doch das Gefühl, daß es ihr gehöre. Jede zufällige Äußerung, jedes beiläufig hingeworfene Wort fange ich auf, und indem ich es ihr zurückreiche, wird es zu etwas Bedeutungsvollerem, das ihr zugleich vertraut und zugleich fremd ist.

Heute waren wir in Gesellschaft. Wir hatten kein Wort miteinander gewechselt. Man stand vom Tische auf. Da kam der Diener herein und meldete, daß jemand draußen sei und sie zu sprechen wünsche. Es war ein Dienstmann, der ihr einen Brief brachte. Der Brief war von mir. Ich hatte über Tisch absichtlich kein Wort mit ihr gesprochen, was sie einigermaßen befremdete. Nun sollte der Brief sie entschädigen. Als sie wieder hereinkam, mußte sie ein bißchen lügen. Derartiges konsolidiert die erotische Heimlichkeit, ohne die sie nicht den Weg gehen kann, den sie gehen soll.

Meine Cordelia!
Wer sein Haupt auf den Elfenhügel legt, sieht die Elfe im Traum. Ich weiß nicht, ob das so ist. Aber das weiß ich: Wenn mein Kopf an Deinem Busen ruht, wenn ich mein Auge nicht schließe, sondern emporblicke zu Dir, so sehe ich eines Engels Angesicht. Wer sein Haupt auf einen Elfenhügel legt, der kann nicht ruhig schlafen. Ich weiß nicht ob das wahr ist. Aber das weiß ich: Wenn mein Kopf sich an Deinen Busen schmiegt, so hämmert und klopft es darin und kein Schlaf will sich auf meine Lider senken.

Dein Johannes

Iacta est alea. Nun kommt die Wendung. Ich war bei ihr heute, ganz absorbiert von dem Gedanken an eine Idee, die mich tief beschäftigt. Für sie hatte ich weder Ohr noch Auge. Ich trug ihr meine Idee vor. Sie lauschte mit steigendem Interesse. Ich ging, und nun, da der Gedanke sie nicht mehr beschäftigt, muß es ihr zum Bewußtsein kommen, daß ich anders war als sonst. Eine schmerzliche Entdeckung, die sie um so tiefer trifft, als sie allein ist, fern von mir. Wäre ich bei ihr, so könnte sich ihr Gefühl sofort ergießen. Das ist nun nicht möglich, und wenn wir uns das nächstemal treffen, hat sie schon soviel über die Sache nachgedacht, daß das ursprüngliche Gefühl vom Zweifel durchsetzt ist und sich nicht mehr geltend machen kann. Nun steigt ihre Unruhe, die Briefe bleiben aus, die erotische Nahrung wird reduziert, die Liebe als eine Posse behandelt. Vielleicht tut sie eine Zeitlang mit, aber lange hält sie's nicht aus. Und nun versucht sie mich mit denselben Mitteln zu fesseln, die ich gegen sie brauchte, mit dem Erotischen.

Wenn es sich darum handelt eine Verlobung aufzuheben, da sind alle die kleinen Mädchen große Kasuisten. Und obwohl in den Schulen kein Kursus darüber abgehalten wird, so wissen sie doch alle sehr genau Bescheid, unter welchen Umständen ein solcher Schritt berechtigt ist. Eigentlich sollte diese Frage bei der Abgangsprüfung im letzten Jahr als stehendes Aufsatzthema figurieren; so einförmig die Aufsätze in höheren Mädchenschulen sonst sein mögen, hier würde es nicht an Abwechslung fehlen, da das Problem dem Scharfsinn eines Mädchens weitesten Spielraum eröffnet. Und warum soll man einem jungen Mädchen nicht Gelegenheit geben seinen Scharfsinn ins beste Licht zu stellen? Außerdem hat sie ja Gelegenheit zu beweisen, daß sie reif ist sich zu verloben.

Ich habe einmal eine sehr interessante Situation erlebt. In einer Familie, die ich hin und wieder besuchte, traf ich einmal beide Eltern nicht zu Hause. Dagegen waren die zwei jungen Töchter da, und bei ihnen einige Freundinnen, die zu einem Nachmittagskaffee eingeladen waren. Es waren zusammen acht junge Mädchen, alle zwischen sechzehn und zwanzig. Sie hatten offenbar keinen Besuch erwartet, ja das Dienstmädchen hatte wohl sogar Befehl sie zu verleugnen. Ich kam jedoch herein und konnte merken, daß sie einigermaßen überrascht waren. Gott weiß was solche acht jungen Mädchen in solch einer heiligen Synode eigentlich verhandeln! Verheiratete Frauen halten ja ähnliche Versammlungen ab. Da wird dann Pastoral-Theologie vorgetragen; insbesondere diskutiert man Fragen wie diese: in welchem Fall es angebracht ist ein Mädchen allein auf den Markt gehen zu lassen; ob man sich beim Metzger am besten ein Kontobuch hält oder bar bezahlt; ob die Köchin einen Schatz hat oder nicht; was man gegen eine allzu intensive Pflege der „Verhältnisse“ machen kann. ... Ich bekam meinen Platz in der schönen Gruppe. Es war im Vorfrühling. Die Sonne sandte ein paar vereinzelte Strahlen ins Zimmer herein, Eilboten, die ihre Ankunft melden sollten. Der Kaffee stand auf dem Tisch und verbreitete einen angenehmen Duft – und nun die jungen Mädchen! Fröhlich, gesund, blühend, ausgelassen, denn die Angst hatte sich rasch gelegt, und was hatten sie auch zu fürchten! Sie waren ja Manns genug. Es gelang mir die Rede darauf zu bringen, wann es erlaubt sei, eine Verlobung aufzuheben. Während mein Auge von Blume zu Blume flatterte, sich bald da bald dort niederließ und sich weidete an Schönheit, genoß mein äußeres Ohr schwelgend die Musik der Stimmen, und das innere Ohr fing das Gesagte auf und prüfte es. Oft ließ mich ein einziges Wort einen Blick tun in so ein Mädchenherz und verriet mir seine Geschichte. Wie verführerisch sind doch die Wege der Liebe, wie interessant ist es zu erforschen, wie weit der einzelne gekommen ist! Ich brachte Leben in die Gesellschaft. Geist, Witz, ästhetische Objektivität verscheuchten jede Befangenheit und doch blieb alles in den Grenzen der strengsten Schicklichkeit. Hätte ich gewollt, so hätte ich die guten Mädelchen mit einem Wort in die größte Verlegenheit bringen können. Aber das erfaßte keine, ahnte auch wohl keine. Bald leitete ich die Unterhaltung bis an die Grenze des Wehmütigen, bald ließ ich dem Mutwillen die Zügel, bald reizte ich zu einem lustigen dialektischen Kampf. Das Thema gab ja Gelegenheit zu allen möglichen Wendungen und Sprüngen. Ich erzählte von einem Mädchen, das die Grausamkeit der Eltern zwang eine Verlobung aufzuheben, und rührte meine Zuhörer beinahe zu Tränen. Ich erzählte von einem Mann, der eine Verlobung rückgängig machte und als Grund dafür angab, daß das Mädchen zu groß sei und daß er nicht vor ihr auf den Knien gelegen sei, als er ihr seine Liebe gestand. Als man ihm vorhielt, daß das doch kein genügender Grund sei, antwortete er: er genügt um zu erreichen was ich will; denn kein Mensch kann ein vernünftiges Wort darauf erwidern. Ich legte der Versammlung folgenden schwierigen Fall vor: Ein junges Mädchen löst seine Verlobung, weil sie überzeugt ist, daß *sie* und *er* nicht zusammenpassen. Er will sie zur Vernunft bringen und versichert ihr, daß er sie von Herzen liebe. Da antwortet sie: Entweder passen wir zueinander und es ist wirkliche Sympathie vorhanden und dann mußt du einsehen, daß wir nicht zueinander passen; oder wir passen nicht zueinander und dann mußt du einsehen, daß wir nicht zueinander passen. Es war ein Vergnügen zu sehen, wie die jungen Mädchen sich die Köpfe zerbrachen über diese rätselhafte Rede, und doch konnte ich merken, daß ein paar von ihnen die Sache vortrefflich verstanden. Denn wenn es sich darum handelt eine Verlobung aufzuheben, da ist jedes Mädchen der geborene Kasuist, und ich möchte über diese Frage lieber mit dem Teufel disputieren als mit einem jungen Mädchen.

Ich war heute bei ihr und fing gleich wieder von meiner Idee an. „Da ist mir gestern als ich schon weg war noch etwas eingefallen, was ich dir sagen wollte.“... Ich versuchte sie wieder in Ekstase zu bringen. Das gelang. Solange ich bei ihr bin, hört sie mir mit Genuß zu; aber wenn ich fort bin merkt sie, daß sie zu kurz gekommen ist, daß ich verändert bin. So zieht man seine Aktien heraus. Die Methode ist hinterlistig, aber wie alle indirekten Methoden sehr zweckmäßig. Sie begreift wohl, wie das wovon ich ihr spreche mich beschäftigt. Für den Augenblick errege ich auch ihr Interesse. Aber ich betrüge sie um das Erotische.

Oderint, dum meduant – als ob nur Furcht und Haß zusammengehörten! Auch Furcht und Liebe gehören zusammen: die Furcht macht die Liebe interessant. Ist nicht in der Liebe mit der wir die Natur umfassen eine geheime Angst, ein geheimes Grauen, weil hinter ihrer schönen Harmonie die Gesetzlosigkeit lauert und das Chaos, hinter ihrer Zuverlässigkeit die Untreue. Aber gerade diese Angst hat etwas Bestrickendes. So ist es auch mit der Liebe, wenn sie interessant sein soll. Hinter ihr muß die tiefe, angstvolle Nacht brüten, aus der die Blume der Liebe entspringt. So ruht der Wasserrose weißer Kelch auf der Oberfläche des Wassers, aber dem Gedanken graut davor, sich in die dunkle Tiefe hinabzustürzen, wo sie ihre Wurzel hat. Ich habe bemerkt, daß sie mich immer „mein“ nennt, wenn sie mir schreibt, daß sie aber, wenn sie mir gegenübersteht, nicht den Mut hat es zu sagen. Heute bat ich sie darum so insinuant, so erotisch warm wie möglich. Sie öffnete den Mund; allein ein ironischer Blick, kürzer und schneller als es sich sagen läßt, machte ihr unmöglich, zu tun was ich doch selbst erbat. Diese Stimmung ist normal.

Sie ist mein. Ich vertraue das nicht den Sternen an, wie das sonst der Brauch ist; ich sehe nicht ein, was für ein Interesse diese Nachricht für jene fernen Weltkörper haben kann. Ich vertraue es auch keinem Menschen an, nicht einmal ihr. Ich behalte das Geheimnis für mich, flüstere es in mich hinein, in meinen heimlichsten Selbstgesprächen. Der Widerstand von ihrer Seite war nicht so groß als ich erwartet hatte; dagegen ist die erotische Kraft, die sie entwickelt, erstaunlich. Wie ist sie interessant in ihrer tiefen Leidenschaftlichkeit, wie ist sie groß, fast übernatürlich groß! Wie gewandt weiß sie auszuweichen, wenn man sie an einer schwachen Stelle faßt, wie geschickt sich einzuschleichen, wo sie einen unbefestigten Punkt entdeckt. Alles ist in Bewegung; aber dieses Brausen der Elemente ist mein Element. Und doch ist sie auch in dieser starken Bewegung niemals unschön, nicht zerrissen von Stimmungen, nicht zersplittert. Jeder Moment findet sie als eine Anadyomene, die in vollkommener harmonischer Schönheit aus dem Meere auftaucht; nur hat sie nicht die naive Anmut, die unbefangene Ruhe der Venus; sie vibriert unter dem starken Pulsschlag der Liebe. Mit allen Waffen gerüstet geht sie in den Streit. Sie kämpft mit dem Pfeil des Auges, mit dem Dräuen der Braue, mit dem geheimnisvollen Ernst der Stirne, mit der Beredsamkeit des Busens, mit den gefährlichen Lockungen der Umarmung, mit der Lippe Flehen, mit der Wange Lächeln, mit der süßen Sehnsucht ihres ganzen Wesens. Es ist eine Kraft in ihr, eine Energie, die an eine Walküre erinnert. Aber diese erotische Energie ist gemildert durch die Sehnsucht sich hinzugeben, die wie ein zarter Hauch über ihr liegt. Sie steht auf einer Spitze, auf der sie nur durch Angst und Unruhe gehalten wird. Zu lange darf man sie nicht in dieser gefährlichen Stellung lassen.

Sie läßt hin und wieder eine Äußerung fallen, die darauf hindeutet, daß sie der Verlobung müde ist. Das habe ich bei dem Zustand, in dem sie sich befindet, nicht anders erwartet: die Verlobung ist eine zu enge Form für unser Verhältnis. So ist sie es, die mich reizt und verführt über die Grenze des Allgemeinen hinauszugehen, wenigstens stellt es sich für ihr Bewußtsein so dar. So ist's in der Ordnung für mich.

Meine Cordelia!

Du klagst über die Verlobung; Du meinst, unsere Liebe bedürfe keines äußeren Bandes, eines Bandes, das nur ein Hindernis sei. Daran erkenne ich meine Cordelia! Wirklich, ich bewundere Dich. Unsere äußere Vereinigung ist nur eine Trennung. Es ist eine Wand zwischen uns, die uns trennt wie Pyramus und Thisbe. Die Menschen sind Mitwisser; das entweiht unsere Liebe. Nur im Gegensatz ist

Freiheit: Wenn kein Fremder die Liebe ahnt, dann erst hat sie Bedeutung; wenn es den Menschen scheint, als haßten sich die Liebenden, dann erst ist die Liebe glücklich.

Dein Johannes

Bald reißt das Band der Verlobung. Sie selbst löst es, um mich in einem freieren Verhältnis erst recht zu fesseln. Hätte ich die Verlobung aufgehoben, so wäre ich um den Genuß dieses verführerischen Saltomortale gekommen, der ein so sicheres Zeichen für die Kühnheit ihrer Seele ist; derartiges ist mir aber besonders wichtig. Und dann hätte die Sache in meinem Verhältnis zur Welt allerlei unangenehme Folgen gehabt. Man hätte mich schlecht gemacht, hätte mich wegen meiner Herzlosigkeit verdammt und angefeindet. Mit Unrecht natürlich! So manche wäre ja froh, wenigstens bis in die Nähe der Verlobung zu kommen. Das ist immerhin etwas, ob auch, aufrichtig geredet, herzlich wenig. Man drängt sich vor und wird auf die Expektationsliste gesetzt, und je weiter man vorrückt, desto weniger Expektation hat man. Denn in der Liebe erfolgt das Avancement nicht nach dem Anciennitätsprinzip. Aber ach! So eine kleine Jungfer ist der ewigen Windstille müde; sie möchte etwas erleben. Und was ist interessanter als eine unglückliche Liebe, besonders wenn man die tragische Angelegenheit eigentlich recht leicht nimmt? Da macht man sich selbst und dem lieben Nächsten weiß, daß man so sehr betrogen ist; und da man zur Aufnahme in ein Magdalenenstift nicht qualifiziert ist, so spielt man der Welt ein Rührstück vor und deklamiert gegen untreue Liebhaber. Die hassen mich also pflichtschuldigst. Es gibt aber natürlich auch solche, die wirklich betrogen sind, ganz, halb oder dreiviertel betrogen. Da sind viele Abstufungen möglich: die eine hat es bis zu einem Ring gebracht, die andere bis zu einem Händedruck beim Kontretanz. Sie alle brechen aus in neuem Schmerz, wenn sie von einer aufgehobenen Verlobung hören. Deren Haß kommt also auch noch dazu. Aber alle diese Hassenden sind ja im geheimen lauter Liebende. Mein armes Herz! Ein König ohne Land ist eine lächerliche Figur. Aber ein Erbfolgekrieg, den eine Schar von Prätendenten führt um ein Königreich ohne Land, das ist der Gipfel des Lächerlichen. Ich hätte also allen Anspruch darauf bei dem schönen Geschlecht gut dran zu sein. Mit einem wirklich Verlobten ist doch nur eine versorgt. Aber ein Entlobter ist eine Möglichkeit, deren sich wieder viele getrösten können. Da Cordelia die Verlobung löst, fällt all dies dumme Zeug weg. Ja, ich genieße sogar den Vorteil in einer ganz neuen Rolle aufzutreten. Die jungen Mädchen werden mein Schicksal beklagen, werden mich bemitleiden und beseufzen; und ich werde darauf eingehen und sie um so leichter fangen.

Sonderbar! Ich bemerke gegenwärtig zu meinem Schmerz, daß einer meiner Zähne, und dazu einer von den vorderen, schwarz wird – das verräterische Zeichen, das Horaz jedem treulosen Mädchen wünscht. Wie man doch abergläubisch sein kann: diese Kleinigkeit beunruhigt mich. Ich bin sonst so gut bewaffnet; aber da habe ich nun eine schwache Stelle: ich könnte eine Anspielung auf den Zahn nicht gut ertragen. Und nun kann mir jeder Dummkopf einen Stich beibringen, der tiefer geht als er ahnt. Ich habe alles getan ihn wieder weiß zu bekommen; aber vergebens.

Ich reibe ihn bei Tag, bei Nacht
Und kann den dunklen Schatten doch nicht bannen.

Das Leben ist voller Rätsel! Eine solche Kleinigkeit kann mich mehr beunruhigen als der gefährlichste Angriff, die peinlichste Situation. Ich will ihn ausziehen lassen; aber das beeinträchtigt mein Organ, die Kraft meiner Stimme. Ich will ihn ausziehen und einen falschen einsetzen lassen. Der ist dann falsch der Welt gegenüber, der schwarze ist falsch gegen mich.

Daß Cordelia an der Verlobung Anstoß nimmt, ist mir wirklich sehr erwünscht. Die Ehe ist und bleibt eine ehrwürdige Institution; nur ist es langweilig, daß sie schon in der Jugend die Ehrfurcht genießt, die sonst nur dem Alter zuteil wird. Eine Verlobung dagegen ist eine echt menschliche Erfindung und als solche so lächerlich und zugleich so bedeutungsvoll, daß es ganz in der Ordnung ist, wenn ein junges Mädchen sie im Wirbelsturm der Leidenschaft überspringt, und doch auch wieder sehr begreiflich, wenn sie die Sache nicht gar zu leicht nimmt, sondern die Energie ihrer Seele bis in die Fingerspitzen pulsieren fühlt. Meine Aufgabe ist nun ihr Schifflein so zu steuern, daß sie in ihrer kühnen Flucht die Ehe und das Festland der Wirklichkeit ganz aus dem Gesicht verliert, daß ihre Seele ebensosehr aus Stolz wie aus Angst eine unvollkommne menschliche Form vernichtet und nach etwas Höherem strebt, das jenseits des allgemein Menschlichen liegt. Sie soweit zu bringen wird nicht schwer halten. Denn schon jetzt schwebt sie so hoch über dem Leben hin, daß sie die Wirklichkeit nicht mehr deutlich sieht.

Das Weib ist und bleibt doch ein unerschöpflicher Stoff der Überlegung und Beobachtung – für mich wenigstens. Wer keinen Drang zu diesem Studium verspürt, der – er mag im übrigen sein was er will – ist jedenfalls kein Ästhetiker. Das eben ist das Schöne, das Göttliche an der Ästhetik, daß sie immer nur mit dem Schönen zu tun hat, im wesentlichen also mit den schönen Künsten und mit dem schönen Geschlecht. Ich stelle mir vor – ein herrlicher Gedanke, der mein Herz entzückt – wie die Sonne der Weiblichkeit sich ausstrahlt in unendlicher Mannigfaltigkeit, sich bricht in tausend Strahlen, so daß jede einen kleinen Teil des goldenen Überflusses der Weiblichkeit empfängt, einen Teil um den alles übrige was sie besitzt sich harmonisch zum Kristall schließt. In diesem Sinne ist die Weiblichkeit teilbar ins Unendliche. Nur muß das einzelne in Schönheit harmonisch beherrscht sein, sonst wirkt es beunruhigend und man hat den Eindruck, daß die Natur irgendetwas gewollt hat, aber man sieht nicht was. Nie wird mein Auge es müde den ganzen Kreis von Emanationen weiblicher Schönheit zu durchlaufen. Jede hat nur einen Teil, der sich doch in ihr harmonisch zum Ganzen fügt, zu glücklicher, froher Schönheit. Jede hat das Ihre: das muntere Lächeln; den schelmischen Blick; das verlangende Auge; die demütige Neigung des Hauptes; den ausgelassenen Sinn; die stille Wehmut; die ahnungsvolle, tiefe Melancholie; das irdische Heimweh; die unerklärliche Rührung; die sprechenden Brauen; die fragenden Lippen; die geheimnisvolle Stirn; die bestrickenden Locken; die bergenden Wimpern; den himmlischen Stolz; die irdische Schüchternheit; die engelhafte Reinheit; das heimliche Erröten; den leichten Gang; das anmutsvolle Schweben; das schmachtende Lauschen; das sehnsüchtige Träumen; die unerklärlichen Seufzer; den schlanken Wuchs; die weichen Formen; den üppigen Busen; die schwellenden Hüften; den kleinen Fuß; die niedliche Hand. Jede hat das Ihre und jede etwas, was die andere nicht hat. Wenn ich so geschaut habe und geschaut, betrachtet und wieder betrachtet und mich gelabt habe an der Fülle dieses Reichtums, wenn ich gelächelt habe und geseufzt, geschmeichelt und gedroht, begehrt, gereizt, gespielt, geweint, gehofft, gefürchtet, gewonnen, verloren, dann schließe ich den Fächer, dann wird das einzelne zum Einen, die Teile zum Ganzen, dann jauchzt meine Seele, dann klopft mein Herz, dann lodert die Leidenschaft empor. Und dies eine Mädchen, diese einzige in der ganzen Welt – sie muß mir gehören, sie muß mein sein. Mag Gott seinen Himmel behalten, wenn ich sie nur habe. Ich weiß was ich wähle; kommt doch der Himmel selbst schlecht weg bei diesem Handel. Denn was bleibt ihm, wenn ich sie habe. Wenn die gläubigen Mohammedaner ins Paradies kommen, werden sie nur bleiche, kraftlose Schatten umfassen; warme Herzen finden sie nicht; denn alle Wärme des Herzens ist in ihrer Brust. Trostlos werden sie sein und verzweifelt, wenn sie nur bleiche Lippen finden und matte Augen, und einen kalten Busen und einen Händedruck ohne Kraft. Denn alle Röte des Lebens, und des Auges Feuer und des Busens Wogen und des Händedrucks Verheißung und der Seufzer Ahnung und des Kusses Beseligung und das Zittern der Berührung und die Leidenschaft der Umarmung – alles, alles ist in ihr vereinigt, alles schenkt sie mir, genug für diese und für jene Welt... Solche Gedanken erwärmen mich und erwärmen mich immer wieder. Nun nimmt man gewöhnlich die Wärme für ein gutes Zeichen; aber eben darum will ich einmal kalt über das Weib denken. Ich will versuchen es kategorisch zu denken. Die Kategorie des Weibes ist der Gegensatz zum *für sich sein*: das *Sein für anderes*. Das muß man aber nicht in *malam partem* deuten, als ob eine, die für mich ist, zugleich für einen anderen wäre. Man muß hier, wie immer beim abstrakten Denken, von der Erfahrung abstrahieren; sonst würde ich in gegenwärtigem Fall die Erfahrung zugleich für und wider mich haben. Die Erfahrung ist hier wie allerwegen ein sonderbares Ding, denn ihr Wesen ist immer zugleich *pro* und *contra* zu sein. Das Weib ist also das *Sein für anderes.* Freilich trifft man selten ein Weib, das wirklich das *Sein für anderes* wäre; sondern die große Masse ist überhaupt nichts, weder für sich noch für andere. Doch kommen wir hier schon wieder auf das Gebiet der Erfahrung, die ja außer Betracht bleiben soll.

Als das *Sein für anderes* offenbart sich das Weib in der Jungfrau. Jungfräulich, unschuldig ist das Weib eigentlich nicht für sich selbst, sondern nur in Beziehung auf den Mann. Man kann daher sagen, daß das Weib in diesem Zustand unsichtbar ist. Von Vesta, die wohl als Göttin der eigentlichen Jungfräulichkeit gelten kann, existierte bekanntlich kein Bild. Diese Göttin ist nämlich im selben Sinn ästhetisch auf sich eifersüchtig wie Jehova ethisch, und will nicht, daß ein Bild von ihr existiere, noch auch eine Vorstellung von einem solchen. Darin liegt der Widerspruch, daß, was für anderes ist, eigentlich nicht ist und erst mit dem anderen sichtbar wird. Logisch betrachtet ist dieser Widerspruch ganz in Ordnung, und wer logisch denken kann wird sich nicht verwirren lassen von ihm, sondern sich seiner freuen. Wer dagegen unlogisch denkt, denkt sich das *Sein für anderes* als ein etwas, das erstens *ist* und zweitens für *anderes ist.*

Dieses Sein des Weibes (Existenz sagt schon zu viel, denn sie tritt nicht aus sich selbst heraus) hat etwas Vegetatives. Sie ist wie eine Blume, so sagen ja die Dichter gerne, und selbst das Geistige ist nur auf vegetative Weise vorhanden. Sie gehört der Natur an und ist deshalb auch nur ästhetisch frei. Im tieferen Sinne frei wird sie erst durch den Mann, darum sagt man *freien*, darum freit der Mann. Wenn er richtig freit, so kann von Wahl bei ihr nicht die Rede sein. Das Weib wählt wohl, aber wenn die Wahl das Resultat langer Überlegung ist, so ist das eine unweibliche Wahl. Darum ist es eine Schande, einen Korb zu bekommen: das betreffende Individuum hat sich zu viel zugetraut, indem es ein anderes frei machen wollte und es nicht vermochte. In diesem Verhältnis liegt eine tiefe Ironie. Was doch nur für anderes ist, bekommt den Anschein des Übergewichts. Der Mann freit, aber die Entscheidung liegt beim Weib. Das Weib fühlt sich als die Überwundene, der Mann als Sieger; und doch beugt der Sieger sich vor der Besiegten. So paradox das ist, so ist es doch ganz natürlich; und es ist bloße Tölpelhaftigkeit, Dummheit und Mangel an erotischem Sinn, wenn man sich über etwas wegsetzen will, was doch ganz unmittelbar sich so gibt. Das hat auch seinen tieferen Grund. Das Weib ist nämlich Substanz, der Mann Reflexion. Daher entscheidet sie zwar wohl, führt aber nicht die Entscheidung herbei. Das tut vielmehr der freiende Mann. Sein Freien ist ein Fragen, ihre Entscheidung nur die Antwort auf eine Frage. In gewissem Sinn ist also der Mann mehr als das Weib, in anderem Sinn unendlich viel weniger.

Das *Sein* des Weibes für *anderes* ist die reine Jungfräulichkeit. Macht sie den Versuch im Verhältnis zu einem anderen Sein, das ein Sein für sie ist, selbst zu sein, so zeigt sich der Widerspruch in der absoluten Sprödigkeit, und dieser Widerspruch zeigt eben wieder, daß des Weibes eigentliches Sein ein *Sein* für *anderes* ist. Die absolute Sprödigkeit ist nur die Kehrseite der absoluten Hingebung. Die Karikatur aber der jungfräulichen Sprödigkeit ist die abstrakte Grausamkeit: etwas spezifisch Weibliches. Ein Mann kann nie so grausam sein wie ein Weib: Mythologien, Märchen, Volkssagen bestätigen das. Soll ein Naturprinzip beschrieben werden, das in der Unbarmherzigkeit keine Grenze kennt, so ist das ein jungfräuliches Wesen. Wie oft liest man im Volksmärchen von einer Jungfrau, die kaltblütig mit ansieht, wie ihre Freier das Leben daransetzen sie zu gewinnen. Ein Blaubart tötet alle Mädchen die er liebt in der Hochzeitsnacht; aber er hat nicht seine Freude daran sie zu töten; im Gegenteil: die Freude ist vorausgegangen; es ist nicht eine Grausamkeit um der Grausamkeit willen. Ein Don Juan verführt jede und verläßt sie; aber er hat nicht seine Freude daran sie zu verlassen, sondern sie zu verführen; das ist also keineswegs jene abstrakte Grausamkeit.

Ich sehe, und je mehr ich es mir überlege um so deutlicher, daß meine Praxis mit meiner Theorie vollkommen übereinstimmt. Meine Praxis war nämlich stets getragen von der Überzeugung, daß das Weib ein *Sein* für *anderes* ist. Darum hat bei mir auch der Augenblick so unendlich viel zu bedeuten; denn alles *Sein* für *anderes* ist Sache des Augenblicks. Es kann kürzere oder längere Zeit dauern, bis der Augenblick kommt, aber sobald er gekommen ist, wird aus dem, das ursprünglich ein *Sein* für *anderes* war, ein relatives Sein, und mit dem *Sein* für *anderes* ist es vorbei. Wohl weiß ich, daß Ehemänner davon reden, das Weib sei auch in anderem Sinn ein *Sein* für *anderes*: sie sei ihnen alles fürs ganze Leben. Das muß man nun den Ehemännern zugute halten. Aber eigentlich glaube ich, daß sie sich das nur gegenseitig einbilden. Jeder Stand hat nun einmal in diesem Leben gewisse konventionelle Bräuche und besonders auch gewisse konventionelle Lügen. Dazu gehört wohl auch dieses Evangelium. Natürlich muß man es mit dem Augenblick verstehen; wer da pfuscht, fällt herein und hat die Langweile für sein ganzes Leben. Der Augenblick ist alles, und im Augenblick ist das Weib alles; die Konsequenzen verstehe ich nicht, auch nicht die Konsequenz, daß man Kinder bekommt. Ich bilde mir ein, ein ziemlich konsequenter Denker zu sein, aber wenn ich denken wollte bis ich verrückt würde, ich bin nicht der Mann diese Konsequenz zu denken; ich verstehe sie nicht, schlechterdings nicht. So etwas versteht nur ein Ehemann.

Gestern besuchte ich mit Cordelia eine Familie in ihrer Sommerwohnung. Man hielt sich im Garten auf und vertrieb sich die Zeit mit allerlei Bewegungsspielen. Unter anderem spielte man Reifwerfen. Als ein Herr, der mit Cordelia spielte, wegging, trat ich an seine Stelle. Welch Fülle von Anmut entfaltete sie! Wie verschönte sie die Anstrengung des Spiels! Welche anmutsvolle Harmonie in dem Widerstreit der Bewegungen! Wie leicht schwebte sie, wie im Tanz, über den Rasen, wie kraftvoll war ihr ganzes in sich ruhendes Wesen, wie dithyrambisch ihr Auftreten, wie herausfordernd ihr Blick! Natürlich hatte das Spiel mit den Reifen für mich ein ganz besonderes symbolisches Interesse. Cordelia dachte offenbar an nichts derartiges. Ich warf einem der Umstehenden eine Anspielung zu über die hübsche Sitte Ringe zu wechseln. Das schlug wie ein Blitz in ihre Seele. Von diesem Augenblick an bekam die Situation eine tiefere Bedeutung und Cordelia schien von einer höheren Energie durchglüht. Ich hatte beide Reife auf meinem Stock, hielt einen Augenblick inne, wechselte ein paar Worte mit einem der anderen und warf. Sie verstand die Pause. Sie fing beide Reife und warf sie, wie aus Versehen, beide zugleich senkrecht in die Luft, so daß ich sie unmöglich fangen konnte. Ein Blick, der unbegrenzte Verwegenheit ausdrückte, begleitete den Wurf. Man erzählt von einem französischen Soldaten, der den russischen Feldzug mitgemacht hatte und dem man ein Bein abnehmen mußte, er habe im Augenblick, da die schmerzhafte Operation vorüber war, das Bein ergriffen und in die Höhe geworfen und gerufen: *Vive l'empereur!* Mit ähnlicher Begeisterung warf sie – und sah dabei schöner aus als je vorher – die beiden Reife in die Luft und sagte zu sich: Es lebe die Liebe! Es schien mir indessen nicht geraten, sie in dieser Stimmung sich selbst zu überlassen; ich fürchtete eine Reaktion, eine zu starke Abspannung. Daher blieb ich ganz ruhig, zwang sie weiterzuspielen, als ob ich nichts bemerkt hätte. So wird das Erlebnis nur ihre Elastizität steigern.

Könnte man in unserer Zeit ein Interesse für solche Untersuchungen voraussetzen, so würde ich eine Preisfrage stellen: Wer hat ästhetisch betrachtet mehr Schamhaftigkeit, ein junges Mädchen oder eine junge Frau, die Unwissende oder die Wissende? Wem muß man mehr Freiheit zugestehen? Aber mit derartigem gibt sich unsere ernsthafte Zeit nicht ab. In Griechenland hätte eine solche Untersuchung allgemeine Aufmerksamkeit erregt; ganze Staaten wären in Bewegung gekommen und besonders die jungen Mädchen und die jungen Frauen. Man erinnere sich an den Streit zweier griechischen Mädchen und die gründliche Untersuchung, die er veranlaßte,– denn solche Probleme wurden in Griechenland nicht oberflächlich und leichtsinnig behandelt – jenen Streit, der Venus eine vielbewunderte Statue und den Beinamen *Kallipygos* eintrug! Ach was versteht unsere Zeit von solchen Dingen! Die verheiratete Frau ist zweimal in ihrem Leben wirklich interessant: in ihrer allerersten Jugend, und noch einmal, wenn sie sehr viel älter ist. Außerdem gibt es, das läßt sich nicht leugnen, einen Augenblick, da sie anmutiger ist als ein junges Mädchen und tiefere Ehrfurcht einflößt; aber dieser Augenblick kommt im Leben selten vor; er ist ein Bild für die Phantasie, das man im Leben nicht zu sehen braucht und vielleicht nie sieht. Sie steht da, gesund, blühend, üppig entwickelt, und hält in ihren Armen ein Kind; ihre ganze Aufmerksamkeit gilt dem kleinen Wesen; sie ist verloren in seinen Anblick. Dies Bild kann man wohl als das anmutigste bezeichnen, was das Menschenleben hervorbringt; es ist ein Naturmythos, den man in der Offenbarung der Kunst sehen muß, nicht in der Wirklichkeit. Es dürfen auch nicht mehrere Figuren auf dem Bilde sein, kein Drum und Dran; das stört nur. In unseren Kirchen hat man ja des öfteren Gelegenheit, eine Mutter mit ihrem Kind im Arm auftreten zu sehen. Aber abgesehen von dem ewigen Kindergeschrei und den dazugehörigen Beschwichtigungsversuchen ist die Umgebung so störend, daß, würde auch alles andere vollkommen sein, kein reiner Eindruck zustande kommt. Man sieht den Vater – ein großer Fehler, wodurch das Mythische, das Bezaubernde aufgehoben wird; man sieht – *horrenda refero* – der Paten ernsten Chor, und man sieht nichts. Vorgestellt als ein Bild für die Phantasie ist es dagegen das anmutigste, was es gibt. Ich bin ja sonst keck und rasch und dummdreist genug um jeden Angriff zu wagen, aber sähe ich in der Wirklichkeit ein solches Bild, ich wäre entwaffnet.

Wie Cordelia mich beschäftigt! Und doch ist die Zeit bald erfüllt; meine Seele fordert immer wieder Verjüngung. Ich höre schon in der Ferne den Hahn krähen. Sie hört ihn vielleicht auch; aber sie meint, er verkünde den Morgen. Warum ist ein junges Mädchen so hübsch und warum währt es so kurz? Ein Gedanke, der mich ganz melancholisch stimmen könnte; doch das schickt sich eigentlich nicht für mich: Genieße, schwätze nicht! Leute, die professionell solche Erwägungen anstellen, genießen überhaupt nicht. Wenn indessen sich dieser Gedanke ungerufen einstellt, so schadet das nichts. Denn Wehmut, die sich nicht mit sich selbst beschäftigt, hebt die männliche Schönheit. Eine dämmernde Wehmut, die sich wie ein Nebelschleier um die männliche Stärke legt, gehört zum Männlich-Erotischen. Ihr entspricht beim Weib eine gewisse Schwermut. Wenn sich ein Mädchen einmal ganz hingegeben hat, so ist alles vorbei. Doch immer nähere ich mich einem jungen Mädchen mit einer gewissen Angst, mit Herzklopfen; ich fühle die ewige Macht, die in ihrem Wesen liegt. Einer Frau gegenüber würde mir das nie einfallen. Das bißchen Widerstand, das sie etwa leistet, ist Kunst, ist nichts. Darum war Diana immer mein Ideal. Diese reine Jungfräulichkeit, diese absolute Sprödigkeit hat mich immer sehr interessiert. Trotzdem bin ich nicht eben gut auf sie zu sprechen. Ich zweifle, ob sie es verdient, wegen ihrer Jungfräulichkeit so gepriesen zu werden. Sie wußte zu gut, was die Jungfräulichkeit für sie bedeutete. Wird nicht von ihr berichtet, sie habe die schrecklichen Geburtswehen ihrer Mutter miterlebt? Das hat sie abgeschreckt und ich kann ihr das nicht verdenken; denn ich sage wie Euripides: Lieber dreimal in den Krieg, als einmal ein Kind gebären. Verlieben könnte ich mich nicht in Diana; aber das gestehe ich, für eine rechtschaffene Konversation mit ihr gäbe ich viel. Mit ihr müßte man sich prächtig necken können. Die gute Diana wußte offenbar mehr als man ihr zutraute, und war weniger naiv als selbst Venus. Es läge mir nichts daran sie im Bade zu sehen, gewiß nicht. Aber mit einer Frage möchte ich ihr gerne auflauern. Und hätte ich ein Rendezvous mit ihr, so würde ich mich sorgfältig vorbereiten und mich mit guten Waffen versehen und im Gespräch mit ihr alle Geister der Erotik in Bewegung setzen.

Ich habe mich oft darüber besonnen, welcher Augenblick als der verführerischste zu bezeichnen ist. Die Antwort auf diese Frage ist natürlich davon abhängig, was man begehrt, wie man begehrt und auf welcher Entwicklungsstufe man steht. Ich bin für den Hochzeitstag, und innerhalb dieses Tages für einen bestimmten Augenblick. Wenn sie dasteht im Brautschmuck, der doch verblaßt vor ihrer Schönheit; wenn sie selbst erblaßt, weil das Blut übergewaltig zum Herzen drängt; wenn ihr Blick unsicher wird und der Fuß schwankt; wenn ein Zittern sie überläuft, wenn die Frucht reift; wenn der Himmel sie aufhebt von der Erde, wenn der Ernst sie stärkt, wenn die Verheißung sie aufrechthält; wenn das Gebet sie segnet, wenn die Myrte sie bekränzt; wenn das Herze bebt, wenn das Auge niedersinkt; wenn sie sich verbirgt in sich selbst, wenn sie der Welt nicht gehört, um ihr ganz zu gehören; wenn der Busen wogt, wenn ihr ganzes Wesen seufzt; wenn die Stimme versagt; wenn die Träne zittert, ehe das Rätsel sich löst; wenn die Hochzeitsfackel aufflammt, wenn der Bräutigam wartet – das ist der Augenblick. Ein wenig später und es ist zu spät. Ein Tritt noch und – ein Fehltritt. Dieser Augenblick macht auch ein unbedeutendes Mädchen bedeutend, sogar eine Zerline ist da sehenswert. Alles, das Allerwidersprechendste muß sich in diesem Augenblick vereinigen. Fehlt etwas, fehlt insbesondere einer der Hauptwidersprüche, so verliert die Situation sofort an verführerischer Wirkung. Es gibt einen Kupferstich; der stellt ein Beichtkind dar. Sie sieht so jung aus und so unschuldig, daß man fast in Verlegenheit kommt, für sie und für den Beichtvater, weil man sich nicht vorstellen kann, was sie zu beichten hat. Sie lüftet den Schleier ein wenig und sieht hinaus in die Welt, als suchte sie etwas, was sie später vielleicht einmal beichten könnte, schon aus schuldiger Rücksicht auf den Beichtvater. Die Situation ist recht verführerisch; und ich habe nichts dagegen, daß im Hintergrunde ich angebracht werde, besonders wenn das Mädchen nichts dagegen hat. Dennoch bleibt es eine Situation von untergeordneter Bedeutung, denn das Mädchen scheint innerlich und äußerlich noch Kind zu sein, und es kann noch lange dauern, bis der Augenblick kommt.

Bin ich in meinem Verhältnis zu Cordelia immer meinem Pakt treu gewesen? Meinem Pakt mit dem Ästhetischen? Denn was mich stark macht, ist, daß ich die Idee auf meiner Seite habe. Das ist ein Geheimnis wie Simsons Haar; nur soll mir's keine Delila ablisten. Ein Mädchen schlecht und recht zu betrügen – dazu hätte ich nicht die Ausdauer. Aber sobald die Idee mit in Bewegung ist, sobald ich in ihrem Dienste handle, mich ihrem Dienste weihe, habe ich Kraft und Ausdauer zu allem. Um der Idee willen bin ich streng gegen mich selbst und enthalte mich jedes verbotenen Genusses. Habe ich stets das Interessante bewahrt? Ja, das darf ich kühn heraussagen in diesem heimlichen Selbstgespräch. Auch die Verlobung war interessant, gerade weil sie das nicht gab, was man gewöhnlich das Interessante nennt. Daß der Anschein im Widerspruch stand zu dem inneren Leben, darin eben lag das Interessante. Eine heimliche Verlobung wäre nur interessant in der ersten Potenz gewesen; die bürgerliche, öffentliche Verlobung war das Interessante in der zweiten Potenz, und deshalb für sie erst das Interessante. Die Verlobung zerbricht; sie selbst löst sie, um sich in eine höhere Sphäre aufzuschwingen. So ist's recht! Das ist die Form des Interessanten, die sie am meisten beschäftigen wird.

d. 16. Sept.

Das Band brach. Sehnsuchtsvoll, stark, kühn, göttlich fliegt sie dahin wie ein Vogel, dem man die Freiheit schenkt. Flieg, Vogel, flieg! Wahrhaftig, wenn sie in ihrem königlichen Flug mir entflöge, das würde mich schmerzen, unendlich tief. Das wäre für mich wie für Pygmalion, wenn seine Geliebte sich wieder in Stein verwandelt hätte. Leicht habe ich sie gemacht, leicht wie einen Gedanken; und nun sollte dieser Gedanke nicht mir gehören? Das wäre zum Verzweifeln. Einen Augenblick vorher hätte mich das nicht beschäftigt, einen Augenblick später wird es mich nicht bekümmern. Aber jetzt – jetzt! Dieses Jetzt ist eine Ewigkeit für mich ... Doch sie wird mir nicht entfliegen. Flieg, Vogel, flieg! Hebe dich stolz empor auf deinen Schwingen, gleite hin durch die zarten Lüfte! Bald bin ich bei dir; bald verberge ich mich mit dir in tiefer Einsamkeit.

Die Tante war etwas betroffen über die Nachricht. Doch ist sie zu liberal, um auf Cordelia einen Druck auszuüben, obwohl ich mich ja recht gut bei ihr insinuiert habe. Sie erweist mir viel Teilnahme und ahnt nicht, daß ich guten Grund hätte mir alle Teilnahme zu verbitten.

Die Tante hat ihr auf ihr Bitten erlaubt, einige Zeit auf dem Lande zuzubringen, angeblich bei einer befreundeten Familie. Wenn sie abreist, wird ein Kutscher sie abholen, der von mir instruiert ist. Draußen habe ich alles so geschmackvoll wie möglich hergerichtet. Nichts fehlt, was dazu dienen kann ihre Seele zu betören und in üppigem Wohlsein einzuwiegen. Ich werde zunächst nicht da sein. Mein getreuer Johann wird sie bedienen; er versteht seine Sache. Einstweilen ist es gut, daß die Reisevorbereitungen und alles was damit zusammenhängt sie zwingen, sich nach außen zu betätigen. So kann sie sich dem Überschwang ihrer Stimmung nicht hingeben, was der Reaktion wegen gefährlich wäre. Ich bleibe durch Briefe in leichter Berührung mit ihr: unsere Liebe grünt wieder! Was ich noch tun kann ihre Kraft zu steigern, soll geschehen. Sie in der Verachtung der Menschen und des Allgemeinen zu bestärken, scheint mir hierzu das beste Mittel.

Meine Cordelia!

Noch hat die Aufregung der einzelnen Familien sich nicht zu einem allgemeinen kapitolinischen Gänsegeschnatter vereinigt. Einige Solos hast Du wohl schon aushalten müssen. Stell Dir die ganze Versammlung von Bierphilistern und Kaffeebasen vor – den Vorsitz hat eine Dame, die ein Gegenstück zu dem unsterblichen Präsidenten Lars bei Claudius ist –,stell Dir diese ganze Gesellschaft vor, so hast Du ein Bild und einen Maßstab für das, was Du verloren hast: die gute Meinung guter Leute.

Da schicke ich Dir den berühmten Stich, der den Präsidenten Lars darstellt. Einzeln war das Bild nicht zu haben. So kaufte ich den ganzen Claudius, riß es heraus und warf das übrige weg. Sollte ich Dich beschweren mit einer Gabe, die in diesem Augenblick keine Bedeutung für Dich hat? Sollte ich sparen, da es galt Dir einen Augenblick zu verschönen? Sollte ich zulassen, daß sich in die Situation etwas hineinmischt, was nicht hineingehört? Solche Weitläufigkeit liebt die Natur, liebt der in endlichem Lebensverhältnis geknechtete Mensch; aber Dir, meine Cordelia, in Deiner Freiheit ist das verhaßt.

Dein Johannes

Im Frühjahr sich verlieben, im Spätsommer das Ziel seiner Wünsche erreichen, so ist's am schönsten. Es liegt im Spätsommer eine Wehmut, die ganz dem Gefühl entspricht, mit dem der Gedanke an die Erfüllung eines Wunsches uns durchströmt. Heute war ich selbst auf dem kleinen Landsitz, wo Cordelia in einigen Tagen eine Umgebung finden wird, die mit ihrer Seele harmoniert. Doch wünsche ich nicht an ihrer Überraschung und Freude teilzunehmen; solche erotische Pointen würden ihre Seele nur schwächen. Ist sie allein, so wird sie sich wie in einer verzauberten Welt vorkommen; die Andeutungen und Winke, die sie überall sieht, die Erinnerungen, die vor ihr aufsteigen, versetzen sie in einen ahnungsvollen Dämmerzustand. Bin ich bei ihr, so vergißt sie, daß die Zeit hinter uns liegt, da derartiges in Gemeinschaft genossen Bedeutung hatte. Sie soll nicht narkotisch betäubt werden, sie soll sich über die Situation erheben und das Ganze als ein Spiel betrachten, das nichts ist im Vergleich zu dem, was kommen soll. Ich werde in den nächsten Tagen öfters hinausgehen um mich in Stimmung zu halten.

Meine Cordelia!
Nun nenne ich Dich in Wahrheit „mein"; kein äußeres Zeichen erinnert mich an das, was ich besitze. Bald nenne ich Dich in Wahrheit mein. Und wenn ich Dich dann an meine Brust drücke und Du mich mit Deinen Armen umschlingst – brauchen wir da einen Ring, der uns daran erinnert, daß wir einander gehören? Ist nicht unsere Umarmung ein Ring, der mehr ist als ein Symbol? Und je fester dieser Ring uns umschließt, je enger er uns verknüpft, desto größer die Freiheit; denn Deine Freiheit besteht darin, daß Du mein bist, und meine darin, daß ich Dein bin.

Dein Johannes

Meine Cordelia!
Alpheus verliebte sich auf der Jagd in die Nymphe Arethusa. Sie wollte ihn nicht erhören und floh vor ihm über Länder und Meere, bis sie auf der Insel Ortygia in eine Quelle verwandelt wurde. Darüber trauerte Alpheus so tief, daß er in einen Fluß verwandelt wurde, in Elis im Peloponnes. Aber er vergaß seine Liebe nicht, sondern vereinigte sich mit jener Quelle in der Tiefe des Meeres. Ist die

Zeit der Verwandlungen vorbei? Antwort: Ist die Zeit der Liebe vorbei? Womit sollte ich Dich vergleichen, Du tiefe, reine Seele, die Du keine Verbindung hast mit der Welt, womit könnte ich Dich besser vergleichen als mit einer Quelle? Und habe ich Dir nicht gesagt, daß ich ein Fluß bin, der sich verliebt hat? Und stürze ich mich, nun da wir getrennt sind, stürze ich mich nicht in die Tiefe des Meeres um mich mit Dir zu vereinen? Dort unten finden wir uns wieder, und erst in der dunklen Tiefe gehören wir recht zusammen.

Dein Johannes

Meine Cordelia!

Bald, bald bist Du mein. Die Sonne schließt ihr strahlendes Auge, die Geschichte hört auf, der Mythos beginnt. Ich hülle mich in den Mantel der Nacht, ich eile zu Dir, ich spähe, ich lausche ... Wo bist Du? Deine Fußtritte sehe ich nicht, aber ich höre Dein Herz klopfen.

Dein Johannes

In diesen Tagen, da ich ihr nicht persönlich nahe sein kann, plagt mich manchmal der Gedanke, sie könnte plötzlich von der Sorge um die Zukunft erfaßt werden. Bisher war das nie der Fall; ich wußte sie zu gut ästhetisch zu betäuben. Es gibt nichts so Unerotisches wie dieses Geschwätz über die Zukunft, das wesentlich daraus entspringt, daß man mit der Gegenwart nichts anzufangen weiß. Bin ich bei ihr, so fürchte ich nichts; ich sorge dafür, daß sie Zeit und Ewigkeit vergißt. Wer sich nicht in einen so engen Rapport zu der Seele eines Mädchens setzen kann, daß er das fertigbringt, der muß *nolens volens* auf zwei Gewissensfragen Rede und Antwort stehen: Auf die Frage nach der Zukunft und auf die Frage nach seinem Glauben. Gretchen im *Faust* unterwirft ihren Liebhaber einer solchen kleinen Examination; das ist ganz in Ordnung und geschieht ihm recht: er war so unvorsichtig sich als Ritter aufzuspielen, und gegen einen Angriff dieser Art ist ein junges Mädchen immer gerüstet.

Es ist alles zu ihrem Empfang bereit. Sie wird Ursache haben mein Gedächtnis zu bewundern, oder vielmehr, sie soll nicht Zeit haben es zu bewundern. Nichts ist vergessen, was Bedeutung für sie haben könnte, und doch ist nichts da, was im gemeinen Sinn an mich erinnerte; ich bin unsichtbar und doch allgegenwärtig. Alles ist, wie sie sich's nur wünschen kann. Sitzt man im Zimmer, so sieht man nach beiden Seiten in die Unendlichkeit des Himmels hinein; kein Vordergrund, man ist im weiten Meer der Lüfte. Tritt man ans Fenster, so erhebt sich in der Ferne ein Kranz von Wäldern, der den Horizont abschließt. So soll es sein. Was liebt die Liebe? Den begrenzten Raum. War nicht das Paradies ein Garten? Aber dieser Ring ist zu eng. Darum schmiegt sich zur Rechten ein stiller See anmutig an den Wald. Ein Boot liegt am Ufer. Ein Seufzer aus dem übervollen Herzen, ein Hauch aus der Unruhe des Gedankens ... Es löst sich los und gleitet hin über den Spiegel des Sees, sachte bewegt von dem sanften Wehen ununterbrochener Sehnsucht; man verschwindet in des Waldes geheimnisvoller Einsamkeit, sanft gewiegt von dem atmenden Busen des Sees. Man wendet sich zur anderen Seite. Da breitet das Meer sich aus und zieht den Blick in die unendliche Ferne und die Gedanken fliegen mit, durch nichts aufgehalten. Was liebt die Liebe? Das Unendliche. Was fürchtet die Liebe? Die Grenze ... Neben dem größeren Zimmer ist ein kleineres, ein Kabinett. Ein Teppich, ein Geflecht aus einem eigentümlichen Schilfrohr bedeckt den Boden; vor dem Sofa steht ein kleiner Teetisch, darauf eine Lampe, alles genau wie im Hause Wahl, nur kostbarer. Im größeren Zimmer steht ein Klavier, ganz einfach, ähnlich dem bei Jansens. Es steht offen. Auf dem Notenpulte ist die kleine schwedische Arie aufgeschlagen. Wenn sie in das Zimmer tritt, fällt ihr Blick zugleich auf das Klavier und das Kabinett. In letzterem findet sie auf dem Tische ein Buch, eine deutsche Übersetzung von Apulejus' *Amor und Psyche*. Es ist kein Kunstwerk und soll es auch nicht sein. Man gibt einem Mädchen in einem solchen Augenblick nichts dichterisch Wertvolles. Das ist ja fast eine Beleidigung. Sie ist selbst Dichter genug um die Poesie einzusaugen, die sich unmittelbar im Faktischen verbirgt und die nicht erst vom Gedanken eines anderen verzehrt ist. Das Buch liegt aufgeschlagen auf dem Tisch; sie errät, daß ich darin las, als ich morgens da war. So wird sie auch darin lesen oder mindestens darin blättern; und dann wird sie zwischen den Blättern ein Myrtenzweigchen finden, und wird finden, daß es ein wenig mehr zu bedeuten hat, denn als Buchzeichen zu dienen.

Meine Cordelia!

Was, Furcht!? Wenn wir zusammenhalten sind wir stark, stärker als die Welt, stärker als die Götter. Du weißt, es lebte einmal ein Geschlecht auf Erden, das waren wohl Menschen, aber jeder sich selbst genug und ohne Ahnung von der innerlichen Vereinigung der Liebe. Doch waren sie mächtig, so mächtig, daß sie den Himmel stürmen wollten. Jupiter, der sie fürchtete, nahm ihnen ihre Kraft, indem er aus einem zwei machte, einen Mann und ein Weib. Trifft es sich nun, daß was früher einmal vereint war in Liebe zusammengefügt wird, so ist diese Vereinigung stärker als Jupiter; sie sind nicht bloß so stark wie der einzelne war, sondern noch stärker; denn die Vereinigung der Liebe ist eine noch höhere.

Dein Johannes

d. 24. Sept.

Stille Nacht, bald zwölf Uhr, der Wächter am Tor bläst seinen Segen über das Land hin; vom Blegdamm hallt es wider, er tritt unter das Tor, er bläst noch einmal; wieder hallt es nach, schwächer, wie aus weiter Ferne, alles schläft in Frieden, nur nicht die Liebe. So steht auf, ihr heimlichen Mächte der Liebe, sammelt euch in dieser Brust! Stille Nacht. Ein einsamer Vogel unterbricht die Stille mit seinem Schrei und Flügelschlag: treibt auch ihn die Liebe? *Accipio omen*! Wie bedeutend wird doch die Natur in einem solchen Augenblick! Der Vögel Flug und Schrei, des Fisches Plätschern, wenn er übermütig aus dem Wasser hervorschnellt und wieder in der Tiefe verschwindet, fernes Hundegebell, fernes Wagengerassel, der Schritt eines Wanderers, lang nachhallend, alles wird mir zum Omen. Ich sehe nicht Gespenster in dieser nächtlichen Stunde, ich sehe nicht was war, ich sehe was sein wird ... Des Sees bewegter Busen, des Taues Kuß, des Nebels weiche, heimliche Umarmung, alles wird zum Bild; und ich selbst werde zu einem Mythus von mir selbst, oder ist es nicht wie eine Mythe, daß ich zu dieser Begegnung eile? Wer ich bin, tut nichts zur Sache; alles Endliche und Zeitliche ist vergessen, nur das Ewige bleibt, der Liebe Macht, der Liebe Sehnsucht, der Liebe Seligkeit. Meine Seele ist gestimmt wie ein gespannter Bogen, die Gedanken liegen bereit wie die Pfeile im Köcher, nicht giftig, aber scharf genug um bis zu der Quelle des Lebens durchzudringen. Meine Seele ist stark, gesund, froh, gegenwärtig wie ein Gott ... Ich danke dir, Mutter Natur! Wie hast du sie so schön ausgestattet, so gütig bewahrt! Hab Dank für deine Obhut! Auch euch danke ich, ihr Menschen, denen sie zu danken hat! Ihre Entwicklung ist mein Werk, bald genieße ich meinen Lohn. Wieviel habe ich gearbeitet, um diesen einen Augenblick, der nun bevorsteht, zu bereichern. Tod und Teufel! Wenn ich darum käme!

Noch höre ich meinen Wagen nicht. Da! Peitschenknallen! Das ist er. Fahr zu auf Leben und Tod! Wenn wir am Ziele sind, mögen die Pferde zusammenbrechen! Fahr zu!

d. 25. Sept.

Warum kann eine solche Nacht nicht länger dauern? Konnte *Alektryon* verschlafen, warum kann's die Sonne nicht auch? Doch nun ist es vorbei; ich wünsche sie nicht mehr zu sehen. Wenn ein Mädchen alles hingegeben hat, so hat sie alles verloren. Unschuld ist beim Mann ein negativer Begriff, beim Weib ist es der Gehalt ihres Wesens. Nun ist es mit allem Widerstand vorbei, und nur solange man ernstlichen Widerstand zu überwinden hat, ist es schön zu lieben; hört er auf, so wird die Liebe Schwachheit und Gewohnheit. Ich wünsche nicht an mein Verhältnis zu ihr erinnert zu werden; sie hat den Duft verloren und die Zeiten sind vorbei, da ein Mädchen sich aus Schmerz über einen treulosen Liebhaber in einen Heliotrop verwandelte. Ich will keinen Abschied von ihr nehmen. Widerwärtig sind mir Weibertränen und Weiberbitten; sie verändern alles und ändern doch nichts. Ich habe sie geliebt; aber von nun an kann sie meine Seele nicht mehr beschäftigen. Wenn ich ein Gott wäre, so wollte ich für sie tun, was Neptun für eine Nymphe tat: ich würde sie in einen Mann verwandeln.

Ich möchte wirklich wissen, ob man sich aus einem Mädchen nicht wieder herausdichten könnte, ob man sie nicht so stolz machen könnte, daß sie sich einbildet, sie sei des Verhältnisses müde. Das könnte ein recht interessantes Nachspiel werden, das an und für sich psychologisches Interesse hätte und nebenbei allerlei erotische Beobachtungen zutage fördern dürfte.

ENTWEDER – ODER
Ein Lebensfragment
herausgegeben von Victor Eremita

ZWEITER TEIL
Die Papiere von B

Kopenhagen 1843

Les grandes passions sont solitaires,
et les transporter au désert,
c'est les rendre à leur empire.

(Chateaubriand)

Das ästhetische Recht der Ehe

Lieber Freund!

Die Zeilen, auf die dein Blick zuerst fällt, sind zuletzt geschrieben. Sie sollen mit den ihnen entsprechenden letzten Zeilen die Abhandlung, die ich dir hiermit zustelle, gleichsam umrahmen und dich nachdrücklich darauf hinweisen, wovon du dich im einzelnen immer wieder überzeugen wirst, daß du einen Brief vor dir hast. Daran liegt mir viel. Nicht sowohl, weil die Briefform den flüchtigen Stil, in dem ich schreibe, entschuldigt, sondern weil ich so eindringlich mit dir reden möchte, wie man es nur im Briefe kann. Du verstehst dich zu gut auf die Kunst, über alles in der Welt ganz im allgemeinen zu reden, ohne dich persönlich davon berühren zu lassen, als daß ich dich reizen möchte, die Kunst deiner Dialektik an mir zu erproben. Darum mache ich es mit dir wie Nathan mit dem König David: der König wollte nicht verstehen, daß das Gleichnis auf ihn gemünzt sei; da sagte der Prophet, um sicher zu gehen: der Mann bist du, Herr König. So sage auch ich: der Mann bist du; von dir und immer nur von dir und zu dir rede ich, und ich habe alles getan, dich das keinen Augenblick vergessen zu lassen. So ist, was du da vor dir siehst, in der Tat ein Brief und wird, daran zweifle ich nicht, auf dich wirken als ein Brief. Solltest du Anstoß daran nehmen, daß ich ein so großes Format für mein Schreiben wähle, so laß dir sagen, daß ich als Beamter gewöhnt bin, auf Kanzleibogen zu schreiben. Wenn dadurch mein Schreiben für dich einen gewissermaßen offiziellen Charakter bekommt, so ist mir das nicht unerwünscht.

Der Brief, den du hiermit empfängst, ist ziemlich umfangreich. Auf der Postwaage wird er ziemlich schwer wiegen, auf der Goldwaage einer strengen Kritik wahrscheinlich sehr leicht. Brauche du keine dieser beiden Wagen! Weder die Postwaage, denn du erhältst den Brief nicht zum Weiterbefördern, sondern als ein Depositum; noch die Waage der Kritik, denn das wäre in jedem Sinne ein grobes Mißverständnis.

Wenn irgendein anderer als du diese Untersuchung zu sehen bekäme, so würde er sie wohl ebenso sonderbar wie überflüssig finden. Wäre er verheiratet, so würde er etwa mit der Gemütlichkeit des Familienvaters sagen: ja, ja, die Ehe ist die Ästhetik des Lebens. Wäre er ein junger Mann, so würde er, vielleicht etwas unklar und unüberlegt, ausrufen: Liebe! Ja du bist des Lebens Ästhetik! Aber keiner von beiden würde begreifen, wie ich dazu kommen könne, das ästhetische Ansehen der Ehe retten zu wollen. Ja, vielleicht würde ich mir nicht einmal den Dank der wirklichen und zukünftigen Ehemänner verdienen, sondern mich nur verdächtig machen: *Qui s'excuse, s'accuse.* Aber ich schreibe ja auch nicht für den oder jenen; ich schreibe für dich, für dich, den ich trotz seines bizarren Wesens liebe wie einen Sohn, wie einen Bruder, wie einen Freund, den ich liebe um seiner Heftigkeit, um seiner Leidenschaft, um seiner Schwachheit willen, den ich liebe mit einer ästhetischen Liebe, die des Glaubens lebt, daß deine exzentrischen Bewegungen doch einem Zentrum zustreben, den ich liebe mit dem heiligen Ernst einer religiösen Liebe, die in dir nicht bloß ein ästhetisches Phänomen sieht, sondern eine suchende, irrende Seele. Wenn ich dir zusehe, wie du deine Seitensprünge machst, wie du dich aufbäumst, wie ein wildes Pferd, dich überstürzest und wieder vorwärts stürmst, so vergehen mir alle armseligen pädagogischen Gelüste, so sehe ich nur ein Roß, das noch nicht gezähmt ist. Aber ich sehe auch die Hand, die den Zügel hält, sehe des Schicksals Peitsche, die über deinem Haupte schwebt.

Wenn diese Untersuchung in deine Hände kommt, so wirst du sagen: was, die ästhetische Berechtigung der Ehe will er nachweisen? Das wird schwer halten! Ja, das wird schwer halten, und zwar weil du es bist, den ich überzeugen will. Wie soll ich nur mit dir reden? Ich habe ja die Schwachheit, mir viel von dir gefallen zu lassen. So rede ich vielleicht auch jetzt zu mild mit dir; sollte vielleicht die Autorität besser gebrauchen, die ich, so stolz und unbeugsam du bist, doch über dich habe; sollte mich vielleicht überhaupt über diesen Gegenstand nicht mit dir einlassen. Du bist in mancher Hinsicht ein schlimmer Mensch und um so schlimmer, je mehr man sich mit dir einläßt. Du bist nicht gerade ein Feind der Ehe, aber du mißbrauchst deinen ironischen Blick, dein satirisches Talent dazu, dich über die Ehe lustigzumachen. Ich will dir gerne zugeben, daß du eine scharfe Klinge schlägst und nicht bloß Lufthiebe austeilst, denn du bist ein guter Beobachter. Aber vielleicht ist das eben dein Fehler. Vor lauter Beobachten kommst du nicht zum Leben, kommst du nicht über Anläufe zum Leben hinaus. Du wirst mir entgegnen, daß das doch immer noch besser sei, als auf der Heerstraße der Trivialität einher zu fahren oder sich atomistisch in das Chaos des sozialen Lebens zu verlieren. Nun ja, du hast immer eine Ausrede. Aber, was ich sagen wollte, du bist schon deshalb nicht eigentlich ein Feind der Ehe, weil du dich mit dem Problem überhaupt nur abgibst, um dich lustig darüber zu machen, aber niemals es ernstlich durchdacht hast. Die erste Verliebtheit, das ist dein Fall. Du verstehst es, dich in eine träumerische, hellseherische Liebestrunkenheit zu versenken. Du verbirgst dich in einem wunderfeinen Gespinst von Stimmungen und liegst da auf der Lauer, das genügt dir. Und doch bist du kein Kind; dein Blick hat nicht die unschuldige Neugier des erwachenden Bewußtseins. Daß ein junges Mädchen in einer interessanten Situation dir zulächelt, daß du einen verstohlenen Blick auffängst, so etwas reizt dich; das ist ein Motiv für deine zügellose Phantasie. Du liebst das Zufällige. Du kommst einmal zufällig an einer *table hôte* neben ein hübsches junges Mädchen zu sitzen, dessen Stand, Namen und Alter du natürlich, das ist ja eben die Pointe der Sache, nicht kennst. Sie ist zurückhaltend, wirft dir nicht einmal einen Blick zu. Einen Augenblick bist du im Zweifel, ob das bloß jungfräuliche Sprödigkeit ist, oder ob ein bißchen Verlegenheit mit im Spiel, also für einen feinen Beobachter eine interessante Situation angelegt ist. Sie sitzt einem Spiegel gegenüber, in welchem du sie siehst. Sie wirft einen verschämten Blick hinein, ahnt nicht, daß du da schon auf der Lauer liegst, und errötet über und über, da sie deinem Blick begegnet. Das ist nun etwas für dich. Solch ein Bild nimmst du mit photographischer Schärfe und Schnelligkeit auf und bewahrst es treu im Gedächtnis. Aber wie du siehst: ich übersehe und vergesse so etwas auch nicht, und du, der virtuose Beobachter, entgehst nicht dem tragikomischen Schicksal, selbst Gegenstand der Beobachtung zu werden. Du bist ja auch ein Wesen besonderer Art: bald bist du ein Kind, bald ein alter Mann. Heute denkst du mit ungeheurem Ernst den höchsten wissenschaftlichen Problemen nach und bist bereit dein Leben dafür zu opfern; und ein andermal führst du dich auf wie ein verliebter Geck. An die Ehe denkst du freilich nicht von weitem, hoffentlich bewahrt dich dein guter Genius davor, auf schlüpfrige Wege zu kommen. Manchmal will es mir vorkommen, als ob du nicht übel Lust hättest, ein bißchen Zeus zu spielen. Du bist so vornehm mit deiner Liebe, als ob jedes Mädchen sich glücklich preisen müßte, acht Tage lang deine Geliebte zu sein. Und so treibst du nun deine erotischen Studien im Zusammenhang mit deinen ästhetischen, ethischen, metaphysischen, kosmopolitischen Liebhabereien mit Virtuosität und Grazie, und zum Glück auch mit einer gewissen kindlichen Gutmütigkeit, so daß man dir auch in bedenklichen Fällen nicht ernsthaft böse sein kann. Oft hast du mich, ich gebe es gerne zu, unterhalten, oft aber auch gequält, wenn du mir erzähltest, wie du dich bald da, bald dort in das Vertrauen eines Ehemanns eingeschlichen, um zu sehen, wie tief er in der Eheklemme stecke. Für derartige Experimente hast du allerdings ein ungewöhnliches Talent, und ich leugne nicht, daß es recht amüsant ist, dich erzählen zu hören, die Freude mit anzusehen, die dich ergreift, wenn dir eine hübsche, neue Beobachtung geglückt ist. Aber aufrichtig gesagt: deinem psychologischen Interesse fehlt es am Ernst; es ist im Grund nichts als eine krankhafte Neugier.

Doch zur Sache! Zweierlei betrachte ich als meine Aufgabe: die ästhetische Bedeutung der Ehe nachzuweisen und zu zeigen, wie sich das Ästhetische darin unter den mannigfachen Hindernissen des Lebens durchführen läßt. Auf daß du dich indessen ganz ungestört der Erbauung hingeben kannst, die dir dieser kleine Aufsatz verschaffen möchte, so will ich in einem kleinen polemischen Vorspiel mich mit deinen sarkastischen Bemerkungen auseinandersetzen. Damit aber habe ich dann euch Freibeutern der Liebe meinen Tribut bezahlt und kann ruhig meinem Beruf folgen, meinem Beruf, denn ich kämpfe als Ehemann für die Ehe, *pro aris et focis*. Du kannst dir nicht denken, wie wichtig mir diese Sache ist. So fern mir so etwas sonst liegt: ich wäre wirklich imstand, ein Buch über die Ehe zu schreiben, wenn ich hoffen dürfte, auch nur eine Ehe aus einer Hölle zu erlösen, in die sie sich vielleicht selbst gestürzt hat, oder ein paar Menschen zu helfen, die schönste Aufgabe, die dem Menschen gesetzt ist, zu verwirklichen.

Ich werde gelegentlich auf meine Frau und mein Verhältnis zu ihr exemplifizieren, nicht als ob ich mich unterfinge, unsere Ehe als Idealehe aufzustellen, sondern weil ich zeigen möchte, daß allem, was ich sage, konkrete Erlebnisse zugrundeliegen. Die üblichen „poetischen" Schilderungen haben ja wenig überzeugende Kraft. Du kennst mich und meine Frau seit Jahren. Du findest sie recht hübsch und liebenswürdig. Ich auch; und doch weiß ich recht wohl, daß sie am Morgen nicht so hübsch ist wie am Abend, daß ein gewisser wehmütiger, fast krankhafter Zug in ihrem Gesicht erst im Verlauf des Tages verschwinden muß, damit sich ihre Anmut wirklich geltend machen kann. Auch weiß ich, daß ihre kleine kecke Nase, der Gegenstand so vieler Neckereien, zu klein ist, um eigentlich schön zu sein. Aber ich liebe sie in allen diesen Zufälligkeiten, oder, wenn du willst, Mängeln. Und ich danke Gott von ganzer Seele, daß ich sie liebe und daß sie die einzige und erste ist, die ich je geliebt habe; und ich bitte Gott von ganzem Herzen, daß er mir die Kraft gibt nie eine andere lieben zu wollen. Das ist meine Hausandacht, unsere Hausandacht, denn sie nimmt an allen meinen Gefühlen und Stimmungen teil und verleiht ihnen eine höhere Bedeutung, indem sie teil daran nimmt. Alle, auch die höchsten religiösen Gefühle, werden schließlich matt, wenn man sie immer bloß für sich hat; in ihrer Gegenwart bin ich zugleich Priester und zugleich Gemeinde; und sollte ich einmal so lieblos sein, dies unser höchstes Glück zu vergessen, so undankbar, nicht dafür zu danken, so würde sie mich daran erinnern. Siehst du, mein junger Freund, das sind keine Versuche in der experimentierenden Erotik, das sind nicht die Spielereien der ersten Verliebtheit, wo fast jeder sich und der Geliebten die Frage vorlegt, ob er, ob sie schon einmal geliebt habe. Nein, das ist der Ernst des Lebens, ein Ernst, der das Leben doch nicht kalt, unschön, unerotisch, unpoetisch macht. Wahrhaftig, daß sie mich wirklich liebt, daß ich sie wirklich liebe, das ist mein tägliches Anliegen. Nicht als ob unser Ehebund im Lauf der Jahre nicht eben so fest geworden wäre wie die meisten andern; sondern ich freue mich, unsere erste Liebe immer wieder zu erneuern und das hat für mich ebenso große religiöse wie ästhetische Bedeutung. Denn Gott ist mir nicht so supramundan geworden, daß er sich um den Bund, den er selbst zwischen Mann und Weib gestiftet hat, nicht bekümmern würde, und ich bin nicht so ganz Geist geworden, daß nicht auch die weltliche Seite des Lebens Bedeutung für mich hätte. Auch im Christentum kommt all das Schöne der heidnischen Erotik zu seinem Recht, soweit es sich mit der Ehe verträgt. Jenes Erneuern der ersten Liebe ist nicht bloß ein wehmütiges Zurückschauen, ein poetisches Nacherleben in der Erinnerung, worin allzu leicht die Lebensenergie verloren geht, es ist ein Handeln. Die Zeit kommt ja bald genug, da man sich an der Erinnerung genügen lassen muß, so lang als möglich soll man aus dem frischen Quell des Lebens schöpfen. Du dagegen, von was lebst denn du? Du schleichst dich unbemerkt an die Menschen heran, stiehlst ihnen ihren glücklichsten, ihren schönsten Augenblick, steckst dieses Schattenbild in deine Tasche, wie der lange Mann in *Peter Schlemihl*, und holst es hervor, wenn du magst. Du sagst freilich, daß die Betreffenden dabei nichts verlieren, daß sie oft vielleicht selbst nicht wissen, welches ihr schönster Augenblick ist; du meinst, sie seien dir vielmehr Dank schuldig, weil du sie mit deinen Beleuchtungskünsten und Zauberformeln verklärst und in übernatürlicher Größe erscheinen läßt. Mag sein, daß sie nichts dabei verlieren, obwohl es doch denkbar wäre, daß in dem oder jenem ein Stachel zurückbliebe. Aber du verlierst, du verlierst deine Zeit, deine Ruhe, die Geduld zum Leben, du weißt ja recht gut, wie ungeduldig du bist. Schriebst du mir nicht einmal, daß die Geduld, des Lebens Lasten zu tragen, eine außerordentliche Tugend sein müsse, daß du nicht einmal Geduld zum Lebenwollen habest. Dein Leben löst sich in lauter interessante Einzelheiten auf. Könnte man nur hoffen, daß die Energie, die dich in gewissen Augenblicken durchlodert, Gestalt gewinnen, dein ganzes Leben durchdringen würde, so würde gewiß etwas Großes aus dir werden, denn du bist selbst in diesen Augenblicken verklärt. Es ist eine Unruhe in dir, über der doch hell und klar das Bewußtsein schwebt, alle Kräfte deiner Seele konzentrieren sich auf einen Punkt, dein Verstand entwirft hundert Pläne, und so liegst du in höchster Spannung auf der Lauer; der Angriff mißlingt in irgendeinem Sinn: augenblicklich vermagst du mit deiner geradezu diabolischen Dialektik das Vergangene so zu erklären, daß es dir zur Grundlage eines neuen Operationsplans dienen muß. Du schwebst beständig über dir selbst, und wenn du einen noch so entscheidenden Schritt tust, so behältst du dir immer die Möglichkeit vor, die Sache so zu deuten, daß mit einem Schlage alles verändert ist. Und dazu noch die Macht deiner Stimmung! Dein Auge funkelt oder vielmehr es glüht wie hundert spähende Augen, eine flüchtige Röte eilt über dein Gesicht hin, du verlässest dich felsenfest auf deine Berechnungen und wartest doch mit einer furchtbaren Ungeduld und schließlich, ja, mein lieber Freund, schließlich betrügst du dich selbst: du vermeinst einen Menschen zu fassen in seinem glücklichsten Augenblick und fassest nur dich selbst, deine eigene überspannte Stimmung. Du lebst so potenziert, daß du schöpferisch wirst. Insofern mag es ja wohl sein, daß du anderen nicht schadest. Aber dir selbst schadest du; denn du bist anderen nichts, und so bist du im Grund auch dir selbst nichts. Du sagst wohl, wenn je einer sich im tiefsten Sinne dir anvertrauen würde, so wäre das etwas ganz anderes, nur habest du noch keinen gefunden. Nun, ich will nicht leugnen: es gibt Momente, da regt sich dein Mitgefühl, da schmilzt dein Herz vor Rührung, da wärest du bereit, alles für einen anderen zu opfern; und wenn du dann dem Bittenden gibst, so gibst du auf eine schöne Art. Und doch habe ich den Eindruck, daß sich hinter all dem eine gewisse Vornehmheit versteckt. Ich will dich nicht auf einzelne exzentrische Äußerungen festlegen; aber es kann nichts schaden, wenn ich dich an eine kleine Begebenheit aus deinem Leben erinnere. Du erzähltest mir einmal, wie du auf einem Spaziergang hinter zwei armen Frauen hergingst, ich kann die Situation natürlich nicht so anschaulich schildern wie du, als du ganz erfüllt von dem Erlebnis zu mir heraufstürztest. Es waren zwei Frauen aus dem Armenhaus, die vielleicht einmal bessere Tage gesehen hatten; aber das lag weit hinter ihnen, und das Armenhaus ist gerade nicht der Ort, wo man Hoffnungen großzieht. Die eine nahm eine Prise, bot der anderen ihre Dose an und sagte: ach, wer doch fünf Taler hätte! Sie war vielleicht selbst überrascht über diesen kühnen Wunsch. Du aber nahmst rasch einen Schein aus deinem Portefeuille, verstecktest ihn in der Hand, damit sie nicht zu früh etwas ahne und die Situation nicht ihre Spannung verliere, tratst auf sie zu, gabst ihr das Geld mit einer fast untertänigen Höflichkeit, wie sie sich für einen dienstbaren Geist geziemt, und verschwandest. Das ist nun eines von deinen Experimenten. Auf was es dir eigentlich dabei ankommt, das sind die Reflexionen, die sich aus einem derartigen Erlebnis heraus spinnen lassen. Mit Genuß vertiefst du dich in den Gedanken, welchen Eindruck die Erfüllung ihres Wunsches auf jene Frau gemacht haben könnte: ob sie eine göttliche Schickung darin sah, oder ob sie, verhärtet durch mancherlei Leiden, den Gedanken an die Vorsehung, die hier so ganz als Zufall erschien, nicht vielmehr mit Verachtung von sich wies. Du vertrautest mir damals auch an, daß der Fall dich zu der Frage angeregt habe, ob eine solche zufällige Erfüllung eines zufällig geäußerten Wunsches einen Menschen nicht geradezu in Verzweiflung stürzen könne, weil dadurch die Realität des Lebens im Grund negiert werde. Sehr interessant, gewiß! Besonders auch deshalb, weil du hier selbst zugibst, daß deine Experimente für andere doch auch recht gefährlich werden können. Jene Frau hat freilich ihre ersehnten fünf Taler; aber wer weiß, ob diese fünf Taler nicht der Anlaß für sie werden, Gott zu fluchen, wie Hiobs Weib ihrem Mann es riet? Du sagst, solche Folgen ständen nicht in deiner Macht; man könne überhaupt nicht mehr handeln, wenn man alle Folgen vorausberechnen wolle. Freilich kann man. Man muß nur nicht Schicksal spielen wollen, wozu du unbeständiges, launisches Wesen ebensoviel Lust wie Begabung hast. Sieh, da bin ich viel bescheidener, begnüge mich mit einer weniger vornehmen Rolle im Leben. Ich hätte jener Frau die fünf Taler vielleicht auch gegeben, wenn ich sie gehabt hätte. Aber für mich wäre die Sache kein Experiment gewesen; ich hätte mich als das geringe Werkzeug einer göttlichen Vorsehung gefühlt, die, wie ich glaube, alles zum besten wendet, und so wäre ich jeglicher Verantwortung quitt gewesen. Dir aber könnte eines deiner Experimente einmal teuer zu stehen kommen. Es könnte dir einmal passieren, daß dein Scharfsinn, deine krankhafte Spitzfindigkeit dich in einen Kreis von Konsequenzen hineinhexte, aus dem du dich vergebens herauszuarbeiten suchst. Vielleicht wirst du noch einmal Himmel und Erde in Bewegung setzen, wirst, bei deiner Leidenschaftlichkeit könnte dir so etwas schon einfallen, alle deine großen Pläne, deine Studien, alles, was dir sonst wichtig ist, aufgeben und nur dem Gedanken leben, jenes arme Weib wiederzufinden, um dir Rechenschaft zu geben von dem Eindruck, den sie empfangen hat, um zu sehen, „wie sie am besten beeinflußt werden könnte“. So suchst du in gewissem Sinn zu büßen, was du verbrochen hast; aber zugleich zeigt es sich, daß du nicht weißt, was du willst, daß du keine Lebensaufgabe hast: du willst Herrgott und Schicksal zugleich sein, und das bringt unser Herrgott selbst nicht fertig, denn er ist nur das eine. Und kurzum: du magst dich anstellen wie du willst, dir fehlt eben der Glaube! Statt alles in

Gottes Hand zu legen und so deine Seele zu retten, statt den geraden Weg zu gehen, machst du einen unendlichen Umweg, der dich vielleicht nie zum Ziele führt. Du wirst nun wahrscheinlich sagen: „Da braucht man ja überhaupt nicht zu handeln." Darauf erwidere ich: doch, aber erst, wenn du die Vergewisserung hast, daß du *deinen* Platz in der Welt gefunden hast, auf den du deine Wirksamkeit konzentrieren sollst; so ins Blaue hinein zu handeln, wie du es tust, das grenzt ja an Wahnwitz. Du fährst fort: „Aber wenn ich die Hände in den Schoß lege und Gott sorgen lasse, so ist der Frau nicht geholfen." Ich antworte: vielleicht, aber *dir* ist geholfen, wenn du im Glauben deine Seele gewinnst, statt sie in frivolem Experimentieren mit dem Leben zu verlieren, und gewiß ist auch dem Weib geholfen, wenn sie Gott vertraut. Angenommen, du machst dich wirklich auf die Sohlen, wanderst in die Welt hinaus, um jene Frau zu suchen, und vergeudest deine Zeit und deine Kraft: siehst du nicht, daß du so um alles Wirken im größeren Stil kommst, fürchtest du nicht, daß das dir später schwer aufs Herz fallen könnte? Wie gesagt, Laune ist dein Wesen und Treulosigkeit. Freilich sieht es aus, als ob zu einem solchen Unternehmen eine ungewöhnliche Treue gehörte und du wirst nicht verfehlen darauf hinzuweisen, daß dich ja kein egoistisches Motiv treibe, daß du kein Liebhaber seist, der seiner Geliebten nachreise, daß die reine Sympathie dich leite. Da haben wir wieder deine gewöhnliche, empörende Frechheit. Die Liebe nennst du Egoismus, alles, was durch göttliche und menschliche Gesetze etabliert ist, verachtest du, und um dich frei davon zu halten, haschest du nach dem Zufälligen; und was deine Sympathie betrifft, so ist es freilich reine Sympathie, für dein Experiment nämlich. Du vergißt, daß deine Existenz in dieser Welt doch unmöglich bloß auf das Zufällige gegründet sein kann, und indem du das Zufällige zur Hauptsache machst, vergißt du, was du deinen Nebenmenschen schuldig bist. Nebenmenschen! Ich kann mir denken, wie dieses Wort deine Sophisterei und Ironie in Bewegung setzt. Du wirst sagen, du seist nicht so groß angelegt, um dir einzubilden, daß du für das Ganze wirken könnest, das überlassest du bedeutenderen Leuten; wenn du bloß, für etwas ganz einzelnes wirken könnest, dann seist du schon zufrieden. Lüge über Lüge! Du willst ja gar nicht wirken, du willst experimentieren, und von diesem Gesichtspunkt aus betrachtest du alles. Alles Wirken fordert nur deinen Spott heraus, wie du ja einmal von einem Mann, der eine Null war und auf lächerliche Weise ums Leben kam, sagtest, nun habe er doch nicht umsonst gelebt.

Wie gesagt, Schicksal willst du spielen, das ist's. Und nun halte einen Augenblick inne! Ich will dir keine Predigt halten, aber es gibt einen Ernst, dem du, das weiß ich, eine tiefe Achtung nicht versagst; und wer die Kraft hat, ihn in dir zu wecken, oder Vertrauen genug zu dir, um ihn in deiner Gegenwart zu bezeugen, der wird in dir einen ganz anderen Menschen entdecken. Denke dir, um nach dem Höchsten zu greifen, denke dir, daß der allmächtige Schöpfer aller Dinge, daß Gott im Himmel sich den Menschen zu einem Rätsel machen und das ganze Menschengeschlecht in einer furchtbaren Ungewißheit schweben lassen wollte, würde sich da nicht in deinem Innern etwas gegen diesen Gedanken empören, würdest du einen Augenblick eine solche Qual, den Druck eines so fürchterlichen Rätsels aushalten können? Aber er, der doch wohl das stolze Wort brauchen könnte: was geht der Mensch mich an? Er will das nicht. Und wenn ich sage, daß Gott unbegreiflich ist, so erhebt sich meine Seele zum höchsten Flug, und gerade im glückseligsten Augenblick spreche ich: unbegreiflich ist er, denn seine Liebe ist unbegreiflich, unbegreiflich ist er, denn seine Liebe ist höher als alle Vernunft. Unbegreiflich, als Prädikat Gottes bezeichnet das das Höchste; als Prädikat eines Menschen bezeichnet es immer einen Fehler, oft eine Sünde. Christus hielt es nicht für einen Raub Gott gleich zu sein, sondern erniedrigte sich selbst; und du willst die Gaben des Geistes, die dir gegeben sind, als einen Raub davontragen? Bedenke doch, dein Leben geht hin, und es kommt einmal die Zeit, da liegt dein Leben abgeschlossen hinter dir, und du hast keine Möglichkeit mehr, irgend etwas zu wirken; da bleibt nur noch die Erinnerung, aber nicht die Erinnerung, die du so sehr liebst, diese Mischung von Dichtung und Wahrheit, sondern die ernste, treue Erinnerung des Gewissens. Fürchtest du nicht, daß sie dir eine Liste aufrollen wird, eine Liste nicht von Verbrechen, aber von verspielten Möglichkeiten, unheimliche Schattenbilder, die du vergebens zu verscheuchen suchst. Noch bist du jung, die geistige Behendigkeit, die dir eignet, steht der Jugend gut und gewährt wohl eine Zeitlang einen ergötzlichen Anblick. Möchte sie dir nicht zum Verhängnis werden! Du hast etwas von einem Clown, der mit seinen kecken Bewegungen und Drehungen alle Gesetze menschlichen Gehens und Stehens aufhebt; so kannst du, im geistigen Sinn, ebensogut auf dem Kopf wie auf den Beinen stehen, und jede Bewegung ist dir möglich, und mit dieser Möglichkeit überraschest du andere und dich selbst. Aber es ist ein ungesundes Treiben, und um deiner eigenen Gemütsruhe willen bitte ich dich, sieh zu, daß, was du für eine glückliche Eigenschaft hältst, nicht schließlich ein Fluch für dich werde. Wer eine Überzeugung hat, kann sich nicht nach Belieben drehen und wenden und bei jeder Gelegenheit seinen Purzelbaum schlagen. Ich warne dich, nicht vor der Welt, sondern vor dir selbst, und ich warne, ich sage dir's offen, ich warne die Welt vor dir. Und hätte ich eine Tochter in dem Alter, wo sie einer Einwirkung von deiner Seite zugänglich wäre, so würde ich sie nachdrücklich vor dir warnen, und um so nachdrücklicher, wenn sie geistig begabt wäre. Muß ich doch von mir selbst zugestehen, und ich bin doch ebenso fest und beständig wie du beweglich und schillernd, ich fühle manchmal mit einem gewissen Unwillen, daß du mich betörst, und daß ich mich von deiner Ausgelassenheit, von dem scheinbar gutmütigen Witz, mit dem du über alles spottest, hinreißen lasse in diesen ästhetisch-intellektuellen Rausch, in dem du lebst. Ich fühle deshalb wohl manchmal eine gewisse Unsicherheit dir gegenüber und bin wohl bald zu streng, bald zu nachgiebig. Das ist ja auch kein Wunder; denn du bist gleichsam ein Inbegriff aller Möglichkeit, und so muß man in dir bald die

Möglichkeit deines Untergangs, bald die Möglichkeit deiner Rettung sehen. Du verfolgst jede Stimmung, jeden Gedanken, gut oder schlecht, fröhlich oder traurig, bis zu seiner äußersten Grenze; aber mehr in *abstracto* als in *concreto*, so daß diese Verfolgung bloß eine Stimmung ist, aus der nichts anderes resultiert als ein Bewußtsein dieser Stimmung, und nicht so viel, daß es dir das nächste Mal schwerer oder leichter würde, dich derselben Stimmung wieder hinzugeben; die Möglichkeit dazu behältst du dir immer vor. Man kann dir deshalb fast ebensogut alles und gar nichts vorwerfen, denn bei dir ist alles und ist doch nichts. Je nach Umständen bekennst du dich zu einer Stimmung oder nicht; aber als Schicklichkeit läßt du dir sie schlechterdings nicht zurechnen; daß du sie vollständig und pathetisch wahr erlebt hast, darauf allein kommt es dir an.

Doch zu unserem Thema! Das ästhetische Recht der Ehe zu untersuchen könnte recht unnötig erscheinen: bestreitet es denn irgendjemand? Ist es nicht oft genug bewiesen worden? Jahrhundertelang haben Ritter und Abenteurer die unglaublichsten Mühen und Beschwerden erduldet, um schließlich in den Hafen einer glücklichen Ehe einzulaufen; jahrhundertelang haben Romanschreiber und Romanleser sich durch Bände und Bände durchgearbeitet bis zu einer glücklichen Ehe; ein Geschlecht um das andere hat wieder und wieder vier Akte lang Nöte und Verwicklungen aller Art geduldig über sich ergehen lassen, wenn nur der fünfte Akt eine glückliche Ehe versprach. Indessen ist mit all diesen ungeheuren Anstrengungen wenig für die Verherrlichung der Ehe getan, und es ist zweifelhaft, ob die Leser solcher Liebesgeschichten etwas gelernt haben für die Aufgabe, die die Ehe stellt. Denn das Verderbliche und Ungesunde aller dieser Geschichten ist, daß sie da aufhören, wo sie anfangen sollten. Nachdem sie viele Leiden überstanden haben, sinken sich die Liebenden in die Arme, der Vorhang fällt, die Geschichte ist aus, der Leser so klug wie vorher. Daß einer mit all seiner Kraft um den Besitz eines Gutes kämpft, das er für das höchste und einzige hält, das will ja nicht viel heißen; dazu gehört weiter nichts, als daß er zum ersten Male ordentlich verliebt ist. Aber die Abspannung zu überwinden, die so oft der Erfüllung eines Wunsches folgt, das ist schwer; dazu gehört Besonnenheit, Weisheit, Geduld. Es liegt in der Natur der ersten Liebe, daß sie nicht genug Nöte ausstehen kann um den Besitz des geliebten Gegenstandes, ja sie wird, wenn keine Gefahren da sind, sich welche schaffen, bloß um sie zu bestehen. Darauf ist ihre ganze Aufmerksamkeit gerichtet, und sobald die Gefahren bestanden sind, so weiß der Maschinenmeister Bescheid. Daher sieht man selten eine Hochzeit dargestellt, außer in Opern oder Balletten, wo ein solches Fest zu allerlei dramatischem Gallimathias Anlaß gibt, zu prachtvollen Aufzügen, vielsagenden Gestikulationen, Augenverdrehen, Ringwechsel usw. Bei all diesen Geschichten liegt das Ästhetische in Wahrheit darin, daß die Liebe als Streben gesetzt ist, daß das Gefühl sich gegen einen Widerstand durchsetzt. Das Verfehlte ist dabei, daß dieser Kampf, diese Dialektik ganz äußerlich bleibt, und daß die Liebe ebenso abstrakt aus diesem Kampf hervorgeht wie sie in ihn eintrat. Erwacht erst einmal die Vorstellung von der eigenen Dialektik der Liebe, die Vorstellung von ihrem pathologischen Kampf, von ihrem Verhältnis zum Ethischen, zum Religiösen, so hat die Liebe genug zu tun auch ohne hartherzige Väter, Jungfernbauer, verzauberte Prinzessinnen, Kobolde und Ungeheuer. In unserer Zeit findet man jene grausamen Väter seltener; die neuere Literatur, soweit sie die Liebe in dieser Weise behandelt, ersetzt sie durch das Geld, das nun das Widerstandsmedium wird, gegen welches die Liebe sich bewegt. Auch heute noch arbeitet man sich durch vier Akte hindurch, wenn begründete Aussicht vorhanden ist, daß im fünften ein reicher Onkel stirbt.

Im übrigen beschäftigt sich die neuere Literatur viel mehr damit, die Liebe in der abstrakten Unmittelbarkeit, wie sie in der Romanwelt auftritt, lächerlich zu machen. Ich brauche dich da ja bloß an Scribe zu erinnern, für den du nur allzuviel Sympathie hast, wenigstens würdest du seine Polemik gegen die ganze Welt verfechten, wenn du dir auch für dich selbst die ritterliche Liebe vorbehältst; es fehlt dir nämlich ganz und gar nicht an Gefühl, du bist sogar auf dein Gefühl eifersüchtiger als irgendein Mensch, den ich kenne. Du sandtest mir einmal eine kleine Kritik über Scribes *Erste Liebe*, und die war mit einem beinahe verzweifelten Enthusiasmus geschrieben. Du stelltest darin den Satz auf, daß dieses Stück das Beste sei, was Scribe überhaupt geschaffen habe und daß es, richtig verstanden, allein schon genüge, ihn unsterblich zu machen. Nun, Scribes Hauptthema ist: die Liebe, eine Illusion. Er zersetzt die Liebe, wie überhaupt die neuere Poesie eine merkwürdige Neigung zum Zersetzen hat; und von der Liebe lebt sie schon so lange, daß sie sie beinahe verzehrt hat. Unsere Zeit erinnert darin stark an die Auflösung des griechischen Staates: alles besteht noch, aber niemand glaubt mehr daran. Das unsichtbare, geistige Band, das dem Bestehenden Recht und Halt gibt, ist verschwunden, und so ist unsere Zeit zugleich komisch und tragisch; tragisch, weil sie untergeht, komisch, weil sie besteht; denn es ist doch immer das Unvergängliche, das das Vergängliche, das Geistige, das das Körperliche trägt; könnte man sich vorstellen, daß ein entseelter Körper noch eine Zeitlang seine gewöhnlichen Funktionen verrichten könnte, so wäre das zugleich komisch und tragisch. Doch mag unsere Zeit fortfahren zu zersetzen! Je mehr sie von dem substantiellen Gehalt, der in der romantischen Liebe liegt, verzehrt, mit um so größerem Schrecken wird es ihr eines Tages zum Bewußtsein kommen, was sie verloren hat; und dann wird sie sich verzweifelt unglücklich fühlen.

Laßt uns nun sehen, was eine Zeit, welche die romantische Liebe vernichtet hat, besseres an ihre Stelle zu setzen weiß. Zuerst will ich aber doch die romantische Liebe definieren. Man könnte mit einem Wort sagen, sie ist unmittelbar: „Sie zu sehen und lieben war eins; und obwohl sie ihn nur ein einziges Mal durch eine Ritze in der Mauer des Jungfernbauers gesehen hatte, so liebte sie ihn doch von diesem Augenblick an, ihn allein in der ganzen Welt.“ Ich sollte nun eigentlich hier einige polemische Ergüsse anbringen, um bei dir die Sekretion von Galle zu befördern, die eine notwendige Bedingung ist für eine gesunde und ersprießliche Zueignung dessen, was ich dir zu sagen habe. Ich kann mich aber dazu nicht entschließen, einmal, weil solche Dinge in unserer Zeit doch ziemlich trivial klingen, aufrichtig gesagt ist es mir unbegreiflich, daß du in dieser Hinsicht mit dem Strom schwimmst, du, der du doch sonst so aristokratisch bist, dann aber, weil ich mir wirklich etwas wie einen Glauben an die Wahrheit dieser Liebe auf den ersten Blick bewahrt habe und stets mit einer gewissen Ehrfurcht, in die sich etwas Wehmut mischt, daran denke. Ich will daher nur das Leitmotiv deiner Polemik anspielen. Du hast einmal einen kleinen Aufsatz geschrieben: *Empfindsame und unbegreifliche Sympathien oder zweier Herzen prästabilierte Harmonie.* Sieh, das ist's! dasselbe, was Goethe mit einem glücklichen, der Bildersprache der Natur entnommenen Wort als Wahlverwandtschaft bezeichnet und in seinen *Wahlverwandtschaften* mit so großer Kunst dargestellt hat. Allerdings hat er die Auswirkung dieser Anziehungskraft in eine Sukzession von Momenten zerlegt (vielleicht, um auf den Unterschied zwischen dem Leben des Geistes und dem Leben der Natur hinzuweisen), und so hat er diese heiße Eile nicht hervorgehoben, diese verliebte Ungeduld und schlafwandlerische Sicherheit, womit das Zusammengehörige sich zusammenfindet. Ist es nicht schön sich vorzustellen, daß zwei Wesen füreinander bestimmt sind? Wie oft fühlt man doch den Drang, über das historische Bewußtsein hinauszugehen, wie oft quält uns eine Sehnsucht, ein Heimweh nach dem Urwald, der hinter uns liegt! Und bekommt diese Sehnsucht nicht doppelte Bedeutung, wenn sich der Gedanke an ein anderes Wesen damit verknüpft, das auch in jenen Gegenden seine Heimat hat? Jede Ehe, auch eine, die nach reiflicher Überlegung eingegangen worden ist, hat darum wenigstens in einzelnen Augenblicken das Bedürfnis, sich einen solchen Hintergrund zu geben. Und ist es nicht schön, daß der Gott, der Geist ist, zugleich die irdische Liebe liebt? Ich weiß wohl, daß in diesen Dingen sich Eheleute viel vormachen, und ich gebe gerne zu, daß deine Beobachtungen in dieser Richtung mich oft amüsiert haben; aber darum darf man doch nicht übersehen, was wahr daran ist. Und wenn dieser oder jener meint, es sei am Ende doch besser, sich seine Lebensgefährtin ganz frei zu wählen, so ist das nur der superkluge Einfall eines bornierten Menschen, der nicht ahnt, daß die romantische Liebe in ihrer Genialität frei ist, und daß gerade diese Genialität das Große daran ist.

Die romantische Liebe ist unmittelbar, sofern sie in der Naturnotwendigkeit ruht. Ihr Naturgrund ist die Schönheit; die rein sinnliche Schönheit, oder eine Schönheit anderer Art, die durch das Sinnliche durchscheint, durch das Sinnliche hindurch anspricht, ohne doch durch Reflexion von dem Sinnlichen gesondert zu werden. Obwohl also diese Liebe auf dem Sinnlichen beruht, wird sie doch veredelt durch das Bewußtsein der Ewigkeit, das sie in sich aufnimmt: daß sie an ihre Ewigkeit glaubt, das trennt ja die Liebe von der Wollust. Die Liebenden sind im Innersten davon überzeugt, daß ihr Verhältnis ein in sich ruhendes Ganzes ist, das sich nie verändern kann. Allein, da diese Überzeugung sich nur auf ein Naturverhältnis gründet, so ist das Ewige auf das Zeitliche gestellt und hebt sich damit selbst auf; und da diese Überzeugung keine Probe bestanden, keine höhere Begründung gefunden hat, so erweist sie sich als eine Illusion und ist deshalb so leicht lächerlich zu machen. Man sollte damit aber doch nicht so rasch bei der Hand sein, und wirklich widerlich sind in der neueren Komödie diese sachverständigen, intriganten, weichlichen Weiber, die so gut wissen, daß die Liebe eine Illusion ist. Es gibt für mich kaum etwas Abscheulicheres als ein solches Frauenzimmer, und ein junges, liebefähiges Mädchen in den Händen einer solchen Person zu sehen, empört mich mehr als die schlimmste Ausschweifung; und ich möchte noch lieber sie in den Klauen eines Verführers mir denken. Ein Mann, der mit allem Substantiellen im Leben fertig ist, das ist ein trauriger Anblick; aber eine Frau auf diesem Abweg ist fürchterlich.

Die romantische Liebe hat, wie schon angedeutet, eine Analogie mit dem Sittlichen durch das wenn auch illusorische Ewigkeitsbewußtsein, das sie veredelt und aus dem Reich der bloßen Sinnlichkeit heraushebt. Das Sinnliche ist nämlich das Momentane; die Sinnlichkeit sucht die augenblickliche Befriedigung, und je mehr sie verfeinert ist, desto besser weiß sie den Augenblick des Genusses zu einer kleinen Ewigkeit zu erweitern. Erst die wahre Ewigkeit in der Liebe, die auch die wahre Sittlichkeit ist, erlöst daher eigentlich die Liebe von dem Fluch des Sinnlichen. Aber diese wahre Ewigkeit kommt nur zustande durch eine Willensbestimmung, doch davon später mehr. Unsere Zeit hat die Schwächen der romantischen Liebe wohl erkannt und hat uns mit ihrer ironischen Polemik gegen dieselbe oft ganz gut unterhalten. Aber hat sie dem Übel abgeholfen? Hat sie die romantische Liebe durch etwas Besseres ersetzt? Soviel ich sehe hat sie zwei Wege eingeschlagen, von denen der eine sich auf den ersten Blick als ein Abweg erweist, als ein Abweg ins Unsittliche; der andere Weg ist respektabler, aber wer ihn geht, verliert doch, glaube ich, das eigentlich Wertvolle der Liebe. Wenn nämlich die Liebe auf dem Sinnlichen beruht, so ist ja für jeden ohne weiteres klar, daß jene unmittelbare ritterliche Treue eine Torheit ist. Was Wunder, daß die Frauen sich emanzipieren wollen, auch eine der vielen unschönen Erscheinungen unserer Zeit, an denen der Mann schuldig ist. Das Ewige in der Liebe macht man zum Gegenstand des Spottes und hält sich an das Zeitliche, das man dann raffiniert genießt in sinnlicher Ewigkeit, in dem ewigen Augenblick der Umarmung. Und das gilt nicht bloß für den oder jenen Verführer, der als ein Raubtier in der Welt umherschleicht, das gilt leider für viele höchst begabte Menschen, und nicht nur Byron erklärt die Liebe für den Himmel, die Ehe für die Hölle. Man sieht, hier ist eine Reflexion im Spiel, etwas wovon die romantische Liebe nichts weiß; sie nimmt die Ehe gern mit in Kauf und die Trauung ist für sie eine schöne Feier, die aber in ihrer eigentlichen Bedeutung nicht erfaßt wird. Auf Grund dieser Reflexion stellt man nun mit einer geradezu fürchterlichen Konsequenz und Verhärtung des Denkens eine neue Definition der unglücklichen Liebe auf; danach besteht die unglückliche Liebe nicht darin, daß man liebt ohne Gegenliebe zu finden, sondern darin, daß man geliebt wird, wenn man selbst nicht mehr liebt. Wüßte der, der diesen Gedanken ausspricht, welch tiefer Sinn darin steckt, er würde schaudern, denn er enthält nicht nur Erfahrung, Klugheit, Raffinement, sondern auch eine Ahnung davon, daß es ein Gewissen gibt. Der Moment ist für diese Art von Liebe alles; und der Liebhaber ist frech genug, dem unglücklichen Mädchen, das nur *einmal* lieben konnte, zu sagen: *so* viel verlange ich ja gar nicht, ich bin mit weniger zufrieden; es fällt mir gar nicht ein, von dir zu fordern, daß du mich in alle Ewigkeit liebst, wenn du mich bloß in dem Augenblick liebst, da ich dich begehre. Ein solcher Mensch weiß recht gut, daß das Sinnliche vergänglich ist und zugleich weiß er, welches der schönste Augenblick ist, und damit ist er zufrieden. Natürlich ist diese ganze Richtung absolut unsittlich; und das ist sie auch, wenn man ihr ein anständigeres Mäntelchen umhängt, wie das manchmal geschieht. Da beschränkt man sich dann nicht auf den einzelnen Augenblick, sondern erweitert ihn zu einem größeren Zeitraum; aber man nimmt das Ewige nicht in das Bewußtsein auf, sondern das Zeitliche, oder man verknüpft das Ewige mit der Vorstellung von einer möglichen Veränderung in der Zeit und verwickelt sich so in einen Widerspruch. Eine Zeitlang, meint man, könne man schon zusammenleben; aber man hält sich den Ausweg offen, noch einmal zu wählen, wenn sich eine glücklichere Wahl bietet. So wird die Ehe zu einer bürgerlichen Einrichtung: man braucht bloß der betreffenden Behörde zu melden, daß man die eine Ehe gelöst und eine neue eingegangen hat, wie man meldet, daß man umgezogen ist. Ob dem Staat damit gedient ist, weiß ich nicht; für den einzelnen bliebe es immer eine sonderbare Sache. Darum hat man auch, trotz der gegenwärtigen Vorliebe für solche Gedanken, noch nicht gewagt, damit Ernst zu machen. Es würde doch auch eine unglaubliche Frechheit dazu gehören (das Wort ist wirklich nicht zu stark), besonders bei den weiblichen Teilnehmern einer solchen Verbindung, und ein an völlige Verderbtheit grenzender Leichtsinn. Indessen gibt es eine ganz andere geistige Disposition, die zu dieser Auffassung der Liebe kommen kann, und von ihr will ich jetzt sprechen, weil sie sehr charakteristisch für unsere Zeit ist, ich meine die *egoistische* oder *sympathetische* Schwermut. Man hat schon so viel vom Leichtsinn unserer Zeit gesprochen; mir scheint, wir hätten Ursache auch einmal von ihrer Schwermut zu reden, und ich möchte glauben, daß dadurch manches Problem erklärt werden könnte. Schwermut, das ist die Krankheit unserer Zeit, und sie erklingt noch in ihrem leichtsinnigen Lachen; sie hat uns den Mut geraubt zu befehlen und zu gehorchen, die Kraft zu handeln, den Glauben, die Hoffnung. Die guten Philosophen lehren uns, das Leben möglichst intensiv zu leben, ach, wir ersticken in dieser Intensität. Der Augenblick soll alles sein; was Wunder, daß man in unaufhörlicher Angst, die Gegenwart zu verlieren, sie wirklich verliert. Nun ist es wohl wahr, daß man sich nicht einer flüchtigen Hoffnung hingeben soll, denn damit erreicht man die Sterne nicht; aber, um wirklich genießen zu können, muß man Luft haben. Es gibt nicht nur eine Enge des Kummers, sondern auch eine Enge der Freude. Wohl verliert unter freiem, offenem Himmel der Genuß etwas von der Intensität, die seine eingepreßte Glut erreichen kann; aber damit ist am Ende nicht viel verloren: es ist auch der intensive Genuß, der die Straßburger Gänse das Leben kostet. Doch lassen wir das! Über den Genuß und wie ein intensiverer Genuß zu erreichen, brauche ich dich ja nicht zu belehren. Du, *cui di dederunt formam, divitias, artemque fruendi*, bist darin virtuos. Wenn das Genießen die Hauptsache im Leben wäre, so würde ich mich dir zu Füßen setzen, um von dir zu lernen. Bald verwandelst du dich in einen alten Mann und genießest, was du erlebst hast, in langsamen Zügen aus dem Becher der Erinnerung, bald erglühst du in der Hoffnung der ersten Jugend, bald genießest du als Mann, bald als Weib, bald unmittelbar, dann wieder die Reflexionen über den Genuß, dann die Reflexionen über den Genuß anderer, dann die Enthaltung vom Genuß. Heute bist du lauter Hingebung, dein Sinn ist offen, zugänglich wie eine Stadt, die kapituliert hat, die Reflexionen sind verstummt, die Schritte des Fremden hallen wieder in den leeren Gassen, und doch ist immer noch ein Beobachtungsposten da. Morgen verschließt sich dein Sinn und du verschanzest dich auf unzugänglicher, steiler Höhe... Sage mir, siehst du nicht, wie egoistisch dein Genuß ist, siehst du nicht, daß du dich nie hingibst, daß du immer genießest, aber dich nie genießen läßt? Du kannst freilich über die Menschen spotten, an denen jeder Genuß zehrt, über die Liebenden mit zerrissenen Herzen, denn du verstehst dich vortrefflich auf die Kunst, dich so zu verlieben, daß die Liebe zum Relief deiner Persönlichkeit wird. Du weißt, daß man am intensivsten genießt, wenn man den Genuß mit dem Bewußtsein festhält, daß er im nächsten Augenblick vielleicht verschwindet. Darum hat dir das Finale im *Don Juan* so sehr gefallen. Verfolgt von den Gerichten, von der ganzen Welt, von Lebenden und Toten, allein in einem abgelegenen Zimmer sammelt er noch einmal die ganze Kraft seiner Seele, schwingt noch einmal den Pokal und erfreut noch einmal sein Herz an den Klängen der Musik.

Doch zurück zu meinem Thema! Ich meine also, daß egoistische oder sympathetische Schwermut zu dieser rein ästhetischen Anschauung der Liebe kommen kann. Ist sie egoistisch, so fürchtet sie natürlich für sich selbst und ist wie alle Schwermut genußsüchtig. Sie hat eine gewisse überspannte Ehrfurcht, ein heimliches Grauen vor einer Verbindung fürs ganze Leben. „Auf was kann man sich verlassen? Alles kann sich verändern; vielleicht wird sich auch dieses Wesen verändern, das ich nun anbete; vielleicht bringt mich das Schicksal später mit einem andern Wesen in Verbindung, das erst in Wahrheit das Ideal ist, von dem ich geträumt habe." Sie ist trotzig, wie alle Schwermut, und ist sich dessen bewußt, „könnte es nicht sein, so spricht sie, daß ein Wesen, das ich jetzt liebe, mir unerträglich wird, wenn ich durch ein unauflösliches Band mit ihr verknüpft bin, könnte es nicht sein, daß ..." usw. Die sympathetische Schwermut ist edler gesinnt und hat mehr zu leiden; sie fürchtet für den anderen. „Weiß ich, ob ich mich nicht in kurzer Zeit verändere, ob nicht das Gute, das in mir ist, verschwindet? Was die Geliebte jetzt an mich fesselt, was ich um ihretwillen behalten möchte, kann es nicht eines Tages von mir genommen werden? Und nun steht sie da, getäuscht, betrogen; vielleicht erscheint ihr irgendeine glänzende Aussicht, sie wird versucht, sie besteht die Versuchung nicht, großer Gott und das alles habe ich auf dem Gewissen! Ich habe ihr nichts vorzuwerfen, ich bin schuldig, ich habe mich verändert; ich vergebe ihr alles, wenn sie nur mir verzeihen kann, daß ich unvorsichtig genug war, sie einen so entscheidenden Schritt tun zu lassen. Ich habe sie ja freilich nicht überredet, ich habe sie vielmehr vor mir selbst gewarnt, es war ihr freier Entschluß, mir zu folgen; aber vielleicht hat gerade diese Warnung sie gereizt und sie hat in mir etwas besseres gesehen als was ich bin" usw. usw. ... Einer solchen Denkweise ist natürlich mit einer Verbindung auf zehn oder fünf Jahre oder mit einer auf drei Jahre, drei Monate, drei Wochen, drei Tage, drei Stunden, drei Minuten, ihr ist mit einer solchen Verbindung so wenig gedient, wie mit einer fürs ganze Leben. Diese Menschen fühlen zu tief die Bedeutung des Wortes, daß jeder Tag seine eigene Plage habe. Sie versuchen zu leben, als ob jeder Tag der entscheidende sei, als ob sie jeden Tag im Examen wären. Die Neigung unserer Zeit, die Ehe zu neutralisieren, ist nicht darauf zurückzuführen, daß man wie im Mittelalter das ehelose Leben für das vollkommenere hielte, sondern man scheut die Ehe aus Feigheit und Genußsucht. Die Ehe auf bestimmte Zeit nützt natürlich gar nichts; in ihr liegen dieselben Schwierigkeiten wie in der Ehe fürs ganze Leben; sie gibt keine Kraft zum Leben, sondern sie entnervt die Ehe im Innersten, erschlafft die Energie des Willens und zerstört das segensreiche Vertrauen der Ehe. Es ist klar und wird später noch deutlicher werden, daß solche Verbindungen gar keine Ehen sind; sie sind zwar in die Sphäre der Reflexion eingetreten, aber sie haben das Bewußtsein der Ewigkeit, das eine Verbindung erst zur Ehe macht, nicht erreicht. Darin wirst du mir ja wohl recht geben. Wie oft und wie sicher hast du mit deinem Spott und deiner Ironie solche Stimmungen getroffen („das zufällige Sichverlieben oder die schlechte Unendlichkeit der Liebe"). Es sieht einer mit seiner Braut aus dem Fenster, und im selben Augenblick kommt ein Mädchen um die Ecke, und ihm fällt ein, daß sie es eigentlich ist, die er liebt; er verfolgt ihre Spur, da taucht eine andere auf, mit der es ihm ebenso geht usw.

Unsere Zeit hat noch einen anderen, anständigeren Weg gefunden, von der romantischen Liebe loszukommen: die Vernunftheirat oder Verstandesheirat, wie man sie eigentlich nennen sollte: denn sie ist, das weißt du am allerbesten, ein Produkt der Mesalliance des berechnenden Verstandes mit der unmittelbaren Liebe; wird die Ehe auf Achtung begründet, so kommt dadurch nicht mehr Vernunft in die Sache: weshalb du diese Auffassung der Ehe mit berechtigtem Spott verfolgst. Aber lassen wir's bei der Vernunftehe! Schon der Name sagt, daß man in die Sphäre der Reflexion eingetreten ist, und daß man einen solchen Ausweg braucht, zeigt, wie durchreflektiert unsere Zeit ist. Insofern eine solche Verbindung von der eigentlichen Liebe absieht, ist sie wenigstens konsequent, kann aber eben deshalb nicht als eine Lösung des Problems gelten. Eine Vernunftheirat ist daher als eine Art Kapitulation anzusehen, welche die Verwicklungen des Lebens nötig machen. Aber wie traurig ist es doch, daß die Poesie unserer Zeit nur diesen einzigen Trost in *petto* hat, den Trost, zu verzweifeln; denn was anders als Verzweiflung macht eine solche Verbindung annehmbar? Sie wird deshalb auch gern zwischen Personen geschlossen, die ihre Kinderschuhe ausgetreten haben, die gelernt haben, daß die eigentliche Liebe eine Illusion ist, und ihre Realisierung höchstens ein *pium desiderium*; so bekommt denn des Lebens Prosa das entscheidende Wort: Vermögen, Stand, Familie u. dgl. Die Vernunftehe scheint sich in die Sphäre des Sittlichen zu erheben, da sie das Sinnliche in der Ehe neutralisiert; aber es fragt sich doch, ob diese Neutralisation nicht ebenso unsittlich wie unästhetisch ist. Und wenn das Erotische nicht ganz neutralisiert ist, so ist es doch mit allerlei nüchternen verstandesmäßigen Erwägungen verknüpft: daß man vorsichtig sein müsse und nicht zu anspruchsvoll, daß das Leben doch nie die Ideale verwirkliche, daß eine anständige Partie auch etwas sei usw. Das Ewige, das, wie oben dargetan, zu jeder Ehe gehört, kommt hier eigentlich nicht in Betracht, denn eine Berechnung des Verstandes ist immer etwas Zeitliches. Eine solche Verbindung ist deshalb nicht nur unsittlich, sondern auch morsch. Unter Umständen, wenn das Bestimmende etwas Höheres ist, kann die Vernunftehe auch einen edleren Eindruck machen; so z. B., wenn ein junges Mädchen aus Liebe zu seiner Familie einen Mann nimmt, der diese vor dem Ruin bewahren kann. Aber dieses anerkennenswerte Motiv ist doch der Ehe fremd, und die äußerliche Teleologie beweist, daß es sich nicht um eine Lösung des Problems handelt. Es wäre vielleicht hier der Ort, von den mannigfachen Beweggründen zu reden, die zur Schließung einer Ehe führen; derlei Überlegungen gehören ja in die Sphäre des Verstandes. Doch will ich mir das für eine andere, bessere Gelegenheit aufsparen...

Die romantische Liebe ruht also auf einer Illusion und ihre Ewigkeit auf dem Zeitlichen; und obwohl der Ritter im Innersten von der absoluten Beständigkeit seiner Liebe überzeugt ist, so ist doch keinerlei Gewißheit dafür vorhanden, weil die Versuchungen, denen sie bis jetzt ausgesetzt war, sich nur in einem ganz äußerlichen Medium bewegten; sie nimmt daher die Ehe in schöner Pietät hin, ohne doch von ihrer tiefen Bedeutung eine Ahnung zu haben. Diese unmittelbare, schöne, aber auch einfältige Liebe, in das Bewußtsein einer reflektierenden Zeit aufgenommen, mußte zum Gegenstand ihres Spottes und ihrer Ironie werden. Diese Zeit nahm also Stellung zur Ehe, und zwar auf doppelte Weise: entweder erklärte sie sich für die Liebe, indem sie die Ehe ausschloß, oder erklärte sie sich für die Ehe, indem sie die Liebe ausschloß. Daher macht eine kleine Näherin in einem modernen Drama bezüglich der Liebe der vornehmen Herren die kluge Bemerkung: *„uns lieben sie, aber sie heiraten uns nicht; die vornehmen Damen lieben sie nicht, aber die heiraten sie“.*

Nun wäre ich mit meiner Untersuchung, eine Untersuchung muß ich das Ding ja wohl nennen, obwohl es ursprünglich nur ein Brief sein sollte, ich bin nun so weit, daß ich in eine gründliche Erörterung des Eheproblems eintreten kann. Daß die Ehe wesentlich dem Christentum angehört, daß die heidnischen Völker, trotz der Sinnlichkeit des Orients und der Schönheit Griechenlands, aus der Ehe nichts gemacht haben, daß auch das Judentum trotz seiner Neigung zum Idyllischen dazu nicht imstande war, das wirst du mir wohl ohne weiteres einräumen; es war ja doch der Unterschied der Geschlechter noch nicht so tief reflektiert, daß das andere Geschlecht zu seinem Recht kommen konnte. Aber auch innerhalb des Christentums mußte die Liebe noch mancherlei Schicksale durchmachen, ehe sie das Schöne, Tiefe und Wahre erkannte, das in der Ehe liegt. Das nachzuweisen ist schwer, weil die Reflexionssucht der Gegenwart und der jüngsten Vergangenheit die Sache eher verdunkelt als erhellt hat; und gerade dich zu überzeugen, was ich mir doch vorgenommen habe, ist doppelt schwer, weil ich es mit einem Dialektiker von ungewöhnlicher Virtuosität zu tun habe. Im übrigen habe ich allen Grund, dir für deine Polemik dankbar zu sein; denn die verschiedenen zerstreuten Äußerungen, gesammelt und geordnet, lassen die Position des Feindes deutlich erkennen. Und dann sind deine Angriffe auch nicht oberflächlich: es steckt mehr Wahrheit darin, als du selbst im Eifer des Kampfes merkst; man muß sie nur herausarbeiten.

Die romantische Liebe krankt daran, daß sie nicht reflektiert ist; man könnte daher auf den Gedanken kommen, daß die wahre, eheliche Liebe mit einer Art Zweifel anfangen müsse; für uns Kinder einer reflektierten Zeit scheint das sogar ganz unumgänglich zu sein. Nun will ich keineswegs leugnen, daß eine dichterische Darstellung der Ehe die Skepsis als Folie benützen kann; aber es fragt sich, ob das Wesen der Ehe dadurch nicht schon alteriert ist, daß man eine Scheidung zwischen Liebe und Ehe voraussetzt. Muß denn die erste Liebe durch den Zweifel an der Möglichkeit ihrer Realisation zerstört werden, damit die wahre eheliche Liebe entstehe? Da wäre ja Adam und Evas Ehe die einzige, die sich die unmittelbare Liebe rein erhalten hat, und zwar hauptsächlich deshalb, weil, wie Musäus witzig sagt, niemand anderes da war, in den sie sich verlieben konnten. Es könnte doch auch sein, daß die unmittelbare, die erste Liebe, wenn sie in eine höhere, konzentrische Unmittelbarkeit aufgenommen wird, vor jener Skepsis sicher wäre, so daß die eheliche Liebe die schönen Hoffnungen der ersten Liebe nicht zu zertreten brauchte, so daß die eheliche Liebe selbst die erste Liebe wäre, mit einem Zusatz von Bestimmungen, die sie nicht herabsetzen, sondern veredeln. Dies zu beweisen ist freilich sehr schwer, aber auch von ungeheurer Bedeutung, damit wir nicht im Ethischen eine ähnliche Kluft bekommen wie im Intellektuellen zwischen Glauben und Wissen. Und schön, lieber Freund, das kannst du nicht leugnen (denn auch dein Herz ist der Liebe zugänglich, auch dein Kopf kennt den Zweifel nur zu gut), schön wäre es doch, wenn der Christ seinen Gott, den Gott der Liebe nennen könnte, auch in Gedanken an jenes unsagbar herrliche Gefühl, jene ewige Macht dieser Welt, im Gedanken an die irdische Liebe. Ich habe oben die romantische und die reflektierende

Liebe als die diskursiven Standpunkte behandelt; es wird sich nun zeigen, daß die höhere Einheit sich zum Unmittelbaren zurückwendet, insofern sie, als ein höheres Stadium das erste Stadium in sich aufnimmt, und dann doch mehr ist. Die reflektierende Liebe zersetzt sich beständig in sich selbst, und macht ganz willkürlich bald an diesem bald an jenem Punkte halt; es ist klar, daß sie auf etwas Näheres hinweist, und es fragt sich nur, ob dieses Höhere nicht sofort mit der ersten Liebe in Verbindung treten kann. Das höhere Stadium ist aber das Religiöse, in welchem die Reflexion zu Ruhe kommt, und wie für Gott, so ist auch für das religiöse Individuum nichts unmöglich. Im Religiösen findet die Liebe wieder die Unendlichkeit, die sie in der Reflexion vergebens suchte. Wenn nun das Religiöse, so gewiß es höher ist als alles Irdische, doch zur unmittelbaren Liebe nicht in einem exzentrischen, sondern in einem konzentrischen Verhältnis steht, so läßt sich ja jene Einheit zustande bringen, ohne daß der Schmerz nötig würde, den das Religiöse zwar heilen kann, der aber doch immer ein tiefer Schmerz bleibt. Es geschieht selten, daß man sich diese Sache gründlich überlegt; denn die, welche Sinn für die romantische Liebe haben, pflegen sich um die Ehe wenig zu kümmern, und andererseits werden leider so viele Ehen geschlossen ohne die tiefere Erotik, die doch sicherlich das Schönste in der rein menschlichen Existenz ist. Das Christentum hält unerschütterlich an der Ehe fest. Wenn aber die eheliche Liebe für die Erotik der ersten Liebe keinen Platz hat, so repräsentiert das Christentum nicht die höchste Entwicklung des Menschengeschlechts. Man ahnt heute mit heimlichem Grauen dieses Mißverhältnis, und die Verzweiflung, die aus der neueren Lyrik in Vers und Prosa heraustönt, ist gewiß zum Teil darauf zurückzuführen.

Du siehst, ich möchte beweisen, daß die romantische Liebe sich mit der Ehe vereinigen und in ihr sich halten kann, ja, daß die Ehe nichts anderes ist, als die wahre Verklärung der romantischen Liebe. Damit will ich nun durchaus nicht auf die Ehe, die sich aus der Reflexion und ihrem Schiffbruch gerettet hat, einen Schatten werfen; es soll nicht geleugnet werden, daß sich da viel machen läßt; auch will ich nicht so teilnahmslos sein, ihr meine Bewunderung zu versagen, und ich will gerne zugeben, daß die Richtung unserer Zeit eine solche Ehe oft zur traurigen Notwendigkeit macht. Im übrigen muß man nicht vergessen, daß jede Generation und jedes Individuum innerhalb einer Generation das Leben bis zu einem gewissen Grad von vorne anfängt, und so ist jedem einzelnen die Möglichkeit gegeben, sich aus diesem Maelström herauszuretten; auch soll ja jedes Geschlecht vom anderen lernen, und wenn die Reflexion das eine Geschlecht ins Unglück gestürzt hat, so kann das nächste ja glücklicher werden. Sei dem wie ihm wolle, ich kämpfe für zwei Dinge: erstens will ich beweisen, daß die Ehe die Verklärung der ersten Liebe ist und nicht ihr Tod, ihr Freund und nicht ihr Feind; und dann will ich, was zwar nicht für andere aber für mich von höchster Bedeutung ist, zeigen, daß dies der Sinn *meiner* Ehe war, und ich will daraus den Mut und die Kraft schöpfen, meine Ehe in diesem Sinn weiterzuleben.

Indem ich meine Untersuchung in Angriff nehme, kann ich nicht umhin, dir zu sagen, daß ich mich freue, daß du es gerade bist, an den ich schreibe. So gewiß ich keinem andern Menschen über mein Eheleben sprechen würde, so gewiß öffne ich dir mit Freude und Vertrauen mein Herz. Wenn die ungeheure Maschinerie von kämpfenden und arbeitenden Gedanken, die du in deinem Kopf trägst, einmal steht, so kommt der stille Augenblick, der dich zunächst mit seiner Stille fast ängstigt, den du aber bald lieb gewinnen wirst, weil du fühlst, wie er dich erquickt. Ich wünschte, daß dich diese Abhandlung in einem solchen Augenblick träfe. Wenn die Maschine im Gang ist, so kann man dir anvertrauen, was man will: du hörst nichts, aber ebenso kann man, ohne sich preiszugeben, dir alles sagen, wenn deine Seele still und festlich gestimmt ist. Da will ich dann auch von ihr reden, von der ich sonst nur vor der verschwiegenen Natur rede, weil ich nur mich selbst hören will; von ihr, der ich so viel schulde, unter anderem auch das, daß ich freimütig für die erste Liebe und für die Ehe eintreten kann. Denn was vermöchte ich mit all meiner Liebe und all meinem Streben, wenn sie mir nicht zu Hilfe käme, was vermöchte ich, wenn sie mich nicht zur Tat begeisterte. Und doch weiß ich, daß sie mir nicht glauben würde, wenn ich ihr das alles sagte; und es wäre wohl auch nicht richtig, es ihr zu sagen: ich möchte den Spiegel ihrer tiefen, reinen Seele trüben.

Meine erste Aufgabe wird nun sein, mich, besonders aber dich über den Begriff der Ehe zu orientieren. Das eigentlich Konstituierende, das Substantielle, ist offenbar die „Liebe“: die besondere Art der Liebe, wie sie sich zwischen Personen verschiedenen Geschlechts einstellt, die erotische Liebe. Sobald diese fehlt, dient das Zusammenleben nur der Befriedigung der sinnlichen Lust, oder die Ehe wird zu einem Kompagniegeschäft, das irgendwelche praktischen Zwecke im Auge hat. Aber die „Liebe“ hat eben die Bestimmung der Ewigkeit in sich, die abergläubische, abenteuerliche, ritterliche Liebe, so gut wie die tiefere, sittliche von einer kräftigen, lebendigen Überzeugung erfüllte religiöse Liebe.

Jeder Stand hat seine Verräter, so auch die Ehe. Ich meine natürlich nicht die Verführer; die treten ja nicht in den heiligen Ehestand, ich hoffe, daß mein Brief dich in einer Stimmung trifft, in der du nicht lachst über diesen Ausdruck. Ich meine auch nicht solche, die aus einer Ehe ausgetreten sind: sie haben doch den Mut zu offener Revolution gehabt. Nein, ich meine diejenigen, die Revolutionäre sind bloß in Gedanken, die sich nicht trauen, ihre Gesinnungen zur Tat werden zu lassen; diese armseligen Ehemänner, die da sitzen und der Liebe nachseufzen, die sich längst aus ihrer Ehe verflüchtigt hat; diese Ehemänner, die, wie du einmal sagtest, wie Wahnsinnige in ihrer Ehezelle sitzen, an ihren Gitterstäben rütteln und von der Süßigkeit der Verlobungszeit und von der Bitterkeit der Ehe phantasieren; diese Ehemänner, die, wie du richtig beobachtet hast, mit einer gewissen boshaften Freude dem Glück wünschen, der sich verlobt hat. Ich kann dir nicht sagen, wie verächtlich mir diese Menschen sind, und ich kann dir gut nachfühlen, daß es dir Spaß macht, einen solchen Ehekrüppel an dich zu locken und sein Vertrauen zu stehlen: wie er da seine Leiden auskramt, seine Lügen von der glücklichen, ersten Liebe auftischt, wie du ihm dann mit pfiffiger Miene sagst, du werdest dich hüten auf den Leim zu gehen, und wie es ihn nun wurmt, daß er dich nicht in ein *commune naufragium* hineinziehen kann. Das sind diese zärtlichen Familienväter mit vier lieben Kinderchen, die sie insgeheim hinwünschen wo der Pfeffer wächst.

Du siehst, wie hier Liebe und Ehe geschieden werden: jedes hat seine Zeit, aber vereinigen lassen sie sich nicht. Die Zeit, die der Liebe angehört, ist dann die Verlobung. Mit einer gewissen niedrigkomischen Gemütsbewegung wissen diese Edlen davon zu reden, wie sie die schönen Tage der Verlobung genossen haben. Ich muß sagen, ich habe für diese verliebten Schleckereien der Verlobungszeit nie viel übriggehabt, und wer sie so gar gründlich genießen will, kommt mir vor wie einer, der ins Wasser will, aber statt mit einem Satze hineinzuspringen, am Ufer hin und her geht, jetzt eine Hand, jetzt einen Fuß ins Wasser taucht, und es bald zu warm, bald zu kalt findet. Wäre die Verlobung wirklich die schönste Zeit, so ist nicht einzusehen, warum sie, und hätten sie recht, warum man sich überhaupt verheiratet. Indessen gerade diese Sorte verheiratet sich mit aller möglicher spießbürgerlicher Präzision, wenn Tanten, Cousinen, Freunde und Nachbarn es an der Zeit finden, wie sich's gehört: Sentimentalität und Philisterhaftigkeit wachsen auf einem Holz. Da imponieren mir jene Tollkühnen mehr, die auf einmal hineinspringen. Das will immerhin etwas heißen, wenn auch die Bewegung nicht so groß ist, das Erschauern des Bewußtseins nicht so erfrischend, die Reaktion des Willens nicht so energisch, als wenn ein kräftiger Mannesarm die Geliebte umschließt, so fest und doch so weich, daß sie sich in dieser Umarmung erst recht frei fühlt, frei genug, um sich vor Gottes Angesicht ins Meer des Daseins zu stürzen.

Wenn jene Scheidung von Liebe und Ehe wirklich existierte, und nicht bloß in den leeren Köpfen einiger törichter Menschen oder vielmehr Unmenschen, die so wenig wissen, was Liebe wie was Ehe ist, so stünde es schlimm mit der Ehe und schlimmer mit meinem Versuch, das Ästhetische darin nachzuweisen, zu zeigen, daß die Ehe eine ästhetische Klangfigur ist. Aber die Gründe, die man dafür geltend machen könnte, wiegen nicht schwer. Man könnte sagen, die Liebe sei überhaupt nicht von Dauer. Mir scheint, da zeigt sich wieder dieses für unsere Zeit so charakteristische Mißtrauen, diese Feigheit, die nicht an die Entwicklung glaubt, sondern nur an Rückgang und Vernichtung. Freilich jene elende, ebenso unmännliche wie unweibliche Durchschnittsliebe (was du mit deiner gewöhnlichen Frechheit eine Zehnpfennigliebe nennst) ist nicht imstand, dem Sturm des Lebens den geringsten Widerstand zu leisten; aber das beweist ja nichts gegen Liebe und Ehe, wenn beide frisch und gesund sind. Man könnte aber auch sagen, die Liebe vertrage sich ihrer Natur nach nicht mit dem Ethischen und Religiösen in der Ehe; allein, auf sich selbst gestellt, könnte sie den Kampf mit dem Leben aufnehmen; mit dem Ethischen und Religiösen verbunden, müsse sie zugrunde gehen. Nun, da haben wir wieder das phantastische Pathos der romantischen Liebe oder allenfalls die Laune und Willkür eines einzelnen, der sich vermißt, aus eigner Kraft zum Ziele zu kommen. Immerhin ist das eine Betrachtungsweise, der ein männliches Empfinden zugrunde liegt, oder es sieht wenigstens so aus, und wenn sie auch verfehlt ist, so ist sie doch etwas großzügiger als jene traurige Lehre von der Vergänglichkeit der Liebe. Ich werde später noch einmal auf diesen Punkt zu sprechen kommen; wenn mein inquisitorischer Blick nicht ganz täuscht, so gehörst du zu den Ketzern, die diesen Irrweg eingeschlagen haben.

Das Substantielle in der Ehe ist die Liebe; aber welches ist das Erste, die Liebe oder die Ehe? Unter beschränkten Verstandesmenschen genießt die Ansicht nicht wenig Ansehen, daß die Liebe hinterher komme; kluge Väter und noch klügere Mütter predigen diese Weisheit; sie haben ihre Erfahrungen gemacht, und um den Schaden wieder gut zu machen, sorgen sie dafür, daß ihre Kinder dieselben Erfahrungen machen. Taubenzüchter sperren zwei Tauben, die sich nicht leiden können, zusammen in einen kleinen Käfig und erwarten, daß sie dann lernen, sich zu vertragen, das ist dasselbe. Diese Anschauung ist so borniert, daß ich sie nur der Vollständigkeit halber angeführt habe, und ich verweise dich hiermit auf die Beobachtungen, die du in dieser Richtung schon gemacht und mir mitgeteilt hast ... Natürlich ist die Liebe das Erste. Nun ist aber die Liebe, wie wir oben gesehen haben, von so zarter Natur, wenn man ein solch unnatürliches, degeneriertes Wesen noch Natur nennen will, daß sie keinerlei Berührung mit der Wirklichkeit verträgt, und es fragt sich daher, ob nicht, wie schon angedeutet, die bloße Verlobung an Stelle der Ehe treten müßte. Denn die Verlobung ist eine Liebe, die keine Wirklichkeit hat, die bloß vom Zuckerbrot der Möglichkeit lebt; das Verhältnis hat eigentlich keine Realität, seine Bewegungen sind inhaltslos, es bleibt bei immer denselben „nichtssagenden, verliebten Gestikulationen". Je weniger Wirklichkeit die Verlobten haben, je mehr diese bloß fingierten Bewegungen sie anstrengen, ihre Kraft erschöpfen, desto mehr werden sie geneigt sein, sich um den Ernst der Ehe zu drücken. Wenn nun die Verlobung als bloße Möglichkeit festgehalten werden könnte, die nie in Wirklichkeit übergehen müßte, so wäre sie ja ein vortrefflicher Ausweg für die, die den Mut zur Ehe nicht haben. Wenn sie dann doch den entscheidenden Schritt tun wollen, so haben sie wohl ein starkes, ja überspanntes Bedürfnis, bei einer höheren Macht Hilfe zu suchen, und so finden sie sich ausgezeichnet mit sich selbst und mit dem Höheren ab; mit sich selbst, indem sie sich auf eigene Verantwortung verloben, mit dem Höheren, indem sie sich dem Segen der Kirche nicht entziehen, dem sie dann vielleicht gar einen ganz abergläubischen Wert beimessen. Da haben wir wieder das Schisma zwischen Liebe und Ehe, und zwar in der feigsten, elendsten und unmännlichsten Form. Doch wird diese Karikatur kaum jemand imponieren. Es ist eine Liebe, die keine Liebe ist; ihr fehlt das sinnliche Moment, das in der Ehe seinen sittlichen Ausdruck hat; sie neutralisiert das Erotische so gründlich, daß ein solches Verhältnis ebensogut zwischen Mannsleuten stattfinden könnte. Läßt man jedoch das Sinnliche zu seinem Rechte kommen, während man zugleich die Scheidung zwischen Liebe und Ehe festhält, so kommen wir auf Anschauungen zurück, die wir schon oben besprochen haben. Unschön ist ein solches Verhältnis, wie man es auch ansehen mag; unschön auch in religiöser Beziehung. Erst glaubt man Gottes nicht zu bedürfen, nämlich zur Verlobung als einer bloßen Möglichkeit; und dann, wenn es nicht anders geht, wenn man Ernst machen muß, ja dann erinnert man sich seiner.

Die Ehe soll also nicht die Liebe erst hervorrufen; sie setzt sie voraus, setzt sie voraus, nicht als ein Vergangenes, sondern als ein Gegenwärtiges. Aber die Ehe hat ein ethisches und religiöses Moment in sich, die Liebe nicht; die Ehe beruht, eben darum, auf Resignation, die Liebe nicht. Das scheint nun freilich ein Widerspruch zu sein; und will man nicht annehmen, daß jeder Mensch in seinem Leben zwei Stadien durchläuft, zuerst ein gleichsam heidnisches, dem die Liebe angehört, dann ein christliches, dessen Ausdruck die Ehe wäre, will man, mit einem Wort, nicht annehmen, daß das Christentum die Liebe ausschließt: so muß man zeigen, daß und wie die Liebe sich mit der Ehe vereinigen läßt. Ich weiß, daß irgendein X-Beliebiger, der diese Papiere in die Hand bekommt, sich baß darüber wundern wird, daß mir diese Sache so viel zu denken und zu grübeln gibt. Aber ich schreibe ja nur für dich; und du bist deiner ganzen Entwicklung nach ein Mensch, der wenigstens eines versteht: die Schwierigkeiten.

Zuerst nun eine Untersuchung über die Liebe. Ich will hier an einen Ausdruck anknüpfen, der, das weiß ich wohl, aller Welt zum Gespött dient, und der dir zum Lächerlichsten gehört, was es gibt. Ich bin aber gar nicht gesonnen, dir irgend etwas zu konzedieren, so wenig wie du vermutlich mir (das ist ein Mißverhältnis, an dem unsere Korrespondenz nun einmal krankt); und so sage ich offen: für mich hat der Begriff der *ersten Liebe* immer noch Sinn und Wert. Wenn ich das Wort gebrauche, so denke ich an eines der schönsten Erlebnisse, die dem Menschen beschieden sind; für dich ist es freilich das Stichwort, auf das du deine boshaftesten Beobachtungen preisgibst. Aber wie für mich dieses Wort durchaus nichts Lächerliches hat, deine Sticheleien ertrage ich, weil ich sie ignoriere, so hat es für mich auch nicht, wie für so manchen, etwas Wehmütiges. Diese Wehmut braucht nicht krankhaft zu sein, denn das Krankhafte ist immer das Unwahre und Übertriebene. Es ist etwas Schönes und Gesundes, wenn ein Mensch, der eine unglückliche erste Liebe gehabt, der den Schmerz kennen gelernt hat, den sie mit sich bringt, wenn er seiner Liebe doch treu bleibt und sich den Glauben an diese erste Liebe erhält; es ist schön, wenn er im Lauf der Jahre sich manchmal recht lebendig daran erinnert, wenn er, dessen Seele gesund genug war, von ihr Abschied zu nehmen und einem höheren Ideal zu leben, wenn er sich wehmütig ihrer erinnert in dem Gedanken: es war etwas Unvollkommenes und doch etwas Herrliches. Jedenfalls ist diese Wehmut viel gesünder und schöner und edler, als diese prosaische Verständigkeit, die mit solchen Kindereien längst fertig ist, diese widerliche Klugheit, die sich für gesund hält und doch eine verzehrende Krankheit ist: was hülfe es dem Menschen, so er die ganze Welt gewänne und nähme doch Schaden an seiner Seele? Für mich hat, wie gesagt, der Gedanke an die erste Liebe nichts Wehmütiges, höchstens einen leisen Beigeschmack einer süßen Melancholie. Für mich ist das Wort ein Schlachtruf, und ich, der ich nun schon manches Jahr Ehemann bin, habe noch immer die Ehre, unter dem siegreichen Banner der ersten Liebe zu kämpfen. Für dich dagegen ist der Begriff des Ersten in seiner schillernden Bedeutung, seinem schwankenden Wert eine rätselhafte Wellenbewegung; bald ist es das Erste einzig und allein, das dich begeistert; dann bist du erfüllt von der energischen Konzentration, die in dem Begriff liegt, und dein Wille kennt kein anderes Ziel; dann glühst und loderst du im Feuer der Liebe, dann läßt du dich träumend herniedersinken, fruchtbar wie eine Regenwolke, mild wie ein Sommerlüftchen, du fühlst dich wie ein Jupiter, der als Wolke oder Regen seine Geliebte besuchen will. Das Vergangene ist vergessen, jede Begrenzung aufgehoben. Mehr und mehr dehnst du dein Wesen aus, du fühlst dich weich und elastisch zugleich, jedes Glied wird geschmeidig, jedes Gelenk biegsam; wie ein Gladiator reckst und streckst du dich und genießest das Gefühl, jedes Glied in der Macht zu haben; und dies wollüstige Sichstrecken, das andern wie eine Kraftverschwendung vorkommt, gibt dir erst recht deine Kraft. Du bist in einem Zustand, in welchem du die reine Wollust der vollkommenen Rezeptivität genießest. Die leiseste Berührung durchzittert deinen unsichtbaren, weit ausgestreckten, geistigen Leib ... Hast du schon einmal eine Qualle beobachtet? Hast du gesehen, wie diese geleeartige Masse sich zu einem flachen Kuchen ausdehnen kann und nun langsam sinkt oder steigt oder so still daliegt, daß man meint, man könne darauftreten; merkt sie, daß ihre Beute sich nähert, so zieht sie sich in sich selbst zusammen, bildet eine Art Beutel und sinkt nun mit erstaunlicher Geschwindigkeit hinunter, tiefer und tiefer, wobei sie ihre Beute mit sich zieht hinein in ihren, nicht in ihren Magen, sie hat keinen Magen, hinein in sich selbst, denn sie ist lauter Magen. Und dann kann sie sich wieder so zusammenziehen, daß man nicht begreift, wie sie sich vorhin so ausdehnen konnte. Das ist, du verzeihst mir, daß ich kein schöneres Tier zum Vergleich gefunden, das ist ein Bild deines Wesens. Von Zeit zu Zeit also beherrscht dich eine Manie für das Erste. Du ahnst nicht, daß es einen Widerspruch in sich selbst bedeutet, daß das Erste sich immer wiederholen soll: denn entweder kommt man nie zum Ersten oder man hat es einmal gehabt. Es ist also auch kein Aberglaube von dir, daß das Erste im Zweiten wieder vollkommen als das Erste genossen werden könne; und mit deiner Praxis, auf die du dich berufst, ist es auch nichts: du hast die Wiederholung noch niemals in der rechten Weise versucht. Zu anderer Zeit dagegen bist du so kalt, so scharf und beißend wie der Märzwind, sarkastisch wie der Reif, so verstandesdurchsichtig wie die Luft im Frühjahr, trocken und unfruchtbar und egoistisch zugeknöpft. Trifft es sich, daß ein Mensch auf den unglücklichen Gedanken kommt, dir in diesem Zustand vom Ersten zu sprechen, von dem Schönen, das darin liegt, vielleicht gar von seiner ersten Liebe, so wirst du förmlich giftig. Nun wird das Erste zum Lächerlichsten und Dümmsten, was es gibt, eine von den Lügen, in denen eine Generation die andere bestärkt. Du rasest wie ein Herodes von einem Kindermord zum andern. Du läßt dich breit darüber aus, wie feig und unmännlich es sei, sich an das Erste zu klammern, und wie die wahren Werte des Lebens im Erworbenen liegen, nicht im Gegebenen. Ich erinnere mich, wie du einmal in einer solchen Stimmung zu mir heraufkamst; du stopftest dir eine Pfeife, warfst dich in den weichsten Lehnstuhl, legtest die Beine auf einen andern Stuhl und durchstöbertest meine Papiere, die ich dir übrigens wegnahm; und dann stimmtest du einen ironischen Lobgesang an auf die erste Liebe und auf alles Erste, selbst auf die ersten Prügel, die du in der Schule bekamst; sie hatten dir einen besonderen Eindruck gemacht, fügtest du in einer Anmerkung hinzu, weil der Lehrer, der sie dir gegeben, allein von allen deinen Lehrern mit Nachdruck prügeln konnte; schließlich fingst du an zu pfeifen, der Stuhl, auf dem deine Füße lagen, fuhr nach dem andern Ende des Zimmers und fort warst du.

Von dir erfährt man nicht, was hinter dem geheimnisvollen Wort „das Erste" steckt, hinter diesem Wort, das zu allen Zeiten eine so ungeheure Bedeutung gehabt hat. Was es für den einzelnen bedeutet, kann geradezu als Kriterium für seinen geistigen Zustand gelten; und der, für den es überhaupt nichts bedeutet, ist sicherlich ein Mensch, dessen Seele niemals von etwas Höherem berührt und durchschauert wurde. Im übrigen kann, soviel ich sehe, das Erste eine doppelte Bedeutung für die Menschen haben. Für die einen ist das Erste die Verheißung des Zukünftigen, ist es das Vorwärtstreibende, der unendliche Impuls. Das sind die glücklichen Individualitäten, für die das Erste nichts anderes ist als das Gegenwärtige, das Gegenwärtige, als das beständig sich entfaltende und verjüngende Erste. Bei den andern tritt das Erste nicht als fortwirkende Kraft in das Individuum ein, sondern gibt ihm nur einen Stoß, der es forttreibt, immer weiter fort. Das sind die unglücklichen Individualitäten, die sich immer mehr von dem Ersten entfernen, woran sie natürlich nicht schuld zu sein brauchen.

Das Erste! Mit diesem Wort verbinden alle von der Idee berührten Menschen die Vorstellung von etwas Festlichem, und wenn man den Ausdruck in *malam partem*, anwendet, so bezieht sich das immer auf Dinge, die einer niederen Sphäre angehören; so pflegst du von der ersten Korrektur zu reden, von dem neuen Anzug, den man zum ersten Male anhat usw. Die Sache steht nämlich so: je größer die Wahrscheinlichkeit ist, daß etwas wiederholt werden kann, desto geringere Bedeutung bekommt das Erste; und umgekehrt: je geringer die Wahrscheinlichkeit einer Wiederholung, desto größer wird die Bedeutung des Ersten; andererseits, je bedeutungsvoller das ist, was sich im Ersten zum ersten Mal ankündigt, desto geringer ist die Wahrscheinlichkeit, daß es sich wiederholen wird; und wenn es nun gar etwas Ewiges ist, so verschwindet die Wahrscheinlichkeit einer Wiederholung ganz. Wenn man daher mit einem gewissen wehmütigen Ernst von der ersten Liebe spricht, als von etwas, was sich nie wiederholen läßt, so wird damit die Liebe nicht herabgesetzt, sondern als eine ewige Macht erhoben. So ist, wenn du mir eine kleine philosophische Abschweifung gestattest, Gott nur einmal Fleisch geworden und man würde vergebens darauf warten, daß sich das wiederholte. Im Heidentum konnte es öfters geschehen, eben weil es keine wahre Inkarnation war. So wird der Mensch nur einmal geboren, und es ist keine Wahrscheinlichkeit einer Wiederholung; die Seelenwanderung verkennt die Bedeutung der Geburt. Laß mich, um deutlich zu machen, was ich meine, noch ein paar Beispiele geben. Das erste Grün, die erste Schwalbe begrüßen wir mit festlicher Freude, natürlich auf Grund der Vorstellung, die wir damit verbinden; was sich hier im Ersten ankündigt, ist etwas anderes als das Erste selbst. Oder ein anderes: es gibt einen Kupferstich, auf dem ist Kain dargestellt, wie er den Abel erschlägt, im Hintergrund sieht man Adam und Eva; ob das Blatt künstlerischen Wert hat, ist mir gleichgültig; aber mich hat immer die Unterschrift interessiert: *prima caedes, primi parentes,primus luctus*. Hier hat das Erste wieder eine tiefe Bedeutung, und hier ist es das Erste selbst, worauf reflektiert wird; wenn auch die Reflexion sich mehr auf die Zeit als auf den Gehalt bezieht, weil man das Kontinuierliche nicht sieht, vermöge dessen mit dem Ersten das Ganze gesetzt ist (das Ganze wäre natürlich die im Geschlecht sich fortpflanzende Sünde; die erste Sünde, wenn man dabei an den Sündenfall der ersten Eltern denkt, würde die Gedanken schon mehr auf das Kontinuierliche hinlenken; aber da das Böse seinem Wesen nach keine Kontinuität hat, so wirst du verstehen, warum ich dieses Beispiel nicht brauche). Noch ein Beispiel: bekanntlich haben mehrere strenge christliche Sekten aus jener Stelle des *Hebräerbriefs*, nach welcher es unmöglich ist, daß die „so einmal erleuchtet sind und abfallen, sollten wieder erneuert werden zur Buße“, sie haben daraus schließen wollen, daß Gottes Gnade begrenzt sei. Hier bekam das Erste seine ganze tiefe Bedeutung: Weil das christliche Leben als etwas unendlich Tiefes gefühlt wurde, mußte der verloren sein, der es einmal wieder aufgeben konnte. Freilich wird hier das Ewige zu sehr in zeitliche Bestimmungen hineingezogen; aber doch kann das Beispiel dazu dienen, zu zeigen, wie das Erste das Ganze ist, der ganze Gehalt. Was im Ersten sich ankündigt, beruht, wie mir scheint, auf einer Synthese des Zeitlichen und des Ewigen: in diesem Sinn ist alles, was ich bisher ausgeführt habe, zu verstehen. Im Ersten ist das Ganze, *implicite* und κατά κρύψιν enthalten. Daher, ich schäme mich nicht, wieder von der ersten Liebe zu reden, daher ist für die glücklichen Individualitäten die erste Liebe zugleich die zweite, die dritte, die letzte Liebe, die ewige Liebe; für die unglücklichen Individualitäten ist die erste Liebe ein Moment, etwas Zeitliches. Für jene ist die erste Liebe indem sie ist, ein Gegenwärtiges; für diese ein Vergangenes. Der Unterschied kehrt wieder, wenn die Reflexion eintritt: richtet sie sich (in der glücklichen Individualität) auf das Ewige in der Liebe, so wird diese dadurch gestärkt; richtet sie sich (in der unglücklichen Individualität) auf das Zeitliche, so schwächt sie die Liebe. Wird auf das Zeitliche reflektiert, so ist der erste Kuß etwas, das war (z. B. für Byron in einem kleinen Gedicht); wird auf das Ewige reflektiert, so ist er eine ewige Möglichkeit.

So viel über das Erste im allgemeinen. Nun zur *ersten Liebe* im besonderen. Da erinnere ich dich zuerst noch einmal an den Widerspruch, auf den wir gestoßen sind: die erste Liebe trägt den ganzen Gehalt in sich, nun gut, so läßt man sie sich schmecken und geht dann zu einer andern ersten Liebe weiter. Aber so wird die erste Liebe eitel genommen und verschwindet; und so bekommt man auch nicht die andere. Wohl ist die erste Liebe nur die erste; aber ihren Gehalt schöpft man, wenn man in ihr bleibt; und wenn man in ihr bleibt, wird sie nicht, wie man meinen könnte, eine andere Liebe, sondern bleibt eben die erste im Sinne der Ewigkeit. Wenn der Philister findet, daß es an der Zeit sei, sich nach einer passenden Lebensgefährtin umzusehen oder umzuhören, vielleicht mit Hilfe einer Zeitungsannonce, so reflektiert er natürlich nicht auf die erste Liebe; damit ist's für ihn vorbei. Daß der philiströse Zustand, der sich aus einem solchen Verfahren ergibt, nicht als eine Vorstufe der ersten Liebe gelten kann, leuchtet wohl ein. Es wäre ja denkbar, daß Eros sich seiner erbarmen und ihm einen Streich spielen würde; denn Barmherzigkeit wäre es, einem solchen Menschen das höchste irdische Gut zu schenken, das es gibt, und das ist die erste Liebe, auch wenn sie unglücklich ist; aber ein solcher Fall wird immer eine Ausnahme sein, die nichts erklärt. Der Zustand, der der ersten Liebe vorangeht, wird am besten mit dem Ausdruck Blindheit bezeichnet. Das Individuum erblindet gleichsam, man kann ihm das auch ansehen; es versinkt in sich selbst, träumt sich selbst und doch möchte es immer in die Welt hinaussehen; die Welt hat es geblendet und doch stiert es hinaus in die Welt. Es ist jener Zustand des Träumens und Suchens, den Mozart im Pagen im *Figaro* ebenso sinnlich wie seelisch dargestellt hat. Im Gegensatz dazu ist die erste Liebe ein absolutes Wachen, ein absolutes Schauen; das muß man festhalten, sonst wird man ihr nicht gerecht. Sie wendet sich einem einzigen, wirklichen Gegenstand zu, der allein für sie existiert; alles andere ist ausgelöscht. Und dieser eine Gegenstand existiert nicht in unbestimmtem Umriß, sondern als ein bestimmtes, lebendes Wesen. Die erste Liebe hat ein Moment der Sinnlichkeit, der Schönheit in sich, aber sie ist nicht bloß sinnlich. Das Sinnliche als solches entsteht erst mit der Reflexion; aber der ersten Liebe fehlt die Reflexion; das ist die Notwendigkeit der ersten Liebe. Wie alles Ewige sieht sie sich nach vorwärts und rückwärts ewig, in der Vergangenheit und in der Zukunft. Und darum ist etwas Wahres daran, wenn die Dichter so schön davon zu erzählen wissen, daß es den Liebenden vorkomme, als liebten sie sich schon lange, selbst in dem Augenblick, da sie sich zum erstenmal sehen; und in diesem Sinn ist auch etwas Wahres in der unverbrüchlichen, ritterlichen Treue, die nichts fürchtet und an keine Möglichkeit einer Trennung glaubt... Das Wesen aller Liebe ist die Einheit von Freiheit und Notwendigkeit; das gilt auch für die erste Liebe. Das Individuum fühlt sich gerade in der Notwendigkeit frei, fühlt in der Notwendigkeit seine ganze individuelle Energie, fühlt sich als Herr seiner selbst. Darum sieht man es einem Menschen auch so deutlich an, wenn er wirklich verliebt ist. Es liegt eine Verklärung, eine Vergeistigung über ihm, deren Wirkung sich das ganze Leben lang nimmer verliert. Alles, was sonst zersplittert in ihm lebt, vereinigt sich zur Harmonie, er ist im selben Augenblick jünger und älter als gewöhnlich, er ist Mann und doch Jüngling, ja beinahe Kind, er ist stark und doch so schwach; sein Wesen ist in einer Harmonie, die leise sein ganzes Leben lang nachklingt. Doch, laßt uns nicht nur die erste Liebe preisen, als etwas vom Schönsten, das es gibt; laßt uns auch den Mut haben weiterzugehen, zu sehen, wie sie sich erprobt. Zunächst aber noch eine kleine Determination! Die erste Liebe könnte in *statu nascendi* auf einen Zweifel stoßen, auf einen Zweifel, wie er ähnlich der Diskussion des Verhältnisses zwischen der ersten Liebe und der Ehe sich aufdrängen wird. Ein religiös entwickelter Mensch ist gewöhnt, alles auf Gott zu beziehen, jedes endliche Verhältnis mit Gottesgedanken zu durchtränken und zu durchsäuern, und es so zu heiligen und zu veredeln (das ist natürlich *cum grano salis* zu verstehen); insofern könnte es bedenklich scheinen, solche Gefühle ins Bewußtsein eintreten zu lassen, ohne sich mit Gott zu beraten; aber sich mit Gott beraten hieße ja in diesem Falle das Verhältnis alterieren. Nun, diese Schwierigkeit ist leicht zu beseitigen; es liegt ja im Wesen der ersten Liebe, daß sie überrascht, und da die der Überraschung folgende Bewegung unwillkürlich ist, so ist nicht einzusehen, wie es möglich wäre, mit Gott zu Rate zu gehen, es sei denn, dieser Zustand des Überraschtseins hielte nicht an; aber das ist eine Möglichkeit, die einer späteren Erwägung angehört. Dagegen könnte man vielleicht der ersten Liebe gleichsam vorgreifen und sie so in ein Verhältnis zu Gott bringen. Dann entstünde eine im strengeren Sinne religiöse Ehe, die das Erotische nicht ein-, sondern ausschließen würde. Wenn Isaak in Demut und Vertrauen es Gott anheimstellt, wen er ihm zur Frau geben will, wenn er darum seinen Diener ausschickt, aber sich selbst nicht umschaut, denn sein Schicksal liegt ja sicher in Gottes Hand, so ist das ja sehr schön, aber dem Erotischen wird nicht sein Recht. Nun steht ja freilich der Gott der Juden, so abstrakt er sonst ist, seinem Volk und besonders den Auserwählten seines Volkes nahe in allen Verhältnissen des Lebens, und obwohl Geist, ist er nicht so geistig, daß er sich nicht um das Irdische bekümmern sollte. Isaak konnte deshalb mit einer gewissen Sicherheit darauf rechnen, daß Gott ihm eine junge, schöne, im Volk angesehene, in jeder Hinsicht liebenswerte Gattin wählen würde; aber das Erotische fehlt eben doch, fehlt, auch wenn er die Auserwählte Gottes mit aller Leidenschaft der Jugend liebte, da ist eben keine Freiheit. Im Christentum findet man manchmal eine unklare, aber gerade durch die Unklarheit und Zweideutigkeit ansprechende Mischung des Erotischen und des Religiösen, der ebensoviel kecke Schelmerei wie kindliche Frömmigkeit eignet; man findet sie am ehesten im Katholizismus und da am reinsten im Volk. Denk dir einmal, das wirst du ja mit Vergnügen tun, es ist ja eine „Situation", denk dir ein kleines Bauernmädchen mit ein paar kecken Augen, die sich doch demütig hinter den Wimpern verstecken, gesund und blühend und doch mit einem Zug der Sehnsucht, die aber nicht Krankheit ist, sondern eine höhere Gesundheit; denk dir sie in der Julnacht; sie sitzt allein in ihrer Kammer, Mitternacht ist schon vorüber, und doch flieht sie der Schlaf, der sie sonst so treulich besucht; sie fühlt eine wohlige, süße Unruhe, sie öffnet das Fenster ein wenig, sie schaut hinaus in den unendlichen Raum mit den stillen Sternen; ein kleiner Seufzer erleichtert ihr Herz, sie schließt das Fenster; und mit einem Ernst, der doch jeden Augenblick in Schelmerei umschlagen könnte, betet sie:

Kaspar, Melchior, Balthasar,
Bitt' euch, sagt heut' nacht mir wahr:
Wessen Tuch ich breite,
Wessen Bett bereite,
Wessen Namen trage.
All mein Lebetage,

und gesund und froh springt sie ins Bett. Sie müßten sich wirklich schämen, die heiligen drei Könige, wenn sie sich ihrer nicht annähmen. Du mußt nicht sagen, man wisse ja nicht, wen sie sich wünsche; das weiß man recht gut; wenigstens, wenn nicht alle Zeichen trügen, weiß sie es einigermaßen.

Doch zurück zur ersten Liebe! Sie ist Einheit von Freiheit und Notwendigkeit. Das Individuum fühlt sich mit unwiderstehlicher Kraft zu dem andern hingezogen, aber fühlt eben darin seine Freiheit; sie ist eine Einheit des Allgemeinen und des Besondern, sie hat das Allgemeine als das Besondere, sogar bis zur Grenze des Zufälligen. Aber alles das hat sie nicht in Kraft der Reflexion, sie hat es unmittelbar. Je bestimmter das in der ersten Liebe sich ausdrückt, desto gesünder ist sie, desto größer ist die Wahrscheinlichkeit, daß es wirklich eine erste Liebe ist. Mit unwiderstehlicher Macht werden die Liebenden zueinander hingezogen, und doch genießen sie darin ihre ganze Freiheit. Und nun habe ich keine hartherzigen Väter zur Hand und keine Drachen, die zuerst besiegt werden müssen; und da ich mir nicht zur Aufgabe gemacht habe, als Romanschreiber oder Theaterdichter Liebende, Leser, Zuschauer, die ganze Welt zu langweilen, und da ich genug habe, meine Liebenden ordentlich auszusteuern, so lassen wir sie in Gottes Namen sich kriegen. Du siehst, ich spiele den edlen Vater, und das ist ja auch wirklich eine sehr schöne Rolle, wenn wir sie nur nicht selbst schon so oft lächerlich gemacht hätten. Vielleicht bemerkst du, daß ich nach Väterweise das kleine Wort „in Gottes Namen" hinzufügte. So etwas verzeihst du einem Alten, der vielleicht nie erfahren, was die erste Liebe ist, oder es längst vergessen hat; wenn aber ein jüngerer Mann, der noch begeistert ist für die erste Liebe, auf so etwas Wert legt, so kommt dir das wohl etwas sonderbar vor.

Der ersten Liebe eignet also die ganze, unmittelbare geniale Sicherheit; sie fürchtet keine Gefahr, sie trotzt der ganzen Welt; und ich wünsche ihr nur, daß sie es immer so leicht haben möge wie in *casu* denn ich lege ihr ja keine Hindernisse in den Weg. Vielleicht leiste ich ihr damit nicht einmal einen Dienst, und wenn man genau zusieht, so nimmt sie mir's am Ende gar übel. Das Individuum ist in der ersten Liebe im Besitz einer ungeheuren Kraft, und keinen Widerstand zu finden ist ihr deshalb ebenso unangenehm wie es einem kühnen Ritter, der mit einem wunderbar scharfen Schwert ausgerüstet ist, unangenehm wäre, wenn er sich in einem sanften Wiesenland befände, wo es nicht einmal Disteln zu köpfen gibt. Die erste Liebe ist ihrer selbst so sicher, daß sie keine Stütze braucht, und braucht sie eine, so ist sie, würde der Ritter sagen, nicht mehr erste Liebe. Das ist nun allerdings klar; aber das ist auch klar, daß diese Betrachtung uns im Kreis herumführt. Wir haben oben gesehen, wie der Fehler der romantischen Liebe darin liegt, daß sie bei der Liebe als einem abstrakten An-sich stehenbleibt, und daß alle Gefahren, die sie sieht und wünscht, bloß äußerlich sind und sie selbst eigentlich nicht berühren; daß die Sache dagegen schwieriger wird, sobald die Gefahren von der anderen Seite, von innen, kommen. Aber darauf würde der Ritter natürlich antworten: ja wenn... aber wie sollte das möglich sein, und wenn es möglich wäre, so wäre es die erste Liebe nicht mehr. Du siehst, mit der ersten Liebe wird man nicht so schnell fertig: so müssen wir schon in eine methodische Diskussion eintreten. Zunächst will ich beweisen, daß die erste Liebe mit der Ehe sich verträgt, daß sie, wie schon oben angedeutet, in eine höhere Konzentrizität aufgenommen werden kann, ohne daß dazu der Zweifel nötig wäre. Später will ich zeigen, wie es der ersten Liebe wesentlich ist, daß sie historisch wird, und wie gerade die Ehe die Bedingung dafür ist; wogegen die romantische Liebe unhistorisch ist, ob man gleich ganze Folianten mit Rittergeschichten füllen kann.

Die erste Liebe ist also unmittelbar sicher in sich selbst. Nehmen wir an, daß die Individuen zugleich religiös entwickelt seien – das darf ich nicht nur, das muß ich annehmen, denn ich soll ja beweisen, daß die erste Liebe und die Ehe sich miteinander vertragen. Also die Individuen seien religiös entwickelt; aber natürlich nicht in dem Sinn, daß eine unglückliche, erste Liebe sie gelehrt hätte, zu Gott zu fliehen und in der Ehe Sicherheit zu suchen; da ist die erste Liebe alteriert, wenn es auch denkbar wäre, daß sie sich wieder einstellte. Nein, sie seien von jeher gewöhnt, alles auf Gott zu beziehen. Nun kann man das aber auf verschiedene Weise tun. Unsere Liebenden suchen Gott nicht in den Tagen des Kummers, nicht in Furcht und Angst (äußere Gefahren fürchten sie nicht, innere Gefahren kennen sie nicht); die Freude, die ihre Herzen, ihr ganzes Wesen erfüllt, treibt sie zu beten, zu danken, das ist ja so natürlich. Und mit diesem Dank ist die erste Liebe nicht verändert, keine störende Reflexion ist eingetreten, die Liebe ist in eine höhere Konzentrizität aufgenommen. Aber ein solcher Dank gegen Gott enthält wie jedes Gebet ein Moment des Handelns nicht im äußern, sondern im inneren Sinn, und das ist hier der Vorsatz, an der Liebe festzuhalten.

Damit ist das Wesen der ersten Liebe nicht alteriert, es ist keine Reflexion hereingetreten; sie hat ihre Festigkeit nicht verloren, sie hat noch immer ihre ganze beseligende Selbstsicherheit, sie ist nur in eine höhere Konzentrizität aufgenommen. Sie weiß in dieser höheren Konzentrizität vielleicht gar nicht, was sie zu befürchten hat, sie hat vielleicht gar nicht die Vorstellung von einer Gefahr, und doch ist sie durch den guten Vorsatz, der auch eine Art erste Liebe ist, in die Region des Ethischen emporgehoben. Vielleicht wendest du mir ein, daß der Gebrauch des Worts Konzentrizität eine *petitio principii* bedeute, da ich ja davon ausgehen müsse, daß es sich hier um exzentrische Regionen handelt. Darauf habe ich zu sagen: wenn ich von der Exzentrizität ausginge, so würde ich freilich nie zur Konzentrizität kommen; zugleich aber bitte ich dich zu bedenken, daß ich, indem ich von dieser ausgehe, sie zugleich beweise ... Wir haben die erste Liebe in ein Verhältnis zum Ethischen und Religiösen gebracht, und es hat sich gezeigt, daß sie dadurch in ihrem Wesen nicht verändert zu werden brauchte; und damit scheint alles in Ordnung zu sein. Nun war es aber gerade das Ethische und Religiöse, mit dem die erste Liebe, wie wir früher gesehen haben, sich nicht in eine Verbindung einlassen will und es müßte sonderbar zugehen, wenn du nicht deine Polemik an diese Schwierigkeit anknüpfen würdest. Du bist ja Spezialist in Schwierigkeiten, und wahrscheinlich hast du mit deinem raschen, durchdringenden Verstand eine ganze Reihe von wissenschaftlichen Aufgaben aus meinen Ausführungen herausgelesen. Aber meistens bleibst du auch bei den Schwierigkeiten stehen, und ich zweifle allmählich, ob du in irgendeiner Sache je weiter kommen wirst. Du gleichst in gewissem Sinn einem Lotsen, aber einem recht sonderbaren. Der Lotse kennt die Gefahren und steuert das Schiff sicher in den Hafen; du kennst überall den Grund und setzest das Schiff immer auf den Grund. Versteht sich, du tust dein Bestes, und man läßt dich machen; du bist ja so bereit zu helfen und so erfahren. Du hast ein so scharfes Auge für die Menschen und ihr Fahrwasser, daß du gleich weißt, wieweit du hinausfahren mußt, um sie auf den Grund zu setzen. Und du bist auch gar nicht leichtsinnig; du vergißt nicht, daß da draußen einer festsitzt; mit einer kindlichen Boshaftigkeit erkundigst du dich das nächstemal angelegentlich nach seinem Befinden. So hast du natürlich auch jetzt allerlei Schwierigkeiten auf Lager. Du wirst mich daran erinnern, daß ich es ganz unbestimmt und schwebend gelassen habe, von welchem Gott die Rede ist; es handle sich doch nicht um den heidnischen Eros, der sich so gern in Liebesheimlichkeiten einweihen läßt, und dessen Existenz genau genommen nur ein Reflex der Stimmung der Liebenden sei; vielmehr handle es sich um den Gott der Christen, den Gott des Geistes, der eifersüchtig ist auf alles, was nicht Geist ist. Im Christentum sei die Schönheit und Sinnlichkeit verneint, weshalb es auch, nebenbei gesagt, den Christen gleichgültig sei, ob Christus häßlich oder schön war. Ich solle mit meiner Orthodoxie den heimlichen Begegnungen der Liebe fernbleiben und mich besonders aller Vermittlungsversuche enthalten, die dir unsympathischer seien als die krasseste Orthodoxie. „Wenn ich nur an so eine arme Braut denke! Das muß ja erhebend sein, so ganz der Stimmung entsprechen, mit dem Geliebten vor den Altar zu treten; zu fühlen, wie die Augen der versammelten Gemeinde auf ihr ruhen, auf dem unvollkommenen Geschöpf, das der Verführung der irdischen Lust nicht widerstehen konnte; dazustehen wie vor dem Schulmeister oder vor dem Beichtvater und sich den Text lesen lassen! Hoffentlich ist der Pfarrer dann menschenfreundlich genug, sich ein bißchen zu ihr hinunter zu beugen und ihr zum Trost unter der Hand anzuvertrauen, daß im übrigen der Ehestand Gott wohlgefällig sei. Das einzige, was bei dieser Veranstaltung Sinn und Wert hat, ist die Situation des Priesters; und wenn es ein hübsches junges Mädchen wäre, so würde ich ganz gern seine Rolle übernehmen und ihr jenes Geheimnis ins Ohr flüstern. ... Mein lieber junger Freund, freilich ist der Ehestand Gott wohlgefällig; dagegen wüßte ich nicht, daß in der Schrift irgendwo von einem speziellen Segen für Junggesellen die Rede wäre; und aufs Junggesellentum laufen schließlich deine Liebesgeschichten alle hinaus. Aber wer mit dir zu tun hat, hat sich ungefähr die schwierigste Aufgabe gestellt, die es gibt; du kannst beweisen, was du willst, aus jeder Erscheinung machen was du willst. Gewiß, der Gott der Christen ist Geist, das Christentum ist Geist, und es ist Feindschaft gesetzt zwischen Fleisch und Geist; aber das Fleisch ist nicht das Sinnliche, sondern das Selbstische; daher selbst das Geistige sinnlich werden kann, z. B. wenn ein Mensch seine Geistesgaben eitel nimmt. Und auch das ist wahr, daß es für den Christen gleichgültig ist, ob Christus eine irdische Schönheit war, vielmehr es ist für ihn wichtig, daß er es nicht war, denn bei ihm wäre Schönheit etwas Wesentliches, und mit welchen Schmerzen müßte der Gläubige sich darnach sehnen, ihn zu sehen. Aber aus allem dem folgt durchaus nicht, daß im Christentum die Sinnlichkeit vernichtet ist. Die erste Liebe hat das Moment der Schönheit in sich; und die Freude und Fülle, die in ihrer unschuldigen Sinnlichkeit liegt, kann wohl in das Christentum aufgenommen werden. Hüten wir uns, mein Lieber, das ist ein Abweg, gefährlicher als der, den du vermeiden willst, hüten wir uns, daß wir nicht zu geistig werden. Wenn deine Auffassung des Christentums richtig wäre, so müßten wir ja zu der Selbstkasteiung, zu jenen Ausschweifungen der Mystiker zurückkehren, und sogar die Gesundheit müßte verdächtigt werden. Warum sollte aber ein Christ nicht Gott um Gesundheit bitten, den Gott, der umherging und Kranke heilte! Da hätten die Aussätzigen sich nicht heilen lassen sollen, denn sie wären ja der Vollkommenheit am nächsten. Der einfältige, kindliche Mensch kann Gott um alles bitten; und da es unter anderem im Wesen der ersten Liebe liegt, daß sie kindlich ist, so sehe ich nicht ein, warum sie nicht Gott bitten oder vielmehr ihm danken sollte, ohne daß ihr Wesen damit alteriert würde.

Doch du hast vielleicht noch mehr auf dem Gewissen, dann sage es lieber gleich, und wenn du im folgenden finden solltest, daß du dich so nicht ausgedrückt habest, so antworte ich: ganz richtig; aber ich werde mich doch nicht bloß an das halten müssen, was du ausdrücklich zu sagen beliebst; der Herr Observator muß einem armen Ehemann schon gestatten, daß er ihn auch einmal zum Gegenstand seiner Observation macht. Du sprichst dich nie ganz aus, du verbirgst immer etwas in dir; daher kommt es, daß dein Ausdruck so viel Energie, so viel Elastizität hat; man spürt immer, daß du noch etwas mehr bei dir behältst, und so ahnt man einen noch viel heftigeren Ausbruch.

Also, du hast gefunden, wonach deine Seele sich sehnte, was sie schon so lange zu finden hoffte; du hast ein Mädchen gefunden, in dem dein ganzes Wesen zur Ruhe kommt; und obwohl du darnach aussiehst, als hättest du schon manches erlebt, so ist es doch deine erste Liebe, davon bist du überzeugt. „Sie ist schön" (natürlich); anmutig (freilich), und doch liegt ihre Schönheit nicht im Normalen, sondern in der Einheit des Mannigfaltigen, im Zufälligen, im Widerspruchsvollen ... „Sie ist seelenvoll" (das kann ich mir denken); „sie kann sich einem Eindruck so hingeben, daß es einem schwarz wird vor den Augen; sie ist leicht, sie wiegt sich wie ein Vogel auf einem Zweig, sie hat Geist, so viel Geist als nötig ist, ihre Schönheit zu durchleuchten, aber auch nicht mehr". Der Tag ist gekommen, der dir alles geben soll, was du dein nennst. Du hast dir ausgebeten, ihr die letzte Ölung geben zu dürfen. Lange hast du schon im Eßzimmer der Familie gewartet; eine flinke Kammerjungfer vier oder fünf neugierige Cousinen, eine Friseuse, eine ehrwürdige Tante sind schon ein paarmal an dir vorbeigeeilt. Du fängst schon an dich zu ärgern. Da öffnet sich sachte die Türe des Salons, sie ist allein; du freust dich, daß sie den Takt gehabt hat, ihre Umgebung zu entfernen. Sie ist schön, schöner denn je; sie ist wie vergeistigt, eine Harmonie liegt über ihr, deren Schwingungen sie durchschauern. Du stehst voll Staunen, sie ist schöner als ein Traum; auch du verwandelst dich nun, aber deine feine Reflexion verbirgt augenblicklich deine innere Bewegung; und gerade deine Ruhe wirkt verführerisch auf sie, weckt ein Begehren in ihrer Seele, das ihre Schönheit interessant macht. Du trittst näher; auch ihr Putz gibt der Situation das Gepräge des Ungewöhnlichen. Du sprichst kein Wort; verliebte Reden sind jetzt nicht am Platze; aber du hast einen kleinen Strauß mitgebracht; er besteht nur aus Blumen einer Art, aus ganz bescheidenen Feldblumen. Immer, wenn du ihr Blumen geschickt hast, war darunter eine von dieser Art versteckt. Auch heute sollen diese Blumen zu Ehren kommen; sie allein sollen sie schmücken, denn sie liebt sie. Du reichst ihr das Sträußchen; eine Träne zittert in ihrem Auge, und sie gibt es dir wieder zurück; du drückst einen Kuß darauf und steckst es ihr an die Brust. Etwas wie Wehmut liegt über ihr; du selbst bist im Innersten bewegt. Sie tritt einen Schritt zurück, sie betrachtet fast mit Zorn ihren Putz, der Haltung von ihr verlangt; dann wirft sie sich dir plötzlich an die Brust. Sie kann sich nicht losreißen; sie umschließt dich mit einer Heftigkeit, als ob eine feindliche Macht dich ihr entführen könnte ... Ihr Putz ist zerdrückt, ihr Haar hat sich gelöst, im nächsten Augenblick ist sie verschwunden. Du bist wieder dir selbst überlassen;

dann erscheint eine flinke Kammerjungfer, vier oder fünf neugierige Cousinen, eine ehrwürdige Tante, eine Friseuse. Wieder geht die Tür zum Salon auf, sie tritt herein. Ein stiller Ernst liegt auf ihrem Gesicht. Du drückst ihr die Hand und verläßt sie. Und wo triffst du sie wieder? Vor dem Altar des Herrn. Daran hast du noch gar nicht gedacht. Du, der du über so viel nachdenkst und bei anderem Anlaß auch über die Trauung nachgedacht hast, du hast dir in deiner Verliebtheit nicht überlegt, welche Bedeutung die heilige Handlung für dich hat; und doch bist du weit genug, um zu sehen, daß es sich hier um etwas mehr handelt als um eine bloße Zeremonie. Angst ergreift dich. „Dieses Mädchen, dessen Seele so rein ist wie das Licht des Tages, so erhaben wie des Himmels Wölbung, so unschuldig wie das Meer, dieses Mädchen, vor dem ich anbetend niedersinken möchte, dessen Liebe, das fühle ich, mich dem Wirrsal meines innern Lebens entreißen, aus mir einen neuen Menschen machen könnte, sie soll ich vor den Altar führen? Sie soll dastehen wie eine Sünderin und von ihr und zu ihr soll gesagt werden, daß es Eva war, die Adam verführte. Sie, vor der meine stolze Seele sich beugt, die einzige, vor der sie sich gebeugt hat, sie soll hören, daß ich ihr Herr sei und daß sie ihrem Mann untertan sein soll. Schon streckt die Kirche ihre Arme nach ihr aus, und bevor sie sie mir zurückgibt, will sie ihr erst einen Brautkuß auf die Lippen drücken, nicht den Brautkuß, um den ich eine Welt gäbe; schon streckt sie ihre Arme nach ihr aus und will sie umfassen; und, ach, in dieser Umarmung wird ihre Schönheit welken, und dann wird sie mir hingegeben, und dann heißt es: vermehret euch und seid fruchtbar! Was für eine Macht ist das, die sich einzudrängen wagt zwischen mich und meine Braut, die Braut, die ich selbst gewählt habe und die mich gewählt hat? Und diese Macht will ihr befehlen, mir treu zu sein? Als ob es da eines Befehls bedürfte! Als ob sie mir bloß deshalb treu bliebe, weil eine Macht, die sie mehr liebt als mich, es ihr befiehlt! Und diese Macht befiehlt mir, ihr treu zu sein; braucht man mir das zu befehlen, mir, der ich ihr gehöre mit Leib und Seele? Und diese Macht bestimmt unser gegenseitiges Verhältnis, sagt, ich soll gebieten, sie gehorchen; aber wenn ich nun nicht gebieten will, wenn ich mir zu gering dazu bin? Nein, ich will ihr gehorchen, ihr Wink ist für mich Befehl; aber keiner andern Macht will ich mich beugen. Fort will ich fliehen mit ihr, weit fort, solang es noch Zeit ist; und ich will die Nacht bitten, uns zu verbergen, und die verschwiegenen Sterne, uns heimliche, kühne Abenteuer zu erzählen; und unter dem weiten Himmelsgewölbe will ich mich an ihren Reizen berauschen allein mit ihr, allein in der ganzen Welt, mich hineinstürzen in den Abgrund ihrer Liebe. Meine Lippen sind stumm; alles wogt in mir auf und nieder, ohne daß ein Gedanke sich formen könnte. Und ich will alle Mächte des Himmels und der Erde anrufen und sie beschwören, daß nichts mein Glück störe, und mit einem heiligen Eid sollen sie es mir versprechen. Ja fort, weit fort, damit meine Seele sich wieder gesund fühlt, meine Brust wieder atmen kann, damit ich nicht ersticke in dieser schwülen Luft." – Ja fort, das würde ich auch sagen: *procul, o procul este profani.*

Aber hast du dir auch überlegt, ob sie dir auf dieser Expedition folgen will? „Das Weib ist schwach“. Nein sie ist demütig, sie steht Gott näher als der Mann. Und die Liebe ist alles für sie, und so wird sie den Segen Gottes nicht verschmähen. Überhaupt ist es noch nie einem Weib eingefallen, etwas gegen die Ehe zu haben, und es wird ihr in alle Ewigkeit nicht einfallen, wenn der Mann sie nicht selbst verdirbt: eine Emanzipierte könnte natürlich schon auf so etwas kommen. Das Ärgernis geht immer vom Mann aus; denn der Mann ist stolz, er will alles sein, er will nichts über sich haben.

Du wirst nicht leugnen wollen, daß meine Schilderung so ziemlich auf dich paßt, und wenn, so mußt du doch zugeben, daß sie auf den Typus paßt, den du repräsentierst. Ich habe mit Absicht diese etwas gesuchte Sprache gewählt, um deine erste Liebe zu charakterisieren; denn aufrichtig gesagt, diese Liebe, so leidenschaftlich sie ist, so pathetisch sie sich äußert, sie ist viel zu reflektiert, viel zu gut versiert in der Koketterie der Liebe, als daß man sie eine erste Liebe nennen könnte. Die erste Liebe ist demütig; sie ist froh, daß sie eine höhere Macht über sich fühlt, wenn aus keinem anderen Grund, so doch deshalb, um jemand danken zu können. (Deshalb findet man eine reine, erste Liebe auch eher beim Weib als beim Mann.) Eine Analogie dazu finde ich auch bei dir. Sagtest du nicht, du wollest alle Mächte des Himmels und der Erde beschwören? Sieh’, da zeigt sich auch bei dir das Bedürfnis, einen höheren Ausgangspunkt für deine Liebe zu suchen; nur bleibst du im Aberglauben stecken und im Willkürlichen.

Laß sehen, über was du dich so aufregst. Das erste ist, daß du feierlich zum Herrn über sie eingesetzt wirst. Als ob du das nicht schon lange wärest und vielleicht mehr, als gut ist! Als ob das nicht jedes deiner Worte verkündigte! Aber du willst nun einmal nicht von dieser Abgötterei lassen, von dieser lächerlichen Koketterie: du spielst dich als ihr Sklave auf und fühlst dich doch tatsächlich als ihren Herrn.

Das andere, was deine Seele empört, ist, daß die Geliebte als Sünderin hingestellt wird. Du bist Ästhetiker, und es wäre vielleicht deines müßigen Kopfes nicht unwürdig, zu überlegen, ob nicht der Augenblick, in dem sie als Sünderin dasteht, das Weib verschönt; es liegt etwas Geheimnisvolles darin, etwas, das ein interessantes Licht über sie wirft. Die Sünde kann, solange sie als unschuldig gelten darf, etwas kindlich Schelmisches haben, das wirklich verschönen kann. Du lächelst? Nun, ich will natürlich diese Betrachtung nicht im Ernst durchführen; ich fühle zu gut, was dahinter steckt, und will das gelegentlich entwickeln; was ich sagen will, ist nur das: wenn dir dieser ästhetische Gedanke gekommen wäre, so hättest du ihn wahrscheinlich mit dem größten Enthusiasmus aufgenommen. Welche Fülle ästhetischer Probleme hätte sich dir da geöffnet! Ob es interessanter wäre, das Mädchen mit einer unendlich fernen Andeutung gleichsam zu reizen, oder sie in ihrer Unschuld allein mit jener dunklen Macht kämpfen zu lassen, oder sie mit gravitätischem Ernst darüber hinauszuschnellen ins Reich der Ironie usw. ... Kurz, du hättest alle Hände voll zu tun, ihre Sündhaftigkeit ästhetisch auszuwerten. Du hättest sogar, um sie in das Zwielicht zu bringen, das so stark ästhetisch wirkt, an die Sünderin im Neuen Testament erinnert, der viel vergeben wurde, weil sie viel liebte. Im übrigen ist es wieder die reine Willkür, wenn du behauptest, sie stehe als Sünderin da. Es ist nämlich zweierlei, ob man die Sünde *in abstracto* oder *in concreto* kennt. Und das Weib ist demütig, und es fällt ihr nicht ein, Ärgernis daran zu nehmen, daß die Kirche ein ernstes Wort mit ihr spricht; das Weib ist demütig und voll Vertrauen; und wer kann sein Auge so niederschlagen wie ein Weib, und wer kann es so heben? Sollte die feierliche Verkündigung der Kirche, daß die Sünde in die Welt hereingekommen, irgendeine Veränderung in ihr hervorbringen, so könnte es nur die sein, daß sie noch stärker an ihrer Liebe festhält. Aber daraus folgt durchaus nicht, daß die erste Liebe alteriert wäre; sie ist nur in eine höhere Konzentrizität aufgenommen. Einem Weib zu beweisen, daß die irdische Liebe sündig ist, möchte schwierig sein, weil damit ihre ganze Existenz im Innersten vernichtet wäre. Im übrigen tritt sie ja nicht an den Altar, um zu überlegen, ob sie den Mann, der an ihrer Stelle steht, lieben soll oder nicht; sie liebt ihn, darin lebt sie; und wehe dem, der den Zweifel in ihr weckt, der sie lehrt, sich gegen die Natur zu empören, der sie dazu bringt, daß sie nicht mehr knien will vor Gott, sondern aufrecht stehen. Bei deiner Auffassung der ersten Liebe hätte die Sünde überhaupt nicht in die Welt kommen dürfen; aber du wirst mir zugeben, daß man mit solchen Argumenten nichts ausrichtet (indem du von der Sünde abstrahieren willst, beweisest du nur, daß du in der Reflexion gefangen bist). Aber da die Individuen, von deren erster Liebe wir sprechen, religiös sind, brauche ich mich auf all das überhaupt nicht einzulassen. Das Sündige liegt nicht in der ersten Liebe als solcher, sondern in dem Selbstischen, das sie hat, oder vielmehr nicht hat, denn das Selbstische tritt erst in dem Augenblick hervor, da sie reflektiert; und sobald sie reflektiert, ist sie vernichtet.

Schließlich kommt es dir empörend vor, daß eine dritte Macht dich zur Treue gegen sie und sie zur Treue gegen dich verpflichten will. Da muß ich dich nun zunächst darauf aufmerksam machen, daß diese dritte Macht sich nicht aufdrängt; aber da die Individuen, die wir uns denken, religiös entwickelt sind, so wünschen sie den Segen der Kirche, und es fragt sich nur, ob das Eingreifen der Kirche der ersten Liebe irgendwie gefährlich werden könnte. Du wirst nicht leugnen wollen, daß die erste Liebe ein natürliches Bedürfnis hat, sich in sich zu festigen, indem sie im Angesicht einer höheren Macht sich ein Gelübde ablegt. Liebende schwören sich ja auch beim Mond Treue zu oder bei den Sternen, beim Andenken ihres Vaters, bei ihrer Ehre usf. Du wirst sagen: „Derlei Gelübde bedeuten nichts; das ist ja nur der Abglanz der Stimmung der Liebenden; denn wie sollte es ihnen sonst einfallen, beim Mond zu schwören." Sieh', da alterierst du wieder das Wesen der ersten Liebe; das ist ja gerade das Schöne, daß für sie alles Realität bekommt in Kraft der Liebe; erst die Reflexion sieht, daß es keinen Sinn hat, beim Mond zu schwören; für die Liebe in ihrer Unmittelbarkeit hat es Sinn und Bedeutung. Sollte es nun etwas anderes sein, bei einer Macht zu schwören, die nicht nur subjektive, sondern auch objektive Bedeutung hat? Das sehe ich nicht ein. Es kann der Liebe ja nur recht sein, wenn ihr Gelübde auch objektiv etwas ist. Du schwörst wohl bei den Wolken und Sternen, aber bei Gott zu schwören, bringt dich aus der Stimmung. Das zeigt nur wieder, daß du in der Reflexion gefangen bist. Deine Liebe soll keine Zeugen haben, es sei denn solche, die keine Zeugen sind. Freilich will die Liebe das Geheimnis; aber deine Liebe ist so vornehm, daß nicht einmal Gott im Himmel etwas davon wissen soll, obwohl doch Gott, um mich etwas frech auszudrücken, ein Zeuge ist, der einen nicht geniert. Daß Gott nichts von deiner Liebe wissen soll, das eben ist das Selbstische und Reflektierte darin; denn da ist Gott einerseits im Bewußtsein, und andererseits soll er nicht da sein. Das alles sind Dinge, von denen die erste Liebe nichts weiß. Ihr steht die Reflexion so fern, daß man ihr nicht einmal das Bedürfnis zuschreiben sollte, sich eine höhere Weihe zu geben: sie tut es eben, instinktiv. Du, in deiner fingierten ersten Liebe fühlst das Bedürfnis, willst es aber nicht befriedigen. Denn wenn du alle Mächte im Himmel und auf Erden beschwörst, so ist das nur der Ausdruck der fieberhaften Unruhe, die das Lebensprinzip deiner Liebe ist; sie ist bald kühl, bald heiß und spielt in allen Farben; und wenn du deine Geliebte umarmst, so könntest du zugleich wünschen, daß der Augenblick zur Ewigkeit würde, und daß es der letzte Augenblick wäre; und darum stirbt deine Liebe so sicher wie etwas.

Wir sahen, wie die erste Liebe in ein Verhältnis zum Ethischen und Religiösen treten konnte, ohne durch eine Reflexion hindurchzugehen, die sie alterieren würde, indem sie in eine höhere Konzentrizität des Unmittelbaren aufgenommen wurde. In gewissem Sinn ist aber doch eine Veränderung mit ihr vorgegangen, eine Veränderung, die ich als Metamorphose des Liebespaars in ein Brautpaar bezeichnen könnte. Die Liebenden beziehen ihre Liebe auf Gott, indem sie ihm dafür danken. Damit wird aber die Liebe veredelt. Dem Mann in seiner Eitelkeit liegt es nahe, sich einzubilden, daß er das Mädchen erobert hat, das er liebt; in diesem Gedanken fühlt er seine Überlegenheit; aber das ist durchaus nicht ästhetisch. Das Mädchen muß ihm doch zu teuer und wert sein, als daß er sie, wenn auch im schönsten und edelsten Sinn, als eine Beute nehmen möchte; und dann ist es auch gewiß schöner, wenn er die Geliebte von Gott empfängt, als wenn er sie einer ganzen Welt abgerungen hat; indem er nun Gott für seine Liebe dankt, demütigt er sich unter seine Liebe, und seine Seele, denn sie ist es ja, die eigentlich liebt, wird nicht Ruhe finden, bis er sich so vor Gott gedemütigt hat. Nun nimmt er die Geliebte als ein Geschenk aus der Hand Gottes, und nun kann er sie auch erobern, wenn er Lust hat: von Tag zu Tag, ein ganzes Leben lang; dazu gehört dann mehr als die fliegende Hitze einer romantischen Verliebtheit. Eine analoge Metamorphose macht das liebende Weib durch. Ihr ist es natürlich, sich dem Übergewicht des Mannes zu unterwerfen, und sie ist sogar froh und glücklich, sich als Nichts zu fühlen; aber da droht schon etwas Unwahres und Ungesundes. Wenn sie nun Gott für den Geliebten dankt, so kommt sie nicht in Versuchung, ihn zu ihrem Gott zu machen; er rückt ihr ein wenig ferner, gerade so viel, daß sie gleichsam wieder Atem holen kann. Diese Metamorphose beruht nun aber bei beiden Liebenden nicht auf dem Zweifel, von dem weiß ja die erste Liebe nichts, sie vollzieht sich ganz unmittelbar. Die erste Liebe bleibt in ihrem wahren Wesen unangetastet; sie wird nur gleichsam sublimiert. Das Ewigkeitsbewußtsein, das die erste Liebe hat und das sie, wie wir gesehen haben, sittlich macht, ist allerdings illusorisch. Sobald aber die Liebenden ihre Liebe auf Gott beziehen, ihm dafür danken, den Vorsatz und das Gelübde der Treue fassen, verwandelt sich die Illusion in Wahrheit: die Liebe bekommt das absolute Gepräge der Ewigkeit, einer Ewigkeit, die nicht auf dunkle Mächte sich gründet, sondern auf das Ewige selbst. Was speziell den Vorsatz betrifft, so hat er noch eine andere Bedeutung. Im Vorsatz liegt die Möglichkeit einer Bewegung in der Liebe; er kann also die erste Liebe von einer Schwierigkeit befreien, unter der sie leidet: daß sie nicht von der Stelle kommt; das Ästhetische liegt in ihrer Unendlichkeit, unästhetisch aber ist, daß das Unendliche nicht in die Endlichkeit eingeführt werden kann. Daß aber die Verbindung mit dem Religiösen der ersten Liebe nicht gefährlich wird, möchte ich noch an einem Bild dartun. Das Religiöse ist ja eigentlich der Ausdruck der Überzeugung, daß der Mensch mit Gottes Hilfe leichter ist als die Welt, daß er getragen wird, daß er schwimmen kann. Wenn nun einer in Lebensgefahr war, so könnte er auf den Gedanken kommen, den Schwimmgürtel, der ihn über Wasser hält, beständig auf dem Leib zu tragen; aber diesen Gedanken könnte auch einer haben, der noch nie im Lebensgefahr war. So umgürtet sich die erste Liebe mit dem Religiösen, ohne durch schmerzliche Erfahrungen oder beängstigende Reflexionen dazu gedrängt zu sein. Natürlich darfst du das Bild nicht pressen. Daß das Religiöse nicht in einem so äußerlichen Verhältnis zur ersten Liebe steht, wie das Bild es andeutet, habe ich ja wohl zur Genüge dargetan.

Und nun noch eins! Ihr redet so viel von der erotischen Umarmung, was ist sie neben der ehelichen? Wie viel reicher in der Modulation ist das eheliche „mein", gegenüber dem erotischen! Es erfüllt mit seinem Klang nicht bloß die verführerische Ewigkeit des Augenblicks, die illusorische Ewigkeit der Phantasie, sondern die Ewigkeit des Bewußtseins, die Ewigkeit der Ewigkeit. Wieviel kräftiger ist das eheliche „mein"! Wille, Entschluß, Vorsatz geben ihm Spannkraft, und was ist so hart und zugleich so geschmeidig wie der Wille. Und welch sicheren Schritt geht die Ehe! An die Stelle dunkler Impulse tritt die Pflicht und durchdringt den ganzen Körper des Lebens bis in die feinsten Gewebe; sie ebnet den Weg und schafft die Überzeugung, daß in alle Ewigkeit nichts die Liebe zerstören wird. Laßt Don Juan seine Laube, laßt dem Ritter den Nachthimmel und die Sterne, er sieht ja doch nichts darüber, der Himmel der Ehe wölbt sich höher ... Das ist die Ehe; und wenn sie so nicht ist, so ist nicht Gott schuld und nicht das Christentum und nicht die Trauung, nicht Fluch, nicht Segen, sondern allein der Mensch. Da schreibt man Bücher, es ist eine Sünde und Schande, macht die

Menschen irr am Leben, und verleidet es ihnen, bevor sie angefangen haben zu leben. Statt daß man sie lehrt zu leben! Hätte man wenigstens recht; wäre das, was man da predigt, eine schmerzliche Wahrheit! Aber es ist Lüge. Man lehrt uns sündigen, und die den Mut dazu nicht haben, macht man auf andere Weise unglücklich. Ich bin leider zu sehr vom Ästhetischen beeinflußt, um nicht zu wissen, daß das Wort Ehemann dein Ohr beleidigt. Aber was geht das mich an; ist das Wort in Mißkredit gekommen (es wirkt ja tatsächlich fast komisch), so ist es an der Zeit, daß man es wieder zu Ehren bringt. Du sagst wohl: „Ich habe schon viele Ehen gesehen, aber noch nie so eine, wie du sie schilderst." Das kann sein, aber der Fehler könnte auch an dir liegen. Die Ehe ist etwas so Alltägliches, daß man allzuleicht das Große und Schöne, das sie enthält, übersieht, besonders da man ja auch alles tut, sie zu verkleinern, ihr habt es ja wirklich so weit gebracht, daß Eure Romanheldinnen mit ihrer ersten Liebe mehr gelten als ein Mädchen, das einem Mann vor dem Altar die Hand reicht.

Und nun habe ich mich über diesen Punkt genug mit dir gestritten. Ich habe dich reden lassen, und du hast das deine gesagt, heftig ausbrechend, wie es deine Art ist, heftiger vielleicht, als du Wort haben willst. (Es ist mir übrigens fraglich, ob du diese Bewegungen in dir richtig verstehst; wenn die Ehe dir einmal als Wirklichkeit entgegentritt, so wird vielleicht ein noch wilderer Sturm in dir losbrechen; vermutlich wirst du dich aber wieder niemand anvertrauen.) Nun gestatte mir, daß ich auch mein Herz ausschütte und dir mein *ceterum censeo* vorlege ... Man liebt nur einmal im Leben; das Herz hängt an seiner ersten Liebe, der Ehe. Lausche der Harmonie der verschiedenen Sphären, lausche und bewundere! Es ist überall dasselbe, nur verschieden ausgedrückt, ästhetisch, religiös, ethisch. Man liebt nur einmal. Und diese erste Liebe wird zur Wirklichkeit in der Ehe, und wenn die heiraten, die sich nicht lieben, so kann die Kirche nichts dafür. Man liebt nur einmal, so tönt es von allen Lippen; so spricht der Glückliche, dem jeder neue Tag es froh bestätigt, so spricht auch der Unglückliche, der Unglückliche, der ewig dem Ideal nachjagt, der Unglückliche, der das Ideal nicht festhalten will. (Eigentlich gibt es ja nur diese beiden Klassen. Der es nicht festhalten will, der ist der echte Verführer. Er ist nicht so häufig, als man glaubt, denn er ist ein ungewöhnlicher Mensch. Ich habe einen gekannt, der gab es zu, daß man nur einmal liebe; aber die Liebe konnte seine wilden Lüste nicht zähmen.) Man liebt nur einmal, das sagen alle; aber man verheiratet sich zwei- oder dreimal, so sagen gewisse Leute. Hier vereinigen sich die Sphären wieder; die Ästhetik sagt nein dazu, und auch die Kirche sieht mit Argwohn auf die zweite Ehe. Das ist für mich äußerst wichtig; Ästhetik und Religion sind also in dieser Frage, die eine Lebensfrage der Erotik ist, einer Meinung.

Wir haben gesehen, wie die erste Liebe in ein Verhältnis zur Ehe trat, ohne daß sie dadurch alteriert wurde. Das ästhetische Moment, das in der ersten Liebe liegt, muß also auch in der Ehe liegen, da diese jene enthält. Das Ästhetische aber liegt zunächst in der Unendlichkeit, der Apriorität der ersten Liebe; liegt ferner in der Vereinigung von Widersprüchen, die die Liebe darstellt, sofern sie sinnlich und doch geistig, sofern sie Freiheit und doch Notwendigkeit, sofern sie in hohem Grad präsentisch ist und doch Ewigkeit in sich hat. Alles das hat die Ehe auch. Die Ehe ist sinnlich und doch geistig, aber sie ist zugleich mehr; denn das Wort „geistig", auf die erste Liebe bezogen, will doch zunächst sagen, daß sie seelisch ist, daß sie Sinnlichkeit ist, durchtränkt von Geist. Die Ehe ist Freiheit und Notwendigkeit, aber zugleich mehr; denn die Freiheit der ersten Liebe ist doch eigentlich seelische Freiheit: die Individualität hat sich noch nicht aus der Naturnotwendigkeit zum Bewußtsein herausgeklärt. Je mehr Freiheit aber, desto mehr Hingabe; nur der kann sich verschwenden, der sich selbst besitzt. In der Beziehung zum Religiösen werden die Individuen frei: er verliert den unwahren Stolz, sie die unwahre Demut; und das Religiöse drängt sich ein zwischen die Liebenden, die sich so fest umschlungen halten, nicht um sie zu trennen, sondern damit sie sich mit einem Reichtum hingeben kann, den sie vorher nicht ahnte, und damit er nicht bloß hinnehme, sondern auch sich hingebe, sich hinnehmen lasse. Die Ehe hat die innere Unendlichkeit, und noch mehr als die erste Liebe; denn die innere Unendlichkeit der Ehe ist ein ewiges Leben. Die Ehe ist sinnlich und geistig und noch mehr als die erste Liebe; denn in ihr hat das Sinnliche und Geistige eine viel höhere Spannung. Je weiter man sich vom Sinnlichen entfernt, eine desto größere ästhetische Bedeutung bekommt es; sonst wäre ja der Instinkt des Tieres der höchste Grad des Ästhetischen. Das Geistige ist in der Ehe von höherer Qualität als in der ersten Liebe; und je höher der Himmel über dem Brautbett schwebt, desto besser, desto schöner, desto ästhetischer. Über der Ehe aber wölbt sich nicht der irdische Himmel, sondern der Himmel des Geistes. Auch die Ehe ist präsentisch, gesund und kräftig und weist hinaus über sich selbst, aber in tieferem Sinn als die erste Liebe, deren Mangel eben ihr abstraktes Wesen ist. Die Ehe hat den Vorsatz, und im Vorsatz liegt ein Gesetz der Bewegung, liegt die Möglichkeit einer inneren Geschichte. Der Vorsatz ist die Resignation in ihrer reichsten Erscheinung: eine Resignation, die nicht über den Verlust beruhigt, sondern zum Gewinn führt; indem man resigniert, hält man fest. Im Vorsatz ist ein anderes gesetzt, zu dem die Liebe in ein Verhältnis tritt, doch nicht im äußeren Sinn. Aber der Vorsatz ist nicht Frucht des Zweifels, sondern Verheißung des Überflusses. So schön ist die Ehe; und doch ist das Sinnliche durchaus nicht verneint, sondern veredelt. Es ist vielleicht nicht recht von mir, aber ich gestehe es, wenn ich an meine Ehe denke, so erweckt der Gedanke, daß sie einmal aufhören soll, in mir eine unerklärliche Wehmut, und das, obwohl ich ja überzeugt bin, daß ich mit ihr, mit der die Ehe mich verbindet, in einem anderen Leben leben werde; aber da habe ich sie auch in anderem Sinn, da ist der Widerspruch, der das Wesen unserer Liebe ausmacht, aufgehoben. Ich tröste mich mit dem Gedanken, daß ich mit ihr in der innerlichsten und schönsten Gemeinschaft lebe, die es auf Erden gibt ... Soweit ich die Sache verstehe, ist der Fehler der ersten Liebe gerade das was ihr Vorzug ist: sie ist Vorliebe. Die geistige Liebe hat keine Vorliebe; im

Gegenteil, sie strebt beständig über das Relative hinaus. Die irdische Liebe geht den entgegengesetzten Weg, und in ihrer Wahrheit ist sie die Liebe zu einem einzigen Menschen in der ganzen Welt. Die irdische Liebe beginnt damit, mehrere zu lieben, das sind die Antizipationen des Suchens, und sie endet damit, Einen zu lieben; die geistige Liebe erweitert sich mehr und mehr, umfängt immer mehr Individuen, und in ihrer Wahrheit ist sie die Liebe zu allen.

Die Ehe ist sinnlich und zugleich geistig, frei und zugleich notwendig, absolut in sich selbst und weist doch über sich selbst hinaus. Aber alle diese widerstrebenden Kräfte sind in vollkommener, innerer Harmonie; und darum hat die Ehe auch natürlich ihre Teleologie in sich selbst. Sie ist, indem sie sich selbst beständig voraussetzt; daraus folgt, daß jede Frage nach dem „Warum" ein Mißverständnis ist, das sich freilich aus der prosaischen Verständigkeit erklärt, mit der so viele in die Ehe treten. Und welche Gründe treten dann auf! Da kommst nicht nur du, da komme auch ich in Versuchung zu sagen: wenn hinter der Ehe nichts Weiteres steckt, so ist sie wirklich das Lächerlichste vom Lächerlichen. Wir können da wohl ein wenig miteinander lachen, wenn wir uns auch bewußt sind, daß wir auf sehr verschiedene Art und Weise lachen. Wenn jemand uns fragt, wozu die Ehe da ist, so können wir beide antworten: das mag der liebe Gott wissen, aber wir sagen das beide mit sehr verschiedener Betonung, du verstehst jetzt, was ich damit meine, wenn ich sage, wir lachen auf verschiedene Weise; im übrigen will ich nicht vergessen, wie viel ich in dieser Hinsicht deinen Beobachtungen verdanke. Und das gebe ich zu: Die Leute, welche die schönste Aufgabe des Lebens nicht in Angriff nehmen wollen, die überall tanzen wollen, nur nicht auf dem Rhodos, das ihnen als Tanzplatz bestimmt ist, diesen Leuten geschieht es recht, wenn sie von dir und deinesgleichen, die sich unter der Maske des Vertrauens an sie machen, zum Besten gehalten werden. In einem Punkt aber will ich auf keinen Fall mitlachen. Du hast schon manchmal den Gedanken geäußert, man müßte einmal bei einer Reihe von Menschen diskret anfragen und sehen, warum jeder sich verheiratet hat; man würde da finden, daß zumeist ein ganz unbedeutender Anlaß den Entscheid gegeben hat. Daß die Ehe mit all ihren Konsequenzen, daß eine so ungeheure Wirkung aus einer so kleinen Ursache hervorgehe, das kommt dir nun lächerlich vor. Ich will mich nicht damit aufhalten, dir nachzuweisen, wie unrichtig es ist, den „unbedeutenden Anlaß" ganz abstrakt zu nehmen; er kommt eben zumeist zu einer Mannigfaltigkeit von Bestimmungen, und deshalb resultiert etwas daraus. Was ich dir dagegen zeigen will, ist, daß gerade die Ehe die schönste ist, die am wenigsten „Warum" hat. Je weniger „Warum", um so mehr Liebe, vorausgesetzt, daß man es ernst nimmt. Für den Leichtsinnigen wird es sich ja freilich hinterdrein herausstellen, daß es ein kleines „Warum" war; der Ernstgerichtete dagegen wird zu seiner Freude entdecken, daß es ein ungeheures „Warum" war. Je weniger „Warum", desto besser. In den unteren Volksklassen geht man die Ehe meist ein ohne großes „Warum", aber darum gibt es in diesen Ehen auch nicht so viele „Wie": wie man auskommt, wie man die Kinder versorgt usw. Zur Ehe gehört nie etwas anderes als der Ehe eigenes „Warum"; das aber ist unendlich, und darum in dem Sinn, in dem ich es hier nehme, überhaupt kein „Warum". Das wirst du wohl einsehen. Denn würde man einen solchen philiströsen Ehemann auf sein „Warum" mit diesem wahren „Warum" antworten, so würde er vermutlich wie Heibergs Schulmeister in den *Elfen* sagen: „Da müssen wir uns nach einer neuen Lüge umsehen." Und das wirst du nun auch einsehen, warum ich dem Mangel an „Warum" eine komische Seite nicht abgewinnen kann und will: ich fürchte, der wahre Ernst der Sache könnte dabei ganz verlorengehen. Es gibt nur ein wahres „Warum"; das aber hat eine unendliche Energie und Kraft in sich und wird mit jedem „Wie" fertig. Das endliche „Warum" ist ein Mischmasch, von dem jeder nimmt, was er will, der eine mehr, der andere weniger, und dabei ist der eine so töricht wie der andere; und wenn einer bei seinem Eintritt in die Ehe alle endlichen „Warum" vereint hätte, so wäre er eben darum der allererbärmlichste Ehemann.

Warum heiratet man? Eine der scheinbar anständigsten Antworten, die man geben kann, ist die: die Ehe ist eine Schule des Charakters, man heiratet, um sich zu veredeln und zu bilden. Ich will hier an eine Situation anknüpfen, die ich dir verdanke. Da war einmal ein Beamter, den du dir, wie du sagtest, „eingetan hattest", der Ausdruck steht dir sehr gut an, denn wenn du ein Objekt deiner Beobachtungsmanie hast, so bist du gleichsam „dienstlich" tätig (so fühlst du's wenigstens) und trittst autoritativ auf. Der Mann war übrigens ganz gescheit und hatte insbesondere gute Sprachkenntnisse. Man saß um den Teetisch. Er rauchte seine Pfeife. Seine Frau war gerade keine Schönheit, sah ziemlich einfältig aus und war zu alt für ihn; es mußte, wie du bemerktest, ein apartes „Warum" vorliegen. Es war auch eine bleiche, eben verheiratete Frau da, die auch von einem „Warum" zu wissen schien. Die Hausfrau selbst schenkte den Tee ein, und ein junges Mädchen von etwa 16 Jahren, nicht schön aber kräftig und lebensfrisch, reichte die Tassen herum; sie war offenbar noch nicht beim „Warum" angelangt. In dieser ehrenwerten Gesellschaft befand sich auch deine Wenigkeit. Du warst *ex officio* da und fandest, nachdem du schon ein paarmal vergebens gekommen warst, endlich die „interessante Situation". Es ging eben damals das Gerücht von einer gelösten Verlobung; und du konntest der Familie, die noch nichts davon gehört hatte, diese wichtige Lokalnachricht überbringen. Man saß zu Gericht, verhandelte die Sache ausführlich, und da es nur Ankläger gab, so wurde der Sünder exkommuniziert. Die Gemüter waren in Erregung. Da nahmst du dir's heraus, ein Wort zugunsten des Verurteilten zu sagen, nicht aus Sympathie für ihn, sondern nur, um ein Stichwort anzubringen. Natürlich war niemand deiner Meinung; aber du gabst die Verteidigung nicht auf: „Vielleicht war die Verlobung doch eine Übereilung, vielleicht hat er sich das ‚Warum', man könnte fast sagen das ‚Aber', nicht klar gemacht, das einem so entscheidenden Schritt voraufgehen muß, *enfin* warum heiratet man, warum, warum?" Jedes von diesen „Warum" wurde mit verschiedener Modulation gesprochen, aber in der

Tonart des Zweifels. Das war zuviel, ein „Warum“ hätte schon genügt, aber dieser Generalmarsch ins Lager des Feindes brachte alles in Aufruhr, jetzt war der Augenblick gekommen. In seiner Gutmütigkeit glaubte dich der Wirt belehren zu sollen: „Das will ich Ihnen sagen, mein Lieber, man verheiratet sich, weil die Ehe eine Schule für den Charakter ist.“ Jetzt war die Sache in Gang; indem du ihm bald opponiertest, bald ihm recht gabst, hetztest du ihn in einen solchen Eifer hinein, daß er sich bald selbst in Geschmacklosigkeiten überbot, zur geringen Erbauung seiner Frau, zum Ärgernis ihrer Freundin, zur Verwunderung des jungen Mädchens. Ich habe schon damals, als du mir die Geschichte erzähltest, dich getadelt; es war mir nicht um den Wirt, sondern um die Frauenzimmer, denen du, maliziös wie du bist, die Szene so peinlich wie möglich machtest, indem du sie in die Länge zogst. Übrigens will ich dir auch die zwei anderen Frauen preisgeben; es ist ja nur deine gewöhnliche Koketterie, die dich verleitete, auch sie unters Feuer zu nehmen. Aber seine Frau! Vielleicht hat sie ihn doch wirklich geliebt, und da mußte es ja schrecklich für sie gewesen sein, dir zuzuhören. Dazu kommt, daß in der ganzen Situation eigentlich etwas Unanständiges lag, gerade die Verstandesreflexion nämlich ist es, welche die Ehe unsittlich macht. Die sinnliche Liebe ist im Recht, ist ästhetisch, religiös und ethisch, wenn sie sinnliche Liebe ist. Die Berechnung des Verstandes, der die und die Gründe für die Ehe anführt, macht sie eben so unästhetisch wie irreligiös, weil er dem Sinnlichen (d. h. der sinnlichen Liebe) nicht sein Recht läßt. Daß einer eine gute Absicht hat, wenn er heiratet, macht die Sache nicht besser, denn der Fehler ist gerade, daß er eine Absicht hat. Wenn eine Frau sich deshalb verheiraten wollte – von einer solchen Torheit, die der Ehe ein ungeheures „Warum“ zu geben scheint, hat man ja schon manchmal gehört –, wenn eine Frau heiraten wollte, um der Welt einen Erlöser zu gebären, so wäre diese Ehe ebenso unästhetisch wie unsittlich und irreligiös. Das ist etwas, was man sich nicht oft genug deutlich machen kann. Es gibt eine Klasse von Verstandesmenschen, die mit Verachtung auf das Ästhetische heruntersehen als auf Tand und Kinderei, und die sich in ihrer jämmerlichen Teleologie hocherhaben darüber dünken; aber sie täuschen sich: gerade in ihrer zweckmäßigen Denkweise sind sie nicht nur unästhetisch, sondern auch unsittlich. Im Ganzen ist das Weib religiöser und ästhetischer als der Mann; deshalb sollte der Mann in diesen Dingen immer aufs andere Geschlecht sehen. Die Antwort deines Bekannten war übrigens trivial genug; und ich wünsche jedem Ehemann seines Schlags eine Xanthippe zur Frau und recht böse Kinder; da kann er dann hoffen, daß er seine Absicht erreicht.

Gewiß, die Ehe ist eine Schule des Charakters, oder weniger philiströs ausgedrückt, sie ist die Genesis des Charakters. Aber wer aus diesem Grund heiratet, ginge besser in jede andere Schule als in die der Ehe, und wenn er es doch tut, so wird ihm diese Lehrzeit keinen Segen bringen. Die Ehe durchschauert Seele und Leib, stärkt und konsolidiert den ganzen Menschen, denn sie ist eben doch ein Wagestück; und das soll sie auch sein, und wer seine Ehe berechnet, wird sie gerade durch diese Berechnung entnerven und wird sich jener Erfrischung und Kräftigung berauben. Weiter kommt er aber natürlich auch um die Liebe, die doch das eigentliche Betriebskapital der Ehe ist, und um das Religiöse, das die Liebe in der Ehe in sich aufnimmt (er hat es ja nicht nötig, für seine Liebe Gott zu danken). Natürlich ist er auch so superklug, eine fix und fertige Vorstellung mitzubringen, nach der er sich zu entwickeln gedenkt; das wird dann das Regulativ für seine Ehe und für das unglückliche Wesen, das er sich, unverschämt genug, zum Versuchskaninchen ausersehen hat. Aber lassen wir das! Es ist wahr, daß die Ehe bildet; nur muß man sich nicht darüber stellen wollen, sondern wie immer, wenn es sich um Bildung handelt, sich der Macht unterordnen, die einen bilden soll. Die Ehe reift die Seele; denn sie legt das Gewicht der Verantwortlichkeit auf, das man mit allen Sophismen nicht wegschafft, eben weil man liebt. Die Ehe adelt den Menschen durch die Keuschheit, die im Wesen des Weibes liegt, die den Mann erzieht; denn das Weib ist des Mannes Gewissen. Die Ehe bringt Zusammenhang, Melodie in die exzentrische Bewegung des Mannes und gibt dem ruhigen Leben des Weibes eine Kraft und Bedeutung, die sie doch immer nur im Mann sucht, weshalb diese Kraft nie unweiblich werden kann. Sein stolzes Aufflammen wird gedämpft, indem er sich immer wieder zu ihr zurückwendet; ihre Schwachheit wird Kraft, indem sie sich an ihn lehnt.[1]

---

[1] Daher macht eigentlich erst die Ehe den Menschen positiv frei, weil das Verhältnis das ganze Leben, das Kleinste wie das Größte, umfassen kann, sie macht ihn frei von einer gewissen unnatürlichen Befangenheit in natürlichen Dingen, die man freilich auch auf andere Weise erwerben kann, dann aber leicht auf Kosten des Guten. Die Ehe bewahrt den Menschen davor, daß er in der Gewohnheit stagniert, indem sie immer wieder für frische Strömung sorgt; sie macht ihn frei von den Menschen, indem sie ihn an einen Menschen bindet. Ich habe oft beobachtet, wie unfrei Unverheiratete sind. Sie werden die Sklaven ihrer Launen, weil sie sich in allem nachgeben können und keinerlei Verantwortung haben, und damit werden sie auch die Sklaven anderer Menschen. Bezeichnend dafür ist die Rolle, die oft Diener und dergleichen im Haushalt von Hagestolzen spielen. Sie sind die personifizierten Launen ihrer Herrschaft, reduziert auf den Glockenschlag. Sie wissen, daß der Herr um acht Uhr aufstehen will, daß man aber schon um halb sieben Uhr klopfen muß und daß man um viertel sieben Uhr im Studierzimmer heizen muß; daß er an dem und dem Tag frische Wäsche will, daß er es gern hat, wenn man ihm die Strümpfe aufrollt, damit er sie leicht anziehen kann, daß er sich in lauwarmem Wasser waschen will und darnach in kälterem; daß man das Fenster öffnen muß, wenn er ausgeht, und den Stiefelknecht und die Pantoffeln bereitstellen, wenn er heimkommt. Alles das wissen die Dienstboten, und wenn sie ein bißchen Grütze haben, richten sie sich darnach ein. Obwohl nämlich das alles aufs pünktlichste ausgeführt wird, ist der Herr doch selten zufrieden. Er wird öfters ärgerlich und zornig und ist dann hinterdrein schwach und gutmütig, und dann bringt er mit ein paar Talern alles wieder in Ordnung. Die Dienstboten brauchen also nur in angemessenen Zwischenräumen etwas Dummes zu machen, die Herrschaft in Wut und Verzweiflung zu bringen und dann das Douceur in Empfang zu nehmen. Solche Dienstboten werden dann sehr hoch geschätzt; der Herr weiß nicht, was er mehr bewundem soll, die Pünktlichkeit des Dieners oder die aufrichtige Reue, wenn er etwas verkehrt gemacht hat. Der Mann wird mit der Zeit unentbehrlich und ein absoluter Despot.

Und dann das viele Kleinliche, das die Ehe mit sich bringt! „Ja, daran fehlt's freilich nicht", höre ich dich sagen, „und der liebe Gott möge mich davor bewahren." Nein, Gott möge dich nicht davor bewahren, denn nichts bildet den Menschen so wie das Kleinliche. Es gibt Zeiten im Leben des Menschen, da muß man das Kleinliche von ihm fernhalten; aber es kommen auch Zeiten, da ist das Kleinliche wohl am Platze. Es gehört Größe dazu, die Seele aus dem Kleinlichen herauszuretten, aber man kann es, wenn man will, und daß man will, beweist eine große Seele, und wer liebt, will. Dem Mann kann es oft sehr schwerfallen, sich mit dem Kleinlichen abzufinden, und darum wird gerade in dieser Hinsicht die Frau die größte Bedeutung für ihn bekommen. Denn sie ist dafür geschaffen, sich mit Kleinigkeiten abzugeben, und weiß ihnen Bedeutung, Wert, ja eine bezaubernde Schönheit zu verleihen. Das Kleine befreit uns von der Tyrannei der Gewohnheit, der Einseitigkeit, der Launen; wie sollten auch all diese bösen Mächte in der ehelichen Gemeinschaft sich bilden können, in einer Gemeinschaft, die sich so oft und auf so viele Arten zur Verantwortung ruft: sie finden keinen Boden; „denn die Liebe ist langmütig und freundlich, die Liebe eifert nicht, die Liebe treibt nicht Mutwillen, sie blähet sich nicht; sie stellt sich nicht ungebärdig, sie sucht nicht das Ihre, sie läßt sich nicht erbittern, sie trachtet nicht nach Schaden, sie freut sich nicht der Ungerechtigkeit, sie freut sich aber der Wahrheit, sie erträgt alles, sie hofft alles, sie duldet alles". Denk' dir diese schönen Worte des Apostels auf ein ganzes Leben angewandt, stelle dir vor, wie man oft ihnen leicht und freudig nachlebt, wie man oft Fehler macht und sie vergißt, und doch immer im Studierzimmer heizen muß; daß er an dem und dem wieder darauf zurückkommt, wie Mann und Weib immer wieder freudig diese Worte einander vorhalten, welche Seligkeit liegt darin, welche Verklärung des Charakters. In der Ehe ist es nicht mit großen Leidenschaften getan; man kann auch nichts vorwegnehmen, man kann nicht einen Monat liebevoll sein im großen Maßstab und sich darauf zu anderer Zeit berufen; da hat jeder Tag seine eigene Plage, aber auch seinen eigenen Segen. Ich weiß, ich habe meinen Stolz, meine hypochondrische Unruhe ihrer Liebe unterworfen, ich habe ihre Heftigkeit unserer Liebe unterworfen; aber ich weiß auch, daß das manchen Tag gekostet hat, und daß es noch manchen Tag kosten kann; aber ich hoffe auf den Sieg.

Warum heiratet man? Um Kinder zu bekommen, um zur Fortpflanzung des Menschengeschlechtes ein Scherflein beizutragen. Wenn man aber keine Kinder kriegt? So kommt allerdings verzweifelt wenig dabei heraus. Der Staat vertritt zuweilen diese Anschauung von der Ehe, indem er Prämien aussetzt für die Verheirateten und für diejenigen, die die meisten Buben haben. Im Gegensatz dazu hat das Christentum für diejenigen Prämien ausgesetzt, die nicht heiraten. Das ist nun zwar ein Mißverständnis, zeigt aber doch eine tiefe Achtung vor der Persönlichkeit, insofern es den einzelnen nicht zum Moment herabdrückt, sondern zum Definitiven macht. Je abstrakter der Staat aufgefaßt wird, je weniger die Individualität herausgearbeitet ist, desto natürlicher ist eine solche Prämie zur Aufmunterung. Heute wiederum preist man oft geradezu die Ehe ohne Kinder an. Unserer Zeit wird es nämlich unendlich schwer, die von der Ehe geforderte Resignation aufzubringen; indem man heiratet, hat man das Äußerste von Selbstverleugnung geleistet; sich nun auch noch mit solchen Weitläufigkeiten zu befassen, wie ein Häuflein Kinder es ist, das wäre zu viel verlangt. In Romanen findet sich andeutungsweise oft das Motiv, daß einer nicht heiraten will, weil er Kinder nicht leiden kann; im Leben drückt sich das gerade in den vorgeschrittenen Kulturstaaten darin aus, daß man die Kinder sobald als möglich aus dem Elternhaus entfernt, in eine Pension bringt usf. Wie oft hast du gespottet über diese tragikomischen Väter, die im Stillen ihre lieben Kinder zum Teufel wünschen, die in gekränkter Vornehmheit über die Kleinlichkeiten des Lebens seufzen: wenn die Kinder Schläge haben sollen, wenn sie sich bei Tisch beschmieren, schreien usf. Wie der große Mann, der Papa, im kühnsten Gedankenflug aufgehalten wird, weil die Kinder ihn an die Erde fesseln. Wie oft warst du grausam genug, diese Edlen fast bersten zu machen vor innerer Wut, wenn du mit ihren Kindern spieltest und davon sprachst, was für ein Segen es doch sei, Kinder zu haben.

Sich zu verheiraten, um zur Propagation des Geschlechts beizutragen, könnte als ein ebenso objektives wie natürliches Motiv erscheinen. Man stellt sich da gleichsam auf den Standpunkt Gottes und findet es schön, zu denken, daß das Menschengeschlecht sich auf diese Weise erhält; und man könnte sich da ja auf das Wort berufen: Seid fruchtbar und mehret euch und füllet die Erde. Es ist aber meine Meinung, daß eine solche Ehe unnatürlich ist und willkürlich, und daß sie sich mit der heiligen Schrift nicht rechtfertigen kann. Wir lesen ja, daß Gott die Ehe eingerichtet hat, weil es nicht gut für den Mann ist, daß er allein sei; und darum gab er ihm Eva zur Gesellschaft. Ein Spötter wie du wird sagen, das sei eine etwas bedenkliche Gesellschaft gewesen, da ihre erste Tat war, den Mann ins Verderben zu stürzen. Nun, ich möchte in dieser Tat geradezu das Sinnbild der Ehe sehen: erst nach dieser Tat konnte sich die innigste Gemeinschaft zwischen Mann und Weib bilden. Ferner lesen wir das Wort: Und Gott segnete sie. Dieses Wort übersieht man. Und wenn der Apostel Paulus dem Weib ziemlich streng und hart befiehlt, sie solle in der Stille lernen mit aller Untertänigkeit, ihr dann das Wort verbietet und, um sie noch mehr zu demütigen, hinzufügt: „… sie wird aber selig werden durch Kinderzeugen“, so würde ich dem Apostel die Geringschätzung, die sich darin ausdrückt, nicht verzeihen, wenn er nicht alles wieder gut machte durch den Zusatz: „… so sie bleiben im Glauben und in der Liebe und in der Heiligung samt der Zucht“.

Du wunderst dich wohl bei dieser Gelegenheit, daß ich, der ich doch als Beamter wenig Zeit zu derlei Studien habe, und dessen bescheidene Studien sonst nach ganz anderer Richtung gehen, daß ich so bewandert bin in der Heiligen Schrift. Ein alter Heide, ich glaube Seneca, hat gesagt, wenn man einmal dreißig Jahre alt sei, müsse man seine Natur so gut kennen, daß man sein eigener Arzt sein könne; so meine ich, kann man in einem gewissen Alter wohl auch sein eigener Pfarrer sein. Nicht als ob ich die Teilnahme am öffentlichen Gottesdienst und an der hier dargebotenen Unterweisung verschmähte; aber ich meine doch, in meinem Alter müsse man mit seiner Anschauung über die wichtigsten Lebensverhältnisse im reinen sein, gerade auch über Dinge, die in der Predigt seltener gründlich behandelt werden. Und da ich gegen Erbauungsschriften und gedruckte Predigten eine Idiosynkrasie habe, so nehme ich, wenn ich nicht in die Kirche kann, meine Zuflucht zur Heiligen Schrift. Manchmal erkundige ich mich auch bei einem gebildeten Theologen oder einem gelehrten Werk, wo die wichtigsten Stellen über den Gegenstand, für den ich mich gerade interessiere, zu finden sind. Ich war schon ein halbes Jahr verheiratet, als mir der Gedanke kam, nachzusehen, was das Neue Testament über die Ehe sage. Ich hatte ja schon früher mehrere Trauungen mitgemacht und kannte die heiligen Worte, die bei dieser Gelegenheit gebraucht werden. Aber ich wollte mich doch etwas genauer unterrichten und wandte mich deshalb an meinen Freund, den Pastor Olufsen, der gerade in der Stadt war. Nach seiner Anweisung fand ich nun die Hauptstellen und las sie meiner Frau vor, und ich erinnere mich noch gut des Eindrucks, den die vorhin zitierten Worte des Apostels auf sie gemacht haben. Ich bemerke übrigens, daß ich die Stellen nicht vorher für mich las; ich mag mich nicht gleichsam vorbereiten auf den Eindruck, den ich machen will, das beweist immer ein unangebrachtes Mißtrauen. Das könntest du dir gesagt sein lassen; denn du bist zwar nicht verheiratet und hast also keinen Menschen, dem du im strengsten Sinn zur Offenheit verpflichtet wärest; aber die Art, wie du dich „vorbereitest", grenzt ans Lächerliche. Du hältst die Leute zum Narren: du kannst es einrichten, daß alles, was du tust, so zufällig, so *impromptu* als möglich erscheint; und doch glaube ich, kannst du nicht Adieu sagen, ohne daß du vorher überlegt hättest, wie du es sagen willst.

Doch zurück zur Ehe und zur Fortpflanzung des Geschlechts als Motiv der Ehe. Die Ehe um des Kindes willen hüllt sich manchmal in eine mehr ästhetische Verkleidung. Da ist ein altes, adliges Geschlecht, das auszusterben droht; nur noch zwei Repräsentanten sind da, ein Großvater und ein Enkel. Es ist des ehrwürdigen Alten einziger Wunsch, daß der Enkel sich verheirate, damit das Geschlecht nicht erlischt. Nun ist dieser Enkel vielleicht ein Mensch, dessen Leben nicht gerade von großen Leidenschaften bewegt wird; er denkt mit einer gewissen Wehmut an seine Eltern oder auch weiter zurück; er liebt sie so, daß er wünscht, ihr Name möchte nicht aussterben, sondern von lebenden Menschen in dankbarer Erinnerung bewahrt werden. Es schwebt ihm vielleicht vor, wie schön es wäre, wenn er seinen Kindern von ihrem Großvater erzählen könnte, der vor kurzem gestorben, wenn er sein ideales Bild vor ihnen aufstellen könnte zum Halt für ihr Leben, wenn er sie dadurch zu allem Edlen und Großen begeistern könnte. Er glaubt vielleicht damit etwas von der Schuld abzutragen, die er seinen Eltern gegenüber fühlt usf. Das ist nun alles schön und gut, nur hat die Ehe nichts damit zu tun, und eine Ehe, die auf Grund solcher Erwägungen geschlossen wird, ist ebenso unästhetisch wie unsittlich. Das scheint ein hartes Urteil zu sein, aber es ist doch so. Es gibt nur eine Absicht, aus der die Ehe hervorgehen darf, ohne unästhetisch und unsittlich zu werden, und diese Absicht liegt in der Ehe selbst; jede andere Absicht trennt, was zusammengehört, und verwandelt das Geistige wie das Sinnliche in endliche Momente. Es kann ja sein, daß ein Mensch, wie wir ihn oben geschildert haben, durch solche Motive, zumal wenn seine Gefühle wahr sind, auf ein Mädchen Eindruck macht. Aber dann versteht sie sich selbst nicht: ein Mädchen aus irgendwelchem anderen Grund heiraten zu wollen, als weil man sie liebt, ist immer eine Beleidigung.

Die Ehe ist, um einen deiner derben Ausdrücke zu gebrauchen, kein Gestüt; aber wer den rechten Begriff von der Ehe hat, wird finden, daß die Fortpflanzung ein Segen ist. Es ist etwas Schönes, wenn ein Mensch dem anderen viel verdankt, aber das Höchste, was einer dem anderen verdanken kann, ist das Leben. Und doch kann ein Kind dem Vater noch mehr zu verdanken haben, denn es bekommt ja nicht das nackte Leben, sondern das Leben mit einem bestimmten Inhalt; wenn das Kind lange genug an der Mutter Brust geruht hat, da nimmt es der Vater an seine Brust, und auch er nährt das Kind mit seinem Fleisch und Blut, mit den oft teuer erkauften Erfahrungen eines bewegten Lebens. Und welche Möglichkeit liegt doch in einem Kind! Gewiß, auch mir ist diese Abgötterei, die mit den Kindern getrieben wird, dieser Familienkultus, verhaßt, dieses Abküssen am Mittags- und Abendtisch, diese Zukunftshoffnungen, diese selbstzufriedenen Gesichter der Eltern, die sich des gelungenen Kunstprodukts freuen; ich könnte über dieses Unwesen fast so sarkastisch werden wie du, aber ich lasse mich dadurch nicht weiter stören. Die Kinder gehören dem innersten, verborgensten Leben der Familie an, und nur mit ernsten, gottesfürchtigen Gedanken darf man in dieses geheimnisvolle Helldunkel eindringen. Aber dann zeigt es sich auch, daß jedes Kind seinen Heiligenschein hat, und jeder Vater wird fühlen, daß in dem Kind mehr ist, als was es ihm verdankt, wird in Demut fühlen, daß es ein von Gott ihm anvertrautes Gut ist, daß er im schönsten Sinn nur Pflegevater ist. Ein Vater, der das nicht fühlt, nimmt seine Vaterwürde eitel. Ich habe dir schon gesagt, daß ich all dies Getue mit den Kindern nicht mag; ich mag aber auch nicht, wenn man wie du nur ironisch oder sarkastisch darüber redet. Das Kind ist das Größte und Bedeutungsvollste in der Welt, aber auch das Unansehnlichste und Unbedeutendste, je nachdem man es nimmt; und wenn man von einem Menschen erfährt, wie er über das Kind denkt, so gewährt das allemal einen tiefen Einblick in sein Wesen. Ein neugeborenes Kind kann beinahe komisch wirken, wenn man sich vorstellt, daß dieses Ding ein Mensch sein will; es kann auch tragisch wirken, wenn man bedenkt, daß es mit einem Schrei zur Welt kommt, den noch kein Philosoph erklärt hat. Und so kann man noch tausend Eindrücke von dem Kind haben; die schönste Betrachtung, die sich auch wohl mit anderen verbindet, bleibt die religiöse. Du liebst so sehr die Möglichkeit, darum zweifle ich nicht, daß deine neugierigen, vagabundierenden Gedanken auch in diese Welt hineingespäht haben; aber ich zweifle sehr daran, ob der Gedanke an das Kind für dich etwas Erfreuliches ist; denn du willst die Möglichkeit immer in deiner Macht behalten, willst immer nur die Stimmung eines Kindes genießen, das im dunkeln Zimmer auf den Weihnachtsbaum wartet. Aber ein Kind ist eine ganz andere Art von Möglichkeit, will so ernst genommen sein, daß du wahrscheinlich nicht die Geduld hättest, diese Möglichkeit zu ertragen. Und doch sind Kinder ein Segen. Es ist schön und gut, wenn ein Mensch in tiefem Ernst an die Pflicht und Verantwortung denkt, die der Besitz eines Kindes ihm auferlegt; aber wenn er nicht fühlt, daß das Kind auch ein Segen ist, so zeigt das, daß sein Herz für ästhetische und religiöse Gefühle noch wenig empfänglich ist. Hat doch Gott im Himmel nicht vergessen, was ja auch die Menschen nicht vergessen, dem Kind eine Gabe in die Wiege zu legen. Je kräftiger ein Mensch den Gedanken festhält, daß Kinder ein Segen sind, je leichter und sicherer er dieses Kleinod bewahrt, dieses einzige Gut, das das neugeborene Kind besitzt, das ihm Gott selbst verliehen hat, desto schöner, ästhetischer, religiöser ist sein Verhältnis zum Kind ... Auch ich schlendere manchmal durch die Gassen und überlasse mich meinen Gedanken und den Eindrücken, welche die Umgebung gerade hervorbringt. Da sah ich öfters eine arme Frau; sie hatte einen Kleinhandel, nicht in einem Lädchen oder in einem Stand, sondern auf einem offenen Platz; da stand sie im Regen und Wind mit einem kleinen Kind auf dem Arm; sie selbst war sauber angezogen, das Kind sorgsam eingehüllt. Es kam eine vornehme Dame vorbei; die schalt sie fast, weil sie das Kleine nicht zu Hause lasse, da es sie doch bloß im Geschäft hindere. Es kam ein Pfarrer vorbei, der sprach lange mit ihr und wollte dem Kind einen Platz in einer Krippe verschaffen. Sie dankte ihm freundlich, aber du hättest den Blick sehen sollen, mit dem sie sich über das Kind beugte. Wäre es erfroren gewesen, der Blick hätte es aufgetaut, wäre es tot und kalt gewesen, dieser Blick hätte es wieder ins Leben zurückgerufen, wäre es erschöpft gewesen vor Hunger und Durst, dieser innige Blick hätte es erquickt. Aber das Kind schlief, und nicht einmal sein Lächeln belohnte die Mutter. Sieh', diese Frau wußte, daß ein Kind ein Segen ist. Wenn ich ein Maler wäre, diese Frau hätte ich gemalt. So etwas sieht man nicht oft; es ist wie eine seltene Blume: es gehört Glück dazu, sie zu finden, aber die Welt des Geistes ist nicht der Vergänglichkeit unterworfen; der Baum, den man einmal gefunden hat, blüht immer; und so habe ich diese Frau oft gesehen, und immer hat mir ihre Liebe denselben starken Eindruck gemacht; auch meiner Frau habe ich sie gezeigt. Aber ich habe mich nicht wichtig gemacht, habe ihr nicht reiche Gaben gesandt, als ob ich eine göttliche Vollmacht hätte, sie zu belohnen, ich habe mich vor ihr gedemütigt. Sie braucht ja weder Gold noch vornehme Damen noch Asyle noch Pfarrer noch einen armen Assessor im Hof- und Staatsrecht noch seine Frau. Sie braucht überhaupt nur eines, daß ihr

Kind sie mit derselben Zärtlichkeit liebt, mit der sie es liebt; aber dafür braucht sie nicht zu sorgen, das ist der Lohn, den sie verdient hat, ein Segen, den der Himmel ihr nicht vorenthalten wird. So etwas ist schön und rührt sogar dein verhärtetes Herz, das kannst du nicht leugnen. Ich will dich daher nicht durch jene bekannten Schreckbilder dazu bringen, zuzugeben, daß Kinder ein Segen sind: da stellt man dem Unverheirateten vor, wie einsam er einmal dastehen, wie unglücklich er sein werde ohne Familie und Kinder. Einerseits würdest du dich nämlich nicht erschrecken lassen, weder von mir noch von der ganzen Welt – wenn du allein mit dir selbst bist in dem düsteren Reich deiner schwermütigen Gedanken, so bekommst du doch vielleicht manchmal Angst: vor dir selbst –, andererseits kommt es mir immer etwas bedenklich vor, wenn man sich dadurch des Besitzes eines Guts vergewissert, daß man andere durch den Gedanken ängstigt, daß sie es nicht besitzen. Spotte nur zu, mach' deine Witze über die Kinderwirtschaft bei uns anderen, aber gib dich doch diesem Spott nicht zu oft hin: es könnte sich in aller Stille eine ideale Sehnsucht in dir entwickeln, und das wäre eine schwere Strafe für dich.

Aber auch in anderem Sinn sind Kinder ein Segen: man lernt durch sie so unendlich viel. Ich habe stolze Männer gesehen, die noch kein Schicksal demütigen konnte, die mit einer Sicherheit das Mädchen, das sie liebten, aus ihrem Familienkreis herausrissen, als ob sie hätten sagen wollen: wenn du mich hast, so genügt das, ich bin gewohnt, Stürmen zu trotzen und fühle meine Kraft verdoppelt, da der Gedanke an dich mich begeistert, da ich für das Höchste kämpfe. Ich habe dieselben Menschen als Väter gesehen; ein kleiner Unfall, der ihrem Kind zustieß, konnte sie demütigen, eine Krankheit brachte ein Gebet auf ihre stolzen Lippen. Ich habe Menschen gesehen, die ihre Ehre darein setzten, den Gott im Himmel zu verachten, die jeden Gläubigen zur Zielscheibe ihres Spottes machten; ich habe sie als Väter gesehen, wie sie aus Sorge für ihr Kinder die frömmsten Kindermädchen suchten. Ich habe Mädchen gesehen, vor deren stolzem Blick der Olymp zitterte, Mädchen, deren eitler Sinn bloß auf Pracht und Putz gerichtet war; ich habe sie als Mütter gesehen, wie sie jede Demütigung auf sich nahmen ihren Kindern zuliebe. Mir schwebt da ein bestimmter Fall vor. Es war eine sehr stolze Dame. Ihr Kind wurde krank, einer der Ärzte der Stadt wurde gerufen, er wollte nicht kommen – man hatte ihn einmal beleidigt – und nun ging sie zu ihm, wartete in seinem Vorzimmer und suchte durch flehentliche Bitten ihn umzustimmen. Doch wozu solche pathetischen Szenen, die wenn auch wahr, doch nicht so erbaulich sind wie einfachere Fälle, die sich dem, der offene Augen hat, täglich zeigen.

Auch noch in anderer Hinsicht kann man viel von Kindern lernen. In jedem Kind ist etwas Ursprüngliches, woran alle abstrakten Prinzipien und Maximen scheitern; man muß da oft selbst von vorne anfangen mit Mühe und großem Kraftaufwand. Ein chinesisches Sprichwort sagt: „Erzieh deine Kinder gut, dann weißt du, was du deinen Eltern schuldig bist", darin liegt ein tiefer Sinn.

Und dann die Verantwortung, die ein Vater trägt. Wenn man mit andern Menschen zu tun hat, sucht man ihnen ja auch eine Vorstellung davon beizubringen, was man für das Richtige hält; aber wenn man mit ihnen nicht weiter kommt, so läßt man sie links liegen und wäscht seine Hände in Unschuld. Wann aber käme das Vaterherz so weit, sein Kind aufzugeben? In den Kindern erlebt man sein eigenes Leben noch einmal, und erst jetzt versteht man es ganz. Schließlich ist es doch auch ein schöner Gedanke, daß die Kinder uns mit der Vergangenheit und der Zukunft verknüpfen. Wenn man auch nicht gerade vierzehn Ahnen hat und sich nicht darum sorgt, den fünfzehnten zuwege zu bringen: es ist doch hübsch, einem Geschlecht anzugehören, das allmählich einen ganz bestimmten Typus bekommt. Das sind nun freilich alles Betrachtungen, die dir nicht viel sagen. Es gibt Dinge, von denen man sich niemals eine lebendige, reiche Vorstellung machen kann, wenn man sie nicht erlebt hat.

Warum heiratet man? Um sich ein Heim zu gründen. Man hat sich zu Hause gelangweilt, man ist ins Ausland gereist und hat sich auch gelangweilt, man kommt wieder nach Hause und langweilt sich weiter. Zur Gesellschaft hält man sich einen wunderschönen Neufundländer und ein Rassepferd; aber es fehlt einem etwas. Im Restaurant, wo man mit den alten Freunden zusammenkommt, sucht man eine Zeitlang vergebens einen guten Bekannten. Man erfährt, daß er sich verheiratet hat; da wird man sentimental auf seine alten Tage; man fühlt eine solche Leere um sich herum; niemand vermißt einen, wenn man fort ist. Die alte Haushälterin ist ja eine ganz brauchbare Person, aber aufmuntern kann sie einen nicht, wenn man schlechter Laune ist, und so recht behaglich kann sie es einem auch nicht machen. Also, man heiratet. Verwandte und Freunde klatschen Beifall, finden es sehr klug und vernünftig; und jetzt beredet man die wichtigste Frage für die zukünftige Haushaltung, die Wahl einer perfekten und zuverlässigen Köchin, die man allein auf den Markt lassen kann, und auch ein flinkes anstelliges Zimmermädchen braucht man; auf diesen Dingen beruht ja das Glück der Ehe. Wenn nur so ein alter Heuchler wenigstens mit einer Krankenwärterin zufrieden wäre; aber so einem ist die Beste gerade gut genug; und so ein junges, hübsches Mädchen, das er schließlich einfängt, ist nun an diesen Galeerensklaven angeschmiedet, ein Mädchen, das vielleicht noch nie geliebt hat. Welch schreckliches Mißverhältnis! ... Ich weiß, in den unteren Volksklassen heiratet man oft aus keinem anderen Grund, als weil man eben ein Heim gründen will, und ich gebe zu, daß das oft recht nette Ehen gibt. Da handelt es sich meist um jüngere Männer, die noch nicht weit in der Welt herumgekommen sind, aber sich ein nettes Vermögen erworben haben und nun ans Heiraten denken. Solche Ehen haben etwas Edel-Einfältiges und wirken eben dadurch ästhetisch und religiös. In dem Gedanken, sich ein Heim zu gründen, liegt hier nichts Egoistisches, sondern es verknüpft sich damit die Vorstellung von einer Leistung, die man zu vollbringen hat, von einer Pflicht, die aber zugleich eine liebe Pflicht ist ... Eheleute, die sich selbst trösten und Unverheiratete ängstigen wollen, hört man oft sagen: ja, wir haben doch ein Heim, und wenn wir alt werden, einen Unterschlupf; und dann hängen sie wohl einen Sonntagsschnörkel im erbaulichen Stil daran: unsere Kinder und Kindeskinder sollen einmal für uns sorgen und uns die Augen zudrücken, und der Unverheiratete mag sich dann ausmalen, wie es ihm ergehen wird. Man gibt ihm nicht ohne Neid zu, daß er in seiner Jugend das bessere Teil erwählt habe, und wünscht im Stillen, man wäre auch noch nicht verheiratet. Aber die Zukunft wird das mehr als hereinbringen: der reiche Mann kommt in die Pein, der arme Lazarus in Abrahams Schoß.

Alle diese Ehen kranken nun daran, daß sie ein einzelnes Moment in der Ehe zum Zweck der Ehe machen wollen; und darum erlebt mancher, der sich verheiratet, eine Enttäuschung, sofern er allmählich einsieht, daß die Ehe ein bißchen mehr zu bedeuten hat, als er sich dachte, daß es mit einem behaglichen Heim nicht getan ist. Aber lassen wir das Verkehrte und Falsche; fassen wir das Schöne und Wahre ins Auge, das in dem Verlangen nach einem Heim liegt. Um das herauszustellen, muß ich freilich etwas weiter ausholen; wozu ich mich um so leichter entschließe, da ich dabei dir noch manches Wörtlein sagen kann, das du dir wohl *ad notam* nehmen darfst.

Es ist ein unzerstörbares Bedürfnis des Menschen, daß er glauben dürfe, auch für andere etwas zu sein. Darum verlangt er nach einer Wirksamkeit, in der er etwas ausrichten könne: ist ihm das versagt, so glaubt er für nichts da zu sein, und das hält er nicht aus. Nun ist es aber nicht jedem Menschen vergönnt, sein Wirken so weit auszudehnen, daß er das hätte, was man eine Wirksamkeit heißt, und mancher, der sich seiner Wirksamkeit freut, muß früher oder später merken, daß es mit seinem Wirken nichts war. Diese Gefahr droht dir nicht: das Wirkenwollen ist für dich eine Illusion, über die du endgültig hinaus bist. Du hast auf jede Art von Wirksamkeit heldenmütig verzichtet und dir nur etwa die Wirksamkeit vorbehalten, andere mit ihrem Wahn des Wirkens aufzuziehen. „Wer wirkt überhaupt etwas? Das ist ja gerade eine der gefährlichsten Illusionen. Darauf falle ich nicht mehr herein. Ich amüsiere mich so gut ich kann, besonders über die Leute, die glauben, daß sie etwas ausrichten; und ist es nicht unbegreiflich komisch, daß ein Mensch so etwas glaubt? Ich will das Leben nicht mit solchen Prätentionen belasten." So ganz unrecht hast du ja nicht. Und doch, wenn du so sprichst, bist du mir sehr unbehaglich. Es empört mich; du verzerrst einen richtigen Gedanken zu einer frechen Unwahrheit, die, mit deiner Virtuosität vorgetragen, den Leuten einleuchtet und jedenfalls die Lacher auf deine Seite bringt. Ich erinnere mich, wie du einmal einem Mann, der sich über deine Rede entrüstet hatte, lange zuhörtest; du sprachst kein Wort und reiztest ihn nur durch dein sarkastisches Lächeln; endlich sagtest du zum Ergötzen aller Anwesenden: ja wenn Sie diese Rede zum übrigen legen, was Sie schon alles ausgerichtet haben, so kann man schon verstehen, daß Sie an das Wirken glauben. Es tut mir weh, dich so sprechen zu hören; denn du tust mir leid in solchen Augenblicken. Wenn du so weitermachst, so geht ein reiches

Gemüt in dir zugrunde. Eben weil du innerlich so reich ausgestattet bist, bist du so gefährlich, ist in deinen Ausbrüchen, in deiner ironischen Kälte eine Kraft, die ich bei keinem von den vielen gesehen habe, die in deinem Fach pfuschen. Zu denen gehörst du auch nicht, machst dich ja selbst über sie lustig; während diese nicht verhehlen können, daß sie sich im Grunde recht elend fühlen, kannst du deiner Verzweiflung den Anschein einer souveränen Überlegenheit geben: das imponiert jungen Leuten. Ich will nun nicht sagen, der Mensch müsse etwas ausrichten im Leben; ich will dich nur fragen, ob es nicht doch Dinge gibt in deinem Leben, über die du einen undurchdringlichen Schleier wirfst, Dinge, die dir den Wunsch nahelegen, wirken zu können. Sieht es nicht ganz anders in dir aus, als du ahnen läßt, lebt nicht in dir ein tiefer Kummer darüber, daß du nichts wirken kannst, oder ist es nur deine Schwermut, die mit dem wenigen, das der Mensch wirken kann, nicht zufrieden ist? Einmal hast du ein paar Worte darüber fallen lassen, die ich nicht überhört habe. Sicher, du gäbest alles, wenn du etwas wirken könntest. Ob es deine Schuld ist, daß du es nicht kannst, ob es dein Stolz ist, der erst gebrochen werden müßte, das weiß ich nicht, und ich will auch nicht weiter in dich dringen. Nur das eine noch: siehst du denn nicht, was für eine zweifelhafte Gesellschaft das ist, die dir Beifall klatscht, wenn du deiner Zerstörungslust frönst? Ich für mich gebe gern zu und fühle es oft, daß man nur wenig wirken kann in dieser Welt. Ich sage das nicht im Mißmut; ich habe mir nichts vorzuwerfen; ich arbeite in meinem Beruf gewissenhaft und mit Freude und lasse mich auch oft versuchen, mich mit Dingen abzugeben, die mich eigentlich nichts angehen, in der Hoffnung, noch mehr wirken zu können. Aber es bleibt doch immer eine partielle Wirksamkeit, und eigentlich hat man nur im Glauben die Gewißheit, daß man etwas wirkt.

Ich schmeichle mir also nicht, daß ich durch meine Wirksamkeit viel für andere zu bedeuten habe. Aber wenn mich das bedrücken will, so tröste ich mich meines Heims. Denn da bin ich etwas für andere, ohne mir eine bedeutende Wirksamkeit einbilden zu müssen. Ich bin etwas, ich bin alles für meine Frau; das glaubt sie, das glaube ich in aller Demut. Kann ein Mensch alles für den andern sein? Gewiß, innerhalb der Grenzen, die dem Menschen gesteckt sind, kann er es, und zwar, das ist gerade das Schöne, ohne daß irgendetwas Einzelnes, Endliches daran erinnert. Ich kann darüber ganz ruhig sprechen, denn sie wird dadurch nicht in den Schatten gestellt. Sie hat mich nicht gebraucht; sie war kein armes Mädchen, an der ich, wie die Welt mit wenig Selbstachtung sagt, eine gute Tat getan; sie war keine verschrobene Person, aus der meine Weisheit sich vornahm, etwas Vernünftiges zu machen. Sie war unabhängig und, was mehr heißen will, so bescheiden, daß sie sich nicht zu verkaufen brauchte; sie war gesund, gesünder als ich, wenn auch heftiger. Ihr inneres Leben war natürlich nicht so bewegt, nicht so reflektiert wie das meine; ich hätte sie mit meiner Erfahrung vor manchem Irrtum bewahren können; aber ihre Gesundheit machte das unnötig. Sie verdankt mir in der Tat nichts, und doch bin ich ihr alles, du dagegen bist vielen Menschen alles gewesen und im Grund doch keinem etwas; und angenommen, du könntest bei den vorübergehenden Verbindungen, die du mit den Menschen anknüpfst, wirklich den einen oder anderen mit einem solchen Schatz des Interessanten ausstatten, daß du ihn dadurch zu einer Produktivität in sich selbst wecktest, die sein Leben ausfüllen könnte (was im übrigen ja unmöglich ist), angenommen also, es könnte einer wirklich etwas durch dich gewinnen: du selbst, du würdest verlieren. Denn du hast ja den Einzelnen noch nicht gefunden, dem du alles sein möchtest. Mag sein, daß du zu groß dazu bist, aber diese Größe ist in Wahrheit schmerzvoll, und Gott bewahre uns davor.

Mit dem Begriff des eigenen Heims soll man vor allem den Gedanken der Tat verbinden und so den unwahren und verächtlichen Gedanken an Bequemlichkeit nicht aufkommen lassen. Auch im Genuß des Mannes soll ein Moment der Tat sein, das sich freilich nicht gerade in einer einzelnen, äußeren Handlung zu zeigen braucht. Der Mann kann ganz gut tätig sein, ohne daß es danach aussieht, während das häusliche Wirken der Frau viel deutlicher in die Erscheinung tritt.

Fernerhin muß man mit dem Begriff des eigenen Heims eine Konkretion von Kleinigkeiten verbinden, über die man im allgemeinen nur schwer etwas sagen kann. Jedes Haus hat da sein Eigentümliches, und es wäre recht interessant, vergleichende Studien anzustellen. Natürlich muß das Eigentümliche einigermaßen von Geist durchdrungen sein.

Sonst entsteht dieser separatistische Unfug, der mir äußerst unsympathisch ist: da läßt man einen von Anfang an merken, daß man sich in einem ganz aparten Haus befindet; und manchmal spricht man gar eine eigene Sprache voller rätselhafter Anspielungen, so daß der Fremde nicht weiß, was er damit machen soll. Es kommt eben darauf an, daß man das Eigentümliche hat und zugleich zu verbergen weiß.

Leute, die sich verheiraten, um ein Heim zu gründen, reden immer davon, wie traurig es für den Unverheirateten sei, daß niemand ihn erwartet, niemand ihn willkommen heißt usf., das zeigt deutlich, daß sie ihr Heim nur haben, sofern sie es von außen betrachten. Ich brauche Gott sei Dank nicht auszugehen, um mich zu erinnern oder um zu vergessen, daß ich ein Heim habe; ich brauche nicht in den Salon oder in das Eßzimmer zu gehen, um mich dessen zu vergewissern. Dieses Gefühl, ein Heim zu haben, kann mich in jedem Augenblick ergreifen. Wenn ich allein in meinem Studierzimmer sitze, wenn die Türe zu meinem Vorzimmer aufgeht und kurz darauf ein munteres Gesicht hinter der Scheibe der Glastüre sich zeigt und dann wieder hinter dem Vorhang verschwindet; wenn es sachte anklopft und dann ein Köpfchen durch die halbgeöffnete Tür hereinschaut, zu dem gar kein Körper zu gehören scheint und sie im selben Augenblick neben mir steht und wieder verschwindet. Wenn ich tief in die Nacht hinein studiere wie in alten Tagen auf der Universität, wenn ich mir ein Licht anzünde, mich leise in ihr Schlafzimmer stehle, um zu sehen, ob sie wirklich schläft. Oder auch wenn ich vom Geschäft heimkomme (sie weiß auf die Minute wann, denn wir armen Beamten können es uns ja nicht leisten, unsere Frauen zu überraschen), sie kennt meine Art zu läuten –, wenn ich dann aus der Stube das Jubeln und Schreien der Kinder höre, wenn sie dann selbst an der Spitze der kleinen Schar erscheint, selbst so kindlich, daß sie mit den Kindern um die Wette jubelt ..., da fühle ich, daß ich ein Heim habe. Wenn ich dann ernst dreinsehe – du sprichst so viel von deiner Menschenkenntnis, aber wer ist ein so guter Menschenkenner wie eine Frau? – wie verändert sich da dieses fast ausgelassene Kind; sie kommt nicht gleich in Verzweiflung, denn es ist eine unglaubliche Kraft in ihr; aber in ihrer Kraft ist sie nicht hart, sondern unglaublich biegsam. Oder wenn sie sieht, daß ich ein wenig verdrießlich bin – so was kommt ja vor – wie nachsichtig kann sie da sein und doch wieviel Überlegenheit liegt in ihrer Nachsicht.

Ich habe dir noch einiges über diesen Punkt zu sagen und will da an einen bestimmten Ausdruck anknüpfen, der, wie mir scheint, recht gut auf dich paßt: du bist ein Fremdling und ein Pilger in dieser Welt. Jüngere Leute, die nicht wissen, wie teuer man Erfahrungen kauft, die nicht ahnen, welchen Besitz sie darstellen, lassen sich leicht auch in diesen Wirbel hineinreißen; du wirkst mit deiner Rede auf sie, und sie fühlen sich gleichsam von einem frischen Lufthauch auf das unendliche Meer hinausgelockt; und dich selbst berauscht der Gedanke an diese Unendlichkeit, die dein Element ist, ein Element, das wie das Meer alles in seiner Tiefe verbirgt. Solltest du, der du doch weit herumgekommen bist, nichts von Unglück und Seenot zu erzählen wissen? Natürlich, auf diesem Meer weiß der eine nicht viel vom andern. Man rüstet keine großen Fahrzeuge aus, die man schwer auf die offene See hinausbringt, sondern ganz kleine Boote, nur für eine Person; man weiß den günstigen Augenblick zu benützen, spannt sein Segel auf und schießt hinaus mit der unendlichen Geschwindigkeit des ruhelosen Gedankens, allein auf dem unendlichen Meer, allein unter dem unendlichen Himmel. Gefahrvoll ist dies Leben, aber man hat sich an den Gedanken gewöhnt, daß man es verlieren könnte; ja der Genuß liegt eben darin, daß man gleichsam verschwindet, versinkt im Unendlichen, daß man nur so viel Bewußtsein behält, um dies Versinken genießen zu können. Ruhelos und flüchtig durchkreuzest du des Meeres Fläche, allein in deinem Schiffchen bist du dir selbst genug, und mit den Menschen hast du nichts zu tun, es sei denn, daß dich der Augenblick zu einer flüchtigen Berührung anregt. Allein in deinem Boot, dir selbst genug – offen gestanden, ich verstehe nicht, wie einer diese Leere aushalten, ausfüllen kann; du bist der einzige, den ich kenne, der ein solches Leben nicht affektiert, bei dem wirklich etwas Wahres darin ist; aber ich weiß auch, daß du jemand an Bord hast, der dir hilft die Zeit zu vertreiben. Ich sollte daher sagen: allein in seinem Boot, allein mit seinem Kummer, allein mit seiner Verzweiflung, die man, feig genug, nicht loswerden will, weil man den Schmerz der Heilung scheut. Ich will dir nicht bange machen, und du bist ja auch nicht der Mann dazu, dir bange machen zu lassen, aber bedenke doch, wie schmerzvoll, traurig, demütigend es ist, in diesem Sinne ein Fremdling und Pilger auf Erden zu sein. Ich möchte den Eindruck, den ich doch vielleicht auf dich mache, nicht dadurch zerstören, daß ich dich durch den Gedanken an den Familiensumpf, in dem so viele leben, ärgere. Aber denk dir einmal ein Familienleben in seiner Schönheit, gegründet auf eine tiefe innerliche Gemeinschaft, ein Familienleben, das die verbindenden Elemente geheimnisvoll verbirgt, das in einer sinnreichen Verschlingung der gegenseitigen, persönlichen Verhältnisse besteht, so daß man den Zusammenhang nur ahnt, ein Familienleben, dessen verborgenes, inneres Sein sich in eine so schöne, äußere Form kleidet, daß die Fügung nirgends erzwungen scheint, denk' dir ein solches Familienleben und denke dir, was für ein Verhältnis du dazu gewinnen würdest. Eine Familie dieser Art würde dir wahrscheinlich ganz gut gefallen, du würdest gern da verkehren und bei der Leichtigkeit deines Wesens bald vertraut werden. – Vertraut? Nein, das sieht nur so aus. Du, ein Fremdling und Pilger, wirst nirgends vertraut. Man wird dich willkommen heißen, man wird liebenswürdig gegen dich sein, man wird vielleicht alles tun, damit du dich behaglich fühlst, ja, man wird dich behandeln wie ein verwöhntes Kind. Und du wirst unerschöpflich sein in Aufmerksamkeiten, wirst dich auf jede Weise bemühen, den Leuten Freude zu machen. Nicht wahr, das wäre gar nicht übel? Und ich kann mir vorstellen, wie du in einer bizarren Laune dich zu der Behauptung versteigst, es käme dir nicht darauf an, die Familie im Negligee zu sehen, das Fräulein in Pantoffeln, die Hausfrau unfrisiert ... Schön; aber das siehst du nicht, daß in diesem Benehmen der Familie gegen dich eine furchtbare Demütigung für dich liegt. Oder glaubst du nicht, daß die Leute für sich ein ganz anderes Leben leben, ein Leben, das sie als ein Heiligtum vor deinen Blicken verbergen; glaubst du nicht, daß auch heute noch jede Familie ihre Hausgötter hat, wenn sie auch nicht im Vorzimmer stehen? In deinen Worten verbirgt sich eine raffinierte Schwachheit: ich zweifle wirklich, daß du, wenn du verheiratet wärest, deine Frau auch im Negligee sehen wolltest, es sei denn, daß es sie gut kleiden und deinen ästhetischen Ansprüchen genügen würde. Du meinst, Wunder was getan zu haben, indem du deiner Familie manchen unterhaltenden Abend verschafft und sie ästhetisch bereichert hast; wie aber, wenn das den Leuten sehr unwichtig wäre im Vergleich zu dem inneren Leben, das sie führen? So wird es dir mit jeder Familie ergehen, an die du dich anschließest; und darin liegt für dich, der du sonst so stolz bist, wie gesagt, eine tiefe Demütigung. Niemand teilt seinen Kummer mit dir, niemand vertraut sich dir wirklich an. Du bestreitest das; du führst deine mannigfachen psychologischen Beobachtungen als Gegenbeweis an? Du täuschest dich. Die Leute unterhalten sich gern mit dir und lassen vielleicht auch ahnen, daß sie etwas bedrückt, sie merken, daß du sie interessant findest, und so werden sie sich selbst interessant. Das ist eine Art Medizin für sie, und sie greifen wohl auch nach dieser Medizin, ohne sie eigentlich zu brauchen. Und wenn je einer, angezogen durch deine isolierte Stellung – du weißt ja, die Leute kommunizieren lieber bei einem Bettelmönch, als bei ihrem Beichtvater

–, wenn je einer sich dir anvertraut, so bekommt das weder für ihn noch für dich wahre Bedeutung: für ihn nicht, weil er es immer als willkürlich empfinden muß, daß er sich gerade an dich wendet; für dich nicht, weil du dem ganzen Verhältnis ironisch gegenüberstehst. Ich weiß, du verstehst dein Handwerk; du weißt in die heimlichsten Verstecke und Schlupfwinkel des Kummers einzudringen, aber immer so, daß du dabei den Rückweg nicht vergißt. Angenommen, es glücke dir wirklich, deinen Patienten zu heilen: eine wahre, tiefe Freude hast du nicht davon; denn es ist alles Willkür und nirgends eine Verantwortung. Erst die Verantwortung bringt Segen, bringt Segen und Freude, auch dem, der nicht viel Talent hat, wie du; ja die Verantwortung hat ihren Segen in sich, auch wenn man gar nichts tut. Verantwortung aber hat man, wenn man ein Heim hat, und diese Verantwortung macht sicher und froh. Gerade weil du keine Verantwortung willst, solltest du es ganz natürlich finden, daß die Leute – worüber du dich oft beklagst – so undankbar gegen dich sind. Im übrigen gibst du dich ja selten damit ab, andere zu heilen; sondern deine Hauptbeschäftigung ist, dem andern seine Illusionen zu zerstören oder auch gelegentlich den anderen in eine Illusion hineinzutreiben. Wenn man dich mit jungen Leuten zusammen sieht, wenn man sieht, wie du ihnen mit ein paar Bewegungen aus den kindischen und doch oft heilsamen Illusionen heraushilfst, wie sie sich nun leichter fühlen, wie ihnen die Schwingen wachsen, während du als ein erfahrener alter Vogel ihnen zeigst, wie man sich mit ein paar Flügelschlägen über das ganze Dasein hinwegschwingt; oder wenn du ähnliche Übungen mit einem jungen Mädchen anstellst, das dann in träumerisch ruhigem Flug so weit kommt, wie vorhin die Männer mit ihrem lauten Flügelschlag, wenn man dich so sieht – so bewundert man dich ob der Kunst, mit der du zu Werke gehst und verwünscht dich zugleich wegen des Leichtsinns, der in all dem liegt. Du kannst von deinem Herzen sagen, wie das alte Liedchen:

Mein Herz ist wie ein Taubenhaus:
Die eine fliegt herein, die andere heraus ...

nur daß man sie bei dir nicht so sehr hinein- als herausfliegen, immer wieder andere herausfliegen sieht. Mein lieber junger Freund, ist das nicht traurig: dein Leben rinnt hin, und du machst nichts daraus und läßt dich zu nichts machen; dein Leben bekommt nie einen Inhalt für dich. Es ist traurig in gewissem Sinn, zu fühlen, daß man älter wird; aber es ist viel trauriger zu sehen, daß einer nicht älter werden kann. Gerade jetzt fühle ich, mit wie gutem Recht ich dich meinen jungen Freund nennen kann. Sieben Jahre sind ja gerade keine Ewigkeit, und ich will dir gegenüber nicht auf meine Verstandesreife pochen; aber was ich vor dir voraus habe, das ist Lebensreife. Ja ich fühle wirklich, daß ich älter geworden bin; du dagegen klammerst dich noch immer an die Jugend, willst immer noch das Ewig-Neue, das Überraschende. Wenn ich manchmal, es geschieht selten, des Erdenlebens müde bin, so verbindet sich damit stets ein stilles Gefühl der Erhebung; ich denke an das schöne Wort: „Selig sind die Toten ... denn sie ruhen von ihrer Arbeit." Ich bilde mir nicht ein, daß ich etwas besonders Großes im Leben auszurichten bestimmt bin; ich habe die Arbeit, die mir zugewiesen war, nicht verschmäht, ob sie auch unbedeutend war; und das Beste, was ich tat, war, daß ich mich dieser meiner Arbeit freute, so wenig sie zu bedeuten hatte. Du aber ruhst gewiß nicht aus von deiner Arbeit; die Ruhe ist für dich ein Fluch, nur in der Unruhe kannst du leben. Dein ganzes Wesen widerspricht der Ruhe; die Ruhe macht dich erst recht unruhig. Du bist wie ein Hungriger, den die Speise nur hungriger macht.

Doch kehren wir zum Thema zurück! Ich sprach zuletzt von den endlichen Zwecken, aus denen die Ehe hervorgehen kann. Drei habe ich genannt, die Beachtung verdienen, weil sie immerhin auf das eine oder andere wahre Moment der Ehe reflektieren, die aber in ihrer Einseitigkeit doch ebenso lächerlich wie unästhetisch und irreligiös sind. Natürlich könnte man noch eine ganze Sammlung von anderen endlichen Eheabsichten anführen. Da heiratet einer um des Geldes willen, ein anderer aus Eifersucht, ein dritter weil die Partie aussichtsreich ist: entweder besteht Aussicht, daß sie bald stirbt oder, daß sie lange lebt, aber ein Zweig ist, der Früchte trägt, sofern sie ein paar reiche Onkel und Tanten beerbt. Das alles sind aber so jämmerliche Motive, daß man nicht einmal darüber lachen, geschweige denn näher darauf eingehen kann. Die Ehe darf, das habe ich vor allem deutlich zu machen versucht, sie darf, um ästhetisch und religiös zu sein, keinerlei endliches „Warum" haben; darin steht sie der ersten Liebe gleich und ist ebenso ästhetisch wie diese. Aber was nicht Zweck der Ehe ist, wird darin doch als Wirkung erreicht, und darin erhebt sie sich über die erste Liebe. Insofern steht sie *au niveau* der ersten Liebe, die eben dadurch, daß sie kein „Warum" enthält, ästhetisch ist. Nun habe ich mir die Aufgabe gestellt, das ästhetische Recht der Ehe darzutun; und da nun das Ethische und Religiöse es ist, was die Ehe und die erste Liebe voneinander scheidet und da das Ethische und Religiöse in der Ehe zunächst seinen konkreten Ausdruck in der Trauung findet, so muß ich mich mit ihr etwas eingehender beschäftigen. Ich tue das auch deshalb, weil ich mir nicht vorwerfen lassen will, daß ich mir die Sache zu leicht mache, daß ich das Schisma zwischen der Ehe und der ersten Liebe, das dir und deinesgleichen ein Dogma ist, verschleiern wolle. Daß viele Menschen sich über dieses Schisma gar nicht aufhalten, ist wichtig, beweist aber nur, daß es ihnen an Energie und an Bildung fehlt, etwas ordentlich durchzudenken. Du wirst mich, wenn ich nun über die Trauung und ihre kirchliche Form rede, wohl bewaffnet finden. Wie ein Christ jederzeit bereit sein soll, für seinen Glauben einzustehen, so soll ein Ehemann stets bereit sein, für die Ehe zu kämpfen, ohne daß ich darum die Verpflichtung anerkennen würde, mich jedem X-beliebigen zu stellen. Aber du hast nun einmal ein persönliches Verhältnis zu mir, zu meiner Frau, zu meiner Ehe. Und da du in letzter Zeit, nachdem du verschiedene andere

Provinzen verwüstet hast, auch in das Gebiet der Ehe eingefallen bist, so fühle ich mich aufgerufen, mit dir zu kämpfen. Daß du das Trauungsformular kennst, nehme ich an. Du bist ja immer gut gerüstet, wenn es einen Kampf gilt, und fängst keinen an, bevor du dich nicht gründlich orientiert hast. Hast du doch schon manchmal darüber geklagt, daß deine Angriffe zu gut, daß deine Gegner dir zu wenig gewachsen seien. Nun, wir werden sehen.

Erledigen wir zunächst eine Vorfrage: greift der Trauungsakt an und für sich störend in das innere Leben der Liebenden ein? Die Trauung ist ja nicht ein Gedanke, den ein reicher Augenblick den Liebenden eingibt, den sie nach Laune festhalten oder aufgeben könnten. Die Trauung repräsentiert eine äußere Macht, die den Liebenden entgegentritt. Aber braucht die Liebe eine Macht anzuerkennen, die nicht in ihr selbst liegt? Daß ein Mensch, den Zweifel und Leiden beten gelehrt haben, daß er sich gerne vor einer höheren Macht beugt, wirst du zugeben; aber die Liebe, meinst du, habe keine Ursache dazu. Du vergißt, daß wir religiös entwickelte Individuen voraussetzen; daß ich also nicht zu zeigen brauche, wie das Religiöse sich im Menschen entwickelt, sondern nur wie es sich mit der ersten Liebe verträgt; und das weiß ich: so gewiß unglückliche Liebe einen Menschen religiös machen kann, so gewiß kann ein religiöser Mensch lieben; das Religiöse steht dem Menschen nicht so ferne, daß erst ein Bruch es in ihm wecken könnte. Sind aber unsere Liebenden religiös, so ist die Macht, die ihnen in der Trauung entgegentritt, nicht fremd, und wie ihre Liebe sie in eine höhere Einheit erhebt, so erhebt sie das Religiöse in eine noch höhere.

Was will die Trauung? Sie berichtet zuerst über die Entstehung des Geschlechts und fügt dann die neue Ehe dem großen Organismus des Geschlechts ein. Sie gibt also das Allgemeine, das rein Menschliche, bringt es zum Bewußtsein. Aber eben das stört dich: Gerade in dem Augenblick, da man sich aufs innigste mit einem Menschen vereinigt, da die ganze Welt ringsum verschwindet, gerade in diesem Augenblick wird man daran erinnert, daß das eine alte Geschichte ist, die schon oft passiert ist und wieder passieren wird. Du freust dich gerade des Eigentümlichen in deiner Liebe, du willst die Leidenschaft in ihrer reinen Glut aufflammen lassen, und willst dich nicht stören lassen durch den Gedanken, daß Hans und Peter dasselbe getan haben. „Es ist höchst prosaisch, sich an seine numerische Bedeutung erinnern zu lassen: anno 1750, den soundsovielten um 10 Uhr Herr XY und die tugendreiche Jungfer NN ..., am selben Tag um 11 Uhr Herr NN und Jungfer XY ...“ Das klingt fürchterlich in deinen Ohren. Die Wahrheit aber ist, daß sich in deinem Räsonnement eine Reflexion verbirgt, die das Wesen der ersten Liebe alteriert. Die Liebe ist, wie ich schon oben sagte, Einheit des Allgemeine und des Besonderen; aber wer wie du das Besondere genießen will, der hat eben durch Reflexion das Besondere aus dem Allgemeinen herausgelöst. Je inniger das Allgemeine und das Besondere sich wechselweise durchdringt, desto schöner ist die Liebe. Das Besondere sein wollen, im unmittelbaren oder höheren Sinne, ist nicht groß; groß ist, das Besondere im Allgemeinen zu besitzen. Und darum kann die erste Liebe sich ruhig an das Allgemeine erinnern lassen. Dazu kommt, daß die Trauung mehr tut. Sie weist auf das Allgemeine hin, indem sie das erste Menschenpaar zitiert, bleibt also nicht bei dem Allgemeinen *in abstracto* stehen. Damit ist das Wesen der Ehe angedeutet: jede Ehe ist, wie auch jedes Menschenleben, zugleich das Einzelne und das Ganze, zugleich Individuum und Symbol. Sie zeigt also den Lebenden das schöne Bild eines Menschenpaars, dessen Verhältnis nicht durch die Reflexion auf andere gestört ist. Sie sagt ihnen: solch ein Paar seid auch ihr; was da geschehen ist, wiederholt sich mit euch; auch ihr steht allein da in der unendlichen Welt, allein vor Gottes Angesicht. Du siehst, die Trauung gibt das, was du verlangst, auch; aber sie gibt zugleich mehr: das Allgemeine und das Besondere. „Aber die Trauung verkündet, daß die Sünde in die Welt gekommen ist, welch' krasse Dissonanz! In dem Augenblick, da man sich reiner fühlt als je, an die Sünde erinnert zu werden! Dann heißt es, die Sünde sei in die Welt gekommen mit der Ehe, das ist ja recht aufmunternd für die respektiven Brautleute! Natürlich, die Kirche wäscht ihre Hände in Unschuld: wenn es schiefgeht, kann sie nichts dafür, sie hat keinerlei eitle Hoffnungen erregt." Nun, daß die Kirche keine eitlen Hoffnungen erregt, dagegen läßt sich, denke ich, nicht viel einwenden. *Dann* aber: die Kirche sagt, die Sünde sei in die Welt hereingekommen *mit* der Ehe; zugleich aber gestattet sie die Ehe. Daraus möchte ich schließen, daß sie nicht sagen will: die Sünde sei *durch* die Ehe in die Welt gekommen. Jedenfalls verkündet sie die Sünde nur als das allgemeine Los der Menschheit und macht keinerlei Nutzanwendung auf den einzelnen; und jedenfalls sagt sie nicht: ihr seid nun im Begriff eine Sünde zu begehen. Es könnte scheinen, als ob der Ausdruck Sünde und Sinnlichkeit identifizieren wollte; aber davon kann nicht die Rede sein, eben weil die Kirche die Ehe gestattet. Ja, fügst du hinzu, sie gestattet die Ehe, nachdem sie die irdische Liebe ihrer Schönheit beraubt hat, das bestreite ich durchaus: dafür gibt der Wortlaut der Trauung keinen Anhalt.

Weiterhin verkündet die Kirche die Strafe der Sünde: daß das Weib mit Schmerzen Kinder gebären und ihrem Mann untertan sein müsse. Was das erstere betrifft, so würde das sich selbst verkündigen, wenn es die Kirche nicht täte; und im übrigen wirst auch du es ästhetisch schön finden, daß das Kind mit Schmerzen geboren wird; darin spricht sich bildlich die hohe Bedeutung und Würde des Menschen aus: der Mensch wird mit Schmerzen geboren, während das Tier, je niedriger es organisiert ist, um so leichter seine Jungen zur Welt bringt. Damit bist du einverstanden; aber daß das als Folge der Sünde dargestellt wird, daran nimmst du Anstoß. Nun, die Sünde wird ja nur als das allgemeine Schicksal des Menschen verkündigt; und daß die Geburt und was damit zusammenhängt unter der Bestimmung der Sünde gefaßt wird, bedeutet geradezu eine Verklärung des Menschenlebens ... Was den zweiten Punkt betrifft: das Weib soll dem Manne untertan sein, so leuchtet dir das ein und du findest es schön, wenn ein Weib in ihrem Mann ihren Herrn liebt. Aber wieder empört es dich, daß das eine Folge der Sünde sein soll, und so bist du geneigt, als Ritter für das Weib einzutreten. Ob du ihr damit einen Dienst tust, lasse ich dahingestellt; im übrigen aber beweist mir dein Einwand, daß du das Wesen des Weibes in seiner ganzen Innerlichkeit nicht erfaßt hast: das Weib ist zugleich vollkommener und unvollkommener als der Mann. Der Name Weib bezeichnet das Reinste und Vollkommenste, wie das Schwächste und Elendeste; der Name Weib bezeichnet das Sinnliche, wie das über alles Sinnliche hinausgehobene Geistige; der Name Weib bezeichnet die Unschuld in ihrer erhabenen Größe, wie das tiefe, erdrückende Schuldgefühl. Das Weib ist in gewissem Sinne vollkommener als der Mann, und das drückt die Heilige Schrift dadurch aus, daß sie dem Weib die größere Schuld zuweist. Auch hier wieder verkündigt die Kirche nur das allgemeine menschliche Schicksal des Weibes: ich sehe wirklich nicht ein, warum sich die erste Liebe das nicht soll gefallen lassen können; die Reflexion freilich fühlt sich beunruhigt: sie glaubt, was im allgemeinen gesagt wird, auf das einzelne Weib beziehen zu müssen, das dasteht. Auch macht die Kirche das Weib ja nicht zur Sklavin: „Gott sagte, ich will Adam eine Gefährtin geben"; der Ausdruck hat ebensoviel ästhetische Wärme wie innere Wahrheit. Es heißt auch: „Der Mann soll Vater und Mutter verlassen und seinem Weib anhangen"; man sollte erwarten: Das Weib soll Vater und Mutter verlassen und ihrem Manne anhangen, da sie doch die schwächere ist. Aber in diesem Wort liegt eben die Anerkennung der Bedeutung des Weibes, kein Ritter könnte galanter gegen das Weib sein als hier die Heilige Schrift.

Und nun noch der Fluch, den der Mann mitbekommt: im Schweiße des Angesichts sollst du dein Brot essen. Dies eine Wort scheint ihn allerdings, den Bräutigam, der dasteht, aus dem Paradies der ersten Liebe zu verjagen; und wenn man geltend macht, daß sich in diesem göttlichen Fluch auch ein Segen verbirgt, so beweist das hier nichts, weil es ja erst einer späteren Zeit vorbehalten ist, diese Entdeckung zu machen. Dagegen erinnere ich daran, daß die erste Liebe nicht feige ist und keine Gefahr fürchtet; der Fluch wird sie nicht schrecken.

Nach alle dem: was tut die Trauung eigentlich? Sie scheucht die Liebenden in sich selbst zurück, sagst du. Im Gegenteil! Sie läßt das, was schon in ihnen in Bewegung ist, hervortreten. Sie macht das Allgemein-Menschliche geltend und in diesem Sinne auch die Sünde. Dein ängstliches Bestreben, die Sünde zu ignorieren, hat seinen Grund in einer Reflexion, die der ersten Liebe fremd ist. Wer die Sünde überhaupt aus der Welt hinauswünscht, reduziert den Menschen auf das Unvollkommenere: indem das Individuum sich in Demut unter seine Sündhaftigkeit beugt, steht es höher als zuvor.

Im ferneren Verlauf der Trauung stellt die Kirche dem einzelnen ein paar Fragen. Damit wird, wie es scheint, wieder die Reflexion aufgerufen. „Wozu diese Fragen? Die Liebe hat ihre Gewißheit in sich selbst." Aber die Kirche fragt ja nicht, um den Entschluß der Liebenden wankend zu machen; sie fragt, um ihn zu befestigen: die Liebenden sollen feierlich aussprechen, was ihnen schon feststeht. Allerdings, und das scheint nun eine Schwierigkeit zu sein, bezieht sich die Kirche schlechterdings nicht auf das Erotische. Sie fragt: Hast du dich mit Gott und mit deinem Gewissen und danach mit Freunden und Bekannten beraten? Nun, daß die Kirche so ernste Töne anschlägt, ist jedenfalls nur gut; sie ist ja kein Bureau für Heiratsvermittlung. Aber abgesehen davon: sollten diese Fragen unseren Liebenden wirklich die Stimmung zerstören? Sie haben ihre Liebe mit herzlichem Dank auf Gott bezogen und so sich mit ihm beraten; denn Gott danken heißt doch, wenn auch indirekt, sich mit ihm beraten. Und wenn die Kirche die Brautleute nicht fragt, ob sie sich lieben, so geschieht das nicht, weil sie von der irdischen Liebe nichts wissen will, sondern weil sie dieselbe voraussetzt.

Zum Schluß nimmt die Kirche den Brautleuten das Gelübde ab. Wir haben schon oben besprochen, was das zu bedeuten hat, wie durch das Gelübde die Liebe in eine höhere Konzentrizität aufgenommen wird. Der Vorsatz macht das Individuum frei, und je freier das Individuum ist, um so ästhetisch schöner ist die Ehe. Also all dies Gerede über die Kirche, daß sie störend in das Verhältnis der Liebenden eingreife, entbehrt der Begründung und geht aus von Leuten, denen das Religiöse ein Ärgernis ist.

Es ist uns nun noch deutlicher geworden, was wir schon oben dargetan haben, daß die Ehe, sofern man das Ästhetische der ersten Liebe in ihrer präsentischen, unmittelbaren Unendlichkeit sieht, daß sie die Verklärung der ersten Liebe ist, und noch schöner als diese. Du gibst mir das alles vielleicht zu, hältst mir aber entgegen, daß die Ehe ebenso schwer zu realisieren sei wie die erste Liebe. Das bestreite ich. Vor allem, weil in der Ehe das Gesetz der Bewegung liegt. Die erste Liebe bleibt immer ein unwirkliches An-sich, das nie inneren Gehalt bekommt, weil es sich nur in einem äußeren Medium bewegt. Im ethischen und religiösen Vorsatz bekommt die eheliche Liebe die Möglichkeit einer inneren Geschichte und scheidet sich von der ersten Liebe wie das Historische vom Unhistorischen. Die erste Liebe ist stark, stärker als alle Welt; aber sobald der Zweifel sie berührt, ist sie vernichtet; sie gleicht dem Schlafwandler, der zwar mit unbegreiflicher Sicherheit die gefährlichsten Wege geht, aber sofort herabfällt, sobald man ihn bei seinem Namen ruft. Die eheliche Liebe ist bewaffnet; denn im Vorsatz ist die Aufmerksamkeit, der Wille nicht nur auf die Umwelt gerichtet, sondern auch auf das eigene Innere. Und nun drehe ich alles um und sage: das Ästhetische liegt nicht im Unmittelbaren, sondern im Erworbenen; die Ehe ist ein Unmittelbares, welches das Mittelbare, ein Unendliches, welches das Endliche, ein Ewiges, welches das Zeitliche in sich hat. So erweist sich die Ehe im doppelten Sinn als Ideal, im antikischen und im romantischen. Ich sage, das Ästhetische liege im Erworbenen; damit meine ich nicht bloß das Streben als solches. Denn dieses ist negativ, und das bloß Negative ist niemals ästhetisch; ein Streben dagegen, das seinen Inhalt schon in sich hat, ein Kampf, der den Sieg schon in sich trägt, ist in der eigentümlichen Verbindung des Positiven und Negativen ästhetisch. Ich halte es für angebracht, diesen Sachverhalt zu unterstreichen. Man preist heute in einer gewissen Begeisterung des Verzweifelns das Erworbene auf Kosten des Unmittelbaren an, als ob es darauf ankomme, alles in Grund und Boden hinein zu zerstören und es hernach wieder aufzubauen; junge Leute, die das Leben nur vom Hörensagen kennen, rufen wie die Schreckensmänner der Revolution ihr: *de omnibus dubitandum.* Ich muß gestehen, daß dieses Treiben mich ängstigt. Vielleicht ist das ja borniert von mir; indessen meine ich doch, man sollte zwischen einem persönlichen und wissenschaftlichen Zweifel unterscheiden. Mit dem persönlichen Zweifel hat es seine eigene Bewandtnis: diese Begeisterung des Vernichtens, die heute so oft zu Worte kommt, führt höchstens dazu, daß Menschen sich auf das Meer des Zweifels hinauswagen, die dem Kampf mit den Wellen nicht gewachsen sind und notwendig untergehen, oder zu einer Halbheit kommen, die zum sicheren Untergang führt. Und gesetzt, der Kampf des Zweifels entwickle je einmal in einem die Kraft, den Zweifel zu überwinden, so hat das ja wohl etwas Imponierendes, weil es zeigt, was der Mensch aus sich selbst vermag; aber schön ist es eigentlich nicht; denn schön ist nur, was Unmittelbarkeit in sich hat. Es ist eine forcierte Entwicklung, die im extremen Fall aus dem einen Menschen einen anderen machen will. Die Schönheit liegt aber darin, daß in uns mit dem Zweifel das Unmittelbare erworben wird. Man treibt heutzutage eine wahre Abgötterei mit dem Zweifel, macht ihn ganz abstrakt geltend, stürzt sich dummdreist hinein und hofft in blindem Vertrauen, daß man es herrlich weit bringen werde. Natürlich empfiehlt man den Zweifel um so angelegentlicher, je mehr es sich um geistige Werte handelt; aber eben darum sollte man die Liebe aus dem Spiele lassen, denn sie gehört einer Region an, wo eigentlich nicht von einem Erworbenen die Rede sein kann, sondern von einem Gegebenen, das erworben wird. Ich wüßte übrigens gar nicht, was für einen Zweifel man da anbringen wollte. Ein Ehemann, der traurige Erfahrungen hinter sich hat, der gelernt hat zu zweifeln, der in Kraft des Zweifels mit einem großen Aufwand von sittlichem Ernst sich verheiratet und ein treuer Gatte wird, wäre das das Richtige? Wäre das die wahre, schöne Ehe? Wir werden ihn rühmen, aber seine Ehe werden wir nicht rühmen, es sei denn als ein Beispiel dafür, was der Mensch vermag. Oder sollte der Ehemann, um recht gründlich zu zweifeln, auch an ihrer, seiner Auserwählten, Liebe zweifeln? An der Möglichkeit zweifeln, das Schöne in ihrem Verhältnis festhalten zu können, und doch mit frischem Mut es festhalten wollen? Ich weiß, ihr falschen Propheten, daß ihr so etwas mit großen Worten anpreiset, wenn auch nur, um euren falschen Lehren leichter Eingang zu verschaffen; ihr lobet und saget: „Das ist die wahre Ehe"; aber ihr wißt wohl, daß hinter diesem Lob ein Tadel sich verbirgt und daß gerade dem Weib mit dieser Lehre gar nicht gedient ist; und worauf ihr es abgesehen habt, ist: sie in Versuchung zu führen. Indem ihr Liebe und Ehe trennet, befolget ihr nur die alte Regel: *divide et impera.* Ihr lobpreiset die erste Liebe. Wenn es auf euch ankommt, so bleibt sie ein Moment außerhalb des Zeitlichen, ein geheimnisvolles Etwas, dem man alles Mögliche andichten kann. Freilich, die Ehe kann sich nicht so verbergen. Sie braucht Jahr und Tag zu ihrer Entwicklung, und da fehlt es natürlich nicht an bequemer Gelegenheit, festzustellen, daß eine verzweifelte Resignation dazugehöre, es auszuhalten. Womit natürlich nicht wieder aufgebaut wird, was man niedergerissen hat, sondern die Ehe recht eigentlich verraten wird.

Das also steht für uns fest: als Moment betrachtet ist die eheliche Liebe nicht bloß ebenso schön wie die erste, sondern schöner, weil sie in ihrer Unmittelbarkeit mehr Widersprüche vereinigt. Es steht nicht so, daß die eheliche Liebe eine höchst respektable aber langweilige moralische Person wäre, die „Liebe" dagegen die Poesie; nein, die Ehe gerade ist recht eigentlich das Poetische. Man hat es oft erlebt, daß eine erste Liebe sich nicht durchführen ließ; das ist gewiß traurig, beweist aber immer, daß man einen Fehler gemacht hat, und zwar einen Fehler nicht im Verlauf der Entwicklung, sondern am Anfang. Der ersten Liebe fehlt ein ästhetisches Ideal: das romantische. Sie hat das Gesetz der Bewegung nicht in sich. Der Glaube der ersten Liebe wäre, auf das spezifisch religiöse Gebiet übertragen, ein Glaube, der – ich müßte ihm freilich die entsprechende Unmittelbarkeit geben, ein Glaube, der im Vertrauen auf die Verheißung, sich unterfinge Berge zu versetzen – und nun umherginge, um Wunder zu tun. Vielleicht gelänge es ihm ja; aber dieser Glaube hätte keine Geschichte; eine Geschichte hat der Glaube nicht in einer Folge von Taten, die zu berichten wären, sondern sofern er im persönlichen Leben zugeeignet wird. In diesem Sinne hat auch die eheliche Liebe eine Geschichte, und zwar gibt der Vorsatz den Anstoß zur inneren Bewegung. Im Religiösen läßt sie Gott gleichsam für die ganze Welt sorgen, im Vorsatz will sie mit Gott im Bunde für sich selbst kämpfen, sich selbst in Geduld erwerben. In das Bewußtsein der Sünde ist der Begriff der menschlichen Schwäche aufgenommen, der Vorsatz sieht sie überwunden. Das kann man im Hinblick auf die eheliche Liebe nicht genug einschärfen. Ich lasse die erste Liebe gewiß zu ihrem Recht kommen, und mir scheint, ich weiß sie besser zu preisen als du; aber ihr Fehler liegt in ihrem abstrakten Charakter.

Daß die eheliche Liebe mehr in sich schließt als die erste Liebe, siehst du auch daran, daß sie sich selbst aufgeben kann. Gesetzt, die erste Liebe ließe sich nicht realisieren, so werden die betreffenden Individuen ihre Liebe, wenn sie den Charakter der ehelichen Liebe hat, aufgeben und doch deren Süßigkeit sich erhalten können. Die bloße erste Liebe kann das nicht. Daraus darf man aber nicht schließen, daß die eheliche Liebe ihre Resignation einem Zweifel an der ersten Liebe verdankt. Wäre das so, so wäre es ja keine Resignation; und doch weiß vielleicht niemand besser, wie süß die Liebe ist, als einer, der resigniert, obwohl er die Kraft hätte, die Liebe im Leben zu realisieren. Zum Festhalten gehört dieselbe Kraft wie zum Aufgeben; und im wahren Festhalten steckt dieselbe Kraft, die auch aufgeben könnte, die sich nur eben jetzt im Festhalten äußert: darin liegt erst die wahre Freiheit der Liebe, ihr wahres, sicheres Schweben.

Die eheliche Liebe erweist sich als historisch, sofern sie einen Assimilationsprozeß darstellt; sie verarbeitet ihre Erlebnisse und führt sie auf sich selbst zurück; sie ist also kein gleichgültiger Zeuge, sie nimmt wesentlich teil, kurz: sie erlebt ihre eigene Entwicklung. Die romantische Liebe führt das Erlebte auch auf sich selbst zurück: so sendet etwa der Ritter seiner Geliebten die in der Schlacht erbeuteten Trophäen; aber wenn auch noch so viel Zeit für solche Eroberungen draufginge, die romantische Liebe würde nie auf den Gedanken kommen, daß sie eine Geschichte haben könne. Die prosaische Betrachtung verfällt ins entgegengesetzte Extrem: sie begreift wohl, daß die Liebe eine Geschichte bekommen kann; aber für gewöhnlich ist diese Geschichte für sie gar kurz und so dürftig und trivial, daß die Liebe bald damit fertig ist. Die experimentierende Liebe kann auch eine Art Geschichte haben, aber sie hat, wie ja auch keine wahre Apriorität, so keine Kontinuität und liegt immer nur in der Willkür des experimentierenden Individuums, das in sich und für sich selbst Welt und Schicksal ist. Darum ist es der experimentierenden Liebe auch so wichtig, den jeweiligen Fortschritt der Liebe genau zu konstatieren; das macht ihr Spaß, gleichviel was sich dabei ergibt. Entweder die Berechnungen sind eingetroffen: so ist das ein schöner Erfolg; oder es ist etwas ganz anderes herausgekommen: so hat ihre unermüdliche Kombinationslust eine neue Aufgabe. Die eheliche Liebe dagegen hat Apriorität in sich, aber zugleich Kontinuität, und in ihrer Kontinuität steckt das Gesetz ihrer Bewegung: der Vorsatz. Im Vorsatz ist ein Anderes gesetzt, aber zugleich gesetzt als das, was überwunden ist; im Vorsatz ist das Andere gesetzt als ein *inneres* Anderes, sofern auch das Äußere für ihn nur in Betracht kommt durch seine Wirkung auf das Innere. Das Historische liegt darin, daß jenes Andere heraustritt und zu seinem Rechte kommt, aber gerade indem es zu seinem Rechte kommt, gesehen wird als das, was kein Recht hat: aus dieser Bewegung geht die Liebe geprüft und geläutert hervor und assimiliert das Erlebte. Jenes Andere irgendwie heraustreten zu lassen, steht nicht in der Macht des Individuums, solange es nicht experimentiert; aber die Liebe hat in ihrer Apriorität alle feindlichen Mächte besiegt, ohne sie zu kennen. Im Neuen Testament heißt es irgendwo: „Alle Gabe ist gut, so sie mit Dankbarkeit empfangen wird"; nun, die meisten Menschen wollen schon dankbar sein für eine gute Gabe, nur würden sie gerne selbst bestimmen, was gut für sie ist, darin zeigt sich eben die Enge ihres Wesens. Jene andere Dankbarkeit dagegen ist in Wahrheit apriorisch und siegreich, denn sie hat die Kraft zu ewiger Gesundheit; ihr schadet auch eine böse Gabe nicht: sie nimmt auch diese an und ist kühn und mutig genug, auch dafür zu danken. So ist es auch mit der Liebe. Hier auf all die Jeremiaden einzugehen, die du, es ist ja bloß Eulenspiegelei, für bekümmerte Ehemänner auf Lager hast, kann mir nicht einfallen; vielleicht bezwingst du dich diesmal, da du ja mit einem Ehemann zu tun hast, dessen Gefühl du doch nicht verwirren kannst.

Indem ich so das Wesen der Liebe verfolge von ihrer kryptogamen Verborgenheit zu ihrem phanerogamen Leben, stoße ich unterwegs auf eine Schwierigkeit, die du jedenfalls gar nicht gering achtest. Angenommen, es wäre mir gelungen, dich zu überzeugen, daß der religiöse und sittliche Gehalt der ehelichen Liebe ihr den Charakter der ersten Liebe nicht nimmt, angenommen, du seist von der Wahrheit dieser Erkenntnis im Innersten durchdrungen und verschmähst also nicht den religiösen Ausgangspunkt; du willst dich vereinigen mit der Geliebten und bist bereit, dich und deine Liebe unter Gott zu demütigen; du bist wirklich ergriffen und bewegt und, nun paß auf, nun nenne ich dir ein Wort: die Gemeinde ... und siehe da, alles ist wieder verschwunden. Ja, du wirst eben nie über den Begriff der Innerlichkeit hinauskommen. „Die Gemeinde, die liebe Gemeinde, die trotz ihrer Vielgliedrigkeit eine moralische Person ist; hatte sie doch neben den anderen langweiligen Eigenschaften moralischer Persönlichkeiten auch die kurzweilige, daß sie auf *einem* Hals einen Kopf trüge ... Ich wüßte, was ich täte.“ Ja, mein lieber Caligula, vielleicht weißt du auch etwas von jenem Narren, der in der fixen Idee lebte, sein Zimmer sei so voller Fliegen, daß er fast erstickte in dem Schwarm, daher er mit der Angst der Verzweiflung gegen sie kämpfte, als gälte es sein Leben. Nun, dein Kampf gegen das, was du die „Gemeinde“ nennst, erinnert mich stark an diesen Fall. Die Sache ist nämlich gar nicht so schlimm; das will ich dir nachher beweisen. Zunächst aber, wenn hier eine Schwierigkeit vorläge, so sollte die Liebe sie nicht scheuen; ich habe dir schon früher gezeigt, wie fatal es ist, wenn man die Liebe so ganz abstrakt nimmt und sie mit der harten Wirklichkeit gar nicht in Berührung kommen läßt. Freilich es ist ja gerade deine Lebensweisheit, nur in ein abstraktes Verhältnis zur Umwelt zu treten, das gar kein wirkliches Verhältnis ist. So hast du dir ja, wie du mir einmal im Vertrauen sagtest, dir den Grundsatz gebildet, nie etwas zu geben, nie etwas zu nehmen, ohne dafür Geld zu nehmen oder zu geben. Geld ist ja das vortrefflichste Mittel, jedes persönliche Verhältnis auszuschließen. Daß man den Pfarrer, den Messner, den Standesbeamten bezahlt, darin wirst du also dich leicht finden. Du wärest imstand, wenn du dich einmal verheiraten solltest, jedem Gratulationsbesuch ein Douceur in die Hand zu drücken; du dürftest dich da allerdings nicht wundern, wenn die Gemeinde beträchtlich sich vergrößern würde, und es könnte dir am Ende wirklich so gehen wie dem Mann mit den Fliegen. Es ist dir höchst unbehaglich, wenn die Leute auf Grund von Gratulationen, Komplimenten oder gar Geschenken sich unterstehen, ein für Geld inkommensurables persönliches Verhältnis zu dir anknüpfen zu wollen; und ihre freundliche Teilnahme für dich und deine Braut (wir fingieren sie einstweilen) ist dir ein Greuel. „Mit Geld kann man sich doch viele Dummheiten vom Leib halten: mit Geld kann man den Kirchturmbläsern den Mund stopfen, die sonst den Hochzeitstag „einblasen“, mit Geld kann man verhindern, daß man von der Kanzel aus zum Ehemann proklamiert, für die ganze Gemeinde zum rechtschaffenen Ehemann proklamiert wird, obwohl man es *in casu* doch nur für eine Einzige sein will. Warum macht man die Sache nicht der Ordination analog? Wie da die anwesenden Vertreter der Kirche vortreten und dem Ordinanden die Hand auflegen, so sollte bei der Trauung die ganze anwesende, teilnahmsvolle

Brüderschaft der Braut und dem Bräutigam den Gemeindekuß applizieren.“ Scheint dir die kirchliche Zeremonie nur darauf berechnet, das Erotische zu ersticken, so findest du das darauf folgende weltliche Fest geradezu unanständig. „Kann man sich etwas Unanständigeres, Lächerlicheres, Geschmackloseres denken, als einen solchen quasi Mann mit dito Frau an einen Eßtisch zu heften, rührende Toaste auf sie auszubringen und die Reflexion auf die interessante Frage hinzuleiten, ob es nun das kirchliche Dekret sei, oder was sonst, das die beiden zu Eheleuten macht.“ Du bist also für eine stille Hochzeit. Meinetwegen! Nur wirst du auch da zum wahren Ehemann promoviert in aller Form, vielleicht kannst du das Wort eher ertragen, wenn niemand außer dir es hört. Nebenbei, gestatte mir die kleine Anmerkung, heißt es nicht: vor der Gemeinde, sondern vor Gott und der Gemeinde, ein Ausdruck, der nichts Beengendes hat und dem es nicht an Kühnheit fehlt.

Übrigens will ich das, was du, übertreibend wie gewöhnlich, gegen die Gemeinde vorbringst, nicht so schwer nehmen; es handelt sich ja nur um das soziale Verhältnis, und da kann man schließlich verschiedener Meinung sein. Immerhin muß ich dir sagen, daß mir deine Sprödigkeit nicht imponiert. Im sozialen Verhältnis leben und etwas Schönes herausbringen, oder wenn man das nicht kann, sich unterordnen und einfügen: das nenne ich sich groß fassen. Ich kann wirklich in dem Aufgebot von der Kanzel keine Gefahr für die Liebe sehen und auch keine Gefahr für die Zuhörer, wenn auch, worauf du einmal hingewiesen hast, ein paar Frauenzimmer vielleicht nur deshalb in die Kirche gehen, um das Aufgebot zu hören. Deine Ängstlichkeit in dieser Hinsicht hat für mein Gefühl etwas Ungesundes. Was! Sollten diese Kleinigkeiten einer gesunden und kraftvollen Liebe wehtun können? Andrerseits bin ich gar nicht dafür, daß man jede Unsitte, die da im Schwange ist, verteidige. Wenn ich von der Gemeinde rede, so identifiziere ich sie nicht mit „einem verehrlichen Publikum“, von dem Goethe einmal sehr richtig sagt, es sei so unverschämt, anzunehmen, daß man alles, was man tue, nur tue, um ihm Stoff zum Klatsch zu geben. Ich kann mir deine Angst vor aller Mitwisserei und vor allem öffentlichen Aufsehen allerdings auch noch anders erklären: du fürchtest, um den erotischen Augenblick zu kommen. Du hältst deine Seele so stille und schwebst über der Zeit wie ein Raubvogel, bevor er auf seine Beute niederstößt; du weißt, daß man den Augenblick nicht in seiner Macht hat, und doch liegt im Augenblick das Schönste; du pflegst deshalb die Kunst des Wartens, wünschest nicht in der Unruhe des Wartens etwas zu antizipieren. Wenn nun ein Ereignis von langer Hand auf einen bestimmten Zeitpunkt festgelegt ist, wenn man allerlei Vorbereitungen trifft, so läuft man Gefahr, „um die Pointe zu kommen“. Man sieht da wieder, daß du das Wesen der ehelichen Liebe nicht erfaßt hast, und daß du einen ketzerischen Aberglauben an das „Erste“ hegst.

Und nun wollen wir die Sache genauer betrachten und sehen, ob die Gemeinde wirklich etwas so Schreckliches ist, oder ob sie sich nur in deinem überreizten

Hirn als etwas Schreckliches spiegelt. Sag' einmal, hat dich dein Leben mit den Menschen immer nur in flüchtige Berührung gebracht? Hast du nie mit dem einen oder anderen eine innigere Verbindung geschlossen? Gewiß hast du doch Menschen kennengelernt, deren du dich gerne und ohne Unbehagen erinnerst, die durch den Eindruck ihres Wesens das Ideale in dir nicht trüben konnten, deren Namen du aussprichst, wenn du dich zum Guten ermuntern willst, deren Anwesenheit deine Seele weitet, deren Persönlichkeit dir eine Offenbarung des Edlen und Erhabenen ist. Und vor solchen Menschen wolltest du dich nicht trauen lassen? Solche Menschen willst du nicht zu Zeugen haben? Das kommt mir vor, als wollte ein religiöser Mensch sagen: ich wünsche von ganzem Herzen mit Christus in inniger Gemeinschaft zu stehen, aber ich will nicht, daß er mich „vor seinen heiligen Engeln bekenne"... So viel über diejenigen Glieder der Gemeinde, die dir etwas sein können. Nun gibt es aber auch andere, denen du etwas sein kannst; auch mit solchen hat dich dein Leben gewiß in Verbindung gebracht. Es sind jene Armen, Einsamen, deren einförmiges Leben selten durch einen Lichtblick erhellt wird, denen ein bißchen Wärme, Ansprache so wohl tut; bescheidene Leutchen, für die eine Heirat ein Ereignis ist, auf das sie sich lange vorher freuen, dessen sie lange nachher gedenken. In einer Familie, in die ich öfters kam, sah ich eine alte Jungfer, eine Altersgenossin der Frau vom Hause. Sie erinnerte sich so lebendig des Hochzeitstags ihrer Freundin (ach, vielleicht lebendiger als diese selbst), jedes kleinen Nebenumstandes, wie die Braut geschmückt war usw. Und vor solchen Leuten wolltest du dich nicht trauen lassen? Es ziemt sich für den Starken, sich der Schwachen anzunehmen, nicht? Ich habe Ehegatten gesehen, die ihre Verbindung mit einer Hülle des Geheimnisses umgaben, daß man sich zu der Erwartung versucht fühlte, ein Wunder von Ehe müsse da herauskommen, ach, hätten sie sich nur öffentlich trauen lassen und so ein paar Menschen eine Freude gemacht: das wäre wenigstens etwas gewesen ... Und dann gibt es noch eine dritte Art von Gemeindegliedern; das sind die wirklich Naseweisen, die Leute, die sich für nichts so sehr interessieren wie für die Familienangelegenheiten anderer. Du weißt, daß ich diesen Schlag so wenig leiden kann wie du. Aber einerseits weiß ich sie mir vom Leibe zu halten, und andrerseits kann ich mich auch über ihre Unart wegsetzen. Solltest du das nicht auch fertigbringen? Du mit deiner scharfen Polemik, mit deinem Witz, deiner Schlagfertigkeit. Ich weiß, du kannst es, aber du leidest dabei. Nun, ich will dir keine Vorschriften machen; wirf weg, was dich stört. Aber denke an das, was ich dir gesagt habe: es gehört mehr dazu, aus dem sozialen Verhältnis etwas zu machen, als es gar nicht zum Verhältnis kommen lassen, es gehört mehr dazu, unangenehme Menschen zu erziehen, als sie abstoßen. Schließlich ist es auch gar nicht klug, so abstoßend zu sein: je mehr man sich isoliert, um so mehr zieht man dies schwatzlustige Volk an. Aber ich will mich nicht mit Klugheitsregeln befassen; das ist unter meiner Würde; dafür habe ich eine zu große Achtung vor der Wahrheit meiner Gedanken.

Alles Werdende hat – und je gesünder es ist, um so mehr – etwas Polemisches; so auch die eheliche Verbindung. Die süße, fade Familienliebe oder richtiger Liebe *en famille*, diese *communio bonorum*, ist auch mir verhaßt: man heiratet doch nicht die ganze Familie. Sondern jede eheliche Liebe, die eine wahre erste Liebe ist, hat etwas Heimliches an sich; sie will sich nicht zur Schau stellen, sie macht nicht gerne den Familienparademarsch mit, nährt sich nicht von Gratulationen und Komplimenten oder von den Hausandachten, die da und dort abgehalten werden. An diesen Lächerlichkeiten magst du ruhig deinen Witz üben: dagegen habe ich nichts. Es gibt wirklich Dinge, über die wir uns ganz gut verständigen könnten. Nur wäre es vielleicht gut, für dich und die Sache, wenn du mich die Rolle des erfahrenen Forstmanns spielen ließest, der die morschen Bäume bezeichnet, die gefällt werden sollen. Das Umhauen wollte ich dann gerne dir überlassen. Ich würde aber auch auf manchen Baum ein Kreuz setzen, und die so bezeichneten Bäume dürftest du mir nicht antasten.

Das Geheimnisvolle ist, ich stehe nicht an, das in aller Form zu erklären, die absolute Bedingung des Ästhetischen in der Ehe; nur muß man es nicht mit ängstlichem Bemühen suchen, es eitel nehmen, es zum Selbstzweck machen. Es ist einer von den Lieblingsgedanken der ersten Liebe, nach einer einsamen Insel zu fliehen. Man hat das oft genug lächerlich gemacht, und ich habe keine Lust, mich an dem wilden Bildersturm unserer Zeit zu beteiligen. Der Fehler ist der, daß die erste Liebe meint, sie könne sich nur verwirklichen, indem sie aus der Wirklichkeit flüchtet, ein Mißverständnis, das wieder auf dem unhistorischen Charakter der ersten Liebe beruht. Das eben ist die Kunst, daß man mitten in der Mannigfaltigkeit des Lebens das Geheimnis bewahrt. Ich könnte dir hier wieder mit einer Klugheitsregel dienen: erst im Schwarm der Menschen bekommt das Geheimnisvolle seine wahre Energie; erst daß man es bewahren muß, macht das Geheimnis zum Geheimnis. Aber, wie gesagt, mit Klugheitsregeln mag ich mich nicht befassen, in diesem speziellen Fall auch deshalb nicht, weil ich das Verhältnis zu anderen Menschen als Realität anerkenne. Freilich liegen in der Beziehung zu anderen Menschen Schwierigkeiten. Aber die scheut die eheliche Liebe nicht: sie erhält und erwirbt sich in diesen Schwierigkeiten.

Übrigens hat die eheliche Liebe Wichtigeres zu tun, als gegen das Einzelne zu polemisieren. Ihre Hauptaufgaben sind: Offenheit, Aufrichtigkeit, absolute Wahrhaftigkeit in allem und jedem; das ist das Lebensprinzip der Liebe. Das ist nun freilich leichter gesagt als getan, und es gehört Mut dazu, dies Prinzip konsequent durchzuführen; Offenheit hat natürlich immer nur da Sinn, wo man versucht ist, etwas zu verschweigen. Es gehört Mut dazu, sich ganz so zu geben, wie man ist; es gehört Mut dazu, sich nicht von einer kleinen Demütigung loszukaufen, sich nicht ein Relief zu geben, wo man das durch Verschweigen wohl könnte. So ganz ehrlich, aufrichtig, wahr zu sein, dazu gehört Mut.

Du erzähltest mir einmal von einem Paar Neuvermählter, die „sich gezwungen sahen, ihre Liebe in dem engen Raum von drei kleinen Zimmern unterzubringen“. Bei der Gelegenheit unternahmst du einen kleinen Ausflug in das Reich der Phantasie, wenn man da von einem Ausflug sprechen will, sintemal dies Reich deinem regelmäßigen Wohnort sehr nahe liegt. Und nun gingst du daran, dir eine Zukunft, wie du sie dir wünschtest, aufs sorgfältigste und geschmackvollste einzurichten. Du warst also verheiratet, glücklich verheiratet, hattest deine Liebe unverletzt aus allen Fährlichkeiten gerettet und überlegtest nun, wie du dein Heim einrichten wolltest, damit die Liebe möglichst lange ihren Duft bewahre. Zuvörderst brauchst du dazu mehr als drei Zimmer (natürlich, du hast ja als Junggeselle schon fünf). In drei kleinen Zimmern wohnen, schauderhaft. Lieber als Landstreicher unter freiem Himmel leben! (Ach, wie poetisch!) Nein, du wünschest dir eine Flucht von kühlen, hohen Räumen, lauschige, halbdunkle Kabinette, das Speisezimmer voller Lichter, mit Spiegeln an den Wänden, erhellt bis in die dunkelste Nische; ein kleiner Gartensaal mit Flügeltüren auf den Balkon hinaus, wo Blumenduft und Morgensonne hereinströmen, dir und deiner Liebe zu huldigen. Das Ganze, laß mich dich einen Augenblick unterbrechen, das Ganze beruht auf dem Prinzip der Heimlichkeit, der Mystifikation, der raffinierten Koketterie; nicht nur deine Zimmer sollen in den Reflexen der Spiegel erstrahlen; auch die Welt deines Bewußtseins soll reicher werden durch mannigfaltige Lichtbrechung; nicht nur in deinen Zimmern, auch in deinem Bewußtsein willst du sie und dich, dich und sie überall finden. „Ja, aber da ist es mit allen Schätzen der Erde nicht getan; da braucht man Geist, da muß man klug maßzuhalten verstehen, haushalten mit den Kräften des Geistes. Darum muß man einander so fremd sein, daß die Vertraulichkeit interessant wird, und zugleich so vertraut, daß das Fremde als Widerstand reizt. Darum nur kein gemeinsames Zimmer! (Lieber überläßt du deiner Frau vier von deinen fünf Zimmern und wohnst allein im fünften.) Für die Ehe ist weder der Schlafrock das richtige noch der Galaanzug; das eine ist zu leger, das andere zu steif; man darf sich nicht bloß gehen lassen, aber es darf auch nicht aussehen, als präpariere man sich sorgfältig auf jedes Beisammensein; alles muß den Stempel des Zufälligen tragen, und doch muß alles auch wieder Kunst und Berechnung ahnen lassen. Ich verlange nicht gerade, daß meine Frau im geheimen einen Teppich stickt für den Boden meines Arbeitszimmers; aber ich bin für kleine, feine, heimliche Aufmerksamkeiten sehr empfänglich und gebe sie gern zurück. Es handelt sich eben immer darum, den Punkt, wo die Sache von vorne anfängt, wo die Wiederholung droht, fernzuhalten mit allen Mitteln; und da das nicht in allen Stücken gelingt, so muß man für Variation sorgen und für die Möglichkeit der Variation. Es hat einer ja wohl viele Predigttexte, aber doch nur eine beschränkte Anzahl von Gedanken darüber: predigt er sich am ersten Sonntag aus, so hat er für das ganze Jahr nichts mehr, und nichts mehr für den ersten Sonntag des nächsten Jahres. Solange als möglich muß man einander bis zu einem gewissen Grad ein Rätsel sein; und wenn man sich sukzessive offenbart, so tue man es beiläufig und nur leise andeutend, so daß alles relativ bleibt und bald so, bald so gedeutet werden kann. Aber vor allem hüte man sich vor Überanstrengung und vor der darauffolgenden Reaktion." ... Dein Schloß liegt natürlich in schöner ländlicher Umgebung, aber unfern der Hauptstadt. Du bewohnst das Erdgeschoß, deine Frau, eh, deine „Gemahlin", hat die Gemächer im ersten Stock des linken Flügels inne. Das ist etwas, um was du Fürstlichkeiten stets beneidest hast: daß Mann und Frau getrennt wohnen. Freilich wird das höfische Eheleben dadurch unästhetisch, daß das Zeremoniell sich eindrängt und sich über die Liebe stellen will: da wird man gemeldet, muß einen Augenblick warten und wird empfangen usf. Das taugt natürlich nichts. Aber der Fehler liegt nicht am Zeremoniell an sich; dieses läßt sich in der Ehe sogar sehr ästhetisch benützen, muß aber dann als ein Spiel betrieben werden, als ein Spiel im göttlichen Spiel der Liebe, mit dem Ernst, den auch das Spiel verlangt und doch immer nur als Spiel. Auch die Liebe braucht Schranken; aber jede Schranke soll eine wollüstige Versuchung sein, die Schranke zu überschreiten. Du wohnst also im Parterre und hast da Bibliothek, Billardzimmer, Empfangsraum, Kabinett und Schlafzimmer. Deine Frau bewohnt den ersten Stock. Da befindet sich dann auch euer *toral conjugale*, ein geräumiges Zimmer mit zwei Kabinetten. Nichts soll dich oder deine Frau daran erinnern, daß ihr verheiratet seid, und doch darf das Ganze nicht wie eine Junggesellenwirtschaft wirken. Du weißt für gewöhnlich nicht, mit was deine Frau sich beschäftigt, sie weiß nicht, was du treibst. Aber damit ist nicht gesagt, daß ihr einander ganz aus dem Auge verliert, euch gar nicht eins ums andere kümmert. Nein, dies alles dient nur dazu, jede Berührung bedeutungsvoll zu machen, dient dazu, den toten Punkt immer wieder zu überwinden, den Augenblick fernzuhalten, da ihr euch anseht und euch langweilt. Natürlich werdet ihr nicht Arm in Arm eure Ehe spazierenführen. Dagegen wirst du in jugendlicher Verliebtheit ihr von deinem Fenster aus nachblicken, wenn sie im Park spazierengeht, und wenn sie zwischen den Bäumen verschwunden ist, wird noch lange ihr reizendes Bild deinem inneren Auge vorschweben. Du wirst dich ihr nachstehlen, sie überraschen und dann mag es auch wohl einmal vorkommen, daß sie ihren Arm unter den deinen schiebt (es hat doch manches etwas für sich, was die Menschen nun einmal als Ausdruck für gewisse Gefühle erfunden haben); und schließlich spaziert ihr wirklich ein bißchen Arm in Arm, und scherzet darüber, daß ihr nun ganz wie richtige Eheleute einhergehet. Doch genug! Wollte ich alle die sinnvollen Erfindungen deiner asiatisch üppigen Phantasie aufzählen, ich fände kein Ende. Und allmählich fängt die Sache an, mich zu langweilen, und ich sehne mich nach den drei Zimmern, die du so verachtest.

Was soll nun das ästhetisch Schöne sein in dieser deiner Auffassung der Ehe? Du wirst zweierlei geltend machen wollen: erstens, daß du die erotische Schamhaftigkeit kultivierst; zweitens, daß du die Geliebte nicht als erworben besitzen, sondern von Tag zu Tag neu erwerben willst. Im letzteren liegt ein an sich richtiger und wahrer Gedanke; aber du stellst dir die Aufgabe nicht mit erotischem Ernst und darum kannst du sie auch nicht lösen. Du klammerst dich beständig an die Unmittelbarkeit als solche, an eine Naturbestimmung, und darfst diese nicht in einem gemeinsamen Bewußtsein sich klären lassen, wozu, wie ich schon sagte, Offenheit und Wahrhaftigkeit das Mittel wäre. Du fürchtest immer, wenn man sich kein Geheimnis mehr sei, so sei es mit der Liebe vorbei; ich dagegen meine, daß sie dann erst recht anfängt; du fürchtest, einmal ganz zu erfahren, was du liebst und glaubst, das sei der Tod der Liebe; dir ist das Inkommensurable ein unentbehrliches Ingrediens der Liebe. Ich dagegen behaupte, daß man erst in Wahrheit liebt, wenn man weiß, was man liebt. Dazu kommt, daß deinem Glücke etwas sehr Wichtiges fehlt: der Segen der Widerwärtigkeiten. Und daran eben zeigt sich, daß deine Theorie falsch ist; denn das Leben würde dir Widerwärtigkeiten aller Art gewiß nicht ersparen, und so würdest du mit deiner Theorie bald an der Wirklichkeit scheitern. Wenn ich sage, daß Widerwärtigkeiten zu einer rechten Ehe gehören, so will ich damit gewiß nicht sagen, die Ehe sei normalerweise eine Kette von Widerwärtigkeiten. Sondern die im Vorsatz enthaltene Resignation nimmt, wie schon oben dargetan, im voraus alle Schwierigkeiten in Kauf, ohne sie doch in bestimmter Gestalt vor sich zu sehen oder sich vor ihnen zu fürchten, da sie ja im Vorsatz schon überwunden sind. Sodann werden die Schwierigkeiten nicht im Äußeren gesehen, sondern wie sie sich innerlich im Individuum reflektieren, und damit gehören sie der gemeinsamen Geschichte der ehelichen Liebe an. Heimlichtun voreinander ist, wie gesagt, entweder ein Widerspruch in sich, wenn man nichts zu verbergen hat, oder Kinderei, wenn nur verliebte Schnurrpfeifereien dahinterstecken. Erst wenn die Liebe in Wahrheit eines Menschen Herz geöffnet, ihn in tieferem Sinne als man es sonst von der Liebe sagt, beredt gemacht hat (beredt kann ja auch ein Verführer sein), erst wenn er alles in dem gemeinsamen Bewußtsein niedergelegt hat, bekommt das Geheimnis Kraft, Leben, Bedeutung. Aber dazu gehört ein entscheidender Schritt, dazu gehört Mut. Wo man diesen Schritt nicht wagt, da wird die eheliche Liebe zu einem Nichts, denn erst indem man sich ganz dem anderen anvertraut, beweist man, daß man nicht sich liebt, sondern den anderen. Für sich sein, das ist gleichsam der allgemeinste Ausdruck für das Geheimnisvolle, das dem individuellen Leben eigen ist, wenn es in sich selbst verweilt. Wer aber für sich ist, der ist nicht für den anderen; und lieben heißt: nur für den anderen sein. Liebe ist Hingabe; aber hingeben kann sich nur, wer aus sich heraus geht; wie könnte sich der hingeben, der sich verbirgt, der in sich bleiben will? „Aber man verliert doch, wenn man sich offenbart." Natürlich, wer aus der Heimlichkeit einen Gewinn zieht, verliert allemal, wenn er sich enthüllt. Wolltest du konsequent sein, so müßtest du nicht nur vor der Ehe, sondern vor jeder Art von Annäherung warnen; ich möchte wohl sehen, wie du selbst deine Warnung befolgen, was für sinnreiche, telegraphische Verständigungsmittel du aushecken würdest. Wie die Kunst des Schriftstellers darin beruht, daß er den Leser bis zu einem gewissen Grad produktiv macht, so wäre es die wahre erotische Kunst, aus der Entfernung einen solchen Eindruck auf einen Menschen zu machen, daß er aus diesem Nichts (und gerade weil es ein Nichts ist) sich das Geschöpf seiner Liebe selbst schaffen müßte, nur wäre das nicht Liebe, sondern Koketterie der Verführung. Wer liebt, hat sich in einem Anderen verloren, aber indem er sich in dem Anderen verloren und vergessen hat, ist er dem Anderen offenbar, und indem er sich selbst vergißt, erinnert er sich seiner selbst im Anderen. Wer liebt, will nicht mit einem Anderen, Besseren oder Geringeren verwechselt werden, und wer diese Ehrfurcht vor sich selbst und vor der Geliebten nicht hat, der liebt nicht. Gewöhnlich ist die Geheimniskrämerei die Folge einer kleinlichen Eitelkeit: man will größer sein als man ist. Wer noch nicht gelernt hat, derartiges zu verschmähen, der hat nie geliebt; denn wer liebt, fühlt, daß er der Liebe, die er empfängt, nicht wert wäre, auch wenn er seiner Größe eine Elle zulegen könnte. Diese Demut der Liebe, glaubt man, sei nur in Komödien und Romanen zu Hause oder gehöre zu den Konvenienzlügen der Verlobungszeit. Das ist aber nicht wahr; sondern jede echte Liebe ist demütig; und darin liegt die Erkenntnis, daß man die Liebe nur mit dem Maß der Liebe messen darf. Und wenn der geringste und unbedeutendste Mensch den begabtesten, geistreichsten liebte, so müßte der letztere, wenn Wahrheit in ihm ist, fühlen, daß er mit all seinen Gaben des Anderen Schuldner bleibt, solange er ihn nicht wieder liebt. Wer diese Demut der Liebe in Wahrheit empfindet, der liebt; und dabei hat er keineswegs das Gefühl, als verzichte er auf etwas, was für ihn, als der, der er ist, von Wert wäre. Erst wer arm geworden ist in dieser Welt, ist seines Besitzes wirklich sicher, erst wer alles verloren hat, hat alles gewonnen. Darum sage ich mit Fénelon: „Glaube an die Liebe, sie nimmt alles, sie gibt alles.“ Und ein schönes, erhebendes, unbeschreiblich beseligendes Gefühl ist es, so alles Einzelne in ein Nichts sich auflösen zu sehen vor der unendlichen Macht der Liebe, wie die Schatten der Nacht erbleichen und hinschwinden vor dem Licht der Sonne; es ist wie bei der Vereinfachung eines algebraischen Ausdrucks: ein paar Kunstgriffe und alles hebt sich und das ganze komplizierte Gebilde ist verschwunden; nur vollzieht sich das in der Liebe in einem unendlichen Augenblick. Das ist die wahre Vernichtungsbegeisterung der wahren Liebe: sie wünscht sich die ganze Welt, nur um sie im Spiel der Liebe zum Zeitvertreib zu verschleudern. Wenn man schon einmal dem Endlichen die Tür öffnet, so ist es gleich dumm und lächerlich, ob man geliebt sein will, weil man ein vorzüglicher Kopf ist, ein bedeutendes Talent, ein Genie, oder weil man einen tadellosen Schnurrbart hat.

Dies alles gilt übrigens von der ersten Liebe so gut wie von der ehelichen Liebe: nur deine seltsam schwankende Position zwingt mich, diese Dinge hier noch besonders zu berühren. Die erste Liebe versteht wohl zu wünschen, mit übernatürlichem Pathos, aber ihr Wunsch wird leicht zu einem leeren „Wenn“; denn die Tage des Paradieses sind dahin, wo der Herr seinem Ehepaar die ganze Welt gab, drinnen zu schalten und zu walten nach Belieben. Da weiß die eheliche Liebe besser Bescheid; ihre Bewegungen sind nicht nach außen, sondern nach innen gerichtet; und sie merkt bald, daß sie da auch eine Welt für sich hat, und daß in dieser Welt die kleinste Bewegung (eine kleine Selbstüberwindung z. B.) für die Liebe in ihrer Unendlichkeit mehr bedeutet, als alle äußeren Werte. Wohl schmerzt es sie, daß es da so viel zu bekämpfen gibt, aber sie fühlt zugleich den Mut zu diesem Kampf. Ja, sie ist kühn genug, sogar dich in Paradoxen zu überbieten, denn sie vermag sich fast zu freuen, daß die Sünde in die Welt gekommen ist, und sie überbietet dich noch in anderem Sinn in Paradoxen: sie hat den Mut, dieselben zu lösen. Wie die erste Liebe, so sieht auch die eheliche Liebe in dem unendlichen Moment der Liebe alle Hindernisse besiegt; aber dieser Sieg muß erworben werden, darin eben erweist sich die eheliche Liebe als historisch, und dieses Erwerben ist nicht nur ein Scherz, sondern auch ein ernster Kampf, ist nicht nur ein ernster Kampf, sondern auch ein Scherz, wie der Kampf in Walhalla, wo die gefallenen Helden sofort verjüngt vom Tode wieder auferstehen. Und dieser Kampf, um im Bilde zu bleiben, ist kein willkürlicher Zweikampf; es ist ein Kampf unter göttlichen Auspizien; die Liebe begehrt nur *einen* zu lieben und hat darin ihre Glückseligkeit, sie begehrt nur *einmal* zu lieben und hat darin ihre Ewigkeit. Meinst du wirklich, diese Liebe komme um etwas Schönes, weil sie keine Heimlichkeiten hat? Meinst du, sie könne der Zeit nicht widerstehen und müsse in der ewigen Wiederholung des Alltags schlaff und öde werden? Hat nicht das eheliche Leben einen ewigen Gehalt, den die Liebe nie erschöpft, einen ewigen Gehalt, der bald unter Scherzen und Küssen, bald mit Angst und Beben erworben, immerfort erworben wird? „Aber sie muß auf alle die kleinen, erfrischenden Überraschungen verzichten." Das sehe ich nicht ein. Ich meine ja nicht, daß die eheliche Liebe immer den Mund offen haben und sogar im Schlafe reden müsse. Sie läßt sich kleine Überraschungen gerne gefallen, ja diese bekommen bei der absoluten Offenheit, die das Verhältnis der Gatten beherrscht, erst ihre volle Bedeutung: gerade durch den Gegensatz werden sie zu einem ästhetisch schönen Zwischenspiel. Im übrigen beruht das Wesen und die wahre Glückseligkeit der Liebe nicht auf kleinen, hübschen Überraschungen; und diese raffinierte Weichlichkeit und Unruhe, mit der man beständig auf Überraschungen wartet oder welche vorbereitet, finde ich nichts weniger als schön. Es steht schlimm um eine Ehe, die keine anderen Trophäen aufzuweisen hat als einen Sekretär voller Bonbons, Flakons, gestickter Pantoffeln, Pretiosen usf.

Man sieht hin und wieder eine Ehe, in der das Heimlichkeitssystem durchgeführt ist, eine glückliche ist mir noch nie vorgekommen. Da das aber rein zufällig sein könnte, so will ich versuchen, eine allgemeine Begründung dafür zu geben. Die Sache ist mir ziemlich wichtig; denn eine ästhetisch schöne Ehe ist immer eine glückliche Ehe; und wenn sich eine glückliche Ehe auf jener Basis aufbauen ließe, so müßte ich meine Theorie korrigieren. Ich will darum die Sache genau nehmen und jede hierher gehörige Erscheinungsform so gerecht wie möglich behandeln und besonders auf eine Ehe, die ich aus eigener Anschauung kennengelernt habe, wo das Geheimnis mit wirklich bestechender Virtuosität gehandhabt wurde, des näheren eingehen. Vor jemand ein Geheimnis haben wollen, heißt immer ihn bevormunden, und damit ist über das Heimlichkeitssystem in der Ehe bereits das Urteil gesprochen. Darum ist es auch in der Regel der Mann, der dieses System einführt; daß die Frau den Mann durch Geheimnistuerei bevormunden wollte, wäre ja noch unerträglicher. In seiner gröbsten Form artet nun das Heimlichkeitssystem aus in die reine Despotie: die Frau ist Sklavin, Mädchen für alles und steht zu tief, als daß man ihr etwas anvertrauen könnte; über eine solche Ehe brauche ich wohl weiter keine Worte zu verlieren; sie ist ein Unglück, auch wenn die Frau sich darein findet. Aber nicht viel besser ist das andere Extrem: wenn eine unnötige und übertriebene Fürsorge für die Frau ihr das Vertrauen entzieht. Das Weib ist schwach, heißt es, sie kann die Sorgen und Kümmernisse nicht tragen; mit Schwachen und Gebrechlichen muß man liebevoll umgehen. Lüge über Lüge! Das Weib ist so stark wie der Mann und vielleicht stärker. Und nennst du das sie liebevoll behandeln, wenn du sie demütigst? Wer aber erlaubt dir sie zu demütigen? Oder bist du so verblendet, daß du dich von vornherein für ein vollkommeneres Wesen hältst? Vertrau ihr nur alles an! Ist sie schwach, kann sie es nicht tragen, wohl, so kann sie sich ja an dich lehnen, der du so stark bist. Das kannst du nicht ertragen? Dazu bist du nicht stark genug? Siehst du wohl? Also fehlt es dir an Kraft und nicht ihr! Vielleicht hat sie mehr Kraft als du, vielleicht wird sie dich beschämen und das kannst du nicht ertragen. Hast du nicht gelobt, Gutes und Böses mit ihr zu teilen? Wenn du ihr nun das Böse vorenthältst, heißt das nicht sie übervorteilen? Heißt das nicht das Edelste in ihr knicken? Vielleicht ist sie schwach, vielleicht trägt sie schwerer an dem Schweren, als es nötig wäre, nun so teile du auch dies mit ihr. Und woher hast denn du deine Kraft? Steht sie nicht Gott so nah wie du? Willst du ihr die Gelegenheit nehmen, Gott auf die tiefste und innerlichste Weise zu finden: durch Schmerzen und Leiden? Und bist du so sicher, daß sie dein Geheimnis nicht ahnt? Weißt du, ob sie nicht im stillen sich abhärmt und seufzt, ob sie nicht Schaden nimmt an ihrer Seele? Vielleicht ist ihre Schwachheit Demut: sie meint, es sei ihre Pflicht, all das zu tragen. So wirst du freilich zu einem Anlaß, der ihre Kraft entwickelt, aber du wirst es nicht so, wie du es wünschest, wie du es gelobt hast. Behandelst du sie, um ein derbes Wort zu gebrauchen, behandelst du sie nicht als Kebsweib? Und wenn sie die Einzige ist, was hilft ihr das? Was ist demütigender für ein Weib: aus Herrschsucht unterdrückt zu werden oder aus Mitleid?

Ich hatte einmal Gelegenheit, das Heimlichkeitssystem in künstlerisch verfeinerter Durchführung zu studieren. Es war ein noch junger Mann, ungewöhnlich begabt, ein vorzüglicher Kopf, eine dichterische Natur, aber zu indolent, um ernsthaft zu produzieren; dagegen hatte er in seltenem Maße Sinn für eine poetische Ausgestaltung des täglichen Lebens. Seine Frau war jung, nicht ohne Geist und ein ungewöhnlicher Charakter. Das reizte ihn. Und nun war es wirklich erstaunlich, zu sehen, wie er auf jede Weise alle Kräfte jugendlicher Schwärmerei in ihr zu wecken und zu entwickeln verstand. Ihre ganze Existenz, das ganze eheliche Leben war gleichsam poetisch verzaubert. Überall war sein Auge;

aber sobald sie genauer zusah, war es verschwunden; überall war seine Hand; aber, wie Gottes Finger in der Geschichte: nicht zu fassen, im endlichen Sinne, keine Wirklichkeit und doch da. Wohin ihre Gedanken sich wandten, da war er schon, da hatte er schon die Wege bereitet für sie und immer so, daß sie nach einer kleinen Überraschung, nach einer leisen Regung des Widerstandes gerne folgte. Ihr häusliches Leben war eine kleine Schöpfungsgeschichte: wie in der großen Schöpfungsgeschichte alles auf den Menschen wartet, auf den Herrn der Schöpfung, so wartete in ihrer Umgebung alles auf sie, auf die Herrin dieses Zauberreichs. Und dies Reich hatte keine Grenzen; soweit sie ging, nirgends ein Punkt, wo es geheißen hätte: bis hierher und nicht weiter; nach jeder Richtung hin konnte sie sich frei bewegen: da war keine Grenze, oder vielmehr, es war eine Grenze da, aber die wich beständig vor ihr zurück, denn diese Grenze, das waren ihre Hoffnungen, ihre Träume, ihre Wünsche, ihre Ängste, das war der ganze Inhalt ihrer Seele. Er selbst bewegte sich mit vollkommener Sicherheit in dieser Traumwelt; er gab nichts von seiner Würde preis, sondern prätendierte und behauptete seine Autorität als Gatte und Herr. Das war klug von ihm. Denn hätte er das nicht getan, so wäre sie gewiß aufmerksam geworden; bange Ahnungen hätten sie verfolgt und schließlich wäre sie dem Geheimnis auf die Spur gekommen. Weder andere noch auch sie selbst merkten etwas von seiner Aufmerksamkeit; und doch durfte er sich sagen, daß sie keinen Eindruck von ihm empfing, dessen Wirkung er nicht genau vorausberechnet hatte, und doch wußte er, daß er mit einem Wort den Zauber lösen konnte. Alles Unangenehme wurde sorgfältig von ihr ferne gehalten; war das nicht möglich, so kam er ihr freimütig entgegen und stellte ihr, scheinbar mit rückhaltloser Offenheit, die Sache so dar, daß der von ihm gewünschte Eindruck zustande kam. Er liebte sie, aber er war stolz und fürchterlich konsequent; und er wollte sich sagen können, in der tiefsten Stille der Nacht, in einem Augenblick außerhalb der Zeit, er wollte sich sagen können, daß sie alles nur durch ihn sei. Nicht wahr, das ist etwas für dich; diese Ehe leuchtet dir ein; so willst du's auch einmal machen, wenn du dich verheiratest. Aber glaubst du wirklich, daß das eine glückliche Ehe war? Es sieht vielleicht so aus; aber es schwebt ein dunkles Verhängnis über diesem Glück. Wenn ihm einmal etwas mißlingt, wenn sie etwas ahnt? Wird sie ihm je vergeben können? Ich glaube nicht. Daß er es aus Liebe zu ihr getan, wird sie sich nicht sagen lassen, dazu ist ihre Seele zu stolz. Es fällt mir da ein ganz alltäglicher Ausdruck zur Bezeichnung des Verhältnisses von Ehegatten ein (ich unterstütze gerne die Revolution oder vielmehr den heiligen Krieg, den der wahre und reiche, aber simple und einfältige Ausdruck der legitimen Ehe gegen die Romanphrase führt), man sagt von Ehegatten, sie sollen „in gutem Einvernehmen leben". Wendet man ihn negativ, so will man gewöhnlich nur sagen, die Leute vertragen sich nicht, sie schlagen und beißen sich usf. Aber nimm den Ausdruck positiv. Von der Ehe, die wir vorhin besprochen haben, wird die Welt gewiß sagen: die Gatten leben im besten Einvernehmen.

Aber wir, ich und du, können wir das auch sagen? Wie können sie im „Einvernehmen" leben, wenn sie einander nicht „vernehmen"? Gehört denn nicht zum Einvernehmen, daß der eine weiß, wie der andere für ihn sorgt, und wäre es auch nur, damit er ihn der Gelegenheit nicht beraubt, ihm zu danken; denn erst im Dank findet seine Seele Beruhigung. In gutem Einvernehmen leben: ist das nicht in seiner Einfachheit ein hübscher, ein schöner Ausdruck? Das setzt voraus, daß man klar und deutlich miteinander spricht, so daß eins das andere versteht (sieh, wie diese *termini* der Ehe den springenden Punkt treffen und das als selbstverständlich voraussetzen, was ich dir umständlich beweisen muß!). In gutem Einvernehmen leben: was heißt das anderes, als daß die Ehegatten ihr Glück, ihren Frieden, ihre Ruhe, ihr Leben in diesem Einvernehmen finden.

Du siehst also, daß das Heimlichkeitssystem weder zu einer glücklichen noch zu einer ästhetisch schönen Ehe führt. Nein, mein Lieber, Offenheit, Aufrichtigkeit, Wahrhaftigkeit, Einvernehmen: das ist das Lebensprinzip der Ehe, und ohne das ist sie unschön und eigentlich unsittlich; denn da wird geschieden, was die Liebe vereint, das Sinnliche und das Geistige. Erst wenn das Wesen, mit dem ich in der innigsten Verbindung lebe, die es auf Erden gibt, mir auch geistig aufs engste verbunden ist, erst dann ist meine Ehe sittlich und ästhetisch schön. Und ihr stolzen Männer, die ihr euch im stillen eurer Triumphe über das Weib freut, ihr vergesset, daß es ein armseliger Triumph ist, über den Schwächeren zu siegen, und daß der Mann sich in seinem Weibe ehrt oder verachtet.

Das Einvernehmen ist also das Lebensprinzip der Ehe. Daraus folgt, daß die Ehe nur dann nicht möglich ist, wenn das Einvernehmen nicht möglich ist. Nun diskutieren die Leute ja gerne und breit die Frage, unter welchen Umständen man vom Heiraten absehen müsse. Lassen wir sie ihre Gemeinplätze wiederkäuen, ich kann mir nur einen Fall denken, der das Heiraten ausschließt; wenn das individuelle Leben so verwickelt ist, daß es sich nicht offenbaren kann. Enthält deine Entwicklungsgeschichte etwas Unsagbares, hast du dich, so könnte ich mir das vorstellen, hast du dich gleichsam verschluckt an einem Geheimnis, das nun nicht mehr aus dir herauszubringen ist, ohne daß es dir das Leben kostet: so heirate nie. Denn entweder hat dein Weib keine Ahnung davon, was in dir vorgeht, und damit wird deine Ehe zu einer unschönen Mesalliance, oder sie ahnt etwas, sieht in banger Angst da und dort unheimliche Schattenbilder auftauchen; und nun beschließt sie vielleicht dich nie zu fragen, dir nie zu nahe zu treten, widersteht vielleicht der Neugier, der Angst; aber glücklich wird sie nie und du auch nicht. Ob es solche Geheimnisse gibt, ob ein Geheimnis, das auch die Liebe nicht lösen kann, Wahrheit hat, das lasse ich dahingestellt; ich führe nur mein Prinzip durch und kann von mir nur sagen, daß ich keine Geheimnisse vor meiner Frau habe. Man sollte denken, einem Menschen, der in allem, was er tut, den dumpfen Schmerz seines Geheimnisses fühlt, könnte es nicht in den Sinn kommen, sich verheiraten zu wollen. Aber es mag doch wohl manchmal vorkommen, zumal ein solcher Mensch auf das Weib verführerischer wirkt als irgendeiner.

Und nun bin ich auf einen Einwand von deiner Seite gefaßt: „Du redest doch sonst so viel", wirst du sagen, „von dem historischen Charakter der ersten Liebe; das war ja bisher der Refrain deiner Melodie. Gut! Wenn nun aber deine Eheleute, wie du's verlangst, sich ein langes und breites ihre respektive Geschichte erzählt und wieder erzählt haben, so heißt es schließlich, wie bei den Kindern: die Katze hat die Maus und die Geschicht' ist aus; da bin ich doch besser dran mit meinem Heimlichkeitssystem: da ist doch die Möglichkeit, die Zeit zu betrügen." Mein lieber junger Freund, dein Einwand beweist mir nur zu deutlich, wie falsch deine Stellung ist. Mit deinem Geheimtun bleibst du in der Zeit stecken, und so handelt es sich für dich allerdings darum, die Zeit zu betrügen; die eheliche Liebe dagegen in ihrer Offenheit überwindet die Zeit und nimmt das Ewige in sich auf, und so wird jede Konkurrenz unmöglich. Im übrigen ist auch deine Auffassung der Offenheit ganz willkürlich. Als ob Eheleute vierzehn Tage darauf verwendeten, sich ihren Lebenslauf zu erzählen, worauf dann eine Totenstille folgte, die nur hin und wieder einmal durch eine schon ziemlich bekannte Geschichte unterbrochen würde. Die Ehe erweist sich eben darin historisch, daß das Einverständnis zugleich ein *fait accompli* und doch im Werden ist. Es ist das wie im individuellen Leben: wenn man zur Klarheit über sich selbst gekommen ist, wenn man den Mut gehabt hat, sich zu sehen wie man ist, so folgt daraus durchaus nicht, daß die „Geschichte nun aus" ist; nein, sie fängt erst recht an, bekommt nun erst ihre rechte Bedeutung, indem jedes einzelne Erlebnis auf die Gesamtanschauung bezogen, bzw. zur Gesamtanschauung verarbeitet wird. So auch in der Ehe. Im Sich-offenbar-werden ist die Unmittelbarkeit der ersten Liebe untergegangen, aber nicht verloren, sondern in das eheliche gemeinsame Bewußtsein aufgenommen, und damit beginnt die Geschichte. Auf dies gemeinsame Bewußtsein wird alles einzelne bezogen; damit erhöht sich auch die Befriedigung, welche die Verbindung gewährt: die Heiterkeit der ersten Liebe geht über in die Seligkeit der Ehe, in das beglückende Bewußtsein einer gemeinsamen Geschichte.

Ist die eheliche Liebe gesund und wahr, haben die Ehegatten die richtige Haltung zueinander, so gibt es nichts in der Welt, was sie zu fürchten hätten. So ist auch das Gebot: im Schweiß deines Angesichts sollst du dein Brot essen, kein Fluch für sie, und wie die ritterliche Liebe Mut und Kraft fühlt, alle Abenteuer zu bestehen, so fühlt die eheliche Liebe Mut und Kraft, sich im einfachen Existenzkampf, in der Sorge ums tägliche Brot zu behaupten. Aber auch sonst fehlt es der ehelichen Liebe nicht an Feinden, und sie sind gefährlicher als die der ersten Liebe. Und wenn der Ritter sagen kann, er wolle der ganzen Welt Trotz bieten, um die Geliebte zu retten, der Ehemann wird ihm nicht nachstehen; und für ihn ist jeder Sieg ästhetisch noch schöner als für den Ritter, weil aus jedem Sieg seine Liebe höher verklärt hervorgeht. Auch kleine Verirrungen, verliebte Neigungen fürchtet die eheliche Liebe nicht; im Gegenteil, sie werden verarbeitet und stärken nur ihre göttliche Gesundheit. Daher wird Ottilie in Goethes *Wahl-*

verwandtschaften, zunächst wenigstens, als eine schwache Möglichkeit von einer immerhin ernsten ehelichen Liebe abgelehnt und wäre von einer tief religiös und ethisch angelegten Ehe gewiß definitiv abgelehnt worden. Daß jene Liebe schließlich doch eine so große Macht bekam, beweist wieder die Gefahr des Verheimlichens: hätte sie nicht in der Stille wachsen dürfen, so wäre sie überwunden worden; hätte er den Mut gehabt, sich seiner Frau zu offenbaren, so wäre die Liebesgeschichte ein Zwischenspiel im Drama der Ehe geblieben. Hier war freilich verhängnisvoll, daß beide, er und seine Gattin zugleich sich verliebten, und daß beide den Fehler begingen, gegeneinander zu schweigen. Der Ehemann, der den Mut hat, sich in einem solchen Fall seiner Gattin anzuvertrauen, ist gerettet; und dasselbe gilt *vice versa* von der Frau. Tut er es nicht, so verliert er das Vertrauen zu sich selbst und sucht dann Vergessenheit in einer anderen Liebe. Was einen Mann in die Arme einer anderen Frau treibt, ist oft weniger die Liebe als der Schmerz, daß er nicht beizeiten Widerstand geleistet hat: er hat sich selber verloren, und wenn einer das fühlt, so bedarf er starker Betäubungsmittel.

Über die Schwierigkeiten, mit denen die Ehe zu kämpfen hat, will ich doch noch einiges Allgemeines sagen, um zu zeigen, daß die eheliche Liebe nicht zu befürchten braucht, sie könne in diesem Kampf das Ästhetische nicht bewahren. Viele glauben das freilich nicht, die einen, weil sie die ästhetische Bedeutung des Historischen verkennen, andere, weil sie innerhalb des Historischen nur das klassische Ideal haben und nicht zugleich das romantische. Aber die meisten gefallen sich eben darin, der Ehe etwas am Zeuge zu flicken. Während man die erste Liebe stets unter Rosen lustwandeln läßt, schikaniert man die Ehe, wo und wie man nur kann, läßt sie mit den elendesten, niederträchtigsten Schwierigkeiten kämpfen, und setzt im stillen voraus, daß sie unterliegt, so wird man mit der Ehe leicht fertig. Auch du, mein Lieber, gehörst zu den Leuten, die es so machen; und da du nun einmal den bösen Willen hast, und da man auf diesem Gebiet nichts beweisen kann, so weiß ich nicht, wie ich mit dir zu Streich kommen soll. Stellen wir z. B. als eine der Schwierigkeiten, mit denen die eheliche Liebe zu kämpfen hat, die Armut auf, so, würde ich sagen: arbeiten, dann gibt sich alles von selbst! Du aber, da wir ja auf unsere Phantasie angewiesen sind, beliebst von der dichterischen Lizenz Gebrauch zu machen und entgegnest: „Sie finden keine Arbeit; Handel und Wandel liegen darnieder, so daß viele Menschen brotlos sind." Ein bißchen Arbeit gestehst du zu, aber es genügt nicht, sie zu ernähren. Ich meine, sie könnten sparen und so aus der Klemme herauskommen. Nun weißt du wieder etwas: die Kornpreise seien infolge ungünstiger Konjunkturen so hoch, daß von Sparen nicht die Rede sein könne; es reiche ja kaum zum Leben usw., usw. Ich kenne meinen Mann; nicht? Opponieren ist deine Lust; und ganz besondere Freude macht es dir, wenn du irgendeine willkürlich herangezogene dichterische Möglichkeit allen Ernstes und mit der dir eigenen Beredsamkeit als Wirklichkeit hinstellen kannst, so daß dein Gegenüber nicht mehr Aus und Ein weiß. So treibst du mit poetischen Möglichkeiten dein

Spiel. Wollte aber ich mich ins Gebiet der Poesie wagen (ich weiß wohl, daß es Glatteis für mich ist), wollte ich es unternehmen, eine Ehe novellistisch zu schildern, die alle Kämpfe mit den Widerwärtigkeiten des Lebens siegreich besteht, so würdest du den Spieß umdrehen. Nun heißt es: „Ja, das ist bloße Dichtung; in der Poesie ein Ehepaar glücklich machen, das ist keine Kunst, das ist das mindeste, was man für sie tun kann." Nähme ich dich unter den Arm, führte dich ins Leben hinein und zeigte dir eine Ehe, die den guten Kampf gekämpft hat, so würdest du, wenn du gerade in der Laune danach wärest, sagen: „Schon recht; daß sie der äußeren Versuchung widerstanden haben, kann ja sein; aber ob sie die innere Versuchung überwunden hätten? Die ist eben in ihnen nicht mächtig geworden, sonst hätten sie's nicht ausgehalten." Als ob es die wahre Bedeutung der Versuchung wäre, daß der Mensch ihr erliegt. Doch genug davon. Wenn du einmal so anfängst und dich dem Dämon der Willkürlichkeit hingibst, so kommt man zu keinem Ende mit dir; und wie du alles, was du tust, mit Bewußtsein tust, so bist du auch willkürlich mit Bewußtsein und hast deine Freude daran, alles, was festzustehen scheint, zu erschüttern.

Im allgemeinen könnte man die Schwierigkeiten, die der Ehe drohen, in äußere und innere einteilen, wobei man aber das Relative einer solchen Einteilung hinsichtlich der Ehe im Auge behalten muß: die Ehe verinnerlicht ja alles. Was die äußeren Schwierigkeiten betrifft, so scheue ich mich durchaus nicht, alle die niederdrückenden, demütigenden, verdrießlichen Sorgen der Endlichkeit zu nennen, die zu einem larmoyanten Drama gehören. Solchen Dingen gegenüber verzichtet ihr Ästhetiker auf einen festen Standpunkt. Zwingt euch ein Schauspiel, die Höhlen des Elends zu besuchen, so sagt ihr, das sei unästhetisch, weinerlich, langweilig; und da habt ihr ja recht, weil (wenn ich euch nicht zu hoch einschätze) es euch empört, daß etwas Schönes, Edles einem solchen Feind unterliegen soll. Habt ihr aber mit dem wirklichen Leben zu tun, findet ihr eine Familie, die auch nur die Hälfte von dem durchmacht, was der Theaterdichter, mit der grausamen Wollust des Tyrannen, seine Geschöpfe leiden läßt, so ergreift euch ein Schauder, und ihr denkt: Gute Nacht, ästhetische Schönheit! Ihr habt dann wohl Mitleid und wollt gerne helfen, das ist ja auch ein Mittel, düstere Gedanken zu verscheuchen; aber an Rettung glaubet ihr nicht, und so könnt ihr auch nicht, was mehr wert wäre als eure Unterstützung, dem Unglücklichen Mut machen. Im Theater dagegen, wenn ihr berauscht seid vom ästhetischen Genuß, da habt ihr Mut, da verlangt ihr vom Dichter, daß er das Ästhetische über alle Erbärmlichkeit triumphieren lasse: damit tröstet ihr euch über die Härte des Lebens, ihr Weichlinge, die ihr noch keine Gelegenheit gehabt habt, eure Kräfte in den Stürmen des Lebens zu erproben. Im Theater seid ihr arm und unglücklich mit den Helden und Heldinnen eurer Dichter, da habt ihr Pathos, Mut, ein *os rotundum*, das überfließt von großen Worten, da habt ihr Kraft, da wisset ihr zu siegen. Ihr applaudieret den Schauspielern; aber die Schauspieler seid ihr selbst, und der Applaus des Parterres gilt euch, die ihr die

Helden und Schauspieler zugleich seid. Im Traum, im Nebelreich der Ästhetik seid ihr Helden. Ich bekümmere mich wenig ums Theater, meinetwegen könnt ihr euch amüsieren wie ihr wollt; ob eure Helden untergehen oder siegen, mir gilt es gleich; aber wenn der Mensch wirklich ein so jämmerlich Wesen wäre, wie ihr lehret, wenn ihn ein paar Widerwärtigkeiten so niederdrücken müßten, daß er mit gesenktem Kopfe, gebrochen einherwankt und vergißt, daß auch er nach dem Ebenbild Gottes geschaffen ist, so geschähe es euch wirklich recht, wenn die Dichter nur noch larmoyante Dramen schrieben, voller schrecklicher Leiden, damit euch auf euren Polstersitzen im Theater ungemütlich würde und ihr euch nicht mehr mit übernatürlichen Kräften parfümieren könntet: vielleicht würde euch ein heilsamer Schrecken eingejagt, und ihr würdet lernen, in Wirklichkeit an das zu glauben, an was ihr nur in der Poesie glauben wollt. Ich habe in meiner Ehe nicht viele Widerwärtigkeiten erlebt und kann also, das gebe ich zu, nicht aus Erfahrung reden; aber ich habe die Überzeugung, daß das Ästhetische im Menschen durch keine Macht zerstört werden kann, eine Überzeugung, so kräftig, so selig, so innerlich, daß ich Gott dafür danke, als für ein Gnadengeschenk. Und wenn wir in der Heiligen Schrift von Gnadengeschenken lesen, so rechne ich dies zu den anderen: Freimut, Vertrauen, Glauben an die Wirklichkeit, an die ewige Notwendigkeit, durch die das Schöne siegt, und an die Seligkeit der freien Tat, durch die der Mensch Gott zu Hilfe kommt. Diese Überzeugung ist ein Stück von meiner geistigen Konstitution; dazu brauche ich auch die künstlichen Reize des Theaters nicht, und begehre nicht, mich von erhabenen, wollüstigen, weichlichen Gefühlen durchschauern zu lassen. Ich danke Gott dafür, daß diese Überzeugung so unerschütterlich feststeht in meinem Busen, und so komme ich nicht in Gefahr, sie eitel zu nehmen. Du weißt, daß ich alle Experimente hasse; aber das gebe ich doch zu, daß ein Mensch vieles in Gedanken erleben kann, was er in Wirklichkeit nie erleben wird. Es kommen zu Zeiten Augenblicke des Mißmuts über einen, und wenn man sie nur nicht absichtlich hervorruft, um sich willkürlich darin zu versuchen, so wecken solche Augenblicke in der Seele einen sehr ernsthaften Kampf, darin man eine gewisse Zuversicht erwerben kann, die ihre große Bedeutung hat, wenn ihr auch nicht die Realität dessen eignet, was man im strengsten Sinn in Wirklichkeit erworben. Manchen Menschen fließt überhaupt Phantasie und Wirklichkeit zusammen; sie sehen die Wirklichkeit immer *sub specie poeseos*. Das ist eigentlich eine Art von Verrücktheit, die aber doch auch etwas Großes und Gutes bedeuten kann ...

Zu der Frage der äußeren Schwierigkeiten will ich doch noch ein Wort Luthers zitieren; er sagt irgendwo in einer seiner Predigten, wo er über Armut und Not spricht: „Man hat noch nie gehört, daß ein Christenmensch Hungers gestorben ist"; damit ist Luther fertig mit der Sache und glaubt gewiß mit Salbung und recht erbaulich darüber gesprochen zu haben, mit Recht, wie mich dünkt.

Wenn die Ehe mit äußeren Anfechtungen zu tun hat, so gilt es natürlich, diese in innere zu verwandeln. Ich sage „natürlich" und setze damit ziemlich viel voraus; aber ich denke, du verstehst mich, und ich schreibe ja nur für dich. Nur indem man die äußere Anfechtung in eine innere verwandelt, bewahrt man das Ästhetische. Das Ästhetische, findest du den Ausdruck hier deplaziert? Wunderst du dich darüber, daß ich das Ästhetische bei den Armen und Leidenden suche? Gehörst am Ende auch du zu den Leuten, die sich dazu erniedrigen, den Vornehmen, Mächtigen, Reichen, Gebildeten das Ästhetische zuzuerkennen, den Armen aber höchstens das Religiöse! Nun, mir scheint, sie würden bei dieser Verteilung nicht zu kurz kommen; im übrigen aber siehst du nicht, daß die Armen mit dem Religiösen auch das Ästhetische haben, daß die Reichen ohne das Religiöse auch das Ästhetische nicht haben? Und dann: ich rede von den „Armen", um das Extrem zu bezeichnen; es gibt aber viele Leute, die nicht gerade zu den Armen gehören und doch mit Nahrungssorgen zu kämpfen haben; und andere irdische Sorgen, wie Krankheit usf. haben alle Stände gemein. Also, äußere Anfechtung hat jeder; und nun bin ich überzeugt: wer die äußere Anfechtung in innere verwandeln kann, der hat sie schon so gut wie überwunden: durch den Glauben vollzieht sich im Augenblick des Leidens eine Transsubstantiation. Der Ehemann, der seiner Liebe treu ist, der im Augenblick der Not den Mut hat, sich zu sagen: das Wichtigste ist jetzt nicht, woher ich Geld bekomme und zu wieviel Prozent, das Wichtigste ist, daß ich ihr, der ich mich verbunden habe, in reinem Herzen die Liebe und Treue bewahre, die ich ihr schuldig bin; der Ehemann, der, ohne allzuviel innere Kämpfe durchzumachen, sich zu dieser Auffassung der Sache durchringt, der aus der jugendlichen Gesundheit der ersten Liebe oder aus einer durch Erfahrung erworbenen Sicherheit die Kraft schöpfte, diese Bewegung vorzunehmen, der hat das Ästhetische in seiner Ehe bewahrt, der hat gesiegt, und wenn er auch nur in drei kleinen Zimmern wohnte. Ich weiß wohl, du wirst das mit deinem klugen Kopf auch schon durchschaut haben, ich weiß, daß in der Verwandlung der äußeren Anfechtung in die innere, die Sache, um die es sich handelt, noch schwerer werden kann, als sie schon ist; aber da ist nichts zu machen: das Schöne und Große geben die Götter nicht umsonst: darin liegt gerade das Bildende und Idealisierende in der Ehe. Man sagt oft: wer allein steht, trägt alles leichter. Das ist wahr in gewissem Sinn; aber doch in anderem Sinn so unwahr. Warum trägt der Alleinstehende leichter? Weil er leichter sein Selbst wegwirft und Schaden nimmt an seiner Seele, ohne daß es jemand etwas angeht; weil er leichter Gottes vergißt, leichter der Verzweiflung sich hingibt, um den Schmerz zu übertäuben; weil er leichter stumpf wird und schließlich gar eine Freude darin findet, als ein Gespenst unter den Menschen umherzugehen. Wohl kann auch, der allein steht, auf sich achtgeben und sollte es tun; aber erst der, welcher liebt, hat eine richtige Vorstellung davon, was er ist und was er vermag; erst die Ehe gibt die historische Treue, die gewiß so schön ist wie die ritterliche Treue. Der Ehemann verliert sie nicht so leicht wie ein anderer: ob er auch die Welt gegen sich hat, ob er sich einen Augenblick vergißt, sich schon leicht fühlt, weil die Verzweiflung schließlich alles leicht nehmen kann, sich schon stark fühlt, weil er von jenem betäubenden Trank genippt hat, den Trotz, Verzagtheit, Feigheit und Stolz mischen; sich schon frei fühlt von dem Band, das ihn an Wahrheit und Gerechtigkeit bindet; sich schon auf dem abschüssigen Weg befindet, auf dem man so rasch ins Böse hinabgleitet, er wird doch den rechten Weg wieder finden, wird sich als Ehemann, als rechter Mann bewähren.

Doch nun genug von diesen äußeren Anfechtungen. Ich wollte mich kurz fassen, weil ich mich nicht eigentlich berufen fühle, über dieses Thema ausführlich zu reden. Ich wiederhole aber, was für mich unabänderlich feststeht: kann man die Liebe festhalten, und das kann man, so wahr mir Gott helfe, so kann man auch das Ästhetische festhalten, denn die Liebe selbst ist das Ästhetische.

Nun läßt man die Ehe aber noch an anderen, inneren Schwierigkeiten scheitern. Da will ich nun zeigen, daß man die Bedeutung der Zeit und das ästhetische Recht des Historischen mißversteht; und zwar kann ich darüber ganz allgemein reden, will mich aber bemühen, weder die Pointe des Angriffs noch die Pointe der Verteidigung zu übersehen.

Das erste, was du nennen wirst, ist die Gewohnheit, „die unvermeidliche Gewohnheit, diese furchtbare Monotonie, das ewige Einerlei des ehelichen Stilllebens in seiner beängstigenden Stille. Ich liebe die Natur, aber ich hasse die andere Natur“. Man muß es dir lassen, so verführerisch wehmütig und warm du die glückliche Zeit zu schildern weißt, da man noch Entdeckungen macht, so abschreckend verstehst du die Zeit darzustellen, da es mit den Entdeckungen vorbei ist. Lächerlich und ekelhaft ist dir diese eheliche Einförmigkeit, von der du sagst, sie sei der Natur selbst nicht erreichbar, die, wie schon Leibniz bewiesen, nichts identisch wiederholt, sie sei den vernunftbegabten Wesen vorbehalten, als Frucht ihrer Schläfrigkeit oder Pedanterie. Ich will nun gewiß nicht leugnen, daß es eine schöne Zeit ist, eine ewig unvergeßliche Zeit (beachte bitte, in welchem Sinn ich das sagen kann), da der Mensch staunend, überwältigt von Glücksgefühl eintritt in die Welt der Liebe, von der er schon so viel gehört und gelesen hat, und die er doch jetzt erst in sich aufnimmt, mit dem ganzen Enthusiasmus des Entdeckers, mit der ganzen Tiefe der Innerlichkeit. Es ist eine schöne Zeit: die erste Ahnung der Liebe, das erste Erscheinen, das erste Verschwinden der Geliebten, der erste Akkord ihrer Stimme, der erste Blick, der erste Händedruck, der erste Kuß, die erste freudige Gewißheit zu besitzen, was man liebt. Es ist eine schöne Zeit: die erste Unruhe, die erste Sehnsucht, der erste Schmerz, weil sie ausblieb, die erste Freude, weil sie unerwartet kam, aber damit ist doch nicht gesagt, daß das darauffolgende nicht ebenso schön sein sollte. Du, der du so stolz bist auf deine Ritterlichkeit, prüfe dich! Du sagst der erste Kuß sei der schönste, der süßeste: beleidigst du damit nicht die Geliebte? So beglückt dich also nicht ihr Kuß, d. h. ihre Liebe, sondern das, daß du das erstemal geküßt wirst.

Also, ich gebe dir alles zu, was du zugunsten der ersten Liebe vorbringst. Nun aber sage mir: wenn die erste Liebe sich halten will im Leben, muß sie dann nicht mit denselben Schwierigkeiten kämpfen wie die Ehe? (Und dabei hat sie nicht einmal die Waffen, die die eheliche Liebe im Ethischen und Religiösen hat.) Konsequenterweise mußt du also die erste Liebe geradeso angreifen, wie die eheliche Liebe, mußt überhaupt jede Liebe hassen, die eine ewige Liebe sein will. Es bleibt dir dann nichts übrig, als bei der ersten Liebe als Moment stehenzubleiben. Damit aber diese ihre wahre Bedeutung bekomme, muß sie den naiven Glauben an ihre Ewigkeit haben. Sobald sich dieser Glaube als Illusion erweist, so ist für dich alles verloren, es sei denn, du versuchtest, dich noch einmal in dieselbe Illusion hineinzuarbeiten, aber das wäre ja widersinnig. Oder solltest du ganz vergessen können, was du anderen schuldig bist? Solltest du dir von deiner Lust und von deinem klugen Kopf einreden lassen, daß doch immer noch etwas dabei herauskomme, wenn es sich auch nicht mehr wie das erstemal wiederholen lasse: man verjüngt sich, indem man die Illusion im Anderen erlebt, man genießt die Unendlichkeit und Neuheit in dem ursprünglichen, frischen Erlebnis des Anderen, in seiner noch jungfräulichen Illusion. Aber ist das nicht ebensosehr Verzweiflung wie Verderbtheit? Wahrlich, das ist keine Lösung des Problems.

Du hast von der Gewohnheit gesprochen und bezeichnest mit dem Wort das Sich-rückwärts-wenden, das alles Leben und so auch die Liebe hat. Dagegen protestiere ich. Gewohnheit bezeichnet im Grund immer nur das Böse: entweder man verweilt in etwas, was an und für sich böse ist, oder man wiederholt etwas an sich Unschuldiges mit solcher Hartnäckigkeit, daß es eben dadurch zu etwas Bösem wird. Gewohnheit bezeichnet stets das Unfreie. Und wie man in das Gute nicht kommen kann ohne Freiheit, so kann man auch nicht im Guten verweilen ohne Freiheit, und darum kann Gewohnheit nie das Gute bezeichnen.

Sodann protestiere ich auch gegen die Behauptung, daß sich so etwas wie die Einförmigkeit des Ehelebens in der Natur nicht finde. Das heißt, an und für sich magst du recht haben; aber du übersiehst, daß gerade das Einförmige seine eigentümliche Schönheit haben kann; so ist in der Musik ein einförmiger Rhythmus oft schön und wirkungsvoll. Und wenn die Natur diese Einförmigkeit nicht kennt, so darf der Mensch stolz darauf sein, sie erfunden zu haben.

Schließlich aber, wenn diese Einförmigkeit wirklich etwas so Schlimmes ist, wie du meinst, und eine Gefahr, der die Ehe nicht ausweichen kann: nun, so hat die Ehe eben, das siehst du doch selbst, die Aufgabe, sie zu besiegen, die Liebe in der Einförmigkeit zu behaupten. Das Bequeme kann ja doch nie zur Aufgabe werden, wenn freilich auch nur diejenigen danach greifen, die die Aufgabe sehen.

Aber sehen wir uns die übel angeschriebene Einförmigkeit noch etwas genauer an. Es ist dein Fehler und dein Unglück, daß du überall, und so auch in unserem Fall, zu abstrakt denkst. Du denkst die Liebe als einen Inbegriff von Momenten, du denkst, so würdest du dich wohl selbst ausdrücken, du denkst die Kategorien der Liebe (die du, das gestehe ich dir zu, wohl nahezu vollzählig beisammen hast), denkst sie jede für sich konkret in einem Moment, und der ist das Poetische. Denkst du dir nun daneben das Eheleben in seiner Langwierigkeit, so entsteht für dich ein ängstigendes Mißverhältnis. Der Fehler ist, daß du nicht historisch denkst.

Wenn ein Systematiker, der die Kategorie der Wechselwirkung denkt und gründlich und sorgfältig entwickelt, zugleich sagen wollte: es dauert freilich eine Ewigkeit, bis die Welt mit ihren ewigen Wechselwirkungen fertig wird, so wäre das doch zum Lachen, nicht? Aber gerade so machst du es. Es ist nun einmal die Bedeutung der Zeit, daß die Menschheit und die Individuen darin leben müssen. Hast du nichts anderes zu sagen, als daß das nicht auszuhalten ist, so mußt du dich eben nach einer besseren Welt umsehen. Glaube nicht, daß ich im Grund deiner Meinung bin und mich nun eben ins Unabänderliche finde. Ich will dir zeigen, daß es nicht nur am besten (und übrigens auch Pflicht) ist, sich darein zu finden, sondern, daß es wirklich zu unserem Besten ist.

Versuchen wir von einem Punkt auszugehen, der als Berührungspunkt gelten kann. Die Zeit, die der Kulmination vorausgeht, jagt dir keinen Schrecken ein; im Gegenteil, die liebst du und suchst mit mannigfaltigen Reflexionen den Reproduktionsaugenblick nach Möglichkeit in die Länge zu ziehen; und wollte da jemand dein Leben auf seine Kategorien reduzieren, so würde dich das nicht wenig ärgern. In dieser Zeit vor der Kulmination sind es auch nicht bloß die entscheidenden Momente, die dich interessieren, sondern auch die unbedeutendsten Kleinigkeiten; und du weißt da sehr erbaulich von dem Geheimnis zu reden, das den Weisen verborgen ist: daß das Kleinste das Größte ist. Wenn aber der Kulminationspunkt da ist, so verändert sich alles, so schrumpft alles zusammen zu einem armseligen, unerquicklichen Gemeinplatz. Ich weiß, daß das in deiner Natur liegt, die nur erobern, aber nicht besitzen kann. Aber es wäre doch auch willkürlich und einseitig, wolltest du immer nur darauf bestehen, daß du nun einmal so seist. Du müßtest mir schon gestatten, daß ich dich untersuche, um festzustellen, ob das wahr ist, daß du ein für allemal „so bist“ und wenn, ob Wahrheit darin ist. Willst du dich dazu nicht verstehen, so werde ich, ohne mich um dich zu kümmern, mir eine Individualität denken, die dir möglichst ähnlich ist und an ihr meine Vivisektion vornehmen. Ich hoffe aber doch, daß du den Mut hast, dich persönlich zu stellen, dich wirklich und nicht bloß *in effigie* hinrichten zu lassen.

Du bestehst darauf, daß du nun einmal „so bist“. Damit gibst du jedenfalls zu, daß andere anders sein können. Das beweist nun freilich noch nichts gegen dich, denn es könnte ja sein, daß du der normale Mensch wärest, obwohl die Ängstlichkeit, mit der du dich in deiner Besonderheit behauptest, nicht eben dafür spricht. Aber wie fassest du andere auf?

Wenn du ein Ehepaar siehst, eine Verbindung, die sich „in der fürchterlichsten Langweile hinschleppt, in der fadesten Negation der heiligen Institutionen und Sakramente der Liebe“, so rasest du, so lodert wildes Feuer in dir, das die Unglücklichen verzehren möchte. Und das ist gewiß nicht Willkür, da hast du vollkommen recht: du bist in deiner Mission, wenn du die Blitze deiner Ironie nach ihnen schleuderst und den Donner deines Zornes über ihnen rollen läßt. Du vernichtest sie, nicht weil dich gerade die Lust dazu ankommt, sondern weil sie's verdient haben. Du richtest sie. Aber was heißt „richten“ anderes als fordern, etwas fordern von ihnen; und kannst du nicht fordern, und das Unmögliche kann man ja nicht fordern, so ist es widersinnig, richten zu wollen. Siehst du wohl: jetzt hast du dich verraten; du handhabst gegen andere ein Gesetz, dem du dich selbst nicht unterwirfst. Ist's so oder nicht? „Ich tadle sie doch nicht, mache ihnen keine Vorwürfe, richte sie nicht: ich beklage sie.“ Du beklagst sie? Wie aber, wenn sie sich gar nicht beklagenswert vorkommen, wenn sie ihr Leben gar nicht langweilig finden? „Ich muß sie beklagen, so oder so; denn entweder leiden sie unter der Langweile: so beklage ich sie, oder sie leiden nicht darunter: so beklage ich sie erst recht; denn dann leben sie ja in einer beklagenswerten Illusion.“ Aha! Du tust dir wohl viel auf diese geistreiche Replik zugute, und ich sehe ein selbstzufriedenes Lächeln deine Lippen kräuseln. Aber, mein Lieber, mir imponierst du nicht mit dergleichen. Du beklagst sie also in beiden Fällen. Und nun bleibt nur noch ein dritter Fall übrig: man weiß, wie schlimm es mit der Ehe bestellt ist und steht zum Glück noch außerhalb. Das ist dein Fall. Aber nun ist's an mir dich zu beklagen: du hast die Liebe gefühlt, siehst aber, daß sie sich nicht realisieren läßt. Und wenn du dich auch aus dem Schiffbruch rettest durch allerlei egoistische Kniffe, so bist du doch zu beklagen, denn nun lebst du als ein Friedloser, als ein Freibeuter und Räuber. Wir kommen also darauf hinaus, daß die Ehe, die doch sonst als das glückliche Ende einer Verwicklung gilt, selbst eine Verwicklung mit unglücklichem Ende ist; und das Resultat unserer Untersuchung ist, daß man über alles nur klagen kann. Das ist aber ein Widerspruch in sich; das ist als ob einer sagte: das Resultat der Entwicklung des Lebens ist, daß man zurückkommt. „Ja, das kommt auch vor; wenn es Glatteis gibt und wenn man den Wind gegen sich hat, so ist das Resultat des Fortschreitens oft ein Zurückkommen.“

Doch nun zu der angekündigten Untersuchung deines geistigen Wesens! Du sagst, du seist eine Natur, die nur erobern, nicht besitzen kann und du hast, indem du dich so charakterisierst, gewiß nicht das Gefühl, daß du dich niedrig bewertest; im Gegenteil, du stehst in deinem Sinne hoch über den anderen. Nun sage mir aber: wozu gehört mehr Kraft, einen Berg hinauf- oder hinunterzusteigen? Jeder erfahrene Bergsteiger wird dir sagen, daß der Abstieg stets anstrengender und gefährlicher ist als der Aufstieg. Die Lust hinaufzusteigen ist fast jedem Menschen angeboren; aber die meisten haben Angst vor dem Absteigen. So glaube ich auch, daß es weit mehr erobernde Naturen gibt, als besitzende; und wenn du dich über so viele Eheleute „mit ihrer stumpfsinnigen, tierischen Zufriedenheit“ erhaben fühlst, so hast du ja insofern recht, als du nicht nötig hast, von denen zu lernen, die unter dir stehen. Die wahre Kunst geht im allgemeinen einen Weg, der dem der Natur entgegengesetzt ist, ohne darum die Natur zu vernichten; so zeigt sich auch die wahre Kunst im Besitzen, nicht im Erobern. Denn Besitzen ist ein Erobern nach rückwärts. (Hier liegt der Gegensatz zwischen Natur und Kunst schon im Ausdruck.) Wer besitzt, hat ja auch etwas, das erobert worden ist, und strenggenommen hat erobert nur der, der besitzt. Nun glaubst du ja auch zu besitzen, denn du hast den Augenblick des Besitzes; aber das ist kein Besitz, das ist keine Zueignung im tieferen Sinn. Ein Eroberer, der Städte und Länder unterwirft und mit roher Kraft unter seine Herrschaft zwingt, hat ja gewiß große Besitztümer, und doch besitzt er nicht; erst wenn er durch seine Weisheit die bezwungenen Länder zu ihrem Besten führt, besitzt er sie. Das aber ist einer Eroberernatur selten gegeben; ihr fehlt zumeist die Demut, die Religiosität, die wahre Humanität, die zum Besitzen gehört. Als ich das Verhältnis der Ehe zur ersten Liebe entwickelte, habe ich das religiöse Moment geflissentlich hervorgehoben, du siehst jetzt warum: ich wollte den Eroberer entthronen und den Besitzer an seine Stelle setzen. Und nun verstehst du auch, warum ich es für etwas so Großes halte, daß das Wesen der Ehe im dauernden Besitzen liegt. Du wirfst oft mit dem Satz um dich: „Nicht das Ursprüngliche ist das Große, sondern das Erworbene." Ganz recht. Und die Lust und Fähigkeit zu erobern ist eben das Ursprüngliche im Menschen, der Wille und die Fähigkeit zu besitzen ist das Erworbene. Zum Erobern gehört Stolz, zum Besitzen Demut; zum Erobern gehört Heftigkeit, zum Besitzen Geduld; zum Erobern gehört Begehrlichkeit, zum Besitzen Geduld; zum Erobern gehört Essen und Trinken, zum Besitzen Gebet und Fasten. Alle die Prädikate, mit denen ich die erobernde Natur charakterisiere und, wie ich glaube, richtig charakterisiere passen durchaus auf den natürlichen Menschen. Aber der natürliche Mensch ist nicht das Höchste. Es versteht sich, und das habe ich ja schon angedeutet, daß die besitzende Natur die erobernde zugleich in sich hat. Der Besitz ist nicht bloß ein toter Rechtsanspruch, ein Papier, das einem etwas verbürgt, der Besitz ist ein beständiges Erwerben. Der Besitzende erobert wie der Landmann: der stellt sich nicht an die Spitze seiner Knechte und vertreibt seinen Nachbar, sondern er bestellt seinen Acker Jahr um Jahr. Wahrhaft groß ist also nicht das Erobern, sondern das Besitzen. Dir ist es ja nun vermutlich gleichgültig, was größer ist. Erobern oder Besitzen. „Die Hauptsache ist, daß jeder bei dem bleibt, was seiner Natur gemäß ist, und daß man sich nicht von Proselytenmachern beschwatzen läßt." Das soll wohl mich treffen? Meinetwegen. Aber laß dir das noch sagen: Es ist nicht nur das eine größer als das andere; sondern im einen ist Sinn, im anderen nicht. Hier haben wir einen Vordersatz und einen Nachsatz; dort nur einen Vordersatz und an Stelle des Nachsatzes einen bedenklichen Gedankenstrich, dessen Bedeutung ich dir ein andermal erklären werde, falls du dir nicht selbst schon darüber klar bist ... Doch, sei eine Eroberernatur! Aber du mußt mir zugeben, daß Besitzen größer ist als Erobern. Wer erobert, vergißt sich, wer besitzt, erinnert sich seiner selbst und nicht zu eitlem Zeitvertreib, sondern mit allem möglichen Ernst.

Wenn man den Berg hinaufsteigt, hat man immer nur das andere vor Augen; steigt man hinunter, so muß man auf sich achtgeben, muß das Verhältnis zwischen Unterstützungspunkt und Schwerpunkt richtig berechnen.

„Ja, ja, du sollst recht haben. Besitzen ist schwerer als Erobern. Aber wenn ich erobern darf, so will ich zum Entgelt denen, die Geduld haben zum Besitzen, jede Ehre erweisen und mit Komplimenten nicht sparen, besonders wenn sie sich geneigt zeigen, Hand in Hand mit mir zu arbeiten, so, daß sie in Besitz nehmen, was ich erobert habe. Größer mag das Besitzen sein, aber nicht schöner; ethischer mag es sein, aber, bei aller Hochachtung für die Ethik, gewiß nicht ästhetischer ...“ Halt! Darüber wollen wir uns doch noch etwas besser verständigen. Hinter dem, was du da sagst, steckt ein Mißverständnis, das du mit vielen Menschen teilst: man verwechselt, was ästhetisch schön ist und was sich ästhetisch schön darstellen läßt. Das ist auch leicht erklärlich. Die meisten befriedigen das ästhetische Bedürfnis, indem sie sich Dichtungen oder Bildwerke zu Gemüte führen; nur wenige dagegen schauen das Ästhetische, wie es im Leben ist, schauen das Leben selbst im Lichte des Ästhetischen, statt bloß die künstlerische Reproduktion zu genießen. Zur ästhetischen Darstellung gehört immer eine Konzentration im Moment, und je reicher diese Konzentration, um so stärker die ästhetische Wirkung. Damit fällt aller ästhetische Wert in den glücklichen, den unbeschreiblichen, den unendlich inhaltsreichen Moment, kurz, in den Moment. Er ist entweder gleichsam prädestinierend, weckt das Bewußtsein durchzitternd, eine Vorstellung von der Göttlichkeit des Daseins, oder er ist akkumulierend, indem er einen geschichtlichen Verlauf zum Abschluß bringt. Im einen Fall kommt er unvorbereitet, überraschend; im anderen Fall ist er das letzte Glied einer Kette. Freilich kann die künstlerische Vorstellung die Geschichte nicht eigentlich wiedergeben, sondern nur andeuten: sie eilt immer zum Moment. Je mehr sie in den Moment hineinlegen kann, um so künstlerischer wird sie. Die Natur, sagt ein Philosoph, geht den kürzesten Weg; ich möchte sagen, sie geht überhaupt nicht, sie ist immer mit einem Schlag da. Wenn ich mich in der Betrachtung des Sternenhimmels verliere, so brauche ich nicht zu warten, bis die unzähligen Himmelskörper sich gebildet haben: sie sind alle auf einmal da. Dagegen die Geschichte geht und hat wie das Recht einen langen und beschwerlichen Weg. Und da sind es nun Poesie und Kunst, die uns den Weg verkürzen und uns den Moment der Vollendung genießen lassen: sie setzen das Extensive um in das Intensive. Je bedeutungsvoller aber das ist, was entstehen soll, desto langsamer ist der Gang der Geschichte; desto bedeutungsvoller ist aber auch der Weg selbst, desto deutlicher zeigt es sich, daß das Ziel zugleich der Weg ist. Im individuellen Leben kann man äußere und innere Geschichte unterscheiden, zwei einander entgegengesetzte Strömungen. Äußere Geschichte gibt es in zweifachem Sinn: entweder das Individuum hat nicht, wonach es strebt: so ist der Kampf des Erwerbens die Geschichte; oder das Individuum hat, wonach es strebt, bringt es aber nicht zum Besitzen, weil etwas Äußeres immer wieder störend eingreift: so ist die Geschichte der Kampf, in welchem diese Hindernisse besiegt werden. Die innere Geschichte beginnt mit dem Besitz und die Geschichte ist die Entwicklung, in welcher der Besitz erworben wird. Die äußere Geschichte hat als solche, weil das Objekt des Strebens außerhalb liegt, keine wahre Realität; und darum tut die künstlerische Darstellung recht daran, daß sie dieselbe verkürzt und zum intensiven Moment eilt. Nehmen wir als Beispiel eine romantische Liebe. Stelle dir einen Ritter vor, der fünf Wildschweine und vier Zwerge bezwungen und drei verzauberte Prinzen, die Brüder seiner Angebeteten, erlöst hat: eine für das romantische Denken sehr bedeutende Geschichte. Dem Dichter, und noch mehr dem bildenden Künstler, der ja die Sukzession nicht darstellen kann, ist es nun sehr gleichgültig, ob es vier oder fünf Zwerge usf. sind, und er wird sich nicht darauf einlassen, umständlich zu erzählen, wie jedes der fünf Wildschweine erlegt wurde. Er eilt zum Moment. Er beschränkt vielleicht die Anzahl der Abenteuer, konzentriert die Beschwerden und Gefahren in dichterischer Intensität und eilt zum Moment, zum Moment des Besitzes; das historische Nacheinander ist für ihn nicht so wichtig. Handelt es sich jedoch um innere Geschichte, so ist jedes einzelne Moment von größter Bedeutung. Eigentlich ist erst die innere Geschichte die wahre Geschichte; und der Gegner, mit dem die wahre Geschichte zu kämpfen hat, ist, das Lebensprinzip in der Geschichte, die Zeit; und eben weil sie mit der Zeit kämpft, hat gerade das Zeitliche und damit jeder kleine Moment seine Realität. Wo immer die Individualität sich noch nicht in innerem Wachstum entfaltet hat, wo sie gleichsam noch knospenhaft ist, da gibt es nur äußere Geschichte; sobald aber die Knospe springt, beginnt die innere Geschichte. Du erinnerst dich des Unterschieds zwischen der erobernden und der besitzenden Natur, von dem wir ausgegangen sind; nun: die erobernde Natur, die immer nur nach außen lebt, hat nur eine äußere, die besitzende Natur, die nach innen lebt, hat eine innere Geschichte. Da gerade die äußere Geschichte sich ohne Schaden konzentrieren läßt, so ist es natürlich, daß Kunst und Poesie diese und damit die erobernde, unerschlossene Individualität und was dazu gehört, zur Darstellung wählen. Nun sagt man wohl, die Liebe schließe die Individualität auf, aber von der Liebe, wie die Romantik sie auffaßt, ist das nicht wahr. Denn die Romantik bringt die Individualität nur bis zu dem Punkt, wo sie sich erschließen sollte oder sich eben erschließen will, und dann, ist die Geschichte aus. Die dichterische und künstlerische Darstellung bevorzugt die äußere Geschichte, das unerschlossene Individuum, und dazu gehört natürlich der gesamte Lebensinhalt einer solchen Individualität, d. h. im Grund alles, was dem natürlichen Leben angehört. Ein paar Beispiele! Der Stolz läßt sich vortrefflich darstellen; denn das Wesentliche im Stolz ist nicht die Sukzession, sondern die Intensität im Moment. Schwer darzustellen ist die Demut, denn sie ist wesentlich Sukzession; und während der Betrachter den Stolz nur in seiner Kulmination zu sehen braucht, so fordert er bei der Darstellung der Demut etwas, was Poesie und Kunst nicht geben können: er will die Demut in der Stetigkeit sehen, die zu ihrem Wesen gehört. Zeigt man die Demut in ihrem idealen Moment, so vermißt der Betrachter etwas, weil er fühlt, daß ihre wahre Idealität nicht darin besteht, daß sie ideal ist im Moment, sondern daß sie beständig ist. Wie der Stolz, so läßt sich die romantische Liebe vortrefflich im Moment darstellen, nicht aber die eheliche Liebe; denn der ideale Ehemann ist nicht einer, der es einmal in seinem Leben ist, sondern einer, der es jeden Tag ist. Ein Held, der Städte und Länder erobert, läßt sich wiederum im Moment darstellen; dagegen kann weder die Poesie noch die bildende Kunst einen Kreuzträger, der jeden Tag sein Kreuz auf sich nimmt, befriedigend darstellen; denn die Pointe ist, daß er es jeden Tag tut. So läßt sich der Held, der sein Leben aufs Spiel setzt, im Moment darstellen, aber nicht der Überwinder, der täglich stirbt, so der Mut, aber nicht die Geduld, die gegen die Zeit kämpft. Vielleicht wendest du ein, die Kunst habe doch in dem Christus, der der Welt Sünde trägt, die Geduld dargestellt; du weisest auch auf religiöse Dichtungen hin, die alle Bitterkeit des Lebens in einem Kelch konzentriert haben und ein Individuum den Kelch auf einmal leeren lassen, in einem Moment. Gewiß, das hat man getan, weil man die Aufgabe gründlich mißverstanden hat. Wer die Geduld kennt, der weiß, daß ihr Korrelat nicht die Intensität des Leidens ist, denn da nähert sie sich dem Mut, sondern daß ihr Korrelat die Zeit ist. Die wahre Geduld nimmt den Kampf mit der Zeit auf und heißt also besser Langmut. Aber die Langmut läßt sich nicht künstlerisch darstellen, denn ihre Pointe ist inkommensurabel für die Kunst; sie läßt sich auch nicht dichten; der Dichter kann nur erzählen, daß sie sich durch die Länge der Zeit behauptet; aber wie sollte er das darstellen.

Was ich über diesen Punkt noch weiter zu sagen habe, magst du als ein geringes Opfer ansehen, das ein armer Ehemann auf dem Altar der Ästhetik darbringt; und wenn du und alle Priester der Ästhetik es verschmähen sollten, so werde ich mich darüber zu trösten wissen. Warum euch mein Opfer nicht wohlgefällig ist, kann ich mir denken: ich bringe nicht Schaubrote, von denen die Priester allein essen dürfen, ich bringe Hausbrot, das wie alle Hauskost derb und ungewürzt ist, aber auch gesund und nahrhaft.

Wenn man die Entwicklung des Ästhetisch-Schönen dialektisch und historisch verfolgt, so zeigt es sich, daß die Richtung, in der man sich bewegt, von den Bestimmungen des Raumes zu denen der Zeit geht; weshalb auch alle Vervollkommnung der Kunst davon abhängt, daß man sich sukzessive vom Raum losreißt und zu den Bestimmungen der Zeit übergeht. Darin liegt der Übergang und die Bedeutung des Übergangs von der Skulptur zur Malerei, worauf schon Schelling hingewiesen hat. Das Element der Musik ist die Zeit; aber sie besteht nicht in der Zeit, sie erklingt und verklingt zugleich, existiert nur in dem Augenblick, da sie entsteht und vergeht. Am meisten von allen Künsten macht die Poesie die Bedeutung der Zeit geltend, und eben darum ist sie die vollkommenste aller Künste. Sie braucht sich nicht auf den Moment zu beschränken, weder in dem Sinn wie die Malerei, noch in dem Sinn, wie die Musik es tut. Aber trotzdem ist auch sie darauf angewiesen, sich im Moment zu konzentrieren, und das ist ihre Grenze: die Dinge, deren Wahrheit gerade in der zeitlichen Sukzession liegt, kann sie nicht darstellen. Ist es nun aber nicht überhaupt unästhetisch, die Zeit geltend machen zu wollen? Keineswegs; das ästhetische Ideal gewinnt vielmehr an Fülle und Reichtum, je mehr man es tut. Wie aber läßt sich das Ästhetische, das sogar für die poetische Darstellung inkommensurabel ist, wie läßt es sich überhaupt darstellen? Antwort: *Indem es erlebt wird.* Es bekommt damit eine gewisse Ähnlichkeit mit der Musik, die auch bloß existiert, sofern sie wiederholt wird, die nur im Augenblick der Ausführung existiert. Also, ästhetisch ist, wie man fälschlicherweise häufig annimmt, nicht nur das, was sich in dichterischer oder künstlerischer Reproduktion ästhetisch darstellen läßt; es gibt auch vieles, was dieser Darstellung widerstrebt, was nur, indem es erlebt, in der Wirklichkeit realisiert wird, ästhetisch dargestellt werden kann. Hier erhebt sich die Ästhetik zu ihrer höchsten Höhe, hier versöhnt sie sich mit dem Leben. Kunst und Poesie sind auch in gewissem Sinne eine Versöhnung mit dem Leben; aber in anderem Sinne stehen sie dem Leben in Feindschaft gegenüber: sie versöhnen nur eine Seite der Seele. Wer aber die Demut hat und den Mut, sich ästhetisch läutern zu lassen, wer sich als handelnde Person fühlt in dem Schauspiel, das die Gottheit dichtet, wo der Dichter und der Souffleur eine Person ist, wo der Mensch, wie der geübte Schauspieler, der sich in seinen Charakter und in seine Replik eingelebt hat, durch den Souffleur nicht gestört wird, sondern fühlt, daß, was der Souffleur ihm zuflüstert, gerade das ist, was er selbst sagen will, er weiß kaum mehr, ob er dem Souffleur die Worte in den Mund legt oder der Souffleur ihm, wer sich im tiefsten Sinne zugleich dichtend und zugleich gedichtet fühlt, wer in dem Augenblick, da er sich als dichtend fühlt, das ursprüngliche Pathos der Replik hat, in dem Augenblick, da er sich als gedichtet fühlt, mit erotischem Ohr jeden Laut auffängt, der – und erst der – realisiert das Höchste in der Ästhetik. Aber diese Geschichte, die selbst für die Poesie inkommensurabel ist, ist die innere Geschichte. Sie hat die Idee in sich und gerade dadurch ist sie ästhetisch. Sie fängt daher, wie ich es ausdrückte, mit dem Besitz an, und ihre Entwicklung ist das Erwerben des Besitzes. Sie ist eine Ewigkeit, in der die Zeit nicht als idealer Moment verschwunden, sondern als realer Moment immer gegenwärtig ist. Wer in diesem Sinne Geduld in Geduld erwirbt, der hat innere Geschichte.

Laßt uns nun von diesem neugewonnenen Gesichtspunkt aus das Verhältnis zwischen der romantischen und der ehelichen Liebe betrachten. Die romantische Liebe erobert und hat deshalb nur eine äußere Geschichte; sobald diese aus ist, stirbt sie, denn ihre Ewigkeit ist illusorisch. Die eheliche Liebe fängt da an, wo die romantische aufhört; sie besitzt und hat deshalb eine innere Geschichte und in dieser inneren Geschichte die Ewigkeit in der Zeit. Dementsprechend ist die romantische Treue etwas anderes als die eheliche Treue. Der treue romantische Liebhaber liebt, sagen wir, fünfzehn Jahre; dann kommt der Augenblick, der ihn belohnt. In diesen fünfzehn Jahren erobert und behauptet er seine Liebe; aber weil alles, was er leistet, nur nach außen gerichtet ist, so kommt es im Grund nicht darauf an, was in diesen fünfzehn Jahren alles passiert ist, weshalb auch die Poesie den Zeitraum mit allem, was er enthält, konzentriert und zum Moment eilt. Der Ehemann, der fünfzehn Jahre treu war, hat in diesen fünfzehn Jahren besessen, hat also in dieser langen Zeit die Treue, die er wie der romantische Liebhaber von Anfang an hat, Tag um Tag, Stunde um Stunde, erworben. Hier kann der Zeitraum nicht konzentriert werden, denn die Pointe ist die Zeit in ihrer Extension; und darum kann weder Poesie noch Kunst den idealen Ehemann darstellen. Er ist nach fünfzehn Jahren scheinbar so weit wie vorher; aber er hat ästhetisch gelebt. Er hat erobert und behauptet, was er schon besaß; er hat gekämpft nicht gegen Ungeheuer und Kobolde, sondern gegen den gefährlichsten Feind, den es gibt, gegen die Zeit. Und nun kommt die Ewigkeit nicht hinterdrein, wie für den Ritter; er hat die Ewigkeit schon in der Zeit, bewahrt sie in der Zeit. Er hat in Wahrheit die Zeit besiegt; der Ritter hat sie nur totgeschlagen, wie man eben die Zeit totschlägt, wenn sie keine Realität für einen hat; ein Sieg ist das nicht. So lebt der Ehemann wahrhaft poetisch und löst das große Rätsel: er lebt in der Ewigkeit und hört doch die Uhr schlagen und ihr Schlag verkürzt nicht seine Ewigkeit, sondern verlängert sie, ein wundervolles Paradox: das Gegenstück zu der Sage des Unglücklichen, der, in der Hölle erwachend, die Uhr schlagen hört, und auf seine Frage, welche Zeit es sei, von dem Teufel die Antwort bekommt: die Ewigkeit. Daß das sich künstlerisch nicht darstellen läßt, brauchen wir nicht zu bedauern: es ist doch schön, daß man gerade das Höchste nicht lesen, hören, sehen, sondern nur leben kann. Die eheliche Liebe ist also ästhetischer als die romantische, gerade weil sie sich künstlerisch nicht so leicht darstellen läßt, wie diese. In einer der genialsten Erzählungen der romantischen Schule wird ein Kreis von Leuten geschildert, die alle Dichter sind oder es sein wollen; nur einer ist darunter, der will nicht dichten, weil das Zeitvergeudung sei und ihn um den wahren Genuß bringe, er will leben. Das ist mein Mann, vorausgesetzt, daß er sich auf das Leben auch wirklich versteht.

Die eheliche Liebe hat in der Zeit ihren Feind, ihren Krieg, ihre Ewigkeit; ob sie also auch sonst keinerlei Anfechtungen hätte, so hat sie doch immer eine Aufgabe. Aber auch an Anfechtungen fehlt es ihr nicht, und zwar sind es stets innere Anfechtungen, d. h. solche, die das Individuum zur Auseinandersetzung mit sich selbst drängen. Auch hier zeigt sich wieder, daß die eheliche Liebe künstlerisch nicht dargestellt werden kann. Denn was durch Reproduktion dargestellt werden soll, muß sich hervorlocken und in seiner zeitlichen Entfaltung konzentrieren lassen. Es ist aber gerade das Wesen der inneren Anfechtung, daß sie das Individuum in sich selbst zurücktreibt in ein gespanntes Verhältnis zu sich selbst, dessen Schwierigkeit in seiner Dauer liegt. Das erweist sich auch in den Prädikaten, womit man die eheliche Liebe preist: was man da preist, ist immer ein Sieg über die Zeit. Die eheliche Liebe ist treu, beständig, demütig, geduldig, langmütig, nachsichtig, genügsam, wachsam, wahrhaftig, willig, freudig. Da kämpft das Individuum nicht mit äußeren Feinden, sondern erkämpft sich selbst, kämpft seine Liebe aus sich selbst heraus. Und die Wahrheit dieser Tugenden besteht nicht darin, daß sie ein für allemal sind, sondern daß sie beständig sind. Auch erwerben sie nicht etwas Anderes, Äußeres; sie erwerben immer nur sich selbst. Die eheliche Liebe ist daher zugleich die alltägliche (wie du einmal spöttisch sagtest) und die göttliche (im griechischen Sinn); und ist die göttliche, eben indem sie die alltägliche ist. Die eheliche Liebe hat kein äußeres Zeichen; von ihr gilt, was der Herr vom Reiche Gottes sagt: „Es kommt nicht mit äußerlichen Gebärden; man wird auch nicht sagen: Siehe, hier oder da ist es; denn sehet, das Reich Gottes ist inwendig in euch."

Von alledem hast du, wie jede erobernde Natur, keine Vorstellung. Ihr seid immer in euch selbst und doch immer außerhalb. Solange jeder Nerv in dir zittert, solange du auf deine Beute lauerst oder dich auf sie stürzest, solange die Janitscharenmusik in deinem Innern dein Bewußtsein übertäubt: solange lebst du oder scheinst du zu leben. Aber wenn die Schlacht gewonnen ist, wenn das letzte Echo des letzten Schusses verhallt ist, wenn die schnellen Gedanken wie Ordonnanzoffiziere ins Hauptquartier zurückreiten und den Sieg melden, ja dann bist du fertig, bist fertig gerade in dem Augenblick, da du anfangen solltest. Und warum kannst du, willst du nicht anfangen? Ich weiß, da taucht vor deinem Auge ein Gespenst auf, das dich schreckt: die Gewohnheit, die fürchterliche, die alles vernichtet oder, was schlimmer ist, profaniert. Nun, die Gewohnheit, das solltest du jetzt verstehen, ist nichts anderes als eben das Historische, und nur deiner verkehrten Anschauungsweise erscheint sie so fürchterlich. Was ist's denn, das sie vernichtet und profaniert? „Die sinnlichen, heiligen Symbole der Erotik, die, wie alle Symbole, nicht an und für sich etwas bedeuten, sondern ihre Bedeutung erst bekommen durch die Energie, die künstlerische Bravour und Virtuosität, die natürliche Genialität, mit der sie gebraucht werden, wie ekelhaft matt, schläfrig, äußerlich wird das alles in der Ehe gemacht! Fast nach der Uhr, alles *a tempo* und programmäßig. Die Jesuiten fanden in Paraguay einen Stamm, dessen Angehörige so schläfrig waren, daß sie es für nötig fanden, um Mitternacht eine Glocke zu läuten und so die Ehemänner an ihre Pflichten zu mahnen: dieser schöne Brauch möchte sich auch für andere Gegenden empfehlen". Mein Lieber, des Dummen und Lächerlichen gibt es freilich in dieser Welt genug; aber sehen wir doch erst zu, ob es notwendig ist; ist das der Fall, so können wir uns immer noch von dir aus dem Sumpf herausziehen lassen. Im übrigen mußt auch du dich hüten, daß du nicht lächerlich wirst. Du hast eine gewisse fatale Ähnlichkeit mit dem sinnreichen Junker Don Quixote: wie er kämpfst du, wenn auch in anderem Sinn, für eine entschwundene Zeit, denn du kämpfst für den Moment gegen die Zeit. Ich will, um dir deutlich zu machen, was ich meine, an einen Ausdruck aus deiner poetischen Welt oder aus der wirklichen Welt der ersten Liebe anknüpfen: die Liebenden sehen einander. Es ist wunderbar, was du aus diesem „sehen" herauszuspinnen weißt; du legst eine unendliche Realität, eine Ewigkeit hinein. Auf deine Weise können sich freilich Ehegatten nicht „sehen", die zehn Jahre miteinander gelebt und sich täglich gesehen haben; aber liebevoll können sie sich darum doch ansehen. Du beschränkst, das ist deine alte Ketzerei, die Liebe auf ein bestimmtes Alter, und die Liebe zu Einem auf eine sehr kurze Zeit, und so mußt du, wie alle Eroberernaturen, immer wieder wechseln. Ist das nicht die allerschlimmste Profanation der ewigen Macht der Liebe? Ist das nicht Verzweiflung? Aber wie könntest du dem Leben der Liebe einen Sinn abgewinnen, da für dich ihr Wesen in ihren sinnlichen Symbolen aufgeht? Da fällt für dich alles Gewicht auf das Erste: die erste Begegnung, den ersten Kuß usf. Dieses Erste kann als solches nicht wirklich wiederholt werden; und so muß für dich die Liebe den Sinn verlieren. Aber das Leben der Liebe liegt in etwas ganz anderem; und weil es in etwas ganz anderem liegt, kann sie sich auch in diesen sinnlichen Symbolen wieder verjüngen, und so bekommt sogar deren Wiederholung einen schönen Sinn.

Ich habe die Zeit, in der die eheliche Liebe, wie ich sagte, ihren Kampf, ihren Sieg, ihren Segen hat, ich habe die Zeit bisher als einfache Progression behandelt; sie ist aber nicht bloß eine einfache Progression, in der das Ursprüngliche bewahrt wird, sie ist eine steigende Progression, in der das Ursprüngliche zunimmt. Du hast wohl auch schon beobachtet, daß die Menschen in zwei große Klassen zerfallen: die einen leben hauptsächlich in der Hoffnung, die anderen in der Erinnerung. Beide haben nicht das richtige Verhältnis zur Zeit. Denn das wahre Individuum lebt zugleich in der Hoffnung und in der Erinnerung: so erst bekommt sein Leben die wahre, inhaltsreiche Kontinuität. Wer zu der Erinnerung die Hoffnung hat, wird davor bewahrt, den Inhalt seines Lebens immer nur in der Vergangenheit suchen zu müssen. Wer zu der Hoffnung die Erinnerung hat, dem bereichert und erhöht sich der gegenwärtige Augenblick durch die Erinnerung, die er weckt. So wird z. B. ein erotischer Moment, den ich heute erlebe, bedeutender durch die Erinnerung an einen erotischen Moment, den ich im vergangenen Jahr erleben durfte. Dafür hat das eheliche Leben einen hübschen Ausdruck. Ich weiß nicht, in welchem Zeitalter wir heute leben, aber man sagt ja, zuerst sei das goldene Zeitalter gewesen, dann das silberne, dann das kupferne, dann das eherne. In der Ehe ist es umgekehrt: da schließt die silberne Hochzeit das erste, die goldene Hochzeit das zweite Zeitalter ab. Das ist sehr sinnig. Denn die Erinnerung ist die Pointe in einem solchen Fest; und weil die Erinnerung bereichert, so bezeichnet die eheliche Terminologie die zweite Hochzeit als die schönere. Das muß man freilich recht verstehen, sonst könnte man ja (du wirst dir den Witz nicht entgehen lassen), man könnte sagen: „Also lasse man sich im Wickelkissen trauen; dann kann man mit der silbernen Hochzeit gleich anfangen und darf später das Wörterbuch der Ehe um einen Ausdruck für das dritte Ehezeitalter bereichern." Das ist natürlich Unsinn; das weißt du ja selbst. Um was es sich handelt ist dies: Wenn die Individuen Hoffnung und Erinnerung in der Gegenwart vereinen, so spielt bei der ersten Hochzeit die

Hoffnung dieselbe Rolle, wie bei der zweiten die Erinnerung, und die Hoffnung schwebt darüber als Ewigkeitshoffnung und erfüllt den Moment.

Die Gewohnheit im Eheleben ist dir, wie wir gesehen haben, die Profanation der heiligen Symbole der Liebe, das haben wir abgemacht. Du verstehst aber unter „Gewohnheit“ noch etwas anderes: „Die Einförmigkeit des Ehelebens, den Mangel an Begebenheit, diese konsequente Inhaltslosigkeit, die der Tod ist oder schlimmer als der Tod.“ Laß dir darüber auch noch ein Wörtlein sagen. Du weißt, es gibt Menschen, die sind so nervenschwach, daß der geringste Lärm sie stört: sie können nicht denken, wenn jemand nur durchs Zimmer geht. Aber es gibt auch Menschen, die brauchen Lärm, die brauchen eine zerstreuende Umgebung, um arbeiten zu können: auch das ist eine Art Nervenschwäche. Sind sie allein, so verflüchtigen sich ihre Gedanken, zerfließen ins Unbestimmte; ist's dagegen laut um sie her, so spannt sich ihr Wille gegen den Widerstand und nun können sie sich konzentrieren. Aber wer nur im Lärm existieren kann, hat der mehr Herrschaft über sich selbst, als wer im Lärm nicht existieren kann? Zu dieser Sorte von Leuten gehörst auch du. Du fürchtest den Frieden, die Stille, die Ruhe; du bist nur bei dir selbst, wenn du einen Widerstand zu überwinden hast; und so bist du eigentlich nie bei dir selbst. Denn in dem Augenblick, da du den Widerstand überwunden hast, wird es stille in dir, und eben das erträgst du nicht; du mußt dir also immer für neue Widerstände sorgen, um nicht zu dir selbst zu kommen. Du glaubst, nur der ruhelose Geist lebe wirklich, ich glaube, daß nur der stille Geist in Wahrheit lebt. Das brandende Meer ist dir das Bild des Lebens, mir der stille, tiefe Fluß. Wie oft saß ich am Ufer: immer dieselbe sanfte Melodie, immer dasselbe Grün zu meinen Füßen, das von den ruhig ziehenden Wellen sich kosen läßt; und immer wieder jenes Fischlein, das sich blitzschnell im Ufergras versteckt, oder in raschen, kräftigen Windungen gegen die Strömung ankämpft und nun unter einem Stein verschwindet. Wie einförmig das alles und doch welcher Reichtum in der Einförmigkeit! So ist das Leben im ehelichen Heim: still, freundlich, bescheiden. Es hat nicht viel Changements; aber es hat Fluß und im Fluß seine Melodie; und wer diese Melodie kennt, der liebt sie, liebt sie eben weil er sie kennt. Es gibt keine bengalische Beleuchtung, aber es ruht manchmal ein beseligender Glanz darüber, wie das Mondlicht auf den stillen Wassern. Das ist das Leben im ehelichen Heim. Aber dazu gehört eines, wovon du freilich wieder nichts hören willst: Unschuld.

Es ist nun noch ein Punkt übrig, der einer eingehenden Besprechung bedarf. Du hast noch ein Bedenken gegen die Ehe. „Die eheliche Liebe, sagst du, scheint von außen gesehen so schön, so mild, so zart; aber o weh, wenn das Ehepaar die Tür hinter sich zugemacht hat, so kommt die Pflicht anmarschiert mit ihrer Rute; und da mögt ihr die Rute noch so schön schmücken, damit sie aussehe wie ein Maienreis, es ist halt eine Rute.“ Auch dieser Einwand zeigt wieder, daß du das Historische in der ehelichen Liebe mißverstehst. Für dich sind dunkle Mächte, Willkür und Laune das Konstituierende in der Liebe. Sobald ein Bewußtsein das Dunkel erhellt, verschwindet der Zauber. Aber die eheliche Liebe hat eben dieses Bewußtsein. Und so kommt dir's vor als verwandle sich in der Ehe der Stock des Kapellmeisters, der den graziösen Tanz der ersten Liebe dirigiert, in einen Korporalstock. Nun hat aber, darüber sind wir doch einig, die eheliche Liebe die erste Liebe in sich; solange also die erste Liebe unverändert besteht, so lange kommt auch für die Ehe die strenge Notwendigkeit der Pflicht nicht in Betracht. Die Wahrheit ist also, daß du nicht an die Ewigkeit der Liebe glaubst. Du, der du dich so gerne als ihr Ritter aufspielst, du glaubst nicht an sie, du profanierst sie. Darum willst du nicht heiraten; du fürchtest, die Liebe nicht bewahren zu können. Du fürchtest in der Ehe gefangen zu sitzen und nicht mehr herauszukönnen; du fürchtest die Pflicht, weil die Liebe nicht das Höchste ist. Du wirst mir entgegnen, daß die Liebe freilich das Höchste sei, aber eben nicht die eheliche Liebe, sondern die erste Liebe. Ja du glaubst an die erste Liebe. Aber was hilft das? Wie oft soll ich dir wiederholen, daß die Ewigkeit der ersten oder vielmehr der romantischen Liebe illusorisch ist und sich früher oder später selbst aufheben muß? Du willst die Liebe in ihrer Unmittelbarkeit festhalten, bildest dir ein, daß du die wahre Freiheit hast, indem du außer dir bist, berauscht in Träumen: daher deine Furcht vor der Metamorphose der ersten Liebe zur ehelichen Liebe und daher dein *horror* vor der Pflicht. Du übersiehst, daß die Pflicht als Keim schon in der ersten Liebe liegt, daß sie also nicht von außen kommt. Die eheliche Liebe hat im Ethischen und Religiösen auch die Pflicht; und so erscheint diese nicht als ein Fremder, der sich kraft der Autorität, die er sich anmaßt, rücksichtslos in die Geheimnisse der Liebe eindrängt; nein, sie kommt als ein alter, vertrauter Freund, den die Liebenden gerne in die Geheimnisse ihrer Liebe einweihen. Und was die Pflicht sagt, ist ihnen nichts Neues, sondern etwas, was sie längst wissen; und sie unterwerfen sich gerne ihrem Gebot, und fühlen sich dabei zugleich erhoben, weil das, was sie gebietet, zugleich das ist, was sie selbst wünschen: das Gebot ist für sie ein majestätischer, erhabener, göttlicher Ausdruck für die Überzeugung, daß ihre Wünsche sich realisieren lassen. Würde die Pflicht nur aufmunternd sagen: Mut, Mut, es geht schon; man kann die Liebe bewahren: das wäre ihnen nicht genug; aber in dem Gebot liegt etwas Autoritatives, das der Innerlichkeit des Wunsches entspricht. „Die Liebe treibt die Furcht aus." Fürchtet sie aber doch einmal für sich, für ihr Leben, so ist gerade die Pflicht die göttliche Herzstärkung, deren die Liebe bedarf; sie sagt: fürchte nichts, du sollst siegen, nicht nur im futurischen Sinn, denn sonst wäre es nur eine Hoffnung, sondern imperativisch: darin liegt eine Überzeugung, die sich durch nichts erschüttern läßt.

Du siehst in der Pflicht eine Feindin der Liebe, ich eine Freundin. Wie ich dich kenne, wird dich diese Erklärung vollkommen befriedigen, und wahrscheinlich wirst du mir zu einer so interessanten und ungewöhnlichen Freundin gratulieren. Danke! Aber, wenn du erlaubst, ich bin noch nicht fertig; ich habe dir noch etwas am Zeug zu sticken. Du sagst, die Pflicht, wenn sie einmal im Bewußtsein erschienen ist, sei der Feind der Liebe, nun, so muß die Liebe trachten, diesen Feind zu besiegen. Die Liebe wird doch nicht ein so schwaches Wesen sein, um diesen Widerstand nicht überwinden zu können! „Aber es ist eben keine Liebe mehr da, wenn die Pflicht einmal aufgetreten ist, und sie muß auftreten, früher oder später in der romantischen wie in der ehelichen Liebe, das liegt im Wesen der Sache.“ Aha! Daher diese Angst vor der Ehe: weil du in ihr deine Liebe vor der tödlichen Umarmung der Pflicht nicht retten kannst; darum, sobald die Pflicht erscheint, empfiehlst du dich mit einer höflichen Verbeugung oder, wie du einmal sagtest, hältst du es für deine Pflicht, dich zu empfehlen, das alles zur höheren Ehre der Liebe. Aber da siehst du wieder, wie viel du wirklich von der Liebe hältst. Eine schöne Liebe, die sich vor dem Feind feige zurückzieht! Sobald du einmal die verzweifelte Idee aufnimmst, daß die Pflicht der Liebe feind ist, so hast du schon verloren, so hast du die Liebe in ihrer Majestät preisgegeben und verraten. Im Grund ist das Verzweiflung; und du fühlst das auch, fühlst den Schmerz; denn dein ganzes Treiben ist ja nur ein Versuch, dich zu betäuben. Wenn du es nicht dazu bringst, daß du im Ästhetischen, Ethischen und Religiösen die drei großen Alliierten siehst, wenn du nicht fühlst und erkennst, daß diese drei letztlich das eine Ziel verfolgen, den Wert des Lebens herauszuarbeiten: so verliert das Leben für dich allen Sinn, so behältst du mit deiner Lieblingstheorie für dich recht, nach welcher man von allem sagen kann: tu’ es oder tu’ es nicht, du wirst beides bereuen.

Ich bin nicht in der mißlichen Lage, einen Feldzug gegen die Pflicht führen zu müssen, der doch immer nur unglücklich ausfallen kann. Für mich ist die Pflicht nicht ein Klima, die Liebe ein anderes; sondern die Pflicht macht nur die Liebe und die Liebe die Pflicht zum wahren temperierten Klima, und diese Einheit ist das Vollkommene. Laß mich dir deine Ketzerei noch durch ein Beispiel klar machen. Denke dir einen Mann, der in die Ehe getreten ist, ohne sich von der Bedeutung des Ethischen (also der Ehe) für die Liebe Rechenschaft gegeben zu haben. Er liebt mit der ganzen Leidenschaft der Jugend; da wird ihm der zweifelnde Gedanke suggeriert: Glaubt sie, die ich liebe, mit der ich auch durch das Band der Pflicht verbunden bin, glaubt sie nicht am Ende, daß ich sie nur aus Pflicht liebe? Diesem Ehemann tritt jetzt die Pflicht auch in ein gegensätzliches Verhältnis zur Liebe; aber er liebt, und seine Liebe ist ihm in Wahrheit das Höchste: er wird also darauf ausgehen, den Feind zu überwinden. Und so will er sie jetzt erst recht lieben; nicht weil die Pflicht es gebietet, nicht nach dem armseligen *quantum satis* der Pflicht, sondern noch über die Pflicht hinaus, von ganzem Herzen, von ganzer Seele und aus allen seinen Kräften. Aber was tut er denn nun? Er tut jetzt gerade, was die Pflicht ihm gebietet; denn die Pflicht ist doch nicht ein System konventioneller Formen! Die Ehe kennt nur *eine* Pflicht: zu lieben in voller Wahrheit und Innerlichkeit; und die Pflicht hat dieselbe Proteusnatur wie die Liebe selbst: sie erklärt alles für heilig und gut, was aus Liebe kommt, und sie verwirft alles, so schön und verführerisch es aussehen mag, was nicht aus Liebe kommt. Du siehst, unser Mann hat zwar seine Position unrichtig aufgefaßt, aber weil Wahrheit in ihm ist, so tut er, indem er die Pflicht überbieten will, weder mehr noch weniger als was eben die Pflicht gebietet. Es ist dir wohl klar, daß ich die Pflicht vom Äußeren ins Innere übersetze; so gehe auch ich über die Pflicht hinaus, zur Pflicht. Da zeigt sich wieder, welch unendliche Harmonie, Weisheit, Konsequenz in der Welt des Geistes herrscht: wenn du eine anscheinende Disharmonie nur recht durchdenkst, so springt dir schließlich die Harmonie in die Augen. Der Ehemann, von dem wir vorhin sprachen, kommt daher noch gut davon: seine einzige Strafe ist, daß die Pflicht ihn wegen seiner Leichtgläubigkeit ein wenig zum Narren hält. Die Pflicht erklingt immer mit in der Liebe. Willst du die beiden trennen, so machst du immer den einen Teil zum Ganzen und damit widersprichst du dir selbst. Es ist wie wenn einer in der Silbe „be" das b vom e trennen und kein e haben und darauf bestehen wollte, daß b das Ganze sei: in dem Augenblick, da er b sagt, sagt er das e mit. So ist die wahre Liebe weder ein stummer, unsagbarer, noch ein weicher, unbestimmter Laut: sie ist ein artikulierter Laut, eine Silbe. So erweicht sich das harte Gebot der Pflicht im Munde der Liebe, und das weiche Gefühl der Liebe wird durch den Gedanken der strengen Pflicht gehärtet.

Wenn der eben vernommene Ehemann in der Pflicht einen Feind der Liebe sieht, so ist das bloß ein unschuldiges Mißverständnis. Daß man das von dir auch sagen könnte! Aber bei dir steckt etwas viel Schlimmeres dahinter: eine grundsätzlich falsche Auffassung der Liebe. Zwischen wahrer Liebe und Pflicht ist Freundschaft, ist Liebe; aber zwischen falscher Liebe und Pflicht ist Feindschaft auf Leben und Tod. Wenn die Individuen in Wahrheit sind, sehen sie in der Pflicht nur den ewigen Ausdruck dafür, daß die Ewigkeit ihnen den Weg bereitet hat; und dieser Weg, den sie gerne gehen, ist nicht nur der Weg, den sie gehen *dürfen,* sondern den sie gehen *sollen;* und über diesem Weg wacht die göttliche Vorsehung, indem sie immer dafür sorgt, daß der Überblick nicht verloren geht und an alle gefährlichen Stellen Wegweiser setzt. Wer in Wahrheit liebt, warum sollte er eine göttliche Autorisation sich nicht gefallen lassen, weil sie sich göttlich ausdrückt und nicht sagt: du darfst, sondern: du sollst.

Ich weiß wohl, daß du die Pflicht nicht unbedingt ablehnst; erst wenn man dich bis zu einem gewissen Punkt getrieben hat, wirfst du sie über Bord. Aber darin verrät sich eben deine ganz äußerliche Auffassung der Pflicht. „Ich verachte die Pflicht nicht", sagst du, „gewiß nicht; aber ich bin für reinliche Scheidung: Pflicht ist Pflicht und Liebe ist Liebe, punktum! Die Ehe ist eine Mißgeburt durch ihre hermaphroditische Zweideutigkeit: Liebe als Pflicht; so etwas gibt es sonst nicht auf dieser Welt; alles andere ist entweder Pflicht oder Liebe. Daß ein Mensch sich eine bestimmte Stellung sucht im Leben, daß er treu und gewissenhaft ist in seinem Beruf, das ist Pflicht; und ich bin ganz einverstanden, daß einer gestraft wird, der seine Pflicht verletzt. Da nimmt man sich irgend etwas Bestimmtes vor, etwas, was sich genau umgrenzen läßt, und verspricht es pflichtschuldigst durchzuführen; und wenn man das nicht tut, so bekommt man mit einer Macht zu tun, die einen zwingen kann. Etwas ganz anderes ist es, wenn ich mich in Freundschaft an einen Menschen anschließe: da ist die Liebe alles, die Pflicht nichts; ist es mit der Liebe vorbei, so ist das Verhältnis gelöst. Der Ehe war es vorbehalten, die Liebe zur Pflicht zu machen und auf diese unsinnige Vermengung von Liebe und Pflicht sich zu gründen. Ich verpflichte mich zu lieben: was soll denn das heißen? Wann ist diese Pflicht erfüllt? Worin besteht sie, genauer gesagt? An welche zuständige Behörde kann ich mich im Zweifelsfall wenden? Und wenn ich meine Pflicht nicht erfülle, wo ist die Macht, die mich dazu zwingen kann? Staat und Kirche haben wohl eine gewisse Grenze gezogen, aber wenn ich auch nicht zum Äußersten gehe, kann ich darum nicht ein recht schlechter Ehemann sein? Wer straft mich? Wer nimmt sich ihrer an, die darunter leidet?“ Um die Antwort auf deine letzte Frage vorwegzunehmen: das tust du selbst, nicht wahr? Nun aber noch ein Wort, um die künstliche Verwirrung zu lösen, die du mit deiner gewohnten Sophisterei in die Sache bringst. Du behauptest also, daß man sonst überall im Leben zwischen dem was Pflicht ist und was nicht Pflicht ist, eine scharfe Grenze ziehe, deren Überschreitung streng kontrolliert werden kann. Die Ehe allein mache davon eine widersinnige Ausnahme, indem sie, was nicht Pflicht sein kann, trotzdem als Pflicht darstelle. Du führst das Berufsleben an und meinst, das sei ein gutes Beispiel für das reine Pflichtverhältnis. Du irrst dich. Ein Mensch, der seinen Beruf nur auffassen wollte als eine Summe von Vorschriften, denen er zu bestimmter Zeit und an bestimmtem Ort zu genügen hat, würde sich, seinen Beruf und seine Pflicht herunterwürdigen. Oder meinst du wirklich, daß man mit einer solchen Anschauungsweise ein guter Beamter wäre? Wo bleiben da Begeisterung und Liebe, die den Beruf adeln? Gehören die nicht auch zur Pflicht? Ist nicht der ein Mietling, der sein Amt ohne Begeisterung und Liebe führt, den man ablohnt für das, was er leistet, während der rechte Arbeiter seinen Stolz und seine Befriedigung darin hat, daß er etwas leistet, was man ihm eigentlich nicht bezahlen kann. Zunächst natürlich fordert der Staat eine normierte äußere Leistung; aber er setzt das andere stillschweigend voraus. In der Ehe ist das Innere alles; da gibt es keinerlei Norm und Vorschrift. Aber der Ausdruck für das, was geleistet werden soll, ist eben die Liebe. Ich sehe durchaus keinen Widerspruch darin, daß die Liebe als Pflicht gefordert wird. Daß niemand zu kontrollieren da ist, tut nichts zur Sache: es kann sich jeder selbst kontrollieren. Willst du nach wie vor Pflicht und Liebe trennen, so bringst du dich in den Verdacht, daß du dich um die Pflicht drücken willst. Oder du hast solche Angst vor dir selbst, daß du dich am liebsten entmündigen ließest: was doch nicht minder verkehrt und verwerflich ist. Zum Schluß will ich noch einem Mißverständnis von deiner Seite vorbeugen. Es gibt Menschen, die, nachdem sie in prosaischer Verständigkeit das Unmittelbare vernichtet haben, sich auf ihre alten Tage zur Pflicht bekehren und sich nun in der Verhimmelung der Pflicht und der Begeiferung der Natur nicht genug tun können. Ich hoffe, daß du nach allem, was ich dir bisher gesagt habe, mich nicht zu dieser Sorte rechnest. Mir ist, Gott sei Dank, ein ähnlicher Bruch in meiner Entwicklung erspart geblieben. Mich hat meine Liebe nicht in Zwiespalt mit den Menschen gebracht und hinausgetrieben in die Einsamkeit; ich bin aber auch nie der Meinung gewesen, daß ich nur im Einverständnis mit Vettern und Basen mein Glück haben dürfe; eins steht mir so ferne wie das andere. Ich strebe nach dem Allgemein-Menschlichen, aber wirklich nach dem Allgemein-Menschlichen; und das ist für mich die Pflicht. Es gibt Augenblicke, das habe ich erlebt, wo die Rettung nur dadurch möglich ist, daß man die Pflicht zu Worte kommen läßt; wo es heilsam ist, sich von der Pflicht strafen zu lassen, nicht mit weichlicher, selbstquälerischer Schwermut, sondern mit Ernst und Festigkeit. Aber gefürchtet habe ich die Pflicht nie; sie hat sich mir nicht als ein Feind erwiesen, der das bißchen Glück und Freude, das ich mir errungen, zerstörte; sie war mir ein Freund, sie war der erste und einzige Vertraute unserer Liebe: wie könnte ich mich da im Namen der Liebe mit der Pflicht verfeinden?

Dixi et animam meam liberavi – nicht als ob bisher mich etwas bedrückt hätte, als ob ich mir durch diese weitläufige Expektoration Luft gemacht hätte; nein, es war nur ein gesunder Atemzug, indem meine Seele ihre Freiheit genoß. Der Atemzug heißt auf lateinisch *respiratio*, und das Wort bedeutet ein Zurückströmen dessen, was vorher ausgeströmt ist. In der Respiration genießt der Organismus seine Freiheit und in diesem Sinne habe ich in dieser Schrift meine Freiheit genossen, die Freiheit, die ich jeden Tag habe.

Und nun, nimm wohlvorbereitet entgegen, was dir wohlerwogen dargeboten wird. Und wenn es dich zu wenig dünkt, als daß es dich befriedigen könnte, so prüfe dich und sieh zu, ob du dich nicht besser vorbereiten könntest, ob du nicht die eine oder andere Sicherheitsmaßregel vergessen hast. Es gibt eine serbische Volkssage, die erzählt von einem Riesen mit ungeheurem Appetit, wie er zu einem armen Häusler kam und sein Mittagsbrot mit ihm teilen wollte. Der Arme trug auf, was das Haus vermochte. Aber es war nicht viel; und der Riese hatte mit seinen gierigen Augen schon alles verzehrt und mit Sicherheit berechnet, daß alles, was da war, ihn kaum sättigen würde. Sie setzen sich zu Tisch. Da sieht auch der Arme, daß es für beide nicht reichen wird. Der Riese will eben zulangen; aber der Arme hält ihn zurück und sagt zu ihm: bei uns ist es der Brauch, daß man zuerst ein Gebet spricht. Der Riese findet sich darein, und sieh da: es war genug für beide.

Dixi et animam meam liberavi; das sage ich auch mit Beziehung auf sie, die ich noch immer liebe mit dem jugendlichen Feuer der ersten Liebe; auch sie, ohne daß sie sich vorher gebunden fühlte, hat sich in diesem Werkchen ihrer, unserer Freiheit gefreut. Und wenn du nun meinen freundlichen Gruß empfängst, so nimm auch, wie immer bisher, einen Gruß von ihr; er ist herzlich und aufrichtig wie immer.

Es ist lange her, seit ich dich bei uns gesehen habe. Das kann ich im eigentlichen wie im uneigentlichen Sinne sagen. Denn obwohl ich dich in den vierzehn Tagen, in deren Abendstunden ich diesen Brief *instar omnium* an dich geschrieben habe, obwohl ich dich immer vor mir gesehen habe, so warst du, auch im uneigentlichen Sinne, nicht bei uns, nicht im Haus, nicht in der Stube, sondern draußen vor der Haustüre, von der ich dich mit meinem Besen fast fortgejagt habe. Ich habe das, ich gestehe es, gar nicht ungern getan, und ich weiß, du nimmst mir nichts übel. Im übrigen soll es mich freuen, wenn ich dich bald wieder einmal im eigentlichen und uneigentlichen Sinne bei uns sehen darf. Ich sage das mit dem ganzen Stolz des Ehemannes, der das Recht hat zu sagen „bei uns"; ich sage es mit all dem humanen Respekt, den jede Individualität bei uns finden wird. Ich lade dich deshalb für den nächsten Sonntag zu uns ein, mit der Zurückhaltung, die sich von selbst versteht: komm, wann du magst, immer willkommen; bleibe, solange du magst, immer ein lieber Gast; geh, wann du magst, immer Gott befohlen!

Das Gleichgewicht des Ästhetischen und des Ethischen in der Ausarbeitung der Persönlichkeit

Mein Freund!

Was ich dir schon so oft gesagt habe, das sage ich dir wieder; wieder rufe ich dir zu: entweder – oder! Das Gewicht der Sache, um die sich's handelt, rechtfertigt das Gewicht der Worte. Es gibt ja Dinge, die nur ein lächerlicher Mangel an Urteilskraft einem Entweder-Oder unterstellen kann; es gibt aber auch Menschen, deren Seele zu dissolut ist, ein solches Dilemma zu fassen, deren Persönlichkeit zu schwach ist, mit Pathos sagen zu können: entweder – oder! Auf mich haben diese Worte allezeit einen tiefen Eindruck gemacht; und sie tun es noch, namentlich, wenn ich sie ganz ohne Beziehung nenne, mir also die schrecklichsten Gegensätze hinzudenken kann. Da wirken sie auf mich wie eine Beschwörungsformel; meine Seele erbebt in tiefem Ernst. Ich denke an meine frühere Jugend, da ich noch ohne rechtes Verständnis für die Bedeutung der Wahl mit kindlichem Vertrauen auf die Erwachsenen hörte: schon da war die Wahl für mich ein ernster, feierlicher Moment, obschon ich nur nach fremdem Urteil wählte. Ich denke an manchen Augenblick meines späteren Lebens, da ich am Scheideweg stand und meine Seele in dem Augenblick der Entscheidung an Reife gewann. Ich denke auch an minder wichtige Zufälle meines Lebens, die für mich doch nicht gleichgültig waren, da ich eine Wahl zu treffen hatte. Ihre absolute Bedeutung haben diese Worte ja nur in dem einen Fall, da auf der einen Seite Wahrheit und Klarheit steht und das Recht, auf der anderen Seite Lust und Neigung, dunkle Leidenschaft und Verlorenheit. Aber auch in unwichtigeren, sozusagen unschuldigen Fällen soll man doch darauf halten, sich selbst zu prüfen, um richtig zu wählen: damit man nicht einmal mit Schmerz zu dem Punkte der Entscheidung zurückkehren muß und Gott danken darf, wenn man sich nicht mehr vorzuwerfen hat als die verlorene Zeit. Im täglichen Gespräch gebrauche ich diese Worte, wie andre sie brauchen; es wäre ja lächerliche Pedanterie, sie zu vermeiden; aber manchmal fällt es mir doch aufs Herz, daß ich sie bei ganz gleichgültigen Dingen angewendet habe. Dann vergesse ich den geringfügigen Anlaß, sie zeigen sich in ihrer erhabenen Würde, und meine Seele wird ernst. So mischt sich auch der Träger der Autorität in gemeiner Tracht unter die Menge; zeigt er das Zeichen seiner Würde, so tritt alles ehrerbietig zurück, und er steht gesondert da als der Besondere, der er ist. Obwohl nun mein Leben sein Entweder-Oder bis zu einem gewissen Grade hinter sich hat, so ist mir doch wohl bewußt, daß noch mancher Fall eintreten kann, da die Wahl wieder ihre volle Bedeutung bekommt. Ich hoffe, sie wird mich dann in der richtigen Stimmung treffen, daß ich ehrerbietig still stehe, um richtig zu wählen. In jedem Fall will ich mich bestreben, mit unverfälschtem Ernst meine Wahl zu treffen. Wähle ich trotzdem unrichtig, so darf ich wenigstens hoffen, in Bälde von meinem Abweg zurückzukommen.

Du aber, du brauchst ja das Entweder-Oder oft genug, so daß es dir nächstens zum Leibspruch geworden ist. Aber welche Bedeutung hat es für dich? Überhaupt gar keine. Dir ist es, um an deine eigenen Ausdrücke zu erinnern, ein Blinzeln mit den Augen, ein Schnippen mit den Fingern, ein *coup de mains*, ein Abrakadabra. Bei jeder Gelegenheit weißt du es anzubringen, und nie ohne Effekt. Auf dich wirkt es nämlich wie starkes Getränk auf den Neurastheniker: es versetzt dich, wie du sagst, in den Zustand des „höheren Wahnwitzes". Das ist der Inbegriff aller Lebensweisheit, ein göttliches Evangelium für die leidende Menschheit. Noch niemals aber hat es jemand mit solchem Nachdruck vorgetragen wie jener große Denker und wahre Lebensphilosoph, der einem Menschen, welcher ihm den Hut vom Kopf gestoßen hatte, zurief: „Hebst du ihn nicht auf, so bekommst du Prügel, hebst du ihn auf, bekommst du auch Prügel, nun wähle!" Es ist dir ein Hauptspaß, Leute, die sich in kritischen Fällen an dich gewendet haben, mit deinem Entweder-Oder zu „trösten". Du hörst sie geduldig an und sagst ihnen dann: „Offenbar sind nur zwei Möglichkeiten vorhanden: man kann dies oder das tun; in aufrichtiger Meinung gebe ich den freundschaftlichen Rat: tue dies oder tue das, du wirst beides bereuen." Aber wer anderer spottet, spottet seiner selbst. Es ist kein bedeutungsloser Zufall, sondern ein tiefer Spott über dich selbst, ein trauriger Beweis für die Haltlosigkeit deiner Seele, daß deine Lebensanschauung sich in dem einzigen Satz konzentriert: „Ich sage nichts als entweder – oder." Wäre das dein wirklicher Ernst, so wäre nichts mehr mit dir zu machen; man könnte dich nur beklagen, daß Schwermut oder Leichtsinn deinen Geist geschwächt haben und müßte dich laufen lassen. Aber so steht es doch wahrhaftig noch nicht. Darum spare ich mir alles Mitleid und wünsche dir vielmehr, daß dir das Leben einmal die Daumenschrauben anlege, um aus dir herauszupressen, was in dir ist, daß es dich dem peinlichen Examen unterziehe, in dem Geschwätz und faule Witze nichts mehr helfen. Das Leben sei eine Maskerade, sagst du; und du spielst auf der Maskerade des Lebens, zu deinem unendlichen Spaß deine Rolle mit solcher Virtuosität, daß es noch niemand geglückt ist, dich zu entlarven! Offenbarst du dich, so ist das nur ein neuer Betrug. Freilich ist das nicht bloß ein Spaß für dich. Nur unter der Maske kannst du atmen. Daß dir der wirkliche Mensch wirklich nahekommt, benimmt dir den Atem. Es zwingt dich also auch die Not, die Maske festzuhalten. Und das glückt dir in der Tat vortrefflich. Denn deine Maske ist die geheimnisvollste von allen. Du bist selbst nichts, bist nur ein Verhältnis zu andern, bist, was du bist, nur durch dein Verhältnis zu andern. Einer zärtlichen Schäferin reichst du schmachtend die Hand und bist sofort in einen sentimentalen Schäfer verwandelt. Einen ehrwürdigen geistlichen Vater betrügst du mit einem Bruderkuß. So wirst du allen alles und bist selbst nichts: ein lebendiges Rätsel mit der Aufschrift Entweder-Oder. „Denn dies ist mein Wahlspruch; und diese Worte sind nicht, wie die Grammatiker sagen, disjunktive Konjunktionen, sie gehören untrennbar zusammen und sollten als ein Wort geschrieben werden und sind in ihrer Vereinigung eine Interjektion, die ich der Menschheit zurufe, wie man dem Juden Hep-Hep nachruft." Auf mich machen ja solche Tiraden keinen Eindruck, außer daß sie etwa meine gerechte Entrüstung erregen; aber um deinetwillen will ich jetzt doch eine Antwort nicht zurückhalten, die sie an sich nicht verdienen. Weißt du nicht, daß einmal eine Mitternachtsstunde kommt, da jeder sich demaskieren muß? Glaubst du, das Leben lasse sich immer als Spaß behandeln? Meinst du, man könne sich gerade noch vor Mitternacht wegschleichen, um der Demaskierung zu entgehen? Oder schreckt dich das gar nicht? Ich kenne Menschen, die so lange andre betrogen, daß ihr wahres Wesen sich zuletzt nicht mehr offenbaren *konnte*. Ich kenne Menschen, die so lange stolz sich in ein undurchdringliches Geheimnis hüllten, bis sie, (im Wahnwitz!), andern ihre geheimsten Gedanken sogar aufdrängen *mußten*! Kannst du dir ein entsetzlicheres Ende denken, als daß dein Wesen sich wirklich auflöste? Daß die Möglichkeiten in dir, die du jetzt spielst, ihr Spiel mit dir treiben? Daß du wie jener unglückliche Dämonische zum bloßen Tummelplatz einer Legion von Geistern würdest? Verlustig geworden des Innersten, des Heiligsten im Menschen: der zentralen, zentralisierenden Kraft der Persönlichkeit? Wahrhaftig: du solltest nicht mit dem Deinen Spaß treiben, was nicht bloß ernsthaft, sondern schrecklich ist. Jeder Mensch hat in seinem inneren und äußeren Leben dies und das, das ihn verhindert, sich selbst ganz durchsichtig zu werden, sich in seinem Verhältnis zur Welt klar zu verstehen, sich zu offenbaren. Wer sich aber nicht offenbaren kann, der kann nicht lieben; und wer nicht lieben kann, der ist der Unglücklichste von allen. Und du treibst es als ein mutwilliges Spiel, dich mit Kunst andern zum Rätsel zu machen! Wie aber, wenn endlich niemand mehr dein Rätsel lösen mag? Welches Vergnügen hast du dann noch von deinem Spiel? Doch das ist ja Nebensache. Um deines Heils willen, was ist Verlorenheit, wenn nicht der Zustand deiner Seele? Um deines Heils willen bitte ich dich, mein junger Freund: gebiete dieser wilden Flucht Halt, dieser Leidenschaft der Zerstörung, die in dir rast. Denn das ist es, was dir letztlich im Sinne liegt: du willst die unersättliche Gier des Zweifels stillen, indem du ihm das ganze Dasein preisgibst, daß er es zerfresse, zernichte. Dazu bildest du dich; dazu verhärtest du deinen Sinn. Du taugst ja, nach deinem eigenen Wort, zu nichts. Da faßt dich das dämonische Gelüste, siebenmal das Dasein zu umkreisen und in die Posaune zu blasen und das Ganze in sich zusammenstürzen zu lassen. Stehst du dem Nichts gegenüber, so beruhigt sich deine Seele; ja sie kann wehmütig gestimmt werden, wenn dir aus dem Nichts das Echo deiner Leidenschaft entgegentönt. Um ein Echo zu bekommen, muß man ja einen leeren Raum vor sich haben.

Doch auf diesem Weg komme ich nicht weiter mit dir. Auch ist mein Kopf, wenn du so willst, zu schwach, oder, wie ich meine, zu stark für eine solche Lebensanschauung, die mir beständigen Schwindel erregt. Ich will deshalb die Sache von einer anderen Seite aus anfassen. Denke dir einen jungen Menschen in dem Alter, da das Leben erst recht Bedeutung für ihn bekommt; er sei gesund, rein, froh, wohlbegabt, selbst reich an Hoffnung und jedermanns Hoffnung, der ihn kennt; denke dir (ja, es ist hart, das zu sagen), er täuschte sich in dir und nähme dich für einen ernsthaften, erfahrenen, erprobten Menschen, bei dem er sich sichere Aufklärung über die Rätsel des Lebens holen könne; denke dir, er wendete sich an dich mit dem liebenswürdigen Vertrauen, das die Jugend ziert, und ließe sich, wie es der Jugend gutes Recht ist, nicht abweisen: was würdest du ihm antworten? Etwa: „Ich sage nichts als entweder – oder?" Wirklich? Würdest du ihn abfertigen wie so manchen anderen, der dich mit seinen Herzensanliegen beschweren, sich bei dir Rats erholen wollte: daß du, nach deinem Ausdruck, nur den Kopf aus dem Fenster strecktest, um ihm zuzurufen: „ein Haus weiter!" oder daß du ihm erklärtest, du seiest nur Passant im Leben, nicht der landes- und der sittenkundige Bürger! Nein; das würdest du nicht tun. Einen wohlbegabten jungen Menschen schätzest du eher zu hoch als zu nieder. Nur ist freilich eine flüchtige Berührung, die deiner ironischen Laune Raum ließe, mehr nach deinem Geschmack. Aber wenn er sich nun im Ernst an dich wendete, würde er, der Jüngere, dir, dem Älteren, durch feine edle Jugendlichkeit seinen Ernst aufnötigen. Du würdest selbst wieder jung; würdest fühlen, daß es etwas Schönes um die Jugend ist, aber auch eine ernste Sache; daß es keineswegs gleichgültig ist, wie man seine Jugend braucht, sondern eine entscheidende Wahl, ein wirkliches Entweder-Oder; und daß nicht sowohl die Bildung des Geistes dem Menschen den Wert gibt, sondern die Reife der Persönlichkeit. Deine Gutmütigkeit, deine Sympathie wäre in Bewegung gesetzt; aus ihr heraus würdest du zu ihm reden. Du würdest seiner Seele Kraft einflößen; würdest ihn in seinem Vertrauen zur Welt bestärken; würdest ihm versichern, daß in dem Menschen eine Kraft liegt, die der ganzen Welt trotzen kann; würdest ihm recht ans Herz legen, daß er seine Zeit nütze. Das alles kannst du ja; und wenn du willst, kannst du das ganz schön machen. Aber nun gib wohl acht, was ich dir, junger Mensch, sagen will (denn obwohl du nicht mehr jung bist, muß man dich immer noch so nennen): was würdest du damit tun? Du würdest anerkennen, was du sonst nicht anerkennen willst: die Bedeutung des Entweder-Oder. Und warum? Weil die Liebe zu dem jungen Menschen aus dir heraus redete. Und doch würdest du ihn gewissermaßen betrügen. Denn in anderer Stimmung würdest du ihm den Ernst des Entweder-Oder eher ausreden. Da siehst du, wie traurig es ist, wenn das Wesen des Menschen sich nicht harmonisch offenbaren kann. Du glaubtest, dein Bestes zu tun und hast ihm vielleicht geschadet. Gegen dein Mißtrauen im Leben hätte er sich vielleicht behauptet; daß du ihm, ohne eigenen inneren Halt, Vertrauen einflößen willst, schwächt ihn eher. Denke dir, du triffst ihn wieder nach Verlauf einiger Jahre: er sei lebhaft, witzig, geistreich, liebe kecke Gedanken und führe eine kecke Sprache; aber dein Ohr entdeckt leicht, daß sich der Zweifel in seiner Seele eingenistet hat, und dich beschleicht der unbehagliche Gedanke, daß sich auch ihm das Entweder-Oder verflüchtigt habe. Nicht wahr: es würde dir leid um ihn tun? Du würdest fühlen, daß er etwas verloren hat? und etwas sehr Wesentliches? Das ist dein aufrichtiges Urteil über deine Weisheit bei einem anderen. Aber für dich selbst urteilst du ganz anders: du bist zufrieden mit deiner Betrachtung des Lebens, ja stolz auf sie, so, daß du sie für dich allein behalten und mit keinem andern teilen willst. Welch ungeheurer Widerspruch! Nicht bloß in deinem Gebaren, sondern in deinem ganzen Wesen! Aber aus deinem beklagenswerten Zustand kommst du nur heraus durch ein Entweder-Oder. Zum Glück bist du dafür noch nicht zu alt. Geht es auch ohne Einbuße für dich nicht ab, so kannst du doch (wenn du die nötige Energie hast, vielmehr: haben willst) das gewinnen, das erwerben, was die Hauptsache im Leben ist: dich selbst. Dessen getröste ich mich für dich. Denn ich liebe dich aufrichtiger als du jenen jungen Menschen lieben würdest; und ich habe die Bedeutung der Wahl in meinem eigenen Leben erprobt.

Wenn sich nun der Mensch beständig auf der Spitze der Wahl halten könnte; wenn er aufhören könnte Mensch zu sein; wenn er in seinem Innersten Wesen nur ein luftiger Gedanke wäre, die Persönlichkeit nur ein Gespenst, das wohl an den Bewegungen des Lebens teilnähme, dabei aber unverändert bliebe; wenn es sich so verhielte, so könnte nur ein Tor fürchten, daß der Mensch die Wahl verpassen könnte, da im tieferen Sinn von einer Wahl gar nicht die Rede wäre. Aber die Wahl entscheidet über den Inhalt der Persönlichkeit; durch die Wahl tritt sie in das Gewählte ein, und wenn sie nicht wählt, so siecht sie dahin. Einen Augenblick ist es so, könnte es so scheinen, als ob der Wählende zwischen Möglichkeiten zu wählen hätte, die außer ihm stünden, zu denen er kein Verhältnis hätte, gegen die er sich in Indifferenz behaupten könnte. Das ist der Augenblick des Abwägens. Aber wie der platonische Augenblick ist er eigentlich gar nicht; vollends existiert er nicht als das Abstraktum, als das du ihn festhalten möchtest; indem man auf ihn hinstiert, verschwindet er. Denn die Wahl steht im tiefsten Verhältnis zu dem Wählenden. Wenn sie eine Lebensfrage betrifft, muß ja das Individuum zur selben Zeit leben. Darum wird sich ihm die Wahl, je länger sie hinausgeschoben wird, um so leichter verschieben, während er nur die Möglichkeiten der Wahl klar zu bestimmen und richtig abzuwägen glaubt. Sieht man das Entweder-Oder des Lebens in diesem Licht, so wird man nicht leicht versucht sein, damit zu scherzen. Man sieht dann, daß der innere Drang der Persönlichkeit keine Zeit läßt für Denkexperimente. Rastlos vorwärts eilend setzt er so oder so das eine oder andre und macht dadurch die Wahl immer schwerer: sie muß ja vielleicht rückgängig machen, was er während des Wählens getan hat. Ein Steuermann kann freilich auch in dem Augenblick, da er dem Schiff eine entscheidende Wendung geben soll, zu sich sagen: jetzt kann ich dies oder das tun. Aber wenn er etwas taugt, bedenkt er zugleich, daß das Schiff, solange er keine Entscheidung trifft, in seinem Kurs dahinschießt, so daß es kaum einen Augenblick gleichgültig ist, ob er dies tut oder das. So auch mit der Fahrt durch das Meer des Lebens. Vergißt man, daß sie während der Überlegung über den einzuschlagenden Kurs fortgeht, so kommt zuletzt ein Augenblick, da sich's um ein Entweder–Oder freilich nicht mehr handelt: nicht weil man gewählt, sondern weil man nicht gewählt hat, weil man (darauf läuft's immer hinaus) andere für sich hat wählen lassen, weil man sich selbst verloren hat.

Hieraus erkennst du den wesentlichen Unterschied zwischen meiner Auffassung der Wahl und der deinigen, wenn man von einer solchen bei dir überhaupt reden kann: denn deine Auffassung verhindert ja gerade die Wahl. Für mich hat der Augenblick der Wahl den höchsten Ernst. Der Ernst liegt mir aber nicht in dem strengen Durchdenken der Möglichkeiten, die in der Wahl auseinandertreten, auch nicht in den mannigfaltigen Gedanken, die sich an deren Erwägung anknüpfen lassen. Die Wahl hat Ernst, weil Gefahr im Verzug ist. Schon im nächsten Augenblick kann die Wahl nicht mehr freistehen, weil etwas erlebt ist, was wieder umgelebt werden muß. Die Persönlichkeit läßt sich keinen Augenblick wirklich in der Schwebe halten; ebensowenig kann man das persönliche Leben auch nur für einen Augenblick wirklich zum Stillstand bringen oder abbrechen. Die Persönlichkeit ist schon vor der Wahl an der Wahl interessiert. Wenn man die Wahl aussetzt, so wählt die Persönlichkeit unbewußt, oder: es wählen die dunklen Mächte in ihr. Diese Wahl aber kann die Persönlichkeit, wenn sie nicht schon ganz verflüchtigt ist, nicht für sich gelten lassen; was durch sie geschehen ist, muß also rückgängig gemacht werden, und das geht oft sehr schwer. Im Märchen wird von Menschen erzählt, die durch den Reiz einer dämonischen Musik in die Gewalt von Nixen kommen. Dann kann der Zauber nur dadurch gelöst werden, daß der Verzauberte dieselbe Melodie rückwärts spielt, ohne je fehlzugreifen. Das ist nicht bloß tiefsinnig, sondern auch wahr, und ist nur sehr schwer auszuführen. Nur auf diese Weise kann aus der Persönlichkeit wieder ausgeschieden werden, was nicht in sie hätte aufgenommen werden sollen; und so oft man dabei einen Fehler macht, muß wieder von vorn begonnen werden. Sieh, deshalb ist es von Wichtigkeit, zu wählen und beizeiten zu wählen.

Du hast eine andere Methode (denn der frivole Spott über das Entweder-Oder, in dem du dich gerne ergehst, ist gewiß nicht dein wahres Wesen), eine Methode, die ganz richtig wäre, wenn die Überlegung Selbstzweck wäre. Laß mich das an einem Beispiel illustrieren. Natürlich muß ich schon einen recht großen Gegensatz nehmen, um eine Wahl für dich zu bekommen. Also: du stehst vor dem Dilemma, ob du Pfarrer werden sollst oder Schauspieler. Diese Frage setzt deine ganze leidenschaftliche Energie in Bewegung. Mit hundert Armen erfaßt deine Reflexion das Problem des geistlichen Amts. Ruhelos denkst du Tag und Nacht darüber nach; du liest, was darüber zu haben ist; du gehst dreimal jeden Sonntag zur Kirche, suchst die Bekanntschaft mit Pfarrern, schreibst Predigten und hältst sie für dich selbst; ein halbes Jahr bist du tot für die ganze Welt. Dann bist du aber auch fertig. Du kannst jetzt mit mehr Einsicht und Erfahrung vom Pfarramt reden als mancher, der zwanzig Jahre Pfarrer war; daß er sich nicht mit ganz anderer Beredsamkeit als du über sein Amt expektorieren kann, kann dich ganz erbittert machen. „Das soll Begeisterung sein", sagst du; „ich bin nicht Pfarrer, bin nicht geweiht und ich spreche mit Engelsstimmen im Vergleich zu ihm." Das ist nun wohl richtig; nur hat dich deine Begeisterung nicht bewogen, Pfarrer zu werden. Nun kommt die Schauspielerei ebenso dran; dein

Kunstenthusiasmus übersteigt fast deine geistliche Beredsamkeit. Also könntest du jetzt deine Wahl treffen. Aber bei der ungeheuren Arbeit zur Vorbereitung der Wahl hast du natürlich nebenbei eine Menge von kleinen Bemerkungen und Beobachtungen gemacht. In diesen Abfall von Gedanken kommt jetzt Leben und Bewegung. Es zeigt sich dir ein neues Entweder-Oder: du könntest ja auch Jurist werden, Advokat vielleicht; der hat etwas vom Seelsorger und vom Schauspieler. Nun bist du verloren. Denn im selben Moment bist du Advokat genug, um dir zur Pflicht zu machen, auch diese dritte Möglichkeit in Betracht zu ziehen. So geht dein Leben hin. Nachdem du anderthalb Jahre auf diese Erwägungen verschwendet und die Kraft deiner Seele mit bewundernswürdiger Energie angestrengt hast, bist du nicht einen Schritt vorwärts gekommen. Da reißt der Faden des Gedankens, du verlierst die Geduld, wirst von der Leidenschaft übermannt, brennst alle Luftschlösser nieder, die du dir gebaut hast, und kommst zu dem Ultimatum: „Entweder Barbier oder Nachtwächter; ich sage nichts als entweder – oder." Was Wunder, daß dieses Wort dir ein Ärgernis und eine Torheit geworden ist, daß es dich schreckt wie die todbringende Umarmung der eisernen Jungfrau. Also läßt du dich überhaupt nicht mit dem wirklichen Leben ein, treibst hochmütig deinen Spott mit den Menschen und wirst, was dir selbst das Allerabscheulichste ist: ein bloßer Kritiker, ein Universalkritiker bei allen Fakultäten. Manchmal muß ich *nolens volens* über dich lächeln, und es ist doch so traurig, wie du deine in Wahrheit ausgezeichneten Geistesgaben verzettelst. Aber da zeigt sich wieder der Widerspruch in deinem Wesen. Du siehst das Lächerliche in deiner Existenz sehr gut: Gott tröste einen deinesgleichen, wenn er dir in die Hände fällt! Und doch unterscheidet er sich von dir nur dadurch, daß ihn dieses Leben drückt und knickt, du dagegen in stolzer Haltung leicht und lustig einhergehst und dich und andere mit dem Evangelium beglückst: *„Vanitas, vanitatum vanitas,* juchhe!" Aber das ist keine Wahl; das heißt auf gut Deutsch: nur sich treiben lassen; das ist eine Mediation wie die, daß man auch fünfe gerade sein läßt. Nun fühlst du dich frei und sagst der Welt Lebewohl.

So zieh ich hin in alle Ferne,
Über meiner Mütze nur die Sterne.

Damit hast du also, gewählt. Freilich nicht eben „das bessere Teil"; das gestehst du wohl selbst zu. Aber eigentlich hast du gar nicht gewählt, oder nur in uneigentlichem Sinne gewählt. Deine Wahl ist eine ästhetische Wahl; und eine ästhetische Wahl ist keine Wahl. Zu wählen ist ein eigentlicher und stringenter Ausdruck für das Ethische. Wo immer im strengeren Sinn ein Entweder-Oder ist, da ist gewiß auch das Ethische mit im Spiel. Es gibt nur ein absolutes Entweder-Oder: die Wahl zwischen Gut und Böse; und die ist auch absolut ethisch. Die ästhetische Wahl ist entweder ganz unmittelbar und insofern keine Wahl, oder sie verliert sich in einem Vielerlei von Möglichkeiten. Wenn ein junges Mädchen seines

Herzens Wahl folgt, so ist diese Wahl, so schön sie ist, im strengeren Sinn keine Wahl, da sie ganz unmittelbar ist. Wenn ein Mensch (wie ich bei dir eben angenommen habe) eine Menge von Lebensaufgaben ästhetisch abwägt, so kommt er nicht leicht zu einem Entweder-Oder. Denn nur der ethische Gegensatz ist einfach und absolut; und wenn man nicht ethisch, also nicht absolut wählt, so wählt man nur für den Moment und kann deshalb im nächsten Augenblick etwas anderes wählen. Die ethische Wahl ist darum in gewissem Sinn weit leichter, weit simpler; in anderem Sinn ist sie freilich weit schwerer. Wer sich seine Lebensaufgabe ethisch bestimmen will, hat im allgemeinen keine große Auswahl von Möglichkeiten; dagegen hat der Akt der Wahl für ihn um so mehr zu bedeuten. Ja, wenn du mich recht verstehen willst: es kommt in der Wahl nicht sowohl darauf an, daß man das Richtige wählt, sondern auf die Energie, das Pathos, den Ernst, womit gewählt wird. Darin offenbart sich die innere Unendlichkeit der Persönlichkeit, und dadurch konsolidiert sich diese wieder. Selbst wenn ein Mensch das Unrechte wählte, wird ihm die Energie der Wahl aufdecken, daß er das Unrechte gewählt hat. Eine Wahl nämlich, die mit voller Innerlichkeit vorgenommen wird, läutert die Persönlichkeit und bringt sie in ein unmittelbares Verhältnis zu der ewigen Macht, die allgegenwärtig das ganze Dasein durchdringt. Diese Verklärung, diese höhere Weihe erreicht der nie, der nur ästhetisch wählt. Er bringt es trotz aller Leidenschaft doch nie zum Ernst.

Wie ein Cato ruf ich dir also mein Entweder-Oder zu: wenn nur meine Seele auch schon die resignierte Kälte eines Cato hätte! Aber das weiß ich, nur diese Beschwörung, wenn ich die nötige Kraft in sie legen kann, vermag dich aufzuwecken, nicht zu geschäftigem Denken (daran mangelt dir's nicht), sondern zu dem Ernst, der allein wirklicher Geist ist. Vielleicht glückt es dir, auch ohne diesen Ernst des Geistes durch große Erfolge die Welt in Erstaunen zu setzen (das traue ich dir zu): und doch würdest du dann des Höchsten verlustig gehen, des Einzigen, das dem Leben in Wahrheit Bedeutung gibt: du könntest die ganze Welt gewinnen und würdest dich selbst verlieren.

Was tritt also in meinem Entweder-Oder zur Wahl auseinander? Ist es Gut und Böse? Nein! Ich will dich erst auf den Punkt bringen, da die Wahl zwischen Gut und Böse wirkliche Bedeutung für dich gewinnt. Darum dreht sich alles. Gelingt es, einen Menschen dahin zu bringen, daß er der Wahl nicht mehr ausweichen kann, so wählt er das Rechte. Würdest du also, ehe du diesen Brief (oder diese Abhandlung: wie du willst) zu Ende gelesen hast, den Eindruck bekommen, daß nun der Augenblick der Wahl da sei, so laß den Rest ungelesen und *wähle*. Was kommt darauf an, daß du meine Gedanken verfolgst? Aber indem du wählst, wirst du den heiligen Ernst der Wahl entdecken; und kein junges Mädchen kann so glücklich sein in seines Herzens Wahl, wie ein Mann, der zu wählen gewußt hat. Entweder soll man ästhetisch leben oder man soll ethisch leben. Hier handelt es sich, wie gesagt, noch nicht im strengeren Sinn um eine Wahl; denn wer ästhetisch lebt, wählt nicht, und wer das Ästhetische wählt, nachdem sich ihm das Ethische geoffenbart hat, lebt nicht mehr ästhetisch, sondern ethisch, nämlich unethisch, sündhaft, da er nun dem ethischen Urteil unterliegt. Sieh, das ist gewissermaßen ein *indelebilis* des Ethischen, daß es die Wahl erst zur Wahl macht, obgleich es sich zur Wahl bescheiden neben das Ästhetische stellt. Und das ist das Traurige an vieler Menschen Leben, daß sie ihr Leben in stiller Verzweiflung hinleben, daß sie weder ästhetisch, noch auch ethisch leben, nicht eigentlich sündigen, da sie das Ethische nicht verworfen haben, und doch in Sünde leben, da sie weder ethisch, noch ästhetisch sind. So leben sie sich aus: nicht in dem Sinn, daß des Lebens Inhalt sich Stück für Stück entfaltete und in seiner Entfaltung von ihnen zugeeignet würde; sie leben aus sich hinaus, verschwinden wie Schatten, hauchen ihre unsterbliche Seele hinaus und lösen sich auf, noch ehe sie sterben. Dabei ängstet sie nicht einmal ein Zweifel an ihrer Unsterblichkeit, sonst könnten sie sich auch nicht auf diese schreckliche Weise ausleben; denn wer von sich selbst aus tief und innerlich zweifelt, der findet schon das Rechte. Freilich aus der Tiefe der eigenen Persönlichkeit muß dieser Zweifel aufsteigen, und es ist hohe Zeit, daß man vor dieser großherzigen Objektivität warnt, mit der manche Denker denken, warum eigentlich und für wen? Denn sie denken weder aus sich selbst, noch für sich selbst. Meinetwegen nenne man „Selbstliebe", was ich hier fordere: soll das ein Tadel sein, so hat man keine richtige Vorstellung von dem „Selbst", dessen Verlust durch den Gewinn der ganzen Welt nicht aufgewogen werden kann; so bedenkt man auch nicht, wie schlecht der denkt, der nicht durch sein Denken zuerst selbst überzeugt wird.

Mein Entweder-Oder bedeutet also zunächst nicht die Wahl zwischen Gut und Böse; es ist die Wahl, wodurch man sich unter den Gegensatz von Gut und Böse stellen oder nicht stellen will. Die Frage ist also, unter welchem Gesichtspunkt man das ganze Leben betrachten und leben will. Wer sich unter den Gegensatz von Gut und Böse stellt, wählt freilich das Gute, aber das zeigt sich erst hinterdrein. Denn das Ästhetische ist nicht das Böse, sondern die Indifferenz, und darum wird die Wahl, wie gesagt, erst durch das Ethische konstituiert. Man entscheidet also in dieser Wahl noch nicht, ob man das Gute oder das Böse will, man wählt nur, das man will; und damit ist der Gegensatz des Guten und des Bösen gesetzt. Wer das Ethische wählt, wählt das Gute, aber ganz *in abstracto*. Ist damit dessen Dasein gesetzt, so folgt daraus keineswegs, daß man nicht doch wieder das Böse wählen könnte, obgleich man das Gute gewählt hat. Hier siehst du wieder, wie wichtig es ist, daß überhaupt gewählt wird, und daß es letztlich nicht auf die Überlegung ankommt, sondern auf den Willen, der dieser erst den ethischen Charakter gibt. Je längere Zeit über der Erwägung hingeht, desto schwieriger wird es zu wählen; denn die Seele ist beständig auf der einen Seite der Wahl, und darum wird es ihr immer schwerer, sich loszureißen. Aber das gehört zur Wahl und gibt der Wahl ihre Bedeutung. Davon später mehr.

Du weißt, ich habe mich nie für einen Philosophen ausgegeben, am allerwenigsten in der Unterhaltung mit dir. Ich pflege als Ehemann aufzutreten, teils um dich etwas zu necken, aber auch, weil das wirklich meine liebste und teuerste, bedeutungsvollste Stellung im Leben ist. Ich habe mein Leben nicht der Kunst und Wissenschaft geopfert; an so hohe Dinge wage ich mich nicht. Ich opfere mich für meinen Beruf, mein Weib, meine Kinder oder vielmehr, ich finde, ohne Opfer, meine Befriedigung darin, ihnen zu dienen. Du lebst natürlich für bedeutendere Dinge; aber sieh doch zu, mein junger Freund, ob nicht das Große, für das du dich wirklich opferst, dich betrügt. Obgleich ich nicht Philosoph bin, muß ich hier doch eine kleine philosophische Betrachtung riskieren, die du lieber beherzigen als kritisieren mögest. Dein *ceterum censeo*, worin du über das Dasein triumphierst, hat nämlich eine wunderliche Ähnlichkeit mit der Lieblingstheorie der neueren Philosophie, daß der Satz des Widerspruchs aufgehoben sei. Freilich, der Standpunkt, den du einnimmst, wird von der Philosophie abgelehnt, und doch macht sie sich, wie mir scheint, desselben Fehlers schuldig, und bemerkt das nur aus dem Grunde nicht, daß sie noch schlechter orientiert ist als du. Du steuerst auf die Praxis zu, sie bleibt in der Kontemplation. Will man sie aber in die Praxis übertragen, so ist das Resultat von dem deinigen nicht wesentlich unterschieden. Du meditierst die Gegensätze in einem höheren Wahnwitz, die Philosophie in einer höheren Einheit. Du reflektierst auf die Zukunft, da die Handlung wesentlich futurisch ist; du sagst: „Ich kann entweder dies tun oder das tun; aber was ich auch tue, es ist alles gleich verrückt; *ergo*: ich tue gar nichts." Die Philosophie reflektiert auf die vergangene Zeit, auf die ganze verflossene Geschichte der Welt, und zeigt, wie die diskursiven Momente in einer höheren Einheit zusammentreffen; sie meditiert und meditiert. Dagegen scheint sie mir meine Frage durchaus nicht zu beantworten; die Frage, was denn (in der Zukunft) geschehen solle. Du antwortest wenigstens, ob auch deine Antwort Nonsens ist. Ich nehme nun an, daß die Philosophie recht habe, daß der Satz des Widerspruchs wirklich aufgehoben sei, oder daß die Philosophen ihn jeden Augenblick in der höheren Einheit aufheben, die nur für den Gedanken vorhanden ist. Aber das hat ja für die Zukunft keinen Sinn; die Gegensätze müssen doch erst dagewesen sein, ehe ich sie mediieren kann. Gibt es aber einen Gegensatz, so gibt es auch ein Entweder-Oder. Die Philosophie sagt: so ist es bis jetzt gegangen. Ich frage: was habe ich zu tun, als Nicht-Philosoph, denn als Philosoph hätte ich, wie die anderen Philosophen, nur die vergangene Zeit zu mediieren. Daß ich aber das Vergangene mediieren soll, ist keine Antwort auf die Frage, was ich in der Zukunft schaffen soll. Wäre ich auch der genialste philosophische Kopf, der je gelebt hat, so hätte ich immer ein Ding mehr zu tun als nur das Vergangene zu betrachten; dem bloßen Ehemann aber, der ich bin, ist das Mehr, das über das Mediieren hinaus zu tun bleibt, die Hauptsache. Ich wende mich also in aller Ehrerbietigkeit an die Herren Philosophen mit der Frage, was ich jetzt tun soll. Aber sie geben mir keine Antwort; denn die Philosophie mediiert das Vergangene und verbleibt in diesem. Der Philosoph stürzt sich mit solcher Hast in die Vorzeit, daß „nur seine Rockschöße in der Gegenwart zurückbleiben", wie der Dichter von einem Antiquar sagt. Sieh, darin triffst du mit der Philosophie zusammen. Euch beiden steht das Leben still. Für den Philosophen ist die Weltgeschichte abgeschlossen, und er mediiert, und so mediieren heutzutage (eine der unerquicklichsten Erscheinungen der Gegenwart) schon ganz junge Menschen das Christentum und das Heidentum und spielen mit den titanischen Kräften der Geschichte; aber sie können dem einfältigen Menschen nicht sagen, was er hier im Leben zu tun hat, wissen auch nicht, was sie selbst zu tun haben. Wer wird auch zu einem Philosophen gehen, um darüber Aufschluß zu verlangen? Das wäre so unangebracht, wie wenn man sich an dich wendete. Fragt man dich, ob du eine Adresse an den König unterschreiben willst, ob du eine Konstitution willst oder das Steuerbewilligungsrecht, ob du dich an einem gemeinnützigen Unternehmen beteiligen willst, so antwortest du: „Sie verkennen mich, meine hochgeehrten Zeitgenossen, ich tue nicht mit, ich stehe draußen." So sagt nun der Philosoph nicht gerade (das verbietet ihm sein wirklicher oder affektierter Ernst); aber auch er bleibt außer dem Spiel und tut nicht mit; er sitzt ja und lauscht auf die Stimme der Vorzeit und entzückt sich an den Harmonien der Mediation. Die Wissenschaft in Ehren und ihre Diener auch in Ehren; aber das Leben hat auch seine Forderungen. Mir erregt es, unbeschadet aller Ehrerbietung für die Wissenschaftlichkeit, schon Bedenken, wenn ein einzelner, ungewöhnlich begabter Kopf sich ganz in der Untersuchung des Vergangenen verliert; und ganz unbedenklich ist mein Urteil über die Schar junger Menschen, die heutzutage ohne ungewöhnliche Begabung durch Mediation der Vergangenheit sich als moderne Philosophen erweisen. Ich habe, wie jeder, der ernsten Denkens fähig ist, das gute Recht, mir bei der Philosophie Rats zu erholen. Ich bin Ehemann, ich habe Kinder. Wie, wenn ich nun in deren Namen fragte, was der Mensch im Leben zu tun hat? Du wirst wohl lächeln, und jedenfalls wird die philosophische Jugend lächeln über den Familienvater, der eine so einfältige Frage stellt. Ich aber meine, es sei ein bitterböses Argument gegen die Philosophie, wenn sie auf diese Frage keine Antwort hat. Steht das Leben still, so kann vielleicht die gegenwärtige Generation von der Betrachtung der Vergangenheit leben; wovon soll aber die folgende Generation leben? Davon, daß sie dieselbe Vergangenheit noch einmal betrachtet? Die letzte Generation hat ja nichts ausgerichtet, nichts hinterlassen, das mediiert werden sollte. Sieh, da nehme ich dich wieder mit den Philosophen zusammen und sage zu euch: „Ihr bringt euch doch um das höchste." Dem Ehemann, der ich bin, bietet sich zur Verdeutlichung meiner Meinung ein bezeichnendes Bild von selbst dar. Ein Ehemann, der die vollkommene Ehe in der kinderlosen Ehe sehen würde, machte sich desselben Mißverständnisses schuldig, wie die Philosophie. Er macht sich selbst zum Absoluten. Aber jeder richtige Ehemann fühlt das als unwahr und unschön; die Wahrheit ist für ihn, daß er durch das Kind zum Moment herabgesetzt wird.

Doch vielleicht bin ich bereits zu weit gegangen und habe mich auf Untersuchungen eingelassen, die ich vermeiden sollte; denn ich bin ja kein Philosoph, will mich auch gar nicht mit dir über die Phänomene der Zeit unterhalten; sondern ich möchte dir ans Herz reden und möchte dich deshalb auch auf jede Weise fühlen lassen, daß du dessen bedarfst. Da ich aber nun einmal so weit gegangen bin, so will ich noch etwas sorgfältiger abwägen, welche Bewandtnis es eigentlich hat mit der philosophischen Mediation der Gegensätze. Sollte meinen Gedanken die Stringenz abgehen, so ersetzen sie das vielleicht durch ihren Ernst, und deshalb allein biete ich sie dir dar. Denn ich gedenke zwar keineswegs mit irgendeiner philosophischen Autorität zu konkurrieren; habe ich aber, einmal die Feder in der Hand, so kann ich auch mit der Feder verantworten, was ich sonst auf andere und bessere Weise vertrete.

So gewiß es eine Zukunft gibt, so gewiß gibt es ein Entweder-Oder. Die Zeit, worin der Philosoph lebt, ist nicht die absolute Zeit; sie ist selbst ein Moment, und der Philosoph ist ein Moment in der Zeit. Unsere Zeit wird also einer späteren Zeit sich selbst wieder als ein diskursives Moment darstellen, und die Philosophie einer späteren Zeit wird wieder unsere Zeit mediieren und so weiter. Insofern ist die Philosophie in ihrem Recht, und es wäre nur ein zufälliger Fehler der Philosophie unserer Zeit, daß sie unsere Zeit mit der absoluten Zeit verwechselte. Aber es ist doch leicht einzusehen, daß die Kategorie der Mediation damit einen bedenklichen Knack erhalten hat: die absolute Mediation ist doch erst möglich, wenn die Geschichte abgelaufen ist; das System ist also beständig im Werden. Die Philosophie dagegen besteht darauf, daß es eine absolute Mediation gäbe. Natürlich: gibt man die Mediation auf, so gibt man die Spekulation auf. Andererseits aber läßt man die Mediation gelten, so gibt es keine absolute Wahl, also kein absolutes Entweder-Oder. Das ist die Schwierigkeit. Zum Teil fließt sie daraus, daß man zwei Sphären miteinander verwechselt, die des Denkens und die der Freiheit. Für den Gedanken hat kein Gegensatz Bestand; ihm geht das *eine* in das *andere* über, um sich damit in einer höheren Einheit zu verbinden. Dagegen besteht der Gegensatz für die Freiheit; denn sie schließt aus und nimmt auf. Ich verwechsle keineswegs die wahre positive Freiheit mit dem *liberum arbitrium*. Auch jene hat in alle Ewigkeit das Böse außer sich, ob auch nur als eine ohnmächtige Möglichkeit; sie vollendet sich nicht darin, daß sie das Böse mehr und mehr in sich aufnimmt, sondern darin, daß sie es mehr und mehr aus sich ausschließt. Das Ausschließen aber ist das Widerspiel der Mediation. Daß ich darum doch kein radikales Böse annehmen muß, wird sich später zeigen.

Was ist die rechtmäßige Sphäre der Philosophie? Alles, was nur für den Gedanken da ist; also das Logische, die Natur, die Geschichte. Hier herrscht die Notwendigkeit; hier hat also die Mediation ihre Gültigkeit. Daß dies mit dem Logischen und der Natur der Fall ist, wird wohl niemand leugnen; die Geschichte aber macht Schwierigkeiten, denn, sagt man, hier herrsche die Freiheit. Aber das ist eine falsche Auffassung der Geschichte. Diese ist mehr als das Produkt der freien Handlungen freier Individuen. Das Individuum handelt, aber seine Handlung tritt ein in die Ordnung der Dinge, die das ganze Dasein trägt.

Was aus seiner Handlung folgt, weiß der Handelnde eigentlich nicht. Aber diese höhere Ordnung der Dinge, die die freien Handlungen sozusagen verdaut und in ihre ewigen Gesetze einarbeitet, die ist die Notwendigkeit, und diese Notwendigkeit ist die Bewegung in der Geschichte. Es ist also ganz richtig von der Philosophie, daß sie die Geschichte mit Hilfe der Mediation zu verstehen sucht. Aber diese berechtigte Mediation ist nur eine relative Mediation. Betrachte ich eine geschichtliche Individualität, so kann ich zwischen den Taten unterscheiden, die ihr (nach dem Worte der Schrift) nachfolgen, und den Taten, durch die sie der Geschichte angehört. Was man das „innere Handeln" nennen könnte, geht die Philosophie gar nichts an; aber dieses innere Handeln ist das wahre Leben der Freiheit. Die Philosophie betrachtet die äußere Tat, und sie nicht in ihrer Vereinzelung, sondern als Moment in dem geschichtlichen Prozeß, in den sie aufgenommen, durch den sie umgewandelt wird. Dieser Prozeß ist der eigentliche Gegenstand der Philosophie, und er wird von ihr unter der Bestimmung der Notwendigkeit betrachtet. Darum hält die Philosophie den Gedanken fern, daß alles anders sein könnte; sie betrachtet die Geschichte unter Ausschluß des Entweder-Oder. Mir scheint, daß in diese Betrachtung sich manches törichte kindische Zeug einmischt (die jungen Hexenmeister, die die Geister der Geschichte beschwören wollen, machen sich nach meiner unmaßgeblichen Meinung oft lächerlich genug): aber ich anerkenne auch mit tiefer Verehrung, daß sie wirklich auch Großes geleistet hat. Die Philosophie also sieht die Geschichte, wie gesagt, unter der Bestimmung der Notwendigkeit, nicht unter der der Freiheit; nennt man den weltgeschichtlichen Prozeß frei, so ist er es doch nur im selben Sinne wie der organisierende Prozeß in der Natur. Für den geschichtlichen Prozeß gibt es also kein Entweder-Oder; aber daß es dies für das handelnde Individuum gibt, wird hoffentlich kein Philosoph leugnen wollen. Daher die Sorglosigkeit, die Versöhnlichkeit, womit die Philosophie die Geschichte und ihre Helden betrachtet: sie sieht sie ja unter der Bestimmung der Notwendigkeit. Daher aber auch das Unvermögen der Philosophie, einen Menschen zum Handeln zu bringen, ihre Neigung zum *laisser aller, laisser faire*: sie fordert eigentlich, daß man notwendig handeln sollte; und das ist ein Widerspruch in sich selbst.

Selbst das geringste Individuum hat in diesem Sinne eine Doppelexistenz. Auch es hat eine Geschichte, und diese ist nicht das bloße Produkt seiner freien Handlung. Die innere Handlung aber gehört ihm selbst zu und soll ihm in alle Ewigkeit zugehören; die nimmt ihm weder seine noch der Welt Geschichte ab. Die folgt ihm nach zur Freude oder zur Trauer. In dieser Welt herrscht ein absolutes Entweder-Oder; aber mit dieser Welt hat die Philosophie nichts zu tun. Schaut ein älterer Mann auf ein bewegtes Leben zurück, so stellt sich für den Gedanken auch eine Mediation her, denn seine Geschichte war eingeflochten in die Geschichte der Zeit; aber die innere Handlung wird durch diese Mediation nicht getroffen. Für sie behält das Entweder-Oder Gültigkeit, durch das einst die Wahl hindurchging. An Stelle der Mediation tritt hier die Reue, die sich von der

Mediation wesentlich unterscheidet. Sie schließt aus, während die Mediation einschließt; sie sieht nicht begehrlich auf die Gegensätze hin, um sie zu vermitteln, sondern verzehrt, was nicht hätte geschehen sollen, in brennendem Eifer. Hier zeigt sich zugleich, daß ich ein radikales Böse nicht annehme, denn ich statuiere die Realität der Reue. Die Reue aber ist ein Ausdruck für die Versöhnung, nur freilich ein absolut unversöhnlicher Ausdruck.

Das alles räumst du mir vielleicht ein, obschon du in mancher Hinsicht gemeinsame Sache mit den Philosophen machst, wenn es dir nicht gerade beliebt, sie für Narren zu halten; du meinst vielleicht, daß mir als Ehemann für den Hausbrauch diese Gedanken genügen mögen. Aufs richtig geredet: mehr verlange ich auch nicht; aber ich möchte doch wissen, welches Leben höher ist, das des Philosophen oder das des freien Mannes. Wenn der Philosoph bloß Philosoph ist, in seine philosophische Betrachtung verloren, ohne das selige Leben der Freiheit zu kennen, so entgeht ihm das Wichtigste: er gewinnt die ganze Welt und verliert sich selbst, was dem nie begegnen kann, soviel er auch verlöre, der für die Freiheit lebt.

Für die Freiheit also kämpfe ich (teils hier in diesem Brief, teils und vornehmlich in mir selbst), für das Vorwärtsleben, für das Entweder-Oder. Diesen Schatz wünsche ich denen zu hinterlassen, die ich liebe, ja wenn mein kleiner Sohn jetzt in dem Alter wäre, mich zu verstehen, und wenn jetzt meine letzte Stunde käme, so würde ich zu ihm sagen: „Ich hinterlasse dir nicht Vermögen, nicht Titel und Würden; aber ich weiß, wo ein Schatz begraben liegt, der dich reicher machen kann als die ganze Welt und du sollst mir nicht einmal für diesen Schatz danken, denn es würde deiner Seele schaden, wenn du einem Menschen alles zu danken glaubtest; dieser Schatz liegt in deinem eigenen Innern verborgen: es ist ein Entweder-Oder, das die Menschen über die Engel erhebt.

Hier will ich diese Betrachtung abbrechen. Sie befriedigt dich vielleicht nicht; dein gieriges Auge verschlingt sie, ohne daß du davon gesättigt würdest. Aber das hat dann nur den Grund, daß das Auge am schwersten zu sättigen ist, insbesondere wenn man, wie du, nicht wirklich hungert, sondern nur an der Augenlust leidet, die überhaupt nicht zu befriedigen ist.

Wofür ich also mit meinem Entweder-Oder eintrete, das ist das Ethische. Es handelt sich noch nicht um die Wahl von Etwas, noch nicht um die Realität dessen, was gewählt wird, sondern um die Realität des Wählens. Das ist aber das Entscheidende, und das möchte ich dir zum Bewußtsein bringen. Bis zu diesem Punkt kann ein Mensch dem anderen helfen; ist dieser Punkt erreicht, so verringert sich die Bedeutung, die ein Mensch für den anderen haben kann. Ich habe in einem früheren Brief bemerkt: geliebt zu haben, gäbe dem Wesen des Menschen eine Harmonie, die nie ganz verlorengehen könne; so gibt auch das, eine Wahl vollzogen zu haben, dem Wesen des Menschen eine stille, feierliche Würde, die nie ganz verlorengehen kann. Wie mancher legt den höchsten

Wert darauf, einen großen Mann einmal von Angesicht zu Angesicht gesehen zu haben: diesen Eindruck vergißt er nie; das ideale Bild, das fortan vor seinem Auge schwebt, adelt sein ganzes Wesen. Aber wie gar nichts ist ein solcher bedeutender Augenblick gegen den Augenblick der Wahl. Wenn alles stille um den Menschen geworden ist, feierlich wie eine sternenklare Nacht; wenn die Seele, weltvergessen, allein ist mit sich selbst: da tritt ihr nicht ein ausgezeichneter Mensch gegenüber, sondern die ewige Macht selbst; da öffnet sich der Himmel über ihr, und das Ich wählt sich selbst oder vielmehr: es läßt sich sich selbst gegeben werden. Da hat die Seele das Höchste gesehen, das kein sterbliches Auge sehen kann, das nie wieder vergessen werden kann; da empfängt die Persönlichkeit den Ritterschlag, der sie für die Ewigkeit adelt. Der Mensch wird nicht ein anderer als er zuvor war, er wird nur er selbst; das Bewußtsein schließt sich zusammen, und er ist er selbst. Wie ein Erbe, und wenn sein Erbe die ganze Welt wäre, doch nichts zu eigen hat, solange er nicht mündig ist, so ist auch die reichste Persönlichkeit nichts, bevor sie sich selbst gewählt hat, während andererseits die ärmste Persönlichkeit alles ist, wenn sie sich selbst gewählt hat. Denn das Große ist nicht, daß einer dies oder jenes ist, sondern daß er es selbst ist; und das kann jeder Mensch sein, wenn er will.

Daß es sich in gewissem Sinne nicht darum handelt, etwas zu wählen, bestätigt sich dir, wenn du das andere ins Auge faßt, das durch diese Wahl nicht gewählt wird. Das ist ja das Ästhetische, und das Ästhetische ist die Indifferenz. Trotzdem handelt es sich um eine Wahl, ja um eine absolute Wahl; denn das Ethische kann man nur absolut wählen. Durch die absolute Wahl wird also das Ethische gesetzt; daraus folgt aber keineswegs, daß nun das Ästhetische ausgeschlossen wäre. In dem Ethischen zentralisiert sich die Persönlichkeit; d. h. das Ethische ist, daß sich die Persönlichkeit in sich zentralisiert. Absolut ist also das Ästhetische ausgeschlossen oder es ist ausgeschlossen als das Absolute; aber als Relatives bleibt es immer zurück. Indem die Persönlichkeit sich selbst wählt, wählt sie sich selbst ethisch und schließt das Ästhetische absolut aus; aber da sie doch sich selbst wählt, und indem sie sich selbst wählt, nicht ein anderes Wesen wird, sondern sie selbst bleibt, so kehrt das Ästhetische ungemindert in seiner Relativität zurück.

Das Entweder-Oder, das ich aufstelle, ist also in gewissem Sinn absolut; denn es tritt sich darin gegenüber, ob man wählen will oder nicht wählen will. Das ist eine absolute Wahl, also ist das Entweder-Oder absolut. In anderem Sinn aber tritt das absolute Entweder-Oder doch erst durch diese Wahl ein; denn sie stellt vor die Wahl zwischen Gut und Böse. Doch soll mich diese durch die erste Wahl erst gesetzte Wahl hier nicht beschäftigen; ich will dich bloß auf den Punkt hindrängen, wo die Notwendigkeit der Wahl sich offenbart, und darauf das Dasein unter ethischen Bestimmungen betrachten. Ich bin kein ethischer Rigorist, der für eine abstrakte, bloß formale Freiheit begeistert wäre; wenn nur erst die Wahl gesetzt ist, so tritt für mich das Ästhetische wieder in sein Recht ein, und du sollst sehen, daß erst dadurch das Dasein schön wird. Denn nur auf diesem Weg kann es dem Menschen glücken, seine Seele zu retten und die ganze Welt zu gewinnen, die Welt zu gebrauchen, ohne sie zu mißbrauchen.

Was heißt es nun aber, ästhetisch zu leben? Und was heißt das: ethisch leben? Was ist das Ästhetische im Menschen? Was das Ethische?

Antwort: das Ästhetische im Menschen ist das, wodurch er unmittelbar ist, was er ist; das Ethische ist das, wodurch er wird, was er wird. Wer in und von dem Ästhetischen, durch und für das Ästhetische in ihm lebt, der lebt ästhetisch.

Ich will hier durchaus nicht auf das Viele eingehen, das in der gegebenen Bestimmung des Ästhetischen liegt. Du hast ja selbst mit großer Virtuosität im ästhetischen Leben praktiziert; also brauche ich dich wirklich nicht erst darüber aufzuklären und könnte eher dich um eingehendere Belehrung bitten.

Indessen will ich doch einige Studien des ästhetischen Lebens skizzieren, um uns bis zu dem Punkt hinzuarbeiten, wo du dein Leben hast; denn es ist mir von Wichtigkeit, daß du mir nicht zu früh mit einem deiner beliebten Seitensprünge entkommst. Und ich glaube doch auch, daß ich dir noch einiges darüber zu sagen habe, was es heißt, ästhetisch zu leben. Zwar würde ich jedem, der ästhetisch zu leben wünschte, dich als zuverlässigen Lehrmeister empfehlen; nicht aber dem, der in höherem Sinne einzusehen wünschte, was das heißt, ästhetisch zu leben. Denn darüber könntest du ihm keine Auskunft geben, weil du selbst in dem Ästhetischen befangen bist; das Wesen des Ästhetischen kann nur erklären, wer selbst darübersteht, also wer ethisch lebt. Vielleicht glaubst du, mich mit dem Einwand in Verlegenheit zubringen: so könne auch ich keine zuverlässige Erklärung des ethischen Lebens geben, da ich ja selbst darin befangen sei. Aber das ästhetische und das ethische Leben stehen sich in dieser Hinsicht nicht gleich. Wer ästhetisch lebt, kann von seinem eigenen Leben keine befriedigende Erklärung geben, weil er beständig nur im Moment lebt, also nur ein relatives, begrenztes Bewußtsein um sich selbst hat. Ich leugne natürlich nicht, daß das ästhetische Leben, wenn es auf seine Höhe gelangt ist, eine reiche Fülle von Geistesgaben erfordert und auch eine Ausbildung derselben, die nur von wenigen erreicht werden kann. Aber der Ästhetiker hat seinen „Geist“ nicht als freien Besitz: es fehlt ihm die Durchsichtigkeit. So haben manche Tiere weit schärfere Sinne als der Mensch; aber sie brauchen sie nur im Dienste des Instinkts. Ich kann dich selbst zum Beispiel nehmen. Ich habe dir nie deine ausgezeichneten Geistesgaben abgesprochen; vielmehr habe ich dir ja oft genug vorgeworfen, daß du sie mißbrauchest. Du bist witzig, ironisch, ein guter Beobachter und Dialektiker, ein Virtuose des Genusses, berechnend, sentimental, herzlos, das *eine* wie das *andere*, je nach Zeit und Gelegenheit. Aber du lebst immer nur im Moment; dein Leben zerfällt in zusammenhangslose Einzelerlebnisse, und es ist bei dir unmöglich, es zu erklären. Will jemand die Kunst zu genießen lernen, so möge er sich an dich wenden; will er aber dein Leben verstehen, so kommt er in dir an den Unrechten. Da könnte ich ihm eher Auskunft geben, obgleich ich keineswegs im Besitz deiner Begabung bin. Denn du bist in deinem Leben befangen, bist so sehr darin beschäftigt, daß du nicht die Zeit findest, dich darüber zu stellen; ich bin nicht befangen, weder in meinem Urteil über das Ästhetische, noch in meinem Urteil über das Ethische. Im Ethischen erhebe ich mich ja gerade über den Augenblick, zur Freiheit; man kann aber nicht dadurch befangen werden, daß man sich frei macht.

Jeder Mensch, ob er noch so gering begabt sei, ob er im Leben die untergeordnetste Stellung einnehme, hat ein natürliches Bedürfnis, sich eine Lebensanschauung zu bilden, eine Vorstellung von Bedeutung und Ziel seines Lebens. Wer ästhetisch lebt, tut das auch; er sagt, was ja nur zu viele sagen, man müsse das Leben genießen. Darin sind alle Ästhetiker einig, so verschieden auch ihre Vorstellungen vom Genuß sind und also auch von dem Einzelnen, was sie zu erstreben haben. *Wer aber Sinn und Ziel des Lebens im Genuß sieht, dessen Leben ist einer Bedingung unterstellt, die entweder außerhalb des Individuums liegt oder zwar im Individuum selbst, aber so, daß sie nicht durch das Individuum gesetzt ist.* Ich bitte dich, dieses letztere betreffend, die gewählte Formel etwas festzuhalten; ich habe sie mit Vorbedacht gewählt.

Wir wollen nun die Stadien des ästhetischen Lebens in Kürze durchlaufen, um uns zu dir hin zu finden. Vielleicht bist du schon ein bißchen ärgerlich über die allgemeine Formel, mit der ich das ästhetische Leben zu bestimmen suche; und doch wirst du kaum ihre Richtigkeit bestreiten können, denn du fühlst dich gerade dadurch als Ästhetiker, daß du das Leben zu genießen verstehst, und in den vielen anderen, die sich auf den Genuß nicht verstehen, willst du keine Ästhetiker anerkennen. Darin möget ihr euch wohl unterscheiden, aber in der Hauptsache seid ihr doch einig: ihr wollt das Leben genießen. Daß ich das hervorhebe, kann dich wohl ärgern. Du kommst dadurch in eine Gesellschaft, die dir sonst ebenso widerwärtig wie lächerlich ist. Du meinst vielleicht, ich dürfte dich wohl als Künstler von den Pfuschern unterscheiden, die dir selbst verdrießlich genug sind; so viel Galanterie dürftest du schon von mir erwarten. Aber ich kann dir nicht helfen. Du hast mit diesen verhaßten Pfuschern etwas gemein, und sogar etwas sehr Wesentliches: die Lebensanschauung; was dich aber von ihnen unterscheidet, ist in meinen Augen etwas ganz Unwesentliches. Ich kann nicht umhin, über dich zu lachen. Du stehst, mein junger Freund, wie unter einem Fluch. Du hast Kunstbrüder, zu denen du dich unmöglich bekennen kannst. Du bist so vornehm, und deine Gesellschaft ist so trivial. Es muß ja wirklich unbehaglich sein, die Lebensanschauung gemein zu haben mit jedem Bierphilister und Jagdliebhaber. Doch werde nicht böse; ganz so steht es doch nicht. Nicht weil du allein Ästhetiker bist, sondern weil du mit einem Fuß über das ästhetische Gebiet hinausgetreten bist, wie sich später zeigen wird.

Wie groß nun auch die Differenzen innerhalb des Ästhetischen seien, allen seinen Stadien ist das gemein, daß der Geist nicht als Geist bestimmt ist, sondern unmittelbar. Ästhetiker kann der geistloseste wie der geistreichste Mensch sein; aber auch im geistreichsten Ästhetiker ist der Geist nicht als Geist bestimmt, sondern als Gabe.

Ich will das einzelne Stadium nur ganz kurz charakterisieren und nur bei dem länger verweilen, was irgendwie auf dich passen kann, was du also auf dich beziehen solltest.

Die Persönlichkeit ist unmittelbar bestimmt, nicht geistig, sondern physisch. Dem entspricht die Lebensanschauung, daß Gesundheit das köstlichste Gut sei; das, worum sich alles drehe. Wenn man derselben Anschauung einen mehr poetischen Ausdruck gibt, so erklärt man die Schönheit für das Höchste. Aber die Schönheit ist ein sehr vergängliches Gut; darum ist es selten, daß diese Lebensanschauung wirklich durchgeführt würde. Ein junges Mädchen, ein junger Mann pocht eine ärmlich kurze Zeit auf seine Schönheit; dann finden sie sich betrogen. Immerhin kommt es je und je vor, daß der Wert des Lebens dauernd in der körperlichen Schönheit gesucht und gefunden wird; ich selbst erinnere mich eines solchen Falles. Als Student kam ich in meinen Ferien bisweilen in ein gräfliches Haus in der Provinz. Der Graf hatte früher eine diplomatische Charge gehabt; jetzt lebte er in vorgerückterem Alter mit ländlicher Behaglichkeit auf seinem Herrensitz. Die Gräfin war als Mädchen außerordentlich hübsch gewesen; sie war jetzt noch, trotz ihres Alters, die schönste Dame, die ich je gesehen habe. Der Graf hatte in seiner Jugend durch seine männliche Schönheit bei den Frauen großes Glück gehabt; am Hofe erinnerte man sich noch des schönen Kammerjunkers. Das Alter hatte ihn nicht gebrochen; eine edle, wirklich vornehme Würde machte ihn noch schöner. Wer die beiden in jüngeren Tagen gekannt hatte, versicherte, sie seien das schönste Paar gewesen, das man hatte sehen können. Ich, der ich das Glück gehabt hatte, sie in ihren alten Tagen kennenzulernen, glaubte das gerne: sie waren noch das schönste Paar, das man sehen konnte. Beide waren auch sehr gebildet, und doch konzentrierte sich die Lebensanschauung der Gräfin in dem einen Gedanken, daß sie das schönste Paar im ganzen Land seien. Das offenbarte sich mir in einer Begebenheit, deren ich mich noch ganz lebendig erinnere. Es war ein Sonntagvormittag; in der dicht bei dem Herrensitz gelegenen Kirche wurde eine kleine Hochzeit gefeiert. Die Gräfin war nicht wohl genug, um ihr beiwohnen zu können; der Graf dagegen nahm daran teil, in seiner Kammerherrnuniform, mit seinen Orden geschmückt. Die Fenster in dem großen Saal gingen auf die Allee, die zur Kirche führte. Die Gräfin stand an einem derselben; sie hatte sich in ein geschmackvolles Morgenkleid geworfen und war wirklich anmutig. Ich hatte mich nach ihrem Befinden erkundigt und besprach nun mit ihr eine Segelpartie, die am folgenden Tag stattfinden sollte. Da kam der Graf von fern die Allee her. Sie schwieg; sie wurde schöner als ich sie je gesehen hatte; ihre Miene wurde fast etwas wehmütig. Nun war der Graf so nahe gekommen, daß er sie im Fenster sehen konnte. Da warf sie ihm mit graziösem Anstand einen Kuß zu; und dann wandte sie sich an mich und sagte: „Nicht wahr, Wilhelm, mein Detlef ist doch der schönste Mann im ganzen Königreich! Freilich er hängt etwas nach der einen Seite; aber das kann niemand sehen, wenn ich mit ihm gehe, und wenn wir zusammengehen, sind wir doch noch das schönste Paar im ganzen Lande." Das kleine Fräulein von sechzehn Jahren konnte nicht glückseliger sein über ihren Verlobten, den schönen Kammerjunker, als diese Matrone über den schon betagten Gemahl.

Beide Lebensanschauungen treffen darin zusammen, daß man das Leben genießen soll; die Bedingung des Lebensgenusses liegt in dem Individuum selbst, aber so, daß sie nicht durch das Individuum gesetzt ist.

Gehen wir weiter, so treffen wir auf Lebensanschauungen, die Ziel und Bedeutung des Lebens ebenfalls im Genuß sehen, aber die Bedingung des Lebensgenusses außerhalb des Individuums finden. Dies ist immer dann der Fall, wenn Reichtum, Ehre, Adel u. dgl. Inhalt und Aufgabe des Lebens bilden. Hierher gehört auch eine gewisse Art der Liebe. Wenn ein junges Mädchen von ganzer Seele verliebt ist; wenn es ihrer Augen Lust ist, nur den Geliebten zu sehen; wenn ihre Seele keinen Gedanken hat als ihn, ihr Herz keinen Wunsch, als ihm zuzugehören; wenn nichts im Himmel und auf Erden Bedeutung für sie hat, außer ihm: so haben wir hier wieder eine ästhetische Lebensanschauung, der die Bedingung des Glücks außerhalb des Individuums selbst liegt. Du hältst es natürlich für eine Torheit, so zu lieben; du meinst, das komme nur in Romanen vor. Mir scheint es nicht so unmöglich zu sein; und so viel ist gewiß, daß viele Menschen darin etwas ganz Außerordentliches sehen. Ich werde dir später erklären, warum ich das nicht billigen kann.

Wir gehen weiter, da treffen wir wieder auf Lebensanschauungen, die die Bedingung des Genusses, der ihnen das Ziel des Lebens ist, im Individuum selbst finden, nur daß sie nicht durch das Individuum selbst gesetzt ist. Die Persönlichkeit wird hier im allgemeinen als Talent bestimmt. Es gibt ein technisches Talent, ein kaufmännisches Talent, ein mathematisches Talent, ein dichterisches Talent, ein künstlerisches Talent, ein philosophisches Talent; die Persönlichkeit sucht den Genuß, der sie befriedigen soll, in der Ausübung dieses Talents. Vielleicht läßt man es nicht bei dem Talent bewenden, wie es durch die Natur gegeben ist, sondern sucht es auf alle Weise auszubilden; aber die Bedingung eines befriedigten Lebens ist doch das Talent selbst, ist also nicht durch das Individuum gesetzt. Menschen dieser Lebensanschauung sind, ihrer unermüdlichen Tätigkeit wegen, deinem beißenden Spott ausgesetzt. Du willst ihnen nicht zugestehen, daß sie „ästhetisch" leben wie du. Allerdings, sie verstehen unter Lebensgenuß etwas anderes als du; aber darauf kommt es nicht an. Das Wesentliche ist, daß man das Leben eben genießen will. Das tust du wie sie; du vornehmer als sie, sie unschuldiger als du.

Diese Arten ästhetischer Lebensanschauungen gleichen sich darin, daß sie dem Leben einen gewissen Zusammenhang, eine gewisse Einheit geben; denn es ist ein bestimmtes Ding, worum sich alles dreht. Andere Ästhetiker gründen ihr

Leben auf das Mannigfaltige, und darum zersplittert sich ihr Dasein. Dabei muß ich etwas länger verweilen. Auch sie lehren: genieße das Leben; aber sie deuten das dahin: lebe der Lust. Die Lust aber ist in sich selbst eine Mannigfaltigkeit; und so muß ihr Leben sich in eine grenzenlose Mannigfaltigkeit zersplittern, wenn nicht etwa das Gelüste des Individuums von Jugend auf zu einer einzelnen Lust oder vielmehr Neigung determiniert ist; wie ja mancher seinen besonderen und stetigen Hang hat, zu fischen, zu jagen, Pferde zu halten usf. Sofern diese Lebensanschauung die Befriedigung in dem Mannigfaltigen sucht, muß sie in der Sphäre der Reflexion liegen; aber die Reflexion, die sie produziert, ist immer nur endliche Reflexion, und die Persönlichkeit verbleibt in ihrer Unmittelbarkeit. In der Lust selbst ist das Individuum unmittelbar, wie verfeinert, wie raffiniert, wie ausspekuliert sie auch sei. Wer genießt, ist im Moment; und weil er genießend im Moment aufgeht, ist er immer unmittelbar, wie mannigfaltig auch sein Genuß sei. Es gilt nun für sehr vornehm, seinem Gelüste zu leben. Doch sieht man diese Lebensanschauung, Gott sei Dank, selten durchgeführt, da die Beschwerlichkeiten des Lebens dem Menschen anderes zu denken geben. Wäre das nicht der Fall, so könnte man gewiß öfter Zeuge dieses entsetzlichen Schauspiels sein; denn daß die Menschen, wie man öfter hört, sich über die Prosa des Lebens beklagen, besagt doch zumeist nichts anderes, als daß sie sich gerne dem wilden Wirbel der Lust überlassen möchten. Damit diese Anschauung sich konsequent durchführen lasse, muß das Individuum im Besitz einer großen Mannigfaltigkeit äußerer Bedingungen sein, und dieses Glück oder vielmehr Unglück wird dem Menschen selten zuteil. Dieses Unglück: denn eine solche Gunst erweisen die Götter gewiß nicht in Gnaden, sondern im Zorn.

Man sieht also diese Lebensanschauung selten im großen Stil durchgeführt; doch stößt man in der Geschichte je und je auf ein Exempel, und da ich es für nützlich halte, zu zeigen, wohin diese Lebensanschauung führt, gerade wenn sie vor den äußeren Verhältnissen die höchste Gunst erfährt, so will ich eine solche Gestalt charakterisieren. Ich wähle dazu Nero, den allmächtigen Kaiser, vor dem eine Welt sich beugte, der lebenslang umringt war von einer zahllosen Schar williger Diener seiner Lust. Du hast einmal mit gewohnter Frechheit geäußert, es sei Nero gar nicht zu verdenken, daß er Rom in Brand gesetzt habe, um eine Vorstellung von der Zerstörung Trojas zu bekommen; die Frage sei nur, ob er diesen Genuß auch zu genießen verstanden habe. Das ist so eines deiner kaiserlichen Gelüste, keinem Gedanken aus dem Weg zu gehen, vor keinem sich zu entsetzen. Dazu braucht man ja nicht die kaiserliche Garde, nicht die Schätze Roms; das kann man für sich allein in der Stille abmachen, was für die anderen, auch für dich selbst, immerhin besser ist, aber an sich nicht weniger schrecklich. Du wolltest ja Nero natürlich nicht verteidigen, und doch liegt darin eine gewisse Art Verteidigung, daß du absiehst von dem, was er tat, und nur berücksichtigst, wie er's tat. Ich weiß nun wohl, daß eine solche Frechheit in Gedanken sich öfters bei jungen Menschen findet, die dann sozusagen ihre Kraft an der Welt versuchen und sich besonders wenn andere darauf achten, ins Alleräußerste hinein steigern können. Von dem frechen Gedanken zur frechen Tat ist zum Glück noch ein weiter Weg; du selbst würdest vor der Ausführung der zügellos wilden, aber witzigen Gelüste, die du gelegentlich äußerst, nicht minder zurückbeben als ich. Darum nehme ich solche Extravaganzen bei dir nicht eben tragisch. Und doch: es möge sich kein Mensch dagegen unbedingt gesichert glauben, daß er nicht ein Nero werde. Ein bloßes Monstrum ist Nero wahrlich nicht. Dir erscheint vielleicht meine Deutung seines Wesens zu milde. Und doch bin ich kein milder Richter (in anderem Sinne richte ich überhaupt nicht); und das bezeichnendste Wort, das ich zur Charakteristik Neros fand, ist nicht zu milde, sondern nur wahr. Ich wähle es mit Bedacht, um ins Licht zu stellen, wie nahe verwandt wir alle einem Nero sind. In der Tat, ich glaube, daß jeder Mensch, der nicht bloß als Kind dahinlebt, Augenblicke hat, worin er wenigstens von ferne diesen äußersten Grad der Verlorenheit ahnt. Neros Wesen ist nämlich Schwermut. Heutzutage gilt es für etwas Großes, schwermütig zu sein; insofern kann ich wohl begreifen, daß du dieses Wort zu mild findest; ich aber halte mich an die ältere Kirchenlehre, die die Schwermut unter die Todsünden rechnete. Habe ich damit recht, so ist das freilich für dich etwas unbehaglich: Schwermut charakterisiert auch deine Lebensbetrachtung. Doch bitte ich, mich richtig zu verstehen. Schwermütig ist ein Mensch nicht dadurch, daß er unter Kummer und Sorgen leidet, und vielleicht bis zu dem Grade leidet, daß er des Leidens lebenslang nicht mehr ledig wird: das kann sogar wahr und schön sein. Schwermütig wird ein Mensch nicht durch auferlegtes Leiden, nur durch eigene Schuld.

Ich denke mir also den kaiserlichen Wollüstling. Nicht bloß, wenn er den Thron besteigt, wenn er zur Ratsversammlung geht, folgen ihm seine Liktoren; sie müssen ihm auch den Weg für seinen Raubzug bahnen, wenn er auszieht, seine Lüste zu befriedigen. Ich denke mir ihn etwas älter: seine Jugend ist vorbei, der leichte Sinn ist ihm gewichen, er ist vertraut mit jeder denkbaren Lust, ist ihrer satt. Aber dieses Leben hat doch seine Seele gereift; und doch ist er, so gründlich er sich ausgelebt hat, so gut er sich auf die Welt versteht, noch ein junger Mensch. Der Geist kann in ihm nicht durchbrechen und drängt doch auf einen Durchbruch hin, denn er verlangt eine höhere Form des Daseins. Soll er aber zu dieser durchbrechen, so muß ein Augenblick kommen, da der Glanz des Thrones und der kaiserlichen Macht erbleicht; und das auszuhalten, dazu hat Nero nicht den Mut. So greift er wieder nach der Lust, alle Klugheit der Welt muß ihm neue Lüste ausdenken, denn nur die Aufregung der Lust betäubt seine Unruhe, aber wenn sie vorbei ist, sinkt er ermattet nieder. Immer will der Geist durchbrechen und nie kommt er zum Durchbruch. Um die höhere Existenz, nach der er verlangt, wird er immer wieder betrogen und abgefunden mit einem Genuß, der ihn wohl aufregt, aber nicht befriedigt. Da zieht sich der Geist in ihm wie eine düstere Wolke zusammen, sein Zorn lastet auf Neros Seele und erzeugt eine Angst, die auch im Augenblick des Genusses nicht weicht. Sieh, darum ist sein Auge so finster, daß niemand ihm begegnen mag, darum sein Blick so flackernd, daß er Angst einflößt: hinter dem Auge brütet die dunkle Seele. Man nennt diesen Blick „kaiserlich", und die ganze Welt erbebt vor ihm; aber sein Geheimnis ist die Angst. Darum kann Nero vor einem Kind erschrecken; daß ihn jemand zufällig ansieht, kann ihm Entsetzen einjagen: es ist ihm, als ob dieser Mensch ihn bannen wolle. Denn der Geist will in ihm durchbrechen, will, daß er sich in klarem Selbstbewußtsein ergreife und besitze; aber das kann Nero nicht, und so wird der Geist wieder zurückgedrängt, und ein neues Gewitter des Zorns zieht sich in ihm zusammen. Nero ist nicht er selbst, ist unfrei in sich selbst, ist wie besessen; darum ist es, als ob jeder Blick ihn gleichsam bannen wolle. Daher diese Angst vor den Menschen, die Nero mit jeder Persönlichkeit seiner Art gemein hat. Ruhe hat Nero nur, wenn die Welt vor ihm erzittert: ihre Furcht gibt ihm eine Gewähr, daß niemand ihn zu greifen wage. Er, der Kaiser, erbebt unter dem Blick des elendesten Sklaven. Da verzehrt sein Auge den Menschen, der so auf ihn zu sehen wagt. Die Kreaturen um ihn verstehen das wilde Feuer darin, und der Unglückliche ist nicht mehr. Nero hat keinen Mord auf dem Gewissen; doch sein Geist hat einen neuen Anlaß der Angst. Nur im Augenblick der Lust findet er Zerstreuung. Er brennt das halbe Rom ab, aber seine Qual ist dieselbe. Bald belustigt ihn auch so etwas nicht mehr. Da gibt es eine noch höhere Lust: er will die Menschen ängsten. Sich selbst ist er ein Rätsel, und sein Wesen ist Angst: so will er allen ein Rätsel sein und sich an ihrer Angst freuen. Daher dieses kaiserliche Lächeln, das niemand fassen kann. Die Menschen nähern sich seinem Thron, er lächelt ihnen freundlich zu: sie aber ergreift eine entsetzliche Angst: vielleicht ist dieses Lächeln ihr Todesurteil; vielleicht öffnet sich ein Abgrund unter ihnen und verschlingt sie. Ein Weib naht sich seinem Thron, er lächelt ihr gnädig zu: sie aber wird fast ohnmächtig vor Angst: vielleicht bedeutet dieses Lächeln, daß er sie bereits zum Opfer seiner Wollust ausersehen hat. Und diese Angst ist ihm eine Lust. Er will nicht imponieren, er will ängsten. Er tritt nicht stolz auf in seiner kaiserlichen Würde; schwach, ohnmächtig schleicht er dahin, denn, daß er so schwach erscheint, beunruhigt noch mehr. Er sieht aus wie ein Sterbender, er atmet kaum: und doch ist er der Kaiser, der der Menschen Leben in seiner Hand hat. Seine Seele ist matt. Nur witziges Gedankensspiel ist imstande, ihn einen Augenblick in Atem zu halten. Er hat nichts davon, und doch kann er nicht atmen, wenn es verstummt. Er könnte das Kind vor den Augen der Mutter in Stücke hauen, nur um zu sehen, ob ihre Verzweiflung der Leidenschaft einen neuen Ausdruck geben könne, denn das wäre ihm eine Lust. Wäre er nicht Roms Kaiser, so würde er vielleicht sein Leben durch Selbstmord enden. Das ist ja im Grunde ein und dasselbe, wenn Caligula wünscht, daß aller Menschen Köpfe auf einem Hals säßen, damit er mit einem Hieb die ganze Welt vernichten könnte, und wenn ein Mensch sich selbst das Leben nimmt.

Ob es auf Nero stimmt, das weiß ich nicht; aber man findet bei solchen Persönlichkeiten bisweilen eine gewisse Gutmütigkeit, und wenn Nero die gehabt hat, wurde sie ihm von seiner Umgebung ohne Zweifel als Leutseligkeit angerechnet. Damit ist es aber eine besondere Sache: sie ist nur ein neuer charakteristischer Zug der Schwermut, die dadurch entsteht, daß der Geist nicht zum Durchbruch gelangen kann. Da kann demselben Menschen, dem alle Herrlichkeit der Welt keinen Genuß mehr gibt, irgendein unbedeutendes Ding, ein zufälliges Wort, eine kleine Kuriosität, das Äußere eines Menschen eine ganz außerordentliche Freude machen. Ein Nero kann sich über dergleichen freuen wie ein Kind. Wie ein Kind: das ist der rechte Ausdruck dafür; denn es ist die ganze Unmittelbarkeit des Kindes, die dann unverändert, ungeklärt zum Vorschein kommt. Eine durchgebildete Persönlichkeit kann sich nicht so freuen; wohl hat sie sich die Kindlichkeit bewahrt, aber sie ist doch kein Kind mehr. Nero ist für gewöhnlich ein Greis, im einzelnen Fall ein Kind.

Hier will ich diese kleine Schilderung abbrechen, die wenigstens auf mich einen höchst ernsthaften Eindruck gemacht hat. Selbst nach seinem Tode flößt Nero noch Angst ein; grundverdorben wie er ist, ist er doch Fleisch von unserem Fleisch und Bein von unserem Bein, und selbst in dem Unmenschen ist immer noch etwas Menschliches. Ich habe ihn nicht gezeichnet, um deine Phantasie zu beschäftigen; ich bin ja nicht ein Schriftsteller, der um des Lesers Gunst buhlt, und am allerwenigsten liegt mir daran, mich dir als Schriftsteller zu präsentieren; ich bin, wie du weißt, überhaupt nicht Schriftsteller und schreibe nur um deinetwillen. Auch habe ich dir meinen Nero nicht vorgestellt, um dir und mir die Gelegenheit zu geben, mit dem Pharisäer Gott dafür zu danken daß wir doch ganz andere Menschen seien. In mir weckt Nero nicht diesen Gedanken, obgleich ich Gott dafür Dank weiß, daß ich als glücklicher Ehemann in einem nur mäßig bewegten Leben solche Schrecknisse nur von ferne ahnen kann. Was aber dich betrifft, so erinnere ich mich im Blick auf Nero mit Freude, daß du noch jung genug bist, an ihm etwas zu lernen. Und es ist etwas von ihm zu lernen. Das nämlich, daß es ein Wahn ist, man könne auf dem Wege des Genusses zum Glück gelangen, wenn einem nur die Mittel des Genusses unbeschränkt zur Verfügung stehen; daß des Menschen Unglück nicht in der Ungunst der äußeren Verhältnisse liegt: erlauben die ihm die Befriedigung jedes Gelüstes, so ist das vielmehr erst recht sein Unglück.

Was ist denn Schwermut? Nichts anderes als Hysterie des Geistes. Es kommt im Leben des Menschen ein Augenblick, da ist die Unmittelbarkeit gleichsam reif geworden und der Geist verlangt eine höhere Form, worin er sich selbst als Geist ergreifen kann. Als unmittelbarer Geist ist der Mensch verstrickt in das ganze irdische Leben; nun will der Geist sich gleichsam aus dieser Zerstreutheit sammeln; die Persönlichkeit will sich selbst durchsichtig, will ihres ewigen Rechts bewußt werden. Geschieht das nicht, wird die Bewegung gehemmt und zurückgedrängt, so tritt Schwermut ein. Man kann viel tun, damit diese Stockung im Geistesleben nicht zum Bewußtsein komme; man kann arbeiten und andere Mittel anwenden, die unschuldiger sind als die eines Nero: gehoben ist die Schwermut damit nicht.

Es ist etwas Unerklärliches in der Schwermut. Wer Kummer und Sorge hat, weiß, was ihm Kummer und Sorge verursacht. Fragt man den Schwermütigen, was ihn so schwermütig mache, was so schwer auf ihm laste, so wird er antworten: „Das weiß ich nicht, das kann ich nicht sagen." Das macht den Schwermütigen immer so unendlich schwermütig. Seine Antwort ist übrigens ganz richtig; denn sobald er sich in seiner Schwermut versteht, ist sie gehoben, während der Kummer mit der Erkenntnis seiner Ursache nicht gehoben ist. Aber Schwermut ist Sünde, ist eigentlich die Sünde *instar omnium*; denn Schwermut ist die Sünde, nicht tief und innerlich zu wollen; und das ist die Mutter aller Sünden. Diese Krankheit oder vielmehr diese Sünde ist in unserer Zelt allgemein verbreitet; das ganze junge Deutschland und Frankreich seufzt darunter. Ich möchte nicht, daß du gereizt würdest, ich möchte dich so schonend wie möglich behandeln. Ich gestehe dir also gerne zu, daß Schwermut in gewissem Sinne gar kein übles Zeichen ist; sie befällt im allgemeinen nur die begabtesten Naturen. Ich lasse dir dein Recht auch insofern widerfahren, als ich nicht jedem, der an Indigestion leidet, erlaube, sich schwermütig zu nennen: eine heutzutage nicht eben seltene Anmaßung, da es ja fast zu einem beneideten Vorzug geworden ist, schwermütig zu sein. Aber wer vorzüglich begabt sein will, muß sich auch gefallen lassen, daß man die Verantwortung auf ihn legt, die ihn mehr schuldig macht als andere Menschen. Wenn er das versteht, so wird er darin auch keine Verkleinerung seiner Persönlichkeit erkennen: er wird ja dadurch nur genötigt, sich in wahrer Demut unter die ewige Macht zu beugen. Sobald die Bewegung vollzogen ist, ist die Schwermut wesentlich gehoben, während es demselben Individuum beschieden sein kann, sein ferneres Leben unter mancherlei Sorgen hinzubringen. Kummer ist, wie gesagt, nicht Schwermut; und wenn ich die Schwermut als Sünde verurteile, so steht mir doch (das weißt du wohl) die elende Verständigkeit ferne, daß man die Sorge in den Wind schlagen soll, da es doch nichts helfe, sich zu grämen. Ich würde mich vor mir selbst schämen, wenn ich einem bekümmerten Menschen mit diesem Rat kommen wollte ... Aber selbst der Mensch, dessen Leben in ruhiger, friedlicher, gesunder Bewegung dahingeht, wird immer etwas Schwermut zurückbehalten; das hat seine weit tiefere Ursache, nämlich in der Erbsünde, die es dem Menschen unmöglich macht, sich selbst ganz durchsichtig zu werden. Kennt die Seele gar keine Schwermut mehr, so hat das den Grund, daß sie keine Metamorphose mehr ahnt. Da ich nur über dich an dich schreibe, gehe ich darauf nicht weiter ein. Dich wird meine Erklärung, denke ich, befriedigen; denn du teilst schwerlich die Ansicht mancher Ärzte, daß die Schwermut immer eine körperliche Ursache habe. Tatsächlich können ja diese Ärzte sie doch nicht heilen. Sie liegt im Geist; deshalb kann nur der Geist sie heben; und wenn der Geist sich selbst findet, so weicht sie auch. Dann verschwinden auch von selbst die einzelnen Bekümmernisse, die nach der Meinung mancher die Schwermut verursachen: daß man sich nicht in die Welt finden könne; daß man zu spät und zu früh in die Welt gekommen sei; daß man nirgends zu brauchen sei usf. Wer sich selbst seines ewigen Werts bewußt geworden ist, sich also im Sinne der Ewigkeit besitzt, der kommt weder zu früh, noch zu spät zur Welt, der hat auch nicht über ein unbedeutendes Leben zu klagen.

Doch dies war eine Abschweifung, die du hoffentlich verzeihen wirst, da ich sie nur um deinetwillen verschuldet habe. Ich kehre zu der Lebensanschauung zurück, die des Lebens Ziel und Gehalt darin sieht, daß man seine Lust befriedige. Der prosaische Verstand sieht leicht, daß das sich nicht durchführen läßt und rät daher auch von dem bloßen Versuch ab; ein raffinierter Egoismus erhebt das tiefere Bedenken, daß man dabei die Pointe im Genuß verfehle. So gibt dieser derselben Lebensanschauung eine neue Wendung: daß man das Leben genießen soll, bedeutet für ihn, daß man sich selbst genießen soll: im Genuß genieße dich selbst. Das ist eine höhere Reflexion; doch dringt sie natürlich nicht in die Persönlichkeit selbst ein, diese bleibt vielmehr in ihrer zufälligen Unmittelbarkeit. Auch ist die Bedingung des Genusses doch auch hier eine äußere und steht nicht in des Individuums Macht, denn obschon der Ästhetiker dieser Art, wie er sagt, sich selbst genießt, genießt er sich doch nur im Genuß, der Genuß aber ist an eine äußere Bedingung geknüpft. Der ganze Unterschied ist also, daß er reflektiert genießt, nicht unmittelbar. Also bleibt auch dieser Epikuräismus abhängig von einer äußeren Bedingung, die nicht in seiner Macht steht. Da kommt nun ein abgehärteter, unerschrockener Verstand auf den Ausweg, daß man sich selbst genieße, indem man die Bedingungen des Genusses wegwerfe. Aber wer darin den Selbstgenuß sucht, bleibt (das versteht sich von selbst) von den Bedingungen so abhängig wie wer im Genuß derselben sich selbst genießen will: er muß sie doch haben, um sich darin genießen zu können, daß er sie wegwirft. Seine Reflexion führt ihn beständig auf sich selbst zurück; aber da sein Genuß darin besteht, daß der Genuß des Inhalts sich mehr und mehr entleert, so höhlt er sich durch den Gedanken, darin sich selbst genießen zu wollen, gleichsam nur selbst aus; denn eine Reflexion dieser Art, die doch nur das Endliche im Auge hat, ist natürlich nicht imstande, der Persönlichkeit das Auge für ihre Unendlichkeit zu öffnen.

Durch diese Betrachtungen glaube ich das Territorium der ästhetischen Lebensanschauung, wenigstens für dich, deutlich genug umschrieben zu haben. Alle Stadien haben das gemeinsam, daß man für das lebt, wodurch man unmittelbar ist, was man ist; denn die Reflexion greift nie so hoch, daß sie darüber hinausgreifen würde. Was ich gegeben habe und geben wollte, ist nur eine flüchtige Andeutung; mich interessiert ja auch nicht, wie sich das Leben auf den verschiedenen Stadien orientiert, sondern nur die Bewegung, die notwendig vollzogen werden muß, um darüber hinauszukommen. Die will ich nun aufweisen, und ich bitte dich, darauf deine Aufmerksamkeit zu konzentrieren.

Ich nehme also an, daß jener Mann, der für seine Gesundheit lebte in der Stunde seines Todes so frisch war wie je; daß jenes gräfliche Ehepaar durch den

Tanz auf seiner goldenen Hochzeit dieselbe Bewunderung erregte wie durch den Tanz auf seiner ersten Hochzeit; ich nehme an, daß des reichen Mannes Goldminen unerschöpflich seien, daß Ehren und Würden dem Glücklichen ohne Aufhören zuströmen; ich nehme an, daß das junge Mädchen den Geliebten auch gewann, daß das kaufmännische Talent seine Fäden über alle Weltteile spannte, daß das mechanische Talent eine Verbindung von Himmel und Erde erfand; ich nehme an, daß Nero nie ermattet nach Genuß lechzte, weil in jedem Augenblick neuer Genuß ihn überraschte, daß jener raffinierte Epikuräer in jedem Augenblick sich selbst genießen konnte, daß der Zyniker beständig ein Gut zum Wegwerfen hatte, um seine Leichtigkeit zu genießen; das nehme ich an: und so wären ja alle diese Menschen glücklich. Du freilich würdest nicht so urteilen, aus einem Grunde, den ich dir später erklären will; aber du wirst mir gerne zugestehen, daß viele Menschen so denken, und der und jener etwas besonders Geistreiches zu sagen glaubt, wenn er meint: das einzige, was solchen Glückskindern fehle sei, daß sie ihr Glück nicht zu schätzen wissen. Nun aber gehe die Bewegung des Lebens in entgegengesetzter Richtung, es geschehe nichts von alledem. Was dann? Dann verzweifeln sie. Du freilich wirst diese Konsequenz ablehnen: es sei nicht der Mühe wert, darüber zu verzweifeln. Den wahren Grund dieses Verhaltens werde ich dir später erklären. Jetzt verlange ich bloß das Zugeständnis von dir, daß viele Menschen in der Verzweiflung die notwendige Folge eines solchen Schicksals sehen. Wir wollen nun untersuchen, warum die Betreffenden verzweifeln. Etwa deshalb, weil sie entdeckten, daß der Grund, auf den sie ihr Leben bauten, das Vergängliche war? Ein sehr einleuchtender Grund und doch nur ein Scheingrund. Mit dem, worauf sie ihr Leben bauten, ist ja keine wesentliche Veränderung vor sich gegangen. Das Vergängliche hat sich nur als vergänglich erwiesen. Aber das ist doch keine wesentliche Veränderung an dem Vergänglichen, vielmehr ist es etwas ganz Zufälliges und Unwesentliches an ihm, daß es sich etwa nicht in seiner Vergänglichkeit zeigt. Also ist damit nichts Neues eingetreten, das die Verzweiflung begründen könnte. Wer darüber verzweifelt, der war schon vorher verzweifelt. Nur hat er zufälligerweise das vorher nicht gewußt. So erweist sich, daß jede ästhetische Lebensanschauung Verzweiflung ist, daß jeder, der ästhetisch lebt, verzweifelt ist, ob er es weiß oder nicht. Wenn man es aber weiß (und du weißt es ja), so ist eine höhere Form des Daseins eine unabweisbare Forderung.

Nur mit ein paar Worten will ich dir mein Urteil über das junge Mädchen und seine Liebe rechtfertigen. Du weißt, daß ich als Ehemann bei jeder Gelegenheit mündlich und schriftlich die Realität der Liebe gegen dich vertrete; ich will diesem Brauch, den ich mir gebildet habe, auch diesmal nachkommen, um jedes Mißverständnis auszuschließen. Wer im endlichen Sinne klug ist, wird gegen eine solche Liebe Bedenken haben; er durchschaut vielleicht ihre Unsicherheit und setzt ihr die ärmliche Weisheit entgegen: lieb mich wenig und lieb mich lange. Wie wenn seine Lebensklugheit nicht auf noch schwächerem Grunde stünde! also ihre Ärmlichkeit nicht einmal durch die größere Sicherheit ausgleichen kann, die sie gewährte! Daß ich in seinem Sinne die leidenschaftliche Liebe mißbilligte, wirst du mir nicht zutrauen. Mir widersteht es, auf dem Gebiet der Liebe psychologische Experimente zu machen. Ich habe nur einmal geliebt und bin in dieser Liebe noch heute unbeschreiblich glücklich. Ich mag darum nicht einmal denken, daß ich von einer anderen geliebt würde als der, mit der ich verbunden bin, und mit einer anderen Liebe als der, die mich so glücklich macht. Aber ich will nun doch einen solchen Gedanken wagen, will mich, wie es nun auch zugegangen sein möge, als Gegenstand einer solchen Liebe denken. Sie würde mich auch nicht glücklich machen, ich würde sie nicht annehmen. Nicht weil ich sie verschmähen würde (Gott weiß, daß ich lieber einen Mord auf meinem Gewissen als eines Mädchens Liebe verschmäht haben möchte); aber ich würde sie ablehnen um ihretwillen. Stünde es bei mir, so möchte ich von jedem Menschen geliebt sein; von meiner Frau wünsche ich so hoch geliebt zu sein, wie ein Mensch überhaupt vom anderen geliebt werden kann, und es würde mich schmerzen, wenn dem nicht so wäre. Mehr aber wünsche ich nicht. Ich liebe sie zu hoch, als daß ich ihr erlauben könnte, sich zu entwürdigen. Wie könnte ich zulassen, daß ein Mensch durch seine Liebe zu mir Schaden nähme an seiner Seele? Für einen hochmütigen Sinn liegt etwas Verführerisches darin, so geliebt zu werden; und es gibt Menschen, die auf die Kunst stolz sind, ein Mädchen so zu betören, daß sie alles über ihnen vergißt: sie mögen zusehen, wie sie das verantworten können. Zumeist wird ein solches Mädchen hart genug dafür gestraft; aber zuzulassen, daß sie sich so verliebt, das ist niedrig. Sieh, deshalb sagte ich es, sage ich noch, das Mädchen sei gleich verzweifelt, ob sie den Geliebten bekomme oder nicht. Denn das ist ja nur ein zufälliger Umstand, ob der, in den sie sich verliebt, ein so redlicher Mensch ist, daß er ihr aus ihres Herzens Verirrung heraushilft. Wer das aber tut, der handelt, nach meinem Urteil, redlich, aufrichtig, treu, ritterlich gegen sie, ob auch die Mittel, die er brauchen muß, noch so hart sind.

Also: jede ästhetische Lebensanschauung ist Verzweiflung; so weit wären wir; und so wäre jetzt wohl die Bewegung vorzunehmen, durch die das Ethische ins Dasein tritt. Aber es ist noch ein Stadium vorhanden, noch eine Form der ästhetischen Lebensanschauung, die feinste und vornehmste von allen; sie muß ich noch behandeln, und zwar auf das Sorgfältigste, denn nun kommt die Reihe an dich. Im bisherigen konntest du wohl durchweg ruhig mitgehen; ich habe deshalb gewissermaßen auch gar nicht zu dir geredet: welchen Wert hätte es auch, dir nachzuweisen, daß das Leben eitel sei? Das weißt du ja sehr gut, und du hast dir ja auf deine Weise zu helfen gesucht. Das Bisherige habe ich denn auch nur vorgetragen, um mir den Rücken freizuhalten, um dich zu verhindern, daß du plötzlich zurückspringest. Die letzte Lebensanschauung ist die Verzweiflung selbst. Sie ist eine *ästhetische* Lebensanschauung: sie führt die Persönlichkeit über ihre Unmittelbarkeit nicht hinaus; und sie ist die *letzte* ästhetische Lebensanschauung: bis zu einem gewissen Grade ist sie sich ihrer Nichtigkeit bewußt geworden.

Doch ehe wir weiter gehen, noch eine Bemerkung über deine Art von Verzweiflung. Es ist ein Unterschied zwischen Verzweiflung und Verzweiflung. Man kann über dem einzelnen verzweifeln, wenn es dem Individuum so bedeutend ist, daß ihm sein ganzes Leben daran hängt. Dann hört die Verzweiflung auf, wenn dieses einzelne wieder zurechtgebracht ist. Verliert ein Maler sein Gesicht, so verzweifelt er, wenn ihm seine Kunst sein Alles ist; wird ihm sein Gesicht wiedergegeben, so lebt er wieder auf. Du bist nicht über dem einzelnen verzweifelt. Deine geistige Begabung ist zu groß, deine Seele in gewissem Sinne zu tief, als daß dir das widerfahren könnte. Auch hast du noch keine Veranlassung dazu gehabt. Du hast noch immer alle Bedingungen eines ästhetischen Lebens in deiner Macht, hast Vermögen und eine gute Gesundheit, bist unabhängig und frischen Geistes und hast auch noch kein Unglück in der Liebe gehabt. Und doch bist du verzweifelt: nicht aktuell über einer Wirklichkeit, sondern potentiell, an jeder Möglichkeit des Lebens. Dein Gedanke ist dem Leben vorausgeeilt, du hast entdeckt, daß alles eitel ist, aber du bist nicht weiter gekommen. Gelegentlich stürzest du dich ins Leben hinein, und indem du dich einen Moment dem Genuß hingibst, wirst du dir wieder dessen bewußt, daß eben alles eitel ist. So lebst du beständig in einer gewissen Exaltation, der Exaltation der Verzweiflung. Aber das ist eine höchst gefährliche Exaltation, gefährlich für dich, gefährlich auch für andere. Ich habe schon öfter bemerkt, daß der Mensch um so schwerer vom Trunk geheilt wird, je feiner das Getränk ist, mit dem er sich berauscht. Wer sich in Branntwein betrinkt, bemerkt bald die verderbliche Wirkung, und so kann man für ihn hoffen. Wer sich in Champagner betrinkt, ist schwerer zu retten. Du aber berauschest dich mit dem feinsten Gift, das es gibt: welcher Rausch ist so schön, wie die Exaltation der Verzweiflung, und sie kleidet so gut, besonders wenn man den wilden Ausbruch der Verzweiflung zurückzuhalten und ihre heimliche Glut nur von ferne ahnen läßt. Das gibt der ganzen Haltung einen leichten Schwung; der Blick wird stolz und trotzig; die Lippe lächelt übermütig. Man geht scheinbar ohne irdische Schwere durch das Leben hin, man überschaut es scheinbar mit einer souveränen Überlegenheit. Das imponiert, insbesondere (das weißt du wohl) dem jungen Mädchen. Wie schmeichelt es ihr, daß so ein stolzes Haupt sich vor ihr, vor ihr allein in der ganzen Welt beugt! Und manche nimmt in ihrer Unschuld die falsche Huldigung für Ernst. Ist es aber nicht schändlich, wenn ein Mensch, doch nein, ich will dir keine Strafrede halten, die ja doch ihren Zweck verfehlen würde; ich weiß dich schärfer zu fassen. Denke dir, es käme ein talentvoller, begeisterter, verliebter junger Mensch, um sich bei dir Rat zu erholen, da er dich irrtümlicherweise für einen treuen, redlichen Menschen hält. Wäre das nicht fatal? Du kannst dich ja vor ihm verleugnen lassen, um dir eine Demütigung zu ersparen. Aber so verdorben bist du nicht, daß du ihm auch dein Herz verschließen könntest; und so kannst du dir auch nicht verhehlen, wie beschämend es für dich ist, daß er sich allerdings gründlich in dir täuscht, wenn er sich in seines Herzens Unschuld mit einem ernsten Anliegen an dich wendet ...

Du bist also nicht bloß verzweifelt: die Verzweiflung ist deine Lebensanschauung. Und glaube mir: vieles in deinem Leben wird sich dir aufklären, wenn du es mit mir in diesem Lichte betrachtest, als Wirkung und Symptom dieser feinsten, vornehmsten, gefährlichsten Form der ästhetischen Lebensanschauung.

Du hassest alle Wirksamkeit: natürlich; denn alles Wirken hat nur Sinn, wenn das Leben Kontinuität hat, und die geht deinem Leben gerade ab. So beschäftigst du dich mit deinen Studien, das ist wahr und bist sogar fleißig; aber du tust das nur um deiner selbst willen und magst dein Studium nicht unter einen Zweck stellen. Im übrigen stehst du, wie jene Arbeiter im Evangelium, müßig am Markte, steckst die Hände in die Taschen und betrachtest dir das Leben. Du bist ganz ruhig in der Verzweiflung; nichts beschäftigt dich, du gehst nichts aus dem Wege: „Würfe man die Ziegel von den Dächern, ich ginge doch nicht aus dem Weg." Du bist wie ein Sterbender, du stirbst täglich; aber nicht in dem tiefen, ernsten Sinn, den dieses Wort sonst hat; das bedeutet für dich vielmehr nur, daß das Leben seine Realität verloren hat. „Ich berechne immer mein Leben von einem Kündigungstag zum anderen." Du läßt alles an dir vorbeigehen, ohne daß es einen Eindruck auf dich machte. Aber nun kommt plötzlich etwas, das dich packt, eine Idee, eine Situation, das Lächeln eines jungen Mädchens, und nun bist du „dabei". Denn wie du bei gewissen Gelegenheiten nicht „dabei" bist, so tust du zu anderen Zeiten mit und stehst in jeder Weise zu Diensten. Wo etwas los ist, da bist du dabei. Du benimmst dich im Leben, wie man es im Gedränge zu machen pflegt. Du zwängst dich, um deine eigenen Worte zu gebrauchen, in die dichteste Masse ein, läßt dich womöglich über die anderen hinaufdrücken; bist du einmal droben, so machst du es dir so bequem wie möglich, und so läßt du dich durch das Leben tragen. Ist aber das Gedränge aus, ist nichts mehr los, so stehst du wieder an einer Ecke und siehst dir die Welt an. Ein Sterbender hat bekanntermaßen eine übernatürliche Energie, und so auch du. Soll eine Idee durchdacht, ein Werk durchlesen, ein Plan ausgeführt, ein kleines Abenteuer erlebt werden, ja, wirst du auch nur einen Hut kaufen, so greifst du die Sache mit einem ungeheuren Kraftaufwand an. Du arbeitest unter Umständen unverdrossen einen Tag, einen Monat lang; es entzückt dich, daß du in dir noch dieselbe Kraft entdeckst, die du früher gehabt hast. Du hast nicht Rast noch Ruh, und „kein Satan kann es mit dir aushalten". Arbeitest du mit anderen zusammen, so versagt einer nach dem anderen. Ist aber der Monat oder (dein Maximum) das halbe Jahr vorbei, so brichst du ab und sagst: „Jetzt ist die Geschichte aus"; du ziehst dich zurück und überläßt das Geschäft anderen oder, wenn du es allein betrieben hast, so weißt du nichts mehr davon. Nun bildest du dir und anderen ein, du habest nur die Lust verloren, und wenn du die Lust behalten hättest, so hättest du mit derselben Intensität fortarbeiten können; aber damit betrügst du nur dich selbst. Ja, wenn du Geduld hättest, so könntest du wohl mit etwas fertig werden, so gut wie irgendein anderer; aber Geduld ist eine ganz andere Art von Ausdauer als die, deren du dich rühmen kannst. Indem du die Schuld nur darauf schiebst, daß du die Lust verloren habest, betrügst du dich nur selbst und lernst nichts für dein weiteres Leben. Ich will dir gestehen, wie ich mich dieser Gefahr erwehre. Es ist mir nicht unbewußt, wie hinterlistig das eigene Herz ist, wie leicht man sich selbst betrügt, auch wenn man nicht, wie du, in der Dialektik Meister ist, die nicht bloß von allem dispensiert, sondern alles zersetzt und auf ein Nichts reduziert. Wenn ich einen Entschluß gefaßt habe, der für mich im Lauf der Zeit auch ein anderes Gesicht bekommen könnte; wenn ich eine Tat getan habe, die im Lauf der Zeit den Sinn wechseln könnte: so habe ich schon oft mir mit wenigen klaren Worten aufgeschrieben, was ich eigentlich wollte oder tat und warum. Und wenn ich nachher wirklich ins Schwanken komme, wenn mein Entschluß oder meine Handlung mir nicht mehr lebendig vor Augen steht, dann nehme ich meine Handschrift vor und halte Gericht über mich selbst. Das dünkt dir natürlich eitel Pedanterie; wozu so viel Aufhebens machen um eine Bagatelle? Darauf habe ich nur eine Antwort: brauchst du's nicht, ist dein Bewußtsein so zuverlässig, deine Erinnerung so treu, so laß es eben bleiben. Du hast ja wirklich unter deinen mancherlei Geistesgaben auch ein vorzügliches Gedächtnis; ja, für dies und das, für Ideen, Witze und dialektische Spitzfindigkeiten. Aber Gedächtnis für dein eigenes Leben, für das, was du darin erlebt hast, das geht dir ab, sonst würde sich nicht dasselbe Phänomen in deinem Leben so oft wiederholen; es würde sonst nicht so viele Halbstundenarbeit darin sein, denn Halbstundenarbeit ist es auch, wenn du ein halbes Jahr brauchst, um nicht fertig zu werden. Aber du verstehst die Kunst, dich selbst und andere zum Besten zu haben. Wärest du immer so stark wie in dem Moment der Leidenschaft, so wärest du, das leugne ich nicht, der stärkste Mensch, den ich kenne. Aber der bist du nicht. Das weißt du selbst ganz gut. Darum ziehst du dich zurück, versteckst dich sozusagen vor dir selbst und ruhst dich wieder in Indolenz aus. In meinen Augen (ich habe ein scharfes Auge auf dich) wirst du nachgerade lächerlich mit deinen momentanen Ideen; und lächerlich ist mir insbesondere an dir, daß du aus solchen Anfällen der Energie das Recht ableitest, über andere zu spotten. Es waren einmal zwei Engländer, die reisten nach Arabien, um Pferde zu kaufen. Sie brachten selbst einige englische Renner mit und wünschten, daß sie sich mit den Pferden der Araber messen sollten. Den Arabern war das recht und sie stellten es den Engländern anheim, aus ihren Pferden eins zur Probe auszuwählen. Die aber wollten das Wettrennen nicht sofort vornehmen. Sie brauchten erst vierzig Tage, um ihre Pferde zu trainieren. Man wartete die vierzig Tage, der Einsatz wurde festgestellt, die Pferde gesattelt; da fragten die Araber, wie lange denn der Ritt dauern solle. Eine Stunde war die Antwort. Da lachte einer der Araber und antwortete ganz lakonisch: ich meinte, wir sollten mindestens drei Tage reiten. Sieh, so geht es mit dir. Will man mit dir eine Stunde in die Wette reiten, so kann es kein Satan mit dir aushalten; in drei Tagen aber ziehst du den Kürzeren. Ich habe dir ja die Geschichte schon einmal erzählt und weiß auch, was du mir darauf erwidertest: ein Wettrennen von drei Tagen wäre eine bedenkliche Sache; da könnte man so in den Lauf kommen, daß man nicht mehr anhalten könnte. Deshalb lassest du dich auf eine solche Gewaltsamkeit nicht ein. „So je und je reite ich gern eine Tour, aber ich wünsche so wenig Kavallerist zu werden, als ich mir sonst einen Beruf wünschte, bei dem ich *nolens volens* bleiben müßte." Damit hast du nun gar nicht so unrecht. Du fürchtest überall die Kontinuität, die dich (das ist der tiefste Grund deiner Furcht) der Möglichkeit berauben würde, dich selbst zu betrügen. Du hast die Kraft der Verzweiflung; die ist außerordentlich intensiv, versagt aber auch früher als die ordentliche Kraft des Menschen.

Du schwebst beständig über dir selbst, aber der höhere Äther, das feinere Sublimat, worin du dich verflüchtigst, das ist das Nichts der Verzweiflung. Unter dir siehst du eine Mannigfaltigkeit von Kenntnissen, Einsichten, Studien, Bemerkungen, die nur leider keine Realität für dich haben. So benützest du sie, kombinierst du sie nach freier Laune, um das Lusthaus des Geistes, worin du dich gelegentlich aufhältst, so geschmackvoll wie möglich herauszuputzen. Was Wunder, daß sich das Dasein dir in ein Märchen verwandelt. So hast du denn auch den Einfall: das Leben ist ein Märchen. Du bist imstande, einen ganzen Monat nichts als Märchen zu lesen, machst dir ein gründliches Studium daraus, vergleichst und prüfst, und dein Studium ist auch nicht ohne Ausbeute. Aber wozu benutzt du sie? Nur zur Belustigung deines Geistes. Du verschwendest das Ganze in einem brillanten Feuerwerk. Ich erinnere dich an eine Frucht dieser Arbeit, die du offenbar nicht gering einschätztest. Eine Zeitlang warst du, wie du sagtest, versucht, jede Rede mit den Worten zu beginnen: „Es war einmal ein König und eine Königin, die konnten keine Kinder bekommen." Daran knüpftest du die geistreiche Bemerkung, daß im Märchen die Sorge sei, Kinder zu bekommen, im Leben, Kinder zu haben, wie ja Waisenhäuser und ähnliche Einrichtungen beweisen. Derart ist der Ertrag deiner Studien für das Leben ...

Du schwebst über dir selbst und siehst unter dir eine Mannigfaltigkeit von Stimmungen und Zuständen, denen du Motive entnimmst für interessante Berührungen mit dem Leben. Du kannst sentimental sein, herzlos, ironisch, witzig. Darin hast du unleugbar Routine. Du bist nur allzu gut ausgestattet mit allen verführerischen Gaben des Geistes. Es ist, wie du dich mit selbstgefälliger Prätention auszudrücken beliebst: du trittst nie auf, ohne ein kleines, duftendes, frisch gepflücktes Witzbukett mit dir zu bringen. Je genauer man dich kennt, desto mehr ist man überrascht von der berechnenden Klugheit, die du in den Momenten der Leidenschaft entfaltest; die Leidenschaft, die andere blind macht, schärft dir das Gesicht. Dann vergißt du deine Verzweiflung und was dir alles sonst Gemüt und Geist beschwert; die zufällige Berührung, die du mit einem Menschen gehabt hast, beschäftigt dich absolut. Ich erinnere dich an eine Kleinigkeit, die in meinem eigenen Hause vorgefallen ist. Den Vortrag, den du da preisgabst, verdanke ich wohl den beiden schwedischen Mädchen, die zu Gaste waren. Die Unterhaltung hatte eine etwas ernsthaftere Wendung genommen und war auf dem Punkt, dir unbehaglich zu werden. Ich hatte gegen den unzeitigen Respekt vor dem Talent gesprochen, der für unsere Zeit charakteristisch sei; ich hatte daran erinnert, daß es auf etwas ganz anderes ankomme, nämlich auf die Verinnerlichung der Persönlichkeit, für die wir nur das Wort Glauben haben. Das brachte dich vielleicht in keine ganz günstige Beleuchtung und weil du einsahst, daß du bei diesem Ton der Unterhaltung zu kurz kommest, so fühltest du dich veranlaßt, dich in deinem von dir selbst so genannten höheren „Wahnwitz" zu versuchen, du schlugst einen sentimentalen Ton an und riefst aus: „Ich sollte keinen Glauben haben! Ich glaube, daß zuinnerst im Walde, wo die Bäume sich im dunklen See spiegeln, wo selbst um Mittag geheimnisvolles Dunkel herrscht, daß da in der einsamen Stille ein wunderbares Mädchen wohnt, ich glaube, daß ihre Schönheit durch keine Phantasie zu erreichen ist, ich glaube, daß sie morgens Kränze flicht, mittags sich im kühlen Wasser badet, abends wehmütig ihre Kränze zerpflückt; ich glaube, daß ich glücklich wäre, der einzige Mensch, der glücklich zu heißen verdiente, wenn ich sie erhaschen und besitzen könnte; ich glaube, daß in meiner Seele eine Sehnsucht wohnt, die mich ruhelos durch die Welt treibt; ich glaube, daß ich glücklich wäre, wenn sie gestillt würde; ich glaube überhaupt, daß Sinn in der Welt ist, wenn ich ihn nur finden könnte: willst du nun sagen, daß ich nicht stark im Glauben sei und brennend im Geist?" Vielleicht meinst du, durch eine solche Rede dich als würdiges Mitglied eines griechischen Symposions zu legitimieren; denn dazu möchtest du dich ja unter anderem bilden, und du würdest es für das schönste Leben ansehen, jede Nacht mit griechischen Jünglingen zusammenzukommen und, festlich bekränzt, Lobreden zu halten auf die Liebe, oder was euch sonst gerade den Sinn erregte; ja, du möchtest dich ganz dafür opfern, Lobreden zu halten. Für mich ist deine schöne Rede ein kunstvoller Galimathias, ob du sie auch mit einer fiebernden Beredsamkeit eindrucksvoll vorzutragen verstehst; und mir ist sie zugleich ein Symptom der Geistesverwirrung, der du verfallen bist. Wer an nichts von alldem glaubt, woran andere Menschen glauben, der muß ja wohl an solche geheimnisvolle Wesen glauben, wie sich schließlich vor Spinnen fürchtet, wem vor nichts im Himmel und auf Erden mehr bange wird. Du lächelst, du meinst, ich sei in die Falle gegangen, indem ich dir einen Wahn zutraue, der dir ferner stehe als irgendeinem anderen Menschen. Freilich, dein Vortrag endigt immer in absoluter Skepsis; aber wie klug und berechnend du auch bist, das kannst du doch nicht leugnen, daß du dich für einen Augenblick selbst in die Fieberhitze hineinsteigerst, die aus solchem überspannten Gerede herausspricht. Du meinst vielleicht, die Menschen zu betrügen, und momentan wenigstens betrügst du dich selbst, ohne es zu merken.

Wie deine Studien, so betreibst du alles, was du tust. Du bist im Augenblick, und im Augenblick erreichst du eine außerordentliche Größe. Denn im Augenblick bist du mit ganzer Seele dabei; im Augenblick hast du sogar Energie des Willens; im Augenblick hast du dein ganzes Wesen absolut in deiner Macht. Wer dich nun in einem solchen Augenblick sieht, wird sehr leicht betrogen; wer den nächsten Augenblick abwartet, kann leicht über dich triumphieren. Du erinnerst dich vielleicht an des Musäus' bekanntes Märchen von den drei Knappen Rolands. Einer derselben erhielt von der alten Hexe, die sie im Wald besuchten, einen Fingerhut, der ihn unsichtbar machte. Mit dessen Hilfe drängte er sich ein in das Gemach der schönen Prinzessin Uracca und gestand ihr seine Liebe. Das machte einen starken Eindruck auf sie, da sie niemand sah und in dem unsichtbaren Liebhaber mindestens einen verzauberten Prinzen vermutete. Indessen verlangte sie, daß er sich ihr zeige. Da steckte er nun. Sobald er sich zeigte, büßte er seine zauberhafte Anziehungskraft ein; und doch hatte er von seiner Liebe keine Freude, wenn er sich nicht offen zeigen konnte. Ich habe eben den Musäus zur Hand und schreibe einen kleinen Passus aus dem Märchen ab; es kann dir nicht schaden, ihn zu lesen: „Er willigte dem Anschein nach ungern ein, und die Phantasie der Prinzessin schob ihr das Bild des schönsten Mannes vor, den sie mit gespannter Erwartung zu erblicken vermeinte. Aber welcher Kontrast zwischen Original und Ideal, da nichts als ein allgemeines Alltagsgesicht zum Vorschein kam, einer von den gewöhnlichen Menschen, dessen Physiognomie weder Genialblick noch Sentimentalgeist verriet." Du bist entschieden klüger als jener Knappe und läßt dich also nicht darauf ein, offen hervorzutreten. Wenn du jemand ein ideales Bild vorgegaukelt hast (und das muß man dir lassen: du kannst dich in jedes beliebige Ideal verkleiden), so ziehst du dich vorsichtig zurück und hast das Vergnügen gehabt, einen Menschen für Narren zu halten. Ist das dein Wunsch, so erreichst du durch diese zufälligen Berührungen mit den Menschen wirklich, was du wünschest. Du erreichst dadurch aber weiter, daß der Zusammenhang in deinem Leben wieder einmal abgebrochen ist; daß du ein Moment mehr bekommen hast, das dich nötigt, von vorne zu beginnen. In theoretischer Hinsicht bist du fertig mit der Welt: die Endlichkeit kann vor deinem Gedanken nicht bestehen; auch in praktischer Hinsicht bist du gewissermaßen mit ihr fertig, nämlich in ästhetischem Sinn. Trotzdem hast du keine Anschauung vom Leben. Du hast etwas, das einer Lebensanschauung ähnlich sieht, und das gibt deinem Leben eine gewisse Ruhe; was dir aber gänzlich abgeht, ist ein sicheres und erquickendes Vertrauen zum Leben. Ruhe hast du nur im Gegensatz zu dem, der noch den Gruselbildern des Genusses nachjagt, *per mare pauperiem fugiens, per saxa, per ignes*. Gegen den Genuß verhältst du dich mit einer absolut vornehmen stolzen Reserve. Das ist ganz in seiner Ordnung; du bist ja mit der Endlichkeit fertig. Und doch kannst du sie nicht aufgeben. Du bist zufrieden im Vergleich mit dem, der noch nach Befriedigung jagt; aber zufrieden bist du nur in der absoluten Unzufriedenheit. Dich bekümmern alle Herrlichkeiten der Welt nicht, denn in Gedanken bist du über sie hinaus, und wenn sie dir angeboten würden, so würdest du mit deiner stehenden Redensart antworten: Nun, einen

Tag kann man schon darauf verwenden. Dich bekümmert es nicht, daß du nicht Millionär geworden bist; könntest du es werden, so würdest du wohl antworten: „Doch das könnte ganz interessant sein, Millionär gewesen zu sein; einen Monat möchte sich's schon lohnen." Könnte man dir des schönsten Mädchens Liebe anbieten, du würdest nur antworten: „Ja, ein halbes Jahr wäre das ganz nett." Ich will nicht in die Klage einstimmen, die man oft über dich hört, daß du unersättlich seist; meine Meinung ist vielmehr, daß du in gewissem Sinne recht hast; denn nichts Endliches, nicht die ganze Welt kann eine Menschenseele befriedigen, in der das Bedürfnis nach dem Ewigen sich regt. Könnte man dir Ehren und Würden anbieten, die Bewunderung der ganzen Gegenwart (und das ist doch dein schwächster Punkt), so würdest du antworten: „Ja, für eine Weile wäre das schon recht." Aber ein wirkliches Verlangen danach, das hast du eigentlich nicht; du würdest darum auch keinen Schritt dafür tun. Sollte der Ruhm für dich Bedeutung haben, so müßtest du ihn als wahr erkennen; aber auch der höchste Grad geistiger Begabung erscheint dir immer noch als etwas Eitles. Deshalb gibt sich deine innere Verbitterung gegen das ganze Leben ihren höchsten Ausdruck in dem Wunsch: daß du der erbärmlichste der Menschen sein möchtest und trotzdem von deiner Zeit bewundert und angebetet als der Weiseste von allen; das wäre ja ein viel tieferer Spott über das Dasein, als wenn der wirklich Tüchtigste verhimmelt wird. Du begehrst also nichts, wünschest nichts; denn das *einzige*, was du wünschen könntest, wäre eine Wünschelrute, die dir alles gäbe, und die würdest du gebrauchen, um deine Pfeife auszukratzen. So bist du fertig mit dem Leben: „Ich brauche kein Testament zu machen, denn ich hinterlasse nichts." Aber auf dieser Spitze kannst du dich nicht halten. Wohl hat dir dein Gedanke alles genommen, aber er hat dir nichts gegeben. So fesselt dich im nächsten Augenblick die kleinste Bagatelle. Du betrachtest sie zwar mit dem vornehmen Stolz, den dein übermütiges Denken dir gibt; du verachtest sie wie ein elendes Spielzeug, dessen du schon müde bist, ehe du's zur Hand nimmst: und doch beschäftigt sie dich; und ist es (dein gewöhnlicher Fall) nicht das Ding selbst, das dich beschäftigt, so beschäftigt dich das, daß du dich zu ihm herabläßt. Ist diese Bagatelle ein Mensch, so zeigst du einen hohen Grad von Treulosigkeit, aus der man dir doch keinen ethischen Vorwurf machen kann, denn du stehst außerhalb aller ethischen Bestimmung. Es ist dein Glück, daß dich andere wenig interessieren, so merkt man nicht, wie treulos du eigentlich bist. Du kommst oft in mein Haus, und du weißt, daß du mir jederzeit willkommen bist; aber du weißt auch, daß es mir nie einfällt, deine Teilnahme zu suchen. Sie wäre ja doch nicht echt. Ich möchte nicht einmal in den Wald mit dir fahren, du kannst ja sehr munter und unterhaltend sein, nur freust du dich nie über das, was uns andere freut, sondern über etwas, was du *in mente* hast; und freust du dich nicht, so haben dich gewiß nicht (wie es uns andern passiert) irgendwelche Unbehaglichkeiten aus der Stimmung gebracht, sondern du hast schon im ersten Augenblick die Nichtigkeit des ganzen Vergnügens geschaut. Doch meine nicht, daß ich dir das übelnehme. Dein Sinn ist immer in zu starker Bewegung. Du kannst dich wohl, wie du es gerne tust, mit einer Wöchnerin vergleichen; und wenn man in solchen Umständen ist, darf man wohl etwas anders sein als andere Leute.

Doch der Geist läßt seiner nicht spotten; er rächt sich an dir, indem er dich in die Bande der Schwermut schlägt. Mein junger Freund, auf diesem Wege müßtest du ein Narr werden; wenn nicht in deiner Seele ein ursprünglicher Ernst, eine angeborene Tiefe des Denkens und eine Höhe des Sinnes wäre; und wenn du Kaiser von Rom geworden wärest. Doch du gehst einen anderen Weg. Du glaubst nun, darin einen befriedigenden Sinn deines Lebens zu finden, daß du deine Seele in Wehmut und Trauer versinken läßt. Aber deine Seele ist doch wieder zu gesund, als daß sie es darin aushalten könnte. Für eine solche ästhetische Trauer ist das Dasein ebenso eitel wie für jede andere ästhetische Lebensanschauung. Wenn ein Mensch nicht anders trauern kann, so vergeht die Trauer so gut wie die Freude; denn alles vergeht, was nur endlich ist. Und wenn manche darin einen Trost finden, daß die Trauer vergeht, so kommt mir dieser Gedanke ebenso trostlos vor, wie der, daß die Freude vergeht. Dein Denken vernichtet also auch diese Lebensanschauung wieder. Wenn man aber die Trauer vernichtet hat, so behält man ja die Freude; nur freilich eine Freude, die der Wechselbalg der Trauer ist: das Lachen der Verzweiflung. Diese Freude hast du denn gewählt. Du kehrst zum Leben zurück; das Dasein bekommt in dieser Beleuchtung ein neues Interesse für dich. Wie du gerne mit Kindern so sprichst, daß sie auf ihre Weise ganz leicht und natürlich verstehen, was für dich etwas ganz anderes bedeutet, so machst du dir ein Vergnügen daraus, die Menschen mit einem Lachen zu betrügen. Wenn du dann die Leute dazu bringen kannst, daß sie lachen und jubeln, daß sie durch dich vergnügt sind: da triumphierst du über die Welt; da sagst du zu dir selbst: „Wenn ihr wüßtet, worüber ihr lachet!"

Doch der Geist läßt seiner nicht spotten. Die Wolke der Schwermut verdichtet sich um dich, und das Wetterleuchten einer wahnwitzigen Lustigkeit läßt dich selbst ihr Dunkel nur um so stärker, um so schreckhafter empfinden. Und nichts gibt es, das dich zerstreut. Wenn du bisweilen die Einfältigen um ihre ärmliche Freude am Leben beneidest, du selbst willst sie doch nicht. Aber auch die Lust der Welt reizt dich nicht; sie ist für dich ein Nichts. Dich reizt es nicht mehr, das Leben zu erleben, nur noch das Leben zu zerdrücken. Und das ist in Wahrheit ein Glück, so traurig auch dein Zustand ist. Ich will durchaus nicht den Stolz preisen, der das Glück der Einfältigen verachtet; aber ich preise die Gnade, die dich zwingt, zu denken: wenn die Lust dich reizte, wärest du verloren. Daß sie dich aber nicht reizt, das zeigt dir den Weg, den du gehen sollst: Du sollst vorwärts, nicht zurück. Da liegt freilich noch ein anderer Abweg, vor dem dich wieder nicht dein Stolz bewahren wird, sondern nur die Gnade. Stolz bist du ja, das ist wahr; und es ist besser, daß der Mensch stolz sei, als eitel. Auch ist wirklich eine entsetzliche Leidenschaft in deinem Denken, so daß du es durchsetzen mußt, und ob es dich das Leben kostete; daß du nach deinem Wort dich lieber als ewig unbezahlten Gläubiger des Lebens fühlen willst, als daß du auf deine Forderung verzichten würdest. Das ist kein schlechter Stolz; aber aller menschliche Stolz gibt nur eine zweifelhafte Sicherheit.

Sieh, dieses Leben ist Verzweiflung. Verbirg das vor andern, mein junger Freund, vor dir selbst kannst du es nicht verbergen: es ist Verzweiflung, Und doch in anderem Sinne ist es nicht Verzweiflung. Du bist zu leichtsinnig um zu verzweifeln; und du bist zu schwermütig, um nicht mit der Verzweiflung in Berührung zu kommen. Du bist wie eine Gebärende: aber du hältst beständig den Augenblick zurück und bleibst so beständig in der Qual. Wenn ein Weib in ihrer Not die Idee bekäme, sie könnte ein Ungeheuer zur Welt bringen; oder wenn sie mit sich selbst überlegen wollte, was sie denn eigentlich zur Welt bringen soll: das ist ein Bild für dich. Ihr Versuch, den Gang der Natur zu hemmen, wäre fruchtlos. Du aber *kannst* das versuchen; denn das, wodurch der Mensch in geistigem Sinne gebiert, das ist des Willens *nisus formativus*, und der steht in des Menschen eigener Macht. Was fürchtest du denn? Du sollst ja nicht einen anderen Menschen, du sollst bloß dich selbst gebären. Aber darin liegt freilich ein Ernst, der die Seele im Innersten erbeben macht; daß man sich der ewigen Bedeutung seines Daseins bewußt werde, das ist der Höhepunkt im ganzen Leben der Menschen. Es ist, als ob du gefangen und gefesselt würdest und in Zeit und Ewigkeit nicht mehr loskommen könntest; es ist, als verlörest du dich selbst, als hörtest du auf zu sein; es ist, als ob du dies im nächsten Augenblick bereuen müßtest und doch nicht mehr ändern könntest. Wenn man für eine Ewigkeit sich an eine ewige Macht knüpft; wenn man sich als den hinnimmt, dessen Gedächtnis keine Zeit verlöschen soll; wenn man sich im ewigen Sinne, mit einer Klarheit, die jeden Selbstbetrug ausschließt, seiner selbst bewußt wird, als dessen, der man ist: kann es einen Augenblick von schwererem Ernst, von tieferer Bedeutung geben? Und man konnte es ja auch lassen! Sieh, hier liegt ein Entweder-Oder. Laß mich zu dir reden, wie ich nie vor einem anderen Menschen zu dir reden würde, wie ein Mensch vielleicht überhaupt nicht zum andern reden darf. Willst du diesen Ernst nicht; willst du dabei bleiben, deine Seele mit witzigem Tand und eitler Geistreichigkeit zu berauschen: nun so tu es; verlasse deine Heimat, geh nach Paris, werde Journalist, buhle um das Lächeln verweichlichter Weiber, kühle ihr heißes Blut mit deinem „Geist"; laß es deine stolze Aufgabe sein, müßigen Weibern die Langeweile, verlebten Lebemännern die Gedanken zu vertreiben; vergiß, daß du ein Kind warst, ein frommes unschuldiges Kind, übertäube alles Tiefere und Höhere in deiner Brust, vertändle dein Leben in der glänzenden Ärmlichkeit der Gesellschaft; vergiß, daß ein unsterblicher Geist in dir ist, verschwende deine Seele an den nichtigsten Zeitvertreib: wenn dann der Witz verstummt, so gibt es ja noch Wasser in der Seine und Gift und Dolch, und an Reisegesellschaft wird dir's auch nicht fehlen. Aber kannst du das nicht, willst du das nicht (und du kannst es nicht und willst es nicht): so sammle dich, unterdrücke jeden aufrührerischen Gedanken, der sich hochverräterisch gegen dein besseres Wesen aufzulehnen untersteht; verachte die Ärmlichkeit, die dir deine Geistesgaben mißgönnt und selbst noch schlechteren Gebrauch davon machen würde; verachte die heuchlerische Tugend, die widerwillig des Lebens Bürde trägt und doch dafür geehrt sein will: aber achte das Leben selbst, achte jedes ehrliche Streben, jede bescheidene Wirksamkeit, die sich demütig verbirgt; und erwirb dir vor allem mehr Ehrfurcht vor dem Weib. (*In parenthesi*: vom Weib kommt doch die Rettung, so gewiß das Verderben vom Manne kommt. Ich als Ehemann bin ja Partei; aber es ist meine feste Überzeugung: hat auch das Weib den Menschen ins Verderben gestürzt, so hat sie das doch ehrlich und redlich wieder gutgemacht; denn von hundert Männern, die sich in der Welt verlaufen, werden neunundneunzig durch das Weib gerettet, einer durch eine unmittelbare göttliche Gnade. Es gehört zum Manne, daß er so oder so einmal irregeht; und doch muß auch er in dem reinen unschuldigen Frieden der Unmittelbarkeit, in dem das Weib verbleiben soll, wieder zur Ruhe kommen. Zieht ihn das Weib dahin zurück, so leistet sie gewiß vollgültigen Ersatz für den Schaden, den sie gestiftet hat.)

Was sollst du also tun? Ein anderer würde dir vielleicht raten: „Verheirate dich, so wirst du schon auf andre Gedanken kommen." Daran ist nicht zu zweifeln. Aber es bleibt doch die Frage, ob dir damit gedient ist. Ferner, wie du auch vom andern Geschlecht denken magst, du denkst doch ritterlich genug, um nicht aus diesem Grunde heiraten zu wollen. Endlich: „Kannst du dich selbst nicht halten, so wirst du auch kaum jemand finden, der dich zu halten vermöchte." Oder könnte man dir raten: „Arbeite, das ist die beste Arznei; suche ein Amt, stürze dich in das Geschäftsleben: das wird dich zerstreuen und du wirst deine Schwermut vergessen." Vielleicht wird es dir glücken, dich dahin zu bringen, daß sie vergessen scheint; vergessen ist sie gewiß nicht; momentan wird sie doch wieder hervorbrechen und dann schrecklicher als je; und dann wird ihr gelingen, was sie bis jetzt noch nicht vollbracht hat: dich zu überrumpeln. Außerdem: Wie du auch über Leben und Wirken denken magst, von dir selbst denkst du zu ritterlich, als daß du aus diesem Grund ein Amt annehmen würdest; das ist ja ein Betrug, wie es ein Betrug ist, aus diesem Grunde zu heiraten. Was sollst du also tun? Ich habe nur eine Antwort: „Verzweifle!"

Ich bin Ehemann, meine Seele hängt fest an meiner Frau, an meinen Kindern, an diesem Leben, dessen Schönheit ich allezeit preisen werde. Gebe ich dir den Rat, daß du verzweifeln sollest, so hörst du keinen exaltierten Jüngling, der dich in den Strudel der Leidenschaft hineinwirbeln will, keinen boshaften Dämon, der den Schiffbrüchigen mit diesem Tröste höhnt. Ich preise dir aber auch die Verzweiflung nicht als Trost an, als einen Zustand, in dem du verbleiben sollst. Nein, die Verzweiflung, die ich im Sinne habe, ist eine Tat, zu der Kraft und Ernst und Sammlung gehört. Und es ist meine Überzeugung, mein Sieg über die Welt, daß ein Mensch, der die Bitterkeit der Verzweiflung noch nicht geschmeckt hat, die Bedeutung des Lebens verfehlt hat, ob sein Leben auch noch so schön und genußreich ist. Wenn du die Welt durch diese Verzweiflung überwindest, betrügst du sie nicht um dich, bist du nicht verloren für sie; wie auch ich mich rühme, ein rechtschaffener Ehemann zu sein, obschon auch ich gezweifelt habe.

Wenn ich dein Leben unter diesem Gesichtspunkte betrachte, so preise ich dich glücklich; denn es ist in Wahrheit von größter Wichtigkeit, daß der Mensch sich im Augenblick der Verzweiflung nicht am Leben versieht. Wer über einzelnem verzweifelt, läuft Gefahr, daß seine Verzweiflung nicht wahr und tief werde; er glaubt zu verzweifeln, während er sich doch nur über etwas Einzelnes grämt. So sollst du nicht verzweifeln; du hast ja auch nicht einen einzelnen Verlust erlitten; du hast alles noch, was du je hattest. Versieht sich der Verzweifelte, glaubt er, das Unglück liege in dem Mannigfaltigen außer ihm: so ist seine Verzweiflung nicht wahr und ihre Frucht wird sein, daß er die Welt haßt, da sie ihn doch dahin führen sollte, die Welt zu lieben. Ist es aber Sünde und Schuld, ein beschwertes Gewissen, was den Menschen zur Verzweiflung bringt, so wird es ihm schwer werden, die Freude wieder zu gewinnen. Du hast diese Schwierigkeit gottlob nicht; und wenn dich die Welt jetzt beschwert, weil es ist, als ob sie dir nicht sein wollte, was sie dir sein könnte, so wirst du sie doch lieben lernen, weil sie ist, die sie ist, wenn du dich nur in der Verzweiflung selbst gefunden hast. So verzweifle denn; verzweifle von ganzem Herzen, von ganzer Seele und von allen deinen Kräften. Und verzweifle jetzt: je länger du diese rettende Tat hinausschiebst, desto härter werden die Bedingungen, und die Forderung bleibt doch dieselbe. Nimm dich in acht, daß es dir nicht geht wie dem Tarquinius: als er die sibyllinischen Bücher um die verlangte Summe nicht kaufen wollte, verbrannte das Weib, das sie ihm anbot, ein Drittel und forderte für den Rest dieselbe Summe; und als er noch nicht auf den Handel eingehen wollte, verbrannte sie das zweite Drittel und er mußte ihr für den Rest den ursprünglichen Preis für das Ganze geben.

Die Verhältnisse, worin du den Schritt der Verzweiflung tun mußt, sind schön; doch könnte die Situation noch schöner sein. Denke dir einen jungen Menschen, begabt wie du. Laß ihn ein Mädchen lieben; und er liebt sie so hoch wie sich selbst. Laß ihn einmal in einer ruhigen Stunde überlegen, worauf er sein Leben gebaut hat und worauf sie ihr Leben bauen kann. Die Liebe haben sie gemeinsam; er aber fühlt doch, daß Differenzen vorhanden sind. Sie hat vielleicht die Gabe der Schönheit: aber diese hat für ihn keine Bedeutung und ist ja auch so hinfällig; sie hat vielleicht den frohen Sinn der Jugend: aber diese Art der Freude hat für ihn keine rechte Bedeutung. Er dagegen hat und fühlt die Macht des Geistes. Er liebt sie in Wahrheit, darum wird es ihm nicht einfallen, aus ihr eine durch Geist bedeutende Frau machen zu wollen, und ihre demütige Seele verlangt auch gar nicht darnach. Aber es ist eben doch eine Differenz da, und er fühlt, daß diese weg muß, wenn er sie in Wahrheit lieben soll. Da läßt er seine Seele in Verzweiflung sinken. Nicht um seiner selbst willen verzweifelt er, sondern um ihretwillen, und also doch um seiner selbst willen; denn er liebt sie so hoch wie sich selbst. So wird denn die Macht der Verzweiflung alles verzehren, bis er sich selbst in der ewigen Bedeutung seines Daseins findet; damit hat er aber auch sie gefunden; und kein Ritter kann glücklicher und froher aus den gefährlichsten Abenteuern zurückkehren, als er aus diesem Kampf mit Fleisch und Blut und den eitlen Differenzen der Endlichkeit. Denn: wer verzweifelt, findet den ewigen Menschen; und als ewige Menschen sind wir alle gleich. Natürlich ist er nicht so töricht, seinen Geist abzustumpfen oder seine Ausbildung zu versäumen, um auf diese Weise die Gleichheit herzustellen; er wird des Geistes Gaben bewahren, wird aber in seinem innersten Herzen mit sich selbst wissen, daß er, der sie hat, ist wie sie, die sie nicht hat. Oder denke dir ein tiefreligiöses Gemüt, das aus wahrer und innerlicher Liebe zu den Mitmenschen sich in das Meer der Verzweiflung wirft, bis es das Absolute findet, den Punkt, wo es keinen Unterschied macht, ob eine Stirne flach gedrückt ist oder sich stolzer wölbt als der Himmel: nicht weil es gleichgültig wäre, sondern weil unter der einen wie unter der andern Stirn der ewige Mensch wohnt.

Du hast manche gute Idee, manchen schnurrigen und manchen törichten Einfall. Behalte das nur; ich verlange nicht, daß du irgend etwas aufgeben sollst. Eine deiner Ideen aber bitte ich dich ja festzuhalten, da sie mir die Vergewisserung gibt, daß mein Geist dem deinigen verwandt ist. Du hast schon öfter gesagt, du möchtest alles in der Welt lieber werden als ein Dichter, da dem Dichter in der Regel der Mensch geopfert werde. Ich für meinen Teil will nicht leugnen, daß es Dichter gegeben hat, die sich selbst gewonnen hatten, ehe sie dichteten, oder sich selbst gerade dadurch gewannen, daß sie dichteten. Andererseits ist aber auch das gewiß, daß die Dichtexistenz als solche in dem Dunkel liegt, das eintritt, wenn die Verzweiflung nicht durchgeführt wird, wenn die Seele beständig in Verzweiflung erzittert und der Geist über sich selbst nicht wirklich klarwerden kann. Das dichterische Ideal ist immer ein unwahres Ideal, denn das wahre Ideal ist immer das wirkliche. Wenn dem Geist nun nicht gestattet wird, sich in die ewige Welt der Geister emporzuschwingen, so bleibt er sozusagen zwischen Erde und Himmel unterwegs und freut sich der wechselnden Wolkenbilder und weint über ihre Vergänglichkeit. Die Dichterexistenz ist darum als solche eine unglückliche Existenz; sie steht über der Endlichkeit und erhebt sich doch nicht zur Unendlichkeit. Der Dichter sieht die Ideale, aber er muß sich aus der Welt hinausflüchten, um sich ihrer zu freuen; er kann diese Götterbilder nicht festhalten in den Lebensverwirrungen, kann nicht ruhig seinen Gang gehen, unangefochten von der Karikatur, die ihn allenthalben äfft; noch weniger hat er die Stärke, das Ideal im eigenen Leben zu verwirklichen. Menschen, die ihr Schäfchen im Trockenen zu haben meinen, weil sie in der Endlichkeit verblieben sind, glauben darum gerne, sie müßten dem Dichter ihr ärmliches Mitleid zuwenden. Du äußertest einmal in einem mißmutigen Augenblick, daß es gewiß genug Leute gäbe, die in ihrem stillen Sinn wohlwollend mit dir abzurechnen glauben, indem sie dich für einen guten Kopf, aber für ein unnützes Mitglied der Gesellschaft erklären. Gewiß, es gibt solche ärmliche Gesellen, die auf diese Weise mit allem fertig werden, das einen Zoll über das Mittelmaß hinausragt. Laß dich durch sie nicht stören, trotze ihnen nicht, verachte sie nicht: es ist, um einmal dein Lieblingswort richtig anzuwenden, nicht der Rede wert. Willst du aber nicht Dichter sein, so bleibt dir nur der Weg, den ich dir weise: Verzweifle!

Wähle denn die Verzweiflung: denn die Verzweiflung selbst ist eine Wahl. Man kann zweifeln, ohne den Zweifel zu wählen; aber man kann nicht verzweifeln, ohne die Verzweiflung zu wählen. Und indem man verzweifelt, wählt man wieder. Und was wählt man denn nun? Man wählt sich selbst, doch nicht in seiner Unmittelbarkeit, nicht als dieses zufällige Individuum, sondern in der ewigen Bedeutung seiner Persönlichkeit.

Diesen Punkt muß ich mit Beziehung auf dich näher beleuchten. Man hat in der neueren Philosophie nun mehr als genug davon geredet, daß die Spekulation mit dem Zweifel beginne; dagegen habe ich, der ich mich freilich nur gelegentlich mit Philosophie beschäftigen kann, vergebens nach einer Erklärung gesucht, wie sich Zweifel und Verzweiflung unterscheiden. Ich will versuchen, das Verhältnis beider klarzustellen; es mag dir das, hoffe ich, dazu verhelfen, dich theoretisch und praktisch zu orientieren. Ich bin gewiß keine philosophische Kapazität, habe auch nicht deine Virtuosität mit den Kategorien zu spielen; aber was in tiefstem Sinne die Bedeutung des Lebens ist, das muß doch auch der einfältigere Mensch fassen können. Zweifel ist Verzweiflung des Gedankens. Verzweiflung ist Zweifel der Persönlichkeit: darum halte ich so fest an dem Wählen, daß es mir zum Losungswort, zum Nerv meiner Lebensanschauung geworden ist, und eine solche habe ich, wenn ich mich auch eines Systems nicht rühmen kann. Zweifel ist die innere Bewegung in Gedanken selbst, und in meinem Zweifel verhalte ich mich so unpersönlich wie möglich. Angenommen, daß der Gedanke, in dem der Zweifel durchgeführt wird, das Absolute findet und darin zur Ruhe kommt: so ruht er darin nicht kraft einer Macht, sondern kraft derselben Notwendigkeit, die ihn zu zweifeln trieb; denn der Zweifel selbst hat den Charakter der Notwendigkeit und ebenso seine Beruhigung. Das ist das Erhabene im Zweifel, das seinen Ruhm oft auch bei Leuten macht, die kaum verstehen, was sie sagen. Aber eben die Notwendigkeit, die ihm eignet, bewirkt, daß in seiner Bewegung nicht die ganze Persönlichkeit sich mitbewegt. Darum kann ein Mensch in Wahrheit sagen: ich möchte gerne glauben, aber ich kann nicht, ich muß zweifeln. Deshalb kann auch ein Zweifler einen positiven Gehalt in sich tragen, der außer jedem Zusammenhang mit seinem Denken steht; er kann z. B. ein höchst gewissenhafter Mensch sein, der in der Pflicht die zweifellose Regel für sein Handeln sieht, dessen sympathetisches Fühlen von dem Zweifel nicht angetastet ist. Andererseits gibt es Menschen, namentlich in unserer Zeit, die den Zweifel besiegt und doch die Verzweiflung im Herzen haben. Mir sind in dieser Hinsicht namentlich einige deutsche Philosophen der Gegenwart aufgefallen. Ihr Denken ist zur Ruhe gekommen; objektiv, wie es sein soll, hat es sich in der ihm entsprechenden Form objektiviert: und doch sind sie verzweifelt und merken es nur nicht, zerstreut durch ihr objektives Denken. Denn es gibt mancherlei Mittel sich zu zerstreuen; es gibt aber kaum eines, das den Menschen so wirksam von sich selbst entfernt, wie das abstrakte Denken, weil es verlangt, sich so unpersönlich wie möglich zu verhalten. Zweifel und Verzweiflung sind also in ganz verschiedenen Sphären zu Hause; es kommen darin ganz verschiedene Saiten der Seele in Bewegung. Aber damit ist ihr Verhältnis noch nicht genau bestimmt. Nach dem Gesagten könnten Zweifel und Verzweiflung einander koordiniert scheinen, was doch durchaus nicht der Fall ist. Die Bewegung der Verzweiflung geht weit tiefer, ist weit umfassender als die des Zweifels: Die Verzweiflung ist das totaliter, was der Zweifel nur partialiter ist. Die Verzweiflung geht die ganze Persönlichkeit an, der Zweifel nur den Gedanken. Die vermeintliche Objektivität des Zweifels, die ihm den Schein der Vornehmheit gibt, ist gerade seine Unvollkommenheit. Der Zweifel liegt darum in der Differenz, die Verzweiflung im Absoluten. Es gehört Talent zum Zweifeln, aber durchaus kein Talent zum Verzweifeln. Talent aber ist als solches eine Differenz, und was, um sich geltend zu machen, sich als Differenz erweisen muß, kann nie das Absolute sein; das Absolute kann nur das Absolute für das Absolute sein. Der geringste unbegabteste Mensch kann verzweifeln; ein junges Mädchen, das Widerspiel des Denkens, kann verzweifeln: während es offenbar ungereimt wäre, solche Persönlichkeiten als Zweifler zu bezeichnen. Wenn nun eines Menschen Zweifel sich beruhigt und er doch verzweifelt ist und bleibt, so hat das immer den Grund, daß er in tieferem Sinne nicht verzweifeln will. Man kann überhaupt nicht verzweifeln, ohne verzweifeln zu wollen; um in Wahrheit zu verzweifeln, muß man die Verzweiflung in Wahrheit wollen; will man aber in Wahrheit verzweifeln, so ist man in Wahrheit über die Verzweiflung hinaus; hat man in Wahrheit die Verzweiflung gewählt, so hat man in Wahrheit die Wahl der Verzweiflung vollzogen: man hat sich selbst gewählt in der ewigen Bedeutung seines Daseins. Erst in der Verzweiflung kommt die Persönlichkeit zur Ruhe; nicht mit Notwendigkeit (ich verzweifle nie notwendigerweise), sondern mit Freiheit und erst darin ist das Absolute gewonnen. In dieser Hinsicht wird unsere Zeit, denke ich, einen Fortschritt machen, wenn ich mir anders eine Meinung über unsere Zeit erlauben darf, die ich ja nur aus der Zeitung kenne und aus der oder jener einzelnen Schrift und aus meinen Gesprächen mit dir. Die Zeit ist nicht mehr fern, da man, vielleicht um teuren Preis, die Erfahrung machen wird, daß der wahre Weg zum Absoluten nicht durch den Zweifel, sondern durch die Verzweiflung geht.

Doch ich kehre zu meiner Kategorie zurück (ich bin ja nicht Logiker und habe nur eine Kategorie, die aber ist, glaube mir, meines Geistes und Herzens Wahl, meiner Seele Lust und meine Seligkeit): ich bestimme noch einmal die Bedeutung der Wahl. Indem ich absolut wähle, wähle ich die Verzweiflung; und in der Verzweiflung wähle ich, setze ich das Absolute, das ich selbst bin; oder, was für mich ganz dasselbe besagt: ich wähle das Absolute, das mich wählt; ich setze das Absolute, das mich setzt.

Vergesse ich einen dieser Ausdrücke über dem andern, so ist meine Auffassung des Wählens unwahr; denn die Wahrheit ist gerade die Identität des Wählens und Setzens und Gewählt- und Gesetztwerdens. Was ich wähle, das setze ich nicht, denn wenn es nicht gesetzt wäre, könnte ich es nicht wählen; und doch, wenn ich es nicht durch mein Wählen setzte, so wählte ich es nicht wirklich. Es ist: wenn es nicht wäre, könnte ich es nicht wählen; es ist nicht, sondern wird erst dadurch, daß ich es wähle: sonst wäre meine Wahl eine Illusion.

Was ist es nun, was ich wähle? Ist es dies oder jenes? Nein, denn ich wähle absolut und absolut wähle ich ja eben dadurch, daß ich gewählt habe nicht dieses oder jenes zu wählen. Ich wähle das Absolute. Was ist aber das Absolute? Das bin ich selbst, als die ewige Persönlichkeit. Etwas anderes als mich selbst kann ich nie als das Absolute wählen; denn wähle ich etwas anderes, so wähle ich es als etwas Endliches und wähle es also nicht absolut. Selbst der Jude, der Gott wählte, wählte nicht absolut; wohl wählte er das Absolute, aber er wählte es nicht absolut, und dadurch hörte es auf, das Absolute zu sein und wurde eine Endlichkeit.

Was ist denn nun dies mein Selbst? Im ersten Moment bietet sich mir als Ausdruck dafür das: es ist das Allerabstrakteste und ist zugleich in sich das Allerkonkreteste: es ist die Freiheit. Laß mich hier eine kleine psychologische Beobachtung einflechten. Man kann oft genug hören, wie die Leute ihrem Mißvergnügen in Klagen über das Leben Luft machen; und dann ergehen sie sich in Wünschen. Wir wollen nun die stümperhaften Wünsche überspringen, die uns keine weitere Aufklärung geben, weil sie sich nur auf das ganz Zufällige richten. Wer höher steigt, wünsche sich etwa: hätte ich doch jenes Menschen Geist, jenes Menschen Talent usf.; ja vielleicht versteigt er sich bis zu dem Wunsche: hätte ich doch jenes Menschen Charakter. Solche Wünsche hört man oft genug, aber hast du jemals von einem den Wunsch gehört, daß er ein anderer werden möchte? Dieser Wunsch liegt dem Menschen so fern, daß gerade die unglücklichsten Individualitäten sich am festesten an sich selbst anklammern. Wer wesentlich unglücklich ist, möchte trotz aller Leiden um keinen Preis der Welt ein anderer werden. Und warum nicht? Er ist der Wahrheit nahegekommen; er beginnt seine Persönlichkeit in ihrer ewigen Bedeutung zu fühlen; und wenn ihm das auch zunächst mehr Qual als Erquickung bringt, so macht es sich als erfreulichen Fortschritt doch darin offenbar, daß er es selbst bleiben will. Aber auch wer noch die vielen Wünsche hat, glaubt doch beständig, er selbst zu bleiben, auch wenn sich alle seine Verhältnisse veränderten. Es ist also in ihm selbst etwas, das dem Relativen, Veränderlichen um ihn her als ein Absolutes gegenübertritt; etwas, wodurch er ist, der er ist, auch wenn die Veränderung, die er durch seinen Wunsch erreichte, die größtmögliche wäre. Daß er sich nicht versteht, werde ich später zeigen;

hier will ich nur den abstraktesten Ausdruck für dieses Selbst finden, das ihn zu dem macht, der er ist. Und dieses Selbst ist nichts anderes als die Freiheit. Es ließe sich wirklich auf diesem Weg ein höchst plausibler Beweis für die Ewigkeit der Persönlichkeit führen. Will ja doch auch ein Selbstmörder nicht eigentlich sein Selbst loswerden; was er wirklich wünscht, ist nur eine andere Form für sein Selbst. Darum könnte ein Selbstmörder wohl im höchsten Grade von der Unsterblichkeit der Seele überzeugt sein, nur daß er in der Verblendung glaubte, gerade durch diesen Schritt die absolute Form für seinen Geist zu finden. Es ist freilich ein Unverstand, wenn ein Mensch meint, er könnte sich beständig verändern und würde doch derselbe bleiben: wie wenn sein Wesen eine algebraische Größe wäre, der man einen beliebigen Wert beilegen kann. Dieser Unverstand hat immer den Grund, daß man noch unrichtig gestellt ist, noch nicht sich selbst gewählt hat und auch davon noch gar keine Vorstellung hat; und doch liegt auch in ihm eine versteckte Anerkennung der ewigen Persönlichkeit. Wer aber richtig gestellt ist, schlägt eine ganz andere Richtung ein. Er wählt sich selbst; nicht im endlichen Sinne (so würde ja dieses Selbst nur eine Endlichkeit unter anderen Endlichkeiten), sondern im absoluten Sinne; und doch wählt er ja sich selbst und nicht einen anderen. Das Selbst, das er so wählt, ist unendlich konkret: es ist ja er selbst; und doch ist es absolut verschieden von seinem früheren Selbst: er hat es ja absolut gewählt. Dieses Selbst war zuvor nicht da: es wurde ja durch die Wahl; und doch war es da: es war ja „er selbst".

Die Wahl vollzieht hier in einem Akt die zwei dialektischen Bewegungen: was gewählt wird, ist nicht da und wird durch die Wahl; was gewählt wird, ist da, sonst wäre es keine Wahl. Wenn nämlich, was ich wählte, nicht da wäre, sondern im absoluten Sinne durch die Wahl erst würde, so wäre das kein Wählen, sondern ein Schaffen; aber ich wähle nicht selbst, nicht schaffe ich mich selbst. Während die Natur aus nichts geschaffen ist, während ich selbst als unmittelbare Persönlichkeit aus nichts geschaffen bin, bin ich als freier Geist erzeugt aus dem Grundsatz des Widerspruchs, erzeugt dadurch, daß ich mich selbst wählte.

Wer sich selbst wählt, entdeckt nun, daß das Selbst, das er wählt, eine unendliche Mannigfaltigkeit in sich trägt. Es hat ja eine Geschichte; eine Geschichte, die ihn als identisches Subjekt in ein wechselndes Verhältnis zu anderen Individuen im Geschlecht und zum ganzen Geschlecht bringt. Und diese Geschichte enthält etwas Schmerzliches in sich. Und doch ist er der, der er ist, nur durch diese Geschichte. Darum gehört Mut dazu, sich selbst zu wählen. Denn mit demselben Akt, da er sich selbst ganz zu isolieren scheint, bejaht er zugleich seinen Zusammenhang mit dem Ganzen. Das ängstet ihn, und doch muß es so sein: indem die Leidenschaft der Freiheit in ihm erwacht (und sie erwacht in der Wahl, wie sie sich in der Wahl selber voraussetzt), wählt er sich selbst und kämpft um diesen Besitz als um seine Seligkeit, und das ist seine Seligkeit. Er kann nichts in seinem konkreten Selbst aufgeben, nicht das Schmerzlichste, nicht das Schwerste; und doch vollzieht sich dieser Kampf um sich selbst, dieses Erwerben seiner selbst in der Reue. Durch die Reue tritt er zurück in sich selbst, zurück in die Familie, zurück in das Geschlecht, bis er sich selbst findet in Gott. Er wählt sich selbst, indem er sich zugleich verwirft; er verwirft sich selbst, indem er sich zugleich wählt: So und so kann er sich selbst absolut wählen. Was ist doch ein Mensch ohne Liebe? Es gibt aber mancherlei Arten von Liebe (ich liebe meinen Vater anders als meine Mutter und wieder anders meine Gattin) und jede andere Liebe hat wieder ihren anderen Ausdruck. So gibt es auch eine eigenartige Liebe, mit der ich Gott liebe, und sie gibt sich ihren eigenartigen, einzigartigen Ausdruck in der Reue. Wenn ich ihn nicht so liebe, so liebe ich ihn nicht absolut, nicht mit meinem innersten Wesen. Jede andere Liebe zum Absoluten ist ein Mißverständnis. Wenn ich mit der Leidenschaft des Denkens das Absolute zu erfassen suche (auch das ist eine Liebe zum Absoluten, in deren Lob ich einstimme), so ist es nicht das Absolute, was ich liebe, so liebe ich nicht absolut. Denn diese Liebe zu Gott ist notwendig, wenn ich aber frei liebe und Gott liebe, so habe ich für diese Liebe nur den einen Ausdruck der Reue. Das folgt schon daraus, daß Gott mich immer zuerst geliebt hat. Aber der tiefere Grund ist doch, daß ich mich selbst nur absolut wählen kann, wenn ich mich selbst als schuldig wähle; andernfalls würde ich mich nicht wählen, sondern schaffen. Weil ich mich bereuend nicht selbst schaffe, sondern nur wähle, nehme ich in meine Reue auch des Vaters, der Voreltern Schuld auf; könnte ich sie mit meinen Tränen auslöschen, so wollte ich nicht, so hielte ich sie in meiner Reue fest: nur so kann ich mich als geschichtliches Individuum selbst absolut wählen. Mein Selbst liegt gewissermaßen außer mir und muß von mir erst erworben werden, und die Reue ist die spezifische Liebe zu diesem meinem fremden eigenen Selbst: in ihr wähle ich mich selbst absolut, aus der ewigen Gotteshand.

Was ich dir hier dargelegt habe, ist nicht Kathederweisheit: jeder kann das verstehen, der es nur will, und jeder kann das wollen, wenn er nur will. Ich habe es auch nicht in Hörsälen gelernt, sondern in meiner Wohnstube, in meiner Kinderstube. Wenn da mein kleiner Junge vor mir spielt, so froh, so glücklich, da beschleicht mich der Gedanke: wer weiß, ob ich nicht doch einen schädlichen Einfluß auf ihn gehabt habe. Ich sorge für ihn, so gut ich kann, Gott ist mein Zeuge; aber dieser Gedanke beruhigt mich nicht. Da sage ich zu mir selbst: „Es wird auch in seinem Leben der Augenblick kommen, da sein Geist durch die Wahl gereift wird; und wenn er dann in Reue sich selbst wählt, wird er in seine Reue auch die Schuld aufnehmen, die von mir aus auf ihm lasten kann." Und dann drückt es uns schon, wenn ein Sohn des Vaters Schuld bereut; und doch wird er es nicht um meinetwillen tun, sondern weil er nur so sich selbst wählen kann. So möge geschehen, was geschehen soll; es kann ja das Beste, das man für einen Menschen will, für ihn die schädlichsten Folgen haben; aber das alles ist doch nichts. Ich kann meinem Sohn viel nützen und bestrebe mich, das zu tun; aber das Höchste kann er sich selbst nur selbst tun. Sieh, darum ist es so schwer, sich selbst zu wählen, weil in dieser Wahl die absolute Isolation mit der tiefsten Kontinuität identisch ist, weil durch sie jede Möglichkeit, etwas anderes zu werden, vielmehr sich in etwas anderes umzudichten, unbedingt ausgeschlossen wird.

Sieh, da hast du meine bescheidene Meinung über das Wesen der Wahl und der Reue. Es schickt sich nicht, ein junges Mädchen zu lieben wie seine Mutter, oder seine Mutter wie ein junges Mädchen: jede Liebe hat ihre Eigenart. Die Liebe zu Gott hat ihre absolute Eigenart; ihr Ausdruck ist die Reue. Und was ist doch alle andere Liebe im Vergleich zu dieser? Nichts als ein Kinderlallen. Ich weiß auch diese andere Liebe zu schätzen; ich kämpfe noch heute als Ehemann unter dem siegreichen Banner der ersten Liebe. Und doch ist das mein Urteil, alle, auch die höchste Liebe, ist gegen die Liebe zu Gott, die in der Reue sich birgt, nur ein Kinderlallen. Meine Frau darf das wohl hören: sie ist derselben Meinung. Und darum liebe ich sie nur um so höher, und von jenem jungen Mädchen möchte ich nicht geliebt sein, weil sie das nicht versteht.

Da zeigen sich freilich wieder neue gefährliche Abwege. Natürlich: wer in der Ebene bleibt, ist der Gefahr des Absturzes nicht ausgesetzt, die dem Bergsteiger droht. Wer hinter dem Ofen bleibt, kommt nicht auf die gefährlichen Irrwege dessen, der sich in die Welt hinauswagt. Das weiß ich; aber das beirrt mich nicht.

Der Theologe könnte von diesem Punkt aus manche interessante Betrachtung anstellen; ich als Laie will mich nicht darauf einlassen. Nur die eine Bemerkung will ich nicht unterdrücken, weil sie zum besseren Verständnis des Gesagten dient: daß erst im Christentum die Reue ihren wahren Ausdruck gefunden hat. Der fromme Jude fühlte der Väter Schuld auf sich lasten, und doch fühlte er sie bei weitem nicht so tief wie der Christ: er konnte sie nicht bereuen, weil er sich selbst nicht absolut wählen konnte. Der Väter Schuld bedrückte ihn; er brach seufzend zusammen unter dieser Bürde; aber heben konnte er sie nicht; denn das kann nur, wer in Reue absolut sich selbst wählt. Je größer die Freiheit, desto größer die Schuld; und es ist das selige Geheimnis der höchsten Freiheit, auch vererbte Schuld reuig auf sich zu nehmen. Wer das nicht will, der ist, wenn nicht feige, so doch kleinmütig; wenn nicht niedrig, so doch gewiß auch nicht hoch gesinnt.

In der Wahl der Verzweiflung wähle ich also mich selbst. Wohl verzweifle ich, wenn ich verzweifle, wie über alles andere, so auch über mich selbst; aber das Selbst, worüber ich verzweifle, ist eine Endlichkeit unter den andern Endlichkeiten, das Selbst, das ich wähle, das absolute Selbst. Das ist der tiefste Grund, warum ich sagte und immer wieder sage, daß das Entweder-Oder zwischen dem ästhetischen und ethischen Leben kein vollständiges Dilemma ist, weil, da nur das Eine gewählt werden kann, das andere durch Nichtwählen entsteht. Ich wähle eigentlich nicht zwischen Gut und Böse, aber ich wähle das Gute, und indem ich das Gute wähle, wähle ich *eo ipso* die Wahl zwischen Gut und Böse. Die ursprüngliche Wahl wiederholt sich in jeder folgenden Wahl.

So verzweifle denn, und dein Leichtsinn soll dich nie mehr dazu bringen, wie ein ruheloses Gespenst in den Ruinen einer Welt, die doch für dich verloren ist, umherzuirren; verzweifle, und dein Geist soll nie mehr Schwermut seufzen, sondern sich frei in die Welt der Freiheit emporschwingen. Dann wird die Welt dir wieder schön erscheinen, dir wieder Freude einflößen, obgleich du sie mit anderen Augen siehst als zuvor.

Hier könnte ich abbrechen. Ich habe dich auf den Punkt gebracht, auf den ich dich bringen wollte: daß du dich losreißest von den Illusionen der Ästhetik, aufwachest aus dem Traum einer halben Verzweiflung, zum Ernst des Geistes. Dahin wollte ich dich bringen, und nun kommt es darauf an, ob du willst. Also könnte ich jetzt abbrechen. Doch ist das nicht meine Absicht, vielmehr möchte ich dir noch zeigen, wie von diesem Punkte aus das Leben sich ansieht; ich möchte dir die ethische Lebensanschauung entwerfen. Freilich ist es nur etwas Dürftiges, was ich dir zu bieten habe, nicht bloß, weil meine Gabe in keinem Verhältnis steht zu dieser Aufgabe: die Dürftigkeit ist eine Haupteigenschaft des Ethischen überhaupt, eine Eigenschaft, die doch nur den befremden kann, der von dem Überfluß der Ästhetik herkommt. Denn für das Ethische gilt: *nil ad ostentationem, omnia ad conscientiam.* Das Dürftige aber, das ich dir allein bieten kann, darf ich dir nicht vorenthalten, weil sonst der Anschein entstünde, daß ich dich in eine Art Quietismus hineinführen wollte, worin die Persönlichkeit mit derselben Notwendigkeit zur Ruhe käme, wie der Gedanke in dem Absoluten. Was nützt es aber, ein Schwert sich verschafft zu haben, mit dem man die ganze Welt besiegen könnte, wenn man es doch bloß dazu gebrauchen wollte, es in die Scheide zu stecken? Was nützte es, sich selbst gewonnen zu haben, wenn man doch nicht als Selbst sich betätigen wollte? Ehe ich dir aber das Bild des ethischen Lebens vorzeichne, will ich mit ein paar Worten die Gefahr andeuten, die für den Menschen im Augenblick der Verzweiflung entsteht, die Klippe, an der er jetzt gerade scheitern und untergehen kann. Die Schrift sagt: „Was hülfe es dem Menschen, daß er die ganze Welt gewänne und nähme doch Schaden an seiner Seele? Was könnte ihm seine Seele ersetzen?“ Den Gegensatz dazu spricht die Schrift nicht aus, aber er liegt ja in dem Satz selbst. Der Gegensatz muß so lauten: „Was schadete es dem Menschen, wenn er die ganze Welt verlöre und doch nicht Schaden nähme an seiner Seele? Brauchte er da einen Ersatz?“ Es gibt Ausdrücke, die scheinen in sich so einfach und erfüllen doch die Seele mit einer wunderlichen Angst, weil sie, je mehr man darüber nachdenkt, nur immer dunkler werden. Hierher gehört der religiöse Begriff der „Sünde wider den heiligen Geist“. Ich weiß nicht, ob es den Theologen geglückt ist, sie befriedigend zu erklären; ich bin jedenfalls dazu nicht imstande, bin aber auch nur Laie. Dagegen gehört der Ausdruck, „Schaden nehmen an seiner Seele“ dem ethischen Gebiet an und wer eine ethische Lebensanschauung haben will, muß ihn aufklären können. Die Worte werden ja oft genug gebraucht; verstehen kann sie doch nur, wer tiefe Bewegungen in seiner Seele erlebt hat, wer durch die Verzweiflung hindurchgegangen ist: es ist ja zum Verzweifeln, wenn auf der einen Seite die ganze Welt steht, auf der anderen die eigene Seele, und nur in der Verzweiflung treten Welt und Seele sich so zur Wahl gegenüber. Wenn man diesen Ausdruck verfolgt, wird die Bestimmung der Seele ebenso abstrakt wie die Bestimmung des Selbst, auf die wir früher durch die psychologische Untersuchung des Wünschens geführt wurden. In aller Veränderung, die ich mir auch an mir selbst wünsche, will ich doch ich selbst bleiben: mein Selbst ist indifferent gegen die Veränderungen meiner selbst. So gehören zu der ganzen Welt, die ich gewinnen kann mit Schaden an der Seele, und die ich verlieren kann ohne Schaden an der Seele, auch alle die Bestimmungen der Endlichkeit, die ich unmittelbar als Ich habe; meine Seele ist also indifferent gegen diese. Ich kann meinen Reichtum verlieren, meine Ehre vor andern, aber auch die Kraft meines Geistes, und doch nicht Schaden nehmen an meiner Seele, ich kann das alles gewinnen und doch Schaden nehmen. Was ist diese meine Seele, die bei diesen Verlusten unangefochten bleiben, bei diesem Gewinst Schaden nehmen kann? Dem Verzweifelten erweist sich dieses scheinbar wesenlose Abstraktum als ein Etwas; für ihn ist es keine rhetorische Übertreibung, sondern die einzig sachgemäße Bezeichnung, wenn er auf der einen Seite die ganze Welt sieht, auf der anderen Seite sich „selbst" oder seine Seele. Im Augenblick der Verzweiflung tritt diese Scheidung ein und nun kommt alles darauf an, wie der Verzweifelte verzweifelt. Denn die Verzweiflung kann zu dem Schaden an der Seele werden, der durch den Gewinn der ganzen Welt nicht aufgewogen wird; und es ist für den Menschen auch die wahre Rettung, daß er verzweifelt.

Hier zeigt sich wieder die Bedeutung dessen, daß man seine Verzweiflung will, sie im unendlichen, absoluten Verstand will; denn ein solches Wollen ist identisch mit der absoluten Hingebung. Will ich dagegen meine Verzweiflung im endlichen Sinn, so nehme ich Schaden an meiner Seele; denn in dieser Verzweiflung kommt mein innerstes Wesen nicht zum Durchbruch, schließt sich vielmehr ein und verhärtet sich. In der endlichen Verzweiflung schließe ich mich ein mit dem Endlichen, in der absoluten Verzweiflung schließe ich mich auf für das Unendliche. Wenn ich in meiner Verzweiflung die ganze Welt gewinne, so nehme ich Schaden an meiner Seele, weil ich mich dazu verendliche, daß ich mein Leben in ihr suche; wenn ich darüber verzweifle, daß ich die ganze Welt verliere, so nehme ich auf dieselbe Weise Schaden an meiner Seele: ich verendliche mich selbst dazu, daß ich mit der Welt mich selbst verloren zu haben glaube. Im einen wie im andern Fall sehe ich meine Seele gesetzt durch die Endlichkeit, also selbst endlich. Deshalb sagte ich, daß jenes junge Mädchen gleich verzweifelt sei, ob sie den Geliebten bekomme oder nicht. In jeder endlichen Verzweiflung wird die Endlichkeit gewählt; denn ich wähle sie ebensogut, wenn ich sie bekomme, wie wenn ich sie verliere. Daß ich sie bekomme oder verliere, steht nicht bei mir, wohl aber, daß ich sie wähle. Die endliche Verzweiflung ist darum eine unfreie

Verzweiflung: sie will eigentlich nicht die Verzweiflung, sondern die Endlichkeit, aber das ist Verzweiflung. Auf diesem Punkt kann nun ein Mensch sich halten; und so lange er sich darauf hält, wage ich nicht eigentlich von ihm zu sagen, daß er Schaden genommen habe an seiner Seele. Aber er ist jeden Augenblick in Gefahr, Schaden zu nehmen. Das tritt dann ein, wenn er, aus der Betäubung der Verzweiflung erwachend, einen endlichen Ausweg aus der Verzweiflung wählt. Dadurch schließt er sich in die Endlichkeit ein, verhärtet er sich in der Endlichkeit; seine vernünftige Seele erstickt und er verwandelt sich in ein Raubtier, das vor keinem Mittel zurückbebt, da ihm alles Notwehr ist. Es liegt eine entsetzliche Angst in diesem Gedanken, daß ein Mensch Schaden genommen habe an seiner Seele; und doch wird jeder, der die Verzweiflung durchgemacht hat, diesen Abweg, der in die Verlorenheit führt, geahnt haben. Daß ein Mensch so Schaden nehmen kann an seiner Seele, ist gewiß; ob das mit dem einzelnen der Fall ist, läßt sich nie entscheiden und kein Mensch darf wagen, den andern zu richten. Eines Menschen Leben kann so aussehen, daß man versucht ist, das von ihm zu glauben und doch kann er für sich eine Deutung seines Lebens haben, die ihn des Gegenteils vergewissert. Andererseits kann ein Mensch Schaden an seiner Seele genommen haben, ohne daß jemand das ahnt. Denn dieser Schaden liegt nicht im Äußern, sondern im innersten Wesen des Menschen; sie ist mit der Fäulnis zu vergleichen, die im Herzen der anscheinend tadellosen Frucht wohnt, oder der inneren Hohlheit, von der die Schale nichts verrät.

Indem du nun dich selbst absolut wählst, entdeckst du mit Leichtigkeit, daß dieses Selbst nicht eine Abstraktion oder eine Tautologie ist. So kann es sich höchstens im Augenblick der Orientierung darstellen, wo man erst die Unterscheidung macht zwischen dem wechselnden Mancherlei der Welt und der einfachen Identität des Selbst; und auch da ist es doch immer eine Illusion, daß es ganz abstrakt und inhaltslos sei. Denn als Selbst bin ich mir nicht der Freiheit im allgemeinen bewußt (dieses Freiheitsbewußtsein ist eine bloße Abstraktion des Denkens), sondern meiner selbst als dieses bestimmten freien Wesens, das durch eine Wahl es selbst sein will und nicht ein anderes. Dieses Selbst enthält in sich eine reiche Konkretion, eine Mannigfaltigkeit von Bestimmtheiten, von Eigenschaften; kurz, es ist das ganze ästhetische Selbst, das ethisch gewählt wird. Je mehr du dich deshalb in dich selbst vertiefst, desto mehr wirst du auch die Bedeutung des Unbedeutenden fühlen, die unendliche Bedeutung, die es dadurch bekommt, daß es durch dich gesetzt ist. Daß man sich im ethischen Sinne selbst wählt, bedeutet also nicht bloß eine Besinnung auf sich selbst: es ist vielmehr eine Abrechnung mit sich selbst über sich selbst, in der auch das Unbedeutende seine Bedeutung hat. Wenn nämlich die Leidenschaft der Freiheit erwacht, so wird sie eifersüchtig auf sich selbst und läßt nicht zu, daß nur so gleichgültig nebeneinanderstehe und durcheinandergehe, was einem zugehöre und was nicht. Aus dem Augenblick der Wahl kommt daher die Persönlichkeit anscheinend so nackt wie das Kind aus dem Leib der Mutter; aber das bleibt nicht, außer durch eine willkürliche Abstraktion, und im nächsten Augenblick ist die Persönlichkeit konkret in sich selbst. Jeder wird er selbst, ganz derselbe, der er zuvor war, bis auf die unbedeutendste Eigenheit; und doch wird er ein anderer, weil die Wahl alles durchdringt und verwandelt. In der Wahl, da der Mensch unendlich sich selbst wählt, wird die endliche Persönlichkeit zur unendlichen.

Nun besitzt sie sich also selbst, als gesetzt durch sich selbst, als gewählt von sich selbst, als frei; indem sie aber so von sich Besitz ergreift, zeigt sich eine absolute Differenz, die Differenz zwischen Gut und Böse. So lange einer nicht sich selbst gewählt hat, ist diese Differenz latent. Wie entsteht nun überhaupt die Differenz zwischen Gut und Böse? Läßt sie sich denken? Das heißt: ist sie für den Gedanken? Nein. Wenn ich denke, denke ich, was ich denke, notwendig, aber eben deswegen ist die Differenz zwischen Gut und Böse für den Gedanken nicht da. Denke, was du willst, denke die abstrakteste, denke die konkreteste aller Kategorien, du denkst nie unter der Bedingung von Gut und Böse; denke die ganze Geschichte, so denkst du die notwendige Bewegung der Idee, aber du denkst nie unter der Bestimmung von Gut und Böse. Du denkst immer nur relative Differenzen, nie die absolute Differenz. Man kann der Philosophie meines Erachtens wohl darin Recht geben, daß sie einen absoluten Gegensatz nicht denken kann; aber daraus folgt keineswegs, daß es diesen nicht gäbe. Die Philosophie, die den Grundsatz des Widerspruchs in der Wirklichkeit aufgehoben haben will, hat ihn vielmehr, wie ich früher zeigte, noch gar nicht erreicht. Der absolute Widerspruch existiert nicht für den Gedanken, aber für die Wahl. Indem ich denke, werde ich auch unendlich, ich verschwinde im Absoluten; indem ich mich selbst absolut wähle, werde ich so unendlich, daß ich selbst das Absolute bin. Mich selbst kann ich absolut wählen, und daß ich mich selbst absolut wähle, ist meine Freiheit, und indem ich mich selbst absolut wähle, setze ich eine absolute Differenz: die Differenz zwischen Gut und Böse.

Um das Moment der Selbstbestimmung im Denken hervorzuheben, sagt die Philosophie: das Absolute ist dadurch, daß ich es denke. Da sie aber selbst einsieht, daß dadurch das freie Denken bezeichnet ist, nicht das notwendige Denken, das sie sonst anpreist, so substituiert sie dafür einen andern Ausdruck: mein Denken des Absoluten sei das Sichdenken des Absoluten in mir. Beide Ausdrücke sind aber keineswegs identisch; dagegen ist der letztere durchaus bezeichnend. Mein Denken ist nämlich ein Moment im Absoluten; darin liegt meines Denkens Notwendigkeit, die Notwendigkeit, mit der ich das Absolute denke. Anders verhält es sich mit dem Guten. Das Gute ist dadurch, daß ich es will, anders ist es gar nicht. Ebenso ist das Böse nur dadurch, daß ich es will, nicht anders. Damit ist das Gute und Böse keineswegs verkleinert und zu etwas bloß Subjektivem herabgesetzt. Im Gegenteil: darin spricht sich eben die ewige Bedeutung dieser Bestimmungen aus. Das Gute ist das In-und-für-sich-Seiende, gesetzt von dem In-und-für-sich-Seienden. Es ist die Freiheit, gesetzt durch die Freiheit.

Es könnte Bedenken erregen, daß ich das Individuum in der absoluten Wahl sich selbst wählen lasse; denn darin könnte man finden, daß es das Gute und das Böse gleich absolut wählte, ihm also das Gute und das Böse gleich wesentlich zugehörte. Um dieses Mißverständnis zu verhindern, betonte ich, daß ich mich selbst in Reue wähle. In der Reue löse ich mich von mir selbst los. Die Reue ist der Ausdruck dafür, daß mir das Böse wesentlich zugehört, und zugleich der Ausdruck dafür, daß es mir nicht wesentlich zugehört. Wenn das Böse mir nicht wesentlich zugehörte, könnte ich es nicht wählen; wäre aber etwas in mir, das ich nicht absolut wählen könnte, so wählte ich nicht mich selbst absolut, so wäre ich nicht selbst das Absolute, so wäre ich nur Produkt.

Hier will ich nun diese Erwägungen abbrechen, um zu zeigen, wie sich in einer ethischen Lebensanschauung die Persönlichkeit und das Leben und dessen Bedeutung darstellt. Der Ordnung wegen aber wiederhole ich zuerst ein paar Bemerkungen, die früher über das Verhältnis des Ästhetischen und des Ethischen gemacht wurden. Jede ästhetische Lebensanschauung ist Verzweiflung; denn sie baut auf das, was sein kann und nicht sein kann. Nicht so die ethische Lebensanschauung; sie baut das Leben auf das, dem es wesentlich ist: zu sein. Das Ästhetische ist das im Menschen, wodurch er unmittelbar der ist, der er ist. Das Ethische ist das, wodurch der Mensch wird, der er wird. Damit soll keineswegs gesagt sein, daß, wer ästhetisch lebt, sich nicht entwickle; aber er entwikkelt sich mit Notwendigkeit, nicht mit Freiheit. Es vollzieht sich mit ihm keine Metamorphose; er vollzieht nicht die unendliche Bewegung, durch die er zu dem Punkt käme, von dem aus er wird, der er wird.

Wenn ein Individuum sich selbst ästhetisch betrachtet, so wird es sich dieses Selbsts bewußt, als einer auf mancherlei Weise in sich selbst bestimmten, eine Mannigfaltigkeit in sich tragenden Konkretion. Aber dieses Mannigfaltige in ihm ist trotz seiner inneren Verschiedenheit zusammen sein Wesen; es hat alles darin das gleiche Recht, sich geltend zu machen, sich zu befriedigen. In diesem Stadium des Lebens gleicht die Seele dem Erdboden, dem allerhand Kräuter entsprießen, alle mit der gleichen Forderung auf Leben; das Selbst liegt in dieser Mannigfaltigkeit, und es gibt kein höheres Selbst als dieses Selbst. Wer nun den ästhetischen Ernst hat, von dem du so oft sprichst, und etwas Erfahrung vom Leben, der sieht leicht, daß nicht alles zugleich gedeihen kann; er wird also eine Wahl treffen, und was seine Wahl bestimmt, das ist ein Mehr oder Weniger, also eine relative Differenz. Käme er in gar keine Berührung mit dem Ethischen, so könnte er zu sich selbst sagen: ich habe Anlage zu einem Don Juan, zu einem Faust, zu einem Räuberhauptmann; diese Anlage bilde ich aus, denn der ästhetische Ernst verlangt, daß ich etwas Bestimmtes werde: das organische Ganze, dessen Keim in mir liegt. Eine solche Betrachtung der Persönlichkeit und ihrer Entwicklung wäre ästhetisch ganz korrekt. Du siehst daraus, was eine ästhetische Entwicklung zu bedeuten hat: sie gleicht der Entwicklung der Pflanze und obgleich das Individuum wird, wird es doch nur das, was es unmittelbar schon ist. Wer die Persönlichkeit ethisch betrachtet, setzt sofort eine absolute Differenz, die Differenz zwischen Gut und Böse; und wenn er auch mehr von dem Bösen in sich findet, als von dem Guten, so folgt für ihn daraus keineswegs, daß es das Böse sei, das herauskommen solle; weil er eine absolute Differenz zwischen Gut und Böse setzt, ist ihm das Böse unbedingt das, was zurückgedrängt werden soll, das Gute unbedingt das, was sich durchsetzen soll. Wenn das Individuum sich ethisch entwickelt, wird es das, was es wird; auch wenn es dem Ästhetischen in ihm seine Bedeutung läßt, lebt es doch nicht ästhetisch, entthront also das Ästhetische. Auch der ästhetische Ernst ist, wie aller Ernst, dem Menschen förderlich; aber die völlige Gesundung bringt er nicht. Als Beispiel kannst du dienen. Dein ästhetischer Idealismus hat dir unfraglich geschadet, hat dir aber auch genützt: an dem Ideal des Guten hast du dich blind gestiert, daß du dir auch ein Ideal des Schlechten bilden mußt, hat dich vor dem Gemeinen bewahrt. Heilen kann dich dein ästhetischer Ernst natürlich nicht; er bewirkt, daß du das Schlechte lassest, weil es sich doch nicht ideal durchführen läßt; aber dann lassest du es nicht deshalb, weil du es als das Schlechte verabscheust. Darum bist du auch noch nicht weiter gekommen, als daß du zum Guten so ohnmächtig seist, wie zum Bösen, übrigens ist das Böse vielleicht nie verführerischer, als wenn es unter ästhetischen Bestimmungen auftritt; es gehört ein hoher Grad ethischen Ernstes hinzu, das Böse nie ästhetisch auffassen zu wollen. Die ästhetische Betrachtung des Bösen schleicht sich verstohlen in jeden Menschen ein, und die überwiegend ästhetische Bildung, die nach dem Geschmack der Gegenwart ist, befördert sie nicht wenig. Man hört deshalb nicht selten Tugendprediger derart gegen das Böse eifern, daß der Redner, obgleich er das Gute anpreist, offenbar sich darin gefällt, daß er selbst ebensogut der ränkevollste, hinterlistigste Mensch sein könnte, wenn er eben nicht vorzöge, gut zu sein. Aber der verrät nur seine heimliche Schwäche: daß ihm die Differenz zwischen Gut und Böse nicht in ihrem ganzen Ernst klar vor Augen steht. So viel Gutes ist schließlich in jedem Menschen, daß er es als das Höchste fühlt, ein guter Mensch zu sein; aber um doch etwas vor dem Haufen der Menschen voraus zu haben, will er es anerkannt wissen, daß er, der eine so bedeutende Anlage zum Schlechten hat, doch gut wurde. Wie wenn die Begabung für das Schlechte ein Vorzug wäre! Wie wenn es nicht eine Vorliebe für das Schlechte beweisen würde, von dieser Begabung so viel Aufhebens zu machen! So gibt es auch nicht wenige Menschen, die wirklich in ihrem innersten Herzen gut sind, aber das nicht Wort haben wollen, weil sie fürchten, für spießbürgerlich zu gelten. Die anerkennen auch das Gute als das Höchste; aber sie haben nicht den Mut, das Böse als das zu erkennen, was es ist. Wenn eine Geschichte, wie man so sagt, einen trivialen Ausgang hat, so bedeutet das in der Regel, daß schließlich das Ethische zu seinem Rechte kam. Es sei einer dem andern irgendwie zum Rätsel geworden: stellt sich nun heraus, daß er nicht der verschlagene Betrüger war, den man in ihm hoffte, sondern ein gutmütiger und braver Mensch, so macht sich die Enttäuschung in den Worten

Luft: „Weiter nichts?“ – „War das alles?“ Wahrlich es gehört ein starker ethischer Mut dazu, sich zu dem Guten als zu dem Höchsten zu bekennen; denn unter diesem Gesichtspunkt kann man nichts Besonderes werden. Und darauf verzichtet man nicht gerne. Man möchte so gerne sein Leben darin haben, daß man sich vor anderen auszeichnet. Ein guter Mensch kann jeder sein, zur Bosheit gehört Talent. Darum möchten viele so gerne Philosophen sein statt Christen; denn zum Philosophen gehört Talent, zum Christen Demut, und die kann jeder haben, der will. Was ich hier sage, darfst du dir wohl zu Herzen nehmen, denn du bist in deinem innersten Wesen kein böser Mensch. Werde mir aber nur nicht böse; ich will dir ja gewiß nicht zu nahe treten, sondern mache nur, wie du leicht siehst, aus der Not eine Tugend. Da ich deine Begabung nicht habe, muß ich schon darauf halten, daß es auch etwas ist, ein guter Mensch zu sein.

Noch auf andere Weise sucht man gegenwärtig die ethische Betrachtung zu entnerven. Hält man es auch für eine recht ärmliche Anstellung im Leben, ein guter Mensch zu sein, so hat man doch noch eine gewisse Achtung davor; was man aber gar nicht leiden kann, ist, daß man sozusagen in dieser Rolle auch öffentlich auftrete. Nun soll man gewiß nicht seine Tugend zur Schau tragen und andern bei jeder Gelegenheit die Nase darauf stoßen, daß man ein guter Mensch sei; aber man soll damit doch auch nicht geheim tun, soll sich nicht fürchten, sich zu seinem Streben zu bekennen. Dann aber erhebt sich sofort ein Schrei der Entrüstung. „Der will sich wichtig machen, der will besser sein, als andere.“ Und man entledigt sich seiner mit dem frechen Witz: „Wir wollen Menschen sein, vor Gott sind wir doch allzumal Sünder.“ Und darin sieht man das Vornehme, daß einem in diesem Sinne nichts Menschliches fremd sei. Darum wird in dem neueren Drama das Schlechte immer von den glänzendsten Talenten repräsentiert, Rechtschaffenheit und Güte aber von einem Gewürzkrämer oder von sonst einem beschränkten Biedermann. Die Zuschauer aber finden das ganz in der Ordnung und lernen aus dem Stück, was sie schon vorher wußten: daß es weit unter ihrer Würde wäre, in eine Klasse mit dem Gewürzkrämer gerechnet zu werden. Ja, mein junger Freund, es gehört viel ethischer Mut dazu, sein Leben im Ernst nicht in den Differenzen holen zu wollen, sondern im allgemeinen Menschlichen. Unsere Zeit treibt in dieser Hinsicht einer Katastrophe entgegen. Es wird der Augenblick kommen, da die im ästhetischen Sinn ausgezeichnetsten Individuen, die, deren Leben gerade in den Differenzen liegt, verzweifelnd über ihre Sonderstellung hinausstreben, um das allgemeine Menschliche zu finden. Da werden denn auch wir kleinen Leute wieder zu Ehren kommen, wie wir uns jetzt bisweilen dadurch beengt fühlen, daß wir unser Leben nicht in den Differenzen holen können. Denn das hat, ehrlich gestanden, nicht bloß den Grund, daß wir sie verschmähten, wir sind wirklich auch zu unbedeutend dazu.

Jeder Mensch, der bloß ästhetisch lebt, hat darum ein heimliches Grauen vor dem Verzweifeln. Denn er weiß recht wohl, daß ihn die Verzweiflung in das Allgemeine hineinbringen wird, während er sein Leben doch in der Differenz hat.

Je höher ein Individuum steht, desto mehr Differenzen hat es, an ihrer Bedeutung verzweifelnd, vernichtet; immer aber behält es eine Differenz zurück, die es nicht vernichten will, weil es sein Leben darin hat. Auch der einfältigste Mensch entdeckt mit einer bewundernswürdigen Sicherheit, was man seine ästhetische Differenz nennen könnte, wie unbedeutend sie auch sei; und der ärmliche Streit um den relativen Wert der Differenz gehört zum jämmerlichsten im Leben. Ein weiterer Grund für das Grauen aller ästhetischen Köpfe vor der Verzweiflung ist, daß sie darin einen Bruch sehen: wer möchte für eine gebrochene Existenz gelten? Damit hätte es seine Richtigkeit, wenn die Entwicklung des Lebens die notwendige Entfaltung des Unmittelbaren wäre. Da dies nicht der Fall ist, so ist die Verzweiflung auch nicht ein Bruch, sondern eine Verklärung. Gebrochen wird nur, wer über einzelnem verzweifelt; und er wird deshalb gebrochen, weil er nicht total verzweifelt. Endlich fürchtet der Ästhetiker, daß das Leben seine reizvolle Mannigfaltigkeit verliere, die es unter der Herrschaft des Ästhetischen hat. Aber das ist ein Mißverständnis, das rigoristische Theorien veranlaßt haben. In der Verzweiflung geht nichts unter. Das Ästhetische wird darin nur einem Höheren subordiniert, wird aber in dieser Subordination gerade bewahrt. Es wird auf eine andere Art benutzt als zuvor, aber damit ist es nicht weg; es geht in dem anderen Leben, das freilich mit der Verzweiflung beginnt, nicht verloren. Der Ethiker führt nur die Verzweiflung durch, die der höhere Ästhetiker bereits begonnen, aber willkürlich abgebrochen hat; er macht nicht wie dieser vor der großen Differenz halt, weil er in ihr auch nur die relative Differenz sieht. Wenn aber der Ästhetiker selbst zugesteht, daß auch die Differenz, die seinem Leben Bedeutung gibt, vergänglich ist und es nur für das immer noch Beste hält, sich ihrer zu freuen, solange man sie hat, so ist das doch eigentlich eine Art Feigheit, die des Menschen unwürdig ist. Es ist, wie wenn einer sich eines behaglichen Verhältnisses freuen wollte, das nur leider auf ein Mißverständnis gegründet ist. Das Mißverständnis muß früher oder später zutage kommen; er aber hat nicht den Mut, sich seine Lage einzugestehen und will sich des Verhältnisses, in dem er steht, freuen, solange es möglich ist. Doch das ist nicht dein Fall. Du gleichst vielmehr dem, der sich das Mißverständnis eingestanden, das Verhältnis abgebrochen hat und nur sozusagen immer noch einen allerletzten Abschied nehmen will.

Die Verschiebung im Leben, die durch den Übergang vom ästhetischen Leben zum ethischen bewirkt wird, offenbart sich besonders in der verschiedenen Bedeutung der Stimmung. Die Stimmung ist sozusagen die Resonanz des Genusses in der Persönlichkeit, wie der Genuß selbst durch die Reaktion der Umwelt auf die Persönlichkeit entsteht. In der Stimmung ist die Persönlichkeit zugegen, aber nur dämmernd. Wer nun ästhetisch lebt, sucht möglichst in der Stimmung aufzugehen, sucht sich ganz in sie einzuhüllen, so daß nichts in ihm bleibe, das nicht in die Stimmung eingehen kann; denn ein solcher Rest stört die Stimmung, hält den Genießenden ab, in der Stimmung aufzugehen. Je mehr die

Persönlichkeit in der Stimmung hindämmert, desto mehr ist das Individuum im Moment, und dies ist wieder der adäquateste Ausdruck für die ästhetische Existenz: sie ist im Moment. Daher die ungeheuren Oszillationen, denen das ästhetische Leben ausgesetzt ist. Wer ethisch lebt, kennt die Stimmung auch, aber sie ist ihm nicht das Höchste; weil er sich selbst im unendlichen Sinne gewählt hat, sieht er die Stimmung unter sich. Das Höchste ist ihm gerade das Mehr, das nicht in Stimmung aufgehen will: die Kontinuierlichkeit. Wer ethisch lebt, hat Gedächtnis für sein Leben (um an einen früheren Ausdruck zu erinnern); das geht dem Ästhetiker ab. Wer ethisch lebt, vernichtet nicht etwa die Stimmung, nein, er sieht sie einen Augenblick an; aber dieser Augenblick rettet ihn davon, im Moment zu leben; dieser Augenblick gibt ihm die Herrschaft über die Lust. Denn der Lust wird man nicht dadurch Herr, daß man sie einfach vernichtet oder ihr gänzlich entsagt, vielmehr gilt es, den Augenblick zu bestimmen. Das Geheimnis jeder Lust ist, daß sie im Moment absolut ist; darin liegt ihre Macht. Daß man sich ihrer gänzlich enthalte, wie einem oft geraten wird, ist nun eine ganz unrichtige Taktik im Kampf gegen sie, die niemals dauernden Erfolg hat. Das Richtige ist, ihr nur den Moment nicht zu lassen, da sie sich absolut durchsetzen will.

Denke dir einen leidenschaftlichen Spieler. Erwacht die Lust in ihm, so ist es, als hinge sein Leben an ihrer Befriedigung; ist er aber imstand, zu sich selbst zu sagen: „In diesem Augenblick will ich nicht, erst in einer Stunde“, so ist er geheilt. Diese Stunde ist die Kontinuierlichkeit, die ihn rettet. Wer ästhetisch lebt, ist immer in exzentrischer Stimmung, denn er hat sein Zentrum in der Peripherie. Die Persönlichkeit hat ihr Zentrum in sich selbst; wer nicht sich selbst hat, ist exzentrisch. Wer ethisch lebt, dessen Stimmung ist zentralisiert: er ist nicht in Stimmung, noch ist er Stimmung; aber er hat Stimmung und hat die Stimmung in sich. Sein Ziel ist die Kontinuierlichkeit, die der Stimmung Meister ist. Sein Leben ermangelt nicht der Stimmung, ja es hat eine Totalstimmung; diese aber ist immer ein erworbenes *aequale temperamentum*; ist niemals bloße, natürliche Anlage, also unmittelbar; ist keine ästhetische Stimmung.

Wer sich nun im unendlichen Sinne selbst gewählt hat, kann der zu sich selbst sagen: „Jetzt besitze ich mich selbst und verlange nichts mehr“? Kann er allen Wechselfällen des Schicksals den stolzen Gedanken entgegensetzen: „Ich bin, der ich bin“? Keineswegs! Das würde nur zeigen, daß er auf einen Abweg geraten ist. Er hätte nicht im strengsten Sinne sich selbst gewählt; er hätte sich selbst gewählt, wie etwas außerhalb seiner selbst; er hätte das Wählen ganz abstrakt aufgefaßt und sich nicht in seiner Konkretion ergriffen; er hätte sich selbst nicht so gewählt, daß er in der Wahl er selbst geworden wäre, sich selbst sozusagen angezogen hätte; er hätte sich selbst nach seiner Notwendigkeit gewählt, nicht in seiner Freiheit; er hätte die ethische Wahl ästhetisch eitel genommen. Je bedeutungsvoller eine Entscheidung ist, desto gefährlicher sind auch die Abwege; so zeigt sich auch hier ein entsetzlicher Abweg. Indem das Individuum sich in seiner ewigen Bedeutung ergreift, wird es von dieser ganz und gar überwältigt. Die Zeitlichkeit entschwindet ihm. Das flößt ihm im ersten Augenblick eine unbeschreibliche Seligkeit ein, gibt ihm eine absolute Sicherheit. Wie sollte es nicht in diesem Zustande verweilen wollen? Aber das ist eine Versuchung. Die Zeitlichkeit macht ihre Forderungen geltend. Alles jedoch, was die Zeitlichkeit dem Menschen geben kann, dieses Mehr oder Weniger, erscheint nun höchst unbedeutend im Vergleich zu dem ewigen Gehalt seines Wesens, worin es sein wahres Leben entdeckt und ergriffen hat. Weist er nun die Forderungen der Zeitlichkeit ab, so steht das Leben für ihn still; er ist gleichsam vor der Zeit in die Ewigkeit eingegangen. Er versinkt in Kontemplation, stiert immer nur auf sich selbst hin; aber dieses Stieren füllt die Zeit nicht aus. Da erkennt er in der Zeitlichkeit sein Verderben, er verlangt nach einer vollkommeneren Form des Daseins, er verfällt darüber in eine Müdigkeit, eine Apathie, wie sie dem Genuß folgt. Wenn er nun apathisch über sich selbst brütet, findet er vielleicht in dem Selbstmord den einzigen Ausweg. Keine Macht kann ihn ihm selbst entreißen. Hilfe könnte man nur von der Zeit erwarten, sie aber ist es ja gerade, die sein Leben zum Stillstand bringt, die ihn nicht dazu kommen läßt, sich wirklich selbst zu ergreifen. Er hat nicht sich selbst gewählt; er hat wie Narcissus sich in sich selbst verliebt.

Worin liegt sein Fehler? Er hat nicht auf die richtige Weise gewählt. Vielleicht ahnt er, was in ihm nicht bleiben darf, aber er sieht sich nur als notwendig. Sich, diese Persönlichkeit mit dieser Mannigfaltigkeit von Bestimmungen, sieht er nur als Glied in der Verkettung des Weltlaufs. Er sieht sich der ewigen Macht gegenübergestellt; aber deren Feuer durchglüht ihn nur, ohne zu verzehren, was in der konkreten Bestimmtheit seines Wesens getilgt werden muß. Er hat sich nicht in seiner Freiheit gesehen und gewählt. Tut er das, so kommt er im selben Moment, da er sich wählt, in Bewegung. Wie konkret auch sein Selbst ist, so hat er sich doch nach seiner Möglichkeit gewählt; hat sich durch die Reue von seiner Wirklichkeit losgekauft, um in seiner Freiheit zu verbleiben; verbleiben kann er in seiner Freiheit aber nur, indem er sie beständig realisiert. Wer sich selbst gewählt hat, ist *eo ipso* aktiv.

Hier will ich mit ein paar Worten eine Lebensanschauung besprechen, die du mit großer Selbstgefälligkeit bald dozierst, bald auch praktizierst. Ihre Quintessenz ist nichts Geringeres, als des Lebens Bedeutung sei: zu leiden; weshalb der Unglücklichste gerade der Allerglücklichste sei. Auf den ersten Blick scheint das keine ästhetische Lebensanschauung zu sein: sie zielt ja nicht auf den Genuß ab; ethisch ist sie aber doch auch nicht. Sie liegt auf dem gefährlichen Übergang vom Ästhetischen zum Ethischen, wo die Seele sich so leicht in irgendeiner Form der Prädestinationstheorie fängt. Unter deinen verschiedenen Ketzereien ist diese vielleicht die schlimmste; sie leistet dir zugleich die besten Dienste, dich an die Menschen heranzuschleichen, sie an dich sozusagen herzusaugen. Du kannst herzlos sein trotz einem; du kannst mit allem deinen Spott treiben, auch mit dem Schmerz der Menschen. Das reizt die Jugend, wie du wohl weißt; es tritt aber auch zwischen dich und sie, denn es ist doch ebenso abstoßend, wie anziehend. Willst du ein junges Mädchen auf diese Weise betrügen, so entgeht es dir keineswegs, daß die weibliche Seele zu viel Tiefe hat, um sich auf die Länge dadurch fesseln zu lassen; kannst du ein Mädchen einen Augenblick so beschäftigen, so wird sie dessen doch bald müde, da ihre Seele solcher Reizmittel nicht bedarf, und du kannst ihr fast zum Ekel werden. Du änderst also die Methode: du läßt sie durch rätselhafte Expektorationen ahnen, daß deinem unverständlichen Benehmen eine verborgene Melancholie zugrunde liege. Du sorgst dafür, daß sie durch deine Bekenntnisse nichts Näheres zu wissen bekommt; du überläßt es ihrer Phantasie, sich die tiefe Wehmut auszumalen, die in deinem Innersten wohne. Klug bist du, das kann man dir nicht bestreiten; ein junges Mädchen hat über dich die richtige Bemerkung gemacht, daß du vermutlich noch als Jesuit endigen werdest. Je hinterlistiger du den Faden, der immer tiefer in die Geheimnisse deiner Wehmut hineinführen soll, in die Hand zu schieben weißt, desto vergnügter bist du, desto sicherer bist du deiner Beute. Du hältst keine langen Reden; du bezeugst deinen Schmerz nicht durch einen gefühlvollen Händedruck oder einen schmachtenden Blick in das romantische Auge einer gleichgestimmten Seele: dazu bist du zu klug. Du fliehst Zeugen und läßt dich nur ganz selten überrumpeln. In einem gewissen Alter gibt es für junge Mädchen kein gefährlicheres Gift als Wehmut; das weißt du, und dieses Wissen könnte, wie jedes andere, an und für sich recht gut sein; aber der Gebrauch, den du davon machst, ist wirklich nicht gut.

Da du dich dazu abgehärtet hast, das ganze Dasein unter ästhetischen Kategorien aufzufassen, ist das Leid natürlich deiner Aufmerksamkeit nicht entgangen; es ist ja an und für sich weit interessanter, als die Freude. Die Unerschütterlichkeit, womit du das Interessante, wo es sich zeigt, festhältst, wird von deiner Umgebung zumeist gründlich mißverstanden; bald giltst du für einen absolut herzlosen, bald für einen wirklich gutmütigen Menschen, und bist doch keines von beiden. Denn du gehst freilich dem Leid mit derselben Ausdauer nach wie der Freude, aber beiden nur, wenn sie eine Idee enthalten, die dein ästhetisches Interesse weckt. Wärest du leichtsinnig genug, einen Menschen unglücklich zu machen, so könntest du das absonderlichste Mißverständnis veranlassen. Du würdest dann nicht, wie andere, die treulos nur die Freude suchen, dich von deinem Opfer zurückziehen, um anderswo nach Genuß zu jagen; nein, sein Leid wäre dir noch interessanter, als das Vergnügen. Du würdest also bei ihm bleiben und dich in sein Leid vertiefen. Du hast Erfahrung, Innerlichkeit, die Macht des Worts, das tragische Pathos; du verstehst, dem Leidenden die Linderung zu bieten, nach der er am heftigsten begehrt, wenn er nur ästhetisch leidet: den Ausdruck. Du vergnügst dich also daran, wie er sich in der Stimmung, die du in ihm auslösest, erholt; du wirst ihm bald unentbehrlich, denn der Ausdruck, den du seiner Stimmung gibst, hebt ihn über sich selbst empor. Er hingegen wird dir keineswegs unentbehrlich und bald bist du müde. Denn für dich, den ruhelosen Wanderer, ist nicht nur die Freude, sondern auch das Leid nur eine flüchtige Reisebekanntschaft. Wenn du dann den Leidenden getröstet und zum Lohn für deine Mühe das Interessante in seinem Schicksal herausdestilliert hast, so wirfst du dich in deinen Wagen und rufst: „Abfahren!" Fragt man dich wohin, so antwortest du mit deinem Helden Don Juan: „Zu Lust und Munterkeit." Nun wird dir nämlich das Leid langweilig, und deine Seele fordert das Widerspiel.

Ganz so schlimm benimmst du dich freilich nicht, und ich will dir nicht bestreiten, daß du oft auch ein wirkliches Interesse für den Leidenden hast, ihn also heilen und für die Freude wiedergewinnen möchtest. Da dienst du denn, nach deinem eigenen Wort, als tüchtiger Vorspann und suchst den Armen aus den Bekümmernissen herauszureißen, worin er sich festgefahren hat. Du sparst weder Zeit noch Kraft, und manchmal hast du auch Erfolg. Aber auch da kann ich dich nicht loben: du hast deine Hintergedanken dabei. Du beneidest nämlich das Leid, du gönnst es dem andern nicht, und kannst insbesondere nicht ertragen, daß er ein Leid habe, das nicht überwunden werden könnte. Hast du ihm geholfen, so sagst du befriedigt zu dir selbst: mir aber, mir kann niemand helfen. Denn ob du nun dich mit der Freude oder mit dem Leid zerstreuest, das steht dir unerschütterlich fest, das behältst du immer im Sinn: daß es ein Leid gibt, das sich nicht heben läßt.

Und so suchst du denn des Lebens Bedeutung darin, daß man unter dem Leben leide. Es ist charakteristisch an dem modernen Menschen, daß er eine gewisse Vorliebe für das Leid hat. Leiden zu wollen gilt für eine höhere Auffassung des Lebens als froh sein zu wollen; wofür man auch den Grund hat, daß dieses natürlich ist, jenes unnatürlich. Zudem verpflichtet die Freude zur Dankbarkeit, auch wenn man nicht recht weiß, wem man danken soll; für das Leid hat man offenbar nicht zu danken, und das behagt der Eitelkeit. Endlich ist unsere Zeit in die Nichtigkeit des Lebens so tief eingeweiht, daß sie keinen Glauben an die Freude mehr hat; da man nun doch an etwas glauben muß, so glaubt man an das Leid. Die Freude vergeht, sagt man, aber das Leid besteht; wer also seine Lebensanschauung auf die Tatsache des Leids gründet, der baut auf festen Grund.

Fragt man dich nun, welches Leid du im Sinne habest, so umgehst du klüglich das Leid, das nur der ethischen Bekümmernis um sich selbst entspringt. Von Reue willst du nichts wissen; nein, du kennst nur das ästhetische Leiden, insbesondere das reflektierte Leiden. Dieses hat seinen Grund nicht in der Schuld, sondern im Unglück, im Schicksal, in der ererbten Anlage, im Milieu usf. Freilich, wenn du im Roman oder in der Wirklichkeit andere darüber klagen hörst, so dient dir das nur zum Gespött; für dich selbst aber scheint es dir Sinn und Wahrheit zu haben, daß des Lebens Bedeutung sei, unter dem Leben zu leiden.

In diesem traurigen Gedanken suchst du nun einen Trost; ich kann dir aber nicht verhehlen, daß diese Lebensanschauung so trostlos ist wie die ästhetische

Lebensanschauung überhaupt. Denn im selben Sinne wie die Freude vergeht, vergeht auch das Leid. Das brauche nicht erst ich dich zu lehren; dein Meister Scribe spottet oft genug über die Sentimentalität, die an ein ewiges Leid glaubt. Wer des Lebens Bedeutung darin sucht, daß er unter dem Leben leide, hat im selben Sinne die Freude von außen her als Feind zu fürchten, wie *der* von außen her das Leid zu fürchten hat, der des Lebens Bedeutung darin sieht, sich des Lebens zu freuen. Die Freude kann den einen ebensogut überrumpeln wie das Leid den anderen. Daß sein Leben für ihn Sinn bekomme, ist also an eine Bedingung geknüpft, die nicht in seiner Macht steht; denn es steht ebensowenig in der Menschen Macht, nicht mehr froh zu werden, wie sich nicht mehr zu betrüben. Aber jede Lebensanschauung, die den Sinn des Lebens von einer äußeren Bedingung abhängig macht, ist Verzweiflung. Dem Leid zu leben ist also im gleichen Sinne Verzweiflung wie dem Genuß zu leben; denn das ist eben Verzweiflung, sein Leben in etwas zu haben, dessen Wesen es ist, zu vergehen. Wende alle Klugheit und Erfindsamkeit an, dem Leid zu leben; scheuche die Freude fort durch eine stereotype Leidensmiene oder betrüge sie, wenn du das vorziehst, mit einer erzwungenen Heiterkeit: sie kann dich doch überraschen. Die Zeit verzehrt die Kinder der Zeit; ein Kind der Zeit ist aber auch das Leid, und seine angemaßte Ewigkeit ist nur ein Betrug. Je tiefer der Grund des Leides liegt, desto eher sollte es sich ein ganzes Leben lang bewahren lassen, sollte es, ohne daß man etwas dazu täte, von selbst Dauer haben. Wurzelt es in einer einzelnen Begebenheit, so ist das nicht wohl möglich, das siehst du ein; darum denkst du, wenn du des Lebens Bedeutung darin suchst, dem Leid zu leben nur an die wesentlich unglückliche Individualität und an den tragischen Helden. Bei jener ist es in der ganzen geistigen Disposition begründet, daß sie nicht glücklich oder froh werden kann; es ruht ein Fatum über ihr und dasselbe gilt von dem tragischen Helden. Steht die Sache so, so kann des Lebens Bedeutung in der Tat nur noch sein, daß man dem Leid lebt; dann sind wir aber bei einem richtigen Fatalismus angelangt, der allerdings immer etwas Verführerisches an sich hat. Du selbst bist ja geneigt, dich für eine solche unglückliche Individualität und dann gleich für den Unglücklichsten zu halten: der stolzeste und trotzigste Gedanke, der in eines Menschen Hirn aufkommen kann.

Laß mich dir antworten, wie du es verdienst. Zuvörderst: du leidest ja gar nicht wirklich. Das weißt du recht wohl. Eines deiner Lieblingsworte ist ja, daß der Unglücklichste gerade der Glücklichste sei. Aber das ist eine Fälschung, und die gefährlichste, die man sich denken kann; eine Fälschung, die die ewige Ordnung der Dinge auf den Kopf stellt; wie es ein Aufruhr gegen Gott ist, da lachen zu wollen, wo man weinen sollte. Und doch gibt es eine Verzweiflung, die dessen fähig ist, einen Trotz, der Gott selbst die Spitze bietet. Und es ist zugleich ein Verrat am Menschengeschlecht. Wohl machst auch du noch einen Unterschied zwischen Leid und Leid; aber du meinst doch, es gäbe ein so außergewöhnliches Leid, daß es überhaupt als solches nicht mehr zu tragen sei und deshalb in sein Gegenteil umschlagen müsse. Gibt es aber ein solches Leid, so steht es doch nicht dir zu, es zu bestimmen; du hast das eine Leid neben dem anderen gelten zu lassen, wenn du nicht zum Verräter werden willst an dem tiefsten und heiligsten Recht und Trost des Menschen. Und du wirst auch zum neidischen Verräter an allem Großen. Hört man dich, so wären die großen Männer nicht in den gefährlichsten Prüfungen versucht worden, so hätten sie sich ihre Ehre auf bequeme Weise erschlichen, denn auch sie wären zusammengebrochen, wenn die übermenschliche Versuchung, von der du sprichst, über sie gekommen wäre. Willst du das Große auf die Weise ehren, daß du es verkleinerst? Willst du auf die Weise sein Zeuge werden, daß du es verleugnest?

Aber verstehe mich nicht falsch. Ich bin durchaus nicht der Meinung, daß man um nichts Leid tragen solle; dieser eitlen Weisheit ziehe ich es bei weitem vor, das Leid bis zum Grunde zu durchleiden. Das finde ich schön, wie ich auch die Träne schön finde; aber man soll sein Leid nicht tragen wie der, der keine Hoffnung hat. Du aber schließest die Hoffnung aus, indem du es gerade für die Bedeutung des Lebens erklärst, unter dem Leben zu leiden. In dieser Hinsicht ist zwischen uns ein absoluter Gegensatz, der nicht gehoben werden kann. Ich kann nicht wie du unter ästhetischen Bestimmungen leben: da würde nach meinem Gefühl das Heiligste meines Lebens untergehen; ich fordere einen höheren Sinn und Ausdruck des Lebens, und den gibt mir das Ethische. Da erhält auch das Leid seine wahre und tiefe Bedeutung. Stoße dich nicht daran, daß ich jetzt von Kindern rede, da ich doch ein Leid im Sinne habe, das nur ein Held tragen kann. Ein wohlgeartetes Kind ist geneigt, um Verzeihung zu bitten, ohne peinlich zu erwägen, ob es recht hat oder nicht; so ist auch ein hochsinniger Mensch bereit, zu bereuen, ohne erst mit Gott zu rechten. Daß er bereut, das ist ja eben der adäquateste Ausdruck für seine Liebe zu Gott. Wird das Leben nicht so aufgefaßt, so ist es nur Schaum, der auf dem Wasser dahintreibt. Glaube mir: ein Leben, das ohne eigene Schuld mit Sorgen und Leiden so durchflochten wäre, daß ich mich an meinem Schmerz berauschen und die Welt mit meiner Klage erschüttern könnte, ich möchte ein solches Leben nicht. Ich wünsche nicht, der tragische Held zu sein, der auf seine Leiden stolz sein darf; ich will lieber in meinem Leiden noch durch das Gefühl meiner Schuld gedemütigt sein. Was ich leide, will ich als meine Schuld erkennen, will ich mit dem Schmerz der Reue durchleiden und dann auch mit der Hoffnung auf Vergebung. Und fällt es mir schwer, so zu leiden, so werfe ich mich zur Erde und erbitte mir von der ewigen Macht, die die Welt regiert, als erste und letzte Gnade, daß es mir gestattet sei, zu bereuen. Denn ich kenne nur eine Sorge, die mich in den bodenlosen Abgrund der Verzweiflung stürzen könnte: daß die Reue eine Selbsttäuschung sei; nicht mit Beziehung auf die Vergebung, die sie sucht, sondern mit Beziehung auf die Verantwortung, die sie voraussetzt.

Meinst du, daß hierbei dem Leid nicht sein Recht werde? Daß ich mich ihm so entziehe? Keineswegs! Ich deponiere es in meinem Wesen und vergesse es darum nie. Das ist überhaupt Mißtrauen in den Geist, wenn man nicht zu glauben wagt, daß man etwas in sich haben könne, ohne jeden Augenblick darauf zu sehen. Was man im täglichen Leben am besten aufbewahren will, das bringt man an eine Stelle, wohin man nicht alle Tage kommt. Nicht anders im geistigen Leben. Ich trage das Leid in mir; ich weiß, daß es zu meinem Wesen gehört; und das weiß ich weit sicherer als der andere, der in Angst, es zu verlieren, es jeden Tag wieder vornimmt.

Mein Leben ist nie so bewegt gewesen, daß ich mich versucht gefühlt hätte, alle Ordnung im Dasein zu verneinen. Trotzdem habe ich öfter erfahren, wie nützlich es ist, dem Leiden einen ethischen Ausdruck zu geben. Das soll nicht heißen, daß das Ästhetische im Leid ausgemerzt würde; es soll nur ethisch beherrscht werden. Solange meine Bekümmernis still und demütig ist, fürchte ich sie nicht; wird sie aber heftig und leidenschaftlich, will sie mich durch Sophismen zum Mißmut verführen: da erhebe ich mich; ich dulde keinen Aufruhr und will nicht, daß mich irgend etwas in der Welt um das betrüge, worin ich eine Gnade Gottes sehe. Ich verscheuche das Leid nicht, ich suche es auch nicht zu vergessen: aber ich bereue. Und bin ich auch nicht selbst schuld daran, so bereue ich, daß ich es habe Macht über mich gewinnen lassen, daß ich es nicht sofort auf Gott bezogen habe, sonst hätte es eben nicht die Macht bekommen, mich zu betören.

Erlaube, daß ich noch einmal von Kindern rede. Wenn einem grätigen Kind nichts recht sein will, so sagt man zu ihm: „Du willst etwas zum Weinen haben"; und diese Methode soll ganz ausgezeichnet wirken. So halte ich es auch mit mir; denn wenn man auch schon längst mündig geworden ist, so behält man doch immer etwas vom Kind. Bin ich also grätig, so sage ich zu mir selbst: „Du willst also etwas zum Weinen haben"; und dann nehme ich die Verwandlung vor. Das tut gut, du darfst mir's glauben. Die Tränen, die der über sich vergießt, der nur im ästhetischen Sinne Leid trägt, sind unecht und fruchten nichts; fühlt man sich schuldig, so hat man etwas zum Weinen, und in den Tränen der Reue ist ein Segen, der für die Ewigkeit Frucht trägt. Als der Erlöser auf seiner letzten Reise nach Jerusalem über die große Stadt weinte, die nicht wußte, was zu ihrem Frieden diente, da hätte er sie vielleicht auch bewegen können mitzuweinen; hätten diese Tränen aber nur ein ästhetisches Leid zum Ausdruck gebracht, so wären sie wie für nichts gewesen, obgleich sie einer der größten Tragödien der Geschichte gegolten hätten. Tränen der Reue, ja die hätten Sinn gehabt, obgleich ja die Bürger von Jerusalem weit mehr fremde als eigene Schuld zu bereuen hatten. Das lebende Geschlecht trug ja nicht allein die Schuld; es war der Väter Schuld, die auf ihm lastete. Aber die Reue, wenn sie in ihrer ganzen Tiefe genommen wird, bezieht sich eben nicht bloß auf die eigene Schuld: während sie mich einerseits isoliert, verknüpft sie mich andererseits unauflöslich mit dem ganzen Geschlecht; mein Leben beginnt ja nicht in der Zeit und mit nichts, und kann ich nicht die Vergangenheit bereuen, so ist die Freiheit ein Traum.

Du siehst nun, was ich gegen diese deine Lebensanschauung habe, der die

Bedeutung des Lebens im Leiden unter dem Leben aufgeht. Da versteht sich die Persönlichkeit wieder nur als notwendig und behält nur so viel Bewußtsein der Freiheit zurück, daß sie halb wach, wie in einem unruhigen Traum, durch das Labyrinth der Leiden und Schicksale umherirren kann, wo sie überall sich selbst sieht und nie zu sich selbst kommt. Es ist unglaublich, mit welchem Leichtsinn solche Probleme oft behandelt werden. Selbst systematische Denker behandeln Gemütszustände dieser Art oft nur wie eine Naturmerkwürdigkeit, die sie zu beschreiben haben; und es fällt ihnen nicht ein, daß das Dasein einer solchen Naturmerkwürdigkeit ihre ganze übrige Weisheit in Nonsens und Illusion verwandeln würde. Darum fühlt man sich durch die christliche Anschauung weit besser beraten als durch alle Weisheit der Philosophen. Das Christentum wagt es, darin eine Sünde zu sehen, daß die Persönlichkeit nicht zu sich selbst kommen, nicht sich selbst wählen will. Die Philosophie in ihrem ästhetischen Leichtsinn hat dazu nicht den ethischen Mut. Und doch kann nur dieser Mut das Leben und den Menschen retten, wofern man sich nicht schon dadurch geholfen glaubt, daß man seine Skepsis nach Laune abbricht und mit einigen Gleichgesinnten willkürlich dekretiert, was für Wahrheit gelten soll.

Die erste Wirkung der Wahl ist eine vollkommene Isolation. Indem ich mich selbst wähle, sondere ich mich aus, aus meinem Verhältnis zu der ganzen Welt, bis ich in der abstrakten Identität mit mir selbst anlange. Da das Individuum sich nach seiner Freiheit wählt, ist es *eo ipso* aktiv. Doch hat seine Aktivität kein Verhältnis zur Umwelt; das Individuum hat diese ganz und gar vernichtet und ist nur für sich selbst. Aber es hat hierbei eine ethische Auffassung seines Lebens. Sie fand bei den Griechen ihren Ausdruck in dem Bestreben einzelner Individuen, sich zu einem Muster der Tugend auszubilden; wie später die christlichen Anachoreten zogen sie sich aus dem wirkenden Leben zurück, nicht um in metaphysische Grübeleien zu versinken, sondern um zu handeln, nur daß sie nicht nach außen handelten, sondern in sich selbst. Dieses innere Handeln war zugleich ihre Aufgabe und ihr Glück; seine Absicht war ja nicht, daß sie sich für das Leben im Staat immer besser ausbildeten; nein, sie genügten sich darin selbst und verließen das Leben des Staats, um nie zurückzukehren. Sie zogen sich darum nicht eigentlich aus dem Leben zurück: daß sie mit seiner Mannigfaltigkeit in Fühlung blieben, erachteten sie für eine pädagogische Notwendigkeit; aber den Staat machten sie sozusagen unschädlich, indem sie ihm durch irgendwelche Theorie die Bedeutung absprachen und sich das Recht der Indifferenz sicherten. Ihr Absehen war darum auch auf die persönlichen Tugenden des Muts, der Tapferkeit, Enthaltsamkeit, Genügsamkeit usf. gerichtet, nicht auf die bürgerlichen Tugenden, die doch im Heidentum für die wahren Tugenden galten (wie später im Christentum die religiösen Tugenden). In unserer Zeit kommt es sehr selten vor, daß einer in seinem Leben diese Lebensanschauung realisieren wollte; wir sind alle zu stark von dem Religiösen berührt, als daß wir bei einer so abstrakten Auffassung der Tugend stehenbleiben könnten. Der Fehler in dieser Lebensanschauung ist leicht zu erkennen: das Individuum hat sich nur ganz *in abstracto* selbst gewählt; darum bleibt auch die Vollkommenheit, die es erstrebt und erreicht, abstrakt. Darum betone ich, daß man nur in der Reue auf richtige Weise sich selbst wählt; denn die Reue bringt das Individuum in die innerste Verbindung und den genauesten Zusammenhang mit der Umwelt.

Auch in der christlichen Welt fand und findet sich bisweilen eine Analogie zu dieser griechischen Lebensanschauung, nur daß sie dann durch den Zusatz des Religiösen, des Mystischen schöner und gehaltvoller wird. Mag die griechische Individualität in der Ausbildung zur persönlichen Tugend die höchste Virtuosität erreichen: ihr Leben wird doch nicht unsterblicher als die Welt, über die sie durch ihre Tugend triumphiert; ihre Seligkeit kommt über eine einsame Selbstzufriedenheit nicht hinaus. Das Leben des Mystikers hat eine weit größere Tiefe. Er hat sich selbst absolut gewählt. (Zwar wird der Mystiker kaum sich so ausdrücken und zumeist den anscheinend entgegengesetzten Ausdruck gebrauchen, daß er Gott gewählt habe: die Sache bleibt darum doch, wie oben gezeigt, dieselbe. Hat er sich selbst nicht absolut gewählt, so hat er kein freies Verhältnis zu Gott; in der Freiheit aber liegt gerade das Eigentümliche der christlichen Frömmigkeit.) Der Mystiker hat sich selbst absolut gewählt, also nach seiner Freiheit, und ist also *eo ipso* aktiv; aber sein Handeln hat die Richtung nach innen. Sofern er aktiv ist, hat sein Leben eine Bewegung, eine Entwicklung, eine Geschichte. Eine Entwicklung kann indessen in dem Grade metaphysisch oder ästhetisch bestimmt sein, daß man zweifeln kann, ob sie auch eine Geschichte genannt werden dürfe; zur Geschichte gehört ja doch, daß sich die Entwicklung unter der Form der Freiheit vollziehe. Eine Bewegung kann in dem Grade desultorisch sein, daß man zweifeln kann, ob sie auch noch Entwicklung zu heißen verdient. Besteht die Bewegung nur darin, daß ein Moment kommt und wiederkommt, so ist das unleugbar eine Bewegung, vielleicht sogar eine Bewegung, die sich nach einem gewissen Gesetz vollzieht, aber doch keine Entwicklung. Die Wiederholung in der Zeit bedeutet nichts, und die Kontinuität mangelt. Daran aber leidet das Leben des Mystikers in hohem Grade. Es ist zum Erschrecken, wenn man die Klagen der Mystiker über die matten Augenblicke liest. Ist der matte Augenblick vorbei, so kommt der lichte Augenblick, und so geht es fort; das Leben hat wohl Bewegung, aber keine Entwicklung. Und es hat keine Kontinuität. Was eigentlich den Zusammenhang in des Mystikers Leben herstellt, das ist nur ein Gefühl, das Gefühl der Sehnsucht; wobei die Sehnsucht sich ebensogut auf das Vergangene wie auf das Zukünftige richten kann. Aber daß zwischen die lichten Augenblicke nur das Gefühl der Sehnsucht tritt, das beweist ja eben, daß sie in keinem Zusammenhang miteinander stehen. Die Entwicklung des Mystikers ist in dem Grade metaphysisch und ästhetisch bestimmt, daß man ihm in keinem anderen Sinne eine Geschichte zuschreiben kann als auch der Pflanze. Für den Mystiker ist die ganze Welt tot; er hat sich in Gott verliebt und versinkt in die Beschauung Gottes. Wie nun Liebende eine gewisse Gleichheit, sogar im Äußern in Gestalt und Ausdruck des Angesichts, miteinander bekommen können, so spiegelt sich in der liebenden Seele des Mystikers mehr und mehr das Bild der Gottheit ab; und so erneut der Mystiker das verlorene Ebenbild Gottes im Menschen. Je tiefer er in die Beschauung Gottes versinkt, desto deutlicher spiegelt sich Gottes Bild in ihm ab, desto ähnlicher wird er Gott. Das ist die Geschichte des Mystikers: die bloße Entfaltung und Auswirkung seiner Liebe. Sein inneres Handeln besteht also nicht in dem Erwerben der persönlichen Tugenden, sondern in dem Entfalten der religiösen oder kontemplativen Tugenden. Aber auch dieser Ausdruck ist noch zu stark ethisch bestimmt, um sein Leben richtig zu bezeichnen: sein eigentliches Leben ist das Gebet. Nun will ich durchaus nicht leugnen, daß auch das Gebet mit zum ethischen Leben gehört. Aber je stärker der ethische Charakter des Lebens ausgeprägt ist, desto mehr wird das Gebet zum Vorsatz, so daß sogar der Dank ein Moment des Vorsatzes in sich aufnimmt.

Anders das Gebet des Mystikers. Für ihn hat das Gebet um so mehr Bedeutung, je mehr es von einer brennenden Liebe durchglüht ist, je mehr es also erotischen Charakter annimmt. Sein Gebet ist der Ausdruck für seine Liebe: es wird zur verliebten Rede an die Gottheit, in die er sich verliebt hat. Wie Liebende sich nach dem Augenblick sehnen, da sie ihr Gefühl füreinander ausströmen, ihre Seelen in einem leisen Flüstern sich verschmelzen lassen können, so sehnt sich der Mystiker nach dem Augenblick, da er im Gebet gleichsam in Gott aufgehen kann. Wie Liebende in dem Austausch ihrer Liebe den höchsten Grad der Seligkeit erreichen, wenn sie sich eigentlich nichts mehr zu sagen haben, so gewährt das Gebet dem Mystiker eine um so höhere Seligkeit, je weniger Inhalt es hat, je mehr er in seinem Seufzen für sich selbst verschwindet.

Es liegt nicht abseits von meinem Weg, das Unwahre eines solchen Lebens genauer zu kennzeichnen; kommt doch jede tiefere Persönlichkeit einmal in Berührung damit. Auch du hast zuzeiten Momente, da du der Mystik zuneigst. Es begegnen sich ja auch auf dem Gebiet der Mystik die schärfsten Gegensätze. Der Unschuldigste und der Schuldigste, der Begabteste und der Einfältigste.

Zuerst will ich ganz einfach als mein individuelles Urteil sagen, was mich an dem Leben des Mystikers eigentlich abstößt. Sodann werde ich den Nachweis antreten, daß es mit den von mir aufgewiesenen Mißlichkeiten seine Richtigkeit hat, werde den Grund derselben aufzeigen und die entsetzlichen Abwege, auf die der Mystiker so leicht gerät.

Nach meiner Meinung kann man dem Mystiker den Vorwurf einer gewissen Zudringlichkeit gegen Gott nicht ersparen. Daß der Mensch Gott von ganzer Seele und allem seinem Denken lieben soll, und daß die Erfüllung dieser Pflicht eben seine Seligkeit ist, wer wollte das leugnen? Aber der Mystiker soll darum die Wirklichkeit des Daseins, in das Gott ihn gesetzt hat, nicht verschmähen; denn damit verschmäht er eigentlich Gottes Liebe selbst, oder er verlangt doch, daß

Gott seiner Liebe einen anderen Ausdruck gebe als Gott eben will. Er dürfte sich Samuels ernstes Wort zu Herzen nehmen: Gehorsam ist Gott lieber als das Fett der Widder. Aber seine Zudringlichkeit gegen Gott kann noch eine bedenklichere Gestalt annehmen. So glaubt er etwa, er sei eben als der, der er ist, also auf Grund einer Zufälligkeit ein Gegenstand für Gottes Vorliebe. Damit entwürdigt er Gott und sich selbst. Sich selbst: denn es ist immer unter der Würde des Menschen, durch etwas Zufälliges von anderen wesentlich verschieden sein zu wollen; Gott: ein Gott, der Günstlinge hat, ist nicht Gott, sondern ein Abgott.

Unbehaglich ist mir ferner an dem Leben des Mystikers die Schwäche und Weichlichkeit, von der man ihn nicht freisprechen kann. Daß ein Mensch den Wunsch hat, der Wahrheit und Aufrichtigkeit seiner Liebe zu Gott im innersten Herzen gewiß zu werden, daß er in diesem Streben nach Vergewisserung Gott wieder und wieder bittet, sein Geist möge Zeugnis geben seinem Geist: wer möchte das nicht schön und wahr finden? Aber darum braucht er doch nicht jeden Augenblick diesen Versuch zu wiederholen, jeden Augenblick die Probe auf seine Liebe zu machen! Hat er die Größe der Seele, an Gottes Liebe zu glauben, so wird er auch die Freimütigkeit gewinnen, an seine eigene Liebe zu glauben; und dann wird er in den Verhältnissen, die ihm angewiesen sind, froh verbleiben, mit dem Bewußtsein, daß hier der beste Ausdruck ist für seine Liebe, für seine Demut.

Endlich sehe ich in dem Leben des Mystikers einen Betrug gegen die Welt, worin er lebt, gegen die Menschen, mit denen er verbunden ist, oder mit denen er in Verbindung treten sollte, wenn er nicht eben das mystische Leben vorzöge. Im allgemeinen wählt der Mystiker die Einsamkeit. Einen Betrug gegen die andern kann man das freilich nicht nennen; er gibt ihnen ja damit offen kund, daß er kein Verhältnis zu ihnen haben wolle. Aber das hängt doch nicht bloß von seinem Willen ab; die Frage ist doch, ob er das Recht hat, ein Verhältnis zu anderen Menschen einfach abzulehnen. Ich muß schon als Ehemann, als Vater, ein Feind des Mystizismus sein. Mein häusliches Leben hat auch sein *ἄδυτον;* als Mystiker aber müßte ich noch ein besonderes Heiligtum für mich allein haben; und dann wäre ich ein schlechter Ehemann. Da es nun nach meiner Meinung, wie ich später darlegen werde, Pflicht jedes Menschen ist, in die Ehe zu treten; und da es unmöglich meine Meinung sein kann, daß man in die Ehe treten soll, um ein schlechter Ehemann zu werden: so muß ich, wie du leicht siehst, allen Mystizismus ablehnen.

Wer sich einseitig dem mystischen Leben ergibt, muß sich allen Menschen entfremden; schließlich wird ihm jedes Verhältnis, auch das zarteste und innerlichste, gleichgültig werden. So ist es aber nicht gemeint, daß man Gott höher lieben soll als Vater und Mutter. Gott selbst hat die Liebe zu Vater und Mutter in unser Herz gelegt. Sollte er so selbstsüchtig sein, das Opfer dieser Liebe wieder als Probe der Liebe zu ihm zu verlangen? Oder sollte er nur seine Freude daran haben, die Menschen, wie ein Dichter seine Helden, durch die entsetzlichsten

Kollisionen hindurchzuquälen? Eine schrecklichere Kollision hätte er dann freilich nicht ersinnen können als die zwischen der Liebe zu ihm und der Liebe zu unseren Lieben. Du erinnerst dich des jungen Ludwig Blackfeldt, mit dem wir beide, besonders aber ich, vor einigen Jahren viel verkehrten. Er war gewiß ein sehr begabter Kopf; sein Unglück wurde, daß er sich einseitig in eine Mystik verlor, die nicht sowohl christlichen als indischen Charakter hatte. Im Mittelalter hätte er ohne Zweifel zum Kloster seine Zuflucht genommen. Unsere Zeit kennt solche Hilfsmittel, die freilich nur eine relative Besserung gewähren könnten, nicht. Geht nun ein Mensch irre, so muß er notwendig untergehen, wenn er nicht radikal geheilt wird. Du weißt, daß er durch Selbstmord endigte. Mir zeigte er eine Art Vertraulichkeit; eigentlich gegen seine Lieblingstheorie, daß man sich zu keinem Menschen in ein Verhältnis setzen soll, sondern unmittelbar zu Gott. Freilich, ganz hat er sich auch mir nie geöffnet. Im letzten halben Jahr war ich mit Angst Zeuge seiner exzentrischen Bewegungen. Es ist möglich, daß ich ihn noch ein paarmal zurückgehalten habe; mit Bestimmtheit kann ich das, wegen seiner Verschlossenheit, nicht wissen. Er hatte eine ungewöhnliche Gabe, seinen seelischen Zustand zu verbergen und der einen Leidenschaft das Aussehen der andern zu geben. Endlich machte er also seinem Leben selbst ein Ende, ohne daß jemand über den Grund klarwerden konnte. Sein Arzt suchte ihn, natürlich, in einer partiellen Verrücktheit; aber sein Geist war in einem gewissen Sinne ungeschwächt bis zum letzten Augenblick. Du weißt vielleicht nicht, daß ein Brief von ihm existiert, worin er seinem Bruder, dem Justizrat, sein Vorhaben mitteilte. Ich lege eine Abschrift bei. Er hat eine erschütternde Wahrheit und ist ein höchst objektiver Ausdruck für die letzte Agonie der vollkommenen Isolation.[1]

---

[1] Hochgeehrter Herr Justizrat!

Ich schreibe an Sie, weil Sie mir in gewissem Sinn der nächste sind; in einem anderen Sinn stehen Sie mir nicht näher als andere Menschen. Wenn Sie diese Zeilen empfangen, bin ich nicht mehr. Sollte Sie jemand um den Grund fragen, so können Sie antworten: „Es war einmal eine Prinzessin, die hieß Morgenschön..." oder so was Ähnliches; diese Antwort würde ich geben, wenn ich das Vergnügen hätte, mich selbst zu überleben. Sollte Sie jemand nach der Veranlassung fragen, so können Sie antworten: „Es war bei Gelegenheit der großen Feuersbrunst." Sollte Sie jemand nach der Zeit fragen, so können Sie antworten, daß es in dem für mich so merkwürdigen Monat Juli war. Sollte Sie niemand nach etwas derart fragen, so brauchen Sie nichts zu antworten.

Nicht als ob ich den Selbstmord für etwas Rühmliches hielte. Ich habe mich nicht aus Eitelkeit dazu entschlossen, aber kein Mensch kann es ertragen, das Unendliche zu sehen. Das ist wahr, ich weiß es. Mir hat sich das Unendliche einmal in intellektueller Hinsicht gezeigt, als Unwissenheit. Unwissenheit ist der negative Ausdruck für das unendliche Wissen. Der Selbstmord ist der negative Ausdruck für die unendliche Freiheit. Er ist eine Form der unendlichen Freiheit, aber die negative. Heil dem, der die positive findet.

In Hochachtung

Ihr ergebener

...*

Was den armen Ludwig umtrieb, war gewiß nicht Religion, aber es war doch Mystik. Das Eigentümliche an dem Mystischen ist nämlich nicht das Religiöse, sondern die Isolation, in welcher das Individuum unter Mißachtung jedes Verhältnisses zu der gegebenen Wirklichkeit sich in unmittelbare Verbindung mit dem Ewigen setzen will. Daß man bei dem Wort Mystik sofort an etwas Religiöses denkt, hat allerdings seinen guten Grund: auch das Religiöse hat die Neigung, das Individuum zu isolieren. Davon kannst du dich durch die simpelste Beobachtung überzeugen. Du gehst ja wohl selten genug zur Kirche; aber dann siehst du vielleicht auch um so schärfer. So hast du gewiß schon bemerkt, daß im Gottesdienst bei allem Gemeingefühl der einzelne sich doch isoliert fühlt: man bleibt einander fremd und kommt eigentlich nur auf einem weiten Umweg wieder in Verbindung miteinander. Denn der einzelne fühlt die Innerlichkeit seines Gottesverhältnisses so stark, daß alle irdischen Verhältnisse daneben ihre Bedeutung verlieren. Für den gesunden Menschen wird dieser Augenblick der Entfremdung von allem Irdischen nicht lange dauern; und dann löst er die irdischen Verhältnisse nicht auf, sondern steigert vielmehr deren Innerlichkeit. Was aber als Moment gesund ist, das wird, einseitig entwickelt, eine höchst bedenkliche Krankheit.

Da ich nicht im Besitz der nötigen theologischen Bildung bin, kann ich auf den religiösen Charakter des Mystizismus nicht näher eingehen. Ich habe ihn nur von meinem ethischen Standpunkt aus betrachtet, und darum habe ich (mit Recht, denke ich) dem Mystizismus einen weit größeren Umfang gegeben als er nach der sonstigen Auffassung hat. Was den spezifisch religiösen Mystizismus betrifft, so bestreite ich ihm keineswegs, daß er viel Schönes hervorgebracht hat. Auch nach meiner Meinung hat manche tiefe und ernsthafte Natur, die sich ihm hingegeben hat, in ihrem Leben bedeutende Erfahrungen gemacht und sich dadurch die Fähigkeit erworben, anderen, die sich auf diesen gefährlichen Weg wagen wollen, mit Rat oder doch mit andeutenden Winken beizustehen. Trotzdem ist und bleibt der Weg des Mystikers nicht bloß ein gefährlicher Weg, sondern ein Abweg. Konsequent ist der Mystiker nie. Wenn er nämlich die Wirklichkeit überhaupt nicht achtet, warum hört denn sein Mißtrauen gegen die Wirklichkeit gerade dann auf, wenn er von dem Höheren berührt zu sein glaubt? Das ist doch auch ein Moment der Wirklichkeit!

Der Fehler des Mystikers ist also nicht, daß er sich selbst wählt: damit tut er nach meiner Anschauung recht, aber er wählt sich nicht richtig. Er wählt nach seiner Freiheit, und wählt doch nicht ethisch. Man kann aber sich selbst nach seiner Freiheit nur wählen, indem man sich ethisch wählt; ethisch aber kann man sich selbst nur wählen, indem man sich selbst bereut, und nur indem man sich selbst bereut, wird man konkret, und nur als konkretes Individuum ist man ein freies Individuum. Der Fehler des Mystikers liegt also nicht in einer späteren, sondern in der allerersten Bewegung. Hält man diese für richtig, so muß man auch jede Entfremdung vom Leben, jede asketische Selbstquälerei richtig finden; denn sie ist nur die notwendige Konsequenz. Der Fehler des Mystikers ist, daß er in der Wahl nicht konkret wird für sich selbst, und auch nicht für Gott; er wählt sich selbst abstrakt und ermangelt daher der Durchsichtigkeit. Das Abstrakte ist nicht das Durchsichtige, wie man oft meint, es ist vielmehr das Unklare, das Nebelhafte. Des Mystikers Verliebtheit in Gott hat darum ihren höchsten Ausdruck in einem Gefühl, in einer Stimmung; zwischen Tag und Dunkel, wenn alles die festen Umrisse verliert, da schmilzt er zusammen mit seinem Gott in unbestimmten Bewegungen. Wenn man aber sich selbst abstrakt wählt, so wählt man sich nicht ethisch. Erst wenn man in der Wahl sich selbst übernommen hat, sich selbst angezogen hat, sich selbst so vollständig durchdrungen hat, daß jede Bewegung begleitet ist von dem Bewußtsein der Verantwortung für sich selbst: erst da hat man sich selbst ethisch gewählt, hat man sich selbst bereut, ist man konkret geworden und steht in seiner totalen Isolation in absoluter Kontinuität mit der Wirklichkeit, der man zugehört.

Daß dies beides identisch ist, sich selbst zu wählen und sich selbst zu bereuen, das kann ich nicht oft genug wiederholen, so simpel die Sache an und für sich ist. Darum dreht sich nämlich alles. Auch der Mystiker bereut; aber er bereut sich aus sich selbst heraus, nicht in sich selbst hinein; er bereut metaphysisch, nicht ethisch. Ästhetisch zu bereuen ist abscheulich, ist eine Weichlichkeit; metaphysisch zu bereuen ist verlorene Liebesmühe: das Individuum hat ja die Welt nicht geschaffen und braucht sich daher ihre etwaige Eitelkeit nicht so nahe gehen zu lassen. Der Mystiker wählt sich selbst abstrakt, und darum bereut er sich selbst auch abstrakt. Das erkennt man am besten aus des Mystikers Urteil über das Dasein, diese endliche Wirklichkeit, worin er doch lebt. Sie ist ihm Eitelkeit, Täuschung, Sünde: aber das ist ein metaphysisches Urteil und bestimmt mir nicht mein ethisches Verhältnis zur Wirklichkeit. Auch wenn er die Endlichkeit Sünde nennt, meint er damit nichts anderes, als wenn er sie eitel nennt. Und wenn er den ethischen Sinn des Worts festhalten will, so bestimmt er doch sein Verhältnis zu ihr nicht ethisch, sondern metaphysisch; sonst würde er nicht aus der sündhaften Wirklichkeit entfliehen, sondern in sie eintreten, sie aufheben oder sie tragen. Die ethische Reue hat nur zwei Bewegungen: entweder hebt sie ihren Gegenstand auf oder trägt sie ihn. Damit ist auch ein konkretes Verhältnis zwischen dem bereuenden Individuum und dem Gegenstand seiner Reue gesetzt, während man zu diesem ein abstraktes Verhältnis hat, wenn man sich aus ihm hinausziehen will.

Der Mystiker wählt sich selbst abstrakt. Das bedeutet mit Beziehung auf die Welt, daß er sich beständig aus der Welt hinauswählt; die Folge davon ist aber, daß er sich nicht in die Welt zurückwählen kann. In der wahren konkreten Wahl wähle ich mich zugleich aus der Welt hinaus und in die Welt zurück. Wenn ich nämlich bereuend mich selbst wähle, so konzentriere ich mich zuerst in meiner ganzen endlichen Konkretion; und ich bleibe in der absolutesten Kontinuität mit dieser, wenn ich dann aus ihrer Endlichkeit heraus mich selbst nach meiner Unendlichkeit wähle.

Da der Mystiker sich selbst abstrakt wählt, so hat er große Mühe, ja es ist ihm geradezu eine Unmöglichkeit, in Bewegung zu kommen. Wie es dir mit deiner irdischen ersten Liebe geht, so dem Mystiker mit seiner religiösen ersten Liebe. Er hat deren ganze Seligkeit geschmeckt, und nun weiß er nichts zu tun als abzuwarten, ob sie in ebensolcher Herrlichkeit wiederkommen werde, und über dem Warten nistet sich leicht der Zweifel bei ihm ein, auf den ich schon so oft hingewiesen habe, daß die Entwicklung ein Rückgang sei, eine Entleerung. In der Tat ist die Wirklichkeit für den Mystiker nur ein Hindernis, das ihn aufhält, und ein Hindernis so bedenklicher Art, daß ihn das Leben dessen zu berauben droht, was er einmal besessen hat. Würde man den Mystiker nach der Bedeutung des Lebens fragen, so würde er vielleicht zur Antwort geben, daß man Gott kennen lerne, sich in Gott verliebe. Das ist aber keine Antwort auf die Frage; denn da wird das Leben als Moment genommen, nicht als Sukzession. Wenn ich ihn nun frage, welche Bedeutung für sein Leben das bedeutende Moment des mystischen Erlebnisses habe, so weiß er nichts Großes zu antworten und in jedem Fall nicht viel Erfreuliches. Erklärt er die Zeitlichkeit für einen Feind, der überwunden werden solle, so müßte man wieder fragen, ob denn das keine Bedeutung haben sollte, daß dieser Feind überwunden werde. Das will er natürlich nicht Wort haben, und doch möchte er mit der Zeitlichkeit am liebsten fertig sein. Wie er also die Wirklichkeit verkannte und sie metaphysisch als Vergänglichkeit auffaßte, so verkennt er jetzt das Historische und sieht darin bei seiner metaphysischen Betrachtung nur eine unnütze Mühe. Allerhöchstens kann er die Zeitlichkeit als Probezeit würdigen, worin man wieder und wieder die Probe besteht, ohne daß doch dabei etwas herauskäme, ohne daß man dadurch weiter käme, als man zu Beginn war. Das ist aber eine Verkennung der Zeitlichkeit. In der Zeit bleiben wir wohl immer *ecclesia pressa*, aber die Zeit ist zugleich die Möglichkeit einer Verherrlichung des endlichen Geistes. Das ist eben das Schöne an der Zeitlichkeit, daß darin der unendliche und der endliche Geist sich scheidet; und das ist zugleich die Größe des endlichen Geistes, daß ihm die Zeit als Kampfplatz angewiesen ist. Die Zeitlichkeit ist darum nicht sozusagen um Gottes willen da, damit er, um mystisch zu reden, darin den Liebenden prüfen und versuchen könne; sie ist um des Menschen willen da und ist die größte aller Gnadengaben. Das ist nämlich des Menschen ewige Würde, daß er eine Geschichte bekommen kann; das ist das Göttliche in ihm, daß er, wenn er will, dieser Geschichte selbst Kontinuität geben kann. Kontinuität bekommt meine Geschichte aber erst, wenn sie nicht bloß der Inbegriff dessen ist, was mir geschehen oder begegnet ist, sondern meine eigene Tat, so daß selbst das bloß zufällige Begegnis durch mich verwandelt und aus der Sphäre der Notwendigkeit in die der Freiheit übergeführt wird. Das ist das Beneidenswerte an dem Menschenleben, daß man der Gottheit, indem man sie versteht, zu Hilfe kommen kann; und das ist wiederum die einzige des Menschen würdige Weise, Gott zu verstehen, daß man in Freiheit alles sich zueignet, was einem zustößt, das Frohe wie das Traurige. Oder siehst du das Leben nicht so? Ich sehe es so. Und mir scheint daß man das dem Menschen nur zu sagen braucht, um ihn eifersüchtig auf sich selbst zu machen.

Die beiden Standpunkte, die ich hier angedeutet habe, können nun als Versuche betrachtet werden, eine ethische Lebensanschauung zu realisieren; aber das Individuum hat sich selbst in seiner Isolation gewählt, oder es hat sich selbst abstrakt gewählt: darum mußten sie mißglücken. Mit andern Worten: das Individuum hat sich selbst, obwohl es das Ethische gewählt hat, doch nicht ethisch gewählt. Darum steht es nicht in Zusammenhang mit der Wirklichkeit, und ohne diesen kann eine ethische Lebensanschauung nicht durchgeführt werden. Wer sich dagegen ethisch wählt, der wählt sich selbst konkret als dieses bestimmte Individuum; und diese Konkretion erreicht er dadurch, daß diese Wahl zusammenfällt mit der Reue, die die Wahl bestätigt. Das Individuum wird also seiner selbst bewußt, als dieses bestimmten Individuums mit diesen Gaben, diesen Neigungen, diesen Trieben, diesen Leidenschaften, unter dem Einfluß dieser bestimmten Umgebung, als dieses bestimmte Produkt eines bestimmten Milieus. Wer seiner selbst so bewußt wird, übernimmt das alles zusammen unter seine Verantwortung. Er zögert nicht, ob er das einzelne mitnehmen soll oder nicht; denn er weiß, daß etwas weit Höheres verloren geht, wenn er es nicht tut. Er ist also im Augenblick der Wahl in vollkommener Isolation, denn er zieht sich aus seiner Umgebung heraus; und doch ist er im selben Moment in absoluter Kontinuität, denn er wählt sich selbst als Produkt; und diese Wahl ist eine freie Wahl, so daß man von ihm, indem er sich selbst als Produkt wählt, ebensogut sagen kann, er produziere sich selbst. Er ist also im Augenblick der Wahl am Schluß: seine Persönlichkeit schließt sich zusammen. Und doch ist er im selben Augenblick gerade am Beginn: er wählt sich ja nach seiner Freiheit. Als Produkt ist er eingeklemmt in die Formen der Wirklichkeit; in der Wahl macht er sich selbst elastisch, verwandelt seine ganze Äußerlichkeit in Innerlichkeit. Er hat seinen Platz in der Welt; in der Freiheit wählt er selbst seinen Platz: diesen Platz, den er hat. Er ist ein bestimmtes Individuum; in der Wahl macht er sich selbst zu einem bestimmten Individuum: zu diesem Individuum, das er ist. Denn er wählt sich selbst.

Das Individuum wählt sich also selbst als eine mannigfaltig bestimmte Konkretion, und wählt sich deshalb nach seiner Kontinuität. Diese Konkretion ist des Individuums Wirklichkeit; da es sie aber nach seiner Freiheit wählt, so kann man sie auch seine Möglichkeit nennen. Um einen Ausdruck zu vermeiden, der dem ästhetischen Gebiet entnommen ist, sage ich lieber: sie ist seine Aufgabe. Wer ästhetisch lebt, sieht überall als Inhalt der Zukunft nur Möglichkeiten; wer ethisch lebt, sieht überall Aufgaben. Diese seine wirkliche Konkretion sieht also das Individuum als Aufgabe, als Ziel, als Zweck. Daß aber das Individuum seine Möglichkeit als seine Aufgabe sieht, darin verwirklicht sich seine souveräne Herrschaft über sich selbst, die es niemals aufgibt, ob es sich gleich in der höchst ungenierten Souveränität, die ein König ohne Land immer hat, nicht gefallen kann. Das gibt dem ethischen Individuum eine Sicherheit, die dem durchaus abgeht, der bloß ästhetisch lebt. Wer ästhetisch lebt, erwartet alles von außen. Daher die krankhafte Angst, womit manche Menschen von dem entsetzlichen Schicksal reden, daß man nicht auf den rechten Platz in der Welt gekommen sei. Gewiß ist es etwas Erfreuliches, auch in dieser Hinsicht es glücklich getroffen zu haben; eine solche Angst aber beweist immer, daß das Individuum alles vom Platz erwartet, nichts von sich selbst. Wer ethisch lebt, sieht natürlich auch zu, daß er seinen Platz richtig wähle; merkt er indessen, daß er fehlgegriffen hat oder erheben sich Hindernisse, über die er keine Macht hat, so verliert er den Mut nicht: die Souveränität über sich selbst gibt er nicht auf. Er sieht also sofort seine Aufgabe, und er ist also sofort im Zug, zu handeln. So leiden auch Menschen unter der Furcht, ob das Mädchen, in das sie sich einmal verlieben werden, auch genau das Ideal sei, das für sie passe. Gewiß ist es etwas Erfreuliches, ein solches Mädchen zu bekommen; aber doch kann nur der Aberglaube meinen, es könne den Menschen glücklich machen, was ihm bloß von außen zukommt. Wer ethisch lebt, wünscht auch in seiner Wahl glücklich zu sein; erweist sich indessen, daß diese nicht ganz nach Wunsch ausgefallen ist, so verliert er den Mut nicht: er sieht sofort seine Aufgabe, und er weiß, daß das Wünschen keine Kunst ist, aber das Wollen. Manche, die doch eine Vorstellung von dem haben, was zu einem richtigen Menschenleben gehört, wünschen sich ein Leben unter großen Verhältnissen als Zeitgenossen großer Begebenheiten. Gewiß hat das seinen Wert, aber es kann doch nur der Aberglaube meinen, daß Lebensverhältnisse und Begebenheiten den Menschen zu etwas machen. Wer ethisch lebt, weiß, worauf es ankommt: auf das wesentlich Menschliche, das in allen Verhältnissen zu finden ist, auf die Energie, womit es erfaßt wird, weshalb man, wenn man richtig lebt, in den unbedeutendsten Verhältnissen mehr erleben kann, denn als Zeuge und Partner der merkwürdigsten Begebenheiten. Wer ethisch lebt, weiß, daß überall eine Arena ist; daß selbst der geringste Mann die seinige hat; daß er dort, wenn er nur will, seinen Tanz ebenso schön, ebenso graziös, ebenso mimisch, ebenso lebhaft ausführen kann, wie die berühmten Tänzer auf dem Schauplatz der Geschichte. Aus dieser virtuosen Geschmeidigkeit schöpft das Ethische eigentlich sein unsterbliches Leben. Wer ästhetisch lebt, steht unter dem alten Wort „Sein oder Nichtsein"; und je mehr er sich ästhetisch ausleben darf, desto mehr Bedingungen ist sein Leben unterworfen: ist die geringste von ihnen nicht erfüllt, so ist er ein toter Mann. Wer ethisch lebt, hat immer einen Ausweg; wenn ihm alles zuwider ist, wenn ein dunkles Wetter ihn so dicht einhüllt, daß kein Nachbar ihn mehr sehen kann: er ist doch nicht untergegangen; er hat immer noch einen festen Punkt, sich selbst.

Doch muß ich hier ein wichtiges Memento anbringen: Sobald des Ethikers Gymnastik zum Experimentieren wird, hat er aufgehört ethisch zu leben. Alles Experimentieren mit dem Leben ist nichts anderes als eine praktische Sophistik.

Hier will ich nun an meine frühere Definition des Ethischen erinnern: daß es das ist, wodurch ein Mensch wird, was er wird. Es macht also das Individuum nicht zu etwas anderem, nur zu dem, das es als Möglichkeit oder Aufgabe ist; so will es auch das Ästhetische nicht vernichten, nur klären. Damit der Mensch ethisch lebe, muß er seiner selbst bewußt werden, und zwar so durchdringend, daß ihm keine Zufälligkeit entgeht. Diese seine Konkretion will das Ethische nicht auslöschen; vielmehr sieht er darin seine Aufgabe: das, woraus er bilden soll, und das, was er bilden soll. Im allgemeinen betrachtet man das Ethische ganz abstrakt und darum mit einem heimlichen Grauen. Da erscheint das Ethische als etwas, das der Persönlichkeit ganz fremd ist, und man sträubt sich dagegen, sich ihm hinzugeben, da man doch nicht sicher weiß, wohin es schließlich führen kann. So fürchten sich ja manche Menschen auch vor dem Tod, weil sie nur dunkle und unklare Vorstellungen davon haben, daß die Seele im Tod in eine andere Ordnung der Dinge übergehe, wo alles ganz anders zugeht als hier in dieser Welt. Der letzte Grund einer solchen Furcht vor dem Tod ist, daß das Individuum sich selbst nicht restlos durchsichtig werden will; könnte es dazu den Mut fassen, so würde es leicht das Ungereimte in dieser Furcht einsehen. So auch mit dem Ethischen: wenn ein Mensch die Durchsichtigkeit fürchtet, so flieht er immer das Ethische, das eigentlich nichts anderes will als eben die Durchsichtigkeit.

Der ästhetischen Lebensanschauung, die das Leben genießen will, wird oft der Gedanke entgegengesetzt, daß des Lebens Bedeutung sei, der Erfüllung seiner Pflichten zu leben. Damit will man also eine ethische Lebensanschauung definieren. Aber diese Charakteristik ist so unvollkommen, daß sie das Ehische fast nur in Mißkredit bringen kann. Ist dies nicht gerade ihre Absicht, so wird sie heutzutage doch häufig zu diesem Zweck gebraucht. So läßt z. B. Scribe diesen Satz gerne mit einem niedrigkomischen Ernst vortragen, der gegen die Heiterkeit des Genusses sehr ungünstig absticht. Der Fehler ist, daß das Individuum in ein äußeres Verhältnis zur Pflicht gesetzt wird. Das Ethische wird als Pflicht bestimmt, die Pflicht als eine Summe einzelner Satzungen; Individuum und Pflicht stehen sich fremd gegenüber. Ein solches Leben der Pflicht ist natürlich sehr unschön und langweilig; und wenn das Ethische nicht einen weit tieferen Zusammenhang mit der Persönlichkeit hätte, so würde es sehr schwer sein, es gegen das Ästhetische zu behaupten. Unleugbar gibt es viele Menschen, die nicht weiter kommen, aber das liegt an ihnen, nicht an der Pflicht.

Es ist sonderbar genug, daß man bei dem Wort Pflicht zumeist nur an ein äußerliches Verhältnis denkt, da doch die Ableitung des Worts auf ein innerliches Verhältnis hindeutet. Daß ich etwas pflege, weil ich dafür die Verantwortung habe: das ist doch ein innerliches Anliegen. Das scheint aber der Ursinn der Pflicht zu sein; nur durch eine Verschlechterung des Begriffes ist sie zu einer Handlungsweise geworden, an die man sich der Sitte gemäß zu halten pflegt. Wer die Pflicht nach ihrem ursprünglichen Sinn auffaßt, ist in sich selbst richtig orientiert. Ihm zersplittert sich die Pflicht nicht in eine Summe einzelner von außen her ihm auferlegter Satzungen; ihm ist sie der Ausdruck seines innersten Wesens. Er fühlt sich also nicht verpflichtet, atemlos seinen Pflichten nachzujagen. Das wahre ethische Individuum ruht mit Sicherheit in sich selbst, weil es keine Pflichten hat, sondern nur eine Pflicht, und weil die Pflicht sich ihm nicht von außen aufdrängt als bloßes Gebot, sondern von innen als der Ausdruck seines innersten Wesens. Je weiter daher die ethische Vertiefung des Lebens fortschreitet, desto weniger hat der Mensch das Bedürfnis, jeden Augenblick von der Pflicht zu reden, jeden Augenblick sich abzuängsten, ob er seine Pflichten auch wirklich erfüllt, jeden Augenblick sich mit andern darüber zu beraten, was denn jetzt seine Pflicht sei. Richtig gesehen macht das Ethische die Persönlichkeit unendlich sicher in sich selbst, unrichtig gesehen macht es sie durchaus unsicher in sich selbst. Ich wenigstens kann mir keine unglaublichere und qualvollere Existenz denken, als wenn ein Mensch sich mit der Pflicht abkämpft, die er durch ein Mißverständnis außer sich sieht. Das gibt diesen abstrakten, unfruchtbaren Pflichteifer, bei dem das Ethische wie ein Schatten beständig flüchtet, sobald man es ergreifen will: eine zugleich komische und tragische Erscheinung.

Doch ist dieses Mißverständnis nicht bloß ein zufälliges Versehen des Individuums, sondern in dem Wesen des Ethischen selbst begründet. Das Ethische ist nämlich das Allgemeine, und als solches zunächst das Abstrakte. In seiner vollkommenen Abstraktion ist es darum immer verbietend. Dann hat es seine Existenz als das Gesetz, das das Individuum durch die allgemeingültige Vorschrift einschränkt, negiert. Wenn das Ethische konkreter wird und positiv, so hat es seine Existenz in der Sitte. Aber die Realität dieser Form des Ethischen hat zur Voraussetzung die Realität einer Volksindividualität; und damit hat das Ethische ein ästhetisches Moment in sich aufgenommen. Doch ist das Ethische auch in dieser Form noch abstrakt und liegt außerhalb des Individuums, läßt sich darum auch nicht vollständig realisieren. Erst wenn das Individuum selbst das Allgemeine wird, läßt sich das Ethische realisieren. Das ist das Geheimnis des Gewissens; dieses Geheimnis, das das individuelle Leben mit sich selbst hat: daß es zugleich das Individuelle und das Allgemeine ist, wenn auch nicht unmittelbar als solches, so doch nach seiner Möglichkeit. Wer das Leben ethisch betrachtet, sieht darin das Allgemeine; wer ethisch lebt, drückt in seinem Leben das Allgemeine aus, macht sich selbst zu dem allgemeinen Menschen: nicht dadurch, daß er sich seiner Konkretion entkleidete (so würde er überhaupt zu nichts), sondern dadurch, daß er sie sich anzieht und sie mit dem Allgemeinen durchdringt. Der allgemeine Mensch ist nämlich nicht ein Phantom, vielmehr ist jeder Mensch der allgemeine Mensch; das heißt: jedem Menschen ist der Weg angewiesen, worauf er der allgemeine Mensch wird. Wer ästhetisch lebt, ist der zufällige Mensch und glaubt der vollkommene Mensch zu sein, wenn er der einzige Mensch wäre; wer ethisch lebt, arbeitet darauf hin, daß er der allgemeine Mensch wird. Wenn ein Mensch ästhetisch verliebt ist, so spielt für ihn das Zufällige eine ungeheure

Rolle, und es ist für ihn von Wichtigkeit, daß niemand so geliebt hat wie er, mit den Nuancen wie er; wer ethisch lebt, tritt in die Ehe und realisiert so das Allgemeine. Darum ist er kein Feind des Konkreten; aber indem er in der Liebe eine Offenbarung des allgemein Menschlichen sieht, so hat sie für ihn eine Qualität mehr, die alle ästhetischen Qualitäten der Liebe unvergleichlich überwiegt. Wer ethisch lebt, hat also sich selbst als seine Aufgabe. Sein Selbst ist unmittelbar zufällig bestimmt, und die Aufgabe ist, das Zufällige und das Allgemeine ineinander zu arbeiten.

Das ethische Individuum hat also die Pflicht nicht außerhalb seiner selbst, sondern in sich selbst; im Augenblick der Verzweiflung tritt es ins Dasein und arbeitet sich nun vorwärts, durch das Ästhetische in und mit dem Ästhetischen. Das ethische Individuum ist wie das stille Wasser, das einen tiefen Grund hat; wer ästhetisch lebt, ist immer nur oberflächlich bewegt. Wenn das ethische Individuum seine Aufgabe beendet, den guten Kampf gekämpft hat, so ist es dahin gekommen, daß es der einzelne Mensch geworden ist: ein durchaus individueller Mensch, ohne seinesgleichen, und zugleich der allgemeine Mensch. Der *einzelne* zu sein ist an und für sich nichts so Großes: das hat jeder Mensch mit jedem Naturprodukt gemein; aber der einzelne so zu sein, daß man zugleich das Allgemeine ist, das ist die wahre Lebenskunst.

Die Persönlichkeit hat also das Ethische nicht außerhalb ihrer selbst, sondern in sich selbst, und es bricht aus dieser Tiefe hervor. Aber es soll nun, wie gesagt, das Konkrete nicht in einem abstrakten und inhaltslosen Drang vernichten, sondern es sich assimilieren. Dabei kann der Ethiker ganz dasselbe tun wie der Ästhetiker, so daß beide lange verwechselt werden können; zuletzt aber kommt ein Augenblick, wo sich zeigt, daß jener eine Grenze hat, die dieser nicht kennt. Das ist die einzige Art, wie das Ethische in Erscheinung treten kann; es selbst nach seinem positiven Sinn bleibt im tiefsten Grunde der Seele verborgen. In der Vergewisserung aber, daß sein ganzes Leben ethisch angelegt ist, ruht das Individuum mit unerschütterlicher Sicherheit und quält weder sich noch andere mit spitzfindigen Skrupeln. Ich finde es nämlich ganz in der Ordnung, daß, wer ethisch lebt, dem Indifferenten einen breiten Spielraum läßt; gerade die Verehrung für das Ethische verwehrt, daß man es in jede Bagatelle hineinpressen wolle. Ein solches Bestreben, das nie zum Ziele führt, findet man auch nur bei denen, die nicht den Mut haben, an das Ethische zu glauben und in tieferem Sinne der inneren Sicherheit ermangeln. Die Pusillanimität gewisser Menschen kann nie mit dem Totalen fertig werden; aber solche Menschen stehen auch außerhalb des Ethischen. Der Grund ist natürlich die Schwäche ihres Willens, die wie jede andere Schwäche des Geistes als eine Art Wahnsinn betrachtet werden kann. Das Leben geht dann darin auf, Mücken zu seihen. Man hat weder eine Vorstellung von dem schönen und reinen Ernst des Ethischen, noch von der sorglosen Freude des Indifferenten. Doch räumt das ethische Individuum dem Indifferenten natürlich nicht die erste Stelle ein; es kann ihm jeden Augenblick seine Grenze setzen. So glaubt man ja auch an eine Vorsehung, und die Seele ruht sicher in dieser Überzeugung; und doch wird es niemand einfallen, jede Zufälligkeit mit diesem Gedanken zu durchdringen, jede Minute sich dieses Glaubens bewußt zu werden. Das Ethische zu wollen, ohne von dem Indifferenten gestört zu werden; eine Vorsehung zu glauben, ohne von der Zufälligkeit gestört zu werden: das ist eine Gesundheit, die erworben und bewahrt werden kann, wenn der Mensch das will. Auch in dieser Hinsicht gilt es, die Aufgabe zu sehen: daß man der Neigung zur Zersplitterung Widerstand leistet, das Unendliche festhalte und nicht mit der Leimstange renne.

Wer ethisch sich selbst wählt, der hat sich selbst als seine Aufgabe: er ist sich nicht eine bloße Möglichkeit, mit der er willkürlich sein Spiel treiben dürfte. Ethisch aber kann man sich nur wählen, indem man sich in Kontinuität wählt; und so wird man für sich selbst eine mannigfaltig bestimmte Aufgabe. Diese Mannigfaltigkeit sucht, wer ethisch lebt, nicht auszustreichen oder zu verflüchtigen; er ist ja selbst diese Mannigfaltigkeit. Darum faßt er durch die Reue festen Fuß in ihr, vertieft sich in sie und kommt so zu sich selbst. Indem er aber bereuend sich selbst wählt, wird er aktiv, nicht in der Richtung auf die Isolation, sondern in der Richtung auf die Kontinuität.

Wir wollen nun ein ethisches und ein ästhetisches Individuum nebeneinander stellen. Der Hauptunterschied ist, daß das ethische Individuum sich selbst durchsichtig ist und nicht ins Blaue hineinlebt, wie das ästhetische Individuum es tut. Darum dreht sich alles, und damit ist alles gegeben. Wer ethisch lebt, hat sich selbst gesehen, kennt sich selbst, durchdringt seine ganze Konkretion mit seinem Bewußtsein, läßt nicht unbestimmte Gedanken in ihm ihr Spiel treiben, läßt sich nicht von dem Gaukelwerk lockender Möglichkeiten zerstreuen; er ist sich selbst nicht wie ein Hexenbrief, aus dem man bald dies, bald das heraus bringen kann, je nachdem man ihn wendet und dreht. Er erkennt sich selbst. Der Ausdruck *γνῶθι σαυτόν* ist oft genug wiederholt worden, und man hat in der Selbsterkenntnis das Ziel für das ganze Streben des Menschen gesehen. Damit hat es auch seine Richtigkeit, nur muß man beachten, daß sie nicht das Ziel des Strebens sein kann, wenn sie nicht zugleich dessen Beginn ist. Das ethische Individuum erkennt sich selbst, aber diese Erkenntnis ist nicht bloß eine Kontemplation (so würde das Individuum sich nur nach seiner Notwendigkeit erfassen), vielmehr besinnt es sich auf sich selbst, und das ist eine Handlung; weshalb ich auch mit Absicht nicht von einem Sichselbsterkennen geredet habe, sondern von einem Sichselbstwählen. Indem das Individuum sich selbst erkennt, ist es nicht fertig, vielmehr ist diese Erkenntnis in hohem Grade fruchtbar: aus ihr geht das wahre Individuum hervor. Wollte ich geistreich sein, so könnte ich sagen, daß das Individuum auf ähnliche Weise sich selbst erkennt, wie nach der Sprache des Alten Testaments Adam Eva erkannte. Durch den Umgang mit sich selbst wird das Individuum mit sich selbst befruchtet und gebiert sich selbst. Das Selbst, das das Individuum erkennt, ist zugleich sein wirkliches Selbst und sein ideales Selbst, und dieses ideale Selbst hat es zugleich außer sich, als ein Bild, nach dem es sich bilden soll und in sich als das Selbst, das es doch ist. Nur in sich selbst hat das Individuum das Ziel, wonach es streben soll; und doch hat es dieses Ziel außer sich, da es ja darnach strebt.

Wenn das Individuum glaubt, daß der allgemeine Mensch ihm von außen her begegnen müsse, so ist es desorientiert und hat eine abstrakte Vorstellung von sich und dem Menschen und kann sein Leben nur auf eine abstrakte Vernichtung seines ursprünglichen Selbst einstellen. Nur in sich selbst kann das Individuum Aufklärung über sich selbst bekommen. Darum hat das ethische Leben diese Doppelheit, daß das Individuum sich selbst außer sich selbst in sich selbst hat. Das typische Selbst ist indessen das unvollkommene Selbst; es ist ja nur eine Weissagung, also nicht das wirkliche Selbst. Als solche geht es dem Menschen beständig leitend voran. Je mehr er es aber realisiert, desto mehr geht es in ihn ein, verschwindet also in ihm, bis es zuletzt, statt sich vor ihm zu zeigen, als eine verblaßte Möglichkeit hinter ihm liegt. Es geht damit wie mit des Menschen Schatten. Am Morgen wirft der Mensch seinen Schatten voraus, am Mittag geht ihm der Schatten fast unbemerkbar zur Seite, am Abend wirft er seinen Schatten hinter sich zurück. Wenn das Individuum sich selbst erkannt und gewählt hat, so ist es in Gang gekommen, sich selbst zu realisieren; da es sich aber frei realisieren soll, so muß es wissen, was das ist, was es realisieren soll. Das ist nun freilich es selbst, aber es ist sein ideales Selbst, das es doch nirgends anders erfassen kann als in sich selbst. Hält man nicht fest, daß das Individuum das ideale Selbst in sich selbst hat, so wird sein Dichten und Trachten abstrakt. Ob man einen andern Menschen kopieren will oder ob man den normalen Menschen kopieren will: man wird, nur auf verschiedene Weise, notwendig affektiert.

Das ästhetische Individuum betrachtet sich selbst in seiner Konkretion und unterscheidet nun *inter et inter*. Das eine scheint ihm zufällig an ihm zu sein, das andere ihm wesentlich zuzugehören. Diese Distinktion ist indessen äußerst relativ. Solange der Mensch bloß ästhetisch lebt, gehört ihm eigentlich alles an ihm gleich zufällig zu, und es ist eigentlich nur ein Mangel an Energie des Denkens, wenn das ästhetische Individuum den Unterschied des Wesentlichen und Zufälligen an ihm festhält. Das ethische Individuum hat das in der Verzweiflung verstehen gelernt und unterscheidet nun in anderer Weise: denn auch es hat den Unterschied des Wesentlichen und Zufälligen. Als wesentlich rechnet es sich zu, was es durch seine Freiheit gesetzt hat, wie zufällig es auch zu sein scheint; alles andere ist ihm zufällig an ihm, wie wesentlich es auch zu sein scheint. Diese Unterscheidung vollzieht aber das ethische Individuum nicht kraft seiner Willkür, als ob es in seiner Machtvollkommenheit stünde, aus sich zu machen was es wollte. Wohl darf das ethische Individuum sich seinen eigenen Redakteur nennen, aber es ist dann auch mit klarem Bewußtsein der verantwortliche Redakteur seiner selbst: es trägt die Verantwortung für sich selbst in dem persönlichen Sinne, daß von entscheidendem Einfluß auf es selbst ist, was es wählt; es trägt die Verantwortung auch gegenüber der Ordnung der Dinge, worin es lebt, gegenüber von Gott. So genommen ist die Distinktion, denke ich, richtig: wesentlich gehört mir doch nur zu, was ich ethisch als Aufgabe übernommen habe. Lehne ich es ab, etwas an mir als meine Aufgabe zu übernehmen, so gehört mir das wesentlich zu, daß ich die Übernahme abgelehnt habe. Wenn ein Mensch sich selbst ästhetisch betrachtet, so unterscheidet er vielleicht folgendermaßen. Er sagt: „Ich habe Talent zu malen, das halte ich für etwas Zufälliges; aber ich habe Witz und Scharfsinn, das scheint mir wesentlich an mir zu sein, so daß es nicht von mir genommen werden kann, ohne daß ich ein anderer würde." Darauf erwidere ich: „Diese ganze Unterscheidung ist eine Illusion: wenn du diesen Witz und Scharfsinn nicht ethisch übernimmst als eine Aufgabe, als etwas, wofür du verantwortlich bist, so gehört es dir nicht wesentlich zu; und das vornehmlich aus dem Grund, daß dein ganzes Leben, solange du nur ästhetisch lebst, überhaupt unwesentlich ist." Wer ethisch lebt, hebt also bis zu einem gewissen Grade den Unterschied des Wesentlichen und Unwesentlichen auf, da er sich ganz und gar als gleich wesentlich übernimmt; aber die Unterscheidung kehrt wieder, nachdem er dies getan hat, nur mit der Änderung, daß er jetzt für die Ausscheidung dessen, was er nun als zufällig unterscheidet, die Verantwortung übernimmt und daß ihm dies wesentlich für ihn ist.

Sofern das ästhetische Individuum mit „ästhetischem Ernst" eine Aufgabe für sein Leben setzt, kann es sich nur in seine eigene Zufälligkeit vertiefen wollen. Die Konsequenz wäre, daß es ein Individuum wird von einer Paradoxie und Unregelmäßigkeit ohnegleichen, eine Grimasse von einem Menschen. Das ist nur deswegen ein seltener Fall, weil es nur wenige Leute gibt, die eine Vorstellung davon haben, was Leben ist. Da hingegen viele eine entschiedene Vorliebe dafür haben, das Leben in Geschwätz zu verwandeln, so trifft man auf der Straße, in der Gesellschaft und in den Büchern eine Menge von Geschwätz, worin sich eine Originalitätswut auslebt, die, auf das Leben übertragen, die Welt mit einer Menge von Kunstprodukten bereichern würde, das eine immer lächerlicher als das andere. Das ethische Individuum setzt sich die Aufgabe, sich in das allgemeine Individuum zu verwandeln. Nur das ethische Individuum steht im Ernst Rede für sich selbst, ist also redlich gegen sich selbst; nur es hat den paradigmatischen Anstand, der über alle andere Schönheit geht. In den allgemeinen Menschen kann ich mich aber nur verwandeln, wenn ich ihn *κατὰ δύναμιν* bereits in mir habe. Das Allgemeine kann nämlich ganz wohl mit und in der Besonderheit bestehen, ohne sie zu zerstören; es gleicht jenem Feuer, das den Dornbusch, in dem es brannte, nicht verzehrte. Ist der allgemeine Mensch außerhalb meiner selbst, so kann ich in meinem Leben nur die eine Methode befolgen, mich meiner ganzen Konkretion zu entkleiden. Diese zügellose Leidenschaft der Abstraktion von sich selbst ist nicht so ganz selten. Eine gewisse Sekte unter den Hussiten meinte, der normale Mensch werde man dadurch, daß man nackt gehe wie Adam und Eva im Paradies. Heutzutage finden sich nicht wenige, die in geistiger Hinsicht dasselbe lehren: daß man der normale Mensch werde, indem man sich seiner ganzen Konkretion sozusagen bis zur völligen Nacktheit entkleide. Aber so verhält es sich nicht. In dem Akt der Verzweiflung tritt der allgemeine Mensch ins Dasein; er steht nun hinter der Konkretion und arbeitet sich durch sie hindurch. In der Grammatik wird ein Verbum als Paradigma aufgestellt; welches gewählt wird, ist eigentlich zufällig, da alle regelmäßigen Verben ebensogut als Paradigma benutzt werden können: so auch mit den Menschen. Jeder Mensch kann, wenn er nur will, ein paradigmatischer Mensch werden; nicht dadurch, daß er seine Zufälligkeit aufgibt, sondern dadurch, daß er sie veredelt, also in ihr bleibt. Er veredelt sie aber dadurch, daß er sie wählt.

Du hast nun gewiß gesehen, daß das ethische Individuum in seinem Leben die Stadien durchläuft, die wir oben unterschieden haben. Es wird also die persönlichen, die bürgerlichen, die religiösen Tugenden entwickeln, und der Fortschritt seines Lebens ist, daß es sich beständig von einem Stadium in das andere übersetzt. Sobald man meint, eines dieser Stadien genüge, man habe sich also einseitig auf das Leben darin zu konzentrieren, so hat man sich nicht ethisch gewählt, hat die Bedeutung der Isolation oder der Konkretion übersehen und vor allem nicht erfaßt, daß die Wahrheit in der Identität beider liegt.

Wer sich selbst ethisch gewählt und gefunden hat, hat sich selbst in seiner ganzen Konkretion bestimmt. Er hat also sich selbst als ein Individuum mit diesen Gaben, diesen Leidenschaften, diesen Neigungen, diesen Gewohnheiten, das unter diesen äußeren Einflüssen steht, auf das in der einen Richtung so, in der andern so eingewirkt wird. Er hat also sich selbst als seine Aufgabe; und diese ist zunächst, daß er ordnet, bildet, temperiert, entflammt, zurückdrängt, kurz ein harmonisches Gleichgewicht in der Seele herstellt, das die Frucht der persönlichen Tugenden ist. Das Ziel seiner Wirksamkeit ist er selbst, doch nicht nach seiner Willkür, sondern als seine Aufgabe, die ihm gesetzt ist, wenn sie seine Aufgabe auch dadurch wurde, daß er sie gewählt hat. Obschon aber er selbst sein Ziel ist, so ist dieses Ziel doch zugleich ein anderes; denn das Selbst, das das Ziel ist, ist nicht ein abstraktes Selbst, das überall paßte und darum nirgends, sondern ein konkretes Selbst, das in lebendiger Wechselwirkung steht mit dieser bestimmten Umgebung, diesen Lebensverhältnissen, dieser Weltordnung; es ist nicht bloß ein persönliches, sondern ein soziales, ein bürgerliches Selbst. Er hat sich also selbst als Aufgabe für eine Wirksamkeit, durch die er als diese bestimmte Persönlichkeit in die Verhältnisse des Lebens eingreift. Insofern ist seine Aufgabe nicht, sich zu bilden, sondern zu wirken; aber indem er wirkt, bildet er sich selbst. Das ethische Individuum lebt ja, wie oben bemerkt, so, daß es sich beständig von einem Stadium in das andere übersetzt. Hat das Individuum nicht ursprünglich sich selbst als konkrete Persönlichkeit in Kontinuität erfaßt, so wird es auch diese spätere Kontinuität nicht gewinnen.

Wer die Kunst darin sieht, als ein Robinson zu beginnen, der bleibt sein ganzes Leben ein Abenteurer. Wer dagegen einsieht, daß er nicht zum Beginn kommt, wenn er nicht konkret beginnt, und wenn er nicht zum Beginn kommt, auch nicht zum Ende kommt: der setzt sich mit einem Schritt in Kontinuität mit Vergangenheit und Zukunft. Von dem persönlichen Leben übersetzt er sich in das bürgerliche, von dem bürgerlichen in das persönliche. Das persönliche Leben als solches wäre eine Isolation, also etwas Unvollkommenes; indem er aber durch das bürgerliche Leben hindurch in seine Persönlichkeit zurückkehrt, offenbart sich das persönliche Leben in einer höheren Form. Die Persönlichkeit erweist sich nun selbst als das Absolute, das seinen Zweck in sich selbst hat. Man hat gegen die Lebensanschauung, die es zur Lebensaufgabe macht, der Erfüllung der Pflicht zu leben, öfters das Bedenken geltend gemacht, daß die Pflicht selbst nicht feststehe, daß die Gesetze verändert werden können. Dabei denkt man offenbar zunächst an die Schwankungen, denen die Auffassung der bürgerlichen Pflicht allezeit ausgesetzt war. Doch wird das Negativ-Moralische von diesem Einwand nicht getroffen; es steht unveränderlich fest. Ein anderer Zweifel dagegen gefährdet jede Pflicht: daß ich die Pflicht überhaupt nicht vollbringen könne. Die Pflicht ist ja das Allgemeine; was von mir gefordert wird, ist das Allgemeine: tun kann ich nur das Einzelne. Aber dieses skeptische Bedenken weist uns nur darauf hin, daß wir in der Persönlichkeit selbst das Absolute sehen müssen. Doch bedarf das einer näheren Bestimmung. Es ist bedeutsam, daß der Sprachgebrauch selbst diesem Einwand gegen die Pflicht Rechnung trägt. Ich sage nie von einem Menschen: „Er tut die Pflicht" oder „er erfüllt die Pflichten"; vielmehr sage ich: „Er tut *seine* Pflicht"; „ich tue *meine* Pflicht, tue du *deine* Pflicht". Darin erweist sich eben, daß das Individuum zugleich das Allgemeine und das Einzelne ist. Die Pflicht ist das Allgemeine, das von mir gefordert wird; bin ich also nicht das Allgemeine, so kann ich die Pflicht auch nicht tun. Andererseits ist meine Pflicht das Einzelne, das von mir allein gefordert wird; und doch ist sie eben die Pflicht für mich und also das Allgemeine. Hier tritt die Bedeutung der Persönlichkeit in das hellste Licht. Sie ist nicht gesetzlos, gibt sich auch nicht selbst ihr Gesetz, so daß es bei ihr stünde, was sie für Pflicht halten will. Die Pflicht steht über ihr, ist unabhängig von ihr. Und doch ist die Pflicht keine zufällige Auflage, die ihr gemacht werden könnte, sondern steht als ihre Pflicht in einem wesentlichen Verhältnis zu ihr, ist also in diesem Sinne abhängig von ihr. Des Rätsels Lösung ist, daß die Persönlichkeit die Einheit ist des Allgemeinen und des Einzelnen. Das ist so klar, daß man es jedem Kind begreiflich machen kann. Ich kann die Pflicht tun und doch nicht *meine* Pflicht tun; ich kann *meine* Pflicht tun und doch nicht die Pflicht tun. Darum braucht aber die Welt nicht in Skepsis zu versinken. Der Unterschied zwischen Gut und Böse bleibt bestehen, ebenso Verantwortung und Pflicht, wenn mir auch kein Mensch sagen kann, was *meine* Pflicht ist; worauf es ankommt, ist ja nur, daß jeder wisse, was *seine* Pflicht ist, und das kann er immer wissen, wenn er die Einheit des Allgemeinen und des Einzelnen ist. Man glaubt vielleicht die Pflicht gegen alle Skepsis gesichert zu haben, wenn man sie zu etwas Äußerem, Festem und Bestimmtem macht, das eben *die* Pflicht wäre. Aber das ist ein Mißverständnis. Die Schwierigkeit liegt nicht im Objektiven, Äußerlichen, sondern im Subjektiven, Innerlichen, in *meinem* Verhältnis zum Allgemeinen. Als einzelnes Individuum bin ich nicht das Allgemeine, und es wäre eine ungereimte Forderung, daß ich als einzelnes Individuum das Allgemeine sein soll; soll ich also das Allgemeine tun können, so muß ich selbst das Allgemeine sein, indem ich das Einzelne bin: dann liegt aber die Dialektik der Pflicht in mir selbst. Diese Lehre gefährdet das Ethische, wie gesagt, in keiner Weise; im Gegenteil, sie stellt es erst sicher. Wird die Persönlichkeit nicht so aufgefaßt, so bleibt alles in Abstraktion: sie selbst, ihr Verhältnis zur Pflicht, ihre Unsterblichkeit. Auch wird der Gegensatz von Gut und Böse von mir nicht aufgehoben: ich glaube nicht, daß jemals ein Mensch die Behauptung gewagt hat, es sei Pflicht das Böse zu tun. Daß er Böses tat, ist etwas ganz anderes; aber dann suchte er sich selbst und andern einzubilden, daß es gut sei. Doch kann er unmöglich in dieser Einbildung verharren, da er selbst das Allgemeine ist. Er hat sich also nicht gegen einen äußeren, sondern gegen einen inneren Feind zu verteidigen. Vielmehr wird der Unterschied zwischen Gut und Böse gerade dadurch aufgehoben, daß die Pflicht als etwas Äußerliches betrachtet wird. Wenn ich nämlich nicht selbst das Allgemeine bin, so kann ich nur in ein abstraktes Verhältnis zu ihm treten; Gut und Böse aber, die immer konkret sind, sind für das Abstrakte inkommensurabel.

Gerade durch die Einsicht, daß die Persönlichkeit das Absolute ist, ihr eigenes Ziel, die Einheit des Allgemeinen und des Einzelnen, gerade dadurch wird jede Skepsis überwunden, die das Historische zum Anlaß nimmt. Die Freidenker haben oft genug darauf aufmerksam gemacht, daß die einen für heilig erklären, was in den Augen anderer eine abscheuliche Missetat sei, und haben dadurch die Begriffe zu verwirren gesucht. Aber man darf sich durch das Äußere nicht blenden lassen; im Ethischen handelt es sich nie um das Äußere, sondern um das Innere. Ob das Äußere sich noch so sehr verändert, der sittliche Gehalt der Handlung kann trotzdem derselbe bleiben. So hat es gewiß niemals Menschen gegeben, die es für die Pflicht der Kinder hielten, ihre Eltern zu hassen. Wenn es nun auch bei gewissen Völkern Schick und Brauch ist, die alten Eltern zu töten, während zivilisierte Völker es den Kindern zur Pflicht machen für ihre Eltern zu sorgen, so beweist das nichts gegen die Unbedingtheit der sittlichen Verpflichtung; denn die Frage ist, ob die Wilden etwas Böses zu tun glauben, wenn sie die alten Leute töten. Das Ethische liegt immer in dem Bewußtsein des Guten und Bösen; eine andere Frage ist es, ob eine mangelhafte Erkenntnis zugerechnet werden darf. Der Freidenker erkennt recht wohl, daß das Ethische am allerleichtesten verflüchtigt wird durch den Hinweis auf die unendliche Variation in seiner historischen Ausgestaltung. Und doch ist etwas Wahres in seinem Vorgehen; denn wenn das Individuum nicht letztlich das Absolute ist, so bleibt es auf den Weg der Empirie verwiesen, und wo der hinführt, weiß niemand zu sagen. Soll ich mich an die Endlichkeit halten, so ist es bare Willkür irgendwo stillzustehen. Ich komme also auf dem Weg der Empirie nie zum Beginn; denn um den Ausgangspunkt festzustellen, müßte ich das Ende wissen, und das ist ein Ding der Unmöglichkeit. Wenn die Persönlichkeit das Absolute ist, so ist sie selbst der archimedische Punkt, von dem aus man die Welt bewegen kann. Daß sie sich dessen bewußt ist, wird sie doch nicht verleiten, die Wirklichkeit überspringen zu wollen; denn so würde sie nicht das Absolute, sondern ein Nichts, eine Abstraktion. Nur als der Einzelne ist der Mensch das Absolute, und dieses Bewußtsein wird ihn vor allem revolutionären Radikalismus bewahren.

Hier will ich mein Theoretisieren abbrechen. Ich fühle zu gut, daß ich dazu nicht tauge, bin aber auch ganz zufrieden, wenn ich für einen brauchbaren Praktiker gelten darf. Zudem erfordert das Theoretisieren immer sehr viel Zeit; was ich handelnd in einem Augenblick abmache oder doch in Gang setzen kann, das ist nur mit vielen Umständen auszusprechen oder zu beschreiben. Deshalb ist es auch nicht meine Absicht, dir jetzt eine Pflichtenlehre vorzutragen und dann etwa nach Schick und Brauch Pflichten gegen Gott, gegen sich selbst und gegen den Nächsten zu behandeln. Nicht etwa, als ob ich gegen diese Einteilung etwas einzuwenden hätte, oder als ob, was ich zu sagen habe, zu tiefsinnig wäre und zu viele Vorkenntnisse erforderte, um es elementar darstellen zu können. Nein; aber ich bin der Meinung, daß es beim Ethischen nicht auf die Mannigfaltigkeit ankomme, sondern auf die Intensität des Gefühls der Verpflichtung. Wenn die Persönlichkeit dieses mit ihrer ganzen Energie erlebt hat, so ist sie ethisch gereift, und dann versteht sich für sie das Moralische von selbst. Die Hauptsache ist darum nicht, daß ein Mensch seine Pflichten an den Fingern herzählen kann; vielmehr soll er ein für allemal die Intensität der Pflicht so stark gefühlt haben, daß das Pflichtbewußtsein ihm zur Garantie geworden ist für den ewigen Wert seines Wesens. Ich lobe mir daher den Pflichtmenschen so wenig wie den Bücherwurm; wem sich aber die Bedeutung der Pflicht niemals in ihrer ganzen Unendlichkeit geoffenbart hat, der taugt als Mensch ebensowenig, wie der zum Vertreter der Wissenschaft taugt, der meint, das Wissen fliege einem nur so mir nichts dir nichts an. Die Kasuistik möge sich also in die Mannigfaltigkeit der Pflicht vertiefen, die Hauptsache, das Eine was not tut, ist und bleibt es doch, daß der Mensch in Beziehung auf sein eigenes Leben nicht sein Onkel ist, sondern sein Vater.

Ich will, was ich meine, durch ein Exempel beleuchten. Dazu wähle ich einen Eindruck, der sich mir aus meiner frühesten Kindheit erhalten hat. Als ich fünf Jahre alt war, wurde ich zur Schule geschickt. Daß eine solche Begebenheit einem Kind immer einen Eindruck macht, versteht sich von selbst; die Frage ist nur welchen. Das Kind macht sich in seiner Neugier mancherlei unklare Gedanken darüber, was die Sache eigentlich zu bedeuten habe. So natürlich auch ich; aber meine Stimmung war in der Hauptsache nicht durch die Neugier bestimmt, sondern durch etwas ganz anderes. Ich kam in die Schule, wurde dem Lehrer vorgestellt und erhielt meine Lektion für den folgenden Tag: einige Zeilen zum

Auswendiglernen. Von diesem Moment an war meine ganze Seele erfüllt von meiner Aufgabe; nichts anderes konnte daneben Eindruck machen. Ich hatte als Kind ein sehr glückliches Gedächtnis, meine Lektion war also bald gelernt. Meine Schwester hatte mich schon mehrere Male abgehört und versicherte mir, daß ich sie könne. Ich ging zu Bett. Ehe ich einschlief, sagte ich meine Aufgabe noch einmal her; dann schlief ich ein mit dem festen Vorsatz, sie am nächsten Morgen noch einmal zu überlesen. Um fünf Uhr wachte ich auf, kleidete mich an und nahm sofort meine Fibel vor. All das steht mir noch so lebendig vor Augen, als wäre es erst gestern geschehen. Mir war es, als müßte Himmel und Erde zusammenfallen, wenn ich meine Lektion nicht gelernt hätte; und andererseits war mir's, als könnte mich eine solche Weltkatastrophe nicht davon dispensieren, die Lektion, die mir nun einmal aufgegeben war, zu lernen. In jenem Alter hatte ich gewiß nur eine sehr geringe Kenntnis von meinen Pflichten; wie sollte ich auch, da ich meine Unterweisung darin erst empfangen sollte? Ich hatte nur eine Pflicht: die, meine Lektion zu lernen. Aber aus dem Eindruck dieser einen Pflicht kann ich meine ganze ethische Betrachtung des Lebens ableiten. Jetzt lächle ich über den kleinen Burschen von fünf Jahren, der seine Sache mit solcher Leidenschaft in Angriff nahm; und doch habe ich keinen höheren Wunsch, als daß ich in jedem Lebensalter mein Werk mit dieser Energie, mit diesem ethischen Ernst anfasse. Gewiß erhält man im späteren Leben eine deutlich umfassendere Vorstellung von dem, was man zu tun hat; aber die Hauptsache ist doch die Energie. Daß jene Begebenheit einen solchen Eindruck auf mich machte, verdanke ich dem Ernst meines Vaters; und wenn ich ihm sonst nichts zu danken hätte, stünde ich doch ewig in seiner Schuld. Das sollte denn auch das Ziel der Erziehung sein: nicht daß das Kind dies und das lernt, sondern daß der Geist gereift, die Energie geweckt wird. Du rühmst oft genug das Glück, ein guter Kopf zu sein. Wer wird dir darin widersprechen? Und doch glaube ich fast: dazu macht man sich, wenn man nur will. Gib einem Menschen Energie, Leidenschaft, und er ist alles. Ein junges Mädchen sei noch so läppisch, noch so verschroben, ein recht albernes Gänschen: sie soll sich nur tief und innerlich verlieben, und es macht sich alles von selbst. Sie bekommt einen feinen Merks dafür, ob sie Gegenliebe findet; wird sie glücklich, so findet ihre Schwärmerei das innige Wort; wird sie unglücklich, so gibt ihr die Leidenschaft einen scharfen Verstand und schneidenden Witz.

In dieser Hinsicht kann ich meine Kindheit glücklich preisen: sie hat mich mit ethischen Eindrücken bereichert. Laß mich hierbei noch einen Augenblick verweilen. Die Erinnerung an meinen Vater ist mir nicht nur die liebste, sondern auch die fruchtbarste Erinnerung; und sie kann mir jetzt dazu dienen, daß ich meinen Satz in ein noch helleres Licht stelle: die Hauptsache sei nicht die Erkenntnis der mannigfaltigen Pflichten, sondern der Totaleindruck der Pflicht. Eine Vielheit von Pflichten verkleinert und entleert das Individuum, deshalb preise ich meine Kindheit: man hat mir nie viele Pflichten auferlegt, sondern immer nur eine, und die hat mir dann auch Gewinn gebracht. Als ich zwei Jahre älter geworden war, wurde ich in die Lateinschule gebracht. Hier begann ein neues Leben; den tiefsten Eindruck machte mir aber wieder das Ethische, obgleich ich die größte Freiheit genoß. Ich kam unter die andern Schüler; ich hörte sie mit Verwunderung über ihre Lehrer klagen; ich wurde Zeuge des Unbegreiflichen, daß ein Schüler aus der Schule genommen wurde, weil er sich mit dem Lehrer nicht stellen konnte. Hätte ich nicht schon tiefe ethische Eindrücke mitgebracht, so hätten mir diese neuen Erlebnisse schädlich werden können. Das war aber keineswegs der Fall. Ich wußte, daß es meine Aufgabe war, in die Schule zu gehen, in die Schule, in die ich einmal gebracht war. Das stand fest und ob sich alles andere veränderte. Was mir diese Vorstellung beibrachte, war nicht bloß die Furcht vor meines Vaters Ernst, sondern der erhabene Eindruck der Pflicht. Wäre mein Vater gestorben, hätte ich meinen Vormund bewegen können, mich aus der Schule zu nehmen: ich hätte das doch nie versuchen, nie recht wollen können; mich hätte der Schatten meines Vaters verfolgt, und ich hätte nie vergessen können, daß ich ihn gekränkt habe: auch in dieser Hinsicht hatte ich einen unendlich tiefen Eindruck von meiner Pflicht bekommen, übrigens genoß ich meine Freiheit; ich hatte nur eine Pflicht, die gegen die Schule; dafür hatte ich aber auch die volle Verantwortung. Als ich in die Schule gebracht wurde, überreichte mir mein Vater die vorgeschriebenen Schulbücher mit den Worten: „Wilhelm, wenn der Monat aus ist, bist du Nummer drei in deiner Klasse." Und nun überließ er mich mir selbst. Er fragte mich nie nach meiner Aufgabe, hörte sie mich niemals ab, sah nie nach meinen Heften; er erinnerte mich nie daran, daß ich nun an meine Arbeit gehen, nun mit der Arbeit aufhören müsse, nie kam er meinem Schülergewissen zu Hilfe, indem er mich, wie es sonst Väter tun, auf die Wange klopfte und sagte: „Hoffentlich hast du deine Sache gut gelernt." Wollte ich ausgehen, so fragte er mich, ob ich Zeit habe; darüber aber entschied ich selbst, nicht er; deshalb folgte auch nie eine weitere Frage, übrigens bin ich fest überzeugt, daß er über mein Tun und Treiben immer genau unterrichtet war; aber das ließ er sich nie merken, damit meine Seele unter dem Bewußtsein eigener Verantwortung heranreife. Also wieder dasselbe: ich hatte nur eine Pflicht, keine Pflichten; und dadurch eben bekam ich einen tiefen Eindruck davon, daß es eine Pflicht gäbe, die eine ewige Bedeutung habe, während so manche Kinder mit einem ganzen Zeremoniell von Pflichten belastet und dadurch verpfuscht werden. In gleichem Sinne wirkten andere Erlebnisse auf mich ein. Wir lernten damals die lateinische Grammatik mit einer Gründlichkeit, die man heutzutage nicht mehr kennt. Wenn ich je die Fähigkeit erworben habe, etwas philosophisch zu betrachten, so verdanke ich das dem Eindruck, den ich davon hatte. Der unbedingte Respekt, mit dem ich die Regel betrachtete; die Verachtung, die ich empfand für das kümmerliche Leben, das die Ausnahme fristet; der Eindruck von der gerechten Strenge, womit der Fehler in meinen Arbeiten verfolgt und gebrandmarkt wurde: liegt dieser scharfe Gegensatz des Gesetzmäßigen und des Gesetzwidrigen nicht auch jeder philosophischen Betrachtung zugrunde? In diesem Lichte sah ich denn auch meinen Vater: er war mir die Inkarnation der Regel; was mit seinem Gebot nicht übereinstimmte, war die rechtlose Ausnahme. So war für mich auch jener renitente Mitschüler die Ausnahme, die keine Beachtung verdiente; und daß man von ihm so viel Aufhebens machte, zeigte mir nur noch deutlicher, daß er die Ausnahme war. Der kindliche Rigorismus, womit ich in der Grammatik und im Leben die Regel und die Ausnahme unterschied, hat sich im Lauf der Jahre wohl etwas gemildert, wirkt aber doch immer noch in mir nach; und diese Unterscheidung gewinnt für mich wieder erhöhte Bedeutung, wenn du und deinesgleichen tun, als ob die Ausnahme die Hauptsache und die Regel nur dazu da wäre, der Ausnahme als Folie zu dienen.

Worauf es ankommt, das ist die Energie, womit ich meiner selbst ethisch bewußt werde; oder richtiger: zum ethischen Bewußtsein meiner selbst komme ich nicht ohne Energie. Darum kann ich meiner selbst nicht ethisch bewußt werden, ohne mir meines ewigen Wesens bewußt zu werden. Das ist der wahre Beweis für die Unsterblichkeit der Seele. Seine volle Überzeugungskraft erreicht er natürlich erst, wenn die Aufgabe mit der Pflicht kongruiert; aber alles, wozu ich mich für eine Ewigkeit verpflichtet fühle, ist für mich eine ewige Aufgabe. Daß ich in der ersten Lektion, die ich für die Schule zu lernen hatte, eine Aufgabe erhielt, von der mich keine Macht der Welt loskaufen konnte, das war für mich gewissermaßen der erste Beweis für meiner Seele Unsterblichkeit. Das Beweisende lag in der Energie, womit ich meine Aufgabe erfaßte; das Unvollkommene in der Zufälligkeit der Aufgabe.

Es ist also nicht meine Absicht, dich in die Mannigfaltigkeit der Pflicht einzuführen. Die Pflicht negativ auszudrücken ist recht leicht; wollte ich sie aber positiv ausdrücken, so würde sich das als sehr schwierig und weitläufig erweisen, ja, wenn ich zu einem gewissen Punkt gekommen wäre, als die bare Unmöglichkeit. Dagegen war es meine Absicht, die ich zu erreichen suchte, so gut mir's eben meine Kräfte erlauben, dir die absolute Bedeutung der Pflicht, den ewigen Wert des Pflichtverhältnisses für die Persönlichkeit ins Licht zu setzen. Sobald nämlich die Persönlichkeit sich in der Verzweiflung selbst gefunden, sich absolut selbst gewählt hat, so hat sie sich selbst, hat sich selbst als ihre Aufgabe unter ewiger Verantwortung: damit ist die Pflicht in ihrer Absolutheit gesetzt. Da indessen die Persönlichkeit sich nicht selbst geschaffen, nur selbst gewählt hat, so ist die Pflicht der identische Ausdruck für ihre absolute Abhängigkeit und ihre absolute Freiheit. Die einzelne Pflicht muß der Mensch sich selbst lehren, kann er sich von keinem andern lehren lassen; und doch ist er auch hierin ebensogut Autodidakt wie Theodidakt und umgekehrt. In keinem Fall wird die Pflicht etwas Abstraktes: das würde sie, wenn sie etwas Äußerliches wäre, was sie eben nicht ist. Sodann ist er selbst konkret, da er sich ethisch gewählt hat, also in seiner ganzen Konkretion und unter Verzicht auf die Willkür, von etwas in seiner konkreten Wirklichkeit zu abstrahieren.

Mir erübrigt nun noch nachzuweisen, wie das Leben sich ausnimmt, wenn man es ethisch betrachtet. Du bist wie alle Ästhetiker sehr geneigt zu teilen. Ihr macht das Zugeständnis, daß das Ethische seine Bedeutung habe; ihr sagt, daß es respektabel, ja aller Ehren wert sei, wenn ein Mann für seine Pflichten lebe; ihr deutet sogar verblümterweise an, es müsse Menschen geben, die für ihre Pflicht leben, und es sei gut, daß die Masse der Menschen das tue. Bisweilen treffet ihr denn auch Pflichtmenschen, die gutmütig genug sind, in eurer Rede einen Sinn zu finden, da sie doch wie alle Skepsis sinnlos ist. Ihr selbst dagegen wünschet nicht, euch mit dem Ethischen einzulassen. Das würde ja euer Leben seiner Bedeutung, seiner Schönheit berauben. Denn das Ethische ist für euch etwas ganz anderes als das Ästhetische, muß also nach eurer Meinung, wenn es auf den Plan tritt, dieses ganz und gar vernichten. Wäre dem so, ich würde doch keinen Moment zweifeln, was ich zu wählen habe. In der Verzweiflung gibt es einen Augenblick, da das Verhältnis des Ästhetischen und Ethischen sich so darstellt; wer das nicht gefühlt hat, dessen Verzweiflung war nicht ganz echt, der hat sich also auch nicht ethisch selbst gewählt. Aber dem ist doch nicht so; darum erweist sich die Verzweiflung im nächsten Augenblick nicht als ein Bruch, sondern als eine Metamorphose. Alles kommt wieder, nur geklärt. Erst wenn man das Leben ethisch betrachtet, bekommt es Schönheit, Wahrheit, Bedeutung, Bestand; erst wenn man selbst ethisch lebt, bekommt das eigene Leben Schönheit, Wahrheit, Bedeutung, Sicherheit; erst in der ethischen Lebensanschauung ist der autopathische und der sympathische Zweifel beruhigt. Der autopathische und der sympathische Zweifel kann nämlich nur in einem und demselben zur Ruhe kommen, weil er seinem Wesen nach eins ist. Der autopathische Zweifel ist nämlich nicht eine Äußerung des Egoismus, sondern eine Forderung jener Selbstliebe, die im selben Sinne das eigene wie das fremde Selbst fordert. Das ist m. E. von großer Bedeutung. Wäre nämlich der Ästhetiker nicht Egoist, so könnte er in der Begünstigung durch das Schicksal nicht sein Glück sehen; dann müßte er vielmehr sagen: „Was mein Glück sein soll, kann ja andern nicht ebenso gegeben werden, kann von keinem andern durch eigene Kraft erworben werden.“ Er müßte sich also fürchten, daß ihn jemand nach seinem Glück fragte; denn sein Glück würde alle andern Menschen fühlen lassen, daß sie eben nicht glücklich sind. Wenn ein Günstling des Glücks irgendwelche Sympathie hätte, würde er sich selbst keine Ruhe gönnen, bis er das Leben in etwas anderem, höherem fände als dem, was ihm vor anderen gegeben ist. Dann aber braucht er sich auch nicht mehr zu fürchten, von seiner Begünstigung durch das Glück zu reden; denn dann wird in seine Rede ein Ton kommen, der ihn mit jedem andern Menschen, mit der ganzen Menschheit absolut versöhnt.

Doch bleiben wir nun bei der Kategorie stehen, die die Ästhetik als ihr besonderes Eigentum in Anspruch nimmt, bei der Schönheit. Das Leben verliert seine Schönheit, sagst du, sobald das Ethische geltend gemacht wird: „An Stelle der Freude, der Sorglosigkeit, der Schönheit, die das Leben hat, wenn wir es ästhetisch betrachten, erhalten wir dann pflichtschuldige Wirksamkeit, lobenswertes Streben, unverdrossenen Eifer, rastlose Arbeit." Um darauf zu erwidern, müßte ich erst genau wissen, was du unter Schönheit verstehst. Da du nicht zur Stelle bist, halte ich mich an deine gewöhnliche Definition: „Schön ist, was seine Teleologie in sich selbst hat." So findest du ein junges Mädchen schön, wenn sie hübsch ist und froh, sorglos, glücklich in Harmonie mit sich selbst, abgeschlossen in sich selbst; da ist es eine Dummheit, sagst du, zu fragen, wozu sie da sei; sie hat ihre Teleologie in sich selbst. Ich will dich nicht mit dem Einwand schikanieren, ob dem jungen Mädchen wirklich damit gedient ist, so seine Teleologie allein in sich selbst zu haben, und ob du dir nicht heimlich mit dem Gedanken schmeichelst, wenn du ihr nur deine Anschauung von der Göttlichkeit ihres Daseins vortragen dürftest, so könnte ihr der gute, pardon, verkehrte Einfall kommen, sie sei dazu da, auf deine Insinuationen zu hören. Im selben Sinne findest du die Natur schön und verfemst also das Bestreben, in ihr einen endlichen Zweck zu finden. Auch hier will ich dich nicht mit der Bemerkung vexieren, ob es nicht der Natur wesentlich sei, für ein anderes da zu sein. Im selben Sinne betrachtest du die Werke der Kunst, der Poesie. Du rufst mit dem Dichter aus: *procul, o procul este profani*, und verstehst unter den Profanen alle, die der Poesie und Kunst einen Zweck geben, der außerhalb ihrer selbst liegt, und sie dadurch entweihen. Was Poesie und Kunst betrifft, so will ich dich nur daran erinnern, daß sie (wie ich schon früher bemerkte) nicht vollständig mit dem Leben versöhnen können; wie du auch, wenn du deinen Blick auf Poesie und Kunst richtest, von der Wirklichkeit geflissentlich absiehst, von der wir doch eigentlich reden sollten. Da du nun in dieser, wenn du die Forderungen der Kunst in ihrer ganzen Strenge geltend machst, natürlich sehr wenig Schönes findest, so gibst du dem Schönen, wo es sich um die Wirklichkeit handelt, eine andere Bedeutung. Es wird dir dann zum Individuell-Schönen, zum Charakteristischen. Du siehst jeden einzelnen Menschen als ein Moment mit in dem Ganzen. Dabei fällt der Akzent gerade in seine Eigentümlichkeit; und so bekommt selbst das Zufällige, das Unbedeutende Bedeutung, und so wird dir das Leben schön. Du betrachtest also jeden einzelnen Menschen als Moment. Aber das Schöne soll ja seine Teleologie in sich selbst haben; und wenn der Mensch bloß Moment ist, so hat er ja seine Teleologie nicht in sich selbst, sondern außerhalb seiner selbst. So mag das Ganze wohl schön sein, die Teile für sich sind es nicht. Und nun dein eigenes Leben: hat es seine Teleologie in sich selbst? Ich will jetzt nicht fragen, ob irgendwer das Recht hat, so nur den Zuschauer zu spielen. Gesetzt also, deines Lebens Bedeutung wäre, die Welt um dich her zu beobachten, so hättest du ja deine Teleologie außerhalb deiner selbst. Erst wenn dir jeder einzelne Mensch zugleich Moment ist und das Ganze, erst dann betrachtest du ihn nach seiner Schönheit; dann betrachtest du ihn aber ethisch, betrachtest ihn nach seiner Freiheit. Er sei noch so eigentümlich bestimmt: ist diese seine Bestimmtheit eine Notwendigkeit, so ist er bloß Moment, und sein Leben ist nicht schön.

Wenn du das Schöne als das definierst, das seine Teleologie in sich selbst hat, und als Exempel ein Mädchen nennst oder die Natur oder ein Kunstwerk, so habe ich den Eindruck (ich kann mir nicht helfen), daß der Selbstzweck dieser schönen Dinge nur eine Illusion sei. Soll von Teleologie die Rede sein, so muß ich mir eine Bewegung denken, die auf das Ziel hinzielt; selbst wenn ich mir einen am Ziel denke, denke ich die Bewegung mit, da er nur durch eine Bewegung ans Ziel gekommen sein kann. Dem Schönen aber, wie du es definierst, fehlt offenbar die Bewegung; denn das Schöne in der Natur ist eben ohne Rücksicht auf sein Werden, und wenn ich die Idee eines Kunstwerks durchdenke, so geht die Bewegung eigentlich in mir vor sich, nicht in dem Kunstwerk. Mag also das Schöne wirklich, wie du sagst, seine Teleologie in sich haben: so wie du diesen Gedanken nimmst und anwendest, ist er doch eigentlich nur ein negativer Ausdruck dafür, daß das Schöne seine Teleologie in etwas anderem hat, deshalb kannst du auch den anscheinend synonymen Ausdruck nicht gebrauchen, daß das Schöne, das du im Sinn hast, innere Teleologie habe oder immanente Teleologie. Denn damit würdest du Bewegung verlangen, Historie; und damit hättest du die Sphäre der Natur und der Kunst überschritten und wärest in die Sphäre der Freiheit, also der Ethik eingetreten.

Wenn ich nun selbst sage, daß das Individuum seine Teleologie in sich selbst habe, so kann das, denke ich, nicht mehr mißverstanden werden. Ich meine damit natürlich nicht, daß das Individuum das Zentrale sei oder daß es in abstraktem Sinne sich selbst genug sein soll. Wird das Individuum abstrakt genommen, so bekommt es ja keine Geschichte. Daß das Individuum seine Teleologie in sich selbst habe, besagt für mich, daß es innere Teleologie hat, daß es sich selbst sein Zweck ist. Sein Selbst ist das Ziel, wonach es strebt. Dieses sein Selbst ist indessen nicht eine Abstraktion, sondern absolut konkret. Darum kann es sich, indem es sich auf sich selbst hinbewegt, nicht negativ gegen die Umwelt verhalten: dann wäre sein Selbst eine Abstraktion und bliebe es. Vielmehr muß sein Selbst sich nach seiner ganzen Konkretion entfalten; zu dieser Konkretion gehören aber auch die Faktoren, deren Bestimmung es ist, wirkend in die Welt einzugreifen. So bewegt es sich also von sich selbst weg, durch die Welt hindurch zu sich selbst zurück. Da ist Bewegung, und zwar (da diese Bewegung eine Tat der Freiheit ist) eine wirkliche Bewegung; da ist aber zugleich immanente Teleologie; da kann also erst von Schönheit die Rede sein. Wenn es damit seine Richtigkeit hat, so erhebt sich das Individuum gewissermaßen über jedes Verhältnis worin es steht. Aber daraus folgt keineswegs, daß es nicht in dem betreffenden Verhältnis stünde; auch liegt keine Überhebung darin, da dasselbe ja jedem Individuum zusteht: über den Verhältnissen zu stehen, in denen es steht. Ich bin Ehemann und habe, wie du weißt, die tiefste Achtung vor dem Verhältnis der Ehe, wie ich mich auch in demütiger Liebe unter dieses Verhältnis stelle; aber ich weiß hinwiederum, daß ich in anderem Sinne über diesem Verhältnis stehe; und endlich weiß ich, daß ganz dasselbe von meiner Frau gilt.

Jenes Mädchen aber würde ich, wie du weißt, nicht lieben, weil es diese meine Anschauung nicht teilt.

Erst wenn ich das Leben ethisch betrachte, sehe ich es nach seiner Schönheit; erst wenn ich mein eigenes Leben ethisch betrachte, sehe ich es nach seiner Schönheit. Du sagst vielleicht, diese Schönheit sei nur leider nicht zu sehen. Darauf erwidere ich: in einem gewissen Sinne ist sie freilich nicht zu sehen, in anderem aber doch. Sie wird sichtbar in der Spur des Historischen; wird sichtbar im Sinne des Worts: *loquere ut videam te*. Das muß ich freilich zugeben, daß ich nicht die Vollendung sehe, nur den Kampf; und doch sehe ich auch die Vollendung, sobald ich will, sobald ich den Mut dazu fasse. Ohne Mut sehe ich aber überhaupt nichts Ewiges, also auch nichts Schönes.

Wenn ich das Leben ethisch betrachte, betrachte ich es nach seiner Schönheit. Und dann wird mir das Leben reich an Schönheit, ganz im Gegensatz zu dir, dem es eigentlich arm an Schönheit ist. Ich brauche nicht im Land umherzureisen, um Schönheiten zu entdecken, brauche nicht in den Gassen darnach zu stöbern, brauche nicht zu unterscheiden, gutzuheißen und zu verwerfen. Natürlich, ich habe auch nicht so viel Zeit wie du; denn da ich mit Freude, aber auch mit Ernst mein Leben nach seiner Schönheit betrachte, so habe ich immer genug zu tun. Habe ich dann eine Stunde frei, so stelle ich mich ans Fenster und betrachte die Menschen und sehe jeden nach seiner Schönheit. Denn ich sehe ihn als diesen einzelnen Menschen, der doch zugleich der allgemeine Mensch ist; ich sehe ihn als den, der unter gewissen konkreten Verhältnissen sein Leben als seine Aufgabe hat, also nicht um eines anderen willen da ist, sondern seine Teleologie in sich selbst hat, und wenn er der ärmlichste Taglöhner wäre. Und ich sehe, daß er seine Aufgabe realisiert, daß er siegt. Denn der Mutige sieht nicht Gespenster, sondern siegreiche Helden; der Feige sieht nicht Helden, nur Gespenster. Siegen muß der Mensch, den ich sehe: dessen bin ich vergewissert; und darum ist sein Kampf schön. Ich streite sonst nicht gern, wenigstens nicht mit andern; aber darauf kannst du dich verlassen: für diesen Glauben um den Sieg des Schönen werde ich kämpfen auf Leben und Tod, und nichts in der Welt soll mir ihn rauben. Ob man ihn mir mit Bitten ablisten, ob mit Gewalt entreißen wollte: für nichts in der Welt gebe ich ihn hin und nicht für die ganze Welt; denn dann erst verlöre ich die ganze Welt, wenn ich diesen Glauben verlieren würde. Kraft dieses Glaubens sehe ich des Lebens Schönheit; und die Schönheit, die ich sehe, hat nicht das Wehmütige und Schwermütige, das unabtrennbar ist von aller Schönheit der Natur und der Kunst, unabtrennbar selbst von der ewigen Jugend der griechischen Götter. Die Schönheit, die ich sehe, ist froh und siegreich und stärker als die ganze Welt. Und diese Schönheit sehe ich überall, auch da, wo dein Auge nichts sieht. Tritt einmal zu mir ans Fenster. Da geht ein junges Mädchen vorbei; du erinnerst dich, daß wir ihr einmal auf der Straße begegneten. Du bemerktest natürlich sofort, daß sie nicht schön sei; aber nachdem du sie etwas genauer betrachtet hattest, erkanntest du sie und fuhrst fort: „Vor einigen Jahren war sie noch außerordentlich hübsch und machte auf den Bällen großes Glück, dann bekam sie eine Liebesgeschichte und natürlich eine unglückliche. Der Teufel weiß, wie es zuging; sie nahm sich die Sache so zu Herzen, daß ihre Schönheit vom Gram verzehrt wurde; mit einem Wort: sie war schön, jetzt ist sie nicht mehr schön, und damit ist die Geschichte aus.“ Sieh, das heißt auch das Leben nach seiner Schönheit betrachten. In meinen Augen hat sie indessen gar nichts verloren; mir erscheint sie heute schöner als je. Wie du die Schönheit des Lebens ansiehst, das scheint mir eine fatale Ähnlichkeit zu haben mit der Lebenslust der Anakreontiker, die mit ungeheurer Heiterkeit Lieder sangen wie dieses:

Wenn der Saft der roten Traube nicht wär',
Was sollte uns, Brüder, das Leben mehr!
Der Gequälte keucht und der Sklave stöhnt –
Leiden ... soweit sich das Ende dehnt –
Auf! Wendet den Blick und schließt euer Ohr:
Aus dem Becher duftet Vergessen empor!

Wir wollen nun einzelnen Lebensverhältnissen etwas nähertreten, insbesondere solchen, wo das Ästhetische und das Ethische einander berühren, um zu untersuchen, ob die ethische Betrachtung uns irgendeiner Schönheit beraubt, ob sie nicht vielmehr allem eine höhere Schönheit gibt. Ich denke mir also ein bestimmtes Individuum, einen ganz gewöhnlichen Menschen, aber doch einen Menschen in seiner besonderen Konkretion. Wir wollen alles ganz prosaisch nehmen. Dieser Mensch soll essen und trinken, soll wohnen und sich kleiden, soll mit einem Wort existieren können. Vielleicht wendet er sich an einen Ästhetiker, um von ihm zu erfahren, wie er sich im Leben einrichten soll. Der wird ihn auch nicht ohne Bescheid lassen. Er wird ihm etwa sagen: „Als einzelner Mensch braucht man 3000 Taler im Jahr, um bequem zu leben; hat man 4000, so braucht man sie auch; will man sich verheiraten, so muß man mindestens 6000 Taler haben. Geld ist und bleibt doch *nervus rerum gerendarum*; Geld ist die wahre *conditio sine qua non.* Es ist zwar ganz hübsch von ländlicher Genügsamkeit, von idyllischer Einfachheit zu lesen, und ich lese davon gerne in Gedichten; aber so zu leben, dessen wird man doch bald müde; und wer wirklich so lebt, genießt selbst dieses Leben nicht halb so gut wie der, der mit dem nötigen Geld sich die Möglichkeit verschafft, es behaglich in den Werken der Dichter zu genießen. Geld ist und bleibt nun einmal die absolute Bedingung des Lebens. Hat man kein Geld, so ist und bleibt man ausgeschlossen aus der Zahl der Patrizier, so ist und bleibt man eben *plebs.* Geld ist die Bedingung; nur weiß nicht jeder, der Geld hat, es auch zu brauchen. Wer das versteht, ist unter den Patriziern erst der wahre Optimat.“ Mit dieser Erklärung ist aber unserem Helden nicht gedient, denn er hat nichts. Erwidert er nun dem Ästhetiker: „Das ist ja recht schön; aber ich habe weder 3000 noch 6000 Reichstaler im Jahr, ich habe weder Kapital noch Rente, ich habe überhaupt nichts, kaum einen Hut“: wie wird ihm der Ästhetiker weiter raten? Der zuckt die Schulter und sagt: „Das ist freilich was andres; da bleibt schließlich nichts übrig, als daß man arbeitet.“ Wäre der Ästhetiker sehr gutmütig, so würde er dem armen Tropf vielleicht noch folgende Rede halten: „Ich möchte Sie nicht zur Verzweiflung bringen, also hören Sie noch einmal. Es gibt so ein paar letzte Hilfsmittel, die man nicht unversucht lassen darf, ehe man der Freude für ewig Lebewohl sagt und in die Tretmühle geht. Heiraten Sie ein reiches Mädchen, spielen Sie in der Lotterie, gehen Sie in die Kolonien und scharren Sie dort in ein paar Jahren ein ordentliches Geld zusammen, lassen Sie sich von einem alten Junggesellen adoptieren. Bis dahin scheiden sich unsere Wege. Aber verschaffen Sie sich Geld, und Sie werden in mir jederzeit einen Freund finden, der sogar vergessen kann, daß Sie einmal kein Geld hatten.“ Aber es ist doch die entsetzlichste Herzlosigkeit, das Leben so anzusehen, so mit kaltem Blut allen, die kein Geld haben, die Lebensfreude zu morden. Und das tut ja ein solcher Geldmensch: er spricht jedem, der kein Geld hat, die Möglichkeit ab, sich des Lebens zu freuen. Doch ziele ich damit nicht auf dich, als ob du reden könntest wie jener Ästhetiker; damit würde ich dir schweres Unrecht tun. Dein Herz ist zu gut, um eine solch niedrige Gesinnung in sich zu bergen; und wenn dir je solche Gedanken kämen, so würde dich die Sympathie hindern, sie auszusprechen. Eine Sympathie freilich, deren der Arme hoffentlich nicht bedarf; aber das Geringste, was man von einem Menschen verlangen kann, der glaubt vom Glück begünstigt zu sein, ist doch, daß er auf sein Glück nicht stolz sei, nicht seine Lust daran habe, es zur Kränkung andrer protzig zur Schau zu stellen. Ein Mensch sei stolz: nun gut, er sei es, wenn er auch besser nicht stolz wäre; nur sei er nicht stolz auf Geld, denn nichts entwürdigt den Menschen tiefer als das. Du bist gewohnt Geld zu haben und weißt das in jeder Hinsicht wohl zu schätzen. Du hütest dich also (anders als jener Ästhetiker), durch die Art dein Geld zu haben und zu werten, den Ärmeren zu verletzen; du hilfst diesem gerne, wo du kannst; wenn du vom Elend der Armut sprichst, geschieht das nicht ohne Sympathie. Dein Spott richtet sich nicht gegen die Menschen, die zufällig kein Geld haben, sondern gegen die ganze Einrichtung des Daseins, daß nun einmal nicht alle Geld haben. „Prometheus und Epimetheus“, sagst du, „waren ohne Zweifel sehr klug; unbegreiflich bleibt aber doch, daß sie den Menschen, die sie sonst so herrlich ausstatteten, nicht auch Geld mitgegeben haben.“ Wärest du an ihrer Stelle gewesen und hättest du gewußt, was du weißt, du hättest den Göttern zugerufen: „Ihr meint es ja recht gut, ihr Guten, aber (verzeiht mir, daß ich aufrichtig rede) ihr kennet die Welt nicht. Zum Glück fehlt dem Menschen immer noch eins: Geld. Was hilft es ihm, daß er zur Herrschaft über die Welt bestimmt ist, wenn ihn die Sorge um die Nahrung in, Sklavenbande schlägt? Welchen Sinn hat es, ein vernünftiges Geschöpf in die Welt zu setzen, damit es sich mit der Arbeit um das tägliche Brot abschinde? Heißt das einen Menschen als Menschen behandeln?“ Kommst du auf diesen Punkt, so kannst du gar nicht fertig werden. „Die meisten Menschen“, sagst du, „leben, um sich ihr Auskommen zu verdienen; haben sie ihr Auskommen, so leben sie, um ein besseres Auskommen zu erwerben; haben sie das, so sterben sie. Mit wahrer Rührung las ich jüngst in den Familiennachrichten des Tageblatts, wie eine Frau Verwandten und Bekannten den Tod ihres Mannes mitteilte. Statt lange über den Verlust des besten Gatten und zärtlichsten Vaters zu lamentieren, sagte sie einfach: dieser Todesfall sei deshalb so schwer zu beklagen, weil ihr Mann kurz zuvor zu einem reichlichen Auskommen gelangt sei. Darin liegt mehr, als die trauernde Witwe und der gewöhnliche Leser des Tageblatts ahnt. Diese Betrachtung ließe sich zu einem Beweis für die Unsterblichkeit des Menschen ausspinnen. Nämlich so: es ist jedes Menschen Bestimmung, zu einem reichlichen Auskommen zu gelangen; stirbt er vorher, so hat er seine Bestimmung nicht erreicht und muß sie also (das sagt jedem sein innerstes Ahnen) in einer andern Welt erreichen; hat er dagegen ein reichliches Auskommen, also seine Bestimmung erreicht, so kann seine Bestimmung doch nicht sein, von seinem reichlichen Auskommen wegzusterben, muß vielmehr sein, daß er es auch reichlich genieße: *ergo* ist der Mensch unsterblich. Diesen Beweis könnte man den populären Beweis nennen oder den Beweis aus dem Ein- und Auskommen. Werden die anderen Beweise durch diesen Beweis ergänzt, so muß jeder vernünftige Zweifel an der Unsterblichkeit für erledigt gelten. Dieser Beweis läßt sich auch ganz ausgezeichnet mit den andern Beweisen verbinden, ja er zeigt sich erst dann in seiner vollen Glorie, weil er ihnen erst den wirklich beweisenden Abschluß gibt. Diese anderen Beweise gehen nämlich von dem Gedanken aus, daß der Mensch ein vernünftiges Wesen sei; das wird aber dem Zweifler erst durch den Beweis aus dem Ein- und Auskommen bewiesen. Nämlich so: Wem Gott sein Auskommen gibt, dem gibt er Verstand; wem Gott sein gutes Auskommen gibt, dem gibt er guten Verstand. Das hat jene trauernde Witwe geahnt; sie hat die tiefe Tragik im Leben gefühlt.“ Das ist ja freilich alles nur mutwilliger Spott, was du zu dieser Sache zu sagen weißt. Es fällt dir auch gar nicht ein, daß dein Räsonnement irgendjemand von Nutzen sein sollte. Aber dir fällt vermutlich auch nicht ein, daß du mit solchen Expektorationen Schaden stiften kannst. Und doch, wenn ein Mensch schon zuvor mit einem geheimen Groll sich um sein Leben abmühte, so könnte er durch deinen sympathetischen Spott, durch die Leidenschaft, womit du seinen geheimen Gedanken einen pikanten Ausdruck gibst, noch ungeduldiger, noch verbitterter werden. Du dürftest dich also schon besser in acht nehmen.

Um zu unserem Helden zurückzukehren: der Ästhetiker kann ihm keinen ersprießlichen Bescheid geben. Wir wollen nun hören, was ihm ein Ethiker antworten würde. Er würde damit beginnen, daß es jedes Menschen Pflicht ist, für sein Leben zu arbeiten. Du würdest ihn natürlich sofort unterbrechen: „Da haben wir die alte Leier: Pflicht, Pflicht und wieder Pflicht! Es gibt nichts Unausstehlicheres als diese Zwangsjacke der Pflicht, die alles frische Leben erstickt!“

Aber beliebe dich zu erinnern, daß unser Held kein Geld hat; daß jener herzlose Ästhetiker ihm nichts geben will; daß auch du nicht so viel übrig hast, um ihm seine Zukunft sichern zu können. Wenn er also nicht bloß darüber brüten will, was er tun würde, wenn er Geld hätte, so muß er schon auf einen Ausweg bedacht sein. Beachte ferner, daß der Ethiker ihn durchaus höflich, nicht als Ausnahme behandelt. Er sagt ja nicht zu ihm: „Herrgott, Sie sind nun einmal eine verunglückte Existenz, Sie müssen sich eben darein finden." Im Gegenteil, indem der Ethiker es für des Menschen Pflicht erklärt, für sein Leben zu arbeiten, macht er den Ästhetiker zur Ausnahme, der für sein Leben nicht zu arbeiten braucht. Wir sind aber darüber einig geworden, daß es nicht das Größere, sondern das Geringere ist, eine Ausnahme zu sein. Wer also das Leben ethisch betrachtet, sieht in der Wohlhabenheit eine Demütigung: jede Begünstigung ist ihm eine Demütigung. Dann kann er sich aber nicht an der Gunst des Schicksals versehen. Er wird sich darunter demütigen; und wenn er das getan hat, wird er sich wieder durch den Gedanken erheben, daß die Gunst des Schicksals ihm eine höhere Aufgabe stellt.

Wenn jener Ethiker, der unserem Helden Bescheid gab, selbst weiß, was das heißt, für das Leben zu arbeiten, so gibt das seinem Wort ein höheres Gewicht. Es wäre zu wünschen, daß die Menschen sich mit mehr Mut und Kraft zu ihrer Überzeugung von der ethischen Bedeutung der Arbeit bekennen würden. Jenes verächtliche Gerede, man könne ohne Geld kein lebenswertes Leben haben, kann sich nur deswegen so breitmachen, weil es daran fehlt. So wird auch die Ehe nicht durch die Verführer gefährdet, sondern durch die feigen Ehemänner. Jene verächtliche Vergötterung des Geldes schadet nichts; aber die schaden der guten Sache, die unter dem Zwang zur Arbeit das eine Mal ihr Arbeiten als ein Verdienst geltend machen, das andere Mal über ihr Los lamentieren, das Leben der Müßiggänger beneiden und es doch für das Schönste erklären, unabhängig zu sein. Wie kann der jüngere Mensch Achtung vor dem Leben bekommen, wenn er die älteren so reden hört! Du hast dir durch dein Experimentieren in dieser Hinsicht sehr geschadet, denn es hat dich mit einer Auffassung des Lebens bekannt gemacht, die weder gut noch erfreulich ist. Als gewandter Versucher verstehst du recht gut, aus dem Menschen das Zugeständnis herauszulocken, daß er am liebsten doch von aller Arbeit befreit wäre und so triumphierst du, und hast doch nur einen ganz falschen Eindruck vom Leben bekommen.

Ob sich eine Welt denken lasse, worin man nicht arbeiten müßte, um zu leben: das ist eigentlich eine müßige Frage, da sie sich nicht mit der gegebenen, sondern mit einer fingierten Wirklichkeit befaßt. Ich erwähne sie nur als einen Versuch, die ethische Auffassung des Lebens herabzusetzen. Wäre es nämlich eine Vollkommenheit am Dasein, daß man nicht für das Leben zu arbeiten brauchte, so hätte ja der das vollkommenste Leben, der nicht arbeiten müßte. Die Pflicht zu arbeiten könnte dann nur als eine traurige Notwendigkeit aufgefaßt werden. Die Pflicht wäre dann nicht das allgemein Menschliche, nur das Allgemeine; sie wäre nicht das Vollkommene. Wenn es sich so verhielte, so wäre es freilich eine Unvollkommenheit an der Existenz, daß der Mensch arbeiten müßte. Aber das Umgekehrte ist das Richtige. Je tiefer das Menschenleben steht, desto weniger Notwendigkeit zu arbeiten ist da; je höher es steht, desto mehr stellt sie sich ein. Die Pflicht, für das Leben zu arbeiten, drückt das allgemein Menschliche aus, auch in dem Sinne, daß sie eine Manifestation der Freiheit ist. Durch Arbeit macht sich der Mensch frei; durch Arbeit wird er Herr der Natur; durch Arbeit zeigt er, daß er mehr ist als Natur.

Oder sollte das Leben durch die Notwendigkeit, für das Leben zu arbeiten, an Schönheit verlieren? Ich stehe hier an dem alten Punkt: es fragt sich, was man unter Schönheit versteht. Es ist schön zu sehen, daß die Lilien auf dem Feld, die weder spinnen noch nähen, doch herrlicher gekleidet sind, als Salomon in all seiner Pracht; es ist schön, zu sehen, daß die Vögel unter dem Himmel ihre Nahrung finden, ohne darum zu sorgen; es ist schön, Adam und Eva in einem Paradies zu sehen, worin ihnen alles von selbst zufällt, was sie nur wünschen können: aber es ist noch schöner, zu sehen, wie ein Mann durch seine Arbeit seinen Bedarf erwirbt. Schön ist der Anblick einer Vorsehung, die alles sättigt und für alles sorgt; schöner ist der Anblick eines Manns, der gleichsam seine eigene Vorsehung ist. Das erhebt den Menschen über jedes andere Geschöpf, daß er für sich selbst sorgen kann. Mag andern der Überfluß schön erscheinen, den man nicht erworben hat: ich sehe mehr Schönheit in dem Kunststück, durch Arbeit wenig in viel zu verwandeln. Darin kommt die Vollkommenheit des Menschen zum Ausdruck, daß er arbeiten kann; sie kommt noch erhabener darin zum Ausdruck, daß er arbeiten soll.

Wenn unser Held dieser Betrachtung beistimmt, so wird er sich nicht so an den Bedingungen des Lebens versehen, daß er zu dem Wunsch versucht wäre, es möchte ihm im Schlaf ein Vermögen zufallen. Er fühlt dann das Schöne darin, für sein Leben zu arbeiten. Er erkennt darin seine Menschenwürde: es ist nicht das Große an der Pflanze, daß sie nicht spinnt, es ist ihre Unvollkommenheit, daß sie nicht spinnen kann. Er wird keine Lust haben, mit jenem wohlhabenden Ästhetiker Freundschaft zu schließen. Er wird sich auf das wirklich Große besinnen und sich von keinem Verehrer des Geldes imponieren lassen. Doch, wie gesagt, da hapert es manchmal. Ich habe Menschen kennengelernt, die mit Freude die Bedeutung der Arbeit fühlten, die mit ihrer Beschäftigung zufrieden, in ihrem bescheidenen Leben glücklich waren: aber sie hatten gleichsam nicht den Mut, das zu gestehen. Sprachen sie von ihrem Bedarf, so gaben sie sich den Anschein, mehr zu brauchen, als sie wirklich brauchten; sie wollten nicht fleißig scheinen, obgleich sie es wirklich waren: wie wenn der Aufwand das Maß der Größe wäre; wie wenn es größer wäre, ein Müßiggänger zu sein als ein fleißiger Mensch. Wie selten vermag einer mit Ruhe und heiterer Würde zu sagen: dies oder jenes tue ich nicht, weil mir meine Mittel nicht dazu reichen. Man ermangelt der inneren Freiheit; man fürchtet den Spott. Auf die Weise wird aber alle wahre Tugend vernichtet oder in ein Phantom verwandelt: warum sollte genügsam sein, wer es nicht sein muß? Und wer es sein muß, macht ja nur aus der Not eine Tugend! Als könnte man nicht genügsam sein ohne die Möglichkeit der Verschwendung: als ob der Mangel nicht ebensosehr zur Ungenügsamkeit verführte.

So würde unser Held sich vermutlich entschließen zu arbeiten, aber von Nahrungssorgen möchte er doch wohl frei bleiben. Ich selbst habe nie Nahrungssorgen gekannt. Zwar muß ich arbeiten, um zu leben, aber ich habe doch immer mein reichliches Auskommen gehabt. Ich kann also nicht aus Erfahrung mitreden, doch habe ich mir ein offenes Auge bewahrt für das Schwere darin; aber auch ein offenes Auge für das Schöne darin. Nahrungssorgen bilden, veredeln; es gibt, glaube ich keine Sorge, die das im selben Grade vollbringen könnte. Ich habe Menschen gekannt, die ich keineswegs weichlich und feige nennen möchte; Menschen, die durchaus nicht der Meinung waren, daß den Menschen der Kampf erspart werden sollte, die selbst Kraft und Mut und Lust hatten, in Kämpfe einzutreten, wo andere versagten: und doch haben sie gewünscht, Gott möge sie nicht in Sorgen der Nahrung bringen, da nichts das Höhere im Menschen so leicht ersticken könne wie diese. Da sieht man (was ich auch in meinem eigenen Leben schon sehen konnte), daß es doch nichts so Hinterlistiges gibt, wie das menschliche Herz. Man will sich in den gefährlichsten Kampf hinauswagen und möchte nur mit Nahrungssorgen nichts zu tun haben; und doch soll es etwas Größeres sein, jene andern Kämpfe zu bestehen, als den Kampf mit den Sorgen der Nahrung. Das ist nun bequem genug. Man wählt einen leichteren Kampf, der doch in den Augen der Menge gefährlicher aussieht; und siegt man, so ist man ja ein Held, und ein ganz anderer Held, als wenn man nur in jenem elenden, des Menschen unwürdigen Kampf gesiegt hätte. Dabei glaubt man noch groß und wahr zu denken. Nun freilich, hat man neben dem Kampf mit den Nahrungssorgen noch den Kampf mit der Sophistik des eigenen Herzens, so ist es kein Wunder, daß man von jenem frei bleiben möchte. So ehrlich sollte man mindestens gegen sich selbst sein, daß man sich den wahren Grund der Abneigung gegen diesen Kampf zugestände; daß er weit schwerer ist als jede andere Anfechtung; aber dann ist ja auch der Sieg in diesem Kampf weit schöner. Wer diesen Kampf selbst noch nicht zu bestehen hatte, schuldet jedem, der darin steht, die Ehrenerklärung, daß er den gefährlicheren Kampf hat. Sieht ein Mensch den Kampf mit den Nahrungssorgen so an, daß er in noch strengerem Sinne als jeder andere Kampf ein Kampf um die Ehre ist, so ist er schon etwas weiter gekommen. Es gilt hier, wie überall, daß man richtig orientiert ist, seine Zeit nicht mit Wünschen vergeudet, sondern die Aufgabe scharf erfaßt. Ist diese anscheinend gering und unbedeutend, kleinlich und niederdrückend: nun, so weiß man, daß der Kampf nur um so schwerer und der Sieg um so schöner ist. Es gibt Leute, die ein Orden ehrt und Leute, die dem Orden Ehre machen. Das möge der auf sich anwenden, der sich bei aller Kraft und Lust zu großen

Kämpfen mit dem kleinlichsten aller Kämpfe begnügen lassen muß, mit dem Kampf ums tägliche Brot. Was diesem Kampf einen so hohen Bildungswert gibt, ist das, daß ihm ein so geringer, ja eigentlich gar kein Siegespreis winkt: da kämpft man ja nur um die Möglichkeit, den Kampf fortzusetzen. Je größer und je äußerlicher die Belohnung für den Kämpfer ist, desto sicherer darf er sich auf all die zweideutigen Leidenschaften verlassen, die in dem Menschen hausen: Ehrgeiz, Eitelkeit, Stolz: das sind Motive von ungeheurer Kraft, die den Menschen weit treiben können. Wer mit Nahrungssorgen kämpft, merkt bald, daß diese Leidenschaften ihn im Stiche lassen: wie sollte ihm denn dieser Kampf das Interesse und die Bewunderung anderer verschaffen? Wie soll ihn der Lohn reizen, daß er mit aller Mühe sich gerade nun das Nötige erwirbt, sich weiter abmühen zu können? Stehen ihm also keine anderen Kräfte zur Verfügung, so ist er verloren. Sieh, darum bilden und veredeln die Nahrungssorgen den Menschen, weil sie ihm keine Möglichkeit lassen, sich über sich selbst zu täuschen. Sieht er nichts Höheres in diesem Kampf, so ist es auch wirklich eine elende kümmerliche Sache, sich darum abkämpfen zu müssen, daß man sein Brot im Schweiße seines Angesichts essen darf. Aber darum zwingt auch dieser Kampf den Menschen, etwas anderes darin zu sehen. Wer sich in ihm nicht wegwerfen will, muß in ihm den Kampf um die Ehre sehen, der um so größere Ehre bringt, je geringer die Belohnung ist. So kämpft man wohl um sein Auskommen und kämpft doch eigentlich um sich selbst; und wir andern, die wir in diesem Kampf nicht erprobt wurden, uns aber doch ein Gefühl für wahre Größe bewahrt haben, wir sehen dem Kämpfer zu, wenn er es erlaubt, und verehren ihn als einen Ehrenbürger der menschlichen Gesellschaft. Weil er einen doppelten Kampf hat, kann er zugleich in dem einen siegen und in dem andern verlieren. Denke ich mir das fast Undenkbare, daß er mit aller Mühe sich sein Auskommen nicht erwerben kann, so hat er ja verloren, und doch kann er zugleich den schönsten Sieg gewonnen haben, der überhaupt zu gewinnen ist. Darauf richte er seinen Blick, nicht auf die Belohnung, die ihm entging; die wäre doch zu gering. Wer eine Belohnung vor Augen hat, vergißt darüber den zweiten Kampf und ist in jedem Fall übel daran: gewinnt er die Belohnung nicht, so hat er alles verloren; gewinnt er sie, so fragt sich's immer noch, wie er sie gewonnen hat.

Und welcher Kampf wäre bildender als der Kampf mit Nahrungssorgen? Wie viel Kindlichkeit gehört nicht dazu, um über diese irdische Mühe und Beschwerde, die dem unsterblichen Geist das Leben macht, bisweilen doch fast lächeln zu können; wie viel Demut, um mit dem bißchen zufrieden zu sein, das mit Anstrengung erworben wird; wie viel Glaube, um das Walten der Vorsehung auch in diesen Dingen zu sehen! Das ist leicht genug zu sagen, daß Gott in dem Kleinsten am größten sei; aber ihn im Kleinen zu sehen, dazu gehört der stärkste Glaube. Wie viel Liebe gehört dazu mit den Glücklichen froh zu sein, um auch die aufzumuntern, die unter ebenso kümmerlichen Verhältnissen leben! Wie klar muß man sich da in seinem Innersten über sich selbst sein, ob man auch alles tut, was man kann; wie viel Ausdauer und Achtsamkeit bedarf man nicht, um diesem hinterlistigsten aller Feinde gewachsen zu sein! Ihn wird man nicht los mit ein paar kecken Bewegungen; ihn scheucht man nicht fort mit lärmendem Spektakel. Mit welcher Geschmeidigkeit muß man im Kampf gegen ihn Nachgiebigkeit und Standhaftigkeit verbinden! Wie oft müssen da die Waffen gewechselt werden! Bald muß man arbeiten, bald abwarten, bald trotzen, bald beten. Und das alles muß mit Lust und Freude und Leichtigkeit geschehen, sonst hat der Feind gesiegt. Und unter dem allem geht die Zeit hin, ohne daß man die Wünsche seiner Jugend erfüllt, seine schönen Pläne verwirklicht sehen würde. Andere, ja, die haben Glück, die sammeln die Menge um sich, die freuen sich an deren jubelndem Beifall. Und daneben steht jener einsam auf des Lebens Szene, ohne Publikum, das Zeit hätte auch auf ihn zu sehen. Denn freilich: die Vorstellungen, die er gibt, sind nicht ein kurzes Gaukelwerk; seine Kunst ist von der feineren Art und erfordert mehr als ein flüchtiges Zuschauen, mehr auch als ein gebildetes Publikum. Aber dessen Beifall ist es auch nicht, wonach sein Sinn steht. „Als ich zwanzig Jahre alt war", sagt er vielleicht, „da träumte ich auch von Kampf, dachte mich auf der Arena, sah auf zum Balkon, zu dem Kreis der Mädchen, die sich für mich ängsteten, erfreute mich ihres Beifalls und vergaß darüber die Beschwerde des Kampfes. Nun bin ich älter geworden; mein Kampf ist von anderer Art als ich dachte, aber meine Seele ist nicht minder stolz. Ich verlange jetzt einen andern Richter, einen Kenner; ich verlange ein Auge, das ins Verborgene sieht, das den wirklichen Kampf und die wirkliche Gefahr sieht, das nicht müde wird, ihm zu folgen; ich verlange ein Ohr, das auf die Arbeit der Gedanken hört, das aus ihr heraushört, wie mein innerer Mensch unter der Tortur der Anfechtung wächst. Zu diesem Kampfrichter schaue ich empor; nach seinem Beifall trachte ich, ob ich ihn auch nicht verdienen kann. Und wenn mir dann der Kelch der Leiden gereicht wird, so hefte ich meinen Blick nicht auf den Kelch, sondern auf den, der ihn mir reicht; so lasse ich mich nicht durch die Sorge ablenken, ob er wohl auch bald geleert sei, sondern sehe unerschütterlich auf den, von dem ich ihn empfange. Froh will ich den Kelch in die Hand nehmen; nicht, wie bei einem festlichen Gelage, leere ich ihn auf eines andern Wohl, indem ich mich selbst an des Trunkes Lieblichkeit erfreue. Nein, ich will seine Bitterkeit schmecken, und indem ich sie schmecke, rufe ich mir selbst zu ‚auf mein Wohl', denn ich bin innerlich überzeugt davon, daß ich durch diesen Trank eine ewige Gesundheit gewinne."

So, glaube ich, wird der Kampf mit den Nahrungssorgen aufgefaßt, wenn man ihn ethisch betrachtet. Ich könnte nun mit Fug und Recht von dir verlangen, daß du mir sagest, an welchem Punkt deiner Ästhetik du diese Sache behandelst; aber ich verzichte darauf und überlasse es auch dir zu eigener Erwägung, ob das Leben in diesem Streit seine Schönheit verliert (vorausgesetzt, daß man sie nicht selbst aufgibt), oder ob es nicht darin eine höhere Schönheit gewinnt. Daß es eine solche Sorge gibt, kann nur der Wahnwitz leugnen; sie zu vergessen, weil man selbst nicht von ihr betroffen wird, ist Gedankenlosigkeit und ist Schlimmeres als das, nämlich Herzlosigkeit und Feigheit, wenn man Anspruch darauf erhebt, eine Lebensanschauung zu haben.

Gewiß sehen viele Menschen die Sorge um die Nahrung nicht in diesem Licht; aber das ist kein Einwand gegen die Richtigkeit der Auffassung. Und ich meine, es sei nur ein guter und frommer Wunsch, wenn man ihnen Geist genug wünscht, sich nicht an ihrer Ärmlichkeit zu versehen, Frohsinn genug in ihrer Unscheinbarkeit, die wahre Größe zu entdecken. Die ethische Betrachtung, daß es jedes Menschen Pflicht ist, für sein Leben zu arbeiten, hat also zwei Vorzüge vor der ästhetischen. Fürs erste ist sie Übereinstimmung mit der Wirklichkeit und erklärt einen allgemeinen wesentlichen Zug derselben, während die ästhetische Betrachtung an dem Zufälligen haftet und nichts erklärt. Fürs andere faßt sie den Menschen nach seiner Vollkommenheit auf und sieht ihn deshalb auch nach seiner wahren Schönheit. Damit glaube ich dieser Sache hinlänglich gerecht geworden zu sein. Doch will ich dir noch ein paar empirische Bemerkungen dreingeben, nicht als ob sie zu der Bewahrheitung der vorgetragenen Anschauung notwendig wären, sondern nur, weil du doch einen Gewinn davon haben könntest.

Ein alter Mann meiner Bekanntschaft pflegte öfters zu sagen, es sei gut für den Menschen, daß er lerne, für sein Leben zu arbeiten; und zwar müsse das beizeiten beginnen. Natürlich war er nicht der Meinung, daß schon ein junger Mensch in Nahrungssorgen verwickelt werden sollte. Aber das soll er lernen, daß er sich sein Leben erarbeite. Die so hoch gepriesene Unabhängigkeit ist oft eine Schlinge: da kann man jede Lust befriedigen, jeder Neigung folgen, sich in jeder Laune gehen lassen, bis man sich in seinem eigenen Netze fängt. Wer arbeiten muß, bleibt vor diesem gefährlichen Glück bewahrt; und verwahrt bleibt er auch vor einer verbitterten Verachtung der Welt, durch die man den Menschen unrecht tut und sich selbst unglücklich macht. Denn nur wer selbst überschätzt, was das Geld gewähren kann, wird die Menschen so unterschätzen, daß er glaubt, jeder habe seinen Preis, für den er zu kaufen sei. Wenn Jugurtha über Rom ausruft: „Diese Stadt ist feil, sobald sich ein Käufer findet", so bezeugt er damit nicht nur Roms, sondern auch die eigene Verdorbenheit.

Da klagen denn die Leute oft darüber, daß sie genötigt seien zu arbeiten, daß sie, deren Seele zu hohem Flug befähigt wäre, sich mit der gemeinen Sorge abquälen müssen. Das macht mich, ich kann es nicht leugnen, oft ungeduldig, oft so ungeduldig, daß ich wünschen möchte, es ginge ein Harun Al Raschid inkognito unter uns umher und verordnete jedem, der zur Unzeit klagte, Bastonaden. Du freilich brauchst nicht zu klagen, da du es nicht nötig hast, für dein Auskommen zu arbeiten; ich möchte dir auch nicht raten, dein Vermögen wegzuwerfen, um dich in diese Notwendigkeit zu versetzen: alles Experimentieren ist eine bloße Torheit und führt zu nichts. Indessen bist du m. E. in anderem Sinne darauf angewiesen, dir die Bedingungen des Lebens erst zu erwerben.

Um leben zu können, mußt du Herr werden über deine angeborene Schwermut. Insofern kann ich auch auf dich das Wort jenes alten Mannes anwenden: du bist beizeiten in die Schule gebracht worden, worin du lernen mußtest, um dein Leben zu arbeiten. Diese deine Schwermut ist dein Unglück gewesen; aber glaube mir, es kommt die Zeit, da du sie als dein Glück preisen wirst. Erwirb dir also die Möglichkeit zu leben. Du wirst mich nicht, wie andere, mit Klagen ungeduldig machen: Klagen wären, wie ich dich kenne, deine allerletzte Zuflucht; du verstehst auch ausgezeichnet, deine Leiden in dich hineinzuwürgen. Du mußt dich vielmehr hüten, nicht in das entgegengesetzte Extrem zu verfallen, daß du in wahnsinnigem Trotz deine Kraft verbrauchen würdest, um den Schmerz zu verbergen, statt sie zu dessen Überwindung zu verwenden...

Unser Held ist also willig zu arbeiten; und sein Beweggrund ist nicht, daß er eben muß, vielmehr sieht er darin die Schönheit und Vollkommenheit des Lebens. (Daß das für ihn eine Unmöglichkeit sein sollte, weil er sich eben doch in die Notwendigkeit zu arbeiten finden muß, das ist eines der teils albernen, teils boshaften Mißverständnisse, die den Wert des Menschen vom Zufälligen abhängig machen.) Weil er aber arbeiten will, kann seine Arbeit nicht zum sklavischen Frondienst werden. Er sucht also einen edleren Namen für seine Arbeit, einen Namen, der ihr Verhältnis zu seinem und anderer Leben bestimmt, der sie zugleich als seine Freude und seine Würde charakterisiert. Es ist eine Notwendigkeit für ihn und muß also wohl erwogen werden. Jener kluge Mann mit den 3000 Talern gibt sich mit solchen Bagatellen nicht ab; unser Held aber ist ein ganz gewöhnlicher Mensch. Er ist beizeiten in die Schule genommen worden, aber doch hat es ihm auch das ästhetische Leben etwas angetan, und er neigt als ganz gewöhnlicher Mensch zur Undankbarkeit. Obgleich ihm also der Ethiker aus seiner früheren Verlegenheit geholfen hat, tut er ihm doch nicht die Ehre an, sich jetzt zuerst an ihn zu wenden. Vielleicht rechnet er in der Stille darauf, daß er ihm schließlich aus der Klemme helfe; denn so gering denkt unser Held nicht, daß er dem Ethiker sein Verdienst um ihn bestreiten würde, weil er ihm kein Geld gegeben hat. Er wendet sich also an einen etwas humaneren Ästhetiker. Der weiß ihm nun auch etwas von der Bedeutung der Arbeit zu sagen: Ohne Arbeit wird das Leben schließlich langweilig. „Aber", fährt er fort, „die Arbeit darf doch nicht zur Arbeit im strengen Sinne werden; man sollte nur immer zu seinem Vergnügen arbeiten. Man entdeckt bei sich selbst dieses oder jenes aristokratische Talent, durch das man sich von dem Haufen unterscheidet. Das bildet man aus; doch nicht nur dilettantisch (so würde diese Arbeit bald langweilig), sondern mit dem höchsten ästhetischen Ernst. So bekommt das Leben eine neue Bedeutung: man hat ja seine Arbeit, die doch nicht sowohl Arbeit ist als vielmehr Vergnügen. Unabhängig, wie man ist, hegt und pflegt man sein Talent, daß seine Entwicklung durch keine Unbilden des Lebens verkürzt werde. Man betrachtet es aber nicht als eine Planke, auf der man sich aus dem Schiffbruch des Lebens rettet, vielmehr als eine Schwinge, die einen hoch über das Leben erheben kann: man spannt den Pegasus nicht ins Joch." Aber unser Held hat ein solches aristokratisches Talent nicht; er ist eben ein ganz gewöhnlicher Mensch. Da weiß ihm unser Ästhetiker keinen andern Ausweg, als daß er sich eben in das triviale Schicksal der Masse finden muß, Arbeitsbiene zu sein. „Verlieren Sie darum den Mut nicht; auch das hat seine Bedeutung und ist etwas sehr Ehrenwertes und Achtungswürdiges. Werden Sie also ein tüchtiger und strebsamer Mann, ein nützliches Mitglied der Gesellschaft. Ich freue mich schon, Sie in Ihrer Tätigkeit zu sehen; je mannigfaltiger das Leben ist, desto interessanter ist es für den Betrachter. Darum hasse ich, wie alle Ästhetiker, die Uniform: wie unendlich langweilig wäre es, wenn unser aller Kleidung denselben Schnitt hätte! So spiele auch jeder einzelne seine besondere Rolle im Leben; es wird dadurch nur um so schöner für mich und meinesgleichen, die daraus eine Profession machen, das Leben zu betrachten." Unser Held wird (hoffentlich!) über diese schöne Rede etwas ungeduldig, er entrüstet sich über die Unverschämtheit, die sich in dieser Klassifikation der Menschen kundgibt. Zudem setzt auch dieser Ästhetiker eine unabhängige Existenz voraus, und unabhängig ist er nun eben nicht.

Vielleicht kann er sich noch nicht entschließen, sich an den Ethiker zu wenden; er probiert es noch einmal mit einem anderen Ratgeber. Der sagt ihm: „Man muß arbeiten, um zu leben, so ist das Leben nun einmal eingerichtet." Das ist auch seine Meinung, und so glaubt er, jetzt den Richtigen gefunden zu haben. Er will also auf dessen Rede achten. Der aber fährt fort: „Man muß arbeiten, um zu leben, das ist die Schattenseite des Lebens. Man schläft jeden Tag seine sieben Stunden: das ist verlorene Zeit, aber es muß so sein; man arbeitet jeden Tag seine fünf Stunden: das ist auch verlorene Zeit, aber es muß so sein. Mit fünf Stunden Arbeit hat man sein Auskommen, und hat man das, so beginnt man zu leben. Die Arbeit wähle man so langweilig und unbedeutend als möglich; man will ja bloß sein Auskommen dadurch haben. Hat man ein spezielles Talent, so macht man es nicht zu seiner Erwerbsquelle; das wäre eine Sünde. Nein, sein Talent hat man für sich, pflegt man für sich; daran hat man eine größere Freude als eine Mutter an ihrem Kind. Zwölf Stunden des Tags verwendet man auf sein Talent, sieben schläft man, fünf ist man ein Unmensch. So ist das Leben ganz erträglich, ja sogar schön. Mit den fünf Stunden Arbeit ist es ja keine so gefährliche Sache: man hat seine Gedanken doch nicht bei der Arbeit und sammelt also unterdessen Kräfte für die Beschäftigung mit dem Talent, an der man sein Vergnügen hat."

Da ist unser Held nun so weit wie zuvor; er hat ja kein spezielles Talent, mit dem er zwölf Stunden des Tags ausfüllen könnte; und er hat ja auch schon eine höhere Auffassung der Arbeit, die er doch nicht wieder aufgeben will. So entschließt er sich endlich, sich wieder bei dem Ethiker Rat zu holen. Der gibt ihm den kurzen Bescheid: „Es ist jedes Menschen Pflicht, einen Beruf zu haben." Mehr kann er nicht sagen. Das Ethische ist als solches immer abstrakt; es gibt aber keinen Beruf *in abstracto* für alle Menschen; vielmehr hat jeder Mensch, gerade nach ethischer Auffassung, seinen besonderen Beruf. Welchen Beruf unser Held wählen soll, kann ihm der Ethiker nicht sagen. Dazu müßte er das Ästhetische in seiner ganzen Persönlichkeit genau kennen; und wenn diese Voraussetzung zuträfe, dürfte er doch nicht für einen anderen wählen, da er dadurch seine eigene Lebensanschauung verleugnen würde. Also kann der Ethiker unserem Helden nicht mehr sagen, als daß es für jeden Menschen einen Beruf gäbe, und daß er seinen Beruf, wenn er ihn gefunden habe, ethisch wählen solle. Was nämlich der Ästhetiker von den aristokratischen Talenten sagte, das ist nur ein Mißverständnis des ethischen Berufs; ein Mißverständnis, das in gefährlichen Zweifel stürzen kann. Der Ästhetiker sieht das Leben immer unter dem Gesichtspunkt der Differenz: einige Menschen haben Talent, andere nicht. Aber dieser anscheinend kontradiktorische Gegensatz reduziert sich bei genauerem Zusehen auf eine quantitative Verschiedenheit: schließlich hat immer nur der eine mehr Talent, der andere weniger. Es ist nun die reine Willkür, in diesem Mehr und Weniger einen Punkt festlegen zu wollen, an dem das Talent überhaupt beginne und aufhöre; und doch liegt der Nerv dieser Lebensbetrachtung gerade in dieser Willkür. So bringt der Ästhetiker einen Zwiespalt ins Dasein, den er nicht heben, den er nur in herzlosem Leichtsinn ignorieren kann. Der Ethiker dagegen versöhnt den Menschen mit dem Leben, indem er erklärt: jeder Mensch hat einen Beruf. Er vernichtet die Differenzen nicht, aber er sieht in allen Differenzen das Allgemeine, daß sie einen Beruf begründen. Das eminenteste Talent ist ein Beruf; sein Besitzer darf die Wirklichkeit nicht aus dem Gesicht verlieren, sich nicht außerhalb des allgemein Menschlichen stellen, denn sein Talent ist ein Beruf. Das unbedeutendste Individuum hat einen Beruf; es darf also nicht ausgestoßen, nicht bloß als menschliches Tier behandelt werden: es steht nicht außerhalb des allgemein Menschlichen, denn es hat einen Beruf. Die Ethik behauptet also, daß jeder Mensch einen Beruf hat. Darin liegt, daß es eine vernünftige Ordnung der Dinge gibt, worin jeder Mensch, wenn er will, seinen Platz derart ausfüllt, daß er zugleich das allgemein Menschliche und das Individuelle zum Ausdruck bringt. Wird das Dasein durch diese Betrachtung weniger schön? Gewiß nicht. Vielmehr erhält man dadurch an Stelle einer Aristokratie, deren Bedeutung willkürlich auf die zufällige Differenz des Talentes gegründet wird, ein Königreich von Göttern. Es ist keine Frage, bei welcher Auffassung das Leben einen schöneren, erfreulicheren Anblick darbietet. Sobald das Talent nicht mehr als Beruf aufgefaßt wird (und wird es als Beruf aufgefaßt, so hat jeder Mensch einen Beruf), so ist es absolut egoistisch.

Darum lebt jeder, der sein Leben auf ein Talent gründet, eigentlich vom Raub. Sein Talent ist eben sein Talent: mehr weiß er nicht. Dieses Talent will als etwas Besonderes, Auszeichnendes, im Gegensatz zu andern zur Geltung kommen. Jedes Talent hat darum die Neigung, sich zum Mittelpunkt der Existenz zu machen, alle Lebensbedingungen für sich auszunützen; nur in dieser wilden Selbstsucht kann das Talent ästhetisch genossen werden. Trifft ein Talent mit dem andern zusammen, so gibt das einen Kampf auf Leben und Tod; denn sie haben nichts Konzentrisches, keine höhere Einheit, worin sie sich verbinden könnten.

Unser Held hat nun gefunden, was er suchte, eine Arbeit, die ihn ernährt. Zugleich hat diese Arbeit eine tiefere Bedeutung für seine Persönlichkeit bekommen: sie ist sein Beruf, dessen Erfüllung seiner ganzen Persönlichkeit die Befriedigung gewährt. Endlich hat er durch seine Arbeit ein bedeutenderes Verhältnis zu anderen Menschen gewonnen: da seine Arbeit sein Beruf ist, steht er durch sie wesentlich auf der gleichen Stufe mit allen anderen Menschen, tut dasselbe, was jeder andere auch tut: er erfüllt eben seinen Beruf. Daß ihm das zugestanden wird, genügt ihm, denn das ist das Absolute. „Ist mein Beruf gering", sagt er, „so kann ich doch meinem Beruf treu sein, bin also im wesentlichen ebenso groß wie der Größte, doch bin ich nicht so töricht, auch nur einen Augenblick die Differenz zwischen mir und andern zu vergessen. Damit wäre mir selbst am wenigsten gedient. Vergäße ich sie, so gäbe es nur einen abstrakten Beruf für alle, der eben kein Beruf wäre; und dann hätte ich ebensoviel verloren wie der Größte. Ist mein Beruf gering, so kann ich ihm doch untreu sein und begehe damit eine ebenso große Sünde, wie der Größte. Ich werde aber nicht so töricht sein, darum die Differenz zwischen mir und andern zu vergessen, als ob meine Untreue für das Ganze dieselben verderblichen Folgen hätte, wie die Untreue des Großen. Damit wäre mir nicht gedient, ja ich selbst verlöre dadurch am meisten."

Die ethische Betrachtung, daß jeder Mensch einen Beruf hat, hat also zwei Vorzüge vor der ästhetischen Theorie vom Talent. Sie erklärt nicht etwas Zufälliges in der Existenz, sondern das Allgemeine in seiner wahren Schönheit. Erst dann ist nämlich das Talent schön, wenn es als Beruf erkannt wird; und erst dann ist die Existenz schön, wenn jeder Mensch einen Beruf hat. Da dies sich so verhält, verzichtest du hoffentlich auf einzelne empirische Beobachtungen, die dem Hauptgedanken doch nichts Wesentliches hinzufügen könnten. Wenn der Mensch einen Beruf hat, so erfreut er sich auch einer äußeren Normierung seines Lebens, die ihm eine Anleitung gibt zur Einrichtung seiner Arbeit, ohne ihn doch zum Sklaven zu machen. Da braucht er nicht lange zu überlegen, wie er seine Zeit einteilen soll, da weiß er immer, wenn er anzufangen hat. Mißglückt ihm sein Geschäft das eine Mal, so hofft er, es das nächste Mal besser zu machen, und dieses nächste Mal kommt ja bald wieder. Wer keinen Beruf hat, muß zumeist ganz anders *uno tenore* arbeiten, wenn er sich selbst eine Aufgabe setzen will. Es gibt für ihn keine Pause in der Arbeit, ohne daß er sich selbst unterbricht. Kommt er aus dem Zusammenhang, so ist für ihn zumeist alles verloren; da ihm der äußere Anlaß fehlt, kommt er nicht leicht dazu, die Arbeit wieder aufzunehmen. Er muß fast ein Pedant werden, wenn er nicht ein Müßiggänger werden will. Man verschreit gerne die Menschen als Pedanten, die eine bestimmte, regelmäßige Beschäftigung haben. Die Wahrheit ist, daß ein solcher Mensch überhaupt nicht Pedant werden kann. Nur wer keine bestimmte

Beschäftigung hat, muß in der Pedanterie ein Gegengewicht suchen gegen die allzu große Freiheit, in der er sich leicht verläuft. Das ist ja nun ganz gut von ihm, und so kann man ihm seine Pedanterie wohl verzeihen. Aber sie darf doch auch als eine Strafe für ihn betrachtet werden: er hat versucht, sich von dem Allgemeinen zu emanzipieren.

Indem unser Held seine Arbeit als seinen Beruf auffaßt, bringt er sie auch in das richtige Verhältnis zur Arbeit anderer Menschen. Er sei auch in seinem Beruf anerkannt; er habe seine Kondition gelöst. Wenn er nun seinen Beruf erfüllt, so findet er darin seine Befriedigung. Er hat aber zugleich das Bedürfnis, durch seine Arbeit für andere etwas zu sein; mit andern Worten: etwas auszurichten. Da kann er nun wieder irregehen. Der Ästhetiker wird ihm sagen, die Ausübung des Talents sei das Höchste, ob man damit etwas ausrichte, sei gänzlich Nebensache, oder erklärt er ihm vornehm: etwas auszurichten in der Welt sei nur einigen Auserwählten, einigen ganz hervorragenden Talenten bestimmt; die Masse der Menschen sei *numerus*, überflüssiges Füllsel in der Welt, Verschwendung. Andrerseits glaubt eine praktische Borniertheit alles auszurichten, wenn sie nur in ihrem blinden Eifer drauf losgeht. Mit allen diesen Erklärungen ist unserem Helden nicht gedient; er gehört nun einmal nicht zu den Auserwählten; er ist sogar ein zu gewöhnlicher Mensch, um sich für das Wirken fanatisch ereifern zu können.

Wir wollen also wieder zu dem Ethiker unsere Zuflucht nehmen. Er erklärt: was jeder Mensch ausrichtet und ausrichten kann, ist das, daß er sein Werk im Leben tut. Wenn es sich nämlich so verhielte, daß nur einige Menschen etwas ausrichten könnten, andere nicht, und daß der Grund hierfür in ihrer zufälligen Anlage und ihrem zufälligen Schicksal läge, so verlöre das Leben wieder allen Sinn. Man muß daran festhalten, daß wesentlich jeder Mensch gleichviel ausrichtet. Ich rede keineswegs der Indolenz das Wort; aber man muß doch mit dem „Ausrichten“ vorsichtig umgehen. Dir war es immer eine willkommene Zielscheibe des Spotts; du hast ja, wie du einmal sagtest, nur aus dem Grunde Differential- und Integralrechnung und die *analysis infinitorum* studiert, um ausrechnen zu können, wieviel ein Kopist in der Admiralität, der für einen besonders flinken Arbeiter galt, für das Ganze ausrichte. Brauche nur deinen Spott gegen alle Wichtigtuerei mit dem Ausrichten, aber benütze ihn nicht, die Menschen in Verwirrung zu bringen.

Das Wort „ausrichten“ bezeichnet ein Verhältnis zwischen meiner Handlung und einem Anderen, das außerhalb meiner selbst liegt. Dieses Verhältnis steht offenbar nicht in meiner Macht; darum kann man von dem eminentesten Talent mit demselben Recht wie von dem geringsten Menschen sagen, daß es nichts ausrichtet. Darin spricht sich kein Mißtrauen gegen das Leben aus, vielmehr anerkenne ich damit nur meine eigene Grenze und gebe damit nur jedem anderen sein Recht. Das eminenteste Talent kann sein Werk vollbringen; das kann aber auch der geringste Mensch. Mehr kann keiner von beiden von sich aus. Ob sie etwas ausrichten, steht nicht in ihrer Macht; wohl aber, daß sie sich daran verhindern. Damit entsage ich aller Wichtigtuerei, die sich im Leben oft so breit macht; ich tue, was mir zu tun obliegt, und vergeude meine Zeit nicht mit der Berechnung, ob ich damit auch etwas ausrichte. Was ich ausrichte, folgt meiner Tätigkeit nach als mein Glück, dessen ich mich wohl freuen, das ich mir aber durchaus nicht zurechnen darf. So wächst eine Buche auf und bildet eine Krone, und die Menschen freuen sich, in ihrem Schatten zu sitzen. Wollte sie in Ungeduld klagen, daß an die Stätte, wo sie steht, kaum je ein lebendes Wesen komme, so daß sie für nichts wachse und ihre Zweige ausbreite, da sie ja nichts damit ausrichte: so würde sie nur ihr Wachstum hemmen; und dann käme doch vielleicht einmal ein Wanderer, der gerne in ihrem Schatten weilen würde, wenn sie nur einen zu werfen vermöchte. Denke dir, der Baum könnte hören, wie er sich über ihn beklagt! Jeder Mensch kann also etwas ausrichten: er kann tun, was ihm zu tun obliegt. Das kann das Allerverschiedenste sein. Darüber dürfen wir aber nicht übersehen, daß jeder Mensch etwas hat, was gerade ihm zu tun obliegt, und daß alle darin wieder gleich sind, daß jeder sein Werk vollbringt. Was ich dadurch ausrichte (das Wort nach dem gewöhnlichen Sprachgebrauch genommen), wie ich dadurch auf das andere einwirke, das außer mir ist, das steht nicht in meiner Macht. Auch wer im Leben nur das zu tun hätte, daß er sich selbst entwickelte, richtet, wenn man auf das Wesentliche sieht, ebensoviel aus wie jeder andere. Behält dann aber nicht jener Ästhetiker recht, der meinte, man solle gar nicht darauf reflektieren, was man ausrichte und seine Befriedigung nur in der Entfaltung des Talents suchen? Das könnte man wohl gelten lassen, wenn er nur nicht das Talent selbstisch auffaßte. Da er sich zu den Auserwählten rechnet, will er gerade nicht ausrichten, was jeder ausrichtet, will er sein Talent nicht als seine Aufgabe betrachten. Wer aber keine Aufgabe im Leben finden könnte als daß er sich selbst entwickelte, der gehörte doch nach dem gewöhnlichen Urteil der Menschen zu den Mindestbegabten. Von einem jungen Mädchen z. B. wird man kaum erwarten, daß sie etwas ausrichte. Hat sie noch Unglück in der Liebe, so ist sie der letzten Aussicht beraubt, für andere etwas zu sein. Aber wenn sie das als ihre Aufgabe erkennt und vollbringt, daß sie sich selbst entwickelt, so richtet sie, wesentlich betrachtet, ebensoviel aus wie der Größte.

Etwas ausrichten fällt also mit dem zusammen, daß man sein Werk tut. Denke dir einen Menschen, er sei Pfarrer oder Politiker, von einer Idee tief innerlich bewegt. Da fällt es ihm nicht ein, ob er etwas ausrichten soll oder nicht; aber die Idee, die ihn umtreibt, will durch ihn ausgesprochen sein. So spricht er zur Menge: nicht um etwas auszurichten, nur um sich zu expektorieren; nur so fühlt er sich glücklich. Glaubst du aber, daß er weniger ausrichte als jener andere, der sich mit der Vorstellung von dem, was er ausrichten wolle, wichtig macht, der nur durch den Gedanken an den Erfolg begeistert wird? Wenn ein Schriftsteller nur die Wahrheit erkennen und aussprechen will, wenn er darüber ganz vergißt, ob er wohl auch ein Publikum findet und also etwas ausrichten wird: meinst du, er richte weniger aus als der andere, der zum Schreiben und im Schreiben nur durch den Gedanken bestimmt wird, wie er etwas ausrichten könne?

Ich kehre zu unserem Helden zurück. Er hat nun doch ein ungewöhnliches Talent, obgleich weder du noch ich, noch er selbst, noch jener kluge Ästhetiker es bemerkt hat. So kann ja das Geistige in einem Menschen längere Zeit latent sein, bis sein stilles Wachstum einen gewissen Punkt erreicht hat, dann bricht es plötzlich mit voller Kraft hervor. Da sagt nun der Ästhetiker: „Ja, nun ist es zu spät, nun ist es schon verpfuscht, schade für ihn!“ Der Ethiker dagegen wird wohl sagen: „Das ist ja recht gut gegangen; da er nun das Wahre eingesehen hat, wird ihm das Talent nicht zum Fallstrick werden; er weiß ja, daß man weder unabhängig sein noch fünf Stunden als Sklave arbeiten muß, um seinem Talent zu leben, daß sein Talent vielmehr sein Beruf ist, dem er leben soll.“

Unser Held arbeitet also, um zu leben; diese Arbeit ist zugleich sein Vergnügen; er erfüllt seinen Beruf, er richtet aus, was er soll, er hat davon sein Auskommen. Wie soll es nun weiter mit ihm gehen? Ich glaube, dir schwant nichts Gutes. Wir sind schon so tief in die Prosa hineingekommen, daß dir alle Hoffnung auf eine poetische Entwicklung meines Helden entschwunden ist. Und so sagst du in deinem Unmut: „Nun läßt du ihn gewiß noch glücklich in den Hafen der Ehe einlaufen. Meinetwegen! Bestelle nur das Aufgebot; ich werde keinen Einspruch erheben. Es ist unglaublich, wie konsequent die objektive Vernunft ist, die im Dasein steckt. Erst die Stellung, die den Mann ernährt, dann die Frau dazu. Selbst jener Dichter läutet es uns mit seinem Glockenspiel unmißverständlich in die Ohren, daß, wenn man einmal sein täglich Brot hat, man auch eine Frau haben muß, mit der man es verzehrt. Nur gegen eins protestiere ich: daß du deinen Klienten einen Helden nennst. Ich habe nun lange an mich gehalten, habe noch immer Hoffnung für ihn gehabt und also den Stab nicht über ihn brechen wollen. Aber das geht nun zu weit, jetzt kann ich wirklich nicht mehr mittun. Er sei (alle Achtung!) ein tüchtiger Arbeiter, der was verdient, und werde nun auch ein braver Ehemann: aber ein Held, das will er hoffentlich selbst nicht sein.“ Du meinst also: zum Helden gehöre, daß er etwas Ungewöhnliches leiste. In dem Fall hättest du wirklich glänzende Aussichten. Gesetzt nun aber, es gehöre Mut dazu, gerade das Gewöhnliche zu tun, das Allgemeine (und der Mut ist es doch, der den Helden macht): dann sieht die Sache für dich bedenklich aus und für meinen Helden nicht eben schlecht. Sehen wir uns also den „Helden“ etwas genauer an. Bei einem Helden muß man nicht sowohl darauf reflektieren, was er tut, als darauf, wie er es tut. Der eine kann Reiche und Länder erobern, ohne ein Held zu sein; der andere beherrscht seinen eigenen Sinn und ist ein Held. Der eine zeigt Mut, indem er das Ungewöhnliche tut, der andere, indem er das Gewöhnliche tut. Die Frage ist immer, wie er das eine oder das andere tut. Unser Held hat eine gewisse Neigung gezeigt, das Ungewöhnliche zu tun; ja ich stehe jetzt noch nicht für ihn ein, daß er von dieser Neigung ganz frei sei. Du begründest darauf vermutlich die Hoffnung, daß er noch ein wirklicher

Held werde; mir erregt das die Angst, er endige doch noch als Narr. Ich habe also nicht weniger Nachsicht gegen ihn gezeigt als du. Ich habe immer für ihn gehofft und habe ihn einen „Helden" genannt, obgleich er mehrfach sich dieses Titels unwürdig zu machen drohte. Bringe ich ihn nun dahin, daß er sich verheiratet, so lasse ich ihn mit guter Zuversicht aus meiner Hand in die seiner Gattin übergehen. Die Schwierigkeiten, die er dem Ethiker machte, lassen es erwünscht erscheinen, daß er unter eine spezielle Aufsicht komme. Diese wird seine Gattin übernehmen, und dann ist keine Gefahr mehr. So oft er sich versucht fühlt, ein ungewöhnlicher Mensch zu sein, wird sie ihm sofort den Kopf zurechtsetzen, und so wird er sich in aller Stille den Namen eines Helden verdienen. Das Leben wird ihm schon Gelegenheit geben, sich als richtigen Helden zu zeigen. Ich habe dann nichts weiter mit ihm zu tun, außer wenn er sich zu mir hingezogen fühlen sollte, wie ich mich zu ihm hingezogen fühlen werde, wenn er seinen Heldengang fortsetzt. Dann wird er in mir einen Freund haben, und unser Verhältnis wird nicht ohne Bedeutung sein. Du wirst dich dann freilich von ihm zurückziehen; aber darein wird er sich um so leichter finden, als es ihm Mißtrauen gegen sich selbst erregen müßte, wenn er dich noch ferner interessierte. Dazu wünsche ich ihm Glück, und dasselbe Glück wünsche ich jedem Ehemanne.

Doch sind wir noch lange nicht so weit. Du kannst also noch eine Weile hoffen, wie ich noch eine Weile fürchten muß. Unser Held ist nämlich ein ganz gewöhnlicher Mensch, er hat als solcher eine gewisse Neigung zum Ungewöhnlichen; außerdem ist er etwas undankbar und wird deshalb wieder sein Glück bei den Ästhetikern probieren, ehe er seine Zuflucht zu dem Ethiker nimmt. Natürlich weiß er seine Undankbarkeit auch zu beschönigen. „Der Ethiker", sagt er, „hat mir wirklich aus meiner Verwirrung geholfen: die Auffassung des Wirkens, die ich ihm schulde, befriedigt mich durchaus; ihr Ernst erhebt mich. In Sachen der Liebe dagegen wünschte ich doch, meine Freiheit zu genießen und ganz meines Herzens Trieb zu folgen; die Liebe liebt diesen schweren Ernst nicht, sie verlangt die Leichtigkeit und Anmut des Ästhetischen."

Du siehst, ich kann schon noch meine liebe Not mit ihm bekommen. Fast scheint es, als habe er das Vorausgehende nicht ganz verstanden. Er meint immer noch, das Ethische und das Ästhetische fallen auseinander, und doch mußte er ja selbst zugestehen, daß das Leben durch die ethische Betrachtung erst Schönheit gewonnen hat. Nun, wir werden ja sehen. An Widerspruch, der uns weiter helfen soll, wirst du es ja nicht fehlen lassen.

Du hast mir nie, weder mündlich noch schriftlich, auf einen Brief geantwortet, den ich dir früher geschrieben habe; aber du wirst dich seines Inhalts wohl noch erinnern. Ich suchte nachzuweisen, daß die Ehe, eben durch ihren ethischen Charakter, der richtige ästhetische Ausdruck für die Liebe sei. Wenn ich das dir einigermaßen begreiflich machen konnte, so hoffe ich, (entschuldige!) unseren Helden mit viel geringerer Mühe davon überzeugen zu können, wenn es nötig sein sollte. Er hat sich nämlich an die Ästhetiker gewendet und hat sie wieder verlassen; gelernt hat er freilich von ihnen nicht, wie er's machen, eher wie er's nicht machen soll. Er war eine Zeitlang Zeuge der Verschlagenheit eines Verführers, hat seinen gleißenden Reden gelauscht und seine Kunst verachten gelernt. Denn er hat in ihm den Lügner erkannt, der Liebe nur heuchelt, indem er Gefühle aufschminkt, die einmal wahr gewesen sein mögen, als sie einer anderen gehörten; der daher immer doppelt und dreifach betrügt: die, der seine Gefühle rechtmäßig zugehören; die, der er sie jetzt nur vorschwindelt; und sich selbst, indem er sich einbildet, in seiner Lust sei etwas Schönes. Unser Held hat auch den superklugen Spott verachten gelernt, der aus der Liebe einen Kinderstreich machen will, über den man nur lächeln kann. Er hat ein Lieblingsstück gesehen: die erste Liebe. Er traut sich nicht zu, das Lustspiel ästhetisch zu würdigen, aber er findet es ungerecht von dem Dichter, daß er Charles in den acht Jahren so tief sinken läßt. Solches komme wohl vor in dem Leben, meint er, aber dazu sei der Dichter nicht da, daß er einen das lehre. Auch stimmt das nach seiner Meinung nicht recht zusammen, daß Emmeline ein verschrobener Backfisch sein soll und zugleich ein wirklich liebenswürdiges Mädchen, als das sie doch von Rinville, obgleich er gegen sie eingenommen ist, sofort erkannt wird. Und Charles soll dagegen in den acht Jahren ein ganz verkommener Mensch werden! Er meint, das Stück hätte eher eine Tragödie als ein Lustspiel werden sollen. Er findet es ungerechtfertigt von dem Dichter, daß Emmeline sich so leichtsinnig in ihr Mißverständnis findet, so leichtsinnig Rinville vergibt, daß er sie betrogen hat, so leichtsinnig Charles vergißt; daß sie also leichtsinnig mit ihren eigenen Gefühlen spielt, leichtsinnig ihre Zukunft auf ihren eigenen, auf Rinvilles, auf Charles' Leichtsinn baut. Wohl erscheint ihm die ursprüngliche Emmeline sentimental und überspannt; aber die gewitzigte Emmeline steht doch in seinen Augen weit tiefer. Er findet es unverantwortlich von dem Dichter, so die Liebe als einen Narrenstreich darzustellen, über den man in einer halben Stunde wegkommt, nachdem man sich acht Jahre lang in ihn eingelebt hat, und dann hinterläßt das ganze Erlebnis auch nicht den geringsten Eindruck. Er bemerkt mit Genugtuung, daß es nicht eben die achtungswertesten Menschen waren, die über ein solches Stück lachen konnten. Einen Augenblick macht auch ihm der Spott das Blut erstarren; dann aber quillt das Gefühl in seiner Brust wieder mächtig empor und er überzeugt sich von neuem, daß es die Pulsader der Seele ist: wer sie abschneidet, ist tot und der Verwesung verfallen, ehe er ins Grab kommt. Eine kurze Zeit hat auch er sich von jenem Mißtrauen ins Leben betäuben lassen, für das alles eitel ist, nichts der Zeit widerstehen kann, nichts die Solidität hat, daß man einen Plan für das ganze Leben darauf gründen könnte. Die Schlaffheit und Feigheit in ihm fand diese Weisheit ganz annehmbar: sie ist so bequem und man macht auch in den Augen der Menschen keine schlechte Figur damit. Als er sie aber schärfer ins Auge faßte, da sah er die Heuchelei darin, die Genußsucht im Gewande der Demut, den Wolf in Schafskleidern, und so hat er sie verachten gelernt. Er hat eingesehen, daß es immer beleidigend und also unschön ist, einen Menschen nach dem Dunklen in seinem Wesen zu lieben, statt nach dem Bewußten in ihm; ihn so zu lieben, daß man gleich die Möglichkeit einer Erkältung in Rechnung nimmt, da ja das Gefühl nicht in der Macht des Menschen stehe. Er hat eingesehen, daß es beleidigend und also unschön ist, nur mit einer Seite der Seele, nicht mit der ganzen Seele lieben zu wollen; die eigene Liebe nur als Moment aufzufassen und doch des andern ganze Liebe hinzunehmen; bis zu einem gewissen Grade ein Rätsel, ein Geheimnis sein zu wollen. Er hat eingesehen, daß es unschön wäre, wenn man mit hundert Armen zugleich viele umarmen könnte. Er kennt nur eine Umarmung, wünscht nur eine umarmen zu können. Er hat eingesehen, daß es beleidigend ist, sich an einen Menschen knüpfen zu wollen, wie an ein endliches zufälliges Ding, nur bedingungsweise, so daß man ihn wieder fahren lassen kann, wenn sich Schwierigkeiten zeigen. Er glaubt nicht, daß die, die er liebt, sich anders verändern könne als zum Bessern; und sollte das doch geschehen, so glaubt er an die Macht des Verhältnisses, alles wieder gutzumachen. Die Forderung der Liebe ist für ihn eine heilige Steuer, die in einer besonderen Münzsorte bezahlt werden muß, so daß aller Reichtum der Welt zu ihrer Befriedigung nicht genügt, wenn das Gepräge falsch ist.

Du siehst, unser Held ist auf guten Wegen. Er hat den Glauben an die verhärtete Verständigkeit des Ästhetikers verloren und ebenso dessen Aberglauben an die dunklen Gefühle, die zu zart seien, um in Pflicht übersetzt werden zu können. Er hat sich von dem Ethiker belehren lassen, daß es jedes Menschen Pflicht ist sich zu verheiraten; er hat es auch richtig dahin verstanden, daß nicht die Ehelosigkeit Sünde wäre (außer sofern einer die Ehe frei ablehnte: da versündigt er sich gegen das allgemein Menschliche, das auch ihm als Aufgabe gestellt ist), daß man aber durch die Ehe das Allgemeine realisiert. Weiter kann ihn der Ethiker nicht bringen, denn das Ethische ist, wie gesagt, immer abstrakt und kann ihm nur das Allgemeine sagen. Es kann ihm also nicht sagen, mit wem er sich verheiraten soll. Dazu würde eine genaue Kenntnis des Ästhetischen in ihm gehören, die der Ethiker nicht hat; und wenn er sie hätte, würde er sich wohl hüten, im Widerspruch mit seiner eigenen Theorie für ihn zu wählen. Hat jener aber gewählt, so wird das Ethische die Wahl sanktionieren und seiner Liebe die höhere Weihe geben. Immerhin kann er ihm bis zu einem gewissen Grade auch schon bei der Wahl behilflich sein, indem er ihn von dem Aberglauben an das Zufällige befreit (die ästhetische Wahl ist eigentlich eine unendliche, also zufällige Wahl). Unbewußt hilft das Ethische jedem Menschen; da dies aber unbewußt geschieht, bekommt die Hilfe des Ethischen den Anschein einer Verringerung, als ob man durch die ethische Betrachtung nur der Jämmerlichkeit des Lebens Rechnung trüge, während sie doch das Leben erhöht und dessen Göttlichkeit zur Geltung bringt.

„Einen Menschen mit so ausgezeichneten Grundsätzen kann man wohl allein gehen lassen; von ihm ist nichts Großes mehr zu erwarten." So sagst du, und ich gebe dir recht; seine Grundsätze sind, wie ich hoffe, so fest, daß sie auch von deinem Spott nicht mehr erschüttert werden. Doch hat er noch eine gefährliche Klippe zu umschiffen, ehe er in den Hafen kommt. Unser Held hat nämlich von einem Mann, auf dessen Urteil er etwas hält, gehört, da man sich durch die Ehe für sein ganzes Leben an einen Menschen knüpfe, so könne man in der Wahl nicht vorsichtig genug sein; man müsse ein ungewöhnliches Mädchen wählen, das eben durch seine ungewöhnlichen Vorzüge einem eine Garantie für die Zukunft gäbe. Das hat Eindruck auf ihn gemacht, und so kannst du für unseren Helden wieder Hoffnung fassen, und ich muß noch einmal für ihn fürchten.

Wir wollen die Sache gründlich nehmen. Du glaubst ja, daß in des Waldes einsamer Stille eine Nymphe wohne, ein Wesen, ein Mädchen. Nun wohl, diese Nymphe, dieses Mädchen, dieses Wesen verlasse seine Einsamkeit und komme plötzlich in Kopenhagen zum Vorschein wie Kaspar Hauser in Nürnberg. Glaube mir: wie werden die Bewerber ihr zuströmen! Doch das magst du näher ausführen. Du kannst ja einen Roman schreiben unter dem Titel *Die Nymphe, das Wesen, das Mädchen in des Waldes Einsamkeit*, nach dem Muster des in allen Leihbibliotheken berühmten Romans *Die Urne im einsamen Tal.* Sie sei also da, und unser Held ist der Glückliche, dem sie ihre Liebe schenkt. Sollen wir sie ihm lassen? Ich habe nichts einzuwenden, ich bin ja verheiratet. Du dagegen könntest dich wohl gekränkt fühlen, daß ein solcher Alltagsmensch dir vorgezogen wurde. Aber du interessierst dich doch für meinen Klienten, und er ist nun auf den einzigen Weg gekommen, der ihn auch in deinen Augen noch zum Helden machen könnte: verweigere also auch du deine Zustimmung nicht. Aber nun wollen wir sehen, ob seine Liebe, seine Ehe auch schön wird. Die Pointe ist ja, daß sie ein ganz einziges Mädchen in der Welt ist. Weil sie etwas so Ausgezeichnetes ist, gibt es ein Glück, das dem seinigen gliche, nicht wieder, und das ist eben sein Glück. Er ist imstand, sich überhaupt nicht mit ihr verheiraten zu wollen: wäre das nicht eine Entwürdigung, dieser einzigartigen Liebe einen so allgemeinen und vulgären Ausdruck zu geben, wie die Ehe es ist? Wäre es nicht ein unverschämtes Verlangen, daß ein so einzigartiges Liebespaar in die große Gesellschaft der Eheleute eintreten würde? So daß also von ihnen in gewissem Sinne fortan nichts mehr zu sagen wäre, als von jedem Ehepaar, daß sie eben verheiratet seien? Du würdest seinen hochsinnigen Verzicht auf die Ehe mit seiner ganz einzigen Geliebten wohl durchaus in der Ordnung finden, und hättest nur etwa zu beanstanden, daß dieses ungewöhnliche Mädchen an einen so gewöhnlichen Menschen gerate, wie mein Held es ist; wäre er dagegen ein so ungewöhnlicher Mensch wie du, oder ein ebenso ungewöhnlicher Mann, wie sie ein ungewöhnliches Mädchen ist, so wäre für dich alles in Ordnung und ihr Liebesverhältnis das vollendetste, das sich denken läßt.

Unser Held ist in eine kritische Lage geraten, über das Mädchen ist nur ein Urteil: daß sie ein ungewöhnliches Mädchen ist. Ich selbst, der Ehemann, sage von ihr, was Donna Klara von der schönen Preciosa sagt: daß das Gerücht nicht übertreibt, das sie für ein Wunderkind erklärt. Es ist so verführerisch, das

Allgemeine aus dem Gesicht zu verlieren und sich dem Zauber des Märchens hinzugeben. Und doch, mein Held hat ja das Schöne in der Ehe eingesehen. Was hat er nun auf einmal gegen die Ehe? Bringt sie ihn um etwas? Raubt sie der Geliebten irgendeine Schönheit, die sie hat? Hebt sie irgendeine Differenz zwischen ihr und andern Frauen auf? Nichts von alledem. Aber sie läßt ihn die Differenz als das Zufällige erkennen, in dessen sicheren Besitz er nur gelangen kann, wenn er es kraft des Allgemeinen sich zueignet. Für die Ethik ist das Verhältnis das Absolute. Das Verhältnis ist nämlich das Allgemeine. Das Verhältnis beraubt ihn des eitlen Glücks, das Ungewöhnliche zu sein; dafür gibt es ihm das wahre Glück, das Allgemeine zu sein. Es bringt ihn in Harmonie mit dem ganzen Dasein; es lehrt ihn, sich dieser Harmonie zu freuen. Als Ausnahme ist er in Konflikt mit dem Dasein; ist eben das sein Glück, daß er außerhalb des Allgemeinen steht, so müßte er sich seiner Existenz bewußt werden als einer Qual für das Allgemeine – und das ist doch in Wahrheit ein Unglück, so glücklich zu sein, daß man durch sein Glück der wesentlichen Gleichheit mit allen andern verlustig geht. Als Ausnahme erkauft er also die zufällige Schönheit um den Preis der wahren Schönheit. Das wird er einsehen; und so wird er sich wieder an den Satz des Ethikers halten, daß es jedes Menschen Pflicht ist, in die Ehe zu treten; und er wird erkennen, daß er damit nicht bloß die Wahrheit, sondern die Schönheit auf seiner Seite hat. Er möge also jenes Wunderkind gewinnen, so wird er sich doch nicht an der Differenz versehen. Er wird sich recht innerlich über ihre Schönheit freuen und über ihre Anmut, über den Reichtum ihres Geistes und die Wärme ihres Gefühls; er wird sich glücklich preisen, daß er gerade sie gewonnen hat: aber er wird zugestehen, daß er vor einem andern Ehemann nichts Wesentliches voraus hat, „denn das Verhältnis ist das Absolute". Bekäme er nur ein weniger begabtes Mädchen, so würde er sich doch seines Glücks freuen: „Ob sie gleich weit unter anderen steht", sagt er, „macht sie mich doch wesentlich ebenso glücklich, denn das Verhältnis ist das Absolute." Doch wird er die Bedeutung der Differenz nicht verkennen. Wie er eingesehen hat, daß es keinen abstrakten Beruf gibt, so sieht er auch ein, daß es keine abstrakte Ehe gibt. Der Ethiker sagt ihm bloß, daß er sich verheiraten soll, kann ihm aber nicht sagen mit wem. Der Ethiker weist ihm das Allgemeine in der Differenz nach; er nimmt nun die Differenz in das Allgemeine auf.

Die ethische Betrachtung der Ehe hat also mehrere Vorzüge vor jeder ästhetischen Auffassung der Liebe. Sie erklärt das Allgemeine, nicht das Zufällige. Sie weist nicht nach, wie ein einzelnes Paar ungewöhnlicher Menschen durch ihre Ungewöhnlichkeit glücklich werden kann, sondern zeigt, wie jedes Ehepaar glücklich sein kann. Sie sieht das Verhältnis als das Absolute, sucht daher nicht in der Differenz eine Garantie des Verhältnisses, sondern erfaßt sie als Aufgabe. Sie sieht das Verhältnis als das Absolute, sieht daher die Liebe nach ihrer wahren Schönheit, nämlich nach ihrer Freiheit, und so begreift sie auch die historische Schönheit.

Unser Held lebt also von seiner Arbeit; seine Arbeit ist zugleich sein Beruf, er arbeitet daher mit Lust; sein Beruf bringt ihn in Verbindung mit anderen Menschen; indem er seinen Beruf ausübt, richtet er aus, was er in der Welt auszurichten wünschen kann. Er ist verheiratet, ist zufrieden in seinem Heim, so daß ihm die Zeit dahingeht, er weiß gar nicht wie. Darum begreift er nicht, wie die Zeit dem Menschen zur Last oder ein Feind seines Glücks werden könne; ihm ist sie im Gegenteil ein wahrer Segen. In dieser Hinsicht schuldet er seiner Gattin außerordentlich viel, wie er selbst gerne zugesteht. Freilich mit der Nymphe aus dem Wald, die ihn dadurch hätte beglücken sollen, daß sie so etwas ganz anderes war als andere Mädchen, damit war es (um das jetzt nachzuholen) nichts; er mußte sich mit einem gewöhnlichen Mädchen begnügen, wie er selbst nur ein gewöhnlicher Mensch ist. Indessen ist er doch sehr glücklich; ja, er vertraute mir einmal an, er halte es für ein rechtes Glück, daß er jenes Wunderkind nicht bekommen habe: die Aufgabe wäre für ihn vielleicht zu schwer gewesen; so was ganz Vollkommenes könne man ja fast nur verderben. Nun dagegen ist er ganz erfüllt von Mut, von Vertrauen und Hoffnung; mit Begeisterung erklärt er: „Das Verhältnis ist doch das Absolute; und so steht ihm fester als irgend etwas in der Welt, daß das Verhältnis auch sein ganz gewöhnliches Mädchen zu allem entwickeln wird, was es Großes und Schönes gibt; seine Gattin ist in aller Demut derselben Meinung. Ja, mein junger Freund, es geht wunderlich zu in der Welt. Ich glaubte ja niemals, daß es das Wunderkind gebe, von dem du fabeltest; und nun schäme ich mich beinahe meines Unglaubens: das Wunderkind, das ist eben jenes gewöhnliche Mädchen mit seinem großen Glauben, und ihr Glaube ist köstlicher als Gold und grüne Wälder. Denn das glaube ich freilich auch jetzt noch nicht, daß ein solches Wunderkind in der Einsamkeit des Waldes zu finden sei.

Mein Held (oder willst du ihm noch das Recht auf diesen Namen bestreiten? Scheint dir der Mut, der ein gewöhnliches Mädchen in ein Wunderkind zu verwandeln sich getraut, nicht ein wahrer Heldenmut zu sein?), mein Held dankt es seiner Gattin insbesondere, daß die Zeit für ihn eine so schöne Bedeutung bekommen hat; oder er dankt es der Ehe, denn ohne diese hätte er durch sie (darüber sind wir zwei Ehemänner einig) dieses Segens nicht teilhaftig werden können. Hätte er seine Nymphe vom Wald aus lauter Bewunderung für ihre Außerordentlichkeit nicht zu heiraten gewagt, so wäre wohl beider Liebe in einzelnen Augenblicken mächtig aufgeflammt, aber zwischen die Augenblicke des Enthusiasmus wären Zeiten der Ermattung getreten. Sie hätten sich dann vielleicht nur zu sehen gewünscht, wenn das Wiedersehen recht bedeutungsvoll werden konnte; und wäre das einigemal festgeschlagen, so hätte das ganze Liebesverhältnis sich vielleicht nach und nach in nichts aufgelöst. Das hätte er bei dem außergewöhnlichen Liebesverhältnis mit der Nymphe im Wald beständig fürchten müssen. Seine gewöhnliche Ehe dagegen, die es ihm und seiner Frau zur Pflicht machte, sich täglich zu sehen, ob sie sich nun reich oder arm fühlten, die hat die stetige Herzlichkeit über das ganze Verhältnis ausgebreitet, die es ihm so traulich macht. Die prosaische Ehe hat in ihrem geringen Inkognito einen Dichter verborgen, der nicht bloß das Leben bei einzelnen besonderen Gelegenheiten verklärte, sondern auch die ärmeren Zeiten zu beseelen vermochte.

Das ist auch meine Meinung von der Ehe. Es zeigt sich hier mit besonderer Deutlichkeit, welchen Vorzug sie nicht bloß vor dem Zölibat hat, sondern auch vor jedem bloß erotischen Verhältnis. Das letztere hat mein neuer Freund eben ins Licht gestellt; ich beschränke mich also darauf, das erstere noch mit ein paar Worten zu erläutern. Man sei so gescheit, so fleißig, so begeistert als man will: es kommen doch Augenblicke, wo einem die Zeit lang wird. Du spottest so oft über das andere Geschlecht: ein junges Mädchen ist in deinen Augen eigentlich ein recht unvollkommenes Ding. Eines aber könntest du trotz deiner Überlegenheit gewiß von ihr lernen: wie man die Zeit ausfüllt und die Langeweile fernhält; denn darin ist jedes Mädchen ein geborener Virtuos. Hat sie auch nicht den Begriff von anhaltender strenger Arbeit, den der Mann hat, so geht sie doch nie müßig, ist immer beschäftigt und leidet also nie an Langeweile. Davon kann ich aus Erfahrung reden. Bisweilen begegnet es mir (doch viel seltener als früher; denn ich halte es für eines Ehemanns Pflicht, mit seiner Gattin einigermaßen gleichen Alters zu bleiben), bisweilen begegnet es mir also, daß ich dasitze und in mich selbst versinke. Ich habe meine Arbeit besorgt und habe gerade keine Lust zur Zerstreuung; da gewinnt etwas Melancholisches in meinem Temperament die Oberhand, ich werde viele, viele Jahre älter als ich wirklich bin und fühle mich beinahe fremd in meinem eigenen Haus. Ich sehe dann wohl, daß es darin hübsch ist, aber ich sehe es mit andern Augen als sonst; es ist mir, als wäre ich ein alter Mann, meine Frau meine jüngere Schwester, in deren glücklichem Heim ich zu Gaste sei. In solchen Stunden fehlt nicht viel, daß die Zeit mir lang würde. Wäre nun meine Frau ein Mann, so würde es ihr vielleicht gehen wie mir, und unser beider Leben käme ins Stocken; nun aber ist sie ein Weib und in gutem Verständnis mit der Zeit. Ist das eine Vollkommenheit an dem Weib, dieser heimliche Rapport mit der Zeit, oder eine Unvollkommenheit? Gehört sie mehr der Zeit an als der Mann? Oder wurzelt sie tiefer in der Ewigkeit? Antworte du, du bist ja ein Philosoph. Wenn ich nun so dasitze, verlassen und verloren, und ich sehe auf meine Frau, wie sie mit jugendlicher Leichtigkeit durch die Stube geht, immer aufmerksam, immer beschäftigt, so folge ich unwillkürlich ihren Bewegungen und nehme teil an allem, was sie sich zu tun macht, und so finde ich mich wieder in die Zeit, die Zeit bekommt wieder Bedeutung für mich, es kommt wieder Bewegung in die Zeit. Was sie immer zu tun hat, ja das könnte ich wirklich nicht sagen und kostete es mich das Leben; das bleibt mir ein Rätsel. Ich weiß etwas von andauernder Arbeit bis tief in die Nacht hinein; ich weiß, man kann so müde sein, daß man kaum vom Stuhl mehr aufzustehen vermag; ich weiß etwas vom Denken und davon, daß man mit aller Mühe keinen Gedanken mehr zu fassen vermag; ich weiß auch, was es heißt, träge zu sein: aber wie meine

Frau es fertigbringt, immer beschäftigt zu sein, das ist mir ein Rätsel. Sie ist nie müde und doch nie untätig; ihre Beschäftigung ist wie ein Spiel, oder es ist, als ob ein Spiel sie beschäftigte. Womit sie nur die Zeit ausfüllt? Denn merke wohl, es sind natürlich nicht diese angelernten Fertigkeiten, diese eigentlich mehr possierlichen als ernsthaften Kunststücke, worin Junggesellen etwa sich auszeichnen: es ist ein Ernst in ihrem Spiel. Apropos, da ich auf die Junggesellen komme und es auch mit deiner Jugend zu Ende geht: es wäre wirklich an der Zeit, daß du daran dächtest, wie du deine müßigen Stunden einmal ausfüllen könntest; du solltest lernen, die Flöte zu traktieren, oder ein sinnreiches Instrument erfinden, die Pfeife auszukratzen, oder sonst etwas, was deinem Leben einmal einen Inhalt gibt. Doch mich verdrießt es schon, daran nur zu denken; ich wende mich lieber zu meiner Frau zurück, die ich immer wieder sehen kann, ohne daß es mir zuviel wird. Was sie immer schafft, ich verstehe es nicht; aber sie tut das alles mit einer Anmut und Grazie, mit einer unbeschreiblichen Leichtigkeit, frisch, ohne Zeremonien, wie der Vogel sein Lied singt; denn mit dessen „Arbeit" möchte ich ihre Beschäftigung am liebsten vergleichen. Und doch muten mich ihre Künste an, wie eine richtige Hexerei. Dadurch wird sie meine letzte Zuflucht. Ich sitze in meinem Arbeitszimmer, ich werde endlich müde, die Zeit wird mir lang: da schleiche ich mich in die Wohnstube, setze mich in einen Winkel und sehe ihr zu, sage aber nicht ein Wort, aus Furcht, sie in ihrem Tun zu stören. Denn es sieht zwar aus wie ein Spiel, vollzieht sich aber doch mit einem Anstand, mit einer Würde, die Respekt einflößt. Sie schnurrt nicht bloß so im Zimmer umher; und die Gemütlichkeit, die sie in der Wohnstube verbreitet, hat mit dem gemütlichen Summen einer Fliege an einem schläfrigen Sommernachmittag keine Ähnlichkeit. Du freilich kannst dir unter häuslicher Gemütlichkeit nichts Besseres denken.

Ja, mein kluger Freund, es ist etwas Unglaubliches um die geborene Virtuosität des Weibs, womit sie ein Problem löst, das den Philosophen den Kopf kosten könnte: das Problem der Zeit. Mancher Philosoph sagt dir mit der weitläufigsten Erörterung darüber nichts; sie löst es ohne Worte, tatsächlich, zu jeder Stunde des Tages auf die eleganteste Weise. Und so noch manches andere Problem, mit dem unsereiner nicht fertig wird. Das erweckt immer wieder meine tiefste Verwunderung. Obgleich ich noch nicht so lange verheiratet bin, getraute ich mir, darüber ein ganzes Buch zu schreiben. Das tue ich aber doch lieber nicht; dagegen will ich dir eine Geschichte erzählen, die auf mich einen tiefen Eindruck gemacht hat. Irgendwo in Holland lebte ein Gelehrter, er war Orientalist und war verheiratet. Eines Tags kommt er nicht zum Essen, obgleich ihm gerufen worden war. Seine Frau wartet und wartet; sie weiß, daß er zu Hause ist: warum kommt er doch nicht? Endlich entschließt sie sich, ihn zu holen. Da sitzt er mutterseelenallein in seinem Studierzimmer, vertieft in seine orientalischen Studien. Ich kann mir vorstellen, wie sie sich über ihn beugt, ihren Arm um seinen Hals legt, auf sein Buch sieht und ihn dann fragt: „Mein Lieber, warum kommst du denn nicht zum Essen?“ Der Gelehrte hat vielleicht kaum beachtet, was sie sagt, aber da sie auf Antwort wartet, erwidert er: „Liebes Kind, ich kann jetzt nicht ans Essen denken; hier ist eine Vokalisation, die ich noch nie gesehen habe. Die Stelle ist mir doch genau bekannt, an der Genauigkeit meiner Ausgabe kann ich nicht zweifeln: aber dieser Punkt da, sieh, über den könnte ich verrückt werden.“ Ich kann mir vorstellen, wie seine Frau ihn angesehen hat, halb lächelnd, halb vorwurfsvoll, daß so ein kleiner Punkt ihre häusliche Ordnung stören soll; und dann habe sie nach der Erzählung geantwortet: „Ach was, so eine Bagatelle, darauf blase ich.“ Gesagt, getan, und die Vokalisation verschwindet, denn der merkwürdige Punkt war ein Körnchen Schnupftabak. Froh eilte der Gelehrte zu Tisch, glücklich, daß die Vokalisation verschwunden war, noch glücklicher über seine Frau.

Und die Moral dieser Geschichte? Wäre jener Gelehrte nicht verheiratet gewesen, so wäre er vielleicht verrückt geworden; er hätte noch andere Orientalisten beigezogen, er hätte in gelehrten Zeitschriften einen großen Lärm geschlagen. Sieh, darum soll man in ein gutes Einverständnis mit dem anderen Geschlecht kommen. Denn, unter uns gesagt, ein junges Mädchen erklärt alles und pfeift auf das ganze Konsistorium; versteht man sich gut mit ihr, so freut man sich ihrer Erklärungen; wenn nicht, so treibt sie ihren Spaß mit dir. Aber diese Geschichte lehrt zugleich, auf welche Weise man in gutem Verständnis mit dem andern Geschlecht leben soll. Wäre jener Gelehrte ein Ästhetiker gewesen, der alles, was er wollte, sich verschaffen konnte, vielleicht wäre er dann auch der Glückliche geworden, dem jenes Wunderkind hätte zugehören wollen. Er hätte sich dann nicht verheiratet, dazu wäre ihr beider Gefühl zu vornehm gewesen. Er hätte ihr einen Palast gebaut und kein Raffinement gespart, um ihr Leben reich an Genuß zu machen; er hätte sie ihrem Wunsch gemäß immer nur in ihrem Schlosse besucht; er hätte mit erotischer Koketterie den Weg zu ihr zu Fuß zurückgelegt, während sein Kammerdiener mit reichen und köstlichen Gaben im Wagen gefolgt wäre. Da wäre er in seinen orientalischen Studien auch auf jene merkwürdige Vokalisation gestoßen. Er hätte darauf hingestiert, ohne sie erklären zu können. Unterdessen wäre der Augenblick gekommen, da er die Geliebte besuchen sollte. Da hätte er seine Sorge beiseite geworfen: es ziemt sich nicht, wenn man die Geliebte besucht, an anderes zu denken als an ihre Anmut und an seine eigene Liebe. Er hätte denn alle Liebenswürdigkeit aufgeboten, wäre einnehmender gewesen denn je, hätte ihr über alle Maßen gefallen: denn seine Stimme ließ von ferne eine leidenschaftliche Bewegung ahnen, weil er die Heiterkeit erst seinem Mißmut abzwingen mußte. Als er aber im Morgengrauen sie verließ, als er ihr den letzten Kuß zugeworfen hatte und nun in seinem Wagen saß, da umwölkte sich seine Stirn. Er kam heim. Da nahm er sich nicht die Zeit, sich's bequem zu machen; bei geschlossenen Fensterläden und noch brennenden Lichtern setzte er sich hin und stierte auf den Punkt, den er nicht erklären konnte. Er hatte wohl eine angebetete Geliebte, die er zu besuchen wagte, wenn seine Seele reich und stark war, nicht aber eine Hausfrau, die ihn zum Mittagessen holte, die ihm den Punkt wegblies, über dem er hätte verrückt werden können. Überhaupt hat das Weib ein angeborenes Talent, eine ursprüngliche Begabung, eine absolute Virtuosität, der Endlichkeit einen Sinn abzugewinnen. Als der Mann geschaffen war, da stand er da als der Herr und Fürst der ganzen Natur; Pracht und Glanz der Erde, der ganze Reichtum der Endlichkeit wartete bloß auf seinen Wink, aber er verstand nicht, was er aus dem Ganzen machen sollte. Er sah darüber hin; aber es war, als ob der Blick des Geistes alles zum Verschwinden brächte, als ob er, wenn er sich bewegte, mit einem Schritt alles hinter sich zurückließe. So stand er da, eine imposante Gestalt, gedankenvoll in sich selbst versunken; und doch wie komisch und zugleich wie tragisch: ist er nicht zum Lachen wie zum Weinen, dieser reiche Mann, der seinen Reichtum nicht zu brauchen weiß? Da wurde das Weib geschaffen; sie war nicht in Verlegenheit, sie wußte sofort, wie die Sache anzufangen sei; ohne Umstände, ohne Vorbereitung war sie sofort mittendrinnen. Das war der erste Trost, der dem Menschen geschenkt wurde. Sie näherte sich dem Mann, froh wie ein Kind, demütig wie ein Kind, wehmütig wie ein Kind. Sie wollte nur sein Trost sein, wollte nur seine Sehnsucht lindern, eine Sehnsucht, die sie nicht faßte, die sie auch nicht zu stillen vermeinte; sie wollte ihm bloß die Zeit vertreiben. Und sieh, ihr demütiger Trost wurde des Lebens reichste Freude, ihr unschuldiger Zeitvertreib wurde des Lebens schönste Schönheit, ihr kindliches Spiel wurde des Lebens tiefste Bedeutung. Das Weib faßt die Endlichkeit, versteht sie von Grund aus: darum ist sie lieblich, und das ist, wesentlich gesehen, jedes Weib; darum ist sie anmutig, und das ist kein Mann; darum ist sie glücklich, glücklich wie kein Mann es sein kann oder soll; darum ist sie in Harmonie mit dem Dasein, wie kein Mann es sein kann oder sein soll. Man kann darum sagen, daß ihr Leben glücklicher ist als das des Manns: die Endlichkeit kann den Menschen glücklich machen; die Unendlichkeit als solche tut das nie. Sie ist vollkommener als der Mann: wer etwas erklärt, ist doch wohl vollkommener, als wer die Erklärung erst sucht. Das Weib erklärt die Endlichkeit, der Mann strebt nach der Unendlichkeit. So soll es sein, und jedes hat auch seinen Schmerz: das Weib gebiert die Kinder mit Schmerz; der Mann empfängt die Ideen mit Schmerz. Das Weib aber soll des Zweifels Angst, der Verzweiflung Qual nicht kennen; sie soll nicht außerhalb der Ideen stehen, doch hat sie die Idee nur aus zweiter Hand. Weil aber das Weib die Endlichkeit erklärt, darum ist sie des Mannes tiefstes Leben, ein stilles verborgenes Leben, wie das Leben der Wurzel es allezeit ist. Sieh, darum hasse ich das abscheuliche Gerede von der Emanzipation des Weibs. Gott verhüte, daß daraus etwas werde. Ich kann dir nicht sagen, mit welchem Schmerz dieser Gedanke meine Seele erfüllt, aber auch nicht, welchen leidenschaftlichen Haß mir der erregt, der so was zu äußern wagt. Mein Trost ist, daß die Propheten solcher Weisheit nicht klug sind, wie die Schlangen, sondern zumeist leere Köpfe, deren Gefasel keinen Schaden anrichten kann. Ja, wenn die Schlange dem Weib das einbilden könnte, sie mit dieser anscheinend so lustigen Frucht verlocken könnte; wenn dieser Aussatz sich ausbreitete, wenn er gar auch sie ansteckte, die ich liebe, meine Hausfrau, meine Freude, meine Zuflucht, die Wurzel meines Lebens: ja, dann wäre mein Mut geknickt, dann würde die Leidenschaft der Freiheit in meiner Seele erschlaffen. Was könnte ich dann noch tun? Ich würde mich auf den Markt hinsetzen und weinen, weinen wie jener Künstler, dessen Werk zerstört worden war und der sich nicht einmal mehr erinnern konnte, was es vorstellte. Aber das geschieht nicht, das soll nicht geschehen und kann nicht geschehen. Es sollen nur böse Geister den Versuch wagen; es sollen nur dumme Menschen sich ihnen als Werkzeug zur Verfügung stellen, dumme Menschen, die keine Vorstellung von dem Mann haben, von dem Großen und dem Geringen in ihm, keine Ahnung von der Vollkommenheit des Weibs, die sie gerade in ihrer Unvollkommenheit hat. Sollte wirklich auch nur ein einziges Weib einfältig und eitel und jämmerlich genug sein, um sich einzubilden, daß sie als Quasi-Mann mit dem Mann konkurrieren könnte, um nicht einzusehen, daß sie dabei nur unersetzlichen Schaden erleiden würde? Nicht der niedrigste Verführer könnte einen Gedanken ausdenken, der für das Weib gefährlicher wäre als dieser. Läßt sie sich erst ihre sogenannte Emanzipation suggerieren, so ist sie ganz in der Macht des Mannes, ganz seiner Willkür preisgegeben. Und als „Männin" kann sie für den Mann nichts mehr sein als ein Spielball seiner Laune, während sie als Weib für ihn alles sein kann. Aber diese Pfuscher wissen nicht, was sie tun. Sie sind selbst keine Männer, und anstatt sich selbst erst zum Mann emporzuarbeiten, wollen sie das Weib verderben. So soll denn die Differenz ausgeglichen werden: sie bleiben, was sie sind, Halbmänner, und das Weib soll zur selben Zwitterexistenz avancieren. Ich erinnere mich, einmal eine nicht unwitzige Satire auf die Emanzipation des Weibs gelesen zu haben. Der Verfasser verbreitete sich besonders auch über die Kleidung; er meinte, sie müßte dann für Mann und Weib die gleiche werden. Denke dir diese Abscheulichkeit! Doch erfaßte jener Schriftsteller seine Aufgabe nicht tief genug: der wesentliche Gegensatz zwischen Mann und Weib, der auch hier in Frage kommt, war ihm nicht aufgegangen. Ich wage einen Augenblick das Unschöne zu denken, weil ich dessen gewiß bin, daß das nur der Schönheit zu einer tieferen Offenbarung helfen kann. Was ist schöner als des Weibes reiches Haar, diese Fülle von Locken, und doch sieht die Schrift darin ein Zeichen ihrer Unvollkommenheit, und weiß auch mehrere Gründe dafür anzuführen. Und ist dem nicht auch so? Betrachte sie, wenn sie das Haupt zur Erde beugt, wenn ihre üppigen Flechten fast die Erde berühren: ist es da nicht, als wäre sie wie durch Blumenranken an die Erde festgewachsen? Während der Mann von der Erde sich gleichsam abstößt und zum Himmel emporstrebt. Steht sie da nicht neben ihm als das unvollkommenere Wesen? Und doch ist dieses Haar ihre Schönheit, ja, was mehr ist, ihre Stärke! Denn damit fängt sie nach des Dichters Wort den Mann; damit fesselt sie ihn und bindet ihn an die Erde. Ich möchte einem solchen Hohlkopf, der die Emanzipation predigt, zurufen: hast du den Mut, so mache sie doch dem Manne gleich, schneid ihr die reichen Locken, die schweren Flechten ab, und dann laufe sie in die Welt hinaus wie eine Wahnwitzige, wie eine Verbrecherin, eine Abscheu der Menschen!

Der Mann sei Mann, und das Weib sei Weib: dann gerade kann das Weib dem Mann alles werden. Denn als Weib versteht sie sich auf die Endlichkeit, und darum kann sie dem Mann die Endlichkeit schenken. Ohne das Weib ist der Mann ein unsteter Geist, der keine Ruhe findet, weil er nirgends zu Hause ist. Warum sagt die Schrift nicht, daß das Weib Vater und Mutter verlassen und an seinem Manne hangen soll? Sie ist doch die Schwächere, die bei dem Manne Zuflucht sucht! Aber nein, es heißt: der Mann soll Vater und Mutter verlassen und an seinem Weibe hangen. Und die Schrift hat recht: sofern das Weib dem Mann die Endlichkeit gibt, ist sie stärker als er, ist sie seine Zuflucht. Mir ist es eine Freude, die Bedeutung des Weibs so zu verstehen; sie wird mir dann zum Symbol der Gemeinde. Der Geist ist in großer Verlegenheit, wenn er nicht einer Gemeinde einwohnen, wenn er nicht dadurch zum Geist der Gemeinde werden kann. Für die Gemeinde, deren der Geist bedarf, um in der Endlichkeit heimisch zu werden, gibt es in der Tat kein schöneres Symbol als ein Weib. Es würde unseren Gottesdiensten zugute kommen, wenn das beachtet würde. Jetzt wird die Gemeinde, wenn sie sich nicht selbst repräsentiert, durch einen Küster oder Glöckner vertreten. Wie geschmacklos! Sie sollte immer durch ein Weib dargestellt werden. Mir hat das in unserem Gottesdienst immer gefehlt, daß ich keinen richtigen und wohltuenden Eindruck von der Gemeinde bekommen habe; doch erinnere ich mich eines Jahrs, da meine ideale Forderung jeden Sonntag wenigstens annähernd befriedigt wurde. Es war in einer der Kirchen unserer Stadt. Die Kirche selbst war ganz nach meinem Sinn; der Geistliche, den ich jeden Sonntag hörte, war eine hochehrwürdige, einzigartige Persönlichkeit, die Altes und Neues aus dem Schatze einer reichen Lebenserfahrung darbot. Er war ganz auf seiner Kanzel zu Hause und entsprach als Priester, als Figur, als Redner gleichermaßen meinen höchsten Wünschen. So freute ich mich jeden Sonntag darauf, ihn zu hören. Was aber meine Freude vermehrte und den Eindruck des Gottesdienstes in dieser Kirche für mich vollkommen machte, das war eine ältere Frau, die sich gleichfalls jeden Sonntag einfand. Sie pflegte, wie ich, etwas vor Beginn des Gottesdienstes zu kommen. Sie wurde mir ein Bild der Gemeinde, und über ihr vergaß ich ganz den störenden Eindruck des Küsters, der unter der Kirchentür stand. Sie war etwa gegen die sechzig. Aber sie war noch schön. Ihre Züge waren edel, ihre Miene zeigte eine gewisse demütige Würde. Ihr Angesicht war der Ausdruck einer tiefen, reinen, weiblichen Sittlichkeit.

Sie sah aus als hätte sie viel erlebt; doch nicht etwa ein stürmisch bewegtes Schicksal, sondern was eine Mutter erlebt, die des Lebens Last getragen und darunter die Lebensfreude bewahrt und erworben hat. Wenn ich sie nun den Gang herunterkommen sah, wenn der Küster sie an der Kirchentür empfangen hatte und ihr nun, wie ein Diener, ehrerbietig bis zu ihrem Stuhl folgte, da mußte sie auch die Bank passieren, auf der ich zu sitzen pflegte. Während sie vorbeischritt, erhob ich mich jedesmal und verneigte mich vor ihr. Darin lag für mich sehr viel; es war, als ob ich sie bitten wollte, mich in ihre Fürbitte einzuschließen. Sie trat in ihren Stuhl, sie entließ freundlich den Küster, sie blieb einen Augenblick aufrecht stehen, sie beugte das Haupt zum Gebet und bedeckte ihre Augen eine Weile mit den Händen: welcher Prädikant hätte mir einen so starken und wohltuenden Eindruck machen können wie die Feierlichkeit jener ehrwürdigen Frau? Bisweilen kam mir der Gedanke, auch ich sei in ihr Gebet eingeschlossen; denn es ist dem Weib wesentlich, für andere zu beten. Welchen Stand sie habe und welches Alter: betet sie, so wird sie für andere beten, für die Eltern, für den Geliebten, für den Mann, für die Kinder: aber allezeit für andere. Dem Mann ist es wesentlich, für sich selbst zu beten. Er hat seine bestimmte Aufgabe, seine bestimmte Stelle im Leben. Seine Resignation ist darum anderer Art; selbst sein Gebet ist ein Kampf. Er resigniert auf die Erfüllung seines Wunsches; warum er bittet, das ist eben die Kraft zu entsagen. In jeden Wunsch, den er hat, ist dieser Gedanke eingeschlossen. Die Bitte des Weibs ist weit mehr substanziell; dem entspricht auch ihre Art der Resignation. Sie bittet um die Erfüllung ihres Wunsches, resigniert aber darauf, daß sie selbst etwas dazu tun könne. Darum eignet sie sich aber weit besser zur Fürbitte als der Mann. Würde er für einen andern bitten, so wäre der Hauptinhalt seiner Bitte doch der, daß ihm Kraft gegeben werde, den Schmerz der Nichterfüllung mit Ergebung, ja mit Freudigkeit zu tragen. Eine solche Fürbitte ist aber als Fürbitte unvollkommen, während sie als Bitte für sich selbst richtig und wahr ist. Mann und Weib kämpfen daher vereint, aber in zwei Gliedern abgestuft. Erst kommt das Weib mit seiner Fürbitte und sucht die Gottheit gleichsam durch Tränen zu bewegen; darauf kommt der Mann mit seiner Bitte. Er nötigt das erste Glied standzuhalten, wenn es bange fliehen will. Denn er hat eine andere Art von Taktik, die unbedingt siegreich ist. Verliert das Weib die Schlacht, so muß sie von dem Mann beten lernen; und doch ist ihr die Fürbitte so wesentlich, daß sie selbst in diesem Fall für den Mann anders bittet als er selbst es tut. In gewissem Sinn hat das Weib weit mehr Glauben als der Mann: das Weib glaubt, daß für Gott alles möglich sei, der Mann glaubt, daß für Gott nichts unmöglich sei. Das Weib besteht immer inniger auf seinem demütigen Verlangen; der Mann gibt ein Stück nach dem andern auf, bis er auf den Punkt kommt, von dem er nicht mehr zu weichen braucht. Denn für den Mann ist es wesentlich, daß er gezweifelt hat; das prägt sich auch in seiner Art von Gewißheit aus.

Übrigens war meine Freude über die Schönheit des Gottesdienstes in jener Kirche von kurzer Dauer. Nach Verlauf eines Jahres wurde der Pfarrer versetzt, und die ehrwürdige Matrone (ich könnte sie fast meine geistliche Mutter nennen) sah ich nicht mehr. Aber ich habe oft an sie gedacht, insbesondere, als ich mich später verheiratete. Wenn die Kirche auf solches achten wollte, könnten unsere Gottesdienste gewiß an Schönheit und Feierlichkeit gewinnen. Stünde doch bei der Taufe ein ehrwürdiges Weib an der Seite des Pfarrers, um das Amen zu sagen. Wie viel mehr Innigkeit würde sie hineinlegen als der Küster, dem man nur zu oft den völligen Mangel an Teilnahme ansieht und anhört! Oder bei der Trauung: welche erhabene Vorstellung von der Bedeutung der Fürbitte könnte eine solche Frau geben! Doch, da sitze ich und predige und vergesse ganz, wovon ich eigentlich reden sollte und vergesse auch, zu wem ich rede. Das mußt du schon entschuldigen; ich habe dich über meinem neuen Freund ganz vergessen. Siehst du, mit ihm würde ich gern über solches reden. Denn er ist kein Spötter, und er ist ein Ehemann. Und nur wer ein Auge hat für die Schönheit des Ehestandes, kann auch das Schöne sehen in dem, was ich sage.

Ich kehre also zu unserem Helden zurück. Diesen Titel verdient er gewiß. Doch will ich ihn ferner nicht mehr gebrauchen: ich heiße ihn mit aufrichtigem Herzen meinen Freund, wie er mich mit Freude seinen Freund nennt: das klingt mir viel schöner in den Ohren. Dir freilich nicht; du entdeckst vielmehr mit Schrecken, daß er sich jetzt auch noch mit dem Luxusartikel versehen hat, der sich Freund heißt. Du hofftest vielleicht, ich werde die ethische Bedeutung der Freundschaft mit Schweigen übergehen; oder du dachtest vielmehr, ich werde der Freundschaft gar keine ethische Bedeutung nachweisen können, da sie ganz und gar unter ästhetische Bestimmungen falle. Und wenn ich sie nun doch bespreche, so wundert dich's vielleicht, daß ich erst jetzt auf sie komme. Die Freundschaft ist ja der erste Traum der Jugend; die Schwärmerei der Freundschaft geht gemeinhin der Leidenschaft der Liebe voraus. Ich hätte also von der Freundschaft reden sollen, ehe ich meinen Freund in den heiligen Stand der Ehe eintreten ließ. Darauf könnte ich erwidern, mein Freund habe sich eben wunderlicherweise vor seiner Verheiratung zu keinem Menschen in dem Grade hingezogen gefühlt, daß daraus eine richtige Freundschaft entstanden wäre; ich könnte hinzufügen, daß mir das ganz lieb sei: denn ich wollte die Freundschaft zuletzt behandeln, weil ich ihr nicht dieselbe ethische Bedeutung zuschreibe, wie der Ehe, und darin eben ihre Unvollkommenheit sehe. Wenn aber bei meinem Freund die Freundschaft nur durch eine abnorme Zufälligkeit erst später ein Faktor seines Lebens geworden wäre, so durfte ich mich dieses Vorteils nicht bedienen; ich muß also schon etwas bei dem Nachweis verweilen, daß das nicht notwendig der Fall sein muß. Du bist ja ein Beobachter; du wirst mir also die Beobachtung bestätigen, daß es ein charakteristischer Unterschied zwischen den Individualitäten ist, ob die Periode der Freundschaft in die früheste Jugend oder erst in ein späteres Alter fällt. Die flüchtigeren Naturen finden sich ohne Schwierigkeit mit sich selbst zurecht. Ihr Selbst ist von Anfang an eine kurante Münze, und so tritt auch bald der Umsatz ein, den man Freundschaft nennt. Den tieferen Naturen wird es nicht so leicht, sich selbst zu finden; solange sie aber ihr Selbst nicht gefunden haben, können sie auch nicht wünschen, daß ihnen jemand eine Freundschaft anbiete, für die sie doch kein Äquivalent bieten könnten. So könnte es auch meinem Freund gegangen sein, und das wäre dann nichts Abnormes und auch sonst kein schlechtes Zeichen. Doch er hat sich ja verheiratet; so entsteht die Frage, ob nicht das abnorm ist, daß die Freundschaft erst auf die Ehe folgt: ihr Verhältnis zur Ehe haben wir ja noch nicht bestimmt. Wir wollen hierfür wieder deine und meine Beobachtung benutzen und müssen jetzt auch das Verhältnis zu dem andern Geschlecht in die Erwägung hereinziehen. Die Freundschaft, die schon in sehr jungem Alter gesucht wird, verbleicht nicht selten, wenn die Liebe sich geltend macht. Da sieht man in der Freundschaft das Unvollkommenere, bricht die angeknüpften Verhältnisse ab und konzentriert seine ganze Seele ausschließlich auf die Ehe. Andern geht es umgekehrt. Wer zu früh die Süßigkeit der Liebe geschmeckt, ihre Freuden im Rausch der Jugend genossen hat, der hat vielleicht eine falsche ungerechte Anschauung von dem andern Geschlecht bekommen. Da erkaufte man vielleicht durch Leichtsinn teure Erfahrungen, glaubte vielleicht an Gefühle bei sich selbst, die sich unbeständig erwiesen, an Gefühle bei andern, die wie ein Traum verschwanden. Da gab man die Liebe auf, weil sie einem zugleich zu wenig und zu viel war: man war auf das Dialektische in der Liebe gestoßen, ohne es lösen zu können. Da wählte man denn die Freundschaft. Aber die Entwicklung muß in diesem wie in jenem Fall für abnorm erachtet werden. Auf meinen Freund trifft keines von beiden zu. Er hat keine jugendlichen Versuche in der Freundschaft gemacht, ehe er die Liebe kennenlernte; er hat sich auch nicht dadurch geschadet, daß er die unreife Frucht der Liebe zu früh genoß. In seiner Liebe hat er die tiefste und vollkommenste Befriedigung gefunden. Aber eben weil er darin zur sicheren Ruhe gekommen ist, zeigt sich ihm die Möglichkeit anderer Verhältnisse, die auf andere Weise eine tiefe und schöne Bedeutung für ihn bekommen könnten. „Wer da hat, dem wird gegeben, daß er die Fülle habe.“ Es gibt bekanntlich Bäume, die zugleich Früchte und Blüten tragen: mit einem solchen Baum vergleicht er sein Leben.

Weil er aber gerade in seiner Ehe und durch seine Ehe verstehen lernte, was es Schönes um einen Freund ist, war ihm auch nicht einen Augenblick zweifelhaft, wie man die Freundschaft betrachten muß; daß man sie nämlich ethisch betrachten muß, wenn sie nicht ihre Bedeutung verlieren soll. War sein Glaube an die Ästhetiker schon durch manche frühere Erfahrung erschüttert, so hat die Ehe ihn vollends gänzlich zerstört. Er hat also jetzt gar kein Verlangen mehr danach, sich durch ästhetisches Gaukelwerk betören zu lassen, sondern sucht sofort durch die Betrachtung des Ethikers sicheren Boden unter die Füße zu bekommen.

Wäre mein Freund nicht so gestimmt gewesen, so hätte ich ihn mit Vergnügen zur Strafe an dich verwiesen; was du über die Freundschaft sagst, ist ja so verworren, daß ihm darüber wohl ganz schwindlig geworden wäre. Es geht dir mit der Freundschaft wie mit allem. Deiner Seele fehlt so sehr die ethische Konzentration, daß du eine und dieselbe Sache auf die entgegengesetzte Weise erklären kannst; und deine Erklärungen beweisen, wie richtig der Satz ist, daß Sentimentalität und Herzlosigkeit im Grunde dasselbe sind. Mich mutet deine Auffassung der Freundschaft an wie ein Hexenbrief: wer sie annimmt, wird wahnwitzig, wie auch nur der Wahnwitz auf sie verfallen kann. Expektorierst du dich über das Göttliche in der Liebe zu jungen Menschen, über das Schöne in der Rührung gleichgestimmter Seelen, so könnte man fürchten, deine Sentimentalität möchte dich noch dein junges Leben kosten. Dann redest du wieder wie ein alter Praktiker, der das Leere und Hohle in der Welt hinlänglich kennengelernt hat. „Ein Freund", sagst du, „ist ein rätselhaftes Ding; man sieht ihn wie den Nebel nur auf Abstand: erst wenn man unglücklich geworden ist, merkt man, daß man einen Freund gehabt hat." Wenn du so über die Freundschaft urteilst, stellst du, wie leicht zu sehen, ganz andere Anforderungen an die Freundschaft als zuvor. Erst sprachst du von der intellektuellen Freundschaft, von dem Schönen in der geistigen Erotik, in der gemeinsamen Schwärmerei für Ideen; jetzt hast du eine praktische Freundschaft im Sinn, eine gegenseitige Unterstützung in den Nöten des Lebens. In beidem liegt etwas Wahres; findet man aber keinen Einheitspunkt für diese verschiedenen Anforderungen an die Freundschaft, so muß man freilich am Ende auf dein Hauptresultat kommen, daß Freundschaft ein Nonsens sei. Das ist denn immer auch dein letztes Wort, ob du die verschiedenen Seiten der Freundschaft für sich betrachtest, oder ob du nachweisest, daß sie sich gegenseitig ausschließen.

Die absolute Bedingung aller Freundschaft ist die Übereinstimmung in der Lebensanschauung. Wo sie vorhanden ist, wird man die Freundschaft nicht auf das dunkle Gefühl einer unerklärlichen Sympathie begründen wollen. Dann wird es einem auch nicht passieren, daß das Wetter in der Freundschaft von einem Tag auf den andern umschlägt. Deshalb braucht man das unerklärlich Sympathetische nicht zu verkennen: man hat ja nicht jeden im strengeren Sinne zum Freund, mit dem man die Lebensanschauung teilt. Aber man bleibt dann bei dem rätselhaft Sympathetischen nicht stehen. Wahre Freundschaft erfordert immer Bewußtsein: dadurch erhebt sie sich über die Schwärmerei.

Die Lebensanschauung aber, worin man eins ist, muß einen positiven Sinn haben. So haben wir, mein Freund und ich, eine positive Lebensanschauung gemein. Darum geht es uns auch nicht wie jenen Auguren, die lachen mußten, wenn sie einander ansahen; uns stimmt es ernst, wenn wir einander in die Augen sehen. Jene Auguren freilich mußten lachen, wenn sie sich sahen; was sie verband, war nur das Negative. Das verstehst du selbst am besten. Mit welcher Schwärmerei wünschest du dir oft, eine gleichgestimmte Seele zu finden, mit der du über das Ganze lachen könntest: „Denn das ist das Entsetzliche, das Ängstigende am Leben, daß so gut wie niemand merkt, wie erbärmlich es ist; und von diesen wenigen verstehen nur die allerwenigsten einen guten Humor zu behaupten und über das Ganze zu lachen." Doch weißt du dir auch zurechtzulegen, daß diese deine Sehnsucht nicht gestillt wird: „Der wahre Pessimist erkennt es als Konsequenz seiner ganzen Lebensanschauung, daß er nur mit sich allein über die Welt lachen darf; fände er Gesellschaft, so wäre ja die Welt nicht ganz schlecht." An diesem Faden spinnst du dann mit Lust ins Unendliche fort. „Selbst das Lachen ist nur ein unvollkommener Ausdruck für den richtigen Spott über das Leben. Der gründlichste Hohn über die Welt müßte in Ernst umschlagen. Gäbe es einen besseren Witz auf das Dasein, als wenn die tiefste Wahrheit nicht von einem Schwärmer vorgetragen würde, sondern von einem Zweifler? Und es wäre nicht undenkbar; niemand kann die positive Wahrheit mit so viel Geist vortragen wie der Zweifler, nur daß er selbst nicht daran glaubt. Der Heuchler, wenn er sie vorträgt, spottet seiner selbst; ist es aber ein Zweifler, der sie vorträgt, ein Zweifler, der sie vielleicht selbst zu glauben wünschte, so ist der Spott ganz objektiv: das Dasein spottet durch ihn seiner selbst. Da trägt jemand eine Idee vor, die alles erklären könnte, in der das ganze Menschengeschlecht ruhen könnte: nur ihren eigenen Urheber erklärt sie nicht. Wenn ein Mensch gerade so klug wäre, daß er seine Verrücktheit verbergen könnte, der könnte die ganze Welt verrückt machen." Sieh, in einer solchen Lebensanschauung wird man sich freilich kaum mit einem Freund zusammenfinden. Oder hast du vielleicht in der mystischen Gesellschaft der *Συμπαρανεκρώμενοι*, von der du manchmal redest, Freunde deiner Art gefunden? Haltet ihr einander für gerade so klug, daß ihr eure Verrücktheit verbergen könnt?!

Ein Weiser Griechenlands genießt die besondere Ehre, unter die sieben Weisen gerechnet zu werden, wenn man deren vierzehn zählt. Irre ich nicht, so hieß er Myson. Nach einer Notiz in einem alten Schriftsteller sei er Misanthrop gewesen. Unser Autor faßt sich ganz kurz über ihn: „Von Myson wird erzählt, daß er Misanthrop war und lachte, wenn er allein war. Als ihn jemand fragte, warum er das tue, antwortete er: eben weil ich allein bin." Du hast also einen Vorgänger, wie du siehst; du könntest also auch nicht unter die sieben Weisen aufgenommen werden und wenn man ihre Zahl auf einundzwanzig erhöhte: Myson steht dir im Wege. Doch es sei mit der Originalität deines Einfalls bestellt, wie es wolle: wer lacht, wenn er allein ist, kann keinen Freund haben. Das wirst du selbst einsehen. Er kann ja nicht zum Lachen kommen, solange der Freund da ist; und der Freund müßte fürchten, daß er nur sein Fortgehen abwarte, um über ihn zu lachen. Da mag der Teufel dein Freund sein. Ich könnte dich fast bitten, diese Worte buchstäblich zu nehmen; dem Teufel sagt man ja auch nach, daß er lache, wenn er allein sei. Mir freilich kommt eine solche Isolation unendlich trostlos vor. Wie entsetzlich, wenn ein Mensch, der so gelebt hat, zu einem andern Leben aufwacht und dann am Tage des Gerichts wieder ganz allein steht.

Die Freundschaft erfordert also eine positive Lebensanschauung. Eine solche läßt sich aber nicht ohne ein ethisches Moment denken. Heutzutage hat mancher ein System, worin nur leider das Ethische keinen Platz gefunden hat. Nun, er möge zehnmal ein System haben, eine Lebensanschauung hat er nicht. Daran ist freilich nichts zu verwundern. Unter den mancherlei Verkehrtheiten unserer Zeit ist vielleicht die verkehrteste, daß man in die großen Mysterien eingeweiht wird, ehe man die Weihe zu den kleinen empfangen hat. Eine ethische Lebensanschauung ist die *conditio sine qua non* der Freundschaft; erst wenn diese ethisch aufgefaßt wird, wird sie bedeutend und schön. Bleibt man bei dem Mysterium der Sympathie stehen, so wäre die vollendetste Freundschaft bei jenen Vögeln zu finden, von denen der eine den Tod des andern nicht überleben kann. Ein solches Verhältnis ist in der Natur schön, in der Welt des Geistes ist es unschön. Übereinstimmung in der Lebensanschauung ist das Konstituierende in der Freundschaft. Ist sie da, so wird die Freundschaft durch den Tod des Freundes nicht zerstört: der verklärte Freund lebt in dem Zurückgebliebenen fort; hört sie auf, so ist es mit der Freundschaft aus, auch wenn der Freund am Leben bleibt.

So wird die Freundschaft ethisch aufgefaßt, so wird sie nach ihrer Schönheit gesehen, so wird sie auf einmal auch etwas wirklich Schönes und Bedeutendes. Soll ich eine Autorität gegen dich zu Hilfe rufen? Nun wohl: wie hat denn Aristoteles die Freundschaft aufgefaßt? Macht er sie nicht zum Ausgangspunkt für seine ganze ethische Betrachtung des Lebens? Mit der Freundschaft, sagt er, erweitert sich der Begriff von dem, was Recht ist; Freundschaft und Recht laufen auf eins hinaus. Er gründet also den Begriff des Rechts auf die Idee der Freundschaft. Diese Auffassung ist in gewissem Sinn der modernen vorzuziehen, die das Recht auf die Pflicht, auf ein Abstraktum, wie der kategorische Imperativ es ist, gründet; er gründet es auf das Soziale. Freilich folgt daraus, daß er den Staat über alles stellt; das ist der Mangel an seiner Auffassung.

Doch, so subtile Dinge zu untersuchen wie das Verhältnis der aristotelischen Ethik zur Ethik Kants, das geht über meinen Horizont. Ich wollte dich nur daran erinnern, daß auch Aristoteles in der Freundschaft ein Hilfsmittel sah, die Wirklichkeit ethisch zu gewinnen.

Wer die Freundschaft ethisch betrachtet, sieht also in ihr eine Pflicht. Ich könnte also die These aufstellen, daß es jedes Menschen Pflicht ist, einen Freund zu haben. Doch wähle ich lieber einen anderen Ausdruck, durch den ich das gemeinsam Ethische in der Freundschaft und Ehe bezeichnen und dir zugleich noch einmal die Differenz zwischen dem Ethischen und dem Ästhetischen scharf hervorheben kann: es ist jedes Menschen Pflicht, offenbar zu werden. Die Schrift lehrt, daß wir alle offenbar werden müssen vor dem Richtstuhl Christi. Die Ethik erkennt die Bedeutung des Lebens und der Wirklichkeit darin, daß der Mensch offenbar werden müsse. Will er nicht offenbar werden, so muß er einmal offenbar werden – zu seiner Strafe. Der Ästhetiker dagegen verkennt diese Bedeutung der Wirklichkeit. Er bleibt beständig verborgen. Er muß sich ja auch der Welt hingeben; aber wie weit er auch darin geht, er will doch nicht die völlige Hingabe und behält immer etwas zurück. Würde er sich völlig hingeben, so würde er sich ethisch hingeben. Aber alles Versteckspielen rächt sich mit Naturnotwendigkeit dadurch, daß man sich selbst zum Rätsel wird. Das erweist sich auch an dem Mystiker. Er will die Forderung der Wirklichkeit, daß man offenbar werde, nicht anerkennen; aber er fällt auch in Schwierigkeiten, die dem andern erspart bleiben. Es ist, als entdeckte er eine ganz andere Welt, als zerspaltete und verdoppelte sich sein Wesen. Wer nicht mit der Wirklichkeit kämpfen will, der bekommt mit Phantomen zu kämpfen.

So viel für diesmal. Es war nicht meine Absicht, dir eine Pflichtenlehre vorzutragen. Ich wollte dir nur zeigen, daß das Ethische auf den Gebieten, die es mit dem Ästhetischen teilt, das Leben durchaus nicht seiner Schönheit beraubt, es vielmehr erst schön macht. Es gibt dem Leben Sicherheit und Frieden; denn es ruft uns beständig zu: *quod petis, hic est.* Es bewahrt vor jeder erschlaffenden Schwärmerei; es gibt der Seele Gesundheit und Kraft. Es lehrt, das Zufällige nicht zu überschätzen, das Glück nicht zu vergöttern. Es lehrt froh zu sein im Glück; es lehrt froh zu sein im Unglück.

Was ich dir geschrieben habe, magst du als etwas Unbedeutendes betrachten; als bloße Glossen zu den Elementen der Lebenskunde; das steht dir vollständig frei. Aber was ich dir geschrieben habe, das hat doch eine Autorität, die du hoffentlich respektieren wirst. Oder meinst du, ich habe mir eine Autorität angemaßt, die ich nicht verdiene? Ich habe den Takt verletzt, indem ich auch meine bürgerliche Stellung in unserem Handel geltend machte? Ich habe mich als Richter aufgespielt, da ich doch nur Partei bin? Aber ich mache nicht einmal darauf Anspruch, daß ich gegen dich eine Partei vertrete. Dir könnte ja wohl die Ästhetik die Vollmacht geben, ihre Sache zu führen; ich halte mich nicht für bedeutend genug, im Namen der Ethik als Bevollmächtigter aufzutreten. Ich bin überhaupt nur ein Zeuge, und nur in diesem Sinne schreibe ich diesem Brief eine gewisse Autorität zu: wer aus Erfahrung redet, dessen Rede hat immer Autorität. Ich bin also nur ein Zeuge, und hier hast du nun mein Zeugnis *in optima forma.*

Ich verrichte meine Arbeit als Gerichtsassessor, habe Freude an meinem Beruf, glaube, daß er meinen Fähigkeiten und meiner ganzen Persönlichkeit entspricht, weiß, daß er alle meine Kraft erfordert; ich suche mich mehr und mehr für ihn auszubilden, und indem ich dies tue, fühle ich zugleich, daß ich mich selbst mehr und mehr entwickle. Ich liebe meine Frau, bin glücklich in meinem Haus; ich höre das Wiegenlied, das meine Frau meinem Kleinen singt und finde es schöner als jeden andern Gesang, obgleich meine Frau, wie ich selbst wohl weiß, durchaus keine Sängerin ist; ich höre das Geschrei des Kindes, und für mein Ohr ist es nicht unharmonisch; ich sehe seinen älteren Bruder wachsen und gedeihen und schaue froh und vertrauensvoll in seine Zukunft; ich warte diese in Geduld ab, denn ich habe ja gute Zeit zu warten, und dieses Warten ist mir selbst eine Freude; was ich tue, hat Bedeutung für mich selbst, und ich glaube, daß es auch eine gewisse Bedeutung für andere hat, ob ich diese gleich nicht bestimmen und ausmalen kann. Ich freue mich dessen, daß das persönliche Leben anderer eine Bedeutung für mich hat; ich hoffe und wünsche, daß auch mein persönliches Leben für die eine Bedeutung bekomme, mit denen ich in meiner ganzen Betrachtung des Lebens sympathisiere. Ich liebe mein Vaterland und kann mir nicht denken, daß es mir anderswo recht wohl würde. Ich liebe meine Muttersprache, die meinen Gedanken entbindet; ich finde, daß sie sich vortrefflich dazu eignet, dem Ausdruck zu geben, was ich der Welt etwa zu sagen habe. So hat mein Leben Bedeutung für mich, so viel Bedeutung, daß ich mich darin froh und zufrieden fühle. Zugleich lebe ich ein höheres Leben, und wenn ich bisweilen dieses höhere Leben mit dem Atemzug meines irdischen und häuslichen Lebens einatmen darf, so preise ich mich selig, so verschmelzen für mich Kunst und Gnade. So liebe ich das Dasein, denn es ist schön; und ich hoffe ein noch schöneres.

Dies mein Zeugnis. Sollte mir je ein Zweifel kommen, ob es richtig war, es abzulegen, so könnte er nur der Sorge um dich entstammen. Denn ich fürchte beinahe, es könnte dir leid tun zu hören, wie schön das Leben in seiner Einfachheit sein kann. Nimm mein Zeugnis doch hin, laß es dir ein wenig Schmerz verursachen, laß es aber auch erfreulich auf dich wirken. Es hat eine Eigenschaft, die deinem Leben leider mangelt: die Treue. Du kannst sicher darauf bauen.

In der letzten Zeit habe ich öfter mit meiner Frau von dir geredet. Sie hält wirklich große Stücke auf dich. Doch das brauche ich dir kaum zu sagen; du verstehst recht wohl zu gefallen, wenn dir etwas daran liegt, und du verstehst noch besser zu beobachten, ob es dir glückt. Ihr Gefühl für dich hat durchaus meinen Beifall. Eifersüchtig werde ich nicht leicht, und es wäre auch unverantwortlich von mir; nicht weil ich, wie es sich nach deiner Meinung gehörte, zu stolz dazu wäre oder stolz genug, „sofort denkend zu quittieren", sondern weil meine Frau zu liebenswürdig ist, als daß ich eifersüchtig werden könnte. Ich fürchte nichts. Unsere Ehe ist in dieser Hinsicht so prosaisch, daß selbst Scribe daran verzweifeln würde, ihr eine poetische Seite abzugewinnen. Was Scribe betrifft, so bestreite ich ihm nicht das Talent, kann aber auch nicht verhehlen, daß er nach meiner Meinung sein Talent mißbraucht. Tut er nicht alles, um junge Frauen zu lehren, daß die sichere Liebe der Ehe nicht ausreiche, das Leben poetisch zu machen, und daß die Ehe nicht auszuhalten wäre, ohne ein paar kleine Liebesgeschichten *à part*? Will er nicht zeigen, daß eine Frau liebenswürdig bleibt, auch wenn sie sich selbst und ihre Ehe durch eine schuldhafte Liebe befleckt? Läßt er nicht dunkel verstehen, daß ein solches Verhältnis zumeist nur durch einen unglücklichen Zufall aufgedeckt werde, so daß die Frau vor Entlarvung sicher sein könne, wenn sie nur ihr eigenes Talent zum Betrug mit seiner oder seiner Heldinnen Hilfe noch weiter ausbildet? Sucht er nicht auf jede Weise die Ehemänner zu ängstigen? Stellt er es nicht so dar, daß auch die ehrbarsten Frauen, denen niemand etwas zutrauen würde, mit geheimer Schuld befleckt seien? Weist er nicht wieder und wieder darauf hin, daß auch die beste Schutzwehr des ehelichen Glücks, daß nämlich der Gatte ein unbegrenztes Vertrauen in seine Gattin setzt, keine Garantie für ihre Treue gewähre? Und trotzdem gefällt sich Scribe darin, jeden Ehemann als ein schläfriges, dösiges Murmeltier darzustellen, ihm selbst wieder die Schuld an der Verirrung seiner Frau zuzuschieben. Übrigens scheint Scribe eine recht bescheidene Meinung von seinen Stücken zu haben: er scheint nicht anzunehmen, daß jemand etwas daraus lernt. Mit seiner Hilfe müßte ja jeder Ehemann leicht entdecken, daß er sich keineswegs einer beruhigenden Sicherheit überlassen darf, daß er sich an mißtrauischer Aufmerksamkeit von keinem Polizeispion übertreffen lassen dürfte, außer er würde sich auch mit dem Trost beruhigen, den Scribe gibt, würde den Zweck der Ehe nur darin sehen, daß sie der Verbindung mit andern jeden langweiligen Schein von Unschuld raube, und würde sich seinerseits eine ebenso interessante Zerstreuung suchen wie seine Frau.

Doch ich lasse Scribe. Ihn zu bekämpfen übersteigt meine Fähigkeit; dagegen denke ich bisweilen mit einem gewissen Selbstgefühl, daß ich, der geringe, unbedeutende Mensch, durch meine Ehe den großen Dichter Scribe Lügen strafe. Aber vielleicht ist dieses Selbstgefühl nur Beschränktheit, vielleicht bin ich nur deshalb einer glücklichen, friedlichen Ehe fähig, weil ich ein ganz gewöhnlicher Mensch bin, der gar nichts Poetisches an sich hat.

Meine Frau hält also etwas auf dich, und ich sympathisiere darin mit ihr, um so mehr, weil ihr Wohlwollen für dich, wie ich glaube, auch den Grund hat, daß sie deine Schwäche durchschaut. Sie versteht, daß dir eigentlich eine gewisse Weiblichkeit fehlt. Du bist zu stolz, um dich hingeben zu können. Aber dieser Stolz imponiert ihr keineswegs; denn sie hat eben das als das wahrhaft Große erkannt, daß man sich hingeben kann. Du glaubst es vielleicht nicht, und doch ist es so: ich muß dich manchmal gegen sie ordentlich in Schutz nehmen. Sie wirft dir vor, daß du in deinem Stolz an allen Menschen herummäkelst. Ich suche ihr zu erklären, daß es sich um eine bloße Mäkelei nicht handle, daß deine kritische Leidenschaft, die dich unglücklich macht, ihren Grund in der Unruhe habe, womit deine Seele nach dem Unendlichen verlangt. Das will sie nicht begreifen, und ich verstehe das sehr wohl von ihr: wenn man so genügsam ist wie sie (wie genügsam sie ist, kannst du daran ermessen, daß sie in der Verbindung mit mir sich unbeschreiblich glücklich fühlt), so kann man der Versuchung kaum entgehen, dich zu verurteilen. Meine Ehe ist also auch nicht ohne Kampf, und daran trägst gewissermaßen du die Schuld. Doch befinden wir uns ganz gut dabei, und ich kann nur wünschen, daß Eheleute auf keine andere Weise miteinander zu streiten brauchen als wir. Übrigens könntest du schon etwas dazu tun, den Streit zwischen meiner Frau und mir zu schlichten. Ich will mich gewiß nicht in deine Geheimnisse eindrängen, aber ich möchte dir doch eine Frage vorlegen, die du mir auch wohl beantworten kannst, ohne dir selbst zu nahe zu treten. Antworte mir also aufrichtig und ohne Umschweife: lachst du wirklich, wenn du allein bist? Du verstehst mich richtig: nicht um das handelt sich's, ob du bisweilen oder auch oft lachst, wenn du allein bist; die Frage ist, ob du in diesem einsamen Lachen deine Befriedigung findest. Ist das unrichtig, so habe ich gewonnen, und dann werde ich auch meine Frau ihres Unrechts überführen.

Ob du also wirklich deine einsamen Stunden mit Lachen ausfüllst, das weiß ich nicht; aber ich glaube, guten Grund zu haben, daß ich daran zweifle. Deines Lebens Entwicklung bringt es mit sich, daß dir die Einsamkeit mehr und mehr zum Bedürfnis wird; aber es müßte merkwürdig zugehen, wenn du sie aufsuchtest, um zu lachen. Schon ein flüchtiger Blick auf dein Leben zeigt, daß es nicht nach dem gewöhnlichen Schema angelegt ist. Dich befriedigt es nicht, auf der Heerstraße zu gehen; du mußt dir deinen eigenen Weg suchen. Nun kann man einem jungen Menschen eine gewisse Abenteuerlichkeit wohl zugute halten; eine andere Sache ist es doch, wenn sie ganz und gar die Überhand gewinnt, so daß sie zur Norm für das wirkliche Leben werden will. Wem diese Gefahr droht, dem darf man wohl zurufen: *respice finem*. Mit dem Ende aber, das er bedenken soll, meine ich natürlich nicht den Tod (der ist nicht die schwerste Aufgabe für den Menschen), sondern das Leben. Es kommt einmal ein Augenblick, wo es eigentlich gilt, endlich mit dem Leben zu beginnen. Dann ist es aber eine sehr gefährliche Sache, wenn man sich so zersplittert hat, daß man sich kaum mehr sammeln kann, daß man in der aufgenötigten Eile und Hast der Sammlung nicht mehr alles mitnehmen kann. Dann möchte das Ende werden, daß man nicht sowohl ein ungewöhnlicher Mensch wird, sondern ein defektes Exemplar von einem Menschen.

Im Mittelalter griff man die Sache auf eine andere Weise an. Man brach die Entwicklung des Lebens plötzlich ab und ging ins Kloster. Der Fehler lag gewiß nicht darin, daß man ins Kloster ging, sondern in den verkehrten Vorstellungen, die man damit verband. Ich meinesteils kann es wohl billigen, ja sogar schön finden, daß ein Mensch sich zu diesem Schritt entschließt, aber er soll sich klar darüber sein, was das zu bedeuten hat. Im Mittelalter glaubte man im Klosterleben das Ungewöhnliche zu wählen und dadurch ein ungewöhnlicher Mensch zu werden; von der Höhe des Klosters sah man stolz, ja fast mitleidig auf die gewöhnlichen Menschen herab. Was Wunder, daß man scharenweise ins Kloster ging, wenn man so leichten Kaufs ein ungewöhnlicher Mensch werden konnte. Aber die Götter verkaufen das Ungewöhnliche nicht zu Schleuderpreisen. Wären sie, die sich vom Leben zurückzogen, ehrlich und aufrichtig gewesen gegen sich und andere; hätten sie mit einem tiefen Gefühl für die wahre Humanität, mit einem offenen Sinn für die Schönheit des Menschenlebens von Herzen danach verlangt, Mensch unter Menschen zu sein: sie hätten sich vielleicht trotzdem in des Klosters Einsamkeit zurückgezogen, aber sie wären nicht so töricht gewesen, sich darum für ungewöhnliche Menschen zu halten, außer etwa für ungewöhnlich unvollkommene Menschen; sie hätten dann nicht mitleidig auf die gewöhnlichen Menschen herabgesehen, sondern sie mit Teilnahme betrachtet und in wehmütiger Freude darüber, daß sie das Schöne und Große, das ihnen versagt blieb, zu verwirklichen vermochten.

Heutzutage ist das Klosterleben im Preis gefallen. Es kommt seltener vor, daß ein Mensch auf einmal mit dem ganzen Dasein, mit dem ganzen System des

Allgemein-Menschlichen bricht. Wer genauer mit den Menschen bekannt ist, stößt doch je und je auf eine Irrlehre, die ihn lebhaft an die Klostertheorie erinnert. Der Ordnung wegen will ich sofort zum Ausdruck bringen, was ich unter einem ungewöhnlichen Menschen verstehe. Der wahre ungewöhnliche Mensch ist der wahre gewöhnliche Mensch. Je mehr von dem Allgemein-Menschlichen das Individuum in seinem Leben realisiert, desto mehr entfernt es sich von dem Gewöhnlichen. Je weniger von dem Allgemein-Menschlichen es in sich darstellen kann, desto unvollkommener ist es. Das gibt dann auch einen ungewöhnlichen Menschen, aber nicht im guten Sinne. Die Frage ist nun, wie ein Mensch sich anstellt, wenn er etwas von dem Allgemein-Menschlichen nicht in sein Leben aufnehmen kann, wenn er also bei der Lösung der Aufgabe, daß er wie jeder andere das Allgemein-Menschliche in seinem individuellen Leben darstellen soll, auf Schwierigkeiten stößt. Spukt ihm die Klostertheorie im Kopf oder eine analoge ästhetische Auffassung des Lebens, so freut er sich dessen, indem er sich sofort als die vornehme Ausnahme, als den ungewöhnlichen Menschen fühlt. Daß er anders ist als andere, erregt eine gewisse kindische Eitelkeit in ihm, wie wenn eine Nachtigall darauf eitel sein wollte, daß sie als einzige unter allen Nachtigallen eine rote Feder in ihrem Gefieder hat. Wenn dagegen seine Seele durch die Liebe zu dem Allgemein-Menschlichen geadelt ist: was tut er dann?

Er überlegt, ob er sich nicht durch einen bloßen Schein täuschen läßt. Er weiß, daß auch feige Indolenz einem Menschen derartiges einbilden kann; es kann aber auch Wahrheit darin sein, daß er das Allgemeine nicht realisieren kann, ob er nun durch eigene Schuld, ob er ohne eigene Schuld dessen unfähig geworden sei. Wenn die Menschen mit einer höheren Energie des Bewußtseins lebten, würden wohl nicht wenige zu dem Resultat kommen, daß ihnen tatsächlich die Verwirklichung des Allgemein-Menschlichen versagt ist. Sodann wird er sich selbst untersuchen, ob sein Schmerz über seine Ausnahmestellung auch echt ist. Er mußte ja das Allgemeine im Einzelnen verwirklichen, denn als solches kann es überhaupt nicht sein. Ist ihm das unmöglich, so kann ihn entweder schmerzen, daß er im Einzelnen das Allgemeine nicht verwirklichen kann, oder daß er nicht durch Verwirklichung des Allgemeinen das Einzelne erreichen kann. Im letzteren Falle leidet er nur unter der zufälligen, nicht unter der wesentlichen Schwierigkeit seiner Lage; und die feige Indolenz des Menschen kann ihn dazu verführen, daß er das wesentliche Leiden in ein unwesentliches verwandelt. Er aber, dessen Seele durch die Liebe zu dem Allgemein-Menschlichen geadelt ist, wird mit aller Energie des Bewußtseins sich darüber klarwerden, ob er in dem Einzelnen wirklich das Allgemeine will oder doch nur das Einzelne.

Vielleicht genügt ihm die bloße Überlegung nicht, und so entschließt er sich zu einem Versuch. Er sieht leicht, daß ihm dieser, wenn er zu demselben Resultat führt, seine Situation nur noch empfindlicher offenbaren wird; wollte er also sich selbst schonen, so würde er ihn besser unterlassen: das Ende könnte vielleicht doch werden, daß er nur mehr litte als je. Nun weiß er, daß nichts

Einzelnes das Allgemeine ist. Um sich also nicht selbst zu betrügen, verwandelt er das Einzelne in das Allgemeine. Er sieht in dem Einzelnen viel mehr als was unmittelbar darin liegt; für ihn ist es das Allgemeine. Er kommt dem Einzelnen zu Hilfe, indem er ihm die Bedeutung des Allgemeinen gibt. Merkt er nun, daß der Versuch nicht glückt, so hat er alles so zurechtgelegt, daß nicht das Einzelne ihn verwundet, sondern das Allgemeine. Er wacht über sich selbst, daß keine Verwechslung stattfindet. Die Wunde, die das Einzelne ihm zufügen könnte, wäre ihm zu leicht: er liebt sich selbst und er liebt das Allgemeine zu aufrichtig, zu ernsthaft, als daß er nur recht glimpflich davonkommen möchte. Er hütet sich vor der Versuchung, über die ohnmächtige Reaktion des Einzelnen zu lächeln; ob ihn auch das Einzelne dazu herausfordert, wird er die Sache doch nicht leichtsinnig nehmen; er wird sich auch nicht durch das sonderbare Mißverständnis verwirren lassen, daß er es mit dem Einzelnen besser meine als es selbst. Hat er sich so vorbereitet, so geht er ruhig dem Schmerz entgegen; wird er dann auch im Innersten erschüttert, so wankt er doch nicht.

Trifft es sich nun so, daß das Allgemeine, das er nicht realisieren kann, gerade sein höchster Wunsch ist, so wird er sich, wenn er ein hochsinniger Mensch ist, gewissermaßen darüber freuen. Er sagt dann zu sich selbst: „Ich habe unter den ungünstigsten Bedingungen gekämpft. Ich habe gegen das Einzelne gekämpft, habe seine Macht durch mein Verlangen vermehrt, habe es zum Allgemeinen erhoben, um mir jede Ausflucht abzuschneiden. Gewiß hat das meine Niederlage nur um so schwerer gemacht, aber es gibt mir jetzt auch Energie, Klarheit, Sicherheit des Bewußtseins."

So hat er sich denn auf diesem Punkte von dem Allgemeinen emanzipiert, über die Bedeutung dieses Schritts ist er sich keinen Augenblick im unklaren: hat er ihm doch selbst seine niederschmetternde Bedeutung erst gegeben, indem er selbst seine verwundbarste Stelle preisgab und sich selbst die Wunde beibrachte, die das Einzelne ihm nie hätte beibringen können. Er ist also dessen gewiß, daß es etwas Allgemeines ist, das er nicht realisieren kann. Aber mit dieser Vergewisserung ist für ihn die Sache nicht zu Ende, sie erzeugt vielmehr eine tiefe Trauer in seiner Seele. Er freut sich für die anderen, die das Allgemeine verwirklichen dürfen, dessen Schönheit er vielleicht besser erkennt als sie selbst; er selbst aber wählt für sich die Trauer, nicht in reichlicher Wehleidigkeit, sondern mit tiefem, freiem, starkem Sinn. Denn er sagt zu sich selbst: „Ich liebe doch das Allgemeine. Ist es der anderen glückliches Los, für das Allgemein-Menschliche dadurch Zeugnis abzulegen, daß sie es verwirklichen: mein Zeugnis ist mein Schmerz; und je tiefer ich leide, desto mehr Bedeutung bekommt mein Zeugnis." Und diese seine Trauer ist schön, ist selbst ein Ausdruck des Allgemein-Menschlichen, ist dessen Wirkung in ihm, die ihn wieder damit versöhnt.

Noch in anderer Hinsicht ist er mit der Vergewisserung, die er fand, noch nicht fertig. Er fühlt, daß er eine große Verantwortung auf sich genommen hat. Er hat sich ja auf diesem Punkt außerhalb des Allgemeinen gestellt, hat sich der

Zurechtweisung, der Sicherheit und Beruhigung beraubt, die das Allgemeine gibt; er steht jetzt mit klarem Bewußtsein für sich allein, ohne Anspruch auf Sympathie, als die Ausnahme. Aber darum verzagt er nicht. Sicher geht er seinen einsamen Weg; er hat ja den Beweis für die Richtigkeit seines Vorgehens erbracht, durch seinen Schmerz. Er besitzt also für sich eine Erklärung seines Schritts, die ihm zu jeder Zeit zu Gebote steht, die ihm kein Lärm von außen verwirren kann, die ihm bleibt, auch wenn er sich vergißt; fährt er mitten in der Nacht aus dem Schlafe auf, so kann er sich augenblicklich Rede stehen für alles. Er bekommt es ja reichlich zu fühlen, daß er unter einer strengen Zucht steht: das Allgemeine ist für die Ausnahme ein strenger Herr und Richter; es stellt sie unter das Schwert, und wenn sie auch versichert, daß sie nicht durch eigene Schuld zur Ausnahme geworden sei, das Allgemeine fordert sich doch von ihr, rechnet ihr ihre Ausnahmestellung doch als Schuld zu. Darum muß er immer wieder zum selben Punkt zurückkehren, muß sich immer wieder den Beweis erbringen, daß er wider Willen zur Ausnahme geworden ist. Dann aber geht er frohen Mutes weiter seines Wegs. Denn er wird getragen von dem Glauben an eine göttliche Gerechtigkeit, die in ihrer Gerechtigkeit zugleich Barmherzigkeit ist. „Das wäre ja nicht das Schreckliche", sagt er zu sich selbst, „daß ich für mein Unrecht die verdiente Strafe leide, schrecklich wäre es, wenn ich unrecht tun könnte, ohne daß ich durch Strafe zurechtgewiesen würde; das wäre nicht das Schreckliche, daß ich aus der Betörung meines Herzens mit Angst und Grauen auffahre, schrecklich wäre es, wenn mein Herz aus seiner Betörung sich nicht mehr erwecken ließe."

Dieser innere Kampf ist ein Fegefeuer, von dessen Schrecken ich mir schon eine Vorstellung machen kann. Darum sollte man nicht danach lüstern sein, ein Ausnahmemensch zu werden; das hat etwas anderes zu bedeuten, als daß man nur sein launisches Gelüste befriedigen dürfe.

Wer dagegen mit Schmerz sich dessen vergewisserte, daß er eine Ausnahme ist, wer in seiner Treue darüber sich mit dem Allgemeinen wieder versöhnte: dessen Leid wird sich gewiß einmal in Freude verwandeln. Was ihm zuerst in seinen eigenen Augen eine schmerzhafte Demütigung war, das erweist sich dann als ein Mittel seiner Erhebung und Veredlung. So wird er ein ungewöhnlicher Mensch im erfreulichen Sinn. Was er an Umfang verloren hat, das hat er an Innerlichkeit gewonnen. Was aber den ungewöhnlichen Menschen im guten Sinne macht, das ist die intensive Kraft, mit der von ihm das Menschliche zum Ausdruck gebracht wird. Das wäre eine Vergötterung der trivialsten Mittelmäßigkeit, daß man das Allgemein-Menschliche darin sähe, zu leben, wie „man" eben lebt. Da steht jene Ausnahme doch viel höher, die das Allgemeine auf den Punkten, wo sie es realisieren kann, mit gesteigerter Intensität verwirklicht. Gelingt das dem Ausnahmemenschen, so löst sich seine Trauer in Harmonie auf. Er sieht jetzt ein, daß seine Ausnahmestellung nur der Ausdruck ist für die Begrenztheit seiner Individualität. Denn wohl entwickelt sich der Mensch mit Freiheit, aber er schafft sich doch nicht aus nichts, sondern hat seine Aufgabe in seiner Konkretion, die zugleich das Gebiet und die Grenze seines Lebens ist. Insofern ist es gleich wahr, daß jeder Mensch das Allgemein-Menschliche repräsentiert und daß er eine Ausnahme ist. Indem der Ausnahmemensch das versteht, versöhnt er sich wieder mit dem Dasein.

Dies ist meine Meinung über den ungewöhnlichen Menschen. Man darf nicht auf bequemem, gefahrlosem Wege ein ungewöhnlicher Mensch werden: das lehrt mich meine Liebe zum Dasein, zum Menschsein. Wer aber ein ungewöhnlicher Mensch im edleren Sinne geworden ist, also unter den notwendigen inneren Kämpfen, der wird doch immer zugestehen, daß es das Höhere wäre, das Allgemeine vollständig in sein Leben aufzunehmen.

So empfange denn meinen freundschaftlichen Gruß. Zwar hat unser Verhältnis auf den Namen Freundschaft noch keinen Anspruch, wenn wir es mit dem Wort strenger nehmen; aber mein junger Freund wird, dessen bin ich gewiß, auch einmal so viel älter werden, daß ich ihn in Wahrheit meinen Freund nennen kann. Und sei meiner Teilnahme versichert. Empfange auch einen Gruß von ihr, die ich liebe, die mit mir ein Herz und eine Seele ist; empfange unsern gemeinsamen Gruß, und empfange ihren besonderen Gruß, der freundlich ist und aufrichtig wie allezeit.

Als du vor einigen Tagen bei uns warst, dachtest du gewiß nicht, daß ich schon wieder mit einem so großen Schreiben fertig sei. Du liebst es nicht, daß man mit dir von deiner inneren Geschichte spricht; deshalb zog ich vor zu schreiben und werde, daß ich dir geschrieben habe, nie mit einem Wort erwähnen. Dieser Brief bleibt also ein Geheimnis zwischen uns, und ich wünschte nicht, daß er dein Verhältnis zu mir und meiner Familie irgendwie verändern würde. Wie ich dich kenne, fällt es dir ja nicht schwer, ihn in unserem Verkehr zu ignorieren; das erbitte ich mir von dir um deinet- und meinetwillen. Ich habe mich nie in dich eindrängen wollen; ich kann dich wohl auf Abstand lieben, obwohl wir uns oft sehen. Bei deinem verschlossenen Wesen würde es kaum Nutzen schaffen, mit dir zu reden; dagegen werden meine Briefe, wie ich hoffe, für dich nicht ohne Bedeutung sein. Wenn du fortan dich selbst in der geschlossenen Maschinerie deiner Persönlichkeit verarbeitest, so bin ich nun auch dabei, bin fortan auch ein Moment in deiner Entwicklung. Da unser schriftlicher Verkehr ein Geheimnis bleiben soll, so beobachte ich alle geziemenden Formalitäten und rufe dir ein Lebewohl zu, als ob wir weit voneinander entfernt wären, obgleich ich dich nach wie vor bei mir zu sehen hoffe.

Ultimatum

Vielleicht ist es dir mit meinen beiden Briefen ergangen wie mir, daß du das meiste davon wieder vergessen hast. Möchte es dir dann aber auch in anderer Hinsicht ergehen wie mir: daß du dir nämlich zu jeder Zeit, unter dem Wechsel der Stimmung, von der inneren Bewegung in deinem Geist Rechenschaft ablegen könnest. Der Ausdruck, die Darstellung, die Einkleidung sind dem Wechsel unterworfen, die Haltung, die Bewegung, die Stellung bleiben unverändert. So treibt ja auch die Vegetation in jedem Jahr neue Blüten und ist doch in jedem Jahr wieder dieselbe. Würde ich dir heute schreiben, so würde ich mich vielleicht ganz anders ausdrücken, es würde mir diese oder jene Stelle vielleicht besser glücken. Aber darauf kommt es hier für mich gar nicht an; ich mache auf schriftstellerische Kunst keinen Anspruch, wie ich sie ja auch für meinen Beruf nicht brauche. Neues hätte ich dir doch nicht zu sagen. Meine Lebensanschauung ist und bleibt wie sie ist, ob ich im Laufe der Zeit mir die Fähigkeit erwerbe, sie leichter und natürlicher auszusprechen, ob sich im Laufe der Zeit die Neigung sie auszusprechen auch verliert.

Ich greife also nicht zur Feder, um dir einen neuen Brief zu schreiben; aber ein Brief, den ich von einem älteren Freund erhalten habe, einem Pfarrer in Jütland, hat mich veranlaßt, mich in Gedanken wieder lebhaft mit dir zu beschäftigen. Soviel ich weiß, hast du diesen meinen Freund nie gekannt. Meine Freundschaft mit ihm datiert schon aus meiner Studentenzeit, und trotz eines Altersunterschiedes von fünf, sechs Jahren stand ich ziemlich intim mit ihm. Er war eine kleine vierschrötige Gestalt, munter, lebensfroh und ungewöhnlich jovial. Bei tiefem inneren Ernst konnte er im äußeren Leben recht wohl fünfe gerade sein lassen. Er hatte Sinn für die Wissenschaft, dagegen weniger Sinn für die Examensarbeit und brachte es darum auch nicht über ein „befriedigend" hinaus. Vor vier Jahren erhielt er eine kleine Pfarrei auf der jütischen Heide. Die kleine Kirche stand in einem komischen Mißverständnis zu seiner Stentorstimme; mit seinem lebhaften Geiste, der ihm in unserem kleinen Kreise eine ausgezeichnete Stellung verschafft hatte, fand er sich unter den Bauern übel angebracht. Was Wunder, daß ihm seine Wirksamkeit zuerst recht unbedeutend erschien? Daß ihm das innere Kämpfe verursachte? Jetzt hat er das Gleichgewicht seiner Seele wiedergewonnen, und es hat mich erfreut und erbaut, den Brief von ihm zu lesen, den ich dieser Tage erhielt. „Auf der jütischen Heide", sagt er, „bin ich nun so recht zu Hause; da kann ich in meiner Weise studieren.

Ich schweife werktags durch die Heide und meditiere meine Predigten. Dann erweitert sich alles für mich; ich vergesse jeden wirklichen Zuhörer und gewinne dafür einen idealen Zuhörer, der mich nicht hindert, mich ganz in mich selbst zu verlieren. Trete ich dann auf die Kanzel, so ist es mir, als stünde ich noch auf der

Heide, wo mein Auge keinen Menschen entdeckt, wo ich die ganze Kraft meiner Stimme brauche, um den Sturm zu übertönen."

Doch ich schreibe dir nicht, dir dies zu erzählen; vielmehr will ich dir eine Predigt von ihm senden, die er seinem Brief beigelegt hat. Ich habe sie dir nicht vorlesen wollen, um nicht deine Kritik herauszufordern; liesest du sie in der Stille für dich, so wird sie ihres Eindrucks nicht verfehlen. Er hat sie noch nicht gehalten, meint aber, daß jeder Bauer sie verstehen soll, wenn er sie nächstes Jahr halten werde. Deshalb brauchst du sie nicht zu verschmähen; das ist ja eben das Schöne an dem Allgemeinen, daß alle es verstehen können. Er hat in dieser Predigt getroffen, was ich dir gesagt habe, was ich dir gerne gesagt hätte; und er hat es glücklicher zum Ausdruck gebracht, als ich es vermochte. Also: nimm und lies. Ich habe nichts hinzuzufügen, als daß ich sie gelesen und dabei an mich gedacht habe, und an dich.

Das Erbauliche in dem Gedanken, daß wir gegen Gott allezeit unrecht haben

Gebet

Himmlischer Vater! Lehre du uns recht beten, daß unser Herz sich dir öffnen möge in Bitte und Anrufung und keinen heimlichen Wunsch nähre, der nicht dein Wohlgefallen hätte, aber auch keine heimliche Furcht, du könntest uns etwas versagen, was zu unserem wahren Besten dienen würde; damit die kämpfenden Gedanken, der unruhige Sinn, das bange Herz da ihre Ruhe finden, wo sie allein zu finden ist: in dem frohen, dankbaren Bekenntnis, daß wir gegen dich allezeit unrecht haben. Amen.

Dieses heilige Evangelium steht geschrieben im Evangelium Lucä im 19. Kapitel, das vom 41. Vers bis zum Schluß also lautet: Und als Jesus nahe hinzukam, sah er die Stadt an und weinte über sie und sprach: wenn doch auch du erkennetest zu dieser deiner Zeit, was zu deinem Frieden dienet! Aber nun ist's vor deinen Augen verborgen. Denn es wird die Zeit über dich kommen, daß deine Feinde werden um dich und deine Kinder eine Wagenburg schlagen, dich belagern und an allen Orten ängsten und werden dich schleifen und keinen Stein auf dem andern lassen, darum daß du nicht erkannt hast die Zeit, darinnen du heimgesucht bist. Und er ging in den Tempel und fing an auszutreiben, die darinnen verkauften und kauften, und sprach zu ihnen: Es stehet geschrieben: Mein Haus ist ein Bethaus; ihr aber habt's gemacht zur Mördergrube. Und er lehrte täglich im Tempel, aber die Hohenpriester und Schriftgelehrten und die Vornehmsten im Volke trachteten ihm nach, daß sie ihn umbrächten; und fanden nicht, wie sie ihm tun sollten; denn alles Volk hing ihm an und hörte ihn.

Was der Geist den Propheten in Gesichten und Träumen geoffenbart hatte, was diese mit warnender Stimme einem Geschlecht nach dem andern verkündet hatten, das rückte nun näher und näher: die Verstoßung des auserwählten Volkes, der Untergang seiner heiligen Stadt. Christus zieht hinauf gen Jerusalem. Was andern noch verborgen ist, das liegt klar vor seinen Augen. Er weissagt nicht, die Zeit des Weissagens ist vorbei; er erweckt nicht mehr durch die Verkündigung der Zukunft Unruhe und Angst: er weint über Jerusalem. Und doch stand ja die Stadt noch in ihrer Herrlichkeit da; der Tempel ragte noch stolz empor, höher als irgendein anderer Bau der Welt. Christus selbst ist von dem Wunsch bewegt: „Wenn du doch erkennetest zu dieser deiner Zeit, was zu deinem Frieden dient!" Aber er muß hinzufügen: „Doch es ist verborgen vor deinen Augen". In Gottes ewigem Rat ist der Untergang Jerusalems beschlossen; was die Stadt retten könnte, ist vor den Augen ihrer Einwohner verborgen. War denn das Geschlecht jener Tage verdammlicher als das vorausgehende, dem es das Leben dankte? War das ganze Volk entartet? War kein Gerechter in Jerusalem, auch nicht ein einziger, der den Zorn der Gottheit noch hätte beschwichtigen können? War unter jenen, vor deren Augen ihr Heil verborgen war, kein Frommer? Und wenn doch ein solcher da war, wurde ihm dann in der Zeit der Angst und der Not, als die Feinde die Stadt ringsum belagerten und von allen Seiten bedrängten, keine rettende Tür geöffnet, stieg kein Engel hernieder, ihn hinauszuführen, ehe alle Wege der Flucht verschlossen waren? Geschah kein Zeichen um seinetwillen? Nein, es war in Gottes Ratschluß bestimmt, daß er mit untergehen müsse. Vergebens spähte die belagerte Stadt in ihrer Angst nach Hilfe; das Heer der Feinde erdrückte sie in seiner furchtbaren Umarmung; der Himmel blieb verschlossen, kein Engel wurde ihr gesandt, als der Würgengel, der sein Schwert über die Stadt schwang. Was das Volk verbrochen hatte, mußte dieses Geschlecht büßen, was das Geschlecht verbrochen hatte, mußte der Einzelne in ihm büßen. Soll also der Gerechte leiden mit dem Ungerechten? Was sollen wir darauf antworten? Sollen wir sagen, daß nun bald zweitausend Jahre seit jenen Tagen verflossen seien, daß die Welt vor dieser Zeit ein solches Schrecknis nie gesehen habe und nie mehr sehen werde; sollen wir Gott dafür danken, daß wir in Friede und Sicherheit leben, daß der Schrei der Angst aus jenen Tagen nur noch abgedämpft an unser Ohr tönt? Sollen wir hoffen und glauben, daß unser und unserer Kinder Leben still dahinfließe, unberührt von den Stürmen des Daseins? So würden wir also, weil wir nicht die Kraft hätten, solches durchzudenken, Gott dafür danken, daß er es uns erspare. Aber läßt sich etwas Feigeres, etwas Trostloseres denken als ein solcher Sinn? Ist das eine Erklärung des Unerklärlichen, daß es nur einmal geschehen sei? Ist nicht das das Unerklärliche, daß es überhaupt geschehen konnte? Und wenn das Unerklärliche einmal geschehen ist, macht es dann nicht auch alles andere unerklärlich, auch das was uns zuvor klar war? Welche Sicherheit haben wir denn, daß sich eine solche Ausnahme nicht wiederhole? Daß sie nicht das Wahre sei und der gewöhnliche Weltlauf das Unwahre? Oder ist das der Beweis für das Wahre, daß es nur öfter geschieht als das andere? Und wiederholt es sich nicht wirklich des öfteren, was über jene Zeiten kam? Gewiß, nur unter anderen Verhältnissen nach einem anderen Maßstabe. Wir alle wissen aus mannigfacher Erfahrung, daß täglich im Kleinen geschieht, was damals im Großen geschah. Aber kommt es denn auf den Maßstab an, nicht auf die Art dessen, was geschieht?

Jerusalem mußte also untergehen; und daß die heilige Stadt untergehen mußte, war eine Strafe für das auserwählte Volk; und diese Strafe traf Schuldige und Unschuldige mit gleicher Härte. Sieh, davor bebst du zurück. Daß allerlei Widerwärtigkeiten und Leiden über den Menschen kommen, daß diese wie das Unwetter keinen Unterschied machen zwischen Gerechten und Ungerechten: das kannst du fassen; aber daß es eine Strafe sein soll! Und doch stellt die Schrift es so dar. So hat also der Gerechte dasselbe Los wie der Ungerechte? So hat die Gottesfurcht keine Verheißung für dieses Leben? So ist jeder erhebende Gedanke, der dich einst reich machte an Mut und Vertrauen, nur eine Einbildung, ein Gaukelwerk? So daß nur Kinder und junge Leute ihre Hoffnung darauf setzen können, der Erfahrene aber keinen Segen mehr davon hat, sich nur noch daran ärgern kann, ihn nur noch mit Hohn zurückweisen kann? Doch dieser Gedanke empört dich; du willst nicht, daß er Macht über dich gewinnne, dich zu betören, dich abzustumpfen. Gerechtigkeit willst du lieben, Gerechtigkeit willst du üben früh und spät; ob sie auch keinen Lohn hat, du willst ihr doch treu bleiben. Denn du fühlst, daß sie ihr Recht in sich trägt, das ihr doch einmal werden muß. Darum willst du nicht ermattet hinsinken, um einmal zu erkennen, daß die Gerechtigkeit wohl ihre Verheißung hatte, du selbst dich aber von ihr ausgeschlossen hast, dadurch daß du an der Gerechtigkeit verzweifeltest. Nicht mit Menschen willst du kämpfen, aber mit Gott; ihn willst du festhalten, daß er sich nicht von dir losreiße, ohne dich zu segnen. Doch die Schrift sagt, daß du nicht mit Gott rechten sollst. Ist es nicht das, was du tust? Und ist das denn nicht wieder eine trostlose Rede? Ist die heilige Schrift dem Menschen nur dazu gegeben, ihn zu demütigen, ihn zunichte zu machen? Das sei ferne. Daß du nicht rechten sollst mit Gott, das will nur sagen, du solltest nicht recht haben wollen gegen Gott; aber in der Weise darfst du wohl mit Gott rechten, daß du dein Unrecht gegen ihn zu erkennen verlangst. Ja das ist es, was du selbst wollen mußt. Wird dir verboten, mit Gott zu rechten, so wird dir dadurch deine Vollkommenheit bezeugt; keineswegs aber wirst du dadurch als ein geringes Wesen behandelt, das keine Bedeutung für Gott hätte. Der Sperling fällt zur Erde: er hat gewissermaßen recht gegen Gott; die Lilie welkt dahin: sie hat gewissermaßen recht gegen Gott. Nur der Mensch hat unrecht; ihm allein ist vorbehalten, was allen andern versagt wurde: unrecht zu haben gegen Gott.

Oder soll ich anders reden? Soll ich dich an eine Weisheit erinnern, die man oft genug hört, eine Weisheit, die alles auf die bequemste Weise erklärt, ohne Gott oder den Menschen unrecht zu tun? Da sagt man: der Mensch sei ein schwaches Wesen; es wäre ungereimt von Gott, das Unmögliche von ihm zu verlangen; man tut, was man kann, und wenn man einmal im Rückstand bleibt, so wird Gott nicht vergessen, daß wir schwache und unvollkommene Wesen sind. Was soll ich da am meisten bewundern? Die erhabene Vorstellung von Gottes Wesen, die diese Klugheit verrät? Oder ihren tiefen Einblick in das menschliche Herz? Da geht man in sich, prüft sich selbst und kommt zu der bequemen Erkenntnis: man tut, was man kann. Ist denn das eine so leichte Sache, meine Zuhörer, zu entscheiden, wie viel das ist, was man kann? Warst du noch nie in einer Gefahr, wo du mit der Kraft der Verzweiflung kämpftest und doch so unendlich gerne noch mehr getan hättest? Wo vielleicht ein anderer mit einem zweifelnden und bittenden Blick auf dich sah, ob es dir nicht möglich wäre, mehr zu tun? Oder hattest du nie Angst vor dir selbst? War dir in dieser Angst nie, als ob keine Sünde so schwarz, keine Gier der Selbstsucht so abscheulich wäre, daß sie nicht in dich einschleichen und wie eine fremde Macht die Herrschaft über dich gewinnen könne? Hast du diese Angst nie vernommen? Wenn du sie nicht kennst, so tue deinen Mund nicht auf, mir zu antworten, du kannst ja doch nicht beantworten was ich frage; wenn du sie aber kennst, mein Zuhörer, so frage ich dich: fandest du denn Ruhe in jenem Wort „man tut, was man kann"? Oder hattest du nie Angst für andere? Hast du nie die im Leben wanken gesehen, zu denen du im Vertrauen aufzublicken pflegtest, um dich an ihnen zu erbauen? Hat dir da nicht eine leise Stimme zugeflüstert: wenn auch diese das Große nicht vollbringen können, was ist dann das Leben anders als eine böse Mühe? Und der Glaube anders als ein Trug, der uns in die Unendlichkeit hinauslockt, worin wir doch nicht leben können? Ist es dann nicht besser, sich alles Höhere aus dem Sinn zu schlagen? Hast du diese Stimme noch nie gehört, mein Zuhörer? Wenn nicht, so tue deinen Mund nicht auf, mir zu antworten, denn du kannst ja doch nicht beantworten, was ich frage; hast du sie aber schon gehört, mein Zuhörer, so frage ich dich: war es dir denn ein Trost, dir zuzurufen: „man tut, was man kann"? War das nicht eben der Grund deiner Unruhe, daß du nicht für dich selbst sicher feststellen konntest, wie viel man kann? Daß dir das in einem Augenblick so unendlich viel zu sein schien, im nächsten Augenblick so gar wenig? War das nicht eben die Qual in deiner Angst, daß du mit dir selbst über dich selbst nicht ins Reine kommen konntest? Daß der tiefinnerliche Ernst des Wunsches, das Deinige zu tun, nur den Stachel des Zweifels schärfte: ob du denn nicht getan habest, was du konntest? Oder ob du es wirklich getan habest, dir aber niemand zu Hilfe kommen wollte? Der ernste Zweifel, die ernste Bekümmernis kommt nicht zur Ruhe in dem Gedanken: man tut, was man kann. Hat der Mensch bald recht, bald unrecht, bis zu einem gewissen Grade recht, bis zu einem gewissen Grade unrecht: wer anders als der Mensch selbst soll denn dann entscheiden, wie weit er im Recht ist, wie weit im Unrecht? Aber wird er in dieser Entscheidung nicht wieder bis zu einem gewissen Grade recht haben, bis zu einem gewissen Grade unrecht? Er ist doch nicht, wenn er urteilt, ein anderer Mensch, als wenn er handelt? So soll also der Zweifel das Feld behaupten und immer neue Schwierigkeiten entdecken? Und in seinem Gefolge soll die Bekümmernis der geängsteten Seele eingraben, was sie zu erfahren bekam? Oder sollten wir vorziehen, beständig im Recht zu sein, so nämlich, wie das unvernünftige Geschöpf im Recht ist? So haben wir denn nur die Wahl, entweder vor Gott nichts zu sein, oder die Abwägung unseres Rechts und Unrechts in ewiger Qual jeden Augenblick von vorn zu beginnen, ohne doch je zum Beginn kommen zu können? Denn wenn wir mit Bestimmtheit entscheiden sollten, ob wir im gegenwärtigen Augenblick recht haben, so mußten wir diese Entscheidung mit Bestimmtheit für den vorausgehenden Augenblick getroffen haben und so weiter und immer weiter zurück.

Der Zweifel ist wieder in Bewegung gesetzt, die Bekümmernis ist wieder geweckt. So streben wir denn, sie zu beruhigen, indem wir erwägen:

Das Erbauliche, das in dem Gedanken liegt, daß wir gegen Gott allezeit unrecht haben.

Unrecht zu haben: läßt sich ein schmerzlicheres Gefühl denken als dieses? Und sehen wir nicht, daß die Menschen lieber alles erleiden, als daß sie ihr Unrecht eingestehen? Wir billigen einen solchen Starrsinn nicht, weder bei uns selbst, noch bei andern; wir halten es für weiser und besser, sein Unrecht einzugestehen, wo man wirklich unrecht hat; wir erkennen in dem Schmerz dieses Geständnisses eine bittere, aber heilsame Arznei: aber daß es ein Schmerz ist, unrecht zu haben, sein Unrecht einzugestehen, das verhehlen wir nicht. Wir leiden also den Schmerz, weil wir wissen, daß er uns zu unserem Besten dient; wir getrösten uns dessen, daß wir einst kräftigeren Widerstand zu leisten vermögen, vielleicht einmal nur noch selten ins Unrecht kommen werden. Diese Betrachtung ist so natürlich, daß sie jedermann einleuchtet. Es liegt also etwas Erbauliches darin, unrecht zu haben, sofern wir nämlich bei dem Eingeständnis unseres Unrechts uns durch die Hoffnung erbauen, immer seltener unrecht zu haben. Und doch, wir wollen ja nicht durch diese Betrachtung den Zweifel beruhigen, wir wollen ja das Erbauliche erwägen, das darin liegt, allezeit unrecht zu haben. Wenn nun aber jene erste Betrachtung erbaulich war, die uns die Hoffnung schenkte, mit der Zeit nicht mehr ins Unrecht zu kommen: wie kann dann auch die entgegengesetzte Betrachtung erbaulich sein, daß wir nämlich allezeit, also in der Zukunft nicht weniger als in der Vergangenheit, im Unrecht sind?

Dein Leben bringt dich in mannigfaltige Verhältnisse zu anderen Menschen. Manche von diesen lieben Recht und Gerechtigkeit, andere scheinen sich nicht darum zu kümmern: die tun dir also unrecht. Deine Seele ist nicht verhärtet gegen das Leiden, das sie dir dadurch zufügen; aber du erforschest und prüfest dich selbst, du vergewisserst dich, daß du recht hast, und du findest dann in dieser Überzeugung Ruhe und Kraft. „Wie sehr sie mich auch kränken mögen", sagst du, „diese Quelle inneren Friedens sollen sie mir nicht trüben und verstopfen, daß ich bei mir selbst weiß, ich habe recht und leide unrecht." Diese Betrachtung gewährt eine Befriedigung und Freude, die gewiß jeder von uns schon verschmeckt hat; und wenn du dann auch weiter unrecht leiden mußt, so erbaut dich der Gedanke, daß du doch im Recht bist. Diese Betrachtung ist so natürlich, so faßlich, so zuverlässig: und doch wollen wir nicht durch sie den Zweifel beruhigen und die Bekümmernis heben, sondern wir wollen das Erbauliche erwägen, das in dem Gedanken liegt, daß wir allezeit unrecht haben. Kann denn das Entgegengesetzte dieselbe Wirkung haben?

Dein Leben bringt dich in mannigfaltige Verhältnisse zu anderen Menschen; zu den einen wirst du mit einer stärkeren, innigeren Liebe hingezogen als zu den andern. Wenn nun ein Mensch, den du liebst, dir ein Unrecht zufügt, nicht wahr, das würde dich schmerzen, du würdest alles genau prüfen und dann würdest du zu dir sagen: „Ich weiß, daß ich recht habe, das beruhigt mich." Wirklich? Ich meine, wenn du ihn wirklich liebst, so beruhigt dich das nicht. Dann wirst du freilich auch alles genau erforschen. Wenn du aber immer wieder zu dem Ende kämest, daß er eben unrecht habe, so würde dich diese Gewißheit gerade beunruhigen. Du würdest wünschen, daß du im Unrecht wärest; du würdest alles aufspüren, was zu seinen Gunsten reden könnte; und wenn du keine Entschuldigung für ihn fändest, so würde sich deine Unruhe nur steigern: zur Ruhe kommst du nur in dem Gedanken, daß du unrecht habest. Oder wenn du Sorge zu tragen hattest für eines anderen Wohl und du hättest alles getan, was in deiner Macht stünde, er aber achtete nicht darauf und machte dir nur Kummer: da würdest du wohl genau zwischen ihm und dir abrechnen und dich in dem Gedanken beruhigen, daß du deine Pflicht gegen ihn erfüllt habest? O nein! Wenn du ihn liebtest, so würde dich dieser Gedanke nur ängstigen, so würdest du nach allem greifen, was irgendwie für ihn sprechen könnte, und wenn du nichts fändest, so würdest du deine Rechnung zerreißen und sie zu vergessen suchen und würdest dich an dem Gedanken erbauen, daß du doch unrecht haben müssest.

So ist es also schmerzlich, unrecht zu haben, und um so schmerzlicher, je öfter man unrecht hat; und es ist erbaulich, unrecht zu haben, und um so erbaulicher, je öfter man unrecht hat! Das ist ja ein Widerspruch. Wie ist er zu erklären? Nicht daraus, daß du im einen Fall erkennen mußt, was du im andern Fall zu erkennen wünschest? Aber bleibt nicht, was du erkennst, dasselbe? Wird denn die Sache dadurch anders, daß man wünscht oder nicht wünscht? Nein – und doch! Aber wie erklärt sich dieser Widerspruch? Nicht daraus, daß du in dem einen Falle liebtest, in dem andern Falle nicht? Mit andern Worten: daß dich im einen Falle das Unendliche, im anderen Falle das Endliche in ein Verhältnis zum andern brachte. So ist denn der Wunsch, unrecht zu haben, das Zeichen eines unendlichen Verhältnisses, der Wunsch, recht zu haben, das Zeichen eines endlichen Verhältnisses. Und es ist erbaulich, allezeit unrecht zu haben, weil nur das Unendliche erbaut, nicht das Endliche.

Wenn es sich nun um einen geliebten Menschen handelt, so glückt es vielleicht deiner Liebe, dein Denken fromm zu betrügen; aber du kommst doch nicht über den Widerspruch hinaus, daß du dich im Recht weißt und nur wünschest, zu glauben wünschest, daß du im Unrecht seiest. Ist es aber Gott, den du liebst, da kann ein solcher Widerspruch nicht entstehen; da kannst du nichts anderes denken, als was du zu glauben wünschest. Sollte er, der im Himmel ist, nicht größer sein als du, der du auf der Erde wohnst? Sollte sein Reichtum nicht deinen Wunsch überbieten? Seine Weisheit nicht tiefer sehen als deine Klugheit? Seine Heiligkeit nicht reiner sein als deine Gerechtigkeit? Mußt du das nicht notwendig erkennen? Mußt du es aber erkennen, so ist ja kein Widerspruch zwischen deinem Denken und deinem Wünschen. Und doch, wenn du es notwendig erkennen mußt, so hat der Gedanke, daß du allezeit unrecht hast, nichts Erbauliches. Daß es das eine Mal schmerzlich, das andere Mal erbaulich ist, unrecht zu haben, das hat ja, wie wir sahen, den Grund, daß man in einem Fall genötigt wird zu erkennen, was man im andern Fall zu erkennen wünscht. So wäre wohl dein Verhältnis zu Gott von einem Widerspruch befreit, aber du wärest um die Erbauung gekommen; und wir wollen ja das Erbauliche betrachten, das in dem Gedanken liegt, daß wir gegen Gott allezeit unrecht haben.

Steht es denn aber wirklich so, daß du dein Unrecht gegen Gott nur erkennen mußt? Greifen wir wieder auf das Verhältnis zu den Menschen zurück. Warum wünschtest du denn gegen einen Menschen unrecht zu haben? Weil du ihn liebtest. Warum fandest du das erbaulich? Weil du ihn liebtest. Je mehr du liebtest, desto weniger konntest du abwägen, ob du recht habest oder nicht; deine Liebe hatte ja nur den einen Wunsch, daß du beständig unrecht haben mögest. So auch in deinem Verhältnis zu Gott. Du liebtest Gott; und darum konnte deine Seele Ruhe und Freude nur in dem Gedanken finden, daß du gegen ihn, gegen Gott, allezeit unrecht haben müssest. Du wurdest nicht durch einen beschwerlichen Zwang des Gedankens zu dieser Erkenntnis gebracht; denn wenn du liebst, so bist du frei. Wenn du aus dem Gedanken die Gewißheit schöpftest, daß es sich nicht anders verhalten könne, daß auf deiner Seite immer das Unrecht, auf Gottes Seite immer das Recht sein müsse: so wäre die Erkenntnis eine Frucht der Erwägung. Aber du hast ja die Überzeugung von deinem Unrecht nicht aus der Erkenntnis erschlossen, daß Gott recht habe; vielmehr kamst du von dem einzigen und höchsten Wunsch deiner Liebe, daß du allezeit unrecht haben mögest, zu der Erkenntnis, daß Gott immer recht hat. Aber dieser Wunsch ist als Sache der Liebe eine Sache der Freiheit und du wurdest keineswegs zu der Erkenntnis genötigt, daß du allezeit unrecht habest. Das wurde dir nicht durch eine Erwägung nachgewiesen; die Gewißheit deiner Überzeugung beruht vielmehr darauf, daß dich ihr Inhalt erbaute.

Es ist also ein erbaulicher Gedanke, daß wir gegen Gott allezeit unrecht haben. Wäre das nicht der Fall, hätte diese Überzeugung nicht ihre Wurzel in deinem tiefsten Wesen, entspränge sie nicht der Liebe in dir, so würde dein Denken auch eine ganz andere Wendung genommen haben. Du hättest erkannt, unter dem Zwang der Erwägung, daß Gott allezeit recht habe; diese Erkenntnis hätte dich zu der Folgerung genötigt, daß du allezeit unrecht habest. Aber daß du die Anwendung auf dich selbst gemacht, diese Erkenntnis in dein ganzes Wesen aufgenommen hättest, das wäre ausgeblieben; denn dazu kannst du nicht genötigt werden. Du erkanntest, daß Gott allezeit recht, folglich du allezeit unrecht habest; aber diese Erkenntnis erbaute dich nicht. Es liegt nichts Erbauliches in dem Gedanken, daß Gott allezeit recht hat, noch in irgendwelchem Gedanken, der daraus mit Notwendigkeit folgt. Wenn du erkennst, daß Gott allezeit recht hat, so stehst du Gott gegenüber, und ebenso wenn du daraus folgerst, daß du allezeit unrecht hast. Wenn du dagegen nicht in Kraft eines vorausgehenden Denkens forderst und bejahst, daß du allezeit unrecht hast, so bist du in Gott geborgen. Das ist deine Anbetung, deine Andacht, deine Gottesfurcht.

Du liebtest einen Menschen, du wünschtest, allezeit gegen ihn unrecht zu haben. Aber ach, er wurde dir untreu. Wie unlieb dir es auch war, wie sehr es dich auch schmerzte, du bekamst doch recht gegen ihn und darin unrecht, daß du ihn so hoch liebtest, und doch verlangte deine Seele so zu lieben; nur darin fandest du Ruhe und Frieden und Glück. Da wandte sie sich weg von dem Endlichen zu dem Unendlichen; da fand sie, was sie lieben konnte; da wurde deine Liebe glücklich. „Gott will ich lieben", sagtest du; „er gibt dem Liebenden alles, er erfüllt meinen höchsten, meinen einzigen Wunsch, daß ich gegen ihn allezeit unrecht habe; nie wird ein ängstigender Zweifel mich von ihm wegreißen, nie wird der Gedanke mich erschrecken, daß ich recht bekommen könnte gegen ihn, denn gegen Gott habe ich allezeit unrecht."

Oder verhält es sich nicht so? War dies nicht dein einziger höchster Wunsch? Ergriff dich nicht eine entsetzliche Angst, wenn einen Augenblick der Gedanke in deiner Seele aufkommen konnte, daß du recht haben könntest, daß nicht Gottes Vorsehung Weisheit wäre, sondern dein Plan, nicht Gottes Gedanken das Rechte wären, sondern dein Wirken, nicht Gottes Herz Liebe wäre, sondern dein Gefühl? Und war es nicht deine Seligkeit, daß du nie so lieben konntest, wie du geliebt wurdest? So ist denn das, daß du gegen Gott allezeit unrecht hast, nicht bloß eine Wahrheit, die du erkennen mußt, nicht bloß ein Trost, der deinen Schmerz lindert, nicht bloß ein Surrogat für etwas Besseres; nein, das ist eine Freude, in der du über dich selbst und über die Welt siegst, dein Jubel, dein Lobgesang; es ist ein Beweis, daß deine Liebe glücklich ist, wie nur die Liebe es sein kann, womit man Gott liebt.

Es ist ein erbaulicher Gedanke, daß wir gegen Gott allezeit unrecht haben; erbaulich ist es, daß wir unrecht haben, erbaulich, daß wir es allezeit haben. Dieser Gedanke erweist seine erbauliche Kraft auf doppelte Weise: indem er den Zweifel aufhält und dessen Bekümmernis hebt; und indem er zum Handeln ermuntert. Du erinnerst dich noch, mein Zuhörer, einer Weisheit, die wir zuvor gekennzeichnet haben? Sie sah so treuherzig und zuverlässig aus; sie machte sich anheischig, jeden Menschen sicher durchs Leben zu führen und vor den Stürmen des Zweifels zu retten. Man tut, was man kann, rief sie dem Ratlosen zu. Und es ist ja nicht zu leugnen; wenn man getan hat, was man kann, so ist einem geholfen. Weiter wußte sie nichts zu sagen; sie wußte dem Zweifelnden nur ihr Sprüchlein zu wiederholen, wenn sie nicht im Augenblick der Not wie ein Traum verschwand. Denn wenn er sie brauchen wollte, so zeigte sich, daß sie nicht zu brauchen war, da sie ihn nur in immer neue Schwierigkeiten verwickelte. Er durfte sich nicht die Zeit nehmen zu überlegen, was er tun könnte, da er das ja immer schon tun sollte. Und wenn er sich die Zeit der Überlegung nahm, so brachte er es mit aller Anstrengung des Denkens immer nur zu einer größeren oder geringeren Wahrscheinlichkeit, zu einer annähernden Gewißheit, nie zur Gewißheit. Was soll denn auch in dem Verhältnis des Menschen zu Gott ein Mehr oder Weniger besagen, eine bloße Annäherung? Gilt da nicht das bestimmte Ja oder Nein? So überzeugte er sich denn, daß diese Weisheit unter dem Schein freundlicher Hilfe verräterisch immer tiefer in den Zweifel verwikkelte, in ein unentrinnbares Labyrinth verwirrter Gedanken hineinängstete. Was ihm früher dunkel war, ohne ihn doch in Bekümmernis zu versetzen, das machte sie ihm zwar nicht klarer, verwandelte es aber in ein zweideutiges, ängstigendes Rätsel. Nur in einem unendlichen Verhältnis zu Gott beruhigt sich der Zweifel; nur in einem unendlich freien Verhältnis zu Gott verwandelt sich die Bekümmernis in Freude. In ein unendliches Verhältnis zu Gott bringt die Erkenntnis, daß Gott allezeit recht hat; in ein unendlich freies Verhältnis die Erkenntnis, daß man selbst allezeit unrecht hat. Damit ist der Zweifel zum Stillstand gebracht; denn das eben verursachte die Unruhe des Zweifels, daß man den einen Augenblick recht haben sollte, den andern Augenblick unrecht, bis zu einem gewissen Grade recht haben sollte, bis zu einem gewissen Grade unrecht und daß dadurch das Verhältnis zu Gott bestimmt werden sollte; aber so kommt man in kein Verhältnis zu Gott, und daraus zieht der Zweifel immer neue Nahrung. Gegen einen andern Menschen könnte man wohl teils unrecht haben, teils recht, bis zu einem gewissen Grade unrecht, bis zu einem gewissen Grade recht; denn der Mensch ist ein endliches Wesen und das Verhältnis zweier Menschen ein endliches Verhältnis, das ein Mehr oder Weniger zuläßt. Der Zweifel will das unendliche Verhältnis zu Gott verendlichen; und solange man das unendliche Verhältnis zu Gott durch das Mehr oder Weniger endlicher Bestimmungen erschöpfen will, so lange verbleibt man in dem Herrschaftsgebiet des Zweifels. Wenn dich daher der Zweifel mit dem Einzelnen ängstigen will, wenn er dich lehren will, daß du zuviel leiden müssest und über deine Kräfte versucht werdest: so vergiß all das Endliche in dem Unendlichen, daß du allezeit unrecht hast. Wenn der Zweifel dir Bekümmernis schafft, so erhebe dich über das Endliche in das Unendliche; die Schwinge aber, mit der du dich über die Endlichkeit emporschwingst, ist der Gedanke, daß du allezeit unrecht hast: in ihm sucht sich deine Sehnsucht hin zu Gott, in ihm findet sich deine Liebe hin zu Gott.

Gegen Gott haben wir also allezeit unrecht. Aber ist dieser Gedanke, so erbaulich er auch sein mag, nicht eine Gefahr für den Menschen? Betäubt er ihn nicht? Wiegt er ihn nicht in einen Schlaf ein, worin er wohl von einem Verhältnis zu Gott träumt, aber in kein wirkliches Verhältnis zu Gott kommt? Verzehrt er nicht die Kraft des Willens, die Stärke des Vorsatzes? Keineswegs! Wenn ein Mensch gegen den andern immer im Unrecht zu sein wünscht, macht ihn das vielleicht schlaff und träge? Tut er nicht trotz seines Wunsches, ja wegen seines Wunsches alles, was in seiner Macht steht, um dem andern gerecht zu werden? Warum sollte das im Verhältnis zu Gott anders sein? Sollte uns das nicht vielmehr in Begeisterung versetzen, daß Gottes Liebe zu uns immer größer ist als unsere Liebe zu Gott? Und das meinen wir doch allein, wenn wir sagen, daß wir gegen Gott allezeit unrecht haben. Dieser Gedanke gibt uns also Freudigkeit zu handeln, während der Zweifel die Kraft zu handeln verzehrt; er entzündet unsern Geist zur höchsten Glut, während alle endliche Berechnung des Geistes Feuer erstickt. Wenn dir dein einziger Wunsch versagt wurde, mein Zuhörer, so bist du doch froh; du sagst nicht: „Gott hat allezeit recht". denn darin liegt keine Freude; du sagst: „Gegen Gott habe ich allezeit unrecht". Wenn du dir selbst deinen höchsten Wunsch versagen mußtest, so bist du doch froh; du sagst nicht: „Gott hat allezeit recht", du sagst: „Gegen Gott habe ich allezeit unrecht." Wenn dein Wunsch gewissermaßen zugleich deine Pflicht war, du dir also nicht bloß deinen Wunsch versagen, sondern gewissermaßen auch deiner Pflicht untreu werden mußtest, so daß du nicht bloß deine Freude verlorst, sondern auch deine Ehre: du bist doch froh; „gegen Gott", sagst du, „habe ich allezeit unrecht." Wenn du anklopftest und dir wurde nicht aufgetan, wenn du suchtest und nicht fandest, wenn du arbeitetest und nichts vollbrachtest, wenn du pflanztest und begossest und der Segen ausblieb, wenn der Himmel verschlossen war und dein Flehen keine Antwort fand: du bist doch froh in deiner Tat. Wenn die Strafe für der Väter Schuld über dich kam: du bist doch froh, denn gegen Gott haben wir allezeit unrecht.

Gegen Gott haben wir allezeit unrecht. Dieser Gedanke hält den Zweifel auf und beschwichtigt die Bekümmernis, er ermuntert und begeistert zur Tat.

Dein Gedanke, mein Zuhörer, ist nun meinen Gedanken gefolgt; vielleicht hurtig vorauseilend, wenn ich dich bekannte Wege führte, vielleicht nur langsam und widerstrebend, wenn der Weg dir fremd war; aber auch dann haben sich deine Bedenken gelöst und du hast mir zugestanden, daß es ist wie ich sage. Nun noch eine Frage, ehe wir scheiden: Wünschtest du, könntest du wünschen, daß es sich anders verhielte? Könntest du wünschen, daß du recht hättest? Daß jenes schöne Gesetz, das die Menschheit und jeden Menschen in ihr durch Jahrtausende hindurch getragen hat (ein Gesetz, herrlicher als das Gesetz, das die Sterne in ihrer Bahn hält), daß jenes Gesetz versagte? Könntest du das wünschen? Wäre das nicht entsetzlicher, als wenn das Gesetz der Natur seine Kraft verlöre und alles sich wieder in ein krauses Chaos auflöste? Ich will dich nicht durch Drohen und Schelten schrecken; dein Wunsch entspringe nicht der Angst vor der Vermessenheit des Gedankens, gegen Gott recht haben zu wollen; ich frage dich bloß: wünschtest du, daß es sich anders verhielte? Vielleicht hat meine Stimme nicht die Kraft und Innerlichkeit, um in die Tiefe deines Gemüts einzudringen, o dann frage dich selbst; frage dich mit der feierlichen Ungewißheit, mit der du dich an einen Menschen wenden würdest, der durch seine Antwort über das Glück deines Lebens entscheidet; frage dich mit noch höherem Ernst: denn es hängt wirklich Leben und Seligkeit daran, daß du hier nicht fehl greifest. Halte deine Seele nicht auf, wenn sie sich ins Unendliche emporschwingen will; betrübe nicht den Geist in dir, vergeude nicht seine Kraft mit halben Wünschen und halben Gedanken! Frage dich, und halte deine Frage fest, bis dir eine Antwort wird. Man kann ein Ding öfters erkannt und anerkannt, öfters gewollt und versucht haben; aber daß dir das Erkannte wirklich zugehört, dir von keiner Macht wieder entrissen werden kann, dessen vergewissert dich erst die tiefe innere Bewegung, die unbeschreibliche Ergriffenheit des Herzens. Nur die Wahrheit, die dich erbaut, ist Wahrheit für dich.

PHILOSOPHISCHE BROCKEN
Auch ein Bißchen Philosophie

Von Johannes Climacus
Herausgegeben von S. Kierkegaard

Kann es einen historischen Ausgangspunkt für ein ewiges Bewußtsein geben?
Wie kann ein solcher mehr als historisch interessieren?
Kann man eine ewige Seligkeit auf ein historisches Wissen bauen?

Kopenhagen 1844
Übersetzt von Chr. Schrempf

Besser, gut gehangen, als schlecht verheiratet.
SHAKESPEARE [WAS IHR WOLLT I, 5]

Vorwort

Was hier geboten wird, ist nur eine *pièce, proprio Marte, propriis auspiciis, proprio stipendio,* ohne jeglichen Anspruch auf Teilhaberschaft an dem wissenschaftlichen Streben, wo man sich seine berechtigte Stellung erwirbt als der, welcher den Durchgangspunkt darstellt, den Übergang vermittelt, welcher abschließt, vorbereitet, an der Ausführung teilnimmt; wo man unter die Mitarbeiter eintritt oder unter den Freiwilligen der Heeresfolge dient; wo man als Heros oder doch als relativer Heros anerkannt oder zum mindesten als absoluter Trompeter verwendet wird. Es ist nur eine *pièce,* die auch nichts weiter werden kann, wollte ich sie auch wie der Magister bei Holberg[1] *volente Deo* mit siebenzehn andern fortsetzen; sie wird nichts weiter, so wenig wie der, welcher Feuilletonartikel schreibt, etwas andres schreibt, und sollte er Folianten schreiben. Die Leistung steht indessen im Verhältnis zu meinen Kräften, denn ich bin nicht wie jener edle Römer *merito magis quam ignavia* von der Arbeit am System abgehalten; ich bin vielmehr ein Tagedieb aus Bequemlichkeit, *ex animi sententia,* und aus guten Gründen. Doch will ich mir keine *ἀπραγμοσύνη* zu Schulden kommen lassen; diese ist wohl zu jeder Zeit ein Staatsverbrechen, vornehmlich aber in einer Gärungsperiode, und wurde darum auch in alten Zeiten bei Kopfabhauen verboten. Aber gesetzt nun, daß man mit seiner Einmischung ein großes Verbrechen verschuldete, weil man nur Verwirrung anstiftete: wäre es da nicht besser, man bliebe für sich? Es ist nicht jedem gegeben, daß seine Denkarbeit glücklich mit dem Interesse des gemeinen Wesens zusammentrifft, so glücklich, daß es fast schwierig wird, auszumachen, wie weit er sich für sich selbst oder für dieses abarbeitet; denn saß nicht Archimedes gleich vertieft in die Betrachtung seiner Zirkel, als Syrakus eingenommen wurde? War es nicht der römische Soldat, der ihn tötete, dem er das schöne Wort entgegenrief: *noli perturbare circulos meos*? Wer aber nicht so glücklich ist, sehe sich nach einem andern Vorbild um. Als Korinth von Philipp mit einer Belagerung bedroht wurde und alle Einwohner in großer Geschäftigkeit hin- und herliefen, der eine seine Waffen putzte, der andre Steine zusammentrug, ein dritter an der Mauer ausbesserte, und Diogenes dies sah, da faßte er in Eile seinen Mantel zusammen und kugelte seine Tonne mit großem Eifer die Gassen auf und nieder. Als man ihn fragte, warum er das tue, antwortete er: auch ich bin beschäftigt und rolle meine Tonne hin und her, damit ich nicht der einzige Müßiggänger unter so viel fleißigen Menschen bin. Ein solches Benehmen ist zum mindesten nicht sophistisch, wenn anders Aristoteles die Sophistik richtig als die Kunst definiert, mit der man Geld verdiene. Ein solches Benehmen kann zum mindesten kein Mißverständnis verschulden; denn es war doch wohl undenkbar, daß jemand darauf verfallen konnte, in Diogenes einen Wohltäter

1 [Stypotius in Jacob v. Thyboe, III, 4.]

der Stadt zu sehen, und es ist doch wohl unmöglich, daß jemand darauf verfallen könnte (was ich wenigstens für die größte Gefahr halte, die meinem Vorhaben in den Weg treten möchte), einer *pièce* welthistorische Bedeutung zuzuschreiben, oder anzunehmen, daß ihr Verfasser der in unserer lieben Residenz erwartete systematische Salomon Goldkalb wäre.[1] Wenn dies geschehen sollte, so müßte der Schuldige wohl von Natur besonders dumm sein; er müßte in dem antistrophischen Wechselgesang, der sich in unsern Tagen erhebt, sobald irgendein Subjekt den Beginn einer neuen Ära, einer neuen Epoche usw. vorspiegelt ... er müßte, Tag für Tag in diesem fortbrüllend, sich sein sparsam zugeteiltes *quantum satis* an gesundem Menschenverstand gründlich aus dem Kopf hinausgeschrien haben und beseligt bei dem angelangt sein, was man den schreienden Wahnsinn der höheren Narretei nennen könnte, dessen Symptom das Geschrei, das konvulsivische Geschrei ist, dessen Geschrei den Inhalt hat: Ära, Epoche, Ära und Epoche, Epoche und Ära, System! Der Zustand eines so Beglückten ist nämlich eine unvernünftige Exaltation, da er lebt, als wäre nicht bloß jeder Tag einer der jedes vierte Jahr eintretenden Schalttage, sondern gar einer derer, die nur alle tausend Jahre wiederkehren, während der Begriff in dem ewigen Jahrmarkt dieser Zeit wie ein Gaukler jeden Augenblick diese Hundekünste machen muß und sich überschlägt und überschlägt, bis daß der Mensch sich überschlägt. Der Himmel möge mich und meine *pièce* vor der Situation bewahren, daß mich so ein lärmender Einfaltspinsel durch sein täppisches Dreinfahren aus der sorglosen Selbstzufriedenheit herausreiße, die ich als Verfasser einer *pièce* genieße, und einen guten, wohlwollenden Leser daran hindere, ganz ungeniert nachzusehen, ob er von meiner *pièce* etwas brauchen kann; daß ich durch einen solchen in die tragikomische Verlegenheit komme, über mein eigenes Unglück lachen zu müssen, wie wohl die gute Stadt Fredericia bei ihrem Unglück noch lachen mußte, als sie im Journal über eine dortige Feuersbrunst las: „die Alarmtrommel ging herum, die Spritzen rasselten durch die Straßen" ... während es doch nur eine Spritze in Fredericia gibt und wohl auch nicht viel mehr als eine Straße, und jene Nachricht also zu dem Schluß nötigte, die eine Spritze sei bedeutungsvoll in der Straße herumkutschiert, statt auf den Brandplatz zu eilen ... während doch meine *pièce* zuletzt von allen an den Lärm der Alarmtrommel erinnern möchte, wie ihr Verfasser zuletzt von allen Neigung hätte, die Alarmtrommel herumgehen zu lassen.

Welches nun mein Standpunkt ist? ... Es frage mich niemand darum, und nächst dem, ob ich überhaupt einen Standpunkt habe, kann ja jedem andern nichts gleichgültiger sein als das, welches mein Standpunkt ist. Einen Standpunkt haben ist mir beides, zu viel und zu wenig; es setzt Sorglosigkeit und Wohlbehagen in seiner Existenz voraus, wie wenn man in diesem Erdenleben Weib und Kind besitzen will, was ja dem auch nicht vergönnt ist, der Tag und Nacht im

[1] In Heibergs „König Salomo und Jörgen Hutmacher".

Zeuge sein muß, ohne doch sein gewisses Auskommen zu haben. In der Welt des Geistes ist dies mein Los. Denn dazu habe ich mich ausgebildet, dazu bilde ich mich noch: allezeit leicht in des Gedankens Dienst tanzen zu können, soweit möglich zu Gottes Ehre und meinem eigenen Vergnügen, mit Verzicht auf die häusliche Glückseligkeit und bürgerliche Achtung, auf die *communio bonorum*, auf das Frohsein mit den Fröhlichen, welches darin liegt, daß man einen Standpunkt hat. Ob ich aber irgendeinen Lohn davon habe? Ob ich, dem gleich, der am Altar dient, selbst von dem mich nähre, was auf dem Altar aufgelegt wird? ... Das lasse man meine Sorge sein; *Der*, dem ich diene, ist gut genug, wie die Geldleute sagen, und in noch ganz anderer Weise gut, als diese es verstehen. Wenn hingegen jemand so höflich sein wollte, mir einen Standpunkt zuzutrauen, wenn er die Galanterie gar bis zu dem Extrem triebe, diesen Standpunkt anzunehmen, weil er der meinige ist: so tut es mir leid um seine Höflichkeit, denn sie wird einem Unwürdigen zuteil, sowie um seinen Standpunkt, wenn er anders nicht einen andern hat als den meinigen. Mein Leben kann ich einsetzen, mit meinem Leben kann ich allen Ernstes spielen, nicht mit dem eines andern. Dies vermag ich, das Einzige, was ich für den Gedanken tun kann, ich, der ich ja keine Gelehrsamkeit anzubieten habe, kaum noch den Kursus zu einer Drachme, geschweige denn den „großen Kursus zu fünfzig Drachmen" (Kratylus, S. 84b). Nur mein Leben habe ich; dieses setze ich sofort ein, sowie eine Schwierigkeit sich zeigt. Da geht das Tanzen leicht; denn der Gedanke an den Tod ist eine flinke Tänzerin, meine Tänzerin; jeder Mensch ist für mich zu schwer; und darum, ich bitte, per *per deos obsecro*: daß keiner für mich inkliniere, denn ich tanze nicht.

J. C.

Propositio

Die Frage wird von dem Unwissenden erhoben, der auch nicht weiß, was ihn veranlaßt, so zu fragen

Kapitel I. Das Denkprojekt

A

Inwieweit kann die Wahrheit gelehrt werden? Mit dieser Frage wollen wir beginnen. Es war dies eine sokratische Frage, oder sie entstand doch aus der sokratischen Frage, wie weit die Tugend könne gelehrt werden; denn die Tugend wurde ja wieder als Einsicht bestimmt (vgl. Protagoras, Gorgias, Meno, Euthydem). Sofern nun die Wahrheit gelehrt werden soll, muß vorausgesetzt werden, daß sie nicht da ist; indem sie also gelehrt werden soll, wird sie gesucht. Hier begegnen wir nun der Schwierigkeit, auf welche Sokrates im Meno (S. 80 e) als auf einen „streitlustigen Satz“ aufmerksam macht: daß ein Mensch unmöglich suchen kann, was er weiß, und ebenso unmöglich suchen kann, was er nicht weiß; denn was er weiß, kann er nicht suchen, da er es ja weiß, und was er nicht weiß, kann er nicht suchen, da er ja auch nicht weiß, was er suchen soll. Die Schwierigkeit wird von Sokrates durch den Gedanken aufgelöst, daß alles Lernen und Suchen nur Erinnerung sei, so daß der Unwissende nur eines Hinweises bedürfe, um durch sich selbst sich auf das zu besinnen, was er weiß. Die Wahrheit wird also nicht in ihn hineingebracht; sie war in ihm. Diesen Gedanken führt Sokrates weiter aus, und in ihm konzentriert sich eigentlich das griechische Pathos, da er ein Beweis für die Unsterblichkeit der Seele wird, aber wohlgemerkt, in rückläufiger Bewegung, d. h. ein Beweis für die Präexistenz der Seele.[1]

Von dieser Betrachtung aus zeigt sich, mit welch wunderbarer Konsequenz Sokrates sich selbst treu blieb und künstlerisch realisierte, was er verstanden hatte. Er war und blieb „Hebamme“, nicht weil er „das Positive“ nicht hatte[2],

---

[1] Wird der Gedanke in seinem nackten Sinne aufgefaßt, so daß also nicht auf die verschiedenen Zustände der Präexistenz reflektiert wird, so kehrt dieser griechische Gedanke in der älteren und modernen Spekulation wieder: als ein ewiges Schaffen, ein ewiges Ausgehen vom Vater, ein ewiges Gottwerden, ein ewiges Sich-Opfern, eine schon geschehene Auferstehung, ein überstandenes Gericht. Alle diese Gedanken sind jener griechische Gedanke der „Erinnerung“, nur merkt man dies nicht jederzeit, weil man ja durch ein „Weitergehen“ zu ihnen gelangt ist. Wird der Gedanke in eine Aufzählung der verschiedenen Zustände der Präexistenz zerlegt, so gleichen die ewigen *prae* dieses approximierenden Gedankens den ewigen *post* der entsprechenden Approximation. Man erklärt den Widerspruch des Daseins, indem man ein *prae* statuiert, wie man es bedarf (infolge eines früheren Zustandes ist das Individuum in seinen gegenwärtigen, anders nicht zu erklärenden Zustand gekommen), oder indem man ein *post* statuiert, wie man es bedarf (in einer andern Welt kann man das Individuum besser anbringen, und von da aus gesehen ist sein gegenwärtiger Zustand nicht unerklärlich).

[2] So redet man in unserer Zeit, in der man ja das Positive hat, wie wenn etwa ein Polytheist sich über die Negativität des Monotheismus höhnisch auslassen wollte. Der Polytheist hat ja viele Götter, der Monotheist nur einen; so haben die Philosophen manche Gedanken, die bis zu einem gewissen Grade gelten, Sokrates nur einen, aber dieser ist absolut.

sondern weil er einsah, daß jenes Verhältnis das höchste ist, das ein Mensch zu einem andern einnehmen kann. Und damit behält er ja in alle Ewigkeit Recht; denn selbst wenn irgend einmal ein göttlicher Ausgangspunkt gegeben worden ist, zwischen Mensch und Mensch bleibt dies das richtige Verhältnis, falls man nämlich auf das Absolute reflektiert und nicht mit dem Zufälligen spielt, vielmehr von ganzem Herzen darauf verzichtet, die Halbheit verstehen zu wollen, welche der Menschen Lust und das Geheimnis des Systems auszumachen scheint. Dagegen war Sokrates eine von Gott selbst examinierte Hebamme; das Werk, das er vollbrachte, war ein göttlicher Auftrag (s. Platos Apologie), wenn er auch den Menschen als ein Sonderling vorkam (ἀτοπώτατος Theät. S. 149); und es war göttlich gemeint, was Sokrates auch verstand, daß Gott ihm verbot zu zeugen (*μαιεύεσθαί με ὁ θεὸς ἀναγκάζει, γεννᾶν δὲ ἀπεκώλυσεν.* Theät. S. 150); denn zwischen Mensch und Mensch ist das μαιεύεσθαι das Höchste, das γεννᾶν gehört Gott zu.

Von Sokrates aus gesehen ist jeder Ausgangspunkt in der Zeit *eo ipso* ein Zufälliges, ein Verschwindendes, eine Veranlassung. Auch der Lehrer ist nicht *mehr*; und gibt er sich und seine Lehre auf irgendeine andre Weise hin, so gibt er nicht, sondern nimmt, so ist er nicht des andern Freund, noch weniger sein Lehrer. Dies ist das Tiefsinnige in dem sokratischen Denken, dies seine so edel durchgeführte Humanität, die nicht in schlechter, eitler Weise mit guten Köpfen Kompagnie machte, vielmehr sich mit dem Bauersmann ebenso verwandt fühlte, weshalb er ja schnell „sich dessen vergewisserte, daß die Physik nicht Sache des Menschen ist, und darum in den Werkstätten und auf dem Markte über das Ethische zu philosophieren begann" (Diog. v. Laert. II 5,21), und gleich absolut philosophierte, mit wem er auch sprach.

Mit halben Gedanken, mit Handeln und Feilschen, mit Rechten und Nachgeben, als schuldete der Einzelne bis zu einem gewissen Grade dem andern etwas, bis zu einem gewissen Grade aber auch wieder nicht; mit glatten Worten, die alles erklären, nur das eben nicht, welches dieser „gewisse Grad" ist; mit allem derartigen geht man nicht über Sokrates hinaus, man erreicht auch nicht den Begriff der „Offenbarung", sondern bleibt im Geschwätz stecken. Für die sokratische Betrachtung ist jeder Mensch sich selbst das Zentrale und die ganze Welt strebt auf ihn als ihr Zentrum hin, weil seine Selbsterkenntnis eine Gotteserkenntnis ist. So verstand Sokrates sich selbst; so mußte nach seiner Anschauung jeder Mensch sich selbst verstehen, und in Kraft dieses Gedankens mußte er sein Verhältnis zu dem Einzelnen verstehen, jederzeit gleich demütig und gleich stolz. Sokrates hatte den Mut und die Besonnenheit dazu, sich selbst genug zu sein, aber auch, im Verhältnis zu andern, selbst für den dümmsten Menschen nicht mehr als Veranlassung sein zu wollen. O seltener Hochsinn, selten in unserer Zeit, wo der Pfarrer schon etwas mehr ist als der Küster, wo jeder zweite Mensch Autorität ist, während alle diese Verschiedenheiten, alle die vielen Autoritäten nur in einer gemeinsamen Narrheit, in einem *commune naufra-*

gium die „Vermittelung" finden! Während nämlich in Wahrheit nie ein Mensch für den andern Autorität gewesen ist oder als Autorität für einen andern diesem je Gewinn brachte oder in Wahrheit Klienten an sich zu fesseln vermocht hat, glückt dies auf eine andre Weise besser: denn es schlägt selten fehl, daß ein Narr, der für sich in seiner Narrheit dahingeht, nicht noch mehr andre mit sich ziehe.

Verhält es sich so mit dem Lehren der Wahrheit, so kann es mich nur historisch interessieren, ob ich von Sokrates oder von Prodikos oder von einem Dienstmädchen gelernt habe; oder aber (wenn ich Platos Schwärmerei habe) beschäftigt es mich dichterisch. Ist aber diese Schwärmerei gleich schön; wünsche ich auch mir selbst und jedem diese εὐκαταφορία εἰς πάϑος, vor der nur der Stoiker warnen könnte; habe ich auch nicht genug sokratischen Hochsinn und sokratische Selbstverleugnung, um ihre Nichtigkeit durchzudenken: sie ist doch nur eine Illusion, würde Sokrates sagen, ja eine Unklarheit, in welcher die irdische Verschiedenheit fast wollüstig durchgärt. Es kann mich auch nicht mehr als historisch interessieren, daß des Sokrates oder Prodikos Lehre die oder die war; denn die Wahrheit, in der ich ruhe, war in mir selbst und wurde durch mich selbst produziert; auch Sokrates war nicht imstande sie mir zu geben, so wenig wie der Fuhrmann die Last des Pferdes zu ziehen vermag, wenn er auch mit der Peitsche nachhelfen kann.[1] Mein Verhältnis zu Sokrates und Prodikos kann auch nicht für eine ewige Seligkeit in Frage kommen; denn diese wird mir durch eine rückläufige Bewegung in dem Besitz der Wahrheit gegeben, die ich von Anfang an hatte, ohne es zu wissen. Gesetzt, ich träfe in der Unterwelt mit Sokrates, Prodikos oder dem Dienstmädchen zusammen, so würde wiederum hier keine dieser Personen mehr als Veranlassung sein, was Sokrates kühn damit ausdrückte: er würde auch in der Unterwelt nur fragen; denn der Grundgedanke alles Fragens ist, daß der Gefragte doch die Wahrheit selbst haben und durch sich selbst bekommen muß. Der zeitliche Ausgangspunkt ist ein Nichts; denn im selben Augenblick, da ich entdecke, daß ich von Ewigkeit her die Wahrheit gewußt habe, nur ohne es zu wissen, im selben Nu ist jener Augenblick im Ewigen versenkt, von ihm aufgesogen, so daß ich ihn sozusagen nicht mehr finden kann, wenn ich ihn auch suchte; denn da gibt es kein da und dort, sondern nur ein *ubique et nusquam*.

---

[1] Eine Stelle in Klitophon will ich hier als Äußerung eines dritten anführen, da dieser Dialog für unecht gilt. Klitophon klagt über Sokrates, er begnüge sich damit, die Menschen zur Tugend aufzumuntern (προτρέπειν) und überlasse von dem Augenblick an, da er die Tugend im allgemeinen hinlänglich anbefohlen habe, den Einzelnen sich selbst. Klitophon meint, das habe darin seinen Grund, daß Sokrates entweder nicht mehr verstehe oder nicht mehr mitteilen wolle (s. S. 410 c).

B

Soll sich dies anders verhalten, so muß der Augenblick in der Zeit entscheidende Bedeutung haben, so daß ich keinen Augenblick, weder in der Zeit, noch in der Ewigkeit, ihn vergessen wollen kann, weil das Ewige, das zuvor nicht war, in diesem Augenblick wurde. Betrachten wir nun von dieser Voraussetzung aus die Verhältnisse, die sich aus der Frage nach der Lehrbarkeit der Wahrheit ergeben.

a) Der vorausgehende Zustand

Wir beginnen mit der Schwierigkeit des Sokrates, wie man die Wahrheit suchen kann, da dies ja gleich unmöglich ist, ob man sie hat oder nicht hat. Das sokratische Denken hob die Disjunktion eigentlich auf, da sich auswies, daß im Grunde jeder Mensch die Wahrheit hat. Dies war seine Erklärung; wir haben gesehen, welche Konsequenzen sich hieraus für den Augenblick ergeben. Soll dieser nun entscheidende Bedeutung erhalten, so muß der Suchende gerade bis zum Augenblick die Wahrheit nicht gehabt haben, auch nicht in der Form der Unwissenheit (sonst kann nur von einem Augenblick der Veranlassung die Rede sein); ja er darf auch nicht Suchender sein: so müssen wir die Schwierigkeit, die in seiner Situation liegt, auffassen, wenn wir die sokratische Erklärung fernhalten wollen. Er muß mithin als wahrheitsfremd bestimmt sein (nicht als einer, der zu ihr kommt, als Proselyt, sondern als einer, der sich von ihr entfernt), oder als Unwahrheit. Er ist also die Unwahrheit. Wie soll man ihn dann wohl erinnern? Oder was mag es ihm helfen, wenn man ihn an etwas erinnert, das er nicht gewußt hat, worauf er sich also auch nicht besinnen kann?

b) Der Lehrer

Soll der Lehrer die Veranlassung sein, die des Lernenden Erinnerung wecke, so kann er doch keineswegs dazu führen, daß dieser sich erinnere, er wisse eigentlich die Wahrheit; denn der Lernende ist ja die Unwahrheit. Was der Lehrer als Veranlassung dem Lernenden in Erinnerung rufen kann, ist also nur das, daß er die Unwahrheit ist. Indem er sich aber darauf besinnt, ist der Lernende ja gerade von der Wahrheit ausgeschlossen, mehr, als da er unwissend darum war, die Unwahrheit zu sein. Indem derart der Lehrer dem Lernenden dies zur Erinnerung bringt, stößt er ihn geradezu von sich weg, nur daß der Lernende, der so auf sich zurückgeworfen wird, nicht entdeckt, daß er die Wahrheit schon zuvor wußte, sondern seine Unwahrheit entdeckt. Von diesem Bewußtseinsakt gilt nun der sokratische Satz, daß der Lehrer nur Veranlassung ist, wer er auch sei, und wäre er ein Gott. Denn meine eigene Unwahrheit kann ich nur durch mich selbst entdecken; erst wenn ich sie entdeckt habe, ist sie entdeckt, früher nicht, und wenn die ganze Welt darum wüßte. (Unter der angenommenen Voraussetzung in betreff des Augenblickes wird dies die einzige Analogie zu dem Sokratischen.)

Soll nun der Lernende die Wahrheit erhalten, so muß der Lehrer sie ihm bringen, und nicht bloß das: er muß ihm auch die Bedingung ihres Verständnisses verschaffen; denn wäre der Lernende sich selbst die Bedingung, die Wahrheit zu verstehen, so brauchte er bloß an sie erinnert zu werden. Wenn einer die Bedingung besitzt, die Wahrheit zu verstehen, so ist dies kein anderer Fall, als wenn er nach ihr fragen kann; die Bedingung und die Frage enthält das Bedingte und die Antwort. (Verhält es sich nicht auf diese Weise, so ist der Augenblick nur sokratisch zu verstehen.)

Aber der, welcher dem Lernenden nicht bloß die Wahrheit gibt, sondern auch die Bedingung verschafft, er ist nicht Lehrer. Alle Unterweisung beruht darauf, daß die Bedingung in letzter Instanz doch vorhanden ist; fehlt sie, so vermag ein Lehrer nichts. Denn in diesem Fall muß er ja den Lernenden nicht umbilden, sondern umschaffen, bevor er beginnt ihn zu lehren. Aber dies vermag kein Mensch; soll es geschehen, so muß es durch Gott selbst geschehen.[1]

Sofern nun der Lernende Dasein hat, ist er ja geschaffen, und insofern muß ihm Gott die Bedingung für das Verständnis der Wahrheit gegeben haben (denn sonst war er ja zuvor nur Tier, und jener Lehrer, der ihm die Wahrheit samt der Bedingung gab, machte ihn erst zum Menschen); sofern aber der Augenblick entscheidende Bedeutung haben soll (und wenn dies nicht angenommen wird, stehen wir ja bei dem Sokratischen), darf der Lernende die Bedingung nicht haben, muß also derselben beraubt sein. Dies kann nicht durch Gott geschehen sein (das ist ein Widerspruch), auch nicht durch einen Zufall (es ist ein Widerspruch, daß das Höhere durch etwas Niedrigerstehendes sollte überwunden werden); es muß also durch ihn selbst geschehen sein. Könnte er die Bedingung so verloren haben, daß es nicht durch ihn geschehen wäre, und in dem Zustande des Verlustes verbleiben, ohne daß dies durch ihn selbst geschähe, so hat er die Bedingung nur zufällig besessen, welches ein Widerspruch ist, da die Bedingung für die Wahrheit eine wesentliche Bedingung ist. Die Unwahrheit ist also nicht bloß der Wahrheit fremd, sondern ist gegen die Wahrheit, was sich so ausdrükken läßt, daß er selbst die Bedingung verspielt habe und verspiele.

Der Lehrer ist also Gott selbst, welcher, als Veranlassung wirkend, veranlaßt, daß dem Lernenden zum Bewußtsein kommt, er sei die Unwahrheit, und zwar durch eigene Schuld. Dieser Zustand aber, daß er die Unwahrheit ist, und zwar durch eigene Schuld, wie können wir ihn nennen? Wir wollen ihn *Sünde* nennen.

---

[1] Im Original heißt es: „durch den Gott selbst"; und so im folgenden regelmäßig: „der Gott" (wie wir etwa sagen „der Herrgott"). Da der Artikel im Deutschen einen störenden Nebensinn veranlaßt, wurde er weggelassen.)

Der Lehrer ist also Gott; er gibt die Bedingung und gibt die Wahrheit. Wie sollen wir nun einen solchen Lehrer nennen? Denn darüber sind wir ja einig, daß wir über den Begriff des Lehrers schon weit hinausgegangen sind. Sofern der Lernende in der Unwahrheit ist, dies jedoch durch sich selbst ist (und anders kann er es nach dem Vorangehenden nicht sein), könnte es scheinen, er wäre frei; denn bei sich selbst zu sein, das ist ja Freiheit. Und doch ist er ja unfrei und gebunden und ausgeschlossen; frei von der Wahrheit sein, dies heißt ja ausgeschlossen sein (von ihr), und durch sich selbst ausgeschlossen sein, dies heißt ja gebunden sein. Da er aber durch sich selbst gebunden ist, kann er nun sich nicht auch selbst lösen, sich selbst befreien? Was mich bindet, muß mich ja wohl auch freigeben können, wenn es will; und da er dies selbst ist, so muß er das ja auch können! Aber doch nur, wenn er es zuerst wollte. Gesetzt nun, er werde sich dessen so tief bewußt, was ihm jener Lehrer als Veranlassung (dies darf ja nie vergessen werden) zur Erinnerung brachte; gesetzt nun, er wollte es. In diesem Fall (wenn er damit, daß er es wollte, durch sich selbst auch schon könnte) würde das, daß er gebunden war, ein vergangener Zustand, der im Augenblick der Befreiung spurlos verschwunden wäre, und der Augenblick erhielte keine entscheidende Bedeutung; er hätte eben nicht gewußt, daß er sich selbst gebunden hatte, und nun befreite er sich selbst.[1] So gedacht erhält der Augenblick

[1] Wir wollen uns hier etwas verweilen; es hat ja keine Eile. Wenn man langsam geht, so kommt man bisweilen nicht zum Ziel; eilt man zu sehr, so kann man am Ziel vorbeirennen. Wir wollen nun ein wenig griechisch von der Sache reden. Es war ein Kind, das hatte eine kleine Geldsumme geschenkt bekommen und konnte nun entweder ein gutes Buch kaufen oder ein Spielzeug, denn beiderlei war gleich teuer: wenn es nun das Spielzeug gekauft hat, kann es dann für dasselbe Geld das Buch kaufen? Gewiß nicht; das Geld ist nun einmal ausgegeben. Aber es kann vielleicht zum Buchhändler gehen und ihn fragen, ob es nicht für sein Spielzeug jenes Buch eintauschen könnte. Gesetzt nun, der Buchhändler antwortete: mein liebes Kind, dein Spielzeug hat durchaus keinen Wert; das ist ganz richtig: so lange du noch das Geld hattest, konntest du ebensogut das Buch wie das Spielzeug kaufen; aber es ist eine eigene Sache mit dem Spielzeug: wenn es gekauft ist, hat es allen Wert verloren, möchte da das Kind nicht denken: das ist doch wirklich sonderbar? Und so stand es ja auch einmal so, daß der Mensch zum selben Preise die Freiheit und die Unfreiheit einkaufen konnte; der Preis war die freie Wahl der Seele und die Hingebung in der Wahl. Da wählte er die Unfreiheit. Wenn er aber nun zu Gott kommen wollte, ob er sie nicht wieder austauschen könnte, da möchte die Antwort wohl lauten: unleugbar stand es einmal so, daß du haben konntest, was du kaufen wolltest; aber es ist eine gar wunderliche Sache mit der Unfreiheit: hat man sie gekauft, so hat sie lediglich keinen Wert, obgleich sie ebenso teuer bezahlt wird. Möchte da nicht ein solcher Mensch denken: das war doch wirklich sonderbar? Oder: es stehen zwei Heere schlagfertig sich gegenüber; es kommt ein Ritter; beide laden ihn ein, mitzukämpfen; er wählt die eine Partei, wird überwunden und gefangen genommen. Als Gefangener wird er vor den Sieger gestellt und ist töricht genug, ihm seine Dienste anzubieten, unter denselben Bedingungen, wie sie einmal geboten waren. Wird da nicht der Sieger antworten: mein Lieber, nun bist du mein Gefangener; das ist ganz richtig, damals, da konntest du anders wählen, aber nun ist alles anders. Ist das nicht sonderbar? Sollte es sich anders verhalten, sollte der Augenblick nicht entscheidende Bedeutung haben, so müßte

keine entscheidende Bedeutung, und daß er diese habe, ist ja eben unsere Hypothesis. Nach der Hypothesis also wird er sich nicht selbst freimachen können.

(Und so ist es auch in Wahrheit; denn er braucht die Kraft der Freiheit im Dienste der Unfreiheit, da er ja frei in ihr ist, und so wächst die vereinte Kraft der Unfreiheit und macht ihn zum Knecht der Sünde.) Wie sollen wir nun einen solchen Lehrer nennen, der die Bedingung wieder verschafft und mit ihr die Wahrheit? Wir wollen ihn einen *Erretter* nennen, denn er errettet ja den Lernenden aus der Unfreiheit, errettet ihn von sich selbst; einen *Erlöser*, denn er löst ja den, der sich selbst gefangen hatte, und keiner ist ja so schrecklich gefangen, keine Gefangenschaft ist ja so unmöglich zu brechen wie die, worin das Individuum sich selbst gefangen hält! Und doch ist damit noch nicht genug gesagt; denn mit der Unfreiheit hatte er ja etwas verschuldet, und gibt ihm jener Lehrer die Bedingung und die Wahrheit, so ist er ja ein *Versöhner*, der den Zorn fortnimmt, welcher über dem Verschuldeten lastete.

Einen solchen Lehrer wird nun der Lernende nie vergessen können, denn im selben Augenblicke sänke er wieder in sich selbst zurück, wie der, welcher einmal im Besitz der Bedingung war, in die Unfreiheit versank, als er vergaß, daß Gott da ist. Wenn sie in einem andern Leben zusammenträfen, so würde jener Lehrer dem, der die Bedingung nicht entgegengenommen hatte, dieselbe nun geben können; für den, der sie einmal entgegengenommen hatte, würde er sich verwandelt haben. Die Bedingung war ja ein Anvertrautes, für das der Empfänger allezeit Rechenschaft schuldig blieb. Einen solchen Lehrer aber, wie sollen wir ihn nennen? Ein Lehrer kann ja den Lernenden beurteilen, ob er Fortschritte macht, oder nicht; verurteilen, richten kann er ihn nicht; denn er muß sokratisch genug sein, einzusehen, daß er das Wesentliche dem Lernenden nicht geben kann. Jener Lehrer ist also eigentlich nicht Lehrer, er ist *Richter*. Selbst wenn der Lernende soviel möglich sich die Bedingung angeeignet und in die Wahrheit sich vertieft hat, kann er doch jenen Lehrer nie vergessen oder ihn sokratisch verschwinden lassen; und doch ist dies weit tiefsinniger, als alle unzeitige Kleinlichkeit und trügerische Schwärmerei, ja das höchste, wenn jenes andere nicht Wahrheit ist.

Und nun der Augenblick. Ein solcher Augenblick ist eigener Natur. Er ist wohl kurz und zeitlich, wie der Augenblick es ist, vorübergehend, wie der Augenblick es ist, vorbeigegangen, wie der Augenblick im nächsten Augenblick

---

ja das Kind im Grunde das Buch gekauft haben, es wußte nur nicht darum und war in dem Mißverständnis befangen, daß es das Spielzeug gekauft habe; so mußte ja der Gefangene im Grund auf der andern Seite gestritten haben und war nur im Nebel nicht gesehen worden; er hatte es im Grunde mit dem gehalten, dessen Gefangener zu sein er nun sich einbildete. „Der Lasterhafte und der Tugendhafte haben zwar ihr sittliches Verhalten nicht in ihrer Gewalt, aber es stand zuerst in ihrer Gewalt, das eine oder andre zu werden; ebenso hat der, welcher einen Stein wirft, ihn in seiner Gewalt, bevor er wirft, nicht mehr, wenn er geworfen hat." (Aristoteles.) Sonst wäre das Werfen eine Illusion, der Werfende behielte im Wurf den Stein in Händen, da er wie der „fliegende Pfeil" der Skeptiker nicht flöge.

es ist; und doch ist er das Entscheidende, doch ist er erfüllt vom Ewigen. Ein solcher Augenblick muß doch seinen besonderen Namen haben; wir wollen ihn nennen: *die Fülle der Zeit.*

c) Der Schüler

Ist der Schüler die Unwahrheit (wo nicht, so gehen wir ja zu dem Sokratischen zurück), aber doch Mensch; erhält er jetzt die Bedingung und die Wahrheit: so wird er zwar nicht erst ein Mensch, denn das war er schon, aber er wird ein andrer Mensch; nicht in dem spielenden Sinne, daß er ein andrer von derselben Qualität wie früher würde, sondern er wird ein Mensch von einer andern Qualität, oder (so können wir das nennen) ein *neuer* Mensch.

Sofern er die Unwahrheit war, war er beständig im Zuge, sich von der Wahrheit zu entfernen; indem er in dem Augenblick die Bedingung entgegennahm, erhielt sein Gang die entgegengesetzte Richtung, oder er wurde umgewendet. Wir wollen diese Veränderung *Umwendung* nennen, wenn dies auch ein bisher nicht gebrauchtes Wort ist; aber darum wählen wir es eben, um nicht verwirrt zu werden; denn es ist ja für die Veränderung, von der wir sprechen, wie geschaffen.

Sofern er durch eigene Schuld in der Unwahrheit war, kann diese Umwendung nicht vor sich gehen, ohne daß sie in sein Bewußtsein aufgenommen wird, oder ohne daß er sich dessen bewußt wird, daß es seine eigene Schuld war; mit diesem Bewußtsein nimmt er von dem früheren Zustande Abschied. Nimmt man aber je Abschied, außer schmerzlich bewegten Herzens? Doch hier richtet sich dieser Schmerz ja darauf, daß man so lange in dem früheren Zustand gewesen war. Wir wollen einen solchen Schmerz *Reue* nennen: was anderes sollte die Reue wohl sein? Sie, die ja wohl zurückblickt, aber doch so, daß sie gerade damit den Gang auf das hin beschleunigt, was vorn liegt!

Sofern er in der Unwahrheit war und nun mit der Bedingung die Wahrheit erhält, geht eine Veränderung mit ihm vor, gleich der Bewegung vom Nichtsein zum Sein. Der Übergang vom Nichtsein zum Sein aber, er geschieht ja in der Geburt. Doch der, welcher Dasein hat, kann ja nicht geboren werden, und doch wird er geboren. Wir wollen diesen Übergang die *Wiedergeburt* nennen, wodurch er zum zweitenmal zur Welt kommt, ganz wie in der Geburt: ein einzelner Mensch, dem noch nichts von der Welt, in die er nun hineingeboren wird, bekannt ist, nicht, ob sie bebaut ist, nicht, ob es noch andre Menschen auf ihr gibt; denn man kann wohl *en masse* getauft werden, aber man wird nie *en masse* wiedergeboren. Wie nun der, welcher mit Hilfe des Geburtshelfers Sokrates sich selbst gebar, darüber alles andre in der Welt vergaß und in tieferem Sinn keinem Menschen etwas schuldete, so schuldet der Wiedergeborene keinem Menschen etwas, aber jenem göttlichen Lehrer alles; er muß, wie jener über sich selbst die ganze Welt vergaß, über jenem Lehrer wieder sich selbst vergessen.

Wenn also der *Augenblick* entscheidende Bedeutung haben soll, und ohne diese Voraussetzung reden wir ja nur sokratisch, was wir auch sagen mögen, ob wir auch manche und absonderliche Worte brauchen, ob wir auch dadurch, daß wir uns selbst nicht verstehen, auf die Meinung kommen sollten, wir seien schon weit über jenen einfältigen Weisen hinausgekommen, der unbestechlich zwischen der Gottheit, den Menschen und sich selbst richtete, unbestechlicher als Minos, Aeakos und Rhadamanthys: so ist der Bruch geschehen, der Mensch kann nicht mehr zurückkehren; er wird auch nicht seine Lust daran finden, sich dessen zu erinnern, was die Mahnung eines andern ihm in Erinnerung rufen kann; noch weniger wird er in eigener Kraft Gott aufs neue auf seine Seite zu ziehen vermögen.

Läßt sich das hier Entwickelte aber auch denken? Wir wollen uns mit der Antwort nicht übereilen; denn nicht nur der blieb ja die Antwort schuldig, welcher ob der Weitläufigkeit seiner Untersuchung nie zu einer Antwort kam, sondern auch der, welcher zwar mit wunderbarer Schnelligkeit zu antworten sich anschickte, aber nicht mit der wünschenswerten Langsamkeit die Schwierigkeit überlegte, bevor er sie erklärte. Bevor wir antworten, wollen wir also fragen, wer es eigentlich ist, der die Frage beantworten soll. Daß man geboren ist, läßt sich das denken? Ja, warum denn nicht? Wer ist es nun aber, der es denken soll? Der, welcher geboren ist, oder der, welcher nicht geboren ist? Das letztere ist ja eine Ungereimtheit, die wohl auch niemand einfallen kann; denn der Geborene kann diesen Einfall nicht haben. Wenn nun der Geborene sich geboren denkt, so denkt er ja diesen Übergang von dem Nichtsein zum Sein. So muß es sich wohl auch mit der Wiedergeburt verhalten. Oder sollte das die Sache schwieriger machen, daß das der Wiedergeburt vorausgehende Nichtsein mehr Sein enthält als das Nichtsein, welches der Geburt vorausgeht? Wer ist es nun aber, der dies denken soll? Das muß ja der Wiedergeborene sein; denn daß der Nichtwiedergeborene dies tun sollte, wäre ja eine Ungereimtheit; ja wäre nicht schon das lächerlich genug, wenn der Nichtwiedergeborene auch nur diesen Einfall haben sollte?

Wenn ein Mensch ursprünglich im Besitz der Bedingung für das Verständnis der Wahrheit ist, so denkt er mit dem Denken seiner selbst zugleich, daß Gott ist. Wenn er in der Unwahrheit ist, so muß er ja eben dies von sich selbst denken (daß er in der Unwahrheit ist), und die Erinnerung wird ihm zu nichts verhelfen können, als daß er eben dies denkt. Ob er weiter kommen wird, muß der *Augenblick* entscheiden (dieser war allerdings schon dabei wirksam, daß er zur Einsicht kam, er sei die Unwahrheit). Versteht er das nicht, so ist er zu Sokrates hinzuweisen, obschon er mit seiner Einbildung, er sei schon weiter gegangen, diesem Weisen manche Schererei verursachen kann, wie jene es taten, die so aufgebracht, ja ordentlich bissig gegen ihn wurden, wenn er ihnen die eine und andre Dummheit abnahm (*ἐπειδάν τινα λῆρον αὐτῶν ἀφαιρῶμαι;* Theät. S. 151) Im *Augenblick* wird der Mensch sich dessen bewußt, daß er geboren wurde; denn sein vorangehender Zustand, auf den er sich in diesem Falle nicht wohl beziehen wird, war ja, nicht zu sein. Im *Augenblick* wird er sich der Wiedergeburt bewußt; denn sein vorangehender Zustand war ja, nicht zu sein. Wenn sein vorangehender Zustand gewesen wäre, zu sein, so hätte in keinem von beiden Fällen der Augenblick entscheidende Bedeutung für ihn, wie oben entwickelt wurde. Während also das griechische Pathos sich auf die Erinnerung konzentriert, konzentriert das Pathos unseres Projektes sich auf den Augenblick, und was Wunder, oder ist es nicht eine höchst pathetische Sache, von dem Nichtsein aus ins Dasein zu treten?

Sieh, das ist mein Projekt! Aber da mag mir wohl einer sagen: „Das ist das lächerlichste von allen Projekten; oder vielmehr: du bist der lächerlichste von allen Projektmachern; denn selbst wenn einer eine Torheit projektiert, so kann daran doch das Wahre sein, daß er es ist, der sie projektiert hat; du hingegen führst dich ja auf wie ein Lazzaroni, der für Geld Gegenden zeigt, die jeder sehen kann; du bist wie der Mann, der nachmittags einen Widder für Geld sehen ließ, den man vormittags gratis auf offenem Markt grasen sehen konnte." Vielleicht ist dem so; ich verberge mich vor Scham. Aber angenommen, ich wäre so lächerlich, so laß mich das durch ein neues Projekt wieder gut machen. Das Pulver ist nun wohl schon mehrere Jahrhunderte erfunden; insofern wäre es lächerlich, wollte ich mir die Miene geben, es erfunden zu haben; aber wäre es auch so lächerlich, wenn ich annähme, irgend jemand habe es erfunden? Sieh, nun will ich so höflich sein, anzunehmen, du seiest es, der mein Projekt erfunden hat; mehr Höflichkeit kannst du doch nicht verlangen. Oder wenn du das leugnest, willst du dann auch leugnen, daß irgendwer es erfunden habe, nämlich irgendein Mensch? In dem Falle habe ich ja mit seiner Erfindung so viel (oder so wenig) zu tun, wie irgendein andrer. Somit zürnst du mir nicht, weil ich mir fälschlich zuschreibe, was einem andern Menschen angehört; du zürnst mir, weil ich mir fälschlich zuschreibe, was keinem Menschen zukommt, und du zürntest ebensosehr, wenn ich lügnerisch die Erfindung dir zuschreiben wollte. Ist es nicht absonderlich, daß es ein solches Etwas gibt, von dem jeder, der es weiß, zugleich weiß, daß er es nicht erfunden hat? So daß dieses heimatlose Etwas nicht stehen bliebe und nicht zum Stehenbleiben gebracht werden könnte, wenn man auch bei allen Menschen mit ihm umginge? Aber diese Absonderlichkeit ist mir höchst erfreulich, denn sie gibt die Probe für die Richtigkeit der Hypothese und beweist sie. Es wäre ja ungereimt, wollte man von einem Menschen verlangen, er solle durch sich selbst entdecken, daß er kein Dasein hatte. Dies aber ist ja die Bewegung in der Wiedergeburt, die von dem Nicht-da-sein zum Da-sein. Ob einer dies später verstanden hat, tut nichts zur Sache; denn wenn man versteht, das Pulver zu gebrauchen oder es in seine Bestandteile aufzulösen, so hat man es darum noch nicht erfunden. Somit zürnst du nur mir und jedem andern Menschen, der sich die Miene gäbe, daß er das erfunden habe; aber darum brauchst du ja nicht dem Gedanken selbst gram zu sein.

Kapitel II. Gott als Lehrer und Erlöser (Ein dichterischer Versuch)

Wir wollen in der Kürze Sokrates betrachten, der ja auch ein Lehrer war. Er wurde unter bestimmten Lebensumständen geboren, in dem Volke, dem er zugehörte, gebildet; als er in ein reiferes Alter kam, vernahm er in sich einen Ruf, einen Antrieb, und begann nun auf seine Weise andere zu lehren. Nachdem er also eine Zeitlang als Sokrates gelebt hatte, trat er als der Lehrer Sokrates auf, wie ihm die Zeit gelegen erschien. Selbst von den Umständen beeinflußt, griff er wieder in sie ein. Indem er seine Arbeit ausrichtete, befriedigte er ebensosehr die Forderung, die in ihm sich kundtat, wie die Forderung, die andre Menschen an ihn stellen konnten. So verstanden (und so verstand sich ja Sokrates) steht der Lehrer in einem Wechselverhältnis; das Leben und die Verhältnisse werden für ihn die Veranlassung, Lehrer zu werden, und er wird für andre wieder die Veranlassung, etwas zu lernen. Er verhält sich also beständig ebenso autopathisch wie sympathetisch. So verstand es auch Sokrates; darum wollte er weder Ehre noch Vertrauensposten noch Geld für seine Unterweisung annehmen; er urteilte unbestechlich wie ein Abgestorbener. O seltene Genügsamkeit, selten in unserer Zeit, wo Geldeslohn und Ehrenkranz, welche die Herrlichkeit der Unterweisung aufwiegen sollen, nicht groß und nicht glänzend genug sein können; wo aber auch der Welt Geld und Ehre die Unterweisung aufwiegen, da sie gleichviel wert sind! Doch unsere Zeit hat ja das Positive und versteht sich darauf; Sokrates hingegen ermangelte des Positiven. Man sehe doch, ob dieser Mangel seine Borniertheit erklärt, die wohl darin ihren Grund hatte, daß er eifersüchtig auf das Menschliche war, und mit demselben göttlichen Eifer, mit dem er andre strafte und das Göttliche liebte, auch sich selbst erzog. Zwischen Mensch und Mensch ist dies das höchste; der Schüler ist eine Veranlassung, daß der Lehrer sich selbst versteht, der Lehrer eine Veranlassung, daß der Schüler sich selbst versteht; der Lehrer hat sich bei seinem Tode kein Recht auf die Seele des Schülers erworben, sowenig wie der Schüler als Recht beanspruchen kann, daß der Lehrer ihm etwas schulde. Und wäre ich an Schwärmerei ein Plato, schlüge mein Herz bei der Stimme des Sokrates heftig wie das des Alkibiades, heftiger als das der Korybanten, drängte mich die Leidenschaft, bewundernd jenen herrlichen Mann zu umfangen, so würde mich Sokrates anlächeln und sagen: „Mein Lieber, du bist doch ein hinterlistiger Liebhaber; du willst mich ob meiner Weisheit vergöttern, du willst der sein, der mich am besten verstand und der sein, aus dessen bewundernder Umarmung ich mich nicht sollte losreißen können: du bist doch nicht ein Verführer?" Und wenn ich ihn nicht verstehen würde, so möchte mich seine kalte Ironie zur Verzweiflung bringen, wenn er mir entwickelte, er schulde mir ebensoviel, wie ich ihm. O seltene Redlichkeit, die keinen betrügt, auch den nicht, der seine Seligkeit darein setzt, betrogen zu werden; selten in unserer Zeit, wo jeder weiter geht als Sokrates: sich fühlt, Schule macht, empfindsam ist im Umgang und seine Wollust darin findet, sich in der Bewunderung zu sonnen! O seltene Treue, die keinen verführt, auch den nicht, der alle Kunst der Verführung anwendet, um verführt zu werden!

Gott aber bedarf keines Schülers, um sich zu verstehen; auch kann ihn keine Veranlassung in der Weise veranlassen, daß in der Veranlassung so viel läge, wie im Beschluß. Was kann ihn also bewegen hervorzutreten? Es muß *unbewegt* sich selbst bewegen, wie Aristoteles von ihm sagt: *ἀκίνητος πάντα κινεῖ*. Bewegt er aber sich selbst, so ist es ja kein beengender Drang, der ihn bewegt, als könnte er selbst es in der Stille nicht aushalten, sondern müßte in Worte ausbrechen. Bewegt er sich aber selbst, nicht aus einem Drang des Bedürfnisses, was bewegt ihn dann andres als Liebe? Denn diese hat ja eben die Befriedigung des Drangs nicht außer sich, sondern in sich. Sein Beschluß kann also nicht in einem gleichartigen Wechselverhältnis zur Veranlassung stehen, sondern muß von Ewigkeit her sein, ob er auch, ausgeführt in der Zeit, eben zum *Augenblick* wird. Denn wo die Veranlassung und das Veranlaßte ganz gleichartig einander entsprechen, so gleichförmig, wie in der Wüste die Antwort dem Ruf entspricht, da zeigt sich der Augenblick nicht, sondern die Erinnerung saugt ihn in ihre Ewigkeit auf. Der Augenblick kommt aber dann zum Vorschein, wenn ein ewiger Beschluß zu einer ungleichartigen Veranlassung in ein Verhältnis tritt. Verhält es sich nicht so, dann wenden wir uns wieder zu Sokrates zurück und stoßen weder auf Gott, noch auf den ewigen Beschluß, noch auf den Augenblick.

Aus Liebe muß sich also Gott ewig dazu entschließen; wie aber seine Liebe der Grund ist, so muß die Liebe auch das Ziel sein; denn es wäre ja ein Widerspruch, hätte Gott einen Beweggrund und ein Ziel, die einander nicht entsprechen. Die Liebe muß sich also auf den Lernenden richten; das Ziel muß sein, ihn zu gewinnen. Denn erst in der Liebe wird das Verschiedene gleichgemacht; erst in der Gleichheit oder in der Einheit ist das Verständnis vorhanden; kommt es aber nicht zum vollkommenen Verständnis, so ist der Lehrer nicht Gott, wenn nicht der Grund bei dem Lernenden zu suchen ist, der etwa nicht wollte, was ihm möglich gemacht wurde.

Doch ist diese Liebe von Grund aus unglücklich; denn sie sind einander so ungleich, und was so leicht zu sein scheint, nämlich daß Gott sich verständlich mache, das ist gar nicht so leicht, wenn er nicht vernichten soll, was ihm ungleichartig ist.

Wir wollen uns nicht übereilen; sollten wir auch den Anschein erregen, daß wir die Zeit vertrödeln, anstatt zur Entscheidung zu kommen, so ist unser Trost, daß damit noch keineswegs der Aufenthalt, den wir machen, als verlorene Zeit erwiesen ist. Es wird in der Welt viel von unglücklicher Liebe geredet; jeder weiß ja, was dieses Wort zu bedeuten hat: die Liebenden bekommen einander nicht, wobei die Gründe natürlich sehr verschieden sein können. Die unglückliche Liebe, von der wir sprechen, ist andrer Art; kein irdisches Verhältnis kann eine vollkommene Analogie zu ihr abgeben; aber wir wollen doch eine Weile töricht reden und sie uns in irdische Verhältnisse hineindenken. Das Unglück liegt nun nicht darin, daß die Liebenden einander nicht bekommen können, sondern darin, daß sie einander nicht verstehen können. Dieser Kummer ist ja unendlich tiefer als jener andre, von dem die Menschen sprechen. Dieses Unglück trifft die Liebe ins Herz und verwundet für eine Ewigkeit; nicht wie jenes andre Unglück trifft es nur das Äußerliche und Zeitliche. Ihm gegenüber ist es für den Hochsinnigen wie ein Scherz, daß sich die Liebenden in der Zeit nicht bekommen. Und jener unendlich tiefere Kummer lastet wesentlich auf dem Überlegenen, weil er zugleich das Mißverständnis versteht; er gehört eigentlich einzig und allein Gott zu; denn kein menschliches Verhältnis vermag eine genaue Analogie abzugeben, wenn wir auch hier eine solche andeuten wollen, um den Sinn für das Verständnis des Göttlichen zu wecken.

Angenommen, es war ein König; der liebte ein armes Mädchen. Doch hat der Leser vielleicht schon die Geduld verloren, wenn er diesen Eingang hört, der ein Märchen einzuleiten scheint und nun auch gar nicht systematisch ist. O ja, der hochgelehrte Polos fand es auch langweilig, daß Sokrates beständig von Essen und Trinken und von Ärzten redete und anderem solchen Tand, auf den Polos sich nie einließ (s. Gorgias); hatte aber Sokrates so nicht den Vorteil, daß er selbst und jeder andre von Kind auf im Besitz der nötigen Vorkenntnisse war? Und wäre es nicht wünschenswert (was meine Kräfte weit übersteigt), daß auch ich beim Essen und Trinken stehen bliebe und nicht Könige beiziehen müßte, deren Gedanken ja nicht jederzeit wie die andrer sind, wenn sie anders königlich denken? Doch mag man mir dies wohl zugestehen, da ich ja nur ein Dichter bin, der nun, um an des Themistokles schönes Wort zu erinnern, den Teppich der Rede ausbreiten will, damit die Arbeit darauf durch das Zusammenrollen nicht verdeckt werde. Angenommen also, es war ein König, der liebte ein armes Mädchen. Das Herz des Königs war unbeleckt von der Weisheit, die ja laut genug verkündet wird; war unbekannt mit den Schwierigkeiten, die der Verstand erfindet, um das Herz zu fangen, die dem Dichter genug zu tun geben und seine Zauberformeln nötig machen. Sein Beschluß war leicht auszuführen; denn jeder Staatsmann fürchtete seinen Zorn und wagte nicht, etwas darein zu reden; jeder fremde Staat zitterte vor seiner Macht und unterließ aus Furcht nicht, einen Gesandten mit Glückwünschen zur Vermählung abzusenden; kein im Staube kriechender Hofschranze wagte ihn zu verletzen, um nicht das eigene Haupt zu gefährden. So mögen also die Harfen gestimmt sein; des Dichters Sang kann beginnen: alles ist festlich, da nun die Liebe ihren Triumph feiert. Denn die Liebe jauchzt auf, wenn sie das Gleiche vereint; sie triumphiert, wenn sie in Liebe gleichmacht, was zuvor ungleich war. Da wachte ein bekümmerter Gedanke in des Königs Herzen auf; ein Gedanke, der nie einem Menschen aufgestiegen wäre, der nur einem König kommen kann, welcher königlich denkt. Er sprach zu niemand von seiner Sorge; hätte er dies getan, so hätte wohl jeder Hofmann gesagt: „Ihre Majestät erweisen dem Mädchen eine Wohltat, für die es in seinem Leben nie genug danken kann"; aber damit würde der Hofmann wohl des Königs Zorn erweckt haben, so daß dieser ihn wegen Majestätsverbrechens gegen die Geliebte hätte hinrichten lassen, und würde dadurch sogar noch auf andre Weise dem Könige Kummer verursacht haben. Einsam bewegte dieser die Sorge in seinem Herzen: ob wohl das Mädchen nun auch glücklich werde, ob es Freimütigkeit genug besitze, um nie sich an das zu erinnern, was der König eben vergessen wissen wollte: daß er König war und sie nur ein armes Mädchen. Denn würde das geschehen; würde diese Erinnerung in ihr aufwachen, um wie ein begünstigter Nebenbuhler ihre Gedanken von dem König abzuziehen; würde dieser Gedanke sie in die Verschlossenheit heimlicher Sorge hineinbannen; würde er bisweilen an ihrer Seele vorbeigehen wie der Tod über das Grab: was wäre dann die Herrlichkeit ihrer Liebe! Da wäre sie ja glücklicher gewesen, wenn sie in ihrer Verborgenheit blieb, geliebt von einem Geliebten ihres Standes, genügsam in ihrer geringen Hütte, aber freimütig in ihrer Liebe und darum frisch und froh, vom Morgen bis Abend. Welch reiches Feld von Sorgen steht hier gleichsam herangereift! Es bricht fast zusammen unter dem schwellenden Segen seiner Früchte und wartet nur auf die Zeit der Ernte, da des Königs Denken allen Samen der Bekümmernis ausdreschen wird! Denn wenn auch das Mädchen dabei, daß es zu Nichts würde, recht vergnügt sein möchte, der König könnte sich damit nicht zufrieden geben, eben weil er sie liebte und weil es ihm schwerer wäre, ihr Wohltäter zu sein, als sie zu verlieren. Und wenn sie ihn nun auch nicht verstehen könnte (wir reden ja töricht vom Menschlichen und können darum eine Geistesverschiedenheit annehmen, welche das Verständnis unmöglich macht): welch tiefer Kummer schlummert doch nicht in dieser unglücklichen Liebe; wer dürfte ihn heraufbeschwören? Doch ein Mensch soll diesen Kummer nicht leiden; ihn würden wir zu Sokrates hinweisen, oder zu dem, was in noch schönerem Sinne das Ungleiche gleichzumachen vermag.

Wenn nun der *Augenblick* entscheidende Bedeutung haben soll (und setzen wir das nicht voraus, so gehen wir zu dem Sokratischen zurück, ob wir auch meinen, weiter zu gehen), so ist der Lernende in der Unwahrheit, und zwar durch eigene Schuld, und doch ist er Gegenstand der göttlichen Liebe, die sein Lehrer sein will, und Gottes Bekümmernis richtet sich nun darauf, die Gleichheit zustande zu bringen. Kann diese nicht zustande gebracht werden, so wird die Liebe unglücklich und die Unterweisung sinnlos, da sie ja einander nicht verstehen können. Man meint wohl, dies könne Gott gleichgültig sein, da er ja des Lernenden nicht bedarf; aber man vergißt dabei, oder besser: man beweist damit leider nur, wieviel noch fehlt, daß man ihn verstünde; man vergißt: er liebt ja den Lernenden. Und wie jene königliche Bekümmernis nur in einer königlichen Seele gefunden wird und die Menge von Sprachen der Menschen sie überhaupt nicht nennt, so ist das ganze Menschengeschlecht so eigenliebig, daß es einen solchen Kummer nicht ahnen will. Aber deshalb behielt ihn Gott sich vor, diesen unergründlichen Kummer, das Bewußtsein davon, daß er den Lernenden von sich stoßen, ihn entbehren kann, daß der Lernende durch eigene Schuld dem Verderben verfallen ist und er ihn sinken lassen kann, und daß es fast eine Unmöglichkeit ist, die Freimütigkeit des Lernenden aufrecht zu erhalten, ohne welche das Verständnis und die Gleichheit vernichtet, die Liebe unglücklich ist. Der, welcher diese Sorge nicht wenigstens ahnen kann, hat eine plebejische Seele, die nur als Scheidemünze ausgeprägt ist, aber weder des Kaisers, noch Gottes Bildnis trägt.

So ist nun die Aufgabe gestellt, die wir dem Dichter vorlegen, falls er nicht anderwärts schon seinen Beruf gefunden hat oder zu denjenigen gehört, welche mit Geigern und Pfeifern und anderem lärmenden Gesindel aus dem Hause des Kummers verjagt werden müssen, wenn anders die Freude in diesem einkehren soll. Des Dichters Aufgabe ist es, eine Lösung zu finden, einen Einheitspunkt, in dem die Liebe sich in Wahrheit verständigen kann, in dem Gott den Schmerz seiner Bekümmernis verwinden kann; denn wahrhaft unergründlich ist erst die Liebe, die sich nicht mit dem begnügt, was der Gegenstand der Liebe in seiner Torheit vielleicht als seine Seligkeit preisen möchte.

A

Die Einheit wird durch eine aufsteigende Bewegung zuwege gebracht. Gott würde also den Lernenden zu sich hinaufziehen, ihn verherrlichen, mit tausendjähriger Freude ergötzen (tausend Jahre sind ja vor ihm wie ein Tag), und ließe ihn im Taumel der Wonne das Mißverständnis vergessen. Ach ja, der Lernende wäre wohl nur zu geneigt, sich dabei selig zu preisen; wäre es denn nicht herrlich, dadurch, daß Gottes Auge auf einen Menschen fiele, wie jenes arme Mädchen plötzlich sein Glück zu machen? Wäre es nicht herrlich, wenn Gott selbst ihm noch behilflich wäre, das Ganze eitel zu nehmen, betört von seinem eigenen Herzen? Doch jener edle König durchschaute schon die Schwierigkeit; er war ein wenig Menschenkenner und sah ein, daß das Mädchen im Grunde betrogen war, und am schrecklichsten ist man ja vom Betruge gefangen, wenn man selbst keine Ahnung davon hat, sondern durch die Umkleidung gleichsam behext ist.

Die Einheit könnte dadurch zuwege gebracht werden, daß Gott sich dem Lernenden als Gott zeigte, ihm Verehrung abnötigte und ihn so darüber sich selbst vergessen machte. So konnte sich der König dem armen Mädchen in all seiner Pracht zeigen, die Sonne seiner Herrlichkeit über seiner Hütte aufgehen, den Platz bestrahlen lassen, wo er sich ihr zeigte; er konnte machen, daß es sich selbst in verehrungsvoller Bewunderung vergaß. Ach, und dies hatte vielleicht das Mädchen hoch befriedigt; den König aber konnte es nicht befriedigen, denn er wollte nicht seine Verherrlichung, sondern die des Mädchens; und darum war ja sein Kummer so schwer, sie möchte ihn nicht verstehen; noch unerträglicher aber war es ihm, sie zu betrügen. Und in seinen Augen war es schon Betrug, wenn er seiner Liebe nur einen unvollkommenen Ausdruck gab, ob auch niemand ihn verstand, ob auch der Vorwurf seine Seele zu kränken suchte.

Auf diesem Wege wird also die Liebe nicht glücklich; der Lernende, das Mädchen möchte wohl ein scheinbares Glück gewinnen, aber den Lehrer, den König kann keine Täuschung berücken. So hat Gott ja seine Freude daran, die Lilie herrlicher denn Salomo zu kleiden; wenn aber hier von einem Verstehen die Rede sein könnte, so wäre ja die Lilie in einem traurigen Mißverständnis befangen, wenn sie, ihre herrlichen Kleider betrachtend, meinen wollte, wegen ihrer Kleider sei sie die Geliebte; und während sie nun freudig auf der Flur steht, in heiterem Spiele mit dem Wind, sorglos wie dessen Hauch, würde sie dann wohl dahinsiechen und hätte nicht Freimütigkeit genug, ihr Haupt zu erheben. Und dies war ja die Sorge Gottes; denn der Lilie Sproß ist zart und bald geknickt. Soll aber der Augenblick entscheidende Bedeutung haben, wie unaussprechlich wird da nicht seine Bekümmernis! Es war ein Volk, das verstand sich wohl auf das Göttliche; dies Volk meinte, der Anblick Gottes bringe den Tod. Wer faßt diesen Widerspruch in dem Kummer! Sich nicht zu offenbaren ist ja der Liebe, sich zu offenbaren ist des Geliebten Tod! Oh, der Menschen Sinn trachtet sooft nach Macht und Gewalt; und da ihre Gedanken so eifrig danach suchen, als ob mit ihrem Erwerb alles geebnet sei, so ahnen sie nicht, daß es im Himmel nicht nur Freude gibt, sondern auch Kummer: wie schwer ist es, dem Lernenden das versagen zu müssen, wonach seine ganze Seele sich sehnt, und es ihm deshalb versagen zu müssen, weil er gerade der Geliebte ist!

B

So muß also die Einheit auf andre Weise zuwege gebracht werden. Wir wollen uns hier wieder an Sokrates erinnern; was anders war denn seine Unwissenheit als der Ausdruck der Einheit mit dem Lernenden, welche seine Liebe zu diesem heischte? Aber diese Einheit war, wie wir gesehen haben, zugleich die Wahrheit. Soll hingegen der *Augenblick* entscheidende Bedeutung haben, so ist dies ja nicht die Wahrheit, denn der Lernende schuldet dem Lehrer alles. Wie also, sokratisch gedacht, die Liebe des Lehrers betrügerisch wäre, falls er den Schüler auf dem Glauben ließe, daß er ihm etwas verdankte, anstatt ihm dazu zu verhelfen, daß er sich selbst genug werde, so muß ja die Liebe Gottes, wenn er Lehrer sein will, nicht nur eine forthelfende, sondern eine zeugende sein, wodurch er den Lernenden zeugt, oder (wie wir ihn genannt haben) den Wiedergeborenen, mit welchem Wort wir den Übergang vom Nicht-Sein zum Sein bezeichneten. Dann ist die Wahrheit, daß der Lernende ihm alles schuldet; aber gerade dies macht das Verständnis so schwer: daß er zu Nichts wird und doch nicht zunichte gemacht wird; daß er ihm alles schuldet und doch freimütig wird; daß er die Wahrheit versteht, und daß die Wahrheit ihn doch frei macht; daß er die Verschuldung der Unwahrheit erfaßt, und daß doch wieder die Freimütigkeit in der Wahrheit siegt. Zwischen Mensch und Mensch ist das Höchste, daß man Beihilfe leiste; das Zeugen ist Gott vorbehalten; seine Liebe ist eine zeugende, doch nicht jene zeugende Liebe, von der Sokrates bei festlicher Gelegenheit so schön zu sprechen weiß. Diese bezeichnet nämlich nicht das Verhältnis des Lehrers zum Schüler, sondern das Verhältnis des Autodidakten zum Schönen, indem dieser von dem geteilten Schönen absieht, auf das an und für sich Schöne blickt und nun viele schöne und herrliche Gedanken und Reden hervorbringt, *πολλοὺς καὶ καλοὺς λόγους καὶ μεγαλοπρεπῆ τίκτει διανοήματα ἐν φιλοσοφίᾳ ἀφθόνῳ* (Symp. S. 210d); und hiervon gilt, daß er erzeugt und hervorbringt, was er schon lange in seinem Innern getragen hat (S. 299 c). Er hat also die Bedingung in sich selbst; die Hervorbringung (die Geburt) ist nur ein Hervortreten dessen, was schon da war; darum ist der Augenblick bei diesem Hervorbringen sofort wieder in die Erinnerung aufgesogen. Wer ferner durch ein weiter und weiter fortschreitendes Absterben ins Dasein tritt, von ihm gilt ja klar, daß immer weniger von einem Erzeugtwerden bei ihm die Rede sein kann; er kommt nur zu dem immer deutlicheren Bewußtsein, daß er da ist; und wenn er nun selbst die Äußerungen des Schönen in sich hervorbringt, so erzeugt er sie nicht, sondern er läßt das Schöne in ihm dieselben von sich aus erzeugen.

War die Einheit nicht durch eine aufsteigende Bewegung zustande zu bringen, so muß es mit einer absteigenden versucht werden. Es möge nun der Lernende X sein; in dieses X muß auch der Geringste einbegriffen sein; denn machte schon Sokrates nicht in schlechter Weise Kompagnie mit guten Köpfen, wie könnte da Gott einen Unterschied machen! Soll die Einheit zuwege gebracht werden, so muß Gott dem Lernenden gleich werden. Somit wird er sich dem Geringsten gleich zeigen. Der Geringste aber ist ja der, welcher andern dienen muß; also muß sich Gott in *Knechtsgestalt* zeigen. Aber diese Knechtsgestalt ist nicht nur umgehängt wie des Königs Bettlermantel, der darum auch lose flatterte und den König verriet; sie ist nicht nur umgeworfen wie der leichte sokratische Sommermantel, der, obschon aus nichts gewoben, doch zugleich verbarg und verriet; sie ist seine wahre Gestalt. Denn dies ist die Unergründlichkeit der Liebe, nicht zum Spiel, sondern im Ernst und in der Wahrheit für den Geliebten seinesgleichen zu werden. Und darin erweist sich die Allmacht der Liebe, die sich dazu entschließt, daß sie es auch auszuführen vermag, was weder der König noch Sokrates vermochte, weshalb ihre angenommene Gestalt doch eine Art Trug war.

Sieh, da steht er nun, Gott! Wo? Da, kannst du ihn nicht sehen? Er ist Gott; und doch hat er nichts da er sein Haupt hinlehnen könnte, und er darf sich nicht an einen Menschen lehnen, damit dieser sich nicht an ihm ärgere. Er ist Gott; und doch ist sein Gang vorsichtiger, als wenn Engel ihn trügen, nicht damit sein Fuß nicht irgendwo anstoße, sondern damit er die Menschen nicht in den Staub trete, dadurch daß sie sich an ihm ärgern. Er ist Gott; und doch weilt sein Auge so bekümmert auf dem Geschlecht, da der einzelne, der zarte Sproß, so schnell wie ein Gras zertreten werden kann. Welches Leben! eitel Liebe und eitel Kummer! Die Einheit der Liebe auszudrücken, und deshalb nicht verstanden zu werden; das Verderben jedes einzelnen befürchten zu müssen, und doch nur so auch nur einen einzigen in Wahrheit retten zu können! Nichts als Kummer, während doch Tag und Stunde schon mit der Sorge für den Lernenden, der sich ihm anvertraut hat, ausgefüllt ist! So steht Gott also auf Erden, dem Geringsten gleich durch seine allmächtige Liebe. Er weiß, daß der Lernende die Unwahrheit ist, wenn dieser nun fehl sähe, wenn er hinsänke und die Freimütigkeit verlöre! O, Himmel und Erde mit einem allmächtigen Werde zu tragen, so daß alles zusammensänke, wenn dieses den kleinsten Zeitteil ausbliebe, wie so gar leicht ist diese Last gegen die furchtbare Möglichkeit, daß das Geschlecht sich ärgere, wenn man aus Liebe dessen Erlöser wurde!

Aber die Knechtsgestalt war nicht umgeworfen; darum muß Gott alles leiden, alles dulden, allem entsagen, in der Wüste hungern, in Qualen dürsten, im Tode verlassen sein, dem Geringsten absolut gleich, seht, welch ein Mensch! Denn nicht nur den Tod zu erleiden ist sein Leiden; dieses ganze Leben ist ja eine Leidensgeschichte, und es ist die Liebe, die leidet, es ist die alles hingebende Liebe, die selbst Mangel leidet. Wunderbare Selbstverleugnung! Ob der Lernende der Geringste ist, er fragt bekümmert: liebst du mich nun wirklich? Denn er weiß selbst, wo die Gefahr droht, und doch weiß er, daß jede Verringerung der Gefahr von ihm ein Betrug wäre, ob es der Lernende auch nicht verstünde.

Jede andre Art sich zu offenbaren wäre für die Liebe ein Betrug; denn entweder müßte sie zuerst mit dem Lernenden eine Veränderung vorgenommen haben (die Liebe aber verändert nicht den Geliebten, sondern sich selbst) und müßte ihm zugleich verborgen haben, daß dies nötig war; oder sie müßte leichtsinnig sich vertuscht haben, daß das ganze Verständnis eine Täuschung ist. (Dies ist die Unwahrheit im Heidentum.) Jede andre wäre für Gottes Liebe ein Betrug. Und ob meine Augen mehr Tränen hätten als die einer reuigen Sünderin; ob jede meiner Tränen kostbarer wäre als die vielen einer begnadeten Sünderin; ob ich einen noch demütigeren Platz fände als den zu seinen Füßen; ob ich mich demütiger zu ihm setzte denn ein Weib, dessen Herz einzig und allein das eine gewählt hat, das not tut; ob ich ihn redlicher liebte als der treue Diener, der ihn liebt bis zu seinem letzten Blutstropfen; ob ich in seinen Augen holdseliger wäre als die reinste unter den Weibern, wollte ich ihn bitten, daß er seinen Beschluß verändere, daß er sich anders zeige, daß er sein selbst schone, so würde er mich anblicken und sagen: „Mensch, was habe ich mit dir zu schaffen? Hebe dich weg von mir! Du bist Satanas, ob du es gleich selbst nicht verstehst!“ Und wenn er ein einzigmal seine Hand ausstreckte zu gebieten, und es geschähe, und ich meinte nun, ihn besser zu verstehen oder ihn mehr zu lieben, so müßte ich wohl sehen, wie er über mich weinte; ich müßte hören, wie er zu mir sagte: „Daß du mir so untreu werden, so die Liebe betrüben konntest! So liebst du also nur den Allmächtigen, der Wunder tut, nicht den, welcher sich in Gleichheit zu dir herabließ?“

Aber die Knechtsgestalt war nicht nur umgeworfen, darum mußte er im Tode seinen Geist von sich geben und die Erde wiederum verlassen. Und wäre mein Gram tiefer als der der Mutter, wenn ihr das Schwert durchs Herz dringt; wäre meine Lage entsetzlicher als die des Glaubenden, wenn seines Glaubens Kraft bricht; wäre mein Elend rührender als dessen Elend, der seine Hoffnung kreuzigt und nur das Kreuz zurückbehält, wollte ich ihn bitten, daß er sein selbst schonte und zurückbliebe, so müßte ich ihn wohl sehen, betrübt bis zum Tode, aber auch betrübt über mich; denn dieses Leiden sollte ja mein Gewinn sein, aber seine Sorge war eben die, daß ich ihn nicht verstehen könnte. O bitterer Kelch! Bitterer denn Wermut ist ja des Todes Geschmack für den Sterblichen, wie erst für den Unsterblichen! O böser Labetrank, herber als Essig, mit dem Mißverständnis des Geliebten erquickt zu werden! O, ein Trost in der Not, schuldig zu leiden, wie mag es tun, unschuldig zu leiden!

So der Dichter; denn wie sollte es ihm einfallen, Gott wolle sich auf solche Weise offenbaren, um die schrecklichste Entscheidung herbeizuführen! Wie sollte es ihm einfallen, leichtsinnig mit Gottes Schmerz zu spielen, lügenhaft die Liebe aus ihm hinauszudichten, um den Zorn in ihn hineinzudichten!

Und der Lernende, hat er kein Los und Teil in dieser Leidensgeschichte, wenn sein Los auch nicht das des Lehrers ist? Und doch muß dies so sein, und die Liebe ist es, welche all dieses Leiden verursacht, weil eben Gott nicht eifersüchtig auf sich selbst ist, sondern in Liebe dem Geringsten gleich sein will. Wenn man Eicheln in einen irdenen Topf pflanzt, so wird dieser zersprengt; wenn man neuen Wein in alte Schläuche gießt, so werden diese zersprengt; wenn nun Gott in des Menschen Gebrechlichkeit sich einpflanzt, wie soll es da zugehen, wenn dieser nicht ein neuer Mensch, ein neues Gefäß wird! Aber dieses Werden, wie beschwerlich ist es wohl, wie schwer ist die Geburt! Und das Verständnis Gottes und des Menschen, wie leicht nimmt es Schaden, wie streift es jeden Augenblick die Grenzen des Mißverständnisses, wenn die Angst der Schuld den Frieden der Liebe stören will! Und dies Verhältnis zwischen Gott und Mensch, unter welchen Schrecknissen wird es nicht verwirklicht! Denn es ist ja minder schrecklich, auf sein Angesicht zu fallen, wenn die Berge vor Gottes Stimme erbeben, als neben ihm zu sitzen wie neben seinesgleichen; und doch ist ja dies gerade Gottes Bekümmernis, daß man so sich zu ihm setze.

Wenn nun einer sagen wollte: „Was du dichtest, ist das elendeste Plagiat, das je vorgekommen ist, da es nicht mehr noch weniger ist, als was jedes Kind weiß", so muß ich mit Scham hören, daß ich ein Lügner sei. Aber warum das elendeste? Jeder Dichter, der stiehlt, stiehlt ja von einem andern Dichter, somit sind wir alle gleich elend; ja meine Dieberei ist vielleicht weniger schädlich, da sie leichter aufzudecken ist. Wer ist nun aber der Dichter? Wenn ich höflich genug wäre, dich dafür anzusehen, daß du, der du mich verdammst, der Dichter seist, so möchtest du mir vielleicht wieder zürnen. Gibt es nun keinen Dichter, wenn es doch ein

Gedicht ist, so wäre dies ja sonderbar, so sonderbar, wie wenn man Flötenspiel hörte und es wäre doch kein Flötenspieler da. Oder ist dies Gedicht etwa eine Art Sprichwort, zu dem der Dichter nicht bekannt ist, da es ist, wie wenn das ganze Menschengeschlecht es gedichtet hätte? Und war dies vielleicht der Grund, warum du mein Plagiat das elendeste nanntest, weil ich nämlich nicht einen einzelnen Menschen, sondern das ganze Geschlecht bestahl und, selbst nur ein einzelner Mensch, ja ein elender Dieb, mir hochmütig die Miene gab, als wäre ich das ganze Geschlecht? Wenn es sich so verhält, so könnte ich also bei allen Menschen Umgang halten, jeder müßte es kennen, jeder aber auch zugleich wissen, daß er es nicht gedichtet hat, und ich müßte daraus den Schluß ziehen: also hat das Geschlecht das gedichtet ...? Wäre das nicht sonderbar? Denn wenn das ganze Geschlecht es gedichtet hätte, so müßte sich dies ja so ausdrücken, daß jeder einzelne gleich nahe dabei wäre, dies gedichtet zu haben. Glaubst du nun nicht, daß wir in eine Schwierigkeit geraten sind, während zuerst das Ganze so leicht abgemacht schien? ... Du warfst mir zornig vor, mein Gedicht sei das elendeste Plagiat, und ich war beschämt darüber, dies hören zu müssen. So ist es vielleicht überhaupt kein Gedicht, oder in jedem Fall wird es keinem Menschen, auch nicht dem Geschlecht, geschuldet. Und nun verstehe ich dich: wenn du mein Unternehmen das elendeste Plagiat nanntest, so geschah es nicht, weil ich einen einzelnen Menschen oder das Geschlecht bestahl, sondern weil ich die Gottheit bestahl, ja diese gleichsam fortgestohlen habe; weil ich, nur ein einzelner Mensch, ja ein elender Dieb, mir gotteslästerlich die Miene gab, Gott zu sein. O mein Lieber, nun verstehe ich dich ganz, ich verstehe, daß dein Zorn berechtigt ist. Nun aber wird meine Seele von neuer Verwunderung ergriffen, ja sie wird mit anbetender Verehrung erfüllt; es wäre ja auch sonderbar gewesen, wenn dies ein menschliches Gedicht wäre. Wohl konnte es einem Menschen einfallen, sich Gott gleich oder Gott sich gleich zu dichten, nicht aber, zu dichten, daß Gott sich selbst in die Gleichheit mit den Menschen hineindichtete; denn wenn Gott sich nichts merken ließe, wie sollte da der Mensch darauf verfallen, daß der selige Gott seiner bedürfen könnte? Dies wäre ja der schlechteste Gedanke, oder besser, ein so schlechter Gedanke, daß er gar nicht in ihm aufsteigen konnte, obschon er nun, da Gott ihm denselben anvertraut hat, anbetend sagt: dieser Gedanke kam nicht aus meinem Herzen! Und darin den wunderbar schönsten Gedanken erkennt. Und ist das Ganze nicht wunderbar? Hat sich dies Wort nicht glücklich mahnend auf meine Lippen gedrängt? Denn stehen wir nicht hier, wie ich eben sagte und wie du unwillkürlich selbst sagst: bei dem *Wunder*? Und da wir nun beide bei dem Wunder stehen, wo menschlicher Streit um Mein und Dein die feierliche Stille nicht stören kann, wo ehrfurchtgebietende Rede den menschlichen Zank um Mein und Dein unendlich übertönt, so gib mir zu, daß ich mit meiner Meinung, ich habe das gedichtet, in einem ganz besonderen Irrtum befangen war. Ja, es war ein Irrtum, und das Gedicht von jedem menschlichen Gedicht so verschieden, daß es kein Gedicht war, sondern das *Wunder*.

Kapitel III. Das absolute Paradox (Eine metaphysische Grille)

Obgleich Sokrates alle seine Kraft aufwandte, um Menschenkenntnis zu gewinnen und sich selbst kennenzulernen, ja obschon er jahrhundertelang als der Mensch gepriesen wurde, der den Menschen wohl am besten kannte, so macht er doch das Zugeständnis: wenn er sich nicht fähig wisse, über die Natur von Wesen, wie der Pegasus und die Gorgonen es seien, nachzudenken, so sei der Grund hiervon der, daß er mit sich selbst noch nicht ganz im reinen sei, ob nämlich er (der Menschenkenner) ein absonderlicheres Ungeheuer sei als selbst Typhon, oder ein freundlicheres, einfacheres Wesen, das von Natur an etwas Göttlichem Anteil habe (Phädrus, S. 229 e). Dies ist offenbar ein Paradox. Doch darf man von dem Paradox nicht gering denken; denn das Paradox ist des Denkens Leidenschaft, und der Denker ohne Paradox ist wie der Liebende ohne Leidenschaft: ein mittelmäßiger Patron. Jeder Leidenschaft höchste Potenz ist aber, daß sie ihren eigenen Untergang will; und so ist es auch des Verstandes höchste Leidenschaft, daß er den Anstoß will, obgleich der Anstoß auf die eine oder andre Weise sein Untergang werden muß. Dies ist also das höchste Paradox des Denkens, etwas zu entdecken, das es selbst nicht denken kann. Diese Leidenschaft des Denkens ist im Grunde überall im Denken zur Stelle, auch in dem des einzelnen, sofern dieser ja im Denken nicht bloß er selbst ist. Aber die Gewohnheit verhindert, daß man dies entdeckt. So ist ja auch der Gang des Menschen, wie die Naturforscher ihn erklären, ein fortgesetztes Fallen; aber ein gesetzter, pünktlicher Mann, der morgens ins Kontor geht und mittags wieder nach Hause kommt, möchte in dieser Meinung eine Übertreibung finden, da sein Vorwärtsschreiten ja die Mediation ist; wie sollte es ihm auch einfallen, daß er beständig fällt, er, der ja gleichmäßig der Nase nachläuft!

Doch wir wollen zum Beginn kommen und darum eine dreiste Proposition machen; wir wollen annehmen, daß wir wissen, was ein Mensch sei.[1] Hierin haben wir ja das in der ganzen griechischen Philosophie *gesuchte* oder *bezweifelte*

[1] Es mag lächerlich scheinen, daß wir diese Proposition eben „annehmen" wollen und ihr damit die Form des Zweifels geben; derartiges weiß ja in unserer theozentrischen Zeit jeder. Ja, wäre dem nur so! Demokrit wußte es auch, er definiert ja den Menschen so: „Der Mensch ist, was wir alle wissen" und argumentiert: „denn wir alle wissen, was ein Hund, ein Pferd, eine Pflanze ist usw., aber nichts von diesem allem ist der Mensch". Wir wollen nun nicht so maliziös sein wie Sextus Empirikus (wir sind ja auch nicht so witzig wie er) und die Folgerung daraus ziehen, die er, wie bekannt, ganz richtig zog, daß nämlich der Mensch ein Hund sei: „der Mensch ist ja, was wir alle wissen, und wir alle wissen, was ein Hund ist, *ergo*", wir wollen nicht so maliziös sein; aber, ist die Sache in unserer Zeit wohl so ins reine gebracht, daß diese bei dem Gedanken an den ärmlichen Sokrates und seine Verlegenheit nicht ein wenig unruhig über sich selbst werden sollte?

oder *postulierte* oder *verwertete* Kriterium der Wahrheit. Und ist dies nicht merkwürdig genug, daß es sich so mit den Griechen verhält? Muß man nicht einen kurzen Inbegriff von der Bedeutung der Gräzität darin sehen, ein Epigramm, das sie sich selbst geschrieben hat, mit dem ihr auch besser gedient ist, als mit manchen weitläufigen Auseinandersetzungen, die bisweilen über sie geschrieben werden! Die Proposition verdient also wohl angenommen zu werden; zudem haben wir ja in den zwei vorhergehenden Kapiteln dieselbe schon erklärt; und will man Sokrates anders erklären, als wir es getan haben, so mag man wohl zusehen, daß man sich nicht in den Netzen des früheren oder späteren griechischen Skeptizismus fange. Wenn man nicht die sokratische Theorie der Erinnerung und den sokratischen Satz, daß jeder einzelne Mensch der Mensch ist, festhält, so tritt Sextus Empirikus auf, bereit den Übergang, der in dem „Lernen" liegt, nicht bloß schwierig, sondern unmöglich zu machen; und Protagoras beginnt, womit er aufhörte, mit dem Satz, daß alles des Menschen Maß ist, in dem Sinne nämlich, daß er das Maß für andere ist, nicht in dem Sinne des Sokrates, daß der einzelne sich selbst das Maß ist, weder mehr, noch weniger.[1]

So wissen wir also, was der Mensch ist, und dieses Wissen, dessen Wert ich zuletzt von allen gering anschlagen werde, und in ihm die Wahrheit, kann beständig reicher und bedeutungsvoller werden; aber nun steht auch der Verstand still, wie Sokrates dies tat; denn nun erwacht die paradoxe Leidenschaft des Verstandes, welche den Anstoß will und, ohne sich selbst recht zu verstehen, auf ihren eigenen Untergang hinzielt. So ist es ja auch mit dem Paradox der Liebe. Der Mensch lebt ungestört in sich selbst; da erwacht das Paradox der Selbstliebe als Liebe zu einem andern, einem Ersehnten. (Die Selbstliebe liegt in jeder Liebe zugrunde oder geht in jeder Liebe zugrunde, weshalb auch die Religion der Liebe, wenn wir an diese erinnern dürfen, ebenso epigrammatisch als wahr nur eine Bedingung voraussetzen und diese als gegeben annehmen wollte: daß jeder sich selbst liebt, um dann zu gebieten, daß man den Nächsten wie sich selbst lieben soll.) Wie nun der Liebende durch dies Paradox der Liebe verändert wird, so daß er fast sich selbst nicht mehr kennt, dies bezeugen ja die Dichter, welche die Wortführer der Liebe sind, und dies bezeugen die Liebenden selbst, da sie dem Dichter doch nur gestatten, sich ihre Worte anzueignen, nicht den Zustand der Liebe ihnen zu rauben: so wirkt jenes geahnte Paradox des Verstandes auf den Menschen und auf seine Selbsterkenntnis zurück, so daß er, der sich selbst zu kennen glaubte, nun nicht mehr mit Bestimmtheit weiß, ob er vielleicht ein noch sonderbarer zusammengesetztes Tier als Typhon sei, oder ob er in seinem Wesen ein milderes, göttliches Element habe (*σκοπῶ οὐ ταῦτα, ἀλλὰ ἐμαυτόν, εἴτε τι θηρίον ὢν τυγχάνω πολυπλοκώτερον*

[1] Der bekannte Ausspruch des Protagoras lautet vielmehr: „Den Maßstab für alle Dinge bildet der Mensch; wofern sie sind, dafür, daß sie sind, und wofern sie nicht sind, dafür, daß sie nicht sind."

καὶ ἐπιτεθυμμένον εἴτε ἡμερώτερόν τε καὶ ἁπλούστερον ζῷον, θείας τινὸς καὶ ἀτύφου μοίρας φύσει μετέχον. Phädrus, S. 239 a).

Was ist nun aber dieses Unbekannte, gegen das der Verstand in seiner paradoxen Leidenschaft anstößt und das den Menschen auch an seiner Selbsterkenntnis irre macht? Es ist das Unbekannte. Nun aber ist es ja nicht irgendein Mensch, sofern er diesen kennt, noch irgendein andres Ding, das er kennt. So wollen wir dieses Unbekannte *Gott* nennen. Wir geben ihm damit nur einen Namen. Beweisen zu wollen, daß dieses Unbekannte (Gott) sei, fällt dem Verstande kaum ein. Wenn Gott nämlich nicht Dasein hat, so ist es ja eine Unmöglichkeit, dies zu beweisen; hat er aber Dasein, so ist es eine Torheit, dies beweisen zu wollen. Denn in dem Augenblicke, da ich den Beweis beginne, habe ich es vorausgesetzt, und zwar nicht als zweifelhaft (was ja eine Voraussetzung nicht sein kann, da sie eine Voraussetzung ist), sondern als abgemacht; andernfalls würde ich nicht beginnen, indem ich leicht einsehe, daß das Ganze eine Unmöglichkeit bliebe, wenn er nicht wäre. Meine ich hingegen mit dem Ausdruck, daß ich Gottes Dasein beweise, ich wolle beweisen, daß das Unbekannte, das ist, Gott sei, so drücke ich mich weniger glücklich aus; denn dann beweise ich nichts, am allerwenigsten ein Dasein, sondern ich entwickle eine Begriffsbestimmung. Es ist überhaupt eine schwierige Sache, beweisen zu wollen, daß etwas sei; und, was für den Mutigen, der dies zu unternehmen wagt, noch schlimmer ist, die Schwierigkeit ist derart, daß der, welcher sich mit ihr beschäftigt, nicht leicht Ruhm dabei erwerben wird. Die ganze Beweisführung wird beständig zu etwas ganz anderem. Ausgangspunkt für den Schluß ist stets, daß das in Frage Gestellte ist; der „Beweis" zieht hieraus nur weitere Schlußfolgerungen. So schließe ich beständig nicht auf das Dasein, sondern ich schließe von dem Dasein aus, ob ich mich nun in der Welt der sinnlichen Handgreiflichkeit bewege, oder in der des Gedankens. Ich beweise nicht, daß ein Stein ist, sondern daß das Etwas, welches ist, ein Stein ist; der Gerichtshof beweist nicht, daß ein Verbrecher ist, sondern daß der Angeklagte, welcher ist, ein Verbrecher ist. Ob man nun das Dasein ein *accessorium* oder das ewige *prius* nennen will, es kann nie bewiesen werden. Wir wollen uns ordentlich Zeit nehmen; wir brauchen ja nicht so zu eilen wie diejenigen, welche aus Bekümmernis für sich selbst oder für Gott oder für irgend etwas andres eilen müssen, den Beweis fertig zu haben, daß es sei. Wenn es so steht, so ist allerdings Grund genug zur Eile da, besonders wenn der Betreffende sich recht aufrichtig über die Gefahr klarwürde, daß er selbst oder das in Frage Kommende kein Dasein hätte, bevor er den Beweis dafür sicher stellte, und nicht hinterlistig den heimlichen Gedanken nährte, daß es im Grunde doch da sei, ob er es nun beweise oder nicht.

Wenn einer aus Napoleons Taten Napoleons Dasein beweisen wollte, wäre dies nicht höchst sonderbar? Da ja sein Dasein wohl seine Taten erklärt, nicht aber die Taten sein Dasein beweisen, wenn ich nicht anders das Wort „*sein*" so verstanden habe, daß ich damit annahm, er habe Dasein. Doch ist Napoleon nur der einzelne, und insofern findet kein absolutes Verhältnis zwischen ihm und seinen Taten statt, so daß ja auch ein andrer dieselben Taten ausgeführt haben könnte. Vielleicht kommt es davon her, daß ich von den Taten nicht auf das Dasein schließen kann. Nenne ich die Taten Napoleons Taten so ist der Beweis überflüssig, da ich ihn schon mit Namen genannt habe; ignoriere ich dies, so kann ich von den Taten aus nie beweisen, daß es Napoleons Taten sind; ich kann nur (rein ideell) beweisen, daß solche Taten Taten eines großen Generals usw. sind. Doch zwischen Gott und seinen Taten ist ein absolutes Verhältnis; Gott ist nicht ein Name, sondern ein Begriff; vielleicht gilt deshalb von ihm doch: *essentia involvit existentiam.*[1] Gottes Taten kann also nur Gott tun; ganz gewiß; aber welches sind nun Gottes Taten? Taten, aus welchen ich sein Dasein beweisen will, existieren unmittelbar durchaus nicht. Oder kann ich vielleicht einem die Nase daraufstoßen, daß er in der Natur die Weisheit, in der Weltregierung

---

[1] So Spinoza, der in den Gottesbegriff sich vertiefend durch den Gedanken das Sein aus ihm hervortreten lassen will, aber, wohlgemerkt, nicht als zufällige Eigenschaft, sondern als Wesensbestimmung. Dies ist das Tiefsinnige bei Spinoza; wir wollen aber doch sehen, wie er sich dabei benimmt. Er sagt, *principia philosophiae Cartesianae, pars I, propositio VII, lemma I: „quo res sua natura perfectior est, eo majorem existentiam et magis necessariam involvit; et contra quo magis necessariam existentiam res sua natura involvit, eo perfectior."* Also: je vollkommener, desto mehr Sein; je mehr Sein, desto vollkommener. Dies ist indessen eine Tautologie. Eine Note macht dies noch deutlicher, *nota II*: *„quod hic non loquimur de pulchridudine et aliis perfectionibus,quas homines ex superstitione et ignorantia perfectiones vocare voluerunt.Sed per perfectionem intelligo tantum realitatem sive esse* " Er erklärt *perfectio* mit *realitas, esse*; je vollkommener also ein Ding ist, desto mehr ist es: seine Vollkommenheit aber ist, daß es mehr *esse* in sich hat, das will sagen: je mehr es ist, desto mehr ist es. Dies, was die Tautologie betrifft; nun aber weiter. Was hier fehlt, das ist eine Distinktion zwischen faktischem Sein und ideellem Sein. Der Sprachgebrauch, von mehr oder weniger Sein zu reden, also Gradunterschiede im Sein zu machen, ist an und für sich unklar; er wird noch verwirrender, wenn jene Distinktion nicht gemacht wird, wenn, gut deutsch geredet, Spinoza zwar tiefsinnige Worte spricht, aber es unterläßt, die Schwierigkeit zuerst aufzusuchen. In Beziehung auf das faktische Sein hat es keinen Sinn, von mehr oder weniger Sein zu reden. Eine Fliege, die existiert, hat denselben Grad des Seins wie Gott; die dumme Bemerkung, die ich eben schreibe, hat in Beziehung auf das faktische Sein denselben Grad des Seins wie Spinozas Tiefsinn; denn in Beziehung auf das faktische Sein gilt Hamlets Dialektik: „Sein oder nicht sein." Das faktische Sein ist indifferent gegen jede Verschiedenheit der Wesensbestimmungen, und alles, was ist, partizipiert ohne kleinliche Eifersucht an dem Sein und partizipiert im selben Grade. Ideell verhält es sich anders; das ist ganz richtig. Sobald ich aber ideell vom Sein spreche, so spreche ich nicht mehr vom Sein, sondern vom Wesen. Die höchste Idealität hat das Notwendige, darum ist es. Aber dieses Sein ist sein Wesen, mit dem es in die Dialektik des faktischen Seins eben nicht eintreten kann, da es unbedingt ist; man kann von ihm aber auch nicht sagen, es habe im Verhältnis zu irgend etwas anderem mehr oder weniger Sein. Dies hat man, allerdings etwas unvollkommen, in alten Tagen so ausgedrückt: wenn Gott möglich ist, so ist er *eo ipso* notwendig (Leibniz). Spinozas Satz, ist also ganz richtig, und die Tautologie ist in der Ordnung; aber es ist auch gewiß, daß er die Schwierigkeit durchaus umgangen hat; denn die Schwierigkeit ist, das faktische Sein zu erreichen und Gottes Idealität dialektisch in das faktische Sein hineinzubringen.

die Güte oder Weisheit sieht? Stoßen wir nicht gerade hier auf die gefährlichsten Anfechtungen? Ist es nicht unmöglich, mit diesen Anfechtungen fertig zu werden? Aus einer solchen Ordnung der Dinge will ich aber doch nicht etwa Gottes Dasein beweisen, und wenn ich dies auch unternähme, so würde ich ja nie fertig und müßte zugleich beständig in *in suspenso* leben, da ja plötzlich etwas so Entsetzliches geschehen könnte, daß mein bißchen Beweis vollends alles Sinnes bar würde! Von welchen Taten gehe ich also bei meinem Beweis aus? Von den Taten, wie ich sie ideell betrachte, also nicht von den Taten, wie sie sich unmittelbar geben. So gründet sich aber mein Beweis ja nicht auf die Taten, sondern ich entwickle nur die Idealität, die ich vorausgesetzt habe; im Vertrauen auf diese wage ich auch, allen Einwendungen zu trotzen, auch denjenigen, die noch nicht erhoben worden sind. Indem ich also beginne, habe ich die Idealität vorausgesetzt, und vorausgesetzt, daß es mir glücken werde, sie durchzuführen. Was ist dies aber andres, als daß ich vorausgesetzt habe, Gott sei? Und so ist es eigentlich das Vertrauen auf ihn, das mir ermöglicht, zu beginnen.

Wie springt nun aber Gottes Dasein aus dem Beweise hervor? Geht das so ganz einfach zu? Geht es damit nicht wie mit dem kartesianischen Taucher? Sobald ich den Taucher loslasse, steht er auf dem Kopf. Sobald ich ihn loslasse; ich muß ihn also loslassen. So auch mit dem Beweise; solange ich an demselben festhalte (dabei bleibe, daß ich der Beweisende sei), solange kommt das Dasein nicht zum Vorschein; wenn nicht aus einem andern Grunde, so aus dem, daß ich im Zuge bin, es zu beweisen; sowie ich aber den Beweis fahren lasse, so ist das Dasein da. Doch dies, daß ich ihn fahren lasse, dies ist doch wohl auch etwas; es ist ja meine Zutat; sollte das nicht auch in Anschlag gebracht werden, dieser kleine Augenblick, wie kurz er auch sei? Lang braucht er ja nicht zu sein, da er ein *Sprung* ist. Wie klein dieser Moment auch ist, ob nur ein Nu, ebendieser Nu muß in Anschlag gebracht werden. Sollte man ihn vergessen haben, so will ich ihn, zum Beweise, daß er doch da ist, dazu benützen, daß ich eine kleine Anekdote erzähle. Chrysippus machte Denkexperimente, um die Vor- und Rückwärtsbewegung eines Sorites in der Qualität zum Stehen zu bringen. Da konnte nun Karneades nicht in seinen Kopf hineinbekommen, wie das geschehen sollte, daß die Qualität wirklich zum Vorschein gekommen wäre. Chrysipp sagte zu ihm, man könne ja im Zählen einen Augenblick innehalten, und so, und so; so könne man es besser verstehen. Aber Karneades antwortete: sei so gut, meinethalb brauchst du dich nicht zu genieren; du kannst nicht bloß innehalten, sondern auch dich hinlegen und schlafen, das hilft dir gleich viel; wenn du wieder erwachst, beginnen wir eben, wo du aufhörtest. So ist es ja auch; durch das Verschlafen bringt man eine Sache nicht weg, und bringt man eine Sache nicht herbei.

Wer darum das Dasein Gottes beweisen will (nicht nur in dem Sinne, daß er sich den Gottesbegriff deutlich machen wollte, und ohne die *reservatio finalis*, die wir aufgewiesen haben, daß das Dasein selbst aus dem Beweise durch einen

Sprung hervortritt), er beweist in Ermangelung dessen etwas andres, etwas das bisweilen kaum eines Beweises bedürfte, und in keinem Falle etwas Besseres; denn der Tor spricht in seinem Herzen, es ist kein Gott; der aber, der in seinem Herzen oder zu den Menschen spricht: warte ein wenig, so werde ich es beweisen, o, welch seltene Weisheit beweist er nichts![1] Ist es nicht in dem Augenblicke, da er den Beweis beginnen soll, akkurat gleich unausgemacht, ob Gott Dasein hat, oder nicht, so beweist er es ja nicht; und steht es so, wenn er beginnt, so kommt er nie dazu, zu beginnen, teils aus Furcht, es möge ihm nicht glücken, da Gott vielleicht nicht Dasein habe, teils weil er nichts hat, womit er beginnen sollte. In alten Zeiten hat man sich gewiß kaum mit derartigem abgegeben. Sokrates wenigstens, der den physikoteleologischen Beweis für das Dasein Gottes vorgetragen haben soll, hat sich nicht so benommen. Er setzt beständig voraus, daß Gott ist, und von dieser Voraussetzung ausgehend sucht er die Natur mit dem Gedanken der Zweckmäßigkeit zu durchwirken. Hätte man ihn gefragt, warum er sich so benehme, so hatte er wohl erklärt, daß er nicht die Courage habe, sich auf eine derartige Entdeckungsreise hinauszuwagen, ohne hinter sich zuerst sichergestellt zu haben, daß Gott Dasein habe. Auf Gottes Wort hin wirft er gleichsam das Netz aus, um den Gedanken der Zweckmäßigkeit einzufangen; denn die Natur selbst ersinnt manche verwirrende Schreckmittel und Ausflüchte.

Die paradoxe Leidenschaft des Verstandes stößt also beständig gegen dieses Unbekannte an, das wohl da ist, aber eben unbekannt ist, und insofern nicht da ist. Weiter kommt der Verstand nicht; doch, in seiner Paradoxie kann er es nicht lassen, immer wieder zu ihm zu kommen und sich mit ihm zu beschäftigen; denn wollte er sein Verhältnis zu demselben so ausdrücken, daß jenes Unbekannte nicht da sei, so geht das nicht an, da diese Aussage eben ein Verhältnis involviert. Was ist nun aber dieses Unbekannte? Denn daß es Gott ist, bedeutet uns ja nur, daß es das Unbekannte ist. Sagt man von ihm, daß es das Unbekannte sei, da man es nicht kennen könne, oder, könnte man es kennen, es nicht aussprechen könnte, so ist die Leidenschaft nicht zufriedengestellt, obschon so das Unbekannte richtig als Grenze aufgefaßt ist; aber die Grenze ist eben die Qual der Leidenschaft, wenn sie auch zugleich ihr Inzitament ist. Und doch kann sie nicht weiter kommen, ob sie nur *via negationis*, oder *via eminetiae* einen Ausfall wagte.

Was ist also das Unbekannte? Es ist die Grenze, zu der man beständig kommt, und als solche ist es (wenn wir die Bestimmung der Bewegung mit der der Ruhe vertauschen) das Heterogene, das absolut Verschiedene. Das absolut Verschiedene ist aber das, wofür man kein Kennzeichen hat. Bestimmt man es als das absolut Verschiedene, so entsteht der Schein, als wäre es im Begriff, offenbar zu werden. Dem ist aber nicht so. Die absolute Verschiedenheit kann der Verstand

[1] Welch vortreffliches Sujet für die wahnwitzige Komik!

auch nicht denken; denn absolut kann er nicht sich selbst negieren, er benützte vielmehr sich selbst dazu und denkt also die Verschiedenheit in sich selbst, wie er sie durch sich selbst denkt; und absolut kann er nicht über sich selbst hinausgehen und denkt daher nur die Erhabenheit über sich selbst, wie er sie durch sich selbst denkt. Wenn also das Unbekannte (Gott) nicht bloß Grenze bleibt, so wird der eine Gedanke über das Verschiedene durch die mancherlei Gedanken über das Verschiedene verwirrt. Dann ist das Unbekannte in einer διασπορά, und der Verstand hat nach Belieben die Wahl unter dem, was ihm gerade zur Hand ist und worauf die Einbildung verfallen kann (dem Ungeheuren, dem Lächerlichen usw.) Aber diese Verschiedenheit läßt sich nicht festhalten. So oft dies geschieht, ist es im Grunde Willkür, und in der Tiefe der Gottesfurcht lauert wahnwitzig die launische Willkür, welche weiß, daß sie selbst Gott hervorgebracht hat. Läßt sich nun die Verschiedenheit nicht festhalten, weil es kein Kennzeichen für sie gibt, so geht es mit der Verschiedenheit und Gleichheit wie mit allen derartigen dialektischen Gegensätzen, die identisch sind. Die Verschiedenheit, welche sich an den Verstand festklammert, hat diesen verwirrt, so daß er sich selbst nicht mehr kennt und ganz konsequent sich mit der Verschiedenheit verwechselt. An allerlei phantastischen Erfindungen hat das Heidentum ja einen Überfluß aufzuweisen; was aber die zuletzt hervorgehobene Annahme, die Selbstironisierung des Verstandes, anbetrifft, so will ich sie bloß mit ein paar Zügen zeichnen, ohne darauf Rücksicht zu nehmen, ob sie historisch geworden ist oder nicht. Da existiert ein einzelner Mensch; er sieht aus wie andre Menschen, wächst auf wie andre Menschen, verheiratet sich, geht seinem Berufe nach, ist auf sein Auskommen für den morgigen Tag bedacht, wie sich's für einen Menschen schickt; denn es ist wohl schön, zu leben wie die Vögel unter dem Himmel, aber es geht doch nicht an und kann ja auch ein klägliches Ende nehmen, daß man entweder Hungers stirbt, wenn man die Sache anhaltend durchsetzt, oder von fremdem Gute zehrt. Dieser Mensch ist zugleich Gott. Woher weiß ich das? Ja, wissen kann ich das gar nicht, sonst müßte ich Gott und die Verschiedenheit kennen; und die Verschiedenheit kenne ich nicht, da der Verstand sie dem gleichgemacht hat, wovon sie verschieden ist. So ist Gott der gefährlichste Betrüger geworden, dadurch, daß der Verstand sich selbst betrogen hat. Der Verstand hat Gott so nahe als möglich bekommen und doch ebenso fern.

Vielleicht sagt nun einer: „Du bist ein Grillenfänger, das weiß ich ganz gut; doch glaubst du wohl selbst nicht, daß es mir einfallen sollte, mich um eine solche Grille zu bekümmern. Sie ist ja so sonderbar oder so lächerlich, daß sie wohl noch niemand in den Sinn gekommen ist, und vor allem so ungereimt, daß ich alles, was ich in meinem Bewußtsein habe, aus ihm hinauswerfen muß, um auf so etwas verfallen zu können." Ganz gewiß, das mußt du tun; kannst du es denn aber auch verantworten, daß du alle die Voraussetzungen, die du in deinem Bewußtsein hast, behalten und doch die Meinung haben willst, du denkest voraussetzungslos über dein Bewußtsein? Du leugnest doch wohl nicht die Konsequenz des Entwickelten, daß der Verstand bei der Bestimmung des Unbekannten als des Verschiedenen zuletzt sich verirrt und die Verschiedenheit mit der Gleichheit verwechselt? Daraus scheint aber noch etwas andres zu folgen: daß nämlich der Mensch von dem Unbekannten (Gott) nichts in Wahrheit wissen kann, ehe er von ihm zu wissen bekommen hat, es sei von ihm verschieden, absolut verschieden. Von sich selbst kann der Verstand das nicht zu wissen bekommen (das ist ein Selbstwiderspruch, wie wir gesehen haben); soll er es von Gott zu wissen bekommen und erfährt er es von ihm, so kann er es wieder nicht verstehen, und kann es also nicht zu wissen bekommen; wie sollte er denn das absolut Verschiedene verstehen? Ist dies nicht sofort deutlich, so erhält es durch seine Konsequenz mehr Klarheit; denn ist Gott absolut verschieden vom Menschen, so ist der Mensch absolut verschieden von Gott; wie sollte dies aber der Verstand fassen? Hier zeigt es sich, daß wir vor einem Paradox stehen. Bloß um zu wissen zu bekommen, daß Gott das Verschiedene ist, bedarf der Mensch Gottes, und nun bekommt er zu wissen, daß Gott absolut verschieden von ihm ist. Soll aber Gott absolut verschieden vom Menschen sein, so kann dies seinen Grund nicht in dem haben, was der Mensch Gott schuldet (denn insofern ist er ja mit ihm verwandt), sondern in dem, was er sich selbst schuldet oder was er selbst verschuldet hat. Was ist es nun, was die Verschiedenheit ausmacht? Was andres denn wohl als die Sünde? Denn der Unterschied, der absolute Unterschied soll ja von dem Menschen selbst verschuldet sein. Dies drückten wir früher so aus, daß der Mensch die Unwahrheit sei, und zwar durch eigene Schuld, und wir wurden spielend und doch im Ernst darüber einig, es wäre von dem Menschen zuviel verlangt, daß er dies durch sich selbst entdecken sollte. Nun haben wir wieder dasselbe gefunden. Als der Menschenkenner gegen das Verschiedene anstieß, wurde er fast ratlos über sich selbst; er wußte bald nicht mehr, ob er ein sonderbareres Ungeheuer als Typhon sein, oder ob etwas Göttliches in ihm wäre. Was fehlte ihm da? Das Sündenbewußtsein, das er sicher ebensowenig einen andern Menschen lehren konnte, als ein andrer Mensch ihn, das nur Gott lehren kann, wenn er Lehrer sein wollte. Doch, dies wollte er ja, wie wir gedichtet haben, und er wollte, um dies zu sein, dem einzelnen gleich sein, damit dieser ihn ganz verstehen könnte. So wird das Paradox also noch gefährlicher, oder dasselbe Paradox hat zwei Seiten und erweist sich so als das absolute: negativ, indem es die absolute Verschiedenheit der Sünde zum Vorschein bringt, positiv, indem es diese absolute Verschiedenheit in der absoluten Gleichheit aufheben will.

Läßt sich nun ein solches Paradox denken? Wir wollen uns nicht übereilen, und wenn über der Beantwortung einer Frage Streit entsteht, so streitet man ja nicht wie auf der Rennbahn, und es ist nicht die Schnelligkeit, sondern die Richtigkeit, welche siegt. Der Verstand denkt es wohl nicht; er kann nicht von selbst darauf verfallen, und wenn es ihm verkündet wird, so kann er es nicht verstehen und merkt bloß, daß es noch sein Untergang werden wird. Insofern hat also der

Verstand viel gegen dasselbe einzuwenden, und doch will ja andrerseits der Verstand selbst in seiner paradoxen Leidenschaft seinen eigenen Untergang. Dieser Untergang des Verstandes ist ja nun auch das, was das Paradox will, und so sind sie ja doch im Einverständnis miteinander; aber dieses Einverständnis ist nur im Augenblick der Leidenschaft vorhanden. Wir wollen ein Liebesverhältnis ins Auge fassen, ob es auch nur ein unvollkommenes Bild ist: die Selbstliebe liegt in aller Liebe zugrund, aber ihre paradoxe Leidenschaft will in ihrer höchsten Steigerung eben ihren eigenen Untergang. Dies will auch die Liebe, und so sind diese zwei Mächte im Einverständnis miteinander, nämlich im Augenblick der Leidenschaft, und diese Leidenschaft ist eben die Liebe. Warum sollte nun der Liebende dies nicht denken können, wenn auch der, welcher in Selbstliebe sich gegen die Liebe sträubt, es weder fassen kann noch wagen darf, da es ja den Untergang bedeutet! So mit der Leidenschaft der Liebe. Wohl ist die Selbstliebe zugrunde gegangen, aber dessen ungeachtet ist sie nicht vernichtet, sondern gefangen genommen und bildet der Liebe *spolia opima*; aber sie kann wieder zum Leben kommen, und das wird die Anfechtung der Liebe. So auch mit dem Verhältnis des Paradoxes zum Verstande, nur daß diese Leidenschaft einen andern Namen hat, oder besser: nur daß wir sehen müssen, einen andern Namen für sie zu finden.

Beilage

Das Ärgernis am Paradox (Eine akustische Täuschung)

Wenn das Paradox und der Verstand in dem gemeinsamen Verständnis ihrer Verschiedenheit zusammenstoßen, so ist der Zusammenstoß glücklich wie das Verständnis der Liebe, glücklich in der Leidenschaft, der wir noch keinen Namen gegeben haben und erst später den Namen geben werden. Ist der Zusammenstoß nicht im Verständnis eingetreten, so ist das Verhältnis unglücklich, und diese (wenn ich so sagen darf) unglückliche Liebe des Verstandes, die aber wohl zu merken nur der unglücklichen Liebe entspricht, welche ihren Grund in mißverstandener Selbstliebe hat; weiter erstreckt sich die Analogie nicht, da die Macht des Zufalls hier nichts vermag. diese können wir bestimmter nennen: *das Ärgernis.*

In seinem tiefsten Grunde ist nun alles Ärgernis leidend.[1] Es ist hier wie bei jener unglücklichen Liebe; selbst wenn die Selbstliebe (und scheint nicht schon dies ein Widerspruch zu sein, daß die Liebe zu sich selbst ein Leiden sei?) in der dummdreisten Tat, in einer erstaunlichen Leistung sich manifestiert, ist sie leidend, ist sie verwundet, und der Schmerz der Verwundung erzeugt diese illusorische Kraftäußerung, welche wie ein Handeln aussieht und leicht täuschen kann, besonders da die Selbstliebe dies geflissentlich verdeckt. Auch dann, wenn sie den Gegenstand der Liebe zu Boden stößt; auch dann, wenn sie sich selbstquälerisch in eine verhärtete Gleichgültigkeit hineinsteigert und sich selbst martert, um diese Gleichgültigkeit zur Schau zu tragen; auch dann, ja auch dann, wenn sie sich, weil ihr das glückt, einem triumphierenden Leichtsinn hingibt (diese Form täuscht am leichtesten): auch dann ist sie leidend. So auch mit dem Ärgernis. Es mag sich ausdrücken wie es will, selbst wenn es übermütig den Triumph der Geistlosigkeit feiert, es ist jederzeit leidend; ob nun der Geärgerte geknickt dasitzt und fast wie ein Bettler auf das Paradox hinstiert, sich in seinem Leiden versteinernd, oder ob er sich mit Spott wappnet und mit dem Pfeile des Witzes wie auf Abstand nach demselben zielt, er ist doch leidend und sein Abstand von ihm eingebildet; ob das Ärgernis kam und dem Geärgerten den letzten Rest von Trost und Freude entzog, oder ob es ihn stark machte, das Ärgernis ist doch leidend; es hat mit dem Stärkeren gestritten, und seiner Kraftstellung entspricht auf dem Gebiete des Körperlichen die Stellung desjenigen, dessen Rücken gebrochen ist, das gibt ja auch eine eigene Art von Geschmeidigkeit.

---

[1] Unsere Sprache nennt den Affekt richtig eine *Leiden*schaft, während wir bei dem Wort Affekt oft zunächst an die konvulsivische Tatkraft denken, die in Erstaunen setzt und darüber vergessen läßt, daß es ein Leiden ist. So ist es z. B. mit Hochmut, Trotz usf.

Indessen können wir wohl zwischen dem leidenden und handelnden Ärgernis unterscheiden, ohne doch zu vergessen, daß in dem leidenden Ärgernis allezeit so viel Aktivität ist, daß es sich nicht ganz vernichten läßt (denn das Ärgernis ist stets eine Handlung, nicht ein Geschehnis), und daß das handelnde jederzeit so schwach ist, daß es nicht vermag, sich von dem Kreuze, an das es festgenagelt ist, loszureißen oder den Pfeil herauszuziehen, durch den es verwundet ist.[1]

Weil aber das Ärgernis leidend ist, gehört dessen Entdeckung, wenn man so sagen will, nicht dem Verstande, sondern dem Paradox zu; denn wie die Wahrheit *index sui et falsi* ist, so ist es auch das Paradox, und das Ärgernis versteht nicht sowohl sich selbst[2], es wird vielmehr von dem Paradox verstanden. Während also das Ärgernis, wie es sich auch ausdrücken mag, von einem andern Punkt, ja von der entgegengesetzten Kante aus sich vernehmen läßt, so ist es doch das Paradox, welches in demselben widerhallt, und dies ist ja eine akustische Täuschung. Ist aber das Paradox *index* und *judex sui et falsi*; so kann das Ärgernis als eine indirekte Probe für die Richtigkeit des Paradoxes angesehen werden; denn das Ärgernis ist das falsche Fazit, ist die Konsequenz der Unwahrheit, mit welcher das Paradox von sich abstößt. Der Geärgerte spricht nicht von seinem Eigenen; er spricht mit den Mitteln des Paradoxes, wie der, welcher karikiert, nicht selbst etwas auffindet, sondern nur einen andern verkehrt kopiert. Je tiefer der Ausdruck des Ärgernisses in der Leidenschaft ist (es sei handelnd oder leidend), desto mehr zeigt es sich, wieviel das Ärgernis dem Paradox schuldet. Das Ärgernis ist also nicht eine Erfindung des Verstandes; weit gefehlt; denn so hätte der Verstand ja auch das Paradox zu erfinden imstande sein müssen; nein, mit dem Paradox *tritt* das Ärgernis *ins Dasein*; *tritt* es aber erst *ins Dasein*, so haben wir wieder den Augenblick, um den sich ja alles dreht. Wir wollen rekapitulieren. Wenn wir den Augenblick nicht annehmen, so wenden wir uns wieder zu Sokrates zurück, und ihn wollten wir ja eben verlassen, um etwas zu entdecken. Wird der Augenblick statuiert, so ist das Paradox da; denn das Paradox in unendlicher Abbreviatur kann man den Augenblick nennen; mit dem Augenblick wird der Lernende die Unwahrheit; der Mensch, welcher sich selbst

---

1 [Im Dänischen] weist auch der Sprachgebrauch darauf hin, daß das Ärgernis leidend ist. Man sagt: „forarges“ [im Passivum], was, genau genommen, nur den Zustand ausdrückt. Im gleichen Sinn gebraucht man aber auch „Ärgernis nehmen“ (Identität von Handlung und Leiden). Auf griechisch heißt es: *σκανδαλίζεσθαι*. Dies Wort kommt von *σκάνδαλον* (ein Anstoß) und bedeutet also „Anstoß nehmen“. Hier zeigt sich zugleich die Richtung deutlich: es ist nicht das Ärgernis, welche anstößt, sondern das Ärgernis nimmt Anstoß, ist also passiv, wenn auch immerhin so aktiv, daß es selbst Anstoß nimmt. Darum hat der Verstand nicht selbst das Ärgernis erfunden; denn das paradoxe Anstoßen, welches der isolierte Verstand entwickelt, entdeckt weder das Paradox noch das Ärgernis.

2 So ist der sokratische Satz in Richtigkeit, daß alle Sünde Unwissenheit ist; sie versteht sich nicht in der Wahrheit; daraus folgt aber noch nicht, daß sie nicht auch gut sich selbst in der Unwahrheit wollen kann.

kannte, wird ratlos über sich selbst und erhält an Stelle seiner Selbsterkenntnis das Sündenbewußtsein usw.; denn sobald wir nur den Augenblick setzen, ergibt sich alles von selbst.

Psychologisch betrachtet wird nun das Ärgernis sich höchst mannigfaltig nuancieren, je nachdem es mehr aktiv oder passiv bestimmt ist. Es liegt nicht im Interesse der vorliegenden Untersuchung, auf eine nähere Schilderung dieser Phänomene einzugehen; dagegen ist von Wichtigkeit, daß festgehalten wird: alles Ärgernis ist seinem Wesen nach ein Mißverständnis des *Augenblicks*, da es ja ein Ärgernis am Paradox und das Paradox wiederum der Augenblick ist.

Die Dialektik des Augenblicks ist nicht schwierig. Von Sokrates aus gesehen, ist er nicht zu sehen und nicht zu unterscheiden; er ist nicht da, ist nicht gewesen und wird nicht kommen; darum ist ja der Lernende selbst die Wahrheit, der Augenblick der Veranlassung nur ein Scherz, gleichsam ein Schmutztitel, der nicht wesentlich mit zum Buch gehört; der Augenblick der abschließenden Entscheidung ist eine *Torheit*; denn wird die abschließende Entscheidung gesetzt, so wird der Lernende zur Unwahrheit (siehe das früher Gesagte), und dies eben macht ja ein Beginnen im Augenblick notwendig. Der Ausdruck des Ärgernisses ist, daß der Augenblick die Torheit, das Paradox die Torheit ist. Das ist ja die Forderung des Paradoxes, daß der Verstand das Absurde ist; sie tönt nun durch eine Resonanz aus dem Ärgernis heraus. Oder: der Augenblick wird beständig erwartet und man *sieht* ihn stets darum *an*, ob er es sei, da der Augenblick eben das *Ansehnliche* sein soll; da aber das Paradox den Verstand zu dem Absurden gemacht hat, so ist es kein Kennzeichen, daß der Augenblick dem Verstande ansehnlich erscheinen soll.

Das Ärgernis bleibt also außerhalb des Paradoxes, und der Grund ist: *quia absurdum*. Doch hat der Verstand das nicht entdeckt, da im Gegenteil das Paradox es ist, welches dies entdeckte und es sich nun vom Ärgernis bezeugen läßt. Der Verstand sagt, das Paradox sei das Absurde; dies ist aber nur eine Nachäffung, denn das Paradox ist ja das Paradox, *quia absurdum*. Das Ärgernis bleibt außerhalb des Paradoxes und hält die Wahrscheinlichkeit fest, während das Paradox das Unwahrscheinlichste ist. Es ist wieder nicht der Verstand, der dies entdeckt, er schwatzt vielmehr nur dem Paradox seine Worte nach, so wunderlich dies auch scheint; denn das Paradox sagt selbst: Komödien, Romane und Lügen müssen wahrscheinlich sein, wie sollte aber ich wahrscheinlich sein? Das Ärgernis bleibt außerhalb des Paradoxes; was Wunder, da das Paradox das Wunder ist? Das hat der Verstand nicht entdeckt; im Gegenteil, es war das Paradox, das dem Verstande seinen Platz auf dem Verwunderungsstuhl anwies und ihm antwortete: worüber du so verwundert bist, das ist genau so, wie du sagst, und das Verwunderliche ist nur, daß du glaubst, dies sei eine Einwendung; aber die Wahrheit in eines Heuchlers Munde ist mir lieber, als wenn ich sie von einem Engel oder Apostel höre. Wenn der Verstand sich mit seiner Herrlichkeit im Vergleich zum Paradox brüstet, da dies so ganz elend und verachtet sich darstellt, so hat der Verstand das nicht erfunden, sondern das Paradox ist selbst der Erfinder; es überläßt dem Verstande all das Splendide, auch die splendiden Sünden (*vitia splendida*). Wenn der Verstand sich des Paradoxes erbarmen und ihm zu einer Erklärung verhelfen will, so findet das Paradox sich wohl nicht darein, findet es aber ganz in der Ordnung, daß der Verstand dies tut; sind denn nicht unsere Philosophen dazu da, daß sie die übernatürlichen Dinge werktäglich und trivial machen? Wenn der Verstand das Paradox nicht in seinen Kopf hineinbringen kann, so hat nicht der Verstand das erfunden, sondern das Paradox selbst, das Paradox genug war, sich nicht zu entblöden und den Verstand für einen Tölpel und Holzklotz zu erklären, der höchstens zu demselben Ja und Nein sagen kann, was nicht gerade eine gute Theologie abgibt. So verhält es sich mit dem Ärgernis. Alles was es von dem Paradox sagt, hat es von diesem gelernt, wenn es dasselbe auch selbst erfunden zu haben vorgibt, nämlich mit Hilfe einer akustischen Täuschung.

Da mag nun einer sagen: „Es ist wirklich langweilig mit dir; nun haben wir dieselbe Geschichte wieder; die Äußerungen, die du dem Paradox in den Mund legst, gehören gar nicht dir an." Wie sollten sie denn mir angehören, da sie ja dem Paradox zugehören? „Deine Sophisterei kannst du dir sparen; du verstehst wohl, was ich meine; jene Äußerungen gehören nicht dir, sie sind vielmehr wohlbekannt, und jeder weiß, wem sie gehören." O mein Lieber, was du da sagst, schmerzt mich gar nicht, wie du vielleicht meinst, nein, das freut mich außerordentlich; denn ich muß gestehen, es schauderte mich etwas, als ich dieselben niederschrieb; ich kannte mich selbst nicht mehr, daß ich, sonst ziemlich ängstlich und furchtsam, etwas derartiges zu sagen wagte. Doch, da ja die Äußerungen nicht von mir sind, willst du mir etwa sagen, wem sie gehören? „Nichts leichter. Die erste ist von Tertullian, die zweite von Hamann, die dritte von Hamann, die vierte von Laktanz[1] und oft wiederholt, die fünfte aus Shakespeares Komödie *Ende gut, alles gut* (2. Akt 5. Szene), die sechste von Luther, die siebente eine Replik von *König Lear* (4. Akt, 6. Szene). Du siehst, ich weiß bescheid und weiß dich mit deinem gestohlenen Gut abzufassen. „Oh, das sehe ich recht wohl; nun willst du mir aber auch vielleicht sagen, ob nicht alle diese Männer von dem Verhältnis des Paradoxes zum Ärgernis gesprochen haben, und nun willst du vielleicht in Acht nehmen, daß sie ja nicht die Geärgerten wären, sondern eben die, welche an dem Paradox festhielten, und welche nun doch sprachen, als wären sie die Geärgerten, und daß das Ärgernis selbst keinen bezeichnenderen Ausdruck finden kann. Ist das nicht sonderbar, daß das Paradox so dem Ärgernis sozusagen das Brot vom Munde wegnimmt und es zu einer brotlosen Kunst macht, die gar keinen Lohn für ihre Mühe erhält, sondern sich so schnurrig benimmt wie etwa ein Opponent, der in der Zerstreutheit den Autor nicht angriffe, sondern

[1] [Daß die Tugenden der Heiden nur glänzende Laster seien, stammt nicht von Laktanz, sondern (wenigstens dem Sinne nach) von Augustin.]

verteidigte. Kommt es dir nicht so vor? Ein Verdienst hat jedoch das Ärgernis, nämlich, daß es den Unterschied deutlicher herausstellt; denn in jener glücklichen Leidenschaft, der wir noch keinen Namen gegeben haben, ist ja das Verschiedene in gutem Einverständnis mit dem Verstande. Verschiedenheit gehört her, soll in einem Dritten eine Einigung stattfinden; die Verschiedenheit war nun aber die, daß der Verstand sich selbst aufgab und das Paradox sich hingab (halb zog sie ihn, halb sank er hin), und das Verständnis liegt in jener glücklichen Leidenschaft, die wohl noch einen Namen erhält, doch ist das ja das mindeste an der Sache; ob mein Glück auch keinen Namen hat: wenn ich nur glücklich bin, mehr verlange ich nicht.

Kapitel IV. Der gleichzeitige Schüler

So ist Gott also als Lehrer aufgetreten (nun setzen wir unsere Dichtung fort); er hat Knechtsgestalt angenommen; einen andern an seiner Statt, eine hohe Vertrauensperson für sich zu senden, konnte ihm nicht genügen, so wenig wie es jenem edlen Könige genügen konnte, an seiner Stelle seinen ersten Vertrauten im Reich zu senden. Doch Gott hatte zugleich einen andern Grund; zwischen Mensch und Mensch ist ja das sokratische Verhältnis das Höchste, das Wahrste. Käme Gott also nicht selbst, so bliebe alles sokratisch; wir erhielten den Augenblick nicht und verlören das Paradox. Gottes Knechtsgestalt ist indessen nicht bloß umgeworfen, sondern wirklich, kein parastatischer Körper, sondern ein wirklicher; und von der Zeit an, da Gott durch den allmächtigen Beschluß seiner allmächtigen Liebe Knecht wurde, hat er sozusagen sich selbst in seinem Beschluß gefangen und muß nun dabei bleiben (wir reden töricht), ob er will oder nicht. Er kann also nicht sich selbst verraten. Er hat nicht wie jener edle König die Möglichkeit, plötzlich zu beweisen, daß er doch König ist, was doch bei dem Könige keine Vollkommenheit ist (daß er nämlich diese Möglichkeit hat), sondern nur seine Ohnmacht und die Ohnmacht seines Beschlusses aufzeigt: daß er eben nicht wirklich werden kann, was er wollte. Während also Gott gar nicht wollen kann, daß er einen andern an seiner Statt sende, möchte er wohl einen vorausschicken können, der den Lernenden aufmerksam machte. Dieser Vorläufer kann natürlich nichts davon wissen, was Gott lehren will; denn Gottes Gegenwart ist ja im Verhältnis zu seiner Lehre nicht das Zufällige, sondern das Wesentliche, und Gottes Gegenwart in menschlicher Gestalt, ja in der geringen Knechtsgestalt ist ja eben die Lehre, und Gott muß ja selbst die Bedingung beischaffen (siehe das erste Kapitel), da ihn anders der Lernende durchaus nicht verstehen kann. Durch einen solchen Vorläufer kann der Lernende also wohl aufmerksam werden, aber auch nicht mehr.

Doch nahm Gott die Knechtsgestalt ja nicht an, um seinen Spott mit den Menschen zu treiben; es kann also nicht seine Absicht sein, so durch die Welt zu gehen, daß nicht ein einziger Mensch das zu wissen bekäme. Er wird also etwas von sich zu verstehen geben, obschon jede akkommodierte [äußerlich angepaßte] Verständlichmachung dem ja nichts Wesentliches nützt, der nicht die Bedingung entgegennimmt. Darum wird sie ihm eigentlich nur wider Willen abgenötigt; sie kann ja den Lernenden auch ebensogut von ihm entfernen, wie sie ihn näher heranziehen kann. Er erniedrigte sich selbst und nahm Knechtsgestalt an, aber er kam doch nicht, um als Diener in jedermanns Diensten zu leben und sein Werk auszurichten, ohne dem Herrn oder seinen Mitknechten zu erkennen zu geben, wer er sei; eine solche Feindseligkeit dürfen wir Gott nicht zutrauen. Daß er in Knechtsgestalt war, will also nur besagen, daß er ein geringer Mensch war, der geringe Mann, der sich weder durch weiche Kleider noch einen andern irdischen Vorzug von der Menge der Menschen auszeichnete, der nicht von anderen Menschen zu unterscheiden war, auch nicht für die zahllosen Legionen Engel, welche er zurückließ, als er sich selbst erniedrigte. Wäre er aber auch der reiche Mann gewesen, so mochte seine Sorge doch nicht die sein, welche die Menschen im allgemeinen beschäftigt. Er wollte wohl seines Wegs gehen, unbekümmert um irdische Güter, über sie zu richten und sie auszuteilen, als ein Mensch, der nichts hat und nichts zu besitzen wünscht; unbekümmert um seine Nahrung, wie der Vogel unter dem Himmel dahinlebt; unbekümmert um ein Haus, ein Heim, wie der es ist, der keine Bergestätte und kein Nest hat und auch nicht danach sucht; unbekümmert darum, die Toten zum Grabe zu geleiten. Denn er kehrt sich an nichts, das sonst die Aufmerksamkeit der Menschen auf sich zieht; er ist nicht an ein Weib gebunden, daß er, von ihr gefesselt, ihr auch wieder gefallen wollte; er sucht nur die Liebe des Schülers. Alles dies scheint wohl schön, aber geziemt es sich auch? Wird dadurch nicht durchbrochen, was sonst von den Menschen gilt? Ist es denn in der Ordnung, daß ein Mensch sorglos dahinlebt wie ein Vogel und nicht einmal wie dieser hin und her nach seinem Futter fliegt, ein Mensch, der ja doch für den morgigen Tag besorgt sein muß? Wenn wir Gott dichten wollen, so kann es nicht anders geschehen; was beweist aber ein Gedicht? Ist es denn erlaubt, so unstet herumzuwandeln und Quartier zu machen, wo man gerade vom Abend überrascht wird? Die Frage ist: darf ein Mensch dasselbe ausdrücken? Wenn nicht, so hat Gott ja nicht das Menschliche realisiert. Ja, wenn er es vermag, so darf er es auch tun; wenn er sich so in des Geistes Dienst verlieren kann, daß es ihm nie einfällt, für Speise und Trank zu sorgen; wenn er seiner selbst sicher ist, daß der Mangel ihn nicht zerstreuen, die Not ihn nicht in seinem Beginnen irre machen und bereuen lassen wird, daß er nicht zuerst verstehen lernte, was ein Kind zu lernen hat, bevor er mehr verstehen wollte: ja, dann darf er es gewiß auch tun, und seine Größe ist herrlicher als die stille Sorglosigkeit der Lilie.

Schon durch diese erhabene Verlorenheit in sein Werk wird der Lehrer die Aufmerksamkeit der Menge auf sich ziehen; unter dieser wird sich auch der Lernende finden, und ein solcher wird wohl zunächst wieder der unteren Schichte des Volkes angehören; denn die Weisen und Gelehrten werden ihm wohl zuerst spitzfindige Fragen vorlegen, ihn zu Kolloquien einladen oder einem Examen unterwerfen, und ihm dann eine feste Stellung mit hinreichendem Auskommen zusichern.

So lassen wir also Gott in der Stadt umhergehen, in welcher er auftrat (welche diese ist, gilt gleich); die Verkündigung seiner Lehre ist ihm sein einziges Lebensbedürfnis, ist ihm Speise und Trank; die Menschen zu lehren ist seine Arbeit, sich um den Lernenden zu bekümmern die Ruhe von der Arbeit; Freunde hat er nicht und hat keine Verwandtschaft, der Lernende ist vielmehr für ihn Bruder und Schwester. Es läßt sich nun leicht denken, daß sich bald ein Gerücht von ihm zusammenwebt, welches die neugierige Menge in sein Garn lockt. Wo er sich zeigen mag, überall schart sich der Haufe um ihn, neugierig zu sehen, neugierig zu hören, begierig, andern wieder zu erzählen, daß man ihn gesehen und gehört hat. Ist diese neugierige Menge der Lernende? Keineswegs. Oder wenn ein Einzelner aus den bestellten Lehrern jener Stadt heimlich sich zu Gott begibt, um in dialektischem Kampfe sich mit ihm zu messen: ist dieser der Lernende? Keineswegs. Wenn der Haufe, oder wenn jener bestellte Lehrer etwas *lernt*, so ist Gott nur, rein sokratisch verstanden, Veranlassung.

Das Auftreten Gottes ist nun die Tagesneuigkeit auf dem Markte wie im Innern des Hauses, in der Ratsversammlung wie im Palaste des Herrschers; es gibt Veranlassung zu manchem törichten, müßigen Geschwätz, vielleicht auch Veranlassung zu ernsthaftem Nachdenken, aber für den Lernenden ist die Tagesneuigkeit nicht Veranlassung zu etwas anderem, auch nicht Veranlassung dazu, daß er mit sokratischer Redlichkeit sich in sich vertieft; nein, ihm ist sie das Ewige, der Beginn der Ewigkeit. Eine Tagesneuigkeit der Beginn der Ewigkeit! Wenn Gott sich in einer Herberge hat gebären, in Windeln hüllen, in eine Krippe legen lassen: ist dieser Widerspruch etwa größer als der, daß eine Tagesneuigkeit die Hülle des Ewigen ist, ja in dem angenommenen Fall gleichsam dessen wirkliche Gestalt, so daß *der Augenblick* wirklich die Entscheidung der Ewigkeit ist! Wenn Gott nicht die Bedingung verschafft, dies zu verstehen, wie sollte der Lernende darauf verfallen! Daß aber Gott selbst die Bedingung beischafft, das haben wir ja im Vorausgehenden als die Konsequenz des *Augenblicks* entwickelt, und nachgewiesen, daß der Augenblick das Paradox ist, und daß wir ohne dieses nicht weiter kommen, sondern zu Sokrates zurückkehren.

Wir wollen hier sofort darauf achtgeben, daß deutlich wird: auch für den gleichzeitigen Schüler ist die Frage der historische Ausgangspunkt; denn geben wir hier nicht acht, so ist die Schwierigkeit an einem späteren Ort (im fünften Kapitel) nicht zu überwinden, wenn es sich nämlich um die Situation des Schülers handelt, den wir den Schüler zweiter Hand nennen. Einen historischen Ausgangspunkt für sein ewiges Bewußtsein hat ja auch der Gleichzeitige; er ist ja eben gleichzeitig mit dem Historischen, das nicht nur ein Augenblick der Veranlassung sein will; und dieses Historische will ihn anders als bloß historisch interessieren, es will seine ewige Seligkeit bedingen, ja (wir wollen die Konsequenzen umkehren), wenn es nicht so ist, so ist jener Lehrer nicht Gott, er ist nur ein Sokrates, der, wenn er sich nicht wie Sokrates benimmt, auch nicht ein Sokrates ist.

Wie kommt nun der Lernende ins Einverständnis mit diesem Paradox, das will nicht heißen, daß er das Paradox verstünde, sondern nur, daß er versteht: dies ist das Paradox? Wie dies geschieht, haben wir schon aufgezeigt; es geschieht, wenn der Verstand mit dem Paradox glücklich in dem Augenblick zusammenstößt, wo der Verstand sich selbst beiseite schafft und das Paradox sich selbst hingibt; und das Dritte, worin dies geschieht (denn es geschieht ja nicht durch den Verstand, der abgedankt ist, auch nicht durch das Paradox, das sich hingibt, also in etwas), das ist jene glückliche Leidenschaft, der wir nun einen Namen geben wollen, ob es uns schon nicht gerade auf den Namen ankommt. Wir nennen sie *Glaube*. Diese Leidenschaft muß also wohl jene besprochene Bedingung sein, welche das Paradox beischafft. Wir wollen hier nicht vergessen: wenn das Paradox nicht die Bedingung beischafft, so ist der Lernende im Besitz derselben; ist er aber im Besitz derselben, so ist er *eo ipso* selbst die Wahrheit und der Augenblick nur die Veranlassung (s. das erste Kapitel).

Der gleichzeitig Lernende hat es nun ganz leicht, sich jeden beliebigen historischen Aufschluß zu verschaffen. Doch wollen wir nicht vergessen, daß er, was Gottes Geburt betrifft, im selben Falle ist wie der Schüler zweiter Hand; wollen wir die absolute Genauigkeit des historischen Wissens urgieren, so dürfte ja nur ein Mensch hierüber ganz unterrichtet gewesen sein, das Weib, von dem er sich gebären ließ. Der gleichzeitig Lernende hat es also leicht, historischer Augenzeuge zu werden; zum Unglück jedoch ist der Augenzeuge dadurch, daß er einen historischen Umstand weiß, ja daß er jeden solchen mit der Zuverlässigkeit des Augenzeugen weiß, eben noch nicht Schüler; das kann man ja leicht daraus ersehen, daß dieses Wissen für ihn nichts andres als das Historische bedeutet. Es zeigt sich hier sofort, daß das Historische im konkreteren Sinne gleichgültig ist. Wir können in Beziehung auf dasselbe Unwissenheit eintreten und die Unwissenheit ein Stück nach dem andern vernichten, historisch das Historische vernichten lassen, wenn nur noch der Augenblick zurückbleibt: nämlich als Ausgangspunkt für das Ewige, so ist das Paradox zur Stelle. Wenn es also einen Gleichzeitigen gab, der sich den Schlaf bis auf ein Minimum versagte, um jenem Lehrer zu folgen, dem er unablässiger folgte, als der kleine Fisch, der dem Hai folgt; wenn er hundert Spione in seinem Dienste hielt, die überall jenen Lehrer belauerten, mit denen er jeden Abend konferierte, so daß er jenes Lehrers Signalement bis ins geringste Detail kannte und wußte, was er gesagt, wo er sich zu jeder Zeit des Tages aufgehalten; wenn ihn sein Eifer auch das Unbedeutendste als wichtig betrachten ließ: war ein solcher Zeitgenosse der Schüler? Keineswegs. Wenn jemand ihn der historischen Ungenauigkeit zeihen wollte, so konnte er seine Hände waschen, mehr nicht. Wenn ein andrer sich nur um die Lehre bekümmerte, die jener Lehrer gelegentlich vortrug; wenn ihm jedes lehrende Wort, das aus seinem Munde ging, wichtiger war als das tägliche Brot; wenn er hundert andre hielt, jeden Laut aufzufangen, damit ihm ja nichts verlorenginge: wenn er sorgfältig mit diesen konferierte, um die genaueste Darstellung seiner Lehre zuwege zu bringen, war er darum der Schüler? Keineswegs, so wenig als Plato etwas andres war denn Sokrates' Schüler. Wenn es einen Zeitgenossen gab, der sich in fremden Landen aufhielt, der erst heimkam, als jener Lehrer nur noch einen Tag oder zwei zu leben hatte; wenn dieser Zeitgenosse wieder durch Geschäfte verhindert wurde jenen Lehrer zu sehen, wenn er erst zu dessen letzten Zügen kam, da er den Geist aufgeben wollte: konnte ihn diese historische Unwissenheit verhindern, Schüler zu werden falls nur der Augenblick für ihn die Entscheidung der Ewigkeit war? Für jenen ersten Zeitgenossen wäre sein

Leben nur eine historische Begebenheit gewesen; für den zweiten hätte seine Lehre die Veranlassung gebildet, daß er sich selbst verstand, und er hätte jenen Lehrer vergessen können (s. das erste Kapitel), denn gegen ein ewiges Verstehen seiner selbst gehalten, ist ein Wissen von dem Lehrer ein zufälliges historisches Wissen, eine Gedächtnissache. Solange das Ewige und das Historische außer einander bleiben, ist das Historische nur Veranlassung. Sollte also jener eifrig Lernende, der es doch nicht dazu brachte, Schüler zu werden, mit hohen und immer höheren Worten davon reden, was er jenem Lehrer verdanke, so daß seine Lobrede fast kein Ende nehmen wollte und deren Vergoldung kaum mehr zu bezahlen wäre, und wollte er uns doch zürnen, wenn wir ihm zu erklären suchten, daß jener Lehrer für ihn bloß veranlassend gewesen sei, so möchte seine Lobrede so wenig wie sein Zorn unsere Untersuchung fördern; denn beide haben denselben Grund: er hatte nicht den Mut, auch nur zu verstehen, und ließ es doch nicht an Dummdreistigkeit fehlen, weiter zu gehen. Mit Fabulieren und Posaunen nach seiner Art betrügt man nur sich selbst und andre, sofern man sich selbst und andern beweist, daß man wirklich Gedanken hat, sintemalen man sie ja einem andern schuldet. Wenn nun aber auch Höflichkeit sonst kein Geld kostet, so ist doch die Höflichkeit jenes Menschen teuer bezahlt: denn die begeisterte Danksagung, bei der es vielleicht nicht ohne Tränen abgeht, ja, die andre zu Tränen rührt, ist ein Mißverständnis; denn die Gedanken, die ein solcher hat, schuldet er gewiß keinem andern, und sein Geschwätz schuldet er auch keinem andern. Ach, wie manchen gab es nicht, der höflich genug war, Sokrates sogar viel schulden zu wollen, und der dessenungeachtet ihm nur auch gar nichts schuldete! Denn der, welcher Sokrates am besten versteht, er versteht gerade, daß er Sokrates nichts schuldet, das war ja Sokrates eben die Hauptsache, und es ist ja so schön von ihm, daß er darauf hingearbeitet hat; und der, welcher glaubt, daß er Sokrates so gar viel schulde, darf sich mit ziemlicher Sicherheit darauf verlassen, daß Sokrates mit Vergnügen ihm die Bezahlung erläßt, da er nicht ohne Betrübnis erfahren möchte, daß er dem Betreffenden ein Betriebskapital gegeben haben soll, damit er so mit ihm wuchere. Verhält sich hingegen das Ganze nicht sokratisch, wie wir ja annehmen, so schuldet der Schüler jenem Lehrer alles (was man Sokrates unmöglich schulden kann, da er ja, wie er selbst sagte, das Zeugen nicht vermochte), und diesem Verhältnis läßt sich nicht mit Fabulieren und Posaunen ein Ausdruck geben, sondern nur in jener glücklichen Leidenschaft, die wir den Glauben nennen, deren Gegenstand das Paradox ist; das Paradox vereint aber eben den Gegensatz, es macht das Historische ewig und das Ewige historisch. Wer das Paradox anders versteht, erwirbt sich die Ehre, dasselbe erklärt zu haben, und diese Ehre gewann er dadurch, daß er sich nicht damit begnügte, es zu verstehen.

Es läßt sich nun leicht einsehen (wenn dies überhaupt noch eines Beweises bedarf, da es ja schon darin liegt, daß der Verstand abgedankt ist), daß der Glaube keine Erkenntnis ist; denn alles Erkennen ist entweder ein Erkennen des Ewigen, welches das Zeitliche und Historische als gleichgültig beiseite läßt, oder es ist ein rein historisches Erkennen; und kein Erkennen kann dieses Absurde zum Gegenstand haben, daß das Ewige das Historische sei. Wenn ich Spinozas Lehre erkenne, so bin ich in dem Augenblick, da ich sie erkenne, nicht mit Spinoza beschäftigt, sondern mit seiner Lehre, während ich zu einer andern Zeit historisch mit ihm beschäftigt bin; im Glauben hingegen verhält sich der Schüler zu jenem Lehrer derart, daß er ewig mit dessen historischem Dasein beschäftigt ist.

Nehmen wir nun an, daß es sich so verhalte, wie wir angenommen haben (und ohne das kehren wir ja zu Sokrates zurück), daß jener Lehrer selbst dem Lernenden die Bedingung gebe, so wird nicht die *Lehre*, sondern der *Lehrer* des Glaubens Gegenstand. Darin liegt ja eben das Sokratische, daß der Lernende den Lehrer von sich stoßen kann, weil er selbst die Wahrheit ist und die Bedingung hat; ja darin lag eben die sokratische Kunst, der sokratische Heroismus, daß er den Menschen dazu verhalf, daß sie dies tun konnten. Der Glaube muß also den Lehrer beständig festhalten. Damit aber der Lehrer die Bedingung geben kann, muß er Gott sein; damit er den Lernenden in den Besitz derselben bringen kann, muß er Mensch sein. Dieser Widerspruch ist wieder Gegenstand des Glaubens und ist das Paradox, der Augenblick. Daß Gott ein für allemal den Menschen die Bedingung gegeben habe, ist die ewige sokratische Voraussetzung, die nicht feindlich mit der Zeit zusammenstößt, aber für die Bestimmungen der Zeitlichkeit inkommensurabel ist; der genannte Widerspruch aber besagt, daß der Mensch im Augenblick die Bedingung erhalte, welche als Bedingung für das Verständnis der ewigen Wahrheit *eo ipso* die ewige Bedingung ist. Verhält es sich anders, so stehen wir wieder bei der sokratischen Erinnerung.

Es ist nun leicht einzusehen (wenn dies überhaupt noch eines Beweises bedarf, da es ja schon daraus folgt, daß der Verstand abgedankt ist), daß der Glaube kein Willensakt ist; denn aller menschliche Wille ist beständig nur innerhalb der Bedingung effektiv. Wenn ich den Mut habe, es zu wollen, so werde ich das Sokratische verstehen, d. h. ich werde mich selbst verstehen, weil ich sokratisch gesehen im Besitze der Bedingung bin und nun es wollen kann. Bin ich aber nicht im Besitze der Bedingung (und dies nehmen wir ja an, um nicht zu Sokrates zurückkehren zu müssen), so hilft mir all mein Wollen doch zu nichts, ob auch, sobald die Bedingung gegeben ist, wieder gilt, was sokratisch galt.

Der gleichzeitig Lernende ist nun im Besitze eines Vorteils, um den ihn der Spätgeborne, um doch etwas zu tun, gewiß sehr beneiden wird. Der Gleichzeitige kann hingehen und jenen Lehrer betrachten, und so darf er seinen Augen glauben? Ja, warum denn nicht? Aber darf er darum auch glauben, daß er der Schüler sei? Keineswegs; wenn er seinen Augen glaubt, so ist er gerade betrogen, denn Gott ist ja nicht unmittelbar zu kennen. So kann er also seine Augen schließen? Ganz richtig. Wenn dem nun aber so ist, welchen Gewinn hat er dann davon, daß er gleichzeitig ist? Auch wenn er seine Augen schließt, so will er sich doch wohl Gott vorstellen. Kann er das aber durch sich selbst, so ist er im

Besitze der Bedingung. Und was er sich vorstellt, wird eine Gestalt sein, die sich dem innern Auge der Seele zeigt; sieht er nun diese, so wird ja die Knechtsgestalt ihn verwirren, sobald er das Auge aufschlägt. Wir wollen weiter gehen: jener Lehrer stirbt ja; nun wohl, so ist er also tot. Was tut nun der, welcher mit ihm gleichzeitig war? Vielleicht hat er sein Bild abgezeichnet; mag sein, er hat auch eine ganze Serie von Bildern, die ihn darstellen und jede Veränderung wiedergeben, welche Alter und Stimmung in der äußern Gestalt jenes Lehrers bewirkt haben mögen: wenn er sie nun betrachtet und sich darüber vergewissert, daß er so aussah, darf er seinen Augen glauben? Ja, warum denn nicht? Aber ist er darum der Schüler? Keineswegs. So kann er sich doch Gott vorstellen? Gott läßt sich aber eben nicht vorstellen, das war es ja, was ihn bewog, in Knechtsgestalt zu kommen; und doch war die Knechtsgestalt kein Betrug; denn wäre dies der Fall, so wäre jener Augenblick nicht der Augenblick, sondern eine Zufälligkeit, eine Erscheinung, die als nur veranlassend im Vergleich zu dem Ewigen unendlich verschwindet. Und wenn der Lernende dieses durch sich selbst sich vorstellig machen könnte, so wäre er ja selbst im Besitze der Bedingung; er brauchte nur daran gemahnt zu werden, daß er sich Gott so vorstellen solle, wie er es gut konnte, wenn er auch nichts davon wußte. Ist dem aber so, so verschwindet im selben Augenblicke diese Mahnung wie ein Atom in der ewigen Möglichkeit, die in seiner Seele war, die nun wirklich wird, aber als Wirklichkeit wieder sich selbst ewig vorausgesetzt hat.

Wie wird nun der Lernende ein Glaubender oder Schüler? Wenn der Verstand abgedankt wird und er die Bedingung entgegennimmt. Wann empfängt er diese? Im Augenblick. Was wird durch diese Bedingung bedingt? Daß er das Ewige versteht. Eine solche Bedingung muß ja aber eine ewige Bedingung sein. Im Augenblick also empfängt er die ewige Bedingung, und dies weiß er daher, daß er sie im Augenblick empfangen hat; sonst besinnt er sich ja nur darauf, daß er sie von Ewigkeit hatte. Im Augenblick empfängt er die Bedingung und empfängt sie von jenem Lehrer selbst. Alles Fabulieren und Ausposaunen, daß er, ohne von dem Lehrer die Bedingung zu empfangen, schlau genug war, Gottes Inkognito zu entdecken; daß er das an sich selbst merken konnte, da ihm jedesmal so wunderlich wurde, wenn er jenen Lehrer sah; daß so ein Etwas in jenes Lehrers Stimme und Miene war usw., alles das ist Gewäsch, durch das man nicht Schüler wird, sondern nur Gottes spottet.[1] Jene Gestalt war kein Inkognito, und

[1] Jede Bestimmung, welche Gott unmittelbar kenntlich sein läßt, ist wohl ein Approximations-Meilenstein, zählt aber nicht vorwärts, sondern rückwärts, nicht zum Paradox hin, sondern vom Paradox her, zurück, vorbei an Sokrates und der sokratischen Unwissenheit. Hierauf achte man wohl, damit es einem in der Welt des Geistes nicht gehe, wie jenem Wanderer, dem ein Engländer auf die Frage, ob dieser Weg nach London führe, bejahend antwortete, der aber doch nicht nach London kam, der Engländer hatte ihm nämlich nicht gesagt, er müsse sich umwenden, da er eben im Zuge sei, von London fortzugehen.

wenn Gott durch seinen allmächtigen Beschluß, der seiner Liebe gleichkommt, dem Geringsten gleich sein will, so soll kein Gastwirt und auch kein Philosophieprofessor sich einbilden, daß er der Schlaukopf sei, etwas zu merken, wenn ihm nicht Gott selbst die Bedingung geben will. Und wenn Gott in Knechtsgestalt seine allmächtige Hand ausstreckt, so soll der, welcher dabeisteht und gafft und in Erstaunen gerät, sich nicht einbilden, daß er darum der Schüler sei, weil er so erstaunt ist und andre um sich sammeln kann, die über seiner Erzählung wieder in Erstaunen geraten. Wenn Gott nicht selbst die Bedingung gibt, so wüßte der Lernende schon von Beginn an, wie es sich mit Gott verhält, wenn er auch nicht wüßte, daß er dies weiß; und jenes andre ist nicht das Sokratische, sondern steht unendlich tiefer.

Für den Schüler aber ist die äußere Gestalt (nicht deren Detail) nicht gleichgültig. Sie ist, was der Schüler gesehen und mit den Händen betastet hat. Aber die Gestalt ist nicht insofern von Wichtigkeit, als er darum aufhörte, Glaubender zu sein, wenn es ihm begegnete, daß er eines Tags den Lehrer auf der Gasse sähe und ihn nicht sofort kennte, oder wohl gar eine Strecke Weges an seiner Seite ginge, ohne sofort darauf aufmerksam zu werden, daß er es sei. Dem Schüler aber gab Gott die Bedingung, es zu sehen, und öffnete ihm das Auge des Glaubens. Es war jedoch eine gefährliche Sache, diese äußere Gestalt zu sehen: man ging mit ihm um wie mit seinesgleichen und sah in jedem Moment, wo der Glaube nicht zur Stelle war, eben die Knechtsgestalt. Wenn also der Lehrer von dem Schüler weggestorben ist, so kann wohl das Gedächtnis die Gestalt vor Augen stellen; nicht aber darum glaubt er, sondern weil er von dem Lehrer die Bedingung entgegennahm, deshalb sieht er in seinem genauen Erinnerungsbild wieder Gott. So der Schüler, der wohl weiß, daß er ohne die Bedingung nichts gesehen hatte, da das erste, was er verstand, das war, daß er selbst die Unwahrheit war.

So ist ja der Glaube ebenso Paradox wie das Paradox? Ganz richtig! Wie sollte er denn sonst im Paradox seinen Gegenstand haben und in seinem Verhältnis zu diesem glücklich sein? Der Glaube selbst ist ein Wunder, und alles, was von dem Paradox gilt, gilt auch von dem Glauben. Innerhalb dieses Wunders verhält sich jedoch alles wieder sokratisch, so aber, daß das Wunder nie gehoben wird, welches darin besteht, daß die ewige Bedingung in der Zeit gegeben worden ist. Alles verhält sich wieder sokratisch; denn das Verhältnis zwischen dem einen Zeitgenossen und dem andern Zeitgenossen, sofern beide Glaubende sind, ist ganz sokratisch: keiner schuldet dem andern etwas, sondern beide alles Gott.

Da mag nun einer sagen: „So hat also der Gleichzeitige durch seine Gleichzeitigkeit durchaus keinen Vorzug; und doch, wenn wir das Auftreten Gottes so auffassen, wie du es aufgefaßt hast, so liegt es ja so nahe, das gleichzeitige Geschlecht darüber selig zu preisen, daß es ihn sah und hörte." Gewiß liegt das nahe, so nahe, denke ich, daß jenes Geschlecht sich wohl auch selig gepriesen hat. Sollten wir das (nicht) annehmen? Sonst war es ja nicht selig; und wenn wir es (doch) selig preisen, so kann das nur den Sinn haben, daß man unter denselben Umständen hätte selig werden können, wenn man anders gehandelt hätte. Ist dem aber so, so kann es ja bei näherem Zusehen einen sehr verschiedenen Sinn haben, diese Zeit selig zu preisen, ja zuletzt mag dies vielleicht durchaus zweideutig werden. Wenn, wie in alten Chroniken zu lesen ist, ein Kaiser seine Hochzeit acht Tage lang feierte, durch Festlichkeiten, die ihresgleichen nicht mehr sahen, so daß die Luft, die man einatmete, von Wohlgerüchen gewürzt war und beständig vom Klange des Saitenspiels und Gesangs erzitterte, der die köstlichen Genüsse verherrlichte, und die Königin, ob man sie bei Tag oder bei Nacht sah (denn die Nacht war durch der Fackeln Schein hell wie der Tag), liebreizender und holdseliger war als irgendein irdisches Weib, und das Ganze eine Fata Morgana, wunderbar wie des kühnsten Wunsches noch kühnere Erfüllung, wir wollen annehmen, daß dies sich so begeben habe und wir uns mit dem nüchternen Berichte des Geschehenen begnügen müssen: sollten wir da nicht, menschlich gesprochen, die Zeitgenossen glücklich preisen? Die Zeitgenossen, d. h. die, welche es sahen und hörten und mit Händen griffen; denn was nützte es sonst, Zeitgenosse zu sein? Die Herrlichkeit der kaiserlichen Hochzeit und der Überfluß an Genuß waren ja unmittelbar zu sehen und hinzunehmen, so daß der, welcher im strengsten Sinne gleichzeitig war, dies also auch sah und sein Herz daran erfreute. Wenn nun aber die Herrlichkeit andrer Art wäre, so daß sie nicht unmittelbar zu sehen wäre, was hülfe es da, Zeitgenosse zu sein? Man ist ja darum noch nicht gleichzeitig mit der Herrlichkeit. Einen solchen Zeitgenossen könnte man also wohl nicht selig nennen, man könnte seine Augen und Ohren nicht beglückwünschen, da er ja nicht gleichzeitig war und von der Herrlichkeit nichts sah und hörte; und das hätte seinen Grund doch nicht darin, daß ihm Zeit und Gelegenheit (unmittelbar verstanden) versagt gewesen wäre, sondern in etwas anderem, dessen er ermangeln konnte, ob auch sein Dasein im höchsten Grade von der Gelegenheit, zu sehen und zu hören, begünstigt gewesen wäre, ob er auch (unmittelbar verstanden) dieselbe nicht unbenutzt gelassen hätte. Was soll nun aber das heißen, daß man gleichzeitig sein kann, ohne doch gleichzeitig zu sein; daß man also Zeitgenosse sein, diesen Vorteil (unmittelbar verstanden) gebrauchen und doch Nicht-Zeitgenosse sein kann? Was soll das andres heißen, als daß man mit einem solchen Lehrer, einer solchen Begebenheit eben überhaupt nicht unmittelbar gleichzeitig sein kann? So daß der wirklich Gleichzeitige nicht kraft der unmittelbaren Gleichzeitigkeit, sondern durch etwas andres wirklich gleichzeitig geworden ist. Also: der Gleichzeitige kann dessenungeachtet der Nicht-Gleichzeitige sein; der wirklich Gleichzeitige ist dies nicht kraft der unmittelbaren Gleichzeitigkeit; *ergo* muß auch der Nicht-Gleichzeitige (unmittelbar verstanden) durch dies andre, durch das der Gleichzeitige der Wirklich-Gleichzeitige wird, der Gleichzeitige werden können. Der Nicht-Gleichzeitige (unmittelbar verstanden) ist ja aber der Spätere; so muß also der Spätere der wirklich Gleichzeitige werden können. Oder heißt das „gleichzeitig sein", ist das der

Gleichzeitige, den wir preisen, wenn einer sagen kann: „Ich aß und trank vor seinen Augen; jener Lehrer lehrte in unsern Gassen; ich sah ihn manchmal; es war ein unansehnlicher Mann von geringer Herkunft, und nur wenige einzelne glaubten in ihm das Außerordentliche zu finden, das ich durchaus nicht in ihm entdecken konnte, obgleich ich es doch mit jedem aufnehmen kann, wenn es auf die Gleichzeitigkeit mit ihm ankommt" ...? Oder heißt das „gleichzeitig sein", ist der Gleichzeitige der, zu dem Gott, wenn sie einmal in einem andern Leben zusammentreffen sollten und er sich auf seine Gleichzeitigkeit berufen wollte, sagen muß: „Ich kenne dich nicht" ...? Und dies war ja in Wahrheit ebenso wahr wie das andre, daß jener Gleichzeitige den Lehrer nicht gekannt hatte, was nur der Glaubende (der nicht unmittelbar Gleichzeitige) tut, der von dem Lehrer selbst die Bedingung entgegennahm und ihn daher erkannte, wie er von ihm erkannt war. „Warte nun einen Augenblick; wenn du so im Reden fortmachst, so kann ich ja nie zum Worte kommen; du sprichst ja, als disputiertest du um den Doktorgrad; ja, du sprichst wie ein Buch, und zum Unglück für dich wie ein ganz bestimmtes Buch; denn du hast nun wieder, mag es mit Wissen und Willen geschehen sein oder unwissentlich, einige Worte einfließen lassen, die dir nicht zugehören, die auch nicht von dir dem Sprechenden in den Mund gelegt, sondern allen wohlbekannt sind, nur daß du statt des Pluralis den Singularis brauchst. Die Bibelworte (denn es sind Bibelworte) lauten so: ‚... wir aßen und tranken vor seinen Augen und er lehrte in unsern Gassen –, wahrlich ich kenne euch nicht'. Doch es möge damit sein Bewenden haben; wenn du aber daraus, daß jener Lehrer zu dem Einzelnen spricht: ‚Ich kenne dich nicht', schließest, daß er mit dem Lehrer nicht gleichzeitig gewesen sei und den Lehrer nicht gekannt habe, erschließest du da nicht zu viel? Nehmen wir jenen Kaiser, von dem du sprachst; wollte er einem Menschen, der darauf bestände, daß er bei jener herrlichen Hochzeit zugegen gewesen sei, antworten: ‚Ich kenne dich nicht': hätte jener Kaiser damit bewiesen, daß der andere wirklich nicht zugegen, nicht gleichzeitig gewesen sei?" Keineswegs hätte er dies bewiesen; aufs höchste hätte er bewiesen, daß er ein Tor sei, der sich nicht damit begnügen wollte, wie Mithridates den Namen jedes seiner Soldaten zu kennen, der sogar alle Zeitgenossen kennen und danach, daß er sie wiedererkannte, darüber aburteilen wollte, ob ein Einzelner mit ihm gleichzeitig gewesen sei. Der Kaiser war ja unmittelbar zu kennen, darum konnte der Einzelne ihn auch kennen, ohne daß der Kaiser ihn zu kennen brauchte; jener Lehrer aber, von dem wir sprachen, war nicht unmittelbar zu kennen, sondern nur, wenn er die Bedingung dazu gab. Wer die Bedingung empfing, empfing sie von ihm selbst; so muß also jener Lehrer jeden kennen, der ihn kennt, und der Einzelne kann den Lehrer nur dadurch kennenlernen, daß er selbst von ihm erkannt wird. Ist das nicht so? Und siehst du vielleicht sofort, was damit zugleich gesagt ist? Ist der Glaubende der Glaubende und der, welcher Gott dadurch kennenlernt, daß er die Bedingung von ihm selbst empfängt, so muß der Spätere durchaus im selben Sinne die Bedingung von ihm selbst empfangen und kann sie nicht aus zweiter Hand entgegen nehmen; sollte dies stattfinden, so müßte ja die zweite Hand Gott selbst sein, und in dem Fall ist ja absolut nichts über diese zweite Hand gesagt. Erhält aber der Spätere die Bedingung von Gott selbst, so ist er der Gleichzeitige, der wirklich Gleichzeitige, was ja nur der Glaubende und was jeder Glaubende ist. „Was du da sagst, das sehe ich wohl ein; ich fasse bereits die weitreichenden Konsequenzen ins Auge und es verwundert mich nur, daß ich nicht selbst darauf gekommen bin; ich gäbe viel, wenn ich der wäre, welcher dies gefunden hat." Und doch gäbe ich noch mehr, wenn ich es ganz verstanden hätte; das beschäftigt mich mehr, als wer darauf gekommen ist. Ganz habe ich es noch nicht verstanden, wie du sofort sehen wirst, und es freut mich nur, daß du mir wohl helfen wirst, da du ja sofort das Ganze verstanden hast. Doch wenn du es erlaubst, so will ich dir an dieser Stelle das geben, was die Rechtsgelehrten ein Duplikat nennen, ein Duplikat von dem, was ich selbst bisher entwickelt und verstanden habe. Und wenn ich dies Duplikat ausfertige, so sieh du selbst auf dein Recht und vertritt dasselbe; dazu entbiete ich dich jetzt *sub poena praeclusi et perpetui silentii.* Die unmittelbare Gleichzeitigkeit kann nur veranlassend sein. a) Sie kann die Veranlassung dazu werden, daß der Gleichzeitige ein historisches Wissen bekommt. In dieser Hinsicht ist der Zeitgenosse der kaiserlichen Hochzeit besser daran als der Zeitgenosse des Lehrers, da dieser letztere nur die Gelegenheit erhält, die Knechtsgestalt oder aufs höchste die eine oder andre besondere Tat zu sehen, von der er nie mit Sicherheit weiß, ob er sie bewundern oder ob er sich darüber ärgern soll, daß er selbst zum Narren gehalten wird; denn dazu wird er jenen Lehrer kaum bringen, daß er sie wiederhole, wie es etwa ein Tausendkünstler tut, damit der Zuschauer Gelegenheit habe, dem besser auf die Spur zu kommen, wie die Sache zugeht. b) Sie kann die Veranlassung dazu werden, daß der Gleichzeitige sich sokratisch in sich selbst vertieft; dadurch geht die Gleichzeitigkeit als ein Nichts unter in dem Ewigen, das er in sich selbst entdeckt. c) Endlich (und dies ist ja unsere Annahme, damit wir nicht wieder zu Sokrates zurückkehren müssen): sie wird Veranlassung dazu, daß der Gleichzeitige als die Unwahrheit von Gott die Bedingung entgegennimmt und nun mit des Glaubens Augen die Herrlichkeit sieht. Ja, selig gepriesen sei ein solcher Gleichzeitiger. Doch ist ein solcher ja nicht Augenzeuge (unmittelbar verstanden), sondern als Glaubender ist er der Gleichzeitige, in des Glaubens Autopsie. In dieser Autopsie ist aber wieder jeder Nicht-Gleichzeitige (unmittelbar verstanden) der Gleichzeitige. Wenn also ein Späterer, vielleicht sogar gerührt über seine eigenen Schwärmerei, der Gleichzeitige (unmittelbar verstanden) zu sein wünscht, so beweist er, daß er ein Betrüger ist, wie der falsche Smerdes daran kenntlich, daß er keine Ohren hat, nämlich keine Ohren des Glaubens, ob ihm auch die Eselsohren lang genug vorstehen können, mit denen man ganz wohl als Gleichzeitiger (unmittelbar verstanden) zuhören kann, ohne doch zum Gleichzeitigen zu werden. Wenn ein Späterer dabei bleibt, von der Herrlichkeit des Gleichzeitigseins (unmittelbar verstanden) zu fabeln, und beständig sich auf die Reise machen möchte, um gleichzeitig zu werden, so muß man ihn wohl gehen lassen; siehst du aber näher zu, so kannst du leicht an seinem Gang und an dem Weg, den er einschlägt, sehen, daß er nicht auf die Schrecknisse des Paradoxes zugeht, sondern wie ein Tanzmeister abspringt, um noch rechtzeitig zu jener kaiserlichen Hochzeit zu kommen. Und gibt er auch seiner Expedition einen heiligen Namen, und schwatzt er auch einen Haufen zusammen, damit sie die Wanderung in Kompagnie antreten, so entdeckt er (unmittelbar verstanden) doch kaum das Heilige Land, da dies weder auf der Landkarte noch auf der Erde gefunden wird, sondern seine Reise ist ein Spaß wie das Kinderspiel: einem zur Großmutter Türe zu folgen. Und gönnt er sich auch keine Ruhe, weder Tag noch Nacht, und läuft er stärker, als ein Pferd laufen und ein Mann lügen kann, so läuft er doch nur mit der Leimrute, will den Vogelfänger spielen und weiß nicht, was er tut; denn kommt der Vogel nicht zu ihm, so hilft es ihm doch sicherlich nichts, demselben mit der Leimrute nachzulaufen. Nur in einer Beziehung könnte ich mich versucht fühlen, den Gleichzeitigen (unmittelbar verstanden) gegenüber dem Späteren glücklich zu preisen. Nehmen wir nämlich an, daß zwischen jener Begebenheit und dem Leben des Späteren Jahrhunderte verliefen, so möchte wohl unter den Menschen viel Geschwätz über diese Sache entstanden sein, und so dummes Geschwätz, daß die unwahren und verwirrenden Gerüchte, die der Gleichzeitige (unmittelbar verstanden) zu überstehen hatte, die Möglichkeit des rechten Verhaltens diesem nicht so schwierig machen mochten; dies um so mehr, da nach menschlicher Wahrscheinlichkeit das hundertjährige Echo wie das Echo in einzelnen unserer Kirchen nicht nur ein Gewäsch um den Glauben waschen, sondern auch den Glauben zu einem Gewäsch verwaschen möchte; und das konnte doch in der ersten Generation nicht geschehen, in der der Glaube sich in seiner ganzen Ursprünglichkeit zeigen und durch den Gegensatz leicht von allem andern zu scheiden sein mußte.

Zwischenspiel: Ist das Vergangene notwendiger als das Zukünftige? Oder: Ist das Mögliche durch seine Verwirklichung notwendiger geworden, als es zuvor war?

Mein lieber Leser! Wir nehmen nun an, jener Lehrer habe sich gezeigt, er sei gestorben und begraben worden, und es gehe nun einige Zeit zwischen Kapitel IV und V vorbei. So kommt es auch in der Komödie vor, daß zwischen zwei Akten ein Zeitraum von mehreren Jahren liegt. Um das Dahinschwinden der Zeit anzudeuten, läßt man nun bisweilen das Orchester eine Symphonie oder etwas andres derart spielen; man verkürzt also die Zeit damit, daß man sie ausfüllt. Ähnlich habe ich mir's hier gedacht; ich will die Zwischenzeit dadurch ausfüllen, daß ich die aufgeworfene Frage erwäge. Wie lange die Zwischenzeit andauern soll, kannst du selbst bestimmen; um aber doch etwas auszumachen, wollen wir, wenn es dir recht ist, annehmen, es seien eben 1843 Jahre verflossen. Du siehst, daß ich mir der Illusion zuliebe ordentlich Zeit nehme; denn 1843 Jahre ist doch ein selten vergönnter Überfluß an Zeit, der mich leichtlich in eine Verlegenheit bringt, derjenigen gerade entgegengesetzt, in der sich unsere Philosophen befinden, denen ja die Zeit im allgemeinen nur noch erlaubt, Andeutungen zu machen; auch jener entgegengesetzt, worin sich der Historiker befindet, welchen zwar nicht der Stoff, aber die Zeit im Stiche läßt. Findest du, daß ich etwas weitläufig werde und wiederholt dasselbe sage, wohlgemerkt „über dasselbe“[1], so mußt du bedenken, daß das nur der Illusion zuliebe geschieht. Dann wirst du mir meine Weitläufigkeit nicht beanstanden und sie dir auf eine ganz anders zufriedenstellende Weise erklären, als wenn du auf die Vermutung verfallen solltest, ich erlaube mir zu meinen, daß diese Sache etwa der Erwägung, auch deiner Erwägung bedürfte, und ich habe dich etwa im Verdacht, daß du dich in dieser Beziehung selbst nicht recht verstündest, während ich doch in keiner Weise bezweifle, daß du die neueste Philosophie völlig verstanden und ihr beigepflichtet hast. Diese aber scheint, wie überhaupt die neueste Zeit, an der sonderbaren Distraktion zu leiden, daß sie die Ausführung mit der Überschrift verwechselt; denn wer leistete so Wunderbares und so wunderbar Großes wie die neueste Philosophie und die neueste Zeit, in Überschriften!

§ 1 Das Werden

Wie verändert sich das, was wird? Oder worin besteht die Veränderung des Werdens (*κίνησις*)? Jede andre Veränderung (*αλλοίωσις*) setzt voraus, daß das,

1 [Wie Sokrates; vgl. Plato, *Gorgias* S. 490 f. (Übersetzung von Preisendanz, Diederichs, Jena, S. 91 f.).]

mit dem die Veränderung vor sich geht, da ist, ob auch die Veränderung die wäre, daß es aufhörte zu sein. Mit dem Werden verhält es sich nicht so; denn wenn der Werdende nicht in der Veränderung des Werdens in sich selbst unverändert verbleibt, so ist das Werdende nicht *dieses* Werdende, sondern ein andres, und die Frage verschuldet eine μετάβασις εἰς ἄλλο γένος, indem der Fragende in dem gegebenen Falle entweder mit der Veränderung des Werdens eine andre sieht, die ihm die Frage verwirrt, oder sich in dem Werdenden versieht und darum nicht imstande ist zu fragen. Wenn ein Plan, während er wird, in sich selbst verändert wird, so ist es nicht dieser Plan, der wird; erhält er dagegen unverändert Dasein, welches ist dann die Veränderung in dem Werden? Diese Veränderung ist also nicht im Wesen, sondern im Sein; es ist die Bewegung von dem Nichtdasein zum Dasein. Dieses Nichtdasein aber, welches das Werdende verläßt, muß ja auch da-sein; anders „verbliebe ja das Werdende im Werden nicht unverändert", außer sofern es überhaupt nicht gewesen wäre. Dann wäre die Veränderung des Werdens wieder aus einem andern Grunde von jeder andern Veränderung absolut verschieden, da es ja überhaupt keine Veränderung wäre, denn jede Veränderung hat allezeit ein Etwas zur Voraussetzung. Ein solches Sein aber, das doch Nicht-Sein ist, ist ja die Möglichkeit, und ein Sein, das Sein ist, ist das wirkliche Sein oder die Wirklichkeit; und die Veränderung des Werdens ist der Übergang von der Möglichkeit zur Wirklichkeit.[1]

Kann das Notwendige werden? Das Werden ist eine Veränderung; das Notwendige kann aber durchaus nicht verändert werden, da es sich jederzeit zu sich selbst verhält und zu sich selbst auf dieselbe Weise verhält. Alles Werden ist ein *Leiden* und das Notwendige kann nicht leiden, nicht das Leiden der Wirklichkeit leiden, welches darin besteht, daß das Mögliche (nicht bloß das Mögliche, welches ausgeschlossen, sondern auch das Mögliche, welches angenommen wird) sich in dem Augenblick, da es wirklich wird, als nichts erweist, da durch die Wirklichkeit die Möglichkeit *zunichte* gemacht wird. Alles was wird, beweist eben durch das Werden, daß es nicht notwendig ist; denn das Einzige, das nicht werden kann, ist das Notwendige, weil das Notwendige ist.

Ist nun die Notwendigkeit nicht die Einheit von Möglichkeit und Wirklichkeit?[2] – Was sollte dies heißen? Möglichkeit und Wirklichkeit sind nicht im Wesen, sondern im Sein verschieden; wie sollte nun aus dieser Verschiedenheit als Einheit die Notwendigkeit sich bilden, da ja diese doch nicht eine Seinsbestimmtheit ist, sondern eine Wesensbestimmtheit? Denn das Wesen des Notwendigen ist eben, daß es ist. In diesem Falle würde ja Möglichkeit und Wirklichkeit, indem sie zur Notwendigkeit würden, zu einem absolut andern Wesen, und das ist keine Veränderung; und dadurch, daß sie zur Notwendigkeit oder zum Notwendigen würden, würde das Einzige werden, das eben dem Werden

[1] [Definition des Aristoteles.]
[2] [So definiert sie Hegel.]

entnommen ist, und das ist ebenso unmöglich wie in sich selbst widerspruchsvoll. (Der aristotelische Satz: „Es ist möglich", „Es ist möglicherweise nicht", „Es ist nicht möglich." Epikurs Lehre von den falschen und wahren Sätzen greift störend in diese Gedanken ein, da in ihr ja auf das Wesen, nicht auf das Sein reflektiert und folglich auf diesem Wege kein Resultat in betreff des Zukünftigen erzielt wird.)

Die Notwendigkeit steht ganz für sich beiseite; es wird schlechthin nichts mit Notwendigkeit, so wenig als die Notwendigkeit wird oder als etwas dadurch, daß es wird, das Notwendige wird. Es ist schlechthin nichts da, weil es notwendig ist, sondern das Notwendige ist da, weil es notwendig ist, oder weil das Notwendige ist. Das Wirkliche ist nicht notwendiger als das Mögliche, denn das Notwendige ist von beiden absolut verschieden. (Des Aristoteles Lehre von den zwei Arten des Möglichen im Verhältnis zum Notwendigen. Der Fehler liegt darin, daß er mit dem Satze beginnt: „Alles Notwendige ist möglich." Um nun dem zu entgehen, daß er das Widersprechende, ja das sich selbst Widersprechende vom Notwendigen aussagen müßte, hilft er sich dadurch, daß er zwei Arten des Möglichen annimmt, anstatt aufzudecken, daß sein erster Satz unrichtig war, da das Mögliche sich nicht von dem Notwendigen prädizieren läßt.)

Die Veränderung des Werdens ist die Wirklichkeit; der Übergang geschieht durch die Freiheit. Kein Werden ist notwendig; nicht bevor es wurde, denn so kann es nicht werden; nicht nachdem es geworden ist, denn dann ist es nicht geworden.

Alles Werden geschieht mit Freiheit, nicht aus Notwendigkeit; nichts, das wird, wird aus einem Grunde, alles aus einer Ursache. Jede Ursache endet in einer frei wirkenden Ursache. Das Täuschende in den Zwischenursachen ist, daß sie dem Werden den Schein der Notwendigkeit geben; ihre Wahrheit ist, daß sie als selbst geworden definitiv auf eine frei wirkende Ursache zurückweisen. Selbst die Konsequenz eines Naturgesetzes erklärt keine Notwendigkeit des Werdens, sobald definitiv auf das Werden reflektiert wird. Mit den Äußerungen der Freiheit verhält sich's ebenso, sobald man sich nicht von deren Äußerungen betrügen läßt, sondern auf ihr Werden reflektiert.

§ 2 Das Historische

Alles, was geworden ist, ist *eo ipso* historisch; wenn sich auch nichts weiter historisch von demselben prädizieren läßt, das entscheidende Prädikat des Historischen läßt sich doch prädizieren: daß es geworden ist. Das, dessen Werden das simultane Werden ist (das Nebeneinander, der Raum), hat keine andere Geschichte als diese; aber selbst so betrachtet (*en masse*), abgesehen von dem, was eine geistreichere Betrachtung in speziellerem Sinne die Geschichte der Natur nennt, hat die Natur Geschichte.

Das Historische ist aber das Vergangene (denn das Gegenwärtige im Konfinium mit dem Zukünftigen ist noch nicht historisch geworden); wie kann man nun sagen, daß die Natur, obschon unmittelbar gegenwärtig, historisch sei, wenn man dabei nicht jene geistvollere Betrachtung im Sinn hat? Die Schwierigkeit kommt daher, daß die Natur zu abstrakt ist, um im strengeren Sinne in Beziehung auf die Zeit dialektisch zu sein. Dies ist die Unvollkommenheit der Natur, daß sie nicht in einem andern Sinne Geschichte hat; und ihre Vollkommenheit ist, daß sie doch in einem abgeblaßten Sinne solche hat (sofern sie nämlich geworden ist, also eine Vergangenheit ist; sofern sie ist, ist sie Gegenwart), während die Vollkommenheit des Ewigen die ist, daß es keine Geschichte hat, und es das Einzige ist, das ist und doch absolut keine Geschichte hat.

Das Werden kann jedoch in sich eine Verdoppelung enthalten: eine Möglichkeit des Werdens innerhalb seines eigenen Werdens. Hier liegt das Historische im strengeren Sinne, das in Beziehung auf die Zeit dialektisch ist. Das Werden, das hier gemeinsam ist mit dem Naturwerden, ist eine Möglichkeit, eine Möglichkeit, die für die Natur deren ganze Wirklichkeit ist. Dies eigentlich historische Werden ist aber doch innerhalb eines Werdens; dies muß beständig festgehalten werden. Das speziellere historische Werden wird durch eine relativ frei wirkende Ursache, die wieder definitiv auf eine absolut frei wirkende Ursache hinweist.

§ 3 Das Vergangene

Was geschehen ist, das ist geschehen und kann nicht wieder ungeschehen gemacht werden; also kann es sich nicht verändern (der Stoiker Chrysipp, der Megariker Diodor). Ist diese Unveränderlichkeit die der Notwendigkeit? Die Unveränderlichkeit des Vergangenen ist durch eine Veränderung zuwege gebracht, durch die Veränderung des Werdens; eine solche Unveränderlichkeit aber schließt ja nicht alle Veränderung aus, da sie diese nicht ausgeschlossen hat; denn alle Veränderung ist ja (dialektisch in Beziehung auf die Zeit) nur dadurch ausgeschlossen, daß sie jeden Augenblick ausgeschlossen ist. Will man das Vergangene für notwendig halten, so muß man eben vergessen, daß es geworden ist; sollte aber eine solche Vergeßlichkeit vielleicht auch notwendig sein?

Was geschehen ist, das ist so geschehen, wie es geschehen ist; so ist es unveränderlich; ist aber diese Unveränderlichkeit die Notwendigkeit? Die Unveränderlichkeit des Vergangenen besteht darin, daß dessen wirkliches So nicht anders werden kann; folgt aber daraus, daß dessen mögliches Wie nicht anders geworden sein konnte? Hingegen besteht die Unveränderlichkeit des Notwendigen darin, daß es sich beständig zu sich selbst und zu sich selbst auf dieselbe Weise verhält; daß es jede Veränderung ausschließt; daß es sich nicht mit der Unveränderlichkeit des Vergangenen begnügt, die nicht nur, wie wir zeigten, in Beziehung auf eine frühere Umänderung, aus der sie hervorgeht, dialektisch ist, sondern auch in Beziehung auf eine höhere Veränderung, durch die sie aufgehoben wird, dialektisch sein muß (z. B. in Beziehung auf die Reue, die eine Wirklichkeit aufheben will).

Das Zukünftige ist noch nicht geschehen; aber darum ist es nicht weniger notwendig als das Vergangene, da das Vergangene dadurch, daß es geschah, nicht notwendig wurde, sondern im Gegenteil dadurch, daß es geschah, zeigte, daß es nicht notwendig war. Wäre das Vergangene notwendig geworden, so dürfte man daraus für das Zukünftige nicht das Gegenteil erschließen; umgekehrt würde daraus folgen, daß das Zukünftige auch notwendig wäre. Wenn die Notwendigkeit nur an einem einzigen Punkte eintreten könnte, so dürfte von dem Vergangenen und Zukünftigen nicht mehr die Rede sein. Ob man das Zukünftige voraussagen (prophezeien) oder ob man die Notwendigkeit des Vergangenen verstehen will, gilt ganz gleich, und es ist nur Modesache, daß einem Geschlecht das eine plausibler erscheint, als das andre. Das Vergangene ist ja geworden; das Werden ist die Veränderung der Wirklichkeit, die durch Freiheit geschieht. Wenn nun das Vergangene notwendig geworden wäre, so würde es nicht mehr der Freiheit zugehören, also dem nicht mehr zugehören, durch das es geworden ist. Mit der Freiheit wäre es da übel bestellt; man möchte lachen und weinen über sie; denn sie trüge die Schuld für etwas, das ihr gar nicht zugehörte; sie brächte hervor, was die Notwendigkeit verschlänge; die Freiheit selbst würde zur Illusion, und nicht minder das Werden; die Freiheit wäre eine Hexerei, das Werden blinder Alarm.[1]

---

[1] Die prophezeiende Generation verschmäht das Vergangene und will nicht auf das Zeugnis der Schriften hören; die Generation, welche geschäftig ist, die Notwendigkeit des Vergangenen zu verstehen, will nicht gern um das Zukünftige befragt werden. Beider Benehmen ist ganz konsequent; denn jede könnte ja an ihrem Gegner Gelegenheit haben, zu sehen, wie töricht ihr Benehmen ist. Die von Hegel erfundene absolute Methode ist schon in der Logik eine bedenkliche Sache, ja eine glänzende Tautologie; sie ist dem wissenschaftlichen Aberglauben mit mancherlei Zeichen und wunderbaren Taten zu Hilfe gekommen. In den historischen Wissenschaften ist sie eine fixe Idee; und daß die Methode hier sofort damit beginnt, konkret zu werden, da ja die Geschichte die Konkretion der Idee ist, das gab Hegel wohl Veranlassung, eine seltene Gelehrsamkeit zu zeigen, eine seltene Gewalt, den Stoff zu formen, in den durch ihn Bewegung genug kam, es wurde aber auch die Veranlassung dazu, daß der Lernende zerstreut wurde, daß er, vielleicht eben aus ehrfürchtiger Verwunderung über China und Persien, über die Denker des Mittelalters, die Philosophen Griechenlands, die vier welthistorischen Monarchien (eine Entdeckung, die schon [Holbergs] *Geert Westphaler* nicht entgangen war und darum auch das Mundwerk manches späteren Geert Westphaler aus den Hegelingen in Bewegung setzte), nachzusehen vergaß, ob sich zum Schluß, am Ausgang der zauberhaften Wanderung auch das auswies, was zum Beginn immer gelobt wurde, was ja die Hauptsache war, was aller Welt Herrlichkeit nicht ersetzen konnte, was für die unzeitige Spannung, in der man hingehalten wurde, allein Ersatz leisten konnte – die Richtigkeit der Methode. Warum wurde man doch sofort konkret? Warum begann man sofort damit, *in concreto* zu experimentieren? Oder ließ diese Frage sich nicht noch in der leidenschaftslosen Kürze der Abstraktion behandeln, die keine Zerstreuungs-, keine Zaubermittel hat, die Frage nämlich, was das zu besagen habe, daß

Die Natur, als Bestimmung des Raums, ist nur unmittelbar da. Was in Beziehung auf die Zeit dialektisch ist, trägt eine Doppelheit in sich: nachdem es gegenwärtig gewesen ist, kann es als vergangen bestehen. Das eigentlich Historische ist beständig das Vergangene (es ist vorbei; ob seither Jahre oder Tage verflossen sind, macht keinen Unterschied) und hat als vergangen seine Wirklichkeit; denn es ist gewiß und zuverlässig, daß es geschehen ist, daß es aber geschehen ist, das ist gerade wieder seine Ungewißheit, welche die Auffassung beständig verhindern soll, das Vergangene so hinzunehmen, als wäre es von Ewigkeit her so gewesen. Nur in diesem Gegensatz von Gewißheit und Ungewißheit, der das Discrimen des Gewordenen, somit auch des Vergangenen ausmacht, findet das Vergangene sein Verständnis; wird es anders verstanden, so ist die Auffassung in einem Mißverständnis über sich selbst befangen (daß sie Auffassung sei) und über ihren Gegenstand (daß so etwas Objekt der Auffassung werden könnte). Jede Auffassung des Vergangenen, die es hinlänglich verstanden haben will, um es konstruieren zu können, hat es nur hinlänglich mißverstanden. (Stellt man an Stelle der Konstruktion eine Manifestationstheorie auf, so sieht das auf den ersten Blick blendend aus, im nächsten Moment aber hat man wieder die sekundäre Konstruktion und die notwendige Manifestation.) Das Vergangene ist nicht notwendig, da es wurde; es wurde durch sein Werden nicht notwendig (das wäre ein Widerspruch), noch weniger wird es durch irgendeine Auffassung notwendig. (Der Abstand in der Zeit veranlaßt, daß die Sinne des Geistes getäuscht werden, wie der Abstand im Raum Sinnestäuschungen veranlaßt. Der Gleichzeitige sieht die Notwendigkeit des Werdenden nicht; wenn aber Jahrhunderte zwischen dem Werden und dem Betrachter liegen, so sieht dieser die Notwendigkeit, wie der, der auf großen Abstand hin ein Vierkant rund sieht.) Sollte das Vergangene durch die Auffassung notwendig werden, so gewänne das Vergangene, was die Auffassung verlöre; denn diese käme dazu, etwas andres aufzufassen, und das ist eine törichte Auffassung. Wenn das Aufgefaßte in der Auffassung verändert wird, so wird die Auffassung zu einem Mißverständnis. Ein Wissen des Gegenwärtigen gibt diesem keine Notwendigkeit; ein Vorauswissen des Zukünftigen gibt diesem keine Notwendigkeit (Boethius); ein Wissen des Vergangenen gibt diesem keine Notwendigkeit; denn alle Auffassung und alles Wissen hat nichts zu geben.

---

die Idee konkret werde, was Werden sei, wie man sich zum Gewordenen verhalte usw.? Wie es sich ja schon in der Logik hätte besprechen lassen, was der Übergang zu bedeuten habe, bevor man noch daran ging, drei Bände zu schreiben, den Übergang in den kategorischen Bestimmungen nachzuweisen, so den Aberglauben in Erstaunen zu versetzen und dem seine Stellung mißlich zu machen, der mit Freude einem überlegenen Geiste viel schuldig sein, auch gerne den Dank für das, was er schuldet, abstatten möchte, darüber aber das doch nicht vergessen kann, was ja Hegel selbst für die Hauptsache ansehen mußte.

Wer das Vergangene auffaßt, der *Historico-philosophus*, ist darum ein nach rückwärts gerichteter Prophet (Daub). Daß er Prophet ist, bezeichnet eben, daß der Gewißheit des Vergangenen die Ungewißheit zugrunde liegt, welche diesem im selben Sinne wie dem Zukünftigen anhaftet, die Möglichkeit (Leibniz, *Die möglichen Welten*), aus der es unmöglich mit Notwendigkeit *hervorgehen* konnte, *nam necessarium se ipso prius sit, necesse est.* Der Historiker steht nun wieder bei dem Vergangenen, bewegt von der Leidenschaft, welche der leidenschaftliche Sinn für das Werden ist, von der Bewunderung. Bewundert der Philosoph absolut nichts (und wie sollte man auch, ohne durch eine neue Art von Widerspruch, darauf verfallen können, eine notwendige Konstruktion zu bewundern?), so hat er *eo ipso* nicht mit dem Historischen zu tun; denn überall, wo das Werden ins Spiel kommt (was ja bei dem Vergangenen der Fall ist), kann die Ungewißheit auch des mit völliger Gewißheit Gewordenen (diese Ungewißheit haftet ja dem Werden als solchem an) sich nur in dieser des Philosophen würdigen und für ihn notwendigen Leidenschaft ausdrücken (Plato, Aristoteles). Wenn auch das Gewordene das Gewisseste ist; wenn auch die Bewunderung zum voraus ihr Zeugnis dazu gibt, indem sie findet, wenn dies nicht geschehen wäre, so müßte man es dichten (Baader): selbst dann ist die Leidenschaft der Bewunderung mit sich selbst im Widerspruch, wenn sie dem Gewordenen Notwendigkeit andichten und sich selbst narren will. Schon das Wort wie auch der Begriff der Methode weist hinlänglich darauf hin, daß das Fortschreiten, von dem hier allein die Rede sein kann, teleologisch ist; bei jedem Fortschreiten dieser Art ist aber jeden Augenblick eine Pause (hier steht die Bewunderung in *pausa* und wartet auf das Werden), die zwischen das Werden und die Möglichkeit sich eindrängt, weil eben das τέλος außerhalb liegt. Ist nur ein Weg möglich, so ist das τέλος nicht außerhalb, es ist vielmehr in dem Fortschreiten selbst, ja rückwärts hinter diesem, wie beim Fortschreiten der Immanenz.

Dies, was die Auffassung des Vergangenen betrifft. Es ist indessen hierbei Voraussetzung, daß eine Kenntnis des Vergangenen gegeben ist; wie wird diese erworben? Unmittelbar kann das Historische nicht wahrgenommen werden, weil es die *Zweideutigkeit* des Werdens an sich trägt. Der unmittelbare Eindruck eines Naturphänomens oder einer Begebenheit ist nicht der Eindruck des Historischen; denn unmittelbar kann das *Werden* nicht wahrgenommen werden, sondern nur das gegenwärtige Dasein; das gegenwärtige Dasein des Historischen hat aber das Werden in sich, sonst ist es nicht das Dasein des Historischen.

Die unmittelbare Wahrnehmung und das unmittelbare Erkennen können nicht betrügen. Schon dadurch zeigt sich, daß das Historische nicht Objekt für diese werden kann; denn es trägt eben jene Zweideutigkeit an sich, die dem Werden anhaftet. Im Verhältnis zu dem Unmittelbaren ist nämlich das Werden eine Zweideutigkeit, durch welche auch das, was am festesten steht, zweifelhaft gemacht wird. Wenn so der Wahrnehmende einen Stern sieht, so wird der Stern ihm in dem Augenblick zweifelhaft, da er sich bewußt wird, daß er geworden ist. Es ist, als raubte die Reflexion den Stern dem Sinne. Soviel ist also klar, daß das Organ für das Historische in Gleichheit mit diesem gebildet sein, daß es das Entsprechende in sich haben muß, durch das es beständig in seiner Gewißheit die Ungewißheit aufhebt, die der Ungewißheit des Werdens entspricht; einer doppelten Ungewißheit: denn sie besteht in dem Nichts-Sein des Nicht-Seienden und in der zunichte gemachten Möglichkeit, die zugleich die Vernichtung jeder andern Möglichkeit bedeutet. Von solcher Beschaffenheit ist nun eben der Glaube; denn in der Gewißheit des Glaubens ist beständig, jedoch aufgehoben, die Ungewißheit zur Stelle, welche der des Werdens in jeder Weise entspricht. Der Glaube glaubt, was er nicht sieht; er glaubt nicht, daß der Stern da ist (da er ja gesehen wird), sondern er glaubt, daß der Stern geworden ist. Für eine Begebenheit gilt dasselbe. Das Geschehene läßt sich unmittelbar erkennen, keineswegs aber, daß es geschehen ist, auch nicht, daß es geschieht, und ob es auch so geschähe, daß man, wie man sagt, die Nase darauf stoßen könnte. Die Zweideutigkeit des Geschehenen ist eben, daß es geschehen ist; darin liegt der Übergang vom Nichts, vom Nichtsein und von dem mannigfaltigen möglichen Wie. Der unmittelbare Sinn, die unmittelbare Erkenntnis ahnt nicht die Unsicherheit, mit der der Glaube sich seinem Gegenstand nähert, aber auch nicht die Gewißheit, die sich aus der Ungewißheit entwickelt.

Die unmittelbare Wahrnehmung, das unmittelbare Erkennen kann nicht betrügen. Es ist von Wichtigkeit, dies zu verstehen, damit man den Zweifel verstehe und durch dessen Verständnis wieder dem Glauben seinen Platz anweisen lerne. Jener Gedanke liegt nun der griechischen Skepsis zugrunde, so wunderlich dies auch scheint. Doch ist es nicht so schwer, das zu verstehen, oder zu verstehen, welches Licht dies auf den Glauben wirft, wenn man von dem Hegelschen Zweifel an allem nicht ganz verwirrt ist, gegen den man wahrlich nicht predigen sollte; denn was die Hegelianer darüber sagen, hat eine Art, daß man den bescheidenen Zweifel nicht zurückdrängen kann, wie weit denn ihre Weisheit wirklich sich darauf gründe, daß sie einmal an etwas gezweifelt haben. Die griechische Skepsis war retirierend (ἐποχή); sie zweifelten nicht in Kraft des Erkennens, sondern in Kraft des Willens (den Beifall versagen – μετριοπαθεῖν). Hieraus ergibt sich, daß der Zweifel nur durch die Freiheit zu heben ist, durch einen Willensakt; das würde jeder griechische Skeptiker verstehen, wenn er sich selbst verstanden hat; aber er wollte seine Skepsis nicht aufheben, weil er zweifeln *wollte*. Das muß man ihm nun eben lassen; man darf ihm aber nicht die Dummheit aufmutzen, als meinte er, daß man mit Notwendigkeit zweifelte, auch nicht die noch größere Dummheit, daß der Zweifel dann, wenn dem so wäre, gehoben werden könne. Der griechische Skeptiker leugnet nicht die Richtigkeit der sinnlichen Wahrnehmung und des unmittelbaren Erkennens; aber, sagt er, der Irrtum hat einen ganz andern Grund, er kommt von dem Schluß, den ich mache; kann ich nun das Schließen lassen, so werde ich nie betrogen. Wenn so z. B. der Sinn mir einen Gegenstand, der von der Nähe gesehen vierkantig ist, auf Abstand rund zeigt, oder wenn er mir einen Stock im Wasser gebrochen zeigt, obwohl derselbe sich als gerade erweist, wenn ich ihn herausnehme, so hat mich der Sinn durchaus nicht betrogen; ich werde vielmehr erst betrogen, wenn ich etwas über den Stock und jenen Gegenstand erschließe. Darum hält sich der Skeptiker beständig *in suspenso*; und dieser Zustand war das, was er *wollte*. Wenn die griechische Skepsis φιλοσοφία ζητητική, ἀπορητική, σκεπτική genannt wurde, so drücken diese Prädikate nicht das Eigentümliche an der griechischen Skepsis aus, daß sie nämlich die Erkenntnis beständig nur brauchte, um diese Denkart als Gesinnung unangreifbar zu machen. Das war die Hauptsache; darum wollten sie auch das negative Resultat der Erkenntnis nicht θετικῶς aussprechen, damit sie sich nicht darin fingen, daß sie einen Schluß machten. Die Gesinnung war ihnen die Hauptsache (τέλος δὲ οἱ σκεπτικοί φασι τὴν ἐποχήν, ᾗ σκιᾶς τρόπον ἐπακολουθεῖ ἡ ἀταραξία. Diog. Laert. IX, 107).[1] Der Gegensatz hierzu zeigt nun leicht, daß der Glaube nicht eine Erkenntnis, sondern ein Freiheitsakt, eine Willensäußerung ist. Er glaubt das Werden und hat also in sich die Ungewißheit aufgehoben, welche dem Nichts-Sein des Nichtseienden entspricht; er glaubt des Werdens So und hat also die möglichen Wie des Gewordenen in sich aufgehoben; und ohne daß er die Möglichkeit eines andern So leugnen würde, ist doch für den Glauben das So des Gewordenen das Gewisseste.

Sofern nun das, was durch den Glauben das Historische und als das Historische Gegenstand für den Glauben wird (das eine entspricht dem andern), unmittelbar da ist und unmittelbar aufgefaßt wird, insofern betrügt es nicht. Der Gleichzeitige brauche seine Augen usw., aber er richte seine Aufmerksamkeit genau auf den Schluß. Unmittelbar kann er nicht erkennen, daß es geworden ist; er kann auch nicht mit Notwendigkeit erkennen, daß es geworden ist; denn der erste Ausdruck des Werdens ist eben das Abbrechen der Kontinuität. In dem Augenblick, da der Glaube glaubt, daß es geworden, geschehen ist, macht er das Geschehene und Gewordene in seinem Werden und dessen So in den möglichen Wie des Werdens zweifelhaft. Der Schluß des Glaubens ist kein Schluß, sondern ein Beschluß, und deshalb ist der Zweifel ausgeschlossen. Wenn der Glaube schließt: dies ist da, *ergo* ist es geworden, so möchte sich dies als ein Schluß von der Wirkung auf die Ursache darstellen. Indessen ist dies nicht ganz so, und wenn es so wäre, so müßte man daran erinnern, daß der Schluß der Erkenntnis von der Ursache zur Wirkung geht, oder besser, vom Grund zur Folge (Jakobi).

---

[1] Daß die unmittelbare Wahrnehmung und Erkenntnis nicht betrügen kann, schärft sowohl Plato als Aristoteles ein, später wieder Cartesius, welcher genau wie die griechischen Skeptiker sagt, daß der Irrtum aus dem Willen stamme, der sich im Ziehen des Schlusses übereile. Dies wirft auch ein Licht auf den Glauben; wenn er sich entschließt zu glauben, so übernimmt er das Risiko, in einen Irrtum zu verfallen, will aber doch glauben. Anders glaubt man nie; will man dem Risiko entgehen, so will man mit Gewißheit wissen, daß man schwimmen kann, bevor man ins Wasser geht.

Dies ist nicht ganz so, denn unmittelbar kann ich nicht wahrnehmen oder erkennen, daß das, was ich unmittelbar wahrnehme oder erkenne, eine Wirkung ist. Unmittelbar ist es eben; daß es eine Wirkung ist, glaube ich; bevor ich von ihm prädiziere, daß es eine Wirkung ist, muß ich es schon in der Ungewißheit des Werdens zweifelhaft gemacht haben. Entschließt sich aber der Glaube hierzu, so ist der Zweifel aufgehoben; im selben Augenblick ist das Gleichgewicht, die Indifferenz des Zweifels aufgehoben, nicht durch ein Erkennen, sondern durch ein Wollen. So ist der Glaube approximationsweise das am meisten Disputable (denn die Ungewißheit des Zweifels, die ihre Stärke und Unüberwindlichkeit im Zwei-deuten, *disputare,* hat, ist in ihm zugrunde gegangen), und in Kraft seiner neuen Qualität das am wenigsten Disputable. Der Glaube ist das Gegenspiel des Zweifels. Glaube und Zweifel sind nicht zwei Arten des Erkennens, die sich in Kontinuität miteinander bestimmen ließen (denn keins von ihnen ist ein Erkenntnisakt), sie sind vielmehr entgegengesetzte Leidenschaften. Der Glaube ist ein Sinn fürs Werden, der Zweifel ein Protest gegen jeden Schluß, der über die unmittelbare Wahrnehmung und die unmittelbare Erkenntnis hinausgehen will. Das eigene Dasein z. B. leugnet der Zweifler nicht, aber er erschließt nichts, denn er will nicht betrogen werden. Sofern er die Dialektik braucht, um beständig das Entgegengesetzte gleich wahrscheinlich zu machen, so stellt er doch nicht kraft dessen seine Skepsis auf. Das sind bloß Äußerlichkeiten, menschliche Akkommodationen. Er hat darum kein Resultat, auch nicht ein negatives (ein solches hieße die Erkenntnis anerkennen), sondern in Kraft des Willens beschließt er, innezuhalten und sich von jedem Schluß zurückzuhalten (φιλοσοφία ἐφεκτική).

Wer nicht gleichzeitig mit dem Historischen ist, hat an der Stelle der Unmittelbarkeit der Wahrnehmung und Erkenntnis (die indessen das Historische nicht auffassen kann) die Berichte der Zeitgenossen, zu denen er sich auf dieselbe Weise verhält, wie der Gleichzeitige zur Unmittelbarkeit. Denn selbst wenn das Erzählte im Bericht der Veränderung unterworfen worden ist, muß er ihn erst zu dem für ihn Unhistorischen machen, ehe er ihn so hinnehmen kann, daß er verweigert ihm beizustimmen und ihn zu etwas Historischem macht. Die Unmittelbarkeit der Nachricht, d. h. das, daß eine Nachricht da ist, dies ist das unmittelbar gegenwärtig Daseiende; das Historische aber ist an dem Daseienden, daß es geworden ist, an dem Vergangenen, daß es durch sein Werden gegenwärtig daseiend war. Sobald nun der Spätere das Vergangene glaubt (nicht dessen Wahrheit, denn das ist eine Sache der Erkenntnis, die das Wesen, nicht das Sein betrifft; sondern glaubt, daß es geworden ist, und dann ein Daseiendes war), so ist die Unsicherheit des Werdens darin; und diese Unsicherheit des Werdens (das Nichts-Sein des Nichtseienden, die möglichen Wie des wirklichen So) muß auf ihn, wie auf den Gleichzeitigen eindringen; sein Sinn muß *in suspenso* sein, wie der des Gleichzeitigen. Er hat also keine Unmittelbarkeit mehr vor sich, aber auch nicht die Notwendigkeit des Werdens, sondern nur des *Werdens So.* Der

Spätere glaubt also wohl in Kraft der Aussage des Gleichzeitigen, aber nur im selben Sinne wie der Gleichzeitige in Kraft der unmittelbaren Wahrnehmung und Erkenntnis; glauben kann aber der Gleichzeitige in deren Kraft nicht, somit auch nicht der Spätere in Kraft der Nachricht.

Das Vergangene wird somit keinen Augenblick notwendig, so wenig als es notwendig war, da es wurde, oder sich für den Zeitgenossen notwendig erwies, der es glaubte, d. h. der glaubte, daß es geworden war. Denn Glauben und Werden entsprechen einander und betreffen die aufgehobenen Bestimmungen des Seins: das Vergangene und das Zukünftige und das Gegenwärtige, sofern dieses nämlich als geworden unter der aufgehobenen Bestimmung des Seins gesehen wird; die Notwendigkeit hingegen betrifft das Wesen, und zwar so, daß die Bestimmung des Wesens eben die ist, daß das Werden ausgeschlossen ist. Die Möglichkeit, aus der das Mögliche, welches zum Wirklichen wurde, hervorging, begleitet beständig das Gewordene und bleibt bei dem Vergangenen, ob auch Jahrtausende dazwischen lagen; sobald der Spätere wiederholt, daß es geworden ist (und dies tut er dadurch, daß er es glaubt), so wiederholt er dessen Möglichkeit, wobei nicht in Betracht kommt, ob von spezielleren Vorstellungen dieser Möglichkeit die Rede sein kann oder nicht.

Beilage
Anwendung

Was hier gesagt wurde, gilt von dem direkt Historischen, dessen Widerspruch[1] nur ist, daß es geworden, nur der des Werdens überhaupt ist; denn man muß sich hier wiederum vor der Täuschung hüten, als wäre es, nachdem etwas geworden ist, leichter zu verstehen, daß es wurde, als bevor es geworden ist. Wer diese Meinung hegt, versteht noch nicht, daß es geworden ist; er hat nur die Wahrnehmung und die Unmittelbarkeit der Erkenntnis des gegenwärtig Daseienden, worin das Werden nicht mit enthalten ist.

Wir wollen uns nun zu unserer Dichtung und unserer Annahme zurückwenden, daß Gott gewesen ist. Von dem direkt Historischen gilt, daß es für die unmittelbare Wahrnehmung oder Erkenntnis nicht historisch werden kann, für den Zeitgenossen so wenig, wie für den Späteren. Jenes historische Faktum aber (das den Inhalt unserer Dichtung bildet) hat nun seine eigene Beschaffenheit, da es nicht ein direkt historisches Faktum ist, sondern ein Faktum, das auf einen Selbstwiderspruch basiert ist. (Das genügt schon, zu beweisen, daß zwischen dem unmittelbar Gleichzeitigen und dem Späteren kein Unterschied ist; denn gegenüber einem Selbstwiderspruch und dem Risiko, das damit verbunden ist, daß man ihm Beifall gibt, ist die unmittelbare Gleichzeitigkeit durchaus keine Begünstigung.) Doch ist es ein historisches Faktum, und nur für den Glaubenden vorhanden. Der Glaube wird also hier zuerst in direkter und allgemeiner Bedeutung genommen, als das Verhältnis zum Historischen; sodann ist aber der Glaube in ganz eminentem Sinne zu verstehen, sowie dieses Wort nur einmal vorkommen kann, d. h. oftmals, doch nur in *einem* Verhältnis. Ewig verstanden *glaubt* man nicht, daß Gott ist, ob man auch annimmt, daß er ist. Dieser Sprachgebrauch beruht auf einem Mißverständnis. Sokrates glaubte nicht, daß Gott war. Was er von Gott wußte, erreichte er durch die Erinnerung, und Gottes Dasein war ihm keineswegs etwas Historisches. Ob seine Gotteserkenntnis gegenüber der des andern, welcher nach unserer Annahme von Gott die Bedingung entgegennahm, sehr unvollkommen war, geht uns hier nichts an; denn der Glaube hat es nicht mit dem Wesen zu tun, sondern mit dem Sein, und die Annahme, daß Gott ist, bestimmt ihn ewig, nicht historisch. Das Historische ist, daß Gott *geworden* ist (für den Gleichzeitigen), daß er ein gegenwärtig Daseiendes

[1] Das Wort „Widerspruch" darf man hier nicht in dem verflüchtigten Sinne nehmen, in dem Hegel sich selbst und andern und dem Widerspruch eingebildet hat, daß er die Macht hätte, etwas hervorzubringen. Solange nichts geworden ist, ist der Widerspruch nur der Drang in der Bewunderung, deren *nisus*, nicht der *nisus* des Werdens; ist etwas geworden, so ist der Widerspruch wieder als der *nisus* der Bewunderung in der Leidenschaft zur Stelle, welche das Werden reproduziert.

dadurch gewesen ist, daß er *geworden* ist (für den Späteren). Hierin liegt aber eben der Widerspruch. Unmittelbar kann also keiner mit diesem historischen Faktum gleichzeitig werden (vgl. das Vorhergehende); aber es ist Gegenstand des Glaubens, da es das Werden betrifft. Die Frage betrifft nicht die Wahrheit dieses Faktums; es handelt sich vielmehr darum, ob man dem beistimmen will, daß Gott geworden ist, wodurch Gottes ewiges Wesen in die dialektischen Bestimmungen des Werdens hereinflektiert wird.

So bleibt jenes historische Faktum [für immer] dahingestellt; es hat keinen unmittelbaren Zeitgenossen, da es historisch in erster Potenz ist (der Glaube im allgemeinen Sinn); es hat keinen unmittelbaren Zeitgenossen in zweiter Potenz, da es auf einen Widerspruch basiert ist (der Glaube im eminenten Sinn). Diese letztere Gleichheit auch derer, welche in Beziehung auf die Zeit am verschiedensten sind, saugt aber die Ungleichheit in sich auf, welche in Beziehung auf das erstere Verhältnis für die der Zeit nach Verschiedenen stattfindet. Sooft der Glaubende dieses Faktum zum Gegenstand für den Glauben, sooft er es für sich historisch werden läßt, wiederholt er die dialektischen Bestimmungen des Werdens. Ob noch so viele Jahrtausende verliefen, ob jenes Faktum noch so viele Konsequenzen nach sich zog, es wird darum nicht notwendiger (und die Konsequenzen selbst werden, definitiv gesehen, nur relativ notwendig, da sie auf jener frei wirkenden Ursache beruhen), von dem ganz Verkehrten zu schweigen, daß es auf Grund seiner Konsequenzen notwendig werden sollte, da doch Konsequenzen in einem andern ihren Grund zu haben, nicht dieses zu begründen pflegen. Ob der Gleichzeitige oder der Frühere noch so viele Vorbereitungen, Winke, Symptome sah, die darauf hindeuteten, jenes Faktum war doch nicht notwendig, als es wurde, d. h. jenes Faktum ist ebensowenig als zukünftig notwendig, wie es als vergangen notwendig ist.

Kapitel V. Der Schüler zweiter Hand

Mein lieber Leser! Da nach unserer Annahme 1843 Jahre zwischen dem gleichzeitigen Schüler und diesem Gespräche liegen, so scheint hinlängliche Veranlassung vorhanden zu sein, nach dem Schüler zweiter Hand zu fragen, da ja dieses Verhältnis sich oft wiederholt haben muß. Die Frage scheint also unabweisbar, wie auch die Forderung, die sie enthält: daß die Schwierigkeiten aufgeklärt werden, die sich aufdrängen können, wenn es gilt, den Schüler zweiter Hand in seiner Gleichheit und Verschiedenheit dem gleichzeitigen gegenüber zu bestimmen. Dessenungeachtet sollten wir aber doch wohl zuerst genauer erwägen, ob die Frage auch ebenso richtig gestellt wie naheliegend ist! Sollte es sich nämlich zeigen, daß sie unrichtig gestellt ist oder daß man nicht so fragen kann, ohne wie ein Tor zu fragen und also des Rechtes verlustig zu sein, den der Torheit zu zeihen, der verständig genug ist, keine Antwort geben zu können – so scheinen ja die Schwierigkeiten gehoben zu sein. – „Unleugbar; denn wenn man nicht fragen kann, so wird die Antwort niemand Ungelegenheit machen, und die Schwierigkeit ist ungemein leicht geworden." – „Das läßt sich doch noch nicht sagen; die Schwierigkeit könnte ja auch darin liegen, daß man einsähe, man dürfe so nicht fragen. Oder hast du das vielleicht schon eingesehen? War das deine Meinung, als du bei unserm letzten Gespräche (Kap. IV) die Äußerung tatest, du habest mich und alle Konsequenzen meiner Aussagen verstanden, während ich mich selbst noch nicht ganz verstanden hatte?" – „Keineswegs war das meine Meinung, sowenig als es meine Meinung ist, daß die Frage sich abweisen lasse, so viel weniger, als sie sofort eine neue Frage in sich enthält: ob nämlich nicht unter den vielen, die durch den Begriff ‚Schüler zweiter Hand' zusammengefaßt werden, ein Unterschied zu machen ist; mit anderen Worten, ob es richtig ist, einen so ungeheuren Zeitabschnitt in zwei so ungleiche Teile zu teilen: der Gleichzeitige, der Spätere." – „Du meinst, es müsse von einem Schüler fünfter, siebenter Hand usw. die Rede sein können?! Wenn nun aber die Untersuchung, um dir willfährig zu sein, sich auf diese Verschiedenheit beziehen wollte, folgte daraus, daß die Besprechung all dieser Verschiedenheiten, wenn sie nicht mit sich selbst in Widerspruch geraten wollte, nicht unter *einen* Gesichtspunkt zusammengefaßt werden dürfte, entsprechend der Bestimmung ‚der gleichzeitige Schüler'? Oder wäre es richtig von unserer Untersuchung, wenn sie sich anstellte wie du, wenn sie einfältig genug wäre zu tun, was du in großer List getan hast, nämlich die Frage nach dem Schüler zweiter Hand in eine ganz andre Frage umzusetzen, wodurch du Gelegenheit fandest, mich zu narren und eine neue Frage aufzuwerfen, anstatt meinem Vorschlage beizustimmen oder ihn zu mißbilligen? Da du aber vermutlich dieses Gespräch nicht fortzusetzen wünschest, aus Furcht, es möchte in Sophisterei und Wortgezänk ausarten, so will ich es abbrechen; aus der Entwicklung aber, die ich nun fortzusetzen gedenke, wirst du ersehen, daß ich die Äußerungen, die in unserem Gespräche gefallen sind, berücksichtigt habe."

Es wird also hier nicht auf das Verhältnis des sekundären Schülers zu dem gleichzeitigen reflektiert, sondern die Verschiedenheit, auf die reflektiert wird, ist derart, daß das in sich Verschiedene gegen ein andres gehalten einen Rest von Gleichheit zeigt; denn das Verschiedene, das nur unter sich von sich verschieden ist, bleibt ja innerhalb der Gleichheit mit sich selbst. Auf Grund hiervon ist es auch keine Willkür, abzubrechen, wo man will; denn der relative Unterschied ist hier kein Sorites [Kettenschluß], aus dem mit einem *coup de mains* die Qualität herausspringen soll, da er ja innerhalb der bestimmten Qualität bleibt. Ein Sorites würde nur zutage treten, wenn man das Gleichzeitigsein im schlechten Sinne dialektisch machte, z. B. wenn man zeigte, daß in gewissem Sinne keiner gleichzeitig sei, da ja keiner in jedem Moment gleichzeitig sein könne, oder wenn man fragte, wo die Gleichzeitigkeit aufhörte, wo die Nichtgleichzeitigkeit begänne, ob es nicht ein *confinium* zum Feilschen gebe, von dem der schwatzende Verstand „bis zu einem gewissen Grade" usw. sagen könnte. Aller derartige unmenschliche Tiefsinn führt zu nichts; er kann nur in unserer Zeit dazu verhelfen, daß man für echt spekulativ angesehen wird; denn der verachtete Sophismus; der Henker weiß, wie es zuging; ist nun zu dem kümmerlichen Geheimnis der echten Spekulation geworden; was in alten Zeiten für negativ galt, das „bis zu einem gewissen Grade" (eine Parodie von Verträglichkeit, die alles ohne Kleinlichkeit mediiert), ist nun das Positive, und was man in alter Zeit das Positive nannte, die Leidenschaft der Distinktion, ist jetzt eine Torheit.

Gegensätze zeigen sich am deutlichsten, wenn sie zusammengestellt werden; darum wählen wir die erste Generation sekundärer Schüler und die letzte (die, welche das gegebene *spatium* von 1843 Jahren begrenzt) und fassen uns so kurz als möglich; denn wir reden ja nicht historisch, sondern algebraisch und wünschen auch nicht, durch den Zauber der Mannigfaltigkeit zu zerstreuen und zu betrügen. Hingegen erinnern wir beständig daran, unter der Verschiedenheit doch an der, bei dieser, gemeinsamen Gleichheit gegenüber dem Gleichzeitigen festzuhalten (erst im nächsten Paragraphen werden wir genauer sehen, daß die Frage nach dem Schüler zweiter Hand wesentlich verstanden eine unrichtige Frage ist), sowie daran, daß die Verschiedenheit sich nicht so weit steigern darf, daß sie alles verwirrte.

a) Die erste Generation sekundärer Schüler

Diese hat nun (relativ) den Vorteil, der unmittelbaren Gewißheit näher zu stehen; es ist ihr leichter, von Männern, deren Zuverlässigkeit auf andre Weise kontrolliert werden kann, eine genaue und zuverlässige Nachricht von dem Geschehenen zu erhalten. Den Wert dieser unmittelbaren Gewißheit haben wir schon in

Kap. IV bestimmt. Es ist nun wohl eine trügerische Rede, daß man ihr „näher" sei; denn wer der unmittelbaren Gewißheit nicht so nahe ist, daß er unmittelbar gewiß ist, der ist absolut ferne von ihr. Doch, wir wollen diese relative Verschiedenheit, welche der ersten Generation sekundärer Schüler gegen die späteren einen Vorteil gewährt, in Anschlag bringen; wie hoch sollen wir sie anschlagen? Wir können den Anschlag ja doch nur in Beziehung auf den Vorteil des Gleichzeitigen festsetzen; dessen Vorteil aber, die unmittelbare Gewißheit im strengen Sinn, haben wir ja schon in Kap. IV als zweideutig (*anceps* – gefährlich) nachgewiesen und werden dies im nächsten Paragraphen des weiteren tun. – Oder wenn in der nächsten Generation ein Mensch gelebt hätte, der mit der Macht eines Tyrannen dessen Leidenschaft verband; wenn er den Einfall bekommen hätte, sich um nichts andres zu bekümmern als auf diesem Punkte die Wahrheit festzustellen – wäre er darum der Schüler geworden? Gesetzt, er bemächtigte sich aller noch lebenden Zeugen und derer, die ihnen am nächsten standen; er ließe sie jeden für sich auf das peinlichste verhören; er ließe sie wie jene siebzig Übersetzer gefangen setzen und aushungern, um ihnen die Wahrheit abzupressen; er ließe sie auf die hinterlistigste Weise miteinander konfrontieren, nur um sich mit allen Mitteln eine zuverlässige Kunde zu sichern – war er mit Hilfe dieser Kunde der Schüler? Müßte Gott nicht vielmehr über ihn lächeln, daß er sich auf diese Weise erzwingen wollte, was sich doch weder mit Geld kaufen noch mit Gewalt nehmen läßt? Selbst wenn jenes Faktum, von dem wir reden, ein simpel historisches wäre, würde doch die Schwierigkeit nicht ausbleiben, wenn er in allen Kleinigkeiten eine absolute Übereinstimmung zustande bringen wollte; und dies müßte ihm von ungeheurer Wichtigkeit sein, weil die Leidenschaft des Glaubens (d. h. eine Leidenschaft von der Intensität des Glaubens) sich in verkehrter Weise auf das bloß Historische richtete. Es ist hinlänglich bekannt, daß die redlichsten und aufrichtigsten Menschen sich am leichtesten in Widersprüche verwickeln, wenn sie einem enragierten Inquisitor in die Hände fallen, während es dem verworfenen Verbrecher vorbehalten ist, auf Grund der Genauigkeit, zu der ihn sein böses Gewissen nötigt, sich in seinen Lügen nicht zu widersprechen. Doch, hiervon abgesehen, jenes Faktum, von dem wir reden, ist ja kein simples historisches Faktum – was hülfe ihm also alles? Wenn er einen komplizierten Bericht zustande brächte, der auf den Buchstaben, auf die Minute stimmte, so wäre er zweifellos betrogen. Er hätte noch eine größere Gewißheit als der Gleichzeitige, der sah und hörte; denn dieser mußte doch leicht entdecken, daß er bisweilen nicht sah und bisweilen fehlsah und ebenso mit dem Hören; er mußte ja beständig daran erinnert werden, daß er nicht unmittelbar Gott sah und hörte, sondern einen Menschen in geringer Gestalt, der von sich selbst sagte, er sei Gott; mit andern Worten; er mußte beständig daran erinnert werden, daß jenes Faktum auf einen Widerspruch gegründet ist. War also jenem Menschen mit der Zuverlässigkeit seines Berichts gedient? Ja, historisch gesehen, aber anders nicht; denn alles Gerede von der irdischen Herrlichkeit Gottes (da er doch nur in Knechtsgestalt war, ein einzelner Mensch, wie einer von uns, des Ärgernisses Gegenstand), von seiner unmittelbaren Göttlichkeit (da doch die Göttlichkeit keine unmittelbare Bestimmung ist und der Lehrer in dem Lernenden als Bedingung für das Verständnis erst die tiefste Selbstreflexion, das Bewußtsein der Sünde entwickeln muß), von der unmittelbaren Wunderbarkeit seines Tuns (da doch das Wunder nicht unmittelbar ist, sondern nur für den Glauben ist, wenn anders, wer nicht glaubt, das Wunder auch nicht sieht), ist hier wie allewege Galimathias, ein Versuch, die Untersuchung durch Geschwätz hinzuhalten.

Diese Generation hat relativ den Vorteil, daß sie der Erschütterung durch jenes Faktum näher steht. Diese Erschütterung, die Zuckungen, von denen sie begleitet ist, erwecken die Aufmerksamkeit. Die Bedeutung einer solchen Aufmerksamkeit (die ja auch zum Ärgernis werden kann), haben wir schon in Kap. IV gewürdigt. Steht man ihr etwas näher (im Vergleich mit der späteren Zeit), so mag das wohl ein Vorteil sein; derselbe ist aber doch nur dem zweifelhaften Vorteil des Gleichzeitigen proportioniert zu denken. Er ist durchaus ebenso dialektisch wie die Aufmerksamkeit. Er besteht darin, daß man eben aufmerksam wird, ob man sich nun ärgere oder ob man glaube. Die Aufmerksamkeit steht nämlich keineswegs so auf seiten des Glaubens, daß dieser durch eine simple Konsequenz aus ihr hervorginge. Der Vorteil ist, daß man in einen Zustand kommt, in welchem die Entscheidung sich deutlicher darstellt. Dies ist ein Vorteil, und er ist der einzige, der etwas zu bedeuten hat; ja, so viel bedeutet er, daß er zum Erschrecken ist und keineswegs eine gemächliche Bequemlichkeit. Ist jenes Faktum nie durch Dummheit und Stumpfheit in menschlichen Schlendrian hineingezogen worden, so wird jede Generation dasselbe Verhältnis zum Ärgernis aufweisen wie die erste; denn jenem Faktum kommt man durch keine Unmittelbarkeit näher. Man kann auch noch so eifrig zu ihm hinerzogen werden, es nützt doch nichts. Dagegen kann es wohl dazu verhelfen, daß man ein dressierter Schwätzer wird (insbesondere wenn der Erzieher selbst schon in dieser Richtung gut studiert ist), ein Schwätzer, dem nie eine Ahnung des Ärgernisses gekommen, dem aber auch kein Glaube fremd geblieben ist.

b) Die letzte Generation

Diese steht der Erschütterung ferne; dagegen kann sie sich an die Konsequenzen halten und hat den Wahrscheinlichkeitsbeweis aus dem Erfolge. Sie hat die Konsequenzen unmittelbar vor sich, mit welchen jenes Faktum wohl alles umspannt haben muß, und hat damit den Wahrscheinlichkeitsbeweis nahe genug, von dem aus es aber durchaus keinen unmittelbaren Übergang zum Glauben gibt. Denn Glaube und Wahrscheinlichkeit sind ja, wie gezeigt, keineswegs Parteigänger; wer dies behaupten wollte, ließe sich eine Verleumdung des

Glaubens zuschulden kommen.[1] Wenn jenes Faktum als das absolute Paradox in die Welt kam, so hilft all das Spätere nichts; denn in alle Ewigkeit bleibt es eben Konsequenz eines Paradoxes und also endgültig ebenso unwahrscheinlich wie das Paradox, man wollte denn etwa annehmen, daß die Konsequenzen (das Abgeleitete) rückwirkende Kraft erhielten, das Paradox umzuschaffen – was ungefähr geradeso leicht anzunehmen wäre, wie daß ein Sohn rückwirkende Kraft erhielte, den Vater umzuschaffen. Selbst wenn man die Konsequenz rein logisch denkt, also unter der Form der Immanenz, so bleibt doch wahr, daß die Konsequenz nur als identisch und gleichgeartet mit der Ursache bestimmt werden darf; am allerwenigsten darf sie eine umschaffende Macht haben. Die Konsequenzen vor sich zu haben ist also ein ebenso zweifelhafter Vorteil, wie der, die unmittelbare Gewißheit zu haben; wer die Konsequenzen unmittelbar hinnimmt, ist betrogen, genau wie der, welcher die unmittelbare Gewißheit für den Glauben nimmt.

---

[1] An das Unwahrscheinliche einen Wahrscheinlichkeitsbeweis zu knüpfen – wozu? Um zu beweisen, daß es wahrscheinlich sei? (Wodurch doch sein Begriff verändert würde!) Oder um zu beweisen, daß es unwahrscheinlich sei? (Wofür man die Wahrscheinlichkeit doch nur durch einen Selbstwiderspruch benützen kann!) Dieser Gedanke überhaupt, ganz abgesehen von seiner konkreten Ausführung, ist so dumm, wenn er ernsthaft auftreten will, daß dies durchaus unmöglich scheinen sollte; als Witz und Spaß hingegen ist er, meines Erachtens, außerordentlich ergötzlich und es gewährt viel Unterhaltung, ihn kurz und knapp zu verwenden. Ein edler Menschenfreund will der Menschheit mit einem Wahrscheinlichkeitsbeweis in das Unwahrscheinliche hineinverhelfen. Das glückt über alle Maßen; gerührt nimmt er Gratulation und Danksagung entgegen, nicht bloß von den Honoratioren, die den Beweis richtig zu goutieren wissen, sondern auch von dem gemeinen Mann. Ach, und jener edle Menschenfreund hat gerade alles verspielt. Oder: ein Mann hat eine Überzeugung; der Inhalt derselben ist das Ungereimte, das Unwahrscheinliche. Der gute Mann ist zugleich etwas eitel. Nun greift man die Sache folgendermaßen an. So liebenswürdig und freundschaftlich als möglich bringt man ihn dazu, mit seiner Überzeugung herauszurücken; er merkt keinen Unrat und setzt sie scharf auseinander. Sobald er fertig ist, stürzt man sich auf ihn in einer Weise, die seine Eitelkeit möglichst anstachelt. Er wird verlegen, geniert, schämt sich vor sich selbst, „daß er dies Ungereimte annehmen sollte". Anstatt ganz ruhig zu antworten: „Er ist ein Narr, Verehrtester; freilich ist es ungereimt und soll ungereimt, wie es ist, bleiben, allen Einwendungen zum Trotz, die ich selbst weit eindringender durchgedacht habe, als ein andrer sie mir vorzuhalten vermag, ob ich gleich das Unwahrscheinliche wählte"; statt dessen sucht er einen Wahrscheinlichkeitsbeweis zu führen. Nun hilft man ihm nach, man läßt sich überführen und schließt etwa so: „Ja, jetzt sehe ich ein, es ist das Allerwahrscheinlichste." Man umarmt ihn; treibt man den Spaß weit, so küßt man ihn und dankt ihm ob *meliorem informationem*; man schaut ihm zum Abschied noch einmal in seine romantischen Augen und scheidet von ihm als Freund und Bruder für Leben und Tod, wie von einer Seele, die man für eine Ewigkeit verstanden hat. Ein solcher Spaß ist berechtigt; wäre der Betreffende nicht eitel gewesen, so wäre ich dem redlichen Ernst seiner Überzeugung gegenüber als Narr dagestanden. Was Epikur von dem Verhältnis des Einzelnen zum Tode sagt (seine Betrachtung ist zwar ein recht ärmlicher Trostgrund), gilt von dem Verhältnis zwischen Wahrscheinlichkeit und Unwahrscheinlichkeit: bin ich, so ist er (der Tod) nicht, und ist er (der Tod), so bin ich nicht.

Der Vorteil der Konsequenzen scheint darin zu liegen, daß jenes Faktum sich nach und nach *naturalisiert* haben sollte. Ist dies der Fall (d. h. läßt es sich denken), so ist die spätere Generation gegen die gleichzeitige sogar direkt im Vorteil (der Mensch müßte also sehr dumm sein, der von der Konsequenz in diesem Sinne reden und doch von dem Glück phantasieren könnte, mit jenem Faktum gleichzeitig zu sein) und kann sich jenes Faktum höchst ungeniert aneignen, ohne von der Zweideutigkeit der Aufmerksamkeit, aus welcher ebensogut das Ärgernis wie der Glaube hervorgehen kann, etwas zu merken. Jenes Faktum respektiert indessen keine Dressur; es ist zu stolz, sich einen Schüler zu wünschen, der auf den glücklichen Ausgang hin, den die Sache nahm, auch mittun will; es verschmäht, unter der Protektion eines Königs oder eines Professors naturalisiert zu werden; es ist und bleibt das Paradox und läßt sich nicht spekulativ aneignen. Jenes Faktum ist nur für den Glauben. Dieser kann nun wohl in einem Menschen zur *andern Natur* werden; der Mensch aber, dessen andere Natur er wird, muß doch wohl eine *erste* gehabt haben, ehe der Glaube die andre wurde. Soll jenes Faktum *naturalisiert* werden, so läßt sich dies in seiner Beziehung auf das Individuum so ausdrücken, daß das Individuum mit dem Glauben, d. h. mit seiner andern Natur, geboren werden muß. Beginnen wir unsere Entwicklung in dieser Weise, so beginnt zugleich aller mögliche Galimathias zu jubilieren; denn nun ist er freigegeben und nicht mehr zum Stehen zu bringen. Dieser Galimathias muß sich natürlich dadurch einführen, daß man weiter geht; denn in Sokrates' Anschauung war gewiß ein guter Sinn, wenn wir ihn auch verließen, um das früher Projektierte zu entdecken; ein solcher Galimathias aber würde es als schwere Beleidigung empfinden, daß er nicht weit über das Sokratische hinausgekommen sein sollte. Selbst in einer Seelenwanderung ist doch Sinn; daß man aber mit seiner andern Natur geboren werde, einer andern Natur, die sich auf ein in der Zeit gegebenes historisches Faktum zurückbezieht, das ist ein wahrhaftiges *non plus ultra* von Dummheit. Sokratisch verstanden ist das Individuum gewesen, ehe es wurde, und erinnert sich seiner selbst, so daß die Erinnerung die Präexistenz ist (nicht eine Erinnerung an die Präexistenz); die Natur (die *eine*, denn hier ist nicht von einer ersten und andern Natur die Rede) ist in Kontinuität mit sich selbst bestimmt. Hier dagegen ist alles nach vorwärts gerichtet und historisch; mit dem Glauben geboren zu werden ist darum ebenso plausibel, wie daß man vierundzwanzig Jahre alt geboren werde. Sollte man wirklich ein mit dem Glauben geborenes Individuum aufzeigen können, so wäre es ein sehenswürdigeres Monstrum als jenes, das, wie der Barbier in dem „geschäftigen Müßiggänger" (Holbergs) erzählt, in den neuen Buden geboren sein soll, ob es auch dem Barbier und dem Geschäftigen ein allerliebstes kleines Wesen scheinen möchte, der höchste Triumph der Spekulation. Oder wird vielleicht das Individuum mit beiden Naturen auf einmal geboren? Nämlich, wohl zu merken, nicht mit zwei solchen Naturen, daß sie zusammen das allgemeine menschliche Wesen bildeten, sondern mit zwei vollständigen menschlichen Naturen, von denen die eine ein zwischeneingetretenes historisches Faktum voraussetzt! In diesem Fall ist alles verwirrt, was wir in Kap. I projektierten; wir stehen auch nicht bei dem Sokratischen, sondern bei einer Konfusion, die auch Sokrates nicht zu heben vermöchte. Es entsteht eine Verwirrung in der Richtung vorwärts, die sehr viel Gemeinsames mit der hat, welche Apollonius von Tyana in der Richtung rückwärts erfand. Er begnügte sich nämlich nicht wie Sokrates damit, sich seines seinem Werden vorausgehenden Seins zu erinnern (die Ewigkeit und Kontinuität im Bewußtsein ist das Tiefsinnige und der Gedanke in dem Sokratischen), sondern war rasch genug, weiterzugehen und erinnerte sich dessen, wer er gewesen war, bevor er wurde. Wenn jenes Faktum naturalisiert worden ist, so ist die Geburt nicht mehr die *Geburt*, sondern zugleich die *Wiedergeburt*, so daß der, welcher nie gewesen war, wiedergeboren wird, indem er geboren wird. In dem individuellen Leben wird dies so ausgedrückt: das Individuum werde mit dem Glauben geboren; das Geschlecht betreffend muß dasselbe so ausgedrückt werden: das Geschlecht sei nach dem Eintreten jenes Faktums ein ganz andres geworden und trotzdem in Kontinuität mit dem ersten bestimmt. In diesem Fall sollte das Geschlecht einen neuen Namen annehmen; denn der Glaube, wie wir ihn projektiert haben, als eine Geburt innerhalb einer Geburt, als Wiedergeburt, ist wohl nichts Unmenschliches, dagegen würde er ein abenteuerliches Monstrum, wenn es sich so verhielte, wie die vorausgesetzte Einwendung es will.

Der Vorteil der Konsequenz ist auch aus einem andern Grunde ein zweifelhafter, weil sie nämlich nicht eine simple Konsequenz aus jenem Faktum sein kann. Schlagen wir jenen Vorteil so hoch wie überhaupt möglich an, lassen wir durch jenes Faktum die Welt gänzlich umgeschaffen, auch das Unbedeutendste mit seiner Allgegenwart durchdrungen werden – wie ist das dann zugegangen? Es geschah doch nicht mit einem Schlag, sondern sukzessiv. Und wie sukzessiv? Doch wohl so, daß jede einzelne Generation wieder in ein Verhältnis zu jenem Faktum trat! Diese Zwischenbestimmung muß also kontrolliert werden, so daß die ganze Stärke der Konsequenzen nur durch eine Konversion *einer* zugute kommen kann. Oder kann ein Mißverständnis nicht auch Konsequenzen haben? kann eine Unwahrheit nicht auch kräftig sein? Und ging es nicht mit jeder Generation so zu? Wenn nun sämtliche Generationen die ganze Herrlichkeit der Konsequenzen ohne weiteres der letzten anvertrauen wollten, so sind ja die Konsequenzen ein Mißverständnis. Oder ist Venedig nicht aufs Meer gebaut, wenn es auch so überbaut würde, daß eine letzte Generation es gar nicht mehr merkte? und wäre es nicht ein verhängnisvolles Mißverständis, wenn diese letzte Generation in einem Irrtum befangen wäre, bis die Balken zu modern begännen und die Stadt sänke? Die Konsequenzen aber, die auf ein Paradox gebaut sind, die sind ja, menschlich gesprochen, auf den Abgrund gebaut, und der Totalgehalt der Konsequenzen (der dem einzelnen nur so übergeben werden kann, daß man sich mit ihm darüber verständigt, daß er in Kraft eines Paradoxes ins Dasein trat) kann ja nicht wie ein liegendes Gut übernommen werden, da das Ganze schwebend ist.

c) Zusammenfassung

Wir wollen das hier Entwickelte nicht weiter verfolgen, und es vielmehr jedem einzelnen überlassen, daß er sich darin übe, von den verschiedensten Seiten auf den Gedanken zurückzukommen, seine Phantasie zu gebrauchen und die ausgezeichnetsten Fälle relativ verschiedener Situationen herauszufinden, um so die Rechnung richtig zu stellen. So wird die Quantität begrenzt und erhält innerhalb der Grenzen ihren uneingeschränkten Spielraum. Die Quantität ist die Mannigfaltigkeit des Lebens und wirkt beständig ihren bunten Teppich; sie ist gleichsam jene eine Parze, die spann. Nun gilt es aber, daß der Gedanke als die andre Parze rechtzeitig den Faden abschneide, und dies hat zu geschehen (wir lassen das Bild nun fallen), sooft die Quantität die Qualität bilden will.

Die erste Generation sekundärer Schüler hat also den Vorteil, daß die Schwierigkeit da ist; denn soll ich mir eben das Schwierige aneignen, so ist es immer ein Vorteil, eine Erleichterung, wenn es mir schwierig gemacht wird. Betrachtet die letzte Generation die erste, so mag sie bald bemerken, daß diese unter der Gefahr fast zu Boden sinkt; sollte sie nun darauf verfallen zu sagen: „Das ist unbegreiflich, denn das ganze ist ja nicht zu schwer, daß man es nicht hinnehmen und damit fortlaufen könnte", so möchte die andre wohl antworten: „Sei so gut, nur zugelaufen, du solltest aber doch nachsehen, ob das, mit dem du läufst, eben auch das ist, um das es sich handelt; darüber disputieren wir ja nicht, daß ein Wind leicht genug ist, um mit ihm davonzulaufen."

Die letzte Generation hat den Vorteil der Leichtigkeit; sobald sie aber entdeckt, daß diese Leichtigkeit eben die Mißlichkeit ist, welche die Schwierigkeit erzeugt, so wird diese Schwierigkeit der Schwierigkeit des Entsetzens entsprechen, das die erste Generation sekundärer Schüler ängstete und das Entsetzen wird sie ebenso primitiv ergreifen wie diese.

§ 2 Das Problem des Schülers zweiter Hand

Indem wir zur Untersuchung selbst übergehen, wollen wir sofort ein paar Betrachtungen zur Orientierung anstellen. a) Sieht man jenes Faktum als ein simples historisches Faktum an, so ist es etwas wert, es ist ein Vorteil, gleichzeitig zu sein (dies im engeren Sinne verstanden, wie er in Kap. IV angegeben ist), oder dem Ereignis so nah als möglich zu stehen, oder sich der Zuverlässigkeit der Gleichzeitigen versichern zu können usw. Jedes historische Faktum ist nur ein relatives Faktum; darum ist es in der Ordnung, daß die relative Macht, die Zeit, über das relative, durch die Gleichzeitigkeit bedingte Schicksal des Menschen entscheidet. Um mehr handelt es sich nicht, und nur ein kindischer Sinn oder die Dummheit kann diese Entscheidung zur absoluten hinaufschrauben. – b) Ist jenes Faktum ein ewiges Faktum, so steht es jeder Zeit gleich nahe; freilich nicht im Glauben, denn der Glaube und das Historische entsprechen einander durchaus, und ich akkomodiere mich hier an einen weniger korrekten Sprachgebrauch, wenn ich das vom Historischen hergenommene Wort „Faktum" anwende. – c) Ist jenes Faktum ein absolutes Faktum, oder, noch bestimmter, ist es eben dasjenige, das wir beschrieben haben, so ist es ein Widerspruch, daß die Zeit in dem Verhältnis der Menschen einen, entscheidenden, Unterschied begründen sollte. Was die Zeit wesentlich scheiden und teilen kann, ist *eo ipso* nicht das Absolute; sonst müßte das Absolute selbst ein *casus* im Leben sein, ein Status im Verhältnis zu anderem, während es doch beständig dasselbe ist, obschon in allen *casus* des Lebens deklinierbar, und beständig ein *status absolutus*, obwohl in stetem Verhältnis zu anderem. Das absolute Faktum ist aber zugleich historisch. Achten wir nicht hierauf, so ist alles, was wir hypothetisch bestimmt haben, aufgehoben, da wir dann nur von einem ewigen Faktum reden. Das absolute Faktum ist ein historisches Faktum und als solches Gegenstand des Glaubens. Es muß also das Historische an ihm wohl akzentuiert werden. Das Historische darf allerdings für die Individuen nicht absolut entscheidend werden (so stehen wir bei *a*, ob auch durch einen Widerspruch; denn ein historisches Faktum ist kein absolutes Faktum und besitzt nicht die Macht zu einer absoluten Entscheidung); das Historische darf aber auch nicht fortgenommen werden, da wir sonst nur ein ewiges Faktum haben. – Wie nun das Historische für den Gleichzeitigen Veranlassung wird, Schüler zu werden (dadurch nämlich, daß er von Gott selbst die Bedingung empfängt, da wir sonst nur sokratisch reden), so wird der Bericht der Zeitgenossen für jeden Späteren Veranlassung, Schüler zu werden, dadurch nämlich, daß er von Gott selbst die Bedingung empfängt.

Nun beginnen wir. Von Gott selbst nimmt die Bedingung hin, wer durch sie Schüler wird. Verhält sich dies so (und dies haben wir ja früher entwickelt, wo nachgewiesen wurde, daß die unmittelbare Gleichzeitigkeit nur die Veranlassung sei, und zwar erst nicht eine solche Veranlassung, daß die Bedingung nun ohne weiteres in dem Veranlaßten läge) – wo bleibt da noch Raum für jene Frage nach dem Schüler zweiter Hand? Denn wer von Gott selbst hat, was er hat, empfing es doch offenbar aus erster Hand, und wer es nicht von Gott selbst hat, ist nicht Schüler.

Wir wollen annehmen, daß es sich anders verhalte, daß die gleichzeitige Generation von Schülern von Gott selbst die Bedingung entgegengenommen hätte, die späteren Generationen aber von diesen Zeitgenossen dieselbe empfangen sollten, was würde daraus folgen? Wir wollen die Aufmerksamkeit nicht dadurch zerstreuen, daß wir an die historische Pedanterie denken, mit der man vermutlich in einem neuen Widerspruch und zu neuer Verwirrung (läßt man sich einmal darauf ein, so wird der Wirrwarr unergründlich) dem Berichte der Zeitgenossen nachspüren wird, als käme es hierauf an. Nein, soll der Gleichzeitige dem Späteren die Bedingung mitgeben, so glaubt dieser schließlich an jenen. Von dem Zeitgenossen nimmt er die Bedingung entgegen, dadurch wird jener Gegenstand des Glaubens für den Späteren; denn derjenige, von dem der Einzelne die Bedingung empfängt, er eben ist *eo ipso* (vgl. das Vorhergehende) Gegenstand des Glaubens und Gott.

Eine solche Sinnlosigkeit wird doch hinreichen, den Gedanken von dieser Annahme zurückzuschrecken. Empfängt dagegen auch der Spätere die Bedingung von Gott, so wird das Sokratische wieder zurückkehren, nur innerhalb der totalen Verschiedenheit, welche in jenem Faktum und dem Verhältnis des Einzelnen (des Gleichzeitigen und des Späteren) zu Gott gesetzt ist. Jene Sinnlosigkeit dagegen läßt sich in einem andern Sinne nicht denken, als wenn wir von jenem Faktum und dem Verhältnis des Einzelnen zu Gott sagen, es lasse sich nicht denken. Unsere diesbezügliche hypothetische Annahme enthält keinen Selbstwiderspruch; der Gedanke kann sich mit ihr beschäftigen als mit dem Seltsamsten, das es geben kann. Jene sinnlose Konsequenz dagegen enthält einen Selbstwiderspruch; sie begnügt sich nicht, eine Ungereimtheit (unsere hypothetische Annahme) zu statuieren, sondern fördert innerhalb derselben einen Selbstwiderspruch zutage: daß Gott für den Gleichzeitigen Gott ist, der Gleichzeitige aber wieder Gott für den Dritten. Unser Projekt ging nur darin über Sokrates hinaus, daß wir Gott in ein Verhältnis zum Einzelnen stellten; wer dürfte aber Sokrates mit solchem Geschwätz kommen, daß ein Mensch in seinem Verhältnis zu einem andern Menschen ein Gott wäre? Nein! Wie der eine Mensch sich zum andern verhält, das verstand Sokrates mit einem Heldenmut, den nur ein unerschrockener Sinn verstehen kann. Und doch gilt es, sich innerhalb der jetzt angenommenen Formation dasselbe Verständnis zu erwerben: daß der eine Mensch, sofern er Glaubender ist, keinem andern etwas schuldet, sondern Gott alles. Daß dieses Verständnis nicht leicht, insbesondere nicht leicht beständig zu bewahren ist (es ein für allemal zu verstehen, ohne die konkreten Einwendungen durchzudenken, d. h. sich selbst einzubilden, daß man es verstanden habe, ist natürlich nicht schwer), das ist wohl ohne Mühe einzusehen. Wer sich selbst in demselben einexerzieren will, mag sich oft genug auf einem Mißverständnis ertappen, und will er sich mit andern einlassen, so darf er wohl aufmerken. Hat man dies aber verstanden, so wird man auch verstehen, daß es keinen Schüler zweiter Hand gibt, und daß von einem solchen nicht die Rede sein kann; denn der Glaubende (und nur er ist ja der Schüler) hat beständig des Glaubens *Autopsie*; er sieht nicht mit den Augen eines andern, er sieht nur dasselbe, was jeder Glaubende sieht, mit den Augen des Glaubens.

Was kann also der Gleichzeitige für den Späteren tun? a) Er kann dem Späteren erzählen, daß er selbst jenes Faktum geglaubt hat, was eigentlich gar keine Mitteilung ist (dies ist darin ausgedrückt, daß es keine unmittelbare Gleichzeitigkeit gibt und daß jenes Faktum auf einem Widerspruch basiert ist), sondern nur eine Veranlassung. Sage ich nämlich: „Dies oder das ist geschehen", so erzähle ich historisch; sage ich aber: „Ich glaube und habe geglaubt, daß dies geschehen ist, *obschon es dem Verstand eine Torheit und dem menschlichen Herzen ein Ärgernis ist*", so habe ich im selben Augenblick genau alles getan, um jeden andern zu verhindern, sich in unmittelbarer Kontinuität mit mir zu bestimmen; ich habe mir alle Kompagnieschaft verbeten, da sich nun jeder Einzelne akkurat auf dieselbe Weise benehmen muß, – b) Er kann in dieser Form den Inhalt des Faktums erzählen, aber dieser Inhalt ist doch nur für den Glauben, ganz im selben Sinne, wie die Farben nur für das Gesicht, Töne nur für das Gehör da sind. In dieser Form kann er es tun; in jeder andern Form spricht er nur in den Wind und verleitet vielleicht den Späteren, sich in Kontinuität mit dem Geschwätz zu bestimmen.

In welchem Sinne kann die Glaubwürdigkeit des Gleichzeitigen den Späteren interessieren? Nicht in Beziehung darauf, ob er wirklich den Glauben gehabt hat, so, wie er dies von sich selbst bezeugt hat. Dies berührt den Späteren gar nicht; es bringt ihm keinen Gewinn, es bringt ihn dem, daß er selbst den Glauben erhält, weder näher noch ferner. Nur der, welcher selbst die Bedingung von Gott empfängt (was durchaus der Forderung an den Menschen entspricht, daß er seinen Verstand aufgebe, und andrerseits auch die einzige Autorität ist, die dem Glauben entspricht), nur der glaubt. Will er glauben (d. h. sich einbilden, daß er glaube), weil manche rechtschaffene Leute hinter dem Walde geglaubt haben (d. h. gesagt haben, daß sie Glauben hätten; denn weiter kann ein Mensch den andern nicht kontrollieren; selbst wenn jener andre für den Glauben alles ertrug, wagte, erlitt: wer außerhalb steht, kann nicht weiter kommen, als dazu, daß er den andern etwas von sich sagen hört, da die Unwahrheit genau ebensoweit gehen kann, wie die Wahrheit, für menschliche Augen nämlich, nicht für die Gottes), so ist er ein Narr, und es ist, wesentlich gesehen, zufällig, ob er in Kraft seiner Meinung und einer vielleicht weit verbreiteten Opinion von gewisser rechtschaffener Leute Glauben glaubt oder ob er einem Münchhausen glaubt. Soll die Zuverlässigkeit des Gleichzeitigen ihn interessieren (Und davon darf man ja leider fest überzeugt sein, daß dies eine Sache ist, die ungeheure Sensation macht und Folianten ins Dasein ruft; denn dieser betrügerische Schein von Ernst, daß man untersucht, ob dieser oder jener glaubwürdig ist, anstatt zu untersuchen, ob man selbst den Glauben hat, ist ja eine vortreffliche Verkleidung für eine ärmliche Sinnesart und europäischen Stadtklatsch), so kann dies nur mit Rücksicht auf das Historische stattfinden. Auf welches Historische? Auf das Historische, das allein Gegenstand für den Glaubenden werden, das der eine dem andern nicht mitteilen kann? D. h. das der eine dem andern wohl mitteilen kann, nur nicht so, daß der andre es glaubt? Denn wenn er es in der Form des Glaubens mitteilt, so tut er eben damit sein Möglichstes, zu verhindern, daß der andre es unmittelbar hinnehme. Wäre das Faktum, von dem wir sprechen, ein simples historisches Faktum, so wäre die Genauigkeit des Geschichtsschreibers von großer Wichtigkeit. Hier ist dies nicht der Fall; denn den Glauben kann man auch aus dem allerfeinsten Detail nicht herausdestillieren. Das Historische, daß Gott in menschlicher Gestalt Dasein gehabt hat, ist die Hauptsache; das übrige historische Detail hat auch nicht die Wichtigkeit, die es hätte, wenn von einem Menschen statt von Gott die Rede wäre.

Die Juristen sagen, daß ein Kapitalverbrechen alle kleineren Verbrechen in sich aufsaugt – so ist es mit dem Glauben; seine Absurdität saugt all das Kleinliche in sich auf. Differenzen, die sonst störend wirken, stören hier nicht und tun nichts zur Sache. Dagegen tut es sehr viel zur Sache, ob einer durch kleinliches Kalkulieren den Glauben an den Meistbietenden versteigern will; dies macht so viel zur Sache, daß er gar nie zum Glauben kommt. Hätte die gleichzeitige Generation nichts hinterlassen als die Worte: „Wir haben geglaubt, daß *anno* soundsoviel Gott sich in geringer Knechtsgestalt gezeigt, unter uns gelebt und gelehrt hat und darauf gestorben ist" – das wäre mehr als genug. Das gleichzeitige Geschlecht hat das Nötige getan; denn dieses kleine Avertissement, dies welthistorische NB [Notabene] reicht hin, für den Späteren Veranlassung zu werden; und der weitläufigste Bericht kann ja in alle Ewigkeit für den Späteren nicht mehr werden.

Will man dem Verhältnis des Späteren zu dem Gleichzeitigen einen möglichst kurzen Ausdruck geben, ohne doch über der Kürze die Richtigkeit fahren zu lassen, so kann man sagen: der Spätere glaubt *vermittels* der (Veranlassung durch die) Nachricht des Gleichzeitigen in Kraft der Bedingung, die er selbst von Gott in Empfang nimmt. – Der Bericht des Gleichzeitigen ist für den Späteren die Veranlassung, wie die unmittelbare Gleichzeitigkeit dies für den Gleichzeitigen ist; und ist der Bericht, was er sein soll (der Bericht des Glaubenden), so wird er dieselbe Zweideutigkeit der Aufmerksamkeit herbeiführen, wie der Gleichzeitige, veranlaßt durch die unmittelbare Gleichzeitigkeit, sie selbst durchlebt hat. Ist der Bericht nicht derart, so ist er *entweder* von einem Historiker und handelt eigentlich nicht von dem Gegenstand des Glaubens (wie wenn ein zeitgenössischer Geschichtsschreiber, der nicht Glaubender war, das eine und andre erzählt), *oder* er ist von einem Philosophen und handelt wieder nicht von dem Gegenstand des Glaubens. Der Glaubende hingegen reicht die Nachricht gerade so dar, daß keiner sie unmittelbar hinnehmen kann; denn das Wort „ich glaube es" (zum Trotz für den Verstand und meine eigene Inventionsgabe) hat ein sehr bedenkliches Aber.

Es gibt keinen Schüler zweiter Hand. Wesentlich gesehen ist der erste und der letzte gleich; nur daß die spätere Generation in dem Berichte der gleichzeitigen die Veranlassung findet, während die gleichzeitige diese in ihrer unmittelbaren Gleichzeitigkeit hat und insofern keiner Generation etwas schuldet. Diese unmittelbare Gleichzeitigkeit ist aber bloß Veranlassung, und dies findet seinen stärksten Ausdruck darin, daß der Schüler, wenn er sich selbst verstünde, geradezu wünschen müßte, sie möchte damit ihr Ende finden, daß Gott die Erde wieder verließe.

Doch sagt vielleicht einer: „Das ist wirklich sonderbar; nun habe ich zu guter Letzt deine Entwicklung doch nicht ohne ein gewisses Interesse gelesen und mich darüber gefreut, daß es kein Stichwort darin gab, keine unleserliche Schrift. Doch, ob du dich auch wendest und drehst, dein Projekt kann seinen Ursprung nicht verleugnen. Immer läßt du ein kleines Wort einfließen, das dir nicht zugehört und das durch die Erinnerung, die es erweckt, stört. Dieser Gedanke, es sei dem Schüler besser, daß Gott wieder fortgehe, steht im Neuen Testament, im Evangelium Johannis. Doch, magst du dies mit Absicht getan haben oder nicht, hast du jener Bemerkung durch die Form, in die du sie einkleidetest, eine besondere Wirkung geben wollen oder nicht: nach der Wendung, die die Sache jetzt genommen hat, scheint der Vorzug des Gleichzeitigen, den ich zuerst sehr hoch anzuschlagen geneigt war, bedeutend reduziert zu sein, da es ja eine Frage nach einem Schüler zweiter Hand gar nicht gibt, was auf gut deutsch eben heißt, im Grunde seien alle gleich. Aber nicht nur dies; durch deine letzte Äußerung tritt besagter Vorzug der unmittelbaren Gleichzeitigkeit in ein so zweifelhaftes Licht, daß das höchste, was sich von ihr sagen läßt, das ist, es sei gut, daß sie aufhöre. Dies will ja heißen, daß sie ein intermediärer Zustand ist, der wohl seine Bedeutung hat, der nicht ausgelassen werden kann, ohne daß man, wie du sagen würdest, zu dem Sokratischen zurückkehrte, der aber doch für den Gleichzeitigen keine absolute Bedeutung hat. Für diesen Fall müßte dieser ja durch das Aufhören dieses Zustandes eines Wesentlichen beraubt werden, während er doch dadurch gewinnt, ob er schon alles verlöre und wieder zu dem Sokratischen zurückkehrte, wenn dieser Zustand nie gewesen wäre." – „Wohl gesprochen", würde ich sagen, wenn mir's die Bescheidenheit nicht verböte; „du sprichst ja, als wäre ich es selbst. Ja, so ist es; die unmittelbare Gleichzeitigkeit ist keineswegs ein entscheidender Vorzug, wenn man sie durchdenkt, nicht neugierig ist, nicht gar so große Eile hat, nicht lüstern ist und in seiner Lüsternheit nicht schon auf dem Sprunge steht, sofort wie jener Barbier in Griechenland sein Leben daran zu setzen, damit man zuerst die merkwürdige Kunde erzähle; wenn man nicht töricht genug ist, einen solchen Tod für ein Martyrium zu halten. Die unmittelbare Gleichzeitigkeit ist so wenig ein Vorzug, daß der Gleichzeitige eben ihr Ende herbeiwünschen muß, damit er nicht dazu versucht werde, hinzulaufen und mit seinen sinnlichen Augen sehen, mit seinen irdischen Ohren hören zu wollen, was alles verlorene Liebesmühe ist, und zwar eine klägliche, ja eine gefährliche Bemühung. Doch (du hast das wohl selbst bemerkt), dies gehört eigentlich in eine andre Betrachtung, worin die Frage erörtert würde, welchen Vorteil der glaubende Zeitgenosse von seiner Gleichzeitigkeit haben könnte, nachdem er Glaubender geworden ist. Hier sprechen wir hingegen nur davon, inwiefern die unmittelbare Gleichzeitigkeit es einem leichter macht, ein Glaubender zu werden. Der Spätere kann nicht so versucht werden, denn er hat nur den Bericht des Zeitgenossen, und dieser ist, sofern er Bericht ist, in der prohibitiven Form des Glaubens. Wenn also der Spätere sich selbst versteht, so muß er wünschen, daß der Bericht des Zeitgenossen nicht zu weitläufig sei, und vor allem, daß er nicht in so vielen Büchern abgefaßt sei, und vor allem, daß er nicht in so vielen Büchern abgefaßt sei, daß man die Erde damit füllen könnte. In der unmittelbaren Gleichzeitigkeit ist eine Unruhe, die erst endet, wenn es heißt ‚Es ist vollbracht' ohne daß doch die Ruhe das Historische wieder fortscheuchen sollte; denn sonst ist alles sokratisch." – „Auf diese Weise ist ja die Gleichheit zuwege gebracht und die streitenden Parteien sind ausgeglichen." – „Das ist auch meine Ansicht; doch mußt du zugleich bedenken, daß Gott selbst es ist, der die Übereinkunft zuwege brachte. Sollte er wohl eine solche Übereinkunft mit einigen Menschen treffen, daß deren Übereinkunft mit ihm eine himmelschreiende Verschiedenheit von allen andern herbeiführen würde? Das hieße ja Streit erregen. Sollte Gott die Macht der Zeit entscheiden lassen, wen er begünstigen wollte? Oder sollte es nicht Gottes würdig sein, die Übereinkunft mit ihm allen Menschen zu jeder Zeit und an jedem Ort gleich schwierig zu machen? Gleich schwierig, da ja kein Mensch sich selbst die Bedingung zu geben vermag, aber auch nicht (was neuen Zank erregen würde) sie von einem andern Menschen in Empfang nehmen soll; gleich schwierig also, aber auch gleich leicht, sofern Gott sie ja gibt. Sieh, deshalb betrachtete ich beim Beginn mein Vorhaben (natürlich nur, soweit eine Hypothese so betrachtet werden kann) als ein göttliches Vorhaben und betrachte es noch so, ohne doch darum gegen einen menschlichen Einspruch gleichgültig zu sein; im Gegenteil, ich bitte dich noch einmal, wenn du einen gesetzlichen Einspruch übrig hast, so tritt mit ihm hervor." – „Wie feierlich du plötzlich wirst! Auch wenn die Sache es nicht erforderte, sollte man ja allein der Feierlichkeit wegen sich dazu entschließen, einen Einspruch zu erheben, außer etwa, es wäre noch feierlicher, dies zu unterlassen, und deine feierliche Aufforderung hätte nur die Absicht, indirekt Schweigen aufzuerlegen. Damit zum mindesten die Beschaffenheit meiner Einrede die Feierlichkeit nicht störe, will ich meine Einwendung von der Feierlichkeit und Festlichkeit hernehmen, durch die, wie mir scheint, eine spätere Generation sich vor der gleichzeitigen auszeichnen wird. Denn dies sehe ich wohl, daß die gleichzeitige Generation den Schmerz, der in dem Werden eines solchen Paradoxes oder, wie du es ausgedrückt hast, in der Einpflanzung Gottes in das Menschenleben liegt, recht tief vernehmen und durchleiden muß; mit der Zeit aber muß doch jene neue Ordnung der Dinge siegreich durchdringen, und so wird endlich die glückliche Generation kommen, die mit freudigen Gesängen die Frucht der Saat einernten wird, welche einst zuerst unter Tränen ausgesät wurde. Diese triumphierende Generation aber, die mit Sang und Klang durchs Leben geht, sie ist doch wohl von der ersten und von den früheren verschieden?" – „Ja, unleugbar ist sie verschieden, vielleicht so verschieden, daß sie auch nicht mehr die Gleichheit zurückbehält, welche die Bedingung dafür ist, daß wir von ihr sprechen, daß ihre Verschiedenheit mein Streben, die Gleichheit herzustellen, in Unruhe bringen sollte. Wäre aber eine solche triumphierende Generation, die mit Sang und Klang durchs Leben zieht, wie du sagst, indem du mich, wenn mich mein Gedächtnis nicht täuscht, an die burschikose Übersetzung einer Bibelstelle durch ein nicht unbekanntes Genie[1] erinnerst – wäre die wohl wirklich glaubend?

[1] [Grundtvigs Übersetzung von Eph. 5, 19.]

Wahrhaftig, sollte der Glaube einmal den Einfall bekommen, *en masse* im Triumph auszurücken, so brauchte man keinem zu erlauben, Spottlieder zu singen, denn es hülfe nichts, wenn man es allen verböte. Und ob die Menschen verstummten, so würde man doch ein gellendes Gelächter über diesen wahnwitzigen Aufzug hören, jenen spottenden Naturtönen auf Ceylon ähnlich; denn der Glaube, welcher triumphiert, ist der Triumph der Lächerlichkeit. Wenn die gleichzeitige Generation Glaubender keine Zeit zum Triumphieren fand, so gibt es eine solche für keine Generation; denn die Aufgabe ist dieselbe und der Glaube jederzeit streitend. Solange aber noch Streit in Aussicht ist, hat man mit der Möglichkeit einer Niederlage zu rechnen, und man triumphiere daher mit seinem Glauben nie vor der Zeit, d. h. nie in der Zeit. Wo fände man auch wohl Zeit, Triumphgesänge zu dichten, wo Gelegenheit, sie zu singen! Geschieht dies doch, so ist es ja, als wollte eine Armee, die zum Ausmarsch aufgestellt ist, statt ins Feld triumphierend, wieder heim, in die Stadtkaserne ziehen! Wenn darüber auch kein Mensch lachte, wenn auch die ganze zeitgenössische Generation mit diesem Abrakadabra sympathisierte: würde nicht die objektive Ironie in der Situation sich offenbaren, wo man es am wenigsten erwartete? Was diese sogenannten Gläubigen hiermit tun würden, wäre ja auch noch schlimmer, als wenn der Gleichzeitige vergebens von Gott erbitten wollte, er möge sich nicht der Niedrigkeit und Verachtung aussetzen (Kap. II); denn der spätere sogenannte Glaubende wollte sich auch selbst nicht mit Niedrigkeit und Verachtung, mit der streitenden Torheit begnügen; er wäre wohl willig zu glauben, wenn dies mit Sang und Klang vor sich ginge. Zu einem solchen sollte, ja könnte Gott auch wohl nicht sagen, wie er zu jenem Gleichzeitigen sagte: ‚So liebst du also nur den Allmächtigen, der Mirakel tut, nicht den, der sich selbst zur Gleichheit mit dir erniedrigte!' Und hier will ich abbrechen. Selbst wenn ich ein besserer Dialektiker wäre, als ich es bin, hätte ich doch eine Grenze; und im Grunde ist es eben das unerschütterliche Festhalten an dem Absoluten und den absoluten Distinktionen, das zu einem guten Dialektiker macht. In unserer Zeit hat man das ganz übersehen, dadurch und darin, daß man das Kontradiktionsprinzip aufgegeben hat, ohne einzusehen, was doch schon Aristoteles eingesehen hat, daß die Aufhebung des Kontradiktionsprinzips auf das Kontradiktionsprinzip basiert ist, da sonst der entgegengesetzte Satz, es sei nicht aufgehoben, ebenso wahr ist. Nur eine Bemerkung will ich noch mit Beziehung auf deine verschiedenen Anspielungen machen, die alle darauf hinzielten, daß ich in meine Rede entlehnte Äußerungen einfließen lasse. Daß dies der Fall ist leugne ich nicht, ich will auch nicht leugnen, daß das mit Absicht geschah und daß ich im nächsten Abschnitte dieser *pièce*, wenn ich je dazu kommen sollte, einen solchen zu schreiben, im Sinn habe, das Kind beim Namen zu nennen und das Problem in historischem Kostüme vorzuführen. Wenn ich je einen nächsten Abschnitt schreibe denn ein Piecen-Verfasser wie ich hat keinen Ernst, wie du leicht von mir hören kannst; wie sollte ich nun zum Schlusse Ernst heucheln wollen, um den Menschen zu gefallen und vielleicht gute Karriere zu machen? Eine *pièce* zu schreiben, ist nämlich Leichtsinn; das System zu geloben, ist hingegen Ernst; und dies hat manchen Mann in seinen eigenen und anderer Augen zu einem höchst ernsthaften Mann gemacht. Doch, in welchem historischen Kostüm der nächste Abschnitt das Problem vorführen wird, ist leicht einzusehen; wie bekannt ist nämlich das Christentum das einzige historische Phänomen, das ungeachtet des Historischen, ja eben durch das Historische dem Einzelnen Ausgangspunkt für sein ewiges Bewußtsein hat sein wollen, das ihn anders als bloß historisch hat interessieren wollen, das ihm seine Seligkeit auf sein Verhältnis zu etwas Historischem hat begründen wollen. Keine Philosophie (denn die ist nur für den Gedanken da), keine Mythologie (denn die ist nur für die Phantasie), kein historisches Wissen (dies ist nur für das Gedächtnis) hat diesen Einfall gehabt, von dem man in diesem Zusammenhang mit aller Zweideutigkeit sagen kann, daß er nicht in eines Menschen Herzen entstand. Dies wünschte ich indessen bis zu einem gewissen Grade zu vergessen; ich benutzte die Form einer Hypothese, die uneingeschränkte Freiheit gewährt, und nahm an, das Ganze sei ein schnurriger Einfall von mir, den ich doch nicht aufgeben wolle, bevor ich ihn durchgedacht habe. Die Mönche wurden nie damit fertig, die Weltgeschichte zu erzählen, weil sie stets mit der Erschaffung der Welt begannen; soll man bei der Besprechung des Verhältnisses zwischen Christentum und Philosophie zuerst damit beginnen, zu erzählen, was früher darüber gesagt wurde, wie sollte man da; nicht fertig werden, nein, zum Anfangen kommen? Denn die Geschichte ist ja immer im Wachsen begriffen! Will man mit ‚jenem großen Denker und Weisen, dem *executor novi testamenti*, Pontius Pilatus' beginnen, der ja auf seine Weise verschiedene Verdienste um Christentum und Philosophie hatte, wenn er auch nicht die Mediation erfand; und soll man, bevor man mit ihm beginnt, noch das eine oder andre endgültig entscheidende Werk (vielleicht das System) abwarten, das schon einige Male *ex cathedra* aufgeboten worden ist, wie sollte man da zum Anfangen kommen?"

Moral

Dieses Projekt geht ohne Frage weiter als das Sokratische; das erweist sich auf jedem Punkte. Ob es darum richtiger ist als das Sokratische, ist eine ganz andre Frage, die sich nicht im selben Atemzuge abmachen läßt, da hier ja ein neues Organ angenommen wurde: der Glaube, und eine neue Voraussetzung: das Bewußtsein der Sünde; eine neue Entscheidung: der Augenblick, und ein neuer Lehrer: Gott in der Zeit, ohne die ich wahrhaftig nicht hätte wagen dürfen, mich vor jenem Jahrtausende lang bewunderten Ironiker zur Visitation zu stellen, vor ihm, dem ich mich trotz einem mit dem Herzklopfen der Begeisterung nahe. Will man aber weiter gehen als Sokrates und doch wesentlich dasselbe sagen wie er, nur durchaus nicht so gut, so ist das zum mindesten nicht sokratisch.

ABSCHLIESSENDE UNWISSEN-SCHAFTLICHE NACHSCHRIFT
zu den philosophischen Brocken

Mimisch-pathethisch-dialektische Zusammenschrift, existentielle Einsprache von Johannes Climacus

Herausgegeben von S. Kierkegaard

Kopenhagen 1846
Übersetzt von H. Gottsched

*Ἀλλὰ δη γ᾽, ω Σωκρατες, τι οιει ταυτ᾽
ειναι ξυναπαντα; κνισματα τοι εστι
και περιτμηματα των λογων, ὁπερ
αρτι ελεγον, κατα βραχυ διῃρημενα*

HIPPIAS MAJOR § 304 A

Nachfolgender Übersetzung liegt die sorgfältig mit dem Manuskript Kierkegaards verglichene sogenannte Volksausgabe der Kierkegaardschen Schriften zugrunde. Auch die Übersetzung suchte kein Wort des Originals zu übergehen, sondern jeden Gedanken unverändert, und doch deutsch, wiederzugeben. Das in eckigen Klammern stehende ist Anmerkung des Übersetzers.

H. G.

Vorwort

Selten ist wohl eine literarische Arbeit so nach Wunsch vom Geschick begünstigt worden wie meine *philosophischen Brocken*. Eins darf ich ohne jeden Zweifel wahrheitsgemäß vom Geschick der kleinen Schrift sagen: sie hat kein Aufsehen gemacht, gar keins. Ungestört ist der nach dem Motto („besser gut gehängt, als schlecht verheiratet") gehängte, ja gut gehängte Verfasser hängen geblieben; niemand hat ihn, nicht einmal zum Scherz im Spiel, gefragt, für wen er da eigentlich hänge. Aber so war es ja zu wünschen: besser gut gehängt, als durch eine unglückliche Heirat in systematische Schwagerschaft mit aller Welt gebracht. Im Vertrauen auf die Beschaffenheit der Schrift hoffte ich, dies werde geschehen, aber in Anbetracht der bewegten Gärung der Zeit, in Anbetracht der unablässigen Verheißung der Prophetie und Vision und Spekulation fürchtete ich meinen Wunsch durch einen Irrtum gestört zu sehen. Wenn man auch ein noch so unbedeutender Reisender ist, so ist es immer mißlich, in einer Stadt zu einer Zeit anzukommen, wo alle in der gespanntesten, aber doch verschiedenartigsten Erwartung sind. Die einen stehen neben den aufgefahrenen Kanonen mit brennenden Lunten. Andere haben Feuerwerk und Transparente vorbereitet. Das Rathaus ist festlich geschmückt, eine Deputation gestiefelt und gespornt. Die Redner stehen bereit. Manche sehen in systematischem Bedürfnis mit eingetauchter Feder und aufgeschlagenem Nachschreibeheft der Ankunft des Verheißenen und inkognito Erwarteten entgegen. Ein Irrtum ist immer möglich. Literarische Irrtümer der Art gehören zur Tagesordnung.

Gepriesen sei darum das Schicksal, daß dies nicht geschah. Ohne alles Aufsehen, ohne Blut- oder Tintenvergießen ist die Schrift unbeachtet geblieben, nicht angezeigt, nirgends genannt. Kein literarisches Sturmläuten hat die Aufregung über sie vergrößert, kein wissenschaftlicher Tumult hat die erwartende Schar irregeführt, kein Ruf vom Außenposten hat die Bürgerschaft der lesenden Welt ihretwegen auf die Beine gebracht. Da das Unternehmen ohne alle Hexerei vor sich ging, hat es das Schicksal auch vor allem blinden Lärm bewahrt.[1] Infolgedessen befindet sich der Verfasser zugleich in der glücklichen Lage, als Verfasser niemand etwas schuldig zu sein. Ich meine Rezensenten, Anzeigern, Vermittlern, Taxationsraten usw., die in der literarischen Welt den Schneidern in der bürgerlichen gleichen, wo sie „Menschen schaffen": sie geben dem Verfasser Fasson, stellen den Leser auf den richtigen Standpunkt; mit ihrer Hilfe und Kunst wird ein Buch zu etwas. Aber dann geht es einem mit diesen Wohltätern auch wieder wie nach Baggesens Worten[1] mit den Schneidern: „Sie bringen die Leute mit ihren Rechnungen für ihre Schöpfung wieder um". Man schuldet ihnen zu guter Letzt alles, ohne einmal durch ein neues Buch diese Schuld abzahlen zu können,

---

1 Vgl. Holbergs Lustspiel: Hexerei oder blinder Alarm.

denn die Bedeutung des neuen Buches, falls es eine bekommt, schuldet man wieder der Kunst und Hilfe dieser Wohltäter.

Von jener Gunst des Schicksals ermuntert, gedenke ich also nun fortzufahren. Durch nichts geniert, durch keine Forderung der Zeit zur Eile getrieben, ganz meinem innern Triebe folgend, fahre ich fort die Gedanken gleichsam zu kneten, bis der Teig nach meiner Ansicht gut wird. Aristoteles sagt irgendwo, daß man jetzt die lächerliche Regel für eine Erzählung aufstelle, daß sie schnell verlaufen solle, und fügt hinzu: „Darauf paßt die Antwort, die jemand erhielt, der Teig knetete und fragte, ob er einen harten oder einen weichen Teig machen solle; die Antwort: ist es denn nicht möglich, einen guten zu machen?"

Das einzige, was ich fürchte, ist Sensation, besonders anerkennende. Obgleich die Zeit freisinnig, liberal und spekulativ ist, obgleich die heiligen Forderungen des persönlichen Rechtes von manchem werten, mit Zuruf begrüßten Wortführer verteidigt werden, scheint man mir doch die Sache nicht dialektisch genug aufzufassen, denn sonst würde man kaum die Anstrengungen der Auserwählten mit lärmendem Jubel, neun Hurra um Mitternacht, mit Fackelzug und anderen störenden Eingriffen in das persönliche Recht belohnen. Ein jeder mag billigerweise in erlaubten Dingen die Freiheit haben, zu tun, was ihm beliebt. Ein wirklicher Eingriff geschieht erst, wenn das, was der eine tut, den andern dazu verpflichten will, etwas zu tun. Jede Äußerung von Mißfallen ist daher erlaubt, weil sie nicht verpflichtend in das Leben eines anderen eingreift. Bringt also die Volksmenge einem Mann ein Pereat, so ist das gar kein Eingriff in seine Freiheit. Er wird dadurch nicht aufgefordert, etwas zu tun, es wird von ihm nichts verlangt, er kann ungestört in einer Stube sitzen bleiben, seine Zigarre rauchen, sich mit einen Gedanken beschäftigen, mit seiner Geliebten scherzen, sich's in seinem Schlafrock bequem machen, süß bis in den Morgen hinein schlafen, ja er kann sogar ausgehen und wegbleiben, denn seine persönliche Gegenwart ist ganz und gar nicht nötig. Anders steht's bei einem Fackelzug. Ist der Gefeierte auswärts, so muß er sogleich nach Hause kommen, hat er sich soeben eine wohlschmeckende Zigarre angezündet, muß er sie sogleich beiseitelegen, ist er zu Bett gegangen, muß er sogleich aufstehen, bekommt kaum Zeit sich die Hosen anzuziehen und muß dann ohne Kopfbedeckung hinaus unter freien Himmel, um eine Rede zu halten.

Was nun für die hervorragenden Persönlichkeiten in bezug auf jene Äußerungen der Volksmenge gilt, das gilt in gleicher Weise in kleineren Verhältnissen auch für uns kleinen Leute. Ein literarischer Angriff ist z. B. kein Eingriff in die persönliche Freiheit eines Schriftstellers. Denn warum soll nicht jeder das Recht haben, seine Meinung zu äußern. Der Angegriffene kann ja trotzdem ungestört bei seiner Arbeit bleiben, seine Pfeife stopfen, den Angriff ungelesen liegen lassen usw. Eine Anerkennung ist dagegen mißlicher. Eine Kritik, die uns aus der Literatur hinausweist, ist kein Eingriff, aber eine Kritik, die uns einen Platz in der Literatur anweist, ist bedenklich. Ein Vorübergehender, der über uns lacht, verpflichtet uns gar nicht dazu, etwas zu tun, im Gegenteil bleibt er uns etwas schuldig: daß wir ihm Gelegenheit zum Lachen gaben. Jeder treibt das Seine ohne störende oder verpflichtende Gegenseitigkeit. Ein Vorübergehender, der trotzig auf uns sieht und mit seinem Blick andeutet, daß er uns nicht wertachte, den Hut vor uns abzunehmen, verpflichtet uns gar nicht dazu, etwas zu tun, im Gegenteil befreit er uns davon, etwas zu tun, von der Mühe, den Hut abzunehmen. Einen Bewunderer dagegen wird man nicht so leicht los. Seine zarten Verbindlichkeiten werden leicht ebenso viele Auflagen für den armen Bewunderten, der, ehe er ein Wort davon weiß, sein lebelang in schweren Steuern und Abgaben steckt, selbst wenn er der Unabhängigste von allen wäre. Entlehnt ein Schriftsteller eine Idee von einem anderen Schriftsteller, ohne ihn zu nennen, und macht er aus dem Entlehnten etwas Verkehrtes, so macht er keinen Eingriff in das persönliche Recht des anderen. Nennt er ihn dagegen, vielleicht sogar mit Bewunderung, als den, dem man das Verkehrte schulde, dann geniert er in hohem Grade. Dialektisch verstanden ist darum das Negative kein Eingriff, sondern nur das Positive. Wie sonderbar! Wie jene freiheitsliebende Nation, die Nordamerikaner, die grausamste Strafe erfunden haben, das Schweigen: so hat auch eine liberale und freisinnige Zeit die illiberalsten Schikanen erfunden: Fackelzug am Abend, dreimalige Akklamation am Tage, neunmal Hurra für die Großen, und ähnliche kleine Schikanen für kleine Leute. Das Prinzip der Sozialität ist gerade illiberal.

Was also hier geboten wird, ist wieder eine *pièce proprio marte, proprio stipendio, propriis auspiciis*. Der Verfasser ist insofern Proprietär, als er Besitzer von dem bißchen ist, das er besitzt, aber übrigens ebensoweit davon entfernt, Fronbauern zu haben, wie selbst einer zu sein. Seine Hoffnung ist, daß das Schicksal dieses kleine Unternehmen wieder begünstigen und vor allem die Tragikomik verhindern werde, daß der eine oder andere Seher in tiefem Ernst oder ein Schelm im Spaß hingeht und seinen Zeitgenossen einbildet, daß es etwas sei, und dann davonläuft und den Verfasser darin sitzen läßt wie den verpfändeten Bauernjungen.[1]

J. C.

[1] [Lustspiel von Holberg.]

Einleitung

Mein lieber Leser, du wirst dich vielleicht daran erinnern, daß sich am Schluß der *philosophischen Brocken* eine Äußerung befindet, etwas, was wie das Versprechen einer Fortsetzung aussehen könnte. Als Versprechen betrachtet war jene Äußerung („wenn ich jemals einen folgenden Abschnitt schreibe") gewiß so unbestimmt wie möglich, so weit wie möglich von einem Gelöbnis entfernt. Darum habe ich mich von jenem Versprechen nicht gebunden gefühlt, ob es auch von Anfang an meine Absicht war, dasselbe zu erfüllen, und das Nötige mit dem Versprechen zugleich schon fertig war. Insofern hätte das Versprechen mit großer Feierlichkeit, in *optima forma* gegeben werden können. Aber es wäre ja inkonsequent gewesen, eine Schrift herauszugeben, die so beschaffen war, daß sie keine Sensation erwecken konnte und keine zu erwecken wünschte, und dann in ihr ein feierliches Versprechen anzubringen, das, wenn sonst etwas, auf Sensation berechnet ist und wohl auch unbedingt eine ungeheure Sensation erweckt haben würde.

Du weißt wohl, wie es zugeht. Ein Schriftsteller gibt ein sehr großes Buch heraus. Kaum ist es acht Tage heraus, da redet er zufällig mit einem Leser, und der fragt ihn höflich teilnehmend mit heißer Sehnsucht, ob er nicht bald ein neues Buch schreibe. Der Verfasser ist bezaubert, einen solchen Leser zu haben, der sich so geschwind durch ein großes Buch durcharbeitet und trotz der Arbeit die Lust behält. Ach der arme Betrogene! Im Lauf des Gesprächs gesteht es jener für das Buch wohlwollend interessierte Leser, der voller Sehnsucht dem neuen Buch entgegensieht, gesteht er es ein, daß er es gar nicht gelesen hat, und wohl nie dazu Zeit finden wird, aber in einer Gesellschaft, wo er war, hatte er von einem neuen Buch von demselben Verfasser reden hören: und es beschäftigt ihn ungemein, in dieser Sache Gewißheit zu erhalten.

Ein Schriftsteller veröffentlicht ein Buch und denkt ungefähr so: jetzt habe ich einen Monat Ruhe, bis es die Herren Rezensenten durchgelesen haben. Was geschieht? Am dritten Tage darauf ertönt der lärmende Ruf einer hastigen Meldung, die mit dem Versprechen einer Anzeige endet. Dieser erweckt ungeheure Sensation. Allmählich wird das Buch vergessen, die Anzeige kommt niemals. Zwei Jahre später kommt in einem Kreise von Leuten die Rede auf jene Schrift, und ein Gutunterrichteter ruft sie den Vergeßlichen wieder ins Gedächtnis, indem er sagt: das war ja die Schrift, die von F. F. angezeigt wurde. So befriedigt ein Versprechen die Forderung der Zeit. Erst erweckt es ungeheure Sensation, und nach zwei Jahren genießt jener Versprecher noch die Ehre, für den angesehen zu werden, der es erfüllt habe. Denn das Versprechen interessiert die Leute. Hätte er es erfüllt, dann hätte er sich selbst nur geschadet. Denn die Erfüllung interessiert sie nicht.

Was nun mein Versprechen betrifft, so war seine nachlässige Form nicht zufällig, denn das Versprechen war, realiter betrachtet, kein Versprechen, insofern als es durch die Schrift selbst erfüllt war. Wenn man eine Sache in einen leichtesten und einen schwierigsten Teil einteilen will, dann muß der versprechende Verfasser sich so benehmen: er fängt mit dem leichtesten Teile an und verspricht als Fortsetzung den schwierigsten. Ein solches Versprechen enthält Ernst und verdient in jeder Beziehung, daß man es annehme. Leichtsinniger ist es dagegen, wenn er den schwersten Teil fertig macht und dann eine Fortsetzung verspricht, besonders eine solche, daß sie jeder, der den ersten Teil nur aufmerksam durchgelesen hat, falls er übrigens die nötige Bildung besitzt, leicht selbst schreiben kann, wenn er es der Mühe wert findet.

So mit den *philosophischen Brocken*: die Fortsetzung sollte nur, wie dort gesagt wurde, dem Problem geschichtliches Kostüm anlegen. Das Problem war, wenn sonst eine Schwierigkeit bei der ganzen Sache war, das Schwierige. Das geschichtliche Kostüm ist leicht genug. Ohne jemand beleidigen zu wollen, ist meine Ansicht, daß nicht jeder theologische Kandidat imstande gewesen wäre, das Problem bloß mit der dialektischen Taktfestigkeit hinzustellen, wie es in der Schrift geschehen ist. Es ist meine Ansicht, daß nicht jeder theologische Kandidat, nachdem er die Schrift gelesen hat, sie wegwerfen und darauf das Problem bloß mit der dialektischen Deutlichkeit selbst hinstellen kann, mit der es in der Schrift klargelegt ist. Was dagegen die Fortsetzung betrifft, so bin ich davon überzeugt, ob ich auch nicht gerade weiß, ob es für jemand schmeichelhaft sein kann, daß jeder theologische Kandidat imstande sein wird, sie zu schreiben – wenn er imstande ist, die dialektischen, unerschrockenen Stellungen und Bewegungen nachzumachen.

So war das Versprechen der Fortsetzung beschaffen. Darum ist es in der Ordnung, daß es in einer Nachschrift eingelöst wird, und der Verfasser kann keineswegs, wenn sonst an der ganzen Sache etwas wichtig ist, beschuldigt werden, daß er nach Frauenzimmerart das Wichtigste in einem Postskriptum sage. Wesentlich gibt es keine Fortsetzung.

Aber sonst könnte die Fortsetzung unendlich werden, je nach der Gelehrsamkeit und Erudition dessen, der dem Problem geschichtliche Kleidung anlegte. Ehre sei der Gelehrsamkeit und den Wissenschaften, gepriesen sei der, der das Stoffliche mit der Sicherheit des Wissens, mit der Zuverlässigkeit der Autopsie beherrscht. Aber das Dialektische ist doch die Lebenskraft im Problem. Wird das Problem nicht dialektisch deutlich, wird dagegen eine seltene Gelehrsamkeit, großer Scharfsinn im einzelnen angewendet: dann wird die Sache für den dialektisch Interessierten nur immer schwieriger gemacht. Unleugbar ist, was gründliche gelehrte Bildung, kritischen Scharfsinn und ordnende Kunst angeht, in betreff jenes Problems viel Vortreffliches von Männern geleistet, für die der gegenwärtige Verfasser tiefe Verehrung empfindet, deren Leitung er seinerzeit als Lernender mit mehr Talent, als er besitzt, gefolgt zu sein wünschte, bis er mit einem gemischten Gefühl von Bewunderung für die Ausgezeichneten und Mißmut in seiner verlassenen, zweifelnden Not zu entdecken glaubte, daß das

Problem trotz der vorzüglichen Arbeiten nicht gefördert, sondern zurückgedrängt wurde. Wenn so die nackte dialektische Erwägung zeigt, *daß es da keine Approximation* gibt, daß auf diesem Wege *sich in den Glauben hineinquantitieren zu wollen* ein Mißverstand, *ein Sinnesbetrug* ist, daß es eine *Anfechtung* für den *Glaubenden* ist, sich um solche Erwägungen zu bekümmern, eine Anfechtung, gegen die er mit aller Macht kämpfen muß, indem er sich in der Leidenschaft des Glaubens erhält, daß es nicht damit enden darf, daß es ihm glückt (NB dadurch, daß er der Anfechtung nachgibt, also durch das größte Unglück), den Glauben in etwas anderes, in eine Art Gewißheit zu verwandeln, Wahrscheinlichkeit und Garantien zu substituieren, welche ja gerade verschmäht wurden, als er selbst beim Beginn den qualitativen Übergang des Sprunges vom Nichtglaubenden zum Glaubenden machte, wenn dieses so ist: dann hat wohl jeder, der nicht unbekannt mit gelehrter Wissenschaftlichkeit und nicht ohne Lernwilligkeit dafür es so verstanden hat, auch seine bedrängte Stellung empfunden, wenn er in seiner Bewunderung von seiner eigenen Unbedeutendheit gegenüber den durch Gelehrsamkeit und Scharfsinn und verdiente Berühmtheit Ausgezeichneten gering zu denken lernte, so daß er, den Fehler bei sich selbst suchend, immer wieder zu ihnen zurückkehrte. Die dialektische Unerschrockenheit erwirbt sich nicht so leicht, und das Gefühl seiner Verlassenheit, obgleich man recht zu haben glaubt, der Abschied der Bewunderung von den zuverlässigen Lehrern ist ihr Diskrimen. Das wie eine Einleitung Geleistete verhält sich zum Dialektiker, wie sich ein Redner zu ihm verhält. Der Redner verlangt das Recht zu reden und sich in einem zusammenhängenden Vortrage auszusprechen. Der andere wünscht dies ja auch, da er von ihm zu lernen hofft. Aber der Redner hat seltene Gaben, versteht sich gut auf die menschlichen Leidenschaften, hat in seiner Schilderung Macht der Phantasie, hat den Schrecken für den Augenblick der Entscheidung zu seiner Verfügung. Er redet nun, er reißt hin. Der Zuhörer verliert sich in seiner Schilderung. Seine Bewunderung für den Ausgezeichneten macht ihn weiblich ergeben. Er fühlt sein Herz schlagen, seine ganze Seele ist in Bewegung. Nun vereinigt der Redner den Ernst und den Schrecken in seiner Erscheinung, er befiehlt jedem Einwand zu schweigen, er ladet die Sache vor den Thron des Allwissenden, er fragt, ob jemand in Aufrichtigkeit vor Gott leugnen dürfe, was nur der Unwissendste, der am unglücklichsten Verirrte leugnen dürfe. Mild bewegt fügt er die Mahnung hinzu, solchem Zweifel nicht nachzugeben, das Schrecklichste sei nur, in Versuchung zu fallen. Er erquickt den Kummervollen, reißt ihn aus dem Schrecken wie die Mutter ihr Kind, das sich in ihren zartesten Liebkosungen geschützt fühlt: und der arme Dialektiker geht betrübt heim. Er merkt wohl, daß das Problem gar nicht aufgestellt, viel weniger gelöst wurde, aber der Macht der Beredsamkeit siegreich Widerstand zu leisten hat er noch nicht Kraft genug. Mit der an diesem Ort unglücklichen Liebe der Bewunderung versteht er, daß ja doch auch in der Beredsamkeit eine ungeheure Berechtigung liegen müsse.

Wenn sich nun der Dialektiker von der Übermacht des Redners freigemacht hat, dann kommt der Systematiker und sagt mit der Emphase der Spekulation: erst am Schluß des Ganzen wird alles klar. Hier gilt es also, lange auszuhalten, ehe die Rede davon sein kann, einen dialektischen Zweifel zu erheben. Wohl hört der Dialektiker mit Verwunderung denselben Systematiker sagen: daß das System noch nicht fertig sei. Ach, am Schluß wird alles klar; aber der Schluß ist noch nicht da. Noch hat jedoch der Dialektiker die dialektische Unerschrockenheit nicht gewonnen, sonst würde ihn diese bald über einen solchen Vorschlag ironisch lächeln lehren, wo sich der Taschenspieler in dem Grade Ausflüchte gesichert hat. Denn es ist ja lächerlich, alles als fertig zu behandeln und dann zum Schluß zu sagen: der Schluß fehlt. Fehlt der Schluß nämlich am Schluß, dann fehlt er auch am Anfang. Das sollte also am Anfang gesagt sein. Aber fehlt der Schluß am Anfang, dann will das heißen: es gibt kein System. Ein Haus kann man freilich fertigmachen, und es kann noch ein Klingelzug fehlen, aber bei einem wissenschaftlichen Bau hat das Fehlen des Schlusses rückwirkende Kraft, den Anfang zweifelhaft und hypothetisch, d. h. unsystematisch zu machen. So die dialektische Unerschrockenheit.

Aber der Dialektiker hat sie noch nicht erworben. Also enthält er sich in jugendlicher Bescheidenheit jeden Schlusses in betreff des Fehlens des Schlusses, und beginnt hoffnungsvoll mit der Arbeit. So liest er denn, und er erstaunt, Bewunderung fesselt ihn, er beugt sich unter der Übermacht. Er liest und liest, versteht etwas, aber vor allem hofft er auf den verklärenden Widerschein des Schlusses über das Ganze. Und er ist mit dem Buche fertig, hat aber das Problem nicht aufgestellt gefunden. Und doch hat der junge Dialektiker das ganze schwärmerische Zutrauen der Jugend zu dem berühmten Manne. Ja, wie ein Mädchen, das nur einen einzigen Wunsch hat, von *einem* geliebt zu werden, so wünscht er nur eins, ein Denker zu werden. Ach und dieser berühmte Mann hat es ja in seiner Macht, sein Schicksal zu entscheiden; denn versteht er ihn nicht, dann ist der junge Mann verworfen, dann hat er Schiffbruch mit seinem einzigen Wunsche gelitten. Darum wagt er es noch nicht, sich jemand anzuvertrauen und ihn in sein Unglück, in seine Schande einzuweihen, daß er den berühmten Mann nicht versteht. Er fängt also von vorn an, er übersetzt alles Wichtigere in seine Muttersprache, um sicher zu sein, daß er es versteht und daß er nicht etwas übersieht und damit möglicherweise etwas vom Problem (denn daß dieses sich gar nicht finden sollte, kann er ganz und gar nicht begreifen). Er lernt viel auswendig, er zeichnet den Gedankengang auf, er nimmt ihn überall mit sich und beschäftigt sich mit ihm, er zerreißt das Aufgeschriebene und schreibt es wieder auf: was tut man nicht um seines einzigen Wunsches willen! So ist er zum zweitenmal bis zu Ende, aber dem Problem nicht näher gekommen. Darauf kauft er ein neues Exemplar desselben Buches, um nicht durch mißmutige Erinnerungen gestört zu werden, reist an einen fremden Ort, um mit frischen Kräften anzufangen, und was dann? Dann fährt er so fort, bis er zuletzt die dialektische

Unerschrockenheit lernt. Und was dann? Dann lernt er dem Kaiser geben, was des Kaisers ist: dem berühmten Manne seine Bewunderung, aber auch sein Problem festhalten trotz aller Berühmtheiten.

Die wissenschaftliche Einleitung distrahiert durch ihre Erudition, und die Sache bekommt das Aussehen, als wäre das Problem in dem Augenblick aufgestellt, wo das gelehrte Forschen seinen Höhepunkt erreichte, d. h. als ob das gelehrte und kritische Streben zur Vollkommenheit hin dasselbe wie das zum Problem hin wäre. Der rhetorische Vortrag distrahiert dadurch, daß er den Dialektiker einschüchtert. Die systematische Tendenz verspricht alles und hält gar nichts. Das Problem kommt so auf diesen drei Wegen gar nicht vorwärts, besonders nicht auf dem systematischen. Denn das System setzt den Glauben als gegeben voraus (ein System, das keine Voraussetzungen hat!). Demnächst setzt es voraus, daß es den Glauben interessieren werde, sich selbst auf andere Weise zu verstehen, als in der Leidenschaft des Glaubens zu bleiben, was eine Voraussetzung ist (eine Voraussetzung für ein System, das keine Voraussetzungen hat!), und eine beleidigende Voraussetzung gegen den Glauben, eine Voraussetzung, die deshalb gerade zeigt, daß der Glaube dem System nie gegeben war. Die Voraussetzung des Systems, daß der Glaube gegeben ist, löst sich in eine Einbildung auf, in welcher das System sich eingebildet hat, daß es wisse, was Glauben ist.

Das Problem, das in jener Schrift aufgestellt wurde, ohne daß diese sich den Schein gab, es gelöst zu haben, da sie es ja bloß aufstellen wollte, lautete folgendermaßen: *Kann es einen geschichtlichen Ausgangspunkt für ein ewiges Bewußtsein geben? Wie kann ein solcher mehr als geschichtlich interessieren? Kann man eine ewige Seligkeit auf ein geschichtliches Wissen bauen?* (Vgl. das Titelblatt). In der Schrift wurde gesagt: „Bekanntlich ist nämlich das Christentum das einzige geschichtliche Phänomen, das ungeachtet des Geschichtlichen, ja gerade durch das Geschichtliche dem einzelnen der Ausgangspunkt für sein ewiges Bewußtsein hat sein wollen, das ihn anders als bloß geschichtlich hat interessieren wollen, das ihm seine Seligkeit auf sein Verhältnis zu etwas Geschichtlichem hat begründen wollen." Das im Problem in Frage Gestellte ist so in geschichtlichem Kostüm das Christentum. Das Problem steht so im Verhältnis zum Christentum. Weniger problematisch in Form einer Abhandlung würde das Problem so lauten: von den apologetischen Voraussetzungen für den Glauben, den Übergängen und Anläufen der Approximation zum Glauben, der quantitierenden Einleitung zur Entscheidung des Glaubens. Das, was also zu behandeln wäre, würden eine Menge Erwägungen sein, die von den Theologen in der Einleitungswissenschaft, in der Einleitung zur Dogmatik, in der Apologetik behandelt werden oder behandelt wurden.

Um jedoch keine Verwirrung zu veranlassen, muß sogleich daran erinnert werden, daß das Problem nicht von der Wahrheit des Christentums handelt, sondern vom Verhältnis des Individuums zum Christentum, also nicht vom systematischen Eifer des gleichgültigen Individuums, die Wahrheiten des Christentums in Paragraphen zu arrangieren, sondern von der Sorge des unendlich interessierten Individuums in betreff seines Verhältnisses zu einer solchen Lehre. So einfach wie möglich (um mich selbst im Experiment zu gebrauchen): „Ich, Johannes Climacus, hier aus der Stadt gebürtig, jetzt dreißig Jahre alt, ein Mensch ganz und gar, wie die Leute meist sind, nehme an, daß für mich ebensowohl wie für ein Dienstmädchen und einen Professor ein höchstes Gut zu erwarten ist, das eine ewige Seligkeit genannt wird. Ich habe gehört, daß einem das Christentum dieses Gut bedingt: nun frage ich, wie komme ich in ein Verhältnis zu dieser Lehre?"

„Eine Dreistigkeit, die ihresgleichen sucht", höre ich einen Denker sagen, „eine entsetzliche Eitelkeit, es in dem weltgeschichtlich interessierten, dem theozentrischen, dem spekulativ-bedeutungsvollen 19. Jahrhundert zu wagen, ein solches Gewicht auf sein eigenes kleines Ich zu legen." Mich schaudert; wenn ich mich nicht gegen verschiedene Schrecken abgehärtet hätte, würde ich wohl den Schwanz zwischen die Beine stecken. Aber ich weiß mich in dieser Hinsicht von jeder Schuld frei, denn ich bin nicht durch mich selbst so dreist geworden, sondern gerade das Christentum zwingt mich dazu. Es legt ein ganz anderes Gewicht auf mein kleines Ich und auf ein jedes noch so kleine Ich, da es dies Ich ewig selig machen will, falls es so glücklich ist, in dasselbe hineinzukommen. Ohne nämlich das Christentum begriffen zu haben, da ich ja die Frage danach aufwerfe, habe ich doch so viel verstanden, daß es den einzelnen ewig selig machen will, und daß es gerade bei dem einzelnen dieses unendliche Interesse für seine Seligkeit als *conditio sine qua non* voraussetzt, ein Interesse, womit er Vater und Mutter haßt und dann wohl auch auf Systeme und weltgeschichtliche Übersichten pfeift. So viel habe ich, obwohl draußen stehend, verstanden, daß es das einzige unverzeihliche Majestätsverbrechen gegen das Christentum ist, wenn das einzelne Individuum sein Verhältnis zu ihm ohne weiteres als gegeben annimmt. Wie bescheiden es auch aussehen könnte, sich so mit in den Kauf zu geben, so sieht das Christentum dies gerade für eine Frechheit an. Darum muß ich mir aufs ehrerbietigste den Beistand aller theozentrischen Helfer und Helfershelfer verbitten, mir auf die Weise ins Christentum hineinzuhelfen. Lieber will ich bleiben, wo ich bin, bei meinem unendlichen Interesse, beim Problem, bei der Möglichkeit.

Es ist nämlich nicht unmöglich, daß der, der für seine ewige Seligkeit unendlich interessiert ist, einmal ewig selig wird, dagegen ist es wohl unmöglich, daß der, der den Sinn dafür verloren hat (welcher ja doch kein anderer als eine *unendliche Sorge* sein kann), daß er ewig selig wird. Ja, wenn man den einmal verloren hat, ist es vielleicht unmöglich, ihn wiederzubekommen. Die fünf törichten Jungfrauen hatten die unendliche Leidenschaft der Erwartung verloren. Die Lampen gingen aus. Da rief man: „Der Bräutigam kommt." Nun liefen sie zum Krämer und kauften neues Öl und wollten von frischem beginnen und alles vergessen sein lassen. Das versteht sich, alles war auch vergessen. Die Tür ward geschlossen, und sie ausgeschlossen, und der Bräutigam sagte zu ihnen, als sie anklopften: ich kenne euch nicht. Das war keine Bitterkeit vom Bräutigam, sondern eine Wahrheit, denn in geistigem Sinne waren sie unkenntlich geworden, weil sie die unendliche Leidenschaft verloren hatten.

Das objektive Problem würde dann sein: von der Wahrheit des Christentums. Das subjektive ist: vom Verhältnis des Individuums zum Christentum. Ganz einfach: wie ich, Johannes Climacus, der Seligkeit teilhaftig werden kann, die das Christentum verheißt. Das Problem bezieht sich ganz allein auf mich: teils weil es, wenn es richtig gestellt ist, sich auf dieselbe Weise auf jeden bezieht, teils weil alle die anderen den Glauben sogar als etwas Gegebenes haben, als eine Kleinigkeit, auf die sie nicht einmal großen Wert legen, oder als eine Kleinigkeit, die erst durch einige Beweise ausgeschmückt wird, um etwas zu sein. So ist denn die Aufstellung des Problems von mir nicht unbescheiden, sondern nur eine Art Torheit.

Damit nun mein Problem deutlich werden könne, will ich erst das objektive Problem aufstellen und zeigen, wie dieses zu behandeln ist. Hiermit wird das Geschichtliche zu seinem Recht kommen. Darauf will ich das subjektive aufstellen. Das ist im Grunde mehr als die versprochene Fortsetzung, als die Einkleidung in das geschichtliche Kostüm, denn dieses ist gegeben, wenn ich nur das Wort „Christentum" nenne. Der erste Teil gibt die versprochene Fortsetzung, der zweite Teil einen erneuerten Versuch in derselben Richtung wie die Schrift, einen neuen Anlauf zum Problem der *Brocken*.

ERSTER TEIL

Das objektive Problem von der Wahrheit des Christentums

Für die objektive Betrachtung ist das Christentum eine *res in facto posita*, nach deren Wahrheit gefragt wird, doch rein objektiv, denn das bescheidene Subjekt ist allzu objektiv, als daß es sich selbst nicht draußen ließe oder doch sich selbst nicht ohne weiteres als einen jedenfalls Gläubigen mitnähme. Wahrheit kann so objektiv verstanden bedeuten: 1. die geschichtliche Wahrheit, 2. die philosophische Wahrheit. Als geschichtliche Wahrheit betrachtet muß die Wahrheit durch eine kritische Erwägung der verschiedenen Nachrichten usw. gefunden werden, kurz auf dieselbe Weise, wie sonst die geschichtliche Wahrheit gefunden wird. Fragt man nach der philosophischen Wahrheit, dann fragt man nach dem Verhältnis der geschichtlich gegebenen und für gültig erkannten Lehre zur ewigen Wahrheit.

Das forschende, das spekulierende, das erkennende Subjekt fragt so wohl nach der Wahrheit, aber nicht nach der subjektiven Wahrheit, nach der Wahrheit der Aneignung. Das forschende Subjekt ist so wohl interessiert, aber nicht unendlich persönlich, in Leidenschaft, die auf seine ewige Seligkeit gerichtet ist, für sein Verhältnis zu dieser Wahrheit interessiert. Fern von dem objektiven Subjekt sei eine solche Unbescheidenheit, eine solche Eitelkeit.

Das forschende Subjekt muß nun in einer von zwei Lagen sein. Entweder muß es im Glauben von der Wahrheit des Christentums oder von seinem Verhältnis zu ihr überzeugt sein, und in diesem Falle kann ja unmöglich alles andere unendlich interessieren, da ja der Glaube gerade das unendliche Interesse für das Christentum, jedes andere Interesse leicht eine Anfechtung ist, oder es befindet sich nicht im Glauben, sondern objektiv in der Betrachtung, und ist dann für die Entscheidung der Frage auch nicht unendlich interessiert.

Dies hier nur sogleich beizeiten, um darauf aufmerksam zu machen, was im zweiten Teil ausgeführt werden wird, daß das Problem auf diesem Wege gar nicht entscheidend hervortritt, d. h. nicht hervortritt, da das Problem gerade in der Entscheidung liegt. Mag der wissenschaftlich Forschende mit rastlosem Eifer arbeiten, mag er sogar im begeisterten Dienste der Wissenschaft sein Leben verkürzen, mag der Spekulierende nicht Fleiß und Zeit sparen: sie sind doch nicht unendlich persönlich in Leidenschaft interessiert, im Gegenteil, sie wollen es nicht einmal sein. Ihre Betrachtung will objektiv, interesselos sein. Was das Verhältnis des Subjektes zu der erkannten Wahrheit betrifft, so nimmt man an: „wenn bloß das objektiv Wahre besorgt ist, dann ist es mit der Aneignung eine Kleinigkeit. Sie bekommt man von selbst mit dazu, und am Ende kommt es aufs Individuum nicht an.“ Darin liegt gerade die erhabene Ruhe des Forschers, und die komische Gedankenlosigkeit des Nachsprechers.

Kapitel I. Die historische Betrachtung

Betrachtet man das Christentum als ein geschichtliches Aktenstück, dann gilt es, eine ganz zuverlässige Nachricht davon zu erhalten, was denn eigentlich die christliche Lehre ist. Wenn das forschende Subjekt für sein Verhältnis zu dieser Wahrheit unendlich interessiert wäre, so würde es hier sogleich verzweifeln, weil nichts leichter einzusehen ist, als daß im Verhältnis zum Geschichtlichen die größte Gewißheit doch nur eine *Annäherung* ist, und daß eine Annäherung zu wenig ist, seine Seligkeit darauf zu bauen, mit einer ewigen Seligkeit so ungleichartig, daß kein Fazit herauskommen kann. Weil dagegen das forschende Subjekt nur geschichtlich interessiert ist (es sei nun, daß der Mann als Glaubender an der Wahrheit des Christentums zugleich unendlich interessiert ist, wobei ihn sein ganzes Bestreben leicht in verschiedene Widersprüche verwickeln könnte; oder daß er, jedoch ohne sich in Leidenschaft negativ als Nichtglaubender zu entscheiden, draußen steht), so beginnt er mit der Arbeit, mit den ungeheuren Studien, wozu er selbst neue Beiträge liefert, bis in sein siebzigstes Jahr. Gerade vierzehn Tage vor seinem Tode erwartet er eine neue Schrift, die auf eine ganze Seite der Erwägung ein Licht werfen soll. Ein solcher objektiver Seelenzustand ist, wenn jener Gegensatz nicht ein Epigramm über ihn ist, ein Epigramm über die Unruhe der unendlich interessierten Subjektivität, die doch wohl eine solche Frage, die die Entscheidung ihrer ewigen Seligkeit betrifft, beantwortet haben sollte und auf jeden Fall um keinen Preis ihr unendliches Interesse bis zum letzten Augenblick aufgeben dürfte.

Indem nun geschichtlich nach der Wahrheit des Christentums, oder danach gefragt wird, was christliche Wahrheit sei und was nicht, zeigt sich sogleich die Heilige Schrift als ein entscheidendes Aktenstück. Die geschichtliche Betrachtung konzentriert sich deshalb zunächst auf die Bibel.

§ 1 Die Heilige Schrift

Hier gilt es für den Forscher, sich eine möglichst große Zuverlässigkeit zu sichern. Dagegen gilt es für mich nicht, Kenntnisse zu zeigen, oder daß ich keine habe. Für meine Erwägung ist es wichtiger, daß man verstehe und sich daran erinnere, daß man selbst mit der staunenswertesten Gelehrsamkeit und Ausdauer, und wenn der Kopf aller Kritiker auf *einem* Halse säße, doch niemals weiter als zu einer Annäherung kommt, und daß zwischen dieser und einer persönlichen unendlichen Interessiertheit für seine ewige Seligkeit ein wesentliches Mißverhältnis besteht. [1]

---

1 Bei der Betonung dieses Widerspruches hoben *die philosophischen Brocken* das Problem hervor

Wenn die Schrift als die sicherste Norm betrachtet wird, die entscheidet, was christlich ist und was nicht, so gilt es, die Schrift historisch-kritisch zu sichern.[1]

Man behandelt da: die Zugehörigkeit der einzelnen Schriften zum Kanon, ihre Authentie, Integrität, die Glaubwürdigkeit des Verfassers, und man setzt eine dogmatische Garantie: die Inspiration.[2] Wenn man an die Arbeit der Engländer denkt, die sie mit dem Tunnel hatten[3]: an die ungeheure Kraftanstrengung und wie so ein kleiner Vorfall das Ganze für lange Zeit stören kann, so bekommt man eine passende Vorstellung von diesem ganzen kritischen Unternehmen. Welche Zeit, welcher Fleiß, welche herrlichen Kräfte, welche ausgezeichneten Kenntnisse sind hier für dies Wunderwerk von Geschlecht zu Geschlecht requiriert. Und doch kann da plötzlich ein kleiner dialektischer Zweifel, der an die Voraussetzungen rührt, das Ganze auf lange Zeit stören, er kann den unterirdischen Weg zum Christentum stören, den man objektiv und wissenschaftlich hat anlegen wollen, anstatt das Problem subjektiv, wie es ist, bleiben zu lassen.

Man hört zuweilen Leute, die nicht oder nur halb studiert haben, oder aufgeblasene Genies über die kritische Arbeit an Schriften des Altertums verächtlich reden, man hört sie töricht über die Sorgfalt des gelehrten Forschers für

---

oder stellten es auf: das Christentum ist etwas Geschichtliches (im Verhältnis zu dem das höchste Wissen nur eine Annäherung, die meisterhafteste geschichtliche Erwägung nur das meisterhafteste So-gut-wie, Beinah ist), und doch will es als geschichtlich, gerade durch das Geschichtliche, entscheidende Bedeutung für meine ewige Seligkeit haben. Es versteht sich von selbst, daß das geringe Kunststück der Abhandlung beständig nur darin bestand, das Problem hinzustellen und aus allen schwatzenden und spekulierenden Erklärungsversuchen herauszuwickeln, die wohl erklären, daß der Erklärende gar nicht weiß, wovon die Rede ist.

1 Das Dialektische läßt sich nun einmal nicht ausschließen. Es kann geschehen, daß eine und vielleicht zwei Generationen in der Meinung dahinleben ein Bretterwerk gefunden zu haben, das das Ende der Welt und der Dialektik sei. Das hilft nichts. So meinte man eine Zeitlang die Dialektik vom Glauben fernzuhalten, indem man sagte, daß seine Überzeugung kraft einer Autorität bestehe. Wollte man dann fragen, d. h. mit dem Glaubenden dialektisieren, so wendete er die Sache mit einem gewissen unbefangenen Freimut so: ich kann für den Glauben nicht Rede stehen und soll es nicht, ich ruhe in dem Vertrauen auf andere, auf die Autorität der Heiligen usw. Das ist eine Illusion, denn die Dialektik wendet sich bloß und fragt, d. h. dialektisiert mit ihm darüber, was denn Autorität sei und warum er nun diese als Autorität ansehe. Sie dialektisiert also nicht mit ihm über den *Glauben*, den er *im Vertrauen auf jene* hat, sondern über den Glauben, den er *zu jenen* hat.

2 Das Mißverhältnis zwischen Inspiration und kritischem Forschen gleicht dem zwischen ewiger Seligkeit und kritischen Erwägungen, weil Inspiration nur Gegenstand für den Glauben ist. Oder ist man deshalb so kritisch eifrig, weil die Bücher inspiriert sind? So weiß also der Glaubende, der glaubt, daß die Bücher inspiriert sind, nicht, welche Bücher es sind von denen er glaubt, daß sie inspiriert sind. Oder resultiert die Inspiration aus der Kritik, daß sie, wenn sie das Ihrige getan, zugleich bewiesen hat, daß die Bücher inspiriert sind? In diesem Falle kommt man nie zur Annahme der Inspiration, denn die kritische Arbeit ist in ihrem Maximum nur eine Annäherung

3 [Der 1825 begonnene Themsetunnel wurde infolge von Unfällen erst 1845 vollendet.]

das Unbedeutendste spotten was gerade seine Ehre ist, daß er wissenschaftlich nichts für unbedeutend ansieht. Nein, die gelehrte Philologie ist ganz in ihrem Recht, und der Schreiber dieser Zeilen hat trotz irgend jemand für das Ehrerbietung, was die Wissenschaft heiligt. Dagegen erhält man von der gelehrten kritischen Theologie keinen reinen Eindruck. Ihr ganzes Streben leidet an einer gewissen bewußten oder unbewußten Doppelheit. Es sieht beständig so aus, als sollte aus dieser Kritik plötzlich etwas für den Glauben, etwas, was ihn betrifft, resultieren. Darin liegt die Mißlichkeit. Wenn ein Philologe eine Schrift z. B. von Cicero herausgibt und das mit großem Scharfsinn tut, indem sich der gelehrte Apparat in schönem Gehorsam der Übermacht des Geistes unterordnet, wenn sein Ingenium und seine durch eisernen Fleiß erworbene Vertrautheit mit dem Altertum seinem entdeckenden Takt dazu helfen, Schwierigkeiten zu entfernen und dem Gedankengang im Wirrsal der Lesarten den Weg zu bereiten usw., so kann man sich ruhig der Bewunderung hingeben. Denn, wenn er fertig ist, folgt daraus nichts anderes, als das Bewunderungswerte, daß durch seine Kunst und Tüchtigkeit eine Schrift des Altertums in die zuverlässigste Form gebracht ist. Keineswegs dagegen, daß ich nun auf diese Schrift meine ewige Seligkeit bauen soll. Denn für meine ewige Seligkeit, ja das gestehe ich, ist mir sein erstaunlicher Scharfsinn zu wenig. Ja ich gestehe es, meine Bewunderung für ihn würde nicht froh, sondern mißmutig werden, wenn ich glauben würde, daß er solches *in mente* habe. Aber geradeso handelt die gelehrte kritische Theologie: wenn sie fertig ist – und bis dahin hält sie uns *in suspenso*, aber mit dieser Aussicht vor Augen –, dann schließt sie: *ergo* kannst du nun auf diese Schriften deine ewige Seligkeit bauen.

Wer gläubig die Inspiration statuiert, der muß konsequent jede kritische Erwägung, sie sei nun dafür oder dagegen, für eine Mißlichkeit, eine Art Anfechtung ansehen; und wer, ohne im Glauben zu stehen, sich in die kritischen Erwägungen hinauswagt, kann doch unmöglich die Inspiration aus diesen resultieren lassen wollen. Wen interessiert dann eigentlich das Ganze?

Doch man merkt den Widerspruch nicht, weil die Sache rein objektiv behandelt wird. Ja, dann ist er gar nicht vorhanden, wenn der Forschende selbst vergißt, was er hinter den Ohren hat, außer, daß er sich selbst damit zuweilen lyrisch zur Arbeit ermuntert, oder lyrisch mit Beredsamkeit polemisiert. Kommt dagegen jemand und will mit unendlichem persönlichen Interesse, in Leidenschaft seine ewige Seligkeit an dieses Resultat, an das erwartete Resultat knüpfen, dann sieht er leicht, daß es da kein Resultat gibt und keins zu erwarten ist, und der Widerspruch wird ihn zur Verzweiflung bringen. Bloß Luthers Verwerfung des Jakobusbriefs genügt, um ihn zur Verzweiflung zu bringen. Für eine ewige Seligkeit und ein unendliches, leidenschaftliches Interesse für sie (in welchem letzteren erstere nur sein kann) ist ein Tüttel von Wichtigkeit, von unendlicher Wichtigkeit. Oder umgekehrt: die Verzweiflung über den Widerspruch wird ihn gerade lehren, daß man auf diesem Wege nicht vorwärts kommt.

Und doch ist es so gegangen. Eine Generation ist nach der anderen zu Grabe gegangen, neue Schwierigkeiten sind entstanden und besiegt, und neue Schwierigkeiten sind entstanden. Von Generation zu Generation hat sich die Illusion fortgeerbt, daß die Methode die richtige sei, aber daß es den gelehrten Forschern noch nicht gelungen sei usw. Alle scheinen sich dabei wohl zu fühlen, alle werden mehr und mehr objektiv. Die persönliche, unendlich leidenschaftliche Interessiertheit des Subjektes (welche die Möglichkeit des Glaubens und demnächst der Glaube, die Form der ewigen Seligkeit und demnächst die ewige Seligkeit ist) verschwindet mehr und mehr, weil die Entscheidung, und zwar als unmittelbar aus dem Resultat des gelehrten Forschens folgend hinausgeschoben wird. Das will heißen: das Problem entsteht gar nicht. Man ist zu objektiv geworden, um eine ewige Seligkeit zu haben, denn diese besteht gerade in der leidenschaftlichen, unendlichen persönlichen Interessiertheit, und gerade die gibt man auf, um objektiv zu werden, sie läßt man sich von der Objektivität ablocken. Mit Hilfe der Geistlichen, die ab und zu Gelehrsamkeit verraten, bekommt die Gemeinde einen Wink davon. Die gläubige Gemeinde wird zuletzt eine Titulatur, denn die Gemeinde wird ja schon dadurch objektiv, daß sie auf die Geistlichen sieht, und sie sieht einem ungeheuren Resultat entgegen usw. Nun eilt ein Feind gegen das Christentum hervor. Er ist dialektisch ebenso gut unterrichtet wie die Forscher und die pfuschende Gemeinde. Er greift ein Buch der Bibel an, eine Reihe von Büchern. Augenblicklich eilt der gelehrte Rettungschor herbei usw., usw.

Wessel hat gesagt[1], daß er sich fernhalte, wo es Gedränge gebe: so kann es auch dem Verfasser einer kleinen Schrift nicht einfallen, mit der ehrerbietigen Bitte zu kommen, daß ihm einige dialektische Erwägungen gestattet würden. Er würde nur der Hund im Kegelspiel sein. So taugt es auch nicht für einen splitternackten Dialektiker, in einen so gelehrten Streit hineinzukommen, wo es trotz allem Talent und aller Gelehrsamkeit *pro et contra* doch in letzter Instanz nicht dialektisch entschieden ist, um was man sich streitet. Ist es ein rein philologischer Streit, so sei Gelehrsamkeit und Talent mit Bewunderung geehrt, wie sie es verdienen, aber so geht das ja den Glauben nichts an. Hat man aber dabei Hintergedanken, dann komme man damit heraus, damit man sie in aller dialektischen Ruhe durchdenke. Wer zum Zweck des Glaubens die Bibel verteidigt, muß es sich ja selbst klargemacht haben, ob aus seiner ganzen Arbeit, wenn sie nach aller möglichen Erwartung glückte, in dieser Hinsicht etwas resultieren würde, damit er nicht in der Parenthese der Arbeit sitzen bleibe und über die gelehrten Schwierigkeiten das abschließende Claudatur vergesse. Wer angreift, muß sich ja ebenso Rechenschaft davon gegeben haben, ob dann, wenn nun sein Angriff in größtmöglichem Maße glückte, etwas anderes als das philologische Resultat oder höchstens ein Sieg im Streit *e concessis* folgen würde, wo man, wohl zu merken, auf eine andere Weise alles verlieren kann, wenn die gegenseitige Übereinkunft ein Phantom ist.

---

1 [*Liebe ohne Strümpfe, Akt 4, Szene 2.*]

Damit dem Dialektischen sein Recht geschehe, und die Gedanken ungestört verfolgt werden, laßt uns erst das eine und dann das andere annehmen.

Ich nehme also an, daß es gelungen sei, von der Bibel zu beweisen was je ein gelehrter Theologe in seinem glücklichsten Augenblick von der Bibel zu beweisen hat wünschen können. Diese Bücher gehören zum Kanon, keine anderen, sie sind authentisch, vollständig, ihre Verfasser sind glaubwürdig, man kann gut sagen, es ist, als wäre jeder Buchstabe inspiriert (mehr kann man nicht sagen, denn die Inspiration ist ja ein Gegenstand des Glaubens, ist qualitativ dialektisch, nicht durch Quantitieren zu erreichen). Ferner findet sich in den heiligen Büchern keine Spur von Widerspruch. Denn laß uns mit unserer Hypothese vorsichtig sein. Wird nur ein Wort von so etwas laut, so haben wir wieder die Parenthese, und die philologisch-kritische Vielgeschäftigkeit führt uns sogleich auf Abwege. Überhaupt ist hier, damit die Sache leicht und einfach sei, nur die diätetische Vorsicht notwendig, die Vermeidung eines jeden gelehrten Zwischensatzes, der eins, zwei, drei zu einer hundertjährigen Parenthese ausarten könnte.

Vielleicht ist dies nicht so leicht, und wie der Mensch in Gefahr ist, wo er geht, so ist die dialektische Entwicklung überall in Gefahr, in Gefahr in eine Parenthese hineinzugeraten. Es geht im Kleinen wie im Großen, und was im allgemeinen die Verhandlungen für einen Dritten so langweilig anzuhören macht, ist, daß die Verhandlung schon beim zweiten Anlauf in einer Parenthese steckt und nun mit dieser schiefen Richtung immer hitziger fortgesetzt wird, fort von dem eigentlicher Gegenstand. Man gebraucht es darum wie einen Fechtkniff, den Gegner etwas zu versuchen, um zu sehen, ob man einen dialektischen Paradeur vor sich hat, oder einen Parenthesendurchgänger, der sich sofort in Galopp setzt, sobald er das Parenthetische vor sich sieht. Wie manchen ganzen Menschenleben ist es nicht auf die Weise gegangen, daß es sich von früher Jugend an fortgesetzt in Parenthesen bewegt hat. Doch ich breche diese moralisierenden und aufs Gemeinwohl zielenden Betrachtungen ab, womit ich für meinen Mangel an historisch-kritischer Tüchtigkeit ein wenig Ersatz zu bieten gesucht habe.

Also angenommen, daß alles in betreff der Heiligen Schrift in Ordnung wäre, was dann? Ist dann der, der keinen Glauben hatte, einer einzigen Schritt näher zum Glauben gekommen? Nein, keinen einzigen. Denn der Glaube folgt nicht geradezu aus einer wissenschaftlichen Erwägung, überhaupt nicht geradezu, dagegen verliert man in dieser Objektivität die leidenschaftliche, unendliche persönliche Interessiertheit, welche die Bedingung des Glaubens, das *ubique et nusquam* ist, worin der Glaube entstehen kann.

Hat der, welcher Glauben hatte, etwas an Kraft und Stärke des Glaubens gewonnen? Nein, nicht das geringste, eher ist er in diesem weitläufigen Wissen, in dieser Gewißheit, die vor der Tür des Glaubens liegt und nach ihm begehrt, so gefahrvoll gestellt, daß er große Anstrengung, viel Furcht und Zittern brauchen wird, um nicht in Anfechtung zu fallen und Wissen mit Glauben zu verwechseln.

Während der Glaube bis dahin in der Ungewißheit einen nützlichen Zuchtmeister gehabt hat, würde er in der Gewißheit seinen gefährlichsten Feind bekommen. Wird nämlich die Leidenschaft weggenommen, so ist der Glaube nicht mehr da, und Gewißheit und Leidenschaft vertragen sich nicht. Mag dies eine Parallele beleuchten. Wer glaubt, daß es einen Gott und eine Vorsehung gibt, dem wird dies (den Glauben zu bewahren) und bestimmt Glauben (und keine Einbildung) zu bekommen in einer unvollkommenen Welt, wo die Leidenschaft wachgehalten wird, leichter, als in einer absolut vollkommenen Welt. In der ist nämlich Glaube undenkbar. Darum wird auch gelehrt, daß der Glaube in der Ewigkeit abgeschafft werde.

Was für ein Glück ist es da, daß diese wünschende Hypothese, der schönste Wunsch der kritischen Theologie, eine Unmöglichkeit ist, weil selbst die vollkommenste Realisation doch nur eine Approximation werden wird. Und wieder welch ein Glück für die Männer der Wissenschaft, daß der Fehler keineswegs bei ihnen liegt! Wenn alle Engel sich vereinigten, so könnten sie doch nur eine Approximation zustande bringen, weil für ein geschichtliches Wissen eine Approximation die einzige Gewißheit ist, aber auch zu wenig, eine ewige Seligkeit darauf zu bauen.

Nun nehme ich das Gegenteil an, daß es den Feinden gelungen sei, von der Schrift zu beweisen, was sie wünschen, so gewiß, daß es den hitzigsten Wunsch des ärgsten Feindes übertrifft, was dann? Hat der Feind damit das Christentum abgeschafft? Keineswegs. Hat er dem Glaubenden geschadet? Keineswegs, nicht das mindeste. Hat er damit ein Recht gewonnen, sich der Verantwortung zu entziehen, wenn er kein Gläubiger ist? Keineswegs. Weil nämlich diese Bücher nicht von diesen Verfassern stammen, nicht authentisch, nicht *integri*, nicht inspiriert sind (dies kann jedoch nicht widerlegt werden, da es Gegenstand des Glaubens ist), daraus folgt ja nicht, daß diese Verfasser nicht gelebt haben, und vor allem nicht, daß Christus nicht gelebt hat. Insofern steht es dem Glaubenden noch ebenso frei, dies anzunehmen, ebenso frei, laß uns recht darauf achten; denn wenn er es kraft eines Beweises annähme, wäre er im Begriff den Glauben aufzugeben. Kommt es jemals soweit, so wird der Glaubende immer eine Schuld haben, wenn er dadurch, daß er selbst beweisen wollte, dazu eingeladen und damit angefangen hat, dem Unglauben den Sieg in die Hand zu spielen.

Hier liegt der Knoten, und so komme ich wieder zur gelehrten Theologie zurück. Um weswillen wird der Beweis geführt? Der Glaube bedarf seiner nicht, ja muß ihn sogar für seinen Feind ansehen. Wenn dagegen der Glaube sich über sich selbst zu schämen anfängt, wenn er wie eine Liebhaberin, die sich an ihrer Liebe nicht genügen läßt, sondern sich hinterlistig ihres Geliebten schämt und es also bewiesen haben muß, daß er etwas Ausgezeichnetes ist, also wenn der Glaube anfängt die Leidenschaft zu verlieren, also wenn der Glaube anfängt aufzuhören Glaube zu sein, dann wird der Beweis notwendig, damit man bürgerliche Achtung beim Unglauben genieße.

Was in diesem Punkte durch Verwechselung der Kategorien von geistlichen Rednern an rhetorischen Dummheiten geleistet ist, ach, davon wollen wir nicht reden. Die Eitelkeit des Glaubens (ein modernes Surrogat, wie können die glauben, die gegenseitig Ehre von einander nehmen, Ev. Joh. 5, 44) will und kann natürlich das Martyrium des Glaubens nicht tragen, und eine eigentlich gläubige Rede ist in diesem Augenblick vielleicht die Rede, die am seltensten in ganz Europa gehört wird. Die Spekulation hat alles, alles, alles verstanden! Der geistliche Redner hält doch etwas zurück, er gesteht, daß er noch nicht alles verstanden habe, er gesteht, daß er strebe (armer Bursche, das ist eine Verwechselung der Kategorien!). „Wenn es vielleicht einen gibt, der alles verstanden hat“, sagt er, „so gestehe ich (ach, er ist beschämt und merkt nicht, daß er den andern gegenüber Ironie gebrauchen sollte), daß ich es nicht verstanden habe, nicht alles beweisen kann; und wir Geringeren (ach, er fühlt seine Geringheit an sehr unrichtiger Stelle) müssen uns mit dem Glauben begnügen.“ (Arme verkannte höchste Leidenschaft: Glaube! Daß du dich mit einem solchen Verteidiger begnügen mußt; armer geistlicher Bursche, daß du gar nicht weißt, wovon die Rede ist! Armer wissenschaftlicher Stümper, der in der Wissenschaft nicht recht mitkommen kann, der aber den Glauben hat, denn den hat er, den Glauben, der Fischer zu Aposteln macht, den Glauben, der Berge versetzen kann, wenn man ihn hat!).

Wenn die Sache objektiv behandelt wird, kommt das Subjekt nicht dazu, in Leidenschaft vor der Entscheidung zu stehen, am allerwenigsten in Leidenschaft unendlich interessiert. Es ist ein Selbstwiderspruch und daher komisch, für etwas unendlich interessiert zu sein, das immer nur höchstens eine Annäherung bleibt. Kommt man aber doch mit Leidenschaft, so entsteht Zelotismus. Für die unendlich interessierte Leidenschaft wird jeder Tüttel von unendlichem Wert sein.[1] Der Fehler liegt nicht in der unendlich interessierten Leidenschaft, sondern darin, daß ihr Gegenstand ein Annäherungsgegenstand geworden ist.

Die objektive Betrachtung besteht dagegen von Generation zu Generation gerade dadurch, daß die Individuen (die Betrachter) mehr und mehr objektiv werden, immer weniger in unendlicher Leidenschaft interessiert.

Wenn man auf diesem Wege fortfahren würde zu beweisen und den Beweis für die Wahrheit des Christentums zu führen, so würde zuletzt das Merkwürdige geschehen, daß gerade, wenn man mit dem Beweise für seine Wahrheit fertig wäre, es aufgehört hätte als etwas Gegenwärtiges zu existieren. Es wäre in dem Grade etwas Geschichtliches geworden, daß es etwas Vergangenes wäre, dessen Wahrheit, d. h. dessen geschichtliche Wahrheit nun zur Zuverlässigkeit gebracht wäre. Auf die Weise könnte die betrübte Weissagung (Lukas 18,8) in Erfüllung

---

[1] Hiermit ist zugleich die objektive Betrachtung *in absurdum* reduziert und die Subjektivität eingesetzt. Denn würde man fragen: warum ist denn der geringste Tüttel von unendlicher Wichtigkeit, so müßte die Antwort lauten: weil das Subjekt unendlich interessiert ist. Aber also ist es die unendliche Interessiertheit des Subjektes. die den Ausschlag gibt.

gehen: doch, wenn des Menschen Sohn kommen wird, ob er wohl den Glauben finden wird auf Erden?

Je mehr der Betrachter objektiv wird, desto weniger baut er eine ewige Seligkeit, d. h. seine ewige Seligkeit auf sein Verhältnis zur Betrachtung, denn von einer ewigen Seligkeit ist nur die Rede für die in Leidenschaft unendlich interessierte Subjektivität. Objektiv versteht sich dann der Betrachter (er sei nun forschender Gelehrter oder ein pfuschendes Glied der Gemeinde) an der Grenze des Lebens in folgender Abschiedsrede: Als ich jung war, zweifelte man an den und den Büchern; nun hat man ihre Echtheit bewiesen. Freilich hat man in der letzten Zeit wieder an einigen Büchern Zweifel erhoben, an denen man früher nie gezweifelt hat. Aber es wird ganz gewiß noch ein Gelehrter kommen usw.

Die bescheidene objektive Subjektivität hält sich mit gepriesenem Heroismus draußen; sie steht zu Diensten, die Wahrheit bereitwillig anzunehmen, sobald sie zustande gebracht ist. Doch ist es ein fernes Ziel, nach dem man strebt (unleugbar, denn eine Annäherung kann so lange dauern, wie sie will), und während das Gras wächst, stirbt der Betrachter, ruhig, denn er war objektiv. O du nicht umsonst gepriesene Objektivität, du vermagst alles. Nicht der Gläubigste ist seiner ewigen Seligkeit so gewiß gewesen, und vor allem so sicher sie nicht zu verlieren, wie der Objektive! Es müßte denn sein, daß diese Objektivität und Bescheidenheit an unrechter Stelle wäre, daß sie unchristlich wäre. Dann wäre es ja freilich bedenklich, auf diese Weise in die Wahrheit des Christentums zu kommen. Das Christentum ist Geist, Geist ist Innerlichkeit, Innerlichkeit ist Subjektivität, Subjektivität ist im wesentlichen Leidenschaft, in ihrem Maximum unendlich persönlich interessierte Leidenschaft für seine ewige Seligkeit.

Sobald man die Subjektivität wegnimmt, und von der Subjektivität die Leidenschaft, und von der Leidenschaft das unendliche Interesse, so gibt es überhaupt gar keine Entscheidung, weder in diesem noch in einem anderen Problem. Alle Entscheidung, alle wesentliche Entscheidung liegt in der Subjektivität. Ein Betrachter (und ein solcher ist die objektive Subjektivität) hat auf keinem Punkte einen Drang zu einer Entscheidung und sieht sie auf keinem Punkte. Dies ist das Falsum der Objektivität und die Bedeutung der Vermittlung als Durchgang in dem fortgesetzten Prozeß, worin nichts besteht, und worin auch nichts unendlich entschieden ist, weil die Bewegung in sich selbst zurückkehrt und wieder zurückkehrt, und die Bewegung selbst eine Schimäre und die Spekulation immer hinterdrein gescheit ist.[1] Objektiv verstanden gibt es überall Resultat genug, aber

[1] So ist auch die Skepsis der wegen ihrer Positivität weltberühmten Hegelschen Philosophie zu verstehen. Nach Hegel ist die Wahrheit der fortgesetzte weltgeschichtliche Prozeß. Jedes Geschlecht, jedes Stadium ist berechtigt und doch nur ein Moment in der Wahrheit. Wenn sich hier nicht etwas Scharlatanerie einmischt, welche uns annehmen läßt, daß die Generation, in der Professor Hegel lebte, oder die, welche jetzt nach ihm Imprimatur [vgl. Holberg, *Erasmus Montanus Akt 3, Sz. 3*] ist, daß die Generation die letzte und die Weltgeschichte vorbei

nirgends ein entscheidendes Resultat, was auch ganz in der Ordnung ist, gerade weil die Entscheidung in der Subjektivität liegt, wesentlich in der Leidenschaft, *maxime* in der für ihre ewige Seligkeit unendlich interessierten persönlichen Leidenschaft.

---

sei, dann liegen wir alle in Skepsis. Die leidenschaftliche Frage nach Wahrheit läßt sich nicht einmal hören, denn die Philosophie hat die Individuen zuerst angeführt objektiv zu werden. Die positive Hegelsche Wahrheit ist ebenso trügerisch, wie das Glück im Heidentum war. Erst hinterher bekommt man zu wissen, ob man glücklich gewesen ist: und so bekommt die nächste Generation zu wissen, was in der verstorbenen Generation das Wahre war. Das große Geheimnis des Systems (doch dies bleibt unter uns, gleich wie das Geheimnis unter den Hegelianern) ist beinahe der Sophismus des Protagoras: „alles ist relativ", nur daß hier alles im fortgesetzten Prozeß relativ ist. Hiermit ist jedoch dem Lebenden nicht gedient, und wenn er zufällig eine Anekdote des Plutarch (in den Moralia: [*Moralia* S. 270 Dübner]) von einem Lazedämonier Eudamidas kennt, wird er gewiß an sie denken. Als Eudamidas in der Akademie den hochbetagten Xenokrates mit seinen Schülern nach der Wahrheit suchen sah, fragt er: wer ist dieser Alte? Und als man antwortete, daß es ein weiser Mann sei, einer von denen, die nach der Tugend suchten, rief er: „wann will er sie denn gebrauchen!" Dieser fortgesetzte Prozeß hat vermutlich auch das Mißverständnis aufgebracht, daß ein verteufelter Kerl von Spekulant dazu gehöre, sich vom Hegelianismus frei zu machen. Keineswegs; da braucht's bloß gesunden Menschenverstand, Stärke im Komischen und etwas griechische Ataraxie. Außerhalb der Logik, und zum Teil auch in dieser infolge zweideutiger Beleuchtung, die Hegel nicht vermieden hat, ist Hegel und der Hegelianismus ein Versuch im Komischen. Der selige Hegel hat vermutlich schon seinen Meister im verstorbenen Sokrates gefunden, der ohne Zweifel etwas zu lachen bekommen hat, wenn sonst Hegel unverändert geblieben ist. Ja, da hat Sokrates einen Mann gefunden, mit dem es sich doch verlohnt, zu reden, und besonders sokratisch zu fragen (was ja Sokrates mit allen Verstorbenen zu tun beabsichtigte), ob er etwas wisse, oder ob er nichts wisse. Sokrates müßte sich bedeutend verändert haben, falls er sich nur im geringsten davon imponieren ließe, wenn Hegel damit anfinge, Paragraphen herzudeklamieren und zu versprechen, daß am Schluß alles klarwerden würde.

Vielleicht kann ich in dieser Anmerkung einen passenden Platz für etwas finden, über das ich mein Bedauern aussprechen möchte. In Poul Möllers Lebensbeschreibung von [F. S. Olsen] hat man nur eine einzige Äußerung angeführt, die eine Vorstellung davon gibt, wie er in späterer Zeit von Hegel dachte. Der geehrte Herausgeber hat sich zu dieser Zurückhaltung vermutlich von Vorliebe und Pietät für den Verstorbenen und ängstlicher Rücksicht darauf bestimmen lassen, was gewisse Leute sagen, wie ein spekulativ beinah hegelianisches Publikum urteilen würde. Vielleicht hat jedoch der Herausgeber gerade in dem Augenblicke, wo er in Vorliebe für den Verstorbenen zu handeln glaubte, dem Eindruck von ihm geschadet. Bemerkenswerter als mancher Aphorismus, der in der Sammlung abgedruckt wurde, ebenso bemerkenswert wie mancher Zug aus seiner Jugendzeit, den der sorgfältige und Geschmack besitzende Biograph in schöner, edler Darstellung aufbewahrt hat, ebenso bemerkenswert wäre es, daß P. M., während alles hegelianisch war, ganz anders urteilte, daß er erst eine zeitlang beinah mit Unwillen von Hegel redete bis ihn sein ihm eigentümlicher gesunder Humor besonders über den Hegelianismus lächeln, oder um noch deutlicher an P. M. zu erinnern, recht herzlich lachen lehrte. Denn wer hat P. M. liebgehabt und seinen Humor vergessen; wer hat ihn bewundert und seine Gesundheit vergessen, wer hat ihn gekannt und sein Lachen vergessen, das einem guttat, selbst wenn es einem nicht ganz klar war, worüber er eigentlich lachte; denn seine Zerstreutheit brachte einen zuweilen in Verwirrung.

§ 2 Von der Kirche

Die Schutzwehr der katholischen Kirche gegen das Eindringen der Dialektik, welche sie in der sichtbaren Gegenwart des Papstes zu haben glaubt, wollen wir hier beiseite lassen.[1] Aber auch innerhalb des Protestantismus hat man, nachdem man die Bibel als den festen Halt aufgegeben hat, nach der Kirche gegriffen. Obschon noch Angriffe auf die Bibel gemacht werden, obschon sie gelehrte Theologen linguistisch und kritisch verteidigen, so ist doch dies ganze Verfahren zum Teil antiquiert, und vor allem hat man, gerade weil man mehr und mehr objektiv wird, nicht die entscheidenden Schlüsse in bezug auf den Glauben im Sinne. Der Buchstaben-Zelotismus, der doch Leidenschaft hatte, ist verschwunden. Das Verdienstliche bei ihm war, daß er Leidenschaft hatte. Andererseits war er komisch, und gleichwie die Ritterzeit eigentlich mit *Don Quijote* abschließt (denn die komische Auffassung ist immer die abschließende), so könnte es ein Dichter noch klarmachen, daß es mit der Buchstabentheologie vorbei ist, indem er einen solchen unglücklichen Buchstabendiener in seiner tragikomischen Romantik verewigte. Denn überall, wo Leidenschaft ist, da ist auch Romantik, und wer Schmiegsamkeit und Sinn für Leidenschaft hat und nicht auswendig gelernt hat, was Poesie ist, der wird in einer solchen Gestalt eine schöne Schwärmerei sehen, wie wenn ein liebendes Mädchen einen kunstvollen Umschlag zu dem Evangelium stickt, worin sie das Glück ihrer Liebe liest, wie wenn ein liebendes Mädchen die Buchstaben in dem Briefe zählt, den „er" ihr geschrieben hat; aber da würde er zugleich das Komische sehen.

Über eine solche Gestalt würde sehr gelacht werden; eine andere Frage ist, mit welchem Recht man darüber lachte, denn daß die ganze Zeit leidenschaftslos geworden ist, gibt kein Recht zum Lachen. Das Lächerliche beim Zeloten lag darin, daß sich seine unendliche Leidenschaft auf einen verkehrten Gegenstand (einen Aproximationsgegenstand) warf, aber das Gute an ihm war, daß er Leidenschaft hatte.

---

[1] Überhaupt erkennt man die unendliche Reflexion, in welcher erst die Subjektivität um ihre ewige Seligkeit besorgt sein kann, sofort an einem Ding: daß sie überall, die Dialektik bei sich hat. Es sei ein Wort, ein Satz, ein Buch, ein Mann, eine Gesellschaft, es sei, was es wolle, sobald es in der Weise eine Grenze sein soll, daß die Grenze selbst nicht dialektisch ist, ist es Aberglaube und Beschränktheit. es lebt im Menschen immer ein solcher sowohl bequemer als auch bekümmerter Hang nach etwas ganz Festem, das die Dialektik ausschließen kann, aber das ist Feigheit und Falschheit gegen die Gottheit. Selbst das Gewisseste von allem: eine Offenbarung wird *eo ipso* dialektisch, indem ich sie mir aneignen soll; selbst das Festeste von allem der unendliche negative Entschluß, der die unendliche Form der Individualität für das Sein Gottes in ihr ist, wird sofort dialektisch. Sobald ich das Dialektische wegnehme, bin ich abergläubisch und betrüge Gott um das immer wieder angestrengte Erwerben des einmal Erworbenen. Dagegen ist es viel behaglicher, objektiv und abergläubisch zu sein und die Gedankenlosigkeit zu proklamieren.

Die Wendung der Sache, daß man die Bibel aufgibt und nach der Kirche greift, ist sogar eine dänische Idee. Indes will es mir nicht gelingen, aus Patriotismus über diese „unvergleichliche Entdeckung" (dies ist der offizielle Titel dieser Idee bei den genialen Teilnehmern: dem Entdecker und den Herrn Bewunderern) zu jubeln oder es wünschenswert zu finden, daß die Regierung für das ganze Volk zu frommer Danksagung ein Tedeum für die „unvergleichliche Entdeckung" anordnete. Besser ist es und wird mir unbeschreiblich leicht, Grundtvig das, was sein ist: die unvergleichliche Entdeckung, behalten zu lassen. Es wurden wohl damals, zumal in Deutschland eine ähnliche, wenn auch geringere Bewegung durch Delbrück[1] und andere veranlaßt wurde, Stimmen laut, daß Grundtvig diese Idee, wenn auch ohne ihre „Unvergleichlichkeit", Lessing[2] verdanke, so daß es Grundtvigs Verdienst bleiben würde, einen mit geistvollem Scharfsinn, mit seltener skeptischer Erfahrung, mit feiner Dialektik problematisch hingeworfenen kleinen sokratischen Zweifel in eine ewige, unvergleichliche, weltgeschichtliche, absolute, himmelschreiende und sonnenklare Wahrheit verwandelt zu haben. Aber selbst wenn wir voraussetzten, was ich durchaus nicht tue, daß Pastor Grundtvig hiervon etwas gewußt habe, denn die unvergleichliche Entdeckung trägt in ihrer unvergleichlichen Absolutheit unverkennbar den Stempel Grundtvigscher Ursprünglichkeit: so würde es doch eine Ungerechtigkeit sein, dies eine Entlehnung von Lessing zu nennen, da das ganze Grundtvigsche nicht das mindeste enthält, was an Lessing erinnerte oder von dem Großmeister des Verstandes ohne unvergleichliche Resignation als sein Eigentum zurückgefordert werden könnte. Hatte man noch gesagt, daß der kluge, dialektische Magister Lindberg, der talentvolle Generalprokurator und Vormund der unvergleichlichen Entdeckung, möglicherweise Lessing etwas verdanke, so ließe sich das hören. Jedenfalls verdankt die Entdeckung dem Talent Lindbergs viel, sofern sie durch ihn Form bekam, in dialektische Haltung gebracht, weniger hiatisch, weniger unvergleichlich, und zugänglicher für den gesunden Menschenverstand wurde.

Das hatte Grundtvig richtig eingesehen, daß die Bibel unmöglich dem eindringenden Zweifel standhalten konnte, aber er hatte nicht eingesehen, daß der Grund war, daß sowohl der Angriff als die Verteidigung sich in einem Approximieren bewegen, das in seinem ewig fortgesetzten Streben nicht dialektisch ist für eine unendliche Entscheidung, auf die man eine ewige Seligkeit baut. Da er hierauf nicht dialektisch aufmerksam war, so hätte es ein reiner Glückswurf sein müssen, wenn er aus den Voraussetzungen herausgekommen wäre, innerhalb deren die Bibeltheorie ihre großen Verdienste und ihre ehrwürdige wissenschaftliche Bedeutung hat. Aber ein Glückswurf ist beim Dialektischen undenkbar. Darum war es wahrscheinlicher, daß er mit seiner Kirchentheorie innerhalb der-

1 [In seiner Schrift: *Philipp Melanchton, der Glaubenslehrer.*]

2 [Lessings *Axiomata VII* am Schluß.]

selben Voraussetzungen blieb. Scheltworte gegen die Bibel, womit er wirklich zu seiner Zeit die älteren Lutheraner ärgerte, Scheltworte und Machtsprüche statt Gedanken können natürlich nur Anbeter befriedigen, aber diese natürlich außerordentlich. Jeder andere sieht leicht, daß, wenn in der lärmenden Rede der Gedanke fehlt, es eben die Gedankenlosigkeit ist, die sich in der Leichtfertigkeit des Ausdrucks gehen läßt.

Wie früher die Bibel objektiv entscheiden sollte, was das Christliche sei und was nicht, so soll nun die Kirche der sichere objektive Anhalt sein. Näher bestimmt ist es wieder das lebendige Wort in der Kirche, das Glaubensbekenntnis und das Wort bei den Sakramenten.

Zunächst ist klar, daß das Problem objektiv behandelt wird. Die bescheidene, unmittelbare, ganz unreflektierte Subjektivität hält sich naiv für überzeugt, daß, wenn nur die objektive Wahrheit feststehe, das Subjekt fix und fertig sei einzuziehen. Hieran sieht man gleich die Jugendlichkeit (deren sich ja der alte Grundtvig auch rühmt), die von jener kleinen hinterlistigen sokratischen Heimlichkeit keine Ahnung hat: daß der Knoten gerade im Verhalten des Subjekts steckt. Wenn die Wahrheit Geist ist, so ist die Wahrheit Verinnerlichung und nicht ein unmittelbares und höchst ungeniertes Verhalten eines unmittelbaren Geistes zu einer Summe von Lehrsätzen, mag man auch dieses Verhalten zu neuer Verwirrung mit dem entscheidendsten Ausdruck der Subjektivität „Glauben“ nennen. Die Richtung der Unreflektiertheit geht beständig nach außen, hin zu, gegen, nach einem Ziel, gegen das Objektive; die sokratische Heimlichkeit ist, wenn das Christentum kein unendlicher Rückschritt sein soll, sondern Verunendlichung durch tiefere Innerlichkeit, die, daß die Bewegung nach innen geht, daß die Wahrheit die Verwandlung des Subjektes in sich selbst ist. Das von der unvergleichlichen Zukunft Griechenlands weissagende Genie[1] zeigt sich mit dem Griechentum nicht gerade vertraut. Das Studium der griechischen Skepsis wäre sehr zu empfehlen. Da lernt man vortrefflich, wozu freilich immer Zeit und Übung und Disziplin gehört (schmaler Weg für freies Wort!), daß die sinnliche Gewißheit, geschweige denn die geschichtliche Gewißheit, Ungewißheit und nur Approximation, daß das Positive und ein unmittelbares Verhältnis dazu das Negative ist.

Die erste dialektische Schwierigkeit bei der Bibel besteht darin, daß sie ein geschichtliches Aktenstück ist, daß, sobald sie der Halt sein soll, das einleitende Approximieren anfängt, und das Subjekt in eine Parenthese abgezogen wird, auf deren Schluß man bis in Ewigkeit warten kann. Das Neue Testament ist etwas Vergangenes und so in strengerem Sinn geschichtlich. Gerade dies ist das Betörende, das die Subjektivierung des Problems verhindern und es objektiv behandeln will, wodurch es gar nicht zustande kommt. Mit dieser Schwierigkeit haben sich die *philosophischen Brocken* im vierten und fünften Kapitel beschäf-

---

1 [Grundtvig: *Handbuch der Weltgeschichte I* (1833) Seite 321.]

tigt, indem sie die Verschiedenheit zwischen dem gleichzeitigen und dem letzten Jünger aufhoben, die, wie man annahm, durch 1800 Jahre voneinander getrennt waren. Dies ist von Wichtigkeit, damit das Problem (der Widerspruch, daß Gott in menschlicher Gestalt dagewesen ist) nicht mit der Geschichte des Problems, d. h. mit *summa summarum* von achtzehnhundertjährigen Meinungen usw. verwechselt werde.

So hoben die *Brocken* das Problem experimentierend hervor. Die Schwierigkeit mit dem Neuen Testamente als etwas Vergangenem scheint nun bei der Kirche gehoben, die ja etwas Gegenwärtiges ist.

Auf diesem Punkte hat Grundtvigs Theorie ein Verdienst. Besonders hat Lindberg mit tüchtigem juristischen Scharfsinn entwickelt, daß die Kirche all das Beweisen und Beweisen, das für die Bibel nötig war, abschneidet, da diese etwas Vergangenes ist, während die Kirche da ist, etwas Gegenwärtiges ist. Einen Beweis für ihr Dasein fordern, sagt Lindberg ganz mit Recht, ist Unsinn, wie wenn man von einem lebenden Mann forderte, daß er sein Dasein beweise.[1] Darin hat Lindberg vollkommen recht, und die Unerschütterlichkeit und klärende Sicherheit, womit er etwas festzuhalten versteht, ist aller Ehren wert.

Die Kirche ist also da und von ihr (als gegenwärtiger, mit dem Frager gleichzeitiger, wodurch das Problem in gleicher Weise den jeweiligen Zeitgenossen gilt) kann man zu wissen bekommen, was wesentlich christlich ist, denn es ist das, was die Kirche bekennt.

Richtig. Aber auf diesem Punkte hat nicht einmal Lindberg die Sache halten können (und ich hätte am liebsten mit einem Dialektiker zu tun, indem ich Grundtvig das Unvergleichliche überließe). Nachdem nämlich von der Kirche gesagt worden ist, daß sie da sei, und daß man bei ihr erfahren könne, was das Christliche sei, wird dann wieder von dieser gegenwärtigen Kirche gesagt, daß sie die apostolische, daß sie dieselbe sei, die achtzehn Jahrhunderte hindurch bestanden habe. Das Prädikat christlich bedeutet also mehr als gegenwärtig; von der gegenwärtigen Kirche ausgesagt, bezeichnet es eine Vergangenheit, also etwas, was geschichtlich ist, ganz in demselben Sinne wie die Bibel. Damit ist alles Verdienst zunichte gemacht. Das einzige Geschichtliche, das höher steht als der Beweis, ist das gleichzeitige Dasein, jede Aussage von etwas Vergangenem erfordert einen Beweis. Sagt jemand so zu einem Manne: beweise, daß du da bist, so antwortet der andere ganz richtig: das ist Unsinn. Sagt er dagegen: ich, der ich jetzt da bin, bin vor mehr als vierhundert Jahren als wesentlich derselbe dagewesen, so sagt der erste mit Recht: hier ist ein Beweis nötig. Daß so ein alter Dialektiker wie Lindberg, der es gerade versteht, eine Sache auf die Spitze zu stellen, dies nicht bemerkt hat, ist sonderbar.

---

[1] Dialektisch-metaphysisch genauer bestimmt kommt dieses daher, daß das Dasein ein höherer Begriff ist als alle Beweise dafür, und daß es daher eine Torheit ist, solchen Beweis zu fordern; während es umgekehrt ein Sprung ist, vom Wesen aufs Dasein zu schließen.

In dem Augenblick, wo man mit Hilfe des lebendigen Wortes die Kontinuität urgiert, ist die Sache ganz auf die Stelle gebracht, wo sie in der Bibeltheorie war. Mit den Einwendungen geht es wie mit dem Kobold: ein Mann zieht um, der Kobold zieht mit. Hierüber läßt man sich einen Augenblick täuschen. Ein Genie wie Grundtvig kann sich bei plötzlicher Veränderung des Operationsplans, besonders wenn die neue Wehr von niemand angegriffen wird, leicht in der Meinung beglückt fühlen, daß mit Hilfe seiner unvergleichlichen Entdeckung nun alles gut sei. Laß indes die Kirchentheorie den Sturm auszuhalten haben, wie es die Bibel mußte, laß alle Einwendungen ihr nach dem Leben trachten, was dann? Da jedes andere Verfahren die Kirchentheorie selbst vernichten und das Problem in die Subjektivität verlegen würde, wohin es freilich gehört, was jedoch der objektive Grundtvig nicht annimmt, so wird hier wieder ganz konsequent eine Einleitungswissenschaft notwendig, welche die Ursprünglichkeit des Glaubensbekenntnisses[1] und seine überall und in jedem Moment der 1800 Jahre gleiche Bedeutung beweist (wobei die kritische Arbeit auf Schwierigkeiten stoßen wird, die die Bibeltheorie gar nicht kannte[2]), es wird in alten Büchern nachgestöbert werden. Das lebendige Wort hilft nichts. Natürlich hilft es auch nichts, dies Grundtvig auseinanderzusetzen, weshalb es auch nicht irgend mit Hoffnung, sondern eher in Hoffnungslosigkeit geschieht.

Das lebendige Wort verkündigt das Dasein der Kirche. Richtig, das kann einem Satan selbst nicht nehmen. Aber das lebendige Wort verkündigt nicht, daß die Kirche 1800 Jahre dagewesen ist, daß sie wesentlich dieselbe ist, daß sie ganz unverändert geblieben ist usw.; das kann ein dialektischer Jüngling einsehen. Dem unmittelbaren, unbeweisbaren Dasein des gleichzeitig Gegenwärtigen entspricht das lebendige Wort als Äußerung des Daseins, aber so wenig wie die Vergangenheit unbeweisbar (d. h. höher als der Beweis) ist, so wenig entspricht ihr das lebendige Wort, wie ja auch das beigefügte Prädikat (lebendig nur auf die unmittelbare Gegenwart deutet. Ein Grundtvigsches Anathema über die, welche die beglückende oder entscheidende Macht des lebendigen Wortes in bezug auf das geschichtlich Vergangene nicht begreifen (ein lebendiges Wort von Verstorbenen), beweist weder, daß Grundtvig denkt, noch daß der Gegner nicht denkt.

Gerade Magister Lindberg, der ein zu klarer Kopf ist, als daß er sein Genüge darin fände, jahraus, jahrein Lärm zu schlagen, hat der Sache diese Wendung

---

1 [Das Grundtvig als das „lebendige Wort" bezeichnet.]

2 Aus Vorsicht muß ich hier das Dialektische wiederholen. Es wäre nicht undenkbar, daß jemand, der genügend Phantasie besäße, auf diese weitläufigen Schwierigkeiten recht aufmerksam zu werden, sagte: nein, da geht es doch besser mit der Bibel. Aber man vergesse nicht wieder in Zerstreutheit, daß dieses Mehr oder Weniger, Besser oder Nichtbesser innerhalb der wesentlichen Unvollkommenheit eines Approximierens liegt und für die Entscheidung einer ewigen Seligkeit inkommensurabel bleibt.

gegeben. Als einmal gestritten wurde, ob es richtig sei zu sagen: „ich glaube eine christliche Kirche“ oder „daß es eine christliche Kirche gibt“, nahm er selbst seine Zuflucht zu alten Büchern, um zu beweisen, wann die verkehrte Lesart aufgekommen sei. Da läßt sich natürlich auch nichts anderes tun, man müßte denn zu dem christlichen Glaubensbekenntnis eine neue Entsagungsformel hinzufügen, daß man allem wahren Denken über die unvergleichliche Entdeckung und das Abrakadabra des lebendigen Wortes entsage.[1]

Auf diese Weise beginnt die Approximation von neuem. Man setzt eine Parenthese, ohne sagen zu können, wann sie ende, denn es ist und bleibt nur ein Approximieren, und dieses hat die merkwürdige Eigenschaft, daß es so lange dauern kann, als es soll.

Also das Verdienst der Kirchentheorie vor der Bibeltheorie bestand darin, daß sie das spätere Geschichtliche beseitigte und das Geschichtliche zur Gegenwart machte. Aber dieses Verdienst verschwindet sogleich wieder, wenn die näheren Bestimmungen dazutreten.

Was gelegentlich von dem Vorzug des Glaubensbekenntnisses vor der Bibel als Schutzwehr gegen Angriffe gesagt worden ist, ist ziemlich dunkel. Daß das Glaubensbekenntnis nur einige kurze Sätze enthalte, während die Bibel ein großes Buch sei, das ist ein illusorischer Trost und gilt eigentlich nur für Leute, die nicht recht verstehen, daß die Weitläufigkeit der Gedanken nicht immer der Weitläufigkeit der Worte entspricht. Die Angreifer brauchen auch nur ihren Angriff zu ändern und gegen das Glaubensbekenntnis zu richten, so ist alles in vollem Gange. Können sie sich, um die Persönlichkeit des heiligen Geistes zu leugnen, exegetisch am Neuen Testament versuchen, so können sie sich ja ebensogut an die Differenz halten, über die Lindberg exegetisiert hat, ob im Glaubensbekenntnis stehen soll: ich glaube an den heiligen Geist, oder den Heilig-Geist. Dies bloß als ein Beispiel, denn es folgt von selbst, daß es unmöglich ist, bei geschichtlichen Problemen eine solche objektive Entscheidung zu finden, daß sich kein Zweifel eindrängen kann. Auch dies deutet darauf, daß das Problem subjektiv gestellt werden soll, und daß es gerade ein Mißverständnis ist, sich objektiv sichern und dadurch dem Risiko entgehen zu wollen, in welchem die Leidenschaft wählt und in welchem die Leidenschaft ihre Wahl fortwährend behauptet. Es wäre auch eine ungeheure Ungerechtigkeit, wenn sich eine spätere Generation sicher, d. h. objektiv in das Christentum hineindrängen und so dessen teilhaftig machen könnte, was die erste in der äußersten Lebensgefahr der Subjektivität erkauft und in derselben Gefahr ein ganzes Leben lang erworben hätte.

---

[1] Wessen Phantasie aber nicht ganz unbeweglich ist, der wird an jenen Streit erinnert, gewiß nicht leugnen, daß Lindbergs Benehmen recht lebhaft an die gelehrten Anstrengungen einer besorgten Bibelexegese erinnerte. Etwas Sophistisches habe ich in Lindbergs Verfahren nie entdecken können (wenn man, wie recht und billig ist, sich nicht anmaßt inspiriert über die Herzen urteilen zu wollen), mit welchem Urteil Lindberg immer verfolgt worden ist.

Will jemand sagen, daß die kurze Aussage leichter festzuhalten und schwieriger anzugreifen sei, so verschweigt er etwas, nämlich, wie viel Gedanken in der kurzen Aussage enthalten sind. Insofern könnte ein anderer mit demselben Recht sagen, daß die weitläufigere Ausführung (wenn, wie in *casu*, beide von denselben, den Aposteln, stammen) deutlicher sei, und darum leichter festzuhalten und schwieriger anzugreifen. Aber alles, was sich in dieser Richtung, *pro et contra*, sagen läßt, ist wieder nur eine Approximations-Skepsis.

Die Kirchentheorie ist hinlänglich als „objektiv" angepriesen worden, ein Wort, das in unserer Zeit eine Ehrenerklärung ist, womit sich Denker und Propheten einander etwas Großes zu sagen glauben. Nur schade, daß man es da, wo man objektiv sein sollte, in der strengen Wissenschaft, selten ist; denn ein mit tüchtiger Autopsie ausgerüsteter Gelehrter ist eine große Seltenheit. Beim Christentum ist es dagegen eine höchst unglückliche Kategorie, und wer ein objektives Christentum und nichts anderes hat, ist *eo ipso* ein Heide; denn das Christentum ist gerade Sache des Geistes, Sache der Subjektivität und Innerlichkeit.

Daß nun die Kirchentheorie objektiv ist, will ich nicht leugnen, im Gegenteil durch das Folgende zeigen. Wenn ich das für seine Seligkeit unendlich leidenschaftlich interessierte Individuum ihr so gegenüberstelle, daß es auf sie seine Seligkeit gründen will, so wird es komisch. Es wird nicht komisch, weil es in Leidenschaft unendlich interessiert ist, dies ist gerade das Gute bei ihm, aber es wird komisch, weil die Objektivität damit ungleichartig ist. Soll das Geschichtliche beim Glaubensbekenntnis (daß es von den Aposteln stammt usw.) das Entscheidende sein, so muß auf jeden Tüttel unendliches Gewicht gelegt werden. Da sich dies aber nur *approximando* erreichen läßt, so befindet sich das Individuum in dem Widerspruch, seine ewige Seligkeit daran zu knüpfen, d. h. knüpfen zu wollen und nicht dazu zu kommen, weil die Approximation nie fertig wird, woraus wieder folgt, daß es in alle Ewigkeit nicht dazu kommt, seine ewige Seligkeit an sie zu knüpfen, sondern ein weniger leidenschaftliches Etwas. Würde man erst recht einig darin, das Glaubensbekenntnis anstatt der Schrift zu gebrauchen, dann würden sich Phänomene zeigen, die ganz dem Zelotismus der besorgten biblischen Exegese entsprächen. Das Individuum ist tragisch durch seine Leidenschaft und komisch dadurch, daß es sie auf eine Approximation [annähernde Gewißheit] wirft.

Will man das Sakrament der Taufe betonen und seine ewige Seligkeit darauf gründen, daß man getauft sei, so wird man wieder komisch; nicht weil die unendlich interessierte Leidenschaft komisch ist, weit entfernt, die ist gerade ehrwürdig, aber weil es für ihren Gegenstand nur annähernde Gewißheit gibt. Wir alle leben ruhig in der Überzeugung, daß wir getauft seien, aber soll die Taufe für meine ewige Seligkeit entscheidend, unendlich entscheidend sein, so muß ich, und so jeder, der nicht objektiv glückselig gemacht ist und die Leidenschaft wie eine Kinderei abgelegt hat (und ein solcher hat ja keine ewige Seligkeit zu gründen, darum kann er sie leicht auf wenig gründen), so muß ich um Gewißheit bitten. Ach, das Unglück ist, daß ich für ein geschichtliches Faktum nur annähernde Gewißheit bekommen kann. Mein Vater hat es gesagt, es steht im Kirchenbuche, ich habe ein Taufzeugnis usw.[1] O ja, ich bin beruhigt. Aber laß einen Menschen Leidenschaft genug haben, die Bedeutung seiner ewigen Seligkeit zu fassen, und laß ihn dann versuchen sie daran zu knüpfen, daß er getauft sei: er wird verzweifeln. Auf diesem Wege müßte die Kirchentheorie, wenn sie einigen Einfluß gehabt hätte und nicht alles so objektiv geworden wäre, direkt zum Baptismus führen, oder auch dazu, daß man die Taufe wie das Abendmahl wiederholte, um seiner Sache sicher zu sein.

Gerade weil Grundtvig als Dichter von unmittelbarer Leidenschaft erregt und von ihr umgetrieben ist, was gerade das Herrliche an ihm ist, fühlt er einen unmittelbaren tiefen Drang nach etwas Festem, womit man das Dialektische fernhalten könnte. Aber dies ist nur ein Drang nach einem abergläubischen Stützpunkte; denn, wie oben gesagt wurde, jede Grenze, welche die Dialektik fernhalten will, ist *eo ipso* Aberglauben. Gerade weil Grundtvig von unmittelbarer Leidenschaft erregt ist, ist er nicht unbekannt mit Anfechtungen. Durch diese hindurch schlägt man nun einen Richtweg ein, indem man etwas Magisches zu bekommen sucht, um sich daran zu halten, und dann hat man gute Zeit, welthistorischen Sorgen nachzugehen. Aber hier liegt eben der Widerspruch: für sich selbst vertraut man getrost auf etwas Magisches, und dann bekümmert man sich eifrig um die ganze Weltgeschichte. Wenn die Anfechtung dialektisch anfaßt, wenn der Sieg beständig zugleich dialektisch gestaltet ist, dann wird man schon genug mit sich selbst zu tun bekommen. Selbstverständlich kommt man dann nicht dazu, die ganze Menschheit mit unvergleichlichen Gesichten zu beglücken.

Ob es übrigens nicht unchristlich ist, in bezug auf die Frage nach seiner ewigen Seligkeit in der Gewißheit Ruhe zu finden, daß man getauft sei, gleichwie sich die Juden auf die Beschneidung und die Abrahamskindschaft als den entscheidenden Beweis für ihr Gottesverhältnis beriefen, also daß man nicht Ruhe findet im freien Geistesverhältnis zu Gott[2], sondern in einer Begebenheit, also die Anfechtung durch diese magische Taufe[3] fernhält, anstatt sie mit dem Glau-

---

[1] Wer weiß, ob nicht Pastor Grundtvig annimmt, daß mir auch ein lebendiges Wort beweist, daß ich wirklich getauft bin.

[2] (und damit sind wir ja bei der Subjektivitätstheorie, wohin die eigentlich religiösen Kategorien gehören, wo jeder nur sich selbst retten und daran genug haben soll, weil die Rettung beständig schwieriger, intensiver an Innerlichkeit wird, je bedeutungsvoller die Individualität wird; und wo es läppischem Wesen im Gegensatz zu Zucht und Anstand gleicht, wenn man ein weltgeschichtliches Genie spielen und wie ein Extraordinarius mit Gott weltgeschichtlich fraternisieren will)

[3] Wenn man sagt, daß das gegen alle Anfechtung Sichernde beim Gedanken an die Taufe darin liege, daß Gott in ihr etwas an uns tue, so ist das natürlich nur eine Illusion, die durch eine solche Bestimmung die Dialektik fernzuhalten meint, denn die Dialektik kommt sogleich mit der Verinnerlichung dieses Gedankens, mit der Aneignung. Darauf hat jedes Genie, auch das größte, das je gelebt hat, ausschließlich all seine Kraft zu legen: auf die Verinnerlichung in sich

ben zu überwinden, das will ich nicht entscheiden. Ich habe überhaupt keine Meinung, sondern stelle bloß das Problem experimentierend dar.

Was die Bibeltheorie betrifft, so kann der Schreiber dieser Zeilen, selbst wenn er sich mehr und mehr von der hier verborgenen dialektischen Verirrung überzeugte, doch nie anders als mit Dankbarkeit und Bewunderung an das unter jener Voraussetzung Geleistete denken, an die mit seltener Gelehrsamkeit und Gründlichkeit ausgestatteten Schriften, an den wohltuenden Eindruck der ganzen Bestrebung, die in einer Literatur niedergelegt ist, von deren ganzem Umfang sich der Schreiber dieser Zeilen keineswegs eine besondere gelehrte Kenntnis anmaßt.

Was die Theorie Grundtvigs betrifft, so fühlt er im Augenblick der Trennung von ihr nicht gerade Schmerz, und er fühlt sich bei dem Gedanken mit diesem Denker uneinig zu sein auch nicht gerade verlassen. Grundtvig auf seiner Seite zu haben kann gewiß keiner wünschen, der bestimmt zu wissen wünscht, wo man ist, und der nicht da zu sein wünscht, wo es Lärm gibt, besonders wenn der Lärm die einzige nähere Bestimmung ist, wo man ist. Magister Lindberg dagegen ist ein Mann, der so viel tüchtige Kenntnisse besitzt, ist ein so erfahrener Dialektiker, daß er als Alliierter immer ein großer Gewinn ist und als Feind einem den Kampf immer schwermachen kann, aber auch erfreulich, weil er ein geübter Fechter ist, der trifft und doch nicht so absolut totschlägt, daß der Lebende sich nicht leicht davon überzeugte, daß er es nicht ist, der totgeschlagen wurde, sondern diese oder jene ungeheure Absolutheit. Mir ist es immer wie ein Unrecht gegen Lindberg vorgekommen, daß während Pastor Grundtvig etwas Gewisses im Jahr an Bewunderungs-Opfern und -Akzidenzien von seiten der anbetenden Partei genießt, Magister Lindberg dagegen hat im Schatten stehen müssen. Und doch ist das in Wahrheit etwas, und etwas, was man mit Wahrheit von Lindberg sagen kann, daß er ein guter Kopf ist. Dagegen ist es höchst zweifelhaft, was alles das in Wahrheit ist, was man davon sagt, daß Grundtvig Seher sei, Barde, Skalde und Prophet, und daß er einen beinah unvergleichlichen Blick für die Weltgeschichte und ein Auge für das Tiefe habe.

---

selbst. Aber man wünscht ein für allemal von der Anfechtung frei zu sein, und im Augenblick der Anfechtung richtet sich deshalb der Glaube nicht auf Gott, sondern der Glaube wird ein *Glaube daran*, daß man wirklich getauft sei. Wenn sich hier nun nicht viel Spiegelfechterei verbergen würde, so hätten sich längst psychologisch merkwürdige Fälle von Seelennot gezeigt, die nach Gewißheit verlangte, daß man getauft ist. Es sollte sich nur um 10 000 Taler handeln, dann würde man es kaum dahingestellt sein lassen, was für eine Art Gewißheit wir alle haben getauft zu sein.

Das Problem ist objektiv gestellt; die zuverlässige Subjektivität denkt ungefähr so: „laß bloß die Wahrheit des Christentums gewiß und klar sein, ich will schon der Mann dazu sein, sie anzunehmen, das folgt ja von selbst." Das Unglück ist bloß, daß die Wahrheit des Christentums durch ihre paradoxe Form[1] etwas mit der Brennessel gemein hat: die zuverlässige Subjektivität verbrennt sich nur, wenn sie so ohne weiteres zugreifen will, oder richtiger (denn da es ein Geistesverhältnis ist, kann das Sichselbstverbrennen ja nur übertragen verstanden werden), sie ergreift sie gar nicht, sie ergreift die objektive Wahrheit des Christentums so objektiv, daß sie selbst draußen bleibt.

Eigentlich dialektisch läßt sich dieser Beweis gar nicht behandeln; denn mit dem ersten Wort verwandelt er sich selbst in eine Hypothese. Und eine Hypothese kann wahrscheinlicher werden, wenn sie sich 3000 Jahre hält, aber deshalb wird sie niemals eine ewige Wahrheit, die für die ewige Seligkeit eines Menschen entscheidend sein kann. Hat nicht der Mohamedanismus zwölfhundert Jahre bestanden? Die Sicherheit, welche die achtzehn Jahrhunderte bieten, daß das Christentum alle Lebensverhältnisse durchdrungen, die Welt umgeschaffen habe usw., diese Sicherheit ist gerade ein Trug, durch den sich das sich entschließende und wählende Subjekt fangen läßt und in die Verlorenheit der Parenthese eingeht. Achtzehn Jahrhunderte haben für eine ewige Wahrheit, die für die ewige Seligkeit entscheiden soll, keine größere Beweiskraft als ein Tag; dagegen haben achtzehn Jahrhunderte und alles, alles, alles, was daraufhin erzählt und gesagt und wiederholt wird, eine Macht der Zerstreuung, die vortrefflich zerstreut. Von Natur ist jeder Mensch darauf angelegt, ein Denker zu werden (Ehre und Preis sei dem Gott, der den Menschen zu seinem Bilde schuf!). Gott kann nichts dafür, daß Gewohnheit und Schlendrian und Leidenschaftslosigkeit und Ziererei und Geschwätz mit guten Freunden und Nachbarn die meisten nach und nach verdirbt, so daß sie gedankenlos werden, und ihre ewige Seligkeit darauf und wieder darauf und drittens darauf bauen, und die Heimlichkeit nicht merken, daß ihre Rede von ihrer ewigen Seligkeit Ziererei ist, eben weil sie leidenschaftslos ist; daher läßt sich diese Seligkeit auch vortrefflich auf Streichholzargumente bauen.

Der Beweis läßt sich darum nur rhetorisch behandeln.[2] Wahre Beredsamkeit ist nun freilich eine Seltenheit. Sie würde wohl Bedenken tragen ihn zu gebrauchen: vielleicht läßt sich daraus erklären, daß man ihn so oft hört. Auf seiner Höhe will dieser Beweis nicht dialektisieren (denn nur Pfuscher beginnen so

---

[1] Vgl. darüber *Die Brocken.*

[2] Am besten vielleicht mit einer humoristischen Wendung, wie wenn Jean Paul sagt: wenn man alle Beweise für die Wahrheit des Christentums aufgäbe oder widerlegte, bliebe doch der zurück, daß es achtzehn Jahrhunderte bestanden hat.

und greifen danach zur Rhetorik), er will imponieren. Der Redner isoliert das betrachtende oder zweifelnde Subjekt, indem er dasselbe von aller Verbindung mit anderen loslöst, und stellt dem armen Sünder die unzähligen Geschlechter und Millionen mal Millionen gegenüber. Darauf sagt er zu ihm: darfst du nun so frech sein, die Wahrheit zu leugnen, darfst du, darfst du dir einbilden, daß du die Wahrheit haben solltest, und achtzehn Jahrhunderte, die unzähligen Geschlechter und Millionen mal Millionen sollten im Irrtum gelebt haben? Darfst du, armseliger einzelner Mensch, darfst du alle diese Millionen mal Millionen, ja die ganze Menschheit gleichsam ins Verderben stürzen wollen? Siehe, sie stehen auf aus den Gräbern, siehe, sie gehen gleichsam vor meinen Gedanken vorüber, Geschlecht um Geschlecht, alle jene Gläubigen, die in der Wahrheit des Christentums Ruhe fanden, und ihr Blick richtet dich, du frecher Aufrührer, bis die Scheidung des Gerichtes sie deinem Blick entzieht, weil du zu leicht erfunden, weil du ausgeschlossen wurdest, hinaus in die Finsternis, fern von jener ewigen Seligkeit usw. Hinter diesen ungeheuren Schlagworten (von Millionen mal Millionen) zittert jedoch zuweilen der feige Redner, wenn er den Beweis gebraucht, weil er ahnt, daß in seinem ganzen Verfahren ein Widerspruch steckt.

Dem Sünder tut er indessen keinen Schaden. Ein solches Sturzbad aus einer Höhe von achtzehn Jahrhunderten ist sehr erfrischend. Der Redner nützt, wenn auch nicht gerade so, wie er meint, er nützt, indem er das Subjekt von anderen Menschen aussondert, ach, das ist ein großer Dienst, denn nur wenige vermögen dies durch sich selbst allein; und doch ist die Versuchung in dieser Stellung eine absolute Bedingung, um ins Christentum hineinzukommen. Die achtzehn Jahrhunderte sollen gerade der Schrecken sein. Als Beweis *pro* sind sie im Augenblick der Entscheidung für das einzelne Subjekt gleich Null; aber als Schreck *contra* sind sie ganz vortrefflich. Nur ist die Frage, ob es dem Rhetor glücken wird, den Sünder unter das Sturzbad zu bekommen. Er tut ihm nämlich Unrecht, da der Sünder ja die Wahrheit des Christentums weder ausspricht noch leugnet, sondern einzig und allein auf sein Verhältnis zu ihr bedacht ist. Wie man erzählt, daß der Isländer zum König sagte: das ist zu viel, Ew. Gnaden, so könnte der Sünder sagen: das ist zu viel, Ew. Hochwürden, wozu alle diese Millionen mal Millionen, man wird so verwirrt im Kopfe, daß man weder aus noch ein weiß. Wie oben bemerkt, ist es das Christentum selbst, das ein ungeheures Gewicht auf das einzelne Subjekt legt; es will sich nur mit ihm, ihm, ihm allein einlassen und so mit jedem besonders. Es ist insofern ein unchristlicher Gebrauch der achtzehn Jahrhunderte, durch sie den einzelnen ins Christentum hineinlocken oder hineinängstigen zu wollen: er kommt doch nicht hinein. Und kommt er hinein, so tut er es, ob er achtzehn Jahrhunderte für sich oder gegen sich hat.

Was hier angedeutet worden ist, haben die *Brocken* oft genug eingeschärft, nämlich daß es keinen direkten und unmittelbaren Übergang zum Christentum gibt, und daß deshalb alle, die einen auf diese Weise ins Christentum rhetorisch hineinschieben oder sogar hineinprügeln wollen: Betrüger sind, nein: nicht wissen, was sie tun.

Kapitel II. Die spekulative Betrachtung

Die spekulative Betrachtung faßt das Christentum als eine geschichtliche Erscheinung auf. Die Frage nach seiner Wahrheit bedeutet deshalb, es so mit dem Denken zu durchdringen, daß das Christentum zuletzt selbst der ewige Gedanke ist.

Die spekulative Betrachtung hat nun die gute Eigenschaft, daß sie keine Voraussetzungen hat. Sie geht von nichts aus, nimmt nichts als gegeben an, beginnt nicht „bittweise" [*precario*]. Hier kann man also sicher sein, nicht solche Voraussetzungen wie im vorhergehenden zu treffen.

Doch wird ja eins angenommen: das Christentum als gegeben. Es wird angenommen, daß wir alle Christen sind. Ach, ach, ach, die Spekulation ist allzu freundlich. Ja, wie sonderbar der Gang der Welt ist! Es war einmal lebensgefährlich, sich als Christ zu bekennen, nun ist es bedenklich, zu bezweifeln, daß man es sei. Besonders nämlich, wenn dies Bezweifeln nicht bedeutet, daß man anstürmt, um das Christentum abzuschaffen, denn das läßt sich hören. Nein, wenn ein Mensch simpel und einfältig sagen würde, daß er für sich selbst besorgt sei, daß es nicht richtig damit zusammenhänge, sich Christ zu nennen, so würde er, nicht verfolgt oder hingerichtet werden, aber man würde ihn böse anblicken und sagen: „Das ist recht langweilig mit dem Menschen, daß er viel Aufhebens um nichts macht. Warum kann er nicht wie wir andern sein, die wir alle Christen sind? Das ist gerade wie mit F. F., der kann auch nicht mit einem Hut wie wir anderen gehen, sondern muß etwas Apartes haben." Wäre er verheiratet, so würde seine Frau zu ihm sagen: „Lieber Mann, wie kannst du auf solche Gedanken kommen! Du solltest kein Christ sein? Du bist ja ein Däne; steht es nicht in der Geographie, daß die lutherisch-christliche Religion in Dänemark herrscht? Ein Jude bist du doch nicht, ein Mohamedaner auch nicht, was solltest du denn also sein? Es ist ja tausend Jahr her, daß das Heidentum abgeschafft wurde, also weiß ich doch, daß du kein Heide bist. Machst du nicht deine Arbeit auf dem Kontor als ein guter Beamter, bist du nicht ein guter Untertan in einem christlichen, einem lutherisch-christlichen Staat: so bist du ja ein Christ."

Sieh, so objektiv sind wir geworden, daß selbst eine Beamtenfrau vom Ganzen, vom Staate, von der Gemeinschaftsidee, von der Wissenschaftlichkeit der Geographie auf den einzelnen schließt. In dem Grade folgt von selbst, daß der einzelne ein Christ ist, Glauben hat usw., daß es läppisch ist, davon Aufhebens zu machen, oder doch Grillenfängerei. Da es nun immer unangenehm ist, eingestehen zu müssen, daß man nicht besitze, was man ohne weiteres von allen annimmt, daß sie es besitzen und was nur dann mit Recht eine besondere

Bedeutung bekommt, wenn jemand so töricht ist, seinen Mangel zu verraten, was Wunder da, daß keiner es eingesteht. Bei dem, was doch etwas ist, was eine Geschicklichkeit und anderes dergleichen voraussetzt, kann man besser ein Eingeständnis machen, aber je unbedeutender ein Gegenstand ist, unbedeutender nämlich dadurch, daß ihn alle besitzen, desto abgeschmackter ist das Eingeständnis. Und das ist eigentlich die moderne Kategorie für die Sorge, daß man kein Christ sei: sie ist abgeschmackt. *Ergo* ist es eine gegebene Sache, daß wir alle Christen sind.

„Aber", sagt vielleicht die Spekulation, „das sind populäre und einfältige Betrachtungen, wie sie Seminaristen und Popularphilosophen anstellen können, die Spekulation hat damit gar nichts zu tun." O Schrecken, von der vornehmen Weisheit der Spekulation ausgeschlossen zu sein! Aber es kommt mir doch sonderbar vor, daß man beständig von der Spekulation und Spekulation redet, als wäre sie ein Mann, oder als wäre ein Mann die Spekulation. Die Spekulation tut alles, sie zweifelt an allem usw. Der Spekulant dagegen ist zu objektiv geworden, von sich selbst zu reden, er sagt deshalb nicht, daß er an allem zweifle, sondern daß die Spekulation es tue, und daß er dies von der Spekulation sage. Mehr sagt er nicht, wenn man ihm mit einer Privatklage kommt. Sollten wir nun nicht darin einig sein, daß wir Menschen sind! Sokrates sagt bekanntlich [in Platos Apologie], daß, wenn man ein Flötenspiel annimmt, man auch einen Flötenspieler annehmen muß. Wenn man also eine Spekulation annimmt, muß man auch einen Spekulanten oder mehrere Spekulanten annehmen. „Also, teurer Mensch, hochgeehrter Herr Spekulant, Ihnen darf ich mich doch mit subjektiver Anrede nähern: o Lieber! wie betrachten Sie das Christentum: sind Sie ein Christ oder nicht? Hier wird nicht danach gefragt, ob Sie weitergehen, sondern ob Sie es sind. Es müßte denn sein, daß Weitergehen beim Christentum für einen Spekulanten bedeutete aufhören zu sein, was man ist, ein wahres Kunststück à la Münchhausen, ein Kunststück, das vielleicht für die Spekulation möglich ist, denn diese ungeheure Macht begreife ich nicht, aber doch wohl für den Spekulanten *qua* Mensch unmöglich."

Der Spekulant (wenn er nicht ebenso objektiv wie jene Beamtenfrau ist) will also das Christentum betrachten. Es ist ihm gleichgültig, ob es jemand annimmt oder nicht; solche Sorge überläßt man Seminaristen und Laien und dann doch wohl den wirklichen Christen, denen es keineswegs gleichgültig ist, ob sie Christen sind oder nicht. Er betrachtet das Christentum, um es nun mit seinen spekulativen, ja seinen echt spekulativen Gedanken zu durchdringen. Gesetzt, dies ganze Verfahren wäre eine Schimäre; gesetzt, es ließe sich gar nicht tun; gesetzt, das Christentum wäre gerade die Subjektivität, die Verinnerlichung; gesetzt also daß nur zwei Klassen von Menschen von ihm etwas wissen könnten: die, welche in unendlich leidenschaftlichem Interesse für ihre ewige Seligkeit sie gläubig auf ihr gläubiges Verhältnis zum Christentum bauen, und die, welche in entgegengesetzter Leidenschaft (aber in Leidenschaft) es verwerfen, die glücklichen und die unglücklichen Liebhaber. Gesetzt also, daß die objektive Gleichgültigkeit gar nichts zu wissen bekommen könnte. Nur das Gleiche wird vom Gleichen verstanden, und der alte Satz: *quidquid cognoscitur, per modum cognoscentis cognoscitur*, muß doch dahin erweitert werden, daß es auch eine Weise gibt, auf welche der Erkennende gar nichts erkennt, oder daß sein Erkennen zu einer Einbildung wird. Für eine Beobachtung, für die der Beobachter in einem bestimmten Zustande sein muß, gilt ja: wenn er nicht in diesem Zustande ist, erkennt er gar nichts. Er kann nun jemand betrügen, indem er sagt, er sei in dem Zustande, obgleich er es nicht ist aber wenn es sich so glücklich trifft, daß er selbst sagt, daß er nicht in dem notwendigen Zustande sei, dann betrügt er niemand.

Wenn nun das Christentum wesentlich etwas Objektives ist, so kommt es darauf an, daß der Beobachter objektiv ist, wenn aber das Christentum wesentlich die Subjektivität ist, so ist es ein Irrtum, wenn der Beobachter objektiv ist. Für jedes Erkennen, wo es gilt, daß der Gegenstand des Erkennens die Innerlichkeit der Subjektivität selbst ist, muß der Erkennende in diesem Zustande sein. Aber der Ausdruck für die äußerste Anstrengung der Subjektivität ist das unendlich leidenschaftliche Interesse für ihre ewige Seligkeit. Schon im Blick auf irdische Liebe gilt es, daß der Beobachter Innerlichkeit der Liebe haben muß. Aber hier ist das Interesse nicht so groß, weil sich alle Liebe in Illusion befindet, weshalb sie sozusagen eine objektive Seite hat, so daß sich doch von einer Erfahrung zweiter Hand reden läßt. Wird aber die Liebe mit einem Gottesverhältnis durchdrungen, so verschwindet die unvollkommene Illusion, der Schein von Objektivität, der noch da ist; und nun gilt, daß der, welcher nicht in diesem Zustande ist, mit allem seinem Betrachten nichts gewinnt. In dem unendlich leidenschaftlichen Interesse für ihre ewige Seligkeit befindet sich die Subjektivität in ihrer äußersten Anstrengung, im Höchsten, nicht, wo es kein Objekt gibt (die unvollkommene und undialektische Distinktion), sondern wo Gott negativ in der Subjektivität zur Stelle ist, welche in diesem Interesse die Form der ewigen Seligkeit ist.

Der Spekulant betrachtet das Christentum wie eine geschichtliche Erscheinung. Aber wenn das Christentum gar keine solche wäre? „Was für eine Dummheit", höre ich jemand sagen, „was für ein maßloses Jagen nach Originalität, so etwas zu behaupten, gerade zu diesen Zeiten, wo die Spekulation die Notwendigkeit des Geschichtlichen begriffen hat." Ja, was die Spekulation nicht alles begreifen kann! Denn wenn ein Spekulant sagen würde, er habe die Notwendigkeit einer geschichtlichen Erscheinung begriffen, dann würde ich ihn bitten sich doch einen Augenblick mit den Gedanken beschäftigen zu wollen, welche die *Brocken* im Zwischenspiel zwischen Kapitel IV und V in aller Einfalt geäußert haben. Auf jenen kleinen Abschnitt wird also bis auf weiteres hingewiesen; ich werde immer bereit sein, ihn für weitere dialektische Entwicklungen zugrunde zu legen, wenn ich so glücklich sein sollte, mit einem Spekulanten, also einem Menschen, zu tun zu haben, denn mit der Spekulation mag ich mich nicht einlassen.

Und nun dieses maßlose Jagen nach Originalität! Laß uns ein Analogon nehmen. Z. B. ein Ehepaar. Sieh, ihre Ehe prägt sich deutlich im Äußeren ab, bildet eine Erscheinung im Dasein (im Kleinen, wie das Christentum weltgeschichtlich dem ganzen Leben ein Gepräge gegeben hat), aber ihre eheliche Liebe ist kein geschichtliches Phänomen, das Phänomenale ist das Unbedeutende, hat für die Eheleute nur durch ihre Liebe Bedeutung, aber anders d. h. objektiv angesehen, ist das Phänomenale ein Betrug. So mit dem Christentum. Ist das denn so originell?

Gegenüber dem Hegelschen, daß das Äußere das Innere und das Innere das Äußere sei, klingt es freilich äußerst originell. Aber das wäre doch auch noch origineller, wenn das Hegelsche Axiom nicht bloß von den Zeitgenossen bewundert würde, sondern sogar die rückwirkende Kraft bekäme, geschichtlich immer weiter zurück die Unterscheidung in sichtbarer und unsichtbarer Kirche abzuschaffen. Die unsichtbare Kirche ist keine geschichtliche Erscheinung; sie läßt sich gar nicht objektiv als solche betrachten, denn sie besteht nur in der Subjektivität. Ach, mit meiner Originalität sieht es sehr dürftig aus; trotz allem Jagen, von dem ich jedoch nichts merke, sage ich nur, was jedes Schulkind weiß wenn es das auch nicht so klar aussprechen kann, was das Schulkind jedoch mit großen Spekulanten gemein hat, nur daß das Schulkind noch zu unreif, der Spekulant dagegen zu überreif ist.

Daß nun die spekulative Betrachtung objektiv ist, wird nicht geleugnet; im Gegenteil, ich will hier nur wieder, um es deutlicher zu zeige die um ihre ewige Seligkeit unendlich leidenschaftlich bekümmerte Subjektivität mit ihr zusammenstellen, dann wird sich die Objektivität der spekulativen Betrachtung gerade dadurch zeigen, daß das Subjekt komisch wird. Es ist nicht komisch, weil es unendlich interessiert ist (viel mehr ist gerade jeder komisch, der nicht unendlich in Leidenschaft interessiert ist und doch den Leuten einbilden will, er habe Interesse für seine ewige Seligkeit), nein, das Komische liegt im Mißverhältnis des Objektiven.

Ist der Spekulant zugleich gläubig (was auch behauptet wird), müßte er ja längst eingesehen haben, daß die Spekulation niemals für ihn die Bedeutung gewinnen kann, wie der Glaube. Gerade als Gläubiger ist er ja unendlich für seine ewige Seligkeit interessiert und ist ihr im Glauben gewiß (NB. so wie man es gläubig sein kann, d. h. nicht ein für allemal, sondern täglich mit dem gewissen Geist des mit unendlichem, persönlich leidenschaftlichem Interesse verbundenen Glauben und er baut da keine ewige Seligkeit auf seine Spekulation, er geht eher mißtrauisch mit der Spekulation um, daß sie ihn nicht verführe und er der Gewißheit des Glaubens (die in jedem Augenblick die unendliche Dialektik der Ungewißheit in sich hat) in das gleichgültige objektive Wissen verlocke. So verhält sich ganz einfach die Sache dialektisch. Sagt er daher, er baue seine ewige Seligkeit auf die Spekulation, so widerspricht er sich komisch, denn die Spekulation in ihrer Objektivität ist gerade ganz gleichgültig gegen seine und meine und deine ewige Seligkeit, während diese gerade in dem abziehenden Selbstgefühl liegt, die mit der äußersten Anstrengung erworben wird. Zugleich lügt er damit daß er sich für einen Gläubigen ausgibt.

Oder der Spekulant ist kein Gläubiger. Der Spekulant ist natürlich nicht komisch, denn er fragt gar nicht nach seiner ewigen Seligkeit. Das Komische zeigt sich erst, wenn die in Leidenschaft unendlich interessierte Subjektivität ihre Seligkeit in ein Verhältnis zur Spekulation setzen will. Der Spekulant dagegen stellt das Problem, von dem wir reden, nicht auf, denn als Spekulant bleibt er gerade zu objektiv, sich um seine ewige Seligkeit zu bekümmern.

Hier ein Wort, damit deutlich werde, wenn jemand manche meiner Äußerungen mißversteht, daß er es ist, der mich mißverstehen will, während ich ohne Schuld bin. Ehre sei der Spekulation, gepriesen jeder, der sich in Wahrheit mit ihr beschäftigt. Den Wert der Spekulation leugnen (wenn man auch wünschen könnte, daß die Wechsler im Vorhof usw. als Profane verjagt würden) hieße in meinen Augen sich selbst prostituieren und wäre besonders töricht von dem, dessen größte Lebenszeit nach schwachen Kräften ihrem Dienst geweiht ist; besonders töricht von dem, der die Griechen bewundert. Denn er muß ja doch wissen, daß Aristoteles, wenn er davon redet, was Glückseligkeit sei, die höchste Seligkeit ins Denken setzt, indem er daran erinnert, daß der selige Zeitvertreib der ewigen Götter das Denken sei. Er muß ferner eine Vorstellung von der unerschrockenen Begeisterung des Mannes der Wissenschaft und Ehrerbietung vor seiner Ausdauer im Dienst der Idee haben.

Aber für den Spekulierenden kann die Frage nach seiner persönlichen ewigen Seligkeit gar nicht aufkommen, eben weil seine Aufgabe darin besteht, immer mehr von sich selbst wegzukommen und objektiv zu werden, und so vor sich selbst zu verschwinden und die schauende Kraft der Spekulation zu werden. Von allem solchen weiß ich noch ganz gut Bescheid. Aber sieh, die seligen Götter, jene großen Vorbilder des Spekulanten, die waren ja auch nicht besorgt um ihre ewige Seligkeit. Darum trat das Problem im Heidentum gar nicht auf. Aber das Christentum auf dieselbe Weise behandeln, heißt ja bloß verwirren. Da der Mensch eine Synthese vom Zeitlichen und Ewigen ist, wird die Seligkeit der Spekulation, die der Spekulant haben kann, eine Illusion sein, weil er in der Zeit bloß ewig sein will. Darin liegt die Unwahrheit des Spekulanten. Höher als diese Seligkeit ist daher das in Leidenschaft unendliche Interesse für seine persönliche ewige Seligkeit. Es ist gerade darum höher, weil es wahrer ist, weit es die Synthese bestimmt ausdrückt.

So verstanden (eigentlich brauchte man nicht immer zu beweisen, daß das unendliche Interesse für seine ewige Seligkeit etwas Höheres ist, da es hier nur darauf ankommt, daß es das in Frage stehende ist) wird sich das Komische leicht im Widerspruch zeigen. Das Subjekt ist in Leidenschaft unendlich für seine ewige Seligkeit interessiert, nun soll ihm durch die Spekulation geholfen werden, es soll also selbst spekulieren. Aber um zu spekulieren, muß man gerade den entgegengesetzten Weg gehen, sich selbst in Objektivität aufgeben und verlieren, vor sich selbst verschwinden. Die Ungleichartigkeit wird einen gänzlich verhindern anzufangen, und wird in komischer Weise jede Versicherung richten, daß man auf diesem Wege etwas gewonnen habe. Dies ist von der entgegengesetzten Seite ganz dasselbe, was im vorhergehenden vom Verhältnis des Beobachters zum Christentum gesagt wurde. Objektiv ließ sich das Christentum nicht beobachten, gerade weil es die Subjektivität zum Äußersten bringen will; wenn so die Subjektivität richtig gestellt ist, kann sie ihre ewige Seligkeit nicht an die Spekulation knüpfen.

Den Widerspruch zwischen dem in Leidenschaft unendlich interessierten Subjekt und der Spekulation, wenn sie ihm helfen soll, will ich mir erlauben durch ein Bild aus der Sinnenwelt zu erklären. Wenn man sägen will, darf man nicht zu stark auf die Säge drücken; je leichter der Sägende seine Hand macht, desto besser geht die Säge. Drückt einer mit aller Kraft auf die Säge, so kommt er gar nicht zum Sägen. So gilt auch für den Spekulierenden, daß er sich selbst objektiv leicht mache, wer aber in Leidenschaft unendlich für seine ewige Seligkeit interessiert ist, macht sich so subjektiv schwer wie möglich. Gerade dadurch macht er es sich unmöglich, zum Spekulieren zu kommen. Falls nun das Christentum beim einzelnen Subjekt dieses unendliche Interesse fordert (wie angenommen wird, denn darum dreht sich das Problem), so sieht man leicht, daß das Subjekt unmöglich in der Spekulation finden kann, was es sucht. Dies kann man auch so ausdrücken, daß die Spekulation das Problem gar nicht aufkommen läßt, so daß ihre ganze Antwort darauf nur eine Mystifikation ist.

ZWEITER TEIL

Das subjektive Problem.
Das Verhältnis des Subjekts zur Wahrheit des Christentums oder: ein Christ zu werden

Etwas über Lessing

Kapitel I. An Lessing gerichteter Dank

Ein geringer privatisierender Denker, ein spekulativer Grillenfänger, der als ein armer Mieter ganz oben in einem ungeheuren Bau eine Dachkammer bewohnt, sitzt da in seinem kleinen Verschlage, gefangen in Gedanken, die ihm schwierig zu sein scheinen. Ohne näher zu verstehen, wie, saß er ahnend einen Argwohn, daß irgendwo in den Fundamenten ein Fehler sein müsse, aber sooft er aus seinem Dachfenster schaut, bemerkt er mit Schrecken die verdoppelte, emsige Anstrengung den Bau zu verschönern und zu erweitern. In Mattigkeit sinkt er dann hin; ihm ist zumute wie einer Spinne, die in ihrem verborgenen Winkel seit dem letzten Reinmachen ihr kümmerliches Leben fristet, während sie in Angst an sich selbst merkt, daß ein Unwetter in der Luft ist. Jedesmal, wenn er seine Zweifel gegen einen einzelnen äußerte, war seine Ausdrucksweise von der allgemeinen Modetracht der Gedanken so verschieden, daß sie dagegen wie die fadenscheinige Kleidung eines verunglückten Subjekts abstach.

Wenn dieser privatisierende Denker und spekulative Grillenfänger plötzlich die Bekanntschaft eines Mannes macht, dessen Berühmtheit ihm zwar nicht direkt für die Richtigkeit der Gedanken bürgt (denn so objektiv ist der arme Mieter nicht, daß er ohne weiteres verkehrt von der Berühmtheit auf die Wahrheit schließen könnte), aber dessen Berühmtheit ein Lächeln des Glücks für den Verlassenen ist, der bei dem berühmten Manne einige der schwierigen Gedanken berührt findet: ach, welche Freude, welches Fest in der kleinen Dachkammer, wenn jener arme Mieter sich mit dem Nachruhm des Berühmten tröstet, während seine eigenen Gedanken Freimut und die Schwierigkeiten Gestalt gewinnen, und die Hoffnung lebendig wird, die Hoffnung sich selbst zu verstehen d. h. erst die Schwierigkeiten zu verstehen und sie dann vielleicht dennoch zu überwinden! Es gilt nämlich beim Verständnis von Schwierigkeiten, was Peer Degn[1] unrichtig für die geistliche Beförderung eingeführt haben will: erst Küster ..., es gilt erst die Schwierigkeit zu verstehen, dann kann man immer dazu übergehen, sie zu erklären, wenn man das kann.

Nun wohl denn, in Scherz und Ernst: vergib, berühmter Lessing, diese Äußerung schwärmerischer Dankbarkeit, vergib ihre scherzende Form! Die Äußerung halt sich gewiß in geziemendem Abstand ohne alle Zudringlichkeit, sie ist ohne weltgeschichtliches Geschrei, ohne systematische Gewalt rein persönlich. Ist sie unwahr, so ist es, weil sie allzu schwärmerisch ist, was doch der Scherz wieder

[1] D. h. Küster, vgl. Holbergs *Erasmus Montanus Akt 1, Szene 2.*

gut zu machen sucht. Und dieser Scherz hat auch seinen tieferen Grund in dem umgekehrten Verhalten von uns beiden: der eine erhebt experimentierend Zweifel, ohne zu erklären, warum er es tut, der andere sucht experimentierend das Religiöse in seiner übernatürlichen Größe hinzustellen, ohne zu erklären, warum er es tut.

Die Äußerung gilt nicht dem, was man im allgemeinen und wohl auch, wie ich annehme, mit Recht bei Lessing bewundert hat. Zu solcher Bewunderung fühle ich mich nicht befugt. Sie gilt Lessing nicht in seiner Eigenschaft als Gelehrten, nicht dem, was mich wie eine sinnreiche Mythe anspricht, daß er Bibliothekar war, nicht dem, was mich wie ein Epigramm anspricht, daß er die Seele in einer Bibliothek war, daß er mit einer fast allgegenwärtigen Autopsie ein enormes Wissen umfaßte, einen gigantischen Apparat, beherrscht von der Einsicht des Denkens, gehorsam dem Winke des Geistes, gedungen in den Dienst der Idee. Sie gilt Lessing nicht als Dichter, nicht seiner Meisterschaft im Konstruieren des dramatischen Satzes, nicht seiner psychologischen Macht dichterisch offenbar zu machen, nicht seinen bisher unübertroffenen Repliken, die sich trotz dem Gewicht der Gedanken mit der leichten Wendung des Gesprächs frei und ungeniert in der Verschlingung des Dialogs bewegen. Sie gilt nicht Lessing als Ästhetiker, nicht jener Grenzlinie, die auf sein Gebot, ganz anders entscheidend als die eines Papstes, zwischen Poesie und Kunst gezogen wurde, nicht jenem Reichtum an ästhetischen Beobachtungen, der noch zu unserer Zeit ausreicht. Sie gilt nicht Lessing als Weisen, nicht jener sinnreichen Weisheit, die sich bescheiden in die geringe Tracht der Fabel hüllte.

Nein, sie betrifft etwas, wo der Knoten gerade ist, daß man ihn nicht direkt bewundern oder durch seine Bewunderung in ein unmittelbares Verhältnis zu ihm kommen kann, da sein Verdienst gerade ist, daß er dies verhindert hat: daß er sich in der Isolation der Subjektivität religiös abschloß, daß er sich in religiöser Hinsicht nicht verlocken ließ weltgeschichtlich oder systematisch zu werden, sondern verstand und festzuhalten verstand, daß das Religiöse Lessing anging, Lessing allein, wie es in derselben Weise jeden Menschen angeht; daß er verstand, daß er unendlich mit Gott zu tun habe, aber direkt nichts, nichts mit einem Menschen. Sieh, dies ist der Gegenstand dieser Äußerung, der Gegenstand der Dankbarkeit, wenn es nun bloß gewiß ist, daß es mit Lessing so steht, wenn. Und wenn es denn gewiß wäre, so würde Lessing mit Recht sagen können: keine Ursache zu danken. Wenn es nur wirklich gewiß ist! Ja, vergebens würde ich mit der Überredungskraft der Bewunderung auf ihn einstürmen, vergebens betteln, drohen, trotzen; er hat eben jenen archimedischen Punkt der Religiosität erfaßt, womit man nicht gerade die ganze Welt bewegen kann, aber zu dessen Entdeckung eine Weltkraft gehört, wenn man Lessings Voraussetzungen hat. Wenn es nur so ist!

Aber nun sein Resultat! Hat er das Christentum angenommen oder hat er es verworfen, hat er es verteidigt oder hat er es angegriffen? Damit auch ich dieselbe Meinung im Vertrauen auf ihn annehme, der genug dichterische Phantasie hatte, jeden Augenblick mit jener Begebenheit gleichzeitig zu werden, welche vor jetzt 1812 Jahren[1] eintrat, so primitiv gleichzeitig, daß jeder geschichtliche Sinnesbetrug, jedes objektiv-verkehrte Falsum verhindert war. Ja Lessing! Er hatte auch skeptische Ataraxie und religiösen Sinn genug, die Kategorie des Religiösen zu bemerken. Will jemand das leugnen, so verlange ich, daß darüber abgestimmt werde. Also sein Resultat? Wunderbarer Lessing! Er hat keins, keins! Da ist keine Spur von einem Resultat. Fürwahr, kein Beichtvater, der ein Geheimnis zu bewahren übernahm, kein Mädchen, das sich selbst und seiner Liebe Schweigen gelobt hatte und durch das Halten des Gelübdes unsterblich wurde, nicht der, welcher jede Aufklärung mit sich ins Grab nahm: niemand konnte sich vorsichtiger benehmen als Lessing bei der schwierigeren Aufgabe zugleich zu reden. Nicht Satan selbst kann als Dritter mit Bestimmtheit etwas als Dritter sagen. Was dagegen Gott betrifft, so kann er niemals Dritter werden, wo er im Religiösen dabei ist; dies ist gerade das Geheimnis des Religiösen.

Woran die Welt vielleicht immer Mangel gehabt hat, ist, was man eigentliche Individualitäten nennen kann, entschiedene Subjektivitäten, künstlerisch durchreflektierte, selbstdenkende, im Unterschied von schreienden und dozierenden. Je objektiver die Welt wird und damit die Subjektivitäten, um so schwieriger wird es mit den religiösen Kategorien, die eben in der Subjektivität liegen, weshalb es fast eine irreligiöse Übertreibung ist, wenn man dem Religiösen gegenüber weltgeschichtlich, wissenschaftlich, objektiv sein will. Doch habe ich Lessing nicht hervorgezogen, um jemand zu haben, auf den ich mich berufen könnte, denn auch nur so viel Subjektivität zu zeigen, daß man sich auf eine andere Subjektivität beruft, ist selbst schon ein Versuch objektiv zu werden, ist der erste Schritt nach Stimmenmehrheit zu streben und sein Gottesverhältnis mit Hilfe von Wahrscheinlichkeit und Kompagnieschaft und Mitaktionären in ein Spekulationsunternehmen zu verwandeln.

Wenn aber jemand im eigentlichen Sinne subjektiv werden will, so handelt es sich wieder darum, welche vorausgehende Reflexion er zu überwinden hat, welche Last der Objektivität er abwerfen muß, welche unendliche Vorstellung er von der Bedeutung dieser Wendung, von der damit verbundenen Verantwortung und von ihrem Diskrimen hat. Enthält nun aber auch diese Art die Sache anzusehen eine Forderung, welche die Zahl der Individuen, zwischen denen man wählen kann, klein macht, so ziehe ich, selbst wenn mir scheinen würde, Lessing sei der einzige, ihn wieder nicht deshalb hervor, um mich auf ihn zu berufen. O, wer das dürfte, wer sich in ein unmittelbares Verhältnis zu ihm setzen dürfte, ja dem wäre geholfen!

Es fällt mir auch ein, daß dies aus dem Grunde bedenklich wäre, weil ich mir durch die Berufung zugleich selbst widersprochen und das Ganze wieder

[1] [Dieses Buch ist in 1845 geschrieben.]

aufgehoben hätte. Hat die Subjektivität sich nicht selbst durch die Objektivität hindurch und aus ihr herausgearbeitet, so ist alles Berufen auf eine andere Individualität bloß Mißverständnis, und hat sie es getan, so wird der Subjektive wohl über seinen eigenen Gang bescheid wissen und über die dialektischen Voraussetzungen, in und nach welchen er seine religiöse Existenz hat. Der Entwicklungsgang der religiösen Subjektivität hat nämlich die merkwürdige Eigenschaft, daß sich der Weg vor dem einzelnen öffnet und hinter ihm schließt. Weshalb sollte auch die Gottheit nicht verstehen sich selbst im Preise zu halten! Überall, wo etwas Außerordentliches und Wertvolles zu sehen ist, da ist wohl Gedränge, aber der Eigentümer richtet es vorsichtig so ein, daß immer nur einer auf einmal hereinkommen darf, das Gedränge, die Masse, der Haufen bleibt draußen. Und die Gottheit besitzt doch wohl das Kostbarste; aber sie weiß sich auch ganz anders zu sichern als jede irdische Aufsicht sichert, sie weiß ganz anders zu verhindern, daß sich einer unter Benutzung des Gedränges weltgeschichtlich, objektiv und wissenschaftlich einschleicht. Und wer dies begreift, drückt dasselbe vielleicht und vermutlich durch sein Benehmen aus, während jedoch dasselbe Benehmen bei dem einen Frechheit, bei dem andern religiöser Mut sein kann, ohne daß sich dies objektiv entscheiden läßt.

Ob nun Lessing das Große getan hat, ob er so in Demut vor Gott und Liebe zu den Menschen, der Gottheit dadurch zu Hilfe gekommen ist, daß er in seinem Verhältnis zu anderen sein Gottesverhältnis ausdrückte, damit nicht das Sinnlose geschähe, daß er sein Gottesverhältnis hätte und ein anderer Mensch nur durch ihn sein Gottesverhältnis hätte: wer weiß das mit Bestimmtheit? Wüßte ich es mit Bestimmtheit, so könnte ich mich auf ihn berufen, und könnte ich mich mit Recht auf ihn berufen, so hätte Lessing es bestimmt nicht getan.

Nun ist Lessing ja freilich längst überholt, eine verschwindend kleine Station auf der weltgeschichtlich-systematischen Eisenbahn. Bei ihm seine Zuflucht suchen heißt sich selbst richten und berechtigt jeden Zeitgenossen zu dem objektiven Urteil, daß man nicht imstande sei der Zeit zu folgen, wo es per Eisenbahn geht und also die ganze Kunst darin besteht, in den ersten besten Wagen hineinzuspringen und es weltgeschichtlich zugehen zu lassen. An ihn erinnern ist eine verzweifelte Sache, denn wenn Lessing schon etwas von dem gesagt hat, was man sagen will, dann ist es ja ausgemacht, daß es mit einem vorbei ist, daß man weit, weit zurück ist, es müßte denn sein, entweder daß wahr ist, was Lessing sagte (und dann ist es bedenklich, mit der Eisenbahn davon wegzufahren), oder daß man sich nicht Zeit genommen hat, Lessing zu verstehen, der sich und sein dialektisches Wissen und seine darin steckende Subjektivität jedem geschäftigen Transport an den Besitzer eines Scheines beständig geschickt zu entziehen wußte.

Aber sieh, wenn man sich so gegen all diesen Tort und diese Anfechtungen gesichert hat, so ist das Schlimmste noch übrig: gesetzt, daß Lessing einen betröge? Nein, dieser Lessing war doch ein Egoist! In religiöser Hinsicht hatte er immer etwas für sich selbst, etwas, das er wohl sagte, aber auf eine hinterlistige Weise, etwas, das sich nicht hinterher von Repetenten ableiern ließ, etwas, das beständig dasselbe blieb, während es beständig die Form veränderte, etwas, das sich nicht stereotypiert in ein systematisches Formularbuch einführen ließ, sondern das der gymnastische Dialektiker hervorbringt und verändert und wieder hervorbringt, dasselbe und doch nicht dasselbe.

Es war im Grunde häßlich von Lessing, daß er beim Dialektischen so beständig die Buchstaben veränderte, gerade wie wenn ein Mathematiker dadurch den Schüler verwirrt, der sein Auge nicht mathematisch auf den Beweis richtet, sondern sich mit einer Straßenbekanntschaft begnügt, die sich die Buchstaben merkt. Es war eine Schande von Lessing, daß er die, die so unendlich gern in *verba magistri* schwören wollten, ihm gegenüber in die Verlegenheit brachte niemals zu dem einzigen, ihnen natürlichen: zum Schwören kommen zu können; daß er nicht selbst direkt sagte: ich greife das Christentum an, so daß die Schwörenden sagen konnten: wir schwören; daß er nicht direkt sagte: ich will das Christentum verteidigen, so daß die Schwörenden sagen konnten: wir schwören. Es war ein Mißbrauch seiner dialektischen Kunst, daß er sie notwendigerweise falsch zu schwören veranlassen mußte (da sie einmal notwendigerweise schwören mußten), ob sie nun schwuren, daß er jetzt dasselbe wie vorher sage, weil die Form und Einkleidung dieselbe war, oder ob sie schwuren, daß er jetzt nicht dasselbe wie vorher sage, weil die Form und Einkleidung nicht dieselbe war. Gerade wie jener Reisende, der mit Ablegung eines Eides in dem Unschuldigen seinen Räuber wiedererkannte und seinen Räuber nicht erkannte, weil er nur seine Perücke kannte und sich darum weislich mit dem Schwur hatte begnügen sollen, daß er die Perücke erkenne. Nein, Lessing war kein ernsthafter Mann; seine ganze Darstellung ist ohne Ernst und ohne die wahre Zuverlässigkeit, welche andere befriedigt, die nachher, jedoch ohne Nachdenken, denken.

Und nun sein Stil! Dieser polemische Ton, der jeden Augenblick die beste Zeit zu einem Witz hat, und dies sogar in einer Gärungsperiode; denn nach einer alten Zeitung, die ich gefunden habe, soll damals akkurat wie jetzt eine Gärungsperiode gewesen sein, deren gleichen die Welt niemals gesehen hat. Diese stilistische Sorglosigkeit, die eine Vergleichung bis ins kleinste Detail ausführt, als hätte die Darstellung selbst einen Wert, als wäre Friede und Sicherheit, und das obschon vielleicht der Buchdruckerjunge und die Weltgeschichte, ja die ganze Menschheit darauf wartete, daß er fertig würde. Dieser wissenschaftliche Müßiggang, der dem Paragraph-Normativ nicht gehorcht. Diese Mischung von Scherz und Ernst, die es einem Dritten unmöglich macht, mit Bestimmtheit zu wissen, was die Sache ist; es müßte denn sein, daß ein Dritter es durch sich selbst wüßte. Diese Hinterlist, die vielleicht sogar zuweilen einen falschen Akzent auf das Gleichgültige legt, damit der Wissende gerade so das dialektisch Entscheidende fassen könne, und die Ketzer [vgl. *Wiederholung* S. 198] nichts bekämen, womit sie weglaufen können. Diese Darstellungsweise, die ganz zu seiner Individualität gehört, die sich frisch und erquickend ihren eigenen Weg bahnt und nicht in einem Mosaik von Stichworten und autorisierten Redensarten und zeitgemäßen Wendungen verscheidet, welche einem unter Gänsefüßen verraten, daß der Schreiber der Zeit folge, während Lessing einem *sub rosa* vertraut, daß er dem Gedanken folgt. Diese Pfiffigkeit, mit der er andere aufziehend sein eigenes Ich gebraucht, beinah wie Sokrates, indem er sich Kompagnieschaft verbittet oder vielmehr sich dagegen sichert, nämlich bei der Wahrheit, bei der gerade die Hauptsache ist mit ihr allein zu sein, ohne daß man sich des Triumphes wegen Menschen dazu wünschte, denn hier ist kein Triumph zu gewinnen, es müßte denn der Scherz der Unendlichkeit sein, daß man vor Gott nichts ist, ohne daß man sich Menschen dazu in der Lebensgefahr des einsamen Denkens wünschte, da diese ja gerade der Weg ist.

Ist das alles Ernst? Ist es Ernst, daß er sich wesentlich gleich gegen alle benimmt, ob auch in der Form verschieden, daß er sich nicht bloß den dummen Versuchen der Fanatiker entzieht, wenn sie ihn in das positiv Soziale einschreiben wollen, und ihre törichte Anmaßung verspottet, wenn sie ihn ausschließen wollen, sondern daß auch die begeisterte Beredsamkeit des edlen Jacobi nichts über ihn vermag, daß er sich durch Lavaters liebenswürdig einfältige Bekümmerung um seine Seele nicht rühren läßt? Ist das der Ausgang eines ernsthaften Mannes aus dem Leben, daß sein letztes Wort ebenso rätselhaft ist wie alles übrige[1] so daß der edle Jacobi nicht einmal für die Seligkeit seiner Seele einstehen darf, um die sich zu kümmern Jacobi ernsthaft genug war, beinah so viel, wie um seine eigene? Ist das Ernst? Ja, laß die es entscheiden, die so ernsthaft sind, daß sie nicht einmal Scherz verstehen, die sind doch wohl kompetente Richter, es müßte denn unmöglich sein, Ernst zu verstehen, wenn man keinen Scherz versteht, worauf schon jener ernsthafte Römer Cato Uticensis [nach Plutarchs *Moralia*][2] hingewiesen haben soll, indem er die dialektische Reziprozität zwischen Scherz und Ernst aufzeigte. Wenn aber Lessing so kein ernsthafter Mann ist, welche

[1] So soll ja Hegel auch mit den Worten gestorben sein, daß keiner ihn verstanden habe außer einem, der ihn mißverstanden habe; und wenn Hegel dasselbe getan hat, so kann das vielleicht Lessing zugute kommen. Ach, aber da ist ein großer Unterschied. Hegels Aussage hat sogleich das Gebrechen, daß sie eine direkte Aussage und darum für ein solches Mißverständnis ganz inadäquat ist, und beweist hinlänglich, daß Hegel nicht künstlerisch in der Verschlagenheit der Doppel-Reflexion existiert hat. Außerdem hat sie den Fehler, daß Hegels Mitteilung in den ganzen siebzehn Bänden direkte Mitteilung ist; hat er da keinen gefunden, der ihn verstanden hat, so ist es am schlimmsten für Hegel. Eine andere Sache wäre es z. B. mit Sokrates, der seine ganze Mitteilungsform künstlerisch auf Mißverständnis eingerichtet hatte. Als dramatischer Ausspruch von Hegel im Augenblick des Todes läßt sich jene Aussage am besten als ein Irrtum (der Berichterstatter) eine Gedankenlosigkeit ansehen, indem Hegel nun im Tode mit auf den Wegen sein soll, wo er sich im Leben nie gezeigt hat. Ist Hegel als Denker einzig in seiner Art, dann kann ja niemand mit ihm verglichen werden; und sollte er doch mit jemand verglichen werden können, so steht soviel fest, daß er mit Sokrates gar nichts gemein hat.

[2] [Plutarch erzählt es von Cato Major.]

Hoffnung gibt es da für den, der so sehr viel aufgibt, das Weltgeschichtliche und das Systematische der Zeitgenossen, um bei ihm seine Zuflucht zu suchen?

Sieh, solch ein schwieriges Ding ist es, sich Lessing in religiöser Hinsicht zu nähern. Wollte ich die einzelnen Gedanken aufstellen und sie dann herbetend direkt auf ihn zurückführen, wollte ich ihn in verbindlicher Bewunderung als den umarmen, dem ich das alles verdankte, dann würde er sich vielleicht lächelnd entziehen und mich im Stich lassen, als Gegenstand des Gelächters. Wollte ich seinen Namen verschweigen und mit Geschrei hervortreten, glückselig über meine unvergleichliche Entdeckung, die keiner vorher gemacht habe, dann würde wohl jener πολυμητις 'Οδυσσευς, wenn ich ihn mir anwesend dächte, sich nähern, mir mit zweideutig bewundernder Miene auf die Schulter klopfen und sagen: „Darin haben Sie recht, wenn ich das gewußt hätte“ , und da würde ich wohl verstehen, wenn es auch kein anderer verstünde, daß er mich zum besten habe.

Kapitel II.
Mögliche und wirkliche Thesen von Lessing

Ohne mich auf Lessing berufen, ohne auch nur Berühmtheit als Gewährsmann angeben zu dürfen, ohne jemand dazu zu verpflichten, daß er pflichtschuldigst wegen der Berühmtheit Lessings versichere, es verstanden zu haben (was den, der es versteht, in ein bedenkliches Verhältnis zu meiner Unberühmtheit bringt, die ebenso abschreckt, wie die Berühmtheit Lessings anzieht): gedenke ich nun darzustellen, was ich zum Kuckuck! auf Lessing hinführe, ohne sicher zu sein, daß er es anerkennt; wovon ich mich bald versucht fühlen könnte in ausgelassenem Scherz zu behaupten, daß er es, wenn auch nicht direkt, gesagt habe; wofür ich dann wieder in schwärmerischer Bewunderung ihm zu danken wünschen möchte; was ich dann wieder mit stolzer Zurückhaltung und Selbstgefühl nur aus Generosität auf ihn übertrage; und wobei ich dann wieder ihn zu beleidigen oder zu belästigen fürchte, daß ich seinen Namen damit in Zusammenhang bringe.

Ja, man findet doch selten einen Schriftsteller, der so angenehm im Umgang ist wie Lessing. Und woher kommt das? Daher, denke ich, daß er seiner selbst so sicher ist. Jener triviale und gemächliche Verkehr zwischen einem Ausgezeichneten und einem weniger Ausgezeichneten, wo der eine Genie und Meister ist, der andere Lehrling, Bote, Lohndiener usw., der ist hier verhindert. Wenn ich auch mit des Teufels Macht und Gewalt Lessings Schüler sein wollte, ich kann es nicht, er hat es verhindert. Wie er selbst frei ist, so, denke ich, will er jeden ihm gegenüber freimachen, indem er sich die Ausdünstungen und Flegeleien des Lehrlings verbittet und durch die Repetenten, das nachschwatzende Echo des Gesagten, lächerlich zu werden fürchtet.

§ 1 Der subjektive existierende Denker gibt auf die Dialektik der Mitteilung acht

Während das objektive Denken gegen das denkende Subjekt und dessen Existenz gleichgültig ist, hat der subjektive Denker als existierender wesentliches Interesse an seinem eignen Denken, in welchem er existiert. Darum hat sein Denken eine andere Art von Reflexion, nämlich die der Innerlichkeit, des Besitzes, wodurch es dem Subjekt und keinem anderen angehört. Während das objektive Denken alles aufs Resultat setzt und der ganzen Menschheit zum Betrügen durch Abschreiben und Hersagen des Resultats und Fazits verhilft, setzt das subjektive Denken alles aufs Werden und läßt das Resultat aus, teils weil dies gerade einem solchen Denker gehört, da er den Weg dazu hat, teils weil er als Existierender beständig im Werden ist, was ja jeder Mensch ist, der sich nicht hat anführen lassen objektiv zu werden, unmenschlich zur Spekulation zu werden.

Die Reflexion der Innerlichkeit ist die Doppelreflexion des subjektiven Denkers. Denkend denkt er das Allgemeine, indem er aber in diesem Denken existiert, indem er es in seiner Innerlichkeit erwirbt, isoliert er sich subjektiv immer mehr.

Die Verschiedenheit des subjektiven und objektiven Denkens muß sich auch in der Form der Mitteilung äußern[1], das heißt, der subjektive Denker muß gleich

[1] Die Doppel-Reflexion liegt schon in der Idee der Mitteilung selbst, daß die in der Innerlichkeit der Isolation existierende Subjektivität (welche durch die Innerlichkeit das Leben der Ewigkeit ausdrücken will, wo sich keine Sozialität und Gemeinschaft denken läßt, weil sich dort die Existenzkategorie der Bewegung nicht denken läßt, weshalb sich auch keine wesentliche Mitteilung denken läßt, weil anzunehmen ist, daß jeder wesentlich alles besitze), daß sich diese Subjektivität mitteilen will, also daß ein solcher zu gleicher Zeit sein Denken in der Innerlichkeit seiner subjektiven Existenz haben und sich doch mitteilen will. Dieser Widerspruch kann unmöglich (außer für die Gedankenlosigkeit, für die ja alles möglich ist) ihren Ausdruck in einer direkten Form finden. Daß sich das so existierende Subjekt übrigens kann mitteilen wollen, ist nicht so schwer zu verstehen. Ein Verliebter z. B., dem seine Liebe gerade seine Innerlichkeit ist, kann sich schon mitteilen wollen, aber nicht direkt, eben weil ihm die Innerlichkeit der Liebe die Hauptsache ist. Wesentlich damit beschäftigt, die Innerlichkeit der Liebe zu erwerben, hat er kein Resultat und ist nie fertig, aber kann darum gern mitteilen wollen, aber kann gerade darum nie eine direkte Form gebrauchen, da diese ein Resultat und Fertigsein voraussetzt. So auch bei einem Gottesverhältnis. Eben weil der, welcher ein solches hat, beständig im Werden nach innen, d. h. in der Innerlichkeit ist, kann er sich nie direkt mitteilen, da dabei die Bewegung gerade entgegengesetzt ist. Die direkte Mitteilung fordert Gewißheit, aber Gewißheit ist für den Werdenden unmöglich, und ist gerade Betrug. Würde sich so, um ein erotisches Verhältnis zu benutzen, ein liebendes Mädchen nach dem Hochzeitstage sehnen, weil dieser ihr eine sichere Gewißheit gäbe, würde sie sich's als Eheweib in juristischer Sicherheit bequem machen, würde sie, statt sich mädchenhaft zu sehnen, ehelich gähnen, so würde sich der Mann mit Recht über ihre Untreue beklagen, obgleich sie doch keinen anderen liebte, aber weil sie die Idee verloren hätte, und ihn eigentlich nicht liebte. Und dies ist doch in einem erotischen Verhältnis die wesentliche Untreue, während die Liebe zu einem andern die zufällige ist.

darauf aufmerksam werden, daß die Form künstlerisch ebensoviel Reflexion haben muß, wie er selbst existierend in seinem Denken hat. Wohl zu merken: künstlerisch, denn das Geheimnis besteht nicht dann, daß er die Doppel-Reflexion direkt ausspricht, da ein solches Sichaussprechen gerade ein Widerspruch ist.

Die gewöhnliche Kommunikation zwischen Mensch und Mensch ist ganz unmittelbar, weil die Menschen im allgemeinen unmittelbar existieren. Wenn der eine etwas vorträgt, und der andere sich wörtlich zu demselben bekennt, so wird angenommen, daß sie einig sind und einander verstanden haben. Eben weil der Vortragende nicht auf das Doppelwesen des Gedanken-Daseins aufmerksam ist, kann er auch auf die Doppel-Reflexion der Mitteilung nicht aufmerksam sein. Darum ahnt er nicht, daß die Art Einigkeit das größte Mißverständnis sein kann, und natürlich auch nicht, daß, wie sich der subjektiv existierende Denker durch die Doppelheit freigemacht hat, so auch das Geheimnis der Mitteilung gerade darauf beruht, den andern frei zu machen, und gerade darum darf er sich nicht direkt mitteilen, und ist dies sogar gottlos.

Dies letzte gilt, je mehr das Subjektive das Wesentliche ist, und also vor allem im Religiösen, wenn der Mitteilende nicht etwa Gott selbst ist oder sich auf die mirakulöse Vollmacht eines Apostels berufen darf, sondern wenn er bloß Mensch und ein Freund davon ist, in dem, was er sagt und tut, eine Ansicht zu haben. Darum sieht der subjektive religiöse Denker, der, um dies zu sein, die Doppelheit des Daseins begriffen hat, leicht ein, daß die direkte Mitteilung ein Betrug gegen Gott ist (der diesen möglicherweise um die wahrhaftige Anbetung eines anderen Menschen betrügt), ein Betrug gegen sich selbst (als hätte er aufgehört sich in der Existenz zu befinden), ein Betrug gegen einen anderen (der möglicherweise nur ein relatives Gottesverhältnis bekommt), ein Betrug, der ihn in Widerspruch zu seinem ganzen Denken bringt.

Dies nun wieder direkt auszusprechen, würde wieder ein Widerspruch sein, weil die Form die direkte wäre, trotz der Doppel-Reflexion der ganzen Aussage. Von einem Denker zu fordern, daß er in der Form, die er seiner Mitteilung gibt, seinem ganzen Denken und seiner Weltanschauung widersprechen solle, ihn dann damit trösten zu wollen, daß er damit Nutzen bringe, er solle nur die Überzeugung haben, daß sich niemand darum kümmere, ja daß es in unserem objektiven Zeitalter keiner merke, da solche äußeren Konsequenzen nur Narrenstreiche seien, die jeder systematische Lohndiener für nichts achte: ja das ist ein guter Rat, der dazu auch nicht teuer ist.

Gesetzt also, es wäre die Lebensanschauung eines religiös existierenden Subjektes, daß man keine Schüler haben dürfe, daß dies Verräterei gegen Gott und Menschen sei, gesetzt, ein solcher wäre etwas dumm (denn wenn auch etwas mehr als Ehrlichkeit dazu gehört, durch die Welt zu kommen, so ist doch immer Dummheit dazu nötig, sein Glück zu machen und von vielen recht verstanden zu werden) und sagte dieses direkt mit Salbung und Pathos: was dann?

Ja, dann würde er verstanden werden, und es würden sich bald zehn melden, die bloß dafür, daß sie einmal in der Woche umsonst rasiert würden, ein Engagement bei der Verkündigung dieser Lehre suchten, d. h. er wäre dann besonders glücklich gewesen zu weiterer Bekräftigung der Wahrheit der Lehre Schüler zu bekommen, welche diese Lehre, daß man keine Schüler habe, annähmen und verbreiteten.

Das objektive Denken ist gegen die Subjektivität und damit gegen die Innerlichkeit und die Aneignung ganz gleichgültig; seine Mitteilung ist darum direkt. Selbstverständlich braucht es darum keineswegs leicht zu sein, aber es ist direkt, es hat nicht den Trug und die Kunst der Doppel-Reflexion, es hat, wenn es sich mitteilt, nicht die gottesfürchtige und humane Sorgfalt wie jenes subjektive Denken, es läßt sich direkt verstehen, läßt sich aufsagen.

Das objektive Denken ist darum bloß auf sich selbst aufmerksam und ist darum keine Mitteilung[1], wenigstens keine künstlerische Mitteilung, insofern ja doch immer gefordert werden würde, daß man an den Empfänger denke und wegen seines etwaigen Nichtverstehens auf die Form der Mitteilung achte.

Das objektive Denken[2] ist wie die meisten Menschen so von Herzen gut und mitteilsam; es teilt sich ohne weiteres mit und greift höchstens zu Beteuerungen seiner Wahrheit, zu Empfehlungen und Verheißungen, daß alle Menschen einmal diese Wahrheit annehmen werden so sicher ist es. Oder vielleicht besser: so unsicher, denn Beteuerungen und Empfehlungen und Verheißungen, die ja freilich den andern gelten, welche die Wahrheit annehmen sollen, dürften vielleicht auch dem Lehrer gelten, welcher der Sicherheit und Zuverlässigkeit der Stimmenmehrheit bedarf. Verweigern ihm seine Zeitgenossen diese, dann rechnet er auf die Zukunft so sicher ist er. Diese Sicherheit gleicht etwas der Unabhängigkeit, die, unabhängig von der Welt, die Welt als Zeugen ihrer Unabhängigkeit braucht, damit man gewiß wisse, daß man unabhängig ist.

Die Form der Mitteilung ist etwas anderes als der Ausdruck der Mitteilung. Wenn der Gedanke im Wort seinen richtigen Ausdruck gefunden hat, was durch die erste Reflexion erreicht wird, dann kommt die zweite Reflexion, die das eigne Verhältnis der Mitteilung zum Mitteiler betrifft und das eigne Verhältnis des exi-

1 So geht es immer mit dem Negativen; wo es unbewußt mit dabei, verwandelt es das Positive gerade ins Negative; hier verwandelt es die Mitteilung in Illusion, weil bei der Mitteilung nicht an das Negative gedacht ist, sondern diese rein und bloß positiv gedacht ist. Beim Betrug der Doppel-Reflexion ist an die Negativität der Mitteilung gedacht, und deshalb ist diese Mitteilung, die im Vergleich mit jener anderen Mitteilung keine zu sein scheint, gerade eine Mitteilung

2 Man muß beständig daran denken, daß ich vom Religiösen rede, wo das objektive Denken, wenn es das Höchste sein soll, gerade Irreligiosität ist. Überall dagegen, wo das objektive Denken in seinem Recht ist, da ist auch seine direkte Mitteilung in der Ordnung, weil es mit der Subjektivität gerade nichts zu tun haben soll.

stierenden Mitteilers zur Idee wiedergibt. Laß uns noch einmal ein paar Beispiele anführen, wir haben ja auch gut Zeit dazu, denn was ich da schreibe, ist nicht der erwartete letzte Paragraph, mit dem das System fertig ist.

Gesetzt[1] also, jemand wollte folgende Überzeugung mitteilen: Wahrheit ist Innerlichkeit; objektiv gibt es keine Wahrheit, sondern die Aneignung ist die Wahrheit. Gesetzt, er hätte Eifer und Begeisterung, dies zu sagen, denn wenn die Leute es hörten, dann wären sie gerettet. Gesetzt, er sagte es bei jeder Gelegenheit und machte Eindruck nicht bloß auf leicht schwitzende, sondern auch auf harte Menschen: was dann? Dann würden sich wohl einige Arbeiter finden, die am Markt müßig gestanden hätten und erst auf diesen Ruf hingingen, um im Weinberge damit zu arbeiten, daß sie diese Lehre allen verkündigten. Und was dann? Dann hätte er sich selbst noch weiter widersprochen, als er gleich von Anfang an getan hat, denn schon der Eifer und die Begeisterung es zu sagen und zu hören war ein Mißverständnis. Die Hauptsache wäre ja gerade gewesen, daß es verstanden würde, und die Innerlichkeit des Verstehens hätte gerade darin bestanden, daß es der einzelne bei sich selbst verstünde. Nun hat er es gar dazu gebracht, einen Ausrufer zu bekommen; und ein Ausrufer der Innerlichkeit ist ein sehenswertes Tier. Eine solche Überzeugung wirklich mitzuteilen, dazu gehört Kunst und Selbstbeherrschung; genug Selbstbeherrschung, innerlich zu verstehen, daß das Gottesverhältnis der einzelnen Menschen die Hauptsache ist und die Geschäftigkeit eines Dritten Mangel an Innerlichkeit und Überfluß von liebenswürdiger Dummheit; und genug Kunst, unerschöpflich, wie die Innerlichkeit unerschöpflich ist, die doppelreflektierte Form der Mitteilung zu variieren. Je mehr Kunst, desto mehr Innerlichkeit; ja hätte er viel Kunst, dann könnte er wohl sagen, daß er, sicher, im nächsten Augenblick die Innerlichkeit der Mitteilung sichern zu können, sie deshalb gebrauche, weil er unendlich besorgt sei, seine eigene Innerlichkeit zu bewahren, eine Sorge, die den Sorgenden von aller positiven Faselei errettet.

Gesetzt, jemand wollte mitteilen „nicht die Wahrheit ist die Wahrheit, sondern der Weg ist die Wahrheit, d. h. die Wahrheit besteht im Werden, im Prozeß der Aneignung, also gibt es kein Resultat". Gesetzt, er wäre ein Menschenfreund, der notwendigerweise alle Menschen davon benachrichtigen müßte. Gesetzt, er schlüge einen vortrefflichen Richtweg ein, es in direkter Form im Adressenanzeiger mitzuteilen, wodurch er eine Masse Anhänger gewönne, während der künstlerische Weg es trotz seiner äußersten Anstrengung unentschieden ließe, ob er einem Menschen geholfen habe: was dann? Ja, dann würde seine Aussage gerade ein Resultat.

---

[1] Ich sage bloß: gesetzt, und unter dieser Form habe ich Erlaubnis das Gewisseste und das Widersinnigste zu bringen; denn selbst das Gewisseste wird ja nicht als das Gewisseste gesetzt, sondern nur angenommen, um ein Verhältnis zu erklären, und selbst das Widersinnigste wird ja nicht als vorhanden gesetzt, sondern als Annahme, um die Konsequenz zu beleuchten.

Gesetzt, jemand wollte mitteilen, daß alles Rezipieren ein Produzieren sei. Gesetzt, er wiederholte dies so häufig, daß dieser Satz sogar als Vorschrift zum Schönschreiben gebraucht würde; dann hätte er allerdings seinen Satz bekräftigt.

Gesetzt, jemand wollte die Überzeugung mitteilen, daß das Gottesverhältnis eines Menschen ein Geheimnis sei. Gesetzt, es wäre so ein prächtiger Mann, der andere Menschen so gern hätte, daß es aus ihm heraus müßte. Gesetzt, er hätte doch noch soviel Verstand, daß er etwas von dem Widerspruch merkte, dies direkt mitzuteilen, und er teilte es also unter dem Gelübde der Verschwiegenheit mit: was dann? Dann müßte er entweder annehmen, daß der Schüler weiser sei als der Lehrer, daß der Schüler wirklich schweigen könne, was der Lehrer nicht kann (eine vortreffliche Satire über einen Lehrer!), oder er müßte in Galimathias beglückt sein, so daß er den Widerspruch nicht entdeckte. Es ist doch sonderbar mit diesen prächtigen Menschen; daß es aus ihnen heraus muß, ist doch etwas so Rührendes und etwas so Eitles, zu glauben, daß ein anderer Mensch in seinem Gottesverhältnis einen Beistand brauche, als könnte Gott sich nicht schon selbst und dem Betreffenden helfen. Aber es ist etwas anstrengend, existierend den Gedanken festzuhalten, daß man vor Gott nichts sei, daß alle unsere Anstrengung ein Scherz sei. Es hält in Zucht, wenn man jeden Menschen ehrt, so daß man es nicht wagt, sich direkt in sein Gottesverhältnis zu Mischen, teils weil man mit seinem eigenen schon genug zu tun hat, teils weil Gott kein Freund von Naseweisheit ist.

Überall, wo beim Erkennen das Subjektive von Wichtigkeit, die Aneignung also die Hauptsache ist, da ist die Mitteilung ein Kunstwerk. Sie ist doppeltreflektiert, und ihre erste Form besteht gerade in der List die Subjektivitäten gottesfürchtig auseinanderzuhalten, damit sie nicht gerinnend in Objektivität zusammenlaufen. Dies ist das Abschiedswort der Objektivität an die Subjektivität.

Die gewöhnliche Mitteilung, das objektive Denken, hat keine Geheimnisse, erst das doppeltreflektierte subjektive Denken hat Geheimnisse: ihr ganzer wesentlicher Inhalt ist wesentlich Geheimnis, weil er sich nicht direkt mitteilen läßt. Dies ist die Bedeutung des Geheimnisses. Der Umstand, daß die Erkenntnis nicht direkt auszusprechen ist, weil das Wesentliche an ihr gerade in der Aneignung besteht, bewirkt, daß sie für jeden ein Geheimnis bleibt, der nicht auf dieselbe Weise bei sich selbst doppeltreflektiert ist; da dies aber die wesentliche Form der Wahrheit ist, so kann diese auf eine andere Weise[1] nicht gesagt

[1] Wenn zu unserer Zeit ein Mensch leben würde, der, subjektiv entwickelt, auf die Kunst der Mitteilung aufmerksam wäre, der würde die köstlichsten Komödien und Späße erleben. Er würde vor die Tür gesetzt werden, da er ja nicht vermöchte objektiv zu sein, und dann würde sich wohl zu guter Letzt ein gutmütiger objektiver Bursche, ein systematisches Stück von einem Menschen über ihn erbarmen und ihm halb in die Paragraphen hineinhelfen; denn was man da für eine Unmöglichkeit hielt, Mars in der Rüstung zu malen, die ihn unsichtbar macht, das würde nun außerordentlich glücken, ja, was noch sonderbarer ist, das würde nun halb glükken.

werden. Wenn es daher jemand direkt mitteilen will, so ist er dumm; und wenn dies jemand von ihm fordert, so ist er auch dumm. Einer solchen betrügerischen künstlerischen Mitteilung gegenüber würde die gewöhnliche menschliche Dummheit rufen: das ist Egoismus. Wenn so die Dummheit siegte, und die Mitteilung direkt würde, dann hätte die Dummheit so viel gewonnen, daß der Mitteiler ebenso dumm geworden wäre.

Man kann zwischen einem wesentlichen und einem zufälligen Geheimnis unterscheiden. Was z. B. in einem geheimen Staatsrat gesagt wurde, ist, solange es noch nicht bekannt ist, ein zufälliges Geheimnis; denn die Aussage selbst wird direkt verstanden werden können, sobald sie bekannt wird. Es ist ein zufälliges Geheimnis, daß niemand weiß, was nach einem Jahr geschieht, denn wenn es geschehen ist, wird es sich direkt verstehen lassen. Wenn Sokrates sich dagegen durch seinen Dämon von jedem Verhältnis isolierte und z. B. *positio* annahm, so müsse jeder handeln, so würde eine solche Anschauung vom Leben wesentlich ein Geheimnis oder ein wesentliches Geheimnis bleiben, denn sie ließe sich nicht direkt mitteilen. Das Höchste, was er vermochte, war, künstlerisch mäeutisch einem anderen negativ zu demselben zu verhelfen. All das Subjektive, das sich durch seine dialektische Innerlichkeit der direkten Äußerungsform entzieht, ist ein wesentliches Geheimnis.

Die Form einer solchen Mitteilung in ihrer unerschöpflichen Kunst entspricht dem eigenen Verhältnis des existierenden Subjekts zur Idee und gibt dieses wieder. Um dies in der Form des Experimentes deutlich zu machen, ohne entscheiden zu wollen, ob sich wirklich jemand dessen existierend bewußt gewesen ist oder nicht, d. h. so existiert hat oder nicht, will ich das Existenzverhältnis andeuten.

§ 2 Der existierende subjektive Denker ist in seinem Existenzverhältnis zur Wahrheit ebenso negativ wie positiv, hat ebensoviel Komik, wie er wesentlich Pathos hat, und ist beständig im Werden, d. h. er strebt

Da das existierende Subjekt existierend ist (und das ist das Los jedes Menschen, ausgenommen das der Objektiven, die das reine Sein zum Aufenthaltsort haben), so ist der Mensch ja im Werden. Wie dann seine Mitteilung in der Form mit seiner eigenen Existenz wesentlich konform sein muß, so muß sein Denken der Form seiner Existenz entsprechen. Jeder kennt nun von Hegel die Dialektik des Werdens. Was im Werden die Alternation zwischen Sein und Nichtsein ist (eine jedoch etwas undeutliche Bestimmung, insofern als das Sein selbst zugleich das Kontinuierliche in der Alternation [das Beharrende im Wechsel ist], das ist später das Negative und das Positive.

Man hört zu unserer Zeit oft genug vom Negativen und von den negativen Denkern reden, und man muß oft genug darüber die Tiraden der Positiven und ihre Dankgebete zu Gott und Hegel hören, daß sie nicht seien wie jene Negativen, sondern daß sie Positive geworden seien. Das Positive in bezug aufs Denken läßt sich auf folgende Bestimmungen bringen: sinnliche Gewißheit, geschichtliches Wissen und spekulatives Resultat. Aber dieses Positive ist gerade das Unwahre. Die sinnliche Gewißheit ist Trug (vgl. die griechische Skepsis und die ganze Darstellung in der neueren Philosophie, woraus man sehr viel lernen kann); das geschichtliche Wissen ist Sinnesbetrug (da es ein Approximationswissen ist); und das spekulative Resultat ist Blendwerk. All dieses Positive drückt nämlich nicht den Zustand des erkennenden Subjektes in der Existenz aus, es betrifft darum ein fingiertes objektives Subjekt, und sich selbst mit einem solchen verwechseln heißt sich anführen lassen und angeführt sein. Jedes Subjekt ist ein existierendes Subjekt; und daher muß sich dieses wesentlich in seinem ganzen Erkennen ausdrücken und dies Erkennen verhindern sich in Sinnesgewißheit, geschichtlichem Wissen und illusorischem Resultat illusorisch abzuschließen. In geschichtlichem Wissen bekommt ein Mensch eine Menge von der Welt zu wissen, aber nichts von sich selbst, bewegt sich in der Sphäre des Approximationswissens, während er durch seine vermeintliche Positivität sich einbildet die Gewißheit zu haben, die sich doch nur in der Unendlichkeit haben läßt, in welcher er doch als Existierender nicht sein, sondern nur beständig ankommen kann. Nichts Geschichtliches kann mir unendlich gewiß werden, ausgenommen das, daß ich da bin (was wieder für kein anderes Individuum unendlich gewiß werden kann, da dies wiederum nur von seinem eigenen Dasein unendlich gewiß weiß), was nichts Geschichtliches ist. Das spekulative Resultat ist insofern Illusion, als das existierende Subjekt im Denken davon abstrahieren will, daß es existierend ist, und *sub specie aeterni* sein will.

Die Negativen haben daher beständig den Vorteil etwas Positives zu haben, das nämlich, daß sie auf das Negative aufmerksam sind, die Positiven haben gar nichts, denn sie sind betrogen. Gerade weil das Negative im Dasein vorhanden ist und überall vorhanden ist (denn Dasein, Existenz ist beständig im Werden), darum gilt es demgegenüber als die einzige Rettung, beständig darauf aufmerksam zu werden. Dadurch, daß das Subjekt positiv beruhigt wird, ist es gerade angeführt.

Die Negativität, die im Dasein ist, oder richtiger die Negativität des existierenden Subjekts (welche sein Denken in wesentlich adäquater Form wiedergeben muß) ist auf der Synthese des Subjekts begründet, daß es ein existierender unendlicher Geist ist. Die Unendlichkeit und das Ewige ist das einzige Gewisse, aber indem es im Subjekt ist, ist es im Dasein, und der erste Ausdruck dafür ist sein Betrug und dieser ungeheure Widerspruch, daß das Ewige wird, daß es entsteht.

So muß das existierende Subjekt für sein Denken eine Form haben, worin es dies ausdrücken kann. Wenn es dies in direkter Aussage ausspricht, sagt es gerade etwas Unwahres; denn in der direkten Aussage ist gerade der Betrug weggelassen, so daß also die Form der Mitteilung irreführt, wie wenn die Zunge eines Epileptischen verkehrte Worte sagt, ob es auch vielleicht der Redende nicht so gut merkt wie der Epileptische.

Laßt uns ein Beispiel nehmen. Das existierende Subjekt ist ewig, aber als existierend ist es zeitlich. Der Betrug der Unendlichkeit besteht nun darin, daß die Möglichkeit des Todes in jedem Augenblick vorhanden ist. Damit ist alle positive Zuverlässigkeit verdächtig gemacht. Bin ich mir dessen nicht in jedem Augenblick bewußt, so ist mein positives Zutrauen zum Leben kindisches Wesen, obgleich das Zutrauen spekulativ und auf seinem systematischen Kothurn vornehm geworden ist; werde ich mir aber dessen bewußt, so ist der Gedanke der Unendlichkeit so unendlich, daß er meine Existenz gleichsam in ein verschwindendes Nichts verwandelt. Wie äußert nun das existierende Subjekt diese seine Gedankenexistenz? Daß es so mit dem Existieren steht, weiß jeder Mensch, aber die Positiven wissen es positiv, d. h. sie wissen es gar nicht aber das versteht sich, sie haben ja auch soviel mit der Weltgeschichte zu tun. Einmal im Jahre bei einer feierlichen Gelegenheit ergreift sie dieser Gedanke, und nun sprechen sie in der Form der Beteuerung aus, daß es so sei. Aber daß sie es nur einmal bei einer feierlichen Gelegenheit bemerken, verrät hinlänglich, daß sie sehr positiv sind, und daß sie es mit der Zuverlässigkeit einer Beteuerung sagen, zeigt, daß sie selbst, während sie es aussprechen, nicht wissen, was sie sagen, weshalb sie es auch im nächsten Augenblick wieder vergessen können.

Für solche negativen Gedanken ist nämlich eine betrügerische Form die einzig adäquate, weil die direkte Mitteilung in der Zuverlässigkeit des Kontinuierlichen liegt, das trügerische Dasein dagegen, in welchem ich die Mitteilung aufnehme, mich isoliert. Wer hierauf aufmerksam ist, wer, damit zufrieden, daß er ein Mensch ist, Stärke und Müßiggang genug hat, sich nicht betrügen lassen zu wollen, um dann, von Gleichgesinnten bewundert und vom Dasein verspottet, über die ganze Weltgeschichte sprechen zu können, der vermeidet die direkte Aussage. Bekanntlich war Sokrates ein Tagedieb, der sich weder um Weltgeschichte noch Astronomie bekümmerte (diese gab er, wie Diogenes [von Laerte, vgl. IV. Bd., S. 181] erzählt, auf, und wenn er später stillstand [vgl. Platos *Symposion* S. 175a, 220c.] und vor sich hinsah, kann ich, ohne übrigens entscheiden zu wollen, was er eigentlich vornahm, doch nicht annehmen, daß er nach den Sternen guckte[1]), sondern Zeit und Sonderbarkeit genug hatte, sich um das simple *Menschliche* zu bekümmern, eine Bekümmerung, die eigentümlicherweise bei Menschen für sonderbar gilt, während es dagegen nicht sonderbar ist, sich mit Weltgeschichte, Astronomie u. dgl. eifrig zu beschäftigen.

Auf Grund einer vortrefflichen Abhandlung in der fünischen Zeitschrift [3. Bd. 1845, S. 55 ff.] sehe ich, daß Sokrates etwas ironisch gewesen sein soll. Es

1 [Vgl. Holbergs *Weihnachtsstube* Szene 13.]

ist wirklich hohe Zeit, daß das gesagt wurde, und ich bin nun, wenn ich etwas Ähnliches annehme, in der Lage, mich auf jene Abhandlung berufen zu dürfen. Die Ironie des Sokrates nimmt unter anderem, gerade wenn er die Unendlichkeit hervortreten lassen will, die Form an, daß er in erster Instanz wie ein Irrsinniger redet. Gleichwie das Dasein tückisch ist, so ist es seine Rede auch, vielleicht (denn ich bin kein so bestimmter Mann wie der Positive in der fünischen Zeitschrift) damit er nicht einen gerührten und gläubigen Anhänger bekomme, der sich die Aussage von der Negativität des Daseins positiv aneignete. Dieser in der ersten Instanz erscheinende Irrsinn kann für Sokrates zugleich bedeutet haben, daß er, während er mit den Menschen redete, in dem, was er sagte, zugleich *privatissime* mit der Idee konferierte. Was er da sagte, kann ja keiner verstehen, der nur direkt zu reden weiß, und es einem ein für allemal zu sagen kann nichts helfen, da das Geheimnis gerade ist, daß es immer überall im Gedanken und in seiner Äußerung vorhanden sein muß, gleichwie es überall im Dasein vorhanden ist.

Insofern ist es gerade das richtige, nicht verstanden zu werden, denn dadurch ist man ja vor Mißverständnis sicher. Wenn Sokrates so irgendwo[1] sagt, es sei doch merkwürdig, daß der Schiffer, der Leute von Griechenland nach Italien übergesetzt habe, wenn er angekommen sei, ruhig am Strande hin und her gehe und sein Geld hinnehme, als habe er etwas Gutes getan, während er doch nicht wissen könne, ob er den Passagieren genützt habe, oder ob es diesen nicht besser gewesen wäre, im Meere zu ertrinken: so redet er eigentlich wie ein Irrsinniger.[2] Vielleicht hat einer von den Anwesenden ihn wirklich für verrückt angesehen (denn nach Plato und Alkibiades[3] soll es beinah die gewöhnliche Ansicht gewesen sein, ihn mindestens für sonderbar, ἄτοπος, zu halten); vielleicht hat ein anderer gedacht, das sei doch eine drollige Wendung in der Rede, vielleicht. Sokrates dagegen, der hat vielleicht zu derselben Zeit ein kleines Rendezvous mit seiner Idee, der Unwissenheit, gehabt. Wenn er die Unendlichkeit in der Form der Unwissenheit gefaßt hat, so muß er ja diese überall bei sich haben. Solches belästigt einen Privatdozenten nicht, er tut es einmal im Jahre in Paragraph 14 mit Pathos, und er hat recht, daß er es nicht anders tut, wenn er nämlich Frau und Kinder und Aussicht auf eine gute Stelle, aber keinen Verstand zu verlieren hat.

Der subjektive existierende Denker, der die Unendlichkeit in seiner Seele hat, hat sie immer, und darum ist seine Form beständig negativ. Wenn dem so ist, wenn er wirklich in seiner Existenz die Form des Daseins existierend wiedergibt, so ist er existierend beständig ebenso negativ wie positiv, denn seine Positivität

---

1 [Ungefähr so in Platos *Gorgias*, S. 511d ff. (Übersetzung von Preisendanz, Diederichs, Jena, S. 134).]

2 Wenn ein jetzt Lebender so spräche, so würde wohl jeder einsehen, daß er verrückt sei; aber die Positiven wissen, sie wissen es mit positiver Bestimmtheit, daß Sokrates ein Weiser war; das soll ganz gewiß sein: *ergo*

3 [Vgl. z. B. *Symposion S. 215 a; Alcib.I*, S. 106a.]

besteht in der fortgesetzten Verinnerlichung, in welcher er von dem Negativen weiß. Unter den sogenannten Negativen gibt es indes einige, die, nachdem sie einen Wink vom Negativen bekommen haben, auf das Positive verfallen und mit Geschrei in die Welt hinausgehen, um ihre glücklichmachende negative Weisheit anzuempfehlen, aufzunötigen und feilzubieten und ein Resultat kann man ja auch ausrufen, wie man holsteinische Heringe usw. ausruft. Viel klüger als die Positiven sind diese Ausrufer nicht, wogegen es eine Inkonsequenz von den Positiven ist, auf sie so böse zu werden, denn wesentlich sind sie Positive. Die Ausrufer sind keine existierenden Denker, vielleicht waren sie es einmal, bis sie das Resultat fanden; von dem Augenblick an existieren sie nicht länger als Denker, sondern als Ausrufer und Auktionshalter.

Aber der eigentlich subjektive existierende Denker, der ist beständig ebenso negativ wie positiv, und umgekehrt; er ist es beständig, so lange er existiert, nicht ein für allemal in einer schimärischen Mediation. Dem entspricht seine Mitteilung, daß er nicht sinnlos durch außerordentliche Mitteilsamkeit die Existenz eines Lernenden zu etwas anderem macht, als was die menschliche Existenz überhaupt ist. Er weiß von der Negativität des Unendlichen im Dasein, er hält diese Wunde der Negativität beständig offen, welche Wunde ja zuweilen die Rettung ist (die anderen lassen die Wunde zuwachsen und werden Positive, Betrogene); in der Mitteilung drückt er dasselbe aus. Daher ist er niemals ein Lehrer, sondern ein Lernender, und wenn er beständig ebenso negativ wie positiv ist, so strebt er beständig.

Auf die Weise geht ja freilich einem solchen subjektiven Denker etwas verloren, er bekommt nicht die positive gedeihliche Freude am Leben. Für die meisten Menschen verändert sich das Leben, wenn sie zu einem gewissen Punkt in ihrem Forschen gekommen sind; sie heiraten und bekommen Stellungen im Leben, denen zufolge sie „schandehalber" etwas fertig haben, Resultate haben müssen (denn die Geniertheit vor Menschen gebietet, ein Resultat zu haben; was die Scham vor Gott gebieten könnte, daran denkt man weniger), so halten sie sich wirklich für fertig oder müssen sich nach Sitte und Brauch dafür halten, oder sie seufzen und klagen zuweilen darüber, daß sie so manches am Streben hindere. (Welche Beleidigung gegen Gott, wenn der Seufzer ihn suchen würde. Welche Beleidigung gegen Gott, wenn der Seufzer auch so von Sitte und Brauch kommt. Was für ein Widerspruch, darüber zu seufzen, daß man dem Höheren nicht nachjagen könne, weil man nach dem Niederen greift, anstatt das Seufzen und dieses Trachten nach dem Niederen zu unterlassen!). Dann beschäftigen sie sich ab und zu etwas damit, zu streben, aber das Spätere ist doch nur eine spärliche Randnote zu dem längst fertigen Text. Auf diese Weise befreit man sich davon, exequierend auf die anstrengenden Schwierigkeiten aufmerksam zu werden, welche die simpelste Aussage: *qua* Mensch zu existieren, enthält, während man als positiver Denker von der Weltgeschichte und den *privatissima* Gottes des Herrn Bescheid weiß.

Der Existierende ist beständig im Werden; der wirklich existierende, subjektive Denker bildet beständig im Denken diese seine Existenz nach und versetzt all sein Denken ins Werden. Es geht hiermit wie damit: Stil zu haben; nur der hat eigentlich Stil, der nie etwas fertig hat, sondern, sooft er beginnt, „die Wasser der Sprache bewegt", so daß ihm der alltäglichste Ausdruck mit neugeborener Ursprünglichkeit entsteht.

So beständig im Werden zu sein ist die Betrügerei der Unendlichkeit im Dasein. Sie kann einen sinnlichen Menschen zur Verzweiflung bringen, denn man fühlt doch beständig den Drang, etwas Fertiges zu haben; aber dieser Drang ist vom Bösen, dem man entsagen soll. Das unaufhörliche Werden ist die Ungewißheit des Erdenlebens, in dem alles ungewiß ist. Das weiß ja jeder Mensch und sagt es dann und wann, besonders bei einer feierlichen Gelegenheit, nicht ohne Schweiß und Tränen, sagt es direkt und rührt sich selbst und andere, und zeigt in der Tat, was er schon in der Form der Aussage zeigte, daß er von dem, was er selbst sagt, nichts versteht.[1]

Lucian[2] läßt Charon in der Unterwelt folgende Geschichte erzählen: Ein Mann stand da in der Oberwelt und redete mit einem von seinen Freunden, den er bei sich zu essen einlud, indem er ihm ein seltenes Gericht versprach. Der Freund nahm die Einladung mit Dank an. Dann sagte der Mann: aber sag es nun ganz bestimmt zu, daß du jedenfalls kommst. Bestimmt, antwortete der Eingeladene. So trennten sie sich, und ein Dachziegel fiel herunter und schlug den Eingeladenen tot, ist das nicht zum Kranklachen, fügt Charon hinzu.

Gesetzt, der Eingeladene wäre ein Redner gewesen, der vielleicht einen Augenblick vorher sich selbst und andere gerührt hätte, indem er davon redete: daß alles ungewiß sei! Denn so reden die Menschen: in einem Augenblick wissen sie alles, und in demselben Augenblick wissen sie es nicht. Und darum wird es für Torheit und Sonderbarkeit angesehen, sich darum und um die Schwierigkeiten zu kümmern, weil das ja jeder weiß. Was nämlich nicht jeder weiß, was ein Differenzwissen ist, darum sich zu kümmern, das ist herrlich; was aber jeder weiß, wo also der Unterschied in dem Narrenstreich besteht, wie er es weiß,

---

1 Daran erkennt man eine durchgebildete Individualität, wie dialektisch das Denken ist, in welcher sie ihr tägliches Leben hat. Sein tägliches Leben in der entscheidenden Dialektik der Unendlichkeit zu haben und doch weiter fortzuleben: das ist die Kunst. Die meisten Menschen haben zu täglichem Gebrauch bequeme Kategorien und nur bei feierlichen Gelegenheiten die der Unendlichkeit, das heißt, sie haben sie nie. Aber zu täglichem Gebrauch die Dialektik der Unendlichkeit zu haben und in ihr zu existieren, ist natürlich die höchste Anstrengung; und die höchste Anstrengung ist wiederum nötig, damit die Übung nicht, anstatt uns zu üben in ihr zu existieren, uns trügerisch aus ihr herauslocke. Es ist ja bekannt, daß eine Kanonade bewirkt, daß man nicht hören kann; aber es ist auch bekannt, daß man, wenn man darin aushält, jedes Wort hören kann, wie wenn alles still ist. So ist es auch mit der durch Reflexion potenzierten Geistesexistenz.

2 [*Charon*, Kap. 6, etwas verändert.]

darum sich zu scheren ist verlorne Mühe, man kann auch gar nicht wichtig damit tun.

Gesetzt, der Eingeladene hätte auf Grund der Ungewißheit geantwortet, was dann? Dann wäre seine Rede der eines Verrückten nicht unähnlich gewesen, wenn sie auch nicht von vielen bemerkt worden wäre, denn das läßt sich ja so täuschend sagen, daß nur der es entdeckt, der selbst mit solchen Gedanken vertraut ist. Ein solcher sieht es auch nicht für verrückt an, was es auch nicht ist, denn während sich die Aussage im Scherz vielleicht schnurrig in das übrige mischt, hat der Redende vielleicht *privatissime* eine Begegnung mit Gott, der gerade zur Stelle ist, sobald die Ungewißheit von allem als unendlich gedacht wird. Darum kann der, welcher wirklich für Gott ein Auge hat, ihn überall sehen, während der, welcher ihn nur bei außerordentlichen Gelegenheiten sieht, ihn eigentlich gar nicht sieht, sondern, im Aberglauben betrogen, ein Phantom zu sehen bekommt.

Daß der subjektive existierende Denker ebenso positiv wie negativ sei, läßt sich auch so ausdrücken, daß er ebensoviel Komik wie Pathos habe. Wie die Menschen im allgemeinen existieren, ist das Komische und das Pathetische verteilt, so daß der eine das eine, und ein anderer das andere hat, einer etwas mehr von dem einen und ein anderer etwas weniger. Für den dagegen, der unter Doppelreflexion existiert, ist das Verhältnis dieses: ebensoviel Pathos, ebensoviel Komik. Sie sichern sich gegenseitig. Das Pathos, das nicht durch Komik gesichert wird, ist Illusion, die Komik, die nicht durch Pathos gesichert wird, ist Unreife. Nur wer dieses selbst produziert, versteht es, sonst nicht. Es klingt ganz wie ein Scherz, was Sokrates von der Überfahrt übers Wasser sagte, und war doch der höchste Ernst. Wenn es bloß Scherz wäre, würde vielleicht mancher mitgehen: wenn es bloß Ernst wäre, käme gewiß mancher, der leicht schwitzt, in Gemütsbewegung; aber wenn es nun Sokrates gar nicht so meinte?

Es würde wie ein Scherz klingen, wenn ein Geladener beim Empfang der Einladung antwortete: ich werde bestimmt kommen, den Fall ausgenommen, daß ein Dachziegel herabfiele und mich totschlüge, denn dann kann ich nicht kommen; und doch kann es zugleich der höchste Ernst sein, und kann, der so redet, indem er mit einem Menschen scherzt, vor Gott stehen. Nimm an, da wäre ein junges Mädchen, das seinen Geliebten mit dem Schiff erwartete, von dem Sokrates redet; nimm an, sie eilte in den Hafen, träfe Sokrates und fragte mit ihrer ganzen verliebten Leidenschaft nach dem Geliebten; nimm an, jener alte Neckpeter Sokrates sagte, anstatt zu antworten: ja, der Schiffer geht freilich selbstzufrieden hin und her und steckt das Geld in die Tasche, obgleich er doch nicht mit Bestimmtheit wissen kann, ob es nicht für die Passagiere besser gewesen wäre, im Meere umzukommen: was dann? Wenn es ein pfiffiges Mädchen wäre, so würde sie verstehen, daß Sokrates gewissermaßen gesagt habe, daß ihr Geliebter angekommen sei; und wenn dies sicher wäre, was dann? Dann würde sie über Sokrates lachen, denn so dumm wäre sie doch nicht, daß sie nicht mit Bestimmtheit wüßte, wie herrlich es wäre, wenn der Geliebte angekommen wäre. Nun das versteht sich, so ein kleines Mädchen ist ja auch nur zu einem Rendezvous mit dem Geliebten auf dem sichern Strande in erotischer Umarmung aufgelegt und nicht entwickelt genug zu einem sokratischen Rendezvous mit dem Gott auf dem unendlichen Meer der Ungewißheit.

Aber gesetzt nun, das pfiffige kleine Mädchen wäre konfirmiert, was dann? Dann hätte sie ja ganz dasselbe zu wissen bekommen wie Sokrates, der Unterschied wäre bloß, wie sie es wissen. Und doch hat vermutlich Sokrates sein ganzes Leben in diesem Unterschied gehabt; noch in seinem siebzigsten Jahre war er nicht fertig mit seinem Streben immer innerlicher einzuüben, was ein Mädchen von sechzehn Jahren weiß. Denn er war nicht einer, der Hebräisch versteht und also zu dem jungen Mädchen sagen kann: das kannst du nicht, und das zu lernen braucht es lange Zeit; er war nicht wie einer, der Steine zuhauen kann, wovon das junge Mädchen wohl verstehen würde, daß sie es nicht könne, und das sie zu bewundern verstehen würde, nein, er wußte nicht mehr als sie. Kein Wunder da, daß er beim Sterben so gleichgültig war, denn der arme Bursche hat vermutlich selbst eingesehen, daß sein Leben verscherzt war, daß es nun zu spät war, von vorn anzufangen, um zu lernen, was nur die Ausgezeichneten wissen. Kein Wunder, daß er gar kein Aufheben von seinem Tode macht, als verliere der Staat an ihm etwas Unersetzliches. Ach, er hat wohl gedacht: wenn ich noch Professor im Hebräischen gewesen wäre, wenn ich Bildhauer oder Solotänzer gewesen wäre, oder gar ein weltgeschichtlich beglückendes Genie, ja wie würde dann der Staat es verschmerzen können, mich zu verlieren, und wie sollten seine Einwohner zu wissen bekommen, was ich ihnen hätte sagen können! Aber nach mir wird man nicht fragen, denn was ich weiß, das weiß jeder. Dieser Sokrates war doch ein Spaßvogel, so mit Hebräisch, Bildhauerkunst, Ballett und weltgeschichtlicher Beglückung zu spotten; und sich dann wieder so sehr um den Gott zu bekümmern, daß er, obschon er sich ohne Unterlaß sein ganzes Leben übte (ja wie ein Solotänzer zur Ehre des Gottes), mit Zweifel darauf wartete, ob er in der Prüfung des Gottes bestehen würde: was hat doch das zu bedeuten?

Der relative Unterschied, den es in der Unmittelbarkeit zwischen dem Komischen und dem Tragischen gibt, verschwindet in der Doppelreflexion, wo der Unterschied unendlich wird und damit die Identität eintritt. Religiös ist daher der komische Ausdruck der Anbetung ebenso gottesfürchtig wie ihr pathetischer. Was dem Komischen und Pathetischen zugrunde liegt, ist das Mißverhältnis, der Widerspruch des Unendlichen und Endlichen, des Ewigen und Werdenden. Daher ist ein Pathos, welches das Komische ausschließt, ein Mißverständnis, ist gar kein Pathos. Der subjektiv existierende Denker ist daher ebenso bifrontisch wie das Existenzverhältnis. Wenn man das Mißverhältnis ansieht, indem man sich der Idee zuwendet, hat man Pathos, und wenn die Idee hinter einem steht, Komik. Wenn der subjektive existierende Denker sein Angesicht gegen die Idee hin wendet, faßt er das Mißverhältnis mit Pathos auf; wenn er der Idee den Rükken wendet und diese von hinten in dasselbe Mißverhältnis hineinleuchten läßt, mit Komik. So ist das unendliche Pathos der Religiosität zu Gott Du zu sagen unendlich komisch, wenn ich den Rücken wende und das in der Endlichkeit sehe, was da von hinten in diese hineinfällt. Habe ich nicht das ganze Komische erschöpft, so habe ich auch nicht das Pathos der Unendlichkeit; habe ich das Pathos der Unendlichkeit, so habe ich auch sogleich das Komische.

So ist das Beten das höchste Pathos[1] der Unendlichkeit, und doch ist es komisch[2], gerade weil es in seiner Innerlichkeit für jeden äußeren Ausdruck inkommensurabel ist, besonders wenn man nach dem Worte der Schrift handelt, beim Fasten sein Haupt zu salben und sein Antlitz zu waschen. Das Komische findet sich hier auf zweierlei Weise. Die zu verwerfende Komik würde ans Licht kommen, wenn z. B. ein baumstarker Mann betend aufträte und, um die Innerlichkeit des Gebetes zu bezeichnen, sich in Kraftstellungen drehte und wendete, die, besonders wenn der Redner bloße Arme hätte, für einen Künstler belehrend wären, der Armmuskeln studiert. Innerlichkeit des Gebets und unaussprechliche Seufzer sind für das Muskulöse nicht kommensurabel. Die wahre Komik ist, daß das Unendliche in einem Menschen vorgehen und es niemand, niemand an ihm entdecken kann. Was das immer wiederkehrende Werden betrifft, so

---

[1] Das sokratische Vorsichhinstarren ist auch ein Ausdruck für das höchste Pathos und daher zugleich ebenso komisch. Laß es uns einmal betrachten. Also Sokrates steht und sieht starr vor sich hin. Nun kommen da zwei Vorbeigehende, von denen der eine zum anderen sagt: was macht der Mann da? Der erstere antwortet: nichts. Nehmen wir aber an, daß der eine doch etwas mehr Vorstellung von Innerlichkeit habe, daß er der Handlung des Sokrates einen religiösen Ausdruck gebe und sage: er versenkt sich in das Göttliche, er betet. Bleiben wir beim letzten, er betet. Aber gebraucht er wohl Worte, macht er vielleicht sogar viele Worte? Nein, Sokrates hatte sein Gottesverhältnis in der Weise verstanden, daß er aus Furcht mit törichtem Geschwätz zu kommen, gar nichts zu sagen wagte, und aus Furcht, daß ihm ein verkehrter Wunsch erfüllt werde. Davon sollen ja Beispiele vorgekommen sein, wie das Orakel [Plutarch, *De Pythiae oraculis.* Kap. 19, Mor. S.403b] einem Manne voraussagte, es werden alle seine Söhne berühmt werden; als da der besorgte Vater weiter fragte: und dann werden sie wohl alle elend ums Leben kommen? antwortete das Orakel: auch das soll dir erfüllt werden. Das Orakel ist hier nämlich konsequent genug anzunehmen, daß wer sich mit ihm berät, ein Betender sei, und braucht daher konsequent das Wort: erfüllt, was eine traurige Ironie für den Betreffenden ist. Also Sokrates tut gar nichts, er redet auch nicht einmal in seinem Innern mit dem Gott und doch tut er ja das Höchste von allem. Das hat Sokrates auch vermutlich selbst eingesehen und foppend hervorzuheben gewußt. Dagegen hat dies Magister Kierkegaard schwerlich verstanden, nach seiner Dissertation zu schließen. Dort bespricht er nämlich, indem er Alcibiades sekundus anführt, das negative Verhältnis, das Sokrates zum Gebet hat, aber er kann, wie es zu unserer Zeit von einem positiven theologischen Kandidaten zu erwarten war, sich's nicht versagen, Sokrates in einer Anmerkung [Mag. Kierkegaard, *Über den Begriff der Ironie* S. 185 Anm.] zu belehren, daß das doch nur bis zu einem gewissen Grade wahr sei.

[2] Ich rede hier nicht von dem zufällig Komischen, wie wenn ein Mann beim Beten den Hut vor die Augen hält, ohne bemerkt zu haben, daß er keinen Boden hat, so daß man den Mann zufällig Angesicht zu Angesicht zu sehen bekommt.

findet bei der Wiederholung des Gebets das Komische und das Pathetische zu gleicher Zeit statt; gerade dessen unendliche Innerlichkeit scheint eine Wiederholung unmöglich zu machen, und darum könnte man über sie sowohl lachen als trauern.

Wie der subjektive existierende Denker selbst existiert, so spricht dies auch seine Darstellungsweise aus, und daher kann niemand sich ohne weiteres sein Pathos aneignen. Wie die komischen Partien in einem romantischen Drama, so zieht sich auch durch Lessings Darstellung die Komik, zuweilen vielleicht an unrechter Stelle, vielleicht auch nicht; mit Bestimmtheit kann ich das nicht sagen. Der Hauptpastor Götze ist eine höchst ergötzliche Figur, die Lessing für die Unsterblichkeit komisch konserviert hat, indem er ihn mit seiner Darstellung untrennbar verbindet. Natürlich ist es störend, daß man sich Lessing nicht mit der Zuverlässigkeit hingeben kann, wie der Darstellungsweise der Männer, die mit echt spekulativem Ernst aus Einem alles machen und so alles fertig haben.

Daß der existierende subjektive Denker beständig strebt, bedeutet jedoch nicht, daß er, im endlichen Sinne, ein Ziel habe, wonach er strebt, nach dessen Erreichung er fertig wäre; nein, er strebt unendlich, ist beständig im Werden, was dadurch gesichert ist, daß er beständig ebenso negativ wie positiv ist und ebensoviel wesentliche Komik wie wesentliches Pathos hat, was wieder daraus folgt, daß er ja doch existiert und dies im Denken ausdrückt. Das Werden ist die Existenz des Denkers selbst, von der man freilich gedankenlos abstrahieren kann, um objektiv zu werden. Wie weit oder wie kurz er im Werden ist, tut wesentlich nichts zur Sache (das ist ja auch nur eine endlich-relative Vergleichung), solange er existiert, ist er im Werden.

Die Existenz selbst, das Existieren ist ein Streben und ist ebenso pathetisch wie komisch; pathetisch, weil das Streben unendlich, d. h. gegen das Unendliche gerichtet, Unendlichmachung ist, was das höchste Pathos bedeutet; komisch, weil Streben ein Selbstwiderspruch ist. Pathetisch angesehen, hat eine Sekunde unendlichen Wert, komisch angesehen, sind 10 000 Jahre ein Narrenstreich gleichwie der gestrige Tag, und doch besteht die Zeit, in der sich der Existierende befindet, aus solchen Teilen. Wenn es nur einfach und direkt ausgesprochen wird, daß 10 000 Jahre ein Narrenstreich seien, so geht mancher Tor mit und findet, das sei Weisheit, aber vergißt das andere, daß eine Sekunde unendlichen Wert hat. Wenn es heißt, eine Stunde habe unendlichen Wert, dann stutzt der eine und der andere und kann besser verstehen, daß 10 000 Jahre unendlichen Wert haben, und doch ist das eine ebenso schwer zu verstehen wie das andere, wenn man sich bloß Zeit läßt, zu verstehen, was verstanden werden soll, oder wenn man auf eine andere Weise bei dem Gedanken, daß keine Zeit, nicht eine Sekunde zu verschenken ist, so unendlich ergriffen wird, daß die Sekunde unendlichen Wert bekommt.

Diese Beschaffenheit der Existenz erinnert an die griechische Auffassung vom Eros, die sich im *Symposion* [S. 203b ff.] findet und die Plutarch in seinem

Werk über Isis und Osiris (§ 57) richtig erklärt. Die Parallele mit Isis, Osiris und Typhon beschäftigt mich nicht, aber wenn Plutarch daran erinnert, daß Hesiod Chaos, Erde, Tartarus und Liebe für Grundwesen ansieht, so ist es sehr richtig, hierbei zugleich an Plato zu denken. Denn Liebe bedeutet hier [bei Hesiod] offenbar Existenz oder das, wodurch Leben im Ganzen ist, das Leben, welches die Synthese des Unendlichen und des Endlichen ist. Armut und Reichtum erzeugten also, nach Plato, den Eros, dessen Wesen von beiden gebildet ist. Aber was ist Existenz? Das ist jenes Kind, das vom Unendlichen und Endlichen, vom Ewigen und Zeitlichen erzeugt und daher beständig strebend ist. Dies war Sokrates Meinung: darum strebt die Liebe immer, d. h. das denkende Subjekt existiert. Nur Systematiker und die Objektiven haben aufgehört, Menschen zu sein und sind zur Spekulation geworden, die ins reine Sein gehört. Das Sokratische ist natürlich nicht endlich zu verstehen von einem fortgesetzten und unaufhörlich fortgesetzten Streben nach einem Ziele, ohne es zu erreichen. Nein, aber wie sehr auch das Subjekt die Unendlichkeit in sich hat, durch sein Existieren befindet es sich im Werden. Der Denker, der bei allem seinem Denken das mitzudenken vergessen kann, daß er ein Existierender ist, der erklärt das Dasein nicht, sondern macht einen Versuch, aufzuhören ein Mensch zu sein und ein Buch oder ein objektives Etwas zu werden, was nur ein Münchhausen werden kann. Daß das objektive Denken seine Realität habe, wird nicht geleugnet, aber bei allem Denken, bei dem gerade die Subjektivität betont werden muß, ist es ein Mißverständnis. Wenn ein Mann sich sein ganzes Leben lang nur mit Logik beschäftigt, so wird er darum doch nicht zur Logik, sondern existiert selbst in anderen Kategorien. Findet er es nun nicht der Mühe wert, hierüber nachzudenken, dann mag er es sein lassen, es ist wohl auch nicht behaglich für ihn, zu wissen zu bekommen, daß das Dasein über ihn spottet, der im Begriff steht, rein objektiv werden zu wollen.

§ 3 Lessing hat gesagt: zufällige geschichtliche Wahrheiten können nie Beweis für ewige Vernunftwahrheiten werden, und der Übergang, wodurch man auf eine geschichtliche Nachricht eine ewige Seligkeit bauen will, ist ein Sprung

Was unter diesem und dem folgenden Punkte besprochen wird, läßt sich bestimmter auf Lessing zurückführen, insofern als sich die Aussage direkt zitieren läßt, aber doch wieder nicht mit einer direkten Bestimmtheit, da Lessing nicht doziert, sondern subjektiv editiert, ohne jemand verpflichten zu wollen, sie seinetwegen anzunehmen, ohne jemand zu einer direkten Kontinuität mit dem Urheber verhelfen zu wollen. Vielleicht hat Lessing selbst verstanden, daß sich so etwas nicht direkt dozieren läßt; wenigstens läßt sich Lessings Verfahren so erklären, und vielleicht ist die Erklärung richtig, vielleicht.

Ich will nun die zwei soeben angeführten Aussprüche etwas näher betrachten und sie zu jenem Problem der *Brocken* in Beziehung bringen: kann man eine ewige Seligkeit auf ein geschichtliches Wissen bauen? Doch möchte ich hier erst eine Bemerkung einfügen, die zu zeigen vermag, wie betrügerisch das menschliche Denken ist, wie es dem Lesen der Schüler gleicht: „er tut, als ob er lese, und liest doch wirklich nicht[1]". Wenn zwei Gedanken untrennbar zueinander gehören, so, daß wenn man den einen denken kann, man *eo ipso* den anderen denken kann, dann kommt es nicht selten vor, daß von Mund zu Mund, von Geschlecht zu Geschlecht eine Opinion geht, die es leicht macht, den einen Gedanken zu denken, während es eine entgegengesetzte Opinion schwermacht, den anderen zu denken, ja die Praxis etabliert, sich gegen ihn skeptisch zu verhalten. Und doch ist das das wahre dialektische Verhältnis, daß, wer den einen denken kann, *eo ipso* den anderen denken kann, ja *eo ipso* den anderen gedacht hat, wenn er den einen gedacht hat. Ich ziele hiermit auf das Quasidogma von der Ewigkeit der Höllenstrafen.

Das in den *Brocken* hingestellte Problem war, wie etwas Geschichtliches für eine ewige Seligkeit entscheidend werden könne. Wenn „entscheidend" gesagt wird, so wird damit *eo ipso* gesagt, daß, indem über die Seligkeit, ob nun für oder wider, entschieden sei, auch über die Unseligkeit entschieden sei. Das erste soll nun leicht zu verstehen sein, das hat jeder Systematiker gedacht, jeder Gläubige, und wir sind ja alle Gläubige, das ist ein Butterbrot, einen geschichtlichen Ausgangspunkt für seine ewige Seligkeit zu bekommen und sich den zu denken. Mitten in dieser Sicherheit und Zuverlässigkeit kommt gelegentlich die Frage nach einer ewigen Unseligkeit auf, die durch einen geschichtlichen Ausgangspunkt in der Zeit entschieden sei: sieh, das ist schwierig, man kann mit sich selbst nicht einig darüber werden, was man annehmen soll, und man wird darüber einig, es dahingestellt sein zu lassen als etwas, was man gelegentlich in populärer Rede gebrauchen kann, was aber unentschieden ist; ach, ach, ach und so ist es ja entschieden; nichts ist leichter, wenn man das erste entschieden hat. Wunderbare menschliche Verständigkeit, wer kann dir in dein verständiges Auge ohne stille Erhebung schauen! Also hier das Resultat fortgesetzter Verständigkeit: das eine versteht man, das andere läßt man dahingestellt sein, d. h. kann man nicht verstehen, und doch ist dies eine und dies andere, es ist, ja, ich werde beinah verlegen, wenn ich es sage, es ist ein und dasselbe.[2] Kann die Zeit, und in ihr das Verhältnis zu einem geschichtlichen Phänomen für eine ewige Seligkeit entscheidend sein, so ist sie es *eo ipso* für die Entscheidung einer ewigen Unseligkeit.

---

1 [Schüler, die im Chor vorlesen sollen, sprechen stattdessen halblaut diese Worte.]

2 Insofern hatten die *Brocken* ebensogut den Gegensatz hinstellen und das Problem bilden können: wie kann etwas Geschichtliches für eine ewige Unseligkeit entscheidend werden? In diesem Falle würde die menschliche Verständigkeit freilich gefunden haben, daß dies etwas zu fragen sei, da es sich nicht einmal beantworten lasse.

Die menschliche Verständigkeit benimmt sich anders. Eine ewige Seligkeit ist nämlich für jedes Individuum eine ewige Voraussetzung hinten, in der Immanenz. Als ewig steht jeder höher als die Zeit und hat daher immer seine ewige Seligkeit hinter sich, das will sagen nur eine ewige Seligkeit ist denkbar, eine ewige Unseligkeit läßt sich gar nicht denken. Dies ist, philosophisch gedacht, ganz in der Ordnung. Nun kommt das Christentum und stellt die Disjunktion auf: entweder eine ewige Seligkeit oder eine ewige Unseligkeit; und die Entscheidung in der Zeit. Was tut nun die menschliche Verständigkeit? Nicht das, was die *Brocken* tun, sie wird nicht darauf aufmerksam daß dies eine schwierige Rede ist, und die Aufforderung, es zu denken, der schwierigste Vorschlag, der sich machen läßt, sie tut also nicht, was sich fürs erste tun ließe, sie stellt nicht einmal das Problem auf. Nein, sie lügt ein wenig, dann geht es leicht genug. Sie nimmt das erste Glied der Disjunktion (entweder eine ewige Seligkeit) und verstehe darunter den Gedanken der Immanenz, der gerade die Disjunktion ausschließt, und so hat sie das Ganze gedacht, bis sie sich dann in bezug auf das andere Glied der Disjunktion für insolvent erklärt und sagt, daß sie das nicht denken kann, was ja heißt, sich selbst auf den Mund schlagen und sich selbst als den angeben, der das erste nicht gedacht hat. Das Paradox des Christentums liegt darin, daß es beständig die Zeit und das Geschichtliche im Verhältnis zum Ewigen gebraucht, während alles Denken in der Immanenz liegt; und was tut nun die menschliche Verständigkeit? Sie denkt die Immanenz, tut so, als ob diese die erste Hälfte der Disjunktion wäre, und dann hat sie das Christentum gedacht.[1]

Nun zu Lessing. Die Stelle befindet sich in einem kleinen Aufsatz: *Über den Beweis des Geistes und der Kraft,* an den Herrn Direktor Schumann. Lessing bekämpft hier, was ich nennen würde: sich in eine qualitative Entscheidung hineinquantitieren, er bekämpft den direkten Übergang von geschichtlicher Zuverlässigkeit zur Entscheidung einer ewigen Seligkeit. Er leugnet nicht (denn er weiß gleich Konzessionen zu machen, damit die Kategorien deutlich werden können), daß, was in der Schrift von Wundern und Weissagungen erzählt wird, ebenso zuverlässig sei wie andere geschichtliche Nachrichten, ja so zuverlässig, wie überhaupt geschichtliche Nachrichten sein könnten: „aber nun, wenn sie nur ebenso zuverlässig sind, warum macht man sie bei dem Gebrauch auf einmal unendlich zuverlässiger?" (S. 79), indem man nämlich auf sie die Annahme einer Lehre bauen will, welche eine ewige Seligkeit bedingt, also auf sie eine ewige Seligkeit bauen will. Lessing ist willig wie alle andern zu glauben, daß ein Alexander gelebt habe, der sich ganz Asien unterworfen habe, „aber wer wollte auf

[1] Die Beweise, mit welchen eine fromme Orthodoxie jenes Dogma von der Ewigkeit der Höllenstrafen hat sichern wollen, müssen für ein Mißverständnis angesehen werden. Jedoch ist ihr Verfahren keineswegs von der Beschaffenheit wie das der Spekulation; denn da diese Ewigkeit wirklich in der Disjunktion liegt, so ist jeder Beweis überflüssig

diesen Glauben hin irgend etwas von großem und dauerhaftem Belange, dessen Verlust nicht zu ersetzen wäre, wagen?“ (S. 81).

Es ist immer der Übergang, der direkte Übergang von dem geschichtlich Zuverlässigen zu der ewigen Entscheidung, den Lessing bekämpft. Deshalb stellt er sich so, daß er einen Unterschied zwischen Nachrichten von Wundern und Weissagungen und der Gleichzeitigkeit mit diesen macht. (Auf diesen Unterschied sind die *Brocken* aufmerksam gewesen, indem sie dichterisch experimentierend die Gleichzeitigkeit zustande brachten und so das entfernten, was man das Nachhistorische nannte.) Aus den Nachrichten, d. h. aus ihrer eingeräumten Zuverlässigkeit folgt nichts, sagt Lessing, aber, fügt er hinzu, wäre er mit Wundern und Weissagungen gleichzeitig gewesen, so würde es ihm geholfen haben.[1] Wohl unterrichtet, wie Lessing immer ist, protestiert er daher gegen ein halb trügerisches Origenes-Zitat, das angeführt wurde, um jenem Beweise für die Wahrheit des Christentums Relief zu geben. Er protestiert, indem er die Schlußworte des Origenes hinzufügt, woraus man sieht, daß Origenes annimmt, daß noch in seiner Zeit Wunder geschahen, und daß er diesen Wundern, mit welchen er also gleichzeitig ist, Beweiskraft beilegt gleichwie denen, von welchen er liest.

Da Lessing sich so gegen eine vorhandene Darstellung gestellt hat, bekommt er keine Gelegenheit, das dialektische Problem hervorzuheben, ob die Gleichzeitigkeit etwas helfen würde, ob sie mehr sein könnte als eine *Veranlassung*, was doch die geschichtliche Nachricht auch sein kann. Lessing scheint das Gegenteil anzunehmen; vielleicht hat er jedoch diesen Schein nur erweckt, um seinem Fechten *e concessis* gegenüber einem bestimmten einzelnen Manne mehr dialektische Deutlichkeit zu geben. Die *Brocken* suchten dagegen zu zeigen, daß die Gleichzeitigkeit gar nichts hilft, weil es bis in alle Ewigkeit keinen direkten Übergang gibt; es wäre ja auch eine grenzenlose Ungerechtigkeit gegen alle Späteren, eine Ungerechtigkeit und ein Unterschied, viel schlimmer als der zwischen Juden und Griechen, Beschnittenen und Unbeschnittenen, den das Christentum aufgehoben hat.

Lessing hat selbst sein Problem in folgende großgedruckte Worte zusammengefaßt: *Zufällige Geschichtswahrheiten können der Beweis von notwendigen Vernunftwahrheiten nie werden.*[2] Woran man sich hier stößt, ist das Prädikat: zufällige, dies ist irreführend, es scheint zu der absoluten Unterscheidung zwischen wesentlichen

---

[1] Hier wird sich jedoch vielleicht ein Leser daran erinnern, was in den *Brocken* von der Unmöglichkeit gesagt wurde mit einem Paradox gleichzeitig (unmittelbar verstanden) zu werden, sowie davon, daß der Unterschied zwischen dem gleichzeitigen und dem späteren Jünger etwas Verschwindendes sei.

[2] Bei dieser Stellung der Sache ist es wohl klar, daß die *Brocken* eigentlich Lessing bekämpfen, insofern als er den Vorzug der Gleichzeitigkeit etabliert hat, in dessen Leugnung das eigentlich dialektische Problem liegt, und wodurch die Beantwortung des Lessingschen Problems eine andere Bedeutung erhält.

und zufälligen geschichtlichen Wahrheiten zu führen, einer Unterscheidung, die doch nur eine Subdivision ist. Wird aber trotz der Identität des höheren Prädikats („geschichtlich") ein absoluter Unterschied gemacht, so könnte daraus zu folgen scheinen, daß bei wesentlichen geschichtlichen Wahrheiten ein direkter Übergang zu machen wäre. Ich könnte nun hitzig werden und sagen: das ist unmöglich, daß Lessing so inkonsequent sein sollte, *ergo*, und meine Hitzigkeit würde gewiß manche überzeugen. Indessen beschränke ich mich auf ein höfliches Vielleicht, welches annimmt, daß Lessing in dem Prädikat „zufällig" alles eingeschlossen, aber nur etwas genannt habe; so daß zufällig kein relativunterscheidendes oder einteilendes, sondern ein Genus-Prädikat ist: geschichtliche Wahrheiten, die als solche zufällig sind. Wenn er es nicht so gemeint hat, dann liegt hier das ganze Mißverständnis, das in der neuesten Philosophie immer wiederkehrt: das Ewige ohne weiteres geschichtlich werden zu lassen, und die Notwendigkeit[1] des Geschichtlichen begreifen zu können. Alles, was geschichtlich wird, ist zufällig, denn gerade dadurch, daß es entsteht, geschichtlich wird, bekommt es sein Moment von Zufälligkeit, denn Zufälligkeit ist gerade der eine Faktor bei allem Entstehen. Darin liegt wieder die Inkommensurabilität einer geschichtlichen Wahrheit mit einer ewigen Entscheidung.

So verstanden ist der Übergang, durch den etwas Geschichtliches und das Verhalten zu diesem für eine ewige Seligkeit entscheidend wird, eine *μεταβασις εἰς ἀλλο γενος* (Lessing sagt sogar: wenn es dies nicht ist, dann weiß ich nicht, was Aristoteles darunter verstanden hat, S. 82), ein Sprung sowohl für die Zeitgenossen als auch für die Späteren. Er ist ein Sprung, und dies ist das Wort, das Lessing innerhalb der zufälligen Einschränkung gebraucht hat, die durch einen illusorischen Unterschied zwischen Gleichzeitigkeit und Nicht-Gleichzeitigkeit bezeichnet wird. Die Worte lauten so: „Das, das ist der garstige breite Graben, über den ich nicht kommen kann, sooft und ernstlich ich auch den Sprung versucht habe" (S. 83). Vielleicht ist das Wort Sprung nur eine Wendung im Stil, vielleicht wird daher das Bild für die Phantasie durch Beifügung des Prädikates „breit" ausgeführt, als hätte nicht der kleinste Sprung die Eigenschaft den Graben unendlich breit zu machen; als wäre es für einen, der *gar nicht* springen kann, nicht gleichschwierig, ob nun der Graben breit oder schmal ist; als wäre es nicht der dialektisch leidenschaftliche Abscheu vor einem Sprunge, der den Graben so unendlich breit macht, gleichwie Lady Macbeths Leidenschaft den Blutfleck so ungeheuer groß macht, daß ihn der Ozean nicht abwaschen kann. Vielleicht ist es auch eine List von Lessing, das Wort „ernstlich" anzubringen, denn beim

[1] In bezug auf dies systematisch verkehrte Kunststück wird sich der Leser vielleicht daran erinnern, was in den *Brocken* (im *Zwischenspiel*) hervorgehoben wurde, daß nichts notwendig entsteht (weil Entstehen und Notwendigkeit einander widersprechen), und daß daher noch weniger etwas dadurch, daß es entstanden ist, notwendig wird, da notwendig das einzige ist, was man nicht werden kann, weil davon beständig vorausgesetzt wird, daß es ist.

Springen, besonders wenn das Bild für die Phantaste ausgeführt wird, ist der Ernst possierlich genug, weil er in keinem oder in einem komischen Verhältnis zum Sprunge steht, da ihn ja nicht die Breite des Grabens, äußerlich verstanden, verhindert, sondern innerlich die dialektische Leidenschaft, die den Graben unendlich breit macht. Ganz nahe an etwas gewesen sein, hat schon seine komische Seite, aber ganz nahe am Sprunge gewesen sein, ist gar nichts, gerade weil der Sprung die Kategorie der Entscheidung ist. Und nun, daß er mit äußerstem Ernst den Sprung habe machen wollen, ja, Lessing ist ein Schelm, denn er hat wohl eher mit äußerstem Ernst den Graben breit gemacht: heißt das nicht die Leute zum besten haben! Doch kann man bekanntlich, was den Sprung betrifft, auch auf eine andere, mehr beliebte Weise die Leute zum besten haben: man schließt die Augen, faßt sich selbst im Nacken, à la Münchhausen, und dann, dann steht man auf der andern Seite, jenseits des gesunden Menschenverstandes in dem systematisch verheißenen Lande.

Jener Ausdruck „Sprung" ist übrigens auch in anderer Weise an Lessings Namen geknüpft. Wie überhaupt in der neueren Zeit selten ein Denker dadurch an die schöne griechische Weise zu philosophieren erinnert, daß er bei einem bestimmten Anlaß sich und seine Denker-Existenz sinnreich in einem einzigen kurzen glücklichen Satze konzentriert, so tut das Lessing und erinnert so lebhaft an die Griechen. Sein Wissen ist nicht ein gelehrtes Sammelsurium und echtspekulatives Vermitteln von dem, was Kreti und Pleti, Genies und Privatdozenten gedacht und geschrieben haben; sein Verdienst ist nicht, daß er diese ganze Herrlichkeit auf die Schnur der historisierenden Methode gezogen hätte; nein kurz, einfältig hat er etwas für sich selbst. Wie man bei vielen griechischen Denkern statt ihres Namens ihre Losung nennen kann, so hat auch Lessing ein letztes Wort hinterlassen. Lessings „letztes Wort" gab bekanntlich zu seiner Zeit zu einigen Schreibereien Anlaß. Der begeisterte edle Jacobi, der mit liebenswürdiger Sympathie oft von seinem Bedürfnis spricht, von anderen Denkern verstanden zu werden, wie wünschenswert die Einigkeit mit andern sei, war der Beichtvater, dem es vorbehalten war, Lessings letztes Wort aufzubewahren. Nun das versteht sich, es war eine schwierige Sache, bei einem Ironiker wie Lessing Beichtvater zu sein, und Jacobi hat genug leiden müssen, unverschuldet, insofern als man ihn ungerecht angegriffen hat, und verschuldet, insofern als ihn Lessing doch keineswegs als Beichtvater hatte kommen lassen, noch weniger ihn gebeten hatte, das Gespräch bekanntzumachen, am allerwenigsten den pathetischen Akzent auf eine unrichtige Stelle zu legen.

In der ganzen Situation ist etwas höchst Poetisches: zwei so ausgeprägte Individualitäten wie Lessing und Jacobi im Gespräch miteinander, der unerschöpfliche Wortführer der Begeisterung als Beobachter, und der verschlagene Lessing als Katechumene. Jacobi soll ausforschen, wie es denn eigentlich mit Lessing steht. Was geschieht? Mit Schrecken entdeckt er, daß Lessing gewiß doch im Grunde Spinozist ist. Der Begeisterte wagt das Äußerste und schlägt ihm jenen allein rettenden Salto Mortale vor.

Hier muß ich einen Augenblick innehalten; es könnte scheinen, als wäre schließlich Jacobi Erfinder des Sprunges. Doch muß bemerkt werden: erstens ist Jacobi eigentlich nicht klar darüber, wo der Sprung wesentlich hingehört. Sein Salto Mortale ist zunächst nur der Subjektivierungsakt gegenüber der Objektivität Spinozas, nicht der Übergang vom Geschichtlichen zum Ewigen. Dann ist er über den Sprung auch nicht dialektisch klar darüber, daß dieser sich nicht direkt dozieren oder mitteilen läßt. Er ist ja der Isolierungsakt, indem er bei dem, was sich nicht denken läßt, es dem einzelnen anheimgibt, ob er sich kraft des Absurden entschließen will, es gläubig anzunehmen. Jacobi will einem durch seine Beredsamkeit helfen den Sprung zu machen. Aber das ist ein Widerspruch, und alles direkte Antreiben hindert gerade wirklich zu springen, was nicht mit der Versicherung verwechselt werden darf, daß man es gern getan hätte. Gesetzt, Jacobi hätte selbst den Sprung gemacht und hätte durch seine Beredsamkeit einen Schüler überredet, ihn auch machen zu wollen: dann bekäme ja der Schüler ein direktes Verhältnis zu Jacobi und käme also nicht dazu, selbst den Sprung zu machen. Das direkte Verhältnis von Mensch zu Mensch ist natürlich viel leichter, befriedigt die Sympathie und den eignen Drang viel schneller und scheinbar zuverlässiger und ist direkt zu verstehen. Da braucht man nicht jene Dialektik der Unendlichkeit, um sich selbst unendlich resigniert und unendlich begeistert in der Sympathie der Unendlichkeit zu bewahren, deren Geheimnis gerade darin besteht, daß man der Einbildung entsagt, daß der eine Mensch in seinem Gottesverhältnis nicht ebenso groß wie der andere sei. So wird der vermeintliche Lehrer zu einem Schüler, der auf sich selbst sieht, und alle Unterweisung zu einem frommen Scherz, weil jeder Mensch wesentlich nur von Gott gelehrt wird.

Bei Lessing wünscht nun Jacobi bloß Gesellschaft im Springen; seine Beredsamkeit ist die eines in Lessing Verliebten und darum ist es ihm wichtig, Lessing mit zu bekommen. Man merkt hier gleich die dialektische Mißlichkeit: der Beredte, der für ewig Überzeugte fühlt Stärke und Kraft dazu, andere für seine Überzeugung zu gewinnen, d. h. er ist unsicher genug, die Zustimmung anderer zu seiner begeisterten Überzeugung zu brauchen. Überhaupt ist der Begeisterte, der seine Begeisterung nicht jedem Menschen gegenüber in Form des Gegensatzes auszudrücken vermag, nicht der Stärkere, sondern der Schwächere, und hat nur die Stärke eines Weibes, welche in Schwachheit besteht. Jacobi verstand nicht sich künstlerisch selbst in Zucht zu nehmen, daß. er sich begnügt hätte, existierend die Idee auszudrücken. Der Zwang der Isolation, die gerade beim Sprunge gegeben ist, kann ihn nicht zwingen, er muß etwas verraten, er schäumt in jener Beredsamkeit beständig über, die an Kraft und Inhalt und lyrischem Sieden zuweilen mit Shakespeare rangiert, die aber doch anderen zu einem direkten Verhältnis zum Redner verhelfen will, oder die *in casu* ihm den Trost gewinnen will, daß Lessing mit ihm einig ist.

Nun weiter. Da also Jacobi mit Schrecken entdeckt, daß Lessing eigentlich Spinozist ist, so redet er aus seiner ganzen Überzeugung. Er will Lessing mit

Sturm nehmen. Lessing antwortet[1]: „Gut, sehr gut! Ich kann das alles auch gebrauchen; aber ich kann nicht dasselbe damit machen, überhaupt gefällt mir Ihr Salto mortale gar nicht übel, und ich begreife, wie ein Mann von Kopf auf diese Art kopfunter machen kann, um von der Stelle zu kommen; nehmen Sie mich mit, wenn es angeht." Hier sieht man vortrefflich Lessings Ironie, die vermutlich weiß, daß man, wenn man springen soll, wohl dabei allein sein muß, und auch allein, um recht zu verstehen, daß es eine Unmöglichkeit ist. Man muß seine Urbanität und seine Vorliebe für Jacobi bewundern und die Kunst des Gesprächs, die so höflich sagt: „nehmen Sie mich mit, wenn es angeht". Jacobi redet weiter: „Wenn Sie nur auf die elastische Stelle treten wollen, die mich fortschwingt, so geht es von selbst." Dies ist übrigens ganz gut gesagt, doch ist da die Unkorrektheit, daß er hier den Sprung zu etwas Objektivem machen will und das Springen zu etwas Ähnlichem, wie z. B. dem Finden des archimedischen Punktes. Das Gute an der Antwort ist, daß er kein direktes Verhältnis, keine direkte Gemeinschaft im Sprunge haben will.

Dann folgt Lessings *letztes* Wort: „Auch dazu gehört schon ein Sprung, den ich meinen alten Beinen und meinem schweren Kopfe nicht mehr zumuten darf." Hier ist Lessing mit Hilfe des Dialektischen ironisch, während die letzte Wendung ganz das sokratische Kolorit hat, von Essen und Trinken, Ärzten, Packeseln und dergleichen[2] zu reden, *item* von seinen alten Beinen und seinem schweren Kopfe. Obgleich der Sprung, wie öfter bemerkt, die Entscheidung ist, will doch Jacobi hier gleichsam einen Übergang dazu bilden; er, der Beredte, will Lessing locken: „es ist weiter nichts", sagt er, „die Sache ist nicht so schwierig, Sie treten bloß auf die elastische Stelle, so geht es mit dem Sprunge von selbst." Das ist ein ganz gutes Beispiel von dem frommen Truge der Beredsamkeit; es ist, wie wenn einer die Hinrichtung durch die Guillotine empfehlen und sagen wollte: „das Ganze ist eine einfache Sache, Sie legen sich bloß auf ein Brett, dann wird bloß an einer Schnur gezogen, so fällt das Beil herunter und Sie sind hingerichtet." Aber gesetzt nun, hingerichtet zu werden wäre das, was man nicht wünschte: und so mit dem Springen. Wenn man eine Abneigung gegen das Springen hat, eine solche Abneigung, daß diese Leidenschaft den „Graben unendlich breit" macht, so hilft einem die sinnreichste Springmaschine gar nichts. Lessing sieht sehr gut, daß der Sprung als das Entscheidende qualitativ dialektisch ist und keinen approximierenden Übergang erlaubt. Seine Antwort ist daher ein Scherz. Sie ist nichts weniger als dogmatisch, sie ist dialektisch ganz richtig, persönlich ausweichend, und anstatt in aller Eile die Mediation zu erfinden, bedient er sich seiner alten Beine und seines schweren Kopfes. Und das versteht sich, wer junge Beine und einen leichten Kopf hat, der kann wohl springen.

So rundet sich der psychologische Gegensatz zwischen Lessing und Jacobi

---

1 [Vgl. *Jacobis GW 4. Bd.*, S. 74.]

2 [Vgl. Platos *Gorgias* 490c (Übersetzung von Preisedanz, Diederichs, Jena, S. 90).]

ab. Lessing ruht in sich selbst und fühlt keinen Drang nach Gemeinschaft; er pariert daher ironisch und entschlüpft Jacobi auf seinen alten Beinen, die nicht zum Springen taugen; er macht keinen Versuch, Jacobi zu überzeugen, daß es keinen Sprung gebe.[1] Jacobi dagegen sucht, trotz all seiner Begeisterung für andere, sich selbst, und daß er Lessing durchaus überzeugen will, kommt gerade von seinem Bedürfnis; daß er so heftig auf ihn eindringt, zeigt, daß es ihn nach Lessing drängt (daß er seiner bedarf), um mit Präpositionen zu spielen, was Jacobi so liebte.[2]

Überhaupt geben die Verhandlungen zwischen Jacobi und Mendelssohn durch Emilie (Elise) (Reimarus) über Jacobis Verhältnis zu Lessing[3] eine Vorstellung davon, wie unerschöpflich Lessing in griechischer Heiterkeit mit dem von ihm so sehr anerkannten Jacobi dialektisch scherzte. So erzählt Jacobi [*Werke*, Bd. IV, S. 74 u. 79], daß Lessing einmal mit halbem Lächeln gesagt habe, er selbst sei vielleicht das höchste Wesen und gegenwärtig in dem Zustande der äußersten Kontraktion.[4] Was Wunder, daß Lessing für einen Pantheisten erklärt wurde. Und doch ist der Scherz so deutlich (ohne daß darum der Ausspruch selbst lauter Scherz zu sein braucht), und in einer späteren Hindeutung auf jenes Wort besonders vortrefflich. Als er nämlich mit Jacobi bei Gleim war und es während des Essens zu regnen anfing, was Gleim bedauerte, weil sie nach Tische in den Garten gehen wollten, sagte Lessing zu Jacobi (vermutlich wieder mit halbem Lächeln): „Jacobi, Sie wissen, das tue ich vielleicht."

Mendelssohn, der sich auch über diese Dinge geäußert hat, hat übrigens ganz richtig angegeben, daß der Sprung die lyrische Kulmination des Denkens ist. Indem nämlich das Denken[5] lyrisch über sich selbst hinaus strebt, ist es willens, das Paradox zu entdecken. Dieses Ahnen ist die Einheit von Scherz und Ernst, und auf diesem Punkte liegen alle christlichen Kategorien. Außerhalb dieses Punktes ist jede dogmatische Bestimmung ein Philosophem, das im Herzen der

[1] Für Lessing war es ein Glück, daß er nicht in dem ebenso ernsthaften wie echtspekulativ-dogmatischen neunzehnten Jahrhundert lebte. Sonst hätte er vielleicht erleben müssen, daß ein höchst ernsthafter Mann, der fürwahr keinen Spaß versteht, im Ernst den Antrag gestellt hätte, daß Lessing wieder in den Konfirmandenunterricht gehen sollte, um Ernst zu lernen.

[2] [Hegel, *Bd. XVII*, S. 33. Trendelenburg, *Logische Untersuchungen* I, S. 191.]

[3] [Vgl. Jacobi, *Über die Lehre des Spinoza, in Briefen* an Herrn Moses Mendelssohns.]

[4] Dialektisch ist diese Verwechslung nicht leicht zu erklären. In den *Brocken* (Kap. III) habe ich daran erinnert, wie sie entsteht, und daran, daß des Sokrates Selbsterkenntnis an dem Sonderbaren scheiterte: daß er nicht mit Bestimmtheit wußte, ob er ein Mensch oder ein zusammengesetzteres Tier als Typhon sei.

[5] Selbstverständlich rede ich bloß von dem Denken des subjektiven existierenden Denkers. Ich habe es nie zu verstehen vermocht, wie ein Mensch die Spekulation wurde, die objektive Spekulation und das reine Sein. Ein Mensch kann nämlich viel in der Welt werden, er kann, wie es im Verse heißt, Edelmann, Bettelmann, Doktor, Pastor, Schuster, Schneider ... werden, soweit kann ich die Deutschen verstehen. Er kann auch Denker werden, oder ein Dummerjan; aber die Spekulation zu werden, ist das unbegreiflichste von allen Mirakeln.

Menschheit aufgekommen ist, und immanentes Denken. Das letzte, was das menschliche Denken wollen kann, ist, über sich selbst hinaus in das Paradoxe kommen zu wollen. Und das Christentum ist gerade das Paradoxe. Mendelssohn sagt: „Zweifeln, ob es nicht etwas gibt, das nicht nur alle Begriffe übersteigt, sondern völlig außer dem Begriffe liegt, dieses nenne ich einen Sprung über sich selbst hinaus." Mendelssohn verbittet sich das natürlich und weiß weder Scherz noch Ernst damit zu machen.[1]

Das Angeführte ist ungefähr, was sich über Lessings Verhältnis zum Sprunge sagen läßt. An sich selbst ist es nicht viel, und es ist nicht gerade dialektisch deutlich, was er daraus hat machen wollen; ja es ist nicht einmal deutlich, ob es nicht doch an jener Stelle in seinen eignen Schriften eine pathetische Wendung im Stil und im Gespräch mit Jacobi ein sokratischer Scherz ist, oder ob diese beiden Gegensätze von ein und demselben kategorischen Gedanken des Sprunges ausgehen und getragen werden. Für mich hat das Wenige, das sich bei Lessing findet, Bedeutung gehabt. Ich hatte *Furcht und Zittern* von Johannes de Silentio gelesen, ehe ich den Band von Lessing las. Bei jener Schrift war ich darauf aufmerksam geworden, wie der Sprung nach Meinung des Verfassers als Entscheidung κατ' ἐξοχην gerade für das Christliche und für jede dogmatische Bestimmung entscheidend ist, was sich weder durch Schellings intellektuelle Anschauung noch durch das erreichen läßt, was Hegel über das Schellingsche höhnend an dessen Stelle setzen will, nämlich die Methode. Der Sprung ist gerade der entschiedenste Protest gegen den inversen Gang der Methode. Alles Christentum liegt nach „Furcht und Zittern", ja es liegt in Furcht und Zittern (welches gerade die verzweifelten Kategorien des Christentums und des Sprunges sind) im Paradox, ob man es nun annimmt (d. h. ein Gläubiger ist), oder es verwirft (gerade weil es das Paradox ist). Als ich hinterher Lessing las, wurde mir die Sache zwar nicht klarer, denn es ist so sehr wenig, was Lessing sagt, aber es war mir doch immer eine Ermunterung, Lessing darauf aufmerksam zu sehen.

Nur schade, daß er diesen Gedanken nicht selbst hat verfolgen wollen. Aber er hatte sich auch nicht mit der „Mediation" zu plagen, mit der göttlichen und vergötterten Mediation, die Wunder tut und getan hat und einen Menschen zur Spekulation macht, und das Christentum verhext. Ehre sei der Mediation! Sie kann einem ja wohl auch auf andere Weise helfen, wie sie vermutlich dem Verfasser von *Furcht und Zittern* geholfen hat den verzweifelten Ausweg des Sprunges zu suchen, akkurat wie das Christentum ein verzweifelter Ausweg war, als es in die Welt kam, und ein solcher zu allen Zeiten für jeden bleibt, der es wirklich annimmt. Einem feurigen und mutigen Renner kann es wohl begegnen, daß er, wenn er ein Mietpferd wird, das jeder Pfuscher reitet, den Atem und die stolze Haltung verliert , aber in der Welt des Geistes siegt die Faulheit niemals, sie verliert beständig und bleibt draußen. Ob übrigens Johannes de Silentio durch die

[1] Vgl. Jacobi *GW, 4. Bd.* S. 110.

Lektüre Lessings auf den Sprung aufmerksam geworden ist oder nicht, lasse ich unentschieden.

§ 4 Lessing hat gesagt: wenn Gott in seiner rechten Hand alle Wahrheit, in seiner linken das beständige Streben hielte, wählte er das letztere

Lessing hat gesagt: *Wenn Gott in seiner Rechten alle Wahrheit, und in seiner Linken den einzigen immer regen Trieb nach Wahrheit, obschon mit dem Zusätze mich immer und ewig zu irren, verschlossen hielte, und spräche zu mir: wähle! ich fiele ihm mit Demut in seine Linke und sagte: Vater, gib! die reine Wahrheit ist ja doch nur für dich allein!* (vgl. Lessings GW, V. Bd., S. 100).

Damals, als Lessing diese Worte sagte, war das System vermutlich noch nicht fertig; ach, und nun ist er tot! Wenn er jetzt lebte, wo das System fertig ist oder wenigstens in guter Arbeit ist und bis zum Sonntag fertig wird: glaube mir, Lessing hätte mit beiden Händen zugegriffen, er hätte nicht Zeit und Anstand und Übermut gehabt, zum Scherz gleichsam „gerade und ungerade" mit Gott zu spielen und im Ernst die linke Hand zu wählen. Aber das System hat auch mehr, als was Gott in seinen beiden Händen hat; schon in diesem Augenblick hat es mehr, geschweige denn am Sonntag, wenn es ganz bestimmt fertig wird.

Die Worte finden sich in einem kleinen Aufsatz (*Eine Duplik*. 1778), veranlaßt durch eines frommen Mannes Verteidigung der Auferstehungsgeschichte gegen den Angriff in den von Lessing herausgegebenen Fragmenten. Es ist bekannt genug, daß man gar nicht klug daraus werden konnte, was Lessings Absicht mit der Herausgabe dieser Fragmente gewesen sei. Nicht einmal der brav studierte Hauptpastor Götze konnte bestimmt sagen, welche Stelle in der Apokalypse auf Lessing paßte, ja in ihm erfüllt wurde. Insofern hat Lessing in eigentümlicher Weise die Menschen genötigt, im Verhältnis zu ihm sein Prinzip anzunehmen. Während man sonst auch in jenen Zeiten Resultat genug und genug fertig hatte, konnte man Lessing gar nicht ums Leben bringen, um ihn weltgeschichtlich einzuschlachten und in einem Paragraphen niederzulegen. Er war und blieb ein Rätsel. Will ihn jemand nun wieder hervorrufen, er kommt mit ihm nicht weiter.

Hier nun zunächst eine Versicherung in betreff meiner geringen Person. Trotz irgendeinem bin ich bereit, vor dem System anbetend niederzufallen, wenn ich es bloß zu sehen bekommen kann. Bis jetzt ist mir das nicht geglückt, und obschon ich junge Beine habe, bin ich doch von dem Laufen von Herodes zu Pilatus beinahe müde. Einige Male war ich ganz nahe am Anbeten; aber sieh, in dem Augenblick, wo ich schon mein Taschentuch ausgebreitet hatte, um bei dem Kniefall meine Beinkleider nicht zu beschmutzen, wenn ich dann ganz treuherzig zum letztenmal zu einem der Eingeweihten sagte: sage mir nun aufrichtig, ist es nun auch ganz fertig, denn in diesem Fall will ich mich niederwerfen, selbst wenn ich ein Paar Hosen verderben sollte (infolge des großen Verkehrs zu und von dem System ist nämlich der Weg nicht wenig schmutzig), so bekam ich immer die Antwort: nein, noch ist es wohl nicht ganz fertig. Und so wurde es wieder aufgeschoben, das System und der Kniefall.

System und Abgeschlossenheit ist so ungefähr ein und dasselbe, also wenn das System nicht fertig ist, dann ist es kein System. Ich habe schon an einer anderen Stelle daran erinnert, daß ein System, das nicht ganz fertig ist, eine Hypothese ist; wogegen ein halbfertiges System Unsinn ist. Will nun einer sagen: das ist nur ein Wortstreit, die Systematiker sagen ja selbst, das System sei nicht fertig, so würde ich bloß fragen: warum nennen sie es ein System? Warum sind sie überhaupt zweizüngig? Während sie ihren „Inbegriff" vortragen, sagen sie nichts davon, daß etwas fehlt. Sie veranlassen also die weniger Kundigen anzunehmen, daß alles fertig sei, sie müßten denn für Leser schreiben, die kundiger sind als sie selbst, was den Systematikern vermutlich undenkbar erscheinen würde. Wird dagegen an den Bau gerührt, so tritt der Bauherr vor. Das ist ein äußerst gefälliger Mann, höflich und freundlich gegen den Besuch, er sagt: ja wir sind freilich noch beim Bauen, das System ist noch nicht ganz fertig. Wußte er das denn nicht vorher, wußte er es damals nicht, als er seine glückselig machende Einladung an alle Menschen ausgehen ließ? Aber wenn er es wußte, warum sagte er es nicht selbst, d. h. warum unterließ er es dann nicht, das prästierte Fragment ein System zu nennen? Denn um es noch einmal zu sagen: ein Fragment von einem System ist Unsinn. Ein fortgesetztes Streben nach einem System ist dagegen doch ein Streben; und ein Streben, ja ein fortgesetztes Streben ist es eben, wovon Lessing redet. Und doch wohl nicht ein Streben nach nichts! Im Gegenteil, Lessing redet ja von einem Streben nach Wahrheit; und er gebraucht ein merkwürdiges Wort von diesem Triebe zur Wahrheit: den einzigen immer regen Trieb. Dies Wort „einzig" kann nicht gut anders verstanden werden als „unendlich", in demselben Sinne, als es höher ist, einen Gedanken, *einen* einzigen zu haben, als viele Gedanken. So reden sie ja beide, Lessing und der Systematiker, von einem fortgesetzten Streben, nur ist der Unterschied der, daß Lessing dumm oder wahr genug ist, es ein fortgesetztes Streben zu nennen, der Systematiker dagegen klug oder unwahr genug, es das System zu nennen. Was würde man über solche Verschiedenheit in anderen Verhältnissen urteilen? Als der Agent Behrend[1] einen seidenen Regenschirm verloren hatte, meldete er den Verlust eines nankingenen an, er dachte nämlich so: sage ich, es sei ein seidener Regenschirm, so wird der Finder leichter verlockt ihn zu behalten. Der Systematiker denkt vielleicht so: nenne ich meine Leistung auf dem Titelblatt und in der Zeitung ein fortgesetztes Streben, ach, wer wird sie dann kaufen oder mich bewundern; aber wenn ich sie das System, das absolute System nenne, so wird

1 [Israel Joachim Behrend, Agent und Stadtmakler, gest.1821; ein kopenhagenisches Original, von dem viele Anekdoten verbreitet waren.]

jeder das System kaufen, wenn nicht die Schwierigkeit bliebe, daß, was der Systematiker verkauft, nicht das System ist.

Laß uns jetzt weitergehen, aber laß uns einander nicht zum besten haben. Ich, Johannes Climacus, bin weder mehr noch weniger als ein Mensch; ich nehme an, daß der, mit dem ich die Ehre habe zu reden, auch ein Mensch sei. Will er die Spekulation sein, die reine Spekulation, so muß ich es aufgeben, mit ihm zu reden; denn in demselben Augenblick wird er für mich und für das schwache, sterbliche Auge eines Menschen unsichtbar.

Also: a) ein logisches System kann es geben; b) aber ein System des Daseins kann es nicht geben.

α) Soll indes ein logisches System konstruiert werden, so muß hauptsächlich darauf geachtet werden, daß nichts aufgenommen werde, was der Dialektik des Daseins unterworfen ist, was also nur ist, weil es da ist, oder dagewesen ist, nicht weil es ist. Hieraus folgt ganz einfach, daß jene unvergleichliche und unvergleichlich bewunderte Erfindung von Hegel Bewegung in die Logik zu bringen (auch abgesehen davon, daß man dennoch an jeder zweiten Stelle bloß seinen eignen Versuch vermißt einem einzubilden, daß diese da sei), gerade in Verwirrung der Logik besteht.[1] Es ist ja auch sonderbar, die Bewegung in einer Sphäre zugrunde zu legen, wo sie undenkbar ist, oder Bewegung die Logik erklären zu lassen, während die Logik die Bewegung nicht erklären kann. In bezug auf diesen Punkt bin ich indes in der Lage, auf einen Mann hinweisen zu können, der gesund denkt und durch die Griechen glücklich gebildet ist (in unserer Zeit seltene Eigenschaften), einen Mann, der sich und sein Denken von jeder Kriecherei vor Hegel freizumachen gewußt hat, während sonst jeder von Hegels Ruhm profitieren will, indem er wenigstens weitergeht, d. h. Hegel in sich auf-

[1] Der Leichtsinn, womit die Systematiker einräumen, daß es Hegel wohl nicht überall geglückt sei, Bewegung in die Logik zu bringen, ungefähr wie wenn ein Gewürzhändler meint, es komme auf ein paar Rosinen nicht an, wenn man sonst viel kaufe, diese tiefkomische Nachgiebigkeit ist natürlich eine Verachtung Hegels, wie sie sich nicht einmal seine heftigsten Angreifer erlaubt haben. Vor Hegel hat es ja auch logische Versuche gegeben, aber gerade seine Methode ist ja alles. Für ihn und für jeden, der geweckt genug ist zu begreifen, was es heißt, etwas Großes zu wollen, kann der Umstand, daß sie auf diesem oder jenem Punkte nicht vorhanden ist, nicht eine Kleinigkeit sein, wie wenn ein Gewürzhändler und ein Kunde sich zanken, ob da etwas Übergewicht oder etwas Untergewicht sei. Hegel hat ja gerade selbst seine ganze Berühmtheit in die Methode gesetzt, aber eine Methode hat die merkwürdige Eigenschaft: abstrakt ist sie gar nichts, gerade in der Ausführung, darin, daß sie durchgeführt wird, ist sie eine Methode, und wo sie nicht durchgeführt wird, ist sie nicht die Methode, und wenn keine andere Methode da ist, so ist da gar keine Methode. Hegels Bewunderern muß es vorbehalten bleiben, ihn zu einem Faselhans zu machen; ein Angreifer wird ihn immer in Ehren zu halten wissen, daß er etwas Großes gewollt und es nicht erreicht habe.

genommen hat; einen Mann, der sich lieber mit Aristoteles genügen läßt und mit sich selbst, ich meine Trendlenburg (*Logische Untersuchungen*, Berlin 1840). Sein Verdienst besteht unter anderem darin, die Bewegung als die unerklärliche Voraussetzung, als das Gemeinsame zu fassen, worin das Sein und Denken sich vereinigt, und als die fortgesetzte Gegenseitigkeit. Ich kann hier keinen Versuch machen nachzuweisen, wie sich seine Auffassung zu den Griechen, zu Aristoteles oder zu dem verhält, was sonderbarerweise in einem gewissen Sinne, obschon nur populär, viel Ähnlichkeit mit seiner Darstellung hat, zu einem kleinen Abschnitt in Plutarchs Schrift über Isis und Osiris.[1] Es ist keineswegs meine Meinung, daß die Hegelsche Philosophie keinen vorteilhaften Einfluß auf Trendlenburg gehabt habe, aber zum Glück hat er eingesehen, daß es nicht angeht, den Bau Hegels verbessern zu wollen, weiterzugehen usw. (wie sich zu unserer Zeit mancher Stümper mit Lug und Trug Hegels Ruhm anmaßt und lazaroni-artig mit ihm fraternisiert); und dann leistet er, nüchtern wie ein griechischer Denker, ohne alles zu versprechen, ohne die Menschheit beglücken zu wollen, Großes und macht den glücklich, der seine Führung zur Bekanntschaft mit den Griechen braucht.

In ein logisches System darf nichts aufgenommen werden, was sich zum Dasein verhält, was nicht gleichgültig gegen die Existenz ist. Das unendliche Übergewicht, welches das Logische als das Objektive über alles Denken hat, wird wieder dadurch begrenzt, daß es subjektiv gesehen eine Hypothese ist, gerade weil es in bezug auf Wirklichkeit gegen das Dasein gleichgültig ist. Diese Doppelheit ist der Unterschied des Logischen vom Mathematischen, das sich gar nicht zum Dasein verhält oder von ihm weg will, sondern nur Objektivität hat nicht die Objektivität und das Hypothetische als Einheit und Widerspruch, worin es sich zur Existenz negativ verhält.

Das logische System darf keine Mystifikation, kein Bauchreden sein, worin der Inhalt des Daseins hinterlistig und erschlichen hervorkommt, wo der logische Gedanke stutzt und findet, was der Herr Professor oder Lizentiat im Schilde führte. Strenger läßt sich hier urteilen, wenn man die Frage stellt, in welchem Sinne die Kategorie eine Abbreviatur des Daseins sei, ob das logische Denken abstrakt nach dem Dasein oder abstrakt sei ohne irgendein Verhältnis zum Dasein. Diese Frage möchte ich an einer anderen Stelle etwas ausführlicher beantworten; und selbst wenn die Antwort nicht befriedigen sollte, ist es doch immer gut, daß so gefragt wird.

β) Die Dialektik des Anfangs muß klargemacht werden. Das fast Amüsante an ihr, daß der Anfang ist und wieder nicht ist [Hegels *W. III,* 68], weil er der Anfang ist, diese wahre dialektische Bemerkung hat nun lange genug zu einem Spiel gedient, das in Hegelscher Gesellschaft gespielt wurde.

---

[1] [Kap. 60, wo behauptet wird, daß die Ausdrücke für Bewegung und Denken im Griechischen verwandt seien, worin die richtige Erkenntnis liege, daß das Denken eine Bewegung sei.]

Das System, heißt es [Hegels *W. III*, 59 ff.], fängt mit dem Unmittelbaren an; einige sind sogar in Ermangelung des Dialektischen oratorisch genug zu sagen: mit dem Allerunmittelbarsten, obschon gerade die vergleichende Reflexion, die darin liegt, für den Anfang gefährlich werden könnte.[1] Das System beginnt mit dem Unmittelbaren, und daher voraussetzungslos, und daher absolut, d. h. das Beginnen des Systems ist das absolute Beginnen. Dies ist ganz richtig, und ist ja auch hinlänglich bewundert worden. Aber warum hat man dann nicht, ehe man mit dem System begann, die andere ebenso wichtige, gerade ebenso wichtige Frage getan, und es sich deutlich gemacht und respektiert, was deutlich darin liegt: *wie beginnt das System mit dem Unmittelbaren, d. h. beginnt es damit unmittelbar?* Hierauf muß wohl unbedingt nein geantwortet werden. Nimmt man an, das System sei nach dem Dasein (wodurch die Verwechselung mit einem System des Daseins veranlaßt wird), so kommt ja das System hintennach, und beginnt also nicht unmittelbar mit dem Unmittelbaren, mit welchem das Dasein begann, ob es auch in anderem Sinn nicht damit begann, weil das Unmittelbare niemals ist, sondern aufgehoben ist, wenn es ist. Das Beginnen des Systems, das mit dem Unmittelbaren beginnt, *ist dann selbst durch eine Reflexion erreicht.*

Hier liegt die Schwierigkeit, denn wenn man nicht trügerisch oder gedankenlos oder in kurzatmiger Hast, um das System fertig zu haben, diesen einen Gedanken fahren läßt, so ist er trotz all seiner Simpelheit imstande zu entscheiden, daß es kein System des Daseins geben kann, und daß das logische System sich eines absoluten Anfangs nicht rühmen darf, weil ein solcher gleichwie das reine Sein eine reine Schimäre ist.

Wenn nämlich mit dem Unmittelbaren nicht unmittelbar begonnen werden kann (welches Unmittelbare wie ein Zufall oder ein Wunder gedacht werden müßte, d. h. nicht zu denken ist), sondern dieses Beginnen durch eine Reflexion erreicht werden muß, so fragt man ganz einfältig (ach, wenn ich nur nicht für meine Einfalt in den Schamwinkel gestellt werde, weil jeder meine Frage verstehen kann und sich darum also wegen des populären Wissens des Fragers schämen muß): wie halte ich die Reflexion auf, die in Bewegung kam, um jenes Beginnen zu erreichen? Die Reflexion hat nämlich die merkwürdige Eigenschaft, daß sie unendlich ist. Dies will jedenfalls sagen, daß sie nicht durch sich selbst aufzuhalten ist, weil sie ja, indem sie sich selbst aufhalten soll, sich selbst gebraucht, und also nur auf dieselbe Weise wie eine Krankheit geheilt würde, wenn diese selbst ihr Heilmittel bestimmen dürfte, d. h. wenn die Krankheit genährt würde.

[1] Es wurde zu weitläufig sein, hier zu zeigen, wie. Oft lohnt es auch die Mühe nicht; denn wenn man eine Einwendung auf mühsame Weise scharf hingestellt hat, entdeckt man durch die Replik eines Philosophen, daß das Mißverständnis, worin man sich befand, nicht war, daß man die vergötterte Philosophie nicht verstehen konnte, sondern vielmehr, daß man sich zu dem Glauben hatte bringen lassen, das Ganze sei etwas, und nicht ein loses Denken, verborgen durch die anmaßendsten Ausdrücke.

Vielleicht ist diese Unendlichkeit der Reflexion die schlechte Unendlichkeit, dann sind wir ja bald fertig, denn die schlechte Unendlichkeit soll etwas Verächtliches sein, das man, je eher je besser, aufgeben muß. Dürfte ich mir bei dieser Gelegenheit nicht eine Frage erlauben? Woher kommt es wohl, daß Hegel und alle Hegelianer, die ja sonst Dialektiker sein sollen, in diesem Punkt böse, ja böse wie die Deutschen werden? Oder ist das etwa eine dialektische Bestimmung: die *schlechte*? Woher kommt ein solches Prädikat in die Logik? Wie finden Hohn und Verachtung und Schreckmittel als erlaubte Motive in der Logik Platz, so daß das absolute Beginnen von dem einzelnen angenommen wird, weil er angst davor ist, was Freund und Nachbar davon denkt, wenn er es nicht tut? Ist „schlecht" nicht eine ethische Kategorie?[1] Was tue ich mit der Rede von der schlechten Unendlichkeit? Ich beschuldige das betreffende Individuum, daß es die Unendlichkeit der Reflexion nicht aufhalten wolle. Ich fordere also etwas von ihm? Aber echt spekulativ nehme ich dagegen an, daß die Reflexion sich selbst aufhalte. Weshalb fordere ich also etwas von ihm? Und was fordere ich von ihm? Ich fordere einen Entschluß. Und damit handle ich recht, denn nur so kann die Reflexion aufgehalten werden, dagegen handelt ein Philosoph niemals recht, wenn er die Leute zum besten hat und in einem Augenblick die Reflexion sich selbst in dem absoluten Beginnen aufhalten läßt und im nächsten Augenblick einen Menschen verhöhnt. der nur den einen Fehler hat, dumm genug zu sein, das Erste [daß es die Meinung des Philosophen sei, die Reflexion könne sich selbst aufhalten] zu glauben, ihn höhnt, um ihm auf die Weise zum absoluten Beginnen zu verhelfen, das dann also auf zweierlei Weise geschieht. Mit der Forderung eines Entschlusses wird die Voraussetzungslosigkeit aufgegeben. Nur wenn die Reflexion aufgehalten wird, kann begonnen werden, und die Reflexion kann nur durch etwas anderes aufgehalten werden, und dieses andere ist etwas ganz anderes als das Logische, da es ein Entschluß ist. Und nur wenn das Beginnen, durch welches die Reflexion zum Stillstand kommt, ein Durchbruch ist, so daß das absolute Beginnen selbst durch die unendlich fortgesetzte Reflexion hindurchbricht, nur dann ist das Beginnen voraussetzungslos. Wird dagegen die Reflexion durch einen Bruch abgebrochen, damit das Beginnen geschehen könne, so ist dieses Beginnen nicht absolut, da es durch eine μεταβασις εἰς ἀλλο γενος geschehen ist.

Wenn das Beginnen mit dem Unmittelbaren durch eine Reflexion erreicht wird, so muß das Unmittelbare etwas anderes als sonst bedeuten. Dies haben Hegelsche Logiker richtig eingesehen, und sie definieren daher das Unmittelbare, mit dem die Logik beginnt, so: das bei einer erschöpfenden Abstraktion

[1] Und wenn keine ethische, dann auf jeden Fall keine ästhetische Kategorie, wie wenn Plutarch davon redet, daß einige deshalb eine Welt annähmen, weil sie fürchteten, daß die Folge sonst eine unendliche und lästige Unendlichkeit von Welten wäre (εἰνς ἀοριστον και χαλεπης ἀπειριας ὑπολαμβανουσης. *De defectu oraculum* c. XXII)

zurückgebliebene Abstrakteste. Gegen diese Definition ist nichts einzuwenden, aber wohl dagegen, daß man nicht respektiert, was man selbst sagt, denn diese Definition spricht gerade indirekt aus, daß da kein absolutes Beginnen ist. Wie, höre ich jemand sagen, wenn von allem abstrahiert ist, ist das dann nicht usw.? Ja, *wenn* von allem abstrahiert ist. Seien wir doch Menschen. Dieser Akt der Abstraktion ist gleichwie jener Akt der Reflexion unendlich, also, wie bringe ich ihn zum Stehen, das gelingt ja doch erst, wenn ... Wagen wir ein Gedankenexperiment. Mag der Akt jener unendlichen Abstraktion in *actu* [verwirklicht] sein, so ist das Beginnen ja doch nicht der Akt der Abstraktion, sondern diese kommt nachher. Aber womit beginne ich also, da ja von allem abstrahiert ist? Ach, hier würde mir vielleicht ein Hegelianer gerührt an die Brust fallen und selig stammeln: mit nichts. Und das ist ja, was das System sagt, daß es mit nichts beginne. Aber ich müßte meine zweite Frage tun, wie beginne ich mit diesem Nichts? Wenn nämlich der Akt der unendlichen Abstraktion nicht einer von den Narrenstreichen ist, von denen man gut zwei auf einmal machen kann, wenn er dagegen das anstrengendste Werk ist, das sich tun läßt, was dann? Dann kostet es meine ganze Kraft, es festzuhalten. Lasse ich irgendeinen Teil meiner Kraft gehen, so abstrahiere ich ja nicht von allem. Wenn ich dann unter dieser Voraussetzung beginne, beginne ich nicht mit nichts, eben weil ich im Augenblick des Beginnens nicht von allem abstrahierte. Das will heißen, wenn es für einen Menschen möglich ist, denkend von allem zu abstrahieren, so ist es für ihn unmöglich, mehr zu tun, da jenes, wenn es nicht überhaupt über menschliche Kraft hinausgeht, sie auf jeden Fall absolut erschöpft. Vom Akt der Abstraktion müde zu werden und in diesem Zustande beginnen zu können, sind nur Gemüsekrämerreden, die es mit einer kleinen Mißlichkeit nicht so genau nehmen.

Der Ausdruck selbst „mit nichts beginnen" ist auch, abgesehen von seinem Verhältnis zum unendlichen Akt der Abstraktion, trügerisch. Mit nichts beginnen ist nämlich weder mehr noch weniger als eine neue Umschreibung von der Dialektik des Beginnens selbst. Das Beginnen ist, und ist wiederum nicht, eben weil es das Beginnen ist; dies kann auch so ausgedrückt werden: das Beginnen beginnt mit nichts. Das ist nur ein neuer Ausdruck, mit dem wir keinen einzigen Schritt weiter gekommen sind. In dem einen Falle denke ich bloß das Beginnen *in abstracto*, im anderen denke ich das Verhältnis des ebenso abstrakten Beginnens zu etwas, womit begonnen wird; und ganz richtig zeigt sich, daß dieses Etwas, ja das einzige Etwas, das einem solchen Beginnen entspricht, nichts ist. Aber das ist nur eine tautologische Umschreibung des anderen Satzes: es gibt kein Beginnen. Es gibt kein Beginnen und das Beginnen beginnt mit nichts sind ganz identische Sätze, und ich komme nicht von der Stelle.

Wie wäre es, wenn wir also, anstatt von einem absoluten Anfang zu reden oder träumen, von einem Sprunge reden würden. Sich mit einem „meistenteils" genügen zu lassen, einem „so gut wie", „man kann fast sagen", „wenn man darauf noch bis morgen schläft, kann man es ganzgut sagen", beweist nur, daß man mit Trop verwandt ist, der nach und nach zu der Ansicht kam, daß nahe daran gewesen zu sein, das juristische Examen zu machen, soviel sei, als es gemacht zu haben. Darüber lachen alle, aber wenn man im Reiche der Wahrheit, im Heiligtum der Wissenschaft auf gleiche Weise spekulativ räsoniert, dann ist es gute, echt spekulative Philosophie. Denn Lessing war kein spekulativer Philosoph nahm daher das Gegenteil an, daß ein unendlich kleiner Abstand den Graben unendlich breit mache, weil der Sprung selbst den Graben so breit mache.

Sonderbar: Hegelianer, die in der Logik wissen, daß die Reflexion von selbst stillesteht, daß ein Zweifeln an allem von selbst in sein Gegenteil umschlägt (eine wahre Schiffernachricht, d. h. eine Schiffernachricht von der Wahrheit), sie wissen dagegen zu täglichem Gebrauch, wenn sie gemütliche Menschen sind, wenn sie gleichwie wir anderen sind, nur, was ich immer einzuräumen bereit bin, gelehrter, talentvoller usw., sie wissen, daß sich die Reflexion nur durch einen Sprung aufhalten läßt. Laß uns hier einen Augenblick verweilen. Wenn das Individuum die Reflexion nicht aufhält, so wird es in Reflexion unendlich gemacht, d. h. so tritt keine Entscheidung[1] ein. Indem sich das Individuum so in Reflexion verirrt, wird es eigentlich objektiv und verliert mehr und mehr die Entscheidung der Subjektivität und das Zurückkehren in sich selbst. Und doch will man annehmen, daß sich die Reflexion objektiv selbst zum Stillstand bringen kann, während es doch umgekehrt ist; objektiv ist sie nicht aufzuhalten, und wenn sie subjektiv stillsteht, dann hält sie sich nicht selbst auf, sondern was sie aufhält, ist das Subjekt.

Sobald Rötscher z. B. (der doch in seinem Buch über Aristophanes[2] die Notwendigkeit des Übergangs in weltgeschichtlicher Entwicklung versteht und sonst in der Logik den Durchgang der Reflexion durch sich selbst zum absoluten Anfang schon verstanden hat) sich die Aufgabe stellt, Hamlet zu erklären, so weiß er, daß die Reflexion nur durch einen Entschluß zum Stehen kommt, er nimmt nicht an (soll ich sagen sonderbarerweise?), sonderbarerweise nimmt er nicht an, daß Hamlet, indem er fortfährt zu reflektieren, zuletzt zum absoluten Anfang komme; aber in der Logik nimmt er an (soll ich sagen sonderbarerweise?), sonderbarerweise nimmt er da vermutlich an, daß der Durchgang der Reflexion durch sich selbst bei dem absoluten Anfang anhalte. Das verstehe ich nicht, und es schmerzt mich, es nicht zu verstehen, gerade weil ich Rötschers Talent, seine klassische Bildung, seine geschmackvolle und doch primitive Auffassung psychologischer Phänomene bewundere.

Dieses hier vom Anfang der Logik Gesagte (denn daß es zugleich beweist,

---

[1] Der Leser wird sich vielleicht daran erinnern: wenn die Sache objektiv wird, gibt es keine Frage nach einer ewigen Seligkeit, weil diese Frage gerade in der Subjektivität und in der Entscheidung liegt.

[2] [*Aristophanes und sein Zeitalter, Berlin* 1827. Vgl. Kap. 5: Begriff der alten Tragödie und Übergang derselben in die Komödie.]

daß es kein System des Daseins gibt, wird später unter *b* ausgeführt werden) ist sehr einfältig und simpel; ich werde beinah ganz verlegen, es zu sagen, oder verlegen, es sagen zu müssen, verlegen über meine Lage, daß ein armseliger Literat, der vor dem System lieber anbetend auf den Knien liegen möchte, gezwungen ist so etwas zu sagen. Das Gesagte hätte auch auf eine andere Weise gesagt werden können, wodurch es vielleicht auf den einen oder anderen Eindruck machte, indem die Darstellung speziell an wissenschaftliche Konflikte eines vergangenen Augenblicks erinnerte.[1] Dann würde die Frage sein, welche Bedeutung die Hegelsche Phänomenologie für das System habe, ob sie eine Einleitung sei oder draußen stehe; wenn ersteres, ob sie dann wieder ins System aufgenommen werde; ferner, ob Hegel nicht auch das staunenswerte Verdienst zukomme, nicht bloß das System, sondern zwei, ja drei Systeme geschrieben zu haben, wozu doch immer ein unvergleichlich systematischer Kopf gehören würde, und was doch wirklich der Fall zu sein scheint, da das System mehr als einmal fertig wird usw. All dieses ist im Grunde oft genug gesagt worden, aber es ist auch oft in störender Weise gesagt worden. Man hat ein großes Buch darüber geschrieben[2] und zuerst alles angeführt, was Hegel gesagt habe, und dann auf dies und jenes Spätere Rücksicht genommen, was alles nur zerstreut und eine distrahierende Weitläufigkeit über das wirft, was sich ganz kurz sagen läßt.

γ) Es wäre zu wünschen, daß man, um ein Licht über die Logik zu werfen, sich psychologisch darüber orientierte, wie dessen Seelenzustand sei, der das Logische denkt, welche Art Abgestorbensein von sich selbst dazu erforderlich sei, und welche Rolle die Phantasie dabei spiele. Das ist wieder eine dürftige und höchst einfältige Bemerkung, die aber darum doch ganz wahr und keineswegs überflüssig sein kann: daß nämlich ein Philosoph allmählich ein so märchenhaftes Wesen geworden ist, daß kaum die ausschweifendste Phantasie etwas so Fabelhaftes erfunden hat.

Wie verhält sich überhaupt das empirische Ich zu dem reinen Ich = Ich. Wer ein Philosoph zu sein wünscht, möchte doch gern davon etwas Bescheid wissen und vor allem kein lächerliches Wesen werden, indem er eins, zwei, drei kokolorum in die Spekulation verwandelt wird. Wenn der, welcher sich mit logischem Denken beschäftigt, zugleich menschlich genug ist, nicht zu vergessen, daß er, selbst wenn er mit dem System fertig würde, ein existierendes Wesen ist, so wird die Phantasterei und Scharlatanerie allmählich verschwinden. Und wenn auch ein eminent logischer Kopf dazu gehört, Hegels Logik umzuschaffen, so gehört doch bei dem, der ein mal mit Begeisterung das Große glaubte, was Hegel zu tun vorgab, und seine Begeisterung darin zeigte, daß er es glaubte, und daß er es Hegel zutraute, es gehört doch bei ihm nur gesunder Menschenverstand dazu,

---

1 [Gemeint ist wohl besonders der Streit zwischen Schelling und Hegel, der sich gerade wesentlich um den Anfang der Philosophie drehte; vgl. Hegels *Logik I*, S. 60.]

2 [Wohl Anspielung auf Sibberns Kritik Hegels in der *Monatsschrift für Literatur XIX* (1838).]

einzusehen, daß sich Hegel in manchen Punkten unverantwortlich benommen hat, nicht gegen Gemüsekrämer, die doch nur die Hälfte von dem glauben, was ein Mann sagt, sondern gegen begeisterte Jünglinge, die ihm Glauben schenkten. Selbst wenn ein solcher Jüngling nicht ganz vorzüglich begabt war, wenn er jedoch Begeisterung hatte, das Höchste, wie dieses ja von Hegel gesagt wurde, zu glauben, wenn er Begeisterung hatte, im mißlichen Augenblick über sich selbst zu verzweifeln, um Hegel nicht aufzugeben, wenn ein solcher wieder zu sich selbst kommt, hat er recht, die Nemesis zu fordern, daß das Gelächter an Hegel verzehre, worauf das Gelächter eine berechtigte Forderung hat. Und ein solcher Jüngling hat doch auf Hegel viel größere Stücke gehalten als mancher Anhänger, der durch trügerische Nebenbehauptungen Hegel bald zu Allem, bald zu einer Kleinigkeit machte.

b)

Ein System des Daseins kann nicht gegeben werden. Also gibt es ein solches nicht? Keineswegs. Das liegt auch nicht in diesen Worten. Das Dasein ist selbst ein System für Gott, aber kann es nicht für einen existierenden Geist sein. System und Abgeschlossensein entsprechen einander, aber Dasein ist gerade das Entgegengesetzte. Abstrakt gesehen läßt sich System und Dasein nicht zusammen denken, weil der systematische Gedanke, um das Dasein zu denken, es als aufgehoben, also nicht als daseiend denken muß. Das Dasein ist das Spatiierende, das auseinander hält: das Systematische die Abgeschlossenheit, die zusammenschließt.

In der Wirklichkeit tritt nun eine Täuschung, ein Sinnesbetrug ein, den auch die *Brocken* [im *Zwischenspiel*] nachzuweisen suchten, auf die ich hier hinweise, d. h. namentlich auf die Frage, ob das Vergangene notwendiger als das Zukünftige sei. Als zurückgelegt ist das Dasein ja fertig und abgeschlossen, und fällt also der systematischen Auffassung anheim. Ganz richtig – aber für wen? Wer selbst existiert, kann ja jene Abgeschlossenheit außerhalb des Daseins nicht gewinnen, welche der Ewigkeit entspricht, in die das Vergangene eingegangen ist. Wenn ein Denker in seiner Güte so zerstreut ist, seine eigne Existenz zu vergessen, so ist doch Spekulation und Distraktion nicht ganz dasselbe. Im Gegenteil, daß er selbst existiert, deutet an, daß die Existenz eine Forderung an ihn stellt, daß, wenn er groß ist, sein Dasein zu seiner Zeit als etwas Vergangenes einem systematischen Denker für etwas Abgeschlossenes gelten kann. Aber wer ist denn dieser systematische Denker? Ja das ist der, der selbst außerhalb des Daseins und doch im Dasein ist, der in seiner Ewigkeit ewig abgeschlossen ist und doch das Dasein in sich schließt, das ist Gott.

Was hilft uns der Betrug! Weil die Welt nun seit 6000 Jahren bestanden hat, stellt darum das Dasein an den Existierenden nicht ganz dieselbe Forderung wie immer, daß er nicht in Einbildung ein kontemplierender Geist, sondern in der Wirklichkeit ein existierender Geist sei. Alles Verstehen kommt hintennach. Während der jetzt Existierende unleugbar nach den 6000 Jahren kommt, die vorausgingen, würde sich, wenn wir annähmen, er verstehe diese systematisch, die sonderbare Ironie zeigen, daß er sich selbst nicht in seiner Existenz verstünde, weil er selbst keine Existenz bekommen hatte, weil er selbst nichts hätte, was hintennach zu verstehen wäre. Daraus würde folgen, daß ein solcher Denker entweder Gott der Herr oder ein phantastisches Quodlibet sein würde. Gewiß sieht jeder das Unsittliche, das hierin liegt, und dann auch, was ein anderer Schriftsteller[1] vom System Hegels gesagt hat: daß man durch ihn ein System, das absolute System bekomme, das fertig sei, ohne eine Ethik zu haben. Lachen wir nur über die ethisch-religiösen Phantastereien des Mittelalters in seiner Askese und dergleichen Sonderbarkeiten, aber vergessen wir vor allem nicht, daß die spekulative Ausschweifung niederer Komik – das *Ich* = *Ich*, und dann als Mensch oft ein solcher Philister zu werden, daß kein Begeisterter solch ein Leben geführt haben möchte – ebenso lächerlich ist.

Laß uns, um die Unmöglichkeit eines Daseinssystems zu erkennen, ganz einfältig fragen, wie ein griechischer Jüngling seinen Lehrmeister fragen würde (und kann die hohe Weisheit sonst alles erklären, aber auf eine einfältige Frage nicht antworten, so sieht man ja, daß die Geschichte nicht in Ordnung ist): wer soll ein solches System fertigschreiben oder -machen? Doch wohl ein Mensch, wenn wir nicht wieder mit der sonderbaren Rede anfangen wollen, daß ein Mensch die Spekulation, das Subjekt-Objekt werde. Also ein Mensch, und doch wohl ein lebender, d. h. existierender Mensch. Oder ist die Spekulation, die das System zustande bringt, das gemeinsame Streben der verschiedenen Denker: in welchem letzten Schluß schließt sich diese Gemeinschaft zusammen, wie wird sie bekannt? Doch wohl durch einen Menschen? Wie verhalten sich dann wieder die einzelnen Denker zu diesem Bestreben, was sind hier die Zwischenbestimmungen zwischen dem Individuellen und dem Weltgeschichtlichen, und was ist das dann wieder für einer, der sie alle auf den systematischen Faden zieht? Ist er ein Mensch oder ist er die Spekulation? Wenn er aber ein Mensch ist, dann existiert er ja. Für den Existierenden gibt es nun überhaupt zwei Wege: entweder kann er alles tun, seine Existenz zu vergessen, wodurch er komisch wird, denn die Existenz hat die merkwürdige Eigenschaft, daß der Existierende existiert, ob er will oder nicht. Der komische Widerspruch, das sein zu wollen, was man nicht ist, z. B. daß ein Mensch ein Vogel sein will, ist nicht komischer als der, nicht sein zu wollen, was man ist, wie in diesem Falle: existierend; wie man es ja auch im Sprachgebrauch komisch findet, wenn einer vergißt, wie er heißt, was

---

[1] [Frater Taciturnus in den *Stadien, Schuldig? – Nichtschuldig?* 2. Febr. Mitternacht.]

nicht sowohl bedeutet seinen Namen vergessen, als die Eigentümlichkeit seines Wesens vergessen. Oder er kann seine ganze Aufmerksamkeit darauf richten, daß er existiert. Von dieser Seite muß vorerst der Einwand gegen die moderne Spekulation erhoben werden, daß sie nicht auf einer falschen, sondern einer komischen Voraussetzung beruhe, indem sie in einer Art weltgeschichtlicher Distraktion vergessen habe, was es heißt: Mensch sein. Nicht Mensch überhaupt. Darauf einzugehen könnte man die Spekulation wohl noch bewegen, aber was es heißt, daß du und ich und er, wir jeder für sich Menschen sind.

Dem Existierenden, der seine ganze Aufmerksamkeit darauf richtet, daß er existiert, wird auch jenes Lessingsche Wort von dem fortgesetzten Streben wie ein schöner Ausspruch zulächeln, durch den sich sein Erfinder wohl keinen unsterblichen Ruhm erwarb, weil er sehr simpel ist, aber dem jeder Aufmerksame recht gibt. Der Existierende, der vergißt, daß er existiert, wird immer mehr zerstreut werden, und wie zuweilen die Leute die Frucht ihres *otium* in Schriften niederlegen, so werden wir als die Frucht seiner Distraktion das erwartete System des Daseins erwarten können – wohl nicht wir alle, sondern nur die, die beinah ebenso zerstreut sind wie er. Während so das Hegelsche System in Zerstreutheit hingeht und ein System des Daseins wird, ja was mehr ist, fertig wird, ohne eine Ethik zu haben (in der das Dasein gerade zu Hause ist), so wird jene einfältigere Philosophie, die von einem Existierenden für Existierende vorgetragen wird, besonders das Ethische hervorziehen.

Sobald man sich daran erinnert, daß philosophieren nicht heißt phantastisch zu phantastischen Wesen reden, sondern daß da zu Existierenden geredet wird; daß also nicht phantastisch *in abstracto* entschieden werden soll, ob das fortgesetzte Streben etwas Geringeres als die systematische Abgeschlossenheit sei, sondern daß es sich fragt, womit existierende Wesen sich begnügen müssen, insofern sie existieren, so wird das fortgesetzte Streben das einzige sein, was keine Täuschung enthält. Selbst wenn einer das Höchste erreicht hat, wird die Wiederholung, womit er ja seine Existenz ausfüllen muß, wenn er nicht zurückgehen will (oder ein phantastisches Wesen werden will), wiederum ein fortgesetztes Streben sein, weil der Abschluß hier wieder entfernt und aufgeschoben ist. Es geht hiermit wie mit der Liebe, wie sie Plato auffaßt [im *Symposion*, S. 200], daß sie ein Bedürfnis ist und nicht nur der ein Bedürfnis fühlt, der nach etwas, was er nicht hat, verlangt, sondern auch der, welcher fortwährend zu besitzen wünscht, was er hat. Spekulativ phantastisch und ästhetisch phantastisch hat man im System und im fünften Akt des Dramas einen positiven Abschluß, aber ein solcher Abschluß besteht nur für phantastische Wesen.

Das fortgesetzte Streben ist der Ausdruck für die ethische Lebensanschauung des existierenden Subjektes. Es darf darum nicht metaphysisch verstanden werden, aber es gibt ja auch kein Individuum, das metaphysisch existiert. So ließe sich dann mißverständlicherweise ein Gegensatz zwischen der systematischen Abgeschlossenheit und dem fortgesetzten Streben nach Wahrheit bilden.

Man könnte, und hat es vielleicht auch versucht, an das griechische Wort[1] erinnern, daß man beständig ein Lernender sein wolle. Dies ist indes in dieser Sphäre nur ein Mißverständnis. Ethisch verstanden ist dagegen das fortgesetzte Streben das Bewußtsein, ein Existierender zu sein, und das fortgesetzte Lernen der Ausdruck für die fortwährende Realisation, die, solange das Subjekt existiert, in keinem Augenblick fertig ist. Des Existierens ist sich das Subjekt gerade bewußt und wird daher nicht von ihm betrogen. Aber die griechische Philosophie hatte beständig ein Verhältnis zur Ethik. Darum sah man auch darin, beständig ein Lernender sein zu wollen, keine große Entdeckung oder ein begeistertes Unternehmen eines einzelnen Hervorragenden, da es weder mehr noch weniger als das Verständnis davon war, daß man existierte, dessen sich bewußt zu bleiben kein Verdienst ist, während es zu vergessen Gedankenlosigkeit zeigt.

Man hat oft an sogenannte pantheistische Systeme erinnert und sie angegriffen, indem man sagte, sie höben den Unterschied von Gut und Böse und die Freiheit auf. Vielleicht sagt man ebenso bestimmt, daß ein jedes solches System den Begriff der Existenz phantastisch verflüchtige. Aber man tut nicht recht, dies bloß von den pantheistischen Systemen zu behaupten, vielmehr hätte man zeigen sollen, daß ein jedes System gerade auf Grund seiner Abgeschlossenheit pantheistisch sein müsse. Das Dasein muß im Ewigen aufgehoben sein, ehe das System sich abschließt, ein existierender Rest darf nicht zurückbleiben, nicht einmal so eine Lumperei wie der existierende Herr Professor, der das System schreibt. Aber so stellt man die Sache nicht. Nein, man bekämpft die pantheistischen Systeme bald in tumultuarischen Aphorismen, die immer wieder ein neues System versprechen, bald schreibt man etwas zusammen, was ein System sein soll und einen eignen Paragraphen enthält, in dem gelehrt wird, daß man den Begriff der Existenz und Wirklichkeit urgiere. Daß solch ein Paragraph das ganze System verspottet, daß er, anstatt ein Paragraph im System zu sein, ein absoluter Protest gegen das System ist, das tut den vielbeschäftigten Systematikern nichts zur Sache. Soll der Begriff Existenz wirklich urgiert werden, so läßt sich das nicht direkt in einem im System befindlichen Paragraphen sagen, und alle direkten Schwüre, daß einen der Kuckuck holen möge, machen die dozierende Verkehrtheit nur noch lächerlicher. Daß die Existenz wirklich betont wird, muß in einer wesentlichen Form ihren Ausdruck finden, und diese ist der Hinterlist der Existenz gegenüber eine indirekte, daß es kein System gebe. Doch darf dies wieder kein versicherndes Formular werden, denn der indirekte Ausdruck verlangt fortwährende Verjüngung in der Form. Bei Komiteebedenklichkeiten mag es ja wohl angehen, daß ein dissentierendes Votum mitläuft, aber ein System, welches das dissentierende Votum als einen Paragraphen enthält, ist ein drolliges Ungeheuer. So ist's kein Wunder, daß das System sich hält. Stolz übersieht es Einwendungen, und kommt da eine einzelne Einwendung, die etwas

[1] [Des Solon.]

Aufmerksamkeit zu erwecken scheint, so lassen die systematischen *Entrepreneur* sie durch einen Kopisten abschreiben und darauf in das System einregistrieren, und durchs Einbinden ist dann das System fertig.

Die systematische Idee ist das Subjekt-Objekt, ist die Einheit vom Denken und Sein; Existenz ist dagegen gerade die Trennung. Daraus folgt keineswegs, daß die Existenz gedankenlos ist, aber sie hat das Subjekt vom Objekt, das Denken vom Sein spatiiert und spatiiert es. Objektiv verstanden ist das Denken das reine Denken, das ebenso abstraktobjektiv seinem Gegenstand entspricht, der darum wieder es selbst ist und die Wahrheit die Übereinstimmung des Denkens mit sich selbst. Dieses objektive Denken hat kein Verhältnis zu der existierenden Subjektivität, und während immer die schwierige Frage bleibt, wie das existierende Subjekt in diese Objektivität hineinschlüpfe, wo die Subjektivität die reine abstrakte Subjektivität ist (was wieder eine objektive Bestimmung ist und keinen existierenden Menschen bezeichnet), so wird es gewiß, daß die existierende Subjektivität immer mehr verdunstet und zuletzt (wenn es für einen Menschen möglich ist, so etwas zu werden, und das Ganze nicht etwas ist, wovon er höchstens durch die Phantasie etwas wissen kann) das rein abstrakte Mitwissen und Wissen von diesem reinen Verhältnis zwischen Denken und Sein wird, diese reine Identität, ja diese Tautologie, weil ja mit Sein nicht gesagt wird, daß der Denkende *ist*, sondern eigentlich nur, daß er ein Denkender ist.

Das existierende Subjekt dagegen existiert, und das tut ja jeder Mensch. Wir wollen darum nicht unrecht handeln und jene objektive Richtung eine gottlose, pantheistische Selbstvergötterung nennen, sondern sie lieber wie einen Versuch im Komischen betrachten; denn daß da von jetzt an bis ans Ende der Welt nichts anderes gesagt werden könne, als was eine weitere Verbesserung in dem beinah fertigen System vorschlage, ist nur eine systematische Konsequenz für Systematiker.

Indem man gegen jene objektive Richtung sogleich mit ethischen Kategorien losgeht, handelt man unrecht und trifft nicht, weil man mit den Angegriffenen nichts gemein hat. Aber wenn man im Metaphysischen bleibt, kann man, um einen solchen transfigurierten Professor einzuholen, die Komik gebrauchen, die auch in dem Metaphysischen liegt. Wenn ein Tänzer sehr hoch springen kann, werden wir ihn bewundern, aber wenn er, ob er auch so hoch springen könnte wie nie ein Tänzer, sich das Aussehen geben würde, fliegen zu können: dann mag das Gelächter ihn einholen. Springen bedeutet, daß man wesentlich der Erde angehört und die Gesetze der Schwere respektiert, so daß der Sprung nur etwas Momentanes ist, aber Fliegen bedeutet, daß man von den tellurischen Verhältnissen befreit ist, wie es den beschwingten Geschöpfen vorbehalten ist, vielleicht auch den Bewohnern des Mondes, vielleicht, vielleicht findet das System auch erst dort seine wahren Leser. Das Menschsein hat man abgeschafft, und jeder Spekulant verwechselt sich selbst mit der Menschheit, wodurch er etwas unendlich Großes und zugleich gar nichts wird, er verwechselt sich in Distraktion mit der Menschheit, gleichwie die Oppositionspresse „wir" sagt und die Schiffer: der Kuckuck soll mich holen. Aber wenn man lange geflucht hat, so kehrt man zuletzt zur direkten Aussage zurück, weil alles Schwören sich selbst aufhebt; und wenn man gelernt hat, daß jeder Junge „wir" sagen kann, so lernt man, daß es doch etwas mehr bedeutet, einer zu sein; und wenn man sieht, daß jeder Kellerbewohner das Spiel, die Menschheit zu sein, spielen kann, so sieht man zuletzt ein, daß es mehr ist, schlecht und recht ein simpler Mensch zu sein, als sozusagen ein Gesellschaftsspiel zu spielen. Und noch eins: wenn ein Kellerbewohner das tut, so meint jeder, das sei lächerlich, und doch ist es ebenso lächerlich, wenn der größte Mensch es tut; und man kann in dieser Hinsicht gern über ihn lachen und darum doch, wie sich's gebührt, vor seinen Gaben, Kenntnissen usw. Hochachtung haben.

Das subjektive Problem, oder wie die Subjektivität sein muß, damit ihr das Problem erscheinen kann

Kapitel I. Subjektiv zu werden

Was die Ethik urteilen müßte, wenn subjektiv zu werden nicht die höchste Aufgabe wäre, die einem Menschen gesetzt ist. Wovon man beim genaueren Verständnis dieser Sache absehen muß. Beispiele des Denkens, die darauf zielen, subjektiv zu werden.

Objektiv redet man beständig nur von der Sache, subjektiv redet man vom Subjekt und von der Subjektivität, und siehe, die Subjektivität ist die Sache. Dies ist beständig festzuhalten, daß das subjektive Problem nicht etwas über die Sache, sondern die Subjektivität selbst ist. Da nämlich das Problem die Entscheidung ist, und alle Entscheidung, wie oben gezeigt wurde, in der Subjektivität liegt, so handelt es sich darum, daß es objektiv gar keine Spur von einer Sache gibt, denn in demselben Augenblick wird sich die Subjektivität um etwas vom Schmerz und der Krisis der Entscheidung herumdrücken, d. h. sie wird das Problem ein wenig objektiv machen. Wartet die Einleitungswissenschaft noch auf eine Schrift, ehe die Sache zum Spruche komme; fehlt dem System noch ein Paragraph; hat der Redner noch ein Argument im Hintergrunde, so ist die Entscheidung aufgeschoben. So ist hier nicht die Frage nach der Wahrheit des Christentums in dem Sinne, daß, wenn sie entschieden wäre, die Subjektivität es willig und schnell annehmen würde. Nein, die Frage ist, ob es das Subjekt annimmt, und es muß hier als Illusion des Verlorengehens betrachtet werden (nicht zu wissen, daß die Entscheidung in der Subjektivität liegt) oder als Ausflucht des Betruges (der die Entscheidung durch objektive Behandlung, bei der es in aller Ewigkeit zu keiner Entscheidung kommt, wegschiebt), anzunehmen, dieser Übergang von etwas Objektivem zur subjektiven Annahme folge unmittelbar von selbst, da er gerade das Entscheidende ist und die objektive Annahme (*sit venia verbo*) Heidentum oder Gedankenlosigkeit.

Das Christentum will dem einzelnen eine ewige Seligkeit schenken, ein Gut, das nicht in größeren Partien ausgeteilt wird, sondern jedesmal nur einem. Wenn es auch meint, die Subjektivität sei als Aneignungsmöglichkeit die Möglichkeit, dieses Gut anzunehmen, so meint es doch nicht, die Subjektivität sei ohne weiteres fix und fertig, ja nicht einmal, sie habe eine wirkliche Vorstellung von der Bedeutung dieses Gutes. Diese Entwicklung oder Umschaffung der Subjektivität, diese ihre unendliche Konzentration in sich selbst auf das höchste Gut der Unendlichkeit, eine ewige Seligkeit hin ist die aus der ersten Möglichkeit der Subjektivität entwickelte Möglichkeit. So protestiert das Christentum gegen alle Objektivität und will, daß das Subjekt sich unendlich um sich selbst bekümmere. Es fragt nach der Subjektivität, in der erst, wenn es überhaupt eine Wahrheit gibt, die Wahrheit des Christentums liegt. Objektiv ist diese gar nicht vorhanden. Wenn sie nur in einem einzigen Subjekt ist, so ist sie nur in ihm vorhanden, und es herrscht größere christliche Freude im Himmel über diesen einen als über die Weltgeschichte und das System, die als objektive Mächte fürs Christliche inkommensurabel sind.

Man glaubt gewöhnlich, subjektiv sein sei keine Kunst. Nun, es versteht sich, jeder Mensch ist ja auch so ein Stück Subjekt. Aber nun das werden, was man so ohne weiteres ist: ja wer möchte seine Zeit damit verlieren, das wäre ja die resignierteste von allen Aufgaben im Leben. Ganz gewiß; aber schon aus dem Grunde ist sie sehr schwer, ja die schwerste von allen, gerade weil jeder Mensch eine starke natürliche Lust und Trieb hat, etwas anderes und mehr zu werden. So geht es mit allen scheinbar unbedeutenden Aufgaben: gerade dies scheinbar Unbedeutende macht sie unendlich schwer, weil die Aufgabe nicht direkt winkt und so den Verlangenden unterstützt, sondern weil ihm die Aufgabe entgegenarbeitet, so daß unendliche Anstrengung dazu gehört, hier nur die Aufgabe zu entdecken, d. h. daß dieses die Aufgabe sei; eine Mühe, der man sonst enthoben ist. Über das Einfältige nachzudenken, über das, was ja der Einfältige schon so weiß, ist äußerst abschreckend. Denn die Differenz fällt selbst bei der äußersten Anstrengung einem sinnlichen Menschen keineswegs in die Augen. Nein, da ist das Hochtrabende etwas ganz anders Herrliches.

Wenn man diesen kleinen sokratisch scherzhaften und christlich unendlich bekümmerten Unterschied übersieht, den Unterschied zwischen dem, das zu sein, was man so ein Subjekt nennt, und ein Subjekt zu sein, oder zu werden und zu sein, was man durch Gewordensein ist: so wird dieses die bewunderte Weisheit, daß es die Aufgabe des Subjekts sei, sich seiner Subjektivität immer mehr zu entkleiden und immer objektiver zu werden. Man sieht hieraus leicht, was diese Anleitung darunter versteht, etwas zu sein, was man so ein Subjekt nennt, nämlich das Zufällige, Eckige, Selbstsüchtige, Sonderbare usw., wovon jeder Mensch genug an sich haben kann. Daß man dies ablegen soll, leugnet ja das Christentum auch nicht, es ist niemals ein Freund von Flegeleien gewesen. Vielmehr ist der Unterschied nur der, daß die Wissenschaft lehren will, der Weg sei, objektiv zu werden, während das Christentum lehrt, der Weg sei, subjektiv zu werden, d. h. in Wahrheit ein Subjekt zu werden. Damit man dies nicht für einen Wortstreit ansehe, sei gesagt, daß das Christentum gerade die Leidenschaft potenzieren und auf ihren Höhepunkt bringen will, aber Leidenschaft ist gerade die Subjektivität, und objektiv ist diese gar nicht da.

Es wird oft genug auf eine seltsam indirekte, satirische Weise eingeschärft, obgleich die Menschen diese Lehre nicht annehmen, daß die Anleitung der Wissenschaft Irreleitung ist. Während wir alle, was man so nennt, Subjekte sind und darauf hinarbeiten, objektiv zu werden, was manchem ganz bestialisch gelingt, geht die Poesie besorgt umher und sucht nach einem Gegenstande für sich. Während wir alle Subjekte sind, muß sich die Poesie mit einer sehr sparsamen Auswahl von Subjekten begnügen, die sie gebrauchen kann; und doch muß die Poesie gerade Subjektivitäten haben. Warum nimmt sie da nicht den ersten besten aus unserer geehrten Mitte? Ach nein, er taugt nicht dazu, und wenn er nur objektiv werden will, wird er nie dazu taugen. Das scheint doch wirklich darauf hinzudeuten, daß ein Subjekt sein doch eine eigne Sache sein müsse. Warum sind einige wenige als begeisterte Liebhaber unsterblich geworden, einige wenige als hochgesinnte Helden usw., wenn dies so ohne weiteres in jeder Generation alle waren, da sie ja so ohne weiteres Subjekte waren? Und doch bleibt es gerade der Subjektivität vorbehalten, ein Liebhaber, Held usw. zu sein, denn objektiv wird man es nicht.

Und nun die Pfarrer! Warum bleibt es bei einer gewissen Anzahl von frommen Männern und Frauen, zu deren ehrenvollem Gedächtnis die Rede immer zurückkehrt, warum nimmt der Pfarrer nicht den ersten besten aus unserer geehrten Mitte und macht ihn zum Vorbild: wir sind ja alle, was man so Subjekte nennt. Und doch liegt ja die Frömmigkeit gerade in der Subjektivität, objektiv wird man nicht fromm.

Sieh, die Liebe ist eine Subjektivitätsbestimmung, und doch sind Liebende so selten. Ja, wir sagen freilich (ungefähr in demselben Sinne, wie man davon redet, so ein Subjekt zu sein): da ging ein Liebespaar, da ein anderes, am vorigen Sonntag wurden sechzehn Paare aufgeboten, in der Stormgade wohnt ein Liebespaar, das sich nicht vertragen kann, aber wenn die Poesie die Liebe im Festgewande sieht und sie verklärt, dann führt uns der gepriesene Name zuweilen mehrere Jahrhunderte zurück, während uns das tägliche Leben ebenso humoristisch macht wie gewöhnliche Leichenreden, da ja jeden Augenblick ein Held begraben wird. Ist das nur Schikane von der Poesie, die sonst eine freundliche Macht, eine Trösterin ist, die uns im Anschauen des Vorzüglichen erhebt – welches Vorzüglichen? Ei, der Subjektivität. So ist es also etwas Vorzügliches, eine Subjektivität zu sein.

Sieh, der Glaube ist ja die höchste Leidenschaft der Subjektivität, aber gib nur auf die Rede der Pfarrer acht, wie selten er in der gläubigen Gemeinde gefunden werde (denn „die gläubige Gemeinde" sagt man ungefähr in demselben Sinne, wie man davon redet, daß man sei, was man so ein Subjekt nennt); halt ein und frage nicht ironisch weiter, wie selten er vielleicht unter den Pfarrern gefunden werde! Ist solche Rede nun vielleicht bloß eine listige Erfindung der Pfarrer, die sich ja dem Beruf gewidmet haben, für die Seelen zu sorgen, indem sie uns in Andacht fortreißen, während die Sehnsucht der Seele den Verklärten nachstrebt – welchen Verklärten? Ei, denen, die Glauben hatten. Aber der Glaube liegt ja in der Subjektivität, so ist es also etwas Vorzügliches, eine Subjektivität zu sein.

Die objektive Richtung (die jeden zum Betrachter und im höchsten Fall zu einem solchen Betrachter machen will, daß er beinah einem Gespenst gleich mit jenem ungeheuren Geist der vergangenen Zeit zu verwechseln ist) will natürlich von nichts anderm hören und wissen, als was im Verhältnis zu ihr selbst steht. Ist man unter der gegebenen Voraussetzung so glücklich, mit irgendeiner Aufklärung über eine vielleicht bis dahin unbekannte Völkerschaft dienen zu können, die mit Hilfe einer Fahne mit in den Paragraphenaufzug kommen soll; ist man unter der gegebenen Voraussetzung tüchtig dazu, China[1] einen anderen Platz anzuweisen, als es bis dahin in der systematischen Prozession eingenommen hat, so ist man willkommen. Alles andere ist Seminaristengewäsch; denn es soll feststehen, daß die objektive Richtung, er Betrachter zu werden, im neueren Sprachgebrauch die ethische Antwort auf die Frage ist, was ich ethisch zu tun habe (Betrachter zu sein das ist das Ethische! Es sein zu sollen ist die *ethische* Antwort, sonst ist man genötigt anzunehmen, daß da gar keine Frage nach den Ethischen sei und insofern auch keine Antwort). Und die Weltgeschichte sei die Aufgabe, welche dem betrachtenden neunzehnten Jahrhundert angewiesen ist: die objektive Richtung ist der Weg und die Wahrheit. Laßt uns indes ganz simpel über einen kleinen Zweifel Rechenschaft ablegen, den die Subjektivität gegen die objektive Richtung hat. Gleich wie die *Brocken* [im *Zwischenspiel*] auf eine kleine Einleitungsbetrachtung aufmerksam machten, ehe man dazu überging, den weltgeschichtlichen Prozeß der Idee *in concreto* nachzuweisen: was es überhaupt sagen wolle, daß die Idee geschichtlich werde; so will ich nun auch bei einer kleinen Einleitungsbetrachtung zu der objektive: Richtung verweilen: *was die Ethik urteilen müßte, wenn Subjekt zu werden nicht die höchste Aufgabe wäre, die jeden Menschen gesetzt ist.* Was müßte sie urteilen? Natürlich müßte sie verzweifeln; aber

[1] [Vgl. Hegels *Geschichte der Philosophie*, Bd. IV, S. 241.]

was kümmert sich das System darum, das ist ja so konsequent, sie nicht mit ins System kommen zu lassen.

Die weltgeschichtliche Idee konzentriert alles immer mehr systematisch. Was ein Sophist gesagt hat, er könne die ganze Welt in einer Nußschale tragen, das scheint die moderne weltgeschichtliche Übersicht zu realisieren, indem sie immer kompendiöser wird. Ich will nicht die Komik zeigen, die hierin liegt, dagegen will ich durch verschiedene zu demselben Ziele führende Gedanken deutlich zu machen suchen, was die Ethik und das Ethische gegen diese ganze Ordnung der Dinge einzuwenden habe. Denn zu unserer Zeit ist ja nicht die Rede davon daß ein einzelner Gelehrter oder Denker sich mit der Weltgeschichte beschäftige, sondern die ganze Zeit schreit ja nach der Weltgeschichte. Doch hat die Ethik und das Ethische eine unabweisbare Forderung auf jeden Existierenden, weil sie die wesentliche Vorschrift der individueller Existenz ist; sie hat eine so unabweisbare Forderung, weil alles, was ein Mensch in der Welt ausrichtet, selbst das Erstaunlichste, dennoch bedenklich ist, wenn er sich selbst bei seiner Wahl nicht ethisch klargewesen ist und sich seine Wahl nicht ethisch klargemacht hat. Die ethische Qualität ist auf sich selbst eifersüchtig und verachtet die erstaunlichste Quantität.

Die Ethik sieht daher mit mißtrauischen Augen auf alles weltgeschichtliche Wissen, da dieses für das wissende Subjekt leicht eine Schlinge, eine demoralisierende ästhetische Zerstreuung wird, weil die Unterscheidung zwischen dem, was weltgeschichtlich wird, und was nicht, quantitativ-dialektisch ist, weshalb auch die absolute ethische Unterscheidung zwischen Gut und Böse in der ästhetisch-metaphysischen Bestimmung „das Große", „das Bedeutsame" weltgeschichtlich-ästhetisch neutralisiert ist und dem Schlechten wie dem Guten Zugang bietet. Bei dem Weltgeschichtlichen spielt eine andere Art von Faktoren, die nicht ethisch-dialektisch sind, eine wesentliche Rolle: Zufall, Umstände, jenes Spiel von Kräften, worin die Totalität des geschichtlichen Daseins die Handlung des einzelnen umbildend aufnimmt, um sie in etwas anderes zu verwandeln, was ihr nicht direkt angehört. Ein Mensch ist weder dadurch, daß er mit aller Kraft das Gute will, noch dadurch, daß er mit diabolischer Verstocktheit das Böse will, davor sicher, weltgeschichtlich zu werden; selbst beim Unglück gilt es, daß Glück dazu gehört, weltgeschichtlich zu werden. Wodurch wird es dann das Individuum? Ethisch angesehen durch das Zufällige. Aber die Ethik betrachtet auch den Übergang als unethisch, in welchem man die ethische Qualität fahren läßt, um sich trachtend, wünschend usw. in dem quantitierenden anderen zu versuchen.

Eine Zeit und ein Mensch kann auf verschiedene Weise unsittlich sein, aber das ist auch unsittlich oder doch eine Anfechtung, zuviel mit der Weltgeschichte umzugehen, eine Anfechtung, die einst dazu führen kann, daß man, wenn man dann einmal selbst handeln soll, auch weltgeschichtlich sein will. Indem man sich fortwährend mit jenem Zufälligen, jenem Akzessorium beschäftigt, wodurch die weltgeschichtlichen Gestalten weltgeschichtlich werden, läßt man sich leicht dazu verleiten, dieses mit dem Ethischen zu verwechseln, und dazu verleiten, anstatt sich in seiner eignen Existenz unendlich um das Ethische zu bekümmern, sich ungesund, liebäugelnd und feige um das Zufällige zu bekümmern. Sieh, daher ist vielleicht unsere Zeit, wenn sie handeln soll, mißvergnügt, weil sie durch das Betrachten verwöhnt ist; sieh, daher vielleicht die vielen unfruchtbaren Versuche, dadurch etwas mehr, als man ist, zu werden, daß man sich sozial zusammentut, in der Hoffnung, dem Geist der Geschichte zu imponieren. Durch den fortwährenden Umgang mit dem Weltgeschichtlichen verwöhnt, will man einzig und allein das Bedeutsame, bekümmert man sich allein um das Zufällige, den weltgeschichtlichen Ausfall, anstatt um das Wesentliche, das Innerste, die Freiheit, das Ethische.

Der beständige Umgang mit dem Weltgeschichtlichen macht nämlich untauglich zum Handeln. Die wahre ethische Begeisterung liegt darin, daß man aus äußerstem Vermögen will, aber zugleich in göttlichem Scherz erhoben, nie daran denkt, ob man damit etwas ausrichte oder nicht. Sobald der Wille danach zu schielen anfängt, fängt das Individuum an unsittlich zu werden. Die Energie des Willens wird stumpf oder entwickelt sich abnorm zu einem ungesunden, lohnsüchtigen Streben, das, selbst wenn es das Große ausführt, es nicht ethisch ausführt; das Individuum fordert etwas anderes als gerade das Ethische.

Eine in Wahrheit große ethische Individualität würde ihr Leben so führen: sie würde sich selbst mit aller Kraft entwickeln, dabei vielleicht eine große Wirkung im Äußeren hervorbringen, aber dies würde sie gar nicht beschäftigen, weil sie weiß, daß das Äußere nicht in ihrer Macht steht und darum nichts, weder *pro* noch *contra*, zu bedeuten hat. Sie würde unwissend darüber bleiben, um nicht vom Äußeren aufgehalten zu werden und in dessen Versuchung zu fallen; denn was ein Syllogistiker am meisten fürchtet, einen Fehlschluß, eine μεταβασις εἰς ἀλλο γενος das fürchtet der Ethiker ebensosehr: vom Ethischen auf etwas anderes als das Ethische schließen oder einen Übergang dazu bilden zu wollen. Er würde durch einen Willensbeschluß darin unwissend bleiben und noch im Tode würde er nichts davon wissen wollen, daß sein Leben eine andere Bedeutung gehabt habe als die, die Entwicklung seiner Seele ethisch verarbeitet zu haben. Ob dann die Macht, die alles leitet, dazu noch die Verhältnisse so gefügt hätte, daß er eine weltgeschichtliche Gestalt wurde: ja danach würde er erst in der Ewigkeit im Scherz fragen; denn da ist erst Zeit für leichtsinnige Fragen der Sorglosigkeit.

Wenn nämlich ein Mensch nicht durch sich selbst, durch die Freiheit, durch den Willen zum Guten eine weltgeschichtliche Gestalt werden kann – was unmöglich ist, eben weil es nur möglich, d. h. vielleicht möglich, d. h. abhängig von etwas anderem ist –, so ist es unethisch, sich darum zu bekümmern. Und wenn ein Mensch, anstatt der Bekümmerung zu entsagen und sich von ihrer Anfechtung loszureißen, sie mit heiligem Aussehen schminkt, daß er sich darum kümmere, um andern zu nützen, so ist er unsittlich und will arglistig den Gedanken, daß Gott ihn doch so ein wenig brauche, in seine Rechnung mit Gott einschmuggeln. Aber das ist Dummheit; denn Gott braucht keinen Menschen. Es wäre sonst auch höchst genant, Schöpfer zu sein, wenn Gott schließlich des Geschöpfes bedürfte. Dagegen kann Gott von jedem Menschen alles fordern, alles und für nichts, denn jeder Mensch ist ein unnützer Knecht und der ethisch Begeisterte nur dadurch von andern verschieden, daß er das weiß, daß er jeden Betrug haßt und verabscheut.

Wenn ein von Natur Streitbarer mit seiner Zeit kämpft und alles aushält, aber zugleich ruft: die Zukunft, die Geschichte wird's schon zeigen, daß ich die Wahrheit gesagt habe, so glauben die Menschen, er sei begeistert. Ach nein, er ist nur etwas pfiffiger als die ganz dummen Menschen; er wählt nicht Geld und das schönste Mädchen oder anderes dergleichen, sondern weltgeschichtliche Bedeutung: ja er weiß wohl, was er wählt. Aber Gott und dem Ethischen gegenüber ist er ein betrügerischer Liebhaber, er ist auch einer von denen, deren Führer Judas wurde (Apostel-Geschichte 1,16): auch er verkauft sein Gottesverhältnis, wenn auch nicht für Geld. Und während er vielleicht durch seinen Eifer und seine Lehre seine ganze Zeit reformiert, konfundiert er *pro virili* das Dasein, weil seine eigene Existenzform seiner Lehre nicht adäquat ist, weil er, indem er sich selbst ausnimmt, eine Teleologie etabliert, die das Dasein sinnlos macht. Einem König oder Philosophen kann, endlich verstanden, vielleicht mit einem klugen, talentvollen Kopfe gedient sein, der die Macht des Königs sicherstellt und für die Lehre des Philosophen einsteht und alle zum Gehorsam gegen den König und Philosophen nötigt, während er selbst weder ein guter Untertan noch ein wahrhafter Anhänger ist. Aber Gott gegenüber ist dies ziemlich dumm. Der betrügerische Liebhaber, der nicht als Liebhaber treu sein will, sondern nur als weltgeschichtlicher *entrepreneur*, will nicht bis zum Äußersten treu sein. Er will nicht verstehen, daß zwischen ihm und Gott nichts als das Ethische ist; er will nicht verstehen, daß Gott, ohne unrecht zu handeln und ohne sein Wesen, das Liebe ist, zu verleugnen, einen mit Gaben und Kräften wie kein anderer ausgestatteten Menschen schaffen und ihn beiseite stellen und zu ihm sagen könnte: „Durchlebe du nun, angestrengt, wie kein anderer, das Menschliche, arbeite so, daß die Hälfte davon genügen könnte, deine Zeit umzuschaffen, aber du und ich, wir bleiben darin einig, dein ganzes Streben soll gar keine Bedeutung für irgendeinen anderen Menschen haben, und doch sollst du, verstehst du, du sollst das Ethische wollen, und du sollst, verstehst du, du sollst begeistert sein, weil dies das Höchste ist."

Das versteht der betrügerische Liebhaber nicht, und noch weniger versteht er das Nächste, wenn sich eine in Wahrheit begeisterte ethische Individualität erschüttert im Ernst in die heilige Sprache des göttlichen Wahnsinns[1] erhebt und

[1] [Vgl. Platos *Phädrus* S. 244 ff. (Übersetzung von Kassner, Diederichs, Jena S. 32 ff.).]

sagt: „Mag ich selbst wie um eines Einfalles willen geschaffen sein, das ist der Scherz, doch will ich mit äußerster Anstrengung das Ethische wollen, das ist der Ernst, ich will nichts, nichts anderes: o nichtssagende Bedeutsamkeit, o scherzhafter Ernst, o selige Furcht und Zittern; selig, Gottes Forderungen befriedigen zu können, während man die der Zeit belächelt, selig, darüber zu verzweifeln, daß man es nicht kann, wenn man doch Gott nicht fahren läßt!" Nur eine solche Individualität ist ethisch; aber sie hat es auch begriffen, daß das Weltgeschichtliche eine Komposition ist, die für das Ethische nicht direkt dialektisch ist.

Je länger das Leben dauert und je länger der Existierende durch seine Tätigkeit ins Dasein verwebt wird, desto schwieriger ist das Ethische vom Äußern zu trennen, desto leichter kann das Metaphysische bekräftigt zu werden scheinen, daß das Äußere das Innere, das Innere das Äußere, das eine für das andere ganz kommensurabel sei.[1] Dies ist gerade die Anfechtung, und darum wird das Ethische von Tag zu Tag schwieriger, weil es gerade in der wahren Überspanntheit des Unendlichen liegt, die den Anfang bildet, in welchem es sich daher am deutlichsten zeigt.

Denken wir uns jemand, der am Anfang des Lebens steht. Er beschließt nun z. B., sein ganzes Leben dazu anzuwenden, nach der Wahrheit zu trachten und die erkannte zu vollbringen. Im Augenblick des Entschlusses verschmäht er also alles, alles, und darunter auch die weltgeschichtliche Bedeutung. Aber wenn nun nach und nach die Bedeutsamkeit als Frucht seines Arbeitens kommt? Ja wenn sie als Frucht seiner Arbeit kommt – aber das tut sie niemals. Wenn sie kommt, dann ist es die Vorsehung, die sie seinem ethischen Streben an und für sich hinzufügt, und also ist sie nicht die Frucht seiner Arbeit. Sie ist ein *pro*, das ebensogut wie jedes *contra* als eine Anfechtung betrachtet werden muß. Das ist die gefährlichste von allen Anfechtungen, und mancher herrliche Anfang mit der Überspanntheit der Unendlichkeit ist darin ermattet, was für den Gefallenen eine weichliche weibliche Umarmung wurde.

Doch zurück zum Anfang, mit der wahren ethischen Überspanntheit verschmäht er alles. Man hat in Fabeln und Märchen eine Lampe, welche die Wunderlampe heißt; wenn man an der reibt, erscheint der Geist. Scherz! Aber die Freiheit, das ist die Wunderlampe; wenn der Mensch sie mit ethischer Leidenschaft reibt: so ist Gott für ihn da. Und sieh, der Geist der Lampe ist ein Diener (so wünscht euch den da, ihr, deren Geist ein Wunsch ist); wer aber die Wunderlampe der Freiheit reibt, der wird ein Diener, der Geist ist der Herr. Dies ist der Anfang. Versuchen wir nun, ob sich zu dem Ethischen noch etwas anderes setzen läßt. Der Beschließende sagt also: „Ich will, aber dann will ich zugleich weltgeschichtliche Bedeutung haben." – Da ist also ein „aber" und so verschwindet der Geist wieder, weil nicht richtig gerieben wurde, und der Anfang findet nicht statt; aber findet er statt oder ist er richtig gemacht, dann muß man wiederum im

[1] [Hegels *Logik II*, S. 178 ff.]

Fortgang jedem Aber entsagen, selbst wenn das Dasein alles täte, um es einem in der einschmeichelndsten und verlockendsten Weise aufzunötigen. Oder der Entschlossene sagt: ich will dies, aber ich will zugleich, daß diese meine Anstrengung anderen Menschen nütze, denn ich muß euch sagen: ich bin so ein guter Mensch, der so gern nützen will, und wäre es der ganzen Menschheit. Wenn der Geist auch bei solchem Reiben erscheinen würde, so denke ich mir doch, er würde seinen Zorn zusammenfassen und sagen: „Dummer Mensch, bin ich nicht da, ich, der Allmächtige, und wenn alle die Menschen, die ich schuf, und die ich zählte, ich, der ich die Haare auf den Häuptern der Menschen zähle, unzählig wie der Sand des Meeres wären, kann ich doch nicht jedem einzelnen helfen, wie ich dir helfe? Vermessener! Hast du etwas zu fordern – aber ich habe alles zu fordern; besitzt du etwas, wovon du mir geben könntest, oder wenn du dein Äußerstes tust, gibst du mir da nicht nur mein Eigentum zurück, und vielleicht dürftig genug." Also hier steht der Anfänger, die geringste Spur von einem Aber, so wird der Anfang verkehrt.

Aber ist es so mit dem Anfang, so muß dem auch die Fortsetzung durchaus entsprechen. Wenn jener Anfänger gut anfinge, wenn er zugleich Erstaunliches ausrichtete, wenn seine ganze Zeit ihm viel schuldete und ihm dankte: dann gilt es, daß er im Scherz zu verstehen wisse, was Scherz ist. Das Ernsthafte ist sein eignes Innere, das Scherzhafte ist, daß es Gott gefällt, diese Bedeutung an sein Streben zu knüpfen, an das Streben dessen, der nur ein unnützer Knecht ist. Wenn eine Lufterscheinung einen Menschen in ihre verwandelnde Macht aufnimmt und ihn dem sich wundernden Beobachter in übernatürlicher Größe zeigt: ist das das Verdienst jenes Menschen? Und so auch, wenn die Vorsehung es so fügt, daß sich das in einem Menschen befindliche innere Streben magisch im weltgeschichtlichen Schattenspiel reflektiert: ist das sein Verdienst? Ich denke, der wahre Ethiker, dem dies begegnete, würde, wenn er davon reden soll foppend an Don Quijote erinnern, daß er, wie jener Ritter, vielleicht wegen seiner weltgeschichtlichen Anwandlungen, von einem Kobold verfolgt wurde, der ihm alles verdarb, so einen Kobold haben müsse der auf umgekehrte Weise sein Spiel mit ihm treibe, denn nur dumme Schulmeister und ebenso dumme Genies irren sich und meinen, sie seien es selbst, und vergessen sich selbst über ihre große Wichtigkeit in der Weltgeschichte.

Wer dies nicht einsieht, ist dumm, und wer dem zu widersprechen wagt, den gedenke ich, mit der Macht, die ich im Augenblicke im Komischen besitze, lächerlich zu machen. Mehr sage ich nicht; denn es könnte vielleicht der Vorsehung gefallen, sie noch heute von mir zu nehmen und einem anderen zu geben, bloß um mich zu versuchen; es könnte ihr vielleicht gefallen, mich die Arbeit tun zu lassen und dann den Dank der Zeitgenossen einem Barbiergesellen zu geben, als ob er der Täter wäre. Das kann ich nicht wissen, ich weiß nur, daß ich mich an das Ethische zu halten und nichts, nichts zu fordern habe, sondern nur über mein ethisches Gottesverhältnis begeistert sein soll, das, wenn Gott ein solche Gabe von mir nähme, sehr gut bestehen, ja vielleicht noch inniger werden könnte. Darum wäre es vielleicht klüger, nichts im voraus zu sagen, damit man mich nicht noch mehr verspotte, wenn es mißlingt Aber das Ethische fragt nie nach Klugheit, sondern fordert bloß so viel Verstand, daß man die Gefahr entdecke und dann frisch und mutig in sie hineingehe, was ja als sehr dumm erscheint.

O wunderbare Macht des Ethischen! Wenn ein König zu seine Feinden sagen würde: tut, was ich gebiete; wo nicht, dann zittert vor meinem Zepter, das furchtbar über euch kommen soll, es müßte den der Vorsehung gefallen, mir noch heute den Thron zu nehmen und einen Schweinehirten zu meinem Nachfolger zu machen! Weshalb hört man dieses „wenn" und „es müßte denn" so selten, diesen letzten Teil der Rede, der die ethische Wahrheit ist? Denn Wahrheit ist es ja und die Kunst nur die, begeistert zu sein, oder wie ein anderer Schriftsteller[1] gesagt hat: auf einer Tiefe von 70 000 Faden Wasser froh zu sein. Und wer das Leben so selbstexistierend verstanden hat, der versieht sich auch nicht am Weltgeschichtlichen, das nur vor dem umnebelten Blick der Spekulation in etwas ganz anderes zusammenlauft, aus dem der Spekulant hinterher tiefsinnig klug wird.

Man sagt wohl: die Weltgeschichte ist das Weltgericht und das Wort „Gericht" scheint eine ethische Lebensbetrachtung zu beanspruchen. Das ist vielleicht für Gott so, weil er in seinem ewigen Mitwissen das Medium besitzt, das gerade die Kommensurabilität für das Äußere und das Innere ist. Aber der menschliche Geist kann das Weltgeschichtliche nicht so sehen, selbst wenn man von Schwierigkeiten und Einwürfen absieht, bei denen ich mich nicht weiter aufhalten will, um nicht die Aufmerksamkeit vom Ethischen abzulenken, sondern die ich nur andeute und mit allen möglichen Zugeständnissen versehen berühre, um nicht das Interesse auf sie zu lenken.

α) Es muß, wie schon bemerkt, davon abgesehen werden, daß der Zugang zum Weltgeschichtlichen quantitativ-dialektisch ist, daß also alles, was weltgeschichtlich geworden ist, diese Dialektik durchgemacht hat.

Wenn eine solche Unterscheidung für den allwissenden Gott nicht besteht, so kann dies einen endlichen Geist nicht trösten; denn ich darf meine Meinung nicht laut sagen, das geht in dem weltgeschichtlichen neunzehnten Jahrhundert nicht an, aber ich darf es dem Systematiker ins Ohr flüstern: es ist ein Unterschied zwischen König Salomo und dem Hutmacher Jörgen[2], aber sagen Sie's nicht weiter. Für Gott ist die weltgeschichtliche Auffassung von und mit seinem Mitwissen von dem innersten Geheimnis im Gewissen des größten und des geringsten Menschen durchwirkt. Will ein Mensch diesen Standpunkt einnehmen, so ist er ein Narr; aber will er das nicht, so muß er sich mit einer Übersicht

---

1 [Frater Taciturnus.]

2 [Anspielung auf Holberg.]

begnügen, die nach den hervorragenden Punkten sieht; und gerade darin liegt, daß die Quantität den Ausschlag gibt. Daß sich das Ethische in der Weltgeschichte befindet, wie überall, wo Gott ist, wird nicht geleugnet, aber wohl, daß es ein endlicher Geist in Wahrheit darin sehen könne. Es ist vielmehr ein vermessenes Wagestück, es sehen zu wollen, was leicht damit enden kann, daß der Betrachter das Ethische in sich selbst verliert.

Um das Ethische zu studieren, ist jeder Mensch an sich selbst gewissen. Er selbst ist sich in dieser Hinsicht mehr als genug, ja er ist der einzige Ort, wo er es mit Sicherheit studieren kann. Schon über einen anderen Menschen, mit dem er zusammen lebt, kann er sich nur durch das Äußere klarwerden, und insofern leidet die Auffassung schon an Mißlichkeit. Aber je komplizierter das Äußere ist, in welchem das ethische Innere sich reflektieren soll, desto schwieriger wird die Beobachtung, bis diese sich zuletzt in etwas ganz anderes, in das Ästhetische verirrt. Die Auffassung der Weltgeschichte wird daher leicht zu einem halb dichterischen Erstaunen, anstatt zu einer ethischen Besinnung. Schon für einen Richter wird es schwieriger, sich in einer Sache zurecht zu finden, je bedeutender die Parteien sind. Und doch hat der Richter kein ethisches Urteil abzugeben, sondern nur ein bürgerliches, wo Schuld und Verdienst durch quantitierende Rücksicht auf größere oder kleinere Verhältnisse und zufällige Rücksicht auf den Ausfall dialektisch gemacht wird. Diese mögliche Verwirrung bekommt einen viel größeren Spielraum bei der Betrachtung der Weltgeschichte, wo es oft so aussieht, als ob Gut und Böse quantitativ-dialektisch waren, als ob es eine Größe des Verbrechens und der Verschlagenheit gäbe, wo es sich um Millionen und Völkerschaften handelt, so daß sich das Ethische eingeschüchtert fühlt, wie ein Spatz im Reihertanz.

Aber immer wieder auf dies beständige Quantitieren zu sehen, ist für den Betrachter gefährlich. Er verliert dabei leicht die keusche Reinheit des Ethischen, die mit heiliger Verachtung nicht tief genug auf alles Quantitieren herabsehen kann, das des sinnlichen Menschen Augenlust und des sophistischen Menschen Feigenblatt ist.

Das Ethische hat, als das Absolute, unendlichen Wert in sich selbst und bedarf keiner Staffage, um sich besser auszunehmen. Aber diese bedenkliche Staffage (wenn nicht der Blick des Allwissenden, sondern ein Menschenauge hindurchschauen soll) ist gerade das Weltgeschichtliche, wo das Ethische, gleichwie nach dem Worte des Dichters[1] die Natur, dem Gesetz der Schwere dient; denn die Differenz der Quantität ist auch ein Gesetz der Schwere. Je mehr man das Ethische simplifizieren kann, desto besser sieht man es. Darum sieht man es nicht, wie man sich trügerisch einbilden will, besser in der Weltgeschichte, wo sich alles um Millionen handelt, als in seinem eigenen armen Leben. Im Gegenteil umgekehrt, man sieht es besser in seinem eigenen Leben, eben weil

1 [In Schillers *Die Götter Griechenlands.*]

man sich da nicht am Stoff und an der Masse versieht. Das Ethische ist die Innerlichkeit, und je geringer das ist, worin man es sieht, wenn man es doch in seiner Unendlichkeit sieht, desto besser sieht man es; während der, welcher die weltgeschichtliche Staffage braucht, um es darin, wie er meint, besser zu sehen, eben damit beweist, daß er ethisch unreif ist. Wer nicht die unendliche Gültigkeit des Ethischen begreift, selbst wenn es ihn allein in der ganzen Welt beträfe, der begreift eigentlich das Ethische nicht; denn daß es alle Menschen betrifft, geht ihn gewissermaßen gar nichts an, außer wie ein Schatten, welcher der ethischen Klarheit folgt, in der er selbst lebt.

Es geht mit dem Ethischen wie mit dem Rechnen: man lernt am besten rechnen beim Rechnen mit unbenannten Zahlen; wenn man mit den benannten anfängt, dreht sich das Interesse leicht um etwas anderes. Weltgeschichtlich rechnet man mit benannten Größen, und mit ungeheuer großen Größen, die durch ihre Mannigfaltigkeit das Mannigfaltige beim Betrachter mannigfaltig erregen. Aber für dieses Quantitieren hat der sinnliche Mensch eine große Vorliebe, und darum ist es, um noch einmal an den Vergleich und seine Ungleichheit zu erinnern, hier keineswegs der Anfänger, der mit unbenannten Zahlen rechnet, da es im Gegenteil ein Zeichen von wahrer ethischer Reife ist, dem zu entsagen, wonach man sich vielleicht früh genug und auch natürlich genug sehnt: mit weltgeschichtlichen Größen zu rechnen.

Was ein edler Grieche gesagt hat (Empedokles/Plutarch [*de cohibenda ira* cap. 16, mor. p. 463 f.]), man solle im Bösen fasten (νηστευειν κακοτητος), das gilt von der wahren ethischen Auffassung des Ethischen, daß sie faste und nüchtern sei, es gilt, daß man sich nicht gelüsten lasse, weltgeschichtlich zum Gastmahl zu gehen und sich im Erstaunlichen zu berauschen. Aber diese Enthaltsamkeit ist wieder, ethisch verstanden, der göttlichste Genuß und eine herzstärkende Erquickung der Ewigkeit. Dagegen fühlt sich ein Mensch leicht weltgeschichtlich versucht anzunehmen, daß, wenn er ein unbedeutender Mensch sei, es keine unendliche Bedeutung habe, wenn er fehle; und wenn er ein sehr großer Mensch sei, so könne die Größe den Fehltritt zu etwas Gutem machen.

Aber selbst wenn das betrachtende Individuum nicht in der Weise demoralisiert wird, wenn aber doch das Ethische mit dem Weltgeschichtlichen verwechselt wird, daß es wesentlich etwas anderes wird, wenn es Millionen, als wenn es einen betrifft, so entsteht leicht eine andere Verwirrung: daß das Ethische erst im Weltgeschichtlichen seine Konkretion finde und erst in dieser Konkretion Aufgabe für die Lebenden sei. Das Ethische wird so nicht das Ursprüngliche, das bei jedem Menschen Ursprünglichste, sondern eher eine Abstraktion des weltgeschichtlich Erlebten. Man betrachtet die Weltgeschichte, und siehe da, jedes Zeitalter hat seine sittliche Substanz; man wird objektiv großartig und will sich, obgleich man existiert, mit dem sogenannten subjektiven Ethischen nicht begnügen, nein, die jetzt lebende Generation will schon bei lebendem Leibe seine weltgeschichtliche sittliche Idee entdecken und aus ihr heraus handeln.

Ach, was tut der Deutsche nicht für Geld[1] – und was tut der Däne nicht nachher, wenn es der Deutsche getan hat!

In bezug auf die Vergangenheit ist der Sinnesbetrug leicht, der vergißt und zum Teil nicht wissen kann, was dem Individuum und was jener objektiven Ordnung der Dinge angehört, die der Geist der Weltgeschichte ist. Aber in bezug auf das jetzt lebende Geschlecht und in bezug auf jedes einzelne Individuum das Ethische etwas werden zu lassen, zu dessen Entdeckung ein Prophet mit weltgeschichtlichem Blick für die Weltgeschichte gehört, das ist eine selten sinnreich-komische Erfindung. Glückliches neunzehntes Jahrhundert: wenn kein solcher Prophet aufsteht, so können wir Feierabend machen, denn so weiß niemand, was das Ethische ist. Schon drollig genug, daß das Ethische für so gering gilt, daß der Unterricht darin am liebsten Seminaristen und Dorfschulmeistern überlassen wird; schon lächerlich, wenn jemand sagen würde, das Ethische sei noch nicht entdeckt, sondern werde erst entdeckt werden. Doch wäre es nicht verrückt, wenn er meinte, es werde dadurch entdeckt werden, daß das Individuum sich in sich selbst und in sein Gottverhältnis vertiefe; aber dazu gehöre ein Prophet, nicht ein Richter, nein ein Seher, ein weltgeschichtlicher Raufbold, der mit Hilfe eines tiefen und eines blauen Auges, mit Hilfe von Kenntnis der Weltgeschichte, vielleicht auch mit Hilfe von Kaffeesatz und Kartenlegen das Ethische entdecke, d. h. (denn hier kommt das moderne Stichwort der demoralisierenden Ethik) was die Zeit fordere: das ist doppelte Konfusion, für die ein Liebhaber von Lachen den Weisen immer verbunden sein muß. Lächerlich, daß so etwas das Ethische sein soll, lächerlich, daß es ein Seher dadurch entdecken soll, daß er auf die Weltgeschichte sieht, wo es so schwer zu sehen ist, und schließlich lächerlich, daß der beständige Umgang mit dem Weltgeschichtlichen diese Konsequenz aus sich geboren hat. Was der dümmste Mensch, der in einer Strafanstalt konfirmiert wird, verstehen kann, das wird durch die kathedralische Weisheit zu jenem echt spekulativen Tiefsinn verbesserte. Ach, während der spekulierende hochwohlgeborene Herr Professor das ganze Dasein erklärt, hat er in Zerstreutheit vergessen, wie er selbst heißt, daß er ein Mensch ist, schlecht und recht ein Mensch, kein phantastisches dreiachtel von einem Paragraphen. Er schließt das System ab, er verheißt in einem Schlußparagraphen, daß er das Ethische entdecken werde, das diese Generation, und darin er und ich, realisieren solle, denn es ist noch nicht entdeckt! Was? Das Ethische, oder das, was die Zeit fordert? Ach, das Ethische ist eine alte Erfindung; dagegen will ich gerne glauben, daß das noch nicht entdeckt sei, was die Zeit fordere, trotz der vielen befriedigenden und höchst respektabeln, aber noch beständig verheißenden Versuche in Galimathias.

Wird nun jemand sagen, das sei eine schikanöse Übertreibung, daß die, welche sich um die Weltgeschichte bekümmern, die populäre Ethik gern Seminaristen

---

[1] [Wessel, *Stella*, Vers 1.]

und Dorfschulmeistern überließen, daß sie nichts dagegen hätten, daß besonders die untere Klasse dieser Ethik nachlebe, während das weltgeschichtliche Interesse nur auf das Höhere, auf die viel, viel größeren Aufgaben hinwiesen: so zeigt diese Antwort zur Genüge, daß es keine schikanöse Übertreibung war, denn wenn das andere das Höhere ist, so laß uns je eher je lieber damit anfangen, aber zum Unglück ist es noch nicht entdeckt. Und von den viel größeren Aufgaben laß uns ganz einfältig reden, wie ein Nachbar mit dem andern in der Abenddämmerung redet. Der allgemeine Ausdruck, daß die Aufgabe viel größer sei, genügt noch nicht; er würde erst dann auf einen vernünftigen Menschen aufmunternd wirken, wenn es sich zugleich deutlich zeigte, daß die Dividende für den einzelnen Teilnehmer zunimmt. Wenn so da draußen auf dem Lande, wo der Friede im Schatten des Laubdachs wohnt, wenn da die kleine Familie nach dem frommen Wunsche jenes liebevollen Königs ein Huhn auf den Tisch setzt, und dies gut für die wenigen hinreicht: ist dann dieses Mahl im Vergleich mit jenem großen nicht reichlich und überflüssig, bei dem freilich ein Ochse aufgetragen wird, aber der Teilnehmer so viele sind, daß auf jeden einzelnen kaum eine Probe kommt? Oder wenn der, welcher zum täglichen Gebrauch das Schweigen liebt, heimlich den rätselhaften Weg zur Einsamkeit des Verlassenen findet, und dort Zeit und Gelegenheit zu einem kurzen Worte findet, das doch unbeschreiblich erquickt: bringt dann ein solcher Redner nicht eine ebenso große oder besser eine unendlich viel größere Wirkung hervor, als jener Bewunderte, der mit neunmal Hurra! belohnt wird? Und weshalb wird jener so belohnt? Weil er das Stichwort gebraucht, das die Menge gern hört; also nicht, weil er weise redete, denn der Lärm ließ gar nicht deutlich verstehen, was er sagte, sondern weil er ein Wort anbrachte, das jeder Dummkopf sagen kann, also weil er nicht Redner, sondern Balgentreter war.

Die spekulative Distraktion läßt sich allein aus dem beständigen Verkehr mit der Weltgeschichte, mit dem Vergangenen psychologisch erklären. Anstatt auf sich selbst recht aufmerksam zu sein, als einer, der ja in der Gegenwart lebt und die Zukunft vor sich hat, um sich so dazu führen zu lassen, psychologisch das individuelle Moment reproduzieren zu können, das nur ein Faktor mit im Weltgeschichtlichen ist, mengt man alles durcheinander und will seine eigne Vergangenheit antizipieren, um dann zum Handeln zu kommen, obgleich es doch leicht verständlich zu sein scheint, daß man dann, wenn man erst vergangen ist, schon gehandelt hat.

Nur indem ich auf mich selbst achte, vermag ich mich dahinein zu versetzen, wie sich eine historische Individualität zu ihren Lebzeiten benommen hat; und nur so verstehe ich sie, wenn ich sie in meinem Verständnis lebendig bewahre und nicht, wie Kinder, die Uhr in Stücke schlage, um das Leben in ihr zu begreifen, und nicht, wie die Spekulation, den Betreffenden in etwas ganz anderes verwandle, um ihn dann zu verstehen. Aber von ihm als von einem Verstorbenen erfahre ich nicht, was das Leben sei. Das muß ich durch mich selbst erfahren, und darum muß ich mich selbst verstehen, und nicht umgekehrt darf ich, nachdem ich ihn erst weltgeschichtlich mißverstanden habe, nun weiter gehen und dieses Mißverständnis mir behilflich sein lassen, mich selbst mißzuverstehen, als wäre ich auch verstorben. Vermutlich hat sich die weltgeschichtliche Individualität während ihres Lebens mit der subjektiven Ethik geholfen, und dann hat die Vorsehung die weltgeschichtliche Bedeutung, wenn sie eine solche bekam, hinzugefügt.[1]

Dies hat eine gewisse Klasse von Menschen richtig eingesehen, obgleich sie sonst keineswegs das Wahre trifft, da sie ins entgegengesetzte Extrem geht. Nämlich die Spötter und die Ungläubigen, welche meinen, daß sich die ganze Weltgeschichte um reine Kleinigkeiten, um „ein Glas Wasser" drehe. Den Gegensatz bildet die Spekulation, welche die entseelte geschichtliche Individualität zu einer metaphysischen Bestimmung machen will, einer Art kategorischer Benennung des in Immanenz gedachten Verhältnisses von Ursache und Wirkung. Beide haben unrecht; der Spötter tut dem Menschen unrecht, die Spekulation Gott. Weltgeschichtlich ist das einzelne Subjekt wohl eine Kleinigkeit, aber das Weltgeschichtliche wird ja auch hinzugefügt; ethisch ist das einzelne Subjekt unendlich wichtig. Nimm irgendeine menschliche Leidenschaft und laß sie sich bei einem

---

[1] Einer von den Menschen, die als weltgeschichtliche Gestalten besonders hervorragen und als bedeutend dastehen, ist wohl Sokrates. Wie hängt die Sache nun bei ihm zusammen? Mag nun das System hinterher seine Notwendigkeit begreifen, die Notwendigkeit, daß er ins Dasein kam, daß seine Mutter eine Hebamme war, die Notwendigkeit, daß seinem Vater durch ein Orakel [Plutarch, *de genio Socrates*, Kap. 20] befohlen wurde, das Kind sich selbst zu überlassen und es niemals zu zwingen (ein sonderbares Leben, wenn man es als Aufgabe für eine notwendige Methode betrachtet), die Notwendigkeit, daß er sich verheiratete, gerade mit Xanthippe, daß er gerade mit einer Majorität von drei Stimmen zum Tode verurteilt wurde, denn hier ist alles notwendig, und es ist gut, daß das System nur mit Verstorbenen zu tun hat, für einen Lebenden müßte es unerträglich sein, auf die Weise verstanden zu werden.

Aber laß uns nun auch, weniger systematisch, mehr einfältig zusehen, wie er sich benahm, als er lebte, als er auf dem Markte umherging und die Sophisten zum besten hatte, als er ein Mensch war, und selbst in der lächerlichsten Situation, die von ihm berichtet wird (vgl. Antoninus philos., *ad. se ipsum* Bd. 11. § 28), wie er, weil Xanthippe seine Kleider angezogen hatte und ausgegangen war, sich eine Haut umwarf und so, zu großem Spaß für seine Freunde, auf den Markt trat, und dort dennoch ein Mensch war, und selbst in seiner Haut nicht so lächerlich, wie er es später im System wurde, wo er mit dem reichen systematischen Überwurf eines Paragraphen phantastisch drapiert auftritt. Redete Sokrates davon, was die Zeit fordere, verstand er unter dem Ethischen etwas, das ein Prophet mit weltgeschichtlichem Blick entdecken werde oder entdeckt habe, oder etwas, das durch Abstimmung entschieden werde? Nein, er war nur mit sich selbst beschäftigt, verstand nicht einmal bis fünf zu zählen, wenn es galt, Stimmen zu zählen [Plato, *Gorgias* 473e], taugte nicht dazu, dabei zu sein, wenn mehrere ein Geschäft verrichten sollten, geschweige da, wo beim Geschäft ein weltgeschichtlicher Auflauf stattfindet. Er bekümmerte sich um sich selbst, und da kommt die Vorsehung und fügt zu seiner ironischen Selbstgefälligkeit eine weltgeschichtliche Bedeutung hinzu. Schade, daß man nun in ein paar tausend Jahren nichts von ihm gehört hat. Nur Gott weiß, was er vom System denkt.

Individuum zum Ethischen verhalten, so hat dies vom ethischen Gesichtspunkt aus große Bedeutung, dagegen vom welthistorischen vielleicht gar keine, vielleicht sehr große, denn das Weltgeschichtliche kommt, ethisch angesehen, mit einem Vielleicht dazu. Während jenes Verhältnis zwischen Leidenschaft und dem Ethischen das existierende Individuum aufs äußerste beschäftigt (was der Spötter nichts nennt, und was die Spekulation mit Hilfe der Immanenz spekulativ übersieht), bildet vielleicht die weltgeschichtliche Leitung für dieses Individuum eine Reflexions-Umgebung, wodurch sein Leben eine weitgreifende weltgeschichtliche Bedeutung erhält. Er hat sie nicht, aber die Vorsehung knüpft sie an ihn. Der Spötter lacht und sagt: sieh, all dies drehte sich um beleidigten Stolz, d. h. um nichts. Aber das ist nicht wahr, denn das Verhältnis des beleidigten Stolzes zum Ethischen ist, ethisch angesehen, nicht gleichgültig, nicht ein Nichts; und das Weltgeschichtliche ist etwas ganz anderes, das nicht direkt aus jenem Verhältnis folgte. Für die Spekulation läuft alles in eins zusammen. Sie hat den Spott und Unglauben überwunden, nicht indem sie das Ethische aus dem Weltgeschichtlichen herausrettete, sondern alles mit Stumpf und Stiel durcheinander und unter eine deklamierende Immanenztheorie brachte.

Aber der Spott rächt sich, er ist so wenig ausgeschlossen, daß man eher glauben sollte, die Spekulation habe sich mit ihm eingeschlossen: so lächerlich ist sie geworden. Die Distraktion rächt sich, wenn die Spekulation in der Ethik will, daß ein jetzt lebendes Individuum kraft einer Immanenztheorie handeln soll, d. h. kraft dessen handeln soll, daß es alles Handeln unterläßt, denn die Immanenz besteht nur für die Betrachtung, wesentlich und in Wahrheit für Gott, eingebildet für die hochwohlgeborenen Professoren und ihre Verwandten und Freunde.

Ist es nun aber so gewagt, sich mit der weltgeschichtlichen Betrachtung einzulassen, so ist vielleicht die Einsprache dagegen die Folge von Feigheit und Schlaffheit, die ja immer geneigt ist, die Begeisterten, hier den hohen Flug der Weltgeschichtlichen, aufzuhalten, die wohl wissen, wie gewagt er ist, aber darum auch etwas wagen. Keineswegs. Wenn etwas in der Welt einen Menschen das Wagen lehren kann, dann ist es die Ethik, die alles für nichts zu wagen lehrt, alles zu wagen, und damit auch das, der weltgeschichtlichen Schmeichelei zu entsagen, um zu nichts zu werden. Nein, der Einwand verrät Mut und edlen Sinn, gerade weil er ethisch ist; er sagt: das Ethische ist absolut und in alle Ewigkeit das Höchste, und nicht jedes Frischgewagte ist halb gewonnen, denn es gibt auch ein Frischgewagtes, bei dem viel verloren ist. Außerdem bedeutet ja ein frisches Wagestück nicht ein hochtrabendes Wort, nicht eine heftige Interjektion, sondern eine mühevolle Arbeit; ein Wagestück ist nicht ein, wenn auch noch so dummdreister, tumultuarischer Aufruf, sondern eine stille Einweihung, die nichts vorausnimmt, sondern alles einsetzt. Darum wage, sagt das Ethische, wage allem zu entsagen, darunter auch jenem vornehmen und doch täuschenden Verkehr mit der weltgeschichtlichen Betrachtung, wage gar nichts zu werden, ein einzelnes Individuum zu werden, von dem Gott ethisch alles fordert, ohne daß du darum doch aufhören darfst begeistert zu sein: sieh, das ist das Wagestück! Aber so wirst du auch damit gewinnen, daß Gott dich in alle Ewigkeit nicht loswerden kann, denn nur im Ethischen liegt dein ewiges Bewußtsein: sieh, das ist der Lohn! Ein einzelnes Individuum zu sein, ist weltgeschichtlich gar nichts, unendlich nichts, aber doch ist es eines Menschen einzige wahre und höchste Bedeutung und so höher als jede andere Bedeutung, die Blendwerk ist, wohl nicht an und für sich, aber immer Blendwerk, wenn sie das Höchste sein soll.

β) Es muß davon abgesehen werden, daß die weltgeschichtliche Betrachtung als Erkenntnisakt eine Approximation[1] *ist, die unter dieselbe Dialektik wie jeder Streit zwischen Idee und Empirie fällt, welcher jeden Augenblick den Anfang verhindern will, und wenn der Anfang gemacht ist, jeden Augenblick mit einem Aufstand gegen ihn droht.*

Der weltgeschichtliche Stoff ist unendlich, und also muß seine Begrenzung auf irgendeiner Willkür beruhen. Obgleich das Weltgeschichtliche etwas Vergangenes ist, ist es doch als Stoff für die erkennende Betrachtung nicht fertig, sondern entsteht fortwährend durch immer neue Beobachtung und Nachforschung, die immer mehr entdeckt oder berichtigend Entdeckungen macht. Gleichwie man in den Naturwissenschaften durch Schärfung der Instrumente die Anzahl der Entdeckungen vermehrt, so wird es auch mit dem Weltgeschichtlichen gehen, indem man die Kritik der Beobachtung verschärft.

O daß ich auf diesem Punkte Gelehrsamkeit verraten könnte! Daß ich zeigen könnte, wie die autorisierte und doch *valore intrinseco* (nach innerem Werte) ziemlich zweifelhafte Hegelsche Anordnung des weltgeschichtlichen Prozesses Willkür und Sprung verschuldet, wie China einen anderen Platz verdient[2], und

---

[1] Wenn man auch Hegel alles einräumen sollte, so hat er doch eine Einleitungsfrage nicht beantwortet, was es überhaupt zu bedeuten habe, daß die weltgeschichtliche Betrachtung eine Approximation sei. Er hat über Schellings intellektuelle Anschauung (Bezeichnung für den Anfang bei Schelling) gespottet, das ist wahr; er hat selbst gesagt, was man oft genug nachgesagt hat, sein Verdienst sei die Methode; aber er hat nie gesagt, wie sich die Methode zu der intellektuellen Anschauung verhalte, ob da nicht wieder ein *Sprung* nötig sei. In bezug auf die Methode und den Anfang der Methode wird bloß beständig gesagt, daß man bei ihr und mit ihr anfangen müsse. Aber ist ein solcher Anfang kein Einfall, so muß eine Reflexion vorausgegangen sein, und in dieser Reflexion liegt gerade die Einleitungsfrage.

[2] Weltgeschichtlich ist es nämlich noch nicht recht deutlich, wo China im weltgeschichtlichen Prozesse seinen Platz finde, in welchem jeder Privatdozent von vorgestern deutlich und bestimmt reichlich Platz findet. Alle Privatdozenten kommen nämlich mit, und wenn die Methode erst unsere Zeit erreicht hat, dann geht es wie geschmiert und wir alle bekommen Platz. Die Methode nimmt nur einen Chinesen auf, [Hegels *Geschichte der Philosophie I*, S. 137 ff., wo von drei Chinesen die Rede ist] aber kein einziger deutscher Privatdozent wird ausgeschlossen, besonders kein preußischer, denn wer ein Kreuz hat, bekreuzigt sich selbst zuerst. Aber das System ist ja auch nicht ganz fertig, es erwartet vielleicht dadurch, daß es noch ein paar Chinesen überlassen bekommt, die mühsame Arbeit eines wahren Gelehrten systematisch eins,

ein neuer Paragraph für ein neulich entdecktes Volk in Monomotapa[1] gesetzt werden muß; daß ich zeigen könnte, wie sich die Hegelsche Methode beinah wie ein Narrenstreich ausnimmt, wenn sie auf ein kleines Detail angewandt werden soll: dann würde ich vielleicht diesen oder jenen Leser befriedigen. Das Interesse, Ordnung in die Weltgeschichte zu bringen, würde wohl wesentlich bleiben, aber was ich von Monomotapa sagte, würde Eindruck machen, wie das, was der Lehrer in der Weihnachtsstube (Holberg, Szene 12) vom Vogel Phönix sagt, der sich in Arabien aufhält, auf Jeronimus Eindruck macht. Wenn aber das ganze weltgeschichtliche Interesse nicht, uninteressiert verliebt, eine weltgeschichtliche Einzelheit um des Wissens und Erkennens willen mit philologischer Wissenschaftlichkeit auffassen, sondern spekulativ dazu helfen will, die Aufgabe der Ethik für das einzelne Individuum mit der Aufgabe der Weltgeschichte für das Menschengeschlecht zu verwechseln, und noch mehr, wenn dieses Interesse jedermanns Sache sein soll, dann das ganze weltgeschichtliche Interesse für unsittlich und nervenschwache Neugier zu halten, das wäre wohl eine abscheuliche ethische Borniertheit. Nur ein sehr Beschränkter oder einer, der sich schlauerweise nicht getroffen fühlen will, wird meinen, ich sei ein Vandale, der die heilige Einfriedigung des Feldes der Wissenschaft zerstören und das Vieh darauf lassen wolle, ich sei ein Lazzarone, der an der Spitze von Zeitungslesern und abstimmenden Landstreichern in einem Pöbelaufstand dem stillen Gelehrten sein durch glückliche Gabe und resignierte Arbeit erworbenes Eigentum entreißen wolle. Fürwahr, viele, viele besitzen mehr als ich in der Welt des Geistes, aber keinen gibt es, der stolzer und Gott dankbarer daran glaubt, daß in der Welt des Geistes ewige Eigentumssicherheit herrscht und die Bummler draußen bleiben. Aber wenn eine Generation *en masse* weltgeschichtlich pfuschen will, wenn sie, hierdurch wie durch Lotteriespiel demoralisiert, das Höchste verschmäht, wenn eine Spekulation nicht uninteressiert sein will, sondern auf doppelte Weise Verwirrung anrichtet, einmal, indem sie das Ethische überspringt, und dann wieder, indem sie etwas Weltgeschichtliches als ethische Aufgabe für die einzelnen bringt, so ist es der Wissenschaft selbst lieb, daß darüber ein Wort gesagt werde. Nein, gepriesen sei die Wissenschaft, gepriesen jeder, der bloß das Vieh von ihrem Heiligtum wegjagt. Das Ethische ist und bleibt die höchste Aufgabe, die jedem Menschen gestellt ist. Man darf auch von jedem Verehrer der Wissenschaft verlangen, daß er sich selbst ethisch verstanden habe, ehe er sich seinem Fach widmet, daß er bei aller seiner Arbeit fortwährend sich selbst ethisch verstehe, weil das Ethische das ewige Atemholen ist und mitten in der Einsamkeit die versöhnende Gemeinschaft mit jedem Menschen; aber dann kein Wort mehr als nur Bewunderung für die Ausgezeichneten und begeisterter Zuruf für die

---

zwei, drei zu seinen Einnahmen schlagen zu können. So geht es, jetzt sieht es ja freilich etwas dumm aus, nur einen Chinesen zu haben, wenn man so viele Deutsche hat.

[1] [Einem Negerreich am Sambesi. Vgl. Holbergs *Weihnachtsstube* Szene 12.]

Strebenden. Der stille Gelehrte stört das Leben nicht, er vertieft sich erotisch in seine herrliche Beschäftigung. Will dagegen ein tumultuarischer Gelehrter in die Existenzsphären eindringen und dort, was das Lebensprinzip im Ganzen ist, das Ethische verwirren, so ist er als Gelehrter kein treuer Liebhaber, so übergibt ihn die Wissenschaft der Komik.

Nur ein Beschränkter wird meinen, daß der Einspruch, der daran erinnert, daß die weltgeschichtliche Betrachtung eine Approximation ist, seinen Grund in Feigheit oder Schlaffheit habe, die vor der übergroßen Arbeit zurückschrecken. Wäre das der Fall, daß er nur aus der Furcht vor der ungeheuren Arbeit käme, dann verdiente er keine Beachtung. Aber der Einspruch ist ethisch, darum hat er hohen Mut, darum verfehlt er bei aller seiner Demut seinen Zweck und sein Ziel nicht, die gerade im Höchsten bestehen. Er sagt: das Ethische ist das einzige Gewisse, sich darauf zu konzentrieren, das einzige Wissen, das sich nicht möglicherweise im letzten Augenblick in eine Hypothese verwandelt, darin zu sein das einzige gesicherte Wissen, wo das Wissen durch etwas anderes gesichert ist.

Sich ethisch mit dem Weltgeschichtlichen zu beschäftigen, ist ein ethisches Mißverständnis, in das die wahre Wissenschaft nicht verfällt. Aber während man überall vom Ethischen gering denkt, was lehrt das Leben? Wie die Liebenden wenige waren, wie die Glaubenden wenige waren, so sind die wahren ethischen Individualitäten wohl auch wenige. Falstaff sagt irgendwo, daß er einmal ein ehrliches Gesicht gehabt habe, aber Jahreszahl und Datum seien ausgelöscht worden. Sieh, dieses „einmal" kann man auf unzählige verschiedene Weisen sagen, je nach der Weise des Auslöschens; aber dieses „einmal" ist doch ein entscheidendes Wort. Der Dichter wird uns vielleicht lehren, wie selten eine Individualität existiere, auf der das ewige Gepräge der Gottheit, das sich im Ethischen ausprägt, so rein und klar und deutlich stehe, wie es einmal gestanden habe; eine Individualität, der sich die Zeit nicht wie eine Ewigkeit zwischen sie und jenen ewigen Eindruck lege, an den sie sich erinnert, sondern für die in bezug auf jene mächtige Gegenwart der Ewigkeit das längste Leben nicht mehr als der gestrige Tag sei; eine Individualität (laßt uns nicht ästhetisch werden, als ob das Ethische eine glückliche Genialität wäre), die von Tag zu Tag rückwärts kämpfe, um jene Ursprünglichkeit zu gewinnen, die ihr ewiger Ursprung war! Wie selten vielleicht eine Individualität, für die das Ethische jene heilige Keuschheit behält, die für jede, selbst die entfernteste fremde Bestimmung unendlich unzugänglich ist, eine Individualität, die sie behält, nein, laßt uns ethisch reden, die sie gewinnt, die im Leben die jungfräuliche Reinheit der ethischen Leidenschaft gewinnt, in Vergleich mit der, die des Kindes nur ein liebenswürdiger Scherz ist! Denn in ästhetischer Hinsicht besitzt der Mensch eine Ursprünglichkeit, einen Reichtum, von dem er sogar ein wenig im Leben verlieren darf, aber hat er ihn in ethischer Hinsicht gehabt: gewinnt er nichts, so ist alles verloren.

Würde jemand sagen, das sei nur Deklamation, ich habe nur etwas Ironie, etwas Pathos, etwas Dialektik zu meiner Verfügung, dann würde ich antworten:

was muß der, der das Ethische darstellen will, anders haben? Soll er vielleicht zusehen, wie er es objektiv in Paragraphen bringe und geläufig herleiere, um in der Form sich selbst zu widersprechen? Ich glaube, Ironie, Pathos und Dialektik ist, *quod desideratur*, wenn das Ethische ist, (*quod erat demonstrandum*). Doch meine ich durchaus nicht durch meine Schreibereien das Ethische zu erschöpfen, weil es unendlich ist. Aber desto wunderlicher ist es, daß man es für so unbedeutend ansieht, daß man das Gewisse für das Ungewisse weggibt, das Gewisseste von allem für die verschiedenen lockenden Aufgaben der Approximation. Mag die Weltgeschichte ein Spiegel sein und der Betrachter dasitzen und sich selbst im Spiegel sehen; aber vergessen wir den Hund nicht, der sich auch selbst im Spiegel sah, und verlor, was er hatte. Das Ethische ist auch ein Spiegel, und wer sich darin sieht, verliert wohl etwas, und je mehr er sich darin sieht, desto mehr verliert er, nämlich all das Ungewisse, um das Gewisse zu gewinnen. Nur im Ethischen ist Unsterblichkeit und das ewige Leben, anders verstanden ist die Weltgeschichte vielleicht ein Schauspiel, ein Schauspiel, das vielleicht fortdauert, aber der Betrachter stirbt und seine Betrachtung war ein vielleicht höchst bedeutsamer Zeitvertreib.

γ) Wenn man nun von dem abgesehen und die Einräumung gemacht hat, daß man das Weltgeschichtliche nicht aufgeben solle, weil der Verkehr damit gewagt sei, oder weil man feige die Mühe und Beschwerlichkeit der Approximation fürchte: so laß uns nun die Weltgeschichte betrachten, jedoch nicht in concreto um nicht weitläufig zu werden, was ja sogar dem, welcher bloß die Geschichte Kofods gelernt hat[1]*, leicht begegnen kann, sondern in abstracto, laßt uns betrachten, was im Weltgeschichtlichen zu sehen ist.*

Wenn das Weltgeschichtliche etwas sein soll, und nicht eine höchst unbestimmte Bestimmung, wo trotz alledem, was man von China und Monomotapa erfährt, doch zuletzt die Grenze zwischen dem Individuellen und Geschichtlichen unbestimmt bleibt, während durch einen König, den man mitnimmt, weil er König ist, und einen Einsiedler, weil er in seiner Isolation etwas bedeutet, die Verwirrung angerichtet wird, ob es überhaupt eine Grenze gebe (oder ob es spekulativ zusammenlaufe, und die Weltgeschichte die Geschichte der Individuen sei), ob die Grenze zufällig sei (je nach dem, was man nun gerade weiß), ob sie sich nach dem richte, was der hochwohlgeborene Professor zuletzt gelesen hat oder wegen seiner literarischen Verwandtschaft mitnehmen will, also: wenn das Weltgeschichtliche etwas sein soll, so muß es die Geschichte des Menschengeschlechtes sein. Hier liegt nun ein Problem, in meinen Gedanken eins der allerschwierigsten: wie und wieweit das Geschlecht aus Individuen resultiere, und wie sich die Individuen zum Geschlecht verhalten. Ich will es nicht zu beantworten versuchen, da es vielleicht mißlingen würde, sondern mich lieber über den

1 [*Allgemeine Geschichte* im Auszuge.]

Gedanken belustigen, daß man die weltgeschichtliche Übersicht zum größten Teil fertig oder doch gut in Gang gebracht hat, ohne diese Schwierigkeit entfernt zu haben.

Ist die Weltgeschichte die Geschichte des Geschlechtes, so folgt von selbst, daß ich in ihr das Ethische nicht zu sehen bekomme. Was ich zu sehen bekomme, muß dem Abstrakten, was das Geschlecht ist, entsprechen und etwas ebenso Abstraktes sein, während dagegen das Ethische auf die Individualität berechnet ist, und in dem Grade darauf berechnet, daß jedes Individuum das Ethische eigentlich und wesentlich nur bei sich selbst versteht, weil es sein Mitwissen mit Gott ist. Während nämlich das Ethische in gewissem Sinne unendlich abstrakt ist, ist es in anderem Sinne unendlich konkret und das Konkreteste von allem, weil es für jeden Menschen gerade als diesen einzelnen Menschen dialektisch ist.

Der Betrachter sieht dann die Weltgeschichte in rein metaphysischen Bestimmungen, und er sieht sie spekulativ als die Immanenz von Ursache und Wirkung, Grund und Folge. Ob er ein τελος für das ganze Geschlecht ahnen kann, will ich nicht entscheiden; aber dies τελος ist nicht das ethische, das für die Individuen ist, sondern ein metaphysisches τελος. Insofern als die Individuen durch ihre Werke an der Geschichte des Geschlechts teilnehmen, sieht der Betrachter nicht rückwärts, wie diese bei den Individuen ins Ethische gehen, sondern wie sie von den Individuen aus ins Totale gehen. Was ethisch ein Werk zu dem eines Individuums macht, ist der Zweck, aber dieser kommt gerade im Weltgeschichtlichen nicht mit, denn hier gilt der weltgeschichtliche Zweck. Weltgeschichtlich sehe ich die Wirkung, ethisch sehe ich die Absicht, aber wenn ich ethisch die Absicht sehe und das Ethische verstehe, dann sehe ich zugleich, daß jede Wirkung unendlich gleichgültig ist, daß es gleichgültig ist, was die Wirkung war, aber so sehe ich ja nicht das Weltgeschichtliche.

Wenn nun zuweilen auch die Kategorien Ursache und Wirkung eine Art Abglanz von Schuld und Strafe annehmen, so ist dies bloß die Folge davon, daß sich der Betrachter nicht rein weltgeschichtlich verhält, sich nicht ganz des Ethischen, das in ihm wohnt, entledigen kann. Aber dies ist dem Weltgeschichtlichen gegenüber gar kein Verdienst, und der Betrachter sollte, darauf aufmerksam, nun gerade mit seiner Betrachtung innehalten, um sich selbst darüber klarzuwerden, ob das Ethische nicht das sei, was er bei sich unaufhörlich bis zum Höchsten entwickeln sollte, anstatt mit etwas davon der Weltgeschichte behilflich sein zu wollen. Weltgeschichtlich sieht man die Schuld des Individuums nicht so, wie sie nur in der Absicht ist, sondern man sieht die äußere Tat vom Ganzen verzehrt, und wie sie in diesem Ganzen die Konsequenz der Tat auf sich zieht. Er sieht daher, was ethisch ganz und gar verwirrt und ein Unsinn ist, wie die gut gemeinte Tat ebensogut wie die böse gemeinte dieselbe Konsequenz über sich bringt: wie der beste König und ein Tyrann gleiches Unglück verursachen. Oder richtiger: auch das sieht er nicht, denn es ist eine ethische Reminiszenz, nein er sieht, was ethisch ein Ärgernis ist, daß er weltgeschichtlich in letzter Linie von der wahren

Unterscheidung von Gut und Böse absehen muß, wie diese nur im Individuum, und eigentlich bei jedem Individuum nur in seinem Gottesverhältnis vorgeht.

Weltgeschichtlich angesehen wird ein Satz unwahr, der, ethisch angesehen, wahr und die Lebenskraft im Ethischen ist: das Möglichkeitsverhältnis, das jede existierende Individualität zu Gott hat. Darum kümmert man sich weltgeschichtlich nicht, weil man alles hinterher versteht und darum vergißt, daß die Verstorbenen ja auch einmal lebendig waren. Im weltgeschichtlichen Prozeß, wie ihn Menschen sehen, spielt Gott daher nicht den Herrn; wie man in ihm das Ethische nicht sieht, so sieht man auch Gott nicht, denn sieht man ihn nicht den Herrn spielen, so sieht man ihn nicht. Im Ethischen tut er es in jenem Möglichkeitsverhältnis, und das Ethische ist für die Existierenden, für die Lebendigen da, und Gott ist ein Gott der Lebendigen. Im weltgeschichtlichen Prozeß sind die Verstorbenen nicht ins Leben, sondern nur in ein phantastisch-objektives Leben gerufen, und ist Gott in phantastischem Sinne die Seele eines Prozesses. Im weltgeschichtlichen Prozeß wird Gott metaphysisch in ein halb metaphysisches, halb ästhetisch-dramatisches Konvenienzschnürleib eingeschnürt, welches die Immanenz ist. Auf die Weise mag der Kuckuck Gott sein!

Ein dramatischer Kritiker schärft dem Dichter ein, er möge so gut sein und die Individualitäten, die er aufs Plakat gesetzt habe, gebrauchen und möge aus ihnen alles herausbringen, was in ihnen wohne; sind es z. B. junge Mädchen, so müssen sie verheiratet sein, ehe das Stück aus ist sonst ist es verkehrt. In bezug auf die Vergangenheit sieht es nun freilich so aus, als habe Gott diese und jene Individualitäten gebraucht; aber als jene lebten, wie viele wurden damals nicht rejiziert, und die gebraucht wurden, wie oft mußten sie nicht ethisch gedemütigt verstehen, daß vor Gott kein Immanenz – Privilegium besteht, und Gott sich durch keine Theater-Konvenienz geniert fühlt; sie mußten das verstehen, in dessen Verständnis jener begeisterte Ethiker, den wir redend eingeführt haben, seine Begeisterung fand, daß Gott ihrer nicht bedarf. Wir sagen darum nicht, daß sich Gott widerspreche, schaffe und dann nicht gebrauchen wolle, nein, ethisch wird jeder genug zu tun bekommen, und jenes Möglichkeitsverhältnis, das in Freude über Gott die Begeisterung des Ethikers ausmacht, ist Gottes Freiheit, die, wenn sie richtig verstanden wird, weder vorher noch nachher, noch in alle Ewigkeit zur Immanenz wird.

Die weltgeschichtliche Immanenz ist für das Ethische immer verwirrend, und doch liegt die weltgeschichtliche Betrachtung gerade in der Immanenz. Sieht ein Individuum etwas Ethisches, so ist es das Ethische in ihm selbst, und ein Reflex davon verführt es zu sehen, was es doch nicht sieht. Dagegen wird es dadurch ethisch veranlaßt oder ist veranlaßt worden, sich über sich selbst klarzuwerden. Der Schluß würde nämlich nicht richtig sein: je mehr einer ethisch entwickelt ist, desto mehr wird er das Ethische in der Weltgeschichte sehen, nein, gerade das Gegenteil: je mehr er sich ethisch entwickelt, desto weniger wird er sich um das Weltgeschichtliche kümmern.

Laß mich nun mehr anschaulich durch ein Bild an den Unterschied zwischen dem Ethischen und dem Weltgeschichtlichen, dem ethischen Verhältnis des Individuums zu Gott und dem Verhältnis des Weltgeschichtlichen zu Gott erinnern. Zuweilen hat wohl ein König für sich allein ein königliches Theater, aber dieser Unterschied, der die Untertanen ausschließt, ist zufällig. Anders, wenn wir von Gott und dem königlichen Theater reden, das er für sich selbst hat. Also die ethische Entwicklung des Individuums, das ist das kleine Privattheater, wo zwar der Zuschauer Gott ist, aber gelegentlich auch der einzelne Mensch selbst, obgleich er wesentlich Schauspieler sein soll, nämlich ein Schauspieler, der nicht betrügt, sondern offenbart, wie alle ethische Entwicklung ein Offenbarwerden vor Gott ist. Dagegen ist die Weltgeschichte der königliche Schauplatz für Gott, wo er nicht zufällig, sondern wesentlich der einzige Zuschauer ist, weil er der einzige ist, der es sein kann. Zu diesem Theater steht der Zugang für einen existierenden Geist nicht offen. Bildet er sich da ein, Zuschauer zu sein, dann vergißt er bloß, daß er ja selbst auf dem kleinen Theater Schauspieler sein soll, indem er es jenem königlichen Zuschauer und Dichter überläßt, wie dieser ihn in dem königlichen Drama, dem *drama dramatum*, benutzen will.

Dies gilt für die Lebenden, und nur ihnen kann ja gesagt werden, wie sie leben sollen; und nur, wenn man dies selbst versteht, kann man, wenn es durchaus geschehen muß, dazu kommen, eines Verstorbenen Leben zu rekonstruieren, wenn dazu Zeit bleibt. Aber verkehrt ist es, anstatt selbst durch sein Leben zu lernen, wie man die Verstorbenen wieder aufleben lasse, hinzugehen und von Verstorbenen, die man darstellt, als ob sie nie gelebt hätten, lernen zu wollen, wie man, ja es ist unglaublich verkehrt, leben sollte, wenn man schon gestorben wäre.

δ) Verhält es sich mit dem Subjektivwerden nicht so, daß es die Aufgabe ist, die größte Aufgabe, die jedem Menschen gestellt ist, eine Aufgabe, die für das längste Leben hinreicht, da sie die eigentümliche Eigenschaft hat, daß sie erst dann vorbei ist, wenn das Leben vorbei ist, verhält es sich mit dem Subjektivwerden nicht so: dann bleibt noch eine Schwierigkeit übrig, die nach meiner Meinung mit Zentnergewicht auf jedes Menschen beschwertem Gewissen lasten muß, so daß er lieber heute als morgen tot sein möchte. Von dem Einwand redet man in unserer objektiven und doch liberalen Zeit nicht, die allzuviel mit dem System und mit Formeln zu tun hat, sich um das Menschenleben zu kümmern. Der Einwand ist dieser: wenn man bloß die Generations- oder Geschlechtsentwicklung statuiert, oder doch als das Höchste statuiert, wie erklärt man dann die göttliche Verschwendung, die diese unendlich große Schar von Individuen in der einen Generation nach der andern gebraucht, um die weltgeschichtliche Entwicklung in Gang zu bringen?

Das weltgeschichtliche Drama geht unendlich langsam voran: warum eilt Gott nicht, wenn er nur dies will? Welche undramatische Langmut, oder besser, welches prosaische und langweilige Hinziehen! Und wenn er nur dies will: wie entsetzlich, Myriaden von Menschenleben wie ein Tyrann zu vergeuden. Aber was macht sich der Betrachter daraus? Ihm schimmert weltgeschichtlich das Farbenspiel der Generation wie des Heringszugs im Meer: die einzelnen Heringe haben keinen großen Wert. Der Betrachter starrt betäubt in jenen ungeheuren Wald der Generation hinein, und wie einer den Wald vor lauter Bäumen nicht sieht, so sieht er bloß Wald, nicht einen einzigen Baum. Er hängt systematisch Gardinen auf und braucht dazu Völker und Nationen, einzelne Menschen sind für ihn nichts; selbst die Ewigkeit drapiert man mit systematischer Übersicht und ethischer Sinnlosigkeit. Die Poesie verschwendet dichterisch, und weit davon entfernt, selbst zu fasten, darf sie auch diese göttliche Kargheit der Unendlichkeit nicht voraussetzen, die ethisch-psychologisch nicht viele Menschen, aber desto mehr Idee braucht.

Kein Wunder, daß man dann den Betrachter sogar bewundert, wenn er erhaben, heroisch, oder vielleicht besser zerstreut, vergißt, daß auch er ein Mensch, ein existierender einzelner Mensch ist! Er verliert sich mit seinem Hineinstarren in jenes weltgeschichtliche Schauspiel, er stirbt und fährt dahin, nichts bleibt von ihm zurück, oder er bleibt selbst wie ein Billett zurück, das der Kontrolleur als ein Zeichen davon in der Hand behält, daß der Zuschauer nun gegangen ist.

Ist dagegen subjektiv zu werden die höchste Aufgabe, die einem Menschen gestellt ist, so ordnet sich alles schön. Erst folgt daraus, daß er ja nichts mit der Weltgeschichte zu tun, sondern in dieser Hinsicht alles dem königlichen Dichter zu überlassen hat; und dann gibt es keine Verschwendung, denn sind die Individuen auch zahllos wie der Sand des Meeres: die Aufgabe subjektiv zu werden, ist ja jedem gestellt; und endlich ist hiermit der weltgeschichtlichen Entwicklung die Realität gar nicht abgesprochen, sondern sie hat, Gott und der Ewigkeit vorbehalten, sowohl ihre Zeit als auch ihren Ort.

ε) Erst also das Ethische, das Subjektivwerden, dann das Weltgeschichtliche. Im Grunde ist wohl sogar der Allerobjektivste in seinem stillen Sinn darin mit dem hier Aufgestellten einig, daß es sich für den Weisen gehört, erst dasselbe wie der Einfältige zu verstehen, und sich durch dasselbe wie er verpflichtet zu fühlen – und dann erst zum Weltgeschichtlichen überzugehen. Also erst das Einfältige. Aber dies ist natürlich für den Weisen so leicht zu verstehen (weshalb heißt er sonst der Weise?), daß das Verstehen bloß Sache eines Augenblicks ist, und er in demselben Augenblick in vollem Gang mit dem Weltgeschichtlichen ist, und so geht es ihm wohl auch mit meinen einfältigen Bemerkungen, er hat sie augenblicklich verstanden und ist in demselben Augenblick schon viel weiter.

Wenn ich doch den Weisen bloß noch einen Augenblick zu sprechen bekommen könnte, ich würde ja mit Vergnügen der Einfältige sein, der ihn mit folgender einfältiger Betrachtung aufhalten möchte: ist nicht das, *was für den Weisen am allerschwersten zu verstehen ist, gerade das Einfältige?* Der Einfältige versteht das Einfältige direkt, aber wenn es der Weise verstehen soll, wird es unendlich schwierig. Ist dies eine Beleidigung gegen den Weisen, daß ein solches Gewicht auf ihn gelegt wird, daß das Simpelste das Schwierigste wird, bloß weil er es ist, der mit ihm zu tun hat? Durchaus nicht. Wenn ein Dienstmädchen einen Knecht heiratet, geht alles still ab; wenn aber ein König eine Prinzessin heiratet, wird ein Ereignis daraus. Heißt das vom König gering denken, wenn man so spricht? Wenn ein Kind frischweg schwatzt, so ist das vielleicht einfältig genug, und wenn der Weise ganz dasselbe sagt, ist es vielleicht das Allersinnreichste geworden. So verhält sich der Weise zur Einfalt. Indem er das Einfältige begeistert als das Höchste ehrt, ehrt es ihn wieder, denn es scheint durch ihn etwas anderes zu werden, obgleich es doch dasselbe bleibt. Je mehr nun der Weise über das Einfältige nachdenkt (und schon das, daß von einer längeren Beschäftigung damit die Rede sein kann, zeigt, daß es doch nicht so leicht ist), desto schwieriger wird es ihm; und doch fühlt er sich von einer tiefen Humanität ergriffen, die ihn mit dem ganzen Leben aussöhnt: daß der Unterschied zwischen dem Weisen und dem einfältigsten Menschen bloß dieser kleine verschwindende ist, *daß der Einfältige das Wesentliche weiß,* der Weise nach und nach etwas *davon weiß*, daß er es weiß, oder *davon weiß*, daß er es nicht weiß, daß aber das, was sie wissen, dasselbe ist. Nach und nach, und so geht dann auch das Leben des Weisen zu Ende: wo blieb denn da Zeit zum weltgeschichtlichen Interesse?

Aber das Ethische ist ja nicht bloß ein Wissen, sondern zugleich ein Tun, das sich zu einem Wissen verhält, und ein solches Tun, daß seine Wiederholung zuweilen auf mehr als eine Weise schwieriger als das erste Tun wird. Wieder neue Verzögerung, wenn man *partout* zum Weltgeschichtlichen kommen will. Doch schulde ich jedem, der dies will, etwas von mir selbst zu gestehen, etwas Betrübendes, das vielleicht schuld daran ist, daß ich Aufgaben sehe, die für ein ganzes Menschenleben hinreichen, während andere vielleicht mit ihnen fertig werden, ehe dieser Satz aus ist. Sieh, die meisten Menschen sind von Natur so liebe Menschen, erst sind sie liebe Kinder, dann liebe Jünglinge, dann liebe Männer und Frauen. Das ist natürlich etwas ganz anderes. Wenn man es erst so weit gebracht hat, daß sowohl die Frau als sämtliche Schwägerinnen *en masse* von einem sagen, man sei wahrhaftig ein lieber Mann, wie man ihn selten finde, ja, dann mag man wohl Zeit haben, sich der Weltgeschichte anzunehmen. Das ist leider nicht mein Fall. Ach, es ist den wenigen, die mich kennen, und, ich gestehe es, auch mir selbst nur allzugut bekannt: daß ich ein verdorbener und verderblicher Mensch bin. Nur allzuwahr; während alle die lieben Menschen ohne weiteres fix und fertig sind, sich der Zukunft der Weltgeschichte anzunehmen, muß ich manchmal zu Hause sitzen und über mich selbst trauern. Obschon nämlich mein Vater tot ist und ich nicht mehr in die Schule gehe, obschon ich nicht der Erziehung der staatlichen Obrigkeit anheimgefallen bin, so habe ich doch die Notwendigkeit eingesehen, etwas auf mich selbst achtzugeben. Freilich kann ich nicht leugnen, daß ich viel lieber nach Frederiksberg[1] ginge und mich mit der Weltgeschichte beschäftigte.

Ich habe ja natürlich auch keine Frau, die sagen könnte, daß ich wahrhaftig

---

1 [Volksvergnügungsort.]

ein lieber Mensch sei; ich muß mich ganz um mich selbst bekümmern. Der einzige, der mich tröstet, ist Sokrates. Er soll nämlich, so erzählt man, bei sich selbst die Disposition zu allem Bösen entdeckt haben. Vielleicht hat ihn auch diese Entdeckung veranlaßt, das Studium der Astronomie, welche die Zeit jetzt fordert, aufzugeben. Ich gebe gern zu, wie wenig ich im übrigen Sokrates gleiche. Ihm hat vermutlich sein ethisches Wissen zu jener Entdeckung verhelfen. Mit mir ist es eine andere Sache: ich habe in heftigen Leidenschaften und dergleichen Stoff genug und darum Mühe genug, mit Hilfe meiner Vernunft daraus etwas Gutes zu bilden.[1]

So laß uns denn, um nicht durch den Gedanken an mich zu stören, bei Sokrates stehen bleiben, zu dem auch die *Brocken* ihre Zuflucht nahmen. Er entdeckte also durch sein ethisches Wissen, daß er Disposition zu allem Bösen habe. Sieh, nun geht es nicht eins, zwei, drei zum Weltgeschichtlichen. Im Gegenteil, der Weg des Ethischen wird sehr lang, denn er beginnt damit, daß man erst diese Entdeckung macht. Je tiefer man sie macht, desto mehr wird man zu tun bekommen; je tiefer man sie macht, desto ethischer wird man; je ethischer man wird, desto weniger Zeit hat man für das Weltgeschichtliche.

Es ist sonderbar, wie weitläufig das Einfältige sein kann. Nehmen wir ein Beispiel aus der religiösen Sphäre (die ja der ethischen so nahe liegt, daß sie beständig miteinander kommunizieren): Beten ist etwas sehr Einfältiges, man könnte glauben, es sei ebenso leicht wie seine Hosen zuzuknöpfen, und wenn nichts anderes im Wege sei, so könne man bald aufs Weltgeschichtliche losgehen. Und doch, wie schwierig! Intellektuell muß ich eine ganz klare Vorstellung von Gott, von mir selbst und von meinem Verhältnis zu ihm, und von der Dialektik des Verhältnisses haben, welche die des Gebetes ist, damit ich nicht Gott mit etwas anderem verwechsele, so daß ich nicht zu Gott bete; und nicht mich selbst mit etwas anderem verwechsele, so daß ich nicht bete; und im Verhältnis des Gebetes den Unterschied und das Verhältnis festhalte. Sieh, vernünftige Eheleute geben zu, daß sie tägliches Zusammenleben von Monaten und Jahren brauchen, um einander recht kennenzulernen, und doch ist Gott viel schwerer zu erkennen. Denn er ist nicht in der Weise etwas Äußeres, wie eine Frau, die ich fragen kann, ob sie nun mit mir zufrieden sei. Wenn ich in meinem Gottesverhältnis meine, was ich tue, sei gut, und nicht mit dem Mißtrauen der Unendlichkeit gegen mich selbst aufpasse, so sieht es nur so aus, als ob Gott auch mit mir zufrieden sei, denn Gott ist nicht etwas Äußeres, sondern die Unendlichkeit selbst, nicht etwas Äußeres, das mit mir schilt, wenn ich unrecht tue, sondern die Unendlichkeit selbst, die keine Scheltworte braucht, aber deren Rache schrecklich ist, nämlich die, daß Gott für mich gar nicht da ist, obgleich ich bete.

---

[1] Ich möchte mit diesen Worten an Plutarchs vortreffliche Definition der Tugend erinnern [*in de virtute morali 1*]: „Die ethische Tugend hat die Leidenschaften zum Stoffe, die Vernunft zur Form."

Und Beten ist zugleich ein Werk. Ach, Luther war doch in dieser Hinsicht ein erfahrener Mann, und er soll gesagt haben, er habe kein einziges Mal in seinem Leben so innig gebetet, daß ihm dabei kein störender Gedanke gekommen wäre. Da sollte man ja beinah glauben, daß Beten ebenso schwierig sei als Hamlet spielen, wovon der größte Schauspieler gesagt haben soll, er sei ein einziges Mal nahe daran gewesen, ihn gut zu spielen; während er doch seine ganze Kraft und sein ganzes Leben an dies fortgesetzte Studium wenden wolle. Sollte Beten nicht beinah ebenso wichtig und bedeutsam sein?

Aber so ist ja das Subjektivwerden als *quantum satis* für ein Menschenleben eine sehr preiswürdige Aufgabe. Befinde ich mich auch in der traurigen Notwendigkeit wie Lots Weib eilen zu müssen: ja, selbst der beste Mensch wird vollauf zu tun bekommen. Wenn ich in dieser Hinsicht einem einzelnen in meiner Zeit irgendwie dienen kann, so wird mein Dienst eine Hindeutung auf die Parabel von den Bäumen enthalten, welche die Zeder zum König haben wollten, um in ihrem Schatten auszuruhen. So will auch unsere Zeit einen systematischen Weihnachtsbaum aufgestellt haben, um auszuruhen und Feierabend zu machen; aber die Bäume mußten sich mit dem Dornbusch begnügen. Würde ich, nicht in der Eigenschaft eines Königs, sondern als geringer Diener mich mit diesem vergleichen, dann würde ich sagen: ich bin unfruchtbar wie er. Schatten gibt es bei mir nicht viel, und die Dornen sind spitz.

Subjektiv zu werden würde also die höchste Aufgabe sein, die jedem Menschen gestellt ist, gleichwie der höchste Lohn, eine ewige Seligkeit, nur für den Subjektiven da ist, oder richtiger für den entsteht, der subjektiv wird. Ferner würde das Subjektivwerden einem Menschen, solange er lebt, vollauf zu tun geben, so daß es nicht dem Eifrigen, sondern nur dem Ruhelosen begegnen würde, mit dem Leben fertig zu sein, ehe das Leben mit ihm fertig wäre. Und dieser wäre nicht berechtigt, über das Leben zu spotten, sondern eher verpflichtet, einzusehen, daß er die Aufgabe des Lebens wohl nicht richtig verstanden habe, da sie ja selbstverständlich so lange wie das Leben dauern würde, die Lebensaufgabe: zu leben. Es würden sich also, wenn es das Individuum als seine höchste Aufgabe ansähe, subjektiv zu werden, während ihrer Lösung Probleme zeigen, die wieder für den Denkenden vollkommen so gut ausreichten, wie das Objektive, das der Objektive vor sich hat, er, der immer weiter geht und sich nie selbst wiederholt, da er die Vertiefung der Wiederholung in den einen Gedanken verachtet, der dagegen die Zeit in Staunen versetzt, wenn er erst Systematiker, dann Welthistoriker, dann Astronom, Tierarzt, Wasseraufseher, Geograph usw. ist.

Sonderbar! Aber warum sollte es doch nicht hinreichen, wenn man von jener sokratischen Weisheit, die, ehe man als ein lieber Mensch fertig zu sein anfängt, die eigene Disposition zu allem Bösen entdeckt, eine ähnliche Entdeckung machen lernt: daß es das allergefährlichste ist, zu geschwind fertig zu werden. Dies ist eine sehr erbauliche Betrachtung, außerordentlich dazu brauchbar, die

Aufgabe auszudehnen, so daß sie zugleich vorhält. Laß uns dies Seltsame bedenken, daß es für das, was man sonst preist und rühmt, Geschwindigkeit und Eile, einen Fall gibt, wo der Preis im umgekehrten Verhältnis zur Hurtigkeit steht. Im allgemeinen lobt man Hurtigkeit, und in einzelnen Fällen hält man sie für gleichgültig, aber hier soll sie sogar zu verwerfen sein. Wenn in einem schriftlichen Examen den jungen Leuten vier Stunden zur Anfertigung einer Arbeit gegeben sind, dann tut es nichts zur Sache, ob der einzelne vor der Zeit fertig wird oder die ganze Zeit gebraucht. Hier ist also Aufgabe und Zeit zweierlei. Wo aber die Zeit selbst die Aufgabe ist, da ist es ja ein Fehler, vor der Zeit fertig zu werden. Gesetzt, es wäre einem Menschen aufgegeben, sich selbst einen Tag zu beköstigen und er wäre mit seinem Unterhalt schon zu Mittag fertig: so wäre ja seine Hurtigkeit kein Verdienst. So auch, wo das Leben die Aufgabe ist. Mit dem Leben fertig werden, ehe das Leben mit einem fertig wird, heißt ja gerade nicht mit der Aufgabe fertig werden.

Gerade so verhält es sich. Man glaube mir's, denn, um es selbst zu sagen, auch ich bin ein Machthaber, wenn man mich auch in eine Klasse mit Seminaristen und Dorfschulmeistern setzen will. Ich bin ein Machthaber, jedoch ist meine Macht nicht die eines Herrschers oder Eroberers, denn die einzige Macht, die ich habe, ist die, zurückzuhalten. Meine Macht reicht aber auch nicht weit, denn ich habe nur Macht über mich selbst, und auch die habe ich nicht einmal, wenn ich nicht jeden Augenblick zurückhalte. Meine Zeit direkt zurückhalten zu wollen, dazu habe ich keine Zeit, und außerdem denke ich, es gehe damit, wie wenn einer, der im Wagen fährt, an den Sitz vor sich faßt, um den Wagen aufzuhalten: er stellt sich zu seiner Zeit in ein direktes Verhältnis und will sie doch zurückhalten. Nein, das einzige ist, selbst aus dem Wagen auszusteigen und sich selbst zurückzuhalten.

Wenn man so aus dem Wagen aussteigt (und besonders ist man zu unserer Zeit, wenn man mit der Zeit lebt, beständig auf der Eisenbahn) und nie vergißt, daß die Aufgabe im Zurückhalten besteht, da die Anfechtung die ist, zu schnell fertig zu werden, so gibt's nichts Gewisseres, als daß die Aufgabe fürs Leben hinreicht. Der Fehler kann unmöglich in der Aufgabe liegen, denn die Aufgabe ist ja gerade, daß sie hinreiche. Daß man für einen Seminaristen und Nachzügler angesehen wird, ist ein gutes Zeichen, denn Seminaristen und Nachzügler gelten ja für langsame Köpfe.

Es folgen nun hier einige Beispiele, die in aller Kürze zeigen, wie sich durch Ansichhalten das simpelste Problem in das schwierigste verwandelt, so daß kein Grund ist, schleunigst Astronomie, Tierarzneikunde und dergleichen zu ergreifen, wenn man das Simple nicht verstanden hat. Die Kürze kann nicht hinderlich sein, denn die Probleme sind nicht fertig.

Z. B. *Sterben.* Ich weiß davon, was die Leute so im allgemeinen wissen: wenn ich eine Dosis Schwefelsäure einnehme, so sterbe ich, ebenso, wenn ich ins Wasser springe, im Kohlendunst schlafe usw.; ich weiß, daß Napoleon immer Gift bei sich trug, daß Julia bei Shakespeare es nahm; daß die Stoiker den Selbstmord für eine mutige Tat hielten, daß ihn andere für Feigheit halten; daß man an einer so lächerlichen Kleinigkeit sterben kann, daß der ernsteste Mensch das Lachen über den Tod nicht lassen kann; daß man dem gewissen Tod entgehen kann usw.

Ich weiß, daß der tragische Held im fünften Akt stirbt und daß hier der Tod im Pathos eine gewaltige Realität erhält, aber diese nicht hat, wenn ein Bierwirt stirbt. Ich weiß, daß der Dichter die Auffassung des Todes in der Stimmung geradezu bis zum Komischen variiert: ich verpflichte mich, in Prosa die verschiedene Wirkung derselben Stimmung hervorzubringen. Ich weiß ferner, was die Pfarrer zu sagen pflegen, ich kenne die gewöhnlichen Themata, die bei Begräbnissen behandelt werden. Ist nichts anderes im Wege, um zur Weltgeschichte überzugehen, so bin ich fertig, denn ich brauche bloß schwarzes Tuch zu einem Talar zu kaufen, so will ich trotz einem gewöhnlichen Pfarrer Leichenreden halten, denn daß die mit Samteinsatz[1] es eleganter machen, gebe ich gern zu, aber der Unterschied ist nicht wesentlich, so wenig wie der zwischen einem Leichenwagen für fünf und einem für zehn Taler.

Aber sieh, trotz diesem beinah ungewöhnlichen Wissen und dieser Wissensgewandtheit kann ich den Tod durchaus nicht für etwas ansehen, was ich verstanden habe. Bevor ich daher zur Weltgeschichte übergehe, von der ich doch immer sagen muß: Gott weiß, ob sie dich doch eigentlich etwas angeht, meine ich, es sei besser hierüber nachzudenken, damit mich das Dasein nicht verspottete, wenn ich so hochgelehrt würde, daß ich das zu verstehen vergessen hätte, was mir und jedem Menschen einmal begegnen wird, einmal, doch was sage ich, gesetzt, der Tod wäre so heimtückisch morgen zu kommen! Schon diese Ungewißheit, wenn sie von einem Existierenden verstanden und festgehalten wird und also, eben weil sie Ungewißheit ist, mit in alles hineingedacht werden soll, also auch, wenn ich mich auf die Weltgeschichte einlasse, daß ich es mir klarmache, ob ich mit etwas beginne, was, wenn der Tod morgen käme, des Beginnens wert wäre, schon diese Ungewißheit erweckt unglaubliche Schwierigkeiten. Schwierigkeiten, auf die nicht einmal der Redner aufmerksam ist, so daß er die Ungewißheit des Todes zu bedenken meint, und doch die Ungewißheit in das hineinzudenken vergißt, was er von der Ungewißheit sagt. Denn während er in seiner Erregung erschütternd von der Ungewißheit des Todes redet, ermuntert er schließlich zu einem Vorsatz fürs ganze Leben, und hat also zum Schluß die Ungewißheit des Todes wesentlich vergessen, da sonst sein begeisterter Vorsatz fürs ganze Leben der Ungewißheit des Todes gegenüber dialektisch gefaßt sein müßte. An diese Ungewißheit ein für allemal oder einmal im Jahre. am Neujahrsmorgen in einer Frühpredigt zu denken, ist natürlich Unsinn und heißt gar nicht daran denken. Wenn der, welcher so an sie denkt, zugleich die Weltgeschichte erklärt, so kann,

[1] [Auf der Brust, die Bischöfe und Doktoren der Theologie.]

was er von der Weltgeschichte sagt, vielleicht herrlich sein, aber was er vom Tode sagt, ist dumm.

Ist der Tod immer ungewiß, bin ich sterblich: so bedeutet dies, daß sich diese Ungewißheit unmöglich im allgemeinen verstehen läßt, wenn ich nicht auch so ein Mensch im allgemeinen bin. Aber das bin ich doch nicht, so etwas sind nur zerstreute Leute wie z. B. der Buchhändler Soldin, und wenn ich es auch anfangs bin, so ist ja die Aufgabe des Lebens, subjektiv zu werden, und in demselben Grade wird die Ungewißheit für meine Persönlichkeit immer mehr dialektisch eindringlich; es wird mir daher immer wichtiger, sie in jeden Augenblick meines Lebens hineinzudenken, denn da dessen Ungewißheit in jedem Augenblick besteht, kann sie nur dadurch überwunden werden, daß ich sie jeden Augenblick überwinde. Ist dagegen die Ungewißheit des Todes etwas im allgemeinen, so ist das, daß ich sterbe, auch etwas im allgemeinen. So etwas im allgemeinen ist das Sterben vielleicht für Systematiker, für zerstreute Leute; für den verstorbenen Buchhändler Soldin soll das Sterben so etwas im allgemeinen gewesen sein, „als er am Morgen aufstehen wollte, wußte er nichts davon, daß er tot war."

Aber daß ich sterbe, ist für mich gar nicht so etwas im allgemeinen. Ich bin auch für mich nicht so etwas im allgemeinen, vielleicht bin ich es für andere. Aber ist die Aufgabe die, subjektiv zu werden, so wird ja jedes Subjekt für sich *selbst* das Entgegengesetzte von so etwas im allgemeinen. Mir erscheint es auch als ein dummes Ding, soviel für die Weltgeschichte zu sein, und dann daheim bei sich selbst für sich selbst so etwas im allgemeinen zu sein. Es steht schon dumm genug, wenn ein Mann, der in der Volksversammlung so außerordentlich viel bedeutet, wenn er heim zu seiner Frau kommt, für sie nur so etwas im allgemeinen ist, oder ein weltgeschichtlicher Diederich Menschenschreck[1] zu sein, und dann daheim, ja, ich will nicht mehr sagen; aber eine noch dümmere Geschichte ist es doch, wenn man so schlecht mit sich selbst steht, und die allerdümmste, wenn man darüber in Unwissenheit bleibt.

Eine Antwort auf die Frage, was das Sterben sei, kann mir jedoch der mit der Weltgeschichte beschäftigte hochvornehme Mann nicht abschlagen, und sobald er antwortet, beginnt die Dialektik. Er gebe, welchen Grund er will, dafür an, daß er nicht länger bei solchen Gedanken verweilen will, es hilft nichts, denn der Grund wird wieder dialektisch gemacht, damit man sehe, worin er wesentlich besteht. So müßte ich dann fragen, ob es überhaupt eine Vorstellung vom Tode geben könne, ob man ihn antizipiert und *anticipando* in einer Vorstellung erleben könne, oder ob er erst sei, indem er wirklich ist; und da sein wirkliches Sein ein Nichtsein ist, ob er also erst sei, indem er nicht ist, mit anderen Worten, ob die Idealität den Tod dadurch, daß sie ihn denkt, ideell überwinden könne, oder ob die Materialität im Tode siege, so daß ein Mensch wie ein Hund stirbt, während

---

[1] [Vgl. Holbergs Lustspiel, Szene 20.]

der Tod nur durch des Sterbenden Vorstellung vom Tode im Augenblick des Todes aufgehoben werden kann.

Diese Schwierigkeit läßt sich auch so ausdrücken, ob es so ist, daß sich der Lebende dem Tode gar nicht nähern kann, da er ihm beim Experimentieren nicht nahe genug kommen darf, ohne in komischer Weise ein Opfer seines Experiments zu werden; und indem er ihn erfährt, nicht zurückhalten kann, aber nichts aus der Erfahrung lernt, da er sich selbst nicht aus der Erfahrung zurücknehmen und später Nutzen davon haben kann, sondern in der Erfahrung stecken bleibt. Lautet nun die Antwort, der Tod könne nicht in eine Vorstellung aufgenommen werden, so ist die Sache damit keineswegs fertig. Eine negative Antwort, ein Nein ist dialektisch ebenso ausführlich zu bestimmen wie eine positive Antwort, und nur Kinder und Einfältige lassen sich mit einem „das weiß man nicht" zufrieden stellen. Der Denkende will mehr zu wissen bekommen, zwar nicht positiv, von dem, was nach unserer Annahme nur negativ beantwortet werden kann, aber er will es dialektisch klargelegt haben, daß mit nein geantwortet werden muß, und diese dialektische Klarlegung bringt diese negative Antwort zu allen anderen Existenzproblemen in Beziehung, so daß genug Schwierigkeiten entstehen.

Wird dagegen mit ja geantwortet, so fragt man, was der Tod sei, und was er für den Lebenden sei, wie die Vorstellung von ihm das ganze Leben eines Menschen verwandeln müsse, wenn er, um die Ungewißheit des Todes zu bedenken, sie jeden Augenblick bedenken muß, um sich so auf ihn vorzubereiten. Man fragt, was das bedeute, sich darauf vorbereiten, da man ja hier wieder einen Unterschied zwischen seinem wirklichen Kommen und der Vorstellung davon macht (einer Vorstellung, die meine ganze Vorbereitung zu etwas Unbedeutendem zu machen scheint, wenn das, was wirklich kommt, nicht dasselbe ist, wie das, worauf ich mich vorbereitet habe; und wenn es dasselbe ist, so ist ja die Vorbereitung, wenn sie vollkommen ist, der Tod selbst). Und wie kann ich mich vorbereiten, da er ja in demselben Augenblick kommen kann, wo ich mit der Vorbereitung anfange? Man fragt nach einem ethischen Ausdruck für seine Bedeutung, nach einem religiösen Ausdruck für seine Überwindung. Man verlangt ein lösendes Wort, das sein Rätsel erkläre, und ein bindendes Wort, mit dem der Lebende sich gegen die immerwährende Vorstellung von ihm wehre, denn Gedankenlosigkeit und Vergeßlichkeit dürfen wir ja doch nicht so offenkundig als Lebensweisheit empfehlen.

Und weiter: daß das Subjekt an seinen Tod denkt, ist eine Handlung. Daß ein Mensch überhaupt, ein zerstreuter Mann wie der Buchhändler Soldin und ein Systematiker, an den Tod überhaupt denkt, das ist freilich keine Handlung, das ist nur so etwas überhaupt, und was so etwas sei, läßt sich im Grunde nicht gut sagen. Aber ist Subjektivwerden die Aufgabe, so ist für das einzelne Subjekt der Gedanke an den Tod nicht so etwas überhaupt, sondern eine Handlung, denn gerade darin liegt die Entwicklung der Subjektivität, daß der Mensch in seinem Nachdenken über seine eigene Existenz sich selbst handelnd durcharbeitet, daß er also das Gedachte wirklich denkt, indem er es verwirklicht, daß er also nicht einen einzelnen Augenblick denkt: nun will ich jeden Augenblick darauf achten, sondern daß er jeden Augenblick darauf achtet.

Hier wird nun alles immer subjektiver, wie natürlich ist, wenn man darauf ausgeht, die Subjektivität zu entwickeln. Insofern scheint die Mitteilung von Mann zu Mann der Lüge und dem Betruge ausgesetzt zu sein, wenn einer betrügen will; denn ein Mensch braucht ja bloß zu sagen: das habe ich getan, so kommen wir nicht weiter. Nun gut, was dann? Wenn er's dann doch nicht getan hätte? Ja, was geht das mich an, das ist am schlimmsten für ihn selbst. Wenn vom Objektiven die Rede ist, kann man besser kontrollieren; wenn z. B. einer sagen würde, Friedrich der Sechste sei Kaiser von China gewesen, so sagt man: das ist nicht wahr. Wenn dagegen einer vom Tode redet, davon, wie er an ihn und z. B. an seine Ungewißheit gedacht habe, so folgt daraus noch nicht, daß er es wirklich getan hat. Ganz gewiß. Jedoch kann man auf eine ziemlich listige Weise zu wissen bekommen, ob er lügt. Man lasse ihn bloß reden: ist er ein Betrüger, so widerspricht er sich selbst, gerade wenn er am allerfeierlichsten versichert. Der Widerspruch ist kein direkter, sondern liegt darin, daß die Aussage selbst nicht das Bewußtsein von dem in sich erhält, was sie direkt aussagt. Die Aussage selbst kann objektiv betrachtet direkt sein, aber der Mann hat nur den Fehler, daß er aufsagt.[1] Daß er zugleich schwitzt und auf den Tisch schlägt, beweist gar nicht, daß er nicht aufsagt, sondern beweist entweder bloß, daß er sehr dumm ist, oder daß er sich zugleich im geheimen bewußt ist, daß er aufsagt. Es ist nämlich sehr dumm, sich durch Aufsagen in eine Gemütsbewegung versetzen zu lassen, da eine Gemütsbewegung etwas Inneres ist, und Aufsagen etwas Äußeres, gerade wie sein Wasser abschlagen. Und es ist ein dürftiger Betrug, den Mangel an Innerlichkeit damit verbergen zu wollen, daß man auf den Tisch schlägt.

Sieh, wenn so das Sterben in Beziehung zum ganzen Leben des Subjekts gesetzt werden soll, so muß ich sagen, und wenn es sich um mein Leben handelte, daß ich sehr weit davon entfernt bin, den Tod begriffen zu haben, und noch weniger habe ich meine Aufgabe in der Existenz realisiert. Und doch habe ich immer wieder darüber nachgedacht, in Schriften Anleitung gesucht, und keine gefunden.[2]

---

[1] Auf das reduplizierte Zurstellesein des angeführten Gedankens in jedem Wort, in jedem Zwischensatz, in der Digression, im unbewußten Augenblick des Bildes oder Vergleichs, darauf gebe man bloß acht, wenn man sich die Mühe machen will nachzusehen, ob ein Mensch lüge – wenn man dabei genau auf sich selbst achtgibt; denn die Kraft so aufzupassen bekommt man, wenn man wieder auf sich selbst achtet; dann bekommt man sie ganz gratis und mag gewöhnlich nicht viel Gebrauch davon machen.

[2] Obgleich es schon öfter gesagt ist, will ich es doch hier noch einmal wiederholen: was hier entwickelt wird, betrifft durchaus nicht die Einfältigen, die, während sie auf andere Weise den Druck des Lebens empfinden, Gott in ihrer liebenswürdigen Einfalt bewahren wird, die kein weiteres Bedürfnis nach einer anderen Art Verständnis fühlen, oder wenn sie es fühlen, es

Z. B. *unsterblich* sein. Ich weiß davon, was die Leute im allgemeinen davon wissen; ich weiß, daß einige die Unsterblichkeit annehmen, und andere sagen, sie nahmen sie nicht an. Ob sie sie wirklich nicht annehmen, weiß ich nicht. Daher fällt mir auch nicht ein, sie bekämpfen zu wollen, denn dies ist so dialektisch schwierig, daß ich Jahr und Tag dazu brauchen würde, bis es mir dialektisch klarwürde, ob ein solches Bekämpfen eine Realität habe, ob die Dialektik der Mitteilung, wenn sie verstanden ist, dieses Verfahren billigen oder es in ein Fechten in die Luft verwandeln würde, ob das Bewußtsein der Unsterblichkeit ein Lehrgegenstand ist, in welchem sich unterrichten läßt, und wie der Unterricht in bezug auf die Voraussetzungen des Lernenden dialektisch bestimmt werden muß, ob diese nicht so wesentlich sind, daß der Unterricht zu einer Täuschung wird, falls man sich dessen nicht sogleich bewußt ist, und in diesem Fall der Unterricht zu einem Nicht-Unterricht wird.

Ferner weiß ich, daß einige die Unsterblichkeit bei Hegel gefunden haben[1] und andere nicht; ich weiß, daß ich sie im System nicht gefunden habe, wie es auch unvernünftig ist, sie da zu suchen. Denn in phantastischem Sinn befindet sich alles systematische Denken *sub specie aeterni*, und insofern auch die Unsterblichkeit als Ewigkeit, aber diese Unsterblichkeit ist gar nicht die in Frage stehende, da nach der Unsterblichkeit des Sterblichen gefragt wird, was nicht durch den Nachweis beantwortet wird, daß das Ewige unsterblich ist, denn das Ewige ist ja nicht das Sterbliche und die Unsterblichkeit des Ewigen ist eine Tautologie und ein Mißbrauch der Worte.

Ich habe Professor Heibergs *Seele nach dem Tode* gelesen, ja, ich habe sie mit dem Kommentar von Propst Tryde[2] gelesen. Hätte ich das doch nicht getan! Denn über eine Dichtung freut man sich ästhetisch und verlangt nicht die äußerste dialektische Genauigkeit, wie es ein Lernender tut, der nach einer solchen Anleitung sein Leben einrichten will. Nötigt einen der Kommentator dazu, etwas solches in der Dichtung zu suchen, dann hat er der Dichtung nicht genützt. Vom Kommentator kann ich nun vielleicht lernen, was ich von der Lektüre des Kommentars nicht gelernt habe, im Fall, daß Propst Tryde sich katechisierend über mich erbarmen und zeigen will, wie man eine Lebensanschauung auf das Tiefsinnige konstruiere, was er paraphrasierend geleistet hat. Denn Ehre sei Probst Tryde, bloß aus diesem kleinen Aufsatz von ihm ließen sich gewiß verschiedene

---

demütig nur zu einem Seufzer über das Elend dieses Lebens werden lassen, einem Seufzer, der demütig seinen Trost darin findet, daß die Seligkeit des Lebens nicht im Wissen liege. Dagegen geht es den, der Kraft und Gelegenheit zu tieferem Forschen zu haben meint, an, und geht ihn so an, daß er nicht gedankenlos zur Weltgeschichte greift, sondern sich erst darauf besinnt, daß ein existierender Mensch zu sein eine so anstrengende und doch so natürliche Aufgabe für jeden Menschen ist, daß man sie natürlich zuerst wählt und in der Anstrengung wahrscheinlich fürs ganze Leben genug bekommt.

1 [Vgl. Poul Möllers *Schriften Band* V, S.39.]

2 [In der Zeitschrift *Literatur und Kritik* 1841, S. 174-195.]

Lebensanschauungen herauskonstruieren, aber eine kann ich nicht herausfinden, ach, und das ist gerade das Unglück, die ist das, was ich brauche. Mehr brauche ich nicht, da ich nicht hochgelehrt bin.

Ich weiß ferner, daß der verstorbene Professor Poul Möller[1], der doch wohl mit der neuesten Philosophie bekannt war, erst in seiner späteren Zeit auf die unendliche Schwierigkeit der Unsterblichkeitsfrage recht aufmerksam wurde, wenn sie einfach gestellt wird, wenn nicht nach einem neuen Beweis und nach den auf einen Faden gezogenen Meinungen von Kreti und Pleti gefragt wird, oder wie sie sich am besten auf einen Faden ziehen ließen. Ich weiß auch, daß er sich in einer Abhandlung darüber auszusprechen suchte, und daß diese Abhandlung seinem Unwillen gegen die moderne Spekulation einen deutlichen Ausdruck gibt.

Das Schwierige bei der Frage ist gerade, daß sie einfach gestellt wird, nicht wenn so ein dressierter Privatdozent nach der Unsterblichkeit des Menschen, nämlich im abstrakten Sinne des Menschen überhaupt und im phantastischen Sinne des Menschengeschlechtes fragt. Solch ein dressierter Privatdozent fragt und antwortet wieder so, wie gut dressierte Leser die Antwort für richtig halten. Ein armer undressierter Leser steht bei solchen Erwägungen als Narr da, wie der Zuhörer bei einem Examen, wo Frage und Antwort vorher verabredet sind, oder wie einer, der in eine Familie kommt, wo man eine eigene Sprache redet und wohl die Worte der Muttersprache gebraucht, aber darunter etwas anderes versteht. Daraus folgt im allgemeinen, daß die Beantwortung sehr leicht ist, da man nämlich zuerst die Frage verändert hat, weshalb man eigentlich nicht leugnen kann, daß sie die Frage beantworten, aber wohl mit Recht behaupten, daß die Frage nicht die sei, die sie zu sein scheint. Wenn der Lehrer bei einem Examen in der Geschichte Dänemarks zu prüfen hat und, da er weiß, daß der Schüler sie nicht kennt, sogleich dem Examen eine andere Wendung gibt, indem er z. B. nach dem Verhältnis eines anderen Landes zu Dänemark und darauf nach der Geschichte jenes Landes fragt: kann man dann sagen, daß in der Geschichte Dänemarks geprüft werde? Wenn Schulkinder in ihre Bücher ein Wort schreiben und hinzufügen: „sieh hierüber Seite 101 nach", und Seite 101: „siehe Seite 216", und Seite 216: „siehe Seite 314", und dann endlich: „angeführt!" Kann man dann mit Recht sagen, man habe den Nutzen von dieser Anleitung, als Narr dazustehen?

Ein Buch [vgl. Poul Möller Seite 139] wirft die Frage nach der Unsterblichkeit der Seele auf. Der Inhalt des Buches ist ja die Antwort.

Aber der Inhalt des Buches besteht, wovon sich der Leser beim Durchlesen überzeugt, in den auf einen Faden gezogenen Meinungen aller der weisesten und besten Männer über die Unsterblichkeit. Also die Unsterblichkeit, das sind die Meinungen aller der weisesten und besten Männer über die Unsterblichkeit.

---

[1] [Vgl. seine Abhandlung *Über die Unsterblichkeit. Nachgelassene Schriften* Band V, S. 38-140.]

Ei, du großer chinesischer Gott, ist das die Unsterblichkeit? Die Frage nach der Unsterblichkeit ist also eine gelehrte Frage? Ehre sei der Gelehrsamkeit, Ehre sei dem, der die gelehrte Frage nach der Unsterblichkeit gelehrt zu behandeln versteht, aber die Frage nach der Unsterblichkeit ist wesentlich keine gelehrte Frage, sie ist eine Frage der Innerlichkeit, die sich das Subjekt selbst stellen muß, indem es subjektiv wird. Objektiv läßt sich die Frage gar nicht beantworten, weil man objektiv nicht nach der Unsterblichkeit fragen kann, da sie gerade die Potenzierung und höchste Entwicklung der Subjektivität ist. Die Frage kann erst beim Streben, subjektiv zu werden recht aufkommen, wie sollte sie da objektiv beantwortet werden können?

Sozial läßt sich die Frage gar nicht beantworten, weil sie sich sozial nicht stellen läßt, da sie nur dasjenige Subjekt, das subjektiv werden will, fassen und richtig fragen kann: werde ich oder bin ich unsterblich. Sieh, für mehrere Dinge kann man sich gut miteinander zusammentun; so können mehrere Familien sich für eine Loge im Theater zusammentun, und drei einzelne Herren können sich für ein Reitpferd zusammentun, so daß es ein jeder von ihnen jeden dritten Tag reitet. Aber so ist es nicht mit der Unsterblichkeit; das Bewußtsein von meiner Unsterblichkeit gehört mir ganz allein; gerade in dem Augenblick, wo ich mir meiner Unsterblichkeit bewußt bin, bin ich absolut subjektiv und kann nicht in Kompanie mit zwei anderen einzelnen Herren abwechselnd unsterblich werden. Subskribentensammler, die eine zahlreiche Subskription von Männern und Frauen zustande bringen, welche ein Bedürfnis im allgemeinen nach Unsterblichkeit fühlen, erhalten auch keinen Lohn für ihre Mühe, denn Unsterblichkeit ist ein Gut, das sich nicht durch eine zahlreiche Subskription ertrotzen läßt.

Systematisch läßt sich die Unsterblichkeit auch nicht beweisen. Der Fehler liegt nicht in den Beweisen, sondern darin, daß vom systematischen Gesichtspunkt aus die ganze Frage Unsinn ist, so daß man, anstatt weitere Beweise zu suchen, lieber etwas subjektiv zu werden suchen sollte. Die Unsterblichkeit ist das leidenschaftlichste Interesse der Subjektivität, der Beweis liegt gerade im Interesse. Wenn man, systematisch ganz konsequent, systematisch objektiv vom Interesse absieht: Gott weiß, was dann Unsterblichkeit ist, oder wie man nur den Wunsch, sie zu beweisen, haben oder auf die fixe Idee, sich weiter darum zu kümmern, verfallen kann. Wenn man systematisch eine Unsterblichkeit wie den Hut Geßlers aufhängen könnte und wir alle im Vorbeigehen den Hut davor abnähmen, so hieße das nicht unsterblich oder sich der Unsterblichkeit bewußt sein. Die unglaubliche Mühe des Systems, die Unsterblichkeit zu beweisen, ist verlorne Mühe und ein lächerlicher Widerspruch: eine Frage systematisch beantworten zu wollen, welche die Eigentümlichkeit hat, daß sie sich nicht systematisch stellen läßt. Das ist, wie wenn man Mars in der Rüstung malen will, die ihn unsichtbar macht. Die Pointe liegt in der Unsichtbarkeit, und bei der Unsterblichkeit liegt die Pointe in der Subjektivität und deren subjektiver Entwicklung.

Ganz einfältig wird so vom existierenden Subjekt nicht nach Unsterblichkeit im allgemeinen gefragt, denn ein solches Phantom gibt es gar nicht, sondern der Existierende fragt nach seiner Unsterblichkeit, was es bedeute, unsterblich zu werden, ob er etwas dazu tun könne oder es so ohne weiteres werde, oder ob er es nicht sei, aber werden könne. Im ersteren Falle fragt er, ob es eine und welche Bedeutung es habe, wenn er einige Zeit habe unbenutzt vergehen lassen, ob es vielleicht eine größere und eine kleinere Unsterblichkeit gebe. Im anderen Falle wird gefragt, welche Bedeutung es für seine ganze menschliche Existenz haben muß, daß das Höchste im Leben wie zu einem Narrenstreich wird, so daß der in ihm wohnenden Leidenschaft der Freiheit nur die niederen Aufgaben angewiesen sind, aber sie nichts mit dem Höchsten zu tun hat, nicht einmal negativ, denn ein negatives Handeln dem Höchsten gegenüber wäre wohl wieder das anstrengendste Handeln, nämlich das, nachdem man begeistert mit äußerster Kraft alles hat tun wollen, zu erfahren, daß es das Höchste ist, wenn man sich selbst in jedem Augenblick dem gegenüber nur empfangend verhält, zu dessen Erwerb man so unendlich gern etwas tun möchte.

Es wird gefragt, wie er sich benimmt, wenn er von seiner Unsterblichkeit redet, wie er zugleich aus der Unendlichkeit und aus der Endlichkeit heraus reden und diese in dem einen Augenblick zusammen denken kann, so daß er nicht jetzt dies und jetzt jenes sagt; wie die Sprache und alle Mitteilung sich hierzu verhält, wenn es Konsequenz in jedem einzelnen Worte gilt, damit nicht ein kleines fahrlässiges Eigenschaftswort oder ein redseliger Zwischensatz störend unterlaufe und das Ganze verspotte; was sozusagen die Stelle ist, wo man von der Unsterblichkeit redet, da er wohl weiß, wie viele Kanzeln es in Kopenhagen gibt, und daß es da zwei philosophische Lehrstühle gibt, aber wo die Stelle ist, welche die Einheit von der Unendlichkeit und der Endlichkeit bildet, wo er zugleich unendlich und endlich, zugleich von seiner Unendlichkeit und seiner Endlichkeit redet, ob es möglich ist, diese so dialektisch schwierige Stelle zu finden, die doch notwendig ist.

Es wird gefragt, wie er in der Existenz sein Unendlichkeitsbewußtsein festhält, damit nicht die metaphysische Auffassung der Unsterblichkeit hingehe und die ethische verwirre und zu einer Illusion mache, denn ethisch kulminiert alles in der Unsterblichkeit, ohne welche das Ethische nur Brauch und Sitte ist, und metaphysisch verschlingt die Unsterblichkeit die Existenz, ja die siebzig Jahre der Existenz wie ein Nichts, und doch soll dieses Nichts unendlich wichtig sein.

Es wird gefragt, wie die Unsterblichkeit sein Leben verwandelt, in welchem Sinne er das Bewußtsein von ihr gegenwärtig haben soll, oder ob es vielleicht genügt, ein für allemal diesen Gedanken zu denken, ob die Antwort nicht, wenn sie so lautet, zeigt, daß das Problem gar nicht gestellt ist, da solchem Unsterblichkeitsbewußtsein ein für allemal solch ein Subjekt überhaupt und im allgemeinen entsprechen würde. Und hierdurch ist die Frage nach der Unsterblichkeit phantastisch lächerlich gemacht, gleichwie es umgekehrt lächerlich ist, wenn

Leute, die phantastisch in allem gepfuscht haben und alles mögliche gewesen sind einmal besorgt den Pfarrer fragen, ob sie nun wirklich im Jenseits dieselben blieben, nachdem sie es im Leben keine vierzehn Tage ausgehalten haben, dieselben zu sein, und daher alle Verwandlungen durchgemacht haben. So würde die Unsterblichkeit ja freilich eine sonderbare Metamorphose sein, wenn sie einen solchen unmenschlichen Tausendfuß in die ewige Identität mit sich selbst verwandeln könnte, welche das Derselbesein ist.

Er fragt, ob es nun bestimmt ist, daß er unsterblich ist, und welches diese Bestimmtheit der Unsterblichkeit ist, ob sie, wenn er sie als ein für allemal bestimmt dahingestellt sein läßt (indem er sein Leben dazu gebraucht seinen Acker zu bestellen, sich eine Frau zu nehmen und die Weltgeschichte zu arrangieren), nicht gerade die Unbestimmtheit ist, so daß er trotz aller Bestimmtheit nicht weitergekommen ist, weil das Problem noch nicht einmal aufgekommen ist. Aber da er sein Leben nicht dazu gebraucht hat, subjektiv zu werden, ist seine Subjektivität etwas Unbestimmtes, so etwas im allgemeinen geworden, und jene abstrakte Bestimmtheit gerade die Unbestimmtheit. Er fragt, ob nicht, wenn er sein Leben dazu anwendet, subjektiv zu werden, die Bestimmtheit, weil sie ihm jeden Augenblick gegenwärtig sein soll, durch das beständige Sich-Verhalten zu dem Alternieren, welches die Existenz ist, so dialektisch schwierig wird, daß sie zur Unbestimmtheit wird. Ob, wenn dies das Höchste ist, was er erreicht, daß die Bestimmtheit zur Unbestimmtheit wird, es nicht besser ist, das Ganze aufzugeben, oder ob er seine ganze Leidenschaft auf die Unbestimmtheit setzen und sich unendlich leidenschaftlich zur Unbestimmtheit der Bestimmtheit verhalten soll, so daß dies die einzige Weise wäre, auf die er von seiner Unsterblichkeit wissen könnte, so lange er in der Existenz ist. Denn als Existierender ist er sonderbar zusammengesetzt, so daß nur ein Ewiger die Bestimmtheit der Unsterblichkeit in Bestimmtheit, aber ein Existierender ihre Bestimmtheit nur in der Unbestimmtheit besitzen kann.

Und nach seiner Unsterblichkeit zu fragen ist ja für das existierende Subjekt, welches die Frage aufwirft, zugleich ein Handeln, was ja freilich für zerstreute Leute nicht so ist, die dann und wann ganz im allgemeinen nach dem Unsterblichsein fragen, als ob die Unsterblichkeit etwas wäre, was man dann und wann ist, und der Fragende so etwas im allgemeinen. Er fragt also, wie er sich benimmt, um seine Unsterblichkeit durch seine Existenz auszudrücken, ob er ihr wirklich Ausdruck gibt, und er begnügt sich bis auf weiteres mit dieser Aufgabe, die ja gut für ein Menschenleben hinreichen mag, da sie für die Ewigkeit hinreichen soll. Und dann? Ja dann, ja wenn er dann fertig ist, dann kommt die Reihe an die Weltgeschichte. Jetzt ist es freilich umgekehrt, jetzt nimmt man sich zuerst der Weltgeschichte an, und dabei kommt zugleich das Amüsante heraus, worauf ein anderer Schriftsteller[1] aufmerksam gemacht hat, daß, während man die Unsterb-

[1] [Vigilius Haufniensis im *Begriff der Angst*.]

lichkeit im allgemeinen beweist und beweist, der Glaube an die Unsterblichkeit mehr und mehr abnimmt.

Z. B.: was bedeutet, daß ich Gott für das Gute, was er mir gibt, danken soll? Dies soll ich, sagt der Pfarrer, wie wir alle wissen, und wenn wir bloß dies in acht nehmen, so bleibt für die, welche sich im Leben nicht mit dem geringen Geschäft der Einfältigen begnügen, Zeit, sich der Weltgeschichte anzunehmen. Um alles so leicht wie möglich zu machen, will ich nicht einmal den Einwand machen, daß das doch vielleicht etwas Zeit in Anspruch nimmt, nein, ich nehme an, um mich nach dem Pfarrer zu richten, daß ich sogar von Herzen bereit bin, es zu tun, so daß ich nicht einmal die Zeit zu berechnen brauche, die ich nötig habe, um von meiner Abneigung dagegen, die der Pfarrer voraussetzt, auf seine Ermahnung hin zur Neigung dazu zu kommen. Ich nehme also an, daß ich von Herzen bereit bin, Gott zu danken, mehr sage ich nicht; ich sage nicht, daß es wirklich der Fall sei, daß ich es mit Bestimmtheit wisse, denn Gott gegenüber rede ich von mir selbst immer mit Unbestimmtheit, da er ja der einzige ist, der mit Bestimmtheit von meinem Verhalten zu ihm weiß.

Schon diese Vorsicht beim Reden von seinem Gottesverhältnis enthält eine Mannigfaltigkeit von dialektischen Bestimmungen, und ohne sie wird es einem wohl begegnen, was vielen Weltgeschichtlichen begegnet, daß sie, wenn sie von dem, was einfältig ist, reden, sich in jeder dritten Zeile widersprechen.

Ich soll also Gott danken, sagt der Pfarrer; und wofür? Für das Gute, was er mir gibt. Vortrefflich. Aber für welches Gute? Doch wohl für das Gute, das ich als etwas Gutes verstehe. Halt! Danke ich Gott für das Gute, das ich als Gutes verstehe, so habe ich Gott zum Narren, denn anstatt daß mein Verhältnis zu Gott bedeutet, daß ich in Gleichheit mit ihm umgebildet werde, bilde ich Gott in Gleichheit mit mir um. Ich danke ihm für das Gute, von dem ich weiß, daß es gut ist, aber was ich weiß, ist das Endliche, also gehe ich hin und danke Gott dafür, daß er sich nach meinem Kopf gerichtet habe. Und doch sollte ich ja gerade in meinem Verhältnis zu Gott lernen, daß ich nichts mit Bestimmtheit weiß, also auch nicht, ob dies etwas Gutes ist, und doch soll ich ihm für das Gute danken, von dem ich weiß, daß es etwas Gutes ist, was ich doch nicht wissen darf. Was nun? Soll ich nun das Danken unterlassen, wenn das, was mir widerfährt, nach meinem armen endlichen Verstand etwas Gutes ist, das ich vielleicht sehr heftig gewünscht habe, und von dem ich mich nun, wo ich es bekomme, so überwältigt fühle, daß ich Gott notwendig danken muß?

Das nicht gerade; aber ich soll bedenken, daß das, daß ich es so heftig gewünscht habe, kein Verdienst ist und dadurch, daß ich meinen Wunsch bekomme, kein Verdienst wird. Ich soll also meinem Dank eine Entschuldigung mitgeben, um sicher zu sein, daß es Gott ist, mit dem ich die Ehre zu reden habe, nicht mein Freund und Duzbruder Kamerad Andersen; ich soll beschämt eingestehen, daß es mir als so gut vorkomme, ich soll um Vergebung bitten, daß ich dafür danke, weil ich es nicht lassen könne. Also soll ich dafür um Vergebung bitten, daß ich danke. Das war nicht das, was der Pfarrer sagte. So muß der Pfarrer mich entweder zum Narren haben wollen, oder er weiß nicht, was er selbst sagt, wenn nur dieser Pfarrer nicht zugleich weltgeschichtlich besorgt ist. In meinem Gottesverhältnis soll ich ja gerade meinen endlichen Verstand aufgeben lernen und damit das Unterscheiden, das mir natürlich ist, um in göttlichem Wahnsinn immer danken zu können.

Immer danken, ist das etwas im allgemeinen, etwas so ein für allemal? Heißt es immer Gott danken, daß ich einmal im Jahre, am zweiten Sonntag in den Fasten[1] im Nachmittagsgottesdienst bedenke, daß ich Gott immer danken soll, und vielleicht auch dies nicht, denn wenn es sich so eigen trifft, daß ich an dem Sonntage besonders verstimmt bin, dann verstehe ich es auch an dem Tage nicht. Also Gott danken, dieses Einfältige stellt mich plötzlich vor eine der anstrengendsten Aufgaben, die für mein ganzes Leben hinreichen wird. So dauert es vielleicht einige Zeit, bis ich dies erreiche, und wenn ich es erreichte, was wäre dann das Höhere, nach dem ich greifen sollte, um dieses fahren zu lassen? Während also sein Freund, während die Geliebte besorgt auf ihn sieht und fast verzweifelnd sagt: Unglücklicher, was du doch leiden mußt: soll der Gottesfürchtige den Mut zu sagen haben und im Handeln ausdrücken, was er sagt: ihr Lieben irrt euch, mir widerfährt etwas Gutes, ich bin in der Stimmung, Gott zu danken, und wünsche nur, daß mein Danksagen ihm gefallen möge. Und wenn ich, ehe ich dahin komme, Gott für das Gute danke, wovon der Pfarrer redet, dann soll ich es beschämt tun.

Die Schwierigkeit, die sich hier und so in jedem Punkt im Gottesverhältnis (insofern in unzähligen Punkten) als Durchgang zum wahren Unendlichwerden in Gott zeigt, das bei dem fortwährenden Danken stattfindet, während die Rede des Pfarrers unechter Staat ist, diese Schwierigkeit kann ich dozierend so ausdrücken: was der einfältige Religiöse geradezu tut, das tut der einfältige religiöse Wissende erst durch Humor hindurch. Das Humoristische liegt hier darin, daß er bei näherem Nachsehen sogar eine Entschuldigung dafür bringen muß, daß er das tut, was die erste Instanz befiehlt und als das Höchste anempfiehlt. Damit ist nicht gemeint, daß seine Religiosität Humor sei, sondern daß Humor die Grenze sei, von der aus er seine Religiosität, wenn er sie angeben soll, bestimmt, die Grenze, welche zwischen ihm und dem, was unmittelbar ist, scheidet. Er ist ein Durchgangspunkt, der schon schwer zu erreichen ist, aber das wahre religiöse Unendlichwerden hat ihn wieder vergessen. Doch habe ich nicht die Absicht, zu dozieren, um mich nicht ans Aufsagen zu gewöhnen oder jemand dazu zu veranlassen.

Z. B.: was bedeutet das Heiraten? Ich weiß davon, was die Leute gewöhnlich wissen, ich habe Zutritt zu dem Garten, aus dem der Erotiker sein Blumenbukett holt, meins wird ebenso duftig werden wie die der meisten anderen; ich kenne

[1] [Beim Gottesdienst der Fastenzeit und am Karfreitag hat man ein besonderes Dankgebet.]

die Vorratskammer, aus der die Pfarrer ihre Reden holen. Ist nichts anderes mehr im Wege weltgeschichtlich zu werden, so laß uns nur anfangen. Aber, und doch aber, aber welches ist die Mitte, welche die Ehe zwischen dem Pneumatischen und dem Psychisch-Leiblichen darstellt? Wie ist sie nicht eine Verzögerung? Wie ist sie, geistig verstanden, ein Segen? Denn was sie erotisch ist, ist ja nur eine Antwort auf den einen Teil der Frage. Wie bleibt sie ethisch *in concreto* zu gleicher Zeit eine Aufgabe, wo das Erotische überall das Wunder statuiert? Wie ist sie als Vervollkommnung des Daseins nicht gerade allzu vollkommen und gibt eine Zufriedenheit (außer wenn Nahrungssorgen und anderes dergleichen stören helfen, was jedoch hier außer Rechnung bleiben muß), die in bedenklicher Weise andeutet, daß der Geist in mir verdunkelt ist und den Widerspruch nicht klar faßt, daß ein unsterblicher Geist zu einem existierenden geworden ist? Ist also das eheliche Glück nicht gerade eine Mißlichkeit, während man jedoch auch keine unglückliche Ehe anempfiehlt, und deren Leiden keineswegs mit den Leiden des Geistes identisch sind, dem sicheren Zeichen meiner Existenz, daß ich als Geist existiere? Spukt nicht in der Ehe noch das Heidentum, und sind nicht die theologischen sie betreffenden Paragraphen samt den hochehrwürdigen Versicherungen der Pfarrer, ob sie nun einen oder hundert Taler kosten, eine verwirrte Mannigfaltigkeit des Wissens, das bald die Schwierigkeit, die im Erotischen liegt, nicht merkt oder nicht aussprechen darf, bald die im Religiösen liegende?

Ja, wenn ein Dienstmädchen einen Knecht heiratet und sie es wünscht, dann will ich, wenn ich die Mittel dazu habe, mit Freude die Musikanten bezahlen, und wenn ich Zeit habe, dann tanze ich fröhlich mit ihr am Hochzeitstage, fröhlich mit den Fröhlichen: sie fühlt vermutlich kein Bedürfnis nach tieferem Verständnis. Daß ich, weil ich dieses Bedürfnis fühle, besser als sie sein sollte, ist Unsinn und liegt sehr weit vom mühsamen Gang meines Gedankens ab. Selbst wenn ich fände, was ich suche, wäre ich vielleicht nicht halb so gut. Aber ich fühle dieses Bedürfnis, zu wissen, was ich tue, ein Bedürfnis, das für seinen größten Sieg mit jenem lächerlich kleinen Unterschied zwischen dem Wissen des Einfältigen und des Weisen belohnt wird, daß der Einfältige es weiß, und der Weise etwas davon weiß, daß er es weiß, oder davon, daß er es nicht weiß. Ja, jeder, der einfältig und aufrichtig sagen kann, daß er kein Bedürfnis nach diesem Verständnis fühle, ist unschuldig; wehe dem, der ihn stört, der es nicht dem Gott überlassen will, was er von jedem besonders fordert. Ja wer demütig und seines Glückes froh in aufrichtiger Bescheidenheit meint, das Geschlecht beginne ja nicht mit ihm, so daß er, weil die Liebe ihn treibt, vertrauensvoll den *impressa vestigia* des Geschlechtes folgt, daß er „demütig vor Gott, der königlichen Majestät der Verliebtheit untertan", es sich nicht zutraut, das verstanden zu haben, was in Genügsamkeit sein irdisches Glück ausmacht: ja, der ist rühmenswert; wehe dem, der es wagt, die Gefahren und Schrecken des Gedankenkrieges über seine gesegnete Sicherheit in der Einfriedigung der Ehe zu bringen.

Aber wenn man überall große Worte macht, weltgeschichtlich und systematisch Gott auf der Nase herumtanzen will, wenn die Pfarrer selbst in Eile die verkehrte Seite ihres Talars herauskehren, damit er doch beinah wie ein Professorenmantel aussehe, wenn man überall erzählt, das Unmittelbare sei aufgehoben, so heißt es nicht den Gott erzürnen, wenn man diese Hochweisen fragt, was sie von dieser einfältigen Sache wissen.

Ich habe gelesen, was der Assessor in *Entweder – Oder* und in den *Stadien auf dem Lebenswege* über die Ehe geschrieben hat, ich habe es genau gelesen. Es hat mich nicht gewundert, zu erfahren, daß mancher, der in vollem Gange mit der Weltgeschichte und der Zukunft der Menschheit ist, sich über eine Beantwortung aufgehalten hat, die die Sache erst so schwierig macht, wie sie ist, ehe sie eine Erklärung versucht. Das kann ich dem Assessor nicht verdenken, auch nicht seinen begeisterten Eifer für die Ehe, ich denke aber doch, daß der Assessor, vorausgesetzt, daß ich seiner habhaft werde, wenn ich ihm ein kleines Geheimnis ins Ohr flüstere, einräumen wird, daß noch Schwierigkeiten vorhanden sind.

Dies mögen nun ein paar Beispiele sein. An Beispielen habe ich sicher keinen Mangel, so daß ich damit fortfahren kann, so lange es gewünscht wird, es wird wohl für mein Leben hinreichen, so daß ich nicht zur Astronomie oder Veterinärwissenschaft überzugehen brauche. Die Beispiele gehören sogar noch zu den leichteren. Die Sache wird viel schwieriger, wenn man nach dem fragt, was im strengsten Sinn religiös ist. Dies kann man ja nicht damit erklären, daß man das Unendlichwerden immanent geschehen läßt, sondern daß man auf das Paradox aufmerksam wird und es in jedem Augenblick festhält, indem man gerade am allermeisten eine Erklärung fürchtet, die das Paradox entfernt. Denn das Paradox ist keine vorübergehende Form vom Verhältnis des in strengstem Sinne Religiösen zum Existierenden, sondern wesentlich dadurch bedingt, daß er ein Existierender ist, so daß die Erklärung, die das Paradox entfernt, zugleich den Existierenden phantastisch in ein phantastisches Etwas verwandelt, das weder der Zeit noch der Ewigkeit angehört; aber ein solches Etwas ist kein Mensch.

Dies mögen nun die Beispiele sein. Und was dann, was folgt daraus? Nichts, gar nichts; ich sage ja beständig: zwischen dem Wissen des Einfältigen und dem Wissen des Weisen vom Einfältigen besteht bloß der lächerlich kleine Unterschied, daß es der Einfältige weiß, und der Weise etwas davon weiß, daß er es weiß, oder davon, daß er es nicht weiß. Aber dagegen folgt daraus etwas anderes: wenn es so mit jemandes Wissen vom Einfältigen steht, wäre es dann nicht am richtigsten, mit der Weltgeschichte ein wenig zurückzuhalten? Mehr sage ich nicht, die Hochweisen wissen von alledem vielleicht gut Bescheid, sie sind wohl sogar ein für allemal mit den Aufgaben fertig, in denen die Pointe ist, daß sie fürs ganze Leben hinreichen sollen. O daß doch diese teuren Denker, die soviel für die Weltgeschichte tun, auch an uns kleine Leute denken wollten, die wir nicht ganz einfältig sind, insofern wir ein Bedürfnis nach Verständnis fühlen, aber doch so beschränkt, daß wir besonders ein Bedürfnis danach fühlen, das Einfältige zu verstehen.

So habe ich mich selbst zu verstehen gesucht; ist das Verständnis auch ärmlich und seine Ausbeute gering, so habe ich mich, um das wieder gutzumachen, entschlossen mit aller Leidenschaft, die ich habe, kraft des Verstandenen zu handeln; vielleicht ist es auch zu guter Letzt eine gesündere Diät, wenig zu verstehen, aber dies wenige in der unendlichen Zuverlässigkeit der Leidenschaft in der Fassung der Unendlichkeit zu besitzen, als viel zu wissen und nichts zu besitzen, weil ich selbst phantastisch ein phantastisch subjektiv-objektives Etwas geworden bin.

Ich habe es für unwürdig angesehen, wenn ich mich mehr vor Menschen und ihrem Urteil als vor dem Gott und vor seinem Urteil schämen würde; für feig und niedrig, nach dem zu fragen, wozu mich die Scham vor Menschen verleiten könnte, mehr als nach dem, was die Scham vor dem Gott befiehlt. Wer sind auch die Menschen, die man fürchten sollte, vielleicht ein paar Genies, einige Rezensenten und was man so auf Straßen und Gassen sieht. Oder haben nicht vor 1845 Menschen gelebt? Oder was sind jene Menschen im Vergleich mit dem Gott, was die Erquickung alles ihres emsigen Lärms mit der Lieblichkeit jener einsam sprudelnden Quelle verglichen, die in jedem Menschen ist, jener sprudelnden Quelle, in der der Gott wohnt, jener Quelle in der tiefen Stille, wenn alles schweigt! Und was sind die anderthalb Stunden, die ich mit den Menschen zu leben habe, für ein kurzer Augenblick gegen eine Ewigkeit? Werden sie mich vielleicht in alle Ewigkeiten verfolgen? Wohl sagt der Pfarrer, daß wir uns wiedersehen, aber gilt dies von jeder Straßenbekanntschaft? Das glaube ich nicht. Gesetzt, es gäbe eine Trennung, gesetzt, ich hätte unrecht gehabt: dann müßte ich wohl von ihrer Gesellschaft ausgeschlossen werden; gesetzt, ich hätte recht gehabt, dann käme ich wohl in eine andere Klasse; gesetzt, die Ewigkeit wäre so geräumig, daß ich nicht einmal seine Hochehrwürden erblicken könnte, der gütig dafür einstehen wollte, daß wir uns wiedersähen! Aber wehe mir, wenn der Gott mich in meinem Innersten verurteilen würde, daß ich lügnerisch systematisch und weltgeschichtlich sein wollte und vergessen, was es heißt, ein Mensch sein, und damit vergessen, was es zu bedeuten hat, daß er der Gott ist; wehe mir! Wehe mir in der Zeit, und noch schrecklicher, wenn er mich in der Ewigkeit ergreift! Sein Urteil ist das letzte, das einzige, seinem Mitwissen kann man nicht entfliehen, da es in die schwächste Bewegung meines Bewußtseins, seinen geheimsten Verkehr mit sich selbst hineingewirkt ist und ihn durchwirkt; seine Gegenwart ist ein ewiges Gewissen, und ich sollte mich seiner zu schämen wagen!

Das klingt ja beinah wie Ernst. Wenn ich mich nun bloß auf Gesichte und Offenbarungen berufen dürfte, und darauf, daß ich einen roten Kopf hätte, so würden viele, wenn sie es nicht für eine Blutkongestion hielten, es für Ernst nehmen. Denn wie es, als Sokrates lebte, die Forderung der Zeit war, daß er mit Weinen und Jammern vor dem Richterstuhl um Gnade bettele[1], dann wäre

[1] [Platos *Apologie* 34 c. (Übersetzung von Kiefer, Diederichs, Jena, S. 32 f.).]

er freigesprochen: so ist es Forderung unserer Zeit, daß man weltgeschichtlich brülle und systematisch krähe, indem man sich selbst als den Erwarteten verkündigt. Aber auf ein Mirakel kann ich mich nicht berufen; ach das war Dr. Hjortesprings[1] glückliches Los! Nach seinem eigenen vortrefflich geschriebenen Bericht soll er in Hamburg in Streits Hotel (ohne daß jedoch einer von den Kellnern etwas merkte) am Ostermorgen durch ein Wunder Anhänger der Hegelschen Philosophie geworden sein – der Philosophie, die annimmt, daß es keine Wunder gebe. Wunderbares Zeichen der Zeit, ist dieser Mann nicht der erwartete Philosoph, wer ist es sonst, wer kennt wie er die Anforderungen der Zeit! Wunderbares Zeichen der Zeit, viel herrlicher und bedeutsamer als die Bekehrung des Paulus; denn daß Paulus durch ein Wunder zu der Lehre bekehrt wurde, die sich selbst als ein Wunder verkündigt, ist ziemlich einfach; dagegen durch ein Wunder zu einer Lehre bekehrt zu werden, die kein Wunder gelten läßt, ist ziemlich ungereimt. Das Wunder traf am Ostermorgen ein. Jahreszahl und Datum ist für solch einen poetischen Helden und solch einen poetischen Ostermorgen ganz gleichgültig, es kann ganz gut derselbe Ostermorgen wie der in Goethes *Faust* gewesen sein, wenn gleich die beiden Zeitgenossen, Dr. Hjortespring und Faust in Goethes *Faust*, zu verschiedenen Resultaten kamen! Wer erkühnt sich, jenes Wunder zu erklären! Das Ganze bleibt äußerst rätselhaft, selbst wenn man annimmt, daß Ostern in diesem Jahre sehr früh, z. B. auf den 1. April, gefallen sei, so daß der Herr Doktor zugleich Hegelianer geworden und in den April geschickt worden sei: eine passende infolge der Dichtung poetische Vergeltung dafür, den Übergang zur Hegelschen Philosophie romantisch ausschmücken zu wollen, deren Wert gerade in der Methode, also im Protest gegen die Romantik liegt.

Sieh, mit einem Wunder oder mit etwas äußerst Bedeutsamem kann ich nicht dienen; nein, wirklich nicht. Ich muß jeden fühlenden Mitmenschen, nah und fern, in der Stadt wie außerhalb bitten, sich für überzeugt zu halten, daß ich lieber als gern die Anforderungen der Zeit auf diese Weise befriedigen möchte, aber die Wahrheit ist mir das Liebste. Und da hier die Wahrheit nichts weniger als ein Wunder ist, so darf auch die Erzählung davon keine mirakulöse und wunderbare Erzählung von einer äußerst unbedeutenden Begebenheit sein. Ging diese ja auch nicht in jener fernen unbekannten Stadt im Westen, der Hansestadt Hamburg vor sich, wohin nur selten ein Reisender kommt.

Es ist nun wohl vier Jahre her, daß mir der Einfall kam, mich als Schriftsteller zu versuchen. Ich erinnere mich ganz klar daran, es war eines Sonntags, ganz richtig, ja es war eines Sonntagnachmittags, daß ich wie gewöhnlich beim Konditor im Garten von Frederiksberg saß, in jenem wunderbaren Garten, der für das Kind das Zauberland war, wo der König mit der Königin wohnte, in

[1] [D. h. J. L. Heibergs. Vgl. seine *prosaischen Schriften* Bd. II, S. 500, wonach dies Ereignis im Hotel König von England geschah]

jenem reizenden Garten, der dem Jüngling glückliche Zerstreuung in der frohen Lustigkeit des Volkes bot, in jenem freundlichen Garten, wo sich nun der Ältergewordene in wehmütiger Erhebung über die Welt, und was der Welt gehört, so heimisch fühlt, wo selbst die beneidete Herrlichkeit der Königswürde das ist, was sie ja da draußen ist, die Erinnerung einer Königin an ihren verstorbenen Herrn[1]; da saß ich wie gewöhnlich und rauchte meine Zigarre. Leider ist dies die einzige Ähnlichkeit, die ich zwischen dem Anfang meines bißchen philosophischen Bestrebens und dem mirakulösen Anfang jenes poetischen Helden habe entdecken können, nämlich die, daß er an einem öffentlichen Ort gemacht wurde. Sonst ist gar keine Ähnlichkeit vorhanden, und obgleich Verfasser von den *Brocken*, bin ich so unbedeutend, daß ich außerhalb der Literatur stehe; nicht einmal die Literatur des Subskriptionsplans[2] habe ich vermehrt, noch kann man mir in Wahrheit nachsagen, daß ich in ihr einen bedeutsamen Platz einnehme.

Ich war zirka zehn Jahre lang Student gewesen; obgleich ich niemals faul war, sah doch meine Tätigkeit nur wie eine glänzende Untätigkeit aus, eine Art Beschäftigung, für die ich noch eine große Vorliebe und vielleicht sogar etwas Genialität habe. Ich las viel, verbrachte die übrige Zeit des Tages mit Bummeln und Denken, oder mit Denken und Bummeln, aber dabei blieb es auch, der produktive Keim in mir ging zum täglichen Gebrauch darauf und verzehrte sich in seinem ersten Grünen. Eine unerklärliche Macht der Überredung hielt mich, gefesselt durch ihre Überredung, beständig gleich stark und gleich schlau zurück. Diese Macht war meine Indolenz. Diese ist nicht wie das heftige Verlangen der Liebe oder wie der starke Antrieb der Begeisterung, sondern eher wie eine Hauswirtin, die einen zurückhält, und bei der man es sehr gut hat, so gut, daß es einem nie einfällt, sich zu verheiraten. Und so viel ist auch gewiß, obgleich ich sonst mit den Bequemlichkeiten des Lebens nicht unbekannt bin, von allen Bequemlichkeiten ist Indolenz die allerbequemste.

So saß ich da und rauchte meine Zigarre, bis mir Gedanken kamen. Unter andern erinnere ich mich an folgende: du wirst nun, sagte ich zu mir selbst, allmählich alt, ohne etwas zu sein und ohne eigentlich etwas vorzunehmen. Dagegen siehst du überall, wo du dich in der Literatur oder im Leben umsiehst, die Namen und Gestalten der Gefeierten, siehst die geschätzten und mit Beifall begrüßten Männer auftreten und hörst von ihnen reden, von den vielen Wohltätern der Zeit, die der Menschheit zu nützen verstehen, indem sie das Leben immer leichter machen, die einen durch Eisenbahnen, andere durch Omnibusse und Dampfschiffe, andere durch Telegraphen, andere durch leichtfaßliche Übersichten und kurze Mitteilungen von allem Wissenswerten. Dazu kommen schließlich die wahren Wohltäter der Zeit, welche die Geistesexistenz kraft des

---

1 [Die Witwe Friedrichs VI. lebte in ihren letzten Jahren († 1852) meist im Frederiksberger Schloß]

2 [Wohl Hindeutung auf J. L. Heibergs *Perseus* (5. Band, S. 51 ff.).]

Gedankens systematisch immer leichter und doch immer bedeutsamer machen: was tust du?

Hier brach mein Selbstgespräch ab, denn meine Zigarre war zu Ende geraucht und es mußte eine neue angezündet werden. Dann rauchte ich wieder, als plötzlich dieser Gedanke durch meine Seele fährt: du mußt etwas tun, aber da es für deine beschränkten Kräfte unmöglich ist, etwas leichter zu machen, als es geworden ist, so mußt du es mit derselben menschenfreundlichen Begeisterung wie die anderen auf dich nehmen, etwas schwerer zu machen. Dieser Einfall gefiel mir außerordentlich, er erweckte in mir zugleich die schmeichelnde Aussicht, ich werde wegen meines Bestrebens von der ganzen menschlichen Gesellschaft vor anderen geliebt und geachtet werden. Wenn sich nämlich alle vereinigen, um alles auf alle Weise leichter zu machen, so bleibt nur eine Gefahr übrig, nämlich die, daß die Leichtigkeit so groß wird, daß sie allzu leicht wird; so bleibt nur ein, wenn auch noch nicht empfundener Mangel: daß man die Schwierigkeit vermissen wird. Aus Liebe zur Menschheit, aus Verzweiflung über meine peinliche Lage nichts getan und erreicht zu haben und nichts leichter machen zu können, als es gemacht ist, aus wahrem Interesse für die, die alles leicht machen, verstand ich es da als meine Aufgabe: überall Schwierigkeiten zu machen. Es fiel mir zugleich seltsam auf, ob ich es doch eigentlich nicht meiner Indolenz zu verdanken habe, daß ich diese Aufgabe bekam. Denn weit davon entfernt, sie wie ein Aladdin durch glücklichen Zufall gefunden zu haben, muß ich eher annehmen, daß meine Indolenz, die mich hinderte, zu rechter Zeit beim Leichtmachen zuzugreifen, mir das einzige, was übrig geblieben war, aufgenötigt hat.

So strebe auch ich nun nach dem erhabenen Ziel, mit Zuruf begrüßt zu werden, es müßte denn sein, daß ich ausgelacht, oder vielleicht gekreuzigt werde; denn es steht fest, daß jeder, der Bravo ruft, auch *pereat, item* kreuzige ruft, und zwar ohne seinem Charakter untreu zu werden, da er sich selbst im Gegenteil wesentlich treu bleibt, nämlich, als Ausrufer. Aber wird auch mein Bestreben verkannt, so bin ich mir doch bewußt, daß es ebenso edel ist wie das der anderen. Wenn bei einem Gastmahl, wo sich die Gäste schon überladen haben, einer darauf bedacht ist, noch mehr Speisen herbeizuschaffen, ein anderer darauf, ein Vomitiv bereit zu halten, so ist es ja wohl wahr, daß nur der erste verstanden hat, was die Gäste fordern, aber darf nicht auch der andere sagen, er habe erwogen, was sie fordern könnten?

Von jenem Augenblick an habe ich meine Unterhaltung an dieser Arbeit gefunden, ich meine, die Arbeit ist mir unterhaltend gewesen, die Arbeit der Vorbereitung und Selbstentwicklung, denn das Dargebotene hat bis jetzt nur in dem Bröckchen der *Brocken* bestanden, und mit dem habe ich meine Unterhaltung nicht gefunden, da ich Geld zugesetzt habe. Jedoch darf ich auch nicht verlangen, daß die Leute dafür Geld geben, daß ihnen etwas schwierig gemacht wird, das hieße ja die Schwierigkeit durch eine neue Schwierigkeit vergrößern, und wenn man Medizin einnimmt, pflegt man ja eher noch eine Belohnung dazu zu erhalten. Dies mißzuverstehen liegt mir so fern, daß, wenn ich nur des Nutzens meiner Medizin objektiv sicher wäre (was ich als *subjektiver* Autor natürlich nicht bin), und daß dieser nicht einzig und allein von der Weise abhinge, wie sie gebraucht wird, so daß die Gebrauchsweise eigentlich die Medizin ist, ich als erster jedem meiner Leser eine räsonable Belohnung versprechen oder meinen sämtlichen Lesern, Männern und Frauen, die Aussicht auf Teilnahme an einer Verlosung von geschmackvollen Geschenken[1] eröffnen würde, um ihnen so Kraft und Mut einzuflößen, meine Artikel zu lesen. Wenn dann einmal die, welche alles leicht machen, einsehen sollten, daß sie in Wahrheit von meinem bißchen Schwierigkeit, damit die Leichtigkeit nicht zu einer Windstille werde, Vorteil haben, wenn sie von diesem Verständnis meines Bestrebens, das sie vielleicht in ihr eigenes hinein-mediieren, bewegt und gerührt, sich entschließen sollten, mich unter der Hand mit Geldbeiträgen zu unterstützen, so werden diese mit Freude angenommen werden, und gelobe ich unverbrüchliche Verschwiegenheit, damit die Menschheit, von der wir im Verein Vorteil und Profit haben, den wahren Zusammenhang nicht erfahre.

Das hier Aufgestellte wird man wohl bei einem subjektiven Schriftsteller ganz in der Ordnung finden. Auffallender dagegen ist es, wenn ein Systematiker uns damit unterhält, daß er durch ein Wunder Anhänger des Systems wurde, was darauf hinzudeuten scheint, daß sein systematisches Leben und Wandeln das nicht mit dem System gemein hat, daß es mit Nichts beginnt.

Kapitel II.
Die subjektive Wahrheit, die Innerlichkeit; die Wahrheit ist die Subjektivität

Ob man die Wahrheit mehr empirisch als die Übereinstimmung des Denkens mit dem Sein, oder mehr idealistisch als die Übereinstimmung des Seins mit dem Denken bestimmt, jedenfalls muß man genau darauf achten, was unter dem Sein verstanden wird, und zugleich darauf, ob nicht etwa der wissende menschliche Geist in das Unbestimmte gelockt wird und phantastisch so etwas wird, was kein *existierender* Mensch jemals gewesen ist oder sein kann, ein Phantom, mit dem sich der einzelne gelegentlich beschäftigt, ohne sich je durch dialektische Zwischenbestimmungen klarzumachen, wie er in dies Phantastische hineinkommt, welche Bedeutung es für ihn hat, dort zu sein, ob sich nicht das ganze Streben da draußen in eine Tautologie innerhalb eines phantastisch dummdreisten Wagnisses auflöse.

Wenn unter dem Sein in den zwei angegebenen Bestimmungen das empirische Sein verstanden wird, dann ist die Wahrheit selbst in ein *desideratur* verwandelt

[1] [Vgl. Vorwort 1.]

und alles ins Werden gesetzt, weil der empirische Gegenstand nicht fertig und der existierende erkennende Geist ja selbst im Werden ist, und so ist die Wahrheit ein Approximieren, dessen Anfang nicht absolut gesetzt werden kann, eben weil kein Schluß da ist, was zurückwirkende Kraft hat. Dagegen geschieht jeder Anfang, wenn er *gemacht* wird (falls er nicht, weil er sich dessen nicht bewußt ist, eine Willkür ist), nicht kraft des immanenten Denkens, sondern wird kraft eines Entschlusses, wesentlich kraft des Glaubens *gemacht.* Daß der erkennende Geist ein existierender und daß jeder Mensch solch ein für sich Existierender ist, kann ich nicht oft genug wiederholen; denn daß man dies phantastisch übersehen hat, ist an großer Verwirrung schuld. Niemand mißverstehe mich. Ich bin nun so ein armer existierender Geist wie alle anderen Menschen, aber wenn mir auf löbliche und ehrliche Weise geholfen werden könnte, etwas Außerordentliches, das reine *Ich* = *Ich* zu werden, so bin ich immer bereit, für das Geschenk und die Wohltat zu danken. Kann es dagegen nur auf die besprochene Weise geschehen, dadurch daß man eins, zwei, drei kokolorum sagt, oder ein Bändchen um den kleinen Finger bindet und bei Vollmond an einen entlegenen Ort wirft: so bleibe ich lieber, was ich bin, ein armer existierender Mensch.

Das Sein muß in jenen Definitionen vielmehr abstrakt gefaßt werden, als die abstrakte Wiedergabe oder das abstrakte Vorbild von dem, was das Sein *in concreto* als empirisches Sein ist. In diesem Sinne besteht kein Hindernis, daß die Wahrheit als abstrakte abstrakt als etwas Fertiges bestimmt werde; denn die Übereinstimmung von Denken und Sein ist abstrakt gesehen immer fertig, da der Anfang des Werdens gerade in der Konkretion liegt, von der die Abstraktion abstrakt absieht.

Wird aber das Sein so verstanden, dann ist die Formel eine Tautologie, das heißt Denken und Sein bedeuten ein und dasselbe, und die Übereinstimmung, von der geredet wird, ist bloß die abstrakte Identität mit sich selbst. Keine der Formeln sagt daher mehr, als daß die Wahrheit ist, wenn dies so verstanden wird, daß man die Kopula akzentuiert: die Wahrheit ist, d. h. die Wahrheit ist eine Verdoppelung, die Wahrheit ist das Erste, aber das Zweite von der Wahrheit, daß sie ist, ist dasselbe wie das Erste, dieses ihr Sein ist die abstrakte Form der Wahrheit. Auf diese Weise ist nur ausgedrückt, daß die Wahrheit nicht etwas Einzelnes, sondern ganz abstrakt eine Verdoppelung ist, die jedoch in demselben Augenblick aufgehoben ist.

Die Abstraktion kann dieses nun zu umschreiben fortfahren, soviel sie will, sie kommt nie weiter. Sobald das Sein der Wahrheit empirisch konkret wird, ist die Wahrheit selbst im Werden, ist wohl wieder, geahnt, die Übereinstimmung zwischen Denken und Sein, und ist das wohl so wirklich für Gott, aber nicht für einen existierenden Geist, da dieser selbst existierend im Werden ist.

Für den existierenden Geist *qua* solchen bleibt wieder die Frage nach der Wahrheit; denn die abstrakte Beantwortung ist nur für das Abstraktum, welches ein existierender Geist dadurch wird, daß er von sich selbst *qua* existierendem abstrahiert, was er nur momentweise tun kann, während er doch selbst in solchen Augenblicken dem Dasein seine Schuld bezahlt, indem er gleichwohl existiert. Es ist also ein existierender Geist, der nach der Wahrheit fragt, vermutlich um in ihr zu existieren, aber jedenfalls ist der Frager sich bewußt, ein existierender einzelner Mensch zu sein. So glaube ich mich jedem Griechen und jedem vernünftigen Menschen verständlich machen zu können. Ob ein deutscher Philosoph seiner Neigung sich zu zieren folgt und sich erst verziert und zu einem unvernünftigen Etwas umschafft, gleichwie Goldmacher und Hexenmeister sich phantastisch ausschmücken, um dann die Frage nach der Wahrheit auf eine äußerst befriedigende Weise zu beantworten: das geht mich nichts an, so wenig wie seine befriedigende Antwort, die gewiß äußerst befriedigend ist, wenn man phantastisch verkleidet ist.

Ob es dagegen ein deutscher Philosoph tut oder nicht, davon wird sich jeder leicht überzeugen, der sich begeistert in seiner Seele sammelt, um sich von einem solchen Weisen leiten zu lassen, dessen Anleitung er kritiklos folgsam benutzt, seine Existenz nach ihr zu bilden. Gerade wenn man sich so begeistert wie ein Lernender zu einem solchen deutschen Professor verhält, realisiert man das vortrefflichste Epigramm auf ihn, denn einem solchen Spekulanten ist mit nichts weniger gedient, als mit dem redlichen und begeisterten Eifer eines Lernenden, der seine Weisheit ausdrücken und realisieren, sie sich existierend aneignen will, da sie etwas ist, was der Herr Professor sich selbst eingebildet und worüber er Bücher geschrieben hat, was er aber nie selbst versucht hat, da es ihm nicht einmal einfiel, daß man dies tun soll. Gerade wie jener Torschreiber[1] schrieb, was er selbst nicht lesen konnte, in der Meinung, daß nur das Schreiben seine Sache sei, so gibt es Spekulanten, die nur schreiben und schreiben, was, wenn es sozusagen durch die Tat gelesen werden soll, sich als Unsinn erweist, es müßte denn für phantastische Wesen bestimmt sein.

Indem für den existierenden Geist *qua* solchen nach Wahrheit gefragt wird, kehrt jene abstrakte Reduplikation der Wahrheit wieder, aber die Existenz selbst, die Existenz selbst beim Frager, der ja existiert, hält die zwei Momente auseinander, und die Reflexion zeigt zwei Verhältnisse. Für die objektive Reflexion wird die Wahrheit etwas Objektives, ein Gegenstand, und es gilt, vom Subjekt abzusehen; für die subjektive Reflexion wird die Wahrheit die Aneignung, die Innerlichkeit, die Subjektivität, und es gilt gerade sich existierend in die Subjektivität zu vertiefen.

Aber was dann? Sollen wir dann bei dieser Disjunktion bleiben, oder bietet hier nicht die Mediation ihren gütigen Beistand an, so daß die Wahrheit das Subjekt-Objekt[2] wird? Warum nicht? Aber kann denn auch die Mediation dem Existierenden, solange er existiert, selbst zur Mediation zu werden helfen, die

---

1 [Der in einem Stadttor über ein- und ausgehende Waren Buch führt]

2 [Nach Fichtes *Wissenschaftslehre*, Werke I, S. 98 Anm.]

ja *sub specie aeterni* ist, während der arme Existierende existierend ist? Es kann ja doch nicht helfen, einen Menschen zum Narren zu haben und mit dem Subjekt-Objekt zu locken, wenn er selbst verhindert ist in den Zustand zu kommen, wo er sich dazu verhalten kann, dadurch verhindert, daß er selbst als Existierender im Werden ist. Was kann die Erklärung helfen, wie die ewige Wahrheit ewig zu verstehen ist, wenn der, welcher die Erklärung gebrauchen soll, durch seine Existenz verhindert ist sie so zu verstehen, und nur ein Phantast ist, wenn er sich einbildet *sub specie aeterni* zu sein; was kann sie ihm helfen, wenn er also gerade die Erklärung gebrauchen soll: wie die ewige Wahrheit in der Bestimmung der Zeit von dem zu verstehen ist, der, weil er existiert, selbst in der Zeit ist, was ja der hochwohlgeborne Professor selbst zugibt, wenn nicht sonst, so doch, wenn er jedes Quartal sein Gehalt erhebt.

Durch das Subjekt-Objekt der Mediation sind wir bloß zur Abstraktion zurückgekommen, denn die Bestimmung der Wahrheit als Subjekt-Objekt ist ganz dasselbe wie: die Wahrheit ist, d. h. die Wahrheit ist eine Verdoppelung. Die hohe Weisheit ist also bloß wieder so zerstreut gewesen, zu vergessen, daß es ein existierender Geist war, der nach der Wahrheit fragte. Oder ist vielleicht der existierende Geist selbst das Subjekt-Objekt? In diesem Falle möchte ich dann fragen, wo ein solcher existierender Mensch ist, der zugleich Subjekt-Objekt ist? Oder sollen wir hier vielleicht den existierenden Geist wieder erst in ein etwas überhaupt verwandeln und dann alles erklären, ausgenommen das, wonach gefragt wurde, wie ein existierendes Subjekt *in concreto* sich zur Wahrheit verhalte, oder das, wonach dann gefragt werden müßte, wie denn das einzelne existierende Subjekt sich zu diesem Etwas verhalte, das nicht wenig mit einem Papierdrachen gemein zu haben scheint, oder mit dem Stück Zucker, das die Holländer an der Decke aufhingen, und an dem alle leckten.

Also kehren wir wieder zu den zwei Wegen der Reflexion zurück und haben nicht vergessen, daß es ein existierender Geist ist, der fragt, ein ganz einzelner Mensch, und können nun auch nicht vergessen, daß sein Existieren ihn gerade daran hindern wird, beide Wege auf einmal zu gehen, und seine besorgte Frage ihn daran hindern wird, leichtsinnig phantastisch Subjekt-Objekt zu werden. Welcher von den Wegen ist nun für den existierenden Geist der Weg der Wahrheit, denn nur das phantastische *Ich* = *Ich* ist mit beiden Wegen zugleich fertig, oder geht *methodice* auf beiden Wegen zugleich vorwärts, welche Art zu gehen für einen existierenden Menschen so unmenschlich ist, daß ich sie nicht empfehlen kann.

Da der Fragende gerade das hervorhebt, daß er ein Existierender sei, so wird der Weg natürlich besonders anzupreisen sein, der das Existieren besonders betont.

Der Weg der objektiven Reflexion macht das Subjekt zu dem Zufälligen und damit die Existenz zu etwas Gleichgültigem, Verschwindendem. Weg vom Subjekt geht der Weg zur objektiven Wahrheit, und während das Subjekt und die

Subjektivität gleichgültig werden, wird es die Wahrheit auch, und gerade dies ist ihre objektive Gültigkeit, denn das Interesse ist, wie die Entscheidung, die Subjektivität. Der Weg der objektiven Reflexion führt nun zu abstraktem Denken, zu Mathematik, zu geschichtlichem Wissen verschiedener Art, beständig führt er vom Subjekt weg, dessen Sein oder Nichtsein, objektiv ganz richtig, unendlich gleichgültig ist, ganz richtig, denn Sein und Nichtsein hat, wie Hamlet sagt, nur subjektive Bedeutung. In seiner Vollendung wird dieser Weg zu einem Widerspruch führen, und insofern als das Subjekt sich selbst nicht ganz gleichgültig wird, ist dies ja nur ein Zeichen davon, daß sein objektives Bestreben nicht objektiv genug ist, in seiner Vollendung wird er zu dem Widerspruch führen, daß nur die Objektivität entstanden und die Subjektivität ausgegangen ist, das heißt die existierende Subjektivität, die einen Versuch gemacht hat, zu werden, was man im abstrakten Sinn die Subjektivität nennt, die abstrakte Form der abstrakten Objektivität. Und doch ist die Objektivität, die entstanden ist, subjektiv angesehen, in ihrer Vollendung entweder eine Hypothese oder eine Approximation, weil jede ewige Entscheidung gerade in der Subjektivität liegt.

Der objektive Weg meint indes eine Sicherheit zu haben, die der subjektive Weg nicht hat (und das versteht sich, Existenz, existieren und objektive Sicherheit läßt sich nicht zusammen denken), er meint einer Gefahr zu entgehen, die den subjektiven Weg erwartet, und diese Gefahr ist in ihrer Vollendung Wahnsinn. Durch die bloß subjektive Bestimmung der Wahrheit ist Verrücktheit und Wahrheit zuletzt nicht zu unterscheiden, weil sie beide die Innerlichkeit haben können.[1] Aber durch Objektivwerden wird man nicht verrückt. Vielleicht muß ich mir jedoch hier eine kleine Bemerkung erlauben, die in einem objektiven Zeitalter nicht überflüssig zu sein scheint. Ist das Ausbleiben der Innerlichkeit nicht auch Verrücktheit? Die objektive Wahrheit als solche entscheidet keineswegs, daß, wer sie ausspricht, vernünftig ist, im Gegenteil kann sie sogar verraten, daß der Mann verrückt ist, obgleich, was er sagt, ganz wahr und besonders objektiv wahr ist.

Ich werde mir erlauben eine Geschichte zu erzählen, die ohne jede Zutat meinerseits direkt aus dem Irrenhause stammt. Ein Patient einer solchen Anstalt will weglaufen und führt sein Vorhaben wirklich durch einen Sprung aus dem Fenster aus. Er befindet sich nun im Garten der Anstalt und will da seine befreiende Wanderung antreten, als ihm einfällt (soll ich nun sagen, daß er so klug oder so verrückt war, diesen Einfall zu haben?): wenn du nun in die Stadt kommst, wirst du erkannt, und man wird dich vermutlich sogleich wieder heraustransportieren,

---

[1] Auch dies ist doch nicht wahr; denn die Innerlichkeit der Unendlichkeit hat der Wahnsinn niemals; seine fixe Idee ist gerade irgend etwas Objektives, und der Widerspruch des Wahnsinns besteht gerade darin, dies mit Leidenschaft zu ergreifen. Was beim Wahnsinn den Ausschlag gibt, ist also wieder nicht das Subjektive, sondern die kleine Endlichkeit, die fixiert worden ist, was ja der Unendlichkeit nie geschehen kann.

also mußt du durch die objektive Wahrheit deiner Rede jeden Menschen vollkommen davon überzeugen, daß, was deinen Verstand betrifft, alles gut steht. Wie er so geht und darüber nachdenkt, sieht er eine Kegelkugel auf der Erde liegen, er nimmt sie auf und steckt sie in die Tasche seines Rockschoßes. Bei jedem Schritt, den er macht, schlägt ihm diese Kugel, mit Respekt zu vermelden, auf das Hinterteil, und jedesmal, wenn sie ihn so trifft, sagt er: bum, die Erde ist rund. Er kommt zur Hauptstadt, besucht sogleich einen seiner Freunde, er will ihm beweisen, daß er nicht verrückt sei, geht darum hin und her im Zimmer und sagt fortwährend: bum, die Erde ist rund. Aber ist denn die Erde nicht rund, fordert das Irrenhaus noch ein Opfer für diese Annahme, wie in jenen Zeiten, wo alle annahmen, sie sei flach wie ein Pfannkuchen? Oder ist der Mann verrückt, der durch das Aussprechen einer allgemein angenommenen und allgemein geschätzten objektiven Wahrheit zu beweisen hofft, daß er nicht verrückt sei? Und doch wurde es gerade dadurch dem Arzt klar, daß der Patient noch nicht geheilt war, während es sich bei der Heilung wohl nicht darum handelte, ihn zur Annahme zu bringen, daß die Erde flach sei.

Aber nicht alle sind Ärzte, und die Anforderungen der Zeit haben bedeutenden Einfluß auf die Frage nach Verrücktheit, ja man fühlt sich zuweilen versucht anzunehmen, die moderne Zeit, die das Christentum modernisiert hat, habe auch die Frage des Pilatus modernisiert, und das Bedürfnis der Zeit, einen Ruhepunkt zu finden, kündige sich in der Frage an: was ist Verrücktheit? Wenn ein Privatdozent jedesmal, wenn ihn sein Rockschoß daran erinnert, etwas zu sagen, sagt: *de omnibus dubitandum est*, und frischweg an einem System schreibt, wo man in jedem zweiten Satze einen genügenden inneren Beweis findet, daß der Mann niemals an etwas gezweifelt hat: so wird er nicht für verrückt angesehen.

Don Quijote ist das Vorbild für die subjektive Verrücktheit, wo die Leidenschaft der Innerlichkeit eine fixe einzelne endliche Vorstellung festhält. Wenn dagegen die Innerlichkeit ausbleibt, so tritt die aufsagende Verrücktheit ein, die gerade so komisch ist, und die ich von einem experimentierenden Psychologen dargestellt wünschte, der eine Handvoll solcher Philosophen nähme und sie zusammenstellte. Wenn der Wahnsinn die Verirrung der Innerlichkeit ist, so besteht das Tragische und das Komische darin, daß das Etwas, das den Unglücklichen unendlich interessiert, eine fixierte Einzelheit ist, die keinen Menschen etwas angeht. Wenn der Wahnsinn dagegen das Ausbleiben der Innerlichkeit ist, so besteht das Komische darin, daß das Etwas, das der Glückselige weiß, das Wahre ist, das Wahre, das die ganze Menschheit angeht, das aber den sehr geehrten Aufsager gar nichts angeht. Diese Art Wahnsinn ist unmenschlicher als die andere. Man schaudert, jenem ersteren ins Auge zu sehen, um nicht die Tiefe seiner Wildheit zu entdecken, aber man wagt gar nicht auf den anderen zu blicken aus Furcht vor der Entdeckung, daß er keine richtigen Augen, sondern Glasaugen hat, und Haare von einer Bodenmatte, kurz, daß er ein Kunstprodukt ist. Trifft man zufällig mit einem solchen Geisteskranken zusammen, dessen

Geisteskrankheit gerade darin besteht, daß er keinen Geist hat, dann hört man mit kaltem Grauen auf ihn; man weiß nicht, ob man glauben darf, daß es ein Mensch sei, mit dem man redet, oder vielleicht ein „Spazierstock", eine künstliche Erfindung, die eine Handorgel in sich birgt. Und mit dem Scharfrichter Schmollis getrunken zu haben[1], mag ja für einen ehrliebenden Mann immer etwas unangenehm sein, aber in ein vernünftiges und spekulatives Gespräch mit einem Spazierstock geraten zu sein, das ist beinah zum Verrücktwerden.

Die subjektive Reflexion wendet sich nach innen gegen die Subjektivität und will in dieser Verinnerlichung die Reflexion der Wahrheit sein, und zwar so, daß wie im vorigen, wenn die Objektivität erschien, die Subjektivität verschwand, hier eben die Subjektivität das Letzte und das Objektive das Verschwindende wird. Hier wird nun keinen Augenblick vergessen, daß das Subjekt existierend ist und Existieren ein Werden, und daß daher jene Identität der Wahrheit von Denken und Sein die Schimäre einer Abstraktion und in Wahrheit nur eine Sehnsucht der Kreatur [Römer 8, 19] ist, nicht als ob die Wahrheit dies nicht wäre, sondern weil der Erkennende ein Existierender ist, und so die Wahrheit dies für ihn, solange er existiert, nicht sein kann. Wird dies nicht festgehalten, gehen wir sogleich mit Hilfe der Spekulation in das phantastische *Ich = Ich* hinein, das die neuere Spekulation wohl gebraucht hat, aber ohne zu erklären, wie das einzelne Individuum sich dazu verhalte, und wahrhaftig, mehr als ein einzelnes Individuum ist doch nun einmal kein Mensch.

Wenn der Existierende wirklich außerhalb seiner selbst sein könnte, so würde die Wahrheit für ihn etwas Abgeschlossenes sein, aber wo ist dieser Punkt? Das *Ich = Ich* ist ein mathematischer Punkt, der gar nicht da ist, insofern kann jeder diesen Standpunkt einnehmen, der eine steht dem anderen nicht im Wege. Nur momentweise kann sich das einzelne Individuum existierend in einer Einheit von Unendlichkeit und Endlichkeit befinden, die über das Existieren hinausgeht. Dieser Moment ist der Augenblick der Leidenschaft. Die moderne Spekulation hat alles aufgetrieben, damit das Individuum objektiv über sich hinaus komme; aber das läßt sich nicht tun; die Existenz hält zurück, und wenn heutzutage Philosophen nicht Schreiber im Dienst bei der Vielgeschäftigkeit phantastischen Denkens[2] geworden wären, so würde dies Denken eingesehen haben, daß Selbstmord die einzige praktische, einigermaßen befriedigende Auslegung seines Versuchs wäre. Aber die schreibende moderne Spekulation schätzt Leidenschaft gering; und doch ist Leidenschaft für einen Existierenden gerade das Höchste der Existenz, und Existierende sind wir nun einmal. In der Leidenschaft ist das existierende Subjekt in der Ewigkeit der Phantasie unendlich gemacht, und doch zugleich gerade am allerbestimmtesten es selbst. Das phantastische *Ich = Ich* ist nicht Unendlichkeit und Endlichkeit in Identität, denn weder das eine noch das andere ist wirklich, es ist eine phantastische

---

1 [Wie Holbergs *Geert Westphaler*, 8. Szene.]

2 [Vgl. Holbergs *Vielgeschäftigten.*]

Übereinkunft in der Wolke, eine unfruchtbare Umarmung[1], und das Verhältnis des einzelnen Ichs zu dieser Lufterscheinung ist nie angegeben.

Alles wesentliche Erkennen betrifft die Existenz, oder nur das Erkennen, das sich wesentlich zur Existenz verhält, ist wesentliches Erkennen. Das Erkennen, das nicht nach innen in der Reflexion der Innerlichkeit die Existenz betrifft, ist wesentlich angesehen zufälliges Erkennen, sein Grad und Umfang wesentlich betrachtet gleichgültig. Daß sich das wesentliche Erkennen wesentlich zur Existenz verhält, bedeutet jedoch nicht jene oben angeführte Abstraktionsidentität von Sein und Denken, auch nicht objektiv, daß die Erkenntnis sich zu etwas im Dasein befindlichen als seinem Gegenstand verhalte; sondern will sagen, daß die Erkenntnis sich zu dem Erkennenden verhalte, der wesentlich ein Existierender ist, und daß sich daher alles wesentliche Erkennen wesentlich zur Existenz und zum Existieren verhalte. Nur das ethische und das ethisch-religiöse Erkennen ist daher wesentliches Erkennen. Aber alles ethische und alles ethisch-religiöse Erkennen verhält sich wesentlich dazu, daß der Erkennende existiert.

Die Mediation ist eine Lufterscheinung wie das Ich = Ich. Abstrakt angesehen ist alles und wird nichts. In der Abstraktion kann also die Mediation unmöglich ihren Platz finden, da sie *Bewegung* zu ihrer Voraussetzung hat. Das objektive Wissen kann wohl das Daseiende zum Gegenstand haben, aber da das wissende Subjekt existierend und durch das Existieren selbst im Werden ist, so muß die Spekulation erst erklären, wie ein einzelnes existierendes Subjekt sich zur Erkenntnis der Mediation verhalte, was es in dem Augenblicke sei, ob es z. B. in dem Augenblicke nicht beinah zerstreut sei; wo es sei, ob es nicht im Monde sei. Man redet beständig von Mediation und Mediation; ist denn die Mediation ein Mensch, wie es der Küster Peter[2] vom *imprimatur* denkt? Wie hat sich ein Mensch zu benehmen, um so etwas zu werden; studiert man für diese Würde, dieses große *philosophicum*; oder erteilt sie der Magistrat wie ein Küster- oder Totengräberamt? Man versuche bloß einmal sich auf diese und andere solche honetten Fragen eines honetten Menschen einzulassen, der ja auch gern die Mediation sein möchte, wenn er es auf löbliche und ehrliche Weise werden kann und nicht dadurch, daß er entweder: eins, zwei, drei, kokolorum sagt, oder vergißt, daß er selbst ein existierender Mensch ist, für den also das Existieren etwas Wesentliches und ethisch-religiös zu existieren ein passendes *quantum satis* ist. Einem Spekulanten wird diese Frage vielleicht als abgeschmackt erscheinen, aber man hüte sich besonders davor, an falscher Stelle zu polemisieren und also davor, selbst phantastisch-objektiv ein *pro* und *contra* anzufangen, ob es denn eine Mediation gebe oder nicht, und halte vielmehr daran fest, was es bedeutet, ein Mensch zu sein.

Ich will nun, um die Verschiedenheit des Weges der objektiven und subjektiven Reflexion deutlich zu machen, das Bestreben der subjektiven Refle-

---

1 [Wie Ixion anstatt der Juno eine Wolke umarmte.]

2 [In Holbergs *Erasmus Montanus* Akt 3, Szene 3.]

xion zurück und in Innerlichkeit nach innen zu gehen zeigen. Der Höhepunkt der Innerlichkeit eines existierenden Subjekts ist Leidenschaft, ihr entspricht die Wahrheit als ein Paradox; und daß die Wahrheit zum Paradox wird, beruht gerade auf ihrem Verhältnis zu einem existierenden Subjekt. So entspricht eins dem anderen. Wer vergißt, daß er ein existierendes Subjekt ist, dem geht die Leidenschaft aus, und zum Lohn dafür wird ihm die Wahrheit nicht ein Paradox, sondern das erkennende Subjekt wird aus einem Menschen zu einem phantastischen Etwas, und die Wahrheit ein phantastischer Gegenstand für dessen Erkenntnis.

Wenn objektiv nach der Wahrheit gefragt wird, so wird objektiv auf die Wahrheit als einen Gegenstand reflektiert, zu dem der Erkennende sich verhält. Es wird nicht auf das Verhältnis reflektiert, sondern darauf, daß es die Wahrheit, das Wahre ist, wozu er sich verhält. Wenn das, wozu er sich verhält, nur die Wahrheit, das Wahre ist, so ist das Subjekt in der Wahrheit. Wenn subjektiv nach der Wahrheit gefragt wird, so wird subjektiv auf das Verhältnis des Individuums reflektiert; wenn nur das Wie dieses Verhältnisses in Wahrheit ist, so ist das Individuum in Wahrheit, selbst wenn es sich so zur Unwahrheit verhält.[1]

Nehmen wir als Beispiel die Erkenntnis Gottes. Objektiv wird darauf reflektiert, daß es der wahre Gott ist; subjektiv darauf, daß sich das Individuum zu einem Etwas so verhält, daß sein Verhältnis in Wahrheit ein Gottesverhältnis ist. Auf welcher von beiden Seiten ist nun die Wahrheit? Ach, sollen wir nicht hier unsere Zuflucht zur Mediation nehmen und sagen: sie ist auf keiner der beiden Seiten, sie ist in der Mediation! Vortrefflich, wenn dann bloß jemand sagen könnte, wie es ein Existierender anfängt, in der Mediation zu sein; denn in der Mediation sein heißt fertig sein und existieren heißt werden. Ein Existierender kann auch nicht an zwei Stellen zugleich, kann nicht Subjekt-Objekt sein. Wenn er dem Ziele an zwei Stellen zugleich zu sein am nächsten ist, ist er in Leidenschaft, aber Leidenschaft findet nur momentweise statt, und Leidenschaft ist gerade der Höhepunkt der Subjektivität.

Der Existierende, der den objektiven Weg wählt, geht nun auf die ganze approximierende Erwägung ein, die Gott objektiv hervorbringen will, was in aller Ewigkeit nicht erreicht wird, weil Gott Subjekt und daher nur für die Subjektivität in Innerlichkeit da ist. Der Existierende, der den subjektiven Weg wählt, begreift in demselben Augenblick die ganze dialektische Schwierigkeit: daß er einige Zeit, vielleicht lange Zeit gebrauchen werde, um Gott objektiv zu finden; er begreift diese dialektische Schwierigkeit in ihrem ganzen Schmerze, weil er Gott in demselben Augenblicke gebrauchen soll, weil jeder Augenblick,

---

[1] Der Leser möge darauf achten, daß hier von der wesentlichen Wahrheit die Rede ist, oder von der Wahrheit, die sich wesentlich zur Existenz verhält, und daß der Gegensatz nachgewiesen wird, um die Wahrheit gerade als die Innerlichkeit oder als die Subjektivität hinzustellen.

worin er Gott[1] nicht hat, verloren ist. In demselben Augenblick hat er Gott nicht kraft einer objektiven Erwägung, sondern kraft der unendlichen Leidenschaft der Innerlichkeit. Der Objektive läßt sich nicht durch solche dialektische Schwierigkeiten wie folgende genieren: wie geht es an, daß man die ganze Zeit des Forschens dazu bestimmt, Gott zu finden? Da der Forscher ja möglicherweise morgen stirbt, und wenn er lebte, ja doch Gott nicht als etwas betrachten könnte, was man bei Gelegenheit mitnimmt. Gott ist gerade etwas, was man *à tout prix* mitnimmt, was im Verständnis der Leidenschaft gerade das wahre Verhältnis der Innerlichkeit zu Gott ist.

Auf diesem dialektisch so schwierigen Punkte biegt der Weg für den ab, der weiß, was dialektisieren und existierend dialektisieren heißt, was etwas anderes ist, als wie ein phantastisches Wesen am Schreibtisch sitzen und schreiben, was man selbst nie getan hat; was etwas anderes ist, als schreiben: *de omnibus dubitandum* und selbst existierend ebenso leichtgläubig wie der sinnlichste Mensch sein. Hier biegt der Weg ab, und die Veränderung besteht darin, daß während das objektive Wissen, von Leidenschaft nicht getrieben, in Ruhe den langen Weg der Approximation geht, für das subjektive Wissen jeder Aufenthalt lebensgefährlich und die Entscheidung so unendlich wichtig und dringend ist, als wäre die Gelegenheit schon unbenutzt vorübergegangen.

Auf beiden Seiten zugleich zu sein ist nun einem Existierenden nicht vergönnt, sondern nur der seligmachenden Einbildung eines eingebildeten Ich = Ich. Wenn also das Rechenexempel heißt: wo ist mehr Wahrheit, auf dessen Seite, der allein objektiv den wahren Gott und die annähernde Wahrheit der Gottesvorstellung sucht, oder auf dessen Seite, der darum äußerst besorgt ist, daß er sich mit der äußersten Leidenschaft in Wahrheit zu Gott verhalte: so kann niemand um die Antwort in Zweifel sein, der nicht mit Hilfe der Wissenschaft gänzlich verdorben ist. Wenn einer, der mitten im Christentum lebt, in Gottes, des wahren Gottes Haus geht, mit der wahren Vorstellung von Gott in seinem Geiste, und dann betet, aber in Unwahrheit betet; und wenn einer in einem heidnischen Lande lebt, aber mit der ganzen Leidenschaft der Unendlichkeit betet, obgleich sein Auge auf einem Götzenbilde ruht: wo ist dann am meisten Wahrheit? Der eine betet in Wahrheit zu Gott, obgleich er einen Götzen anbetet; der andere betet den wahren Gott in Unwahrheit an und betet daher in Wahrheit einen Götzen an.

---

[1] Auf diese Weise wird Gott freilich ein Postulat, aber nicht in der müßigen Bedeutung, worin man dies Wort sonst nimmt. Vielmehr wird deutlich, daß die einzige Weise, auf welche ein Existierender in ein Verhältnis zu Gott kommt, die ist, daß der dialektische Widerspruch die Leidenschaft zur Verzweiflung bringt und mit der „Kategorie der Verzweiflung" (dem Glauben) Gott ergreifen hilft. So ist das Postulat keineswegs das Willkürliche, sondern gerade Notwehr, so daß Gott nicht ein Postulat, sondern das, daß der Existierende Gott postuliert,eine Notwendigkeit ist.

Wenn einer objektiv nach der Unsterblichkeit forscht, und ein anderer die Leidenschaft der Unendlichkeit in die Ungewißheit setzt: wo ist dann am meisten Wahrheit, und wer hat die größte Gewißheit? Der eine ist ein für allemal auf ein Annähern eingegangen, das nie endet, denn die Gewißheit der Unsterblichkeit liegt ja gerade in der Subjektivität; der andere ist unsterblich und kämpft darum gerade, indem er gegen die Ungewißheit streitet.

Nehmen wir Sokrates. Heutzutage pfuscht ja jeder an einigen Beweisen. Einer hat mehr davon, ein anderer weniger. Aber Sokrates! Er läßt es objektiv problematisch dahingestellt sein: wenn es eine Unsterblichkeit gibt. Also war er im Vergleich mit einem der modernen Denker von drei Beweisen ein Zweifler? Keineswegs. Auf dieses „wenn" setzt er sein ganzes Leben ein, wagt er zu sterben, und hat mit der Leidenschaft der Unendlichkeit sein ganzes Leben so eingerichtet, daß es als annehmbar befunden werde – wenn es eine Unsterblichkeit gibt. Läßt sich wohl ein besserer Beweis für die Unsterblichkeit der Seele finden? Dagegen die, welche drei Beweise haben, richten ihr Leben gar nicht danach ein; gibt es eine Unsterblichkeit, muß sie sich über ihre Art zu leben ekeln: läßt sich da ein besserer Gegenbeweis gegen die drei Beweise denken? Das „bißchen" Ungewißheit half Sokrates, weil er selbst mit der Leidenschaft der Unendlichkeit nachhalf; die drei Beweise nützen den andern gar nichts, weil diese doch Philister sind und bleiben und durch ihre drei Beweise zwar nichts anderes, aber dies bewiesen haben. So hat vielleicht auch ein Mädchen bei einer schwachen Hoffnung vom Geliebten geliebt zu sein alle Süßigkeit der Liebschaft besessen, weil sie selbst alles in diese schwache Hoffnung setzte: manche Ehemadame dagegen, welche mehr als einmal den stärksten Ausdruck der Liebe erfahren hat, hat wohl Beweise gehabt, und doch sonderbarerweise nicht das besessen, *quod erat demonstrandum*. Die sokratische Unwissenheit war so der mit der ganzen Leidenschaft der Innerlichkeit festgehaltene Ausdruck dafür, daß sich die ewige Wahrheit zu einem Existierenden verhält und ihm deshalb, solange er existiert, ein Paradox bleiben muß. Und doch ist vielleicht in der sokratischen Unwissenheit bei Sokrates mehr Wahrheit als in der objektiven Wahrheit des ganzen Systems, die mit den Forderungen der Zeit kokettiert und sich nach Privatdozenten richtet.

Objektiv wird betont: was gesagt wird; subjektiv: wie es gesagt wird.

Diese Unterscheidung gilt schon im Ästhetischen, wo sie sagt, daß Wahrheit im Munde dieses oder jenes Unwahrheit sei. Auf diese Unterscheidung hat man zu unseren Zeiten besonders zu achten, denn wenn man den Unterschied zwischen dem Altertum und unserer Zeit in einem einzigen Satze ausdrücken wollte, könnte man wohl sagen: im Altertum kannten nur einzelne die Wahrheit, jetzt kennen sie alle, aber die Innerlichkeit steht dazu im umgekehrten Verhältnis. Ästhetisch faßt man den Widerspruch, der dadurch veranlaßt wird, daß die

Wahrheit im Munde dieses oder jenes Unwahrheit wird, am besten komisch auf. Ethischreligiös liegt der Nachdruck wieder auf dem Wie, jedoch fragt dies Wie nicht nach Anstand, Modulation, Vortrag usw., sondern nach dem existentiellen Verhalten des Existierenden zu dem Gesagten. Objektiv fragt man bloß nach den Gedankenbestimmungen, subjektiv nach der Innerlichkeit. Auf seiner Höhe ist dieses Wie die Leidenschaft der Unendlichkeit, und die Leidenschaft der Unendlichkeit ist die Wahrheit selbst. Aber die Leidenschaft der Unendlichkeit ist gerade die Subjektivität, und also ist die Subjektivität die Wahrheit. Objektiv angesehen gibt es keine unendliche Entscheidung, und so ist es objektiv richtig, daß mit dem Grundsatz des Widerspruchs der Unterschied zwischen gut und böse aufgehoben ist, und damit auch der unendliche Unterschied zwischen Wahrheit und Lüge. Nur in der Subjektivität gibt es Entscheidung, wogegen Objektiv-Bleibenwollen die Unwahrheit ist. Die Leidenschaft der Unendlichkeit ist das Entscheidende, nicht ihr Inhalt, denn ihr Inhalt ist sie eben selbst. Also ist das subjektive Wie und die Subjektivität die Wahrheit.

Aber das Wie, das subjektiv betont wird, ist zugleich, weil das Subjekt existiert, in bezug auf die Zeit dialektisch. Im Augenblick leidenschaftlicher Entscheidung, wo der Weg vom objektiven Wissen abbiegt, scheint damit die unendliche Entscheidung fertig zu sein. Aber in demselben Augenblick ist der Existierende in der Zeitlichkeit, und das subjektive Wie verwandelt sich zu einem Streben, das von der entscheidenden Leidenschaft der Unendlichkeit impulsiert und wiederholt angefrischt wird, aber doch ein Streben bleibt.

Wenn die Subjektivität die Wahrheit ist, muß die Wahrheitsbestimmung zugleich den Gegensatz zur Objektivität ausdrücken, ein Andenken an jene Wegscheide behalten, und dieser Ausdruck gibt dann zugleich die Spannung der Innerlichkeit an. Hier ist eine solche Definition von Wahrheit: *die objektive Ungewißheit, in der Aneignung der leidenschaftlichsten Innerlichkeit festgehalten, das ist die Wahrheit,* die höchste Wahrheit, die es für einen *Existierenden* gibt. Da wo der Weg abbiegt (und wo das ist, läßt sich objektiv nicht sagen, da es gerade die Subjektivität ist), bleibt das objektive Wissen auf sich beruhen. Objektiv hat man da nur Ungewißheit, aber gerade dies spannt die unendliche Leidenschaft der Innerlichkeit an, und die Wahrheit besteht eben in dem Wagestück, das objektiv Ungewisse mit der Leidenschaft der Unendlichkeit zu wählen. Ich betrachte die Natur, um Gott zu finden, ich sehe ja wohl Allmacht und Weisheit, aber ich sehe zugleich vieles andere, was ängstigt und stört. *Summa summarum*, hiervon wird die objektive Ungewißheit, aber gerade darum ist die Innerlichkeit so groß, weil sie die objektive Ungewißheit mit der ganzen Leidenschaft der Unendlichkeit umfaßt. Für einen mathematischen Satz z. B. ist die Objektivität gegeben, aber darum ist seine Wahrheit auch eine gleichgültige Wahrheit.

Aber die eben gegebene Bestimmung der Wahrheit ist eine Umschreibung des Glaubens. Ohne Risiko kein Glaube. Glaube ist gerade der Widerspruch zwischen unendlicher Leidenschaft der Innerlichkeit und objektiver Ungewißheit. Kann ich Gott objektiv greifen, so glaube ich nicht, aber gerade weil ich es nicht kann, darum muß ich glauben; und will ich mich im Glauben halten, muß ich beständig darauf achten, daß ich die objektive Ungewißheit festhalte, daß ich in der objektiven Ungewißheit „auf den 70 000 Faden Wasser" bin, und doch glaube.

In dem Satz: die Subjektivität oder Innerlichkeit ist die Wahrheit, liegt die sokratische Weisheit, deren unsterbliches Verdienst darin besteht, auf die wesentliche Bedeutung des Existierens geachtet zu haben, darauf, daß der Erkennende ein Existierender ist, weshalb Sokrates in seiner Unwissenheit innerhalb des Heidentums im höchsten Maß in der Wahrheit war. Dies zu verstehen, daß das Unglück der Spekulation gerade ist, daß sie immer wieder vergißt, daß der Erkennende ein Existierender ist, ist in unserer objektiven Zeit schon schwer genug. „Aber weiter zu gehen als Sokrates, wenn man nicht einmal das Sokratische gefaßt hat, das ist jedenfalls nicht sokratisch." Vgl. die Moral der *Brocken.*

Versuchen wir, wie in den *Brocken*, von diesem Punkte aus eine Gedankenbestimmung, die wirklich weitergeht. Ob sie wahr oder unwahr ist, damit habe ich hier nichts zu tun, da ich bloß Experimente mache, aber das Sokratische darin muß klar verstanden sein, damit ich wenigstens nicht wieder hinter Sokrates zu stehen komme.

Wenn die Subjektivität der Innerlichkeit die Wahrheit ist, so ist diese, objektiv bestimmt, das Paradox, und daß die Wahrheit, objektiv, das Paradox ist, zeigt gerade, daß die Subjektivität die Wahrheit ist, denn die Objektivität stößt ab, und dieses ihr Abstoßen oder sein Ausdruck ist die Spannung und der Kraftmesser der Innerlichkeit. Das Paradox ist die objektive Ungewißheit, welche die Leidenschaft der Innerlichkeit ausdrückt, in welcher eben die Wahrheit besteht. So das Sokratische. Die ewige, wesentliche Wahrheit, d. h. die, welche sich wesentlich zu einem Existierenden verhält, indem sie wesentlich das Existieren betrifft (alles andere Wissen ist, sokratisch angesehen, zufällig, sein Grad und Umfang gleichgültig), ist das Paradox. Jedoch ist die ewige, wesentliche Wahrheit keineswegs selbst das Paradox, sondern nur, sofern sie sich zu einem Existierendem verhält. Die sokratische Unwissenheit ist der Ausdruck für die objektive Ungewißheit, des Existierenden Innerlichkeit ist die Wahrheit. Um hier sogleich etwas vorweg zu nehmen, sei folgendes bemerkt: die sokratische Unwissenheit ist ein Analogon zur Bestimmung des Absurden, nur daß in dem Abstoßen des Absurden noch weniger objektive Gewißheit liegt, vielmehr nur die Gewißheit, daß es absurd ist, und daher in der Innerlichkeit unendlich größere Spannung. Die sokratische Innerlichkeit im Existieren ist ein Analogon zum Glauben, nur daß dessen Innerlichkeit, die nicht dem Abstoß der Unwissenheit, sondern des Absurden entspricht, unendlich tiefer ist.

Sokratisch ist die ewige, wesentliche Wahrheit keineswegs in sich selbst Paradox, sondern nur in ihrem Verhalten zu einem Existierenden. Dies findet seinen Ausdruck in einem anderen sokratischen Satze: alles Erkennen ist ein Sicherinnern. Dieser Satz deutet den Anfang der Spekulation an, aber Sokrates verfolgte ihn daher auch nicht, sondern er blieb wesentlich platonisch. Hier biegt der Weg ab: Sokrates betont wesentlich das Existieren, während sich Plato, dies vergessend, in Spekulation verliert. Sokrates hat gerade das unendliche Verdienst, kein Spekulant, der das Existieren vergißt, sondern ein existierender Denker zu sein. Für ihn bedeutet das Wort: alles Erkennen ist ein Sicherinnern, im Augenblick des Abschieds und als eine fortwährend aufgehobene Möglichkeit des Spekulierens, für ihn bedeutet es das Doppelte: 1. der Erkennende ist wesentlich integer und er hat bei der Erkenntnis der ewigen Wahrheit kein anderes Bedenken, als daß er existiere, welches Bedenken ihm so wesentlich und entscheidend ist, daß es bedeutet, daß Existieren, Verinnerlichung im Existieren und durch dasselbe die Wahrheit ist. 2. Die Existenz in der Zeitlichkeit hat keine entscheidende Bedeutung, weil da beständig die Möglichkeit bleibt, sich selbst durch die Erinnerung in die Ewigkeit zurückzunehmen, wenn diese Möglichkeit auch dadurch beständig aufgehoben wird, daß die Verinnerlichung im Existieren die Zeit ausfüllt.[1]

---

[1] Hier ist vielleicht der richtige Platz ein Bedenken in bezug auf die Anlage der *Brocken* zu beleuchten, welches seinen Grund darin hatte, daß ich die Sache nicht sogleich dialektisch so schwierig machen wollte, wie sie ist, weil zu unserer Zeit Begriffsbestimmungen und dergleichen so verwirrt sind, daß es fast unmöglich ist, sich vor Konfusion zu schützen. Um nun womöglich die Differenz zwischen dem Sokratischen (das ja das Philosophische, das Heidnisch-Philosophische sein sollte) und dem Gedankenexperiment recht zu beleuchten, das wirklich weiter als das Sokratische geht, führte ich das Sokratische auf den Satz: alle Erkenntnis ist eine Erinnerung, zurück. Das ist so allgemein angenommen, und nur dem, der sich mit ganz besonderem Interesse mit dem Sokratischen beschäftigt, immer wieder zu den Quellen zurückkehrend, nur dem wird es von Wichtigkeit sein, auf diesem Punkte zwischen Sokrates und Plato zu teilen; denn der Satz gehört zwar beiden an, aber Sokrates nimmt beständig Abschied von ihm, weil er existieren will. Hält man Sokrates auf der Höhe des Satzes, daß alle Erkenntnis Erinnnerung sei, dann wird er ein spekulativer Philosoph, anstatt was er war, ein existierender Denker, dem das Existieren das Wesentliche war. Der Satz: alle Erkenntnis ist Erinnerung, gehört der Spekulation an, und Erinnerung ist Immanenz, und vom spekulativen und ewigen Gesichtspunkte aus gibt es kein Paradox, aber die Schwierigkeit ist die, daß kein Mensch die Spekulation, sondern der Spekulierende ein Existierender ist, den Ansprüchen der Existenz unterworfen. Dies zu vergessen ist kein Verdienst, aber wohl es festzuhalten, ein großes Verdienst, und das tat eben Sokrates. Die Betonung der Existenz und damit der Innerlichkeit ist das Sokratische, der Erinnerung und Immanenz nachzugehen das Platonische. Damit ist Sokrates im Grunde weitergekommen als die ganze Spekulation, weil er nicht einen phantastischen Anfang hat, wo der Spekulierende sich umkleidet und nun immer fortfährt zu spekulieren und das Wichtigste, das Existieren vergißt. Aber gerade weil Sokrates so weiter gekommen ist, bekommt er eine gewisse analogische Gleichheit mit dem, was das Experiment als das in Wahrheit über das Sokratische Hinausgehende hinstellte, die Wahrheit als Paradox wird eine Analogie zum Paradox *sensu eminentiore*, die Leidenschaft der Innerlichkeit im Existieren wird eine Analogie zum Glauben *sensu eminentiore*. Daß der Unterschied gleichwohl unendlich ist, daß die in den *Brocken* gegebenen Bestimmungen dessen, was in Wahrheit weiter als das Sokratische geht, unverändert bleiben, läßt sich leicht zeigen. Aber ich fürchtete zu verwirren, wenn ich sogleich

Das außerordentliche Verdienst des Sokratischen war gerade, daß es den Ton darauf legte, daß der Erkennende ein Existierender und das Existieren das Wesentliche ist. Indem man dies nicht versteht, weiterzugehen, ist nur ein mäßiges Verdienst. Dies müssen wir also *in mente* behalten und dann sehen, ob sich die Formel nicht doch so verändern läßt, daß man wirklich weiter geht als das Sokratische.

Also die Subjektivität oder Innerlichkeit ist die Wahrheit; gibt es nun dafür einen *innerlicheren* Ausdruck? Ja, wenn die Rede: die Subjektivität oder Innerlichkeit ist die Wahrheit, so beginnt: die Subjektivität ist die Unwahrheit. Man übereile sich nicht. Die Spekulation sagt auch, daß die Subjektivität die Unwahrheit sei, aber sagt es gerade in der entgegengesetzten Richtung, nämlich in der, daß die Objektivität die Wahrheit sei. Die Spekulation bestimmt die Subjektivität negativ zur Objektivität hin. Die andere Bestimmung verhindert sich dagegen selbst, indem sie anfangen will, was gerade die Innerlichkeit viel innerlicher macht. Sokratisch ist die Subjektivität die Unwahrheit, wenn sie nicht zugeben will, daß die Subjektivität die Wahrheit sei, sondern z. B. objektiv sein will. Hier dagegen ist die Subjektivität, indem sie beginnen will dadurch die Wahrheit zu werden, daß sie subjektiv wird, in der schwierigen Lage, daß sie die Unwahrheit ist. So geht die Arbeit zurück, nämlich zurück in Innerlichkeit. Weit entfernt, daß der Weg nun zum Objektiven hinführe, liegt der Anfang bloß noch tiefer in der Subjektivität.

Aber das Subjekt kann nicht ewig die Unwahrheit sein oder gewesen sein, sie muß es in der Zeit geworden sein oder in der Zeit werden. Das sokratische Paradox lag darin, daß sich die ewige Wahrheit zu einem Existierenden verhielt, aber nun hat die Existenz den Existierenden zum zweitenmal gezeichnet; es ist mit ihm eine so wesentliche Veränderung vorgegangen, daß er sich keineswegs sokratisch durch Erinnerung selbst in die Ewigkeit zurücknehmen kann. Dies tun heißt spekulieren, dies tun können, aber die Möglichkeit davon dadurch aufheben, daß man die Verinnerlichung in der Existenz begreift, ist das Sokratische. Aber nun ist die Schwierigkeit die, daß, was dem Sokrates wie eine aufgehobene Möglichkeit folgte, eine Unmöglichkeit geworden ist. War das Spekulieren schon dem Sokratischen gegenüber ein mißliches Verdienst, jetzt ist es nur Konfusion.

Das Paradox tritt ein, wenn die ewige Wahrheit und das Existieren zusammengesetzt werden, aber jedesmal wenn das Existieren bezeichnet wird, wird

---

scheinbar dieselben Bestimmungen, wenigstens dieselben Worte von dem gebrauchte, was verschieden ist, dessen Verschiedenheit das Experiment nachweisen sollte. Jetzt, denke ich, steht nichts im Wege in bezug auf Sokrates und Glauben vom Paradox zu reden, was ganz richtig ist, wenn man's bloß richtig versteht, und da außerdem die alten Griechen ja auch das Wort πιστις gebrauchen. Dies freilich keineswegs im Sinn des Experiments, aber von dem aus, wie es Aristoteles in einer Schrift gebraucht [Vielleicht *de anima*, die Kierkegaard damals las, vgl. K.s *Nachgelassene Schriften* II, S. 132.], ließen sich belehrende Vergleiche von πιστις und Glauben *sensu eminentiore* anstellen.

das Paradox immer deutlicher. Sokratisch angesehen war der Erkennende ein Existierender, aber nun ist der Existierende so gezeichnet, daß die Existenz mit ihm eine wesentliche Veränderung vorgenommen hat.

Nennen wir die Unwahrheit des Individuums *Sünde*. Ewig gesehen kann es nicht Sünde sein oder ewig kann nicht vorausgesetzt werden, daß es in Sünde gewesen ist. Also durch die Entstehung (denn der Anfang war ja, daß die Subjektivität die Unwahrheit ist) wird es Sünde. Der Mensch wird nicht in dem Sinne als Sünder geboren, daß man voraussetzt, er sei vor der Geburt Sünder gewesen, aber er wird in Sünde und als Sünder geboren. Dies können wir ja die Erbsünde nennen. Aber hat die Existenz so Macht über ihn bekommen, dann ist er verhindert sich selbst in Erinnerung in die Ewigkeit zurückzunehmen. War es schon paradox, daß sich die ewige Wahrheit zu einem Existierenden verhielt, nun ist es absolut paradox, daß sie sich zu einem solchen Existierenden verhält. Aber je schwieriger es ihm gemacht ist, sich durch Erinnerung aus der Existenz zu ziehen, desto innerlicher kann sein Existieren in der Existenz werden; und wenn es ihm unmöglich gemacht ist, wenn er so in der Existenz steckt, daß die Hintertür der Erinnerung für ewig geschlossen ist, so wird die Innerlichkeit am tiefsten. Aber vergessen wir nie, daß Sokrates Verdienst darin bestand, den Erkennenden als Existierenden hinzustellen, denn je schwieriger die Sache wird, desto stärker ist die Versuchung auf dem leichten Weg der Spekulation von Schrecken und Entscheidungen weg zu Ruhm, Ehre, guten Tagen usw. zu eilen. Begriff schon Sokrates, wie mißlich es war, sich spekulierend aus der Existenz in die Ewigkeit zurückzunehmen, da doch der Existierende keine Mißlichkeit an sich hatte, außer der, daß er existierte, und dann die, daß das Existieren das Wesentliche war: nun ist es unmöglich. Vorwärts muß er, zurückzugehen ist unmöglich.

Die Subjektivität ist die Wahrheit. Dadurch, daß sich die ewige, wesentliche Wahrheit zum Existierenden verhielt, entstand das Paradox. Gehen wir nun weiter, nehmen wir an, daß die ewige, wesentliche Wahrheit selbst das Paradox sei. Wie kommt das Paradox zustande? Dadurch, daß die ewige, wesentliche Wahrheit und das Existieren zusammengesetzt werden. Wenn wir also beide in der Wahrheit selbst zusammensetzen, wird die Wahrheit ein Paradox. Die ewige Wahrheit ist in der Zeit entstanden. Dies ist das Paradox. Wurde in dem zunächst Vorangehenden das Subjekt durch die Sünde verhindert sich selbst in die Ewigkeit zurückzunehmen, nun mag es sich nicht darum sorgen, denn nun ist die ewige, wesentliche Wahrheit nicht hinten, sondern kommt ihm damit zuvor, daß sie selbst existiert oder existiert hat, so daß das Individuum, wenn es nicht existierend, in der Existenz, der Wahrheit habhaft wird, sie niemals bekommt.

Schärfer, als es nun geschehen ist, kann die Existenz nie betont werden. Der Betrug der Spekulation, sich aus der Existenz hinauserinnern zu wollen, ist unmöglich gemacht. Hier kann nur davon die Rede sein, dies zu fassen. Jede Spekulation, die Spekulation sein will, zeigt *eo ipso*, daß sie dies nicht gefaßt hat.

Das Individuum kann dies alles von sich stoßen und seine Zuflucht bei der Spekulation suchen, aber es anzunehmen und es dann durch die Spekulation aufheben zu wollen, ist unmöglich, weil es gerade darauf berechnet ist, die Spekulation zu verhindern.

Wenn die ewige Wahrheit sich zu einem Existierenden verhält, wird sie zum Paradox. Das Paradox stößt bei der objektiven Ungewißheit und der Unwissenheit, in der Innerlichkeit des Existierenden ab. Aber da das Paradox nicht in sich selbst das Paradox ist, stößt es nicht innerlich genug ab; denn ohne Risiko kein Glaube, je mehr Risiko, desto mehr Glaube; je mehr objektive Zuverlässigkeit, desto weniger Innerlichkeit (denn die Innerlichkeit ist eben die Subjektivität); je weniger objektive Zuverlässigkeit, desto tiefer ist die mögliche Innerlichkeit. Wenn das Paradox selbst das Paradox ist, stößt es kraft des Absurden ab, und die entsprechende Leidenschaft der Innerlichkeit ist der Glaube.

Aber die Subjektivität oder Innerlichkeit ist die Wahrheit, denn sonst haben wir das Verdienst des Sokrates vergessen; aber für die Innerlichkeit gibt es keinen stärkeren Ausdruck, als, wenn die Retirade durch Erinnerung aus der Existenz in die Ewigkeit unmöglich gemacht ist: dann mit der Wahrheit als Paradox gegen sich, in der Angst vor der Sünde und mit diesem Schmerz, mit dem ungeheuren Risiko gegenüber der Objektivität – zu glauben. Aber ohne Risiko kein Glaube, nicht einmal der sokratische, geschweige der, von dem wir hier reden.

Wenn Sokrates glaubte, daß es einen Gott gebe, dann hielt er die objektive Ungewißheit mit der ganzen Leidenschaft der Innerlichkeit fest, und in diesem Widerspruch, diesem Risiko besteht eben der Glaube. Nun ist es anders, anstatt der objektiven Ungewißheit haben wir hier die Gewißheit davon, daß es, objektiv angesehen, das Absurde ist, und dieses Absurde, in der Leidenschaft der Innerlichkeit festgehalten, ist der Glaube. Die sokratische Unwissenheit ist wie ein witziger Scherz im Vergleich mit dem Ernst des Absurden, und die sokratische existierende Innerlichkeit wie eine griechische Sorglosigkeit im Vergleich mit der Anstrengung des Glaubens.

Was ist nun das Absurde? Das Absurde ist, daß die ewige Wahrheit in der Zeit erschienen, daß Gott entstanden ist, geboren, gewachsen usw., daß er ganz wie der einzelne Mensch entstanden ist, von einem anderen Menschen nicht zu unterscheiden. Denn alle unmittelbare Erkennbarkeit ist vorsokratisches Judentum und in jüdischen Augen Abgötterei; und jede Bestimmung von dem, was wirklich weiter als das Sokratische geht, muß ein wesentliches Zeichen davon tragen, daß Gott entstanden ist, weil glauben, *sensu strictissimo*, wie die *Brocken* entwickelten, sich auf Entstehung bezieht. Wenn Sokrates ans Dasein Gottes glaubte, sah er wohl ein, daß da, wo der Weg abbiegt, der Weg einer objektiven Annäherung, z. B. durch Betrachtung der Natur, der Weltgeschichte usw., geht. Sein Verdienst bestand gerade darin, diesen Weg zu meiden, wo der quantitierende Sirenengesang den Existierenden bezaubert und foppt. Dagegen gleicht die objektive Annäherung an das Absurde der Komödie „Mißverständnis über

Mißverständnis"[1], die gewöhnlich von Privatdozenten und Spekulanten aufgeführt wird.

Das Absurde ist gerade durch den objektiven Abstoß der Kraftmesser des Glaubens für Innerlichkeit. Da ist also ein Mann, der Verlangen nach Glauben hat; nun kann die Komödie beginnen. Er hat Verlangen nach Glauben, aber mit Hilfe von objektiver Erwägung und Annäherung will er sich sicherstellen. Was geschieht? Mit Hilfe des Approximierens wird das Absurde zu etwas anderem, es wird wahrscheinlich, mehr und mehr wahrscheinlich, es wird außerordentlich und ungemein wahrscheinlich. Nun steht er davor und soll es glauben, und er darf von sich sagen, daß er nicht wie Schuster, Schneider und Einfältige glaube, sondern erst nach langer Überlegung. Nun soll er es also glauben; aber sieh, nun ist es unmöglich, es zu glauben. Das beinah Wahrscheinliche, das Wahrscheinliche, das außerordentlich und ungemein Wahrscheinliche, das kann er beinahe und sozusagen wissen, überaus und ungemein beinah *wissen*, aber *glauben* läßt es sich nicht; denn das Absurde ist eben Gegenstand des Glaubens und das einzige, was sich glauben läßt.

Oder da ist ein Mann, der sagt, er habe Glauben, aber er will sich nun seinen Glauben deutlich machen, will sich in seinem Glauben verstehen. Nun fängt die Komödie wieder an. Der Gegenstand des Glaubens wird beinah wahrscheinlich, er wird so gut wie wahrscheinlich, er wird wahrscheinlich, wird überaus und ungemein wahrscheinlich. Er ist fertig, er darf von sich selbst sagen, daß er nicht wie Schuster, Schneider oder andere Einfältige glaube, sondern sich zugleich in seinem Glauben verstanden habe. Sonderbares Verständnis; er hat im Gegenteil vom Glauben etwas anderes, als er glaubte, zu wissen bekommen, er hat zu wissen bekommen, daß er nicht mehr glaubt, da er beinah weiß, sozusagen weiß, überaus und ungemein beinah weiß.

Insofern als dem Absurden das Moment der Entstehung innewohnt, wird ein Approximationsweg auch der sein, der das absurde Faktum der Entstehung, welches den Gegenstand des Glaubens bildet, mit einem einfachen geschichtlichen Faktum verwechselt. Er sucht also geschichtliche Gewißheit für das Absurde, d. h. für etwas, was den Widerspruch enthält das Historische geworden zu sein, welches es nur gerade gegen allen menschlichen Verstand werden kann. Dieser Widerspruch ist eben das Absurde, das nur geglaubt werden kann. Bekommt man davon eine geschichtliche Gewißheit, so bekommt man bloß die Gewißheit davon, daß dies Gewisse nicht das Infragestehende ist. Ein Zeuge kann bezeugen, daß er es geglaubt hat, und daß es also keineswegs eine geschichtliche Gewißheit, sondern gegen seinen Verstand ist, aber ein solcher Zeuge stößt ja in demselben Sinne wie das Absurde ab, und ein Zeuge, der nicht so abstößt, ist *eo ipso* ein Betrüger, oder ein Mann, der von etwas ganz anderem redet, der also nur zu einer Gewißheit von etwas ganz anderem verhelfen kann. 100 000 einzelne

1 [Lustspiel von Overskou.]

Zeugen, die gerade durch die besondere Beschaffenheit ihres Zeugnisses (daß sie das Absurde geglaubt haben) einzelne Zeugen werden, werden auch nicht *en masse* zu etwas anderem, so daß das Absurde weniger absurd würde; weshalb? Weil hunderttausend Menschen, jeder für sich, geglaubt haben, daß es absurd sei? Im Gegenteil, jene hunderttausend Zeugen stoßen wieder ganz gleich wie das Absurde ab.

Jedoch brauche ich dies hier nicht weiter auszuführen, das habe ich in den *Brocken* (besonders da, wo der Unterschied zwischen dem Jünger in erster und zweiter Hand aufgehoben wird) und im ersten Teil dieses Buches sorgfältig genug ausgeführt, daß alles Approximieren nichts nützt, da es sich im Gegenteil darum handelt, Einleitungsbetrachtungen, Zuverlässigkeiten, Beweise von Wirkungen, die ganze Schar von Leihhausverwaltern und Zahlungsfähigen wegzuschaffen, um das Absurde klar und deutlich vor sich zu haben, damit man dann glauben kann, wenn man will. Ich sage nur, daß es die äußerste Anstrengung sein muß.

Will die Spekulation sich mit diesem einlassen und wie immer sagen: ewig, göttlich, theozentrisch angesehen gibt es kein Paradox, so kann ich nicht entscheiden, ob der Spekulant recht hat, denn ich bin nur ein armer existierender Mensch, der das Ewige weder ewig noch göttlich noch theozentrisch betrachten kann, sondern sich begnügen muß zu existieren. Soviel steht dagegen fest, daß durch die Spekulation alles zurückgeht, zurück, an dem Sokratischen vorbei, das doch begriff, daß für einen Existierenden das Wesentliche das Existieren ist, geschweige daß die Spekulation sich Zeit gegönnt hätte zu begreifen, was es bedeute, so in die Existenz gesetzt zu sein wie der Existierende im Experiment.

Die Verschiedenheit des Sokratischen von dem, was weiter geht, ist deutlich genug und wesentlich dieselbe wie in den *Brocken*, nur ist hier die Sache etwas schwieriger gemacht (jedoch nicht schwieriger, als sie ist), auch dadurch, daß ich, während ich in den *Brocken* nur die Gedanken des Paradoxes hervorexperimentierte, hier zugleich im geheimen die Notwendigkeit des Paradoxes darzutun versucht habe, ein etwas schwacher Versuch, doch immerhin etwas anderes als das Paradox spekulativ aufzuheben.

Das Christentum hat sich nun selbst als die ewige, wesentliche Wahrheit verkündigt, die in der Zeit entstanden ist, sie hat sich als das Paradox verkündigt und fordert die Innerlichkeit des Glaubens an das, was Juden ein Ärgernis und Griechen eine Torheit, und dem Verstand das Absurde ist. Stärker kann nicht ausgedrückt werden, daß die Subjektivität die Wahrheit ist, daß die Objektivität nur abstößt, und sogar kraft des Absurden, wie es ja auch wunderlich wäre, daß das Christentum in die Welt gekommen sein sollte, um erklärt zu werden, ach, als wäre es etwas in Verwirrung über sich selbst und käme deshalb zur Welt, um zu dem klugen Manne, dem Spekulanten zu gehen, der mit einer Erklärung helfen könnte. Innerlicher kann nicht ausgedrückt werden, daß die Subjektivität die Wahrheit ist, als wenn die Subjektivität zunächst die Unwahrheit und doch die Subjektivität die Wahrheit ist.

Gesetzt, das Christentum wäre ein Geheimnis und wollte es sein, so ein ordentliches Geheimnis, kein theatralisches, das im fünften Akt offenbar wird, während es der schlaue Zuschauer schon in der Exposition durchschaut. Gesetzt, eine Offenbarung *sensu strictissimo* müßte ein Geheimnis sein, und gerade einzig und allein daran erkennbar, daß sie ein Geheimnis ist, während eine Offenbarung *sensu laxiore*, das Zurücknehmen der Erinnerung in das Ewige, eine Offenbarung geradezu wäre.

Gesetzt, der geistig Begabte unterschiede sich dadurch, daß er immer deutlicher darstellen könnte, wie sie ein Geheimnis für Existierende ist und bleibt. Gesetzt, die geistige Begabung unterschiede sich vom Mißverstand dadurch, daß mit diesem der einzelne immer täuschender den Schein erwecken könnte, er habe das Geheimnis verstanden. Gesetzt, es wäre doch eine Seligkeit, in der äußersten Not der Existenz zu diesem Geheimnis, ohne es zu verstehen, nur ein Verhältnis des Glaubens zu haben. Gesetzt, das Christentum wollte gar nicht verstanden werden, gesetzt, es hätte sich, um dies auszudrücken und um jemand von dem Irrweg der Objektivität zurückzuhalten, als das Paradox verkündigt. Gesetzt, es wollte bloß für Existierende da sein, und wesentlich für in Innerlichkeit, in Glaubensinnerlichkeit Existierende, welche Innerlichkeit nicht bestimmter ausgesprochen werden kann, als wenn man sagt: das Christentum ist das Absurde, das mit der Leidenschaft der Unendlichkeit festgehalten wird. Gesetzt, es wollte nicht verstanden werden, und das Maximum des Verständnisses, wovon die Rede sein könnte, wäre zu verstehen, daß es nicht verstanden werden könne.

Gesetzt, es betonte daher das Existieren so entschieden, damit der einzelne ein Sünder, das Christentum das Paradox und die Existenz die Zeit der Entscheidung würde.

Gesetzt, das Spekulieren wäre eine Anfechtung, die bedenklichste von allen. Gesetzt, der Spekulant wäre nicht der verlorene Sohn, denn so würde Gott in seinem Kummer wohl nur den Geärgerten nennen, den er zu lieben fortfährt, sondern er wäre das unartige Kind, das nicht bleiben will, wohin der Existierende gehört, in der Kinder- und Erziehungsstube der Existenz, wo man nur durch Innerlichkeit im Existieren ein Mann wird, sondern das in Gottes Rat hinein will, indem es ohne Unterlaß schreit, vom ewigen, göttlichen, theozentrischen Gesichtspunkt aus gebe es kein Paradox. Gesetzt, der Spekulant wäre der unruhige Einwohner, der, obgleich er, wie bekannt, nur Mieter ist, doch im Gedanken an die abstrakte Wahrheit, daß vom ewigen, göttlichen Gesichtspunkt aus alles Eigentum Gemeingut ist, Besitzer sein will, so daß nichts anderes zu tun bleibt, als nach einem Diener zu schicken, der, wie die Stockmänner zu *Geert Westphaler* (vgl. Holberg), sagen würde: es tut mir leid, in diesem Auftrage zu kommen.

Ist Menschsein jetzt etwas anderes als in alten Tagen geworden, ist die Lage nicht dieselbe: ein einzelnes *existierendes* Wesen zu sein, und das Existieren, solange man in der Existenz ist, das Wesentliche? „Aber die Menschen wissen nun mehr." „Ganz gewiß, aber wenn das Christentum keine Sache des Wissens ist, so daß das viele Wissen nichts nützt, außer leichter in den Irrtum zu geraten, es als eine Sache des Wissens zu betrachten." Und wenn die Menschen jetzt mehr wissen, und wir reden ja nicht vom Wissen von Eisenbahnen, Maschinen, Kaleidoskopen, also mehr vom Religiösen wissen, wie sind sie dazu gekommen? Wohl nicht durchs Christentum? Also so belohnt man das Christentum. Man bekommt vom Christentum etwas zu wissen, man mißversteht es und gebraucht das nun zu neuem Mißverstand gegen das Christentum. War in alten Tagen der Schrecken, daß man sich ärgern konnte, jetzt besteht der Schrecken darin, daß es keinen Schrecken gibt, daß man eins, zwei, drei, ehe man sich umsieht, ein Spekulant wird, der über den Glauben spekuliert, über welchen Glauben? Etwa über den, den er hat, und besonders darüber, ob er ihn hat oder nicht hat? Ach nein, das ist für einen objektiven Spekulanten zu wenig. Also über den objektiven Glauben. Was soll das heißen, der objektive Glaube? Das soll heißen eine Summe von Lehrsätzen. Aber wenn das Christentum gar nicht so etwas wäre, wenn es im Gegenteil die Innerlichkeit wäre, und daher das Paradox, um objektiv abzustoßen, damit es für den Existierenden in der Innerlichkeit der Existenz bestehe, indem es ihn so entscheidend, wie kein Richter den Angeklagten, zwischen Zeit und Ewigkeit in die Zeit, zwischen Himmel und Hölle in die Zeit der Rettung stellt.

Der objektive Glaube, das klingt ja, als ob das Christentum auch wie ein kleines, wenn auch nicht so gutes System wie das Hegelsche verkündigt wäre; das klingt ja, als ob Christus, ja, es ist nicht meine Schuld, wenn ich das sage, als ob Christus Professor gewesen wäre, und die Apostel eine kleine wissenschaftliche Gesellschaft gebildet hätten. Wenn es einmal schwierig war, ein Christ zu werden, so wird es nach meiner Meinung wahrhaftig von Jahr zu Jahr schwieriger, weil es nun so leicht geworden ist, daß einzig und allein in der Spekulation etwas Konkurrenz herrscht.

Und doch ist der Spekulant vielleicht am allerweitesten vom Christentum entfernt und ist es vielleicht bei weitem vorzuziehen, ein Geärgerter zu sein, der doch fortwährend in einem Verhältnis zum Christentum steht, als ein Spekulant, der es verstanden hat. Insofern ist doch Hoffnung vorhanden, daß zwischen einem jetzt und einem in den ersten Tagen lebenden Christen Ähnlichkeit eintrete, daß es wieder eine Torheit werde, Christ werden zu wollen. In der ersten Zeit war ein Christ ein Tor in den Augen der Welt; daß er es werden wollte, war Heiden und Juden eine Torheit. Jetzt ist man ohne weiteres ein Christ; will es nun einer mit unendlicher Leidenschaft werden, dann ist er ein Tor, wie es ja allemal Torheit ist, sich mit unendlicher Leidenschaft anstrengen zu wollen, um das zu werden, was man ohne weiteres ist, wie wenn jemand sein ganzes Vermögen für einen Edelstein hingeben wollte, den er besäße. Ehemals war ein Christ ein Tor in den Augen der Welt, jetzt, wo alle Menschen Christen sind, wird er gleichwohl ein Tor, in den Augen der Christen.

Gesetzt, es wäre so; ich sage nur: gesetzt, und sage nicht mehr. Da man aber nun wohl bald der Spekulanten müde ist, die einander beim gedruckten systematischen Aufsagen abhören, so kann es ja immerhin eine Abwechselung bieten, die Sache auf eine andere Weise durchzufragen.

„Aber vom ewigen, göttlichen und insonderheit theokratischen Gesichtspunkt aus gibt es kein Paradox, die wahre Spekulation bleibt daher beim Paradox nicht stehen, sondern geht weiter und erklärt es." „Darf ich nun um Frieden bitten, und es mir verbitten, daß er von neuem anfängt, ich habe es doch gesagt, daß ich mich mit Über- und Unterirdischen nicht einlassen kann." „Der Anfang und die Vollendung der Erklärung geschieht durch mich, darauf hat die ewige Wahrheit gewartet; denn es ist ganz richtig, daß sie in die Zeit hineinkam, aber die erste Ausgabe war nur ein unvollkommener Versuch, die ewige Wahrheit kam in die Welt, weil sie einer Erklärung bedurfte und diese von einer durch sie veranlaßten Diskussion erwartete. So gibt auch ein Professor die Grundzüge zu einem System heraus, indem er darauf rechnet, daß die Schrift durch Anzeige und Erörterung im Verlauf von längerer oder kürzerer Zeit in einer neuen, gänzlich umgearbeiteten Gestalt herauskommen werde. Erst diese zweite Ausgabe, wenn sie erfahrener Männer Rat und Urteil abgewartet hat, ist die Wahrheit, und so ist die Spekulation erst die wahre und allein zufriedenstellende Ausgabe von der vorläufigen Wahrheit des Christentums."

Laß uns da mit ein paar Beispielen erläutern, wie die Spekulation, eben weil sie nicht verstehen will, daß die Subjektivität die Wahrheit ist, sich ums Christentum verdient gemacht hat, das ein für allemal das Paradox und auf jedem Punkt Paradox ist. Die Spekulation dagegen, in der Immanenz bleibend, d. h. sich durch die Erinnerung aus der Existenz herausziehend, veranlaßt auf jedem Punkte eine Verflüchtigung, die durch das Kunststück, nichts Entscheidendes bei dem am meisten Entscheidenden zu denken (durch das ja gerade die Immanenz verhindert werden soll), sondern den Ausdruck der Entscheidung als Redensart zu gebrauchen, eine heidnische Reminiszenz bleibt. Gegen diese ist freilich nichts einzuwenden, wenn sie offen mit dem Christentum bricht, aber viel einzuwenden, wenn sie Christentum sein soll.

Der Satz: Gott ist in menschlicher Gestalt dagewesen, ist geboren worden, gewachsen usw., ist nun wohl das Paradox *sensu strictissimo*, das absolute Paradox. Aber als das absolute Paradox kann es sich nicht zu einem relativen Unterschied verhalten. Das relative Paradox verhält sich zu dem relativen Unterschiede von mehr oder weniger klugen Köpfen, aber das absolute Paradox, eben als das absolute, kann sich nur zu dem absoluten Unterschied verhalten, wodurch der Mensch sich von Gott unterscheidet, nicht zu dem Gezänk zwischen Mensch und Mensch, daß der eine etwas klüger ist als der andere. Nach dem absoluten Unterschied zwischen Gott und Mensch ist der Mensch eben ein einzelnes existierendes Wesen (der klügste ebensowohl wie der dümmste), dessen wesentliche Aufgabe daher nicht darin bestehen kann, *sub specie aeterni* zu denken. Denn er selbst ist, obwohl ewig, doch solange er existiert, wesentlich ein Existierender, weshalb für ihn das Wesentliche die Innerlichkeit in der Existenz sein muß. Gott dagegen ist der Unendliche, der ewig ist. Die Verschiedenheit von größerer und geringerer Begabung kommt doch nie über das Menschsein hinaus, es müßte denn jemand ein so guter Kopf sein, daß er nicht bloß Mensch, sondern zugleich Gott wäre. Sobald ich also das Verständnis des Paradoxes für diesen Unterschied der Begabung kommensurabel mache, so zeigt meine Rede vom Verständnis *eo ipso*, daß ich nicht das absolute Paradox verstanden habe, sondern ein relatives, denn vom absoluten Paradox kann man nur verstehen, daß man es nicht verstehen kann. „Aber dann kann die Spekulation seiner gar nicht habhaft werden." „Ganz richtig, das ist eben das, was das Paradox sagt, das bloß abstößt und auf Innerlichkeit in der Existenz weist." Vielleicht hat dies seinen Grund darin, daß es objektiv für existierende Wesen keine Wahrheit, sondern nur Approximation gibt, aber subjektiv für sie die Wahrheit in der Innerlichkeit besteht, weil die Wahrheitsentscheidung in der Subjektivität liegt.

Die moderne mythisch-allegorische Richtung[1] gibt ohne weiteres das ganze Christentum für eine Mythe aus. Das heißt wenigstens offen handeln, und so, daß jedem sein Urteil darüber leicht wird. Die Freundschaft der Spekulation ist von anderer Art. Die Spekulation bekämpft zur eignen Sicherheit die gottlose mythisch-allegorische Richtung und fährt dann fort: „Die Spekulation nimmt dagegen wohl das Paradox an, aber sie bleibt nicht dabei stehen."

„Wird auch nicht verlangt, denn wenn man es glaubend beharrlich festhält" und sich durch Existenz in Glaubensinnerlichkeit darein vertieft, so bleibt man auch nicht stehen." Die Spekulation bleibt nicht stehen, was soll das heißen? Soll das heißen: die Herren Spekulanten hören auf Menschen zu sein, einzelne existierende Menschen, und werden *en famille* allerlei? Sonst wird man wohl schon genötigt, beim Paradox stehen zu bleiben, wenn dieses darin liegt und der Ausdruck davon ist, daß die ewige, wesentliche Wahrheit sich zu Existierenden verhält und sie auffordert, immer weiter in Glaubensinnerlichkeit zu gehen.

Was heißt überhaupt etwas *erklären*? Heißt das zeigen, daß das in Frage stehende dunkle Etwas nicht dieses, sondern etwas anderes sei? Das wäre eine sonderbare Erklärung; ich glaubte, es werde durch die Erklärung gerade deutlich, daß das Infragestehende dieses Bestimmte ist, so daß die Erklärung nicht das Gefragte, sondern die Dunkelheit wegnimmt. Sonst ist die Erklärung etwas anderes als eine Erklärung, sie ist eine Berichtigung. Die Erklärung des Paradoxes macht deutlich, was das Paradox ist, und nimmt die Dunkelheit weg; die Berichtigung nimmt das Paradox weg und macht deutlich, daß es kein Paradox gibt; aber dies letzte ist ja keine Erklärung des Paradoxes, dagegen wohl eine Erklärung davon, daß es kein Paradox gibt.

Wenn aber das Paradox dadurch eintritt, daß das Ewige und ein existierender

[1] [Z. B. D. Strauß, Leben Jesu, 1835.]

einzelner Mensch zusammengesetzt wird, nimmt dann die Erklärung, wie sie das Paradox wegnimmt, vom Existierenden auch das Existieren weg? Und wenn ein Existierender durch sich selbst oder mit Hilfe eines anderen dem ganz nahe gekommen oder gebracht ist, daß es ihm vorkommt, als existiere er nicht, was ist er dann? Dann ist er zerstreut.

Also die Erklärung des absoluten Paradoxes, daß es kein Paradox gebe, außer so bis zu einem gewissen Grade, d. h. daß es nur relative Paradoxe gebe, die ist; nicht für Existierende, sondern für Zerstreute. Ja, so ist alles in Ordnung. Die Erklärung lautet: „ein Paradox gibt es nur so bis zu einem gewissen Grade", und es ist in der Ordnung, daß sie, nämlich die Erklärung, einem Existierenden gilt, der ein so nur bis zu einem gewissen Grade Existierender ist, da er es einen Augenblick um den anderen vergißt, und ein so Existierender ist eben ein Zerstreuter.

Und wenn dann so einer von dem absoluten Paradox redet, das Juden ein Ärgernis, Griechen eine Torheit und dem Verstande das Absurde ist, und sich mit seiner Rede an die Spekulation wendet, so ist diese nicht so unhöflich, ihm ins Gesicht zu sagen, er sei ein Tor, sondern gibt eine Erklärung, die eine Berichtigung enthält und ihn so indirekt verstehen läßt, daß er im Irrtum sei: so benimmt sich jederzeit ein humaner überlegener Geist einem Beschränkteren gegenüber. Das Verfahren ist ganz sokratisch, das einzige Unsokratische müßte denn eintreten, wenn der Redende gleichwohl der Wahrheit näher stünde als die Erklärung der Spekulation, denn dann entsteht die Ungleichheit, daß Sokrates auf höfliche, indirekte Weise dem Lernenden die Unwahrheit nahm und ihm die Wahrheit gab, die Spekulation dagegen auf höfliche, indirekte Weise dem Lernenden die Wahrheit nimmt und ihm die Unwahrheit gibt. Aber die Höflichkeit bleibt doch das Gemeinsame. Und wenn also das Christentum von sich selbst behauptet, das Paradox zu sein, so ist die Erklärung der Spekulation keine Erklärung, sondern eine Berichtigung, eine höfliche, indirekte Berichtigung, wie es sich für einen überlegenen Geist einem Beschränkteren gegenüber geziemt.

Das Paradox *erklären*, heißt das den Ausdruck Paradox zu einem *rhetorischen* Ausdruck machen, zu etwas, wovon der hochwohlgeborne Spekulant wohl sagt, es habe seine Gültigkeit, und habe doch wieder keine Gültigkeit? In diesem Falle wird ja *summa summarum*, daß es kein Paradox gibt. Ehre sei dem Herrn Professor! Dies sage ich nicht, um ihm die Ehre zu nehmen, als könnte ich auch das Paradox aufheben, keineswegs. Aber wenn der Herr Professor es aufgehoben hat, so ist es ja aufgehoben, so darf ich ja sagen, es sei aufgehoben, es müßte denn sein, daß das gemachte Aufheben mehr den Herrn Professor anginge als das Paradox, so daß er, anstatt das Paradox aufgehoben zu haben, selbst zu einer bedenklichen phantastischen Erhebung [Geschwulst] würde.

Im anderen Falle nimmt man an, daß etwas erklären heiße, es in seiner Bedeutung deutlich werden lassen, daß es dies und nichts anderes ist. Das Paradox erklären würde dann heißen immer tiefer erfassen, was ein Paradox ist und daß das Paradox das Paradox ist.

So ist Gott eine höchste Vorstellung, die sich nicht durch etwas anderes, sondern nur dadurch erklären läßt, daß man sich in die Vorstellung selbst vertieft. Die obersten Prinzipien für alles Denken lassen sich nur indirekt (negativ) beweisen: gesetzt, das Paradox wäre so die Grenze für eines Existierenden Verhältnis zu einer ewigen, wesentlichen Wahrheit, so wird das Paradox auch nicht durch etwas anderes zu erklären sein, wenn die Erklärung Existierenden gelten soll. Aber spekulativ verstanden drückt selbst das absolute Paradox (denn die Spekulation ist nicht ängstlich entscheidende Ausdrücke zu gebrauchen, das einzige, wovor sie Angst hat, ist, etwas Entscheidendes dabei zu denken), es drückt nur den relativen Unterschied von mehr oder weniger begabten und studierten Menschen aus. Auf die Weise wird sich allmählich die Gestalt der Welt verändern. Als das Christentum in die Welt kam, gab es gar keine Professoren und Privatdozenten, da war es ein Paradox für alle. In der gegenwärtigen Generation kann man annehmen, daß jeder Zehnte ein Privatdozent sei, also ist es nur für neunzehntel ein Paradox. Und wenn endlich die Fülle der Zeit kommt, jene Zukunft ohnegleichen, wo auf der Erde eine ganze Generation von Privatdozenten und Dozentinnen leben wird: dann wird das Christentum aufgehört haben ein Paradox zu sein.

Wer sich dagegen der Mühe unterziehen will, das Paradox zu erklären, der wird, wenn er anders weiß, was er will, gerade den Nachweis zu führen suchen, daß es ein Paradox sein muß. Was heißt die unaussprechliche Freude erklären? Heißt das, erklären, daß sie dieses oder jenes sei? In solchem Fall wird unaussprechlich nur zu einem rhetorischen Prädikat, einem kräftigen Ausdruck und dergleichen. Der erklärende Tausendkünstler hat vor Beginn der Vorstellung alles in Bereitschaft, und nun fängt er an. Er düpiert die Zuhörer, er nennt die Freude unaussprechlich, und darauf neue Überraschung, eine wahrhaft überraschende Überraschung[1]: er spricht sie aus. Gesetzt nun, die unaussprechliche Freude hätte ihren Grund in dem Widerspruch, daß ein existierender Mensch aus Unendlichkeit und Endlichkeit zusammengesetzt und in die Zeit hineingestellt ist, so daß die Freude des Ewigen in ihm unaussprechlich wird, weil er ein Existierender ist, daß sie ein höchster Atemzug wird, der sich doch nicht gestalten kann, weil der Existierende eben existiert: so würde ja die Erklärung sein: sie ist unaussprechlich, sie kann nicht anders sein. Kein Geschwätz. Wenn dagegen ein tiefsinniger Mann erst diesen und jenen, der das Dasein einer unaussprechlichen Freude leugnet, verurteilt und darauf sagt: nein, ich nehme an, daß es eine unaussprechliche Freude gibt, aber ich gehe weiter und spreche sie aus, so hält er sich selbst zum Narren und unterscheidet sich von dem anderen, den er verurteilt, nur dadurch, daß der andere ehrlicher und mehr geradezu ist und sagt, was der Tiefsinnige ja auch sagt, denn wesentlich sagen sie beide dasselbe.

Das Entscheidende erklären, heißt das, den Ausdruck zu einer rhetorischen

---

[1] [Vgl. *Der Rezensent und das Tier*, Szene 15.]

Wendung machen, daß man nicht wie Leichtsinnige jede Entscheidung leugnet, sondern sie annimmt, aber nur bis zu einem gewissen Grade. Was heißt: sie ist bis zu einem gewissen Grade da? Das heißt: die Entscheidung leugnen. Entscheidung ist gerade darauf berechnet, jenem ewigen Geschwätz von „bis zu einem gewissen Grade" ein Ende zu machen. Also nimmt man denn die Entscheidung an, aber sieh, man nimmt sie bis zu einem gewissen Grade an. Denn die Spekulation hat keine Furcht davor, einen Ausdruck der Entscheidung zu gebrauchen, das einzige, wovor ihr bangt, ist, etwas Entscheidendes dabei zu denken. Und wenn also das Christentum für das existierende Subjekt die ewige Entscheidung sein will, und die Spekulation die Entscheidung für relativ erklärt, so erklärt sie das Christentum nicht, sondern berichtigt es. Ob die Spekulation recht hat, ist eine ganz andere Frage; hier handelt es sich nur darum, wie ihre Erklärung des Christentums sich zum Christentum, das sie erklärt, verhält.

Etwas erklären, heißt das, es *aufheben*? Ich weiß wohl, daß das Wort „aufheben" in der deutschen Sprache verschiedene, ja entgegengesetzte Bedeutung hat[1]; man hat oft genug daran erinnert, daß es sowohl *tollere* als *conservare* bedeuten kann. Ich weiß nichts davon, daß das entsprechende dänische Wort eine Zweideutigkeit zuläßt, weiß aber wohl, daß es unsere deutsch-dänischen Philosophen wie das deutsche Wort gebrauchen. Ob es nun bei einem Wort eine gute Eigenschaft ist, daß es das Entgegengesetzte bedeuten kann, weiß ich nicht, wer sich aber genau ausdrücken will, meidet an entscheidenden Stellen gern den Gebrauch eines solchen Wortes. Es gibt einen einfachen Ausdruck in der Volkssprache, mit dem man humoristisch das Unmögliche bezeichnet: zugleich den Mund voll Mehl haben und blasen; dieses Kunststück ungefähr macht die Spekulation, wenn sie ein Wort gebraucht, das gerade das Entgegengesetzte bezeichnet. Um es recht deutlich zu machen, daß die Spekulation von keiner Entscheidung zu sagen weiß, gebraucht sie selbst zur Bezeichnung eines solchen Verständnisses wie des spekulativen ein so zweideutiges Wort. Und sieht man näher zu, so wird die Verwirrung noch deutlicher. Aufheben in der Bedeutung von *tollere* heißt vernichten, in der Bedeutung von *conservare* in ganz unverändertem Zustande erhalten, gar nichts mit dem Aufbewahrten machen. Wenn die Regierung einen politischen Verein aufhebt, dann vernichtet sie ihn; wenn ein Mann etwas für mich aufhebt, dann liegt mir gerade daran, daß er gar keine Veränderung damit vornehme. Keins von beiden ist das philosophische Aufheben. Die Spekulation hebt da alle Schwierigkeit auf und läßt nur dies zurück, was ich eigentlich unter dem zu verstehen habe, was sie mit diesem Aufheben macht. Aber laß nun dieses Aufheben ein Herabsetzen zu einem relativen Moment bedeuten [*Logik* I, S. 108 u. 111], wie man ja auch sagt, wenn das Entscheidende, wenn das Paradox zu einem relativen Moment herabgesetzt wird, so wird dies heißen, daß es kein Paradox, nichts Entscheidendes gibt, denn das Paradox und das Entscheidende

[1] [Vgl. Hegel, *Logik* I, S. 110.]

sind, was sie sind, gerade durch ihre Widerspenstigkeit. Ob die Spekulation recht hat, bleibt eine andere Frage, aber hier wird ja nur gefragt, wie sich ihre Erklärung des Christentums zum Christentum verhalte, das sie erklärt.

Daß das Christentum Unwahrheit sei, sagt die Spekulation keineswegs, im Gegenteil sagt sie ja, daß gerade die Spekulation die Wahrheit des Christentums erfasse. Mehr kann man doch wohl nicht verlangen; hat das Christentum jemals verlangt, mehr als die Wahrheit zu sein, und wenn die Spekulation sie erfaßt, ist ja alles in Ordnung. Und doch, nein, so ist es nicht; die systematische Spekulation ist dem Christentum gegenüber bloß etwas schlau in allerlei diplomatischen Wendungen, welche Arglose bestechen. Das Christentum, so wie es vom Spekulanten verstanden wird, ist ja etwas anderes als wie es für die Einfältigen vorgetragen wird. Für die ist es das Paradox, aber der Spekulant versteht das Paradox aufzuheben. Es ist also nicht so, daß das Christentum die Wahrheit ist und war und bleibt, und der Spekulant versteht, daß das Christentum die Wahrheit ist, nein, das Verständnis des Spekulanten vom Christentum ist die Wahrheit des Christentums. Das Verständnis ist also etwas anderes als die Wahrheit; es ist nicht so, daß erst, wenn das Verständnis alles, was in der Wahrheit liegt, verstanden hat, erst dann die Wahrheit verstanden ist, sondern es verhält sich so: erst wenn jene κατα δυναμιν = Wahrheit so, wie sie der Spekulant versteht, verstanden ist, erst dann, ja dann ist nicht die Spekulation wahr geworden, sondern die Wahrheit ist entstanden. Die Wahrheit ist also nicht gegeben, und man wartet nun auf ihr Verständnis, sondern man wartet darauf, daß das Verstehen der Spekulation fertig werde, denn dann erst ist die Wahrheit entstanden. Das spekulative Wissen ist so, nicht wie sonst Wissen etwas für das Gewußte Gleichgültiges, so daß dieses dadurch, daß es gewußt wird, nicht verändert wird, sondern dasselbe bleibt, nein, das spekulative Wissen ist selbst der Gegenstand des Wissens, so daß dieses nun nicht länger dasselbe ist, was es war, sondern zugleich mit der Spekulation als die Wahrheit entstanden ist.

Ob die Spekulation recht hat, ist eine andere Frage, hier wird nur gefragt, wie sich ihre Erklärung des Christentums zum Christentum, das sie erklärt, verhalte. Und wie sollte sie sich dazu verhalten? Die Spekulation ist objektiv, und objektiv gibt es für einen Existierenden keine Wahrheit, sondern bloß ein Approximieren, denn wenn er ganz objektiv wird, ist er verhindert, zu existieren. Das Christentum dagegen ist subjektiv, die Glaubensinnerlichkeit im Glaubenden ist die ewige Entscheidung für die Wahrheit. Und objektiv gibt's da keine Wahrheit, denn das objektive Wissen von der Wahrheit des Christentums oder von dessen Wahrheiten ist gerade Unwahrheit; ein Glaubensbekenntnis auswendig können ist Heidentum, weil das Christentum die Innerlichkeit ist.

Nehmen wir das Paradox der Sündenvergebung. Die Sündenvergebung ist sokratisch Paradox, insofern als sich die ewige Wahrheit zu einem Existierenden verhält, *sensu strictiore* weil der Existierende ein Sünder ist, durch welche Bestimmung die »Existenz zum zweitenmal gezeichnet ist, denn Sündenvergebung soll eine ewige Entscheidung in der Zeit mit rückwirkender Kraft, das Vergangene aufzuheben, sein und ist daran gebunden, daß Gott in der Zeit existiert hat. Der einzelne existierende Mensch muß sich selbst als Sünder fühlen (nicht objektiv, was Unsinn ist, sondern subjektiv, was der tiefste Schmerz ist). Hat der eine ein wenig mehr Verstand als der andere, so macht das keinen wesentlichen Unterschied, und wer sich auf seinen großen Verstand beruft, verrät damit nur seine mangelhafte Innerlichkeit, sonst würde der große Verstand wohl zugesetzt werden. Nein, mit seinem ganzen Verstand bis zur letzten Wendung muß der existierende Mensch die Sündenvergebung zu verstehen suchen und dann an diesem Verstehen verzweifeln. Den Verstand gerade gegen sich muß die Glaubensinnerlichkeit das Paradox ergreifen; und daß der Glaube so streitet, wie die Römer einmal stritten, vom Licht der Sonne geblendet, ist die Spannung der Innerlichkeit.[1]

Will sich irgendwann ein anderes Verständnis bei ihm vordrängen, so sieht er, daß er im Begriffe ist, den Glauben zu verlieren, wie ein Mädchen, wenn sie erst des Geliebten Frau geworden ist und nun entdeckt, daß es wohl verständlich ist, daß sie die Erkorene ihres Mannes geworden ist, einsehen sollte, daß sich diese Erklärung daraus erklärt, daß sie nicht mehr liebt.

---

[1] Daß man so von der Sonne geblendet sein und doch sehen kann, wie man kämpfe, das zeigten die Römer bei Zama; daß man so blind streiten und doch sehen kann, wie man siege, das zeigten die Römer bei Zama. Und nun der Kampf des Glaubens, ist der vielleicht ein Narrenstreich, ein Galanteriegefecht zum Schein, dieser Kampf, der langwieriger als ein dreißigjähriger Krieg ist, weil hier nicht nur ums Erwerben, sondern noch heftiger ums Behalten gekämpft wird, und in welchem jeder Tag ebenso heiß wie der Schlachttag von Zama ist! Während der Verstand verzweifelt, dringt der Glaube in der Leidenschaft der Innerlichkeit siegreich vor. Aber wenn der Glaubende seinen ganzen Verstand und jede letzte verzweifelte Wendung gebraucht, nur um die Schwierigkeit des Paradoxes zu entdecken, so bleibt wahrhaftig kein Teil von ihm übrig, um damit das Paradox zu erklären, aber darum kann wohl ein reichliches Teil Glaubensgehalt in der Leidenschaft der Innerlichkeit liegen.

Bei günstigem Wetter ruhig im Schiff zu sitzen, ist kein Bild des Glaubens, aber wenn das Schiff ein Leck bekommen hat, dann das Schiff begeistert durch Pumpen zu halten und doch den Hafen nicht aufzusuchen: das ist das Bild. Wenn das Bild die Länge der Zeit nicht ausdrükken kann, so liegt dies nur an der Unvollkommenheit des Bildes, der Glaube dagegen hält aus. Während der Verstand wie ein verzweifelter Passagier seine Arme, wenn auch vergeblich, nach dem Lande ausstreckt, arbeitet der Glaube mit Leibeskraft in der Tiefe: rettet froh und siegreich die Seele gegen den Verstand. Ein solcher Widerspruch ist es, glaubend zu existieren; Übereinkunft ist für einen Existierenden ein Blendwerk, da es selbst ein Widerspruch ist, daß ein ewiger Geist existiert.

Ob das jemand getan hat, ob es jemand tut? Was geht es mich an, wenn doch darin der Glaube besteht; und obgleich ich noch keineswegs die Schwierigkeit des Christentums vollkommen verstanden habe (und eine Erklärung, welche die Schwierigkeit leicht macht, muß für eine Anfechtung angesehen werden), sehe ich doch soviel ein, daß der Kampf des Glaubens kein Sujet für Vaudeville-Dichter und keine Anstrengung kein Divertissement für Privatdozenten ist.

Aber ein Spekulant benimmt sich anders. Er tritt vor ein hochgeehrtes Publikum hin und sagt: meine Herren und Damen, denn so muß ich Sie anreden, für eine gläubige Gemeinde kann nämlich nur das Paradox von einem Gläubigen verkündigt werden, aber für ein hochgeehrtes Publikum kann die Wahrheit von einem Spekulanten verkündigt werden: also die Sündenvergebung ist ein Paradox (allgemeine Spannung), die pantheistische Auffassung ist ein Irrtum, den die Spekulation bekämpft; aber die Spekulation bleibt nicht beim Paradox stehen, sie erklärt es und hebt es auf.

Der sehr geehrte Spekulant hat also, als er verzweifelte, nicht seinen ganzen Verstand eingesetzt, sein Verzweifeln geschah bis zu einem gewissen Grade, war eine fingierte Bewegung, er behielt einen Teil des Verstandes zurück, zur Erklärung. Das kann man nennen: Nutzen von seinem Verstande ziehen. Der Glaubende hat von seinem gar keinen Nutzen, er gebraucht ihn beim Verzweifeln ganz, aber der Spekulant versteht ihn hinreichen zu lassen, er nimmt die eine Hälfte zum Verzweifeln (wenn es übrigens kein Unsinn wäre, halb zu verzweifeln) und die andere Hälfte zur Einsicht, daß der Verstand keinen Grund zum Verzweifeln hat. Ja, dann muß die Sache natürlich eine andere werden; und wo liegt dann der Fehler? Natürlich darin, daß die erste Bewegung täuschte, und also eigentlich nicht darin, daß er nicht beim Glauben stehen blieb, sondern daß er gar nicht dazu kam. Gesetzt nun, das Paradox der Sündenvergebung hat seinen Grund darin, daß der arme existierende Mensch eben existiert, daß er halb von Gott verlassen ist, selbst dann, wenn er in Glaubensinnerlichkeit gegen den Verstand siegt; gesetzt, nur die Ewigkeit kann die ewige Gewißheit geben, während sich die Existenz mit der kämpfenden Gewißheit begnügen muß, die nicht gewonnen wird, indem der Kampf schwächer oder illusorisch, sondern nur, indem er heftiger wird. In diesem Falle ist ja das die Erklärung, daß es ein Paradox ist und bleibt, und dann erst alles verloren ist, wenn jemand begreift, daß es kein Paradox oder nur eins bis zu einem gewissen Grade ist. Aber, sagt vielleicht das hochgeehrte Publikum, wenn die Sündenvergebung so etwas ist, wie kann man sie dann glauben? Antwort: wenn sie nicht so etwas ist, wie kann man sie dann *glauben*?

Ob das Christentum recht hat, ist eine andere Frage, hier wird nur gefragt, wie sich die Erklärung der Spekulation zum Christentum verhalte, das sie erklärt. Aber hat das Christentum vielleicht unrecht: so viel steht fest, daß die Spekulation bestimmt unrecht hat, denn die einzige Konsequenz außerhalb des Christentums ist die des Pantheismus, daß man sich durch Erinnerung aus der Existenz in das Ewige zurücknimmt, wodurch alle Existenzentscheidungen nur zu einem Schattenspiel gegen das werden, was ewig und entschieden hinten liegt. Die fingierte Entscheidung der Spekulation ist wie alle *fingierte* Entscheidung Unsinn, denn die Entscheidung ist gerade der ewige Protest gegen Fiktionen. Der Pantheist ist rückwärts blickend ewig beruhigt, der Augenblick, den das Dasein in der Zeit bildet, die siebzig Jahre sind etwas Verschwindendes. Der

Spekulant dagegen will ein Existierender sein, und doch wieder ein Existierender, der nicht subjektiv, nicht in Leidenschaft ist, ja der *sub specie aeterni* existiert, kurz, er ist zerstreut. Was aber in Distraktion erklärt wird, darauf muß man nicht absolut vertrauen, eine solche Erklärung, ja darin bin ich mit der Spekulation einig, die ist nur eine bis zu einem gewissen Grade.

Wenn der Spekulant das Paradox so erklärt, daß er es aufhebt, und nun wissentlich weiß, daß es aufgehoben ist, daß das Paradox also nicht das wesentliche Verhältnis der ewigen, wesentlichen Wahrheit zu einem ist, der im stärksten Grade existiert, sondern nur ein zufälliges Relationsverhältnis zu beschränkten Köpfen, so herrscht ein wesentlicher Unterschied zwischen dem Spekulanten und dem Einfältigen, wodurch das ganze Dasein von Grund aus verwirrt wird: Gott wird dadurch beleidigt, daß er einen Anhang bekommt, einen Zwischenrang und Stab von guten Köpfen, und die Menschheit dadurch verletzt, daß nicht alle Menschen ein gleiches Verhältnis zu Gott haben. Jene oben aufgestellte fromme Formel für den Unterschied zwischen dem Wissen des Einfältigen und des einfältigen Weisen, daß der Unterschied in der nichtssagenden Kleinigkeit besteht, daß der Weise etwas davon weiß, daß er weiß, oder daß er davon weiß, daß er nicht weiß, was der Einfältige weiß, diese Formel respektiert die Spekulation ganz und gar nicht und respektiert auch die in dem Unterschiede enthaltene Gleichheit des Weisen und des Einfältigen nicht, daß sie dasselbe wissen.

Der Spekulant und der Einfältige wissen nämlich keineswegs dasselbe, wenn der Einfältige das Paradox glaubt und der Spekulant weiß, daß es aufgehoben ist. Infolge der angeführten Formel dagegen, die Gott ehrt und die Menschen liebt, wird der Unterschied der sein, daß der Weise zugleich etwas davon weiß, daß es ein Paradox sein muß, das Paradox, das er selbst glaubt. Also wissen sie ja wesentlich dasselbe, der Weise weiß nichts anderes vom Paradox, aber er weiß etwas davon, daß er das vom Paradox weiß. Der einfältige Weise wird sich also darein vertiefen, das Paradox als Paradox zu erfassen, und sich nicht darauf einlassen, das Paradox durch sein Verständnis, daß es nicht da ist, zu erklären.

Wenn also z. B. der einfältige Weise mit einem Einfältigen von der Sündenvergebung reden würde, so würde wohl der Einfältige sagen: „aber ich kann doch die göttliche Barmherzigkeit nicht begreifen, die Sünden vergeben kann; je lebendiger ich es glaube, desto weniger kann ich es verstehen.“ (Die Wahrscheinlichkeit scheint also nicht zuzunehmen, je nachdem sich die Innerlichkeit des Glaubens vergrößert, eher umgekehrt.) Darauf würde der einfältige Weise etwa antworten: „mir geht es ebenso; wie du weißt, habe ich Gelegenheit gehabt, viel Zeit auf Forschen und Nachdenken zu verwenden, und doch ist *summa summarum* von alledem höchstens, daß ich begreife: es kann nicht anders sein, es muß unbegreiflich sein. Sieh, dieser Unterschied kann dich doch wohl nicht betrüben oder veranlassen, wehmütig an dein mühsameres Lebenslos und an deine vielleicht geringeren Gaben zu denken, als hätte ich einen Vorzug vor dir. Über meinen Vorzug könnte man sowohl lachen als auch weinen, wenn man ihn als Frucht des Studiums betrachtet. Doch darfst du dies Studium nicht verachten, wie es mich auch nicht verdrießt; im Gegenteil ist es meine Freude, darüber zu lachen und dann gerade wieder mit Begeisterung zur Dankbarkeit zu greifen."

Eine solche Einräumung geschieht ja in aller Aufrichtigkeit, und nicht ab und zu, sondern begleitet den Weisen, sooft er sich mit dem Denken beschäftigt. Einmal im Jahre daran zu denken, daß man Gott immer danken soll, wäre doch kein richtiges Verständnis dieses Wortes: so auch dann und wann, bei besonderen Ereignissen gerührt daran zu denken, daß vor Gott alle Menschen wesentlich gleich sind, heißt nicht diese Gleichheit in Wahrheit verstehen, wenn sonst unsre tägliche Arbeit und Beschäftigung auf manche Weise sie vergessen läßt. Aber gerade wenn man seine Differenz am allerstärksten fühlt, dann am allerstärksten die Gleichheit verstehen, das ist die edle Frömmigkeit des einfältigen Weisen.

Viel Sonderbares, viel Beklagenswertes, viel Empörendes ist schon vom Christentum gesagt worden; aber das Dümmste, was man je gesagt hat, ist, es sei bis zu einem gewissen Grade wahr. Viel Sonderbares, viel Beklagenswertes, viel Empörendes ist schon von der Begeisterung gesagt worden; aber das Dümmste, was man von ihr gesagt hat, ist, sie gelte bis zu einem gewissen Grade. Viel Sonderbares, viel Beklagenswertes, viel Empörendes ist schon von der Liebe gesagt worden, aber das Dümmste, was man von ihr gesagt hat, ist, sie gelte bis zu einem gewissen Grade. Durch solche Rede von Begeisterung und Liebe prostituiert man sich selbst und verrät seine Dummheit, die jedoch nicht im Mangel an Verstand besteht. Vielmehr hat sie ihren Grund darin, daß der Verstand zu groß wird, gerade wie Leberkrankheit von zu großer Leber kommt. Sie ist daher, wie ein anderer Autor bemerkt[1], „die Dummheit, welche das Salz bekommt, wenn es seine Kraft verliert." Und wenn sich nun ein Mensch durch solche Rede von Begeisterung und Liebe prostituiert und seine Dummheit verraten hat, dann bleibt noch ein Phänomen übrig, das Christentum.

Hat ihm der Anblick der Begeisterung nicht dazu verhelfen können, mit dem Verstande zu brechen, hat ihn die Liebe nicht aus der Knechtschaft ziehen können, dann soll er das Christentum betrachten. Mag er sich daran ärgern, so ist er doch ein Mensch; mag er daran verzweifeln, jemals ein Christ zu werden, so ist er doch vielleicht näher daran, als er glaubt; mag er seinen letzten Blutstropfen dransetzen, das Christentum auszurotten, so ist er doch ein Mensch, aber ist er auch hier imstande zu sagen: es ist bis zu einem gewissen Grade wahr, dann ist er dumm. Vielleicht denkt jemand, es müsse mir bei solcher Rede gruseln, ich müsse auf eine schreckliche Züchtigung von seiten der Spekulanten gefaßt sein. Keineswegs, der Spekulant wird hier wohl wieder konsequent sein und sagen: „es ist bis zu einem gewissen Grade wahr, was der Mann da sagt, nur darf man

[1] [Vigilius Haufniensis im *Begriff der Angst.*]

nicht dabei stehen bleiben." Es wäre ja auch wunderbar, wenn meiner unbedeutenden Person gelingen würde, was nicht einmal dem Christentum gelang, den Spekulanten in Leidenschaft zu bringen; und wenn wirklich, ja dann bekommt mein bißchen Philosophie plötzlich eine Bedeutung, von der ich mir nichts hätte träumen lassen.

Wer aber weder kalt noch warm ist, der ist widerlich[1] und so wenig dem Schützen mit einem Gewehr gedient ist, das im Augenblick der Entscheidung versagt, anstatt Feuer zu geben, so wenig ist Gott mit versagenden Individualitäten gedient. Hätte Pilatus nicht objektiv danach gefragt, was Wahrheit sei, so hätte er Christum nie kreuzigen lassen. Hätte er subjektiv gefragt, so hätte die Leidenschaft der Innerlichkeit in bezug auf das, was er bei der ihm anheimgestellten Entscheidung *in Wahrheit zu tun habe*, ihn verhindert unrecht zu tun; so wäre nicht bloß sein Weib von bangen Träumen geängstigt worden, sondern Pilatus selbst hätte den Schlaf verloren.

Wenn man aber etwas so unendlich Großes wie die objektive Wahrheit vor Augen hat, dann kann man schon einen Strich über sein bißchen Subjektivität machen und über das, was man als Subjekt zu tun hat: dann ist das Approximieren nach der objektiven Wahrheit hin sinnbildlich durch das Händewaschen ausgedrückt, denn objektiv gibt es keine Entscheidung, während die subjektive Entscheidung beweist, daß man doch in der Unwahrheit war, weil man nicht begriff, daß die Entscheidung gerade in der Subjektivität liegt.

Wenn dagegen die Subjektivität die Wahrheit ist, und die Subjektivität die existierende Subjektivität, so hat das Christentum, wenn ich so sagen darf, seinen Schnitt gemacht. Die Subjektivität kulminiert in Leidenschaft, das Christentum ist das Paradox, Paradox und Leidenschaft passen ganz füreinander, und das Paradox ganz für den im stärksten Grade Existierenden. Ja, in der ganzen Welt finden sich keine zwei Liebenden, die so zueinander passen wie Paradox und Leidenschaft, und der Streit zwischen ihnen ist nur wie der Streit der Liebenden, die sich darum streiten, ob er ihre, oder sie seine Leidenschaft wecke. So wird hier darum gestritten, daß sich der Existierende durch das Paradox selbst im äußersten Grade der Existenz befindet. Und was gibt es Herrlicheres für Liebende, als daß es ihnen vergönnt ist, lange Zeit beieinander zu sein, ohne daß in ihrem Verhältnis eine andere Veränderung vorgeht als die, daß dieses inniger wird? Und dies ist ja jenem höchst unspekulativen Verständnis zwischen Leidenschaft und Paradox vergönnt, denn die ganze Zeit ist vergönnt, und erst die Ewigkeit bringt die Veränderung.

Aber der Spekulant benimmt sich anders, er glaubt nur bis zu einem gewissen Grade, er legt die Hand an den Pflug und sieht sich um, um etwas zu wissen zu bekommen. Christlich geredet wird es kaum etwas Gutes sein, was er zu wissen bekommt. Selbst wenn es nicht so wäre, wovon wohl ein einfältiger Weiser, der

1 [Apok. 3, 15 f.]

das Paradox zu erfassen sucht, nachzuweisen bestrebt sein wird, daß es nicht anders sein könne; selbst wenn im Paradox ein kleiner Rest von göttlicher Willkür wäre, so darf doch Gott wohl noch Gewicht auf seine Person legen, so daß er sich nicht infolge von Flauheit der Religiosität (ein Ausdruck, der hier viel besser paßt, als wenn man von Flauheit der Kornwaren redet) genötigt sieht, den Preis des Gottesverhältnisses herabzusetzen. Und wenn es Gott wollte, so würde es der Leidenschaftliche niemals wünschen. Einem in Wahrheit verliebten Mädchen fällt es gewiß nie ein, daß sie ihr Glück zu teuer gekauft habe, sondern eher, daß sie es nicht teuer genug gekauft habe. Und wie die Leidenschaft der Unendlichkeit selbst die Wahrheit war, so gilt auch von dem Höchsten, daß der Preis der Kauf ist, und daß der niedrige Preis gerade einen schlechten Handel bedeutet, während der höchste Preis Gott gegenüber kein Verdienst bildet, da der höchste Preis eben darin besteht, alles tun zu wollen und doch zu wissen, daß dies nichts ist (denn ist es etwas, so ist der Preis niedriger), und es doch zu wollen.

Da ich in dem, was über das Christentum gesagt und geschrieben ist, nicht ganz unkundig bin, könnte ich vielleicht das eine oder andere darüber sagen; das möchte ich jedoch hier nicht tun, sondern bloß wiederholen, daß ich mich davor hüten werde, eins von ihm zu sagen: daß es bis zu einem gewissen Grade wahr sei. Es könnte ja doch möglich sein, daß das Christentum die Wahrheit ist, es könnte ja doch möglich sein, daß einmal ein Gericht kommt, wo nach dem innerlichen Verhältnis zu ihm entschieden wird. Gesetzt, es träte dann ein Mensch vor, der sagen müßte: ich habe zwar nicht geglaubt, aber die Ehre habe ich dem Christentum doch angetan, daß ich jede Stunde meines Lebens angewandt habe, darüber nachzudenken. Oder es träte ein Mensch vor, von dem der Ankläger sagen müßte: er hat die Christen verfolgt, und der Angeklagte würde sagen: ja, ich gestehe es, das Christentum hat meine Seele entflammt, so daß ich nichts anderes gewollt habe als es ausrotten und aus der Welt schaffen, gerade weil ich seine schreckliche Macht begriff. Oder gesetzt, es träte ein Mensch vor, von dem der Ankläger sagen müßte: er hat das Christentum abgeschworen, und der Angeklagte sagte: ja, es ist wahr, denn ich sah ein, daß das Christentum eine solche Macht ist, daß es, wenn ich ihr einen Finger gegeben hätte, mich ganz genommen hätte, und ganz konnte ich ihm nicht angehören.

Aber gesetzt, dann käme endlich ein munterer Privatdozent mit eiligem, geschäftigem Schritt und redete so: ich bin nicht wie jene drei, ich habe das Christentum nicht nur geglaubt, sondern es auch erklärt, habe gezeigt, daß es, wie es von den Aposteln vorgetragen wurde und man es sich in den ersten Jahrhunderten aneignete, nur bis zu einem gewissen Grade wahr ist, wie es dagegen durch das Verständnis der Spekulation die wahre Wahrheit ist, weshalb ich mir vom Christentum eine angemessene Vergütung meiner Verdienste ausbitte: wer von diesen vieren befände sich dann in der schrecklichsten Stellung? Es wäre ja doch möglich, daß das Christentum die Wahrheit ist.

Jener griechische Dichter[1] dessen Kinder verlangten, daß man den betagten Vater für unmündig erkläre, setzte die Richter und das Volk in Erstaunen, indem er zum Zeichen, daß er noch mündig sei, eine seiner schönsten Tragödien dichtete. Gesetzt, das Christentum, dessen undankbare Kinder es für unmündig erklärt und unter die Vormundschaft der Spekulation gestellt haben wollen, erhübe sich nun auch so verjüngt: so würde doch keines Menschen Stellung eine so verlegene werden wie die des Privatdozenten.

Ich leugne nicht, daß es vornehm ist, so hoch über dem Christentum zu stehen. Ich leugne nicht, daß es bequem ist, ein Christ zu sein und doch frei von dem Martyrium, welches, selbst wenn keine äußere Verfolgung heimsucht, selbst wenn ein Christ unbemerkt ist, als ob er gar nicht lebte, das Martyrium bleibt, gegen den Verstand zu glauben, die Lebensgefahr, auf den 70 000 Faden Wasser zu liegen und erst da Gott zu finden.

Sieh, der Watende fühlt mit dem Fuße vor sich hin, daß er nicht weiter hinausgehe, als wo er Grund hat: ebenso fühlt der Verständige mit seinem Verstand in der Wahrscheinlichkeit vor sich hin und findet Gott da, wo die Wahrscheinlichkeit ausreicht, und dankt ihm an den großen Feiertagen der Wahrscheinlichkeit, wenn er eine recht gute Lebensstellung bekommen hat und obendrein Wahrscheinlichkeit bald zu avancieren vor sich sieht; wenn er ein hübsches und vortreffliches Mädchen zur Frau bekommt, so daß selbst Herr Kriegsrat Markussen sagen muß, es werde eine glückliche Ehe werden, das Mädchen sei eine Schönheit von der Art, die sich aller Wahrscheinlichkeit nach lange halten werde, und so gebaut, daß sie aller Wahrscheinlichkeit nach gesunde, kräftige Kinder haben werde.

Gegen den Verstand glauben ist etwas anderes, und mit dem Verstand kann man gar nicht glauben, denn wer mit dem Verstand glaubt, redet nur von Lebensstellung und Weib und Acker und Ochsen und so etwas, was gar nicht Gegenstand des Glaubens ist, da der Glaube immer Gott dankt, immer in Lebensgefahr, in jenem Zusammenstoß der Unendlichkeit und der Endlichkeit, der eben für den, der aus beiden zusammengesetzt ist, die Lebensgefahr ausmacht. Daher ist die Wahrscheinlichkeit dem Glaubenden so wenig lieb, daß er sie mehr als alles fürchtet, weil er wohl weiß: sie bedeutet, daß er den Glauben zu verlieren beginnt. Dieser hat nämlich zwei Aufgaben: achtzugeben und in jedem Augenblick die Unwahrscheinlichkeit, das Paradox zu entdecken, um es dann mit der Leidenschaft der Innerlichkeit festzuhalten. Gewöhnlich stellt man es sich so vor, daß sich der Glaube zum Unwahrscheinlichen, zum Paradox bloß leidend verhalte, daß er sich nun vorläufig mit diesem Verhältnis begnüge, mit dem es schon, und sogar wahrscheinlich, allmählich besser gehen werde. O wunderliche Konfusion, so vom Glauben zu reden! Man soll im Vertrauen darauf, daß es doch wahrscheinlich besser werde, glauben. Auf diese Weise schmuggelt man die Wahrscheinlichkeit ein und hindert sich selbst zu glauben; auf die Weise

---

[1] [Sophokles.]

ist es schon zu verstehen, daß die Frucht davon, seit längerer Zeit geglaubt zu haben, die wird, daß man zu glauben aufhört, statt daß man meinen sollte, die Frucht würde, daß man innerlicher glaubte.

Nein, der Glaube zeigt sich dem Unwahrscheinlichen und dem Paradox gegenüber als selbsttätig, selbsttätig es zu entdecken und es in jedem Augenblicke festzuhalten, um glauben zu können. Es gehört schon die ganze Leidenschaft der Unendlichkeit und ihre Geschlossenheit dazu, vor dem Unwahrscheinlichen stehen zu bleiben, denn das Unwahrscheinliche und das Paradox ist nicht durch ein Verstandes-Quantitieren des immer Schwierigeren zu erreichen. Wo der Verstand verzweifelt, ist schon Glauben dabei, um die Verzweiflung recht entscheidend zu machen, damit die Bewegung des Glaubens nicht ein Umsatz innerhalb des feilschenden Umfangs des Verstandes werde. Aber gegen den Verstand glauben, das ist ein Martyrium, den Verstand etwas auf seine Seite bekommen, ist Anfechtung und Rückgang. Von diesem Martyrium ist der Spekulant befreit. Ich gebe gern zu, daß es beschwerlich ist, studieren, besonders viele von den modernen Büchern lesen zu müssen, aber das Martyrium des Glaubens ist doch etwas anderes.

Mehr als vor dem Tode und vor dem Verlust des Liebsten schauert mir davor, zu sagen, daß das Christentum bis zu einem gewissen Grade wahr sei. Wenn ich siebzig Jahre alt würde, wenn ich beim Nachdenken über das Christentum von Jahr zu Jahr den Schlaf der Nacht verkürzte und die Arbeit des Tages vermehrte: was ist so ein wenig Studium für eine Kleinigkeit, wenn es mich zu einem so vornehmen Urteil über das Christentum berechtigen sollte! Denn daß ich nach flüchtiger Bekanntschaft auf das Christentum so erbittert würde, daß ich es für Unwahrheit erklärte: das wäre doch viel verzeihlicher, viel menschlicher. Aber Vornehmheit erscheint mir als das wahre Verderben, das jede Rettung unmöglich macht, und möglicherweise ist das Christentum doch die Wahrheit.

Dies scheint ja beinahe Ernst zu sein. Wenn ich nun mit lauter Stimme verkündigen dürfte, ich sei zur Welt gekommen und dazu berufen, der Spekulation entgegenzuarbeiten, das sei mein richtendes Geschäft, während es mein prophetisches sei, eine Zukunft ohnegleichen zu weissagen, weshalb sich die Menschen, weil ich mit lauter Stimme rede und berufen sei, mit Sicherheit auf meine Worte verlassen könnten, so würden wohl viele, wenn sie das Ganze nicht für die phantastische Reminiszenz eines Narren halten könnten, es für Ernst halten. Aber so etwas kann ich von mir selbst nicht behaupten. Der Beschluß, mit dem ich begann, ist eher für einen Einfall anzusehen. Jedenfalls erging an mich durchaus kein Ruf, sondern der Ruf, dem ich, wenn man so will, folgte, erging nicht an mich, sondern an einen anderen, und war für ihn keineswegs in strengerem Sinne ein Ruf. Aber selbst wenn an ihn ein Ruf ergangen wäre, so bin ich doch unberufen, wenn ich diesem Ruf folge.

Die Geschichte ist ganz einfach. Es war vor ungefähr vier Jahren an einem Sonntag, ja, nun wird man mir vielleicht nicht glauben wollen, weil es wieder an einem Sonntag war, und doch war es ganz gewiß an einem Sonntag, ungefähr zwei Monate nach jenem Sonntage, von dem vorher die Rede war. Es war später, gegen Abend. Und der Abschied des Abends vom Tage und von dem, der den Tag erlebt hat, ist eine rätselhafte Rede, seine Erinnerung gleich der Mahnung einer sorgsamen Mutter an ihr Kind, zu rechter Zeit nach Hause zu kommen, aber seine Einladung, selbst wenn der Abschied an solchem Mißverständnis keine Schuld trägt, ist ein unerklärlicher Wink, als sei die Ruhe nur zu finden, wenn man draußen in der nächtlichen Zusammenkunft, nicht mit einem Weibe, sondern weiblich mit dem Unendlichen bleibe, überredet vom Nachtwind, wenn er einförmig sich selbst wiederholt, wenn er Wald und Wiese durchsucht und seufzt, als suche er etwas, überredet vom fernen Widerklang der Stille in sich selbst, als ahne sie etwas, überredet von der erhabenen Ruhe des Himmels, als sei es gefunden, überredet von der hörbaren Lautlosigkeit des Taus, als sei dies die Erklärung und die Erquickung der Unendlichkeit, die der Fruchtbarkeit einer stillen Nacht gleicht und nur halb verstanden wird wie die halbe Durchsichtigkeit des Nachtnebels.

Gegen meine Gewohnheit war ich in den Garten gekommen, den man den Garten der Toten nennt, wo wieder der Abschied dem Besucher doppelt schwer wird, da es keinen Sinn hat, „noch einmal“ zu sagen, weil das letztemal schon vorbei ist, und da man keinen Grund hat, mit dem Abschiednehmen aufzuhören, wenn man den Anfang macht, nachdem das letztemal vorbei ist.

Die meisten waren schon nach Hause gegangen, nur ein einzelner verschwand zwischen den Bäumen. Nicht erfreut über die Begegnung, wich er aus, da er ja Tote und nicht Lebendige suchte; und in diesem Garten herrscht ja immer die schöne Übereinkunft zwischen den Besuchern, daß man nicht da hinausgeht, um zu sehen und sich sehen zu lassen, sondern der eine Besucher den andern vermeidet. Man braucht auch keine Gesellschaft, am wenigsten die eines geschwätzigen Freundes, dort, wo alles beredt ist, wo einem der Tote das kurze auf sein Grab gesetzte Wort zuruft, nicht wie ein Pfarrer, der in die Länge und Breite über das Wort predigt, sondern wie ein stiller Mann, der bloß dieses Wort sagt, aber es mit einer Leidenschaft sagt, als müsse der Tote das Grab sprengen, oder ist es nicht wunderlich, sich auf sein Grab die Worte „wir sehen uns wieder“ setzen zu lassen und dann da unten zu bleiben? Und doch welche Innerlichkeit im Wort gerade durch den Widerspruch; denn daß ein Mann, der morgen kommt, „auf Wiedersehen“ sagt, ist nicht ergreifend. Alles gegen sich, gar keinen unmittelbaren Ausdruck für seine Innerlichkeit haben, und doch zu seinem Wort stehen, das ist die wahre Innerlichkeit, und die Innerlichkeit ist in demselben Grade unwahr, als der Ausdruck im Äußeren, in Angesicht und Miene, in Worten und Beteuerungen sogleich zur Hand ist, nicht gerade weil der Ausdruck selbst unwahr ist, sondern weil die Unwahrheit darin besteht, daß die Innerlichkeit bloß einen Augenblick währt.

Der Tote bleibt ganz still, während die Zeit vergeht; auf das Grab des berühmten Kriegers hat man sein Schwert gelegt und Frechheit hat die Gitterpforte entzweigeschlagen, aber der Tote stand nicht auf, griff nicht zum Schwerte, um sich und seine Ruhestätte zu schützen; er gestikuliert nicht, beteuert nicht, lodert im Augenblick der Innerlichkeit nicht auf, sondern schweigsam wie das Grab und still wie ein Toter bewahrt er seine Innerlichkeit und steht zu seinem Worte. Gepriesen sei der Lebende, der sich im Äußeren wie ein Verstorbener zu seiner Innerlichkeit verhält und sie gerade dadurch nicht wie die Erhitzung eines Augenblickes und wie die Betörung eines Weibes, sondern wie das Ewige bewahrt, das durch den Tod hindurch gewonnen ist. Ein solcher ist ein Mann, denn daß ein Weib in augenblicklicher Innerlichkeit überschäumt, ist nicht unschön, und daß sie diese bald wieder vergißt, ist auch nicht unschön, das eine entspricht nämlich dem anderen und beides dem Weiblichen und dem, was man tagtäglich unter Innerlichkeit versteht.

Vom Gehen müde, setzte ich mich auf eine Bank, ein bewundernder Zeuge davon, wie jener stolze Herrscher, der nun seit Jahrtausenden der Held des Tages gewesen ist und es bis zum letzten Tage bleibt, wie die Sonne bei ihrem glänzenden Weggehen den Schein der Verklärung über die ganze Umgebung warf, während mein Auge über die Mauer, die den Garten umgibt, in jenes ewige Sinnbild der Ewigkeit: in den unendlichen Horizont hineinschaute. Was der Schlaf für den Leib, das ist ein solches Ausruhen für die Seele, daß sie recht ausatmen kann.

In demselben Augenblick entdeckte ich zu meinem Erstaunen, daß die Bäume, welche mich vor den Augen anderer verbargen, andere vor den meinigen verborgen hatten; denn ich hörte dicht neben mir eine Stimme. Es hat immer mein Schamgefühl verletzt, Zeuge einer solchen Gefühlsäußerung eines anderen zu sein, wie man sich ihr nur hingibt, wenn man sich unbemerkt glaubt, denn es gibt eine Innerlichkeit des Gefühls, die sich geziemend verbirgt und nur vor Gott offenbar ist, gleichwie die Schönheit eines Weibes vor jedem verborgen und nur vor dem Geliebten offenbar sein will. Darum beschloß ich mich zu entfernen. Aber die ersten Worte, die ich hörte, fesselten mich sehr, und da ich durch das Geräusch meines Weggehens mehr zu stören fürchtete, als wenn ich still sitzen blieb, wählte ich letzteres und wurde nun Zeuge einer Situation, die trotz ihrer Feierlichkeit durch meine Gegenwart keine Verletzung erfuhr.

Ich sah durch die Blätter, daß es zwei waren: ein Greis mit schneeweißen Haaren und ein Kind, ein Knabe von ungefähr zehn Jahren. Sie waren beide in Trauerkleidung und saßen bei einem frisch zugeschütteten Grabe, woraus leicht zu schließen war, daß sie ein kürzlicher Verlust beschäftige. Die ehrwürdige Gestalt des Greises ward bei der Verklärung des Abendscheines noch feierlicher, und seine Stimme, ruhig und doch bewegt, gab das Wort deutlich, und zwar mit der Innerlichkeit wieder, die es bei dem Redenden hatte, der ab und zu innehielt, wenn die Stimme in Tränen erstickte, oder die Stimmung in einem Seufzer stille hielt. Denn Stimmung ist wie der Nigerstrom in Afrika, niemand kennt seinen Ursprung, niemand kennt seinen Ausfluß, nur sein Lauf ist bekannt!

Ich erfuhr aus dem Gespräch, daß der kleine Knabe ein Enkel des Greises und der, dessen Grab sie besuchten, der Vater des Knaben war. Nach aller Wahrscheinlichkeit, da niemand genannt wurde, war die ganze übrige Familie ausgestorben, wovon ich mich auch bei einem späteren Besuch überzeugte, als ich auf der Gedenktafel den Namen und die Namen der vielen Verstorbenen las.

Der Alte redete mit dem Kinde davon, daß es nun keinen Vater mehr habe, niemand, an den es sich halten könne, außer einem alten Manne der doch zu alt für es sei und sich selbst von der Welt wegsehne; aber es gebe einen Gott im Himmel, nach welchem sich alle Vaterschaft im Himmel und auf Erden nenne und es gebe einen Namen, in welchem Heil sei, der Name Jesu Christi. Er hielt einen Augenblick inne und sagte dann halblaut bei sich selbst: daß dieser Trost mir zum Schrecken werden sollte, daß er, mein Sohn, der nun ins Grab gelegt ist, ihn fahren lassen konnte! Wozu alle meine Hoffnung, wozu alle meine Fürsorge, wozu alle seine Weisheit, wenn nun sein Tod mitten in der Verirrung die Seele eines Glaubenden in Ungewißheit über seine Rettung läßt, wenn er meine grauen Haare mit Herzeleid ins Grab bringt, einen Glaubenden nötigt, die Welt in Angst zu verlassen, einen Greis, wie ein Zweifler nach Gewißheit zu jagen und sich mutlos nach dem Zurückbleibenden umzusehen.

Darauf redete er wieder mit dem Kinde davon, es gebe eine Weisheit, die an dem Glauben vorbeifliegen wolle, jenseits des Glaubens zeige sich ein weit ausgedehntes Land wie die blauen Berge, ein scheinbares Festland, das für die Augen des Sterblichen wie eine Gewißheit aussehe, die höher sei als die des Glaubens. Aber der Glaubende fürchte diese Lufterscheinung, wie der Schiffer eine solche fürchte. Sie sei ein Schein der Ewigkeit, in dem ein Sterblicher nicht leben könne, sondern, wenn er starr hineinblickt, den Glauben verliere. Dann schwieg er wieder und sagte halblaut für sich: o, daß mein unglücklicher Sohn sich betrügen ließ! Wozu doch alle seine Gelehrsamkeit, mit der er sich mir nicht einmal verständlich machen konnte, so daß ich mit ihm über seinen Irrtum, der mir zu hoch war, hätte reden können!

Darauf erhob er sich und führte das Kind zum Grabe hin und sagte mit einer Stimme, die ich nie vergessen werde: „Armer Junge, du bist nur ein Kind und stehst doch bald allein in der Welt. Versprichst du mir nun beim Andenken an deinen verstorbenen Vater, der, wenn er jetzt zu dir reden könnte, so reden würde, und der jetzt mit meiner Stimme redet: versprichst du beim Anblick meines Alters und meiner grauen Haare, versprichst du bei der Feierlichkeit dieser geheiligten Stätte, bei dem Gott, dessen Namen du doch hast anrufen lernen, bei dem Namen Jesu Christi, in dem allein Heil ist: versprichst du mir, daß du an diesem Glauben im Leben und Tode festhalten willst, daß du dich von keinem Blendwerk, wie auch die Gestalt der Welt sich verändern mag, betrügen lassen willst, versprichst du mir das?" Von dem Eindruck überwältigt, warf sich der Kleine auf die Knie, der Alte aber richtete ihn auf und drückte ihn an seine Brust.

Ich muß in Wahrheit gestehen, daß ich nie Zeuge eines so erschütternden Auftritts gewesen bin. Was vielleicht einen Augenblick diesen oder jenen zu der Annahme veranlassen mag, das Ganze für eine Fiktion zu halten, nämlich, daß ein Greis so mit einem Kinde redet, das erschütterte mich am allermeisten: der unglückliche Greis, der allein mit einem Kinde in der Welt dastand, der keinen hatte, mit dem er über seinen Kummer sprechen konnte, als ein Kind, der nur einen zu retten hatte, ein Kind, bei dem er doch keine Reife zum Verständnis voraussetzen konnte. Und doch durfte er nicht auf die Ankunft der Reife warten, weil er selbst ein Greis war.

Es ist schön, ein Greis zu sein, lieblich für einen alten Mann, das Geschlecht um sich her aufwachsen zu sehen, eine erfreuliche Rechenaufgabe, zuzuzahlen, sooft sich die Zahl erhöht; aber wird es sein Los, wieder umzurechnen, wird es die Rechenaufgabe, abzuzählen, jedesmal wenn der Tod wieder nimmt, bis es *quitte* heißt und der Greis zum quittieren zurückbleibt: was ist dann so schwer, als ein Greis zu sein! Wie die Not einen Menschen zum äußersten bringen kann, so schien mir das Leid des Alten seinen stärksten Ausdruck darin zu finden, was man dichterisch eine Unwahrscheinlichkeit nennen müßte: daß ein Greis in einem Kinde seinen einzigen Vertrauten hat und daß von einem Kinde ein heiliges Gelübde, ein Eid gefordert wird.

Obgleich nur Zuschauer und Zeuge, war ich doch tief ergriffen; in einem Augenblick war mir's, als sei ich selbst der junge Mann, den sein Vater mit Schrecken begrub, im anderen, als sei ich das Kind, das durch das heilige Gelübde gebunden wurde. Indes fand ich kein Bedürfnis hervorzustürzen, um dem alten Mann gerührt meine Teilnahme zu bezeugen, indem ich mit Tränen und bebender Stimme ihm versicherte, daß ich diese Szene nie vergessen werde, oder ihn sogar aufforderte, auch mich zu vereidigen. Denn nur voreilige Menschen, unfruchtbare Wolken und Regenschauer, haben nichts so eilig als einen Eid abzulegen; weil sie nämlich ihn nicht zu halten vermögen, darum müssen sie ihn fortwährend ablegen.

Ich denke darüber ungefähr so, daß „nie diesen Eindruck vergessen zu wollen" etwas anderes sei, als einmal in einem feierlichen Augenblick zusagen: „das werde ich niemals vergessen": das erste ist Innerlichkeit, das andere vielleicht nur augenblickliche Innerlichkeit. Und wenn man es nie vergißt, so bin ich nicht der Meinung, daß die Feierlichkeit, womit man es gesagt hat, so wichtig sei, da die fortwährende Feierlichkeit, mit welcher man sich täglich vom Vergessen abhält, eine wahrere Feierlichkeit ist. Das Weibische ist immer gefährlich. Ein zärtlicher Händedruck, eine leidenschaftliche Umarmung, eine Träne im Auge ist doch nicht ganz dasselbe wie die stille Einweihung des Entschlusses; und die Innerlichkeit des Geistes bleibt im Leibe doch immer wie ein Fremdling und Ausländer, wozu also Gestikulationen? Brutus bei Shakespeare sagt[1] so wahr, als

---

[1] [*Julius Cäsar*, Akt 2, Szene 1.]

die Verschwornen sich durch einen Eid zu ihrer Tat verabreden wollen: „Nein, keinen Eid ... Laßt Priester, Memmen, Schriftgelehrte schwören, verdorrte Greis' und Jammerseelen ... Entehrt nicht so den Gleichmut unsrer Handlung und unfern unbezwinglich festen Sinn, zu denken, unsere Tat brauch' einen Eid."

Der augenblickliche Erguß der Innerlichkeit hinterläßt gewöhnlich eine Mattigkeit, die gefährlich ist. Dazu kommt, daß mich eine einfache Beobachtung auch auf eine andere Weise Vorsicht bei der Ablegung eines Eides und Gelübdes gelehrt hat, so daß die wahre Innerlichkeit sogar gezwungen wird, sich durch den Gegensatz auszudrücken. Geschwinde, leicht auflodernde Menschen sind äußerst geneigt ein heiliges Gelübde abzufordern, weil ihre innere Schwachheit die starke Stimulation des Augenblicks braucht. Einem solchen ein heiliges Versprechen zu geben, ist sehr bedenklich, weshalb man am besten tut, den feierlichen Auftritt zu verhindern, indem man, wenn die Forderung eines Versprechens sonst einigermaßen berechtigt ist, sich selbst durch eine kleine *reservatio mentalis* bindet. Dadurch nützt man dem anderen, verhindert die Profanation des Heiligen und verhindert ihn, selbst durch einen Eid gebunden zu werden, den er doch zuletzt brechen würde. Wenn Brutus so mit Rücksicht darauf, daß die Verschwornen wohl nur mit einer einzelnen Ausnahme auflodernde Naturen und daher eilfertig waren, Eide und heilige Gelübde abzulegen und solche Gelübde zu fordern, sie von sich gewiesen und dadurch die Ablegung des Gelübdes verhindert hätte, wenn er dagegen, da er es für eine gerechte Sache und auch für recht hielt, daß sie sich damit an ihn wandten, in aller Stille sich selbst dazu geweiht hätte: dann wäre nach meiner Meinung seine Innerlichkeit noch größer gewesen. Nun deklamiert er ein wenig, und obgleich in seinen Worten Wahrheit liegt, ist es doch etwas Unwahres, daß er es zu den Verschwornen sagt, ohne sich recht klarzumachen, zu wem er redet.

Darauf ging ich auch nach Hause. Im Grunde verstand ich den Alten sogleich, denn meine Studien hatten mich auf manche Weise dazu geführt, ein mißliches Verhältnis zwischen der modernen christlichen Spekulation und dem Christentum zu bemerken, aber so, daß es mich zu einer Entscheidung geführt hätte, hatte es mich doch nicht beschäftigt. Jetzt bekam die Sache ihre Bedeutung. Der ehrwürdige Greis mit seinem Glauben erschien mir als eine absolut berechtigte Individualität, als einer, dem das Dasein dadurch unrecht tat, daß eine moderne Spekulation gleich einer Veränderung im Geldwert die Eigentumssicherheit des Glaubens zweifelhaft machte. Der Schmerz des ehrwürdigen Greises, seinen Sohn nicht bloß durch den Tod, sondern, wie er es verstand, noch schrecklicher durch die Spekulation zu verlieren, rührte mich tief, während der Widerspruch in seiner Lage, daß er nicht einmal erklären konnte, wie die feindliche Macht sich benommen habe, für mich zur bestimmten Aufforderung wurde, auf eine sichere Spur zu kommen. Das Ganze zog mich wie ein verwickelter Kriminalfall an, in welchem sich kreuzende Verhältnisse es sehr erschwert haben, hinter die Wahrheit zukommen. Das war etwas für mich. Ich dachte da ungefähr so: dich langweilen nun die Zerstreuungen des Lebens, langweilen die Mädchen, die du nur *en passant* gern hast, du mußt etwas haben, was dich ganz und gar beschäftigt und deine Zeit ausfüllt; hier ist es: herauszufinden, wo das Mißverständnis zwischen der Spekulation und dem Christentum liegt. So entschloß ich mich dazu. Ich habe wahrhaftig nie zu einem Menschen davon geredet und bin sicher, daß meine Hauswirtin weder an demselben Abend noch am folgenden Tage eine Veränderung an mir bemerkt hat.

„Aber“, sagte ich zu mir selbst, „da du nun kein Genie bist und durchaus keine Mission dazu hast, die ganze Menschheit zu beglücken, und da du auch niemand etwas versprochen hast, so kannst du die Sache recht *con amore* nehmen und ganz *methodice* vorgehen, als bewachte ein Dichter und ein Dialektiker jeden deiner Schritte; jetzt, wo du ein genaueres Verständnis deines eignen Einfalls bekommen hast, daß du etwas schwierig zu machen suchen sollst.“

Meine Studien, die mich ja gewissermaßen zu meinem Ziele geführt hatten, wurden nun bestimmter geregelt, aber mir schwebte die ehrwürdige Gestalt des Greises stets vor der Seele, sooft ich meine Erwägungen in ein gelehrtes Wissen verwandeln wollte. Besonders aber suchte ich durch eignes Nachdenken dem Mißverständnis in letzter Instanz auf die Spur zu kommen. Ich brauche meine vielen Fehlgriffe nicht zu erzählen, aber schließlich wurde mir klar, daß der Irrtum und die Verführung der Spekulation und ihr darauf begründetes vermeintliches Recht, den Glauben zu einem Moment herabzusetzen, nicht etwas Zufälliges ist, sondern viel tiefer in der Richtung des ganzen Zeitalters liegt und, wohl darin liegt, daß man überhaupt bei dem vielen Wissen vergessen hat, was *existieren* heißt, und was *Innerlichkeit* zu bedeuten hat.

Als ich dies begriffen hatte, wurde mir zugleich klar, daß, wenn ich darüber etwas mitteilen wolle, meine Darstellung vor allem in *indirekter* Form bleiben müsse. Wenn nämlich die Innerlichkeit die Wahrheit ist, so ist ein Resultat nur Plunder, mit dem man sich gegenseitig nicht belasten soll, und die Mitteilung eines Resultats ein unnatürlicher Verkehr zwischen Mensch und Mensch, insofern als jeder Mensch Geist und die Wahrheit gerade die Selbsttätigkeit der Aneignung ist, welche ein Resultat verhindert. Mag der Lehrer für die wesentliche Wahrheit (denn sonst ist ja das unmittelbare Verhältnis zwischen Lehrer und Schüler ganz in der Ordnung), wie man sagt, viel Innerlichkeit haben und seine Lehre gern tagaus tagein verkündigen wollen: wenn er annimmt, daß zwischen ihm und dem Lernenden ein unmittelbares Verhältnis bestehe, so ist seine Innerlichkeit nicht Innerlichkeit, sondern ein unmittelbarer Erguß, denn die Ehrerbietung vor dem Lernenden, daß er eben in sich selbst die Innerlichkeit sei, ist die Innerlichkeit des Lehrers. Mag ein Lernender begeistert sein und in den stärksten Ausdrücken den Ruhm seines Lehrers verkündigen, und so, wie man sagt, seine Innerlichkeit an den Tag legen: seine Innerlichkeit ist nicht Innerlichkeit, sondern unmittelbare Hingebung, denn die gottesfürchtige stille Übereinkunft, infolge deren sich der Lernende bei sich selbst das Gelehrte aneignet, indem er sich von dem Lehrer entfernt, weil er sich in sich selbst kehrt, das ist gerade die Innerlichkeit.

Pathos ist wohl Innerlichkeit, aber unmittelbare Innerlichkeit, daher gibt man sie aus, aber Pathos in der Form des Gegensatzes ist Innerlichkeit, die bleibt bei dem Mitteilenden, obgleich sie ausgegeben wird, und sie laßt sich nicht direkt, sondern nur unter des anderen *Selbsttätigkeit* dedizieren, und die Form des Gegensatzes ist gerade der Kraftmesser der Innerlichkeit. Je völliger die Form des Gegensatzes ist, desto größere Innerlichkeit, und, in je geringerem Grade sie vorhanden ist, bis die Mitteilung unmittelbar wird, desto weniger Innerlichkeit. Ein begeistertes Genie, das gern alle Menschen beglücken und zur Wahrheit führen will, kann Schwierigkeit genug haben, so zurückzuhalten und das NB. der Reduplikation zu fassen (denn die Wahrheit gleicht keinem Zirkular, auf dem man Unterschriften sammelt, sondern besteht *in valore intrinseco* der Innerlichkeit). Ein Landstreicher und Leichtfuß versteht dies leichter.

Sobald angenommen werden kann, die Wahrheit, die wesentliche Wahrheit sei jedem bekannt, handelt es sich um Arbeit für Aneignung und Innerlichkeit, und die kann nur in indirekter Form geschehen. Die Stellung eines Apostels ist eine andere, denn er hat die unbekannte Wahrheit zu verkündigen, und darum kann die unmittelbare Mitteilung immerhin vorläufige Gültigkeit haben.

Sonderbar! Während man so sehr nach dem Positiven und der unmittelbaren Mitteilung der Resultate verlangt, fällt es keinem ein, sich über Gott zu beklagen. Dieser könnte sich doch als der ewige Geist, von dem die abgeleiteten stammen, bei der Mitteilung der Wahrheit direkt an den abgeleiteten Geist wenden, ganz anders noch, als wo es sich um das gegenseitige Verhalten abgeleiteter Geister handelt, die einander *wesentlich* gleich sind. Aber kein anonymer Verfasser kann sich listiger verbergen, und kein Mäeutiker sich sorgfältiger dem unmittelbaren Verhältnis entziehen als Gott. Er ist in der Schöpfung, überall in der Schöpfung, aber unmittelbar ist er da nicht; erst wenn sich das einzelne Individuum in sich selbst kehrt (also erst in der Innerlichkeit der Selbsttätigkeit), wird es aufmerksam und ist imstande Gott zu sehen.

Das unmittelbare Verhältnis zu Gott ist gerade Heidentum, und erst dann, wenn der Bruch geschehen ist, kann von einem wahren Gottesverhältnis die Rede sein. Aber dieser Bruch ist eben der erste Akt davon, daß die Wahrheit in der Innerlichkeit besteht. Wohl ist die Natur Gottes Werk, aber nur das Werk ist unmittelbar zur Stelle, nicht Gott. Benimmt er sich da nicht dem einzelnen Menschen gegenüber wie ein trügerischer Autor, der an keiner Stelle das Resultat mit großen Buchstaben hinsetzt, oder es in einem Vorwort als Handgeld voraus gibt? Und warum ist Gott so trügerisch? Gerade weil er die Wahrheit ist und darum den Menschen vor Unwahrheit behüten will. Der Betrachter gelangt nicht unmittelbar zum Resultat, sondern muß sich bemühen, es bei sich selbst zu finden und damit das unmittelbare Verhältnis brechen. Aber dieser Bruch ist eben der Durchbruch der Innerlichkeit, der Akt der Selbsttätigkeit, die erste Betonung, daß die Wahrheit in der Innerlichkeit bestehe.

Oder ist Gott nicht so unbemerkbar, so verborgen in seinem Werk da, daß ein Mensch sehr gut dahinleben, sich verheiraten, in Achtung und Ansehen als Mann, Vater und Schützenkönig stehen kann, ohne Gott in seinem Werk zu entdecken, ohne einmal recht einen Eindruck von der Unendlichkeit des Ethischen zu bekommen, weil er sich mit einer Analogie der spekulativen Verwechslung des Ethischen mit dem Weltgeschichtlichen, nämlich mit Brauch und Sitte in seiner Stadt behalf? Wie eine Mutter ihr Kind, wenn es in Gesellschaft geht, ermahnt: führe dich nun gut auf und benimm dich so, wie du andere artige Kinder sich benehmen siehst: so kann er auch dahinleben und sich so benehmen, wie er sich die andern benehmen sieht. Er wird nie etwas zuerst tun und nie eine Ansicht haben, von der er nicht zuerst weiß, daß andere sie haben; denn dieses „die anderen" ist gerade sein erstes. Bei außerordentlichen Gelegenheiten wird er sich benehmen, wie wenn in einer Gesellschaft ein Gericht serviert wird, und einer nicht weiß, wie es gegessen werden soll: er wird umherspähen, bis er sieht, wie die andern Leute es machen usw. Ein solcher Mensch weiß vielleicht viel, weiß vielleicht das System auswendig, er lebt vielleicht in einem christlichen Lande, versteht sich zu verneigen, sooft der Name Gottes genannt wird, er sieht vielleicht Gott in der Natur, wenn er mit andern Leuten, die Gott sehen, zusammen ist, kurz er ist ein angenehmer Gesellschafter und doch ist er durch sein unmittelbares Verhältnis zur Wahrheit, zum Ethischen, zu Gott betrogen.

Wenn man einen solchen Menschen im Experiment darstellen würde, dann wäre er eine Satire über das Menschsein. Eigentlich macht das Gottesverhältnis einen Menschen zum Menschen, und dies fehlt ihm, obgleich niemand Bedenken trägt, ihn für einen wirklichen Menschen anzusehen, denn daß die Innerlichkeit fehlt, kann man nicht direkt sehen. Er gleicht eher einer Marionettenpuppe, die alles äußerlich Menschliche täuschend nachahmt, sogar von ihrer Frau Kinder bekommt. Am Ende seines Lebens muß man dann sagen, daß ihm viel entgangen sei: er ist nicht auf Gott aufmerksam geworden.

Könnte Gott ein unmittelbares Verhältnis erlauben, wäre er schon aufmerksam geworden. Wenn sich Gott so die Gestalt eines seltenen, ungeheuer großen grünen Vogels mit rotem Schnabel geben würde, der auf dem Stadtwall oben auf einem Baume säße und vielleicht auch auf ungewöhnliche Weise pfiffe: so würde der Gesellschaftsmann wohl die Augen aufmachen, ja er wäre imstande, zum ersten Male in seinem Leben der Erste zu sein. Darin liegt das ganze Heidentum, daß sich Gott unmittelbar zum Menschen wie das Auffallende zu dem Sichwundernden verhält.

Daß man sich aber in Geist und Wahrheit zu Gott verhält, d. h. die Innerlichkeit, ist eben erst durch den Durchbruch der Innerlichkeit bedingt, welche der göttlichen Hinterlist entspricht, daß Gott ganz und gar nichts Auffallendes hat, ja so weit von allem Auffallenden entfernt ist, daß er unsichtbar ist, so daß man gar nicht merkt, daß er da ist, während seine Unsichtbarkeit wiederum seine Allgegenwart bedeutet.

Ein Allgegenwärtiger ist ja aber einer, den man überall sieht, wie z. B. einen Polizeidiener: wie trügerisch also, daß ein Allgegenwärtiger eben daran kenntlich ist, daß er unsichtbar[1] ist, einzig und allein daran, denn seine Sichtbarkeit hebt seine Allgegenwart gerade auf.

Das Verhältnis zwischen Allgegenwart und Unsichtbarkeit gleicht dem Verhältnis zwischen Geheimnis und Offenbarung: das Geheimnis ist der Ausdruck dafür, daß die Offenbarung Offenbarung in strengerem Sinne ist, daß das Geheimnis gerade das Einzige ist, woran man sie erkennt, da sonst eine Offenbarung so etwas wie die Allgegenwart eines Polizeidieners wird.

Wird sich Gott in menschlicher Gestalt offenbaren und sich ein unmittelbares Verhältnis z. B. dadurch geben, daß er die Gestalt eines sechs Ellen großen Mannes annimmt, so wird jener im Experiment benutzte Gesellschaftsmann und Schützenkönig schon aufmerksam werden. Aber das wahre Geistesverhältnis fordert, wenn Gott nicht betrügen will, eben, daß die Gestalt gar nichts Auffallendes habe, so daß der Gesellschaftsmann sagen muß: da ist nicht das allergeringste zu sehen. Wenn der Gott gar nichts Auffallendes hat, so betrügt sich vielleicht der Gesellschaftsmann dadurch, daß er gar nicht aufmerksam wird. Aber der Gott ist daran unschuldig, und die Wirklichkeit des Betrugs ist vielleicht beständig die Möglichkeit der Wahrheit. Hat aber der Gott das Auffallende, so betrügt er dadurch, daß der Mensch auf die Unwahrheit aufmerksam wird, und diese Aufmerksamkeit ist zugleich die Unmöglichkeit der Wahrheit.

Im Heidentum ist das unmittelbare Verhältnis die Abgötterei, im Christentum weiß ja jeder, daß sich Gott so nicht zeigen kann. Aber dieses Wissen ist keineswegs die Innerlichkeit, und im Christentum kann es einem Auswendigwissenden begegnen, daß er ganz „ohne Gott in der Welt“[2] bleibt, wie es im Heidentum nicht der Fall war, denn da war doch das unwahre Verhältnis des Götzendienstes. Und freilich ist Abgötterei ein klägliches Surrogat, aber daß der Artikel Gott ganz ausgeht, ist doch noch verdrehter.

Also nicht einmal Gott verhält sich unmittelbar zum abgeleiteten Geiste. Und das ist die Wunderbarkeit des Schaffens, nicht etwas hervorzubringen, das dem

---

[1] Um hervorzuheben, wie trügerisch das Rhetorische sein kann, will ich hier zeigen, wie man rhetorisch vielleicht Eindruck auf Zuhörer machen kann, obgleich das, was man sagt, ein dialektischer Rückgang ist. Laß einen heidnischen religiösen Redner sagen: „Hier auf Erden ist der Tempel des Gottes eigentlich leer, aber (und nun fängt das Rhetorische an) im Himmel, wo alles vollkommener, wo Wasser Luft, und Luft Äther ist, da gibt es auch Tempel und Heiligtümer für die Götter, aber mit dem Unterschiede, daß die Götter wirklich in diesen Tempeln wohnen“, so ist es ein dialektischer Rückgang, daß der Gott wirklich im Tempel wohne, denn daß er nicht im Tempel wohnt, ist ein Ausdruck für das Geistesverhältnis zum Unsichtbaren. Aber rhetorisch macht es Eindruck.
Ich habe übrigens eine bestimmte Stelle bei einem griechischen Autor im Auge (Plato, Phädon, S. 111b [Übersetzung von Kassner, Diederichs, Jena S. 101]), den ich jedoch nicht zitieren will.

[2] [Epheser 2,12.]

Schöpfer gegenüber nichts ist, sondern etwas, das etwas ist und das im wahren Gottesdienst dieses etwas dazu benutzen kann, durch sich selbst vor Gott nichts zu werden. Nicht einmal Gott verhält sich so, geschweige daß ein Mensch sich so zum andern in *Wahrheit* verhalten kann. Die Natur, die Totalität der Schöpfung, ist Gottes Werk, und doch ist Gott nicht da, sondern im einzelnen Menschen ist eine Möglichkeit (er ist nach seiner Möglichkeit Geist), die in der Innerlichkeit zu einem Gottesverhältnis erweckt wird, und dann ist es möglich, Gott überall zu sehen. Die sinnliche Unterscheidung zwischen dem Großen, dem Erstaunlichen, der himmelschreiendste Superlativ einer südlichen Nation ist, mit dem Geistesverhältnis der Innerlichkeit verglichen, ein Rückgang zu Abgötterei. Ist dies nicht, wie wenn ein Autor hundertsechsundsechzig Foliobände schriebe, und der Leser läse und läse, gleich wie man auf die Natur sieht und sieht, aber nicht entdeckt, daß der Sinn jenes ungeheuren Werkes im Leser selbst liegt. Denn das Erstaunen über die vielen Bände, und darüber, daß fünfhundert Zeilen auf jeder Seite stehen, welches dem Erstaunen über die Größe der Natur und über die unzähligen Tierarten gleicht, ist ja nicht das Verständnis.

Zwischen Geist und Geist ist ein direktes Verhältnis in bezug auf die wesentliche Wahrheit undenkbar. Nimmt man dies Verhältnis an, so bedeutet das eigentlich, daß der eine Teil aufgehört hat Geist zu sein, was manches Genie nicht bedenkt, das sowohl den Leuten *en masse* in die Wahrheit hineinhilft, als auch so gutmütig ist zu meinen, daß Beifall, Willigkeit zu hören, Namensunterschrift usw. bedeute, man habe die Wahrheit angenommen. Akkurat ebenso wichtig wie die Wahrheit, und eins von beiden noch wichtiger, ist die Art und Weise, wie die Wahrheit angenommen wird, und es hülfe nur wenig, wenn einer Millionen zur Annahme der Wahrheit brächte, wenn sie gerade durch die Art und Weise der Annahme in die Unwahrheit versetzt würden. Und daher ist alle Gutmütigkeit, alle Überredung, alles Markten, alles direkte Heranziehen mit Hilfe seiner eignen Person, in Anbetracht dessen, daß man für die Sache so viel leiden muß, daß man über die Menschen weint, daß man so begeistert ist usw., ist alles das ein Mißverständnis, ist ein Falsum gegenüber der Wahrheit, wodurch man, je nach eigenen Kräften, einem Haufen Menschen zum Schein der Wahrheit verhilft.

Sieh, Sokrates war ein Lehrer im Ethischen, aber er war darauf aufmerksam, daß es zwischen dem Lehrer und dem Lernenden kein direktes Verhältnis gibt, denn die Wahrheit besteht in der Innerlichkeit, und die Innerlichkeit in den beiden ist gerade der Weg voneinander weg. Weil er dies einsah, darum hatte er vermutlich auch eine solche Freude an seinem vorteilhaften Äußeren.[1] Welches war das? Ja, rat einmal! Zu unserer Zeit sagen wir ja von einem Pfarrer, daß er ein recht vorteilhaftes Äußere habe, wir freuen uns darüber und meinen damit: er ist ein hübscher Mann, der Talar steht ihm gut, er hat ein klangvolles Organ und

---

1 [Vgl. Xenophons Symposion Kap. 5.]

einen Wuchs, an dem jeder Schneider, oder was ich sagen wollte, jeder Zuhörer seine Freude haben muß. Ach ja, wenn man von der Natur so ausgestattet und vom Schneider so bekleidet ist, dann kann man freilich Religionslehrer, und kann es mit Glück sein. Denn die Lage der Religionslehrer ist sehr verschieden, ja mehr, als man denkt, wenn man Beschwerde darüber hört, daß einige Pfarrstellen so große Einkünfte, andere sehr kleine haben Der Unterschied ist noch größer, da einige Religionslehrer gekreuzigt wurden; aber die Religion ist ganz dieselbe. Bei der Vorstellung davon, wie der Lehrer sein soll, kümmert man sich nicht viel um die reduplizierte Wiedergabe der in der Religion enthaltenen Lehre. Man trägt Orthodoxie vor und schmückt den Lehrer mit heidnisch-ästhetischen Bestimmungen aus. Man stellt Christum in Ausdrücken der Bibel dar; daß er die Sünde der ganzen Welt trug, will nicht recht Eindruck auf die Gemeinde machen, doch verkündigt es der Redner, und um den Gegensatz recht stark zu machen, schildert er Christi Schönheit (denn den Gegensatz von Unschuld und Sünde ist nicht stark genug), und die gläubige Gemeinde läßt sich durch diese vollkommen heidnische Bestimmung von dem Gott in Menschengestalt, von seiner „Schönheit" rühren.

Doch zurück zu Sokrates. Er hatte nicht ein solches vorteilhaftes Äußere, wie wir eben schilderten; er war sehr häßlich, hatte klotzige Füße und vor allem eine Menge Organe auf der Stirn und an anderen Stellen, die jedermann davon überzeugen mußten, daß er ein demoralisiertes Subjekt war. Sieh, das verstand Sokrates unter seinem vorteilhaften Äußeren, über das er heilfroh war, so daß er es für eine Schikane des Gottes angesehen hätte, um ihn zu hindern, Sittenlehrer zu sein, wenn er ihm ein gefälliges Äußeres gegeben hätte, wie es sich ein zärtlicher Zitherspieler, einen schmachtenden Blick, wie ein Schäfer, so kleine Füße wie ein Balldirektor in der Freundschaftlichen[1], und *in toto* ein so vorteilhaftes Äußeres, wie ein Stellesuchender im Adreßblatt oder ein theologischer Kandidat, der seine Hoffnung auf eine größere Stelle gesetzt hat, wünschen kann.

Weshalb war nun wohl jener alte Lehrer über sein vorteilhaftes Äußeres so froh? Weshalb anders, als weil er einsah, daß es dazu helfen werde, den Lernenden zu entfernen, so daß dieser nicht in einem direkten Verhältnis zum Lehrer hängen bliebe, indem er ihn vielleicht bewunderte, vielleicht seine Kleider ebenso machen ließ, sondern daß er durch den Abstoß des Gegensatzes, der wieder in einer höheren Sphäre seine Ironie war, begreifen müßte, daß der Lernende wesentlich mit sich selbst zu tun hat, und daß die Innerlichkeit der Wahrheit nicht die kameradschaftliche Innerlichkeit ist, mit der zwei Busenfreunde miteinander Arm in Arm gehen, sondern die Trennung, in der jeder für sich selbst im Wahren existiert.

---

1 [Die „freundschaftliche Gesellschaft", ein 1783 gestifteter Klub mit jährlichen vom Ballinspektor arrangierten Bällen.]

Darüber war ich mit mir selbst ganz im reinen, daß jede direkte Mitteilung in bezug auf Wahrheit als Innerlichkeit ein Mißverständnis ist, freilich verschieden je nach dem, der es verschuldet: liebenswürdige Verblendung, unklare Sympathie, verborgene Eitelkeit, Dummheit, Frechheit und anderes. Daraus aber, daß ich mir die Form der Mitteilung klargemacht hatte, folgte nicht, daß ich etwas mitzuteilen habe, während es doch ganz in der Ordnung war, daß mir die Form zuerst deutlich wurde, denn die Form ist ja die Innerlichkeit.

Mein Hauptgedanke war, daß man zu unserer Zeit über das viele Wissen das *Existieren* vergessen habe, und was *Innerlichkeit* zu bedeuten habe, und daß sich das Mißverständnis zwischen der Spekulation und dem Christentum daraus erklären lassen müsse. Ich beschloß nun soweit wie möglich zurückzugehen, um nicht zu früh zu dem Religiös-Existieren, geschweige zu dem Christlich-Religiös-Existieren zu kommen und so die Mißlichkeiten hinter mir zu lassen. Hatte man vergessen, was Religiös-Existieren heißt, so hatte man wohl auch vergessen, was Menschlich-Existieren heißt, dies mußte also hervorgeholt werden.

Aber vor allem durfte es nicht dozierend geschehen, denn in demselben Augenblick würde das Mißverständnis den Erklärungsversuch als ein neues Mißverständnis einkassieren, als bedeute Existieren: in einem einzelnen Punkte vielleicht etwas Zu-wissen-Bekommen. Wird es wie ein Wissen mitgeteilt, so wird der Empfänger zu dem Mißverständnis veranlaßt, er bekomme etwas zu wissen, und dann sind wir ja wieder im Wissen. Nur wer eine Vorstellung von der Zähigkeit eines Mißverständnisses hat sich dem angestrengtesten Erklärungsversuche zu assimilieren und doch das Mißverständnis zu bleiben, nur der wird auf die Schwierigkeit einer Autorschaft aufmerksam sein, in der man auf jedes Wort achten, und wo jedes Wort die Doppelreflexion durchmachen muß. Durch direkte Mitteilung von Existieren und Innerlichkeit wird man nur erreichen, daß sich der Spekulant der Sache mit Wohlwollen annimmt und einen mit hineinläßt.

Das System ist gastfrei! Wie ein Spießbürger, wenn er in den Wald[1] hinauszieht, in Anbetracht dessen, daß auf dem viersitzigen Holsteiner Wagen Platz genug ist, Kreti und Pleti mitnimmt, ohne Rücksicht, ob sie zueinander passen, so ist auch das System gastfrei, da ist ja Platz genug.

Ich will nicht verfehlen, daß ich Hamann bewundere, während ich gern einräume, daß der Elastizität seiner Gedanken Gleichmaß und seiner übernatürlichen Spannung Selbstbeherrschung fehlt, wenn er nämlich hätte zusammenhängend arbeiten sollen. Aber geniale Ursprünglichkeit ist in seinem kurzen Worte, und die Prägnanz der Form entspricht ganz dem desultorischen Herausschleudern eines Gedankens. Er ist mit Leib und Seele bis zu seinem letzten Blutstropfen in einem einzigen Worte konzentriert, in dem leidenschaftlichen Protest eines hochbegabten Genies gegen ein System des Daseins. Aber das System ist

[1] [In den Tiergarten zum Volksfest.]

gastfrei; armer Hamann, du bist von Michelet[1] auf einen Paragraphen reduziert worden. Ob dein Grab jemals ausgezeichnet gewesen ist, weiß ich nicht, ob es jetzt niedergetreten ist, weiß ich nicht, aber das weiß ich, daß du mit des Teufels Gewalt und Macht in die Paragraphen-Uniform gesteckt und ins Glied gestellt bist.

Ich leugne nicht, daß mich Jacobi öfter begeistert hat, wiewohl ich sehr gut sehe, daß seine dialektische Geschicklichkeit nicht im Verhältnis zu seiner edlen Begeisterung steht, aber er bedeutet den beredten Protest eines edeln, unverfälschten, liebenswürdigen, reichbegabten Geistes gegen das systematische Einklemmen des Daseins, ein siegreiches Bewußtsein davon und einen begeisterten Kampf dafür, daß die Existenz längere und tiefere Bedeutung als die paar Jahre haben muß, wo man sich selbst über das Studium des Systems vergißt. Armer Jacobi, ob jemand dein Grab besucht, weiß ich nicht, aber ich weiß, daß der Pflug des Paragraphen alle deine Beredsamkeit, alle deine Innerlichkeit niederpflügt, während ein paar dürftige Worte als deine Bedeutung im System einregistriert werden. Da heißt es von ihm, er repräsentiere Gefühl und Begeisterung. Ein solches Referat hat ja sowohl das Gefühl, als auch die Begeisterung zum Narren, die gerade das Geheimnis besitzt, daß sie sich nicht in zweiter Hand referieren laßt und daher nicht auf so bequeme Weise wie ein Resultat durch eine *satisfactio vicaria* einen Aufsager selig machen kann.

So beschloß ich denn zu beginnen; und das erste, was ich tun wollte, um vom Grunde aus zu beginnen, war das *Existenzverhältnis zwischen dem Ästhetischen und dem Ethischen in existierender Individualität entstehen zu lassen.* Die Aufgabe war gegeben, und ich sah voraus, daß die Arbeit ziemlich weitläufig sein werde und ich vor allem darauf gefaßt sein müsse, zuweilen stille zu liegen, wenn mich der Geist nicht mit Pathos unterstützen wolle. Was aber da geschah, davon will ich in einem besonderen Abschnitt erzählen, den ich diesem Kapitel beilege.

Beilage.
Blick auf eine gleichzeitige Bestrebung in der dänischen Literatur

Was geschieht? Wie ich so dasitze, kommt *Entweder – Oder* heraus. Was ich tun wollte, war hier gerade getan. Beim Gedanken an meinen feierlichen Beschluß wurde ich ganz unglücklich, aber dann dachte ich wieder so: du hast ja keinem etwas versprochen. Wenn es nun doch geschieht, so ist es ja gut. Es ging mir aber schlimmer; denn Schritt für Schritt, wenn ich eben anfangen wollte meinen Beschluß durch die Tat zu realisieren, erschien eine pseudonyme Schrift, die das

1 [Geschichte der letzten Systeme der Philosophie in Deutschland I. S. 302 ff.]

ausführte, was ich beabsichtigte. In der ganzen Sache waltete eine sonderbare Ironie, und es war gut, daß ich nie zu einem Menschen von meinem Beschluß geredet hatte, daß mir nicht einmal meine Wirtin etwas angemerkt hatte, denn sonst hätte man über meine komische Situation gelacht, wie es ja doch lächerlich genug ist, daß die Sache, die ich zu unternehmen beschlossen habe, guten Fortgang hat, nur nicht durch mich.

Und davon, daß die Sache guten Fortgang hatte, überzeugte ich mich dadurch, daß, sooft ich eine solche pseudonyme Schrift gelesen hatte, mir deutlicher wurde, was ich gewollt hatte. Auf die Weise wurde ich ein tragikomisch interessierter Zeuge von Viktor Eremitas Produkten und dem anderer Pseudonyme. Ob meine Auffassung die des Verfassers ist, kann ich natürlich nicht bestimmt wissen, da ich nur Leser bin. Dagegen freut es mich, daß die Pseudonyme, vermutlich darauf aufmerksam, daß die Wahrheit als Innerlichkeit indirekter Mitteilung bedarf, selbst nichts gesagt oder ein Vorwort dazu gemißbraucht haben, eine offizielle Stellung zur Produktion einzunehmen, als wäre ein Verfasser in rein juristischem Sinne der beste Dolmetscher seiner eigenen Worte, als könnte es einem Leser etwas helfen, daß ein Verfasser „dies und das beabsichtigte", wenn es nicht realisiert ist; oder als stünde es fest, daß es realisiert ist, da es der Verfasser selbst im Vorwort sagt; oder als wäre die Verirrung der Existenz dadurch berichtigt, daß sie zu einer schließlichen Entscheidung wie Verrücktheit, Selbstmord und anderem dergleichen gebracht wird, was besonders weibliche Verfasser, und zwar so geschwind gebrauchen, daß sie beinahe damit anfangen; oder als wäre einem Verfasser mit einem Leser gedient, der eben infolge der Plumpheit des Verfassers von dem Buche bestimmt Bescheid weiß.

Entweder – Oder, dessen Titel schon bezeichnend ist, läßt das Existenzverhältnis zwischen dem Ästhetischen und dem Ethischen in existierender Individualität entstehen. Darin liegt für mich die indirekte Polemik des Buchs gegen die Spekulation, der die Existenz gleichgültig ist. Daß es kein Resultat und keine schließliche Entscheidung gibt, ist ein indirekter Ausdruck für die Wahrheit als Innerlichkeit, und so vielleicht eine Polemik gegen die Wahrheit als ein Wissen. Das Vorwort sagt selbst etwas davon, jedoch nicht dozierend, denn dann wüßte ich etwas mit Bestimmtheit, sondern in der heiteren Form des Scherzes und der Hypothese. Daß es keinen Verfasser gibt, ist ein Entfernungsmittel,

Der erste Diapsalm bringt durch den Schmerz einer Dichterexistenz Zwietracht ins Dasein, so wie dieser Schmerz sich in einer Dichterexistenz fortsetzen könnte, wovon B A gegenüber Gebrauch macht. Das letzte Wort im ganzen Werk lautet: nur die Wahrheit, die *erbaut*, ist Wahrheit *für dich*. Dies ist ein wesentliches Prädikat der Wahrheit als Innerlichkeit, wodurch ihre entscheidende Bestimmung als „für dich", d. h. fürs Subjekt erbaulich ihre wesentliche Verschiedenheit von allem objektiven Wissen ist, indem die Subjektivität selbst zum Kennzeichen der Wahrheit wird.

Der erste Teil enthält eine Existenz-Möglichkeit, die keine Existenz gewinnen kann, eine Schwermut, die ethisch emporgearbeitet werden soll. Es ist wesentlich Schwermut, und zwar eine so tiefe, daß sie, obgleich autopathisch, sich betrügerisch mit den Leiden anderer beschäftigt (*Schattenrisse*), und übrigens durch die Hülle der Lust, der Verständigkeit und Verdorbenheit betrügt, aber der Betrug und die Hülle ist zugleich ihre Stärke und ihre Ohnmacht, ihre Stärke an Phantasie, und ihre Ohnmacht Existenz zu gewinnen. Es ist Phantasie-Existenz in ästhetischer Leidenschaft, daher paradox, und strandet an der Zeit, diese Existenz-Möglichkeit ist auf ihrem Höhepunkte Verzweiflung. Sie ist also nicht Existenz, sondern Existenz-Möglichkeit nach der Existenz zu und ihr so nahe gebracht, daß man gleichsam fühlt, wie jeder Augenblick, wo es noch nicht zu einer Entscheidung kommt, verlorengeht. Aber die Existenz-Möglichkeit in dem existierenden A will sich dessen nicht bewußt sein und hält die Existenz durch den allerfeinsten Betrug fern: durch das Denken. Alles Mögliche hat er gedacht, und doch hat er gar nicht existiert. Daher sind nur die Diapsalmata rein dichterische Ergüsse, während das übrige reichlich Gedanken enthält, und leicht betrügen kann, als wäre über etwas nachgedacht haben dasselbe wie existieren. Hätte ein Dichter das Werk angelegt, so hätte er schwerlich daran gedacht und würde vielleicht durch das Werk selbst das alte Mißverständnis wieder hervorgebracht haben. Es soll sich nämlich nicht um unreifes oder reifes Denken, sondern um Nichtexistieren und Existieren handeln. A ist daher als Denker entwickelt, er ist als Dialektiker B weit überlegen, er hat alle verführenden Gaben des Verstandes und Geistes erhalten. Dadurch wird es deutlicher, wodurch sich B von ihm unterscheidet.

Der zweite Teil enthält eine ethische Individualität, die kraft des Ethischen existiert. Der zweite Teil ist zugleich das, was den ersten Teil herauskommen läßt, denn A würde die Schriftstellere; wieder als eine Möglichkeit betrachten, würde sie wirklich ausführen, und dann liegen lassen. Der Ethiker *hat verzweifelt* (der erste Teil war Verzweiflung); er hat in der Verzweiflung *sich selbst gewählt*; er wird durch diese Wahl und in dieser Wahl *offenbar* (vgl.: „Der Ausdruck, der die Differenz zwischen dem Ästhetischen und dem Ethischen scharf hervorhebt, ist: es ist Pflicht eines jeden Menschen, offenbar zu werden", der erste Teil war die Verstecktheit); A war mit jeder Möglichkeit innerhalb des erotischen Umkreises vertraut, und doch nicht einmal wirklich verliebt, denn in demselben Augenblick wäre er doch im Begriff gewesen, sich gewissermaßen zu konsolidieren. B ist dagegen Ehemann und konzentriert sich gerade gegen die Verstecktheit der Ästhetik auf die Ehe als die tiefste Form der Offenbarmachung des Lebens, wodurch dem ethisch Existierenden die Zeit gewonnen ist und der Möglichkeit *Geschichte zu bekommen* der ethische Sieg der Kontinuierlichkeit über Verstecktheit, Schwermut, illusorische Leidenschaft und Verzweiflung. Durch gaukelnde Schattenbilder hindurch, durch die Zerstreuungen eines üppigen Gedanken-Inhaltes, dessen Ausführung, wenn sie sonst etwas taugt, absolut das Verdienst des Verfassers ist, gelangt man zu einem ganz einfachen Menschen, der kraft des Ethischen existiert. Dies ist das Szenen-Changement, oder richtiger nun ist die Szene die: statt einer Welt von Möglichkeit, durchglüht von Phantasie und dialektisch eingerichtet, ein Individuum, und nur die Wahrheit, die erbaut, ist Wahrheit für dich, d. h. die Wahrheit ist die Innerlichkeit, wohl zu merken, Existenzinnerlichkeit, hier ethisch bestimmte Existenzinnerlichkeit.

So wäre denn dieser Kampf überstanden. Das Verdienst des Buches, oder ob es eins hat, geht mich nichts an. Hat es eins, so muß dies wesentlich darin liegen, daß es kein Resultat gibt, sondern alles in Innerlichkeit verwandelt; Phantasieinnerlichkeit im ersten Teil dazu, mit potenzierter Leidenschaft Möglichkeiten zu zitieren, Dialektik dazu, in Verzweiflung alles in nichts zu verwandeln; ethisches Pathos im zweiten Teil dazu, mit stiller, unvergänglicher und doch unendlich entschlossener Leidenschaft das bescheidene Werk des Ethischen zu umfassen, dadurch erbaut und vor Gott und Menschen offenbar.

Doziert wird nicht, aber daraus folgt nicht, daß kein Gedankeninhalt da ist, so ist ja auch Denken eins und in dem Gedachten existieren etwas anderes. Existieren ist im Verhältnis zum Denken so wenig etwas von selbst Folgendes, als es etwas Gedankenloses ist. Nicht einmal eine Überzeugung wird, vielleicht, wie man sagt, mit Innerlichkeit, mitgeteilt und vorgetragen; denn eine Überzeugung kann man doch auch in der Vorstellung haben, weshalb sie so leicht dialektisch wird, ob sie mehr oder weniger wahr ist.

Nein, es wird in Gedanken existiert, und das Buch oder die Schrift hat kein schließliches Verhältnis zu irgend jemand. Die Durchsichtigkeit des Gedankens in der Existenz ist eben die Innerlichkeit. Hätte so z. B. die Spekulation, statt dozierend *de omnibus dubitandum* vorzutragen und einen Chorus, der schwört, zum Schwören *de omnibus dubitandum* zu bringen, hätte sie statt dessen den Versuch gemacht, einen solchen Zweifler in Existenzinnerlichkeit entstehen zu lassen, so daß man bis ins kleinste Detail sehen könnte, wie er sich dabei benimmt, ja, hätte sie das getan, d. h. hätte sie damit begonnen, so hätte sie es wieder aufgegeben und beschämt gesehen, daß das große Wort, das jeder Aufsager realisiert zu haben schwört, für einen Existierenden nicht bloß eine äußerst schwierige Aufgabe, sondern eine Unmöglichkeit ist. Und dies ist eben bei jeder Mitteilung eine traurige Seite, daß der gute Mitteiler, bald um Menschen zu gewinnen, bald aus Eitelkeit, bald in Gedankenlosigkeit den Mund so voll nimmt, daß er nicht bloß im Handumdrehen alles getan hat, was einem eminenten existierenden Geiste in einem langen Leben möglich ist, sondern was unmöglich ist.

Man vergißt, daß das Existieren das Verständnis der einfachsten Wahrheit in Existenz-Durchsichtigkeit für den gemeinen Mann sehr schwierig und anstrengend macht; mit Hilfe des Resultates spricht man sich ohne weiteres alles lügnerisch zu und endet wie alle Windbeutel zuletzt damit, man habe sogar das

Unmögliche geleistet. Ich habe Menschen, die so dumm waren, daß man Türen mit ihnen einrennen konnte, sagen hören: man kann bei der sokratischen Unwissenheit nicht stehen bleiben. Innerlichkeit ist eine Sache des Wissens, Existieren Zeitverlust geworden. Daher kommt es, daß der mittelmäßigste Mensch, der in unserer Zeit etwas zusammenschreibt, so redet, daß man glauben sollte, er habe alles erlebt, bis man auf seine Zwischensätze achtend merkt, daß er ein Spaßmacher ist.

Und daher kommt es, daß zu unserer Zeit ein Mensch, der bloß mit so viel Energie wie ein mittelmäßiger griechischer Philosoph existiert, für dämonisch angesehen wird. Die Leier des Schmerzes und der Leiden kann man auswendig, ebenso den herrlichen Preis der Standhaftigkeit. Jeder leiert. Existiert da ein Mensch, der sich wegen einer Ansicht einer kleinen Unannehmlichkeit aussetzt, so sieht man ihn für einen Dämon an, oder für dumm; denn man weiß alles, und um nicht dabei stehen zu bleiben, weiß man zugleich, daß man nicht das Geringste davon tun wird, denn mit Hilfe des äußeren Wissens ist man im siebenten Himmel, und wenn man es zu tun beginnen will, so wird man ein armer einfacher existierender Mensch, der immer wieder stolpert und von Jahr zu Jahr nur sehr langsam vorwärts kommt.

Ja, kann man zuweilen mit einer gewissen Erleichterung daran denken, daß Cäsar die ganze alexandrinische Bibliothek verbrennen ließ[1], so kann man wirklich der Menschheit in guter Absicht wünschen, daß jener Überfluß von Wissen wieder weggenommen werde, damit man wieder zu wissen bekomme, was es heißt, als Mensch zu leben.

Daß Entweder-Oder gerade mit der erbaulichen Wahrheit schließt (ohne jedoch die Worte auch nur zu sperren, geschweige denn zu dozieren), war mir auffallend. Ich wünschte dies bestimmter hervorgehoben zu sehen, damit der einzelne Punkt auf dem Wege zum christlich-religiösen Existieren deutlich würde. Denn die christliche Wahrheit als die Innerlichkeit ist auch erbaulich, aber daraus folgt keineswegs, daß jede erbauliche Wahrheit christlich ist. Das Erbauliche ist eine weitere Bestimmung.

Ich sann wieder darüber nach, aber was geschieht? Gerade wie ich damit anfangen will, erscheinen *Zwei erbauliche Reden von Magister Kierkegaard 1843*. Darauf folgten drei erbauliche Reden, und das Vorwort wiederholt, daß es keine Predigten seien. Dagegen würde ich auch, wenn kein anderer, energisch protestiert haben, da sie nur ethische Immanenz-Kategorien und nicht die doppelt reflektierten religiösen Kategorien im Paradox gebrauchen. Wenn keine Sprachverwirrung veranlaßt werden soll, muß der Predigt die religiös-christliche Existenz vorbehalten werden. Jetzt hört man freilich zuweilen Predigten, die nichts weniger als Predigten sind, weil ihre Kategorien der Immanenz angehören. Viel-

[1] [Der Kalif Omar soll die, während der cäsarischen Kämpfe in Alexandrien (48–47), durch unglücklichen Zufall in Brand geratene Bibliothek, haben niederbrennen lassen.]

leicht hat Magister Kierkegaard dies dadurch indirekt deutlich machen wollen, daß er zusieht, wie weit man rein philosophisch im Erbaulichen kommen kann, so daß die erbauliche Rede wohl ihre Gültigkeit hat, aber der Verfasser doch durch indirekte Hervorhebung der Sache zu Hilfe kommt, die ich auf lächerliche Weise mein nenne, da ich fortwährend zu spät komme, etwas zu tun. Aber nach dem, was mir Magister K. erzählte, ging es so wunderlich zu, daß einige die erbaulichen Reden ohne weiteres Predigten nannten, ja sie sogar mit diesem Titel zu ehren meinten, als verhielte sich erbauliche Rede zu Predigt wie Kanzleirat zu Justizrat, und als ehrte man den Kanzleirat damit, daß man ihn Justizrat nennt, wenn er doch nur Kanzleirat ist.

Dagegen wandten andere gegen die erbaulichen Reden ein, daß sie keine richtigen Predigten seien, wie wenn man gegen eine Oper einwenden würde, sie sei keine Tragödie.[1]

Der Ethiker in Entweder-Oder hatte sich selbst durch Verzweiflung gerettet, die Verstecktheit zum Offenbarwerden erhoben; aber hier lag in meinen Gedanken eine Mißlichkeit. Um sich in der Innerlichkeit der Wahrheit verschieden von der Spekulation zu bestimmen, hatte er statt des Zweifels Verzweiflung gebraucht und doch seinem Verhältnis den Anschein gegeben, als ob er durch das Verzweifeln in diesem Verzweifeln selbst gleichsam *uno tenore* sich selbst finde. Sollte in Entweder-Oder klargemacht sein, wo die Mißlichkeit liege, dann müßte das Buch religiös, anstatt ethisch, angelegt sein, und schon auf einmal gesagt sein, was nach meiner Idee sukzessive gesagt werden sollte. Die Mißlichkeit wurde nun gar nicht berührt, was ganz meiner Absicht entsprach. Ob es dem Verfasser deutlich gewesen ist oder nicht, weiß ich natürlich nicht. Die Mißlichkeit besteht darin, daß das ethische Selbst sich immanent in der Verzweiflung finden, daß das Individuum, indem es die Verzweiflung aushielt, sich selbst gewinnen sollte. Er hat wohl eine Bestimmung der Freiheit „sich selbst wählen" gebraucht, welche die

1 Vielleicht hat mancher bei seinem Einwande nicht so sehr daran gedacht, daß die erbaulichen Reden philosophisch waren und gar keine christlichen Kategorien gebrauchten, sondern mehr daran, daß sie in größerem Maß als sonst der erbauliche Vortrag ein ästhetisches Moment in sich aufgenommen haben. Von der stärkeren und durchgeführteren Schilderung von Seelenzuständen mit psychologischem Farbenspiel enthält sich die erbauliche Rede gewöhnlich und überläßt sie dem Dichter und dem dichterischen Impetus, entweder weil der einzelne Redner nicht so schildern kann, oder weil er es nicht will. Dies kann jedoch beim Zuhörer leicht Unzufriedenheit erwecken, indem ihn die erbauliche Rede etwas vermissen läßt, das er also anderswo suchen muß. Darum kann es nach meiner Meinung in der Ordnung sein, die dichterische Schilderung mit aufzunehmen. Nur bleibt der entscheidende Unterschied zwischen dem Dichter und der erbaulichen Rede der, daß der Dichter kein anderes τελος hat als die psychologische Wahrheit und die Kunst der Darstellung, während der Redner hauptsächlich zugleich das Ziel hat, alles ins Erbauliche hinüberzuleiten. Der Dichter verliert sich in Schilderung der Leidenschaft, aber für den erbaulichen Redner ist dies bloß das Erste, und das Nächste, für ihn Entscheidende, den Widerspenstigen zu zwingen das Gewehr zu strecken, zu besänftigen, aufzuklären, kurz in das Erbauliche hinüberzuleiten.

Schwierigkeit zu entfernen scheint, die vermutlich nicht vielen aufgefallen ist, da es ja *philosophice* eins, zwei, drei damit geht, daß man an allem zweifelt und dann den wahren Anfang findet. Doch hilft es nichts. Indem ich verzweifle, gebrauche ich zum Verzweifeln mich selbst, und daher kann ich wohl durch mich selbst an allem verzweifeln, aber nicht, wenn ich dies getan habe, durch mich selbst zurückkommen. In diesem Augenblick der Entscheidung braucht das Individuum einen göttlichen Beistand, während es ganz richtig ist, daß man erst das Existenzverhältnis zwischen dem Ästhetischen und dem Ethischen verstanden haben muß, um auf diesem Punkte zu sein, das will sagen: wenn man in Leidenschaft und Innerlichkeit dort ist, wird man schon auf das Religiöse aufmerksam, und auf den *Sprung*.

Ferner. Daß die Wahrheit als Innerlichkeit erbaulich ist, muß genauer verstanden werden, ehe wir die christliche oder gar die christlich-religiöse Wahrheit vor uns haben. Von aller Erbauung gilt, daß sie zu allererst den nötigen adäquaten Schrecken hervorbringe, denn sonst ist sie eine Einbildung. Der Ethiker hatte mit der Leidenschaft der Unendlichkeit im Augenblick der Verzweiflung sich selbst aus dem *Schrecken* herausgewählt, daß er sich selbst, sein Leben, seine Wirklichkeit in einem ästhetischen Traume, in Schwermut und Verstecktheit besitze. Von dieser Seite her kann also von Schrecken nicht mehr die Rede sein; sondern die Szene ist die ethische Innerlichkeit in existierender Individualität.

Der Schrecken muß in einer neuen Bestimmung der Innerlichkeit bestehen, wodurch das Individuum in einer höheren Sphäre wieder auf den Punkt zurückkommt, daß das Offenbarwerden, welches das Leben des Ethischen ist, wieder unmöglich wird, aber in der Weise, daß das Verhältnis sich umkehrt, daß das Ethische, welches früher zum Offenbarwerden verhalf (während das Ästhetische es verhinderte), nun das Verhindernde, und das, was dem Individuum zu einem höheren Offenbarwerden über das Ethische hinaus verhilft, etwas anderes ist.

Wer Innerlichkeit gehabt hat, das Ethische mit unendlicher Leidenschaft, die Pflicht und die ewige Gültigkeit des Allgemeinen zu erfassen, für den kann es im Himmel und auf Erden und selbst im Abgrunde keinen Schrecken wie den geben, wenn eine Kollision aufgestellt wird, wo das Ethische zur Anfechtung wird. Und doch steht diese Kollision vor jedem, wenn nicht anders, so dadurch, daß er sich religiös zum religiösen Paradigma verhalten soll, d. h. dadurch, daß das religiöse Paradigma die Irregularität ist und doch das Paradigma sein soll (ähnlich wie Gottes Allgegenwart die Unsichtbarkeit und eine Offenbarung ein Geheimnis war), oder daß das religiöse Paradigma nicht das Allgemeine, sondern das Einzelne ausdrückt (das Partikuläre, wie z. B. sich auf Gesichte, Träume usw. berufen) und doch Paradigma sein soll. Aber ein Paradigma ist ja gerade für alle da, aber ein Vorbild für alle ist man ja doch nur, wenn man das ist, was alle sind, oder alle sein sollen, d. h. das Allgemeine, und doch ist das *religiöse Paradigma* gerade das Entgegengesetzte (das Irreguläre und das Partikuläre), während der *tragische Held* die regelmäßige Flexion des Allgemeinen für alle ausdrückt.

Dies war mir klargeworden, und ich wartete bloß auf des Geistes Beistand im Pathos, um es in existierender Individualität hervorzubringen; denn doziert werden sollte nicht, da nach meiner Meinung das Unglück unserer Zeit eben darin besteht, daß sie zuviel zu wissen bekommen und vergessen hat zu existieren, und was Innerlichkeit ist. Also mußte die Form indirekt sein.

Ich will hier wieder auf andere Weise dasselbe sagen, wie es sich ziemt, wenn man von Innerlichkeit redet; denn wer so glücklich ist, es mit dem Mannigfaltigen zu tun zu haben, der kann freilich unterhaltend sein. Wenn er mit China fertig ist, so kann er zu Persien greifen, wenn er Französisch gelernt hat, kann er mit Italienisch anfangen, und dann die Astronomie, die Tierarzneikunde usw. vornehmen und immer sicher sein, für einen gewaltigen Kerl zu gelten. Aber die Innerlichkeit hat keinen solchen Umfang, der das Staunen der Sinnlichkeit erweckt. So besteht ja auch die Innerlichkeit in der Liebe nicht darin, daß man sich siebenmal mit Landsmänninnen verheiratet, um dann auf die Französinnen, Italienerinnen usw. loszugehen, sondern daß man eine und dieselbe liebt und sich doch beständig in derselben Liebe erneuert, so daß diese im Blühen der Stimmung, des Gedeihens beständig neu ist, und sich, wo es sich um Mitteilung handelt, in unerschöpflicher Erneuerung und Fruchtbarkeit ausdrückt.

Innerlichkeit läßt sich nicht direkt mitteilen, denn daß sie direkt ausgesprochen wird, ist eben Äußerlichkeit, die sich nach außen, nicht nach innen richtet, und daß die Innerlichkeit direkt ausgesprochen wird, ist gar kein Beweis dafür, daß sie da ist. Der unmittelbare Gefühlserguß ist gar kein Beweis dafür, daß man Gefühl hat, sondern die Spannung der Gegensatzform ist der Kraftmesser der Innerlichkeit. Und die Annahme der Innerlichkeit besteht nicht in der unmittelbaren Wiedergabe des Mitgeteilten, denn das ist ein Echo. Sondern die Wiederholung der Innerlichkeit ist der Widerhall, wodurch das Gesagte verschwindet, wie Maria sich zurückzog, als sie die Worte in ihrem Herzen *verbarg.*[1] Und nicht einmal dies ist der wahre Ausdruck für die Wiederholung der Innerlichkeit, wenn es das Verhältnis von Mensch zu Mensch betrifft, weil sie die Worte wie einen Schatz in der schönen Einfassung eines guten Herzens *verwahrte*, sondern Innerlichkeit besteht dann, wenn das Ausgesprochene dem Empfänger gehört, als wäre es sein eigen, und es ist ja nun sein eigen. Auf die Weise mitteilen ist der schönste Triumph der resignierten Innerlichkeit. Darum ist keiner so resigniert wie Gott; denn er teilt schaffend so mit, daß er durch sein Schaffen sich gegenüber Selbständigkeit *gibt.* Das Meiste, was ein Mensch im Resignieren vermag, ist die gegebene Selbständigkeit bei jedem Menschen anzuerkennen und nach Kräften alles zu tun, um jemand in Wahrheit zu helfen sie zu bewahren.

Aber von solchen Dingen ist in unserer Zeit nicht die Rede, ob es z. B.

---

1 [Luk. 2, 19.]

erlaubt ist, was man „einen Menschen für die Wahrheit gewinnen" nennt, ob der, welcher eine Wahrheit mitzuteilen hat, wenn er zugleich Überredungskunst und Kenntnis des Menschenherzens besitzt, Schlauheit im Überrumpeln und Berechnung im langsamen Fang, ob er diese Gaben dazu anwenden darf, der Wahrheit Anhänger zu gewinnen, oder ob er demütig vor Gott und mit Liebe zu den Menschen im Gefühl, daß ihn Gott nicht braucht[1], und daß jeder Mensch wesentlich Geist ist, alle diese Gaben gerade dazu anwenden soll, das direkte Verhältnis zu verhindern, und anstatt bequem einige Anhänger zu haben, sich pflichtschuldigst darein finden soll, sich des Leichtsinns, Mangels an Ernst usw. beschuldigen zu lassen, weil er sich selbst in Wahrheit erzieht und sein Leben vor der schrecklichsten aller Unwahrheiten rettet, vor einem Anhänger.

Ich hatte, wie gesagt, jene schrecklichste Kollision der Innerlichkeit erfaßt und wartete bloß auf den Beistand des Geistes, was geschieht? Ja, Magister Kierkegaard und ich machen, ein jeder auf seine Weise, in bezug auf die pseudonymen Bücher eine lächerliche Figur. Daß ich in aller Stille dasitze und beständig die Absicht habe, das zu tun, was die pseudonymen Verfasser tun, das weiß niemand; Magister Kierkegaard dagegen, der muß hervor, sooft eine solche Schrift herauskommt. Und das steht fest, wenn alles, was da in gelehrten Teekreisen und sonst in freundschaftlichen Vereinen zu dieses Menschen Veredlung und Besserung gesagt wird, wenn der Schrecken der Donnerrede und die strenge Stimme der Anklage und das Urteil der Verdammung ihm recht zugute kommen könnte, dann müßte er in kurzem ein selten guter Mensch werden. Sonst hat ein Lehrer mehrere Schüler zu bessern, aber er befindet sich in der beneidenswerten Lage, daß ein hochgeehrtes Zeitalter von Männern und Frauen, Gelehrten und Ungelehrten und Schornsteinfegern, alle zusammen sich seiner Besserung annehmen. Nur schade, daß die Abstrafung, und was auf die Veredlung seines Verstandes und seines Herzens hinzielt, nie, wenn er anwesend ist, sondern immer in seiner Abwesenheit geschieht und gesagt wird. Sonst würde wohl etwas dabei herauskommen. Was geschieht? Es erschien eine Schrift: *Furcht und Zittern*. Das Nichtoffenbarwerdenkönnen, die Versteckheit ist hier ein Schrecken, im Vergleich mit dem die ästhetische Verstecktheit ein Kinderspiel ist.

---

[1] Denn Gott ist nicht in Verlegenheit wie ein König, der zu dem Manne seines allerhöchsten Vertrauens, zu seinem Minister des Inneren sagt: „Sie müssen alles tun, Sie müssen für unseren Vorschlag Stimmung gewinnen und die öffentliche Meinung auf unsere Seite ziehen. Sie können das, gebrauchen Sie ihre Klugheit. Wenn ich mich auf Sie nicht verlassen kann, habe ich niemand." Sondern im Verhältnis zu Gott gibt es für keinen Menschen eine geheime Instruktion, ebensowenig wie eine Hintertreppe; und selbst der eminenteste Geist, der zum Vortrag erscheint, tut am besten, mit Furcht und Zittern zu erscheinen. Denn Gott ist nicht in Verlegenheit wegen Mangels an Genies, er kann ja ein paar Legionen schaffen, und in Gottes Dienst sich für Gott unentbehrlich machen wollen bedeutet *eo ipso* den Abschied. Und jeder Mensch ist nach Gottes Bilde geschaffen, dies ist das Absolute, das bißchen, was er von Hinz und Kunz lernt, ist nicht hoch anzuschlagen.

Diese Existenzkollision in existierender Individualität darzustellen war unmöglich, da die Schwierigkeit der Kollision, während sie lyrisch die äußerste Leidenschaft hervornötigt, *dialektisch* die Äußerung in absoluter Verschwiegenheit zurückhält. Darum ist Johannes de Silentio nicht selbst als ein solcher Existierender dargestellt, er ist ein Reflektierender, der mit dem *tragischen Helden* als *terminus a quo*, mit dem *Interessanten als Konfinium* und der religiösen paradigmatischen Irregularität als *terminus ad quem* beständig gleichsam gegen die Stirn des Verstandes anläuft, während die Lyrik vom Rückstoß her reagiert. So hat Johannes selbst sich vorgestellt.

Dieses Buch „eine erhabene Lüge" zu nennen, wie die Firma Kts. tat, indem sie an Jacobi und Desdemona erinnerte[1], ist in meinen Gedanken bezeichnend, insofern als die Aussage selbst einen Widerspruch enthält. Der Gegensatz der Form ist für jede Produktion in diesen Sphären ganz notwendig. In der Form der direkten Mitteilung, der Form des Schreiens, ist Furcht und Zittern eine Kleinigkeit, denn die direkte Mitteilung deutet eben darauf, daß die Richtung nach außen, nach dem Schreien, nicht nach innen geht, in den Abgrund der Innerlichkeit, wo „Furcht und Zittern" erst schrecklich ist, was es, ausgedrückt, nur in täuschender Form sein kann.

Wie es sich eigentlich mit Johannes de Silentio verhält, kann ich natürlich nicht bestimmt wissen, da ich ihn persönlich nicht kenne und ich, selbst wenn dies der Fall wäre, ihm nicht gerade zutrauen möchte, er werde sich durch eine direkte Mitteilung selbst zum Narren haben.

Das Ethische ist die Anfechtung; das Gottesverhältnis ist entstanden; die Immanenz der ethischen Verzweiflung *gebrochen; der Sprung hingestellt; das Absurde ist die Notifikation.*

Als ich dies verstanden hatte, dachte ich, es könne der Vorsicht wegen gut sein, es zu sichern, damit das Erreichte sich nicht durch einen *coup de main* in nichts auflöse, so daß Versteckheit, was man so Versteckheit nennt, etwas Ästhetik wird, Glauben, was man so Unmittelbarkeit nennt, z. B. *vapeurs*[2], das religiöse Paradigma, was man so ein Vorbild nennt, z. B. ein tragischer Held.

Was geschieht? In denselben Tagen erhalte ich von Reitzel[3] ein Buch mit Namen *Wiederholung*. Darin wird nicht doziert, keineswegs, ganz wie ich wünschte, da es ja nach meiner Auffassung das Unglück unserer Zeit ist, daß sie zuviel zu wissen bekommen und vergessen hat zu existieren, und was Innerlichkeit ist. Unter solchen Umständen ist zu wünschen, daß der Mitteilende abzulenken verstehe, und dazu ist gerade eine verwirrende Gegensatzform zu

---

[1] [Vgl. Heibergs Intelligenzblätter IV. Band, S. 105 f., wo Kts. (Bischof Mynster) bei Besprechung von *Furcht und Zittern* das Wort Jacobis zitiert: „ich will lügen wie Desdemona."]

[2] [Hysterische Empfindungen.]

[3] [Kierkegaards Verleger.]

gebrauchen. Und Constantin Constantius schrieb, wie er[1] es nennt: „ein schnurriges Buch".

Wiederholung ist im Grunde der Ausdruck für Immanenz, so daß man ganz verzweifelt und sich selbst hat, so daß man ganz verzweifelt und die Wahrheit hat. Constantin Constantius, dieser ästhetisch intrigante Kopf, der sonst an nichts verzweifelt, verzweifelt an der Wiederholung, und der junge Mann veranschaulicht, daß, wenn sie eintreten soll, sie in einer neuen Unmittelbarkeit bestehen muß, so daß sie eine Bewegung *kraft des Absurden*, die teleologische Suspension eine *Prüfung* ist. Prüfung entspricht wieder der Irregularität des religiösen Paradigmas, denn ethisch gesehen ist eine Prüfung undenkbar, da das Ethische als das immer Gültige gerade das Allgemeingültige ist. Die Prüfung ist der höchste Ernst des religiösen Paradigmas, aber für das bloß Ethische ist Prüfung ein Scherz, und *auf Probe existieren* durchaus kein Ernst, sondern ein komisches Motiv, das unbegreiflicherweise noch kein Dichter benutzt hat, um damit einen fast wahnsinnig großen Mangel an Willen darzustellen, wie wenn einer sich auf Probe verheiraten würde usw. Daß aber der höchste Ernst des religiösen Lebens am Scherz erkennbar ist, gleicht dem, daß das Paradigma die Irregularität oder Partikularität und Gottes Allgegenwart seine Unsichtbarkeit und die Offenbarung das Geheimnis ist.

Die „Wiederholung" genannte Schrift hieß auf dem Titelblatt ein „psychologisches Experiment". Daß dies die Form einer doppelt reflektierten Mitteilung war, ward mir bald klar. Denn dadurch, daß die Mitteilung in der Form des Experimentes geschieht, bildet sie sich einen Widerstand; das Experiment befestigt zwischen Leser und Autor eine bodenlose Tiefe, bringt die Scheidung der Innerlichkeit zwischen sie, so daß das unmittelbare Verständnis unmöglich gemacht ist. Das Experiment ist der bewußte neckende Widerruf der Mitteilung, was für einen Existierenden, der für Existierende schreibt, immer von Wichtigkeit ist, daß das Verhältnis nicht zu dem eines Aufsagers verändert werde, der für Aufsager schreibt.

Wenn ein Mann auf einem Bein stehen, oder in einer drollig tanzenden Stellung den Hut schwingen, und in dieser Attitüde etwas Wahres vortragen würde, so würden sich seine wenigen Zuhörer in zwei Klassen teilen; und viele bekäme er nicht, da ihn die meisten sogleich aufgeben würden. Die eine Klasse würde sagen: wie kann das, was er sagt, die Wahrheit sein, wenn er so gestikuliert. Die andere würde sagen: ja ob er nun Entrechats macht oder auf dem Kopfe geht, und wenn er Purzelbäume schlüge, so ist doch das, was er sagt, wahr; ich will es mir aneignen und ihn fahren lassen. So auch mit dem Experiment. Ist es dem Schreiber mit seiner Aussage ernst, so behält er den Ernst wesentlich für sich selbst. Faßt es der Empfänger als Ernst auf, so tut er das wesentlich durch sich selbst, und dies ist gerade der Ernst, und schon beim Kinderunterricht macht

[1] [Vielmehr Vigilius Haufniensis.]

man ja einen Unterschied zwischen „Auswendiglernen" und „Verstandesübung", ein Unterschied, der beim systematischen „Auswendiglernen" oft recht auffällt. *Die dazwischen fallende Abrechnung* des Experimentes begünstigt die Innerlichkeit der beiden: *in Innerlichkeit weg von einander.* Diese Form gewann ganz meinen Beifall, und ich glaubte darin zugleich zu entdecken, daß die pseudonymen Verfasser beständig das *Existieren* im Auge hatten und so eine indirekte Polemik gegen die Spekulation verfolgten. Wenn jemand alles weiß, aber es auswendig weiß, so ist die Form des Experimentes ein gutes Explorationsmittel; man sage ihm sogar in dieser Form, was er weiß: dann erkennt er es nicht.

Später hat ein neues Pseudonym, Frater Taciturnus, dem Experiment seinen Platz in ästhetischen, ethischen und religiösen Erzeugnissen angewiesen (vgl. *Stadien auf dem Lebenswege*).

Ob übrigens *Furcht und Zittern* samt *Wiederholung* einen Wert haben, will ich nicht entscheiden. Haben sie Wert, so wird der Maßstab der Beurteilung nicht in dozierender Paragraphenwichtigkeit bestehen. Ist es das Unglück der Zeit, vergessen zu haben, was Innerlichkeit ist, so sollte man ja nicht für „Paragraphenfresser" schreiben, sondern existierende Individualitäten in ihrer Not darstellen, wenn sich für sie die Existenz verwirrt, was etwas anderes ist als sicher in der Ofenecke aussagen: *de omnibus dubitandum.* Das Dargebotene muß daher, wenn es etwas bedeuten soll, beständig Leidenschaft besitzen.

Constantin Constantius hat sogar eine Liebesgeschichte benutzt, welche immer ein brauchbares Motiv für das Existieren bleibt, wenn sie auch *philosophice* fürs Aufsagen eine Torheit ist. Er benutzt eine Verlobung. Ganz meine Ansicht! Nur ausgediente Romanleser verstehen, wenn von zweien gesagt wird: sie lieben einander, mit Wohlgefallen darunter, was der niedrigste Pöbel profanierend unter diesem Wort versteht. Eine Verlobung ist ein Gelübde, eine aufgehobene Verlobung ein aufgehobenes Gelübde, aber da ist keine geheime Note dabei, die ein Weib zum Erröten bringen kann. Daraus folgt nicht, daß die Verlobung einen Anstrich von Leichtsinn hat, sondern daß ihr Ernst und der Schrecken, den ein Bruch verursacht, reiner wird. Es ein Gelübde, ein gebrochenes Gelübde zu nennen, wenn ein Mann die Liebhaberin des Romans schwanger macht und darauf verläßt, ist gedankenlos und unsittlich und verhindert vor allem alles weitere Dialektisieren. Denn über ein solches Benehmen läßt sich nicht dialektisieren, da einem einfach der gesunde Menschenverstand sagt, daß hier mindestens vier Verbrechen begangen sind: ein Mädchen schwanger zu machen (selbst wenn man sie hinterdrein heiraten würde, ist es doch ein Verbrechen), damit also das Kind zu einem unehelichen zu machen (selbst wenn man das hinterdrein ändern würde, bleibt es doch ein Verbrechen), die Mutter zu verlassen, das Kind zu verlassen, und sich dann vielleicht als Romanheld mit einer neuen Liebhaberin einzulassen, womit man, selbst wenn dies neue Verhältnis eine richtige Ehe ist, nach den Worten der Schrift Hurerei treibt und die Ehe der Verlassenen, falls sie eine solche eingeht, nach der Lehre der Schrift zu einer Liederlichkeit macht.

Insofern verstehe ich ganz gut, weshalb eine Verlobungsgeschichte gewählt wurde, und später wieder eine von Frater Taciturnus. Ebenso verstehe ich auch, weshalb der pseudonyme oder die pseudonymen Verfasser wiederholt die Ehe behandeln. Wo die Schwierigkeiten anfangen, da entfernen sich gewöhnlich die Leute. Die Poesie greift nach altem Brauch zur Liebschaft und läßt die Ehe sein, was sie will. Aber in der modernen Poesie (im Drama und in der Novelle) ist es sogar so weit gekommen, daß man ohne weiteres den Ehebruch als den raffinierten Hintergrund für ein neues Liebesverhältnis gebraucht. Die unschuldige Poesie gibt keine Erklärung von der Ehe; die schuldige Poesie erklärt sie als Ehebruch.

Je reiner das gebrochene Verhältnis gehalten werden kann, während der Schrecken von prima Qualität wächst und zunimmt, desto mehr kann die Dialektik entdecken. Aber über das zu dialektisieren, was am passendsten beim zweiten Protokoll in der Kriminalkammer[1] verhandelt wird, ja wohl gar sein lumpiges bißchen Dialektik zu gebrauchen, um den Helden ganz gut davon kommen zu lassen, das mag man Romanschreibern überlassen. Ein Romanschreiber würde eine Verlobung für eine solche Kleinigkeit ansehen, daß er sich auf solch ein gebrochenes Gelübde gar nicht näher einlassen könnte. Bei den pseudonymen Verfassern wird die Dialektik gerade dazu gebraucht, es so furchtbar wie möglich zu machen. Der Held wird gerade durch die Leidenschaft ein Held, mit welcher er den Schrecken bei sich selbst begreift, und zwar als entscheidend für sein Leben, und die Reinheit liegt gerade darin, daß das gebrochene Gelübde nach einer ideologischen Suspension hin verstanden wird, und die Reinheit des Helden darin, daß er es mit seiner höchsten Leidenschaft zu ändern begehrt, und sein Martyrium unter anderem darin, daß er selbst einsieht, daß sein Leben den meisten Menschen als sinnlos erscheint, die sich ja ebensowenig auf das Ethische und Religiöse verstehen, wie sich die meisten Romanschreiber darauf verstehen. Ethisch und religiös wird man kein Held als ein Allerweltskerl, der alles auf die leichte Achsel nimmt, sondern im Gegenteil, wenn man das Leben unendlich schwer nimmt, doch wohl zu merken nicht in Form von weibischem Schreien, das eine halbe Stunde währt, sondern in Form von Ausdauer in Innerlichkeit.

Doch Prüfung (über ihre Dialektik vgl. *Wiederholung*) ist ein Durchgang. Der Geprüfte kehrt wieder zum Existieren im Ethischen zurück, ob er auch einen ewigen Eindruck vom Schrecken behält, einen innerlicheren Eindruck, als wenn die grauen Haare den Geprüften an den Augenblick des Schreckens und der Lebensgefahr, wo er grau wurde, erinnern.

Die teleologische Suspension des Ethischen muß einen noch bestimmteren religiösen Ausdruck haben. Das Ethische ist da mit seiner unendlichen Forde-

[1] [Am 5. Januar 1842 ward die zweite Kriminalkammer beim Hof- und Staatgericht eingerichtet, mit dem Recht, Verdächtige zu arretieren.]

rung in jedem Augenblick zur Stelle, aber das Individuum vermag es nicht zu realisieren. Diese Ohnmacht des Individuums darf nicht von der Unvollkommenheit des fortgesetzten Strebens nach dem Ideal verstanden werden, denn da gibt es keine Suspension, so wenig wie der Mann, der sein Amt mittelmäßig besorgt, suspendiert wird. Die Suspension liegt darin, daß sich das Individuum gerade in dem entgegengesetzten Zustande befindet, als was das Ethische fordert, so daß es, anstatt beginnen zu können, jeden Augenblick, den es in diesem Zustande verbleibt, immer mehr verhindert wird zu beginnen: es verhält sich nicht wie Möglichkeit zu Wirklichkeit, sondern wie Unmöglichkeit. So ist das Individuum auf die schrecklichste Weise vom Ethischen suspendiert, es ist in der Suspension ungleichartig mit dem Ethischen, das doch die Forderung der Unendlichkeit an das Individuum hat, und diese Forderung in jedem Augenblick an dasselbe stellt und damit in jedem Augenblick die Ungleichartigkeit nur bestimmter als Ungleichartigkeit bezeichnet.

In der Versuchung (wenn Gott einen Menschen versucht, wie es von Abraham in der Genesis heißt) war Abraham mit dem Ethischen nicht ungleichartig; er konnte es gut realisieren, aber ward daran durch jenes Höhere verhindert, das, indem es sich selbst *absolut* betonte, die Stimme der Pflicht in Anfechtung verwandelte. Sobald jenes Höhere den Versuchten freigibt, ist alles in Ordnung, ob auch in alle Ewigkeit der Schrecken darüber zurückbleibt, daß dieses ihm, wäre es auch nur ein Zehntel einer Sekunde, begegnen konnte. Denn wie lange die Suspension dauert, ist weniger wichtig, das Entscheidende ist, daß sie stattfindet.

Doch um so etwas kümmert man sich nicht. Der Predigtvortrag gebraucht frischweg die Kategorie „Prüfung" (wo das Ethische Anfechtung ist), die das Ethische absolut verwirrt und überhaupt alles direkte menschliche Denken, und das geht wie nichts, viel mehr ist es auch nicht.

Nun ist das Verhältnis ein anderes. Die Pflicht ist das Absolute, ihre Forderung das Absolute, und doch ist das Individuum verhindert sie zu realisieren, ja auf eine verzweifelt ironische Weise gleichsam befreit (in demselben Sinne, wie die Schrift sagt: frei vom Gesetz Gottes [1. Kor. 9, 21], dadurch, daß es mit ihr ungleichartig geworden ist. Und als je tiefergehend ihm ihre Forderung verkündigt wird, desto deutlicher wird ihm nur seine entsetzliche Befreiung. Die entsetzliche Befreiung von der Ausübung des Ethischen, die Ungleichartigkeit des Individuums mit dem Ethischen, diese Suspension vom Ethischen ist die *Sünde* als Zustand eines Menschen.

Die Sünde ist ein entscheidender Ausdruck für die religiöse Existenz. Sobald die Sünde nicht gesetzt ist, bleibt die Suspension ein vorübergehendes Moment, das wieder verschwindet oder außerhalb des Lebens als das vollständig Irreguläre bleibt. Die Sünde dagegen ist für die religiöse Existenz der entscheidende Ausgangspunkt, ist nicht ein Moment innerhalb von etwas anderem, innerhalb einer anderen Ordnung der Dinge, sondern ist selbst der Anfang der religiösen Ordnung der Dinge.

Die Sünde war in keiner der pseudonymen Schriften vorgekommen. Wohl hatte der Ethiker in *Entweder – Oder* der ethischen Kategorie „sich selbst zu wählen" dadurch einen religiösen Anstrich gegeben, daß er den Akt der Verzweiflung von einer Reue begleitet sein ließ, durch die der Betreffende aus seiner Kontinuität mit dem Geschlecht gelöst wurde, aber dies war eine Verflüchtigung, wohl dadurch begründet, daß das Werk ethisch gehalten werden sollte – ganz wie ich es gewünscht hätte, damit nämlich jedes Moment für sich deutlich würde. Die erbauliche Betrachtung, mit der *Entweder – Oder* schließt, „daß wir Gott gegenüber immer unrecht haben", gibt als Grund nicht die Sünde an, sondern das Mißverhältnis zwischen dem Endlichen und Unendlichen, das sich im begeisterten Ausgleich mit der Unendlichkeit beruhigt. Es ist der (in der Sphäre der Freiheit) letzte begeisterte Zuruf an Gott: „Ich kann dich nicht verstehen, aber ich will dich lieben, du hast immer recht; ja selbst wenn es mir so vorkommt, als liebtest du mich nicht, so will ich dich doch lieben". Daher hieß das Thema: das Erbauliche, das in der Betrachtung liegt usw.; das Erbauliche wird nicht in der Hebung des Mißverständnisses gesucht, sondern darin, es begeistert aushalten zu wollen, und es in diesem äußersten Mut gleichsam zu heben. In *Furcht und Zittern* war die Sünde gelegentlich benutzt, um die ethische Suspension Abrahams zu beleuchten, aber auch nicht weiter.

So stand die Sache, als eine Schrift über den *Begriff der Angst* erschien, eine einfach hinweisende psychologische Untersuchung in bezug auf das dogmatische Problem der Erbsünde. Wie *Entweder – Oder* davor geschützt hatte, die ideologische Suspension mit ästhetischer Verstecktheit zu verwechseln, so war nun mit den drei pseudonymen Schriften dem vorgebeugt, daß man die Sünde, wenn sie vorgebracht würde, mit diesem oder jenem, mit Schwachheit und Unvollkommenheit verwechselte; den Kummer um sie mit allerlei, mit Seufzern und Tränen, *item* Flennen über uns selbst und dieses Jammertal; das Leiden in ihr mit einem Quodlibet verwechselte. Die Sünde ist für eine ganze Existenzsphäre entscheidend, für die in strengstem Sinne religiöse. Eben weil man in unserer Zeit nur allzuviel weiß, ist es so leicht, in einer Sprachverwirrung alles zu verwirren, in welcher Ästhetiker die entscheidendsten christlich-religiösen Bestimmungen in Geistesreichtum und Geistliche in Gedankenlosigkeit als Kanzleistil gebrauchen, dem der Inhalt gleichgültig ist.

Besteht aber das Unglück unserer Zeit darin, daß sie zu viel zu wissen bekommen und vergessen hat, was Existieren heißt und was Innerlichkeit bedeutet: so ist es von Wichtigkeit, daß die Sünde nicht in abstrakte Bestimmungen gefaßt werde, in die sie sich, nämlich entscheidend, gar nicht fassen läßt, weil sie in einem wesentlichen Verhältnis zum Existieren steht. Insofern war es gut, daß die Schrift eine psychologische Untersuchung war, die selbst erklärt, daß die Sünde im System keinen Platz finde, vermutlich gleichwie Unsterblichkeit, Glaube, Paradox und dergleichen, die sich wesentlich zum Existieren verhalten, von welchem eben das systematische Denken absieht. Bei „Angst" denkt man auch nicht an Paragraphenwichtigkeit, sondern an Existenzinnerlichkeit. Wie *Furcht und Zittern* der Zustand des ideologisch Suspendierten war, indem Gott ihn versucht, so ist Angst der Seelenzustand des teleologisch Suspendierten in jener verzweifelten Befreiung von der Realisation des Ethischen. Die Sündeninnerlichkeit als Angst bei der existierenden Individualität ist das möglichst große Fernsein und das schmerzlichste Fernsein von der Wahrheit, wenn die Wahrheit in der Subjektivität besteht.

Auf den Inhalt der Schrift will ich nicht weiter eingehen; ich bespreche diese Schriften hier beständig nur, insofern sie Momente in der Realisierung der Idee bilden, die ich hatte, von deren Ausführung ich aber auf ironische Weise befreit wurde. Und wenn ich so auf sie blicke, begegnet mir wieder etwas Schnurriges, was der Weissagung von dem Verhältnis zwischen Esau und Jakob gleicht, daß der Größere dem Kleineren dienen werde: ebenso dienen die großen pseudonymen Schriften meinen *Brocken.* Doch will ich nicht so anmaßend sein dies zu behaupten, sondern lieber sagen, daß die Schriften, wie sie ihre eigne Bedeutung haben, so auch Bedeutung für mein bißchen Schriftstellerei haben.

Übrigens unterscheidet sich *Der Begriff der Angst* darin wesentlich von den anderen pseudonymen Schriften, daß er unmittelbar redet und sogar ein wenig doziert. Vielleicht hat der Verfasser gemeint, hier auf diesem Punkte könne eine Wissensmitteilung nötig sein, ehe man zur Verinnerlichung übergehen könne, welche sich auf den bezieht, der wesentlich als Wissender vorausgesetzt wird und nicht gerade etwas zu wissen, aber stärkere Anregung bekommen soll. Die etwas dozierende Form der Schrift war unzweifelhaft schuld daran, daß diese vor den andern Pseudonymen ein bißchen Gnade vor den Augen der Dozenten fand. Ich leugne nicht, daß ich diese Gnade für ein Mißverständnis ansehe. Insofern freute es mich, daß zu gleicher Zeit ein lustiges kleines Buch von Nikolaus Notabene[1] erschien. Die pseudonymen Bücher werden im allgemeinen *einer* Firma zugewiesen, und nun mußte jeder, der einen Augenblick auf einen dozierenden Verfasser gehofft hatte, diese Hoffnung sogleich aufgeben, da er von derselben Hand Unterhaltungslektüre vor sich hatte.

Und dann kamen schließlich meine *Brocken*; denn die Existenzinnerlichkeit war nun soweit bestimmt, daß das Christlichreligiöse vorgenommen werden konnte, ohne sogleich mit allerlei verwechselt zu werden.

Doch noch eins. Magister Kierkegaards erbauliche Reden waren beständig nebenher gegangen, in meinen Augen ein Wink, daß er mitgehe, und, was mir auffiel, die vier letzten nahmen einen sorgfältig verschleierten Anflug von Humoristik an. So redet wohl auch das, was sich durch die Immanenz erreichen läßt. Während die Forderung des Ethischen geltend gemacht wird, während das Leben und Dasein wie ein mühsamer Gang betont wird, wird doch die Entscheidung nicht in ein Paradox gesetzt, und das metaphysische Zurücknehmen der

[1] [Vorworte.]

Erinnerung in das Ewige ist beständig möglich und gibt der Immanenz einen Anflug von Humor, als riefe die Unendlichkeit das Ganze in die Abgeschlossenheit der Ewigkeit zurück.[1] Der paradoxe Ausdruck der Existenz (d. h. des Existierens) als Sünde, die ewige Wahrheit als das Paradox, da sie in der Zeit entstanden ist, kurz was für das Christlichreligiöse entscheidend ist, findet sich in den erbaulichen Reden nicht, von denen einige, nach dem, was der Magister sagte, meinten, man könne sie gut Predigten nennen, während andere einwandten, es seien keine richtigen Predigten.

Humor ist, wenn er die christlichen Bestimmungen benutzt, eine falsche Wiedergabe der christlichen Wahrheit, da Humor sich nicht wesentlich von Ironie, aber wesentlich vom Christentum unterscheidet, und wesentlich nicht

---

[1] Das Humoristische kommt zum Vorschein, wenn man das Problem der *Brocken* („Kann es einen geschichtlichen Ausgangspunkt für eine ewige Seligkeit geben?") nicht mit einem Nein oder Ja der Entscheidung, sondern mit einem wehmütigen Lächeln (dies ist das Lyrische im Humor) beantwortet, das bedeutet: sowohl die siebzig Jahre des Greises als auch die halbe Stunde, die ein beinah Totgeborner zu leben hat, ist zu wenig, eine Entscheidung für die Ewigkeit zu sein. Wie man den Kopf wollüstig unter die Bettdecke stecken und auf die ganze Welt pfeifen kann, so versteckt sich der Humorist mit Hilfe der Immanenz dahinten in die Ewigkeit der Erinnerung und lächelt wehmütig über die zeitliche Existenz mit ihrer kurzwährenden Geschäftigkeit und illusorischen Entscheidung. Der Humorist doziert nicht Unsittlichkeit, keineswegs, er ehrt das Sittliche und tut für seinen Teil alles, so gut er kann, und lächelt wieder über sich selbst, aber er ist weiblich verliebt in die Immanenz und die Erinnerung ist seine glückliche Heirat und die Erinnerung seine glückliche Sehnsucht.

Ein Humorist kann wohl den Einfall bekommen und wirklich ausführen, eifriger als irgendeiner zu arbeiten und sparsamer als ein Pflichtarbeiter mit der Zeit umzugehen; aber wenn dieses Arbeiten die geringste Bedeutung für Entscheidung ewiger Seligkeit haben sollte, so würde er lächeln. Die Zeitlichkeit ist ihm eine flüchtige Episode und von ganz zweifelhafter Bedeutung, und in ihr ist das ihm ein Vorschmack seiner Seligkeit, daß er durch Erinnerung aus der Zeitlichkeit heraus seine Ewigkeit hinten gesichert hat. Eine ewige Seligkeit läßt sich nur ewig denken, das Paradoxe liegt daher, gerade so wie beim Gedanken an eine ewige Unseligkeit, darin, daß das Leben in der Zeit der Ausgangspunkt sein soll, als hätte der Existierende die hinter ihm liegende Ewigkeit der Erinnerung vergessen, als bekäme er eine ewige Seligkeit von einem bestimmten Zeitmoment an, während sich ja eine ewige Seligkeit ewig selbst voraussetzt. Ob der Humor und die Spekulation recht hat, ist etwas anderes, aber sie haben nie recht, sich für Christentum auszugeben.

Wenn das wesentliche Entschiedensein der Ewigkeit hinten in Erinnerung zu erreichen ist, so besteht das höchste Geistesverhältnis zu Gott konsequent darin, daß Gott abrät, zurückhält, weil die Existenz in der Zeit nie für eine ewige Entscheidung kommensurabel werden kann. So riet bekanntlich der Genius des Sokrates immer nur ab, und so muß auch der Humorist sein Gottesverhältnis verstehen. Die metaphysische Machtvollkommenheit jedoch der ewigen Erinnerung zu lösen und aufzulösen, überfliegt die Disjunktion, welche der Humorist nicht verwirft, sondern anerkennt, und doch, und doch trotz aller Anerkennung in dahintenliegende Entschiedenheit der Ewigkeit auflöst. Beim Paradox ist es umgekehrt, aber da treibt der Geist an, aber dies ist wieder der paradoxe Ausdruck dafür, wie paradox die Zeit und die Existenz in der Zeit betont worden ist.

anders vom Christentum, als es die Ironie tut. Er ist nur scheinbar von Ironie verschieden, weil er sich scheinbar das ganze Christliche angeeignet hat, ohne es sich doch in *entscheidender* Weise anzueignen (aber das Christliche liegt eben in der Entscheidung und dem Entschiedensein), wogegen das für die Ironie Wesentliche: das Zurücknehmen der Erinnerung aus der Zeitlichkeit heraus in das Ewige hinein, wieder das Wesentliche für Humor ist. Der Humor gibt dem Existieren scheinbar größere Bedeutung, als die Ironie tut, aber doch ist die Immanenz übergreifend und ihr Mehr oder Minder ein verschwindendes Quantitieren gegenüber der qualitativen Entschiedenheit des Christentums. Humor wird daher der letzte *terminus a quo* für die Bestimmung des Christlichen. Humor ist, wenn er die christlichen Bestimmungen (Sünde, Sündenvergebung, Versöhnung, Gott in der Zeit usw.) benutzt, nicht Christentum, sondern eine heidnische Spekulation, die alles das Christliche zu *wissen* bekommen hat. Er kann dem Christlichen täuschend nahekommen, aber da wo die Entscheidung fängt, da wo die Existenz den Existierenden wie das Schiffsbord fängt, so daß er in der Existenz bleiben muß, während der Steg der Erinnerung und der Immanenz hinter ihm weggenommen ist, da, wo die Entscheidung im Augenblick geschieht und die Bewegung nach vorwärts zum Verhältnis zu der ewigen Seligkeit führt, die in der Zeit entstanden ist: da geht der Humor nicht mit.

Auf dieselbe Weise betrügt die moderne Spekulation, ja man kann nicht einmal sagen: sie betrügt, denn es ist bald keiner mehr da zu betrügen, und die Spekulation tut es *bona fide*. Sie macht das Kunststück, das ganze Christentum zu verstehen, aber sie versteht es, wohl zu bemerken, nicht christlich, sondern spekulativ, d. h. im Mißverstand, da das Christentum gerade der Gegensatz zur Spekulation ist.

Magister Kierkegaard hat vermutlich schon gewußt, was er tat, als er die erbaulichen Reden *erbauliche Reden* nannte, und warum er sich des Gebrauches christlich-dogmatischer Bestimmungen enthielt, den Namen Christi nicht nannte usw., was man sonst zu unserer Zeit frischweg tut, während die Kategorien, Gedanken, das Dialektische in der Darstellung nur der Immanenz angehören. Wie die pseudonymen Schriften außer dem, was sie direkt sind, indirekt eine Polemik gegen die Spekulation bedeuten, so auch diese Reden, nicht dadurch, daß sie nicht spekulativ sind, denn sie sind gerade spekulativ, sondern dadurch, daß sie keine Predigten sind.

Die Firma Kts. (in Professor Heibergs Intelligenzblatt)[1] hatte daher volles Recht, die eine Rede „Der Herr hat es gegeben, der Herr hat es genommen, der Name des Herrn sei gelobt" auszunehmen und von den andern zu sagen, sie seien für Predigten zu philosophisch; aber sie hatte kein Recht zu übersehen, daß der Verfasser selbst dasselbe gesagt hatte, indem er sie *erbauliche Reden* nannte

---

[1] [1844, S. 112 f. Der Artikel Bischof Mynsters „Kirchliche Polemik" protestiert dagegen, daß die Predigt philosophisch sein soll.]

und im Vorwort ausdrücklich daran erinnerte, daß es keine Predigten sind. Daß die Spekulation zu unserer Zeit damit umgeht, den Predigtvortrag zu verwirren, ist nicht zweifelhaft. Darauf kann man unmittelbar aufmerksam machen, z. B. durch einen kleinen Artikel in einer Zeitschrift. Es läßt sich aber auch indirekt machen und kostet dann mehr Arbeit, z. B. durch Abfassung von erbaulichen Reden, die philosophisch und keine Predigten sind. Wenn die Leute dann von ihnen sagen, daß man sie gut Predigten nennen könne, so zeigt dies, daß die Verwirrung da ist, aber zugleich, daß der Verfasser, der die Reden schreibt und wissentlich an das Mißverständnis erinnert, nicht gerade der Aufklärung bedarf, daß das Mißverständnis da sei.

Hätte der Verfasser sie Predigten genannt, so wäre er ein Faselhans gewesen. Es sind erbauliche Reden, der Verfasser wiederholt im Vorwort wörtlich, „daß er kein Lehrer sei“ und die Reden nicht „zur Erbauung“ seien, durch welche Erklärung ihre teleologische Bedeutung schon im Vorwort humoristisch widerrufen ist. Sie sind „keine Predigten“; die Predigt entspricht nämlich dem Christlichen, und der Predigt entspricht ein Geistlicher, und ein Geistlicher ist, was er ist, wesentlich durch die Ordination, und die Ordination ist die paradoxe Verwandlung eines Lehrers in der Zeit, wodurch er in der Zeit etwas anderes wird, als was die immanente Entwicklung von Genie, Talent, Gabe usw. sein würde. Von Ewigkeit her ist doch wohl keiner ordiniert, oder, sobald er geboren wird, imstande, sich seiner als ordiniert zu erinnern. Auf der andern Seite ist die Ordination ein *character indelebilis*. Was soll das anders bedeuten, als daß hier wieder die Zeit für das Ewige entscheidend ist, wodurch das immanente Zurücknehmen der Erinnerung ins Ewige verhindert wird. Bei der Ordination steht wieder das christliche Notabene.

Ob es richtig ist, ob die Spekulation und der Humor nicht recht haben, ist eine ganz andere Frage; aber wenn die Spekulation auch noch so sehr recht hätte, so hat sie doch nie recht, sich für Christentum auszugeben.

So kam ich also mit meinen *Brocken*. Ob es mir nun in dieser Broschüre gelungen ist, auf indirekte Weise das Christentum in Beziehung zum Existieren zu setzen, es durch indirekte Form in Beziehung zu einem wissenden Leser zu bringen, dessen Unglück vielleicht gerade darin besteht, daß er ein Wissender ist: will ich nicht entscheiden. Durch direkte Mitteilung ließ es sich nicht machen, da sich diese immer nur an einen Empfänger, der etwas wissen will, nicht wesentlich an einen Existierenden wendet. Durch direkte Mitteilung würde vielleicht etwas Sensation erweckt werden, aber Sensation bezieht sich nicht aufs Existieren, sondern eher aufs Schwatzen. In dem Verstandenen zu existieren, kann einem existierenden Geiste nicht unmittelbar mitgeteilt werden, nicht einmal von Gott, noch weniger von einem Menschen. Wie gesagt, ob das in der Broschüre gelungen ist, werde ich nicht entscheiden, verzichte auch auf die Mühe, sie selbst anzuzeigen, was dann konsequent wieder in der indirekten Form der Doppelreflexion geschehen müßte. Was mir selten begegnet, ist hier mein Fall: ich bin mit allen einig. Hat sie gar keiner anzeigen wollen, so mag ich es auch nicht.[1]

---

[1] Doch, es ist wahr, eben dieser Tage erfahre ich von einer Anzeige, und wunderbarerweise in einer deutschen Zeitschrift, dem „Allgemeinen Repertorium für Theologie und kirchliche Statistik" [Neues Repertorium für die theologische Literatur und kirchliche Statistik, Bd. II, Heft 1, Berlin 1845, S. 44–48]. Der Rezensent hat eine vortreffliche Eigenschaft: er faßt sich kurz und enthält sich so gut wie ganz der in Rezensionen sonst gewöhnlichen Eingangs- und Ausgangs-Examens-Feierlichkeit, den Rezensierten mit Lob zu nennen, mit Auszeichnung einzuberufen, oder wohl gar mit Auszeichnung und Glückwunsch. Dies schätze ich um so höher, als der erste Satz der Anzeige („diese Schrift eines der produktivsten Schriftsteller Dänemarks ist wegen der Eigentümlichkeit ihres Verfahrens einer kurzen Besprechung nicht unwert") mit dem Wort „Besprechung" und „nicht unwert" mir einen Schreck eingejagt hatte.
Der Referent gibt den Inhalt der Schrift als eine Entwicklung der positiv christlichen Voraussetzungen an, bemerkt darauf, daß dieses so gemacht sei, „daß unsere Zeit, die alles nivelliert, neutralisiert und vermittelt, sie kaum wieder erkennen wird" und geht dann zum Referat über; also ohne den Wink der Ironie benutzt zu haben, den seine eignen Worte enthalten, daß die christlichen Voraussetzungen unserer Zeit so dargestellt werden, daß diese, obgleich sie sogar mit ihnen fertig ist und weiter geht, sie nicht einmal wiedererkennen kann. Sein Referat ist genau und im ganzen dialektisch zuverlässig, aber jetzt kommt der Knoten: obgleich das Referat richtig ist, wird jeder, der es allein liest, von dem Buch einen ganz verkehrten Eindruck bekommen. Das Unglück ist natürlich nicht groß, aber andrerseits ist es doch immerhin nicht eben günstig, wenn ein Buch gerade wegen seiner Eigentümlichkeit besprochen wird. Das Referat ist dozierend, rein und unverfälscht dozierend, also wird der Leser den Eindruck bekommen, die Broschüre sei auch dozierend. Dies ist nun in meinen Augen der verkehrteste Eindruck, den man von ihr bekommen kann.
Vom Gegensatz der Form, vom foppenden Widerstand des Experiments gegen den Inhalt, von der dichtenden Frechheit (die sogar das Christentum dichtet), dem einzigen Versuch, der gemacht wird weiterzugehen, weiter nämlich als das sogenannte spekulative Konstruieren, von der unermüdlichen Tätigkeit der Ironie, dem ganzen Parodieren der Spekulation in der Anlage, dem Satirischen, das darin liegt, daß Anstrengungen gemacht werden, als sollte „was ganz Außerordentliches, und zwar Neues" kommen, während beständig die alltägliche Orthodoxie in gebührender Strenge kommt: von diesem allen bekommt der Leser des Referates gar keine Ahnung.
Und doch ist das Buch sowenig für Nichtwissende geschrieben, die etwas zu wissen bekommen sollen, daß der, mit dem ich mich im Buch redend einführe, beständig ein Wissender ist, was darauf zu deuten scheint, das Buch sei für Wissende geschrieben, deren Unglück darin besteht, daß sie zuviel wissen.
Die christliche Wahrheit ist dadurch, daß sie alle kennen, allmählich zu einer solchen Trivialität geworden, daß es schwer hält, von ihr einen primitiven Eindruck zu bekommen. Wenn sich dies so verhält, wird das *Mitteilen*können zuletzt zu der Kunst, *wegnehmen* oder ablocken zu können. Dies scheint sonderbar und sehr ironisch zu sein, und doch, glaube ich, ist es mir ganz gelungen, meine Meinung auszudrücken.
Wenn ein Mann den Mund so voll Essen hat, daß er aus dem Grunde nicht essen kann, sondern schließlich vor Hunger sterben muß, heißt dann ihm Speise mitteilen: ihm den Mund noch voller stopfen oder lieber etwas entfernen, damit er essen kann? Und so auch, wenn ein Mann ein Vielwisser ist, während sein Wissen für ihn keine oder so gut wie keine Bedeutung hat, besteht dann eine vernünftige Mitteilung darin, ihm mehr Wissen zu verschaffen, selbst wenn er laut danach verlangt, oder besteht sie nicht vielmehr darin, ihm etwas abzunehmen? Wenn nun ein

Mitteilender einen Teil von dem Vielen, was der vielwissende Mann weiß, in einer Form mitteilt, die es ihm fremd erscheinen läßt, so nimmt er ihm ja gleichsam sein Wissen, wenigstens bis es der Wissende, indem er den Widerstand der Form überwindet, sich assimiliert.
Gesetzt nun, des vielwissenden Mannes Unglück läge darin, daß er an eine gewisse Form gewöhnt ist, „daß er einen mathematischen Satz beweisen kann, wenn die Buchstaben in der Ordnung ABC stehen, aber nicht, wenn sie in der Ordnung ACB stehen“, so nimmt ihm ja die veränderte Form sein Wissen, und doch ist dieses Nehmen gerade ein Mitteilen. Wenn nun eine Zeit systematisch aufsagend mit dem Verständnis des Christentums und aller Schwierigkeiten fertig geworden ist, so daß sie mit Jubel verkündigt, wie leicht die Schwierigkeit zu verstehen sei, so muß man wohl Verdacht schöpfen. Es leuchtet nämlich eher ein, daß etwas so schwierig ist, daß man es gar nicht verstehen kann, als daß eine Schwierigkeit so sehr leicht zu verstehen sei; denn ist sie so sehr leicht, so ist sie vielleicht gar keine Schwierigkeit, da man ja eine Schwierigkeit eben daran erkennt, daß sie schwierig zu verstehen ist. Wenn dann die Mitteilung, bei einer solchen Ordnung der Dinge, nicht darauf ausgeht, die Schwierigkeit noch leichter zu machen, so wird das Mitteilen ja zu einem Wegnehmen. Man kleidet die Schwierigkeit in eine neue Form, worin sie wirklich schwierig ist. Dies ist die Mitteilung an den, der die Schwierigkeit schon so sehr leicht erklärt hat. Tritt dann ein, was der Anzeiger andeutet, daß ein Leser in dem Dargebotenen kaum das wiedererkennen kann, womit er längst fertig ist, so wird die Mitteilung ihn anhalten, jedoch nicht, um ihm etwas Neues mitzuteilen, d. h. zu seinem vielen Wissen hinzuzufügen, sondern um ihm etwas wegzunehmen.
Über die Anzeige ist übrigens nichts zu sagen, nur sind die vier letzten Zeilen wieder ein Beweis dafür, wie in unserer dozierenden Zeit alles dozierend aufgenommen wird. „Wir enthalten uns jeder Gegenbemerkung, denn es lag uns, wie gesagt, bloß daran, das eigentümliche Verfahren des Verfassers zur Anschauung zu bringen. Im übrigen stellen wir es dem Ermessen eines jeden anheim, ob er in dieser apologetischen Dialektik Ernst oder etwa Ironie suchen will.“ Aber mein eigentümliches Verfahren, wenn von ihm die Rede sein soll, und besonders davon, es „zur Anschauung zu bringen“, liegt eben in der Gegensatzform der Mitteilung, keineswegs in den vielleicht neuen dialektischen Kombinationen, wodurch die Probleme deutlicher werden; sie liegt zu allererst und entscheidend in der Gegensatzform, und dann, wenn dies hervorgehoben ist, kann, wenn es sein soll, einen Augenblick von einem bißchen dozierender Eigentümlichkeit die Rede sein.
Wenn der Referent jedem freistellt, ob er in der Broschüre Ernst oder Ironie suchen will, so ist dies irreführend. So etwas pflegt man gewöhnlich zu sagen, wenn man nichts anderes zu sagen weiß; und wenn die Darstellung eines Buchs rein und ungemischt dozierender Ernst ist, so läßt es sich hören, sofern man vom Buch etwas sagt, was nicht im Buch steht, es läßt sich hören, daß man sagt: das Buch ist reiner Ernst. Nun sagt der Rezensent: „Wer weiß, ob es Ironie oder Ernst ist“, und es ist etwas gesagt, und zwar so, daß es dem Leser überlassen bleibt, zu suchen oder ob er suchen will, was nämlich nicht geradezu im Buche steht. Anders dagegen, wo nur die Rede vom Finden sein kann, vom Finden dessen, was dasteht. Aber die Broschüre war durchaus nicht reiner und purer Ernst, was reiner Ernst wurde, war nur das Referat. Insofern kann die Schlußbemerkung im Referat wohl etwas in bezug auf das Referat zu bedeuten haben (z. B. als eine Satire darüber), aber in bezug auf die Schrift ist sie töricht. Nehmen wir an, es sei jemand bei einem der ironischen Gespräche, die Sokrates führte, zugegen gewesen. Wenn er später einem andern davon erzählt, aber die Ironie ausläßt und dann sagt: wer weiß, ob eine solche Rede Ironie oder Ernst ist: so satirisiert er über sich selbst. Aber die Anwesenheit der Ironie schließt den Ernst nicht aus. Das meinen nur Dozenten. Während sie nämlich sonst das Disjunktive gut abschaffen, weder Gott noch den Teufel fürchten, da sie alles mediieren, bleibt die Ironie ausgenommen, die können sie nicht mediieren.

Ist das gelungen: um so besser; ist es nicht gelungen: nun, dann ist das Unglück nicht groß, eine solche Broschüre kann ich bald schreiben, und wenn mir klarwürde, daß ich nicht einmal dadurch, daß ich etwas schwierig mache, meiner Zeit irgendwie etwas nützen kann, so befreit mich dieses drückende Bewußtsein zugleich von der Mühe des Schreibens.

Doch ist mir wirklich der Gedanke gekommen, ob ich mich nicht in einem Mißverständnis befinde, ob ich nicht bei den Lesern etwas voraussetze und mit dieser Voraussetzung einen Fehler begehe. Denn ich will ganz aufrichtig sein: meine Ansicht von Mitteilung durch Bücher ist von dem äußerst verschieden, was ich sonst darüber aufgestellt sehe, und was man stillschweigend für gegeben annimmt. Die indirekte Mitteilung macht das Mitteilen in anderem Sinne zu einer Kunst, als man sonst annimmt, indem man denkt, der Mitteiler habe dem Wissenden eine Mitteilung zur Beurteilung vorzulegen oder dem Nichtwissenden, damit dieser etwas zu wissen bekomme. Aber um das Nächste kümmert man sich nicht, um das, was gerade die Mitteilung so dialektisch schwierig macht: daß der Empfänger ein Existierender ist, und daß dies die Hauptsache ist. Einen Mann auf der Straße anzuhalten und stille zu stehen, um mit ihm zu reden, ist nicht so schwierig, wie im Vorbeigehen einem Vorbeigehenden etwas sagen zu sollen, ohne selbst still zu stehen oder den andern aufzuhalten, ohne ihn veranlassen zu wollen, denselben Weg zu gehen, sondern indem man ihn gerade antreibt, seinen eigenen Weg zu gehen: und so verhält sich ein Existierender zu einem Existierenden, wenn die Mitteilung die Wahrheit als Existenzinnerlichkeit betrifft.

In bezug auf diese meine abweichende Auffassung vom Mitteilen ist mir zuweilen eingefallen, ob sich dies in betreff der indirekten Mitteilung nicht direkt mitteilen lasse. So sehe ich, daß Sokrates, der sonst so streng auf das Fragen und Antworten hielt (was eine indirekte Methode ist), weil die lange Rede, der dozierende Vortrag, das Aufsagen nur verwirrt, zuweilen selbst länger redet und dann als Grund anführt, er tue es deshalb, weil der, mit dem er rede, eine Aufklärung brauche, ehe das Gespräch in Gang kommen könne. Das tut er z. B. im *Gorgias* [Gorgias S.464b bis 466a, besonders 465e]. Aber mir kommt dies wie Inkonsequenz, wie Ungeduld vor, die fürchtet, es möchte zu lange dauern, bis man zu gegenseitigem Verständnis komme; denn mit der indirekten Methode muß sich doch ganz dasselbe erreichen lassen, nur langsamer. Aber die Geschwindigkeit hat für das Verständnis gar keinen Wert, wenn dies in der Innerlichkeit besteht. Mir scheint es besser zu sein, daß man einander in Innerlichkeit fort voneinander wahrhaft verstehen lernt, wenn dies auch langsam geschieht. Ja, selbst wenn dies nie geschähe, weil die Zeit verginge und der Mitteilende vergessen wäre, ohne daß ihn jemand verstanden hätte, mir scheint es doch konsequenter vom Mitteilenden zu sein, nicht die geringste Anbequemung verschuldet zu haben, um einen zu bekommen, der ihn verstehe, und unaufhörlich auf sich selbst zu achten, daß er im Verhältnis zu andern nicht wichtig werde, was durchaus keine Innerlichkeit, sondern äußerliches, lärmendes Wesen ist. Wenn er das tut, dann wird er diesen Trost im Gericht haben, wenn der Gott richtet, daß er sich nichts erlaubt hat, um jemand zu gewinnen, sondern mit aller seiner Kraft umsonst gearbeitet hat, es dem Gott überlassend, ob es eine Bedeutung haben soll oder nicht.

Und dies wird dem Gott wohl besser gefallen, als wenn der Geschäftige zu ihm sagen würde: „Ich habe dir 10 000 Anhänger verschafft; einige gewann ich damit, daß ich über das Elend der Welt weinte und ihren nahen Untergang verkündigte, andre damit, daß ich ihnen glänzende, lachende Aussichten verhieß, wenn sie meine Lehre annähmen, andre auf andre Weise, bald mit Weglassen, bald mit Zusetzen. Sie wurden alle Anhänger, so einigermaßen Anhänger. Ja, wenn du zu meinen Lebzeiten zum Inspizieren auf die Erde herabgestiegen wärest, dann würde ich dein Auge beim Anblick der vielen Anhänger bezaubert haben, gleichwie Potemkin den Blick Katharinas bezauberte.“ ... Ja wie Potemkin den Blick Katharinas bezauberte, geradeso, nämlich mit Hilfe von Theaterdekorationen, und so wären die 10 000 Anhänger der Wahrheit auch eine theatralische Belustigung.

Meine These lautete: die Subjektivität, die Innerlichkeit ist die Wahrheit. Wie die pseudonymen Verfasser, nach meiner Annahme, nach diesem Satz hinstreben, der in seiner tiefsten Bedeutung das Christentum ausmacht, habe ich nun zu zeigen gesucht. Daß man mit Innerlichkeit auch außerhalb des Christentums existieren kann, hat unter anderem das Griechentum hinlänglich bewiesen; aber in unserer Zeit scheint es wirklich so weit gekommen zu sein, daß, während wir alle Christen sind und vom Christentum wissen, schon selten ein Mensch mit soviel existierender Innerlichkeit anzutreffen ist, wie ein heidnischer Philosoph besaß. Da ist es kein Wunder, daß man mit dem Christentum so geschwind fertig wird, wenn man damit anfängt, sich selbst in einen Zustand zu versetzen, in dem ganz und gar keine Rede davon sein kann, einen auch noch so geringen Eindruck vom Christentum zu bekommen.

Man wird objektiv, objektiv will man betrachten, daß der Gott gekreuzigt wurde, was, als es geschah, nicht einmal dem Tempel erlaubte, objektiv zu sein, denn sein Vorhang zerriß, nicht einmal den Toten erlaubte, objektiv zu werden, denn sie standen aus den Gräbern auf: was also sogar das Leblose und die Verstorbenen subjektiv zu machen vermag, das wird nun von den Herren Objektiven objektiv betrachtet. Man wird objektiv, objektiv will man das Christentum betrachten, das sich vorläufig die Freiheit nimmt, den Betrachter zu einem Sünder zu machen, wenn überhaupt davon die Rede sein soll, daß man etwas zu sehen bekomme. Und Sünder, was das schrecklichste Leiden der Subjektivität sein muß, das will man objektiv sein.

Aber dann hilft man sich mit langen systematischen Einleitungen und weltgeschichtlichen Übersichten: in dieser Verbindung lauter Narrenstreiche, im Verhältnis zur Entscheidung des Christentums lauter Verzögerung. Man wird objektiv und objektiv, je früher, je besser, man schätzt Subjektivsein gering, man verachtet die Kategorie der Individualität, will sich mit der des Geschlechts trösten, aber begreift nicht, welche Feigheit und Verzweiflung es ist, daß das Subjekt nach einem glänzenden Etwas greift und zu gar nichts wird. Man ist so ohne weiteres ein Christ. Bei festlichen Gelegenheiten bedenkt man noch die Frage, welche für strenge Väter gut paßte, ob die Heiden selig werden können, und man merkt die Satire nicht, daß das Heidentum dem Christentum viel näher liegt als solch ein objektives Christentum, wo Christus Ja und Nein geworden ist, während er in Corinth, von Paulus verkündigt, nicht Ja und Nein war (2. Kor, 1, 19)! Subjektiv mit Leidenschaft zu existieren (und objektiv läßt sich nur in Distraktion existieren) ist überhaupt eine absolute Bedingung dafür, daß man irgendeine Meinung vom Christentum haben kann. Jeder, der das nicht will, und sich doch mit dem Christentum beschäftigen will, er sei nun, wer er will, und übrigens so groß, wie er will, in dieser Sache ist er wesentlich ein Narr.

Ob meine Auffassung von den pseudonymen Verfassern mit dem stimmt, was sie selbst gewollt haben, kann ich nicht entscheiden, da ich nur Leser bin, aber daß sie ein Verhältnis zu meiner These haben, ist ganz klar. Sieht man es nicht an anderem, so sieht man es an ihrer Enthaltsamkeit gegenüber dem Dozieren. Daß nicht doziert werden soll, ist in meinen Gedanken das rechte Verständnis von der Verwirrung der Zeit, welche gerade in dem vielen Dozieren besteht. Hochstehende Dozenten haben die pseudonymen Bücher, *item* meine kleine Broschüre gering genug geschätzt, weil sie nicht dozierte. Eine Menge hat ohne weiteres daraus geschlossen, es käme daher, daß die Verfasser, und ich mit ihnen, nicht imstande seien, sich zu der Höhe zu erheben, die zum Dozieren erfordert werde, zu der Objektivität, die der Standpunkt der Dozenten ist.

Vielleicht ist es so, aber gesetzt, die Subjektivität wäre die Wahrheit, so würde es mit der Höhe der Dozenten immerhin bedenklich. Auch habe ich mich darüber gewundert, daß man, während beinah von jedem theologischen Kandidaten angenommen wird, er könne dozieren, daß man sich da nicht zu dem Glauben entschließen konnte, daß die Verfasser, *item* ich, Johannes Climacus, wohl ungefähr ebensogut wie manche andere, die dozieren, dozieren können. Statt dessen sieht man auf uns als auf offenkundige Stümper, welche nicht zu tun vermögen, was heutzutage, wo eine ganze Abteilung der deutschen Literatur einzig und allein nach dieser Seite hin entwickelt ist, für einen studierenden Leser, der deutsche Schriften exzerpieren will, ungefähr ebenso leicht ist wie heutzutage Verse zu machen, eine Kunstfertigkeit, die man bald von Dienstboten verlangen kann. Doch dem sei nun, wie ihm wolle, so ist es immerhin gut, wenn man an etwas zu erkennen ist. Darum verlange ich nur, als der einzige bezeichnet zu werden, der nicht dozieren *kann*, und damit zugleich als der einzige, der die Anforderungen der Zeit nicht versteht.

Daß die Subjektivität, die Innerlichkeit, die Wahrheit sei, sagt meine These, und daß die pseudonymen Verfasser zu ihr eine Beziehung haben, sieht man leicht, z. B. an ihrem Blick für das Komische. Das Komische ist immer ein Zeichen der Reife, und es handelt sich bloß darum, daß sich während dieser Reife ein neuer Keim zeige, damit die *vis comica* das Pathetische nicht ersticke, sondern bloß bedeute, daß ein neues Pathos anfängt. Kraft im Komischen betrachte ich als eine unentbehrliche Legitimation für jeden, der in unserer Zeit in der Welt des Geistes für bevollmächtigt gelten soll. Wenn eine Zeit so durchreflektiert wie die unsere ist oder nach Hörensagen sein soll, so muß, wenn dies Wahrheit ist, das Komische von jedem, der mitreden will, und zwar von jedem primitiv, entdeckt sein.

Aber die Dozenten sind aller komischen Kraft so beraubt, daß es ganz schrecklich ist; sogar Hegel hat nach der Versicherung eines eifrigen Hegelianers ganz und gar keinen Sinn für das Komische. Eine lächerliche Grämlichkeit und Paragraphenwichtigkeit, die einem Dozenten auffallende Ähnlichkeit mit einem Holbergschen Buchhalter [Peder Eriksen im *Vielgeschäftigen*] gibt, nennen die Dozenten Ernst. Jeder, der diese schauerliche Feierlichkeit nicht besitzt, ist leichtsinnig. Vielleicht. Aber was will es doch heißen, sich *wirklich* aus dem Unmittelbaren herausreflektiert zu haben, ohne Meister im Komischen geworden zu sein, was will das heißen? Ja, das will heißen, daß man lügt. Was will es heißen, zu versichern, man habe sich herausreflektiert, und dies in direkter Form wie eine Nachricht mitzuteilen; was will es heißen? Ja, das will heißen, daß man ins Blaue hinein schwatzt.

In der Welt des Geistes sind die verschiedenen Stadien nicht wie Städte auf einer Reise, bei denen es ganz in der Ordnung ist, daß ein Reisender z. B. geradezu erzählt: wir verließen Peking und kamen nach Kanton, am vierzehnten waren wir in Kanton. Ein solcher Reisender verändert nämlich den Ort, nicht sich selbst, und daher ist es in der Ordnung, daß er in der direkten, unveränderten Form von der Veränderung redet und sie *erzählt*. Aber in der Welt des Geistes heißt den Ort verändern, sich selbst verändern, und darum ist alles direkte Versichern, dahin oder dorthin gekommen zu sein, ein Versuch à la Münchhausen. Daß man in der Geisteswelt zu jener fernen Stelle gekommen ist, beweist die Darstellung selbst; zeugt sie dagegen, so ist alles Versichern bloß ein Beitrag zum Komischen. Kraft im Komischen ist der Polizeiausweis, das Schild der Macht, das jeder Agent, der in unserer Zeit wirklich ein Agent ist, tragen muß.

Aber diese Komik ist nicht hitzig oder wild, ihr Lachen nicht gellend sie geht im Gegenteil mit der Unmittelbarkeit sorgsam um, sie legt beiseite. So ist die Sense des Schnitters mit einigen Holzgabeln versehen, die mit dem scharfen Blatt parallel laufen, und während die Sense die Saat abschneidet, sinkt diese beinahe wollüstig auf das unterstützende Lager, um dann nett und schön auf den Schwaden gelegt zu werden. So verhält sich die berechtigte Komik zu der gereiften Unmittelbarkeit. Das Werk des Abhauens ist eine feierliche Handlung, der Abhauende kein freudloser Schnitter, aber doch ist es die Schärfe und das schneidende Blatt des Komischen, vor dem die Unmittelbarkeit umsinkt, nicht unschön, selbst im Fall vom Abhauen unterstützt. Diese Komik ist wesentlich

Humor. Ist das Komische kalt und trostlos, so ist das ein Zeichen, daß keine neue Unmittelbarkeit im Keime ist, so ist es keine Ernte, sondern die inhaltslose Leidenschaft eines unfruchtbaren Windes, wenn er über nackte Felder fegt.

An etwas erkennbar zu sein, ist immerhin gut, ich verlange nichts Besseres, als daran kenntlich zu sein, daß ich in unserer *ernsten* Zeit der einzige nicht Ernste bin. Weit entfernt in diesem Urteil eine Veränderung zu begehren, ist mein Wunsch bloß, daß die geehrten Dozenten, nicht bloß die auf dem Katheder gestikulierenden, sondern auch die in Teezirkeln laut redenden, zu ihrem Urteil stehen und die oft genug *privatissime* deklamierten Ernstesworte gegen die pseudonymen Verfasser nicht plötzlich vergessen haben möchten, damit sie sich hingegen deutlich daran erinnern können, daß sie es waren, die das Komische zu einer Bestimmung im Ernst und den Scherz zu einem Erretter von der traurigsten aller Tyranneien: der der Griesgrämlichkeit, Dummheit und Steifheit machen wollten. Die pseudonymen Verfasser waren alle subjektiv, und ich mit ihnen; ich verlange nichts Besseres, als in unserer *objektiven* Zeit einzig dafür bekannt zu sein, daß ich nicht vermag objektiv zu sein.

Daß die Subjektivität, die Innerlichkeit die Wahrheit, das Existieren das Entscheidende ist, daß man auf dem Wege auf das Christentum zusteuern soll, das gerade Innerlichkeit ist, aber wohlzumerken nicht jede Innerlichkeit, weshalb die vorläufigen Stadien bestimmt festgehalten werden müssen: das war meine Idee. Eine solche Tendenz habe ich in den pseudonymen Schriften zu finden geglaubt und habe meine Ansicht von dieser Tendenz und ihr Verhältnis zu meinen *Brokken* klarzumachen gesucht. Ob ich die Meinung der Verfasser getroffen habe, kann ich nicht bestimmt sagen, aber auf jeden Fall will ich ihnen hier meine Entschuldigung aussprechen, daß ich sie gewissermaßen angezeigt habe, obgleich meine Besprechung, da sie nicht auf den Inhalt einging, eigentlich keine Anzeige war. Weshalb die Pseudonyme sich immer wieder Anzeigen verbeten haben, ist mir nie rätselhaft gewesen. Da die Gegensatzform der Darstellung das Referieren unmöglich macht, weil ein Referat gerade das Wichtigste wegnimmt und die Schrift fälschlich in einen dozierenden Vortrag verwandelt, haben die Verfasser vollkommen recht, sich lieber mit wenigen wirklichen Lesern begnügen zu wollen, als von den vielen mißverstanden zu werden, die durch ein Referat etwas zu wissen bekommen. Dies ist auch meine Meinung *qua* Verfasser, und ich denke hier an ein Wort von Zeno, der in bezug auf die vielen Schüler des Theophrast sagt: „Sein Chorus ist größer, meiner harmonischer". Dieses Wort habe ich gerade in diesen Tagen wieder bei Plutarch in dem kleinen Aufsatz gelesen: „wie man sich erlaubterweise selbst loben darf".[1]

Meine *Brocken* nähern sich in entscheidender Weise dem Christentum, ohne doch seinen oder Christi Namen zu nennen. In einer wissenden Zeit, in der alle Menschen Christen sind und wissen, was Christentum ist, gebraucht man nur

[1] [*De se ipso citra invidiam laudando 17.*]

allzu leicht die heiligen Namen, ohne etwas dabei zu denken, und sagt die christliche Wahrheit auf, ohne den geringsten Eindruck von ihr zu haben. Will einer annehmen, daß der Grund, weshalb die Namen nicht genannt worden sind, meine Unwissenheit sei, daß ich nicht wisse, daß der Stifter des Christentums Christus und seine Lehre das Christentum heißt: so mag er es meinetwegen tun. Es ist immer gut für etwas bekannt zu sein, ich für mein Teil verlange nichts Besseres, als mitten in der Christenheit der Einzige zu sein, der nicht weiß, daß der Stifter des Christentums Christus war: unwissend zu sein ist doch immer besser, als davon wie von hundert anderen Trivialitäten zu wissen.

Als nun meine *philosophischen Brocken* herausgekommen waren und ich mich mit der Absicht trug, dem Problem in einem Postskriptum „geschichtliches Kostüm anzulegen“, erschien noch eine pseudonyme Schrift: *Stadien auf dem Lebenswege,* eine Schrift, die nur die Aufmerksamkeit weniger auf sich gezogen hat (was sie selbst vorhersagt), vielleicht auch aus dem Grunde, daß es hier nicht wie in *Entweder – Oder* ein *Tagebuch des Verführers* gab, denn das ward wohl ungefähr am meisten gelesen und veranlaßte natürlich am meisten Sensation.

Daß dieses Werk ein Verhältnis zu *Entweder – Oder* hat, ist deutlich genug, und dadurch ganz sicher, daß in den zwei ersten Abteilungen die von jenem Buch her bekannten Namen gebraucht werden. Hätte sich der Verfasser der *Stadien* an mich gewendet, so würde ich ihm aus ästhetischen Gründen davon abgeraten haben, durch den Gebrauch von bekannten Namen an ein vorangehendes Werk zu erinnern.[1] Bei allem, was für gewagt gilt, und was auch gewagt ist, weil es Glück erfordert, ist es immer bedenklich, eine Erinnerung zu erwecken. Das ist leicht zu vermeiden, es zu tun, heißt sich selbst und sein Glück in einem Wagestück versuchen; dessen Gefährlichkeit an mehreren Stellen in der Schrift[2] angesprochen wird.

---

1 Auch aus einem andern Grunde hatte ich ihm (angenommen, was ja allgemein geschieht, daß die pseudonymen Schriften von *einem* Verfasser sind) von dem angestrengten Arbeiten abgeraten. Die Klugheit gebietet nämlich, nicht allzu eifrig und allzu ausdauernd zu arbeiten: sonst glauben dumme Menschen, es sei Hudelei. Nein, viel Wesen von einer Sache und dann eine kleine Leistung: dann glaubt die Plebs, es sei etwas. Vielleicht hätte ich doch nichts ausgerichtet; denn es ist nicht undenkbar, daß es der Verfasser selbst eingesehen, aber es zurückgewiesen hat, klug zu handeln und es für bedenklich erachtet hat, die Bewunderung verschiedener Leute zu gewinnen.

2 Vgl.: „Wie leicht ist es nicht, ein Gastmahl zu machen, und doch hat Constantin versichert, daß er es nie mehr wagen werde. Wie leicht ist es nicht, zu bewundern, und doch hat Viktor Eremita versichert, daß er nie mehr seiner Bewunderung (nämlich für Mozart) Worte leihen werde, weil eine Niederlage schrecklicher sei, als im Kriege Invalide zu werden!“
Als Ethiker spricht der Assessor mit ethischer Leidenschaft das Gegenteil aus: „Dies sei genug von der Ehe gesagt, in diesem Augenblick fällt es mir nicht ein, mehr darüber zu sagen, ein anderes Mal, vielleicht morgen, sage ich mehr, aber ‚immer dasselbe und über dasselbe‘, denn nur Zigeuner, Raubgesindel und Gauner haben das Sprichwort, daß man dahin, wo man einmal gewesen nicht wieder kommen dürfe.“

Man erzählt von einem Matrosen, der von der Spitze des Mastbaums herabfiel, ohne Schaden zu nehmen, daß er aufstand und sagte: macht mir's nach. Aber er hat wahrscheinlich auch selbst davon abgesehen, es noch einmal zu machen.

So ist bei dem, was Glück und Inspiration erfordert, die Wiederholung immer ein Wagestück. Was nämlich der veranlaßte Vergleich unbedingt fordert, ist die Fruchtbarkeit des Ausdrucks, denn seine eigenen Worte wiederholen oder glücklich gewählte Worte wörtlich wiederholen ist nicht schwer. Dasselbe wiederholen bedeutet also zugleich eine Veränderung unter Verhältnissen, die durch die Präzedenz erschwert sind; und während der neugierige Leser durch dasselbe abgestoßen wird, denn der neugierige Leser verlangt äußere Veränderung in Namen, Dekorationen, Kleidung, Frisur usw., wird der aufmerksame Leser in seinen Anforderungen strenger, weil es gar nichts Bestechendes oder Zerstreuendes gibt, keine Staffage, keine Mitteilung vom Äußeren der unbekannten Personen und von den klimatischen Verhältnissen der fernen Gegenden usw.

Indes wurde es doch gewagt, und der unbekannte Verfasser hat die Gefahr wohl gekannt, wie er auch wohl gewußt hat, weshalb Sokrates seine Ehre und seinen Stolz in das eine setzte: beständig dasselbe und von demselben zu sagen.[1] Der pseudonyme Verfasser hat durch dies Wagnis einen indirekten Triumph über einen neugierigen Leserkreis gewonnen. Indem dieser nämlich in das Buch hineinguckt[2] und die bekannten Namen Viktor Eremita, Constantin Constantius usw. sieht, wirft er das Buch weg und sagt gelangweilt: das ist ganz dasselbe wie

[1] Man bekommt dadurch Gelegenheit zu einem tiefen Einblick in einen Menschen, ob er Geist oder nur sinnlich bestimmt ist, daß man erfährt, was er unter eines Schriftstellers Reichtum und Armut versteht. Wenn es ein Pfarrer aushalten könnte, das ganze Jahr über einen und denselben Text zu predigen, sich beständig in neuer Üppigkeit des Ausdrucks verjüngend, so würde er nach meinem Sinn ein Prediger ohnegleichen sein, aber ein sinnlicher Zuhörer würde ihn langweilig finden.
Wenn Ahlenschläger in dem Augenblick, wo er seine Valborg gedichtet hatte, sie wieder hätte dichten können, dann würde er in meinen Augen noch größer sein, als er ist. Eigne zu dichten ist schon leichter, weil die Verhältnisse, das Land, wo das Stück spielt, die Umgebungen usw. anders sind. Aber Valborg zu schreiben, den Leser sie lesen zu lassen, darauf dieselbe Valborg wieder zu schreiben, dieselbe, das soll heißen, alles Äußere wäre dasselbe und bekannt, nur die Lieblichkeit der Liebe im Ausdruck auf Valborgs Lippen wäre neu, neu wie ein neuer Blumenflor: ja, ob noch so viele es langweilig finden würden, dann würde ich mir erlauben es erstaunlich zu finden.
Etwas von dem, was ich bei Shakespeare am meisten bewundert habe, ist sein Falstaff, und unter anderem auch, weil er sich wiederholt. Nun, das versteht sich, Falstaff hat jedesmal nicht viel Szenen, aber wenn Shakespeare hätte Falstaff in ganzen fünf Akten unverändert halten können, und dann wieder in fünf Akten: ja, ob noch so viele das langweilig finden würden, dann wurde ich nur erlauben es göttlich zu finden.

[2] Offenbar mit Rücksicht auf solch einen neugierigen Leser trügt das erste Drittel der Schrift die Lichtenbergschen Worte zum Motto: Solche Werke sind Spiegel; wenn ein Affe hineinguckt, kann kein Apostel heraussehen.

Entweder – Oder. Der neugierige Leser sagt also: das ist dasselbe. Und wenn nun ein solcher Leser es laut sagt, dann denkt vielleicht der pseudonyme Verfasser etwa so: „Wenn es doch wirklich so wäre, wie du sagst, denn dieses Urteil ist ein Kompliment, da es ja nicht bedeuten kann, daß es wörtlich dasselbe sei; aber ich fühle wohl, daß ich dieses üppige Wachstum der Innerlichkeit nicht in so großem Maß besitze und darum nur in bedeutender Verkürzung und mit bedeutender Veränderung in den Ausgangspunkten zu wiederholen gewagt habe." Jedoch habe ich als Verfasser einen Vorteil vor dem Herausgeber von *Entweder – Oder*, denn das Interesse der Neuigkeit und das große Buch und das Tagebuch des Verführers veranlaßten einen Auflauf, da man glaubte, es sei etwas los, so daß man das Werk kaufte, wie es ja jetzt sogar ausverkauft sein soll, auch ein höchst bedenkliches Argument für die Güte des Buches; man sollte fast annehmen, es sei ein Neujahrspräsent.[1] Ich dagegen bin vor dem Beriechen der Neugier sicher.

Bei Tivolibelustigungen[2] und literarischen Neujahrspräsenten gilt nämlich für Geldschneider, und die sich fangen lassen, Veränderung als oberstes Gesetz, dagegen in bezug auf die Wahrheit als Innerlichkeit in Existenz, in bezug auf eine unvergänglichere Freude am Leben, die mit dem Trachten des Lebensüberdrusses nach Zerstreuung nichts gemein hat, gilt das Gegenteil, und das Gesetz lautet: dasselbe, und doch verändert, und doch dasselbe. Sieh, darum halten Liebhaber des Tivoli so wenig von der Ewigkeit, denn das Wesen der Ewigkeit ist immer dasselbe zu sein, und die Nüchternheit des Geistes ist daran kenntlich, daß sie weiß: Veränderung im Äußeren ist Zerstreuung, aber Veränderung in demselben Innerlichkeit.

Aber so neugierig ist im ganzen die lesende Welt, daß ein Schriftsteller, der sie los sein will, nur einen kleinen Wink zu geben braucht, um sie los zu sein, nur einen Namen, so sagt sie: es ist dasselbe.

Denn sonst ist die Verschiedenheit der *Stadien* von *Entweder –Oder* in die Augen fallend. Davon nicht zu reden, daß zwei Drittel so verschieden sind, wie es kategorisch ungefähr möglich ist[3], so ist innerhalb des ersten Drittels Viktor Eremita, der vorher nur Herausgeber war, in eine existierende Individualität verwandelt, Constantin und Johannes der Verführer bestimmter ausgeprägt, der Assessor mit der Ehe von einer ganz anderen Seite als in *Entweder – Oder* beschäftigt, während kaum der aufmerksamste Leser einen einzigen Ausdruck,

---

1 [Vgl. „Vorworte" III.]

2 [Tivoli ein Kopenhagener Platz für Volksbelustigungen.]

3 Doch auch in bezug auf die zwei Drittel sagt meine Schrift selbst voraus, daß die lesende Welt sie langweilig finden werde. Eine Liebesgeschichte, sagt sie, ist eine Liebesgeschichte, soll man noch einmal davon hören, so muß die Szene in Afrika sein, denn die Szenerie gibt die Veränderung, und eine solche lesende Welt braucht „Tableau, Gegenden, viele Personen und dann – die Kühe."

eine einzige Wendung im Gedanken oder in der Sprache finden wird, wie sie in *Entweder – Oder* waren.

Ich habe mich hierbei mit Absicht länger aufgehalten, weil es, wenn es schon einem einsam stehenden Schriftsteller, der gerade diese Isolation liebt, passen kann, für mich noch etwas anderes bedeutet, indem es darauf Bezug hat, was ich beständig hervorgehoben habe, daß unsere Zeit vergessen hat, was Existieren und was Innerlichkeit bedeutet. Sie hat den Glauben daran verloren, daß die Innerlichkeit den scheinbar armen Inhalt reicher macht, während Veränderung im Äußeren nur die Zerstreuung ist, nach der Lebensüberdruß und Lebensleere greift. Daher hat man die Existenzaufgaben verschmäht. Man bekommt im Vorbeigehen zu wissen, was Glauben sei, so weiß man es ja. Dann greift man nach einem spekulativen Resultat und ist wieder gleichweit. Dann kommt für einen Tag die Astronomie, und so treibt man sich in allen Wissenschaften und Sphären herum und lebt doch nicht, während die Dichter, bloß um Leser zu unterhalten, in Afrika, Amerika, zum Kuckuck in Trapezunt und Hinterpommern herumstreifen[1], so daß bald ein neuer Weltteil entdeckt werden muß, wenn die Poesie nicht Renonce spielen will. Und warum? Weil die Innerlichkeit immer mehr verlorengeht.

Fangen wir mit den letzten zwei Dritteln der Schrift an, die eine *Leidensgeschichte* enthalten. Leiden kann es nun überall in den verschiedenen Stadien der Existenz geben, wenn aber in einer Schrift ein ästhetisches Stadium, dann ein ethisches und endlich ein religiöses Stadium geboten und erst hier das Wort Leiden gebraucht wird, so scheint das anzudeuten, daß Leiden sich anders zum Religiösen als zum Ästhetischen und Ethischen verhalte. Das Wort Leidensgeschichte scheint daher prägnant als Kategorie gebraucht zu sein, als habe Leiden für das Religiöse eine entscheidende Bedeutung. So scheint hier Leidensgeschichte als Titel etwas anderes zu bedeuten als der Goethische Titel: *Leiden des jungen Werther*, oder der Hoffmannsche: *Leiden eines armen Theaterdirektors*. Für eine ästhetische und ethische Existenz ist nämlich Leiden etwas Zufälliges, es kann fehlen, und man kann darum gleichwohl ästhetisch und ethisch existieren, oder wenn man ihm hier eine tiefere Bedeutung abgewinnt, so behandelt man es als Durchgangsmoment. Anders da, wo Leiden als das die religiöse Existenz Entscheidende und gerade die Innerlichkeit Bezeichnende hingestellt wird: je mehr Leiden, desto mehr religiöse Existenz, und das Leiden dauert fort. So hat der Verfasser nicht in Verlegenheit, wie er seine Schrift nennen solle, den Titel: *eine Leidensgeschichte* gewählt, sondern etwas sehr Bestimmtes dabei gedacht und selbst hervorgehoben (vgl. § 5). Während ästhetische Existenz wesentlich in Genuß, ethische Existenz wesentlich in Kampf und Sieg besteht, bedeutet religiöse Existenz Leiden, und nicht als Durchgangsmoment, sondern als beständig begleitendes Leiden; Leiden bedeutet, um an ein Wort des Frater zu erinnern,

[1] [Vgl. Holbergs *Geert Westphaler*, Szene 7.]

die 70 000 Faden Wasser, auf deren Tiefe sich der Religiöse beständig befindet. Aber Leiden ist eben Innerlichkeit und schließt gegen ästhetische und ethische Existenzinnerlichkeit ab. Selbst in alltäglicher Rede pflegt man ja, wenn von jemand gesagt wird, er hat gewiß viel gelitten, sogleich daran die Vorstellung von Innerlichkeit zu knüpfen.

Der Titel der Leidensgeschichte heißt *Schuldig? – Nicht schuldig?* Die Fragezeichen weisen deutlich auf einen Prozeß hin. Ein Romanschreiber hätte vermutlich den Titel vereinigt, und ein Leserkreis, der ein Resultat wünscht, hätte es wohl gern gesehen. Dann wäre der Titel z. B. geworden *Ein Treuloser und doch ein Ehrenmann*, *Gebrochenes Gelübde und doch ewige Treue*, *ad modum Husarenoffizier und doch ein guter Ehemann* usw. Auf dem Titelblatt ist sogleich Farbe bekannt und der Leser beruhigt. Der Leser wird weder durch Existenz noch durch dialektische Genauigkeit der Kategorie beunruhigt, die Erzählung ist ein liebenswürdiges Sammelsurium von einem bißchen Ästhetik, einem bißchen Ethik, einem bißchen Religion.

Einen denkenden Menschen interessiert es aber nicht, hinterher etwas zu wissen zu bekommen, sondern er möchte gerade mit einem Existierenden in seiner Existenz gleichzeitig werden. Und in der Spannung zwischen den inquirierenden Fragen, in das scharfe, peinliche Examen der Frage genommen, existiert der Quidam des Experiments. Besteht das Unglück der Zeit darin, daß sie vergessen hat, was Innerlichkeit und Existieren bedeutet, so handelt es sich ja besonders darum, der Existenz so nahe wie möglich zu kommen. Daher nimmt das Experiment nicht seinen Ausgangspunkt in einem späteren Zeitmoment und erzählt einen merkwürdigen Konflikt als etwas Vergangenes, beseitigt auch die Spannung des Konfliktes nicht durch ein beruhigendes Resultat, sondern macht durch seine foppende Form den Leser noch gleichzeitiger, als er durch eine gleichzeitige Wirklichkeit werden kann, und läßt ihn darin stecken, indem er kein Resultat gibt. Es ist wohl schon früher ein Buch ohne Schluß geschrieben worden, vielleicht starb der Verfasser oder mochte es nicht beendigen usw. So steht es jedoch hier nicht; daß es kein Ende, kein Resultat gibt, wird, wie vorher Leiden, als eine kategorische Bestimmung der religiösen Existenz gefaßt. Frater Taciturnus führt es selbst aus (§ 3). Aber das Ausbleiben des Resultats ist gerade eine Bestimmung von Innerlichkeit; denn Resultat ist etwas Äußeres und Resultatsmitteilung ein äußeres Verhältnis zwischen einem, der etwas weiß, und einem, der es nicht weiß.

Die *Leidensgeschichte* wurde ein Experiment genannt, und der Frater zeigt selbst die Bedeutung davon (§ 3).

Die *Leidensgeschichte* bezog sich auf die *Wiederholung*. Der Unterschied fällt indes sehr in die Augen, wenn von kategorischer Bestimmung die Rede ist. Diese beschäftigt ja allerdings das Interesse des Denkers, während die Mannigfaltigkeit der Maskeradentracht die Galerie interessiert, welche darum vermutlich auch die für die größte Schauspielerin ansieht, die nicht nur in mancherlei phantastischen weiblichen Trachten spielen kann, sondern sogar ordentlich in Hose und Jacke, mit Kragen und Schlips. Man bestimmt nämlich den Umfang der Kunstleistung nach dem der Trachten, und hält daher die Schauspielerin für die geringste, die besonders solche Partien hat, in denen sie in ihren eigenen Kleidern spielt.

Während in der *Wiederholung* die Verständigkeit und die höhere Unmittelbarkeit der Jugend in Constantin als dem Verständigen und in dem jungen Manne als dem Verliebten auseinandergehalten worden waren, sind diese beiden *Faktoren* in einem, im Quidam des Experimentes, vereinigt, wodurch die Doppelbewegung notwendig und deutlich wird, und selbst der Ernst aus Scherz und Ernst zusammengesetzt. Derselbe Mensch, der mit seinem Verstand das Komische sieht, leidet das Tragische[1] und wählt aus der Einheit des Komischen und des Tragischen heraus das Tragische. In der *Wiederholung* war Ironie und Sentimentalität in Verhältnis zueinander gebracht, in der *Leidensgeschichte* kommt Humor hervor. Constantin mußte selbst dabei sein und *partes* nehmen, wogegen Frater Taciturnus ganz draußen steht, wie ein „Aufseher", denn Quidam besitzt genug Verstand, und gerade dadurch, daß er selbst aus den diskreten Momenten besteht, wird Humor erreicht. Läßt man die weibliche Gestalt beiseite, die ja sowohl in der *Wiederholung* als auch in der *Leidensgeschichte* nur indirekt mit dabei ist, so waren in der *Wiederholung* zwei Personen, in der *Leidensgeschichte* ist nur eine. „Es wird immer langweiliger; und dann nicht einmal ein simpler Selbstmord oder Wahnsinn oder heimliche Geburt u. dgl.; und außerdem hat der Verfasser, wenn er einmal eine Liebesgeschichte geschrieben hat, die Materie erschöpft, so daß er sich nach einer neuen Richtung hin, z. B. in der Räubergeschichte versuchen muß."

Frater Taciturnus stellt sich selbst tiefer in der Existenz, als Quidam steht, insofern, als dieser eine neue Unmittelbarkeit besitzt. Schon Constantin war in bezug auf den jungen Mann diesem Eingeständnis nicht abgeneigt, aber besaß doch Verständigkeit und Ironie, die dem jungen Manne fehlten. Gewöhnlich denkt man es sich anders, denkt, daß der Experimentierende, der Beobachter höher sei oder höher stehe, als das, was er hervorbringt. Daher kommt die Leichtigkeit ein Resultat zu geben. Hier ist es umgekehrt. Der Experimentierte entdeckt und bezeichnet das Höhere, höher nicht in bezug auf Verstand und Denken, sondern in bezug auf Innerlichkeit. Quidams Innerlichkeit ist gerade daran kenntlich, daß er seine Innerlichkeit durch den Gegensatz, der in ihm selbst ist, bestimmt hat, daß er selbst das als komisch ansieht, was doch in ihm mit der ganzen Leidenschaft der Innerlichkeit wohnt. Eine weibliche Innerlichkeit ist als Hingabe eine geringere Innerlichkeit, weil deren Richtung offenbar nach außen geht, während das Zurstellesein des Gegensatzes gerade die Richtung nach innen zeigt.

---

[1] Ein kleines Motto Quidams deutet sogleich die humoristische Doppelstimmung an, während das lateinische Motto *periissem, nisi periissem* ein leidender humoristischer Widerruf des Ganzen ist.

Quidam ist selbst die Einheit des Komischen und Tragischen, doch ist er mehr als diese Einheit, er ist in Leidenschaft hinter ihr her (das Komi-Tragische, vgl. § 2 *passim*). Der Frater ist wesentlich Humorist und bezeichnet, abstoßend, gerade dadurch die neue Unmittelbarkeit.

So ist der Humor zum letzten *terminus a quo* für das christliche Religiöse avanciert. In der modernen Wissenschaft ist Humor das Höchste nach dem Glauben geworden. Der Glaube ist nämlich das Unmittelbare, und durch die Spekulation hindurch, die über den Glauben hinausgeht, erreicht man den Humor. Dies ist eine Generalkonfusion in der ganzen systematischen Spekulation, insofern, als sie sich des Christentums annehmen will. Nein, Humor schließt innerhalb der Immanenz die Immanenz ab, liegt noch wesentlich im Zurücknehmen der Erinnerung aus der Existenz in das Ewige, und erst da beginnt der Glaube und die Paradoxe. Humor ist das letzte Stadium in Existenz-Innerlichkeit vor dem Glauben. Dieser muß daher nach meiner Idee avancieren, damit kein hinten liegendes Stadium unbeachtet bleibe, das hinterher Verwirrung anrichten kann. Das ist nun in der *Leidensgeschichte* geschehen. Humor ist nicht Glaube, sondern liegt vor dem Glauben, nicht nach dem Glauben, dessen Entwicklung er etwa wäre. Nach christlichen Begriffen geht man nämlich nicht über den Glauben hinaus, weil der Glaube das Höchste für einen Existierenden ist, was im Vorangehenden genügend ausgeführt wurde. Selbst wenn sich der Humor an den Paradoxen versuchen will, ist er kein Glaube. Der Humor nimmt dann vom Paradox nicht die leidende Seite mit, und vom Glauben nicht die ethische Seite, sondern bloß die ergötzliche Seite. Es ist nämlich ein Leiden, das Martyrium des Glaubens selbst in Friedenszeiten, daß man seiner Seelen Seligkeit an dem hat, worüber der Verstand verzweifelt.

Dagegen der unreife Humor, der sogar hinter dem liegt, was ich beim Gleichgewicht des Komischen und Tragischen eigentlich Humor nenne, der unreife Humor ist eine Art Unverfrorenheit, die der Reflexion zu früh entsprungen ist. Der Zeit und ihrer unendlichen Sukzession überdrüssig, springt der Humorist ab und findet darin eine humoristische Erleichterung, das Absurde zu statuieren, gleichwie es eine Erleichterung sein kann, die Bedeutung des Lebens dadurch zu parodieren, daß man das Unbedeutende paradox betont, daß man alles aufgibt und sich allein mit Kegelschieben und Pferdezureiten beschäftigt. Aber so verfälscht der unreife Humor das Paradox zu einem Stachel für die Willkür schwerblütiger Leidenschaft. Dieser unreife Humor ist durchaus keine Religiosität, sondern vielmehr ein ästhetisches Raffinement, welches das Ethische überspringt.

Daß der Humor dem Glauben und dem Christlichreligiösen vorangeht, zeigt übrigens, welcher ungeheure Existenzumfang außerhalb des Christentums möglich ist und andrerseits, welche Abgelebtheit die Bedingung für die rechte Annahme des Christentums ist. Aber in unserer Zeit existiert man gar nicht, und darum ist es ja in der Ordnung, daß jeder ohne weiteres ein Christ ist.

Schon als Kind wird man ein Christ, was von christlichen Eltern schön sein kann und gut gemeint, aber lächerlich ist, wenn der Betreffende meint, damit sei die Sache abgemacht. Dumme Pfarrer berufen sich ja freilich ganz direkt auf ein direkt genommenes Schriftwort: daß keiner ins Reich Gottes komme, wenn er nicht als kleines Kind hineinkomme. Ja, was doch das Christentum mit Hilfe solcher kindischer Pfarrer für ein allerliebstes Ding wird! Auf die Weise sind ja die Apostel ausgeschlossen, denn ich weiß nichts davon, daß sie als kleine Kinder hineingekommen sind. Zu den geistig gereiftesten Menschen zu sagen: ja lieber Freund, wenn du nun versuchen willst, wieder ein Kind zu werden, so wirst du ein Christ werden – sieh, das ist eine schwierige Rede, wie es sich für die Lehre geziemt, welche Juden ein Ärgernis und Griechen eine Torheit war. Aber diese dunkle Rede so zu verstehen, als wäre alle Schwierigkeit dadurch entfernt, daß man als kleines Kind getauft wird und je eher je lieber stirbt, ist eine Dummheit, die der Kategorie des Christentums (das die zeitliche Existenz paradox betont) gerade entgegen ist und nicht einmal das Heidnische begriffen hat, die kleinen Kinder im Elysium weinen zu lassen, weil sie so früh starben, womit der Zeit doch immerhin eine Bedeutung eingeräumt wird. Das Christentum wurde bei seinem Eintritt in die Welt nicht Kindern verkündigt, sondern einer jüdischen Religiosität, die ausgedient hatte, und einer Welt der Wissenschaft und Kunst, die ausgedient hatte.

Erst das Erste, dann das Nächste. Wenn diese Zeit bloß so viel Existenzinnerlichkeit wie ein Jude oder wie ein Grieche hatte, so ließe sich doch von einem Verhältnis zum Christentum reden. War es aber einmal furchtbar schwierig, ein Christ zu werden, bald wird es gewiß unmöglich, weil das Ganze zu einer Kleinigkeit wird. Ein griechischer Philosoph war wahrhaftig ein Mann, der denken konnte, und es hat daher etwas zu bedeuten, wenn sich das Christentum als die Lehre bezeichnet, die Juden ein Ärgernis und Griechen eine Torheit wird; denn der Jude besaß wiederum genügend religiöse Innerlichkeit sich zu ärgern. Aber alles dies ist in diesem verdrossenen Geschlecht, das jetzt lebt, außer Gebrauch gekommen, das im Durchschnitt unzweifelhaft viel mehr Bildung als früher, aber auch weder zum Denken noch zur Religiosität Leidenschaft besitzt. Man kann außerhalb des Christentums das Leben genießen und ihm auch Bedeutung und Inhalt geben wie ja die berühmtesten Dichter, Künstler, die eminentesten Denker und sogar fromme Männer außerhalb des Christentums gelebt haben. Das hat ohne Zweifel das Christentum selbst gewußt und sich doch nicht für befugt gehalten, die Bedingungen zu verändern, nein, je größer die geistige Reife, ein desto furchtbareres Ding wird das Paradox, die unveränderliche Bedingung des Christentums, das Signal zum Ärgernis und zur Torheit.

Aber laß uns nicht das Christentum auf seine alten Tage in einen reduzierten Gastwirt verwandeln, der auf etwas verfallen muß, um Kunden anzulocken oder in einen Abenteurer, der sein Glück in der Welt machen will. Selbstverständlich kann man nicht gerade sagen, daß das Christentum, als es seinerzeit in die Welt kam, Glück gehabt habe, damals als man ihm mit Kreuzigung, Geißelung u. dgl. begegnete. Aber wer weiß, ob es eigentlich sein Wunsch war, Glück in der Welt zu haben, ich meine eher, es schämt sich bei sich selbst, wie ein alter Mann, wenn er sich nach der Mode ausgeschmückt sehen würde oder besser, ich meine, es wird von Zorn gegen die Menschheit ergriffen, wenn es dieses Zerrbild sieht, welches Christentum sein soll, eine durchparfümierte und systematisch akkommodierte, in Soireen eingeführte Wissenschaftlichkeit, deren ganzes Geheimnis in Halbheit und dann bis zu einem gewissen Grade in Wahrheit besteht: eine Radikalkur und nur als solche das, was sie ist, jetzt in eine Vakzination verwandelt, zu der man sich so verhält, daß man – einen Impfschein hat. Nein, das christliche Paradox ist nicht dies und das, etwas Wunderbares und doch nicht so Wunderbares, seine Wahrheit ist nicht wie Salomon Goldkalbs Meinung: vieles dafür und dagegen, und ja und nein zugleich. Der Glaube ist auch nicht so etwas, was jeder hat und wobei stehen zu bleiben sich jeder gebildete Mensch schämt. Wenn er sich auch von dem einfältigsten Menschen ergreifen und festhalten läßt, so ist er von dem Gebildeten nur um so schwieriger zu erreichen. O wunderbare, begeisternde christliche Humanität: das Höchste ist für alle Menschen gemeinsam und die glücklichst Begabten sind nur die, welche am strengsten in die Schule genommen werden.

Doch zurück zu den *Stadien*. Von *Entweder – Oder* unterscheiden sie sich sichtlich durch eine Dreiteilung. Da sind drei Stadien, ein ästhetisches, ein ethisches, ein religiöses, jedoch nicht abstrakt, als das Unmittelbare, Mittelbare, die Einheit, sondern konkret in Existenzbestimmung als Genuß-Verlorenheit, Handelns-Sieg, Leiden. Doch ist die Schrift trotz dieser Dreiteilung ein „Entweder – Oder". Das ethische und religiöse Stadium stehen nämlich in einem wesentlichen Verhältnis zueinander. Die Mißlichkeit bestand bei *Entweder – Oder* gerade darin, daß das Werk, wie nachgewiesen wurde, ethisch schloß. In den *Stadien* ward dies klargelegt und dem Religiösen sein Platz gesichert.

Das ästhetische und ethische Stadium kehrt wieder, gewissermaßen als Rekapitulation, und doch als etwas Neues. Es würde auch ein armseliges Zeugnis von Existenzinnerlichkeit sein, wenn sich jedes solche Stadium in der Darstellung nicht verjüngen ließe. Freilich kann es bei einem solchen Versuch als gewagt erscheinen, wenn man den scheinbaren Beistand zur Hervorhebung der Verschiedenheit verschmäht, den uns der Autor z. B. durch die Wahl von neuen Namen und dergleichen anbietet.

Der Ethiker konzentriert sich wieder auf die Ehe als die dialektisch zusammengesetzteste Offenbarung der Wirklichkeit. Jedoch zieht er eine neue Seite hervor und behauptet besonders die Kategorie der Zeit und deren Bedeutung als Medium für die mit der Zeit wachsende Schönheit, während vom ästhetischen Gesichtspunkte aus die Zeit und die Existenz in der Zeit mehr oder weniger einen Rückgang bezeichnet.

Durch die Dreiteilung ist die Existenzstellung der Stadien zueinander verändert. In *Entweder – Oder* ist der ästhetische Standpunkt eine Existenzmöglichkeit, während der Ethiker existiert. Nun existiert das Ästhetische, und der Ethiker streitet, streitet *ancipiti proelio* gegen das Ästhetische, das er jedoch wieder leicht überwindet, nicht mit den verführerischen Gaben des Geistes, sondern mit ethischer Leidenschaft und Pathos; und gegen das Religiöse. Indem der Ethiker abschließt, tut er sein Äußerstes, um sich gegen die von einem höheren Standpunkt aus entscheidende Form zu verteidigen. Daß er sich so wehrt, ist in der Ordnung, da er ja keinen Standpunkt vorstellt, sondern eine existierende Persönlichkeit ist. Es ist auch eine Grundverwirrung in der neueren Wissenschaft, daß man ohne weiteres die abstrakte Betrachtung von Standpunkten mit dem Existieren verwechselt, in der Weise, daß, wenn einer von jener Betrachtung etwas weiß, er existiert, während jede existierende Individualität gerade als existierende mehr oder weniger einseitig sein muß. Abstrakt gesehen gibt es wohl keinen entscheidenden Streit zwischen Standpunkten, weil die Abstraktion eben das, worin die Entscheidung liegt: das *existierende Subjekt* entfernt, aber nichtsdestoweniger ist der immanente Übergang eine Schimäre, eine Einbildung, als entschließe sich der eine Standpunkt notwendig durch sich selbst in den andern überzugehen, da die Kategorie des Übergangs selbst ein Bruch mit der Immanenz, ein *Sprung* ist.

Der Ästhetiker in *Entweder – Oder* war eine Existenzmöglichkeit; er war ein junger, reichbegabter, zum Teil hoffnungsvoller Mensch, der sich an sich selbst und am Leben versuchte, „auf den man doch eigentlich nie recht böse werden konnte, weil das Schlechte bei ihm, wie in der Vorstellung, die das Mittelalter davon hatte, einen Zusatz von Kindlichkeit enthielt"; und weil er eigentlich keine Wirklichkeit, sondern „eine Möglichkeit von allem" war: so verkehrte der Ästhetiker sozusagen in der Wohnstube des Assessors.[1] Der Assessor war ihm gegenüber gemütlich, ethisch sicher und wesentlich ermahnend, so wie sich ein etwas Älterer und Reiferer zu einem Jüngeren verhält, dessen Talente, dessen geistige Überlegenheit er gewissermaßen anerkennt, während er durch Sicherheit, Erfahrung und Innerlichkeit des Lebens unbedingt Macht über ihn hat.

In den *Stadien* tritt das Ästhetische bestimmter in Existenz hervor, und daher offenbart sich latent in der Darstellung selbst, daß die ästhetische Existenz, selbst wo ein milderes Licht über sie fällt, wie sie ja immer wesentlich glänzt, Verlorenheit ist; aber es ist kein fremder Standpunkt, wie der des Assessors, der dies zur Warnung einem jungen Manne klarmacht, dessen Leben im tiefsten Sinn noch nicht entschieden ist.

Eine entschieden ästhetische Existenz zu ermahnen ist zu spät, Viktor Eremita, Constantin Constantius, den Modehändler oder Johannes den Verführer ermahnen hieße sich selbst lächerlich machen und würde eine ebenso komische

[1] Selbst *Das Tagebuch des Verführers* war nur die Möglichkeit des Schrecklichen, das der Ästhetiker in seiner tappenden Existenz zitiert hatte, gerade weil er, ohne wirklich zu sein, in der Möglichkeit sich in allem versuchen mußte.

Wirkung hervorbringen, wie eine Situation, die ich einmal erlebt habe: ein Mann ergreift in der Eile der Gefahr von seinem Kinde einen kleinen Kinderstock, um mit diesem einen ungeheuren Banditen zu schlagen, der in die Stube eingedrungen war. Obgleich ich selbst mit in Gefahr war, mußte ich unwillkürlich lachen, weil es aussah, als klopfe er Kleider aus. Das Verhältnis zwischen dem Assessor und dem Ästhetiker in *Entweder – Oder* ließ es als natürlich und psychologisch richtig erscheinen, daß der Assessor zu mahnen pflegte. Indes gab es doch auch in jenem Werke keine endgültige Entscheidung (vgl. das Vorwort), so daß der Leser sagen konnte: sieh, nun ist es entschieden. Ein Leser, der die Zuverlässigkeit einer Strafrede dafür braucht, daß ein Standpunkt verkehrt sei, oder einen unglücklichen Ausfall (z. B. Irrsinn, Selbstmord, Armut usw.), sieht trotzdem nichts, sondern bildet es sich bloß ein; und als Schriftsteller sich so benehmen heißt in weibischer Weise für kindische Leser schreiben.[1] Nimm eine solche Gestalt wie Johannes den Verführer. Wer, um zu sehen, daß dessen Standpunkt Verlorenheit ist, nötig hat, daß er verrückt werde oder sich erschieße, der sieht es dennoch nicht, sondern bildet es sich ein. Wer es nämlich begreift, der begreift es, wenn der Verführer bloß den Mund öffnet, er hört in jedem Wort die Verlorenheit und das Urteil über ihn. Der Leser, der die äußere Abstrafung braucht, macht sich nur zum Narren, denn man kann ja einen ganz ordentlichen Mann nehmen und ihn verrückt werden lassen, so meint ein solcher Leser, das sei ein unberechtigter Standpunkt.

Das ästhetische Stadium ist durch *In vino veritas* repräsentiert. Die hier auftreten, sind wohl Ästhetiker, aber keineswegs im Ethischen unwissend. Darum

---

[1] Ich möchte hier wieder an etwas erinnern, was unter anderen Frater Taciturnus hervorhebt. Die Hegelsche Philosophie kulminiert in dem Satze, daß das Äußere das Innere und das Innere das Äußere sei. Hiermit ist Hegel fertig. Aber dieses Prinzip ist wesentlich ein ästhetisch-metaphysisches Prinzip, und so ist die Hegelsche Philosophie gut und glücklich fertig geworden, ohne sich mit dem Ethischen und dem Religiösen einzulassen, oder sie ist auf trügerische Weise fertig geworden, indem sie alles zusammen (darunter auch das Ethische und das Religiöse) in das Ästhetisch-Metaphysische goß. Schon das Ethische setzt eine Art Gegensatzverhältnis zwischen dem Äußeren und dem Inneren, insofern als es das Äußere in Indifferenz setzt; das Äußere als das Materiale der Tat ist indifferent, denn die Absicht ist das, was ethisch betont wird, der Ausfall als die Außenseite der Tat ist gleichgültig; denn die Absicht wird ethisch betont, und es ist gerade unsittlich, sich um den Ausfall zu kümmern. Der Sieg im Äußeren beweist ethisch gar nichts, denn ethisch fragt man nur nach dem Innern. Die Strafe im Äußeren hat keine Bedeutung, und sowenig fordert das Ethische mit ästhetischer Geschäftigkeit sichtbare Strafe, daß es vielmehr stolz sagt: ich werde schon strafen, nämlich im Inneren, und es ist gerade unsittlich, die Strafe im Äußeren im Vergleich mit dem Inneren wichtig zu nehmen.
Das Religiöse setzt den Gegensatz zwischen dem Äußeren und Inneren bestimmt, bestimmt als Gegensatz, darin liegt gerade das Leiden als Existenzkategorie für das Religiöse, aber darin liegt zugleich die innere, nach innen gerichtete Unendlichkeit der Innerlichkeit. Wenn es unserer Zeit nicht vorbehalten wäre, das Existieren ganz zu unterlassen, so wäre es undenkbar, daß eine solche Weisheit wie die Hegelsche für das Höchste angesehen werde, was sie wohl für ästhetisch Kontemplierende, aber weder für ethisch noch für religiös Existierende sein kann.

werden sie zugleich so dargestellt, daß sie sich für ihre Existenz zu verantworten wissen. In unserer Zeit glaubt man, das Wissen gebe den Ausschlag, und wenn man nur die Wahrheit zu wissen bekomme, je kürzer und geschwinder, je besser, so sei einem geholfen. Aber Existieren ist etwas ganz anderes als Wissen.

Der junge Mann ist beinah nur eine Möglichkeit, und darum kann man noch auf ihn hoffen. Er ist wesentlich Denkschwermut. Constantin Constantius ist Verstandesverhärtung. Viktor Eremita ist sympathische Ironie. Der Modehändler ist dämonische Verzweiflung in Leidenschaft. Johannes der Verführer ist Verlorenheit in Kälte, eine „gezeichnete" und ausgestorbene Individualität. Alle sind sie bis zur Verzweiflung konsequent.

Wie man im zweiten Teil von *Entweder – Oder* Antwort und Berichtigung auf jede Verirrung im ersten Teil finden wird, so wird man auch hier beim Ethiker die Erklärung finden, nur spricht sich der Ethiker wesentlich aus und nimmt nirgends direkt auf das Rücksicht, wovon er ja nach der Anlage des Werkes nichts weiß. So ist es dem Leser selbst überlassen, es bei sich selbst, wenn es ihm so gut dünkt, zusammenzusetzen, aber für die Bequemlichkeit des Lesers ist nichts getan. Das möchten ja freilich Leser so gern, sie möchten auf königliche Weise Bücher lesen, wie ein König ein Gesuch liest, wo ihn eine Randübersicht vor der Weitläufigkeit des Bittstellers bewahrt. Den pseudonymen Verfassern gegenüber ist das sicher ein Mißverständnis von seiten des Lesers; denn nach dem Eindruck, den ich von ihnen habe, weiß ich nicht, daß sie irgend etwas bei der hochvornehmen Mehrzahls-Majestät der Leser suchen. Das würde mir auch sehr sonderbar vorkommen. Ich habe es mir natürlich immer so gedacht: ein Schriftsteller ist ein Mann, der etwas mehr weiß oder dasselbe anders weiß als der Leser, darum ist er Schriftsteller und sonst soll er sich nicht mit Schriftstellerei befassen. Dagegen ist mir nie eingefallen, daß ein Schriftsteller ein Supplikant sei, ein Bettler an des Lesers Tür, ein Hausierer, der mit Hilfe eines Kuckucksmundwerks und etwas Goldverzierung auf dem Einbande[1], der den Töchtern in die Augen sticht, den Familien seine Schriften aufdränge.

Johannes der Verführer schließt damit, daß *das Weib nur der Augenblick sei.* Dies ist in seiner Allgemeinheit der wesentlich ästhetische Satz: der Augenblick ist alles, und insofern wesentlich wieder nichts, wie der sophistische Satz: alles ist wahr, bedeutet, daß nichts wahr sei. Die Auffassung der Zeit ist überhaupt für jeden Standpunkt entscheidend, bis zum Paradox hin, das die Zeit paradox betont. In demselben Grade, wie die Zeit betont wird, rückt man vom Ästhetischen, Metaphysischen zum Ethischen, Religiösen und Christlichreligiösen vor.

Da, wo Johannes der Verführer schließt, beginnt der Assessor: *daß die Schönheit des Weibes mit den Jahren zunehme.* Hier wird die Zeit ethisch betont, aber doch nicht anders, als daß das Zurücknehmen der Erinnerung aus der Existenz in das Ewige möglich bleibt.

---

[1] [Anspielung auf Heibergs Urania, vgl. „Vorworte" IV.]

Das ästhetische Stadium ist sehr kurz angedeutet, und vermutlich hat es der Verfasser, um den Akzent recht auf das Religiöse zu legen, „eine Erinnerung" genannt. Indem er es zurückdrängte, wollte er das Ethische und besonders das Religiöse desto mehr in den Vordergrund bringen.

Auf den Inhalt der Schrift will ich nicht weiter eingehen. Ihre Bedeutung, wenn sie eine hat, wird in der Existenzinnerlichkeit der verschiedenen Stadien liegen, die in verschiedener Weise in Leidenschaft, Ironie, Pathos, Humor und Dialektik zur Anschauung kommt. So etwas interessiert natürlich Dozenten nicht. Es ist vielleicht am Ende nicht undenkbar, daß ein Dozent die Höflichkeit so weit treibt, daß er *en passant*, in einem Nebensatz, in der Anmerkung zu einem Paragraphen im System von diesem Verfasser sagt: er repräsentiert die Innerlichkeit. Damit hat der Verfasser und ein unwissender Leserkreis alles zu wissen bekommen. Leidenschaft, Pathos, Ironie, Dialektik, Humor, Begeisterung usw. wird von Dozenten für etwas Untergeordnetes angesehen, was jeder Mensch hat. Wenn daher gesagt wird: er repräsentiert die Innerlichkeit, so ist mit diesem kurzen Worte, das jeder sagen kann, alles gesagt, und viel mehr, als der Verfasser gesagt hat. Jeder weiß, was er dabei zu denken hat, und jeder Dozent hätte in dieser Richtung leicht alles leisten können, hat es aber reduzierten Subjekten überlassen. Ob nun wirklich jeder konkret weiß, was Innerlichkeit ist, und ob jeder als Schriftsteller nach dieser Seite hin etwas leisten kann, will ich nicht entscheiden. Von jedem, der schweigt, bin ich bereit es anzunehmen, aber die Dozenten schweigen nicht.

Doch, wie gesagt, mit dem Inhalt der Schrift habe ich nichts zu tun. Meine These war, daß die Subjektivität, die Innerlichkeit die Wahrheit sei. Sie war mir für das Problem des Christentums das Entscheidende, und darum habe ich geglaubt, eine gewisse Bestrebung in den pseudonymen Schriften verfolgen zu sollen, die sich bis zur letzten des Dozierens redlich enthalten haben, und vorzüglich die letzte berücksichtigen zu sollen, weil sie nach meinen *Brocken* erschien, frei reproduzierend an die früheren erinnert und durch Humor als Konfinium das religiöse Stadium bestimmt.

Kapitel III. Die wirkliche Subjektivität, die ethische; der subjektive Denker

§ 1 Existieren; Wirklichkeit

In der Sprache der Abstraktion kommt eigentlich nie das vor, was die Schwierigkeit der Existenz und des Existierenden ausmacht, geschweige daß die Schwierigkeit erklärt wird. Weil das abstrakte Denken eben *sub specie aeterni* ist, sieht es von dem Konkreten, von der Zeitlichkeit ab, vom Werden der Existenz, von der Not des Existierenden, daß er durch Zusammenfügung des Ewigen und Zeitlichen in die Existenz gesetzt ist.[1] Will man nun annehmen, daß das abstrakte Denken das Höchste sei, so folgt daraus, daß die Wissenschaft und die Denker stolz aus der Existenz gehen und uns anderen Menschen das Schlimmste überlassen. Ja es folgt daraus zugleich etwas für den abstrakten Denker selbst, daß er nämlich, da er ja doch auch selbst ein Existierender ist, auf diese oder jene Weise zerstreut sein muß.

Abstrakt nach Wirklichkeit fragen (selbst wenn es richtig ist, abstrakt danach zu fragen, da ja doch das Einzelne, das Zufällige mit zur Wirklichkeit gehört und die Abstraktion gerade nicht) und abstrakt darauf antworten ist lange nicht so schwer wie danach fragen und darauf antworten, was es heißt, daß dieses bestimmte Etwas eine Wirklichkeit ist. Die Abstraktion sieht nämlich von diesem bestimmten Etwas ab, aber die Schwierigkeit liegt gerade darin, dieses bestimmte Etwas und die Idealität des Denkens dadurch zusammenzusetzen, daß man es denken will. Um einen solchen Widerspruch kann sich die Abstraktion nicht einmal kümmern, denn die Abstraktion verhindert ihn eben.

Die Mißlichkeit der Abstraktion zeigt sich gerade bei allen Existenzfragen, wo die Abstraktion die Schwierigkeit entfernt, indem sie sie ausläßt und sich dann rühmt, alles zu erklären. Sie erklärt die Unsterblichkeit überhaupt, und siehe da, es geht ausgezeichnet, indem Unsterblichkeit mit Ewigkeit identisch wird, mit der Ewigkeit, welche wesentlich Medium des Gedankens ist. Ob aber ein einzelner existierender Mensch unsterblich ist, worin gerade die Schwierigkeit liegt, darum kümmert sich die Abstraktion nicht. Sie ist interesselos, aber die Schwierigkeit der Existenz besteht in dem Interesse des Existierenden und daß den Existierenden das Existieren unendlich interessiert. Das abstrakte Denken verhilft mir daher so zur Unsterblichkeit, daß sie mich als einzelnes existierendes Individuum totschlägt und mich dann unsterblich macht, und hilft daher ungefähr wie der Doktor bei Holberg,[2] der mit seiner Medizin dem Patienten das Leben nahm, aber auch das Fieber vertrieb. Wenn man daher einen abstrakten Denker betrachtet, der sich selbst nicht klarmachen und gestehen will, wie sich sein abstraktes Denken dazu verhält, daß er ein Existierender ist, so macht er, selbst wenn er noch so tüchtig wäre, einen komischen Eindruck, weil er im Begriff steht, kein Mensch mehr zu sein.

---

1 Daß Hegel in seine Logik beständig eine Vorstellung mit hineinspielen läßt, die nur allzu gut von der Konkretion und von dem Nächsten unterrichtet ist, das der Herr Professor jedesmal, trotz dem notwendigen Übergang, braucht, um weiterzukommen, ist natürlich ein Fehler, den Trendlenburg (Logische Untersuchungen II: Die dialektische Methode) vortrefflich nachgewiesen hat. Wie ist, um an das zu erinnern, was wir hier zunächst vor Augen haben, der Übergang gebildet, durch welchen die Existenz zu den Existenzen wird? „Die Existenz [Enzyklopädie, 2. Ausg. (1827), §123] ist die unmittelbare Einheit der Reflexion-in-sich und der Reflexion-im-anderen. Sie ist daher (?) die unbestimmte Menge von Existierenden."
Wie kommt die rein abstrakte Bestimmung der Existenz dazu, sich so zu zersplittern?

2 [Wochenstube 3. Akt 5. Szene.]

Während ein wirklicher Mensch, aus Unendlichkeit und Endlichkeit zusammengesetzt, eben seine Wirklichkeit darin hat, diese zusammenzuhalten, unendlich fürs Existieren interessiert, ist ein solcher abstrakter Denker ein Doppelwesen: ein phantastisches Wesen, das im reinen Sein der Abstraktion lebt, und eine zuweilen traurige Professorengestalt, welche von jenem abstrakten Wesen beiseite gestellt wird, wie man einen Stock wegstellt.

Wenn man den Lebenslauf eines solchen Denkers liest (denn seine Schriften sind vielleicht vortrefflich), so gruselt's einem zuweilen bei dem Gedanken, was es doch heißt, ein Mensch sein.[1] Ob eine Spitzenklöpplerin noch so reizende Spitzen macht, ist es doch betrübend, an diese verkümmerte arme Person zu denken, und so wirkt der Anblick eines Denkers komisch, der trotz aller Bravour persönlich wie ein armer Schlucker existiert, der sich wohl persönlich verheiratet, aber die Macht des Verliebens weder kennt noch fühlt, dessen Ehe daher ebenso unpersönlich wie sein Denken ist, dessen persönliches Leben ohne Pathos und ohne pathologische Kämpfe verläuft und sich philisterhaft nur damit beschäftigt, welche Universität das beste Einkommen biete. Ein solches Mißverhältnis sollte man in bezug auf das Denken für unmöglich halten, man sollte glauben, das gehöre nur zum Elend der äußeren Welt, wo der eine Mensch ein Sklave des anderen ist, so daß man, wenn man an die Klöpplerin denkt, die Spitzen nicht ohne Tränen bewundern kann. Man sollte glauben, ein Denker führe das reichste menschliche Leben – so war es in Griechenland.

Mit dem abstrakten Denker ist es eine andere Sache, wenn er, ohne sich selbst und das Verhältnis des abstrakten Denkens zur Existenz verstanden zu haben, entweder dem Trieb eines Talentes folgt, oder dressiert wird, so etwas zu sein. Ich weiß wohl, daß man eine Künstlerexistenz zu bewundern pflegt, die, ohne sich davon Rechenschaft abzulegen, was Mensch sein heißt, ihrem Talent folgt, so daß sie der Bewunderer über ihr Kunstwerk vergißt; aber ich weiß auch, daß ein solcher Existierender sein Tragisches darin hat, daß er eine im Ethischen nicht persönlich reflektierte Differenz ist, und ich weiß auch, daß in Griechenland ein Denker keine verkümmerte Existenz war, die Kunstwerke hervorbrachte, sondern daß er selbst ein existierendes Kunstwerk war. Denker sein sollte sich doch wohl auch am allerwenigsten zum Menschsein wie eine Differenz verhalten. Wenn es so feststeht, daß es einem abstrakten Denker an Sinn für das Komische gefehlt hat, so ist das *eo ipso* ein Beweis dafür, daß sein ganzes Denken die Leistung eines vielleicht ausgezeichneten Talentes, aber nicht eines Menschen ist, der in hervorragender Weise als Mensch existiert hat.

Und doch doziert man, Denken sei das Höchste, Denken enthalte alles, und zu gleicher Zeit erhebt man keine Einsprache dagegen, daß der Denker wesent-

---

[1] Und wenn man dann in seinen Schriften liest: Denken und Sein ist eins, so denkt man, wenn man an sein Leben und Dasein denkt: das Sein, mit dem das Denken identisch ist, heißt wohl nicht Mensch sein.

lich nicht *qua* Mensch, sondern als Differenz eines Talentes existiert. Daß sich die Aussage vom Denken nicht in der Vorstellung vom Denker redupliziert, daß die eigne Existenz des Denkers seinem Denken widerspricht, zeigt, daß man bloß doziert. Denken steht höher als Gefühl und Phantasie, das wird von einem Denker doziert, der selbst weder Pathos noch Leidenschaft besitzt; es wird doziert, daß Denken höher stehe als Ironie und Humor, und das wird von einem Denker doziert, dem der Sinn für das Komische vollständig abgeht. Wie komisch! Wie das ganze abstrakte Denken dem Christentum und allen Existenzproblemen gegenüber ein Versuch im Komischen ist, so ist das sogenannte reine Denken überhaupt eine psychologische Merkwürdigkeit, eine bewunderungswürdige Art von sinnreichem Zusammensetzen und Konstruieren in einem phantastischen Medium: dem reinen Sein. Dieses reine Denken ohne weiteres als das Höchste zu vergöttern, zeigt, daß der Denker nie *qua* Mensch existiert hat, daß er unter anderem nie in hervorragender Weise gehandelt hat, ich rede nicht von Geschäft, sondern von Innerlichkeit. Aber in hervorragender Weise zu handeln gehört wesentlich mit dazu, *qua* Mensch zu existieren. Und wenn man handelt, wenn man in äußerster subjektiver Leidenschaft mit dem vollen Bewußtsein von einer ewigen Verantwortung das Entscheidende wagt (was ja jeder Mensch vermag), dann bekommt man etwas anderes und auch dies zu wissen, daß Mensch sein nicht darin besteht, daß man jahraus jahrein etwas zu einem System zusammenschustert. Wenn man wesentlich als Mensch existiert, bekommt man auch Empfänglichkeit für das Komische. Ich behaupte nicht, daß jeder, der wirklich als Mensch existiert, darum imstande sei, ein komischer Dichter oder komischer Schauspieler zu werden, aber er hat Empfänglichkeit dafür.

Daß die Sprache der Abstraktion die Schwierigkeit der Existenz und des Existierenden eigentlich nicht hervortreten läßt, will ich in bezug auf eine entscheidende Frage beleuchten, von der soviel geredet und geschrieben worden ist. Bekanntlich hat die Hegelsche Philosophie den Grundsatz des Widerspruchs aufgehoben, und mehr als einmal hat Hegel selbst mit Nachdruck über solche Denker Gerichtstag gehalten, die in der Sphäre des Verstandes und der Reflexion blieben und darum behaupteten, es gebe ein Entweder–Oder. Seit der Zeit ist es ein beliebtes Spiel geworden, daß, sobald einer etwas von einem *aut – aut* verlauten läßt, tripp trapp trapp ein Hegelianer zu Roß kommt (wie der Waldhüter Jens in der Kallundborger Chronik[1] und einen Sieg gewinnt und wieder nach Hause reitet. Auch bei uns sind die Hegelianer[2] mehrmals auf der Fahrt gewesen, besonders gegen Bischof Mynster, um einen glänzenden Sieg der Spekulation zu gewinnen, und Bischof Mynster ist mehr als einmal ein überwunde-

---

1 [Baggesen, Dänische Werke I (1889) S. 169.]

2 [Im Manuskript: „Prof. Martensen und Heiberg". Martensen wohl in dem Artikel „Die gegenwärtige religiöse Krisis", Intelligenzblatt I S. 53 ff. Heiberg in dem „Die Bedeutung der Philosophie für unsere Zeit".]

ner Standpunkt geworden; obgleich er sich für einen überwundenen Standpunkt recht gut hält und eher zu fürchten ist, die ungeheure Anstrengung des Sieges habe die unüberwindlichen Sieger zu stark angegriffen.

Und doch liegt für den Kampf und Sieg vielleicht ein Mißverständnis zugrunde. Hegel hat darin vollkommen und absolut recht, daß es ewig gesehen, *sub specie aeterni*, in der Sprache der Abstraktion, im reinen Denken und reinen Sein kein *aut – aut* gibt; wo zum Kuckuck sollte es das geben, da ja eben die Abstraktion den Widerspruch entfernt, so daß Hegel und die Hegelianer sich lieber die Mühe machen sollten, uns darüber aufzuklären, was die Spiegelfechterei zu bedeuten habe, Widerspruch, Bewegung, Übergang usw. in die Logik hineinzubringen. Die Verteidiger von *aut – aut* haben unrecht, wenn sie in das Gebiet des reinen Denkens eindringen, und da ihre Sache verteidigen wollen. Wie jener Riese, mit dem Herkules kämpfte, sobald er vom Erdboden aufgehoben wurde, seine Stärke verlor, so ist das *aut – aut* des Widerspruchs *eo ipso* beseitigt, sobald es aus der Existenz herausgehoben und in die Ewigkeit der Abstraktion geführt wird. Andererseits hat Hegel ebenso vollkommen unrecht, wenn er, die Abstraktion vergessend, aus ihr in die Existenz herniederstürzt, um mit Macht und Gewalt das doppelte *aut* aufzuheben. Dies läßt sich nämlich in der Existenz unmöglich tun, denn er hebt dann zugleich die Existenz auf. Wenn ich die Existenz wegnehme (abstrahiere), so gibt es kein *aut – aut*; wenn ich es in der Existenz wegnehme, so bedeutet dies, daß ich die Existenz wegnehme, aber dann hebe ich es ja nicht in der Existenz auf. Ist es unrichtig, daß in der Theologie etwas wahr sei, was es in der Philosophie nicht ist, so ist es ganz richtig, daß für einen Existierenden etwas wahr ist, was es in der Abstraktion nicht ist, und es ist zugleich ethisch wahr, daß das reine Sein Phantasterei ist, und es einem Existierenden untersagt ist, zu vergessen, daß er existiert.

Man muß sich daher mit einem Hegelianer mit Vorsicht einlassen und sich vor allem vergewissern, mit wem man die Ehre habe zu reden, ob er ein Mensch, ein existierender Mensch sei, ob er selbst dann *sub specie aeterni* sei, wenn er schlafe, esse, sich die Nase putze und was solch ein Mensch sonst tut? Ob er das reine Ich = Ich sei, was doch wohl nie einem Philosophen eingefallen ist, und wenn er es nicht ist, wie er sich dann existierend zu ihm verhalte, ob die Zwischenbestimmung, in der die ethische Verantwortung in und mit und bei dem Existieren liegt, gehörig respektiert sei? Ob er existiere? Und wenn er existiert, ob er dann nicht im Werden sei? Und wenn er im Werden ist, ob er sich dann nicht zu etwas Zukünftigem verhalte? Ob er sich dann niemals so zu dem Zukünftigen verhalte, daß er handle? Und wenn er niemals handelt, ob er dann nicht erlauben wolle, daß ein ethisches Individuum in Leidenschaft mit dramatischer Wahrheit von ihm sage, daß er ein Dummkopf sei?

Wenn er aber *sensu eminenti* handelt, ob er sich dann nicht in unendlicher Leidenschaft zum Zukünftigen verhalte? Ob da also nicht ein *aut – aut* sei? Ob nicht die Ewigkeit für einen Existierenden nicht die Ewigkeit, sondern das

Zukünftige, und nur für den Ewigen, der nicht wird, die Ewigkeit sei? Man frage ihn, ob er auf folgende Frage antworten könne, d. h., ob sich eine solche Frage an ihn richten lasse: ob das, daß er das Existieren soweit als möglich aufgebe, um *sub specie aeterni* zu sein, ob das ihm widerfahre oder ob man es kraft eines Beschlusses tue, ob man das vielleicht sogar tun müsse? Denn muß ich es tun, so ist *eo ipso* selbst für das *sub specie aeterni*-sein ein *aut – aut* etabliert. Oder ob er *sub specie aeterni* geboren sei und seit der Zeit *sub specie aeterni* dahinlebe und daher nicht einmal verstehen könne, was das ist, wonach ich frage, da er nie mit etwas Zukünftigem zu tun gehabt oder von einer Entscheidung vernommen habe? In diesem Falle sehe ich ja wohl ein, daß es kein Mensch ist, womit ich zu reden die Ehre habe.

Aber damit bin ich noch nicht fertig, denn es erscheint mir sonderbar, daß sich solche rätselhaften Wesen zeigen. Vor dem Ausbruch der Cholera kommt gewöhnlich eine Art Fliegen, die man sonst nicht sieht; sollten so diese märchenhaften reinen Denker nicht ein Zeichen sein, daß der Menschheit ein Unglück bevorstehe, daß sie z. B. des Ethischen und Religiösen verlustig gehe? Also sei man einem abstrakten Denker gegenüber vorsichtig, der nicht nur im reinen Sein der Abstraktion bleiben will, sondern behauptet, dieses sei für einen Menschen das Höchste, und ein solches Denken, das zum Ignorieren des Ethischen und zum Mißverstehen des Religiösen führt, sei das höchste menschliche Denken. Dagegen gehe man nicht hin und sage, *sub specie aeterni*, „wo alles ist und nichts entsteht" (Lehre der Eleaten), da gebe es ein *aut – aut*.[1]

Wo dagegen alles im Werden, wo nur so viel von der Ewigkeit zur Stelle ist, daß sie in der leidenschaftlichen Entscheidung zurückhalten kann, wo die Ewigkeit sich als das Zukünftige zu dem werdenden Menschen verhält, da ist die absolute Disjunktion zu Hause. Wenn ich nämlich Ewigkeit und Werden zusammensetze, bekomme ich nicht Ruhe, sondern Zukunft. Daher kommt es, daß das Christentum die Ewigkeit als das Zukünftige verkündigt hat, weil es

---

[1] Von dem ewigen Reden von einem fortgesetzten Prozeß verleitet, in welchem sich die Gegensätze in einer höheren Einheit vereinigen, und dann wieder in einer höheren usw., hat man die Lehre Hegels mit der Heraklits parallelisiert, daß alles fließe und nichts bleibe. Dies ist jedoch ein Mißverständnis, weil alles, was bei Hegel von Prozeß und Werden geredet wird, illusorisch ist. Darum fehlt dem System eine Ethik, darum weiß das System nichts, wenn die lebende Generation und das lebende Individuum im Ernst nach dem Werden fragt, nämlich um zu handeln. Die Weltgeschichte versteht daher Hegel, trotz allem Reden von Prozeß, nicht im Werden, sondern mit Hilfe des Sinnesbetrugs der Vergangenheit, versteht sie in Abgeschlossenheit, wo alles Werden ausgeschlossen ist. Daher kann sich ein Hegelianer mit Hilfe seiner Philosophie unmöglich selbst verstehen, denn er kann nur verstehen, was vorbei und fertig ist, aber ein noch Lebender ist doch kein Verstorbener.

Vermutlich tröstet er sich damit, daß wenn man China und Persien und 6000 Jahre Weltgeschichte verstehe, so pfeife man auf ein einzelnes Individuum, auch wenn man dies selbst sei. Mir erscheint dies nicht so, ich verstehe es besser umgekehrt, daß wenn einer sich selbst nicht versteht, sein Verständnis von China und Persien usw. wohl von eigner Art ist.

existierend verkündigt wurde, und daher nimmt es auch ein absolutes *aut – aut* an.

Alles logische Denken geschieht in der Sprache der Abstraktion und *sub specie aeterni*. Die Existenz so denken heißt von der Schwierigkeit absehen, das Ewige im Werden zu denken, wozu man wohl genötigt ist, da der Denkende selbst im Werden ist. Daher ist abstrakt denken leichter als existieren, wenn dieses nicht heißen soll: was man so existieren nennt, wie was man so ein Subjekt nennt. Hier haben wir wieder ein Beispiel davon, wie die einfachste Aufgabe die schwierigste ist. Existieren, meint man, sei keine Sache, geschweige denn eine Kunst, wir existieren ja alle, aber abstrakt denken: das ist etwas. Aber in Wahrheit existieren, also mit Bewußtsein in seine Existenz eindringen, zugleich ewig gleichsam weit über sie hinaus und doch in ihr gegenwärtig und doch im Werden: das ist fürwahr schwierig. Wenn denken zu unserer Zeit nicht so etwas Sonderbares, Angelerntes geworden wäre, so würden Denker auch einen ganz anderen Eindruck auf die Menschen machen, wie es in Griechenland der Fall war, wo ein Denker zugleich ein in Leidenschaft durch sein Denken begeisterter Existierender war, wie es einmal in der Christenheit der Fall war, wo ein Denker ein Glaubender war, der sich selbst in der Existenz des Glaubens begeistert zu verstehen suchte.

Wenn es zu unserer Zeit so mit den Denkern stünde, würde das reine Denken zu einem Selbstmord nach dem andern geführt haben; denn Selbstmord ist die einzige Existenz-Konsequenz des reinen Denkens, wenn dieses sich nicht zum Menschsein wie etwas Partielles verhalten soll, das mit dem ethischen und religiösen persönlichen Existieren eine Übereinkunft trifft, sondern wenn es alles und das Höchste sein soll. Wir preisen den Selbstmord nicht, wohl aber die Leidenschaft. Nun dagegen ist ein Denker ein sehenswürdiges Tier, das zu gewissen Zeiten des Tages in seltener Weise Geist verrät, aber sonst mit einem Menschen nichts gemein hat.

Die Existenz *sub specie aeterni* und in Abstraktion denken heißt, sie wesentlich aufheben und gleicht dem ausposaunten Verdienst, den Grundsatz des Widerspruchs aufzuheben. Existenz läßt sich nicht ohne Bewegung denken, und Bewegung läßt sich nicht *sub specie aeterni* denken. Die Bewegung auslassen ist nicht gerade ein Meisterstück, und sie als Übergang und mit ihr Zeit und Raum in die Logik hineinbringen, verursacht nur neue Verwirrung. Insofern indes, als alles Denken ewig ist, ist die Schwierigkeit für einen Existierenden da. Mit Existenz umzugehen ist ebenso schwierig wie mit Bewegung. Denke ich sie, so hebe ich sie auf, und so denke ich sie nicht. So könnte man wohl mit Recht sagen, es gebe etwas, was sich nicht denken lasse: das Existieren. Aber dann ist die Schwierigkeit wieder, daß es die Existenz dadurch, daß der Denkende existiert, zusammensetzt.

Weil die griechische Philosophie nicht zerstreut war, bildet die Bewegung immer wieder den Gegenstand ihrer dialektischen Anstrengungen. Der griechische Philosoph war ein Existierender und vergaß dies nicht. Darum nahm er seine Zuflucht zum Selbstmord oder zum Absterben im pythagoreischen Sinne,[1] oder zum Totsein im sokratischen Sinne, um denken zu können. Er ward sich bewußt, daß er ein Denkender war, aber ward sich zugleich bewußt, daß die Existenz als Medium das war, was ihn fortwährend hinderte, kontinuierlich zu denken, weil sie ihn beständig ins Werden stellte. Um also in Wahrheit denken zu können, entleibte er sich selbst. Die moderne Philosophie lächelt vornehm über solche Kinderei, als ob jeder moderne Denker nicht ebenso gewiß, wie er weiß, daß Denken und Sein eins ist, zugleich wüßte, daß es sich nicht der Mühe verlohnt, das zu sein, was er denkt.

In diesem Punkt des Existierens und der Anforderung des Ethischen an den Existierenden muß man zurückhalten, wenn eine abstrakte Philosophie und ein reines Denken alles erklären will, indem es das Entscheidende wegerklärt; man wage es nur getrost, ein Mensch zu sein, und lasse sich nicht durch Erschrekken dahin bringen oder durch Verlegenheit dazu verlocken, so etwas wie ein Phantom zu werden. Etwas anderes ist es, wenn das reine Denken sich über sein Verhältnis zum Ethischen und über sein Verhältnis zu einer ethischen existierenden Individualität erklären will. Aber dies tut es niemals, ja macht nicht einmal Miene dazu, da es sich ja sonst auch mit einer anderen Art Dialektik, der griechischen oder der Existenz-Dialektik einlassen müßte. Von allem, was sich Weisheit nennt, darf jeder Existierende mit Recht die Unterschrift der Ethik verlangen.

Ist einmal der Anfang gemacht, vergißt ein Mensch, ohne den Übergang zu merken, allmählich zu existieren, um *sub specie aeterni* zu denken: dann kommt der Einwand von einer anderen Seite. Innerhalb des reinen Denkens läßt sich vielleicht mancher, mancher Einwand gegen das Hegelsche machen, aber dabei bleibt alles wesentlich unverändert. Aber wie bereitwillig ich als geringer Leser, der sich keineswegs ein Richteramt anmaßt, Hegels Logik bewundere, wie bereitwillig ich einräume, daß ich, wenn ich zu ihr wieder zurückkehre, viel lernen kann, so stolz, so trotzig, so hartnäckig bin ich auch, so unverzagt in meiner Behauptung: daß die Hegelsche Philosophie, indem sie das Verhältnis zum Existierenden nicht bestimmt, indem sie das Ethische ignoriert, die Existenz verwirre. Die Skepsis ist immer die gefährlichste, die am wenigsten als solche aussieht, aber daß das reine Denken die positive Wahrheit für einen Existierenden sein soll, das ist Skepsis, denn diese Positivität ist schimärisch, das Vergangene, die ganze Weltgeschichte erklären zu können, ist herrlich; soll aber nur verstehen zu können, was vergangen ist, das Höchste für einen noch Lebenden sein, so ist diese Positivität Skepsis, und eine gefährliche Skepsis, weil das ungeheuer Große, das man versteht, so täuschend aussieht.

Daher kann der Hegelschen Philosophie das Schreckliche begegnen, daß

[1] [Vgl. Platos Phädon S. 64 ff. (Übersetzung v. Kassner, Diederichs, Jena, S. 13 ff.).]

der indirekte Angriff der gefährlichste ist. Mag ein zweifelnder Jüngling, aber ein existierender Denker, mag er sich mit liebenswürdigem unbegrenztem Vertrauen der Jugend zu einem Heros der Wissenschaft dessen vertrösten, in der Hegelschen Positivität die Wahrheit, die Wahrheit für die Existenz zu finden: er schreibt auf Hegel ein entsetzliches Epigramm. Man mißverstehe mich nicht. Ich meine nicht, jeder Jüngling sei imstande, Hegel zu besiegen; keineswegs; ist der Jüngling so eingebildet und töricht, es zu glauben, so hat sein Angriff nichts zu bedeuten. Nein, wenn er nie an einen Angriff denkt, wenn er im Gegenteil sich mit weiblicher Hingebung unbedingt unter Hegel beugen will, aber doch auch mit genügender Stärke seine Frage festzuhalten: so ist er, ohne es zu ahnen, ein Satiriker. Der Jüngling ist ein existierender Zweifler; beständig im Zweifel schwebend greift er nach der Wahrheit, um in ihr existieren zu können. Er ist also negativ; und Hegels Philosophie ist ja positiv, kein Wunder, daß er sich ihrer getröstet! Aber siehe, das reine Denken ist für einen Existierenden eine Schimäre, wenn die Wahrheit darin bestehen soll, in ihr zu existieren. Unter Leitung des reinen Denkens existieren zu sollen ist, wie wenn man in Dänemark nach einer kleinen Karte von ganz Europa reisen soll, auf der Dänemark nicht größer als eine Stahlfeder ist – ja es ist noch unmöglicher. Die Bewunderung des Jünglings, seine Begeisterung, sein unbegrenztes Vertrauen zu Hegel ist gerade eine Satire auf Hegel.

Man würde dies längst eingesehen haben, wenn sich das reine Denken nicht mit Hilfe einer Opinion hielte, die den Menschen imponiert, so daß sie nur sagen dürfen, es sei vortrefflich, daß sie es verstanden haben, obgleich dies doch in einem gewissen Sinne unmöglich ist, da niemand durch diese Philosophie dahin geführt werden kann, sich selbst zu verstehen, was doch wohl eine absolute Bedingung für alles andere Verständnis ist. Sokrates hat recht ironisch gesagt, daß er nicht mit Bestimmtheit wisse, ob er ein Mensch oder etwas anderes sei; aber ein Hegelianer kann im Beichtstuhl mit aller Feierlichkeit sagen: ich weiß nicht, ob ich ein Mensch bin, aber das System habe ich verstanden. Ich will doch lieber sagen: ich weiß, daß ich ein Mensch bin, und ich weiß, daß ich das System nicht verstanden habe. Und wenn ich dies ganz offen gesagt habe, will ich hinzufügen, daß wenn einer von unseren Hegelianern sich meiner annehmen und mir zum Verständnis des Systems verhelfen wolle, werde meinerseits nichts im Wege stehen. Ich werde mich bestreben, so dumm wie möglich zu sein, um womöglich keine einzige Voraussetzung zu haben, außer meiner Unwissenheit, damit ich desto mehr lernen kann; und werde mich bestreben, gegen jede Beschuldigung der Unwissenschaftlichkeit so gleichgültig wie möglich zu sein, damit ich nur sicher etwas lerne.

Existieren, wenn man darunter nicht so eine Art von Existieren versteht, kann man nicht ohne Leidenschaft. Jeder griechische Denker war daher auch wesentlich ein leidenschaftlicher Denker. Ich habe öfter darüber nachgedacht, wie man einen Menschen in Leidenschaft bringen kann. Wenn ich ihn, habe ich gedacht, auf ein Pferd setzte, und dies dann scheu machte und in die wildeste Karriere brächte; oder noch besser, um die Leidenschaft recht zum Ausbruch kommen zu lassen, wenn ich einen Mann, der so geschwind wie möglich an einen Ort gelangen will (und also schon etwas in Leidenschaft ist), auf ein Pferd setzte, das kaum gehen kann: und doch verhält es sich mit dem Existieren so, wenn man sich dessen bewußt sein soll. Oder wenn man einem Fuhrmann, der sonst nicht in Leidenschaft zu bringen ist, einen Pegasus und eine Schindmähre zusammen vor den Wagen spannte und sagte: fahre nun – dann würde es, denke ich, glücken. So steht es mit dem Existieren, wenn man sich dessen bewußt sein soll. Die Ewigkeit ist wie jener beschwingte Renner unendlich geschwind, die Zeitlichkeit eine Schindmähre, und der Existierende ist der Fuhrmann, wenn das Existieren nämlich nicht das ist, was man so Existieren nennt, denn dann ist der Existierende kein Fuhrmann, sondern ein betrunkener Bauer, der im Wagen liegt und schläft und die Pferde sich selbst überläßt. Das versteht sich, auch er fährt, auch er ist Kutscher, und so gibt es vielleicht manchen, der auch existiert.

Insofern als Existenz Bewegung ist, muß etwas Kontinuierliches da sein, das die Bewegung zusammenhält, sonst gibt es nämlich keine Bewegung. Wie das, daß alles wahr sei, bedeutet, daß nichts wahr ist, so bedeutet das, daß alles in Bewegung sei, daß es keine Bewegung gibt.[1] Das Unbewegliche gehört mit zur Bewegung als Ziel und Maß der Bewegung, sonst bedeutet das, daß alles in Bewegung sei, wenn man auch die Zeit wegnehmen und sagen will, daß alles immer Bewegung sei, *eo ipso* Stillstand. Aristoteles, der auf so mancherlei Weise die Bewegung hervorhebt, sagt daher, daß Gott, selbst unbewegt, alles bewege. Während nun das reine Denken ohne weiteres alle Bewegung aufhebt, oder sie sinnlos mit hinein in die Logik bekommt, ist die Schwierigkeit für den Existierenden die, der Existenz die Kontinuierlichkeit zu geben, ohne welche alles bloß verschwindet. Eine abstrakte Kontinuierlichkeit ist keine Kontinuierlichkeit, und das Existieren des Existierenden verhindert die Kontinuierlichkeit wesentlich, während Leidenschaft die momentweise Kontinuierlichkeit ist, die zu gleicher Zeit zurückhält und der Impuls der Bewegung ist. Für einen Existierenden ist Entscheidung und Wiederholung Ziel und Maß der Bewegung. Das Ewige ist die Kontinuierlichkeit der Bewegung, aber eine abstrakte Ewigkeit liegt außerhalb der Bewegung, und eine konkrete Ewigkeit ist im Existierenden die höchste Leidenschaft. Alle idealisierende[2] Leidenschaft ist nämlich Antizipation des Ewigen in der Existenz für einen, der zum Existieren existiert[3]; die Ewigkeit

[1] Das meinte offenbar jener Schüler Heraklits, der sagte, daß man auch nicht einmal durch denselben Fluß gehen könne. Johannes de Silentio (in *Furcht und Zittern*) machte eine Hindeutung auf die Aussage dieses Schülers, aber mehr mit rhetorischem Schwung als mit Wahrheit.

[2] Die irdische Leidenschaftlichkeit hindert das Existieren, indem sie die Existenz in etwas Augenblickliches verwandelt.

[3] Man hat Poesie und Kunst eine Antizipation des Ewigen genannt [vgl. Schiller: *Das Ideal und das*

der Abstraktion gewinnt man, indem man von der Existenz absieht; zum reinen Denken kann ein Existierender nur durch ein mißliches Beginnen gekommen sein, welche Mißlichkeit sich auch dadurch rächt, daß die Existenz des Existierenden unbedeutend wird und seine Rede etwas verrückt. So geht es in unserer Zeit fast der Menge der Menschen, unter der man selten oder nie einen Menschen so reden hört, als ob er sich ein einzelner existierender Mensch zu sein bewußt wäre. Pantheistisch schwindelt es fast einem jeden, wenn auch er von Millionen und Staaten und weltgeschichtlicher Entwicklung redet. Aber die leidenschaftliche Antizipation des Ewigen für einen Existierenden ist doch nicht die absolute Kontinuierlichkeit, sondern nur die Möglichkeit der Annäherung an die einzig wahre, die es für einen Existierenden gibt. Damit wird man wieder an meine These erinnert, daß die Subjektivität die Wahrheit sei, denn die objektive Wahrheit ist für einen Existierenden gleichsam die Ewigkeit der Abstraktion.

Die Abstraktion ist interesselos, aber das Existieren ist des Existierenden höchstes Interesse. Der Existierende hat daher beständig ein *τελος*, von welchem *τελος* Aristoteles redet, wenn er (de anima III, 10, 2) sagt, daß der *νους θεωρητικος* vom *νους πρακτικος τῳ τελει* verschieden sei. Dagegen ist das reine Denken ganz schwebend, und nicht wie die Abstraktion, die wohl von der Existenz absieht, aber doch ein Verhältnis zu ihr bewahrt, während das reine Denken, in mystischem Schweben ohne ein Verhältnis zu einem Existierenden, innerhalb seiner selbst alles, aber nicht sich selbst erklärt, wodurch eine entscheidende Erklärung von dem, wonach eigentlich gefragt wird, unmöglich wird. Wenn so ein Existierender fragt, wie nun das reine Denken sich zu einem Existierenden verhalte, wie er sich zu benehmen habe, um in dasselbe hineinzukommen, so antwortet das reine Denken nichts, aber erklärt die Existenz innerhalb seines reinen Denkens und verwirrt dadurch alles, daß dem, woran das reine Denken stranden muß, an der Existenz, daß dem in einem verflüchtigten Sinne ein Platz innerhalb des reinen Denkens angewiesen wird, wodurch alles, was auch da drinnen von Existenz gesagt werden mag, wesentlich widerrufen ist. Wenn im reinen Denken von einer unmittelbaren Einheit der Reflexion in sich und der Reflexion in dem andern geredet wird und von der Aufhebung dieser unmittelbaren Einheit, so muß ja etwas zwischen die Momente der unmittelbaren Einheit treten. Was ist dies? Ja, das ist die Zeit. Aber die Zeit läßt sich keinen Platz innerhalb des reinen Denkens anweisen. Was soll also das mit der Aufhebung und dem Übergang und der neuen Einheit bedeuten? Was soll es überhaupt heißen, so zu denken, daß man beständig nur die Miene macht, als denke man, weil doch alles, was da gesagt wird, absolut widerrufen ist? Und

---

Leben]. Will man sie so nennen, so muß man doch dabei bemerken, daß sich Poesie und Kunst nicht wesentlich zu einem Existierenden verhalten, da die Betrachtung von Poesie und Kunst, „die Freude am Schönen“, interesselos ist, und sich der Betrachter kontemplativ außerhalb seiner selbst als Existierenden befindet.

warum gesteht man es nicht ein, daß man so denkt, sondern posaunt diese positive Wahrheit des reinen Denkens beständig aus?

Wie die Existenz denken und existieren dadurch zusammengesetzt hat, daß ein Existierender ein Denkender ist, so gibt es zwei Medien: das der Abstraktion und das der Wirklichkeit. Aber das reine Denken ist noch ein drittes Medium, ein ganz neuerfundenes. Es beginnt, wie es daher heißt, nach der erschöpfendsten Abstraktion. Von dem Verhältnis, das die Abstraktion noch beständig zu dem hat, wovon es abstrahiert, weiß das reine Denken, soll ich sagen aus Frömmigkeit oder Gedankenlosigkeit, nichts. In diesem reinen Denken ist Ruhe vor allem Zweifel, ist die ewige positive Wahrheit, oder was einem sonst zu sagen beliebt. Das heißt: das reine Denken ist ein Phantom. Und ist die Hegelsche Philosophie frei von allen Postulaten, so hat sie dies durch ein wahnsinniges Postulat: durch den Beginn des reinen Denkens gewonnen.

Dem Existierenden ist das Existieren das höchste Interesse, und die Interessiertheit am Existieren die Wirklichkeit. Was Wirklichkeit ist, läßt sich in der Sprache der Abstraktion nicht ausdrücken. Die Wirklichkeit ist ein *inter-esse* zwischen der hypothetischen Abstraktionseinheit von Denken und Sein. Die Abstraktion behandelt Möglichkeit und Wirklichkeit, aber ihre Auffassung von der Wirklichkeit ist eine falsche Wiedergabe, da nicht die Wirklichkeit das Medium bildet, sondern die Möglichkeit. Die Abstraktion kann sich der Wirklichkeit nur so bemächtigen, daß sie dieselbe aufhebt, aber sie aufheben heißt sie in Möglichkeit verwandeln. Alles, was von Wirklichkeit in der Sprache der Abstraktion innerhalb der Abstraktion ausgesagt wird, wird innerhalb der Möglichkeit gesagt. In der Sprache der Wirklichkeit verhält sich nämlich die ganze Abstraktion wie eine Möglichkeit zur Wirklichkeit, nicht zu einer Wirklichkeit innerhalb der Abstraktion und der Möglichkeit. Die Wirklichkeit, die Existenz ist das dialektische Moment in einer Trilogie, deren Anfang und deren Schluß für einen Existierenden nicht da ist, der sich *qua* Existierender in dem dialektischen Moment befindet. Die Abstraktion schließt die Trilogie zusammen. Ganz recht. Aber wie macht sie das? Ist die Abstraktion so etwas, oder ist sie nicht vielmehr ein Akt des Abstrahierenden? Aber der Abstrahierende ist ja ein Existierender, und als Existierender also in dem dialektischen Moment, das er nicht mediieren oder zusammenschließen, am allerwenigsten absolut zusammenschließen kann, solange er existiert. Wenn er es also tut, so muß dies sich wie eine Möglichkeit zur Wirklichkeit, zur Existenz verhalten, in der er selbst ist. Er muß erklären, wie er sich benimmt, d. h. wie er sich dabei als ein Existierender benimmt, oder ob er aufhört zu existieren, und ob ein Existierender das darf.

In demselben Augenblick, wo wir so zu fragen anfangen, fragen wir ethisch und machen die Forderung des Ethischen an den Existierenden geltend, die nicht darin bestehen kann, daß er von der Existenz abstrahieren, sondern daß er existieren soll, was auch des Existierenden höchstes Interesse ist.

Die Aufhebung des dialektischen Moments (der Existenz) kann er als Existierender am allerwenigsten absolut festhalten; dazu ist ein anderes Medium erforderlich als die Existenz, welche ja eben das dialektische Moment ist. Kann ein Existierender von der Aufhebung wissen, so kann er von ihr nur als von einer Möglichkeit wissen, welche, wenn das Interesse auftritt, nicht zurückzuhalten vermag. Darum kann er davon nur interesselos wissen, was er als Existierender niemals ganz werden kann, und was er als Existierender, ethisch gesehen, gar nicht *approximando* erreichen wollen darf, da ihm umgekehrt das Ethische das Interesse an der Existenz unendlich macht, so unendlich, daß der Grundsatz des Widerspruchs absolute Gültigkeit erhält.

Was oben nachgewiesen wurde, zeigt sich hier wieder: auf die Schwierigkeit, die in der Existenz und im Existierenden liegt, läßt sich die Abstraktion gar nicht ein. Wirklichkeit ist leichter im Medium der Möglichkeit als im Medium der Existenz zu denken, wo die Existenz als das Werden den Existierenden am Denken hindern will, als ließe sich Wirklichkeit nicht denken, während doch der Existierende ein Denkender ist. Im reinen Denken sitzt man im Tiefsinn bis über die Ohren, und doch bekommt man mitunter den Eindruck, das Ganze leide etwas an Zerstreutheit, weil der reine Denker nicht klar darüber ist, was ein existierender Mensch ist.

Jedes Wissen von Wirklichkeit ist Möglichkeit; die einzige Wirklichkeit, von der ein Existierender nicht nur weiß, ist seine eigene, daß er da ist; und diese Wirklichkeit macht sein absolutes Interesse aus. Die Forderung der Abstraktion an ihn ist, daß er interesselos werde, damit er etwas zu wissen bekomme; die Forderung des Ethischen, daß er sich unendlich für das Existieren interessiere.

Die einzige Wirklichkeit, die es für einen Existierenden gibt, ist seine eigene ethische; von aller anderen Wirklichkeit weiß er nur, aber das wahre Wissen ist ein Übersetzen in die Möglichkeit.

Die Zuverlässigkeit der sinnlichen Wahrnehmung ist ein Betrug. Das hat schon die griechische Skepsis zur Genüge gezeigt, und ebenso der moderne Idealismus. Die Zuverlässigkeit, die das Wissen des Geschichtlichen beansprucht, ist auch nur Betrug, insofern als sie die Zuverlässigkeit der Wirklichkeit sein will, da der Wissende erst dann von einer geschichtlichen Wirklichkeit weiß, wenn er sie in Möglichkeit aufgelöst hat. (Hiervon im folgenden mehr.) Abstraktion ist Möglichkeit, vorausgehende oder nachfolgende Möglichkeit. Das reine Denken ist ein Phantom.

Die wirkliche Subjektivität ist nicht die wissende, denn durch wissen befindet man sich im Medium der Möglichkeit, sondern die ethisch-existierende Subjektivität. Ein abstrakter Denker ist wohl da, aber daß er existiert, ist eher eine Satire über ihn. Daß er sein Dasein damit beweist, daß er denkt, ist ein sonderbarer Widerspruch, denn in demselben Grade, wie er abstrakt denkt, abstrahiert er gerade davon, daß er da ist. Insofern wird freilich sein Dasein als eine Voraussetzung klar, von welcher er sich losreißen will, aber die Abstraktion selbst wird doch wohl ein eigentümlicher Beweis für sein Dasein, da sein

Dasein gerade aufhören würde, wenn sie ihm ganz glückte. Das kartesianische *cogito ergo sum* ist oft genug wiederholt worden. Versteht einer unter diesem Ich in *cogito* einen einzelnen Menschen, so beweist der Satz nichts: ich bin denkend, *ergo* bin ich, aber bin ich denkend, dann ist's kein Wunder, daß ich bin, das ist ja schon gesagt, und das erste sagt also sogar mehr als das letzte. Versteht dann einer unter dem Ich, das in *cogito* liegt, einen einzelnen existierenden Menschen, so ruft die Philosophie: Torheit, Torheit, hier ist nicht von meinem oder deinem Ich die Rede, sondern von dem reinen Ich. Aber dieses reine Ich kann doch wohl keine andere Existenz als Gedankenexistenz haben, was soll dann die Schlußformel bedeuten, dann wird ja gar nicht geschlossen, denn dann ist der Satz eine Tautologie.

Wenn gesagt wird, der abstrakte Denker beweise durch sein Denken so wenig sein Dasein, daß er eher an den Tag lege, daß es seiner Abstraktion nicht ganz gelinge, das Gegenteil zu beweisen, wenn dies gesagt wird, und man daraus umgekehrt schließen wollte, daß ein Existierender, der wirklich existiere, gar nicht denke, so wäre das ein willkürliches Mißverständnis. Freilich denkt er, aber er denkt umgekehrt alles in Relation auf sich, unendlich fürs Existieren interessiert. So war Sokrates freilich ein Denker, aber er stellte alles andere Wissen in Indifferenz, indem er das ethische Wissen unendlich betonte, welches sich zu dem für Existenz unendlich interessierten, existierenden Subjekt verhält.

Vom Denken aufs Dasein zu schließen ist also ein Widerspruch, denn das Denken nimmt gerade umgekehrt vom Wirklichen das Dasein weg und denkt es, indem es dasselbe aufhebt und in Möglichkeit hinübersetzt. (Hiervon im folgenden mehr.) Von jeder anderen als der eigenen Wirklichkeit gilt, daß man durch Denken etwas von ihr wissen kann. In bezug auf die eigene wird es darauf beruhen, ob es dem Denken gelingt, ganz von der Wirklichkeit zu abstrahieren. Das will ja freilich der abstrakte Denker, aber es hilft ihm nichts, er existiert doch weiter, und diese Fortdauer seiner Existenz, „diese zuweilen klägliche Professorengestalt" ist ein Epigramm auf den abstrakten Denker, um nicht von den Ansprüchen zu reden, welche die Ethik an ihn macht.

In Griechenland war man doch darauf aufmerksam, was existieren bedeute. Die skeptische Atararie war daher ein Existenzversuch vom Existieren zu abstrahieren. In unseren Tagen abstrahiert man im Druck, wie man im Druck an allem ein für allemal zweifelt. Das hat unter anderem im modernen Philosophieren so große Konfusion veranlaßt, daß die Philosophen so viele kurze Aussprüche über unendliche Aufgaben besitzen und dies Papiergeld gegenseitig respektieren, während es fast nie jemand einfällt, sich selbst darin zu versuchen, die Forderung der Aufgabe existierend zu realisieren. Auf die Weise kann man leicht mit allem fertig werden und dazu kommen, voraussetzungslos anzufangen. Die Voraussetzung z. B. an allem zu zweifeln, würde ein ganzes Menschenleben in Anspruch nehmen, nun dagegen ist es eben so geschwind getan wie gesagt.

§ 2 Möglichkeit höher als Wirklichkeit. Wirklichkeit höher als Möglichkeit. Die poetische und intellektuelle Idealität; die ethische Idealität

Aristoteles bemerkt in seiner Poetik [Kap. 9], die Poesie stehe höher als die Geschichte, weil die Geschichte nur darstelle, was geschehen sei, die Poesie, was hätte geschehen können und sollen, d. h. die Poesie verfüge über die Möglichkeit. Im Verhältnis zur Wirklichkeit steht, poetisch und intellektuell, die Möglichkeit höher, ist das Ästhetische und Intellektuelle interesselos. Es gibt aber nur ein Interesse, das zu existieren; die Interesselosigkeit ist der Ausdruck für die Gleichgültigkeit gegen Wirklichkeit. Die Gleichgültigkeit ist in dem kartesianischen *cogito ergo sum* vergessen, was die Interesselosigkeit der Intellektualität beunruhigt und die Spekulation beleidigt, als sollte aus ihr etwas anderes folgen. Ich denke, *ergo* denke ich; ob ich bin oder es ist (im Sinn der Wirklichkeit, wo „ich" einen einzelnen existierenden Menschen und „es" ein bestimmtes einzelnes etwas bedeutet), ist vollkommen gleichgültig. Daß das, was ich denke, im Sinn des Denkens ist, bedarf ja keines Beweises oder durch einen Schluß bewiesen zu werden, da es ja bewiesen ist. Sobald ich anfange, mein Denken für etwas anderes ideologisch zu machen, ist das Interesse mit im Spiel. Sobald dies da ist, ist das Ethische mit zur Stelle und befreit mich von weiteren Bemühungen, mein Dasein zu beweisen, verhindert mich daran, ethisch trügerisch und metaphysisch unklar die Wendung des Schlusses zu machen, indem es mich zum Existieren verpflichtet.

Während das Ethische zu unserer Zeit immer mehr ignoriert wird, hat dieses Ignorieren zugleich die schädliche Folge gehabt, die Poesie und die Spekulation zu verwirren. Diese haben die interesselose Erhabenheit der Möglichkeit fahren lassen, um nach der Wirklichkeit zu greifen: anstatt jedem das Seine zu geben, hat man eine doppelte Verwirrung angerichtet. Die Poesie macht einen Versuch nach dem anderen, als Wirklichkeit zu wirken, was ganz unpoetisch ist; die Spekulation will immer wieder innerhalb ihres Umfanges die Wirklichkeit erreichen, versichert, das Gedachte sei das Wirkliche, das Denken sei nicht bloß imstande zu denken, sondern Wirklichkeit zu geben, was sich gerade umgekehrt verhält; und zu gleicher Zeit vergißt man immer mehr, was existieren bedeutet. Die Zeit und die Menschen werden immer mehr unwirklich, daher diese Surrogate, die das Verlorne erstatten sollen. Das Ethische gibt man immer mehr auf, das Leben des einzelnen wird nicht bloß poetisch, sondern weltgeschichtlich beunruhigt und damit verhindert, ethisch zu existieren; daher muß man auf andere Weise Wirklichkeit schaffen. Aber mit dieser mißverstandenen Wirklichkeit steht es so, wie wenn eine Generation oder die Individuen in ihr frühzeitig alt geworden sind und nun auf künstliche Weise Jugendlichkeit erzeugt werden muß. Während die Wirklichkeit im ethischen Existieren besteht, ist die Zeit so vorwiegend betrachtend geworden, daß nicht nur alle betrachtend sind, sondern dies zuletzt gefälscht wird, als wäre es Wirklichkeit. Man lächelt über das Klosterleben, und doch lebte kein Eremit so unwirklich, wie man heutzutage lebt, denn ein Eremit abstrahierte wohl von der ganzen Welt, aber er abstrahierte nicht von sich selbst. Man weiß die phantastische Lage eines Klosters zu beschreiben: abseits, in der Einsamkeit des Waldes, im fernen Blauen des Horizontes, aber denkt nicht an die phantastische Lage des reinen Denkens. Und doch ist die pathetische Unwirklichkeit des Einsiedlers der komischen Unwirklichkeit des reinen Denkers weit vorzuziehen; und doch ist das leidenschaftliche Vergessen des Einsiedlers, das ihm die ganze Welt nimmt, der komischen Distraktion des weltgeschichtlichen Denkers, der sich selbst vergißt, weit vorzuziehen.

Ethisch gesehen steht Wirklichkeit höher als Möglichkeit. Das Ethische will gerade die Interesselosigkeit der Möglichkeit dadurch vernichten, daß es das Existieren zum höchsten Interesse macht. Das Ethische will daher jeden Konfusionsversuch verhindern, z. B. den, die Welt und die Menschen ethisch betrachten zu wollen. Ethisch betrachten kann man nämlich nicht, es gibt nur eine ethische Betrachtung, die Selbstbetrachtung. Das Ethische schließt sich augenblicklich um den einzelnen mit der Forderung an ihn, daß er ethisch existiere. Es schwadroniert nicht von Millionen und Generationen, es nimmt die Menschheit nicht aufs Geratewohl, ebensowenig wie die Polizei die reine Menschheit arrestiert. Das Ethische hat mit den einzelnen Menschen zu tun, und wohlgemerkt mit jedem einzelnen. Weiß Gott, wie viele Haare auf dem Kopfe eines Menschen sind, so weiß das Ethische, wie viele Menschen da sind, und die ethische Volkszählung geschieht nicht im Interesse einer Totalsumme, sondern im Interesse eines jeden einzelnen. Das Ethische fordert sich selbst von jedem Menschen, und wenn es richtet, so richtet es wieder jeden einzelnen, nur ein Tyrann und ein ohnmächtiger Mensch begnügt sich damit zu dezimieren. Das Ethische ergreift den einzelnen und fordert von ihm, daß er sich von allem Betrachten, besonders von dem der Welt und der Menschen, enthalte. Denn das Ethische als das Innere läßt sich von jemand, der draußen steht, gar nicht betrachten, es läßt sich nur von dem einzelnen Subjekt realisieren, das wissen kann, was in ihm wohnt. Dies, was im Menschen wohnt, ist ja die einzige Wirklichkeit, die dadurch, daß man von ihr weiß, nicht zu einer Möglichkeit wird, und von der man nicht nur dadurch wissen kann, daß man sie denkt, da es des Menschen eigne Wirklichkeit ist. Von ihr als gedachter Wirklichkeit, d. h. Möglichkeit, wußte er, ehe sie Wirklichkeit wurde, während er von eines anderen Wirklichkeit nichts wußte, ehe er sie, weil er von ihr zu wissen bekam, dachte, d. h. in Möglichkeit verwandelte.

Für jede Wirklichkeit außer mir gilt, daß ich ihr nur denkend habhaft werden kann. Sollte ich ihrer wirklich habhaft werden, müßte ich mich zu dem anderen, dem Handelnden machen, die mir fremde Wirklichkeit zu meiner eigenen Wirklichkeit machen, was eine Unmöglichkeit ist. Mache ich nämlich die mir fremde Wirklichkeit zu meiner eigenen, so bedeutet das nicht, daß ich dadurch, daß ich von ihr weiß, zu dem anderen werde, sondern es bedeutet eine neue Wirklichkeit, die als von ihm verschieden mir angehört.

Wenn ich etwas denke, was ich tun will, aber noch nicht getan habe, so ist dies Gedachte, wie genau es auch sei, wenn man es auch ganz mit Recht eine gedachte Wirklichkeit nennen kann, eine Möglichkeit. Umgekehrt, wenn ich etwas denke, was ein anderer getan hat, also eine Wirklichkeit denke, so nehme ich diese gegebene Wirklichkeit aus der Wirklichkeit heraus und setze sie in die Möglichkeit hinüber, denn eine gedachte Wirklichkeit ist eine Möglichkeit und in bezug auf Denken höher als Wirklichkeit, aber nicht in bezug auf Wirklichkeit.

Dies bezeichnet zugleich, daß es ethisch kein direktes Verhältnis zwischen Subjekt und Subjekt gibt. Wenn ich ein anderes Subjekt verstanden habe, ist dessen Wirklichkeit für mich eine Möglichkeit, und diese gedachte Wirklichkeit verhält sich *qua* Möglichkeit, wie mein eignes Denken von etwas, das ich noch nicht getan habe, sich zu dem Tun desselben verhält.

Frater Taciturnus (*Stadien auf dem Lebenswege*) sagt: Wer in bezug auf dasselbe nicht ebenso gut den Schluß *ab posse ad esse*, wie *ab esse ad posse* begreift, der begreift die Idealität nicht, d. h. er versteht es nicht, denkt es nicht (es ist nämlich vom Verstehen einer fremden Wirklichkeit die Rede). Wenn der Denkende nämlich mit dem auflösenden *posse* (eine gedachte Wirklichkeit ist eine Möglichkeit) auf ein *esse* stößt, das er nicht auflösen kann, so muß er sagen: dies kann ich nicht denken. Er suspendiert also das Denken, soll er sich oder richtiger will er sich trotzdem zu dieser Wirklichkeit als Wirklichkeit verhalten, so verhält er sich nicht denkend zu ihr, sondern paradox. (Man denke nach dem Vorhergehenden an die Definition des Glaubens, in sokratischem Sinne, *sensu laxiore*, nicht *sensu strictissimo*: die objektive Ungewißheit, weil nämlich das auflösende *posse* auf ein verhärtetes *esse* gestoßen ist, festgehalten in leidenschaftlicher Innerlichkeit.)

In bezug auf das Ästhetische und Intellektuelle zu fragen: ist dies und jenes nun auch wirklich, ist es auch wirklich geschehen? Ist Mißverstand, der die ästhetische und intellektuelle Idealität nicht als Möglichkeit versteht, und vergißt, daß, wer das Rangverhältnis ästhetisch und intellektuell so bestimmt, die sinnliche Wahrnehmung über das Denken stellt?

Ethisch ist es richtig, zu fragen: ist es wirklich? Doch, wohl zu beachten, so, daß das einzelne Subjekt sich ethisch selbst nach seiner eigenen Wirklichkeit fragt. Die ethische Wirklichkeit eines anderen Menschen kann von ihm wieder nur durchs Denken, d. h. als Möglichkeit erfaßt werden.

Die Schrift sagt: „Richtet nicht, daß ihr nicht gerichtet werdet." Dies ist als eine Mahnung und Warnung ausgedrückt, aber es ist zugleich eine Unmöglichkeit. Ein Mensch kann den anderen nicht ethisch richten, weil er den anderen nur als Möglichkeit versteht. Wenn einer also den anderen richten will, so drückt er damit seine Ohnmacht aus und richtet sich selbst.

In den *Stadien auf dem Lebenswege* heißt es: „Es ist nämlich geistvoll, nach zwei Dingen zu fragen: 1. Ist das, was gesagt wird, möglich? 2. Kann ich es tun? Aber geistlos, nach zwei Dingen zu fragen: 1. Ist es wirklich? 2. Hat mein Nachbar Christophersen es getan, hat er es wirklich getan?" Hiermit ist die Frage nach der Wirklichkeit ethisch betont. Ästhetisch und intellektuell ist es töricht, nach dessen Wirklichkeit zu fragen, ethisch ist es töricht, nach dessen Wirklichkeit in bezug auf Betrachtung zu fragen; indem ich aber ethisch danach in bezug auf meine eigne Wirklichkeit frage, frage ich nach seiner Möglichkeit, nur ist diese Möglichkeit nicht ästhetisch und intellektuell interesselos, sondern eine gedachte Wirklichkeit, die sich zu meiner eignen Wirklichkeit verhält, daß ich es nämlich realisiere.

Das Wie der Wahrheit ist gerade die Wahrheit. Darum ist es Unwahrheit, eine Frage in einem Medium zu beantworten, wo die Frage gar nicht auftreten kann. So die Wirklichkeit innerhalb der Möglichkeit zu erklären, innerhalb der Möglichkeit zwischen Möglichkeit und Wirklichkeit zu distinguieren. Wenn man dagegen nicht ästhetisch und intellektuell, sondern nur ethisch nach der Wirklichkeit fragt, und ethisch wieder in bezug auf seine eigne Wirklichkeit, so ist ethisch jedes Individuum für sich abgesondert. Ironie und Heuchelei als die Gegensätze, die aber beide als Ausdruck des Widerspruchs, daß das Äußere nicht das Innere ist (indem die Heuchelei als gut, die Ironie als schlecht erscheint), schärfen in betreff der betrachtenden Frage nach dem ethischen Innern ein, daß Wirklichkeit und Betrug gleich möglich sind, daß der Betrug ebenso weit reicht wie die Wirklichkeit. Nur das Individuum selbst kann wissen, wie es steht. Nach diesem ethischen Inneren bei einem anderen Individuum zu fragen, ist schon unethisch, insofern als es eine Zerstreuung ist. Wird aber gleichwohl danach gefragt, so ist die Schwierigkeit die, daß ich der Wirklichkeit des anderen nur durch das Denken habhaft werden kann, also indem ich sie in Möglichkeit übersetze, wo dann die Möglichkeit des Betrugs ebensogut denkbar ist. Dies ist ein nützliches Vorstudium zum ethischen Existieren: zu lernen, daß der einzelne Mensch allein steht.

Ästhetisch und intellektuell nach Wirklichkeit zu fragen ist Mißverstand; ethisch nach der Wirklichkeit eines anderen Menschen zu fragen ist Mißverstand, da man nur nach der eignen fragen soll. Hier zeigt sich, wie der Glaube *sensu strictissimo*, der sich auf etwas Geschichtliches bezieht) vom Ästhetischen, Intellektuellen, vom Ethischen verschieden ist. Äußerst interessiert nach einer Wirklichkeit fragen, die nicht die eigne ist, heißt glauben wollen und drückt das paradoxe Verhältnis zum Paradox aus. Ästhetisch kann man so nicht fragen, außer in Gedankenlosigkeit, da ästhetisch die Möglichkeit höher als die Wirklichkeit steht, intellektuell nicht, da intellektuell die Möglichkeit höher als die Wirklichkeit steht, ethisch auch nicht, weil das Individuum einzig und allein für seine eigne Wirklichkeit äußerst interessiert ist.

Die Analogie des Glaubens mit dem Ethischen bildet das unendliche Interesse, wodurch der Glaubende von einem Ästhetiker und einem Denker absolut verschieden ist. Dagegen unterscheidet er sich von einem Ethiker dadurch, daß er unendliches Interesse an der Wirklichkeit eines anderen hat (z. B. daß Gott wirklich [auf Erden] gelebt hat).

Ästhetisch und intellektuell gilt, daß nur dann eine Wirklichkeit verstanden und gedacht worden ist, wenn ihr *esse* in ihr *posse* aufgelöst worden ist. Ethisch gilt, daß nur dann die Möglichkeit verstanden worden ist, wenn jedes *posse* wirklich ein *esse* ist. Wenn das Ästhetische und Intellektuelle nachsieht, protestiert es jedes *esse*, das kein *posse* ist; wenn das Ethische nachsieht, verurteilt es jedes *posse*, das kein *esse* ist, ein *posse* nämlich im Individuum selbst, da dies ethisch nicht mit andern Individuen zu tun hat.

In unserer Zeit wird alles zusammengemischt, man beantwortet das Ästhetische ethisch, den Glauben intellektuell usw. Man ist mit allem fertig, und doch achtet man durchaus nicht darauf, in welcher Sphäre jede Frage ihre Antwort findet. In der geistigen Welt bringt dies eine noch größere Konfusion hervor, als wenn in der bürgerlichen Welt z. B. ein geistliches Anliegen von der Straßenpflasterkommission beantwortet würde.

Besteht also Wirklichkeit in Äußerlichkeit? Keineswegs. Ästhetisch und intellektuell schärft man ganz richtig ein, daß das Äußere nur für den ein Betrug sei, der die Idealität nicht verstehe. Frater Taciturnus sagt: „Das Wissen von etwas Geschichtlichem verhilft einem bloß zu einem Sinnesbetrug, der sich vom Stofflichen betören läßt. Was kenne ich historisch? Das Stoffliche. Die Idealität kenne ich durch mich selbst, und kenne ich sie nicht durch mich selbst, kenne ich sie gar nicht, alles historische Wissen hilft nichts. Idealität ist kein Hausgerät, das sich von einem zum andern transportieren läßt, oder etwas, das mit in den Kauf geht, wenn man große Partien nimmt. Weiß ich, daß Cäsar groß war, so weiß ich, was das Große ist, und sehe auf dieses, sonst weiß ich nicht, daß Cäsar groß war. Die Erzählung der Geschichte, daß zuverlässige Männer es behaupten, daß kein Risiko mit der Annahme dieser Meinung verbunden ist, da es feststehen soll, daß er ein großer Mann gewesen sei, daß es der Erfolg beweist, hilft gar nichts. An die Idealität auf eines andern Wort hin glauben, gleicht dem Lachen über einen Witz, nicht weil man ihn verstanden hat, sondern weil ein anderer gesagt hat, es sei witzig. Wenn es so ist, dann kann der Witz im Grunde für den, der aus Glauben und Achtung lacht, ebensogut ungesagt bleiben, er kann mit gleicher Emphase lachen.“

Worin besteht also die Wirklichkeit? In Idealität. Aber ästhetisch und intellektuell ist die Idealität die Möglichkeit (die Zurückführung *ab esse ad posse*). Ethisch ist die Idealität die Wirklichkeit im Individuum selbst. Die Wirklichkeit ist die Innerlichkeit, die fürs Existieren unendlich interessiert ist, was das ethische Individuum für sich selbst ist.

Wenn ich einen Denker verstehe, so ist gerade in demselben Augenblicke, wo ich ihn verstehe, seine Wirklichkeit (daß er als ein einzelner Mensch existiert; daß er es selbst wirklich so verstanden hat usw.; daß er es selbst wirklich realisiert hat usw.) vollständig gleichgültig. Darin hat die Philosophie und Ästhetik recht und es gilt gerade, dies recht festzuhalten. Aber darin liegt noch keine Verteidigung des reinen Denkens als eines Mediums der Mitteilung. Weil nämlich seine Wirklichkeit mir, dem Lernenden, gleichgültig ist, wie umgekehrt meine ihm, daraus folgt keineswegs, daß er gegen seine eigne Wirklichkeit gleichgültig sein darf. Davon muß seine Mitteilung das Gepräge tragen, zwar nicht direkt, denn es läßt sich nicht direkt von einem zum anderen mitteilen (da ein solches Verhältnis das paradoxe Verhältnis des Glaubenden zum Gegenstand des Glaubens ist), und läßt sich nicht direkt verstehen, aber es muß indirekt dasein, um indirekt verstanden zu werden.

Wenn die einzelnen Sphären nicht auseinander gehalten werden, gerät alles in Verwirrung. Wenn man so in bezug auf die Wirklichkeit eines Denkers neugierig ist, es interessant findet, etwas davon zu wissen usw., so verdient man intellektuell einen Tadel, weil es in der Sphäre der Intellektualität das erstrebenswerte Ziel ist, daß die Wirklichkeit des Denkers vollkommen gleichgültig ist. Dadurch aber, daß man in der Sphäre der Intellektualität geschwätzig ist, bekommt man eine irreführende Ähnlichkeit mit einem Glaubenden. Ein Glaubender ist gerade für die Wirklichkeit eines anderen unendlich interessiert. Dies ist für den Glauben das Entscheidende, und diese Interessiertheit nicht so etwas Neugier, sondern die absolute Abhängigkeit vom Gegenstand des Glaubens.

Der Gegenstand des Glaubens ist die Wirklichkeit eines anderen; sein Verhältnis eine unendliche Interessiertheit. Der Gegenstand des Glaubens ist keine Lehre, denn dann ist das Verhalten intellektuell und man soll nicht pfuschen, sondern den Höhepunkt des intellektuellen Verhältnisses zu erreichen suchen. Der Gegenstand des Glaubens ist kein Lehrer, der eine Lehre hat, denn wenn ein Lehrer eine Lehre hat, ist *eo ipso* die Lehre wichtiger als der Lehrer und das Verhältnis intellektuell, wo man nicht pfuschen darf, sondern nach dem Höhepunkt des intellektuellen Verhältnisses streben soll. Sondern der Gegenstand des Glaubens ist die Wirklichkeit des Lehrers, daß der Lehrer wirklich da ist. Die Antwort des Glaubens lautet daher absolut: ja oder nein. Denn die Antwort des Glaubens verhält sich nicht zu einer Lehre, ob sie wahr oder nicht wahr sei, nicht zu einem Lehrer, ob seine Lehre wahr oder nicht wahr sei, sondern ist die Antwort auf die Frage nach einem Faktum: nimmst du an, daß er wirklich dagewesen sei? Und, wohl zu beachten, die Antwort geschieht mit unendlicher Leidenschaft. Es verrät nämlich, wo es sich um einen Menschen handelt, Gedankenlosigkeit, so unendlich viel Gewicht darauf zu legen, ob er dagewesen ist oder nicht. Wenn daher der Gegenstand des Glaubens ein Mensch ist, so ist das Ganze ein Narrenstreich eines törichten Menschen, der nicht einmal das Ästhetische und Intellektuelle begriffen hat. Der Gegenstand des Glaubens ist daher die Wirklichkeit des Gottes in Bedeutung von Existenz. Existieren bedeutet aber vor allem ein einzelner sein, weshalb das Denken von Existenz absehen muß, weil sich das einzelne nicht denken läßt, sondern nur das Allgemeine. Der Gegenstand des Glaubens ist also die Wirklichkeit des Gottes in Existenz, d. h. als eines einzelnen, d. h. daß der Gott als ein einzelner Mensch dagewesen ist.

Das Christentum ist keine Lehre von der Einheit des Göttlichen und Menschlichen, vom Subjekt-Objekt, um von den übrigen logischen Umschreibungen des Christentums zu schweigen. Wenn das Christentum nämlich eine Lehre wäre, so wäre das Verhältnis zu ihm nicht das des Glaubens, denn zu einer Lehre gibt es nur ein intellektuelles Verhältnis. Das Christentum ist daher keine Lehre, sondern das Faktum, daß der Gott dagewesen ist.

Glaube ist also kein Stümperunterricht in der Sphäre der Intellektualität, kein Asyl für schwache Köpfe. Sondern Glaube ist eine Sphäre für sich selbst, und jedes Mißverständnis des Christentums sofort daran kenntlich, daß es dieselbe in eine Lehre verwandelt und in den Kreis der Intellektualität zieht. Was in der Sphäre der Intellektualität als Höchstes gilt, vollkommen gleichgültig gegen die Wirklichkeit des Lehrers zu werden, davon gilt in der Sphäre des Glaubens das Gegenteil, sein Maximum ist die *quam maxime* unendliche Interessiertheit für die Wirklichkeit des Lehrers.

Die eigne ethische Wirklichkeit des Individuums ist die einzige Wirklichkeit. Daß dieses manchem als wunderlich erscheint, darüber wundere ich mich nicht. Mir kommt es sonderbar vor, daß man mit dem System und mit Systemen fertig geworden ist, ohne nach dem Ethischen zu fragen. Würde man nur im griechischen Stil den Dialog wieder einführen, um zu prüfen, was man wisse und was man nicht wisse, so würde bald das Dressierte und Unnatürliche, das ganze verschroben geistreiche Wesen weggeblasen sein. Es ist keineswegs meine Meinung, Hegel solle sich mit einem Knecht in ein Gespräch einlassen, und wenn er von dem nicht verstanden würde, so würde dies etwas beweisen, obgleich es doch immer eine schöne Lobrede auf Sokrates bleibt, die schlichten Worte von Diogenes [von Laerte], daß er in Werkstätten und auf dem Markte philosophiert habe. Jedoch ist dies nicht meine Meinung, und mein Vorschlag nichts weniger als ein lazzaronihaftes Attentat auf die Wissenschaft. Aber laß einen Hegelschen

Philosophen oder Hegel selbst sich mit einem entwickelten Menschen unterreden, der dialektisch erfahren ist, weil er existiert hat: so wird gleich von Anfang an all das Affektierte und Schimärische verhindert sein. Wenn man in einem fort aus einem Stück Paragraphen schreibt oder diktiert, mit dem Versprechen, am Schluß werde alles deutlich werden, so wird es immer schwieriger zu entdekken, wo der Anfang der Konfusion steckt, und einen festen Ausgangspunkt zu finden. „Alles", sagt man, „wird am Schluß deutlich werden", und für die Zeit bis dahin gebraucht man die Kategorie: „Hier ist nicht der Ort, genauer darauf einzugehen", den Haupteckstein des Systems, eine oft so lächerlich angewandte Kategorie, wie wenn einer unter die Rubrik „Druckfehler" einen Druckfehler anführen und dann hinzufügen würde: es befinden sich im Buch wohl noch mehr, aber hier ist nicht der Ort, genauer darauf einzugehen. Mit Hilfe dieser zwei Bestimmungen wird man beständig zum Narren gehalten, indem die eine definitiv, die andere vorläufig betrügt. In der Situation des Dialogs würde das ganze Phantastische mit dem reinen Denken gar keinen Eindruck machen.

Anstatt dem Idealismus recht zu geben, aber, wohl zu merken, so, daß man die ganze Frage nach der Wirklichkeit (nach einem sich entziehenden An-sich[1]) im Verhältnis zum Denken als eine Anfechtung abgewiesen hätte, welche gleich allen anderen Anfechtungen unmöglich durch Nachgeben entfernt werden kann; anstatt dem Irrtum Kants entgegenzutreten, der die Wirklichkeit in ein Verhältnis zum Denken brachte; anstatt die Wirklichkeit dem Ethischen zuzuweisen, ging Hegel allerdings weiter, denn er wurde phantastisch und überwand die Skepsis des Idealismus mit Hilfe des reinen Denkens, welches eine Hypothese, und wenn es sich nicht selbst dafür ausgibt, phantastisch ist, gleichwie man über den Triumph des reinen Denkens (daß in diesem Denken und Sein eins seien) sowohl lachen als weinen muß, denn in dem reinen Denken kann gar nicht wirklich nach der Verschiedenheit gefragt werden.

Daß das Denken Realität habe, nahm die griechische Philosophie ohne weiteres an. Durch eine Reflexion auf sie müßte man zu demselben Resultat kommen, aber weshalb verwechselte man Gedankenrealität mit Wirklichkeit? Gedankenrealität ist Möglichkeit, und das Denken hat jede weitere Frage, ob es nun wirklich sei, bloß abzuweisen.

Schon im Verhältnis Hegels zu Kant zeigt sich die Mißlichkeit „der Methode". Eine Skepsis, die das Denken selbst mit Beschlag belegt, kann mittels Durchdenken nicht aufgehalten werden, denn dieses muß ja durchs Denken geschehen, das auf der Seite des Aufrührers steht. Sie muß abgebrochen werden. Kant innerhalb des phantastischen Schattenspiels des reinen Denkens beantworten heißt, ihn gerade nicht beantworten.

1 [Kants Ding an sich.]

Das einzige An-sich, das sich nicht denken läßt, ist das Existieren, mit dem das Denken gar nichts zu tun hat. Aber wie könnte das reine Denken diese Schwierigkeit beseitigen, da es als reines Denken abstrakt ist; wovon abstrahiert aber das reine Denken? Von der Existenz, also von dem, was es erklären soll.

Wenn sich das Existieren nicht denken läßt und der Existierende doch denkend ist, was will das heißen? Das will heißen, er denkt momentweis, er denkt im voraus und er denkt hintennach. Sein Denken bekommt keine absolute Kontinuierlichkeit. Ein Existierender kann nur in phantastischer Weise beständig *sub specie aeterni* sein.

Ist Denken dasselbe wie Schaffen, Daseingeben? Ich weiß ganz gut und bin bereit die Richtigkeit dessen zuzugeben, was man gegen einen törichten Angriff auf den philosophischen Satz von der Identität des Denkens und Seins eingewendet hat. Man hat mit Recht eingewendet[1], daß Denken und Sein eins sei, dürfe nicht in bezug auf unvollkommene Existenzen so verstanden werden, als ob ich durch Denken z. B. eine Rose hervorbrächte. (In demselben Sinn hat man auch [Hegels Logik, S. 70] mit einem gewissen Despekt gegen die Verteidiger des Grundsatzes vom Widerspruch gezeigt, daß dieser gerade bei den niedrigsten Existenzen, bei den gedachten Beziehungen von endlichen Dingen: vorn und hinten, rechts und links, hinauf und herunter usw. seinen stärksten Ausdruck findet.) Ist aber also bei den vollkommeneren Existenzen Denken und Sein eins? Z. B. bei den Ideen. Ja, Hegel hat recht; und doch sind wir damit keinen Schritt weiter gekommen. Das Gute, das Schöne, die Ideen sind an sich so abstrakt, daß sie gegen Existenz, gegen andere als Gedankenexistenz gleichgültig sind. Der Grund also, weshalb hier die Identität von Denken und Sein zutrifft, ist der, daß sich unter Sein nichts anderes als Denken verstehen läßt. Dann ist aber also die Antwort eine Antwort auf etwas, wonach man da, wohin die Antwort gehört, nicht fragen kann.

Und nun ein einzelner existierender Mensch ist ja doch wohl keine Idee, seine Existenz doch wohl etwas anderes als die Gedankenexistenz der Idee? Existieren (in dem Sinne: dieser einzelne Mensch sein) ist zwar eine Unvollkommenheit im Vergleich mit dem ewigen Leben der Idee, aber eine Vollkommenheit demgegenüber, gar nicht zu sein. Ein solcher Zwischenzustand ist ungefähr das Existieren, etwas, was für ein Mittelwesen, wie der Mensch ist, paßt. Wie steht es also mit der vermeintlichen Identität von Denken und Sein bei solch einer Existenz wie der eines einzelnen existierenden Menschen? Bin ich das Gute, weil ich es denke, oder bin ich gut, weil ich das Gute denke? Keineswegs. Bin ich da, weil ich es denke? Die Verteidiger des philosophischen Satzes von der Identität des Denkens und Seins sagten ja selbst, daß er nicht für die

[1] [Vgl. Hegels Enzyklopädie, Werke IV, S. 112.]

unvollkommenen Existenzen gelte; aber ist das nun (als ein einzelner Mensch zu existieren) eine vollkommene Ideeenexistenz? Und danach wird ja gefragt. Hier gilt wohl umgekehrt: weil ich da bin und denkend bin, daher denke ich, daß ich dasei. Die Existenz scheidet hier die ideelle Identität von Denken und Sein; ich muß existieren, um denken zu können, und ich muß denken können (z. B. das Gute), um darin zu existieren.

Als dieser einzelne Mensch zu existieren ist keine so unvollkommene Existenz wie z. B. eine Rose. Darum sagen wir Menschen ja auch, wie unglücklich wir auch seien, sei es doch immer etwas Gutes, zu existieren; und ich erinnere mich an einen Schwermütigen, der sich einmal mitten in seinem Leiden, als er sich tot wünschte, beim Anblick eines Korbes mit Kartoffeln selbst die Frage stellte, ob er doch nicht mehr Freude zu existieren habe als eine Kartoffel. Aber ein einzelner Mensch zu sein ist auch keine reine Ideeenexistenz. So existiert nur der reine Mensch, d. h. er existiert nicht. Existenz ist beständig das einzelne, das Abstrakte existiert nicht. Daß daraus folge, das Abstrakte habe keine Realität, ist ein Mißverständnis, es ist aber auch ein Mißverständnis, wenn man die Rede durch die Frage nach seiner Existenz oder nach Wirklichkeit in Bedeutung von Existenz verwirrt. Wenn nun ein *Existierender* nach dem Verhältnis von Denken und Sein, von Denken und Existieren fragt, und die Philosophie dies Verhältnis für das der Identität erklärt, so antwortet sie nicht auf die Frage, denn sie antwortet dem Frager nicht. Die Philosophie erklärt: Denken und Sein ist eins, doch nicht bei dem, was allein durch sein Dasein ist, was es ist, z. B. eine Rose, die gar keine Idee enthält, also nicht bei dem, wo man deutlich den Gegensatz des Existierens und Denkens sieht; sondern Denken und Sein ist bei dem eins, dessen Existenz wesentlich gleichgültig ist, weil es so abstrakt ist, daß es nur Gedankenexistenz hat. Aber so hat man die Antwort auf das eigentlich Gefragte, das Existieren eines einzelnen Menschen ausgelassen. Das bedeutet nämlich kein Sein wie das einer Kartoffel, aber auch nicht wie das der Idee. Die menschliche Existenz enthält Idee, aber ist doch nicht Ideeenexistenz. Plato setzte die Idee an zweite Stelle als Mittelglied zwischen Gott und die Materie, und als Existierender muß der Mensch wohl an der Idee partizipieren, aber er ist nicht selbst die Idee.

In Griechenland wie überhaupt in der Jugend der Philosophie lag die Schwierigkeit im Gewinnen des Abstrakten, im Verlassen der Existenz, die beständig das einzelne bietet; jetzt ist es umgekehrt schwierig, die Existenz zu erreichen. Mit der Abstraktion geht es leicht genug, aber man entfernt sich auch immer mehr von der Existenz, und das reine Denken ist von der Existenz am fernsten.

In Griechenland war das Philosophieren eine Handlung, der Philosophierende daher ein Existierender, er wußte nur wenig, aber wußte es gründlich, weil er sich früh und spät mit demselben beschäftigte. Was ist heutzutage das Philosophieren, und was das, wovon ein Philosoph heutzutage eigentlich Bescheid weiß, denn daß er alles weiß, leugne ich nicht?

Der philosophische Satz von der Identität von Denken und Sein ist gerade das Entgegengesetzte von dem, was er zu sein scheint, er ist der Ausdruck dafür, daß das Denken die Existenz vollständig verlassen hat, daß es ausgewandert ist und einen sechsten Erdteil gefunden hat, wo es in der absoluten Identität von Denken und Sein sich absolut selbst genug ist. Abstrakt wird das Existieren zuletzt in einem verflüchtigten metaphysischen Sinne das Böse, abstrakt wird es in humoristischem Sinne ein höchst langweiliges Ding, eine lächerliche Verzögerung. Jedoch bleibt hier noch für das Ethische eine Möglichkeit zurückzuhalten, da das Ethische das Existieren betont, und die Abstraktion und der Humor noch ein Verhältnis zum Existieren haben. Das reine Denken hat dagegen seinen Sieg verschmerzt und hat nichts, nichts mit der Existenz zu tun.

Wenn das Denken Wirklichkeit in Bedeutung von Wirklichkeit geben könnte und nicht Gedankenrealität in Bedeutung von Möglichkeit: so müßte das Denken auch Dasein annehmen und vom Existierenden die einzige Wirklichkeit wegnehmen können, zu der er sich als zu einer Wirklichkeit verhält, seine eigne (denn zu der eines anderen verhält er sich, wie nachgewiesen wurde, nur denkend), d. h. er müßte sich im Sinne der Wirklichkeit selbst wegdenken können, so daß er wirklich dazusein aufhörte. Ich möchte jedoch wissen, ob dies jemand annehmen wird, der dann umgekehrt ebensoviel Aberglauben an das reine Denken wie die Replik eines Verrückten (bei einem Dichter) verraten würde: er wolle ins Dovrefjeld hinabsteigen und die ganze Welt mit einem einzigen Syllogismus auseinandersprengen.

Man kann zerstreut sein, oder man kann durch fortwährenden Umgang mit dem reinen Denken zerstreut werden, aber ganz gelingt es nicht, eher mißlingt es ganz, und man wird mit Hilfe der „zuweilen kläglichen Professorengestalt", was die Juden so sehr fürchteten[1], zum Sprichwort.

Ich kann von mir selbst abstrahieren, aber daß ich von mir selbst abstrahiere, bedeutet ja gerade, daß ich zugleich da bin.

Gott denkt nicht, er schafft; Gott existiert nicht, er ist ewig. Der Mensch denkt und existiert, und die Existenz scheidet Denken und Sein, hält sie in Sukzession auseinander.

Was ist abstraktes Denken? Es ist das Denken, bei dem es keinen Denkenden gibt. Es sieht von allem anderen als dem Gedanken ab, und nur der Gedanke befindet sich in seinem eignen Medium. Die Existenz ist nicht gedankenlos, aber in der Existenz befindet sich der Gedanke in einem fremden Medium. Was soll es da heißen, in der Sprache des abstrakten Denkens nach Wirklichkeit in Bedeutung von Existenz zu fragen, da die Abstraktion gerade davon absieht?

---

[1] [Z. B. 5. Mos. 28, 37, 1. Könige 9, 7.]

Was ist konkretes Denken? Das ist das Denken, bei dem es einen Denkenden gibt, und ein bestimmtes Etwas (in Bedeutung von etwas Einzelnem), das gedacht wird, wo die Existenz dem existierenden Denker den Gedanken, Zeit und Raum gibt.

Wenn Hegel seine Logik unter dem Titel „das reine Denken" herausgegeben hätte, ohne Namen des Verfassers, ohne Jahreszahl, ohne Vorwort, ohne Anmerkungen, ohne dozierenden Selbstwiderspruch, ohne störende Erklärung dessen, was sich nur selbst erklären kann, herausgegeben wie ein Seitenstück zu den Naturlauten auf Ceylon: die eignen Bewegungen des reinen Denkens: das wäre griechisch gewesen. So hätte ein Grieche gehandelt, wenn ihm die Idee gekommen wäre.

In der Reduplikation des Inhaltes in der Form besteht das Künstlerische, und besonders muß man sich aller Äußerungen über dasselbe in unadäquater Form enthalten. Nun macht die Logik mit ihren sämtlichen Anmerkungen einen ebenso drolligen Eindruck, wie wenn ein Mann einen Himmelsbrief vorzeigte, und selbst die Kladde darin liegen ließe, die nur allzu deutlich verrät, daß der Himmelsbrief auf der Erde entstanden ist.

In einem solchen Werk in Anmerkungen gegen diesen und jenen mit Namen Genannten zu polemisieren, anleitende Winke zu geben, was hat das zu bedeuten? Das bedeutet, daß ein Denkender da ist, der das reine Denken denkt, ein Denkender, der „in den eigenen Bewegungen des Gedankens" mitredet, und wohl sogar zu einem anderen Denkenden redet, mit dem er sich also einlassen will. Ist da aber ein Denkender, der das reine Denken denkt, so bemächtigt sich in demselben Augenblicke die ganze griechische Dialektik samt der Sicherheitspolizei der Existenzdialektik seiner Person und faßt ihn an den Rockschößen, doch nicht als Anhänger, sondern um zu erfahren, wie er sich dem reinen Denken gegenüber benehme, und in demselben Augenblick ist der Zauber verschwunden.

Man versuche bloß, Sokrates daneben zu stellen; mit Hilfe der Anmerkungen rückt er Hegel sofort auf den Leib, und, nicht gewohnt sich durch die Versicherung, am Schluß werde alles klar, entfernen zu lassen, wird er, der nicht einmal fünf Minuten im Zusammenhang zu reden erlaubte, geschweige denn einen zusammenhängenden durch siebzehn Bände gehenden Vortrag zu halten, aus allen Kräften zurückhalten – nur um Hegel zu necken.

Was will es heißen, Sein sei höher als Denken? Ist diese Aussage etwas, das gedacht werden soll, so ist ja *eo ipso* wieder Denken höher als Sein. Läßt es sich denken, so ist das Denken höher; läßt es sich nicht denken, so ist kein System des Daseins möglich. Es hilft gar nichts, weder wenn man gegen das Sein höflich, noch wenn man grob ist, weder wenn man es etwas Höheres sein läßt, das jedoch aus dem Denken folgt und syllogistisch zu erreichen ist, noch etwas so

Geringes, daß es ohne weiteres mit dem Denken folgt. Wenn man so gesagt hat: Gott muß alle Vollkommenheiten besitzen oder das höchste Wesen muß alle Vollkommenheiten besitzen; Sein ist auch eine Vollkommenheit, *ergo* muß das höchste Wesen sein, oder Gott muß sein: so täuscht diese ganze Gedankenbewegung.[1] Wenn nämlich im ersten Teil dieser Rede Gott wirklich nicht als seiend gedacht wird, so kann die Rede gar nicht zustande kommen. Sie wird dann so lauten: ein höchstes Wesen, das, wohl zu merken, nicht da ist, muß sich im Besitz aller Vollkommenheiten, also auch der Vollkommenheit befinden, daß es da ist, *ergo* ist ein höchstes Wesen, das nicht da ist, da. Dies würde ein sonderbarer Schluß sein. Das höchste Wesen muß entweder am Anfang der Rede nicht da sein, um an ihrem Schluß ins Dasein zu kommen, und dann kann es nicht ins Dasein kommen; oder es war da, und dann kann es ja nicht ins Dasein kommen, dann ist der Schluß eine trügerische Form der Prädikatsentwicklung, eine trügerische Umschreibung einer Voraussetzung. Im anderen Falle muß der Schluß rein hypothetisch gehalten werden: wenn man ein höchstes Wesen annimmt, muß man auch annehmen, daß es im Besitz aller Vollkommenheiten sei; Sein ist eine Vollkommenheit, *ergo* muß es sein, wenn man nämlich annimmt, daß es sei. Dadurch, daß man innerhalb einer Hypothese schließt, kann man doch wohl nie dazu kommen, aus der Hypothese herauszuschließen. Wie z. B. wenn der und der Mensch ein Heuchler ist, wird er sich wie ein Heuchler benehmen; ein Heuchler wird das und das tun, also hat der und der Mensch das und das getan. So auch mit dem Schluß auf Gott. Wenn der Schluß fertig ist, ist das Sein Gottes gerade ebenso hypothetisch, wie es war, aber innerhalb des Schlusses ist ein weiteres Schlußverhältnis zwischen einem höchsten Wesen und einem vollkommenen Sein, wie im anderen Falle zwischen einem Heuchler und einer Äußerung von ihm gebildet. Die Konfusion ist dieselbe, wie wenn man die Wirklichkeit im reinen Denken erklärt; der Paragraph trägt die Überschrift „Wirklichkeit“[2], man hat die Wirklichkeit erklärt, aber vergessen, daß sich das Ganze in der Möglichkeit des reinen Denkens befindet. Wenn jemand eine Parenthese anfinge, aber diese so lang würde, daß er es selbst vergäße, so hilft es doch nichts: sobald man es vorliest, wird es sinnlos, den eingeschobenen Satz ohne weiteres in den Hauptsatz zu verwandeln.

Wenn sich das Denken gegen sich selbst wendet, um über sich selbst nachzudenken, entsteht bekanntlich eine Skepsis. Wie hält man diese Skepsis auf, die ihren Grund darin hat, daß das Denken, anstatt dienlich zu sein, etwas zu denken, selbstisch sich selbst denken will? Wenn ein Pferd zu laufen anfängt und

---

[1] So redet Hegel jedoch nicht, mit Hilfe der Identität von Denken und Sein ist er über eine kindlichere Weise zu philosophieren erhaben, woran er z. B. in bezug auf Cartesius [z. B. Geschichte der Philosophie III, Werke XV, S. 320] selbst erinnert.

[2] [Hegels Logik II, Abschnitt 3: Die Wirklichkeit, vgl. *Begriff der Angst*, Einleitung.]

durchgeht, so ließe, abgesehen von dem Schaden, der inzwischen geschehen könnte, es sich wohl hören, wenn jemand sagte: laßt es nur laufen, es wird schon müde werden. Das läßt sich von der Selbst-Reflexion des Denkens nicht sagen, denn sie fährt fort, so lang es dauern soll, und läuft im Kreise herum. Schelling hielt die Selbst-Reflexion an, verstand die intellektuelle Anschauung nicht wie eine Entdeckung innerhalb der Selbst-Reflexion, die man erreichte, wenn man fortführe, sondern wie einen neuen Ausgangspunkt.

Dies sieht Hegel für einen Fehler an und redet von der intellektuellen Anschauung absprechend genug, so kam denn die Methode. Die Selbst-Reflexion fährt solange fort, bis sie sich selbst aufhebt, das Denken dringt siegreich durch und bekommt wieder Realität, die Identität des Denkens und Seins ist im reinen Denken gewonnen.[1] Was will das heißen, daß die Selbst-Reflexion solange fortfahre, bis sie sich selbst aufhebe? Daß man die Mißlichkeit der Selbst-Reflexion entdecke, dazu braucht sie nicht lange fortzufahren, aber auf der anderen Seite, solange sie fortfährt, bleibt ganz dieselbe Mißlichkeit. Was soll das heißen: so lange, bis? Das ist nichts anderes als eine bestechende Rede, die die Vorstellung des Lesers durch Quantitieren bestechen will, als könnte man die Selbstaufhebung der Selbst-Reflexion besser verstehen, wenn es lange dauerte, bis sie geschähe.

Dieses Quantitieren ist ein Seitenstück zu den unendlich kleinen Winkeln der Astronomen, die zuletzt so klein werden, daß man sie [die Schenkel der Parallaxe] parallele Linien nennen kann. Die Erzählung davon, daß die Selbst-Reflexion „so lange" währe, „bis", leitet die Aufmerksamkeit von dem ab, was

[1] Daß aller Skepsis eine abstrakte Gewißheit zugrunde liegt, auf welcher der Zweifel Fuß faßt und die dem gezogenen Striche gleicht, auf dem man die Figur zeichnet, daß selbst der anstrengendste Versuch der griechischen Skepsis das Schweben der Skepsis dadurch abzurunden, daß sie betont, die Aussagen über das Zweifeln dürfe man nicht θετικως [wie eine Behauptung] verstehen, daß dieser Versuch nichts ausrichtet, ist ganz gewiß, aber daraus folgt noch nicht, daß der Zweifel sich selbst überwinde. Jene zugrundeliegende Gewißheit, die den Zweifel trügt, kann sich, solange ich zweifle, keinen Augenblick hypostasieren, denn der Zweifel verläßt sie beständig, um zu zweifeln. Fahre ich fort zu zweifeln, so komme ich in alle Ewigkeit nicht weiter, weil der Zweifel gerade darin besteht, daß er jene Gewißheit falsch deutet. Will ich einen einzigen Augenblick die Gewißheit als Gewißheit festhalten, so muß ioh auch für den Augenblick das Zweifeln unterlassen. Dann ist es aber nicht der Zweifel, der sich selbst aufhebt, sondern ich bin es, der zu zweifeln unterläßt. Darum wird es einem mittelmäßigen Zweifler am ehesten gelingen, Gewißheit zu bekommen, und dann einem Zweifler, der bloß die Kategorien zusammensetzt, um zu sehen, wie es sich am besten ausnimmt, ohne sich im mindesten darum zu kümmern, wie er etwas davon realisiere.
Ich muß immer wieder auf diesen Punkt kommen, weil er so entscheidend ist. Wenn es so steht, daß der Zweifel sich selbst überwindet, daß man, wenn man an allem zweifelt, eben in diesem Zweifeln die Wahrheit gewinnt, ohne einen Bruch und einen absolut neuen Ausgangspunkt, so läßt sich keine einzige christliche Bestimmung halten, so ist das Christentum abgeschafft.

dialektisch die Hauptsache ist: wie die Selbst-Reflexion aufgehoben wird. Wenn man von jemand sagt: er fuhr so lange fort, im Scherz eine Unwahrheit zu sagen, bis er selbst glaubte, es sei wahr: so liegt der ethische Akzent auf dem Übergang, aber das Mildernde, Zerstreuende ist dieses „so lange"; man vergißt fast die Entscheidung des Übergangs, weil es so lange dauert. In der Erzählung, in der Beschreibung, im rhetorischen Vortrag bringt das abstrakte „so lange, bis" eine große illusorische Wirkung hervor. Bald wirkt es wie ein optischer Betrug, z. B. Judith 10, 10 [nach der Septuaginta]: „Und Judith ging hinaus, sie, und ihre Magd mit ihr, aber die Männer der Stadt sahen ihr nach, bis sie den Berg hinunterkam, bis sie durch das Tal kam, und sie sie nicht mehr sehen konnten"; das Mädchen saß am Strande und sah dem Geliebten nach, bis sie ihn nicht mehr sah. Bald wirkt es wie das phantastische Verschwinden der Zeit, weil es in dem abstrakten „so lange, bis" keinen Maßstab und nichts gibt, womit man messen kann. Da siegte die Begierde, und er irrte vom Weg der Wahrheit ab, bis ihn die Bitterkeit der Reue aufhielt; es gehört Meisterschaft in psychologischer Zeichnung dazu, durch Konkretion eine so große Wirkung hervorzubringen, wie dies abstrakte „bis" tut, das die Phantasie anzieht.

Aber dialektisch ist diese phantastische Länge von ganz und gar keiner Bedeutung. Als ein griechischer Philosoph[1] gefragt wurde, was Religion sei, bat er um Aufschub; als der Termin kam, wünschte er ihn wieder hinausgeschoben usw.; er wollte damit andeuten, daß sich die Frage nicht beantworten lasse. Das war griechisch und schön und sinnreich. Wenn er dagegen in Anbetracht dessen, daß es so lange gedauert hatte, gemeint hätte, damit der Beantwortung nur eine Kleinigkeit näher gekommen zu sein, so wäre dies ja ein Mißverständnis gewesen, wie wenn ein Schuldner so lange in der Schuld bleibt, bis sie dadurch bezahlt ist, daß es so lange dauerte, daß sie nicht bezahlt wurde. Das abstrakte „solange – bis" hat etwas eigentümlich Bestechendes an sich. Würde einer sagen: die Selbst-Reflexion hebt sich selbst auf, und nun nachzuweisen suchen, wie, so würde es kaum jemand verstehen, wenn man aber sagt: die Selbst-Reflexion fährt so lange fort, bis sie sich selbst aufhebt, so denkt man vielleicht: ja das ist etwas anderes, darin liegt etwas; es wird einem vor dieser Länge der Zeit angst und bange, man verliert die Geduld, man denkt: laß die Sache gehen, und dann fängt das reine Denken an. Insofern mag das reine Denken recht haben, daß es nicht bittweise[2] wie die älteren mittelmäßigen Philosophen beginne; denn der Leser dankt Gott dafür, daß es beginne, aus Furcht vor der schrecklichen Länge bis.

Die Skepsis der Selbst-Reflexion wird also durch die Methode aufgehoben, und der Erfolg der Methode ist auf zwiefache Weise gesichert. Vor allen Dingen durch das märchenhafte Zauberwort: so lange – bis. So oft ein Übergang gemacht werden soll, setzt sich das Entgegengesetzte so lange fort, bis es in sei-

[1] [Der Dichter Simonides, vgl. Cicero, de natura deorum 1, 60.]

[2] [Kierkegaards Übersetzung von *precario*: von Güte anderer abhängend.]

nen Gegensatz umschlägt, und so geht man dann weiter. Und du liebe Zeit, wir Menschen sind alle schwache Menschen und lieben, wie das Sprichwort sagt, die Veränderung, wenn es nun also einmal nicht anders sein kann, wenn das Entgegengesetzte so lange fortgeht, bis es in sein Gegenteil umschlägt, wenn es also ewig fortgeht, was äußerst langweilig wäre: so mag es sein, also angenommen. So geht die Methode mit Notwendigkeit weiter.

Findet sich aber ein Trotzkopf, ein äußerst langweiliger Mensch, der Einspruch zu tun wagt: „Das sieht ja aus, als ob die Methode ein Mensch wäre, dem man nachgeben muß, um deswillen man etwas tun muß, so daß man nicht *methodice* um der Wahrheit willen, sondern um der Methode willen spekuliert, die man wohl für ein so außerordentlich großes Gut halten muß, daß man nicht allzu genau sein darf, wenn man nur die Methode des Systems bekommt": findet sich ein solcher Trotzkopf, dann wehe ihm. Was er repräsentiert, ist die schlechte Unendlichkeit. Aber die Methode kann gut und böse sein, und gegen die schlechte Unendlichkeit versteht sie keinen Spaß. Der Trotzige wird als ein Dummkopf hingestellt, vermutlich so lange – bis. Nun du liebe Zeit, wir sind alle schwache, sterbliche Menschen und wollen alle gern bei den hochgeehrten Zeitgenossen für verständig gelten, wenn es nicht anders geht, so mag es sein. Also geht die Methode mit Notwendigkeit weiter. „Was sagt er, geschieht das nicht mit Notwendigkeit?" – „Ei, du großer chinesischer Gott, ich sage ja nichts anderes, es geschieht mit Notwendigkeit, darauf will ich schwören; wenn es nicht anders sein kann, so muß es ja mit Notwendigkeit geschehen."

Die schlechte Unendlichkeit ist der Erbfeind der Methode, sie ist der Kobold, der mitzieht, so oft ein Umzug (ein Übergang) geschieht, und verhindert den Übergang. Die schlechte Unendlichkeit hat ein äußerst zähes Leben; soll sie überwunden werden, so gehört ein Bruch, ein qualitativer Sprung dazu, und dann ist es mit der Methode, mit der Kunstfertigkeit der Immanenz und der Notwendigkeit des Übergangs aus. Daraus erklärt es sich, daß die Methode so streng ist, und daraus erklärt es sich wieder, daß die Menschen ebenso große Angst davor haben, die schlechte Unendlichkeit zu repräsentieren, wie davor, schwarzer Peter zu sein. Fehlt dem System übrigens eine Ethik, so ist es dafür mit Hilfe der Kategorie der schlechten Unendlichkeit vollkommen moralisch, und so überspannt moralisch, daß es sie sogar in der Logik gebraucht.

Wenn das Gedachte Wirklichkeit wäre, so würde also das so vollkommen wie möglich Ausgedachte, wenn ich noch nicht gehandelt hätte, das würde die Handlung sein. Auf die Weise käme es zu gar keiner Handlung, sondern das Intellektuelle verschlingt das Ethische. Daß ich nun meinte, das Äußere mache eine Handlung zur Handlung, wäre töricht; und auf der anderen Seite, wenn ich zeigen wollte, wie ethisch die Intellektualität sei, die sogar den Gedanken zur Handlung mache, so wäre das ein Sophismus, der das Wort „denken" in zweierlei Bedeutung gebrauchte. Soll überhaupt ein Unterschied zwischen Denken und Handeln bestehen, dann läßt sich dieser nur festhalten, wenn ich dem Denken die Möglichkeit, die Interesselosigkeit, die Objektivität, der Handlung die Subjektivität anweise. Nun zeigt sich aber leicht ein Konfinium. Wenn ich so denke, ich wolle das und das tun, so ist dieses Denken zwar noch keine Handlung, und ist in alle Ewigkeit qualitativ davon verschieden, aber doch ist es eine Möglichkeit, in der sich das Interesse der Wirklichkeit und der Handlung schon reflektiert. Daher steht auch die Interesselosigkeit, die Objektivität im Begriff, sich stören zu lassen, weil die Wirklichkeit und die Verantwortung sich ihrer bemächtigen will. (So gibt es eine Gedankensünde.)

Die Wirklichkeit besteht nicht in der äußeren Handlung, sondern in einem inneren Vorgange, in welchem das Individuum die Möglichkeit aufhebt und sich mit dem Gedachten identifiziert, um darin zu existieren. Dies ist Handlung. Die Intellektualität erscheint so als rigoristisch, indem sie den Gedanken selbst zur Handlung macht, aber dieser Rigorismus ist blinder Lärm, weil der Umstand, daß die Intellektualität die Erlaubnis bekommt, die Handlung überhaupt aufzugeben, ein Schlaffwerden bedeutet. So gilt wie in früher nachgewiesenen Analogien: innerhalb einer totalen Erschlaffung rigoristisch sein ist nur Illusion und wesentlich nur eine Erschlaffung. Wenn einer z. B. Sünde Unwissenheit nennen würde, und nun innerhalb dieser Bestimmung die einzelnen Sünder mit Rigorismus betrachten würde, so wäre dies ganz illusorisch, denn innerhalb der totalen Bestimmung, daß Sünde Unwissenheit sei, wird jede Bestimmung wesentlich leichtsinnig, weil die totale Bestimmung Leichtsinn ist.

In bezug auf das Böse täuscht die Verwechselung von Denken und Handeln leichter, sieht man aber genauer zu, so zeigt es sich, daß der Grund davon im Eifer des Guten für sich selbst liegt, das sich in dem Grade vom Individuum fordert, daß es ein Denken des Bösen als Sünde bestimmt. Aber nehmen wir das Gute. Etwas Gutes, das man tun will, gedacht haben, heißt das, es getan haben? Keineswegs, aber auch das Äußere entscheidet nicht; denn einer, der keinen Heller besitzt, kann ebenso barmherzig wie der sein, der ein Königreich wegschenkt. Als der Levit an dem Unglücklichen vorbeiritt, der auf dem Wege von Jericho nach Jerusalem von Räubern überfallen war, fiel ihm vielleicht, als er noch ein wenig von dem Unglücklichen entfernt war, ein, wie schön es doch sei, einem Leidenden zu helfen; er dachte vielleicht sogar schon, welchen Lohn doch eine solche gute Tat in sich trage, er ritt vielleicht langsamer, weil er ins Denken und Grübeln geriet; aber je näher er kam, desto mehr Schwierigkeiten zeigten sich, und er ritt vorüber. Nun ritt er wohl rasch zu, um geschwind wegzukommen, weg vom Gedanken an die Unsicherheit des Weges, weg vom Gedanken an die mögliche Nähe der Räuber, und weg von dem Gedanken, wie leicht der Unglückliche ihn mit den Räubern verwechseln könne, die ihn liegen ließen. Er handelte also nicht. Aber gesetzt, die Reue hätte ihn auf dem Wege eingeholt, gesetzt, er wäre eilends umgekehrt, ohne Räuber oder andere Schwierigkeiten zu fürchten, bloß in der Furcht, zu spät zu kommen; gesetzt, er wäre zu spät gekommen, als der barmherzige Samariter den Leidenden schon in die Herberge gebracht hatte: hätte er dann nicht gehandelt? Ganz gewiß, und doch kam er nicht dazu, im Äußeren zu handeln.

Nehmen wir eine religiöse Handlung. An Gott glauben, heißt das, darüber nachdenken, wie herrlich es sein müsse, zu glauben, darüber nachdenken, welchen Frieden und welche Sicherheit der Glaube schenken könne? Keineswegs. Selbst das Wünschen, bei dem doch das Interesse, das Interesse des Subjekts viel klarer ist, ist kein Glauben, kein Handeln. Das Verhältnis des Individuums zur gedachten Handlung ist doch noch beständig nur eine Möglichkeit, die man aufgeben kann.

Daß es Fälle in bezug auf das Böse gibt, wo der Übergang fast nicht zu merken ist, leugnen wir nicht, aber diese Fälle sind in besonderer Weise zu erklären. Es liegt daran, daß sich das Individuum in der Macht einer Gewohnheit befindet, so daß es, weil es den Übergang vom Denken zum Handeln oft vollzogen hat, zuletzt die Macht dazu in der Sklaverei einer Gewohnheit verloren hat, welche Sklaverei auf seine Rechnung den Übergang immer geschwinder macht.

Vielleicht ist zwischen der gedachten und der wirklichen Handlung, zwischen Möglichkeit und Wirklichkeit dem Inhalt nach gar kein Unterschied, der Form nach ist er immer wesentlich. Die Wirklichkeit ist die Interessiertheit, weil man darin existiert.

Daß man die Wirklichkeit der Handlung so oft mit allerlei Vorstellungen, Vorsätzen, Anläufen zu Entschlüssen, Vorspiel der Stimmung usw. verwechselt, daß man überhaupt sehr selten wirklich handelt, leugnen wir nicht, sondern nehmen im Gegenteil an, daß dieses viel zur Konfusion beigetragen habe. Man nehme aber eine Handlung *sensu eminenti*, dann zeigt sich alles deutlich. Das Äußere an Luthers Handlung ist, daß er auf dem Reichstage zu Worms auftrat, aber von dem Augenblick an, wo er mit der leidenschaftlichen Entscheidung seiner ganzen Subjektivität im Wollen existierte, wo jedes Möglichkeitsverhältnis zu dieser Handlung von ihm als Anfechtung betrachtet werden mußte: da hatte er gehandelt.[1]

---

1 Überhaupt ist das Verhältnis zwischen der gedachten und der wirklichen Handlung (diese innerlich gemeint) daran kenntlich, daß, während jede weitere Betrachtung und Überlegung in bezug auf die erste für willkommen angesehen werden muß, sie in bezug auf die letzte als Anfechtung zu betrachten ist; und zeigt sie sich trotzdem als so bedeutungsvoll, daß sie respektiert wird, so bedeutet dies, daß ihr Weg durch die Reue geht. Indem ich überlege, besteht die Kunst eben dann, an jede Möglichkeit zu denken; in dem Augenblick, wo ich (innerlich gemeint) gehandelt habe, ist es umgekehrt die Aufgabe, mich gegen weitere Überlegung zu wehren, ausgenommen, wenn die Reue etwas anders gemacht haben will. Die Entscheidung im Äußeren ist ein Spaß, je stumpfer aber ein Mensch dahinlebt, desto mehr wird das Äußere die einzige Entscheidung, die er kennt. Von der ewigen Entscheidung des Individuums mit sich selbst hat man keine Vorstellung, aber dann glaubt man, wenn eine Entscheidung auf gestempeltem Papier stehe, sei es entschieden, eher nicht.

Als Dion das Schiff bestieg, um den Tyrann Dionysius zu stürzen, soll er gesagt haben, daß er, selbst wenn er unterwegs sterben werde, doch eine herrliche Tat ausgeführt habe, er hatte also gehandelt. Daß die Entscheidung im Äußeren höher als die im Inneren stehe, ist eine verachtenswerte Rede schwacher und feiger und listiger Menschen vom Höchsten. Die Annahme, die Entscheidung im Äußeren könne etwas für ewig entscheiden, so daß es nie verändert werden könne, aber nicht die Entscheidung im Inneren, ist Verachtung des Heiligen.

Dem Denken die Suprematie über alles andere zu geben, ist Gnostizismus; die ethische Wirklichkeit des Subjekts zur einzigen Wirklichkeit zu machen, kann Akosmismus zu sein scheinen. Daß es einem geschäftigen Denker, der alles erklären will, so vorkommt, einem geschwinden Kopf, der über die ganze Welt hinfährt, beweist nur, daß er eine sehr geringe Vorstellung davon hat, was das Ethische fürs Subjekt bedeute. Wenn die Ethik einem solchen geschäftigen Denker die ganze Welt nähme und ihn sein eigenes Ich behalten ließe, so würde er vermutlich denken: „Ist das etwas, eine solche Kleinigkeit verlohnt sich nicht zu behalten, mag sie wie all das andere mitgehen"; und dann, dann ist das Akosmismus. Aber weshalb redet und denkt doch solch ein geschäftiger Denker von sich selbst so despektierlich? Ja wäre die Meinung, daß er die ganze Welt aufgeben und sich mit der ethischen Wirklichkeit eines anderen Menschen begnügen solle: ja, dann hätte er recht, den Tausch zu verachten. Aber die eigene ethische Wirklichkeit soll dem Individuum ethisch mehr als Himmel und Erde und alles bedeuten, was sich darin befindet[1], mehr als die 6000 Jahre der Weltgeschichte und als die Astrologie, die Tierarzneikunde samt allem, was die Zeit fordert, was ästhetisch und intellektuell eine ungeheure Borniertheit bedeutet. Ist es nicht so, dann ist es für das Individuum selbst am schlimmsten; denn dann hat es gar nichts, gar keine Wirklichkeit; denn zu allem andern hat es gerade als Maximum nur ein Möglichkeitsverhältnis.

Der Übergang von Möglichkeit zu Wirklichkeit ist, wie Aristoteles richtig lehrt, *κινησις*, eine Bewegung. Dies läßt sich in der Sprache der Abstraktion gar nicht sagen oder verstehen, da diese eben der Bewegung weder Zeit noch Raum zu geben vermag, welche die Bewegung voraussetzen, oder welche sie voraussetzt. Da ist eine Unterbrechung, ein Sprung. Sagt jemand, das komme daher, daß ich an etwas Bestimmtes denke und nicht abstrahiere, da ich in diesem Falle einsehen würde, daß kein Bruch da ist: so lautet meine wiederholte Antwort: ganz recht, abstrakt gedacht ist kein Bruch da, aber auch kein Übergang; denn abstrakt gesehen ist alles. Wenn dagegen die Existenz der Bewegung Zeit gibt und ich dies nachmache, so zeigt sich der Sprung, wie eben ein Sprung sich zeigen kann: daß er kommen muß, oder daß er geschehen ist. Nehmen wir ein

---

[1] [Zitat aus Balles Lehrbuch, 1. Kap. I § 2.]

Beispiel vom Ethischen. Es ist oft genug gesagt worden, das Gute habe seinen Lohn in sich, insofern sei es nicht bloß das Richtigste, sondern auch das Klügste, das Gute zu wollen. Das kann ein kluger Eudämonist sehr gut verstehen, er kann denkend in der Form der Möglichkeit, dem Guten so nah wie möglich kommen, weil die Möglichkeit in der Möglichkeit wie in der Abstraktion nur Schein ist. Wenn aber der Übergang wirklich werden soll, dann verscheidet alle Klugheit in der Anfechtung. Die wirkliche Zeit trennt ihm das Gute und den Lohn so weit voneinander, so ewig weit, daß sie die Klugheit nicht wieder vereinigen kann, und der Eudämonist bedankt sich. Ja gewiß ist es das Klügste, das Gute zu wollen, aber nicht im Sinne der Klugheit, sondern im Sinne des Guten. Der Übergang gleicht deutlich genug einem Bruch, ja einem Leiden.

Im Vortrag der Predigt kommt der Sinnesbetrug oft vor, der den Übergang, ein Christ zu werden, eudämonistisch in einen Schein verwandelt, wodurch der Zuhörer betrogen und der Übergang verhindert wird.

Die Subjektivität ist die Wahrheit; die Subjektivität ist die Wirklichkeit.

Anmerkung: *Notwendigkeit* muß für sich behandelt werden. Nur zu großer Verwirrung hat die neuere Spekulation Notwendigkeit mit dem Verständnis der Weltgeschichte in Zusammenhang gebracht, wodurch sowohl Möglichkeit und Wirklichkeit als auch Notwendigkeit verwirrt worden sind. Ich habe dies in den *philosophischen Brocken* [im *Zwischenspiel*] mit ein paar Worten nachzuweisen gesucht.

§ 3 Die Gleichzeitigkeit der einzelnen Momente der Subjektivität in der existierenden Subjektivität; die Gleichzeitigkeit als Gegensatz zum spekulativen Prozeß

Mag nun auch die Spekulation mit Recht über eine solche Dreiteilung spotten [siehe Rosenkranz, Psychologie 2. Auflage (1843), S. XXVI], daß der Mensch aus Seele, Leib und Geist bestehe; mag es auch das Verdienst der Spekulation sein, den Menschen als Geist zu bestimmen und innerhalb des Geistes die Momente Seele, Bewußtsein, Geist als Entwicklungsstufen in demselben Subjekt auszulegen[1], das sich vor uns entwickelt: eine andere Frage ist, ob, wenn

[1] Welches ist dieses selbe Subjekt? Doch wohl kein einzelner existierender Mensch, sondern die abstrakte Bestimmung des reinen Menschen. Mit etwas anderem kann die Wissenschaft nicht zu tun haben und hat vollkommen recht, dieses zu behandeln; aber auch hier spielt man sehr oft mit Worten. Immer wieder sagt man, das Denken werde konkret. Aber wie konkret? Doch wohl nicht in dem Sinne, worin man von einem bestimmt existierenden Etwas redet? Also innerhalb der Bestimmung abstrakt, wird das Denken konkret, d. h. es bleibt wesentlich abstrakt; denn die Konkretion besteht im Existieren und existieren entspricht dem einzelnen, wovon das Denken absieht. Daß man *qua* Denker den reinen Menschen denkt, kann ganz

man, was nur allzu leicht geschehen kann, das Wissenschaftliche ohne weiteres auf die Existenz überträgt, man nicht eine große Verwirrung anrichtet. Wissenschaftlich steigt man vom Niederen zum Höheren, und das Denken wird das Höchste. Im Verständnis der Weltgeschichte steigt man vom Niederen zum Höheren, die Stadien der Phantasie und des Gefühls sind zurückgelegt, das des Denkens ist das höchste, das letzte. Überall gewinnt man als ausgemachte Sache, daß das Denken das Höchste ist. Die Wissenschaft wendet sich immer mehr vom primitiven Eindruck der Existenz ab, es gibt nichts zu erleben, nichts zu erfahren, alles ist fertig, und die Aufgabe der Spekulation besteht darin, die einzelnen Denkbestimmungen zu rubrizieren, klassifizieren und methodisch zu ordnen.

Man liebt nicht, glaubt nicht, handelt nicht, aber man weiß, was Liebe, was Glaube ist, und fragt nur nach ihrem Platz im System: so hat der Dominospieler auch die Steine vor sich liegen, und das Spiel besteht darin, sie zusammenzusetzen. Seit 6000 Jahren hat man nun geliebt und haben die Dichter die Liebe besungen, so daß man nun im neunzehnten Jahrhundert allmählich wissen muß, was Liebe ist, und man hat nun die Aufgabe, ihr, besonders der Ehe, einen Platz im System anzuweisen; denn der Professor selbst verheiratet sich in Distraktion. Politiker haben darauf aufmerksam gemacht, daß zuletzt alle Kriege aufhören werden und daß alles in den Kabinetten der Diplomaten werde abgemacht werden, die da säßen und die Streitkräfte pointierten usw., wenn es bloß nicht im Leben zuletzt ebenso wird, daß man zu leben aufhört, während Professoren und Privatdozenten das Verhältnis der einzelnen Momente zum reinen Menschen spekulativ entscheiden. Wie sich in den Schrecken des blutigsten Krieges im Vergleich mit dieser diplomatischen Stille etwas Menschliches zeigt, so scheint mir etwas Schauerliches, etwas Verhextes in dieser Ausgestorbenheit zu liegen, wodurch das wirkliche Leben zu einer Schattenexistenz wird.

Wissenschaftlich kann es ganz gut aussehen, daß das Denken das Höchste sei, weltgeschichtlich auch, daß die früheren Stadien zurückgelegt seien; aber wird denn in unserer Zeit eine Generation von Individuen geboren, die weder Phantasie noch Gefühl hat, wird man geboren, um mit § 14 im System zu beginnen? Verwechseln wir doch vor allem nicht die weltgeschichtliche Entwicklung des Menschengeistes mit den einzelnen Individuen.

In der Tierwelt verhält sich das einzelne Tier unmittelbar als Exemplar zur Art, nimmt an der Entwicklung der Art ohne weiteres teil, wenn man von einer

---

richtig sein, aber *qua* existierendem Individuum verbietet einem das Ethische, sich selbst zu vergessen, daß man ein existierender Mensch ist. Das Ethische jubelt so wenig über einen neuen Denker mehr, daß es ihn vielmehr ethisch dafür verantwortlich macht, ob er es verantworten könne, seine Existenz dazu zu gebrauchen, in demselben Sinne, wie das Ethische jeden anderen für den Gebrauch seines Lebens verantwortlich macht, ohne sich von dem, was in die Augen fällt, blenden zu lassen.

solchen Entwicklung reden will. Wenn z. B. eine Schafrasse veredelt wird, so werden nun veredelte Schafe geboren, weil das Exemplar bloß die Art ausdrückt. Doch wohl anders, wo ein Individuum, das als Geist bestimmt ist, sich zur Generation verhält. Oder nimmt man an, daß von christlichen Eltern ohne weiteres christliche Kinder geboren werden? Das Christentum nimmt es wenigstens nicht an; es nimmt im Gegenteil an, daß von christlichen Eltern ganz ebenso wie im Heidentum sündhafte Kinder geboren würden. Oder will jemand annehmen, daß man durch Geburt von christlichen Eltern dem Christentum einen einzigen Schritt näher gekommen sei, als wer von heidnischen geboren ist, wenn, wohl zu beachten, auch er im Christentum unterrichtet wird? Und doch ist es diese Verwirrung, welche die moderne Spekulation zwar nicht direkt verschuldet, aber doch sehr oft veranlaßt, daß man das Individuum sich ohne weiteres (wie das Tierexemplar sich zur Art verhält) zur Entwicklung des Menschengeistes verhalten läßt, als wäre Geistesentwicklung etwas, worüber die eine Generation zugunsten der anderen testamentarisch verfügen könnte, als wären die Individuen nicht als Geist bestimmt, sondern die Generation, was sowohl ein Selbstwiderspruch als ein ethischer Gräuel ist. Geistesentwicklung ist Selbstwirksamkeit; das geistig entwickelte Individuum nimmt im Tode seine Entwicklung mit; soll ein folgendes Individuum sie erlangen, muß es durch seine Selbstwirksamkeit geschehen, es darf daher nichts überspringen. Natürlich ist es bequemer, leichter und wohlfeiler, darauf zu pochen, daß man im spekulativen neunzehnten Jahrhundert geboren sei.

Verhielte sich das Individuum zur Entwicklung des Menschengeistes ohne weiteres unmittelbar, so würde daraus folgen, daß in jeder Generation nur defekte Exemplare von Menschen geboren würden. Aber zwischen einer Generation von Menschen und einem Zug Heringe ist doch wohl ein Unterschied, obgleich es jetzt so vornehm geworden ist, sich am Farbenspiel des Zuges zu ergötzen und die Individuen zu verachten, die nicht mehr gelten als Heringe. Wissenschaftlich und weltgeschichtlich kann man vielleicht gegen einen solchen Einwand gleichgültig sein; aber die Ethik sollte doch in jeder Lebensanschauung wohl auch eine Stimme mit haben. Doch die Ethik hat man ja, wie gesagt, aus dem System hinausgestoßen und statt ihrer höchstens ein Surrogat bekommen, welches das Weltgeschichtliche und das Individuelle, die verwirrenden schreienden Forderungen der Zeit mit den ewigen Anforderungen des Gewissens ans Individuum verwechselt. Die Ethik konzentriert sich aufs Individuum, und, ethisch verstanden, ist es Pflicht jedes Individuums, ein ganzer Mensch zu werden, wie es die Voraussetzung der Ethik ist, daß ein jeder in dem Zustande geboren werde, daß er ein solcher werden könne. Ob es keiner erreicht, tut nichts zur Sache; die Hauptsache ist, daß die Forderung da ist; und ob noch so viele feige und mittelmäßige und verblendete Individuen sich dazu vereinigten, sich selbst aufzugeben, um mit Hilfe der Generation *en masse* etwas zu werden: die Ethik läßt nicht mit sich handeln.

Wissenschaftlich kann es ja ganz richtig sein, und vielleicht so meisterhaft, daß ich mir durchaus kein Urteil darüber anmaße, es kann ganz richtig sein, abstrakt-dialektisch in psychologischer Bestimmung vom Psychisch-somatischen zum Psychischen, zum Pneumatischen aufzusteigen [wie Rosenkranz in seiner Psychologie], aber diese wissenschaftliche Ausbeute darf doch das Dasein nicht stören. In der Existenz ist die abstrakte wissenschaftliche Bestimmung ein Mensch sein etwas, das vielleicht höher steht als ein einzelner existierender Mensch sein, aber vielleicht auch tiefer; auf jeden Fall befinden sich aber in der Existenz lauter einzelne Menschen. In bezug auf Existenz geht es daher nicht an, die Differenzen gegen das Denken hin zu vereinigen, denn die fortschreitende Methode entspricht dem menschlichen Existieren nicht. In der Existenz sollen alle Momente zugleich zur Stelle sein. In bezug auf Existenz steht Denken gar nicht höher als Phantasie und Gefühl, sondern koordiniert. In der Existenz wirkt die Suprematie des Denkens verwirrend. Wenn man z. B. sagt: die Erwartung einer ewigen Seligkeit jenseits ist eine auf der endlichen Reflexion des Verstandes beruhende Vorstellung, eine Vorstellung, die sich dem Denken gegenüber nicht halten kann, *ergo* kann man davon im populären Vortrag vor Einfältigen reden, die nie über die Sphäre der Vorstellung hinaus kommen, aber für den Denkenden ist diese Unterscheidung aufgehoben: so muß man antworten: ganz recht; gegenüber dem Denken, dem abstrakten Denken, kann sie sich nicht halten, aber dann kann sich das abstrakte Denken wieder nicht gegen die Existenz halten; sobald ich wirklich existieren soll, ist die Unterscheidung da, und die Existenz-Konsequenz davon, die Unterscheidung aufzuheben, ist, wie oben gezeigt wurde, Selbstmord.

Man sagt, die Absolutheit des Grundsatzes vom Widerspruch sei eine Illusion, die vor dem Denken verschwinde. Richtig, aber dann ist die Abstraktion des Denkens wieder ein Phantom, das vor der Wirklichkeit der Existenz verschwindet; denn die Aufhebung des Grundsatzes vom Widerspruch, wenn er etwas bedeuten und kein literarischer Einfall in der Einbildung eines abenteuerlichen Wesens sein soll, bedeutet für einen Existierenden, daß er selbst aufgehört hat zu existieren.

Der Glaube, sagt man, ist das Unmittelbare[1], das Denken hebt das Unmittelbare auf. Das sieht ja abstrakt ganz gut aus, aber ich möchte doch wohl wissen, wie ein Existierender mit dem Existieren verfahren würde, wenn er seine ganze Unmittelbarheit aufhöbe. Nicht ohne Grund klagt Frater Taciturnus darüber, daß alle Menschen Bücher schrieben, worin die Unmittelbarkeit aufgehoben

---

[1] Daß diese Rede etwas von dem Verwirrendsten in der neueren Spekulation ist, haben die pseudonymen Verfasser öfter nachgewiesen. Will man von einer Unmittelbarkeit reden, die aufgehoben ist, so muß dies eine ästhetisch-ethische sein und muß der Glaube selbst die neue Unmittelbarkeit sein, die sich in der Existenz nie aufheben läßt, da sie das Höchste ist, und man, indem man sie aufhebt, zu Null und Nichts wird.

werde, während niemand ein Wort davon verlauten lasse, wie man dann mit dem Existieren verfahre.

Die Wissenschaft ordnet die Momente der Subjektivität in ein Wissen von ihnen hinein, und dieses Wissen ist das Höchste, und alles Wissen ein Aufheben, ein aus der Existenz Herausnehmen. In der Existenz gilt dies nicht. Mag das Denken die Phantasie verachten, so verachtet die Phantasie zur Vergeltung das Denken, und ebenso geht's mit dem Gefühl. Die Aufgabe ist nicht, das eine auf Kosten des anderen aufzuheben, sondern die Aufgabe besteht in der Gleichmäßigkeit, der Gleichzeitigkeit und das Medium, worin sie vereinigt werden, ist das Existieren.

Dadurch, daß man an Stelle der existentiellen Gleichzeitigkeit (als Aufgabe) den wissenschaftlichen Prozeß setzt, stört man das Leben. Selbst in Hinsicht auf die verschiedenen Lebensalter, wo sich das Sukzessive so deutlich zeigt, gilt das von der Gleichzeitigkeit als Aufgabe Gesagte. Man kann wohl geistreich sagen, daß die Welt, daß das Menschengeschlecht älter geworden sei: aber wird darum nicht jeder als Kind geboren? Und beim Individuum gilt es, das Sukzessive in der Gleichzeitigkeit zu veredeln. Jung gewesen, dann älter geworden zu sein und dann endlich zu sterben, ist eine mittelmäßige Existenz, denn das Verdienst hat das Tier auch. Aber die Momente des Lebens in Gleichzeitigkeit zu vereinen, das ist gerade die Aufgabe. Und wie es eine mittelmäßige Existenz ist, wenn der Mann jede Kommunikation mit der Kindheit abgeschnitten hat, und fragmentarisch Mann ist, eine ebenso traurige Existenz ist es auch, wenn ein Denkender, der ja zugleich ein Existierender ist, Phantasie und Gefühl verloren hat, was ebenso schlimm ist, wie den Verstand zu verlieren.

Und doch scheint man dieses zu wünschen. Man verdrängt und verabschiedet die Poesie als ein überwundenes Moment, weil die Poesie zunächst der Phantasie entspricht. Einem wissenschaftlichen Prozesse mag man sie wohl als ein überwundenes Moment einordnen. Aber in der Existenz gilt, daß, solange ein Mensch lebt, der auf eine menschliche Existenz Anspruch macht, er die Poesie bewahren muß, und ihm alles sein Denken den Zauber der Poesie nicht stören darf, wohl aber verschönern soll. Ebenso mit der Religion. Religion ist nicht in dem Sinne etwas für kindliche Seelen, daß es mit den Jahren abgelegt werden sollte. Dies tun zu wollen verrät vielmehr einen kindischen Aberglauben ans Denken. Das Wahre steht nicht höher als das Gute und Schöne, sondern das Wahre und Gute und Schöne gehört wesentlich zu jeder menschlichen Existenz, und sie vereinigen sich für einen Existierenden nicht darin, daß man sie denkt, sondern im Existieren. Wie man aber zu einer Zeit einen runden Hut trägt, zu einer anderen einen dreieckigen: so will auch die Mode in unserer Generation einen Menschen die ethische Forderung vergessen lassen. Ich weiß nun wohl, daß jeder Mensch etwas einseitig ist und sehe das nicht für einen Fehler an, dagegen ist es ein Fehler, wenn ein Modegeschmack eine Einseitigkeit zum Totalen machen will. *Non omnia possumus omnes* gilt überall im Leben, aber darum darf man die Aufgabe nicht vergessen, und soll man die Einseitigkeit teils mit Wehmut betrachten, teils soll sie aus einem kräftigen Entschluß hervorgehen, lieber etwas Ordentliches sein zu wollen, als in allem zu pfuschen. Jede tüchtige Individualität hat immer etwas Einseitiges an sich, und die Einseitigkeit kann gerade ein indirekter Beweis ihrer wirklichen Größe sein, aber die Größe selbst ist sie nicht. So weit sind wir Menschen von der Realisierung des Ideals entfernt, daß der Platz Numero 2, die kräftige Einseitigkeit, beinahe das Höchste ist, was erreicht wird; aber man darf doch nie vergessen, daß es der Platz Numero 2 ist. Nun könnte man sagen: aber dann ist ja diese Generation zu preisen, die so einseitig denken und wissenschaftlich sein will. Aber darauf würde ich antworten: ihr Unglück ist nicht, daß sie einseitig, sondern daß sie abstrakt allseitig ist. Der Einseitige weist, was er nicht haben will, klar und bestimmt von sich, aber der abstrakt Allseitige will mit Hilfe der Einseitigkeit des Denkens alles haben. Ein einseitig Glaubender will z. B. nichts mit dem Denken zu tun haben, ein einseitig Handelnder will nichts mit Wissenschaft zu tun haben; aber die Einseitigkeit des Denkens bringt den Schein alles zu haben hervor, ein solcher Einseitiger hat den Glauben, hat die Leidenschaft als überwundenes Moment, so sagt er, und nichts ist leichter zu sagen.

§ 4 Der subjektive Denker; seine Aufgabe; seine Form, d. h. sein Stil

Wenn ein Versuch im reinen Denken darüber entscheidet, ob ein Mann ein Denker zu nennen sei oder nicht, so ist der subjektive Denker *eo ipso* rejiziert. Indem er aber rejiziert wird, gehen zugleich alle Existenzprobleme flöten; und die traurige Folge davon klingt doch in den Jubel der modernen Spekulation über das System mit hinein wie ein bedenkliches Notabene.

Ein altes Wort sagt: *oratio, tentatio, meditatio faciunt theologum*; so gehört auch zu einem subjektiven Denker Phantasie, Gefühl und Dialektik in Existenzinnerlichkeit mit Leidenschaft. Aber zuerst und zuletzt Leidenschaft, denn es ist unmöglich, existierend über Existenz nachzudenken, ohne in Leidenschaft zu geraten, weil das Existieren ein ungeheurer Widerspruch ist, von dem der subjektive Denker nicht abstrahieren darf, denn dann geht's leicht, sondern in dem er bleiben soll. Für eine weltgeschichtliche Dialektik verschwinden die Individuen in der Menschheit; dich und mich, einen einzelnen existierenden Menschen zu entdecken ist für einen solchen Dialektiker unmöglich, selbst wenn für das Konkrete neue Vergrößerungsgläser entdeckt würden.

Der subjektive Denker ist Dialektiker in bezug auf das Existentielle; er hat Gedankenleidenschaft, die qualitative Disjunktion festzuhalten. Soll aber andererseits die qualitative Disjunktion nackt und bloß gebraucht werden, wird sie auf den einzelnen Menschen ganz abstrakt angewendet, so kann man sich der lächerlichen Gefahr aussetzen, etwas äußerst Entscheidendes zu sagen und in dem, was man sagt, recht zu haben, und doch nicht das Geringste zu sagen. Daher ist es in psychologischer Hinsicht ganz eigen, wie die absolute Disjunktion trügerisch gerade zu Ausflüchten gebraucht wird. Wenn so auf jedes Verbrechen Todesstrafe gesetzt wird, so endet es damit, daß gar kein Verbrecher bestraft wird. So wird auch die absolute Disjunktion, nackt und bloß angewendet, gleichsam zu einem stummen Buchstaben; sie läßt sich nicht aussprechen, oder sie läßt sich aussprechen, aber sagt nichts. Darum besitzt der subjektive Denker die absolute Disjunktion, die ja zur Existenz gehört, mit Gedankenleidenschaft, aber er besitzt sie als die letzte Entscheidung, die verhindert, daß alles zu einem Quantitieren wird. So hat er sie zwar zur Hand, aber nicht so, daß er, indem er abstrakt auf sie rekurriert, gerade die Existenz verhindert. Der subjektive Denker besitzt daher zugleich ästhetische Leidenschaft und ethische Leidenschaft, wodurch die Konkretion entsteht. Alle Existenzprobleme sind leidenschaftlich, denn Existenz, wenn man sich ihrer bewußt wird, gibt Leidenschaft. So über die Probleme nachzudenken, daß man die Leidenschaft ausläßt, heißt gar nicht darüber nachdenken, heißt die Pointe vergessen, daß man ja selbst ein Existierender ist. Jedoch ist der subjektive Denker nicht Dichter, wenn er auch zugleich Dichter ist, nicht Ethiker, wenn er auch zugleich Ethiker ist, sondern zugleich Dialektiker und wesentlich selbst existierend, wogegen die Existenz des Dichters in bezug auf die Dichtung unwesentlich ist, und ebenso die des Ethikers in bezug auf die Lehre und die des Dialektikers in bezug auf den Gedanken. Der subjektive Denker ist kein Mann der Wissenschaft, sondern ein Künstler. Existieren ist eine Kunst. Der subjektive Denker ist ästhetisch genug, daß sein Leben ästhetischen Inhalt bekomme, ethisch genug, es zu regulieren, dialektisch genug, es denkend zu beherrschen.

Die Aufgabe des subjektiven Denkers besteht darin, sich selbst in Existenz zu verstehen. Das abstrakte Denken redet ja freilich von Widerspruch, und vom immanenten Abstoß des Widerspruchs; trotzdem daß es, indem es von Existenz und dem Existieren absieht, die Schwierigkeit und den Widerspruch aufhebt. Dagegen ist der subjektive Denker ein Existierender, und doch ist er ein Denkender; er abstrahiert nicht von der Existenz und vom Widerspruch, sondern ist darin, und soll doch denken. In allem seinen Denken hat er also das mitzudenken, daß er selbst ein Existierender sei. Aber so wird er auch wieder immer genug zu denken haben. Mit der reinen Menschheit ist man bald fertig, und mit der Weltgeschichte auch, denn selbst so ungeheure Portionen wie China, Persien usw. verschlingt das hungrige Ungeheuer, der weltgeschichtliche Prozeß wie nichts. Mit dem Glauben ist man, abstrakt gesehen, bald fertig, dagegen wird der subjektive Denker, der, indem er denkt, in Existenz zugleich bei sich ist, ihn unerschöpflich finden, wenn sein Glaube in den mannigfaltigen *casibus* des Lebens dekliniert werden soll. Auch ist es kein Spaß, denn Existenz ist für einen Denker das Schwierigste, wenn er in ihr bleiben soll, da der Augenblick für die höchsten Entscheidungen kommensurabel und doch wieder eine kleine verschwindende Minute in den möglichen 79 Jahren ist. Poul Möller[1] hat richtig bemerkt, ein Hofnarr verbrauche in einem Jahre mehr Witz, als mancher witzige Schriftsteller in seinem ganzen Leben. Und woher kommt das anders, als daher, daß der eine ein Existierender ist, der den Witz jeden Augenblick am Tage zu seiner Disposition haben muß, der andere einer, der momentweise witzig ist.

Will man nicht glauben, daß es Schwierigkeiten habe, sich selbst in Existenz zu verstehen, so will ich lieber als gern den Versuch wagen: einer unserer Systematiker unternehme es, mir bloß eins von den simpelsten Existenzproblemen zu erklären. Ich bin sehr bereit zuzugeben, daß ich Unwürdiger in der systematischen Buchhaltung nur für nichts zu rechnen bin[2], wenn ich mit solchen Männern verglichen werden soll; ich bin bereit zuzugeben, daß die Aufgaben des systematischen Denkens viel größer sind, und daß solche Denker weit höher stehen als ein subjektiver Denker; ist es aber in Wahrheit so, dann müssen sie ja wohl auch das Simplere erklären können.

Anstatt daß das abstrakte Denken die Aufgabe hat, das Konkrete abstrakt zu verstehen, hat der subjektive Denker umgekehrt die Aufgabe, das Abstrakte konkret zu verstehen. Das abstrakte Denken sieht von den konkreten Menschen weg auf den reinen Menschen; der subjektive Denker versteht das abstrakte Menschsein in das Konkrete hinein dieser einzelne existierende Mensch zu sein.

Sich selbst in Existenz zu verstehen war das griechische Prinzip; und wie wenig Inhalt auch zuweilen die Lehre eines griechischen Philosophen hatte, der Philosoph besaß einen Vorteil: er war niemals komisch. Ich weiß wohl, wenn jemand heutzutage wie ein griechischer Philosoph leben, d. h. wenn er existierend ausdrücken, existierend sich darein vertiefen wollte, was man seine Lebensanschauung nennen müßte, so würde er für verrückt gehalten werden. Das mag wohl sein. Aber geistvoll und geistvoll, und äußerst geistvoll, und so geistvoll zu sein, daß dem hochgeehrten Philosophen, der doch über Existenzprobleme (z. B. das Christentum) spekuliert, nicht einfällt, wen es in aller Welt angehen könne, geschweige daß es ihn selbst angehe: das finde ich lächerlich.

Alle Skepsis ist eine Art Idealismus. Wenn nun der Skeptiker Zeno[3] z. B. Skepsis studierte, indem er sich von allem, was ihm begegnete, unberührt halten wollte, so daß er, als er einmal einem tollen Hund aus dem Wege ging, beschämt eingestand, daß auch ein skeptischer Philosoph doch zuweilen ein Mensch sei: so finde ich darin nichts Lächerliches. Da ist kein Widerspruch, und das Komische liegt immer in einem Widerspruch. Wenn man dagegen an die elenden idealistischen Kathederwitze, an den Scherz und die Koketterie denkt, auf dem Kathe-

---

[1] [Vermischte Gedanken I, Werke III, S. 9 f.]

[2] [Vgl. Holbergs Vielgeschäftiger 2. Akt, 2. Szene.]

[3] [Vielmehr Pyrrho, siehe Diog. Laert. IX, 11, 66.]

der Idealist zu sein, so daß man nicht einmal ein wirklicher Idealist ist, sondern bloß das sehr beliebte Spiel Idealistsein spielt; wenn man sich an die Katheder-phrase erinnert an allem, nämlich auf dem Katheder, zu zweifeln: dann, ja dann ist es unmöglich, keine Satire zu schreiben, wenn man bloß die Wahrheit erzählt. Wollte man existierend Idealist[1] sein, so würde man in einem halben Jahre ganz andere Dinge zu wissen bekommen als auf dem Katheder Verstecken zu spielen. In der Einbildung Idealist sein, ist gar nicht schwierig, aber als Idealist existieren sollen, ist eine äußerst anstrengende Lebensaufgabe, weil Existieren gerade der Einspruch dagegen ist. Existierend auszudrücken, was man von sich selbst verstanden hat und sich so selbst zu verstehen, ist ganz und gar nicht komisch, aber alles zu verstehen, nur sich selbst nicht, ist sehr komisch.

In gewissem Sinn redet der subjektive Denker ebenso abstrakt wie der abstrakte Denker, denn dieser redet von der reinen Menschheit, der reinen Subjektivität, der andere von dem einen Menschen (*unum noris, omnes*).[2] Aber dieser eine Mensch ist ein existierender Mensch, und die Schwierigkeit ist nicht weggelassen.

Sich selbst in Existenz zu verstehen ist auch das christliche Prinzip, nur daß dieses „selbst" viel reichere und viel tiefere Bestimmungen erhalten hat, welche noch schwieriger mit dem Existieren zusammen zu verstehen sind. Der Glaubende ist ein subjektiver Denker, und der Unterschied besteht nur, wie oben gezeigt wurde, zwischen dem Einfältigen und dem einfältigen Weisen. Dieses „sich selbst" bedeutet hier wieder nicht die reine Menschheit, die reine Subjektivität und anderes solches, wodurch alles leicht wird, da die Schwierigkeit weggenommen und die ganze Sache in das Schattenspiel der Abstraktion transportiert wird. Die Schwierigkeit ist größer als für den Griechen, weil noch größere Gegensätze zusammengesetzt sind, weil die Existenz paradox als Sünde betont und die Ewigkeit paradox als Gott in der Zeit betont ist. Die Schwierigkeit ist, darin zu existieren, nicht sich abstrakt da heraus zu denken und abstrakt z. B. über ein ewiges Gottwerden und anderes solches nachzudenken, was zum Vorschein kommt, wenn man die Schwierigkeit wegnimmt. Darum ist die Existenz des Glaubenden noch leidenschaftlicher als die des griechischen Philosophen (der selbst für seine Ataraxie einen hohen Grad von Leidenschaft brauchte), denn Existenz gibt Leidenschaft, aber paradoxe Existenz gibt den Höhepunkt der Leidenschaft.

Von Existenz abstrahieren heißt die Schwierigkeit wegnehmen, aber so in der Existenz bleiben, daß man in einem Augenblicke dieses, in dem anderen jenes versteht, heißt nicht sich selbst verstehen. Dagegen das Allerentgegengesetzteste zusammen und sich selbst darin existierend zu verstehen ist sehr schwierig. Man achte bloß auf sich selbst und auf die Rede der Menschen, dann wird man sehen, wie selten es gelingt.

---

1 [Leugner der Wirklichkeit außerhalb unserer Vorstellungen.]

2 [Terenz, Phormio 265.]

Einer ist gut, der andere klug, oder derselbe Mensch handelt einmal gut, ein anderes Mal klug, aber zu gleicher Zeit in demselben das Klügste zu sehen und es bloß zu sehen, um das Gute zu wollen ist schon schwierig. Der eine wird lachen, der andere weinen, oder derselbe Mensch tut es zu verschiedenen Zeiten, aber in demselben zugleich das Komische und das Tragische zu sehen ist schwierig. Über seine Sünde zerknirscht und dann wieder ein kecker Bursche zu sein ist nicht schwierig, aber zugleich zerknirscht und sorglos zu sein ist schwierig. Eins zu denken und alles andere vergessen zu haben ist nicht schwierig, aber eins zu denken und in demselben Augenblick das Entgegengesetzte bei sich zu haben und es in Existenz zu vereinigen, das ist schwierig. In einem Leben von 70 Jahren alle möglichen Stimmungen gehabt zu haben und sein Leben wie ein Musterbuch zu hinterlassen, das man zur gefälligen Auswahl aufschlagen kann, ist doch nicht so schwierig; aber die eine Stimmung voll und reich und dabei die entgegengesetzte zu haben, indem man der einen Stimmung das Wort und das Pathos gibt, da hinterlistig die entgegengesetzte unterzuschieben: das ist schwierig usw.

Trotz seiner Anstrengung wird der subjektive Denker nur mit geringer Ausbeute belohnt. Je mehr die Generationsidee, sogar im gewöhnlichen Denken, die Oberhand gewonnen hat, desto schrecklicher ist der Übergang: anstatt mit im Geschlecht zu sein und zu sagen: „wir, unsere Zeit, das neunzehnte Jahrhundert", ein einzelner existierender Mensch zu werden. Ich leugne nicht, daß dies äußerst schwierig sei, darum gehört große Resignation dazu, es nicht zu verschmähen. Was ist doch ein einzelner existierender Mensch?

Ja, unsere Zeit weiß nur allzu gut, wie wenig er ist, aber darin liegt eben die besondere Unsittlichkeit des Zeitalters. Jedes Zeitalter hat ihre, die unserer Zeit besteht vielleicht nicht in Vergnügen und Genuß und Sinnlichkeit, wohl aber in einer pantheistisch ausschweifenden Verachtung der einzelnen Menschen. Mitten in allen Jubel über unsere Zeit und das neunzehnte Jahrhundert klingt der Ton einer heimlichen Verachtung des Menschseins hinein: mitten in der Wichtigkeit der Generation herrscht eine Verzweiflung über das Menschsein. Alles, alles will mit dabei sein, man will sich weltgeschichtlich in dem Totalen betrügen, keiner will ein einzelner existierender Mensch sein. Daher vielleicht auch die vielen Versuche, an Hegel festzuhalten, selbst von Leuten, die das Mißliche an seiner Philosophie gesehen haben. Man fürchtet, wenn man ein einzelner existierender Mensch wird, spurlos zu verschwinden, so daß nicht einmal Tagesblätter, geschweige denn kritische Journale, geschweige denn weltgeschichtliche Spekulanten einen Blick auf einen werfen. Man fürchtet, wenn man ein einzelner existierender Mensch wird, mehr vergessen und verlassen leben zu müssen als ein Mann auf dem Lande, und lassen wir Hegel fahren, so bleibt wohl nicht einmal die Möglichkeit, daß man einen Brief an uns adressiere. Und es ist unleugbar: wenn man keine ethische und religiöse Begeisterung hat, so muß man darüber, daß man ein einzelner Mensch ist, verzweifeln – sonst nicht.

Als Napoleon in Afrika vorrückte, erinnerte er seine Soldaten daran, daß von der Spitze der Pyramiden die Erinnerung von 40 Jahrhunderten auf sie herabsehe. Wenn man das nur liest, schauert einem, kein Wunder, daß es im Augenblick der Beschwörung selbst den feigsten Soldaten in einen Helden verwandelt haben muß! Wenn man aber annimmt, daß die Welt seit 6000 Jahren steht, und daß Gott doch wohl ebenso lange als die Welt dagewesen sei, so sieht ja die Erinnerung von 6000 Jahren vom Himmel auf den einzelnen existierenden Menschen herab: sollte dies nicht ebenso begeistern! Aber mitten im Mut der Generation entdeckt man leicht den Mißmut und die Feigheit der Individuen. Wie man in der Wüste aus Furcht vor Räubern und wilden Tieren in großen Karawanen reisen muß, so haben die Individuen jetzt ein Grauen vor der Existenz, weil sie gottverlassen ist, nur in großen Betrieben wagen sie zu leben und klammern sich *en masse* aneinander, um doch etwas zu sein.

Man muß annehmen, daß jeder Mensch wesentlich im Besitz dessen sei, was wesentlich zu einem Menschen gehört. Die Aufgabe des subjektiven Denkers ist, sich selbst in ein Instrument zu verwandeln, welches das Menschliche deutlich und bestimmt in Existenz ausdrückt. Sich in dieser Hinsicht der Differenz zu getrösten, ist ein Mißverständnis, denn etwas klüger und dergleichen zu sein, hat keine Bedeutung. Daß unsere Zeit ihre Zuflucht zur Generation genommen und die Individuen verlassen hat, hat ganz richtig seinen Grund in einer ästhetischen Verzweiflung, die das Ethische nicht erreicht hat. Man hat eingesehen, daß es nichts verschlägt, ein noch so ausgezeichneter einzelner Mensch zu sein, weil keine Differenz etwas verschlägt. Also hat man eine neue Differenz gewählt: im neunzehnten Jahrhundert geboren zu sein. Jeder macht nun so geschwind wie möglich einen Versuch, sein bißchen Existenz im Verhältnis zur Generation zu bestimmen und tröstet sich. Aber das nützt nichts und ist nur ein höherer und glänzenderer Betrug. Und wie es wohl im Altertum und sonst in jeder Generation Narren gegeben hat, die sich selbst in eitler Einbildung mit diesem oder jenem großen und ausgezeichneten Manne verwechselt haben, die der und der haben sein wollen: so ist unsere Zeit darin verschieden, daß sich die Narren nicht einmal damit begnügen, sich mit einem großen Manne zu verwechseln, sondern sich mit der Zeit, dem Jahrhundert, der Generation, der Menschheit verwechseln.

Ein einzelner Mensch (was man unleugbar ist) mit Hilfe und Kraft seiner Differenz sein zu wollen, ist Weichlichkeit; aber ein einzelner existierender Mensch (was man unleugbar ist) in demselben Sinne sein zu wollen, wie es jeder andere sein kann: ist der ethische Sieg über das Leben und über alles Blendwerk, der Sieg, der vielleicht im theozentrischen neunzehnten Jahrhundert von allen der schwierigste ist.

Die Form des subjektiven Denkers, die Form seiner Mitteilung ist sein Stil. Seine Form muß ebenso mannigfaltig sein, wie die Gegensätze sind, die er zusammenhält. Das systematische eins, zwei, drei ist eine abstrakte Form, die daher auch in Verlegenheit kommen muß, so oft sie auf das Konkrete angewandt werden soll. In demselben Grade, wie der subjektive Denker konkret ist, in demselben Grade muß auch seine Form konkret dialektisch sein. Wie er aber selbst nicht Dichter, nicht Ethiker, nicht Dialektiker ist, so ist auch seine Form nicht unmittelbar eine von deren Formen. Seine Form muß sich unaufhörlich zur Existenz verhalten, und er muß in dieser Hinsicht über das Dichterische, das Ethische, das Dialektische und das Religiöse verfügen können.

Mit der eines Dichters verglichen, wird seine Form verkürzt, mit der eines abstrakten Dialektikers breit sein. Konkretion im Existentiellen ist nämlich, abstrakt gesehen, Breite. Das Humoristische z. B. ist im Verhältnis zu abstraktem Denken Breite, aber im Verhältnis zu konkreter Existenzmitteilung keineswegs Breite, falls es nicht an sich selbst breit ist. Die Person eines abstrakten Denkers ist im Verhältnis zum Gedanken gleichgültig, aber existentiell muß ein Denkender wesentlich als Denkender dargestellt werden, aber so, daß er, indem er seinen Gedanken vorträgt, zugleich sich selbst schildert. Scherz ist im Verhältnis zu abstraktem Denken Breite, aber nicht im Verhältnis zu konkreter Existenzmitteilung, falls der Scherz nicht selbst breit ist. Aber dichterische Ruhe, um im Medium der Phantasie zu schaffen und ästhetisch interesselos auszuführen, hat der subjektive Denker nicht, weil er selbst wesentlich ein in der Existenz Existierender ist und nicht das Phantasiemedium zur Illusion der ästhetischen Produktion hat. Die dichterische Ruhe ist im Verhältnis zur Existenzmitteilung des subjektiven Denkers Breite. Nebenpersonen, Szenerie usw., was mit zur Abrundung der ästhetischen Produktion in sich selbst gehört, ist Breite; denn der subjektive Denker hat nur eine Szene, die Existenz, und nichts mit Gegenden und dergleichen zu tun. Die Szene ist nicht im Zauberland der Phantasie, wo die Poesie vollkommene Früchte wachsen läßt; die Szene ist auch nicht in England, auch ist keine Sorge für geschichtliche Genauigkeit zu tragen; die Szene ist die Innerlichkeit menschlichen Existierens, die Konkretion ist das Verhältnis der Existenzkategorien zueinander. Geschichtliche Genauigkeit und geschichtliche Wirklichkeit sind Breite.

Aber Existenzwirklichkeit läßt sich nicht mitteilen; und der subjektive Denker hat in seiner eigenen ethischen Existenz seine eigene Wirklichkeit. Wenn Wirklichkeit von einem Dritten verstanden werden soll, muß sie als Möglichkeit verstanden werden, und ein Mitteiler, der sich dessen bewußt ist, wird daher darauf achten, daß seine Existenzmitteilung, gerade um auf Existenz hinzuzielen, in Form der Möglichkeit geschehen muß. Eine Darstellung in Form der Möglichkeit legt es, darin zu existieren, dem Empfänger so nahe, als es zwischen Mensch und Mensch möglich ist.

Laß mich dies noch einmal beleuchten. Man sollte glauben, daß man durch Erzählen, daß der und der wirklich das und das getan habe (das Große und Ausgezeichnete), einem Leser es näher legen würde, dasselbe tun zu wollen, in demselben existieren zu wollen, als wenn man es ihm nur als möglich vorstellt.

Aber abgesehen davon, was an seiner Stelle nachgewiesen wurde, daß der Leser die Mitteilung doch nur dadurch verstehen kann, daß er das *esse* der Wirklichkeit ins *posse* auflöst, da er sich sonst nur einbildet, es zu verstehen, abgesehen davon kann das, daß der und der wirklich das und das getan hat, ebensogut hemmend wie antreibend wirken. Der Leser verwandelt bloß den, von dem die Rede ist (mit Hilfe davon, daß er eine wirkliche Person ist) zur seltenen Ausnahme; er bewundert ihn und sagt: dagegen bin ich zu gering, so etwas zu tun.

Bewunderung kann nun im Verhältnis zu den Differenzen sehr berechtigt sein, ist aber im Verhältnis zum Allgemeinen ein vollkommener Mißverstand. Daß einer über den Kanal schwimmen und ein anderer 24 Sprachen reden und ein Dritter auf dem Kopf gehen kann usw.: das kann man, *si placet*, bewundern; wenn dagegen der, welcher dargestellt wird, nach dem Allgemeinen hin groß sein soll, durch seine Tugend, seinen Glauben, seinen Edelmut, seine Treue, seine Ausdauer usw., dann ist Bewunderung ein trügerisches Verhältnis oder kann es leicht werden. Was in bezug auf das Allgemeine groß ist, soll darum nicht als Gegenstand der Bewunderung hingestellt werden, sondern als Forderung. In Form der Möglichkeit wird die Darstellung eine Forderung. Anstatt, wie gewöhnlich geschieht, das Gute in Form der Wirklichkeit darzustellen, daß der und der wirklich gelebt und wirklich das getan hat, und den Leser so in einen Betrachter, einen Bewunderer, einen Tarator zu verwandeln, soll es in Form der Möglichkeit dargestellt werden; so ist es dem Leser so nah wie möglich gelegt, ob er darin existieren will. Die Möglichkeit operiert mit dem idealen Menschen (nicht nach seiten der Differenz, sondern des Allgemeinen), der sich zu jedem Menschen als Forderung verhält. In demselben Grade, wie man urgiert, daß es dieser bestimmte Mensch sei, macht man den anderen die Exzeption[1] leichter. Man braucht nicht gerade Psycholog zu sein, um zu wissen, daß es eine Betrügerei gibt, die, gerade mit Hilfe der Bewunderung, eine Ausnahme vom ethischen Eindrucke beansprucht. Anstatt daß das ethische und das religiöse Vorbild den Blick des Betrachters in ihn hineinkehren soll, anstatt daß es abstoßen soll, was gerade dadurch geschieht, daß man die Möglichkeit als die gemeinsame zwischen die Betreffenden setzt, zieht die Darstellung in Form der Wirklichkeit ästhetisch die Augen einer Menge auf sich; und es wird untersucht und geprüft und gedreht und gewendet, ob nun wirklich usw., und es wird mit Tränen bewundert, daß nun wirklich usw.

Daß Hiob glaubte, um dieses Beispiel zu nehmen, soll so dargestellt werden, daß es für mich bedeutet, ob ich nun auch Glauben erwerben wolle; aber keineswegs soll es bedeuten, daß ich im Theater oder daß ich Mitglied eines hochgeehrten Publikums bin, das untersuchen soll, ob nun wirklich, und applaudieren, daß nun wirklich. So ist es eine tiefkomische Besorgnis, die eine mitfühlende Gemeinde und deren einzelne Glieder für den zum Seelsorger bestellten Mann

[1] [Ausdruck des römischen Rechts: Ausnahme vom allgemeinen Recht.]

zuweilen empfinden: ob er nun wirklich; und eine tiefkomische Freude und Bewunderung, einen Seelsorger zu haben, von dem es feststeht, daß er wirklich usw. In alle Ewigkeit ist es nicht wahr, daß jemand damit zum Tun des Guten verholfen worden sei, daß es ein anderer wirklich getan habe; denn kam er selbst dazu, es wirklich zu tun: dann geschah es dadurch, daß er die Wirklichkeit des anderen als Möglichkeit verstand. Als Themistokles[1] bei der Vorstellung der Triumphe des Miltiades schlaflos wurde, da machte ihn das schlaflos, daß er die Wirklichkeit als Möglichkeit verstand. Hätte er damit viel zu tun gehabt, ob Miltiades nun wirklich, und sich damit begnügt, daß es Miltiades nun wirklich getan habe: so wäre er kaum schlaflos, wohl aber ein schläfriger Bewunderer oder höchstens ein tönender Bewunderer geworden, aber kein Miltiades Numero 2. Und ethisch verstanden schläft man auf nichts so gut wie auf Bewunderung über eine Wirklichkeit. Und wenn, ethisch verstanden, etwas einen Menschen aufzustören vermag, so ist es die Möglichkeit, wenn sie sich selbst ideal von einem Menschen fordert.

Kapitel IV. Das Problem der Brocken: wie kann eine ewige Seligkeit auf ein geschichtliches Wissen gebaut werden? Zur Orientierung in der Anlage der Brocken

§ 1 Daß der Ausgangspunkt im Heidentum genommen wird, und weshalb?

Der Leser des bißchens Philosophie der *Brocken* wird sich daran erinnern, daß die Schrift nicht dozierte, sondern experimentierte. Sie nahm ihren Ausgangspunkt im Heidentum, um dort experimentierend eine Auffassung von Existenz zu entdecken, von der man in Wahrheit sagen konnte, sie gehe weiter als das Heidentum. Die moderne Spekulation scheint beinahe das Kunststück vollbracht zu haben, auf der anderen Seite des Christentums weiter zu gehen oder im Verständnis des Christentums so weit gegangen zu sein, daß sie ungefähr zum Heidentum zurückgekehrt ist. Daß jemand das Heidentum dem Christentum vorzieht, ist durchaus nicht verwirrend, aber das Heidentum als das Höchste, was es innerhalb des Christentums gibt, herauszubekommen ist eine Ungerechtigkeit, sowohl gegen das Christentum, das etwas anderes wird, als es war, als auch gegen das Heidentum, das gar nicht zu etwas wird, was es doch war. Die Spekulation, die das Christentum ganz verstanden hat und sich selbst zugleich für die höchste Entwicklung innerhalb des Christentums erklärt, hat

---

[1] [Plutarch, Themistokles 3, 3.]

so merkwürdigerweise die Entdeckung gemacht, daß es kein Jenseits gibt[1], daß „droben", „jenseits" und dergleichen die dialektische Borniertheit eines endlichen Verstandes ist. Das Jenseitige ist ein Scherz, eine so ungewisse Forderung geworden, daß sie nicht bloß niemand honoriert, sondern niemand diesen Schein ausstellt, so daß man sich nur über den Gedanken lustig macht, daß es eine Zeit gegeben habe, wo diese Vorstellung das ganze Dasein verwandelte.

Man sieht sogleich, welche Antwort aufs Problem man von der Seite her zu erwarten hat: das Problem ist selbst eine dialektische Borniertheit; denn in dem himmlischen *sub specie aeterni* des reinen Denkens ist die Distinktion aufgehoben. Aber sieh, das Problem ist ja kein logisches Problem, was für Gemeinschaft hat wohl logisches Denken mit dem Allerpathetischsten (der Frage nach einer ewigen Seligkeit); und das Problem ist ein Existenzproblem, existieren heißt aber nicht *sub specie aeterni* sein. Vielleicht wird man hier wieder einsehen, wie richtig es ist, ehe man sich mit einer solchen Spekulation einläßt, Vorsichtsregeln zu gebrauchen; erst die, daß man die Spekulation und den Spekulanten trennt, und dann die, daß man wie bei Verzauberung, Hexerei und Teufelbesessenheit ein kräftiges Beschwörungsformular anwendet, damit der verzauberte Spekulant in seine wirkliche Gestalt, in einen einzelnen existierenden Menschen verwandelt oder umgeschaffen werde.

Daß das im Experiment Behandelte das Christentum sei, sagte die Schrift nicht, um Rast zu gewinnen, damit sie nicht sogleich in historische, historisch-dogmatische, einleitende, kirchliche Fragen darüber hineingerissen würde, was nun wirklich Christentum sei, und was nicht. Denn kein Mensch ist doch jemals so übel daran gewesen wie in letzter Zeit das Christentum. Bald erklärt man es spekulativ und bekommt das Heidentum heraus, bald weiß man nicht einmal bestimmt, was Christentum ist. Man lese bloß einen Meßkatalog[2] durch, um zu sehen, in was für einer Zeit wir leben. Wenn man im täglichen Leben hört, daß Garnelen ausgerufen werden, denkt man zunächst, es sei Mitte Sommer, wenn grüne Kränze, es sei Frühjahr, wenn Muscheln [eßbare] ausgerufen werden, es sei Winter. Wenn man aber, wie im vorigen Winter, an einem Tage hört, daß Garnelen, grüne Kränze und Muscheln ausgerufen wurden: so fühlt man sich versucht, anzunehmen, das Dasein sei konfus geworden und die Welt könne nicht bis Ostern stehen. Aber einen noch verwirrenderen Eindruck bekommt man, wenn man einen Augenblick darauf achtet, was in einem Meßkatalog sowohl an Schriftstellern ausgerufen wird, als auch an Verlegern, die in hohem Grade Mitläufer in der Literatur geworden sind. *Summa summarum*, es ist eine sehr bewegte Zeit, in der wir leben – wenigstens eine sehr verwirrte.

Um also einen Ruhetag zu gewinnen, dessen die im Leben ermüdete christ-

---

1 [Vgl. Hegels Logik I, S. 151 ff.]

2 [Verzeichnis der neuen Bücher, wie er bis 1860 auf den Frankfurter und Leipziger Messen regelmäßig erschien.]

liche Terminologie in hohem Grade bedarf, da sie, still-tief und unergründlich, bald kurzatmig und nichtssagend geworden ist, und um soviel wie möglich dem Gedränge zu entgehen, zog ich es vor, den Namen des Christentums zu verschweigen und mich der Ausdrücke zu enthalten, die in der Besprechung immer wieder hin- und hergeworfen und verwirrt werden. Die ganze christliche Terminologie ist von der Spekulation mit Beschlag belegt, denn die Spekulation ist ja das Christentum. Selbst Zeitungen gebrauchen die höchsten dogmatischen Ausdrücke als geistreiche Ingredienzien, und während Politiker besorgt einen Bankrott der Staaten erwarten, steht vielleicht ein viel größerer in der geistigen Welt bevor, weil die Begriffe nach und nach aufgehoben werden und die Worte bald imstande sind, alles zu bedeuten, so daß der Streit zuweilen ebenso lächerlich ist als die Einigkeit. Denn sich um lose Worte zu streiten und sich auf lose Worte hin zu vereinigen, ist ja immer lächerlich, wenn aber selbst die festesten Worte lose geworden sind: was dann? Wie ein alter Mann, der die Zähne verloren hat, nun mit Hilfe der Stummel knaupelt, so hat die moderne christliche Rede vom Christentum die Kraft der energischen Terminologie zum Beißen verloren, und das Ganze ist ein zahnloses Gekaue.

Daß die Verwirrung mit dem Christentum daher gekommen ist, daß man es um ein ganzes Stadium im Leben zurückgesetzt hat, ist mir ganz klar. Daß wir als Kinder Christen werden, hat Anlaß dazu gegeben, daß sogleich angenommen wird, man sei das, was man κατα δυναμιν antizipiert hat. Darum kann die Kindertaufe ganz gut zu entschuldigen und zu preisen sein, sowohl als Ausdruck gutgemeinten Interesses der Kirche – eine Schutzwehr gegen Schwärmer – als auch schöner Fürsorge frommer Eltern: die Verantwortung für das, was folgt, liegt auf dem Individuum selbst. Aber lächerlich ist und bleibt es, Menschen, die einzig und allein kraft eines Taufattestes Christen sind, sich bei feierlichen Gelegenheiten à la Christen gebärden zu sehen; denn das Lächerlichste, was das Christentum jemals werden kann, ist, was man in trivialem Sinn Brauch und Sitte nennt. Verfolgt, verabscheut, verhöhnt und verspottet, oder gesegnet und gepriesen zu werden: das schickt sich für die gewaltigste aller Mächte, aber eine schüchterne *coutume*, *bon ton* und dergleichen ist sein absoluter Gegensatz.

Man versuche es bloß in einem Bilde. Für einen König schickt es sich, daß er von seinem Volk geliebt, in seiner Majestät geehrt wird, oder wenn es schlimm geht, nun wohl, so mag er in einem Aufruhr vom Thron gestürzt werden, mag er in der Schlacht fallen, mag er fern, fern von allem, was an ihn erinnert, in einem Staatsgefängnis verschmachten. Aber ein König in einen geschäftigen Lohndiener verwandelt, der sich in seiner Stellung über die Maßen wohl fühlt: das ist eine himmelschreiendere Verwandlung, als ihn zu ermorden.

Das Umgekehrte kann lächerlich sein, daß Christen zuweilen, z. B. bei Begräbnissen, zu heidnischen Ausdrücken von Elysium und dergleichen, ihre Zuflucht nehmen; es ist aber auch lächerlich, daß ein Mann, für den das Christentum gar nichts bedeutet hat, nicht einmal so viel, daß er es hat aufgeben mögen, daß dieser stirbt, und ihn dann der Pfarrer beim Grabe ohne weiteres in die ewige Seligkeit introduziert, so wie diese in christlicher Terminologie verstanden wird. Man erinnere mich nicht daran, daß ja doch immer der Unterschied zwischen einer sichtbaren und unsichtbaren Kirche bleiben müsse, und daß sich niemand vermessen dürfe, die Herzen zu richten. Durchaus nicht, nein, durchaus nicht. Als man aber in einem reiferen Alter Christ wurde und sich taufen ließ, da konnte doch von einer Art Sicherheit dafür die Rede sein, daß das Christentum eine gewisse Bedeutung für die Getauften hatte. Mag es dann Gott vorbehalten bleiben, die Herzen zu richten! Wenn man aber im Alter von vierzehn Tagen getauft wird, wenn es als eine Bequemlichkeit angesehen werden muß, *de nomine* ein Christ zu sein, wenn es nur Mühe und Unannehmlichkeiten verursachen würde, sich vom Christentum loszusagen, wenn das Urteil der Zeitgenossen, wie früher gesagt wurde, ungefähr lauten würde: es ist doch abgeschmackt von ihm, daß er soviel Wesen davon macht: so kann man doch nicht leugnen, daß die Zugehörigkeit zur sichtbaren Kirche ein sehr zweifelhaftes Zeugnis dafür geworden ist, daß man wirklich ein Christ ist. Die sichtbare Kirche breitet sich so aus, daß sich zuletzt das Verhältnis umkehrt, und wie einmal Kraft und Stärke in Überzeugung erforderlich war, ein Christ zu werden, so wird jetzt, wenn auch die Äußerung (von Mut und Energie) nicht zu loben ist, Mut und Energie gefordert werden, das Christsein aufzugeben, dagegen nur Gedankenlosigkeit, so ein Christ zu sein.

Die Kindertaufe ist darum gut zu verteidigen, es braucht darum kein neuer Brauch eingeführt zu werden; wie aber alles verändert ist, so sollte die Geistlichkeit selbst einsehen, daß, wie es ihre Aufgabe einst war, als nur wenige Christen waren, Menschen fürs Christentum zu gewinnen, die Aufgabe jetzt darin besteht, sie womöglich durch Abschreckung zu gewinnen – denn das Unglück ist ja, daß sie Christen sind. Als das Christentum in die Welt kam, war man nicht Christ, und die Schwierigkeit war, es zu werden; jetzt ist die Schwierigkeit, es zu werden, die daß man ein bisheriges Christsein selbstwirksam in eine Möglichkeit verwandelt, um in Wahrheit Christ zu werden. Und die Schwierigkeit ist um so größer, weil dies still im Individuum selbst vor sich gehen soll und muß, ohne eine entscheidende Handlung im Äußeren, damit es keine anabaptistische Ketzerei oder etwas ähnliches werde. Aber schon im Äußeren weiß ja jeder, daß von der Stelle, auf der man steht, in die Höhe zu springen und wieder auf dieselbe Stelle herabzufallen, der schwierigste von allen Sprüngen ist, und daß der Sprung leichter wird, wenn zwischen die Stelle, wo der Springende steht, und die, wohin der Sprung gemacht werden soll, ein Spatium gesetzt wird. Und so ist auch die Entscheidung die schwierigste, wo der Sich-Entscheidende von der Entscheidung nicht entfernt ist (wie wenn der, der kein Christ ist, sich entscheiden soll, ob er es werden will), sondern wo es aussieht, als wäre es schon entschieden. In diesem Falle ist nämlich die Schwierigkeit der Entscheidung eine doppelte: erst die, daß die erste Entscheidung ein Schein, eine Möglichkeit ist, und dann die

Entscheidung selbst. Wenn ich kein Christ bin und die Entscheidung die ist, ein Christ zu werden, so hilft mir das Christentum auf die Entscheidung aufmerksam werden, und der Abstand zwischen mir und dem Christentum hilft, wie der Anlauf dem Springenden hilft; wenn es aber schon wie entschieden ist, wenn ich schon Christ bin (d. h. getauft bin, was ja doch nur eine Möglichkeit ist), so ist da nichts, was mir dazu hilft, auf die Entscheidung recht aufmerksam zu werden, sondern im Gegenteil (was die vergrößerte Schwierigkeit ist) etwas, was mich hindert, darauf aufmerksam zu werden, nämlich die scheinbare Entscheidung. Kurz: es ist leichter, ein Christ zu werden, wenn man kein Christ ist, als ein Christ zu werden, wenn man einer ist; und diese Aufgabe ist dem vorbehalten, der als Kind getauft ist.

Was ist die Taufe außer Aneignung? Ja, sie ist die Möglichkeit davon, daß das getaufte Kind ein Christ werden kann, weder mehr, noch weniger. Die Parallele würde sein: wie man geboren sein, ins Dasein gekommen sein muß, um Mensch zu werden, denn ein Kind ist das noch nicht: so muß man getauft sein, um ein Christ zu werden. Für den Älteren, der nicht als Kind getauft ist, gilt, daß er durch die Taufe Christ wird, weil er in der Taufe die Aneignung des Glaubens haben kann.

Nimm die Aneignung vom Christlichen weg, was ist dann Luthers Verdienst? Aber schlage ihn auf und fühle in jeder Zeile den starken Pulsschlag der Aneignung, fühle ihn im bebenden Vorwärtseilen des ganzen Stils, der gleichsam beständig das Gewitter des Schreckens hinter sich hat, das Alexius erschlug und Luther schuf. Hatte das Papsttum nicht Objektivität und objektive Bestimmungen und das Objektive, das Objektive, das Objektive im Überfluß? Was fehlte ihm? Aneignung, Innerlichkeit. „Aber unsere spitzfindigen Sophisten sagen in diesen Sakramenten nichts von dem Glauben, sondern plappern nur fleißig von den wirklichen Kräften der Sakramente (vom Objektiven), denn sie lernen immerdar, und kommen doch nicht zu der Erkenntnis der Wahrheit" (*Von der babylonischen Gefangenschaft*, Gerlachs kleine Ausgabe, 4. Band, S. 195 [Walchs Ausgabe XIX, S. 149]). Aber auf dem Wege müßten sie ja doch zur Wahrheit kommen, wenn die Wahrheit in der Objektivität bestünde.

Mag es also zehnmal wahr sein, daß das Christentum nicht in der Differenz liegt, mag es der seligste Trost des Erdenlebens sein, daß sich die heilige Menschlichkeit des Christentums darin zeigt, daß es von allen angeeignet werden kann, aber soll und muß das so verstanden werden, daß jeder dadurch ohne weiteres ein Christ sei, daß er, 14 Tage alt, getauft worden ist?[1] Christsein ist kein bequemes Ding, der Einfältige soll ebensowohl wie der Weise so gut sein, darin

---

[1] In den *Brocken* habe ich die Mißlichkeit so ausgedrückt, daß man einen Versuch gemacht habe, das Christentum zu naturalisieren, so daß zuletzt Christsein und Menschsein identisch sei und man als Christ geboren werde, wie man als Mensch geboren wird; oder daß doch Geburt und Wiedergeburt auf einen Zeitraum von vierzehn Tagen zusammengerückt würden.

zu existieren, dann wird das Christsein etwas anderes, als daß man ein Taufattest in der Schublade liegen hat und ihn vorlegt, wenn man studieren, wenn man Hochzeit halten will; etwas anderes, als daß man sein Leben lang ein Taufattest in der Westentasche trägt.

Aber ein Christ ist allmählich etwas geworden, was man so ohne weiteres ist, und wofür eher unsere Eltern die Verantwortung tragen als wir selbst: daß sie es nur nicht versäumt haben, uns zu taufen. So kommt es denn sonderbarerweise, und nicht gar selten, in der Christenheit vor, daß ein Mann, was ihn selbst betrifft, denkt: „Die Eltern werden schon dafür gesorgt haben, daß ich getauft wurde", und damit die Sache für abgemacht hält, daß dann aber, wenn er selbst Vater wird, die Sorge in ihm erwacht, daß sein Kind getauft werde. So ist die Sorge, ein Christ zu werden, vom Individuum selbst auf seinen Vormund übergegangen. In der Qualität eines Vormundes sorgt der Vater dafür, daß das Kind getauft werde, vielleicht auch im Gedanken an alle die polizeilichen Schwierigkeiten und Unannehmlichkeiten, denen das Kind, wenn es nicht getauft ist, ausgesetzt sein wird. Und die Ewigkeit droben und der feierliche Ernst des Gerichts (wo, wohl zu beachten, entschieden werden soll, ob ich ein Christ gewesen bin, nicht ob ich in Qualität eines Vormunds dafür gesorgt habe, daß meine Kinder getauft wurden) verwandeln sich in eine Straßenszene oder eine Szene in einem Paßbüro, wo die Verstorbenen mit ihren vom Küster ausgestellten Scheinen angelaufen kommen. Mag es also zehnmal wahr sein, daß die Taufe ein göttlicher Regierungspaß für die Ewigkeit sei; wenn aber Leichtsinn und Weltlichkeit sie als Einlaßschein gebrauchen wollen, ist sie dann auch ein solcher Paß? Die Taufe ist doch wohl nicht der Papierzettel, den der Küster ausstellt und sich zuweilen verschreibt; die Taufe ist doch wohl nicht bloß das äußere Faktum, daß man den siebenten September um 11 Uhr getauft wurde. Daß die Zeit, die Existenz in der Zeit, für eine ewige Seligkeit entscheidend wird, ist überhaupt so paradox, daß es das Heidentum nicht denken kann; aber das Ganze in einem Alter von vierzehn Tagen am siebenten September im Laufe von fünf Minuten abgemacht zu bekommen, das scheint doch beinah ein wenig zuviel vom Paradoxen zu sein. Es fehlte bloß, daß man auch in der Wiege mit der und der getraut, in die und die bürgerliche Stellung eingeschrieben würde usw., so hätte man in dem jungen Alter von vierzehn Tagen alles für sein ganzes Leben abgemacht. Es müßte denn die spätere Entscheidung darin bestehen, daß man es noch einmal machte, was man wohl bei einer projektierten Ehe der Mühe Wert finden würde, aber vielleicht nicht beim Christentum. Sieh, einst war es in der Welt so, daß, wenn einem Menschen alles zerbrach, ihm doch die Hoffnung blieb, ein Christ zu werden; jetzt ist man es und ist auf so mancherlei Weise in Versuchung zu vergessen, es zu werden.

Unter solchen Umständen (die Mißlichkeit der Spekulation auf der einen Seite, und daß man so ohne weiteres Christ ist, auf der anderen Seite) wird es immer schwieriger, einen Ausgangspunkt zu bekommen, wenn man wissen will, was Christentum ist. Die Spekulation bringt nämlich das Heidentum als Resultat des Christentums heraus; und daß man ohne weiteres ein Christ ist, weil man getauft ist, verwandelt die Christenheit in ein getauftes Heidentum. Darum nahm ich meine Zuflucht zum Heidentum und zu Griechenland, dem Repräsentanten der Intellektualität, und zu dessen größtem Helden: Sokrates. Nachdem ich mir dann das Heidentum gesichert hatte, suchte ich von ihm aus eine so entscheidende Verschiedenheit wie möglich zu finden. Ob das im Experiment Behandelte darum das Christentum war, ist eine andere Frage, aber soviel war doch gewonnen, daß die moderne christliche Spekulation, wenn sie die Kategorie wesentlich mit dem Heidentum gemeinsam hat, nicht das Christentum sein kann.

§ 2 Die Wichtigkeit einer vorläufigen Übereinkunft, was Christentum sei, ehe von einer Mediation von Christentum und Spekulation die Rede sein kann. Das Ausbleiben der Übereinkunft begünstigt die Mediation, während ihr Ausbleiben die Mediation illusorisch macht. Das Eintreten der Übereinkunft verhindert die Mediation

Daß eine ewige Seligkeit in der Zeit durch das Verhältnis zu etwas Geschichtlichem entschieden werde, war das im Experiment Behandelte, und was ich jetzt das Christliche nenne. Dies wird doch wohl niemand verneinen, daß es im neuen Testamente die Lehre des Christentums sei, daß sich die Frage nach der ewigen Seligkeit des Individuums in der Zeit entscheide und daß sie sich nach dem Verhalten zum Christentum als etwas Geschichtlichem entscheide. Und um nicht durch die Erweckung eines Gedankens an die ewige Unseligkeit zu stören, will ich bemerken, daß ich bloß von dem Positiven rede, also daß der Glaubende in der Zeit durch sein Verhältnis zu etwas Geschichtlichem seiner ewigen Seligkeit gewiß werde.

Um nicht zu stören, wünsche ich auch nicht mehr christliche Bestimmungen hervorzuholen; sie liegen doch alle in dieser einen und lassen sich konsequent aus ihr ableiten, wie denn diese Bestimmung den schärfsten Gegensatz gegen das Heidentum bildet. Nur wiederhole ich wieder: ob das Christentum recht hat, entscheide ich nicht. Ich habe es schon in der Broschüre gesagt, was ich beständig bekenne, daß mein bißchen Verdienst, wenn davon die Rede sein soll, darin besteht, daß ich das Problem hinstelle.

Doch wenn ich bloß das Christentum und das neue Testament nenne, beginnt so leicht eine nicht enden wollende Erwägung. Es wird so für einen Spekulanten nichts Leichteres geben, als die eine oder andere Schriftstelle zu finden, auf die er sich zu seiner Faveur berufen kann.

Denn nicht einmal dies hat die Spekulation vorläufig klargemacht, in welchem Sinn sie das neue Testament benutzen will. Bald wird ohne weiteres gesagt, das neue Testament liege in der Sphäre der Vorstellung, woraus zu folgen scheint, daß von ihm aus nicht argumentiert werden kann, bald wird großes Wesen davon gemacht, die Autorität der Bibel für sich zu haben, wenn die Spekulation eine Bibelstelle findet, auf die sie sich berufen kann.

Die vorläufige Übereinkunft, um was es sich handelt, was Christentum ist, ehe man es erklärt, damit man nicht, anstatt das Christentum zu erklären, auf etwas verfalle und es für Christentum erkläre, diese vorläufige Übereinkunft ist von entscheidender Wichtigkeit. Um dieses Erscheinen beider Parteien vor der Vergleichskommission (damit die Mediation nicht selbst die eine Partei und zugleich die Kommission werde, vor der sie erscheinen) scheint sich die Spekulation nicht zu kümmern, die lieber bloß ihren Profit vom Christentum haben will. Wie es in einer geringeren Sache wohl den einen oder anderen gegeben hat, der sich nicht viel darum kümmerte, Hegel zu verstehen, wohl aber um den Profit sogar weiter als Hegel zu gehen, so ist es auch im Verhältnis zu etwas so Großem und Bedeutungsvollem wie dem Christentum sehr verlockend, weiter zu gehen. Aber dann muß man das Christentum dabei haben, nicht gerade um des Christentums willen, aber damit es sich mit dem Weitergehen gut ausnehme.

Andererseits darf die Erwägung, was Christentum sei, ja keine gelehrte Erwägung werden, denn in demselben Augenblicke gehen wir, wie im ersten Teil dieser Schrift gezeigt wurde, auf ein Approximieren ein, das nie fertig wird. Die Mediation zwischen Christentum und Spekulation wird dann aus einem anderen Grunde nicht möglich sein, weil die Erwägung nicht fertig werden kann.

Die Frage, was Christentum sei, muß also gestellt werden, aber nicht gelehrt, auch nicht parteiisch unter der Voraussetzung, daß Christentum eine philosophische Lehre sei, denn dann ist die Spekulation mehr als Partei, oder zu gleicher Zeit Partei und Richter. Die Frage muß daher im Hinblick auf Existenz gestellt werden, und dann muß man auch darauf antworten, und kurz antworten können. Während es sich nämlich hören läßt, daß ein gelehrter Theolog sein ganzes Leben daran wendet, die Lehre der Schrift und der Kirche gelehrt zu untersuchen, würde es ja ein lächerlicher Widerspruch sein, wenn ein Existierender, der in bezug auf Existenz fragte, was Christentum sei, sein ganzes Leben daran wenden würde, es zu erwägen – denn wann würde er dann darin existieren?

Die Frage, was Christentum sei, darf daher nicht mit der objektiven Frage nach der Wahrheit des Christentums verwechselt werden, die wir im ersten Teil dieser Schrift behandelt haben. Man kann wohl objektiv fragen, was Christentum sei, indem es der Fragende objektiv vor sich hinstellen und bis auf weiteres unentschieden lassen will, ob es Wahrheit ist oder nicht (die Wahrheit ist die Subjektivität). Dann verbittet sich der Fragende alle hochehrwürdige Geschäftigkeit, dessen Wahrheit zu beweisen, samt allem spekulativen Vorwärtstreiben mit dem Weitergehen; er wünscht Ruhe, wünscht weder Empfehlungen noch Hast, sondern wünscht zu wissen, was es ist.

Oder kann man nicht erfahren, was Christentum ist, ohne selbst ein Christ zu sein? Alle Analogien scheinen dafür zu sprechen, daß man es erfahren kann, und das Christentum selbst muß ja die als falsche Christen betrachten, die bloß wissen, was Christentum ist. Die Sache ist hier wieder verwirrt worden, indem man dadurch das Aussehen eines Christen bekommt, daß man sogleich als Kind getauft worden ist. Als aber das Christentum in die Welt hineinkam, oder wenn es in einem heidnischen Lande eingeführt wird, da machte es ja und macht es nicht einen Strich über die gleichzeitige Generation der Älteren und bemächtigte sich der kleinen Kinder. Damals war das Verhältnis in der Ordnung: da war es schwierig, ein Christ zu werden, und man gab sich nicht damit ab, das Christentum zu verstehen. Jetzt haben wir bald die Parodie erreicht, daß ein Christ zu werden gar nichts ist, aber schwierig und eine sehr beschäftigende Aufgabe, es zu verstehen. Damit ist alles umgekehrt, das Christentum in eine Art philosophische Lehre verwandelt, bei der die Schwierigkeit ganz richtig im Verstehen liegt, anstatt daß sich das Christentum wesentlich zur Existenz verhält und das Christwerden das Schwierige ist.[1] Daher ist der Glaube dem Verstehen gegenüber dethronisiert, anstatt daß er ganz richtig das Höchste ist, wenn die Schwierigkeit darin besteht, daß man ein Christ wird.

Nehmen wir z. B. einen heidnischen Philosophen, dem das Christentum verkündigt wurde, doch wohl nicht als eine philosophische Lehre mehr, die er verstehen sollte, sondern mit der Frage, ob er ein Christ werden wolle: hat man ihm damit nicht gesagt, was Christentum ist, damit er dann wählen kann?

Daß man wissen könne, was Christentum ist, ohne ein Christ zu sein, muß also wohl bejaht werden. Etwas anderes ist, ob man wissen kann, was ein Christ ist, ohne es zu sein, was verneint werden muß. Dagegen muß ja der Christ zugleich wissen, was Christentum ist, und es uns sagen können, insofern als er es selbst geworden ist. Ich glaube nicht, daß man die Mißlichkeit von vierzehn Tagen Christ geworden zu sein, stärker ausdrücken kann, als wenn man daran erinnert, daß man es mit ihrer Hilfe dazu gebracht habe, Christen zu finden, die noch nicht Christen geworden sind. Der Übergang zum Christentum ist so frühzeitig gemacht, daß dieser Übergang bloß eine Möglichkeit ist, dazu überzugehen. Wer nämlich wirklich Christ geworden ist, muß ja eine Zeit gehabt haben, wo er kein Christ war, er muß wieder eine Zeit gehabt haben, wo er zu wissen

[1] Hat man es mit einer Lehre zu tun, so ist das Verstehen das Höchste und ein Anhänger zu werden eine hinterlistige Weise, auf welche Leute, die etwas nicht verstehen, sich einschleichen und so stellen, als hätten sie es verstanden; hat man es mit einer Existenzmitteilung zu tun, so ist das Höchste darin zu existieren und das Verstehenwollen eine hinterlistige Ausflucht, die sich um die Aufgabe drücken will. Hegelianer zu werden ist verdächtig, Hegel zu verstehen das Höchste; ein Christ zu werden ist das Höchste, das Christentum verstehen zu wollen ist verdächtig. Dies entspricht ganz dem, was im vorigen Kapitel von Möglichkeit und Wirklichkeit entwickelt wurde. Bei einer Lehre ist das Möglichkeitsverhältnis das Höchste, bei einer Existenzmitteilung die Wirklichkeit. Eine Existenzmitteilung verstehen zu wollen, heißt sein Verhältnis zu ihr in ein Möglichkeitsverhältnis verwandeln.

bekam, was Christentum ist, er muß wieder, wenn er nicht ganz die Erinnerung davon verloren hat, wie er selbst existierte, ehe er Christ wurde, durch Vergleichung seines früheren Lebens mit seinem christlichen Leben imstande sein, was ihn betrifft, zu sagen, was Christentum ist.

Sobald die Übergangssituation zu der Zeit eintritt, wo das Christentum in die Welt kommt oder in einem heidnischen Lande eingeführt wird, wird alles klar sein. Dann wird es die schrecklichste von allen Entscheidungen im Leben eines Menschen, ein Christ zu werden, dann gilt es, durch Verzweiflung und Ärgernis hindurch (durch die beiden Zerberusse, die den Zugang zum Christwerden bewachen) den Glauben zu gewinnen. Dieses schrecklichste Examen des Lebens, wo die Ewigkeit die Zensur macht, kann doch wohl ein Kind von vierzehn Tagen nicht absolviert haben, selbst wenn es noch so viele Bescheinigungen vom Küster hat, daß es getauft ist. So muß ja aber auch für den Getauften ein späterer Moment kommen, der wesentlich der Übergangssituation entspricht, wenn diese zugleich mit der Ankunft des Christentums in der Welt geschieht; so muß für den Getauften ein Augenblick kommen, wo er, obgleich ein Christ, fragt, was Christentum sei, um ein Christ zu werden. Durch die Taufe gibt ihm das Christentum einen Namen, und ist er *de nomine* ein Christ; aber in der Entscheidung wird er ein Christ und gibt dem Christentum seinen Namen (*nomen dare alicui* [sich zum Kriegsdienst melden]).

Nehmen wir einen heidnischen Philosophen; er wurde doch wohl nicht Christ, als er vierzehn Tage alt war, als er nicht wußte, was er tat (wahrhaftig die sonderbarste Erklärung des entscheidendsten Schrittes, daß er gemacht wird, während man selbst nicht weiß, was man tut!); er wußte wohl, was er tat, daß er sich zu einem Verhältnis zum Christentum entschloß, bis ihm das Wunderbare geschah, daß er ein Christ wurde (wenn wir es so ausdrücken wollen), oder bis er es zu werden wählte: er wußte also damals, als er das Christentum annahm, als er noch nicht Christ war, was das Christentum war.

Aber während alle viel damit zu tun haben, das Christentum gelehrt zu bestimmen und spekulativ zu verstehen, sieht man nie die Frage, was Christentum sei, so gestellt, daß man merkt, daß sie von einem kommt, der in bezug auf Existenz oder in dem Interesse zu existieren danach fragt. Und weshalb tut das niemand? Ei natürlich, weil wir alle ohne weiteres Christen sind. Und mit Hilfe dieser vortrefflichen Erfindung, ohne weiteres Christ zu sein, hat man es in der Christenheit so weit gebracht, daß man nicht bestimmt weiß, was Christentum ist; oder die Erklärung, was Christentum sei, ist, weil sie mit der gelehrten und spekulativen Erklärung des Christentums verwechselt wird, eine so weitläufige Sache geworden, daß man damit noch nicht ganz fertig ist, sondern noch eine neue Schrift erwartet. Wer, wenn wir die Übergangssituation zugleich mit der Ankunft des Christentums in der Welt annehmen, wer da wirklich ein Christ wurde, der wußte ja, was Christentum war, und wer wirklich Christ werden will, muß diesen Drang dazu empfinden, einen Drang, von dem ich doch nicht glaube, daß ihn selbst die in ihr Kind vernarrteste Mutter bei ihm in dem jugendlichen Alter von vierzehn Tagen entdecken werde. Wir sind ja aber alle Christen. Die gelehrten Christen streiten darum, was eigentlich Christentum sei, es kommt ihnen aber nie ein anderer Gedanke, als daß sie selbst Christen seien, als wäre es möglich, sicher von sich zu wissen, daß man etwas ist, wovon man nicht bestimmt weiß, was es ist. Die Predigt wendet sich an die „christliche Gemeinde" und bewegt sich doch beinah beständig hin zum Christlichen, empfiehlt, den Glauben zu ergreifen (also ein Christ zu werden), lockt die Menschen das Christentum anzunehmen, und die Menschen, zu denen geredet wird, sind die christliche Gemeinde und also wohl Christen. Stirbt dann morgen ein Zuhörer, der gestern von der das Christentum empfehlenden Rede des Pfarrers recht ergriffen dachte: „Es fehlt nur wenig daran, so werde ich ein Christ", dann wird er übermorgen als Christ begraben, denn er war ja ein Christ.

Was daher an sich selbst so einleuchtend zu sein scheint, daß ein Christ doch wohl wissen muß, was Christentum ist, wissen mit der Konzentration und Entschiedenheit, die das Bewußtsein den entscheidendsten Schritt gemacht zu haben sowohl voraussetzt als auch gibt, das ist nun nicht mehr ganz schlicht zu verstehen. Wir sind ja alle Christen, ein Spekulant ist auch getauft, als er vierzehn Tage alt war. Wenn nun ein Spekulant sagt: ich bin ein Christ (d. h. NB. im Alter von vierzehn Tagen getauft), ein Christ muß doch wohl wissen, was Christentum ist; das wahre Christentum, sage ich, ist die Mediation des Christentums, und stehe für die Richtigkeit hiervon damit ein, daß ich selbst ein Christ bin: was werden wir dann antworten? Hierauf muß geantwortet werden: wenn ein Mann sagt: ich bin ein Christ, *ergo* muß ich ja auch wissen, was Christentum ist, und kein Wort weiter sagt, so muß man das dahingestellt sein lassen; es wäre ja töricht, zu widersprechen, da er nichts sagt. Beginnt er aber zu entwickeln, was er nun unter Christentum verstehe, so muß man, auch ohne ein Christ zu sein, wissen können, ob es Christentum ist oder nicht, wenn man, ohne ein Christ zu sein, wissen kann, was Christentum ist. Wenn so das, was er für Christentum erklärt, wesentlich mit Heidentum identisch ist, so ist man berechtigt, zu verneinen, daß es Christentum sei.

Was Christentum ist, muß also vor allen Dingen entschieden sein, ehe von einem Mediieren die Rede sein kann. Hierauf läßt sich die Spekulation nicht ein, sie geht nicht so zu Werke, daß sie erst bestimmt, was Spekulation ist, dann, was Christentum ist, um darauf zu sehen, ob sich die Gegensätze vermitteln lassen; sie sichert sich erst durch Unterschrift die respektive Identität der betreffenden streitenden Parteien, ehe zum Vergleich geschritten wird. Fragt man sie, was Christentum sei, antwortet sie ohne weiteres: die spekulative Auffassung vom Christentum, ohne sich darum zu kümmern, inwieweit eine Unterscheidung, die zwischen einer Sache und der Auffassung von der Sache unterscheidet, etwas zu bedeuten habe; was selbst für die Spekulation von Wichtigkeit zu sein scheint, denn wenn das Christentum selbst in der Auffassung der Spekulation besteht, so gibt es ja keine Vermittlung, denn so gibt es ja keinen Gegensatz, und ein Vermitteln zwischen dem Identischen ist ja doch nichtssagend. Aber dann ist es vielleicht besser, die Spekulation zu fragen, was Spekulation sei. Aber siehe, dann erfährt man: die Spekulation ist die Versöhnung, ist die Vermittlung, ist das Christentum. Sind aber Spekulation und Christentum identisch, was soll dann beider Vermittlung heißen? Und dann ist das Christentum wesentlich Heidentum, denn die Spekulation wird doch wohl nicht leugnen, daß das Heidentum Spekulation gehabt habe. Daß die Spekulation nun in gewissem Sinne ganz konsequent redet, gebe ich gern zu, aber diese konsequente Rede zeigt zugleich, daß vor dem Vergleiche keine vorläufige Übereinkunft getroffen worden ist, vermutlich, weil man die dritte Stelle nicht hat finden können, wo die streitenden Parteien erscheinen sollten.

Aber selbst wenn die Spekulation einen Unterschied zwischen Christentum und Spekulation annimmt, wenn nicht aus einem anderen Grunde, so doch aus purer Freude am Vermitteln, wenn sie den Unterschied jedoch nicht bestimmt und entscheidend angibt: so muß man fragen: ist *die Vermittlung* nicht die Idee der Spekulation? Wenn also zwischen den Gegensätzen *vermittelt* wird, so stehen die Gegensätze (Spekulation – Christentum) vor dem Ausgleichenden nicht gleich; sondern das Christentum bildet ein Moment innerhalb der Spekulation, und die Spekulation bekommt das Übergewicht, weil sie das Übergewicht hatte, und weil der Augenblick des Gleichgewichtes, wo die Gegensätze gegeneinander abgewogen wurden, nicht eintrat. Wenn zwischen zwei Gegensätzen vermittelt wird, und diese in einer höheren Einheit vermittelt werden, so können die Gegensätze vielleicht ebenbürtig sein, weil keiner von ihnen ein Gegensatz zur Spekulation ist; wenn aber der eine Gegensatz die Spekulation selbst ist, der andere ein Gegensatz zur Spekulation, und nun vermittelt wird, und die Vermittlung ist ja die Idee der Spekulation, so bezeichnet die Rede von einem Gegensatz zur Spekulation eine illusorische Bewegung, da die ausgleichende Macht die Spekulation selbst ist (ihre Idee nämlich, welche die Vermittlung ist). Innerhalb der Spekulation kann dem, was Spekulation sein will, sein relativer Platz angewiesen und können die Gegensätze vermittelt werden, nämlich Gegensätze, die das gemeinsam haben, daß sie ein jeder für sich spekulative Versuche sind. Wenn so die Spekulation zwischen der Lehre der Eleaten und der Heraklits vermittelt, so kann dies ganz richtig sein; denn die Lehre der Eleaten verhält sich nicht als Gegensatz zur Spekulation, sondern ist selbst spekulativ, und ebenso die Lehre Heraklits. Anders, wenn der Gegensatz der Gegensatz zur Spekulation überhaupt ist. Soll hier vermittelt werden (und die Vermittlung ist ja die Idee der Spekulation), so heißt das: die Spekulation urteilt zwischen sich selbst und dem Gegensatz zu sich selbst und ist also selbst Partei und Richter. Oder es heißt: die Spekulation nimmt im voraus an, daß es überhaupt keinen Gegensatz zur Spekulation gebe, so daß jeder Gegensatz, indem er innerhalb der Spekulation liegt, nur relativ ist. Aber dies sollte ja gerade in der vorläufigen

Übereinkunft besprochen werden. Vielleicht ist der Spekulation darum so bange davor, deutlich anzugeben, was Christentum sei, vielleicht eilt sie darum so sehr, die Vermittlung in Gang zu bringen und zu empfehlen, weil sie das Schlimmste zu befürchten hat, wenn es klarwürde, was Christentum ist. Wie man in einem Staat, wo ein aufrührerisches Ministerium die Macht an sich gerissen hat, den König fern hält, während das aufrührerische Ministerium in des Königs Namen handelt: so benimmt sich die Spekulation, die das Christentum vermittelt.

Jedoch hat die Mißlichkeit, daß das Christentum ein Moment innerhalb der Spekulation sein soll, die Spekulation wohl veranlaßt, ein wenig zu akkordieren. Die Spekulation hat den Titel „christlich" angenommen, hat durch Zusatz dieses Eigenschaftswortes das Christentum anerkennen wollen, wie zuweilen bei Heiraten in adeligen Familien aus den Namen beider Familien ein gemeinsamer Name gebildet wird, oder wie sich Handelshäuser in einer Firma vereinigen, die doch beider Namen trägt. Wenn es sich nun so verhielte, wie man so leicht annimmt, daß ein Christ werden gar nichts sei, dann müßte das Christentum freilich von Herzen froh sein, eine so gute Partie gemacht zu haben und zu Ehre und Ansehen gekommen zu sein, fast wie es die Spekulation genießt. Wenn es dagegen die schwierigste von allen Aufgaben ist, ein Christ zu werden, dann scheint eher der hochgeborene Spekulant zu profitieren, sofern er durch die Firma den Gewinn hat, ein Christ zu werden. Aber ein Christ zu werden ist wirklich die schwierigste von allen Aufgaben, weil die Aufgabe, obgleich dieselbe, nach den Kräften des respektiven Individuums variiert. Bei Differenzaufgaben ist dies nicht der Fall. Beim Begreifen hat z. B. ein heller Kopf offenbar Vorteil vor einem beschränkten; aber nicht so beim Glauben. Wenn der Glaube nämlich fordert, man solle seinen Verstand aufgeben, so wird es für den Klügsten ebenso schwierig, zu glauben, als für den Beschränktesten, oder es wird für ersteren wohl sogar noch schwieriger. Man sieht wieder, wie mißlich es ist, das Christentum in eine Lehre zu verwandeln, bei der es aufs Verstehen ankommt, denn dann liegt das Christwerden in der Differenz. Was fehlt also hier? Die vorläufige Übereinkunft, wo der Status jedes Partners abgeschlossen wird, ehe sich die neue Firma etabliert.

Aber weiter: diese christliche Spekulation spekuliert dann innerhalb des Christentums. Doch ist diese Spekulation etwas anderes als jener *usus instrumentalis* der Vernunft[1], und etwas anderes als die Spekulation, die, ganz konsequent, da sie nur Spekulation innerhalb des Christentums war, annahm, etwas sei in der Philosophie wahr, was in der Theologie nicht wahr sei. So verstanden, ist es in der Ordnung, innerhalb einer Voraussetzung zu spekulieren, was ja jene christliche Spekulation durch das Prädikat „christlich" andeuten will. Wenn aber dann diese Spekulation, die mit einer Voraussetzung beginnt, je nachdem die Spekulation immer weitergeht, zuletzt die Voraussetzung mitspekuliert, d. h.

1 [Hindeutung auf die alte Bezeichnung der Logik als „Instrumentalphilosophie".]

die Voraussetzung wegnimmt, was dann? Ja, so war das mit der Voraussetzung Spiegelfechterei. Von den Molboern [Schildbürgern] erzählt man, daß sie beim Anblick eines Baumes, der sich übers Wasser beugte, gerührt, in dem Gedanken, der Baum sei durstig, ihm zu helfen beschlossen. Zu dem Zwecke hängte sich erst ein Molboer fest an den Baum, der nächste an dessen Beine, und so bildeten sie eine ganze Reihe, deren gemeinsame Absicht war dem Baume zu helfen, alles unter der Voraussetzung, daß der erste festhalte. Denn der erste, das war die Voraussetzung. Aber was geschieht? Plötzlich läßt er los, um in die Hände zu spucken, damit er fester fassen könne, und dann? Ja dann fielen die Molboer ins Wasser, und weshalb? Weil die Voraussetzung aufgegeben wurde. Wenn man innerhalb einer Voraussetzung so spekuliert, daß man die Voraussetzung zuletzt mit verspekuliert, so macht man ganz dasselbe Kunststück, wie wenn man innerhalb eines hypothetischen „wenn" etwas so Evidentes denkt, daß es die Macht bekommt, die Hypothese, innerhalb deren es seine Bedeutung hat, in Wirklichkeit zu verwandeln.

Und von welcher Voraussetzung kann in bezug auf die sogenannte christliche Spekulation überhaupt die Rede sein, als von der, daß das Christentum gerade das Gegenteil von Spekulation ist, daß es das Mirakulöse, das Absurde ist, mit der Anforderung an den einzelnen, darin zu existieren und mit dem spekulativen Verstehenwollen keine Zeit zu verlieren. Soll nun innerhalb dieser Voraussetzung spekuliert werden, so wird die Spekulation ihre Aufgabe vielmehr darin finden, daß sie sich in die Unmöglichkeit vertiefe, das Christentum spekulativ zu verstehen, was im vorhergehenden als die Aufgabe des einfältigen Weisen bezeichnet wurde.

„Aber", sagt der Spekulant vielleicht, „wenn so das Christentum der Spekulation gerade entgegengesetzt, der absolute Gegensatz ist, so kann ich ja gar nicht dazu kommen, über das Christentum zu spekulieren, denn alle Spekulation liegt in der Vermittlung und darin, daß es nur relative Gegensätze gibt." – „Das ist vielleicht so", würde ich antworten, „aber warum redest du so, willst du mich erschrecken, damit mir vor der Spekulation oder vor dem ungeheuren Ansehen bange werde, das sie in der öffentlichen Meinung genießt, oder willst du mich gewinnen, so daß ich die Spekulation für das höchste Gut ansehen muß?" Hier ist nicht die Frage, ob das Christentum recht habe, sondern was Christentum sei. Die Spekulation unterläßt diese vorläufige Übereinkunft, deshalb gelingt es ihr mit der Vermittlung. Ehe sie vermittelt, hat sie schon vermittelt, d. h. das Christentum in eine philosophische Lehre verwandelt. Sobald dagegen die Übereinkunft das Christentum als Gegensatz zur Spekulation hinstellt, ist *eo ipso* die Vermittlung unmöglich, denn alles Vermitteln geschieht innerhalb der Spekulation. Ist das Christentum das Gegenteil von der Spekulation, so ist es auch das Gegenteil von der Vermittlung, da die Vermittlung die Idee der Spekulation ist; was soll es dann heißen, es zu vermitteln? Was ist aber das Gegenteil von Vermittlung? Das ist das absolute Paradox.

Also frage einer, der sich nicht für einen Christ ausgibt, danach, was Christentum sei. So wird die Sache am natürlichsten, und man vermeidet die sowohl traurige als lächerliche Konfusion, daß Hinz und Kunz, die ohne weiteres selbst Christen sind, zu neuer Verwirrung eifrig daran sind, das Christentum spekulativ zu erklären, was es fast beleidigen heißt. Wenn nämlich das Christentum eine philosophische Lehre wäre, so könnte man es damit ehren, daß man sagte, es sei (spekulativ) schwer zu begreifen; wenn aber das Christentum selbst annimmt, die Schwierigkeit bestehe darin, daß man ein Christ werde und sei, so darf es nicht einmal schwer zu verstehen sein, nämlich so zu verstehen, daß man mit der Schwierigkeit, ein Christ zu werden und ein Christ zu sein, anfangen kann.

Das Christentum ist nun keine Lehre[1], sondern drückt einen Existenzwiderspruch aus und ist eine Existenzmitteilung. Wenn das Christentum eine Lehre wäre, würde es *eo ipso* nicht den Gegensatz zur Spekulation bilden, sondern ein Moment innerhalb derselben sein. Das Christentum geht die Existenz, das Existieren an, aber Existenz und Existieren bilden gerade den Gegensatz zur Spekulation. Die eleatische Lehre z. B. verhält sich nicht zum Existieren, sondern zur Spekulation; ihr ist daher der Platz innerhalb der Spekulation anzuweisen. Gerade weil das Christentum keine Lehre ist, darum gilt, wie entwickelt wurde, für den Betreffenden, daß ein ungeheurer Unterschied zwischen dem Wissen vom Christentum und dem Christsein besteht. Bei einer Lehre ist diese Unter-

---

[1] Wenn nun bloß nicht ein geschwinder Denker einem Leserkreis erklärt, wie töricht mein ganzes Buch sei, was man zur Genüge daraus sehe, daß ich so etwas verschulde wie, daß das Christentum keine Lehre sei. Laß uns einander verstehen! Zwischen einer philosophischen Lehre, die begriffen und spekulativ verstanden werden will, und einer Lehre, die in Existenz realisiert werden will, ist doch wohl ein Unterschied. Wenn in bezug auf diese letztere Lehre von Verstehen die Rede sein soll, so muß es ein Verstehen sein, daß man darin existieren soll, ein Verstehen, wie schwierig es ist, darin zu existieren, welche ungeheure Existenzaufgabe diese Lehre dem Lernenden stellt. Wenn so in einer gewissen Zeit von einer solchen Lehre (einer Existenzmitteilung) allgemein angenommen wird, was die Lehre gebiete, sei so sehr leicht, aber die Lehre spekulativ zu verstehen so schwer: so kann einer im guten Einverständnis mit dieser Lehre (der Existenzmitteilung) stehen, wenn er zu zeigen sucht, wie schwer es sei, die Lehre existierend zu befolgen. Dagegen ist es ein Mißverständnis, über eine solche Lehre spekulieren zu wollen.

Eine solche Lehre ist das Christentum. Darüber spekulieren zu wollen ist ein Mißverständnis, und je weiter man auf diesem Weg geht, ein desto größeres Mißverständnis verschuldet man. Erreicht man endlich den Punkt, daß man nicht bloß spekulieren will, sondern daß man das Christentum spekulativ verstanden hat, dann hat man das Höchste im Mißverständnis erreicht. Dieser Punkt ist durch die Vermittlung von Christentum und Spekulation erreicht, und darum ist ganz richtig die moderne Spekulation das höchste Mißverständnis des Christentums. Wenn sich dies nun so verhält, und wenn ferner unleugbar das neunzehnte Jahrhundert so schrecklich spekulativ ist, so liegt die Befürchtung nahe, das Wort Lehre werde augenblicklich als eine philosophische Lehre aufgefaßt, die begriffen werden soll und will. Um diese Mißlichkeit zu vermeiden, habe ich vorgezogen, das Christentum eine Existenzmitteilung zu nennen, um seine Verschiedenheit von der Spekulation recht bestimmt zu bezeichnen.

scheidung undenkbar, weil sich die Lehre nicht zum Existieren verhält. Ich kann nichts dafür, daß unsere Zeit das Verhältnis umgekehrt und das Christentum in eine philosophische Lehre verwandelt hat, die begriffen werden soll, und das Christsein in eine Kleinigkeit. Daß übrigens damit, daß das Christentum keine Lehre sei, gesagt sei, das Christentum sei inhaltlos, ist nur eine Schikane. Wenn der Glaubende im Glauben existiert, hat seine Existenz ungeheuren Inhalt, der aber keine Paragraphenausbeute bedeutet.

In dem Problem: daß eine ewige Seligkeit hier in der Zeit durch ein Verhältnis zu etwas Geschichtlichem entschieden werde, habe ich den Existenzwiderspruch des Christentums auszudrücken gesucht. Sobald ich sagen würde, das Christentum sei eine Lehre, von der Inkarnation, von der Versöhnung usw., ist das Mißverständnis sogleich geschehen. Die Spekulation bemächtigt sich dieser Lehre, weist die unvollkommene Auffassung des Heidentums und des Judentums nach usw. Das Christentum wird zu einem Moment, einem vielleicht höchsten Moment, aber wesentlich zu Spekulation.

§ 3 Das Problem der Brocken als Einleitungsproblem, nicht zum Christentum, sondern zum Christwerden

Da ich mich weder in den *Brocken* daran gemacht habe noch jetzt daran mache, das Problem zu erklären, sondern es nur aufstelle, ist also mein Vorhaben dies: beständig zu ihm zu kommen, es einzuleiten, doch wohl zu beachten so, daß dieses Einleiten von eigner Art ist, da kein unmittelbarer Übergang von der Einleitung zum Christwerden besteht, sondern dieses im Gegenteil der qualitative Sprung ist. Ein solches Einleiten ist daher (eben weil das Einleiten im gewöhnlichen Sinn ein Widerspruch gegen die Entscheidung des qualitativen Sprunges ist) abstoßend, es macht es nicht leicht, in das, wozu es hinleitet, hineinzukommen, es macht es im Gegenteil schwer. Mag es also im Gedanken, daß das Christsein das höchste Gut sei, schön und wohlgemeint sein, den Menschen durch Erleichterung des Zuganges dazu zu verhelfen: ich nehme getrost die Verantwortung auf mich, es nach meinen schwachen Kräften schwierig, so schwierig wie möglich zu machen, ohne es jedoch schwieriger, als es ist, zu machen – die Verantwortung nehme ich auf mich, das kann man ja wohl bei einem Experiment tun. Ich denke ungefähr so: ist es das höchste Gut, dann ist es besser, ich weiß mit Bestimmtheit, daß ich es nicht besitze, damit ich mit aller Macht darnach trachte, als daß ich mir, in Sinnesbetrug befangen, einbilde, ich besitze es, und also nicht einmal darauf bedacht bin, danach zu trachten.

So verstanden leugne ich auch nicht, daß ich die Kindertaufe nicht nur für orthodox annehmbar und für lobenswert ansehe als Ausdruck der Frömmigkeit der Eltern, die es nicht ertragen können, in dem, was ihnen Gegenstand ihrer Seligkeit ist, von ihren Kindern getrennt zu sein, sondern noch nach einer anderen Seite hin, auf die man vielleicht nicht geachtet hat, für etwas Gutes halte, weil sie es noch schwieriger macht, ein Christ zu werden. Hierauf habe ich schon an einer anderen Stelle hingewiesen, weshalb ich es hier nur ergänzen will. Der Umstand, daß die Entscheidung im Äußeren, wodurch ich Christ werde, antizipiert ist, bewirkt, daß die Entscheidung, wenn sie eintritt, rein innerlich, ihre Innerlichkeit daher noch größer wird, als damals, wo die Entscheidung zugleich im Äußeren geschah. Je weniger Äußerlichkeit, desto mehr Innerlichkeit. Es liegt etwas Tiefes und Wunderbares darin, daß die leidenschaftlichste Entscheidung so bei einem Menschen vor sich geht, daß man es im Äußeren gar nicht merkt: er war Christ und wurde es doch. Wenn so ein als Kind getaufter Christ in Wahrheit Christ wird und es mit derselben Innerlichkeit wird, wie wenn ein Mann, der kein Christ war, zum Christentum übergeht: so muß die Innerlichkeit seines Übergangs die größte sein, gerade weil nichts Äußerliches dabei war. Aber auf der anderen Seite ist das Wegbleiben des Äußeren gewiß eine Versuchung, und kann für viele leicht eine Versuchung dazu werden, es so dahingestellt sein zu lassen, wie man am besten daraus ersehen wird, daß vielleicht dieser oder jener darüber im Gedanken stutzig wird, als Kind getauft zu sein, erschwere das Christwerden. Indessen ist es doch so, und alle Analogien bekräftigen die Richtigkeit des Satzes: je weniger Äußerlichkeit, desto mehr Innerlichkeit, wenn sie in Wahrheit vorhanden ist; aber zugleich je weniger Äußerlichkeit, desto größere Möglichkeit, daß die Innerlichkeit ganz und gar wegbleibe. Die Äußerlichkeit ist der Wächter, der den Schlafenden weckt, die Äußerlichkeit ist die sorgfältige Mutter, die einem zuruft, die Äußerlichkeit ist der Appell, der die Soldaten auf die Beine bringt, die Äußerlichkeit ist der Generalmarsch, der einem zu den großen Anstrengungen verhilft; aber das Wegbleiben der Äußerlichkeit kann bedeuten, daß die Innerlichkeit selbst einem Menschen innerlich zuruft: ach, sie kann aber auch bedeuten, daß die Innerlichkeit wegbleibt.

Jedoch nicht bloß so ist das, was ich die Einleitung zum Christwerden nennen möchte, von dem äußerst verschieden, was man gewöhnlich Einleitung nennt, sondern sie ist auch von einer Einleitung zum Christentum äußerst verschieden, wenn man von dem Gedanken ausgeht, das Christentum sei eine Lehre. Ein solches Einleiten leitet nicht zum Christwerden hin, sondern höchstens dazu, in weltgeschichtlicher Betrachtung den Vorzug des Christentums vor Heidentum, Judentum usw. zu sehen.

Das Einleiten, zu dem ich mich verpflichte, besteht also darin, daß ich es abstoßend schwermache, ein Christ zu werden, und versteht unter dem Christentum keine Lehre, sondern einen Existenzwiderspruch und eine Existenzmitteilung, leitet daher nicht weltgeschichtlich, sondern psychologisch ein, indem es aufmerksam macht, wie sehr man leben müsse, und wie schwierig es sei, auf die Schwierigkeit der Entscheidung recht aufmerksam zu werden. Was ich so oft schon gesagt habe, aber nicht oft genug wiederholen kann, sowohl um meinetwillen, weil es mich in großer Innerlichkeit beschäftigt, als auch um anderer willen, damit ich keine Verwirrung anrichte, wiederhole ich hier: nicht dem Einfältigen kann das Christwerden durch dieses Einleiten schwierig gemacht werden. Zwar meine ich, daß auch von ihm die äußerste Anstrengung gefordert werde, um es zu werden, und daß ihm niemand einen Dienst damit tue, es allzu leicht zu machen, aber jede wesentliche Existenzaufgabe verhält sich zu jedem Menschen gleichmäßig und macht daher, daß sich die Schwierigkeit nach der Begabung des Individuums richtet. Sich selbst zu beherrschen ist sonach für den Klugen ebenso schwierig wie für den Einfältigen, vielleicht noch schwieriger, weil ihm seine Klugheit mit vielen schlauen Ausflüchten helfen will. Zu verstehen, daß ein Mensch nichts vermag (dieser schöne und tiefe Ausdruck für das Verhältnis zu Gott), ist für einen vorzüglich begabten König ebenso schwer, wie für einen armen und elenden Menschen, vielleicht noch schwerer, weil der Umstand, daß er so viel vermag, so leicht in Versuchung führt. So ist's auch damit, ein Christ zu werden und zu sein. Wenn nun also Bildung und ähnliche Vorzüge es so sehr leicht gemacht haben, ein Christ zu sein, so ist es wohl in der Ordnung, daß der einzelne es mit schwachen Kräften schwer zu machen sucht, wenn er es nur nicht schwerer macht, als es ist. Aber je mehr Bildung und Wissen, desto schwerer ein Christ zu werden.

Sieht man den Dialog *Hippias* (major) als eine Einleitung zu dem, was das Schöne sei, an, so hat man an ihm eine Art Analogie zu einer solchen Art von Einleitung wie die, von der ich rede. Nachdem nämlich eine Anzahl Erklärungsversuche aufgestellt worden sind, was das Schöne sei, die alle widerlegt wurden, schließt der Dialog mit Sokrates' Worten, daß er den Nutzen von der Besprechung gehabt habe, daß er dadurch die Erfahrung gemacht habe, die Sache sei schwierig. Ob Sokrates mit einem solchen Verfahren recht hat, da das Schöne eine Idee ist und sich nicht zum Existieren verhält, will ich nicht entscheiden. Wenn man es aber in der Christenheit auf so manche Weise dahin gebracht zu haben oder dahin bringen zu wollen scheint, daß man vergißt, was Christentum ist, so kann ich nicht anders denken, als daß die Einleitung eine passende sei (davon nicht zu reden, daß sie für das ein Christwerden immer die allein richtige ist), welche, anstatt den gewöhnlichen Einleitungen zu gleichen und zugleich den Lohndienern, welche die Hotels ausschicken, damit sie die Reisenden sogleich beim Zoll empfangen und ihnen ein Wirtshaus empfehlen, damit endet, es so schwer wie möglich gemacht zu haben, ein Christ zu werden, wenn auch die Einleitung zugleich hat zeigen wollen, was Christentum sei. Sieh, ein Wirtshaus bedarf der Reisenden; dem Christentum gegenüber wäre es wohl passender, wenn die Menschen begriffen, daß sie des Christentums bedürften.

Die Unterscheidung zwischen dem Wissen vom Christentum (dem Leichtesten) und dem Christsein (dem Schwersten) paßt nicht in bezug auf das Schöne oder in bezug auf die Lehre vom Schönen. Hätte der Dialog *Hippias* eine Erklärung des Schönen gegeben, so wäre gar nichts mehr übriggeblieben, was schwierig gemacht worden wäre, und so hätte jener Dialog gar nichts enthalten, was der zwiefachen Absicht unseres Vorhabens entsprochen hätte: das erklärt, was Christentum ist, aber es bloß schwierig macht, ein Christ zu werden. Besteht aber die Schwierigkeit darin, ein Christ zu werden, in der absoluten Entscheidung, so kann es keine andere Einleitung dazu geben als eine abstoßende, die eben durch den Abstoß darauf aufmerksam macht, daß es die absolute Entscheidung gilt. Selbst durch das längste Einleiten ist man daher in bezug auf Entscheidung der Entscheidung keinen einzigen Schritt näher gekommen, denn sonst ist die Entscheidung nicht die absolute, der qualitative Sprung, und man ist zum Narren gehalten, anstatt daß einem geholfen wäre. Daß aber die Einleitung, wo sie ihr Höchstes erreicht, dem, wozu sie einleitet, keinen einzigen Schritt näher kommt, das ist wieder der Ausdruck dafür, daß sie nur abstoßend sein kann. Die Philosophie leitet unmittelbar zum Christentum ein, ebenso die historisierende und rhetorische Einleitung, und es gelingt, weil da zu einer Lehre, aber nicht dazu eingeleitet wird, ein Christ zu werden.

Das Problem selbst. Die ewige Seligkeit wird in der Zeit durch das Verhältnis zu etwas Geschichtlichem entschieden, das außerdem so geschichtlich ist, daß in seiner Zusammensetzung das mit aufgenommen ist, was seinem Wesen zufolge nicht geschichtlich werden kann und es also kraft des Absurden werden muß

Das Problem ist pathetisch-dialektisch. Das Pathetische liegt in ersterem, denn im pathetischen Verhältnis zu einer ewigen Seligkeit kulminiert die Leidenschaft eines Menschen. Das Dialektische liegt in letzterem, und die Schwierigkeit besteht gerade darin, daß das Problem so zusammengesetzt ist. Lieben ist unmittelbares Pathos, sich zu einer ewigen Seligkeit verhalten ist in der Sphäre der Reflexion unmittelbares Pathos; das Dialektische liegt darin, daß die ewige Seligkeit, zu welcher nach unserer Annahme sich das Individuum pathetisch richtig verhält, selbst durch nähere Bestimmungen dialektisch gemacht wird, was wieder als Inzitament wirkt, die Leidenschaft aufs Höchste zu steigern. Wenn man existierend ausdrückt und längere Zeit ausgedrückt hat, daß man alles aufgibt und aufgegeben hat, um sich zum absoluten τελος zu verhalten, so bekommt der Umstand, daß es da Bedingungen gibt, einen absoluten Einfluß auf die Leidenschaft, sie so hoch wie möglich zu spannen. Schon bei relativem Pathos ist das Dialektische wie ins Feuer gegossenes Öl, es vervielfältigt dessen innerlichen Umfang und entflammt die Leidenschaft intensiv. Da man aber vergessen hat, was es heißt, *sensu eminenti* zu existieren, da man das Pathetische gewöhnlich auf Phantasie und Gefühl bezieht und vom Dialektischen aufheben läßt, anstatt beide in Gleichzeitigkeit der Existenz zu vereinen, so ist das Pathetische in unserem philosophischen neunzehnten Jahrhundert in Mißkredit gekommen und das Dialektische leidenschaftslos geworden, wie es ja nun so leicht und geläufig geworden ist, Widersprüche zu denken, denn die Leidenschaft ist eben das Spannende beim Widerspruch; wenn diese weggenommen wird, ist der Widerspruch eine Pläsanterie, ein Bonmot. Ein Existenzproblem ist dagegen pathetisch-dialektisch, das hier vorgeführte erfordert Existenzinnerlichkeit, um das Pathetische zu fassen, Gedankenleidenschaft, um die dialektische Schwierigkeit zu fassen, und angesammelte Leidenschaft, weil darin existiert werden soll.

Um das Problem deutlich zu machen, werde ich erst das Pathetische behandeln, und darauf das Dialektische, bitte aber den Leser, beständig daran zu denken, daß die Schwierigkeit zuletzt im Zusammensetzen liegt, daß der Existierende, der in absoluter Leidenschaft pathetisch, durch seine Existenz sein pathetisches Verhältnis zur ewigen Seligkeit ausdrückt, sich nun zur dialektischen Entscheidung verhalten soll. So pathetisch wie er in bezug auf seine ewige Seligkeit gespannt ist, ebensosehr muß er sokratisch fürchten, sich in einem Irrtum zu befinden. Darum ist die Anstrengung so groß wie möglich, zumal da die Täuschung so leicht ist, weil man äußerlich an ihm nichts sieht. Wo es sich um Liebe handelt, hat das Individuum doch mit einem anderen Menschen zu tun, kann sein Ja oder sein Nein hören; bei jedem Unternehmen der Begeisterung hat das Individuum doch etwas Äußerliches, aber in bezug auf die ewige Seligkeit hat das Individuum in Innerlichkeit allein mit sich selbst zu tun. Das Wort hat jeder in der Muttersprache gratis, etwas von diesem und jenem kann er bald hersagen lernen; aber die Vorstellung einer ewigen Seligkeit nützt einem Menschen in äußerer Hinsicht nichts, denn sie ist erst da, wenn er die Äußerlichkeit verachten gelernt und die Auffassung des irdischen Sinnes von dem, was nützlich ist, vergessen hat; in äußerer Hinsicht schadet es ihm nicht, wenn ihm diese Vorstellung fehlt, er kann ganz gut ohne sie „Mann, Vater und Schützenkönig“ werden, und wenn er nach so etwas Verlangen trägt, dann wird ihn diese Vorstellung bloß stören. Das wesentliche existentielle Pathos gegenüber einer ewigen Seligkeit kauft man so teuer, daß man es in endlichem Sinne geradezu für Verrücktheit ansehen muß, es zu kaufen, was so oft auf verschiedene Weise ausgedrückt worden ist: „Eine ewige Seligkeit ist ein Papier, dessen Kurs im spekulativen neunzehnten Jahrhundert nicht mehr notiert wird, höchstens können hochehrwürdige Seelsorger eine solche kassierte Obligation gebrauchen, um Bauern damit zu Narren zu haben.“ So leicht ist der Betrug, daß der endliche Verstand geradezu stolz darauf sein muß, daß er sich nicht auf diesem Fahrzeug hinausgewagt hat. Und daher ist es, man müßte denn mit seinem Leben dialektisch à la Apostel dastehen, so töricht, Menschen in Sachen ihrer Seligkeit beruhigen zu wollen, da das Höchste von dem, was der eine Mensch für den anderen dort zu tun vermag, wo der einzelne Mensch allein mit sich selbst zu tun hat, da dieses Höchste ist, ihn unruhig zu machen.

A. Das Pathetische

§ 1 Der anfängliche Ausdruck des existentiellen Pathos, die absolute Richtung (Respekt) gegen das absolute τελος durch Handlung in Umbildung der Existenz ausgedrückt – Ästhetisches Pathos – Trug der Vermittlung – Die Klosterbewegung des Mittelalters – Sich zugleich absolut zu seinem absoluten τελος und relativ zu den relativen zu verhalten

In bezug auf eine ewige Seligkeit als das absolute Gut besteht das Pathos nicht in Worten, sondern darin, daß diese Vorstellung dem Existierenden seine ganze Existenz umbildet. Das ästhetische Pathos drückt sich im Wort aus und kann, wenn es wahr ist, bezeichnen, daß das Individuum sich selbst aufgibt, um sich in der Idee zu verlieren, während das existentielle Pathos erscheint, indem sich die Idee schöpferisch umbildend zur Existenz des Individuums verhält. Wenn das absolute τελος durch sein Verhältnis zur Existenz des Individuums dieses nicht absolut umbildet, so verhält das Individuum sich nicht existentiell-pathetisch, sondern ästhetisch-pathetisch, indem es z. B. eine richtige Vorstellung hat, aber wohl zu beachten eine solche, durch die es mit der Richtigkeit der Vorstellung außer seiner selbst in der Idealität der Möglichkeit ist, und nicht bei sich selbst in Existenz mit der Richtigkeit der Vorstellung in der Idealität der Wirklichkeit ist, selbst in die Wirklichkeit der Vorstellung verwandelt.

Eine ewige Seligkeit verhält sich bei einem Existierenden wesentlich zum Existieren, zur Idealität der Wirklichkeit, und dem muß also das Pathos entsprechen. Nimmt man Verliebtsein ästhetisch, so muß die Auffassung des Dichters von dieser Liebe höher stehen als alles, was die Wirklichkeit bietet, so muß der Dichter eine Idealität besitzen können, gegen welche die Wirklichkeit nur ein schwacher Abglanz ist; so muß die Wirklichkeit dem Dichter nur den Anlaß bieten, sie zu verlassen, um die Idealität der Möglichkeit aufzusuchen. Das dichterische Pathos ist daher wesentlich Phantasie. Will man dagegen ethisch ein Dichterverhältnis zur Wirklichkeit etablieren, so ist dies ein Mißverständnis und ein Rückgang. Es gilt hier wie überall die einzelnen Sphären auseinander zu halten, die qualitative Dialektik, den Ruck der Entscheidung zu respektieren, der alles verändert, so daß, was in einer anderen Sphäre das Höchste war, in dieser absolut abzuweisen ist.

Nimmt man das Religiöse, so muß dieses das Ethische durchgemacht haben. Darum ist es mit einem religiösen Dichter ein eigenes Ding. Ein solcher wird sich nämlich zum Religiösen mit Hilfe der Phantasie verhalten, aber eben dadurch kommt er dazu, daß er sich ästhetisch zu etwas Ästhetischem verhält. Einen Glaubenshelden zu besingen ist ebensosehr eine ästhetische Aufgabe, wie einen Kriegshelden zu besingen. Falls nämlich das Religiöse in Wahrheit das Religiöse ist, das Ethische durchgemacht hat und es in sich schließt, dann kann es nicht vergessen, daß das Pathos religiös nicht im Besingen und Besingen oder im Schreiben von Liederbüchern, sondern darin liegt, selbst zu existieren, so daß die Dichterproduktion, wenn sie nicht ganz unterbleibt, oder wenn sie ebenso reichlich wie früher kommt, von ihm selbst als etwas Zufälliges betrachtet wird, was ein Zeichen ist, daß er sich selbst religiös versteht, denn ästhetisch ist die Dichterproduktion das Wichtige und der Dichter das Zufällige.

Darum kann eine Dichternatur, die durch Umstände, durch Erziehung und anderes der Art eine Richtung vom Theater zur Kirche bekommen hat, große Verwirrung anrichten. Von dem Ästhetischen an ihm geblendet, glaubt man, obgleich er vielleicht gar keine religiöse Individualität ist, er sei eine religiöse Individualität, ach, eine hervorragende religiöse Individualität. Eben dies, „eine hervorragende Individualität", ist eine ästhetische Reminiszenz, da es vom religiösen Gesichtspunkt aus kein Hervorragen gibt, außer der paradox-dialektischen Vollmacht eines Apostels, und da vom religiösen Gesichtspunkt aus Hervorragen infolge der qualitativen Dialektik, welche die Sphären voneinander trennt, gerade Rückgang ist. Sein Pathos ist Dichterpathos, Pathos der Möglichkeit, mit der Wirklichkeit als Anlaß; selbst wenn er weltgeschichtliches Pathos besitzt, ist dieses ein Pathos der Möglichkeit und ethisch angesehen, der Unreife, denn ethisch ist das Reife, seine eigene ethische Wirklichkeit für unendlich wichtiger[1] als das Begreifen der ganzen Weltgeschichte anzusehen. Das einer ewigen Seligkeit entsprechende adäquate Pathos ist die Umbildung, mit welcher der Existierende im Existieren alles in seiner Existenz nach jenem höchsten Gut verändert.[2]

---

[1] Während man daher so oft in der Welt eine anmaßende religiöse Individualität gesehen hat, die selbst in seinem Gottesverhältnis so über die Maßen sicher und von seiner Seligkeit keck überzeugt, sich in großer Wichtigkeit eifrig damit beschäftigte, an der anderer zu verzweifeln und ihnen helfen zu wollen: so glaube ich, es würde eine Rede sein, die sich für einen wahren Religiösen schickte, wenn er sagen würde: ich zweifle nicht an der Seligkeit irgendeines Menschen; der einzige, für den ich fürchte, bin ich selbst. Selbst wenn ich einen Menschen tief sinken sähe, dürfte ich doch nie an seiner Seligkeit verzweifeln, wenn ich es aber selbst wäre, dann würde ich mich gezwungen sehen, den furchtbaren Gedanken auszuhalten. Eine eigentlich religiöse Individualität ist immer andern gegenüber so mild, so erfinderisch im Ausdenken von Entschuldigungen, nur gegen sich selbst ist sie kalt und streng wie ein Großinquisitor. Sie ist anderen gegenüber wie ein wohlwollender Alter gegen einen Jüngeren zu sein pflegt; nur sich selbst gegenüber ist sie alt und unbestechlich.

[2] So benimmt sich ja (auch) das Individuum im Geringeren, wenn es sein Leben einrichtet. Ob einer arbeiten muß, um zu leben, oder ob er in dieser Beziehung begünstigt ist, ob er verheiratet oder unverheiratet leben will usw., das verändert ihm im Augenblick der Wahl oder Übernahme seine Existenz. Da aber diese Dinge selbst veränderlich sind, da er sich plötzlich verlieben, plötzlich arm werden kann usw., können sie nur bei Unvernunft seine Existenz absolut umbilden. Aber so sonderbar geht es zu, die Lebensweisheit, die sich auf dies und jenes bezieht, ist doch nicht so selten im Leben, und man kann doch nicht so selten einen Existierenden sehen, der existierend ausdrückt, daß er sich nach einem relativen Zweck richtet, sein Leben auf ihn eingerichtet hat, vermeidet, was ihn darin stören will, und hofft, was er dabei gewinnen kann;

Für Möglichkeit ist das Wort das höchste Pathos, für Wirklichkeit ist die Tat das höchste Pathos. Daß sich z. B. ein Dichter von seiner eignen Dichterproduktion nicht beeinflussen läßt, ist ästhetisch ganz in der Ordnung, oder ganz gleichgültig, denn ästhetisch ist die Dichterproduktion und die Möglichkeit das Höchste. Aber ethisch ist es umgekehrt von äußerster Wichtigkeit, denn ethisch ist das Dichterwerk äußerst gleichgültig, aber die eigne Existenz soll dem Dichter viel wichtiger als alles sein. Ästhetisch würde es daher das höchste Pathos eines Dichters bezeichnen, wenn er sich selbst vernichtete, sich demoralisierte, wenn dies nötig wäre, um Dichterwerke ersten Ranges hervorzubringen; ästhetisch ist es richtig (um mit einem starken Wort daran zu erinnern, was wohl noch öfter, als man glaubt, geschieht), sich dem Teufel zu verschreiben, aber dann Wunderwerke hervorzubringen. Ethisch würde es vielleicht das höchste Pathos bezeichnen, ohne ein Wort zu verlieren, der glänzenden Dichterexistenz zu entsagen.

Wenn es einer sogenannten religiösen Individualität gefällt, eine ewige Seligkeit mit allem Phantasiezauber zu schildern: so bedeutet dies, daß es ein dem Ästhetischen entlaufener Dichter ist, der beim Religiösen Heimatrecht haben will, ohne einmal dessen Muttersprache zu verstehen. Das Pathos des Ethischen besteht im Handeln. Wenn daher z. B. ein Mann sagt, daß er um seiner Seligkeit willen Hunger und Kälte gelitten habe, in Gefangenschaft und Meeresnot gewesen sei, verachtet, verfolgt, gegeißelt worden sei usw., so ist diese simple Rede ein Zeugnis von ethischem Pathos, insofern, als er ganz simpel berichtet, was er handelnd gelitten hat. Überall, wo das Ethische dabei ist, ist alle Aufmerksamkeit auf das Individuum selbst und auf das Handeln zurückgerufen. Das Pathos der Ehe besteht so im Handeln, das des Sichverliebens in Poesie.

Ethisch ist das höchste Pathos das der Interessiertheit (welches sich dadurch ausdrückt, daß ich meine ganze Existenz nach dem Gegenstande des Interesses handelnd umbilde); ästhetisch ist das höchste Pathos das der Uninteressiertheit. Wenn jemand sich selbst wegwirft, um etwas Großes zu ergreifen, ist er ästhetisch begeistert; wenn er alles aufgibt, um sich selbst zu retten, ist er ethisch begeistert.

---

aber ein Existierender, der existierend ausdrückt, daß er sich nach dem absoluten Gut richtet, ist vielleicht eine große Seltenheit, ein Existierender, der mit Wahrheit sagen kann: so existiere ich, so habe ich mit Entsagung meine ganze Existenz umgebildet, daß ich, wenn ich allein für dies Leben hoffte, der Elendeste von allen wäre, d. h. der am schrecklichsten Betrogene, von mir selbst betrogen, der ich nicht zugriff.

Wie werden nicht die Geldleute alarmiert, wenn die Rentenauszahlung plötzlich stockt, wie würden die Seefahrer nicht erschrecken, wenn die Regierung plötzlich die Häfen sperren würde; aber *posito*, ich setze den Fall, daß die ewige Seligkeit ausbliebe, wie viele unter den Herrn Erwartenden (und wir erwarten ja alle eine ewige Seligkeit) würden dadurch in Verlegenheit kommen?

Was ich hier schreibe, ist nicht in spekulativem, sondern in einfältigem Sinne als A-B-C-Unterricht anzusehen. Jedes Kind weiß es, ob auch nicht gerade mit derselben Erfahrung, jeder versteht es, ob auch nicht gerade mit derselben Bestimmtheit, jeder kann es verstehen; denn ganz konsequent ist das Ethische immer sehr leicht zu verstehen, vermutlich, damit keine Zeit mit dem Verstehen verlorengehe, sondern man sogleich zum Anfangen komme. Nur ist es dafür so sehr schwer auszuführen, ist der Kluge und der Einfältige gleich weit, da die Schwierigkeit ja nicht im Verstehen liegt; denn dann hätte der Kluge einen großen Vorzug.

Existenz ist aus Unendlichkeit und Endlichkeit zusammengesetzt, der Existierende ist unendlich und endlich. Ist ihm nun eine ewige Seligkeit sein höchstes Gut, so bedeutet dies, daß die Momente der Endlichkeit ein für allemal durch Handlung zu etwas herabgesetzt sind, was der ewigen Seligkeit gegenüber aufgegeben werden muß. Eine ewige Seligkeit verhält sich pathetisch zu einem wesentlich Existierenden, nicht zu einem Redenden, der so höflich ist, sie unter den guten Dingen, um die man bittet, mit auf die Liste zu setzen. Man hat im allgemeinen Abscheu davor, zu leugnen, daß ein solches Gut da sei: so nimmt man es denn mit, zeigt aber eben durch dieses Mitnehmen, daß man es nicht mitbekommt. Ich weiß nicht, ob man über diese hergebetete Aufzählung lachen oder weinen soll: gutes Einkommen, eine nette Frau, Gesundheit, Rang mit Justizräten – und dann die ewige Seligkeit. Das ist, wie wenn einer annähme, das Himmelreich sei ein Reich unter den anderen Reichen auf Erden, und Bescheid darüber in der Geographie suchte. Es ist sonderbar, daß ein Mann, gerade wenn er von einer Sache redet, zeigen kann, daß er nicht von ihr redet; denn man sollte ja glauben, man könne das nur dadurch zeigen, daß man es bleiben lasse, von ihr zu reden. Wenn es so wäre, dann würde ja ziemlich viel von der ewigen Seligkeit geredet, und doch wird, wenn so geredet wird, nichts von ihr gesagt, oder, noch bestimmter ausgedrückt, nicht von ihr geredet. Ästhetisch kann man sich ganz gut Reichtum, Glück, das schönste Mädchen, kurz alles wünschen, was es ästhetisch-dialektisch gibt, aber sich dann zugleich die ewige Seligkeit zu wünschen, ist doppelter Galimathias, teils, weil man es zugleich tut und damit eine ewige Seligkeit zu einem Gewinn neben anderen am Weihnachtsbaum macht, und teils, weil man wünscht, da eine ewige Seligkeit sich wesentlich zu wesentlichem Existieren, und nicht ästhetisch-dialektisch zu einem abenteuerlich Wünschenden verhält.

Indes muß die ewige Seligkeit sich oft genug damit begnügen, mit unter andern Bonbons zu sein, und man sieht es für *très bien* an, wenn jemand sie doch mitnimmt; man sieht es beinah für das Höchste an, was in dieser Hinsicht zu tun ist. Und man geht weiter, denn bei anderen guten Sachen nimmt man doch nicht an, daß sie eben kommen, weil man sie wünsche; aber die ewige Seligkeit, die kommt schon, wenn man sie bloß wünscht. Der erfahrene Mann weiß nämlich, daß die Gaben des Glücks verschieden ausgeteilt werden (denn die Verschiedenheit ist eben die Dialektik des Glückes), aber die ewige Seligkeit (die man wohl zu beachten in eine Gabe des Glücks verwandelte), die wird gleichmäßig an alle die Herren Wünschenden ausgeteilt. Doppelte Konfusion: erst daß die ewige Seligkeit zu einer solchen Gabe wird (für ein ungewöhnlich fettes Einkommen und dergleichen angesehen), und dann, daß sie gleichmäßig ausgeteilt wird, was ihr als einer Glücksgabe widerspricht. Man hat nämlich das Ästhetische und Ethische in ein bequemes Kauderwelsch zusammengerührt: vom Ästhetischen nimmt man die Wesensbestimmung und vom Ethischen die Gleichmäßigkeit der Austeilung.

„Aber", sagt vielleicht einer der Herren Wünschenden, „ein ernster Mann", der für seine ewige Seligkeit schon etwas tun will, „kann man denn nicht mit Bestimmtheit, kurz und klar zu wissen bekommen, was die ewige Seligkeit ist; kannst du sie mir nicht, ‚während ich mich rasiere'[1], beschreiben, wie man die Schönheit eines Weibes oder den Purpur des Königs oder ferne Gegenden beschreibt?" Gut, daß ich's nicht kann, gut, daß ich keine Dichternatur oder eine gutmütige Pfarrerseele bin, denn dann wäre ich imstande, es zu versuchen, und es würde mir vielleicht glücken, die ewige Seligkeit doch wieder unter ästhetische Bestimmungen zu bringen, so daß die Wunderbarkeit der Schilderung das höchste Pathos erweckte, ob es auch eine Aufgabe ist, über die man ästhetisch verzweifeln könnte: aus einer solchen Abstraktion wie einer ewigen Seligkeit ästhetisch etwas machen zu sollen. Ästhetisch ist es ganz richtig, daß ich mich als Zuschauer von der Szenerie und dem Theatermondschein bezaubern lasse und im Bewußtsein, einen sehr angenehmen Abend verbracht zu haben, nach Hause gehe; dagegen ethisch gibt es keine andere Verwandlung als meine eigne. Darum ist es ethisch ganz konsequent, daß das höchste Pathos des wesentlich Existierenden dem entspricht, was ästhetisch die ärmlichste Vorstellung ist; und das ist eine ewige Seligkeit. Richtig (im ästhetischen Sinne) und witzig hat man gesagt, die Engel seien die langweiligsten von allen Wesen, die Ewigkeit der längste und langweiligste von allen Tagen, da schon ein Sonntag langweilig genug sei, eine ewige Seligkeit ein ewiges Einerlei, dem sogar die Unseligkeit vorzuziehen sei. Aber dies ist ethisch in der Ordnung, damit der Existierende sich nicht verleiten lasse, die Zeit immer wieder mit Vorstellen zu verlieren, sondern sich zum Handeln antreiben lasse.

Soll sich nun ein Existierender zu einer ewigen Seligkeit pathetisch verhalten, so handelt es sich darum, daß seine Existenz das Verhältnis ausdrücke. Sobald man weiß, wie ein Individuum existiert, weiß man auch, wie es sich zu einer ewigen Seligkeit verhält, d. h. ob es sich dazu verhält, oder nicht, *tertium non datur*, weil eben das absolute τελος nicht mitgenommen werden kann. Doch weiß es niemand als nur das Individuum selbst bei sich selbst, und darum braucht niemand eines anderen Rede zu hören, eines anderen Schrift zu lesen, oder zum

[1] [Vgl. Holbergs *Vielgeschäftigen* 1. Akt., 6. Szene.]

Pfarrer, ins Theater, oder beim Pfarrer ins Theater zu gehen, um den Theatermondschein droben zu sehen und das Rieseln des Baches in den grünen Fluren der Ewigkeit zu hören. Er braucht bloß auf seine eigne Existenz zu achten, so weiß er es. Formt sie ihm seine Existenz nicht absolut um, so verhält er sich nicht zu einer ewigen Seligkeit; gibt es etwas, das er ihretwegen nicht aufgeben will, so verhält er sich nicht zu einer ewigen Seligkeit.

Sogar ein relatives τελος formt die Existenz eines Menschen partiell um. Da man aber leider im spekulativen neunzehnten Jahrhundert Existenz in ein Denken an alles Mögliche verwandelt hat, so sieht man sogar ziemlich selten eine Existenz, die in bezug auf ein relatives τελος energisch ist. Energisch Geld sammeln zu wollen gibt schon einem Menschenleben eine andere Form, geschweige das absolute τελος, das Wollen im höchsten Sinne. Jedes relative Wollen ist nämlich daran kenntlich, daß man etwas wegen etwas anderen will, aber das höchste τελος muß man um dieses τελος selbst willen wollen. Und dieses höchste τελος ist kein Etwas, denn dann entspräche es relativ einem anderen, einem Endlichen. Es ist aber ein Widerspruch, etwas Endliches absolut zu wollen, da das Endliche ja ein Ende haben und also eine Zeit kommen muß, wo man es nicht mehr wollen kann. Sondern absolut wollen heißt das Unendliche wollen, und eine ewige Seligkeit wollen heißt absolut wollen, weil man sie in jedem Augenblick wollen können muß. Und darum ist sie so abstrakt, und ästhetisch angesehen die ärmlichste Vorstellung, weil sie das absolute τελος für einen Wollenden ist, der absolut streben will und sich nicht gedankenlos einbilden will, fertig zu sein, und sich nicht törichterweise auf Markten einlassen will, wodurch er nur das absolute τελος verliert. Und darum ist sie im endlichen Sinne Torheit, eben weil sie in unendlichem Sinne das absolute τελος ist. Und darum will der Wollende von diesem τελος nicht einmal etwas zu wissen bekommen, etwas anderes, als daß es da sei, denn sobald er von ihm etwas zu wissen bekommt, wird er schon in seiner eiligen Fahrt aufgehalten.

Das Pathetische liegt aber darin, dies existierend in der Existenz auszudrükken; das Pathetische liegt nicht darin, daß man von einer ewigen Seligkeit zeugt, sondern daß man seine eigene Existenz in ein Zeugnis von ihr verwandelt. Das dichterische Pathos ist Differenzpathos, aber das existentielle Pathos ist des armen Mannes, jedermanns Pathos, denn jeder Mensch kann in sich selbst handeln, und man findet zuweilen bei einem Dienstmädchen das Pathos, das man beim Dichter in seiner Existenz vergeblich sucht. Der einzelne kann da selbst leicht nachsehen, wie er sich zu einer ewigen Seligkeit verhält, oder ob er sich zu ihr verhält. Er braucht bloß seine ganze Unmittelbarkeit mit allem ihren Verlangen usw. durch die Resignation visitieren zu lassen. Findet er einen einzigen festen Punkt, eine Verhärtung, so verhält er sich nicht zu einer ewigen Seligkeit. Nichts ist leichter, das will heißen, ist es schwierig, dann kommt es daher, daß sich die Unmittelbarkeit nicht für die Untersuchung entblößen will, aber das ist dann schon selbstverständlich ein mehr als genügender Beweis dafür, daß der Betreffende kein Verhältnis zu einer ewigen Seligkeit hat. Daß nämlich die Resignation die Unmittelbarkeit besucht, bedeutet, daß der Betreffende in ihr nicht sein Leben haben darf, und die Resignation bedeutet für ihn, was ihm im Leben begegnen könne. Sträubt er sich aber hier, er sei nun so glücklich, daß er nur von Glück höre, oder, obgleich in seiner Einbildung der Unglücklichste, ahne er doch, daß er noch unglücklicher werden könne, er sei klug und rechne auf Wahrscheinlichkeit, oder schwach und hoffe auf andere, kurz, sträubt er sich hier, so hat er kein Verhältnis zu einer ewigen Seligkeit. Entdeckt dagegen die visitierende Resignation keine Mißlichkeit, so zeigt es sich also im Augenblick der Visitation, daß der Mann sich zu einer ewigen Seligkeit verhält.

Da sagt aber vielleicht jemand, der sich mit Weib und Kind in gutem Einkommen befindet und sein Schäfchen ins Trockene gebracht hat, und der Justizrat ist, ein „ernster Mann", der für seine ewige Seligkeit etwas tun will, insofern als sein Geschäft, Weib und Kind es erlauben, ein Begeisterter, der wahrhaftig keine Angst hat, zehn Taler dafür zu spendieren, er sagt: „Meinetwegen mag dieses Visitationsgeschäft stattfinden, wenn es dann aber, so geschwind wie möglich, überstanden ist, dann kommen wir ja zur Vermittlung, nicht wahr? Denn die Vermittlung, das muß ich gestehen, ist eine herrliche Erfindung, sie ist mir wie aus meinem Herzen genommen, sie gehört ganz zum neunzehnten Jahrhundert, und damit ganz zu mir, der ich auch zum neunzehnten Jahrhundert gehöre, und ich bewundere ihren großen Erfinder ungemein, und jeder muß ihn bewundern, jeder, der, weltgeschichtlich orientiert, die relative Berechtigung aller früheren Standpunkte verstanden hat, samt der Notwendigkeit, daß es zur Vermittlung kommen mußte." Ja wer an der Stelle der Vermittlung wäre: so anerkannt zu werden, sogar von einem Justizrat; noch dazu von einem Justizrat, der die Weltgeschichte betrachtet, also wohl von einem außergewöhnlichen Justizrat, doch nein, ich vergesse ja die Zeit, worin wir leben, das theozentrische neunzehnte Jahrhundert, wir betrachten alle die Weltgeschichte vom Gottesstandpunkte aus.

Aber laßt uns den Justizrat und die Weltgeschichte vergessen, und was die beiden miteinander abzumachen haben; sieh, wenn ein hoher Beamter oder der König selbst reist, um die Kassen zu revidieren, da glückt es wohl vielleicht zuweilen einem untreuen Beamten, für den Tag der Visitation die Kasse in Ordnung zu haben, und er denkt: wenn bloß der Tag überstanden ist, so geht alles wieder in dem alten Geleise. Aber die Resignation ist kein König, der bei einem anderen Mann in seiner Kasse nachsieht, sondern ist im Besitz des eignen Mitwissens des Individuums mit sich selbst. So ist die Resignation auch kein Reisender; sie nimmt sich die Freiheit, bei dem Betreffenden zu bleiben, um jeden Tag zum Visitationstage zu machen, man müßte sie denn vor die Tür jagen, womit alles verloren wäre und was doch wohl nicht die Vermittlung wäre. Wenn aber so die Resignation dableibt und nie schlummert, wenn sie bei der geringsten Verirrung zur Hand ist und nicht von seiner Seite weicht, wenn er ausgeht, er unternehme etwas Großes oder etwas Geringes, und Tür an Tür mit seinen geheimsten Gedanken wohnt: was dann, wo bleibt dann die Vermittlung? Ich denke, draußen.

Was ist nämlich die Mediation, wenn sie sich in das Ethische und Ethisch-Religiöse eindrängen will? Sie ist eine elende Erfindung eines Menschen, der sich selbst und der Resignation untreu wurde: sie ist ein Falsum der Schlaffheit, und doch anmaßend, das sich zugleich für die Resignation ausgibt, was das allergefährlichste ist, wie wenn sich ein Dieb für die Polizei ausgibt. Im Unwichtigeren zeigt sich dasselbe. Man hält aus, vielleicht ein halbes Jahr, ein ganzes Jahr für dies oder jenes Unternehmen begeistert zu arbeiten, ohne nach Lohn zu fragen, und ob man etwas ausrichte, und nach Sicherheit und Kaution, weil die Ungewißheit der Begeisterung höher steht als alles solches; aber dann wird man müde, dann will man Gewißheit haben, wenigstens etwas für seine Mühe haben. Und als die Menschen in bezug auf das Ewige müde wurden, verständig wurden wie ein Schacherjude, empfindlich wie ein Altweiberpfarrer, schläfrig wie eine törichte Brautjungfer; als sie die Wahrheit der Existenz, d. h. des Existierens, nicht als die Zeit des Sichverliebens und als den Lauf der Begeisterung aufs Ungewisse zu fassen vermochten: da kam die Mediation.

Ein halbes Jahr verliebt sein und dummdreist alles wagen wollen, das läßt sich hören: aber dann, dann muß man wahrhaftig das Mädchen auch bekommen und den müden Leib im privilegierten Ehebett ausstrecken dürfen. Und für ein relatives τελος mag ja die Mediation gelten, daß es sich darein schicken muß, mediiert zu werden, weil es unvernünftig sein würde, sich zu einem relativen τελος absolut zu verhalten. Dagegen ist das absolute τελος nur da, wenn sich das Individuum absolut zu ihm verhält; und da eine ewige Seligkeit sich zu einem Existierenden verhält, können sie (ewige Seligkeit und Existierender) einander unmöglich in der Existenz, d. h. in der Zeitlichkeit bekommen oder einander in Ruhe angehören, so wie ja ein Mädchen und ein junger Mann einander ganz gut in der Zeit bekommen können, weil sie beide Existierende sind. Was will dies aber sagen, daß sie in der Zeit einander nicht bekommen können? Das weiß ja jeder Verliebter, das will sagen: die Zeit bedeutet hier die Zeit des Verliebtseins. Bei einem relativen τελος ist ein Teil der Zeit die Zeit des Verliebtseins, und dann kommt die Zeit der Gewißheit; da aber die ewige Seligkeit „vornehmer“ als eine kleine Jungfer, ja als eine Königin ist, so ist es ja in der Ordnung, daß die Zeit des Verliebtseins etwas länger dauert, nein nicht etwas länger, denn die ewige Seligkeit ist nicht etwas „vornehmer“ als die Königin, sondern ist das absolute τελος aber dann ist es ja in der Ordnung, daß die ganze Zeit, die Existenz die Zeit des Verliebtseins ist.

Bei dieser Richtung gegen das absolute τελος ist jeder Ausfall, selbst der herrlichste, der in eines Wünschenden Gehirn und in der Einbildung eines schaffenden Dichters aufsteigen kann, wenn er der Lohn sein soll, absoluter Verlust, und der Strebende steht sich besser dabei, wenn er sagt: nein danke, wenn ich mich nur zum absoluten τελος verhalten darf.

Wer hat nicht Napoleon bewundert, wer hat nicht mit dem Schauer der Anhänglichkeit, wie ein Kind ein Märchen anhört, und noch einmal mit einem widerstrebenden, aber dafür desto mehr bewundernden Schauer, weil der Ältere sonst das Märchen der Phantasie angehören läßt, bedacht, daß hier das Märchenhafteste zur Wirklichkeit wurde! Nun hat es Thiers[1] übernommen, die Geschichte davon zu erzählen; und sieh, mit der größten Ruhe, mit der Erfahrung eines Staatsmannes, als wäre dies ganz in der Ordnung, sagt er, indem er bewundernd Napoleons Weltpläne darstellt, mehr als einmal: aber alles kam hier, wie immer, auf den Ausfall an. Wer sich zu gleicher Zeit Napoleons Größe vor Augen stellt und an jenes von Thiers so leicht, so natürlich, so geläufig hingeworfene Wort denkt: der wird, glaube ich, beim Gedanken an menschliche Herrlichkeit den stärksten Eindruck von Wehmut bekommen. Wahrhaftig, ist Napoleon als die tollkühnste Vorstellung groß, gleicht sein ganzes Leben einem Märchen, so ist da wie im Märchen noch eine märchenhafte Gestalt. Das ist eine alte runzelige Hexe, ein spindeldürres Wesen, ein kleines Tier, eine Spinne, auf deren einem Fühlhorn einige Ziffern stehen, das ist der Ausfall. Und der übermenschliche Held des Märchens, dem nichts, nichts widerstehen kann, ist doch in der Macht dieses kleinen Tieres und wenn dieses kleine Tier nicht will, so wird aus dem ganzen Märchen gar nichts, oder es wird daraus das Märchen von einer Spinne mit einem wunderlichen Zeichen auf dem einen Fühlhorn. Sieh, der geringste und erbärmlichste Mensch, der absolut alles einsetzt, um sich zu dem absoluten τελος zu verhalten: ja das versteht sich, das wird kein Märchen, aber auch nicht das Märchen von dem kleinen Tier mit dem roten Punkt auf dem einen Fühlhorn. Vom klügsten, tollkühnsten Plan die ganze Welt umzuschaffen gilt, daß er durch den Ausfall groß wird, aber von dem einfältigen und treuherzigen Beschluß eines elenden Menschen gilt, daß dieser Plan höher steht als jeder Ausfall, seine Größe nicht vom Ausfall abhängt. Und seliger ist es doch als der größte Mann in der Welt zu sein und ein Sklave des Ausfalls, ob er nach Wunsch komme oder ausbleibe, seliger ist es, dort zu sein, wo wir alle klein, vor Gott nichts sind, wo aber auch der Ausfall Numero Null und unendlich viel kleiner als der Kleinste im Himmelreich ist, während er in der Welt der Herr aller Herren und der Tyrann des Alleinherrschers ist.

Wer hat nicht Napoleon bewundert, daß er Held und Kaiser sein und ein Dichter zu sein wie eine Nebensache behandeln konnte, die er mitnahm, denn das Wort in seinem Mund, der Ausspruch, ja kein Dichter, der sich damit begnügte, der größte Dichter zu sein, vermöchte ihm einen meisterhafteren in den Mund zu legen. Und doch ist es ihm einmal begegnet, daß er nicht wußte, was er selbst sagte. Das ist eine wahre Geschichte. Als er bei den Vorposten die Runde machte, traf er einen jungen Offizier, der seine Aufmerksamkeit auf sich lenkte. Er kam zurück und der Offizier auf dem und dem Posten ward mit dem

[1] [Geschichte des Konsulats und des Kaiserreichs.]

Kreuz belohnt. Aber sieh, der Offizier ist abgelöst worden und ein neuer steht an seiner Stelle. Keiner kann verstehen, woher und warum diese Auszeichnung; der rechte in Frage Kommende wird aufmerksam und wendet sich an Napoleon mit dem Gesuch, daß er die Sache wieder ändere. Napoleon antwortet: „Nein, den Mann kann ich nicht gebrauchen, er hat kein Glück." Wenn es so ist, daß ein Mensch merken kann, wenn der Tod über sein Grab geht, wenn es so ist, und so ist es ja im Märchen, und wir sind ja beim Märchen, daß ein Mensch, der leibhaftig inmitten anderer steht, durch Nennung eines Wortes vernichtet ist, zu Staub wird, wie weggeblasen: so sollte im Sinne des Märchens dies hier Napoleon begegnet sein, denn das Wort betraf ihn mehr als den Offizier.

In einem früheren Abschnitt suchte ich das Schimärische an der Vermittlung zu zeigen, wenn eine Vermittlung zwischen Existieren und Denken für einen Existierenden stattfinden soll, da nämlich alles, was von der Vermittlung gesagt wird, wahr und herrlich sein kann, aber im Munde eines Existierenden zu Unwahrheit wird, da er als Existierender verhindert ist, außerhalb der Existenz so festen Fuß zu fassen, daß er von da aus vermitteln könnte, was außerdem, weil es im Werden ist, keinen Abschluß hätte. Auch wurde gezeigt, daß die ganze Rede von der Vermittlung bei einem Existierenden täuscht, da das abstrakte Denken, geschweige denn das reine Denken gerade von der Existenz absieht, was vom ethischen Gesichtspunkt aus so wenig verdienstvoll ist, daß es gerade umgekehrt verurteilt werden muß. Außerhalb der Existenz kann ein Existierender zwar auf zweierlei Weise sein, aber auf keine Weise kommt er dann zum Vermitteln. Einmal, indem er von sich selbst abstrahiert, indem er skeptische Affektlosigkeit und Ataraxie, eine abstrakte Gleichmäßigkeit (*μετριως παθειν*) gewinnt, was in Griechenland für eine sehr schwierige Sache galt. Andererseits kann er außerhalb der Existenz sein, indem er sich in Leidenschaft befindet, aber im Augenblick der Leidenschaft kommt er gerade in Zug zu existieren. Die Annahme, daß einem Existierenden das Vermitteln nach und nach gelingen werde, ist der gewöhnliche Versuch, mit Hilfe eines märchenhaften Verschwindens der Zeit und eines bestechenden Quantitierens die Aufmerksamkeit von der qualitativen Dialektik weg zu locken.

So wurde von der Vermittlung im philosophischen Sinne geredet; hier stehen wir bei einer ethischen Untersuchung, und die Vermittlung muß da in der Vermittlung zwischen den einzelnen Momenten der Existenz bestehen – falls das absolute *τελος* auch ein Moment unter anderen Momenten ist. Darin liegt nun das Mißverständnis, und es wird sich bald zeigen, daß die Vermittlung als etwas Höheres als die Resignation gerade ein Rückgang ist. Die Resignation hat das Individuum vor einer ewigen Seligkeit als dem absoluten *τελος* Front machen lassen, oder danach gesehen, daß das Individuum Front mache. Dieses *τελος* ist also kein Moment mit unter anderen Momenten. Das Sowohl-als-auch der Vermittlung ist daher nicht viel besser, wenn auch weniger naiv als das eben geschilderte gemütliche Gerede, das alles mitnimmt. Im Augenblick der Resignation, der Besinnung, der Wahl will man das Individuum vor dem absoluten τελος Honeur machen lassen, aber dann, dann kommt die Vermittlung. So kann man auch einen Hund abrichten, einen Augenblick auf zwei Beinen zu gehen[1], aber dann, dann kommt die Vermittlung, und der Hund geht auf vieren, das tut die Vermittlung auch. Geistig verstanden bedeutet der aufrechte Gang des Menschen seinen absoluten Respekt vor dem absoluten τελος; sonst geht er auf vieren. Für relative Momente kann die Vermittlung Bedeutung haben (daß sie der Vermittlung gegenüber alle gleich sind), dagegen bedeutet in bezug auf das absolute τελος das Vermitteln gerade, daß man das absolute τελος zu einem relativen τελος herabsetzt. Es ist auch nicht wahr, daß das absolute τελος in den relativen konkret werde, denn die absolute Unterscheidung, welche die Resignation macht, wird das absolute τελος jeden Augenblick vor allem Fraternisieren sicherstellen. Es ist wahr, daß das Individuum in der Richtung zum absoluten τελος hin sich in den relativen befindet, aber es befindet sich nicht so in diesen, daß jenes sich in ihnen erschöpft. Es ist wahr, daß wir vor Gott und vor dem absoluten τελος alle gleich sind; aber es ist nicht wahr, daß für mich oder für das einzelne Individuum Gott oder das absolute τελος mit allem dem anderen gleich ist.

Es kann ja sehr lobenswert vom einzelnen Individuum sein, daß es Kammerrat, geschickter Arbeiter auf dem Büro, erster Liebhaber in der Beständigen[2], beinah Virtuos auf der Flöte, Schützenkönig, Asyldirektor, edler Vater mit Würde, kurz ein Teufelskerl ist, der sowohl – als auch kann und zu allem Zeit hat. Aber der Herr Kammerrat mag sich nur in acht nehmen, daß er nicht ein allzugroßer Teufelskerl werde und hingehe und sowohl alles dies machen könne, als auch Zeit dazu finde, sein Leben gegen das absolute τελος zu richten. Dieses Sowohl-als-auch bedeutet nämlich, daß das absolute τελος auf gleicher Linie mit allem dem anderen steht. Aber das absolute τελος hat die eigentümliche Eigenschaft, daß es in jedem Augenblick das absolute τελος sein will. Wenn also das Individuum im Augenblick der Resignation, der Besinnung, der Wahl dies verstand, so kann das ja nicht heißen sollen, daß es dies im nächsten Augenblick vergessen habe. Darum bleibt, wie ich es ausdrückte, die Resignation beim Individuum, und besteht die Aufgabe keineswegs darin, das absolute τελος in allerlei Sowohl-als-auch hinein zu vermitteln, sondern im Gegenteil darin, nach einem solchen Existieren zu trachten, das auf die Länge das Pathos des großen Augenblicks hat.

---

1 Und nicht einmal so ist es; denn wer irgend einmal richtig zum absoluten τελος gestanden hat, der kann zwar entarten, sinken, unendlich tief sinken, aber er kann das Ganze nie wieder vergessen, was man richtig ausdrückt, wenn man sagt, es gehöre eine Höhe dazu, um tief zu sinken. Aber die schlaue Erfindung der Vermittlung zeigt, daß der Vermittelnde nicht einmal zu irgendeiner Zeit richtig zum absoluten τελος gestanden hat.

2 [*Die beständige bürgerliche Gesellschaft*, 1798 gestiftet, seit 1824 als *Der beständige bürgerliche Verein*, der auch dramatische Abendunterhaltungen gab.]

Was besonders dazu beigetragen hat, die Vermittlung in der ethischen Sphäre aufkommen zu lassen und auf die Beine zu bringen, ist die abschreckende Art und Weise, wie man die Klosterbewegung des Mittelalters benutzte. Man bildete den Leuten ein, der absolute Respekt vor dem absoluten τελος würde dazu führen, ins Kloster zu gehen: die Bewegung selbst sei eine ungeheure Abstraktion, das Klosterleben eine fortgesetzte Abstraktion, so daß das Leben mit Beten und Liedersingen hingehe, anstatt mit Kartenspiel im Klub; denn darf man das eine ohne weiteres karikieren, so wird es wohl auch erlaubt sein, das andere, wie es sich selbst karikiert hat, darzustellen. Um nun die Klosterbewegung aufzuhalten, aus der die weltliche Weisheit großen Vorteil zu ziehen gewußt hat, wie sie sie ja noch in diesem Augenblick zuweilen gebraucht, um Ablaß von aller Beschäftigung mit dem Göttlichen zu predigen hört man in einem protestantischen Lande, wo der Protestantismus seit 300 Jahren geherrscht hat, wo einer, der ins Kloster gehen wollte, in größere Verlegenheit als der besorgte Vater kommen würde, der schrieb: wo soll ich meinen Sohn zur Schule schicken[1], im neunzehnten Jahrhundert, wo die Weltlichkeit triumphiert, hört man noch ab und zu einen Pfarrer, der in einer Rede, die zur Teilnahme an den unschuldigen Freuden des Lebens auffordert, davor warnt, ins Kloster zu gehen. Das hört man, und man sieht, und sieh, der Pfarrer schwitzt und trocknet sich den Schweiß ab, so greift ihn der Gegenstand an, um also die Klosterbewegung aufzuhalten, verfiel man auf die törichte Rede der Vermittlung. Denn wie es törichte Rede ist, den Namen Gottes mit in gewöhnliches Geschwätz einlaufen zu lassen, so ist es auch törichte Rede, das absolute τελος auf gleiche Linie mit Schützenkönigswürde und dergleichen zu stellen. Aber fehlte das Mittelalter auch durch Exzentrizität, so folgt daraus keineswegs, daß die Vermittlung zu loben ist. Das Mittelalter hat eine gewisse Ähnlichkeit mit Griechenland, und besaß, was die Griechen besaßen, Leidenschaft. Die Klosterbewegung ist darum eine leidenschaftliche Entscheidung, wie es sich dem absoluten τελος gegenüber geziemt, und insofern ist ihre hochwohlgeborne Vornehmheit der kümmerlichen Maklerweisheit weit vorzuziehen.

Die Vermittlung will (aber wohl zu beachten, trügerisch, und anders geht es auch nicht) den pathetischen Augenblick der Resignation, die Richtung nach dem absoluten τελος hin anerkennen, aber dann will sie dieses τελος unter den anderen Zwecken und will im Sinne der Endlichkeit von dem Verhältnis zu diesem τελος Vorteil haben. Wir wollen nun fragen: was ist das Höchste, was ein Mensch durch sein Verhältnis zum absoluten τελος gewinnt? Im endlichen Sinne ist da nichts zu gewinnen, sondern alles zu verlieren. In der Zeitlichkeit ist die Erwartung einer ewigen Seligkeit der höchste Lohn, weil eine ewige Seligkeit das absolute τελος ist, und daß nicht nur kein Lohn zu erwarten, sondern Leiden zu ertragen ist, das ist gerade das Zeichen davon, daß man sich zum Absolu-

---

[1] [Eine zu ihrer Zeit vielbesprochene Schrift von R. Gab, Handelskommis (Kopenhagen 1833).]

ten verhält. Sobald sich das Individuum damit nicht begnügen kann, bedeutet es, daß das Individuum zurückgeht, zu weltlicher Weisheit, zu jüdischem Hängen an Verheißungen für dieses Leben, zu Chiliasmus und dergleichen. Darin liegt gerade die Schwierigkeit der Aufgabe, sich zum absoluten τελος absolut zu verhalten. Es wiederholt sich im Leben des Menschen immer wieder, daß man Ausflüchte sucht, ob man frei davon werden kann, so auf den Zehen zu gehen, frei davon, sich mit dem Verhältnis zum Absoluten zu begnügen.

Sieh, der Pfarrer sagt ja: es gibt zwei Wege; und es ist gewiß ein frommer Wunsch, daß der Pfarrer es recht mit Nachdruck sagen möchte. Es gibt also zwei Wege, sagt der Pfarrer, und wenn er so zu reden anfängt, so wissen wir schon, was er meint, aber darum können wir gern noch einmal davon hören, denn das ist keine Anekdote oder ein Witz, den man nur einmal hören kann. Es gibt zwei Wege: der eine schlängelt sich lächelnd und frei von Sorgen, leicht zu gehen, verlockend, mit Blumen bestreut durch reizende Gegenden, und der Gang auf ihm ist leicht wie der Tanz auf der Wiese; der andere ist schmal, steinig, im Anfang mühsam, aber nach und nach … Das ist der Weg der Lust und der Weg der Tugend. So redet der Pfarrer zuweilen, aber was geschieht? Wie der Weg der Tugend sich nach und nach[1] verändert, so verändert sich die Rede des Pfarrers auch, und nach und nach kommt es, daß sich die beiden Wege so ziemlich gleichen. Um den Zuhörer zur Tugend zu locken, wird die Schilderung des Wegs der Tugend beinahe verführerisch. Aber locken ist ein gefährliches Ding. Der Redner läßt das Ethische fahren und operiert ästhetisch richtig mit Hilfe der verkürzten Perspektive, und was dann? Ja, dann gibt es eigentlich nicht zwei Wege, oder es gibt zwei Wege der Lust, von denen der eine ein wenig klüger als der andere ist, wie es, wenn man auf einen Berg steigt, um die Aussicht zu genießen, das klügste ist, sich nicht zu früh umzukehren, um desto mehr zu genießen. Und was dann? Dann ist der Wollüstling (der Eudämonist) nicht bloß töricht, weil er den Weg der Lust wählt, statt des Weges der Tugend, sondern er ist ein törichter Wollüstling, daß er nicht den lustigen Weg der Tugend wählt. Sobald dieses „nach und nach" auf dem Wege der Tugend in eines Pfarrers Munde ästhetisches Kolorit bekommt: so lügt Ihr, Gevatter! So beliebt es seiner Hochehrwürden, zu vergessen, daß er über die Existenz disponiert, wie es keinem Menschen zukommt. Er weist auf ein τελος in der Zeit hin und seine ganze Tugendlehre ist Klugheitslehre.

---

[1] Ich möchte doch wissen, welches die Stelle im neuen Testament ist, die der Pfarrer der erbaulichen Rede von dem „nach und nach" zugrunde legt. Im neuen Testament steht auch, daß es zwei Wege gebe, und daß der Weg schmal und die Tür eng sei, die zur Seligkeit führen, und die, die ihn fanden, wenige seien, aber da wird gar nicht von dem „nach und nach" geredet. Wie aber in Kopenhagen ein Komitee existiert, das für die Verschönerung der Stadt arbeitet, so scheint eine moderne Pastoralweisheit wirksam zu sein, um den Weg der Tugend mit ästhetischen Dekorationen zu verschönern.

Wenn aber ein Religiöser einen solchen Pfarrer predigen hörte, dann würde er zu seiner Seele sagen: „Laß dich nicht von ihm stören, er weiß vielleicht selbst nichts davon, er will dich betrügen, er will dich ungeduldig machen, wenn dieses Nachundnach zu Jahren, vielleicht zu deinem ganzen Leben wird. Nein, laß mich dann lieber von Anfang an wissen, daß der Weg bis zuletzt schmal und steinig und dornig werden kann, damit ich am absoluten τελος festhalten lerne, in der Leidensnacht von seinem Licht geleitet, aber nicht von Wahrscheinlichkeit und vorläufigem Trost verleitet."

Am Tempel in Delphi stand bekanntlich auch die Inschrift: *ne quid nimis* [μηδεν ἀγαν]. Dieses Wort ist *summa summarum* aller endlichen Lebensklugheit; soll dies das Höchste sein, so ist das Christentum augenblicklich als ein jugendlicher und unreifer Einfall zu widerrufen. Man versuche nur, dieses *ne quid nimis* auf den Gott anzuwenden, der sich kreuzigen läßt, und man beschwört in demselben Augenblick einen so witzigen Spott über die Religion herauf, wie er wohl selten in der Welt gehört wird, da die Religionsspötter gewöhnlich hitzig und dumm sind. Denn es würde ungefähr der witzigste Einwand sein, der mit einer humoristischen Färbung, sich alles Kampfs gegen die geschichtliche und ewige Wahrheit des Christentums enthaltend, sich von dem Verhältnis zu ihm durch die Worte befreite: „Das ist viel zu viel, Hochehrwürden, daß der Gott sich kreuzigen läßt." In vielen Verhältnissen des Lebens mag jene Lebensregel *ne quid nimis* Gültigkeit haben, aber auf das absolute leidenschaftliche Verhältnis zum absoluten τελος angewandt ist sie Galimathias. Da gilt es im Gegenteil absolut alles zu wagen, absolut alles einzusetzen, absolut das höchste τελος zu begehren, aber dann gilt auch wieder, daß selbst die absolute Leidenschaft und Entsagung von allem anderen nicht den Schein bekomme, daß man eine ewige Seligkeit verdiene oder erwerbe. Der erste wahre Ausdruck davon, daß man sich zum absoluten τελος verhält, ist, daß man allem entsagt, wenn aber nicht in demselben Augenblick der Rückgang beginnen soll, so ist das wahre Verständnis davon das, daß dieses Allem-Entsagen, wenn es das höchste Gut verdienen sollte, dennoch nichts ist. Der Irrtum des Heidentums liegt an erster Stelle: daß es nicht alles wagen wollte; der des Mittelalters an der zweiten: daß es die Bedeutung davon, daß es alles wagte, mißverstand; das Sammelsurium unserer Zeit vermittelt.

Die Mißlichkeit der Klosterbewegung lag (abgesehen von dem Irrtum vermeintlicher Verdienstlichkeit) darin, daß die absolute Innerlichkeit, vermutlich um ihr Dasein recht energisch zu beweisen, ihren auffallenden Ausdruck in einer distinguierten besonderen Äußerlichkeit bekam, wodurch sie doch, wie man sich auch dreht und wendet, von aller anderen Äußerlichkeit nur relativ verschieden wurde. Die Vermittlung läßt entweder das Verhältnis zum absoluten τελος in die relativen Zwecke hineinvermittelt werden, wodurch es selbst relativ wird, oder läßt es sich wie ein Abstraktum in den relativen Zwecken als den Prädikaten erschöpfen, wodurch die Majestät des absoluten Verhältnisses nichtssagend, eine prächtige Einleitung zum Leben wird, die jedoch außerhalb des Lebens bleibt, zu einem Titelblatt wird, das, wenn man das Buch einbindet, nicht mit eingebunden wird. Man kann aber vom Verhältnis zum absoluten τελος nicht sagen, daß es sich in den relativen Zwecken erschöpfe, da das absolute τελος die Entsagung von ihnen allen fordern kann. Dagegen kann der, welcher sich zum absoluten τελος verhält, sich ganz gut in den relativen befinden, gerade um ihnen entsagend das absolute Verhältnis einzuüben.

Da zu unserer Zeit fast jeder auf dem Papier ein gewaltiger Mann ist, hat man zuweilen mit Sorgen zu tun, die nicht aus noch ein wissen. Als Beispiel dafür kann die Gefahr dienen, in die die Menschen unserer Zeit geraten, so geschwind mit allem fertig zu werden, daß sie sich in Verlegenheit befinden, womit sie die Zeit ausfüllen sollen. Man schreibt auf ein Blatt Papier: an allem zweifeln, so hat man an allem gezweifelt; wenn man bloß dreißig Jahre alt wird, kommt man in Verlegenheit, womit man die Zeit ausfüllen soll, besonders „wenn man schlecht für sein Alter gesorgt hat, indem man nicht Karten spielen lernte." So auch: allem entsagen, dann ist man fertig. Man sagt: allem zu entsagen ist eine ungeheure Abstraktion, darum muß man dazu übergehen, an etwas festzuhalten. Aber wie war es, wenn man, falls die Aufgabe ist, allem zu entsagen, damit begönne, einer Sache zu entsagen? Wie es für den Lehrer langweilig sein muß, und wie man in der Schule einen mittelmäßigen Schüler gewöhnlich daran erkennt, daß er kaum zehn Minuten, nachdem eine Aufgabe gegeben ist, mit seinem Zettel angelaufen kommt und sagt: ich bin fertig: so kommen im Leben die mittelmäßigen Menschen sogleich gelaufen und sind fertig, und je größer die Aufgabe ist, desto geschwinder sind sie fertig. So muß es für die Macht, die das Dasein regiert, ermüdend sein, mit einer solchen Generation zu tun zu haben. Die heilige Schrift redet von Gottes Langmut gegen Sünder als einer unbegreiflichen wie sie auch wohl ist, aber welche Engelsgeduld gehört doch nicht dazu, mit solchen Menschen zu tun zu haben, die sogleich fertig sind.

Insofern als nun das Individuum, nachdem es die absolute Richtung gegen das absolute τελος bekommen hat, nicht aus der Welt gehen soll (und wozu diese Äußerlichkeit; aber vergessen wir nie, daß Innerlichkeit ohne Äußerlichkeit die schwierigste Innerlichkeit ist, wo ein Selbstbetrug am leichtesten möglich ist), was dann? Ja, dann ist es die Aufgabe eines solchen Menschen, existierend auszudrücken, daß er beständig die absolute Richtung gegen das absolute τελος, den absoluten Respekt (*respicere*) hat. Er soll es existierend ausdrücken, denn Pathos im Wort ist ästhetisches Pathos. Er soll es existierend ausdrücken, und doch darf keine unmittelbare Äußerlichkeit unmittelbar der Ausdruck dafür sein, denn sonst haben wir entweder die Klosterbewegung oder die Vermittlung. Er kann dann wie andere Menschen leben, aber die Resignation wird früh und spät nachsehen, daß er daran arbeite, die Feierlichkeit zu bewahren, mit der er zum erstenmal existierend die Richtung gegen das absolute τελος hin bekam. Ein Sowohl-als-auch kennt er nicht, will er nicht kennen, er verabscheut es wie den Namen Gottes zu mißbrauchen, wie der Liebende es verabscheut, eine andere zu lieben. Und die Resignation, dieser Richtungsmajor der Existenz, wird nachsehen. Aber entdeckt er, daß er die Elevation verliert, daß er sich sehnt, auf vieren zu gehen, daß er mit einer verdächtigen Person, der Vermittlung, umgeht, daß diese den Sieg davonträgt: dann wird die Resignation außerhalb dieses Individuums stehen, wird dastehen, wie man den Genius des Todes abbildet, sich über eine ausgelöschte Fackel beugend, denn es verschwand das absolute τελος vor dem umnebelten Blick des Individuums.

Im Äußeren wird vielleicht keine Veränderung zu entdecken sein, denn das Verhältnis zum absoluten τελος bedeutet ja nicht, ins Kloster zu gehen und also wieder eine weltliche Kleidertracht anzunehmen, wenn man dessen überdrüssig war, wodurch die Veränderung im Äußeren kenntlich wird; und das Verhältnis zum absoluten τελος bedeutet ja auch nicht, daß sich das absolute τελος in den relativen erschöpft, denn dann müßte die Veränderung, die mit einem Menschen vorginge, wieder im Äußeren kenntlich sein. Es hat in einem gewissen Sinn etwas Schauerliches, von der Innerlichkeit in einem Menschen so zu reden, daß sie dasein und nicht dasein könne, ohne daß man es unmittelbar im Äußeren merke; aber es ist auch herrlich, so von der Innerlichkeit zu reden, falls sie da ist, denn dies ist gerade der Ausdruck für ihre Innerlichkeit. Sobald die Innerlichkeit entscheidend und kommensurabel im Äußeren ausgedrückt werden soll, haben wir die Klosterbewegung. Die Vermittlung weiß eigentlich von einem Verhältnis zum absoluten τελος nichts, weil ihr dieses sich in den relativen erschöpft.

Wie geht es da aber bei der Innerlichkeit zu? Ja, das geht so zu, daß die Aufgabe ist, das absolute Verhältnis zum absoluten τελος so einzuüben, daß das Individuum das Höchste zu erreichen strebe: sich zu gleicher Zeit zu seinem absoluten τελος und zu den relativen zu verhalten, nicht in der Weise, daß es sie vermittle, sondern daß es sich zu seinem absoluten τελος absolut und zu den relativen relativ verhalte. Dieses Verhältnis gehört der Welt, jenes dem Individuum selbst an, und es ist schwierig, sich zu gleicher Zeit zum absoluten τελος absolut zu verhalten und in demselben Augenblicke wie andere Menschen an diesem und jenem teilzunehmen. Wenn sich jemand nur mit irgendeinem großen Plane beschäftigt, so wird es ihm schwer, wie andere zu sein, er ist zerstreut, mag an etwas anderem nicht teilnehmen, alle die Unruhe um ihn her plagt ihn, die Geschäftigkeit der anderen ist ihm lästig, er möchte einen kleinen Raum für sich haben, wo er sitzen und seinen großen Plan denken könnte und Diplomaten und Polizeiagenten mögen eine passende Aufgabe in der Kunst und Selbstbeherrschung finden, zu gleicher Zeit den großen Plan festhalten zu können und auf den Ball zu gehen, mit Damen zu konversieren, Kegel zu schieben und was man sonst wünscht. Das absolute τελος ist aber der größte Plan, zu dem sich ein Mensch verhalten kann, darum wünschte das Mittelalter einen kleinen abgeschlossenen Raum, um sich recht mit dem Absoluten beschäftigen zu können, aber eben damit verlor doch auch das Absolute gerade, weil es doch zu etwas Äußerem wurde.

Wenn ein Ehepaar vielleicht eine ganze Woche hindurch in Gesellschaft gewesen ist, sagen beide zuweilen, daß sie in der vergangenen Woche keine Zeit füreinander zu leben gehabt hätten, obgleich sie an demselben Ort in Gesellschaft gewesen sind und einander also gesehen haben. Dann freuen sie sich auf einen Tag, an dem sie recht füreinander leben können, was von dem Ehepaar sehr schön sein kann. In einer ähnlichen Situation scheint mir der zu sein, der sich zum absoluten τελος verhalten will, aber, weil er sich in der Existenz und ihrem Mancherlei befindet, beständig daran verhindert wird. Dann könnte es aber in der Ordnung zu sein scheinen, daß er dann und wann einen Tag recht für sein absolutes τελος leben würde. Doch liegt gerade hier die Schwierigkeit. Die Eheleute verhalten sich nämlich relativ zueinander und darum ist es mit diesem Tage, wo sie recht füreinander leben, in der Ordnung. Aber dann und wann sich zu seinem absoluten τελος verhalten, heißt sich relativ dazu verhalten, aber sich relativ zu seinem absoluten τελος verhalten, heißt sich zu einem relativen τελος verhalten, denn das Verhältnis ist das Entscheidende. So ist also die Aufgabe, sein Verhältnis zum absoluten τελος so einzuüben, daß man es beständig bei sich habe, während man in den relativen Zwecken der Existenz bleibt und vergessen wir nicht: in der Schule war es wenigstens der Fall, daß man den mittelmäßigen Schüler daran erkannte, daß er sogleich zehn Minuten, nachdem die Aufgabe gegeben war, mit seinem Zettel angelaufen kam und sagte: ich bin fertig.

Die Vermittlung bleibt also draußen. Ich will das Sichverlieben als τελος nehmen und jemand dies durch ein Mißverständnis für das absolute τελος halten lassen. Er wird dann nicht aus der Welt laufen, er wird wie wir anderen sein, vielleicht Justizrat, vielleicht Kaufmann usw., aber wie er es einmal absolut verstand, daß ihm seine Verliebtheit das Absolute sei, so wird seine absolute Aufgabe sein, es beständig so zu verstehen, und wie ihm einmal vor dem Gedanken schauderte, seine Verliebtheit sei nicht das Absolute, sondern werde in ein Sowohl-als-auch hineingeschwatzt, so wird er aus aller Macht arbeiten, daß es nie geschehe. Wo bleibt da die Vermittlung! Und was war der Fehler? Der Fehler war, daß er eine Verliebtheit für das absolute τελος hielt. Dem absoluten τελος aber gegenüber benimmt der Mensch sich richtig, wenn er sich folgendermaßen benimmt. Bei allem, was er vornimmt, wo er ist, wie er sich befindet, ob die Welt ihn lockt oder ihm droht, ob er scherzt oder ernsthaft ist, sieht die Resignation vor allen Dingen nach, daß der absolute Respekt vor dem absoluten τελος absolut bewahrt werde. Das ist aber kein Vermitteln, sowenig wie es ein Vermitteln zwischen Himmelreich und Hölle ist, zu sagen: es ist eine Kluft zwischen ihnen befestigt. Und eine solche Kluft ist im Respekt zwischen dem absoluten τελος und den relativen befestigt.

Ist das aber so und ist die Aufgabe die, das absolute Verhältnis einzuüben, so wird die Existenz ungeheuer angestrengt, weil fortwährend eine Doppelbewegung gemacht wird. Die Klosterbewegung will die Innerlichkeit durch eine Äußerlichkeit ausdrücken, welche die Innerlichkeit sein soll. Hierin liegt der Widerspruch; denn Mönch sein ist ebensogut etwas Äußerliches wie Justizrat sein. Die Vermittlung schafft das absolute τελος ab. Aber ein in Wahrheit pathetisch Existierender wird jeden Augenblick für sich selbst ausdrücken, daß das absolute τελος das absolute τελος ist. Das Tiefsinnige liegt in der stillen Unvergänglichkeit der Innerlichkeit, aber darin liegt auch die Möglichkeit des Betruges und die Versuchung zu sagen, man habe es getan und tue es. Nun, wenn jemand in dieser Hinsicht lügen will, so ist es seine Sache, ich werde mit Vergnügen alles glauben, was er sagt. Denn es ist etwas Großes, könnte mir vielleicht dazu verholfen werden, dasselbe zu tun, und ob er es wirklich getan hat, ist mir ganz gleichgültig. Nur möchte ich ihm die Klugheitsregel geben, daß er nicht hinzufüge, er vermittle *zugleich*, denn dann gibt er sich selbst an. Der Existierende, der seine absolute Richtung gegen das absolute τελος genommen hat und die Aufgabe das Verhältnis einzuüben erfaßt, ist vielleicht Justizrat, vielleicht einer von den andern Justizräten, und doch ist er nicht wie die anderen Justizräte, aber wenn man auf ihn sieht, ist er ganz wie die anderen. Er bekommt vielleicht die ganze Welt, aber er ist nicht wie einer, der sie begehrt. Er wird vielleicht König, aber sooft er die Krone auf sein Haupt setzt, und sooft er das Zepter ausstreckt, sieht erst die Resignation nach, ob er existierend den absoluten Respekt vor dem absoluten τελος ausdrücke, und die Krone erbleicht, obgleich er sie königlich trägt, sie erbleicht, wie einst in dem großen Augenblick der Resignation, obgleich er sie jetzt im dritten Dezennium seiner Regierung trägt, sie erbleicht, wie sie einmal vor den Augen der Zuschauer erbleichen wird und vor seinem eignen brechenden Blick in der Stunde des Todes; so aber erbleicht sie für ihn in seiner vollsten Kraft. Wo blieb da die Vermittlung? Und doch war ja keiner da, der ins Kloster ging.

Das Individuum hört nicht auf Mensch zu sein, zieht nicht das mannigfaltig zusammengefaßte Gewand der Endlichkeit aus, um die abstrakte Bekleidung des Klosters anzulegen, aber es vermittelt nicht zwischen dem absoluten τελος und der Endlichkeit. In der Unmittelbarkeit wurzelt das Individuum in der Endlichkeit; wenn sich die Resignation davon überzeugt hat, daß das Individuum die absolute Wendung nach dem absoluten τελος hin bekommen hat, so ist alles verändert und sind die Wurzelschosse abgehauen. Ein solcher lebt in der Endlichkeit, aber er hat sein Leben nicht in ihr. Sein Leben hat wie das eines anderen die verschiedenen Prädikate einer menschlichen Existenz, er lebt aber in ihnen wie einer, der in den geborgten Kleidern eines Fremden geht. Er ist in der Welt der Endlichkeit ein Fremder, aber er bestimmt seine Verschiedenheit von der *Weltlichkeit* nicht durch eine ausländische Kleidung. Das wäre ein Widerspruch, da er sich ja dadurch gerade weltlich bestimmte. Er ist inkognito, aber sein Inkognito besteht gerade darin, daß er ganz wie alle andern aussieht.

Wie wenn der Arzt das Zahnfleisch gelöst und den Nerv durchschnitten hat, und nun den Zahn sitzen läßt, so ist sein Leben in der Endlichkeit losgelöst, und die Aufgabe besteht darin, dafür zu sorgen, daß der Zahn nicht wieder festwachse, was die Vermittlung wäre. Wie in dem großen Augenblick der Resignation nicht vermittelt, sondern gewählt wurde, so ist die Aufgabe die, sich die Geschicklichkeit einer Wiederholung der leidenschaftlichen Wahl zu erwerben und das existierend auszudrücken. Ein solcher befindet sich dann zwar in der Endlichkeit (und die Schwierigkeit ist ja in der Endlichkeit die absolute Wahl zu bewahren), wie er aber im Augenblick der Resignation der Endlichkeit die Lebenskraft nahm, so ist die Aufgabe dies zu wiederholen. Mag nun die Welt einem solchen Menschen alles bieten, so nimmt er es vielleicht an, aber sagt: „Ach ja", aber dieses „Ach ja" bedeutet den absoluten Respekt vor dem absoluten τελος. Mag nun die Welt ihm alles nehmen, so krümmt er sich zwar, aber sagt: „Ach ja", und dieses „Ach ja" bedeutet den absoluten Respekt vor dem absoluten τελος. So existiert man in der Endlichkeit nicht unmittelbar.

Ob es sich für den Ewigen, Allwissenden, Allgegenwärtigen so verhält, daß es gleich wichtig ist, ob ein Mensch seine ewige Seligkeit verscherzt oder ein Sperling zu Boden fällt; ob es sich, wenn in der Ewigkeit alles zur Ruhe gebracht ist, zeigen wird, daß der unbedeutendste Umstand absolut wichtig war, entscheide ich nicht, ich kann mit Wahrheit sagen: Das erlaubt mir *die Zeit* nicht, weil ich nämlich in der Zeit bin. In der Existenz, für einen Existierenden ist es unmöglich so, da er im Werden ist, und für einen Existierenden bedeutet ein hochtrabendes Vermitteln (das nicht einmal in griechischem Sinne mühsam in einem ganzen Leben erworben wird, sondern sich in deutschem Sinne auf dem Papier legitimiert) nichts anderes als Affenstreiche. Das Auge eines Sterblichen kann den Schwindel erregenden Anblick nicht aushalten, und die Ethik verbietet ihm absolut es wagen zu wollen, den Anblick, daß das Unbedeutendste ebenso wichtig sein sollte wie das absolut Entscheidende, und ein *Existierender* kann keine Ruhe dabei finden und darf sich nicht dabei beruhigen, phantastisch zu werden, denn, solange er in Existenz ist, wird er doch nicht ewig. In der Existenz heißt es beständig: vorwärts, und solange es vorwärts heißt, gilt es die absolute Distinktion einzuüben, gilt es Geschicklichkeit erworben zu haben, sie immer leichter zu machen, und ein gutes Bewußtsein davon zu haben. Aber das ist wieder nicht die Vermittlung, wenn der sehr Geübte sich mit dem Bewußtsein tröstet, die absolute Distinktion mit Leichtigkeit und Freude zu machen. Oder wenn die betagte Frau von der absoluten Treue ihres Gemahls froh überzeugt ist, wovon ist sie dann überzeugt? Etwa von seinem Vermitteln und seinem in der Vermittlung geteilten Herzen, oder vielmehr davon, daß er in aller Stille beständig die absolute Distinktion des Sichverliebens macht, nur daß sie in freudigem Vertraun überzeugt ist, daß er sie mit einer solchen Leichtigkeit und Zuverlässigkeit macht, daß sie deshalb keinen äußeren Beweis braucht? Nur vergesse man nicht, daß die Ehe nicht das absolute τελος ist, und daß daher von ihr nur unvollkommen gilt, was vom Absoluten absolut gilt.

Wenn Gott sich zum Menschsein unmittelbar als Ideal verhielte, so wäre es richtig, diese unmittelbare Ähnlichkeit ausdrücken zu wollen. Wenn sich so ein ausgezeichneter Mensch zu mir als mein Ideal verhält, so ist es von mir ganz richtig, die unmittelbare Ähnlichkeit ausdrücken zu wollen, weil wir dadurch, daß wir beide Menschen sind, beide innerhalb derselben Sphäre liegen. Aber zwischen Gott und einem Menschen (denn *die Menschheit* mag die Spekulation nur behalten und Kunststücke damit machen) ist ein absoluter Unterschied, das absolute Verhältnis des Menschen zu Gott muß daher gerade den absoluten Unterschied ausdrücken, und die unmittelbare Ähnlichkeit wird Naseweisheit, Flegelei, Vermessenheit[1] usw. Wenn Gott in seiner Erhabenheit zu einem Menschen sagen würde: „Du bist mir nicht wichtiger als ein Sperling", und der Mensch die Aufgabe hätte die unmittelbare Ähnlichkeit mit der göttlichen Erhabenheit auszudrücken, so müßte ja die verdienstvolle Antwort lauten: „Du und dein Dasein ist mir auch nicht wichtiger als ein Sperling", ob dies nun entweder positiv zu verstehen wäre, weil für diesen erhabenen Menschen alles gleichwichtig geworden wäre, oder negativ, weil ihm alles so gleich wichtig wäre, daß ihm nichts wichtig wäre. Aber das ist ja doch wohl wahnsinnige Blasphemie. Gerade weil zwischen Gott und dem Menschen der absolute Unterschied besteht, drückt sich der Mensch am vollkommensten aus, wenn er absolut die Verschiedenheit ausdrückt.

Anbetung ist für das Gottesverhältnis eines Menschen und damit für seine Ähnlichkeit mit Gott das Höchste, da die Qualitäten absolut verschieden sind. Aber Anbetung bedeutet gerade, daß Gott ihm absolut alles ist, und daß der Anbetende wieder der absolut Unterscheidende ist. Der absolut Unterscheidende verhält sich zu seinem absoluten τελος, aber *eo ipso* auch zu Gott. Und die absolute Unterscheidung ist eben dazu geschickt, Platz zu machen, wie ein Diener bei einer Prozession Platz macht. Sie schafft das Gedränge, den Pöbelauflauf der relativen Zwecke beiseite, damit sich der absolut Unterscheidende zum Absoluten verhalten könne. Sich der Gleichmäßigkeit nähern zu wollen, die für den Ewigen möglich ist, ist für einen Existierenden gar kein Verdienst. Für diesen ist die leidenschaftliche Entscheidung gerade das Höchste. Mit dem Existieren verhält es sich wie mit dem Gehen. Wenn alles ist und in Ruhe ist,

---

[1] Etwas anderes ist es, wenn Gott in einem sehr kindlichen Zeitalter in unschuldiger Naivität zu einem alten, ehrwürdigen Manne oder etwas Ähnlichem wird, und mit dem Frommen auf freundschaftlichem Fuße lebt. So erinnere ich mich in den von Weil herausgegebenen *biblischen Legenden der Muselmänner* von einem der hier besprochenen heiligen Menschen gelesen zu haben, daß ihn Gott selbst persönlich zum Grabe geleitete und vor dem Sarge herging, und die vier Engel folgten. Daß solches unschuldige Naivität ist, zeigt sich unter anderem auch dann, daß es, wenn man es nun liest, eine reine und unschuldige humoristische Wirkung hervorbringt. Die kindliche Frömmigkeit will natürlich Gott nicht beleidigen, sondern fühlt sich im Gegenteil glücklich dabei, ihn mit dem Besten, worauf sie verfallen kann, auszuschmükken.

sieht es ganz täuschend so aus, als ob alles gleichwichtig wäre, wenn ich übrigens eine Anschauung davon bekommen kann, die ebenso ruhig ist. Sobald dagegen die Bewegung gesetzt wird, und ich mit in Bewegung, so ist der Gang selbst ein fortwährendes Unterscheiden. Nur kann dieser Vergleich das absolute Unterscheiden nicht angeben, weil gehen nur eine endliche Bewegung ist.

Weil aber die Aufgabe in Einübung der absoluten Unterscheidung besteht, so folgt daraus nicht, daß der Existierende gegen die Endlichkeit gleichgültig wird. Dieses war die Übertreibung des Mittelalters, daß keinen rechten Glauben an die Innerlichkeit hatte, außer, wenn dies, zu einer Äußerlichkeit wurde. Aber je weniger Äußerlichkeit, desto mehr Innerlichkeit, und Innerlichkeit durch ihren Gegensatz ausgedrückt (der aber gerade darin besteht, daß das Individuum ganz wie alle anderen ist, so daß im Äußeren gar nichts zu merken ist) ist die höchste Innerlichkeit – falls sie da ist. Dies muß beständig hinzu gefügt werden, sowie: je weniger Äußerlichkeit, desto leichter der Betrug. Ein älterer Mann kann ganz gut mit vollem Interesse am Spiel der Kinder teilnehmen, kann der sein, der rechtes Leben ins Spiel bringt, aber er spielt doch nicht wie ein Kind: so verhält sich der zur Endlichkeit, der es als seine Aufgabe ansieht, die absolute Unterscheidung einzuüben. Aber er vermittelt nicht. Das Mittelalter war eine argwöhnische Innerlichkeit, und wollte diese daher im Äußeren sehen. Insofern war es eine unglückliche Innerlichkeit und glich einer Liebschaft, wo die Liebenden auf den Ausdruck der Liebe im Äußeren eifersüchtig sind: so glaubte es, Gott sei auf den Ausdruck im Äußeren eifersüchtig. Die wahre Innerlichkeit fordert gar kein Zeichen im Äußeren. In der Einübung der absoluten Unterscheidung zeigt sich die Leidenschaft der Unendlichkeit, aber ohne Jalousie, ohne Neid, ohne Mißtrauen will sie die Innerlichkeit sein, will nicht als das in der Existenz ausgeprägte Auffallende streitsüchtig dastehen, wodurch sie gerade verliert, wie wenn Gottes unsichtbares Bild sichtbar gemacht wird; will die Endlichkeit nicht stören, will aber auch nicht vermitteln. Mitten in der Endlichkeit und dem mannigfachen Anlaß, den die Endlichkeit dem Existierenden bietet die absolute Unterscheidung zu vergessen, will sie ihm bloß die absolute Innerlichkeit sein, und dann kann er sonst Justizrat usw sein. Aber der Höhepunkt der Aufgabe ist sich zu gleicher Zeit absolut zum absoluten τελος und relativ zu den relativen verhalten zu können oder das absolute τελος immer bei sich zu haben.

Läßt sich dies nicht tun, oder will man dies nicht als die Aufgabe annehmen, dann bleiben Analogien zur Klosterbewegung unbedingt vorzuziehen, ob man zu dieser Behauptung im spekulativen neunzehnten Jahrhundert pfeift oder singt, ob man über sie lachen oder weinen mag. In der Klosterbewegung war doch Leidenschaft und Respekt vor dem absoluten τελος.

Aber man darf die Klosterbewegung nicht wie etwas Verdienstliches machen, sie muß im Gegenteil demütig gegen Gott vor sich gehen und nicht ohne eine gewisse Beschämung. Wie ein krankes Kind darin nichts Verdienstliches sieht, daß es daheim bei den Eltern bleiben darf; wie eine Liebende darin nichts Verdienstliches sieht, daß sie den Anblick des Geliebten keinen Augenblick entbehren und nicht die Kraft gewinnen kann, ihn in Gedanken bei sich zu haben, während sie ihre Arbeit tut, wie sie darin kein Verdienst sieht, daß sie bei ihm in seiner Arbeitsstube sitzen und beständig bei ihm sein darf: so muß der Klosterkandidat sein Verhältnis zu Gott ansehen. Und tut er es, wird gegen seine Wahl nichts weiter einzuwenden sein, was auch den Leuten im neunzehnten Jahrhundert zu sagen beliebt.

Aber das kranke Kind wird bald die Schwierigkeit entdecken, nicht als ob die Eltern nicht liebevoll und zärtlich wären, sondern weil der immerwährende Umgang so manchen kleinen Zusammenstoß mit sich bringt. Und die Liebende wird bald die Schwierigkeit entdecken, nicht als ob der Geliebte nicht brav wäre, sondern weil der fortwährende Anblick tagaus tagein und zu jeder Stunde zuweilen eine gewisse Ermüdung verursacht: und so wird auch der Klosterkandidat schon etwas davon merken. Denn hier will uns wieder oft ein Pfarrer zum besten haben. Er sagt am Sonntag, daß es in der Kirche so still und feierlich sei, und wenn wir bloß beständig dableiben könnten, so würden wir wohl heilige Menschen werden, aber wir müßten hinaus in die Verirrung der Welt. Der Pfarrer sollte sich schämen, daß er uns einbilden will, der Fehler liege an der Welt und nicht an uns. Er sollte sich schämen, daß er uns Hochmut lehrt, als wählten wir die schwierigste Aufgabe, besonders wenn wir draußen in der Welt nicht zugleich jeden Augenblick das absolute τελος bei uns haben sollen. Ich dächte, der Pfarrer sollte uns Demut lehren und darum sagen: „Geht jetzt nach Hause, jeder verrichte sein Tagewerk, das ihm Gott angewiesen hat, und dankt Gott, der die Schwachheit eines Menschen kennt, daß von euch nicht gefordert wird, daß ihr hier bleibt und den ganzen Tag nichts anderes tut als Lieder singen und beten und Gott loben. Dann würdet ihr vielleicht Anfechtungen entdecken, von denen ihr so mit Gottes Erlaubnis nichts wißt.“ Alle sieben Tage einmal in die Kirche gehen, wenn man sich sonst in der Mannigfaltigkeit des Lebens bewegt, verursacht mit Hilfe der verkürzten Perspektive der Ästhetik leicht eine Täuschung. Aber gerade darum sollte der Pfarrer darauf achten und nicht immer wieder das Mittelalter dazu mißbrauchen, die Gemeinde in großen Einbildungen zu betören.

In unserer Zeit ist eigentlich kein besonderer Grund da vor dem Kloster zu warnen, und im Mittelalter war der Grund ein anderer, als man zunächst vielleicht denkt. Hätte ich im Mittelalter gelebt, so hatte ich mich nie dazu entschließen können, das Kloster zu wählen. Und warum nicht? Weil der, der es tat, im Mittelalter im vollen Ernst für einen Heiligen angesehen wurde. Wenn ich dann auf die Straße gegangen wäre, und mir wäre ein armer geringer Mensch begegnet, der vielleicht viel besser als ich[1] war, dann hätte er sich vor mir verneigt und

[1] Und dies Vielleicht ist nicht einmal so hypothetisch, selbst wenn ich ein anderer wäre, als ich bin; denn der Mensch, der in Ernst und Aufrichtigkeit einen anderen Menschen für einen heiligen Mann ansieht, der zeigt *eo ipso* durch diese Demut, daß er besser als der andere ist.

mich pathetisch und im Ernst für einen Heiligen genommen. Das kommt mir aber als das Schrecklichste vor, als eine Profanation des Heiligen, eine Treulosigkeit gegen ein absolutes Verhältnis zu einem absoluten τελος.

Wenn in unserer Zeit ein Kloster gebaut würde, so würde man, wenn man hineinginge, für verrückt gehalten. Wenn man heutzutage das Programm eines Arztes für Errichtung eines Irrenhauses liest, so hat es eine gewisse Gleichheit mit einer Klostereinladung. Das sehe ich für einen außerordentlichen Gewinn an; für verrückt gehalten zu werden, das läßt sich hören, das ermuntert, das schützt die stille Innerlichkeit eines absoluten Verhältnisses, aber im Ernst für heilig zu gelten, das müßte bis zum Tode ängstigen. Das Kloster zu einem Irrenhaus zu machen, scheint mir einem Äußeren am nächsten zu kommen, das wie das aller anderen Menschen ist. So entspricht doch die Äußerlichkeit nicht unmittelbar der Innerlichkeit, worin der Irrtum des Mittelalters bestand. Ich denke wenigstens so: mag ich denn in der Welt das werden, was es sein soll, etwas Großes wird es kaum, und wenn es etwas noch so Geringes wird, will ich mich darein zu finden suchen, aber vor einem möchte ich bewahrt bleiben, davor, im Ernst für einen heiligen Mann angesehen zu werden; denn wenn mich jemand, um mich zu verspotten, einen Heiligen nennen würde, das ist „was anderes", das läßt sich hören, das muntert auf.

Aber Ehrerbietung, wie es sich ziemt, vor der Klosterbewegung des Mittelalters. Der Pfarrer sagt ja freilich, wenn man ins Kloster gehe, entgehe man der Gefahr, und darum sei es größer, im Leben zwischen den Gefahren zu bleiben – doch wohl nicht mit Hilfe der Mediation?

Man sollte doch einander zu verstehen suchen und sich darüber einigen, was man unter der Gefahr versteht. Der Klosterkandidat sah es für die größte Gefahr an, sich nicht jeden Augenblick absolut zum absoluten τελος zu verhalten. Von der Gefahr weiß die Vermittlung nichts. Mit Hilfe der Vermittlung entgeht man der absoluten Gefahr und der absoluten Anstrengung, dem Umgang mit dem Absoluten in der Einsamkeit und Stille, wo also der geringste Verlust ein absoluter Verlust, wo der geringste Rückschritt Verlorengehen ist, wo es keine, keine Zerstreuung gibt, sondern die Erinnerung an den noch so geringen Rückschritt dem Unglücklichen, der nirgendshin entfliehen kann, gleich einem Sonnenstich brennt, wo jede Schwachheit, jede Ermattung, jede Unaufgelegtheit wie eine Todsünde ist, und jede solche Stunde einer Ewigkeit gleicht, weil die Zeit nicht vergeht. Dem entgeht man, und das nennt der Pfarrer der Gefahr entgehen, weil man in den relativen Gefahren bleibt, in den Gefahren der Mannigfaltigkeit, wo die simpelste Erfahrung einen lehrt, daß man nie alles verliert (eben weil es das Mannigfaltige ist), sondern auf eine Weise verliert und auf eine andere Weise gewinnt, wo die Gefahren die des Durchkommens und der Nahrungssorgen und der Gesundheit sind, und daß man in der Zeitung ausgescholten wird usw.

Es ist wirklich traurig, daß die Exzentrizität des Mittelalters immer dazu gemißbraucht werden muß, die Menschen zu lehren, sich wie Teufelskerle zu brüsten, und wenn man in unserer Zeit so redet, ist das ebenso parodisch, wie wenn ein Mann in einem Pfrundhause entwickeln würde, der größte Mut bestehe darin, sich nicht das Leben zu nehmen, sondern das bleiben zu lassen, und damit sämtliche alte Pfründner veranlassen würde sich selbst für die Mutigsten von allen anzusehen, denn sie hätten ja Mut dazu gehabt, es bleiben zu lassen! Oder wie wenn man in einer Versammlung der verstocktesten Menschen von dem Großen reden würde, seine Sorgen wie ein Mann zu tragen und die dialektische Zwischenbestimmung ausließe, das Große, wie ein Mann sorgen zu können. Laß uns ins Theater gehen, um betrogen zu werden, laß da den Schauspieler und den Zuschauer in schönem Verein danach streben, in Illusion hinzureißen und sich hinreißen zu lassen: das ist herrlich. Laß mich, wenn es schlimm gehen soll, von meinem Diener, der mir schmeichelt, betrogen werden, von dem, der einen Dienst von mir wünscht, von meinem Schuhmacher, weil ich sein bester Kunde bin, den er ungern verlieren möchte: aber warum soll ich in der Kirche betrogen werden und mich da vor mir selbst fürchten, wenn ich ein guter Zuhörer bin! Wenn ich nämlich ein guter Zuhörer bin, dann höre ich so zu, daß ich meine, der Pfarrer rede beständig von mir; denn was sonst Eitelkeit heißt und vielleicht sehr verbreitet in der Welt ist, das ist in der Kirche gerade lobenswert und kommt dort vielleicht recht selten vor. Und warum fürchte ich mich dann beinah vor mir selbst? Etwa weil der Pfarrer uns Menschen (also mich, wenn ich der gute Zuhörer bin, der annimmt, er rede von mir) als so verdorben schildert, daß mir davor schaudert, ein solcher zu sein, daß ich erbleiche und mit Schaudern, aber auch mit Unwillen sage: „Nein, so schlecht bin ich nicht“? Ach nein. Seine Hochehrwürden schildert uns Menschen (also mich, wenn ich der gute Zuhörer bin, der annimmt, er rede von mir) als so herrlich, als so viel vollkommener als jene stillen Bewohner des Klosters, daß ich (der ich ja annehme, er rede von mir) ganz befangen und verlegen und rot im Gesicht werde und mit Verlegenheit sagen muß: „Nein, Hochehrwürden sind wirklich gar zu freundlich“ , und fragend aufblicke, um zu sehen, ob es ein Pfarrer ist, der so redet, oder ein Neujahrsgratulant.[1]

---

[1] Man wird sehen, daß die Predigt des Pfarrers heute etwas anders klingt, als am vorigen Sonntag, wo er die christliche Gemeinde, zu der er predigt, dazu ermunterte, den christlichen Glauben anzunehmen und Christen zu werden (vgl. das vorige Kapitel). Dies ist ganz in der Ordnung, wenn uns die Kindertaufe dadurch ohne weiteres zu Christen machen will, daß wir als Kinder getauft sind. Die Mißlichkeit lag nur, wie gezeigt wurde, darin, daß man zu gleicher Zeit die Kindertaufe als für das Christwerden entscheidend anerkennt.
Anders steht es, wenn der Prediger uns Zuhörer alle ohne weiteres zu großen Helden macht. Der religiöse Vortrag hat wesentlich mit den Individuen zu tun und hat seine wesentliche Wirksamkeit als Vermittler zwischen dem Individuum und dem Ideal, und sein Maximum darin, daß er dem Individuum behilflich ist das Ideal auszudrücken. Wesentlich nimmt er alle Menschen, an die er sich wendet, für irrend an, er weiß von jedem Abwege der Verirrung Bescheid, kennt jeden ihrer Schlupfwinkel, jeden Zustand des Irrenden auf dem Wege der Verirrung. Aber so

Nein, Ehrerbietung, wie es sich geziemt, vor der Klosterbewegung des Mittelalters; die Vermittlung dagegen ist ein Aufstand der relativen Zwecke gegen die Majestät des Absoluten, das auf gleiche Höhe mit allem dem anderen herabgezogen werden soll, und gegen die Würde des Menschen, der allein zu einem Dienstmann in den relativen Zwecken gemacht werden soll; insofern als sie höher als die absolute Unterscheidung sein will ist sie eine phantastische Erfindung.

Auf dem Papier macht sich die Vermittlung ganz gut. Man setzt zuerst Endlichkeit, dann Unendlichkeit, und dann sagt man auf dem Papier: Es muß ver-

---

wird in unserer objektiven Zeit selten gepredigt. Man predigt vom Glauben, von den Taten des Glaubens, und man ist entweder ästhetisch gleichgültig, ob wir nun alle, die dies anhören, gläubig sind oder nicht, oder man ist ästhetisch so höflich anzunehmen, daß wir es sind. Auf die Weise wird der Glaube eine Art allegorische Figur, und der Pfarrer eine Art Troubadour, und die Predigt vom Glauben wird etwa ein Analogon zu Ritter Georgs Kampf mit dem Drachen. Die Szene, wo die Sache vor sich geht, ist die Luft, und der Glaube siegt über alle Schwierigkeiten. Ebenso geht es mit Hoffnung und Liebe. Der geistliche Vortrag wird ein Seitenstück zu den ersten Versuchen des Mittelalters im Dramatischen (den sogenannten Mysterien), als man religiöse Stoffe dramatisch behandelte, und, sonderbar genug, gerade am Sonntag und gerade in den Kirchen Schauspiele aufführte. Weil in einer feierlichen Tonart (ob diese nun mehr künstlerisch ist, oder der aller Kunst spottende Bierbaß eines Erweckten) und in einer Kirche von Glauben, Hoffnung und Liebe, von Gott und Jesus Christus geredet wird, daraus folgt noch gar nicht, daß es ein gottesfürchtiger Vortrag ist; das Entscheidende liegt darin, wie sich der Redner und die Zuhörer zur Rede verhalten, oder welches Verhalten zur Rede bei ihnen vorausgesetzt wird. Der Redner muß sich nicht bloß durch die Phantasie zu seinem Gegenstande verhalten, sondern als einer, der selbst das ist, wovon er redet, oder danach strebt, das Wie seiner eignen Erfahrung und das Wie der fortgesetzten Erfahrung haben. Und die Zuhörer müssen durch die Rede darüber aufgeklärt, und es muß ihnen dazu geholfen werden, das zu werden, wovon da geredet wird (in der Hauptsache bleibt dies dasselbe, ob nun ein direktes Verhältnis zwischen Redner und Zuhörer oder ein indirektes angenommen wird. Wird ein indirektes Verhältnis als das wahre angenommen, dann wird die Rede ein Monolog werden, aber wohl zu beachten ein Monolog von dem eignen erlebten Wie des Redners, und er wird in diesem Wie, indem er von sich selbst redet, indirekt vom Zuhörer reden). Wenn gottesfürchtig vom Glauben geredet wird, dann ist die Hauptsache, daß klargemacht werde, wie du und ich (d. h. die einzelnen Individuen) gläubig werden, daß der Redner dazu helfe, uns aus allem Sinnesbetrug herauszureißen, und von dem langen, mühevollen Wege und vom Rückfall usw. Bescheid wisse.

Wird es zu einer leichten Sache gemacht, gläubig zu werden (wie z. B. dadurch, daß man als Kind getauft ist) und handelt die Rede nur vom Glauben, so ist das ganze Verhältnis doch nur ästhetisch, und sind wir in der Kirche doch im Theater. Für eine Bagatelle bekommen wir Entree zu den dramatischen Darstellungen des Pfarrers, wo wir dasitzen und betrachten, was der Glaube vermag – nicht als Glaubende, sondern als Zuschauer der Taten des Glaubens, wie man zu unserer Zeit keine Spekulierenden hat, sondern Zuschauer der Taten der *Spekulation*. Aber das versteht sich, für ein theozentrisch spekulatives und objektives Zeitalter ist es vermutlich gar zu wenig sich auf die letzten Schwierigkeiten einzulassen, wo die Frage in letzter Instanz so scharf, so eindringlich, so beunruhigend, so unbestechlich wie möglich wird, die Frage, wieweit der einzelne, du und ich, gläubig sind, wie wir uns von Tag zu Tag zum Glauben verhalten.

mittelt werden. Und unleugbar hat ein Existierender dann auch den sicheren Boden außerhalb der Existenz, wo er vermitteln kann, gefunden, nämlich auf dem Papier. Er ist gefunden, der archimedische Punkt, nur merkt man nicht, daß es gelingt, die ganze Welt zu bewegen. Wenn dagegen die Szene nicht auf dem Papiere, sondern in der Existenz ist, weil der Vermittelnde ein Existierender ist (und dadurch verhindert der Vermittelnde zu sein), so wird er, wenn er sich bewußt wird, was das Existieren ist (d. h. daß *er* existiert), in demselben Augenblick der absolut Unterscheidende werden, der nicht zwischen Endlichkeit und Unendlichkeit unterscheidet, sondern zwischen dem, endlich und unendlich zu existieren. Denn Unendlichkeit und Endlichkeit sind im Existieren und im Existierenden zusammengesetzt, der sich keine Mühe damit machen soll, Existenz zu schaffen oder im Denken nachzumachen, aber desto mehr zu existieren. Auf dem Papier bringt man mit Hilfe der Vermittlung sogar die Existenz hervor.[1] In der Existenz, in der sich der Existierende befindet, ist die Aufgabe einfacher: ob er so freundlich sein will zu existieren. Existierend soll er also nicht aus Endlichkeit und Unendlichkeit Existenz bilden, sondern, aus Endlichkeit und Unendlichkeit zusammengesetzt, soll er existierend das eine von beiden *werden*; und beides *wird* man nicht auf einmal, wie man es *ist*, weil man ein Existierender *ist*, denn dies ist gerade der Unterschied zwischen sein und werden, und die schimärische Fertigkeit der Vermittlung, wenn sie irgendwo hingehört, ist ein Ausdruck, für den Anfang. Dies ist mehrfach der neusten Philosophie begegnet, daß sie, weil sie die Aufgabe hatte einen Irrtum der Reflexion zu bekämpfen, wenn sie damit fertig ist, das Ende dieser Arbeit mit dem Ende von allem verwechselt, anstatt daß das Ende dieser Arbeit höchstens der Anfang der eigentlichen Arbeit ist.

Man kann *sowohl* gut als böse sein, wie man ja ganz einfältig sagt, ein Mensch habe sowohl zum Guten als zum Bösen Anlage; aber man kann nicht *auf einmal*, zugleich, gut und böse *werden*. Ästhetisch hat man vom Dichter gefordert, er solle nicht diese abstrakten Tugendmuster oder Teufelsmenschen darstellen, sondern es wie Goethe machen, dessen Menschen sowohl gut als böse seien. Und warum hat man mit dieser Forderung recht? Weil man will, daß der Dichter Menschen darstelle, wie sie *sind*, und jeder Mensch sowohl gut als böse *ist*; und weil das Medium des Dichters das Medium der Phantasie, Sein, aber nicht Werden, Werden höchstens in einer sehr verkürzten Perspektive ist. Nimm aber den Menschen aus diesem Medium der Phantasie, aus diesem Sein heraus, setze ihn in Existenz, so kommt ihm augenblicklich die Ethik mit ihrer Anforderung an ihn entgegen, ob er nun so freundlich sein wolle zu werden, und dann wird er entweder gut oder böse. In dem ersten Augenblick der Selbstbetrachtung, im heiligen Augenblick der Beichte nimmt sich der Mensch aus dem Werden heraus

[1] [Hegels Logik II, 2. Abschnitt, 1. Kapitel.]

und sieht im Sein nach, wie er sei; ach, und dann ist das Resultat leider, daß er *sowohl gut als auch böse ist*; sobald er aber wieder im Werden ist, wird er entweder gut oder böse. Dieses *Summa Summarum*, daß alle Menschen sowohl gut als böse *sind*, beschäftigt die Ethik gar nicht, die nicht das Medium des *Seins*, sondern des *Werdens* hat und darum jede Erklärung des Werdens verurteilt, die das Werden trügerisch innerhalb des Seins erklärt, wodurch die absolute Entscheidung des Werdens wesentlich widerrufen ist und alles Reden davon wesentlich blinder Lärm ist.

Darum muß die Ethik auch den ganzen Jubel verwerfen, der sich zu unserer Zeit hören läßt, man habe die Reflexion überwunden. Wer ist der, der die Reflexion überwunden haben soll? Ein Existierender. Aber die Existenz ist selbst gerade die Sphäre der Reflexion, und ein Existierender ist in Existenz, also in der Reflexion: wie benimmt er sich dann dabei, sie zu überwinden? Daß das Identitätsprinzip in gewissem Sinne höher und das dem Kontradiktionsprinzip zugrundeliegende ist, ist nicht schwer einzusehen. Aber das Identitätsprinzip ist nur die Grenze, es gleicht den blauen Bergen, den Zügen, die der Zeichner den Grundriß nennt, während die Zeichnung die Hauptsache ist. Die Identität ist daher eine niedrigere Anschauung als die Kontradiktion, die konkreter ist. Die Identität ist für die Existenz der *terminus a quo*, aber nicht *ad quem*. Ein Existierender kann *maxime* zur Identität kommen und beständig zu ihr kommen, indem er von Existenz abstrahiert. Da aber die Ethik jeden Existierenden als ihren Leibeignen betrachtet, wird sie ihm absolut verbieten nur einen Augenblick mit diesem Abstrahieren anzufangen. Anstatt zu sagen, das Identitätsprinzip hebe die Kontradiktion auf, ist es die Kontradiktion, welche die Identität aufhebt oder, wie Hegel so oft sagt, „zugrunde gehen" läßt.

Die Vermittlung will dem Existierenden die Existenz dadurch erleichtern, daß sie ein absolutes Verhältnis zu einem absoluten τελος ausläßt; die Einübung der absoluten Unterscheidung macht das Leben absolut angestrengt, wenn man eben zugleich in der Endlichkeit bleiben und sich zu gleicher Zeit absolut zum absolutem τελος und relativ zu den relativen verhalten soll. Indes gibt es doch in dieser Anstrengung eine Beruhigung und eine Ruhe, denn absolut, d. h. mit aller Macht und mit Entsagung von allem anderen sich zum absoluten τελος zu verhalten ist kein Widerspruch, sondern die absolute Gegenseitigkeit: gleich für gleich. Der qualvolle Selbstwiderspruch der weltlichen Leidenschaft zeigt sich nämlich darin, daß sich das Individuum zu einem relativen τελος *absolut* verhält. Eitelkeit, Geiz, Neid usw. ist so wesentlich Verrücktheit, denn das ist eben der allgemeinste Ausdruck der Verrücktheit: sich zum Relativen absolut zu verhalten, und ist ästhetisch komisch aufzufassen, da das Komische immer im Widerspruch liegt. Es ist Wahnsinn (ästhetisch gesehen komisch), daß ein Wesen, das ewig angelegt ist, seine ganze Macht dazu verwendet, das Vergängliche zu ergreifen, das Unbeständige festzuhalten, daß es glaubt alles gewonnen zu haben, wenn es dieses Nichts gewonnen hat – und zum Narren gehalten ist, daß es glaubt alles verloren zu haben, wenn es dieses Nichts verloren hat – und nicht mehr zum Narren gehalten ist. Denn das Vergängliche ist, wenn es vorbei ist, nichts, und sein Wesen besteht darin, daß es vorbei ist, geschwind wie der Augenblick des sinnlichen Genusses, der den entferntesten Abstand vom Ewigen bezeichnet: ein Augenblick in der Zeit, mit Leerheit gefüllt.

Aber vielleicht sagt einer, ein „ernster Mann“: „Ist es nun auch gewiß und bestimmt, daß es ein solches Gut gibt, ist es gewiß und bestimmt, daß eine ewige Seligkeit zu erwarten ist, denn dann will ich schon nach ihr trachten, sonst müßte ich ja verrückt sein alles für sie zu wagen.“ Diese oder eine ähnliche Meinung kommt im Vortrag des Pfarrers oft vor und bildet den Übergang zu dem Teil der Rede, wo zum Trost und zur Beruhigung für die Gemeinde bewiesen wird, daß eine ewige Seligkeit zu erwarten ist, damit die Gemeinde um so eifriger nach ihr trachte. Eine solche Beweisführung ist ein gefundenes Fressen und geht dem Studenten wie Gottes Wort ein; „Die praktischen Übungen werden wie gewöhnlich aufgeschoben.“ Es ist gut, daß ich kein ernster Mensch bin, kein versichernder Philosoph oder kautionierender Pfarrer, denn sonst müßte ich mich ans Beweisen machen. Glücklicherweise bin ich nun durch meinen Leichtsinn vom Beweisführen befreit und darf in der Qualität eines Leichtsinnigen die Meinung haben, daß, wenn sich ein Mensch im Vertrauen auf die Versicherung sämtlicher Philosophen und die Kaution der ganzen Geistlichkeit entschließt nach einer ewigen Seligkeit zu trachten, er doch nicht nach ihr trachtet, und ihn gerade sein *Zutraun* zur Versicherung sämtlicher Philosophen und zur Kaution der ganzen Geistlichkeit daran verhindert (der Pfarrer glaubt ja freilich, es geschehe aus Mangel an Zutraun) und ihm hilft wahrhaftig auch *mit dabei sein* zu wollen, einen Verstandesumsatz, eine vorteilhafte Börsenspekulation anstatt eines Wagestückes zu machen, ihm hilft eine fingierte Bewegung, einen fingierten Ausfall auf das Absolute zu machen, obgleich er total im Relativen bleibt, einen fingierten Übergang wie den vom Eudämonismus zum Ethischen innerhalb des Eudämonismus. Es ist im ganzen nicht zu glauben, wie schlau und erfinderisch die Menschen sind, um der letzten Entscheidung zu entgehen; wer vielleicht Zeuge davon gewesen ist, was für sonderbare Gebärden manche Landsoldaten machen, wenn sie ins Wasser springen sollen, wird in der Welt des Geistes oft genug Analogien hierzu finden.

Dies ist die Sache. Das Individuum wird erst durch das Wagnis zu einem unendlichen gemacht; es ist nicht dasselbe Individuum und das Wagnis nicht ein Unternehmen unter vielen anderen, ein Prädikat mehr von ein und demselben Individuum. Nein, durch das Wagnis wird der Mensch selbst ein anderer. Ehe er gewagt hat, kann er es nur für Torheit ansehen (und dies ist dann viel besser, als ein gedankenloser Faselhans zu sein, der da sitzt und sich einbildet, er verstehe es als Weisheit – und doch es zu tun unterläßt, wodurch er sich selbst als einen Toren angibt, während der, welcher es für Torheit ansieht, doch seine eigne Klugheit behauptet, indem er es fahren läßt), und wenn er es gewagt hat, ist er nicht mehr derselbe. So wird ein passender Platz für das Diskrimen des Übergangs gewonnen, eine dazwischenliegende klaffende Tiefe, als Szene der Leidenschaft der Unendlichkeit entsprechend, ein Abgrund, über den der Verstand nicht kommen kann, weder hinüber, noch herüber.

Da ich mich jedoch gar nicht darauf eingelassen habe, das Dasein einer ewigen Seligkeit zu beweisen (teils weil es ja nicht meine Sache, sondern höchstens Sache des Christentums ist, welches sie verkündigt, teils weil sie, wenn sie sich beweisen ließe, gar nicht da wäre, da sich das Dasein des absoluten ethischen Gutes nur dadurch beweisen läßt, daß das Individuum selbst existierend ausdrückt, daß es da ist), so will ich die Worte jenes ernsthaften Mannes einen Augenblick näher betrachten; sie sind schon des Betrachtens wert. Er fordert also, es solle gewiß und bestimmt sein, daß ein solches Gut zu erwarten ist. Aber das ist wirklich zuviel verlangt, daß etwas, was zu erwarten ist, gewiß und bestimmt sein soll, denn das Futurische und das Präsentische haben gerade einen kleinen Augenblick zwischen sich, der bewirkt, daß man das Futurische erwarten kann, aber es unmöglich macht, *in praesenti* Gewißheit und Bestimmtheit zu haben. Das präsentische Verhältnis ist das der Gewißheit und Bestimmtheit, aber ein präsentisches Verhältnis zu einem Futurum ist *eo ipso* das der Ungewißheit und darum ganz richtig der Erwartung. Spekulativ gilt, daß ich das Ewige rückwärts durch die Erinnerung erreichen kann, gilt, daß der Ewige sich direkt zum Ewigen verhält, aber ein Existierender kann sich vorwärts zum Ewigen nur als zu dem Futurischen verhalten.

Der ernsthafte Mann fährt fort: wenn er Gewißheit bekommen kann, daß ein solches Gut zu erwarten ist, dann will er alles dafür wagen, sonst wäre es ja Torheit, alles zu wagen. Der ernsthafte Mann redet ja fast wie ein Spaßvogel, er will uns offenbar zum Narren haben, wie der Landsoldat, wenn er einen Anlauf nimmt, um ins Wasser zu springen, und auch freilich den Anlauf nimmt, aber dem Sprunge Lebewohl sagt. Wenn es gewiß ist: dann will er alles wagen. Aber was heißt denn also wagen? Wagen ist das Korrelat zur Ungewißheit; sobald die Gewißheit da ist, hört das Wagen auf. Wenn er also die Gewißheit und Bestimmtheit bekommt, so kann er unmöglich dazu kommen alles zu wagen, denn dann wagt er nichts, selbst wenn er alles aufgibt, und wenn er die Gewißheit nicht bekommt, ja dann, so sagt ja der ernsthafte Mann in vollem Ernst, dann will er nicht alles wagen, es wäre ja Torheit. Auf die Weise wird das Wagen des ernsthaften Mannes freilich zu blindem Lärm.

Wenn das, in dessen Besitz ich durch Wagen kommen soll, gewiß ist, dann wage ich nicht, dann *tausche* ich. So wage ich damit, daß ich einen Apfel für eine Birne gebe, nicht, wenn ich, indem ich den Tausch mache, die Birne in meiner Hand halte. Winkeladvokaten und Schelme wissen in dieser Hinsicht gut Bescheid; sie glauben einander nicht und wollen darum das in der Hand haben, was sie durch den Tausch bekommen sollen, ja sie haben vom Wagen einen so scharfen Begriff, daß sie es schon für gefährlich ansehen, wenn der andere sich umkehrt und spuckt, er könnte ja Hokuspokus machen. Das heißt nicht wagen, daß ich mein Eigentum für eine Perle weggebe, wenn ich im Augenblick des Tausches die Perle in meiner Hand halte. Ist es vielleicht eine unechte Perle, mit der ich angeführt bin, so habe ich einen törichten Tausch gemacht, aber ich habe nichts gewagt. Liegt jene Perle dagegen vielleicht fern in Afrika an einer verborgenen Stelle, wohin schwer zu gelangen ist, habe ich die Perle nie in meiner Hand gehabt, und verlasse ich dann Haus und Heimat, gebe alles hin, trete, ohne Gewißheit zu haben, daß mein Unternehmen gelingen wird, die lange mühsame Wanderung an, ja dann wage ich[1], und dann wird man schon am Abend im Klub zu hören bekommen, was der ernsthafte Mann sagte: daß es Torheit sei. Aber was für wunderbare Ereignisse jener Abenteurer auf der langen, gefahrvollen Reise nach Afrika auch erleben wird, so glaube ich doch nicht, daß ihm etwas Sonderbareres widerfahren kann, als was der Rede des ernsthaften Mannes begegnet; denn das einzige wahre Wort, das von allem seinem Ernst übrigbleibt, ist dies: daß es Torheit ist.[2] Ja gewiß ist es Torheit. Wagen ist immer Torheit, aber

---

[1] Mit Vergnügen will ich dasselbe an einem edleren Beispiel zeigen. Der Liebhaber kann für seine Liebe alles *wagen*, vor dem Besitz der Geliebten, dagegen der Ehemann, der im Besitz der Geliebten ist, wagt nichts für sie, wenn er auch mit ihr alles trägt, wenn er sich auch um ihretwillen allem unterzieht, und der Ehemann beleidigte daher seine Frau, wenn er den Ausdruck gebrauchen würde, der die höchste Schwärmerei des Liebhabers bezeichnet. Der Ehemann ist im Besitz der Geliebten, und wenn die ewige Seligkeit einem Menschen in der Weise nahe sein könnte, dann würde er auch nicht wagen. Aber leider kann sie selbst dem Existierenden, der alles gewagt hat, solange er im Existieren ist, nicht ganz so nahe sein. Und dann noch das kleine N. B., daß er alles gewagt haben muß, da er die Gewißheit nicht von einem versichernden Philosophen oder einem kautionierenden Pfarrer zum voraus und in die Hand bekam. Denn obgleich die ewige Seligkeit das höchste Gut und viel größer als Rittergüter und Königreiche ist, so ist es doch, wie sonderbar es auch klingt, absolut das Gut, bei welchem der, der es weggibt, gar nicht nach Sicherheit durch einen Dritten fragt, und bei welchem dem, der es empfangen soll, gar nicht geholfen wäre, wenn ihm alle Menschen Kaution stellten, sondern wo die Sache ganz allein zwischen dem, der es weggibt, und dem betreffenden Menschen abgemacht wird, eine fast ebenso große Torheit, hätte ich beinah gesagt, von dem, der es weggibt, daß er nicht besser auf seinen Vorteil und seine Sicherheit sieht, als von dem, der es empfängt, daß er kein Mißtrauen faßt und keinen Unrat merkt, wenn er, einsam dastehend, alle Kautionssteller aus den Augen verlieren soll.

[2] Alle Lebensweisheit ist freilich Abstraktion, und nur der mittelmäßigste Eudämonismus hat gar keine Abstraktion, sondern ist Genuß des Augenblicks. In demselben Grade wie der Eudämonismus klug ist, hat er Abstraktion; je mehr Klugheit, desto mehr Abstraktion. Dadurch bekommt der Eudämonismus eine flüchtige Ähnlichkeit mit dem Ethischen und dem Ethisch-Religiösen, und es kann einen Augenblick so aussehen, als könnten sie zusammen Schritt halten. Und doch ist es nicht so, denn sieh, der erste Schritt des Ethischen ist die unendliche Abstraktion, und was geschieht? Der Schritt wird dem Eudämonismus zu groß, und obgleich etwas Abstraktion Klugheit ist, ist unendliche Abstraktion, eudämonistisch verstanden, Torheit.

Vielleicht wird ein Philosoph sagen, ich bewege mich nur in der Sphäre der Vorstellung [vgl. Hegels Phänomonologie des Geistes S. 23 ff.]. Ja, auf dem Papier geht es mit dem Zusammensetzen freilich leichter, da wagt man alles und hat in demselben Augenblick alles. Wenn ich

für eine erwartete ewige Seligkeit alles zu wagen ist Generaltorheit. Dagegen ist die Frage nach Gewißheit und Bestimmtheit Klugheit, denn das sind Ausflüchte, um der Anstrengung des Handelns und Wagens zu entgehen und die Sache ins Wissen und Schwatzen hinüberzuspielen. Nein, wenn ich in Wahrheit wagen und in Wahrheit handelnd nach dem höchsten Gut trachten soll, dann gehört Ungewißheit dazu, und muß ich, sozusagen, Platz mich zu bewegen haben. Aber der größte Platz, den ich bekommen kann, um mich darauf zu bewegen, wo für den heftigsten Gestus der unendlichen Leidenschaft Platz ist, ist die Ungewißheit des Wissens in bezug auf eine ewige Seligkeit, oder daß ihre Wahl im endlichen Sinn Torheit ist: siehe, nun ist Platz, nun kannst du wagen!

Und darum hat die ewige Seligkeit, als das absolute Gut, die Eigentümlichkeit, daß sie sich *einzig und allein durch ihre Erwerbsweise definieren läßt*, während andere Güter, eben weil die Weise ihres Erwerbs zufällig oder doch relativ dialektisch ist, durch das Gut selbst definiert werden müssen. Denn Geld kann man z. B. sowohl erwerben, als auch ohne Erwerb bekommen, und beides wieder mannigfach verschieden, aber Geld bleibt doch dasselbe Gut. Und Kenntnisse kann man z. B. verschieden erwerben, je nach Talent und äußeren Umständen, und sie lassen sich daher nicht durch die Weise ihres Erwerbs definieren. Aber von der ewigen Seligkeit läßt sich nur sagen, sie sei das Gut, das dadurch erlangt werde, daß man absolut alles wage. Jede Beschreibung von der Herrlichkeit dieses Gutes ist schon wie ein Versuch es möglich zu machen, daß es mehrere Erwerbsweisen, z. B. eine leichtere und eine schwerere gibt, was zeigt, daß die Beschreibung nicht das absolute Gut beschreibt, sondern es sich nur einbildet und wesentlich von relativen Gütern redet. Und darum ist es in gewissem Sinne so leicht, von diesem Gut zu reden, weil es gewiß ist, wenn alles ungewiß gemacht ist, und weil der Redende nie in Verlegenheit kommen wird, wie wenn es sich in bezug auf die relativen Güter zeigt, daß, was dem einen zu ihm verhalf, dem andern nicht half. Und darum ist die Rede von diesem Gut so kurz, denn es ist nichts weiter zu sagen als: „Wage alles", es sind keine Anekdoten zu erzählen, wie Karl durch Arbeit Reichtum bekommen habe, und August durch Lotteriespiel, und Hans durch Erbschaft, und Fritz durch Änderung des Geldwertes[1] und Christian durch Möbelaufkauf bei einem Trödler usw. Aber in einem andern Sinne ist die Rede so lang, ja die längste von allen Reden, weil um alles zu wagen eine Durchsichtigkeit des Bewußtseins erfordert wird, die man nur sehr langsam erwirbt.

Hier liegt die Aufgabe der religiösen Rede; sollte sie bloß das kurze Wort: „Wage alles", sagen, so würde man im ganzen Königreich nicht mehr als *einen*

---

aber in der Existenz alles wagen soll, so ist das schon eine ganze Lebensaufgabe, und wenn ich dann mit meinem Wagnis in der Existenz bleiben soll, so muß ich mit dem Wagen beständig fortfahren. Der geehrte Philosoph verlegt, wie gewöhnlich, die Szene von der Existenz auf das Papier.

1 [Beim Staatsbankrott 1813, wo Geldwert und Zinsfluß verändert wurden.]

Redner brauchen, nun aber ist es so, daß auch die längste Rede nie das Wagnis vergessen darf. Der religiöse Vortrag kann sich mit allem beschäftigen, nur daß er beständig alles in Beziehung zur absoluten Bestimmung der Religiosität bringe. Er gehe hinaus auf alle Wege, wisse Bescheid, wo die Verirrungen zu Hause sind, wo die Stimmungen ihren Schlupfwinkel haben, wo die Leidenschaften sich in der Einsamkeit selbst verstehen (und jeder Mensch, der Leidenschaft hat, ist immer etwas einsam, es sind nur die Schwatzbasen, die ganz in Geselligkeit aufgehen), er wisse, wo der Sinnesbetrug versucht, wo die Wege abbiegen usw.: um fortwährend alles in Beziehung zur absoluten Bestimmung der Religiosität zu bringen. Kann der eine Mensch in dieser Hinsicht etwas für den andern tun, dann soll er sich keine Mühe damit machen, nach China und Persien hinüberzugehen, denn wie religiöse Rede höher als alle andre Rede ist, so weiß andererseits alle in Wahrheit religiöse Rede vom absoluten Gut, von einer ewigen Seligkeit nichts, weil sie weiß, daß es die Aufgabe ist, nicht vom Individuum zum Geschlecht zu kommen, sondern vom Individuum aus durch das Geschlecht (das Allgemeine) hindurch das Individuum zu erreichen. Die religiöse Rede ist der Weg zu dem Gut hin, das will heißen, sie sucht dem Wege zu gleichen[1], der ebensolang wie das Leben ist, dem Wege, den der Religiöse beschreibt, nicht in dem Sinne, wie der Planet seine Bahn beschreibt, oder der Mathematiker einen Kreis beschreibt. Aber zum absoluten Gut gibt es keinen Richtweg, und da es nur durch die Erwerbsweise zu bestimmen ist, ist deren absolute Schwierigkeit das einzige Merkmal dafür, daß man sich zum absoluten Gut verhält. Daß man es auf leichtere Weise durch einen Zufall bekommt (dadurch, daß man in besonders günstigen Jahren, z. B. im neunzehnten Jahrhundert geboren ist, daß man gute Gaben hat, mit einem großen Mann in derselben Stadt lebt oder mit einem Apostel verschwägert ist), daß man ein Glücksprinz ist, das beweist nur, daß man zum Narren gehalten ist; denn die Herren Glücksprinzen gehören nicht in die Sphäre des Religiösen.

Das Verdienst der religiösen Rede ist den Weg schwer zu machen, denn der Weg ist das Entscheidende, sonst haben wir Ästhetik. Aber das Christentum hat den Weg am allerschwersten gemacht, und es ist nur Sinnesbetrug, der viele umstrickt hat, das Christentum habe den Weg leicht gemacht, da es den Menschen nur eben in der Weise zu Hilfe gekommen ist, daß der Anfang damit geschieht, daß alles viel schwerer als je wird. Hat ein Heide das absolute Gut nur geahnt, so hat das Christentum durch das Absurde geholfen. Wenn man dies ausläßt, dann ist freilich alles viel leichter als im Heidentum geworden; hält

---

[1] Hieraus sieht man wieder, weshalb der religiöse Redner kein verkürztes Perspektiv gebrauchen darf. Ästhetisch ist nämlich kein Weg da, weil sich das Ästhetische zu Unmittelbarkeit verhält, wofür der Ausdruck das verkürzte Perspektiv ist. Ethisch und ethisch-religiös wird gerade auf den Weg reflektiert, und darum ist ethisch und ethisch-religiös ein Betrug, was ästhetisch Wahrheit ist.

man dies aber fest, dann ist alles viel schwerer, denn es ist leichter, eine schwache Hoffnung mit *eignen Kräften* festzuhalten, als Gewißheit kraft des Absurden zu bekommen. Wenn sich ein ästhetisch Leidender sträubt und beim Ethischen Trost sucht, so besitzt dieses ja freilich den Trost, aber es macht den ästhetisch Leidenden erst noch mehr leidend, als er vorher war. Wenn man dies ausläßt, so macht das Ethische zwar alles sehr leicht und komfortabel, aber man mißbraucht das Ethische auch. Ein ästhetisch Leidender, wenn er sich auch noch so sehr quält, kann sehr gut dazu kommen, noch mehr zu leiden, und wenn er dann zum Ethischen schickt, ja, dann hilft es ihm erst vom Regen in die Traufe, so daß er Grund genug zum Schreien bekommt, und dann hilft es erst. So auch mit dem Christentum. Es fordert, daß das Individuum existierend alles wage (das Pathetische); das kann ein Heide auch tun, er kann z. B. auf das Wenn der Unsterblichkeit hin alles wagen. Aber dann fordert es, daß das Individuum zugleich sein Denken wage, daß es wage gegen den Verstand zu glauben (das Dialektische). Und während jener ernsthafte Mann gar nicht zum Wagen kam, weil er Gewißheit haben wollte, so ist es gewiß, daß es eine Gewißheit gibt, nämlich die: daß dieses das absolute Wagnis ist.

Sich auf das Wenn der Unsterblichkeit hin existierend durchs Leben zu kämpfen, kann mühsam genug zu sein scheinen und einen Auferstehungsbeweis zu erhalten, eine ungeheure Erleichterung, wenn der Beweis nicht selbst der allerschwerste wäre. Alles mit Hilfe eines Vermittlers zu bekommen, scheint ja im Vergleich mit dem Heidentum recht leicht zu sein, wo der Weise durch seine größte Anstrengung nur wenig erreichte; aber wenn nun der Umstand, daß ein Vermittler da ist, das Schwierigste von allem ist! Alles mit Hilfe eines Evangeliums zu bekommen, ist ja sehr bequem: wenn der Umstand, daß ein Evangelium da ist, nicht das Schwierigste von allem wäre. Alles durch Gott zu vermögen, ist ja sehr bequem: wenn das, daß man selbst nichts vermag, nicht das Schwierigste wäre, so schwierig, daß es wohl in jeder Generation nur wenige gibt, die mit Wahrheit sagen können, daß sie bloß einigermaßen tagaus tagein sich bewußt werden, daß ein Mensch gar nichts vermag.

Wird aber das Dialektische übersprungen, was dann? Dann wird das Ganze zu Frauengeschwätz und Weibergeschrei, denn Juden und Weiber, das weiß man schon, schreien in *einer* Minute, was ein Mann in seinem ganzen Leben nicht fertigbringt. Wird das Dialektische übersprungen, dann beweist der Auferstehungsbeweis, ironisch genug, zuviel, und ist die Gewißheit der Unsterblichkeit geringer als im Heidentum; dann wird der Vermittler zu einer zweideutigen Person, einem ästhetisch stattlichen Menschen mit einem Heiligenschein und einem Wunschhut; dann wird das Evangelium zu einem Gerücht, zu etwas Stadtklatsch; dann wird der alles durch Gott Vermögende zu einem, der ein wenig durch sich selbst vermag und so höflich ist so zu tun, als geschähe es durch Gott, zu einem, der weit hinter dem steht, der das anstrengende Bewußtsein, daß er nichts vermag, nur einigermaßen existierend einübt. Wird das Dialektische übersprungen, dann wird das ganze Christentum zu einer leichten Einbildung, zu nichts anderem als zu Aberglauben, ja zu der gefährlichsten Art von Aberglauben, weil es Aberglaube an die Wahrheit ist, wenn das Christentum die Wahrheit ist. Beim Aberglauben an die Unwahrheit bleibt nämlich die Möglichkeit, daß die Wahrheit komme und ihn aufwecke, wenn aber die Wahrheit da ist, und der Aberglaube verwandelt sie durch sein Verhältnis zu ihr zur Unwahrheit, dann ist ja keine Rettung möglich.

Nein, die Leichtigkeit des Christentums ist nur an einem kenntlich: an der Schwierigkeit; so ist sein Joch sanft und seine Last leicht, für den, der alle, alle Lasten, die Last der Hoffnung und der Furcht und des Mißmutes und der Verzweiflung von sich geworfen hat – aber das ist sehr schwer. Und die Schwierigkeit ist wieder die absolute, nicht komparativ dialektisch (leichter für den einen Menschen als für den andern), weil die Schwierigkeit sich absolut zu jedem Individuum besonders verhält und seine absolute Anstrengung absolut, aber auch nicht mehr fordert, denn wie es in der Sphäre des Religiösen keine Glücksprinzen, oder Lotteriespiel gibt, ebensowenig übervorteilte Individualitäten.

§ 2 Der wesentliche Ausdruck des existentiellen Pathos: Leiden – Glück und Unglück als ästhetische Lebensanschauung dem Leiden als religiöser Lebensanschauung entgegengesetzt (im religiösen Vortrag beleuchtet) – Die Wirklichkeit des Leidens (Humor) – Die Wirklichkeit des Leidens zuletzt als Kennzeichen davon, daß ein Existierender sich zu einer ewigen Seligkeit verhält – Die Illusion der Religiosität – Anfechtung – Erster Grund und Bedeutung des Leidens: der Unmittelbarkeit abzusterben und doch in der Endlichkeit zu bleiben – Ein erbauliches Divertissement – Humor als Inkognito der Religiosität

Man denke daran, daß nach dem vorigen Paragraphen das existentielle Pathos in Handlung oder Umbildung der Existenz besteht. Als Aufgabe ward gestellt sich zugleich absolut zum absoluten τελος und relativ zu den relativen zu verhalten. Aber diese Aufgabe muß nun näher in ihrer konkreten Schwierigkeit verstanden werden, damit das existentielle Pathos doch nicht widerrufen und in ästhetisches Pathos verwandelt werde, als wäre es existenzielles Pathos, dieses ein für allemal oder jeden Monat einmal mit der Leidenschaft der unveränderten Unmittelbarkeit zu *sagen*. Wenn alles auf dem Papier abgemacht würde, so würde man sogleich mit der idealen Aufgabe beginnen, aber in der Existenz muß der Anfang mit der Einübung des Verhältnisses zum absoluten τελος gemacht und der Unmittelbarkeit die Macht genommen werden. Auf dem Papier ist das Individuum ein Drittes, ein geschwindes Etwas, das sogleich zu Diensten steht. Das wirkliche Individuum ist ja in der Unmittelbarkeit und insofern eigentlich in den relativen Zwecken absolut. Nun beginnt, wohl zu merken, das Individuum nicht damit, daß es sich zugleich zum absoluten τελος absolut und zu den relativen relativ verhält, denn weil es sich in der Unmittelbarkeit befindet, ist es gerade umgekehrt gestellt; sondern es beginnt damit, daß es das absolute Verhältnis durch Entsagung einübt. Die Aufgabe ist ideal und vielleicht nie von jemand erfüllt, nur auf dem Papier beginnt man ohne weiteres und ist sogleich fertig. Um sich zum absoluten τελος absolut zu verhalten, muß das Individuum die Entsagung in bezug auf die relativen eingeübt haben, und erst dann kann von der idealen Aufgabe die Rede sein: sich zugleich zum absoluten absolut und zu den relativen relativ zu verhalten. Eher nicht, denn ehe dies geschehen ist, ist das Individuum beständig etwas unmittelbar und insofern im Begriff sich zu den relativen absolut zu verhalten. Und selbst wenn ein solcher die Unmittelbarkeit überwunden hat, befindet er sich doch wieder mit seinem Siege in der Existenz, die ihn wieder verhindert, das absolute Verhältnis zum absoluten τελος absolut auszudrücken. Das ästhetische Pathos entfernt sich von der Existenz oder ist mit Illusion darin, wogegen sich das existentielle in das Existieren vertieft und alle Illusionen mit dem Bewußtsein davon durchdringt und immer konkreter wird, indem es die Existenz handelnd umbildet.

Das Handeln könnte nun gerade als das dem Leiden Entgegengesetzte erscheinen, so daß es sonderbar klänge, zu sagen, der wesentliche Ausdruck des existentiellen Pathos (das Handeln ist) sei Leiden. Doch ist es nur scheinbar so, und es zeigt sich hier wieder, was das Kennzeichen der religiösen Sphäre ist, daß das Positive am Negativen[1] kenntlich ist (im Unterschied von der Direktheit des Unmittelbaren[2] und der relativen Direktheit der Reflexion): das religiöse Handeln ist am Leiden erkennbar. Die Zweideutigkeit liegt darin, daß handeln auch ein äußerliches Handeln bedeuten kann, was ganz wahr sein kann, aber zugleich bedeutet und andeutet, daß die Rede nicht in der Sphäre des Religiösen, sondern in einer anderen Sphäre ist. Handeln im Äußeren gestaltet zwar die Existenz um (wie wenn ein Kaiser die ganze Welt erobert und die Völker zu Sklaven macht), aber nicht die eigne des Individuums; und Handeln im Äußeren gestaltet zwar die Existenz des Individuums um (wie wenn aus einem Leutnant ein Kaiser, aus einem Schacherjuden ein Millionär wird, und was sonst passieren kann), aber nicht die innere Existenz des Individuums. All solches Handeln bedeutet daher

[1] Der Leser wolle sich daran erinnern: Die Offenbarung ist am Geheimnis erkennbar, die Seligkeit am Leiden, die Gewißheit des Glaubens an der Ungewißheit, die Leichtigkeit an der Schwierigkeit, die Wahrheit an der Absurdität. Wird dies nicht festgehalten, so läuft das Ästhetische und Religiöse zu gemeinsamer Verwirrung ineinander.

[2] Die Existenzsphäre des Heidentums ist wesentlich das Ästhetische, und darum ist es ganz in der Ordnung, daß sich dieses in der Vorstellung von Gott abspiegelt, wenn es heißt, daß er, selbst unverändert, alles verändere. Dies ist der Ausdruck für ein äußeres Handeln. Das Religiöse liegt in der Dialektik der Verinnerlichung, und darum entspricht dies der Vorstellung von Gott, daß er selbst bewegt und verändert werde.

nur ästhetisches Pathos, und das Gesetz für das ästhetische Verhältnis lautet: „Das nicht dialektisch gewordene Individuum verändert die Welt, aber bleibt selbst unverändert", denn das ästhetische Individuum hat das Dialektische nie in sich, sondern außer sich, oder das Individuum verändert sich im Äußeren, bleibt aber innerlich selbst unverändert.

Die Szene ist also im Äußeren, und darum kann selbst die Einführung des Christentums in einem Lande ein ästhetisches Verhältnis sein, es sei denn, daß sie durch einen Apostel geschähe, dessen Existenz ja paradox-dialektisch ist, sonst gilt, daß, wenn sich das Individuum nicht in sich selbst verändert und beständig verändert, dessen Einführung des Christentums in einem Reiche keine religiösere Handlung als Ländereroberung ist. Dagegen verhält sich das wesentliche existentielle Pathos zum wesentlichen Existieren; und wesentlich existieren ist die Innerlichkeit, und des Handelnden Innerlichkeit ist Leiden, denn sich selbst umzuschaffen vermag das Individuum nicht, das wird doch nur Nachäffung und Ziererei, und darum ist das Leiden das höchste Handeln im Innern. Und wie schwierig dieses Geschäft ist, wird wohl der verstehen, der bloß einen geringen Teil von der Ungeduld der Unmittelbarkeit in sich hat, die nach außen, nicht nach innen will, geschweige denn der, der beinah ganz nach außen gekehrt ist,wenn er dann nicht vollständig unwissend wird, daß es eine Innerlichkeit gibt.

Die *Unmittelbarkeit ist Glück*, denn in der Unmittelbarkeit ist kein Widerspruch; der Unmittelbare ist wesentlich gesehen glücklich, und *die Lebensanschauung der Unmittelbarkeit ist Glück*. Würde man ihn fragen, woher er diese Lebensanschauung, dieses wesentliche Verhältnis zum Glück habe, dann müßte er jungfräulich antworten: „Ich verstehe es selbst nicht." Der Widerspruch kommt von außen und ist das Unglück. Wenn er nicht von außen kommt, bleibt der Unmittelbare in Unwissenheit, daß er da ist. Wenn er kommt, *vernimmt* er das Unglück, aber *faßt* das Leiden nicht. Der Unmittelbare kommt nie zum Verständnis des Unglücks, er wird nämlich nicht in sich selbst dialektisch; und kommt er nicht von ihm los, so zeigt es sich zuletzt, daß ihm *die Fassung* fehlt, d. h. er verzweifelt, weil er es nicht faßt. Das Unglück gleicht einem Engpaß auf dem Wege des Unmittelbaren; er ist nun darin, aber seine Lebensanschauung muß sich wesentlich fortwährend vorstellen, daß der Engpaß wieder aufhöre, weil er das Fremde ist. Hört er nicht auf, dann verzweifelt er, womit die Unmittelbarkeit aufhört und der Übergang zu einem andern Verständnis vom Unglück möglich ist, d. h. zum Begreifen des Leidens, einem Verständnis, das nicht bloß dies oder jenes Unglück begreift, sondern wesentlich das Leiden begreift.

Über Glück, Unglück, Schicksal, unmittelbare Begeisterung, Verzweiflung verfügt die ästhetische Lebensanschauung. Unglück ist etwas, was der Unmittelbarkeit begegnet (Schicksal); ideal gesehen (für die Lebensanschauung der Unmittelbarkeit) ist es weg, oder muß es weg. Dies drückt der Dichter dadurch aus, daß er die Unmittelbarkeit in eine Idealität erhebt, die das Glück der Unmittelbarkeit ausmacht, wie es sich in der endlichen Welt nicht finden würde. Hier gebraucht der Dichter das Glück. Andererseits läßt der Dichter (der ja beständig nur mit dem Umfang der Unmittelbarkeit operieren muß) das Individuum dem Unglück unterliegen. Das ist, ganz allgemein verstanden, die Bedeutung des Todes des Helden oder der Heldin. Aber das Unglück zu begreifen, zu seinem Verständnis zu kommen, alles umzukehren, so daß das Leiden zum Ausgangspunkt einer Lebensanschauung wird: das vermag der Dichter nicht, darauf soll sich der Dichter nicht einlassen, denn sonst pfuscht er.

Die Innerlichkeit (das ethische und ethisch-religiöse Individuum) begreift dagegen das Leiden als das Wesentliche. Während der Unmittelbare unwillkürlich vom Unglück wegsieht, nicht weiß, daß es da ist, sobald es äußerlich nicht da ist: hat der Religiöse das Leiden beständig bei sich, verlangt in demselben Sinne Leiden[1], wie der Unmittelbare das Glück verlangt, und verlangt Leiden und hat Leiden, auch wenn das Unglück im Äußeren nicht da ist; denn er verlangt kein Unglück, sonst wäre das Verhältnis doch ästhetisch und er in sich selbst wesentlich undialektisch.

Seltener vielleicht als ein vollendetes Dichterwerk sieht oder hört man einen korrekten religiösen Vortrag, der sich über die Kategorien, die er gebrauchen soll, und wie er sie gebrauchen soll, klar ist. Wie man aber zuweilen in einem Dichterwerk im Munde einer einzelnen Person eine so reflektierte Replik findet, daß durch sie die Person aus dem Umfang der ganzen Poesie herausreflektiert ist: so ist der religiöse Vortrag oft genug ein trauriges Sammelsurium von etwas aus allen Sphären. Aber das versteht sich: Dichter zu werden, dazu ist Berufung erforderlich, religiöser Redner zu werden, nur drei Examina – dann bekommt man schon eine Berufung.

Der religiöse Vortrag braucht natürlich nicht immer vom Leiden zu reden, aber was er auch sagen mag, wo er sich auch bewegt, welche Wege er auch einschlägt, um Menschen zu fangen, wie er auch monologisch von der eignen Existenz zeugt, muß er immer seine Totalitätskategorie als Maßstab bei sich haben, so daß der Erfahrene sogleich in der Lebensanschauung des Vortrags die totale Orientation sieht. So kann der religiöse Vortrag von allem reden, nur hat er beständig direkt oder indirekt seinen absoluten Maßstab bei sich. Wie es

[1] Es ist daher eine ganz richtige religiöse Kollision, zugleich aber ein nicht uninteressantes ästhetisches Mißverständnis des Religiösen, wenn (z. B. in den von Weil herausgegebenen mohammedanischen Legenden zur Bibel) der Religiöse Gott bittet, daß er in so großen Leiden wie Abraham oder ein anderer Auserwählter versucht werde. Die Bitte darum ist das Überschäumen einer Religiosität in demselben Sinne wie die Begeisterung eines Aladdin und das Glück eines jungen Mädchens das Überschäumen der Unmittelbarkeit ist. Das Mißverständnis liegt darin, daß der Religiöse gleichwohl Leiden als etwas von außen Kommendes, also ästhetisch versteht. Bei jenen Erzählungen ist das Ende gewöhnlich, daß sich der Religiöse doch zu schwach zeigt, das Leiden zu ertragen. Damit ist jedoch nichts erklärt, und liegt der Ausgang wieder in einem bemerkbaren Konfinium zwischen dem Ästhetischen und dem Religiösen.

beim Lernen[1] der Geographie stört, wenn man lauter Spezialkarten benutzt und nie auf einer Globuskarte die Verhältnisse der Länder zueinander gesehen hat, indem es nämlich täuschend so aussieht, als ob Dänemark z. B. ebenso groß wie Deutschland wäre: so stören die Einzelheiten eines religiösen Vortrags, wenn nicht überall, ob auch indirekt, die Totalitätskategorie orientierend zur Stelle ist.

Der religiöse Vortrag soll wesentlich *durch Leiden aufrichten*. Wie der Unmittelbare Glauben ans Glück hat, so der Religiöse daran, daß gerade im Leiden das Leben sei. Resolut und gewaltig soll der religiöse Vortrag darum auf die Tiefe hinausfahren. Sobald er nach Glück schielt, mit Wahrscheinlichkeit tröstet, mittlerweile stärkt: ist er falsche Lehre, ist er Rückkehr zum Ästhetischen und also Pfuscherei. Denn für die Unmittelbarkeit ist die Poesie die Verklärung des Lebens, aber für die Religiosität ist die Poesie ein schöner, liebenswürdiger Scherz, dessen Trost die Religiosität jedoch verschmäht, weil das Religiöse gerade im Leiden atmet. Die Unmittelbarkeit gibt im Unglück den Geist auf; im Leiden beginnt das Religiöse zu atmen. Es kommt beständig darauf an, die Sphären durch qualitative Dialektik scharf auseinander zu halten, damit nicht alles eins, sondern der Dichter zu einem Stümper werde, wenn er etwas vom Religiösen an sich haben will, und der religiöse Redner zu einem Betrüger, der seine Zuhörer damit aufhält, daß er im Ästhetischen pfuschen will. Sobald ein religiöser Vortrag die Menschen in Glückliche und Unglückliche einteilt, pfuscht er *eo ipso*, denn religiös gesehen sind alle Menschen leidend, und es gilt gerade, in Leiden zu kommen (nicht dadurch, daß man sich hineinstürzt, sondern daß man entdeckt, daß man darin ist), nicht, dem Unglück zu entgehen. Religiös gesehen ist der Glückliche, nach dem sich die ganze Welt richtet, ebensosehr ein Leidender, wenn er religiös ist, wie der, den das Unglück von außen erreicht. Religiös gesehen ist die Unterscheidung: Glücklich – Unglücklich zwar zu gebrauchen, aber nur scherzend und ironisch, um mit ihr das Individuum zu ermuntern, ins Leiden zu gehen, um von diesem aus das Religiöse zu bestimmen.

Aber der religiöse Vortrag, wie man ihn heutzutage hört, ist selten in den Kategorien korrekt. Der sehr geehrte Redner vergißt, daß die Religiosität die Innerlichkeit ist, daß die Innerlichkeit das Verhältnis des Individuums zu sich selbst vor Gott, dessen Reflexion in sich selbst ist, und daß das Leiden gerade hiervon kommt, sein wesentliches Mitdazugehören aber auch hierauf beruht, so daß sein Ausbleiben das Ausbleiben der Religiosität bedeutet. Der Redner faßt das Individuum nur in seinem Verhältnis zu einer Welt auf, einer kleinen oder einer großen Welt, die es umgibt, und nun tischt er von Glück und Unglück auf, der Unglückliche möge den Mut nicht verlieren, denn es gäbe viele noch

[1] Wenn man aber annimmt, was ich bei verschiedenen religiösen Vorträgen gern zugebe, daß es bei einer solchen Rede der Zuhörer schwerer als der Redner habe, so ist der religiöse Vortrag ja freilich auf eine ironische Weise überflüssig geworden und dient nur wie ein Fegefeuer dazu, daß sich das Individuum selbst dazu erzieht, sich im Hause Gottes an allem erbauen zu können.

Unglücklichere, und außerdem sei ja Wahrscheinlichkeit vorhanden, daß es „mit Gottes Hilfe schon besser werde“[1], und schließlich werde man durch Widerwärtigkeiten zu etwas; wäre wohl Justizrat Hansen Justizrat geworden, wenn er nicht usw.! Sieh, darauf hört man gern, denn das heißt religiös Ablaß vom Religiösen predigen, von der Begeisterung der Religiosität im Leiden. Wenn der religiöse Redner vergißt, daß seine Szene die Innerlichkeit und das Verhältnis des Individuums zu sich selbst ist, so hat er wesentlich dieselbe Aufgabe wie ein Dichter, und sollte also lieber stillschweigen, denn dann kann es der Dichter besser. Wenn der religiöse Redner auf jene angeführte Weise vom Unglück redet: so ist es nicht bloß religiös gesehen ein Ärgernis (weil er sich nämlich für einen religiösen Redner ausgibt), sondern er bringt auch die satirisierende Nemesis über sich, daß aus dieser Rede folgt, es gäbe Günstlinge des Glücks, die gar nicht litten, was religiös gesehen das Allerbedenklichste ist.

Die Einladung zu einem religiösen Vortrag lautet ganz einfach: „Kommt her alle, die ihr mühselig und beladen seid“, und der Vortrag setzt voraus, daß alle Leidende sind, ja daß sie es alle sein sollen. Der Redner soll nicht unter die Zuhörer treten und da auf einen zeigen, wenn ein solcher da wäre, und sagen: „Nein, du bist viel zu glücklich, meine Rede zu brauchen“; denn wenn man dies aus dem Munde eines religiösen Redners hört, wird es wie die bitterste Ironie lauten. Die Unterscheidung zwischen glücklich und unglücklich ist nur Scherz, und darum wird der Redner sagen: „Wir sind alle Leidende; aber froh im Leiden, sieh, das streben wir alle zu werden. Da sitzt er, der Glückliche, dem alles, alles, alles nach Wunsch geht, wie im Märchen, aber wehe ihm, wenn er kein Leidender ist.“ Doch so wird der religiöse Vortrag ziemlich selten angelegt; höchstens kommt die eigentlich religiöse Betrachtung im dritten Teil, d. h. nachdem man in zwei Dritteln der Rede alle möglichen Ausflüchte gemacht hat, um dem Religiösen zu entgehen, und den religiösen Zuhörer in Zweifel gelassen hat, ob er beim Dichter zum Tanz oder beim Pfarrer zur Erbauung gewesen sei. Auf die Weise bekommt es leicht das Aussehen, als ob das Religiöse, statt für alle gleich zu sein, und zwar durch das gleiche Leiden, was der Sieg des Religiösen über den Scherz von Glück und Unglück ist, nur für die besonders Unglücklichen wäre – eine herrliche Ehre für das Religiöse, als eine kümmerliche Subdivision mit in eine Abteilung des Ästhetischen zu gehören. Freilich ist das Religiöse der letzte Trost, aber doch gibt es ein größeres Elend als der Unglücklichste im Sinne des Dichters zu sein, und das ist: so unvergleichlich glücklich zu sein, daß man das Leiden gar nicht begreift, welches das Lebenselement des Religiösen ist.

---

[1] Eine große Menge Menschen nehmen so ohne weiteres an, eine Rede sei fromm, wenn Gottes Name genannt werde. Auf diese Weise würde das Fluchen, wenn man Gottes Namen dabei gebraucht, auch zu einer frommen Rede. Nein, eine ästhetische Lebensanschauung, wenn sie auch mit Gottes und Christi Namen gespickt wird, ist doch eine ästhetische Anschauung, und wenn sie vorgetragen wird, ein ästhetischer und kein religiöser Vortrag.

Im allgemeinen denkt wohl der Pfarrer, daß solche unvergleichlich Glücklichen nur im Märchen zu finden seien, daß aber im Leben das Unglück die meisten schon in seine Gewalt und damit der Pfarrer in seine Behandlung bekomme. Das ist wohl möglich, aber der Pfarrer sollte solches Vertrauen zum Religiösen haben, daß er es den Leuten nicht so aufdrängte. Er sollte sorglos damit scherzen, daß ein Mann ebenso glücklich wie einer im Märchen geworden sei, und doch meinen, daß Leiden mit zum wahren Leben gehöre. Er sollte jeden streng treffen, der nur über sein Unglück trauern und nur von dem Trost hören will, daß das Unglück wohl wieder verschwinde, denn ein solcher möchte eigentlich dem Religiösen entgehen. Wie daher Lafontaine[1] weinend dasaß und seine Helden in drei Bänden unglücklich machte (eine rechte Dichteraufgabe), so soll der religiöse Redner, wenn ich so sagen darf, sein Vergnügen darin finden, seine Helden ebenso glücklich zu machen, wie sie es haben wollen, sie zu Königen und Kaisern, und glücklichen Liebhabern, die das Mädchen bekommen, und Millionären usw. zu machen, aber zugleich dafür sorgen, wie er ihnen zum inneren Leiden verhelfe. Denn je mehr Glück und Begünstigung im Äußeren, wenn trotzdem Leiden da ist, desto deutlicher, daß dieses im Inneren, gerade im Inneren ist; und desto deutlicher unterscheidet sich dieses Religiöse von erster Qualität von der Melange des Pfarrers.

Wenn die religiöse Lebensanschauung in ihrer Kategorie behauptet wird, wird der religiöse Redner religiöse Erhabenheit besitzen, um über den ganzen Umfang der Poesie komisch zu disponieren. Nimm eine wünschende Individualität. Wenn ein solcher zum Dichter geht, sieht dieser sogleich, daß er auf zweierlei Weise brauchbar ist, entweder für Glück mit Hilfe des Wunschzaubers oder für Unglück bis zur Verzweiflung. Dichterisch ist gerade die Aufgabe, die Phantasie schwellen zu lassen, ob er glücklich oder unglücklich wird; und es gilt! Keine Pfuscherei! Aber laß denselben Mann zum Pfarrer gehen, der wird ihm in religiöser Erhabenheit das Ganze in einen Scherz verwandeln. In religiös begeisterter Überzeugung von der Bedeutung des Leidens für das höchste Leben wird er ihn über das Sehnen des Wunsches lächeln lehren, und ihn sich über den Schmerz des versagten Wunsches erheben lehren, indem er größere Leiden ankündigt. Denn wenn es schlimm geht, wenn der Wagen festsitzt und nicht loskommt oder sich im Hohlwege zur Seite neigt, so gebraucht der Fuhrmann die Peitsche, nicht aus Grausamkeit, sondern überzeugt, es werde helfen, und nur Weiberseelen können nicht zuschlagen. Aber kein Pfuschen! Der religiöse Vortrag bewahrt sich ehrerbietig die Freiheit den Menschen direkt als Menschen zu nehmen, ungefähr wie der Tod, der die Menschen auch ganz einfach als Menschen nimmt, wie sie sind, ob diese Menschen nun Kaiser, Justizräte oder Eckensteher sind, ob sie höchst glücklich und vom Glück mit Unterstreichen und Ausrufungszeichen ausgezeichnet sind, oder ob ihre Lage höchst

[1] [U.H.J. Lafontaine, ein schreibseliger deutscher Romanschriftsteller (1759—1831).]

unglücklich und mittelmäßig mit Fragezeichen ist. Kann der Pfarrer aus dem Wünschenden keinen Religiösen machen, oder richtiger, will er das nicht, dann ist der Pfarrer nur ein Dichterquacksalber, dann soll man den Dichter sorgen lassen und entweder glücklich werden oder verzweifeln. Denn das Verhältnis soll dies sein, daß, wenn des Dichters Rede hinreißend ist, so daß sie Mädchen und Jünglinge vor Begeisterung erröten läßt, so soll die Begeisterung der religiösen Rede so sein, daß sie den Dichter vor Neid darüber blaß werden läßt, daß es eine solche Begeisterung gibt, wo nicht das Glücklichwerden begeistert, oder sich in der Tollkühnheit der Verzweiflung gehen zu lassen, nein, wo es begeistert, zu leiden; aber die weltliche Vernünftigkeit soll sagen, die Poesie sei die Überspanntheit eines Mädchens, die Religiosität das Rasen eines Mannes. Darum braucht jedoch der religiöse Redner nicht den heftigen Vortrag anzuwenden, da er seine Erhabenheit am sichersten gerade durch die Unüberwindlichkeit zeigt, mit der er sich in der uneinnehmbaren Stellung des Religiösen hält. Denn das Religiöse streitet nicht mit dem Ästhetischen wie mit einem ebenbürtigen Gegner, es streitet nicht mit ihm, sondern hat es wie einen Scherz überwunden.

Wie man den Dichter daran erkennen soll, daß er die Phantasieleidenschaft der Unendlichkeit in Glück und Verzweiflung pathetisch zu tummeln, sowie alle endlichen Leidenschaften und die ganze Philisterei komisch und ausgelassen an der Nase zu führen versteht: so soll man den religiösen Redner daran erkennen, daß er die Begeisterung des Leidens pathetisch zu tummeln und in die Phantasieleidenschaft der Unendlichkeit scherzend hineinzugucken versteht. Und wie der Dichter ein freundlicher Geist sein soll, der sofort bereit ist, den Glücklichen im verzauberten Lande der Illusion zu dienen, oder ein Geist der Teilnahme, der sofort bereit ist, dem Unglücklichen wieder damit freundlich zu dienen, daß er dem Verzweifelten seine laute Stimme leiht: so soll der religiöse Redner gegenüber der Phantasieleidenschaft der Unendlichkeit entweder ebenso widerwillig und eng und verdrossen sein wie der Tag in der Wohnstube und die Nacht auf dem Krankenlager und die Woche in Nahrungssorgen, so daß es in der Kirche nicht leichter als in der Wohnstube aussehen soll; oder er soll noch geschwinder als der Dichter sein, einen jeden so glücklich, wie ihm beliebt, zu machen, aber wohl zu merken ironisch, um so zu zeigen, daß ihn dieses Glück nichts angehe und ebenso das Unglück, sondern Leiden wesentlich mit zum höchsten Leben gehöre.

Wenn dann Julia ohnmächtig umsinkt, weil sie Romeo verlor, wenn die Unmittelbarkeit in ihrer Brust den letzten Atemzug getan und sie Romeo so verloren hat, daß sogar Romeo nicht mehr trösten könnte, weil selbst sein Besitz nur eine wehmütige tägliche Erinnerung sein würde; und wenn der letzte Freund, der letzte Freund aller unglücklich Liebenden: der Dichter verstummt, soll doch der religiöse Redner das Schweigen zu brechen wagen. Etwa um ein kleines Sortiment ausgezeichneter Trostgründe zu präsentieren? Dann würde wohl die beleidigte Julia ihren Blick zum Dichter wenden, und dieser, indem er mit ästhetisch siegreicher Vollmacht seiner Hochehrwürden einen Platz in den tiefkomischen Partien[1] der Tragödie anwiese, würde, was in alle Ewigkeit hinein mit Recht dem Dichter gehört: die liebenswürdige, die verzweifelte Julia schützen. Nein, der religiöse Redner soll neues, noch schrecklicheres Leiden anzukündigen wagen, und dies wird Julia dazu bringen, sich wieder aufzurichten. Oder wenn der Verzweifelnde, sobald sich ihm nur ein Mensch nähert, diesen sogleich mit seinem stolzen Blick verurteilt, daß er ein Verräter sei, nämlich einer, der trösten wolle; wenn der Zorn auf seinem Angesicht dem, der sich untersteht, ihn trösten zu wollen, die Todesstrafe bestimmt, so daß sämtliche Tröster und Trostgründe in tiefkomischem Schrecke zusammenlaufen, wie süße Milch bei Gewitter gerinnt: dann soll der religiöse Redner sich Gehör zu verschaffen wissen, indem er von schrecklicherem Leiden und schrecklicherer Gefahr redet.

Vor allem darf der religiöse Vortrag nie die verkürzte Perspektive anwenden, die zu dem Ästhetischen wie eine fingierte ethische Bewegung paßt. Ästhetisch ist jene Perspektive Zauberei der Illusion, und zwar eine richtige, weil sich die Poesie zu einem Betrachtenden verhält. Aber der religiöse Vortrag soll sich zu einem Handelnden verhalten, der, wenn er nach Hause kommt, danach zu handeln streben soll. Wendet nun der religiöse Vortrag jene Perspektive an, so verursacht er die unselige Konfusion, daß die Aufgabe in der Kirche viel leichter aussieht als daheim in der Wohnstube, und so hat man von seinem Kirchgang nur Schaden. Darum soll der Redner die verkürzte Perspektive als ein Blendwerk der Jugend verwerfen, damit der Versuchte in seiner Wohnstube sich nicht genötigt sehe, den Vortrag des Redners als unreif zu verwerfen. Wenn sie ein Dichter gebraucht, und der Betrachter still dasitzt, in Anschauung versunken: so ist sie herrlich, bezaubernd; wenn sie aber der religiöse Redner gebraucht, und der Zuhörer ist ein Handelnder, ist im Gange: so verhilft er ihm bloß dazu, daß er mit dem Kopf gegen die Stubentür rennt. Der religiöse Redner operiert

[1] Sobald der Pfarrer seiner religiösen Kategorie nicht sicher ist, sondern sich selbst mit Dichteranklängen, in Lebenserfahrung eingebunden, verwechselt, ist ihm der Dichter natürlich weit überlegen. Wer das Verhältnis der Kategorien zueinander zu berechnen versteht, wird leicht sehen, daß gerade ein solcher Seelsorger fast eins der normalsten Motive zu einer komischen Figur in einer Tragödie werden würde. Ein gewöhnlicher Mensch, der dasselbe Gewäsch repräsentiert, dessen Geheimnis ist, daß er sogar die dichterische Pointe verfehlt, z. B. ein Barbierbursche oder ein Leichenbitter, würde natürlich auch komisch sein, aber nicht so urkomisch wie der Seelsorger, dessen Name und schwarzer Talar das höchste Pathos repräsentiert. Einen Seelsorger in einer Tragödie pathetisch zu gebrauchen, ist ein Mißverständnis, denn wenn er wesentlich repräsentiert, was er wesentlich ist, zerbricht die ganze Tragödie, und repräsentiert er es nicht wesentlich, so ist er *eo ipso* komisch aufzufassen. Man sieht in der Tagödie oft genug heuchlerische und unheimliche Mönche: ich glaube, solch eine geistlich-weltliche Schwatzbase in vollem Ornat würde den Verhältnissen unserer Zeit näher liegen.

umgekehrt mit dem Fehlen des Endes, daß es kein Resultat gibt, gerade weil das Leiden wesentlich mit zum religiösen Leben gehört.

Während man sich daher so oft törichterweise eifrig damit beschäftigt, ob der Pfarrer wirklich selbst tut, was er sagt, meine ich, man solle sich jeder anmaßenden Kritik darüber enthalten und sie zurückdrängen, aber eins darf und soll man vom Redner verlangen, daß sein Vortrag so sei, daß danach gehandelt werden *kann*. Der wirkliche Zuhörer darf nicht zum Narren werden, gerade wenn er tun will, was der Pfarrer sagt, weil nämlich das Pfarrergeschwätz blauer Dunst ist; es sei nun, daß sich der Pfarrer mit großen weltgeschichtlichen Gesichten und unvergleichlichen Falkenblicken beschäftigt, nach denen man unmöglich handeln kann; oder daß er ästhetisch dunkel redet, wonach man auch nicht handeln kann; oder eingebildete Seelenzustände schildert, nach denen der Handelnde in der Wirklichkeit vergeblich sucht; oder mit Sinnesbetrug tröstet, den der Handelnde in der Wirklichkeit nicht findet; oder Leidenschaften heraufbeschwört, wie sie höchstens dem erscheinen können, der sie nicht hat; oder daß er Gefahren überwindet, die es nicht gibt, während er von den wirklichen nicht redet; daß er sie mit Theaterkräften überwindet, die sich im Leben nicht vorfinden, während er die Kräfte der Wirklichkeit unbenutzt läßt: kurz, daß er ästhetisch, spekulativ, weltgeschichtlich trumpft und im Religiösen Renonce anzeigt.

Aber Leiden als der wesentliche Ausdruck des existentiellen Pathos bedeutet, daß wirklich gelitten wird, oder die Wirklichkeit des Leidens ist das existentielle Pathos, und unter der *Wirklichkeit des Leidens wird dessen Fortdauer verstanden als für das pathetische Verhältnis zu einer ewigen Seligkeit wesentlich*, so daß das Leiden nicht trügerisch widerrufen wird, oder das Individuum über das Leiden hinausgeht, was ein Zurückgehen ist, welches man damit gewinnt, daß man auf die eine oder andere Weise die Szene aus der Existenz in ein phantastisches Medium verlegt. Wie die Resignation nachsah, daß das Individuum die absolute Richtung gegen das absolute τελος festhalte, so bietet die Fortdauer des Leidens die Sicherheit dafür, daß das Individuum in der Stellung bleibt und sich in der Stellung hält. Der Unmittelbare kann das Unglück nicht fassen, er vernimmt nur davon. So ist das Unglück stärker als er, und dieses Verhältnis zur Phantasieleidenschaft der Unmittelbarkeit ist Verzweiflung. Durch die verkürzte Perspektive stellt dies der Dichter ganz richtig im Phantasiemedium dar, als wäre das Ganze vorbei. In der Existenz zeigt sich dies anders, und hier macht sich der Unmittelbare oft genug durch ein weibisches Schreien im Augenblick lächerlich, das im nächsten Augenblick vergessen ist. Wenn nun die Unmittelbarkeit beim existierenden Individuum Schaden gelitten, einen kleinen Knack bekommen hat: so muß man an Auswege denken, da die Szene nicht im Phantasiemedium ist. Dann kommt die ganze Schar von Erfahrenen und Verständigen, von Flickschneidern und Kesselflickern hervor, die mit Hilfe von Wahrscheinlichkeit und Trostgründen die Stücke zusammennieten oder die Fetzen zusammenhalten. Das Leben vergeht; bei klugen Männern geistlichen oder weltlichen Standes sucht man Rat, und das Ganze wird Pfuscherei: das Dichterische gibt man auf und ergreift das Religiöse nicht.

Religiös gesehen kommt es nämlich, wie gesagt, darauf an, daß man das Leiden erfaßt und so in ihm bleibt, daß man aufs Leiden reflektiert, nicht vom Leiden absieht. Während so die dichterische Produktion im Phantasiemedium liegt, kann eine Dichterexistenz zuweilen ein Konfinium zum Religiösen bezeichnen, obgleich dies Konfinium qualitativ vom Religiösen verschieden ist. Ein Dichter ist in der Existenz oft leidend, aber es wird dabei auf das Dichterwerk reflektiert, das dadurch hervorgebracht wird. So faßt der existierende Dichter, der in der Existenz leidet, doch auch das Leiden nicht, er vertieft sich nicht darein, sondern im Leiden sucht er vom Leiden wegzukommen und findet in der dichterischen Produktion, in der poetischen Antizipation einer vollkommeneren (glücklicheren) Ordnung der Dinge Linderung. So kann auch ein Schauspieler, besonders ein komischer, in der Existenz leidend sein, aber er vertieft sich nicht ins Leiden, er sucht davon wegzukommen und findet in der Verwechselung, die seine Kunst begünstigt, Linderung. Aber vom Zauber des Dichterwerkes und von der in der Phantasie gewünschten Ordnung der Dinge, von der Verwechselung mit dem dichterischen Charakter kehren der Dichter und der Schauspieler zum Leiden der Wirklichkeit zurück, das sie nicht begreifen können, weil sie ihre Existenz in der ästhetischen Dialektik zwischen Glück und Unglück haben. Der Dichter verklärt (transfiguriert) das ganze Dasein, kann aber sich selbst nicht verklären, weil er nicht religiös werden und das Geheimnis des Leidens als die Form des höchsten Lebens begreifen will, das höher ist als alles Glück und anders als alles Unglück. Denn darin besteht die Strenge des Religiösen, daß es damit beginnt, alles strenger zu machen, und sich zur Poesie nicht wie eine neue wünschende Erfindung, nicht wie eine ganz neue Ausflucht verhält, von der sich die Poesie nichts hat träumen lassen, sondern wie eine Schwierigkeit, die Männer schafft, gleichwie der Krieg Helden schafft.

Die Wirklichkeit des Leidens ist daher nicht identisch mit der Wahrheit des Ausdrucks, obgleich sich der wirklich Leidende immer wahr ausdrücken wird; aber hier ist nicht vom Ausdruck die Rede, weil die Rede selbst, da das Wort ein abstrakteres Medium als das Existieren bildet, immer etwas abgekürzt ist. Denken wir uns so eine leiblich und seelisch leidende Dichterexistenz im letzten Todeskampf, denken wir, man fände in ihren hinterlassenen Aufzeichnungen folgenden Erguß: „Wie der Kranke sich sehnt den Verband abzulegen: so sehnt sich mein gesunder Geist danach, die Mattigkeit des Leibes, den heißen Breiumschlag abzulegen, der der Leib und seine Mattigkeit ist. Wie der siegende General, indem das Pferd unter ihm erschossen wird, ruft: ‚Ein neues Pferd!', o wenn doch so die siegreiche Gesundheit meines Geistes rufen dürfte: ‚Einen neuen Leib!' Denn nur der Leib hat ausgedient. Wie der, der auf dem Meere in Lebensgefahr ist, wenn sich ein anderer Ertrinkender an ihn anklammern will, mit der Kraft der Verzweiflung um sich stößt: so hält mein Leib wie ein niederziehendes

Gewicht an meinem Geiste fest, so daß es zum Untergang des Todes kommt. Wie im Sturm ein Dampfschiff, dessen Maschine im Verhältnis zu seinem Bau zu groß ist, so leide ich." Die Wahrheit des Ausdrucks läßt sich in diesen Worten nicht leugnen, auch nicht der Schrecken des Leidens, aber wohl dessen pathetische Wirklichkeit. Wie, sagt man, ist das nicht Wirklichkeit des Leidens, dies Schreckliche? Nein, denn der Existierende versteht das Leiden doch als zufällig. Wie er seinen Leib abstrakt ablegen will, so will er auch das Leiden als das Zufällige ablegen, und so bleibt es dabei, daß die Wirklichkeit des Leidens, wie sie für den Religiösen besteht, eine schwere Lehre sein würde.

Die Wirklichkeit des Leidens bedeutet seine wesentliche Fortdauer, und ist sein wesentliches Verhältnis zum religiösen Leben. Ästhetisch verhält sich das Leiden zur Existenz wie zufällig. Dieses zufällige Leiden kann darum nicht andauern, aber ein Andauern von dem, was sich als das Zufällige verhält, ist kein wesentliches Andauern. Sobald daher der religiöse Redner die verkürzte Perspektive anwendet, ob er nun alles Leiden in *einen* Augenblick konzentriert oder eine lachende Aussicht auf bessere Zeiten eröffnet: geht er zum Ästhetischen zurück, und seine Auffassung vom Leiden wird zu einer fingierten religiösen Bewegung. Wenn die Schrift sagt (Jesaias 57,15), Gott wohne in einem zerschlagenen Herzen, so wird damit kein zufälliges transitorisch momentanes Verhältnis ausgedrückt (in solchem Falle wäre auch das Wort „er wohnt" äußerst unglücklich gewählt), sondern dagegen die für das Gottesverhältnis wesentliche Bedeutung des Leidens. Wenn dagegen der religiöse Redner in der Sphäre des Religiösen nicht recht bewandert und zu Hause ist, so versteht er das Wort so: von außen kommt ein Unglück und zerschlägt des Menschen Herz, da nimmt das Gottesverhältnis seinen Anfang, und dann, so nach und nach, wird der Religiöse schon wieder glücklich – halt ein wenig, wird er durch das Gottesverhältnis glücklich? Denn dann bleibt er auch im Leiden. Oder wird er vielleicht glücklich, weil er einen reichen Onkel beerbt, oder eine neue Liebste bekommt, oder mit Hilfe der Subskription, die seine Hochehrwürden gütigst in der Zeitung eröffnet? In diesem Falle geht die Rede zurück[1], obgleich Hochehrwürden zuweilen

[1] So geht die religiöse Rede auch zurück, wenn ein Mann z. B. sagt: „Nach manchen Nennungen lernte ich mich schließlich im Ernst zu Gott halten, und seit der Zeit hat er mich nicht verlassen; mein Geschäft blüht, meine Unternehmungen gelingen, ich bin nun glücklich verheiratet, und meine Kinder sind gesund" usw.

Der religiöse Mann ist wieder zur ästhesischen Dialektik zurückgekommen, denn selbst wenn es ihm zu sagen beliebt, er danke Gott für all diesen Segen, ist die Frage doch, wie er dankt, ob er es geradezu tut, oder erst die Bewegung der Ungewißheit macht, die das Kennzeichen des Gottesverhältnisses ist. So wenig nämlich ein Mensch im Unglück das Recht hat, geradezu zu Gott zu sagen, daß es ein Unglück sei, da er seinen Verstand in der Bewegung der Ungewißheit suspendieren soll, ebensowenig darf er sich alle diese guten Dinge ohne weiteres als ein Zeichen seines Gottesverhältnisses aneignen. Das direkte Verhältnis ist das ästhetische und zeigt an, daß der Denkende sich nicht zu Gott verhält, sondern zu seiner eignen Vorstellung

gerade in diesem letzten Teil am beredtesten wird und am heftigsten gestikuliert, vermutlich weil die religiöse Kategorie nicht recht schmecken will, sondern es leichter wird, mit dem Dichterspielen etwas zu pfuschen.

Zu pfuschen? Ja, zu pfuschen. Denn die Lebensweisheit, die solch ein Seelsorger zu dem Poetischen fügt, ist gerade der Poesie ein Ärgernis, ist ein ekelhafter, ehrekränkender Versuch, Julia wie eine Scheintote zu behandeln. Denn wer, nachdem er tot war, zu demselben Leben erwacht, war nur scheintot, und Katharina (Julia heißt sie nicht; es ist, wie man zu den Kindern sagt, statt der lieblichen Gestalt der Poesie ein Bauernmädchen gekommen) wird dies dadurch beweisen, daß sie einen neuen Mann bekommt. Wer dagegen, tot, zum Leben in einer neuen Sphäre erwacht, der war und ist und bleibt in Wahrheit tot. Nein, so ist es herrlich von der Poesie, daß sie Julia sterben läßt, aber jene Lebensweisheit, wie sie der Poesie ein Ärgernis ist, ist der Religiosität widerwärtig. Der religiöse Vortrag ehrt Julia als eine Tote und will gerade dadurch bis zur Grenze des Wunders wirken, daß er Julia gebietet zu einem neuen Leben in einer neuen Sphäre aufzuwachen. Und das Religiöse ist ein neues Leben, während jenes Pfarrergeschwätz weder ästhetische Großmut hatte, Julia zu töten[1], noch Begeisterung des Leidens, an ein neues Leben zu glauben.

Die Wirklichkeit des Leidens bedeutet also seine wesentliche Dauer als für das religiöse Leben wesentlich, während ästhetisch gesehen Leiden in einem zufälligen Verhältnis zur Existenz steht, sowohl dasein als auch wieder aufhören kann, wogegen unter religiösem Gesichtspunkt mit dem Aufhören des Leidens das religiöse Leben aufhört. Da ein existierender Humorist die nächste Annäherung an den Religiösen ist, so hat er auch von dem Leiden, in welchem er

---

von Glück und Unglück. Wenn ein Mensch nämlich nicht mit Gewißheit wissen kann, ob das Unglück etwas Böses ist (die Ungewißheit des Gottesverhältnisses als Form dafür, daß man Gott immer dankt), so kann er auch nicht mit Gewißheit wissen, ob das Glück etwas Gutes ist. Das Gottesverhältnis besitzt nur einen Beweis, das Gottesverhältnis selbst, alles andere ist zweideutig. Denn in frommer Sprache heißt es für jeden Menschen, auch wenn er noch so alt würde, in bezug auf die Dialektik des Äußeren: wir sind gestern geboren und wissen nichts. Wenn so der große Schauspieler Seydelmann (wie ich in seiner Lebensbeschreibung von Rötscher [Seydelmanns Leben und Wirken, Berlin 1845. Seydelmann 1795 bis 1845] sehe) an dem Abend, wo er im Opernhause „unter einem Jubel, der 5 Minuten dauerte", bekränzt wurde, als er nach Hause kam, Gott von Herzen dafür dankte: so beweist gerade die Innigkeit seines Danks, daß er Gott nicht dankte. Mit derselben Leidenschaft, mit der er dankte, würde er sich gegen Gott empört haben, wenn er ausgepfiffen worden wäre. Hätte er religiös, also Gott gedankt, so wäre das Berliner Publikum und der Lorbeerkranz und der 5 Minuten lange Jubel in der dialektischen Ungewißheit des Religiösen zweideutig geworden.

1 Wenn im vorhergehenden gesagt wurde, der religiöse Vortrag schlage zu, während das Ästhetische schone, und jetzt gesagt wird, die Poesie habe den Mut Julia zu töten: so trifft dies doch auch zu, ohne die Darstellung mit einem Selbstwiderspruch zu verletzen. Denn Julia sterben zu lassen ist die zarte Teilnahme des Ästhetischen, aber neues Leiden anzukündigen und also zuzuschlagen ist die strenge Teilnahme des Religiösen.

sich befindet, eine wesentliche Vorstellung, indem er das Existieren nicht als das eine auffaßt und Glück und Unglück als etwas anderes, das dem Existierenden begegnet, sondern so existiert, daß Leiden im Verhältnis zu Existieren steht. Aber dann macht der Humorist die trügerische Wendung, daß er das Leiden in Form des Scherzes widerruft. Er versteht die Bedeutung des Leidens in bezug auf das Existieren, aber er versteht die Bedeutung des Leidens nicht; er versteht, daß es mit zum Existieren gehört, aber weiß von seiner Bedeutung nichts weiter, als daß das Leiden mit dazu gehört. Das eine ist der Schmerz, der im Humoristischen liegt, das andere der Scherz, und daher kommt es, daß man, wenn der Humorist redet, weinen und lachen muß. Er berührt im Schmerz das Geheimnis der Existenz, aber dann geht er wieder nach Hause.

Das Tiefsinnige ist, daß er das Leiden mit dem Existieren zusammenfaßt, und daß ihm darum alle Menschen leiden, solange sie existieren. Denn der Humorist versteht unter Leiden keine Unglücksfälle, als ob ein Existierender glücklich sein würde, wenn diese nicht da wären. Dies begreift der Humorist ganz gut, und darum kann es ihm zuweilen einfallen, eine ganz zufällige kleine Plage zu nennen, die kein anderer ein Unglück nennen würde, und zu sagen, wenn die nicht wäre, würde er glücklich sein. Wenn ein Humorist z. B. sagt: „Wenn ich den Tag erleben würde, an dem mein Hauswirt im Hause, wo ich wohne, einen neuen Klingelzug anbrächte, so daß es klar und die Frage schnell entschieden wäre, wem das Klingeln am Abend gälte: dann würde ich mich glückselig schätzen." Jeder, der etwas von Replik versteht, merkt sogleich, wenn er eine solche wie diese hört, daß der Redende die Unterscheidung zwischen Glück und Unglück in einer höheren Verkehrtheit, weil alle leidend sind, aufgehoben hat. Der Humorist erfaßt das Tiefsinnige, aber in demselben Augenblick fällt ihm ein, daß es wohl nicht der Mühe wert sei, sich auf seine Erklärung einzulassen. In diesem Widerruf besteht der Scherz.

Wenn sich daher ein existierender Humorist mit einem Unmittelbaren, z. B. einem Unglücklichen unterhält, dessen Leben sich in der Unterscheidung zwischen Glück und Unglück bewegt, bringt er in der Situation wieder eine humoristische Wirkung hervor. Der Ausdruck des Leidens, über den der Humorist verfügt[1], befriedigt den Unglücklichen, aber nun kommt das Tiefsinnige und nimmt die Unterscheidung weg, worin sich das Leben des Unglücklichen bewegt, und dann kommt der Scherz. Wenn so der Unglückliche sagen würde: für mich ist es

[1] Zum Unterschied davon wäre die Ironie sofort daran erkennbar, daß sie den Schmerz nicht ausdrücken, sondern foppend, mit Hilfe der abstrakten Dialektik antworten würde, welche das Zuviel im Schmerzerguß des Unglücklichen protestiert. Der Humor meint eher, es sei zu wenig, und der indirekte Leidensausdruck des Humoristen ist auch viel stärker als jeder direkte. Der Ironiker nivelliert auf dem abstrakten Menschsein; der Humorist auf dem abstrakten Gottesverhältnis, denn in das Gottesverhältnis hinein kommt er nicht, gerade da pariert er mit dem Scherz.

vorbei und alles verloren, so würde der Humorist vielleicht fortfahren: „Ja, was sind wir Menschen in dem mancherlei Jammer dieses Lebens doch für armselige Geschöpfe, wir sind alle Leidende, würde ich noch den Tag erleben, wo mein Hauswirt einen neuen Klingelzug anbringen ließe ... so würde ich mich glückselig schätzen." Und dies sagt der Humorist durchaus nicht, um den Unglücklichen zu beleidigen. Sondern das Mißverständnis kommt daher, daß der Unglückliche doch zu guter Letzt an Glück glaubt (denn Unmittelbarkeit kann Leiden nicht verstehen), weshalb das Unglück für ihn ein bestimmtes Etwas ist, worauf er seine ganze Aufmerksamkeit in dem Gedanken richtet: wenn das weg wäre, dann wäre ich glücklich. Der Humorist dagegen hat das Leiden so erfaßt, daß er jede Dokumentation desselben überflüssig findet, was er durch nennen des ersten besten ausdrückt.

Der Lateiner sagt: *respicere finem* und gebraucht diesen Ausdruck im Ernst, aber der Ausdruck selbst enthält eine Art Widerspruch, insofern als *finis* als Ende noch nicht gekommen ist und also vorn liegt, während *respicere* zurückblicken heißt; einen ähnlichen Widerspruch enthält eigentlich die humoristische Erklärung der Existenz. Diese nimmt an, daß, wenn das Existieren dem Gehen auf einem Wege gleicht, dann die Eigentümlichkeit der Existenz sei, daß das Ziel hinten liege, und doch ist man genötigt beim Vorwärtsgehen zu bleiben, denn Vorwärtsgehen ist ja das Bild vom Existieren. Der Humorist faßt die Bedeutung des Leidens, daß es mit zum Existieren gehöre, widerruft dann aber das Ganze, weil die Erklärung hinten liege.

Wie ein Humorist existiert, so drückt er sich auch aus; und im Leben hört man doch zuweilen einen Humoristen reden, während seine Repliken in Büchern meist verschroben sind. Lassen wir einen Humoristen sich aussprechen, so wird er z. B. so reden: „Was ist die Bedeutung des Lebens? Ja, sage du mir's; wie sollte ich es wissen, wir sind gestern geboren und wissen nichts. Aber das weiß ich, daß es am angenehmsten ist, unbekannt durch die Welt zu stiefeln, ohne seiner Majestät dem Könige bekannt zu sein, ihrer Majestät der Königin, ihrer Majestät der Königin Witwe, seiner königlichen Hoheit dem Prinzen Ferdinand, denn solche vornehme Bekanntschaft macht das Leben nur beschwerlich und zur Pein, wie es einem Prinzen, der in ärmlichen Verhältnissen in einem Dorfe wohnt, peinlich sein muß, daß ihn seine königliche Familie kennt. So scheint es mir auch das Leben so ungeheuer angestrengt zu machen, daß man *in der Zeit von Gott* gekannt wird. Überall, wo er dabei ist, ist jede halbe Stunde von unendlicher Wichtigkeit.

Aber auf die Weise zu leben, läßt sich 60 Jahre lang nicht aushalten, kaum daß man drei Jahre lang das anstrengende Arbeiten zum Examen aushält, das doch nicht so anstrengend ist wie eine solche halbe Stunde. Alles löst sich in Widerspruch auf. Bald wird man in der Predigt aufgescheucht, man solle mit der ganzen Leidenschaft der Unendlichkeit leben und das Ewige erwerben. Nun gut, man strengt sich an, man setzt das beste Bein der Unendlichkeit vor und kommt in der höchsten Eile der Leidenschaft herbeigestürzt, kein Mann könnte sich beim Bombardement mehr beeilen, nicht der Jude, der von der Galerie herunterfiel, könnte mehr kopfüber kommen. Was geschieht? Dann heißt es: die Auktion ist aufgeschoben, heute geschieht kein Hammerschlag, sondern vielleicht erst in 60 Jahren. Also packt man zusammen und will gehen; was geschieht? In demselben Augenblick kommt einem der Redner nachgestürzt und sagt: ja, es wäre doch möglich, vielleicht in dieser Sekunde, daß durch den Gerichtstagsschlag des Todes alles entschieden würde.

Was soll das heißen? Am Ende kommen alle Menschen gleich weit. Es geht mit der Existenz, wie es mir mit meinem Arzt ging. Ich klagte über Übelbefinden. Er antwortete: „Sie trinken gewiß zuviel Kaffee und gehen zuwenig." Nach drei Wochen rede ich wieder mit ihm und sage: „Ich fühle mich wirklich nicht wohl, aber jetzt kann es nicht vom Kaffeetrinken kommen, denn ich rühre keinen Kaffee an, oder aus Mangel an Bewegung, denn ich gehe den ganzen Tag." Er antwortet: „Ja dann muß der Grund der sein, daß Sie keinen Kaffee trinken und zuviel gehen." So war es; das Übelbefinden war und blieb also dasselbe, aber wenn ich Kaffee trinke, kommt es davon, daß ich Kaffee trinke, und wenn ich keinen Kaffee trinke, davon, daß ich keinen Kaffee trinke. Und so mit uns Menschen. Das ganze irdische Dasein ist eine Art Übelbefinden. Fragt jemand nach dem Grunde, so fragt man ihn zuerst, wie er sein Leben eingerichtet habe; sobald er es gesagt hat, antwortet man: „Da steckt's, das ist der Grund." Fragt ein anderer nach dem Grunde, benimmt man sich ebenso und antwortet, wenn er das Entgegengesetzte sagt: „Da steckt's, das ist der Grund", geht mit einer wichtigen Miene weg, als habe man alles erklärt, bis man um die Ecke kommt, da steckt man den Schwanz zwischen die Beine und macht, daß man davon kommt.

Wenn mir einer zehn Taler gäbe, würde ich es nicht auf mich nehmen, das Rätsel des Daseins zu erklären. Warum sollte ich das auch tun? Ist das Leben ein Rätsel, so endet es wohl damit, daß es der, der das Rätsel aufgegeben hat, selbst löst. Ich habe die Zeitlichkeit nicht erfunden, dagegen habe ich beobachtet, daß im *Freisinnigen*[1], *Freischütz*[2] und anderen Blättern, in denen Rätsel aufgegeben werden, die Erklärung in der nächsten Nummer folgt. Nun, das versteht sich, es findet sich dann freilich oft eine alte Jungfer oder ein pensionierter Mann, die mit Lob als die genannt werden, welche das Rätsel geraten haben, also die Auflösung einen Tag vorher gewußt haben – der Unterschied ist da nicht groß."

Man hat in unserer Zeit das Humoristische oft genug mit dem Religiösen verwechseln wollen, sogar mit dem Christlichreligiösen, darum suche ich überall darauf zurückzukommen. Diese Verwechselung liegt eigentlich nicht fern, denn das Humoristische hat gerade als Konfinium zum Religiösen einen großen

1 [Wochenblatt von gemischtem Inhalt, herausgegeben von Rosenhoff (1835).]
2 [Deutsches Wochenblatt, herausgegeben von Röhrs u. a. (Hamburg 1835 ff.).]

Umfang, es kann besonders in wehmütiger Tonart eine täuschende Ähnlichkeit mit dem im weiteren Sinne Religiösen annehmen, die jedoch nur den täuschen kann, der nicht nach der Totalitätskategorie zu sehen gewohnt ist. Das kann keiner besser wissen als ich, der ich, selbst wesentlich Humorist und in der Immanenz lebend, nach dem Christlichreligiösen suche.

Um die Wirklichkeit des Leidens als dessen wesentliche Fortdauer zu beleuchten, will ich noch einen letzten dialektischen Versuch erwähnen, der es widerrufen und zu einem beständig aufgehobenen Moment machen möchte. Ästhetisch gesehen verhielt sich das Unglück zum Existieren wie etwas Zufälliges. Ästhetisch sah man nicht auf das Leiden, sondern vom Leiden weg. In ästhetischer Faselei will Lebensweisheit oder Lebensklugheit das Leiden seine Bedeutung in endlicher Teleologie haben lassen, durch Widerwärtigkeiten wird ein Mensch dressiert, in der Endlichkeit etwas zu werden. Der Humor faßte das Leiden mit dem Existieren zusammen, aber widerrief die wesentliche Bedeutung des Leidens für den Existierenden.

Laßt uns nun sehen, ob es nicht möglich ist, das Leiden mit Hilfe einer unendlichen Teleologie zu widerrufen. Das Leiden selbst hat ja für meine ewige Seligkeit Bedeutung, *ergo* muß ich ja über das Leiden froh sein. Also: kann ein Existierender zu derselben Zeit, wo er durch Leiden gerade sein Verhältnis zu einer ewigen Seligkeit als dem absoluten τελος ausdrückt, kann er zu derselben Zeit, indem er von diesem Verhältnis weiß, über das Leiden hinaus sein? In diesem Falle ist ja nicht Leiden der Ausdruck für das wesentliche Verhältnis zu einer ewigen Seligkeit, sondern Freude, natürlich nicht die unmittelbare Freude, die der religiöse Vortrag uns zuweilen einbilden möchte, indem er uns zu ästhetisch ungeniertem Hopsassa zurückführt, nein, Freude im Bewußtsein, daß das Leiden jenes Verhältnis bedeutet. Laß uns nun nicht hingehen und zu Papiere bringen: „Welches ist das Höchste?" und wenn wir aufgeschrieben haben: „Letzteres ist das Höchste", vielleicht sogar damit fertig sein. Wir wollen es uns lieber recht einprägen, daß nicht *in abstracto* gefragt wird, welches von diesen zwei Verhältnissen das höchste sei, sondern welches für einen Existierenden möglich sei. Denn in der Existenz fühlt man sich immer etwas geniert, und vielleicht gehört das wieder zu ihrem Druck, daß der Existierende den dialektischen Umsatz nicht ausführen kann, wodurch das Leiden in Freude umgesetzt wird. In der ewigen Seligkeit gibt es kein Leiden, wenn sich aber ein Existierender zu ihr verhält, drückt sich das Verhältnis ganz richtig durchs Leiden aus. Wäre ein Existierender imstande sich durch Wissen davon, daß dieses Leiden das Verhältnis bedeutet, über das Leiden zu erheben, so wäre er auch imstande sich selbst aus einem Existierenden zu einem Ewigen zu machen; aber das läßt er schön bleiben. Ist er aber dazu nicht imstande, so befindet er sich wieder in der leidenden Stellung, daß dieses Wissen im Existenzmedium festgehalten werden soll. In demselben Augenblick mißglückt das mit der vollkommenen Freude, wie es immer mißglücken muß, wenn man sie in einer unvollkommenen Form haben soll. Der Schmerz hierüber ist wieder der wesentliche Ausdruck für das Verhältnis.

Aber man liest ja im neuen Testament (Apostelgesch. 5, 41), daß die Apostel, als sie gegeißelt waren, froh weggingen, Gott dankend, daß ihnen vergönnt war um Christi willen etwas zu leiden. Ganz recht, und ich zweifle nicht daran, daß die Apostel Kraft des Glaubens dazu gehabt haben, selbst im Augenblicke des leiblichen Schmerzes froh zu sein und Gott zu danken, wie man ja selbst bei Heiden Beispiele von einer Seelenstärke findet, die sogar im Augenblick des leiblichen Leidens froh ist. Man denke z. B. an Scävola. Aber das Leiden, von welchem an jener Stelle die Rede ist, ist nicht das religiöse Leiden, von dem im neuen Testament im ganzen nur wenig geredet wird. Und wenn ein sogenannter religiöser Vortrag uns einbilden will, alles, was ein Apostel leide, sei *eo ipso* religiöses Leiden, so zeigt das nur, wie unklar über die Kategorien ein solcher Vortrag ist. Dies ist ja ein Seitenstück zu der Annahme, jeder Vortrag, in dem der Name Gottes vorkomme, sei ein frommer Vortrag. Nein, wenn das Individuum seines Gottesverhältnisses gewiß ist und nur äußerlich leidet, so ist dies kein religiöses Leiden. Die Art Leiden ist ästhetisch-dialektisch wie Unglück im Verhältnis zum unmittelbaren Menschen, es kann kommen und kann wegbleiben; aber niemand ist berechtigt von einem Menschen zu sagen, er sei nicht religiös, weil ihm im Leben kein Unglück begegne. Weil er aber ohne solches Unglück ist, darum ist er ja doch, wenn er sonst religiös ist, nicht ohne Leiden, denn Leiden ist eben der Ausdruck für das Gottesverhältnis, nämlich das religiöse Leiden, welches das Kennzeichen des Gottesverhältnisses ist, und Kennzeichen davon, daß er nicht dadurch glücklich gemacht worden ist, daß er vom Verhältnis zum absoluten τελος befreit wurde.

Von einem Apostel will ich hier nicht weiter reden, da sein Leben paradox-dialektisch und sein Verhältnis von dem anderer qualitativ verschieden und seine Existenz berechtigt ist, wenn sie so ist, wie die keines anderen sein darf. Aber ein Märtyrer kann also zu derselben Zeit, wo er gemartert wird, wohl in Freude über den körperlichen Schmerz hinaus sein, aber das Individuum kann nicht zu derselben Zeit, wo es religiös leidet, in Freude über die Bedeutung dieses Leidens, welches das Verhältnis bedeutet, über das Leiden hinaus sein. Denn das Leiden ist ein von der Freude-getrennt-sein, bezeichnet aber zugleich das Verhältnis, so daß Ohne-Leiden-sein zeigt, daß man kein Religiöser ist. Der Unmittelbare ist nicht wesentlich ein Existierender, denn er bildet als Unmittelbarer die glückliche Einheit von Endlichkeit und Unendlichkeit, der, wie gezeigt wurde, Glück und Unglück als von außen kommend entspricht. Der Religiöse ist nach innen gekehrt und sich bewußt, daß er existierend im Werden ist und sich doch zu einer ewigen Seligkeit verhält. Sobald das Leiden ausgeht und das Individuum Sicherheit gewinnt, so daß es sich wie die Unmittelbarkeit zu Glück und Unglück verhält: ist dies ein Zeichen davon, daß es eine ästhetische Individualität ist, die sich in die religiöse Sphäre verirrt hat; und die Sphären zu konfundieren ist immer leichter als sie auseinander zu halten. Ein solcher sich verirrender Ästhetiker kann sowohl ein Erweckter als ein Spekulant sein. Ein Erweckter weiß sich in seinem Gottesverhältnis absolut sicher (armer Gesell, diese Sicherheit ist unglücklicherweise das einzige sichere Merkmal, daß sich ein existierender Mensch nicht zu Gott verhält) und hat nur viel zu tun, die übrige Welt in und mit Traktaten zu traktieren. Ein Spekulant ist auf dem Papiere fertig geworden und verwechselt dies mit der Existenz.

Der Apostel Paulus redet an einer Stelle vom religiösen Leiden, wo man auch finden wird, daß das Leiden Merkmal der Seligkeit ist. Ich habe natürlich die Korintherstelle (2. Kor. 12) vom Pfahl im Fleisch im Auge. Er erzählt, es sei ihm einmal begegnet, ob er im Leibe oder außerhalb des Leibes war, weiß er nicht, daß er in den dritten Himmel hingerückt wurde. Wir wollen nun ein für allemal daran denken, daß es ein Apostel ist, der so redet, und dann einfach und einfältig davon reden. Es begegnete ihm also *ein*mal, nur *ein*mal. Da versteht es sich nun, daß es einem Existierenden nicht jeden Tag begegnen kann, daran ist er ja eben durch das Existieren verhindert, ja in dem Grade verhindert, daß es nur ein Apostel, als der Ausgezeichnete, *ein*mal erlebt. Er weiß nicht, ob er im Leibe oder außerhalb des Leibes war; aber dies kann doch wohl einem Existierenden nicht jeden Tag begegnen, eben weil er ein einzelner existierender Mensch ist; ja, wir hören ja vom Apostel, daß es so selten vorkommt, daß es dem Apostel, dem Ausgezeichneten, nur *ein*mal begegnete. Und weiter? Was für ein Merkmal behielt dann der Apostel davon, daß es ihm begegnet war? Einen Pfahl im Fleisch – also ein Leiden.

Wir anderen Menschen begnügen uns mit dem Geringeren, aber das Verhältnis bleibt ganz dasselbe. Der Religiöse wird nicht in den dritten Himmel entrückt, aber versteht auch wohl das Leiden nicht, welches der Pfahl im Fleisch ist. Der Religiöse verhält sich zu einer ewigen Seligkeit, und dies Verhältnis ist am Leiden kenntlich, und das Leiden ist der wesentliche Ausdruck des Verhältnisses, nämlich für einen Existierenden. Wie sich für einen Existierenden die höchsten Prinzipien des Denkens nur negativ beweisen lassen, und sie positiv beweisen zu wollen sogleich verrät, daß der Beweisende, insofern als er doch wohl zu den Existierenden gehört, im Begriffe ist phantastisch zu werden: so läßt sich auch für einen Existierenden das Existenzverhältnis zum absoluten Gut nur durch das Negative bestimmen: das Verhältnis zu einer ewigen Seligkeit durch das Leiden, gleichwie die Gewißheit des Glaubens, die sich zu einer ewigen Seligkeit verhält, durch die Ungewißheit bestimmt wird. Nehme ich die Ungewißheit weg, um eine noch höhere Gewißheit zu bekommen, so bekomme ich nicht einen demütig, in Furcht und Zittern, Glaubenden, sondern einen ästhetisch unverfrorenen Gesellen, einen Teufelskerl, der uneigentlich mit Gott fraternisieren möchte, aber sich eigentlich gar nicht zu Gott verhält. Die Ungewißheit ist das Merkmal und die Gewißheit ohne sie das Merkmal davon, daß man sich nicht zu Gott verhält.

So ist auch, wenn man im Augenblick des Werdens absolut gewiß ist geliebt zu sein, dies ein sicheres Kennzeichen davon, daß man nicht verliebt ist.[1] Aber trotzdem bringt doch keiner einem Verliebten den Glauben bei, verliebt zu sein sei nicht selig. So auch mit der Unsicherheit des Glaubens; aber trotz dieser vermag doch niemand dem Glaubenden einzubilden, Glauben sei nicht selig. Wie sich aber ein kleines Mädchen zu einem Helden verhält, so verhält sich ein Liebhaber zum Glaubenden, und warum? Weil sich der Liebhaber wieder zu einem Menschen, einem Weibe, dagegen der Glaubende zu Gott verhält, und davon gilt in absoluter Weise das lateinische Wort: *interest inter et inter*.

Und aus diesem Grunde hat auch der Liebende nur ein relatives Recht, dagegen der Glaubende das absolute Recht von einer anderen Art Gewißheit nichts hören zu wollen. Denn lieben, ja, das ist schön und bezaubernd. O daß ich ein Dichter wäre, der den Preis der Liebe recht verkündigen und ihre Herrlichkeit schildern könnte; o daß ich doch wenigstens würdig auf der Bank sitzen und zuhören dürfte, wenn es der Dichter tut: aber das ist doch nur Scherz. Ich meine es nicht im verächtlichen Sinne, als ob Liebe ein flüchtiges Gefühl wäre. Nein, selbst wenn die glücklichste Liebe ihren bleibendsten Ausdruck in der glücklichsten Ehe findet: ja es ist herrlich, diesem mit all seinen Widerwärtigkeiten und Mühen holdseligen Zeitvertreib angetraut und mit ihm vertraut zu sein; ja, wäre ich ein Redner, der zum Ruhm der Ehe recht Zeugnis ablegen könnte, so daß der Unglückliche, der wehmütig draußen bliebe, mich nicht anhören dürfte, und der Vermessene, der spottend draußen stünde, wenn er mich hörte, mit Schrecken entdecken müßte, was er verscherzt habe: aber die Ehe ist doch nur ein Scherz. Dies sehe ich daran, daß, wenn ich die Ehe neben das absolute τελος, neben eine ewige Seligkeit stelle, und um dessen gewiß zu sein, daß ich von dem absoluten τελος rede, den Tod als Schiedsrichter zwischen beiden urteilen lasse, ich mit Wahrheit sagen darf: es ist gleichgültig, ob man verheiratet gewesen ist oder nicht, wie es gleichgültig ist, ob man Jude oder Grieche, frei oder Sklave ist (Galat. 3, 28). Die Ehe ist doch ein Scherz, ein Scherz, der mit allem Ernst behandelt werden soll, ohne daß doch darum der Ernst in der Ehe selbst läge. Aber sie ist ein Abglanz des Ernstes des Gottesverhältnisses, ein Abglanz des absoluten Verhältnisses, in welchem der Ehemann zu seinem absoluten τελος und die Ehefrau zu ihrem absoluten τελος steht.

Aber zurück zum Leiden als Merkmal der Seligkeit. Will man nun, weil es nur einem Erweckten gelingt, dem Leiden zu entgehen, und einem Spekulanten, es zu widerrufen (*revocare*) und die Seligkeit selbst zum Merkmal der Seligkeit zu machen (wie ja alle immanente Spekulation wesentlich ein Widerruf der Existenz ist – freilich eine Ewigkeit, aber der Spekulierende nicht in der Ewigkeit),

---

[1] Da Liebe nicht das absolute τελος ist, muß die Vergleichung *cum grano salis* verstanden werden, um so mehr als das Sichverlieben in der Sphäre des Ästhetischen liegt und in der unmittelbaren Seligkeit besteht.

will man also nun, weil es einem *Existierenden* nicht gelingt, das Leiden zu widerrufen und die Seligkeit selbst zum Merkmal der Seligkeit zu machen, was des Existierenden Tod und Übergang ins ewige Leben bedeuten würde, die Religiosität eine Illusion nennen: nun gut, dann erinnere man sich aber gefälligst daran, daß es die Illusion ist, die nach dem Verstande kommt. Poesie ist Illusion vor dem Verstande, Religiosität Illusion nach dem Verstande.

Zwischen Poesie und Religiosität führt die weltliche Lebensweisheit ihr Vaudeville auf. Jedes Individuum, das nicht entweder poetisch oder religiös lebt, ist dumm. Wie, dumm? Diese klugen und erfahrenen Menschen, die aus und ein wissen, und Rat für alles und Rat für jedermann haben, die sind dumm? Und worin besteht ihre Dummheit? Darin, daß sie, nachdem sie die poetische Illusion verloren haben, nicht genug Phantasie und Phantasieleidenschaft besitzen, durch das Blendwerk der Wahrscheinlichkeit und die Zuverlässigkeit einer endlichen Teleologie zu dringen, was alles zerbricht, sobald sich die Unendlichkeit rührt. Ist also die Religiosität eine Illusion, dann gibt es drei Arten von Illusion: die schöne Illusion der Poesie, der Unmittelbarkeit (in der Illusion liegt die Seligkeit, und nun kommt das Leiden mit der Wirklichkeit hintennach); die komische Illusion der Dummheit, und die selige Illusion der Religiosität (in der Illusion liegt der Schmerz und die Seligkeit kommt hintennach). Die Illusion der Dummheit ist natürlich die allein an und für sich komische. Und während eine ganze Richtung in französischer Poesie sich zur Genüge damit beschäftigt hat, die ästhetische Illusion als komisch hinstellen zu wollen, was dem Ästhetischen gegenüber eine Beleidigung und in den Augen der Religiosität keineswegs ein Verdienst ist (daß es nämlich ein Dichter tun will): so würde es dienlicher sein, wenn sich die Poesie der weltlichen Lebensweisheit recht annähme, die – und das ist gerade ein Zeichen, wie komisch sie ist – gleich komisch ist, ob sie richtig[1], oder ob sie falsch rechnet, weil ihr ganzes Rechnen eine Einbildung, eine Emsigkeit innerhalb der schimärischen Vorstellung ist, daß es in der Welt der Endlichkeit etwas Gerwisses gäbe.

---

[1] Und vielleicht am komischsten, wenn sie richtig rechnet; denn wenn sie falsch rechnet, hat man doch mit dem armen Burschen etwas Mitleid. Wenn so z. B. ein Mann mit Hilfe von den und den Verbindungen und dann mit Hilfe seiner Weltkenntnis eine reiche Partie zu machen rechnet, und es trifft zu, und er bekommt das Mädchen, und sie hat Geld: so jubelt das Komische, denn nun ist er fürchterlich dumm geworden. Gesetzt, er bekäme das Mädchen, aber siehe da, sie hätte kein Geld, so würde sich doch ein wenig Mitleid darein mischen. Aber die meisten Menschen erkennen gewöhnlich das Komische an einem Dritten, am unglücklichen Ausgang (was doch nicht das Komische, sondern das Beklagenswerte ist), gleichwie das Pathetische an einem Dritten, am glücklichen Ausgang (was doch nicht das Pathetische, sondern das Zufällige ist). So ist es auch nicht so komisch, wenn ein verrückter Mann sich selbst und andere mit seiner fixen Idee in Verwirrung bringt, die mit Verlust und Schaden verbunden ist, wie wenn das Dasein sich nach seiner fixen Idee richtet. Es ist nämlich nicht recht komisch, wenn das Dasein einen entdecken läßt, daß ein verrückter Mann verrückt ist, aber es ist komisch, wenn es das verbirgt.

War denn aber Sokrates kein Lebensweiser? Gewiß, aber ich habe ja wiederholt entwickelt, daß sein erster Satz beständig in weltlichem Sinne die Rede eines Verrückten ist, gerade weil sie die Bewegung der Unendlichkeit macht. Nein, Poesie ist Jugend, und weltliche Weisheit sind die Jahre, und Religiosität ist das Verhältnis zum Ewigen. Aber die Jahre machen einen Menschen nur immer dümmer, wenn er seine Jugend verloren und das Verhältnis zum Ewigen nicht gewonnen hat. Sieh, der ernsthafte Mann vom Vorhergehenden, der wissen wollte, daß die Sache mit einer ewigen Seligkeit gewiß und bestimmt sei, um dann alles zu wagen, denn sonst wäre es ja Verrücktheit: würde er nicht finden, es sei eine Generalverrücktheit, alles zu wagen, wenn Leiden die Gewißheit – der korrekte Ausdruck für die Ungewißheit würde.

Innerhalb des religiösen Leidens liegt die Bestimmung: Anfechtung und läßt sich nur da bestimmen. Obgleich ich sonst mit dem religiösen Vortrag nur insofern zu tun habe, als er das Organ der religiösen Lebensanschauung ist, kann ich doch beiläufig auf seine faktische Beschaffenheit zu unserer Zeit Rücksicht nehmen, und indem ich, um die Religiosität unserer Zeit zu beleuchten, die weiter als das Mittelalter gegangen zu sein behauptet, der Anfechtung ihren Platz im religiösen Vortrag anzuweisen suche, beiläufig daran erinnere, daß man heutzutage fast nie von Anfechtung reden hört, oder, wenn von ihr geredet wird, sie ohne weiteres mit Versuchungen, ja sogar mit Widerwärtigkeiten identifizieren hört. Sobald man das Verhältnis zu einem absoluten τελος ausläßt und sich dieses in den relativen erschöpfen läßt, hört die Anfechtung auf. Sie ist in der Sphäre des Gottesverhältnisses, was Versuchung in der Sphäre des ethischen Verhältnisses ist. Wenn das Höchste beim Individuum in seinem ethischen Verhältnis zur Wirklichkeit besteht, dann ist seine größte Gefahr die Versuchung. Daher ist es ganz in der Ordnung, daß man die Anfechtung ausläßt, und nur eine weitere Nachlässigkeit, daß man sie als mit Versuchung identisch gebraucht.

Aber nicht nur so unterscheidet sich Anfechtung von Versuchung, auch die Stellung des Individuums ist dabei verschieden. Bei der Versuchung ist das Niedrigere das Versuchende, bei der Anfechtung das Höhere, bei der Versuchung möchte das Niedrigere das Individuum verlocken, bei der Anfechtung das Höhere, gleichsam auf das Individuum neidisch, es zurückschrecken. Die Anfechtung beginnt daher erst in der Sphäre des eigentlich Religiösen, und da erst am Ende des Laufs und nimmt ganz richtig gradweise mit der Religiosität zu, weil das Individuum die Grenze entdeckt hat und die Anfechtung die Reaktion der Grenze gegen das endliche Individuum ausdrückt.

Es war daher, wie vorhin gezeigt wurde, blinder Lärm, wenn der Pfarrer am Sonntag sagt: „Hier in der Kirche sind wir so gut aufgehoben, wenn wir hier bleiben dürften, würden wir schon heilig werden, aber wir müssen wieder hinaus in die Welt." Wenn ein Mensch nämlich dableiben dürfte, so würde er die Anfechtung entdecken und würde bei diesem Stück Arbeit so böse davonkommen, daß er dem Pfarrer nicht gerade dafür danken würde. In dem Augenblick, wo es dem Individuum gelänge, durch Verzicht auf die relativen Zwecke das absolute Verhältnis einzuüben (und das kann ja wohl in einzelnen Augenblicken geschehen, obgleich das Individuum später wieder in diesen Streit hineingezogen wird), und es sich nun zum Absoluten absolut verhalten soll: dann entdeckt es die Grenze, dann wird die Anfechtung der Ausdruck für die Grenze. Das Individuum ist zwar an der Anfechtung unschuldig (während es an der Versuchung nicht unschuldig ist), aber trotzdem ist das Anfechtungsleiden gewiß schrecklich, denn ich weiß nichts davon, und wenn jemand den zweideutigen Trost wünscht, so will ich ihm gern mitteilen, daß ein jeder, der nicht sehr religiös ist, den Anfechtungen auch nicht ausgesetzt ist; denn die Anfechtung ist eben die Reaktion gegen den absoluten Ausdruck des absoluten Verhältnisses. Die Versuchung befällt das Individuum in seinem schwachen Augenblick, die Anfechtung ist die Nemesis wegen des starken Augenblicks im absoluten Verhältnis. Versuchung hat daher einen Zusammenhang mit dem ethischen Habitus des Individuums, wogegen die Anfechtung ohne Kontinuierlichkeit und der eigne Widerstand des Absoluten ist.

Daß die Anfechtung vorhanden ist, läßt sich indes nicht leugnen; und eben daher kann in unserer Zeit ein nicht unbemerkbarer psychologischer Fall eintreten. Gesetzt, jemand, der ein tiefes religiöses Bedürfnis hätte, hörte in einem fort bloß solche frommen Vorträge, in denen sich alles abrundet, weil man das absolute τελος sich in den relativen erschöpfen läßt, was dann? Er würde in die tiefste Verzweiflung versinken, da er in sich selbst etwas anderes erlebte, und doch den Pfarrer nie davon, vom Leiden im Innern, vom Leiden des Gottesverhältnisses, reden hörte. Vielleicht würde er sich aus Ehrerbietung vor dem Pfarrer und seiner Würde veranlaßt sehen, dieses Leiden als ein Mißverständnis zu betrachten, oder als etwas, was andere Menschen wohl auch erlebten, aber so leicht überwänden, daß nicht einmal davon geredet würde bis er mit demselben Schrecken, wie es wohl das erstemal geschehen ist, die Kategorie der Anfechtung entdeckte. Laß ihn dann plötzlich auf eine der alten Erbauungsschriften stoßen und da ganz richtig die Anfechtung geschildert finden: ja, dann würde er sich wohl freuen wie Robinson, als ihm Freitag begegnete, aber was würde er wohl von dem christlichreligiösen Vortrag denken, den er zu hören gewohnt war? Der religiöse Vortrag sollte eigentlich so sein, daß man, wenn man ihn hörte, den genausten Einblick in die religiösen Verirrungen seiner Zeit bekäme, und in sich selbst als einen, der dieser Zeit angehört. Doch was sage ich? diesen Einblick bekommt man ja auch beim Anhören eines religiösen Vortrags, der von Anfechtungen gar nichts verlauten läßt. Das versteht sich, den Eindruck bekommt man beim Vortrag, aber nur indirekt.

Es handelt sich also um diese wesentliche Fortdauer des Leidens, seine Wirklichkeit, womit es selbst bei dem am meisten entwickelten Religiösen fortdauert, selbst angenommen, daß der Religiöse *das* Leiden durchgekämpft hätte der Unmittelbarkeit abzusterben. Das Leiden bleibt also, so lange als das Individuum lebt; um uns aber nicht damit zu übereilen, daß wir aufs letzte Leiden rekurrieren, wollen wir die Individuen im ersten aufhalten, denn dessen Kampf ist so langwierig und der Rückfall in dasselbe so häufig, daß es einem Individuum wohl selten gelingt, durch dasselbe hindurchzukommen oder es längst überwunden zu haben.

Der Grund dieses Leidens liegt darin, daß das Individuum in der Unmittelbarkeit sich eigentlich in den relativen Zwecken absolut verhält, seine Bedeutung ist die Umkehr des Verhältnisses, der Unmittelbarkeit abzusterben, oder existierend auszudrücken, daß das Individuum gar nichts vermöge, sondern vor Gott nichts sei, denn hier ist das Gottesverhältnis wieder am Negativen kenntlich, und die Selbstvernichtung die wesentliche Form für das Gottesverhältnis. Und dieses darf nicht im Äußeren ausgedrückt werden, denn sonst haben wir die Klosterbewegung und das Verhältnis dennoch verweltlicht. Und der Betreffende darf sich nicht einbilden, es geschehe auf *ein*mal, denn dies ist Ästhetik. Und selbst wenn es sich auf *ein*mal machen ließe, würde er, da er ja ein Existierender ist, in dessen Wiederholung wieder Leiden haben.

In der Unmittelbarkeit ist es der Wunsch, alles zu vermögen, und der Glaube der Unmittelbarkeit geht ideell dahin, alles zu vermögen, und sein Nichtvermögen gründet sich auf ein verhinderndes Etwas, das von außen kommt, von dem er daher in demselben Sinne wie vom Unglück wesentlich absieht; denn die Unmittelbarkeit ist nicht in sich selbst dialektisch. Religiös ist es die Aufgabe, zu verstehen, daß man vor Gott gar nichts ist, oder daß man gar nichts und damit vor Gott ist, und dieses Nichtvermögen verlangt der Religiöse beständig vor sich zu haben, und sein Verschwinden ist das Verschwinden der Religiosität.

Das jugendliche Vermögen der Unmittelbarkeit kann für einen Dritten komisch werden, dagegen kann das Nichtvermögen der Religiosität nie für einen Dritten komisch werden; denn da ist keine Spur von Widerspruch.[1] Der Religiöse kann so nicht komisch werden, dagegen kann sich ihm das Komische zeigen, wenn es nämlich in der Außenwelt so aussieht, als vermöchte er viel. Soll aber dieser Scherz heilig sein und fortdauern, dann darf er ihm keinen Augen-

---

[1] Darin liegt kein Widerspruch, daß ein Mensch vor Gott gar nichts vermag, außer daß er sich dessen bewußt wird, denn dies ist bloß ein anderer Ausdruck für Gottes Absolutheit, und daß der Mensch dies nicht einmal *κατα δυναμιν* vermöchte, würde ein Ausdruck dafür sein, daß er gar nicht da wäre. Darin liegt kein Widerspruch, und also ist es auch nicht komisch. Dagegen ist es z. B. komisch, daß auf den Knien zu rutschen für Gott etwas bedeute, wie sich das Komische überhaupt im Götzendienst, Aberglauben und dergleichen am deutlichsten zeigt. Doch darf man auch nie vergessen auf das Kindliche Rücksicht zu nehmen, das der Verirrung zugrunde liegen und sie mehr wehmütig als komisch machen kann. Wie ein Kind, das einem alten Mann eine rechte Freude zu machen wünscht, auf das Allersonderbarste verfallen kann, aber das alles doch in der frommen Absicht tut dem Alten zu gefallen: so kann der Religiöse auch einen wehmütigen Eindruck machen, wenn er in frommem Eifer nicht weiß, was er alles, um Gott zu gefallen, tun will und so endlich auf etwas ganz Sonderbares verfällt.

blick den Ernst stören, daß er vor Gott nichts ist und nichts vermag, und die Arbeit dies festzuhalten, und das Leiden es existierend auszudrücken. Wenn so Napoleon eine echt religiöse Individualität gewesen wäre, so hätte er eine seltene Gelegenheit zur göttlichsten Belustigung gehabt; denn scheinbar alles zu vermögen und dann dies göttlich als einen Sinnesbetrug zu verstehen: wahrhaftig, das ist im Ernst Scherz!

Überhaupt ist das Komische überall mit dabei, und man kann jede Existenz sogleich bestimmen und zu ihrer bestimmten Sphäre führen, wenn man weiß, wie sie sich zum Komischen verhält. Der Religiöse ist der, welcher das Komische im höchsten Maß entdeckt hat, und doch sieht er das Komische nicht für das Höchste an, denn das Religiöse ist das reinste Pathos. Sieht er aber das Komische für das Höchste an, so ist seine Komik *eo ipso* niedriger; denn das Komische liegt immer im Widerspruch, und wenn das Komische selbst das Höchste ist, so fehlt hier der Widerspruch, in welchem das Komische liegt und in welchem es sich ausnimmt. Daher gilt ohne Ausnahme, daß, je tüchtiger ein Mensch existiert, desto mehr wird er das Komische entdecken.[1] Schon der wird es entdecken, der bloß einen großen Plan etwas in der Welt auszurichten gefaßt hat. Er trage seinen Entschluß nämlich, für den er einzig und allein lebt, bei sich und gehe nun hinaus und lasse sich mit den Leuten ein: so erscheint das Komische, falls er schweigt. Die meisten Menschen haben nämlich keine großen Pläne und reden meistens nach endlicher Verständigkeit oder ganz unmittelbar. Wenn er nun bloß schweigt, so wird fast jedes zweite Wort, das gesagt wird, seinen großen Entschluß komisch berühren. Gibt er dagegen seinen großen Entschluß und seine angestrengte innerliche Existenz für ihn auf: so verschwindet das Komische. Kann er mit seinem großen Plan nicht schweigen, sondern muß er ihn unreif ausschwatzen, so wird er selbst komisch. Aber der Entschluß des Religiösen ist der höchste von allen, unendlich höher als alle Pläne die Welt umzuschaffen und Systeme und Kunstwerke zu schaffen: darum muß der Religiöse das Komische am meisten von allen entdecken – wenn er wirklich religiös ist; denn sonst wird er selbst komisch. (Doch später mehr davon.)

Das Leiden der Unmittelbarkeit abzusterben besteht also nicht in Geißelung oder dergleichen, es ist keine *Selbstquälerei.* Der Selbstpeiniger drückt nämlich keineswegs aus, daß er vor Gott nichts vermag, denn er meint ja, die Selbstpeinigung sei etwas. Aber doch ist das Leiden da und kann dauern, so lange als ein Mensch existiert. Denn so geschwind wie man sagt: „Ein Mensch ist vor Gott nichts", so schwierig ist es existierend auszudrücken. Aber es näher zu

---

[1] Aber das höchste Komische wie das höchste Pathetische ist selten Gegenstand menschlicher Aufmerksamkeit und läßt sich nicht einmal vom Dichter darstellen, weil es sich nicht *ausnimmt*, wie man sagt, wogegen das niedrigere Pathetische und das niedrigere Komische, da man es an einem Dritten erkennt, sich ausnimmt. Das Höchste nimmt sich nicht aus, weil es der letzten Innerlichkeitssphäre angehört und in heiligem Sinne von sich selbst eingenommen ist.

beschreiben und schildern ist wieder schwierig, weil die Rede doch ein abstrakteres Medium als die Existenz, und alle Rede über das Ethische doch etwas wie ein Betrug ist, weil die Rede trotz den spitzfindigsten und schlausten Vorsichtsmaßregeln doch beständig einen Schein von verkürzter Perspektive hat. Auch wenn nämlich die Rede die begeistertste und verzweifeltste Anstrengung macht, um zu zeigen, wie schwer es sei, oder in indirekter Form das Äußerste versucht, so ist es doch immer schwerer auszuführen, als es in der Rede erscheint.

Ob man aber nun davon redet, daß dieses Absterben existierend ausgedrückt werden solle, oder nicht, jedenfalls soll dies ja doch geschehen. Und die Religiosität besteht nicht in Gedankenlosigkeit, so daß man ab und zu das Höchste verlangt, und dann vermittelnd fünf gerade sein läßt. Das Religiöse predigt keinen Ablaß, sondern verkündigt, daß die größte Anstrengung nichts sei, aber fordert sie zugleich. Hier ist das Negative wieder das Merkmal, denn die größte Anstrengung erkennt man daran, daß man durch sie zu nichts wird; wird man zu etwas, so ist die Anstrengung *eo ipso* geringer. Wie ironisch scheint dies doch zu sein. Und doch ist es schon in geringeren Verhältnissen, in einer niedrigeren Sphäre so, denn mit halbem Fleiß und etwas Pfuschen wird ein Mensch zu der Einbildung kommen, er verstehe viele und mancherlei Wissenschaften, und wird in der Welt Glück haben und viel gelesen werden, mit ganzem Fleiß und absoluter Ehrlichkeit wird er Schwierigkeit haben nur ein ganz kleines bißchen sogar von dem zu verstehen, was jeder Mensch versteht, und man wird ihn für einen langweiligen Trödelpeter halten. Was aber in dieser niedrigen Sphäre doch nur relativ gilt, das gilt in der religiösen absolut, und bei erfahrenen Religiösen findet man daher das immer als eine der letzten Anfechtungen angeführt, daß die höchste Anstrengung einen mit dem Gedanken betrügen wolle, sie sei etwas.

Da ich mich nun zu dem traurigen Geständnis genötigt sehe, daß ich nicht imstande bin über China, Persien, das System, Astrologie oder Tierarzneikunde zu reden: so habe ich, um doch in meiner Verlegenheit auf etwas zu verfallen, nach den mir vergönnten Fähigkeiten meine Feder darin geübt, das Alltägliche, das sehr oft vom Sonntäglichen verschieden ist, so konkret wie möglich nachzuahmen und darzustellen. Sollte einer diese Art Darstellung oder meine Darstellung langweilig finden, so mag er es tun; ich schreibe nicht, um eine Medaille zu erhalten, und will mit Vergnügen zugeben, wenn dies von mir verlangt wird, daß es viel schwieriger, mit viel größerem Aufheben und mit ganz anderer Verantwortung verbunden ist, novellistisch einen reichen Onkel totzuschlagen, um in der Erzählung Geld zu bekommen, oder zehn Jahre dazwischen zu legen, einige Zeit vergehen zu lassen, in der das Wichtigste geschehen ist, und dann damit anzufangen, daß es geschehen ist; daß eine ganz andere Kraft der Kürze dazu gehört, den Sieg des Glaubens in einer halben Stunde zu schildern, als zur Darstellung dessen, womit ein gewöhnlicher Mensch einen Tag in der Wohnstube ausfüllt. Ja, dazu gehört Geschwindheit, eine Erzählung von dreißig Seiten zu schreiben, deren Handlung in hundert Jahren verläuft, oder ein Drama, dessen

Handlung in drei Stunden vor sich geht, wo aber so viel geschieht, und wo die Ereignisse so hereinstürzen, daß einem Menschen so etwas in seinem ganzen Leben nicht begegnet!

Aber was gehört wohl dazu, einen Menschen, wie er zum täglichen Gebrauch ist, darzustellen; wenn man da nicht in die Verlegenheit kommt, daß die Sprache nicht zureicht, weil sie im Vergleich mit dem Existieren im Sinne der Wirklichkeit so abstrakt ist. Aber der religiöse Redner sollte sich ja dazu verstehen, da er gerade mit der Wohnstube zu tun hat; und der religiöse Redner, der nicht weiß, wie die Aufgabe zu täglichem Gebrauch und in der Wohnstube aussieht, kann ebensogut stillschweigen, denn Sonntagsaussichten in die Ewigkeit gehen nur in den Wind. Natürlich soll der religiöse Redner nicht in der Wohnstube bleiben, er soll die Totalitätskategorie seiner Sphäre festzuhalten verstehen, aber er soll auch überall anfangen können. Und in der Wohnstube soll ja doch die Schlacht geliefert werden, damit das Gefecht der Religiosität nicht zu einer Wachtparade einmal in der Woche werde. In der Wohnstube soll die Schlacht geliefert werden, nicht phantastisch in der Kirche, so daß der Pfarrer in die Luft ficht, und die Zuhörer zuschauen. In der Wohnstube soll die Schlacht geliefert werden, denn der Sieg soll ja eben darin bestehen, daß die Wohnstube zu einem Heiligtum wird. Mag also in der Kirche direkt gewirkt werden, indem man über die Streitkräfte Heerschau hält und verkündigt, unter wessen Fahne gekämpft, in wessen Namen gesiegt werden soll; indem man die Stellung des Feindes beschreibt; indem man den Angriff nachahmt; indem man den allmächtigen Alliierten preist und durch Erweckung des Mißtrauens das Zutrauen stärkt, das Zutrauen zu ihm durchs Mißtrauen gegen sich selbst, mag da indirekt gewirkt werden mit der ironischen, aber darum zartesten Sympathie der verborgenen Teilnahme; aber die Hauptsache ist doch, daß der einzelne mit Lust und Feuer zum Kampf in der Wohnstube heimgehe. Soll die Wirksamkeit des Pfarrers in der Kirche nur ein Versuch sein einmal in der Woche das Frachtschiff der Gemeinde der Ewigkeit näher zu bugsieren: so wird aus dem Ganzen nichts, denn ein Menschenleben kann nicht wie ein Frachtschiff bis zum nächsten Sonntag auf derselben Stelle liegen bleiben. Darum muß die Schwierigkeit gerade in der Kirche geschildert werden, und es ist besser, mißmutig aus der Kirche zu gehen und die Aufgabe leichter zu finden, als man geglaubt hatte, als übermütig aus der Kirche zu gehen und in der Wohnstube mißmutig zu werden.

So wird sich der religiöse Redner auch hüten, starke Augenblicke zu einer Rede zusammenzufügen, oder seinen stärksten Augenblick in der Rede zu haben, um sich nämlich nicht selbst und andere zu betrügen. Er wird lieber dem gleichen, der wohl in einer höheren Tonart reden könnte, aber es nicht wagt, damit das „Geheimnis des Glaubens" nicht durch zu große Öffentlichkeit betrogen und prostituiert, sondern lieber so „bewahrt" werde (1. Tim. 3, 9), daß es noch größer und kräftiger in ihm selbst ist, als wie es in seiner Rede erscheint. Da nämlich des Redners, sowie jedes anderen, Aufgabe hauptsächlich die ist, was er verkündigt, existierend auszudrücken, und nicht einmal in der Woche die Gemeinde zu elektrisieren und die Leute galvanisch zum Zappeln zu bringen, so wird er vorsichtig sein, damit er nicht selbst die widerwärtige Erfahrung macht, daß, was im hochtrabenden Vortrag herrlich aussah, sich zu täglichem Gebrauch so ganz anders zeigt.

Aber nachgeben, abschlagen, mit sich handeln lassen darf er um alles in der Welt nicht; selbst wo er am allerfernsten von der absoluten Forderung der Religiosität zu sein scheint, muß diese zur Stelle sein und Preis und Urteil bestimmen; selbst wo er sich in die kümmerlichsten Bruchteile des alltäglichen Lebens einläßt, muß dieser absolute Generalnenner, ob auch verborgen, immer dabei sein, jede Sekunde bereit die absolute Forderung zu stellen.

Und wie sieht es nun mit der Aufgabe zum täglichen Gebrauch aus? Denn ich habe beständig mein Lieblingsthema *in mente*. Hängt es mit dem Bedürfnis unseres theozentrischen neunzehnten Jahrhunderts, über das Christentum hinauszugehen, wohl richtig zusammen, mit dem Bedürfnis zu spekulieren, dem Bedürfnis nach einer fortgesetzten Entwicklung, dem Bedürfnis nach einer neuen Religion oder nach der Abschaffung des Christentums? Was meine eigne geringe Person betrifft, so möge sich der Leser gefälligst erinnern, daß ich die Sache und Aufgabe so sehr schwierig finde, was darauf zu deuten scheint, daß ich sie nicht erfüllt habe, ich, der ich mich nicht einmal für einen Christ ausgebe, doch wohl zu merken, nicht so gemeint, daß ich aufgehört hätte es zu sein, indem ich weitergegangen wäre. Aber es ist doch immer etwas, darauf aufmerksam zu machen, daß es schwierig ist, selbst wenn es, wie hier, nur in einem erbaulichen Divertissement geschieht, das wesentlich mit Hilfe eines Aufpassers aufgeführt wird, den ich an den Werktagen unter die Menschen gehen lasse, und dann unter dem Beistand einiger Dilettanten, die gegen ihren Willen mitspielen.

Sieh, letzten Sonntag sagte der Pfarrer: „Du sollst nicht auf die Welt bauen, und nicht auf die Menschen, und nicht auf dich selbst, sondern allein auf Gott; denn ein Mensch vermag selbst gar nichts.“ Und wir verstanden es alle miteinander, ich auch; denn das Ethische und Ethischreligiöse ist so sehr leicht zu verstehen, aber dafür auch so sehr schwierig. Ein Kind kann es verstehen, der Einfältigste kann ganz, wie es gesagt wird, verstehen, daß wir gar nichts vermögen, daß wir alles hingeben, allem entsagen sollen. Am Sonntag versteht man es schrecklich leicht (ja schrecklich; denn diese Leichtigkeit führt oft genug eben dahin, wohin die guten Vorsätze führen), versteht man es *in abstracto*, und am Montag ist so sehr schwer zu verstehen, daß es dieses Wenige und Einfache innerhalb der relativen und konkreten Existenz ist, in welcher das Individuum sein tägliches Leben führt, wo der Mächtige in Versuchung steht, die Demut zu vergessen, und der Geringe Demut vor Gott mit relativer Bescheidenheit gegen Höherstehende zu verwechseln; und doch ist ja etwas Weniges etwas ganz Einfaches, eine reine Kleinigkeit im Vergleich mit allem. Ja selbst wenn der Pfarrer darüber klagt, daß keiner nach seiner Mahnung handelt, ist das so schrecklich leicht zu verstehen, aber am andern Tage ist das Verständnis so schwer, daß man selbst durch dies Einfache, durch diese kleine Kleinigkeit das Seine dazu beiträgt und sich an seinem Teil verschuldet.

Dazu fügte der Pfarrer: „Dies sollen wir immer bedenken." Und wir verstanden es alle miteinander; denn immer, das ist ein prächtiges Wort, das sagt alles auf *ein*mal und ist so schrecklich leicht zu verstehen, aber dafür ist es auch das Allerschwerste, etwas immer zu tun, und so sehr schwer, am Montag Nachmittag um vier Uhr dieses immer nur von einer halben Stunde zu verstehen. Selbst in der Rede des Pfarrers lag fast etwas, was einen indirekt auf diese Schwierigkeit aufmerksam machte; denn da waren einige Wendungen so dargestellt, daß es anzudeuten schien, daß er es schwerlich immer tat, ja daß er es kaum in jedem der wenigen Augenblicke getan hatte, in denen er seine Predigt meditierte, ja daß er es kaum in jedem Teil der kurzen Zeit der Rede tat.

Heute ist nun Montag, und der Aufpasser hat sehr gut Zeit sich mit den Leuten einzulassen; denn der Pfarrer redet *vor* den Leuten, aber der Aufpasser redet mit ihnen. Also läßt er sich da mit einem ein, und das Gespräch kommt schließlich dahin, wo es der Aufpasser haben will; er sagt: „Das ist nun wohl wahr, aber etwas gibt es doch, was du nicht vermagst, du vermagst kein Palais mit vier Flügeln und Marmorboden zu bauen." Der Angeredete antwortet: „Nein, da hast du recht, wie sollte ich das vermögen, ich habe ungefähr mein Auskommen, lege vielleicht etwas im Jahre zurück, aber ich besitze wahrhaftig keine Kapitalien Paläste zu bauen, und außerdem verstehe ich mich auch nicht aufs Bauwesen." Er vermag es also nicht.

Der Aufpasser verläßt ihn und hat nun die Ehre mit einem allmächtigen Manne zusammenzutreffen. Er schmeichelt seiner Eitelkeit und kommt schließlich dazu, von dem Palais zu reden: „Aber ein Palais mit vier Flügeln und Marmorboden würde doch über die Kräfte eurer Hochwohlgeboren gehen." „Wie", erwidert der Angeredete, „Sie vergessen wohl, daß ich es schon getan habe, daß mein großes Palais auf dem Schloßplatze gerade das Gebäude ist, das Sie beschreiben." Er vermag es also, und der Aufpasser geht, sich verbeugend, weg, und wünscht dem allmächtigen Manne Glück.

Indem er geht, trifft er einen Dritten und erzählt ihm die Unterredung, die er mit den beiden andern gehabt hat, und der Dritte macht seinem Herzen mit den Worten Luft: „Ja in der Welt geht es wunderlich zu, das Vermögen eines Menschen ist höchst verschieden, der eine vermag so viel, und der andere so sehr wenig, und doch würde jeder Mensch etwas vermögen, wenn er aus Erfahrung und Weltklugheit lernen würde innerhalb seiner Grenzen zu bleiben."

Die Verschiedenheit ist also auffallend; aber es ist noch auffallender, daß drei verschiedene Redner von der Verschiedenheit ein und dasselbe sagen, nämlich, daß alle Menschen gleich vermögend seien? Der Mann Numero 1 vermag das und das nicht, weil er kein Geld hat, d. h. er vermag es, wesentlich gesehen. Der Mann Numero 2 vermag es, er vermag es wesentlich, und daß er es vermag, zeigt sich zufällig dadurch, daß er das Geld dazu hat. Der Mann Numero 3 vermag sogar durch Klugheit einige der Bedingungen zu entbehren und doch vermögend zu sein, welch ein vermögender Mann würde er erst sein, wenn er die Bedingungen besäße!

Aber am Sonntag, das war gestern, sagte der Pfarrer, daß ein Mensch gar nichts vermöge, und wir verstanden es alle zusammen. Wenn es der Pfarrer in der Kirche sagt, dann verstehen wir es alle zusammen, und wenn es einer existierend ausdrücken möchte und ließe sich davon etwas in den sechs Tagen der Woche merken, so fehlt nicht viel daran, daß wir alle verstehen: er ist verrückt. Selbst der gottesfürchtigste Mensch wird jeden Tag zehnmal Gelegenheit haben sich in der Einbildung zu ertappen, daß er doch etwas vermöge. Wenn aber der Pfarrer sagt, daß ein Mensch gar nichts vermöge, so verstehen wir es alle so schrecklich leicht.

Und ein spekulativer Philosoph versteht diese Leichtigkeit wieder so, daß er aus ihr die Notwendigkeit weiterzugehen beweist, die Notwendigkeit zu dem überzugehen, was schwerer zu verstehen ist: China, Persien, das System. Denn der Philosoph verschmäht spekulativ den armseligen Witz von der Wohnstube; anstatt aus der Kirche und von der abstrakten Sonntagsvorstellung vom Menschen zu sich selbst heimzugehen, geht er aus der Kirche direkt nach China und Persien, zur Astronomie, ja, zur Astronomie. Der alte Meister Sokrates machte es umgekehrt, er gab die Astronomie auf, indem er das Höhere und Schwierigere wählte: vor Gott sich selbst zu verstehen. Aber der spekulative Philosoph beweist diese Notwendigkeit weiterzugehen mit einer solchen Notwendigkeit, daß selbst ein Pfarrer das Gleichgewicht verliert und auf der Kanzel der kathedralischen Meinung ist, daß das Verstehen, womit das einzelne Individuum von sich selbst begreift, daß es gar nichts vermag, nur für einfältige und geringe Menschen sei; er ermahnt sie sogar *ex cathedra*, oder was ich sagen wollte, von der Kanzel aus, sich mit dieser kümmerlichen Aufgabe zu begnügen und nicht ungeduldig zu werden, weil ihnen versagt sei sich zum Verständnis von China und Persien zu erheben.

Aber darin hat der Pfarrer recht, daß die Aufgabe Einfältigen gilt, aber das Geheimnis der Aufgabe ist, daß sie für den hervorragendsten Geist ebenso schwer ist, da die Aufgabe ja nicht komparativ: für einen einfältigen Menschen ist, der mit einem hervorragenden Geist verglichen wird, sondern für den hervorragenden Geist, der sich mit sich selbst vor Gott vergleicht. Und darin hat der Philosoph recht, daß es doch immer etwas mehr ist, China und Persien zu verstehen, als das abstrakte Sonntagsverständnis des abstrakten Sonntagsmenschen, China und Persien ist nämlich etwas Konkreteres. Aber konkreter als alles Verstehen, das einzige absolut Konkrete ist das, mit dem das einzelne Individuum mit sich selbst verglichen sich selbst vor Gott versteht. Das ist aber auch darum das schwierigste Verstehen, weil die Schwierigkeit hier keinem zur Entschuldigung dienen darf.

So geht es zu, in den sechs Tagen der Woche vermögen wir alle etwas, der König vermag mehr als der Minister. Der witzige Journalist sagt: „Ich werde dem und dem zeigen, was ich vermag, nämlich ihn lächerlich zu machen." Der Polizist sagt zu dem in der Jacke: „Du weißt wohl nicht, was ich vermag!" Nämlich ihn zu arretieren. Die Köchin sagt zu der armen Frau, die am Sonnabend kommt: „Sie hat wohl vergessen, was ich vermag?" Nämlich bei der Herrschaft zu bewirken, daß die arme Frau die Wochenüberreste nicht mehr bekommt. Wir vermögen alle etwas, und der König lächelt über das Vermögen des Ministers, und der Minister lacht über das Vermögen des Journalisten, und der Journalist über das des Polizisten, und der Polizist über das des Mannes in der Jacke, und der Mann in der Jacke über das der Sonnabendsfrau – und am Sonntag gehen wir alle zur Kirche (mit Ausnahme der Köchin, die nie Zeit hat, weil am Sonntag bei Kommerzienrats immer Mittagsgesellschaft ist) und hören vom Pfarrer, daß ein Mensch gar nichts vermag – wenn es sich so glücklich trifft, daß wir nicht zu einem spekulativen Pfarrer geraten sind. Doch noch einen Augenblick: wir sind in die Kirche gekommen; mit Hilfe eines viel vermögenden Küsters (denn der Küster ist am Sonntag besonders vermögend und gibt mit einem schweigsamen Blick dem und dem zu verstehen, was er vermöge), nehmen wir, ein jeder nach seinem besonderen Vermögen in der Gesellschaft, unsern Platz ein; da besteigt der Pfarrer die Kanzel – noch im letzten Augenblick ist da ein viel vermögender Mann, der zu spät gekommen ist, so daß der Küster sein Vermögen zeigen muß –, da beginnt der Pfarrer, und wir verstehen nun alle von unseren respektiven verschiedenen Sitzen und Standpunkten aus, was der Pfarrer von seinem erhöhten Standpunkt aus sagt: „Ein Mensch vermag gar nichts. Amen." Am Montag ist der Pfarrer ein viel vermögender Mann, das müssen wir alle fühlen, die ausgenommen, die mehr vermögend sind.

Aber eins von beiden muß doch Scherz sein: entweder muß das, was der Pfarrer sagt, Scherz sein, eine Art Gesellschaftsspiel, ab und zu einmal zu bedenken, daß ein Mensch gar nichts vermag; oder der Pfarrer muß doch recht damit haben, daß es ein Mensch immer bedenken solle, und wir anderen, item der Pfarrer, und ich dazu, unrecht damit, daß wir über das Wort „immer" so mittelmäßig exegetisieren, obgleich doch einem Menschen 30, 40, 50 Jahre sich zu perfektionieren vergönnt werden, wenn auch so, daß jeder Tag ein Tag der Vorbereitung, aber auch ein Tag der Prüfung ist.

Heute ist nun Dienstag und der Aufpasser ist bei einem Manne zum Besuch, der vor der Stadt ein großes Gebäude errichten läßt. Er bringt das Gespräch wieder auf das Vermögen eines Menschen und auf das Vermögen seines geehrten Wirtes. Aber sieh, dieser Mann sagt nicht ohne eine gewisse Feierlichkeit: „Ein Mensch vermag gar nichts, nur durch Gottes Beistand habe ich diesen großen Reichtum zu sammeln vermocht, und durch Gottes Beistand habe ich ..." Hier wird die feierliche Stille des Gesprächs unterbrochen, da man draußen einen Lärm hört. Der Mann entschuldigt sich und eilt hinaus. Er läßt die

Tür hinter sich halb offen stehen, und unser Aufpasser, der lange Ohren hat, hört nun zu seiner großen Verwunderung, wie Schlag auf Schlag Worte fallen, wie: „Ich will Ihnen zeigen, was ich vermag." Der Aufpasser vermag sich vor Lachen kaum zu halten. Nun, der Aufpasser ist ja auch ein Mensch, der jeden Augenblick von der Einbildung versucht werden kann, daß er etwas vermöge, jetzt z. B., daß er es sei, der den vermögenden Mann in seiner Lächerlichkeit gefangen habe.

Wenn aber ein Mensch, was der Pfarrer am Sonntag sagt, täglich existierend bedenken und festhalten soll, und dies als den Ernst des Lebens und infolgedessen wieder sein ganzes Vermögen und Nichtvermögen als einen Scherz verstehen soll: bedeutet das nun, er solle gar nichts vornehmen wollen, weil doch alles eitler Tand sei? Ach nein, in solchem Falle bekommt er ja gerade keine Gelegenheit den Scherz zu verstehen, weil dadurch kein Widerspruch eintritt, daß er ihn mit dem Ernst des Lebens vergleicht, kein Widerspruch, da in den Augen eines eitlen Wesens alles Eitelkeit ist. Faulheit, Untätigkeit, Vornehmheit gegenüber dem Endlichen ist ein törichter Scherz, oder richtiger gar keiner; aber den Schlaf der Nacht verkürzen und die Stunden des Tages auskaufen und sich nicht schonen, und dann verstehen, daß das alles Scherz ist: ja, das ist Ernst. Und religiös ist das Positive immer am Negativen: der Ernst am Scherz kenntlich, damit es religiöser Ernst sei, nicht der unmittelbare Ernst, die dumme Bürowichtigkeit eines Justizrats, die dumme Wichtigkeit eines Journalisten vor seinen Zeitgenossen, die dumme Wichtigkeit eines Erweckten vor Gott, als könnte Gott, wenn er irgendwie in Verlegenheit wäre, nicht Millionen Genies schaffen. Vieler Menschen Schicksal in seiner Hand haben, die Welt umschaffen und dann beständig verstehen, daß es Scherz ist, ja das ist Ernst! Um aber dies zu vermögen, müssen alle Leidenschaften der Endlichkeit ausgestorben, muß alle Selbstsucht ausgerottet sein, die Selbstsucht, die alles haben will, und die Selbstsucht, die sich stolz von allem wegwendet. Aber darin steckt eben der Knoten, darin liegt das Leiden: daß man sich selbst absterben soll, und daß das Ethische, dessen Merkmal es ist, daß man es in seinem abstrakten Ausdruck so leicht versteht, *in concreto* so schwer zu verstehen ist.

Wir sollen immer bedenken, daß ein Mensch gar nichts vermag, sagt der Pfarrer. Also auch, wenn ein Mann in den Tiergarten hinaus will, soll er es z. B. bedenken, daß er sich nicht zu amüsieren vermag, und daß die Einbildung, er vermöge sich im Tiergarten schon zu amüsieren, da er große Lust dazu habe, eine Versuchung der Unmittelbarkeit ist, ebenso wie die Einbildung, er vermöge schon dahin zu gehen, da er die Mittel dazu besitze. Heute ist ein Mittwoch, und ein Mittwoch in der Tiergartenzeit; laßt uns also wieder den Aufpasser hinschikken.

Vielleicht meint der eine oder andere Religiöse, es zieme sich für ihn nicht, in den Tiergarten zu gehen. Wenn es so ist, muß ich kraft der qualitativen Dialektik um Respekt fürs Kloster bitten, denn pfuschen führt zu nichts. Soll der

Religiöse auf irgendeine Weise im Äußeren abstechen, dann ist das Kloster der einzige, gewaltige Ausdruck dafür: das andere nur Pfuscherei. Aber unsere Zeit ist ja in der Religiosität weiter als das Mittelalter gegangen; was drückte nun die Religiosität des Mittelalters aus? Daß es in der Endlichkeit etwas gebe, das sich mit dem Gedanken an Gott nicht zusammendenken oder existierend vereinigen lasse. Der leidenschaftliche Ausdruck dafür war der Bruch mit der Endlichkeit. Wenn die Religiosität unserer Zeit weiter gegangen ist, so vermag sie also den Gedanken an Gott mit dem hinfälligsten Ausdruck der Endlichkeit, z. B. mit dem Amüsement im Tiergarten zu vereinigen; die Religiosität unserer Zeit müßte denn so weitergegangen sein, daß sie zu kindischen Formen von Religiosität zurückgekehrt wäre, in Vergleich mit denen die Jugendbegeisterung des Mittelalters etwas Herrliches ist.

Eine kindische Form von Religiosität ist es z. B., *einmal* in der Woche gleichsam von Gott die Erlaubnis zu bekommen, sich in der ganzen folgenden Woche zu amüsieren, und dann wieder den folgenden Sonntag Gott für die nächste Woche dadurch um Erlaubnis zu bitten, daß man zur Kirche geht und den Pfarrer sagen hört, wir sollten immer bedenken, daß ein Mensch gar nichts vermöge. Das Kind besitzt keine Reflexion und hat deshalb kein Bedürfnis das Verschiedenartige zusammenzudenken. Für das Kind ist der ernste Augenblick der, daß es bei den Eltern um Erlaubnis bitten muß. Bekomme ich die bloß, denkt das Kind, so will ich mich schon amüsieren. Und wenn es beim Vater im Büro gewesen ist und Erlaubnis bekommen hat, kommt es mit Jubel wieder heraus und baut darauf, daß es ihm die Mutter schon erlauben werde. Es genießt schon einen Vorgeschmack der Freude und denkt in bezug auf jenen ernsten Augenblick im Büro ungefähr: Gottlob! Jetzt ist es überstanden. So denkt, denke ich, das Kind, weil das Kind eigentlich nicht denkt. Wiederholt sich dasselbe Verhältnis im Leben eines Älteren Gott gegenüber, so ist es kindisches Wesen, was sich auch wie die Rede des Kindes an einer Vorliebe für abstrakte Ausdrücke: immer, niemals, bloß dieses Mal usw. zeigt. Das Mittelalter machte einen gewaltigen Versuch, Gott und die Endlichkeit existierend zusammenzudenken, kam aber zu dem Resultat, daß sich dies nicht tun lasse, wofür der Ausdruck das Kloster ist. Die Religiosität unserer Zeit geht weiter. Soll aber das Gottesverhältnis und die Endlichkeit bis in deren kleinste Kleinigkeit (wo die Schwierigkeit am größten wird) existierend vereinigt werden, so muß die Einwilligung in der Sphäre der Religiosität selbst ihren Ausdruck finden und so beschaffen sein, daß das Individuum nicht wieder vom Gottesverhältnis aus dazu übergeht, ganz und gar in anderen Kategorien zu existieren.

Niedrigere Formen als die Klosterbewegung des Mittelalters werden sogleich an dieser Trennung kenntlich sein, wodurch das Gottesverhältnis etwas für sich und die übrige Existenz etwas anderes wird. Es gibt daher drei niedrigere Formen: 1. wenn das Individuum vom Sonntagsgottesverhältnis nach Hause kommt, um ganz unmittelbar in der Dialektik des Angenehmen und Unangenehmen zu existieren; 2. wenn es vom Sonntagsgottesverhältnis nach Hause kommt, um in endlicher Ethik zu existieren, und, während es seinem Geschäft nachgeht, Geld verdient usw., vom Anspruch des Gottesverhältnisses nichts merkt; 3. wenn es vom Sonntagsgottesverhältnis nach Hause kommt und sein Leben in einer spekulativ-ethischen Anschauung führt, die sich das Gottesverhältnis ohne weiteres in den relativen Zwecken erschöpfen läßt, einer Lebensanschauung, deren Formel lautet: Tüchtigkeit in seiner Lebensstellung, als König, als Tischler, als Seiltänzer usw. ist der höchste Ausdruck für das Gottesverhältnis, und darum braucht man eigentlich nicht in die Kirche zu gehen.

Alle solche Religiosität befreit sich nämlich, indem man *ein*mal in der Woche zur Kirche geht, davon, das Gottesverhältnis in allem bei sich zu haben. Sie bekommt am Sonntag, nicht gerade wie das Kind, Erlaubnis sich die ganze Woche hindurch zu amüsieren, sondern Erlaubnis, die ganze Woche hindurch nicht weiter an Gott zu denken. Da muß also die Religiosität, die weiter als das Mittelalter geht, es in ihrer frommen Betrachtung ausgedrückt finden, daß der Religiöse am Montag in demselben [was er am Sonntag gehört hat] existieren soll, und muß am Montag in denselben Kategorien existieren. Das Ehrwürdige am Mittelalter war, daß es sich im Ernst darum bekümmerte; aber da kam es zu dem Resultat, es lasse sich nur im Kloster tun. Die Religiosität unserer Zeit geht weiter; am Sonntag sagt der Pfarrer, wir sollten immer bedenken, daß wir nichts vermöchten, übrigens sollten wir ganz wie andere Menschen sein, wir brauchten nicht ins Kloster, sondern könnten in den Tiergarten gehen, sollten aber Notabene doch wohl erst das Verhältnis zu Gott durch den Zwischengedanken bedenken, daß ein Mensch gar nichts vermöge.

Und dies macht das Leben so ungeheuer angestrengt, und dies macht es möglich, daß alle Menschen doch vielleicht in Wahrheit die wahren Religiösen sind, weil die wahre Religiosität in der verborgenen Innerlichkeit besteht, in der im religiösen Menschen verborgenen Innerlichkeit, die sogar alle ihre Kunst gerade dazu verwendet, daß ihm niemand etwas anmerke. Denn die wahre Religiosität ist wie die Allgegenwart Gottes an der Unsichtbarkeit kenntlich, an der Unsichtbarkeit, d. h.: daran, daß man nichts sieht; der Gott, auf den man hinweisen kann, ist ein Götze, und die Religiosität, auf die man hinweisen kann, ist eine unvollkommene Art von Religiosität.

Aber welche Anstrengung! Sieh, eine Sängerin kann nicht in einem fort Triller schlagen, ab und zu ist die Note koloriert; aber der Religiöse, dessen Religiosität in der verborgenen Innerlichkeit besteht, der schlägt, wenn ich so sagen darf, bei allem den Triller des Gottesverhältnisses und (was das Allerschwerste ist, selbst wenn die besondere Zeit dazu bestimmt wird) das macht er so leicht, daß er keine Zeit dazu braucht; so daß der Witz gerade zur rechten Stelle kommt, obgleich er erst im stillen bei sich selbst die Gottesbewegung macht; so daß er, eingeladen, präzis auf den Glockenschlag mit der erwünschten Munterkeit kommt, obgleich er doch erst die Gottesbewegung macht. Ach, und wenn ein

Mensch sonst bloß eine kleine äußere Anstrengung hat, so stört sie ihn, während er sich zur Gesellschaft anzieht, und er kommt zu spät, und man sieht es ihm an. Aber den anstrengendsten von allen Gedanken, im Vergleich mit dem selbst der ernste Gedanke an den Tod leichter ist, den Gedanken an Gott, kann der Religiöse mit einer solchen Leichtigkeit wie du und ich und Hinz und Kunz und Justizrat Müller bewegen, denn das steht wohl fest, daß an uns keiner etwas merkt.

Nun geht also der Aufpasser aus. Da trifft er wohl einen Menschen, der es nicht vermag, in den Tiergarten zu gehen, weil er kein Geld hat, d. h. einen, der es also vermag. Würde der Aufpasser ihm Geld geben und sagen: du vermagst es dennoch nicht, so würde er ihn wahrscheinlich für verrückt halten oder annehmen, es müsse etwas dahinter stecken, es sei vielleicht falsches Geld oder die Stadttore seien vielleicht geschlossen und das Zollhaus ebenso, kurz, er würde es aus Höflichkeit gegen den Aufpasser, um seine Freigebigkeit nicht sogleich mit Verrückterklärung zu belohnen, wohl mit einer Menge scharfsinniger Mutmaßungen versuchen, und wenn alle diese dadurch fehlschlügen, daß der Aufpasser verneinte, daß etwas dergleichen im Wege sei: dann würde er ihn für verrückt halten, für die Gabe danken und darauf in den Tiergarten gehen. Und derselbe Mann würde am nächsten Sonntage den Pfarrer ganz gut verstehen, wenn er davon predigt, daß ein Mensch gar nichts vermöge, und daß wir immer daran denken sollten. Eben darin liegt das Amüsante, daß er den Pfarrer ganz gut verstehen kann; denn wenn da ein einziger so einfältig wäre, daß er die Aufgabe, die der Pfarrer wesentlich hinzustellen hat, nicht verstehen könnte, wer könnte dann das Leben ertragen!

Dann trifft der Aufpasser einen anderen Mann, der sagt: „In den Tiergarten zu gehen, wenn man die Mittel dazu hat und es die Geschäfte erlauben, wenn man Frau und Kinder und die Dienstboten mitnimmt und zu rechter Zeit nach Hause kommt, ist eine unschuldige Freude, und an den unschuldigen Freuden soll man teilnehmen, man soll nicht feige ins Kloster gehen, wodurch man den Gefahren ausweichen will." Der Aufpasser antwortet: „Aber sagtest du nicht am Anfang unserer Unterredung, daß du am vorigen Sonntage den Pfarrer sagen hörtest, ein Mensch vermöge gar nichts und daran sollten wir immer denken, und sagtest du nicht, daß du es verstündest?" „Gewiß." „So vergißt du ja, wovon die Rede ist. Wenn du sagst, es sei ein unschuldiges Vergnügen, so ist dies der Gegensatz zu Schuld, aber dieser Gegensatz gehört der Moral oder Ethik an. Der Pfarrer dagegen redete von deinem Verhältnis zu Gott. Damit, daß es ethisch erlaubt ist, in den Tiergarten zu gehen, ist ja nicht gesagt, daß es religiös erlaubt sei, und nach den Worten des Pfarrers sollst du ja gerade dieses dadurch beweisen, daß du es mit dem Gedanken an Gott verbindest. Wohl zu merken, nicht im allgemeinen, denn du bist ja kein Pfarrer, der über dies Thema predigen soll, aber mit einem solchen scheinst du dich freilich, wie auch manche andere, zum täglichen Gebrauch zu verwechseln, woraus man sieht, daß Pfarrer zu sein doch nicht die schwierigste Aufgabe ist. Ein Pfarrer redet von den unschuldigen Freuden im allgemeinen, aber du sollst ja, was der Pfarrer sagt, existierend ausdrükken. Du sollst also heute daraufhin, daß du in den Tiergarten gehst, nicht einen kleinen Vortrag über die unschuldigen Freuden des Lebens halten, das ist Sache des Redners. Sondern du sollst daraufhin, daß du heute, Mittwoch den 4. Juli, mit Frau, Kindern und Dienstboten in den Tiergarten gehen willst, bedenken, was der Pfarrer am vorigen Sonntage sagte, daß ein Mensch gar nichts vermag, und daß er immer daran denken soll. Über dein Verhalten in dieser Hinsicht wünschte ich bei dir Aufklärung, denn hätte ich eine Art Vortrag gewünscht, so hätte ich mich an den Pfarrer gewandt."

„Wie unbillig", antwortete der Mann, „mehr von mir als vom Pfarrer zu verlangen. Ich finde es ganz in der Ordnung, daß der Pfarrer predigt, dafür wird er ja vom Staat bezahlt, und was meinen Seelsorger, Pastor Schulz, betrifft, bin ich immer bereit zu bescheinigen, daß er die wahre evangelische Lehre predigt, und darum gehe ich bei ihm zur Kirche. Denn ich bin kein Ketzer, der den Glauben verändert haben möchte. Kann es auch, aus deiner Rede zu schließen, zweifelhaft sein, inwieweit ich wirklich ein Gläubiger bin, so steht doch so viel fest, daß ich ein Rechtgläubiger bin, der die Baptisten verabscheut. Dagegen fällt es mir nie ein, solche Kleinigkeiten, wie in den Tiergarten zu gehen, mit dem Gedanken an Gott in Verbindung zu bringen. Ja, das erscheint mir wie eine Beleidigung gegen Gott, und ich weiß, daß das zu tun auch keinem einzigen von den vielen Menschen, die ich kenne, einfällt."

„Wenn du es in der Ordnung findest, daß der Pfarrer so predigt, so findest du es wohl auch in der Ordnung, daß der Pfarrer davon predige, daß keiner tue, was er sage?" „Sonderbare Rede", antwortet der Mann, „ja gewiß finde ich es in der Ordnung, daß ein solcher Gottesmann am Sonntag und bei Begräbnissen und Hochzeiten so redet. Es ist ja nicht länger als vierzehn Tage her, daß ich ihm in der Zeitung für die herrliche Rede gedankt habe, die er unaufgefordert hielt, und die ich nie vergessen werde." „Sag lieber, an die ich mich immer erinnern werde, denn dieser Ausdruck erinnert besser an den Gegenstand unseres Gesprächs, daß wir immer daran denken sollen, daß ein Mensch gar nichts vermag. Aber laß uns dieses Gespräch abbrechen, denn wir verstehen einander doch nicht, und ich erhalte bei dir doch die Aufklärung nicht, die ich suchte, nämlich wie du dich dabei benimmst, das, was der Pfarrer sagt, zu tun; während ich zugeben muß, daß du ein unleugbares Talent besitzt, Pfarrer zu werden. Indes kannst du mir einen Dienst erweisen, wenn du willst: gib mir die Versicherung schriftlich und verschaffe mir, wenn du kannst, ähnliche Bescheinigungen von deinen vielen Bekannten, daß es dir und ihnen nie einfällt, den Gedanken an Gott mit so etwas wie in den Tiergarten zu gehen, in Verbindung zu bringen."

Wir wollen nun den Aufpasser gehen lassen und ihm dafür, um ihn aufs Eis zu locken, die Frage vorlegen, wozu er diese Atteste gebrauchen wolle und was er eigentlich im Schilde führe. Er redet so: „Weshalb ich die Atteste wünsche?

Das kann ich ja sagen. Nach dem, was ich gehört habe, hält die Geistlichkeit nämlich Konvente ab, auf denen die ehrwürdigen Brüder die Frage aufwerfen und beantworten: was die Zeit fordere – natürlich in religiöser Hinsicht, denn sonst würde ein solcher Konvent ganz den Sitzungen der Bürgerschaftsvertreter gleichen. Wie man sagt, ist der Konvent zu dem Resultat gekommen, daß die Zeit dieses Mal ein neues Gesangbuch fordere.[1] Daß sie es fordert, ist ja wohl möglich, aber daraus folgt noch nicht, daß sie es braucht. Weshalb sollte der Zeit als moralischer Person nicht begegnen, was anderen moralischen Personen, wenn auch nicht gerade wegen ihrer Moralität, begegnet, daß sie nämlich fordert, was sie nicht braucht, daß all das viele, was sie fordert, selbst wenn sie es bekäme, ihr Bedürfnis nicht befriedigen würde, weil dieses nur im Fordern und Heischen besteht. Vielleicht fordert die Zeit bald, der Pfarrer solle eine neue Tracht haben, um desto mehr erbauen zu können. Es wäre nicht unmöglich, daß dies die Zeit wirklich fordern könnte, und in diesem Falle wäre ich nicht abgeneigt anzunehmen, daß die Zeit wirklich ein Bedürfnis danach empfinde. Sieh, nun beabsichtige ich eine Menge schriftliche Bestätigungen zu sammeln, wie man am Montag und an den übrigen Wochentagen die Sonntagspredigt des Pfarrers versteht – damit ich möglicherweise auch zur Beantwortung der Frage, was die Zeit fordere, etwas beitragen könnte – oder wie ich mich lieber ausdrükken würde, was sie brauche. Dann würde nämlich die Frage nicht lauten: „Was fehlt der Religiosität unserer Zeit?“, da es stets irreführend ist, die Antwort in die Frage zu bringen, sondern: „Was fehlt unserer Zeit?“ Religiosität.

Alle sind mit dem beschäftigt, was die Zeit fordert, keiner scheint sich darum zu kümmern, was der einzelne braucht. Möglicherweise braucht man gar kein neues Gesangbuch. Warum kommt doch niemand auf den Vorschlag, der so nahe liegt, näher vielleicht, als mancher glaubt: daß man vorläufig den Versuch machte, das alte auf neue Weise einbinden zu lassen, ob es nicht der veränderte Einband tun würde, besonders wenn man dem Buchbinder erlauben würde hinten drauf „neues Gesangbuch“ zu drucken. Zwar ließe sich dagegen einwenden, es sei um den alten guten Einband schade, denn das alte Gesangbuch der Gemeinde soll sonderbarerweise besonders gut imstande sein, wahrscheinlich weil das Buch so wenig gebraucht wird. Darum sei der neue Einband eine ganz überflüssige Ausgabe. Aber gegen diesen Einwand ist mit tiefer Stimme, wohl zu merken mit tiefer Stimme, zu antworten: jeder ernste Mann sieht zu unserer ernst-besorgten Zeit ein, daß etwas geschehen muß, dann verschwindet jeder Einwand wie nichts. Denn, daß einzelne privatisierende kleine [Grundtvigsche] Gemeinden und dogmatische Isolationen wirklich Bedürfnis nach einem neuen

[1] [Infolge der 1841 beginnenden Pastorenkonvente entstand das schließlich 1855 bestätigte Gesangbuch. Bischof Mynsters 1843 herausgegebene Beilage zum Gesangbuch, die auf Grundtvigs Gesangwerk von 1838 keine Rücksicht genommen hatte, war vom Kopenhagener Konvent verworfen worden. Vgl. das Folgende.]

Gesangbuch fühlen sollten, um in der Wölbung der Kirche vom Resonanzboden der Erweckung ihre Stichwörter zu hören, würde keine so ernste Sache sein. Wenn dagegen die ganze Zeit einstimmig und mehrstimmig ein neues Gesangbuch, ja beinah mehrere neue Gesangbücher fordert: dann muß etwas geschehen. Wie es jetzt ist, kann es nicht bleiben, oder es wird der Untergang der Religiosität.

Woher kommt es wohl, daß der Kirchenbesuch in der Hauptstadt verhältnismäßig so gering ist? Ei, natürlich und sonnenklar ist das alte Gesangbuch daran schuld. Woher kommt es wohl, daß, die zur Kirche gehen, gegen alle Ordnung erst zu der Zeit kommen, wo der Pfarrer auf die Kanzel steigt, oder noch etwas später? Ei, natürlich und sonnenklar, aus Widerwillen gegen das alte Gesangbuch. Was richtete das assyrische Reich zugrunde? Zwietracht, Madam. Woher kommt es wohl, daß man unpassender Weise, sobald der Pfarrer Amen sagt, sogleich aus der Kirche läuft? Ei, natürlich und sonnenklar, aus Widerwillen gegen das alte Gesangbuch. Woher kommt es, daß die Hausandacht so selten ist, obgleich man doch dabei nach freier Wahl auch andere Gesangbücher gebrauchen könnte? Ei, natürlich und sonnenklar kommt es daher, daß der Widerwillen gegen das alte so groß ist, daß man, solange es da ist, gar nicht will, daß sein bloßes Dasein alle Andacht erstickt. Woher kommt es, daß die Gemeinde leider Gottes sowenig danach handelt, was am Sonntag gesungen wird? Ei, natürlich und sonnenklar, weil das alte Gesangbuch so schlecht ist, daß es einen sogar hindert, nach dem, was darin steht, zu handeln. Und woher kommt es dann, daß alles dies, leider lange bevor man von dem Bedürfnis nach einem neuen Gesangbuch sprach, der Fall war? Ei, natürlich und sonnenklar, es war das tiefe Bedürfnis der Gemeinde, das tiefe Bedürfnis, das sich selbst noch nicht klargeworden war, da es keinen Konvent gab.

Aber darum, scheint mir, sollte man mit der Abschaffung des alten warten, damit man nicht mit der Erklärung derselben Erscheinungen in große Verlegenheit komme, wenn das neue eingeführt ist. Hat das alte Gesangbuch früher niemals genützt, so tut es das jetzt. Mit seiner Hilfe kann man alles erklären, alles, was sonst unerklärlich sein würde, wenn man bedenkt, daß die Zeit so ernstlich besorgt ist, und ebenso die Geistlichen, ernstlich besorgt nicht nur ein jeder für seine kleine Gemeinde und die einzelnen in dieser, sondern für die ganze Zeit.

Denke dir dagegen, es geschähe, ehe das neue Gesangbuch fertig würde, etwas anderes, denke dir, der einzelne entschlösse sich den Akzent der Schuld auf eine andere Stelle zu legen und möchte sich wehmütig mit dem Gesangbuch und dem Tag der Konfirmation, an den es erinnert, wieder vertragen, denke dir, der einzelne ginge eifrig zur Kirche, käme zu rechter Zeit, sänge die Lieder, hörte auf die Predigt, bliebe, wie es sich geziemt, da, behielte die Eindrücke am Montag, ginge weiter, behielte sie am Dienstag, ja selbst am Sonnabend: so würde vielleicht das Bedürfnis nach einem neuen Gesangbuch abnehmen, andererseits würde aber auch die Geistlichkeit, da die einzelnen allmählich sich selbst zu helfen gelernt hätten, Zeit und Otium dazu bekommen, sich ganz zu opfern und in Konventen zu sitzen, wo die ehrwürdigen Brüder die Frage aufwerfen und beantworten, was die Zeit fordere, natürlich in religiöser Hinsicht; denn sonst würde solch ein Konvent ganz den Sitzungen der Bürgerschaftsvertreter gleichen."

So der Aufpasser, der sich jetzt um seine eignen Angelegenheiten kümmern mag; und nun wieder zurück zu dem, was der Pfarrer sagt, daß ein Mensch gar nichts vermöge, und daß wir immer daran denken sollten, also auch, wenn wir in den Tiergarten gehen. Vermutlich ist mancher dieser Konkretion schon längst überdrüssig, die kein Ende nimmt und die im Vergleich damit, daß wir nichts vermögen, und daß wir immer daran denken sollen, nichts zu bedeuten hat. So ist es nun, das Ethische und das Ethischreligiöse ist in seiner abstrakten Allgemeinheit so geschwind gesagt und so schrecklich leicht zu verstehen; in der Konkretion des täglichen Lebens ist die Rede davon so langsam und die Ausübung so sehr schwer. Heutzutage dürfte ein Pfarrer in der Kirche kaum davon reden, in den Tiergarten zu gehen, oder das Wort bloß nennen: so schwer ist es, bloß in einer frommen Rede den Tiergarten und den Gedanken an Gott zusammenzubringen. Aber dagegen vermögen wir alle es auszuführen. Wo bleiben also die schwierigen Aufgaben? In der Wohnstube und auf dem Strandwege zum Tiergarten. Der religiöse Vortrag beobachtet heutzutage, obgleich er gegen das Kloster predigt, den steifsten Klosteranstand und entfernt sich gerade soweit von der Wirklichkeit wie das Kloster und zeigt dadurch indirekt zur Genüge, daß man eigentlich zum täglichen Gebrauch in anderen Kategorien existiert, oder daß sich das Religiöse das tägliche Leben nicht assimiliert. Auf diese Weise geht man weiter als das Mittelalter. Dann muß aber der Religiöse, kraft der qualitativen Dialektik, das Kloster verlangen. Soll dies nicht gepredigt werden und will man doch in der Religiosität weiter als das Mittelalter gekommen sein: so mag der Pfarrer so gut sein, von den allersimpelsten Dingen zu reden und sich der ewigen Wahrheiten *in abstracto* zu enthalten. Denn es wird mir doch keiner einbilden wollen, daß es so leicht sei, im Allerunbedeutendsten die Vorstellung von Gott bei sich zu haben.

Aber die Meinung ist auch nicht die, daß der Pfarrer wie ein Tiergartenpeter in der Stube sitzen und von dem Gang in den Tiergarten reden solle, denn der ist doch wahrhaftig kein Kunststück, wenn ihm seine eigne Würde keine Schwierigkeit dabei macht. Nein, die Meinung ist, daß er fromm davon rede und mit der göttlichen Macht des Religiösen sogar die Rede davon zu einer erbaulichen Rede mache. Kann er das nicht, meint er, es lasse sich nicht tun, so soll er davor warnen und dann ehrerbietig über das Mittelalter urteilen. Wenn dagegen der religiöse Vortrag indirekt in dem Irrtum bestärkt, die Religiosität bestehe darin, daß man einmal in der Woche von sich selbst eine phantastisch-anständige Vorstellung bekomme, einige ewige Wahrheiten *in abstracto* vortragen und gegen die kämpfen höre, die nie zur Kirche gehen, und dann übrigens in anderen Kategorien lebe: dann ist es kein Wunder, wenn die Verwirrung, man wolle weitergehen, immer mehr überhandnimmt. Tüchtige Geistliche sollen sich als Moderatores der Zeit zeigen, und wenn es die Aufgabe des Pfarrers ist, zu trösten, dann soll er auch, wenn es nötig ist, das Religiöse so schwer zu machen verstehen, daß es jeden Aufsässigen auf die Knie sinken läßt. Wie die Götter auf die himmelstürmenden Titanen, um sie zu bezwingen, Berge legten, so soll er das Zentnergewicht der religiösen Aufgabe auf jeden Aufrührer legen (indem er es natürlich auf sich selbst legt), damit niemand sich einbilde, das Religiöse sei solch eine Kleinigkeit, ein Narrenstreich oder höchstens etwas für einfältige und dumme Menschen; oder sich einbilde, Religiosität sei relativ und komparativ dialektisch und identisch mit konventioneller Dressur der Endlichkeit, oder das Religiöse werde durch weltgeschichtliche Übersichten und systematische Resultate schwierig, wodurch es nur leichter wird.

Wenn daher der religiöse Redner durch seine Erklärung, der Mensch vermöge gar nichts, etwas ganz einzelnes dazu in Beziehung setzt, so veranlaßt er den Zuhörer zu einem tiefen Einblick in sein eignes Inneres, hilft ihm Einbildungen und Sinnesbetrug zerstreuen und wenigstens einen Augenblick die staatsbürgerlich-kleinstädtische Kandisierung ablegen, in welcher er sich sonst befindet. Das, womit der religiöse Redner eigentlich operiert, ist in letzter Instanz das absolute Verhältnis, daß ein Mensch gar nichts vermag, aber das, womit er den Umsatz macht, ist das einzelne, das er damit zusammenbringt. Schränkt er sich bloß darauf ein, nichts, immer, niemals, alles zu sagen, so könnte es leicht begegnen, daß aus dem Ganzen nichts würde.[1] Vergißt er aber sich und das zugrundeliegende absolute Nichts, Immer, Niemals, Alles: so verwandelt er den Tempel, wenn nicht in eine Räuberhöhle, so doch in eine Börse.

Will nun kein anderer die Absolutheit des Religiösen mit dem einzelnen in der Darstellung zusammensetzen, welches Zusammensein in der Existenz gerade der Grund und die Bedeutung des Leidens ist: so will ich es, der ich doch weder ein religiöser Redner noch ein Religiöser, sondern bloß ein humoristisch experimentierender Psychologe bin. Wenn jemand darüber lachen will, mag er es tun, aber ich möchte doch wohl den Ästhetiker oder den Dialektiker sehen, der imstande wäre, im Leiden der Religiosität das mindeste Komische zu entdecken. Habe ich etwas von Grund auf und bis zum äußersten studiert, dann ist es das Komische; eben daher weiß ich auch, daß beim religiösen Leiden das Komische ausgeschlossen ist, daß es für das Komische unzugänglich ist, weil das Leiden gerade das Bewußtsein vom Widerspruch ist; dieser ist in das Bewußtsein des Religiösen pathetisch und tragisch aufgenommen, und eben dadurch ist das Komische ausgeschlossen.

Was bei einem Menschen die Vorstellung von Gott oder von seiner eignen ewigen Seligkeit bewirken soll, ist, daß er seine ganze Existenz danach umbilde, durch welche Umbildung er der Unmittelbarkeit abstirbt. Dies geschieht lang-

---

[1] Der religiöse Vortrag sollte daher etwas aufziehen, gerade wie es die Existenz macht. Denn das Aufziehende liegt darin, daß wir Menschen den Kopf voll von großen Vorstellungen haben, und nun kommt die Existenz und bietet uns das Alltägliche.

sam, aber dann wird er sich schließlich[1] in der absoluten Vorstellung von Gott gefangen fühlen, denn die absolute Vorstellung von Gott bedeutet nicht: die absolute Vorstellung *en passant* haben, sondern in jedem Augenblick die absolute Vorstellung haben. Dies ist die Hinderung der Unmittelbarkeit und das Todesurteil ihrer Vernichtung. Wie der Vogel, der sorglos umherflog, wenn er gefangen ist; wie der Fisch, der vertrauensvoll das Wasser durchschnitt und sicher durch das Zauberland des Meeresgrundes steuerte, wenn er außerhalb seines Elementes auf dem Sande liegt: so ist der Religiöse gefangen; denn die Absolutheit ist nicht ohne weiteres das Element eines endlichen Wesens. Und wie der, welcher krank ist und sich nicht rühren kann, weil es ihm überall weh tut, und wie der, welcher krank ist, solange Leben in ihm ist, es doch nicht lassen kann, sich zu bewegen, obgleich es ihm überall weh tut: so liegt der Religiöse in der Endlichkeit gebunden da, mit der absoluten Vorstellung von Gott bei sich in der Geringheit eines Menschen. Und nicht ist der Vogel im Bauer, und nicht ist der Fisch auf dem Sande, und nicht der Kranke auf dem Krankenlager, und nicht der Gefangene in dem engsten Gefängnis so gefangen, wie es der ist, der in der Vorstellung von Gott gefangen ist; denn wie es Gott ist, so ist auch die fesselnde Vorstellung überall und in jedem Augenblick.

Ja, wie es für den, welchen man für tot hält, schrecklich sein soll, wenn er doch, *seiner Sinne mächtig*, lebt und hören kann, was die Anwesenden von ihm sagen, aber mit nichts ausdrücken kann, daß er noch lebe: so ist das Leiden der Vernichtung für den Religiösen, wenn er in seiner Nichtigkeit und seinem Nichts die absolute Vorstellung, aber keine Gegenseitigkeit hat. Soll es vorgekommen sein und dichterische Wahrheit sein, daß, wenn nur ein großer und umfassender Plan im Sinne eines Menschen niedergelegt und dort festgehalten wird, er das gebrechliche Gefäß zersprengt hat; soll es vorgekommen sein, daß ein Mädchen, das von dem Bewunderten geliebt wurde, im Leiden des Glücks vernichtet wurde: dann ist es nicht zu verwundern, daß der Jude annahm, Gott sehen heiße sterben, und der Heide, das Gottesverhältnis sei der Vorbote des Wahnsinns! Ist die Vorstellung von Gott auch die absolute Hilfe, so ist sie auch die einzige, die dem Menschen seine eigne Hilflosigkeit absolut zu zeigen vermag. Wie ein hilfloses Kind liegt der Religiöse in der Endlichkeit; er will die Vorstellung absolut festhalten, und dieses vernichtet ihn gerade. Er will alles tun, und während er es will, beginnt die Ohnmacht, denn für einen Endlichen gibt's ja da ein Währenddem. Er will alles tun, er will dieses Verhältnis absolut ausdrücken, kann aber die Endlichkeit dafür nicht kommensurabel machen.

Ist da jemand, der lachen möchte? Wenn je die Stellung der Sterne am Himmel auf Schrecken gedeutet hat, so deutet die Stellung der Kategorien hier nicht

[1] Ich gebrauche hier in bezug auf das Verschwinden der Zeit einen phantastischen Ausdruck: „langsam, aber dann schließlich". Da das Interesse meiner Aufgabe noch nicht begonnen hat, ist dies in der Ordnung.

auf Lachen und Scherz. Versuche nun das In-den-Tiergarten-gehen dazuzusetzen. Dir wird schaudern, du wirst nach Ausflüchten suchen, du wirst meinen, es gäbe doch höhere Zwecke, für die man leben könne. Ja, gewiß. Und dann wirst du dich wegwenden. Aber da ist ja ein Währenddem und währenddem kommt die Ohnmacht wieder. Du wirst sagen: nach und nach. Aber da, wo sich zum erstenmal der erste Anfang dieses nach und nach als der Übergang von dem Absoluten zusammen mit diesem zeigt, da ist ja das Entsetzen. Novellistisch die Zeit eines Jahres dazwischen vergehen zu lassen, heißt natürlich nur, religiös mich selbst und den Religiösen zum Narren haben.

Der Religiöse hat die Relativität der Unmittelbarkeit, ihre Zerstreuung, ihren Zeitvertreib, gerade ihren Zeitvertreib verloren; die absolute Vorstellung von Gott verzehrt ihn wie der Brand der Sommersonne, wenn sie nicht untergehen will, wie der Brand der Sommersonne, wenn sie nicht ablassen will. Aber dann ist er krank; ein erquickender Schlaf würde ihn stärken, und schlafen ist ein unschuldiger Zeitvertreib. Ja, wer nie einen anderen Umgang als mit Schlafkameraden gehabt hat, der mag es in seiner schläfrigen Ordnung finden, daß er zu Bett gehen soll; wer sich aber bloß mit einem großen Plane beschäftigte, für den war gewiß der Wächterruf ein betrübendes Memento und die Mahnung des Schlafs trauriger als die Ankunft des Todes, denn das Einschlafen des Todes dauert nur einen Augenblick und ist die Unterbrechung eines Augenblickes, aber Schlafen ist eine langwierige Verzögerung.

Dann kann er ja aber etwas anfangen. Vielleicht das erste beste? Nein, laß einen behenden Ladendiener der Endlichkeit immer etwas zum Betasten zur Hand haben; wer sich bloß im Gedanken der Verliebtheit zur Geliebten verhielt, der kennt etwas anderes: wenn alles tun zu wollen als noch nicht genug erscheint und die Anstrengung alles zu wollen Mattigkeit erzeugt und er wieder am Anfang steht. Dann muß er ja aber zu sich selbst kommen und sich selbst verstehen. Vielleicht das Wort aussprechen? Wenn der, welcher glaubt, reden heiße, den Mund laufen lassen, sich rühmen kann nie um einen Ausdruck in Verlegenheit gekommen zu sein, nie vergebens nach dem Worte gesucht zu haben: so lernte der, welcher schon in Bewunderung menschlicher Größe verstummte, wohl, daß er wenigstens in dem Augenblick keine Mahnung brauchte, seine Zunge im Zaum zu halten. Und wer nie mit Tränen zu Bett ging, mit Tränen, nicht weil er nicht schlafen konnte, sondern weil er nicht länger wachen durfte; und wer nie die Ohnmacht des Anfangens durchlitt; und wer nie verstummte: der sollte sich wenigstens nie damit abgeben, von der Sphäre der Religiosität zu reden, sondern bleiben, wohin er gehört, in der Schlafkammer, im Kramladen, beim Stadtklatsche. Aber wie relativ kann trotzdem das sein, was einen Menschen so etwas erleben läßt, wie relativ im Vergleich mit dem absoluten Verhältnis, das der Religiöse zum Absoluten hat!

Ein Mensch vermag gar nichts, daran soll er stets denken. Der Religiöse befindet sich in diesem Zustande, er vermag also auch nicht in den Tiergarten zu gehen; und weshalb nicht? Weil er in seinen eignen Augen besser als andre Menschen ist? *Absit*, das ist die Vornehmheit der Klosterbewegung; nein, weil er ein wirklich Religiöser ist, kein phantastischer Pfarrer, der von: immer redet, oder ein phantastischer Zuhörer, der „immer und nichts" versteht; sondern weil er Stunde für Stunde versteht, daß er nichts vermag. Im krankhaften Zustande vermag der Religiöse nicht die Gottesvorstellung mit einer so zufälligen Endlichkeit wie in den Tiergarten zu gehen, zu vereinen. Den Schmerz begreift er, und es ist wohl auch ein tieferer Ausdruck für seine Ohnmacht, daß er ihn in bezug auf etwas so Unbedeutendes versteht, als der hochtrabende Ausdruck: nichts, der, wenn gar nichts weiter gesagt wird, leicht nichtssagend wird. Die Schwierigkeit besteht nicht darin, daß er es (menschlich geredet) nicht vermag, sondern vor allen Dingen darin, zu begreifen, daß er es nicht vermag, und den Sinnesbetrug aufzuheben (da er ja immer daran denken soll, daß er gar nichts vermag). Über diese Schwierigkeit ist er hinweg, und nun besteht die Schwierigkeit darin: es mit Gott zu vermögen.

Je entscheidender ein Unternehmen, ein Entschluß, eine Begebenheit ist, desto leichter ist es (eben weil es unmittelbarer geschieht), die Gottesvorstellung damit zu vereinen, desto leichter ist es, das will heißen, die Leichtigkeit hat ihren Grund darin, daß man sich so sehr leicht mit einer Einbildung täuscht. In Romanen und Novellen sieht man bei großen Entscheidungen nicht selten entweder das novellistische Personal in einer malerischen Gruppe zum Gebet niederknien, oder wie die Hauptperson beiseite kniet, um zu beten. Indessen sind die geehrten Verfasser und Verfasserinnen naiv genug, indirekt durch den Inhalt des Gebets durch seine Form und die Attitüde des Betenden zu verraten, daß ihre Helden und Heldinnen wohl nicht oft vorher in ihrem Leben gebetet haben, obgleich die Szene im Jahre 1844, in einem christlichen Lande vor sich geht und die handelnden Personen Christen sind und der Roman wie die Novelle die Aufgabe hat die Menschen so darzustellen, wie sie wirklich sind, sogar noch etwas besser. Mit großer Innerlichkeit bringt die novellistische Hauptperson die Gottesvorstellung mit der höchstwichtigen Begebenheit zusammen, aber religiös gesehen besteht die Innerlichkeit des Gebets gerade nicht in dessen augenblicklicher Heftigkeit, sondern in dessen Ausdauer. Je unbedeutender dagegen etwas ist, desto schwerer ist die Gottesvorstellung damit zu vereinen. Und doch soll man gerade hieran das Gottesverhältnis erkennen. Beim Fassen eines großen Entschlusses, bei der Herausgabe eines Werkes, das vermeintlich die ganze Welt umschaffen wird, bei Erdbeben, goldnen Hochzeitsfeierlichkeiten, bei Wassernot und heimlicher Geburt wird vielleicht der Name Gottes ebensooft als Interjektion gebraucht, wie er religiös gebraucht wird.

Man soll sich daher nicht dadurch anführen lassen, daß ein Pfarrer die kleinen Begebenheiten des Lebens beiseite läßt und seine Beredsamkeit und seine Mimik auf große Auftritte verspart und höchstens halb schamhaft, schandehalber am Schluß hinzufügt, man müsse auch im Alltäglichen denselben Glauben, dieselbe Hoffnung und denselben Mut beweisen. Statt dessen sollte eine religiöse Rede umgekehrt darauf angelegt werden, von den kleinen Begebenheiten, vom Alltäglichen zu reden und dann höchstens ein paar Worte hinzuzufügen, die vor dem Sinnesbetruge warnen, der einer nur an Schalttagen[1] erkennbaren Religiosität so leicht zugrunde liegt; denn dies ist Ästhetik, und ästhetisch gesehen ist die Anrufung Gottes weder mehr noch weniger als die lauteste Interjektion, und die Offenbarung Gottes in den Begebenheiten ein theatralisches Tableau.

Wir verließen den Religiösen in der Krisis der Krankheit; aber diese Krankheit ist nicht zum Tode. Wir wollen ihn nun eben durch dieselbe Vorstellung, die ihn vernichtete, gestärkt sein lassen, durch die Vorstellung von Gott. Ich gebrauche wieder eine verkürzte Perspektive, weil das Interesse meiner Aufgabe hier noch nicht ist und nicht dabei verweilt, wie das Ethische (das doch immer vom absoluten Gottesverhältnis etwas entfernt ist) regulierend hinzutreten und das Kommando übernehmen muß. Jedoch möchte ich den Leser mit ein paar Bemerkungen aufhalten. Vor allen Dingen, daß sich in jeder Generation nicht viele finden, die bloß den Anfang des absoluten religiösen Verhältnisses durchleiden; und demnächst, daß ein Anfang im Existenzmedium durchaus nicht zu den Dingen gehört, die ein für allemal abgemacht sind, denn nur auf dem Papier ist man mit dem ersten Moment fertig und hat dann nichts weiter damit zu tun. Die absolute Entscheidung im Existenzmedium ist und bleibt doch nur eine Annäherung (jedoch ist dies nicht komparativ mehr oder weniger als andere zu verstehen, denn dann hat das Individuum seine Idealität verloren), weil das Ewige von oben auf den Existierenden zielt, der durch das Existieren in Bewegung ist und so in dem Augenblick, wo das Ewige trifft, schon einen kleinen

[1] Im ganzen ist nichts so vom Komischen begleitet wie das Religiöse und dessen Nemesis nirgends so schnell zur Hand wie auf dem Gebiet des Religiösen. Wenn man in einer Kirche einen ästhetisierenden religiösen Vortrag hört, hat man natürlich die Pflicht, sich erbauen zu lassen, ob auch seine Hochehrwürden noch so dumm schwatzt; wenn man die Rede aber zu einer anderen Zeit vernimmt, ist ihre komische Wirkung nicht uninteressant, und das Gesetz für diese ist, daß der Redner da, wo er, um das Höchste zu sagen, alle Segel aufspannt, ohne es zu wissen, satirisiert. „Der Betende steht vom Beten so gestärkt auf, o so gestärkt, so außerordentlich gestärkt.“ Aber religiös gesehen besteht die wahre Stärkung in der Vorbereitung auf den Kampf, der vielleicht im nächsten Augenblick wieder beginnt. „Das Individuum bindet sich durch ein Gelübde an Gott, durch ein heiliges Gelübde, daß es stets und immer usw., und fühlt sich dann beruhigt, o so beruhigt.“ Aber religiös gesehen ist man bei einem Gelübde vorsichtig (vgl. den Prediger [Pr. Salomo 5, 4]) und religiös gesehen ist die Innerlichkeit des Gelübdes gerade an der Kürze des festgesetzten Termins und am Mißtrauen gegen sich selbst erkennbar. Nein, die Innerlichkeit der ganzen Seele, wenn das von Wankelmut geläuterte Herz in das Gelöbnis für den heutigen Tag oder für diesen Vormittag einwilligt, ein solches Gelübde besitzt religiös angesehen viel mehr Innerlichkeit als dieses ästhetisierende Anstoßen mit Gott dem Herrn. Das eine deutet darauf hin, daß der Gelobende zum täglichen Gebrauch in der religiösen Sphäre lebt, das andere verrät satirisch, daß der Betende ein von einem Pfarrer eingeführtes reisendes Mitglied ist.

Augenblick weiter gegangen ist. Der Beginn der absoluten Entscheidung im Existenzmedium geschieht am allerwenigsten ein für allemal, so daß es etwas Zurückgelegtes wäre, weil der Existierende kein abstraktes X ist, das etwas zurücklegt, um dann, wenn ich so sagen darf, unverdaut weiter durchs Leben zu gehen, sondern der Existierende wird in dem Erlebten konkret und hat es, indem er weitergeht, bei sich und kann es also jeden Augenblick verlieren; er hat es bei sich, nicht, wie man etwas in der Tasche hat, sondern er ist durch dieses das Bestimmte, welches er näher bestimmt ist, und verliert, indem er es verliert, seine eigne nähere Bestimmung. Durch die Entscheidung in der Existenz ist ein Existierender näher bestimmt das geworden, was er ist; legt er sie beiseite, so ist er es nicht, der etwas verloren hat, so hat er nicht sich selbst und hat etwas verloren, sondern so hat er sich selbst verloren und muß von vorn anfangen.

Der Religiöse hat nun die Krankheit überstanden (morgen kann vielleicht durch eine kleine Unvorsichtigkeit der Rückfall da sein), er stärkt sich vielleicht mit der erbaulichen Betrachtung, daß Gott, der den Menschen schuf, wohl am besten all das Viele kennen muß, was einem Menschen mit dem Gedanken an Gott ganz unvereinbar vorkommt, all das irdische Bedürfnis, all die Verwirrung, in die er geraten kann, und wie notwendig er Zerstreuung, Ruhe und den Schlaf der Nacht braucht.

Selbstverständlich reden wir hier nicht von dem Ablaß, der in der Welt gepredigt wird, wo der eine Mensch sich mit dem andern tröstet, wo sie sich gegenseitig trösten und Gott beiseite lassen. Jeder Mensch ist herrlich angelegt, was aber viele zugrunde richtet, ist unter anderem diese heillose Geschwätzigkeit zwischen Mann und Mann von dem, was in der Stille gelitten werden, aber auch reifen soll, diese Beichte vor Menschen anstatt vor Gott, diese herzliche Mitteilung an diesen und jenen von dem, was ein Geheimnis und vor Gott im Verborgenen bleiben soll, diese ungeduldige Sehnsucht nach vorläufigem Trost. Nein, im Schmerz der Vernichtung hat der Religiöse gelernt, daß menschlicher Ablaß zu nichts taugt, er hört darum von *der* Seite nichts, sondern ist vor Gott und leidet es durch, ein Mensch und dann vor Gott zu sein. Daher kann ihn nicht trösten, was der Schwarm der Menschen voneinander weiß, die eine kleinstädtische Vorstellung vom Menschsein haben, und eine geläufig schwatzhafte Vorstellung aus siebzehnter Hand von dem Vorgottsein. Von Gott muß er seinen Trost holen, damit seine ganze Religiosität nicht zu einem Gerücht werde. Damit ist gar nicht gesagt, daß er neue Wahrheiten usw. entdecken solle, nein, er soll nur auf sich selbst achtgeben, daß er nicht durch die Geschwätzigkeit und Predigtlust, in die er sich hineinschwatzen läßt, abgehalten werde, in sich selbst zu erleben, was wohl tausend und abertausend vor ihm erlebt haben. Gilt schon vom Verlieben, daß es nur dann veredelnd wirkt, wenn es einen Menschen lehrt, aus seinem Gefühl ein Geheimnis zu machen, wieviel mehr gilt dies nicht vom Religiösen!

Denken wir daran, was das Heidentum davon dichtete, daß sich ein Gott in ein irdisches Weib verliebte. Wenn es ihr unbekannt bliebe, daß er ein Gott ist:

dann würde dies Verhältnis das größte Elend sein; denn in der Meinung, für beide sei der gleiche Maßstab anzulegen, würde sie, indem sie von sich selbst die Gleichheit forderte, verzweifeln. Bekäme sie es dagegen zu wissen, daß es ein Gott ist: dann würde sie zuerst in ihrer ganzen Geringheit gleichsam vernichtet werden, so daß sie diese kaum einzugestehen wagte. Sie würde den einen verzweifelten Versuch nach dem andern machen sich zu ihm zu erheben. Sie würde sich ängstigen, sooft ihre Geringheit beide zur Trennung nötigte. Sie würde sich mit der Not des Zweifels quälen, ob es ihr an Willen oder an Kraft fehle.

Wenden wir dies aufs Religiöse an; wo ist dann für das einzelne Individuum in seiner konkreten Existenz die Grenze zwischen dem, was Mangel an Willen und was Mangel an Kraft ist, was Indolenz und irdische Selbstsucht ist, und was an den Schranken der Endlichkeit liegt. Und wann ist dann für einen Existierenden die Zeit der Vorbereitung vorbei, wo diese Frage mit ihrer ganzen ersten sorgenvollen Anstrengung nicht mehr wiederkommen kann, wann ist diese Zeit in der Existenz, die ja eine Vorbereitung ist? Mögen alle Dialektiker zusammentreten, sie vermögen es für ein einzelnes Individuum *in concreto* nicht zu entscheiden. Denn die Dialektik ist in ihrer Wahrheit eine freundlich dienende Macht, die aufdeckt und finden läßt, wo der absolute Gegenstand des Glaubens und der Anbetung, wo das Absolute ist, da nämlich, wo der Unterschied zwischen Wissen und Nichtwissen in der absoluten Anbetung der Unwissenheit zusammenstürzt, da, wo sich die objektive Ungewißheit dagegen stemmt, um die leidenschaftliche Gewißheit des Glaubens hervorzuzwingen, da, wo der Streit zwischen Recht und Unrecht in der absoluten Anbetung der absoluten Unterwerfung zusammenstürzt. Die Dialektik selbst sieht das Absolute nicht, sie führt aber gleichsam das Individuum zu ihr hin und sagt: hier muß es sein, dafür stehe ich ein; wenn du hier anbetest, so betest du Gott an. Aber die Anbetung selbst ist nicht Dialektik. Ein Dialektiker, der vermittelt, ist ein verunglücktes Genie.

Das irdische Weib also, die von dem Gott geliebt würde, würde erst in ihrer Geringheit vernichtet werden, aber dann würde sie wohl durch die Vorstellung aufgerichtet werden, daß er dies alles wohl besser als sie wissen müsse. Sie würde vernichtet werden, weil sie göttlich von ihm denken würde, aber durch den Gedanken wieder aufgerichtet werden, daß er menschlich von ihr denke. Ja, wenn bloß ein Mädchen von geringem Stande sich mit einem Könige über ein fremdes Volk verbände, wie würde sie zu leiden haben, um den Freimut allem gegenüber zu finden, was an ihre Geringheit erinnerte, so daß es das Verhältnis zu stören schiene, um Frieden in dem Grenzstreit zu finden, ob sie gegen sich selbst zu nachgiebig sei, oder zuviel von sich selbst fordere?

Zu dieser Geringheit des Menschen gehört nun aber auch, daß er es nicht aushalten kann, in der Zeitlichkeit ohne Unterbrechung das Leben der Ewigkeit zu führen. Und ist sein Leben in der Zeitlichkeit, so ist es *eo ipso* stückweise; ist es stückweise, so ist es ja mit Zerstreuung gemischt, und in der Zerstreuung ist er von seinem Verhältnis von Gott entfernt oder doch nicht darin wie in dem starken Augenblicke. Sagen die Menschen, es sei schwer, Liebende zu trennen, sollte dies dann für den Religiösen nicht schwer sein, und ist es etwa weniger schwer, weil das Trennende in einer Zerstreuung und nicht in einer Mühsal besteht, wenn die Notwendigkeit der Zerstreuung seine Geringheit gerade am allerstärksten beweist? Denn unser Religiöser steht ja nicht so, daß ihn der Pfarrer mahnen muß Gott zu suchen; im Gegenteil ist er so ergriffen, daß er Zerstreuung braucht, wenn er nicht umkommen soll.

Sieh, hier lockt die Klosterbewegung. Wäre es nicht möglich, durch übermenschliche Anstrengung Gott näher zu kommen, das Verhältnis ohne Unterbrechung, womöglich ohne Schlaf festzuhalten! Man sagt ja sonst, daß Liebe die Zwei ähnlich zu machen vermöge. Ja, und man hat damit recht, wenn man von dem Verhältnis zweier Menschen redet, weil sie wesentlich auf gleicher Stufe stehen und ihr Unterschied etwas Zufälliges ist. Da aber zwischen Gott und dem Menschen ein absoluter Unterschied besteht, ist diese direkte Ähnlichkeit und Gleichheit ein vermessener, Schwindel erregender Gedanke; daß aber dies so ist, bedeutet keinen komparativen menschlichen Ablaß für die äußerste Anstrengung. Da nun aber so zwischen Gott und dem Menschen der absolute Unterschied herrscht, wie drückt sich dann die Gleichheit der Liebe aus? Durch die absolute Verschiedenheit. Und welche ist die absolute Form der Verschiedenheit? Die Demut. Welche Demut? Die, die ihre menschliche Geringheit ganz eingesteht, mit demütigem Freimut vor Gott, der dies wohl besser als der Mensch selbst weiß. Die Klosterbewegung ist ein Versuch mehr als ein Mensch sein zu wollen, ein begeisterter, vielleicht frommer Versuch, Gott gleichen zu wollen. Darin aber liegt das tiefe Leiden der wahren Religiosität, das tiefste, das denkbar ist: sich zu Gott absolut entscheidend zu verhalten und dafür im Äußeren keinen entscheidenden Ausdruck haben zu können (denn glückliche Liebe drückt sich ja äußerlich dadurch aus, daß die Liebenden einander bekommen), weil der entscheidendste Ausdruck im Äußeren nur ein relativer, zuviel und zuwenig ist, zuviel, weil er eine Anmaßung gegen andere Menschen enthält, und zuwenig, weil er doch ein weltlicher Ausdruck ist.

So gibt es also für die Betrachtung zwei Wege: den der demütigen Zerstreuung und den der verzweifelten Anstrengung: der Weg zum Tiergarten und zum Kloster. Zum Tiergarten? O ja, laß uns nur den nennen, ich könnte ebensogut vieles andere nennen, was in dieselbe Klasse gehört. Ein Tor wird wohl bei diesem Gedanken lachen, ein vornehmer Religiöser sich beleidigt fühlen, und beide beweisen, daß die Sache ihre Richtigkeit hat. Warum aber einen solchen Ort wie den Tiergarten nennen? Es ist doch viel feiner, am Sonntag in einem unbestimmten, allgemeinen, in der Luft schwebenden sonntagsanständigen Ausdruck von diesen unschuldigen Freuden zu reden, und dann an den Wochentagen alltäglich davon zu reden. Ja, gewiß ist es feiner; und ich ahne, welche Erbitterung das Wort Tiergarten in dieser Verbindung bei einem feinen Mann erwecken wird, weil es in dieser Verbindung indirekt vielleicht daran erinnert, in welchem Sinne die Religiosität unserer Zeit weiter als das Mittelalter gegangen ist; und weil es unbequem ist, durch ein solches Wort das Religiöse so nah auf den Leib zu bekommen, anstatt es von fern zu schauen: wenn es da heißt: nichts, alles, immer, niemals, tägliche Wachsamkeit.

Unser Religiöser wählt den Weg zum Tiergarten, und weshalb? Weil er den zum Kloster nicht wählen darf. Und weshalb darf er es nicht? Weil der zu vornehm ist. So geht er also dahinaus. „Aber", sagt vielleicht jemand, „er amüsiert sich nicht." Doch, er tut's wahrhaftig. Und weshalb amüsiert er sich? Weil es der demütige Ausdruck für das Gottesverhältnis ist, seine Menschlichkeit einzugestehen, und weil Sich-amüsieren menschlich ist. Gelingt es einem Weibe, sich ganz zu verändern, bloß um dem Manne zu gefallen, weshalb sollte es dann dem Religiösen im Verhältnis zu Gott nicht gelingen: sich zu amüsieren, wenn dies der demütigste Ausdruck für das Gottesverhältnis ist?

Wenn ein armer Arbeiter in eine Prinzessin verliebt wäre und sich von ihr geliebt glaubte: welche Weise würde die demütigste sein, das Verhältnis festzuhalten? Ob nicht die, ganz wie die anderen Arbeiter zu sein, zur Arbeit zu gehen, wie er pflegte, mit den andern teilzunehmen, und wenn er während der Arbeit an das Verhältnis denken müßte, dann sich selbst durch den Gedanken zu ermahnen, daß Demut der Prinzessin besser als alles andere gefalle, wenn er doch in seinem stillen Sinne beständig an sie dächte und, wenn er nur dürfte, das Verhältnis gar zu gern stärker ausdrücken würde? Denn es würde ja dem demütigen Arbeiter nie einfallen, daß die Prinzessin so töricht und so töricht weltlich gesinnt sei, daß sie eine Freude daran haben würde, wenn die Welt durch das sonderbare Benehmen des Arbeiters darauf aufmerksam gemacht würde, daß sie von einem Arbeiter geliebt werde. So gibt es aber eine gewisse Art von Religiosität, welche, wahrscheinlich weil der erste Anfang der Vernichtung nicht gründlich und innerlich genug gewesen ist, die Vorstellung von Gott hat, daß er ein eifersüchtiger und an Verstand beschränkter Despot sei, krank vor Verlangen, daß alle Welt durch das sonderbare Benehmen eines einzelnen Menschen erfahre, daß Gott von einem einzelnen Menschen geliebt sei. Als wünschte Gott eine Auszeichnung, oder als wäre dies eine für Gott passende Auszeichnung, da doch jeder versteht, daß von einem Arbeiter geliebt zu werden selbst für eine Prinzessin keine Auszeichnung ist! Eine solche Religiosität ist selbst krank und siech, und macht darum auch Gott krankhaft. Daß es einem herrschsüchtigen Menschen einfallen kann, zu fordern, daß es vor der Welt durch die auffallende Unterwürfigkeit von Menschen recht klarwerde, wieviel er über andere vermöge, beweist ja doch in bezug auf Gott nichts. Oder würde der Religiöse vielleicht Bedenken tragen dies alles zu tun, wenn es ihm einfallen könnte, von Gott so zu denken, so nämlich, daß Gott eigentlich der Bewunderung der Welt und des sonderbaren Benehmens des Erweckten bedürfe, welches die Verwunderung der Welt auf sich zieht und dadurch die allerhöchste Aufmerksamkeit der Welt auf das Dasein Gottes hinleitet. Der arme Gott, der in seiner verlegenen Stellung als der Unsichtbare, der doch so sehr wünscht, daß die öffentliche Aufmerksamkeit auf ihn gelenkt werde, dasitzt und darauf wartet, daß es einer für ihn tue.

Ich habe es bis jetzt noch etwas abstrakt gehalten und will es nun vor sich gehen lassen, als ob es heute wäre, denn es ist ja heute ein in die Tiergartenzeit fallender Mittwoch, und unser Religiöser will in den Wald, während ich die psychologischen Zustande experimentierend untersuche. Man kann ja davon reden, während es etwas anderes ist, es auszuführen. Und doch ist es in gewissem Sinne vielleicht nicht einmal so leicht, darüber zu reden; ich sehe ganz gut, was ich wage, daß ich mein bißchen Schriftstellerrenommee aufs Spiel setze, da es jeder höchst langweilig finden wird. Es ist noch derselbe Mittwoch in der Tiergartenzeit, das Ganze dreht sich um einen Gang in den Tiergarten und doch sind damit schon so viele Seiten verbraucht, daß ein Novellist darauf die interessanten Ereignisse von zehn Jahren mit großen Auftritten und spannenden Situationen, Stelldichein und geheimen Geburten hatte erzählen können. Ja, da sind so viele Seiten gebraucht, daß ein Pfarrer auf der Hälfte davon mit Zeit und Ewigkeit und Tod und Auferstehung, mit allem und immer und nie und nichts fertig geworden sein könnte, und zwar so fertig, daß man an der einen Predigt für sein ganzes Leben genug hätte.

Es ist also ein Mittwoch in der Tiergartenzeit. Der Religiöse hat sich zu dem allgemeinen Gedanken, daß er eine Zerstreuung nötig habe, verstanden, aber daraus folgt ja durchaus nicht, daß sie gerade heute nötig ist. Hierin liegt eben die Schwierigkeit der Konkretion, die so lange dauert, als der Religiöse in der Existenz ist, wenn er den Gedanken mit dem bestimmten Augenblick an dem bestimmten Tage, mit diesen und jenen bestimmten Seelenzuständen, mit diesen und jenen bestimmten Umständen vereinigen soll. Wenn das Leben so verstanden wird, verschwinden die nichtssagenden Differenzen der Quantität, denn das Wie der Innerlichkeit bestimmt die Bedeutung, nicht das Was der Quantität.

Unser Religiöser ist nun ein unabhängiger und ein wohlhabender Mann, der selbst Pferde und Wagen hält, er hat meinetwegen Zeit und Mittel, um, wenn es sein sollte, jeden Tag in den Tiergarten zu fahren. So macht es sich am besten, denn wie oben gesagt wurde, der religiöse Vortrag soll Ironie genug haben, die Menschen im Äußeren so über die Maßen glücklich zu machen, nur damit sich das Religiöse um so deutlicher zeigen kann. Ein Mann, der nur *einen* Mittwoch in der Tiergartenzeit frei hat, stößt vielleicht nicht auf so viele Schwierigkeiten loszukommen; aber diese Leichtigkeit und die Schwierigkeit, daß er die anderen Tage nicht loskommen kann, macht es auch möglich, daß das Religiöse nicht das Bestimmende wird. Es ist hiermit wie mit dem Ernst. Mancher glaubt, er sei ernst, weil er Weib und Kind und beschwerliche Geschäfte hat. Aber daraus folgt doch nicht, daß er religiösen Ernst hat, sein Ernst kann vielleicht auch Verdrießlichkeit und mürrisches Wesen sein. Wenn der religiöse Ernst dargestellt werden soll, zeigt er sich darum am besten in äußerer Begünstigung, denn da kann er nicht so leicht mit etwas anderem verwechselt werden.

Er wird sich dann erst vergewissern, daß ihn weder augenblickliche Lust noch ein unmittelbarer Einfall bestimmt. Er wird bei sich selbst wissen, daß er Zerstreuung braucht, und darauf vertrauen, daß Gott es auch weiß. Dies ist nicht das naseweise Selbstvertrauen eines Erweckten Gott gegenüber, wie denn ein solcher ästhetisch ungenierter Bursche gewöhnlich daran kenntlich ist, daß er sein Kreditiv ein für allemal bei Gott gelöst hat. Obgleich er aber bei sich selbst weiß, daß er die Zerstreuung nicht mit der Lust der Unmittelbarkeit sucht, weil er sie gar zu gern entbehren möchte, so wird die Sorge das Mißtrauen gegen ihn selbst erwecken, ob er sie doch nicht noch etwas länger entbehren könne. Aber auch hier weiß er bei sich selbst, daß er schon am letzten Sonntag das Bedürfnis nach einer Zerstreuung empfand, ohne ihm nachzugeben, um zu prüfen, von welcher Seite der Antrieb komme; denn er ist davon überzeugt, daß ihn Gott nicht im Stich lassen, sondern ihm helfen werde da das Rechte zu finden, wo die Grenze zwischen Indolenz und Schranke der Endlichkeit so schwer zu finden ist.

Aber sieh, in demselben Augenblick, wo er besorgt womöglich die Zerstreuung entbehren möchte, um noch einen Tag auszuhalten, fast in demselben Augenblick erwacht die menschliche Reizbarkeit, die den Stachel recht fühlt, der in solcher Abhängigkeit liegt, in solchem ewigen Verstehensollen, daß man gar nichts vermöge. Und diese Reizbarkeit ist trotzig und ungeduldig, sie möchte sich fast in bedenklicher Verschwörung mit der Sorge vereinigen, denn die Sorge möchte aus Begeisterung auf die Zerstreuung verzichten, aber der Trotz aus Stolz. Und diese Reizbarkeit ist sophistisch; sie möchte ihm einbilden, das Gottesverhältnis werde durch Verbindung mit solchen Kleinigkeiten verpfuscht und zeige sich nur bei größeren Entscheidungen in seiner Wahrheit. Und diese Reizbarkeit ist stolz, denn trotzdem, daß der Religiöse sich mehr als *einmal* vergewissert hat, daß sich der nötigen Zerstreuung hinzugeben der demütigste Ausdruck für das Gottesverhältnis wäre, so ist es doch immerhin bestechend, das, was man vielleicht nicht in demselben Augenblick ausführen soll, im starken Augenblick der Begeisterung zu verstehen, während die Arbeit flott von der Hand geht, bestechend im Vergleich damit, es dann zu verstehen, wenn es gerade als etwas ganz Einfaches ausgeführt werden soll.

Diese Anfechtung verschwindet jedoch wieder, denn der Religiöse schweigt, und wer vor Gott schweigt, der lernt wohl klein beigeben, aber lernt auch, daß dies selig ist. Hätte unser Religiöser einen geschwätzigen Freund zur Hand gehabt, so wäre er natürlich in den Tiergarten gekommen, denn das ist ja eine Kleinigkeit, wenn man Pferd und Wagen und genug Geld hat, und geschwätzig ist, aber dann wäre er nicht unser Religiöser gewesen, und unser Religiöser kommt auch in den Tiergarten.

Nun ist es denn beschlossen Zerstreuung zu suchen, in demselben Augenblick ist die Aufgabe verwandelt. Fährt kurz darauf der Gedanke durch seine

Seele, daß es doch ein Mißgriff sei, dann setzt er bloß eine ethische Betrachtung dagegen, denn einem nach redlicher Überlegung gefaßten Entschlusse gegenüber darf ein flüchtiger Gedanke nicht den Meister spielen; er entwaffnet diesen Gedanken ethisch, um nicht wieder in das höchste Verhältnis zu kommen, wodurch die Bedeutung der beschlossenen Zerstreuung vernichtet werden würde. Die Richtung ist hier also nicht, wie wenn der Pfarrer predigt, zum Gottesverhältnis hin, sondern das Gottesverhältnis selbst befiehlt dem Religiösen einen Augenblick davon wegzugehen, gleichsam eine Übereinkunft zwischen der Fürsorge Gottes und der Notwehr des Menschen. Die ethische Betrachtung ist ganz einfach die, daß es, wenn es verkehrt gehen solle, schlimmer sei, ein Faselhans zu werden, als das Beschlossene, das vielleicht weniger richtig überlegt ist, entschlossen auszuführen; denn Faselei ist der absolute Untergang jedes Geistesverhältnisses.

Sieh, wir warten ja alle auf ein großes Ereignis, damit wir eine Gelegenheit bekommen, handelnd zu zeigen, was wir für Leute sind; und wenn ein Kronprinz die Regierung im mächtigsten europäischen Reiche antritt und die Verantwortung für das Schicksal von Millionen übernimmt, dann ist da eine Gelegenheit einen Entschluß zu fassen und *sensu eminenti* zu handeln. Unleugbar! Aber das ist das Tiefsinnige und das ebenso Ironische beim Dasein, daß ebensogut *sensu eminenti* gehandelt werden kann, wenn der Handelnde ein ganz simpler Mann ist und die Handlung in einem Gang in den Tiergarten besteht. Denn das Höchste, was seine kaiserliche Hoheit vermag, ist doch: einen Entschluß vor Gott zu fassen. Auf diesem „vor Gott" liegt der Akzent, die vielen Millionen sind nur ein Sinnesbetrug. Aber vor Gott kann auch der geringste Mensch seinen Entschluß fassen, und wer wirklich ein solcher Religiöser wäre, daß er sich vor Gott dazu entschließen könnte in den Tiergarten zu gehen, der sollte neben einer kaiserlichen Hoheit nicht zuschanden werden.

Dieses in bezug auf das religiöse Leiden, das darin besteht, der Unmittelbarkeit abzusterben. Doch nun genug davon. Ich fühle am besten, wie armselig es sich ausnimmt, Untersuchungen über eine solche Alltagsgeschichte anzustellen, von der jeder bis zum einfältigsten Dienstmädchen und Landsoldaten Bescheid weiß; wie unvorsichtig es ist, dessen Schwierigkeit einzugestehen und dadurch vielleicht Mangel an Fähigkeit zu verraten sich auch nur ein klein bißchen über den Gesichtskreis der geringsten Klasse zu erheben; wie nahe die Satire liegt, daß man, nachdem man eine Reihe von Jahren hindurch Zeit und Fleiß angewandt hat, damit endet, daß man nicht weiter gekommen ist, als zu dem, was der dümmste Mensch weiß, ach, anstatt daß man in derselben Zeit und mit demselben Fleiß möglicherweise etwas China, Persien oder sogar die Astronomie Betreffendes hätte leisten können. Vielleicht gibt es nicht zehn Menschen, die das Dargestellte zu lesen aushalten, und knapp einen im ganzen Königreiche, der sich die Mühe machen möchte, so etwas zusammenzuschreiben, welches letztere mich jedoch gewissermaßen tröstet, denn können es auch alle tun und ist die Produktion eigentlich nur Bogenschreiberarbeit, so ist ja gerade mein Verdienst, getan zu haben, was zwar alle tun können (hierin liegt das für das schwache menschliche Herz so Niederschlagende), was aber kein anderer tun mag. Also keiner mag es darstellen; aber es existierend ausdrücken, es tun?

Ja, das versteht sich, den Vorteil hat die Tat immer vor der Darstellung, daß, was lange Zeit zum Darstellen braucht, so geschwind getan werden kann, wenn man es kann. Aber bis man es nun zum Können gebracht hat, die Mühe, bis man es kann? Ja, ich sage bloß: ich kann es nicht; da aber das Geheimnis gerade in der verborgenen Innerlichkeit der Religiosität liegt, so können es vielleicht alle – wenigstens merkt man an ihnen nichts.

Falls dagegen jemand vor der ungeheuren Anstrengung zurückschaudern sollte, die ein solches Leben sein muß, und wie anstrengend es ist, kann ich zur Genüge daraus erkennen, daß ich, der ich doch bloß dasitze und damit experimentiere, mich also wesentlich draußen halte, sogar die Anstrengung dieser Arbeit fühle: nun gut, ich sage ja auch nichts anderes, obgleich ich das innerliche Geschäft der Religiosität bewundere, als das größte Wunder bewundere, aber auch offen gestehe, daß es mir nicht gelingen will: von der höchsten Vorstellung von Gott und meiner ewigen Seligkeit aus und mit ihr das zu erreichen, daß ich mich im Tiergarten amüsiere.

Wunderbar ist es, so betrachte ich es und rede ja nicht in der Absicht davon, um, wenn es an mir läge, den Armen ihr Leben, das beschwerlich genug ist, noch beschwerlicher zu machen (o, weit entfernt!), oder irgendeinen Menschen zu plagen, indem ich ihm das Leben, das schon schwierig genug ist, noch schwieriger mache (behüte Gott!). Im Gegenteil hoffe ich den Gebildeten einen Dienst zu erweisen, indem ich entweder die verborgene Innerlichkeit ihrer Religiosität preise (denn das Geheimnis steckt ja darin, daß keiner etwas merken darf, und da ist ja keiner, der etwas merkt), oder die Sache womöglich so schwierig mache, daß sie die Anforderungen der Gebildeten befriedigen kann, da sie ja in ihrem Weitergehen schon so sehr viele Schwierigkeiten hinter sich haben. Denn, ob niemand vor der ungeheuren Anstrengung so zu leben zurückschrecken sollte: so finde ich es noch schauerlicher, daß man sogar noch weiter geht, und obendrein weiter geht, indem man zur Spekulation und Weltgeschichte übergeht, das finde ich noch schauerlicher. Doch was sage ich, alles, was weiter geht, ist ja daran kenntlich, daß es *nicht bloß* dieses, sondern *zugleich* etwas mehr ist – das finde ich also schauerlicher, und zugleich noch etwas mehr: schauerlich dumm.

Die Bedeutung des religiösen Leidens besteht darin, der Unmittelbarkeit abzusterben, seine Wirklichkeit in der wesentlichen Fortdauer dieses Absterbens; aber es gehört der Innerlichkeit an und darf sich nicht im Äußeren ausdrücken (die Klosterbewegung). Wenn wir nun einen Religiösen nehmen, den Ritter der verborgenen Innerlichkeit, und ihn im Existenzmedium anbringen, so wird, indem er sich zu seiner Umgebung verhält, ein Widerspruch entstehen, und dessen muß er sich bewußt werden. Der Widerspruch liegt nicht darin, daß er von allen anderen verschieden ist (denn dieser Selbstwiderspruch ist gerade das Gesetz der über die Klosterbewegung kommenden Nemesis), sondern der Widerspruch ist, daß er mit dieser ganzen Innerlichkeit, die er in sich birgt, mit dieser Schwangerschaft des Leidens und Segens in seinem Innern, ganz wie andere Menschen aussieht, und dadurch wird ja eben die Innerlichkeit verborgen, daß er ganz wie andere aussieht.[1] Etwas Komisches ist hier zur Stelle, denn hier ist ein Widerspruch, und wo ein Widerspruch ist, ist auch das Komische zur Stelle. Dieses Komische ist indes nicht für andere, die davon nichts wissen, aber für den Religiösen selbst da, wenn, wie Frater Taciturnus (vgl. *Stadien auf dem Lebenswege*) sagt, Humor sein Inkognito ist. Und dies verdient wohl genauer verstanden zu werden; denn nächst der Verwirrung in der neueren Spekulation, daß Glaube Unmittelbarkeit sei, ist vielleicht die störendste Verwirrung, daß Humor das Höchste sei, denn Humor ist noch nicht Religiosität, sondern ihr Konfinium; worüber man schon im Vorangehenden einige Bemerkungen finden wird, an die ich den Leser erinnern möchte. Aber ist Humor das Inkognito des Religiösen? Ist sein Inkognito nicht dies, daß gar nichts zu merken ist, gar nichts, was einen Gedanken an verborgene Innerlichkeit erwecken könnte, nicht einmal soviel wie das Humoristische? Auf seiner höchsten Stufe, wenn sich diese in der Existenz erreichen läßt, würde es wohl so sein[2], solange aber der Streit und das Leiden in

---

[1] Ein anderer Schriftsteller (in *Entweder – Oder* [besonders im zweiten Teil]) hat das Ethische mit Recht auf die Bestimmung zurückgeführt, daß es jedes Menschen Pflicht sei, *offenbar* zu werden: also auf die Offenbarung. Die Religiosität dagegen ist die verborgene Innerlichkeit, aber wohlzumerken nicht die Unmittelbarkeit, die offenbar werden soll, nicht die unerklärte Innerlichkeit, sondern die Innerlichkeit, deren erklärende Bestimmung ist, verborgen zu sein. Übrigens brauche ich wohl kaum daran zu erinnern, daß, wenn ich sage, das Inkognito des Religiösen bestehe darin, ganz wie alle andern auszusehen, dies nicht heiße, sein Inkognito sei die Wirklichkeit eines Räubers, Diebes und Mörders; denn so tief ist doch wohl die Welt nicht gesunken, daß offenbarer Bruch mit der Legalität für das Allgemeinmenschliche angesehen werden kann. Nein, der Ausdruck: ganz wie alle anderen Menschen aussehen, schützt natürlich die Legalität, aber diese kann ja auch gut vorhanden sein, ohne daß in einem Menschen Religiosität wohnt.

[2] In *Furcht und Zittern* war ein solcher „Glaubensritter" dargestellt. Aber diese Darstellung war nur eine dummdreiste Antizipation und die Täuschung durch Darstellung seiner Fertigkeit (also in einem falschen Medium) anstatt im Existenzmedium gewonnen, und der Anfang war damit gemacht, daß man dem Widerspruch aus dem Wege ging, wie ein Beobachter überhaupt auf ihn *so aufmerksam* werden konnte, daß er sich nun von außen bewundernd hinstellen, und bewundern konnte, daß nichts, gar nichts zu *merken* sei. Es müßte denn Johannes de Silentio sagen wollen, daß jener Ritter des Glaubens seine eigne dichterische Schöpfung sei, aber dann ist wieder der in der Duplizität liegende Widerspruch da, daß er sich zu gleicher Zeit zu Ebendemselben als Dichter und Beobachter verhält, also als Dichter eine Figur im Phantasiemedium hervorbringt (denn dies ist ja das Dichtermedium) und als Beobachter dieselbe dichterische Figur im Existenzmedium beobachtet.
Auf diese dialektische Schwierigkeit scheint schon Frater Taciturnus aufmerksam geworden zu sein, denn er hat die Mißlichkeit durch die Form des Experiments vermieden. Er verhält sich

der Innerlichkeit dauern, so lange wird es ihm nicht gelingen, die Innerlichkeit ganz zu verbergen, aber er wird sie nicht direkt ausdrücken und dies mit Hilfe des Humoristischen negativ verhindern. Ein Beobachter, der unter die Leute ginge, um den Religiösen zu entdecken, würde daher dem Grundsatz folgen, daß jeder, bei dem er das Humoristische entdeckte, zum Gegenstand seiner Aufmerksamkeit gemacht würde. Wenn er sich aber die Verhältnisse der Innerlichkeit klargemacht hat, wird er auch wissen, daß er angeführt werden kann, denn der Religiöse ist nicht der Humorist, aber in seinem Äußeren ist er der Humorist. So würde ein Beobachter, der den Religiösen sucht und ihn am Humoristischen erkennen will, angeführt sein, wenn er mich träfe; das Humoristische würde er finden, aber angeführt sein, wenn er einen Schluß davon machte, denn ich bin nicht der Religiöse, sondern einzig und allein ein Humorist. Da meint vielleicht einer, das sei eine schreckliche Anmaßung, mir selbst den Namen eines Humoristen beizulegen, und meint zugleich, daß er, wenn ich wirklich ein Humorist sein sollte, mir schon Lob und Ehre erweisen würde. Ich will mich weder darüber noch dabei aufhalten, denn der, welcher die Einwendung macht, hält offenbar Humor für das Höchste. Ich dagegen sage ja: der Religiöse *stricte sit dictus* und qualitativ vom Humoristen unterschieden steht unendlich höher als der Humorist. Und was das betrifft, daß er mich nicht für einen Humoristen ansehen will: gut, da bin ich bereit die Situation des Beobachters von mir auf den zu übertragen, der den Einwand macht, und den Beobachter auf ihn aufmerksam sein zu lassen: das Resultat wird dasselbe, der Beobachter ist angeführt.

Es gibt drei Existenzsphären: die ästhetische, ethische und religiöse. Diesen entsprechen zwei Konfinien: Ironie ist das Konfinium zwischen dem Ästhetischen und Ethischen; Humor das Konfinium zwischen dem Ethischen und dem Religiösen.

Nehmen wir die Ironie. Sobald ein Beobachter einen Ironiker entdeckt, wird er aufmerksam werden, denn es ist möglich, daß der Ironiker ein Ethiker ist; aber er kann auch angeführt werden, denn es ist nicht gesagt, daß der Ironiker ein Ethiker ist. Der Unmittelbare ist sogleich kenntlich, und sobald er erkannt ist, herrscht kein Zweifel darüber, daß er kein Ethiker ist; denn er hat die Bewegung der Unendlichkeit nicht gemacht. Nehmen wir an, daß der Beobachter ein erfahrener Mann ist, der Bescheid weiß, wie man den Redenden anführt und verwirrt, um zu sehen, ob er etwas auswendig gelernt hat oder reichlich ironische Valuta gibt, wie sie ein existierender Ironiker immer haben wird, dann verrät die ironische Replik, wenn sie korrekt ist, daß der Redende die Bewegung der Unendlichkeit gemacht hat, aber auch nicht mehr. Die Ironie erscheint, wenn

zum Quidam des Experiments auch nicht beobachtend, sondern er setzt seine Beobachtung in psychologisch-dichterische Produktion um und rückt dieser Wirklichkeit wieder so nah wie möglich, indem er statt der verkürzten Perspektive annähernd das Längenmaß der Wirklichkeit gebraucht und die Form des Experiments anwendet.

man die Einzelheiten der Endlichkeit fortwährend mit der unendlichen ethischen Forderung zusammenbringt und den Widerspruch entstehen läßt. Wer dies mit Fertigkeit tun kann, so daß er sich in keiner Relativität fangen läßt, vor der seine Fertigkeit scheu wird, der muß eine Bewegung der Unendlichkeit gemacht haben, insofern muß es möglich sein, daß er Ethiker ist.[1] Der Beobachter wird ihn daher nicht einmal dabei fangen können, daß er sich selbst nicht ironisch aufzufassen vermag, denn auch *das* vermag er, von sich selbst wie von einem Dritten zu reden, sich selbst wie eine verschwindende Einzelheit mit der absoluten Forderung *zusammenzubringen*; wie sonderbar, daß der Ausdruck, der die letzte Schwierigkeit der Existenz bezeichnet, die gerade darin besteht, das absolut Verschiedene (wie die Vorstellung von Gott mit einem Gang in den Tiergarten) zu vereinigen, daß derselbe Ausdruck auch die Neckerei des Aufhetzens bezeichnet!

Aber trotzdem daß dieses feststeht, steht es noch nicht fest, daß er der Ethiker ist. Ethiker ist er nur dadurch, daß er sich zur absoluten Forderung verhält. Ein solcher Ethiker gebraucht die Ironie als sein Inkognito. Sokrates war in dieser Bedeutung ein Ethiker, jedoch wohl zu merken, zur Grenze des Religiösen hin, weshalb ja auch im vorhergehenden (im zweiten Kapitel des zweiten Abschnitts) das dem Glauben Analoge in seiner Existenz nachgewiesen wurde. Was ist also Ironie, wenn man Sokrates einen Ironiker nennen will und nicht wie Magister Kierkegaard (in seiner Magisterabhandlung *Über den Begriff der Ironie*, 1841) bewußt oder unbewußt nur die eine Seite hervorheben will? Ironie ist die Einheit von ethischer Leidenschaft, die in Innerlichkeit das eigne Ich in Verhältnis zur ethischen Forderung unendlich betont, und von Bildung, die im Äußeren vom eignen Ich als einer Endlichkeit mit unter all den anderen Endlichkeiten und Einzelheiten unendlich abstrahiert. Diese Abstraktion bewirkt, daß niemand das Erste merkt, und darin liegt gerade die Kunst, und dadurch

---

[1] Kann der Beobachter ihn in einer Relativität fangen, die er ironisch aufzufassen nicht die Kraft hat, so ist er eigentlich kein Ironiker. Wenn Ironie nämlich nicht im entscheidenden Sinn genommen wird, ist im Grunde jeder Mensch ironisch. Sobald ein Mensch, dessen Leben sich in einer gewissen Relativität bewegt (und dies zeigt eben, daß er nicht ironisch ist), außerhalb dieser in eine Relativität gestellt wird, die er für niedriger ansieht (ein Adliger z. B. in einen Kreis von Bauern, ein Professor in eine Gesellschaft von Dorfschullehrern, ein Millionär in eine Stadt mit Bettelvolk zusammen, ein königlicher Kutscher in eine Stube mit Torfknetern zusammen, eine Köchin bei einer Herrschaft mit Jäterinnen zusammen usw.), so ist er ironisch, das heißt, er ist nicht ironisch, da seine Ironie nur in der illusorischer Vornehmheit der Relativität besteht, aber die Symptome und Repliken haben eine gewisse Ähnlichkeit. Aber das ganze stellt nur ein Spiel innerhalb einer gewissen Voraussetzung vor, und die Inhumanität erkennt man ganz gut daran, daß sich der betreffende nicht selbst ironisch auffassen kann, und das Unrecht erkennt man an der Unterwürfigkeit dieses selben Mannes, wenn sich eine Relativität zeigt, die höher als seine ist. Ach, das nennt man in der Welt Bescheidenheit: der Ironiker, der ist stolz!

wird die wahre Verunendlichung des Ersten bedingt.[1] Die Menge der Menschen lebt umgekehrt: sie zeigen Eifer etwas zu sein, wenn jemand daraufsieht; sie sind womöglich in ihren eignen Augen etwas, sobald andere auf sie sehen; aber innen drin, wo die absolute Forderung auf sie sieht, da haben sie keinen Geschmack dafür, das eigne Ich zu betonen.

Ironie ist ein Existenzbestimmung, und so ist nichts lächerlicher, als wenn man glaubt, sie sei eine Redeform, oder wenn ein Schriftsteller sich darüber glücklich preist, daß er sich ab und zu ironisch ausdrücke. Wer wesentlich Ironie besitzt, besitzt sie, solang als der Tag dauert, an keine Form gebunden, weil sie die Unendlichkeit in ihm ist.

Ironie ist die Bildung des Geistes und folgt daher zunächst auf die Unmittelbarkeit; dann kommt der Ethiker, dann der Humorist und dann der Religiöse.

Weshalb gebraucht nun aber der Ethiker Ironie als sein Inkognito? Weil er den Widerspruch begreift, der zwischen der Weise besteht, nach der er in seinem Innersten existiert, und dem, daß er es in seinem Äußeren nicht ausdrückt; denn der Ethiker wird wohl offenbar, insofern als er sich in Aufgaben der faktischen Wirklichkeit erschöpft, aber das tut der Unmittelbare ja auch, und das, was den Ethiker ausmacht, ist die Bewegung[2], durch die er sein nach außen gehendes Leben nach innen mit der unendlichen Forderung des Ethischen zusammenbringt, und dies sieht man nicht ohne weiteres. Um sich von der Endlichkeit, von all dem Relativen in der Welt nicht stören zu lassen, stellt der Ethiker das Komische zwischen sich und die Welt und sichert sich so davor, durch naives Mißverständnis seiner ethischen Leidenschaft selbst komisch zu werden. Ein

---

[1] Der verzweifelte Versuch der verunglückten Hegelschen Ethik, den Staat zur letzten Instanz des Ethischen zu machen, ist ein höchst unethischer Versuch die Individuen endlich zu machen, eine unethische Flucht von der Kategorie der Individualität hinüber in die der Generation (man vergleiche hiermit das erste Kapitel des zweiten Abschnittes). Schon der Ethiker in *Entweder – Oder* hat hiergegen direkt und indirekt protestiert, indirekt am Schluß der Abhandlung vom Gleichgewicht des Ästhetischen und Ethischen in der Persönlichkeit, wo er selbst nach dem Religiösen hin eine Konzession machen muß, und dann wieder am Schluß des Artikels von der Ehe (in den *Stadien*), wo er, selbst von der Ethik aus, die er verteidigt, die der Hegelschen gerade entgegengesetzt ist, den Preis des Religiösen soviel wie möglich in die Höhe schraubt, aber doch Platz dafür macht.

[2] Wenn sich Sokrates gegen die Wirklichkeit des Staates negativ verhielt, so hängt dies teils damit zusammen, daß er ja gerade das Ethische entdecken sollte, teils mit seiner dialektischen Stellung als Ausnahme und Extraordinarius, und endlich damit, daß er nach der Grenze des Religiösen hin Ethiker ist. Wie sich bei ihm eine Analogie zum Glauben findet, muß sich auch eine Analogie zur verborgenen Innerlichkeit finden, nur daß er diese durch negatives Handeln, durch Zurückhaltung äußerlich ausdrückte und insofern dazu beitrug, daß man auf sie aufmerksam werden mußte. Die verborgene Innerlichkeit der Religiosität im Inkognito des Humors entzieht sich dadurch der Aufmerksamkeit, daß der betreffende ganz wie die andern ist. Jedoch klingt das Humoristische in der schlichten Replik mit und deutet sich durch einen Zug in der alltäglichen Lebensweise an, aber es gehört doch ein Beobachter dazu, darauf aufmerksam zu werden, während auf Sokrates' Zurückhaltung jeder aufmerksam werden mußte.

unmittelbar Begeisterter schreit früh und spät in die Welt hinaus, immer kothurnisch gestiefelt plagt er die Leute mit seiner Begeisterung, er merkt gar nicht, daß es sie nicht begeistert, es müßte denn sein, ihn zu schlagen, er ist gut unterrichtet, und die Order redet von einer vollkommenen Umwandlung der ganzen Welt. Ja, hier hat er falsch gehört, denn die Order redet von einer vollkommenen Umwandlung seiner selbst. Lebt ein solcher Begeisterter zu gleicher Zeit mit einem Ironiker, so behandelt dieser ihn natürlich komisch. Der Ethiker ist dagegen ironisch genug, sehr gut zu sehen, daß das, was ihn absolut beschäftigt, die anderen nicht absolut beschäftigt. Er begreift dieses Mißverhältnis selbst und stellt das Komische dazwischen, um das Ethische in sich selbst desto innerlicher festzuhalten. Nun beginnt die Komödie; denn das Urteil der Menschen über einen solchen wird immer lauten: ihm ist nichts wichtig. Und weshalb nicht? Weil ihm das Ethische absolut wichtig ist, denn darin unterscheidet er sich von den Menschen im allgemeinen, denen so manche Dinge wichtig sind, ja beinah alles wichtig, aber nichts absolut wichtig ist. Doch, wie gesagt, ein Beobachter kann angeführt werden, wenn er einen Ironiker für einen Ethiker hält, denn die Ironie ist nur die Möglichkeit.

So wieder mit dem Humoristen und dem Religiösen, da ja nach dem Vorhergehenden die eigne Dialektik des Religiösen den direkten Ausdruck, die erkennbare Verschiedenheit, verbietet, gegen die Kommensurabilität des Äußeren protestiert und doch, wenn's denn sein muß, die Klosterbewegung weit höher als die Mediation ehrt. Der Humorist stellt beständig (nicht in der Bedeutung von dem „immer" des Pfarrers, sondern zu jeder Zeit des Tages, wo er ist und was er denkt oder vernimmt) die Gottesvorstellung mit etwas anderem zusammen und bringt den Widerspruch hervor, aber er verhält sich nicht selbst in religiöser Leidenschaft (*stricte sit discus*) zu Gott, er verwandelt sich selbst zu einer scherzenden und doch tiefsinnigen Durchgangsstelle für diesen ganzen Umsatz, aber verhält sich nicht selbst zu Gott.

Der Religiöse tut dasselbe, er stellt die Gottesvorstellung mit allem zusammen und sieht den Widerspruch, aber in seinem Innersten verhält er sich zu Gott; während sich die unmittelbare Religiosität in dem frommen Aberglauben der Ruhe hingibt, ohne weiteres in allem Gott zu sehen; und der Erweckte Gott naseweis engagiert, überall, wo er ist, dabei zu sein, so daß man, wenn man nur den Erweckten sieht, sich darauf verlassen kann, daß Gott dabei ist, da ihn der Erweckte in der Tasche hat. Religiosität mit Humor als Inkognito ist daher: Einheit von absoluter (dialektisch verinnerlichter) religiöser Leidenschaft und Geistesreife, die die Religiosität von aller Äußerlichkeit in Innerlichkeit zurückruft und darin ja wieder die absolute religiöse Leidenschaft ist. Der Religiöse entdeckt, daß, was ihn absolut beschäftigt, andere nur wenig zu beschäftigen scheint, schließt aber nichts daraus, da er teils dazu keine Zeit hat, teils nicht mit Bestimmtheit wissen kann, ob alle diese Menschen doch nicht Ritter der verborgenen Innerlichkeit sind. Er läßt sich von den ihn Umgebenden zu dem nötigen, was die dialektische Verinnerlichung von ihm fordert, zwischen den Menschen und sich eine Scheidewand aufzurichten, um die Innerlichkeit des Leidens und des Gottesverhältnisses zu schützen und schirmen. Daraus folgt jedoch nicht, daß ein solcher Religiöser untätig wird, im Gegenteil, er geht ja gerade nicht aus der Welt, sondern bleibt in ihr, denn darin besteht ja gerade sein Inkognito. Aber sein Wirken nach außen verinnerlicht er nach innen vor Gott, indem er eingesteht, daß er nichts vermag, indem er jedes ideologische Verhältnis zum Wirken in der Richtung nach außen, jeden Erfolg desselben in der Endlichkeit abbricht, obgleich er mit äußerster Kraft arbeitet; und das ist gerade Begeisterung.

Ein Erweckter fügt äußerlich[1] immer Gottes Namen hinzu, die Gewißheit seines Glaubens steht ganz fest. Aber die Gewißheit des Glaubens ist ja an der Ungewißheit kenntlich, und wie seine Gewißheit die höchste von allen ist, so ist diese selbe Gewißheit die ironischste von allen, sonst ist sie nicht die Gewißheit des Glaubens. Es ist gewiß, daß alles, was Gott gefällt, dem Frommen gelingt, es ist gewiß, o so gewiß, ja nichts ist so gewiß wie dies. Aber nun das Nächste, und bedenke gefälligst, daß die Untersuchung nicht auf dem Papier, sondern in der Existenz geschieht, und der Glaubende ein einzelner in der Konkretion der Existenz Existierender ist. Das ist also das ewig Gewisse, daß, was Gott gefällt, dem Frommen gelingt. Nun aber das Nächste, was ist das, was Gott gefällt? Ist es dieses oder jenes, ist es diese Lebensstellung, die er wählen, dieses Mädchen, das er heiraten soll, diese Arbeit, die er anfangen, diese Unternehmung, die er aufgeben soll? Ja, vielleicht, und vielleicht nicht. Ist das nicht ironisch? Und doch ist es ewig gewiß, und ist nichts so gewiß wie dies, daß, was Gott gefällt, dem Frommen gelingt. Ja, aber deshalb soll sich der Religiöse nicht soviel um das Äußere bekümmern, sondern nach den höchsten Gütern, nach Frieden der Seele, nach dem Frieden seiner Seele trachten: dies gefällt Gott immer. Und es ist gewiß, und so gewiß, wie daß Gott lebt, daß, was Gott gefällt, dem Frommen gelingt. Es gefällt also Gott, daß er es tue; aber wann wird es ihm gelingen? Sogleich, oder über ein Jahr, oder vielleicht erst am Ende des irdischen Lebens, kann der Kampf und die Prüfung nicht so lange dauern? Vielleicht, vielleicht auch nicht. Ist das nicht ironisch? Und doch ist es gewiß, o so gewiß, daß, was Gott gefällt, dem Frommen gelingt; bricht diese Gewißheit, so bricht der Glaube, hört aber die Ungewißheit auf, die sein Kennzeichen und seine Form ist, so sind wir nicht weiter in Religiosität, sondern zu kindischen Formen zurückgekommen. Sobald nicht die Ungewißheit die Form der Gewißheit ist, sobald nicht die Ungewißheit den Religiösen beständig in der Schwebe hält, damit er beständig die Gewißheit ergreife, sobald die Gewißheit den Religiösen gleichsam plombiert, ja, so ist er natürlich im Begriff Masse zu werden.

---

[1] Man denke daran, daß das Leben eines Apostels paradox-dialektisch ist, darum wendet er sich nach außen. Jeder, der kein Apostel ist, wird, wenn er es ebenso macht, zu einem irrenden Ästhetiker.

Aber aus der verborgenen Innerlichkeit mit Humor als Inkognito scheint zu folgen, daß der Religiöse davor geschützt ist, ein Märtyrer zu werden, was der Erweckte gar zu gern werden möchte. Ja freilich ist der Ritter der verborgenen Innerlichkeit davor geschützt, er ist im Vergleich mit dem Erweckten, der dem Martyrium getrost entgegengeht, ein Säugling, das Martyrium müßte denn im Leiden der Vernichtung liegen, das der erfährt, der der Unmittelbarkeit abstirbt, im Widerstand des Göttlichen selbst gegen den Existierenden, der sich absolut zu verhalten verhindert wird, und endlich im Leben in der Welt mit dieser Innerlichkeit, ohne einen Ausdruck dafür zu haben. Psychologisch gilt ganz einfach das Gesetz, daß, wenn eine Kraft, die sich nach außen wendet, das und das vermag, eine noch größere Kraft erforderlich ist, sie zu verhindern nach außen zu greifen. Denn wenn sich die Kraft nach außen wendet, und der Widerstand von außen kommt: so ist der Widerstand nur halb als Widerstand anzusehen, halb ist er Unterstützung. Die verborgene Innerlichkeit hat ihr Martyrium in sich selbst.

Dann ist ja aber möglich, daß jeder zweite Mensch ein solcher Ritter der verborgenen Innerlichkeit ist? Ja, warum nicht? Wem kann es schaden? Vielleicht dem einen oder anderen, der doch etwas Religiosität besitzt und es unverantwortlich findet, daß dies nicht anerkannt werden soll; also einem, der den Anblick nicht zu ertragen vermöchte, daß die leidenschaftlichste Innerlichkeit im Äußeren seinem Gegensatz täuschend gliche. Warum wählt ein solcher Religiöser aber nicht das Kloster, wo es doch Avancement und Beförderung, eine Rangordnung für die Religiösen gibt? Den wahren Ritter der verborgenen Innerlichkeit kann es nicht stören, ihn beschäftigt es allein, ein solcher zu sein, weniger es zu scheinen (so, daß er eine gewisse Anstrengung anwenden muß, es zu verhindern), gar nicht, ob alle anderen Menschen dafür gelten.

Kehren wir aber von diesem hypothetischen Einblick zum Beobachter zurück: er kann getäuscht werden, wenn er einen Humoristen für einen Religiösen nimmt. In seinem Innern ist der Religiöse nichts weniger als Humorist, er ist im Gegenteil absolut mit seinem Gottesverhältnis beschäftigt. Er stellt daher auch nicht das Komische zwischen sich und andere, um sie lächerlich zu machen oder über sie zu lachen (eine solche Richtung nach außen geht weg von der Religiosität), da er aber, weil die wahre Religiosität in der verborgenen Innerlichkeit besteht, sie nicht im Äußeren ausdrücken darf, wodurch sie ja verweltlicht wird, so muß er beständig den Widerspruch entdecken; und eben weil es ihm noch nicht ganz gelang, die Innerlichkeit zu widerrufen, wird Humor sein Inkognito, und ein Indizium. Er verbirgt dann seine Innerlichkeit nicht, um andere komisch aufzufassen, nein umgekehrt, damit die Innerlichkeit bei ihm Wahrheit werde, verbirgt er sie und entdeckt dabei das Komische, mit dem er sich jedoch keine Zeit läßt, sich zu beschäftigen. Er fühlt sich dann auch nicht besser als andere, denn eine solche komparative Religiosität ist gerade Äußerlichkeit und also nicht Religiosität. Er meint auch nicht, daß jemand das, was für ihn das Wichtigste ist, für einen Narrenstreich ansehe; selbst wenn jemand das behauptet, hat er keine

Zeit darauf zu hören, sondern er weiß, daß die Grenze des gegenseitigen Verstehens die absolute Leidenschaft ist.

Absolute Leidenschaft kann von einem Dritten nicht verstanden werden, dies gilt für anderer Verhältnis zu ihm und für sein Verhältnis zu anderen. In absoluter Leidenschaft befindet sich der Leidenschaftliche auf der höchsten Spitze seiner konkreten Subjektivität, nachdem er sich aus jeder Relativität der Äußerlichkeit herausreflektiert hat, aber ein Dritter ist gerade eine Relativität. Davon weiß schon ein absolut Verliebter Bescheid. Ein absolut Verliebter weiß davon, ob er mehr oder weniger verliebt ist als andre, gar nichts, denn wer das weiß, ist eben nicht absolut verliebt. Er weiß auch nicht, daß er der einzige in Wahrheit Verliebte ist, denn weiß er das, so ist er eben nicht absolut verliebt, und doch weiß er, daß ein Dritter ihn nicht verstehen kann, weil ein Dritter ihn nur als Gegenstand der Leidenschaft im allgemeinen, aber nicht in der Absolutheit der Leidenschaft verstehen wird. Wird nun jemand meinen, dies habe seinen Grund darin, daß der Gegenstand der Liebe als dieser Einzelne etwas Zufälliges an sich habe, und dann einwenden, Gott sei ja nichts einzelnes, also müsse der eine Religiöse den anderen in der absoluten Leidenschaft verstehen, so muß darauf geantwortet werden, daß alles Verstehen zwischen Mensch und Mensch immer in einem Dritten, einem Abstrakteren geschehen muß, was keiner von ihnen ist. Aber in der absoluten Leidenschaft, die das Äußerste der Subjektivität ist, und in dem innerlichen Wie dieser Leidenschaft, ist das Individuum von diesem Dritten gerade am meisten entfernt. Aber Liebe ist doch anders dialektisch als Religiosität, denn Liebe kann sich im Äußeren ausdrücken, Religiosität nicht, wenn anders die wahre Religiosität in der verborgenen Innerlichkeit besteht und selbst die Klosterbewegung eine Verirrung ist.

Sagt jemand, diese verborgene Innerlichkeit mit Humor als Inkognito sei Stolz, so zeigt er sich bloß selbst an, daß er nicht der Religiöse ist, denn sonst würde er sich ja gerade in derselben Lage wie der andere befinden, würde absolut nach innen gekehrt sein. Was der Einwendende mit seinem Einwand eigentlich bezweckt, ist, den Religiösen in ein relatives Gezänk hineinzuziehen, wer von den beiden nun der Religiösere sei, und dadurch zu erreichen, daß keiner von ihnen religiös wird. Überhaupt gibt's da eine Menge Einwände, die nur eine Selbstanzeige enthalten, und ich werde oft, wenn ich an sie denke, daran erinnert, was man von einem Leutnant und einem Juden erzählt, die sich auf der Straße begegneten. Der Leutnant geriet in Zorn, weil der Jude ihn ansah, und rief: „Was glotzt er, Jude!" Der Jude antwortete mit richtiger Ironie: „Woher wissen Herr Leutnant, daß ich Sie ansehe?"

Nun, ist etwas Stolz und Anmaßung, womit ich niemand beschuldige, am wenigsten so, daß er sich dessen bewußt sei: so ist es jeder direkte Ausdruck für das Gottesverhältnis, jeder direkte Ausdruck, wodurch sich der Religiöse kenntlich machen will. Wenn das Gottesverhältnis die höchste Auszeichnung eines Menschen ist (ob auch diese Auszeichnung jedem zugänglich ist), so ist der direkte

Ausdruck eine Anmaßung; ja selbst der direkte Ausdruck, daß man, wie man sagt, ein Verstoßener sei, ja selbst den Spott der Welt über sich in einen direkten Ausdruck dafür zu verwandeln, daß man der Religiöse sei, ist Anmaßung, denn der direkte Ausdruck enthält indirekt eine Beschuldigung gegen alle andern, daß sie nicht religiös seien. Das Humane ist die verborgene Innerlichkeit in absoluter Leidenschaft; worin wieder liegt, daß sich jeder andere Mensch Gott ebensogut nähern können muß, denn wer in absoluter Innerlichkeit wissen will, daß er ein Erwählter ist, dem fehlt *eo ipso* Innerlichkeit, da sein Leben komparativ ist.

Dieses Komparative und Relative sucht gewöhnlich in unbewußter Täuschung, unter der Form von herzlicher gegenseitiger Aussprache, lindernden Ablaß. Der absolut Verliebte hat mit keinem Dritten zu tun, er nimmt bereitwillig an, jeder andere sei ebenso verliebt, er findet keinen Menschen *qua* Liebhaber lächerlich; aber er findet es lächerlich, daß man sich *qua* Liebhaber zu einem Dritten verhalten solle, gleich wie umgekehrt jeder Liebhaber ihn lächerlich finden müßte, wenn er sich als Dritten anböte. Die Religiosität der verborgnen Innerlichkeit findet sich nicht besser als irgend einen anderen Menschen, findet sich durchs Gottesverhältnis nicht anders ausgezeichnet, als es jeder Mensch sein kann, und der, welcher sich vor dem Ideal demütigt, findet sich schwerlich gut, geschweige denn besser als andere, aber er weiß auch, daß, wenn ein Dritter dabei, daß er sich vor Gott demütigt, Zeuge ist (mit seinem Wissen, sonst ist es ja dasselbe, als wenn keiner da wäre), er sich nicht vor Gott demütigt.

Daraus folgt indes ganz konsequent, daß er gerade am äußeren Gottesdienst teilnehmen wird; denn teils wird er dasselbe Bedürfnis danach haben wie alle anderen, teils würde Zurückhaltung davon ein weltlicher Versuch sein, negativ auf sich aufmerksam zu machen, und schließlich ist ja *da* kein Dritter, wenigstens nicht mit dem Wissen des Religiösen, da er natürlich annimmt, jeder, der da ist, sei um seiner selbst willen da, nicht um andere zu beobachten, was nicht einmal bei dem der Fall ist, der, wie ein vornehmer Gutsbesitzer sagte, der Dienstboten wegen zur Kirche geht, um ihnen mit einem guten Beispiel voranzugehen, wie man nicht zur Kirche gehen soll.

Das Komische zeigt sich beim Verhältnis der verborgenen Innerlichkeit zur Umgebung, indem der Religiöse ja hört und sieht, was, wenn es mit seiner inneren Leidenschaft zusammengestellt wird, komisch wirkt. Wenn daher selbst zwei Religiöse miteinander redeten, würde der eine komisch auf den anderen wirken, denn jeder von ihnen würde beständig seine Innerlichkeit *in mente* haben und nun, was der andere sagt, damit zusammen hören und würde es komisch hören, weil keiner von ihnen die verborgene Innerlichkeit direkt ausdrücken dürfte. Höchstens würden sie beim Mitklingen des Humoristischen Verdacht gegeneinander schöpfen.

Ob es nun wirklich einen solchen Religiösen gibt oder gegeben hat, ob es alle sind oder keiner, entscheide ich nicht und kann ich unmöglich entscheiden. Selbst wenn ich wirklich ein Beobachter wäre, würde ich doch einem solchen

Religiösen gegenüber nie weiter als zu einem Verdacht auf Grund des Humoristischen kommen, und was mich selbst betrifft, da weiß ich nur allzugut, daß ich nicht der Religiöse bin. Gleichwohl kann man mir aber doch wohl das Vergnügen gönnen, dazusitzen und damit zu experimentieren, wie sich solch ein Religiöser im Dasein verhalten würde, ohne daß ich auf spekulative Weise, entgegen dem alten: *conditio non ponit esse*, den Paralogismus verschulde, vom Hypothetischen aufs Sein zu schließen, geschweige denn, kraft der Identität des Denkens und Seins, von meinem hypothetischen Denken darauf, daß ich es selbst sei. Mein Experiment ist so unschuldig wie möglich und kann niemand beleidigen, denn es tritt keinem mit der Aussage zu nah, daß er der Religiöse sei, und beleidigt keinen durch die Leugnung, er sei es nicht; es macht möglich, daß es niemand ist, und daß es alle sind, mit Ausnahme von denen, die es nicht beleidigen kann, da sie selbst sagen, sie seien nicht religiös, ob sie es nun direkt sagen, wie ich, oder indirekt, indem sie weitergehen.

Hierzu ist auch der eine und andere Erweckte zu rechnen, den es beleidigen würde, wenn man von ihm sagte, er sei ein solcher Religiöser und mein Experiment soll keinen beleidigen. Es gibt willig zu, daß ein solcher Erweckter nicht der Ritter der verborgenen Innerlichkeit sei; das erkennt man ganz gut, denn den Erweckten erkennt man ganz gut. Wie es eine Gottlosigkeit gibt, die sich erkennbar macht und erkannt sein will, so gibt es auch eine ähnliche Frömmigkeit, ob man auch darauf merken muß, wieweit diese Erkennbarkeit ihren Grund darin hat, daß der Erweckte, vom Religiösen überwältigt, krank, und die Erkennbarkeit daher eine Unbehilflichkeit ist, unter der er selbst leidet, bis sich die Religiosität bei ihm gesünder nach innen konzentriert.

Wo aber die Frömmigkeit erkannt sein will, verhält es sich anders. Es ist ein frommer und im strengsten Sinn gottesfürchtiger Ausdruck für das Verhältnis zu Gott, sich selbst als Sünder zu erkennen; es gibt eine Gottlosigkeit, die am Trotz erkannt sein will, der dies laut leugnet; aber nun die andere Seite der Erkennbarkeit: wenn drei Erweckte einen Ehrenstreit miteinander haben, wer der größte Sünder sei, also eine Schlägerei um diese Würde: so ist ja der fromme Ausdruck für sie eine weltliche Titulatur geworden.

Im vorigen Jahrhundert wurden durch einen von Lord Shaftesbury[1] aufgestellten Satz, der das Lachen zur Probe der Wahrheit macht, einige Untersuchungen veranlaßt, ob es richtig sei oder nicht.[2] In unserer Zeit hat die Hegelsche Philosophie[3] dem Komischen das Übergewicht geben wollen, was von der Hegelschen Philosophie besonders drollig erscheinen kann, die vielleicht von allen Philosophien am wenigsten von *der* Seite einen Stoß auszuhalten vermag. Zum täglichen Gebrauch lacht man, wenn etwas lächerlich gemacht wird, und

---

1 [Characteristics of men, manners and opinions (London 1714), S. 57 ff.]

2 [Vgl. z. B. Herders Adrastea 14.]

3 [Z. B. Ästhetik III, S. 579.]

wenn man dann gelacht hat, sagt man zuweilen: es ist doch unverantwortlich, so etwas lächerlich zu machen. Wenn es aber recht lächerlich gemacht ist, kann man's nicht lassen, die Geschichte weiter zu erzählen, natürlich mit dem erbaulichen Nachsatz, nachdem gelacht ist: es ist unverantwortlich, so etwas lächerlich zu machen. Man merkt nicht, wie lächerlich *das* ist, daß der Widerspruch in dem fingierten Versuch liegt, mit Hilfe eines erbaulichen Nachsatzes ethisch handeln zu wollen, anstatt die Voraussetzung aufzugeben.

Wenn es sich nun so verhält, wenn der Fortschritt und die allgemeine Verbreitung der Kultur und Politur, wenn die Verfeinerung des Lebens dazu beiträgt, den Sinn für das Komische zu entwickeln, so daß eine überwiegende Vorliebe für das Komische für unsere Zeit charakteristisch ist, die sich im richtigen wie im falschen Sinne über die aristotelische Betrachtung[1] zu freuen scheint, welche den Sinn für das Komische als etwas die Menschennatur Auszeichnendes hervorhebt: so müßte der religiöse Vortrag längst darauf aufmerksam geworden sein, wie sich das Komische zum Religiösen verhalte, denn was das Leben der Menschen so sehr beschäftigt, was im Gespräch, im Verkehr, in Schriften, in der Modifikation der ganzen Lebensanschauung fortwährend wiederkehrt, darf das Religiöse nicht ignorieren, es müßten denn die Sonntagsvorstellungen in der Kirche eine Art Ablaß sein sollen, wo man sich für verdrießliche Andacht während einer Stunde die Erlaubnis kauft, die ganze Woche über ungeniert zu lachen. Die Frage nach der Berechtigung des Komischen, nach seinem Verhältnis zum Religiösen, ob es nicht sogar im religiösen Vortrag eine berechtigte Bedeutung habe, ist für eine religiöse Existenz zu unserer Zeit, wo das Komische überall den Sieg davonträgt von wesentlicher Bedeutung. Ach und weh über diese Äußerung zu schreien beweist nur, wie wenig die Verteidiger das Religiöse, das sie verteidigen, respektieren, da es doch wohl einen viel größeren Respekt vor dem Religiösen bedeutet, zu verlangen, daß es zum täglichen Gebrauch in seine Gerechtsame eingesetzt werde, als es verschroben in Sonntagsferne hinzuhalten.

Die Sache ist ganz einfach. Das Komische ist in jedem Lebensstadium zur Stelle (*nur daß die Stellung verschieden ist*), denn überall, wo Leben ist, ist Widerspruch, und wo Widerspruch ist, ist das Komische zur Stelle. Das Tragische und das Komische sind dasselbe, insofern als beide den Widerspruch bezeichnen, aber *das Tragische* ist *der leidende Widerspruch*, *das Komische der schmerzlose Widerspruch.*[2] Daß das, was die komische Auffassung komisch ansieht, der komischen

1 [Z. B. Poetik, Kap. 4, Ethika Nikomachea 4,14.]

2 Die aristotelische Definition (Poetik, Kap. 5): *το γαρ γελοιον ἐστιν ἁμαρτημα τι καὶ αἶσχος ἀνωδυνον οὐ φθαρτικον*, ist nicht derart, daß sie nicht ganze Familien, vom Komischen geschützt, in ihrer Lächerlichkeit ließe, und daß es nicht zweifelhaft bliebe, inwiefern die Definition, selbst im Verhältnis zu dem Komischen, das sie umfaßt, uns nicht mit dem Ethischen in Kollision bringe. Sein Beispiel: daß man über ein häßliches oder verzerrtes Gesicht lache, wenn dieses, wohl zu merken, dem, der es hat, nicht Schmerz verursache, ist weder ganz richtig noch so glücklich gewählt, daß es gleichsam mit *einem* Schlage das Geheimnis des Komi-

schen erklärt. Es fehlt dem Beispiel an Reflexion, denn ob das verzerrte Gesicht auch keine Schmerzen verursacht, so ist es ja doch schmerzlich, dazu bestimmt zu sein, so das Lachen zu erregen, wenn man nur sein Gesicht zeigt. Es ist schön und richtig, daß Aristoteles das vom Lächerlichen absondern will, was Mitleid erregt, wozu auch das Jämmerliche, das Bejammernswerte gehört. Selbst bei komischen Dichtern von hohem Range kann man Beispiele davon finden, daß nicht das rein Lächerliche, sondern das mit einem Zusatz von Jämmerlichem versehene gebraucht ist („Trop" ist z. B. in einzelnen Szenen mehr jämmerlich als lächerlich. Der Vielgeschäftige dagegen ungemischt lächerlich, gerade weil er im Besitz von allen für ein glückliches, sorgenfreies Leben nötigen Bedingungen ist). In diesem Sinne fehlt es dem aristotelischen Beispiel an Reflexion, aber der Fehler der Definition ist, daß sie das Lächerliche als ein Etwas auffaßt, während das Komische ein Verhältnis, das, wenn auch schmerzlose, Mißverhältnis des Widerspruchs ist.

Ich will hier tumultuarisch eine Anzahl Beispiele andeuten, um zu zeigen, daß das Komische überall ist, wo es einen Widerspruch gibt, und wo man mit Recht vom Schmerz absieht, weil er unwesentlich ist.

Hamlet schwört bei einer Feuerzange [Akt 3, Szene 2. Schlegel: „Bei diesen beiden Diebeszangen", seinen Händen]; das Komische liegt im Widerspruch zwischen der Feierlichkeit eines Eides und dem Attribut, das den Eid aufhebt, gleichgültig, was dessen Gegenstand ist.

Wenn einer sagen würde: ich kann mein Leben dafür wagen, daß auf dem Einband dieses Buches reichlich für 4 Schilling Gold ist [Anspiegelung auf Heibergs Urania]: so ist das komisch. Der Widerspruch liegt zwischen dem höchsten Pathos (sein Leben zu wagen) und dem Gegenstande; er wird durch das Wort: reichlich neckend verschärft, das die Aussicht auf eine Möglichkeit von 4 und einem halben Schilling eröffnet, als ob der Widerspruch dann geringer wäre.

Von Holofernes wird gesagt, er sei 7 Ellen lang und ¼ [in Holbergs Ulysses von Ithazien, 2. Akt, 5. Szene]. Der Widerspruch liegt eigentlich in letzterem. Die 7 Ellen sind phantastisch, aber das Phantastische pflegt nicht von Vierteln zu reden; das Viertel als Maßstab erinnert an die Wirklichkeit. Wer über die 7 Ellen lacht, lacht nicht korrekt, wer aber über 7 Ellen und ¼ lacht, der weiß, worüber er lacht.

Wenn der Pfarrer da am heftigsten gestikuliert, wo die Kategorie zu einer niedereren Sphäre gehört, so ist es komisch, es ist, als wenn jemand ruhig und gleichgültig sagen würde: „Ich will mein Leben für mein Vaterland opfern", und dann mit dem höchsten Pathos, mit Gesten und Mienenspiel hinzufügen wurde: ja für zehn Taler will ich es tun. Wenn das aber in der Kirche geschieht, darf ich darüber nicht lachen, weil ich nicht ästhetischer, sondern religiöser Zuhörer bin, wie der Pfarrer auch sein mag.

Es ist echt komisch, wenn Pryssing [In Heibergs *Der Rezensent und das Tier*, Szene 6 u. ff.] zu Trop „er" sagt; und weshalb? Weil die Mäzenatenrelativität, die Pryssing durch diese Anrede gegen Trop geltend machen will, zu der totalen Lächerlichkeit in Widerspruch steht, innerhalb deren Pryssing und Trop als ihresgleichen auf gleicher Basis stehen.

Wenn sich ein Kind von 4 Jahren nach einem Kind von 3 ½ Jahren umwendet und fürsorglich sagt: „Komm nun, mein Lämmchen", so ist das komisch, wenn man auch, weil keins der Kinder an sich lächerlich ist, mehr lächelt als lacht, und zwar mit einer gewissen Rührung. Aber das Komische liegt doch in der Relativität, die das Kleine dem andern Kleinen gegenüber geltend machen will; das Rührende liegt in der kindlichen Weise, in der das geschieht.

Wenn ein Mann um die Erlaubnis sich als Gastwirt niederzulassen nachsucht, und es ihm abgeschlagen wird, so ist das nicht komisch; wird es dagegen abgeschlagen, weil es so wenig Gastwirte gibt, so ist es komisch, weil das, was ein Grund dafür ist, als Grund dagegen gebraucht wird. So erzählt man von einem Bäcker, der zu einer armen Frau sagte: „Nein, Mutter, sie

bekommt nichts, neulich kam eine, die auch nichts bekam, wir können nicht allen geben." Das Komische liegt darin, daß er durch subtrahieren gleichsam die Summe und das Fazit: alle, herausbekommt.
Wenn ein Mädchen um die Erlaubnis sich als öffentliches Frauenzimmer niederzulassen nachsucht und es ihr abgeschlagen wird, so ist das komisch. Man denkt mit Recht, daß etwas Angesehenes zu werden schwer ist (wie es z. B. nicht komisch ist, wenn einer Jägermeister zu werden nachsucht, und es ihm abgeschlagen wird), aber eine abschlägliche Antwort auf ein Gesuch zu erhalten, daß man etwas Verächtliches werde, ist ein Widerspruch. Natürlich ist es auch komisch, wenn sie die Erlaubnis erhält, aber der Widerspruch ist dann ein anderer, der, daß die legale Obrigkeit gerade, indem sie ihre Macht zeigt, ihre Ohnmacht zeigt, ihre Macht durch das Geben der Erlaubnis, ihre Ohnmacht dadurch, daß sie diese nicht auf erlaubte Weise geben kann.
Irrtümer sind komisch und alle aus einem Widerspruch zu erklären, wie verwickelt auch die Kombinationen sind.
Wenn etwas an sich Komisches das Gewöhnliche geworden ist, was mit zur Tagesordnung gehört, so hält man sich nicht darüber auf und lacht erst, wenn es sich in zweiter Potenz zeigt. Wenn man weiß, daß ein Mann zerstreut ist, gewöhnt man sich daran und denkt nicht an den Widerspruch, bis dieser sich dann und wann verdoppelt, wo dann der Widerspruch darin besteht, daß das, was zum Verbergen der ersten Zerstreutheit dienen soll, eine noch größere offenbart. Wie wenn ein Zerstreuter mit der Hand in eine Schüssel voll Spinat greift, die vom Diener angeboten wird, seine Zerstreutheit entdeckt und nun, um sie zu verbergen, sagt: „Ach ich dachte es sei Kaviar"; denn Kaviar nimmt man auch nicht mit den Fingern.
Ein Sprung in der Rede kann komisch wirken, weil der Widerspruch ist: der Sprung und die vernünftige Vorstellung von der Rede, daß diese gerade das Zusammenhängende sei. Ist der Redende verrückt, lacht man darüber nicht.
Wenn ein dänischer Bauer bei einem Mann, der ein Deutscher ist, anklopft, ihn zu sprechen bekommt, um ihn zu fragen, ob im Hause nicht ein Mann wohne, dessen Namen der Bauer vergessen habe, der aber ein Fuder Torf bestellt habe, und wenn der Deutsche, ungeduldig, weil er nicht verstehen kann, was der Bauer sagt, ausruft: „Das ist doch wunderlich", zur großen Freude des Bauers, der sagt: „Richtig, Wunderlich hieß der Mann": so liegt der Widerspruch darin, daß der Deutsche und der Bauer nicht zusammen reden können, weil die Sprache hinderlich ist, und der Bauer trotzdem durch die Sprache Aufklärung erhält.
Durch den Widerspruch kann daher das an und für sich nicht Lächerliche Lacher verursachen. Wenn ein Mann tagtäglich in sonderbarem Aufzuge zu erscheinen pflegt und dann endlich einmal recht fein auftritt: dann lacht man darüber, weil man sich an das andere erinnert.
Wenn ein Soldat auf der Straße steht und die Herrlichkeit im Fenster eines Galanteriewarengeschäfts angafft und, um besser zu sehen, näher tritt; wenn er da mit einem rechten Gafferausdruck im Gesicht, das Auge allein auf den Staat im Fenster gerichtet, nicht merkt, daß der Keller unverhältnismäßig vorspringt, so daß er, gerade wie er eben gut sehen kann, im Keller verschwindet: so liegt der Widerspruch in der Bewegung, in der Richtung des Kopfes und Blickes aufwärts, und dann der unterirdischen Richtung in den Keller hinunter. Hätte er nicht in die Luft gesehen, wäre es nicht so lächerlich. Darum ist es auch komischer, wenn ein Mann, der nach den Sternen guckt, in ein Loch fällt, als wenn dies einem begegnet, der nicht so über das Irdische erhaben ist.
Darum kann ein Betrunkener so komisch wirken, weil er den Widerspruch der Bewegung ausdrückt. Das Auge fordert Gleichmäßigkeit des Ganges; je mehr nun noch eine Art Grund dazukommen kann, sie zu fordern, desto komischer wirkt der Widerspruch (ein Schwerbetrunkener ist daher weniger komisch). Kommt z. B. ein Vorgesetzter vorbei, und der Betrunkene,

---

selbst darauf aufmerksam, will sich zusammennehmen und gerade gehen: so wird das Komische deutlicher, weil es der Widerspruch wird. Ein paar Schritte glückt es ihm, bis der Geist der Widerspruchs wieder mit ihm durchgeht. Glückt es ihm ganz, während er am Vorgesetzten vorbeipassiert, so wird der Widerspruch ein anderes: daß wir es wissen, daß er betrunken ist, und man es doch nicht sieht. In dem einen Fall lachen wir über ihn, wenn er taumelt, weil das Auge Gleichmäßigkeit verlangt; in dem andern Falle lachen wir über ihn, weil er sich gerade hält, da unser Wissen davon, daß er betrunken ist, ihn taumeln zu sehen fordert. So wirkt es auch komisch, wenn man einen Nüchternen in herzlichem und vertraulichem Gespräch mit einem Mann sieht, von dem er nicht weiß, daß er betrunken ist, wenn der, der es sieht, davon weiß. Der Widerspruch liegt in der Gegenseitigkeit der beiden zusammen Redenden, daß sie nämlich nicht vorhanden ist, und der nüchterne Mann es nicht gemerkt hat.

Es ist komisch, wenn ein Mann in alltäglicher Rede die rhetorische Frageform vom Predigtvortrag her gebraucht (die keine Antwort verlangt, sondern bloß den Übergang bildet, selbst zu antworten), es ist komisch, wenn dann der, mit dem er redet, es mißversteht und mit der Antwort einfällt. Das Komische liegt im Widerspruch: zu gleicher Zeit Orator und einer, der sich unterredet, oder in einer Unterredung Orator sein zu wollen; der Irrtum des andern macht es offenbar und ist eine gerechte Nemesis; denn wer in solchen Formen mit einem andern redet, sagt indirekt: „Wir zwei reden nicht miteinander, sondern ich bin es, der redet."

Die Karikatur ist komisch, weshalb? Durch den Widerspruch zwischen Gleichheit und Ungleichheit; die Karikatur muß einem Menschen gleichen, sogar einem wirklichen, bestimmten Menschen; gleicht sie ihm gar nicht, so ist sie nicht komisch, sondern ein unmittelbarer Versuch in nichtssagender Phantastik.

Der Schatten eines Mannes an der Wand, während man dasitzt und mit diesem redet, kann komisch wirken, weil er dem Mann gehört, mit dem man redet (der Widerspruch: daß man zu derselben Zeit sieht, daß er es nicht ist). Sähe man denselben Schatten an der Wand, aber da wäre niemand, oder sähe man den Schatten und sähe den Mann nicht, so wäre es nicht komisch. Je mehr die Wirklichkeit des Mannes betont wird, desto komischer wird der Schatten. Wird man z. B. durch den Ausdruck im Gesicht, durch den Wohlklang der Stimme und die Richtigkeit seiner Bemerkungen gefesselt, und sieht dann in demselben Augenblick den verzerrenden Schatten, so ist die komische Wirkung am größten, wenn sie dann nicht verletzt. Ist es ein Faselhans, mit dem man redet, so wirkt der Schatten nicht so recht komisch, man empfindet eher eine Befriedigung darüber, daß der Schatten ihm gewissermaßen ideal gleicht.

Der Kontrast wirkt durch den Widerspruch komisch, ob nun das Verhältnis darin besteht, daß das an und für sich Lächerliche gebraucht wird, um das Lächerliche lächerlich zu machen, oder das Lächerliche das an und für sich Nichtlächerliche lächerlich macht, oder das Lächerliche und das Lächerliche gegenseitig einander lächerlich macht, oder das an und für sich Nichtlächerliche und das an und für sich Nichtlächerliche durch das Verhältnis lächerlich wird.

Wenn ein dänisch-deutscher Pfarrer auf der Kanzel sagt: „Das Wort ward Schinken (Fläsk), so ist das komisch. Das Komische besteht nicht bloß in dem allgemeinen Widerspruch, der zutage kommt, wenn einer eine fremde Sprache redet, die er nicht kennt, und durch das Wort eine ganz andere Wirkung hervorruft, als er beabsichtigt; sondern der Widerspruch wird dadurch verschärft, daß es ein Pfarrer ist, und daß er predigt, da „reden" in bezug auf den Vortrag eines Pfarrers nur in einem spezielleren Sinne gebraucht wird, und man mindestens ohne weiteres voraussetzt, daß er die Sprache reden könne. Außerdem streift der Widerspruch auch das ethische Gebiet: daß man unschuldigerweise dazu kommen kann, sich einer Blasphemie schuldig zu machen.

Wenn man auf dem Kirchhof auf einem Grabe den poetischen Erguß eines Mannes liest, der den Verlust seines kleinen Sohnes in drei Zeilen beweint, bis er zuletzt in den Vers ausbricht:

„Tröste dich, Vernunft, er lebt!“ und diesen Erguß unterzeichnet findet: „Hilarius, Scharfrichter“: so wird dies sicher auf jeden einen komischen Eindruck machen. Zuerst wirkt der Name (Hilarius) in dieser Verbindung von selbst komisch, unwillkürlich denkt man: „Ja wenn man Hilarius heißt, kein Wunder, daß man sich da zu trösten versteht!“ Dann kommt seine Würde als Scharfrichter; denn wenn auch jeder Mensch Gefühl haben kann, so gibt es doch gewisse Stellungen im Leben, die nicht dafür gelten, ein näheres Verhältnis zum Gefühl zu haben. Schließlich der Ausbruch: „Tröste dich Vernunft!“ Daß nämlich ein Professor der Philosophie auf den Einfall kommen konnte, sich selbst mit der Vernunft zu verwechseln, ließe sich noch hören, aber einem Scharfrichter wird dies weniger gelingen. Wird da jemand sagen, der Scharfrichter rede nicht zu sich selbst (tröste dich, du vernünftiger Mann!), sondern zur Vernunft, so bleibt der Widerspruch ebenso komisch, denn man sage nun zu unserer Zeit von der Vernunft, was man will, so ist es doch eine zu dreiste Annahme, daß sie im Begriff sei beim Gedanken daran zu verzweifeln, daß Hilarius sein Kind verloren habe.
Mögen nun diese Beispiele genügen, und mag jeder, den sie stört, die Anmerkung ungelesen lassen. Man wird leicht sehen, daß die Beispiele nicht sorgfältig zusammengelesen sind, aber auch, daß sie keine Ausschußware vom Ästhetiker sind. Vom Komischen gibt es überall und zu jeder Zeit sicher genug, wenn man bloß die Augen dafür hat; man könnte davon so lange reden, wie gewünscht wird, wenn man nicht, klar darüber, wo man lachen soll, zugleich wüßte, wo man nicht lachen soll. Laß nur das Komische mit dabei sein; so wenig es unsittlich ist zu weinen, ebenso wenig ist es unsittlich zu lachen. Wie es aber unsittlich ist, zu allen Zeiten zu jammern, so ist es auch unsittlich, sich dem Reiz der Unbestimmtheit hinzugeben, der im Lachen liegt, wenn man nicht recht weiß, ob man lachen soll oder nicht, so daß man am Lachen keine Freude hat und die Reue unmöglich macht, wenn man am unrechten Ort gelacht hat. Darum ist das Komische in unserer Zeit zu einer Versuchung geworden, weil es selbst fast den Schein des Unerlaubten zu wünschen scheint, um den Zauber des Verbotenen zu bekommen und dann wieder als das Verbotene ahnen zu lassen, daß das Lachen alles zu verzehren vermöge.
Obgleich ich aber als Schriftsteller nicht viel Grund zum Stolz habe, so bin ich doch in dem Bewußtsein stolz, daß ich meine Feder schwerlich mit dem Komischen gemißbraucht, sie nie in den Dienst des Augenblicks gestellt habe, daß ich die komische Auffassung nie auf etwas oder jemand angewandt habe, ohne erst durch Zusammenstellung der Kategorien zu sehen, von welcher Sphäre das Komische kam, und wie es sich zu derselben Sache oder Person bei pathetischer Auffassung verhalten würde. Sich davon Rechenschaft zu geben, worin das Komische liegt, befriedigt auch, und mancher würde vielleicht das Lachen verlieren, wenn er es verstünde; ein solcher Mensch hat aber eigentlich nie recht Sinn für das Komische gehabt, und doch rechnen eigentlich alle, die im Komischen pfuschen, auf das Lachen solcher Leute. Mancher, der nur in Mutwillen und Ausgelassenheit komisch-produktiv ist, würde vielleicht auch, wenn man ihm sagte: „Denke daran, daß du für den Gebrauch deiner Komik ethisch verantwortlich bist“, er würde, wenn er sich Zeit darauf zu achten ließe, seine *vis comica* verlieren. Und doch gibt gerade der Widerstand dem Komischen seinen Nachdruck und verhindert das Kentern. Mutwillen und Leichtsinn als Hervorbringer des Komischen erzeugen das schallende Gelächter der Unbestimmtheit und des Sinnenreizes, das von dem Lachen höchst verschieden ist, welches die stille Durchsichtigkeit des Komischen begleitet. Will man eine gute Schule durchmachen, so enthalte man sich eine Zeitlang des Lachens, das antipathetische Leidenschaft erweckt, wo dunkle Mächte einen so leicht hinreißen können, und übe sich das Komische an dem Menschen oder der Sache zu sehen, gegen die man schonungsvoll ist, wo die Sympathie und das Interesse, ja Vorliebe die bildende Gegenwehr gegen Unbesonnenheit ausmachen.

Figur eingebildetes Leiden verursachen kann, tut nichts zur Sache. So würde es z. B. unrichtig sein, den Vielgeschäftigen komisch aufzufassen. Satire verursacht auch Schmerz, aber dieser Schmerz ist ideologisch dialektisch nach der Heilung hin. Der Unterschied zwischen dem Tragischen und Komischen liegt im Verhältnis des Widerspruchs zur Idee. Die komische Auffassung bringt den Widerspruch hervor oder läßt ihn offenbar werden, während sie den Ausweg *in mente* hat, darum ist der Widerspruch schmerzlos. Die tragische Auffassung sieht den Widerspruch und verzweifelt am Auswege. Dies ist selbstverständlich so zu verstehen, daß die verschiedenen Nuancen doch wieder der qualitativen Dialektik der Sphären gehorchen, die den Stab über subjektive Willkür bricht. Wenn einer so mit nichts alles komisch machen wollte, so sieht man sogleich, daß seine Komik keinen Trumpf hat, denn ihr fehlt das Heimatsrecht in irgendeiner Sphäre; und der Erfinder selbst müßte von der ethischen Sphäre aus als komisch behandelt werden, weil er als Existierender in irgendeiner Weise in der Existenz zu Hause sein muß. Würde einer sagen: Reue ist ein Widerspruch, *ergo* ist sie komisch, so würde man sofort sehen, daß dies Unsinn ist. Reue liegt in der ethisch-religiösen Sphäre, also ist sie so bestimmt, daß sie nur *ein* Höheres hat, nämlich das im strengsten Sinn Religiöse. Aber dieses wollte man ja nicht gebrauchen, um die Reue lächerlich zu machen. *Ergo* wollte man etwas Niedrigeres gebrauchen, und dann ist ja das Komische unberechtigt, oder etwas schimärisch Höheres (die Abstraktion), und dann ist der Lachlustige selbst komisch, wie ich im Vorigen das gegen die Spekulanten zu benützen versucht habe, daß sie komisch wurden, weil sie phantastisch geworden sind und das Höchste auf diesem Wege erreicht haben. Das Niedrigere kann das Höhere nie komisch machen, d. h. kann das Höhere nicht mit Recht komisch auffassen, hat keine Macht es komisch zu machen. Etwas anderes ist es, daß das Niedrigere, indem es mit dem Höheren zusammengestellt wird, das Verhältnis lächerlich machen kann. So kann ein Pferd veranlassen, daß sich ein Mann als lächerlich zeigt, aber das Pferd hat nicht die Macht ihn lächerlich zu machen.

Der Rang der verschiedenen Existenzstadien richtet sich nach ihrem Verhältnis zum Komischen, danach, ob sie das Komische bei sich oder außer sich haben, jedoch nicht in dem Sinn, als ob das Komische das Höchste wäre. Die Unmittelbarkeit hat das Komische außer sich, denn überall, wo Leben ist, ist Widerspruch, in der Unmittelbarkeit ist aber kein Widerspruch, darum kommt er von außen. Die endliche Verständigkeit will die Unmittelbarkeit komisch auffassen, wird aber gerade dadurch selbst komisch, denn was ihre Komik vermeintlich berechtigen soll, ist, daß sie schon einen Ausweg kennt, aber der Ausweg, den sie kennt, ist noch komischer. Dies ist unberechtigte Komik. Überall, wo ein Widerspruch ist und man keinen Ausweg kennt, den Widerspruch nicht in einem Höheren aufgehoben und berichtigt weiß, da ist der Widerspruch nicht schmerzlos[1], und wo die Berichtigung in etwas schimärisch Höherem besteht (vom Regen in die Traufe), da ist diese selbst komischer, weil der Widerspruch größer ist. So im Verhältnis zwischen Unmittelbarkeit und endlichem Verstand.

So ist auch die Komik der Verzweiflung eine unberechtigte Komik, denn die Verzweiflung weiß eben keinen Ausweg, weiß den Widerspruch nicht aufgehoben und muß ihn daher tragisch auffassen; was gerade der Weg zu dessen Heilung ist. Das, wodurch der Humor berechtigt ist, ist gerade seine tragische Seite, daß er sich mit dem Schmerz aussöhnt, von dem die Verzweiflung, obgleich sie keinen Ausweg kennt, abstrahieren will.

Ironie ist der Unmittelbarkeit gegenüber berechtigt, weil das Gleichgewicht, nicht als Abstraktion, sondern als Existenzkunst, höher als die Unmittelbarkeit steht. Nur ein existierender Ironiker ist daher der Unmittelbarkeit gegenüber berechtigt. Ein für allemal geltende Totalironie, wie ein wohlfeiler Einfall auf dem Papiere, ist wie alle Abstraktion jeder Existenzsphäre gegenüber unberechtigt. Wohl ist nämlich Ironie eine Abstraktion und ein abstraktes Zusammenstellen, aber die Berechtigung des existierenden Ironikers liegt darin, daß er dies selbst existierend ausdrückt, daß er darin lebt und nicht mit der Großartigkeit der Ironie spaßt, während er selbst ein Philisterleben führt; denn dann ist seine Komik unberechtigt.

Die Unmittelbarkeit hat das Komische außer sich; die Ironie hat es *bei sich*.[2] Der Ethiker, der Ironie als sein Inkognito hat, kann wieder das Komische in der Ironie sehen, aber hat nur die Berechtigung es zu sehen, wenn er sich selbst beständig im Ethischen hält, und sieht es deshalb beständig nur verschwinden.

Humor hat das Komische *bei sich* und ist bei dem existierenden Humoristen berechtigt (denn Humor ein für allemal *in abstracto* ist wie alles Abstrakte unberechtigt, die Berechtigung erwirbt der Humorist, indem er sein Leben darin

---

[1] Dies ist jedoch so zu verstehen, daß man nicht vergessen darf, daß keinen Ausweg zu wissen sich komisch auffassen läßt. So ist der Vielgeschäftige komisch, weil es komisch ist, daß ein vernünftiger Mensch aus all diesem Buchhaltungsunsinn den Ausweg nicht kennt, den Ausweg, der ganz einfach darin besteht, nicht noch ein paar Schreiber zum Konferieren anzustellen, sondern sie alle vor die Tür zu jagen.

[2] Aristoteles bemerkt (Rhetorik 3, 18): *ἐστι δ᾽ ἡ εἰρωνεια της βωμολοχιας ἐλευθεριωτερον. ὁ μεν γαρ αὑτου ἑνεκα ποιει το γελοιον, ὁ δε βωμολοχος ἑτερου.* Der Ironiker genießt das Komische selbst, im Gegensatz zum Spaßmacher, der andern damit dient, etwas lächerlich zu machen. Darum ist ein Ironiker, der, um das Komische zu genießen, den Beistand von Verwandten und Freunden und Bravorufern braucht, *eo ipso* ein mittelmäßiger Ironiker und im Begriff ein *scurra* zu werden. Aber auch in anderem Sinne hat der Ironiker das Komische bei sich und hat sich durch das Bewußtsein davon davor geschützt, es außer sich zu haben. Sobald ein existierender Ironiker aus seiner Ironie herausfällt, wird er komisch, z. B. wenn Socrates am Gerichtsstage pathetisch geworden wäre. Das Berechtigte liegt eben darin, daß die Ironie nicht ein läppischer Einfall, sondern eine Existenzkunst ist, denn dann erfüllt ein Ironiker größere Aufgaben als ein tragischer Held, gerade durch die ironische Herrschaft über sich selbst.

hat), er ist nur der Religiosität gegenüber nicht berechtigt, wohl aber allem gegenüber, was sich für Religiosität ausgibt. Die Religiosität, die Humor als Inkognito hat, kann wieder das Humoristische als komisch ansehen, hat aber nur die Berechtigung dazu, wenn es sich selbst beständig in religiöser Leidenschaft zu dem Gottesverhältnis hin hält, und sieht es deshalb beständig nur verschwinden.

Jetzt stehen wir an der Grenze. Die Religiosität, die in der verborgenen Innerlichkeit besteht, ist für die komische Auffassung *eo ipso* unzugänglich. Sie kann das Komische nicht außer sich haben, eben weil sie *verborgene* Innerlichkeit ist und also nicht mit etwas in Widerspruch kommen kann. Den Widerspruch, den der Humor dominiert, den höchsten Kreis des Komischen, hat sie sich selbst zum Bewußtsein gebracht und hat ihn als das Niedrigere bei sich. So ist sie gegen das Komische absolut gewappnet oder durch das Komische gegen das Komische geschützt.

Wenn die Religiosität in Kirche und Staat zuweilen die Hilfe der Gesetzgebung und Polizei verlangt hat, um sich gegen das Komische zu schützen, so kann dies ganz gut gemeint sein, aber die Frage ist, wieweit in letzter Instanz das dazu Bestimmende etwas Religiöses ist; und es ist ein Unrecht gegen das Komische, dieses für einen Feind des Religiösen zu halten. Ebensowenig wie Dialektik ist das Komische ein Feind des Religiösen, dem im Gegenteil alles dient und gehorcht. Aber die Religiosität, die wesentlich Anspruch auf Äußerlichkeit macht, wesentlich die Äußerlichkeit kommensurabel macht, mag sich nur vorsehen und sich selbst (daß sie Ästhetik werde) mehr fürchten als das Komische, das ihr mit Recht helfen könnte die Augen aufzumachen. Manches im Katholizismus kann dazu als Beispiel dienen. Und was das Individuum betrifft, so gilt Folgendes: der Religiöse, der will, daß alle ernsthaft sein sollen, wohl sogar geradeso ernsthaft wie er, weil er dumm-ernsthaft ist: der befindet sich in einem Widerspruch; und dem Religiösen, der es nicht ertragen könnte, daß, wenn es so sein sollte, alle über das lachten, was ihn absolut beschäftigt, dem fehlt es an Innerlichkeit. Daher sucht er im Sinnesbetrug Trost, darin, daß viele derselben Meinung sind, ja dasselbe Gesicht haben wie er, und sucht darin Erbauung, daß er zu seinem bißchen Wirklichkeit das Weltgeschichtliche fügt, „da sich ja jetzt überall neues Leben zu regen beginnt, die verheißene Neujahrszeit mit Blick und Herz für die Sache."[1]

Die verborgene Innerlichkeit ist für das Komische unzugänglich, was man auch daran sieht, daß, wenn ein solcher Religiöser gereizt werden könnte seine Religiosität plötzlich im Äußeren geltend zu machen, wenn er z. B. sich selbst vergäße und mit einem komparativ Religiösen in Streit geriete, und wieder sich selbst und die absolute Forderung der Innerlichkeit vergäße, indem er komparativ religiöser als der andere sein wollte, daß er dann komisch und der Wider-

[1] [Grundtvigsches oder Grundtvigianisches Zitat.]

spruch der wäre: zu gleicher Zeit sichtbar und unsichtbar sein zu wollen. Gegen anmaßende Formen des Religiösen gebraucht der Humor das Komische mit Recht, eben weil ein Religiöser doch, wenn er nur will, den Ausweg kennen muß. Darf man dies nicht voraussetzen, dann wird eine solche Auffassung in demselben Sinne mißlich, wie es die Auffassung des Vielgeschäftigen in komischer Weise sein würde, wenn es feststünde, daß er wirklich geistesschwach wäre.

Das Gesetz für das Komische ist ganz einfach: es ist überall, wo Widerspruch ist, und wo der Widerspruch deshalb schmerzlos ist, weil man ihn aufgehoben sieht, denn zwar hebt das Komische den Widerspruch nicht auf (es macht ihn im Gegenteil offenbar), aber das berechtigt Komische vermag es, sonst ist es nicht berechtigt. Talent zeigt sich darin, dies *in concreto* darstellen zu können. Die Prüfung des Komischen besteht im Nachsehen, welches Verhältnis zu den verschiedenen Sphären die komische Aussage innehalte; ist das Verhältnis nicht richtig, so ist das Komische unberechtigt; und eine Komik, die nirgends zu Hause ist, ist *eo ipso* unberechtigt. Das Sophistische beim Komischen lebt daher in Nichts, in der reinen Abstraktion und findet bei Gorgias seinen Ausdruck in der Abstraktion: Ernst durch Komik und Komik durch Ernst zu vernichten (vgl. Aristoteles. Rhetorik 3,18). Der Zweck in den hier alles endet, ist Jux und die Mißlichkeit leicht zu sehen, daß sich hier ein Existierender in ein phantastisches X verwandelt hat; denn es muß ja doch wohl ein Existierender sein, der ein solches Verfahren einschlägt, das ihn nur selbst lächerlich macht, wenn man gegen ihn das Beschwörungsformular gegen Spekulanten, von dem wir oben sprachen, gebraucht: darf ich mir erlauben, mit wem ich die Ehre zu reden habe, ob es ein Mensch ist usw. Gorgias landet nämlich mit seiner Entdeckung beim phantastischen Gemeindeanger des reinen Seins; denn wenn er das eine mit dem andern vernichtet, bleibt nichts übrig. Jedoch hat Gorgias wohl zunächst die Schlauheit eines Winkeladvokaten bezeichnen wollen, der dadurch siegt, daß er seine Waffe nach der seines Gegners ändert; aber ein Winkeladvokat ist für das Komische keine berechtigte Instanz, er hat in bezug auf Berechtigung das Nachsehen und muß sich mit dem Profit begnügen, was auch bekanntlich das Lieblingsresultat aller Sophisten war, Geld, Geld, Geld, oder was damit auf gleicher Stufe steht.

In der religiösen Sphäre, wenn diese rein in Innerlichkeit gehalten wird, ist das Komische dienend. Man könnte sagen, Reue sei z. B. ein Widerspruch, *ergo* etwas Komisches, zwar nicht für das Ästhetische oder für die endliche Verständigkeit, die tiefer stehen, oder für das Ethische, das seine Kraft in dieser Leidenschaft hat, oder für die Abstraktion, die phantastisch ist und darum tiefer steht (sie von diesem Standpunkt aus komisch aufzufassen, ward im vorhergehenden als Unsinn abgewiesen), aber für das Religiöse selbst, das ein Mittel dagegen, einen Ausweg kenne. Das verhält sich jedoch nicht so, das Religiöse kennt kein Mittel gegen die Reue, das von der Reue absieht, das Religiöse gebraucht im

Gegenteil beständig[1] das Negative als die wesentliche Form, so gehört das Sündenbewußtsein bestimmt mit zum Bewußtsein von der Sündenvergebung. Das Negative ist nicht ein für allemal da und dann das Positive, sondern das Positive ist beständig im Negativen, und das Negative ist das Kennzeichen, so daß das regulierende Prinzip: *ne quid nimis* hier keine Anwendung findet. Wenn das Religiöse ästhetisch aufgefaßt wird, wenn da im Mittelalter für 4 Schilling Ablaß gepredigt wird und man annimmt, damit sei die Sache erledigt, falls man diese Fiktion festhalten will: dann ist die Reue komisch aufzufassen, dann ist der in Reue Zerknirschte ebenso komisch wie der Vielgeschäftige, vorausgesetzt, daß er die 4 Schilling besitze, denn der Ausweg ist ja so leicht, und in der Fiktion wird ja angenommen, das sei der Ausweg. Aber all dieser Galimathias ist die Folge davon, daß das Religiöse eine Farce geworden ist. In demselben Grade aber, wie man in der religiösen Sphäre das Negative abschafft oder es ein für allemal dagewesen sein läßt und sich damit begnügt, in demselben Grade wird sich, und mit Recht, das Komische gegen das Religiöse geltend machen, weil das Religiöse Ästhetik geworden ist und doch das Religiöse sein will.

Man begegnet so oft Beispielen von einem mißverstandenen Bestreben, das Pathetische und das Ernsthafte in lächerlich abergläubischer Weise, wie einen glücklichmachenden Universalbalsam geltend zu machen, als ob Ernst so ein Gut an und für sich oder etwas ohne Rezept einzunehmen wäre, so daß alles gut wäre, wenn man nur immer ernst wäre, selbst wenn es sich so sonderbar treffen sollte, daß man es nie an rechter Stelle wäre. Nein, alles hat seine Dialektik, seine Dialektik, wodurch es, wohl zu merken, nicht sophistisch relativ gemacht wird (das ist die Mediation), sondern wodurch das Absolute kraft des Dialektischen als das Absolute erkennbar wird. Es ist daher ebenso mißlich, gerade ebenso mißlich, an unrechter Stelle pathetisch und ernsthaft zu sein, wie an unrechter Stelle zu lachen. Einseitig sagt man, daß ein Tor immer lache, einseitig, denn es ist zwar so, daß immer zu lachen Torheit ist, aber es ist einseitig, bloß den Mißbrauch des Lachens als Torheit zu stempeln, da die Torheit ebenso groß und ebenso verderblich ist, wenn sie sich darin äußert, daß man immer gleich dummernst ist.

[1] Daher kommt es auch, daß das Religiöse, selbst wenn es das ästhetische Leiden als mit einem gewissen komischen Anflug versehen betrachtet, es dies schonend tut, weil anerkannt wird, dieses Leiden werde seine Zeit haben. Die Reue wird dagegen, religiös angesehen, nicht ihre Zeit haben und dann vorbei sein, die Ungewißheit des Glaubens nicht ihre Zeit haben und dann vorbei sein, das Bewußtsein der Sünde nicht seine Zeit haben und dann vorbei sein, sonst kehren wir zur Ästhetik zurück.

§ 3 Der entscheidende Ausdruck des existentiellen Pathos ist Schuld – Daß die Untersuchung zurück, statt vorwärts geht – Die ewige Erinnerung an die Schuld ist der höchste Ausdruck dafür, daß sich das Schuldbewußtsein zu einer ewigen Seligkeit verhält – Niedrigere Ausdrücke des Schuldbewußtseins und ihnen entsprechende Formen der Genugtuung – Die selbstgemachte Pönitenz – Humor – Die Religiosität der verborgenen Innerlichkeit

Der dialektische Leser wird leicht sehen, daß die Untersuchung zurück statt vorwärts geht. In § 1 wurde die Aufgabe gestellt, sich zugleich zum absoluten τελος absolut und zu den relativen relativ zu verhalten. Wie hiermit gerade der Anfang gemacht werden sollte, zeigte es sich, daß erst die Unmittelbarbeit überwunden sein oder das Individuum ihr abgestorben sein mußte, ehe davon die Rede sein konnte, die in § 1 gestellte Aufgabe zu realisieren. § 2 machte Leiden zum wesentlichen Ausdruck des existentiellen Pathos, Leiden als ein der Unmittelbarkeit Absterben, Leiden als Kennzeichen davon, daß ein Existierender sich zum absoluten τελος verhält. In § 3 wird Schuld zum entscheidenden Ausdruck des existentiellen Pathos gemacht, und ist die Entfernung von der in § 1 gestellten Aufgabe noch größer, jedoch nicht so, daß die Aufgabe vergessen ist, sondern so, daß die Untersuchung, sie vor Augen, sich in die Existenz vertiefend zurückgeht. So geht es nämlich in der Existenz zu, und die Untersuchung sucht ihr nachzuahmen. *In abstracto* und auf dem Papier geht es leichter. Da stellt man die Aufgabe hin, läßt das Individuum ein abstraktes Etwas sein, das, sobald die Aufgabe gestellt ist, auf alle Weise zu Diensten steht und dann ist man fertig. In der Existenz ist das Individuum eine Konkretion, die Zeit konkret und das Individuum, selbst während es überlegt, für den Gebrauch der Zeit ethisch verantwortlich. Existenz ist kein abstraktes Eilgeschäft, sondern ein Streben und ein fortwährendes Inzwischen; selbst in dem Augenblick, wo die Aufgabe gestellt ist, ist schon etwas versäumt, weil man inzwischen existiert und nicht sogleich begonnen hat. So geht es rückwärts: die Aufgabe wird dem Individuum in der Existenz gegeben, und wie nun gerade der Existierende frisch darauf losgehen will (was sich doch nur *in abstracto* und auf dem Papier tun läßt, denn die Tracht des Abstrahierenden: die flotten Beinkleider [Spendierhosen], ist von der Zwangsjacke der Existenz sehr verschieden) und anfangen will, zeigt es sich, daß ein anderer Anfang nötig ist, der Anfang auf dem ungeheuren Umwege, der darin besteht, der Unmittelbarkeit abzusterben, und wie nun damit begonnen werden soll, zeigt es sich, daß, da inzwischen die Zeit vergangen ist, ein verkehrter Anfang gemacht worden ist und man mit dem Schuldigwerden anfangen muß, und daß von dem Augenblick an die entscheidende Totalschuld mit neuer Schuld wuchert. Die Aufgabe sah so erhaben aus, und man dachte: eine Liebe ist der anderen wert, wie die Aufgabe ist, so muß wohl der sein, der sie realisieren soll, aber dann kam die Existenz mit dem einen, aber nach dem andern, dann kam das Leiden als nähere Bestimmung, und man dachte, ja darein muß sich ein armer Existierender finden, da er in der Existenz ist, aber dann kam als entscheidende Bestimmung die Schuld: nun ist der Existierende recht in Not, d. h., nun ist er im Existenzmedium.

Und dennoch ist dieser Rückgang ein Fortschritt, sofern als sich in etwas vertiefen fortschreiten heißt. *In abstracto* und auf dem Papier lautet der Betrug, daß das Individuum ikarisch vorwärts und nach der idealen Aufgabe streben soll. Aber dieser Fortschritt ist, weil schimärisch, reiner Rückgang, und sooft ein Existierender mit so etwas anfängt, zeichnet ihn der Inspektor der Existenz (das Ethische), daß er sich verschuldet, auch wenn er es nicht merkt. Je mehr sich dagegen das Individuum mit der Aufgabe in die Existenz vertieft, desto mehr schreitet es vorwärts, obgleich der Ausdruck davon, wenn man so will, zurückgeht. Wie aber alles tiefere Überlegen ein Rückgang zu dem Zugrundeliegenden ist, so ist das Zurückrufen der Aufgabe zum Konkreteren eben Vertiefung in Existenz. Im Vergleich mit der Totalität der Aufgabe ist die Realisation von ein wenig ein Rückgang, und doch bedeutet sie im Vergleich damit einen Fortschritt, daß man die ganze Aufgabe vor sich und gar nichts realisiert hat. Ich habe irgendwo die Inhaltsangabe eines indischen Dramas gelesen, das Drama selbst habe ich nicht gelesen. Zwei Heere stehen gegeneinander aufgestellt. Eben wie die Schlacht beginnen soll, versinkt der Anführer in Gedanken. Damit beginnt das Drama, welches seine Gedanken enthält. So steht die Aufgabe vor einem Existierenden, und es täuscht einen Augenblick, als wäre diese Betrachtung das Ganze, als wäre er nun fertig (denn der Anfang hat immer eine gewisse Gleichheit mit dem Ende), aber dann tritt die Existenz dazwischen, und je mehr er handelnd und strebend (dies ist das wesentliche Kennzeichen des Existenzmediums, während ein Denkender mehr oder weniger von der Existenz abstrahiert) sich in die Existenz vertieft, desto weiter ist er bei der Aufgabe von der Aufgabe entfernt.

Wie kann aber das Schuldbewußtsein der entscheidende Ausdruck für das pathetische Verhältnis eines Existierenden zu einer ewigen Seligkeit werden, und in der Weise, daß jeder Existierende, der dieses Bewußtsein nicht hat, sich *eo ipso* nicht zu einer ewigen Seligkeit verhält? Man sollte ja glauben, dieses Bewußtsein sei der Ausdruck dafür, daß man sich nicht zu ihr verhält, der entscheidende Ausdruck dafür, daß sie verloren und das Verhältnis aufgegeben ist. Die Antwort ist nicht schwer. Eben weil es ein Existierender ist, der sich dazu verhalten soll, aber Schuld der konkreteste Ausdruck der Existenz ist, ist Schuldbewußtsein der Ausdruck für das Verhältnis. Je abstrakter das Individuum ist, desto weniger verhält es sich zu einer ewigen Seligkeit, und desto mehr entfernt es sich auch von Schuld; denn die Abstraktion macht die Existenz gleichgültig, aber Schuld ist der Ausdruck für die stärkste Selbstbehauptung der Existenz und es ist ja ein *Existierender*, der sich zu einer ewigen Seligkeit verhalten soll. Indessen ist die Schwierigkeit wohl eine andere; denn indem die Schuld aus dem Existieren erklärt wird, scheint ja der Existierende unschuldig gemacht zu werden, es scheint, als könne man die Schuld auf den wälzen, der ihn in die Existenz gesetzt hat, oder auf die Existenz selbst. In diesem Falle ist Schuldbewußtsein nichts anderes als ein neuer Ausdruck für das Leiden in der Existenz und ist die Untersuchung nicht weiter als in § 2 gekommen, wovon ja § 3 ausgehen oder als Anhang zu § 2 behandelt werden sollte.

Der Existierende sollte also die Schuld von sich auf die Existenz oder auf den schieben können, der ihn in die Existenz gesetzt hat, und dann ohne Schuld sein. Laß uns, anstatt ethisch darauflos zu donnern, uns ganz einfach dialektisch vorsehen. Das vorgeschlagene Verfahren enthält einen Widerspruch. Wer wesentlich unschuldig ist, kann nie darauf verfallen, die Schuld von sich zu schieben; denn der Unschuldige hat mit der Bestimmung Schuld gar nichts zu tun. Indem daher einer die Schuld in einem einzelnen Falle von sich schiebt und schuldlos zu sein meint, macht er in demselben Augenblicke ein Zugeständnis, daß er, während er möglicherweise in diesem einzelnen Falle nicht schuldig ist, überhaupt ein wesentlich Schuldiger ist. Aber hier ist ja nicht von einem einzelnen Falle die Rede, worin einer, der sich gerade durch seine Rechtfertigung selbst wesentlich als schuldig angibt, die Schuld von sich schiebt, sondern von eines Existierenden wesentlichem Verhalten in der Existenz. Aber wesentlich die Schuld, d. h. die Totalbestimmung der Schuld von sich schieben zu wollen, um dadurch unschuldig zu werden, ist ein Widerspruch, da dieses Verfahren gerade Selbstangabe bedeutet. Wenn sonst von einer Bestimmung, so gilt von der „Schuld“: sie fängt; ihre Dialektik ist so hinterlistig, daß, wer sich total rechtfertigt, sich gerade angibt, und wer sich partiell rechtfertigt, sich total angibt.

Jedoch nicht in demselben Sinne, wie das alte Wort sagt: *qui s'excuse, s'accuse.* Der Sinn des Sprichworts ist, daß, wer sich selbst wegen etwas verteidigt oder entschuldigt, es so tun kann, daß er sich derselben Sache anklagt, so daß die Entschuldigung und die Anklage dieselbe Sache betrifft. Dies ist hiermit nicht gemeint; nein, wenn sich einer wirklich im einzelnen rechtfertigt, gibt er sich total an. Jeder, der nicht bloß komparativ lebt, wird hierauf leicht aufmerksam sein; im Handel und Wandel ist die totale Schuld gerade als allgemein gegebene, allmählich so zur Voraussetzung geworden, daß man sie vergessen hat. Und doch ermöglicht es in letzter Instanz erst diese Totalität der Schuld, daß jemand im einzelnen schuldig oder nichtschuldig sein kann. Wer total oder wesentlich unschuldig ist, kann auch im einzelnen nicht schuldig sein, dagegen kann der total Schuldige ganz gut im einzelnen unschuldig sein. Also gibt er sich nicht bloß durch seine Schuld im einzelnen selbst an, daß er wesentlich schuldig ist (*totum est partibus suis prius*), sondern auch durch seine Unschuld in diesem einzelnen (*totum est partibus suis prius*).

Die Priorität der totalen Schuld ist keine empirische Bestimmung, keine *summa summarum*; denn numerisch kommt nie eine Totalitätsbestimmung zustande. Die Totalität der Schuld entsteht dann für das Individuum, wenn es seine Schuld, ob es auch nur eine einzige, ob es die allerunbedeutendste wäre, mit dem Verhältnis zu einer ewigen Seligkeit zusammenstellt. Darum fingen wir so an: das Schuldbewußtsein ist der entscheidende Ausdruck für das Verhältnis zu einer ewigen Seligkeit. Wer sich nicht zu dieser verhält, kommt nie dazu, sich als total oder wesentlich schuldig zu verstehen. Die geringste Schuld, selbst wenn das Individuum von der Zeit an ein Engel gewesen wäre, wenn sie mit dem Verhältnis zu einer ewigen Seligkeit zusammen gestellt wird, genügt; denn die Zusammenstellung gibt die Qualitätsbestimmung. Und im *Zusammenstellen* besteht alles sich in die Existenz vertiefen. Komparativ, relativ, vor einem menschlichen Richterstuhl, mit dem Gedächtnis festgehalten (anstatt mit der Erinnerung der Ewigkeit) genügt eine Schuld (kollektiv verstanden) keineswegs und die Summe von allen auch nicht. Der Knoten besteht indessen darin, daß es gerade unethisch ist, sein Leben im Komparativen, Relativen, im Äußeren zu führen und zur letzten Instanz im Verhältnis zu sich selbst das Recht der Polizei, das Friedensgericht, eine Zeitung oder einige von den Honoratioren des Städtchens oder den Pöbel der Hauptstadt zu haben.

Man liest bei älteren orthodoxen Theologen, wenn sie die Ewigkeit der Höllenstrafen verteidigen, die Bestimmung, daß die Größe der Sünde eine solche Strafe erfordere, und die Größe der Sünde wird wieder dadurch bestimmt, daß sie Sünde gegen Gott sei. Das Naive und Äußerliche ist hierbei, daß es so aussieht, als bestünde ein Recht und ein Richterstuhl, als wäre ein Dritter da, der in der Sache zwischen Gott und Mensch verhandelte oder votierte. So kommt immer etwas Naives und Äußerliches heraus, wenn ein Dritter von dem redet, was wesentlich gerade das Individuum in seiner Isolation vor Gott angeht. Das Naive und Äußerliche verschwindet ganz, wenn das Individuum selbst die Vorstellung von Gott mit der Vorstellung von seiner Schuld zusammenstellt, wenn diese auch noch so klein ist – nein, halt! Davon weiß das Individuum nichts, denn dies ist ja das Komparative, das auf Abwege führt. Indem die Gottesvorstellung mit dabei ist, verwandelt sie die Bestimmung der Schuld in eine Qualitätsbestimmung. Mit dem Komparativen als Maßstab zusammengestellt, wird die Schuld zu einem Quantitieren; der absoluten Qualität gegenüber wird die Schuld als Qualität[1] dialektisch.

---

[1] Im religiösen Vortrag findet man zuweilen Beispiele von der entgegengesetzten Taktik, daß der religiöse Redner, indem er die Schuld über dem Haupt des Individuums zusammendonnert, es komparativ in die Totalität des Schuldbewußtseins hineinzwingen will. Das läßt sich eben nicht tun; und je mehr da zusammengedonnert wird, je abscheulicher er den Betreffenden macht, viel *abscheulicher* als andere Menschen, desto weniger wird erreicht, und wenn er am allerstärksten gestikuliert, am allerwenigsten, nicht zu reden von dem ironischen Einblick, den es uns in den Seelenzustand seiner Hochehrwürden tun läßt. Es geht auf andere Weise besser, wenn der religiöse Redner „demütig vor Gott, der königlichen Majestät des Ethischen Untertan", in Furcht und Zittern für sich selbst die Schuld mit der Vorstellung von einer ewigen Seligkeit zusammenstellt, so daß der Zuhörer nicht gereizt, sondern indirekt beeinflußt wird, indem es

Kindisches Wesen und komparatives Schuldbewußtsein ist daran kenntlich, daß es die Forderung der Existenz: das *Zusammenstellen* nicht begreift. So ist kindisches Wesen beim Denken daran kenntlich, daß es nur gelegentlich denkt, auf Anlaß von diesem und jenem Dinge, und dann wieder an etwas anderes, daran kenntlich, daß es im Grunde nicht *einen*, sondern viele Gedanken hat. Beim Schuldbewußtsein nimmt das kindische Wesen an, daß, wer es hat, heute z. B. in der und der Sache schuldig ist. Dann gehen wieder acht Tage hin, wo er unschuldig ist, aber dann am neunten Tage geht es wieder verkehrt. Das komparative Schuldbewußtsein ist daran kenntlich, daß es den Maßstab außer sich hat, und wenn der Pfarrer am Sonntag einen sehr großen Maßstab gebraucht (ohne jedoch den der Ewigkeit zu gebrauchen), so erscheint es dem Vergleichenden schrecklich, was er verschuldet hat. In guter Gesellschaft erscheint es ihm am Montag nicht so schlimm, und so bestimmt das äußere Verhältnis eine ganz verschiedene Auffassung, die trotz ihrer Variationen doch immer eins verfehlt: die Wesensbestimmung der Ewigkeit.

Das wesentliche Bewußtsein von Schuld ist also das möglichst große Sichvertiefen in die Existenz und ist zugleich der Ausdruck dafür, daß sich ein Existierender zu einer ewigen Seligkeit verhält (das kindische und komparative Schuldbewußtsein verhält sich zu sich selbst und zu dem Komparativen), ist dadurch der Ausdruck für das Verhältnis, daß es das Mißverhältnis ausdrückt.[1] Doch ob das Bewußtsein auch noch so entscheidend ist, so trägt doch immer das Verhältnis das Mißverhältnis, nur daß der Existierende des Verhältnisses nicht habhaft werden kann, weil sich das Mißverhältnis beständig als Ausdruck des Verhältnisses dazwischen stellt. Aber auf der anderen Seite stoßen sie sich doch einander nicht so ab (die ewige Seligkeit und der Existierende), daß sich der Bruch als solcher konstituiert, im Gegenteil, nur indem sie zusammengehalten

---

ihm so vorkommt, als rede der Pfarrer nur von sich selbst. Auf der Rednerbühne ist es eine vortreffliche Geste, auf Katalina, wie er dasitzt, hinzudeuten; auf der Kanzel geht es besser, wenn man sich selbst vor die Brust schlägt, besonders wenn von der Totalität der Schuld die Rede ist. Denn wenn der Pfarrer sich selbst vor die Brust schlägt, verhindert er jeden Vergleich, deutet er dagegen auf sich selbst hin, so haben wir das Komparative wieder.

[1] Das will heißen: innerhalb der Totalitätsbestimmung, in der wir uns jetzt befinden. Der Leser wird sich daran erinnern (vom zweiten Kapitel des zweiten Abschnitts her, bei Besprechung der *Brocken*), daß sich das *paradoxe* Akzentuieren der Existenz paradox in die Existenz vertieft. Dies ist das spezifisch Christliche und wird im Abschnitt B wieder vorkommen. Die Sphären verhalten sich folgendermaßen: Unmittelbarkeit, endliche Verständigkeit, Ironie, Ethik mit Ironie als Inkognito, Humor, Religiosität mit Humor als Inkognito und dann schließlich das Christliche, das an der paradoxen Betonung der Existenz, am Paradox, am Bruch mit der Immanenz und am Absurden erkennbar ist. Religiosität mit Humor als Inkognito ist daher noch nicht christliche Religiosität. Denn wenn auch diese die verborgene Innerlichkeit ist, so verhält sie sich doch zum Paradox. Wohl hat nämlich der Humor auch mit Paradoxen zu tun, aber drückt sich noch beständig innerhalb der Immanenz darum herum, und es ist beständig, als ob er etwas anderes wüßte, daher der Scherz.

werden, wiederholt sich das Mißverhältnis als das entscheidende Bewußtsein von wesentlicher, nicht von dieser oder jener Schuld.

Das will heißen, das Schuldbewußtsein als wesentliches liegt doch noch in der Immanenz, verschieden vom Sündenbewußtsein.[1] Im Schuldbewußtsein ist es dasselbe Subjekt, das, indem es die Schuld mit dem Verhältnis zu einer ewigen Seligkeit zusammenhält, wesentlich schuldig wird, aber die Identität des Subjektes ist doch so, daß die Schuld das Subjekt nicht zu etwas anderem macht, was der Ausdruck für den Bruch ist. Aber der Bruch, worin die paradoxe Betonung der Existenz liegt, kann im Verhältnis zwischen einem Existierenden und dem Ewigen nicht eintreten, weil das Ewige den Existierenden überall umgibt und das Mißverhältnis daher innerhalb der Immanenz bleibt. Soll sich der Bruch konstituieren, so muß sich das Ewige selbst als etwas Zeitliches, als in der Zeit, als geschichtlich bestimmen, wodurch der Existierende und das Ewige in der Zeit die Ewigkeit zwischen sich bekommen. Dies ist das Paradox (worüber auf das im zweiten Kapitel des zweiten Abschnittes Behandelte und das unter B Folgende verwiesen wird).

In der religiösen Sphäre ist das Positive am Negativen kenntlich, das Verhältnis zu einer ewigen Seligkeit am Leiden kenntlich (§ 2); jetzt ist der negative Ausdruck viel stärker: das Verhältnis ist an der Totalität des Schuldbewußtseins kenntlich. Gegenüber dem Schuldbewußtsein als Kennzeichen könnte Leiden als ein direktes Verhältnis erscheinen (natürlich nicht ein ästhetisch-direktes: Seligkeit an Seligkeit kenntlich). Will man so sagen, so ist Schuldbewußtsein das abstoßende Verhältnis. Doch sagt man richtiger, Leiden sei die direkte Reaktion eines abstoßenden Verhältnisses, Schuldbewußtsein die abstoßende Reaktion eines abstoßenden Verhältnisses, doch wohl zu bemerken, noch beständig innerhalb der Immanenz, wenngleich ein Existierender beständig verhindert ist sein Leben in dieser zu haben oder *sub specie aeterni* zu sein, sondern sie nur in einer aufgehobenen Möglichkeit besitzt, nicht wie man das Konkrete aufhebt, um das Abstrakte zu finden, sondern wie man das Abstrakte aufhebt, weil man sich im Konkreten befindet.

Das Schuldbewußtsein ist der entscheidende Ausdruck für das existentielle Pathos gegenüber einer ewigen Seligkeit. Sobald man die ewige Seligkeit wegnimmt, geht auch das Schuldbewußtsein wesentlich aus, oder es bleibt in kindischen Bestimmungen, die auf gleicher Höhe stehen wie die Wertbestimmung einer Schülerzensur, oder es wird zu staatsbürgerlicher Notwehr. Der entscheidende Ausdruck des Schuldbewußtseins ist daher wieder die wesentliche Fortdauer dieses Bewußtseins oder die ewige Erinnerung der Schuld, weil sie beständig mit dem Verhältnis zu einer ewigen Seligkeit zusammengestellt wird. Hier ist also nicht von dem Kindischen die Rede, von neuem zu beginnen, wieder ein liebes Kind zu sein, aber auch nicht vom Ablaß des Allgemeinen, daß

[1] Vgl. hierüber die Beilage zu B.

alle Menschen so sind. Bloß *eine* Schuld, wie gesagt, so ist der Existierende, der sich mit dieser zu einer ewigen Seligkeit verhält, für ewig gefangen, denn die menschliche Gerechtigkeit verurteilt nur zum drittenmal auf Lebenszeit, aber die Ewigkeit verurteilt sogleich das erstemal für ewig. Er ist für ewig gefangen, in das Geschirr der Schuld gespannt und kommt nie von den Riemen los, nicht wie das Arbeitstier, dem doch zuweilen die Arbeitsriemen abgenommen werden, nicht wie der Tagelöhner, der doch ab und zu Freiheit hat, nicht einmal in der Nacht ist er wesentlich von den Riemen los. Nenne diese Erinnerung an die Schuld eine Kette und sage, daß sie dem Gefangenen nie abgenommen werde, und du bezeichnest doch nur die eine Seite der Sache; denn an die Kette knüpft sich zunächst nur die Vorstellung von der Beraubung der Freiheit, aber die ewige Erinnerung an die Schuld ist zugleich eine Bürde, die in der Zeit von Ort zu Ort fortgeschleppt werden soll. Darum nenne diese ewige Erinnerung an die Schuld lieber einen Riemen und sage von dem Gefangenen: er kommt nie vom Riemen los. Denn sein Bewußtsein ist, daß er entscheidend verändert ist, während doch die Identität des Subjekts darin liegt, daß er es selbst ist, der sich dessen bewußt wird, indem er die Schuld mit dem Verhältnis zu einer ewigen Seligkeit zusammenstellt.[1] Aber doch verhält er sich zu einer ewigen Seligkeit und das Schuldbewußtsein ist ein höherer Ausdruck als Leiden. Und im Leiden des Schuldbewußtseins ist die Schuld wieder zugleich das Mildernde und das Nagende, das Mildernde, weil es der Ausdruck der Freiheit ist, wie sich dieser in der ethisch-religiösen Sphäre zeigen kann, wo das Positive am Negativen, die Freiheit an der Schuld kenntlich, nicht ästhetisch direkt kenntlich ist: Freiheit an Freiheit.

So geht es rückwärts: schuldig leiden ist ein niedrigerer Ausdruck als unschuldig leiden, und doch ist es ein höherer Ausdruck, weil das Negative Kennzeichen einer höheren Position ist. Ein Existierender, der nur unschuldig leidet, verhält sich *eo ipso* nicht zu einer ewigen Seligkeit, es sei denn, daß der Existierende selbst das Paradox ist, mit welcher Bestimmung wir uns in einer anderen Sphäre befinden; in bezug auf jeden schlecht und recht Existierenden gilt, daß, wenn er nur unschuldig leidet (natürlich total verstanden, nicht so verstanden, daß er in diesem oder jenem Falle oder in vielen Fällen unschuldig leidet), er sich nicht zu einer ewigen Seligkeit verhält und durch abstraktes Existieren dem Schuldbewußtsein entgangen ist. Dies muß festgehalten werden, damit die Sphären nicht in Verwirrung kommen, so daß wir plötzlich in Bestimmungen zurückgleiten, die viel tiefer liegen als die Religiosität der verborgenen Innerlichkeit. Nur im Paradoxreligiösen, im Christlichen, und vom Paradox kann gelten, daß unschuldig leiden ein höherer Ausdruck als schuldig leiden ist. Um die sphäri-

---

[1] Das Sündenbewußtsein ist das Paradoxe, und durch das Sündenbewußtsein besteht ganz konsequent das Paradoxe wieder darin, daß es der Existierende nicht durch sich selbst entdeckt, sondern von außen her zu wissen bekommt. Damit ist die Identität gebrochen.

schen Totalitäten zu ordnen, gebraucht man ganz einfach den Humor als Terminus zur Bestimmung der Religiosität der verborgenen Innerlichkeit und diese Religiosität als Terminus zur Bestimmung des Christlichen. Das Christliche ist auch an seiner Kategorie erkennbar, und überall, wo sie nicht zur Stelle ist, oder von ihr nur geschwatzt wird, ist das Christliche auch nicht zur Stelle, man müßte denn annehmen, den Namen Christi zu nennen sei Christentum, ja den Namen Christi zu mißbrauchen.

Die ewige Erinnerung des Schuldbewußtseins ist dessen entscheidender Ausdruck, aber der stärkste Ausdruck der Verzweiflung im Augenblick ist kein existentielles Pathos. Sich existentiell pathetisch zu einer ewigen Seeligkeit verhalten besteht niemals darin: ab und zu einmal kräftig zuzugreifen, sondern in der Beständigkeit des Verhältnisses, in der Beständigkeit, womit dies mit allem zusammengestellt wird. Denn hierin liegt ja doch alle Existierkunst, und hieran fehlt es vielleicht den Menschen am allermeisten. Was für heilige Gelübde weiß ein Mensch nicht im Augenblick der Lebensgefahr zu tun, aber wenn sie vorbei ist, ja dann ist es so schnell und ganz und gar vergessen, und weshalb? Weil er nicht zusammenzustellen versteht; wenn die Lebensgefahr nicht von außen kommt, so kann er sie nicht von sich selbst aus mit seinem Bestreben zusammenstellen. Wenn beim Ausbruch des Vulkans die Erde bebt oder wenn die Pest über das Land hinfährt: wie geschwind und wie gründlich versteht dann nicht selbst der Ungelehrigste, selbst der Stumpfste die Unsicherheit von allem! Wenn es dann aber überstanden ist, ja dann vermag er nicht zusammenzustellen, und gerade dann sollte er sich ja selbst dazu gebrauchen. Denn wenn es das Dasein für ihn zusammenstellt, wenn ihm das Toben der Elemente mit mehr als Sonntagsberedsamkeit predigt: dann kommt das Verständnis beinah von selbst, ja so leicht, daß die Aufgabe eher darin besteht, durch vorhergehendes Verständnis derselben Sache die Verzweiflung zu verhindern.

In der ewigen Erinnerung des Schuldbewußtseins verhält sich der Existierende zu einer ewigen Seligkeit, jedoch nicht so, daß er ihr nun direkt näher gekommen wäre; denn nun ist er im Gegenteil von ihr so entfernt wie möglich, aber doch verhält er sich zu ihr. Das Dialektische, das es hier, jedoch innerhalb der Immanenz, gibt, hält kräftig zurück, um das Pathos zu potenzieren. In dem dem Mißverhältnis zugrundeliegenden Verhältnis, in der der Trennung der Dialektik zugrundeliegenden geahnten Immanenz, hängt er mit der Seligkeit zusammen, gleichsam an dem feinsten Faden, mit Hilfe einer Möglichkeit, die beständig zugrunde geht, gerade darum ist das Pathos um so stärker, wenn es da ist.

Das Schuldbewußtsein ist das Entscheidende, und eine Schuld, mit dem Verhältnis zu einer ewigen Seligkeit zusammengestellt, genügt, und doch gilt von nichts wie von der Schuld, daß sie sich selbst sät. Indes ist die totale Schuld das Entscheidende; sich vierzehnmal verschuldet zu haben, ist im Vergleich damit Kinderspiel – darum bleibt auch das kindische Wesen immer beim Numerischen stehen. Wenn dagegen das Bewußtsein von der neuen Schuld wieder zum absoluten Schuldbewußtsein hingeführt wird, wird dadurch die ewige Erinnerung der Schuld bewahrt, falls der Existierende im Begriff sein sollte sie zu vergessen.

Wird man nun sagen, eine solche ewige Erinnerung an die Schuld könne kein Mensch aushalten, das müsse zum Wahnsinn oder zum Tode führen: so gebe man genau darauf acht, wer so rede. Denn endliche Verständigkeit führt sehr oft solche Rede, um Ablaß zu predigen. Und die Rede verfehlt selten ihre Wirkung, wenn man bloß zu dreien oder vieren beieinander ist, denn ich zweifle daran, daß sich mit dieser Rede jemand in der Einsamkeit hat betrügen können, wenn man aber zu mehreren beieinander ist und hört, daß die andern sich so benehmen, so geniert man sich weniger; wie inhuman wäre es auch, besser als andere sein zu wollen! Wieder ein Schalksdeckel, denn wer mit dem Ideal allein ist, weiß gar nicht, ob er besser oder geringer als andere ist. Es ist also möglich, daß diese ewige Erinnerung zu Wahnsinn oder zum Tode führt. Nun gut, sieh, Wasser und Brot kann ein Mensch auf sehr lange Zeit nicht vertragen, aber dann kann ein Arzt beurteilen, wie es für den einzelnen einzurichten sei, daß er, wohl zu bemerken, nicht mit dem reichen Mann lebe, aber die Hungerkost für ihn so genau berechnet werde, daß er gerade leben kann. Eben weil das existentielle Pathos nicht das des Augenblicks, sondern der Dauer ist, wird der Existierende selbst, der ja im Pathos begeistert ist und nicht, durch Brauch und Sitte entartet, nach Ausflüchten ausschaut, das Minimum von Vergessen zu finden suchen, das er braucht, um es auszuhalten, da er ja selbst darauf aufmerksam ist, daß das Augenblickliche ein Mißverstand ist. Da man aber in diesem Dialektisieren unmöglich eine absolute Gewißheit findet, wird er trotz aller Anstrengung das Schuldbewußtsein wieder dadurch total bestimmen, daß er in bezug auf eine ewige Seligkeit nie sagen darf, er habe alles, was er vermocht habe, getan, um die Erinnerung an die Schuld festzuhalten.

Der Begriff der Schuld gehört als Totalitätsbestimmung wesentlich der religiösen Sphäre an. Sobald das Ethische sich mit ihm beschäftigen will, wird dieser Begriff dialektisch wie Glück und Unglück, wodurch alles in Verwirrung kommt. Ästhetisch ist die Dialektik der Schuld diese: das Individuum ist unschuldig, dann kommt Schuld und Unschuld als alterierende Bestimmungen im Leben, bald wird das Individuum in diesem oder jenem schuldig, bald ist es unschuldig. Wäre dies oder jenes nicht geschehen, dann wäre das Individuum nicht schuldig geworden; unter anderen Umständen wäre der, der jetzt für unschuldig angesehen wird, schuldig geworden. Dieses *pro et contra* als *summa summarum* (also nicht ein einzelner Fall von Schuld oder Unschuld innerhalb der Totalitätsbestimmung Schuld) ist Gegenstand für die Aufmerksamkeit der Richterstühle, für das Interesse der Novellisten, für den Stadtklatsch und die Meditation einzelner Pfarrer. Die ästhetischen Kategorien sind leicht kenntlich, und man kann ja wohl den Namen Gottes, Pflicht, Schuld usw. gebrauchen, ohne daß man darum ethisch oder religiös redet. Das Ästhetische liegt darin, daß das Individuum in letzter Instanz in sich selbst undialektisch wird. Es lebt einer 60 Jahre, wurde dreimal verurteilt und unter polizeiliche Aufsicht gestellt; es lebt einer 60 Jahre, hatte nie etwas mit den Richtern zu tun, aber das Gerücht erzählt verschiedene schlimme Geschichten; oder er lebt 60 Jahre, ein vortrefflicher Mann: und was dann? Haben wir damit etwas zu wissen bekommen? Nein, dagegen haben wir eine Vorstellung davon erhalten, wie ein Menschenleben nach dem andern in Geschwätz hingehen kann, wenn der Existierende nicht in sich selbst die Innerlichkeit besitzt, die Vaterland und Heimat aller Totalitätsbestimmungen ist.

Der religiöse Vortrag hat wesentlich mit der Totalitätsbestimmung zu tun. Er kann ein Verbrechen gebrauchen, kann eine Schwäche, ein Versäumnis, kurz, irgend etwas Einzelnes gebrauchen, aber der religiöse Vortrag zeichnet sich als solcher dadurch aus, daß er von diesem einzelnen zur Totalitätsbestimmung kommt, indem er es mit dem Verhältnis zu einer ewigen Seligkeit zusammenstellt. Denn der religiöse Vortrag hat immer mit der Totalitätsbestimmung zu tun, nicht wissenschaftlich (so, daß man von der Einzelheit absieht), sondern existentiell, und hat daher damit zu tun, den einzelnen durch das Gute oder Böse, direkt oder indirekt, unter das Totale zu bringen, nicht damit er darin verschwinde, sondern damit er ihn mit dem Totalen zusammenstelle. Verbreitet sich der religiöse Vortrag bloß in Einzelheiten, tischt er bald Lob, bald Tadel auf, beruft er einige *encomio publico ornatos*[1], weist er andere zurück, dann verwechselt er sich mit examensfeierlicher Zensur Erwachsener, nur daß kein Name genannt wird. Glaubt der religiöse Vortrag der Polizei damit zu Hilfe zu kommen, daß er gegen Verbrechen losdonnern könne, die sich der Macht der Polizei entziehen, so gilt wieder, daß, wenn der religiöse Redner nicht kraft der Totalitätsbestimmung donnert, die an sich so ernsthaft ist, daß sie nicht viele gestikulierende Gewalttätigkeiten braucht, daß sich dann seine Hochehrwürden mit einer Art Polizeiassistenten verwechselt, der geziemenderweise mit dem Stock gehen und vom Magistrat besoldet werden sollte. Zum täglichen Gebrauch, im Handel und Wandel, im Verkehr ist der eine in dem Punkte schuldig, der andere in jenem, und dabei bleibt es; dagegen hat ein religiöser Vortrag mit der Innerlichkeit zu tun, wo die Totalitätsbestimmung den Menschen ergreift. Die Totalitätsbestimmung ist das Religiöse, alles andere, was ohne diese ist, ist wesentlich gesehen Sinnesbetrug, wodurch selbst der größte Verbrecher doch im Grunde unschuldig und ein gutmütiger Mensch ein Heiliger ist.

Das ewige Behalten der Schuld von seiten der Erinnerung ist der Ausdruck für das existentielle Pathos, der höchste Ausdruck, darum höher als die begeistertste Pönitenz, welche die Schuld wieder gut machen will.[2] Dieses Behalten

---

[1] [Berufungsformel zum Examen.]

[2] Man erinnere sich daran, daß Sündenvergebung die paradoxe Genugtuung kraft des Absurden bedeutet. Daß man nur darauf aufmerksam werde, wie paradox sie ist, dazu muß die

der Schuld kann seinen Ausdruck nicht in etwas Äußerem finden, wodurch es verendlicht wird; es gehört daher der verborgenen Innerlichkeit an. Die Darstellung beleidigt hier wie überall niemand, beleidigt niemand, daß sie von ihm sagte, er sei der Religiöse, daß sie verriete, was er verbirgt; sie beleidigt niemand, daß sie von ihm leugnete, er sei der Religiöse, denn der Knoten besteht ja eben darin, daß es verborgen ist und niemand etwas merkt.

Ich will nun die Auffassungen von Schuld und die ihnen entsprechenden Auffassungen von Genugtuung kurz andeuten, die niedriger sind als die ewige Schulderinnerung der verborgenen Innerlichkeit. Da ich im vorigen Paragraphen so ausführlich gewesen bin, kann ich mich hier desto kürzer fassen; denn was im vorigen Paragraphen als niedriger nachgewiesen ist, muß sich hier wieder so zeigen. Wie überall wird auch hier nur die Kategorie berücksichtigt, weshalb ich das mitbehandle, was, obgleich oft christlich genannt, wenn es auf seine Kategorie zurückgeführt wird, sich nicht als solches erweist. Daß ein Pfarrer und selbst ein Seidenpfarrer, daß ein titulierter und mit wirklichen Christen rangierender getaufter Christ etwas zusammenbraut, kann dieses Etwas doch wohl nicht zu Christentum machen, ebensowenig wie daraus, daß ein Doktor etwas auf Rezeptpapier schreibt, ohne weiteres folgt, daß dieses Etwas Medizin ist – es kann ja auch Gewäsch sein. Da gibt es im Christentum nichts so Neues, daß es nicht scheinbar vorher in der Welt gewesen wäre[1], und doch ist alles neu. Wenn nun einer den Namen Christentum und Christus gebraucht, aber die Kategorien (trotz den Ausdrücken) nichts weniger als christlich sind, ist das

---

ewige Erinnerung der Schuld als höchster Ausdruck dazwischen treten, damit die Sphären nicht in Verwirrung geraten und das Christliche nicht in kindische Bestimmungen von Sündenvergebung hineingeschwatzt werde, die dahingehören, wo das Ethische nicht eingetreten ist, geschweige das Religiöse, geschweige das Christliche.

[1] Sonst wäre das Christentum ästhetisch direkt kenntlich: Neuheit an Neuheit; und alles wäre dann wieder verwirrt. Die direkte Neuigkeit kann das Kennzeichen z. B. für eine mechanische Entdeckung sein, und diese Neuigkeit ist zufällig dialektisch; aber diese Neuigkeit kann auch kein Ärgernis hervorrufen. Ärgernis tritt in letzter Instanz für ein Individuum in bezug auf das Wesentliche ein, wenn man ihm das neu machen will, was es wesentlich zu besitzen glaubt. Wer gar keine Religiosität hat, kann sich auch sicher nicht am Christentum ärgern; und der Grund, weshalb das Ärgernis den Juden am nächsten lag, bestand darin, daß sie ihm am allernächsten standen. Hätte das Christentum nur etwas Neues zum Alten fügen wollen, dann hätte es nur relativ Ärgernis erwecken können; aber gerade weil es all das Alte nehmen und es neu machen wollte, lag das Ärgernis so nah. Wenn die Neuigkeit des Christentums in dem Sinne nie in eines Menschen Herzen aufgestiegen wäre, daß er vor ihm nichts an seiner Stelle gehabt hätte, von dem er sich eingebildet hätte, es sei das Höchste, dann könnte es auch kein Ärgernis erwecken. Gerade weil seine Neuigkeit nicht direkt ist, sondern erst einen Sinnesbetrug aufheben soll, ist das Ärgernis möglich. Die Neuigkeit des Christentums hat daher hinter sich, als Terminus, die ewige Religiosität der verborgenen Innerlichkeit; denn im Verhältnis zum Ewigen ist eine Neuigkeit freilich ein Paradox. Aufs Geradewohl mit anderen Neuigkeiten genommen oder durch eine Beteuerung behauptet, daß es unter allen Neuigkeiten die merkwürdigste sei: ist es nur Ästhetik.

dann Christentum? Oder wenn einer (vgl. Kapitel 2 des ersten Abschnitts) vorträgt, ein Mensch dürfe keinen Schüler haben, und ein anderer sich als Anhänger dieser Lehre niederläßt, ist dann nicht das Mißverständnis zwischen ihnen trotz aller Beteuerungen des Anhängers, wie er ihn bewundere und wie er sich ganz das Mißverständnis angeeignet habe? Das Merkmal des Christentums ist das Paradox, das absolute Paradox. Sobald eine sogenannt christliche Spekulation das Paradox aufhebt und diese Bestimmung zu einem Moment macht, sind alle Sphären verwirrt.

Eine niedrigere Auffassung von Schuld ist nun jede, die die Schuld nicht durch eine ewige Erinnerung mit dem Verhältnis zu einer ewigen Seligkeit zusammenstellt, sondern im Gedächtnis mit etwas Niedrigerem, etwas Komparativem (seiner eignen Zufälligkeit oder der anderer) zusammenstellt und zwischen die Einzelheiten der Schuld Vergessenheit treten läßt. Dies macht das Leben leicht und ungeniert, wie es das Leben des Kindes ist, weil das Kind viel Gedächtnis (dessen Richtung nach außen geht), aber keine Erinnerung, höchstens die Innerlichkeit des Augenblicks hat. Es bleibt immer eine Frage, wieviel Menschen es gibt, die sich in letzter Instanz absolut in Geistesbestimmung verhalten; es bleibt eine Frage, mehr sage ich nicht, denn es ist ja möglich, daß wir es alle tun, insofern als die verborgene Innerlichkeit eben die verborgene ist. Nur so viel steht fest, daß die Frage gar nicht dieselbe wie die nach Kräften, Graden, Kunstfertigkeit, Kenntnissen usw. ist. Der geringste Mensch kann sich vollkommen so gut wie der Begabte absolut in Geistesbestimmung verhalten; denn Begabung, Kenntnisse und Talent sind doch ein Was, dagegen Absolutheit des Geistesverhältnisses ein Wie im Verhältnis zu dem, was man ist, es sei viel oder wenig.

Eine niedrigere Auffassung von der Schuld ist jede, die die Schuld mit der Vorstellung von einer ewigen Seligkeit momentweise, z. B. am Sonntag, am Neujahrsmorgen beim Frühgottesdienst, wo man noch nichts genossen hat, zusammenstellen und dann die ganze Woche oder das ganze Jahr frei sein will.

Eine niedrigere Auffassung von der Schuld ist jedes Mediieren: denn Mediation entbindet beständig von dem absoluten Verhältnis zum Absoluten und läßt sich dieses in Bruchprädikaten erschöpfen, in demselben Sinne, wie ein Hunderttalerschein nur soundso viel Einer ausmacht. Aber das absolute Verhältnis ist eben dadurch das absolute, daß es das Seine für sich hat, daß es sich zu dem Absoluten, einem Kleinod verhält, das man nur ganz haben und nicht wechseln kann. Die Mediation entbindet den Menschen davon, sich in die Totalitätsbestimmung zu vertiefen, und macht ihn nach außen geschäftig, daß seine Schuld nach außen, sein Strafleiden nach außen geht; denn Losung und Ablaß der Mediation ist, daß das Äußere das Innere, und das Innere das Äußere sei, wodurch das absolute Verhältnis zum Absoluten abgeschafft ist.

Wie die Auffassung der Schuld niedriger ist, so entspricht einer jeden solchen eine Genugtuung, die niedriger als jene höchste Auffassung ist: die ewige Erinnerung, welche daher keine Genugtuung akzeptiert, während doch die zugrundeliegende Immanenz, innerhalb deren das Dialektische liegt, eine geahnte Möglichkeit enthält.

Eine niedrigere Genugtuung ist der bürgerliche Begriff von Strafe. Dieser Begriff entspricht dieser oder jener Schuld und liegt daher ganz außerhalb der Totalitätsbestimmung.

Eine niedrigere Genugtuung ist der ästhetisch-metaphysische Begriff der Nemesis. Die Nemesis ist äußerlich dialektisch, ist die Konsequenz oder Naturgerechtigkeit der Äußerlichkeit. Das Ästhetische ist die uneröffnete Innerlichkeit; daher muß das, was die Innerlichkeit ist oder sein soll, sich äußerlich zeigen. Es ist, wie wenn sich in der Tragödie der Held der verschwundenen Zeit als Geist dem Schlafenden zeigt: der Zuschauer muß den Geist sehen, obgleich das, daß er sich zeigt, die Innerlichkeit des Schlafenden ist. So auch mit dem Bewußtsein der Schuld: die Innerlichkeit wird Äußerlichkeit. Man konnte daher die Furien sehen, aber gerade diese ihre Sichtbarkeit macht die Innerlichkeit weniger schrecklich, und gerade infolge ihrer Sichtbarkeit gab es eine Grenze für sie: in den Tempel durften die Furien nicht kommen. Wenn man dagegen das Schuldbewußtsein sogar bloß als ein Nagen wegen einer einzelnen Schuld nimmt, so ist diese Verborgenheit gerade das Schreckliche; denn das Nagen kann niemand sehen, und das Nagen geht mit über jede Türschwelle. Aber die Sichtbarkeit der Furien drückt sinnbildlich die Kommensurabilität zwischen dem Äußeren und dem Inneren aus, wodurch das Schuldbewußtsein verendlicht wird, und die Genugtuung liegt im Strafleiden der Zeitlichkeit und die Versöhnung liegt im Tode, und alles endet in der wehmütigen Erhebung, welche die Milderung des Todes ist, daß das Ganze nun vorüber ist und keine ewige Schuld da war.

Eine niedrigere Genugtuung ist alle selbstgemachte Pönitenz, nicht bloß weil sie selbstgemacht ist, sondern weil sogar die begeistertste Pönitenz die Schuld doch verendlicht, indem sie sie kommensurabel macht, während es ihr Verdienst ist, daß sie eine Schuld im Innern entdeckt, die sich der Aufmerksamkeit, nicht bloß der Polizei, sondern auch der Nemesis entzieht. Was von der Klosterbewegung des Mittelalters gesagt wurde, gilt hier wieder: Ehrerbietung vor der Pönitenz des Mittelalters. Sie ist doch ein kindlicher und begeisterter Versuch im Großen, und *der* muß ja alle Phantasie verloren haben und durch große Verständigkeit so gut wie ganz dumm geworden sein, der sich nicht ins Mittelalter hineinversetzen und wirklich Vergeßlichkeit und Gedankenlosigkeit und „Sieh meinen Nachbar" als etwas Wahreres anpreisen kann. Denn war die Pönitenz des Mittelalters auch unwahr, so war sie doch eine rührende und begeisterte Unwahrheit, und verschuldet auch Vergeßlichkeit und Gedankenlosigkeit nicht die unwahre Vorstellung von Gott, daß er daran, daß sich ein Mensch geißelt, Gefallen finden solle, so ist es doch wohl eine noch schrecklichere Unwahrheit, Gott, wenn ich so sagen darf, beständig draußen spielen zu lassen, und sich damit zu trösten, daß man nicht vor Gericht gekommen ist und daß man sogar Balldirektor im Klub ist.

Das Mittelalter läßt dagegen, sozusagen, Gott mitspielen; natürlich sind die Vorstellungen ziemlich kindlich, aber Gott ist doch absolut mit dabei. Man versuche das Denkexperiment: ein Mensch, der seine Schuld mit der Vorstellung von einer ewigen Seligkeit zusammenstellt, der also eben dadurch allein mit sich selbst, mit der Schuld und mit Gott ist (darin liegt das Wahre im Vergleich mit aller komparativen Geschäftigkeit und Sorglosigkeit im Heringszuge), man denke sich sein verzweifeltes Grübeln, ob es doch nicht etwas gebe, worauf er zur Genugtuung für die Schuld verfallen könne, man denke sich die Not der Erfindsamkeit, ob es doch nicht möglich sei, auf etwas zu verfallen, was Gott wieder gut (freundlich) machen könne: und man lache, wenn man kann, über den Leidenden, der auf die Pönitenz verfällt, wenn man, was man ja beim Experiment immer darf, annimmt, daß es in Aufrichtigkeit seine Absicht und sein Wunsch ist, ob sich Gott doch nicht durch alles dieses Leiden rühren und besänftigen lassen könne. Gewiß liegt etwas Komisches darin, weil diese Auffassung Gott zu einer abenteuerlichen Gestalt, einem Holofernes, einem Pascha mit drei Roßschweifen macht, dem so etwas gefallen könne: aber ist es besser, Gott so abzuschaffen, daß er zu einer Titulatur wird oder zu einem, der im Himmel sitzt und nicht ankommen kann, so daß ihn keiner merkt, weil die Wirkung von ihm den einzelnen nur vermittelst der kompakten Masse der dazwischenliegenden Ursachen berührt und der Stoß daher zu einer unmerkbaren Berührung wird, ist es besser, Gott dadurch abzuschaffen, daß man ihn in Naturgesetze und die notwendige Entwicklung der Immanenz gelockt hat!

Nein, Ehrerbietung vor der Pönitenz des Mittelalters und vor dem, was es außerhalb des Christentums für Analogien zu ihr gibt, worin immer das Wahre liegt, daß sich das Individuum nicht durch die Generation oder den Staat oder das Jahrhundert oder den Marktpreis der Menschen in der Stadt, wo es lebt, zum Ideal verhält, das will heißen, sich zu ihm zu verhalten verhindert wird, sondern sich zum Ideal verhält, wenn es sich auch im Verständnis verfehlt. Auf was kann nicht ein Mädchen verfallen, um den Geliebten wieder gut zu machen, wenn sie ihn für erzürnt hält; selbst wenn sie auf etwas Lächerliches verfällt, heiligt doch nicht die Liebe in ihr das Lächerliche? Und ist es nicht das Wahre bei ihr, daß sie sich in der verliebten Ursprünglichkeit der Vorstellung zu ihrer Liebe ideell verhält und daher nicht die Gesellschaft einer Schwatzbase sucht, die ihr erzählen kann, wie andere Mädchen ihre Geliebten behandeln? Jeder, der für die Kategorien ein Auge hat, sieht leicht, daß das erste Mädchen nur für eine reinere Auffassung komisch ist, die daher wohlwollend über sie lächelt, um ihr zu etwas Besserem zu verhelfen, jedoch beständig mit Ehrerbietung vor ihrer Leidenschaft; daß dagegen eine Schwatzbase, eine Herumläuferin, die etwas aus dritter Hand weiß, in Qualität von Liebhaberin unbedingt komisch ist, da bei einer Liebhaberin solche Nebenstudien ein Kennzeichen für ein Sudeln in Gefühlen ist, das, schlimmer als Untreue, zeigt, daß sie nichts besitzt, worüber sie treu sein könnte.

Und so auch der Religiöse, der sich in der Ursprünglichkeit verirrt, über ihn wirft die Leidenschaft der Ursprünglichkeit ein wohltuendes Licht, wenn man ihn mit dem Religiösen vergleicht, der von der Straße, der Zeitung, vom Klub her Bescheid weiß, wie man Gott behandelt, wie andere Christen ihn zu nehmen verstehen. Infolge von Verwicklung mit der Idee des Staates und der Sozialität und der Gemeinde und der Gesellschaft kann Gott des einzelnen nicht mehr habhaft werden. Selbst wenn der Zorn Gottes noch so groß wäre, muß sich doch die Strafe, die den Schuldigen treffen soll, durch alle Instanzen der Objektivität fortpflanzen: auf die Weise hat man Gott in den verbindlichsten und anerkennendsten philosophischen Termini hinauspraktiziert. Man ist eifrig eine immer wahrere Vorstellung von Gott zu bekommen, scheint aber die ersten Anfangsgründe zu vergessen: daß man Gott fürchten soll. Ein objektiv Religiöser in der objektiven Menschenmasse fürchtet Gott nicht; im Donner hört er ihn nicht, denn das ist das Naturgesetz, und vielleicht hat er recht; in den Begebenheiten sieht er ihn nicht, denn das ist die Notwendigkeit der Immanenz von Ursache und Wirkung, und vielleicht hat er recht; aber nun die Innerlichkeit der Einsamkeit vor Gott? Ja, die ist ihm zu wenig, er kennt sie nicht, er, der im Begriffe ist das Objektive zu realisieren.

Ob unsere Zeit unsittlicher als andere Zeiten ist, will ich nicht entscheiden; wie aber die entartete Pönitenz die spezifische Unsittlichkeit in einer gewissen Zeit des Mittelalters war, so könnte die unserer Zeit leicht eine phantastisch-ethische Schwäche, eine wollüstige, weichliche Aufgelöstheit der Verzweiflung werden, in welcher die Individuen wie im Traum nach der Vorstellung von Gott tappen, ohne einen Schrecken dabei zu empfinden. Im Gegenteil sich mit dieser Vornehmheit brüstend, die in Gedankenschwindel mit der Unbestimmtheit der Unpersönlichkeit Gott gleichsam im Unbestimmten ahnt, verkehren sie phantastisch mit ihm, dessen Dasein ungefähr wie das der Meerweiber wird. Und dasselbe kann sich leicht im Verhältnis des Individuums zu sich selbst wiederholen, daß das Ethische und die Verantwortung und die Kraft zu handeln und die nervenstarke Aussonderung der Reue in einem Geistreichtun der Auflösung evaporiert, wo das Individuum von sich selbst metaphysisch träumt, sich selbst mit Griechenland, Rom, China, der Weltgeschichte, unserer Zeit, dem Jahrhundert verwechselt; die Notwendigkeit seiner eignen Entwicklung immanent erfaßt, und dann wieder objektiv sein eignes Ich wie eine Flocke auf dem ganzen schimmeln läßt, vergessend, daß, wenn auch der Tod den Leib eines Menschen in Staub verwandelt und ihn mit den Elementen vermischt, es doch schrecklich ist, bei lebendem Leibe ein Schimmel auf der immanenten Entwicklung des Unendlichen zu werden.

Laßt uns dann lieber sündigen, schlecht und recht sündigen, Mädchen verführen, Männer ermorden, auf der Landstraße rauben: das läßt sich doch bereuen, und eines solchen Verbrechers kann Gott doch habhaft werden. Aber diese Vornehmheit, die so hoch gestiegen ist, die läßt sich schwer bereuen; sie hat einen

Anschein von Tiefsinn, der täuscht. Laßt uns dann lieber über Gott spotten, schlecht und recht, wie es früher in der Welt geschehen ist: das ist immerhin der abschwächenden Wichtigkeit vorzuziehen, womit man das Dasein Gottes beweisen will. Denn das Dasein jemandes, der da ist, zu beweisen ist das unverschämteste Attentat, da es ein Versuch, ihn lächerlich zu machen ist. Aber das Unglück ist, daß man das nicht einmal ahnt, daß man es in vollem Ernst für ein frommes Unternehmen ansieht. Wie verfällt man doch darauf, zu beweisen, daß er da sei, außer weil man sich erlaubt hat, ihn zu ignorieren; und nun macht man es noch dümmer, daß man ihm gerade vor der Nase sein Dasein beweist. Das Dasein oder Zurstellesein eines Königs hat gewöhnlich einen eigenen Ausdruck der Unterwürfigkeit und Untertänigkeit: wie, wenn man in seiner allerhöchsten Gegenwart beweisen wollte, daß er da sei? Beweist man es dann? Nein, man hat ihn zum Narren; denn sein Zurstellesein beweist man durch den Ausdruck der Untertänigkeit, mag dieser nun auch nach den Sitten des Landes sehr verschieden sein: und so beweist man auch Gottes Dasein durch Anbetung, nicht durch Beweise. Ein armer Schriftsteller, den ein späterer Forscher aus dem Dunkel der Vergessenheit zieht, der muß freilich herzlich froh sein, daß es dem Forscher gelingt, sein Dasein zu beweisen: dagegen kann ein Allgegenwärtiger ja nur durch die fromme Tölpelei eines Denkers in diese lächerliche Verlegenheit gebracht werden.

Wenn dieses aber so geschehen kann, oder wenn es zu einer gewissen Zeit geschieht: woher kommt es, ohne eben daher, daß man das Schuldbewußtsein ausläßt? Wie Papiergeld ein wichtiges Mittel für den Umsatz zwischen Mann und Mann sein kann, aber an und für sich eine schimärische Größe ist, wenn in letzter Instanz keine Valuta da sind: so ist die komparative, konventionelle, äußere, bürgerliche Auffassung des Ethischen im Handel und Wandel ganz brauchbar, wenn aber vergessen wird, daß Valuta des Ethischen, wenn irgendwo, in der Innerlichkeit des Individuums sein müssen, wenn dies eine ganze Generation vergessen könnte, so ist sie, selbst wenn man annehmen würde (was man übrigens bei der Aufklärung und Kultur keineswegs als selbverständliche Folge annehmen darf), daß kein einziger Verbrecher, sondern lauter ordentliche Leute existieren, so ist sie doch ethisch wesentlich verarmt und wesentlich im Fallieren. Im Verkehr ist es ganz richtig, jeden Dritten als Dritten zu betrachten, wenn aber diese Gewandtheit im Verkehr die einzelnen Individuen dahinführt, sich auch selbst in der Innerlichkeit vor Gott als Dritten, d. h. nur äußerlich zu betrachten: so ist das Ethische verloren, die Innerlichkeit ausgegangen, der Gedanke an Gott nichtssagend geworden, die Idealität verschwunden, denn wessen Innerlichkeit nicht das Ideal reflektiert, der hat keine Idealität. Im Verhältnis zur Menge der Menschen (d. h. wenn der einzelne auf andere sieht, aber dies geht ja rundherum, da jeder von den andern wieder der einzelne ist) ist es richtig, einen komparativen Maßstab zu gebrauchen, wenn aber dieser Gebrauch des komparativen Maßstabs so die Überhand bekommt, daß ihn das Individuum in seinem Innersten sich selbst gegenüber gebraucht: so ist das Ethische ausgegangen, und das verabschiedete Ethische könnte passenderweise seinen Platz in einer Handelszeitung unter der Rubrik: Durchschnittspreis und Durchschnittsbonität finden.

Das Respektable an der Pönitenz des Mittelalters war, daß das Individuum in bezug auf sich selbst den absoluten Maßstab anlegte. Kennt man nichts Höheres als das Komparative, den staatsbürgerlichen, kleinstädtischen, sektiererischerweckten, geeichten Maßstab: dann soll man nicht über das Mittelalter lächeln. Alle sind ja doch darin einig, daß Spießbürgerei komisch sei. Aber was ist denn Spießbürgerei? Kann man nicht in einer großen Stadt Spießbürger sein? Warum nicht? Das Spießbürgerliche liegt immer darin, daß man im Verhältnis zum Wesentlichen das Relative als das Absolute gebraucht. Daß mancher dies nicht merkt, wenn es eine in die Augen fallende Relativität ist, die gebraucht wird, zeigt bloß seine Begrenztheit in bezug auf das Komische. Mit der Auffassung der Spießbürgerei geht es wie mit der Ironie; jeder Mensch, bis hinab zu dem Geringsten, pfuscht im Ironischsein, aber da, wo die Ironie eigentlich anfängt, fallen sie alle ab, und die Schar aller dieser, die jeder für sich nach unten relativ ironisch sind, wenden sich erbittert gegen den eigentlichen Ironiker. Darüber, daß einer der beste Mensch in Köge sei, lacht man in Kopenhagen, aber es in Kopenhagen zu sein ist ebenso lächerlich, denn das Ethische und das Ethisch-Religiöse hat mit dem Komparativen gar nichts zu tun. Jeder komparative Maßstab, er sei nun der von Köge oder der von Kopenhagen oder der Maßstab unserer Zeit oder des Jahrhunderts, ist, wenn er das Absolute sein soll, Spießbürgerei.

Sobald sich dagegen das Individuum mit der absoluten Forderung an sich selbst wendet, werden auch Analogien zur selbstgemachten Pönitenz auftreten, wenn diese sich auch nicht so naiv äußern und vor allem, in der Verborgenheit der Innerlichkeit bewahrt, vor der in die Augen fallenden Äußerlichkeit geschützt sind, die so leicht zu einer fürs Individuum selbst und für andere gleich schädlichen Einladung zum Mißverständnis wird. Denn jeder Vergleich hält auf, und darum schätzt ihn die Mittelmäßigkeit so hoch und fängt mit ihm in ihrer erbärmlichen Freundschaft womöglich jeden, ob nun der Gefangene sogar als etwas Außerordentliches unter Mittelmäßigen bewundert, oder von Seinesgleichen zärtlich umschlungen wird. Es ist vollkommen in der Ordnung, daß jeder, selbst der vortrefflichste Mensch als Dritter einem andern gegenüber, sei es aus Teilnahme oder aus einem andern Grunde, einen kleineren Maßstab anlegt, als jeder im Stillen dem Ideal gegenüber in sich tragen soll und kann. Wer daher die Menschen anklagt, als ob sie ihn verdürben, faselt und gibt sich nur selbst an, daß er sich von etwas weggeschlichen hat und sich nun etwas erschleichen will, denn warum verhinderte er das nicht und warum fährt er damit fort, anstatt das Versäumte womöglich dadurch einzuholen, daß er im Stillen den Maßstab in seinem Innern aufsucht? Gewiß kann ein Mensch von sich selbst Anstrengungen fordern, von denen der es am besten meinende Freund, wenn er davon wüßte, abraten würde; aber niemand klage den Freund an, sondern jeder klage sich selbst an, daß er marktend diese Milderung suchte. Jeder, der in Wahrheit sein Leben gewagt hat, hat den Maßstab des Schweigens gehabt; denn ein Freund kann und darf dies nie anraten, ganz einfach darum, weil derjenige, der, wenn er sein Leben wagen soll, einen Vertrauten braucht, um es mit ihm zu überlegen, nicht dazu taugt. Aber wenn es einem dabei heiß wird und die letzte Anstrengung gilt: dann springt man ab, dann sucht man bei einem Vertrauten Milderung und erhält den gutgemeinten Rat: schone dich selbst. Darauf geht die Zeit hin und der Drang geht vorüber. Und wenn man nun in einem späteren Augenblick von einer Erinnerung besucht wird, dann klagt man die Menschen an; ein neuer Beweis, daß man sich selbst verloren hat und seine Idealität sich unter weggekommenen Sachen befindet.

Dagegen der, der schweigt, klagt niemand als sich selbst an, beleidigt durch sein Bestreben niemand; denn das ist seine siegreiche Überzeugung, daß in jedem Menschen dieses Mitwissen mit dem Ideal wohnt und wohnen soll, das alles fordert und nur in der Vernichtung vor Gott tröstet. Mag also, wer da will, Wortführer der Mittelmäßigkeit sein und gegen ihn grunzen oder lärmen: ist es aber erlaubt, sich gegen einen Räuber auf der Landstraße zu wehren, so gibt es auch eine erlaubte und vor allem Gott wohlgefällige Notwehr gegen die Nachstellungen der Mittelmäßigkeit – sie heißt Schweigen.

Im Verhältnis des Schweigens zum Ideal liegt ein Urteil über einen Menschen, wehe dem, der als Dritter über einen Menschen so urteilen dürfte; von diesem Urteil gibt es kein Appellieren an ein höheres; denn es ist absolut das höchste. Aber es gibt eine Ausflucht, und dann bekommt man ein unbeschreiblich milderes Urteil. Und wenn man dann einmal sein Leben wieder umträumt, erschrickt man und klagt die Menschen an, ein neuer Beweis, daß unsere eigne Sache beständig noch vor dem Forum der Mittelmäßigkeit liegt. Im Verhältnis des Schweigens zum Ideal ist ein Maßstab, der sogar die größte Anstrengung zu einer Kleinigkeit macht, ein jahraus jahrein fortgesetztes Streben in einen Hahnenschritt verwandelt – dagegen macht man in der Geschwätzigkeit ohne Anstrengung Riesenschritte. Und wenn nun in einem Menschen der Mißmut die Oberhand gewann, wenn er es von der Erhabenheit grausam fand, daß all seine Anstrengung mit ihr zusammengestellt wie nichts verschwinde, wenn er es nicht aushalten konnte, daß der Weg und Maßstab des Ideales Unwegsamkeit sei: dann suchte er Milderung und fand sie, fand sie bei einem, der es vielleicht in aller Aufrichtigkeit gut meinte, der tat, was man von einem Dritten fordern kann und soll, und er dankte ihm dafür, bis er zuletzt die Menschen albern anklagte, weil er selbst auf dem leicht fahrbaren Wege der Mittelmäßigkeit zu nichts kam. In der Übereinkunft des Schweigens mit dem Ideal fehlt ein Wort, das nicht vermißt wird, weil das, was es bezeichnet, auch nicht da ist: das ist Entschuldigung. In dem lauten Gerede draußen, in der flüsternden Übereinkunft zwischen Nachbar und Gegenüber ist dieses das Stammwort mit unzähligen Ableitungen. Dies mag zur Ehre der Idealität des Schweigens gesagt sein. Wer so lebt, kann es ja nicht sagen, denn er ist schweigsam; nun gut, so sage ich es und brauche also nicht hinzuzufügen, daß ich mich nicht für einen ausgebe, der so lebt.

Wer sich also mit dem absoluten Maßstabe gegen sich selbst wendet, wird natürlich nicht in der Glückseligkeit dahinleben können, daß er, wenn er die Gesetze erfülle und nicht vor Gericht komme und von der Clique der Erweckten für einen herzlich guten Menschen angesehen werde, ein so vortrefflicher Mensch sei, daß er, wenn er nicht bald sterbe, in kurzem zu vollkommen für diese Erde sein werde. Er wird im Gegenteil immer wieder Schuld entdecken und sie wieder innerhalb der Totalbestimmung: Schuld entdecken. Es liegt aber tief in der menschlichen Natur begründet, daß Schuld Strafe fordert. Wie nah liegt es nun nicht, selbst auf etwas, vielleicht eine mühselige Arbeit zu verfallen, auch wenn sie so dialektisch ist, daß sie möglicherweise andern nützt, wie Wohltätigkeit gegen Bedürftige, sich selbst einen Wunsch zu versagen usw.? Ist dies dann lächerlich? Ich finde es kindlich und schön. Und doch ist es eine Analogie zu der selbstgemachten Pönitenz und verendlicht, wie gut gemeint es auch sein mag, die Schuld. Es liegt darin eine kindliche Hoffnung und ein kindlicher Wunsch, daß dann alles wieder gut werden möchte, eine Kindlichkeit, im Vergleich mit der die ewige Erinnerung an die Schuld in der verborgenen Innerlichkeit furchtbarer Ernst ist. Was macht das Leben des Kindes so leicht? Daß es in ihm so oft: „quitt!" heißt, und so oft von frischem angefangen wird. Die Kindlichkeit der selbstgemachten Pönitenz liegt darin, daß sich das Individuum fromm einbilden will, die Strafe sei schlimmer als die Erinnerung an die Schuld. Nein, die schwerste Strafe ist gerade die Erinnerung. Für das Kind ist die Strafe das Schwerste, weil das Kind keine Erinnerung hat. Es denkt ungefähr so: „Könnte ich nur der Strafe entgehen, dann will ich schon froh und vergnügt sein." Aber was ist Innerlichkeit? Erinnerung. Das Gedankenlose bei den komparativen Dutzendmenschen, die so sind, wie die Leute meist hier in der Stadt sind, und einander wie Zinnsoldaten in der Schachtel gleichen, ist, daß allem ihrem Vergleichen ein wahres *tertium comparationis* fehlt; die kindliche Innerlichkeit bei dem Älteren ist die Aufmerksamkeit auf sich selbst, aber das Täuschende ist die Quittierung. Der Ernst dagegen ist die ewige Erinnerung, nicht gerade mit der Ernsthaftigkeit zu verwechseln: sich zu verheiraten, Kinder zu bekommen, Podagra zu haben, das theologische Examen zu machen, Ständedeputierter oder gar Scharfrichter zu sein.

Humor als das Konfinium zur Religiosität der verborgenen Innerlichkeit erfaßt die Totalität des Schuldbewußtseins. Der Humorist redet daher seltener von dieser oder jener Schuld, weil er das Totale begreift, oder er betont diese oder jene einzelne Schuld zufällig, weil dadurch indirekt die Totalität ausgedrückt wird. Das Humoristische tritt dadurch hervor, daß man sich das Kindliche in dem Totalbewußtsein reflektieren läßt. Geistesbildung im Verhältnis der Absolutheit mit Kindlichkeit zusammengestellt gibt Humor. Man trifft ziemlich oft große, konfirmierte, „herzlich gute" Menschen an, die, obgleich älter an Jahren, ganz wie Kinder handeln und sich anstellen, und die noch in ihrem vierzigsten Jahre unleugbar als hoffnungsvolle Kinder zu betrachten sein würden, wenn es Brauch und Sitte wäre, daß jedermann 250 Jahre alt würde. Aber Kinderei und Albernheit ist von Humor sehr verschieden. Der Humorist besitzt das Kindliche, aber wird von ihm nicht besessen, er verhindert es beständig sich direkt zu äußern, sondern läßt es nur durch eine absolute Bildung durchscheinen. Wenn man daher einen absolut Gebildeten und ein Kind zusammenstellt: so entdecken sie immer im Verein das Humoristische: das Kind sagt es und weiß nichts davon, der Humorist weiß davon, daß es gesagt wurde. Dagegen entdeckt relative Bildung mit einem Kinde zusammengestellt nichts, denn sie übersieht das Kind und dessen Torheit.

Ich erinnere mich an eine Replik in einer bestimmten Situation, die ich hier erzählen will. In einer der kleineren Gruppen, wie sie sich vorübergehend innerhalb einer größeren Gesellschaft bilden, äußerte durch eine unglückliche Begebenheit, auf die die Rede kam, veranlaßt eine junge Frau in einer Weise, die ihr gut stand, ihren Schmerz über das Leben, daß es doch nur so wenig von dem halte, was es verspreche: „Nein, die glückliche Kindheit oder besser das Glück des Kindes!“ Sie schwieg, beugte sich zu einem Kinde hinab, das sich zärtlich an sie klammerte, und streichelte dem Kleinen die Wange. Einer der Redenden, dessen Ergriffenheit sichtbar mit der jungen Frau sympathisierte, fuhr fort: „Ja, und vor allem das Glück der Kindheit, Schläge zu bekommen“[1],

[1] Als die Replik fiel, lachte man darüber. Dies war ein reines Mißverständnis. Man sah die Replik für Ironie an, was sie gar nicht war. Wäre sie Ironie gewesen, so wäre der Redende ein mittelmäßiger Ironiker gewesen; denn in der Replik war ein Mitklingen von Schmerz, das ironisch ganz unkorrekt ist. Die Replik war humoristisch und machte daher die Situation durch das Mißverständnis ironisch. Dies ist wieder ganz in der Ordnung, denn eine ironische Replik kann die Situation nicht ironisch machen, sie kann es höchstens zum Bewußtsein bringen, daß es die Situation ist, dagegen kann eine humoristische Replik die Situation ironisch machen. Der Ironiker behauptet gerade sich selbst und verhindert eine Situation, dagegen enthält der verborgene Schmerz des Humoristen eine Sympathie, wodurch er selbst mit dabei ist, eine Situation zu bilden, und wodurch eine ironische Situation möglich gemacht wird. Aber man verwechselt sehr oft, was ironisch gesagt ist, mit dem, was, wenn es gesagt wird, in der Situation ironisch wirken kann. Hier wurde sie dadurch ironisch, daß man lachte und die Replik für Neckerei nahm, ohne zu merken, daß die Replik in bezug auf das Glück der Kindheit viel mehr Wehmut enthielt als die der jungen Frau. Die wehmütige Auffassung der Kindheit rangiert im Verhältnis zu dem Gegensatz, von welchem aus ein sehnsüchtiger Blick auf sie geworfen wird. Der größte Gegensatz ist aber die ewige Erinnerung an die Schuld, und die wehmütigste Sehnsucht wird ganz richtig durch die Sehnsucht danach ausgedrückt, Schläge zu bekommen. Als die junge Frau sprach, war man etwas bewegt; von der Replik des Humoristen wurde man, obgleich man lachte, beinah beleidigt, und doch sagte er etwas viel Tieferes. Von allem Geschwätz im Leben, von der Qual und unseligen Mühe [vgl. Prediger 1,13 f.], ja, von der mürrischen Ernsthaftigkeit der Nahrungssorgen, ja selbst von dem täglichen Schmerz einer unglücklichen Ehe aus sich nach dem Glück der Kindheit zu sehnen, ist doch lange nicht so wehmütig als es von der ewigen Erinnerung an die Schuld aus zu tun, und auf diese Erinnerung reflektierte der Humorist

darauf wendete er sich ab und redete mit der Frau des Hauses, die gerade vorbeiging.

Gerade weil der Scherz des Humors im Widerrufen liegt (ein beginnender Tiefsinn, der widerrufen wird), rekurriert er natürlich oft auf die Kindheit. Wenn ein Mann wie Kant, der auf der Höhe der Wissenschaft steht, auf Anlaß der Beweise für das Dasein Gottes sagen würde: „Ja, ich weiß nichts weiter davon, als daß mein Vater mir gesagt hat, es sei so“: so ist das humoristisch und sagt wirklich mehr als ein ganzes Buch von den Beweisen, falls das Buch dies vergißt. Aber eben weil im Humor immer ein verborgener Schmerz liegt, liegt auch eine Sympathie darin. In der Ironie wohnt keine Sympathie, sie ist Selbstbehauptung und ihre Sympathie sympathisiert daher ganz indirekt nicht mit einem Menschen, sondern mit der Idee der Selbstbehauptung, welche Idee die Möglichkeit jedes Menschen ist. Darum findet man beim Weibe oft Humor, aber niemals Ironie. Versucht sie es damit, dann steht es ihr schlecht, und eine rein weibliche Natur wird Ironie wie eine Art Grausamkeit betrachten.

---

schwermütig, denn von der Totalität des Schuldbewußtseins aus sich nach einer eingebildeten Vorstellung von der reinen Unschuld des Kindes zu sehnen ist eigentlich Albernheit, obgleich es oft von oberflächlichen Menschen zur Rührung benutzt wird. Die Replik war keine unhöfliche Neckerei, sie war im Gegenteil sympathetisch.

Man erzählt von Sokrates, daß ein Mann zu ihm gekommen sei und sich darüber beklagt habe, daß die Leute ihn in seiner Abwesenheit verleumdeten; Sokrates antwortete: „Soll man sich um so etwas kümmern, mir ist es so einerlei, was die Leute in meiner Abwesenheit machen, daß sie mich meinetwegen in meiner Abwesenheit sogar schlagen mögen.“ Diese Replik ist korrekte Ironie, sie ist ohne die Sympathie, mit der Sokrates mit dem andern eine gemeinsame Situation hätte bilden können (und das Gesetz für die neckende Ironie ist ganz einfach das, daß die Hinterlist des Ironikers beständig die Unterredung daran hindert, eine Unterredung zu sein, obgleich sie in jeder Weise wie eine Unterredung, vielleicht sogar eine herzliche Unterredung aussieht), sie ist, selbst wenn sie die Richtung nach dem Ethischen nimmt, ironisch neckend, um den Mann zu ermuntern Selbstbehauptung zu gewinnen. Sokrates sagt daher ganz richtig weniger als der Mann, denn Verleumdung ist doch etwas, aber einen in seiner Abwesenheit zu schlagen hat gar nichts zu sagen.

Eine humoristische Replik muß dagegen immer, obgleich im Scherz verborgen, etwas Tiefsinniges enthalten und muß daher mehr sagen. Wenn sich so jemand an einen Ironiker wendet, um ihm unter dem Versprechen der Verschwiegenheit ein Geheimnis anzuvertrauen, und dieser antwortet: „Verlassen Sie sich ganz auf mich, mir kann man unbedingt ein Geheimnis anvertrauen, denn ich vergesse es ebenso geschwind, wie es gesagt ist“: so ist hier ganz richtig mit Hilfe der abstrakten Dialektik die Vertraulichkeit vernichtet. Wenn der andere ihm wirklich sein Geheimnis anvertraut, so reden sie ja freilich zusammen, aber wenn das eine vertrauliche Unterredung sein soll, so ist es ein Mißverständnis. Wenn jener von Verleumdung verfolgte Mann dagegen, was er zu Sokrates sagte, z. B. zu einem jungen Mädchen gesagt und sich über den und den beklagt hätte, daß er in seiner Abwesenheit Böses von ihm rede, und das junge Mädchen antworten würde: „So kann ich mich ja glücklich preisen, denn mich hat er ganz vergessen“: dann hat diese Replik einen Anklang vom Humoristischen, obgleich sie insofern nicht humoristisch ist, als sie auf keine Totalitätsbestimmung reflektiert, deren spezifischer Gegensatz das Humoristische konstituiert.

Humor reflektiert total auf das Schuldbewußtsein, und ist daher wahrer als alles komparative Messen und Zurückweisen. Aber das Tiefsinnige wird im Scherz widerrufen, ganz wie früher bei der Auffassung des Leidens. Der Humor versteht das Ganze, aber gerade wie er daran geht, zu erklären, wird er selbst ungeduldig und widerruft alles: „Es würde wohl zu weitläufig werden und zu tief gehen, ich widerrufe darum alles und gebe das Geld zurück." „Wir sind alle Schuldner", würde ein Humorist sagen, „wir fallen verschiedene Male und in manchen Stücken, wir alle, die wir zu der Tierart gehören, die Mensch genannt wird, die Buffon folgendermaßen beschreibt ..." Darauf könnte eine rein naturgeschichtliche Definition folgen. Der Gegensatz hat hier seine Spitze erreicht: der Gegensatz eines Individuums, das in der ewigen Erinnerung die Totalität des Schuldbewußtseins besitzt, und eines Exemplars einer Tierart. Daher gibt es auch keine Analogie zur Entwicklungsmetamorphose eines Menschen, insofern als er die höchste erfährt, nämlich sich unter die absolute Bestimmung des Geistes stellt. Eine Pflanze ist als Keim das, was sie als entwickelte wesentlich wird, und so auch ein Tier; dagegen ein Kind nicht, woher es ja auch kommt, daß es wohl in jeder Generation viele gibt, die nie absolut unter Geistesbestimmung kommen.[1] Die humoristische Wendung vom Individuum weg zur Art ist übrigens ein Rückschritt zu ästhetischen Bestimmungen, und darin liegt der Humor keineswegs. Die Totalität des Schuldbewußtseins im einzelnen Individuum vor Gott im Verhältnis zu einer ewigen Seligkeit ist das Religiöse. Darauf reflektiert der Humor, widerruft es aber wieder. Religiös gesehen ist nämlich die Art eine niedrigere Kategorie als das Individuum, und sich hinter die Art zu stecken sind Ausflüchte.[2]

Der Humor stellt die ewige Erinnerung an die Schuld mit allem zusammen, verhält sich aber in dieser Erinnerung nicht selbst zu einer ewigen Seligkeit. Jetzt stehen wir bei der verborgenen Innerlichkeit. Die ewige Erinnerung an die Schuld läßt sich im Äußeren nicht ausdrücken, sie ist dafür inkommensurabel, da jeder Ausdruck im Äußeren die Schuld verendlicht. Aber die ewige Schulderinnerung der verborgenen Innerlichkeit ist doch auch nicht Verzweiflung; denn Verzweiflung ist beständig das Unendliche, das Ewige, das Totale im Augenblick der Ungeduld, und alle Verzweiflung ist eine Art Gereiztheit. Nein, die ewige

[1] Man erinnere sich daran, daß wir hier nicht von Talentdifferenz reden, sondern daß die Möglichkeit dazu für jeden Menschen vorhanden ist, während trotzdem die Metamorphose eine so qualitative Veränderung ist, daß sie sich nicht aus dem Nachundnach einer unmittelbaren Entwicklung erklären läßt, obgleich das ewige Bewußtsein, indem es gegeben ist, sich ewig selbst voraussetzt.

[2] Nur in der letzten Bestimmung des Religiösen, des Paradox-Religiösen wird das Geschlecht höher, aber auch nur kraft des Paradoxes, und um auf das Paradox aufmerksam zu werden, muß man die Bestimmung des Religiösen dazwischen haben, daß das Individuum höher als die Art steht, damit die sphärischen Differenzen nicht ineinander laufen und man vom Paradox-Religiösen nicht ästhetisch rede.

Erinnerung ist das Kennzeichen des Verhältnisses zu einer ewigen Seligkeit, so weit wie möglich davon entfernt, das direkte Kennzeichen zu sein, aber doch immerhin genügend, um das Abspringen der Verzweiflung zu verhindern.

Der Humor entdeckt das Komische, indem er die totale Schuld mit all der Relativität zwischen Mann und Mann zusammenstellt. Das Komische liegt darin, daß die totale Schuld das Zugrundeliegende ist, das diese ganze Komödie trägt. Wenn nämlich die wesentliche Unschuld oder Güte dem Relativen zugrunde läge, wäre es nicht komisch, denn das ist nicht komisch, daß man innerhalb der positiven Bestimmung das Mehr oder Weniger bestimmt. Wenn aber die Relativität auf der totalen Schuld beruht, beruht also das Mehr oder Weniger auf dem, was weniger als nichts ist, und dies ist der Widerspruch, den das Komische entdeckt. Insofern als Geld etwas bedeutet, ist die Relativität von reicher und ärmer nicht komisch, wenn es aber Rechenpfennige sind, ist es komisch, daß da eine Relativität besteht. Wenn dem geschäftigen Hinundherlaufen der Menschen eine Möglichkeit der Gefahr zu entgehen zugrunde liegt, ist die Geschäftigkeit nicht komisch, wenn es dagegen z. B. ein untergehendes Schiff ist, liegt in all diesem Hinundherrennen etwas Komisches, denn es ist ein Widerspruch, daß man sich trotz aller Bewegung nicht von der Stelle wegbewegt, wo der Untergang stattfindet.

Die verborgene Innerlichkeit muß auch das Komische entdecken, nicht darin, daß der Religiöse von andern verschieden ist, sondern darin, daß er, obgleich am schwersten belastet, da er die ewige Erinnerung an die Schuld trägt, allen andern gleicht. Er entdeckt das Komische, da er sich aber in der ewigen Erinnerung beständig zu einer ewigen Seligkeit verhält, ist das Komische etwas beständig Verschwindendes.

Zwischensatz zwischen A und B

Das dargestellte Problem (vgl. Kap. 4 des zweiten Abschnitts) war ein existentielles und als solches pathetisch-dialektisch. Der erste Teil (A) ist behandelt, der pathetische Teil: das Verhältnis zu einer ewigen Seligkeit. Nun wollen wir zum Dialektischen (B) übergehen, das für das Problem das Entscheidende ist. Denn die Religiosität, die bis jetzt behandelt ist, und die wir in Zukunft der Kürze wegen die Religiosität A nennen wollen, ist nicht die spezifisch christliche. Auf der andern Seite ist das Dialektische nur insofern das Entscheidende, als es mit dem Pathetischen zu neuem Pathos zusammengestellt wird.

Im allgemeinen ist man nicht zu gleicher Zeit auf beides aufmerksam. Der religiöse Vortrag will das Pathetische repräsentieren und einen Strich über das Dialektische machen, und ist daher, wie gut er auch gemeint ist, zuweilen ein konfus tumultuarisches Pathos von allerlei, von Ästhetik, Ethik, Religiosität A und Christentum, widerspricht sich daher zuweilen selbst, „es sind aber schöne

Stellen darin", besonders schöne für den, der danach handeln und existieren soll. Das Dialektische rächt sich dadurch, daß es verborgen und ironisch über die Gesten und großen Worte spottet, und vor allem durch das ironische Urteil über einen religiösen Vortrag, daß er sich gut anhören, aber nicht ausführen lasse. Die Wissenschaft will sich des Dialektischen annehmen und führt es zu dem Zweck in das Medium der Abstraktion hinüber, wodurch das Problem wieder verfehlt wird, da es ein Existenzproblem ist und die eigentliche dialektische Schwierigkeit dadurch verschwindet, daß sie im Medium der Abstraktion, die von der Existenz absieht, erklärt wird. Ist der tumultuarische religiöse Vortrag für gefühlvolle Menschen, die hurtig schwitzen und verschwitzen, so ist die spekulative Auffassung für reine Denker; aber keins von beiden ist für handelnde und kraft des Handelns existierende Menschen.

Die Distinktion zwischen dem Pathetischen und dem Dialektischen muß jedoch näher bestimmt werden, denn die Religiosität A ist keineswegs undialektisch, aber sie ist nicht paradox dialektisch. Die Religiosität A ist die Dialektik der Verinnerlichung; sie ist das nicht durch ein Etwas bedingte Verhältnis zu einer ewigen Seligkeit, sondern ist die dialektische Verinnerlichung des Verhältnisses, also nur durch die Verinnerlichung bedingt, die dialektisch ist. Dagegen die Religiosität B, wie sie in Zukunft genannt werden wird, oder die paradoxe Religiosität, die das Dialektische an zweiter Stelle hat, macht Bedingungen, so, daß die Bedingungen nicht die dialektischen Vertiefungen der Verinnerlichung, sondern ein bestimmtes Etwas sind, das die ewige Seligkeit näher bestimmt (während in A die nähere Bestimmung der Verinnerlichung die einzige nähere Bestimmung ist), nicht indem sie des Individuums Aneignung derselben, sondern die ewige Seligkeit näher bestimmt, jedoch nicht als Aufgabe fürs Denken, sondern gerade paradox als zu neuem Pathos abstoßend.

Die Religiosität A muß beim Individuum erst zur Stelle sein, ehe davon die Rede sein kann, daß es auf das dialektische B aufmerksam werde. Wenn sich das Individuum in dem entscheidensten Ausdruck des existentiellen Pathos zu einer ewigen Seligkeit verhält: dann kann davon die Rede sein, daß es darauf aufmerksam werde, wie das Dialektische an zweiter Stelle (*secundo loco*) es in das Pathos des Absurden hinunterstoße. Man wird daraus sehen, wie töricht es ist, wenn sich ein Mann ohne Pathos zum Christlichen verhalten will; denn ehe überhaupt davon die Rede sein kann, daß er nur in der Lage sei, darauf aufmerksam zu werden, muß er erst in der Religiosität A existieren. Das Verkehrte ist indes recht oft geschehen: man hat sich ohne weiteres Christus und das Christentum, und das Paradoxe und das Absurde, kurz all das Christliche in ästhetischem Galimathias angeeignet, ganz als ob das Christentum ein gefundenes Fressen für Dummeriane wäre, weil es nicht gedacht werden kann, und ganz als ob nicht gerade die Bestimmung, daß es nicht gedacht werden kann, am schwierigsten von allen festzuhalten wäre, wenn man darin existieren soll, am schwierigsten festzuhalten besonders für kluge Köpfe.

Die Religiosität A kann im Heidentum und im Christentum jedermanns vorkommen, der – er sei nun getauft oder nicht getauft – kein entschiedener Christ ist. Natürlich ist es viel leichter, in aller Bequemlichkeit eine wohlfeile Ausgabe von einem Christen und zugleich ja so gut wie das Höchste zu sein, er ist ja doch getauft und hat ja doch ein Exemplar der Bibel und des Gesangbuchs geschenkt bekommen: ist er also nicht ein Christ, ein evangelisch-lutherischer Christ? Doch das bleibt Sache des Betreffenden; meine Meinung ist, daß die Religiosität A (in deren Konfinium ich meine Existenz habe) für einen Menschen so anstrengend sei, daß in ihr immer genug Aufgabe liege. Meine Absicht ist die, es schwer zu machen, ein Christ zu werden, jedoch nicht schwerer als es ist, auch nicht schwer für dumme Menschen und leicht für gute Köpfe, sondern qualitativ schwer und für jeden Menschen wesentlich gleich schwer, denn es ist, wesentlich gesehen, für jeden Menschen gleich schwer, seinen Verstand und sein Denken aufzugeben und seine Seele auf dem Absurden zu halten, und komparativ für den am schwersten, der viel Verstand hat, wenn man sich daran erinnert, daß nicht jeder, der nicht über dem Christentum seinen Verstand verlor, damit beweist, daß er ihn hat. Es ist meine Absicht, das will sagen, so wie ein Experimentierender, der alles um seiner selbst willen tut, eine Absicht haben kann.

Das Komparative veranlaßt das Mißverständnis, wie wenn sich ein guter Kopf mit einem Einfältigen vergleicht, anstatt zu verstehen, daß dieselbe Aufgabe für jeden besonders und nicht für die beiden im Vergleich miteinander da ist. Nein, jeder Mensch, der weiseste und der einfältigste, kann qualitativ gleich wesentlich die Unterscheidung zwischen dem machen, was er versteht und was er nicht versteht. Dieser anstrengende Schluß wird selbstverständlich die Frucht seiner höchsten Anstrengung sein, und zwischen Sokrates und Hamann, die diese Distinktion aufgestellt haben, liegen 2000 Jahre. Jeder Mensch kann entdecken, daß es etwas gibt, was direkt gegen sein Denken und seinen Verstand geht. Wenn er auf dieses Absurde hin sein ganzes Leben einsetzt, so macht er die Bewegung kraft des Absurden und ist wesentlich betrogen, wenn sich beweisen läßt, daß das Absurde, das er gewählt hat, nicht das Absurde ist. Wenn dieses Absurde das Christentum ist, so ist er ein gläubiger[1] Christ; versteht er aber, daß es nicht das Absurde ist, so ist er *eo ipso* kein gläubiger Christ mehr (er sei nun getauft, konfirmiert, Besitzer der Bibel und des Gesangbuchs, selbst wenn es das neue erwartete Gesangbuch wäre), bis er das Verständnis wieder

[1] Die Bestimmung des Glaubens wurde im Kap. 2 und 3 des zweiten Abschnittes, von Idealität und Realität, angegeben. Insofern als so räsonniert wird: man kann dabei, daß man das Paradox nicht versteht, nicht stehen bleiben, weil es zu wenig und eine zu leichte und bequeme Aufgabe ist, so muß darauf geantwortet werden: nein, im Gegenteil, es ist gerade umgekehrt das Allerschwerste, sich tagaus tagein zu etwas zu verhalten, worauf man seine ewige Seligkeit begründet, indem man die Leidenschaft festhält, womit man versteht, daß man nicht verstehen kann, besonders da man so sehr leicht in den Sinnesbetrug gerät, nun habe man es verstanden.

als Sinnesbetrug und Mißverständnis vernichtet und sich zu dem christlichen Absurden verhält.

Wenn nämlich die Religiosität A nicht als *terminus a quo* für die paradoxe Religiosität dazwischentritt: so steht die Religiosität A höher als die Religiosität B, denn so ist das Paradox, das Absurde usw. nicht *sensu eminenti* zu verstehen (daß es absolut nicht verstanden werden kann, weder von Klugen noch von Dummen), sondern ästhetisch von dem unter manchem anderen Wunderbaren gebraucht, von dem Wunderbaren, das wohl wunderbar ist, das man aber doch begreifen kann. Die Spekulation muß (insofern als sie nicht alle Religiosität abschaffen will, um uns *en masse* in das verheißene Land des reinen Seins zu introduzieren) konsequent der Meinung sein, die Religiosität A stehe höher als die Religiosität B, da sie die der Immanenz sei: aber weshalb nennt sie sie dann christlich? Das Christentum will sich nicht damit begnügen, eine Evolution innerhalb der Totalbestimmung der Menschennatur zu sein, ein solches Engagement ist zu wenig, um es dem Gott anzubieten. Es will dem Glaubenden auch nicht *ein*mal das Paradoxe sein und ihm dann unter der Hand, nach und nach, das Verständnis verschaffen, denn das Martyrium des Glaubens (seinen Verstand zu kreuzigen) ist nicht das Martyrium eines Augenblicks, sondern gerade der Fortdauer.

Man kann sein Verhältnis zu einer ewigen Seligkeit (zu Unsterblichkeit, ewigem Leben) außerhalb des Christentums religiös existierend ausdrücken, und es ist wohl auch geschehen; denn man muß von der Religiosität A sagen, daß, auch wenn es sie im Heidentum nicht gegeben hatte, es sie doch hätte geben können, weil sie nur die Menschennatur im allgemeinen zu ihrer Voraussetzung hat, während die Religiosität mit dem Dialektischen an zweiter Stelle vor ihr selbst nicht hat dasein können und man von ihr, nachdem sie gekommen ist, nicht sagen kann, sie habe da sein können, wo sie nicht gewesen ist. Das für das Christentum Spezifische ist das Dialektische an zweiter Stelle, nur daß es, wohl zu bemerken, nicht Aufgabe fürs Denken ist (als wäre das Christentum eine Lehre und nicht eine Existenzmitteilung, vgl. den zweiten Abschnitt, Kap. 2 und Kap. 4, Sektion 1, § 2), sondern sich zum Pathetischen als Inzitament zu neuem Pathos verhält. In der Religiosität A ist eine ewige Seligkeit etwas Einfaches und das Pathetische wird in der Dialektik der Verinnerlichung das Dialektische; in der Religiosität B kommt das Dialektische an zweiter Stelle, da die Mitteilung, pathetisch in Verinnerlichung, auf Existenz geht.

Im Verhältnis dazu, wie das Individuum das existentielle Pathos existierend ausdrückt (Resignation, Leiden, Totalität des Schuldbewußtseins), in demselben Grade steigt sein pathetisches Verhältnis zu einer ewigen Seligkeit. Wenn nun die ewige Seligkeit, wie sie das absolute τελος ist, ihm absolut der einzige Trost geworden ist, und wenn nun in der existentiellen Vertiefung das Verhältnis zu ihr auf sein Minimum reduziert ist, indem das Schuldbewußtsein das abstoßende Verhältnis bildet und sie ihm ja beständig nehmen will, und ihm doch dieses Minimum und diese Möglichkeit absolut mehr als alles ist: dann ist es passend, mit dem Dialektischen zu beginnen – das wird, wenn der Mensch in *dem* Zustande ist, ein Pathos erregen, das noch höher ist. Aber man bereitet sich dazu, auf das Christentum aufmerksam zu werden, nicht durch Lesen von Büchern vor, oder durch weltgeschichtliche Übersichten, sondern durch Vertiefung in das Existieren. Jedes andere Vorstudium muß *eo ipso* mit einem Mißverständnis enden, denn das Christentum ist Existenzmitteilung, es verbittet sich verstanden zu werden (vgl. den zweiten Abschnitt, Kap. 2), zu verstehen, was Christentum ist, ist nicht das Schwierige, sondern ein Christ zu werden (vgl. den zweiten Abschnitt, Kap. 4, Sektion 1, § 2).

Anmerkung: Insofern als das Erbauliche ein wesentliches Prädikat aller Religiosität ist, wird die Religiosität A auch ihr Erbauliches haben, überall wo das Gottesverhältnis vom Existierenden in der Innerlichkeit der Subjektivität gefunden wird, ist das Erbauliche, das der Subjektivität angehört, während man durch Objektivwerden auf das verzichtet, was, obgleich zur Subjektivität gehörend, doch nicht das Willkürliche ist, sowenig wie Liebe und zu lieben, worauf man doch auch durch Objektivwerden verzichtet. Die Totalität des Schuldbewußtseins ist in der Religiosität das Erbaulichste.[1] Das Erbauliche in der Sphäre der Religiosität A ist das der Immanenz, ist die Vernichtung, in welcher das Individuum sich selbst beiseiteschafft, um Gott zu finden, da nämlich das Individuum selbst dies verhindert.[2] Das Erbauliche ist also hier ganz richtig am Negativen kenntlich, an der Selbstvernichtung, die das Gottesverhältnis in sich findet, die leidend im Gottesverhältnis versinkt, in ihm gründet, weil Gott im Grunde ist, wenn nur alles, was da im Wege liegt, fortgeschafft ist, jede Endlichkeit und vor allem das Individuum selbst in seiner Endlichkeit, in seiner Rechthaberei Gott gegenüber. Ästhetisch liegt die heilige Ruhestätte außerhalb des Individuums, es sucht die Stätte; in der ethisch-religiösen Sphäre ist das Individuum selbst die Stätte, wenn sich das Individuum selbst vernichtet hat.

Dies ist das Erbauliche in der Sphäre der Religiosität A. Achtet man nicht darauf, und darauf, daß man diese Bestimmung des Erbaulichen dazwischen habe: so wird bei der Bestimmung des Paradox-Erbaulichen wieder alles verwechselt, man verwechselt es nämlich mit einem ästhetischen Verhältnis nach außen. In der Religiosität B ist das Erbauliche ein außerhalb des Individuums befindliches

---

[1] Der Leser wolle sich daran erinnern, daß ein unmittelbares Gottesverhältnis Ästhetik und eigentlich kein Gottesverhältnis ist, sowenig als ein unmittelbares Verhältnis zum Absoluten ein absolutes Verhältnis ist, da die Aussonderung des Absoluten nicht eingetreten ist. In der religiösen Sphäre ist das Positive am Negativen kenntlich. Das höchste Wohlbefinden einer glücklichen Unmittelbarkeit, das in Freude über Gott und das ganze Dasein in Jubel ausbricht, ist etwas Prächtiges, aber nicht erbaulich und nicht wesentlich ein Gottesverhältnis.

[2] Das Ästhetische liegt immer darin, daß sich das Individuum einbildet, es sei geschäftig, nach Gott zu greifen und seiner habhaft zu werden, also in der Einbildung, das undialektische Individuum sei behende genug, wenn es nur Gottes wie eines äußeren Dinges habhaft werden könne.

Etwas, das Individuum findet die Erbauung nicht, indem es das Gottesverhältnis in sich findet, sondern verhält sich, um sie zu finden, zu etwas, was außerhalb seiner liegt. Das Paradoxe liegt darin, daß dieses scheinbar ästhetische Verhältnis, daß sich das Individuum zu etwas außerhalb seiner verhält, doch das absolute Gottesverhältnis sein soll; denn in der Immanenz ist Gott weder ein Etwas, sondern alles, und ist unendlich alles, noch außerhalb des Individuums, denn die Erbauung liegt gerade darin, daß er im Individuum ist. Das Paradox-Erbauliche entspricht daher der Bestimmung: „Gott in der Zeit als einzelner Mensch", denn wenn es so ist, verhält sich das Individuum zu etwas, was sich außerhalb seiner befindet. Daß sich dies nicht denken läßt, ist ja eben das Paradox. Etwas anderes ist, ob der einzelne nicht davon zurückgestoßen wird: das bleibt seine Sache. Wird aber das Paradox nicht so festgehalten, so liegt die Religiosität A höher und ist das ganze Christentum in ästhetische Bestimmungen zurückzuführen, trotz der Behauptung des Christentums, daß sich das Paradoxe, von dem es redet, nicht denken lasse, verschieden also von einem relativen Paradox, das sich höchstens schwer denken läßt. Man muß der Spekulation zugeben, daß sie an der Immanenz festhält, ob dies auch anders zu verstehen ist als das reine Denken Hegels, aber die Spekulation darf sich nicht christlich nennen. Darum ist die Religiosität A von mir niemals christlich oder Christentum genannt worden.

B. Das Dialektische

Dies ist das, womit sich die *Brocken* wesentlich beschäftigt haben; ich muß daher beständig auf sie hinweisen und kann mich kürzer fassen. Die Schwierigkeit liegt bloß darin, die qualitative Dialektik des absoluten Paradoxes festzuhalten und allem Sinnesbetrug zu trotzen. Demgegenüber, was das absolute Paradox, das Absurde, das Unverständliche sein kann und soll und will, handelt es sich um Leidenschaft, um die Distinktion der dialektischen Unverständlichkeit festzuhalten. Ebenso lächerlich wie es daher ist, über etwas, was verstanden werden kann, abergläubisch und schwärmerisch dunkle Reden von dessen Unverständlichkeit zu hören, ebenso lächerlich ist das Umgekehrte: in betreff des wesentlich Paradoxen Versuche zu sehen, es verstehen zu wollen, als ob dies die Aufgabe wäre und nicht gerade das qualitativ Entgegengesetzte: festzuhalten, daß es nicht verstanden werden kann, damit nicht das Verstehen, d. h. das Mißverstehen schließlich zugleich alle die anderen Sphären verwirre. Wenn der paradox-religiöse Vortrag hierauf nicht aufmerksam ist, gibt er sich selbst einer berechtigt ironischen Auffassung preis, ob er nun mit der Benebelung und geistigen Trunkenheit eines Erweckten hinter den Vorhang blickt, die dunklen Runen rät, die Erklärung erschaut und diese in singendem Tone herpredigt, der die Resonanz von dem unnatürlichen Umgang des Sehers mit dem Wunderbaren ist, da sich das absolute Paradox gerade alle Erklärung verbittet; oder ob der paradox-religiöse Vortrag bescheiden auf das Verständnis verzichtet, jedoch bereitwillig zugibt, daß dies etwas viel Höheres sei; oder ob er einen Anlauf zum Verstehen nimmt und erst dann die Unverständlichkeit eingesteht; oder ob er die Unverständlichkeit des Paradoxes mit anderem parallelisiert usw. Alles dieses, was die Ironie aufzuspüren und an den Tag zu bringen hat, kommt daher, daß man die qualitative Dialektik der Sphären nicht respektiert, daß das, was bei dem Unverständlichen, jedoch wesentlich Verständlichen ein Verdienst ist: es zu verstehen, daß dieses dem wesentlich Unverständlichen gegenüber keineswegs verdienstvoll ist.

Das Mißverständnis hat darin seinen Grund, daß man trotz des Gebrauchs des Namens Christi usw. das Christentum in das Ästhetische zurückgeschoben hat (was ohne ihren Willen besonders den Hyperorthodoxen gelungen ist), wo das Unverständliche das relativ Unverständliche ist (relativ entweder in Hinsicht darauf, daß es noch nicht verstanden ist, oder darauf, daß ein Seher mit Falkenblick dazu gehört, es zu verstehen), das die Erklärung als etwas Höheres in der Zeit nach sich hat, anstatt daß das Christentum eine Existenzmitteilung ist, die das Existieren paradox macht, weshalb es, solange existiert wird, das Paradox bleibt, und erst die Ewigkeit die Erklärung hat, ohne daß es darum verdienstvoll wird, solange man in der Zeit ist, an der Erklärung pfuschen zu wollen, d. h. sich einbilden zu wollen, man sei in der Ewigkeit, denn solange man in der Zeit ist, beschuldigt die qualitative Dialektik jeden solchen Versuch unberechtigter Pfuscherei. Die qualitative Dialektik schärft beständig ein, daß man mit dem, was das Höchste ist, nicht *in abstracto* spielen und dann daran pfuschen solle; sondern daß man *in concreto* seine wesentliche Aufgabe erfassen und sie wesentlich ausdrücken solle.

Es gibt aber gewisse Dinge, die manchen Leuten etwas schwer in den Kopf gehen, und zu diesen Dingen gehört die leidenschaftliche Bestimmung des Unverständlichen. Der Vortrag fängt vielleicht ganz korrekt an, aber im Nu geht Natur über Erziehung, seine Hochehrwürden kann doch der Einbildung nicht widerstehen, daß im Dämmer zu sehen etwas Höheres sei, und dann beginnt die Komödie. Schon bei manchem relativen Problem können sich die Menschen oft durch emsige Geschäftigkeit im Erklären und tiefsinnige Fingerzeige lächerlich machen; aber dem absoluten Paradox gegenüber ist dieses ahnungsvolle Schauen und Blinzeln mit den Augen, dieses lauschende Schweigen der erweckten Gemeinde, das nur dadurch unterbrochen wird, daß ein Erweckter nach dem andern aufsteht und in gespannter Stellung nach dem ausschaut, wonach seine Hochehrwürden ausschaut, während die Frauen und Mädchen den Hut abnehmen, um jedes prophetische Wort aufzufangen: all diese Gespanntheit auf das Schauen seiner Hochehrwürden ist sehr lächerlich. Und das Allerlächerlichste ist, daß dieses ahnende Schauen etwas Höheres als die Leidenschaft des Glaubens sein soll. Sollte es etwas sein, müßte es eher wie eine Schwachheit bei einem schwächer Glaubenden zu ertragen sein, der keine Kraft hätte die Unverständlichkeit leidenschaftlich zu betonen und daher etwas schauen müßte; denn alles

Schauen ist Ungeduld. Und die Lust zu schauen und mit den Fingern zu deuten ist im allgemeinen auch nur für eine gewisse Klasse von beschränkten und phantastischen Menschen verlockend; jeder Tüchtigere und Ernsthaftere strebt danach, zu wissen, was die Sache ist, ob es etwas ist, was verstanden werden kann und soll, dann will er nicht ahnend schauen; oder etwas, was nicht verstanden werden kann und verstanden werden soll, dann will er ebensowenig spähen oder, was in diesem Falle dasselbe ist, spaßen; denn trotz den ernsten Mienen und hochgezogenen Augenbrauen bedeutet dieses Schauen doch nur Possen, wenn auch Herr Knud, der sie macht, glaubt, es sei purer Ernst.

Das ganze Schauen mit allem, was dazu gehört, was ja freilich, was auch der Grund davon sein mag, zu unserer Zeit selten vorkommt, ist weder mehr noch weniger als Koketterie. Ein christlicher Geistlicher, der nicht demütig und mit der Leidenschaft der Existenzanstrengung sich selbst und die Gemeinde dadurch in Zucht zu halten weiß, daß er verkündigt, das Paradox könne und solle nicht verstanden werden, der nicht gerade darin die Aufgabe setzt, dieses festzuhalten und diese Kreuzigung des Verstandes auszuhalten, sondern alles spekulativ verstanden hat: der ist komisch. Aber je mehr einer das Unverständliche betont, und doch schließlich „ahnt“: desto verderblicher ist seine Koketterie, weil das Ganze ein Kompliment für ihn selber wird: während die Schwierigkeit und Unverständlichkeit „die Geistlosen“ verhindert, ist er geistreich genug, ahnungsvoll in die dunkle Rede zu schauen. Das Christentum ist eine Existenzmitteilung, die das Existieren paradox und so schwermacht, wie es nie zuvor gewesen ist und außerhalb des Christentums nie sein kann; aber es ist kein Richtweg, um unvergleichlich geistreich zu werden. Und doch kommt vielleicht besonders unter erweckten Studierenden das Phänomen vor, daß man, da man auf dem schmalen Wege der Wissenschaft und der Kenntnisse und des Denkens nicht vorwärts kommen kann, abspringt und absolut erweckt und unvergleichlich geistreich wird. Dann lieber das Mißverständnis der Spekulation, wo es, von diesem Mißverständnis abgesehen, bei *den* Männern genug zu lernen und bewundern gibt, die mit der Kraft des Genies eine eiserne Ausdauer verbanden, lieber das Mißverständnis der Spekulation: daß sie alles erklären könne.

Es geht mit der Kreuzigung des Verstandes beim Glauben wie mit manchen ethischen Bestimmungen. Es entsagt einer der Eitelkeit, aber will bewundert werden, weil er das tut. Es gibt einer, wie er sagt, den Verstand auf, um zu glauben, aber dann bekommt er einen höheren Verstand, einen soviel höheren Verstand, daß er sich kraft dessen wie ein unvergleichlich geistreicher Seher gebärdet usw. Es ist aber immer mißlich, von seiner Religiosität Profit haben zu wollen oder in die Augen fallenden Profit zu bekommen. Weil ein Individuum im Glauben den Verstand aufgibt und gegen den Verstand glaubt, darum soll er vom Verstand nicht gering denken oder sich plötzlich eine glänzende Differenz innerhalb des totalen Umfangs des Verstandes erlügen; denn ein höherer Verstand ist ja doch auch ein Verstand. Darin liegt die Anmaßung des religiös

Erweckten; wie ehrerbietig man aber auch einen Christen behandeln soll, und wie schonungsvoll man auch gegen das Krankhafte sein soll, das zuweilen in einer Übergangsperiode stören und störend wirken kann: ebenso ruhig soll man einen anmaßenden Erweckten der Behandlung der Ironie ausliefern. Wollte der Bewohner des Klosters in der entarteten Periode des Mittelalters von seinem Leben den Vorteil haben wie ein Heiliger geehrt zu werden: so ist es ebenso verwerflich und nur etwas lächerlicher, mit Hilfe seiner Religiosität unvergleichlich geistreich werden zu wollen. Und ist es eine traurige Verirrung, durch Tugend und Heiligkeit, anstatt immer demütiger zu werden, geradezu Gott gleich sein zu wollen, so ist es desto lächerlicher, dies in Anbetracht dessen sein zu wollen, daß man ein ungewöhnlich brillanter Kopf ist; denn Tugend und Reinheit stehen ja doch zu Gott in einem wesentlichen Verhältnis, während die andere Bestimmung als *tertium comparationis* Gott selbst lächerlich macht.

Wer in Wahrheit seinen Verstand aufgegeben hat und gegen den Verstand glaubt, der wird immer eine sympathetische Ehrerbietung vor der Kraft bewahren, deren Macht er, indem er sie gegen sich hat, am besten kennt; und er wird zugleich durch die tägliche Anstrengung sich in der Leidenschaft des Glaubens zu erhalten, die sich gegen den Verstand vordrängt, was so ist, wie wenn man eine Last einen Berg hinaufwälzt, er wird in dieser Anstrengung verhindert sein auf Konto seiner Religiosität Genie zu spielen. Der Widerspruch besteht bei dem anmaßenden Erweckten darin, daß er, nachdem er mit dem Glauben gegen den Verstand in die letzte Einfriedigung der Innerlichkeit eingetreten ist, zugleich draußen auf der Straße sein und unvergleichlich geistreich sein will. Und die Farce oder Benifizvorstellung bleibt in ihrem Fortgang gleich lächerlich, ob er sich die Bewunderung der Welt zunutze macht, wenn da etwas abzufallen scheint (eine neue Inkonsequenz: daß sich der, der den höheren Verstand besitzt, von der Welt bewundern lassen will, die ja nur den niedrigeren besitzt, deren Bewunderung also Unsinn ist); oder verdammt und auf die Geistlosigkeit der Welt losdonnert, wenn sie nicht bewundern will (eine absonderliche Zeremonie, da er ja selbst weiß, daß die Welt nur den niedrigeren Verstand besitzt); oder klagt, daß er mißverstanden werde, was ja doch ganz in der Ordnung ist, so daß die Klage darüber nur ein Mißverständnis bedeutet, das die heimliche Verbindung verrät, die er mit dem Weltlichen unterhält.

Das Mißverständnis liegt beständig in der Einbildung, daß sich die Unverständlichkeit des Paradoxes zur Differenz von mehr oder weniger Verstand zur Vergleichung zwischen guter und schlechter Begabung verhalte. Das Paradox verhält sich wesentlich zum Menschsein und qualitativ zu jedem Menschen besonders, ob er nun viel oder wenig Verstand hat. Der verständigste Mensch kann daher gern glauben (gegen den Verstand) und ist durch seinen großen Verstand nur so im Glauben gehindert, daß er zugleich den Vorteil hat, recht zu erfahren, was es heißt, gegen den Verstand zu glauben. Sokrates, von dessen Unwissenheit oben (in Kap. 2 des zweiten Abschnitts) nachgewiesen wurde, daß sie eine Art Analogie zum Glauben war (wobei jedoch beständig daran erinnert wurde, daß es zum ganzen Paradoxreligiösen keine Analogien gibt), war kein Dummrian, weil er nicht den Narren machen wollte, daß er dies und das ahne und wisse, sondern absolut unwissend sein wollte. Aber auf der anderen Seite fiel es auch Sokrates nie ein, nachdem er das allgemeine menschliche Wissen verworfen hatte, sich wegen eines höheren Verstandes bewundern zu lassen oder sich mit einem Menschen direkt einzulassen, da er in seiner Unwissenheit die Kommunikation mit ihnen allen wesentlich vernichtet hatte.

Die Erweckten haben oft viel mit der gottlosen Welt zu schaffen, die sie verspottet, was sie jedoch in einem anderen Sinne selbst wünschen, um sich ganz darauf verlassen zu können, daß sie Erweckte sind, da sie ja verspottet werden, und um dann wieder den Vorteil zu haben, über die Gottlosigkeit der Welt klagen zu können. Indessen bleibt es immer ein zweifelhafter Beweis für die Gottlosigkeit der Welt, daß sie über einen Erweckten lacht, besonders wenn er zu schauen anfängt, denn dann ist er wirklich lächerlich. Zu unserer Zeit, deren Toleranz oder Indifferentismus so groß ist, ist es für einen wirklichen Christen, der sich, streng gegen sich selbst, gar nicht damit abgibt, andere zu beurteilen, gewiß gar nicht unmöglich, daß man ihn in Frieden seinen Weg gehen läßt; aber selbstverständlich würde er gleichwohl das Martyrium in sich selbst haben: daß er gegen den Verstand glaubte. Dagegen ist alles Anmaßende, wenn es sich dann obendrein selbst widerspricht, komisch.

Nehmen wir ein paar Beispiele aus unbedeutenderen Verhältnissen des Lebens, indem wir jedoch in bezug auf die Anwendung beständig an den absoluten Unterschied denken, daß es zur Sphäre des Paradox-religiösen keine Analogie gibt und daher die Anwendung, wenn man sie versteht, ein Widerruf ist. Jemand richtet sein Leben auf eine eigentümliche Weise ein, die nach der Erkenntnis, die er von sich selbst, von seinen Kräften, seinen Fehlern usw. hat, ihm am dienlichsten und insofern auch behaglichsten ist; darum kann es ja wohl geschehen, daß diese Lebensweise und besonders ihre konsequente Durchführung im ersten Augenblick oder für manche andere Ansicht vom Leben, die einen anderen Gesichtspunkt hat, als lächerlich erscheint: wenn er eine anmaßende Person ist, dann soll diese seine absonderliche Lebensweise natürlich wie ein höherer Verstand usw. gepriesen werden; wenn er dagegen ein ernsthafter Mann ist, so wird er ruhig auf die Auffassung anderer hören, er wird durch die Art, wie er sich im Gespräch darauf einläßt, zeigen, daß er sehr gut das Komische, das für einen Dritten dasein kann, einsieht, und darauf wird er ganz ruhig nach Hause gehen und seinen nach genauer Selbsterkenntnis gefaßten Lebensplan befolgen.

So auch mit einem, der in Wahrheit ein Christ ist, wenn wir daran denken, daß es hier keine Analogie gibt. Er kann sehr gut Verstand haben (ja, er muß ihn ja haben, um gegen den Verstand zu glauben), er kann ihn in allen anderen Verhältnissen gebrauchen, im Umgang mit anderen gebrauchen (ist es ja doch auch eine Inkonsequenz, sich mit jemand unterreden zu wollen, der den höheren Verstand nicht besitzt, wenn man selbst den höheren Verstand gebrauchen will, denn die Unterredung ist der Ausdruck für das Allgemeine, und das Verhältnis zwischen einem, der den höheren Verstand hat, und einem gewöhnlichen Menschen würde das eines Apostels oder eines absoluten Lehrers, aber nicht eines Mitmenschen sein), er wird jeden Einwand gut verstehen können, ja ihn selbst wie nur irgendeiner vorbringen, denn sonst würde ein höherer Verstand in bedenklicher Weise ein zweideutiges Avancement für Geschwätz und Unsinn werden. Es ist sehr leicht, von der mühsamen Aufgabe seinen Verstand zu entwickeln und schärfen, wegzuspringen und in ein höheres Hopsasa zu verfallen und sich gegen jede Beschuldigung mit der Bemerkung zu wehren: das sei ein höherer Verstand.[1] Der glaubende Christ hat also und gebraucht seinen Verstand, respektiert das Allgemeinmenschliche, erklärt es nicht aus Mangel an Verstand, wenn jemand kein Christ wird, aber im Verhältnis zum Christentum glaubt er gegen den Verstand und gebraucht auch hier den Verstand, um darauf achtzugeben, daß er gegen den Verstand glaube. Daher kann er gegen den Verstand keinen Unsinn glauben, was einer vielleicht befürchten wird, denn der Verstand wird es eben durchschauen, daß es Unsinn ist, und ihn hindern es zu glauben; aber er gebraucht den Verstand so weit, daß er durch ihn auf das Unverständliche aufmerksam wird, und nun verhält er sich zu diesem so, daß er es gegen den Verstand glaubt.

Eine begeisterte ethische Individualität gebraucht den Verstand, zu entdekken, was das Klügste ist, um es dann bleiben zu lassen; denn was wir im allgemeinen das Klügste nennen, ist selten das Edle. Aber sogar dieses Benehmen (eine Art Analogie zu dem des Glaubenden, nur daß das Verständnis der Anwendung der Widerruf ist) wird ziemlich selten verstanden; und wenn man sieht, wie sich ein Mensch begeistert opfert, begeistert anstatt der Bequemlichkeit Anstrengung erwählt, ja eine Anstrengung, die nur mit Undank und Verlust belohnt wird, anstatt einer Bequemlichkeit, die mit Bewunderung und Vorteil belohnt werden würde: so denkt mancher, es sei eine Art Beschränktheit, lächelt über ihn und geht vielleicht sogar so weit, daß er in einem Anfall von Gutmütigkeit dem armen Menschen sehen helfen will, was das Klügste sei, wodurch er freilich dem armen Einfältigen dazu verhilft, daß er einen kleinen ironischen Einblick in die Seele des Ratgebers tut. Ein solches Ratgeben ist ein Mißverständnis, das seinen Grund nicht sowohl in Mangel an Verstand, als in Mangel an Begeisterung hat. Der begeisterte Ethiker wird sich daher auch gar nicht über den Einwand oder Spott aufhalten, er wird sich, lange bevor dieser ihm begegnet, in die Lage versetzt haben, daß er ihm begegnen werde, er wird wie nur irgendeiner imstande

[1] Darum wurde im vorhergehenden gesagt, es sei immer ein eigenes Ding, etwas für das Absurde, das Unverständliche auszugeben, wovon ein anderer erklären könne, daß es leicht zu verstehen sei.

sein, sein Bestreben komisch aufzufassen, und dann ganz ruhig entschlossen den Verstand gebrauchen, zu sehen, was das Klügste ist, um dies dann zu unterlassen. Die Analogie ist nicht ganz treffend; denn für einen solchen Ethiker liegt in diesem Verhalten gegen den Verstand kein Leiden; sein begeistertes Handeln ist doch ein Verständnis für das Unendliche, und er bricht nur mit der klugen Jämmerlichkeit; in ihm ist kein Bruch und kein Leiden wegen des Bruches. Dagegen ein Glaubender, der glaubt, d. h. gegen den Verstand glaubt[1], nimmt es mit dem Geheimnis des Glaubens ernst und macht nicht mit dem Verstehen den Narren, sondern ist darauf aufmerksam, daß Neugier zu schauen Untreue ist und die Aufgabe im Stiche läßt.

Das Dialektische beim Problem erfordert Denkleidenschaft, es nicht verstehen zu wollen, sondern zu verstehen, was es heißt, so mit dem Verstande und dem Denken und der Immanenz zu brechen, daß man, hinter sich die Ewigkeit, den letzten Boden der Immanenz verliert und in das Äußerste der Existenz gestellt, kraft des Absurden existiert.

Dies Dialektische war, wie gesagt, das, was die *Brocken* besonders behandelten; ich werde mich kürzer fassen und es, auf sie hinweisend, soweit wie möglich noch bestimmter zusammenfassen.

§ 1 Der dialektische Widerspruch, der im Bruch besteht: eine ewige Seligkeit in der Zeit durch ein Verhältnis zu etwas anderem in der Zeit zu erwarten

In diesem Widerspruch ist die Existenz paradox betont und die Distinktion *hier* und *dort* dadurch absolut bestimmt, daß die Existenz paradox betont ist, weil das Ewige selbst in einem Moment der Zeit entstanden ist. Man erinnere sich beständig daran, daß ich nicht die Absicht habe das Problem zu erklären, sondern nur aufzustellen.

Die Auffassung der Distinktion „hier und dort" ist für jede Existenzmitteilung entscheidend. Die *Spekulation* hebt sie (die ein Ausdruck für den Grundsatz des Widerspruchs ist) im reinen Sein absolut auf; welche Aufhebung wieder ein Ausdruck dafür ist, daß die Spekulation keine Existenzmitteilung ist, worin ihre Mißlichkeit besteht, insofern als sie die Existenz erklären will. Die *Religiosität A*, die nicht die Spekulation, aber doch spekulativ ist, reflektiert auf diese Distinktion, indem sie auf das Existieren reflektiert; aber selbst die entscheidende Bestimmung des Schuldbewußtseins bleibt doch innerhalb der Immanenz. Das *Paradoxreligiöse* bestimmt die Distinktion absolut, indem sie das Existieren para-

[1] Und Glaube gehört wesentlich in die Sphäre des Paradoxreligiösen, wie beständig eingeschärft worden ist (vgl. unter anderen Stellen Kap. 2 und 3 des zweitem Abschnitts); aller andere Glaube ist nur eine Analogie, die keine ist, eine Analogie, die dazu dienen kann, aufmerksam zu werden, aber nicht mehr, deren Verstehen daher ein Widerspruch ist.

dox betont. Indem nämlich das Ewige in einem Moment der Zeit entstanden ist, kommt das existierende Individuum nicht dazu, sich in der Zeit zum Ewigen zu verhalten oder sich auf sein Verhältnis zu besinnen (dies ist A), sondern sich in *der Zeit* zu dem Ewigen *in der Zeit* zu verhalten; so daß das Verhältnis also in der Zeit stattfindet, ein Verhältnis, das in gleicher Weise gegen alles Denken streitet, ob man nun auf das Individuum oder auf den Gott reflektiert.

Die Auffassung der Distinktion hier und dort ist im Grunde die Auffassung des *Existierens*, und hierum konzentrieren sich wieder die Verschiedenheiten, wenn man darauf achtet, daß das Christentum keine Lehre, sondern eine Existenzmitteilung ist. Die *Spekulation* sieht von der Existenz ab; existieren wird für sie zum Existierthaben (zur Vergangenheit), die Existenz zu einem verschwindenden und aufgehobenen Moment im reinen Sein des Ewigen. Die Spekulation kann als die Abstraktion nie mit der Existenz gleichzeitig werden und kann daher die Existenz nicht als Existenz, sondern erst hinterher begreifen. *Dies* erklärt, warum sich die Spekulation wohlweislich von der Ethik fernhält und warum sie sich lächerlich macht, wenn sie sich darauf einläßt. Die *Religiosität A* betont das Existieren als die Wirklichkeit, und die Ewigkeit, die doch in der zugrundeliegenden Immanenz das Ganze trägt, verschwindet so, daß das Positive am Negativen kenntlich wird. Für die Spekulation ist die Existenz verschwunden und es besteht nur das reine Sein; für die Religiosität A ist nur die Wirklichkeit der Existenz da, und doch wird das Ewige beständig von ihr verborgen und ist verborgen zur Stelle. Das *Paradoxreligiöse* stellt den Gegensatz der Existenz und des Ewigen als absolut hin; denn gerade daß das Ewige in einem bestimmten Zeitmoment da ist, drückt aus, daß die Existenz von der verborgenen Immanenz des Ewigen verlassen ist. In der Religiosität A ist das Ewige *ubique et nusquam*, aber von der Wirklichkeit der Existenz verborgen; im Paradoxreligiösen befindet sich das Ewige an einer bestimmten Stelle, und dies bezeichnet eben den Bruch mit der Immanenz.

Im zweiten Kapitel des zweiten Abschnittes wurde gesagt, was unsre Zeit vergessen habe, wodurch das Mißverständnis der Spekulation vom Christentum sich erklären lasse, sei: was existieren und was Innerlichkeit bedeute. Das Religiöse besteht ganz gewiß in der existierenden Innerlichkeit, und je nachdem diese tiefer bestimmt wird, steigt die Religiosität, und das Paradoxreligiöse wird das Letzte.

Je nachdem die dialektische Innerlichkeit des Individuums bestimmt wird, rangieren alle Existenzauffassungen. Ich will nun, voraussetzend, was davon in dieser Schrift entwickelt wurde, nur rekapitulieren, indem ich daran erinnere, daß die Spekulation natürlich aus dem Spiel bleibt, da sie, objektiv und abstrakt, gegen die Bestimmung des existierenden Subjekts gleichgültig ist, und höchstens mit der reinen Menschheit zu tun hat; während die Existenzmitteilung etwas anderes unter dem *unum* versteht, wenn es heißt *unum noris omnes*, etwas anderes unter dem „dich selbst" versteht, wenn es heißt „erkenne dich selbst", nämlich einen wirklichen Menschen, und dadurch andeutet, daß sie sich nicht mit anekdotenhaften Differenzen zwischen Hinz und Kunz beschäftigt.

Ist das Individuum in sich undialektisch und hat es seine Dialektik außer sich: dann haben wir die *ästhetischen Auffassungen.* Ist das Individuum nach innen in sich selbst, in Selbstbehauptung dialektisch, so daß also der letzte Grund nicht in sich dialektisch wird, da das zugrundeliegende Selbst dazu gebraucht wird, sich selbst zu überwinden und behaupten: dann haben wir die *ethische Auffassung.* Ist das Individuum in Selbstvernichtung vor Gott nach innen dialektisch bestimmt: so haben wir die *Religiosität A.* Ist das Individuum paradox-dialektisch, jeder Rest von ursprünglicher Immanenz vernichtet und aller Zusammenhang abgeschnitten, das Individuum in das Äußerste der Existenz gestellt: so haben wir das *Paradoxreligiöse.* Diese paradoxe Innerlichkeit ist die denkbar größte, denn selbst die dialektischste Bestimmung, wenn sie sich jedoch innerhalb der Immanenz befindet, hat gleichsam eine Möglichkeit von Ausflucht, von Wegspringen, von Rückzug in das Ewige dahinten; es ist so, als wäre doch nicht alles eingesetzt. Aber der Bruch macht die Innerlichkeit zur denkbar größten.[1]

Je nach der Auffassung des Existierens rangieren wieder die verschiedenen Existenzmitteilungen. (Die Spekulation sieht als abstrakt und objektiv von existieren und Innerlichkeit ganz ab; und ist, da das Christentum das Existieren sogar paradox betont, das denkbar größte Mißverständnis des Christentums). Die *Unmittelbarkeit*, das *Ästhetische* findet im Existieren keinen Widerspruch; existieren ist ihr eins, der Widerspruch etwas anderes, was von außen kommt. Das *Ethische* findet den Widerspruch, aber innerhalb der Selbstbehauptung. Das *Religiöse A* faßt den Widerspruch als Leiden in der Selbstvernichtung, jedoch innerhalb der Immanenz; indem es aber das Existieren ethisch betont, verhindert es den Existierenden in der Immanenz abstrakt zu werden oder dadurch abstrakt zu werden, daß er in der Immanenz bleiben will. Das *Paradoxreligiöse* bricht mit der Immanenz und macht das Existieren zum absoluten Widerspruch nicht innerhalb der Immanenz, sondern mit der Immanenz. Es gibt keine immanent zugrundeliegende Verwandtschaft zwischen dem Zeitlichen und dem Ewigen, weil das Ewige selbst in die Zeit gekommen ist und dort die Verwandtschaft stiften will.

Anmerkung: Hiermit vergleiche man die zwei ersten Kapitel der *Brocken* vom Lernen der Wahrheit, vom Augenblick, vom Gott in der Zeit als Lehrer. In *ästhetischer Auffassung* ist der eine Lehrer, der andere lernt, dann er wieder Lehrer usw., kurz, das Verhältnis ist das der Relativität. *Religiös* gibt es keinen Schüler und keinen Lehrer („der Lehrer ist bloß der Anlaß“ vgl. die *Brocken*), jedes Individuum

[1] Nach diesem Schema wird man sich orientieren können, und ohne davon gestört zu werden, wenn jemand in einem ästhetischen Vortrage den Namen Christi und eine ganze christliche Terminologie gebraucht, nur auf die Kategorien sehen.

ist wesentlich gleich ewig angelegt und steht zum Ewigen in einem wesentlichen Verhältnis, der menschliche Lehrer ist ein verschwindender Durchgang. *Paradoxreligiös* ist der Lehrer der Gott in der Zeit, der Schüler eine neue Kreatur („der Gott als Lehrer in der Zeit gibt auch die Bedingung" vgl. die *Brocken*). Innerhalb des Paradoxreligiösen gilt zwischen Mensch und Mensch das Religiöse A. Wenn daher ein Christ (der paradox ein Schüler des Gottes, das heißt eine neue Kreatur ist) innerhalb des Christentums wieder ein Schüler von dem und dem wird, so erweckt dies einen indirekten Verdacht, sein ganzes Christentum sei wohl etwas ästhetischer Galimathias.

Das Problem, von dem hier beständig geredet wird, war: wie kann es einen geschichtlichen Ausgangspunkt usw. geben. In der Religiosität A gibt es keinen geschichtlichen Ausgangspunkt. Das Individuum bemerkt nur in der Zeit, daß es sich selbst als ewig voraussetzen muß. Das Moment in der Zeit ist daher *eo ipso* von dem Ewigen verschlungen. In der Zeit besinnt sich das Individuum darauf, daß es ewig ist. Dieser Widerspruch liegt nur innerhalb der Immanenz. Anders, wenn das Geschichtliche draußen ist und draußen stehen bleibt, und das Individuum, das nicht ewig war, es nun wird, sich also nicht darauf besinnt, was es ist, sondern wird, was es nicht war, und wohl zu bemerken, etwas wird, was die Dialektik hat, daß es, sobald es ist, gewesen sein muß, denn dies ist die Dialektik des Ewigen. Das allem Denken Unzugängliche ist: daß man ewig werden kann, obgleich man es nicht war.

In A ist das Existieren, meine Existenz ein Moment innerhalb meines ewigen Bewußtseins (wohl gemerkt, das Moment, das ist, nicht das Moment, das vorbei ist, denn dieses ist die Verflüchtigung der Spekulation), also etwas Geringeres, was mich daran hindert, das unendlich Höhere zu sein, was ich bin. In B ist umgekehrt das Existieren, obgleich noch geringer, da es paradox betont ist, doch so viel höher, daß ich erst in der Existenz ewig werde und also das Existieren aus sich eine Bestimmung erzeugt, die unendlich höher als das Existieren ist.

§ 2 Der dialektische Widerspruch, daß eine ewige Seligkeit auf das Verhältnis zu etwas Geschichtlichem gegründet wird

Für das Denken gilt, daß das Ewige höher als alles Geschichtliche steht, da es das Zugrundeliegende ist. In der Religiosität der Immanenz gründet daher das Individuum sein Verhältnis zum Ewigen nicht auf sein Existieren in der Zeit; sondern das Verhältnis des Individuums zum Ewigen bestimmt in der Dialektik der Verinnerlichung. daß es seine Existenz nach dem Verhältnis umbilde und das Verhältnis durch die Umbildung ausdrücke.

Die Verwirrung der Spekulation besteht hier wie überall darin, daß sie sich im reinen Sein verliert. Irreligiöse und unsittliche Lebensanschauungen machen das Existieren zu nichts, zu einem Narrenstreich. Die Religiosität A macht das

Existieren so angestrengt wie möglich (außerhalb der Sphäre des Paradoxreligiösen), aber gründet das Verhältnis des Individuums zu einer ewigen Seligkeit nicht auf sein Existieren, sondern läßt das Verhältnis zu einer ewigen Seligkeit die Umbildung der Existenz begründen. Aus dem Verhältnis des Individuums zum Ewigen resultiert das Wie seiner Existenz, nicht umgekehrt, wobei unendlich mehr herauskommt, als eingesetzt wurde.

Der dialektische Widerspruch ist hier jedoch wesentlich der, daß das Geschichtliche an zweiter Stelle kommt. Es gilt nämlich für alles geschichtliche Wissen und Erkennen, daß es selbst in seinem Maximum nur eine Annäherung ist. Der Widerspruch ist, seine ewige Seligkeit auf eine Annäherung zu gründen, was sich nur tun läßt, wenn man keine ewige Bestimmung in sich hat (was sich wieder nicht denken läßt, sowenig als, wie man dann darauf verfallen kann; daher muß der Gott zugleich die Bedingung geben), weshalb dies wieder mit der paradoxen Betonung der Existenz zusammenhängt.

In bezug auf das Geschichtliche ist alles Wissen davon oder alles Erkennen in seinem Maximum eine Annäherung, selbst in bezug auf das eigne Wissen des Individuums von seiner eignen geschichtlichen Äußerlichkeit. Der Grund liegt teils in der Unmöglichkeit sich mit dem Objektiven absolut zu identifizieren, teils darin, daß alles Geschichtliche, indem man es wissen soll, *eo ipso* etwas Vergangenes ist und die Idealität der Erinnerung hat. Im dritten Kapitel des zweiten Abschnitts wurde die These aufgestellt, die eigne ethische Wirklichkeit des Individuums sei die einzige Wirklichkeit, aber die ethische Wirklichkeit ist nicht die geschichtliche Äußerlichkeit des Individuums. Daß meine Absicht die und die war, kann ich in alle Ewigkeit absolut wissen, denn dies ist eben eine Äußerung des Ewigen in mir, ist mein Selbst, aber die geschichtliche Äußerlichkeit ist im nächsten Augenblick nur *approximando* zu erreichen.

Der Historiker sucht die möglichst große Gewißheit zu erreichen, und der Historiker befindet sich da in keinem Widerspruch, denn er ist nicht in Leidenschaft; höchstens besitzt er die objektive Leidenschaft des Forschers, aber er ist nicht in subjektiver Leidenschaft. Als Forscher gehört er einer größeren von Geschlecht zu Geschlecht fortgehenden Bestrebung an, es ist ihm beständig objektiv, wissenschaftlich von Wichtigkeit, der Gewißheit so nahe wie möglich zu kommen; aber es ist ihm nicht subjektiv wichtig. Wenn es ihm z. B., was ja bei einem Forscher ein Fehler ist, plötzlich rein persönlich eine Ehrensache würde, absolute Gewißheit von dem und dem zu beschaffen: so würde er, einer gerechten Nemesis anheimfallend, entdecken, daß alles geschichtliche Wissen nur eine Annäherung ist. Dies ist keine Herabsetzung des geschichtlichen Forschens, sondern beleuchtet eben den Widerspruch, die äußerste Leidenschaft der Subjektivität mit etwas Geschichtlichem in Beziehung zu bringen, was der dialektische Widerspruch im Problem ist, das jedoch von keiner unberechtigten Leidenschaft, sondern von der tiefsten von allen Leidenschaften redet. Der Philosoph sucht die geschichtliche Wirklichkeit mit dem Gedanken zu durchdringen, er ist mit dieser Arbeit objektiv beschäftigt, und je nachdem ihm dies gelingt, wird ihm das geschichtliche Detail weniger wichtig. Hierin liegt wieder kein Widerspruch.

Der Widerspruch erscheint erst, indem das Subjekt im Äußersten seiner subjektiven Leidenschaft (in der Sorge für eine ewige Seligkeit) diese auf eine geschichtliche Erkenntnis gründen soll, deren Maximum eine Annäherung bleibt. Der Forscher lebt ruhig dahin; das, was ihn objektiv und wissenschaftlich beschäftigt, macht ihm in seinem subjektiven Sein und Existieren nichts aus, weder dagegen noch dafür. Nehmen wir an, jemand befinde sich aus diesem oder jenem Grunde in subjektiver Leidenschaft und habe die Aufgabe, diese aufzugeben: so wird auch der Widerspruch verschwinden. Aber die größtmögliche subjektive Leidenschaft bis zum Haß gegen Vater und Mutter zu fordern und dies dann mit einer geschichtlichen Erkenntnis zusammenzustellen, die in ihrem Maximum nur eine Annäherung sein kann: das ist der Widerspruch. Und der Widerspruch ist wieder ein neuer Ausdruck davon, daß das Existieren paradox betont ist; denn ist da im Existierenden irgendein Rest der Immanenz, irgendeine ewige Bestimmung zurückgeblieben: dann läßt es sich nicht ausführen. Der Existierende muß die Kontinuität mit sich selbst verloren haben, muß ein anderer (nicht innerhalb seiner selbst von sich selbst verschiedener) geworden sein, und nun, indem er vom Gott die Bedingung erhält, eine neue Kreatur werden. Der Widerspruch ist, daß das Christwerden mit dem Mirakel der Schöpfung beginnt, und daß dieses einem widerfährt, der geschaffen ist, und daß das Christentum doch allen Menschen verkündigt wird, die von ihm als Nichtdaseiende betrachtet werden müssen, da das Mirakel, wodurch sie entstanden, vermitteln muß, als wirklich oder als Ausdruck des Bruches mit der Immanenz und dem Widerstand, der die Leidenschaft des Glaubens, solange man im Glauben existiert, d. h. für's ganze Leben absolut paradox macht; denn beständig hat er ja seine ewige Seligkeit auf etwas Geschichtliches gegründet.

Wer in der größtmöglichen Leidenschaftlichkeit, in Not und Bedrängnis um seine ewige Seligkeit, daran, daß der und der existiert hat, interessiert ist oder sein soll, der muß sich für das geringste Detail interessieren und kann doch nicht mehr als eine Approximation erreichen und befindet sich absolut in Widerspruch. Zugegeben, das Geschichtliche des Christentums sei wahr: wenn sich da die Geschichtsschreiber der ganzen Welt vereinigen, um nach Gewißheit zu forschen und sie zu beschaffen, so ist es doch unmöglich, mehr als eine Approximation zu beschaffen. Geschichtlich sind also keine Einwendungen zu machen; aber die Schwierigkeit ist eine andere; sie kommt, wenn die subjektive Leidenschaft mit etwas Geschichtlichem vereinigt werden soll und es nicht die Aufgabe ist, die subjektive Leidenschaft aufzugeben.

Wenn eine Verliebte aus zweiter Hand die Gewißheit bekäme, daß der Geliebte, der gestorben war und aus dessen eignem Munde sie die Beteurung nie gehört hatte, beteuert habe, daß er sie liebe: mag dann der Zeuge oder mögen die Zeugen die zuverlässigsten Menschen sein, mag die Sache so in der Ordnung sein, daß ein Historiker, ein spitzfindiger und ungläubiger Advokat sagen wird: „Es ist gewiß, die Liebende wird bald die Mißlichkeit entdecken"; und der Liebenden, die es nicht tut, macht man gerade kein Kompliment, denn Objektivität ist für eine Liebende kein Ehrenkranz.

Wenn einer durch geschichtliche Dokumente die absolute Gewißheit ausfindig machen sollte, ob er ein eheliches oder uneheliches Kind ist, und an dieser Ehrensache hinge seine ganze Leidenschaft, und es gäbe weder einen Richterstuhl noch eine andere zufällige Instanz, die die Sache endgültig entschiede, wodurch er möglicherweise Ruhe fände: würde er wohl die Gewißheit finden, die seiner Leidenschaft genügte, wenn sich auch die Gewißheit finden ließe, die dem spitzfindigsten Juristen und dem Objektiven genügen würde? Doch würde sich wohl die Liebende und der um seine Ehre Besorgte bestreben, diese Leidenschaft aufzugeben, indem sie sich des Ewigen getrösteten, das seliger als die ehelichste Geburt, das die eigne Seligkeit der Verliebheit ist, ob die Liebende nun geliebt oder nicht geliebt war. Aber die Sorge wegen einer ewigen Seligkeit läßt sich nicht aufgeben, über sie sich zu trösten hat ja der Mensch nichts Ewiges; und doch soll er seine ewige Seligkeit auf etwas Geschichtliches gründen, dessen Erkenntnis im Maximum eine Approximation ist.

Anmerkung: Man vergleiche hiermit die *Brocken*, Kap. 3, 4, 5 passim. Die objektive Auffassung des Christentums verschuldet den Irrtum und die Irreleitung, daß man dadurch, daß man objektiv zu wissen bekomme, was Christentum sei (wie es ein Forscher, ein Wissender auf dem Wege der Untersuchung, Erkenntnis und Belehrung erfährt), ein Christ werde (der seine Seligkeit auf das Verhältnis zu diesem Geschichtlichen gründet). Man läßt gerade die Schwierigkeit weg, oder man nimmt an, was die Bibeltheorie oder die Kirchentheorie im Grunde annimmt, daß wir so alle, was man so Christen nennt, seien, und nun sollen wir hinterher (denn damals, als wir es wurden, war es nicht so nötig) objektiv zu wissen bekommen, was das eigentlich Christliche ist (vermutlich, um aufzuhören Christen zu sein, was man ja auch so bequem wurde, daß man nicht einmal zu wissen brauchte, was Christentum sei, also um aufzuhören, Christen zu sein und Forscher zu werden). Die Schwierigkeit (die, wohl zu bemerken, in jeder Generation wesentlich dieselbe ist, so daß es jetzt und im Jahre 1700 und so fort, ebenso schwer wie in der ersten Generation und wie in jeder Generation ist, wo das Christentum in einem Land eingeführt wird) liegt darin, daß man im Interesse seiner ewigen Seligkeit subjektiv nach der Kenntnis von etwas Geschichtlichem trachtet; und wer diese höchste subjektive Leidenschaft nicht hat, der ist kein Christ, denn, wie früher irgendwo gesagt wurde, ein objektiver Christ ist gerade ein Heide.

Von der Religiosität A gilt: mag die 6000-jährige Geschichte der Welt wahr oder nicht wahr sein: das tut dem Existierenden bei seiner Seligkeit nichts zur

Sache, denn er ruht im letzten Grunde im Bewußtsein der Ewigkeit. Objektiv ist es gar nicht schwerer, zu erfahren, was Christentum sei, als was Mohammedanismus oder irgendein anderer geschichtlicher Gegenstand sei, außer insofern, als das Christentum nicht etwas einfach Geschichtliches ist; aber die Schwierigkeit besteht darin, ein Christ zu werden, weil es jeder Christ nur dadurch ist, daß er, wie ans Paradox genagelt, seine ewige Seligkeit auf das Verhältnis zu etwas Geschichtlichem gegründet hat. Spekulativ das Christentum in eine ewige Geschichte, den Gott in der Zeit in ein ewiges Gottwerden usw. zu verwandeln, das sind nur Ausflüchte und ein Spiel mit Worten. Noch einmal: die Schwierigkeit ist, daß ich nichts Geschichtliches so zu wissen bekommen kann, daß ich (der ich mich objektiv gut mit dem Wissen davon begnügen kann) subjektiv darauf eine ewige Seligkeit, nicht die eines anderen, sondern meine eigne, gründen, das soll heißen, daß ich es zu tun meinen kann. Wenn ich es tue, breche ich mit allem Denken und werde dann nicht so töricht sein, hinterher verstehen zu wollen, da ich, wenn ich verstehen soll, weder vorher noch nachher anderes verstehen kann, als daß es gegen alles Denken streitet.

§ 3 Der dialektische Widerspruch, daß das Geschichtliche, von dem hier die Rede ist, nicht etwas einfach Geschichtliches, sondern von dem gebildet ist, was nur entgegen seinem Wesen, also kraft des Absurden, geschichtlich werden kann

Das Geschichtliche ist, daß der Gott, der Ewige, in einem bestimmten Zeitmoment als ein einzelner Mensch entstanden ist. Diese eigentümliche Beschaffenheit des Geschichtlichen, daß es nicht etwas einfach Geschichtliches, sondern das Geschichtliche ist, das es nur entgegen seinem Wesen geworden sein kann, hat der Spekulation zu einem amüsanten Sinnesbetruge verholfen. Solch ein Geschichtliches, ein ewig Geschichtliches, wie man sagt, kann man ja freilich verstehen, kann man sogar ewig verstehen. Schönen Dank für die Klimax; sie hat die Eigentümlichkeit, daß sie zurückgeht; denn es ewig zu verstehen ist gerade das Leichtere, insofern als man sich davon nicht genieren läßt, daß es ein Mißverständnis ist.

Besteht der Widerspruch darin, eine ewige Seligkeit auf das Verhältnis zu etwas Geschichtlichem zu gründen, so ist dieser ja dadurch nicht aufgehoben, daß das Geschichtliche, wovon die Rede ist, aus einem Widerspruch gebildet ist, wenn doch festgehalten werden soll, daß es etwas Geschichtliches ist; und wird dieses nicht festgehalten, so ist ja das Ewige nicht geschichtlich geworden; und selbst wenn es nicht festgehalten würde, bleibt die Klimax immer lächerlich, da sie, wenn sie gebildet werden sollte, umgekehrt gebildet werden müßte.

Etwas ewig Geschichtliches ist ein Spiel mit Worten und heißt das Geschichtliche in eine Mythe verwandeln, selbst wenn man in demselben Paragraphen das mythisierende Bestreben bekämpft. Anstatt darauf aufmerksam zu sein, daß da zwei dialektische Widersprüche sind, erst seine ewige Seligkeit auf das Verhältnis zu etwas Geschichtlichem zu gründen, und dann, daß dieses Geschichtliche gegen alles Denken zusammengesetzt ist: läßt man den ersten weg und verflüchtigt den anderen. Ein Mensch ist seiner Möglichkeit nach ewig und wird sich dessen in der Zeit bewußt: das ist der Widerspruch innerhalb der Immanenz. Daß aber der seinem Wesen nach Ewige in der Zeit entsteht, geboren wird, wächst und stirbt, ist ein Bruch mit allem Denken. Soll dagegen das Entstehen des Ewigen in der Zeit ein ewiges Entstehen sein: so ist die Religiosität B abgeschafft, „alle Theologie Anthropologie“[1], das Christentum aus einer Existenzmitteilung in eine sinnreich metaphysische Doktrin verwandelt, die sich zu Professoren verhält, die Religiosität A mit einer ästhetisch-metaphysischen Verzierung ausgeschmückt, die in kategorischer Hinsicht nichts zur Sache tut.

Hiermit vergleiche man Kapitel 4 und 5 der *Brocken*, wo die besondere Dialektik des Paradoxgeschichtlichen hervorgehoben wird. Daher ist auch der Unterschied zwischen dem Schüler erster und zweiter Hand aufgehoben, weil wir dem Paradox und dem Absurden alle gleich nahestehen. Vgl. in diesem Buch das zweite Kapitel des zweiten Abschnittes.

Anmerkung: Dies ist das Paradoxreligiöse, die Sphäre des Glaubens. Es läßt sich alles zusammen, gegen den Verstand, glauben. Wird sich jemand einbilden, daß er es verstehe, so kann er sich darauf verlassen, daß er es mißversteht. Wer es unmittelbar versteht (im Gegensatz dazu, daß er versteht, es sei nicht zu verstehen), der wird Christentum mit der einen oder anderen Analogie des Heidentums verwechseln (dessen Analogie die des Betruges zur faktischen Wirklichkeit ist); oder mit der allen illusorischen Analogien des Heidentums zugrundeliegenden Möglichkeit (welche Analogien nicht die wesentliche Unsichtbarkeit Gottes als höhere dialektische Zwischenbestimmung haben, sondern von der ästhetisch unmittelbaren Kenntlichkeit betrogen werden, vgl. Beilage zum zweiten Kapitel des zweiten Abschnitts). Oder er wird das Christentum mit etwas verwechseln, was doch im Herzen der Menschen, d. h. der Menschheit aufgekommen ist, mit der Idee der Menschennatur, und den qualitativen Unterschied vergessen, der den absolut verschiedenen Ausgangspunkt: was von Gott kommt, und was vom Menschen kommt, betont. Er wird durch ein Mißverständnis, anstatt von der Analogie aus das Paradox zu bestimmen (die Neuheit des Christentums ist nicht die direkte und eben darum die paradoxe Neuheit, vgl. das Vorhergehende), umgekehrt das Paradox mit Hilfe der Analogie widerrufen, die doch nur die Analogie des Betruges ist, deren Anwendung daher die Widerrufung der Analogie, nicht des Paradoxes bedeutet.

---

1 [Feuerbach, Wesen des Christentums, Vorw. S. VII „daß das Geheimnis der Theologie die Anthropologie ist.“]

Er wird mißverstehend das Christentum als eine Möglichkeit verstehen und vergessen, daß, was in dem Phantasiemedium der Möglichkeit, in der Illusion oder in dem phantastischen Medium des reinen Denkens möglich ist (und dies ist das für alle spekulative Rede von einem ewigen Gottwerden Zugrundeliegende, daß die Szene in das Medium der Möglichkeit verlegt wird), im Medium der Wirklichkeit das absolute Paradox werden muß. Er wird mißverstehend vergessen, daß das Verstehen nur demgegenüber am Platz ist, dessen Möglichkeit höher als seine Wirklichkeit ist, während hier gerade umgekehrt die Wirklichkeit das Höchste, das Paradoxe ist; denn das Christentum als Projekt ist nicht schwer zu verstehen, die Schwierigkeit und das Paradox ist, daß es wirklich ist. Daher wurde in Kapitel 3 des zweiten Abschnittes gezeigt, daß der Glaube eine ganz eigene Sphäre ist, die vom Ästhetischen und Metaphysischen paradox verschieden die Wirklichkeit betont, und vom Ethischen paradox verschieden die Wirklichkeit eines andern, nicht die eigne. Darum ist ein religiöser Dichter in bezug auf das Paradoxreligiöse eine zweifelhafte Bestimmung, weil ästhetisch Möglichkeit höher als Wirklichkeit ist und das Dichterische eben in der Idealität der Phantasieanschauung liegt, weshalb man nicht selten geistliche Lieder sieht, die, obgleich rührend und kindlich und durch einen Phantasieanstrich bis zur Grenze des Phantastischen poetisch, kategorisch betrachtet nicht christlich sind, kategorisch betrachtet durch das poetisch gesehen Liebliche: Lichtblaue und Glockengetön das Mythische viel besser als irgendein Freidenker befördern, denn der Freidenker spricht es aus, daß das Christentum eine Mythe sei, der naiv-orthodoxe Dichter verabscheut dies und behauptet die geschichtliche Wirklichkeit des Christentums in phantastischen Versen.

Wer das Paradox versteht (nämlich unmittelbar), der wird mißverstehend vergessen, daß, was er einmal in der entscheidenden Leidenschaft des Glaubens als das absolute Paradox ergriff (nicht als das relative, denn dann war die Aneignung nicht Glaube), also als das, was absolut nicht seine eignen Gedanken ausmachte, daß dies nie sein Gedanke (in unmittelbarem Sinn) werden kann, es müßte denn Glauben in eine Illusion verwandelt werden, wodurch er also in einem späteren Augenblick zur Einsicht käme, daß es mit seinem absoluten Glauben, es seien nicht seine eignen Gedanken, eine Täuschung gewesen ist. Im Glauben kann er dagegen recht gut fortfahren, sein Verhältnis zum absoluten Paradox zu bewahren. Aber innerhalb der Sphäre des Glaubens kann nie der Augenblick eintreten, wo er das Paradox (unmittelbar) versteht: denn wenn dies geschieht, geht die ganze Sphäre des Glaubens wie ein Mißverständnis zu Ende. Die Wirklichkeit, d. h. daß das und das wirklich geschehen ist, ist der Gegenstand des Glaubens und doch wohl nicht eigner Gedanke eines Menschen oder der Menschheit, denn der Gedanke bezeichnet höchstens die Möglichkeit, aber die Möglichkeit als Verständnis ist eben das Verständnis, durch welches der Rückschritt gemacht wird, daß der Glaube aufhört.

Wer das Paradox versteht, wird mißverstehend vergessen, daß das Christentum das absolute Paradox (wie seine Neuheit die paradoxe Neuheit) ist, eben weil es eine Möglichkeit (die Analogien des Heidentums, ein ewiges Gottwerden) als einen Sinnesbetrug vernichtet und ihn zu Wirklichkeit macht, und eben das ist das Paradoxe, nicht das geradezu (ästhetisch) Fremde, Ungewöhnliche, sondern das scheinbar Bekannte und doch absolut Fremde, das eben als Wirklichkeit den Anschein des Betruges erweckt.

Wer das Paradox versteht, wird vergessen, daß er durch das Verstehen (die Möglichkeit) zum Alten zurückkehrt und des Christentums verlustig gegangen ist. Im Phantasiemedium der Möglichkeit kann Gott sehr gut für die Einbildung mit dem Menschen zusammenschmelzen, aber in der Wirklichkeit mit dem einzelnen Menschen besteht gerade das Paradox.

Doch konfundieren und weitergehen, indem man zurückgeht, oder zur Verteidigung des Christentums verurteilen und schreien, wenn man doch selbst in dem Lärm und der Wichtigkeit die Kategorien des Mißverständnisses gebraucht, ist bedeutend leichter als die strenge dialektische Diät halten, und bezahlt sich doch im allgemeinen besser, wenn man es nämlich für einen Lohn ansieht (und nicht für ein bedenkliches Notabene), Anhänger zu bekommen, es für einen Lohn ansieht (und nicht für ein bedenkliches Notabene), die Anforderungen der Zeit befriedigt zu haben.

Beilage zu B. Die Rückwirkung des Dialektischen auf das Pathetische zu verschärftem Pathos und die gleichzeitigen Momente dieses Pathos

Die Religiosität, die nichts Dialektisches an zweiter Stelle hat, also A, die des Individuums eigne pathetische Umbildung der Existenz (nicht die paradoxe Umbildung der Existenz für den Glauben durch das Verhältnis zu etwas Geschichtlichem) ist, bezieht sich auf den reinen Menschen, so daß angenommen werden muß, daß jeder Mensch wesentlich gesehen an dieser Seligkeit Anteil hat und zuletzt bekommt. Der Unterschied zwischen dem Religiösen und dem, der seine Existenz nicht religiös umbildet, wird zu einem humoristischen: daß, während der Religiöse sein ganzes Leben daranwendet sich des Verhältnisses zu einer ewigen Seligkeit bewußt zu werden, und der andere sich nicht darum kümmert (wohl zu bemerken, daß der Religiöse in sich selbst Befriedigung empfindet und sich in seinem Innern nicht mit sinnlosen Klagen darüber beschäftigt, daß andere leicht bekämen, wonach er schwer und mit äußerster Anstrengung trachte), beide, ewig gesehen, gleichweit kommen. Hierin liegt der sympathetische Humor, und der Ernst ist, daß der Religiöse sich nicht durch Vergleich mit anderen stören läßt. In der Religiosität A ist so eine beständige Möglichkeit die Existenz hinten in die Ewigkeit zurückzuziehen.

Die Religiosität B ist absondernd, aussondernd, ist polemisch: nur unter dieser Bedingung werde ich selig, und wie ich mich selbst absolut daran binde, so schließe ich jeden andern aus. Dies ist im allgemeinen Pathos das Inzitament des Partikularismus. Jeder Christ hat Pathos wie in der Religiosität A und dann dieses Pathos der Aussonderung. Diese Aussonderung gibt dem Christen eine gewisse Ähnlichkeit mit einem durch Begünstigung Glücklichen; und wenn es so von einem Christen selbstisch aufgefaßt wird, haben wir die verzweifelte Anmaßung der Prädestination. Der Glückliche kann nicht wesentlich mit andern sympathisieren, die nicht im Besitz der Begünstigung sind oder in ihren Besitz kommen können. Daher muß der Glückliche entweder unwissend bleiben, daß andere da sind, oder er wird durch dieses Bewußtsein selbst unglücklich. Daß er seine ewige Seligkeit auf etwas Geschichtliches gegründet hat, macht das Glück des Christen an Leiden kenntlich, wie denn die religiöse Bestimmung, der Auserwählte Gottes zu sein, der Herrlichkeit eines Glücksprinzen so paradox entgegengesetzt wie möglich ist, gerade weil der Auserwählte nicht der Unglückliche, aber auch nicht direkt verstanden der Glückliche ist, sondern so schwierig verstanden, daß jeder andere als der Auserwählte darüber verzweifeln müßte. Darum ist die Auffassung, der Auserwählte zu sein, so widerlich, der Auserwählte, der sich ästhetisch z. B. an die Stelle eines Apostels wünscht. Die Seligkeit, an geschichtliche Verhältnisse geknüpft, schließt alle, die außerhalb der Verhältnisse stehen, aus, und von diesen Ausgeschlossenen sind doch unzählige nicht durch eigne Schuld ausgeschlossen, sondern durch den Zufall, daß ihnen das Christentum noch nicht verkündigt ist.

Das geschärfte Pathos ist, näher bestimmt:

a) *Das Sündenbewußtsein.*[1] Dieses Bewußtsein ist der Ausdruck für die paradoxe Verwandlung der Existenz. Die Sünde ist das neue Existenzmedium. Existieren bedeutet sonst bloß, daß das Individuum durch Entstandensein da und im Werden ist, nun bedeutet es, daß es durch Entstandensein ein Sünder geworden ist; existieren ist sonst kein näher bestimmendes Prädikat, sondern die Form aller der näher bestimmenden Prädikate, man wird durch entstehen nicht zu etwas, nun aber heißt entstehen, ein Sünder werden. In der Totalität des Schuldbewußtseins behauptet sich die Existenz so stark, wie es innerhalb der Immanenz möglich ist, aber das Sündenbewußtsein ist der Bruch. Durch entstehen wird das Individuum ein anderes oder in dem Augenblick, wo es im Entstehen begriffen ist, wird es durch das Entstehen ein anderes, denn sonst ist die Bestimmung der Sünde innerhalb der Immanenz gelegt. Von Ewigkeit ist das Individuum kein Sünder, wenn da das ewig angelegte Wesen, das in der Geburt entsteht, in der Geburt ein Sünder wird oder als Sünder geboren wird: so ist es die Existenz, die

[1] Man vergleiche hiermit, was unter A § 3 über das Schuldbewußtsein entwickelt wurde. Vgl. auch Kapitel 2 des zweiten Abschnitts.

so um dasselbe zusammenschlägt, daß jede Kommunikation der Immanenz auf dem Wege der Erinnerung durch Zurückziehen in das Ewige abgebrochen wird, und das Prädikat „Sünder“, das erst, aber auch sogleich beim Entstehen auftritt, eine so paradox überwältigende Macht bekommt, daß das Entstehen das Individuum zu einem andern macht. Dies ist die Konsequenz vom Auftreten des Gottes in der Zeit, welches verhindert, daß sich das Individuum rückwärts zum Ewigen verhält, da es nun vorwärts dazu kommt, durch das Verhältnis zu dem Gott in der Zeit, in der Zeit ewig zu werden.

Das Sündenbewußtsein kann daher das Individuum nicht durch sich selbst bekommen, was mit dem Schuldbewußtsein der Fall ist; denn im Schuldbewußtsein ist die Identität des Subjektes mit sich selbst bewahrt, und das Schuldbewußtsein ist eine Veränderung des Subjekts innerhalb des Subjekts selbst. Das Sündenbewußtsein dagegen ist eine Veränderung des Subjekts selbst, was zeigt, daß die Macht außerhalb des Individuums sein muß, die es darüber aufklärt, daß es durch entstehen ein anderer, als es war, ein Sünder geworden ist. Diese Macht ist der Gott in der Zeit. (Man vergleiche hierüber die *Brocken*, Kapitel 1 das vom Augenblick).

Im Sündenbewußtsein wird sich das Individuum in seiner Verschiedenheit vom Allgemeinmenschlichen bewußt, das Individuum, das sich nur durch sich selbst bewußt wird, was *qua* Mensch zu existieren heißt. Denn da das Verhältnis zu jenem Geschichtlichen (dem Gott in der Zeit) das Sündenbewußtsein bedingt, kann es in der ganzen Zeit, wo dieses Geschichtliche nicht da war, auch kein Sündenbewußtsein gegeben haben. Da aber der Glaubende im Sündenbewußtsein sich zugleich der Sünde des ganzen Geschlechtes bewußt wird, zeigt sich eine andere Isolation. Der Glaubende erweitert das Sündenbewußtsein auf das ganze Geschlecht und weiß nicht zugleich das ganze Geschlecht errettet, insofern als die Rettung des einzelnen ja davon abhängen wird, daß er in ein Verhältnis zu jenem Geschichtlichen gebracht wird, das eben als geschichtlich nicht auf einmal überall sein kann, sondern um den Menschen bekannt zu werden Zeit gebraucht, während der die eine Generation nach der andern stirbt. In der Religiosität A herrscht Sympathie mit allen Menschen, weil sie sich zum Ewigen verhält, wie von jedem Menschen wesentlich angenommen wird, daß er es könne, und weil das Ewige überall ist, so daß man keine Zeit zu warten oder nach dem zu schicken gebraucht, was als Geschichtliches nicht überall zugleich sein kann, und von dem unzählige Geschlechter ohne ihre Schuld in Unwissenheit bleiben können, daß es dagewesen ist.

In dieser Bestimmung seine Existenz zu haben ist geschärftes Pathos, sowohl weil sie sich nicht denken läßt, als auch weil sie isolierend ist. Die Sünde ist nämlich keine Lehre oder Doktrin für Denker, sonst wird das Ganze zu nichts, sie ist eine Existenzbestimmung und läßt sich gerade nicht denken.

b) *Die Möglichkeit des Ärgernisses*, oder die autopathische Kollision. In der Religiosität A ist das Ärgernis gar nicht möglich, denn selbst die entscheidendste

Bestimmung bleibt innerhalb der Immanenz. Aber das Paradox, das Glauben gegen den Verstand fordert, bringt sogleich das Ärgernis an den Tag, ob dies nun näher bestimmt das leidende Ärgernis ist, oder das Ärgernis, welches das Paradox als Torheit verspottet. Sowie dann der, der die Leidenschaft des Glaubens gehabt hat, diese verliert, ist er *eo ipso* geärgert.

Darin besteht aber wieder das geschärfte Pathos, daß man beständig eine Möglichkeit hat, deren Eintreten ein um so viel tieferer Fall ist, als der Glaube höher als alle Religiosität der Immanenz ist.

Zu unserer Zeit ist das Christentum so naturalisiert und so akkommodiert worden, daß keiner vom Ärgernis träumt; das ist ja nun wohl ganz in der Ordnung, denn über eine Kleinigkeit ärgert man sich nicht, und das ist das Christentum im Begriff zu werden. Sonst ist es freilich die einzige Macht, die in Wahrheit das Ärgernis hervorrufen kann, und der enge Eingang zum schmalen Wege des Glaubens ist das Ärgernis, und der entsetzliche Widerstand gegen den Anfang des Glaubens ist das Ärgernis, und wenn es mit dem Christwerden richtig zugeht, muß das Ärgernis in jeder Generation seine Prozente nehmen wie in der ersten. Das Christentum ist die einzige Macht, die in Wahrheit Ärgernis hervorrufen kann, denn hysterische und sentimentale Anfälle von Ärgernis über dies und das lassen sich einfach als Mangel an ethischem Ernst erklären und abweisen, daß man sich darin gefällt, die ganze Welt anzuklagen, anstatt sich selbst. Für den Glaubenden liegt das Ärgernis im Anfang und seine Möglichkeit bildet das fortwährende Furcht und Zittern in seinem Existieren.

c) *Der Schmerz der Sympathie* infolge davon, daß der Glaubende nicht wie der Religiöse A mit jedem Menschen als Menschen latent sympathisiert und sympathisieren kann, sondern wesentlich nur mit den Christen. Wer mit der Leidenschaft seiner ganzen Seele seine Seligkeit auf eine Bedingung gründet, die in dem Verhältnis zu etwas Geschichtlichem besteht, kann natürlich dieses Verhältnis nicht zugleich für einen Narrenstreich ansehen. So etwas kann nur ein moderner Dogmatiker tun, dem es leicht wird, das Letzte zu tun, weil ihm Pathos zum Ersten fehlt. Für den Glaubenden gilt, daß es ohne diese Bedingung keine Seligkeit gibt, für ihn gilt oder es kann dahin kommen, daß es für ihn gilt, daß er Vater und Mutter hassen muß. Denn gleicht es nicht einem Haß gegen sie, wenn er seine Seligkeit an eine Bedingung geknüpft hat, von der er weiß, daß sie sie nicht annehmen? Und ist das nicht eine furchtbare Verschärfung des Pathos im Verhältnis zu einer ewigen Seligkeit? Und angenommen, dieser Vater oder diese Mutter oder diese Geliebte wären gestorben, ohne ihre Seligkeit auf diese Bedingung gegründet zu haben! Oder wenn sie lebten, aber er könnte sie nicht gewinnen! Er kann bis zum letzten alles für sie tun wollen, kann alle Pflichten eines treuen Sohnes und eines treuen Liebhabers mit größter Begeisterung erfüllen, so zu hassen befiehlt das Christentum nicht; und doch, wenn diese Bedingung sie trennt, sie für ewig trennt: ist das nicht, als haßte er sie?

So etwas hat man in der Welt erlebt. Heutzutage erlebt man es nicht; wir sind ja alle Christen. Aber was wir wohl alle dadurch geworden sind, und was wohl das Christentum dadurch geworden ist, daß wir so ohne weiteres Christen sind?

Schluß

Die hier vorliegende Schrift hat es schwer gemacht, ein Christ zu werden, so schwer, daß die Anzahl der Christen unter den Gebildeten in der Christenheit vielleicht doch nicht so groß wird; vielleicht, denn wissen kann man es nicht. Ob dieses Verfahren christlich ist, will ich nicht entscheiden. Aber weiter als das Christentum zu gehen und dann in Bestimmungen, die Heiden kannten, umherzutappen, weiterzugehen und dann an Existenztüchtigkeit sich keineswegs mit Heiden messen zu können: ist wenigstens nicht christlich. Die Schwierigkeit (im Experiment, denn das Buch hat kein τελος) hat auch nicht den Zweck, daß es Laien schwer gemacht werde, ein Christ zu werden. Erstens kann es ja jeder werden, und dann wird angenommen, daß jeder, der sagt, er sei ein Christ und habe das Höchste getan, ein Christ ist und das Höchste getan hat, wenn er nicht, sich in Wichtigkeit vordrängend, einen dazu veranlaßt, rein psychologisch und um selbst zu lernen, genauer nachzusehen. Wehe dem, der die Herzen richten will. Wenn aber eine ganze Generation, ob auch auf verschiedene Weise, sich *en masse* zu vereinigen scheint, um weiterzugehen; wenn eine ganze Generation, ob auch in verschiedenem Sinne, als nach dem Höchsten danach trachtet, objektiv zu werden, wodurch man aufhört ein Christ zu sein, wenn man es war: so kann dies wohl einen einzelnen veranlassen auf die Schwierigkeiten aufmerksam zu werden. Wozu es ihn dagegen nicht veranlassen darf, ist die neue Konfusion: durch Aufstellung der Schwierigkeiten, für einen andern Menschen, geschweige denn für das Geschlecht, Bedeutung haben zu wollen; denn dann beginnt er ja auch objektiv zu werden.

In Zeiten, wo man im reifen Mannesalter, vielleicht im Leben herumgetrieben und geprüft, vielleicht in dem Schmerz mit den zartesten Verhältnissen zu Eltern und Verwandten, zur Geliebten brechen zu müssen, sich entschloß, ein Christ zu werden: empfand man schwerlich ein Bedürfnis weiterzugehen, weil man begriff, welche Anstrengung dazu gehöre, sich jeden Tag in dieser Leidenschaft zu erhalten, begriff, in welchen Schrecken man sein Leben führe. Dagegen in unseren Tagen, wo es so aussieht, als ob man schon als achttägiges Kind ein wirklicher Christ sei, wodurch man wieder Christum, das Zeichen des Ärgernisses, in einen Kinderfreund à la Onkel Franz, einen guten Alten oder Lehrer am Asyl verwandelt hat: meint man doch, man solle als Mann etwas tun, und dann muß man weitergehen. Nur schade, daß man nicht weitergeht, indem man wirklich ein Christ wird, sondern durch Spekulation und das Weltgeschichtliche zu niedrigeren und zum Teil phantastischen Existenzauffassungen zurückgeht. Da wir gewohnt sind ohne weiteres Christen zu sein und Christen zu heißen, ist auch die Mißlichkeit eingetreten, daß Lebensanschauungen, die viel niedriger als das Christentum stehen, innerhalb des Christentums hervorgebracht sind und den Menschen (den Christen) mehr gefallen haben, was natürlich ist, da das Christentum die schwierigste ist, und dann als höhere Erfindungen angepriesen worden sind, die über das schlecht und rechte Christentum hinausgehen.

Es wäre unzweifelhaft besser als das indifferente Beibehalten des Namens, es wäre ein Lebenszeichen, wenn sich in unserer Zeit einige selbst eingestünden, daß sie es wünschen könnten, das Christentum wäre gar nicht in die Welt gekommen oder sie wären selbst keine Christen geworden. Doch sollte dies Zugeständnis ohne Hohn und Spott und Zorn geschehen; wozu dies? Man kann ja doch wohl Ehrerbietung vor etwas haben, wo hinein man sich selbst nicht zwingen kann. Christus sagt selbst, daß er an einem jungen Mann Gefallen gefunden habe, der sich doch nicht entschließen konnte sein ganzes Eigentum den Armen zu geben. Der junge Mann wurde kein Christ, und Christus fand doch Gefallen an ihm. Also lieber Aufrichtigkeit als Halbheit. Denn das Christentum ist eine Anschauungsweise, in der man schön stirbt, der einzig wahre Trost, und der Augenblick des Todes ist die Situation des Christentums. Vielleicht will es selbst der Indifferente deshalb nicht aufgeben, sondern wie man in eine Begräbniskasse etwas einlegt, um zu seiner Zeit die Kosten bestreiten zu können, so spart man das Christentum bis zuletzt: man ist ein Christ und wird es doch erst im Augenblick des Todes.

Vielleicht gibt es jemand, der, wenn er sich selbst in Aufrichtigkeit verstehen würde, lieber den Wunsch gestehen müßte, nie im Christentum erzogen zu sein, als daß er die Sache in Indifferentismus hingehen ließe. Lieber Aufrichtigkeit als Halbheit. Aber das Eingeständnis geschehe ohne Zorn, ohne Trotz, mit stiller Ehrfurcht vor der Macht, die ihm vielleicht sein Leben gestört hat, wie er meint, vor der Macht, die ihm wohl hätte zurechthelfen können, aber doch nicht zurechtgeholfen hat. Ist es vorgekommen, daß ein Vater, selbst der liebevollste und sorgfältigste, gerade in dem Augenblick, wo er für sein Kind das Beste hat tun wollen, das Schlimmste getan hat, das Schlimmste, das vielleicht das ganze Leben des Kindes störte: soll darum der Sohn die Pietät in der Vergessenheit des Indifferentismus ertränken oder sie in Zorn verwandeln, wenn er an das Verhältnis denkt? Ja, mögen erbärmliche Seelen, die Gott und Menschen nur lieben können, wenn alles nach ihrem Kopf geht, mögen sie in Gereiztheit hassen und trotzen: ein treuer Sohn liebt unverändert. Und es ist immer das Zeichen eines mittelmäßigen Menschen, wenn einer, davon überzeugt, daß der, der ihn unglücklich machte, es in der Absicht tat das Beste für ihn zu tun, sich in Zorn und Verbitterung von ihm zu trennen vermag.

So kann eine strenge Erziehung im Christentum einem Menschen vielleicht das Leben zu schwer gemacht haben, ohne ihm wieder geholfen zu haben; er kann in seinem stillen Sinn vielleicht wünschen, wie jene Einwohner, die Christum baten ihre Gegend zu verlassen, weil er sie erschreckte. Aber der Sohn, den der Vater unglücklich machte, wird, wenn er Edelsinn hat, fortfahren den Vater zu lieben. Und wenn er unter den Folgen leidet, dann wird er wohl zuweilen mißmutig seufzen: „O wäre mir das doch nie geschehen!", aber er wird sich nicht der Verzweiflung hingeben, er wird gegen das Leiden arbeiten, um sich hindurchzuarbeiten. Und wie er arbeitet, wird sein Kummer milder werden; es wird ihm bald mehr um des Vaters, als seiner selbst willen leid tun, er wird den eignen Schmerz in dem tiefen sympathetischen Kummer vergessen, wie schwer es für den Vater sein würde, wenn er es verstünde, dann wird er immer kräftiger streben, sein Heil wird ihm um seiner selbst willen wichtig sein und nun beinah noch kostbarer um des Vaters willen, dann wird er arbeiten: es gelingt schon. Und gelingt es, dann wird er in der Freude der Begeisterung gleichsam den Verstand verlieren; denn welcher Vater hat doch so viel für seinen Sohn getan, welcher Sohn kann doch dem Vater so viel schulden!

Und so auch mit dem Christentum. Hat es ihn auch unglücklich gemacht, so gibt er es darum nicht auf; denn es fällt ihm nie ein, daß das Christentum in die Welt hineingekommen sein sollte, um den Menschen zu schaden; es bleibt ihm beständig ehrwürdig. Er läßt es nicht fahren, und seufzt er auch mißmutig: „Wäre ich doch nie in dieser Lehre erzogen worden", er läßt es nicht fahren. Und der Mißmut wird zu Wehmut, daß es ja beinah für das Christentum schwer sein muß, daß so etwas vorkommen kann; aber er läßt es nicht fahren. Zuletzt muß es das Christentum doch für ihn gut machen. Zuletzt, ja, das heißt nicht nach und nach, das ist viel weniger und doch unendlich viel mehr. Aber nur lumpige Menschen lassen fahren, wovon sie einmal einen absoluten Eindruck bekommen haben, und nur erbärmliche Seelen wuchern in verächtlicher Weise mit dem eignen Leiden, indem sie von ihm den elenden Profit haben: andre stören zu können, indem sie sich selbst durch die niedrigste aller Anmaßungen wichtig werden, daß sie andern den Trost zu finden verwehren, weil sie ihn selbst nicht gefunden haben.

Gibt es in unserer Zeit jemand, den das Christentum stört, woran ich nicht zweifle, und was sich faktisch beweisen läßt: eins kann man von ihm verlangen: er schweige; denn seine Rede ist ethisch gesehen ein räuberischer Überfall, und in den Folgen noch schlimmer, weil es hier damit endet: daß beide nichts haben, sowohl der Räuber als der Überfallene.

Sowenig als das Christentum in der Kindheit der Menschheit in die Welt kam, sondern in der Fülle der Zeit: ebensowenig paßt das Christentum in seiner entschiedenen Gestalt für jedes Alter. Es gibt Lebensmomente, die etwas erfordern, was das Christentum gleichsam ganz beiseite lassen will, etwas, was dem Menschen in einem gewissen Alter als das Absolute erscheint, obgleich derselbe Mensch in einem späteren Alter dessen Eitelkeit einsieht. Christentum läßt sich nicht in ein Kind hineinflößen, denn jeder Mensch faßt nur, was er gebrauchen kann, und das Kind kann das Christentum in entschiedener Weise nicht gebrauchen. Als Gesetz gilt beständig dasselbe, welches das Eintreten des Christentums in die Welt durch das ihm Vorausgehende bezeichnet: *niemand beginnt damit, ein Christ zu sein*, jeder wird es in der *Fülle der Zeit – wenn er es wird.* Eine streng christliche Erziehung in den entschiedenen Bestimmungen des Christentums ist ein sehr gewagtes Unternehmen; denn das Christentum macht Männer, deren Stärke in ihrer Schwachheit liegt, aber in seiner ganzen ernsten Gestalt, wenn man das Kind in sie hineinzwängt, macht es im allgemeinen höchst unglückliche Jünglinge. Eine seltene Ausnahme ist ein glücklicher Fund.

Das Christentum, das einem Kinde vorgetragen wird, oder richtiger, das das Kind selbst zusammensetzt, wenn man keine Gewalt anwendet, um es in seiner Existenz in entschieden christliche Bestimmungen hineinzuzwingen: ist eigentlich kein Christentum, sondern idyllische Mythologie. Es ist die Idee der Kindlichkeit in zweiter Potenz, und das Verhältnis kehrt sich zuweilen so um, daß die Eltern mehr vom Kinde lernen als das Kind von den Eltern, daß des Kindes liebenswürdiges Mißverständnis des Christlichen die Vater- und Mutterliebe in einer Frömmigkeit erklärt, die doch auch nicht eigentlich Christentum ist. Es ist nicht ohne Beispiel, daß Menschen, die selbst früher nicht religiös angeregt gewesen sind, es nun durch das Kind werden. Die Frömmigkeit ist aber nicht die Religiosität, die dem Älteren wesentlich gebührt, und sowenig als die Mutter selbst von der Milch ernährt wird, welche die Natur für das Kind bereitet: ebensowenig soll die Religiosität der Eltern in dieser Frömmigkeit ihren entschiedenen Ausdruck finden. Die Vater- und Mutterliebe hängt so fest am Kind, umschließt es so zärtlich, daß gleichsam die Frömmigkeit selbst erfindet, was doch gelehrt wird: daß es einen Gott geben muß, der sich der kleinen Kinder annimmt. Besteht aber die ganze Religiosität der Eltern in dieser Stimmung, so fehlt ihnen eigentlich die Religiosität und sie lassen sich nur durch Wehmut erquicken, die indirekt damit sympathisiert, ein Kind zu sein. Anmutig und liebenswürdig ist diese Frömmigkeit der Eltern und die Gelehrigkeit des Kindes, mit der es diese Seligkeit so leicht versteht; aber Christentum ist es eigentlich nicht, es ist Christentum im Medium der Phantasieanschauung, ein Christentum, dem man den Schrecken genommen hat: man führt das *unschuldige* Kind zu Gott oder Christo. Ist das Christentum, wo die Pointe ja gerade ist, daß der Sünder zum Paradox flieht? Es ist schön und rührend und ganz in der Ordnung, daß ein älterer Mensch beim Anblick eines Kindes seine Schuld empfindet und wehmütig die Unschuld des Kindes versteht; aber diese Stimmung ist nicht entschieden christlich. Denn die sentimentale Auffassung von der Unschuld des Kindes vergißt, daß das Christentum in dem gefallenen Geschlecht keine solche anerkennt; und daß die qualitative Dialektik das Sündenbewußtsein als näherliegend als alle Unschuld bestimmt. Die streng christliche Auffassung vom Kinde als Sünder kann dem Kindesalter nicht den Vorzug geben, denn das Kind hat kein Sündenbewußtsein und ist also ein Sünder ohne Sündenbewußtsein.

Aber man hat ja eine Schriftstelle, auf die man sich berufen kann, und man versteht sie zuweilen, ohne sich vielleicht dessen bewußt zu werden, so, daß das Verständnis die tiefste Satire über das ganze Christentum enthält und das Christentum zu der trostlosesten Betrachtung vom Leben macht, da sie es für ein Kind unbeschreiblich leicht macht, ins Himmelreich einzugehen, dagegen für einen Älteren unmöglich, und die Konsequenz ist, daß der beste und allein richtige Wunsch der sein würde, das Kind möchte je eher je lieber sterben.

Das ist das neunzehnte Kapitel des Matthäus-Evangeliums, wo Christus sagt: „Lasset die Kindlein zu mir kommen und wehret ihnen nicht, denn solcher ist das Himmelreich." In dem ganzen Kapitel ist von der Schwierigkeit ins Himmelreich zu kommen die Rede, und die Ausdrücke sind so stark wie möglich. Vers 12: „Es sind etliche verschnitten, die sich selbst um des Himmelreichs willen verschnitten haben." Vers 24: „Es ist leichter, daß ein Kamel durch ein Nadelöhr gehe, als daß ein Reicher ins Reich Gottes komme." Die Jünger erschrecken so, daß sie sagen (Vers 25): „Wer kann dann selig werden?" Und nachdem Christus darauf geantwortet hat, ist in Vers 29 wieder von dem Lohn derer die Rede, die um Christi Namens willen Häuser und Brüder, oder Schwestern, oder Vater, oder Mutter, oder Weib, oder Kind, oder Acker verlassen haben – alles zusammen schreckliche Ausdrücke für die Kollisionen, worin ein Christ versucht werden kann. Der Eingang ins Himmelreich ist also so schwer wie möglich gemacht, so schwer, daß selbst ideologische Suspensionen des Ethischen genannt sind.

In demselben Kapitel wird nun ganz kurz die kleine Begebenheit berichtet, daß kleine Kinder zu Christo gebracht wurden, und daß er jene Worte sagte – doch tritt da, wohl zu bemerken, ein kleiner Zwischensatz und ein Zwischenereignis dazwischen: daß die Jünger den Kindern, oder wohl richtiger denen drohten, die sie trugen (vgl. Mark. 10,13). Sollen nun die Worte Christi direkt vom Kindsein reden, so entsteht die Verwirrung, daß während es für Erwachsene so schwer wie möglich gemacht wird, ins Himmelreich einzugehen, für das Kind die Schwierigkeit nur darin besteht, daß es die Mutter zu Christo hinträgt, und daß das Kind dorthin getragen wird und dann können wir bald die Klimax der Verzweiflung bekommen: am besten als Kind zu sterben. Aber bei Matthäus ist der Sinn der Worte nicht schwer zu finden. Christus sagt die Worte zu den Jüngern, die den Kindern drohten – und die Jünger waren ja keine kleinen Kinder. Matthäi 18,2 wird erzählt, daß Jesus ein Kind zu sich rief, es mitten unter die Jünger stellte und sagte: „Wahrlich ich sage euch, wenn ihr euch nicht umkehrt und werdet wie die Kinder, kommt ihr nimmermehr ins Himmelreich." Er läßt sich nicht mit dem Kinde ein, sondern er gebraucht das Kind gegen die Jünger. Soll der Sinn dagegen der unmittelbare sein und von der Herrlichkeit reden, ein kleines Kind, recht ein kleiner Engel zu sein (und nicht einmal für die Engel scheint das Christentum eine Vorliebe zu haben, da es sich zu Sündern verhält): so ist es grausam, die Worte in Gegenwart der Apostel zu sagen, die ja in dem in diesem Fall, traurigen Falle waren, erwachsene Menschen zu sein; so ist mit dieser einen Erklärung das ganze Christentum zurückerklärt. Warum wollte dann Christus wohl Jünger haben, die, ehe sie Jünger wurden, erwachsen waren: warum sagte er nicht: „Geht hin und tauft kleine Kinder"?

Ist es traurig, eine anmaßende Spekulation zu sehen, die alles verstehen will, so ist es immer ebenso traurig, wenn jemand unter dem Schein der Orthodoxie das Christentum zu Mondschein- und Asylsentimentalität machen will. Aber zu Männern und gerade in dem Augenblick, wo sie vielleicht Christo zu zudringlich werden und von ihrem näheren Verhältnis zeitlichen Lohn verlangen oder doch das nähere Verhältnis weltlich hervorheben, zu sagen: solchen[1] (nämlich kleinen Kindern) gehöre das Himmelreich, also die Jünger mit Hilfe eines Paradoxes ein wenig von sich zu entfernen: ja das ist eine dunkele Rede. Denn menschlich geredet ist es doch möglich, sich selbst zu verschneiden und Vater und Kinder und Weib zu verlassen, aber ein kleines Kind zu werden, wenn man Mann geworden ist, heißt sich durch die Ferne des Paradoxes gegen alles Zunahekommen schützen.

Die Apostel drohen den kleinen Kindern; aber Christus droht nicht wieder, er setzt die Apostel nicht einmal zurecht; er wendet sich zu den kleinen Kindern, aber er redet zu den Aposteln, und wie jener Blick auf Petrus (Luk. 22, 61), so ist diese Hinwendung zu den Kindern, als Anklage der Apostel verstanden, das Urteil über sie, und im neunzehnten Kapitel bei Matthäus, das sonst von der Schwierigkeit ins Himmelreich einzugehen handelt, der stärkste Ausdruck für die Schwierigkeit. Das Paradoxe liegt darin, daß ein Kind zum Paradigma gemacht wird; *teils* weil das ein Kind, menschlich geredet, gar nicht sein kann, da es unmittelbar ist und nichts erklärt (darum kann auch ein Genie kein Paradigma sein – das Wehmütige bei der Auszeichnung des Genies), nicht einmal es für andre Kinder sein kann, denn jedes Kind ist unmittelbar bloß es selbst; und *teils* weil es zum Paradigma für einen Erwachsenen gemacht wird, der in der Demut des Schuldbewußtseins der Demut der Unschuld gleichen soll.

Doch genug hiervon; eine so kindische Auffassung vom Christentum macht es nur lächerlich. Soll ein Kind zu sein direkt verstanden werden, so ist es Unsinn, Christentum für Erwachsene zu predigen. Und doch wird das Christentum so von orthodoxen Fechtern verteidigt. Aber das versteht sich, will jemand etwas zu lachen haben, so würde kaum ein reichhaltigerer Stoff gefunden als die Weise, wie das Christentum zu diesen Zeiten verteidigt und angegriffen wird.

---

[1] *τοιουτοι*; eben dieses Wort zeigt zur Genüge, daß Christus nicht geradezu von Kindern oder zu Kindern redet, sondern daß er zu den Jüngern redet. Ein Kind geradezu verstanden ist nicht *τοιουτος*; *τοιουτος* enthält eine Vergleichung in sich, die eine Verschiedenheit voraussetzt. Von Kindern wird also direkt nichts gesagt, nichts davon, daß ein kleines Kind (direkt verstanden) freien Eingang habe; sondern es wird gesagt, daß nur der, der wie ein Kind ist, ins Himmelreich eingehen kann. Wie es aber für den Erwachsenen das Allerunmöglichste ist (direkt verstanden), ein kleines Kind zu werden, so ist es für ein kleines Kind (direkt verstanden) das Allerunmöglichste, wie ein Kind zu sein, eben weil es ein Kind ist.

Ein Orthodoxer donnert gegen das Selbstsüchtige bei den Freidenkern, „die nicht wie kleine Kinder ins Reich Gottes kommen, sondern etwas sein wollen." Hier ist die Kategorie richtig, aber nun will er seiner Rede Nachdruck geben und beruft sich auf jene Schriftstelle, die er direkt von kleinen Kindern versteht. Kann man es da dem Freidenker verdenken, wenn er seine Hochehrwürden ganz direkt verstanden für etwas verdreht hält? Die schwere Rede, womit der Orthodoxe begann, ist zu Galimathias geworden: denn für ein kleines Kind ist es gar nicht schwer, und für einen Erwachsenen ist es unmöglich. Etwas zu sein und etwas sein zu wollen, ist in einem gewissen Sinn gerade die Bedingung (die negative Bedingung) dafür, als kleines Kind ins Himmelreich zu kommen – wenn es schwer sein soll – sonst ist es ja kein Wunder, daß man draußen bleibt, wenn man 40 Jahre alt geworden ist. Also wird der Freidenker vielleicht über das Christentum spotten, und doch gibt es keinen, der es so lächerlich macht wie der Orthodoxe. Psychologisch gesehen hat das Mißverständnis seinen Zusammenhang mit der behaglichen Sicherheit, mit der man das Christsein mit dem Menschsein identifiziert hat, seinen Zusammenhang mit der leichtsinnigen und schwermütigen Scheu vor Entscheidungen, die immer wieder von sich schiebt, und es darum schließlich so weit zurückschiebt, ein Christ zu werden, daß es, ehe man davon weiß, entschieden ist. Man betont das Sakrament der Taufe so über die Maßen orthodox, daß man ganz richtig im Dogma von der Wiedergeburt heterodox wird und den Einwand des Nikodemus und die ihm gegebene Antwort vergißt, weil man hyperorthodox ein kleines Kind wirklich dadurch, daß es getauft ist, Christ geworden sein läßt.

Das kindliche Christentum, das bei dem kleinen Kinde als liebenswürdig erscheint, ist bei dem Älteren die kindische Orthodoxie, die, im Phantastischen beglückt, den Namen Christi darin angebracht hat. Solch eine Orthodoxie verwirrt alles. Merkt sie, daß die Bestimmung des Glaubens im Preise zu sinken anfängt, daß alle weiter gehen und den Glauben etwas für dumme Menschen sein lassen wollen: so wird sie den Preis in die Höhe schrauben. Was geschieht? Glaube wird etwas ganz Außerordentliches und Seltenes, „nicht gerade jedermanns Ding", kurz und gut, Glaube wird Differenzgenialität. Wenn es so ist, dann ist mit dieser einen Bestimmung das ganze Christentum von einem Orthodoxen widerrufen. Es ist von dem Orthodoxen sehr richtig, den Preis hinaufschrauben zu wollen, aber der Differenzwert verwirrt alles, denn die Differenzgenialität ist für das Genie nicht schwer und für andere unmöglich. Mit Recht wird der Glaube zum Allerschwersten gemacht, aber qualitativ-dialektisch, d. h. für alle gleich schwer, und hier hilft die im Glauben enthaltene ethische Bestimmung, denn diese verwehrt es dem Glaubenden ganz einfach, neugierig und komparativ zu sein, sie verbietet alle Vergleichung zwischen Mann und Mann und so wird es für alle gleich schwer.

Eine so kindische Orthodoxie hat auch eine entscheidende Aufmerksamkeit darauf gelenkt, daß Christus bei seiner Geburt in Windeln gewickelt und in eine

Krippe gelegt wurde, kurz auf das Erniedrigende, daß er in der geringen Gestalt eines Knechtes kam, und glaubt, darin bestehe das Paradox, im Gegensatz dazu, wenn er in Herrlichkeit gekommen wäre. Konfusion. Das Paradox liegt hauptsächlich darin, daß Gott, der Ewige, in der Zeit als ein einzelner Mensch ins Dasein gekommen ist. Ob dieser einzelne Mensch ein Knecht oder ein Kaiser ist, tut nichts zur Sache, es ist für Gott nicht adäquater, König als Bettler zu sein; es ist für Gott keine größere Erniedrigung, ein Bettler als ein Kaiser zu werden. Man erkennt da sogleich wieder das Kindische; denn weil das Kind eben von Gott keine entwickelte Vorstellung oder wirkliche Vorstellung hat (sondern nur die Phantasieinnerlichkeit), kann es auf das absolute Paradox nicht aufmerksam werden, sondern hat ein rührendes Verständnis von dem Humoristischen: daß der Mächtigste von allen, der Allmächtige (jedoch ohne entscheidende Gedankenbestimmung, und daher nur märchenhaft von dem verschieden, womit es auf gleicher Stufe steht, König und Kaiser zu sein) bei der Geburt in eine Krippe gelegt und in Windeln gewickelt wird.

Urgiert dagegen die kindische Orthodoxie diese Erniedrigung als das Paradox: so zeigt sie *eo ipso*, daß sie nicht auf das Paradox aufmerksam ist. Was hilft dann ihre ganze Verteidigung! Ist gegeben und angenommen, daß es leicht zu verstehen sei, daß Gott ein einzelner Mensch wird, so daß die Schwierigkeit im zunächst folgenden liegt, daß er ein geringer und verachteter Mensch wird: so ist das Christentum in *summa summarum* Humor. Humor leitet etwas Aufmerksamkeit vom ersten: von der Bestimmung Gott weg und betont nun: daß der Größte, der Mächtigste, der größer als alle Könige und Kaiser ist, daß er der Geringste wurde. Aber die Bestimmung: der Größte, der Mächtigste, der größer als alle Könige und Kaiser ist, ist eine sehr unbestimmte Bestimmung, ist Phantasie und keine Qualitätsbestimmung wie das Gottsein. Es ist im ganzen merkwürdig, wie die Orthodoxie, wenn sie in Not kommt, die Phantasie gebraucht und dann die größte Wirkung hervorbringt. Aber wie gesagt, der Größte, der Mächtigste, der größer als alle Könige und Kaiser ist, ist darum nicht Gott. Will man von Gott reden, so sage man: Gott, das ist die Qualität. Will der Pfarrer Ewigkeit sagen, so sage er: Ewigkeit, und doch sagt er zuweilen, wenn er etwas Rechtes sagen will: in die Ewigkeit aller Ewigkeiten der Ewigkeiten. Ist aber das Christentum Humor, so ist alles verwirrt, so endet es damit, daß ich einer der besten Christen werde; denn als Humorist betrachtet bin ich nicht dumm, aber so dumm, daß ich dies im Vergleich damit, ein Christ zu sein (was ich nicht bin), für so humoristisch wie möglich ansehe.

Eine kindische Orthodoxie betont das Leiden Christi in irreführender Weise. In den abenteuerlichsten Bestimmungen, die sich keineswegs dazu eignen, dem menschlichen Verstande Schweigen zu gebieten, da dieser im Gegenteil leicht genug einsieht, daß es Galimathias ist, wird die Fürchterlichkeit des Leidens betont, der feine Leib Christi, der so ungeheuer leidet; oder man betont quantitierend und komparativ, daß er, der so heilig war, der Reinste und Unschuldigste von allen, daß er leiden mußte. Das Paradoxe ist, daß Christus zur Welt gekommen ist, *um zu leiden*. Wird dies weggenommen, so nimmt ein Landsturm von Analogien ohne weiteres die uneinnehmbare Festung des Paradoxes ein. Daß der Unschuldige in der Welt dazu kommen kann, zu leiden (Heroen in Intellektualität, Kunst, Märtyrer der Wahrheit, stille Märtyrer der Weiblichkeit usw.), ist gar nicht absolut paradox, sondern humoristisch. Aber die Bestimmung der Märtyrer, als sie in die Welt kamen, war nicht zu leiden; ihre Bestimmung war die und die, und indem sie diese erfüllten, mußten sie leiden, Leiden ertragen, in den Tod gehen. Aber das Leiden ist nicht τελος. Die Religiosität begreift das Leiden, bestimmt es für den Leidenden ideologisch, aber das Leiden ist nicht τελος. Sowenig daher das Leiden eines gewöhnlichen Märtyrers eine Analogie zum Leiden Christi bietet, ebensowenig das Leiden des Glaubenden; und das absolute Paradox ist ja daran kenntlich, daß jedes Analogon ein Betrug ist. So könnte es noch eher als eine Analogie erscheinen, wenn einer infolge einer phantastischen Lebensanschauung (der Seelenwanderung) annähme, daß ein Mensch, der schon einmal dagewesen wäre, wieder zur Welt käme, um zu leiden. Da aber diese Analogie einer phantastischen Lebensanschauung angehört, ist sie *eo ipso* ein Betrug, und selbst davon abgesehen, ist das Um-zu des Leidens gerade das Entgegengesetzte: das Leiden eines Schuldigen, der wieder zur Welt kommt, um seine Strafe zu leiden. Es liegt über der kindischen Orthodoxie wie ein Schicksal: sie meint es oft gut, wird aber, da sie nicht orientiert ist, oft veranlaßt zu utrieren.

Wenn man daher einen Orthodoxen häufig vom Kindesglauben und von der Kindergelehrsamkeit und dem Frauenherzen usw. reden hört: so redet da möglicherweise nur eine etwas humoristische Natur (als Humorist protestiere ich jedoch alle Gemeinschaft mit einem solchen Manne, da er falsch pointiert), die das Christentum mit in das Kindliche hineingezogen hat (dies direkt verstanden); und die sich nun nach der Kindheit sehnt, und deren Sehnsucht darum auch an einer Sehnsucht nach der liebevollen Zärtlichkeit der frommen Mutter kenntlich ist. Es kann auch ein betrügerischer Mensch sein, der dem Schrecken zu entgehen sucht, wenn es in einem späteren Alter ernstlich gilt, in Wahrheit ein Kind zu werden, anstatt das Kindliche mit dem Älteren humoristisch zusammenzustellen. Denn soviel steht fest, soll ein kleines Kind (direkt verstanden) die Bestimmung dafür abgeben, was Christentum ist: so ist dieses kein Schrecken, es ist nicht jenes Faktum, das Juden ein Ärgernis und Griechen eine Torheit war.

Wenn man einem Kinde vom Christentum redet und das Kind nicht im übertragenen Sinne gewaltsam mißhandelt: so eignet es sich all das Milde, das Kindliche, das Liebenswürdige, das Himmlische an; es lebt mit dem kleinen Jesuskinde und mit den Engeln und mit den heiligen drei Königen zusammen, es sieht den Stern in der dunklen Nacht, es reist den weiten Weg, jetzt ist es im Stalle, fällt in eine Verwunderung nach der andern, sieht immer den Himmel offen, sehnt sich mit der ganzen Innigkeit seiner Phantasie nach diesen Bildern, ja, und laß uns die

Pfeffernüsse und all die andere Herrlichkeit nicht vergessen, die bei der Gelegenheit mit abfällt. Denn seien wir vor allen Dingen keine alten Esel, die von der Kindheit lügen, die sich selbst deren Überspanntheit zulügen und der Kindheit deren Wirklichkeit ablügen. Das müßte wahrhaftig ein Taugenichts sein, der das Kindliche nicht rührend, nicht anmutig und lieblich fände. Einen Humoristen sollte man doch wohl auch nicht im Verdacht haben, daß er die Realität der Kindheit verkenne, er, der unglücklich-glückliche Liebhaber der Erinnerungen.

Aber der ist sicher auch ein blinder Leiter, der irgendwie sagt, dies sei die entscheidende Auffassung von dem Christentum, das Juden zum Ärgernis und Griechen zur Torheit wurde. Christus wird zum Gotteskinde, oder für das etwas ältere Kind zu der freundlichen Gestalt mit dem milden Angesicht (die mythische Kommensurabilität), nicht zu dem Paradox, dem keiner (direkt verstanden) etwas ansehen konnte, nicht einmal der Täufer Johannes (vgl. Joh. 1,31, 33), nicht einmal die Jünger, bevor sie aufmerksam gemacht wurden (Joh. 1, 36, 42); was Jesaia 53, 2–4, besonders Vers 4 vorausgesagt hat. Die Kindesauffassung von Christo ist wesentlich die der Phantasieanschauung, und die Idee der Phantasieanschauung ist die Kommensurabilität, und die Kommensurabilität ist wesentlich Heidentum, sie bestehe nun in Macht, Herrlichkeit, Schönheit oder liege innerhalb eines etwas humoristischen Gegensatzes, der doch kein wirklicher Deckmantel, sondern ein durchsichtiges Inkognito ist. Die Kommensurabilität ist die unmittelbare Kenntlichkeit. Die Knechtsgestalt bildet dann das Inkognito, aber das milde Angesicht die unmittelbare Kenntlichkeit.

Wie überall, so geht es auch hier, es gibt eine gewisse Orthodoxie, die, wenn es bei großen Festen und hohen Gelegenheiten hoch hergehen soll, *bona fide* etwas Heidentum zu Hilfe nimmt, und dann gelingt es am allerbesten. Ein Pfarrer hält sich vielleicht zum täglichen Gebrauch schlicht in den strengen und richtigen orthodoxen Bestimmungen, aber was geschieht? Eines Sonntags wird er sich anstrengen. Um recht zu zeigen, wie lebendig Christus vor ihm stehe, wird er uns einen Blick in seine Seele tun lassen. Nun ist es richtig. Christus ist der Gegenstand des Glaubens, aber Glaube ist nichts weniger als Phantasieanschauung und Phantasieanschauung ist auch nicht gerade etwas Höheres als der Glaube. Nun geht es denn los: das milde Antlitz, die freundliche Gestalt, der Kummer im Auge usw. Es liegt gar nichts Komisches darin, daß ein Mann Heidentum statt Christentum lehrt, aber darin liegt etwas Komisches, daß ein Orthodoxer, wenn er bei großen Festlichkeiten alle Register zieht, fehlgreift und, ohne es zu merken, die Pfeife des Heidentums zieht. Wenn der Organist zum täglichen Gebrauch einen Walzer spielte, würde er wohl abgesetzt werden; wenn aber ein Organist, der sonst ganz richtig Kirchenmelodien vorträgt, an den hohen Festtagen, da er ja von Posaunen begleitet werde, einen Walzer spielen wollte um den Tag recht zu feiern: so würde dies ja komisch sein. Und doch findet man bei Orthodoxen etwas von diesem sentimentalen und gefühlvollen Heidentum, nicht zu täglichem Gebrauch, sondern gerade bei den großen Festlichkeiten, wenn sie ihre Herzen recht öffnen, und man findet es wieder gern im letzten Teil der Rede.

Die unmittelbare Kenntlichkeit ist Heidentum; alle feierlichen Beteuerungen, daß es ja Christus sei, und daß er der wahre Gott sei, helfen nicht, sobald es doch mit der unmittelbaren Kenntlichkeit endete. Eine mythologische Figur ist unmittelbar kenntlich. Macht man dem Orthodoxen diesen Einwand, so wird er wütend und fährt auf: „Ja aber Christus ist ja der wahre Gott und also doch wohl keine mythologische Figur ... Das kann man ja an seinem freundlichen Antlitz sehen." Kann man es ihm aber ansehen, so ist er *eo ipso* eine mythologische Figur. Man wird leicht verstehen, daß der Platz für den Glauben bleibt; denn nimm die unmittelbare Kenntlichkeit weg, dann ist der Glaube an rechter Stelle. Die Kreuzigung gerade des Verstandes und der Phantasieanschauung, welche die unmittelbare Kenntlichkeit nicht bekommen können, ist gerade das Kennzeichen. Es ist aber leichter, sich vom Schrecken wegzuschleichen und sich etwas Heidentum zu erschleichen, das durch den merkwürdigen Zusammenhang unkenntlich gemacht ist, daß es nämlich als letzte und höchste Erklärung in einem Vortrage dient, der vielleicht in ganz richtigen orthodoxen Bestimmungen begann. Wenn ein Orthodoxer in einem vertraulichen Augenblick einem anvertrauen würde, daß er doch eigentlich keinen Glauben habe: nun ja, darin liegt nichts Lächerliches; wenn aber ein Orthodoxer in seliger Schwärmerei, selbst beinahe über den hohen Schwung seiner Rede verwundert, sich einem ganz im Vertrauen eröffnet und sich unglücklicherweise in der Richtung versieht, so daß er vom Höheren zum Niedrigeren *steigt*, dann ist es schwerer, nicht zu lächeln.

Das Kindesalter (unmittelbar verstanden) ist also nicht das wahre Alter ein Christ zu werden. Umgekehrt, das ältere Alter, das Alter der Reife ist die Zeit, wo es sich entscheiden soll, ob ein Mensch Christ werden will oder nicht. Die Religiosität der Kindheit ist die universelle, abstrakte und doch phantasie-innerliche Grundlage für alle spätere Religiosität; Christ zu werden ist eine Entscheidung, die einem viel späteren Alter angehört. Die Rezeptivität des Kindes ist so ganz ohne Entscheidung, daß man ja auch sagt: „Einem Kinde kann man alles einbilden." Natürlich trägt der Ältere die Verantwortung dafür, was er sich einem Kinde einzubilden erlaubt, aber wahr ist es und fest steht es. Der Umstand, daß das Kind getauft ist, kann es an Verstand nicht älter oder zu Entscheidungen reifer machen. Ein Judenkind, ein Heidenkind von Anfang an von zärtlichen christlichen Pflegeeltern erzogen, die es ebenso liebreich wie Eltern ihr eignes Kind behandeln: wird sich dasselbe Christentum wie das getaufte Kind aneignen.

Erhält ein Kind dagegen nicht, wie es sollte, die Erlaubnis unschuldig mit dem Heiligsten zu spielen, soll es existierend streng in entschieden christliche Bestimmungen hineingezwungen werden: so wird ein solches Kind viel zu leiden bekommen. Eine solche Erziehung wird entweder die Unmittelbarkeit in Mißmut und Angst stürzen, oder die Lust und die Angst der Lust in einem Maß erregen, wie es nicht einmal das Heidentum kannte.

Schön und liebevoll ist es, während das Gegenteil davon unverzeihlich ist, wenn christliche Eltern, wie sie sonst für das Kind sorgen, so es auch mit den kindlichen Vorstellungen des Religiösen nähren. Die Kindertaufe ist, wie oben öfter gesagt wurde, als Antizipation der Möglichkeit in jeder Weise zu verteidigen, da sie den schrecklichen Riß verhindert, daß die Eltern ihre Seligkeit an etwas binden sollten, woran sie die Kinder nicht banden. Nur ein dumm sentimentales und eselhaftes Mißverstehen, nicht sowohl der Kindertaufe als des Kindesalters ist zu verwerfen, aber dann ist auch sektiererische Äußerlichkeit ebenso verwerflich, da die Entscheidung am besten der Innerlichkeit angehört. Es ist eine, wenn auch noch so gutgemeinte, Vergewaltigung, die Existenz des Kindes in die entscheidenden christlichen Kategorien hineinzuzwingen, dagegen eine große Dummheit, wenn man sagt, das Kindesalter (direkt verstanden) sei das für das Christwerden eigentlich entscheidende Alter.

Wie man trügerisch klug einen unmittelbaren Übergang vom Eudämonismus zum Ethischen hat bilden wollen: so ist es auch eine trügerische Erfindung, daß man das Christwerden dem Menschwerden so nah wie möglich hat bringen und mit ihm identifizieren wollen, indem man uns hat einbilden wollen, man werde entscheidend in der Kindheit ein Christ. Und insofern als diese Neigung und dieses Bedürfnis das Christwerden in die Kindheit zu verschieben allgemein wird: wird dieses gerade ein Beweis dafür sein, daß das Christentum im Begriff steht auszusterben; denn man möchte das Christsein in eine schöne Erinnerung verwandeln, während ein Christ zu werden das Entscheidendste ist, was ein Mensch wird. Man will die liebliche Unschuld der Kindheit mit der weiteren Bestimmung phantastisch ausschmücken, daß in dieser Unschuld das Christsein bestehe, und dann will man an die Stelle der Entscheidung Wehmut treten lassen.

Darin liegt nämlich das Wehmütige, was der berechtigte Humor hat, daß er ehrlich und ohne Trug rein menschlich auf das Kindsein (direkt verstanden) reflektiert, und es bleibt ja nun ewig gewiß und wahr, dies läßt sich nicht ändern: die Kindheit bleibt, wenn sie vorbei ist, nur eine Erinnerung. Aber Humor (in seiner Wahrheit) läßt sich mit der entscheidenden christlichen Bestimmung ein Christ zu werden nicht ein und identifiziert ein Christ werden und ein Kind sein (direkt verstanden) nicht miteinander, denn dann würde ein Christ sein ganz in demselben Sinne zu einer Erinnerung. Hier wird es sich recht zeigen, wie verkehrt man den Humor zum Höchsten innerhalb des Christentums macht, da der Humor oder der Humorist, insofern als er innerhalb des Christentums steht, sich nicht auf die entscheidende christliche Bestimmung ein Christ zu werden einläßt. Humor ist immer ein Zurückrufen (der Existenz in das Ewige durch die dahinten liegende Erinnerung; des Mannesalters in die Kindheit usw., vgl. das Vorige), ist die rückwärtsgehende Perspektive: das Christentum ist die Richtung vorwärts ein Christ zu werden, und es zu werden, indem man fortfährt es zu sein. Ohne Stillstehen kein Humor; denn der Humorist hat beständig gute Zeit, weil er die gute Zeit der Ewigkeit hinter sich hat. Das Christentum hat keinen Platz für Wehmut; Rettung oder Verlorengehen, Rettung liegt vorn, Verlorengehen hinten für jeden, der sich umkehrt, was er dann auch sieht; denn Lots Weib wurde, als sie sich umsah, zu Stein, weil sie den Greuel der Verwüstung sah, aber christlich verstanden bedeutet das Sichumsehen, selbst wenn man die anmutige, bezaubernde Landschaft der Kindheit zu Gesichte bekäme, verlorengehen.

Wenn man der Spekulation eine einzige Konzession mit Rücksicht auf den Anfang mit dem reinen Sein macht: so ist alles verloren und es ist unmöglich, die Konfusion aufzuhalten, da sie innerhalb des reinen Seins aufgehalten werden soll; wenn man einer kindischen Orthodoxie in bezug auf den spezifischen Vorzug des Kindesalters beim Christwerden eine einzige Konzession macht, so ist alles verwirrt.

Aber nun jene Schriftstelle, die steht ja doch in der Bibel! Ich habe mich im vorhergehenden schon lächerlich genug gemacht, daß ich mich auch auf die pusillanime, ängstliche Bibelerklärung einließ: ich will mich nicht weiter darin versuchen. Hat eine kindische Orthodoxie eine komische Beleuchtung auf das Christentum geworfen, so denn auch eine solche Schrifterklärung, die in ihrer ängstlichen Untertänigkeit, ohne sich dessen bewußt zu werden, das Verhältnis umkehrt und nicht so besorgt ist die Bibel zu verstehen, als von ihr verstanden zu werden, nicht so besorgt die Schriftstelle zu verstehen, als eine Schriftstelle zu bekommen, auf die sie sich berufen kann – ein Widerspruch, wie wenn einer, der handelt, einen Menschen um Rat früge (dies ist ja ein Abhängigkeitsverhältnis), aber ihn so um Rat früge, daß er von ihm verlangte, er solle das und das antworten, und sich alles erlaubte, damit jener gerade so antwortete. Die Unterwerfung unter die Autorität des Konsulenten führt dazu, daß man listig Vorteil aus der Autorität zieht. Aber heißt das konsulieren? Heißt das sich dem unterwerfen, was man die göttliche Autorität der Schrift nennt? Das ist ja ein feiger Versuch dadurch, daß man nie auf eigne Hand handelt, alle Verantwortung von sich zu schieben, gerade als ob man keine Verantwortung dafür hätte, auf welche Weise man eine Schriftstelle für sich bekommt. Es ist psychologisch recht merkwürdig, wie schlau, wie erfinderisch, wie spitzfindig, wie ausdauernd einzelne Menschen in gelehrten Untersuchungen sein können, bloß um eine Schriftstelle zu haben, auf die sie sich berufen können. Dagegen scheinen sie gar nicht darauf aufmerksam zu sein, daß dies gerade heißt Gott zum Narren zu haben, ihn wie einen armen Tropf zu behandeln, der so töricht gewesen ist etwas Schriftliches von sich zu geben und sich nun darein finden muß, was Juristen daraus machen werden.

So benimmt sich ein pfiffiges kleines Kind gegen einen strengen Vater, der nicht verstanden hat die Liebe des Kindes zu gewinnen; es denkt etwa so: „Wenn ich bloß seine Erlaubnis bekomme, so ist es gut, wenn ich auch etwas List dazu gebrauchen muß.“ Aber ein solches Verhältnis ist kein zartes, innerliches zwischen Vater und Sohn. Und so ist es auch kein innerliches Verhältnis zwischen Gott und Mensch, wenn sie einander so fern stehen, daß es da Platz und Gebrauch für all diese besorgte und einer mißmutigen Unterwerfung angehörige Spitzfindigkeit und ihr Grübeln gibt. Beispiele eines solchen Benehmens findet man am ehesten bei wirklich begabten Menschen, deren Begeisterung in keinem Verhältnis zu ihrer Intellektualität steht. Während beschränkte geschäftige Menschen sich einbilden, daß sie handeln und handeln und handeln, besteht gerade ein Kennzeichen einer gewissen Art intellektueller Menschen in der Virtuosität, mit der sie dem Handeln auszuweichen verstehen. Es ist empörend, welche Spitzfindigkeit Cromwell, der ja ein studierter Bibelleser war, besaß, eine Schriftstelle für sich zu finden oder doch in einer *vox populi* eine *vox dei* dafür zu haben, daß es ein Ereignis, eine Schickung war, daß er Protektor von England wurde, keine Handlung von ihm; denn das Volk hatte ihn ja gewählt. Wie man selten einen eigentlichen Heuchler zu sehen bekommt, so auch selten einen eigentlich gewissenlosen Menschen, aber ein spitzfindiges Gewissen ist nicht selten, es zeige sich nun in dem quälenden Selbstwiderspruche eine Verantwortung zugleich durch Erklärung zu entfernen und selbst nicht davon zu wissen, daß man es tut, oder in einer Kränklichkeit bei einem vielleicht wohlmeinenden Menschen, einer Kränklichkeit, die mit großen Leiden verbunden ist und dem Unglücklichen das Atmen schwerer und peinlicher macht als das Atmen des beschwertesten Gewissens, wenn es dazu kommt, in Aufrichtigkeit auszuatmen.

Eine kindische Orthodoxie, eine pusillanime Schrifterklärung, eine törichte und unchristliche Verteidigung des Christentums, ein böses Gewissen bei den Verteidigern in bezug auf ihr eignes Verhältnis zu ihm, dies trägt nebst anderem zu unserer Zeit auch das Seinige dazu bei, leidenschaftliche und unsinnige Angriffe auf das Christentum zu veranlassen. Man soll sich nichts abhandeln lassen, das Christentum nicht verändern wollen, auch nicht utrieren, indem man an verkehrter Stelle zurückhält, man gebe nur darauf acht, daß es bleibe, was es war, Juden ein Ärgernis, Griechen eine Torheit, nicht etwas Törichtes, über das sich weder Juden noch Griechen ärgern, sondern worüber beide lächeln und nur dagegen aufgebracht werden, daß man es verteidigt.

Aber von der Aufgabe der Innerlichkeit ein Christ zu werden und zu bleiben hört man nur wenig. Und doch sollte wohl gerade dies besonders zu erfahren und durch Erfahrung zu entwickeln sein, nachdem das Christentum in den Ländern eingeführt ist, also in christlichen Ländern, wo die einzelnen Christen ja nicht als Missionare in die Well hinausgehen sollen, um das Christentum auszubreiten. In den ersten Zeiten war es anders. Die Apostel wurden im älteren Alter Christen, nachdem sie also einen Teil ihres Lebens in anderen Kategorien zugebracht hatten (als eine Folge davon kann die Schrift nichts von all den Kollisionen enthalten, die dadurch entstehen können, daß man von Kind an im Christentum erzogen ist). Sie wurden durch ein Wunder[1] Christen (hier fehlt

[1] Im vorhergehenden ist öfter gesagt worden, daß die Existenz eines Apostels paradox-dialek-

die Analogie zu gewöhnlichen Menschen), oder doch so geschwind, daß keine nähere Erklärung davon gegeben wird. Darauf wenden sie ihre Aufmerksamkeit nach außen, andere zu bekehren; aber hier fehlt wieder die Analogie für einen armen einzelnen Menschen, der nur die Aufgabe hat als Christ zu existieren.

Wenn man dann nicht auf die Aufgabe der Innerlichkeit aufmerksam ist, so ist der Trieb weiterzugehen leicht zu verstehen. Man lebt in der Christenheit; man ist ein Christ, wenigstens wie alle andern; da das Christentum nun seit so vielen Jahrhunderten bestanden hat und in alle Verhältnisse gedrungen ist, ist es so leicht, ein Christ zu werden; man hat nicht die Aufgabe eines Missionars: nun ja, dann ist es die Aufgabe, weiterzugehen und über das Christentum zu spekulieren. Aber über das Christentum zu spekulieren ist nicht die Arbeit der Innerlichkeit; also verachtet man die täglichen Aufgaben, die einem das Einüben des Glaubens macht, die Aufgabe mit Überwindung alles Sinnesbetruges sich selbst in der paradoxen Leidenschaft des Glaubens zu erhalten. Man kehrt die Sache um und vergißt, daß es, je nachdem der Verstand und die Kultur und Bildung zunimmt, immer schwieriger wird, die Leidenschaft des Glaubens zu bewahren. Ja, wäre das Christentum (ohne weiteres) eine subtile Doktrin, so würde Bildung ohne weiteres helfen, aber in bezug auf eine Existenzmitteilung, die das Existieren paradox betont, nützt Bildung nur, indem sie die Schwierigkeit vergrößert. Die Gebildeten haben so für das Christwerden und Christbleiben nur einen sehr ironischen Vorzug vor den Einfältigen: den Vorzug, daß es schwerer ist. Da hat man aber wieder die qualitative Dialektik vergessen und komparativ, quantitierend einen unmittelbaren Übergang von Bildung zu Christentum bilden wollen. Daher wird die Arbeit der Innerlichkeit mit den Jahren zunehmen und dem Christen, der kein Missionar ist, vollauf zu tun geben, nicht daß er spekuliere, sondern daß er fortfahre ein Christ zu sein. Es ist im neunzehnten Jahrhundert nicht leichter geworden, ein Christ zu werden, als in der ersten

---

tisch sei; ich will nun zeigen, wie? Das *direkte* Verhältnis des Apostels zu Gott ist paradox-dialektisch, denn ein direktes Verhältnis ist niedriger (die Zwischenbestimmung bildet die Religiosität der Immanenz, die Religiosität A) als das indirekte der Gemeinde, da das indirekte Verhältnis das Verhältnis von Geist zu Geist und das direkte Verhältnis Ästhetik ist, und doch ist das direkte Verhältnis höher. Das Verhältnis des Apostels ist so nicht unmittelbar höher als das der Gemeinde, was ein redseliger Pfarrer einer gähnenden Gemeinde einbildet, und wodurch die ganze Sache zum Ästhetischen zurückgeht.

Das *direkte* Verhältnis des Apostels zu anderen Menschen ist paradox-dialektisch: daß das Leben des Apostels nach außen gekehrt und damit beschäftigt ist, das Christentum in Reichen und Ländern auszubreiten, denn dieses Verhältnis ist niedriger als das indirekte Verhältnis des gemeinen Mannes zu andern, das darauf beruht, daß er wesentlich mit sich selbst zu tun hat. Das direkte Verhältnis ist ein ästhetisches (in der Richtung nach außen), insofern also niedriger, und doch ist es für den Apostel ausnahmsweise höher: dies ist das Paradoxdialektische. Es ist nicht unmittelbar höher, denn dann bekommen wir die weltgeschichtliche Geschäftigkeit jedes Beliebigen. Das Paradoxe liegt gerade darin, daß das für einen Apostel als höher gilt, was für andere nicht so gilt.

Zeit, es ist im Gegenteil besonders für die Gebildeten schwerer geworden und wird Jahr für Jahr schwerer werden. Das Übergewicht des Verstandes bei dem Gebildeten, seine Neigung zum Objektiven wird bei dem Gebildeten immerfort Widerstand gegen das Christwerden erwecken, und der Widerstand ist die Sünde des Verstandes: die Halbheit. Hat das Christentum einmal die Gestalt der Welt verändert, indem es die rohen Leidenschaften der Unmittelbarkeit besiegte und die Staaten veredelte: so wird es in der Bildung seinen ebenso gefährlichen Widerstand finden. Soll aber der Streit hier geführt werden, muß er natürlich innerhalb der schärfsten Bestimmungen der Reflexion geführt werden. Das absolute Paradox wird sich schon selbst zu behaupten wissen, denn dem Absoluten gegenüber kommt mehr Verstand nicht weiter als weniger Verstand; sie kommen im Gegenteil gleichweit, der hervorragend Begabte langsam, der Einfältige geschwind. Mögen also andere die Bildung ohne weiteres preisen, wohlan denn, sie sei gepriesen, ich will sie aber doch lieber darum preisen, weil sie es so schwierig macht, ein Christ zu werden. Denn ich bin ein Freund von Schwierigkeiten, besonders von solchen, die die humoristische Eigenschaft haben, daß der Gebildetste, nachdem er die größten Anstrengungen überstanden hat, wesentlich nicht weiter gekommen ist, als der einfältigste Mensch kommen kann.

Denn der einfältigste Mensch kann doch wohl ein Christ werden und fortfahren es zu sein; aber da er teils kein großes Maß von Verstand hat, teils die Lage des Einfältigen im Leben seine Aufmerksamkeit nach außen lenkt: so sieht er sich von der Mühseligkeit befreit, in welcher der Gebildete den Glauben bewahrt, indem er immer angestrengter kämpft, je nachdem die Bildung zunimmt. Da es nämlich das Höchste ist, ein Christ zu werden und fortwährend zu sein, kann die Aufgabe nicht darin bestehen, über das Christentum zu reflektieren, sondern nur darin, durch die Reflexion das Pathos zu potenzieren, mit dem man ein Christ zu sein fortfährt.

Und hierum hat sich diese ganze Abhandlung gedreht, deren erster Teil die objektive Auffassung besprach, wie man ein Christ wird und ist, während der andere von der subjektiven Auffassung redete.

Objektiv bestimmt man ein Christ zu werden oder zu sein auf folgende Weise:

1. Ein Christ ist der, der die Lehre des Christentums annimmt. Soll aber im letzten Grunde das Was dieser Lehre entscheiden, ob man ein Christ ist, so wendet sich die Aufmerksamkeit augenblicklich nach außen, um zu erfahren, was denn die Lehre des Christentums bis ins kleinste Detail ist, weil dieses Was ja nicht entscheiden soll, was Christentum ist, sondern ob ich ein Christ bin. In demselben Augenblick beginnt der gelehrte, der besorgte, der ängstliche Widerspruch des Approximierens. Die Approximation kann so lange, wie man will, fortgesetzt werden, und über sie gerät die Entscheidung, wodurch das Individuum ein Christ wird, zuletzt vollständig in Vergessenheit.

Dieser Mißlichkeit hat man durch die Voraussetzung abgeholfen, daß ein jeder in der Christenheit Christ ist, daß wir alle, was man so nennt, Christen sind. Unter dieser Voraussetzung geht es mit den objektiven Theorien besser. Wir sind alle Christen. Die Bibeltheorie wird nun recht objektiv nachsehen, was das Christentum ist (und doch sind wir ja Christen, und die Annahme ist, daß uns das Objektive zu Christen macht, das Objektive, das wir nun erst recht kennenlernen wollen, wir, die wir Christen sind. Denn sind wir keine Christen, dann ist der hier eingeschlagene Weg der Weg, der nie dazu führt, es zu werden). Die Kirchentheorie nimmt an, daß wir Christen sind, aber nun soll ganz objektiv festgestellt werden, was das Christliche ist, damit wir uns gegen den Türken und Russen und das Römerjoch wehren[1] und das Christentum tapfer durchfechten können, indem wir unsere Zeit gleichsam die Brücke zu dieser Zukunft ohnegleichen hin bilden lassen, dieser Zukunft, die sich schon dunkel zeigt. Dies ist lauter Ästhetik; das Christentum ist eine Existenzmitteilung, ein Christ zu werden ist die Aufgabe oder es fortwährend zu sein, und der allergefährlichste Sinnesbetrug ist der, daß man so sicher ist ein Christ zu sein, daß man die ganze Christenheit gegen den Türken schützen will, anstatt den Glauben in sich gegen den Sinnesbetrug vom Türken zu schützen.

2. Man sagt: nein, nicht jede Annahme der christlichen Lehre macht einen zum Christen. Worauf es besonders ankommt, das ist die Aneignung, daß man sich diese Lehre aneignet und sie ganz anders als etwas anderes festhält, daß man in ihr leben und in ihr sterben, sein Leben für sie wagen will usw.

Dies sieht so aus, als wäre es etwas. Die Kategorie „ganz anders" ist indessen eine ziemlich mittelmäßige Kategorie, und die ganze Formel, die einen Versuch macht das Christsein etwas subjektiver zu bestimmen, ist weder das eine noch das andere, meidet gewissermaßen die Schwierigkeit der Approximation mit ihrer Distraktion und ihrem Truge, aber ermangelt der kategorischen Bestimmung. Das Pathos der Aneignung, von dem hier die Rede ist, ist das der Unmittelbarkeit; man kann ebensogut sagen, ein begeisterter Liebhaber verhalte sich so zu seiner Liebe: halte sie ganz anders als etwas anderes fest und eigne sie sich an, wolle in ihr leben und in ihr sterben und alles für sie wagen. Insofern besteht also in bezug auf Innerlichkeit kein wesentlicher Unterschied zwischen einem Liebhaber und einem Christen, so daß man da wieder zu dem Was, zu der Lehre rekurrieren muß, und damit stehen wir wieder unter Nr. 1.

Es handelt sich nämlich darum, daß das Pathos der Aneignung selbst bei dem Glaubenden so bestimmt wird, daß es mit keinem andern Pathos verwechselt werden kann. Darin hat die subjektivere Auffassung nämlich recht, daß die Aneignung den Ausschlag gibt, sie hat aber in der Bestimmung der Aneignung unrecht, die bei ihr von anderem unmittelbarem Pathos nicht spezifisch verschieden ist.

[1] [Vgl. Grundtvig, z. B. Über die geschichtlichen Verhältnisse des Nordens (1843), S. 19.]

Dies ist auch nicht der Fall, wenn man die Aneignung als Glauben bestimmt, dem Glauben aber sogleich wieder den Gang und die Richtung zum Verstehen hin gibt, so daß der Glaube eine vorläufige Funktion wird, womit man einstweilen festhält, was Gegenstand des Verstehens werden soll, eine vorläufige Funktion, mit der sich arme Leute und dumme Menschen begnügen müssen, während Privatdozenten und Begabte weitergehen. Das Kennzeichen eines Christen (der Glaube) ist die Aneignung, aber so, daß sie spezifisch nicht von anderer intellektueller Aneignung verschieden ist, wo eine vorläufige Annahme eine einstweilige Funktion in bezug auf das Verstehen ausmacht. Glaube wird für das Verhältnis zum Christentum nicht das Spezifische, und das Was, das geglaubt wird, entscheidet wieder, ob einer ein Christ ist oder nicht. Damit ist die Sache aber wieder unter Nr. 1 zurückgeführt.

Die Aneignung, durch die ein Christ Christ ist, muß nämlich so spezifisch sein, daß sie mit keiner anderen verwechselt werden kann.

3. Man bestimmt das Christwerden und Christsein objektiv nicht durch das Was der Lehre, auch nicht subjektiv durch die Aneignung, nicht durch das, was im Individuum vor sich gegangen ist, sondern durch das, was mit dem Individuum vorgegangen ist: daß es getauft ist. Insofern als man zur Taufe die Annahme des Glaubensbekenntnisses fügt, wird hiermit doch nichts Entscheidendes gewonnen, sondern die Bestimmung wird schwankend bald das Was betonen (den Weg der Approximation), bald unbestimmt von Annahme und Annahme und Aneignung usw. ohne spezifische Bestimmtheit reden. Soll die Bestimmung die sein, daß man getauft ist, so wird sich die Aufmerksamkeit augenblicklich nach außen der Überlegung zuwenden: ob ich nun wirklich getauft sei. Dann beginnt die Approximation in bezug auf ein geschichtliches Faktum.

Wird dagegen jemand sagen, daß er ja in der Taufe den Geist empfangen habe, und aus dessen Zeugnis, das sich mit seinem Geist verbinde, wisse er, daß er getauft sei: so kehrt er den Schluß gerade um und schließt von dem in ihm wohnenden Geisteszeugnis darauf, daß er getauft sein muß, nicht davon, daß er getauft ist, auf den Besitz des Geistes. Soll aber der Schluß so gemacht werden, dann ist ganz richtig nicht die Taufe das Kennzeichen, sondern die Innerlichkeit, und dann muß wieder die spezifische Bestimmung der Innerlichkeit und der Aneignung gefordert werden, wodurch das Zeugnis des Geistes in einem Christen von jeder andern (von einer universeller bestimmten) Geisteswirksamkeit in einem Menschen verschieden ist.

Es ist übrigens merkwürdig, daß die Orthodoxie, die besonders die Taufe zu dem Entscheidenden gemacht hat, häufig darüber klagt, daß doch unter den Getauften nur so wenig Christen seien, daß fast alle, bis auf eine kleine unsterbliche Schar, Geistlose und getaufte Heiden seien, was darauf zu deuten scheint, daß die Taufe für das Christwerden nicht das Entscheidende sein kann, nicht einmal nach dem Nachsatz derer, die sie im Vordersatz als für das Christwerden entscheidend urgieren.

Subjektiv bestimmt man ein Christ zu sein so:

Die Entscheidung liegt im Subjekt, die Aneignung ist die paradoxe Innerlichkeit, die von aller andern Innerlichkeit spezifisch verschieden ist. Christsein wird nicht durch das Was des Christentums, sondern durch das Wie des Christen bestimmt. Dies Wie kann nur zu *einem* passen, zum absoluten Paradox. Da gibt es also kein unbestimmtes Reden davon, daß Christsein annehmen heiße und annehmen und ganz anders annehmen, sich aneignen, glauben, sich im Glauben ganz anders aneignen (lauter rhetorische und fingierte Bestimmungen); sondern *glauben* ist von aller andern Aneignung und Innerlichkeit spezifisch bestimmt verschieden. Glaube ist, indem das Absurde abstößt, die objektive Ungewißheit, in der Leidenschaft der Innerlichkeit festgehalten, welche Leidenschaft eben das aufs Höchste potenzierte Verhältnis der Innerlichkeit ist. Diese Formel paßt nur auf den Glaubenden und auf keinen andern, nicht auf einen Liebhaber, noch auf einen Begeisterten, noch auf einen Denker, sondern einzig und allein auf den Glaubenden, der sich zum absoluten Paradox verhält.

Der Glaube kann daher auch keine einstweilige Funktion sein. Wer seinen Glauben als ein innerhalb eines höheren Wissens aufgehobenes Moment wissen will: der hat *eo ipso* aufgehört zu glauben. Der Glaube *darf* sich nicht mit Unverständlichkeit *begnügen*; denn gerade das Verhältnis zum Unverständlichen, Absurden, das abstößt, ist der Ausdruck für die Leidenschaft des Glaubens.

Durch diese Bestimmung des Christseins wird verhindert, daß das gelehrte oder besorgte Überlegen der Approximation das Individuum auf Abwege locke, so daß einer ein Gelehrter anstatt ein Christ und in den meisten Fällen ein Halbstudierter anstatt ein Christ würde; denn die Entscheidung liegt in der Subjektivität. Die Innerlichkeit hat aber wieder ihr spezifisches Kennzeichen gefunden, wodurch sie von aller andern Innerlichkeit verschieden ist, so daß man sie nicht mit der geschwätzigen Kategorie „ganz anders“ abfertigen kann; denn das paßt auf jede Leidenschaft im Augenblick der Leidenschaft.

Psychologisch ist es gewöhnlich ein sicheres Zeichen davon, daß man die Leidenschaft aufzugeben anfängt, wenn man ihren Gegenstand objektiv behandeln will. Im allgemeinen ist es so, daß sich Leidenschaft und Reflexion ausschließen. Auf die Weise objektiv zu werden bedeutet immer einen Rückschritt, denn in der Leidenschaft liegt eines Menschen Verderben, aber auch seine Erhebung. Wenn das Dialektische und die Reflexion nicht zur Potenzierung der Leidenschaft gebraucht wird, dann ist Objektivwerden ein Rückgang; und wer in Leidenschaft verlorengeht, selbst der hat nicht so viel verloren, als wer Leidenschaft verlor; denn der erstere behält die Möglichkeit.

So hat man in unserer Zeit dem Christentum gegenüber objektiv sein wollen; die Leidenschaft, mit der jeder Christ ist, ist einem zu wenig geworden, und da wir objektiv geworden sind, haben wir alle die Aussicht bekommen Privatdozenten zu werden.

Aber diese Ordnung der Dinge hat den Streit in der Christenheit wieder so komisch gemacht, weil er auf mancherlei Weise nur im Wechseln der Waffen besteht, und weil der Streit um das Christentum in der Christenheit von Christen oder unter Christen geführt worden ist, die alle, indem sie objektiv sein und weitergehen wollten, im Begriff waren ihr Christentum aufzugeben. Als seinerzeit die dänische Regierung die englische dreiprozentige Anleihe von Wilson auf Rothschild übertrug[1], wurde in den Zeitungen Lärm gemacht; eine Generalversammlung wurde von Leuten gehalten, die keine Obligationen besaßen, die aber eine entlehnt hatten, um als Inhaber von Obligationen zu erscheinen; es wurde verabredet, daß man gegen den Beschluß der Regierung protestieren solle, indem man die Annahme der neuen Obligationen verweigere. Und die Generalversammlung bestand aus Leuten, die keine Obligationen besaßen und die also kaum in die Verlegenheit kommen würden, daß ihnen die Regierung die Annahme der neuen Obligationen vorschlüge. Christ sein ist im Begriff das Interesse der Leidenschaft zu verlieren, und doch wird *pro* und *contra* gefochten, man argumentiert von sich selbst aus: „Ist das kein Christentum, so bin ich kein Christ, was ich doch wohl bin"; und man hat die Sache so umgekehrt, daß man sich dafür interessiert, ein Christ zu sein, um zu entscheiden, was Christentum ist, nicht dafür, was Christentum ist, um ein Christ sein zu können. Den Namen Christ gebraucht man da, gerade wie jene Leute die Obligation entlehnten, um mit auf die Generalversammlung zu kommen, wo das Schicksal der Christen von Christen entschieden wird, die sich um ihrer selbst willen nichts daraus machen, Christen zu sein. Um wessen willen geschieht dann dies alles?

Eben weil man zu unserer Zeit und in der Christenheit unserer Zeit auf die Dialektik der Verinnerlichung nicht aufmerksam genug zu sein scheint, oder darauf, daß das Wie des Individuums ein ebenso genauer und ein entscheidenderer Ausdruck für das ist, was einer hat, als das Was, von dem er immer redet: kommen die sonderbarsten und, wenn man dazu in der Stimmung ist und Zeit dazu hat, die lächerlichsten Konfusionen in unserer Zeit vor, von der sich nachweisen ließe, daß nicht einmal die Verwirrung des Heidentums so komisch gewesen sein kann, weil damals nicht so viel auf dem Spiele stand und die Gegensätze nicht so hoch hinaufgeschroben waren. Aber eine Liebe ist der anderen wert, wenn Freundschaft bestehen und wenn man weiter Optimist bleiben soll. Wer im Umkreis der Leidenschaft experimentierend sich selbst von allen heiteren und lächelnden Aussichten ausschließt Privatdozent zu werden und dessen Einkünfte zu genießen: der sollte doch wenigstens einen kleinen humoristischen Ersatz haben, weil er sich etwas so zu Herzen nimmt, was andere, nach viel Höherem strebend, für eine Bagatelle ansehen: den kleinen humoristischen

---

[1] [Die große Staatsanleihe, die 1824 gemacht und vom englischen Bankhaus Wilson übernommen wurde. Als Wilson 1837 Bankrott machte, übernahm Rothschild die hauptsächlichen Obligationen.]

Ersatz, daß seine Leidenschaft den Sinn für das Komische schärfe. Wer, obgleich ein Menschenfreund, sich dem aussetzt als Egoist verabscheut zu werden, da er sich nicht objektiv, um anderer willen ums Christentum bekümmert, der sollte doch als Freund des Lachens einen kleinen Schadenersatz haben; es geht doch wirklich nicht an, daß man die Schande ein Egoist zu sein und keinen Vorteil davon hat: dann ist man ja kein Egoist.

Ein Orthodoxer kämpft in der schrecklichsten Leidenschaft für das Christentum; er beteuert im Schweiß seines Angesichtes und mit den sorgenvollsten Gebärden, daß er das Christentum pur und rein annehme, er will darin leben und darin sterben – und er vergißt, daß ein solches Annehmen ein allzu allgemeiner Ausdruck dafür ist, daß man sich zum Christentum verhält. Er tut alles im Namen Jesu und gebraucht den Namen Christi bei jeder Gelegenheit als ein sicheres Zeichen davon, daß er ein Christ und berufen ist in unserer Zeit für das Christentum zu kämpfen – und er ahnt das kleine ironische Geheimnis nicht, daß ein Mensch, wenn er bloß das Wie seiner Innerlichkeit beschreibt, indirekt zeigen kann, daß er ein Christ ist, ohne daß er den Namen Christi zu nennen braucht.[1]

Ein Mann wird am Neujahrsabend genau um 6 Uhr erweckt; nun ist er fertig. Mit jenem Faktum der Erweckung phantastisch aufgeputzt wird er nun umherlaufen und das Christentum in einem christlichen Lande verkündigen. Selbstverständlich kann es, ob wir gleich alle getauft sind, darum gern jeder brauchen, in einem andern Sinne Christ zu werden. Aber hier ist der Unterschied der: an Kenntnis fehlt es in einem christlichen Lande nicht, aber an etwas anderem, und dieses andere kann der eine Mensch dem andern nicht unmittelbar mitteilen. Und ein Erweckter will in so phantastischen Kategorien für das Christentum wirken: und doch beweist er, gerade je emsiger er im Ausbreiten und Ausbreiten ist: daß er selbst kein Christ ist. Denn Christsein ist etwas so Durchreflektiertes, daß es die ästhetische Dialektik nicht zuläßt, die teleologisch *einen* Menschen etwas für andere sein läßt, was er nicht für sich selbst ist.

Andererseits greift ein Spötter das Christentum an[2] und trägt es zu derselben Zeit so vortrefflich vor, daß es eine Lust ist, ihn zu lesen, und wer in Verlegenheit ist, es bestimmt dargestellt zu sehen, beinah bei ihm seine Zuflucht suchen muß.

---

[1] In bezug auf das Lieben, um wieder dasselbe zu beleuchten, gilt nicht so, daß einer durch Bestimmung seines Wie sagen kann, was oder wen er liebt. Das Wie der Liebe haben alle Liebenden gemeinsam, und nun muß der einzelne den Namen seiner Geliebten hinzufügen. Dagegen gilt vom Glauben (*sensu strictissimo*), daß dieses Wie nur auf einen als Gegenstand paßt. Würde jemand sagen: „Ja aber dann kann man ja wieder das Wie des Glaubens auswendig lernen und hersagen“, so müßte darauf geantwortet werden: „Das läßt sich nicht tun, denn wer es unmittelbar ausspricht, widerspricht sich selbst, weil der Inhalt der Aussage beständig in der Form redupliziert werden muß und die Isolation in der Bestimmung sich in der Form reduplizieren muß.“

[2] [Feuerbach, Wesen des Christentums.]

Alle ironische Beobachtung besteht beständig darin, auf das Wie zu achten, während der Geehrte, mit dem sich einzulassen der Ironiker die Ehre hat, nur auf das Was aufmerksam ist. Ein Mann versichert hoch und teuer: „Dies ist meine Meinung"; indes beschränkt er sich jedoch nicht darauf, die kurze Formel wörtlich herzusagen, sondern er erklärt sich näher und wagt die Ausdrücke zu variieren: ja, denn das mit dem Variieren ist keine so leichte Sache, wie man glaubt; mehr als *ein* Student hätte für seine Arbeit *laudabilis* bekommen, wenn er nicht variiert hätte, und eine große Menge Menschen besitzen jene von Sokrates an Polos bewunderte Genialität im Variieren: sie sagen nie dasselbe über dasselbe. Da sieht der Ironiker nach; er achtet natürlich nicht so sehr auf das, was mit großen Buchstaben geschrieben ist, oder was sich durch die Diktion des Redenden als Formel verrät (als das Was des Geehrten), sondern er achtet auf einen kleinen Zwischensatz, der der großartigen Aufmerksamkeit des Geehrten entgangen ist, ein kleines winkendes Prädikat usw., und sieht nun mit Verwunderung, froh über die Variation (*in variatione voluptas*), daß der Geehrte die Meinung nicht hat, nicht weil er ein Heuchler ist, ei bewahre, das ist für einen Ironiker eine zu ernsthafte Sache, sondern weil der gute Mann sich dazu gesammelt hat, sie auszuschreien, und weniger dazu, sie inwendig zu haben. Der Geehrte kann ja insofern recht haben, daß er diese Meinung hat, als er es sich aus Leibeskräften einbildet, er kann in Qualität einer Herumträgerin alles für sie tun, kann für sie sein Leben wagen, in sehr aufgeregten Zeiten kann er es sogar soweit treiben, daß er sein Leben für diese Meinung läßt.[1] Nun weiß ich ja doch also zum Kuckuck, daß der Mann die Meinung gehabt haben muß; und doch kann da zu gleicher Zeit ein Ironiker gelebt haben, der sogar in der Stunde, wo der unglückliche geehrte Mann hingerichtet wird, sich vor Lachen nicht halten kann, weil er infolge seiner Indizien weiß, daß der Mann nie mit sich selbst im reinen gewesen ist.

Daß so etwas geschehen kann, ist lächerlich, nimmt aber nicht den Mut zum Leben; denn wer in stiller Einkehr vor Gott aufrichtig um sich selbst besorgt ist, den rettet, selbst wenn er noch so einfältig ist, der Gott vor dem Irrtum, den führt er im Leiden der Innerlichkeit zur Wahrheit. Dagegen sind Geschäftigkeit und Lärm ein Merkmal des Irrtums, Zeichen eines abnormen Zustandes, wie Blähungen, und per Zufall in einem Tumulte hingerichtet zu werden, gehört auch nicht zu den wesentlich innerlichen Leiden.

In England soll es vorgekommen sein, daß ein Mann auf der Landstraße von einem Räuber überfallen wurde, der sich durch eine große Perücke unkenntlich gemacht hatte. Er stürzt sich auf den Reisenden, greift ihn an die Brust und

---

[1] In tumultuarischen Zeiten, wenn eine Regierung mit Todesstrafe für ihr Bestehen kämpfen muß, wäre es gar nicht undenkbar, daß ein Mann für eine Meinung hingerichtet werden könnte, die er im juristischen und bürgerlichen Sinne wohl gehabt hat, dagegen weniger im intellektuellen Sinne.

ruft: „Ihre Börse!" Er bekommt die Börse, die er behält, und wirft dagegen die Perücke weg. Ein armer Mann, der desselben Weges kommt, findet die Perücke und setzt sie auf. Als er die nächste Stadt erreicht, wo der Reisende schon Anzeige gemacht hat, wird er erkannt, arrestiert, von dem Reisenden wiedererkannt, der einen Eid ablegt, daß er es sei. Zufällig ist der Räuber im Gerichtssaale gegenwärtig, sieht das Mißverständnis und wendet sich zum Richter: „Es kommt mir so vor, als ob der Reisende mehr auf die Perücke als auf den Mann sähe", und bittet sich die Erlaubnis aus einen Versuch zu machen. Er setzt die Perücke auf, greift den Reisenden an die Brust mit den Worten: „Ihre Börse!", und der Reisende erkennt den Räuber wieder und bietet sich an es zu beschwören – nur schade, daß er schon einmal einen Eid abgelegt hat. So geht es auf die eine oder andere Weise jedem, der ein Was hat und nicht auf das Wie aufmerksam ist: er schwört, legt einen Eid ab, läuft geschäftig hin und her, wagt Leben und Blut und wird hingerichtet – alles wegen der Perücke. Wenn ich mich nicht irre, habe ich diese Geschichte schon einmal vorher in dieser Schrift erzählt; doch wünsche ich das ganze Buch mit ihr zu schließen. Ich glaube nicht, daß mich jemand mit Wahrheit wird ironisch anklagen können, ich habe sie so variiert, daß sie nicht dieselbe geblieben sei.

Beilage. Einverständnis mit dem Leser

Der Unterzeichnete, Johannes Climacus, der dieses Buch geschrieben hat, gibt sich nicht für einen Christen aus; er ist vollauf mit dem Gedanken beschäftigt, wie schwer es doch sein muß, ein solcher zu werden; noch weniger ist er aber einer, der, nachdem er Christ gewesen ist, durch Weitergehen aufgehört hat einer zu sein. Er ist ein Humorist; mit der Lage des Augenblicks zufrieden, in der Hoffnung, daß ihm etwas Höheres werde vergönnt werden, fühlt er sich besonders darüber glücklich, daß er, wenn's einmal verkehrt zugehen soll, gerade im spekulativen, theozentrischen Jahrhundert geboren ist. Ja, unsere Zeit, das ist eine Zeit für Spekulanten und große Männer mit unvergleichlichen Entdeckungen; und doch glaube ich, daß es keiner von diesen geehrten Herren so gut haben kann, wie es ein privatisierender Humorist in aller Stille hat, ob er sich nun abseits vor die Brust schlägt oder recht herzlich lacht. Darum kann er ganz gut Schriftsteller sein, wenn er bloß darauf achtgibt, daß er es zu seinem eignen Vergnügen sei, daß er abseits bleibe, daß er nicht mit ins Gedränge komme, in der Wichtigkeit der Zeit umkomme, wie ein Neugieriger bei einem Brande zum Pumpen angestellt werde oder sich bloß von dem Gedanken genieren lasse, daß er einem der verschiedenen Hervorragenden, die Bedeutung haben und haben sollen und haben müssen und haben wollen, im Wege stehen könne.

Die ganze Schrift dreht sich im Winkel des Experimentes um mich selbst, einzig und allein um mich selbst. „Ich, Johannes Climacus, jetzt dreißig Jahre alt, in Kopenhagen geboren, ein Mensch schlecht und recht wie die Leute meist sind, habe davon gehört, daß es ein höchstes Gut zu erwarten gebe, das eine ewige Seligkeit heiße, und daß einem das Christentum dieses Gut durch sein eignes Verhältnis zum Christentum bedinge: ich frage nun, wie ich ein Christ werde" (vgl. die Einleitung). Ich frage allein um meinetwillen, ja wahrhaftig tue ich das, oder richtiger, ich habe danach gefragt, denn das ist ja der Inhalt dieser Schrift. Niemand belästige sich also damit, daß er sage, das Buch sei vollständig überflüssig und gehe die Zeit gar nichts an, geschweige denn, daß er damit schließlich etwas behaupten würde, denn in diesem Falle ist es das wünschenswerte Urteil, das ja schon vom Verfasser des Buches ausgesprochen wurde. Was für ein verlegenes Ding es in unserer Zeit ist, falls jemand darauf aufmerksam wird, ein solches Buch zu schreiben, verstehe ich wohl. Sobald einer daher nur ... Jedoch was sage ich, wohin ziehst du mich, eitles Herz, nein, nein, es ist nicht gut, sich in Versuchung führen zu lassen; sonst würde ich sagen, sobald einer mir Bescheid geben könnte, wo und bei wem man sein Gesuch um Erlaubnis einzugeben habe, daß man als einzelner Mensch im Namen der Menschheit, des Jahrhunderts, unserer Zeit, des Publikums, im Namen vieler oder mehrerer schreiben oder als Schriftsteller sich niederlassen dürfe, oder was für eine noch seltenere Begünstigung anzusehen ist, um Erlaubnis, daß man als einzelner Mensch gegen das Publikum „im Namen vieler", gegen die Majorität im Namen einer anderen Majorität in bezug auf dieselbe Sache, mit dem Geständnis zur Minorität zu gehören, im Namen vieler schreiben dürfe, so daß man also zugleich als einzelner Mensch die Spannkraft der Polemik, die in der Minorität liegt, und das Wohlgefallen in den Augen der Welt besäße, die in der Majorität liegt; wenn jemand mich darüber aufklären könnte, welche Ausgaben mit der Bewilligung eines solchen Gesuches verbunden sind, denn selbst wenn die Kosten nicht in Geld bezahlt würden, könnten sie deshalb doch ganz gut unverhältnismäßig sein: dann würde ich, vorausgesetzt, daß die Kosten meine Kräfte nicht überschritten, der Versuchung vielleicht nicht widerstehen können, sobald als möglich ein äußerst wichtiges Buch zu schreiben, das im Namen von Millionen, Millionen, Millionen und Billionen redete. Bis dahin kann doch niemand konsequent von seinem Standpunkt aus (und von meinem Standpunkt aus hat der Vorwurf etwas anderes zu sagen) dem Buch vorwerfen, daß es überflüssig sei, wenn er das in Frage Gestellte nicht erklären kann.

Das Buch ist also überflüssig, darum bemühe sich keiner damit, sich auf das Buch zu berufen; denn wer sich darauf beruft, hat es *eo ipso* mißverstanden. Eine Autorität zu sein ist eine allzu beschwerliche Existenz für einen Humoristen, der es gerade für eine von den Bequemlichkeiten des Lebens ansieht, daß es solche großen Männer gibt, die Autoritäten sein können und wollen, von denen man den Profit hat, daß man ohne weiteres ihre Meinung annimmt, wenn man nämlich nicht so töricht ist, die großen Männer herunterzuziehen, denn davon hat niemand Profit. Vor allem bewahre der Himmel das Buch und mich vor jeder anerkennenden Gewalttätigkeit, daß es ein brüllender Parteimann anerkennend zitiere und mich in die Bürgerliste einführe. Merkt er nicht, daß keiner Partei mit einem experimentierenden Humoristen gedient sein kann, so kann dieser seine Unbrauchbarkeit zu dem desto besser einsehen, dem er auf jede Weise zu entgehen sucht. Ein Parteimann zu sein, dazu fehlt mir jede Eigenschaft, denn ich habe nur die eine Meinung: daß es das Allerschwerste sein müsse, ein Christ zu werden, eine Meinung, die keine Meinung ist, und auch keine von den für eine „Meinung" sonst charakteristischen Eigenschaften besitzt; denn sie schmeichelt mir selbst nicht, da ich mich nicht für einen Christen ausgebe; sie beleidigt den Christen nicht, da er ja nichts dagegen haben kann, daß ich das, was er getan hat und tut, für das Schwerste ansehe; sie beleidigt den nicht, der das Christentum angreift, da sein Triumph ja desto größer wird, als der Triumph des Mannes, der weiter geht als das, was das Allerschwerste ist. Konsequent wünsche ich keinen Beweis der Wirklichkeit dafür, daß ich wirklich eine Meinung habe (einen Anhänger, ein Hurra, hingerichtet zu werden usw.), denn ich habe keine Meinung und wünsche, froh und zufrieden damit, keine zu haben. Wie man in katholischen Büchern, besonders aus älterer Zeit, ganz hinten im Buch eine Anmerkung findet, die dem Leser mitteilt, daß alles in Übereinstimmung mit der Lehre der heiligen allgemeinen Mutterkirche zu verstehen sei: so enthält, was ich schreibe, zugleich eine Mitteilung davon, daß alles so zu verstehen ist, daß es widerrufen wird; daß das Buch nicht nur einen Schluß, sondern obendrein einen Widerruf enthält. Mehr kann man doch weder im voraus noch hinterher verlangen.

Ein Buch zu schreiben und herauszugeben, wenn man nicht einmal einen Verleger hat[1], der in die Verlegenheit kommen könnte, daß man es nicht kaufte, ist ja ein unschuldiger Zeitvertreib und Vergnügen, ein in einem wohlgeordneten Staat zulässiges Privatunternehmen, in einem Staat, der den Luxus gestattet, und wo es jedem freisteht, seine Zeit und sein Geld nach Gefallen zu gebrauchen, sei es Häuser zu bauen, Pferde zu kaufen, ins Theater zu gehen oder überflüssige Bücher zu schreiben und sie drucken zu lassen.

Ist aber die Sache so anzusehen, so verstehe ich's nicht besser, als daß es wieder als eine von den unschuldigen und erlaubten stillen Freuden des Lebens anzusehen sei, die weder die Feiertagsverordnung noch eine andre Vorschrift der Pflicht und Schicklichkeit stört, daß man sich einen Leser denke, mit dem man sich im Buch ab und zu einläßt, wenn man, wohl zu merken, nicht im entferntesten Maße einen Versuch oder Miene macht einen einzigen wirklichen Menschen zum Lesen verpflichten zu wollen. „Nur das Positive ist ein Eingriff in die persönliche Freiheit eines andern" (vgl. das Vorwort), das Negative ist eine

[1] [Die Schriften Kierkegaards erschienen bei Reitzel in Kommission.]

Höflichkeit, von der man hier nicht einmal sagen kann, daß sie Geld koste, denn das tut nur die Herausgabe, und selbst wenn man so unhöflich sein würde das Buch den Leuten aufzuschwatzen, wäre damit doch nicht gesagt, daß jemand es kaufen würde.

In einem wohlgeordneten Staat ist es ja erlaubt, so ganz in aller Stille verliebt zu sein, und je tiefer die Stille der Verliebtheit ist: desto zulässiger ist sie. Dagegen ist es nicht erlaubt, daß sich ein Mann an alle Mädchen heranmache und einer jeden besonders beteure, daß sie die wirklich Geliebte sei. Und wer eine wirklich Liebende hat, dem verbieten Treue und Schicklichkeit einer eingebildeten Verliebtheit nachzugehen, auch wenn er es in noch so großer Stille täte. Wer dagegen keine hat: ja der darf es und der Schriftsteller, der keinen wirklichen Leser hat, der darf einen eingebildeten haben, er darf es sogar eingestehen, da er ja niemand damit beleidigt. Gepriesen sei der wohlgeordnete Staat; beneidenswertes Glück für den, der ihn zu würdigen versteht! Wie einer doch solchen Eifer haben kann den Staat zu reformieren und die Regierungsform zu ändern! Von allen Regierungsformen ist die monarchische die beste, sie begünstigt und beschirmt mehr als jede andere die stillen Einbildungen und unschuldigen Torheiten der Privatisierenden. Nur die Demokratie, die allertyrannischste Regierungsform, verpflichtet jeden zu positiver Teilnahme, woran einen schon die Gesellschaften und Generalversammlungen unserer Zeit oft genug erinnern. Ist das Tyrannei, daß einer regieren und dann uns andre frei sein lassen will? Nein, aber das ist Tyrannei, daß alle regieren wollen und obendrein jeden verpflichten an der Regierung teilzunehmen, sogar den, der es sich aufs inständigste verbittet, mit in der Regierung zu sein.

Für einen Schriftsteller ist nun ein eingebildeter Leser als eine stille Fiktion und ein Privatvergnügen etwas, was keinen Dritten angeht. Dies sei zu staatsbürgerlicher Apologie und Verteidigung von dem gesagt, was keine Verteidigung braucht, da es sich durch Stille dem Angriff entzieht: von dem unschuldigen und zulässigen, aber doch vielleicht verschmähten und verkannten Vergnügen einen eingebildeten Leser zu haben, was eine Lust der Unendlichkeit, die reinste Äußerung der Gedankenfreiheit ist, gerade weil sie der Äußerungsfreiheit entsagt. Ich fühle mich nicht imstande zur Ehre und zum Preise eines solchen Lesers würdig zu reden; jeder, der mit ihm umgegangen ist, wird gewiß nicht leugnen, daß er absolut der angenehmste von allen Lesern ist. Er versteht einen auf einmal und Stück für Stück, er hat Geduld die Zwischensätze nicht zu überspringen und nicht vom Einschlag der Episode zum Aufzug des Inhaltsregisters zu eilen, er kann ebensolange als der Verfasser aushalten, er kann verstehen, daß das Verstehen ein Widerrufen ist, das Einverständnis mit ihm als dem einzigen Leser ist ja gerade das Widerrufen des Buchs, er kann verstehen, daß ein Buch schreiben und widerrufen etwas anderes bedeutet als es zu schreiben unterlassen, daß ein Buch schreiben, das keine Bedeutung für jemand fordert, doch etwas anderes ist, als es ungeschrieben sein lassen. Und obgleich er sich immer nach einem richtet und einem nie entgegenhandelt, kann man doch mehr Respekt vor ihm haben als vor den lärmenden Widersprüchen eines ganzen Lesesalons; darum kann man aber auch ganz im Vertrauen mit ihm reden.

Mein lieber Leser! Daß ich es selbst sage: ich bin nichts weniger als ein Teufelskerl in der Philosophie, dazu berufen, eine neue Richtung zu schaffen; ich bin ein armer einzelner existierender Mensch mit gesunden natürlichen Anlagen, nicht ohne eine gewisse dialektische Gewandtheit und auch nicht ohne alles Studium. Aber ich bin in den *casibus* des Lebens geprüft und berufe mich getrost auf meine Leiden, nicht in apostolischem Sinne als auf eine Ehrensache, denn sie sind nur allzuoft selbstverschuldete Strafe gewesen, aber doch berufe ich mich auf sie als auf meine Lehrmeister und tue es mit mehr Pathos, als wenn sich Stygotius auf alle die Universitäten beruft, auf denen er studiert und disputiert hat.[1] Ich trotze auf eine gewisse Aufrichtigkeit, die mir nachzuschwatzen verbietet, was ich nicht verstehen kann, und mir befiehlt, was mir Hegel gegenüber in meiner Verlassenheit lange Zeit Schmerzen verursacht hat, zu entsagen und mich auf ihn nur in einzelnen Partien zu berufen, was auf die Bekanntschaft verzichten heißt, die man durch Anschluß gewinnt, während ich, was ja, wie ich selbst gestehe, sehr wenig ist, ein unbekanntes, verschwindendes Atom bleibe, wie es jeder einzelne Mensch ist. Diese Aufrichtigkeit tröstet mich dann wieder und schenkt mir einen nicht gewöhnlichen Sinn für das Komische und eine gewisse Gabe, was lächerlich ist, lächerlich zu machen; denn ganz sonderbar, was nicht lächerlich ist, kann ich auch nicht lächerlich machen, dazu gehören vermutlich andere Gaben. Ich bin, so verstehe ich mich selbst, gerade soviel durch eignes Denken entwickelt, so sehr durch Lektüre gebildet, so sehr durch existieren in mir selbst orientiert, daß ich imstande bin ein Lehrling, ein Lernender zu sein, was schon eine Aufgabe ist.

Für mehr gebe ich mich nicht aus, als daß ich imstande sei mit dem Lernen im höheren Sinne anzufangen. Wenn sich doch dazu unter uns der Lehrer fände! Ich rede nicht von dem Lehrer in der Wissenschaft des Altertums, denn einen solchen haben wir[2]; sollte ich diese lernen, dann wäre mir geholfen, sobald ich die zum Anfang im Lernen nötigen Vorkenntnisse erworben hätte. Ich rede nicht von dem Lehrer in historischer Philosophie, wozu mir zwar die Vorkenntnisse fehlen würden, falls wir übrigens den Lehrer hätten; ich rede nicht von dem Lehrer in der schwierigen Kunst des religiösen Vortrags, denn einen solchen Hervorragenden haben wir[3]; und ich weiß, daß ich mich bestrebt habe, seine ernste Anleitung zu benutzen, das weiß ich; wenn auch nicht aus dem Ertrage der Aneignung, damit ich mir nicht hinterlistig etwas aneigne oder seine Bedeutung nach meiner Zufälligkeit messe, so weiß ich es aus der Ehrfurcht, die ich vor

1 [Holbergs Jakob von Tyboe, Akt 3, Szene 5.]
2 [Madvig.]
3 [Mynster.]

dem Ehrwürdigen bewahrt habe. Ich rede nicht von dem Lehrer in der schönen Kunst der Poesie mit ihren Geheimnissen der Sprache und des Geschmackes, denn einen solchen Eingeweihten haben wir[1], das weiß ich, ich hoffe, daß ich weder ihn, noch was ich ihm schulde, je vergessen werde. Nein, den Lehrer, von dem ich rede, und in anderer Weise, zweideutig und zweifelnd rede, das ist der Lehrer in der zweideutigen Kunst über Existenz und existieren nachzudenken. Wenn der also sich finden ließe: dann darf ich dafür einstehen, daß wahrhaftig schon etwas dabei herauskommen würde, wenn er sich meiner im Unterricht annähme und zu dem Zweck langsam und stückweise vorwärts ginge, indem er, wie es sich bei einem guten Unterricht gehört, mir erlaubte, daß ich mich erkundigte und es verhinderte, einen Gegenstand zu verlassen, ehe ich ihn ganz verstanden hatte. Ich kann mir nämlich nicht denken, daß ein solcher Lehrer meinen würde, er habe nichts anderes zu tun, als was ein mittelmäßiger Religionslehrer in der Volksschule tut: mir für jeden Tag ein gewisses Paragraphenpensum zu bestimmen, das ich bis zum nächsten Tage auswendig lernen sollte.

Da mir aber bis jetzt kein solcher Lehrer, der gerade leistet, was ich suche, vor Augen gekommen ist (mag dies nun ein erfreuliches oder ein betrübendes Zeichen sein), so hat mein Versuch *eo ipso* keine Bedeutung, sondern dient nur zu meinem eignen Vergnügen, wie es ja auch sein muß, wenn einer, der existieren lernt und also keinen andern belehren wollen kann (und ferne liege mir der leere und eitle Gedanke, daß ich ein solcher Lehrer sei), etwas aufstellt, was man so von einem Lernenden erwarten kann, der wesentlich weder mehr noch weniger weiß, als was ungefähr jeder Mensch weiß, nur daß er etwas davon bestimmter weiß und zum Lohn dafür in bezug auf vieles, was jeder Mensch weiß oder zu wissen glaubt, mit Bestimmtheit weiß, daß er es nicht weiß. Vielleicht fände ich in dieser Hinsicht nicht einmal Glauben, wenn ich es zu einem andern als zu dir, mein lieber Leser, sagen würde. Denn wenn einer in unserer Zeit sagt: „Ich weiß alles“, so glaubt man ihm; wer aber sagt: „Es gibt vieles, was ich nicht weiß“, den hat man im Verdacht, er neige zum Lügen. Du erinnerst dich daran, daß in einem Stück von Scribe[2] ein in leichtfertigen Liebesgeschichten erfahrener Mann erzählt, er wende, wenn er eines Mädchens überdrüssig sei, das Verfahren an, daß er ihr schreibe: „Ich weiß alles“ – „und“, fügt er hinzu, „dieses Mittel ist noch nie fehlgeschlagen.“ Ich glaube, daß es auch in unserer Zeit für einen Spekulanten nicht fehlgeschlagen ist, wenn er sagt: „Ich weiß alles“; o, aber den gottlosen und lügnerischen Menschen, die sagen, es gebe vieles, was sie nicht wüßten, denen geht es in dieser besten Welt nach Verdienst, ja in der besten Welt für alle die, welche sie damit zum besten haben, daß sie alles wissen, oder gar nichts wissen.

J. C.

1 [Öhlenschläger.]

2 [Eine Kette, Akt 4, Szene 1.]

Eine erste und letzte Erklärung

Um der Form und Ordnung willen bekenne ich hiermit, was zu wissen kaum jemand realiter interessieren wird, daß ich, wie man sagt, Verfasser von: *Entweder – Oder* (Viktor Eremita), Kopenhagen im Februar 1843 bin; von *Furcht und Zittern* (Johannes de Silentio), 1843; *Die Wiederholung* (Constantin Constantius), 1843; *Über den Begriff der Angst* (Vigilius Hafniensis),1844; *Vorworte* (Nicolaus Notabene), 1844; von den *Philosophischen Brocken* (Johannes Climacus), 1844; den *Stadien auf dem Lebenswege* (Hilarius Buchbinder; William Afham; der Assessor; Frater Taciturnus), 1845; der *Abschließenden unwissenschaftlichen Nachschrift zu den philosophischen Brocken* (Johannes Climacus), 1846; von einem Artikel in *Fädrelandet*, Nr. 1168, 1843 (Viktor Eremita); und zwei Artikeln in *Fädrelandet*, Januar 1846 (Frater Taciturnus).

Meine Pseudonymität oder Polyonymität hat keinen *zufälligen* Grund in meiner Person gehabt (jedenfalls nicht in Furcht vor gesetzlicher Strafe, in welcher Hinsicht ich mir nichts verbrochen zu haben bewußt bin, wie denn der Drucker, sowie der Zensor als Beamter immer zugleich mit der Herausgabe der Schrift offiziell davon benachrichtigt worden ist, wer der Verfasser war), sondern einen *wesentlichen* in der *Produktion* selbst, die um der Replik, um der psychologisch variierten Individualitätsverschiedenheit willen die Rücksichtslosigkeit in Gut und Böse, in Zerknirschung und Ausgelassenheit, in Verzweiflung und Übermut, in Leid und Jubel usw. dichterisch verlangte, die nur von solcher psychologischen Konsequenz begrenzt ist, wie sie sich keine faktisch wirkliche Person in der sittlichen Begrenzung der Wirklichkeit erlauben darf oder sich erlauben wird. Das Geschriebene ist also wohl von mir, aber nur insofern, als ich der *produzierenden* dichterisch-wirklichen Individualität ihre Lebensanschauung, die man aus den Repliken heraushört, in den Mund gelegt habe. Denn mein Verhältnis ist ein noch weiter gehendes als das eines Dichters, der Personen *dichtet* und doch *selbst* im Vorwort der Verfasser ist. Ich bin nämlich unpersönlich oder persönlich ein Souffleur in dritter Person, der dichterisch *Verfasser* hervorgebracht hat, deren *Vorworte*, ja deren Namen wieder ihre Produkte sind. So ist in den pseudonymen Büchern nicht ein einziges Wort von mir selbst; ich habe kein Urteil über sie als das eines Dritten, kein Wissen von ihrer Bedeutung als nur als Leser, nicht das entfernteste Privatverhältnis zu ihnen, wie es ja unmöglich ist, ein solches zu einer doppeltreflektierten Mitteilung zu haben. Ein einziges von mir persönlich in meinem eignen Namen geäußertes Wort würde ein anmaßendes Sichselbstvergessen sein, welches mit diesem einen Wort verschulden würde, daß die Pseudonyme, dialektisch gesehen, wesentlich vernichtet wären. Sowenig als ich in *Entweder – Oder* der Verführer oder der Assessor bin, ebensowenig bin ich der Herausgeber Viktor Eremita, gerade ebensowenig; er ist ein dichterisch-wirklicher subjektiver Denker, wie man ihn ja in *in vino veritas* wiederfindet. Ich bin in

Furcht und Zittern ebensowenig Johannes de Silentio, wie der Glaubensritter, den er darstellt, gerade ebensowenig, und wieder gerade ebensowenig Verfasser des Vorwortes zum Buche, welches Vorwort die Individualitätsreplik eines dichterisch-wirklichen subjektiven Denkers ist. Ich bin in der *Leidensgeschichte (Schuldig? – Nichtschuldig?)* ebensowenig der Quidam des Experimentes, wie der Experimentator, gerade ebensowenig, da der Experimentator ein dichterisch-wirklicher subjektiver Denker und der Experimentierte sein Produkt in psychologischer Konsequenz ist.

Ich bin so das Gleichgültige, d. h. es ist gleichgültig, was und wie ich bin, gerade wie wieder die Frage, ob es mir nun auch selbst in meinem Innern so gleichgültig ist, was oder wie ich bin, diese Hervorbringung absolut nichts angeht. Was daher sonst für manch ein dialektisch redupliziertes Unternehmen seine glückliche Bedeutung haben kann und mit dem Unternehmen des Hervorragenden in schönem Einklang steht, das würde hier bei dem ganz gleichgültigen Pflegevater eines vielleicht bemerkenswerten Erzeugnisses nur störend wirken. Mein Faksimile, mein Bild usw. würde, wie die Frage, ob ich Hut oder Mütze trüge, nur Gegenstand der Aufmerksamkeit für die sein, denen das Gleichgültige wichtig geworden ist – vielleicht zum Ersatz dafür, daß ihnen das Wichtige unwichtig geworden ist. Juristisch und literarisch trage ich die Verantwortung[1], aber im dialektisch-leichten Sinne habe ich es *veranlaßt*, daß man das Geistesprodukt in der Wirklichkeit hört, die sich natürlich mit dichterisch-wirklichen Verfassern nicht einlassen kann und sich darum mit vollem Recht juristisch und literarisch an mich hält. Juristisch und literarisch, denn wenn die Replik (direkt verstanden) des Produzierenden eigne Worte wären, so wäre jedes dichterische Erzeugnis *eo ipso* unmöglich gemacht, wäre sinnlos und unerträglich.

Es ist daher mein Wunsch und meine Bitte, daß man mir, wenn es jemand einfallen sollte, eine einzelne Äußerung aus den Büchern zu zitieren, den Dienst leisten möchte, nicht meinen, sondern des respektiven pseudonymen Verfassers Namen zu zitieren, d. h. so zwischen uns zu teilen, daß die Äußerung weiblich dem Pseudonym und die Verantwortung bürgerlich mir gehört. Ich habe von Anfang an sehr gut eingesehen und sehe ein, daß meine persönliche Wirklichkeit etwas Genierendes ist, das die Pseudonyme pathetisch-eigenwillig, je eher je lieber wegwünschen oder möglichst unbedeutend gemacht wünschen, und das sie doch wieder ironisch-aufmerksam als abstoßenden Widerstand mit zu haben wünschen möchten. Denn mein Verhältnis ist die Einheit eines Sekretärs und, ironisch genug, des dialektisch reduplizierten Verfassers vom Verfasser oder von den Verfassern. Während daher gewiß jeder, der sich überhaupt um so

---

[1] Aus diesem Grunde ward mein Name als der des Herausgebers sogleich auf das Titelblatt der *Brocken* (1844) gesetzt, weil die absolute Bedeutung des Gegenstandes in der Wirklichkeit einen Ausdruck pflichtschuldiger Aufmerksamkeit erforderte, daß ein mit Namen Genannter da sei, der die Verantwortung für alles übernähme, was die Wirklichkeit bieten könnte.

etwas bekümmert hat, mich bisher, ehe die Erklärung kam, *ohne weiteres* für den Verfasser der pseudonymen Bücher angesehen hat, wird die Erklärung vielleicht im ersten Augenblick die sonderbare Wirkung veranlassen, daß ich, der es doch selbst am besten wissen muß, der einzige bin, der mich selbst nur sehr zweifelnd und zweideutig für den Verfasser ansieht, weil ich der uneigentliche Verfasser bin, wogegen ich ganz eigentlich und geradezu Verfasser z. B. von den *erbaulichen* Reden und von jedem Wort in diesen bin.

Der gedichtete Verfasser hat seine bestimmte Lebensanschauung, und die Replik, die so verstanden möglicherweise bedeutungsvoll, witzig und ermunternd ist, würde vielleicht im Munde eines bestimmten einzelnen Menschen sonderbar, lächerlich und widerwärtig klingen. Wenn sich so jemand, unbekannt mit dem gebildeten Umgang einer entfernenden Idealität, durch mißverstandene Aufdringlichkeit gegen meine faktische Persönlichkeit, den Eindruck der pseudonymen Schriften verdorben hat, wenn er sich selbst, *wirklich* sich selbst angeführt hat, indem er mit meiner persönlichen Wirklichkeit herumzog, anstatt mit der doppeltreflektierten leichten Idealität eines dichterisch-wirklichen Verfassers zu tanzen, wenn er sich selbst paralogistisch-zudringlich betrogen hat, indem er sinnlos meine private Einzelheit aus der ausweichenden dialektischen Doppelheit der qualitativen Gegensätze herausbekam: so ist das wahrhaftig nicht meine Schuld, der ich gerade in geziemender Weise und im Interesse für die Reinheit des Verhältnisses von meiner Seite, so gut wie ich konnte, gehandelt habe, alles, um zu verhindern, was zu erreichen eine neugierige Abteilung der Leser, wer weiß wem zu liebe, gleich von Anfang an alles getan hat.

Die Gelegenheit scheint dazu einzuladen, ja, es sogar von dem Widerstrebenden zu fordern: so will ich sie denn nun zu einer offenen und unmittelbaren Äußerung nicht als Verfasser benutzen, denn das bin ich ja so nicht, sondern als der, der seine Arbeit damit gehabt hat, daß die Pseudonyme es werden konnten. Zuerst will ich der Vorsehung danken, die mein Bestreben auf so mannigfaltige Weise begünstigt hat, es, ohne daß die Anstrengung vielleicht einen einzigen Tag unterbrochen wurde, 4¼ Jahre hindurch begünstigt und mir viel mehr vergönnt hat, als was ich jemals erwartet habe, wenn ich mir auch in Wahrheit das Zeugnis geben darf, daß ich aus äußersten Kräften mein Leben eingesetzt habe; mehr als ich je erwartet habe, selbst wenn das Geleistete andern wie eine weitläufige Kleinigkeit vorkommt. Während ich so der Vorsehung innig danke, finde ich es nicht störend, daß man von mir nicht gerade sagen kann, ich habe etwas ausgerichtet, oder was noch gleichgültiger ist, etwas in der äußern Welt erreicht; ich finde es ironisch in der Ordnung, und sehe darin etwas, was die Produktion und meine zweideutige Verfasserschaft mit sich bringt, daß wenigstens das Honorar ziemlich sokratisch gewesen ist.

Demnächst will ich, indem ich zuvor geziemend um Entschuldigung und Vergebung gebeten habe, wenn es jemand unpassend erscheinen würde, daß ich so rede, was er vielleicht doch wieder selbst unpassend finden würde, wenn ich es unterließe, demnächst will ich in Dankbarkeit der Erinnerung meines verstorbenen Vaters gedenken, des Menschen, dem ich von allen am meisten, auch für mein Arbeiten, schulde.

Darauf scheide ich von den Pseudonymen mit dem guten Wunsch der Ungewißheit für ihr zukünftiges Schicksal, daß dieses, wenn es ihnen günstig sein soll, gerade so sein möge, wie sie es wünschen; ich kenne sie aus vertrautem Umgang, ich weiß es, viele Leser können sie nicht erwarten oder wünschen: möchten sie da so glücklich sein, die einzelnen wünschenswerten zu finden.

Bei meinem Leser, wenn ich von einem solchen reden darf, möchte ich mir eine vergeßliche Erinnerung im Vorbeigehen ausbitten, ein Zeichen davon, daß er an mich denkt, weil er an mich als an einen denkt, den die Bücher nichts angehen. Dies verlangt ja das Verhältnis. Dafür spreche ich ihm aufrichtig meine Anerkennung hier im Augenblick des Abschieds aus, wo ich übrigens jedem verbindlichst danke, der geschwiegen hat und der Firma Kts[1], in tiefer Ehrfurcht danke, daß sie geredet hat.

Sollten die Pseudonyme in irgendeiner Weise einen achtbaren, oder wohl gar einen von mir selbst bewunderten Mann beleidigt haben; sollten die Pseudonyme etwas wirklich Gutes im Bestehenden gestört oder zweideutig gemacht haben: dann ist niemand bereitwilliger Abbitte zu tun als ich, der ich ja die Verantwortung für den Gebrauch der geführten Feder trage. Was ich so von den Pseudonymen kenne, berechtigt mich natürlich nicht zu einer Aussage, aber dann auch nicht zu einem Zweifel an ihrem Beifall, da ihre Bedeutung (sie sei nun in der *Wirklichkeit*, wie sie wolle) unbedingt nicht darin liegt, einen neuen Vorschlag, eine unerhörte Entdeckung zu machen, oder eine neue Partei zu stiften und weiter gehen zu wollen, sondern gerade im Entgegengesetzten, darin, daß sie keine Bedeutung haben wollen, darin, daß sie im Abstand der Ferne der Doppelreflexion die Urschrift der individuellen, humanen Existenzverhältnisse, das Alte, Bekannte, und von den Vätern Überlieferte solo noch einmal, womöglich auf eine innerlichere Weise, wieder lesen wollen.

Und möchte nun kein halbtüchtiger Mann dialektisch Hand an diese Arbeit anlegen, sondern sie stehen lassen, wie sie steht.

Kopenhagen, im Februar 1846
S. Kierkegaard

[1] [Bischof Mynster.]

dem Wege ausgetrunken“ (an Milena). „Ich kann nicht glauben, daß in irgendeinem Märchen um irgendeine Frau mehr und verzweifelter gekämpft worden ist als um dich in mir, seit dem Anfang und immer von neuem und vielleicht für immer“ (an Felice Bauer). Franz Kafka „Die Briefe“. 1.211 Seiten. Broschur. Nur bei uns. 7,99 €. Nummer 102 364

"Ein schwindelerregender experimenteller Roman, offen, grenzenlos und ambivalent wie das Leben." Die Zeit

Italo Svevo
Zenos Gewissen.

Hätte Italo Svevo nicht den Entschluss gefasst, seine Englischkenntnisse zu verbessern, und wäre er bei der Umsetzung dieses Planes nicht zufällig auf James Joyce getroffen, würden heute vielleicht nur Spezialisten für italienische Regionalliteratur seinen Namen kennen. Doch es kam anders: „Als Joyce in den zwanziger Jahren berühmt wurde, zog er seinen Vorläufer hinter sich her. Svevo lebte weiter in einem Größeren, auf dessen Ulysses er einen nicht geringen Einfluss gehabt hat. Heute lässt die italienische Literaturgeschichte mit ihm die Moderne beginnen“ (Hermann Kurzke, FAZ).

Im Roman erzählt Zeno Cosini, einer Bitte seines Psychoanalytikers folgend, die Geschichte seines Lebens, das sich vollkommen widersprüchlich zu entwickeln scheint und seinen Protagonisten in immer neue kuriose Situationen stürzt. Wichtige Entscheidungen sehen zunächst nach verheerenden Irrtümern aus, erweisen sich jedoch als wichtige Impulse für künftige Entwicklungen: Zeno wirbt um zwei schöne Schwestern, wird jedoch von beiden abgewiesen und erringt noch am selben Abend die Gunst der nicht beachteten dritten, weil er unter dem Tisch das falsche Bein zärtlich berührt. Sie ist es auch, die er später heiraten wird, und es zeigt sich: Die vermeintlich Falsche ist diejenige, mit der er gegen seinen Willen glücklich wird. Auf ähnlich verwickelte Weise gelingen ihm auch seine geschäftlichen Erfolge.

„Zeno Cosini ist ein Meisterwerk von unauslotbarer Tiefe, die so gut kaschiert ist, dass sie einem wenig gewitzten Leser entgeht; oft glaubt man, einen ganz leicht konsumierbaren Roman vor sich zu haben, der vom Rauchen der ewig letzten Zigarette erzählt, von Flirts und von bürgerlichen Familienabenteuern, während sich der Schriftsteller hinter dieser liebenswürdigen Oberfläche in den dunkelsten Mäandern des Unbewussten, des Eros, der Zwiespältigkeiten des Verlangens und der Zuneigungen, des Todes bewegt. Der sich absichtlich unglaubwürdig gebende Erzähler lässt sich auch wie ein Romancier des 19. Jahrhunderts lesen, während er die westliche Erzählprosa zu einem ihrer äußersten Strände führt“ (Claudio Magris, Die Zeit).

Svevos Originaltext steckt voller sprachlicher Raffinessen und Triester Sprachtönungen, die erstmals in der von Barbara Kleiner besorgten und bei Zweitausendeins erschienenen Neuübersetzung eine adäquate deutsche Form gefunden hatten. Jetzt gibt es die gefeierte Übersetzung noch einmal in neuer Form: Kenner und Liebhaber der italienischen Sprache können parallel zur deutschen Version Svevos Originaltext verfolgen, der jeweils seitengenau gegenübergestellt ist. Mit einem Essay von Wilhelm Genazino („Eine bessere Einführung kann man dem deutschen Svevo-Entdecker kaum wünschen“, Frankfurter Rundschau). 1.203 Seiten. Broschur. 7,99 € Nummer 200 316.

"Die vielleicht größte intellektuelle Revolution der Menschheit." Ernst Mayr

Charles Darwin Gesammelte Werke.

Selbst Relativitäts- und Quantentheorie reichen nicht heran an die Evolutionstheorie als die wohl bedeutsamste Idee der abendländischen Wissenschaft" (Der Spiegel): Dieser große Sammelband macht die Hauptwerke Darwins wieder zugänglich, die bis heute auch als Beispiele brillant geschriebener Wissenschaftsprosa gelten:

„Über die Entstehung der Arten" zählt zusammen mit der „Abstammung des Menschen" zu den großen kanonischen Werken der modernen Naturwissenschaften, in denen Darwin erstmals seine bahnbrechende Evolutionstheorie erklärt. Der Band enthält außerdem Darwins Bestseller „Der Ausdruck der Gemütsbewegungen bei den Menschen und den Tieren". Oliver Sacks staunte über Darwins „bezaubernde Beobachtungen, seine Aufsehen erregenden Theorien". Den drei Werken vorangestellt ist das wohl wichtigste Reisebuch der modernen Naturwissenschaft: die berühmte „Reise eines Naturforschers um die Welt", auf der Darwin seine Theorien entwickelte.

„Nichts in der Biologie ergibt Sinn, außer im Lichte der Evolution", so der große Naturforscher Theodosius Dobhansky. Charles Darwin „Gesammelte Werke". Aus dem Englischen von J. Victor Carus. 1.370 Seiten mit zahlreichen Abbildungen. Broschur. 7,99 €. Nummer 103 274.

"Der Klassiker über das Spannungsfeld von Politik und Moral, Herrschsucht und Humanismus." Buchmedia Magazin.

Niccolò Machiavelli Gesammelte Werke.

Machiavellis Schriften zählen zu den bedeutendsten staatstheoretischen Werken der Geschichte. Seine Analysen der Macht werden von Politiker/inne/n studiert und in Manager-Seminaren gelehrt, doch gedacht waren sie zunächst als Empfehlungsschreiben in eigener Sache. Machiavelli wollte sich mit seiner Abhandlung „Der Fürst" als Berater bei den Herrschern von Florenz ins Gespräch bringen: Wie müsste ein Staat organisiert sein, so überlegt Machiavelli, der mächtig genug ist, seine Bürger wirksam zu schützen, und dessen Macht von Dauer ist? Welche Eigenschaften müsste der Herrscher eines solchen Staates besitzen, nach welchen Kriterien sollte er handeln?

Der vorurteilsfreie Realismus von Machiavellis Analysen gilt als Beginn des modernen staatlichen Denkens, die ehrliche Radikalität seiner Handlungsempfehlungen machen ihn zu einem kontrovers diskutierten „Kampfdenker" (Manager Magazin). Er inspirierte die Väter der amerikanischen Verfassung ebenso wie die Denker der Französischen Revolution. Bis heute kennen und beherzigen Politiker und Politikerinnen seine Ideen.
Aus dem Inhalt: Vom Staate, Der Fürst, Die Geschichte von Florenz, Die Kunst des Krieges, Komödien und Kleine Schriften. Niccolò Machiavelli „Gesammelte Werke". Aus dem Italienischen von Johann Ziegler und Franz Nicolaus Baur. Herausgegeben und mit einem Vorwort von Alexander Ulfig. Auf der Sachbuchbestenliste März 2007. 1.088 Seiten. Broschur. 7,99 €. Nummer 103 485.

---

parlamentarischen Regierungsform und in der modernen Verwaltungsstruktur zu finden sind. Weber sieht hier den Schlüssel für den politischen und wirtschaftlichen Erfolg. Er bezieht aber auch die Einflüsse von Recht und Religion in seine Untersuchungen mit ein. Max Weber „Wirtschaft und Gesellschaft“. 1.156 Seiten. Broschur. 7,99 €. Nr. 101 939.

Wie bilden sich Gesellschaften? Was hält sie zusammen? Welchen Einfluss haben die Wertesysteme auf ihre Entstehung und Entwicklung?

Max Weber
Religion und Gesellschaft.

Diese Essays gehören zu den bedeutendsten und meist diskutierten Studien der Soziologie. Max Webers „Gesammelte Aufsätze zur Religionssoziologie“ sind neben „Wirtschaft und Gesellschaft“ sein wichtigstes und bekanntestes Werk (beide Werke sollen sich - so Webers Intention - gegenseitig ergänzen).

Die einzelnen Beiträge stellen Glanzleistungen der soziologischen Reflexion dar. Sie sind von besonderer Wichtigkeit für die Grundlegung einer soziologischen Methodologie und begründeten Webers Ruf als „einem der größten Denker des 20. Jahrhunderts“ (WamS).

Weber stellt fest: Jede religiöse Weltanschauung ist mit einer spezifischen Ethik und Lebensführung verbunden und begünstigt dadurch das Entstehen neuer Organisationsformen. Denn religiöse Weltbilder beeinflussen auch die säkulare Wirklichkeit. „Weber erinnert daran, was Wissenschaft sein kann: ein spannungsvolles Ringen zwischen einer Überfülle von Leben und einem kalt sezierenden Verstand - nicht nur ein Trick, um sich in diverse Diskurse einzuklinken und sich als Experte wichtig zu tun“ (Joachim Radkau, Autor der Biografie „Max Weber. Die Leidenschaft des Denkens“). 1.230 Seiten. Broschur. 7,99 €. Nummer 103 024.

Was ist ein Staat? Was ist legitime Herrschaft? Dürfen Politiker Geld verdienen?

Max Weber
Politik und Gesellschaft.

Max Weber zählt zu den Gründervätern und Meisterdenkern der modernen Soziologie und Kulturwissenschaft. Seine Werke, oft als bürgerlicher Gegenentwurf zu Marx' gesellschaftlicher Großtheorie interpretiert, sind längst Klassiker, von denen noch heute wichtige Impulse und Anregungen für den Diskurs der Kulturwissenschaften ausgehen, seine Rede „Politik als Beruf“ ist der unverzichtbare Schlüsseltext der modernen Politikwissenschaft. Darin entwirft Weber eine bis heute gültige Typologie der politisch Handelnden.

Dieser Band versammelt neben Webers Zeitungsartikeln und Reden zu Politik und sozialpolitischen Themen auch die berühmten Reden „Politik als Beruf“ und „Wissenschaft als Beruf“. Den politischen Texten nachgestellt sind weitere Arbeiten, die die Vielfalt seiner Interessen und die Breite seines Werkes belegen, darunter auch den von Adorno gerühmten Entwurf einer Musiksoziologie. 1.140 Seiten. Broschur. 7,99 €. Nummer 103 616.

Stand 12/2007. Preise können sich ändern, Titel vergriffen sein.

Preisänderungen und Lieferungen vorbehalten